国家出版基金项目
NATIONAL PUBLICATION FOUNDATION

中国现代学术编年

梅新林 俞樟华 钟晨音 王锐 潘德宝 撰

第八卷 （1937—1939）

华东师范大学出版社·上海

华东师范大学出版社六点分社　策划

浙江省哲学社会科学重点研究基地"浙江工业大学浙江学术文化研究中心"重大项目

华东师范大学出版社六点分社　策划

目　　录

凡　例

一、《中国现代学术编年》(以下简称《编年》)是一部以编年体著录中国现代学术发展历程与成果的集成性之作,同时兼具工具书的检索功能。

二、《编年》起于 1911 年,迄于 1949 年,在时间上与《中国学术编年》相衔接和贯通。

三、《编年》共分 12 卷,约 1800 万字,收录 10 万余位学者,8 万余部学术著作,5 万余篇学术论文。

四、《编年》具有自己独特而鲜明的学术追求,重点关注本时段学术主流特色与学术发展趋势两个方面,重在揭示以下四大规律:

1. 注重中国学术史的宏观发展演变历程,以见各代学术盛衰规律;

2. 注重学术流派的源起、形成、鼎盛及至解体历程,以见学术流派的兴替规律;

3. 注重学术群体的区域流向、移位、承变历程,以见学术中心的迁移规律;

4. 注重中外学术的冲突、交流与融合历程,以见跨文化的学术传通规律。

五、《编年》综合吸取历代史书与各种学术编年之长而加以融通之,率先采用一种新的编撰体例,由学术背景、学术活动、学术论文、学术著作、学者生卒、学术评述六大栏目构成,同时在各栏目适当处加按语,合之为七大板块。若遇跨类,则以"互见法"于相应栏目分录之。

六、《编年》中的"学术背景"栏目以事件进程为序著录,着重反映深刻影响中国学术史发展进程的重大文化政策以及政治、经济、军事、外交诸方面的重大事件,重点突显中西交融与新旧转型的时空特征,以考察学术演变的特定时代背景及其对学术思潮、治学风尚的影响。

七、《编年》中的"学术活动"栏目以人物兴替为序著录,着重记述学者治学经历、师承关系和学术交流活动,以明学术渊源之所自、学术创见之所成、学术流派之脉络以及不同流派之间的争鸣、兴替轨迹。其中学者仕历与学术思想和学术活动之演变关系密切,故多予著录。人物兴替以空间流向为板块,以学坛领袖为中心,以学术大师为主角,以代际交替为序列,有时遇相关或相近活动则一并著录之。

八、《编年》中的"学术论文"栏目以论文刊载时间为序著录,着重记述具有代表性的学术论文,兼录奏疏、序跋、书信以及译文等等。鉴于 5 万余篇学术论文的海量文献,故而按照学术论文发表的刊物为序编排。

九、《编年》中的"学术著作"栏目以著述类型为序著录,着重记述具有代表性的学术著作,包括纂辑、校勘、评点、注释、考证、译著等等。鉴于 8 万余部学术著作的海量文献,故而分为往代著述、时人自著、译著以及编译四种类型,其中往代著述以时代为序,时人自著以类别为序,译著以国别为序,编译以未署名的著作列于最后。

十、《编年》中的"学者生卒"栏目以卒年生年为序著录,又分卒年、生年两小栏。其中卒年栏著录学者姓名、生年、字号、籍贯以及代表性的重要著述,凡特别重要人物,略述其一生主要成就、贡献与地位、传记资料及后人的简单评价。

十一、《编年》中的"学术评述"栏目,以上述文献著录为基础,再就每年的学术活动与成果以及发展趋势加以简要归纳和揭示,犹如揭示各代学术发展的"纲目",以此与以上各栏目的"按语"组合起来,即相当于一部简明学术史。

十二、《编年》采用正文加按语的形式著录。按语的主要内容是:

1. 价值评判。即对学术价值以及对学术之影响进行评价,直接评价或引用前人成说皆可。

2. 原委概述。对其缘起、过程、流变、结果、影响诸方面作一概要论述。

3. 补充说明。即对其具体内容以及相关背景材料再作扼要说明。

4. 史料存真。即录下比较珍贵的史料或略为可取的异说,裨人参考。

5. 考辨论断。对于异说或有争论者,略加考辨并尽量作出断论,或择取其中一说。

"按语"犹如揭示各代学术发展的"纲目",更具学术史评述的容量与特点。

十三、《编年》采用公元纪年,配之以民国与干支年号。凡因农历与公历差异产生年份出入问题,以公历为准。鉴于公元纪年始于1912年,此前的1911年以两者兼录作为过渡。无法确切考定月、日者,用"是年""是月"标之。凡在系年上有分歧而难以断定者,取一通行说法著录之,另以按语录以他说。

十四、《编年》所涉及的地名,以民国行政区划为据,一般不注今地名。

十五、《编年》以文集、目录(图书与报刊目录)、年谱、年鉴、传记、日记、笔记、回忆录等为主要材料依据,同时也重点参考了相关学案、编年以及学术史论著。所录文献,引文标注所出,以示征信;其他材料,限于体例,未能一一注明所出。

十六、《编年》充分借鉴和吸取了学界前辈同仁的诸多学术成果,包括文集、目录、索引、年谱、年鉴、传记、日记、笔记、回忆录、评述、学案、编年以及相关学术史论著等,除了部分见于《前言》以及有关条目"按语"之外,主要载于最后所列"征引与参考文献",包括著作与论文两个方面。征引与参考文献的著录顺序:先著作,后论文,按拼音先后排序。

十七、《编年》根据一以贯之的统一要求与体例格式进行编写,但根据学术发展演变的实际情况或有变通处理,力求达到规范与变通的有机结合。

1937 年　民国二十六年　丁丑

一、学术背景

1月2日,中共中央政治局召开扩大会议,分析张学良被拘留后的形势,决定主要方针是力求和平。

1月4日,国民政府令:"张学良判处10年有期徒刑,本庭特予赦免,仍交军事委员会严加管束。"

1月5日,周恩来及东北军、十七路军高级将领由杨虎城具衔通电南京,抗议扣押张学良。同时,东北军、十七路军和红军组成联军,拟定共同作战方针。

1月7日,中共中央发出《关于西安事变宣传方针的指示》,强调中共的基本方针是停止内战,一致抗日。

1月8日,中国共产党中央委员会、中华苏维埃中央政府发出《为号召和平停止内战通电》,敦促蒋介石履行西安的诺言,停止进攻西安。

1月13日,中共中央机关由保安迁驻陕西延安,凤凰山麓成为中央机关第一处驻地。延安从此成为抗日战争和解放战争的指挥中心和战略总后方。

1月21日,延安抗日红军大学改名为中国人民抗日军事政治大学,简称"抗大"。毛泽东任教育委员会主席,林彪任校长兼政委,刘伯承任副校长,罗瑞卿任教育长。是日举行开学典礼。

1月24日,中国心理学会成立大会在南京国立编译馆举行,《中国心理学报》被定为学会刊物。

1月24—27日,中国哲学会第三届年会在南京召开。

1月29日,中华苏维埃共和国中央政府机关报《红色中华》从第352期起改名为《新中华报》,在延安出版。

1月31日,周恩来、叶剑英同东北军主和主战派和十七路军举行三方最高军事会议,决定对南京采取和平方针。

是月,中共红色中华通讯社改名为新华通讯社。

是月,北平各界救国联合会成立。

2月1日,华北各界救国联合会成立。

2月5日,《申报》载,行政院以《清史稿》"内容纰缪百出"命令禁止发售。

是日,国民政府教育部颁发《各省市推行职业补习教育办法大纲》13条。

2月7日,日本关东军司令部制定《1937年度关东军治安肃正计划纲要》,加紧对东北抗日武装的"讨伐"。

2月9日,国民党五届三中全会将在南京召开。

2月10日,中共中央致电国民党五届三中全会,提出五项国策和四项保证,以便实现国共合作、联合抗日。

按:经毛泽东、张闻天等酝酿和起草,中共中央政治局常委会通过《中共中央给中国国民党三中全会电》,电文中提出了著名的五项要求和四项保证。五项要求是:(一)停止一切内战,集中国力,一致对外;(二)保障言论、集会、结社之自由,释放一切政治犯;(三)召集各党、各派、各界、各军的代表会议,集中全国人才,共同救国;(四)迅速完成对日抗战之一切准备工作;(五)改善人民的生活。电文明确表示,如果国民党三中全会将这五项要求定为国策,中国共产党为了达到全国一致抗日的目的,愿意作出如下四项保证:"(一)在全国范围内停止推翻国民政府之武装暴动方针;(二)苏维埃政府改名为中华民国之特区政府,红军改名为国民革命军,直接受南京中央政府与军事委员会之指导;(三)在特区政府区域内实行普选的彻底的民主制度;(四)停止没收地主土地之政策,坚决执行抗日民族统一战线之共同纲领。"(《新中华报》1937年2月13日)

2月12日,国民党代表顾祝同、贺衷寒、张冲与共产党代表周恩来、叶剑英等在西安进行国共谈判。其后至9月,国共双方先后举行8次谈判,第二次国共合作终于形成。

2月13日,中华职业教育社在上海举行第十一届专家及评议员联席会议。会议通过工作方针:为在复兴民族的总目标下,努力提倡、研究、实施各项职业教育,以期增长国家生产实力。建议此后工作以职业补习教育为中心。(参见中央教育科学研究所编《中国现代教育大事记1919—1949》,教育科学出版社1988年版)

2月15—22日,国民党五届三中全会在南京举行。大会议决通过《关于根绝赤祸之决议案》。国民党内外政策开始转变,抗日民族统一战线初步形成。

2月15日,宋庆龄十年来首次出席国民党中央全会。宋庆龄、何香凝、冯玉祥、孙科等14人向会议紧急提议《恢复孙中山先生"三大政策"提案》。

按:国民党中央五届三次会议通过《设置总理纪念奖金以及提倡学术奖励服务案》,该项奖金分为文艺奖金、社会科学奖金、自然科学奖金、教育奖金、社会服务奖金五类。其中涉及学术评价的奖金有文艺奖金:"凡对于文学艺术有精深之研究,或特殊之创作,或其学说作品为文艺界所公认为权威,而能发扬民族文化或激励国民之民族意识,均得领受此类奖金。"社会科学奖金:"凡研究哲学、法律、经济、历史、地理或其他社会科学有特殊贡献或实施其研究所得,有利于国家社会者,均得受领此类奖金。"自然科学奖金:"凡研究生物、物理、化学、天算等理论科学,或从事农业、工矿、工程、医药等应用科学,有特殊心得或有新发明新发现、有利于民生国防者,均得受领此类奖金。"教育奖金:"凡对于教育学识研究有素,并有独特之心得或优良之著作者,或热心从事教育事业、数十年如一日,地方上一致推崇,或主持教育事业影响远大、多数人受其利益者,或对于某科教学方法特殊优良,确能增加效率者,均得受领此类奖金。"(中国第二历史档案馆编《中华民国史档案资料汇编》第五辑第一编《教育(二)》,江苏古籍出版社1994年版)

是日,中共中央发出《关于西安事变和平解决之意义及中央致国民党三中全会电宣传解释大纲》。

是日,中国文化建设协会等团体组成上海各界统一救国大同盟,推王云五、胡政之、杜月笙、王晓籁、骆清华、柯干臣、周邦俊、金润庠等100人为执行委员。

2月19日,国民党五届三中全会通过新闻政策,对新闻宣传提出总体要求,再次强调"全国报业以奉行总理遗教,以建立三民主义之文化为其最高理想,一切记述作品及对社会之服务均须以三民主义为准绳"（刘哲民编《近现代出版新闻法规汇编》，上海学林出版社 1992 年版）。

2月20日，日本政府发出《第三次处理华北纲要》，声言要"对南京政权采取措施"。

2月22日，《红军长征记》书稿编就。该书稿是由毛泽东和杨尚昆组织编写的一部长征回忆录汇编。（参见吴永贵《民国图书出版史编年：1912—1949》，社会科学文献出版社 2018 年版）

3月1日，国民党上海市党部令上海市书业公会"对于新文字任何书刊一律停售"。（参见吴永贵《民国图书出版史编年：1912—1949》，社会科学文献出版社 2018 年版）

3月3日，新疆汉族文化促进总会在迪化成立。

按：迪化汉文总会成立后，迅速在天山南北设立分会。1937 年 9 月，成立阿山、喀什、阿克苏、哈密、伊犁区分会，到 1939 年 10 月，伊犁、塔城、哈密、喀什、焉耆、阿山、阿克苏、和阗区全疆八个区都建立了区分会。奇台、昌吉、绥定、乌什、呼图壁、额敏、阜康、孚远、库车、托克逊、鄯善、木垒河、镇西、霍尔果斯、精河、绥来、沙叶、沙湾、拜城、乌苏、库尔勒、乾德、皮山、墨玉、于阗、洛浦等县都建立了汉族文化促进分会。

3月10日，中国国联同志会在南京召开理事会，朱家骅主席。会议推举王景春、杨荫溥、刘锴赴捷克参加总会年会；推举罗家伦、程锡庚、谢寿康、傅斯年、郭有守、钱端升为会员委员会委员；推举何炳松、胡适、周鲠生分别为会员委员会驻沪、平、武昌等处委员。

3月11日，国民党下令禁止发售上海出版的《新知识》《读书生活》《文学月刊》等 13 种进步刊物，并限两日内将所有存书销毁。

3月20日，国民政府教育部颁发《香港中等学校毕业或专科以上学校肄业学生投考或转学办法》3 条。

是日，商务印书馆影印百衲本《二十四史》全部刊行。

3月24日，国民政府教育部通令《26 年度职业教育应注意各点》。其内容为：一、设科调整。设科应注意对发展地方产业或企业是否有密切关系。二、厉行建教合作。学校设置应与举办建设事业有密切关系。三、充实学校内容。四、指导毕业生就业。（参见中央教育科学研究所编《中国现代教育大事记 1919—1949》，教育科学出版社 1988 年版）

3月27—31日，中共中央在延安召开政治局扩大会议，讨论国内政治形势和党的任务，并批评张国焘的错误。中央政治局作出《关于张国焘错误的决定》。

3月28日，中苏文化协会在南京召开周年大会，推选孙科连任总会会长，陈立夫、邵力子为副会长，蔡元培、于右任、冯玉祥、鲍格莫洛夫、颜惠庆为名誉会长。

3月29日，伪满洲图书株式会社成立，专门出版销售伪满学校课本、"国策"图书和其他宣扬伪满"建国精神"的书籍。（参见吴永贵《民国图书出版史编年：1912—1949》，社会科学文献出版社 2018 年版）

春，中国教育协会、中华儿童教育社、中华职业教育社、中国社会教育社等 14 个教育学术团体在南京成立联合办事处。

按：次年，各学术团体为密切合作，协同推行国家教育政策，沟通国际文化，共谋教育事业之发展，同意将办事处改为中国教育学术联合会，公推张伯苓任理事长。其后，该会随国民政府西迁入川。（参见中央教育科学研究所编《中国现代教育大事记 1919—1949》，教育科学出版社 1988 年版）

4月1—23日，第二届全国美术展览会在南京举行。

4月3日，中华教育文化基金董事会举行第十三次年会，由董事长蔡元培主席。

4月4日，江苏高等法院对沈钧儒、章乃器、邹韬奋、史良、李公朴、沙千里、王造时"七君子"，以"危害民国紧急治罪法第六条"正式提起公诉，并以"同样罪嫌"通缉陶行知、罗青、顾留馨、张仲勉、陈道涵、陈卓等7人。随后于6月11日和25日在苏州两次开庭对"七君子"进行审讯。

按：宋庆龄、何香凝、胡愈之等人发起救国入狱运动，宋庆龄亲自到关押"七君子"的苏州监狱，要求和他们一块坐牢，以示抗议。由于"七君子"坚持斗争和全国人民的一致声援，抗日战争爆发后，国民党政府不得不于7月31日将"七君子"交保释放出狱。"七君子"事件到此宣告结束。

是日，中国地理学会在南京召开第四届年会，大会由竺可桢主持。

4月8日，国民政府教育部颁发《中学施行实验教育暂行办法大纲》9条。

4月9日，国民政府教育部颁发《教育部民众教育干部人员讲习班章程》12条及《各省市民众学校师资训练班办法》10条。

4月10日，国民政府教育部颁发《各省市教育厅局主办电化教育行政人员注意要点》22条。

4月16日，日本外、陆、海、藏四相会议决定《对中国实施的策略》和《指导华北方针》，确立侵华战争的策略与侵占华北方针。

是日，中国国际图书馆等单位在上海主办世界百科全书展览会。

4月18日，中共中央作出《关于开除张国焘党籍的决定》。

4月19日，中共陕北省委宣传部召开各县宣传部长联席会议，提出大力发展苏区教育。

按：会议决定"提高人民文化政治水平，多设学校，将在各市镇设置图书馆、阅览室，乡村多设夜校或采用循回教授法，使农民在工作中得到学习，并提倡新文字，实行消灭文盲。"(参见中央教育科学研究所编《中国现代教育大事记1919—1949》，教育科学出版社1988年版)

是日，中华全国美术会在南京成立。

4月20日，上海市社会局令上海市书业同业公会施行《教育部令关于审查教科书办法》。

4月22日，国民党中常委修改《国民大会组织法》和《国民大会代表选举法》。

4月23日，陕北省苏维埃召开教育工作会议，讨论目前国难教育方针。

4月24日，中共中央机关刊物《解放》周刊在延安创刊。

是日，新华书店在延安清凉山创立，对内为中共中央党报委员会发行科。

4月30日，中共新华通讯社在延安正式成立，开始向国内发布国际、国内新闻，向仲华任社长。

5月2日，伪满发布《国民学校令》《国民高等学校令》《女子国民高等学校令》《师道学校令》《师道高等学校令》《职业学校令》《大学令》等，规定了各级学校的目的、任务、年限等。(参见中央教育科学研究所编《中国现代教育大事记1919—1949》，教育科学出版社1988年版)

是日，伪满颁布《新学制》，自1938年1月1日起实行。其中规定："教育方针为遵照建国精神及访日宣诏意旨，用日满一德一心、民族协和与东方的忠孝大义相结合的思想和实学的知识技能教育青少年一代。使他们成为身体健康的忠良国民。"(参见中央教育科学研究所编《中国现代教育大事记1919—1949》，教育科学出版社1988年版)

5月2—14日，中共中央在延安召开中国共产党苏区全国代表大会，毛泽东作《中国共产党在抗日时期的任务》报告与《为争取千百万群众进入抗日民族统一战线》的结论，强调在统一战线中坚持无产阶级领导权的重要性。

5月4日，北平文化界救亡团体号召开展新启蒙运动，成立启蒙学会，发布新启蒙运动的基本纲领。

5月5日,中华全国基督教协进会第11届年会在上海举行。

5月6日,中华职业教育社成立25周年纪念,在上海举行第17届年会及第15届职业教育讨论会。

5月17日,中共中央在延安召开白区党代表会议。

5月18日,国民政府公布《中华民国宪法草案》,凡8章147条。

5月19日,日本政府决定,自6月1日起,禁止台湾出版中文报纸,厉行日语运动,取缔使用台湾语言。

是日,由北平文教界发起的"启蒙学会"在燕京大学成立,黄松龄、张友渔、张申府、张郁光、吴觉先、程希孟、田佩之、吴承仕、谭丕模为理事。

按:谭得俅说:"面对祖国深重的文化危机,1936年秋,北平一部分共产党人学者和进步学者、教授首先提出了开展以科学、民主为内容的新启蒙运动的主张,很快得到了广泛的响应。谭先生与文教界吴承仕、黄松龄、张友渔等著名学者积极开展启蒙运动,创办《时代文化》(后改名为《文化动向》)刊物。《时代文化》实际上是中国共产党领导的一个'以宣传党的抗日民族统一战线为主,同时发表一些社会科学文章'的革命刊物。该刊高度评价'一二·一二'爱国学生游行,积极支持抗日救亡的爱国学生运动。1937年,五四运动18周年纪念日前后,谭先生和文教界著名学者开展了提倡科学民主、提倡思想自由和追求真理、反对封建思想与奴化思想、反对公式主义的讨论和宣传,掀起了高潮。为了进一步推动启蒙运动,他们联合发起成立一个学会,于5月19日在燕京大学礼堂召开成立大会,到会者40余人,当场选举吴承仕、黄松龄、张友渔、谭丕模等9人为理事,并通过该会组织简章,定名为'启蒙学会',以研究学术,阐扬文化,推动新启蒙运动为宗旨,以编辑刊物,出版丛书为中心工作。"《启蒙学会旨趣书》进一步指出:"我们要保卫中国文化,首先要保卫中国的新文化及其运动,而不是保卫中国旧文化的渣滓,敌人正利用着麻醉我们的人民。我们为保卫中国文化而奋斗,必须是保卫中国文化最好的传统而奋斗,同时必须努力发展中国的新文化运动,创造崭新的中国新文化。目前全中国各方文化人提倡的新启蒙运动正是为着保卫中国文化最好的传统而奋斗的,同时也正为着发展中国的文化,创造崭新的中国文化而努力。创造崭新的中国文化,使中国成为现代化的中国,应该就是启蒙运动主题。"(张谷等主编《文学史家谭丕模评传》,北京师范大学出版社2005年版)

5月20日,国民政府教育部训令:自26年度起,全国各类师范学校及师范科、短期师资训练班等均应于国文科中加授注音符号。

是日,中国文艺协会上海本会举行第二次理事会议。

5月22日,《申报》载,中央文化会召开会议,讨论新闻出版事业。

5月23日,国民党中央考察团一行21人,在团长涂思宗率领下考察延安,受到延安各界欢迎。

5月24日,教育部颁布《各级学校兼办社会教育令》。

是日,中国政治学会在南京召开理事会,王世杰、周鲠生、杭立武、吴颂皋、梅思平、钱端升等出席,会议通过段锡朋、蒋廷黻等为会员。

5月25日,国民政府教育部为适应师范教育特殊情形,对艺术专科学校及大学艺术科系招生规定暂定办法4条。

按:教育部规定:一、艺术专科学校得添设高中部,加设艺术科目,或添设艺术师范科,或高级艺术科职业学校。二、大学艺术科及音乐系入学考试科目应酌予变更,不宜与其他科系入学考试科目完全一致。三、大学艺术音乐专修科,得招收与高中毕业同等学力学生。四、大学艺术科音乐系及艺术专科学校得酌收选科生。(参见中央教育科学研究所编《中国现代教育大事记1919—1949》,教育科学出版社1988年版)

是月，伪满文教部在新京（长春）设立留学生预备学校。修业年限为1年。1943年，该校迁奉天（沈阳）。

6月1日，国民政府教育部颁布《实施巡回教学办法》15条。

是日，上海出版业、各大报馆会同实业部集资筹办的温溪造纸公司，在上海召开成立大会，王云五被举为董事长，陈世璋被聘为总经理。

按：会议决定，公司设在上海，厂址设在浙江永嘉温溪。后因抗战爆发，经股东会议议决解散。（参见吴永贵《民国图书出版史编年：1912—1949》，社会科学文献出版社2018年版）

是日，伪满成立王道书院于新京（长春）。该书院为维持伪满政权而设，由郑孝胥倡议举办。

6月3日，国民党中常委通过，以国民党党歌为中华民国国歌。

是日，中央文化事业计划委员会决定，表彰民族英雄秦始皇、蒙恬、汉武帝、霍去病、张骞、苏武、马援、窦宪、班超、诸葛亮、谢玄、唐太宗、李靖、李勣、刘仁轨、王玄策、郭子仪、李光弼、宗泽、韩世忠、岳飞、文天祥、陆秀夫、元太祖、耶律大石、拔都、明太祖、郑和、唐顺之、俞大猷、戚继光、宋应昌、熊廷弼、袁崇焕、孙承宗、史可法、秦良玉、郑成功、左宗棠、冯子才等40人，征求传记。

6月4日，日本近卫文麿内阁组成。

是日，国民政府教育部公布《全国美术展览会举行办法》12条。

6月5日，毛泽东在中共中央政治局会议上首次提出"普及与深入马克思主义"的问题，第一次提出马克思主义大众化的历史命题。

是日，伪满颁布《国务院官制》，撤销文教部，其职掌归入民生部，民生部设立教育司。

6月8日，国共两党庐山谈判，周恩来向蒋介石提交中共中央关于《御侮救亡、复兴中国的民族统一纲领草案》。

是日，国民政府行政院核准《各省市清理教育款产办法》14条。

6月9日，日本关东军向军部呈报《关东军关于对苏对华战略的意见书》，声称："如为我武力所许，首先对南京政府加以一击，除去我背后的威胁，此最为上策。"

6月11日，《申报》载，教部将《图书审查规程》修改，凡经审定之教科图书，应载明教部审定字样，10日除饬各书局，自8月起遵办外，并令各教厅局知照。（参见吴永贵《民国图书出版史编年：1912—1949》，社会科学文献出版社2018年版）

6月13日，中国特种教育协会在上海举行成立大会。

6月20日，中国各教育学术团体出席世界教育会议代表在南京召开的首次会议，推举胡适为团长，程其保为秘书长，刘湛恩为干事长。

6月22日，西安学术界举行西北史地学会成立大会，推举张扶万等9人为理事。

6月24日，宋庆龄、何香凝、胡愈之等为营救沈钧儒等"七君子"，发起救国入狱运动，至7月23日，"七君子"获释。

6月26日，国民党上海市执委会训令，《国民党中宣部函上海市党部以订定坊间编印蒋委员长言论或传记之办法等》。（参见吴永贵《民国图书出版史编年：1912—1949》，社会科学文献出版社2018年版）

6月28日，日本关东军司令部、朝鲜总督府、中国驻屯军司令部及满铁总裁等各方人士在大连举行会议，日军进攻华北形势日趋严重。

7—8月,毛泽东在延安抗日军政大学讲哲学,撰写了《实践论》《矛盾论》,为中国共产党确立了正确的思想路线、领导方法和工作方法,丰富和发展了马克思主义哲学。(参见秦淑贞、盛继红编《中国共产党大事记》,中国人民大学出版社1991年版)

7月1日,国民政府教育部划分全国为15个义务教育视导区,实施三级视导办法,教育部、省、市县一律增设义务教育视导员。

是日,伪满民生部发布《社会教育规程》。

按:《规程》重申奴化教育的指导方针,即"以建国精神为指导,阐明王道德治之理想,充分认识国家政治,促进日满亲善,发扬东方文化之精粹,启导自治自强之精神,矫正民风,善导思想,增进国民知识技能,培养优美刚健体魄。"(参见中央教育科学研究所编《中国现代教育大事记1919—1949》,教育科学出版社1988年版)

是日,伪满洲总务厅把下设的情报处改组为弘报处,统一管理文学、艺术、新闻出版。

按:1940年12月21日,伪满国务院扩充总务厅弘报处,解散弘报协会,由弘报处直接管理和控制新闻事业,并将伪治安部对电影、新闻、出版的审查和伪外交部的对外宣传,一并划归弘报处管辖。(参见吴永贵《民国图书出版史编年:1912—1949》,社会科学文献出版社2018年版)

7月6日,延安《新中华报》发布中国共产党陕甘宁边区委员会在民主的普选运动中所提出的《民主政府施政纲领》16条。

7月7日夜,日军在卢沟桥回龙庙附近进行挑衅性的军事演习,随后向卢沟桥一带中国军队开火,中国守军第29军奋起还击,史称"七七"事变。全国抗日战争全面爆发。

按:"七七"事变后,教育界和各界人民一道迅即掀起抗日救亡爱国运动热潮。北平师生到前线劳军,并组织宣传队、募捐团、看护队、服务队等支援抗战。(参见中央教育科学研究所编《中国现代教育大事记1919—1949》,教育科学出版社1988年版)

是日,中国儿童教育学会年会与中国教育学会在清华大学举行联合大会开幕式。儿童教育学会在清华大学召开,教育学会在北平师范大学召开。

7月8日,中共中央向全国发出《中国共产党为日军进攻卢沟桥通电》,号召全中国同胞和军队团结起来,筑成民族统一战线的坚固长城,抵抗日本的侵略。

是日,国民政府公布《修正出版法》,共54条。

按:第一章　总则

第一条　本法称出版品者,谓用机械印版或化学之方法所印制,而供出售或散布之文书、图画。

第二条　出版品分下列三种:(一)新闻纸　指用一定名称,其刊期每日或隔六日以下之期间,继续发行者而言。(二)杂志　指用一定名称,其刊期每星期或隔三月以下之期间,继续发行者而言,但其内容以登载时事为主要者,仍视为新闻纸。(三)书籍及其他出版品　凡前二款以外之一切出版品属之。新闻纸或杂志之号外或增刊、副刊等,视为新闻纸或杂志。

第三条　本法称发行人者,谓主办出版品之人。

第四条　本法称著作权人者,谓著作文书、图画之人。笔记他人之演述,登载于出版品,或令人登载之者,其笔记之人,视为著作人。但演述人予以承诺者,应同负著作人之责任。关于著作物之编纂,其编纂人视为著作人,但原著人予以承诺者,应同负著作人之责任。关于著作物之翻译,其翻译人视为著作人,关于专用学校、公司、会所或其他团体名义著作之出版品,其学校、公司、会所或其他团体之代表人视为著作人。新闻纸所登载广告、启事,以委托登载人为著作权人。如委托登载人不明或无负民事责任之能力者,以发行人为著作人。

第五条　本法称编辑人者,谓掌管编辑新闻纸或杂志之人。

第六条　本法称印刷人者,谓主管印刷事业之人。

第七条　本法称地方主管官署者,在省为县政府或市政府,在直隶于行政院之市为社会局。

第八条　出版品于发行时,应由发行人分别呈缴下列机关各一份。(一)内政部;(二)中央宣传部;(三)地方主管官署;(四)国立图书馆及立法院图书馆。改订增删原有之出版品而为发行者,亦同。党政机关之出版品,应依前二项规定,分别寄送。

第二章　新闻纸及杂志

第九条　为新闻纸或杂志之发行者,应由发行人于首次发行前,填具登记声请书,呈有发行所所在地之地方主管官署,于十五日内转呈省政府或直隶于行政院之市政府核准后,始得发行。省政府或直隶于行政院之市政府,接到前项登记声请书后,除特别情形外,应于二十八日内核定之。并转请内政部发给登记证。内政部于发给登记证后,应将登记声请书抄送中央宣传部。登记声请书应载明事项如左:(一)新闻纸或杂志之名称;(二)社务组织;(三)资本数目及经济状况;(四)刊期,发行新闻纸者并应载明其版数;(五)发行所及印刷所之名称及所在地;(六)发行人及编辑人之姓名、年龄、经历及住所。

第十条　第九条所定应声请登记之事项有变更者,其发行人应于变更后七日内,按照登记时之程序,声请变更登记。前项变更登记之声请,如系变更新闻纸或杂志之名称或发行人者,应附缴原领登记证,按照第九条之规定,重行登记。

第十一条　第九条及第十条之登记,不收费用。

第十二条　新闻纸中专以发行通讯稿为业者,地方主管官署于必要时,得派员检查其社务组织及发行状况。

第十三条　有下列情形之一者,不得为新闻纸或杂志之发行人或编辑人。(一)国内无住所者;(二)禁治产者;(三)被处徒刑或一月以上之拘役在执行中者;(四)剥夺公权者。

第十四条　有下列情形之一者,得禁止其为新闻纸或杂志之发行人或编辑人。(一)因违反第二十一条之规定受刑事处分者。(二)因贪污或欺诈行为受刑事处分者。

第十五条　新闻纸或杂志废止发行者,原发行人应按照登记时之程序,声请注销登记。新闻纸逾所定刊期已满三个月,杂志逾所定刊期已满六个月尚未发行者,视为废止发行。

第十六条　新闻纸或杂志,应记载发行人之姓名、登记证号数、发行年月日、发行所、印刷所之名称及所在地。

第十七条　新闻纸或杂志登载之事项,本人或直接关系人,请求更正或登载辩驳书者,在日刊之新闻纸,应于接到请求后三日内更正或登载辩驳书。在其他新闻纸或杂志,应于接到请求后第二次发行前为之。但其更正或辩驳之内容,显违法令,或未记清请求人之姓名、住所,或自原登记之日逾六个月而始行请求者,不在此限。更正或辩驳之登载,其地位应与原文所登载者相当。

第三章　书籍及其他出版品

第十八条　书籍或其他出版品,应于其末幅记载著作人、发行人之姓名、住所,发行年月日,发行所、印刷所之名称及所在地。

第十九条　通知书、章程、营业报告书、目录、传单、广告、戏单、秩序单、各种表格、证书、证券及照片,不适用第八条之规定。

第二十条　有关政治之传单或标语,非经地方主管官署许可,不得印刷发行。

第四章　出版品登记事项之限制

第二十一条　出版品不得为下列各款言论或宣传记载:(一)意图破坏中国国民党或违反三民主义者;(二)意图颠覆国民政府或损害中华民国利益者;(三)意图破坏公共秩序者。

第二十二条　出版品不得为妨害善良风俗之记载。

第二十三条　出版品不得登载禁止公开诉讼事件之辩论。

第二十四条　战时或遇有变乱及其他特殊必要时,得依国民政府命令之所定,禁止或限制出版品关于政治、军事、外交或地方治安事项之登载。

第二十五条　以广告、启事等方式登载于出版品者,应受前四条所规定之限制。

第五章　行政处分

第二十六条　不为第九条之声请登记,或就应登记之事项为不实之陈述,而发行新闻纸或杂志者,得停止该新闻纸或杂志之发行。不为第十条之声请变更登记而发行新闻纸或杂志者,得于其为合法之声请登记前,停止该新闻纸或杂志之发行。

第二十七条　前条所定之处分,其出版品在县政府或市政府所在地发行者,应同时由该县政府或市政府呈请省政府核准。在省政府或直隶于行政院之市政府所在地发行者,应同时由该省政府或市政府咨请内政部核准,方得执行。省政府核准执行者,应咨报内政部备案。

第二十八条　内政部认为出版品载有第二十一条所列事项之一,或违背第二十四条所定禁止或限制之事项者,得指明该事项,禁止出版品之出售及散布,并得于必要时扣押之。依前项之规定扣押之出版品,如经发行人之请求,得于删除该事项之记载或禁令解除时返还之。第一项所定,其情节轻微者,得由地方主管官署,呈准该管省政府或市政府,予以警告,并由该省政府或市政府转报内政部。

第二十九条　地方主管官署查有前条第一项之出版品,如认为必要时,得暂行禁止该出版品之出售散布,或暂行扣押,同时呈由省政府或直隶于行政院之市政府,转报内政部核办。

第三十条　前条所定处分,其出版品如为新闻纸或杂志,在县政府或市政府所在地发行者,应由该县政府或市政府呈请省政府核办。在省政府或直隶于行政院之市政府所在地发行者,应由该省政府或市政府咨请内政部核办。

第三十一条　国外发行之出版品,有应受第二十八条第一项或第三十四条第一项处分之情形者,内政部得禁止其进口。依前项规定禁止进口之出版品,省政府或市政府得于其进口时扣押之。

第三十二条　因新闻纸或杂志所载事项,依第二十八条第一项所定之处分,而其情节重大者,内政部得定期或永久停止其新闻纸或杂志之发行。违背前项禁止而发行之新闻纸或杂志,地方主管官署应扣押之。

第三十三条　扣押书籍或其他出版品,于必要时,得并扣押其底版。依前项规定扣押之底版,准用第二十八条第二项之规定。

第三十四条　出版品之记载,除有触犯刑法规定应依法办理外,其有违反第二十二条之规定,情形较为重大者,内政部或地方主管官署呈经内政部核准,得禁止其出售、散布,并得于必要时扣押之。前项出版品,如为新闻纸或杂志,并得定期停止其发行。

第三十五条　发行人违反第八条第一项或第二项之规定,不呈缴出版品者,处三十元以下罚金。

第三十六条　发行人不为第九条或第十条之声请登记,而发行新闻纸或杂志者,处一百元以下罚金。

第三十七条　第十三条各款所列之人,或因第十四条各款情形之一而受禁止之人,发行或编辑新闻纸或杂志者,处一百元以下罚金。

第三十八条　发行人违反第十五条第一项之规定者,处二十元以下罚金。

第三十九条　出版品不为第十六条或第十八条所定之记载,或记载不实者,处发行人一百元以下罚金。

第四十条　编辑人违反第十七条之规定者,处一百元以下罚金。

第四十一条　新闻纸因本章所定之行政处分,向处分机关之上级官署诉愿时,该官署应于接受诉愿或十日内,予以决定。

第六章　罚则

第四十二条　发行人或印刷人违反第二十条之规定者,处一百元以下罚金。

第四十三条　违反第二十一条之规定者,处发行人、编辑人、著作人及印刷人一年以下有期徒刑、拘役或一千元以下罚金,但其他法律规定有较重之处罚者,依其规定。

第四十四条　违反第二十二条或第二十三条之规定者,处编辑人或著作人拘役或三百元以下罚金。

第四十五条　违背第二十四条所定之禁止或限制者,处发行人、编辑人、著作人及印刷人一年以下有期徒刑、拘役或一千元以下罚金。

第四十六条　出版品为新闻纸或杂志时，著作人受第四十三条处罚者，以对于其事项之登载具名负责者为限。受第四十五条处罚之著作人亦同。

第四十七条　违背第二十六条所定之禁止发行命令而发行新闻纸或杂志者，处二百元以下罚金。

第四十八条　妨害第二十九条所定扣押处分之执行者，处二百元以下罚金。

第四十九条　发行人违背第二十八条第一款所定之禁止者，处一年以下有期徒刑、拘役或一千元以下罚金。其知情而出售或散布该项出版品者，处六个月以下有期徒刑、拘役或五百元罚金。违背第三十一条第一项所定之禁止，及知情而输入、出售或散布该项出版品者，准用前项规定，分别处罚。

第五十条　妨害第二十八条第一项、第三十一条第二项、第三十二条第二项、第三十三条所定扣押处分之执行者，处六个月以下有期徒刑、拘役或五百元以下罚金。

第五十一条　发行人违背第三十二条第一项之禁止者，处一年以下有期徒刑、拘役或一千元以下罚金。其知情而出售或散布该项新闻纸或杂志者，处六个月以下有期徒刑、拘役或五百元以下罚金。

第五十二条　本法所定各罚之追诉权，逾一年而不行使者，因时效而消灭。第四十三条、第四十五条之情形，其追诉权之时效期间，自发行日起算。

第七章　附则

第五十三条　本法施行细则由内政部定之。

第五十四条　本法自公布日施行。（叶再生《中国近代现代出版通史》第三卷，华文出版社2002年版）

7月9日，蒋介石开始在庐山举行国是谈话会，分别分批邀请各界人士参加，包括国民党各方面军政要员和著名大学校长等。

是日，国民政府教育部在庐山举办教育人员训练。全国中等学校校长、训育主任及县教育局局长等千余人参加。同时，召开大学校长、教授谈话会，征求对政治、教育等方面的意见。

按：训练分4期进行，每期15天。训练内容主要是精神讲话及专门学术讲演。（参见中央教育科学研究所编《中国现代教育大事记1919—1949》，教育科学出版社1988年版）

是日，中国工农红军领导人毛泽东、朱德、彭德怀、贺龙等致电蒋介石，要求全国总动员进行抗日斗争。

7月10日，中国文化建设协会举行第一届全国代表大会。

7月11日，日本首相近卫文麿召开紧急会议，决定采取紧急措施，立即向华北增兵。

是日，中国教育学会等14个学术团体联合办事处召开紧急会议，议决拒绝出席本年世界教育会议，并就该会议准许伪"满洲国"参加提出抗议。（参见中央教育科学研究所编《中国现代教育大事记1919—1949》，教育科学出版社1988年版）

是日，宪政协会在上海成立。

7月15日，中共向国民党提交《中国共产党为公布国共合作宣言》。该《宣言》以团结抗日、实行民主政治为主旨，并提出了取消苏维埃政府、改编红军为国民革命军等具体建议。

7月16日，庐山谈话会在牯岭图书馆举行，国民党党政要员以及大学校长、著名学者蒋介石、汪精卫、冯玉祥、张群、陈立夫、蒋百里、居正、李烈钧、戴季陶、于右任、蒋梦麟、竺可桢、傅斯年、胡适、马寅初、邵力子等158人出席会议。汪精卫任主席并致词，蒋介石阐明准备抗战的方针，张君劢、张志让、王云五、张寿镛、江恒源等相继发言。

7月17日，蒋介石就卢沟桥事变发表《对卢沟桥事件之严正声明》，宣布对日作战，指出"再没有妥协的机会，如果放弃尺寸土地与主权，便是中华民族的千古罪人""如果战端一开，那就是地无分南北，人无分老幼，无论何人，皆有守土抗战之责任，皆抱定牺牲一切之决心。我们只有牺牲到底，抗战到底，惟有'牺牲到底'的决心，才能博得最后的胜利"。

按:《对卢沟桥事件之严正声明》全文如下:中国正在外求和平,内求统一的时候,突然发生了卢沟桥事变,不但我国举国民众悲愤不止,世界舆论也都异常震惊。此事发展结果,不仅是中国存亡的问题,而将是世界人类祸福之所系。诸位关心国难,对此事件,当然是特别关切,兹将关于此事件之几点要义,为诸君坦白说明之。

第一,中国民族本是酷爱和平,国民政府的外交政策,向来主张对内求自存,对外求共存。本年2月三中全会宣言,于此更有明确的宣示。近两年来的对日外交,一秉此旨,向前努力,希望把过去各种轨外的乱态,统统纳入外交的正轨,去谋正当解决,这种苦心与事实,国内大都可共见。我常觉得,我们要应付国难,首先要认识自己国家的地位。我们是弱国,对自己国家力量要有忠实估计,国家为进行建设,绝对的需要和平,过去数年中,不惜委曲忍痛,对外保持和平,即是此理。前年五全大会,本人外交报告所谓:"和平未到根本绝望时期,决不放弃和平,牺牲未到最后关头,决不轻言牺牲。"

跟着今年二月中全会对于"最后关头"的解释,充分表示我们对于和平的爱护。我们既是一个弱国,如果临到最后关头,便只有拼全民族的生命,以求国家生存;那时节再不容许我们中途妥协,须知中途妥协的条件,便是整个投降,整个灭亡的条件。全国国民最要认清,所谓最后关头的意义,最后关头一到,我们只有牺牲到底,抗战到底,唯有"牺牲到底"的决心,才能博得最后的胜利。若是彷徨不定,妄想苟安,便会陷民族于万劫不复之地!

第二,这次卢沟桥事件发生以后,或有人以为是偶然突发的,但一月来对方舆论,或外交上直接间接的表示,都使我们觉到事变发生的征兆。而且在事变发生的前后,还传播着种种的新闻,说是什么要扩大塘沽协定的范围,要扩大冀东伪组织,要驱逐第二十九军,要逼迫宋哲元离开,诸如此类的传闻,不胜枚举。可想见这一次事件,并不是偶然。从这次事变的经过,知道人家处心积虑的谋我之亟,和平已非轻易可以求得;眼前如果要求平安无事,只有让人家军队无限制的出入于我们的国土,而我们本国军队反要忍受限制,不能在本国土地内自由驻在,或是人家向中国军队开枪,而我们不能还枪。换言之,就是人为刀俎,我为鱼肉! 我们已快要临到这极人世悲惨之境地。这在世界上稍有人格的民族,都无法忍受的。我们的东三省失陷,已有了6年之久,继之以塘沽协定,现在冲突地点已到了北平门口的卢沟桥。如果卢沟桥可以受人压迫强占,那么我们百年故都,北方政治文化的中心与军事重镇的北平,就要变成沈阳第二! 今日的北平若果变成昔日的沈阳,今日的冀察,亦将成为昔日的东三省! 北平若可变成沈阳,南京又何尝不可变成北平! 所以卢沟桥事变的推演,是关系中国国家整个的问题,此事能否结束,就是最后关头的境界。

第三,万一真到了无可避免的最后关头,我们当然只有牺牲,只有抗战! 但我们的态度只是应战,而不是求战;应战,是应付最后关头,逼不得已的办法。我们全国国民必能信任政府已在整个的准备中,因为我们是弱国,又因为拥护和平是我们的国策,所以不可求战;我们固然是一个弱国,但不能不保持我们民族的生命,不能不负起祖宗先民所遗留给我们历史上的责任,所以到了必不得已时,我们不能不应战。至于战争既开之后,则因为我们是弱国,再没有妥协的机会,如果放弃尺寸土地与主权,便是中华民族的千古罪人! 那时便只有拼民族的生命,求我们最后的胜利。

第四,卢沟桥事件能否不扩大为中日战争,全系于日本政府的态度,和平希望绝续之关键,全系于日本军队之行动,在和平根本绝望之前一秒钟,我们还是希望和平的,希望由和平的外交方法,求得卢事的解决。但是我们的立场有极明显的四点:(一)任何解决,不得侵害中国主权与领土之完整;(二)冀察行政组织,不容任何不合法之改变;(三)中央政府所派地方官吏,如冀察政务委员会委员长宋哲元等,不能任人要求撤换;(四)第二十九军现在所驻地区,不能受任何的约束。这四点立场,是弱国外交最低限度,如果对方犹能设身处地为东方民族作一个远大的打算,不想促成两国关系达于最后关头,不愿造成中日两国世代永远的仇恨,对于我们这最低限度之立场,应该不至于漠视。

总之,政府对于卢沟桥事件,已确定始终一贯的方针和立场,且必以全力固守这个立场,我们希望和平,而不求苟安;准备应战,而决不求战。我们知道全国应战以后之局势,就只有牺牲到底,无丝毫侥幸求免之理。如果战端一开,那就是地无分南北,年无分老幼,无论何人,皆有守土抗战之责任,皆应抱定牺牲一切之决心。所以政府必特别谨慎,以临此大事;全国国民亦必须严肃沉着,准备自卫。在此安危绝续之交,唯赖举国一致,服从纪律,严守秩序。希望各位回到各地,将此意转达于社会,俾咸能明了局势,效忠国家,这是兄弟所恳切期待的。蒋中正1937年7月17日

是日,中共代表周恩来、秦邦宪、林伯渠等同国民党代表蒋介石、张冲、邵力子等在庐山举行会谈。中共代表提议以《宣言》为两党合作的政治基础。

是日,国民政府教育部颁布《学龄儿童强迫入学暂行办法》。

7月19日,国民政府颁令推进美术事业计划。

7月21日,中共中央发出《关于目前形势的指示》,重申立刻开放党禁,实现国共两党亲密合作,集中抗战的军事领导,实行全国总动员,采取攻势防御方针,大规模组织民众与武装民众,开展敌后抗日游击战争;立即使中央政府、地方政府的机构民主化,容纳各党、各派代表参加国民会议与政府。

7月23日,中共中央发表《为日本帝国主义进攻华北第二次宣言》。毛泽东发表《反对日本进攻的方针、办法和前途》,提出坚决抗战的八大纲领。

7月25日,东北抗联第一路军总司令部发布《为响应中日大战告东北同胞书》。

是日,上海编辑人协会成立,谢六逸任主席。

7月28日,日军猛攻北平南苑,守军将领第29军副军长佟麟阁和第132师师长赵登禹先后殉国。

是日,由蔡元培、潘公展、厉麟似、胡愈之等上海文化界知名人士发起的上海文化界救亡协会成立,宗旨是联合文化界爱国人士,开张抗日救国运动。成立大会上共推选蔡元培、潘公展、厉麟似、胡愈之、张元济、黎照寰、萨空了、周剑云、应云卫、赵景深、茅盾、张志让、沈兹九、谢六逸、陈克成、严谔声、巴金、黎烈文、欧阳予倩等83人为理事;潘公展、胡愈之、张志让等15人为常务理事。该协会的会长是国民党中宣部副部长潘公展。

按:上海市文化界救亡协会下设总务、经济、组织、宣传四个部门。国民党人主要组织和负责总务和经济两个部门,经济部长为周寒梅,总务部长为吴汉。共产党人负责组织和宣传两个部,分别由钱俊瑞和张志让任部长。

是日,国民政府内政部修正公布《出版法施行细则》,共第28条。

按:出版法施行细则:

第一条　本细则依出版法第五十三条之规定订定之。

第二条　出版法及本细则,关于地方主管官署之规定,于特区行政公署或设治局准用之。

第三条　出版品审核标准,除依出版法第四章各条规定者外,并适用中央关于出版品之各项决议。

第四条　出版法第二条第一项第二款所称视为新闻纸者,以通常登载时事新闻地位在全部篇幅三分之二以上为标准。依前项标准计算时,应将登载之广告除去。

第五条　同一新闻纸或杂志,另在他地出版发行者,视为独立之新闻纸或杂志。

第六条　出版法第九条第二项第三款所定登记声请书,应载明之资本数目,如系刊行新闻纸者,得依照下列规定定其额数:一、在人口百万以上之省政府或市政府所在地刊行报纸者一万元以上;刊行通讯稿者,三千元以上。二、在人口未满百万之省政府或市政府所在地刊行报纸者,六千元以上;刊行通讯稿者,一千元以上。三、在特区行政公署县政府或设治局所在地刊行报纸者,一千元以上;刊行通讯稿者,二百元以上。但该地向无报社或通讯社之设立而创刊报纸者,得减低至五百元以上,创刊通讯稿者,得减低至一百元以上。新闻纸在前项第一款至第三款所定区域以外之地方刊行者,其资本额数得由省市政府或特区行政公署酌定,分别咨呈内政部查核备案。

第七条　出版法修正施行前已登记之新闻纸,应于出版法修正施行后六个月内,依照前条规定,补行资本额数登记之声请。不依前项规定限期补行资本额数登记之声请者,得依出版法第二十六条之规定,停止该新闻纸之发行。

第八条　出版法第九条第二项第六款所定登记声请书应载明之经历,如为新闻纸之发行人时,以具有下列资格之一者为合格:一、在教育部认可之国内外大学或专科学校毕业,得有证书者;二、在教育部认可之高级中学毕业,并服务新闻事业三年以上,有证书者;三、在新闻事业之主管机关服务三年以上,有证明文件者;四、服务新闻事业五年以上,有相当证明者。

第九条　新闻纸或杂志发行人,依出版法第九条声请登记时,应照规定格式填具登记声请书四份为之。

第十条　地方主管官署,于依出版法第九条第一项呈转新闻纸或杂志之登记声请时,应送当地同级党部审查同意后,于登记声请书内加具意见,以一份存查,三份呈送省政府或直隶于行政院之市政府。

第十一条　省政府或直隶于行政院之市政府,于依出版法第九条第二项核定新闻纸或杂志之登记声请时,应送当地同级党部审查同意后,除不予核转登记者,得迳行饬知并咨报内政部外,其准予核转登记者,于登记声请书内加具意见,以一份存查,二份咨送内政部。

第十二条　内政部接到前条登记文件,应送中央宣传部审查同意后,发给登记证。

第十三条　前四条规定,于新闻纸或杂志变更登记或注销登记时准用之。

第十四条　新闻纸或杂志因转让发行而声请变更登记者,应由前发行人与新发行人共同具名声请之。

第十五条　地方主管官署,于已核准登记之新闻纸或杂志,应将登记声请书抄送该管警察机关;其变更登记或注销登记时亦同。

第十六条　地方主管官署,于依出版法第十二条检查通讯社之社务组织及发行状况时,应将检查结果呈报省政府或直隶于行政院之市政府,转报内政部,并由内政部函达中央宣传部。

第十七条　新闻纸或杂志依出版法第十六条应记载之登记证号数,在声请核准后、未领到登记证前,应记载声请核准之年月日。不为前项所定之记载,或记载不实者,准用出版法第三十九条之规定处罚之。

第十八条　登记证因遗失或损坏时,其发行人应即登报声明作废,并检同所登声明报纸,呈请地方主管官署转请补发之。违反前项规定者,准用出版法第三十八条之规定处罚之。

第十九条　出版法第八条第一项第四款所称国立图书馆,以国立中央图书馆及国立北平图书馆为限。

第二十条　发行人依出版法第八条第一项或第二项呈缴出版品时,应制备出版品呈缴簿,盖用邮政机关或呈缴机关之递寄或收受戳记,以备查考。

第二十一条　中央宣传部如发现出版品有应受出版法处分之情形,得函请内政部办理之。

第二十二条　出版法第二十六条所定陈述不实之停止处分,地方主管官署或省市政府,于依出版法第二十七条规定程序办理前,应令该发行人呈覆,并派员查明之。

第二十三条　地方主管官署,依出版法第二十八条第三项得予警告之出版品,以新闻纸及杂志为限。前项警告应以书面行之。

第二十四条　新闻纸及杂志因事暂行停刊时,其发行人应呈报地方主管官署,转报内政部,并由内政部函达中央宣传部。前项停刊日数,每年积计,在新闻纸不得逾三个月,在杂志不得逾六个月,违者得注销其登记。发行人违反第一项规定者,准用出版法第三十八条之规定处罚之。

第二十五条　有关政治之传单或标语,由党政机关发行者,得免除出版法第二十条规定之手续。

第二十六条　出版法及本细则所规定之声请书登记证等格式,另订之。

第二十七条　本细则如有未尽事宜,得由内政部修正之。

第二十八条　本细则自出版法施行之日施行。(叶再生《中国近代现代出版通史》第三卷,华文出版社 2002 年版)

7月29日,北平沦陷。日本侵略者在北平组织以江朝宗为委员长的治安维持会。

是日,日军轰炸南开大学,秀山堂、图书馆、文法学院、课堂、宿舍等均被炸毁。河北女师、河北工学院亦遭轰炸。南开大学校长张伯苓发表谈话:被炸者为南开之物质,而南开之精神将因此而益奋励。(参见中央教育科学研究所编《中国现代教育大事记1919—1949》,教育科学出版社1988年版)

7月30日,天津沦陷。日军侵占大沽。

7月31日,蒋介石发表《告抗战全军将士书》,声称"和平既然绝望,只有抗战到底"。

是日,蒋介石约见张伯苓,坚定表示:"南开为中国而牺牲,有中国即有南开。"

是日,救国会领导人沈钧儒、章乃器、邹韬奋、李公朴、沙千里、史良、王造时等七君子获释出狱。

是月,毛泽东发表《实践论》,提出"实践的观点是辩证唯物论的认识论的第一位"的基本观点。

按:毛泽东说:"通过实践而发现真理,又通过实践而证实真理和发展真理。从感性认识而能动地发展到理性认识,又从理性认识而能动地指导革命实践,改造主观世界和客观世界。实践、认识、再实践、再认识,这种形式,循环往复以至无穷,而实践和认识之每一循环的内容,都比较地进到了高一级的程度。这就是辩证唯物论的全部认识论,这就是辩证唯物论的知行统一观。"(《毛泽东选集》第1卷)

是月,苏联中央执行委员会民族院主席团通过决议,撤销全苏新字母中央委员会,认为它的任务已经完成。

是月,国民政府教育部颁发《战区内学校处置办法》。

是月,国民政府教育部订定《大学训练中等学校师资暂行办法》4条。

8月1日,宋美龄等发起的中国妇女慰劳自卫抗战将士总会在南京成立。

8月4日,广西省政府编译委员会正式成立。

8月5日,日军占领清华园。

是日,伪满公布《建国大学令》,任命国务总理大臣张景惠为建国大学总长,日本人作田庄一为副总长。

是日,伪满发表以东条英机为委员长的建国大学创设委员会制定的《建国大学纲要》。

按:《纲要》规定:"建国大学以养成体得建国精神之神髓,深究学问之蕴奥,躬行实践,为道义世界建设之先觉者之人材为目的。"建国大学学制6年,前期3年,后期3年,另设大学院和研究院。学生以日本人为主,兼收少量中国人。学生一律公费。开设课程有:精神训练。神道及皇道、儒教、修养论、武道训练、军事训练、人文科学、历史、地理。第一语学(满语、日语)、第二语学(英、法、俄、德等语言)。(参见中央教育科学研究所编《中国现代教育大事记1919—1949》,教育科学出版社1988年版)

8月7日晚,蒋介石以国防会议议长的身份在南京召开了一次中国历史上规模空前的国防联席会议,做出了全面抗战的正式决定。会议之后,全国范围内的战争动员、军事部署,战略制定和机构设置等工作开始陆续展开。

是日,国民政府教育部将中央电台教育播音节目一律改讲抗战时期工作及民众应用常识。

8月8日,教育部颁布《设立临时大学计划纲要(草案)》,规定:临时大学第一区设在长沙;临时大学筹备委员会设主席1人,由教育部长兼任,设秘书主任1人,常务委员3人,常务委员合组常务委员会商决一切。随后在南京成立长沙临时大学筹备委员会。

按:《教育部设立临时大学计划纲要草案》(1937年8月)全文如下:

一、政府为使抗敌期中战区内优良师资不至无处效力,各校学生不至失学,并为非常时期训练各种专门人才以应国家需要起见,特选定适当地点筹设临时大学若干所。

二、此项临时大学暂先设置下列一所至三所:(1)临时大学第一区——设在长沙;(2)临时大学第二区——设在西安;(3)临时大学第三区——地址在选择中。

三、各区临时大学之筹备,由政府组织筹备委员会办理之。

四、各区临时大学筹备委员会办理下列各项事宜:(1)临时大学校址之勘定;(2)科系之设置;(3)师资之吸收;(4)学生之容纳;(5)已有各种设备之利用及新设备之置设;(6)其他应行筹备事项。

五、各区临时大学筹备委员会设主席一人,由教育部长兼任;设秘书主任一人,常务委员三人,分别担任秘书、总务、教务及建筑设备四部分事务,其人选由教育部就筹备委员中指定之。常务委员合组常务委员会,依照委员会决定之计划纲领,商决一切具体方案。

六、各区临时大学之经费,由政府就战区内暂行停闭各校之原有经费及其他文化教育费项下拨充。其详由筹备委员会拟定,送请政府核定。

七、各区临时大学之教学应注重国防需要。其方案另行详定。(参见北京大学、清华大学、南开大学、云南师范大学编《国立西南联合大学史料1总览卷》,云南教育出版社1998年版)

8月9日,中共代表周恩来、朱德、叶剑英飞抵南京,参加国防会议及国防联席会议。

8月10日,国民政府教育部召集上海出版业负责人开会,宣布战争不可避免,几家大文化事业单位应悉数内迁,政府负责提供资助。(参见吴永贵《民国图书出版史编年:1912—1949》,社会科学文献出版社2018年版)

8月12日,国防最高会议成立,蒋介石任三军大元帅。

是日,国民党第五届中央委员会第50次常务会议修正通过《新闻检查标准》。

是日,国民政府教育部颁发《各级学校处理校务临时办法》19条,对战争期间有关学校的开学、停课、停闭,学生的转学、借读等问题作出临时规定。(参见中央教育科学研究所编《中国现代教育大事记1919—1949》,教育科学出版社1988年版)

8月13日,日军大举进攻上海江湾、闸北市区,扬言3个月灭亡中国,史称"八一三事变",又称"淞沪会战"。

按:"淞沪会战",又称八一三战役、第二次淞沪抗战,日本称为第二次上海事变,先后持续了三个月,是中日双方在抗日战争中的第一场大型会战,也是整个中日战争中进行的规模最大、战斗最惨烈的一场战役,旨在把日军由北向南的入侵方向引导改变为由东向西,以利于长期作战。尽管中国军队伤亡惨重,中日双方死伤不成比例,但其最大意义是使日军被迫转移战略主攻方向,粉碎了日本"三个月灭亡中国"的计划。资深外交官、国际法权威厉声教认为:"淞沪会战为上海和长江下游工厂与物资内迁赢得了时间,为中国坚持长期抗战起到重大作用。此后八年间,日军陷入泥沼般的持久战中不能自拔,最终被彻底击败。尽管如此,淞沪会战最终还是以上海和苏杭等城市及江浙一带的富饶土地的沦陷而告终。"沪松战争爆发后,上海和全国各地相继成立抗敌后援会、救亡协会、劳军团等爱国救亡组织,开展救亡活动。教育界人士致电抗日将士,誓作后盾。全国各级学校师生抗日爱国热情高涨,纷纷以实际行动投入救亡运动。(参见中央教育科学研究所编《中国现代教育大事记1919—1949》,教育科学出版社1988年版)

8月14日,国民政府发表《自卫抗战声明书》,指出"中国为日本无止境之侵略所逼迫,兹已不得不实行自卫,抵抗暴力",宣告"中国决不放弃领土之任何部分,遇有侵略,惟有实行天赋之自卫权以应之"。

8月15日,日本政府发表《帝国政府声明》,声称:为了惩罚中国军队之暴戾,促使南京政府觉醒,如今不得不采取断然措施。此举是为了"消灭类如此次事变所由发生之根源,并达到日、'满'、华三国融合和提携"之目的。

　　8月16日,国民政府下达国家总动员令,划全国为4个战区,建立战时体制。

　　8月17日,国民政府国防最高会议在南京汪精卫寓所召开,共邀张伯苓、蒋梦麟、黄炎培、张嘉森、张耀曾、沈钧儒、曾琦、李璜、蒋方震、梁漱溟、陶希圣、傅斯年、毛泽东、马君武、晏阳初、胡适等16人出席,汪精卫为主席。时在延安的中共领袖毛泽东由周恩来代表出席。

　　8月19日,教育部在南京举行会议,讨论在湖南长沙设立临时大学组织筹备委员会事宜。

　　8月下旬至10月初,暨南、复旦、同济、中央、中山各大学相继被日军轰炸,校舍被毁,员生伤亡,国内各界极为愤慨。中山大学校长邹鲁表示:"敌人轰炸之弹愈烈,吾人之敌忾愈炽。"(参见中央教育科学研究所编《中国现代教育大事记1919—1949》,教育科学出版社1988年版)

　　8月21日,中苏签订《中苏互不侵犯条约》。

　　8月22日,国民政府军事委员会正式宣布红军改编为国民革命军第八路军。

　　8月22—25日,中共中央在陕西洛川召开政治局扩大会议,张闻天主持会议,毛泽东代表中共中央政治局作了军事问题和国共两党关系问题的报告。会议讨论制定中国共产党在抗日战争时期的路线、方针和政策,决定成立以毛泽东为首的新的中共中央军事委员会,会议通过了毛泽东为中共中央宣传部门写的宣传鼓动提纲《关于目前形势与党的任务的决定》,并根据毛泽东的提议,通过著名的《中国共产党抗日救国十大纲领》,号召"在国共两党合作的基础上,建立全国各党各派各界各军的抗日民族统一战线,领导抗日战争,精诚团结,共赴国难"。

　　按:参加这次会议的中共中央政治局委员和候补委员有张闻天、毛泽东、朱德、周恩来、博古、任弼时、关向应、凯丰、彭德怀,部分红军领导及有关方面负责人刘伯承、贺龙、张浩、林彪、聂荣臻、罗荣桓、张文彬、肖劲光、周建屏、林伯渠、徐向前、傅钟等22人参加这次中共中央政治局扩大会议。

　　按:《中国共产党抗日救国十大纲领》:(一)打倒日本帝国主义:对日绝交,驱逐日本官吏,逮捕日本侦探,没收日本帝国主义在华财产,否认日本外债,废除日本条约;收回日本租界;为保卫华北与沿海各地而血战到底;为收复平津与东北而血战到底;驱逐日本帝国主义出中国;反对任何的动摇妥协。(二)全国军事的总动员:动员全国海陆空军实行全国抗战;反对单纯防御的消极作战方针,采取独立自主的积极作战方针;建立经常的国防会议,讨论与决定国防计划与作战方针;武装人民,发展抗日的游击战争,配合主力军作战;改革军队的政治工作,使指挥员与战斗员团结一致;军队与人民团结一致,发扬军队的积极性;援助东北人民革命军东北义勇军,破坏敌人的后方;实现一切抗战军队的平等待遇;建立全国各地军区,动员全民族参战,以便从雇佣兵役制转变为义务兵役制。(三)全国人民的总动员:全国人民除汉奸外,皆有抗日救国的言论、出版、集会、结社,及武装抗敌之自由;废除一切束缚人民爱国运动的旧法令,颁布革命的新法令;释放一切爱国的革命的政治犯,开放党禁;全中国人民动员起来武装起来,参加抗战,实行有力出力,有钱出钱,有枪出枪,有知识出知识;动员蒙民回民及其他一切少数民族,在民族自决和民族自治的原则下,共同抗日。(四)改革政治机构:召集真正人民代表的国民大会,通过真正的民主宪法,决定抗日救国方针,选举国防政府;国防政府必须吸收各党各派及人民团体的革命分子,驱逐亲日分子;国防政府采取民主集中制,他是民主的,但又是集中的;国防政府执行抗日救国的革命政策;实行地方自治,铲除贪官污吏,建立廉洁政府。(五)抗日的外交政策:在不丧失领土主权的范围内,与一切反对日本侵略主义的国家订立反侵略的同盟,及抗日的军事互助协定;拥护和平阵线,反对德日意侵略阵线;联合朝鲜台湾及日本国内的工农人民反对日本帝国主义。(六)战时的财政经济政策:财政政策以有钱出钱及没收汉奸财产作抗日经费为原则;经济政策是整顿与扩大国防生产,发展农村经济,保证战时农产品的自给;提倡国货,改良土产,禁绝日货,取缔奸商,反对投机操纵。(七)改良人民生活:改良工人农民职员教员及抗日军人的待遇;优待抗日军人的家属;废除苛捐杂税;减租减息;救济失业;调节粮食;赈济灾荒。抗日的教育政策:改变教育的旧制度旧课程,实行以抗日救国为目标的新制度新课程;实施普及的义务的免费的教育方案,提高人民民族觉悟的程度;实行全国学生的武装训练。(九)肃清汉奸卖国贼亲日派,巩固后方。(十)抗日的民族团结:在国共两党彻底合作的基础上,建立全国各党各派各界各军的抗日民族统一战线,领导抗日战争,精诚团结,共赴国难。(1937年9月13日出版的《解放》第1卷第16期)

8月25日,中共中央军委发布命令,将中国工农红军改编为国民革命军第八路军,朱德任总司令,彭德怀任副总指挥,叶剑英任参谋长,任弼时任政治部主任,邓小平任政治部副主任,下辖3个师:第一一五师、第一二〇师、第一二九师。八路军随即开赴抗日前线。

8月27日,国民政府教育部颁发《总动员时督导教育工作办法纲领》,其要点有:一是要求学校增加容量收容战区学生,开设的课程要考虑国防的需要,学校可成立战时服务团体;二是力求在战争状态下保持正常的教学秩序。(参见薛毅《王世杰传》及附录《王世杰生平大事年表》《王世杰著述目录》,武汉大学出版社2010年版)

8月28日,教育部高等教育司分函北京大学、清华大学、南开大学,指定蒋梦麟、张伯苓、梅贻琦为长沙临时大学筹备委员会常务委员,杨振声为筹委会秘书主任。筹委会委员有湖南省教育厅厅长朱经农和湖南大学校长皮宗石。教育部部长王世杰任筹委会主席。

是月,毛泽东发表《矛盾论》,指出事物的矛盾法则即对立统一的法则是唯物辩证法最根本的法则。

按:毛泽东说:"事物矛盾的法则,即对立统一的法则,是自然和社会的根本法则,因而也是思维的根本法则。它是和形而上学的宇宙观相反的。它对于人类的认识史是一个大革命。按照辩证唯物论的观点看来,矛盾存在于一切客观事物和主观思维的过程中,矛盾贯串于一切过程的始终,这是矛盾的普遍性和绝对性。矛盾着的事物及其每一个侧面各有其特点,这是矛盾的特殊性和相对性。矛盾着的事物依一定的条件有同一性,因此能够共居于一个统一体中,又能够互相转化到相反的方面去,这又是矛盾的特殊性和相对性。然而矛盾的斗争则是不断的,不管在它们共居的时候,或者它们互相转化的时候,都有斗争的存在,尤其是在它们互相转化的时候,斗争的表现更为显著,这又是矛盾的普遍性和绝对性。当着我们研究矛盾的特殊性和相对性的时候,要注意矛盾和矛盾方面的主要的和非主要的区别;当着我们研究矛盾的普遍性和斗争性的时候,要注意矛盾的各种不同的斗争形式的区别。否则就要犯错误。如果我们经过研究真正懂得了上述这些要点,我们就能够击破违反马克思列宁主义基本原则的不利于我们的革命事业的那些教条主义的思想;也能够使有经验的同志们整理自己的经验,使之带上原则性,而避免重复经验主义的错误。这些,就是我们研究矛盾法则的一些简单的结论。"(《毛泽东选集》第1卷)

8月31日,中央大学校长罗家伦向日内瓦"知识合作委员会"陈讼。

是月,北平、天津沦陷后,部分华北学生抵达南京,组成平津流亡同学会,请求政府救济。天津、保定沦陷后,河北农学院、工学院、医学院及水产专科学校相继停办。战事扩展,山东大学、山东农学院亦陆续停办。"八一三"后,上海吴淞商船专科学校、上海体育专科学校等校亦停办。(参见中央教育科学研究所编《中国现代教育大事记1919—1949》,教育科学出版社1988年版)

是月,《满洲学童》月刊发刊,由伪满帝国教育会主办。

是月,云南昆明新文字研究会成立,创办《新文字月刊》。

9月3日,清华大学办事处在湖南长沙成立。

9月4日,国民政府修正颁布《危害民国紧急治罪法》。

9月6日,根据国共两党达成的协议,中国共产党将陕甘宁苏维埃根据地更名为陕甘宁边区,辖陕西、甘肃、宁夏的23个县。边区首府在延安,为中共中央、中央军委所在地。林伯渠任陕甘宁边区主席。

是日,伪天津市治安维持会社会局派人到市图书馆、各通俗图书馆和阅报所检查书报,凡有抗日色彩和进步内容的书报刊物一律没收焚毁。(参见吴永贵《民国图书出版史编年:1912—1949》,社会科学文献出版社2018年版)

9月8日,教育部以北京大学、清华大学与南开大学为基干设立国立长沙临时大学,派张伯苓、蒋梦麟、梅贻琦、杨振声、胡适、何廉、周炳琳、傅斯年、朱经农、皮宗石为筹备委员会委员;以北平大学、北平师范大学、北洋工学院等校为基干,设立国立西安临时大学,派徐诵明、李蒸、李书田、童冠贤、陈剑翛、周伯敏、辛树帜为筹备委员会委员。

9月9日,林伯渠、吴玉章、董必武、徐特立、成仿吾、张云逸等26人发起建立陕北公学,由成仿吾任校长。

9月10日,教育部发出第16696号令:"以北京大学、清华大学、南开大学和中央研究院的师资为基干,成立长沙临时大学;以北平大学、北平师范大学、北洋工学院和北平研究院等院校为基干,设立西安临时大学。"

9月11日,军事委员会调整战区战斗序列,改第八路军为第十八集团军,但习惯上仍称八路军。

是日,国民政府教育部令发《学校及教育机关劝募救国公债办法》5条。

9月12日,中国政府代表顾维钧在国际联盟大会上对日本侵华提出申诉书。

是日,国民政府教育部颁发《高中以上学校学生战时后方服务组织与训练办法大纲》13条。

9月13日,山西大同沦陷。中国军队同日军展开"太原会战",主要包括平型关战役、忻口战役、娘子关战役、太原保卫战等,至11月8日结束。

按:"太原会战"历时近两月,是中国第二战区部队同日军华北方面军在山西省北部、东部和中部地区进行的大规模的战略性防御战役,为中日双方在华北进行的第一场大规模会战,也是抗战初期华北战场上规模最大、战斗最激烈、持续时间最长、战绩最显著的一次会战,从此国民革命军在华北的正面战争宣告结束。(参见李巨廉、金重远《第二次世界大战百科词典》,上海辞书出版社1994年版)

是日,长沙临时大学筹备委员会召开第一次会议,北京大学、清华大学、南开大学三校校长为当然委员,另有北京大学胡适、清华大学顾毓琇、南开大学何廉、中央研究院史语所所长傅斯年、湖南大学校长皮宗石、湖南省教育厅长朱经农等为委员,教育部部长王世杰为主任委员。会议推荐蒋梦麟负责总务,梅贻琦负责教务,张伯苓负责建筑设备。

9月16日,长沙临时大学常务委员会召开第一次会议。常委由北京大学校长蒋梦麟、清华大学校长梅贻琦、南开大学校长张伯苓及秘书主任杨振声组成,下设教务处,由清华大学教授潘光旦负责;训导处由南开大学教授黄钰生负责;总务处由北京大学教授樊际昌负责。

9月17日,长沙临时大学设立教室宿舍设备委员会,推定黄钰生、樊际昌、侯洛荀、陈隆钟、舒余为该委员会委员,由黄钰生负责召集。

9月18日,长沙临时大学常务委员会第二次会议决定,设立课程委员会,推定梅贻琦、樊际昌、黄钰生、潘光旦、冯友兰、吴有训、陈岱孙、顾毓琇、饶毓泰、叶公超、张忠绂、杨石先、方显廷为委员,由梅贻琦负责召集。

9月19日,上海编辑人协会、上海各界抗敌后援会设计委员会、文化界救亡协会宣传部召开编辑人及著作人会议,讨论战时出版界动员计划。

9月20日,上海复旦、大同、大夏、光华四所大学在江西贵溪设立联合大学。

9月22日,国民党中央通讯社发表延搁已久的《中共中央为公布国共合作宣言》。

9月23日,蒋介石发表对中共宣言之谈话,承认中国共产党的合法地位,国共两党第二次合作正式形成。

9月24日,山东济南沦陷。

9月25日,日军第五师团第二十一旅团在平型关一带遭到八路军一一五师伏击,将该部日军1000余人全部歼灭,并缴获大批军用物资。此为抗战以来中国军队的第一次胜利。

9月26日,蒋介石致电嘉奖平型关大捷。

9月28日,长沙临时大学启用国立长沙临时大学关防。

9月29日,毛泽东发表《国共合作成立后的迫切任务》,提出抗日需要一个共同纲领。

是月,国民或府教育部颁发《留日返国学生救济办法》4条。

是月,国民政府教育部令留日学生一律回国。

是月,远东边区新字母委员会撤销。

是月,陕甘宁边区中央教育部规定9月为识字运动月。

10月1日,日本首相、外相、陆相、海相四相会议,决定了《处理中国事变纲要》,声称:"本意在于使这次事变行动取得成果与外交措施得宜的配合下尽快结束,使中国取消抗日政策和容共政策,在日华之间建立真正明朗而永久的邦交,以期实现日满华的和睦与共荣。根据形势,为了能够长期使用兵力,探讨与此有关的必要措施。"

10月2日,中共与国民党协议商定,将红军北上后留在南方湘、赣、闽、粤、浙、鄂、豫、皖8省边界13个地区的红军游击队改编为国民革命军新编第四军(简称"新四军"),下辖4个支队。任命叶挺为军长,项英为副军长。

10月6日,美国国务院发表宣言,斥责日本在华侵略行为实际破坏《九国公约》与《非战公约》。

10月9日,广西建设研究会正式成立,李宗仁任会长,白崇禧、黄旭初任副会长。参与者尚有李四光、李达、胡愈之、欧阳予倩、杨东莼、姜君辰、千家驹、夏衍、范长江等。

是日,上海市国民对日经济绝交委员会召开成立大会,选举朱学范、梅龚彬、邹韬奋等27人为执行委员,黄炎培、郭沫若、章乃器、钱俊瑞、史良等为监察委员。

10月10日,石家庄沦陷。

是日,伪满民生部发布《国民学校规程》《国民高等学校规程》《女子国民高等学校规程》《师范学校规程》《职业学校规程》《私立学校规程》《特别教育施设规程》《学校毕业程度学力检定规程》。

按:上述各种《规程》为5月2日发布之一系列教育法令作出明细规定,并自翌年1月1日起实施。(参见中央教育科学研究所编《中国现代教育大事记1919—1949》,教育科学出版社1988年版)

10月11日,教育部长王世杰颁发第17728号训令《西安临时大学筹备委员会组织规程》,规定临时大学不设校长,以筹备委员会代行校长职权。聘任李书华(未到任)、徐诵明、李蒸、李书田、童冠贤、陈剑翛、周伯敏、藏启芳、辛树帜等为西安临时大学筹备委员。北平大学校长徐诵明、北平师范大学校长李蒸、北洋工学院院长李书田和教育部特派员陈剑翛为筹备委员会常务委员。

10月17日,南开中学成立33周年、南开大学成立18周年,南开女中成立14周年,在重庆南开中学举行纪念大会。

10月19日,毛泽东在延安陕北公学纪念鲁迅逝世周年大会上发表《论鲁迅》的讲话。

按:毛泽东说:"我们今天纪念鲁迅先生,首先要认识鲁迅先生,要懂得他在中国革命史中所占的地位。我们纪念他,不仅因为他的文章写得好,是一个伟大的文学家,而且因为他是一个民族解放的急先锋,给革命以很大的助力。他并不是共产党组织中的一人,然而他的思想、行动、著作,都是马克思主义的。他是党外的布尔什维克。尤其在他的晚年,表现了更年青的力量。他一贯地不屈不挠地与封建势力和帝国主义作坚决的斗争,在敌人压迫他、摧残他的恶劣的环境里,他忍受着,反抗着,正如陕北公学的同志们能够在这样坏的物质生活里勤谨地学习革命理论一样,是充满了艰苦斗争的精神的。陕北公学的一切物资设备都不好,但这里有真理,讲自由,是造就革命先锋分子的场所。""鲁迅先生的第一个特点,是他的政治的远见。他用望远镜和显微镜观察社会,所以看得远,看得真。他在一九三六年就大胆地指出托派匪徒的危险倾向,现在的事实完全证明了他的见解是那样的准确,那样的清楚。""鲁迅的第二个特点,就是他的斗争精神。刚才已经提到,他在黑暗与暴力的进袭中,是一株独立支持的大树,不是向两旁偏倒的小草。他看清了政治的方向,就向着一个目标奋勇地斗争下去,决不中途投降妥协。有些不彻底的革命者起初是参加斗争的,后来就'开小差'了。比如德国的考茨基、俄国的普列汉诺夫就是明显的例子。在中国这等人也不少。正如鲁迅先生所说,最初大家都是左的,革命的,及到压迫来了,马上有人变节,并把同志拿出去献给敌人作为见面礼。鲁迅痛恨这种人,同这种人做斗争,随时教育着训练着他所领导下的文学青年,教他们坚决斗争,打先锋,开辟自己的路。鲁迅的第三个特点是他的牺牲精神。他一点也不畏惧敌人对于他的威胁、利诱与残害,他一点不避锋芒地把钢刀一样的笔刺向他所憎恨的一切。他往往是站在战士的血痕中,坚韧地反抗着、呼啸着前进。鲁迅是一个彻底的现实主义者,他丝毫不妥协,他具备坚决的心。他在一篇文章里,主张打落水狗。他说,若果不打落水狗,它一旦跳起来,就要咬你,最低限度也要溅你一身的污泥。所以他主张打到底。他一点没有假慈悲的伪君子的色彩。现在日本帝国主义这条疯狗,还没有被我们打下水,我们要一直打到它不能翻身,退出中国国境为止。我们要学习鲁迅的这种精神,把它运用到全中国去。"(《人民日报》1981年9月22日)

是日,八路军第129师第769团成功炸毁代县阳明堡的日军机场。

10月24日,中国文艺协会举行第三次全体理事会,决议组织战时特别委员会,推举潘公展、郭沫若、茅盾等21人为委员,出版士兵战时读物。

10月26日,长沙临时大学举行1937—1938年度第一学期开学典礼。

10月27日,日本策划伪蒙古军政府改组为"蒙古联盟自治政府"。

10月29日,蒋介石在国防最高会议作《国民政府迁都重庆与抗战前途》的报告,明确提出迁都重庆,以四川为抗日大后方,继续抗战。

是日,德国驻华大使陶德曼访晤中国外交部次长陈介,表示愿意联络中日谈判。但因日本索价太高,调停未能成功。

是日,由于战时经费紧张,中央古物保管委员会被裁撤,其业务转由内政部礼俗司兼办。

10月底,从苏联回国的王明作了《如何继续全国抗战与争取抗战胜利呢?》的报告,强调"一切经过统一战线""一切服从统一战线"。

11月1日,长沙临时大学正式上课。此后西南联合大学以这天为校庆纪念日。文学院因设于南岳,故上课时间推迟。

按:《长沙临时大学各学系设置》(1937年10月):敬启者:兹由本会常务委员会第四次及第五次会议议决,临时大学所设学系十七系,并推定各学系教授会主席一人,负责进行编制课程,分配工作及筹划设备等事宜。兹将学系名称并各系教授会主席名单开列于下,敬请查照,并希惠允担任,从速进行为荷。一、关于文科者:中国文学系教授会主席朱自清(清)、外国语文系教授会主席叶公超(北)、历史社会系教授会主席刘崇鋐、哲学心理教育系教授会主席冯友兰(清);二、关于理科者:物理系教授会主席饶毓泰(北)、化学系教授会主席杨石先(南)、生物系教授会主席李继侗(清)、算学系教授会主席江泽涵(北,未到前推杨武之代)、地质地理气象系教授会主席孙云铸(北)、土木系教授会主席施嘉炀(清)、机械系教授会主席李辑祥(清)、电机系教授会主席顾毓琇(清)、化工系教授会主席张子丹(南);四、关于法商科者:经济系教授会主席陈总(清)、政治系教授会主席张佛泉(北)、法律系教授会主席戴修瓒(北)、商学系教授会主席方显廷(南)。(北京大学、清华大学、南开大学、云南师范大学编《国立西南联合大学史料1总览卷》,云南教育出版社1998年版)

是日,浙江、交通、暨南等大学校长致电正在比利时开会的九国公约各国代表,要求对日本摧残中国文化,施以制裁。

11月3日,九国公约会议在布鲁塞尔开幕,日本和德国拒绝参加。中国代表顾维钧在大会发表演说,建议对日本实施经济制裁,但大会未作反应。

11月4日,上海教授与作家协会、中外文化协会、各大学教职员联合会、律师公会和会计公会等发起组织中国国民外交协会,推选黄炎培等8人为理事和监事。

11月5日,中央研究院院长蔡元培、北京大学校长蒋梦麟、中央大学校长罗家伦、清华大学校长梅贻琦、北平研究院院长李石曽、中山大学校长邹鲁、南开大学校长张伯苓、同济大学校长翁之龙、沪江大学校长刘湛恩、北京大学教授胡适等102人联名发表英文声明,历述日本破坏我国教育文化机关,毁坏大学已达23所,中小学更不可数计,向全世界揭露日军毁我教育的罪行,呼吁世界各国正义人士对日予以制裁。

按:据1937年10月20日《大公报》载:几个月来,日本侵略者对我国各级学校大肆轰炸破坏。大学已有23校被毁,即:南开大学、河北女子师范学院、河北工学院、河北医学院、河北农学院、同济医学院、复旦大学、暨南大学、大同大学、大夏大学、商学院、法政学院、持志学院、正风学院、东南医学院、同德医学院、音乐专科学校、商船学校、体育专科学校、南京中央大学、工业专科学校、南昌医学专科学校、广州中山大学等(北平学校尚未统计在内)。据统计,损失总计达21,036,842元。(参见中央教育科学研究所编《中国现代教育大事记1919—1949》,教育科学出版社1988年版)

11月7日,以五台山为中心的晋察冀军区正式成立,聂荣臻任司令员兼政治委员。

是日,日军组成以松井石根上将为司令官的华中方面军,辖上海派遣军和第10集团军。

11月8日,山西太原沦陷。

是日,中国青年新闻记者协会在上海成立。

11月9日,国民政府行政院通过《平津冀察绥教育救济办法》。

11月12日,上海沦陷。

是日,毛泽东作《上海太原失陷以后抗日战争的形势和任务》的报告,着重谈到反对阶级投降主义和民族投降主义的问题。

11月15日,国防最高会议常务会议决定:"国民政府及中央党部迁重庆,军事委员会迁移地点,由委员长决定;其他各机关或迁重庆,或随军委会设办事处,或设于长沙以南之地点。"

11月20日,国民政府发布《国民政府移驻重庆宣言》,宣布"国民政府兹为适应战况,统筹全局,长期抗战起见,本日移驻重庆,此后将以最广大之规模,从事更持久之战斗"。

按:日军逼近南京,国民政府宣布迁都重庆。《国民政府移驻重庆宣言》全文如下:自芦沟桥事变发生以来,平津沦陷,战事蔓延,国民政府鉴于暴日无止境之侵略,爰决定抗战自卫,全国民众同仇敌忾,全体将士忠勇奋发;被侵各省,均有极急剧之奋斗,极壮烈之牺牲。而淞沪一隅,抗战亘于三月,各地将士,闻义赴难,朝命夕至,其在前线,以血肉之躯,筑成壕堑,有死无退。暴日倾其海陆空军之力,连环攻击,阵地虽化煨烬,军心仍如金石。临阵之勇,死事之烈,实足昭示民族独立之精神,而奠定中华复兴之基础。迩者暴日更肆贪黩,分兵西进,逼我首都。察其用意,无非欲挟其暴力,要我为城下之盟。殊不知我国自决定抗战自卫之日,即已深知此为最后关头,为国家生命计,为民族人格计,为国际信义与世界和平计,皆无屈服之余地。凡有血气,无不具"宁为玉碎,不为瓦全"之决心。国民政府兹为适应战况,统筹全局,长期抗战起见,本日移驻重庆,此后将以最广大之规模,从事更持久之战斗,以中华人民之众,土地之广,人人本必死之决心,继续抗战,必能达到维护国家民族生存独立之目的,特此宣告,惟共勉之。中华民国二十六年十一月二十日。

按:12月1日,国民政府开始在重庆办公。1939年5月,重庆由四川省辖市升为国民政府行政院直辖市。1940年9月,重庆被定为中华民国战时陪都。从1937年8月至1939年底,在国民政府组织下,以上海为中心,北起青岛,南迄香港,数百家国营和民营工厂迁往重庆及其周边地区,增强了重庆的出版、传播能力。战前,全国共有高校108所,战时迁到四川的有48所,其中31所迁至重庆,包括中央大学、复旦大学等。苏联、美国、英国、法国、波兰、荷兰、比利时、韩国等30多个国家在重庆设立使领馆或办事处。大批文化界、艺术界人士聚集山城,使得重庆迅速成为中国战时的学术文化中心。(参见吴永贵《民国图书出版史编年:1912—1949》,社会科学文献出版社2018年版)

11月22日,关东军策划伪"察南自治政府""蒙古联盟自治政府"于张家口联合成立"蒙疆联合自治委员会"。

11月30日,冯玉祥从南京来到武汉,在武汉出资创办了汉口三户图书印刷社。

按:印刷社的名字是冯玉祥根据典故"楚虽三户,亡秦必楚"取的,意在指抗战必胜,建国必成。(参见吴永贵《民国图书出版史编年:1912—1949》,社会科学文献出版社2018年版)

是日,国民政府发表《告全体上海同胞书》,声明:各地战士闻义赴难,朝命夕至,其在前线以血肉之躯,筑成壕堑,有死无退,阵地化为灰烬,军心仍坚如铁石,陷阵之勇,死事之烈,实足以昭示民族独立之精神,奠定中华民族复兴之基础。

是日,伪满当局治安部发布《印刷业取缔规则》《代书业取缔规则》。

是月,宋庆龄在上海发表《关于国共合作的声明》。

是月,长沙临时大学、西安临时大学开学。

按:国民政府教育部令清华大学、北京大学、南开大学南迁长沙,合组国立长沙临时大学。又令北平大学、北平师范大学、北洋工学院西迁西安。合组国立西安临时大学。两校均于11月开学。其中长沙临时大学文学院在南岳11月19日开始上课。(参见中央教育科学研究所编《中国现代教育大事记1919—1949》,教育科学出版社1988年版)

是月,八路军三大主力逐渐向敌后实行战略展开,执行创建抗日根据地的战略任务。一一五师建立了晋察冀抗日根据地,一二〇师创建了晋西北抗日根据地,一二九师开创了晋冀豫抗日根据地。

12月1日,国民政府开始在重庆办公。

是日,日军大本营下达进攻南京的命令。

12月4日,国民政府首都南京保卫战开始。

12月6日,汪精卫在汉口主持召开国防最高会议第54次常委会议,决定接受陶德曼调停,"实现中日和平"。

12月8日,蒋介石率其侍从及幕僚人员从桂林飞抵重庆,中国战时政略和战略指挥中枢自此全部移驻重庆。

12月9—14日，中共中央在延安举行政治局会议，讨论全国抗战开始以来中共中央的政治、军事路线及组织问题。

12月13日，国民政府首都南京沦陷，日军在南京开始长达数周的"南京大屠杀"，30多万同胞遇难。

是日，蒋介石在江西九江向全国发出通电《宣言》，表达了南京失陷但抗战决心不动摇的坚定斗志："国军退出南京，绝不致影响我政府始终一贯抵抗日本侵略原定之国策，其唯一意义，实只有更加强全国一致继续抗战之决心。"

是日，鉴于南京沦陷，武汉吃紧，日机空袭长沙日见频繁，长沙临时大学当局又计划再次搬迁。地点经数次寻觅，确定为昆明。

12月14日，由日本帝国主义在中国华北地区扶植的傀儡政权"中华民国临时政府"在北平成立，"中华民国临时政府"下设行政、议政、司法3个委员会，以王克敏、汤尔和、董康分任委员长。

12月17日，蒋介石在武汉发表《我军退出南京告国民书》，声称："中正受命党国，有进无退，当此存亡呼吸之际，愿与吾同胞共勉之！"

是日，全国抗日大同盟成立，总部设在汉口。

12月19日，武汉文化界成立抗敌协会。

12月23日，北平故宫博物院大批文物及珍宝移存汉口。

12月24日，在日本华北方面军特务部的策划操纵下，伪"新民会"于北京怀仁堂成立。该会标榜"新民主义"的宗旨是"维持新政权""参加反共战线"等。由伪临时政府头目王克敏任会长，张燕卿为副会长，缪斌任指导部长兼原生部长，宋介任教化部长，日华北方面军特务部文化组长小泽开任总务部长。

12月31日，全国戏剧界抗敌总会在汉口成立，张道藩为主任常务理事。

是月，长沙临时大学先后邀请张治中、陈诚、陈独秀、徐特立、张季鸾等著名人士来校演讲。部分学生陆续奔赴抗日前线或去延安。

是月，中共湖北省委在汉口创建扬子江出版社，出版丛书及其他单行本著作多种，不久与新知书店合并。

是年，长沙临时大学、西安临时大学之外，另有高等学校33校分迁国内各地。

按：中央大学、东吴大学、金陵大学、金陵女子文理学院迁四川。政治大学、复旦大学、暨南大学及大夏大学迁江西。唐山工院、江苏医学院、江苏教育学院、戏剧专科学校、体育师范专科学校、无锡国学专科学校迁长沙。东北大学、民国大学迁开封。河北女子师范学院、焦作工学院迁西安。后并入西安临时大学。之江文理学院、辅成法学院、边疆学校迁安徽。同济大学迁金华。浙江大学迁建德。山西大学、铭贤学院迁晋南。厦门大学迁长汀。广东文理学院迁广西。广西大学迁柳州。江西体育师范专科学校迁吉安。中山大学内迁。齐鲁大学南迁。岭南大学迁澳门。北平艺术专科学校迁湖南。（参见中央教育科学研究所编《中国现代教育大事记1919—1949》，教育科学出版社1988年版）

是年，省立、私立大学改为国立大学的有：私立东北大学改为国立东北大学，私立厦门大学改为国立厦门大学。省立湖南大学改为国立湖南大学。（参见中央教育科学研究所编《中国现代教育大事记1919—1949》，教育科学出版社1988年版）

是年，故宫博物院南京分院将古物西移，连同内政部保管之古物迁至四川，于重庆设总办事处，北平图书馆及北平研究院亦奉令南迁至昆明。（参见中央教育科学研究所编《中国现代教育大事记1919—1949》，教育科学出版社1988年版）

是年,《战时教育》《抗战与教育》《抗日先锋》《战时日报》《抗战日报》《抗敌周刊》《抗战画报》《抗战报》《抗战旬刊》《抗战半月刊》《战斗旬刊》《战时妇女》《抗战戏剧》《抗战之路》《战时文化》《抗战文化》《抗战经济》《战时经济》《民族战线》《抗战大学》《战斗周刊》《抗战半周刊》《杀敌旬刊》《抗战旬刊》《抗战》《抗敌报》《战旗》《抵抗》《抗敌旬刊》《抗战与文化》《抗敌呼声》《战时特刊》《战时生活》《抗战导报》《战时社会与教育》《抗战大学》《抗敌导报》《抗战月刊》《战歌》《抗敌画报》《抗敌新闻》《士兵》《抗战军人》《军人魂》《救亡》《救亡周刊》《救亡呼声》《战斗画报》《救亡漫画》《救亡日报》《牺牲救国》《救中国》《国难旬刊》《杀敌旬刊》《战声壁报》《民族呼声》《民族战线周刊》《云南抗敌后援会特刊》《前线画报》《游击队》《吼声》《火线下》《妇女前哨》《保属火线》《希望》《文摘》《书人》《实际生活》《文学杂志》《少年周报》《治史杂志》《文丛》《出版月刊》《老百姓报》《大声》《国民周刊》《生活学校》《认识月刊》《语文》《新战线》《月报》《血潮》《妇女呼声》《歼敌》《火炬》《后盾》《战斗》《播种者》《萌芽》《民众前卫》《创导》《呐喊》《世界知识》《妇女生活》《中山周刊》《时事类编特刊》《东北月刊》《大家唱》《祖国》《群众》《湖北学生》《全民周刊》《民意》《大时代》《民众》《天明》《哨岗》《中国空军》《南针》《前进周刊》《西北青年》《妇女旬刊》《译报》《民意周刊》《新学识》《大声周刊》《中华公论》《新闻记者》《新演剧》《东北周刊》《战友》《世界政治》《妇女文化》《中国儿童》《经世》《文化新闻》《七月》《时调》《文艺战线》《艺风》《武大学生》《基础教育》《历史教育》《华报》《广西学生》《知由》《桂农》《文化救国》《建设汇刊》《时代动向》《新艺术》《生路》《文丛》《大刚报》《陶凫旬报》《陶凫旬刊》《新粤》《广东军医杂志》《广东义务教育》《广东省银行月刊》《广东经济建设月刊》《南针》《广州诗坛》《土壤与肥料》《大地》《广大学报》《大路》《诗报》《前锋》《国医月刊》《教育学》《滇东日报》《教育与科学》《南方》《大美晚报晨刊》《华美晚报晨刊》《学习生活》《团结》《联声月刊》《真理》《宪政半月刊》《文化战线》《印刷月刊》《国民周刊》《集纳》《译丛》《音乐月刊》《涛声》《西北妇女》《庐江日报》《临泉日报》《闽政月刊》《福建教育通讯》《文艺俱乐部》《流火》《山东青年》《回声》《甘肃合作》《贵州合作通讯》《抗敌画刊》《贵州学联》《新疆画报》《西康新闻》《绥远抗战日报》《绥政旬刊》《解放周刊》《抗敌报》《自卫报》《关东报》《蒙疆新报》《苏州新报》《新申报》《山西新民报》《北京时事日报(英文)》《国医砥柱》《震宗月刊》《战地通信》《国际言论》《国情画报》《商业月报》《棉情月志》《半月戏剧》《文藻月刊》《世界政治》《华侨通讯》《金融物价统计日志》《前方日报》《地理教学》《征信新闻》《国医砥柱月刊》《河北高等法院公报》《华北之水文》《盘石》《粤汉半月刊》《农业建设》《广大学报》《广东省银行月刊》《台山工商杂志》《青年动力》《艺术界》《美术杂志》《青年艺术》《民间图画展览会特刊》《广东美术特刊》等报刊创刊。

二、学术活动

蔡元培继续养病康复。1月12日,与戴季陶联名发出征集国画沟通中印文化的通函。3月18日,接教育部长王世杰来函,言教育部筹办第二次全国美术展览会,敦请蔡先生为展览会的名誉副会长,当即复函,告以"弟遵当担任"。同月,制订《国立中央研究院杨铨、丁文江奖金章程》。设杨铨奖金,奖给对人文科学研究有新贡献者;设丁文江奖金,奖给对自然科学研究有新贡献者。受奖者须为中国国籍,年龄在40岁以下。杨铨奖金自1937年起颁发,丁文江奖金自1938年起颁发,每年发奖一次。4月14日,蔡元培致傅斯年函,略谓:"本院评议会秘书翁咏霓先生因公出国，是项秘书职务，拟请执事代理，以重要务，希允诺，不胜感荷。"18日，蔡元培在南京《中央周报》第469期发表《十年来之国立中央研究院》，谓："本院研究工作，约可分为三种：（甲）属于常规或永久性质之研究；（乙）利用科学方法，研究本国之原料及生产，以解决各种实业问题；（丙）纯粹科学研究及与文化社会有关之历史、语言、人种、考古、社会、经济、法制学等之研究及调查。本院各项研究，其已告结束者，均以专刊、集刊陆续发表，详载本院出版品目录。而各研究员亦间有在国内外科学杂志发表论文者。"然后依次展开论述。末谓："以篇幅所限，仅略举纲要，以表现一斑。十年来本院以极少之经费，一方面扩充建筑设备，一方面进行研究调查，不遗余力，在职责上尚鲜陨越。此后当益加努力，冀副国家及社会之期望。"24日，蔡元培致傅斯年函，寄去即将召开的中央研究院评议会开会词草稿，请其斟酌。30日上午9时，蔡元培以董事长主持中华教育文化基金董事会假中央研究院上海理工实验馆会议厅举行的第十三次董事年会，孟禄、周诒春、胡适、贝诺德、金绍基、顾临、司徒雷登、任鸿隽、贝克、徐新六诸董事出席。列席者总干事孙洪芬；旁听者，教育部代表杜光埙，外交部代表赵铁章，美国驻华大使代表高斯。

　　按：会议除通过执行委员会、名誉秘书、名誉会计及干事长的报告外，通过二十六年度该基金会办事费及自办、合办各项事业费（包括董事会、干事处支出），自办科学研究教授席，科学研究补助金及奖励金、编译委员会等预算，合办北平图书馆、静生生物调查所、中研院社会科学研究所以及与北京大学合作研究等等经费，并通过二十六年度补助山东、浙江、燕京、华中、南开、沪江、金陵、齐鲁、广西、中山、中央、华西协合等大学，上海医学院、河北女师学院、文华图书馆专科、北平研究院、中研院史语所、实业部地质调查所、中国科学社生物所、中国营造学社、黄海化工研究社、日食观测会、东方图书馆、华美协进社等的经费。本年任满的孟禄、顾临、周治春三董事，一致选举连任。职员改选结果，蔡元培仍当选董事长，孟禄、周诒春仍当选副董事长，胡适仍当选名誉秘书，贝诺德、金绍基仍当选名誉会计。

　　蔡元培5月2日晨8时35分乘车离沪，吴稚晖、陈和铣、周仁及周养浩夫人同行。下午2时30分，到南京和平门站，到站欢迎者，有朱家骅、王世杰、罗家伦、周鲠生、陈剑翛、傅斯年、郭有守、钱端升、赵元任、狄膺、王徵、黄建中、王敬礼、王显廷、李四光、汪敬熙、王家楫、陶孟和、丁燮林、竺可桢、俞汝良等40余人，并由中国教育电影协会摄制电影。此为蔡元培自去冬病愈后，首次来京，风采依然，足见健康已经恢复。3日上午9时，中央研究院评议会第三届年会开幕，到姜立夫、叶企孙、李书华、吴宪、赵承嘏、李协、凌鸿勋、林可胜、胡经甫、谢家声、胡先骕、陈焕镛、叶良辅、张其昀、王世杰、何廉、周鲠生、胡适、陈垣、陈寅恪、赵元任、吴定良、丁燮林、庄长恭、周仁、李四光、余青松、竺可桢、汪敬熙、陶孟和、王家楫等。由蔡元培议长主席并致词，继由朱家骅报告院务，傅斯年报告评议会务，次由该院各研究所所长报告。然后将本届提案十二件，经大会决定，分三组审查，第一组审查有关"学术研究调整"提案，诸如提议全国学术研究机关制订三年规划、地质学注重实用地质学研究、国家科学奖励金咨询案等；第二组审查"有关高等教育及国际学术合作"提案，诸如派遣研究人员留学、请国民政府派遣特种专门人才出国深造并限期回国以备重用等；第三组审查"有关学术研究设备"提案，诸如全国实验室普遍性实验设备调查与合作、请政府筹设大规模材料试验场等。下午，三组审查会分由胡适、王世杰、李协召开，对各该组所属各案均作缜密审查，4时许审毕。5月4日上午及下午，均开大会，讨论各组已审查的各案，至午后6时散会。

　　按：蔡元培议长致词载于1937年5月4日《申报》及1938年版《国立中央研究院评议会第二次报告书》，略谓：本会职权，为决定中央研究院学术之方针及促进国内外学术研究之合作与互助，可分三方面去看：

第一，是对于本院各研究所。诸位先生对于本院研究所的工作，一定很注意的。但是每一组对于自己工作有关系的研究所，不怕不明了，而对于其他的研究所，或者未及注意。……所以本院各所，于预备印刷品报告以外，当开会期间，再由各所长为口头报告，希望全体评议员对于本院每一所的情形，从新唤起一种综合的印象，而加以批评与指导。再者上次会中元培演说本院工作进行大纲，承诸位先生议决为本院研究工作之方针。在这一年中，本院各所均照此方针进行，请诸位先生加以留意，并请指教。

第二，对于国内各学术机关。本会于第一次会议时，曾由各组评议员先分别调查本国学者所发表之科学著作，所有二十四年度科学论文目录，大致均已编就印成，其未印就者，亦当于一二月内出版。以后每年编印，并分期补成以前各年度的。此事既如此循环进行，若更进一步，能联络各研究机关，使目前研究之状况，及此后所获之成绩，均有随时报告之机会，而又有一种综合发表之刊物，则对于工作之促进，当更易收效。

第三，对于国外研究机关。现在各研究所均已注意于印刷品之交换，学者之招待，这固然都是当做的事。但我国研究事业，方在初步，除特设研究机关以外，现今着手者为国立大学及若干私立大学。然欧美各国，在工厂中，往往有研究的设备，学理的应用，互相印证，而发明发见之机会益多。我国工业上，除极少数的重要工业，亦有理化的研究设置外（如黄海、久大等），大多数付之阙如。这或者因为我国工业家尚未人人明了国外学与术相资之习惯。又我等一说到研究，每视为大学及研究机关之专有物，然欧美学术先进国家，所有之研究事业，组织既各自不同，进行之程序，亦每因一国之传统、风气、需要等，而有差异。如我等能将外国各研究机关，详查其经过的历史，现前的工作，迭次的成绩，报告于国人，不但可以引起普遍的刺激，而亦可推广合作互助之机会。此等三方面的希望，深望诸位先生乘此开会的机会有详悉的指示。

蔡元培5月3日下午4时主持故宫博物院假行政院会议厅举行第二次全体理事会议，到陈立夫、罗家伦、王世杰、陈垣、李书华、张道藩、周诒春等，列席院长马衡。4日，南京北大同学会为欢迎蔡前校长，并纪念五四运动18周年，特在老万全于5时举行茶会，6时聚餐。到马寅初、石瑛、高鲁、黄右昌等及北大毕业同学260余人。席间，该会常务理事狄膺致欢迎词，蔡元培答词，并对五四运动发表感想。旋由胡适报告北大最近情形。9时许始尽欢而散。5日晨，中国日食观测委员会在中研院总办事处开第二届常会，到李书华、叶企孙、邹仪新、高鲁、魏学仁、丁燮林、余青松、陈遵妫、竺可桢等。蔡元培会长任主席，致开会词，继由高鲁报告一年来的会务，次由张钰哲、余青松报告上年赴苏俄、日本参加观测日食情形。旋讨论关于筹备观测1941年日全食的各项提案，均分别通过。8日下午3时，国民党中央监察委员会举行常会，到蔡元培、林森、王子壮、姚大海、王秉钧、闻亦有、溥侗、杨熙绩、胡文灿等，由林委员森主席，讨论处分案20余件。13日，马禩光由上海寄来许寿裳自北平来函，为出版鲁迅遗集事，"嘱函告（国民党）中央宣传部。为作函致邵力子"。31日，所撰《十年来之国立中央研究院》刊出，全文分筹备及组织、研究工作两部分。6月2日，世界笔会中国支会假八仙桥上海青年会大餐厅举行第九次大会，到孙科、梁得所、盛成、顾仲彝、崔万秋、董任坚、林徽因、顾苍生、姚莘农、但荫荪、江显之、汪倜然、朱曼华、陈子展等数十人。蔡元培会长特别"声明不能出席，且力辞连任职员"。遂由秘书曾虚白报告开会宗旨，并追认函请伍蠡甫在巴黎就近代表出席世界笔会大会的事。旋公推傅东华为临时主席，报告会务。邵洵美提议出版刊物，一致赞成。最后，由全体会员投票改选理事11人，计有：孙科、温源宁、邵洵美、曾虚白、傅东华、李青崖、黎照寰、简又文、王统照、曹聚仁、全增嘏、董南选，并由理事会改推孙科为会长。同日，阅《五四历史演义》竟。

按：据蔡元培《日记》载："是书署蔷薇园主所编。叙五四运动及其后学生界之事，至五卅运动开始而止。如日本二十一条之要求，《新青年》之出版，白话文运动，与其反对派林琴南等之攻击，工读互助团，劳工会,湖南的绿波俱乐部,勤工俭学会,科玄辩论,《甲寅》杂志等都写到,多数用真姓名,惟学生中如吴士年(傅斯年)、唐伯清(康白情)、喻冰白(俞平伯)、鲁其伦(罗家伦)等,用声近之字代之。编者似是湘人,故于湘事较详。思想甚进步,对于李守常、陈仲甫特别推重,而颇不满于适之云。"

蔡元培6月5日致函教育部长王世杰,略谓:"中国学术团体建筑联合会,建筑设备等费,为数颇巨,虽然各方拨助合筹,所差尚多;该会因房屋动工,亟须(通需)的款,曾向大部请求拨给五万元,谅荷察洽。此事关系文化前途发达,倘蒙允予拨给,国内同深庆幸。谨为函达,还希裁酌玉成,不胜企祷。"6月11日,蒋介石发来一电,云:"蔡孑民先生:本年暑期庐山训练,甚望先生莅临训导,为荷。中正叩。"15日,蔡元培复蒋介石电,略谓:"真电敬悉。培大病后,尚需调养,近日亦曾发热,一时未克启行。拟于七月中旬再定行止。诸希鉴谅。"6月29日,为良友所印《世界短篇小说大系》作一略序,送赵家璧。同月,为刘半农所编《中小字典》作跋。7月,抗日战争爆发后,中央研究院陆续开始筹备南迁,后地质调查所迁赴桂林;气象研究所迁至重庆;物理、动植物、社会科学、心理四研究所经湖南南岳至阳朔;物理、心理二所又转桂林;历史语言、工程、化学、天文四研究所经湖南南岳转至昆明。7月28日,上海文化界救亡协会下午7时举行成立大会,到文化界人士500余人。由傅东华为主席,致开会词,继由顾执中、周剑云报告筹组经过,旋通过章程、提案、宣言、通电,进行选举,计选出蔡元培、潘公展、张菊生、黎照寰、刘湛恩、何炳松、舒新城、胡愈之、严独鹤、萨空了、王芸生、马崇淦、周剑云、应云卫、唐槐秋、傅东华、郑振铎、茅盾、张志让、谢六逸、孙寒冰、汪馥泉、宋之的、陶亢德、王云五、洪深、严谔声、陆礼华、樊仲云、盛成、张天翼、巴金、黎烈文、简又文、曾虚白、欧阳予倩等为理事。8月,中央研究院未雨绸缪,先于将各所之重要设备运至南昌莲塘江西省立农学院内保存。9月9日,蔡元培《日记》载:"(报)载,中央社南京八日电:教部决定在湘、陕设两临时大学,师资设备,长沙方面,以南开、北大、清华等校为基干;西安方面,以平大、师大、北洋工学院等校为基干。并派张伯苓、蒋梦麟、梅贻琦等为长沙临时大学筹委,徐诵明、李蒸、李书田……为西安临大筹委。筹委会已决定;除以上平津校院原有学生外,并酌收一部分他校借读生及若干新生云。"

蔡元培9月15日《日记》载:"本日《大公报》,有揭发敌军暴行一条,加'蔡元培等发告世界文化界书'子目,称:'中央研究院院长蔡元培及中委宋庆龄女士,联合文化界人士胡适、郭沫若等发告世界文化学术人员书,揭发敌军暴行,请同伸正义,予以精神之制裁云。'案此事我简直不知道,想是传闻之误。"11月2日,王世杰来电,谓"九国会议开会在即,拟用全国教育领袖数十人名义,将日军摧毁教育实况,宣告中外。文由部拟,并拟借重公名,想荷鼎诺云云。复电愿列名。"5日,蔡元培(中央研究院院长)、蒋梦麟(北京大学校长)、梅贻琦(清华大学校长)、张伯苓(南开大学校长)、李煜瀛(北平研究院院长)、翁之龙(同济大学校长)、罗家伦(中央大学校长)、傅斯年(中央研究院史语所所长)等102人联合发表声明,揭露日军破坏中国教育机关的罪行,提出"教育为民族复兴之本"的口号,要求政府将一些高校迁往内地办学。

按:联合发表声明由教育部代拟,据11月6日上海《大公报》所载:"中央社南京五日电:自卢沟桥事变后,三月以来,日本军队在我中国各地,利用飞机大炮,毁灭我各级教育机关,业已指不胜屈,此实为日方最恶之暴行,且亦为世界文明史上之最大污点。顷我国教育界巨子,如中央研究院院长蔡元培、南开大学校长张伯苓、北京大学教授胡适、北平研究院院长李煜瀛、同济大学校长翁之龙、北京大学校长蒋梦麟、中央大学校长罗家伦、沪江大学校长刘湛恩、清华大学校长梅贻琦等一百〇二人,联合发表长篇之英文事实声明,历叙日本破坏我国教育机关之经过。计首段为序论,次段则叙述日方破坏之广泛,略称:北自北平,南迄广州,东起上海,西迄江西,我国教育机关被日方破坏者,大学、专门学校有二十三处,中学、小学则不可胜数。仅以大学而论,其物质上损失……则无法计算,诚所谓中国三十年建设之不足,而日本一日毁之有余也。再次则叙述日方此种举动,系有计划、有系统,故如中央大学,初即为日本空军所圈定之轰炸目标,嗣果陆续惨被轰炸四次;又如南开大学,则轰炸不足,继以焚烧,全成焦土。日方此种举动,每以军事必要为藉口,殊不知此种教育机关,分布各地,往往距军事区域非常辽远,且绝与军事无关。日人之蓄意破坏,殆即以其为教育机关而毁坏之,且毁坏之使其不能复兴,此外皆属遁辞耳。最后则郑重向世界人士提出吁请,以为日本此种举动,实为对于文明之大威胁,应请世界开明人士,协同我国,一致谴责。如果此种威胁不能制止,则世界将无进步与和平之可言,且以为迟疑不决,即不啻与侵略者以鼓励。惟有举世决心,实施有效制裁,始为保障文明最简便最迅速之唯一方法。"

　　蔡元培11月5日《日记》载:"(北平)四日路透电:考古家今日第一次证实最早人类之形貌,现所谓'北京人'者,其头骨惟一缺少之部分即上颚骨,自被发现后,所谓'北京人'之头骨,已在协和医院解剖部装配完成。查'北京人'之头骨,系于一九二九年在周口店发见,嗣后即以中日战争发生,发掘即告中止。今日最初发见'北京人'之南登莱希氏告路透社记者,谓:彼等将头骨装配完成后,发现其形状酷似猿,莫不为之惊异不置。现已制成石膏像三具,寄至美国:一具陈列美国自然史博物馆;一赠洛基斐勒研究院;一则赠洛基斐勒氏本人云。"11日,蔡元培《日记》载:"昨、今两日《大公报》载章雅声君《豫北大势》上、下篇,中有'哀安阳''吊殷墟'等二首,对于中央研究院殷墟发掘工作地点之被破坏,甚为惋叹!"13日,与丁燮林、庄长恭、周仁三所长商谈上海沦陷后各所的善后工作。15日,中央研究院设在上海的物理、化学、工程三个研究所宣告停办。又接天文研究所及动植物研究所的报告,动植物所于8月间即开始在南岳工作。16日,得傅斯年电,告以国民政府令:文化机关限三日内迁往内地,中央研究院总办事处于筱日(17日)迁往长沙,"惟文牍员徐达行留京"。27日,由丁燮林、周仁陪同离上海去香港。抵港后改姓名为周子余。12月及次年1月,在《宇宙风》第55—56期连载《我在教育界的经验》,此文堪称蔡元培一生学术生涯的简要总结。

　　按:其中略详者为北大校长的经历,尤其谈到:"我对于各家学说,依各国大学通例,循思想自由原则,兼容并包。无论何种学派,苟其言之成理,持之有故,尚不达自然淘汰之运命,即使彼此相反,也听他们自由发展。例如陈君介石、陈君汉章一派的文史,与沈君尹默一派不同;黄君季刚一派的文学,又与胡君适之的一派不同;那时候各行其是,并不相妨。对于外国语,也力矫偏重英语的旧习,增设法、德、俄诸国文学系,即世界语亦列为选科。"皆结尾说:"我于六十一岁时,参加中央政治会议,曾与吴稚晖、李石曾、张静江诸君提议在首都、北平、浙江等处,设立研究院,通过。首都一院,由大学院筹办,名曰国立中央研究院。十七年开办,我以大学院院长兼任中央研究院院长。我离大学院后,专任研究院院长,与教育界虽非无间接的关系,但对于教育行政,不复参与了。"(参见高平叔编著《蔡元培年谱长编》,人民教育出版社1996年版;樊洪业《中央研究院机构沿革大事记》,《中国科技史料》1985第2期)

　　翁文灏继续任行政院秘书长兼地质调查所所长,并兼任中央研究院评议会秘书。1月2日,与吴景超游燕子矶,商谈经济计划问题。3日,主持地质调查所人员上年度工作考绩事宜。5日,出席地质调查所举行的丁文江逝世周年纪念会,介绍丁文江生平事迹与学术成就。8日,与熊式辉商谈如何实施经济建设之事,约定邀集数人共同商议计划。12日,与行政院政务处长何廉共同宴请张嘉璈、钱昌照、熊式辉、吴景超等,商谈当前必须进行的经济建设事项。中旬,蒋介石因在西安事变中受伤,回浙江奉化溪口故里休养,翁前往探视,向蒋介石进言,规定实际建设具体计划,以增强国力。24日,翁文灏与何廉宴请熊式辉、吴鼎昌、张嘉璈、卢作孚等,讨论政府经济建设主管机构的组织。吴鼎昌提出,在军委会内设一经济署,负责联系其他各部会。27日,接见德国国防部派来的国防经济专家列蒲山。同日,接蒋介石来函,嘱翁文灏速拟经济建设办法,于国民党五届三中全会后颁发。2月20—23日,中国地质学会在地质调查所北平分所举行第13届年会,翁文灏未出席会议,但被学会授予了中国地质界最高奖——葛利普奖章(1935年度,奖章由黄汲清代领),并继续被选举为学会理事和会志编辑主任。关于会志的编辑出版情况由尹赞勋代为报告。

翁文灏3月1日赴中央大学作学术讲演,并商谈该校聘请地质学教授事。3日,代表资源委员会与清华大学及中央研究院化学研究所商议开展合作办法。5日,为杨钟健《剖面的剖面》一书作序。19日,奉蒋介石指派参加中国庆贺英王乔治六世加冕典礼使团,并趁赴欧之机与各国接洽中外经济合作事宜。8月下旬飞离伦敦,经希腊、印度等地至香港。9月5日上午,返回南京。下午,会见蒋介石。蒋介石任命其为军委会第三部长,并表示:"一、对日抗战必久,我方能唤醒各国,共起相争而得胜利;二、长期抗战,必须坚守西部——平汉、粤汉路之西,以备及时反攻。因之必须准备振作西部基地的生产力量,命余实管资委会及第三部,专心工矿生产,不分公私,均应充份提高。"翁文灏即辞行政院秘书长职。9月6日,翁文灏出席在张群宅举行的军委会各部长会议,到者副秘书长陈布雷、第二部长熊式辉、第四部长吴鼎昌、第五部长陈公博、第六部长陈立夫。抗战爆发后,依据国民党中央政治会议决定,组建了全国国防最高决策机关国防最高会议。下午,与第三部副部长俞大维、钱昌照商议第三部组织工作,拟以徐象枢、张兹闿为秘书,除秘书室外,又设矿冶工业组,翁自兼组长,实业部矿业司长程义法为副组长;化学工业组,以资委会专门委员林继庸、地质调查所技正金开英为正、副组长;电气工业组,以资委会专门委员恽震为组长;机械工业组,以兵工署制造司司长杨继曾为组长;国外工业联络组,组长、副组长均暂未定人。次日,将上述人选呈报中央政治会议秘书长张群。8日,确定《地质调查所非常时期内办法》。13日,在资源委员会纪念周上发表演讲,谈经济工作及资委会与第三部的关系。从本日开始在资委会办公。同日,军委会第三部亦开始正式办公。

翁文灏9月24日在工矿调整委员会召集各机关人员会商工厂迁移原则。在资源委员会礼堂主持召开军委会第三部谈话会,阐述该部工作方针。27日,以工矿调整委员会名义召集军政、财政、实业、教育四部及资源委员会代表会议,商讨内迁工厂问题。10月1日,拟定总动员计划内军委会第三部的工作计划。19日,翁文灏快函北平德日进,请转告地质调查所北平分所人员尽速南迁。同时电请陈恺研究圭山鸟格煤矿,朱熙人研究东川铜矿。20日,翁文灏草拟《告地质调查所同人书》,22日成文。翁文灏在文中勉励地质调查所人员在抗战期间,要各自善用其所长,为国尽力,并建议从实际情况出发,注意战时急需矿产的调查,尽快写出报告,分送有关单位,不可因着急反而消极。11月1日,翁文灏起草与傅斯年、周炳琳联名致胡适电,说明"中国各界对美国主持召集九国公约会议极钦佩,并深信美国定能努力维持华府及非战条约尊严,巩固中国领土主权完整。请广为说明"。又起草与何廉、傅斯年联名致胡适电,表示"北京会议中国政府极重视,将尽力使此会成功,俾由此得有切实办法,盼兄飞往,相机从旁努力"。16日,翁文灏被蒋介石任命为对外易货委员会副主任委员。20日,乘"长兴"轮自南京撤往武汉。12月31日,出席国防最高会议常委会会议。会议议决行政院改组,准蒋介石辞行政院长兼职,以孔祥熙为院长,张群为副院长,翁文灏为经济部长等。(参见潘云唐《翁文灏年谱》,《中国科技史料》1989年第4期;李学通《翁文灏年谱》,山东教育出版社2005年版)

朱家骅已于上年12月被任为浙江省政府主席,同时继续就任中研院总干事职务。3月

7日，朱家骅拜访蔡元培，询知中央研究院"请增款公文中，称拟增设地理及生理两（研究）所"。10日，朱家骅主持在南京召开的中国国联同志会理事会，会议推举王景春、杨荫溥、刘锴赴捷克参加总会年会；推举罗家伦、程锡庚、谢寿康、傅斯年、郭有守、钱端升为会员委员会委员；推举何炳松、胡适、周鲠生分别为会员委员会驻沪、平、武昌等处委员。4月17日，张元济致函朱家骅，略谓："先始祖宋儒讳九成，葬在海宁，守墓子姓寥落，海盐支裔岁时奉祀。前坟丁来告，谓当地人士拟以墓地充作训练场，并有拆毁墓前牌坊以资展拓之议。元济不敢渎诉，因之敝友蔡君孑民代达下忱。前日元济因事赴杭，曾诣尊府晋谒，适值台驾公出，未获面陈谢恼，孑兄出示大札两通，知蒙饬县保获，敬闻不至实行，先人宨窆获以保全，高厚鸿慈，阖族感戴。"同月，中研院追加经费20万，总干事职务由傅斯年代理。5月3日，张元济自上海致函蔡元培，托向朱家骅说海宁始祖张九成墓事。7日，朱家骅由杭州致函蔡元培，谓"孑公院长钧鉴：四日手示敬悉。承嘱保护张文忠公墓域一节，谨当遵办。刻已转饬海宁县政府妥为保护，并祈转告菊生先生"。7月7日，卢沟桥事变发生，朱家骅从庐山赶回杭州，着手应变办法。11月26日，接蒋介石电报，浙江省政府改组，要朱家骅交代后到汉口去。12月6日，浙江省政府新任主席黄绍竑到任，朱家骅与其完成交接。9日，朱家骅离开杭州。（参见胡颂平《朱家骅先生年谱》，台北传记文学社1969年版；高平叔编著《蔡元培年谱长编》，人民教育出版社1996年版）

　　傅斯年继续主持史语所所务。2月8日，所撰《西安事变之教训》刊于《国闻周报》第14卷第7期。4月1日，傅斯年致陈垣函，略谓："（中央）研究院评议会将开会，自蔡先生以下，切盼先生惠然来会。驾到此时，仍可住（历史语言）研究所中，当预为扫除。"同月，洽购嘉业堂所藏《明实录》钞本。又因朱家骅任浙江省政府主席，傅斯年代理中研院总干事。6月9日，翻译丘吉尔的《日本的军事冒险》，向人们展现有利中国的世界形势，并预测日本最终失败的命运，以鼓励国人的抗战意志。后刊于次年《政论旬刊》第1卷第14期。19日，《四川与中国》刊于《统一评论》第3卷第24期。另有同题异文载《中央周报》第473期、《西北导报》第3卷第1期。此文系据傅斯年在成都军分校讲演录整理而成。7月7日，卢沟桥事变爆发，傅斯年应邀参加政府召集之庐山谈话会及国防参议会。对和战问题提出了一份《关于九国公约会议之意见书》，主张坚决抗战。据《历史语言研究所四十周年纪念特刊》载：7月15日，历史语言研究所所务会议决议，将本所图书、仪器、标本一律装箱，积极接洽运输工具，分运江西南昌省立农学院及长沙工作站（《纪念特刊》）。同月，史语所文物迁于南昌及长沙。

　　傅斯年8月主持迁历史语言研究所至长沙。史语所迁到长沙后，借圣经学院的房子办公。决定减薪不解散，薪金减到原来的36％。8月底，南昌农学院遭敌机轰炸，史语所由南京转移到南昌的部分物资受损。9月8日，中研院代总干事傅斯年提议：本院拟认购救国公债六万元，同人月薪在百元以下者，量力认购。如不足六万之数，则以本院基金之息补充之。蔡元培复电照行。10月，傅斯年将南昌之文物再转运至四川重庆大学。11月16日，傅斯年致电蔡元培，告以国民政府令：文化机关限三日内迁往内地，中央研究院总办事处于筱日（17日）迁往长沙，"惟文牍员徐达行留京"。中旬，中央研究院奉命西迁，由代理总干事、历史语言研究所所长傅斯年担负本院西迁之重责。同月，总办事处暂迁置于长沙圣经书院。原在京沪两地之各所处，遂全部迁入内地。除气象研究所迁至汉口外，其余各所处均迁至湖南长沙及衡阳之南岳。继又将动植物、社会、心理三研究所迁至阳朔，地质、物理两研究所迁至桂林,历史语言、工程、化学、天文四研究所迁至昆明。是年,中国地质调查所与历史语言研究所合组西康古迹考察团,由安特生、祁延霈前往今甘孜地区的道孚、炉霍一带,进行史前遗址的调查。(参见韩复智编《傅斯年先生年谱》,《台大历史学报》1996年第20期;欧阳哲生编《中国近代思想家文库·傅斯年卷》及附录《傅斯年年谱简编》,中国人民大学出版社2015年版;高平叔编著《蔡元培年谱长编》,人民教育出版社1996年版;赵新那、黄培云编《赵元任年谱》,商务印书馆1998年版;孙宅巍《抗战中的中央研究院》,《抗日战争研究》1993年第1期;中国大百科全书总编辑委员会《中国大百科全书·考古学》,中国大百科全书出版社2002年版;王学典《20世纪史学编年(1900—1949)》,商务印书馆2014年版)

赵元任1月15日至4月4日整理、研究湖北嘉鱼方言。1月24日,与金岳霖到中央大学参加第一届哲学学会会议。28—29日,到教育部参加讨论民众教育会议。2月2—23日,在中央广播电台作第三系列国语训练广播演讲,共10讲:一、引子和声母;二、韵母;三、声调;四、拼音;五、极常用字读音;六、声调变化;七、矫正方言(上);八、矫正方言(下);九、练习;十、温习及答复疑问。这次广播的《国语训练大纲》,整理后于4月在《广播教育月刊》上发表。2月8日,在中央广播电台作有关数学函数问题的广播演讲。3月8日,到教育部提出改进英语广播的意见。10—17日,总结近年广播演讲的经验,撰写《广播须知》小册子,由教育部发表,后又在《国语周刊》第291期上刊登。20—22日,到杭州参加中国科学社理事会会议,参观了正在建筑的钱塘江大桥。3月19日,在史语所演讲讨论会上主讲"Sound and Diaphonogenes"。4月以后,开始研究方言特点,直到7月26日。5月3日,参加中央研究院第三次评议会,并分组讨论研究问题。6月2—18日,为教育部举办的来自全国各地教师国语训练班作主讲,共作8讲。7月15—17日,接待参观历史语言研究所的世界教育学术会代表30多人。

赵元任7月8日从广播里听到"七七"事变,日本侵略军进攻卢沟桥驻军的消息。11日,送梅贻琦、胡适等乘飞机前往庐山开会。不久战火逼近南京,14日晚,到中央研究院朱家骅总干事家,商量疏散事。赵元任除继续语言研究工作外,开始准备将所里的东西装箱。其间,梅贻琦、胡适、蒋梦麟、张彭春等北方教育界人士都在南京,常来元任家谈论北方及全国形势。7月24日晚,跟梅贻琦、唐擘黄等朋友在陵园一家面馆吃面,静静地看着月亮在云层间穿过,都沉默不语,赵元任感叹:不知何时我们能再有这样的一个夜晚。7月26日,赵元任高烧,家里人和老朋友们都非常着急,梅贻琦、胡适、唐擘黄、傅斯年、蒋梦麟、朱经农等都来探望,有的甚至每天都来。30日,医生诊断为恶性疟疾。连续高烧,加上心率过速的旧病复发,身体异常虚弱。医生建议尽早离开南京,到安静的地方养病。战火步步逼近。史语所开始组织部分人员把研究所迁往长沙。赵元任夫妇决定把1906—1935年的日记和几十年拍的四千多张照相,设法寄出去。赵元任日记载,他躺在床上让夫人跟孩子们把照相从相册上撕下来,日记分7个邮包,照相分5个邮包包好,8月3—4日由夫人到邮局寄往纽约贝尔电话公司老同学Robert King处,使这些珍贵的资料得以保存。

赵元任8月13日经朋友的帮助,弄到船票,由如兰陪伴,乘"江顺"号轮离南京转长沙。当日,日本开始攻打上海。14日,日本飞机就轰炸了南京。15日,船抵汉口,汉口广播电台台长王慎名到码头迎接。17日,赵元任乘火车离汉口到长沙,住朱经农家,开始了撤退后方的一段生活。赵元任家和李济家一同搬到铁佛东街28号居住。9月11日,赵元任正式恢复了7月26日中断的语言研究工作(方言特字材料研究)。当时史语所借圣经学院的房子办公。北平、天津沦陷后,各地撤退到长沙的机关和学校越来越多。吴宗济、杨时逢及眷属、丁声树先后到了长沙,一经安顿好马上投入工作。不少熟人和朋友也相继到了长沙。先是北平小剧院的余上沅和熊佛西抵达,赵元任去拜访他们,并观看熊佛西的剧本《后方》的演出。10—11月,赵元任利用部分晚上的时间把残缺不全的《走到镜子里》手稿拿出来,开始补译缺失的部分,并重译诗"跋"。10月29日,赵元任听到上海八百壮士坚守闸北区四行仓库,顽强抵抗日军,仓库上还飘扬着中国国旗的事迹,当即编写了《苏州河北岸上的大国旗》歌词。11月26日,作《中华,我中华》,根据欧洲地区一首传统民歌曲调配词而成的祖国颂歌,同时编写了三部和四部合唱。12月14日,赵元任得到消息说南京沦陷。赵元任家出走时没能带多少东西出来,南京沦陷后,家里所有的东西,包括几十年积累下来的书籍,常州带回的字画,家里的一切,除了日记和照相寄走外,几乎全部损失。

　　按:赵元任在1938年5月3日给胡适信中写道:"南京有信来了。……房子无确息,听说大都被抢一空。我的书除手头应用语言书,余皆是goner(无可挽回的东西,下同),esp.(特别是)多年的乐谱等。日记及自拍snapshots(照片)则在Bob King处了。所以说声出去,什么都得从头儿买起,就是好多东西都买不着了。我曾经有个创刊号集,有几十种期刊的创刊号,现在除《科学》首四本在重庆,余皆是goner了。"

　　赵元任12月6日接史语所傅斯年所长来信,要求住在南岳的部分史语所人员返回长沙,并酝酿继续向内地迁移的问题。赵元任再一次停下研究工作,和大家一起整理书籍资料,准备装箱或邮寄。12日,傅斯年所长回到长沙开所务会,商讨迁移问题,考虑过去广东九龙、广西桂林、云南昆明等几种可能性。另外,利用各种关系千方百计联系交通工具。赵元任与李济、梁思永四处奔波,租长途汽车,弄汽油。12月31日,李济、梁思永、唐擘黄三家终于租到长途汽车首批离开长沙,先到广西桂林。赵元任夫妇决定直接去昆明,并与章元善商量到昆明的计划及解决交通工具等问题,把一些书籍文件,直接邮寄到昆明。(参见赵新那、黄培云编《赵元任年谱》,商务印书馆1998年版)

　　李济6月满载着欧洲讲学的丰硕收获乘船返国。"七七"事变爆发后,南京城的中研院各研究所和中博院等单位都在焦急地做南迁准备。猝不及防的灾变,激起人们同仇敌忾的情绪,经过数天不分昼夜的努力,史语所的同人们把图书资料、考古组多年的重要出土物及全部原始记录等重要物资装箱转运。一些运不走的大件物品,只好封箱留存南京。与此同时,安阳殷墟的发掘活动也只好匆忙结束。安阳殷墟发掘获得了一批具有连锁性的考古资料,将中国的信史向上推进了数百年。殷墟发掘的考古学意义,按照李济的说法,"有三点特别值得申述:第一,科学的发掘证明了甲骨文字的真实性。……因为在殷墟发掘以前,甲骨文字的真实性是假定的。……有了史语所的发掘,这批材料的真实性才能明了,由此甲骨文的史料价值程度也大加提高。此后,就是最善疑的史学家也不敢抹杀这批材料。……第二,甲骨文虽是真实的文字,但传世的甲骨文却是真假难分。在殷墟发掘以前,最有经验的藏家也是常常受骗的。有了发掘的资料,才得到辨别真假的标准。第三,与甲骨文同时,无文字的器物出土后,不但充实了史学家对于殷商文化知识的内容,同时也为史学及古器物学建立了一个坚强的据点,由此可以把那丰富的但是散漫的史前遗存推进一个有时间先后的秩序与行列"。

　　李济8月撤离南京,转道汉口。赵元任妻子杨步伟设法搞到船票,让赵元任先到汉口,几天后她也带着孩子随后赶到。李济本该扶老携幼举家南迁,忽又临危受命,押送南京存放的国家文物溯江西去重庆秘藏。七十多岁的李权老人领着一家妇幼逃难。彼此在一家旅馆相遇。8月19日,李济家三代人,唐擘黄全家,董作宾一家和梁思永等20多人由赵元任夫人率领乘船离南京,转往长沙。船上挤满了逃难的人。船过九江和抵达汉口时都遇上日本飞机轰炸;从汉口到长沙乘火车。24日,到达当时认为是"大后方"的长沙。史语所迁长沙后,傅斯年代理中研院总干事,史语所的担子托付给了李济。史语所及其他迁在长沙的文化教育单位,包括南下的临时大学等,停留三个多月后,决定再度西迁。考古组李济、董作宾、梁思永等将率大部队撤退,同行的有胡厚宣、郭宝钧等;青年研究员李景聃、石璋如、祁延霈等家乡沦陷,亲人生死未卜,急于回乡寻亲;刘燿、王湘等人,早已打算投笔从戎,赴前线杀敌。(参见岱峻《李济传》,江苏文艺出版社2009年版)

刘燿7月撰《龙山文化与仰韶文化之分析——论安特生在中国新石器时代分期问题中的错误》,最早指出仰韶村遗址包含仰韶和龙山两种文化遗存,安特生所说的"仰韶文化"在内容上有所混淆,并对安特生划分的甘肃远古文化的六期提出了质疑。抗日战争爆发后,历史语言研究所迁至长沙圣经学校。刘燿、祁延霈、王湘等人决定放弃考古专业,奔赴抗日前线。11月14日,考古组举行"离别宴"。15日,刘燿为抗日救国,毅然奔赴陕北。月底,到达延安。次年1月,刘燿改用母姓,始称尹达。

按:《龙山文化与仰韶文化之分析》因抗日战争爆发搁置,迟至1947年3月刊于《中国考古学报》第2册。文中鉴于安特生中国新石器时代体系的缺陷,将1936年以前17年间"境内关于新石器时代遗址发掘"作以系统清理,按其内容进行分析,"综合"各遗址中有龙山文化与仰韶文化两者"层位关系"的5处堆积情况,得出"龙山文化和仰韶文化是中国新石器时代末期的两种不同系统的文化遗存"的重要结论,指出安特生由于未能辨认仰韶和龙山两种文化遗存,主要根据陶器的着色与否推测时间早晚,既然河南的龙山式陶器晚于仰韶式,那么所出陶器全是单色(某些特点和龙山文化遗存相似)的齐家坪遗址,"是否早于仰韶期,其问题正多,不能遽为定论"。安特生所谓"仰韶文化""实将两种不同之文化遗存混于一处","实杂有龙山文化遗物,应加以分别"。

按:刘燿12月6日在未完成的两城镇发掘报告稿最后留下3页文字,其中有这样几段:

别了,这相伴七年的考古事业!在参加考古工作的第一年,就是敌人铁蹄踏过东北的时候,内在的矛盾燃烧着愤怒的火焰,使我安心不下去作这样的纯粹学术事业!但是,事实的诉语影响了个人的生活,在极度理智的分析之后,才压抑了这样的矛盾,暂时苟安于"考古生活"之内。现在敌人的狂暴更加厉害了,国亡家破的悲剧眼看就要在我们的面前排演,同时我们正是一幕悲剧的演员!我们不忍心就这样的让国家亡掉,让故乡的父老化作亡国的奴隶;内在的矛盾一天天的加重,真不能够再埋头写下去了!我爱好考古,醉心考古,如果有半点可能,也不愿意舍弃这相伴七年的老友!但是我更爱国家,更爱世世代代所居住的故乡,我不能够坐视不救!我明知道自己的力量有限,明知道这是一件冒险历危的工作,但是却不能使我有丝毫的恐怖和畏缩!(张光直《二十世纪后半的中国考古学》,原载《古今论衡》1998年创刊号)

按:刘燿从事田野考古七年多了。1931年春,他还是河南大学国文系学生,参加史语所的殷墟发掘,后留所作研究生,1934年升为助理员。他参加过小屯、后冈、卫墓及大赍店等地的发掘,独立主持了山东日照瓦屋村的发掘。田野上他已度过了七个春秋,足迹遍及河南、山东等地。此时,他刚刚完成瓦屋村发掘报告的图版及器物草图的制作部分……寒风中的刘燿端起酒杯喊出,"国将不国,何学术为!抗日第一,爱国为先",然后一饮而尽。未完成发掘报告就投笔从戎,同人对他既景仰又惋惜:一个搞考古的一生能接触到地下文物,多少带有运数的意味;这种遗憾,极可能就是终生。把酒话别,湘水呜咽。当日的细节奔泻在石璋如的笔下:"我们叫了两桌菜,菜没来之前先叫酒。当时大家志气都很激昂,都先喝酒,用小酒杯喝,有人素来酒量不大,像董作宾先生就有'董文抵公'之称,不能喝,李济、梁思永先生酒量也不太大。由于在田野久了,像王湘、刘燿、我、祁延霈几个山东、河南人,喝酒比较爽快,就喝将起来。""几人先说'中华民国万岁',这是第一杯酒,大家都喝。第二杯喊'中央研究院万岁',第三杯喊'史语所万岁',第四杯是'考古组万岁',第五杯是'殷墟发掘团万岁',第六杯是'山东古迹研究会万岁'(因为比较早成立),第七杯是'河南古迹会万岁',第八杯'李(济)先生健康',第九杯'董(作宾)先生健康',第十杯是'梁(思永)先生健康'，第十一杯是'十兄弟健康'。如此喝将下去，有人已是勉力而为，还没有上菜呢，酒却喝成这样，于是有四个人——王湘、祁延霈、刘燿、石璋如四人就倒在餐馆地下不省人事，李景聃也醉了，不过没躺下。我们本来是住在长沙圣经学校宿舍，可是醉到一塌糊涂、又吐，根本不知道怎么回去。"(陈仲玉、任有德《石璋如先生访问记录》，"中央研究院"近代史研究所，2001年版)

　　按：刘燿、祁延霈、王湘等人告别师友，奔赴前线后，即杳无音信。刘燿历尽艰辛辗转到达延安。从此，改从母姓，化名尹达。后人多不知其原名。而一道离开的王湘、杨廷宝等仍无消息。李济放心不下，四处托人打听，还通过朱家骅去信问询周恩来。后来朱家骅回函李济："关于王湘、杨廷宝二君之事，前蒙台嘱，即经致函周恩来君，顷接复云：'嘱事曾特电探询。现王任延安振华造纸厂长；杨在延安解放社出版局图书馆工作。渠等均愿安心服务，不拟离延他往，务乞鉴谅。'等语。知注探转。"(参见岱峻《李济传》，江苏文艺出版社2009年版；王学典《20世纪史学编年(1900—1949)》，商务印书馆2014年版；中国大百科全书总编辑委员会《中国大百科全书·考古学》，中国大百科全书出版社2002年版；王学典《20世纪史学编年(1900—1949)》，商务印书馆2014年版)

　　董作宾、胡厚宣编《甲骨年表》4月由商务印书馆出版。此表按年记述商代甲骨文的有关事项，以供古文字研究者查考。表分为3栏：纪年栏始自1899年(光绪二十五年)，迄于1936年，每年标明中国年代、干支和公元纪年；纪事栏记甲骨文字的发现始末、流传情况和研究经过；撰著栏备列有关甲骨文字的专著与论文。书后附列《甲骨文论著分类索引》和《甲骨文论著撰人索引》备检。1967年董作宾又和黄伟然合作编写《续甲骨年表》。由于此表对从甲骨发现到对殷墟进行科学发掘数十年间大事的精审编排，为进一步开展甲骨文研究提供了一个基本出发点。(参见王学典《20世纪史学编年(1900—1949)》，商务印书馆2014年版)

　　胡厚宣4月12日在天津《益世报·人文周刊》第13期发表《甲骨文材料之统计》。28—30日，在南京《中央日报》专刊发表《中央研究院殷墟出土展品参观记》。6月25日，在天津《益世报·人文》周刊第25期发表《论殷代的记事文字》，第26—31期连载。此文与《武丁时五种记事刻辞考》(1944年)和《卜辞记事文字史官签名例》(《历史语言研究所集刊》第12本，1947年)提出了记事刻辞的概念，不仅纠正了此前人们普遍存在的"凡是甲骨文便都属卜辞的片面认识"，还连带"解决了一系列与此相关的问题"，是"甲骨学史上的大事件"。8月19日，史语所仓促撤出南京，转移到长沙，胡厚宣一马当先，顶着头上狂轰滥炸的日本飞机，一趟趟向外搬运珍贵的甲骨材料，当火车载着这些抢出来的国宝启动时，胡厚宣才想起忘下了自己的十几箱书籍和两箱衣服。(参见何林英《胡厚宣年谱》，载王京州编《河北近现代学者年谱辑要》，国家图书馆出版社2017年版；王学典《20世纪史学编年(1900—1949)》，商务印书馆2014年版)

　　石璋如3月16日开始主持中央研究院历史语言研究所对安阳殷墟进行第15次发掘，地点在小屯村北。参加者有王湘、高去寻、尹焕章等。第十三、十四、十五三次发掘，采取全面揭露的方法，共发现宫殿基址50座，以及排成方阵状的祭祀坑。此次发掘至6月19日结束，得有字甲骨549片，有字骨50片。(参见中国大百科全书总编辑委员会《中国大百科全书·考古学》，中国大百科全书出版社2002年版；王学典《20世纪史学编年(1900—1949)》，商务印书馆2014年版)

　　岑仲勉在陈垣的推荐下，进入中央研究院历史语言研究所担任研究员。史语所给岑仲勉的史学研究提供了良好的资源。1月3日，陈垣接岑仲勉来函：请代查何处收有崔铉《巡幸左神将军碑》。14日，陈垣接岑仲勉来函："承示甚感，各书均不移录此碑，如非清初失，则或见于帖耳。……二毛丛书多史地本，价亦不昂，拟恳代觅一部。因函购或受欺，故敢奉劳也。"2月26日，陈垣接岑仲勉来函：《姓纂》修稿过半，颇欲得《集古目》一勘。琉厂邃雅斋有其名(署价三元),暇恳电话一询,或略优厥值何如? 类书文中用——代子目之字,明人已有之,究不知昉自何时,尊鉴宋元本类书有此款式否? 诸乞见教为盼。"4月9日,陈垣接岑仲勉来函:"孟真先生近有书来,云得尊处推毂。约专任研究。业将挟疑数小节函复,俟接示再确定也。禁政周旋匪易、要不愿久居。然事前亦须有一两月游豫时间,藉作准备。"4月26日,陈垣接岑仲勉来函:"奉书藉悉清恙初痊,至切悬系。世事有一利必有一弊。不能发稿,孟真先生最始来函即已提出,然有若干研究。非亲近图府无从进行。况书中有云。数年积愿,今日始能出于口,尤未便负却盛意。人生世上,说来说去,总不外名利两途,利则积多年经验,已置度外。即不为名,而献所学以供商量,亦期守先人遗志也。"

岑仲勉重要专著《元和姓纂四校记》4月基本完成。岑仲勉从1935年夏开始构思一篇论文最后扩展为一部170多万字的《元和姓纂四校记》,历时近两年。整个写作过程都得到陈垣的无私帮助。两年间二人往复论学的通信至少有50封以上。由于岑仲勉地处"百二秦关"之地,搜求图籍颇为不便,往往向陈垣求助,陈垣则爱惜其才、有求必应。当发现与《元和姓纂》有关的材料时,更主动抄录寄上。5月18日,陈垣接岑仲勉来函:"昨孟真先生赴陕,电约在站晤谈,备悉台从会竣返平,至慰。聘书闻下月可发,研究计画须与主任商定。寅恪先生常见否? 便见时恳略代一探(如何方式)。俟接约后再通问也。"6月1日,陈垣接岑仲勉来函:"顷南京已寄来聘书,拟下月初就职。"7月,岑仲勉至南京任中央研究院历史语言研究所专任研究员。"七七"事变后,岑仲勉跟着史语所一起长期颠沛流离,辗转南京、长沙、云南等地。(参见刘乃和、周少川、王明泽《陈垣年谱配图长编》,辽海出版社2000年版)

梁方仲继续任职于中央研究院社会科学研究所。3月1日,《中国近代经济史研究集刊》改版为《中国社会经济史集刊》,仍由中央研究院社会科学研究所主办和出版,刊址在南京鸡鸣寺路一号。编委会成员有梁方仲、汤象龙、朱庆永、吴晗、谷霁光、吴铎、张荫麟、夏鼐、罗尔纲、孙毓棠等。卷期号接续《中国近代经济史研究集刊》,每年3、6、9、12月的1日出版。内容方面"注重关于政治史、社会史、经济史方面之专门研究",为国立中央研究院关于近代社会经济史的相关研究成果的集大成者,兼具专业性和研究性,多是近代经济史名家的论文,文章学术价值高,为近代经济史的研究奠定了坚实的学科基础,提供了较为充足的研究材料,具有一定的学术参考价值。同日,《中国社会经济史集刊》首出版"兵制史研究专号(上)",刊出孙毓棠《西汉的兵制》、贺昌群《汉初之南北军》、谷霁光《西魏北周和隋唐间的府兵》等文。6月1日,《中国社会经济史集刊》出版"兵制史研究专号(下)"。此期刊载了张荫麟《〈宋史·兵制〉补阙》、吴晗《明代的军兵》、梁方仲《明代的民兵》、罗尔纲《清季兵为将有的起源》等文。同月,梁方仲受中央研究院社会科学研究所所长陶孟和派遣赴日本学术考察,会晤了日本汉学界众多精英,参观了日本的主要图书馆。当时梁方仲所撰《一条鞭法》被日本译成日文,在《历史研究》杂志上连载,其他一些著述也被日本学者引用,所以这次访问开展得很好。不料"七七"事变爆发,梁方仲毅然中断原定的1—2年日本学术考察计划,与早已在东京帝国大学读研的弟弟嘉彬和在东京政法大学留学的未婚妻陈瑛材一起,提前回国。9月,梁方仲在广州成亲以后,就到长沙向迁湘的社会科学研究所报到。(参见刘志伟编《梁方仲文集》及附录《梁方仲学术编年》,广大学出版社2004年版;王学典《20世纪史学编年(1900—1949)》,商务印书馆2014年版)

李四光继续任中央研究院地质研究所所长,又在北京大学地质系担任教授,校务会议成员。7月16日,西安事变,蒋介石到桂林"休养",与汪精卫一起"邀请全国各大学教授及各界领袖来庐谈话",交换"对政治、经济、教育等方面"的意见。李四光被首批邀请。但李四光看透了国民党政府首脑蒋介石与汪精卫的所作所为,因此当时虽在庐山,却拒绝参加蒋、汪邀请他在牯岭图书馆召开的此次谈话会。同日,完成《冰期之庐山》专著,书中明确指出,庐山是"中国第四纪冰川的典型地区",是"困惑难解和耸人听闻学说的诞生场所"。

　　按:《冰期之庐山》完稿之后,被安排在中央研究院地质研究所专刊乙种第二号上发表,印出校样稿。正值此时日军进犯极为猖狂,国民党军队,节节败退,局势急剧恶化,地质研究所已不能正常工作,专著印刷工作被迫中止,李四光为了妥善保存此研究成果,就把此校样稿空运至英国地质调查所保存。

　　李四光7月21日向在苏联莫斯科举行的第十七届国际地质学会会议寄交了一篇论文,题为《中国震旦纪冰川》。8月中旬,因日本侵略军已在上海金山卫登陆,地质研究所房屋被国民党军队征用,当时大部分人员出差在野外工作,在极其紧迫、仓促情况下,李四光为了使地质研究所苦心经营所积累的图书、地质陈列室的珍贵标本和仪器设备不致毁于一旦,带领所内吴燕生等人员,不顾飞机轰炸,把所里的书籍、标本、仪器等装好箱,租了几只帆船,派张祖还协助许杰负责将重要图书仪器四十几大箱暂时由南京运往江西九江再转运到庐山东麓鄱阳湖边的姑塘镇存放,并在姑塘镇分设办事处。11月下旬,李四光决定将地质研究所迁往广西桂林。12月19日,李四光暂时停留长沙期间,出席在长沙留芳里4号举行的中国地质学会理事会。年末,李四光与地质研究所同人一行,又沿湘江经长途跋涉,终于迁到了桂林,中央研究院物理研究所、心理研究所、社会科学研究所,在李四光的促进下,也迁到了桂林。在桂林环湖东路和物理研究所共租一栋两层的旧楼房合用。(参见马胜云、马兰编著《李四光年谱》,地质出版社1999年版)

　　王世杰继续任教育部长。1月9日,《中央日报》发表王世杰的谈话。王世杰说:教育部已拟定计划,促进全国体育。主要措施是:普遍设置体育督学及体育股;暑假举办体育师资集训;强迫学生课外运动;推动团体比赛,矫正选手制弊病。26日,西方语文学会在北平师范大学举行首届年会。到会各地代表百余人。会上宣读了教育部长王世杰的《几个有关英语教学的中等教育问题》的讲话稿。会议通过两项议案:一、组织广播英语委员会;二、开办基本英语试验训练班。4月13日,王世杰拜访蔡元培,商定5月3日午后4时在南京召开故宫博物院理事会会议,由王写一电报稿致马衡,由中研院沪处代发。5月24日,中国政治学会在南京召开理事会,王世杰、周鲠生、杭立武、吴颂皋、梅思平、钱端升等出席,会议通过段锡朋、蒋廷黻等为会员。7月23日,王世杰在教育部举行宴会,宴请各大学校长,张伯苓、蒋梦麟、梅贻琦,北平大学校长徐诵明及广东三位大学校长出席。席间商谈今后教育改进方针。7月29日,日军轰炸南开大学,秀山堂、图书馆、文法学院、课堂、宿舍等均被炸毁。河北女师、河北工学院亦遭轰炸。30日晨,王世杰赴中央饭店慰问张伯苓,郑重表示:大变将平,政府必负责恢复南开旧有规模。张伯苓答称,在此抗战期间,余绝不愿使政府分心。

　　王世杰8月28日指定张伯苓、梅贻琦、蒋梦麟为长沙临时大学筹备委员会常务委员。29日,王世杰电张伯苓、蒋梦麟、梅贻琦、杨振声,请推举长沙临时大学常委负责人,亦可每隔两月重推轮任。9月13日,长沙临时大学筹备委员会召开第一次会议,北京大学、清华大学、南开大学三校校长为当然委员,另有北京大学胡适、清华大学顾毓琇、南开大学何廉、中央研究院史语所所长傅斯年、湖南大学校长皮宗石、湖南省教育厅长朱经农等为委员,教育部部长王世杰为主任委员。10月11日,教育部长王世杰以第17728号训令颁发《西安临时大学筹备委员会组织规程》,规定临时大学不设校长,以筹备委员会代行校长职权。聘任李书华(未到任)、徐诵明、李蒸、李书田、童冠贤、陈剑翛、周伯敏、藏启芳、辛树帜等为西安临时大学筹备委员。北平大学校长徐诵明、北平师范大学校长李蒸、北洋工学院院长李书田和教育部特派员陈剑翛为筹备委员会常务委员。11月2日,王世杰致电蔡元培:"九国会议开会在即,拟用全国教育领袖数十人名义,将日军摧毁教育实况,宣告中外。文由部拟,并拟借重公名,想荷鼎诺云云。复电愿列名。"教育部代发的日本破坏我国教育机关之英文事实声明的主要内容,有如中央通讯社所报道,又载11月6日上海《大公报》。(参见中央教育科学研究所编《中国现代教育大事记1919—1949》,教育科学出版社1988年版;高平叔编著《蔡元培年谱长编》,人民教育出版社1996年版;龚克主编《张伯苓全集》第十卷附编《张伯苓年谱》,南开大学出版社2015年版)

罗家伦继续任中央大学校长。早在1936年1月6日,罗家伦在国立中央大学总理纪念周所作的《让我们把中大造成民族复兴抗日的大本营参谋部》报告中,鉴于中日关系日趋紧张,预言一场大战不可避免,希望中大的师生做好坚决的准备。1月,新校址凿井动工,深213米。2月15日,罗家伦出席中国国民党五届三中全会。28日,主持中央大学附设实验学校成立20周年纪念会。3月,组织新生活劳动服务团;校务会议决定与德国大学交换学生选送办法,5月组成交换学生试验委员会。4月,校务会议决定本年度招生试验(考试)与武汉大学、浙江大学联合举行办法。中英庚款考试揭晓,本校毕业生考取6人、讲师1人。5月,拟订迁校计划,在南京城外石子岗一带建设新校区,预备建立规模宏大的"首都大学"。工学院首先招标动工,不久因"七七"事变爆发,建校计划终止。6月9日,举行校庆纪念会暨第十届毕业典礼,173人毕业。罗家伦作"中央大学近年来发展状况"的讲演。随后,进行了军训检阅式。

罗家伦7月1日为新建石子岗校舍经费事,上庐山求见蒋介石,获允先拨200万元。16日,蒋介石邀集全国各界人士158人在庐山图书馆举行谈话会,罗家伦出席了会议,向蒋建议把东南沿海的主要大学迁往重庆。20日,谈话会结束,罗家伦返校后首先稳定校园内的秩序,并命学校将重要图书仪器装箱,作内迁准备。8月4日,罗家伦召开校务会议后,即决定着手迁校事宜。当时派出三路人马寻觅勘查新的校址:法学院院长马洗繁和经济系主任吴干向重庆出发;心理系教授王书林向湘鄂出发;医学院教授蔡翘赴成都,与华西大学接洽医学院迁徙事宜。14日,日军飞机开始轰炸南京。15日,校本部第一次遭到日机轰炸,图书馆中弹。接着于18日、23日、31日连续三次遭到轰炸,学校损失惨重,所幸已经装箱的图书仪器运到江边趸船上。罗家伦前往陵园官邸见蒋介石,面陈西迁理由,获准迁校重庆。教授会商议决定:法学院院长马洗繁和经济系主任吴干前往重庆寻觅校址;王书林教授前往湖北筹办西迁中转事宜;医学院院长蔡翘和郑集教授前往成都,与华西大学接洽医学院事。罗家伦一面坚守岗位,一面主持迁校事宜。9月4日的校务会议决议:"重庆如有适当地址,则迁重庆。否则,迁成都。以最大之努力准备于十一月一日开学,各院系并以集合地上课为原则。"罗家伦在致教育部的长函中,力陈迁校之必要,并详细汇报了迁移的具体步骤,9月23日,教育部部长王世杰复令"准迁重庆"。附属实验学校迁安徽屯溪。重庆马洗繁电告:得到重庆大学的帮助,觅得较为适宜的校址——沙坪坝松林坡。事务主任李声轩、水利系主任原素欣和工程师徐敬直前往重庆,筹办校舍的建筑。中央大学随即在重庆动工兴建校舍。仅用了42天的时间,中央大学在重庆沙坪坝借出重庆大学的松林坡建成了可容纳1000多人的新校舍。"这个速度,不能不算是一个记录。"10月初,中央大学迁往四川重庆沙坪坝,实验学校迁往屯溪。

罗家伦 10 月 10 日前往安徽屯溪，参加附属实验学校的开学典礼。事后，经汉口至重庆。运往重庆的图书仪器从下关码头启运。全校师生员工分散而行，10 日集中汉口，由学校安排转船至重庆。11 月，沙坪坝简易校舍建筑竣工，师生搬进新居。同月 5 日，与中央研究院院长蔡元培、北京大学校长蒋梦麟、清华大学校长梅贻琦、北平研究院院长李石曾、中山大学校长邹鲁、南开大学校长张伯苓、同济大学校长翁之龙、沪江大学校长刘湛恩、北京大学教授胡适等 102 人联名发表英文声明，向全世界揭露日军毁我教育的罪行，呼吁世界各国正义人士对日予以制裁。12 月 1 日，该校在重庆沙坪坝新址开学。3 日，正式上课。医学院二、三年级的学生本月 8 日借成都华西大学校舍上课（一年级新生留在重庆读医前期课程）。工学院增设水利工程系。16 日，医学院牙科学生为教学、图书设备等问题举行罢课，并纷纷要求转学。同月，罗家伦为救济贫寒学生，决定在中央大学设立奖学金，每学期 70 个名额。是年，该校在全国专科以上学校率先试行军管。（参见罗家伦《中央大学之回顾之前瞻》，载《中央大学七十年》，台湾中央大学印行 1985 年版；刘维开《罗家伦先生年谱》，中国国民党中央委员会党史委员会 1996 版；张晓京编《中国近代思想家文库·罗家伦卷》及附录《罗家伦年谱简编》，中国人民大学出版社 2015 年版；南京大学高教研究所编《南京大学大事记 1902—1988》，南京大学出版社 1989 年版；黄延复、钟秀斌《一个时代的斯文：清华校长梅贻琦》，九州出版社 2011 年版）

汪东继续任中央大学文学院院长。1 月 10 日，汪东至杭州勘察章太炎墓地。3 月 19 日，汪东以所作《引驾行》词示吴梅，晚至同乡会聚饮，席散后又至沈君匋家，与吴湖帆等合作《璇庐雅集图》。4 月 16 日，朱希祖邀为金毓黻饯行，金毓黻时将赴任安徽省政府秘书长。19 日，参加中华全国美术学会成立大会。同月，为伯兄汪荣宝《金薤琳琅斋集》作跋。4—5 月间，受原中央大学教务长、经济学系主任叶元龙推荐，将出任国民政府军事委员会委员长西安行营第二厅副厅长，中央大学校长罗家伦极力挽留未果。5 月 21 日，欲荐沈祖棻应聘湖州女中国文教师，为沈婉拒。时沈任教于南京国立戏剧学校。6 月 5 日，参加如社十八集。由林鹃翔、唐圭璋值课，到汪东、吴梅、仇埰、石凌汉、蔡嵩云、陈匡石等。9 日，参加中央大学成立 10 周年、三江师范创校 35 周年纪念暨学生毕业典礼，并作为教职工代表致辞。14 日，回苏参加章太炎先生逝世周年纪念会，并国学讲习会理事会成立会，讨论讲习会发展事宜。16 日，唐圭璋有函寄龙榆生，谈中央大学师生挽留汪东事，又云汪辟疆前曾向汪东荐龙榆生，遭婉拒。17 日，吴梅、汪辟疆、胡小石等同事为汪东饯行，众人皆极力劝阻汪东西行。是月，当如社值课，本已拟定社题，未及期，即匆赴西安。7 月 1 日，《章氏国学讲习会理事会题名》公布，汪东为理事。

按：《制言》半月刊第 44 期载《章氏国学讲习会理事会题名》：汤国梨、朱希祖、汪东、金毓黻、马宗霍、王乘六、诸祖耿、潘承弼、沈延国、龙沐勋、孙世扬、潘重规、黄焯。互推理事长汤国梨，秘书主任孙世扬，教务主任沈延国、副主任诸祖耿，辅导主任诸祖耿、副主任王乘六，事务主任王乘六，研究室主任朱希祖，图书室主任潘承弼，《制言》编辑潘承弼、沈延国、孙世扬，《制言》会计王乘六。

汪东是夏飞赴西安，出任国民政府军事委员会委员长西安行营第二厅副厅长，颇有建功献策之志，有《浣溪沙》词纪之。9 月 14 日（农历八月初十），陈三立病殁于北平，汪东为作《义宁陈伯严丈挽诗》四首。28 日，顾颉刚考察西北，道过西安，来访。10 月，复经叶元龙介绍，出任重庆行营第二厅副厅长，负责公文审核工作。11 月，曾为冯仲翔《顾亭林入关史迹考》题词。（参见薛玉坤《汪东年谱》，河南文艺出版社 2016 年版）

朱希祖 1 月 2 日访张继，谈撰《章太炎先生行状》事。4—9 日，草《章太炎先生行状》初稿。11 日，访汪东，与之相商《章太炎先生行状》题署问题。17 日，至苏州国学讲习会演讲。

18日，回南京。19日，整理章炳麟于宣统元年、宣统二年在日本特寄至杭州、嘉兴的论学书札8通，抄录寄苏州《制言》半月刊。20日，撰《〈史记〉汉王劫五诸侯兵考》，后刊于国立中央大学《文史哲》季刊第1卷第2期。2月6日，至平湖葛小严宅，参观藏书，得见李清所撰《南渡录》6卷原稿，为之惊喜不已。11日，为是否保存明南京户部尚书、都察院左都御史、正德时进士周金墓，致信中央古物保管委员会。25日，赴苏州国学讲习会。27日，回南京。3月2日，至中央古物保管委员会开会，审查古物出口取缔规则。13日，受教育部之聘，为第二次全国美术展览会图书组审查员之一，同任审查员的还有柳诒徵、蒋复璁。15日，接国民党中央党部公函，聘朱希祖为党史编纂委员会名誉纂修员。18日，出席中国艺术史学会成立大会。

朱希祖与汪东等人6月1日为纪念章太炎逝世周年发布启事，定于6月14日举行章太炎先生逝世周年纪念会。9日，出席中央大学10周年纪念会。14日，苏州章氏国学讲习会举行章太炎先生逝世周年纪念会，朱希祖主祭。同日，被举为章氏国学讲习会理事会理事。26日，为中央大学文学院院长汪东饯行，时汪将出任陕西行营秘书长。7月1日，朱希祖任章氏国学讲习会理事会研究室主任。8月1日，上海战事将发，时局日趋紧张，南京钱家避难者日多。自是日起，朱希祖将10余万册藏书装箱，准备迁至徽州。19日，回南京，夜受大轰炸之惊。22日，至徽州，面见江植棠校长，接洽藏书。9月20日，至中央大学出席教授会，决定迁校重庆，确定最迟11月1日开学。中午，又遇轰炸。当晚返宣城。11月6日晨，抵达重庆。7日，与中央大学史学系姚琴友、缪赞虞、张致远商量史学系添设战时特别课程事。当时教育部拟颁布大学课程标准，征求意见，朱希祖以为历史学系课程，当以学习理论为主；就学理言，则目的有二：一为发现历史真相，除普通史和社会、政治、经济为必修课外，须以考古、地史、人类、人种、言语等学为必修课，而以各种国别史为选修课，更辅以社会史、经济史、专门史等科目；二为发现历史真理。除普通史如社会史、经济史、哲学史、美术史、宗教史等为选修课外，还要以人文地理学、人类学等辅之。11月23日，朱希祖至青年会访沈刚白、刘南溟等不遇。晤汪辟疆、宗白华、胡小石、陈耀东，在大街午餐。12月2日，开始至中央大学授课。29日，赴北京大学重庆同学会宴。（参见朱元曙、朱乐川《朱希祖先生年谱长编》，中华书局2013年版）

胡小石仍在中央大学任教。是年，有诗作《南京陷及期书愤》云："龙虎开天阙，金汤拥石头。崩腾狂寇入，梦寐一星周。吊楚南公誓，收京杜老讴。寸心与江水，奋激日东流。"3月底4月初，台儿庄战役告捷，日寇受惩。胡小石在重庆闻后兴奋无比，作诗《台儿庄大捷书喜》云："乍有山东捷，腾欢奋九州。不缘诛失律，安得断横流。淮滨屏藩固，风追早晚收。低回思白羽，一写旅人忧。"与武昌师大同事刘弇生在重庆经常见面，受其反蒋思想影响颇深。《大公报》颁布"部聘教授"名单，胡小石为中国古代文学部聘教授。

吴梅仍在南京中央大学任教，兼金陵大学课。1月18日，为廖凤书作《忏庵词续集·跋》。20日，为李符中作《词林丛录·序》。2月25日，复夏承焘一书。3月21日，参加潜社雅集。25日，参加如社第十七集。5月11日，《霜崖曲录》刻成。6月5日，参加如社十八集。同月，为蔡嵩云作《乐府指迷笺释·序》。7月7日，卢沟桥事变爆发，《瞿安日记》自是日止。9月12日，携家人离苏州，经南京，达武汉，寓江汉路新联保里口。10月初，由武汉移居湘潭，寓柚园。13日、26日，先后复夏承焘两书。10—11月，作《避寇杂咏》诗50首。（参见《吴梅全集·日记卷上》及附录王卫民《吴梅年谱》，河北教育出版社2002年版）

宗白华1月1日在《文学》第8卷第1期发表《我和诗》:"我爱光,我爱美,我爱力,我爱人间的温爱,我爱大群众里千万心灵,一致的紧张而有力的热情。我不是诗人,我却主张诗人是人类底光明的预言者,人类光明的鼓励者和指导者,人类的光和爱和热的鼓吹者。"7月7日,南京沦陷,中央大学迁往重庆。宗白华随迁,任中央大学哲学系教授。8月1日,在《戏剧时代》第1卷第3期发表《莎士比亚的艺术》,上海戏剧时代出版社出版。文章从剧本题材的提炼,和希腊法国古典戏剧的对照,莎氏爱用强烈的光明和阴影的对照,莎氏艺术的中心点与最高峰仍在"性格的描写"、剧本中的情调创造等方面,论述莎士比亚艺术的成就,指出:"莎氏的艺术是不朽的,永远有他的生命。"(参见林同华《宗白华生平及著述年表》,载《宗白华全集》第四卷附录,安徽教育出版社1994年版)

徐悲鸿、汪亚尘、颜文梁、朱屺瞻、陈抱一等发起组织默社,会名取"沉着忍默,实际工作,不尚空谈"之意,每两周聚会一次,每年夏秋间举办作品展览会。1938年停止活动。10月,徐悲鸿随中央大学内迁赴重庆。深忧国难民生的徐悲鸿以笔为刀,以墨为枪,正是在石家花园那间不大的石室里,完成了《巴人汲水》《巴之贫妇》《群奔》《会师东京》等经典名作。11月,徐悲鸿在广州、长沙、香港举办画展。是年,在香港购得视为自己生命的吴道子画《八十七神仙图卷》。(参见土豆宝宝《徐悲鸿年谱》,《大观(收藏)》2019年第3期)

吕斯百3月参加中国文艺社举办的"援绥艺展"。4月,任教育部办"第二届全国美展"筹备委员,在南京参加国民政府教育部第二届全国美展。"七七"事变后,中央大学内迁重庆,代理科务的吕斯百负责迁移工作。

陈裕光继续任金陵大学校长。5月,为庆祝陈裕光校长任职10周年,学校决定设置"景唐纪念奖学金"(陈裕光字景唐)。7月7日,卢沟桥事变爆发。金陵大学仍继续开学上课。11月22日,学校奉令西迁,并组织留京委员会,请教授贝德士先生(美籍)任该会主席,齐兆昌、陈宗一等为委员留京保管校产,维时军事紧急,交通困滞,校中师生及教职员眷属人数甚众,备尝艰苦,始得溯江西上,迤逦而经汉口、宜昌、重庆,历时3月,始达成都,备承华西协合大学协助,借其校园为校址,遂于次年3月开学。(参见南京大学高教研究所校史编写组编《金陵大学史料集·陈裕光》,南京大学出版社出版1989年版)

张群时任国民党秘书长。6月22日,张群受蒋介石命以中央政治会议秘书长名义向全国各党各派、各界名流200余人发出参加"庐山谈话会"的请柬,邀请全国社会各界知名人士、大学教授、各党派领袖7月15日至8月15日至庐山举行谈话会,彼此交换意见、讨论国家外交及国内政治、经济、教育诸问题。所有谈话会人员分为政治、外交、财政经济、教育四个组,国民党政府中央及各部要员也相应分至各组、听取意见,答复疑难。共分三期举行。柬文为:"敬启者:庐山夏日,景候清嘉,嘤鸣之求,匪伊朝夕。先生积学盛名,世所共仰。汪、蒋二公,拟因暑季,畅接光华,奉约高轩,一游牯岭。聆珠玉之谈吐,比金石之攻错。幸纡游山之驾,藉闻匡世之言。扫径以俟,欣仁何如。"第一期谈话会于7月16日至20日举行,实际出席者158人。16日上午9时许,"庐山谈话会"第一期在庐山图书馆会议室举行,会议主题主要是"忍辱负重",暂时作些抗战准备,以待时机到来,即对日寇决战。张群宣布"谈话会"正式开始,并简单地表述了召开谈话会的缘起、宗旨和意愿。接着由汪精卫代表政府致词。然后是与会代表相继发言。出席会议的党国要员有蒋介石、汪精卫、于右任、冯玉祥、张群、李烈钧、戴季陶、陈布雷、曾仲鸣等;青年党代表左舜生、曾琦、李璜,国社党代表张君劢,以及农民党、村治派的代表;各界名流有北京大学校长蒋梦麟、清华大学校长梅贻琦、浙江大学校长竺可桢、南开大学校长张伯苓、北大文学院长胡适、广西大学校长马君武、金陵女子大学校长吴贻芳、中央财经委员会委员长马寅初、中央研究院总干事傅斯年、商务印书馆经理王云五、大律师张志让以及著名教授学者梁实秋、梅思平、胡建中、梁实秋、陈公博、周佛海、杜重远等。会前,周恩来、秦邦宪、林伯渠等应邀至庐山与国民党进行合作抗日的第四轮谈判,同时也作为中共参加"谈话会"的代表,与各党派人士、各界名流广泛接触,宣传中共的抗日救国主张。17日,在第一期的第二次大会上,蒋介石发表了著名的抗战宣言,表明了中国政府的对日态度。7月28—30日举行第二次"庐山谈话会",实际出席者72人,其中有任启珊、吴康、许仕廉、王芸生、洪深、章益、蒋百里、张季鸾、沈钧儒、吴南轩、潘序伦、刘彦、戴修瓒、周北峰、张凌高、萧一山、王亚明、朱庆澜、杜重远、李剑农、陶希圣、顾毓琇、杨公达、潘公展、段锡朋、经亨颐、叶楚伦等。留在庐山的张伯苓、蒋梦麟、胡适等也参加了第二期谈话会。最后还以第二期谈话会同人名义,发出致宋哲元暨二十九军全体将士电,表示对前方将士守土御寇决心至深钦佩,勖勉同心戮力,抗战到底,决不任敌人从容践踏而过。第三期谈话会原定8月15日前举行,后因抗战军事紧张而取消。

按:1937年7月16日《东方杂志》期刊中插图有一主题是目前我国政治的中心——庐山。其文字说明为:在暑期中,庐山成了我国政治的中心。国民政府各院部已先后在庐山设立办事处;暑期训练也已在庐山开始。同时政府又邀集各大学校长及专家至庐山举行谈话会。预料经这次庐山训练和谈话以后,全国上下必将更坚固地团结起来,为解除国难而共同努力。插图主要有:庐山谈话的地方——海会寺与五老峰全景、蒋介石与冯玉祥游山后合影、暑期训练集合地——庐山传习学舍与图书馆全景、林森主席、与蒋主持庐山谈话的汪精卫、暑训教育长陈诚、暑训主任黄绍竑人物像。(参见贺伟《1937年"庐山谈话会"纪事文》,《统一论坛》1995年第4期)

马寅初继续任中央财经委员会委员长。1月1日,在《东方杂志》第34卷第1号发表《中日问题和经济思想随社会环境变迁之程序》,文中考察世界各国经济思想受社会变迁之影响,从亚当·斯密、边沁学说到现代国家干预经济思潮,阐发学理,总结规律,说明当今世界经济情形,大异于斯密氏时代,国家干涉经济事业,为社会环境所需要。9日,在《银行周报》第21卷第2期发表《日本工业进步之原因》。22日,出席中国经济学社第十四届理事会第二次常委会议。3日,在《银行周报》第21卷第7期发表演讲词《中国之工业化》。14日,发表《中国国外贸易如何失去权利与古典派学说应如何更正》,指出:"中国之经济地位为次殖民地之地位,中国之国际贸易即为帝国主义者侵略中国之工具。"3月6日,在《新商业》第2卷第2期发表《非常时期之物价问题与纸币政策》。16日,在《银行周报》第21卷第10期发表《非大量生产之中国经济及其补救办法》。4月3日,在《银行周报》第21卷第14期发表《奖励国货工厂困难与增加资本之方法》。6日,在《中山文化》第4卷第2期发表《中国经济之复兴与减低利息之必要》。5月1日,在《海王》第19卷第24期发表《中国工业进步迟滞之原因及其救济办法》。在《银行周报》第21卷第18期发表《我国预算法币与工业之连锁关系》。5日,在《世界政治》第1卷第5期发表《解决分配世界资源问题当从自由贸易做起》。8日,在《银行周报》第21卷第19期发表《中国保险事业与新中国建立之关系》。9日,出席商务印书馆股东大会。商务印书馆假上海西藏路宁波同乡会召开股东大会。张元济主席致开会词后,首由总经理王云五报告1936年度营业概况及结算情形;继由监察人马寅初报告一切账目均经查核无误。旋通过修改公司章程案,重新选举新一届董事会成员。当选董事者:王云五、高凤池、李拔可、夏鹏、张元济、刘湛恩、蔡元培、鲍庆林、徐善祥、徐寄庼、丁榕、陈光甫、李伯嘉等;当选监察人者:马寅初、黄炎培、杨端六等。

马寅初7月4日乘冯玉祥专车抵庐山,为庐山暑期战时训练团授经济课程。蒋介石于庐山办战时训练团,自任团长,训练教育长陈诚,牯岭总队长黄绍竑,海会寺总队长孙连仲。训练团学员分两部,一部为各省要员、各军总指挥;一部为军官、警官、县长、军训教官、政训教官、党务人员、中学校长、新运会职员、童子军领队,目的在统一抗战思想。8日,为战时训练团开讲。13日,发表《世界资源地之分配》。指出:"世界资源之分配,不但为一经济问题,亦为军事、政治、外交问题。凡研究军事者,实有认识之必要。"15日,与浙江大学校长竺可桢、南开大学校长张伯苓、北京大学校长蒋梦麟、清华大学校长梅贻琦、北大文学院院长胡适、广西大学校长马君武、金陵女子大学校长吴贻芳、中央研究院总干事傅斯年、商务印书馆总经理王云五、律师张志让及学者梅思平、胡建中、梁实秋等各界名流齐聚仙岩饭店,畅谈国事。16日,于庐山牯岭图书馆出席庐山座谈会第一次会议。汪精卫主持,蒋介石、于右任、张群、戴季陶、冯玉祥及文化、经济、工商界代表马寅初、胡适、竺可桢、张君劢、王云五、张寿镛、曾琦、江问渔等158人出席。中共代表周恩来、博古、林伯渠列席。17日,继续出席谈话会,蒋介石发表抗战宣言。下午,参加经济组座谈,讨论战时财政与金融问题。18日上午,赴海会寺参加暑期训练团首期毕业礼,并赴蒋介石午宴。19日,第一次座谈会结束后,著文《二十六年暑期庐山谈话会讨论暂时财政问题》。

　　按:文首曰:"凡出席之人,几无一不发言,因其言论颇多精彩,故特作此篇,综合各人意见为概括的叙述,非仅一人之私见也。"该文转发于《四川经济月刊》时更名《战时财政问题》。编者按:"本文为二十六年庐山谈话会经济小组会议会谈我国战时经济问题之结论,各专家皆有意见,由马寅初先生笔录而成。虽当时全面抗战尚未发动,而所拟之方案与日后当局采用之财政政策多相吻合。本文除前一小段曾登载于《武汉日报》外,大部均未发表,兹承马寅初先生赐投本刊,想亦关心战时财政问题者所亟欲先睹也。"文章主要提出,(一)中国战时财政之方法问题:加旧税与办新税、募内外债、增发纸币、集中全国金银、没收外逃资金以备抵付外债、实行征发;(二)中国战时财政之物质问题:粮食、盐、滋补品、铜铁、发明新物质、从外国输入之物品、如何输入问题。

马寅初7月27日与出席庐山第二次座谈会各界名流相聚仙岩饭店,并庆祝中国军队克复丰台重创日军。出席聚会者胡适、蒋梦麟、张伯苓、王芸生、潘序伦、陶希圣、蒋百里、萧一山、潘公展、段锡朋、经亨颐、张君劢、杜重远、叶楚伧、洪深等100多人。洪深建议以谈话会名义,发电勖勉宋哲元将军及二十九路军全体将士。28—29日,出席第二次庐山座谈会。蒋介石返南京主持战局,谈话会由汪精卫主持。7月,所著《中国之新金融政策》(上下册)由商务印书馆出版。8月5日,浙江省抗敌后援会成立,马寅初、徐青甫、竺可桢等10余人为委员。10日,在《银行周报》第21卷第31号发表《中国之银行制度》,系统考察中国银行制度近年改革效果。9月21日,在《银行周报》第21卷第37期发表《非常时期之经济政策》。10月,马寅初自江西回杭,将从江西景德镇专烧的一副白陶茶具赠送朱孔阳,告之将随政府"迁都",嘱老友留杭维持青年会。约定抗战胜利日,以此茶具泡一壶浓浓的西湖龙井。11月18—19日,在《青岛民报》发表《中国经济力量》。29日,在《武汉日报》发表《法郎贬值》。12月20日,在《武汉日报》发表《国际经济大势与中国之危机》。12月,参加庐山谈话会,讨论战时财政问题,主张采取有效措施,以利长期抗战;《十年来的中国经济建设》,刊于中国文化建设协会《抗战十年前之中国》。随后马寅初离开庐山去武汉(汉口),向重庆转移。沿途耳闻目睹,使马寅初痛心疾首。(参见徐斌、马大成编著《马寅初年谱长编》,商务印书馆2012年版;彭华《马寅初年谱简编》,《淮阴师范学院学报》2005年第1期)

陈独秀1月16日在《东方杂志》上发表《荀子韵表及考释》。3月1日,在《东方杂志》上发表《实庵字说》（一）。16 日，在《东方杂志》上发表《实庵字说》（二）。4 月 1 日，在《东方杂志》上发表《实庵字说》（三）。从文字学角度，考察中国古代奴隶都是"家庭奴隶"，从而论证中国是"由亚细亚生产制而入封建社会"，宣传未经奴隶社会阶段的理论。5 月 16 日，在《东方杂志》上发表《实庵字说》（四）。《实庵字说》是陈独秀晚年研究文字学的主要成果之一，试图利用古文字材料否定中国古代曾经历过奴隶社会。此文发表后，立即引起郭沫若的反驳，撰写《读〈实庵字说〉》（后改为《驳〈实庵字说〉》），引用大量甲骨全文，"揭露"陈氏于古文字学之"外行"及其立论的"大误"，并坚定地指出："关于奴隶制这个问题，我敢于十二分坚决地主张：中国也和希腊、罗马一样，至于马克思的那个铁则并不是例外。"

陈独秀 6 月 1 日在《东方杂志》上发表《老子考略》。29 日，汪原放去北平，受汪孟邹之托，过南京时到狱中探望陈独秀。7 月 1 日，在《东方杂志》上发表《实庵字说》（五）。8 日，致函《宇宙风》主编陶亢德，答复陶托汪孟邹约他写《自传》的问题。30 日，致函陶亢德，告两章自传写就，"第一章拟为'没有父亲的孩子'，第二章拟为'由选学妖孽到康梁派'"。8 月中旬，将这两章《实庵自传》寄上海《宇宙风》杂志。此时，日机轰炸南京，第一模范监狱也被炸，陈独秀的监房屋顶坍倒，但幸卧桌底无恙，见人还谈笑自若。原北大时陈独秀的学生、时为金陵女子大学教授暨中文系主任陈钟凡去探望，见此情，遂与胡适等商量联名保释。国民党政府示意"只要本人具悔过书，立即释放"。陈独秀闻之大怒，说："我宁愿炸死在狱中，实无过可悔"，并声明"不要人保""附有任何条件，皆非所愿"。8 月 19 日，汪精卫复函胡适，告已商蒋介石，"转司法院设法开释陈独秀"。21 日，国民党政府司法院院长居正，呈国民政府主席林森，"将陈独秀减刑"。同日，国民政府发下陈独秀减刑的"指令"。22 日，《中央日报》刊登"国府明令，陈独秀减刑"。同日，陈独秀致函陶亢德，关照两章自传中有两处增改，并告"日内即可出去"，"此间小报乱造谣言，请转告一切朋友勿信"。

陈独秀 8 月 23 日中午出狱，由潘兰珍、陈松年等接出。国民党中统局处长丁默村也去接待，提议安排在国民党中央党部招待所，被陈独秀拒绝。暂住国民党国立中央研究院语言研究所所长及中央大学教授傅斯年家。《大公报》发表短评《陈独秀减刑》，谓："当国家大危难之际，大家的思想和行动都已统一在一个情绪之下，对日抗战之外，再无其他问题。我们欢迎这位老斗士出狱，为他的祖国努力！"月底，陈独秀与潘兰珍一起，移居陈钟凡家。因傅斯年家附近被炸，主人又避难他去。9 月初，中共中央就陈独秀要求合作抗日问题，提出三项条件交于罗汉：一、公开放弃并坚决反对托派全部理论与行动，并公开声明同托派组织脱离关系，承认自己过去加入托派之错误；二、公开表示拥护抗日民族统一战线政策；三、在实际行动中表示这种拥护的诚意。9 月中旬以前，陈独秀两次拜见叶剑英和博古，"表示赞成抗日民族统一战线政策"，只是觉得党在未转变前的路线未免太左，既转变后的路线又未免太右一点；对托派问题不明确表示态度。胡适、周佛海等人请陈独秀参加"国防参议会"，为陈独秀拒绝，说："蒋介石杀了我许多同志，还杀了我两个儿子，我和他不共戴天。现在大敌当前，国共二次合作，既然国家需要他合作抗日，我不反对他就是了。"后来，蒋介石还让其亲信国民党中央秘书长、教育部长朱家骅拉拢陈独秀，要他组织一个"新党"，许以供给 10 万元经费和国民参政会 5 个名额，甚至请陈出任劳动部长，皆遭拒绝。胡适传话，美国一家图书公司，请陈独秀去美国写自传，陈独秀表示不去，说他生活很简单，不用去美国，也厌烦见生人。在中英协会，与胡适之、傅孟真晤谈，傅向胡说："我真佩服仲甫先生，我们比他年纪轻，还没他精神旺，他现在还是乐观。"

　　陈独秀9月9日拒绝有人劝往上海重整托派的建议,由南京赴武昌。9月8日,写给汪孟邹的信中说:"弟明日由此(即南京)乘轮赴武昌,俟到彼处,再行奉告。"9月14日,写信给汪孟邹说:"弟已抵汉,暂寓旅社,日内即移居武昌。"16日,又写信给汪孟邹说:"弟于日前由南京来汉口,兹已租定寓所,来信望寄武昌城里双柏庙后街二十六号陈仲甫收可也。"10月1日,在《东方杂志》上发表《孔子与中国》,认为"孔子的第一价值是非宗教迷信的态度""第二价值是建立君、父、夫三权一体的礼教""人们如果定要尊孔,也应该在孔子不言神怪的方面加以发挥,不可再提倡阻害人权民主运动、助长官僚气焰的礼教了!"6日,应华中大学学生抗战工作团邀请,在该校发表《抗战意义》的讲演。陈独秀上台后开宗明义地说道:"全国要求的抗日战争已经开始了。为什么要抗战? 一般的说法,是因为日本欺压我们太厉害。这话固然不错,可是未免过于肤浅了,一般民众尤其是知识分子,应该明了更深一点的意义,抗战不是基于一时的感情,而有深长的历史意义。"他进而深刻指出:"此次对日战争,乃六七十年来改革与革命的大运动之继续,第一次李鸿章改革、第二次戊戌维新、第三次辛亥革命、第四次北伐运动,今日的抗战乃是第五次。"他告诫台下的学子们:"此次中国抗日战争,我们不能看作南京和东京政府的战争,而是被侵略的中国人民对于侵略的日本帝国主义的战争,全国人民都应该拿出力量来援助抗日战争,除非甘心做汉奸。"针对当时有少数人"以为中国如是之大,不致灭亡"的侥幸思想,陈独秀一语中的:"殊不知日本帝国主义者灭亡中国,并非采取直接管理全国的笨法子,乃是以分化手段,在南北制造各种名义的政治组织,利用亲日派做傀儡,间接统治中国,把不愿充当傀儡的人们赶到川云贵山中和苗大哥作伴,这不是亡国是什么?"此后日本在南京扶持汪精卫傀儡政权,正为陈所言中。

　　陈独秀10月10日在《武汉日报》"双十节"增刊上发表《辛亥革命之回顾与前瞻》,赞扬孙中山关于满清推倒,革命尚未成功的观点。16日,在《宇宙风》上发表《从第一个双十节到第二十六个双十节》。同期《宇宙风》刊登陈独秀自传广告,称之为"传记文学之瑰宝"。编辑后记中又说:"陈独秀先生除为本刊写自传(第五十期起登)外,还俯允经常撰文,可望每期都有。陈先生是文化导师,文坛名宿,搁笔久矣,现蒙为本刊撰文,实不特本刊之幸也。"同月,撰《抗战中应有的纲领》,提出"以推翻帝国主义者所加于中国民族工业发展的障碍为此抗日战争之最终目的"。11月1日,在《东方杂志》上发表《中国古代语音有复声母说》。3日,复函陶亢德,答陶催逼续写自传的问题。21日,陈独秀应武汉大学校长王星拱之邀作《怎样才能够发动民众》的演讲,提出:"第一,必须解除民众自身的痛苦;第二,必须让人民有经常的组织;第三,必须让人民有政治的自由。"如果能"切切实实做到上述这三件事,发动民众当然不成问题"。为了增强民众抗战必胜的意志,陈独秀又在汉口青年会大礼堂发表了《我们要得到怎样的胜利及怎样得到胜利》的演讲,宣称"我们并不要日本割地赔款,我们只要交还我们的主权,把在中国侵略去的交还我们,这就是我们最后的胜利",而"要达到这个目的,必需能够支持长时期的抗战"。他认为"胜利的因素"是:"第一,从国外得到大量军火之接济;第二,全国民众蜂涌起来,做到全国财力人力之动员。再加上政府军队的力量,这才能够保证最后的胜利属于我们。"同日,陈独秀在《宇宙风》第52期发表《我对鲁迅之认识》,说"鲁迅对于他们接近的政党之联合战线政策,并不根本反对",又胡说"他所反对的乃是对土豪劣绅政客奸商都一概联合,以此怀恨而死"。11月至12月,在《宇宙风》第51—53期上连续发表《实庵自传》,叙述了少年时期痛恶孔孟八股文,喜读《昭明文选》,以及自己由"选学妖孽转变到康梁派"的过程。(参见唐宝林、林茂生《陈独秀年谱》,上海人民出版社

1988年版；王学典《20世纪史学编年(1900—1949)》，商务印书馆2014年版；丁英顺《陈独秀的抗战演讲》，中国共产党新闻网2016年5月27日)

马相伯已是98岁高龄，受聘担任国民政府委员。"七七"事变爆发后，在中央广播电台发表演讲"钢铁政策"。8月3日晨，刚出狱的"七君子"与杜重远同访马相伯于其寓所，并合影。沈钧儒于照片上题书："'惟公马首是瞻。'二十六年八月三日摄于相伯老人京寓。沈钧儒谨识。""八一三"上海沦陷后，马相伯为呼吁全民抗日，坚随国府"西迁"队伍转移到西南后方。10月，应冯玉祥和李宗仁邀请，马相伯全家由南京避居桂林。刚住了一年，广州沦陷，桂林也危在旦夕，时任国民政府的监察院长于右任请求老师移居昆明或重庆。当时西南地区交通非常困难，马相伯一行不得不假道越南前往目的地。马相伯坚持不走出国境，陪伴他的家人只好对他隐瞒实情，当他们到达越南谅山时，马相伯已极度衰弱，只好因病滞留在那里，直到去世，马相伯都不知道自己已身居外国。(参见李天纲编《中国近代思想家文库·马相伯卷》及附录《马相伯年谱简编》，中国人民大学出版社2014年版)

戴季陶3月初与蔡元培致电印度泰戈尔，祝贺印度国际大学的中国学院成立。4月，旧疾复发，请假在汤山治疗月余，又曾至张静江南浔的寓所休养数日。7月3日，应蒋介石之约至庐山商讨完成蒙藏馆和汤山宾馆。"七七"事变发生，建馆事止。11月18日，国民党淞沪中央兵团全线撤退后，乘车离京赴重庆，取道安徽、江西、湖南、广西、贵州。12月10日，抵达重庆。23日，国民政府明令派其前往康定致祭12月1日圆寂之班禅大师。(参见桑兵、朱凤林编《中国近代思想家文库·戴季陶卷》及附录《戴季陶年谱简编》，中国人民大学出版社2015年版)

吴稚晖1月当选在南京新成立的中央博物院理事。6月，向国民党中央常委会提议，将国民党党歌确定为国歌，获得通过。7月，"七七"事变后赴南京参加国防会议。国防会议撤销后，改设国防最高会议，仍任常务委员。11月，出席中央纪念周，演讲《长期抗战必然胜利》。会后在寓所墙壁题诗一首："国破山河在，人存国必兴。倭奴休猖獗，异日上东京。"(参见金以林、马思宇《中国近代思想家文库·吴稚晖卷》之《导言》及附录《吴稚晖年谱简编》，中国人民大学出版社2015年版)

邵力子辞陕西省政府主席职。2月，在国民党五届三中全会上，被任命为中央宣传部长。早春的一天曾接到许广平的来信及随信寄来的《鲁迅全集》全部底稿，许广平要求国民党中宣部审定，并同意出版。邵力子担心万一被CC特务知道，肯定要刁难、阻挠和破坏，会贻误出版《鲁迅全集》的大事。于是他决定大胆冒险、速战速决。次日清晨，邵力子就把"编审会"总干事朱子爽找来，一起审阅《鲁迅全集》底稿。邵力子边审边自言自语，也似对朱子爽说："鲁迅先生去世前，他的著作我都读了。我在主编《觉悟》副刊时，还为他在副刊上发表过评论、小说、译作近20篇之多，其中就有《读胡适的〈中国哲学史大纲〉》《是谁改制》《不周山》、译作《池边》《春夜的梦》《桃色的云》等。鲁迅的第一本小说集《呐喊》的自序也是我在《觉悟》副刊上首先刊登的。我还特意以'本刊记者'的名义，在'文坛消息'栏目中，发表了小说集《呐喊》出版的消息，称赞说：'在中国小说史上，为了它就得划分时代的小说集，我们已经在上海看到了'。"邵力子所言，意在告知朱子爽过过目就可以通过了。到下午3时，邵力子与朱子爽完成了《鲁迅全集》底稿的审查程序，一切手续亦随同办完。邵力子以国民党中央宣传部长身份亲自审读出版书稿，并在一天时间内办审查批准出版手续，可谓创造了国民党中宣部审查书稿速度的新纪录，也令许广平和编委们都很惊喜。但邵力子却因此遭到非议，一些顽固分子讽刺他不是中宣部长，而是鲁迅的宣传部长。对此邵力子的回答让顽固分子哭笑不得，他让秘书这样公开回答：我极愿意任鲁迅的宣传部长，只要把派令送来,我一定乐于接受,并保证兼职不兼薪。

邵力子3月28日出席中苏文化协会在南京召开的周年大会,大会推选孙科连任总会会长,陈立夫、邵力子为副会长,蔡元培、于右任、冯玉祥、鲍格莫洛夫、颜惠庆为名誉会长。同日,官方组织的"中国文艺协会上海本会"下午2时假座八仙桥青年会举行成立大会。国民党中央宣传部部长邵力子、副部长方治、上海社会局局长潘公展、市党部委员童行白等出席致词。30日,《申报》报道该大会选举之结果,计简又文、傅东华、邵洵美、赵景深、胡仲持、顾仲彝、应云卫、洪深、朱应鹏、樊仲云、沈起予、叶灵凤、向培良、周寒梅、李青崖、汪馥泉、姚苏凤、施蛰存、郑振铎、周剑云、欧阳予倩等21人当选为理事,徐苏灵、曹聚仁、汤增敫、陈子展、朱学春、唐槐秋、曾迭、王统照、马守华等9人为候补理事。5月15日,《读书月报》创刊,邵力子、陈立夫、茅盾、胡风等为撰稿人。同日《申报》载,《读书月报》创刊:上海杂志公司编译部同人编辑之《读书月报》创刊号,已于今日出版。执笔者为邵力子、陈立夫、方治、陆费伯鸿、陆高谊、周寒梅、王晓籁、张一渠、茅盾、洪深、胡风、华灵凤、黄峰、王任叔等,及新启蒙运动座谈会。参加讨论者有艾思奇、吴清友、刘群、何干之、夏征农、季凡夫等,更有读书的话、文化论丛、介绍批评、新书推荐、读书方法、翻译校读及连载张静庐自传《在出版界二十年》,末附4月份至沪外国新书、中国出版新书。7月,邵力子与蒋介石、张冲为国民党代表,同周恩来、博古、林伯渠等中国共产党代表在庐山开谈话会,确立国共两党合作抗日的基础。抗日战争起,邵力子出任国际反侵略同盟中国分会副主席,国民党外交学会会长,军事委员会战区政委员会秘书长,中央政治学校政治委员。9月22—23日,国民党通讯社先后发表中共中央为宣布两党合作成立宣言和蒋介石谈话文章。抗日民族统一战线宣告成立。(参见晨朵《邵力子生平大事纪要》,载《浙江师范学院学报》1983年第1期;陈福康《郑振铎年谱》,三晋出版社2008年版;吴永贵《民国图书出版史编年:1912—1949》,社会科学文献出版社2018年版)

王宠惠担任南京国民政府外交部长。8月21日,与苏联大使鲍格莫洛夫在南京签订《中苏互不干涉条约》,约定:双方不得单独或联合其他一国或多国对于彼此为任何侵略;倘两缔约国之一方受一国或数个第三国侵略时,彼方缔约国约定:在冲突全部期间内,对于该第三国不得直接或间接予以任何协助,并不得为任何行动,或签订任何协定,致该侵略国得用以施行不利于受侵略国之缔约国。指示促成在北京召开的九国公约中通过谴责日本侵略的决议。8月30日,张元济复王宠惠书,谓"战衅既开,国际宣传甚关紧要。沪上外国报纸其言论不免袒敌,微闻外国报馆不能与我国军事人员接洽,请饬通行证又多吝而不与,而彼方则专设机关,每日接见外报记者两次,发表战况,所言固未必确,然感情既洽,自不免为所牢笼。此事宜告知军事当局,鄙见宣传之事在沪上不可无人主持,贵部驻沪原设机关,但为非常时期之组织,未甚适宜。骏人、澜生、钦甫诸君均在沪上,为外交界素有资望,何不令其出为相助"。

王宠惠9月3日复张元济书,谓"国际宣传,关系綦重,弟到部之初,即与中央宣传部主持诸君商讨。虽拟有办法,卒以绌于经费,未果实行。最近战端开始,对于此事弟于本部可能范围之内督促进行,惟区区财源,不足以供扩大之布置,况平时又无有力通讯社之组织,临渴掘井,亦有未能,前方战报,闻虽在沪,亦属不易获得。派员驻沪专理此事,本部曾想及此,惟须与军方接洽,工作方能有效,正在进行之中。骏人诸公有何筹议,尚祈转为商询,详示一切,俾资参助,无任企盼"。9月6日,张元济复王宠惠书,谓"国际宣传知关廑注,甚为欣慰。东邻肇衅,世界舆论多扬我而抑彼,鄙见宜尽力利用,使彼日趋于孤立,庶可渐戢其横暴之焰。惟彼邦长袖善舞,必已先我着鞭,难免黑白混淆。万一转移各国视线,则于战事大有不利。弟前函请接近外报驻沪访事,造成好感,始能使其通讯本国,发为有利于我之言论。而其关键在给与真确消息。然此不过宣传之一端,而各国报纸尤宜加意联络。使馆固宜负责,然不如用学生及侨民从各方面入手,尤为普遍。此事实无形之枪炮。我兄如以为然,应凯切向当轴进言。若须用钱,即列入军费,不宜有所吝惜也。骏人诸君弟从未与谈,与吾兄均系旧交,如有所商,可直接通信,弟信其必愿相助也"。(参见《王宠惠法学文集》编委会编《王宠惠法学文集》附录《王宠惠先生年谱》,法律出版社2008年版;张人凤、柳和城编著《张元济年谱长编》,上海交通大学出版社2011年版)

张继时任国民党党史编纂委员会主任。1月2日,朱希祖访张继,谈撰《章太炎先生行状》事。2月13日,朱希祖来访,张继出示章炳麟与宗仰和尚书札10余通,并请朱希祖拟《党史征集史料编纂史籍条例》。4月5日,中国传统的清明节,国共两党在经历十年内战后,首次聚在一起,同派代表共祭黄陵,以表达停止内战、团结御侮的决心。国民党方面的代表是国民党元老、中央监委委员张继,国民政府西安行营主任顾祝同(致祭当天,并未到场),中共方面是同盟会老人、陕甘宁边区政府主席林伯渠。(参见朱元曙、朱乐川《朱希祖先生年谱长编》,中华书局2013年版)

杭立武时任管理中英庚款董事会总干事和兼任金陵大学董事会董事长。10月,杭立武从报纸上得知,上海有一位饶神父设立难民区,救助了许多妇女和儿童。日军进攻南京在即,杭立武以管理中英庚款董事会总干事和兼任金陵大学董事会董事长身份,邀集各教会学校的部分英美友人和商业界人士,共商应变办法,决定仿效上海,成立"南京安全区国际委员会"这一国际救济机构,划金陵大学、金陵女子文理学院、鼓楼、山西路住宅区到新街口一带为安全区,又称"难民区",随即将安全区范围地图交上海饶神父,委托他向上海日军司令通融。后来从进攻南京的日军士兵身上确实见到过作战地图上所划的"安全区"。该"安全区国际委员会"由中国、美国、英国、德国、丹麦籍共15人组成,委员会主席为德国人拉比,杭立武任安全区主任,副主任为费吴生。11月,杭立武接受负责监运朝天宫故宫博物院文物的任务后,根据运输条件制订了较周密的转移计划:第一路由轮船运到武汉,换汽车经长沙去贵州,最后存放在安顺县一个山洞里;第二路由轮船经武汉运到重庆,最后又经宜宾运到乐山;第三路由火车装运,在日军占领南京的前一周出发,经徐州、郑州、西安、宝鸡、汉中、成都,最后运到峨眉山。整个过程从1937年11月始,到1939年4月结束。(参见刘思祥《杭立武传略》,《江淮文史》2001年第1期)

蒋百里奉命秘密视察南北防务,先后到青岛、济南、北平、太原、石家庄、郑州、汉口、长沙、衡阳、广州,并取道香港到福州。7月,应聘至庐山军官训练团暑期班讲课。将讲稿及近期著作,以及历年军事著述精选整理修订,编成选集《国防论》,由庐山军官训练团出版,作为辅导教材。该书汇集其一生军事著作精华,中心思想是国防与经济不可分。8月,应聘担任国防参议会参议员。(参见皮明勇、侯昂妤编《中国近代思想家文库·蒋百里、杨杰卷》及附录《蒋百里年谱简编》,中国人民大学出版社2014年版)

张道藩任内政部常务次长。2月14日,张道藩编剧及导演之一的电影《密电码》在南京新都大戏院首映,该片讲述"党国精英"奉派到西南某省创建省党部,遭地方军阀残酷迫害而始终坚贞不屈、最终得成全功,开中国电影"惊险谍战"类型之先河,一时间引得观者如潮。其基本情节就来自张道藩1926年在贵州的亲身经历:当年张道藩及李益之、黄宇人、商文立一行4人,奉广州国民政府令,赴贵州筹建国民党省党部,遭到军阀周西成的关押刑讯,李益之死于狱中,张道藩等经贵州辛亥元老平刚营救,侥幸逃出性命。4月,以张道藩为筹委会主任的第二届全国美展在南京国立美术陈列馆开幕,蒋介石亲笔题词:"观乎人文,化成天下。"故宫博物院、中央研究院和中央图书馆等机构也选送了作品,为配合展览还举行了学术讲演、话剧演出和音乐演奏。美展持续20天,参观者达20余万人次,开历来各种展览会未有之盛况。《中央日报》于闭幕后发表社评称:"上溯殷周、下逮近世,所有杰作,靡不毕具,足令前往观览者赏心赞叹,留连低徊而不忍舍去……"8月26日,张道藩等发起成立的"中华全国美术会"由中央批准发给许可证。该会以"联合全国美术家感情,集合全国美术界力量,研究美术教育,推动美术运动"为宗旨,共延揽368名美术界人士成为会员,选举张道藩、滕固、顾树森、林风眠、宗白华、杨振声、刘海粟、常书鸿、蒋复璁等9人为常务理事,王远勃、王济远、江小鹣、伍千里、吴作人、吴湖帆、余绍采、李朴园、李毅士、汪东、汪亚尘、林文铮、周养庵、徐心芹、秦宣夫、高剑父、唐一禾、唐义精、张聿光、张善孖、陈礼江、梁思成、黄宾虹等37人为理事。张道藩再次当选理事长。12月31日,中华全国戏剧界抗敌协会在汉口正式成立,创办会刊《戏剧新闻》,张道藩、方治、田汉、应云卫等97人为理事。(参见蔡鸿源、徐友春主编《民国会社党派大辞典》,黄山书社2012年版)

田汉 1月11日在家请春酒。到者有文艺界朋友张西曼、吴作人、余上沅、白杨、马彦祥、林庚白等多人。14日,在新闻学会会见日本友人山本实彦。22日,在《新民报·新园地》发表《关于写作态度——〈国民公敌〉与〈争强〉》,2月5—8日、11日连载,文中评述剧校前不久上演的挪威易卜生和英国高斯倭绥的这两部剧作。8日,作《纪念俄国文坛的"大彼得"——普史金百年祭》,刊于9日《新民报·新园地》。16日,出席四十年代剧社和国民大戏院在福昌大楼举行的招待戏剧、文化、新闻界人士的聚餐,并作讲话。3月17日,在《新民报·新园地》发表六场京剧《明末遗恨》,19—24日、26日连载。下旬,应在上海的唐槐秋之约请,为中国旅行剧团将鲁迅小说《阿Q正传》改编为同名五幕话剧。因唐槐秋派夫人专程来南京坐索剧本,故只好暂停《明末遗恨》下编的创作,以全力完成《阿Q正传》的改编工作。同月,剧集《黎明之前》一书由上海北新书局出版。4月1日,设家宴招待前来祝贺40(虚岁)寿辰的宗白华、阳翰笙、张西曼、万家宝(曹禺)、常任侠、马彦祥等。餐后合影留念。18日,为编写《史可法》剧本搜集史料。19日,应江苏文艺协会邀请,在镇江作《戏剧运动之开展》的演讲,演讲内容载于6月江苏《文艺青年》第1卷第2期。11日上午,前一日自上海来的阿英、尤兢(于伶)、王惕予3人前来拜望。晚,与阳翰笙、辛汉文回访阿英等,谈新南剧社及上海剧运事,至午夜2时才归。12日上午,赴东吴大学作演讲。下午,阿英又来访。16日,五幕话剧《阿Q正传》连载于本月和6月上海《戏剧时代》第1卷第1—2期。6月1日,在南京《中苏文化》第2卷第6期发表《高尔基的飞跃》,纪念高尔基逝世1周年。19日上午,出席中苏文化协会在新都大戏院举行的高尔基逝世周年纪念大会,并作讲话。7月15日,"中国剧作者协会"在上海成立。田汉被确定为该组织"函请加入"的对象之一。

田汉 7月16日接待南京新闻界代表前来商量为慰劳前线抗日将士举行募捐公演事,当即表示赞同,并答应数日内将已决定创作的话剧《卢沟桥》写出,供他们公演用。21日,应约与阳翰笙、张曙等前往亚洲菜馆会晤来南京的洪深。后同去玄武湖荡舟,邀请洪深担任《卢沟桥》一剧导演。24日,前往《中央日报》礼堂为参加话剧《卢沟桥》演出的全体演员讲述剧情。8月1日下午,田汉在"首都文化人工作协会"成立大会上当选为理事。晚,与洪深等出席张西曼为胡萍、王莹等前来参加《卢沟桥》一剧演出的演员洗尘而在湘蜀饭店举行的宴会。7日与阳翰笙一起前去协助《卢沟桥》的排练工作。9日,四幕话剧《卢沟桥》在南京大华戏院作首场公演。演出结束后,在贵宾席会晤前来观剧的刚出狱的"七君子"。李公朴热烈握手,祝贺演出成功。两人自此相识。9月4日,出席中苏文化协会第五次理事会会议。10日下午,出席首都文化人工作协会第二次常务理事会及各组联席会议。会上被推任宣传委员会委员及会刊《救亡周报》编辑委员会主任委员。17日,作《游击战略与中国民族战争——抗战中纪念第六个"九一八"》,刊于18日南京《新民报》。19日上午,出席首都文化人工作协会全体会员大会,并作讲话,谈抗日问题。(参见张向华编《田汉年谱》,中国戏剧出版社1992年版)

潘梓年6月被营救出狱。在狱中4年,尽管身心饱受摧残,但仍然保持着积极的学习状态,拟定了体系庞大、内容丰富的《矛盾逻辑》一书,并撰写了30多万字的书稿。潘梓年出狱后"将私意轮廓写成一小册子发表",命名为《逻辑与逻辑学》,意在继承并发展马克思的观点,全面系统地阐述辩证法思想,解决和回答辩证法与形式逻辑的关系问题。作者强调:"辩证唯物论是现代劳动阶级的哲学,它以改造自然存在,尤其是改造社会存在的各种实践为基础,同时也就以这些实践为归宿,看出了思维的真面目是通过行动去改造世界。"认为思维不仅是要解释世界,而且要改造世界,由此层层深入阐明辩证唯物论的真理性,有利于广大人民群众更加深刻地认识辩证法乃至运用辩证法解决现实问题。其中上篇"方法论(逻辑学)"中,作者全面阐述了辩证法的三条基本规律,即对立统一律、质量互变律、否定之否定律,以及辩证法中的几对范畴。此书为潘梓年一生中最具代表性的哲学和逻辑学著作,也是继艾思奇《大众哲学》(1936)之后另一本推进马克思主义大众化的重要著作,潘梓年与艾思奇、李达等我国早期马克思主义哲学家一道,为马克思主义哲学的传播、普及、创新和发展作出了巨大贡献。12月,潘梓年根据中共的指示以社长的身份赴南京筹办《新华日报》的出版,参与筹备的有章汉夫、华岗等。(冯颜利《潘梓年:马克思主义哲学的忠诚捍卫者与无私奉献者》,载《光明日报》2021年3月15日)

王昆仑在南京继续参与营救关押在苏州的"七君子"以及关押在南京的曹孟君、孙晓村。"七七"事变爆发后,全民抗战开始。蒋介石被迫于是年7月31日下午5时释放关在苏州的"七君子",但依然关押南京的曹孟君、孙晓村。王昆仑东下上海,经和潘汉年协商,亲自陪同沈钧儒等人西来南京营救曹孟君、孙晓村。8月9日,周恩来、朱德、叶剑英等乘云南王龙云的专机飞抵南京,参加蒋介石主持召开的国务会议。也就是在暂时休会期间,王昆仑在潘汉年的引荐下,第一次见到了景仰已久的周恩来、朱德和叶剑英。周恩来与王昆仑谈话,一是要他做孙科等人的工作;二是将他的组织关系转到周恩来下边。从此以后,王昆仑就在周恩来亲自领导下,从事国民党的上层工作。9月,王昆仑与潘汉年陪同出狱不久的沈钧儒,由上海专程到南京,参加南京各界救国会联合会成立大会。会后,他们又陪沈钧儒从南京到无锡,在无锡师范大礼堂和锡师附小大礼堂举办无锡暑期学术讲座,先后请孙晓村、曹孟君、李公朴、沙千里、薛暮桥等作报告和讲演,掀起无锡抗日救亡热潮。王昆仑还陪着沈钧儒等人到太湖,借散心为名,商谈抗日大计。10月,王昆仑偕曹孟君先行撤离南京,溯江退到武汉。(参见王朝柱《王昆仑》,花山文艺出版社1997年版)

黄汲清继续任地质调查所地质主任,代行所务。1月28日,翁文灏与谢家荣谈组织矿产测勘室事宜,并起草了该室组织大纲。30日,翁文灏又与谢家荣、黄汲清及钱昌照共同商定了组织地质调查所矿产测勘室办法,议定由资源委员会每年提供10万元的经费。3月

22日,致函胡适,通报将赴欧一行,地质调查所事交黄汲清代理,希望中基会继续给予补助等。6月5日,翁文灏在法国致电黄汲清,询问参加莫斯科国际地质学大会事。7月下旬,黄汲清出席在莫斯科举行的第17届国际地质大会,并在苏联进行广泛的地质考察。"七七"事变后,北平分所工作停顿,在南京的本所继续开展工作,其机构日趋完整,科研人员也在不断充实和加强。10月17日,翁文灏与黄汲清、尹赞勋、方俊谈地质调查所的工作。11月,地质调查所由南京撤退,珍贵的标本、图书装箱由水路西运,先到长沙修建临时所址。同月,地质调查所随政府迁至四川北碚。12月21日,翁文灏致函黄汲清,派谢家荣为地质调查所矿物岩石研究室主任,兼矿产测勘室主任,金开英为化学试验室主任,萧之谦为副主任,并指示王恒升如来,可为矿岩室副主任。12月底,黄汲清被任命为地质调查所所长。是年,黄汲清组织西北石油考察队,发现玉门油田。（参见李学通《翁文灏年谱》,山东教育出版社2005年版）

柳诒徵继续任江苏省立国学图书馆馆长。续编《国学图书馆图书总目补编》12卷。2月,赴苏州参观吴中文献展览会。8月,"八一三"事件爆发,日军大举进犯上海,全面抗战爆发,组织图书馆员将馆藏宋元善本及各种珍本装箱藏于南京朝天宫地库中,将普本中较为珍贵的方志3万余册运至江苏兴化县,分藏罗汉寺、观音阁及盛庄三处。12月间,因日军逼近,被迫离开南京,到兴化设立的江苏省立国学图书馆临时办公处。夫人等家眷随同迁往兴化居住。是年,《国学图书馆年刊》《国学图书馆馆刊》因战争停刊。（参见孙文阁、张笑川编《中国近代思想家文库·张尔田、柳诒徵卷》及附录《柳诒徵年谱简编》,中国人民大学出版社2015年版）

裴文中获巴黎大学自然科学博士学位,并成为法国地质学会会员。回国后继续在实业部地质调查所新生代研究室从事古人类文化和第四纪生物地层学研究工作。

林柏生任国民党中央宣传部特派员,因上海《中华日报》缺乏资金停刊后,前往香港主持《南华日报》,并创办蔚兰书店和国际编辑社。

周炳琳4月12日被南京政府行政院任命为教育部的常务次长,反对国民党中央党部强迫北京各大学解聘进步教授,体现了知识分子对学术自由和言论自由的执着。

刘大钧任军事委员会国民经济研究所所长,主编《国民经济月刊》。2月,所著《中国工业调查报告》出版。抗战时期,军事委员会国民经济研究所移驻云南昆明及四川内江。

欧阳竟无是夏"集门人讲晚年定论,提无余涅槃三德相齐之义,融瑜伽、中观于一境,且以摄《学》《庸》（《大学》和《中庸》）格物诚明,佛学究竟洞然,而孔家真面目亦毕见矣。讲毕,日寇入侵,师率院众并运所刻经版徙蜀"。（参见徐清祥《欧阳竟无评传》附录一《欧阳渐学术行年简表》,百花洲文艺出版社2010年版）

喜饶嘉措返回青海,驻锡古雷寺,任寺主。旋回南京,在甘青会馆研习经典。

沈钧儒、章乃器、邹韬奋、史良、李公朴、王造时、沙千里"七君子事件"持续发酵,成为举国关注的焦点问题,也是一次富有多重含义的政治与法律"公开课"。自上年11月23日晨沈钧儒、章乃器、邹韬奋、史良、李公朴、王造时、沙千里等7人在上海被非法逮捕之后,至12月4日移解到苏州吴县横街江苏高等法院看守所。史良因为是女性,被取保候审,但她认为"大丈夫敢作敢为",又主动投狱,被单独关押在司前街女犯看守所。"七君子"被捕后,引起全国各界人士的震惊和愤慨,开展了声势浩大的营救活动。救国会发表宣言和告国人书,宣布不会因领袖的被捕而放弃抗敌救亡的主张,而是要继续奋斗下去。宋庆龄发表了

《为沈钧儒等人被捕声明》,对国民党当局提出强烈抗议。国民党中央委员于右任、冯玉祥、李烈钧等20余人,联名致电蒋介石,要求"郑重处理"此事。广西的李宗仁、白崇禧也致电南京政府,请求无条件释放"七君子"。张学良面见蒋介石,气愤地质问他:对待人民爱国运动这样残酷,和袁世凯、张宗昌有什么区别?"七君子事件"传到美国后,美国一般名流学者莫不为之震惊愤激,均认为这无疑是日本的唆使,借以摧残救国领袖,以进攻中国,扩大战祸。当有人发起援救运动时,著名学者、教授及其他社会人士纷起响应。世界驰名学者约翰·杜威、阿尔伯特·爱因斯坦、保罗·孟禄等16人联名致电蒋介石、孔祥熙、冯玉祥,对沈钧儒等被捕"至感不安""严重关怀"。是年1月20日,上海各界救国联合会请愿慰问代表团21人,公开具名,备了呈文,到苏州向高等法院请愿,要求尽快无条件释放"七君子"。28日10时整,经三四天的筹备商议,沈钧儒、章乃器、邹韬奋、史良、李公朴、王造时、沙千里6人在看守所会客室庄严举行"一·二八"5年祭,首先由李公朴领唱《义勇军进行曲》,继而6人又合唱一遍,随后肃立5分钟,为"一·二八"遇难将士、民众及历年因抗日救国而牺牲的同胞默哀。坐下后,沈钧儒以沉重的语调说道:"一定把日本帝国主义打倒,对于救国运动决不退缩!"以表示共同的誓言。同时,史良在女牢也进行了纪念活动。2月3日,苏州江苏高等法院裁定,延长7人羁押期两月。

沈钧儒、章乃器、邹韬奋、史良、李公朴、王造时、沙千里"七君子"4月3日晚7时收到江苏高等法院检察官翁赞年提出的"起诉书"。该书"罗织""十大罪状"对他们等14人提起公诉,认定所犯法条为"共同以危害民国为目的而组织团体,并宣传与三民主义不相容之主义,依刑法第十一条、第二十八条,系共犯《危害民国紧急治罪法》第六条之罪"。4月12日,中国共产党发表《对沈、章诸氏被起诉宣言》,要求释放"七君子"等一切政治犯,并多方开展营救工作。与此同时,上海文化界知名人士谢六逸、叶圣陶、胡愈之、夏丐尊、艾思奇、金仲华、欧阳予倩等近百人,联名要求国民党政府恢复7人自由,撤销对陶行知等人的通缉令。全国进步报刊皆对《起诉书》发表评论,指责国民党政府镇压爱国运动的违法行为。6月,宋庆龄、何香凝、胡愈之等16人发起"救国入狱"运动,提出与"七君子"同服"爱国罪",得到全国各界人士响应,纷纷签名参加。同月7日,沈钧儒等人及所请辩护律师《答辩状》在上海许多报纸上刊登,逐一驳斥了《起诉书》所列罪状。6月11日下午1时50分,江苏高等法院对"七君子"正式开审。沈钧儒等就救国会的组织、宗旨、主张、《宣言》以及《政治纲领》等,理直气壮地提出审辩。共有著名律师25人自愿免费为"七君子"辩护此案,律师团的《辩护词》由著名大律师张志让执笔,洋洋两万余言,在法庭上朗朗宣读,句句掷地有声。针对《起诉书》莫须有的指控,《辩护词》义正词严地逐条批驳,并以大量客观的事实和充分有力的论据证明被告无罪,要求法庭"依法判决,谕知无罪,以雪冤狱,而申正义"。12日,上海各进步报馆均发表由胡愈之执笔撰写的《爱国无罪案听审记》,把在法庭上的合法斗争和法官审理此案的窘态都公布于众。生活书店并将此文排印成册,分送读者。此次开庭审判更是引起全民同愤,全国各界人士纷纷向国民党当局提出抗议,并多方设法营救。开审前数日,北方学生数千人在服用国货运动大示威时提出抗议,反对法院对"七君子"起诉、判罪。北方各界救国联合会推出代表赴苏监审,在路经天津、济南、保定等地时,沿途有数千人赴车站欢送,提出恢复7人自由的要求。北方救国联合会及南方救国联合会华南区总部均有代募讼费的活动。平津律师公会组织律师辩护团,以及华南救国联合会联合香港律师公会全体会员均准备赴苏州为"七君子"辩护。广州7000余学生签名提出爱国自由及"七领袖"应宣判无罪的要求。西北、成都、重庆各界救国联合会皆有宣言和代电,主张无条件释放"七领袖"等等。上海、北平、天津等各地十余种报刊纷纷发表社论、评论,舆论明显表示爱国无罪,希望政府宣判沈案无罪,应予恢复自由,使之能为国效力。13日午后,上海市民5000人举行抗议大会,当场通过要求:一、宣判七领袖无罪,取消《危害民国紧急治罪法》;二、肃清亲日派,打倒日本帝国主义及汉奸;三、拥护政府救国等决议。同时发起签名,呈请政府释放七领袖,签名者达万余人。此外,上海著名律师江庸等20余人联名要求释放七领袖。

　　沈钧儒、章乃器、邹韬奋、史良、李公朴、王造时、沙千里"七君子"6月22日向江苏高等法院提出《政治意见书——第二次答辩状》,进一步驳斥了《起诉书》内所列的政治"罪状",论证了爱国无罪。6月25日,江苏高等法院对"七君子"进行第二次审理。同日,宋庆龄、何香凝、诸青来、彭文应、张定夫、胡愈之、汪馥炎、张宗麟、潘大逵、王统照、张天翼、沈兹九、刘良模、胡子婴、陈波儿、潘白山等16人共同签名向江苏省苏州高等法院呈文具状,发动"救国入狱运动",同时发表《救国入狱运动宣言》。该《宣言》指出:"我们准备好去进监狱了!我们自愿为救国而入狱,我们相信这是我们的光荣,也是我们的责任!""我们准备去入狱,不是专为了营救沈先生等。我们要使全世界知道中国人决不是贪生怕死的懦夫,爱国的中国人决不仅是沈先生等七个,而有千千万万个。中国人心不死,中国永不会亡!"《宣言》后附有《救国入狱运动规约》三条:(一)救国入狱运动以争取救国无罪为其唯一目的。凡参加者可向法院具状,声明与沈钧儒等案被告联带负责,并请求法院传押审讯;(二)参加者接到法院传票以后,应于24小时内即行到庭,束身待质。在沈等未经无罪开释前,决不请求释放;(三)运动应完全在合法范围以内为之。"救国入狱运动"在社会上引起了强烈反响,全国各界纷纷响应。救国会在上海发起一个巨大的签名运动,准备签满万人。7月5日,宋庆龄率领诸青来、彭文应、汪馥炎、张天翼、潘大逵、胡愈之、张定夫、张宗麟、沈兹九、陈波儿、胡子婴12人由上海到达苏州高等法院,向国民党政府提出要和"七君子"一起坐牢,同服"爱国罪"。6日,沈钧儒等7人联名致函宋庆龄表示感谢。15日,周恩来致电蒋介石,指出沈钧儒等7人"其心纯在救国""锒铛入狱已极冤",苏州法院的做法"不特群情难平,抑大有碍于政府开放民主之旨",要求释放,并取消对陶行知等5人的通缉。28日,上海文化界救亡协会举行成立大会,500余人到会。会上通过章程及10项提案,并发表救亡宣言。会议当场推出宋庆龄、何香凝、蔡楚生、金则人、胡子婴、尤竞、孙师毅、钱亦石、张宗麟、张定夫等10人为理事。31日,召开理事会,议案中有"沈钧儒等即将出狱,本会将如何表示"一案,议决:应召开欢迎大会。

　　沈钧儒、章乃器、邹韬奋、史良、李公朴、王造时、沙千里"七君子"7月31日经江苏高等法院裁定:停止羁押,交保释放。沈钧儒等7人胜利出狱。下午5时20分,"七君子"走出看守所的大门,闻讯赶来的近千名群众在门前的广场上迎接他们。在爆竹与欢呼声中,"七君子"下车步行与群众一起高唱《义勇军进行曲》,大家前呼后拥将他们送到花园饭店。晚7时,苏州各界知名爱国人士李根源、张一麐等在观前国货公司屋顶花园设宴招待"七君子"和他们的家属。8月1日11时半,"七君子"由苏州乘火车抵达上海。中午,上海各团体代表、救国会负责人在上海邓脱摩饭店举行盛大欢迎大会,沈钧儒代表"七君子"致谢。2日中午,"七君子"应邀参加上海文化界救亡协会为欢迎"君七子"及新自日本归来的郭沫若所设的宴会。晚11时,因南京国民党政府表示要听取"七君子"等关于抗日救国的意见,"七君子"应邀乘京沪快车离沪。3日,应国民政府的要求,沈钧儒、邹韬奋、章乃器、李公朴、王造时、沙千里、史良到南京,会见了蒋介石、冯玉祥等党政军要人,再一次拒绝国民党提出要他们解散救国会的要求。4日午后5时,沈钧儒会见蒋介石。随后,陈立夫、邵力子、叶楚伧等代表国民党中央和南京国民党政府同7人进行谈判。主要提出要求解散救国会,"七君子"据理力争,坚持不能解散。一连谈了3天,僵持不下,无结果而散。6日下午,"七君子"在访陈立夫等交换意见时,对促进心理建设,努力群众运动等方面,进行了详细交谈。此后,又访问了汪精卫。7日晨6时,"七君子"往访冯玉祥,一同分析形势,商谈救国方针。午后,又对阎锡山、刘湘等人进行礼节性拜访,希望团结抗日。晚,沈钧儒与李公朴、章乃器乘晚车返沪。其余4人继续留南京访问。

按:2004年3月26日上午,一座再现1936年震惊海内外的"七君子事件"中的七位主角沈钧儒、邹韬奋、李公朴、沙千里、史良、章乃器、王造时形象的大型青铜雕像,在上海福寿园落成。在上海"七君子"铜像揭幕仪式结束后,邹韬奋的女儿、中国韬奋基金会秘书长邹嘉骊透露,从日本友人提供的1936年日本驻华外交人员给日本陆海军头目的8封密电中可以发现,日本军国主义者是"七君子事件"的幕后黑手,正是他们的施压,才造成了"七君子事件"。现在我们的史书在涉及"七君子事件"时,都说是国民党当局为了镇压抗日民主运动,才制造了震惊中外的"七君子事件"。日本友人仁木富美子提供了1936年日本军令部(当时日本海军最高统帅机关)的一份内部文件,这些文件时过半个多世纪在日本得以解密,从而使一些历史真相大白于天下。文件内有当时日本陆海军参谋总部和日本驻华外交机构来往的23封密电,其中有8封密电涉及了"七君子事件"。这些密电铁证如山,证明日本军国主义者在幕后给国民党上海市政府施加了种种压力,并指名道姓地要国民党当局逮捕"七君子",这才迫使国民党当局制造了"七君子事件"。这些密电终于揭开了一个历史谜团,证实了"七君子事件"的主使者正是日本军国主义者。"七君子"被捕前,上海市秘书长俞鸿钧曾对日方表示,对沈钧儒等人早已在监视之中,但是要有确凿证据才能加以逮捕。而日本领事寺崎却说"要等确凿证据那将遥遥无期",必须立即动手,并且以正在待命的日本陆战队相威胁,说"倘使今后再惹起同样事态,说不定将发生不测的情况"。"七君子"被逮捕后,俞鸿钧立即通知了日方,市长吴铁城还向日方诉说了逮捕之苦心。邹嘉骊出示的这些证据,推翻了过去历史上对于"七君子事件"的传统说法,揭露了日军是这起事件的幕后主使这一历史真相。

按:1937年6—10月间,张元济与邹韬奋数次书信往还,兹引录于下:6月14日,张元济致邹韬奋书,谓"前数日获亲光霁,一遂愿见之诚,欣幸无既。蒙以大著见贻,不胜感谢。目眚初愈,尚未能竟读也。是日法院临时禁阻旁听,怅然久之。返沪后电询王君云五,知电已发出,但由书业会出名,似稍泛耳。顷沈君汝兼来言,大有转机,闻之欣喜。当局果有觉悟,以后政府、人民能打成一片,于国事必有裨益,亦不负诸君子数月来撑持之苦心。汝兼又交到大著《经历》一册,拜领谢谢。元济近数月来有感于诸君子人格之高尚,因就古史中选出数人,依本传文字译成白话。稍加论断,名曰《中华民族的人格》。冀后之青年略知做人之道。顷已印成,谨呈上一册,知不值方家一哂也。专此,敬候起居。章、王、李、沙诸公暨衡山兄均此问讯"。6月16日,邹韬奋于苏州狱中复张元济书,谓"韬十年前主办《生活周刊》时,即蒙先生爱护有加,赐书勉励。长者扶掖之隆情厚谊,十年来未尝须臾或忘也。""此间诸友陷身囹圄以来,个人利害非所计及。惟救国无罪与民族人格不得不誓死力争。拜读大著《中华民族的人格》,实获我心,韬等所始终坚持生死不渝者正为先生谆谆训诲者也。此书在国难危迫如今日,尤弥足珍贵。韬得闲当作一文介绍于国人,广播先生之爱国精神,努力服膺先生之懿训,为国奋斗,亦即以报答厚爱于万一也。"10月10日,邹韬奋复张元济书,谓:"先生留意民间疾苦,蔼然仁者之言,不胜钦佩。唯此事出当局或许视为有关军事,公开刊布,或易引起误会。故愚意不如设法将此中情形,由先生详述函告军事委员会,或竟函蒋先生,收效必速,同时可免防务之外泄。不知尊意以为如何?"16日,张元济致邹韬奋书,谓:"报称九国公约盟国开会,首事调解,本月九日伦敦国民新闻社电有'日本于不损害其荣誉之范围内,或有接受调解办法之可能性'之语,绝不道及我国一字。言外之意,可以想见。昨日《大公报》社评即据此阐发。鄙见欧美诸国决不能以实力抑制日本,加以英国袒日之癖,世界厌战之心理,其所为调解者,必将迁就日本,还我虚名予彼实利。只求日本接受,我有何法可以抗拒?此事唯有苏俄可以从中牵掣,惟公约盟国苏俄不与其列,似宜由我国提出邀请。先生言满天下,拟请发为言论,登高一呼,响应必众。就令言不见从,而苏俄受我国民之信仰,于大局亦有裨益。谨贡管见,伏维垂察。"

沈钧儒8月8日与郭沫若、李公朴、章乃器参加上海文化界方面组织的欢迎会。该会由上海文化界救亡协会、中国文艺家协会、上海编辑人协会和宪政协进会4团体联合举办。9日,沈钧儒由沪返回南京。10日晨11时,沈钧儒等赴外交部访王宠惠外长,探讨国际情势。12日下午6时,乘火车离开南京。中途在无锡下车,在王昆仑旧宅太平桥瑶宝巷留宿一夜。晚,与王昆仑、潘汉年和救国会青年骨干张锡昌、薛宝鼎聚谈,主要分析了"七七"事变以来的国内形势,在新形势下救国会应采取公开的合法的活动方式等问题。14日,得国防最高会议国防参议会参议及参议员聘书各一件。国防参议会分为政治、外交、教育、经济四个组。沈钧儒被分在教育组。中旬某日,应邀参加国民党立法院秘书长梁寒操以中苏文化协会名义在其寓所召开的茶话会。在会上见到周恩来,约定次日往访周或叶剑英。次日,偕千家驹同往第十八集团军驻京办事处,向叶剑英谈了救国会的工作,叶剑英对其慰问勉励,并表示即将沈钧儒所谈内容向中共中央报告。同月,李公朴对华北战场进行考察。29日,到达太原,会见了周恩来、阎锡山等人。在太原期间,参加统一战线组织——民族革命战争战地总动员委员会,任委员兼宣传部长,并创办全民通讯社,任社长。9月3日,李公朴抵大同,拜访傅作义以及平绥铁路局局长谢宗周。12日,沙千里等人发起成立上海职业界救亡协会。14日,李公朴在太原青年会作演讲《全民抗战的必然过程》。20日,李公朴代表救国会出席在山西举行的"第二战区民族革命战争战地总动员委员会"成立大会,周恩来作报告。9月间,中共南京市委决定从南京秘密学联及平津同学会中动员积极分子组成"首都平津学生救亡宣传团"到内地农村去宣传发动农民坚持抗战。沈钧儒为该团取得合法地位和筹措经费奔走活动,并出席成立会,予青年以鼓励。10月10日,李公朴回到上海。22日,李公朴开始考察东战场,先后到嘉定、真如、昆山等地考察。25日,李公朴撰写《加紧上海战区的民众工作——观察东战场后的一点感想》。10月30日至11月20日,李公朴在南京走访了蒋介石、冯玉祥、孙科、邵力子、李宗仁、魏道明等党政军要人以及社会名流、救国会同人,呼吁巩固加强抗日民族统一战线。11月19日,李公朴访问叶剑英,请教有关游击战术问题。

沈钧儒等11月21日在叶剑英的支持下,乘坐八路军办事处的汽车和专轮过江,后乘坐冯玉祥的专车离开南京,绕道陇海铁路往武汉。22日,李公朴乘"民权"号轮船抵达武汉。24日下午1时,沈钧儒等抵汉口。同行者有孙晓村、沙千里等。抵武汉后,由何伟负责接待,在友人处借屋一间暂住。当时,武汉已有国共合作组成的政府机构——国民政府军事委员会。沈钧儒与中国共产党遂可以公开地交往,主要是直接与周恩来及董必武联系。26日,沈钧儒主持召集已抵达武汉的原救国会同人刘清扬、曹孟君、张申府、沙千里、何伟、王昆仑等16人开会,讨论有关如何推进开展抗日救亡工作问题,并推定王昆仑、刘清扬、曹孟君、张申府、沙千里5人共同草拟《工作纲领》。27日,沈钧儒、李公朴等出席到达武汉的原救国会同人召集的"座谈会"第二次会议,"座谈会"的宗旨为:"联系各地救亡工作,使得整个地有计划地积极推进。"会议听取了张申府报告的座谈会建立经过,讨论了《最近救亡工作纲领》,推举李公朴、何伟、黄松龄、孙晓村、刘清扬、曹孟君、沈钧儒为干事,办理座谈会的一切事宜。30日,沈钧儒与阎宝航、何自为、张含清、黄松龄、刘澜波、高崇民、徐寿轩、潘梓年、刘清扬、章伯钧、张申府、范长江、沙千里、李璜、何伟、左舜生、李公朴、孟宪章、曹孟君、张西曼、王昆仑、罗隆基、王造时、杜重远、梅龚彬、孔庚 27 人出席筹组全国抗敌救亡总会的第一次谈话会。沈钧儒主持会议,首先报告召集会议的意义。经讨论议决:筹备抗敌救亡总会;吸收各界人士以充实组织;并确定纲领原则为:(甲)贯彻抗战到底;(乙)实现全民抗战;(丙)革新政治机构;(丁)确定抗战政策。会议推定沈钧儒、范长江、徐寿轩、张申府、王造时、潘梓年、李璜、张含清、罗隆基、王昆仑先生等 11 人负责起草《宣言》《章程》及《建议书》。会议指定李公朴在青年会的寓所为总会通讯处。

沈钧儒、李公朴等 12 月 1 日联名发表《快邮代电》,要求政府、地方当局及各级学校当局,立即实施抗战教育,即"一切学校课程,必须减少时间,裁撤无用功课,以民族解放的政治教育为基础,以抗敌的游击战斗为作用,在这中间发展抗战的组织教育、技术教育、文化教育"。1—2 日,沈钧儒等连续出席"座谈会"的"干事会"第一、二次会议,主要讨论积极推动"全国抗敌救亡总会"使之成为领导全国的救亡机构等问题。李公朴分工负责联系华西地区抗战救亡工作。3 日,沈钧儒、李公朴等出席在青年会召开的全国抗敌救亡总会第二次筹备会,任会议主席,到会者 26 人,先由王造时、范长江、张含清报告《建议书》《宣言》《简章》的起草情形和内容。会议推定由沈钧儒、罗隆基、张含清、左舜生、杜重远负责审查以上三文件,李璜、李公朴、王造时、马哲民、刘澜波为成立大会筹备员,并承担审查介绍加入的会员之责。4 日,沈钧儒发起各团体代表联席会议,为初步联络已到达武汉的一二百个文化团体和千人以上的文化人,决定成立一个松散的抗战群众组织"全国抗敌联合会",沈钧儒被推为主席。7 日,沈钧儒、李公朴等出席第三次座谈会,沈钧儒在会上报告最近因德国驻华大使陶德曼的调停而出现的和平空气,以及汪精卫鼓吹接受调停的言论。李公朴被推选负责青年方面成立救亡团体工作。同日,沈钧儒主持在青年会召开的全国抗敌救亡总会第三次筹备会,会议推沈钧儒及阎宝航、范长江起草《抗敌救亡纲领》。10 日,沈钧儒在《时事类编》特刊第 6 期发表《抗战一夕谈》,畅论有关推动抗战工作的各方面的问题。同日,李公朴在汉口青年会作演讲《怎样争取最后的胜利——要有信心、决心,更要有办法》。11 日,沈钧儒、李公朴出席"座谈会"第三次干事会,讨论调整各委员会负责人选:沈钧儒负责总务组,秘书长为许宝驹,其他各委员会负责人如下:地方委员会:黄松龄、何伟;青年委员会:李公朴、沙千里;文化委员会:张申府;妇女委员会:曹孟君、寄洪;武装委员会:刘清扬;职工委员会:沙千里。同日,沈钧儒与李公朴等救国会同人在武汉创办《全民》周刊。沈钧儒任社长,柳湜任主编,李公朴、王昆仑等 7 人任编委。沈钧儒撰发刊词《为争取全面全民族战争胜利而奋斗——〈全民周刊〉的使命》,提出:"这一个阶段最最基本的任务是加强全民族的统一战线,接受抗战以来的血的教训,将单纯的政府与军队的抗战转变而为全面全民族的抗战,以突破当前民族的危机。"同日,李公朴发表《从华北谈到全国游击战的前途》。

沈钧儒、李公朴等 12 月 13 日出席第四次"座谈会",讨论有关在国民党政府不予登记的情况下,是否正式成立全国抗敌救亡总会问题,决定就成立全国抗敌救亡总会组织事继续与国民党当局谈判;沈钧儒出席在一江春举行的聚餐会,实为全国抗敌救亡总会筹备会会议,会议宣布暂不召开成立大会的决定,并健全了筹备会的组织,成立秘书、财务、组织三个组,秘书组由沈钧儒、张申府、王造时、左舜生组成。14 日,沈钧儒、李公朴等出席"座谈会"第四次干事会,讨论各组增设秘书以及人选。15 日,沈钧儒出席第二次一江春聚餐会。会议决定通过组织大纲,对时局发表宣言。16 日,沈钧儒出席"座谈会"第五次干事会,各组均作了工作情况报告。18 日下午,沈钧儒与梁漱溟、李璜、左舜生、晏阳初、黄炎培、瞿菊农等在海军青年会聚餐。同日,李公朴所撰《一二九夜的不幸事件》发表。20 日,沈钧儒主持"座谈会"第六次干事会,会上由各组报告工作情况。同日,李公朴在汉口写成《共同的认识与共同的行动》。23 日,沈钧儒主持"座谈会"第七次干事会,各组报告工作进展情况。同日,冯玉祥邀请沈钧儒、李公朴、沙千里、李烈钧等共用晚餐,席间谈论请蒋介石赴苏,与斯大林作实际之磋商以及刷新政治机构、淘汰恐日病和亲日派分子等问题。冯玉祥将《军人救国问答》交李公朴,请便中发表。27 日,沈钧儒主持第三次一江春聚餐会,报告会见蒋介石情形。30 日,沈钧儒在一江春主持召开抗敌救亡总会发起人大会,向大会报告召开三次筹委会的情况。会议决定:(一)修改组织大纲;(二)推举张志让、沙千里、钱俊瑞、曹孟君、阎宝航为筹备委员;(三)原发起人麦朝枢、孙晓村、许德珩、程希孟未出席大会,以后到汉时应通知其出席发起人会;(四)加推邹韬奋、金仲华、张仲实、沈兹九、杜君慧 5 人为发起人;(五)决定招待党政各界原则:(1)以全体筹备员名义邀请;(2)由秘书组拟备邀请名单及筹备事项;(3)由全体发起人担任招待。同月,《文化新闻》第 2 期发表对沈钧儒的访问记,题为《谈抗战中的文化运动》,此文反映了沈钧儒对文化运动方向的看法;李公朴所著《民众动员论》一书第一版由上海生活书店出版。(参见胡兴军《"七君子事件"真相》,《读书文摘》2008 年 1 月 15 日;沈谱、沈人骅编《沈钧儒年谱》,中国文史出版社 1992 年版;复旦大学新闻系研究室编《邹韬奋年谱》,复旦大学出版社出版 1982 年版;周天度、孙彩霞《李公朴传》及附录《李公朴生平活动简表》,群言出版社 2002 年版;中共中央文献研究室编撰、逄先知主编《毛泽东年谱(1893—1949)》,人民出版社、中央文献出版社 1993 年版;中央文献研究室《周恩来年谱 1898—1976》,中央文献出版社 1998 年版;张人凤、柳和城编著《张元济年谱长编》,上海交通大学出版社 2011 年版)

　　邹韬奋等救国会负责人 8 月 3 日应国民党政府之请"到南京约作十日的勾留","贡献一些关于救国运动的意见",会见了国民党军政要人和著名的爱国人士。国民党方面表示要救国会解散,韬奋等回答决不可能;同时表示国民党政府既已实行对日作战,救国会的成员愿在抗战国策领导之下积极参加各部门的抗战工作。6 日,邹韬奋参加生活书店出版的进步刊物《国民周刊》的编辑工作,任评论委员会委员。13 日,日军进攻上海。邹韬奋由南京返沪,着手创办《抗战》三日刊,连续五昼夜进行紧张的筹备工作。19 日,《抗战》三日刊第 1 号出版,邹韬奋为编辑人,胡愈之、金仲华、张仲实、柳湜、钱俊瑞、沈志远、胡绳、艾思奇等为撰稿人。同时出版六天一期的《抗战画报》。9 日,由于租界当局的压力,《抗战》在上海发行的部分从第 7 号起改名《抵抗》三日刊。13 日,在《抵抗》第 8 号上刊登《朱德等就职抗战通电——坚决抗战众志成城》。23 日,在《抵抗》第 11 号上刊登冯玉祥致韬奋的信,其中赞扬《抗战》"内容丰富切实,而眼光尤为正确远大,诚为今日抗战中指针"。26 日,在《抵抗》第 12 号上发表《全国团结的重要表现》,响应 9 月 22 日才由国民党中央社发表的中国共产党 7 月 15 日向国民党提出的《共赴国难宣言》的号召。23 日,在《抵抗》第 20 号上刊登八路军驻京办事处关于抗日军政大学的来信,并附陕北公学招生简章。29 日起,在《抵抗》上刊登口号"主张妥协和平者就是汉奸"。11 月 9 日,《抵抗》从第 25 号起又恢复《抗战》原名,并注明移往武汉出版。12 日,上海沦陷。生活书店高级干部数十人分往内地重要地点创办分店。大部分人员西撤,以汉口、广州分店为重点,上海设"远东图书杂志公司"作为据点。中旬,准备从上海撤往内地。邹韬奋曾和全国各界救国联合会中国共产党党组书记恳切谈心,迫切提出要求,希望加入中国共产党。

　　邹韬奋和何香凝、郭沫若、金仲华等 11 月 27 日乘轮船赴港。在旅途中与郭沫若畅谈,讨论了国际形势。邹韬奋"对于桂林和新疆方面的工作也抱着很大的希望,认为从边疆着手,可以促进现代中国的全面化,神圣抗战的全面化"。11月底,到达香港,与张仲实、钱俊瑞、沈兹九等会集。12月2日,乘小轮从香港动身,经广州绕道广西前往当时的政治文化中心武汉。同行者有钱俊瑞、金仲华、张仲实、沈兹九等14人,白崇禧的秘书也奉电陪同前往。经衡阳时,李宗仁曾约见邹韬奋等人。4日,到广西梧州。刚进旅馆,便有广西大学理工学院和一些中学的男女青年前来探望,"提出许多思想上的问题、战的问题、战时教育问题以及在抗战期间与自己切身有关的其他种种问题",邹韬奋等一一接谈。5日,邹韬奋等在梧州作大规模的演讲,听讲的男女青年数以千计。6日下午,抵达广西玉林。10日左右,经广西柳州到达桂林。每经一地,都有无数青年来访或邀请他们向群众演讲。邹韬奋等戏称自己为"马戏班",并按各自比较熟悉的问题作了分工:邹韬奋讲团结抗战问题,金仲华讲国际问题,张仲实讲思想问题,钱俊瑞讲农村经济问题,杨东莼讲战时教育问题,沈兹九讲妇女问题。16日左右,到达武汉,住文化街金城文具公司楼上继续主持生活书店和《抗战》三日刊的工作。下旬,邹韬奋在张仲实陪同下,到八路军汉口办事处访问周恩来。此后不久,向周恩来提出参加中国共产党的要求。周恩来指示:"你现在以党外民主人士身份在国民党地区和国民党作政治斗争,比你以一个共产党员身份所起到的作用不一样,这是党需要你这样做的。"12月29日,在《抗战》第32号上刊登中国共产党对时局的宣言。同月,生活书店西安、重庆、长沙分店成立。(参见复旦大学新闻系研究室编《邹韬奋年谱》,复旦大学出版社出版1982年版)

吴经熊领衔近两万人署名《统一救国宣言》。2月7日《申报·本市新闻》《署名统一救国宣言/近两万人》报道:"本市文化界发起联合各界发表统一救国宣言,全文已志前报。各方署名赞同者颇为踊跃,且有组织统一救国同盟之说,各省市亦多响应。兹悉文化界如吴经熊、何炳松、黎照寰、张寿镛、曹梁厦、周佛海、陈剑如、翁之龙、吴南轩、颜福庆、欧元怀、马荫良、汪伯奇、李浩然、俞颂华、胡健中、张叔良、李志云、潘公弼、陶百川、童行白、胡朴安、洪深、邵洵美、郑振铎、傅东华、周予同、李权时、章益、孙寒冰、金国宝、袁业裕、钱沧硕、冯柳堂、李圣五、舒新城、金仲华、沈滋九、陈济成、严谔宣、杨卫玉、潘仰尧、汤斐予、樊仲云、蒋建白等不下五千余人,金融及工商各业已署名者,计有虞洽卿、杜月笙、王晓籁、钱新之、王一亭、俞佐廷、秦润卿、陈光甫、陆子冬、郭秉文、陆京士、朱学范、金润庠、诸文绮、吴蕴初、徐永祚、许晓初、周邦俊、柯幹臣、胡西园、骆清华、孙鸣岐、李慕莲、沈田莘、邱墨韬、陈翊周、叶世昌等约一万数千人。其他尚在中国文化建设协会陆续统计之中。各省市署名赞成者尚未交到,一俟收齐,将汇印专册公布之。"

按:吴经熊正值盛年,决然放弃了如日中天的政法事业,皈依天主教。(参见陈福康《郑振铎年谱》,三晋出版社2008年版)

潘公展时任上海市社会局局长。1月10日,唯生学会在上海成立,潘公展为理事长,蒋建白、唐锦初、易容礼等35人为理事。6月13日,中国特种教育协会在上海成立,潘公展为理事长,程时煃为监事长,以"联络教育界人士,研究并促进特种教育之实施,培养国民力量,复兴民族"为宗旨。协会认为,在目前特殊环境下,必有特殊教育以相适应,除政治、经济、军事诸方面应行努力外,教育界更要努力,以求解除国难。会上主张将机械的静止的教育变为精神的动的教育,将个人主义教育变为民族主义教育。同时决定编辑出版《特种教育之理论与实施》论文集,并在《教育日报》编辑出版《特种教育》周刊。7月,蔡元培、潘公展、胡愈之等发起成立上海文化界救亡协会。此时又适逢国共两党协商进行第二次合作的时代背景,成立统一战线性质的救亡组织,发动人民进行抗日救亡运动符合国共两党的要求,因此也得到了两党的支持。同月10日,上海100多名文化界人士举行聚餐会,大家一致希望能成立一个文化界的救亡实体,以知识唤起民众,积极地投入抗日救亡运动。28日,由蔡元培、潘公展、胡愈之等上海文化界知名人士发起的上海文化界救亡协会成立,宗旨是联合文化界爱国人士,开展抗日救国运动。成立大会上共推选蔡元培、潘公展、胡愈之、张菊生、黎照寰、萨空了、周剑云、应云卫、赵景深、茅盾、张志让、沈兹九、谢六逸、严谔声、巴金、黎烈文、欧阳予倩等83人为理事;潘公展、胡愈之、张志让等15人为常务理事。该协会的会长是国民党中宣部副部长潘公展。

　　按:7月29日《申报·教育新闻》报道《上海文化界/昨日成立救亡协会/蔡孑民潘公展等当选理事/通过章程并发表救亡宣言》:"上海文化界救亡协会,于昨日下午七时举行成立大会。到文化界人士五百余人。主席团:沈田莘、黄造雄、舒新城、诸青来、周剑云、胡愈之、傅东华、沈兹九、周寒梅、顾执中、张志让、孙祖基等。行礼如仪,首向抗战阵亡将士默哀三分钟,即由主席傅东华致开会词,顾执中、周剑云等相继报告,旋通过章程、宣言提案,并选举理事,至十一时始散。兹分志如次……当选理事:计蔡孑民、潘公展、陶百川、吴开先、张菊生、黎照寰、刘湛恩、蒋建白、何炳松、黄造雄、舒新城、胡愈之、严独鹤、金仲华、顾执中、冯有真、姚苏凤、沈田莘、萨空了、王芸生、马崇淦、陈宝骅、周剑云、张善琨、陶伯游、应云卫、唐槐秋、陈英、傅东华、叶灵凤、周寒梅、赵景深、郑振铎、诸青来、茅盾、钱俊瑞、张志让、沈兹九、谢六逸、张秉辉、凌宪文、鲁少飞、徐公美、姚莘农、孙寒冰、汪馥泉、宋之的、许幸之、徐怀沙、关露、陶亢德、沈起予、王云五、洪深、陈克成、黄香谷、严谔声、陆礼华、赵朴初、张志学、顾继武、樊仲云、王新命、盛成、张天翼、巴金、黎烈文、简又文、曾虚白、孙祖基、欧阳予倩、何景元、王晋琦等当选为理事。"(参见中央教育科学研究所编《中国现代教育大事记1919—1949》,教育科学出版社1988年版;高平叔编著《蔡元培年谱长编》,人民教育出版社1996年版)

　　郭沫若结束长达10年的流亡日本生活,7月15日下午由日本抵达上海。在码头上见到来接船的国民政府行政院政务处长何廉,颇为吃惊。与金祖同同往中法文化交流委员会孔德图书馆沈尹默处。28日,搬入沧州饭店居住。沈起予、叶灵凤、阿英、周宪文、郑伯奇等陆续来访。在寓所接待记者,说:"中国的前途,实在也不宜过分悲观,只要每个人不把个人生命看得太重要就好了。"同日,《抗敌与民主的不可分性》发表于上海《人间十日》旬刊第14期,文中针对蒋介石7月17日在庐山会议上的演讲辞,强调单要人民尽义务、牺牲是不行的,必须给人民以民主。同时批驳了"把民主与自由当作和统一与团结的绝对相反"的论调,指责当权者"把民众还始终当作只可使由之,不可使知之的庶民,而自己以'知识权贵'自居"的恶劣态度,认为"政治是国民生活的权利",应当争取建立"民有,民治,民享的不可侮的中国"。下旬,经友人介绍,与于立群相识。8月1日,因为觉得来客愈弄愈多,不得已又搬到高乃依路(今皋兰路)的一家捷克斯洛伐克人的公寓里。夜深独坐,瞻仰廖仲恺先生遗容,不觉泪下,即题词志感,"我们要追踪你的血迹前仆而后起"。手迹刊于20日上海《立报·言林》。2日中午,应邀往蜀腴川菜社,出席中国文艺协会上海分会和上海文艺界救亡协会为其举行的欢迎会。致答词说:"此次别妇抛儿专程返国,系下绝大决心。盖国势危殆至此,舍全民族一致精诚团结、对外抗战外,实无他道,沫若为赴国难而来,当为祖国而牺牲,谨以近作七律一首聊示寸衷。"到者有胡愈之、潘公展、傅东华、沈兹九、叶灵凤等30余人,由潘公展致欢迎词。下午,与阿英谈话。潘汉年、夏衍来访。6日,得国民政府取消通缉令。

郭沫若 8 月 7 日中午出席上海留日同学救亡会会员举行的欢迎会并讲话,称"中国到了最后关头,每个人到必要时都要有拿枪杆的力量,每时每刻每秒都不要忘了抗敌救亡的主张"。8 日下午,应邀前往尚文小学大礼堂,出席上海文化界救亡协会与其他文化团体为其与"七君子"举行的欢迎会,并发表演说。在会上,与沈钧儒等被推为文化界救亡协会理事会理事。9 日上午,往冠生园,出席上海诗人协会举行的欢迎会,并发表演说,指出:"美与艺术是应该跟着社会和时代前进""中国目前急需的是政治性、煽动性的东西,目的在发动民众"。10 日,与巴金、王统照、茅盾、胡愈之、王任叔等联名致电北平文化界,对日寇逮捕学人、炸毁学校的罪行深表愤慨,号召民众"再接再厉,抗敌到底"。上旬,在南市民众教馆对近百名文学青年发表演讲,叙述在外流亡十年期间对祖国的眷恋之情,而今终于冒死回到祖国的怀抱,"我和你们一起,上前线去,走向民族解放的战场,把自己的生命献给神圣的抗战,献给亲爱的祖国!"从潘汉年处接到周恩来的口信,要求由上海文化界救亡协会办一份日报。随即与夏衍、胡愈之等着手筹备。

按:据夏衍《懒寻旧梦录》(增补本,生活・读书・新知三联书店 2005 年版)回忆:"沫若回到上海大约十天后,潘汉年向沫若和我传达了周恩来同志的口信,由于当时已经考虑到《新华日报》不可能很快出版,所以明确地决定,由上海'文救'出一张日报(这之前,救国会有一份不定期的会刊《救亡情报》)。于是,我们和胡愈之、郑振铎、张志让等商量后,决定出一张四开的、有国民党人参加的、统一战线性质的'文救'机关报,由郭沫若任社长。"

郭沫若 8 月 13 日下午在大陆商场会所出席上海市文化界救亡协会国际宣传委员会首次会议,与胡愈之、金仲华、戴望舒、钱俊瑞等 10 余人共同讨论了设主席团、招待本埠外籍记者、出版对外宣传手册等事项。16 日下午,在华安大厦出席上海市文化界救亡协会举行的外国记者招待会,与宋庆龄等为主席团成员,在讲话中揭露日本帝国主义近年来的侵略政策及其破坏世界和平的阴谋。17 日,作《我们为什么抗战》,刊于 23 日上海《抗战三日刊》第 2 期。中旬,与潘汉年同往浦东大楼拜访潘公展,就创办《救亡日报》人事、经费等问题进行谈判。21 日,为上海市文化界救亡协会国际宣传委员会起草《中国文化界告国际友人的沉痛宣言》,谴责日本帝国主义的侵略野心,吁请全世界人民"协同防止"战祸之蔓延。后刊于 24 日、25 日上海《救亡日报》,征求全国文化界签名。后改题为《告国际友人书》。23 日晨,作《国难声中怀知堂》,刊于 30 日上海《〈逸经〉〈宇宙风〉〈西风〉非常时期联合旬刊》第 1 期。称周作人为"近年来能够在文化界树风格,撑得起来,对于国际友人可以分庭抗礼,替我们民族争得几分人格的人",期望他能"飞回南边来"。24 日,郭沫若出任上海各界组织的战时设计委员会副主任委员,主任委员为沈钧儒。中午,应张发奎电邀,与上海各界抗敌后援会夏衍、田汉等同往浦东抗敌前线视察,听张发奎介绍抗击日寇的情况,答应帮他组织一个战地服务团,由钱亦石任团长。同日,上海文化界救亡协会机关报《救亡日报》创刊,郭沫若任社长,并题写报头。郭沫若、茅盾、胡愈之、张天翼、夏衍、邹韬奋、郑振铎等组成编委会。

按:《救亡日报》是上海市文化界救亡协会的机关报,社址在上海南京路大陆商场 631 号。郭沫若任社长,具体负责人是夏衍、阿英、樊仲云、汪馥泉。除以上 5 人外,主要撰稿人还有茅盾、巴金、巴人(王任叔)、田汉、郑振铎、萨空了、欧阳予倩、沈西苓、谢冰莹、柯灵、林林、王亚平、胡愈之、邹韬奋、范长江、金仲华、包天笑、草明、欧阳山、杨潮(羊枣)、顾执中、傅东华、郑伯奇、恽逸群、施复亮等,记者有周钢鸣、彭启一、孙师毅(施谊)、司马文森(林娜)、叶文津、姚潜修、郁风等。上海《救亡日报》从创刊至 11 月 22 日被迫停刊,在 91 天中共出版 86 期。

郭沫若8月25日作《理性与兽性之战》,刊于9月1日上海《文化战线》旬刊创刊号。文中提出:目前的世界划分成了一边是"发挥着理智",一边是"发挥着兽性"的两个阵营,"抗战可以说是理性与兽性之战,是进化与退化之战,是文化与非文化之战",鼓动大家"要运用全力来扩展"这场战斗。同月,领衔在孙陵、杨朔、孟十还等40余人发起的"投笔从军"宣言上签名;《沫若近著》由上海北新书局出版发行。9月7日晨,得知江防总司令陈诚有意邀请到昆山前线商量事情,遂前往。同日,作《忠告日本政治家》,刊于9日上海《救亡日报》。11日,在国际电台作题为《抗战与觉悟》的广播演讲。演讲稿初载13日上海《大公报》,又载10月16日上海《抗战》半月刊第1—2期合刊。15日,与蔡元培、宋庆龄、胡适等联名发表《告世界文化学术人员书》,揭发日寇暴行,号召同伸正义,予以精神之制裁。同日,作《全面抗战的再认识》,刊于17日上海《申报》。18日,在上海《救亡日报》发表《九一八的国庆纪念化》。19日,接到陈诚转来的电报,命往南京觐见"最高当局"。20日下午,郭沫若离开上海。当夜赶到江防司令部,与陈诚见面。中旬,作《回到上海》讫,记述了初回上海的见闻与感受。21日晚,起程赴苏州。

郭沫若9月23日晨抵南京,住首都饭店,即致电《救亡日报》报馆。先后访问周至柔、钱大钧、叶剑英、邵力子、李任公、陈铭枢等人。24日下午,访张群,从他口中获悉当局要他回国的底细。傍晚,受到蒋介石接见。在谈到古文字研究时,希望将来可以把散在欧美各国的古器物学的材料收集起来。在谈到今后工作安排时,对于蒋介石希望他留在南京,"多多做些文章",并要给一个"相当职务"的建议,表示:"文章我一定做,但名义我不敢接受。"25日,先后访问汪精卫、孙科、陈公博等人。同日,《申报》登出启事:"本报自十月一日起约郭沫若、邹韬奋、章乃器、胡愈之、周宪文、金仲华、武堉干、张志让、郑振铎、陈望道、沈志远、孙怀仁撰写专论,每日在第四版发表。"26日,离宁返沪。路经昆山,向陈诚报告了去南京的情况。27日晨,返抵上海。10月3日,郭沫若与周信芳、高百岁、金素琴、田寿昌、欧阳予倩、曾焕堂、尤兢(于伶)等座谈,就旧剧如何适应抗战形势的需要及其本身改革的问题展开讨论,主张"旧瓶装新酒",大胆采用最近抗战中涌现的热烈悲壮的故事来编剧。会上一致决定成立上海戏剧界救亡协会。4日,作《关于华北战局所应有的认识》,刊于11月16日上海《前卫》半月刊第1卷第1期,题下附有11月4日所写的《作者记》。9日,为《申报》作专论《惰力与革命——为纪念二十六年国庆而作》,刊于10月10日上海《申报》。

郭沫若10月17日作《鲁迅并没有死》,刊于19日上海《救亡日报》"鲁迅先生逝世周年纪念特辑",并题刊名,指出:"对于恶势力死不妥协、反抗到底的鲁迅精神,可以说,是已经成为了我们的民族精神,我们目前的浴血抗战,可以说,就是这种精神的表现。"18日下午,往女青年会,参加上海战时文艺协会主办的鲁迅先生逝世周年纪念会,敬赠花圈并讲话。主张用集体方法学习鲁迅,将鲁迅精神普遍化。出席纪念会并讲话的还有郑振铎、冯雪峰、田寿昌、许广平。19日,往浦东大厦,出席上海文化界救亡协会主办的鲁迅先生逝世周年纪念座谈会,并发表讲话。号召学习鲁迅,使人人成为鲁迅。会上决定成立上海文艺界救亡协会,即与巴金、田寿昌等11人被推为临时执行委员。同日,对赵景深所写的大鼓《平型关》给予好评,亦给作者"不少的鼓励"。23日,嘱由夏衍出席上海文艺界救亡协会第一次临时执委会。会上宣布上海文艺界救亡协会正式成立。25日,与柳亚子、田汉、夏衍在黄定慧寓所聚会,商议创办宣传国共合作的刊物《熔炉》。后因上海沦陷,未能如愿。28日,与田汉、夏衍再访张发奎总部,并参加军民抗敌联欢会。29日,作《持久抗战的必要条件》,发表于 30 日上海《救亡日报》"社论"。同月,《抗战与觉悟》由上海大时代出版社初版发行,收录自 7 月 27 日归国至 9 月 20 日之间所作文章 12 篇。

郭沫若 11 月 5 日约张凤举夫妇、振南夫妇、沈尹默、保权等人"会食"于锦江饭店。6日,与田汉、王统照、巴金、陈望道、郑振铎、欧阳予倩、戴平万、谢六逸、傅东华、汪馥泉联名发表声明,说:"我们对于本月三日在新雅成立之文艺界救亡协会并未预闻。"声明针对本月3 日国民党分子乘上海文艺界人士在新雅饭店举行座谈会之际夺取会场,召开所谓"文艺界救亡协会成立大会",并冒用郭沫若等人名义发表成立宣言一事而发。同日,作社论《后来者居上——为苏联革命二十周年纪念作》,刊于 7 日上海《救亡日报》,比较了日本资产阶级革命与苏联十月革命以来两国所取得的成就,赞颂苏联革命创造了"人类的奇迹"。8 日,应沈尹默请,与张凤举、保权、沈迈士等人同聚锦江饭店。9 日,作《日本的过去,现在,未来》,以"本报特稿"名义发表于 11 日上海《救亡日报》。21 日夜,为《救亡日报》作"沪版终刊致辞",题为《失掉的只是奴隶的镣铐——暂向上海同胞告别》,刊于 22 日上海《救亡日报》"沪版终刊号"。27 日晨,乘法国邮船离沪,赴香港。在法国邮船上与何香凝、邹韬奋、金仲华等邂逅相遇。29 日傍晚,抵达香港。30 日,作《〈沫若抗战文存〉小序》,收上海明明书局 1938年 1 月版《沫若抗战文存》。12 月初旬,郭沫若往九龙访友。又在街头遇见林林、姚潜修、叶文津、郁风、于立群等人,与他们商量,当天下午亦搬来六国饭店住宿。同日,收到日本反战人士鹿地亘的求援信。出席港沪文化界联欢会,发表题为《克服三种悲观》的演讲。本已办好出国手续,连护照都已经弄好了,用的是"白圭"的假名,但在朋友们的劝告下,决定暂不去南洋,而留下恢复《救亡日报》,将根据地设在广州。日本反战人士绿川英子及其丈夫刘红,登门求助。后帮助他们去汉口参加了对日广播工作。

郭沫若 12 月 6 日晨与林林、姚潜修、叶文津、郁风、于立群等人乘船赴广州。到达广州后,借宿在梅村一位李姓旧友的家中。后来又应吴履逊之邀,搬到城内的"新亚酒楼"居住。7 日下午,往国民党广东省党部礼堂,出席救亡呼声社与青年群社举行的欢迎大会,并发表演讲。8 日晨,蒲风来访,谈诗歌方面更大发展的事,因自己意欲离开广州而不能给广州诗坛"以满意"。同日,为《中国诗坛》题刊名,并为"诗歌大众化专号"题词:"诗歌是情绪发动时的言语;在感情高潮期中的大众的言语是最好的诗歌。这样的诗歌,她的感动力最强,且最普遍。故尔诗歌工作者应该做大众的喉舌。要以大众的感情为感情,大众的言语为言语,这样便能切实地做到诗歌的大众化,而不是俗化。"在长堤青年会大礼堂出席欢迎会。与会人数上千。蒲风朗诵了《欢迎词——献给郭沫若先生》。9 日,往中山大学礼堂,出席广州学生举行的"一二·九"两周年纪念大会,并讲话。20 日,应广州文化界救亡协会之邀,在广州无线电台作题为《武装民众之必要》的播音演讲。26 日,应广州救亡呼声社邀,作题为《我们有战胜日本的把握》的演讲。收广州战时出版社 1938 年版《抗战中的郭沫若》。28日,为《救亡日报》作复刊辞,题为《再建我们的文化堡垒》,刊于 1938 年 1 月 1 日广州《救亡日报》。文中简述《救亡日报》的发展历程,解释在广州复刊的缘由,并重申办报态度:"救亡就是我们的旗帜,抗战到底就是我们的决心,民族复兴就是我们的信念。"(参见林甘泉、蔡震主编《郭沫若年谱长编》,中国社会科学出版社 2017 年版;陈福康《郑振铎年谱》,三晋出版社 2008 年版)

茅盾 1 月 1 日在《文学》第 8 卷第 1 号发表《论初期白话诗》《渴望早早排演》。前文认为"白话诗的历史,足足有了二十年了。'五四'运动以前,在白话诗方面尽了开路先锋的责任的,除胡适之而外,有周作人、沈尹默、刘复、俞平伯、康白情诸位。这几位先生中,继续写白话诗比较久的,似乎只有俞平伯。现在青年人写诗技术幼稚,太多空洞的议论",应向初期白话诗学习。文章接着论述了初期白话诗的特色;后文对曹禺的新作《日出》作了肯定的评价。2月1日,在《世界知识》第5卷第10号发表《普式庚百年忌》。同日,在《文学》第8卷第2号发表《叙事诗的前途》。16日,在《读书》半月刊第1卷第2期发表《赛金花论》。20日,在《中流》第1卷第11期发表《关于"报告文学"》。春,参与组织并主持"月曜会"的活动。自鲁迅逝世后,上海文坛有点沉闷,茅盾和冯雪峰商量,决定为作家们组织一些活动,加强联系,交流感情。茅盾主持月曜会,约隔周举行一次,参与者有张天翼、沙汀、艾芜、巴人、端木蕻良、蒋牧良、陈白尘等。

茅盾6月27日与巴金、周扬、夏衍、光未然等140余人联合署名在上海《大晚报》发表《反对日本〈新地〉辱华片宣言》,揭露日德法西斯合拍的电影《新地》的阴谋,指出该片鼓吹日寇入侵我东北,把东北说成是大和民族的"新地"的罪行,认为该片的公映"是对中国人民的示威和侮辱",要求制作《新地》的电影公司向"中国政府和中国人民声明道歉"。月底,茅盾从郑振铎处得国民党中央政治委员会秘书处寄郑托转的信,约请出席蒋介石召开的第三期庐山谈话会。郑振铎赞成茅盾前往参加,理由是"可以听听老蒋说些什么,这比报纸上的新闻可靠"。茅盾遂写了回信,仍托郑转寄对方。7月1日,在《文学》第9卷第1号发表《新文学前途有危机么》,此文鉴于一些要求进步的青年以及一些中间立场的作家对新文学的前途产生迷茫和悲观的情绪而作。文中批评了沈从文"差不多"的观点。20日,从郑振铎处得国民党中央政治委员会秘书处托转的电报,获悉蒋介石原拟召开的"三期谈话会因时局关系暂缓举行"。8月6日,《申报·教育新闻》报道《茅盾等昨日慰问张伯苓等》:"茅盾等昨致电南开张伯苓等云:南京教育部王部长转南开大学张校长、河北女子师范学院齐校长均鉴:日寇夺我平津,摧残文化机关,南开、女师惨遭轰炸,继以有计划之烧毁屠杀,同人等无任悲愤,谨电慰问,并望转致全体同人,盼为国努力,抗敌到底! 茅盾、郭沫若、郑伯奇、王任叔、金仲华、胡愈之、画室、巴金、张天翼、谢六逸、郑振铎、周予同、傅东华、方光焘、许杰、陈抱一、陈望道、马宗融、吴朗西、王统照、吴景崧、吴斐丹、王纪元、冯仲足、欧阳予倩、叶圣陶、黎烈文、沈启予、夏衍、周扬、靳以、萧乾、洪深、阿英、沙汀、艾芜、钱亦石、张仲实、张明养、孙师毅、邵宗汉、胡仲持、蔡楚生、郁达夫、张志让、唐槐秋、应云卫、陈波儿、胡风、蒋牧良、陈白尘、宋之的、夏征农、李兰、胡兰畦、关露等叩。"

茅盾8月12日去找冯雪峰,然后一起去参加由邹韬奋、胡愈之约集的一个会议。会上大家都很兴奋,认为神圣的抗日战争必然要爆发了,亲日派再也拖不住这历史车轮了。谈到出版刊物,有人主张加强目前的几个大型刊物,如《文学》《中流》《译文》等。大家同意邹韬奋提出的"把《生活期刊》换一个名称重新复刊。大家认为这个意见正确,决定分头去酝酿准备,并认为既要有文艺性的刊物,更要有综合性的期刊和报纸"。13日晚上,郑振铎来,告诉从市政府得来的可靠消息:政府决定对民间的抗日救亡活动采取开放政策,各种救亡团体,只要向政府登记,就可以公开活动。他又说,《文学》要停刊了。8月14日为星期六,茅盾照例主持聚餐会,到会的人数很多。多数人已经听说政府改变了禁止救亡运动的政策。谈话集中到今后作家、文艺家的任务以及如何活动等问题上来。谈到出版刊物,多数人主张不管《文学》《中流》等大型刊物停不停刊,我们都要马上办起一个适应战时的需要,能迅速传布出作家们呐喊声的小型刊物来,而且认为应该由茅盾来担任刊物的主编。当天下午茅盾约了冯雪峰去找巴金。巴金完全赞成办这样一个刊物。冯雪峰道:这是个好办法,何不就用《文学》《中流》《文丛》《译文》这四个刊物同人的名义办起来,资金也由这四个刊物的同人自筹? 茅盾说:就这么办,还可以加一条:写稿尽义务,不付稿酬。然后又研究了刊物的名称,初步确定叫《呐喊》,发刊词由茅盾来写。同日晚,茅盾与巴金等前往黎烈文家商谈创办《呐喊》具体事宜。15日,茅盾到《文学社》找到了王统照,提议创刊号上《文学》等四个刊物的主编要各写一篇文章。同日,茅盾找到郑振铎、邹韬奋,约他们写文章。并获悉他们创办了《抗战》三日刊等。又与巴金等晤面商谈,讨论了编辑方针、纸张和印刷问题,并最后决定以《呐喊》为刊名。23日作《炮火的洗礼》,刊于8月24日《救亡日报》,云:"在炮火的洗礼中,中国民族就更生了,让不断的炮火洗尽了我们民族数千年在专制政治下所造成的缺点""洗净了我们民族百年来所受帝国主义的侮辱"。

茅盾与郭沫若、邹韬奋、郑振铎、巴金、胡愈之、夏衍等组成组委会,由"上海市文化界救亡协会"主办的《救亡日报》8月24日终于创刊。25日,《呐喊》周刊(第3期起改名为《烽火》)创刊于上海,为《文学》《文丛》《中流》《译文》等4刊在沪战后联合出版的小型抗战刊物。《呐喊》创刊号封面上印着"文学社、文季社、中流社、译文社合编",另有一则茅盾起草的本刊启事:"沪战发生""四社同人""为我前方忠勇之将士,后方义愤之民众,奋起秃笔,呐喊助威",又云:"经费皆同人自筹,编辑写稿,咸尽义务。对于外来投稿,除赠本刊外,概不致酬。"同日,在《呐喊》创刊号发表《站上各自的岗位——〈呐喊〉创刊献辞》,认为"大时代已经到来了! 民族解放的神圣战争要求每一个不愿做亡国奴的人贡献他的力量"。26日,在《救亡日报》第3号发表《此亦"集体创作"》,认为"现在我民族正开始用血用肉来写一部空前的集体创作""要全国上下真正能一心一德,互相督励,分工合作,才能完成这部创作"。31日,与邹韬奋、胡愈之、郑振铎等联名给国民党中央执行委员会宣传部部长邵力子发了一封电报,抗议扣留抗日刊物的行为,要求立即查办此事。9月3日,从上海市社会局局长潘公展那里得悉转来的邵力子9月1日的回电和2日的回信。

按:据茅盾《烽火连天的日子》——回忆录(二十一)回忆,邵力子电报说:"已电询新检所饬复,最好办法为速办登记。"回信附了一份上海新闻检查所为自己辩解的抄件。在信中,再次要求"从速办理登记"。阅后,发现邵对我们"抗议"的要求含糊其辞,但因为"邵力子是我们的老朋友,他写这封信的关系我们也清楚,我们四人研究后,决定让一步,遵照邵力子的意思,走个形式,到社会局补办登记手续。""那时,对于《呐喊》这刊名已听到不少不赞成的意见。……既然要补办登记手续,我们就决定趁机改换刊名为《烽火》。又考虑到登记后照例要注明刊物的负责人,就在《烽火》第一期封面上加印了'编辑人茅盾,发行人巴金'。后来上海沦陷,《烽火》搬到广州继续出版,又把两个负责人倒换过来,成了'编辑人巴金,发行人茅盾'。其实,从10月份起,我暂时离开上海,《烽火》的实际主编就是巴金了;搬到广州出版后,我这个发行人更完全是挂名,因为那时我已在香港编《文艺阵地》了。"

茅盾妻子孔德沚9月底收到老朋友陈达人从长沙来电,欢迎孩子去长沙读书。茅盾遂决定把孩子送去。德沚留在上海,负责把全部家当清理分类。10月5日午后,茅盾带两个孩子到上海西站,在车上遇到了郑伯奇。郑伯奇带着夫人、孩子回老家西安去,那里有一家报馆请他主编副刊。6日上午9时,车抵镇江,买到了当天下午去武汉的统舱票。8日傍晚,船在汉口靠岸。茅盾和两个孩子坐上黄包车找到了开明书店汉口分店,在那里意外地见到了叶圣陶和章锡琛,请分店经理章雪舟帮买了第二天去长沙的火车票。10中午,到达长沙。16日,徐特立前来看望茅盾。11月5日傍晚,茅盾到达杭州。10日,登上回上海的船。12日,安全返回上海。12月5日,南京被日军包围。茅盾作离开上海的准备。是年,茅盾获悉《子夜》俄译本由苏联国家文学出版社出版。(参见唐金海、刘长鼎主编《茅盾年谱》,山

西高校联合出版社1996年版;陈福康《郑振铎年谱》,三晋出版社2008年版)

　　郑振铎、叶恭绰、钱新之、黄任之、杨虎、萧同兹、郑振铎、刘海粟、朱少屏、崔唯吾、董显光、赵叔雍、胡蝶等中外200余人出席1月4日下午梅兰芳夫妇欢迎熊式一夫妇归国的茶会。2月7日,《申报·本市新闻》报道《署名统一救国宣言/近两万人》,郑振铎列名其中。2月19日下午,郑振铎主持上海暨南大学本学期图书馆第一次馆务会议。此时因原图书馆主任辞职,馆务暂由郑振铎兼代。22日下午2时,出席暨南大学第九次训育委员会会议。3月3日,出席暨南大学成立10周年纪念特刊编辑委员会第一次会议。3月10日,在《世界文库月报》第4—5期合刊上发表《鸦片战争后的中国文学》,为郑振铎1929年在复旦大学讲授中国文学史课中的一章。17日,在暨南大学会议室主持图书委员会会议。28日,官方组织的"中国文艺协会上海本会"下午2时假座八仙桥青年会举行成立大会,郑振铎与简又文、傅东华、邵洵美、赵景深、胡仲持、顾仲彝、应云卫、洪深、朱应鹏、樊仲云、沈起予、叶灵凤、向培良、周寒梅、李青崖、汪馥泉、姚苏凤、施蛰存、周剑云、欧阳予倩等21人当选为理事。4月14日,《申报·教育新闻》报道《中国文艺协会/上海本会理事会议/推定简又文等为常务理事/创办中国文艺及文艺讲座》,郑振铎出席第一次理事会议。24日,在郑振铎主持下,《国立暨南大学图书馆馆报》创刊。郑振铎创刊号上发表《嘉靖本篆文阳春白雪跋》。5月14日,作《关于〈大唐西域记〉》,指出:"玄奘的《大唐西域记》是一部不朽的有关中国、西域及印度的文化乃至史地的名著。她不仅是一部佛教徒的旅行记,……她成了研究中世纪的西域和印度的历史、地理和文化的宝库。愈到近来,她的价值愈高,她的地位愈显得重要。……我们很盼望有一部详细正确的中文本的《大唐西域记》注释出现。"后刊于5月24日《国立暨南大学图书馆馆报》第2期。同月,作长篇论文《〈词林摘艳〉里的戏剧作家及散曲作家考》以及附录一《〈词林摘艳〉引剧目录及作者姓名索引》、附录二《〈盛世新声〉及〈词林摘艳〉所载套数首句对照表》。

　　郑振铎与茅盾、周扬、夏衍、巴金、于立群、周立波、林淡秋、任白戈、光未然、许广平等140人(后增至376人)6月20日联名在《新演剧》第1卷第2期发表《反对日本〈新地〉辱华片宣言》,反对侮辱中国人民的电影在上海上映。21日,郑振铎作论文《索引的利用与编纂》,后刊于《国立暨南大学图书馆馆报》。7月9日,郑振铎与上海文化界洪深、叶灵凤、应云卫、萨空了、胡仲持等140余人在邓脱摩登饭店聚会,决议组织救国团体和电请前线将士力保国土,并公推洪深、胡愈之等19人为救国团体筹备委员。7月15日,作《玄鸟篇》(一名《感生篇》),为"古史新辨"论文之一,揭示古代有关伟人诞生的传说的意义,认为"愈是荒唐无稽的传说,愈足见其确是在野蛮社会里产生出来的,换一句话,便是可确实相信其由来的古远"。后刊于7月20日《中华公论》创刊号。18日下午3时,在华安大厦召开鲁迅先生纪念委员会成立大会,共出席40余人,首由主席郑振铎报告纪念鲁迅筹备委员会工作经过,会上推举宋庆龄、马相伯、蔡元培、沈钧儒等70余人为委员会委员。此前鲁迅逝世时公布的纪念委员会筹备会共有7人:蔡元培、宋庆龄、沈钧儒、内山完造、沈雁冰、许广平、周建人,其中并没有郑振铎。而现在正式成立时,则由郑振铎主持会议并作工作报告。20日,郑振铎与张仲实、张志让等创办的《中华公论》月刊在上海创刊,由生活书店发行,为学术化的综合杂志。郑振铎在创刊号发表《战争与和平》。同日,郑振铎、茅盾、沈兹九、钱俊瑞、严谔声、萨空了、叶灵凤、严独鹤、张志让、顾执中、张志学、冯有真、胡愈之、周学湘、诸青来、周剑云、姚苏凤、俞振铎、王晓籁、周寒梅等20余人在上海出席民族复兴协会筹备委员会会议。

25日,郑振铎等31人被选为上海编辑人协会理事。8日,上海市文艺界救亡协会成立,到会500余人,郑振铎等83人为理事。同月,郑振铎所辑《晚清文选》由上海生活书店出版,为《世界文库》之一。选录晚清作家126人的476篇文章,外加佚名作家3篇,共分3卷。

郑振铎8月1日在《语文》月刊第2卷第2期发表《世界语运动》。10日,上海文化界郑振铎等60余人致电慰问北平文化界同人:"暴日寇夺平津,屠戮民众,而于文化机构尤狂肆摧残,逮捕我学人,炸毁我学校,屠杀我知识青年,焚烧我图籍。如此兽行,实蛮貊之所不为,人神之所共怒。我北平文化界同人,身居前线,出生入死,心爱宗邦;赴汤蹈火,在诸公自是求仁得仁,在我辈只差先死后死。尚望再接再厉,抗敌到底,维系国脉于不坠!"14日,郑振铎寄藏于虹口开明书店里的100多箱古书被烧。21日,上海文化界救亡协会国际宣传委员会发表中国文化界告国际友人书,由胡愈之主持,郑振铎参与。24日,上海市文化界救亡协会主办的《救亡日报》创刊,编委会由郭沫若、邹韬奋、茅盾、郑振铎、胡愈之、王任叔、阿英、夏衍、巴金等30人组成。同日,郑振铎为所编《西谛所藏善本戏曲目录》作跋。9月1日,郑振铎与金仲华、沈兹九、王志莘、杜佐周、张志让、张仲实、钱亦石、谢六逸、王纪元等创办《战时联合旬刊》,为《世界知识》《妇女生活》《中华公论》《国民周刊》在沪战后联合出版的小型抗战刊物。3日,郑振铎等人收到国民党上海市社会局局长潘公展处转来的邵力子的回电和回信,邵对他们的抗议电含糊其词,要他们"速办登记"云云。于是,郑振铎等人决定将《呐喊》改名《烽火》,继续办好这几份抗战报刊。23日,在《救亡日报》上发表短论《战时教育问题》。10月1日,在《战时联合旬刊》第4期上发表短论《战时大学教育》。

郑振铎与冯雪峰、陈望道、许广平10月18日在慕尔鸣路女青年会礼堂演讲鲁迅生平及伟大精神。10月15日,《申报》报道《纪念文豪鲁迅/文艺协会定十八日演讲/救亡团体议决纪念办法》:"上海战时文艺协会,为本市青年作家所组织,兹为纪念文豪鲁迅起见,特定于本月十八日下午一时,假慕尔鸣路女青年会礼堂举行演讲会。由郑振铎、雪峰、陈望道、许广平夫人演讲鲁迅生平及伟大精神,并有歌咏队、演剧团表演《阿Q传》,更由该会将鲁迅生前作品原稿等展览,以增进民众对文豪之认识。"17日,在《烽火》周刊第7期"鲁迅先生周年祭"专栏上发表《忆冲锋的老战士鲁迅先生》,结合当前抗战纪念鲁迅。18日,郑振铎和郭沫若、冯雪峰、田汉等人在上海战时文艺家协会举办的鲁迅周年演讲会上发表演讲。19日,郑振铎在《救亡日报》"鲁迅先生逝世周年纪念特辑"上发表《"失去了的导师"》,指出:"他的热情的呐喊虽然是永远的消失去了,但是他的伟大的精神却永远的在领导着青年们!"又在《申报·专论》发表论文《鲁迅先生的治学精神——为鲁迅先生周年纪念作》。同日下午,上海市文艺界救亡协会及上海战时文艺家协会在浦东大厦举行鲁迅先生周年纪念座谈会,百余人参加会议,推选郑振铎、沈钧儒、郭沫若、胡愈之、陈望道、巴金、汪馥泉为主席团,郑振铎报告本次会议筹备经过。大会决定正式组织文艺界救亡协会,选出临时执行委员11人:郭沫若、王统照、郑振铎、汪馥泉、陈望道、巴金、欧阳予倩、田汉、傅东华、戴平方、谢六逸。会议提出由郑振铎代表出面催促商务印书馆从速出版《鲁迅全集》。23日,文艺界救亡协会举行临时执行委员会会议,郑振铎任主席。决议:一、由巴金起草致前方将士慰问书;二、由田汉起草请各国文艺作家援助中国抗战书;三、由傅东华起草协会成立宣言;四、由谢六逸起草协会章程;五、由郑振铎以"鲁迅周年忌座谈会出席者"名义,致函商务印书馆,请从速印行《鲁迅全集》。会议对组织问题也有所决议。同月,郑振铎诗集《战号》由上海生活书店出版,共收诗21首,分为3辑。

郑振铎 11 月 3 日下午出席上海文艺界在新雅酒楼举行的座谈会,但是国民党党棍与特务有预谋地夺取了会场,召开同名的所谓"文艺界救亡协会"成立会,郑振铎等人不愿被利用,愤然离场。11 月 5 日,《申报》报道《文艺界救亡会首次常务会议》:"文艺界救亡协会自前日在新亚酒楼成立,推郑振铎、傅东华等为常委后,使上海文艺界颇有兴奋气象。昨日该会在会所召集第一次常务执行委员会,到王新命等十七人,由徐则骧主席,周寒梅记录。略作报告,即讨论议案;分配职务,推王新命、周汉彬、朱敷春为秘书处正副主任,徐则骧、徐公美、胡志宁为组织部正副主任,汤增敫、胡叔异、顾森千为宣传部正副主任,周寒梅、周尚、陈大悲为出版部正副主任,王龙章、鲁少飞、陈维藩为设计部正副主任,张秉辉、黄造雄、刘春山为经济部正副主任。由秘书处、经济部会同编造预算,提下次会议讨论。限十五日以前,出版《救亡文艺》,由宣传、出版、经济三部会同办理。确定每星期三上午十时为本会常会日期。"12 月 4 日,郑振铎发起的中国非常时期高等教育维持会正式成立。又与许地山、瞿世英、徐森玉、林语堂、马鉴、马衡、袁同礼、汤用彤、贺麟、简又文等 20 余人发表宣言。该宣言后经香港新闻检查当局删节后发表于 5 日《大众日报》上。约年底,上海成为"孤岛"后,郑振铎与胡愈之、王任叔、许广平、梅益、张宗麟、周建人、吴耀宗、沈体兰、李健吾、孙瑞璜、胡咏骐、胡仲持、黄幼雄、陈明、冯宾符、梁士纯、陈鹤琴等 20 人秘密组织"复社",每人交纳 50 元入社费,筹备出版《西行漫记》《鲁迅全集》等书。郑振铎并参加了地下党领导的文化界和工商界上层统一战线工作,出席星期六聚餐会,这些聚会还常在郑振铎家中举行。
(参见陈福康《郑振铎年谱》,三晋出版社 2008 年版)

胡愈之 1 月在《中学生》杂志总第 71 号上发表译作《不含泪的笑》。同月 15 日,所创办的大型文摘刊物《月报》出版,这是中国出版史上的一个创举。16 日,在《世界知识》第 5 卷第 8 号上发表《环绕西班牙战争之欧洲危局》。3 月,在《中学生》杂志总第 73 号上发表《人的发现》。6 月 1 日,在《世界知识》第 6 卷第 6 号上发表《论三种外交政策》。6 日,邀请受委托律师在香港银行俱乐部商讨营救"七君子"事宜。11 日上午,与律师团到苏州横街看守所探望沈钧儒、章乃器等救国会领袖。下午,苏州高等法院开庭审判"七君子",当晚胡愈之赶写了《爱国无罪听审记》。12 日,上海各报以整版篇幅登载《爱国无罪听审记》。同日,发表愈之起草的《救国入狱运动宣言》。25 日,国民党法庭对"七君子"第二次审讯。胡愈之请宋庆龄、何香凝牵头,并与诸青来、彭文应、潘大逵、王统照、张天翼、张宗麟、陈波儿、沈兹九等 16 人发起救国入狱运动。26 日,胡愈之等向新闻界发表书面谈话,发布《救国入狱运动宣言》。

胡愈之 7 月 5 日与宋庆龄、潘大逵、彭文应、沈兹九、陈波儿、张天翼、胡子婴、汪馥炎、张定夫、张宗麟等十几个人赴苏州高等法院,自请入狱。16 日,《申报·本市新闻》报道《民族复兴协会昨/二次筹备会议/加推筹委多人》:"民族复兴协会(前称民族救亡协会)昨日(十五日)下午四时,举行第一次筹备会议,决议事项如下:通过章程草案,成立大会宣言,交胡愈之修正后,再提下次会讨论。加推王晓籁、杜月笙、骆清华、林康侯、钱新之、黄任之、黎照寰、舒新城、严独鹤、冯有真、陈克成、俞振辉、周学湘、陆京士、应云卫、刘王立明、刘湛恩、姚苏凤、黄造雄、严谔声等为筹委。议决现有筹备会委员分股办公,总务股诸青来、郑振铎、周剑云,组织股周寒梅、胡愈之、钱俊瑞、叶灵凤,宣传股胡仲持、王芸生、茅盾、萨空了,经济股沈兹九、顾执中、张志学,定二十日下午四时开三次筹备会,聘吴汉为筹备会秘书。"28 日,国民党为掌控上海文化界救国会的领导权,宣布成立上海文化界救亡协会,为了团结抗战,在内部争取合法的抗日救亡活动权利,救国会成员参加,其中胡愈之被推为协会理事,并任宣传部副部长,负责国际宣传委员会对外宣传工作,每天在国际饭店会议厅向外国记者发布一次新闻。

胡愈之 8 月 1 日在《世界知识》第 6 卷第 10 号上发表《〈和平不可分〉论》。8 月 1 日,与钱俊瑞、彭文应等在上海北站月台迎接"七君子"。9 月 1 日,在《东方杂志》第 34 卷第 16—17 号上发表《中苏不侵犯的回顾和前瞻》。10 月 6 日,在《抗战》三日刊第 15 期发表《谨防疫病》。9 日,参加鲁迅逝世 1 周年纪念大会。16 日,在《世界知识》第 6 卷第 11 号上发表《抗战时期的外交问题》。11 月,支持出版《团结》《上海人报》《集纳》《译报》等报刊,宣传抗日。同月 1 日,在《世界知识》第 6 卷第 12 号上发表《九国公约会议的展望》。16 日,在《抗战》上发表《〈寻求与国与团结民众〉质疑》,斥汪精卫妥协谬论。(参见朱顺佐、金普森《胡愈之传》,杭州大学出版社出版 1991 年版;陈福康《郑振铎年谱》,三晋出版社 2008 年版)

陈望道 7 月抗战爆发后从广西回上海,在地下党领导下与韦蒸、郑振铎、陈鹤琴等组织上海文化界联谊会,从事抗日救亡运动,在"孤岛"时期坚持敌后斗争。同月 17 日,陈望道联络上海书报杂志编辑界知名人士 50 余人集会,决议建立上海编辑人协会。致电国民政府,要求"严饬前线各军不得退让,亟起全面抗战","明令全国发动民众救国运动","不许地方交涉,实行公开外交"等。陈望道回沪后不久撰写《战时的专门教育》《文化工具的运用》《从"悲哀的文学"说到大众的教育》3 篇短论,陆续刊于 10 月 12 日、11 月 1 日、11 月 18 日《申报》"专论"一栏,皆是针对抗战时期的具体问题而作的深刻分析。《战时的专门教育》从专门教育的角度论述了抗战时期教育机关所面临的现实问题,以为战时学校搬迁应该"跟军事、政治、经济上的需要相配合",按照战时的需要及各学科的特点进行合理分配。同时,他也对系科的课程修订提出切实的改革意见,包括"添加战时的共同必修课""将课程中有关现局的部分多加发挥""在正课外加紧军事训练和政治训练"等。《文化工具的运用》阐述了文化工具在抗战文化动员中的力量和作用。为了便于团结更多的民众投入抗战,陈望道主张在战时普及普通话,相比方言和文言,他认为普通话是一种更为重要的文化工具。《从"悲哀的文学"说到大众的教育》有感于沈起予"悲哀的文学"而发。《光明》编辑沈起予发表《悲哀的文学》,其大意是"在这回的抗日战事中,'根本有无数悲哀的事发生',尽该用来写'悲哀的文学'。"此论一出,引发了当时抗战文艺界的一番讨论,其中即包括陈望道。针对沈氏的"悲哀"论,陈望道提出以"悲壮"代替"悲哀",谓"'不惜一死'是'壮烈'的,这样壮烈的悲哀似乎并不是单单'悲哀'两个字所能包括。""我国文学上原来不少善于发抒悲壮情感描写的悲壮事实的文献,现在又正是这种文学产生的时期。无数悲壮的事实正在不断地出现,我们定会有无数悲壮的文学不断地产生。"陈望道在肯定文学创作个性化的同时,主张在抗战的意志上,在抗战的认识上,需要推行大众的教育,来开发大众的认识,齐一大众的意志。是年,陈望道积极提倡拉丁化新文字运动,亲自到难民所去开展扫盲、普及教育的新文字宣传工作。(参见上海鲁迅纪念馆编《陈望道先生纪念集》,复旦大学出版社 2006 年版;陈启明《陈望道在抗战时期的七篇佚文》,载《中华读书报》2017 年 11 月 24 日;《复旦大学百年志》编纂委员会编《复旦大学百年志:1905—2005》,复旦大学出版社 2005 年版)

巴金 1 月下旬作《〈家〉》,刊于 3 月 15 日《文丛》第 1 卷第 1 期,文中重申尽管《家》取材于作者熟悉的人和事,"那些事情都争先恐后地要在我的笔下出现",甚至"觉慧的性格也许和我的差不多",但《家》不是"自传"、觉慧也不是"我",而《家》中"唯一真实的人物"是我的大哥,即使如此,小说中"觉新的遭遇也并不是完全真实的",因为"我主要地在采取那性格,并不一定要取那些事实"。三个女性梅、琴、鸣凤,"也代表三种不同的性格,也有三个不同的结局";进一步阐述创作《家》的动机是"我"对旧家庭的"愤怒和留恋","认识和信念","我"看见旧家庭"被经济关系和社会环境决定了的""一天天往崩溃的路上走"的"必然的趋势",于是,我"有勇气来宣告一个不合理的制度的死刑,来向一个垂死的制度叫出我的J'accuse(我控告)",来写"一般的资产阶级家庭的历史",写它走向"自己亲手掘成的墓穴",写"倾轧、斗争和悲剧",写可爱的青年"受苦、挣扎……灭亡","写一个叛徒,……把希望寄托在他的身上",以此"作为一代青年的呼吁"。此文为研究巴金世界观、文艺观和《家》的重要文章。同月,《文季月刊》被查禁停刊,巴金又和靳以重整旗鼓,准备创办《文丛》月刊,并广集名作家之文稿,拟出《文化生活丛刊》。

巴金与靳以合作主编的《文丛》月刊2月15日创刊。5月,巴金受赵家璧之邀,与鲁彦一起为良友图书印刷公司编选《世界短篇小说大系》第二本"新兴国"集。同月,张均发表《〈巴金代表作选〉序》,载于上海全球书店版《巴金代表作选》。文章认为巴金是"当代中国文坛上的后起之秀",最近十年许多青年作家中"成就最伟大"的一个;认为创作特色是"善于描写青年的心理和个性,刻划正切而透澈。文笔极美丽,富有诗意";创作思想"好象受克鲁泡特金的影响甚深"。6月27日,巴金与文艺界人士茅盾、郑振铎、周扬、夏衍、以群、周立波、林淡秋、任白戈、光未然、景宋等140余人联合署名在上海《大晚报》发表《反对〈新地〉辱华片宣言》。8月13日下午,巴金会见茅盾和冯雪峰,商量创办一个适应抗战需要、能传导作家们呐喊声的小型刊物《呐喊》。约15日,巴金约胡风、萧乾为《呐喊》撰稿,言明没有稿酬。胡、萧欣然同意。16日,巴金与茅盾同约靳以、黄源、黎烈文、王统照开会,讨论了编辑方针、纸张和印刷等问题,最后确定以《呐喊》为刊名,定于19日交稿。第1期稿子由他们6人包下来。约中旬,巴金应郑振铎约,到新雅酒楼参加座谈会,筹办上海文化界的抗敌组织。中途,国民党党棍和特务夺取了会场。约19日,喜得胡风《"做正经事的机会"》和萧乾《不会扳枪的干什么好?》两稿,均编入《呐喊》周刊创刊号。

巴金与茅盾等人自筹资金创办的《呐喊》周刊8月25日问世,署名文学社、中流社、文季社、译文社合编。该刊启事指出:"四社同人当此非常时期,思竭绵薄,为我前方忠勇之将士,后方义愤之民众,奋其秃笔,呐喊助威。"29日,《救亡日报》《呐喊》《抗战》等报刊被工部局扣留,报童被打,遂与茅盾等人到公共租界工部局提出抗议。同月,为工部局禁止《呐喊》《抗战》和《救亡日报》发行之事,与茅盾、邹韬奋、胡愈之、郑振铎联名电告国民党中央执行委员会宣传部长邵力子,提出抗议。获悉罗淑接马宗融信,决意携女赴桂林。遂与靳以等好友,尽力帮助罗积极作离沪前的准备。9月3日,巴金从茅盾处获悉邵力子的回电与回信,决定到工部局补办《呐喊》登记手续,并更名《烽火》。5日,《呐喊》周刊出版两期后,得到内政部中宣会批文,改名《烽火》。是日,《烽火》周刊创刊号出版,仍署名文学社、中流社、文季社、译文社合编,并确定编辑人为茅盾、发行人为巴金。10月初,因茅盾于5日离沪,送子女到长沙,遂独自编辑、发行《烽火》。17日,发表《纪念鲁迅先生》,称颂鲁迅是中国青年的友人,文艺界伟大的导师,民族解放运动中热烈的战士,人类解放运动中勇敢的先驱。19日,发表《深的怀念》,继续缅怀鲁迅。同日,巴金前往浦东大厦,出席上海文化界救亡协会举行的"鲁迅逝世周年纪念会",并携带10册刚装订完的《鲁迅先生纪念集》与会。会上决定成立上海文艺界抗日协会。与郭沫若、陈望道、胡愈之、汪馥泉、欧阳予倩、田汉等11人一起被推选为临时执行委员。23日,巴金出席上海文艺界救亡协会第一次临时执委会会议,宣布该协会正式成立。同月,译著《告青年》《西班牙的斗争》出版。11月中旬,巴金与刚从湖南、汉口、杭州辗转返沪的茅盾晤面并约稿。(参见唐金海、张晓云《巴金年谱》,四川文艺出版社1989年版)

周扬3月10日在《希望》半月刊创刊号上撰文,第一次介绍车尔尼雪夫斯基的美学著作《艺术与现实之美学关系》,四十年代正式译出全文出版。6月15日,在艾思奇创办的《认识月刊》创刊号发表《我们需要新的美学》。8月13日,周扬与艾思奇、李初梨、何干之、林基路、周立波、舒群等一起从上海奔赴延安之前,与艾思奇、汉夫、何干之、李凡夫、夏征农等人经过集体讨论,写成《现阶段的中国思想运动》。周扬曾谈及自己何以来延安时说:"主要原因是组织决定我去,再一个原因是对'国防文学'的论战和路线的关系我处理得不好。因此,我在那里工作很难做。当时是我负责的嘛。""革命热情是有的,但工作就很难做了,特别是鲁迅公开指名批评我以后。那时候……我完全靠自己的稿费,党并没有给我钱。恰好延安有需要,因为那时候国共合作已基本上定下来,至少内战可以停止了,延安打电报来,说需要从上海调一些搞文化工作的人去延安,这样我和艾思奇、何干之这一批人就去了延安。"(参见艾克恩编纂《延安文艺运动纪盛》,文化艺术出版社1987年版;章恒忠、王亚夫主编《中国学术界大事记(1919—1985)》,上海社会科学院出版社1988年版)

冯雪峰1月回延安向党中央汇报工作,同毛泽东等领导人作过多次深夜长谈,毛泽东一再关切地问鲁迅逝世前后的情况,表示了对鲁迅的怀念之情。毛泽东和中央其他同志还对冯雪峰的工作表示满意。2月,冯雪峰由延安返回上海。5月,刘晓到上海重组中共江苏省委,冯雪峰即将"临委"所属党员全部移交刘晓。7月7日,卢沟桥事变发生,全面抗战开始。7月上旬,冯雪峰会见以周恩来为首的中共代表团。因对王明路线不满,与博古发生争执。8月8日,张闻天以洛甫署名致电冯雪峰:"中央即将在两星期内同各地同志讨论时局问题。同时在时局急变的形势之下,上海宣传出版工作亦急需要重新布置,望兄接电后于二十日前到达延安。"9月中旬,冯雪峰写信给潘汉年请假,准备写作以二万五千里长征为题材的长篇小说。此后近两年间失去党的组织关系。10月19日,冯雪峰在上海鲁迅逝世周年纪念会上讲《鲁迅与中国民族及文学上的鲁迅主义》的报告,对鲁迅的文学成就和战斗精神做出了高度评价。讲稿于1940年8月发表在《文艺阵地》第5卷第2期。

按:冯雪峰说:"鲁迅先生以毕生之精力作了民族史图,和中国民族衰弱史一样,就有更鲜明的中国人民的血战史陈列在那里。鲁迅先生以他的言论、文学和一生所走的战斗的路,示给我们中国民族的出路和对于这出路的自信。惟有秉着对于民族的伟大的爱而为中国民族战斗着的鲁迅先生,才能拥有中国民族的战斗传统,而达到历史的真理。鲁迅先生所用的主要的武器是文学。因为有他的存在,中国现代文学是战斗的文学。鲁迅先生借文学而为民族和大众作战,造成了他在中国思想史和文学史上的特殊地位,他在文学上独特的特色,首先,他独创了'杂感'这尖锐的政论性的文艺形式;二、他的现实主义是历史的真实和民族的爱的统一和韧战主义。第三,抱着艺术的大众主义,肯定着中国文学之'大众化'的出路。"(参见张岂之主编《民国学案》第四卷《冯雪峰学案》,湖南教育出版社2005年版)

冯雪峰10月20日在《救亡日报》发表作于10月17日的《关于鲁迅》。23日,张闻天以洛甫署名致电潘汉年转冯雪峰:"中央即欲讨论如何发展全国文化运动问题,并总结年来的上海文化运动。同时上海来人对于你在上海文化上的领导均不满意。中央当然不能听一面之词。因此兄之来延安开会实际必要。如果兄对于现任工作不满意,亦可由中央重新分配适当工作。"11月1日在《宇宙风》半月刊第50期上发表作于10月15日的《鲁迅先生计划而未完成的著作》。其中谈到"鲁迅先生一直以前也曾计划过一部长篇历史小说的制作，是想描写唐朝的文明的。这个他后来似乎不想实现的计划，大概很多人知道，因为鲁迅先生似乎对很多人说过，别的人或者知道得比我更详细。我只听他在闲谈中说过好几次，有几点我还记得清楚的是，第一，他说唐朝的文化很发达，受了外国文化的影响；第二，他以为'七月七日长生殿'唐明皇和杨贵妃的盟誓，是他们之间已经感到了没有爱情了的缘故；第三，他想从唐明皇的被暗杀，唐明皇在刀儿落到自己的颈上的一刹那间，这才在那刀光里闪过了他的一生，这样地倒叙唐明皇的一生事迹。——记得先生自己还说，'这样写法，倒是颇特别的。'"12月20日，冯雪峰回义乌。此后三年多时间中，他在故乡一面从事写作，一面发动群众进行抗战的工作。（参见包子衍《雪峰年谱》，上海文艺出版社1985年版；张培森主编《张闻天年谱》，中共党史出版社2000版）

夏衍创作三幕话剧《上海屋檐下》，上海戏剧时代出版社1937年11月出版。7月，编写电影剧本《秋雨残花》（未发表）。影片《秋雨残花》由申通景影片公司摄制，司徒慧敏导演，因抗战开始未拍摄完。7月初，与回到上海的潘汉年在爵禄饭店见面。同月10日，经潘汉年介绍，在上海见到了周恩来，周恩来要夏衍今后以进步文化人士的身份留在国民党统治区开展统一战线工作，强调指出工作方式可以多样，但一定要争取公开合法，还谈到要在国民党统治区办一张党报。8月，中共上海地下组织重建党的文化工作委员会（简称文委），由孙冶方、夏衍、钱俊瑞等人组成。同月2日，同潘汉年一起与从日本回沪的郭沫若见面，协助郭沫若创办《救亡日报》。4日，上海电影编剧导演人协会成立，夏衍、阳翰笙、欧阳予倩等9人当选为理事。中旬，周恩来指示夏衍协助从日本回国的郭沫若筹办《救亡日报》，提出要把该报办成文化界抗日民族统一战线性质的报纸。24日，《救亡日报》创刊，夏衍任总编辑，党支部书记，郭沫若任社长。9月25日，郭沫若根据周恩来和上海党组织指示，在潘汉年、钱亦石、夏衍等人的协助下，组织党内外文化界著名人士30多人建立战地服务队。10月底，潘汉年通知夏衍：周恩来发来电报，要夏衍在上海失守后，即去广州筹划《救亡日报》复刊事宜。11月，上海沦陷。12月9日，夏衍、梅益负责的《译报》在上海法租界创刊。10日，夏衍与潘汉年同船离沪抵港，在香港见到廖承志，结识何香凝。15日，到广州。（参见夏衍《夏衍全集》附录《夏衍年表》，浙江文艺出版社2005年版；中央文献研究室《周恩来年谱1898—1976》，中央文献出版社1998年版）

曹禺《雷雨》1月1日由中国戏剧学会在南京首演，系该会成立后第一次公演。其时，南京各报刊登中国戏剧学会《雷雨》演出广告。同日，天津《大公报》元旦增刊"文艺"副刊第276期继续整版刊登对《日出》的"集体批评"。文章有茅盾《渴望早早排演》、孟实《舍不得分手》、叶圣陶《成功的群像》、沈从文《伟大收获》、巴金《雄壮的景象》、靳以《更亲切一些》、黎烈文《大胆的手法》、荒煤《还有些茫然》、李蕤《从〈雷雨〉到〈日出〉》等。3月，应靳以稿约，开始酝酿写作《原野》。时居南京，住四牌楼附近，对面即是国民党"第一模范监狱"，监狱里经常发出铁镣的响声，还看到犯人做苦工时被折磨的惨状，这种充满恐怖的气氛又使他联想起在宣化目睹鞭挞"犯人"的惨状。据曹禺回忆："我住在南京时，对过就是监狱，押着陈独秀。这是《原野》的社会背景的一部分。曹禺写作《原野》时，整夜整夜地写，从天黑写到天蒙蒙亮。南京很热，夜里就到街上买葡萄汁喝。七八天晚上就写出一幕，写得很顺利。那时是《文季月刊》催我写，和《日出》一样，像写章回小说，先有个大致的意思脉络，然后就陆陆续续地写，边写边交稿。"4月10—11日，国立戏剧学校参加"教育部第二次全国美术展览会主办"演出,在南京国民大会堂公演曹禺改编的独幕剧《镀金》和张道藩的四幕喜剧《自救》。5月1日,中国戏剧学会"正式改为职业剧团"。5月16日,欧阳予倩主编的《戏剧时代》在上海创刊。

曹禺6月5日在《学校新闻》第63号第5版发表《中国话剧应走的路线——在中央大学文艺研究会讲》。曹禺从中国话剧的由来说起,谈演出、编剧及导演,讲到中国话剧的发展。8月15日,中国剧作者协会在上海卡尔登剧场召开紧急会议,组织抗日救亡宣传队,计13个救亡演剧队,全称"上海文化界救亡协会救亡演剧队"。同月,《原野》由上海文化生活出版社出版。为巴金主编《文学丛刊》第5集,《曹禺戏剧集》第3种。该版本书后附曹禺《〈原野〉附记》。曹禺在天津遭受日本特务追踪,遂化装为商人,乘英国泰古公司轮船,绕道香港经武汉再转长沙。回到剧校继续任教。9月1日,国立戏剧学校"非常时期巡回公演剧团""长沙办事处成立"。12月11日,徐特立在长沙"银宫电影院讲演抗日救国十大纲领,闻息而至者达三四千人之多,把整个电影院挤得水泄不通"。(《怀念徐特立同志》第180页)曹禺也闻讯赶去听徐老演讲。曹禺对徐老讲的"抗战必胜、日本必败"的道理,甚为感动。12月31日,中华全国戏剧界抗敌协会(简称"全国剧协")在汉口光明大戏院举行成立大会。大会通过了协会宣言和章程,选出张道藩、方治、洪深、朱双云、田汉、熊佛西、余上沅、宋之的、曹禺、阿英、李健吾、陈白尘、郑君里、陈波儿、陈治策、向培良、顾仲彝、王平陵、赵丹、章泯、凌鹤、王莹、唐槐秋、应云卫等97人的理事会,并决定每年10月10日为戏剧节。由田汉起草的《中华全国戏剧界抗敌协会宣言》发出了战斗的号召:"对于全国广大民众做抗敌宣传,其最有效的武器无疑是戏剧。因此动员全国戏剧界人士发其热诚与天才为伟大壮烈的民族战争服务,实为当务之急。""我们相信中国戏剧艺术必因和抗敌任务结合能摒弃过去的积弊,开拓新的境地。"同月,沈从文由武汉赴长沙,与曹禺同去八路军驻湘办事处,拜访徐特立同志,商谈有关去延安事宜。同月,国立戏剧学校奉令西迁。是年,剧本《雷雨》《日出》和《原野》的相继发表、搬上舞台,奠定了曹禺在中国话剧史上的地位。(参见田本相、阿鹰编《曹禺年谱长编》,上海交通大学出版社2017年版)

胡风青年时期的诗集《野花与箭》1月由上海文化生活出版社出版,系胡风第一本诗集。春,按冯雪峰指示,胡风编辑了《工作与学习》丛刊四期:《二三事》《原野》《收获》《黎明》,刊登鲁迅遗作及其他作者如景宋、许寿裳、茅盾、艾青等的作品,后被国民党禁止。6月15日,胡风在艾思奇创办的《认识月刊》创刊号发表《关于两种论调》。8月13日起,胡风开始记日记,为大事记式。9月,自筹经费编印了《七月》周刊三期,反映抗战初起时人民的伟大爱国热情。9月11日,胡风主编的《七月》文学周刊创刊于上海。25日,《七月》出至第3期停刊。同日,胡风撤离上海去武汉。10月1日,抵达武汉,住在武昌小朝街老友金宗武家。胡风在武汉首次见到周恩来。从此,一直受到周恩来的关注和指导,经常参加周恩来和文艺工作者的谈话,并为周和日本友人的谈话作翻译。10月16日,《七月》迁至汉口改为半月刊复刊,主要撰稿人有艾青、萧军、萧红、冯乃超、田间、辛人、曹白、端木蕻良、丁玲、吴组缃、刘白羽、葛琴、路翎、贺敬之等。《七月》杂志突出抗战特色,大量报道抗日前线、解放区、八路军、游击队的消息,其中不少是陕北通讯,直接报道延安的消息,受到读者的热烈欢迎。10月19日,武汉各界召开鲁迅逝世1周年纪念会,胡风被推为主席。12月,为《新华日报》编文艺副刊《星期文艺》。编了四期后停刊。

按:因为《七月》杂志延续了文艺命脉,很多作者,诸如艾青、丁玲、萧军、周文、刘白羽、萧红、吴组缃、端木蕻良、聂绀弩、欧阳山、宋之的、草明等著名作家,从祖国的四面八方寄来诗歌、通讯、杂文、短剧,揭露日本侵略者的暴行,反映中国人民奋起反抗的热烈情绪和英勇斗争事迹。还有李华、赖少其、李可染、魏孟克、力群的文学艺术木刻和版画。胡风既是《七月》杂志主编,又是主要撰稿人,他在《七月》杂志上发表了许多有影响的诗文。欧阳凡海在《抗战后的中国文艺运动及其现状》(《七月》第 3 集第 4 期)一文中说:"抗战爆发后,由于军事上失利,一部分作家,尤其是文艺青年,没有工作所做,哀叹'报国无门',就抛弃了文艺工作。而'坚决地、意识地从事这条命脉之延续的是《七月》',它的存在,表明了一些作家在最危急、最混乱的时候,他们始终是确实认明了自己的任务和职责,没有动摇文艺的立足点,并且不因社会对文艺的一时的无视而降低……战斗的现实主义。"(参见晓风《胡风年表简编》,《新文学史料》1986 年第 4 期;胡平原《抗战时期〈七月〉杂志在重庆的命运起伏》,《中华读书报》2017 年 11 月 6 日)

徐懋庸、王淑明编辑的《希望》半月刊 3 月 10 日在上海福州路 380 号创刊,自第 2 期起由王淑明单独编辑,由希望半月刊社出版,发行者为希望出版社,主要撰稿人有胡乔木、周扬、王淑明、何家槐、沙汀、周木斋、陈子展、郭沫若、舒群等。之所以定名为"希望",编者在创刊号的《编后记》中称:"'希望''希望',民族解放的希望,社会改革的希望,文化发展的希望,一切希望,在目前的中国青年的心头最为丰富。本刊是想借从文艺作品,表达中国青年人的心情,所以定名为《希望》。"该刊集合了一大批政治上倾向于中国共产党的作家,在当时的青年之中有着不小的影响力,成为研究抗战前后知识分子思想状况和文学史的重要资料。

田汉 9 月赴上海,参加文化界救亡工作。同月 26 日,由阿英、夏衍诸友陪同赴《救亡日报》社。27 日,由夏衍陪同前往拜访刚由东京归沪的郭沫若,"多年不见的朋友在抗战的炮声中握手,快慰可想"。10 月 3 日,与郭沫若、欧阳予倩、尤兢、曾焕堂等同著名平剧演员周信芳、高百岁、金素琴姐妹等一起座谈旧剧如何适应抗战形势的需要以及本身的改革问题,作长篇总结发言。月初,与郭沫若、夏衍同赴奉贤县南桥镇作战地访问,拜访张发奎将军。席问题赠七绝一首。6 日,出席上海戏剧界救亡协会歌剧部成立大会,并作发言,希望大家能站稳爱国立场,明确"应该做些什么"和"不应该做些什么"的问题,还回答了与会者提出的一些问题。会上选出了歌剧部领导机构。7 日,出席在卡尔登戏院举行的上海戏剧界救亡协会成立大会,并作讲话。会上与周信芳、尤兢一起被推任协会章程和宣言起草委员会成员。其后,田汉团结平剧界爱国艺人积极开展抗日救亡宣传活动,曾与周信芳等带队到近郊前沿阵地进行宣传鼓动,还去后方伤兵医院作慰问演出。18 日下午,出席上海战时文艺协会在女青年会召开的鲁迅逝世周年纪念演讲会,发表演讲。19 日,出席由上海市文化界救亡协会及上海战时文艺家协会会员郭沫若、王统照、汪馥泉、巴金、包天笑等联合发起在浦东大楼 7 楼举行的纪念鲁迅逝世周年座谈会,作发言,表示响应陈望道关于成立文艺界统一的抗日救亡组织的提议。与会者一致赞同成立"上海文艺界救亡协会"。与郭沫若、王统照、郑振铎、汪馥泉、陈望道、巴金、欧阳予倩、傅东华、戴万平、谢六逸等 11 人被推任临时执行委员。会上还通过促进《鲁迅全集》尽快出版等动议。

田汉 9 月 21 日与欧阳予倩、周信芳、高百岁等邀约郑振铎、周越然、严敦易、赵景深、周贻白、夏衍、钱杏邨、刘保罗、胡萍、尤兢、田洪、庐世侯等 20 多人座谈有关平剧剧本问题。23 日,出席上海文艺界救亡协会第一次临时执委会,讨论组织工作事项,被推负责起草吁请各国文艺作家援助中国抗战的文件。24 日,中国文艺协会上海本会举行第三次理事会,决定组织战时特别委员会。与郭沫若、茅盾等 24 人被推任委员。11 月 3 日,上海文艺界救亡协会成立。田汉被选为执行常委。12 日夜,乘"同和"号轮船离开上海。16 日,与马彦祥合编的《抗战戏剧》半月刊在武汉创刊。月底，由南京经安徽、江西抵达湖南长沙。12月5日，与陈真如一起离开长沙赴武汉，参加大规模戏剧公演的组织工作。12日，出席拓荒剧团举行的抗战戏剧座谈会，作题为《现阶段的剧运路线——戏剧的游击战》的演讲。27日，出席由中国文艺社、湖北省教育厅和文化行动委员会为招待参加募捐联合公演的旅汉各剧团剧人而在普海春酒家联合举行的宴会，并作讲话。席间，与张道藩、洪深，马彦祥、应云卫等附议赞同成立"中华全国戏剧界抗敌协会"（简称"剧协"），并当即被推定担任筹备委员。28日晚，出席在普海春酒家举行的"剧协"第一次筹备会议，被推定与王平陵、阳翰笙负责起草成立大会宣言。29日晚，"剧协"筹备会议继续举行，被提名列入向成立大会提出的理事会成员名单。31日上午，出席在汉口光明大戏院举行的中华全国戏剧界抗敌协会成立大会，与张道藩、洪深、万籁天、朱双云等为大会主席团成员。会上当选为"剧协"理事。会议决定每年10月10日为全国戏剧节。下午，在普海春酒家举行的"剧协"第一次理事会议上当选为常务理事，并任话剧部主任。月底，起草《中华全国戏剧界抗敌协会成立宣言》。同月，《抗战与戏剧》一书由长沙商务印书馆出版。是年，中国共产党代表团到达南京，为其恢复了党的组织关系。（参见张向华编《田汉年谱》，中国戏剧出版社1992年版）

阳翰笙1月为联华影业公司写电影剧本《草莽英雄》。春，为明星影片公司写电影剧本《夜奔》。8月2日，写成四幕历史话剧《李秀成之死》。同月，为新华电影公司写电影剧本《塞上风云》。11月28日晚，出席在普海春酒家举行的"剧协"第一次筹备会议。与王平陵、田汉被推定负责起草成立大会宣言。中华全国戏剧界抗敌协会成立，阳翰笙被选为常务理事。是年，写作电影剧本《八百壮士》。（周家磊《阳翰笙生平创作活动大事年表》，《当代电影》2012年12期）

钱杏邨（阿英）《春风秋雨》2月由上海一般书店出版。同月28—30日，中国旅行剧团演出《春风秋雨》。5月16日，欧阳予倩、马彦祥主编的《戏剧时代》创刊特大号，刊载了他的四幕话剧《群莺乱飞》。同日，《晚清小说史》由上海商务印书馆出版发行。7月11日，上海文化界十六个团体联合成立"撤销租界电影、戏剧检查权运动联合会"，推举他和周剑云等为理事。15日，上海剧作者协会扩大为全国性的"中国剧作者协会"，决议集体创作话剧《保卫卢沟桥》，由他起草代序。20日，决议推举他和辛汉文、陈白尘、瞿白音、于伶等7人为筹备演出委员。28日，上海文化界救亡协会成立，他和于伶等19人被选为理事。8月2日，钱杏邨与7月27日从日本回国的郭沫若在沧州饭店见面。7日，《保卫卢沟桥》在上海南市蓬莱大戏院公演，观众反应强烈，热情空前高涨。24日，由郭沫若任社长，夏衍任总编辑，钱杏邨任编辑主任的上海文化界救亡协会机关报《救亡日报》创刊。钱杏邨写了不少杂文，于1938年辑成《抗战期间的文学》，由广州战时出版社出版。9月，《群莺乱飞》由中国旅行剧团上演。剧本于10月由上海戏剧时代社出版。月底，《救亡日报》迁广州继续出版。钱杏邨决定留在上海。9—11日，钱杏邨在上海《救亡日报》连载《再论抗战的通俗文学》，文中说："从抗战通俗文学的内容方面说，我们主要的任务，是在充分说明全面的持久的抗战的意义，克复广大读者的在战争期间所发生的不正确的心理，发动他们积极的组织起来参加抗敌救亡的工作，以保障战争的最后胜利。在作家方面，于整个的战争，必须有辩证的理解，时时刻刻地，随着战争的发展与需要，配合的写作能以适应的作品，以增强巩固抗战的力量。通俗的抗战文学与战争，与非常时期的政治形势，与战时的大众生活因素，不能有时刻的分离。"11月，创作三幕话剧《桃花源》，12月由风雨书屋出版。同月23日，钱杏邨以

"刘西渭"名义（借用李健吾笔名）办的综合性文艺刊物《离骚》创刊，钱杏邨任主编，该刊仅出 1 期。又编《淞沪战争戏剧录》成。是年，出版《弹词小说评考》。（参见钱厚祥整理《阿英年谱（上）》，载《新文学史料》2005 年第 4 期；文天行编《国统区抗战文艺运动大事记》，四川省社会科学院出版社 1985 年版）

金人 9 月 29 日在上海《救亡日报》发表《关于通俗文学的几个疑问》。作者提出：一、什么是通俗文学？通俗文学和普通文学质量上的差别何在？二、通俗文学要什么形式？三、通俗文学怎样写作？还说："第一项是属于通俗文学的定义方面的，二三两项都是关于技术方面的"，"希望注意这问题的人大家都公开地交换些意见"。此文引发有关通俗文学的讨论。（参见文天行编《国统区抗战文艺运动大事记》，四川省社会科学院出版社 1985 年版）

林那 10 月 3 日在上海《救亡日报》发表《展开通俗运动》。作者说："过去对于通俗化问题的讨论，我觉得有一个很普遍的缺点，大部分都只注意到一般理论的检讨，而忽视了实际去干。"还说"我是主张尽量利用旧形式来装新内容的"，"至于写作的方法我们不能一定说是用土话写对，也不能说一定要用普通话对，这需要看情形而定。"（参见文天行编《国统区抗战文艺运动大事记》，四川省社会科学院出版社 1985 年版）

艾芜 11 月 3 日在上海《救亡日报》发表《从文艺通俗化说到战时文艺》，5 日登完。作者认为："把通俗化的文艺，和纯艺术的文艺，对立起来，我觉得这是不对的。我们做通俗的作品，并非丢开艺术的制作，来降格干的事情。而是文艺本身要通俗化，才有它的远大前途。"他还批评道："现在还不少人怀疑，作品通俗化了，会失掉好些艺术性。因而，便无意之间，把艺术作品，和通俗作品，对立起来。其实，这是'短视'。我们的《水浒传》《红楼梦》《儒林外史》，这些应用口语写作的杰作，谁敢说它没有艺术价值？"（参见文天行编《国统区抗战文艺运动大事记》，四川省社会科学院出版社 1985 年版）

楼适夷被国民党当局绑架，曾被判无期徒刑，关囚在南京监狱已三年十个月，7 月 11 日被交保释放。翌日，楼适夷到上海。17 日，去家乡余姚休息。楼适夷在上海时，曾与郑振铎等人在新雅饭店相见。8 月 21 日，楼适夷从余姚给郑振铎、茅盾、胡愈之写信，谈自己的思想，请教时局变动和民运开展等问题，表示急切希望参加工作。后任《新华日报》副刊编辑和中华全国文艺界抗敌协会理事，参加《抗战文艺》的编辑工作。（参见陈福康《郑振铎年谱》，三晋出版社 2008 年版；唐金海、刘长鼎主编《茅盾年谱》，山西高校联合出版社 1996 年版）

楚图南 3 月在《文学月刊》第 8 卷第 3 号发表所译《苏俄的诗歌》。4 月，中国诗人协会在上海成立，楚图南被选为候补理事。5 月，译完英国地理学家德锵生、霍威尔士合著的《地理学发达史》，并写译者题记。同月，被选为新诗理事会理事。7 月，在《文学月刊》第 9 卷第 1 号发表译作《德米尔诗抄》。8 月与陈小航（罗稷南）在锦江饭店设宴，为艾思奇、柯仲平、何干之离沪去延安饯行。10 月，参加鲁迅逝世周年纪念活动。12 月，将《在俄罗斯谁能快乐而自由》一书译稿交予商务印书馆，署名高寒。此书因日寇侵华战争日紧，1939 年出版。上海沦陷后，楚图南率妻小离开上海，乘船取道水路，经香港、越南海防、河内，沿滇越铁路回到昆明。与冯素陶等商议创办宣传抗日救国的刊物《战时知识》杂志。（参见麻星甫编著《楚图南年谱》，群言出版社 2008 年版）

夏丏尊 1 月 1 日在《宇宙风》第 32 期发表《二十五年我的爱读书》，文中列出三部他爱读的书：一是朱光潜的《文艺心理学》；二是内山完造的《一个日本人的中国观》；三是不署撰著者姓名（实为瞿秋白）的《海上述林》（上卷）。1 月 15 日，开明书店创办大型综合性文摘类杂志《月报》。夏丏尊任社长，主编胡愈之、叶圣陶、孙怀仁等。刊物立意："把一切意见、主张、创作、感想、新闻、报道、图书、歌曲、地图、统计等等都经过一番选择剪裁,搜集在一本册子里。"设政治、经济、社会、学术、文艺、中外写真、科学写真、读者信箱等栏目。2月,文艺评论集《文章例话》由开明书店出版。6月15日,与叶圣陶、王伯祥合著《我们的态度》,刊《写作与阅读》第2卷第2期。该文阐述对于《经》的正确态度,既抨击把《经》看作"符咒"和"愚不可及",也批判用《经》来"治"青年的"荒谬的见解和举动"。夏,买好火车票,准备送满子去苏州叶圣陶家度暑假。不料战云骤起,全家陷入战火之中。7月25日,上海编辑人协会成立,谢六逸担任主席,周木斋、柳湜、邵宗汉、欧阳予倩、金则人、夏丏尊、夏征农、文寅、张明养9人为候补理事。7月28日,蔡元培、夏丏尊、潘公展、胡愈之、张志让等在上海集会,发起成立上海文化界救亡协会。这是全国最早成立的群众救亡协会,是上海文化界抗日民族统一战线的民主救亡组织。共产党和国民党以及无党派人士都有参加。协会以《立报》《国民周报》《新认识》半月刊为主要宣传阵地,展开抗日救亡宣传,并发表对日时局宣言。8月24日,国共两党决定以"上海文化界救亡协会"的名义创办《救亡日报》。郭沫若任社长,总编辑夏衍、樊仲云、夏丏尊担任编委。秋,丰子恺来沪晤夏丏尊,这是两人的最后一次会面。10月初的一天中午,夏丏尊与丰子恺、钱君匋等请弘一法师到觉林蔬食处共进午餐。饭后请弘一法师摄影一帧。后在各种弘一法师书籍中,人们常选用此照作为他的标准慈像。这是夏丏尊与弘一法师的最后晤面。10月中旬,弘一法师返厦门,夏丏尊等前去送行。12月12日,从上海运往汉口的美成印刷厂的机械设备及开明书店的书籍纸张,在镇江白莲泾附近遭劫,开明书店在汉口重建书业基地的计划告破灭。战局亦迅速恶化,开明内迁人员只得改变计划,准备入川。夏丏尊和王伯祥劝叶圣陶返回上海。(以上参见葛晓燕、何家炜编著《夏丏尊年谱》,中国文史出版社2012年版)

　　叶圣陶继续任开明书店编辑。1月,综合性文摘型刊物《月报》创刊,夏丏尊任社长,胡愈之主编"政治栏"、孙怀仁主编"经济栏"、邵宗汉主编"社会栏"、胡仲持主编"学术栏"、叶圣陶主编"文艺栏"。出至第7期因"八·一三"战事停刊。"文艺栏"开设"文艺情报""每月的文艺产物""每月上海开演的优良电影"等专题。2月,文艺评论集《文章例话》由上海开明书店出版。7月,张均编《叶绍钧代表作选》由上海全球书店印行,为当代名人创作丛书。8月16日,在排印中的《中学生》第77号随同开明书店的编辑、出版、发行部门以及为开明书店承印书刊的美成印刷厂,全都被日寇的炮火轰毁。《中学生》和《新少年》停刊。9月3日夜间,吴大琨访叶圣陶。吴大琨在上海做救护难民的工作,因送难民回原籍到苏州。吴大琨告诉叶圣陶前方伤员英勇抗战的事迹,叶圣陶听后很激动,写了两首用《卜算子》调子的词。9月,苏州告危。21日,叶圣陶率老母、妹妹、胡墨林先生、至善、至美、至诚、夏满子经运河到杭州,暂寓在绍兴直乐泗胡墨林的亲戚家里。同月下旬,叶圣陶与开明书店经理章锡琛、范洗人,以及开明书店汉口分店经理章雪舟在杭州会齐,取道吴兴、宣城、芜湖抵汉口,准备在汉口筹建编辑部。日寇在金山卫登陆后,叶圣陶函嘱胡墨林率家至南昌。11月18日,叶圣陶自汉口登轮经九江到南昌接家眷未遇。22日,叶圣陶回汉口。12月初,家眷经龙游、南昌、九江抵汉口。12日,南京被围,武汉人心浮动,许多工商业开始撤离武汉。开明书店遂放弃在汉口建立书业基地的计划。26日,叶圣陶率家眷登"民族轮",行4日达宜昌,在轮船上得南京沦陷的消息。(参见商金林编《叶圣陶年谱》,江苏教育出版社1986年版)

　　简又文3月28日下午2时在八仙桥青年会出席官方组织的"中国文艺协会上海本会"成立大会,与傅东华、邵洵美、赵景深、胡仲持、顾仲彝、应云卫、洪深、朱应鹏、樊仲云、沈起予、叶灵凤、向培良、周寒梅、李青崖、汪馥泉、姚苏凤、施蛰存、郑振铎、周剑云、欧阳予倩等21人当选为理事。4月14日，《申报·教育新闻》报道《中国文艺协会/上海本会理事会议/推定简又文等为常务理事/创办中国文艺及文艺讲座》："中国文艺协会上海本会，于前日（12日）下午五时，在该会会所举行第一次理事会议。到樊仲云、简又文、向培良、汪馥泉、徐苏灵、胡仲持、曾选、叶灵凤、沈起予、李青崖、顾仲彝、姚苏凤、施蛰存、周寒梅、陈子展、傅东华、郑振铎、朱敉春等二十余人。公推简又文为主席。首由主席报告，继即讨论提案：（一）推定常务理事案，议决推简又文、傅东华、汪馥泉、李青崖、叶灵凤、姚苏凤、顾仲彝、胡仲持、周寒梅等九人为常务理事。（二）推定各部正副主任案，议决总务组邵洵美、周寒梅，研究组傅东华、沈起予，出版组樊仲云、叶灵凤，交际组简又文、顾仲彝，经济组姚苏凤、曾选。（三）本会要否创办一文艺刊物案，议决推傅东华、李青崖、叶灵凤、顾仲彝、施蛰存、向培良、戴望舒等七人，为《中国文艺》月刊编辑委员会委员，限期于五月间出版创刊号。（四）本会要否举办文艺讲座及文艺茶话会案，议决交研究组拟具计划，提请下次会议核议。（五）本会会报要否出版案，议决交出版组负责办理。（六）如何充实本会图书室案，议决除由各会员踊跃捐助外，并由总务组函请各书局捐助文艺图书及杂志。（七）如何征求本会会员案，议决由各会员负责介绍。（八）本会经济应如何筹措案，议决交经济组拟具计划，提请下次会议核议。（九）确定理事会议常会期案，议决每二月举行一次。必要时得召集临时会议。（十）确定本会常务理事会议常会期案，议决每月举行两次，必要时得召集临时会。议毕散会。"（参见陈福康《郑振铎年谱》，三晋出版社2008年版）

　　周剑云7月20日下午4时出席民族复兴协会（前称救亡协会）筹备委员会第三次会议，被推为大会主席。21日，《申报·本市新闻》报道《民族复兴协会定期开成立会》："本市各界组织之民族复兴协会（前称救亡协会）筹备委员会，昨日下午四时，举行第三次会议。到沈兹九、钱俊瑞、严谔声、萨空了、叶灵凤、严独鹤、张志让、顾执中、张志学、冯有真、胡愈之、周学湘、郑振铎、茅盾、诸青来、周剑云、姚苏凤、俞振辉、王晓籁、周寒梅等二十余人，主席周剑云，记录吴汉。首由主席报告，旋即开始讨论。决议要案：①确定本月二十四日（星期六）下午二时，在市商会二楼会议室举行成立大会。②征求个人会员，由各筹备委员介绍，填具入会表，加入本会。③公推冯有真、严独鹤加入宣传组，严谔声加入总务组，姚苏凤、张志让加入经济组。④大会宣言，公推严谔声、诸青来、叶灵凤审查，提请成立大会通过后发表。"（参见陈福康《郑振铎年谱》，三晋出版社2008年版）

　　曹聚仁《文思》由上海北新书店出版。编辑《鲁迅手册》，未及成书，"八·一三"战事起，匆匆上了战场，由邓珂云编校完成，交上海群众图书公司出版，并因此决心放下教鞭，走上战场，随八十八师进入四行仓库，做一名战地记者，不断向外发战讯。任《星岛日报》京沪特派员。10月，我军撤出四行仓库，曹聚仁暂回租界。11月底取道宁波，寻找部队。12月杭州失守，因随部队撤退。（参见曹雷《曹聚仁年谱》，上海市政协文史资料委员会、上海鲁迅纪念馆编《曹聚仁先生纪念集》，上海市政协文史资料编辑部2000年版）

　　柳亚子与叶恭绰5月10日联合各界人士，发起组织上海文献展览会。推定叶恭绰为会长，沈信卿、陈陶遗等为副会长。名誉理事为蔡元培、马相伯、张元济、王一亭、傅增湘、唐文治、柳诒徵等70余人，理事为周越然、朱少屏、张大千、江小鹣、郎静山、胡肇椿、吴湖帆等100余人。展览会定于7月2日开幕。同月，姚尔觉自日本归，柳亚子因与偕访郭沫若、田汉。复于陈志皋、黄定慧夫妇席上，识范长江、沈端先（夏衍）等。（参见柳无忌编《柳亚子年谱》，

中国社会科学出版社1983年版;陆阳《唐文治年谱》,上海三联书店2013年版)

叶恭绰1月13日因中国参加巴黎国际博览会征集出品委员会主席团宴请全体征集委员,与会讨论。2月20日,吴中文献展览会在苏州举办,展期10天。叶恭绰与王秋湄(蘧)、金松岑、徐积余、张善孖、柳亚子等为鉴审委员,高燮、姚虞琴等为征集委员。26日,吴湖帆来访,接洽全国美术展览会古董事。3月,转让上海赫德路简照南旧宅南园,建造上海法宝馆储藏佛教文物。同月10日,与徐俊卿、徐邦达到吴湖帆家,谈故宫藏画被法院封存事。4月11日晚,马衡在撷英西菜社请客,同座还有吴湖帆、邓叔存、容庚、滕固、杨今甫。4月19日,中华全国美术研究学会开成立大会,被推为荣誉委员。5月10日,主持"上海文献展览会"发起人会议,被推为会长,

按:上海市博物馆、上海市通志馆联合各界收藏家,发起组织上海文献展览会。是日下午4时,假座八仙桥青年会,召开发起人会议,到柳亚子、沈恩孚、黄炎培、潘公展等五十余人。由叶恭绰主席,通过该展览会章程,推定职员,订定征品办法、参观须知,并定于7月2日开幕。推定叶恭绰为会长,沈恩孚、陈陶遗等为副会长。名誉理事为蔡元培、马相伯、张元济、王一亭、傅增湘、唐文治、柳诒徵等人,理事为周越然、朱少屏、张大千、江小鹣、郎静山、胡肇椿、吴湖帆等人。

叶恭绰6月3日被中国佛教会常委推为佛教会所委员会委员。16日,上海文献展览会召开征集人会议,被推举为鉴审委员。7月7日,上海文献展览会开幕。开会一周,观者凡十余万人。一共征集到8000多件展品。11月24日,顾廷龙来信,附《边疆丛书》第一种《西域遗闻》。当时顾正在为禹贡学会发起辑印此《边疆丛书》。27日,赴港。是年,徐邦达应上海博物馆董事长叶恭绰之邀,协助上海博物馆举办《上海市文献展览》的古书画征集、检选和陈列工作。展览之后,叶恭绰又延聘徐邦达撰写《上海市文献展览古书画提要目录》。(参见杨雨瑶《叶恭绰先生艺文年谱》(下),《艺术工作》2019年第1期)

傅雷所译罗曼·罗兰《约翰·克利斯朵夫》第1卷1月由商务印书馆出版,冠有《译者献词》。夏,为留法画家亡友张弦在上海举办"绘画遗作展览会"。7月8日,应福建省教育厅之约,去福州为"中等学校教师暑期讲习班"讲美术史大要,以时局紧张,加速讲完,于8月4日返沪。8月6日,携家乘船去香港,拟转友人老家广西蒙山避难,因交通混乱,于梧州受阻三月,不得已经原道返回上海。(参见傅雷《傅雷文集·书信卷(上下)》附录傅敏、罗新璋《傅雷年谱》,安徽文艺出版社1998年版)

艾思奇年初筹划读书生活出版社出版几种别的杂志,有陈子展编辑的《生活学校》,每期大众信箱,由艾思奇负责解答问题,同时组稿审稿。还为《通俗文化半月刊》写稿、编稿。斯诺《西行漫记》翻译本,因资金不足,未能出版。当时上海八路军办事处负责人潘汉年委派艾思奇向时任上海市各界抗战后援会主席团主席杜月笙介绍内容。因杜月笙也希望了解共产党和八路军的底细,同意资助1000元大洋,以标榜自己支持抗日。《西行漫记》得以早日出版,使更多的读者了解延安,了解共产党,并确信中国未来的希望是中国共产党。2月16日,艾思奇在上海《读书半月刊》第1期发表《相对和绝对——答半呆君》,就理论与实践两个层面回答了相对性与绝对性的辩证关系。3月,艾思奇在《文化食粮》创刊号上发表《新启蒙运动和中国的自觉运动》,进一步阐释了新启蒙运动的爱国主义特征,总结了以前启蒙运动的成败得失,认为新启蒙运动的倡议并未引起当时文化界的普遍注意,是因为"目前的国难实在太紧张了,社会方面的实践工作,已经把人们的最大注意力吸收净尽,没有余裕再顾虑新文化问题",为后来推动新启蒙运动自觉展开奠定了条件。4月,《哲学与生活》出版。5月,艾思奇等《新启蒙运动座谈》刊于《读书月报》创刊号。

　　艾思奇主编的大型理论刊物《认识月刊》6月15日在上海正式创刊,以"以自由的研究态度,探究中国思想文化的根本问题"为宗旨,并专门开辟了"思想文化特辑",集中讨论新启蒙运动,郭沫若、张申府、何干之、陈伯达、周扬、胡风、胡绳等为撰稿人。首期刊出艾思奇《论思想文化问题》、陈伯达《思想的自由与自由的思想》、周扬《我们需要新的美学》、胡风《关于两种论调》、胡绳《论两年来的思想文化运动》以及郭沫若的译作《古代社会的经济》等。此后,一些思想界的知名人士纷纷在此刊物上发表对新启蒙运动的看法,推动了新启蒙运动的迅猛发展。其中胡绳的《谈理性主义》、艾思奇的《论思想文化问题》、陈伯达的《论五四新文化运动》、何干之的《中国新文化运动的社会基础》等文章是比较有代表性的作品。这些文章都对如何更好地促进新启蒙运动的发展,提出了自己的独到见解。郭沫若、胡乔木、周扬等人也在特辑上发表了文章。此时的新启蒙运动已经进入了一个有实质性发展的新时期。同期《认识月刊》还刊出艾思奇的《论批判》,提出真正的批判,可以包含着三个意义:第一是学习的意义;第二是纠正的意义;第三是发展的意义。《认识月刊》仅仅出了两期,抗战开始后停刊。

　　艾思奇6月在《国民周刊》第8期上发表《什么是新启蒙运动》,对发起新启蒙运动的原因作了说明,表达了再来一场不同于五四的新启蒙运动的要求。"为什么还需要一个新启蒙运动呢? 因为旧的启蒙运动没有把它所要做的事完成,五四文化运动所提出来的任务,反对迷信愚蒙,建立科学的民主思想等,都在极不彻底的状态下停滞着了。新的文化完全说不上建立,所有的只是片段零碎的成绩,并且也只是保存在极少数人手里,没有能够达到普遍化大众化的地步。传统文化屡次地死灰复燃,它的根仍然支配在民众的文化生活里,因此,同样的文化上的任务仍然遗留到现在,同样需要现在的文化运动来完成它,这就是为什么在旧启蒙运动之外还要再来一个新启蒙运动。"为了确实达到目标,新启蒙运动在方法和性质上,和五四新文化运动有很大的不同。同月,艾思奇作《民族的思想上的战士——鲁迅先生》,载夏征农编《鲁迅研究》,此书7月由生活书店出版。艾思奇在文中提出:"鲁迅先生遗留给我们的工作遗产,是丰富而且高贵的。单就思想方面来说,他也开辟了一个新的境界。人们谈起来的时候,总常说他并不单单是一个文艺家,同时也是一个伟大的思想家。是的,他在文艺上是给新文学建立了一个极其坚固的基础,新文学不单只做了破坏工作,也做了建设工作,这虽然不完全是鲁迅先生一人的力量,然而他却尽了最巨大的力量。是的,他对于文字的使用能力和表现能力,在目前是没有人能比拟的。他的思想,因了他的文字才有这样的影响。但我们又可以反过来说,他的思想也是重要的,没有他的思想,他的文字也怕不会这样的光辉",赞扬鲁迅"深化了民族的反抗思想,同时也就给世界的哲学增添了色彩"。在"七七"事变之后,郭沫若、邹韬奋、胡愈之等发起组织上海编辑人协会,将一些进步刊物合并或联合,改为《文化战线》旬刊、《战线》五日刊、《抗敌周刊》等,艾思奇为编委,并参加了前两个刊物的编辑。艾思奇又在《抗敌周刊》上发表了《论信任政府》等5篇文章。

　　艾思奇7月作《启蒙运动和中国的自觉运动》,刊于《文化食粮》杂志第1卷第1期。作者在当时民族抗战的特殊形势下,对封建礼教采取了"包容"的态度,声称不论是资本主义的文化要素,还是封建主义的文化要素,只要"所发挥的是有用的美点",就都予以欢迎。艾思奇甚至认为,"只要是于民族的生存有利益的话,就是对一部分封建势力携手也在所不惜的"。同月,艾思奇《再论批判》,刊于《实践与理论》,文中说我们的批判决不是简单的否定,正如"主张打倒孔家店的人,在实际上并不是把孔子一笔抹煞,只是把孔子作了一个新的评价""前进的批判是以前进的思想为依据，批评的本身，就是在于要建立和充实前进的思想。"8月，艾思奇在《现世界》发表《目前中国文化界的动向》。同月，艾思奇作《文化在抗战中》，刊于《抗战三日刊》第6期。文中谓敌人的炮火炸毁了我们的文化，破坏了文化人的工作，使得许多人闲下来，彷徨、苦闷，不知所措。文化人应当面对现实，在抗战中为提高民众的认识，清除个人主义的动摇，打破逃避苟安的幻想。现在大家都以到内地去相号召，这是对的，但与其集中在一个高峰上让四面八方当作特殊人物来仰望，倒不如变成一个平凡的人，变成农民、难民、商人……。

艾思奇8月奉党中央令调往革命圣地延安之前，与汉夫、周扬、何干之、李凡夫、夏征农等经过集体讨论，撰成《现阶段的中国思想运动》，略谓："为了救国，政治、经济和社会诸势力，都在一个大前提下，精诚的团结起来。""思想界的团结，亦足以打破钳制，更可以迅速的肃清一切不利于民族的思想，启发民智，唤醒民众，早入真理和光明的大道。"文章认为思想运动的内容是："反对封建和奴化思想，以民主主义为中心。反对公式主义和教义化，提倡认真研究的精神，开展思想的批判，反对思想自由的压迫"，提出开展这次思想运动要注意以下三点：（一）"对参加这个思想运动的各思想不同的个人和派别，并不要求其放弃各自的基本思想或立场。"（二）"批判应该是为了真理的追求。"（三）"在思想运动中反对封建，是反对封建思想。"根据当时的讨论，关于当前思想运动的性质，比较一致的看法是，这个运动是爱国主义和民族主义的，是自由主义或说是民主主义的，是理性主义的。开展这个运动的目的是为了抗日救国，为了民主主义的发扬，也是为了追求真理。后者对马克思主义者来说，就是指的马列主义和共产党的政治主张的传播和研究，由此主张建立文化界的统一战线决不是放弃马克思主义的立场和原则。《现阶段的中国思想运动》是一篇论述比较全面的纲领性文章。8月13日，艾思奇与周扬、李初梨、何干之、林基路、周立波、舒群等一起从上海奔赴延安。9月1日，施复亮、艾思奇主编的《文化战线》在上海创刊，编委会由施复亮、艾思奇、宋易、金则人、周木斋、姜君辰、陶亢德等人组成。后增加谢六逸、张仲实、蓝天照等。10月间，艾思奇、周扬等到达延安，中央组织召开了欢迎大会，毛泽东亲自发表欢迎讲话。艾思奇随即被中央组织部派往抗大，任主任教员，并兼任陕甘宁边区抗敌后援会宣传部长。是年，艾思奇又作《论爱国主义》，载大众书店《论中国特殊性及其他》；又作《哲学论争的回顾》，载陕北公学编辑《陕北公学》，由延安新华书局出版；《哲学与生活》由上海读书生活出版社出版。（参见《艾思奇全书》第8卷附录《艾思奇生平年谱》，人民出版社2006年版；章恒忠、王亚夫主编《中国学术界大事记(1919—1985)》，上海社会科学院出版社1988年版；陈亚杰《当代中国意识形态的起源》及附录一《新启蒙运动文章目录》，新星出版社2009年版；李亮《继承五四和扬弃五四——新启蒙运动研究》及附录《新启蒙运动大事记》，上海师范大学博士学位论文，2012年）

何干之在上年至是年的一年多时间内，先后写了六七本学术专著，广泛涉及中国古代社会、近代社会，中国经济、国际政治和抗日战争各方面的问题，并参与了中国社会性质与社会史论战，为其一生中理论著述最丰硕的时期。1月，何干之所著《中国社会性质问题论战》作为"青年自学丛书"之一由生活书店出版。这是一部旨在总结中国社会性质论争的重要著作，作者强调"认识了中国社会，才配谈改造中国社会。这问题是实践所引起的，也该来做实践的指针"，此书主要针对动力派的观点，从四个方面进行了分析和批判，回击了动力派关于中国社会性质的错误论断。何干之在批判动力派观点的同时，肯定了新思潮派提出的中国社会是半殖民地半封建社会，认为新思潮派对中国社会的半封建性质的强调有力地回击了动力派的论调,有助于人们客观地认识中国社会发展的现状和阶段,也更有利于革命的开展。但是由于过于强调中国社会的半封建性,使得新思潮派对于中国社会的"半殖民地"性质的强调和研究显得不足,也正是这个理论上的弱点,使得动力派有机可乘,宣扬帝国主义对中国经济发展的积极作用,误导广大群众。同月,何干之《研究中国社会史的基本知识》《怎样研究中国经济》刊于《自修大学》第1卷第1辑第1号。2月,《中国的资本主义的特质》刊于《自修大学》第1卷第1辑第2号。3月,《封建社会的特质》《关于亚细亚生产方法问题的论争》刊于《自修大学》第1卷第1辑第5号。4月,《关于中国社会史一个根本问题》《奴隶制度是什么》刊于《自修大学》第1卷第1辑第6号。5月,《转变期的中国》(《中国的过去现在和未来》的修订本)由上海杂志公司出版;《新启蒙运动座谈》刊于《读书月刊》创刊号。6月15日,在艾思奇创办的《认识月刊》创刊号发表《中国新文化运动的社会基础》。

何干之《中国社会史问题论战》7月由上海生活书店出版。中国社会到底是什么性质的社会?中国是否从先秦时期就已经发展成为商业资本主义?动力派和新思潮派分别给出自己的回答。思考和讨论这些问题往往会求诸对历史的追溯,而从历史的角度解读和解决这些问题,中国的知识分子便不得不同时进行另外一项任务,那就是进行中国社会史问题的讨论。中国社会史论战主要围绕三个问题展开:第一,"亚细亚生产方式"的内涵;第二,中国社会是否存在奴隶社会;第三,中国社会至鸦片战争之前的社会性质。《中国社会史问题论战》分上、中、下三编,分别对这三个问题的讨论进行了详细的总结和分析。通过对理论界各种观点的批判,何干之辨明了中国社会史发展的阶段问题,进一步明确中国鸦片战争前后中国社会的性质是"封建社会"与"资本主义"相续过渡的阶段,中间并不存在所谓"商业资本主义""前资本主义"或"先资本主义"等独特时期。正因为如此,中国的资本主义是未完成的,当下的社会正处于这种过渡,因而中国社会的性质也应该具有过渡的性质,亦即"半殖民地半封建"的社会性质。此书是社会史论战结束后第一部进行回顾和反思的专著,对论战研究起到了奠基作用,至今仍是此方面重要的参考书。同时,亚细亚生产方式的性质问题、中国奴隶制社会的存在与否及特点和中国封建社会的特征,都是马克思主义历史研究中的重大问题,社会史论战标志着中国马克思主义史学的形成,因而此书也是中国马克思主义史学史研究的一部重要著作。同月,何干之《中国历史上农村公社再评价》刊于《自修大学》第2辑第14号。7月30日,何干之在《国民周刊》第1卷第13期发表《新启蒙运动与哲学家》,对运动的性质、任务提出认识:"这运动是文化思想上的爱国主义运动;是文化思想上的自由主义运动;是反武断、反独断、反垄断的三反运动;是建立现代中国新文化的运动。"此文后作为其12月出版的《近代中国启蒙运动史》一书中的一节。

何干之与艾思奇、周扬、李初梨、林基路、周立波、舒群等8月13日一起从上海奔赴延安。12月,何干之所著《近代中国启蒙运动史》由上海生活书店出版。此书为何干之"近代史"写作计划的重要成果,撰写于3—6月间,但书稿未及出版,抗战即全面爆发,其后中共中央电告何等人奔赴延安,书稿遗留上海。作者以"新启蒙运动"的理论思维,以近代中国启蒙运动"本质上一定是反帝反封建的"的重新定位,从启蒙运动的意义及其社会基础、新政派的洋务运动、戊戌维新运动、五四新文化运动、新社会科学运动、国难与新启蒙运动、目前思想文化问题七个章节,全面回顾和反思了自洋务运动至新启蒙运动的中国近代启蒙思想近百年发展的历程与不足,认为:洋务运动和戊戌变法"只限于少数开明官僚的自我觉醒";辛亥革命"与大多数国民不相干";五四运动"只解放了一部分市民和中间层知识分子";国民革命及以后的社会科学运动"只唤醒了南方各省和长江一带民众,城市产业分子,一部分文化人";只有抗日救亡运动,才"抓住了全国上下利益不同的社会层",它不仅"要求民族的解放,同时也要求社会的解放"。然后作者重点论述了反对日本侵略中国的新启蒙运动,指出它是过去各启蒙运动的"最高的综合",是文化思想上的爱国主义、自由主义、理性主义的运动。这是第一部运用历史唯物主义的观点系统梳理论述自洋务运动以来中国思想运动的著作,在当时颇受欢迎,至1938年2月已经发行至第三版,不仅为新启蒙运动提供了思想的、社会的和历史的基础,推动了当时"新启蒙运动"的开展,而且其中的观点和一些提法对此后中国近现代思想史研究影响深远。何干之的理论贡献一是在于对中国社会性质与社会史论战的总结;二是在于参与"新启蒙运动"的历史与理论探索。(参见邵家骏《何干之史学思想研究》,中共中央党校硕士学位论文,2016年;陈亚杰《当代中国意识形态的起源》及附录一《新启蒙运动文章目录》,新星出版社2009年版;李亮《继承五四和扬弃五四——新启蒙运动研究》及附录《新启蒙运动大事记》,上海师范大学博士学位论文,2012年;王学典《20世纪史学编年(1900—1949)》,商务印书馆2014年版)

胡绳2月在《自修大学》发表《启蒙运动》。3—4月,在上海某刊物发表《论青年思想的独立》,明确发出了思想要独立、思想要自由、尊重个人、尊重自我和反对"定于一尊"等等个性解放的时代呼唤。针对蒋弗华《青年思想独立宣言》中的观点,他指出,"把作为'五四'时代的标志的青年思想独立的口号,在今日重提,也是有着实践上的进步意义的",但思想独立不是在历史和时代以外的,独立思想要服从历史和时代。6月15日,胡绳在艾思奇创办的《认识月刊》创刊号发表《论两年来的思想文化运动》《谈理性主义》。另有《反对迷信和偏见的斗争》刊于《新学识》1937年第3期。胡绳在上海为《读书生活》《生活知识》《新知识》《自修大学》等刊物撰稿,参加《新知识》的编辑工作。"七七事变后",迁于武汉,历任武汉《全民周刊》等刊物编辑,《鄂北日报》社主编,中共中央南方局文委委员,生活书店编辑,《读书月报》主编。(陈亚杰《当代中国意识形态的起源》及附录一《新启蒙运动文章目录》,新星出版社2009年版;李亮《继承五四和扬弃五四——新启蒙运动研究》及附录《新启蒙运动大事记》,上海师范大学博士学位论文,2012年)

夏征农6月7日在上海《文化报》撰文《新启蒙运动的开展》,提出:"五四时代的反旧礼教是一般的,……我们现在应该进一步算清它的每一根骨骼,要从它的内部揭发出它的罪恶,要从每一点,每一具体问题,分别举出它在目前的实际作用。"文章最后这样写道:"可虑的是,我们自己虽然提出了口号,而不付与具体的内容,虽然已经指出了新的路向,而不能坚决执行,我希望全国文化人来为这一运动斗争。"是年,夏征农所编《现阶段的中国思想运动》一书由一般书店出版。该著分思想运动总论辑、新启蒙运动论辑和思想问题评论集三大部分,收录论文20篇:《现阶段的中国思想运动》(集体讨论)、《论思想文化问题》(艾思奇)、《中国思想运动之再认识》(何干之)、《提出几个关于思想运动的问题》(汉夫)、《展开中国新文化运动》(江凌)、《论新启蒙运动》(陈伯达)、《五四运动与新启蒙运动》(齐柏岩)、《向新启蒙运动提出一个意见》(金刚人)、《论青年思想的独立》(胡绳)等。(参见李亮《继承五四和扬弃五四——新启蒙运动研究》及附录《新启蒙运动大事记》,上海师范大学博士学位论文,2012年)

叶青继续参与哲学论争,又在统一战线问题上反对中共主张。年初,叶青与主张反共的郑学稼等人在上海筹办真理出版社,其政治倾向已经明显"右转"。真理出版社出版叶青的书有《救国哲学》《论理学问题》《为发展新哲学而战——〈叶青哲学批判〉之检讨》三种。

叶青又向时任国民党中央委员、上海教育局局长的潘公展提出，可以使用"统一救国"口号对抗"联合抗日"口号，认为使用"统一救国"的口号对国民党有利。同时建议国民党方面的《文化建设》主编樊仲云，在《文化建设》杂志出一个"统一救国"专号，以压倒当时流行的"联合抗日"口号。樊仲云对此表示同意。征稿后，收到了叶青、郑学稼、任一黎、张涤非等4人的稿子。1月，张凡夫主编，叶青、杨伯恺任编辑《研究与批判》月刊停刊，共出2卷17期，杨伯恺在此期《研究与批判》发表《哲学消灭论的检讨》，认为叶青的哲学观点相对于马、恩的观点和俄国机械论者，就表现出"兼收并蓄"，成为一种"杂拌式的矛盾异常的东西"。同月，《文化批判》第4卷第1期发表艾生的《哲学到何处去也答叶青君》，系统批驳了叶青以心物综合观念论为基础的"哲学消灭论"。2月10日，《文化建设》第3卷第5期"统一救国问题"特辑出版，着重推出了这4篇稿子。叶青《统一救国的途径》不顾民族危机的加深，反对中共提出的"联合抗日"的主张，强调民族统一运动，主张要中共放弃"割据"，由国民党来完成"统一"，为抗战的进行提供前提，指出："民族运动是一个统一的运动"，"统一就是抗日，只要中国统一了，真正统一了，不是名义上的统一，日本自不敢来侵犯"，甚至指责中共所进行的实际上是"从左边来反对统一的农民战争"。对此，吴亮平在《解放》1937年第1卷第3期发表《斥叶青张涤非任一黎王学稼诸托洛茨基派》予以驳斥。

按：5月11日，中共中央机关刊物《解放》周刊第1卷第3期发表"亮平"的《斥叶青张涤非任一黎学稼诸托洛茨基派》，专门对叶青等人提倡的"统一救国"口号进行回击。该文在批判叶青等人时，使用了"托洛茨基派""国民党的打手""帝国主义的鹰犬"等词。中共方面对叶青所持的批判和否定态度，由此可见。"亮平"此文的发表，标志着叶青与中共的论争，由此前的哲学层面发展到政治层面，并标志着中共开始在政治上全面否定叶青。从此，叶青被中共彻底打入对立面。在受中共的批判，与中共的距离日远的同时，叶青与国民党的距离则日近。他加入国民党，成为国民党的重要官方理论家。不论是在大陆时期还是后来到台湾，对中共革命理论的批判，始终是他工作的重要方面。

叶青所著《论理学问题》3月由真理出版社出版，其中有对苏联不正常的学术体制的揭露与批判，同时也批评了中共党内对于学习来自苏联的某些学术观点，"错误做一路""只是跟着人家走""不是理解，而是信仰""感情胜过理智，信仰胜过研究"。艾思奇在《哲学论争的回顾》（载陕北公学编辑《陕北公学》，延安新华书局1937年版）聚焦于批判叶青哲学的欺骗性，指出："毫无掩饰的正面的敌人，在某种意义上说来，对于我们还不算是最大的危险。最危险的（是）戴着假面的敌人。他穿了我们的服装，佩着我们的符号，能够站在我们的队伍里面不被发觉。他是用最巧妙的方法来施展他那一肚子的阴谋的。所以我们要特别用很大的力量加以攻击""在国内真正唯物辨证论的敌人中，没有另外的人更能像他那样用惶惶然系统理论的姿态取得读者相信的。不论胡适、张东荪，以及唯生论、唯中哲学之类，一切反唯物辨证论的战线上的人，都及不上他那种欺骗的力量。打战要首先打击最主要的敌人，这是战略上的原则。所以我们就不能不多用些力量来打击这最会欺骗的叶青。"（参见尹涛《叶青思想批判》，南京大学博士学位论文，2014年；章恒忠、王亚夫主编《中国学术界大事记（1919—1985）》，上海社会科学院出版社1988年版）

张君劢1月1日在《东方杂志》第34卷第1期上发表《中国教育哲学之方向》，此文又名《知识与道德各派哲学及拘束与开放各时代之大结合》，亦名《中国教育需要那一种哲学》。文中开篇提出："自中国改革教育以来，所讨论的问题为教育宗旨、教育制度及教学方法。最近一年以来吾们在报纸上，读了好几篇文章：一、吴俊升《中国教育需要一种哲学》，二、赵子凡《中国教育所需要的哲学应该如何产生》，三、姜琦在《东方杂志》发表一篇论教育哲学之文。中国最近教育界，是从制度和方法问题，转到教育哲学了。我现先从教育与哲学的关系来解释解释。"又于结论强调："中国教育哲学，不但是一部有系统的教育理论，而且需要多少教育家来实现这个理论，然后可以救我们国家的危急，而到长治久安的境地。"20日晚，张君劢应江西省主席熊式辉之约，到沧州旅馆餐叙，谈经济建设问题。同月，《张菊生先生七十生日纪念论文集》初版，内收有张君劢《中国学术史上汉宋两派之长短得失》（列文集第一篇）。

张君劢译著《全民族战争论》2月由中国国民经济研究所出版发行。书前有张肖梅、熊式辉、蒋百里、汤铸新（汤梦铭）、张君劢所写5篇序言。同月，将1936年11月在江西所作各次演讲的演讲稿由江西教育厅编辑成《张君劢先生演讲集》出版发行，内有张君劢的8篇演讲稿。又为再版的《远生遗著》作序。3月1日，在《再生半月刊》第4卷第1期上发表《关于中国本位文化建设问题答樊仲云先生》和《今后文化建设问题——现代化与本位化》两文。4月1日，在《再生半月刊》第4卷第2期上发表《战争之全体性》。15日，在《再生半月刊》第4卷第3期上发表《再论现代战争之全体性》和《三十年来学术思想之演变及其出路》两文。5月1日，《再生半月刊》第4卷第4期上发表《瑞金是精神上防共的第一线》。15日，在《再生半月刊》第4卷第5期上发表《未完之国家哲学初稿》和《介绍一部指示世界经济新途径之名著》两文。25日，在《新中华》第5卷第10期上发表《西方学术思想在吾国之演变及其出路》。6月1日，在《再生半月刊》第4卷第6期上发表《未完之国家哲学初稿（二）——科学派之国家观与哲学派之国家观》。15日，在《再生半月刊》第4卷第7期上发表《对外抗战问题》和《未完之国家哲学初稿（三）——国家哲学之两主潮》两文。7月1日，在《再生半月刊》第4卷第8期上发表《未完之国家哲学初稿（四）——国家之性质》。

张君劢7月8日离北平赴上海。15日，在《再生半月刊》第4卷第9期上发表《共产党变更方向与人类德性之觉悟》和《未完之国家哲学初稿（五）——国家之演化》两文。同日，在庐山驻地，外出散步时遇周佛海，谈教育问题。16日上午9时，"庐山谈话会"第一期在庐山火莲院牯岭图书馆举行。出席开幕式的共158人，张君劢代表国社党出席会议。7月17日上午9时，庐山谈话会第一期会议开第二次共同谈话，胡适、林宰平、马君武、张君劢等发表意见。8月11日，中国国民党中央执行委员会政治委员会召开第五十一次会议，决议设置"国防最高会议"，张君劢是首批被聘任的参议员。13日，淞沪抗战爆发，张君劢正在庐山。17日晚8时30分，国防最高会议参议会第一次会议在南京汪精卫住宅内召开，应到会人员16人：胡适、张伯苓、张耀曾、蒋方震、毛泽东、蒋梦麟、沈钧儒、梁漱溟、马君武、黄炎培、曾琦、陶希圣、晏阳初、李璜、傅斯年、张君劢。实际到会者只有胡适、张伯苓、蒋方震、梁漱溟、陶希圣、李璜、傅斯年。18日，乘船到达南京。11月1日上午，周佛海来访，谈合办日报问题，并论及今后政治方针应取开放，全国各党各派在不违背三民主义之原则下，订一共同国策，一致遵守。中旬，与罗文干、梁漱溟、左舜生、黄炎培、沈钧儒、马君武、李璜、杨赓陶等8人向当局呈递建议：第一，调整政府机构，使之合理化、简便化。第二，发动民众。第三，成立有各党派和各方代表参加的民意机关。第四，肃清贪污。11月27日晚11时，和弟公权乘"德和"轮船离开南京驶汉口。30日，抵达汉口。（参见李贵忠《张君劢年谱长编》，中国社会科学出版社2016年版；翁贺凯编《中国近代思想家文库·张君劢卷》及附录《张君劢年谱简编》，中国人民大学出版社2014年版）

钱永铭、王伯群分别任复旦大学代理校长、大夏大学校长。8月13日，淞沪战争爆发后,教育部派人来沪,指示复旦大学、大同大学、大夏大学、光华大学四所私立大学组成临时联合大学内迁。9月,国民政府教育部指令上海复旦、大同、光华、大夏四所私立大学组织联合大学,各自筹款内迁。大同、光华以经费无着退出,复旦、大夏则遵部令,组成"复旦大夏联合大学"。此为中国抗战时期最早以联合大学命名的学校,校长由复旦大学代理校长钱永铭、大夏大学校长王伯群担任。联大照部令分为两部:第一部以复旦为主体,由复旦大学副校长吴南轩、大夏大学教务长吴泽霖领导,迁往江西;第二部以大夏大学为主体,由大夏大学副校长欧元怀、复旦大学教务长章益领导,直奔贵州。教育部曾颁发校印,指令内开:"查该私立复旦、大夏等校于赣黔两省设立联合大学。前经本部核定校名为联合大学第一部暨第二部有案。依照私立各级学校印信颁发办法,该校钤记应由本部刊发。兹刊发该校第一部木质钤记一颗,文曰:'私立复旦大夏联合大学第一部钤记',并附印鉴纸五张,应即具报启用日期,并将印鉴送部备查。合令部长王世杰"。其时江西、贵州皆无完全大学,教育遵照此令,部意欲俟后将联大国立,使之成为赣黔两省之永久性大学。10月22日,钱永铭、王伯群以复旦大夏第一联合大学校长报教育部的呈文:"窃本校在江西庐山择定校舍筹备就绪,现定十一月一日开学,八日上课。并刊学校钤记一颗,文曰'复旦大夏第一联合大学钤记'。又校长小章一颗,文曰'复旦大夏第一联合大学校长之图章'。即日启用,理合具文呈报。仰祈钧长鉴核,准予备案,实为公便。谨呈教育部部长王。"(参见复旦大学档案馆选编《抗战时期复旦大学校史史料选编》,复旦大学出版社2008年版)

李登辉卸任复旦大学校长后仍任校董。春,作为李登辉辞校长职的补偿,复旦经费困难、校址狭隘两大难题,在吴南轩上台后得到初步解决。国民政府行政院决定每年补助复旦国币18万元。校址拓展,则由叶楚伧、邵力子商请江苏教育款产管理处钮惕生、吴稚晖,将无锡太湖边大雷嘴土地1014亩拨赠复旦。3月28日,李登辉与叶楚伧、钮惕生、吴稚晖前往无锡勘察新校址。钱新之、吴南轩、金通尹等同行。荣德生在无锡梅园招待李登辉一行。5月5日,首届校友节。燕园改名"登辉园"。李登辉在园内发表演说。8月,淞沪战争爆发,复旦内迁,李登辉未往。10月8日,李登辉在《文摘战时旬刊》第二号发表《复旦被炸》一文,控诉日寇毁灭我国文化机关之暴行。是年,"道德重整运动"传入我国,李登辉热心推动。(参见钱益民《李登辉传》及附录四《李登辉年谱简编》,复旦大学出版社2005年版;《复旦大学百年志》编纂委员会编《复旦大学百年志(1905—2005)》,复旦大学出版社2005年版)

吴南轩时任复旦大学副校长。9月,按教育部长王世杰令,与大夏大学教务长吴泽霖率领"复旦大夏联合大学"第一部迁往江西。11月初,联大第一部师生900余人到达庐山,当时实到学生895人,职员99人。联大租定山顶牯岭镇之云天、大华、胡金芳和严仁记四旅社为教职员暂栖所,并租定普仁医院作临时教室,于同月8日正式上课。一面函请江西省政府,希望准予在九江县莲花洞附近征地千亩,用以建校,并得赣省政府函复同意。第二部由大夏副校长欧元怀负责,复旦教授章益为教务长,迁往贵阳,由贵州省政府指定贵阳讲武堂为校舍,拟11月份开学。12月初,日军兵锋逼近首都南京,庐山震动,联大第一部决定下山,乘船溯江西上重庆,然后再转道贵阳,与第二部合并。当时500多名师生携大量图书、设备从九江乘招商局轮船抵达宜昌。但在短时间内无法从宜昌启程继续西迁。吴南轩不得不向时任交通部常务次长、民生公司总经理的卢作孚求助。卢作孚接到求助后,立即给民生公司宜昌分公司经理李肇基发电,要他想办法优先将这些大学师生撤往大后方。12月底,复旦大学师生乘民生公司的轮船到达重庆,受到复旦校友和各界人士的热烈欢迎。其时在贵阳的联大第二部电告联大第一部,无法找到适合的贵阳校舍,而重庆各界人士则欢迎复旦留在重庆。正巧重庆复旦中学已经放假,临大第一部遂借该校菜园坝校址上课。但吴南轩认为菜园坝那个地方人烟稠密,环境嘈杂,加上该地区又是日军飞机频繁轰炸之地,也很不安全;而且复旦中学即将开学,必须赶快另觅新校址。为此,吴南轩亲赴成都、乐山、江津等地寻觅校址,但均感不理想,直至次年1月找到北碚。(参见复旦大学档案馆选编《抗战时期复旦大学校史史料选编》,复旦大学出版社2008年版;王燕《抗战时期国立中央大学在渝办学研究》,西南大学硕士学位论文,2012年)

何炳松继续任暨南大学校长。5月,何炳松为《暨南大学一九三七级毕业纪念刊》撰写《序言》。7月7日,参加在上海举行的中国文化建设协会成立3周年纪念暨第一届全国代表大会。16—20日,出席蒋介石主持的第一期庐山谈话会。17日,《申报·教育新闻·各校消息》报道:"本埠戈登路七〇一号文化中学,系文化界何炳松、杜佐周、郑振铎、傅东华、金兆梓、张梦奎、张世禄、周宪文、姚卓文等所创立,校董会业经市社会局批准立案,并经呈请核准开办,定于九月一日开学。校长为俞念远,教职员有夏萤、谢光珍、钱圣秋、吴斐丹、陈琳、刘文素、俞蔚然、余润之、马益坚、陈琮辉等,均系国立大学、日本帝大及德国柏林大学出身。入学试验,定于本月二十八日举行。近日报名者已极踊跃。"8月13日,日军大举进攻上海,淞沪战事发生,暨大真如校区沦为战区。何炳松连夜率全校师生从真如校区迁入公共租界,假辣斐德路比德小学及爱梦虞限路中华学艺社暂以存身。8月19日,日军飞机开始轰炸真如校舍。3日内投弹40余枚,学校有2人被炸死,1人被炸伤,校舍损失约413000元,图书仪器被毁者难以估计。9月3日,何炳松致函国民政府教育部,请求将暨大内迁,教育部未允,批示在租界设法开学,维持校务。20日,大学部假小沙渡路826号侨光中学开学,至10月1日正式上课。9月23日,何炳松因事离沪,商学院院长程瑞霖代理校务。10月,租侨光中学及附近民房上课。11月初,何炳松在南昌设暨大南昌办事处,筹划学校内迁江西,以南昌西山万寿宫为大学部校舍,奉新县赤田村张氏大厦为中学部校址,拟定次年2月开学。12月中旬,暨大学生60余人以"暨南大学学生救亡团"名义,作为学校内迁先遣队到达南昌。嗣因战局演变,学校内迁之举作罢,继续在沪维持。月底,何炳松在长沙设临时通讯处,接洽内迁事宜。(参见鑫亮《忠信笃敬:何炳松传》,浙江人民出版社2006年版;张晓辉、夏泉主编《暨南大学史(1906—2016)》,暨南大学出版社2016年版;陈福康《郑振铎年谱》,三晋出版社2008年版)

周予同1月在《中学生》第71号发表《春秋与春秋学》。4月30日,演讲《道儒的党派性》,讲辞经欧阳超记录,刊于6月《新史地》第2期。5月,应大夏大学史地学会之请,演讲"忧劳可以兴国逸豫足以亡身";《赵家楼回忆》刊于《国民》创刊号。同月24日,于暨南大学作"关于所谓读经问题"之演讲,演讲词经楼夏操整理,刊于《暨南校刊》第211期。5月29日、6月1日,先后于浙江史地学会、暨南大学史地研究会讲演"清代经学与现代史学"。6月,《我们的时代》刊于《中学生》,后转载于《月报》1937年第1卷第5期、《读书青年》1944年第1卷第4期。8月13日,淞沪会战。复旦大学内迁。约在此时任暨南大学教务长,此前已兼南洋研究馆主任。"八一三"以后,曾短暂离沪,旋归。12月,《经史关系论》刊于《离骚》创刊号。是年,《论非常时期的教育》刊于《政问周刊》第66期。(参见成棣《周予同先生年谱》,载《传统中国研究集刊》第20辑,上海社会科学院出版社2019年版)

周宪文继续任暨南大学经济系教授。8月,主编《经济学辞典》由中华书局出版,执笔者

（以姓氏笔画繁简为序）有千家驹、王渔邨、王雨桐、方秋苇、史惠康、杜若君、武堉干、周伯棣、周宪文、徐嗣同、徐钧溪、孙怀仁、孙礼榆、唐庆增、马季唐、陆善炽、许亦非、陈高佣、陈训念、陈寿琦、符彪、叶作舟、杨礼恭、管照微、管世楷、熊得山、刘鸿万、钱亦石、韩逋仙、戴蔼庐、瞿荆洲。8月3日，《申报》广告：经济学界之空前巨著，中华书局出版《经济学辞典》。（参见吴永贵《民国图书出版史编年：1912—1949》，社会科学文献出版社2018年版）

　　张寿镛时任光华大学校长。8月13日，"淞沪事变"爆发。光华与大夏、复旦、大同等大学会商呈请教育部设联合大学，迁移内地。之后因人同首先退出，联人计划变更。光华继大同之后也退出，光华进入金融最困难的时期。9月底，因光华大学校舍临近战场，被迫迁入愚园路1028号岐山邮所租六幢房屋，10月1日开学，与附中合并上课，学生人数约在600人左右。不久，大西路校舍成为国军据点。11月8日，国民党部队全线撤离上海，日军占领光华大学大西校区。9日，大西路校舍首次遭到日军报复性焚烧。12日、13日，又被日军炮火焚毁，光华大学大西校舍完全烧毁，张寿镛校长闻讯，伫立于大西路铁轨旁，遥望火焰，潸然泪下，后又破涕而笑曰："我校为抗战而牺牲，自当随抗战胜利而复兴也。"张寿镛校长"知此战非短期内可停止，又知国家社会因战事而需才益亟，决定在川设立分校"，为确保人才培养不因战事而中断，为图久安及保存学校实力，乃与校董事会商议决定将学校一部分内迁入四川。11月，光华校董会决定在成都设立分校。张寿镛校长借时任光华大学商学院院长谢霖入川之机，嘱托其在四川成都设立分校，藉以造就后方之学子。12月底，成都分校租定成都新南门内王家坝街房屋为校址，开始修葺校舍。（参见华东师大档案馆编撰《张寿镛校长与光华大学》，上海人民出版社2016年版）

　　吕思勉撰《中学历史教学实际问题》，刊于2月《江苏教育》第1—2期。3月1日，光华大学半月刊举行编辑委员会会议，朱公谨、钱子泉、吕思勉、耿淡如、姚舜卿等编辑委员出席，由朱公谨主席，讨论本学期编辑方针，及革新计划，并添聘黄仲芬、张宗麟、郭佩弦、郭景芳、周仰汶、袁际唐等为特约撰述。同月，《燕石札记》列入光华大学丛书由商务印书馆出版。3—4月间，应大夏大学史地学会的邀请，在该校作题为《研究历史的感想》的演讲，演讲由吕燮文记录，后刊登于大夏大学的《新史地》。6月12日，吴越史地研究会在上海八仙桥青年会礼堂开演讲会，吕思勉前往演讲《吴越古文化》。上海《时事新报》以"吴越史地研究会举办古石陶器展览，下午在八仙桥青年会举行，胡朴安、吕思勉等担任演讲"为标题，作了简略的报道。7月，吕思勉编撰的《更新初级中学教科书本国史》出版发行。"八·一三"日寇侵犯上海后，吕思勉回乡，迎接家眷来上海，在乱离之际，仍将亲身的见闻，撰写成文章，发表于光华大学的刊物上。8月22日，沪江大学教务处致函吕思勉，联系上课时间定于每星期一、三、五上午第三时。当时吕思勉在沪江大学兼课，讲授"中国政治史"。（参见李永圻、张耕华编撰《吕思勉先生年谱长编》，上海古籍出版社2012年版）

　　蒋维乔继续任教于光华大学。4月1日，蒋维乔到南京毗卢寺跟随所谓上师研习密宗"开顶"术。这个修法主要是调动气息，想象头顶有"无量寿佛"，身体从下身到头顶有一脉管，丹田内有一明珠，用意念将其提升，从顶门冲出。开顶之后，蒋维乔经历了更严重的幻觉体验："入静后，全身放光甚明，自觉好像没有头部，只是透明的光。入境后，全身放光，更为白亮，上下四围，彻底通明，有如探海灯之四射，神识游行空中。"10月，蒋维乔与杨宽、沈延国、赵善诒合著的《吕氏春秋汇校》作为"光华大学丛书"之一由中华书局出版。每篇校勘完成之后，都经蒋维乔最后审定修正，定名为《吕氏春秋汇校》，经光华大学校方列为《光华大学丛书》的一种。全书的《叙例》，是由杨宽起草而经蒋维乔改定，曾先行刊于1935年9月《制言》半月刊创刊号。杨宽《历史激流：杨宽自传》谓"当时如果没有蒋维乔的带头领导工作，不可能借阅到所有的善本书，如果没有师生的集体合作，也不可能做好这样广泛的校勘工作而得到这个成果。蒋维乔认为在光华大学执教二十年中，这一工作的成功是最大的收获。"《申报》所刊此书广告曰："校雠之学，有清一代为盛，或依善本，或据征引，以科学之方法，董理国故，其功业不可偻指数也。此书为光华大学教授蒋维乔先生及其高足杨宽、沈延国、赵善诒合著；遍搜《吕氏春秋》善本及群籍征引，汇集校勘，凡有异文，无不具录，其纠正毕沅校本处，皆详加论证，尤有价值。书端冠版本书录一卷，辨析版本源流；末卷佚文及版本序跋各一卷。本书搜罗之周详，方法之缜密，实校勘未有之盛举。兹特付之剞劂，以供治子部或校勘者之参考。定价二元二角，特价一元五角四分，七月底截止。"（参见贾鹏涛《杨宽先生编年事辑》，中华书局2019年版）

　　杨宽继续任上海市博物馆艺术部研究干事。1月1日，上海市博物馆正式开馆。8日晚7时，在上海广播电台演讲《中国工艺之演化》半个小时。9日起，上海市博物馆在《民报》上创设了《上海市博物馆周刊》，该周刊由杨宽负责编辑，前后共出版30期。2月5日晚6时，在上海广播电台演讲《陶瓷器之沿革》半个小时。3月23日，致函童书业，谓："前夜兴来，乃穷半夜之力，成《说夏》，武断臆说，自知无当也。颉刚先生与我兄正用力于《夏史考》，想定多高见，区区恐未当于高明之旨。顷读《尚书》又得一证，乞为补入。"5月26日晚6时，在上海广播电台演讲《中国工艺的演化》半个小时。6月1日，顾颉刚主编的《禹贡》7卷6—7合期出版，杨宽《说禹》《说夏》两文刊登此合期上。顾颉刚为《说夏》所加按语言："杨宽先生用研究神话之态度以观察古史传说，立说创辟，久所企仰。其怀疑唐虞之代名与吾人意见差同，而否认夏代之存在又不期同于陈梦家先生所论（陈说见其所著《商代的神话与巫术》，《燕京学报》第20期）。陈先生主夏史全从商史分出，因而不认有夏之一代。取径虽与杨先生有异，而结论则全同。……吾人虽无确据以证夏代之必有，似亦未易断言其必无也。杨先生此文最大之贡献，在指出'夏国'之传说与'下国'之传说有关系，或禹启等人物与夏之代名合流之由来，即缘'下后'而传讹者乎？以材料之缺乏，未敢臆断，姑识于此以质当世之博雅君子，并望参加讨论古史之诸家对杨先生此文予以深切之注意者也。民国二十六年五月二十一日附记。"

　　按：金毓黻《静晤室日记》1940年1月14日对此文提出了质疑："读杨宽所撰《说虞》《说夏》二文，心终觉其不安。衡以《论》《孟》，所说去之弥远，皆古人所不敢言，而今日放胆言之。岂孔孟所不能知者，而今人反能知之耶。"

　　杨宽7月18日任上海文献会发起刊印的《苏松太丛书》出版委员会委员，会长为叶誉虎，常务理事有陈端志、吴湖帆、沈维钧、陆丹林、吴静山等。8月淞沪抗战前，杨宽挑选比较重要的文物，经过接洽，和馆长胡肇椿将其送至震旦博物馆寄存，上海市博物馆关闭。9月，受郑师许推荐，杨宽被广东勤勤大学文史系聘为讲师。勤勤大学文史系公布杨宽所开的课程：上学期为一年级"中国通史"和四年级"古器物学概论"，下学期为"历史研究法"和"中国上古史"。10月，杨宽与蒋维乔、同学沈延国、赵善诒合著的《吕氏春秋汇校》作为"光华大学丛书"之一由中华书局出版。12月，杨宽、沈延国、赵善诒作此书跋文。

　　按：跋文曰："宽、延国、善诒三人，以民国二十一年夏，同毕业于苏州中学，秋间来光华，同入国文系，居于一室，检讨商兑，相得至欢。偶有所得，辄或妄为撰述，皆随作随布，初未尝有整部之工作也。民国二十三年秋，会校中设《吕氏春秋》学程，由蒋师竹庄教授之。一时苦无一集解，便于教学，所用者犹是毕沅校本，毕氏之家刊本，既不易多得，因采浙局重刊《二十二子》本，蒋师既博稽群说，以归于一是，而每一引论，无不启发愚蒙。同学诸子，皆甚欢欣；余三人尤津津乐道于此也。早夕所谈辨，莫非《吕览》之疑问，一字之异同，动辄争讼，虽面红耳赤，不能自已，及得实证，是非既明，又乃相视而笑。一日，余三人又以《吕览》疑问请蒋师，蒋师欣然曰：'尔等既对此兴趣，何不共撰次一集解，既便检讨，又益来学。'余等受命惶恐，乃竭力追随蒋师工作，先惟搜罗专著，每条一纸，按次排列，继乃冥索于札记随笔中，后又进而求之训诂书籍中，摊书寻检，目光闪闪注射于纸面，有如猎人在野之侦禽兽然。如是者不数月，积稿已盈箧，而疑难益丛生，知毕校疏误尚多，非遍校善本及类书古注，恐无以复其旧，因又搜求以对雠之，搜求既广，所获又多，于是草创《汇校》，《汇校》本为《集解》之先河，初不自意成此巨帙也。蒋师及余等校雠，皆由分工合作，先惟遍搜善本校之，每当寒夜人静，乃人手一编，左右对雠，或数页而得一异文，或一页得数异文；善本对雠既竟，乃又遍搜类书古注，一字一句，皆采辑无遗，更取原书一一注其所出，察其异同。但原书都十余万言，不能一一熟记，因编索引以求之，然注家引书用意，文多出入，有或搜索竟日而不得者，每为惆恨不已；得一字有足是正者，则又拍案称快，相为传观。此中别有苦乐，惟知者知之也。光华藏书，素乏善本，乃由蒋师介绍，多方借得，乙书既得而甲书已去，乙书既去而丙书又至，每一疑难，或不能恣意检讨，如此为书，自知必有疏误。惟诸书皆一字一句，翻阅对雠，自信尚属刻实，可无大误也。今者《汇校》书已印成，而余三人又皆毕业，不得不各自东西，相聚不知何日；《集解》大体已粗成，又不知写定何日也。回忆前情，能不黯然。谨述其梗概，以为纪念云尔。民国二十六年十二月，杨宽、沈延国、赵善诒仝识。"（参见贾鹏涛《杨宽先生编年事辑》，中华书局2019年版）

陈柱继续任交通大学教授。5月，《中国散文史》由上海商务印书馆出版。内有言："大抵欧阳之文善于吞吐夷犹，最工言情之作，近代唐蔚芝先生之文近之。""以古文为天下倡，性情文章，均近欧阳修。"该书还全文引用唐文治所作《梦游诗经馆》。同月19日，陈柱与立法院立法委员盘珠祁联袂赴无锡国专演讲。盘珠祁的讲题为《考察苏联后对我国之感想》，陈柱的讲题为《读经问题》。是年，作《鸣机课读图跋》《送沈君希乾讲学星洲序》《致业长卿教授论文书》。是年以后，陈柱心情顿变。唐文治《广西北流陈君柱尊墓志铭》云："丁丑以后，蒿目时艰，郁伊痛苦，人咸讶以为狂，然卒伤于酒。"（参见陆阳《唐文治年谱》，上海三联书店2013年版）

冯至1月1日在朱光潜编《文学杂志》第8卷第1期"新诗专号"发表《尼采诗抄》6首。2月10日，在《新诗》第1卷第5期发表译诗《玛利浴场哀歌》（歌德作）。5月1日，作《里尔克〈给一个青年诗人的十封信〉的译序》。16日，译诗《尼采诗抄》5首发表于《译文》第3卷第3期。6月，悼念友人梁遇春，作《给秋心》诗二首。8月12日，仍在吴淞处理公务，时街上已空无一人，直到全部处理完毕才离开。下午，乘黄浦江上的一快艇，离开吴淞往上海法租界家中。到家时，只见万家灯火，闸北已响起枪炮声。14日，在阳台上看中国空军第一次轰炸黄浦江上的日舰，兴奋得忘了吃饭睡觉。9月，随同济大学及附设高中内迁至浙江金华，住李清照歌咏过的"双溪"附近。年底，随校离开金华向江西撤退。（参见周棉《冯至年谱》，载王京州编《河北近现代学者年谱辑要》，国家图书馆出版社2017年版）

刘海粟继续任上海美术专科学校校长。1月27日，致函中英庚款董事会，请拨中英庚款倡导艺术："今所谓艺术事业，略奉大端四项：一、在中国设立美术馆，二、中英美术品交换展览，三、中英美术家交换考察，四、中国美术学校延聘英国教授、容纳英国学员研究中国美术事宜。"同时，为上海美术专科学校请求英庚款补助建集校舍，设置特别讲座，扩充图书设备等。2月，《刘海粟国画三集》由商务印书馆出版。4月25日，在《中国新论》第4—5期合刊发表《两年来之艺术》。同月，教育部为举行第二次全国美术展览会，组织筹备委员会，刘海粟、吴湖帆、徐悲鸿、林风眠、颜文梁、张大千等为筹备委员和审查委员。（参见袁志煌、陈祖

恩编著《刘海粟年谱》，上海人民出版社1992年版）

陈鹤琴2月代表中华慈幼协会与熊希龄、毛彦文、关瑞梧等出席2—13日在印尼爪哇举行的国际联盟远东禁贩妇孺大会，起草中国代表向大会的报告《中国妇孺被贩》。会后在爪哇华侨中多次演讲，报告祖国情况，激发爱国热情。回国后，在上海组织妇孺问题研究会和儿童保护会，旨在保护被拐贩的妇女和儿童。在北区小学开办第三所工人夜校。7月，中华儿童教育社在北平举行第七届年会，讨论学前儿童教育问题，参加主席团。抗日战争爆发，"八一三"后上海百万难民逃入租界，在中共地下组织的领导和推动下，经各慈善团体的努力，成立大批难民收容所和难民教育机构。8月和11月，先后任上海国际救济会常委兼教育组主任和上海国际红十字会教育委员会主任，负责领导开展难民中的儿童教育、成人教育和职业教育。秋，发起组织儿童保育会，以"集合社会热心人士，为苦难儿童谋幸福，培养健全国民"为宗旨，任理事长，黄定慧等任副理事长。10月16日，在《大公报》发表《非常时期的儿童教育》一文，指出，民族全面战争已经发动，必须整个改革儿童教育实施方法。是年，由《播音教育》月刊发表播音讲话《怎样做父母》和《怎样教小孩》。编《最新英文读本》4册出版。（参见陈秀云、陈一飞编《陈鹤琴生平年表》，载《陈鹤琴全集》，江苏教育出版社2008年版）

马叙伦老母1月20日辞世，享年78岁，后葬于钱塘江西岸。29日，余绍宋来吊唁。上半年，马叙伦以校董身份将母丧赙仪600元捐助杭州宗文中学堂，设立"马母学额"。5月5日，余绍宋来访未值。次日回访。夏，门人永嘉王人骥（超凡）卸衢县县长职调长武义，前来进谒。勖以"为地方官之责任，在实地予民众以利益"。8月5日，避居上海。杭州失陷后，马叙伦留杭箱箧被趁乱打开。年内，暨南大学校长、旧北大同事何炳松函请教育部拨款，补助困守沦陷区的马叙伦、沈尹默诸学人。（参见卢礼阳《马叙伦年谱》，浙江古籍出版社2021年版；王学典《20世纪史学编年（1900—1949）》，商务印书馆2014年版）

黄炎培1月21日为《大公报》撰文，题为《民国二十五年后国人心理的改造》，指出这种心理即"谋求民族的生存"。同月，黄炎培主纂的《川沙县志》1月由上海国光书局出版。该志共24卷，分大事年表、舆地志、户口志、物产志、实业志、工程志、交通志、卫生志、慈善志等24目。该志被视为民国志书中的佳作，突出的优点有以下几个：一、篇目设置和内容记述上反映了近代社会的时代精神，如《实业志》《工程志》《卫生志》《慈善志》等；二、突出表在方志中的作用，该志不仅有《大事年表》，而且在《舆地志》《户口志》等目内也都有表；三、文中采用互见法，便于阅读和使用。黄炎培又将上年全年所作文章，择其较重要者编为一集，名曰《空江集》，由生活书店出版。2月13日，中华职业教育社在上海举行第十一届专家及评议员联席会议。会议通过工作方针：为在复兴民族的总目标下，努力提倡、研究、实施各项职业教育，以期增长国家生产实力。建议此后工作以职业补习教育为中心。5月6—8日，中华职业教育社在上海召开第十七届年会及第十五届全国职业教育讨论会。会后发表宣言，建议：推行广义职业补习教育，以及各种短期职业训练；职业教育要与职业社会打成一片；职业学校及其他各级学校应兼办补习教育等。同时，举办江苏、浙江、上海三省市职业教育成绩展览会。8月13日，日军入侵上海，淞沪战事起，被国民政府聘为国防会议参议。同时被推为上海市抗敌后援会主席团主席。12月19日，黄炎培由鄂赴湘，途中读《毛泽东自传》。28日，八路军代表徐特立来访，纵谈国际形势。对徐言："立国要有力量，要能自立，但同时也要有朋友，不可孤立。"（参见余子侠编《中国近代思想家文库·黄炎培卷》附录《黄炎培年谱简编》,中国人民大学出版社 2015 年版;王学典《20 世纪史学编年(1900—1949)》,商务印书馆 2014 年版;中央教育科学研究所编《中国现代教育大事记 1919—1949》,教育科学出版社 1988 年版)

王亚南《中国经济读本》(署王渔邨著)5 月以夏征农主编的丛书"新青年百科丛书"的一种在上海刊行。《战时财政政策与金融政策》由光明书局出版,此书在后来国民党推行"反共"政策时被查禁。除担任上海著作者抗日协会执行委员外,继续全力翻译《资本论》。此间,因生活条件艰苦,又患有严重的神经衰弱症和胃溃疡病,由郭大力承担翻译中的更多章节。后来王谦虚地说,在《资本论》翻译工作中,他是郭的助手。抗战爆发后,上海沦陷,研究工作无法进行,王亚南带病离开上海。(参见夏明方、杨双利编《中国近代思想家文库·王亚南卷》及附录《王亚南年谱简编》,中国人民大学出版社 2015 年版)

谢无量任中国公论社社长,3 月 21 日,致函中国国民党乐至县党务临时指导委员会李勋、李毓高说:"川民不幸,惨罹旱灾,去岁自夏至冬,数月未雨,全省秋收既不过常年之二、三十,冬耕无获,愈使农民之生机绝望,壮者啸聚山林,崔苻遍野,老弱散之四方,流亡载道。闻灾区中,甚至有盗食死尸,杀人卖肉者,种种惨剧,不忍卒闻。敝社职司言论,忝为大众喉舌,同人又多系川籍。翘首蜀山,忧心如捣,爰拟发行《四川灾情特刊》,为我四川垂毙之被灾同胞,作为最大呼吁,藉以博得全体国民之同情与中央大量之赈济。"谢无量大声疾呼要国民党当局赈救川民,虽在外省,仍关心四川家乡。7 月 7 日后,日军猖狂南下,上海岌岌可危。谢无量回到安徽芜湖。11 月 20 日,国民党政府通告中外迁都重庆,南京相继弃守,芜湖危急。谢无量为了家属安全,挈眷返川,因交通困难,后得国民党高级官员余中英设法乘船到达武汉,又转到重庆,住重庆张家花园 1 号。(参见刘长荣、何兴明《谢无量年谱》,《文教资料》 2001 年第 3 期)

卫聚贤《中国考古学史》2 月由商务印书馆出版。此书共五章,附录一篇。全书叙述历代各个时期考古学的发展,是第一部从上古至当时的中国考古通史,在考古学史上具有重要的影响。上海沦陷后,卫聚贤化装后乘船绕香港、越南辗转云南。11 月到达重庆,担任中央银行秘书处书记。是年,结集出版《吴越文化论丛》,又出版《古史研究》第三集。(参见赵换《卫聚贤学术研究》,华东师范大学硕士学位论文,2010 年;王学典《20 世纪史学编年(1900—1949)》,商务印书馆 2014 年版)

周作民时任金城银行总董兼总经理。当时上海一些实业界人士鉴于抗战烽火将至,上海所受威胁在即,为促成上海工业界内迁与开发西南诸省等事宜,主张成立实业团体来实现这一主张。抗战爆发后,在沪的企业除了少数已经内迁外,大多尚在观望中,而西南各省对资金、人才的需要十分殷切。若能使二者加以沟通调节则为国家经济的发展起到巨大的推动作用。但国家一入战时,急需调整与准备者,头绪多端,若坐待政府之救济,则遥不可期。因此有组织实业团体,协助其成之议。于是周作民等人便积极筹划组织成立西南实业协会。冬,经过 4 个月的筹备,上海金融实业界著名人士周作民、钱新之、徐新六、吴蕴初、项康元、蔡承新、潘仰尧、王振芳等人通过了一个简要章程,草创了一个名为"中国西南实业协会"的组织,并推举了一个 17 人组成的理事会。随后又派人奔赴各地推动成立分支机构。何北衡、程觉民、蔡承新等人于次年赴重庆推动四川分会的成立。(参见耿密《抗战时期大后方社会变革中的西南实业会——以〈西南实业通讯〉为主要史料的考察》,西南大学硕士学位论文,2006 年)

张元济 1 月 11 日访蔡元培。允商诸龚怀希,接洽蔡赴江浦温泉疗养事。同月,《张菊生先生七十生日纪念论文集》初版,6 月再版。书中收有张君劢《中国学术史上汉宋两派之长短得失》、叶恭绰《历代藏经考略》、蒋维乔《周易三陈九卦释义》、唐钺《老子这部书对于道家的关系》、胡适《述陆贾的思想》、张东荪《多元认识论重述》、陶希圣《唐代经济景况的变动》、张天泽《中国战时应采的财政政策》、马寅初《走私之背景及对抗方策》、吴经熊《过去立宪运动的回顾及此次制宪的意义》、孟森《已未词科录外录》、谢国桢《近代书院学校制度变迁考》、吴其昌《甲骨金文中所见的历代农稼情况》、傅运森《十二辰考》、周昌寿《译刊科学书刊考略》、马衡《关于鉴别书画的问题》、滕固《南阳汉画像石刻之历史的及风格的考察》、蔡元培《汪龙庄先生致汤文端七札之记录与说明》、黄炎培《廿五史篇目表》、朱希祖《西魏赐姓源流考》、韦悫《中国文化之回顾与前瞻》、王云五《编纂中国文化史之研究》，共22篇。2月，撰《〈浙江图书馆善本书目甲编〉序》，云："七阁之建，逾二百载，东南存者，厥唯文澜，虽中更丧乱，而鸿编巨简，散者复聚，佚者复完，典册有灵，神物呵护，省馆得是以为之基。主其事省钱、单二子，精研国故，思有以光大之，博收广采，日有增益。叔谅规随，克竟其志。自宋讫明，精椠名钞凡得六百余种，而浙人著述有四之一，其在今日洵难能而可贵矣。自兹以往，倘能尽集乡贤遗著，荟萃一堂，更取宋之临安书棚，元之西湖书院，明之闵、凌二氏套板诸旧本而附益之，使全浙之文献充实光辉，与湖山而益寿，岂不懿欤！吾知叔谅必有取于是矣。"

张元济3月31日午后赴银行俱乐部主持商务印书馆董事会第425次会议。（一）议改聘东方图书馆复兴委员会案。议决连聘张元济、蔡元培、胡适、陈光甫、王云五、高博爱、张雪楼、盖乐8人为新一届委员。（二）报告1936年度营业决算情况。同月，《百衲本二十四史》续出六种：《史记》《旧唐书》《新唐书》《旧五代史》《宋史》和《明史》。全史全部出齐。4月1日，撰《影印元明善本丛书十种启事》。4月14日晨，抵南京。稍息，即赴故宫博物院库房看书。马衡、朱虞卿等相陪。5月9日午后，赴宁波同乡会主持商务印书馆股东年会。王云五报告1936年度营业概况及结算情形；监察人马寅初报告一切账目均经查核无误。5月13日，复傅斯年书，商《国藏善本丛书》选目。14日，复傅增湘书，告以《国藏善本丛书》选目增损商定意见。同月，张元济编著的《中华民族的人格》由商务印书馆初版印行，冠以所撰《〈中华民族的人格〉编书的本意》；张元济允任上海文献展览会名誉理事。名誉会长俞鸿钧，名誉副会长钮永建、潘公展、柳亚子；会长叶恭绰，副会长沈恩孚、陈陶遗、秦观畦；名誉理事马相伯、蔡元培、王震、黄炎培、张元济、杜月笙、王晓籁、张寿镛、董康、胡朴安等75人；理事穆藕初、李拔可等106人。7月，商务印书馆紧急动员，把杨树浦和闸北工厂三所的机器和杨树浦货栈所存的书籍纸张立即向租界中区转移，并以最速的方法在租界中区和法租借分别租借临时场屋和栈房，并派人到长沙购地，准备设厂。抗战前，商务印书馆的主要资产和生产所在地在上海，则大部分是在租界东区的杨树浦，小部分是"一·二八事变"中被毁闸北总厂的修复部分。其在外地的资产有香港厂和北平京华印刷所。12月10日，张元济赴银行俱乐部主持商务印书馆董事会第431次会议。（一）讨论建筑香港栈房案。（二）夏鹏报告东区厂栈物资搬运情况。（三）讨论总管理处迁离上海事。

> 按：张元济谓："总经理王云五先生自港来信，略谓现在总管理处在上海事实上不能运用得宜，将总处迁长沙，在上海、香港各设办事处，以期指挥得宜，适应现在之环境，得尽力维持。鄙人得信之后，复与李、夏二经理一再磋商，佥认为处此环境之下，只可如此办法，但仅迁一小部分，并不全迁，亦不登报公告。谨提出会议。是否可行？请公决。"经会议详细讨论后议决通过，作为暂时办法。（参见张人凤、柳和城编著《张元济年谱长编》，上海交通大学出版社2011年版）

王云五继续任商务印书馆总经理。1月19日，与张元济商定将《丛书》还元单行办法。

5月9日,赴宁波同乡会出席商务印书馆股东年会,报告1936年度营业概况及结算情形;监察人马寅初报告一切账目均经查核无误。最后照章选举新一届董事会成员。王云五、高凤池、李拔可、夏鹏、张元济、刘湛恩、蔡元培、鲍庆林、徐善祥、徐寄顾、丁榕、陈光甫、李伯嘉等13人当选董事,马寅初、黄炎培、杨端六当选监察人。6月1日,上海出版业、各大报馆会同实业部集资筹办的温溪造纸公司,在上海召开成立大会,王云五被举为董事长,陈世璋被聘为总经理。会议决定,公司设在上海,厂址设在浙江永嘉温溪。后因抗战爆发,经股东会议议决解散。同月,商务印书馆出版顾仲彝等编《社会教育小丛书》24册。小丛书有《特殊学校》《职业补习教育》《中国社会教育行政》及《各国社会教育事业》等书。出版吴增芥编《小学各科学习心理》。7月,王云五从庐山谈话会回来后,与张元济商量:以万一战事波及上海,决维持全体职工生计,第一步对于因战事而停工者给维持费;第二步在租界中区赶设临时工场,尽量安排停工者,并扩充原有之香港工厂、尽量将停工者移调;第三步在内地分设若干工厂,将上海临时工场与香港工厂之职工陆续移调到内地。8月初,商务印书馆拆卸上海工厂的部分机器运到长沙,并租赁空房安装、生产。8月17日,王云五赴霞飞路商务临时办事处出席商务印书馆董事会第四二九次会议,报告战事中总馆各印刷厂和书栈迁移事,云宝山路制版厂机器已迁出十分之七八,杨树浦平版厂重要机器大都迁出,杨树浦印删厂机器仅十之二三,上海三厂一栈同人无法继续工作者1040人,等等,并拟就同人薪工减折及失业同人津贴办法。会议讨论通过。10月1日,商务印书馆恢复出版新书。9日,《申报》载,商务印书馆国庆慰劳将士。

王云五10月上旬由上海乘外商轮船前往香港。至香港后,利用厂中空余房屋,设置总管理处驻港办事处,分设三组,执行总管理处六部及人事委员会之任务。调总管理处若干主管人员主持其事。同时以主持总管理处之总经理名义,将原设上海之总管理处改组为驻沪办事处,与驻港办事处平行,而将总管理处集中于总经理之一身,总经理无论驻在何处,该处之办事处即于经总经理亲自核定后,以总管理处名义,或以驻某地办事处奉命名义,分别通知全国分支机构或各办事处辖区之分支机构。稍后,又续以总管理处名义,将平时体制之编审、生产、营业、供应、主计、审核六部及人事委员会各机构暂停行使职权,而于总管理处各地区办事处中,酌量地区情形,分设二组至四组,执行平时各机构在此时各地区仍应继续执行之任,采取战时之体制。另外,在太平洋战争爆发前,商务印书馆的总管理处虽在香港,考虑香港系外国殖民地,而上海租界又三面为敌军包围,交通时有中断之虞,因而将长沙作为名义上的总管理处所在。从12月1日起,所有新出版物版权页上所列发行人商务印书馆的住址,一律改为长沙南正街,无论事实上是在上海或香港初版者皆是如此。后来长沙大火,事实上商务印书馆的馆厂均不复存在,乃将总管理处续改为重庆白象街,即商务印书馆重庆分馆所在地。

王云五10月下旬布置驻港办事处及港厂之任务后,即飞往汉口,改乘火车前往长沙,筹设分厂,并规划未来驻湘办事处之任务。商务印书馆虽早已购有建筑厂屋之土地,但因建筑需时,急不可待,故先租赁市房以应用。彼时,从上海启运的机器业已到达,只有纸张未及运出。于是在长沙购买外国白报纸数千令。由于印刷工人安土重迁,迟迟其行,又人力不足,所以长沙工厂的生产状况不好。其后,长沙情势紧张,王云五决定把长沙的机器一部分先迁重庆,打算在那里另立工厂。同月,为配合抗战,商务印书馆开始将有关战事的书籍汇集为"战时读物百种",其中史学类有《近代欧洲外交史》《美国外交政策史》《日俄战争》

《世界大战全史》《中国最近三十年史》《中日外交史》《中华民族的人格》等。11月8日，《申报》载中国文化协会编印《抗战小丛书》，由商务印书馆出版。12月10日，商务印书馆第四三一次董事会第五项议案："提议（商务印书馆）总管理处移迁长沙案"。此前王云五自港致函张元济，略谓："现在上海实际上已与他处隔离。既不能印书，运输又不便。本公司生产大部分均在香港，营业亦靠分馆。长沙亦另设分厂。各分馆与上海通讯已有阻滞，总管理处在上海事实上不能运用得宜；而香港为英国属地。迁港亦不可能。拟将总管理处迁至长沙。在上海、香港各设办事处，以期指挥得宜，适应现在之环境，俾得尽力维持，勉渡难关等语。鄙人接信之后复与李（宣龚）、夏（鹏）二经理一再磋商，佥认为处此环境之下，只可如此办法。但仅迁一小部分，并不全迁，亦不登报公告。"（参见王寿南《王云五先生年谱初稿》第1册，商务印书馆1987年版；张人凤、柳和城编著《张元济年谱长编》，上海交通大学出版社2011年版；中央教育科学研究所编《中国现代教育大事记1919—1949》，教育科学出版社1988年版；吴永贵《民国图书出版史编年：1912—1949》，社会科学文献出版社2018年版；王学典《20世纪史学编年（1900—1949）》，商务印书馆2014年版）

陆费逵继续任中华书局总经理。1月1日《申报》广告，介绍中华书局民国二十五年出版新书。2月28日，中华书局召开第二十六次股东常会，公推吴镜渊为临时主席，报告营业状况、货借对照表、损益计算书、财产目录，以及新股公募经过情形，照章选举高时显、孔庸之、吴有伦、李叔明、陆费逵、唐少川、舒新城、汪伯奇、王志华、沈乐康、胡懋昭为董事，徐可亭、黄毅之为监察。4月3日，中华书局《出版月刊》创刊号出版，旨在培养读书兴趣，介绍该局各种出版图书，解答各地读者对于该局出版物之一切询问，使出版者与读书界，得以沟通意见。8月，中华书局总经理陆费逵告诫员工准备应付时艰，应先将应造之货限期完成，分运各处，以免日后货源枯竭。11月2日，中华书局初步决定拟将总办事处移往昆明，上海改为驻沪办事处，委由舒新城代拆代行。4日，《申报》载中华书局紧要启事，谓"八一三"沪战发生，因大批纸张存储战区，其中被毁者不少，未毁者一时亦未能取出应用，中华书局发刊7种杂志，即《新中华》《中华教育界》《中华英文周报》《少年周报》《小朋友》《小朋友画报》《出版月刊》均未能如期出版。兹就现存之少数纸张，将《中华英文周报》《少年周报》《小朋友》3种，先行复刊，并为减轻印刷及发行之困难计，暂定两期并为一期，合订一册；其他《新中华》《中华教育界》《小朋友画报》《出版月刊》4种，仍暂行停刊，且俟发行有日，再行奉告。6日，陆费逵去香港，同去者有蔡同庆等，筹设香港办事处，主持总办事处的迁移与香港分厂以及南方各分局的业务；在港积极印制教科图书，连同文具仪器等货分运广州、汉口；并利用尚可通行的路线经广州湾、海防、西贡、仰光等港口，分别运往广西、云南，供应内地各省；更谋大量积聚，为抗战胜利后复兴全国教育之需。内运书货，战时交通困难，或达或不达，损失不少，但各地分局勉能供应，亦颇赖之。7日，《申报》载，中华书局新出战区地图。12月31日，中华书局宣布编辑、印刷两所停办。（参见吴永贵《民国图书出版史编年：1912—1949》，社会科学文献出版社2018年版）

章锡琛继续任开明书店总经理。5月16日，开明书店召开股东临时会，到曾仲鸣等股东130余人，公推孙道始主席，由董事会代表章锡琛报告二十五年度上期账略，监察人代表吴觉农报告查账情形，当场通过该期结算报告，决定分派盈余变更会计年度为历年制，修改该公司章程关于股本额及如何分派益余等议题。6月13日，开明书店召开股东临时会，到股东周予同等百余人，公推吴觉农主席，复决第一次股东会假决案，并由监察人章守宪报告第五次增资5万元情形。10月7日，许志行、何步云负责押运开明书店物资分两批由上海运赴武汉,第二批载有向美华书馆租用的两台印刷机的船只在镇江白洋淀被日军截获。(参见吴永贵《民国图书出版史编年:1912—1949》,社会科学文献出版社 2018 年版)

黄洛峰年初应邀赴沪,从此成为读书出版社的负责人,以强烈的革命责任感、极大的政治勇气和历史担当,有计划地出版马克思主义著作。抗战时期,在上海公开出版《资本论》中文全译本全三卷,并把书籍穿越战火硝烟运送到抗日根据地延安和大后方重庆。7 月,黄洛峰决定将读书生活出版社西迁汉口,并派万国钧去打前站,随后黄洛峰等带一批纸型、存书到汉口。8 月 2 日,生活书店总店临时会议讨论筹设西安、成都、重庆分店。9 月 13 日,生活书店第二十次常委会决定,将生活书店总店迁往武汉。同年秋起,上海的生活书店一面安排出版适应战时需要的新书及部分重版书的出版;一面将大部分存书、邮购户卡片、资料账册、部分纸型和纸张装箱,打包运往武汉。也是在这次常会上,生活书店决定,为适应抗日战争的新形势,大量出版战时读物,同时制定向国内大中城市设立分支店的大发展计划。10 月,生活书店上海总店迁到汉口,与汉口分店(1936 年 5 月建立)汇合,改名为生活书店总店。11 月。读书生活出版社迁武汉,开始办公和营业。武汉期间的读书生活出版社,业务发展迅速。12 月 19 日,生活书店重庆分店正式开业。同月,生活书店西安分店成立。(参见吴永贵《民国图书出版史编年:1912—1949》,社会科学文献出版社 2018 年版)

徐雪寒继续负责新知书店工作以及其他重要任务。5—6 月间,徐雪寒受全国救国联合会总干事会推举,去苏州高等法院看守所探望"七君子",向"七君子"汇报全国各界救国会的工作与张学良、杨虎城"双十二"事变后的国内救亡形势和延安方面的消息。淞沪抗战爆发后,冯玉祥向全国各界救国会联合会征荐干部去做政治工作。徐雪寒作为全国各界救国会联合会组织部部长沈钧儒推荐的代表,接受任务到南京随同冯玉祥工作,赴河北桑园镇第六战区参与筹组政治部,随后撤回南京。"八一三"事件后,徐雪寒即组织新知书店内迁。12 月,新知书店迁到汉口。同月,中共中央在汉口设立长江局,建立中国出版社,作为在国统区以民间企业出现的出版机构,以区别于共产党公开宣传机关《新华日报》及其附设的出版部。但中国出版社不另立机构,完全委托新知书店办理。徐雪寒主持新知书店,承担中共长江局领导的中国出版社出版发行任务,两年陆续出版《马克思恩格斯论中国》《社会主义从空想到科学的发展》《共产党宣言》《左派幼稚病》《列宁选集》第 8 卷、《论持久战》《苏联概论》《中国革命问题》等图书。同时又扩展分支机构,或以各地多种形式及名义拓展出版发行合作机构,除了武汉总店大量出书外,还在广州、重庆、襄阳、南阳、长沙、常德、衡阳、桃源、辰溪、丽水、金华和香港等地正式开始设立分店或办事处,并将新知与读书、生活三家书店共同办成售书、购书和读书的企业,成为民间组织形式的重要出版平台。(参见吴永贵《民国图书出版史编年:1912—1949》,社会科学文献出版社 2018 年版)

张静庐继续任上海杂志公司总经理。自 1935 年 9 月开始出版、施蛰存主编《中国文学珍本丛书》本欲出五辑,全书共 250 种。1936 年 10 月出版第一辑 50 种。但因抗战爆发,此丛书遂即停止。10 月,张静庐从上海绕道浙赣路,到汉口创办上海杂志公司总店,并参与了抗日宣传活动。张静庐以上海杂志公司名义,出版了许多抗日战争小册子,也着重抓报告文学的出版。(参见吴永贵《民国图书出版史编年:1912—1949》,社会科学文献出版社 2018 年版)

唐弢、柯灵 5 月在上海创办《周报》,茅盾、郭沫若、夏衍、李平心、吴晗、郑振铎、叶圣陶、宦乡、楼适夷等撰稿。在抗日战争爆发后,唐弢在上海坚持抗日文化运动,参加初版《鲁迅全集》编校。又支持《鲁迅风》周刊,编辑《文艺界丛刊》,兼任中学教职。

王亚平、白羽、田间、李华、周行、周而复、蒲风、雷石瑜等 70 人代表草原诗歌社等 9 团体发起的中国诗歌作者协会 1 月 10 日发表宣言,呼吁诗歌作者联合起来,"为了和平,为了自由,为了争取中华民族解放的胜利,担负起诗歌底新的历史的任务来"。(参见唐金海、刘长鼎主编《茅盾年谱》,山西高校联合出版社 1996 年版)

谭正璧是春应中华书局约编外国名人传记 11 种。"八一三"淞沪战役爆发后,被迫逃难,由黄渡而无锡。后应务本女中(后改名怀久女中)校长邀请任教兼任秘书。再迁居上海,住汕头路 82 号。(参见谭篪《谭正璧年谱》,载周嘉主编《薇云》第 2 辑,中西书局 2014 年版)

金兆梓在上海大夏大学兼教"中国通史"。

吴泽霖随部分上海大夏大学师生内迁贵阳。

贾元琛任私立大夏大学理学院院长。

黄绍兰任上海震旦女子文理学院国文系教授兼系主任。

朱生豪 8 月 13 日因日军进攻上海,逃出寓所,随身只带有牛津版莎氏全集和部分译稿。寓所被焚,世界书局被占为军营,已交付的全部译稿被焚。8 月 26 从上海避难至嘉兴,后辗转至新塍、新市等地避难,稍得安宁,即埋头补译失稿。

胡道静在上海《通报》任义务编辑,兼写社论。《通报》停刊后,被以美商为发行人的《中美日报》和以英商为发行人的《大晚报》先后延聘为记者和编辑。

张天翼参加发起上海市文艺界救亡协会,任《救亡日报》编委、中华全国文艺界抗敌协会理事。

胡兰成去上海,被《中华日报》聘为主笔。

王任叔任上海文化界救亡协会秘书长、《救亡日报》编委。

叶灵凤在抗日战争爆发后,参加《救亡日报》工作,后随《救亡日报》到广州。

胡朴安受命任上海《正论社》社长之职。

陈艾蕴任发行人的《战时妇女》9 月 5 日在上海创刊。

姚吉光为经理,龚之方为编辑的《战时日报》10 月 5 日在上海创刊。

李萍为负责人的《力报》12 月 10 日创刊于上海,以报道全国抗战情形、社会新闻及文艺为主要内容。

魏猛克、张天翼、蒋牧良等主持的《大众报》12 月 1 日创刊于上海。

向培良、李青崖主编的《中国文艺》5 月在上海创刊。(参见唐金海、刘长鼎主编《茅盾年谱》,山西高校联合出版社 1996 年版)

欧阳予倩、马彦祥主编的《戏剧时代》5 月 16 日在上海创刊。创刊特大号 5 月刊载阿英的四幕话剧《群莺乱飞》。(参见唐金海、刘长鼎主编《茅盾年谱》,山西高校联合出版社 1996 年版)

陈白尘创作的七幕历史剧《太平天国》6 月在上海公演,演员有陶金、沙蒙、赵丹、魏鹤龄、吴茵、吕复、严恭、钱千里、章曼苹、舒强、殊非等。

沈浮、孟君谋、陈白尘 8 月任上海影人剧团常务理事,团员有白杨、施超、谢添、吴茵、路曦、王献斋、徐莘园、龚稼农、汤杰、王征信、周曼华等。

辛汉文、于伶、潘子农、陈白尘等 9 月 17 日发起成立上海戏剧界救亡演出队。

徐玉兰随"东安舞台"第二次到上海,先后在老闸戏院、大中华戏院、南洋戏馆、会乐戏馆、南市戏馆演出。曾与施银花、赵瑞花、王杏花搭档,又与名角儿七龄童一起演绍兴大班《杀子报》等。

周信芳 10 月 7 日任上海戏剧界救亡协会歌剧部主任。

崔嵬参加上海戏剧界救亡演剧队。

郑也夫、江丰等 1 月在上海发起组织铁马版画社，本年秋因经费不足而解散。

沈之瑜等在上海发起组织线上画会。

朱传茗因"仙霓社"解散，去程砚秋剧团教昆曲。

尚小云自办荣春社科班，先后培育学生 200 多人。

陈树人、何香凝、王一亭、徐悲鸿、黄宾虹等在上海发起组织力社。

陈可默等在上海发起组织刀力木刻研究会，马达任技术指导，为上海新华艺专内的小型木刻团体。

江丰、力群等发起组织上海木刻作者协会。

赵家璧在上海《大美晚报》社担任《大美画报》主编，并复刊《良友画报》。

陈白尘任昆仑影业公司编导委员。

陈光镒自绘自印《全面抗日画报》，并在上海滩上老连环画家何伯良的鼓励下，参加连环画的创作。

来楚生移居上海，组织东南书画社，曾任上海美术专科学校及新华艺术专科学校教师。

陆抑非在上海大新公司举办个人画展。

白蕉避难上海，执教于上海光华大学附中，与高逸鸿、唐云、张炎夫等组织"天风书画社"，并以诗书与郭晴湖订交。同时参与徐悲鸿举办义卖画展，为难民募捐。

丁聪、王敦庆、江牧、汪子美、黄嘉音、黄尧、华君武、董天野、万籁鸣、鲁少飞、蔡若虹等为编委会成员的《救亡漫画》刊物 9 月 20 日在上海创办，由上海漫画界救亡协会主办。

江栋良为上海漫画界救亡协会的成员之一、《救亡漫画》五日刊的主要作者之一。

麦新 7 月作《大刀进行曲》。8 月，在上海浦东大厦由麦新亲自指挥首场演出，激起听众强烈的共鸣。9 月初，刊于《大众歌声》第 2 集。

陈田鹤回上海参加中国作曲者协会，从事歌曲创作。

陈撄宁 1 月小隐上海西乡之众妙居。在《扬善》发表《与朱昌亚医师论仙学书》《答吕碧城女士三十六问》两文以及《题风景照片》诗三首，并为清代黄元吉之《论性命双修》撰写按语。同月，发表《赠别道友黄邃之》诗四首叹黄邃之仙逝，并作《挽道友黄邃之君联语》曰："逆境困贤才，为生活，老华年，岁月蹉跎，当前谁是超凡客？南宗称知己，证师传，谈妙悟，源流指掌，今后难逢第二人。"8 月，《扬善》因战事影响而被迫停刊。其间收到通过空邮寄来的四川著名道士易心莹与成都二仙庵退隐方丈王某、青城山天师洞监院彭某、内江县李某联名致函，邀请他"速往青城避乱"，并"指示水陆程途"。唯当时局势突变，扬子江已被封锁，交通既感困难，沿途复多危险，遂致未能赴约。是秋，上海四郊抗战已起，陈撄宁因住乡间，尚无所闻，故临危之时匆忙出逃，令所有书籍、衣服、器具、食物、药品等完全丧失。（参见郭武编《中国近代思想家文库·陈撄宁卷》及附录《陈撄宁年谱简编》，中国人民大学出版社 2014 年版）

圆瑛在卢沟桥事变后，召开中国佛教会理监事紧急会议，号召全国佛教徒参加抗日救国工作，并担任中国佛教会灾区救护团团长，召集苏、沪佛教青年，组织僧侣救护队，积极进行救护抗日伤员工作。

吴耀宗 2 月辞去唯爱社中国分部主席之职。7 月，与基督教青年会副总干事顾子仁、燕京大学教授刘廷芳、华中大学教授韦卓民等一起，出席在英国牛津举行的世界基督教大会，主题为"生命与圣工"。（参见赵晓阳编《中国近代思想家文库·吴耀宗卷》及附录《吴耀宗年谱简编》，中国人民大学出版社 2014 年版）

　　梅贻琦继续任清华大学校长。鉴于对日本侵华的预估，梅贻琦校长于上年春即决定在湖南筹设分校。1 月 5 日，梅贻琦与蒋梦麟、张季鸾等在胡适家座谈时局，张季鸾转达蒋介石邀请部分学者去南京谈谈的意思。6 日下午 4 时，梅贻琦出席第一二○次评议会，报告奉教育部高教司来函转述关于清华处置学生纠纷之意见，由顾毓琇、沈履、王明之报告赴湘商洽调整清华与湘省立高农各种关系之经过及视察建筑工程情形，又审议在湘特种工程建筑承包案。7 日下午 4 时，梅贻琦在后工字厅出席 1 月份教授会，向会议报告最近处理学生间冲突及解散救国会等组织之经过情形，以及停止《清华周刊》出版之原由。因不足法定人数，报告会议改为茶话会。2 月，梅贻琦与工学院院长顾毓琇等赴湖南，与湖南省主席何健商洽。何健对清华在湘设分校表示欢迎，并希望首先筹设农学院。清华大学为稳妥起见，表示拟先设农业研究所，然后逐步改为农学院。原拟购圣经大学旧址作为校址，后因索价 60 万，清华无力承担，而由何健拨长沙岳麓山空地 100 余亩赠与清华作为建校之用，何健与梅贻琦代表双方签订了合作协议。同月 8 日，清华大学校评议会议决：追认通过校长梅贻琦报告在湘商购夏家冲救济院及县教育局田地 340 亩，俾本校与湘省立高农得划清地界。24 日校评议会上，梅贻琦又作了报告，对在湘办学的经费预算、机构、建筑设施及教职员安置待遇等作了规划。5 月 27 日下午 4 时，梅贻琦出席第一三○次评议会，报告教育部指定清华等四校办理暑期讲习班及清华与北大等三校商定筹备经过情形后，会议经讨论确定 6 月 15 日举行毕业典礼，大体通过清华长沙研究所组织大纲草案，又通过校务会议拟具之各系、部所需管理人员类别、名额标准草案。

　　梅贻琦与蒋梦麟、张伯苓以及各界知名人士 7 月 9 日起应邀出席蒋介石在庐山举行的国是问题谈话会。鉴于平津战事吃紧后，北方各校纷纷去电告急，要求几位校长返校应变，联名呼吁"守土抗敌"。10 日，清华教务长潘光旦和秘书长沈履刚刚发过"连日市民、学校均镇静，各方安定，释念"的"告慰电"，但至 14 日，潘光旦和沈履发出"和平绝望，战机已迫，盼设法绕道正太、平绥返校"的告急电。梅贻琦更是心急如焚，但南京方面正在作教育领域中应付战时局面的统筹安排。梅贻琦要在其中担负重要使命，当然不会轻易放他返程。17 日，梅贻琦从庐山回电潘光旦等："今早重要会谈，当局表示坚决，并已有布置。对地方当局极信赖维护。津方谈判早有传闻，且有卢线撤兵说，不知究竟何如。日内与蒋徐商，行程或先赴京再定……"22 日，梅贻琦在参加蒋介石召集的庐山谈话会后与蒋梦麟等人一起下山去南京。三校联合组成长沙临时大学的方案，是 3 位校长回到南京与教育部进一步磋商后决定的。29 日，北平陷落，学校师生纷纷向城内逃亡。梅贻琦由庐山抵南京，但因交通中断不能北上。同日下午 3 时，日军进入清华园。当时清华、北大的二年级学生正和其他高校学生在西苑兵营接受军事训练，事变发生，形势紧急，军训提前结束。清华土木系大部分学生正在山东实习，清华留校生约 200 余人。教职员除少数南下参加庐山谈话会或短期旅行外，大部仍留校内。北平陷落后，日军进占清华园，留校师生纷纷迁往城内。至 8 月中，敌寇驻校达 3000 人，清华园完全沦入敌手。8 月 28 日，梅贻琦接教育部高等教育司一封公函说："奉部长密谕：指定张委员伯苓、梅委员贻琦、蒋委员梦麟为长沙临时大学筹备委员会常务委员。杨委员振声为长沙临时大学筹备委员会秘书主任。"担任筹备委员的还有湖南教育厅长朱经农,湖南大学校长皮宗石。同月,清华大学决定南迁,梅贻琦、杨振声等同车南下,到南京后,杨振声任教育部代表,与北京大学、清华大学、南开大学三校校长组成长沙临时大学筹备委员会,杨振声并兼秘书主任。9月10日,教育部发出第16696号令:宣布以北京大学、清华大学、南开大学及中央研究院设立国立长沙临时大学,并公布筹备委员会委员、秘书主任名单。12日,日军宪兵队进清华搜查。

梅贻琦9月13日出席国立长沙临时大学筹备委员会举行的第一次会议,确定由张伯苓、蒋梦麟、梅贻琦组成常务委员会,三常委商决学校一切行政方针,综理全校一切重大事宜。张伯苓兼建设长,蒋梦麟兼总务长,梅贻琦兼教务长。27日,梅贻琦主持在长沙清华大学办公处召开的本学期清华大学第一次校务会议。会议作出决定:(一)教授于长沙临时大学开学前到湘者薪俸自9月起照发;于开学后到湘者自到湘之月发薪;不来湘者除学校指定有任务者外概不发薪。(二)研究院暂停办一年。(三)本学年出国研究教授暂缓出国。28日,长沙临时大学启用国立长沙临时大学关防。同日,梅贻琦与蒋梦麟、张伯苓出席国立长沙临时大学常务委员会第二次会议,讨论开学准备及有关教学人事安排,推定梅贻琦负责教务部分,下设注册组,推定潘光旦为该组主任;设课程委员会,推定梅贻琦、冯友兰、樊际昌、黄子坚、潘光旦、吴有训、陈岱孙、顾毓琇、饶毓泰、叶公超、张子樱、杨石先、方显廷等为该会委员,由梅贻琦负责召集。10月1日,梅贻琦与蒋梦麟、张伯苓出席长沙临时大学常委会第三次会议,讨论临时大学开办费分配用途。2日,梅贻琦与蒋梦麟、张伯苓出席国立长沙临时大学常委会第四次会议,通过长沙临时大学文科、理科、工科、法商科等系设置。3日,日军竹内部长进清华"参观",并窃取图书仪器等物。4日,梅贻琦与蒋梦麟、张伯苓出席长沙临时大学常委会第五次会议,议决各学系教授会主席人选,并讨论关于各学系编制课程、分配工作等。6日,梅贻琦与蒋梦麟、张伯苓出席长沙临时大学常委会第六次会议,讨论拟定中英庚款协助用费分配等问题。7日,与张伯苓出席国立长沙临时大学常委会第七次会议,通过长沙临时大学会计室组织规程。8日,梅贻琦与蒋梦麟、张伯苓出席长沙临时大学常委会第八次会议,讨论其他设备费分配及关于卫生事宜等。同日下午4时,梅贻琦主持茶话会,宣布文学院设于南岳。

梅贻琦10月13日主持清华大学第2次校务会议,文学院潘光旦、冯友兰等参加。会议决定7月28日后离平津来湘服务之同人由学校分别发给来湘旅费。同日,日军牟田部队进占清华大学工字厅、古月堂、二院等处。随后3000多名日军驻进校园,新体育馆全部地板被拆后改做厨房,图书馆成了病房,土木系及气象台的图书、实验仪器、打字机、计算机等等,统统被日军汽车装载而去。20日,梅贻琦致闻一多信,以"此间中国文学系教授南来者不多"为由,请其推迟休假一年。此前6月19日第128次评议会批准闻一多于1937年度在国内休假研究一年。闻一多接到信后,立即动身赴长沙。11月1日,长沙临时大学在湖南省长沙市韭菜园圣经书院正式开课。因长沙临时校舍不敷分配,文学院设于南岳衡山圣经学校分校。开学后1个月,从全国各地陆续汇集到长沙的北大、清华、南开的师生,总共已有1400多人,超过三校总人数的一半以上了。以后几个月里,还不断有人从全国各地赶赴长沙。11月5日,中央研究院院长蔡元培、南开大学校长张伯苓、北京大学校长蒋梦麟、中央大学校长罗家伦、清华大学校长梅贻琦等102人,联合发表日本破坏我国教育机关之事实声明。15日,梅贻琦与蒋梦麟、张伯苓出席长沙临时大学常委会第二十六次会议,推定张伯苓为本大学军训队队长兼学生战时后方服务队队长。17日,梅贻琦与蒋梦麟、张伯苓出席长沙临时大学常委会第二十七次会议。18日,梅贻琦与蒋梦麟、张伯苓出席长沙临时大学常委会第二十八次会议,通过有关宿舍学生管理规则及实施军事管理各办法等事项。25日,清华大学校评议会议决:推定7人拟具本校在湘举办特种研究事业计划,叶企孙召集。12月1日,清华大学召开南迁后第7次校务会议,文学院潘光旦、陈福田参加,会议专门讨论出版《清华学报》一事。议决:冯友兰、朱自清、闻一多提出继续出版《清华学报》一案,应稍缓再行讨论。冬,清华秘密运送一批图书、仪器到汉口,每批10列车,每车约40箱。这些设备、图书,成为以后长沙临时大学、西南联合大学非常重要的教学设备,为保证联大正常的教学以及有限的科研,发挥了极为重要的作用,表明清华大学提前在湖南发展教育事业的战略布局。年底,由于日军沿长江一线步步紧逼,危及衡山湘水,梅贻琦等经请示国民政府,决定长沙临时大学再度迁校至云南省省会昆明。(参见黄延复、钟秀斌《一个时代的斯文:清华校长梅贻琦》,九州出版社2011年版;蔡仲德编撰《冯友兰先生年谱长编》,中华书局2014年版;齐家莹编《清华人文学科年谱》,清华大学出版社1999年版;谢泳《西南联大的学术传统》,《东方艺术》1997年第4期)

蒋梦麟继续任北京大学校长。1月5日,蒋梦麟与张季鸾、梅贻琦、周炳琳、潘光旦、陈岱孙、陈之迈、张奚若等在胡适家座谈时局,张季鸾转达蒋介石邀请部分学者去南京谈谈的意思。7月9日,蒋介石开始在庐山举行国事谈话会,分别分批邀请各界人士参加,包括国民党各方面军政要员和著名大学校长等。北大、清华、南开校长蒋梦麟、梅贻琦、张伯苓和不少教授,如陈岱孙、浦薛凤、顾毓琇、庄前鼎等以社会名流身份应邀参加。平津战事吃紧后,北方各校纷纷去电告急,要求几位校长返校应变。当时北大文学院院长胡适已于7月8日赴宁转庐山开会,杨振声不久也去南京,留在校内的重要负责人只有理学院院长饶毓泰、秘书长郑天挺、教务长樊际昌等数人,但学校正常工作并未受卢沟桥炮火的影响。北大与清华联合招生的试题12万份,7月10日在红楼地下室印刷,北大研究院招生试题7月13日印制。之后,举行几次教职员会,议决通电,表明态度,以及组织团体对外宣传等。7月22日,蒋梦麟在参加蒋介石召集的庐山谈话会后与梅贻琦等人一起下山去南京。29日,日军入城后,人心更加不安,教职员有的离平暂避。8月,南京国民政府教育部拟定《设立临时大学计划纲要草案》,"为使抗战期中战区内优良师资不至无处效力,各校学生不至失学,并为非常时期训练各种专门人才以应国家需要起见",决定筹设若干所临时大学,分为三区:第一区设在长沙;第二区设在西安;第三区地址在选择中。由政府组织筹备委员会,负责各区临时大学之筹备,筹备委员会办理"临时大学校址之勘定,科系之设置,师资之吸收,学生之容纳,已有各种设备之利用及新设备之置设,其他应行筹事项"。筹备委员会设主席1人,由教育部长兼任。设秘书主任1人,常务委员3人,分别担任秘书、总务、教务及建筑设备四部事务,人选由教育部就筹备委员中指定之。常务委员合组常务委员会,依照委员会计划纲领,商决一切具体事务。8月1日,蒋梦麟与胡适、张伯苓一起出席蒋介石为平津教育界领袖举行的宴会,蒋介石宣布对日抗战方针,强调随时随地抵抗。

蒋梦麟与张伯苓、黄炎培、张嘉森、张耀曾、沈钧儒、曾琦、李璜、蒋方震、梁漱溟、陶希圣、傅斯年、毛泽东、马君武、晏阳初、胡适等16人8月17日受邀出席在南京汪精卫寓所召开的国民政府国防最高会议。25日,日军进入北京大学,到校长办公室"检查"。28日,教育部高等教育司分函北京大学、清华大学、南开大学,指定蒋梦麟、张伯苓、梅贻琦为长沙临时大学筹备委员会常务委员,杨振声为筹委会秘书主任。教育部部长王世杰任筹委会主席。北大、清华、南开在长沙成立临时大学方案确定后,蒋梦麟即电告北大南迁办法,大部分教授分批南下。30日,中英庚款会应教育部之请,拨50万元,作为西南、西安临时大学开办费,两临时大学各得25万。9月3日,日军进驻北大第二院和灰楼宿舍。8日,教育部以北京大学、清华大学与南开大学为基干设立国立长沙临时大学,派张伯苓、蒋梦麟、梅贻琦、杨振声、胡适、何廉、周炳琳、傅斯年、朱经农、皮宗石为筹备委员会委员。该消息当天由中央社向全国各地发出,这标志着两个国立临时大学正式开始组建。

蒋梦麟9月13日出席长沙临时大学筹备委员会第一次会议,北京大学、清华大学、南开大学三校校长为当然委员,另有北京大学胡适、清华大学顾毓琇、南开大学何廉、中央研究院史语所所长傅斯年、湖南大学校长皮宗石、湖南省教育厅长朱经农等为委员,教育部部长王世杰为主任委员。会议推荐蒋梦麟负责总务,梅贻琦负责教务,张伯苓负责建筑设备。自此形成蒋梦麟、张伯苓、梅贻琦的"三驾马车"治理结构。16日,长沙临时大学常务委员会召开第一次会议。常委由北京大学校长蒋梦麟、清华大学校长梅贻琦、南开大学校长张伯苓及秘书主任杨振声组成,下设教务处,由清华大学教授潘光旦负责;训导处由南开大学教授黄钰生负责;总务处由北京大学教授樊际昌负责。17日,长沙临时大学设立教室宿舍设备委员会,推定黄钰生、樊际昌、侯洛荀、陈隆钟、舒余为该委员会委员,由黄钰生负责召集。18日,长沙临时大学常务委员会第二次会议决定,设立课程委员会,推定梅贻琦、樊际昌、黄钰生、潘光旦、冯友兰、吴有训、陈岱孙、顾毓琇、饶毓泰、叶公超、张忠绂、杨石先、方显廷为委员,由梅贻琦负责召集。秋,蒋梦麟致电留在北平的周作人、孟森、冯祖荀、马裕藻等,委托他们代为照料北大。28日,蒋梦麟与梅贻琦、张伯苓出席国立长沙临时大学常务委员会第二次会议,讨论开学准备及有关教学人事安排:(1)启用国立长沙临时大学关防(即"校印");(2)推定梅贻琦负责教务部分,下设注册组,推定潘光旦为该组主任;(3)设课程委员会,推定梅贻琦、冯友兰、樊际昌、黄子坚、潘光旦、吴有训、陈岱孙、顾毓琇、饶毓泰、叶公超、张子樱、杨石先、方显廷等为该会委员,由梅贻琦负责召集。(4)改定本学期开学日期为10月25日,学生报到日期为10月18至24日,上课日期为11月1日。临时大学的法、理、工学院设于长沙湘江之畔,租借圣经学校校舍做教室和办公楼。当时三校同学赶来长沙上课的不过数百人(不包括文学院),教育足敷应用,又经湖南省政府拨给一座营房(四十九标)并租借了涵德女校分别作男女生宿舍。文学院设于南岳衡山之麓(亦属圣经学校校舍)。

蒋梦麟10月2日出席长沙临时大学常委会第四次会议。会议通过课程委员会拟定临大学系,决定文学院设中国文学、外国语文、历史社会、哲学心理教育4学系,暂不设研究所。4日,临时大学常委会第5次会议推定各学系教授会主席,负责各系课程编制、工作分配及设备等筹划事宜。文学院4系教授会主席分别为:中国文学系朱自清;外国语文系叶公超,此时叶继梁实秋之后任北大外语系主任;历史社会学系刘崇鋐;哲学心理教育学系冯友兰。15日,临时大学常委会第11次会议正式决定,因长沙校舍不敷分配,文学院设于南岳圣经学校。18日,地方维持会将"保管"北大的布告挂在第二院门口。其后,红楼一度成为敌寇的宪兵队队部,地下室曾被用做囚禁迫害爱国志士的监狱。25日,长沙临时联合大学开学。26日,临时大学常委会决定文学院教职员11月3日迁往南岳。11月1日,长沙临时大学正式上课。此后西南联合大学以这天为校庆纪念日。文学院因设于南岳,故上课时间推迟。全校共有教师144人,学生1452人,加上北大、清华联合在武昌招收的新生及南开附中升班新生114人,借读生218人。长沙临大共设文、理、工、法商四个学院17个系。

(1)文学院:院长冯友兰,设置中国文学系、外国语文系、历史社会系、哲学心理教育学系。

(2)理学院:院长吴有训,设置物理学系、化学系、算学系、生物学系、地质地理气象学系。

(3)工学院:院长顾毓琇,设置土木工程学系、机械学系、电机工程学系、化学工程学系。

(4)法商学院:院长陈序经,设置经济学系、政治学系、法律学系、商学系。5日,中央研究院院长蔡元培、南开大学校长张伯苓、北京大学校长蒋梦麟、中央大学校长罗家伦、清华大学校长梅贻琦等102人,联合发表日本破坏我国教育机关之事实声明。11月17日,北京大学最后一批师生赴津,从海道到香港,经广州抵达长沙。19日,文学院开始上课,共有教授19人。20日,国民政府宣布迁都重庆。12月,战火逼近长沙,临时联合大学决定西迁昆明。

按:黄延复、钟秀斌著《一个时代的斯文:清华校长梅贻琦》(九州出版社2011年版)曰:"就在这种拼拼凑凑的情况下,长沙临时大学完成了一个学期的艰难使命。北大、清华、南开三校师生员工齐心协力,共赴国难,在中华民族处于危亡的紧要关头,经过千里跋涉,克服重重困难,抱着拯救国家与民族的神圣责任感,在不到3个月的时间里,使遭遇空前洗劫的清华大学、北京大学和在炮火中被彻底破坏的南开大学终于复课,写下了中国教育史上壮丽的新篇章。"(参见马勇、黄令坦编《中国近代思想家文库·蒋梦麟卷》及附录《蒋梦麟年谱简编》,中国人民大学出版社2015年版;马勇《蒋梦麟传》,河南文艺出版社1999年版;黄延复、钟秀斌《一个时代的斯文:清华校长梅贻琦》,九州出版社2011年版;齐家莹编《清华人文学科年谱》,清华大学出版社1999年版;谢泳《西南联大的学术传统》,《东方艺术》1997年第4期)

张伯苓继续任南开大学校长。1月3日,张伯苓在天津南开校友会上发表《借着新的转机,我们要振作起来》的讲话,向校友报告近日在上海、南京参会情况和赴四川视察南渝中学的经过,着重谈南开在西南办学的希望,其中特别谈到要将西南地区作为输送南开人才的基地加以重视。2月,应国民政府邀请赴江西访问,蒋介石亲电江西省主席熊式辉予以接待。3月8日,应邀在金陵大学"总理纪念周"演讲,谈国运转机中的新气象,并称"我们复兴民族、改造社会,必要靠领袖来推行,大学生就是未来的领袖",希望在校学生借着国运转机,多培养能力,改造国家和民族。10日,中华全国体育协进会第七次常务董事会在南京召开会议,张伯苓主席,并报告请教育部资助本会常年经费事。15日,由南京抵上海,对《大公报》记者发表谈话。28日,校董会召开例会,颜惠庆、卞傲成、卞白眉、胡适、阎子亨出席,张伯苓、教育部代表蒋梦麟(胡适代)、河北省教育厅厅长李琴湘列席。同月,派南开经济研究所鲍觉民、谷源田、叶谦吉和四子张锡羊4人前往成都四川大学。4人中张锡羊的任务是为南开大学在华西坝选址,筹建南开大学成都分校。鲍觉民等按照张伯苓上次来川与卢作孚商定的由南开大学与四川大学合作筹建经济研究室的意向,开展建研究室工作。5月27日,蒋介石、汪精卫等上庐山商讨抗日大计。为广泛听取意见,决定以中央政治委员会主席汪精卫和国民政府行政院长蒋介石名义,邀请各党派、各民主团体、各界名人前来庐山召开"谈话会"。张伯苓在邀请之列。6月12日,张伯苓为辞谢拟任四川大学校长事,复函教育部部长王世杰,称"苓所以始终不愿脱离南开原因,委以在先与严范孙先生有誓约,愿终身办理南开。区区苦衷,自不能不请求公谅"。23日,出席南开大学经济研究所第一届及文、理、商三学院第十五届毕业式。本届毕业生共72人,其中经济研究所毕业研究生10人,由国民政府教育部授予硕士学位。美国孟禄博士及各界来宾、学生、教授等共300余人到会。张伯苓颁发毕业证书,嗣即致辞,重复讲解南开训育之方针为"公""能"三字,愿诸生永矢勿忘。26日,应沈嗣良邀,赴上海作题为《国运好转中青年对于国家之新认识》的演讲。

张伯苓7月5日应庐山暑期训练团邀请抵达庐山。6日，为庐暑训练团学员讲课。13日，日本轰炸南开，中华医学基金会主席罗本斯丁和雷蒙德·福斯迪克（Raymond B. Fosdick）深感震惊。7月15日，各界人士齐集庐山仙岩饭店，畅叙国事。其中除张伯苓，还有北大校长蒋梦麟、浙大校长竺可桢、北大文学院院长胡适、清华校长梅贻琦、广西大学校长马君武、金陵女子大学校长吴贻芳及学者梁实秋和梅思平等。张伯苓讲话称，绝不能向日本屈服！打烂了南开可以再重建，国家一旦灭亡了，还谈什么教育！16日在庐山图书馆出席第一期"庐山谈话会"。中午，蒋介石、汪精卫宴请。17日，出席在庐山图书馆举行的"庐山谈话会"第二次共同谈话。晚，在汪精卫住所开国防参议会第一次会议。应与会人员共16人：胡适、张伯苓、张耀曾、蒋方震、毛泽东、蒋梦麟、沈钧儒、梁漱溟、马君武、黄炎培、曾琦、陶希圣、晏阳初、李璜、傅斯年。到会者只有胡适、张伯苓、蒋方震、梁漱溟、陶希圣、李璜、傅斯年、周恩来（代毛泽东）。18日，庐山暑期训练团学员毕业典礼在海会寺举行。张伯苓等谈话会人员50余人同往观礼。蒋介石主持并致《建国运动》训词。19日，出席"庐山谈话会"分组谈话。张彭春由津来见，面谈天津形势及学校情况。20日，在"庐山谈话会"教育组谈话会上率先提议："我们应不分党派，团结在一起，服从蒋委员长的领导。"21日，到达南京，下榻中央饭店。23日，王世杰在教育部举行宴会，宴请各大学校长，张伯苓、蒋梦麟、梅贻琦、北平大学校长徐诵明及广东三位大学校长出席。28日，侵华日军进攻天津。下午，日军召开新闻发布会，宣布"今天，我们要轰炸南开大学，因为它是一个抗日基地"。29日，日军对南开中、大学的"建筑进行了准确无误的轰炸和炮击"，特别是对南开大学派出第六飞行队以"九二式50千瓦弹"轮番轰炸。秀山堂、木斋图书馆等被毁。同日，天津各国领事对炮击提出抗议，日本驻屯军司令香月发表谈话为轰炸南开大学辩解；张伯苓与蒋百里、沈钧儒、张季鸾、王芸生、洪深、杜重远、戴修瓒、吴南轩、张凌高、萧一山、李剑农、段锡朋、经亨颐、陶希圣、胡适、蒋梦麟、叶楚伧等致电宋哲元称，中国每一块土地，皆布满每一个公民之血迹。宁使人地都成灰烬，决不任敌人从容践踏而过。30日下午，张伯苓在南京接受《中央日报》记者采访时发表谈话："敌人此次轰炸南开，被毁者为南开之物质，而南开之精神，将因此挫折而愈益奋励。本人惟有凭此种精神，重为南开树立一新生命。"

按：7月30日《申报》从天津报道，下午"日机四架，续向南开中学投燃烧弹，现火燃甚炽。同时日炮队亦自海光寺向南开大学射击，共中四弹，该院图书馆后，刻亦起火"。"日方派骑兵百余名，汽车数辆，满载煤油，到处放火，秀山堂、思源堂（以上为二大厦，均系该校之课堂）、图书馆、教授宿舍及邻近民房，尽在火烟之中，烟头十余处，红黑相接，黑白相间，烟云蔽天，翘首观火者，皆嗟叹不已。"同日晨，王世杰赴中央饭店慰问张伯苓，郑重表示：政府必负责恢复南开旧有规模。张伯苓答称，在此抗战期间，余绝不愿使政府分心。同日，张伯苓宣布，南开大学驻南京办事处成立。

7月31日，蒋介石约见张伯苓、胡适、梅贻琦、陶希圣等人。在谈话中，张伯苓即席表示："南开已被日军烧掉了。我几十年的努力都完了。但是，只要国家有办法，能打下去，我头一个举手赞成。"蒋介石表示，"南开为中国而牺牲，有中国即有南开"。同日晚，胡适等为日军蓄意炸毁南开大学等校的罪行，致电东京中国大使馆转世界教育联合会会长孟禄，请其于8月2日将电文向东京召开的第七届世教会议宣读，希望世教会议代表对此种毁坏学术机关的野蛮行为予以谴责。

8月1日，教育界领袖蔡元培、蒋梦麟、胡适、梅贻琦、罗家伦、竺可桢、王星拱等7人，一致致电国联知识合作委员会，要求公开谴责日军肆意摧毁南开大、中学等侵略华北暴行。同日，上海交通大学校长黎照寰电慰张伯苓。

8月2日，张锡祜从江西吉安空军驻地得知南开大、中两部被日军轰炸焚毁消息，写信给父亲张伯苓。信谓"因大人平日既不亲日,又不附日,而所造成之校友又均为国家之良才!此遭恨敌人之最大原因!而有如此之毁灭!然此又可谓大人教育成功之庆也"。

8月4日,厦门大学校长萨本栋复函张伯苓。此前张曾致电萨询问借地安置师生办学事,萨回信谓:"贵校以老伯四十年之苦心经营,竟一旦为敌人焚毁,益令人痛心不置。"表示南开大学校址如一时不易恢复,极愿报相当之效力。

8月5日,上海文化艺术界人士茅盾、郭沫若、胡愈之、画室(冯雪峰)、巴金、郑振铎、周予同、陈望道、欧阳予倩、叶圣陶、夏衍、周扬、靳以、萧乾、洪深、郁达夫、胡风、夏征农等56人致电张伯苓表示慰问。

张伯苓一家8月上旬抵达重庆,定居于南渝中学津南村3号寓所。14日,教育部密电张伯苓:政府拟在长沙设临时大学一所,特组织筹备委员会,敦聘先生为委员,定于8月19日在本部开预备会。17日蒋介石、汪精卫署名电示,聘张伯苓任参议员,邀其赴在南京中山陵召开的最高国防会议参议会第一次会议。25日,日本驻上海总领事冈本季工以极密1660号信件向外务大臣广田弘毅报告《关于救济南开大学事》。文称炸毁南开大学,造成很大影响,但等时局告一段落后,务必对南开大学的复兴提供尽可能的援助。下旬张伯苓由汉口乘民生公司轮船赴渝,在宜昌为各界人士作抗战形势演讲,称"国共两党共同合作,抗战必胜"。28日,王世杰指定张伯苓、梅贻琦、蒋梦麟为长沙临时大学筹备委员会常务委员。29日,教育部部长王世杰电张伯苓、蒋梦麟、梅贻琦、杨振声,请推举长沙临时大学常委负责人,亦可每隔两月重推轮任。30日,胡适就推举长沙临时大学负责人致函张伯苓、梅贻琦,转达蒋梦麟意见称,"伯苓先生老成持重,经验毅力为吾人所钦佩,应请主持一切"。同月,蒋介石电告张伯苓,张伯苓子张锡祜自江西吉安奉命飞赴抗日前线,中途失事,机毁人亡。张伯苓闻此噩耗,默然许久后表示:"吾早以此子许国,今日之事,自在意中,求仁得仁,复何恸为!"9月10日,教育部明令以北京大学、清华大学、南开大学及中央研究院的师资设备为基干,成立长沙临时大学。13日,国立长沙临时大学筹备委员会举行第一次会议,确定由张伯苓、蒋梦麟、梅贻琦组成常务委员会,三常委商决学校一切行政方针,综理全校一切重大事宜。张伯苓兼建设长,蒋梦麟兼总务长,梅贻琦兼教务长。28日,张伯苓与蒋梦麟、梅贻琦出席国立长沙临时大学常务委员会第二次会议,讨论开学准备及有关教学人事安排。

张伯苓10月1日与蒋梦麟、梅贻琦出席长沙临时大学常委会第三次会议,讨论临时大学开办费分配用途。2日,与蒋梦麟、梅贻琦出席国立长沙临时大学常委会第四次会议,通过长沙临时大学文科、理科、工科、法商科等系设置。4日,与蒋梦麟、梅贻琦出席长沙临时大学常委会第五次会议,议决各学系教授会主席人选,并讨论关于各学系编制课程、分配工作等。6日,与蒋梦麟、梅贻琦出席长沙临时大学常委会第六次会议,讨论拟定中英庚款协助用费分配等问题。7日,与蒋梦麟、梅贻琦出席国立长沙临时大学常委会第七次会议,通过长沙临时大学会计室组织规程。8日,与蒋梦麟、梅贻琦出席长沙临时大学常委会第八次会议,讨论其他设备费分配及关于卫生事宜等。16日,张伯苓在汉口《大公报》发表电文致意南开全国各地校友,称教育报国,苓之夙愿,此身未死,此志未泯。敌人所能毁者,南开之物质,敌人所未能毁者,南开之精神。兹当南开学校周年纪念之日,图望全国南开校友纪念学校,本南开苦干之精神,为国家民族努力。5日,教育界蔡元培、张伯苓、胡适、蒋梦麟、李石曾、邹鲁、罗家伦、翁之龙、刘湛恩等102人发表英文声明,严正声讨日本有计划、有系统蓄意毁坏中国教育机构,"如南开大学则轰炸不足,继以焚烧,全成焦土"。

张伯苓11月17日出席长沙临时大学常委会第二十七次会议。同日,长沙临时大学南开校友聚会欢迎张伯苓,梅贻琦、饶毓泰、江泽涵、陈省身、黄钰生、杨石先、柳无忌等出席。

张伯苓发表《抗战前途的观察》演讲，指出中国抗战没有终止的时候，除非失地完全收复，希望随时宣传抗战的最后的胜利，以尽知识分子应尽的责任。18 日，与蒋梦麟、梅贻琦出席长沙临时大学常委会第二十八次会议，通过有关宿舍学生管理规则及实施军事管理各办法等事项。中旬，在长沙临时大学向南开大学的学生演讲，谈抗战形势，国共联合抗日，并说"周恩来是我的一个学生，前些年我很不赞成他，虽然那时他已经毕了业，我自己还暗暗地给他记下三次大过。可是这一次他真不错，据说这一回竭力要保蒋先生出来的就是他，因此我也就马上把他那三次大过一次取消了"。同月，张伯苓、杜月笙、张之江、郝更生等 15 人发起成立中华全国体育界救亡协会于上海，以"救亡图存，光大体育，复兴民族"为宗旨。12 月 13 日，南京陷落，长沙临时大学议论再度南迁。16 日，张伯苓向周恩来专函介绍原任所得税事务处湖北办事处收发主任杨作舟，拟赴陕北工作。24 日，在南开校友总会及重庆校友分会聚餐会，发表《苦干、硬干、努力不息》讲话称，一个向上长进国家，敌人不可能把它毁掉。它愈想毁灭我们，我们愈向上长进。希望校友也要本这种精神向前干，我们终归要逢凶化吉的。是年，定居重庆南渝中学津南村 3 号寓所后，邀请一些知名人士陆续进驻津南村，如翁文灏、范旭东、侯德榜、马寅初、谭仲逵及傅作义的家属等。郭沫若、曹禺、沙千里、舒绣文、陶金等多次前往拜访张伯苓。张伯苓被聘为故宫博物院理事会理事。（参见龚克主编《张伯苓全集》第十卷附编《张伯苓年谱》，南开大学出版社 2015 年版）

　　胡适 1 月 3 日写一长信给陈衡哲，对她写的《三个朋友》很不满意。1 月 3 日、4 日、7 日，傅斯年连致三信给蒋梦麟、胡适及周炳琳，告所得西安事变种种内幕新闻。信中表现出对张、杨及共产党极端敌视的态度。5 日，胡适在地质调查所举办的丁文江逝世周年纪念会上讲演。是日，张季鸾自上海来，邀梅贻琦、蒋梦麟、周炳琳、潘光旦、陈岱孙、陈之迈、沈弗斋、张熙若到家里座谈。从 8 点谈到 12 点始散。张季鸾称，蒋介石有意约一些学者到南京谈谈。17 日，为汤用彤校阅《汉魏两晋南北朝佛教史》稿本，认为"此书极好。锡予（汤用彤字——引者）与陈寅恪两君为今日治此学最勤的，又最有成绩的。锡予的训练极精，工具也好，方法又细密，故此书为最有权威之作"。故写信给王云五，推荐给商务印书馆出版，并写信给汤氏，对佛教传入渠道问题有所商榷。汤氏不承认海道传入之说，胡认为此说不可完全抹杀，且除海道、北方陆道之外，还有蜀印一条路线，亦应注意。22 日，陶希圣致信胡适说，《独立评论》复刊事，须胡适亲写一信给宋哲元。当晚，独立社成员聚餐，议定由胡适全权办理此事。

　　按：《独立评论》于上年 11 月 29 日第 229 号上发表张熙若所写《冀察不应以特殊自居》，点名批评宋哲元适应日本的需要，使"华北特殊化"。宋见此文大怒，遂迫令停刊。

　　胡适 2 月 22 日读陈寅恪的论文若干篇，认为"寅恪治史学当然是今日最渊博，最有识见，最能用材料的人。但他的文章实在写的不高明，标点尤懒，不足为法"。3 月 1 日，胡适写长信给王世杰，谈北大增加预算事。6 日，与徐森玉同邀袁复礼、徐炳昶、黄文弼、沈仲章、沈兼士吃饭，谈西北科学考察团事。同日，储皖峰、罗根泽来谈组织中国文学史研究会事。7 日，致信宋哲元，为《独立评论》曾开罪于宋表示"个人负责道歉之意"。信中称此报已停刊三月有余，"拟俟身体完全恢复，即继续出版"。以后"倘有言论失当，务请先生随时指摘，以便随时正式更正"。16 日，北大俄籍教授钢和泰病逝。钢氏是胡适根据前香港大学副校长、梵文专家爱理鹗爵士的推荐，请来北大任教的。他于 1918 年来北大，教授梵文和印度古宗教史。胡适曾从他学梵文，又为他的宗教史课任译述。钢氏在北大从教 20 年，贡献甚多。

胡认为："钢先生是一个纯粹学人,终身寻求知识,老而不倦。"17日,在北平中华圣经会举办的《圣经》展览会上讲演《〈圣经〉与文学之关系》。28日,到天津出席南开大学董事会会议。会后与颜惠庆同至颜寓谈话。当日回北平。

胡适4月1日为陈垣所藏程瑶田题程子陶画的雪塑弥勒题诗两首。2日,独立社成员聚餐,决定《独立评论》于18日复刊。8日,在北平大学女子学院讲演《治学方法与习惯》。10日,写成《日本霸权的衰落与太平洋的国际新形势》。11日,去天津。此前曾托颜惠庆代问徐世昌有无颜、李学派的新材料。颜惠庆回信,约是日去津访徐,并预告将"有几部书奉赠"。同日下午到徐宅谈了半小时。实则徐氏并无新材料,所赠者是其自著《颜李师承记》及《语要》。25日,参加清华大学26周年纪念会,讲《中国近代考证学的来历》。26日,起程南下。27日,到南京。28日,与教育部长王世杰谈话。王世杰建议中基会捐15万元为义务教育费,被胡适力拒。后王改提10万元。并称自明年起,教育部每年拨10万元给北平图书馆,胡适始应向会中"代达此意"。王世杰还力劝胡去日参加世界教育会议。29日,在沪出席中基会预备会。30日,中基会开会。5月3日,复到南京,出席中研院评议会。5日,到沪。6日,北返,在南京停1日。9日,到北平。17日,复信给出国的翁文灏,谈培养人才问题。6月1日,王世杰来电,请于7月10日至18日到牯岭讲演。复电允去。6日,周炳琳致信告谓,曾与蒋介石"有一次个别谈叙"。蒋表示希望胡适于去东京参加世界教育会议之前到庐山晤谈。18日,南下。20日,在中央政治学校研究部参加准备出席世界教育会议的代表的第一次集会,被推为主席。但东京之行未果,旋回北平。7月5日,复得汪精卫参加庐山谈话会的邀请。8日,胡适离北平南下,11日到庐山,当日下午蒋介石邀茶话。16日,胡适在庐山谈话会上提出"国家高于一切"固然可以作为共同行动的目标,但为了维护文教事业,革除国民党官员肆意插手教育的流弊,应该倡行教育独立,具体涵义包括"现任官吏不得作公私立大学校长、董事长;政治的势力(党的势力)不得侵入教育;中央应禁止无知疆吏用他的偏见干涉教育"等。同日,蒋、汪宴请出席谈话会人士,胡适代表致词。其间,《中央日报》的一位记者首先请胡适谈谈对时局的看法。胡适略为思忖,随即侃侃而言:"众所周知,我以前曾主张多研究些问题,少谈些主义。然而,当今之世,日寇欺人太甚,偌大个华北,已放不下一张安静的书桌。再这样下去,国将不国,还谈什么研究问题、科学救国!当今最大的问题,就是全国同心,把日寇赶出中国!"20日,胡适在第一期谈话会最后一次茶话会上,谈教育问题。

按:要点有四:1.国防教育不是非常时期的教育,是常态的教育。2.如果需要一个中心思想,那么"国家高于一切"可以作共同行动的目标。3.主张恢复"有同等学历者"一条招考办法(以救济天才,以阻止作伪犯罪——原注)。4.教育应该独立,其涵义有三:(1)现任官吏不得做公私立大学校长、董事长,更不得滥用政治势力以国家公款津贴所长的学校。(2)政治势力(党的势力)不得侵入教育。中小学校长的选择与中小学教员的任聘,皆不得受党的势力的影响。(3)中央应禁止无知疆吏用他们的偏见干涉教育,如提倡中小学读经之类。

胡适7月25日与陈布雷作长谈,建议研究有关华北的外交文件,即使不能发表,也务求了解其确切文字与含义。27日,赴汪精卫邀餐,谈对日外交。28日,下山。在山停留期间,曾为庐山暑期训练团讲演《颜习斋的哲学及其与程、朱、陆、王之异同》。29日,在南京美使馆与美使詹森晤谈。30日,到高宗武家,谈"对日外交路线不可断"。打电话给陈布雷,要他"努力做匡过补阙的事"。31日,赴蒋介石邀餐,蒋告"已决对日作战"。胡适心不谓然。临别对蒋说:"外交路线不可断,外交事应寻宗武一谈。此人能负责任,并有见识。"同日,胡适曾写信给蒋廷黻，信中以中、苏两国做比较，得出中国难以避战的结论。8月，胡适托汪精卫转达蒋介石将"叛国犯"陈独秀提前开释。4天后，陈独秀获释出狱。9月6日，徐新六致信，因得知胡适将奉派往欧美活动，故信中说："此行为国关系至巨。在兄尽一分力，国家或可多得一分助。此次希望固非仅友朋间之祷祝也。吾兄在京情形，弟已略有所知。火已燎原，将来如何，不得而知。吾兄汲水工作或有奏效之一日乎！"当时蒋介石决派胡适以非官方身份去欧美，与其朝野人士间展开活动，以争取同情和援助。7日，再次应蒋介石邀谈。8日夜，登轮离南京溯武汉。舟中用隐语写信给北京大学秘书长郑天挺，并请他转向各教授致意。11日，胡适到武汉，当日写信给夫人江冬秀，劝她与思杜早日南下，并要她转告饶毓泰、姚从吾、张熙若等，均宜及早南下。从此信的意思可以看出，胡适已预知北方将不保。

（参见耿云志编《胡适年谱》，福建教育出版社2012年版；耿云志编《中国近代思想家文库·胡适卷》及附录《胡适年谱简编》，中国人民大学出版社2014年版；贺伟《1937年"庐山谈话会"纪事文》，《统一论坛》1995年第4期；谢泳《西南联大与中国现代知识分子〈修订版〉》，福建教育出版社2009年版）

　　钱穆继续任教于北京大学。1月，《记汉代米价》刊于天津《益世报·读书周刊》第83期。同月，《论近代中国新史学之创造》刊于《中央日报·文史副刊》第10期，认为历代都会从旧史中创写新史，以供给新时代之需要，中国当有史以来的巨变，尤其需要新史学的创建，谓"中国为世界上历史最完备之国家，此尽人知之。论其特点：（一）绵历悠久，继承因袭永无间断。（二）史体详备，各种史料均得收容。（三）包括地区之广，与其活动民族分量之多，益形成中国史之繁富。并世各民族，莫能与比。然而一往不变者，乃历史之'事实'；与时俱新者，则历史之'知识'。所谓历史知识，贵能'鉴古知今'，使其与现代种种问题有其亲切相联之关系，从而指导吾人向前，以一种较明白之步骤。此等历史知识，随时代之变迁而与时俱新。今日中国处极大之变动时代，需要新的历史知识为尤亟。而今日之中国，却为最缺乏历史知识，同时最需要整理以往历史之时期。""所谓新史学之创建，此亦殊难一辞而尽。要言之，此当为一种极艰巨的工作。应扼要而简单，应有一贯的系统，而自能映照我国家现代种种复杂难解之问题。要能发挥中国民族文化以往之真面目与真精神，阐明其文化经历之过程，以期解释现在，指示将来。中国新史学家之责任，首在能指出中国历史以往之动态，即其民族文化精神之表现。从而指出其各时代之特征。如某一时代特异之状态在经济，则此项经济即为该一时代之特征。或在政治制度，或在学术、思想、宗教、风俗，诸端皆然"。2月，《如何研究中国史》刊于北京师范大学《历史教育季刊》第1期。

　　按：文中指出："余意研究中国史的第一立场，应在中国史的自身内里去找求；不应站在别一个立场，来衡量中国史。所谓从中国史自身内里找求者，即研究中国史应先注意到中国史在那几方面是变动了。所谓变动，即是历史上划时代的特性，前一时代与后一时代绝然相异处。从此等相异处可以看出历史之变态与动向，再从此等变动向里论求其系进步抑退步。若从上述意见，我觉得中国史之进步，似乎不重在社会经济方面，而重在其'政治制度'方面。然从政治制度方面看，则实在有其层累的演进。中国史政治制度上的演进，由余意看之，约略可分为三阶段：（一）由封建到统一。（二）由军人政府到士人政府。（三）由士族门第到科举竞选。""但我们要研究政治制度，不可不连带注意到其背后的政治理想；注意到其时一般学术思想之大体。与制度、学术有关系的，我又希望能多注意于历代人物的活动。'学术''制度''人物'三者相互为用，可以支配一时代的历史。治史虽在'知往'，然真能知往，自能'察来'。中国的前途，在我理想上，应该在中国史的演进的自身过程中自己得救。因为中国的生命不能全部脱离以往的历史而彻底更生。中国最近将来，其果能得救与否，责任仍是在一辈社会的中层知识分子，即是历史上一脉相传的所谓'士人'身上。中国的将来，要望他们先觉醒，能负责，慢慢唤起民众。"

钱穆3月在天津《益世报·读书周刊》第89期发表《论荆公温公理财见解之异同》。4月,《再论楚辞地名答方君》刊于《禹贡半月刊》第7卷第1—3合期。5月,《庐陵学案别录》刊于燕京大学《文学年报》第3期;《历史与教育》刊于北京师范大学《历史教育季刊》第2期。后文批评"中国现在的教育,似乎只有留学教育而无国家教育""又似乎只有技术教育而无国民教育"。又论中国现史学界之状况,"约可分为三派:第一派,是'文化的自谴主义者'。从这一派人看来,中国史根本无教育上之价值。然而试问中国史实况是否如此?中国史之悠久及其伟大(指包含广土众民而言),任何别一国历史全比不上。这正是中国以往文化有价值之铁证。第二派,是'琐碎的考订主义者'。他们一方面模仿西洋史学界之所谓'考古学'与'东方学'的研究。再一面是取法前清乾嘉时代的经学家。他们在异族统治下,文字狱连续不断的威吓之下,而逃避现实,做一种隔离时代的琐碎的考订。用此种方法和态度,并不能通经学,更何论于史学!第三派,是最后起的'唯物的社会主义者',亦源自西洋。他们无宁是看重社会和经济,更过于国家与民族。这一派的历史观、根本无所谓本国与外国。"同月,所著《中国近三百年学术史》由上海商务印书馆出版。全书共14章,沿用传统的"学案"体例,对清代学术进行了系统论述。第一章《引论》论述清代学术源起和宋明学术关系,为全书总纲,其余十三章皆以各个时期学术发展史的代表人物为题。各章所选代表人物主要为明末清初、乾嘉及晚清三个时期,涵盖了这一阶段学术发展史上的经世思潮、经学考据和今文经学等各个方面。他提出了著名的"不识宋学,则无以识汉学"的论断。此书与梁启超同名著作皆为中国学术史经典名著。

按:钱穆《中国近三百年学术史·自序》曰:"明清之际,诸家治学,尚多东林遗绪。梨洲嗣轨阳明,船山接迹横渠,亭林于心性不喜深谈,习斋则兼斥宋明,然皆有闻于宋明之绪论者也。不忘种姓,有志经世,皆确乎成其为故国之遗老,与乾嘉之学,精气鲜绝焉。""斯编初讲,正值'九一八事变'骤起。五载以来,身处故都,不窥边塞,大难目击,别有会心。司马氏表六国事,曰:'近已则俗变相类',是书所论,可谓近已矣。岂敢进退前人,自适己意?亦将以明天人之际,通古今之变,求以合之当世,备一家之言。虽不能至,心向往之。"

按:汪学群在《钱穆学术思想评传》第六、七章《清代学术研究》最后一段说:"晚清民初治清代学术思想史者,始于章太炎,有系统的研究者当推梁启超与钱穆。比较而言,梁启超治清代学术侧重宏观分析,整体把握,涉及传统学术,西学东渐的方方面面。钱穆则更多的是微观分析,重在研究传统学术与思想。梁启超的学术视野要比钱穆开阔,而钱穆的分析则比梁启超深入。梁启超主要从汉学角度来理解清代学术,过多的强调清代学术对宋学的批判与反动,对汉学的继承与发展,以及清代汉学对经学考据学的贡献。钱穆侧重从宋学的角度来诠释清代学术,强调宋学在清代,尤其是清初,仍有很大的影响。与梁启超有所不同,钱穆十分注意不同学者,学派之间的师友承继关系,以及渊源流变,侧重于他们之间来龙去脉的疏理。钱穆对清代学术史的研究晚于梁启超,无疑受梁氏的影响,尤其是早年出版的《国学概论》《论清代考据学》部分多处引用梁氏的观点,并加以发挥。后来所撰《中国近三百年学术史》更多的是发挥己见,超越梁启超,可谓后来者居上。钱穆对清代学术的研究在学术界有很大的影响,他的这方面著作是治清代学术的必读之书。"

按:卢钟锋在《钱穆与清代学术研究》之摘要中评论道:"钱穆先生的清代学术研究起步较晚,但另辟蹊径,颇具特色,卓然自成一家。其主要特点:(1)突出宋学在清代学术研究中的优先地位。他从宋学'重经世明道'的精神说明其与清代学术的渊源关系,故不知宋学则无以知汉学乃至整个清代的学术。(2)强调清朝政治在清代学术发展中的制约作用。他不仅述其然,更述其所以然。唯因清朝统治者深知'中华学术'对其统治之利害关系,所以必须加强思想文化控制,透过政治干预进行有利其统治的文化选择。(3)坚持清代学术的传统性质。他将这一时期的学术发展过程看成是汉学、宋学和今文经学三家互动的过程,尤其是汉宋两家之间离合、分争和互补、兼采的过程,而又重在'汉宋兼采',以其作为清代学术发展的基本线索。更以汉宋学术作为清代学术的基本构成。其坚持清代学术的传统性质之意甚明:而这已经涉及到对清代学术的时代性的认识。"(见台湾大学中文系《纪念钱穆先生逝世十周年国际学术研讨会论文集》,2001 年)。

　　按:楚生在《钱宾四先生〈中国近三百年学术史〉读后》的结语中说:"钱宾四先生的《中国近三百年学术史》一书,内容博大精深,所叙述的时代,上下达三百年之久,所记述的学者,也为数达数十人之多,在广袤长久的空间和时间之内,在众多的学者人物,学术思想之中,钱先生自然有他自己一贯的选择标准,叙述目的。他在史料的选择方面,有所取,有所不取,对于学者人物及学术思想的叙说方面,他也有所述,有所不述,自然有他自己的一贯目的。在学术史的发展流衍上,钱先生主要的观点,是强调清代学术,与宋明学术的关系,也强调了清代学术,在某些成份上,仍然延续了宋明学术的精神。他不赞成梁任公的意见,认为清代学术,是宋明学术的'反动'。同时,钱先生在撰写《中国近三百年学术史》一书之时,正值'九一八事变'发生不久。国难当前,巨变目击,虽在故都,犹处边塞,自然也有不少感怀之念,言外之义,借着撰写此书之时,而寄寓其旨意于过往三百年间的史事叙说之中。而有待于阅读此书的读者们去细心地抉发与阐释。"(见台湾大学中文系《纪念钱穆先生逝世十周年国际学术研讨会论文集》,2001 年)

　　按:王学典《20 世纪史学编年(1900—1949)》(商务印书馆 2014 年版)曰:"钱穆对认为清代考据学是对宋明理学的全面反动的流行观点提出了质疑,提出了清代汉学渊源于宋学的见解。在他看来,宋明理学在清代不仅没有中断,而且对清代汉学影响颇深。清代学术自晚明诸老开启,而诸老莫不浸淫于宋学。此后方苞、全祖望等也都于宋学造诣甚深。即使是汉学鼎盛的乾嘉时代,汉学诸家的高下深浅,也往往视其所得宋学之高下深浅以为判。钱著与梁启超《中国近三百年学术史》同名,都是研究清代学术史的力作。但是在具体的论述上却大相径庭。梁任公主要从清代学术对理学的反动入手进行论述,而钱穆则主要围绕清学对前朝学术的继承上加以展开。就引证广博、论述详赡、考订精审而言,钱著胜于梁著。就编撰体例、考察内容而言,钱著大体不出传统学案体的格局,以政治、哲学思想为主,较少涉及其他学科。就此而言,梁著又胜于钱著。两书一为学术思想史,一为学术史,各有千秋,并行于世,代表了清代学术史研究的两种不同风格。四十年代,钱穆又著成《清儒学案》一书,可惜后来书稿不幸落入长江,只剩一篇《序目》。"

　　钱穆 6 月在天津《大公报·图书副刊》第 185 期发表《余杭章氏学别记》,谓太炎论史大义,约而述之,可归三途:一曰民族主义之史学也,二曰平民主义之史学也,三曰文化主义之史学也。6 月,《记姚立方礼记通论》刊于北京大学《国学季刊》第 6 卷第 2 期;6 月,《饶宗颐〈魏策吴起论三苗之居辨误〉附跋》《秦三十六郡考补》刊于《禹贡半月刊》第 7 卷第 6—7 合期;《论庆历熙宁两次变政》刊于天津《益世报·读书周刊》第 105 期。7 月 15 日,钱穆参加北大教授集会,决议通电政府拥护抗战。10 月 10 日后,钱穆与汤用彤、贺麟 3 人结伴同行。自天津海行,直至香港,后北上广州。11 月底,抵达长沙。因北京大学文学院迁至南岳,随即随校迁往南岳山山腰的圣经书院旧址。冬,又与诸生结队偕行,由陆道步行赴昆明。因钱穆健行,被推为队长。行至桂林前,辞队长之职,由闻一多任之。抵桂林时,适逢年底,乃留下过新年。后游阳朔等地去昆明。(参见韩复智编著《钱穆先生学术年谱》,中央编译出版社 2012 年版;王学典《20 世纪史学编年(1900—1949)》,商务印书馆 2014 年版)

　　汤用彤 1 月发表《评〈考证法显传〉》《〈唐贤首国师墨宝〉跋》《矢吹庆辉〈三阶教之研究〉跋》于《微妙声》第 3 期。5 月,《评日译〈梁高僧传〉》《评〈小乘佛教概论〉》发表于《微妙声》第 8 期。夏,汤用彤陪同母亲消暑于牯岭,并与钱穆同游匡庐佳胜,读书著文。"七七"事变前夕,欧阳竟无召集门人于南京支那内学院设《涅槃》讲会,提无余涅槃三德相应之义,讲演对于孔佛二家学说究竟会通的看法。汤用彤、蒙文通赴南京支那内学院主持会议。10 月,汤用彤与贺麟、钱穆等人同行,在天津小住数日,取海道从天津去香港,再辗转于11月到长沙临时大学。因文学院设在南岳衡山,旋转赴南岳。12月,汤用彤在《燕京学报》第22期上发表的《中国佛史零篇》,是其佛教中国化研究具体而微的缩影。他在为该文所写的英文解说中提纲挈领地点出《零篇》所未明言的研究佛教中国化发展变迁的思路,坦陈自己对中国文化融化外来之教能力的看法,格外关注竺道生融会中印传统的历史作用,并阐明其"理为佛性"思想之演进轨迹。汤用彤对日本关于中国佛教十三宗旧说的批判性研究,于此已肇其端。是年,温公颐《道德学》一书由上海商务印书馆出版,出版前曾由汤用彤和汪三辅教授审阅,贺麟校阅并作序。(参见汤一介、赵建永编《中国近代思想家文库·汤用彤卷》及附录《汤用彤年谱简编》,中国人民大学出版社2015年版)

贺麟1月参加中国哲学会第三届年会,当选为学会常务理事,另外还兼任中国哲学会西洋哲学名著翻译委员会主任。3月,与金岳霖等发起组织逻辑学研究会。7月,抗日战争爆发。北京大学、清华大学、南开大学迁往长沙,组成"国立长沙临时大学"。在"双十节"后,贺麟与汤用彤、钱穆同行,在天津小住数日,后取海道至香港,经广州至长沙。因北京大学文学院已迁至南岳,遂又南下。(参见高全喜编《中国近代思想家文库·贺麟卷》及附录《贺麟年谱简编》,中国人民大学出版社2014年版;黄延复、钟秀斌《一个时代的斯文:清华校长梅贻琦》,九州出版社2011年版)

熊十力《佛家名相通释》2月由北京大学出版组出版,马一浮先生题签。是书经费由居正先生资助。"七七"事变发生的第二天,熊十力装扮成商人由学生刘公纯陪同,从北平城南出逃,乘运煤的货车,历尽艰辛回到武汉。是冬入川,暂居重庆。(参见郭齐勇编《中国近代思想家文库·熊十力卷》及附录《熊十力年谱简编》,中国人民大学出版社2014年版)

孟森1月10日、17日在南京《中央日报·文史副刊》第9—10期发表《王树勋案》。3月7日,在南京《中央日报·文史副刊》第15期发表《大学论》。春,北大师生集会庆祝孟森70寿辰,孟森作《香妃考实》作为答谢。4月,在禹贡学会《禹贡》第7卷第1—3期发表《水经注原公水篇诸家之订正》。6月10日,在天津《益世报·读书周刊》发表《书虬髯客传后》。同月,在北京大学《国学季刊》第6卷第2期发表《戴本水经注所举脱文衍文》;在禹贡学会《禹贡》第7卷第6—7期发表《禹贡山水泽地所在篇中之熊耳山问题》。7月1日,在天津《益世报·读书周刊》发表《袁廷祷逸事》。8月,作《海宁陈家》,以庆祝北京大学40周年纪念。文末有云:"二十六年八月十日,书于北京大学史料室。同人谓,南北消息不通,传者谓北方教授多微服出奔,属余作一文,如期出版,且证明在平之不弃所业,以示国人,故乐为之书。"以示日军虽占领北平也不能迫使他放弃学术研究。可能是这几句寓意深远的话,《海宁陈家》未能"如期出版"。直到抗日战争胜利以后,北大50周年纪念时,才将此文原稿影印出版。孟森还进修英语,写诗给朋友表达自己相信中国必胜的信心。大约在《海宁陈家》脱稿不久,日本侵略军因孟森撰有《宣统三年调查之俄蒙界线图考记》,胁迫他交出这一界线图。孟森深感屈辱,悲愤成疾。10月,就诊于协和医院。11月,满洲国总理郑孝胥至北平探望孟森病情,病中的孟森见郑孝胥到来,满腔义愤,作诗数首以斥之,一则曰:"纲常大义一手绾",再则曰:"况有春秋夷夏辨。"旧日至交,一旦投敌,则以诗刺之,毫不容情,表现了一位爱国知识分子高尚的民族气节。此后病情日重,于次年1月14日去世。(参见何龄修编《孟心史学记》,生活·读书·新知三联书店2008年版)

陶希圣继续任北京大学法学院政治系主任。1月24日,在《独立评论》第237期发表《开放党禁》。15日,在《月报》第1卷第2期发表《民族与民生》。2月1日,《食货》半月刊推出"中国社会形式发展史专号之三"。此期刊载了魏特夫格著、冀筱泉译《中国经济史的基础和阶段》,(日)加藤繁著、萧正谊译《中国社会史概述》(二),工道谦《由历史变动率说到中国田制的"循环"》等文。同月,陶希圣与武仙卿合著《南北朝经济史》由商务印书馆出版。4月9日,陶希圣应河南大学之请,作题为《青年思想之动向》的公开讲演,杨骥笔记。刊于5月15日《现代青年》第7卷第3期,题为《青年思想之动向——杨骥笔记》。文中纵观近来青年思想之潮流,分为三个阶段:(1)从最近说来,从五四运动到国民革命(民十四迄民十六)为一阶段:五四运动时的主要思潮,为自由主义,伴之流行者为社会主义;(2)从民十七到民二十又为一阶段:此时欧洲战后之恐慌已成过去,但慢性的经济恐慌随之继来,逐渐遍及于全世界。当时中国之客观条件实不足以言抗日,但中国之主观情绪却非常激昂亢进! 此种情绪之表现,即为结党之狂潮:三人一党,五人一派,青年思想之庞杂与亢进,莫此为甚。(3)从"九一八"以迄今日为另一新的阶段:"九一八"以前之思潮,为资本主义和社会主义两问题所笼罩;"九一八"以后之思潮,只有一个问题:即如何使国家从帝国主义铁蹄下解放。"所以民族主义在中国始终是第一义的。时至今日,社会主义者与世界主义者均须服从民族主义,社会主义与世界主义均以民族主义之前途为前途。此时已无世界革命与社会革命之可言;对抗民族敌人之要求,超过一切内部纠纷""中国今日自求解放之民族主义,与十七、十八世纪欧洲之民族主义,绝不相同,绝不能流为侵略弱小民族的帝国主义。故社会主义者假如攻击今日中国之民族主义,其不流于错误者几希! 中国青年思想界,对于此点已不置疑,实为中国青年最伟大的地方。"

陶希圣5月4日意外卷入北平新旧学联(分别具有国共背景)之间的一场政治冲突。但当时"新学联"在宣武门外师范大学广场召开"五四"纪念大会。"旧学联"学生到会场高唱"保卫马德里"之歌,两派学生遂生争执,"旧学联"学生受轻伤后退出会场。陶希圣登台演讲,指责左派学生高唱"保卫马德里"之歌,"显然是分裂中国,演出西班牙内战的惨剧"。事后,左派教授让"旧学联"向地方法院控诉"新学联"学生以伤害罪名,并控诉陶希圣以教唆伤害罪名。8日,陶希圣在天津《大公报》发表《残余的西班牙主义——一个忠告》反驳,并向其所谓的"在野党"(即共产党)发难,借口左派学生在五四纪念会上唱颂扬西班牙人民阵线的歌曲,诋毁中共为"残余的西班牙主义者",劝告"西班牙主义欺骗下的青年":"分裂中国,挑拨内争,决不是救国的道路。你们如果左倾,可以自由,但不要向完整的国家发挥憎恨,必使破碎而后已。"陶希圣还自撰辩诉状,以辩护人戴修瓒律师的名义发表在《世界日报》上。此事后经中共方面凯丰出面调停而平息。随后,陶希圣又在《华北日报》《小实报》上前后发表了40篇文章,与左派教授展开论战。由此进入国民党高层的视线,成为负责对外宣传工作的人选。16日,陶希圣在《独立评论》第235期发表《民主政治的一解》。陶希圣5月29日发表谈话,一方面称"在文化落后之半殖民地,及文化古老之半封建社会,如我们中国,启蒙运动自有绝大的必要";另一方面,对启蒙学会的做法提出了批评:"动辄藉诉讼对待论敌,殊少理智,又类讼师,尚不脱封建积习"。他希望在开放党禁及召开国民大会这样的背景之下,各方都能互相容忍之下,提出自己的主张,从而"一洗封建时代倾轧之风,门户之见"。6月,陶希圣在《晨光周刊》第6卷第23期发表《中国政治制度的变迁》长文,作者在最后的《结论》中指出:中国的政治组织本来很复杂,若是再简单点讲,中国的政治制度,在秦汉是三公九卿,中古时代是中书门下尚书三省对立,宋元明是二府对立。这三句话亦未尝不可概括一切。在这两千年的历史中,我们国家有一千四百年是统一的,仅中古六百年的时间是分裂割据的,若再除去隋唐一百年的统一外,那便只有五百年的分裂。由此可知,中国的历史并不是像一般历史先生那样讲的一分一合。中国也不是分久必合合久必分的国家。因为在过去经过长期的奋斗,已经把统一国的基础建筑得根深蒂固,经济上政治上足以分裂国家的因素业已完全消除了。我国是一个有历史有组织的统一国家,今日国家所有纷乱割据的情形,乃是另有外在的原因,并非我们这个民族本性是如此的。

陶希圣6月5日在《世界日报》发表《息争》,认为:"在文化落后之半殖民地,及文化古老之半封建社会,如我们中国,启蒙运动自有绝大的必要。"同时提出关于息争的三条"要义":其一,"承认自我之外还有别人";其二,"行动的容忍";其三,(在相互承认相互尊重之下的)"理论的伸张"。他并希望,学界各方人士能够"用政治的民主化倾向来化斗争为合作,不应利用这个倾向来化团结为斗争"。同月,陶希圣在《认识月刊》创刊号发表《对于目前思想文化的意见》,提出:(一)我认为对外的民族运动,有绝大的现实性;(二)在民族主义大旗之下的结合方式,应当是民主制度;(三)各党派应当领导民众,尤其是青年知识分子,走向救国家和推进社会的事业方面去;(四)在启发民智及改革社会一点上,主张文化上的启蒙运动。启蒙运动的对象是家长族长政治,绅士官僚积弊地方部落思想。启蒙运动不当以涣散国家的政治组织为主旨,反之,应当打破一切障碍国民团结的社会旧制为主。这样的启蒙运动才不致与民族运动相抵触。7月初,陶希圣应邀出席庐山"牯岭茶话会",讨论与抗日相关的问题。8月,陶希圣加入军事委员会委员长侍从室第五组,从事国际宣传工作。9月,应聘为国民参议员。10月,回武昌,在湖北省党部扩大纪念周发表演讲指出,抗战的最高目的是建设三民主义的独立统一国家。11月,随国防参议会迁往武汉。(参见陈峰编《中国近代思想家文库·陶希圣卷》及附录《陶希圣年谱简编》,中国人民大学出版社2014年版;王学典《20世纪史学编年(1900—1949)》,商务印书馆2014年版;李亮《继承五四和扬弃五四——新启蒙运动研究》,上海师范大学博士学位论文,2012年)

梁思成、林徽因6月应顾祝同之邀赴西安调查陕西西安和耀县古建筑。做小雁塔的维修计划,顺便为西安碑林工程做了设计。又对上次遗漏的西安化觉巷及大学习巷清真寺做了详细测绘。对玄奘塔、秦始皇陵等又都补作调查,并赴耀县调查药王庙。同月,赴山西调查,发现唐代建筑佛光寺及宋代永寿寺雨花宫。梁思成从陕西西安返平后即与林徽因、莫宗江、纪玉堂一起奔赴山西五台山。在五台山豆村发现佛光寺大殿,通过详尽的测绘调查,论证佛光寺建于唐大中十一年(857年),这是当时所知年代最早的中国古代木构建筑,梁思成一向所抱着的国内必有唐代殿宇的信念在此得到证实;在赴太原途经榆次时又发现了永寿寺雨花宫,经调查证实雨花宫建于宋大中祥符元年(1008年),为唐宋两代木结构过渡形式的重要实例。7月,佛光寺工作完毕后,又到台怀、繁峙、代县调查了十几处建筑,工作两天之后才听说卢沟桥战争爆发已经五天了,立即赶回北平。抗日战争爆发,北平营造学社停止工作。梁思成与朱启钤、刘敦桢协商将学社的重要资料全部存入天津英资麦加利银行保险库中。北平营造学社暂时解散。9月,梁思成夫妇带着两个孩子,和林徽因的母亲离开北平,经湖南、贵州等地,历时4个月,于1938年1月到达云南昆明。途中林徽因患肺炎,从此林徽因的健康状况时好时坏,一直没有恢复。(参见林洙、楼庆西、王军《梁思成年谱》,《建筑史学刊》2021年第2期"梁思成及营造学社前辈纪念专刊";中国大百科全书总编辑委员会《中国大百科全书·考古学》,中国大百科全书出版社2002年版)

周作人1月1日在《宇宙风》第32期发表《二十五年我的爱读书》。2月11日,作《明朝之亡》,刊于3月16日《宇宙风》第37期,文章介绍了清代山阴胡介祉著《茨村咏史新乐府》,

谓"《咏史新乐府》六十首通读一过,很有感慨,觉得明朝这一个天下丢掉也很不容易,可是大家努力总算把他丢了,这些人里边有文武官员,有外敌,有流寇,有太监,有士大夫,坏的是阉党,好的是东林和复社之类。因为丢得太奇怪了,所以又令人有滑稽之感"。3月,《瓜豆集》由上海宇宙风社出版,收1936年下半年所写的散文33篇;张均编《周作人代表作选》由上海全球书店出版,共收散文70篇。春,周作人列名于《鲁迅全集》编辑委员会。鲁迅逝世后,鲁迅先生纪念委员会决定依照鲁迅手定的《三十年集》目录,加上翻译作品及早期著作,编成20巨册,刊行全集。成立《鲁迅全集》编辑委员会,成员包括蔡元培、周作人、许寿裳、台静农、沈兼士、茅盾、许广平等。推许广平总其成。1938年4月《鲁迅全集》编好,由蔡元培写序,由胡愈之主持的复社承印出版。在《鲁迅全集》编辑过程中,周作人除提供了《会稽郡故书杂集》手写本外,并未做其他实际工作。4月18日,作《谈俳文》,刊于《文学杂志》第1卷第2期,文中介绍了日本俳谐体的文章,略述了其起源与变迁。3—4月间,参加《鲁迅年谱》的起草工作,负责第1期,即民元以前用阴历记载的一部分。

　　按:据许广平在《〈鲁迅年谱〉的经过》中说:"自从鲁迅先生逝世之后,许多海内外人士,都很关心他的生平,而除了从《自传》中略知一二外,实在有无从探讨之感。恰好在鲁迅先生逝世两三个月之后,一部分文化同人希望出一本纪念集,商量编辑大纲的时候,一致认为应该有一个年谱,而预算是在半周年纪念就刊印成书,于是一面急请许先生(寿裳)设法就商于北平作人先生,一面在上海整理逝世后一切报章杂志所搜集的纪念文字。"(张菊香、张铁荣主编《周作人年谱》,南开大学出版社1985年版)

　　周作人5月参加《文学杂志》编委会。为了重振京派,胡适和杨振声等人在1937年筹办了一个《文学杂志》,组成了一个8人编委会,其中有杨振声、沈从文、周作人、俞平伯、朱自清、林徽因和朱光潜等人。6月28日,作《关于看不懂——致适之》,刊于7月4日《独立评论》第241期。先是在6月初,在《独立评论》第238号"通信"栏内,梁实秋以"絮如"的笔名发表了《看不懂的新文艺》,批评了当时一些写现代派诗文的作家"走入了魔道,故意作出那种只有极少数人、也许还没有人能懂的诗与小品文"。同期,胡适在"编辑后记"中,也就此问题发表了一些支持梁实秋的意见,与当时邵洵美、卞之琳等人的观点形成对立。周作人在《看不懂的新文艺》中,以折中调和的姿态,分析了对新文艺看不懂有两方面,"不可混合在一起,即一是文艺的,二是教育的""对晦涩作家的体谅与责备我都赞同";并顺带对当时定于一尊的文艺批评界婉转地提出了批评,表示希望:"最好的是教育家与文艺家各自诚意的走自己的路,不要互相顾虑,不要互相拉扯。"约在"七七"事变前后,郑振铎离开北平前,曾和周作人谈过一次话,郑振铎劝他,有必要的时候,应该离开北平,周作人不以为然。周作人说,和日本人作战是不可能的,人家有海军,没有打,人家已经登岸来了。我们的门户是洞开的,如何能够抵抗人家?郑振铎说:不是我们去侵略日本。如果他们一步步的逼进来,难道我们一点也不加抵抗吗?周作人没有答话。周作人持的是"必败论",这正是他后来投敌附逆的思想缘由之一。

　　按:郑振铎《忆周作人》(《周报》1946年1月12日版,第19期)说:"'七七'以后,我们在南方的朋友们都十分地关心着他。许多人都劝他南下。他说,他怕鲁迅的'党徒'会对他不利,所以不能来。这完全是无中生有的托辞。"

　　按:据舒芜《忆台静农先生》(《新文学史料》1991年第2期)回忆:台静农曾对他说:"抗战初,北京危机的时候,有人劝周作人赶快逃出北京到上海去,周作人说:'我去上海作什么?那里是人家的地盘。'所谓'人家',大概指左翼作家,也可能兼指鲁迅,尽管那时鲁迅已经逝世了。"

　　按:据周建人《鲁迅和周作人》(《新文学史料》1983年第4期)回忆:"鲁迅去世后,中日关系更为紧张,好心的朋友关心周作人的安危。冯雪峰对我说过,他看过周作人的《谈龙集》等文章,认为周作人是中国第一流的文学家,鲁迅去世后,他的学识文章,没有人能相比。冯雪峰还认为,要让周作人接触进步力量。并隐约表示,他自己颇有意去接近周作人,希望我能作为媒介。有人也对我说,生物学家秉志,由上海一家工厂养着。像周作人这样的文学家,只要肯到上海来,生活完全不成问题,可能商务印书馆或其他书局,都愿意养他的。我想起这与鲁迅生前讲过周作人不如来南方安全的话,正是不谋而合,于是,就写了一封信,恳切地劝他来上海。然而,没有得到他片言只字的回音。于是,我们就断绝了往来。"

按:据俞芳《谈谈周作人》(《鲁迅研究动态》1988年第6期)回忆:"'七七事变'前后,太师母曾对俞藻说,'我真为老二担心,现在报纸上登载教育界开会的消息,很少有他的名字,恐怕他对抗战的态度不坚决……'俞藻还说,太师母说这些话时,心情是很沉重的。""'七七事变'后,周作人看到同事们扶老携幼,纷纷离开北平,思想上也一度犹豫过。待和信子等人一谈,立即遭到反对,他们都不赞成离开北平,认为北平有众多的'日本朋友',即或日军打进北平城,也不会难为周作人和他的家属的。'平安无事,一动不如一静'。"

周作人8月6日作致陶亢德信,信中说北京大学南迁时自己未能离平南下的原因是:"舍间人多,又实无地可避,故只苦住……且看将来情形再说耳。"20日,作致陶亢德信,信中仍谓:"寒家系累甚重,交通又不便,只好暂苦住于此,绍兴亦无老屋可居,故无从作归计也。"23日,郭沫若写《国难声中怀知堂》,载8月30日《逸经·宇宙风·西风非常时期联合旬刊》第1期。文中对"苦住在敌人重围中"的周作人表示了深切的关注。文章提到:"有人造他的谣言,说他花了九千块钱包了一架飞机,准备南下。""其实这'谣言'我倒希望它不是谣言才好。九千块钱算得什么……然而,我们如损失了一个知堂,那损失是不可计量的。"文章热切地希望周作人"飞到南边来",说:"假使得到他飞回南边来,我想,再用不着要他发表什么言论,那行为对于横暴的日本军部,对于失掉人性的自由而举国为军备狂奔的日本人,怕已就是无上的镇静剂吧。"郭沫若的文章实际上代表了文艺界许多人士对留住在敌人重围中的周作人的担心和关切。26日,周作人作致陶亢德信,信中再次声称:"弟以系累甚重,家中共有九人,虽然愚夫妇及小儿共只三人,未能去北平,现只以北京大学教授资格蛰居而已,别无一事也。"并放言他绝不当汉奸:"有同事将南行,曾嘱其向王教长、蒋校长代为同人致一言,请勿视留北诸人为李陵,却当作苏武看为宜。此意亦可以奉告别位关心我们的人,至于有人如何怀疑或误解殊不能知,亦无从一一解释也。"10月9日,致陶亢德信,信中说:"近来拟继续翻译希腊神话,却尚不知能否换得若干钱来耳。南方无处可归,北大至今不闻有正式办法,教授留平者尚有三十许名,正在翘首以待校长之命令也。"25日,复陶亢德明信片一张,谓读郭沫若《国难声中怀知堂》后,"且感且愧,但亦不敢不勉耳"。

周作人11月8日为鲁迅手写的《游仙窟》作跋云:"豫才勤于抄书,其刻苦非寻常人所及,观此册可见一斑。唯此刻无间贤愚,多在膜拜文艺政策,矛尘独珍藏此一卷书,岂能免于宝糠瓠之讥哉!"29日,往北池子北京大学教授孟心史宅,参加北京大学留平教授会议。据周作人回忆:"孟先生已经卧病,不能起床,所以在他的客房里作这一次最后的聚谈,可是主人也就不能参加谈话了。随后北大决定将孟心史、马幼渔、冯汉叔和我四人算作北大留平教授,每月寄津贴费五十元来。"约12月,因北京大学南迁,周作人未随校南下,仍留北平,想以译书为业,遂去找原由胡适之所主持的中华教育文化基金董事会编译委员会。因胡适不在北平,会里的事由秘书关琪桐代理,说妥周作人每月交译稿2万字,付费200元。周作人决定并开始翻译希腊阿波罗多洛斯所著神话《书库》。年底,北京大学第二院,即理学院的保管职员走来找周作人,说日本宪兵队派人去看,叫两天内让出该院。其时,北大留平教授孟森已病笃，马裕藻不愿管事，遂由周作人与冯祖荀出名具函去找伪临时政府教育部长汤尔和，由其当夜去与日本宪兵队长谈判，北大二院得以保全。后周作人以此为自己的汉奸行为辩护。（参见张菊香、张铁荣主编《周作人年谱》，南开大学出版社 1985 年版）

朱光潜 1 月 1 日在天津《大公报·文艺》第 276 期发表《"舍不得分手"》，对曹禺《日出》提出商榷意见，同期还刊载了茅盾、沈从文、谢迪克、巴金等的评论文章。20 日，朱光潜在北平《大众知识》第 1 卷第 7 期"文艺"栏发表《眼泪文学》，针对巴金评论《雷雨》一篇文章中提到"流过四次泪"等语，认为"能叫人流泪的文学"也即"眼泪文学""不一定就是第一等的文学"，希望"作者们少流一些眼泪，多写一些真正伟大的作品"。4 月 4 日，朱光潜在《大公报》发表《中国思想的危机》。文章对中国旧思想的因袭性、保守性进行了批判，同时也分析了中国思想运动的发展困境。"中国知识阶级在思想上现在所能走的路，只有两条，不是左，就是右，绝没有含糊的余地………我们中间有许多人感到这种不能不站在某一边的严重性是一种压迫"。朱光潜的文章立刻引起许多共鸣，狄超白、沈于田（胡绳）对此还进行了激烈争论。20 日，狄超白在上海《新学识》第 1 卷第 6 期发表《如何消泯思想上的对峙》，认为对于思想界左右对峙的现状"应当做思想统一的工作"。沈于田则对朱光潜和狄超白两人的观点都不完全赞同，认为"思想的各种各样并不是危机，倘若任何一派思想要靠政治力量和武力来强迫地灌输到民众中去，使他们盲目地信仰，那才是危机"！任白戈后来也发表了自己的意见，就思想与信仰、自由与统一等问题做了各自的探索。

按：任白戈《中国思想的危机何在？》、狄超白《如何消泯思想上的对峙》、沈于田《我对于现阶段中国思想的意见》，均收入夏征农所编《现阶段的中国思想运动》，一般书店 1937 年版。

朱光潜 4 月与巴金发生争论。4 月 20 日，巴金在《中流》半月刊第 2 卷第 3 期发表《向朱光潜先生进一个忠告》，文章针对朱光潜的《眼泪文学》，谓"流泪"是"人类感情的自然流露""不是可耻的事"，认为"叫人流泪的作品不一定就是好作品，但是'第一等文学'也无妨叫人流泪"。另又在指出朱光潜《眼泪文学》及美学论著中的某些错误后，提出"忠告"，"希望他把他的全部著作收回，请他的朋友或者他的学生仔细修改后再来问世"。22 日下午，朱光潜作《诗与散文》讲演。5 月，朱光潜在《大众知识》第 1 卷第 12 期发表《答复巴金先生的忠告》，用讽刺口吻指出巴金"忠告"一文系"存心诬蔑"。文中对《眼泪文学》引起巴金"生气"一事，表示"道歉"；为《最后的晚餐》系油画又作了考证，最后指出："寻找和攻讦别人的错过永远不能成就你的伟大。"5 月 1 日，朱光潜主编的《文学杂志》月刊创刊，朱光潜、杨振声、沈从文、周作人、俞平伯、朱自清、林徽因等人任编委。朱光潜《作者自传》（《朱光潜美学文集》第一卷，上海文艺出版社 1982 年版）谓"当时正逢'京派'和'海派'对垒。京派大半是文艺界旧知识分子，海派主要指左联。我由胡适约到北大，自然就成了京派人物，京派在'新月'时期最盛，自从诗人徐志摩死于飞机失事之后，就日渐衰落。胡适和杨振声等人想使京派再振作一下，就组织一个八人编委会，筹办一种《文学杂志》。编委会之中，有杨振声、沈从文、周作人、俞平伯、朱自清、林徽因等人和我。他们看到我初出茅庐，不大为人注目或容易成为靶子，就推我当主编。……《文学杂志》尽管是京派刊物，发表的稿件并不限于京派，有不同程度左派色彩的作家如朱自清、闻一多、冯至、李广田、何其芳、卞之琳等人，也经常出现在《文学杂志》上。杂志一出世，就成为最畅销的一种文艺刊物"。

按：为了重振京派，朱光潜、杨振声等人在 1937 年筹办了一个《文学杂志》，组成了一个 8 人编委会，其中有杨振声、沈从文、周作人、俞平伯、朱自清、林徽因和朱光潜等人。朱光潜被推举为主编。《文学杂志》正式创刊于 1937 年 5 月,由商务印书馆出版,朱光潜为第 1 期写了发刊词,主张文艺自由独立。出至第 4 期后停刊。1947 年 6 月 1 日出版复刊号第 2 卷第 1 期,1948 年出版至第 3 卷第 6 期后停刊。

朱光潜 5 月 11 日以"孟实"之名在北平《晨报·风雨谈》发表《读〈论骂人文章〉》,又载《中流》半月刊第 2 卷第 6 期,文中不点名地批评巴金的《向朱光潜先生进一个忠告》是一种"狗血喷头的痛骂",认为"骂"只能浪费"时间和精力",并表示"心里的醋意",又反驳巴金认为《最后的晚餐》是粉画的观点,指出那是油画。6 月 4 日,朱光潜在《北平晨报》发表《从北平文化界的纷争谈到政治家的风度》,以"站在客观地说良心话"的态度,对杨立奎等人"离事实造罪名,学泼妇作谩骂"的做法表示不屑的同时,对启蒙学会一方也有含蓄批评,表示此次冲突显示双方"意见很深",因而双方的隔阂"不是一次文化界的息争运动所能完全化除"。20 日,巴金在《中流》半月刊第 2 卷第 7 号发表《给朱光潜先生》,以嘲讽笔调指出孟实和朱光潜实为一人,是朱以"学者绅士"和"市井无赖"的口吻作的文章,属有"变态心理"的"两重人格"。又援引《大英百科全书》和《万国百科全书》中有关内容证明《最后的晚餐》"不是油画",进而对朱要"青年在'图书馆里困坐数十年'以后再来谈思想""见到一二外国人的著作就奉为至宝""信口雌黄",并以此"把毒汁注射进青年的纯洁的头脑的言论",进行辛辣的讽刺和批评;点明辩论《最后的晚餐》是否油画问题,目的是不让"自命学者"的"不学无术的人""把青年……引进迷途"。7 月 28 日,北平沦陷。8 月 13 日,朱光潜与杨振声、沈从文等从北平乘火车到天津,再从天津乘船到烟台,从烟台转车到济南,再由济南乘火车到南京。朱光潜到南京中央医院看望胡适,听取胡适关于时局的意见后,决定接受四川大学之聘,遂由南京到上海,从上海赶赴四川。9 月 19 日,在《大公报》发表《改善大学入学考试的建议》。同月,应四川大学代理校长张颐之聘,任四川大学文学院院长兼英文系主任。(参见宛小平《朱光潜年谱长编》,安徽大学出版社 2019 年版;姜建、吴为公编《朱自清年谱》,安徽教育出版社 1996 年版;唐金海、张晓云《巴金年谱》,四川文艺出版社 1989 年版;陈亚杰《当代中国意识形态的起源》,新星出版社 2009 年版;李亮《继承五四和扬弃五四——新启蒙运动研究》,上海师范大学博士学位论文,2012 年)

梁实秋 7 月 15 日在《月报》第 1 卷第 7 期发表《中央与地方之关系》,对地方政府借"民主"的幌子来对抗中央,从事分裂的行为进行了严肃的批判,认为"民主不应该成为分裂的护身符,恰似统一不应该做为独裁政治的护身符一样"。积极要求地方政府服从中央统一调度,减少政府的内耗;在军事上,国民政府应该集中统帅权。不能以区域来划分部队,在军饷和物资补给上,各部队都应一视同仁,造成作战部队之间互生龃龉,影响一致对外。同月,梁实秋参加蒋介石与汪精卫联合召开的庐山学界名流谈话会,会议未完返京。然后辗转赴长沙临时大学。9 月 16 日,梁实秋与冯友兰、陈岱孙、饶毓泰、杨石先、赵迺抟、方显廷、吴有训、顾毓琇等 9 人被长沙临时大学常务委员会第一次会议推定为直属常委会之临时大学图书设计委员会委员。是年,梁实秋开始写作《雅舍小品》,以抗日战争为背景,关注日常人生,用平凡的题材表现不平凡的思想意义。在人生态度和艺术风格上,大致继承 30 年代"论语派"的余绪,以达士情怀苦中寻乐、苦中作乐,但善于用亦庄亦谐的喜剧化笔触表达爱国情怀。(参见万直纯《梁实秋年谱》《阜阳教育学院学报》1994 年第 3—4 期;任伟《1928—1937 年中国的自由主义运动——以梁实秋为观察角度》,厦门大学硕士论文,2011 年;蔡仲德编撰《冯友兰先生年谱长编》,中华书局 2014 年版)

郑天挺 3 月在《国学季刊》第 6 卷第 1 号发表《多尔衮称皇父之臆测》。文中运用明清大库档案等资料,指出清初之"叔王"为"亲王"以上之爵秩,"皇父摄政王"是当时最高爵秩,为酬报功勋亲王的，多尔衮即因此由"亲王""叔父摄政王"，进而尊为"皇父摄政王"。多尔衮称"皇父摄政王"既由于"左右之希旨阿谀"，又"源于满洲旧俗"，"决无其他不可告人之隐晦原因"。该文发表后颇有影响，时人评价该文"以最习见的材料，得出最公允的结论"。11 月17 日，郑天挺、罗常培、陈雪屏、罗膺中、魏建功、邱椿、赵迺抟传、周作人（经济系教授，非鲁迅之弟）、王霖之、包尹辅等北京大学教授离开北平，转道南下长沙临时大学。（参见王学典《20 世纪史学编年（1900—1949）》，商务印书馆 2014 年版）

魏建功升任北大中文系教授。7 月，手书《鲁迅先生旧体诗存》长卷完成。当时台静农应约由青岛来平商讨出版《鲁迅全集》事住魏建功家。同月，卢沟桥事变爆发，许广平不能北上，台抄《诗存》副本一份南下。行前受魏委托在南京找胡适谈北大前途问题，胡以隐语来信劝北大同人留平教书。28 日，日军入城，北大停课，学生离校。10 月，北大、清华、南开三校在湖南组成长沙临时大学，派课业长樊际昌北上接教授南下。11 月，只身离家，与罗常培、郑天挺等结伴南下经香港转道广西乘汽车入湘。12 月中旬，到达长沙，随即转赴南岳分校（文学院址）授课。是年，论文《辽陵石刻哀册文中之入声韵》连载于《世界日报·国语周刊》，论文《汉字局部改造问题——简体字表、简体字典和标准行书述评》发表于《读书周刊》，纪念文章《歌谣收集十五年》发表于《歌谣》第 5 卷第 1 期。（参见曹达《魏建功年谱》，《文教资料》1996 年 5 期）

罗常培专任北京大学教职，中央研究院改聘他为通讯研究员。5 月，《武尔披齐利的中国音韵学述评》刊于《中央日报·文史》第 25—26 期。"七七"事变后，除了同以郑天挺为首的一些教授维持北大残局外，加紧进行自己的研究工作，赶写《临川音系》，以工作来排解忧烦。罗常培说："故都沦陷之后，是否还应该每天关在屋里埋头伏案地去做这种纯学术研究？这件事的事非功罪颇不容易回答。可是当时我在想，我既不能立刻投笔从戎，效命疆场；也没机会杀身成仁，以死报国，那么，与其成天的楚囚对泣，一筹莫展，何如努力从事自己未完成的工作，藉以镇压激昂慷慨的悲怀？假如能在危城中奋勉写成几本书……自觉对得起自己，对得起学校，对得起国家！"这段话表露了一个爱国知识分子的悲愤和执著的敬业精神。10 月中旬，罗常培与郑天挺、魏建功等结伴南下，乘汽车离开北平，从海路到香港，绕道梧州转赴长沙临时大学。12 月中旬，到达设在南岳的文学院，任国立长沙临时大学中国文学系教授，立即开课。是年，与赵元任、李方桂合译瑞典高本汉著《中国音韵学研究》脱稿，至 1940 年初版，1948 年再版，1994 年缩印第一版。论文《音标的派别和国际音标的来源》刊于《东方杂志》第 34 卷第 1 期；《绩溪方音述略》载北京大学出版部排印本。（参见《罗常培文集》编委会编《罗常培文集》第 10 卷及附录《罗常培年表》，山东教育出版社 2000 年版）

曾謇继续任职于北京大学经济研究室。5 月 16 日，在《食货》第 5 卷第 10 期发表《三国时代的社会》。作者详细考察了三国时代的社会情形，认为"三国时代是一个社会经济政治的剧乱时代。经过这一个时期，秦汉的社会转入于两晋南北朝中古的封建社会。在东汉，社会经济虽已经陷入于动乱的状态中，但至汉末三国这个时期才以显明的姿态暴露出来，两晋南北朝的社会虽然已即于典型的封建形态，但其主要转移时代，是在三国至东晋的这一阶段，所以三国及其前后的期间，恰是个社会转化的枢纽"。（参见苏永明、孔艳晓《曾謇中国社会经济史研究初探》，载《兰台世界》2016 年第 1 期）

容肇祖由于拒绝接受入教会才能升正教授规定，辞去辅仁大学教职。应胡适之聘任北京大学哲学系副教授。6 月，容肇祖在《燕京学报》第 21 期发表《〈商君书〉考证》，认为《商君书》除首尾两篇为后加入外主体大约"成于秦昭王晚年之时"，其内容是说"变法和法治的"，该书出现"十余年后,遂产生变法及法治主义的大家韩非。又十余二十年后,又有依着韩非的理想去实行的李斯",到了汉武帝建元元年丞相卫绾认为"申、商、韩非、苏秦、张仪之言,乱国政",奏请罢黜获准后,"从此商韩的法治主义便少人注意了"。7月29日北平沦陷后,容肇祖随校南迁,先后在湖南南岳、云南蒙自、昆明西南联合大学哲学系任副教授。11月,容肇祖以当时文学院19位教授作打油诗数首,套射住在停云楼的文学院各人。

按:见柳无忌《南岳日记》(《柳无忌散文选·古稀话旧》,中国友谊出版社公司1984年版);冯阑雅趣竟如何(冯友兰);闻一由来未见多(闻一多);性缓佩弦犹可急(朱佩弦);愿公超上莫蹉跎(叶公超);鼎沉雒水是耶非(沈有鼎);秉璧犹能完莹归(郑秉璧);养士三千江上浦(浦江清);无忌何时破赵围(柳无忌);从容先着祖生鞭(容肇祖);未达元希扫虏烟(吴达元);晓梦醒来身在楚(孙晓梦);皕岚依旧听鸣泉(罗皕岚);久旱苍生望岳霖(金岳霖);谁能济世与寿民(刘寿民);汉家重见王业治(杨业治);堂前燕子亦卜孙(燕卜荪)(此绝为冯友兰作);卜得先甲与先庚(周先庚);大家有喜报俊升(吴俊升);功在朝廷光史册(罗廷光);停云千古留大名。(参见东莞市政协编《容庚容肇祖学记》,广东人民出版社2004年版;姜建、吴为公编《朱自清年谱》,安徽教育出版社1996年版;王学典《20世纪史学编年(1900—1949)》,商务印书馆2014年版)

傅安华上半年继续就读于北京大学历史系。3月8日,在《食货》第5卷第6期发表《关于奴隶社会理论的几个问题》,认为从原始社会到奴隶社会、封建社会是历史发展的必然法则,奴隶社会时期的商业资本基础薄弱,自然经济仍占主导。6月,傅安华从北京大学毕业,抗战爆发后赴西安,创办宣传抗战的《烽火》杂志,并先后任职于《西京平报》、国民党中央军校七分校和雍兴纺织公司,开始西北经济地理专题研究。(参见王学典《20世纪史学编年(1900—1949)》,商务印书馆2014年版)

陈寅恪阅2月8日《国闻报》第14卷第7期所载邓广铭《〈辛稼轩年谱,稼轩词疏证〉总辨正》一文,甚赏其文,初不知作者为谁。春,陈寅恪至故宫博物院,见清德宗所阅旧书中,有油污之《事务学堂章程》一册。归以奉告散原老人,因得闻往日故事。4月,陈寅恪在《清华学报》第12卷第2期发表《逍遥游向郭义及支遁义探源》。文章旨在考证向秀、郭象与支遁两种"逍遥义"的"之何所从出",认为向秀、郭象等人关于《逍遥游》的解释"不能不受当时人物才性论之影响",而支遁之"新义"则受惠远、道安等人"旧之格义"。此文篇幅不长,是关乎庄子研究领域以及魏晋玄学研究的重要文章,为汤用彤、唐长孺等人推崇。7月,陈寅恪在《清华学报》第12卷第3期发表《论李怀光之叛》。文中考证由李晟率领的中央军"神策军"和李怀光领导的地方军"朔方军""赐粮之不均",作者并指出"怀光之所以能激变军心,与之同叛者,必别有一涉及全军共同利害之事实,足以供其发动,不止其个人与卢杞之关系而已,故神策军与朔方军禀赐之不均要为此大事变之一主因"。余英时认为,此文虽是论李怀光之叛,实际是在说张学良发动的西安事变。此文的另一特点是陈氏运用心理分析的方法来解释李怀光为何从功臣转变为叛将的原因。9月14日,陈寅恪父亲陈三立逝世于北平,享年85岁。

陈寅恪10月得知清华大学校长梅贻琦电命该校诸教授皆赴湖南长沙,但约在此时,其右眼因视网膜剥离而失明。11月3日,陈寅恪、毛子水、袁复礼等离北平南下。陈寅恪等人经天津、青岛、济南、徐州、郑州多地辗转,于该月20日晚抵达长沙临时大学,并随即开始授课。同月,陈寅恪在《历史语言研究所集刊》第7本第3分发表《府兵制前期史料试释》。作者决定选择有关府兵制"前期最要之史料",进行考释,以纠正当时学界的一种错误倾向,即"于时代至先后往往忽略,遂依据此制度后期即唐代之材料,以推说其前期即隋以前之事实,是执一贯不变之观念,以说此前后大异之制度也"。文章最后得出结论,认为"府兵制之前期为鲜卑兵制,为大体兵农分离制,为部酋分属制,为特殊贵族制;其后期为华夏兵制,为大体兵农合一制,为君主直辖制,为比较平民制。其前后两期分划之界限,则在隋代。周文帝苏绰则府兵制创建之人,周武帝隋文帝其变革之人,唐玄宗张说其废止之人,而唐之高祖太宗在此制度创建变革废止之三阶段中,恐俱无特殊地位者也"。

按:此文被认为在魏晋南北朝研究领域有"发凡起例之功",后略微修改增加成为《隋唐制度渊源略论稿》之"兵制"章。何兹全1962年发表的《读〈府兵制度考释〉书后》,认为陈寅恪此文过度强调了府兵制鲜卑部落兵制这一渊源,而忽略了魏晋以来汉族皇朝乃至十六国北方各族统治时期兵制的另一个渊源。(参见卞僧惠《陈寅恪先生年谱》,中华书局2010年版;王学典《20世纪史学编年(1900—1949)》,商务印书馆2014年版)

冯友兰1月6日下午3时出席聘任委员会会议。4时,出席第一二〇次评议会。22日,离北平赴南京。23日,抵达南京。24日上午9时,在中央大学致知堂出席中国哲学会第三届年会。27日下午,仍在中山院出席哲学年会,听中国哲学会理事会报告,选举第二届理事会、编委会,讨论会务及提案。冯友兰当选为常务理事并连任编委会主任。常务理事尚有金岳霖、祝百英、汤用彤、宗白华,理事尚有方东美、黄子通、全增嘏、张东荪、贺麟、胡适、林志钧、汪奠基、何兆清、黄建中。编委与上届同。又新成立中国哲学会上海分会,由全增嘏、傅统先负责。月底,冯友兰返回北平。同月,冯友兰在《清华学报》第12卷第1期发表《中国政治哲学与中国历史中之实际政治》,指出虽然随着历史研究的进步,人们已经改变了三代以上为"完全黄金时代",三代以下"完全为一堕落时期"的观念,但是有些人却又被"另一种见解所囿",即"先秦哲学所化诸古代之理想,与历史多完全无关。中国历史上中人之行事,与中国哲学中所提倡之理想,大部分全不相干"。作者认为,若依这种见解,"历史与实际,完全成为两橛",故他认为"各种政治社会哲学,对于实际政治或社会,并非外来硬加之物。某种政治社会哲学即所以说明某种实际的政治或社会之纯形式,某种实际的政治或社会之存在,亦必依某种政治或社会哲学,为其理论的根据,二者'相依为命',有不可分之关系";罗根泽编著的《古史辨》第6册出版,冯友兰为之作序,说"《古史辨》是中国近来疑古文献的大成",并就信古、疑古与释古阐明了自己的观点,认为疑古是审查史料,释古是将史料融会贯通,无论疑古或释古,都是中国史学所需要,无所谓孰轻孰重。

按:冯友兰在《古史辨·序》中说:"我曾说过中国现在之史学界有三种趋势,即信古、疑古、及释古。就中信古一派,与其说是一种趋势,毋宁说是一种抱残守缺的人的残余势力,大概不久即要消灭,对于中国将来的史学也是没有什么影响的。""疑古一派的人,所作的功夫即是审查史料。释古一派的人所作的工夫,即是将史料融会贯通。就整个的史学说,一个历史考完成,必须经过审查史料及融会贯通两阶段,而且必须到融会贯通的阶段,历史方能完成。但就一个历史家的工作说,他尽可只作此两阶段中之任何阶段,或任何阶段中之任何部分。任何一种的学问,对于一个人,都是太大了。""由此观点看,无论疑古释古,都是中国史学所需要的,这其间无所谓孰轻孰重。"

冯友兰2月8日出席第一二二次评议会。会议追认梅贻琦在湘所购夏家冲救济院及县教育局田地。18日下午4时,在后工字厅出席2月份教授会,会议听取梅贻琦关于在长沙等处设置研究机关、叶企孙辞去理学院院长及另聘吴有训担任理学院院长等情况后,选举叶企孙为评议员,又选举毕业成绩审查委员会委员,朱自清等5人当选。15日下午6时,出席第一二四次评议会。会议由潘光旦主持,审议留美公费生申请延期案。同月,《哲学与逻辑》刊于《哲学评论》第7卷第3期。3日晚8时,出席第一二六次评议会,听梅贻琦报告在湘视察情况。19日下午4时,出席第一二八次评议会。会议讨论并通过先生及潘光旦、吴有训、陈岱孙、施嘉炀拟订审查标准详加审查之本届教授教员助教休假研究计划。22日,朱自清来信,谈请中文系教授王力暂缓休假事。24日,参加梅贻琦茶会。在座除清华教授外,还有外宾多人。25日,参加清华校庆26周年活动。28日下午3时,出席第七十七次校务会议。梅贻琦校长报告部方对各校联合招生之最近意向后,会议继续讨论职员类别问题。下旬,《清华廿六周年纪念感言》刊于《清华周刊》第46卷第3期。

冯友兰5月3日在《申报》发表《教青年认识祖国》。6日下午4时,在后工字厅出席教授会。梅贻琦报告与北大联合招生问题后即散会,改请陈博生即席讲演日本近况。与朱自清商谈闻一多请求聘任郭沫若事,未作决定。15日、22日,与孙道升合写《怎样研究中国哲学史》刊于《出版周刊》第233—234期。此文认为怎样研究中国哲学史,是指怎样研究客观的、不成文的中国哲学史,其方法有六:(一)钻研西洋哲学,(二)搜集哲学史料,(三)详密规划迹团,(四)探索时代背景,(五)审查哲人身世,(六)评述哲人之哲学。20日下午4时,出席聘任委员会会议,会议决定杨业治、邵循正升任教授。30日,致函陈垣,推荐黄建中往辅仁大学任教。6月6日朱自清来信谈为中文系教师浦江清加薪事。13日,冯友兰致函陈垣,推荐黄曦峰往辅仁大学经济系任教。17日下午,访俞平伯。22日,朱自清来信,谈因中文系教学与闻一多研究需要加聘助教事。25日,朱自清来信,谈继续聘用唐兰、赵万里为中文系讲师事。28日中午,访吴宓。29日,冯友兰往吴宓宅送教育部公函,拟荐吴宓至德国Frankfurt am Main之中国学院任教授。7月初,冯友兰与梅贻琦、吴有训、潘光旦、顾毓琇、陈岱孙、萧公权、陈之迈、沈仲端、张奚若、浦薛凤等同时收到蒋介石召集之庐山座谈会邀请柬,冯友兰被安排在第二批。8日傍晚,俞平伯来访。8月16日,俞平伯来访。22日午饭后于图书馆阅报,遇吴宓。同月,在清华参加护校。

按:据冯友兰回忆:当时护校心境:"从这个时候起,一直到我们南迁,清华园完全成了一片真空。我们参加校务会议的这几个人,还住在清华,说的是要保护学校。我在图书馆内对图书馆的工作人员说:中国一定会回来,要是等中国回来,这些书都散失了,那就不好,只要我们在清华一天,我们就要保护一天。"(《三松堂全集》第1卷,中华书局2014年版)"有一个夜晚,吴正之(有训)同我在清华园中巡察,皓月当空,十分寂静,吴正之说,'静得怕人,我们在这里守着没有意义了。'我忽然觉得有一种幻灭之感。……后来我读到清代诗人黄仲则的两句诗:'如此星辰非昨夜,为谁风露立中宵',我觉得这两句诗所写的正是那种幻灭之感。我反复吟咏,更觉其沉痛。"(《三松堂全集》第10卷,中华书局2014年版)

冯友兰、陈岱孙、梁实秋、饶毓泰、杨石先、赵迺抟、方显廷、吴有训、顾毓琇等9人9月16日被长沙临时大学常务委员会第一次会议推定为直属常委会之临时大学图书设计委员会委员,由陈岱孙负责召集。28日,临时大学常委会第二次会议推定冯友兰及梅贻琦、樊际昌、黄子坚、潘光旦、吴有训、陈岱孙、顾毓琇、饶毓泰(未到校前由曾昭抡代)、叶公超、张子樱、杨石先、方显廷为课程委员会委员,由梅贻琦召集。10月5日,冯友兰、朱自清、叶公超、刘崇鋐等被长沙临时大学常委会第五次会议推定为各学系教授会主席,负责各该系课程编制、工作分配及设备筹划等事宜。文学院四系的各教授会主席分别为中国文学系朱自清、外国语文系叶公超、历史社会学系刘崇鋐、哲学心理教育学系冯友兰。8日,梅贻琦宣布文学院设于湖南南岳圣经学校。11日,朱自清来访,商谈迁南岳事。15日,临时大学常委会第十一次会议正式决定,因长沙校舍不敷分配,文学院设于南岳圣经学校。25日,出席长沙临时大学开学典礼。下午朱自清、闻一多来下麻园岭访冯友兰。28日,文学院各系教授会主席合组文学院院务委员会,推举朱自清为召集人。11月2日,在下麻园岭出席清华为文学院教师饯行之宴会。3日，与朱自清、闻一多、陈梦家、叶公超、金岳霖、吴俊升、罗廷光、周先庚、燕卜荪、罗皑岚、柳无忌等10余人坐长途汽车自长沙抵南岳，住停云楼。11月上旬，冯友兰开始写《新理学》。19日，文学院开始上课，教授共19人。容肇祖（北大历史系教授）以此19人名作七绝数首。同月，《中国哲学史》上册卜德英译本于北平出版。是年，作《论民族哲学》。（参见蔡仲德编撰《冯友兰先生年谱长编》，中华书局2014年版；齐家莹编《清华人文学科年谱》，清华大学出版社1999年版；王学典《20世纪史学编年（1900—1949）》，商务印书馆2014年版）

金岳霖3月在《哲学评论》第7卷第3期发表《现实底个体化》（所著《论道》一书第三章）、《现实底个体化》（作为第三届中国哲学会年会提交论文，摘要）。与贺麟等人发起组织逻辑学研究会。7月，抗日战争爆发，北京随之沦陷。民国政府教育部命清华大学、北京大学、南开大学三校在湖南长沙组成长沙临时大学。秋，随校南下，又为殷海光提供回南方老家路费。11月3日，金岳霖与冯友兰、朱自清、闻一多、陈梦家、叶公超、吴俊升、罗廷光、周先庚、燕卜荪、罗皑岚、柳无忌等10余人坐长途汽车自长沙抵南岳，住停云楼。同月，长沙临时大学第一学期开学，金岳霖任哲学心理教育学系教授。是年，《逻辑》一书由商务印书馆再版；继续撰写《论道》一书；《真小说中的真概念》发表于《天下月刊》第4卷第4期。文中以哲学的视角探讨所谓"真小说中的真概念"，提出小说家"创造人际关系样式的特殊的感觉能力，似乎由下列要素组成：概念上的清晰、知觉上的敏捷、情感上的强烈、进入角色的能力和毫无保留地表达感情起伏的才能。""读者可以根据以上提到的两种方式中的一种进入小说，并且如果他全力以赴进入小说，善于全面了解小说中包含的普遍东西，然后又从中出来，那么他必然感到包含于小说的人际关系的样式中的人的本性的概念对于可能的生活是真的。这就是一篇小说被称为真的含义"。（参见王中江编《中国近代思想家文库·金岳霖卷》及附录《金岳霖年谱简编》，中国人民大学出版社2014年版；蔡仲德编撰《冯友兰先生年谱长编》，中华书局2014年版；齐家莹编《清华人文学科年谱》，清华大学出版社1999年版）

潘光旦继续任清华大学教务长。1月25日，《清华周刊》出版第45卷第12期，刊登《本刊启事》："本卷周刊自第十一期后，即奉学校明令停刊，蒙潘教务长顾全《周刊》对外信用及本卷完整，允许本期继续付印。"本期由王瑶撰《为清华周刊光荣历史告师长同学》。文章追溯了该刊的历史及其作用，列举出担任过总编辑的教授，计有陈达、浦薛凤、闻一多、潘光旦、吴景超、蔡方荫、贺麟等。此次停刊是由于政治上的原因。3月15日下午4时，潘光旦主持第一二四次评议会，审议留美公费生申请延期案。22日，潘光旦《西班牙内乱的民族背景》刊于《华年》第6卷第10期，29日第11期连载。4月2日下午4时，潘光旦主持第一二五次评议会，秘书长沈履报告接中央大学校长寄来所拟北京大学、清华大学、武汉大学、中央大学联合招考办法草案后，会议经过讨论决定加建教职员住宅土木、卫生、电气各工程承造单位及费用。19日下午4时，潘光旦出席第一二八次评议会。会议讨论并通过潘光旦、冯友兰、吴有训、陈岱孙、施嘉炀拟订审查标准详加审查之本届教授教员助教休假研究计划。同日，潘光旦《美国民族的兴起》刊于《华年》第6卷第14期《优生副刊》。5月，潘光旦的《人文史观》一书，由商务印书馆作为"人文生物学论丛"第2辑出版（第1辑为《优生概论》）。此书收录了刊于《东方杂志》《人文》《新月》《社会学刊》等杂志上的11篇文章。约上半年，潘光旦作《中国之民族问题》，本篇为未完成手稿，文字只写到第3题。

潘光旦因7月7日卢沟桥事变爆发，进行学校守护工作。同月，潘光旦《民族特性与民族卫生》一书由商务印书馆作为"人文生物学论丛"第3辑出版，该书分为绪论、中国人的特性、自然淘汰与特性的由来、民族的病象、民族卫生的出路 5 部分。李景汉为该书作序。9 月 14 日,潘光旦离开北平南下。9 月 28 日,至长沙临时大学。同日,潘光旦被临时大学常委会第二次会议推定为课程委员会委员。10 月 13 日下午 2 时,潘光旦出席第二次校务会议,与会者还有冯友兰、陈岱孙、吴有训、沈履。会议由梅贻琦主持,决定 7 月 28 日后离平、津来湘服务之同人由学校分别发给来湘旅费。12 月 1 日,清华大学召开南迁后第 7 次校务会议,文学院潘光旦、陈福田参加,会议专门讨论出版《清华学报》一事。是年,潘光旦作《家谱新论》(稿佚,存论文数篇)。(参见吕文浩编《中国近代思想家文库·潘光旦卷》及附录《潘光旦年谱简编》,中国人民大学出版社 2015 年版;蔡仲德编撰《冯友兰先生年谱长编》,中华书局 2014 年版;齐家莹编《清华人文学科年谱》,清华大学出版社 1999 年版)

钱端升 2 月 5 日在《行政研究》第 2 卷第 2 期发表《论官等官俸》,重点分析现行官等官俸制的缺点及流弊,然后提出如何能补救这些缺点,并除去这些流弊的建议。3 月 10 日,钱端升出席中国国际联盟同志会在南京举行的理事会议。会上被推为会员委员会委员、代理秘书,并被推举拟具分会工作原则。4 月,在《武汉大学社会科学季刊》第 7 卷第 3 号上发表《苏联新宪法》。夏,主编的两卷本《民国政制史》完成,为之作序。7 月初,重返北京大学任教。8—9 月,上海“八一三”事变发生后,为争取国际援助,由王世杰推荐,奉蒋介石委派,与北大教授胡适、张忠绂赴美、法、英三国,以非官方身份宣传抗日。11 月下旬至 12 月初,出席在美国弗吉尼亚州举行的太平洋学会研讨会,在会上发表题为《从政治与行政方面看中国的统一》的报告。(参见孙宏云编《中国近代思想家文库·钱端升卷》及附录《钱端升年谱简编》,中国人民大学出版社 2014 年版)

李景汉 4 月在《社会科学》第 2 卷第 3 期发表《从定县人口总调查所发见之人口调查技术问题》。7 月,为潘光旦《民族特性与民族卫生》一书作序,谓“潘光旦先生是用生物的眼光来看民族,认定一个民族先得有比较稳定的生物基础,才有发展的张本”。又说:“光旦先生在民族卫生的出路里告诉我们:‘中国决不是不可为的国家……只要有适当的选择方法、充分的经济机会、相当的人口限制、未始不可以培植出一派强有力的中华民族来’。”又说:“最后,光旦先生提出了一些具体的办法:中国民族的许多劣根性既因缘于荒年的反选择的影响;所以要改革民族的品性,非先改革荒年与荒年的成因不可,例如在自然环境方面,注意造渠、濬河、造林等工作;在经济生活方面,提高生产能力与力求分配的利便与公允;在社会生活方面,注意都市化的控制与家庭制度的整顿。”是年,李景汉《中国农民问题》一书由商务印书馆出版,列为《万有文库》之一。(参见齐家莹编《清华人文学科年谱》,清华大学出版社 1999 年版)

朱自清 1 月 1 日在《文学》第 8 卷第 1 期发表诗论《新诗杂话》,文中通过新诗自由派、格律派、象征派的嬗递发展和社会主义倾向的诗的出现,说明了新诗在不断进步,同时希望人们“将诗的定义放宽些”。10 日,作论文《诗言志说》毕,刊于 6 月《语言与文学》第 1 期。13 日,闻一多来访,谈筹办《语言与文学》杂志事。24 日,赴杨振声宅出席“大公报文艺奖金”审查委员会议。26 日,访朱光潜,谈筹办《文学杂志》事。同月,朱自清继续担任《清华学报》编辑委员会主任,编委会成员有闻一多、陈铨、冯友兰、雷海宗、潘光旦、萧公权。2 月 18 日,出席清华教授会会议,和张子高、浦薛凤、李筱韩、王明之当选为清华应届毕业生成绩审查委员会委员。3 月 6 日下午,出席“大公报文艺奖金”审查委员会议,评出获奖作品芦焚小说集《谷》、何其芳散文集《画梦录》和曹禺话剧《日出》。12—14 日,译沃斯勒《文章与语言的历史》。21 日,作论文《歌谣与诗》,刊于 4 月 3 日《歌谣》第 3 卷第 1 期,又载 5 月 26 日《月报》

第1卷第5期，文中分析了歌谣与诗的异同和对新诗创作的影响。4月1日，《文学杂志》月刊创刊，由朱光潜主编，朱自清和杨振声、沈从文、周作人、俞平伯、林徽因等人任编委。21日，出席《清华周刊》编委会会议。22日，致梅贻琦、冯友兰信，谈请本系教授王力暂缓休假事。25日，听胡适作《现代中国历史与校勘研究之起源》讲演。5月7日，出席清华附中国文学会会议，听闻一多报告最近安阳之行的观感。13日，赴闻一多宅参加《语文与文学》编辑部会议。20日，出席清华聘任委员会会议。23日，出席中国文学史委员会会议。

朱自清6月3日出席清华教授会会议，与陈福田、萧叔玉、施嘉炀、萨本栋、郑之蕃、刘崇鋐一道当选为下年度校评议会评议员。6月6日，致梅贻琦、冯友兰信，谈请求为本系教师浦江清加薪事。15日，赴大礼堂出席本届学生毕业典礼，并听莫尔讲演。22日，致梅贻琦、冯友兰信，谈因本系教学需要及闻一多研究工作需要而加聘助教事。25日，致梅贻琦、冯友兰信，谈续聘本系讲师唐兰、赵万里事。同月，清华中国文学会主办、闻一多主编的《语文与文学》月刊创刊。朱自清等人担任该刊编委。7月24日，出席宣传会议，起草拒绝北京为不设防城市的建议的讲话稿。27日，忽传日军发出最后通牒，限西宛中国驻军24小时内撤走，清华园即将陷入火线。下午，朱自清携竹隐、采芷、乔森和思俞匆匆进城，住入西单牌楼附近的陈之迈家。28日晚，中国军队撤离，北平沦陷。朱自清有散文《北平沦陷那一天》记其事。29日，接钱稻孙电话，得悉清华目前之危状，偕王化成等急访冯友兰，并至警察局请求帮助，又雇汽车返清华察看。同月，在《清华学报》第12卷第3期发表《赋比兴说》及书评《〈修辞学比兴篇〉》。8月5日，日军占领清华园。朱自清与竹隐返清华收拾衣物。11日，将长子迈先托叶公超带回扬州。访俞平伯等。俞平伯劝朱自清留在北平等待观察一段时间，认为目前南下并不明智，南方局势不平静，亦难以找到工作，而且北平在不久的将来将是最安全处。17日，迁居至东斜街新租之屋。30日，迁居至黄米胡同新租之屋，与孙国华同寓。9月13日，国立长沙临时大学筹备委员会举行第一次会议，长沙临时大学开始运转。该大学由清华、北大、南开三所大学合组而成，临大内部保留三校自身建制。9月17日，黄子卿来访，商何时动身赴长沙临大事。

朱自清9月22日只身起程赴天津。朱自清《日记》载："车站检查行李甚严。中国警察之凶，令人悚然。抵天津，平安出站，住六国饭店。见友人甚多。"25日，自塘沽登船赴青岛。28日晨，抵青岛，宿新亚大饭店。30日晨，乘火车抵济南。旋转乘津浦线火车赴徐州，半夜抵达。10月1日凌晨换乘陇海路火车赴陈桥，又换乘平汉路火车。2日晨，抵汉口，宿扬子江旅馆。下午，赴武汉大学访武大文学院院长陈西滢；又赴磨石街新25号闻宅访闻一多。3日晚，乘武长线火车赴长沙。4日午，抵长沙，寓小吴门外韭菜园一号圣经书院。国立长沙临时大学即设于此处。访梅贻琦校长、潘光旦教务长和沈履秘书长。任临大中国文学系教授会主席。7日，在曲园邀宴叶公超、邵循正。11日，访冯友兰，谈文学院迁衡山事。13日，访许杰、王力。15日，遇茅盾。时茅盾为送子女上学来长沙。同日，致梅贻琦信，谈拟请闻一多暂缓休假、赴校上课事。19日，任临时大学贷金委员会召集人。鉴于许多学生辗转路途来到长沙，身边一切丧失殆尽，生活无着，临大特划出5000元，作为救济困苦学生的贷金。该委员会委员有杨武之、施嘉炀、吴俊升、陈序经、薛德成。21日，访吕振羽、谭丕模、孙伏园。22日夜，赴火车站接闻一多全家。与闻一多商量课程安排。25日，偕闻一多赴下藤园岭访冯友兰、陈岱孙。27日，王化成、浦薛风来访。28日，文学院各系教授会合组文学院院务委员会，朱自清被任命为召集人。同日，与杨振声、沈从文商谈教科书编写事。29日，辞文学院院务委员会召集人职,改任书记,召集人推吴俊升继任。11月1日,国立长沙临时大学1937年第一学期开学。

朱自清11月3日上午偕临大文学院同事闻一多、陈梦家、叶公超、罗皑岚、柳无忌、金岳霖、冯友兰、吴俊升、罗廷光、周先庚及英籍教授燕卜荪等20人赴文学院所在地——南岳圣经书院分部,下午抵达。9—10日,朱自清偕闻一多、吴达元和杨业治游南台寺、福严寺、上林寺、祝融峰、藏经殿等衡山胜迹。11日,致长沙临时大学清华办事处信,谈本系教师俞平伯、闻一多、余冠英的休假工作及薪水事。18日,长沙临时大学文学院正式开学。19日,文学院开始上课,朱自清讲授"宋诗"课。21日,访汪敬熙夫妇。24—28日,作《文选序"事出于沉思,义归乎翰藻"说》,载"北京大学文科研究所油印论文之九"。12月8日,汪一彪、秦瓒、陶孟和来访。11—13日,朱自清偕文学院同人游上峰寺、方广寺、黑龙潭瀑布等衡山胜迹。15日,梅贻琦、黄子卿来访。18日,因停云楼生活不便,迁居至坡下中央研究院宿舍,与柳无忌、罗皑岚、浦江清同屋。22日,与冯友兰、刘崇鋐在南岳大旅社设宴为汪敬熙夫妇等饯行。31日,参加文学院师生新年联欢会,并即席讲话。当时文学院有教授19人,他们是冯友兰、闻一多、朱自清、叶公超、沈有鼎、郑秉壁、浦江清、柳无忌、容肇祖、吴达元、孙晓梦、罗皑岚、金岳霖、刘寿民、杨业治、燕卜荪、周先庚、吴俊升、罗廷光等。

　　按:冯友兰在《回念朱佩弦先生与闻一多先生》(张守常《最完整的人格》,北京出版社1988年版)一文中说:"我们在南岳的时间,虽不过三个多月,但是我觉得在这个短时期,中国的大学教育,有了最高底表现。那个文学院的学术空气,我敢说比三校的任何时期都浓厚。教授学生,真是打成一片。有个北大同学说,在南岳一个月所学底比在北平一个学期还多。我现在还想,那一段的生活,是又严肃,又快活。那时候生活还便宜,教授饭团的饭,还是很好。同人们于几个钟头的工作以后,到吃饭的时候,聚在饭厅,谈笑风生。"(参见姜建、吴为公编《朱自清年谱》,安徽教育出版社1996年版)

俞平伯1月1日上午至清华大学工字厅,出席梅贻琦校长的茶话会。下午,在工字厅参加谷音社曲集。4日上午,访朱自清。据校方通知,此日为复课之期,而学生方面则曰:否。教员的休息室已成为学生们的纠察总部,复课终未成功。下午,与谷音社同人一起跟陈延甫习锣鼓。8日,复周作人信。晚,在清华园寓所宴请赵鸣歧、浦薛凤夫妇、浦江清、朱自清、王力、邵心恒等。15日,在清华大学监考一年级国文。废名来访,长谈。16日上午,在工字厅阅卷。下午,进城至苦雨斋访周作人。17日午,至遂安伯胡同陈宅,参加珠蓑社曲集。28日,以陈师曾画送到陈寅恪处鉴定真伪。2月5日上午,访朱自清。下午,进城,访周作人。2月7日,偕夫人访叶公超夫妇。至苦雨斋访周作人,晤沈启无、林庚。3月22日下午,出席清华大学国文系会议。4月27日,朱自清来访,为俞平伯父亲70华诞贺寿。5月1日,《文学杂志》月刊创刊于北京,朱光潜主编,俞平伯与周作人、朱自清、杨振声、沈从文、林徽因等为编委会成员。2日上午,至清华北院访谭其骧、浦江清、朱自清。另,致许宝录信。5月12日,据《朱自清日记》记载:在下午的校务评议会上,通过了俞平伯的休假一年的研究计划。14日,接到清华大学通知,批准在国内休假研究一年的申请。此为清华大学教授任教5年后均可享受的待遇。5月18日,作书评《〈周词订律〉》。晚,至工字厅,应邀出席清华大学国文系毕业生招饮。19日,将书评《〈周词订律〉》清稿交朱自清,后刊于7月《清华学报》第12卷第3期。22日上午,与朱自清进城,至承华园贺刘文典银婚。5月26日,至清华园北院,访谭其骧、浦江清,得到浦江清岳父赠画。下午,至燕京大学观画展。偕夫人应邀出席燕京大学历史系教授洪业举行的茶话会。

俞平伯6月1日上午至女子文理学院授课。晚,至清华大学工字厅,参加国文系教授答宴毕业生。饭后，与浦江清访汪健君。10 日，已被聘为云南大学校长的熊庆来来访，约往云南大学任教。下午，访浦江清。11 日下午，回访熊庆来，未值。访陈寅恪。废名来访，与之长谈。15 日，谭其骧来访。浦江清夫妇来访。16 日下午，朱自清来访。晚，再访熊庆来。17 日下午，林庚、冯友兰分别来访。18 日晚，应邀出席梅贻琦校长主持的茶话会。19 日下午进城，应邀出席周作人招宴。22 日上午，访陈寅恪。中午，应邀出席熊庆来招宴，同座俱将赴滇南者。25 日，朱自清来访。27 日上午，进城至苦雨斋访周作人。7 月 4 日上午，进城至苦雨斋访周作人。下午，访废名。晚，在墨蝶林宴请周作人、徐耀辰、废名、沈启无和林庚。7 月 6 日，访朱自清。7 月 19 日中午，应废名邀请，至北海仿膳饭庄聚餐，周作人、徐耀辰、沈启无、钱玄同、林庚均在座。7 月 20 日，至苦雨斋访周作人，请周作人至同和居小酌、清谈。7 月 28 日，清华大学师生离开北平，迁徙湖南长沙。俞平伯适值全薪休假期间，又因父母亲年高多病，未能随同南迁。

俞平伯 8 月 7 日上午偕夫人乘车出城，同清华大学新南院寓所取衣物，途中见到"海淀街遍悬日本旗"。北平沦陷后的情景，对俞平伯刺激甚深。8 月 11 日下午，朱自清来访，谈随清华大学师生南下之事。13 日，阅熊十力所著《新唯识论》。16 日，出城至清华大学，访冯友兰、潘光旦等。又与汪健君偕至谷音社。午后，与钱稻孙同行进城。22 日，访朱自清，不遇。至苦雨斋访周作人。29 日，访徐耀辰，并邀请周作人至德国饭店进餐。9 月 3 日下午，林庚来辞行，其将赴厦门。5 日，至苦雨斋访周作人。傍晚，听说日军将入驻清华大学新南院，心中无比悲哀，慨叹居住数年的寓所，从此不可复居矣。7 日下午，将清华大学新南院寓所的行李运回城内老君堂宅。从此又回到以古槐书屋闻名的城内寓所居住。21 日，朱自清来辞行，其次日即将南行赴长沙。25 日，收到朱自清自天津来信。9 月末，收到朱自清 9 月 28 日自青岛来信。10 月 3 日，访熊庆来，未遇。访谭其骧。又至苦雨斋访周作人。7 日下午，访周作人，钱玄同、徐耀辰、废名在座。11 月 28 日，收到朱自清 11 日来信，并转来长沙临时大学清华办事处《致俞平伯》信。12 月 13 日，南京沦陷。俞平伯闻讯后，思绪万千，因此，作寄题莫愁湖一联。联云："依稀兰桨曾游，只而今草长莺飞，'寒艳不招春妒'；叹息胜棋难再，又何论龙盘虎踞，'伤心付与秋烟'。"（参见孙玉蓉编《俞平伯年谱》，天津人民出版社 2006 年版）

闻一多 1 月 3 日到熊佛西、朱君允家吃午饭。在座有胡适、梁实秋、潘光旦、罗隆基、赵太侔、顾毓琇等朋友。时罗隆基受宋哲元之约，主办《北平晨报》。13 日，访朱自清，谈及《语言与文学》发刊的事情。同月，闻一多《诗经新义》在《清华学报》第 12 卷第 1 期发表。《清华学报》自第 12 卷起，编辑调整，仅存 6 人，以朱自清为主任，闻一多与冯友兰、陈铨、雷海宗、潘光旦、萧公权为编辑。2 月，日人寺内声称决心将清华园改为永久的大兵营。闻一多与清华师生怒目而视。美国驻华大使馆亦表示抗议，日本驻华使馆诡称不再侵占清华园。4 月 15 日，出席清华大学 26 周年纪念会，胡适在会上讲《中国近代考证学的来历》。5 月 6 日，向清华大学文学院院长冯友兰建议邀请郭沫若来校任教。7 日，在清华大学中国文学会报告安阳之行的观感。报告中，闻一多对学校不重视中文系表示不满。6 月 19 日，清华大学第一二八次评议会议议决，批准闻一多于 1937 年度在国内休假研究一年。28 日，朱自清访闻一多，遇梁宗岱，闻一多劝梁宗岱停止人身攻击。7 月，臧克家自青岛来北平，到清华园探望闻一多。闻一多对他谈到自己的工作和陈梦家的学术研究，对陈梦家钻研考古很是赞赏。同月，清华大学中国文学会师生合作编辑的《语言与文学》杂志创刊，闻一多任主编。

创刊号上发表朱自清、杨树达、王力、浦江清、陈寅恪、闻一多、许维遹、高松兆、毕铿、余冠英、李嘉言、陈国良等学者的文章。暑假,开始为编纂诗经字典做准备。

闻一多7月14日出席清华大学秘书长沈履、教务长潘光旦在工字厅召集之教授谈话会。会上,沈履报告连日来谒见北平市市长秦德纯等所取消息,大致日军决意吞并华北,大战即在目前,二十九军决志牺牲。15日,致妻子信,述及应付紧张局势的措施,又说准备动身南下和一周来不平静的生活。19日,闻一多带着立鹏、闻名、闻期和女佣赵妈,一起由津浦铁路南下(时京汉路已不通车了),经南京再抵武汉。在天津火车站,闻一多买了份报纸,上面刊登着蒋介石在庐山邀请著名教授和社会名人商讨国事的谈话情况。闻一多感到这些谈话离现实距离太远,但仍受到些安慰,相信会出现全国抗战的局面。当时潘光旦、罗隆基、梁实秋、浦薛凤等闻一多的朋友,都出席了庐山会议。10月2日晨,朱自清抵汉口当天便渡江到武昌磨石街探望闻一多,闻一多请朱自清及王先生至华东饭店晚餐。3日,朱自清接闻一多信,信中推荐燕京大学陈梦家来清华大学中文系任教。15日,朱自清写信给清华大学校长梅贻琦,建议请求闻一多暂缓休假。20日,清华大学校长梅贻琦致闻一多快信,请闻一多推迟休假一年。闻一多接到信后,立即放弃休假动身赴长沙。22日晚11时半,到长沙,朱自清到火车站迎接。25日下午,与朱自清至下麻园岭访冯友兰、陈岱孙。由朱自清作东,在青年会晚餐。11月3日,雨中乘车赴南岳,同行者有柳无忌、朱自清、陈梦家、叶公超、罗皑岚、金岳霖、冯友兰、罗廷光、吴俊升、周先庚和英籍教授燕卜荪等。在南岳,长沙临时大学租用了衡山脚下属于长沙圣经学校的房子作为文学院校舍。闻一多在南岳开始研究《周易》,后来在昆明司家营清华大学文科研究所住的时候,汤用彤也常来和他一起讨论《周易》里的问题。18日,长沙临时大学文学院在南岳正式开课。闻一多讲授"诗经""楚辞"两门功课,各课均为4学分。12月1日,闻一多到长沙后,曾与冯友兰、朱自清商议出版《清华学报》事。是日,清华大学在下麻园岭本校办公处召开南迁后第七次校务会议,专门讨论此事,结果议决:"冯友兰、朱自清、闻一多三先生提议继续出版《清华学报》一案,应稍缓再行讨论。"当时战事方起,校务纷繁,除教学外,其余均暂时停顿。13日,南京沦陷。武汉吃紧。日机空袭长沙日见频繁。约在这前后,长沙临时大学当局又计划再次搬迁,地点经数次寻觅,确定为昆明。但许多同学对这种远离抗战前线的搬迁决定,持有异议。中国共产党驻长沙办事处的徐特立,特到长沙临时大学讲演,反对西迁,但西迁的大局已定。18日,因南来的教师陆续增多,教授宿舍由两人一室改为四人一室,闻一多与钱穆、吴宓、沈有鼎共居。

按:钱穆《师友杂忆》(《八十忆双亲·师友杂忆》,岳麓书社1986版):"时诸人皆各择同室,各已定居。有吴雨生、闻一多、沈有鼎三人,平日皆孤僻寡交游,不在诸人择伴中,乃合居一室,而尚留一空床,则以余充之,亦四人合一室。室中一长桌,入夜,一多自燃一灯置其座位前。时一多方勤读《诗经》《楚辞》,遇新见解,分撰成篇,一人在灯下默坐撰写。"新居在山下,为小楼,《吴宓日记》(吴宓著、吴学昭整理注释《吴宓日记》第6册,三联书店1998年版)亦有记载:"十二月十八日,星期六。大风雨。是日上午10—12偕诸教授移居山下之楼上宿舍。原为中央研究院占用,今半移住往广西。四人一室。宓与沈有鼎、钱穆、闻一多同室。四木床,草荐。二长桌,四煤油小灯。叠箱为置物处。私厨暂停,与中央研究院同人在楼下一室,另一所房屋。共食。至此宿舍之楼下,即图书馆及教室。宓以楼下厕所至污秽,故每日或间日。仍冒雨登山,至原宿舍旁,山边小亭内之厕所。今日,原宿舍已有军官居住,布置一切。"(参见闻黎明、侯菊坤《闻一多年谱长编》(增订版),上海交通大学2014年版)

刘文典继续任教清华大学。1月27日,胡适为刘文典所藏清代郝懿行、孙星衍等著名学者手札题跋。刘文典为此致函胡适,表达谢意。4月23日,刘文典致函胡适,讲述其春假随清华大学西北考察团赴张家口、大同等地的游历见闻。7月7日,卢沟桥事变后,北平沦陷。刘文典在京寓所先后两次遭日本宪兵搜查,凡国际往来函札,以及中央名人信件一律被查抄。据知,被搜抄去的有吴忠信、于右任、邵力子、胡适、陈独秀等人对国际形势探讨信札。当时家人不知所措,而刘文典和夫人张秋华却躺椅昂首吸烟,冷目相视,沉默不言,决不讲一句日语,向日寇献媚。刘文典根据当时形势,已不能久留,决议迁离北平,经塘沽搭外轮经香港转内地。9月,奉教育部令,清华大学决定南迁,与北京大学、南开大学合并为长沙临时大学。10月2日,吴宓步行来访,刘文典商谈译书计划。11月1日,长沙临时大学正式开课。14日,傅增湘致函张元济,附笔为先生《庄子补正》《说苑斠补》两书出版之事说情。12月4日,傅增湘为刘文典著作出版之事再度致函张元济。15日,张元济复函傅增湘,谈刘文典著作出版一事。(参见章玉政编著《刘文典年谱》,安徽大学出版社2011年版)

张岱年2月3日作《中国哲学大纲》序。序中介绍:"此书内容,主要是将中国哲人所讨论的主要哲学问题选出,而分别叙述其源流发展,以显出中国哲学之整个的条理系统,亦可看作一本中国哲学问题史。"年初,冯友兰与张荫麟审阅《中国哲学大纲》后提出建议,张岱年完成修改。由冯友兰介绍于商务印书馆,当即决定付印,但时值抗日战争爆发而未果。

> 按:作者后来在《分析与综合的统一———新综合哲学要旨》(《我的哲学思想———当代部分哲学家的学术自述》,广西人民出版社1994年版)一文中又介绍:"1935年—1936年,我潜心研究中国古典哲学,以两年之力,撰成五十多万字的《中国哲学大纲》,这是一部以问题为纲领叙述中国哲学的发展过程的专著,内容对于中国古典哲学的概念、范畴作了比较明确的阐释。书中特别详细论述了中国古典哲学中的唯物论与辩证法思想。关于宋明哲学,过去许多论者都认为宋明理学分为两派即程朱学派与陆王学派,我着重提出,宋明理学应分为三派,即程朱以理为本的'理本论'、陆王以心为本的'心本论',还有张横渠(载)、王海川(廷相)、王船山(夫之)以气为本的'气本论'。"《中国哲学大纲》完成于1937年,随即交商务印书馆出版,因抗战爆发未能开印。1943年在北平中国大学印为讲义,1958年由商务印书馆正式出版。1982年由中国社会科学出版社出版修订本。1990年由清华大学出版社将此书作为《张岱年文集》第2卷出版。

张岱年与夫人7月末由哲学系助理申荆吴协助避居城内,暂住大姊家,后迁至白米斜街3号冯友兰寓所内。时冯友兰已随校南行。(参见杜运辉《张岱年先生年谱简编》,载王京州编《河北近现代学者年谱辑要》,国家图书馆出版社2017年版)

雷海宗4月在清华大学《社会科学》第2卷第3期发表《世袭以外的大位继承法》。7月,在清华大学《社会科学》第2卷第4期发表《中国的家族制度》,纵论大家族和小家庭制度各自优劣以及它们与国家兴亡之间的内在联系,认为"东汉以后两千年间,大家族是社会国家的基础",是"社会的一个牢固的安定势力",中国社会屡经变乱而不瓦解,"就是因为有这个家族制度";但是正是由于这种凝聚力强大的家族制度存在,"两千年来的中国只能说是一个庞大的社会,一个具有松散政治形态的大文化区",而"与战国七雄或近代西洋列强的性质绝不相同",近代中国"从一个整个的文化区,组成一个强固的国家,是古今未曾见过的事"。同月,雷海宗在《清华学报》第12卷第3期发表《章学诚与蓝鼎元饿乡记》。8月,抗战开始后,雷海宗告别妻女,随校迁往长沙。11月,北大、清华、南开三校联合的长沙临时大学正式开学,因长沙校舍不足,文学院暂设南岳。同月18日,历史社会学系教授会主席刘崇鋐辞主席职务,照准。改推雷海宗继任该系主席。年底,南京陷落,临时大学决定迁往昆明。雷海宗随文学院先迁还长沙,后与金岳霖、叶公超、吴有训等各系负责人一道赴广州、香港购买书籍和仪器,为入滇办学做进一步的物质准备。(参见马瑞洁、江沛《雷海宗年谱简编》,

载王京州编《河北近现代学者年谱辑要》,国家图书馆出版社 2017 年版;齐家莹编《清华人文学科年谱》,清华大学出版社 1999 年版;王学典《20 世纪史学编年(1900—1949)》,商务印书馆 2014 年版)

陈达继续任教于清华大学。4 月,《清华大学一览》登载陈达授课内容:(1)劳工问题,主要内容包括,工资、工作时间、童工、女工、失业、劳资冲突、劳资协调、产业合理化等。(2)中国劳工问题,根据中国的事实与情形,讨论工人生活、童工、女工、失业、劳工团体等。(3)人口问题,人口学说,人口问题量的讨论,如生命统计、人口清查、人口增减等。(4)贫穷,先论贫穷的定义,次论社会各种穷人之状况,如贫农、贫工、低能、残废、衰老、孤儿、寡妇等问题。(5)现代社会运动,如妇女运动、劳工运动、共产主义运动、和平运动等,择要讨论,以各种运动影响于社会演化为主体。(6)社会立法,实施立法的三原则,社会立法的范围,关于主要社会问题各法律的简单分析,如贫穷救法、公共卫生、教育、劳工法等。7 月,在《社会科学》上发表《南洋华侨与闽粤乡间的信仰》。该文通过对粤东与闽南沿海十县的 100 多户华侨家庭的调查资料,对他们的生活及信仰作了详细研究。8 月中,教育当局命清华与北大、南开合组临时大学于湖南长沙。赁得校址于湘垣圣经书院。11 月 1 日,长沙临时大学开学,陈达随清华南迁。(参见田彩凤《陈达先生年谱》,《清华大学学报》1995 年第 2 期)

陈之迈 1 月在清华大学《社会科学》第 2 卷第 2 期发表《独裁政治的兴起》。文章内容包含"罗马的独裁制度""历史上的各种独裁政治""几种解释独裁兴起的学说""一个政治史上的解释"等。作者试图通过对"独裁"这一政治体制进行史的分析,帮助人们增强对其的了解。6 月 3 日,陈之迈出席教授会,被选为下届教授会书记。是年,陈之迈《研究社会科学必须先有立场吗?》刊于《独立评论》第 244 号。(参见齐家莹编《清华人文学科年谱》,清华大学出版社 1999 年版;王学典《20 世纪史学编年(1900—1949)》,商务印书馆 2014 年版)

王力 1 月 28 日在天津《大公报》发表《近代剧韵》。同月,在《清华学报》第 12 卷第 1 期发表《中国文法中的系词》。3 月 11 日,王力《黄侃集韵声类表、施则敬集韵表》刊于天津《大公报》。4 月,王力书评 "Monosyllabisme et Polysyllabisme dans les emprunts linguistiques,avec un inventaire des phonemes de Pekin et de Tokio" 刊于《清华学报》第 12 卷第 2 期。6 月 1 日,王力的《语言的化装》,载《文学杂志》第 1 卷第 2 期。同月,《语言与文学》杂志创刊,本期载于王力《古韵分部异同考》。7 月,《清华学报》第 12 卷第 3 期出版,载有王力《上古韵母系统研究》。(参见齐家莹编《清华人文学科年谱》,清华大学出版社 1999 年版)

杨树达《积微居小学金石论丛》1 月由商务印书馆印行。此书是作者北上后第 2 部论文集,作者在自序中说:"自一九三一年到一九三六年之冬,凡六年间,又得文字百十余篇,因再汇集为《积微居小学金石论丛》五卷,仍付商务印书馆出书。"内容包括文字考释、音韵、文法、经史考证等内容。该书是杨树达经年累月积累其读书所得以及研治金石的成果,尤以金石、小学文字的考证为精华。出版后受到学界重视,同年 3 月即再版。4 月,杨树达《读〈左传〉小笺》刊于《清华学报》第 12 卷第 2 期。同月,《语言与文学》杂志创刊,本期载有杨树达《司徒司马司空释》。7 月,《清华学报》第 12 卷第 3 期出版,载有杨树达《语源学论文十八篇》。9 月初,奉教育部令,清华大学决定南迁,与北京大学、南开大学合并为长沙临时大学,杨树达亦结束在清华大学 11 年的教书生涯,迁回长沙,改任湖南大学教授。(参见齐家莹编《清华人文学科年谱》,清华大学出版社 1999 年版;王学典《20 世纪史学编年(1900—1949)》,商务印书馆 2014 年版)

叶公超 5 月 1 日在《文学杂志》创刊号发表《论新诗》,谓"以格律为桎梏,以旧诗坏在有格律,以新诗新在无格律,这都是因为对于格律的意义根本没有认识。好诗读起来——无论自己读或听人家读——我们都并不感觉有格律的存在,这是因为诗人的情绪与他的格律已融成一体。""新诗与旧诗并无争端,实际上很可以并行不悖。"又说:"我们最后的希望还是要在以往整个诗之外加上一点我们这个时代的声音,使以往的一切又非从新配合一次不可。假使文学里也要一个真正的民族主义,这就是:诗人必须深刻地感觉以往主要的潮流,必须明了他本国的心灵。"又主张:"认识了途径,新诗人不妨大胆地读旧诗。我并且感觉新诗人应当多看文言的诗文,就是现在人所写的也应当看,我的理由是:一、我们希望新诗人的意识扩大,能包括传统文化的认识和现阶段的知觉;二、旧诗文里有许多写新诗的材料。"

按:王辛笛在《叶公超先生十年祭》(《校友文稿资料选编》第3辑,清华大学出版社1994年版)一文中评价此文:"融贯中西诗理,鞭辟入里,颇多不刊之论,至今读来,仍是一篇我们有志于新诗者必读的好文章。"王辛笛还这样描述上叶公超的"英美现代诗"课程,"听他侃侃而谈,酣畅淋漓,恰是一种享受,同学们听得入神,都忘记下课铃响了。他天份聪颖过人,兼以学贯中西,因之平时对学生也要求很严。"(同上)(参见齐家莹编《清华人文学科年谱》,清华大学出版社1999年版)

张荫麟1月12日在天津《益世报》发表《三国的混一》。同月,汤朝华在上海《书人月刊》第1卷第1号发表《张荫麟〈中国史纲〉——一个外行人的话》,对张荫麟正在编写的《中国史纲》给予高度评价与期待,谓"《中国史纲》是有生气的,亲切的。这是最大的成功之处""《中国史纲》的作者,不但深有史学的研究,而且对于文学,也富有修养,如果将来《中国史纲》能够大受欢迎,决不是偶然的。"2月5日,张荫麟《孔子》刊于《大众知识》第1卷第8期,连载该刊3月5日、20日第9—10期。18日,张荫麟《戴东原乩语选录选编》刊于天津《大公报》。3月14日,张荫麟《民生主义与中国农民》刊于《申报》。4月,张荫麟《宋初四川王小波李顺之乱》刊于《清华学报》第12卷第2期。6月,张荫麟《宋史兵志补阙》刊于《中国社会经济史集刊》第5卷第2期。(参见张云台《张荫麟先生及其著述》,载《张荫麟文集》,教育科学出版社1993版;齐家莹编《清华人文学科年谱》,清华大学出版社1999年版;王学典《20世纪史学编年(1900—1949)》,商务印书馆2014年版)

陈梦家6月在《燕京学报》第21期发表《禹邘王壶考释》。7月,在《清华学报》第12卷第3期发表《高祺郊社祖庙通考》。10月1日,经闻一多推荐、朱自清赞同,清华大学聘陈梦家为中国文学系教员。朱自清在致梅贻琦的信中谈及陈梦家时说:"其所发表关于古文字学及古史之论文,分见于本校及燕大学报,甚为前辈所重。聘请陈君,不独可应临时大学文字学教员之需要,并可为本校培植一研究人才。"

按:梁实秋在《谈闻一多》中说到,闻一多"曾屡次对我说一个有天份的人而肯用功者陈梦家要算一个成功的例子"。(参见齐家莹编《清华人文学科年谱》,清华大学出版社1999年版)

张恒寿是春被推举为《清华学生周刊》总编辑。6月,提交《读〈世说新语〉札记》,作为修陈寅恪"《世说新语》及魏晋哲理文学"课程的报告。陈寅恪对此文十分满意,给出87分的成绩,并用毛笔眉批:"李慈铭校《世说》,已言及。鄙意临川实采辑两种不同之材料,故《文学》一篇,前后性质不同也。"此文后收入《中国社会与思想文化》。同月,作《庄子考辨》论文,10余万字。受清华大学中文系聘,授大一国文。离京前的7月20日,曾与常风拜访朱自清和闻一多。8月,携妻子与甄华等平定老乡返回原籍太原。(参见杜志勇《张恒寿年谱》,载王京州编《河北近现代学者年谱辑要》,国家图书馆出版社2017年版)

陈序经1月1日作《社会学的起源》,刊于4月《政治经济学报》第5卷第3期。4月7日,在天津《大公报》第3张第11版"经济周刊"栏212期发表《蛋民的生活》,谓蛋民居于屋、栏、棚、艇,食以米、肉、蔬菜、咸鱼,衣大成蓝、薯凉布等土布。男子衣对襟,女子大襟。男子衣较短,而裤较长,女子则衣几及膝,而裤则有短至胫之上部。蛋民因生活困难少有嗜欲,一般乐戏剧、国技、象棋、麻雀等。因相济而成立"安人会""老人会""起盐会"等经济会社及维持治安的"保安会""沙南公所"。其妇女尤能吃苦耐劳,居家庭管理、经济的中心。14日,在天津《大公报》"经济周刊"刊载《乡村建设运动的史略与模式》,此文成稿于1936年3月16日。作者在回顾乡村建设运动史略的基础上,归纳为邹平、定县、青岛三种模式并作了简单的比较研究。21日,在天津《大公报》"经济周刊"刊载《乡村建设运动的组织与方法的商榷》。陈序经于上年在《独立评论》第196号、199号先后发表《乡村建设运动的将来》《乡村建设理论的检讨》以来,《独立评论》刊载杨骏昌、傅葆琛、瞿菊农、涛鸣、陈志潜、黄省敏等文,《民间》半月刊、《文化与教育》旬刊、《政问周刊》等刊也相继发文,多反对陈序经见解。陈序经遂以《乡村建设运动的组织与方法的商榷》作出回应,对"乡村运动是今后民族的唯一的出路"的观点提出质疑:"我们的意见是:假使这个运动是民族自救的唯一与最后的运动,那么试验的工作是用不着的。反过来说:乡村建设运动,既还尚在试验的时期,那么试验的结果,是否能够成功,是否能够推行,均是疑问。在这种疑问尚未解答之前,就说这种试验是救国的最后觉悟唯一途径,这岂不是一个错误吗?"又谓持批评态度的人,即使"批评我很厉害而尽力辩护今日的乡村建设运动的工作的黄省敏先生,不但不能证明我所指出的各种困难与缺点是不对,而且一再承认今日的乡村工作的'不到家'与'不满意'"。重申乡建不是救国救民的道路、运动,各地乡建的衰落已成定局。政府机关如农村复兴委员会,学校实验区如燕京的清河镇,或则已被裁撤,或则停止工作。湖北乡村工作则沦为江湖式学者、政官,借主义、学说谋升官发财之道。5月23日,陈序经在《独立评论》第235号发表《进步的暹罗》。"七七"事变前,赴广东顺德考察蚕丝业。8月20日,离南京经汉口赴长沙筹建临时大学。临时大学同人中第一位到长沙。(参见田彤编《中国近代思想家文库·陈序经卷》及附录《陈序经年谱简编》,中国人民大学出版社2014年版)

杨石先7月24日从南方赶回天津。黄钰生商约杨石先、郭平凡等,筹划校务,以应事变。当即决定:尽可能动员留校学生回家;交通不便而难以回乡的或东北学生,集中秀山堂居住;女同学及教员眷属迁往法租界暂避。留校师生组织起来护校,分为采访组、治安组,分负搜集消息和巡逻警卫任务。同时,紧急整理图书仪器准备外运。从7月24日起,租用茂达汽车行汽车两辆,将贵重物资运往租界。但车经日本兵营时,日军不许通过。学校只好趁天未明疏散物资。到29日已有90%的东西装好备运,但运出去的只有百分之五六十。30日凌晨1时,日军开始向南开大学开炮。上午,黄钰生、杨石先带教员3人和学生5人冒着危险回来检点校舍。这时炮声仍然不断。日机又从南大上空投下来一面红旗,于是海光寺日军炮火更猛。不久,日本坦克车已到六里台。师生急忙从秀山堂撤到思源堂停船处,由工人老穆撑船行至八里台村小桥,敌机又追踪投弹。师生匆匆经吴家窑,到佟楼,进马场道,暂住法租界绿牌电车道24号南开大学临时办公处,不数日又迁新学书院,再迁英租界荣市81号。(参见南开大学校史编写组《南开大学校史(1819—1948)》,南开大学出版社出版1989年版)

黄钰生、柳无忌、罗皑岚、杨石先、侯洛荀、方显廷、李卓敏、陈序经、王赣愚、皮名举、蔡维藩、刘晋年、蒋硕民、孟广喆、张克忠、陈赏谷、孙本旺等南开大学教师11月20日到达长沙联合大学。长沙临大行政体制,实行常务委员会制。常务委员会之下,分设三个处分别办理学校事务。其中来自南开大学任职的有:建设处下设建筑设备组,由黄钰生任主任。

为了多方调动力量,又广泛吸收三校教授,设立若干委员会。如课程委员会,负责各系及各课程的设立,南开大学有黄钰生、杨石先、方显廷为委员,杨石先兼管南开大学学生选课事宜;理工设备设计委员会,负责筹划理工两院所需之教学设备费用,南开大学有杨石先、孟广喆为委员,杨石先负责召集;图书馆设备设计委员会,负责筹划各系所需之图书费用,南开大学有杨石先、方显廷为委员;教室宿舍设备委员会,负责筹划购置教室宿舍的设备,南开大学有黄钰生、侯洛荀为委员,黄钰生负责召集;贷金委员会,负责困难学生的救济,南开大学有陈序经、陈赏谷为委员;交通委员会,处理迁校事宜,南开大学有黄钰生为委员,黄钰生负责召集;国防工作介绍委员会,负责介绍国防技术知识及学生参加国防服务工作,南开大学有杨石先为常务委员。此外还有防空委员会,负责防空工作;军训队和战时后方服务队,负责学生军事训练,总队长由张伯苓兼任,张伯苓不在校时,由黄钰生代理。(参见南开大学校史编写组《南开大学校史(1819—1948)》,南开大学出版社出版1989年版)

梁思达、李文伯、黄肇兴3位南开大学经济研究所研究生根据学校要求,以中国合作事业为专业考察方向,3人采取合作分工、分片抽查方式方法,历时三月余,对东起上海、西至西安、南至江西、北达北京9个省市、20多个地方的合作事业进行了广泛的调查。最后形成《中国合作事业考察报告》。

吴于廑在抗战爆发后,辗转流离至昆明,经朋友介绍,见到时任西南联大法商学院院长兼南开大学经济研究所所长的陈序经教授,被免试入学,作南开经济研究所的研究生。

颜惠庆长期任南开大学校董,从劝募南开发展基金、为南开规划发展方向,到亲自为学生授课、捐赠藏书和期刊,对南开系列学校的发展贡献卓著。5月28日,《京津泰晤士报》报道,颜惠庆在南开大学讲授"外交实践与惯例"课程,引起轰动。7月30日,南开大学遭日军轰炸,前清直隶提学使卢木斋捐资10万元兴建的木斋图书馆被炸毁,颜惠庆深为痛心。迫于局势严峻,颜惠庆决定举家南迁上海。9月18日,颜惠庆在静安寺路国际饭店主持召开上海国际红十字会筹备会议,会议决定由颜惠庆、白赛德、邓纳等人组成中国红十字会上海国际委员会执行委员会。10月2日,中国红十字会上海国际委员会在国际饭店召开会议,执行委员会正式通过由颜惠庆起草的会章草案,并推定颜惠庆为国际委员会主席。16日,中国红十字会上海国际委员会正式成立,简称"上海国际红十字会",设会址于国际饭店内,直属中国红十字会。中国红十字会上海国际委员会成立后,首先解决如何安置棘手的难民问题。10月21—23日,颜惠庆两次专程拜访宋子文和孔祥熙,说明中国红十字会上海国际委员会的工作性质及所需资金,最终获得100万元的政府拨款。11月9日,在当地政府协助下,在法国传教士饶家驹神父的往返折冲之下,南市难民区正式划定。在其后近三年的时间里,南市难民区先后设收容所130多所,最多时救助难民不下30万人。

按:1933年1月31日,颜惠庆被国民政府正式委任为驻苏联大使。6月,颜惠庆回国休假,日本人高木前去拜访,邀请颜参加根据《塘沽协定》建立的华北自治政府,被颜惠庆断然拒绝。1935年2月,颜惠庆协同京剧表演艺术家梅兰芳、电影明星胡蝶等文艺界人士再度访苏。1936年6月20日,颜惠庆正式向国民政府递交辞职信,从此结束职业外交家生涯,回到天津继续其实业与慈善活动。(参见万新平、荣华、方昀、于学蕴《天津近代历史人物传略》,天津人民出版社2017年版)

姚依林2月受中共天津市委委派,来到南开大学,指示入党不久的经济研究所职员李文定(李鳌)创办党内刊物——《世界》旬刊,主要供平津及华北地区"民先"队员阅读。印刷和大部分稿件部由姚依林直接负责,由李文定编辑、发行。姚依林常以"徐文信"的笔名为《世界》旬刊撰文,指导学生运动的发展。"七七"事变后,南开大学的共产党员、"民先"队员奉命纷纷撤离学校,中共天津市委才决定《世界》停刊。(参见南开大学校史编写组《南开大学校史(1819—1948)》,南开大学出版社出版 1989 年版)

　　李廷玉主编的《国学月刊》4 月 1 日在天津创刊,由天津国学研究社出版发行,以提倡和阐扬国学、研究国学为宗旨。主要栏目有读春秋蠡测、读经问答、恬庐丛话、知乐斋诗抄等。"读经问答"一栏中,编者以一问一答的形式,针对经书中的问题为读者答疑解惑,反映了读者和编者之间的深层互动。主要撰稿人有吴英华、张芍晖、裴学海、陈泽寰、陈文彦等。李廷玉刊于第 1 卷第 1 期的《发刊序》曰:"孔子殁而微言绝,七十子丧而大义乖。……尧舜禹汤文武周公孔子之遗泽孔长,而被化于无形者多且久也",特别是"民三废经,七废孔""风俗愈极于卑污""我国当轴诸公,深悟昨日之非,力图今日之是,尊孔特颁明令,又分饬各校添读经""此殆微言欲绝而不终绝,大义欲乖而不终乖之特殊一机会也。本社同仁等,有感于此,促玉召集开会,讨论发行国学月刊"。

　　李蒸、徐诵明、李书田分别任北平师范大学校长、北平大学校长、北洋工学院院长。2 月 9 日,李蒸在纪念周上报告校务,主要内容为:校友楼正在筹款,准备建造;大礼堂已由教育部批准,图纸已画好,开春即可施工;开除 6 名学生已经教育部备案,学生无悔改之意,难以变更。2 月 22 日,学校致函各教授,报告选举出席教联会代表结果。4 月 12 日,校长在纪念周报告校务,介绍建筑进行情况,校友楼筹款,中学实验,劳作科因经费问题将停止招生等问题。5 月,因北平纪念"五四"大会在教理学院召开时发生流血事件,历史系教授杨秀峰等分别发表宣言、声明,揭露和谴责陶希圣等反动教授怂恿童子军打人行凶的真相,师大受伤学生聘请律师向地方法院控告吴葆三、陶希圣等伤人罪行。同月,学校教务会议根据现有师资和设备情况,决定先成立文理两科研究所,并拟定《文理两科研究所组织规程》和担任研究科目的教授名单,呈报教育部核准。6 月,李蒸亲自率团赴兰州,选定十里店为永久性校址。学校实行分批迁移的办法,即从 1941 年起每年在兰州校区招收一届新生,城固校区不再招收新生,直至在校学生全部毕业为止,同时教职员也分批迁往兰州。1944 年学校全部迁移完毕。(参见北京师范大学党委办公室、北京师范大学校长办公室编《北京师范大学纪事》,北京师范大学出版社 2012 年版)

　　徐诵明校长 7 月出席庐山谈话会。同月 17 日,徐诵明出席第二次会议,汪精卫报告外交形势,蒋介石报告政府对于卢沟桥事件处置的基本原则。中午出席蒋介石招待的中膳,到陈通伯、周鲠生、皮宗石、刘湛恩、丁巽甫、徐诵明、何柏丞、吴贻芳等人。19 日,徐诵明出席国立大学校长谈话会,与会者有蒋梦麟、罗家伦、何柏丞、梅贻琦等 7 人,讨论战时大学应如何办理。同月,当时留在北平的北平研究院院长李书华、北平师范大学校长李蒸、李麟玉、陆志韦、徐炳昶、袁同礼、查良钊、赵畸、罗隆基、孙洪芬、方石珊、关颂韬、潘光旦、袁敦礼、梅贻宝、郑桐荪、张贻惠、饶毓泰、沈履、樊际昌、郑天挺等 21 位学界名人联名拍发密电通过"谈话会"秘书长张群向谈话会呼吁:"卢沟桥抗战以来,全国振奋,士气激昂。乃日来忽有天津谈判之举,敌人重兵深入腹地,城下之盟,求不丧权辱国,岂能幸免,务请一致主张贯彻守土抗敌之决心,在日军未退出以前,绝对停止折冲,以维国权,不胜祷切。"8 月 8 日,南京国民政府教育部制定《设立临时大学计划纲要草案》,决定筹设若干所临时大学。30 日,中英庚款会应教育部之请,拨 50 万元,作为西南、西安临时大学开办费,西安临时大学得 25 万。31 日,教育部将准备筹设临时大学相关内容电告陕西省教育厅,命令限期找好校址,以便派员前往筹备。

按:陕西省教育厅厅长周伯敏于9月6日向中央社记者谈话,说教育部为救济战区各地失学大学生,决定在西安设立临时大学,筹备事宜已于6日在南京召开筹备会决定一切。根据教育部命令,陕西省教育厅已觅定西安城隍庙后街前第一中学校旧址,等教育部派人前来,即可布置筹备开学。又据9月8日《西京日报》转中央社消息,教育部在陕西筹备临时大学,下周即派员来陕布置,下月中旬可望开学。

徐诵明、李蒸、李书田等9月8日被教育部任命为西安临时大学筹备委员。是日,教育部以北平大学、北平师范大学、北洋工学院等校为基干,设立国立西安临时大学,派北平大学校长徐诵明、北平师范大学校长李蒸、李书田、童冠贤、陈剑翛、周伯敏、辛树帜为筹备委员会委员,标志着西安临时大学正式开始组建。10日,教育部部长王世杰以廿六年第16682号训令,令西安临时大学筹备委员会:刊发该会木质关防一颗,文曰:"西安临时大学筹备委员会关防",附发印鉴纸五张,希即领取启用,并将启用日期连同印鉴报部备查。此令。附发木质关防一颗,印鉴纸五张。11日晚,北平大学校长徐诵明、中央大学教务长陈剑翛、北平师范大学校长李蒸由南京到达西安。12日晚,秘书主任童冠贤到达西安。陈剑翛委员向中央社记者谈话指出,我国全面抗战已经开始,高等教育极为重要,平津各大学因陷于战区而不能开学,学生自属不能中断,教育部为救济战区专科以上学生起见,特于西安、长沙分别筹设临时大学,西安方面以平大、师大、北洋工学院为基干,教部并指定北平研究院副院长李书华、北洋工学院长李书田、东北大学校长臧启芳、陕教育厅长周伯敏、西北农林专校校长辛树帜及已抵陕的徐诵明校长等9人为筹备委员,学生方面除三校学生外,高中毕业生亦可容纳。各科教授就三校中重新聘请来陕担任。开办费用已拨发中英庚款25万元布置一切,并以三校原有经费7万余元全数拨充临时大学经费。14日前,筹备委员李书田、袁敦礼等到达西安。16日,西安临时大学筹备委员会秘书主任童冠贤以筹字第3号文,呈请教育部鉴核备案:西安临时大学筹备委员会关防于1937年9月15日启用,并附印鉴五纸。

按:9月16日,西安临时大学决定设文、理、法、商、农、医等学院,尽量设法容纳各地大学生及高中毕业生,各院院址均已决定:文、法、商等院暂设西安市城隍庙后门,即现在警备司令部内;理学院暂设东北大学内;农学院暂设武功农林专校内;医学院暂设陕西省防疫处内。等首次筹备委员会议开会商讨后,即可决定开会日期。

徐诵明、陈剑翛9月16日晚乘陇海路火车前往南京,特向教育部汇报筹备进展并请示。教育部令北洋工学院院长李书田致函陕西省建设厅长雷宝华,各教授学生于9月20日前次第到陕,请能代为招待。雷厅长接函后在省工业试验所内设立临时通讯处,并派员代为照料。17日,教育部快邮代电西安临时大学,收纳学生原则规定为:平大、师大、北洋三校学生约略占百分之七十;他校借读生及新招学生约略共占百分之三十。三校学生不足定额时,借读生和新招学生可酌增到应占比例数。反之,三校学生也可酌增。借读生和新招学生比例、收纳学生标准,由常委会妥定并呈报教育部。收纳学生数及标准一经决定,应该立即登报公告,以便周知。10月11日,教育部长王世杰以第17728号训令颁发《西安临时大学筹备委员会组织规程》,令西安临时大学筹备委员会遵照执行。该《规程》共有13条,其中第一条规定"西安临时大学之筹备依据本规程设置西安临时大学筹备委员会办理之",即规定临时大学不设校长,以筹备委员会代行校长职权。筹备委员会的任务为:校址之勘定,经费之支配,院系之设置,师资之遴聘,学生之收纳,建筑设备之筹置,其他应行筹备事项。本委员会设主席一人,由教育部部长兼任,设委员7人至11人,由教育部聘任。常委由教育部部长在筹备委员中指定,常务委员由3到5人组成常委会议,商决筹备委员会的任务。同月,西安临时大学各处院系主任名单公布。11月15日,西安临时大学经过两个月左右的紧张筹备后举办开学典礼,开始上课。当时共有学生1472人,其中311人为在西安两次招收录之新生,余皆为三校院原有学生或他校旧生转学而来。全校设文理、法商、教育、工、农、医六大学院,共23系。其中医学院不分系,有学生86人。

按:西安临时大学各处院系主任名单如下:文理学院院长刘拓,国文系主任黎锦熙、历史系主任许寿裳、外语系主任余坤珊、数学系主任赵进义、物理系主任张贻惠、化学系主任刘拓、生物系主任金树章、地理系主任黄国璋;法商学院院长徐颂明,法律系主任黄觉非、政经系主任尹文敬、商学系主任寸树生;教育学院院长李建勋,教育系主任李建勋、体育系主任袁敦礼、家政系主任齐壁亭;农学院院长周建侯,农学系主任汪厥明、林学系主任贾成章、农业化学系主任刘伯文;工学院院长李书田,土木工程系主任周宗莲、矿冶系主任魏寿昆、机械系主任潘承孝、电机系主任刘锡瑛、化工系主任萧连泊、纺织系主任张汉文;医学院院长吴祥凤。第一院设在城隍庙后街4号,包括国文、历史、外语、家政等系;第二院在西北大学所在地,包括数学、物理、化学、体育及工学院;第三院在北大街通济坊,包括法商学院、农学院、医学院和教育、生物、地理等系。

徐诵明、李蒸、李书田以及教育部特派员、原中央大学教务长陈剑翛与教育部派员、秘书主任童冠贤被教育部任为筹备委员会常务委员,李书华(未到任)、徐诵明、李蒸、李书田、童冠贤、陈剑翛、周伯敏、藏启芳、辛树帜等为西安临时大学筹备委员。院系任职如下:(1)文理学院院长刘拓。其中国文系主任黎锦熙,历史系主任许寿裳,外国语文系主任余坤珊,数学系主任赵进义,物理系主任张贻惠,化学系主任刘拓,生物系主任金树章,地理系主任黄国璋。(2)法商学院院长徐诵明(兼代)。其中法律系主任黄得中,政经系主任尹文敬,商学系主任寸树声。(3)教育学院院长李建勋。其中教育系主任李建勋(兼),体育学系主任袁敦礼(兼),家政系主任齐国梁。(4)农学院院长周建侯。其中农学系主任汪厥明,林学系主任贾成章,农业化学系主任刘伯文。(5)工学院院长李书田(兼)。其中土木工程系主任周宗莲,矿冶系主任魏寿昆,机械系主任潘承孝,电机系主任刘锡瑛,化工系主任萧连波,纺织系主任张汉文。(6)医学院院长吴祥凤,不分系。西安临时大学成立后,学校将六学院分为三院:城隍庙后街作为一院,东北大学新建校舍为二院,通济坊洋房为三院。医学院学生被安置在三院进行教学,教师则分散居住在西安城内各处。11月上旬太原失陷以后,西安临时大学又迁往陕南。次年3月,分出国立西北工学院、国立西北农学院,其余部分改称国立西北联合大学。西安临时大学的成立,标志着我国西北地区首个国立综合大学的建立,国家在西北地区的高等教育布局从此奠基。(参见余子侠、王海凤《国立西北联合大学合分成败论》,载《西北工业大学学报》2018年第3期;西北大学校史编写组《西北大学校史稿》,西北大学出版社1987年版;杨龙《抗战迁陕:国立西安临时大学成立经过》,西安交通大学医学教育八十周年网站,2018年3月17日)

李达继续任北平大学法商学院经济系主任。3月,所著《经济问题之处理方法》收入《政治经济问题之处理方法》一书,由北平大学法商学院刊印。4月,在《磐石杂志》第4期发表《科学家与天主教》;在《广东经济建设月刊》第4期发表《征收遗产税问题》。5月,专著《社会学大纲》由上海笔耕堂书店正式出版。此书系作者于1935年在《社会之基础知识》的基础上撰就,作者首次把辩证唯物论和历史唯物论作为一个整体进行论述,重点阐述了辩证唯物论与历史唯物论的基本理论和二者之间的关系,提出:“只有彻底的把辩证唯物论扩张于人类社会或历史的领域,才能使辩证唯物论更趋于深化和发展,人们才能在世界变动的过程中去认识世界,改造世界。”强调辩证唯物论和历史唯物论是包括史学在内一切学科唯一的科学理论和方法,这在史学界产生了重要的影响。毛泽东曾称赞"这是中国人写的第一本马克思主义哲学教科书",还向延安抗日军政大学推荐此书,在中共六届六中全会上号召高级干部学习此书。此书在社会上广为流传,影响深远。同月,李达又在《广东经济建设月刊》第5期发表《我们对复兴农村的意见》。6月4日,当时身在上海的李达对新启蒙运动也表达看法:"至于新启蒙运动,本人只晓得它在理论上已和局部的、一阶层的启蒙运动有了区别,目的在普遍地开明民智,实在也是中国人民救亡运动的基础,此书在现阶段这一运动是需要的;北平一部分学者杨立奎等的反对似非必要。"7月,所著《辩证法的唯物论问答》由上海进化书店出版。这是一本马克思主义哲学的辅导读物,在对马克思主义哲学有关内容的阐述上不仅具有明晰、鲜明和深入浅出的特点,同时也具有一定的理论深度。9月,在北平大学法商学院《法学专刊》第7期发表《唯物辩证法的几个法则》。(参见宋俭、宋景明编《中国近代思想家文库·李达卷》及附录《李达年谱简编》,中国人民大学出版社2015年版;王学典《20世纪史学编年(1900—1949)》,商务印书馆2014年版;李亮《继承五四和扬弃五四——新启蒙运动研究》附录《新启蒙运动大事记》,上海师范大学博士学位论文,2012年)

　　许寿裳1月为捐募鲁迅文学奖金事多方奔走。同月30日,乘平浦车南下,抵南京后,停一日,即赴沪,晋谒蔡元培,献祝寿诗四律。继访鲁迅夫人许广平女士,偕往万国公墓,以花圈献于鲁迅先生墓前,并口占一绝以吊。当晚8时余,坐沪杭车返嘉兴寓邸。2月3日,许寿裳致函许广平,谓"年谱事,裳意最好仍由岂明兄起草,君与乔峰兄及裳补充⋯⋯倘岂兄仍以病不能述作,则届时由裳起草亦可⋯⋯"。16日,许寿裳乘平浦车返平。17日,往宫门口西三条21号周寓,访周母鲁太夫人,询鲁迅先生幼年轶事以备作年谱。20日,许寿裳致信许广平说:"岂明昨始晤到,年谱决由他起草,裳分任一部分,将来或一同列名。"3月18日,作《鲁迅古诗文的一斑》文一篇。30日,许寿裳致信许广平说:"年谱事已催启明,尚未脱稿,大约字数不多。"4月11日,许寿裳又访周母鲁太夫人,借阅鲁迅日记14本,以备摘抄。又借章太炎先生字一幅,以备摄景。19日晨,至东方女中讲演,题为《谈谈读书》。26日,为励德人(乃骥)题绍兴十八年王佐榜进士题名录。同日,坐平浦车南下。28日,由南京转沪,返嘉兴寓邸。过沪时,偕许广平女士,访谒蔡元培先生,商鲁迅先生全集印行出版事。29日,许寿裳再致信许广平说:"年谱事,又催起孟,渠云本星期内可以脱稿,收到后,当即续补寄奉。"5月初,周作人将鲁迅年谱第一段第一稿两页交许寿裳。5月3日,许寿裳寄信许广平,称"年谱第一段(自一岁至二十八岁即至一九〇九年)已由岂明兄编来,裳觉得太简,第二段(一九〇九——一九二五)由裳动手,现正赶阅留平日记(自民元至民十四止),续编并补充起孟所阙,日内即当用快函寄上"。7日,许寿裳又致信许广平,寄去经许寿裳增编的鲁迅年谱第一部分稿,并"附以起孟原稿两张"。

　　许寿裳5月24日撰《鲁迅年谱》成。25日,许寿裳再致信许广平称:"年谱前期叙述太略,裳因于星期日特往谒太夫人,新得若干材料,加入后,送启明核定,不料回信云:'尊稿奉还,唯为添注一处。乞察收。鄙意此谱还以由兄单独出名为宜,已擅将凡例涂改矣。盖弟所写者本只百分之二三,只算供给材料,不必列名,且赞扬涂饰之辞系世俗通套,弟意以家族立场措辞殊苦不称,如改为外人口气则不可笑也。'我不知其何所见而云然⋯⋯裳意不欲勉强,径由个人出名亦可。"许寿裳并将"年谱前一段第二次增订稿四页"附去。6月3日,许寿裳再致信许广平说:"启明所编我第一次增订者,曾经启明许可,如弟意以为可用,不妨仍用第一次,免得以此小事生意见。如弟意用第二次,则我亦无异议⋯⋯"后许广平与上海朋友们磋商的结果,"大家以为都是宝贵材料,乃研究鲁迅者所不易得的",遂用了第二次稿。《鲁迅年谱》因许寿裳总其成,又依周作人的意思,最后由许寿裳具名,把原凡例的第一节"本谱系周作人、许寿裳二人合编,以民国成立为界,作人任前半部,寿裳任后半部"删去。该年谱最早载于北平大学女子文理学院校刊《新苗》第18期上,后又收入1937年10月出版的《鲁迅先生纪念集》中。

　　许寿裳于7月7日卢沟桥事变发生后,以平大女院师生之安危为念,由禾电女院秘书戴静山姻兄,指示应变事宜。16日,偕继母挈瑛、玚、玮三妹,侍陶外祖母王太夫人,赴庐山避暑,寓牯岭236号"养树山房"。此为外祖母新置之别墅,取外曾祖勤肃公督陕甘时之印名。8月13日,许寿裳以上海已发生战事,遂下山,由浙赣路往绍兴,向张晓凡(一鸣)表兄借妥房屋,以备家人前往避难。17日,返抵赵家坂老屋,与仲父仲南公会见。同日,适三姑母亦由红墙厦孙宅来会,得于乱离中一叙骨肉团聚之乐。18日,离绍兴,返嘉兴寓邸,是时寓中仅有仆人守护。9月3日,许寿裳离禾赴南京,于5日乘轮,复上庐山。11日,偕继母,挈瑛、玚、玮三妹,侍陶外祖母下山,由浙赣路经绍兴、杭州回嘉兴。25日,挈玉瑛妹,携箱物,由禾赴绍兴,安顿住所妥帖后,复由绍返禾。10月4日,挈瑛妹,侍陶外祖母复由禾至杭州。5日,由京杭国道赴南京,以从兄世璿、世瑾寄居阴阳营华新巷51号,即往投宿。6日,至天目路10号,访余坤珊,约与之同行赴西安,以教育部已合并北平大学、北平师范大学及天津北洋工学院三校,成立西北临时大学于西安,徐轼游有电邀许寿裳前往。7日晨,渡江后由津浦路转陇海路西行,于9日晨8时抵西安,寓建国公园陕西化验所。西北临时大学聘许寿裳为教授,兼教务委员,又兼史学系主任,承担"中国史学名著选"及"大一国文"两课程。16日,至汉城,访未央宫、大明宫遗址。17日,游南五台及翠华山。20日,至临潼,登骊山,游老母殿、烽火台、望始皇陵墓,并在华清寺浴。22日,至东门东岳庙,观宋代壁画。11月7日,游宋家花园、王宝川庙及大雁塔。17日,偕李季谷赴汉口,时太原初失,西安震动,西北临时大学遂有迁川之议,唯女生步行入川为不可能,决定由汉乘轮溯江西上。然事先亦须借妥住所,以便安顿伊等在汉候轮也。临大常委会遂请先君及李季谷前往协商,武昌省立第一女中及汉口市立女中,均允借住。后以教育部不同意临大迁川,此议遂作罢论。12月7日,偕李季谷返西安。12日,体感不适,延医诊治,至23日始痊愈。(参见倪墨炎、陈九英编《许寿裳文集》下及附录二《许寿裳先生年谱》,百花出版社2003年版)

　　沈志远继续任北平大学法商学院经济系主任。抗日战争爆发后,转赴西北大学法商学院任教。7月以前毛泽东读苏联哲学家米丁等著、沈志远译的《辩证唯物论与历史唯物论》(上册),写了约2600多字的批注。这些批注集中在关于实践是认识的标准、对立统一规律和质量互变规律方面。批注最多的是对立统一规律问题,约占该书批注文字的一半;其次是对认识论问题的批注。毛泽东对该书的批注,重点在矛盾论和认识论方面,这同他读《辩证法唯物论教程》第三版的批注一样,是写作《实践论》《矛盾论》的直接准备。12月,沈志远《近代经济学说史》由上海生活书店出版。(参见中共中央文献研究室编撰、逄先知主编《毛泽东年谱(1893—1949)》,人民出版社、中央文献出版社1993年版;王学典《20世纪史学编年(1900—1949)》,商务印书馆2014年版)

　　曹靖华在北平几所大学授课,直至"七七"事变,授完最后一课。秋冬,辗转到陕西西安西北临时大学任教。是年,作《普式庚年表》,刊于《译文》新2卷第6期。作《关于〈城与年〉(上)》,刊于《创世纪》创刊号。作《十二月的风》,刊于《救亡》第3期。译五幕剧《粮食》

(苏·凯尔升作),刊于《译文》新3卷第4期;译《恐惧》,同期连载完。译作《第四十一》(附作者《序"四十一"并致中国读者》及译者《前记》),由良友图书公司出版。(参见冷柯(执笔)、毛粹《曹靖华年谱简编》,《河南大学学报》1984年第5期)

钱玄同整理刘师培遗书,著《左盦年表》《左盦著述系年》《刘申叔先生遗书序》《刘申叔先生遗书总目说明》,末署"民国二十有六年为公元一千九百三十有七年,岁在强圉赤奋若,七月五日,鲍山病叟钱玄同编目竟,记于北平寓庐之饼斋"。又有《林尹中国声韵学要旨序》(《国语周刊》第280期,《制言》第39期),是用文言文写的。又作《古韵"鱼""宵"两部音读之假定》,是对《古韵二十八部音读之假定》中关于"鱼""宵"两部音读之订正。这大约是钱玄同留下的最后一篇手稿,后至1947年刊于《世界日报·语文》第2期。7月20日下午,钱玄同先生送师范大学在南京招生的题目给黎锦熙。29日,北平沦陷,北平师范大学西迁陕西。钱玄同先生因病留在北平,他恢复旧名钱夏,表示是"夏"而非"夷",不作顺民;又改"疑古"为"逸谷",或署"逸叟"。又号"忆孤翁"或称"师黄"。钱玄同常从沦陷后的北平间接寄语给随校迁居陕西城固的黎锦熙,说:"钱玄同决不'污伪命'。"北平沦陷以前,他认为凡去伪满和冀东伪组织谋求职业或受聘教课的都叫"污伪命"。(参见曹述敬《钱玄同先生年谱》,齐鲁书社1986年版;曹述敬《钱玄同先生年谱(上、中、下)》,载《北京师范大学学报》1982年第5—6期、1983年第1期)

黎锦熙为北平师范大学新创办的《历史教育》题写刊名和题词,题词为"努力实现历史教育的重要使命,培植国家观念与民族意识;提倡历史教育之,研讨历史教育之改进";时任该校历史系主任的李飞生在"创刊旨趣"中对《历史教育》的特色栏目作了说明:一为论著,二为译著,三为书评。(参见黎泽渝《黎锦熙先生年谱》,载《汉字文化》1995年第2期;郑锦怀《林语堂学术年谱》,厦门大学出版社2018年版;刁晏斌主编《黎锦熙先生诞辰120周年纪念暨学术思想研讨会论文集》,中华书局2011年版)

罗根泽《两宋诗话辑校叙录》1月刊于《文哲月刊》第1卷第10期。2月,《历史学者考订老子的总成绩》刊于天津《益世报·读书周刊》第87、89期;《跋陈眉公集〈古今诗话〉》刊于天津《益世报·人文周刊》第7期,文中说:"两月前,琉璃厂书贾送来陈眉公集《古今诗话》一函十册,心远堂藏板。"15日,《儒家所谓学与学问》刊于《经世》第1卷第3期。18日,《由老子籍贯考老子年代》刊发于天津《益世报·读书周刊》第87期和第89期。4月10日晚,到东兴楼,赴徐旭生、顾颉刚宴。16日上午及下午两次访顾颉刚。21日,访顾颉刚。5月5日晚,与张西堂、刘盼遂在新陆春宴请萧一山、马幼渔、黎劭西、谢刚主、陆侃如、李戏渔、高亨、顾颉刚。28日,《成都存古书局声调谱汇刻跋尾》刊于《天津益世报·人文周刊》第21期。7月7日,卢沟桥事变前,在北平印成《古史辨》第六册。事变后,携妻子至天津,乘船下徐州,再到南京,又北上开封,继而到长安,执教西北联合大学文理学院国文系,任教授。又随西北联合大学,播迁汉上,至于西安。

按:罗根泽在七七事变后的颠沛流离之状见于其《中国文学批评史·自序》:"事变后,浮海南来,道出徐、济,南至京师,北返开封,然后西走长安,又随西北联合大学,播迁汉上。又罗根泽《我的读书生活》云:"卢沟桥的炮火,掀起了民族抗战,也粉碎了安定生活。我丢弃了自己购置的书籍,丢弃了自己搜辑的资料,丢弃了自己撰录的札记,赤手空拳的带着妻子,泛海南来。在河南大学借教一月,还算可以读书。后来随师范大学到西安,和北洋大学、北平大学合组为西安临时大学。开学未久,又迁到汉中,迁到城固,改名西北联合大学。在城固住了二年,乡居无事,本来可以读书,可惜无书可读。"

罗根泽9月在开封一月,读《四部备要》。其《读东坡七集》云:"一九三七年,在开封读

《四部备要》覆旁斋校本《东坡七集》，觉颇有复重，兹来南京复读……"10月末，致信顾颉刚。12月17日，《纪念师大与中国教育》，刊于12月17日出版的《国立北平师范大学纪念专刊》。罗根泽《李邕墓志铭跋尾》云："一九三七年卢沟桥事变后，与湖北唐祖培节轩，同执教西安临时大学，出示所藏碑帖，有李邕所撰《有唐通议大夫守太子宾客赠尚书左仆射崔公墓志》及李昂所撰《唐故北海郡守赠秘书监江夏李公墓志铭》并序二帧。"是年，《儒家所谓的学与学问》刊于《经世》第1卷第3期。（参见马强才《罗根泽先生年谱简编》，载王京州编《河北近现代学者年谱辑要》，国家图书馆出版社2017年版）

高步瀛5月以母亲辞世，停棺在家，悲伤之余，仍不辞辛苦，按时前往。所得报酬，悉数缴还书院，指作购置书籍之用。高母丧事甫毕，不及两月，发生卢沟桥事变。平津很快沦陷，高步瀛与钱玄同等先生都因年老体弱不能远赴后方。高步瀛谢绝宾客，闭门不出，并吩咐他的二女儿高立芳辞去艺术学院的教职，不为敌伪服务。而留在北平的部分文人受敌伪笼络，在团城成立一所"古学院"，屡次请高步瀛前去授课，都被他严词拒绝。所著《文选李注义疏》8卷由北平直隶书局出版，此书系"1929年开始动笔，惜因病逝，未竟全功，六十卷中只完成八卷"，至1937年中华书局出齐。

按：关于《义疏》的版本，曹道衡、沈玉成评价称："他不但对现存的各种李注版本以及六臣本等异同，一一校明，还用了清人所未见的故宫博物院藏古钞本敦煌唐写本残卷等校正各本之误。"作为传统选学的总结之作，《义疏》要比《选学举要》更引人瞩目，高氏《义疏》"集清代朴学之大成，广征博引，不厌其详。虽源于清儒，但又远超清儒"。（参见赵成杰《高步瀛学术年谱简编》，载王京州编《河北近现代学者年谱辑要》，国家图书馆出版社2017年版）

陆懋德2月与李飞生、齐思和等5人受聘为北平师范大学史学会创办的《历史教育》杂志编审委员。9月随北平师范大学西迁，先后至长沙和兰州，历任西安临时大学、西北联合大学、西北大学历史系教授、系主任。

陈垣继续任辅仁大学校长，兼任北平研究院特约研究员。1月1日，陈垣在天津《益世报》人文周刊发表《墨井集源流考》。4日，方豪来函："昨读《益世报》人文周刊尊著《墨井集源流考》，喜不成寐。……拙作《墨井道人年谱》系五年前试作，考据本极疏浅，因牛若望司铎为《新北辰》拉稿甚急。仓卒刊登，复以印工恶劣，乃致不可成诵，今特略加校改，寄呈台阅。但以时机巧合，得与大作先后发表。虽相形见绌，亦颇自慰耳。"15日，方豪来函："豪自得读《益世报》尊著后，深悔将墨井年谱轻易发表，贻误读者。此乃由衷之言，非世俗客套也。为今之计，惟有请先生将所著年谱从速刊登以赎豪过。窃思《我存》出版以来，迄未敢仰求大文。若即以该年谱赐寄，何幸如之。豪必竭其心力，亲为校对，并抽印若干本聊表微意。若年谱已允在他处发表，则请拨冗另撰，或即将已成旧稿掷下刊登，亦所感激。"3月29日，作《吴渔山入京之酬酢》。以诗序及诗画题跋等材料考证吴历康熙九年庚戌曾与许之渐一同入京浏览，在京见人不多，作画不断。4月1日，傅斯年来函："别来想一切安吉为祷。弟在此做此似官非官之职，无异充军，只缘研究所皆是充军朋友，不至索居而离群，故至今犹未觉关山之感。然军充既久，不敢保其必不大恼。若江山不改，仍将有北归之日耳。研究院评议会将开会，自蔡先生以下，切盼先生惠然来会。驾到此间，仍可住研究所中，当预为除扫。何日动身，乞前数日示知为感。"3日，《吴渔山先生年谱》撰成，并作序。此谱6月刊于《辅仁学志》第6卷第1—2合期，后又略加修改，7月刻木刊行。

按：二十五年之后，因准备重印此谱，陈垣撰写重印后记曰："吴渔山年谱成于一九三七年，距今已二十余年。当时所据材料除吴渔山遗诗及其同时人文集外，以各家画录为多。近年收藏家所藏吴画，渐公诸世,各地博物馆征购及私人捐献吴画者,亦复不少,则可补年谱之材料必多。今此书重印,仍按原稿,拾遗补缺,以俟来者。"

陈垣6月为辅仁大学年刊创刊作序。序曰:"聚东西南北之士,罔寒暑昏昼,切磋砥砺,阅数载以薪通乎一艺,一旦毕业,把袂分别,风流云散。历时稍久,则居里莫相忆,姓氏或相望,甚且面目不相识,历年滋久,相忘滋深,以砚席之亲,而视同路人,曷可伤也!是以刊行兹册,订车笠之盟,结久要之好,留踪迹,联感情,异日者,或显、或晦、或穷、或通,皆得于斯刊以为之印证。夫自昔登科题名之录众矣。而宋绍兴十八年、宝祐四年登科诸录,独重于世,岂非以其中有令人可景仰之人哉。今吾同学百数千人,志趣虽殊,为学以求用于世则一;若能守之以弘毅,持之以贞固,秉忠直之气,为士民之倡,易俗移风,利泽施乎社会,则物亦可借人而传,吾于新刊觇之矣;苟其行违忠直,驱逐声势,同流而合污,后之人展兹刊曰:是非某校之徒欤? 何其行之若是也。则是刊系于吾校之誉者甚大,吾同学可不自警自惕、勉学而慎行哉!"

陈垣于7月7日"七七"事变爆发后移居南官房口。辅仁大学因是天主教会创办,天主教教廷位在意大利,而主持辅仁大学的圣言会又属于德国,当时日本与德国、意大利两国交好,称为轴心国,所以辅仁大学没有遭到日军的骚扰,是北方沦陷区唯一不挂日本国旗、不用日本课本、不以日语为必修课的学校,所以很多北平的名教授们都归依到辅仁大学任教。同月,陈垣撰成《旧五代史辑本发覆》,刻板刊行,并附刊陈垣旧作《薛史辑本避讳例》。其《旧五代史辑本发覆》分三卷,卷一包括:忌虏第一;卷二包括:忌戎第二、忌胡第三、忌夷狄第四、忌犬戎第五;卷三包括:忌蕃忌酋第六、忌伪忌贼第七、忌犯阙第八、忌汉第九、杂忌第十。此书实为陈垣抗日战争时期"有意义之史学"著作之滥觞。杨树达评此书"取四库馆臣辑佚时讳改诸文为虏、夷等字,举例罗列,事颇寻常,而名为'发覆',似不免于张皇矣",盖未得陈垣"发覆"之深意。9月,陈垣推荐岑仲勉入中央研究院历史语言研究所历史组任专任研究员。(参见刘乃和、周少川、王明泽《陈垣年谱配图长编》,辽海出版社2000年版)

余嘉锡1月7日在天津《大公报・图书副刊》第164期发表《四库提要辨证・颜氏家训》《四库提要辨证・唐阙史》。4月1日,在天津《大公报・图书副刊》发表《四库提要辨证・唐阙史》。清明日,作《小说家出于稗官说》,刊于6月《辅仁学志》第6卷第1—2期。6月10日,在天津《大公报・图书副刊》发表《四库提要辨证・涑水记闻》。同月,《四库提要辨证》已完成大半,时值日侵华战争爆发,世事纷乱,余嘉锡恐成果遭毁,付梓史子两部定稿。7月15日,在天津《益世报・人文周刊》第3期发表《论校勘学之起源》。北平沦陷后,由于辅大是天主教会学校,有德国人主持校务,较少受敌伪干扰。余嘉锡虽能继续任教,然而家国沉沦之痛使他极感忧愤,与友人信中自署"钟仪",以春秋时楚囚身比。他在整个沦陷期间,以民族大义为重,含辛茹苦,淡泊明志,不为敌伪利用。时北平有一藏书家,以版本之学闻名于海内外。余嘉锡和他素有往来,考虑到其显赫名声恐被日本人所利用,出任伪职,玷污一生名节,因而偕同陈垣拜访,谈论间以"共守岁寒,贞松不落"之意告诫此人。这人闻之悚然,退而自省,得以守晚节。余嘉锡还延聘滞留在京的众多知名学者来系任教,如高步瀛、沈兼士等,辅大国文系一时号称阵容最强。

沈兼士继续任辅仁大学文学院院长。1月1日,由沈兼士题写刊名的《益世报・人文周刊》第1期出版。16日,为筹集鲁迅"纪念文学奖金",与周作人、许寿裳、马裕藻、曹靖华、齐宗颐等联名发布启事,请各界人士共襄盛举。3月2日,私立北平辅仁大学将本校院长以上职员名册报送冀察政务委员会秘书处交际组,沈兼士列名其中。11 日,撰成《〈文始〉表解序》。24 日中午,在私立北平辅仁大学会客厅,陪陈垣校长宴请教育部视察华北高等教育专员谢树英、梁明致。春,应邀担任《鲁迅全集》编辑委员会委员。4 月,作致丁梧梓(声树)函,讨论《释名》"溺"字之义类;后发表于《益世报·人文周刊》第 21 期,标题为《致丁梧梓书》;又收入《段砚斋杂文》,标题改为《与丁声树论〈释名〉"溺"字之义类书》。5 月 10 日,上海市文献展览会召开发起人会议,推定马相伯、蔡元培、沈兼士、顾颉刚等为名誉理事。21 日,在《益世报·人文周刊》第 20 期"相伯先生九八大寿纪念"专号,刊登题词:"相老九八诞辰纪念,人之大老。"落款"沈兼士敬祝"。31 日,参加私立北平辅仁大学校董会常会,议决任期届满董事复选连任,辞职或已故董事选举继任,修改校董会章程及下年度预算等事项。经复选连任董事。6 月 9 日,私立北平辅仁大学校董会呈文北平市社会局,报告该会常会议决事项及修改会章缘由等,请求核准备案。17 日,作致私立北平辅仁大学校长陈垣函,请求辞去文学院院长兼职,以便专心于学术研究。同月,为私立北平辅仁大学毕业生题写《诗经》名句(手迹),并钤"沈兼士"阴文篆章。7 月 23 日,《益世报·人文周刊》第 29 期刊登消息,称私立北平辅仁大学设立文、理科研究所,文科研究科目包括沈兼士的"中国语言文字学专题研究"和"中国文字学史专题研究"。25 日,《益世报》刊登消息,称私立北平辅仁大学从下年度起设立文、理科研究所,文学院院长沈兼士将兼任文科研究所所长。30 日,因不愿为日本人做事,不再去故宫博物院文献馆工作。汉奸周养庵派人来劝任事,严词拒绝。以后,家庭生活发生困难,有段时期只得卖书维持生计,两个女儿被迫辍学。"七七"事变后,北平沦陷。沈兼士与同人英千里、张怀、董洗凡等教授秘密组织"炎社"(取顾炎武的"炎",以示抗日)。11 月 23 日,私立北平辅仁大学收到北京特务机关妇女宣抚班来函,要求填送该校教授姓名住址表,沈兼士列名其中。(参见郦千明、汪素梅《沈兼士年谱简编》,《湖州师范学院学报》2021 第 3 期)

余嘉锡开设"古籍校读法",其于 30 年代在各大学授"古籍校读法"课时的讲义《古书通例》,就汉魏以前书籍详加诠释,分为《案著录》《明体例》《论编次》《辨附益》4 卷。主要鉴于以《古史辨》的出版为代表的中国学术界疑古之风盛行,而对考辨活动所采取的方法也进行了反思,认为中国的古书,自周秦开始至明清,经历了几千年,流传至今的书目在 5 万种以上,大概时代距今愈久远的书,问题也愈多。如书籍的真伪问题,作者属谁和时代的问题,书的篇目编次和卷帙多寡存佚的问题,书中内容有无后人增益或删削的问题等,有少数学者注意到了古书体例和古书辨伪的关系。固然前人有所考证,然亦有得有失,与是否通达古代著作的体例有关。余嘉锡为助研读古书者一臂之力而编写了此书。作者在《古书通例》绪论中提出,古书辨伪有三法及三难:方法一:"考知史志及目录以定其著述之人,及其书曾否著录。"方法二:"考之本书以验其记载之合否。"方法二:"考之本书以验其记载之合否。"又谓此三难生四误:"不知家法之口耳相传而概斥为依托,误一;不察传写之简篇讹脱而并疑为赝本,误二;不明古书之体例而律以后人之科条,误三;不知学术之流派而绳以老生之常谈,误四。"是年,余嘉锡为维护国家民族正气,开设了《楚辞》课,教育青年不为时局所惑,识别好坏,以抨击当时的卖国求荣者。又开设"《世说新语》研究"等课,对魏晋之尚清谈误国,反复推论,评论古人而讽喻时事,皆寓意深远。开始从事《世说新语》的笺疏工作。分用五色笔以唐、宋类书和唐写本《世说》残卷校勘今本。《笺疏》内容遍及历史、文学、哲学、语言等方面,体例同刘孝标《注》和裴松之《三国志注》。此书名为《笺疏》,重在版本校勘和考辨史实,而不重在训解字句。

按:周祖谟、余淑宜《余嘉锡先生传略》(《余嘉锡文史论集》,岳麓书社1997年版)评价此书的价值曰:"《笺疏》不仅就《世说新语》一书的语言文字、历史事实进行考核,还参稽群书的各个方面,以微观和宏观相结合,成为研究魏晋时期历史的学术名著。并且往往有独特的创见以备作进一步的研究和发掘。"(参见王语欢《余嘉锡学术年谱》,黑龙江大学硕士学位论文,2013年)

柴德赓继续在辅仁大学及附中任教。抗战爆发后,因妻子临产,滞留北平。每日与陈垣闭门读书,研讨学问。曾作《鲒埼亭集谢三宾考》(《辅仁学志》1943年第12卷第1—2合期),借考证斥责汉奸卖国求荣。

按:此文于1945年获第五届教育部学术审议委员会"补助学术研究及奖励著作发明"奖文学类二等奖。

陆志韦上半年继续任燕京大学代理校长,以在心理学研究的巨大成就在三十年代就已享盛名。当时心理学界有"南潘(指潘菽)北陆(陆志韦)"之称。1月24日,陆志韦、萧孝嵘、艾伟等30余人出席在南京国立编译馆召开的中国心理学会成立大会。学会宗旨:促进心理科学之研究及应用。大会通过会章,会议推选陆志韦、萧孝嵘、艾伟等7人为理事。学会主办有《中国心理学报》。3月8日,陆志韦作《中国人类比的思想方法及其对科学之阻碍作用》讲演。"七七"事变后,北方各校纷纷去电告急,要求几位校长返校应变。当时留在北平的教育界著名学者、教授陆志韦、李书华、查良钊、罗隆基、梅贻宝、郑天挺等21名教授联名致电庐山谈话会,要求守土抗战。燕大决定留在北平继续办学,与辅仁大学成为日伪统治下保留下来的一个文化孤岛。7月底,为强调燕大为美国教会办大学,司徒雷登校务长兼任校长,司徒雷登在燕园里升起了星条旗,并以校长的名义向驻北平的日本占领军当局致函,宣告燕京大学是美国财产,坚决反对日军进入校园搜捕爱国进步学生。于是燕京大学得以在北平继续办下去。本学期,有部分教师如陆侃如、闻一多、钱穆离校南下,亦有部分国立大学教师未随原校南迁而转入燕大,如原在北大应聘的齐思和以及原在交大应聘,先在燕大兼任的梁启雄等。(参见张玮瑛、王百强、钱辛波主编《燕京大学史稿》,北京人民中国出版社2000年版;中央教育科学研究所编《中国现代教育大事记1919—1949》,教育科学出版社1988年版;覃仕勇《隐忍与抗争:抗战中的北平文化界》,北京时代华文书局2015年版)

顾颉刚主持的《禹贡》半月刊1月1日出版"南洋研究专号"。因禹贡学派讨论南洋时系视之为中国的边疆,也就是将东北、西北、西南和南洋定位于中国的边疆史地来加以研究,故刊出这一"南洋研究专号"。该专号由张维华主编,刊载了罗香林《罗芳伯所建婆罗洲坤甸兰芳大总统制》,许道龄《南洋地名考异》《南洋书目选录》,张维华《明季西班牙在吕宋与中国之关系》,张天护《法国与安南》,傅振伦《所建南洋侨胞之情况》等文。2月16日,《禹贡》半月刊出版"康藏专号"。此专号由吴玉华主编,刊载了(瑞典)斯文·赫定著、绛央尼马译《西藏》,吴丰培《记清光绪三十一年巴塘之乱》,余贻泽《藏军犯康述略》,孟森《国史所无之吴三桂叛时汉蒙文饬谕跋》,傅振伦《西藏银币考》,郑允明《〈西藏图籍录〉再补》,吴玉年《〈西藏图籍录〉拾遗》,北平图书馆《康藏论文索引》,范道芹《泰晤士报十年来关于西藏的文字索引》等文。

按:1937年冯玉书在《边疆》杂志发表《评〈禹贡〉的"康藏专号"》,称该专号所载《西藏》《记清光绪三十一年巴塘之乱》等文"皆为极有价值之作",并认为"际兹边疆之研究,需材正殷,国人之注意,方兴未艾,此专号之出,固有待也"。

顾颉刚4月1日在《禹贡》半月刊出版"三周年纪念号",刊出《纪念辞》《本会三年来工作略述》《本会此后三年中工作计划》。顾在《纪念辞》中提出,《禹贡》已经从"专研旧籍"扩及实际调查,这种"无间新旧,兼容并包,使得偏旧的人也熏陶于新方法的训练,而偏新的人也有旧材料可整理"。在这种新旧配合指导思想下出版的各种专号,"使得材料和问题得着极好的排列和阐发","不但为本刊开辟了许多新园地,并给予我国学术史上一种新的生命"。此纪念号刊载了袁复礼《新疆之哈萨克民族》、谭其骧《粤东初民考》、于省吾《武王伐纣行程考》、蒙文通《赤狄白狄东侵考》、张维华《齐长城考》、史念海《两汉淮南三国考》、刘秉仁《两汉的人口与食粮政策》、金毓黻《慕容氏与高句丽》、谢国桢《〈东北史稿〉跋》、冯家升《豆莫娄国考》、张昆河《隋运河考》、王崇武《明代民屯组织》、童书业《重论郑和下西洋事件之贸易性质》、萨士武《明成化嘉靖间福建市舶司移置福州考》、顾颉刚《读尚书禹贡篇之伪孔传与孔氏正义》、郑鹤生《黄河释名补》、赵贞信《郦道元之生卒年考》、孟森《〈水经注〉原公水篇诸家之订正》、傅振伦《吾国地理部类之沿革》、朱士嘉《怎样编纂新式的县志》等文。

> 按:顾颉刚在《纪念辞》中还认为"救国不是一个空谈的问题,乃是许多有效的实际规划与行动的总和",所以《禹贡》同人"望在真实的学识里寻出一条民族复兴的大道来",鼓励大家一要关注边疆,开展边疆史地调查研究,"使得荒塞的边疆日益受到本国人的认识和开发,杜绝了野心国的觊觎",二要"把我们的祖先努力开发的土地算一个总账,合法地承受这份我们国民所应当享有的遗产,永不忘记在邻邦暴力压迫或欺骗分化下所被夺的是自己的家业",三要"把我们的祖先冒着千辛万苦而结合成的中华民族的经过探索出来,使得国内各个种族领会得大家可和而不可离的历史背景和时代使命。彼此休戚相关,交互尊重,共同提携,团结为一个最坚强的民族"。

> 在《本会三年来工作略述》一文中,顾颉刚指出禹贡学会的目标有8事:编辑《中国民族志》,编辑《中国地理沿革史》,编辑《中国地理沿革图》,研讨中国边疆问题,编辑《中国地名辞典》,考订校补《历代正史地理志》,辑录地方性之文化史料作专题之研究,与其他科学者合作征求地理问题之解答。

> 在《本会此后三年中工作计划》中,列出该会未来之计划有"旅行调查"和"编辑与研究"两大类,"旅行调查"包括"西北民族感情之考查""西北教育之考查""西北经济状况之考查""边疆宗教之研究""边疆统治阶级世系之研究"等;"编辑与研究"包括"编译边疆探检记丛书""编纂地名索引"(含《古书地名索引》《正史地名索引》《历代地理专著之索引》),"绘制沿革地理图"以及"历代正史地理志之校订与注释""中国内部小民族之研究""历代北部边防之研究""边陲民族史之研究"等专题研究。

顾颉刚6月1日在《禹贡》半月刊"古代地理专号"发表《九州之戎与戎禹》《春秋时代的县》。此专号由童书业主编,还刊载了马培棠《三代民族东迁考略》、蒙文通《中国古代民族移徙考》、杨宽《说虞》《说夏》、杨向奎《夏民族起于东方考》、饶宗颐《魏策吴起论三苗之居辨误》、陈梦家《商代地理小记》、孙海波《周金地名小记》、童书业《春秋王都辨疑》、张维华《魏长城考》、钱穆《秦三十六郡考补》、史念海《秦县考》、侯仁之《海外四经海内四经与大荒四经海内经之比较》等文。童书业在该期《序言》中指出,在中国遭受外侮凌逼趋于极点,"所有有血气的人们大家都放弃了纯学术的研究工作而去从事于实际工作。至于留在学术界的人物也渐渐转换了研究的方向"的情况下,出版"这册近于考据性的古代地理专号",并非"开倒车",而是为了更好地"现在中国的成因"。童书业将此专号的论文分为"古代民族迁徙""古代国族""古代国族疆域""古代地方制度""考证古代地名""研究古代地理书"六类,并概要介绍。30日,燕京大学、西北移垦促进会、河北移民协会等组织暑期西北考察团。北平、天津、上海等市大学教授、学生百余人参加,顾颉刚为团长,段承泽为副团长,分5组去绥远、宁夏等地考察牧畜、矿藏、森林、水利、文化、教育等。7月1日,《禹贡》半月刊出版"察绥专号"。此专号刊载了陈增敏《察绥之历史地理概观》、李秀洁《释阴山》、张维华《赵长城考》、史念海《西汉燕代二国考》、高珮《两汉征伐匈奴之影响》、冯家升《蠕蠕国号考》、韩儒林《绥北的几个地名》、纪国宣《宣化县城文献述略》等文。16日,《禹贡》第7卷第10期出版,随后停刊。

按:此期刊载了郭豫才《洪洞遗民传说之考实》,童疑(童书业)《蛮夷戎狄与东南西北》,(日)西山荣久著、祁蕴璞译《中国大运河沿革考》,饶宗颐《海录笔受者之考证》,萨士武《记道光〈福建通志〉稿被毁事》,丁谦遗著、夏廷域校录《随蛮记恩校注》,纳忠《回教与阿拉伯文明序目》等文。因卢沟桥事变爆发,日本侵略者欲逮捕顾颉刚等原因,《禹贡》半月刊在此期出版后被迫停刊。

顾颉刚7月20日因被日本侵略者列入逮捕名单决定离京。在数天之内,顾颉刚将北京事务快速结束:燕京大学事务,历史系事务交由洪业等管理;禹贡学会交由钱穆、张维华等;通俗读物社移往绥远;北平研究院职务仍由顾颉刚遥领。22日,顾颉刚只身前往归绥,通俗读物编刊社亦迁绥远。9月1日,顾颉刚应管理中英庚款董事会聘,任补助西北教育设计委员。同月,顾颉刚赴西北考察甘肃省及西宁市教育。任所办"老百姓"社社长,出版《老百姓》旬刊,以西北民歌方式作抗敌宣传。11月7日,顾颉刚在回教促进会作《如何可使中华民族团结起来》讲演。顾颉刚对"全盘西化"和"中国本位文化"的观点提出异议,认为应该从事有利于民族团结的融化工作,即"表彰并推广各族优良文化""搜集并创作各族共有的中国通史""建立为各族求自由平等的舆论机关"。是年,顾颉刚始识平冈武夫。西北移垦促进会成立,任主席理事。风谣学会开年会,被选为会长。记笔记《皋兰读书记》(次年毕)、《兰课杂记》。(参见顾潮编著《顾颉刚年谱》,中国社会科学出版社1993年版;顾潮编《中国近代思想家文库·顾颉刚卷》及附录《顾颉刚年谱简编》,中国人民大学出版社2015年版;王学典《20世纪史学编年(1900—1949)》,商务印书馆2014年版;中央教育科学研究所编《中国现代教育大事记1919—1949》,教育科学出版社1988年版)

张东荪1月20日在《文史月刊》第1卷第10期发表《思想自由与文化》。该文原为《再生》月刊而作,故先在《文史月刊》登载,后以《思想自由与立国常轨》为题在《再生》第4卷第1期刊印。张东荪着眼于中西文化的"调和"与"沟通"。他在比较中西文化后得出结论:"如何调和中西文化,使西方文化进来而又不致推翻中国固有的文化,这是一个大问题,决非本篇所要讨论所能讨论。因为言之太长,现在只能说,西方文化既来了,则西方文化之精髓的民主自由即应得随之使其充分进来。"他对中西文化的根本态度和观点是:"我们所应努力的不在顺着自然的趋势以助长一方,推倒他方,乃只在于设法使各得相当的安排,互有界限,不出范围,化冲突而为调和。"24日,中国哲学会第三届年会在南京中央大学举行,参加会议者有来自平、津、沪、粤、济、湘、豫、浙等地的120多人。张东荪在会上宣读论文《哲学究竟是什么》,并被选为中国哲学会第二届理事会理事、第二届编辑委员会委员。该文作于1936年11月25日,刊于《东方杂志》第34卷第1号,是张东荪从"多元认识论"转向"文化主义"知识论之重要环节,主要讨论"哲学究竟是什么"这个多年蓄积于张东荪心中的问题。

按:《哲学究竟是什么》曰:"讨论这个问题须从三方面着眼。即第一是问:哲学究竟有没有自己独具的方法?第二是问:哲学究竟有没有自己固有的题目?第三是问:哲学究竟有没有自己所得的理论?这三个问题其实就是三个方面。"他得出的结论是:"我以为哲学确实是一个奇怪得很的东西,他看上去似与自然科学相类;其实他的本质却真是与社会科学一样,或可以说是向来与社会科学为邻。他向前追求,而作用却是向后而起。他虽是用分析法又善于怀疑,好像是对于已成的文化加以破坏,但经他破坏的结果却反把文化为之肯定。物理学、生物学、心理学现在都有哲学化的趋势,我希望将来文化人类学亦会趋于哲学化,以证吾说。"

张东荪 1 月 27 日出席中国哲学会第三届年会第八次会议,金岳霖任主席。最后,推选金岳霖、冯友兰、宗白华、胡适、方东美、张东荪、黄子通、贺麟、汤用彤、汪奠基、林志钧等 15 人为理事,王慕尊、李振刚、郭本道、张真如、沈有鼎等 7 人为候补理事。同月,张东荪将经过修改的《多元认识论重述》收入《张菊生先生七十寿辰纪念文集》中出版。此文开始用社会文化来解释哲学和逻辑及概念的性质,表明他的思想正在发生着微妙的转变。在张东荪由前期哲学思想向后期哲学思想转变的过程中,《多元认识论重述》是承上启下的重要文章。它一端连着多元认识论,一端连着文化主义知识论。春,通过对中共《八一宣言》的评论和与"陶尚行"的信函往来,张东荪与刘少奇领导的平津中共地下党增进了理解。张东荪、何其巩及中共地下党员张德懋(张靖)等人组织了一个主要由平津进步、爱国教授和青年学生参加的"北方救国会"。北方救国会联系了中大、燕京、辅仁三个大学的爱国师生,拒绝日伪政权的控制,掩护保存了抗日力量。6 月 1 日,张东荪在《北方青年》第 1 卷第 1 期发表《重新再来一个文化运动》,认为:"任何政治上的改革与转变必须先有一个文化上的大变化,换言之,即思想上的大变化为之先驱。"所谓"穷则变,变则通"必先见于文化与思想上,然后方可见于政治与社会上。要打破现状,必须打破现状所依据的文化根基,即理论基础。张东荪深切地感到中国现在是一个"万木无声待雨来"的状态,甚至已经是"山雨欲来风满楼"的状况,因此,他号召进行一场"恢复人类理性"的文化运动。

张东荪 6 月通过中华民族解放行动委员会(农工民主党前身)的组织委员会书记彭泽湘与共产党联系。7 月 5 日,彭泽湘回到北平,将毛泽东的信函转交给张东荪。秋,卢沟桥事变后,国共再次合作。张东荪和张君劢领导的国社党改变了对国民党进行揭露和抨击的立场,表示愿意接受蒋介石的领导,共赴国难。张君劢受蒋介石邀请赴庐山参加国防参议会。随着北平不少高校南迁,许多教授陆续向大后方转移。张东荪收到了大后方许多学校的邀请,准备举家南迁。但此时张尔田体弱多病,不经劳顿,张东荪遂放弃向大后方转移的机会,与兄长继续留在燕京大学任教。(参见左玉河编《张东荪年谱》,群言出版社 2014 年版;左玉河编《中国近代思想家文库·张东荪卷》及附录《张东荪年谱简编》,中国人民大学出版社 2015 年版;陈亚杰《当代中国意识形态的起源》,新星出版社 2009 年版;李亮《继承五四和扬弃五四——新启蒙运动研究》,上海师范大学博士学位论文,2012 年)

洪业继续任哈佛燕京学社引得编辑处主任。1 月,燕京大学引得编纂处编印《礼记引得》。12 月,在《史学年报》第 2 卷第 4 期发表《〈春秋经传引得〉序》。此序近 10 万言,收集参考了两千余年中外学者有关《春秋》经和《公羊》《谷梁》《左传》的论述,结合现代知识,考辨《春秋》《公羊》《谷梁》《左传》的真伪情况、出现的时间、作者、各版本的关系等。《史学年报》所刊《春秋经传引得》一书广告称,"书前洪煨莲教授序言,关于春秋经文可信之程度,及三家经文授受源流与夫各传之成书年代,均有极精湛之论据,足破两千年来诸家聚讼之症结,留心学术史者,尤不可不一读"。余英时将此文与《〈礼记〉引得序》视为"现代文献学研究的杰作"。《洪业传》认为,洪业虽以《〈礼记〉引得序》获得法国"茹里安奖",但很多学者却认为此文更优异。同月,燕京大学引得编纂处编纂出版《春秋经传引得》。此引得以锦章书局影印阮刻十三经注疏本,将春秋经传全文,表明章节句读,重为排印,并逐字逐词为之引得,用为检查之助。经传全文以经为纲,继列三家传文。经文以公羊为主,谷左二家文字偶不同者,亦予注明,传文排列,首公羊,次谷梁,次左氏;其左氏之与经无关者,则以"左附"二字别之。是年,燕京大学引得处编印的引得主要有《藏书纪事诗引得》,洪业等编《春秋经传注疏引书引得》《礼记注疏引书引得》《毛诗注疏引书引得》。（参见王学典《20世纪史学编年（1900—1949）》，商务印书馆2014年版）

齐思和在"七七"事变后回到母校燕大任教。齐思和在《禹贡》"三周年纪念号"发表《民族与种族》。文中认为自从孙中山提出"驱逐鞑虏，恢复中华"以来的"二十余年之中，大家的思想已经由狭隘的种族主义进到了民族主义，大家的目标已经由种族之间的倾轧移到了全民族的奋斗"，但是"一个名词用的泛了，她的涵义便不免含混，往往大家只顾得呼喊而忽略了她的意义"，所以他要重新考察"民族"与"种族"这两个概念的本意及其区别，因为血统、语言、宗教、生活、风俗都不是构成民族的必须，维系一个民族最重要的是"彼此间袍泽的情绪"，所以，民族是"非物质的：是主观的，非客观的"，简而言之，"民族是具有共同民族意识的情绪的人"；种族是"人类有史以来即有的老观念"，"是物质的"，是"具体的"，但是对于种族的区分都是武断不合理的。此文的意义在于就中国学界的"民族""种族"等基本概念首次作了辨正，其论断至今仍有参考价值。12月，齐思和在《燕京学报》第22期发表《封建制度与儒家思想》。文中对胡适、冯友兰等人对"儒"的产生的阐述和儒家思想的解释提出了商榷，认为"欲了解先秦儒家思想，非先于当时制度加以研究不可也"，乃从"社会经济"的视角来解读儒家的产生，儒家与墨家、法家的争论。齐思和认为"封建制度是儒家之最高政治理想"，其"政治思想几完全建筑于封建制度之上，其论治道之精义，亦皆由封建制度绅绎而出"。至于儒、墨、法的争论，"亦皆有社会经济的背景"，墨法二派作为代表封建制坏灭以后兴起之政治社会代言的"新学派"，其主张与儒家不同，故"起而与之辩难"。（参见王学典《20世纪史学编年（1900—1949）》，商务印书馆2014年版）

顾随继续在燕京大学任教，兼任北京大学课、中法大学课。这一时期，顾随与沈启无、郑骞经常相聚。2月7日，《元曲中声音形容词之两公式》刊于《中央日报·文史》版。6月17日，《读〈词谑〉》刊于《益世报·读书周刊》第104期，署名苦水。7月，《元代四折以上之杂剧——〈西厢记〉与〈西游记〉》刊于《中法大学月刊》；又《元明残剧八种辑佚校勘（附录一种）》刊于《燕京学报》第22期，另有《燕京学报》单行本。7月6日，迁居至牛排子胡同3号。书斋名"习堇庵"。"七七"事变后，滞留于沦陷区的北平。10月24日，拜见周作人。10月至次年1月间，作《和香奁集》43首，未刊行。（参见闵军《顾随年谱新编》，载王京州编《河北近现代学者年谱辑要》，国家图书馆出版社2017年版）

刘盼遂在燕京大学任教。4月，《中华人种西来新证》发表于杭州《越风》第2卷第4期。5月，《李义山〈锦瑟〉诗定诂》发表于燕京大学《文学年报》第3期。（参见之远、章增安《刘盼遂先生学术年谱简编》，载《华北水利水电学院学报》2011年第6期）

郭绍虞4月在《文学年报》第3期发表《文笔再辨》。5月，在《大公报·文艺副刊》第161—169期发表《从永明体到律体》。6月，在《燕京学报》第21期发表《北宋诗话考》。是年，《神韵与格调》刊于《燕京学报》第22期，单行本；《宋诗话辑佚》（上、下）由燕京大学哈佛燕京学社印。（参见何旺生《郭绍虞学术年表》，载《中国韵文学刊》2008年第1期）

吴文藻倡议燕大与英国牛津大学达成协议。7月，英籍教授林迈可（Micheal Lindsay）首度来华，帮助推行导师制。他与同船来华的白求恩大夫相识，相约到北平后，将设法到华北抗日根据地重聚。吴文藻教授指导的学生朱南华（共产党员）、方卓要到后方去，由吴教授与司徒雷登校长商定，借司徒的汽车送他们二人到西郊特定地点。后方卓到西郊后被北洋军阀鹿钟麟的驻军杀害。（参见张玮瑛、王百强、钱辛波主编《燕京大学史稿》，北京人民中国出版社2000年版）

赵紫宸发表"Christianity and the National Crisis"、《吴雷川先生小传》《我怎样才可以感觉上帝的存在?》《传道解惑》等文章。(参见赵晓阳编《中国近代思想家文库·赵紫宸卷》及附录《赵紫宸年谱简编》,中国人民大学出版社 2014 年版)

童书业为顾颉刚学术助手。7 月 18 日,宋哲元通知顾颉刚,他已被圈入日寇黑名单。顾颉刚匆匆结束北平事务,北上绥远,后辗转赴川。当时北平学界之士亦纷乱不堪,有职守者或随校内迁,或应聘他校,多以生存兼治学为准则。9 月,童书业启程南归安徽大渡口竹石山庄。9 月至 11 月,童书业将随身带回的资料写成了《中古绘画史》,后称《唐宋绘画谈丛》。11 月,随着日寇急速南逼,避居枞阳朱家嘴。(参见童教英《童书业传》,中国大百科全书出版社 2017 年版)

何其巩为原北平设市后的首任市长,继续任私立中国大学代理校长。北平沦陷后,中国大学受国民政府令留在北平继续办学。由于政府拨款中断,学校只能由学费来维持。校长何其巩与敌人周旋,想方设法按照国民政府的办学方针把学校办下去。教师忍受饥寒,不用敌人资助,坚持对学生进行爱国教育。在那样艰苦的环境下,学校不但没有关闭,反而得到发展。学校设立文、理、法三学院,系所由 6 个系增加到 10 个系,学生增至 3000 余人。何其巩一心一意办教育,坚决不任伪职,他与燕京大学校长陆志韦、辅仁大学校长陈垣,合称为在北平坚持办学的三位著名大学校长。

按:中国大学地处北平,与抗日后方隔绝,全校教职员待遇微薄,忍饥耐寒,拒绝敌人资助。中国大学坚持"我们是中国人的中国大学""为教育而教育"的办学方针,获得沦陷区爱国知识界的支持,争以教授中国大学为荣,北方青年争以就读中国大学为荣。1937 年 8 月后,留居平津各大专院校的一批坚持民族气节、不与日伪合作的教师,纷纷被何其巩校长聘到中国大学任教。据中共北京市委党史研究室编《中国大学革命历史资料·中国大学革命史大事纪要》记载,何其巩执掌中国大学期间,为增强学生的民族意识,对学生进行民族气节教育。他扩充中国大学图书馆,并在馆内正厅的墙壁上亲书"读古今中外之书志其大者,以国家民族之任勉我学人"楹联,还亲自选定《中国大学国文教本》选文百篇,将南宋民族英雄文天祥的《正气歌》入选,要学生精读。(参见朱仲玉《北平设市后的首任市长何其巩》,《纵横》2000 年第 8 期)

李麟玉时任北京中法大学校长。抗日战争爆发后,北京中法大学自停课南迁后,校长李麟玉和其他数位教授坚持留守北京,一边照管校产,一边从事研究工作,在敌寇占据华北的情况下,苦苦支撑,坚持爱国立场,不屈从日寇,不"接纳辅导官"、不开日语课、不挂太阳旗。到 1938 年夏,终被敌伪"勒令停办"。

顾廷龙继续任职燕京大学图书馆。1 月,阅《新疆图志》。同月 7 日夜,顾廷龙代顾颉刚出席燕京大学国文系座谈,在会上略述历来学者对于《集韵》的研究。7 月 1 日,国立北平研究院院长李石曾聘顾廷龙为该院史学研究所特约编辑。同月,顾颉刚赴西北,其凡存燕京大学之书,均由顾廷龙装入木箱,藏于司徒雷登所居之地窖中。顾颉刚所有存留在燕京大学成府寓所的藏书、稿件、信札,均由顾廷龙代为保管。12 月 22 日,为李仲阁编《历代名人年谱目录》作序。(参见沈津编著《顾廷龙年谱》,上海古籍出版社 2004 年版)

阎简弼是夏参加西苑集中军训。7 月 23 日,阎简弼出西苑军营,不数日,清华解散,借住鼓楼东王璧文处。8 月,与正定交通暂绝,由朱自清助借清华办事处 20 元以度生计。意欲南下,因妻病子幼不得行。朱自清不忍其失学,乃荐诸燕大郭绍虞,以借读生名义,回燕大读书。9 月,阎简弼回燕京大学国文系从三年级起续读。自此奋发读书。师从郭绍虞、刘盼遂、洪业诸师。与杨明照等交好。(参见马千里《阎简弼先生年谱稿》,载王京州编《河北近现代学者年谱辑要》,国家图书馆出版社 2017 年版)

　　胡先骕1月9日出席静生生物调查所委员会第十六次会议。会议主席为孙洪芬,胡先骕报告静生所及庐山森林植物园工作。3月22日,浙江大学校长竺可桢欲卸校长之任,拟推任鸿隽继任,致函胡先骕,征求意见。30日,在《海王》杂志第9卷第20期刊出《促进工业建设之三要素》。5月1日,中国科学化运动协会北平分会编印《科学与中国》一书出版,书中收文26篇,多针对科学时政,就"科学与中国"问题,发为宏论。书中收录胡先骕之《中国亟应举办生物调查与研究事业》和《论社会宜提倡业余科学》两文。3日,在南京国际联欢社(中)膳,与竺可桢谈泰山左近Miocene中新世化石,足证其地当时气候与今日之长江流域相同。3—4日,在南京鸡鸣寺中央研究院新厦会议厅出席中央研究院第一届评议会第三次年会。8日,往南昌莲塘江西省农业院出席院理事会第五次会议。会议之于与静生所合办之庐山森林植物园试办三年期满,拟永久合办。17日,往杭州,受邀参加杭州市成立10周年纪念大会。27日,自北平致函云南省教育厅长龚自知,提出愿与云南省教育厅合作在昆明创设一植物研究机构。同月,刘咸选辑《中国科学二十年》一书,由中国科学社出版。此书收有胡先骕撰写《二十年来中国植物学之进步》。文后附编者刘咸识语,于胡先骕道德文章,倍加称誉。22日,致函刘咸,就庐山谈话会未见邀请,发表意见,以为科学尚未得到政府应有重视,并告静生所近期事业之开展情况,尤以与云南大学校长熊庆来相商在昆明合办农林植物研究所为要。6月3日,胡先骕接待丹麦物理学家尼耳斯·玻尔参观静生生物调查所。12日,国立中央研究院发放聘书,聘请胡先骕为动植物研究所通讯研究员。18日,陪同美国加州大学古生物系主任钱耐博士赴山东济南朐县实地考察动植物化石,为时一周。地质调查所杨钟健同往。归来后钱耐在静生生物调查所与胡先骕共同研究该化石二月有余。7月,"七七"事变爆发,胡先骕决定依靠美国在华势力,仍留居北平,以保护静生生物调查所和继续其研究。9月,胡先骕本拟按中基会休假制度休假一年,借此之便赴欧美考察生物科学及高等教育,因抗战爆发终未成行。(参见胡宗刚《胡先骕先生年谱长编》,江西教育出版社2007年版)

　　杨钟健继续任地质调查所北平分所所长。2月,中国地质学会第13届年会在北平召开,杨钟健继续当选为理事长。在此次会议上,杨钟健发表了题为《中国脊椎动物化石之新层》的演说(此文后刊《中国地质学会志》第17卷第3—4期),全面地总结了六年来的有关研究成果。和章鸿钊、谢家荣、葛利普等共同设计的中国地质学会会徽,开始使用。同月22日,杨钟健荣获本年度葛氏(利普)奖章,奖励杨钟健关于古脊椎动物学的卓越研究成果。6月,他偕美国古植物学家R.W.钱耐又去山东临朐采集化石。"七七"事变发生,北平沦陷。日本侵略军内一个自称"古生物学者"的人,要请杨钟健去东京讲学。杨钟健在章鸿钊帮助下,由美籍华人卞美年陪同,于11月间离妻别子,逃离北平。是年,杨钟健任中央地质调查所新生代研究室名誉主任。所著《新疆之奇台天山龙》列入《中国古生物志》新丙种第2号(总第105号),由地质调查所印行;论文《中国鸵鸟蛋化石》刊于《地质论评》第2卷第3期,《甘肃皋兰永登区新生代地质》刊于《中国地质学会志》第16卷;《记骨室文目》编印完成。该书为杨钟健在1919年以后发表于各种报刊文章的目录。(参见王仰之《杨钟健年谱》,《西北大学学报》1983年第2期)

　　马衡继续任故宫博物院院长。1月,故宫博物院南京分院正式成立。2月19日,拟定《国立北平故宫博物院南京分院招待参观文物暂行办法》。3月,马衡组织396件藏品参加教育部在南京举办的第二届全国美术展览会,马衡还专门为此撰写了《故宫博物院参加美展会之书画》。5月3日,列席故宫博物院第三届理事会第二次全体理事会议,陈立夫、罗家伦、王世杰、李书华、蔡元培等出席。6月7日,主持故宫博物院第十二次院务会议。8月13日,日军开始轰炸上海。之后不久,南京的飞机场和军工厂连遭日军飞机轰炸,刚刚安顿下来的故宫南迁文物又处在危急之中。马衡从北平火速赶赴南京,主持召开会议,讨论南迁文物安全之策。马衡权衡大家的意见,当即决定选择精品文物,先行撤往后方安全地区。随后一连数日在这里召集有关人员商讨文物西迁方案,决定古物西迁分三路进行:一路往湖南,一路往重庆,都从水路逆水而上。还有一路从陆路走,经徐州、郑州,直抵成都。8月14日,第一批文物西迁。21日,运往湖南大学,此为南路之初迁。11月19日,南京故宫分院第二批文物开始西迁,重点是四川乐山安古镇,此为西迁之中路。11月下旬,故宫南京分院抢运第三批文物西迁,重点是峨眉。(参见马思猛《马衡年谱》,故宫出版社2021年版;方遥《马衡:中国近代考古学奠基人》,载《中国社会科学报》2021年3月10日第2122期)

　　唐兰4月在《清华学报》第12卷第2期发表《论古无复辅音,凡来母字古读如泥母》;在《禹贡半月刊》第7卷第1期发表《〈天问〉“阻穷西征”新解》。6月,发表《怀铅随录(续)》(含《卜辞彝铭字多倒书》《考古图释文与考古图释》《续考古图之作者》《管子奇字》《读晏子》《读穆天子传》《赵孟𫗧壶跋》《古文字之字母式排列》《释示宗及主》《十四面匋琼》《释内》《释礿犳》《谛郊祖宗报》13篇学术札记,刊于《考古社刊》第6期。7月,登报公开声明拒绝担任日伪“北京古学院”理事。是年,《昆仑所在考》刊于北京大学《国学季刊》第6卷第2号)。(参见韩军《唐兰的金文研究》,山东大学博士学位论文,2009年)

　　袁同礼1月9日接傅斯年来函,谈影印某书事。同日,傅斯年复王云五函,大意相同。1月14日,报载袁同礼对河南洛阳、龙门、辉县等地古物被盗情况的调查报告全文,并及政府的相应措施。袁同礼此次调查身份为中央古物保管委员会委员,该报告由“两星期”的实地调查所得。古物委员会据袁同礼报告,呈请行政院保护古迹,“对于盗掘古物人犯,请予认真追究,依法严惩,以重古迹”。行政院已令当地军政部门“准予照办”。同月,为馆员杨殿珣所编馆藏《石刻题跋索引》作序。4月,教育部编印《教育部第二次全国美术展览会专刊》,刊出《全国美术展览会陈列之版画书》《我国艺术品流落欧美之情况》两文。同月1日,致陈垣函,请审定敦煌古籍照片,为平馆编目之用。4月29日,教育部秘书处致来函,请先生调查北方支社情况。

　　按:教育部秘书处致来函曰:“迳密启者:兹据密报共产党在平成立红中北方支社,社址设于中国大学,其内部分为政训、情报、联络、指导四组。其干部人员黄振河(北平图书馆职员)已分头向各校联络左倾青年参加,并以民先队及旧学联络作其外围组织等语。据报前情,事属反动,亟应严加防范。奉谕密达查照注意为荷。袁副馆长守和。教育部秘书处启。廿六年四月廿九日。”

　　袁同礼5月10日与徐森玉、张允亮(庚楼)、赵万里在傅氏藏园商定《国藏丛书》目录事。14日,张元济复傅增湘函,谈《国藏丛刊》选目意见,并托转告袁同礼。29日,张元济致傅斯年函,谈与袁同礼印书意见差异,并告欲委曲求全之意。7月初,钱存训应袁同礼之召,继岳良木为北平图书馆南京工程参考图书馆主任,负责善本南迁事宜。7月上旬,袁同礼应国府邀请,拟于7月10日左右赴庐山,参加蒋介石、汪精卫召集的国内各大学教授及各界领袖会议。8月10日,奉教部命,离平赴湘,设立平馆驻湘办事处。9月,平馆与长沙临时大学“筹建图书馆”。长沙临时大学,校址一部分在湖南圣经书院。长沙成为学者们会聚之地,袁同礼以国立北平图书馆的名义与长沙临时大学合作,同时兼任临时大学图书馆馆长,开展图书馆服务工作。当时,平馆在长沙职员有莫余敏卿、范腾端、贺恩慈、高棣华等,12月初,孙述万、邓衍林、颜泽霪和徐家璧应先生之召由平来长沙。10月3日,袁同礼接蔡元培复函,谈与长沙临大合办图书馆事。11月9日,袁同礼在长沙致函美国图书馆协会(ALA)主席 Harrison Warwick Craver,通告了国内图书馆界的战争损失,请求 ALA 组织专门委员会在美国设法募捐,给以援助,信中并说中国教育部已经组织了分配援助的专门委员会。ALA 虽将先生的请求写入备忘录,但由于种种原因,推迟了援助。12月12日,袁同礼致函王重民,告知中英庚款可移作摄照经费,请付回报告一份。(参见张光润《袁同礼研究(1895—1949)》,华东师范大学博士学位论文,2018年)

孙楷第是夏收到国立北平大学的聘书,准备聘他为教授,后因为一些情况改聘为副教授。但是由于卢沟桥事变爆发,北平大学不能如期开学,所以没能应聘去北平大学工作。由于北平图书馆经费是以美国"庚款"维持的,所以孙楷第又回到北平图书馆继续工作。抗战期间,北平在日本侵略军的占领下,有气节的知识分子都拒绝与日伪当局合作。孙楷第的戏曲、小说研究,在日本汉学界颇有影响,但为避免被日伪宣传机构所利用,孙楷第在"七七"事变后不久就中止了由日本人所主持的《续修四库全书总目》小说戏曲类提要的撰写工作。是年,孙楷第陆续发表《敦煌写本张淮深变文跋》《敦煌写本张议潮变文跋》以及《唐代俗讲轨范与其本之体裁》等敦煌学中关于"变文"的研究论文,在当时均有一定影响。前两篇分别发表于傅斯年主编的《历史语言研究所集刊》和赵万里主编的《大公报·图书副刊》上。第三篇文章的影响则最大。

按:敦煌学家向达在40年代后期写的《补说唐代俗讲二三事答周一良、关德栋两先生》之中,称孙楷第此文"体大思精,发明甚多。俗讲的研究,至是逐渐露出一线光明"。王重民称其"是一篇极有价值的论文",并指出,变文含义"从汉语释义的,以孙楷第的变文之解为最好"。(参见于飞《孙楷第先生年谱简编》,载王京州编《河北近现代学者年谱辑要》,国家图书馆出版社2017年版)

谢国桢7月编定清代学者吴大澂给陈介祺的信件《吴愙斋尺牍》,继由上海商务印书馆影印出版。尺牍编就,书后附有《〈吴愙斋尺牍〉跋》和《吴陈两家尺牍编年表》。前者署时为民国二十六年(1937年)3月15日,后者署时为同年7月21日。据此知,影印出版当在是年7月后。秋后,谢国桢在湖南长沙临时大学图书馆供职。(参见牛建强《谢国桢先生年谱》,《明史研究》2010年第1期)

杨振声1月与胡适牵头筹办《文学杂志》月刊,以此振作"京派"文学。刊物由朱光潜主编,编委会多是朱光潜家谈诗会成员。胡适同王云五接洽,交由商务印书馆出版。3月16日,赴南京,朱自清送行。5月1日,《文学杂志》创刊,其中载有杨振声小说《抛锚》。同月,所在的文艺奖金评委会评审了曹禺的《日出》。7月2日,所作《各县裁局改科后教育行政受的影响与可能的补救》刊于《大公报》。8月11日,与北大、清华、南开三校负责人开会商讨南迁事宜。据沈从文所述:'抗战事起',上海战事爆发前夕北大、清华、南开三校负责人,在京商量南迁事,决定趁第一次平津通车时即南行,杨即参加这次会议,并和三校负责人和在会议中决定应即时南行诸人,于第二日一早即一同赴津,转南,到达南京后又即商定在长沙成立三校合并的'临时大学',且在衡阳设立分校,杨均为当时教育部代表。"(据沈从文未刊手稿复印件)12日晨,与朱光潜、钱端升、梁宗岱、沈从文、赵太侔夫妇、谢文炳夫妇等离开北平,拟取道天津到南京集中。由于行走匆忙,将杨蔚、杨起姐弟留在北平。行前为防不测,各人编造一假身份:杨振声是卖花边的,朱光潜为香港洋行打字员,沈从文是洋行文书。车到天津,日本兵盘查严格,车站气氛紧张。出站后直奔法租界,到租界口却不准通行。梁宗岱去办交涉,一直到晚仍无结果。14日晨,设法进入法租界,与张奚若、叶公超等会合。

杨振声一行 8 月 26 日抵达南京。当时杨振声因公尚须留在南京,遂让沈从文先行去武昌。28 日,教育部发出关于任命长沙临时大学筹备委员会负责人密谕,指定张伯苓委员、梅贻琦委员、蒋梦麟委员为长沙临时大学筹备委员会常务委员,杨振声委员代替教育部次长周炳琳为筹备委员会秘书主任。据杨振声《北大在长沙》(《国立北京大学五十周年纪念一览》,1948 年北京大学出版部印行)自述:"我是事变后八月二十六日到的南京。因为周炳琳先生当时不得脱身去长沙,我与清华北大都有渊源,南开也多朋友,才把我代替了他。"3 日后,抵长沙。当时樊际昌也到达长沙,在韭菜园租赁房屋作为北大办事处。杨振声等均搬入其中暂住。9 月 10 日,教育部 16696 号令,在长沙设立临时大学,"派令张伯苓、蒋梦麟、梅贻琦、杨振声、胡适、何廉、周炳琳、傅斯年、朱经农、皮宗石、顾毓琇为筹备委员。13 日,杨振声致函沈从文。16 日,梅贻琦、张伯苓(黄钰生代)、蒋梦麟(樊际昌代)在筹备委员会会议室召开第一次筹备委员会议,杨振声列席会议并做记录。此后,多次列席筹备委员会常委会。是年,《关于民族复兴的一个问题》刊于《中国新论》第 3 卷第 6 期。(参见蓬莱市历史文化研究会《杨振声编年事辑初稿》,黄河出版社 2007 年版)

沈从文 1 月 1 日在《大公报·文艺》第 276 期发表剧评《伟大的收获》,认为曹禺的话剧《日出》"依然是今年来一宗伟大的收获"。17 日,在《大公报·文艺》第 285 期发表《我对于书评的感想》。24 日,赴杨振声宅,出席"大公报文艺奖金"审查委员会会议。25 日,在《国闻周报》第 14 卷第 5 期发表《艺术教育》。同月,沈从文《论差不多》与蒋弗华的《青年思想独立宣言》为《书人月刊》转载,被评为当时思想界最有影响的主张,由此开启了本年度的"新启蒙运动"以及关于"差不多"的论争。2 月 21 日,组织了"讨论反差不多运动"专刊,沈从文又在上面发表了《一封信》,发表了自己对当时开展的关于"差不多"问题争论的意见:"我赞同文艺的自由发展,正因为在目前的中国,它要从政府的裁判和另一种'一尊独占'的趋势里解放出来,才能向各方面滋长、繁荣,拘束越少,可试验的路越多。"3 月 10 日,光寿在《光明》第 2 卷第 7 号发表了《谈"差不多"并说到目前文学上的任务》,说:中国的新文化运动,有了巨大的进步,文学方面也有新成果,但是,文坛上"差不多"的现象还存在着,表现为"对于理解文学与政治的关系的机械上,表现在题材范围的狭隘上,表现在作家对于社会,人,生活的理解的肤浅上……"文章还探讨了"差不多"的来源及克服的意见。表明沈从文的关于文学创作中普遍存在的"差不多"现象,得到了文艺界部分作者的认同。

按:1936 年 10 月 25 日,沈从文以"炯之"的笔名在《大公报》文艺副刊上发表的《作家间需要一种新运动》,提出了"反差不多运动"的口号。他说:"近年中国新文学作品,似乎由于风气的控制,常在一个公式中进行,容易差不多。文章差不多不是个好现象。我们爱说思想,似乎是得思得想。真思过想过,写出来的文学作品,不会差不多。由于自己不肯思想,不愿思想,只是天真糊涂去拥护所谓某种固定思想,或追随风气,结果于是差不多。"

沈从文参与发起创办《文学杂志》。5 月 1 日《文学杂志》创刊,发行 2 万册,由上海商务印书馆出版,朱光潜主编,沈从文与杨振声、俞平伯、朱自清、周作人、林徽因任编委。7 月,茅盾在《文学》第 9 卷第 1 期发表《新文学前途有危机么?》,又在《中流》第 2 卷第 8 期发表《关于"差不多"》。文章对沈从文谈到的"反差不多"问题提出不同看法。8 月 1 日,沈从文在《文学杂志》第 1 卷第 4 期发表《再谈差不多》,文章再次对当时因他文章而起的关于"差不多"问题的争论发表了自己的意见。晚上 10 点,沈从文接到当时教育部的秘密通知,让他随北大、清华的教师撤离北平。8 月 12 日早上 7 点,沈从文撇下家小,和一批北大、清华的教授乔装改扮后,结伴逃出北平,搭第一次平津通车过天津。同行的有杨振声、梅贻琦、叶公超、周培源、朱光潜、钱端升、张奚若、梁宗岱等。14日,沈从文等人原计划先到上海,再转南京,这时从早报中知道上海也起了战事,"海船去上海路线已断绝,只好等待机会"(《〈湘西散记〉序》)。约21日,沈从文在等待中,却探听出有条英国商船可抵达烟台。准备先去烟台,到时再设法乘汽车到当时还通行的胶济路中段,再搭胶济车就可到南京。同舱熟人中有美术学院赵太侔夫妇、清华大学谢文炳夫妇,北大朱光潜教授,及杨令甫先生等等。

沈从文8月27日到达南京,住沧州饭店。三天后,挤上了一条英国客船向武汉集中。9月4日,到达武昌。初到武汉时,沈从文借住在当时仍在武汉大学的陈西滢、凌叔华夫妇家中,后来才搬到为编写教科书租用的原耿丹的别墅。北大、清华、南开三校准备在湖南组织临时大学,沈从文到武汉转车走后,就和几个朋友暂留武汉,借武大图书馆工作。9月,逃难到武汉的沈从文与杨振声一同住在武昌珞珈山附近,利用武汉大学图书馆资料继续进行教科书的编纂工作。"八一三"淞沪抗战爆发后,萧乾被《大公报》遣散,来到武汉时,也参加了这一工作。自8月28日教育部任命杨振声为长沙临时大学筹委会秘书主任,9月以后杨振声多在长沙工作,教科书编纂工作实际由沈从文负责。10月2日,沈从文在武汉大学陈西滢家中偶遇"七七"事变后逃离北平,辗转到达武汉的朱自清。28日,在长沙与朱自清、杨振声一起商谈教科书编写事。在长沙时,沈从文曾会见时任水利委员的陈渠珍,又与梁思成夫妇、张奚若、金岳霖等北方来的老朋友同登古"天心阁"。当时任《抗战日报》编辑的王鲁彦曾做东请他吃饭并向他约稿,沈从文允诺为报纸副刊写10篇文章。在长沙,沈从文还见到了阔别十几年的大表兄黄玉书,以及在部队时的好友田杰。同日,沈从文在长沙致信沈云麓。信中谈了自己在长沙的见闻。29日,在长沙致信沈云麓。此前,林徽因致信沈从文,告知他们夫妇打算不日前往昆明,沈从文因此在信中托沈云麓在梁思成夫妇路过沅陵时给予关照。

沈从文10月30日离开长沙返回武汉。11月1日,在武汉致信沈云麓。信中再次嘱托沈云麓在梁思成夫妇路过沅陵时给予关照。12月9日,林徽因致信沈从文。信中告知沈从文他们夫妇已到达沅陵,并到他大哥沈云麓家拜访。下旬,因武汉大学停办,沈从文与编写教科书的成员离开武汉,跟随当时仍在武汉的文教界人士向后方撤退。沈从文计划是先回到家乡的沅陵,看情况再作进一步打算。因为此前熟人中传言延安方面(中共)欢迎他和巴金、茅盾、曹禺、老舍、萧乾等10位作家去延安,因此在路过长沙时,沈从文曾与曹禺、萧乾等人一道去八路军长沙办事处拜访徐特立,徐特立告知他:"能去的当然欢迎,若有固定工作或别的原因去不了的,就留下做点后方团结工作,也很重要。因为战事不像是三几年能结束,后方团结合作,还值得大大努力,才能得到安定,才能持久作战。"(《〈湘西散记〉序》)徐特立的谈话给了沈从文很大的启发,这成为他后来写作《湘西》一书的动机之一。(参见吴世勇编《沈从文年谱》,天津人民出版社2006年版;陈亚杰《当代中国意识形态的起源》及附录一《新启蒙运动文章目录》,新星出版社2009年版;李亮《继承五四和扬弃五四——新启蒙运动研究》及附录《新启蒙运动大事记》,上海师范大学博士学位论文,2012年;刘长鼎、陈秀华《中国现代文学运动史》,山东文艺出版社2013年版)

蒋弗华《青年思想独立宣言》与沈从文《论差不多》1月被《书人月刊》转载并评为当时思想界最有影响的主张后,更是受到多种刊物的关注。蒋弗华极力倡导"知识救国论",反对中共领导的青年运动,鼓吹青年走第三条道路,认为在今日中国,中国的青年迫切地需要教育,需要最健全、最有效能的教育。他呼吁文化界停止一切制造名词、搬弄观念、歌颂偶像的工作，"也停止一切足以诱发青年浅薄的感情，泯没青年的理性与自我的说教"。我们要的是一种中国的现代的实事求是的知识。他声称，"青年运动必须让真正的原始的感情支配"，不要给太多的理性的责难；"切莫告诉我们许多的不相干的名词与观念；切莫让我们知道你们是一些左派或是右派。我们懂得的东西诚然太少，我们的信念也实在单纯，你们那些好的理论只有使我们茫然失措，我们毫不为政治而政治，不要在左派与右派之间选择谁谋，所选择的只是中国民族的生和死"。在当前文化落后的情况下，有必要用知识开发民智，因为"我们所缺乏的第一是知识，第二是知识，第三也是知识……赶快抛弃一切不健全的思想和信仰，走上救亡运动的道路"。作者吁求全国对于民族需要和自身需要具有觉悟的青年，赶快抛弃一切不健全的思想和信仰，走上救亡运动的道路。凭着自己所仅有的一点信念，挺直地站立起来。莫再傍人门墙；好"回到自己的天真，认清自己的愿望，树立起自己的意见"。（参见陈亚杰《当代中国意识形态的起源》及附录一《新启蒙运动文章目录》，新星出版社2009年版；李亮《继承五四和扬弃五四——新启蒙运动研究》及附录《新启蒙运动大事记》，上海师范大学博士学位论文，2012年；刘长鼎、陈秀华《中国现代文学运动史》，山东文艺出版社2013年版）

陈伯达继续任中共中央北方局宣传部长。自上年9月10日在《读书生活》第4卷第9期"纪念九一八特辑"发表《哲学的国防动员——新哲学者的自己批判和关于新启蒙运动的建议》，开启了"新启蒙运动"后，是年2月，陈伯达应邀前往上海，推动"新启蒙运动"。2月29日，陈伯达将自己关于"新启蒙运动"的15篇论文编集为《真理的追求》并作序。3月20日，《真理的追求》由新知书店出版后，借新启蒙运动的东风，产生一定影响，也引起了在延安的毛泽东的注意。5月29日，陈伯达撰写了论及新启蒙运动的长文——《思想无罪——我们要为"保卫中国最好的文化传统"和"争取现代文化的中国"而奋斗》，刊于《北平新报》。作者集中阐释了"保卫中国最好的文化传统"和"争取现代文化的中国"这两个方面的论题，认为中国传统中有一些部分是我们必须反对的，如"吃人的旧伦理和旧教条"，但"我们并不是要推翻全部中国旧文化的传统。我们对于旧文化的各种传统，都采取了批判的态度；好的，我们要继承下来，并给以发扬；不好的，我们就绝不顾惜"。甚至表示："关于中国的旧道德，如忠孝节义，礼义廉耻，仁爱和平……这些东西，我们认为在新的历史内容上，可有其存在的价值。"文章还论述了"假国粹"与"真国粹"的区别，戊戌时代叶德辉的《翼教丛编》，五四时代的康有为、林琴南、王敬轩等"卫道之士"所极力保卫的"国粹"，是复古主义者所提倡的虚假的"国粹"。真正的"国粹"应该是谭嗣同、孙中山等人借以发挥的"大同思想"，章太炎、胡适整理出来的一些中国古代思想的精华，顾颉刚、郭沫若等人努力探索的中国古代文化的真价值，这些都是中国文化传统的精华，"我们是为保卫最好的文化传统而奋斗的"。

陈伯达6月15日在《认识月刊》创刊号发表《论五四新文化运动》《思想的自由与自由的思想》，称赞五四启蒙运动伟大的劳绩，便是敢于公开地向数千年来神圣不可侵犯的孔教，进行自觉的挑战，以及对于白话文的提倡。文中最后指出："现在中国，是处在灭亡的危机。然而这伟大的民族是不可灭亡的，因为这伟大的民族已不止有十万谋救亡的志士。五四之光明的争斗，现在正在重新展开在我们的面前，而任务正压在我们的双肩。我们都是五四的儿子，都是一九二五——一九二七年大革命的儿子。过去的先觉们已给我们开了多少的道路，我们现在就是要继续他们开路的工作，并去完成这工作，是四万万悲苦的同胞睁眼起来，救民族，救自己，使这东亚睡狮变成真正的醒狮，使这醒狮吼震整个的地球。"同期还刊发了艾思奇、郭沫若、周扬、胡风、胡绳等人的文章。7月，北平沦陷时，中央北方局任命林铁、陈伯达组成相当于中共北平市委书记的"北平三人委员会",负责主持中共北平市委工作。8月初,陈伯达离开北平来到天津。陈伯达期望着能有稍微安定的环境,可以继续他的著述,希望能够前往延安。中央北方局同意了陈伯达去延安的要求。9月,陈伯达与黄敬结伴而行,经天津、青岛,由西安进入延安。初任陕北公学教员,后被调往中共中央党校当教员。(参见陈亚杰《当代中国意识形态的起源》及附录一《新启蒙运动文章目录》,新星出版社2009年版;李亮《继承五四和扬弃五四——新启蒙运动研究》及附录《新启蒙运动大事记》,上海师范大学博士学位论文,2012年)

柳湜文集《国难与文化》3月由上海黑白丛书社出版。该书对当时文化运动的弊端进行了细致分析,认为文化上的民族救亡运动到目前为止仍未真正展开,原因有三:一是以文化作为政治的尾巴;二是没有纠正过去文化运动中的缺点;三是犯了关门主义与公式主义的错误。为此,作者呼吁要"布置一个空前广大的全民族思想解放运动,一个崭新的广大的民族解放的文化运动"。在他看来,陈伯达《论新启蒙运动》的文章只是"提出了一个新问题",而这个问题"并未引起世人的注意""只算是开了一个头";艾思奇文章《中国目前的文化运动》"并未能将中国文化问题的各方面都讨论到,主要的仅仅告诉了我们今日需要的文化运动应当有一个什么样的内容"。以上两篇文章提出了宝贵意见,但就问题的全面性看,"还只能当作讨论的材料,并未给我们对整个问题,中国文化运动往何处去的问题做一个系统的答复"。该书分析了文化运动与政治运动的关系,初步探讨了现阶段文化运动的特点、内容和方式,为新启蒙运动在未来的开展提供了指南。7月15日,柳湜在《国际知识》第1卷第3期上发表《我所想到的新启蒙运动的实践》,直言新启蒙运动确立总的理论固然重要,更应当注意运动的实践,要"拿出货色来"。8月13日,日军大举进犯上海后,柳湜受救国会委托赴山西、山东等战区前线劳军。到太原时,通过太原党的办事处和延安区的联系,党同意他到汉口创办《全民日报》,未果,改办《全民周刊》并任主编。此时适逢救国会改组,柳湜出任救国会中央执委,兼文化部负责人,协助沈钧儒领导救国会的各种活动和汉口文化界活动,又在汉口主编了"战时社会科学丛书"。(参见陈亚杰《当代中国意识形态的起源》及附录一《新启蒙运动文章目录》,新星出版社2009年版;李亮《继承五四和扬弃五四——新启蒙运动研究》及附录《新启蒙运动大事记》,上海师范大学博士学位论文,2012年)

吴承仕与张友渔、黄松龄、张申府、杨秀峰、纪向峰等进步教授以及北平文化界救亡团体5月4日以纪念五四运动18周年为契机,发起组织了新启蒙学会,号召开展新启蒙运动。北平的《现实月报》首先以"特辑"来纪念五四,展开新启蒙运动。随后《北平新报》《华北呼声》《动向》《新文化月刊》等纷纷效仿刊发五四纪念特刊。文化团体和救亡团体召开座谈会,热烈地讨论五四运动和新启蒙运动,结果引起了截然不同的反响。5月19日,吴承仕、黄松龄、张友渔、张申府、张郁光、吴觉先、程希孟、田佩之、谭丕模等9教授发起的"启蒙学会"在燕京大学宣告成立。为了"对于新启蒙运动加以检讨与推进",力图"担任起分析批判说明指导等工作,以促进新时代的到来",在经过半年多的筹备后,中共地下党员、教授吴承仕会同张友渔、张申府、程希孟、黄松龄、张郁光、田佩之、吴觉先、谭培桢等北平文教界著名人士,在"星期天文学会"的基础上,在北平正式发起成立了新启蒙学会,黄松龄、张友渔、张申府、张郁光、吴觉先、程希孟、田佩之、吴承仕、谭丕模为理事,并发表了《启蒙学会宣言》,要"争取当前民族解放的胜利,再渐次的打开天下为公的大同世界之门"。同日,"启蒙学会"公布了《启蒙学会组织简章》,称该学会的宗旨系"研究学术,阐扬文化,推进新启蒙运动",发出了"科学与民主""思想自由""追求真理反对封建和奴化思想"等倡导,吸引了北平文化教育界人士的广泛参加,成为新启蒙运动的领导中枢,引起了文化界、思想界的热烈响应,然后以京沪为两大中心而向全国辐射。

按:《启蒙学会组织简章》共计八条:

第一条,名称:本会定名启蒙学会。

第二条,宗旨:本会以研究学术、阐扬文化、推进新启蒙运动为宗旨。

第三条,工作:本会以编辑刊物、出版丛书为中心工作。

第四条,会员:凡赞成本会宗旨,由会员二人以上介绍,经干事之通过,皆得为本会会员。

第五条,组织本会设下列各机关,该〔处〕理一切事务:(一)干事会由大会选举干事九人,候补干事五人,由干事九人组织干事会,干事会再分左(下)列三部。(1)事务部处理本会关于文书、庶务、会计等方面之日常事务,由干事三人组织之。(2)编译部负责计划、编辑、刊物及丛书,由干事三人组织之。(3)研究部负责计划本会研究工作,由干事三人组织之。(二)常务会:由本会各部互推一人为主任干事,由主任干事组织之,负责处理一切日常事务。(三)特种委会:各部因工作需要得设特种委员会,聘会员为委员。

第六条,会期及任期,(一)会员大会每半年开会一次,为本会最高机关,由干事会召集。(二)干事会,每月开会一次,由常务会召集。(三)常务会,每两星期开会一次,由事务部主任干事召集。(四)临时会。各种会议遇必要时,得召集临时会。(五)任期,干事任期半年,连选得连任。

第七条,会费:分经常费及特别捐二种。(一)经常费:本会会员每半年缴纳会费一元。(二)特别捐:本会因工作需要,得由干事会议决,向会员及会外募捐。

第八条,附则:本会章程,如有未尽事宜,由大会修改之。

吴承仕负责起草了《启蒙学会宣言》,提出"唤醒比较多数的知识分子,成为时代改新的中心力量","担任起分析、批判、说明、指导等工作,以促进新时代的到来",以"争取当前民族解放的胜利"。新启蒙学会积极开展民主运动,在社会上引起了很大的震动。首先,吴承仕对启蒙的内涵进行了概括。其次,吴承仕对启蒙运动的必要性和重要性从历史和现实两方面作了论证。再次,吴承仕还对启蒙运动如何开展发表了他们自己的看法。一是启蒙运动与其他救亡工作的关系。二是如何对待历史传统的问题。最后,吴承仕总结了启蒙学会的宗旨和目标:"我们根据上面的认识,发起并组成启蒙学会,把握住民主自由的原则,在反独断、反盲从、反迷信的一贯信念之下,尽力完成我们应该做的工作,争取当前民族解放的胜利,再渐次地打开天下为公的大同世界之门。"5月24日,北平教授联合会主席、北平师范大学教授杨立奎在《华北日报》上发表《斥灭伦丧德的新启蒙运动》,对新启蒙运动进行了大肆攻击:"启蒙学会的人拿忠孝节义五伦八德当作毒素,要把它一点一滴的洗净。这样绝伦灭德的枭境,竟然在北平文化教育界发见(现)这还了得! 这还了得!! 我不看犹自可,越看越生气,几乎把眼睛睁裂! 牙齿咬碎了! 哎! 这些禽兽,居然在大学里做教师,将来岂不是要教出一大群猛兽来吗?"并号召"全国教育界人士"行动起来,"除此文化界的败类"。25日,杨立奎又通电全国"声讨"组织新启蒙学会的9位教授,大骂"北平文化教育界败类黄松龄等组织启蒙学会,反对礼教,诋毁忠孝节义、五伦八德为陈腐毒素,蛊惑青年,自行绝灭,狂悖荒谬,亘古天伦"。

吴承仕等9教授5月26日联名在《世界日报》《北平新报》等报刊上刊登"启事",对杨立奎等攻击作出回应,"启事"曰:"自新启蒙运动发生以来,议论不一,同人等本研究学术之精神,努力于文化之阐扬并拟对于新启蒙运动加以检讨与推进,故有启蒙学会之发起,现当草创伊始,并未发表任何意见及文字,自无反对礼教之言论。有杨立奎者,竟颠倒事实,通电毁谤,公然侮辱,除关法律部分另行办理外,特此声明。"9教授的启事可以说是冷静而严正的。杨立奎相继于27日在《世界日报》发表对9教授的"敬告":"阅《世界日报》见诸君启事声明并不反对旧礼教,勇于改过,想国人自能不咎既往。予诸君自新。是奎通电之目的已达,无任快慰。至谓奎毁谤拟诉之法庭,尤为欢迎。因诸君心目中尚知有中国法律,此奎所最感愉快者也。"于是9教授再度联名刊登启事:"顷阅杨立奎启事,对同人等仍复歪曲事实,肆意毁谤。文化问题之解决,本有正当途径,同人等身为师表,无理谩骂,素不屑为。除杨某公然侮辱部分,正依法起诉外,嗣后一切谩骂文字,概不置答。特再声明。"该启事在《世界日报》上连载三天之久(28、29、30日),对杨立奎还是不作理论上的反驳。杨看到这种情况,十分无趣,便给了自己一个台阶,又发表启事:"敬日通电,声讨启蒙学会诸人灭伦丧德,猥蒙各方驰书奖饰、惭感莫名,惟以事见,不克一一载复,特此登报答谢。"

　　吴承仕6月撰写《与某人书》,借以揭露反动教授杨立奎诬蔑诽谤新启蒙学会的丑恶行径。他在信文中申说自己当民族危机迫于眉睫之际,投入抗日救国,组织启蒙学会,完全是出于爱国御侮之意。对杨立奎的侮辱诬蔑,予以严词驳斥,并揭露其反动面目:"彼辈所为,自有系统",不过是靠特务组织支持而"为小己之私图"的反动家伙。最后他表示:"如谓爱国有罪,则斧钺诚无所逃!"7月29日北平沦陷后,日军、汉奸到处搜捕爱国抗日人士,吴承仕的名字也被列在黑名单上。此后10日,吴承仕在中共地下党的安排下,化名汪少白,化装转移到天津,秘密从事抗日救亡运动,与家人绝音信两年余。尽管当时处境日益艰危,但仍和他的学生、中共党员张致祥等人在天津坚持抗日救亡工作。其间曾为天津的地下抗日刊物《时代周刊》撰写文章,传播民族革命的吼声。10月间,先后两次给战斗在聊城前线的齐燕铭写信,表述了这一时期忧国忧民的心境:"兄索居无俚,读书数十册,今已断粮,一时又难他适,闲至茶叶行中,与诸同乡手谈耳。""诸友皆各分散,唯有仲氏(按:即管仲。张致祥又名管彤,此处暗指张致祥。)共晨夕,彼殊忙迫,仆则暇豫。然每月仍撰数千言,以报大庭、抒轮、旦、丘之恩。"是年,撰写《赤嫖怒颂》《经说二首》《寝衣长一身有半说》《孙中山先生忌日祭文》等。(参见庄华峰编纂《吴承仕研究资料集》,黄山书社19090年版;陈亚杰《当代中国意识形态的起源》及附录一《新启蒙运动文章目录》,新星出版社2009年版;李亮《继承五四和扬弃五四——新启蒙运动研究》及附录《新启蒙运动大事记》,上海师范大学博士学位论文,2012年)

　　张申府5月2日在《北平新报》发表《五四纪念与新启蒙运动》,认为"五四已到了十八周年纪念的日子了。五四有广大的意义,在中国社会上,思想上,有深厚的影响,是不容抹杀的事实。但另一方面,五四也有它的缺欠,有它的时代的限制,也正不必讳言。意义应该认识,影响应该发扬,缺欠也应该补充""如果把五四运动叫作启蒙运动,则今日确有一种新启蒙运动的必要;而这种新启蒙运动对于五四的启蒙运动,应该不仅仅是一种继承,更应该是一种扬弃。"作者强调新启蒙运动的内容,有三点特别可举:第一,这个启蒙运动必是理性运动;必然要反对冲动,裁抑感情,而发扬理性。第二,在文化上,这个新启蒙运动应该是综合的。第三,由今日来回看,五四的一个缺欠是不免浅尝。23日,张申府在《实报·星期偶感》发表《什么是新启蒙运动?》,此文可以视为"新启蒙运动宣言"。作者认为:"凡是启蒙运动都必有三个特性。一是理性的主宰;二是思想的解放;三是新知识新思想的普及。因为这样子,所以凡是启蒙运动必然反迷信,反武断,反盲从,反权威,反传统。而历史上的启蒙运动尤其在于反封建。也可以说,武断,独断,垄断,都是启蒙运动所必反。"然后非常明确地指出:"今日的新启蒙运动,显然是对历来的一些启蒙运动而言。对于以前的一些启蒙运动,也显然有所不同。比如,就拿五四时代的启蒙运动来看,那时有两个颇似新颖的口号,是'打倒孔家店''德赛二先生'。我认为这两个口号不但不够,亦且不妥。""至少就我个人而论,我以为对这两个口号至少都应下一转语。就是:'打倒孔家店''救出孔夫子''科学与民主''第一要自主'。"所以,"五四时代的新启蒙运动,实在不够深入,不够广泛,不够批判。在深入上,在广泛上,在批判上,今日的新启蒙运动都需要多进几步。"并强调今日之"新启蒙运动"要做的最重要的两件事:第一就是思想的自由与自发。第二就是民族的自觉与自信。上述两文标志新启蒙运动理论阐释的重要进展。

按:《五四纪念与新启蒙运动》曰:今日纪念五四,第一应该想到的是:五四所对付的问题,正是今日所应对付的问题。这个问题,经过十八年的岁月,非特未得解决,简直变本加厉。这是今日最值得深思的。在对内上,在思想上,五四代表的潮流,对于传统封建的思想,是加了重大的打击。这些年来,在思想上中国诚有了不小的变化,在学问上也有了显著的进步,在书籍的出版上表现的特别显明。但是封建思想的依然弥漫,也是不能掩盖的情实。在思想上,如果把五四运动叫作启蒙运动,则今日确有一种新启蒙运动的必要;而这种新启蒙运动对于五四的启蒙运动,应该不仅仅是一种继承,更应该是一种扬弃。关于这个新启蒙运动的内容,有三点特别可举:

第一,这个启蒙运动必是理性运动;必然要反对冲动,裁抑感情,而发扬理性。不迷信,不武断,不盲从,应该只是这个运动的消极内容。积极方面,应该更认真地宣传科学法,实践科学法。科学法的特点是切实,是唯物,是客观,是数量的,解析的(或说分析的)。反对的是笼统幻想,任凭感情冲动。启蒙的本意本在开明,因而有思想自由,行动解放。没有理性,如何能有开明? 如何能容得下思想自由,行动解放?启蒙的另一个说法是破除成见,打破传统。这也是要靠着理性的。理性的极致是辩证与解析。唯物,客观,辩证,解析,便是现代科学法的观点与内容,在这个新启蒙运动中应该特别表现的。

第二,在文化上,这个新启蒙运动应该是综合的。如果说五四运动引起一个新文化运动,则这个新启蒙运动应该是一个真正新的文化运动。所要造的文化不应该只是毁弃中国传统文化,而接受外来西洋文化,当然更不应该是固守中国文化,而拒斥西洋文化;乃应该是各种现有文化的一种辩证的或有机的综合。一种真正新的文化的产生,照例是由两种不同文化的接合。一种异文化(或说文明)的移植,不合本地的土壤,是不会生长的。新思想新知识的普及固然是启蒙运动的一个要点,但为适应今日的需要,这个新启蒙运动的文化运动却应该不只是大众的,还应该带些民族性。处在今日的世界,一种一国的运动,似乎也只有如此,才能有力量。启蒙运动另一个主要特点本在自觉与自信。民族的自觉与自信固是今日中国所需要。要紧的是:不可因为国际而忽略民族,也不可因为民族而忽略国际。或也可以说,不可因为大同而忽略小康,也不可因为小康而忽略大同。

第三,由今日来回看,五四的一个缺欠是不免浅尝。对于一切问题都不免模糊影响。十八年来,在这上头,是颇有了长进了。因此,今日的启蒙运动不应该真只是"启蒙"而已。更应该是深入的,清楚的,对于中国文化,对于西洋文化,都应该根据现代的科学法更作一番切实的重新估价,有个真的深的认识。这样子,也才可以作到第二点所说的文化的综合。对于自然科学,社会科学,都应有个深切的了解,而不仅于皮相,庶几可以接受那因自然科学的发达与辩证唯物论的开展而产生的一种最新潮流,就是科学与社会的结合。许多人诟骂形式逻辑,其实形式逻辑究竟是什么,形式逻辑已经发展到什么样子,诟骂者并不晓得,也不求晓得。还有,一个完全不像懂得哲学是什么一回事,完全不像作过哲学研究的人,却会编一大本书讲怎样研究哲学!像这一类的情形,在新启蒙运动中,都该加以严正的矫正。

认识五四的意义,发扬五四的影响,补足五四的欠缺,除了加紧努力于五四所对付的对外问题外,不但在宣传上,而且在实践上,推动这个新启蒙运动,应是今日一桩最当务之急。而这个运动的总标语,一言以蔽之,应该是理性。理性的要义则在对于事物不只从一方面着想,不只作一方面的认识。趁这个纪念五四的机会,希望各方面的人士都肯把这一点放在计虑之中。

按:《什么是新启蒙运动?》曰:所谓新启蒙运动,最近在南在北,都受到了很大的注意。这个运动虽是最近才号召开,但新启蒙运动这个名字,差不多在一年前已经被提起了。这本是时代的需要。但就我而论,我自信,至少在三四年前编《世界思潮》时,已有这个意思。那时我所说的与现在我所说的,根本上并无甚差异。什么是新启蒙运动呢? 就字面说,启蒙就是开明的意思。再分别说,启蒙就是打破欺蒙,扫除蒙蔽,廓清蒙昧。因此,在字典上,所谓启蒙就是脱离迷信,破除成见,等等的意思。凡是启蒙运动都必有三个特性。一是理性的主宰;二是思想的解放;三是新知识新思想的普及。因为这样子,所以凡是启蒙运动必然反迷信,反武断,反盲从,反权威,反传统。而历史上的启蒙运动尤其在于反封建。也可以说,武断,独断,垄断,都是启蒙运动所必反。不过,如有人因为启蒙运动反对这三断,就以为启蒙运动忽视果断,没有决断,那便是歪缠,那便是缠夹。那也是启蒙运动者所必反的。

今日的新启蒙运动,显然是对历来的一些启蒙运动而言。对于以前的一些启蒙运动,也显然有所不同。比如,就拿五四时代的启蒙运动来看,那时有两个颇似新颖的口号,是"打倒孔家店""德赛二先生"。我认为这两个口号不但不够,亦且不妥。多年的打倒孔家店,也许孔子已经打倒了,但是孔家店的恶流却仍然保留着,漫延着。至于科学与民主,本都是客观的东西,而那时的文人滥调,却把它人格化起来,称什么先生,真无当于道理。至少就我个人而论,我以为对这两口号至少都应下一转语。就是:"打倒孔家店""救出孔夫子""科学与民主""第一要自主"。五四时代的启蒙运动,实在不够深入,不够广泛,不够批判。在深入上,在广泛上,在批判上,今日的新启蒙运动都需要多进几步。

今日是中国团结救亡,民族解放,争取自由,民主政治的时代。今日的新启蒙运动,就是适应这个时代的思想方面,文化方面的运动。因此,这个运动,也可说就是社会发展到这个阶段的民族主义的自由民主的思想文化运动。

如前所说,启蒙运动最积极的内容是发扬理性。理性的第一要点是说话作事有根有据。而所谓有根有据,第一在事实,第二在逻辑。但在今日,在尽可能地发扬理性之下,最要作到两桩事。一、就是思想的自由与自发。二、就是民族的自觉与自信。这就是今日作新启蒙运动者具体的所最宜努力的。但要达到民族的自觉与自信,必须发挥出民族的理与力。

张申府5月9日在《民声报》发表《理性的必要》。6月15日,《读书月报》第2号"文化论丛"栏目刊出张申府、齐伯岩的《五四运动与新启蒙运动》,金则人《向新启蒙运动提出一个建议》,张文与5月2日刊于《北平新报》的《五四纪念与新启蒙运动》大意相近。10月4日,张申府发表《我相信中国》。"七七"事变爆发后,张申府全身心投入抗日救亡运动,参与全国各界救国联合会成立活动,同时致力于"新启蒙"这场"文化上的救亡运动",与共产党人陈伯达、艾思奇等酝酿的以"中国化"为核心的新启蒙运动登上中国现代思想史的舞台。12月10日,张申府在汉口出版的《时事类编特刊》第6期发表《战时生活·战时教育·新启蒙运动·新的青年运动》,将新启蒙运动与民族解放、战时生活、战时教育(普及教育)、青年运动等方方面面的工作联系在一起做通盘考量,并以运动精神统摄上述各方面的具体工作,指出:"在今日的中国,要建设新时代新社会,要产生新的国家新的文化,必都离不了新启蒙运动。假使以战时教育为骨干,战时生活为筋肉,新启蒙运动便可认作其血脉(或说灵魂,假使能不以词害意的话)。不论战时生活或战时教育,都应以新启蒙运动为指导,来贯穿。现在是种种方面都在需要动员。新启蒙运动便可作文化动员的主脑。所谓文化本就是人的跳出现状的,即进步的,也即活的力量发挥,以及其一切成果。现在这个是正用得着新启蒙运动为向导。新启蒙运动是要启发大众的。它的理性的发扬、思想的解放、知识的普及;以及反过来说的扫除蒙昧,廓清蒙蔽,打破欺蒙;反武断,反独断,反垄断;反迷信,反盲从,反奴化;破除成见、偏见、我见,——所有这些等等,在战时不但是与在平时同样必要的,简直是比在平时尤其必要的。新启蒙运动更是反封建的。封建余渣的该反,由目前的抗战已经充分地证明白。拿封建的东西来与现代的敌人遇,真如摧枯拉朽! 新启蒙运动提倡科学的脾气,批判的态度,大客观的观点,实而活的立场,辩物与解析的方法。这也无一不是战时所需要。"其结论是："抗战、民放、战生、战教、新启、普教、动众、新青,都是联在一起的;而且照这样,也是应当都联在一起的。"(参见郭一曲《现代中国新文化的探索——张申府思想研究》及附录一《张申府年谱简编》,广东人民出版社 2002 年版;雷颐编《中国近代思想家文库·张申府卷》及附录《张申府年谱简编》,中国人民大学出版社 2015 年版;陈亚杰《当代中国意识形态的起源》及附录一《新启蒙运动文章目录》,新星出版社 2009 年版;李亮《继承五四和扬弃五四——新启蒙运动研究》及附录《新启蒙运动大事记》,上海师范大学博士学位论文,2012 年;齐家莹编《清华人文学科年谱》,清华大学出版社 1999 年版)

　　陈兆鸥 5 月 4 日在《北平晨报》发表《五四纪念与新启蒙运动》,文中高度评价五四运动:"五四运动是中国的文化运动,是爱国运动,更是一个猛烈的反封建运动,也是 1925—1927 年大革命的先声,我们可以清楚地看到五四运动是一场典型的启蒙运动。"这实际上是对五四运动的新定位、新阐释。作者指出:五四虽然在历史上树立了不灭的业绩,"然而单纯反封建的业绩是不够的""为了承继启蒙运动而纪念'五四',我们需要一个新的启蒙运动。"新启蒙运动要以科学的精神、民主的思想检讨产生这时代的原因,去"经营新的历史阶段",而"建树文化的正确的发展道路"。新启蒙运动的开展,必须批判过去文化,克服过去文化的劣点,更要肯定过去文化、摄取过去文化的优点。新启蒙运动是和民族统一救亡运动配合在一起的。在国难危急的时候,要把一切文化应用到挽救民族危机上去。文章在末尾号召:"五四精神在文化史上留下了千古不灭的美誉,五四时代学生层做了运动中的健全的先锋,文化界做了最有力的支柱,纪念五四运动五四时代的精神开展新启蒙运动,更需要学生层、文化界完成了更伟大的历史使命。"(参见陈亚杰《当代中国意识形态的起源》及附录一《新启蒙运动文章目录》,新星出版社 2009 年版;李亮《继承五四和扬弃五四——新启蒙运动研究》及附录《新启蒙运动大事记》,上海师范大学博士学位论文,2012 年)

　　非白 5 月 4 日在《北平新报》发表《五四运动与新启蒙运动——为北平新报"五四纪念"特刊作》,认为五四启蒙的任务并未完成,新启蒙与五四之启蒙在反传统思想这一点上有相似之处,这就决定了五四启蒙所提出的"打倒孔家店""民主""科学"这些口号仍然有积极的意义,当前仍然需要"真实的'民主'和真实的'科学'精神"。但因为"时代"和"掌舵者"的不同,这些口号的具体内容也就完全不同。其中最根本的不同之处还在于两者的最终结果:"五四新文化运动的完成,并不是社会运动的根本解决;我们新启蒙运动的成功,也就是社会运动的完成。我们所要达到的,不是为少数人谋幸福的社会,而是为全民族谋幸福的社会。"因而,全国知识阶级不论前进的和落后的,都应团结在新启蒙运动的旗帜之下,致力于思想解放运动,这才是民族解放的出路;新启蒙运动的主要任务,正在"要把全民族从新旧麻醉的桎梏中解放出来"。(参见李亮《继承五四和扬弃五四——新启蒙运动研究》及附录《新启蒙运动大事记》,上海师范大学博士学位论文,2012 年)

　　江陵 5 月 15 日在天津出版的《国际知识》第 1 卷第 1 期发表《开展中国新文化运动》,对新启蒙运动的主张进行了讨伐。文章认为新启蒙运动发动之初,"倡导者所提倡的范围过小,面目过左,没有一般的广大地开展起来,因此虽然口口声声地说这是全民族的自觉运动,应该广泛的联合,但事实上并未做到,不过仍是几个新哲学者在讨论,仍是几个新哲学者在要求"。江陵又认为陈伯达《哲学的国防动员》所拟具体工作纲领中的第五条"大量地介绍新哲学到中国来,并应用新哲学到中国各方面的具体问题上去",应改成"大量地介绍新哲学到中国来,引起中国的自由的讨论具体的探讨"。此外,江陵还提出其他几条类似改进意见。这些意见显示出这位作者对文化上的救亡联合方向的关注。(参见李亮《继承五四和

扬弃五四——新启蒙运动研究》及附录《新启蒙运动大事记》,上海师范大学博士学位论文,2012年)

杨秀峰5月16日在《北平晨报》发表《致陶希圣的公开信》,指出:"和平统一的道路是曲折的、艰难的,但我们坚信,北平的全体学生必能排除万难,完成统一,如同全中国人必能完成统一一样,因为在现阶段上,我们只有一个目标,一个任务,一个出路,非抗敌无以救亡。"信中对陶希圣进行了严厉驳斥:"人民阵线"一语一传入中国,就被"有教养"的学者故意和西班牙内战搅做一团,描成一幅狰狞残暴、丑恶不堪的画图,弄得许多人一提到不由不起谈虎色变之感。杨秀峰时任北平师范大学教授,积极进行抗日救亡的革命活动,为华北文化界救国会的主要领导人之一。"七七"事变后,杨秀峰根据中共中央和北方局的指示,毅然投笔从戎,率领一批平津进步青年奔赴冀西,开辟抗日革命根据地,任冀西抗日游击队司令员、中共晋冀豫区党委委员。(参见李亮《继承五四和扬弃五四——新启蒙运动研究》及附录《新启蒙运动大事记》,上海师范大学博士学位论文,2012年)

穆伽5月20日在《北平新报》发表《新启蒙运动和妇女》一文,对五四运动倡导妇女解放的成就进行评价,认为其为"中国妇女运动的先锋""没有妇女的参与,新启蒙运动永远的不会完成",为了整个民族的解放,妇女必须英勇参加这一运动。同日,《北平新报》发表未署名文章《从新启蒙运动谈到妇女问题》,在肯定五四新文化运动使广大妇女初步摆脱家庭羁绊,在参政权、受教育权、婚姻自主、法律权利等方面获得进步的同时,又指出那时的妇女解放仅仅停留在狭义的女权主义阶段上,获得解放的仅仅是少数有特殊地位的女子,大多数妇女仍然身处黑暗之中,五四时代妇女解放运动所没能完成的任务,就需要新启蒙运动来完成,而且应当达到更高的阶段。(参见李亮《继承五四和扬弃五四——新启蒙运动研究》及附录《新启蒙运动大事记》,上海师范大学博士学位论文,2012年)

怀朴5月25日在国民党中宣部主办的《华北日报》副刊"咖啡座"刊出署名"怀朴"的短论《所谓新启蒙运动》,文中直指新启蒙运动的政治背景,对新启蒙运动的作用和意图产生了质疑:"近年来北平有一部分自称文化教育界所谓名流而实际上都是一伙额角头上没刻字的共产党徒,发起所谓'新启蒙运动',名词虽颇动人,其实不过是共产党旧日外围工作的'花样翻新'而已。"26日,《华北日报》副刊"咖啡座"又刊出余潇河的《何物"新启蒙运动"?》,指责新启蒙运动的组织者,身为大学教授,不好好教授学生必备的实用知识,却扯出个启蒙运动,"几个破烂汉的流氓,碰住头,闲扯淡,扯出个'启蒙运动',就以为再生之机到了,于是以真名发表启事,以假名发表宣传文章,自己做作得好像是大众在呼应似的,其实除了自己演双簧以外,大众在哪里? 人们都不是傻子""新启蒙运动'诸君子!'玩那些无聊的穷把戏,有什么用处呢?""孝悌忠信礼义廉耻'有什么不好'?""有你老得'新启蒙运动者'大惊狂吠之必要?"甚至断言"凡是一个人,一个团体,如果不是基于诚意,专想利用青年的病态心理闯乱子,永远永远是不会成功的"。(参见李亮《继承五四和扬弃五四——新启蒙运动研究》及附录《新启蒙运动大事记》,上海师范大学博士学位论文,2012年)

李何林5月26日在《北平新报》发表《启蒙学会与新启蒙运动——斥杨立奎教授》一文,逐一反驳了杨立奎的观点,指出"文化思想斗争,需要光明磊落,而且要拿出货色来,阴谋诡计以及政治压力,却适足以得到相反的结果"!(参见李亮《继承五四和扬弃五四——新启蒙运动研究》及附录《新启蒙运动大事记》,上海师范大学博士学位论文,2012年)

芷君5月27日在《北京民声报》发表《新启蒙运动与妇女》,将妇女自身的解放与民族解放紧密联系在一起考虑,认为新启蒙运动因其所反对的专制、礼教、独断、迷信、三纲五常、贤妻良母、贞操节烈等复古思想,与妇女解放运动所要反对的思想束缚正相一致,从而对实现妇女解放具有重要意义。(参见李亮《继承五四和扬弃五四——新启蒙运动研究》及附录《新启蒙运动大事记》,上海师范大学博士学位论文,2012年)

秀云5月28日在《北京民声报》发表《新启蒙运动与民主精神》认为,一切启蒙运动的中心,"都是用民主精神来创造被压迫者的独立文化,从精神方面,把被压迫者从过去的麻醉中解放出来"。新启蒙运动最主要的一个努力方向就应当是:"深入到广大的群众里,本着民主精神的原则,参考历史上过去的经验,去创造新的,适合本国广大民众需要的文化工作。"(参见李亮《继承五四和扬弃五四——新启蒙运动研究》及附录《新启蒙运动大事记》,上海师范大学博士学位论文,2012年)

于刚5月30日在《北平晨报》发表《再给青年的导师》,针对杨立奎的种种言行指出,"每一个文化人(都)应当了解:思想的批判是要有内容的'批判'不是'骂街',批判的态度是以一个文化者、教育者或思想者的态度出现,不是利用一种政治形势、运用一种政治力量拍一个谩骂的'通电'发表几句东拉西扯的'书面谈话'所能收效的""用'骂街'代替'批判',用'通电'代替'理论的探讨',用政治手段代替文化者应有的态度。这是缺乏理性的科学的态度和自由的批判的精神,缺乏文化人的修养"。他不赞成诉诸法律解决启蒙学会问题,认为文化上的问题弄到法律上去解决,是滑天下之大稽。6月6日,于刚在《北平新报》撰文《响应息争》,对陶希圣的意见表示赞赏,又指出中国学人在进行批评之时总不免犯有"对人而不对事"的老毛病,因而须加倍发挥理智的作用。(参见李亮《继承五四和扬弃五四——新启蒙运动研究》及附录《新启蒙运动大事记》,上海师范大学博士学位论文,2012年)

迅雁5月30日在《北平晨报》发表《答开明姊的一封公开信——略述新启蒙运动之运动》号召:"我们是人,就应尽我们人的责任,与为人谋幸福的群众联合起来,对于压迫、剥削群众的组织与束缚人类思想进化的礼教,不论其为消极积极,都要一气把他们铲除了! 我们绝不容作旁观的第三者。起来! 快把蒙蔽我们的薄纱撕碎吧,这就是新启蒙运动的运动。"(参见李亮《继承五四和扬弃五四——新启蒙运动研究》及附录《新启蒙运动大事记》,上海师范大学博士学位论文,2012年)

自非6月在《读书月报》第2号发表《新启蒙运动在北平》,将"新启蒙运动"与五四新文化运动相提并论,开篇即说:旧启蒙运动(五四新文化运动)是以十八年前北京的五四学生运动为导火线,而掀起的一个思想解放运动,同样的,我们新启蒙运动的爆发,也可说是以"一二·九"北平学生救亡运动为契机的。他还对杨立奎的攻击进行了驳斥,并指出:"从五四纪念以后北平的新启蒙运动,不仅是前进的文化人和文化团体在推进,而已得到广大的救亡团体的支持和推动了。"(参见李亮《继承五四和扬弃五四——新启蒙运动研究》及附录《新启蒙运动大事记》,上海师范大学博士学位论文,2012年)

丁作韶6月1日在《华北日报》发表《启"启蒙"》,认为启蒙学会之"启蒙"是危险的,因其反礼教的主张,不仅不能使人民"开明",反而使人民更"蒙"。中国是需要启蒙的,但不是要启蒙学会那种"假启蒙""真'欺'蒙",中国更需要启那些"启蒙"的人的"蒙"。5日,丁作韶又在《华北日报》发表《打倒"阵线主义"》,认为类似西班牙内战中人民阵线那样的分裂力量在中国日益增长,已经威胁到国家民族安全,又明指启蒙学会及新启蒙运动为分裂国家的"阵线主义"残余而应"站在国家民族立场上"予以打倒、根除。(参见李亮《继承五四和扬弃五四——新启蒙运动研究》及附录《新启蒙运动大事记》,上海师范大学博士学位论文,2012年)

陈豹隐6月3日在《北平晨报》发表《文化界的息争运动》。陈豹隐时任北平大学法商学院政治系主任,文章认为,北平文化界5月间发生的种种争执,"只是阻碍文化界的工作,毁坏文化界的清望,而决不能增加文化界的权威",如果延长下去,则将"构成中国文化界乃至民族利益上的一大损失"!最早倡议文化界"息争"。(参见李亮《继承五四和扬弃五四——新启蒙运动研究》,上海师范大学博士学位论文,2012年)

岳一峰6月6日在《全民报》发表《新启蒙运动与文艺》,指出文艺最能接近大众,使大众感兴趣,能充实大众的智慧,革除大众的愚昧、迷信、盲从、独断等劣点,使他们有理智,信任科学并养成民主的精神;在民族危机的局面下,文艺更能武装大众的头脑,使他们具有反帝反封建的意识并走上抗敌救亡的道路。这一切都有助于实现新启蒙运动的最终目标,自然意义重大。6月19日,王林在《北京民声报》发表《新文化运动与通俗作品》,该文指出,为实现新启蒙运动的最终目标,必须借助通俗的形式来表达。(参见李亮《继承五四和扬弃五四——新启蒙运动研究》及附录《新启蒙运动大事记》,上海师范大学博士学位论文,2012年)

王子颕6月6日在《全民报》发表《文化息争的途径》,提出"息争"的三条具体途径:就当事人而言,需论争双方诚实坦白,不计前嫌,对事不对人;就社会人士来讲,则应努力做到力促青年团结并在维护和平统一的基础上努力实现言论自由;就出版界而言,对于一切无礼谩骂的文字应不予发表,同时应撰著一些倡导息争的文章以推进文化界的精诚团结。(参见李亮《继承五四和扬弃五四——新启蒙运动研究》及附录《新启蒙运动大事记》,上海师范大学博士学位论文,2012年)

齐伯岩6月15日在《读书月报》第2号"文化论丛"之《五四运动与新启蒙运动》题下与张申府先后发文,指出:"到了民族大破灭的现在,在文化方面,正酝酿着一种唤起全民族自我觉醒的思想大解放运动,从事文化运动的人们,因为接受了十数年来的历史教训,又回转过头来,把中国第一次最伟大的启蒙运动——'五四运动'从新估计,这是必然而正确的,我们当前的文化工作,正是继续着'五四'未完成的工作,而展开一个更新的更伟大的文化运动——新启蒙运动。这运动,配合着抗敌救亡运动,把中国民族从危亡中解救出来。因此,我们对于'五四'运动的从新估计,只有站在展开新启蒙运动的立场上,才有积极的意义。""一句话,新启蒙运动是文化上的救亡运动,联合全国的知识阶级,落后的和前进的;号召着全民族从愚昧的无理性的传统思想中解脱出来,一齐走上民族解放大路。"(陈亚杰《当代中国意识形态的起源》及附录一《新启蒙运动文章目录》,新星出版社2009年版;李亮《继承五四和扬弃五四——新启蒙运动研究》及附录《新启蒙运动大事记》,上海师范大学博士学位论文,2012年)

越千6月30日在《北平新报》发表《新启蒙运动与国防文学》,指出新启蒙运动与国防文学之间存在一种相互推动的关系。"新启蒙运动不但不阻碍国防文学的存在,反而更进一步推动国防文学的发展。反过来,国防文学更是新启蒙运动的来源,而且在并行不悖的过程中起着协助的任务。"(参见李亮《继承五四和扬弃五四——新启蒙运动研究》及附录《新启蒙运动大事记》,上海师范大学博士学位论文,2012年)

罗敦伟7月10日在《文化建设》月刊第3卷第10期发表《新启蒙运动总批判》,全盘否定"新启蒙运动"的意义。文中先是提出新启蒙运动的三条要义:"第一是要开展思想斗争进行思想革命;第二,自居民主主义和自由主义一派,而且自居于思想界的左派;第三,具有与现实不符合的某种政治立场。"继而提出:"中国现在一切的工作,都是要能够立刻兑现的工作。救亡图存,决不能够再来重新建立什么新的思潮。""现阶段的中国,惟一的要务,即是展开民族的斗争,作民族的自救运动",为此需要集中包括领袖、干部以及青年在内的全民族的力量。在这一关键时刻,"假定我们倒自己拆散阵线,高谈空想的启蒙运动,自然是以救亡开始,而以自亡终结"。所以,"无论就哪一方面讲,思想革命、思想斗争不仅在中国无所根据,而且绝对的不可能",而提倡"民主主义和自由主义"则是走入了歧途。作者强调:"在抗战的姿态底下,必然的应该团结一致御侮;无论在任何物理的、精神的、经济的事态,都应该用统制的程序集中团结、组织、配备起来。"而若复入所谓"民主主义与自由主义的歧途",反对国家的统制,高唱自由主义,即是"破坏对外抗战的武力,拆散民族抗争的一致团结,摧毁自己抗战的精神力量"。综合以上看法,作者提出三条"今日中国思想界的立场":"第一,民族第一主义。第二,全民族的大团结尤其是与劳苦大众的一致团结。第三,新铁血主义意识形态的构成是科学的、现实的,而且是斗争的、抗战的民族精神"。(参见陈亚杰《当代中国意识形态的起源》及附录一《新启蒙运动文章目录》,新星出版社 2009年版;李亮《继承五四和扬弃五四——新启蒙运动研究》及附录《新启蒙运动大事记》,上海师范大学博士学位论文,2012 年)

蒋南翔主编的北平学委所办的公开刊物《北方青年》6 月 1 日创刊。在发刊宣言中向广大青年号召"努力新启蒙运动,提高全国人民的文化水准,使全国人民能在自发的意识下奋起,为民族的命运和自己前途奋斗"。4 日,北平新学联开会,为反对"新启蒙运动"而发宣言,提出三项主张:"一、请求政府勒令各校将该教授等解职! 二、驱逐启蒙运动会中坚分子出境! 三、粉碎所谓'新启蒙运动'!"5 日,由国民党当局操控的北平"新学联"在《华北日报》发表《北平学生团体联合会声讨张申府等人藉启蒙运动之名欺蒙青年宣言》,除指称黄松龄等人系"人民阵线"之残余、新启蒙运动为"赤化运动"外,一并提出三项主张:(一)"请求政府勒令各校将该教授等解职!"(二)"驱逐启蒙运动会中坚份子出境!"(三)"粉碎所谓'新启蒙运动'"。(参见陈亚杰《当代中国意识形态的起源》及附录一《新启蒙运动文章目录》,新星出版社2009 年版;李亮《继承五四和扬弃五四——新启蒙运动研究》及附录《新启蒙运动大事记》,上海师范大学博士学位论文,2012 年)

王宜昌 1 月在《思想月刊》第 1 卷第 2 期发表《评吕振羽的中国奴隶社会论》。作者反对吕振羽将殷代定为奴隶社会、将两周划作初期封建社会的意见。他还公开标举"公式主义",谓"虽然有许多人反对过这种意见,但我却认为研究中国社会史,永远是要从'搬家主义'和'公式主义'出发的"。吕振羽随即在《文化动向》第 1 卷第 3 期发表《是活的历史还是死的公式? ——答王宜昌君》,对王宜昌予以回应。(参见王学典《20 世纪史学编年(1900—1949)》,商务印书馆 2014 年版)

江亢虎 7 月在抗日战争爆发后从上海迁居北京。平、津陷落以后,又转赴西南,先是在四川、西康游历、讲学,后从成都飞往云南。11 月 1 日,在云南接受新闻记者的采访时,发表了《抗战广义》的谈话,指出:此次抗战,人人知道是为了国家独立与民族生存,但实际上除此以外,还有更为广泛的意义,那就是:"为世界和平而抗战""为人类公理而抗战""为反帝国主义而抗战""为东方文化而抗战""为同情国民而抗战"。(参见汪佩伟编《中国近代思想家文库·江亢虎卷》,中国人民大学出版社 2015 年版)

牟宗三在北平主编《再生》杂志。与张遵骝定交。"七七"事变爆发后,自北平过天津,走南京,至长沙转衡阳,后赴桂林。于《哲学评论》第 6 卷第 2—3 期合刊发表重要论文《觉知底因果说与知识底可能说》。(参见王兴国编《中国近代思想家文库·牟宗三卷》及附录《牟宗三年谱》,中国人民大学出版社 2015 年版)

黄敬 2 月任中共北平市委书记。5 月,出席在延安召开的中共全国代表会议和白区工作会议。

汤尔和在卢沟桥事变时正在日本,闻讯急忙赶回北平。10 月,日本扶植并筹建统一的华北伪政权,王克敏、董康、汤尔和、朱深、王揖唐、齐燮元等为筹备处成员。12月14日,伪中华民国临时政府在北平成立,汤尔和出任议政委员长兼教育部总长。

周培源8月受校长梅贻琦之托,安排清华大学南迁,曾先后任长沙临时大学和昆明国立西南联合大学物理系教授。

任率英去北京,从北京国画函授学校吴一舸学国画。后经雕刻家张志渔引荐,被著名人物画家徐燕荪收为入室弟子。

蒋兆和从四川返北平,任京华美术学院教授、北平艺术专科学校教师,并举办个人画展。

李苦禅在北平沦陷后辞去日伪"公立"学校教职,短期在私立美术学校教中国画。主要以卖画为生,并参与中共领导的地下抗战活动。

齐白石闭门谢客,拒绝日伪大小头目索画,也不卖画,表现了宁可挨饿也不丧失气节的精神。他画了《群鼠图》以讽刺日本侵略者,还写了不少抒发国破之愤的诗。

黄宾虹应北平古物陈列所和北平艺术专科学校之聘,来北平鉴定书画和担任教授。

郭则沄在北京创立瓶花簃词社,参与者有夏仁虎、傅岳棻、陈宗蕃、张伯驹、黄孝纾、黄孝平、关赓麟、黄懋谦等。

张大千仍居北平。应故宫文物陈列所之聘,任国画研究班导师。在第二次全国美展任审查委员。与谢稚柳、于非闇、黄君璧、方介堪同游雁荡山,合作《雁荡山色图》。

方介堪受张大千之邀赴北平,为学历所限任故宫博物院博物馆试用科员,作品曾参加中山公园金石书画联展。

杨业治、邵循正5月升为清华大学教授,吴晗升为专任讲师。

李安宅从美国回国,任燕京大学社会学系讲师、副教授。

杨堃到燕京大学社会学系任教,授"原始社会学""当代社会学学说"等课。

侯仁之应新兼任北京大学历史系主任顾颉刚之命,留校为研究生兼助教;因"卢沟桥事变"爆发,北平相继沦陷,顾颉刚被迫离校南下,侯仁之就转为洪业的研究生。

杨联升毕业于清华大学经济系。

毛泽东1月10日随中共中央和中革军委由保安动身迁往延安。13日,到达延安。15日,出席中共中央政治局会议,会议讨论延安工作问题。中旬,中国抗日红军大学改为中国人民抗日军事政治大学,简称"抗大"。中革军委主席毛泽东兼任抗大教育委员会主席。21日,抗大举行开学典礼,毛泽东出席并讲话,他说:抗大像一块磨刀石,把那些小资产阶级意识——感情冲动、粗暴浮躁、没有耐心等磨个精光,把自己变成一把雪亮的利刃,去打倒日本,去创造新社会。2月9日傍晚,出席为欢迎本日到达延安的《大公报》记者范长江举行的宴会。3月1日,在凤凰山住处会见美国作家、记者史沫特莱,回答她对中日战争与西安事变提出的一些问题。3月2日,同朱德等出席中国人民抗日军事政治大学第二期开学典礼。毛泽东在会上讲话,并为第二队学员题词:"要学习朱总司令:度量大如海,意志坚如钢。"4月12日,出席在延安中央大礼堂举行的西北青年救国代表大会第一次大会开幕典礼,并发表演讲。4—8月为克服党内教条主义思想影响,为在抗大讲授马克思主义哲学,撰写《辩证法唯物论(讲授提纲)》,全书分3章16节,共61000字。后来的《实践论》和《矛盾论》,就是这次讲课所用讲稿的主要部分。5月2—14日,出席在延安中央大礼堂举行的中国共产党全国代表会议,毛泽东在会上作报告和结论。15日,毛泽东在延安与美国记者韦尔斯谈话,回答她提出的关于国共合作、阶级斗争、争取民主、准备抗战等问题。

　　毛泽东6月12日同朱德、林彪、萧劲光和李德等5人被中央革命军事委员会任命为军事研究委员会委员。设立军事研究委员会,目的在总结国内革命战争的经验,提高红军的军事知识,以迎接即将到来的民族革命战争。6月20日,毛泽东出席苏区文艺协会举行的高尔基逝世1周年纪念会并讲话,指出:高尔基具有实际斗争精神和远大的政治眼光,他不但是一位革命的文学家,并且是一位很好的政治家。22日,毛泽东在凤凰山住处会见美国外交政策协会远东问题专家毕森、美国《太平洋事务》杂志主编拉铁摩尔、美国《美亚》杂志主编贾菲等,回答了他们对抗日民族统一战线提出的一些问题。23日,毛泽东再次在住处会见毕森、贾菲等,回答他们提出的抗日民族统一战线将怎样发展和中国革命的前途问题。7月23日,作《反对日本进攻的方针、办法和前途》。7月,作《辩证法唯物论(讲授提纲)》第二章第十一节"实践论",并以此为讲稿在抗大作过讲演。这一节后来单独成篇,题为《实践论》,而《实践论》是为着用马克思主义的认识论观点去揭露中国共产党内的主观主义特别是教条主义的错误而写的。这篇文章以认识和实践的辩证关系为核心,全面地阐明实践作为认识的来源、动力、标准对于认识的基础地位和主导作用。8月7日,毛泽东写完《辩证法唯物论(讲授提纲)》第三章第一节"矛盾统一法则",并以此为讲稿在抗大作过讲演。这一节后来经作者作了部分补充、删节和修改,题为《矛盾论》。《矛盾论》是作者继《实践论》之后,为了克服存在于中国共产党内的严重的教条主义思想而写的。文中运用唯物辩证法总结了中国共产党领导中国革命斗争的实践经验,从两种宇宙观、矛盾的普遍性、矛盾的特殊性、主要矛盾和矛盾的主要方面、矛盾诸方面的同一性和斗争性、对抗在矛盾中的地位等方面,深刻地阐述了对立统一规律,发挥了对立统一规律是辩证法的实质和核心的思想。《矛盾论》与7月所作《实践论》,都是毛泽东最重要的哲学著作,为形成中国共产党人的思想路线和思想方法提供了重要的理论依据。

　　毛泽东8月13日再次会见美国记者韦尔斯,给她一份中共中央提出的抗日救国十大纲领草案。9月7日,撰写《反对自由主义》。10日,出席中常会,会议讨论宣传教育工作。毛泽东就教材和教学法等问题发表意见,强调教学要理论联系实际,军事理论应讲授战略思想、战略原则。29日,撰写《国共两党统一战线成立后中国革命的迫切任务》。10月6日,写《农村调查》序言一。19日,毛泽东在陕北公学纪念鲁迅逝世1周年的会上作《论鲁迅》演讲,指出:我们纪念鲁迅,不仅是因为他是一位伟大的文学家,而且因为他是一个民族解放的急先锋。鲁迅具有政治远见、斗争精神和牺牲精神,这三个特点形成了伟大的"鲁迅精神"。这种精神使鲁迅成为艺术上了不起的作家,革命队伍中优秀成熟的先锋分子。我们纪念鲁迅,就要学习鲁迅精神,把它带到全国各地的抗战队伍中去,为中华民族的解放而奋斗。25日,会见英国记者贝特兰,同他进行长时间谈话。毛泽东说:"中国的抗战不但为了自救,且在全世界反法西斯阵线中尽了它的伟大责任。"11月1日,毛泽东在陕北公学开学典礼上作关于目前时局的讲话。11月29日,毛泽东到延安机场迎接受共产国际派遣从苏联回国的中共驻共产国际代表陈绍禹、康生和同机到达的中共驻新疆代表陈云。(参见中共中央文献研究室编撰、逢先知主编《毛泽东年谱(1893—1949)》,人民出版社、中央文献出版社1993年版)

　　张闻天1月10日从保安动身随中共中央机关迁往延安,13日到达,住凤凰山麓。29

日,《红色中华》改名为《新中华报》。2月5日,主持召开中共中央政治局常委扩大会议,讨论宣传工作。出席会议的有张浩等。吴亮平作工作报告,张闻天在总结发言中指出:今后宣传方针仍应着重于民族统一战线的宣传,特别是现阶段要宣传"和平统一,团结御侮"的口号,要给下面具体地回答一些问题,例如"和与战"的问题。目前要批评的主要还是"左"的倾向,应检查并改变一些与现在不大合适的口号,如"联俄联共"等,不要把统一战线的范围弄得太狭窄。现在公式化的问题还很厉害,宣传方式要懂得利用旧方式,加入新内容。15日,中共中央下达《关于西安事变和平解决之意义及中央致国民党三中全会电宣传解释大纲》。17日,主持召开中共中央常委扩大会议,讨论中央党校工作,由董必武作关于党校目前状况的报告。出席会议的有博古等。张闻天作总结发言,指出:党校任务应完全改变,最低要造就县委书记,培养干部的重点要放在培养白区干部上面。因此,课程、教材要完全改造,过去的都不适用,应重新讨论一次。

张闻天3月2日出席抗日军政大学第二期开学典礼,并在会上讲话。4月初,张闻天在抗大第二期第一队(军、师级高干队)开讲"中国现代革命运动史",并在该校提议组成"中国革命史研究会",参加成员有莫文骅、刘亚楼、张爱萍、杨兰史等,成员均跟班听课,然后又就各人承担的章节写出讲稿,分头去各班担任教员授课。4月3日,中共中央宣传部发布张闻天起草的宣传大纲《国民党三中全会后我们的任务》。11日,作《迎接对日直接抗战伟大时期的到来》,刊于4月24日出版的《解放》周刊第1卷第1期。12日,出席在延安中央大礼堂举行的西北青年救国代表大会第一次大会开幕典礼,并发表演讲。20日,主持召开中共中央政治局会议,讨论《御侮救亡、复兴中国的民族统一纲领草案》和民族统一联盟问题。24日,中共中央机关理论刊物《解放》周刊在延安创刊。张闻天兼任主编,责任编辑吴亮平。该刊以"新华书局"的名义对外发行。新华书局(店)从此在延安诞生。6月20日,作《关于十年来的中国共产党》,刊于6月28日中共中央机关刊物《解放》周刊第1卷第8期。同日,张闻天出席苏区文艺协会召开的高尔基逝世周年纪念会,并在会上讲话。同时出席会议的有毛泽东、朱德、周恩来、博古等。7月14日,张闻天在延安同美国女记者尼姆·韦尔斯(即埃德加·斯诺夫人海伦·斯诺)谈话。8月27日,主持由中共中央政治局常委在洛川召集的讨论统一战线问题座谈会,并在会上发言,专门谈了统一战线中的右倾投降危险问题。9月3日,主持召开中共中央政治局常委扩大会议,讨论抗大教育工作总结,出席会议的有毛泽东等。会议听取了罗瑞卿的工作报告。张闻天在总结发言中,首先肯定抗大"一般工作是有成绩的""在外面的影响提高了"。但是为着工作进步必须解决以下问题:(一)内部团结不够;(二)上下层脱离;(三)组织工作薄弱;(四)自我批评不够。针对学校的问题,发言提出了包括"发展自我批评"的几条办法,强调"应在学校中尽量发展民主,但民主集中是不可分离的"。发言还特别提出重视教员问题,要关心他们的生活,交流经验,造就出好的红色教员,他们中不正确的观点也应批评。

张闻天9月10日主持召开中共中央政治局常委扩大会议,讨论宣传教育工作,出席会议的有毛泽东等。18日,作《论抗日民族革命战争的持久性》,刊于9月25日中共中央机关刊物《解放》周刊第1卷第17期。11月14日,在延安陕公大礼堂举行的特区文化协会成立大会上作题为《十年来文化运动的检讨及目前文化运动的任务》报告。报告肯定了过去文化运动的成绩,同时也指出过去"左联""社联"等文化团体中存在的关门主义(或宗派主义)、公式主义(或教条主义),以及把文化团体当成"第二党"的错误倾向。报告还评价了当时流行的通俗读物,指出这些读物能够进一步把马克思列宁的理论具体化、中国化,贡献自然不少;可是具体的程度还不够,而且犯了"差不多"的毛病。报告指出今天文化界的任务:第一要适应抗战,第二要大众化、中国化。他希望每一个文化人都到群众中、斗争中,以及到前线去生活,去锻炼。12月,张闻天兼任中共中央宣传部部长。同月,张闻天在抗日军事政治大学讲授"中国现代革命运动史"的教本由延安解放社铅印出版。(参见张培森主编《张闻天年谱》,中共党史出版社2000版;王学典《20世纪史学编年(1900—1949)》,商务印书馆2014年版)

周恩来2月14日鉴于国民政府军事委员会政训处将派人以新闻记者身份到延安参观考察,致电中共中央书记处,提出应根据新政策在延安、甘泉等县群众中进行解释和动员,做好接待工作。2月20日前后,连日同北平、天津的新闻记者谈话,并会见广州中山大学参观团。26日,同参加国民党五届三中全会后回到西安的张冲谈判。同月,多次同在西安的黄埔学生交谈,并请中共中央派陈赓来西安,以加强对黄埔系的工作,影响南京政府实行和平统一、团结御侮方针。3月6日,针对《大公报》《益世报》《北平晨报》等报刊近日陆续发表评论,讨论统一救国问题,周恩来致电洛甫、毛泽东、博古等:"为争取全国统一,我们应参加这些讨论",建议中共中央派人化名向各报投稿,文章要避免党八股的笔调。电中请求派廖承志或邓小平为自己的助手,负责开展宣传工作。3月下旬,周恩来由潘汉年陪同到杭州,和蒋介石谈判。在4月初召开的中共中央政治局扩大会议后,周恩来开始修改由中共中央宣传部副部长吴亮平起草的《御侮救亡、复兴中国的民族统一纲领草案》。4月26日,携中共中央关于《御侮救亡、复兴中国的民族统一纲领草案》飞西安。草案的内容包括:对外抵御日本帝国主义的侵略,取得中华民族的独立解放;对内实施宪政,保障民权自由,发展国防经济,改善人民生活,求得民生幸福,以彻底实现孙中山的革命的三民主义,使中国复兴为统一的民主共和国。

周恩来5月1日在《解放》第1卷第2期发表《我们对修改国民大会法规的意见》。内容要求国民党开放党禁,释放政治犯,确认男女平等,保障人民言论、集会、出版等自由,使国民大会建立起民主统一的政治基础,以加紧加快发动抗战。同月,为促进南京政府接受中共提出的对修改国民大会法规的意见,使国民大会成为建立真正的民主政治基础的开始,致信胡适等各界知名人士,以取得各方舆论的支持。6月8—15日,同蒋介石多次会谈。向蒋提交中共中央关于《御侮救亡、复兴中国的民族统一纲领草案》。20日,周恩来在高崇民、杜重远、李延禄、阎宝航、刘澜波等人的发起组织下,在北平成立了东北救亡总会。23日,会见美国学者T·A·毕森,向他介绍国共两党谈判的情况。27日,在中共中央党校和抗日军政大学作政治报告《和平、抗日与民主——统一战线的政治目标》。7月1日,在中共中央召开的党的活动分子会上作题为《十六周年的中国共产党》的报告。7月初,起草《中共中央为公布国共合作宣言》。宣言初稿提出中国共产党奋斗的总目标是:(一)战胜日本帝国主义的侵略,争取中华民族的独立自由与解放;(二)实现民权政治;(三)实现中国人民的幸福和愉快的生活,并且重申中共的4项保证。上旬,周恩来和博古、林伯渠探望宋庆龄,征求来对《中共中央为公布国共合作宣言》的意见。宋庆龄表示支持。13日(或14日),周恩来和博古、林伯渠到庐山,随即向蒋介石提交《中共中央为公布国共合作宣言》。下旬,周恩来在上海期间和潘汉年及中共上海地下党负责人刘晓等面谈,布置全面抗战爆发后上海地下党的工作,指出统战工作要大力开展,群众工作要稳扎稳打;要注意保存和积蓄力量,把公开工作和秘密工作结合起来。

周恩来8月18日与国民党中央宣传部长邵力子商定中共在国民党统治区创办报刊。不久,邵力子签署文件,正式批准中共南京办事处在南京筹办《新华日报》。同日,周恩来和朱德探望国民党中央执行委员会委员于右任,商谈中共准备在南京筹办《新华日报》事,并请于为该报题写报头,于欣然同意。以后在武汉期间,周恩来又多次同于恳谈,并通过王炳南、屈武同于保持联系。22—24日,出席在陕西洛川举行的中共中央政治局扩大会议。会议决定成立新的中共中央军委,由毛泽东、朱德、周恩来、彭德怀、任弼时等11人组成,毛泽东为书记(实际称主席),朱德、周恩来为副书记(实际称副主席)。9月中旬,周恩来在太原国民师范礼堂向各抗日救亡团体成员和群众讲演,分析抗战形势,阐释建立抗日民族统一战线的重要性,号召大家学会打游击战,到敌后去发挥作用。同日,周恩来和彭德怀等出席由文化、教育、新闻各界人士召开的欢迎会。在会上发表讲话,宣传抗日民族统一战线政策。10月22日,会见英国《曼彻斯特卫报》记者艾格妮丝·史沫特莱。月底,会见《大公报》派驻山西战场的记者孟秋江、陆诒,向他们介绍山西的战局,着重指出:我军必须变单纯防御为攻势防御,积极消灭敌人有生力量,才能有效地阻止日军前进,并嘱咐他们到前线后同部队一起行动,做好战地报道工作。同月,根据周恩来指示,潘梓年、章汉夫、杨放之、徐迈进、钱之光、许涤新等陆续聚集南京,筹备出版《新华日报》《群众》周刊。后因上海、南京相继失守,筹备工作移武汉继续进行。11月11日,到达在太原失守后成为山西抗战政治中心的晋南重镇临汾。在临汾期间,会见英国《伦敦先驱日报》记者詹姆斯·贝特兰,谈话中说坚持华北抗战最要紧的是加强中国的军队,发展群众运动,指出:组织华北民众抗战的主要任务将落在八路军身上,并一起看了平型关战役中缴获的日军将领板垣征四郎的副官的日记。

周恩来12月9—14日出席中共中央政治局会议。会议根据王明传达的共产国际指示精神检查抗战以来统一战线工作中的经验教训。11日,周恩来就抗战问题和统一战线问题发表意见。会议通过《关于中共驻国际代表团工作报告的决议》和《关于准备召集党的第七次代表大会的决定草案》等。会议还决定由项英、周恩来、博古、董必武组织长江局,领导南方各省党的工作。由周恩来、王明、博古、叶剑英组成中共中央代表团,到武汉继续同国民党谈判,协商国共两党合作事宜,推动统一战线工作。12月21日,周恩来和王明、博古等同蒋介石会谈。周恩来就中共提出的一系列建议如成立国共两党关系委员会、商定两党共同纲领、出版《新华日报》、建立国防军事工业机关、征兵委员会、补充扩大和改造部队、协助政府组织扩大国防参议会为民意机关等问题,作出具体说明。王明说明目前抗战形势、国共两党关系、合作任务、国际活动情形与共产国际某些提议。博古谈陕甘宁边区、联络参谋、八路军办事处等问题。蒋介石表示:所谈极好,照此做去,前途定见好转,今后两党关系已告陈立夫等同你们共商一切。这次会谈就成立国共两党关系委员会达成协议。参加人员中共方面为王明、周恩来、博古、叶剑英。国民党方面为陈立夫、康泽、刘健群、张冲。12月23日,中共中央长江局在武汉正式成立,负责管辖云南、贵州、四川、湖北、湖南、河南、江西、安徽、江苏、浙江、福建、广东、广西等省,并领导中共中央东南分局和新四军的工作。由王明、周恩来、项英、秦邦宪、叶剑英、董必武、林伯渠等7人组成,王明任书记,博古负责组织工作,周恩来负责统战和军事工作,董必武负责民运工作,叶剑英负责军事工作,邓颖超负责妇女工作,李克农任秘书长。31日,周恩来在武汉向大学生作《现阶段青年运动的性质和任务》的报告,明确指出现阶段青年运动要挽救民族危亡,完成救国的重大任务。青年应当到军队中去,到乡村去,到战地去,发动民众,组织民众,争取抗战最后胜利。冬,周恩来安排美国海军陆战队情报官员埃文斯·福代斯·卡尔逊到延安和山西八路军总司令部访问。(参见中央文献研究室《周恩来年谱 1898—1976》,中央文献出版社 1998 年版;南开大学校史编写组《南开大学校史(1819—1948)》,南开大学出版社出版 1989 年版)

凯丰时任中共中央宣传部长。9 月 10 日,中共中央政治局常委扩大会议讨论宣传教育工作,凯丰报告,张闻天作会议总结发言时指出:宣传教育工作目前主要问题是不适合于情况与具体需要。我们在这方面是做了相当多的工作,现在的缺点还是不适合需要。"宣传教育工作就是要向什么人说什么话",适合需要就是要在这方面前进一步,"主要原则是理论与实际一致,事实上这一点做得很少,理论一定要与实际联系,要中国化"。我们的教员需要研究一下,要用一切方法来实现这一目标,教授学生要用启发方式。目前学校迫切需要培养教员,要组织研究室,教员的地位应提高。关于党报,分区的党报停办,特区的党报应办好,使之能够反映一些迫切问题。吸收更多的人参加党报委员会,并充实《解放报》的文章。(参见张培森主编《张闻天年谱》,中共党史出版社 2000 版)

吴亮平时任中共中央宣传部副部长。4 月 24 日,中共中央机关理论刊物《解放》在延安创刊。社长兼主编张闻天,秘书廖承志,责任编辑吴亮平,编辑凯丰、徐冰等。初为周刊,后改为半月刊。曾在西安、上海建立该刊的翻印所,使之得以在国统区和沦陷区发行。艾思奇、陈伯达,党的领导人洛甫、林伯渠等都有文艺类文章在该刊发表。所刊发的理论文章主要有从贤的《现阶段的文化运动》,周扬的《新的现实与文学上的新任务》《一个伟大的民主主义现实主义者的路》,张庚的《剧本创作问题》,艾思奇的《社会主义革命与知识分子》,洛甫的《抗战以来中华民族的新文化运动与今后的任务》,以及边区文协的《我们关于目前文化运动的意见》《边区文协第一次代表大会宣言》,等等。

按:至 1941 年停刊,共出版 134 期。《解放》也很重视文艺,先后发表 60 篇文艺作品,包括小说、诗歌、通讯、速写、歌曲、木刻、论文等。其作者有丁玲、成仿吾、李初梨、吴奚如、舒群、周扬、张庚、萧三、艾青、劫夫、温涛、沃渣(胡蛮)、夏风等。

吴亮平 5 月出席丁玲召集的关于左翼文艺"两个口号"问题的第二次座谈会,并作了总结发言,指出:"对于'国防文学'和'民族革命战争的大众文学'这二个口号的论争,我们同毛主席与洛甫、博古等也作过一番讨论,认为在目前,'国防文学'这个口号是更适合的。'民族革命战争的大众文学'这个口号,作为一种前进的文艺集团的标帜是可以的,但用它来作为组织全国文艺界的联合战线的口号,在性质上是太狭窄了。其实,双方都无根本的冲突。至如'国防文学'只是文艺家联合的标帜的那种理论却是错误的,因为它犯了形式与内容不一致的错误。文艺家在'国防文学'的旗帜下联合起来,而在创作上却不以'国防文学'为范围,那是不对的。我们喊着这个口号,必须按照这个口号所规定的工作努力。在苏区,我们喊出了一个口号,我们是决定照这个口号的内容进行工作而绝对使之实践的。我们现在的任务是团结御侮,文艺运动自然必须按照这个目标进行。将来形势更发展更前进时,文艺运动当然必须也向前发展一步。文学不能脱离政治,这句话是对的。"

吴亮平 5 月 11 日在中共中央机关刊物《解放》第 1 卷第 3 期发表《斥叶青张涤非任一黎王学稼诸托洛茨基派》,专门对叶青刊于《文化建设》第 3 卷第 5 期《统一救国的途径》进行驳斥,并对叶青等人提倡的"统一救国"口号进行回击。文中在批判叶青等人时,使用了"托洛茨基派""国民党的打手""帝国主义的鹰犬"等词。中共方面对叶青所持的批判和否定态度,由此可见。吴亮平此文的发表,标志着叶青与中共的论争,由此前的哲学层面发展到政治层面，并标志着中共开始在政治上全面否定叶青。从此，叶青被中共彻底打入对立面。（参见《陕北文艺运动的建立》，见每日译报社编《西北特区特写》1938年；孙国林编著，王佳钰、王增辉校订《延安文艺大事编年》，陕西师范大学出版总社2016年版；尹涛《叶青思想批判》，南京大学博士学位论文，2014年）

　　林伯渠任中华苏维埃中央政府西北办事处主席。3月26日，毛泽东复电叶剑英：民族扫墓我方决派林伯渠参加，并与张继见面，请询问礼节仪式及日期见告。4月5日，中华苏维埃中央政府主席毛泽东、人民抗日红军总司令朱德特派代表林伯渠参加祭黄帝陵的民族扫墓典礼。毛泽东起草的祭文说："东等不才，剑屦俱奋，万里崎岖，为国效命。频年苦斗，备历险夷，匈奴未灭，何以家为。各党各界，团结坚固，不论军民，不分贫富。民族阵线，救国良方，四万万众，坚决抵抗。民主共和，改革内政，亿兆一心，战则必胜。还我河山，卫我国权，此物此志，永矢勿谖。"7月，林伯渠调西安作统一战线工作，董必武代理中华苏维埃中央政府西北办事处主席。是年冬起，林伯渠任陕甘宁边区政府主席（参见中共中央文献研究室编撰、逢先知主编《毛泽东年谱（1893—1949）》，人民出版社、中央文献出版社1993年版；《董必武年谱》编纂组《董必武年谱》，中央文献出版社1991年版）

　　董必武继续担任中共中央党校校长，并讲授《党的建设》等课程。2月10日，中央党校进驻延安，校址设在东郊桥儿沟的天主教堂。3月初，为培养教育第一批从全国各地、海外到延安参加革命的知识分子和张学良、杨虎城部下的军官，抗日军政大学四大队成立，董必武被派往四大队兼任政委。董必武针对学员的不同特点，制订教学计划，调配管理干部，组织了六个分队，进行不同形式的思想政治工作，显著地提高了学员的政治思想觉悟，为革命培养了数百名干部。5月2—14日，出席在延安召开的中国共产党全国代表会议。6月，在党的《解放周刊》发表《共产主义与三民主义》，系统地论述了什么是共产主义，什么是三民主义，以及两者之间的关系。指出：目前摆在每个中国人面前最严重和最尖锐的问题，是怎样救亡，是如何抗日，是如何动员广大的群众参加到抗日救亡战线上来，使民族革命战争获得最终的胜利。这就是国共重新合作的基础。7月，林伯渠调西安作统一战线工作后，董必武代理中华苏维埃中央政府西北办事处主席。夏，向美国记者海伦·斯诺讲述了个人生平。后来，海伦·斯诺在《七十年代西行漫记》一书中称董必武"是一位有经验的老将，有着非凡的体力和生命力，并有着快乐的性格""曾经是共产党人和国民党之间的联络人物之一"，并写道："我敬重毛泽东、董必武和其他好多人，他们竭力向人们讲授真理标准。"（参见《董必武年谱》编纂组《董必武年谱》，中央文献出版社1991年版）

　　林彪任中国人民抗日军事政治大学校长兼政委，毛泽东为教育委员会主席，刘伯承任副校长，罗瑞卿任教育长。1月20日，抗日红军大学随党中央迁至延安，并正式改名为中国人民抗日军事政治大学，简称"抗大"。学校组织机构逐步健全，成立了教育委员会和政治部、训练部、校务部。毛泽东兼任教育委员会主席，刘伯承任副校长兼抗大步兵学校（甘肃庆阳）校长。第二期共招生2700余人。至次年5月26日，毛泽东为延安《新中华报》著文《抗大三周年纪念》，指出抗大的教育方针是"坚定正确的政治方向，艰苦朴素的工作作风，灵活机动的战略战术"。（参见中共中央文献研究室编撰、逢先知主编《毛泽东年谱（1893—1949）》，人民出版社、中央文献出版社1993年版；中央教育科学研究所编《中国现代教育大事记1919—1949》，教育科学出版社1988年版）

　　成仿吾年初出席"文协"举行的茶话会，欢迎从西安来的大批男女青年。后来又举行过两次座谈会，讨论"国防文学"和"民族革命战争的大众文学"两个口号的问题。成仿吾极力主张建立文艺界联合战线,并且说已经写信给上海的文艺界朋友倡议此事。2月,中央党校也奉命迁入延安,校址设在离延安10里的桥儿沟的一座天主教堂里。除教务工作之外,还兼"政治经济学""党史"等课程。4月,在党校办公室接见了从北京来访的吴秋虹。秋虹由延安返回北平的途中因受伤折回延安医治时,成仿吾特去信慰问。一月后,吴秋虹回到北平,撰有《最近的成仿吾》,刊《光明》第3卷第2期。5月1日,作《写什么》,提出关于目前革命文艺的意见,强调作家要写"伟大的战斗的时代""我们应该高呼抗战,宣传抗战",描写"我们的民族英雄与为国牺牲的烈士",刊于《解放周刊》第1卷第3期。6月8日,《续西行漫记》作者斯诺夫人尼姆·威尔斯访问了中央党校,受到成仿吾、李维汉接待。尼姆·威尔斯在《续西行漫记》中写了成仿吾的小传,刊载了他的照片,并写了以"马克思主义学生们和成仿吾"为题的章节。

成仿吾7月担任陕北公学筹备工作。"七七"事变后,党中央决定成立陕北公学,责成林伯渠、吴玉章、董必武、徐特立、张云逸、成仿吾负责筹备工作。8月,成仿吾任陕北公学校长,罗迈(李维汉)任副校长,邵式平任教育长,周纯全任政治部主任。陕北公学的教育方针是:"坚持抗战,坚持持久战,坚持统一战线,实行国防教育,培养抗战干部",教学注重少而精、理论联系实际。陕北公学校训是:"忠诚、团结、紧张、活泼。""七七"事变后,面临着日益高涨的抗日热潮,当时从全国各地涌来成千上万的热血青年,成仿吾开始用"陕公"校长成仿吾的署名在全国各大城市报纸、杂志上公开发布招生启事。各地青年报名十分踊跃,其中包括台湾同胞,越南、朝鲜、南洋等地的华侨,他们通过各地党组织和八路军办事处,并由西安八路军办事处统一组织,一批一批地奔赴延安。此间,成仿吾曾写信给毛泽东同志,请求党中央增派领导骨干和教员。毛泽东同志见信后,立即派了邵式平、周纯全、袁福清、季凯等到"陕公"工作。接着,党中央陆续从国民党统治区抽调了一批知名学者和文化人到"陕公"当教员。中央曾打电报给上海地下党组织,指名调艾思奇、何干之等到"陕公"任教。

成仿吾10月19日在"陕公"开学前夕主持召开了全校人员纪念鲁迅逝世1周年大会,特邀毛泽东到会作了《论鲁迅》的重要讲话。23日,毛泽东为"陕公"成立题词:"要造就一大批人,这些人是革命的先锋队。这些人具有政治远见。这些人充满着斗争精神和牺牲精神。这些人是胸怀坦白的,忠诚的,积极的,与正直的。这些人不谋私利,唯一的为着民族与社会的解放。这些人不怕困难,在困难面前总是坚定的,勇敢向前的。这些人不是狂妄分子,也不是风头主义者,而是脚踏实地富于实际精神的人们。中国要有一大群这样的先锋分子,中国革命的任务就能够顺利的解决。"11月1日,"陕公"举行开学典礼,600多"陕公"学生和中央机关、延安各界代表参加了大会。成仿吾主持大会并致开幕词,毛泽东作报告,李富春、陈正人同志也相继发言。毛泽东讲到陕北公学的任务时说,我们要造就大批的民族干部。他们是有革命理论的,他们是富于牺牲精神的,他们是革命的先锋队。冬,成仿吾作《陕北公学校歌》。

按:《陕北公学校歌》歌词是:"这儿是我们祖先发祥之地,今天我们又在这儿团聚,民族的命运全担在我们的双肩。抗日救亡要我们加倍努力,忠诚,团结,紧张,活泼,战斗地学习! 努力,努力,争取国防教育的模范。努力,努力,锻炼成抗战的骨干。我们要忠实于民族解放事业,我们献身于新中国的建设,昂头看那边,胜利就在前面!"歌词谱曲后,在延安青年中广为流唱。

按:1939年,根据中共中央决定,陕北公学与鲁迅艺术学院、延安工人学校、安吴青训班合并成立华北联合大学。1939年11月,留在延安的原陕北公学部分师生恢复陕北公学。1941年9月,并入延安大学。(参见张傲卉、宋彬玉《成仿吾年谱》,《东北师大学报》1985年第5期;中共中央文献研究室编撰、逄

先知主编《毛泽东年谱(1893—1949)》,人民出版社、中央文献出版社1993年版)

马明方任中共陕北省委书记、省苏维埃政府主席。4月19日,中共陕北省委宣传部召开各县宣传部长联席会议,提出大力发展苏区教育。会议决定"提高人民文化政治水平,多设学校,将在各市镇设置图书馆、阅览室,乡村多设夜校或采用循回教授法,使农民在工作中得到学习,并提倡新文学,实行消灭文盲。"23日,陕北省苏维埃召开教育工作会议,讨论目前国难教育方针。教育部长郭青亭报告教育工作方针和教授新文字的方法。会议决定增加学校,扩大招生,课程拟设新文学、汉字、算术、唱歌、体育、卫生、游艺等。(参见中央教育科学研究所编《中国现代教育大事记1919—1949》,教育科学出版社1988年版)

李维汉1月2日任陕甘省委书记。为了适应向南发展的需要,中共中央政治局会议讨论成立陕甘省委问题,决定恢复陕甘省委,李维汉任书记。5月起,李维汉任中央党校校长、中央干部教育部副部长、中央宣传部副部长等职,负责编辑出版中央主办的党内刊物《共产党人》,致力于党的理论宣传和干部教育工作。8月,罗迈(李维汉)任陕北公学副校长。(参见张培森主编《张闻天年谱》,中共党史出版社2000版;中央教育科学研究所编《中国现代教育大事记1919—1949》,教育科学出版社1988年版)

冯文彬继续任中国共产主义青年团中央书记、中共中央青年部部长。4月西北青年救国联合会在延安成立,冯文彬任会长。10月8日,张闻天以洛甫署名致电冯文彬:"(甲)学联移武汉,以后以武汉为青年工作的中心是可以的。(乙)民先队员应成为学联及其他青年团体中的积极分子,利用各种公开的名义去组织各地广大的青年,将来准备经过各种青年组织的发起,成立更大的以至全国的青年联合的组织。(丙)民先过去狭隘的关门主义工作方式,今天必须彻底转变,但必须注意吸收优秀的先进的青年入党。加强党对青年运动的领导。"(参见张培森主编《张闻天年谱》,中共党史出版社2000版)

徐特立继续任中华苏维埃共和国中央政府驻西北办事处教育部部长。1月13日,随中共中央及西北办事处到达延安。2月1日,为徐特立60岁生辰,毛泽东发起为中华苏维埃政府教育部长徐特立祝寿的活动。先是在此前1月25日,《红色中华》刊登《徐特立同志六十寿诞》一文。至30日,毛泽东在延安给在陕北保安的徐特立写了一封祝寿信。当晚,毛泽东派人骑马涉过延河,将信专程送往在保安主持中华苏维埃中央政府西北办事处教育部工作的徐特立手中。同日,《新中华报》发表祝词《做寿》,就祝贺徐特立60大寿一事的意义特别说明。同时刊发了徐特立的《六十自传》和《我的答词》。31日,延安各界举行徐特立60寿辰庆祝会。毛泽东、周恩来、张闻天等中央领导同志出席庆祝会。毛泽东发表讲话:我在湖南第一师范求学时,最敬佩的两位老师,一位是杨怀中(即杨昌济)先生,一位是徐特立先生。在会上,各界代表致词,徐特立致答词。同月,开始筹建鲁迅师范学校。2月2日,徐特立倡议和主持创办的鲁迅师范在延安成立,王志匀任校长。这所学校是陕甘宁革命根据地建立的第一所中等师范学校,成立后不久,因延安吃粮发生困难,学校迁至延长。2月9日,与毛泽东、朱德、林彪、刘伯承、张闻天、廖承志、林伯渠、吴亮平、丁玲等人一道,出席在抗大礼堂举行的《大公报》记者范长江欢迎会。3月1日,出席由文艺协会和新中华报社举行的联合集会,欢迎美国女作家史沫特莱到延安访问。

徐特立3月23—31日参加在延安召开的中共中央政治局扩大会议。春,在红军大学讲授政治经济学。4月12—17日,与毛泽东、周恩来、朱德、秦邦宪、林伯渠等一道,出席在延安召开的西北青年救国联合会第一次代表大会并讲话。26日,西北办事处召开会议,研究讨论如何由苏维埃政府过渡到特区政府,如何把陕甘宁革命根据地创造成为全国抗日民主的模范区。会议决定,成立选举法起草委员会、政府行政系统起草委员会、文化建设起草委员会和经济建设计划起草委员会。徐特立负责文化建设起草委员会工作。4月29日至5月20日,徐特立负责起草的《关于群众的文化教育建设草案》《小学教育制度暂行条例草案》《五、六、七三个月教育工作计划》,连载于《新中华报》"教育"、副刊第四、五期,总结江西中央革命根据地和陕甘宁革命根据地教育经验,提出发展陕甘宁革命根据地教育的纲领性意见,此为陕甘宁边区教育史上第一个重要教育法规。5月16日,参加延安新文字促进会成立大会,当选为理事。18日,在西北办事处召开的各县苏维埃主席联席会上,作《关于群众文化教育建设》报告。18日,毛泽东、张闻天、秦邦宪致电周恩来,提出同蒋介石进行的谈判须力争办到:特区政府委员九人名单为林伯渠、张国焘、秦邦宪、徐特立、董必武、郭洪涛、高岗、张冲、杜斌丞。夏,在延长县黑家堡列宁小学视察,给师生作教学工作报告,现场为师生做实验。6月18日,参加延安市新文字促进会理事会,并就当前教育工作在会上讲话。6—7月,在延长鲁迅师范学校,集编者、学者、讲者于一身,边学习、边编写、边解释,征求学生的意见,编写出以《抗日救国十大纲领》为内容的政治课教材。

徐特立7月受中共中央委托,与林伯渠、吴玉章、董必武、成仿吾、张云逸等筹备成立陕北公学。创办陕北公学的目的,是为抗战后进入延安的大批爱国青年讲授中国共产党关于抗战的路线、方针、政策和基本理论,领导武装斗争的基本知识以及对时局的认识。7月底至10月,对鲁迅师范进行整顿,建立教务科、训导科和总务科,同时扩大招生,学生由原来23人增至360人。9月6日,陕甘宁边区政府在延安正式成立。林伯渠、张国焘、秦邦宪、董必武、徐特立、谢觉哉、郭洪涛、马明方、高岗等9人为边区主席团成员。同日,徐特立主持制定的《关于推行新文字的指示信》《关于发动识字运动月的指示》在《新中华报》全文刊载。20日,中华苏维埃中央政府驻西北办事处改为陕甘宁边区政府,原西北办事处教育部改为陕甘宁边区政府教育厅,徐特立担任教育厅长,积极"实行国防教育,实施普及的义务的免费的教育,提高人民民族觉悟的程度,实行学生的武装训练,普遍的设立日校、夜校及补习学校,实行消灭文盲运动,改善教员职员的待遇"。11月21日,与教育厅副厅长陈正人陪同毛泽东在边区教育厅庭院接见董纯才。同月,撰《资本主义倾覆及其出路》一文。全文分生产力的摧毁、反机械、反科学、反民主主义、国家自足自给、以战争为最后的解决六个部分。(参见《徐特立年谱》编纂委员会编《徐特立年谱》,人民出版社2017年版)

谢觉哉年初任苏维埃司法部长并代理最高法院院长和审计委员会主席。6月16日起,在《新中华报》连载《边区政府的组织与建设》,文中就文化建设部分指出,边区教育的精神是:一、一切教育的中心是抗敌救亡,即国难教育;二、教育与生活结合;三、依靠大众在生活过程上要求教育的热忱,教育方式不限于学校;四、实行儿童免费教育(包括幼稚园在内);五、中等以上学校供给衣食,并给津贴;六、文化出版完全自由,并给以物质的帮助;七、完全文盲的先教新文字,逐渐改革中国的文字工具。(参见中央教育科学研究所编《中国现代教育大事记1919—1949》,教育科学出版社1988年版)

丁玲1月10日从二方面军总司令部赶回三原八路军总部,遇史沫特莱。应任弼时要求陪同史沫特莱赴中央新驻地延安。2月,丁玲要求毛泽东让她到红军中去工作。毛泽东写信给后方总政治部罗荣桓,指派丁玲任红军警卫团政治处副主任。丁玲搬至警卫团宿舍,并给警卫团指战员讲课。由于文协工作的需要及警卫团只有她一个女同志,工作和生活诸多不便,一个月后,丁玲即辞去政治处副主任职务,回文协。3月1日,"文协"和"新中华"社在抗大俱乐部联合举行欢迎史沫特莱会，同时附带欢迎从北京来到陕北的二十几位青年学生。丁玲主持会议，毛泽东、朱德、林伯渠、吴亮平等出席。史沫特莱发表长篇讲话，讲述自己生平。同月，参加革命回忆录《二万五千里长征记》的编选工作。这是一部从几千篇长征回忆录中精选出百余篇汇编成册的巨著。由丁玲、成仿吾修改定稿。后于1942年11月由八路军总政治部宣传部印出，书名为《二万五千里》。4月14日，作小说《一颗未出膛的枪弹》，刊于4月24日《解放》周刊创刊号，此为丁玲到陕北后创作的第一篇小说，它塑造了一个小红军在团结抗日、共赴国难的关键时刻所表现的视死如归的大无畏英雄气概和崇高的爱国主义感情，歌颂了党的抗日民族统一战线思想的威力。5月，《丁玲杰作选》由白光书店出版。同月10日，丁玲任红军历史编委会委员，同时到"抗大"听课。11日，丁玲在延安党的理论刊物《解放》周刊第1卷第3期发表文艺论文《文艺在苏区》。这是第一篇论述苏区文艺运动的文章，也是延安文艺史上第一篇关于文艺运动的论文。同日，美国女记者、作家斯诺夫人在延安采访了丁玲，问丁玲对中国文学的看法。丁玲回答说新文学比过去的文学好多了，可分为三个阶段。同月，斯诺夫人4次采访丁玲。

按：丁玲所论新文学三个阶段：一是"五四"是新文学的开始；二是1925年5月30日后的文学，左翼的叫无产阶级文学；三是1927年的革命失败后的文学，"民族革命战争的文学"，是一个比较好的口号。丁玲说鲁迅的短篇小说最好。她受到过鲁迅的影响，他在北大讲日本文学时，她旁听过。萧军（肖军）很有才华，目前出现的作家更多。中国的短篇小说发展最好，诗歌最差。她喜欢俄国文学，最喜欢高尔基、契诃夫、屠格涅夫。她自己对无产阶级文学的尝试很不成功，因为材料不是来自直接事实，没有直接情绪和感情。中国作家的主要弱点是不善于塑绘人物。斯诺夫人觉得这次采访很满意，丁玲谈得又生动，又自然。

丁玲5月筹备并主持延安文艺界座谈会，讨论左翼文艺时期"两个口号"的论争问题。自上年上海文艺界发生关于"国防文学"和"民族革命战争的大众文学"的论争后，在延安和中国文协内部也引起了讨论。于是丁玲提出并组织了两次座谈会，自任主席，到会七八十人。第一次座谈会上，根据丁玲的建议，由来自上海的中国文协文艺理论组负责人李殷森，做了关于联合战线下的文艺运动的报告。在第一次座谈会上，大家情绪高涨，有许多人没来得及发表意见。丁玲接着召开了第二次座谈会。在第二次座谈会上，吴奚如坚持"国防文学"这个口号应是作家间联合的标志，而不是创作上的口号。他还说要使各种主张与立场不同的文艺家和作家们，在"国防文学"的口号下联合起来是不大可能的。在第二次座谈会上，最后由中央局宣传部部长吴亮平作了总结发言。根据负责这次座谈会的一位当事者回忆，当时他曾就"两个口号"的论争问题，问过毛泽东。毛泽东笑着回答："两个口号都是对的。不过，一个有立场，一个没有立场。"通过这两次座谈会，延安文艺理论界对这两个口号以至整个抗战文艺的性质与任务，有了更加深入的认识和清晰的了解。这对以后文艺理论的进一步发展，无疑是有好处的。6月20日，丁玲主持中国文协召开高尔基逝世周年纪念会，到会的有文协会员与各界人士，共六七百人。毛泽东、洛甫等中央领导人出席。丁玲报告纪念会的意义和高尔基的一生后，大家欢迎毛泽东讲演。毛泽东赞扬高尔基的斗争精神与他远大的政治眼光，指出他不但是个革命的文学家，而且是个很好的政治家。朱德、洛甫、周恩来、博古等党政军领导人都相继讲话，一致盛赞高尔基爱憎分明的政治态度，站在大众一边，歌颂人民的进步事业，无情地批判法西斯和社会丑恶。他的作品永远是鼓舞社会进步的精神力量。苏区的文艺工作者要以高尔基为榜样，为人民创作。最后，徐梦秋报告了苏区文艺协会发展的概况。

丁玲在"七七"抗战全面爆发后与吴奚如酝酿、组织"战地记者团"。8月12日,西战团召开成立大会,大会全体成员23人。会上,朱光代表中宣部讲了西战团的任务、筹备经过和组织机构,代表中央宣传部宣布了干部任命:丁玲为主任,吴奚如为副主任,陈克寒为通讯股长,陈明为宣传股长,李唯为总务股长。通讯股采访战地消息,撰写通讯报道,编辑发行油印出版物《战地》。成员有王玉清、戈矛(徐光霄)、张天虚、高敏夫、黄竹君等。宣传股下分戏剧、歌咏、演讲等组,成员有吴坚、陈正清、李劫夫、苏醒痴、朱焰等。该团最早一批女团员有夏革非、朱慧、洛男、李君裁、王钟、吴光伟(吴莉莉,曾在史沫特莱访问毛泽东时担任翻译)等。会议确定了西战团的性质,讨论通过了行动纲领和本团规约,并决定发一个成立宣言和通电。8月15日,延安各界举行欢送西战团奔赴前线的文艺晚会,毛泽东及其他中央领导人和延安各界人士一千余人出席。毛泽东首先致辞,说:"战地服务团是一件大工作,因为打日本在国内在世界都是一件大事,我们数年来要求的举国的团结一致抗日,在今天可以说已经开始实现了。这次战争可以说带有最后一次的意义。战地服务团随红军出发前方工作,你们要用你们的笔,用你们的口与日本打仗。军队用枪与日本打。我们要从文的方面武的方面夹攻日本帝国主义,使日寇在我们面前长此覆灭下去。"各界代表致辞后,丁玲致答词,说:"我们战地服务团的组织虽小,但是它好像小河流一样,慢慢的流入大河,聚汇着若干河的水,变成一个洪流,把日寇完全覆灭在我们的洪流中。""我们誓死要打倒日寇,如不达到此目的,决不回来与各位见面。"表达了他们的巨大决心和坚定信念。

按:8月19日,《新中华报》把第四版全版篇幅辟为西战团团刊《战地》创刊号园地,发表了《编前》《西北战地服务团成立宣言》《本团行动纲领》及丁玲《在延安各界欢送西北战地服务团出发前线晚会上的答谢词》。9月22日,西战团在热烈的欢送中离开延安。26日,丁玲率西战团抵延长,住延长师范学校,受到徐特立殷勤接待。

丁玲10月13日下午在山西大礼堂发表演讲,讲西战团成立的意义及来太原的经过,宣传党的抗日主张,吁请各界支持西战团的工作。22日,在太原遇史沫特莱。25日,丁玲率西战团离太原往榆次、太谷、临汾,随八路军总司令部辗转活动于沁县、安泽、榆社、洪洞、赵城、临汾、运城等十余县市。这一阶段西战团行程达数千里,演出百余场,深受抗日军民欢迎。11月9日,史沫特莱从八路军总司令部发出通讯:"著名的丁玲女士领导的战地服务团已到总司令部,他们向人民和军队作各种宣传工作。"是年,自西战团成立以来,写了《成立之前》《第一次大会》《政治上的准备》《工作上的准备》《我们的生活纪律》《民先与文研》《河西途中》《临汾》《冀村之夜》《孩子们》《第一次欢送会》《杨伍诚》《忆天山》《马辉》《关于自卫队感言》等短文、速写近20篇。后均收入《一年》,于1939年3月由生活书店初版;《丁玲代表作选》由上海全球书店出版。(参见王周生《丁玲年谱》,上海社会科学院出版社1997年版;孙国林编著,王佳钰、王增辉校订《延安文艺大事编年》,陕西师范大学出版总社2016年版)

周扬、艾思奇、李初梨、何干之、林基路、周立波、舒群等8月13日一起从上海奔赴延安,途经西安八路军办事处时,周立波陪史沫特莱去前方,为美国卡尔逊将军当翻译。林基路被分配到新疆工作,后遭盛世才杀害,成为著名烈士之一。周立波从西安给周扬写信表示:"我打算正式参加到部队去,烽火连天的华北,正待我们去创造新世界。我将抛弃纸笔,去做一名游击队员,我毫无顾虑,也毫无畏惧,我要无挂无碍地参加华北抗日战争。"后来,他在华北战场上写了《晋察冀边区印象记》。周扬、艾思奇等的到来,对于延安文化(含文艺)的发展,具有重要意义,极大地增强了延安的文化实力。10月,毛泽东写信给艾思奇谈哲学问题。对艾思奇《哲学与生活》一书中关于差别与矛盾关系的论点提出不同看法,认为

"一切差别的东西在一定条件下都是矛盾""差别是世上一切事物，在一定条件下都是矛盾，故差别就是矛盾"。11月1日陕北公学正式开学。该校是为培训抗战爆发后大批涌入延安的青年所办，由艾思奇、何干之、徐冰、杨松、陈唯实等人担任教学工作。

　　按：周扬后来担任陕甘宁边区教育厅厅长、文协主任、鲁艺院长，发表了许多重要理论著作，是毛泽东倚重和可以进行交谈的理论家。艾思奇到延安后，历任中央文委秘书长、《中国文化》主编。周立波担任鲁艺编译处处长、文学系教授，出版了很多作品。何干之在陕北公学搞教学和研究，是享誉学界的中国革命史、党史专家。

　　艾思奇、何干之、周扬等11月14日在陕北公学大礼堂出席陕甘宁边区文化界救亡协会成立大会。陕甘宁边区文化界救亡协会是在抗日战争爆发后，由延安及陕甘宁边区的广大文化工作者为挽救民族的危亡而组织的文化机构，又称边区文化界救亡协会，最早称特区文化界救亡协会，后又称陕甘宁边区文化协会，均可简称"边区文协"，它是陕甘宁边区文化运动的总的领导机关，也是一个极其广泛的群众性的文化组织，后来它包括了社会科学研究会、国防教育研究会、国防科学社、战歌社、海燕社、音乐界救亡协会、世界语者协会、新文字研究会、民众娱乐改进会、抗战文艺工作团、文艺界抗战联合会、文艺突击社、边区诗歌总会、戏剧界抗战联合总会、文艺顾问委员会等团体。这个协会起初是单独成立的，后来与全国文化界取得了联系，便成为全国文协的一个分会。会址起初设在杨家岭，后迁至延安南门外西北旅社旧址。大会由中宣部朱光主持会议，成仿吾、艾思奇、何干之、周扬等组成主席团。周扬报告文协筹备经过和意义，中共中央书记处书记、中宣部部长洛甫作了长篇报告，题为《十年来文化运动的检讨及目前文化运动的任务》。指出今后文化界的任务：第一要适应抗战；第二要大众化、中国化。他希望每一个文化人到群众中、斗争中以及到前线去生活去锻炼。大会还通过了会章及成立宣言，明确地规定了自己的任务，"就是在于集中自己的一切力量，唤起我们伟大人民群众之民族的自觉，争取思想界的民主，扩大反帝反封建的文化运动，不屈不挠，为抗战而服务，为保卫祖国，保卫中华民族的文化，为发展中国文化中最优秀的传统，为创造中国崭新的文化，而尽自己最后一滴血"。最后，经大家几次热烈的鼓掌，音乐家吕骥登台独唱《伯惠尔之歌》《大众的射手》，并指挥全场合唱《国际歌》。"边区文协"最初由艾思奇任主任，柯仲平任副主任。

　　按："边区文协"后由吴玉章任主任，艾思奇、柯仲平、丁玲任副主任，至1942年以后又由柯仲平任主任。（参见孙国林编著，王佳钰、王增辉校订《延安文艺大事编年》，陕西师范大学出版总社2016年版；中共中央文献研究室编撰、逄先知主编《毛泽东年谱（1893—1949）》，人民出版社、中央文献出版社1993年版；王学典《20世纪史学编年（1900—1949）》，商务印书馆2014年版）

　　吕骥到北平、绥远、山西开展音乐救亡活动。10月29日抵达延安。《新中华报》在第二版登出消息《欢迎国防音乐家吕骥先生》，说："在我们热烈的欢迎与期待中，吕先生来到边区了，我们是多么高兴！""吕骥先生是全国闻名的国防音乐家，国防前线的斗士，救亡歌曲的创造者。我们等待着吕先生指示我们的音乐理论，领导我们歌唱……使国防歌曲在边区有新的进展……我们期待着吕先生给我们写的歌子唱。那么，我们的歌声将迅速唤醒四万万五千万同胞。"吕骥来到延安后，参加了鲁艺的创建，并担任音乐系主任兼教务处主任。

　　按：先后创作《抗大校歌》《陕公校歌》《鲁艺院歌》等。他主持成立了民间音乐研究会，广泛搜集民间音乐，大力推进延安音乐运动。（参见孙国林编著，王佳钰、王增辉校订《延安文艺大事编年》，陕西师范大学出版总社2016年版）

　　李殷森5月出席丁玲召集的关于左翼文艺"两个口号"问题的第一次座谈会。会议根据丁玲的建议,由来自上海的中国文协文艺理论组负责人李殷森作了关于联合战线下的文艺运动的报告。李殷森认为,文艺不能同政治脱离,不能超越现实,革命文艺运动必须同当前的整个政治局势完全配合起来。当前是全国人民、各党派、各阶层,一致团结共同抵抗日本帝国主义。因此文艺界必须实行统一战线,除汉奸外不应拒绝任何一个人,至于作品的内容与体裁可以不拘一格。他认为,"国防文学"这个口号更适合于组织和建立统一战线,"民族革命战争的大众文学"这个口号太狭窄了。标榜大众文学,那么非大众的分子就都将被关在门外,推到统一战线之外去了。民族统一战线的阵营这样广泛,而文艺界的统一战线却这样狭窄,那么这个统一战线是不可能建立起来的。文艺界有一部分人愿意抗日救国,但可能接受不了革命和大众的要求,势必保持独立姿态或站立在统一战线之外,那不利于团结全国的抗日力量。所以"民族革命战争的大众文学"这一口号,从建立全国统一战线方面来说,在目前确实不大合适。接着丁玲发言。她认为这两个口号内容的根本意义并无冲突,"民族革命战争的大众文学"这口号,在现在是不大合适的。在会上徐梦秋表示了相同的意见。吴奚如说,这两个口号的争论,据他所知其起因并非完全在于两个口号本身,而是由另外的事件引起的,两方面除这个分歧外,还有另外一些争论。吴奚如和白丁工是赞成"民族革命战争的大众文学"这个口号的,认为它的革命性比较明显。（参见艾克恩编纂《延安文艺运动纪盛》,文化艺术出版社1987年版;孙国林编著,王佳钰、王增辉校订《延安文艺大事编年》,陕西师范大学出版总社2016年版）

徐梦秋5月10日任红军史料编委会主任。为纪念"八一"红军诞生10周年,中央军委主席毛泽东、总司令朱德发出通知,大规模征集10年来红军的历史资料,内容包括长征片段回忆、书籍、剧本活报、歌曲、红军故事、各种文件等等。为此,指定徐梦秋、张爱萍、陆定一、丁玲、吴奚如、舒同、甘泗淇、傅钟、黄镇、萧克、邓小平等11人,组成红军史料编委会。来稿均给以五角至20元的现金酬报。6月20日,出席中国文协召开的高尔基逝世周年纪念会,最后报告了苏区文艺协会发展的概况。11月,总政又发动过一次"红军故事"有奖征文活动。要求:故事可写游击队和红军的战斗故事,红军领袖的英雄故事,部队或个人与危险和困难做斗争的故事,战斗和生活中的趣事等等。文字要求用记叙体,通俗活泼,易于阅读。每篇不超过两千字。材料要新鲜,有教育意义。来稿采用后,酌致现金或物质报酬。要求1938年2月底前交稿。（参见孙国林编著,王佳钰、王增辉校订《延安文艺大事编年》,陕西师范大学出版总社2016年版）

黄植接替危拱之任人民抗日剧社社长。1月,人民抗日剧社随党中央进驻延安。危拱之调外交部工作,中央另派由白区来延安的黄植任剧社主任,杨醉乡改任剧社党支部书记。3月7日,人民抗日剧社总社成立。8月,抗日战争已经爆发,党中央为了使剧社宣传抗日的旗帜更加鲜明,将人民抗日剧社总社更名为抗战剧团。原属边区教育部领导,后来属陕甘宁边区文协领导。团内设总部,叶石任主任,杨醉乡、李柯任副主任。全团人员编为三个大队,一大队队长由杨醉乡兼任,二大队队长由叶石兼任,三大队队长由墨一萍担任。各大队又配备了指导员和秘书,设立了剧务科(管编排节目、选择剧本、训练演员)、宣教科(管思想教育和学习)、交际科(管对外联络)、总务科(管物资供应、服装道具购置)。（参见孙国林编著,王佳钰、王增辉校订《延安文艺大事编年》,陕西师范大学出版总社2016年版）

雷铁铭6月28日在《解放》周刊第1卷第8期发表《戏剧运动在陕北》,认为陕北的戏剧运动有了非常大的进步,而且很活跃,主要表现在:一、他们演了些什么戏? 半年来演出了《亡国恨》《放下你的鞭子》《察东之夜》等十来个戏剧,表现日本帝国主义对中国人民的屠杀、蹂躏等侵略罪行，说明只有反抗才有出路。这些戏深深地打动了观众，常常台上台下齐呼"打倒日本帝国主义"的口号。二、延安成立了一些剧团，从3月人民抗日剧社总社成立后，戏剧团体如雨后春笋般建立起来，其成员有知识分子、有经验的戏剧工作者、学校学生等。这些剧团大都深入基层演出，受到工农兵的欢迎。三、他们的特点。在民主的边区，演出自由，受到政府的鼓励与帮助。所演剧目充满抗日的内容，能抓住观众的心，演员和群众交流在一起。（参见孙国林编著，王佳钰、王增辉校订《延安文艺大事编年》，陕西师范大学出版总社2016年版）

从贤11月13日在《解放》周刊发表《现阶段的文化运动》，首先论述了抗战对文化的影响。负面的影响是平津沪文化中心的破坏，民族文化遭到巨大损失，国民党以种种方式限制进步文化活动。但是也产生了正面影响，如新的文化中心正在形成，出版界以抗战为中心，文艺家走向民众，走向实际，抗战文化空前地提高了。其次，论述了现阶段文化的任务：一是积极担负起抗战的任务，一切从属于抗战，开辟了文艺的新阶段；二是更进一步推进大众化文艺运动，克服脱离政治和脱离大众的倾向；三是文化人的紧密团结。最后，论述了目前文化运动的内容。首先，应该是民族的，动员全国各派文化人以及民众参加抗战，反对"国粹主义"和"外国味"太重。不反对接受外国文化，但不能"生吞活剥地简单接受"；其次，文化的内容应该是民主的，要争取文化运动的民主自由，增强民众争取言论、集会自由的民族意识；最后，文化的内容应该紧密联系民众的现实生活，反映他们的要求，和民众打成一片。此文的意义在于，较早地从宏观上论述抗战初期的文化运动，提出了此前无人提出的新见解，有许多观点与三年后边区文协代表大会成立宣言的观点相近。（参见孙国林编著，王佳钰、王增辉校订《延安文艺大事编年》，陕西师范大学出版总社2016年版）

李初梨11月20日在《解放》周刊第1卷第24期发表《十年来新文化运动的检讨》，评述新文化运动。文中将1927年大革命失败至抗战开始十年间的文艺分为三个阶段：一是1927年至华北事变，执行了反帝反封建的任务，团结了进步知识分子，培养了干部。缺点是存在关门主义，漠视文化的特殊性，有公式主义和教条主义。二是华北事变至抗战开始，广泛宣传了抗日民族主义统一战线，扩大了文化阵地，大众化工作有了进步。三是目前阶段，中国文化界的形势是失掉了上海、北平两个全国最大的文化中心；一切文化工作都陷于纷乱与停顿的状态；自由主义倾向发展，有人放弃原有立场，要做个自由主义者。文化运动总的任务是：继续巩固文化上的统一战线；建立以民族解放、民权自由、民生幸福为内容的革命的三民主义文化；选择武汉等地作为新的文化中心；使马列主义更具体化；肃清"左"的宗派主义、关门主义，与右的投降主义和自由主义倾向作斗争；健全和发展各种文化组织。此文系首篇评述全国文艺状况的文章，对于人们正确认识中国大革命失败以来十年间的文化（含文艺）具有重要意义。它既批评了自由主义者，又批评了"左"的倾向。有些观点与毛泽东1940年1月关于新文化的论述接近。（参见艾克恩编纂《延安文艺运动纪盛》，文化艺术出版社1987年版；孙国林编著，王佳钰、王增辉校订《延安文艺大事编年》，陕西师范大学出版总社2016年版）

王慎明（思华）时任中法大学政治经济学教授。2月10日，《晨报》载2月7日北平、天津大学教授王慎明等19人于本日代电教育部请转呈中枢，"恳请明定国难期间教育方针，对内彻底和平，对外一致御侮，人民权利予以保障，言论思想予以自由"。王慎明等的代电受到平津学生团体和许多大学教授的支持。10月，到延安。（参见中央教育科学研究所编《中国现代教育大事记1919—1949》，教育科学出版社1988年版）

范长江2月4日在《大公报》西安分销处同仁的协助下，通过陕西省主席邓宝珊的介绍，来到杨虎城将军的公馆。周恩来热情地接待了这位来自绥远前线、冒着生命危险闯进西安的记者。采访到周恩来后，范长江对西安事变的真相以及中国共产党关于和平解决西安事变的主张有了深刻的了解，厘清了真相。为深入了解陕北的情况，范长江向周恩来提出到延安去采访的请求，得到了周恩来的同意。9日，在中国共产党领导人博古和罗瑞卿的陪同下，范长江以《大公报》记者身份顶风冒雪，抵达西安。当天下午，"抗日军政大学"（即红军大学）举行了热烈的欢迎仪式，范长江先后见到了林彪、廖承志、朱德等。晚上，毛泽东出席为欢迎范长江举行的宴会。晚10时，毛泽东在凤凰山住处的窑洞里会见范长江，作竟夜长谈，就中国革命的性质、任务和当时共产党的总路线、总政策，抗日民族统一战线等问题作了精辟的分析，并建议范长江立即回上海，利用《大公报》的影响，宣传抗日民族统一战线政策。作为除美国记者埃德加·斯诺外第一个正式以新闻记者身份进入延安的人，范长江虽然在延安只呆了一天时间，却深深感受到这里火热的抗日之情。随后《大公报》在显著位置登载了范长江连夜赶写的文章——《动荡中之西北大局》，此文像一枚炮弹，冲破了国民党的新闻封锁，引起了轰动。3月29日，毛泽东致信范长江，对他2月到西安和延安采访后，在上海《大公报》发表报道西安事变真相和中国共产党抗日主张的通讯，深致谢意，随信附上同美国记者史沫特莱的谈话记录稿和祭黄帝陵文，请他在可能时予以发布。11月8日，范长江、恽逸群、羊枣、碧泉、朱明为总干事的中国青年新闻记者协会在上海成立。此为中国记者协会的前身。这一天也成为后来的中国记者节。（参见中共中央文献研究室编撰、逄先知主编《毛泽东年谱(1893—1949)》，人民出版社、中央文献出版社1993年版；中央文献研究室《周恩来年谱1898—1976》，中央文献出版社1998年版）

俞颂华和孙恩霖4月以《申报》《申报周刊》记者的身份结伴到陕北采访，"七七"抗战前的国民党统治区，陕北还是个"禁区"，他们在延安受到了毛泽东、朱德、周恩来等中共中央领导人接见，并和毛泽东主席在窑洞里畅谈了一个晚上。俞颂华所写的《从上海到西安和陕北》的通讯，在国民党统治区内最早报道中国共产党的抗日主张和陕北情况。他在文章中说，他进延安时，就看到"城门两旁的城墙上有'和平统一'和'团结御侮'的很大标语"；离开延安时，又"回头看看"这"八个大字""不由得感觉愉快。因为我觉得八个大字，足以代表国难严重中的一线曙光，亦是全国人民的一致愿望"。明确指出：中国共产党团结抗日的政策代表了全国人民的心愿，成为"国难严重中的一线曙光"。他在陕北还拍摄了不少照片，分期在《申报周刊》上刊登。俞颂华是继斯诺、范长江客观报道陕北实况后的又一名进步记者。上海"八·一三"全面抗战后，《申报周刊》停办。俞颂华受友人马星野的邀请，到湘西芷江任国民党中央政治学校大学部新闻系教授。

按：1938年夏，俞颂华随政校迁往重庆南温泉，在那里常与老朋友俞寰澄、邹韬奋、黄炎培、戈宝权、沈志远等聚会。

杨朔被迫离开哈尔滨赴上海太古洋行工作，其间集资筹办北雁出版社，出版郭沫若的《北伐》等进步书籍。"七七"事变后，毅然辞去太古洋行工作，投身于抗日救亡宣传。同年9月去武汉，与友人合资筹办文艺刊物《自由中国》和《光明周刊·战时号外》副刊。同年末，经西安八路军办事处介绍赴延安。

王洛宾11月前往山西参加由丁玲领导的八路军"西北战地服务团"，投身抗日救亡运动。后受西北战地服务团委派，前往兰州等地做唤起民众的工作。创作《老乡上战场》《风陵渡的歌声》《洗衣歌》等抗日歌曲。

李六如自 1935 年冬被捕入狱，至 1937 年获释出狱转入延安。后任毛泽东办公室秘书长、延安行政学院副院长、中共中央财经部副部长等职。

王凌波因从事革命活动两次被捕入狱，是年被党营救出狱，赴延安在中共中央秘书处工作。10 月，同徐特立到长沙，任八路军驻湘通讯处主任兼新四军驻湘办事处主任。

王志匀 2 月 2 日任新成立的鲁迅师范学校校长。该校以推行国防教育，发展边区文化与教育为宗旨。（参见中央教育科学研究所编《中国现代教育大事记 1919—1949》，教育科学出版社 1988 年版）

冯法祀 8 月来到陕西省三原县云阳镇参加中国工农红军，随朱德总司令北上抗日，在八路军总政治部宣传部从事抗日宣传工作。

刘瑞龙是年夏回到达延安。10 月，任安吴堡青训班教务处长、安吴堡青训班工作委员会副主任。

胡乔木 7 月到延安。10 月起任安吴堡青训班工作委员会副主任。

胡一川在"七七"事变后到延安，在鲁艺当木刻教员。

林俚夫到达延安。9 月，任陕北公学政治经济学教员。

王实味 10 月只身抵达延安，在延安专门从事翻译马克思、恩格斯、列宁原著的工作。

林基路在上海从事文化界救亡工作，10 月赴延安。

吴冷西离开广州奔赴延安，进入抗日军政大学学习，加入中华民族解放先锋队。

柯仲平 11 月到延安，任陕甘宁边区文化工作训练班班长、陕甘宁边区文协副主任、主任。

林山到达延安，任延安陕甘宁边区文协秘书。

于藻 11 月任《老百姓》报社长。

陈康白在哥本哈根大学研究院研究有机化学。是年毕业后回国赴延安。

邓力群任延安中共中央党校教务处秘书、教员。

徐冰到延安，筹建陕北公学并在陕公任教。

沙可夫抵延安，任新华通讯社主任。

向隅到延安，在鲁迅艺术学院任教。

尹达、沃渣、刘端棻到延安。

魏巍先赴山西前线参加八路军，后转至延安，入抗日军政大学学习。

安波在延安陕北公学学习，后入鲁迅艺术学院音乐系学习，毕业后留校。

徐特立 11 月被中央任命为国民革命军第十八集团军高级参议、驻湘代表，与从国民党监狱获释不久、在中央秘书处工作的王凌波（拟任通讯处主任），回湖南领导八路军驻湘通讯处工作。其主要任务是：宣传中国共产党的抗战方针，开展统一战线工作，推动各界爱国人士参加抗日斗争；动员群众募集物资，支援抗日战争。同时利用公开合法身份，掩护和配合中共湖南地下党秘密恢复和发展党的组织。徐特立主要从事公开工作，王凌波负责通讯处日常工作，着重抓秘密工作。同月 26 日，与王凌波等一行根据中央安排，离开延安前往长沙，筹办八路军驻湘通讯处。途经武汉时，向中共中央军委副主席周恩来请示相关工作。12 月 9 日，与王凌波等一行到达长沙，住犁头街南方旅社。同一些地下党员取得联系，着手通讯处的组建工作。这是年届 60 岁的徐特立时隔 10 年回到长沙，每日前来拜访、探望者数以百计。徐特立回湘后,精心指导八路军驻湘通讯处与中共湖南省级领导机构密切联系、相互配合,共同研讨解决相关问题。由于当时中共在湖南的组织处于地下状态,很多工作是在八路军驻湘通讯处掩护下进行。又通过调查,掌握了部分同志留在湖南的家属和烈属生活上的困难以及一些被捕干部的情况,及时向中央报告,申请拨给经费进行救济和营救。12日,徐特立在长沙临时大学礼堂作来长后的第一场公开演讲,介绍中国共产党的抗日民族统一战线政策,号召同学们参加抗日活动。13日,经中央批准,边区政府主席团人员改由林伯渠、张国焘、习仲勋、徐特立、刘景范、马明方、高岗组成。16日上午,应文抗会邀请,在长沙市银宫电影院同省城各界人士见面,演讲《国际和国内的政治形势》,指出目前国际国内形势都有利于中国抗战,开始出现团结抗战的局面,同时总结了前段抗战的经验教训。下午,会见长沙各大报社记者,谈抗日等问题,驳斥了"速胜论"和"亡国论"。19日,与任作民等指导中苏文化协会湖南分会成立。会长覃振,常务理事翦伯赞、刘岳厚、陈大榕,理事吕振羽、翦伯赞、谭丕模、黄一欧、刘岳厚、陈大榕等。该会多次举行中苏问题座谈会、抗战座谈会、科学家座谈会等,邀请徐特立到会演讲。同日,《国际和国内的政治形势》刊于湖南《大公报》。20日,湖南民众干部训练班开学。受张治中之邀担任民训指导委员会工作,鼓励学员利用这一公开合法的形式,真正到民众中去切切实实地做动员和组织工作。

徐特立12月25日再次在银宫电影院公开宣讲中国共产党的《抗日救国十大纲领》,号召民众组织起来,武装起来,有钱出钱,有力出力,团结一心,保卫家乡,共同抵抗日本侵略,对日抗战到底。27日,《国共合作与抗战前途》一文刊于《战时文化》旬刊第2期。文章从南京失守后抗战的前途、在抗战中的国际关系和国共合作的前途三方面,阐述国共合作与抗战前途问题,并呼吁:在斗争过程中,两党都会有变化的,大家更会健全起来的,不要猜忌,合作还要求减少摩擦,彼此应当以开诚布公的态度处理一切。28日,看望黄炎培,向黄介绍中国共产党坚持国共合作、共御外侮的主张,并请黄将交谈时所说的"立国要有力量,能自立,但同时要有朋友,不可孤立"写作纪念。是为黄炎培和共产党领导人的初次交往。下旬,应湖南第一师范师生之请回校演讲。同月,在通讯处接待从圣经学院来访的沈从文、曹禺、萧乾、孙伏园等人,对他们坚持文化抗战的行为予以高度赞赏,并表示:欢迎大家去延安,那里可以自由写作;如果有固定工作或别的原因去不了的,就留在后方做团结工作,这也很重要;因为战争不可能两三年就能结束,后方团结合作,还值得大大努力,后方得到安定,才能持久抗战,以此激励他们用笔杆子与日军作战的信心和勇气。是年,应文化界的薛暮桥、李仲融、杨东莼、曹禺、张天翼、邵荃麟,妇女界的罗琼、王庚玖、梁淑德、孟素等之邀,参加他们组织的各种座谈会。同时,抓住一切机会进行各种各样的个人会谈,如与黄炎培、张西曼、赵君迈、董爽秋等的会谈。(参见《徐特立年谱》编纂委员会编《徐特立年谱》,人民出版社2017年版;孙国林编著,王佳钰、王增辉校订《延安文艺大事编年》,陕西师范大学出版总社2016年版;南开大学校史编写组《南开大学校史(1819—1948)》,南开大学出版社出版1989年版)

吕振羽辗转于广州、武冈、上海、西安、北平、天津、南京、长沙。2月28日,完成《中国政治思想史》书稿修订,并撰写《初版序》。3月,为中国大学经济系学生吴泽著《中国先阶级社会史》一书撰写序言,刊于《世界文化》16日第1卷第9期。4月,接周小舟信,去上海与陈有容(中共地下党员)联系。于是由广州北上,便道回武冈家乡,住3日。5月,在上海受中共地下党安排去西安,再联系去延安。收到黎明书局《中国政治思想史》初版样书。撰诗《去陕西道过上海黎明书局送来〈中国政治思想史〉样书十册》。在西安陕西禁烟总局见到地下党员田福临,得知去延安道路冲毁,需月余才能修复,故回北平。6月,吕振羽《中国政治思想史》由上海黎明书店出版。此书得益于李达的授意,吕振羽在中国大学开设了中国哲学史课程,为与陶希圣唱对台戏,也取名"中国政治思想史",并编成讲义。在该书的自序中,吕振羽介绍了一个世纪以来哲学史、思想史的研究状况,批评了陶希圣、张东荪、李季、叶青等人由于阶级的偏见带来的失误。吕振羽力图用新的观点、方法和体例,仿照马克思的《剩余价值学说史》,写一部从古代至近百年的社会思想发展史。作者将中国政治思想史分为奴隶制时期和封建社会时期两大段,将整个中国政治思想的发展概括为三条主要线索,即统治阶级的政治思想,没落阶级或阶层的政治思想,被统治阶级的政治思想,将中国古代思想家按唯物主义和唯心主义划分为两大阵营。所以,此书虽然重在揭示政治思想的发展脉络,但实际上却为整个中国思想史清理出了一个系统,从而成为马克思主义中国思想史的开创性之作。其中将中国古代思想家按唯物主义和唯心主义划分为两大阵营的简单化弊端,对后来的马克思主义思想史研究产生深远影响。

吕振羽6月针对王宜昌刊于《思想月刊》第1卷第2期的《评吕振羽的中国奴隶社会论》的批评,在《文化动向》第1卷第3期发表《是活的历史还是死的公式? ——答王宜昌君》予以回应,说:在王君脑子里的历史发展的公式,是单一的西欧希腊罗马日耳曼的历史的形式,并且王君所知道的也只是西欧的古代和中古史的现象形式,并不曾懂得其活的内容。他进而提出,"我们研究中国史,拿它和世界史作比较的研究是重要的;但在从这方面去了解历史的活的规律,并不是从这方面去'搬家'和套死'公式'。从正确的历史方法论出发,才能够正确的去运用一切史料;只注重'公式'而不去注重史料,那么写出的仍不外是自己的脑筋,而不是活的具体的历史本身"。卢沟桥事变爆发后,吕振羽曾会见二十九军副军长吕文秀,表达北平文化界和民众愿望,希望二十九军在日敌援军未到齐前,立即出兵夺回丰台。吕文秀亦表同意,但军方高层未予采纳。7月,在《中山文化教育馆季刊》第4卷第3期发表《评佐野袈裟美的〈中国历史读本〉》。

吕振羽8月5日因闻名列日特逮捕人员名单,受中共指示离北平经天津、烟台去南京。在天津去烟台船上遇见王世英、靖大康、邓颖超、张晓梅等。在济南,王世英要吕振羽去南京富厚岗60号找叶剑英安排工作。在南京,因叶剑英住处外敌特密布,未能接上关系。9月,接周小舟由延安来信"家父嘱,回乡开荒",决定回湖南长沙开辟工作;在南京商同翦伯赞取得中苏文化协会张西曼同意,于湖南成立分会,由国民政府司法院副院长覃振写信介绍吕、翦与湖南省政府主席何键接洽,请予赞助。回长沙先以读书会和歌咏队为据点进行活动,并任民国大学(北平南迁)兼职教授。不久,与刘道衡、熊子烈(中共特科人员)等接上组织关系。所作《抗战后的新动向》刊于长沙《前进周刊》18日创刊号。10月9日,经多方协商,在长沙青年会礼堂成立湖南文化界抗敌后援会筹备委员会,会议指定吕振羽、翦伯赞、李仲融、陈润泉、曹国智、萧敏颂等11人为筹备委员,并取得何键支持。所作《伟大的双十节》刊于《前进周刊》第1卷第4期;《作为抗战的指导理论》刊于18日长沙《力报》。11月7日,在长沙第一师范大礼堂召开湖南文化界抗敌后援会成立大会。到会会员有数百人。大会临时主席吕振羽报告筹办经过。推定吕振羽、翦伯赞等5人为大会主席团,吕当选常务理事兼研究部主任(实际负责该会工作)。所作《战时的湖南和湖南人》刊于《前进周刊》27日第1卷第11期。12月,在《前进周刊》4日第1卷第12期发表《对目前形势应有的认识》。19日,中苏文化协会湖南分会在长沙湖南省党部礼堂召开成立大会,与徐特立、张西曼、黄一欧、翦伯赞等当选常务理事,覃振为会长,何键为名誉会长。与谭丕模编辑《中苏》半月刊,负责审稿并撰写专论;分会开办了俄文班。20 日,中苏文化协会湖南分会举行首次理事会议。同日,在湖南《民国日报》发表《苏联与中国民族抗战》。(参见《吕振羽全集》第 10 卷附录《吕振羽生平年谱》,人民出版社 2014 年版;宋俭、宋景明编《中国近代思想家文库·李达卷》及附录《李达年谱简编》,中国人民大学出版社 2015 年版;李亮《继承五四和扬弃五四——新启蒙运动研究》,上海师范大学博士学位论文,2012 年;王学典《20 世纪史学编年(1900—1949)》,商务印书馆 2014 年版)

翦伯赞 1 月在《中山文化教育馆季刊》1937 年春季号发表《关于"封建主义破灭论"之批判》。同期还刊有邓云特《中国近代资本主义发展的过程及其特性》、陶希圣《春秋末战国初的变法运动》等文。3 月,翦伯赞通过覃振,先后从南京监狱中救出董维键,从江西国民党监狱中救出李六如。李六如于 1921 年加入中国共产党。1935 年在中央苏区被国民党军逮捕。5 月,经中共中央批准,翦伯赞在南京秘密加入中国共产党,介绍人是吕振羽,候补期一年,党员身份不公开。1938 年 6 月在长沙转正,增加介绍人谭丕模。9 月,翦伯赞奉中共之命,回长沙发动抗日救国。10 月 17 日,由翦伯赞、吕振羽、李仲融、蒋寿世、曹治阳等发起、筹备的湖南省文化界抗敌后援会在长沙第一师范大礼堂召开成立大会,翦伯赞被选为理事。11 月,翦伯赞发表《怎样动员我们战时的文化》,疾呼发动"抗战的文化的总动员"、展开"战时的文化新阵容",因为"文化动员在抗战中,是夺取胜利的一个重要的因素"。12 月 19 日,由翦伯赞、吕振羽、谭丕模等发起、筹备的中苏文化协会湖南分会在国民党省党部礼堂召开成立大会,选举覃振为会长,翦伯赞为常务理事兼《中苏》半月刊主编。

　　按:王学典《翦伯赞学术思想评传》(北京图书馆出版社 2000 年版)认为,翦伯赞从 1935 年 8 月至 1937 年 3 月所发表的《殷代奴隶社会研究之批判》《关于"亚细亚的生产方法"问题》《介绍柯瓦列夫:古代社会论》《关于历史发展中之"奴隶所有者社会"问题》《"商业资本主义社会"问题之清算》《关于前阶级社会的构成之基本诸问题》《关于"封建主义"之批判》《历史科学中的观念论及其批判》等文,皆是呼应吕振羽提出的"殷代奴隶社会论"而写,排除中国历史为"亚细亚生产方式论",破除了秦汉以来为"商业资本主义社会论"或"封建主义破灭论"。(参见张传玺《翦伯赞传》及附张怡青《翦伯赞大事年表》,北京大学出版社 1998 年版;王学典《20 世纪史学编年(1900—1949)》,商务印书馆 2014 年版)

杨东莼专著《经济概要》5 月在上海北新书局出版。7 月 7 日,抗日战争全面爆发,杨东莼离开上海来到长沙,住在长沙市上藤圆岭 42 号。因过去和张治中相识,为了便于开展抗日工作,他担任了以张治中为主席的湖南省政府的高级参议,主持当地救国会的工作,在长沙进行抗日救亡的宣传活动,对《观察日报》的编辑出版进行帮助,且经常与在集头街的八路军驻长沙办事处主任徐特立联系,徐老也几次到杨东莼家里来,告知大家政治情况,指导抗日救国的活动方针。杨东莼的家经常有救国会的朋友来往,郭沫若、沈钧儒、邹韬奋等来长沙时都与杨东莼有密切联系。9 月 16 日,上海战时普及教育服务团成立,杨东莼担任主席,陶行知、刘良模、吴涵真、沈体兰、张宗麟等 9 人担任理事。21 日,在《战时教育》第 1 期发表文章《要从战时教育中树立起新文化的基础》。29 日,在《战时教育》第 1 期发表文章《战时教育中大学生的动员》。后又在《战时教育》第 2 期发表文章《大学生的动员》。10 月 1 日,在《文化战线》第 4 期发表文章《战时教育问题》。3 日,在《半月》第 2 期发表文章《要求政府立即对日绝交》。6 日,在《文化战线》第 5 期发表文章《纪念辛亥革命与当前的抗战》。7 日,在《战线》第 6 期发表文章《今年的双十节》。9 日,广西建设研究会在李宗仁的公馆所在地旧藩署的八桂厅正式成立,杨东莼与李四光、李达、胡愈之、欧阳予倩、张志让、千家驹、范长江等知名人士被聘为委员。在抗战中,该会支持胡愈之成立文化供应社,发行抗日书刊,在推动抗日、联络社会进步人士方面起过一定作用。

杨东莼 10 月 11 日在《战时教育》第 3 期发表文章《战时的政治教育》。23 日,在《战时教育》第 4 期发表文章《向全国教育专家与教育工作者的一个建议》。24 日,在《文化战线》第 10 期发表文章《一个小小的建议》。秋,杨东莼与邹韬奋、金钟华、沈兹九、钱俊瑞、张仲实等一行,赴重庆取道梧州,来广东省立文理学院作抗战形势报告,杨东莼在报告中着重提到的"抗战即教育"(这是中共在"九一八"后提出的教育方针),受到院长林砥儒的极大欣赏。冬,杨东莼与上海生活书店领导人邹韬奋、钱俊瑞、金仲华、张仲实、沈兹九等 14 人在香港同住一个旅馆,商量路程,12 月 2 日,集体结伴前往汉口。邹韬奋在他最后一本著作《患难余生记》中称为"别开生面"的流亡生活。路途中为青年作大量演讲,杨东莼讲战时教育问题。12 月,郭沫若从汉口到过一次长沙,文艺界由田汉、孙伏园、杨东莼等人出面,举行盛大招待茶会。许多作家、教授、编辑、记者都来参加。招待会由田汉主持,大家济济一堂,开得空前热烈,郭沫若发表了热情洋溢的讲话。12 月初,湖南"文抗会"开办战时常识训练班和其他各种训练班。以吕振羽为首的研究部开办免费战时常识训练班,每 4 周一期,前后共开办 6 期,连同函授班共训练学员 800 多人。各期开设课程不尽相同,杨东莼主讲中国革命史,薛暮桥主讲战时经济。是年,杨东莼与熊得三(又名熊得山)合著的《社会问题政治概要》一书在上海北新书局出版。又在《京沪沪杭甬铁路日刊》第 1823 期发表《生活力》;在《兴华》第 25 期发表《教育的失败怎样解决》;在《申报每周增刊》第 2 卷第 6 期、第 8 期、第 15 期、第 19 期、第 25 期先后发表《谈青年的生活》《中国的文化问题》《青年的读书问题》《青年的婚姻问题》《青年的职业生活》。(参见周洪宇等《杨东莼大传·杨东莼生平年表》,华中师范大学出版社 2014 年版)

薛暮桥抗日战争爆发后,到南昌出版《中国农村》战时特刊。年底,南昌危急,《中国农村》战时特刊自第 12 期起移到杨东莼家里办理编辑、出版,得到杨东莼的资助。此时,杨东莼知道薛暮桥和罗琼都生活困难,留他们住在家中,供应食宿,并介绍薛暮桥在长沙文化界抗敌后援会负责宣传工作。文化界抗敌会(简称"文抗会")实际上是救国会的化名,杨东莼利用他同张治中的关系,和张治中同国民党省党部(CC 分子)之间的矛盾,为抗敌后援会出谋划策,取得完全公开合法的地位。(参见周洪宇等《杨东莼大传·杨东莼生平年表》,华中师范大学出版社 2014 年版)

黄士衡年初继续任湖南大学校长。1 月 14 日,《湖南国民日报》报道称:"湖南大学请求改为国立,曾经何主席、朱教育厅长迭电向中央呼吁。同时湖大师生亦组织国立运动促进会,积极奔走呼号,已得到教育部之许可。湖南省主席何键积极答应教育部的两项要求,何键回复教育部称:湖南大学请为国立,湖南省对于湖南大学经费,于国立后,仍照原有预算支付;同时现任湖南大学校长黄士衡再三向何主席辞职,并于日前函达省政府,申明负责至 1937 年 1 月份为止,请另委贤能接替。因黄士衡校长辞意坚决,遂拟遴选国内有名学者皮宗石继任。何键主席昨特致电皮君,敦请皮宗石回长沙主持湖大。"此消息发布后,南京政府教育部迅速回应称:"湖南大学由省立改为国立,尚须候二十六年度(即 1937 年)国家预算确立之时,始能实现云。"皮宗石亦随后前往南京进行湖大由省立改国立的申述。春,皮宗石就任省立湖南大学校长。7 月 6 日,省立湖南大学正式改为国立湖南大学,皮宗石所起作用颇为关键。卢沟桥事变爆发后,皮宗石随即担负起清华、北大、南开三大学南迁长沙,组建长沙临时大学的工作。(参见任大猛《九十年前,他们奠定岳麓山"大学城"的基石》,《长沙晚报》

2016 年 11 月 27 日)

吴金鼎获得伦敦大学博士学位,博士论文题目为《中国史前的陶器》。是冬回国,在战乱中到达湖南长沙,与李济、梁思永等导师汇合,调差小吴门及北关外的墓葬。

魏猛克因在《绥远抗战募捐宣言》上签字,被日本警方驱逐回国;任北平作协理事,编辑《北平新报》文艺副刊。日军占领北平后,辗转天津、济南到长沙,与张天翼、翦伯赞等合办《大众日报》,编辑《观察日报》副刊,参加抗日救亡文艺工作。

黄仁宇在抗日战争爆发后,决定辍学,先在湖南长沙《抗日战报》工作,其间结识田汉、范长江等人。

王星拱继续任武汉大学校长。9 月 21 日,王星拱校长在开学典礼上致辞,说:"今天和过去五年之中同样的一天是大不相同。在过去五年中,我们把眼泪咽下去,往肚皮里流;今年我们的眼泪,是往外流了! 不但流泪,而且流血! 敌人的压迫,我们是不能再忍受下去了! 我们要出气! ……我们又须牢记着:我们要准备吃苦头。"呼吁青年学子"应作国民之表率",并坚信"民族复兴之光明的旗帜,树在前途等着我们"。8 月 23 日,陈独秀提前获释,从南京出狱后,陈独秀来到了武汉。9 月 8 日,陈独秀致汪孟邹信中说:"弟明日由此乘轮赴武昌,弟到武昌住处尚未定,赐示望寄实庵收,外加封致武昌武汉大学王抚五校长收可也。"9 月 14 日,第二封信中说:"弟已抵汉,暂寓旅社,近来信可寄王抚五兄转交。"又说:"《宇宙风》稿费,倘交在兄处,除付娄兄十五元外,余交王兄手收不误。",王星拱闻讯陈独秀到达武汉后,即带着儿子前去陈的住地看望。11 月 21 日,王星拱邀请陈独秀到武汉大学演讲。陈独秀讲演的题目是《怎样才能发动民众》,认为要发动民众,参加抗战"第一,必须解除民众自身的痛苦""第二,必须让人民有经常的组织""第三,必须让人民有政治的自由""如果我们切切实实做到上述三件事,发动民众当然不成问题。或者有人认为这样未免太发动了,我则以为没有这样的'太发动',是不能够抵抗站在我们眼前凶恶而有力的敌人,挽救国家民族之危亡的!"

按:次年初,武汉被日寇三面包围,岌岌可危,武大师生被迫迁至西部偏远小城——乐山,开始了八年漂泊流亡之旅。(参见徐承伦《"一代完人"——王星拱与陈独秀》,《党史纵览》2005 年第 4 期)

苏雪林继续在武汉大学任教。1 月,在武昌《文艺》第 4 卷第 1 期发表《过去文坛病态的检讨》,以一位新文学见证者、参与者的亲身感受,认真检讨新文学发生以来,文坛发生的几种怪异现象。3 月,在《青年界》第 11 卷第 3 号发表《现代中国戏剧概观》。文章梳理中国新式话剧运动发展脉络,称颂丁西林、田汉、洪深等一批中国戏剧发展前驱们的丰功伟绩,不带任何偏见,对了解并希望中国戏剧发展的普通读者来说,大有裨益。6 月,武汉大学《学荟》期刊社创刊,为支持校办刊物,苏雪林为创刊号撰文,发表《金元文学小话》。8 月上旬,由苏州至沪。不久"八一三"淞沪之战爆发,此次战事使苏雪林触目惊心,激起她一股抗敌的爱国热情,遂将嫁妆 3000 银圆,加上十余年省吃俭用教书薪俸、历年稿费所积购买的两锭黄金(重五十两三钱,存在上海银行,以作为将来养老所需)取出,委托上海《大公报》社长胡霖(政之)献给国民政府,转交给上海抗敌将士以作军需。此事在沪上传为佳话。11 月 21 日,陈独秀应武汉大学校长王星拱之邀,在武汉大学礼堂为全校师生作"动员民众"全面抗战的专题演讲。苏雪林第一次近距离瞻仰五四元勋陈独秀的丰采,聆听其说论,印象特别深刻。(参见沈晖编著《苏雪林年谱长编》,安徽文艺出版社 2017 年版;耿云志编《胡适年谱》,福建教育出版社 2012 年版)

游国恩《读骚论微初集》由商务印书馆出版。全书包括专论9篇,细目凡22,均为对古今聚讼问题之定实。除《屈赋考源》作于武大时期外,其余8篇均为在青岛时所作,多数此前未发表过(本书现香港仍有销售)。《宋玉大小言赋考》,载于《华中学报》第1卷第1期。7月,聘请北大同学林之棠来中文系任教。9月中旬,因抗日战争爆发,游国恩请三弟将父母妻儿接回江西老家,只身留在武昌。年底,老舍离妻别子,只身由济南来到武昌,起初住在游国恩家。(参见游宝谅《游国恩先生年谱》,《淮阴师范学院学报》2002第1期)

高一涵继续任两湖监察使。9月12日,胡适到武汉大学,高一涵上珞珈山与其会晤。同时会见周鲠生、王抚五、邵逸舟、陈通伯、汤佩松、叶雅各、刘南陔、丁庶为诸友。9月15日,陈独秀出狱后,由南京抵达武汉。高一涵为其租下武昌双柏庙后街26号房,供其居住。租约上署名陈仲甫,先生代为签名。陈住定后,一般在家看报、写文章、会客。来客大多是教授、官员及知识界人士,先生与包惠僧、武汉大学校长王星拱为常客。11月,高一涵在武昌家中宴请于右任、王鸿俊等。(参见高大同《高一涵先生年谱》,上海文化出版社2011年版)

华岗、任作民等19人2月被送往湖北省武昌反省院。在武昌反省院,以任作民、华岗和向明为核心,根据新的条件,组织反省人员继续进行斗争。抗日战争爆发后,国共第二次合作。9月,中国共产党的代表董必武到了汉口。华岗买通反省院的看守人员,给当时在武汉地区做秘密工作的冯乃超送去一信,希望向党组织反映,营救他们出院。冯乃超立即将华岗化名刘少陵被关押在武汉反省分院的情况报告了董必武。董必武代表中共中央要求国民党当局无条件释放共产党员华岗(即刘少陵)和任作民出狱。10月16日,华岗和任作民被营救出院。华岗出狱后,先任中共湖北省委宣传部长,随后被党组织委派参加《新华日报》的筹备工作。(参见向阳《华岗传》,浙江人民出版社2003年版)

冯乃超年初从上海回到武昌,"国共合作"气氛愈浓。3月,武汉大学苏雪林在《奔涛》半月刊第1—2期上发表《关于当前文化动态的讨论》(与胡适通信)、《与蔡孑民先生论鲁迅书》,恶毒攻击鲁迅,污蔑鲁迅为"诚玷辱上林之衣冠败类,廿五史儒林传所无之奸恶小人",表示"不怕干犯鲁党之怒以及整个文坛的攻击,很想做个堂·吉诃德先生,首加鲁迅偶像以一矛"。连胡适亦觉得过分,因而引起一场关于鲁迅的论争。冯乃超作《先生吉诃德先生》予以回击,后刊于武汉《大光报》副刊。6月10日,在《光明》半月刊第3卷第1号发表论文《批评家怎样地批评了?》。15日,《文艺》月刊第4卷第6期刊出宋琴心《论创造社诗人》,内有《冯乃超论》一节,专门评论他的《红纱灯》。7月7日"卢沟桥事变"爆发后,冯乃超开始与文化界抗日救亡人士接触,并用原名发表抗战诗文。9月18日,资助孔罗荪、蒋锡金创办《战斗》旬刊,《发刊词》中说:"本志是民族抗战的一条堑壕,希望全国爱护真理,关心民族命运的文化人,都能够加入作战。"此后写过大量短评。同日,宋一痕主编《战斗画报》周刊创刊,冯乃超与蒋锡金等任文字编辑。其间,曾与茅盾等访问出狱不久的陈独秀,并派人约稿。陈独秀作《从第一双十到廿六双十》,刊于10月8日《战斗》旬刊第1卷第3期"双十特辑"。又作《鲁迅不是神,也不是狗》,未用。

冯乃超10月15日出席"怎样发动民众组织"座谈会,座谈纪要载于10月28日《战斗》旬刊第1卷第5期。20日,参加"抗战形势的鸟瞰"座谈会,座谈纪要刊于10月25日《新学识》半月刊第2卷第2期。《新学识》半月刊同期发表冯乃超《武汉文化运动的展望》。11月15日,在《战时教育》旬刊第7期发表政论《立即推行伤兵教育》。12月1日在《时调》半月刊第3期发表《关于诗歌朗诵》,指出"诗歌的朗诵运动,将产生大量的朗诵诗歌,朗诵的诗歌必定能够从形式的咒物崇拜解放出来,而创造自己坚实的形式。它将冲破横亘于艺术与生活间的墙壁"。25 日在《新学识》半月刊第 2 卷第 6 期发表《抗战与文艺》。同月,撰文祝贺武汉文化界抗敌协会成立,刊于 12 月 28 日《战斗》旬刊第 1 卷第 11 期"新年号"。不久,与孔罗荪、蒋锡金等人组织武汉文化界抗敌工作团,任出版组组长。年底,接华岗化名信到狱中与华岗会面,又认识中共湖北省委何伟,并报告了在武汉隐蔽的经过。通过何伟接上了党的组织关系,转到湖北省委或长江局(后改南方局)组织部,接着又转到八路军驻武汉办事处。同时,被湖北省民政厅精简,作为编余人员分发武昌县政府工作,但没有去报到。从此结束了没有党的监督,全靠自己暗中摸索的公务员生活。(参见李江《冯乃超年谱》,载李伟江编《中国现代作家作品研究资料丛书·冯乃超研究资料》,陕西人民出版社 1992 年版)

陈东原获哥伦比亚大学硕士学位,准备回国。7 月下旬,回到安庆。8 月,任安徽大学教授。11 月,因抗日战争失利,安徽大学迁武汉。

马哲民在"七七"事变后回武汉,与黄松龄、曾晓溯、张执一等组织湖北乡村促进会,发行《战时乡村》期刊。

李文宜在武汉组织并领导湖北战时妇女工作团,被选为战时儿童保育会理事,为《妇女前哨》旬刊编辑委员会委员。

叶君健 8 月从上海到武汉。在武汉参加周恩来和郭沫若领导的政治部第三厅,做国际宣传工作。同时参加发起中华全国文艺界抗敌救国会。

罗烽、白朗夫妇和沙汀、任白戈、舒群、丽尼、杜谈等几十个文艺界的人(包括家眷),第一批撤离上海,来到武汉。白朗在武汉参加中华全国文艺界抗敌协会的一些活动,参与罗烽、聂绀弩、丽尼编的《哨岗》的编务和丁玲、舒群编的《战地》的组稿、发行工作。

孔庚与邓初民、孟宪章等创办《民族战线》周刊,成立湖北战时乡村工作促进会。

徐复观在"七七"事变后,在国民党参与指挥湖北阳新半壁山、山西娘子关等战斗。

陈树人由江苏南京取道上海赴菲律宾,在当地华侨中进行抗战募捐,工作完成后返回武汉。

李德全、曹孟君、谭惕吾等 12 月在汉口发起组织中国战时儿童保育总会。

穆木天在武汉参与发起中华文艺界抗敌协会。

张澜创办的《新南充报》2 月正式出刊,周双刊,社长张默生,总编辑邹学奎,编辑、采访有沈迪群、蒲向阳等,张修实负责印刷,报工岳小平。每期印数 400 至 500 份。因宣传民主揭露时弊,同年 10 月,国民党中央下令停刊。4 月 3 日,国民经济建设运动委员会四川分会在成都举行成立大会,张澜等 100 余人被推举为委员,刘湘任会长,卢作孚为总干事。该会章程规定其职能为:一、协助推行中央及地方政府经济计划;二、倡导社会各种建设事业;三、培养、训练及介绍各种经济建设人才;四、研究发展全国工农副业及地方特殊产品;五、倡导节约,推行国货。秋,卢沟桥事变后,战火延至山东,张澜与在山东试办乡村建设研究院、开展民众教育的老友梁漱溟教授商议,并征得四川省教育厅厅长蒋志澄和第十一行政督察专员公署专员鲜英的同意,将山东乡村建设研究院的人员、图书、医务用品迁来南充,组建省立南充民众教育馆,属省教育厅领导,馆址在南充嘉陵江东岸鹤鸣山的白塔寺和东岳庙。1938 年 1 月正式开馆。该馆延纳了不少知名学者和专家,如木刻家尚莫宗、名画家潘洁兹、民众教育专家董渭川、音乐家罗松柏等,确是人才济济,一时盛会。第一任馆长黄艮庸是追随梁漱溟从事乡村教育多年的专家,全馆职员 20 余人。馆设研究辅导部、艺术部、文娱部、总务部、教学研究组，后又单独设立会计室，馆的组织机构形成四部一组一室。10月10日，由张澜与张秀熟、金满城，沙汀等编辑的《抗战星期刊》在成都创刊。（参见谢增寿编著《张澜年谱》，群言出版社2013年版）

卢作孚3月25日发表书面谈话，说明代表刘湘到南京报告四川情形之经过：此次奉刘湘主席令，同贺国光参谋长及邓汉祥秘书长赴京，主要是报告四川情形以及四川省政府准备努力经营四川的意见。此行中，何应钦还就南京政府与四川省政府在政治、军事等方面的关系提出6项办法，经卢作孚抵达成都后向刘湘说明，刘湘表示接受。4月4日，陪同实业部长吴鼎昌等人赴四川灌县参观都江堰水利工程。6日，参加民生公司第12届股东大会。董事长郑东琴报告公司资产超过1000万元，实收股本仅160余万元。同月，国民经济建设委员会四川分会在成都举行大会，刘湘担任大会会长，卢作孚担任大会总干事。6月26—27日，梁漱溟抵达北碚参观并讲演。其间卢作孚也在重庆，卢作孚与梁漱溟相识应在此前后。同月，应蒋介石电召，卢作孚代表刘湘从成都飞抵武汉，转庐山谒蒋，呈明建设新四川意见。7月4日晚，由汉口抵达庐山。5日，面见蒋介石，陈述辞四川建设厅厅长一职原因并推荐何北衡继任。15日，抵达上海，准备参加国民政府组织的实业界人士赴欧考察团，预定考察时间为5个月左右。20日，母亲在北碚突发脑溢血，25日病逝。26日，卢作孚由上海飞返北碚治丧，决定暂不出国。8月20日，被任命为军事委员会第二部副部长，参与了南京国民政府抗战总动员计划草案的制定。同月，开始组织民生公司增加船只、囤积燃料，以芜湖、镇江为基地，组织大规模运输计划，抢运大批军工、生产设备入川。（参见王果编《中国近代思想家文库·卢作孚卷》及附录《卢作孚简编》，中国人民大学出版社2015年版）

任鸿隽继续任四川大学校长。1月17日，任鸿隽赴南京向教育部述职，校务由文学院院长张颐代理。赴南京后，任鸿隽思之再三，决心辞去川大校长职务。5月，消息传到学校，师生大为震动。5月29日，川大76名教授由张颐领衔，联名致电教育部和任鸿隽本人，恳切挽留。接着，全体学生于5月26日成立挽留任校长大会，要求他继续主持学校校务。电报指出："本校自先生长校以来，校务蒸蒸日上，全校师生额手称庆。近闻先生忽将引退，群情惑然，现值本校正谋发展之际，尚非贤者高蹈之时，万恳早日回校主持校务，不独本校，亦国家民族之幸也。"但任鸿隽去志已坚。6月10日，教育部部长王世杰签署了同意任鸿隽辞职的训令，并委派文学院院长张颐代理川大校长。6月15日，作《进步的基础》，刊于7月4日《独立评论》第242号。原题下注明"民国廿六年六月十五日在南京中央广播电台讲演"，指出："一正确的人生观，二充分的现代知识，三虚心从善的态度，我认为是任何社会进步的基础。尤其是文化落后的内地，应该特别注意。我们希望内地进步，不要忘记了培植基础的工作。"中旬，任鸿隽回到川大办理移交手续。6月25日，在四川大学所作的《毕业典礼校长训词》刊于《国立四川大学周刊》第5卷第34期。27日，全校师生召开欢送大会，会上魏时珍代表师生讲话，高度评价和肯定了任鸿隽在川大的业绩。任鸿隽表示，今后虽离开学校，但对学校的一切将尽力维护，使学校增进发扬。张颐表示，今后要按照任鸿隽校长的治校方针，努力继续实施，决不辜负任校长的期望。之后，任鸿隽携家眷出川，转道北平赴欧美考察。同月，任鸿隽回到北平，重回中基会工作，任编译委员会委员。7月初，往庐山森林植物园视察，并料理自家在庐山建造的别墅"古青书屋"。同月16—20日，应邀出席蒋介石主持的"庐山谈话会"。会后至上海，与卢沟桥事变后携子女抵上海的陈衡哲会合。8月上旬，全家至庐山困居半年。12月29日，在庐山写完回忆录《五十自述》。（参见樊洪业、潘涛、王勇忠编《中国近代思想家文库·任鸿隽卷》及附录《任鸿隽年谱简编》,中国人民大学出版社2015年版;《四川大学史稿》编审委员会编《四川大学史稿》,四川大学出版社2006年版)

张颐6月10日开始按教育部训令任国立四川大学代理校长,秉承任鸿隽的办学方针,推行自动学习和自由研究,学术空气比较自由,教学科研也得到应有重视,所以也得到多数师生欢迎。7月1日,张颐在就职仪式上,指出除任校长既订计划继续推行外,唯在原则方面,拟以三方面下手:第一,继续提高学生程度,使与其他国立大学同等而含地方色彩;第二,充实设备,提高研究兴趣,使文化水准和欧美各大学同等;第三,更进一步使中国学术能与欧美各国齐头并进。为切实提高学校学术地位,张颐提出拟请国民政府提高经费预算,并且在不久设立研究院,加强高深学术的研究。8月25日,第二次常委会上议决设立"战时常识编译委员会",推定朱光潜、叶鹰、金尤史、谢文炳、钟作猷、张敷荣、黄宪章、徐敦璋、朱文、杨佑之、朱显祯、曹四勿、杨秀夫、顾葆常、程复新、沈嗣庄、杨允奎、孟寿椿、王玉琳、康乃尔20人为委员。9月11日,国立四川大学抗敌后援会以张颐、孟寿椿、康乃尔主任委员的名义,致函省抗敌后援会,要求举行全省各界"九·一八"6周年纪念会,"鉴往察来,阐明敌人之侵略政策,而使人民一同奋起,群策群力,以赴此非常之难"。在四川大学抗敌后援会和成都民先队等团体推动下,18日,四川省抗敌后援会组织了有10万市民参加的"九·一八"6周年纪念会。会后举行了声势浩大的示威游行。张颐就职后,人事方面没有大的变动,各教职员情况大致如下:秘书长孟寿椿、注册课主任刘维汉、文书课主任熊子骏、会计课主任谭其蓁、庶务课主任萧心田。文学院长兼英文系主任朱光潜、中文系主任李炳英、教育系主任叶麐、史学系主任未定。法学院院长曾天宇、政治系主任徐曔璋、法律系主任朱显祯。理学院院长魏时珍、化学系主任曹四勿、生物系主任周太玄、数理系主任未定。农学院院长曾省之,农学院各系主任、训育主任、体育主任、工程主任、图书馆主任、理农两院教授均依旧,文、法两院教授有少数变动。(参见《四川大学史稿》编审委员会编《四川大学史稿》,四川大学出版社2006年版)

余家菊3月在《国论》第2卷第7期发表《学习社会科学之基本认识》,指出:"社会科学和自然科学是对立的。粗略言之,自然科学是关于物的认识,社会科学是关于人的认识。一切科学的知识,它的价值都在于指导人或人们的行动。有了社会科学,我们才知道人的行动应该怎样,或者必须怎样,乃至必须怎样才能使人的行动果然这样而不至于那样。有了自然科学,我们才知道人的行动中,应当怎样利用物质。可以说,人的行动是主体,物的知识是工具。我国自从废科举兴学校以来,学校教育在知识方面,对于社会科学未免略形轻视。这是由于国人素重虚文,所以忧时者提倡'实学'以相矫正,其实所谓实学,并不限于自然科学。况且在我国今日,一切人生思想都已动摇,一切行为法则都已颠覆。有志的青年,一部份(分)因为思想的错误而陷入歧途,一部份(分)因为思想的彷徨而陷于烦闷,不知已经发生了多少悲剧。我们想对于国事具有正确的认识,并于个人的行为得有适当的途径,我们对社会科学,至少应该加以和对于自然科学的同等注意。"作者提出5点意见:一、学习社会科学不可急促论断;二、研究社会方案应先了解社会的必然法则:可能抑或不可能;三、拟制社会方案应先认识社会的阻力;四、拟制社会方案应先研究具体的个别事例,而归纳成为公式;五、个人要在社会发展中发挥力量,先要诚其心意。4月29日,余家菊正值40诞辰之时,录《四十年谱》。夏,"七七"事变后,辞去湖北省府编辑主任职务,应河南大学校长刘季洪之聘,任该校教育系主任。锐意研究教育哲学思想体系,后成书于重庆,即

《教育与人生》一书。秋，赴重庆，撰写《人生对话》，用对话体说明中国的人生思想，借以发挥儒家的"尽己主义"。（参见余子侠、郑刚编《中国近代思想家文库·余家菊卷》及附录《余家菊年谱简编》，中国人民大学出版社 2013 年版）

常乃惪是夏撰写《无常与无我》。抗战爆发时，常乃惪仍居太原，"日居危城中，进无以献筹军国，退无以协济生民，乃发愤闭户读书，日有所感，辄记之于帙，两月中成书两卷，题曰《老生常谈》"。10 月 20 日，离开太原，把家属安置于长治，南下抵汉口，住余家菊家。本拟听党指导进行游击抗战，但在与党部同志会商数次后，才知道"党为恪守在庐山与国民党领袖的相互谅解起见，早已解散军党部，停止一切单独的军事行动，同志们有告奋勇请组游击队的，都经党介绍给陈立夫先生去"。常乃惪不愿找陈立夫，不相信国民党会帮助青年党建设抗日的军事力量，对于青年党的做法也不尽同意，因此决定带孩子们入川，放弃了武装抗日的念头。（参见查晓英编《中国近代思想家文库·常乃惪卷》及附录《常乃惪年谱简编》，中国人民大学出版社 2014 年版；顾友谷《常乃德学术思想述评》附录一《常乃德先生年谱》，云南大学出版社 2012 年版）

金毓黻将离开中央大学，赴任安徽省政府秘书长。4 月 16 日，中央大学历史学主任朱希祖为金毓黻饯行，同席有汪旭初、宗白华、马宗霍、沈刚伯、缪赞虞、郭量宇、张致远等。出古画 10 余件及宋拓定武本《兰亭序》供客欣赏。5 月，金毓黻就任安徽省政府委员兼秘书长。11 月，金毓黻辞职赴重庆。（参见朱元曙、朱乐川《朱希祖先生年谱长编》，中华书局 2013 年版）

邰爽秋为理事长的中国民生教育学会由上海迁往重庆，欧阳怀、吴俊升、程其保、姜琦、陆殿扬、罗廷光、潘公展、吴南轩等为常务理事，以"研究及推行民生本为教育"为宗旨。编辑出版《民生教育》月刊、《教育与民生》周刊。

冯汉骥是春应著名的考古学家李济的邀请，回国参加其和梁思永等的殷墟及城子崖等发掘工作。适逢中原沦陷，乃转入后方，受聘于四川大学历史系，转向了在长江流域的民族考古研究工作。

卞之琳 10 月在朱光潜的引荐下，受聘为四川大学外文系讲师。抵达成都不久，卞之琳便给张充和写信，邀请她到成都来谋职。

徐中舒应中英庚款和四川大学协聘，任四川大学历史系教授。

车耀先任社长兼总编辑的《大声》周刊创刊于四川成都。

潘絜兹入伍，在张自忠将军部下做宣传工作。曾在四川临摹蓬溪梵明寺壁画。

谢趣生主持社务的四川漫画社成立，由四川成都部分漫画家共同发起组织。

何玉麟为理事长的中华聋哑协会 6 月 6 日正式成立。

太虚 1 月鉴于中日战争一触即发，作《佛教和平国际的提议》，提出联合各国佛教徒，一同维护世界和平。3 月，与主张和平的日本僧人，一同在上海集仁医院，设立佛教徒国际和平会筹备处。"七七"事变爆发后，太虚为抗日救国奔走，呼吁全国佛教徒行动起来，投入抗日救国运动，率先发表《电告日本佛教徒书》，要求日本佛教徒以佛教"和平止杀"的精神，制止日本帝国主义的侵略战争。同时又通电全国佛教徒，播讲《佛教与护国》的论述，动员组织"佛教青年护国团"，积极参加救护工作、宣传工作以至地下斗争工作。8 月，太虚入川。12 月，迁中国佛学会于重庆长安寺。同月 29 日，太虚联合重庆佛学界，设宴欢迎旧国府来渝之佛学界同人。到邹鲁、朱庆澜、吕超、周仲良、王允恭、王右瑜、朱福南、欧阳德三、陶冶公、王新民等。冬，太虚总结自己近 30 年的弘法活动历程，写出了《我的佛教革命失败史》。

（参见印顺编《太虚法师年谱》，宗教文化出版社1995年版）

欧阳竟无是冬率院众息影江津，开始筹建支那内学院江津蜀院，得邓蟾秋、张茂芹兄弟之助。欧阳渐在《邓蟾秋寿序》中说："支那内学院挟其经版图书入川，将于江津刻经研学分立蜀院。先生布千金，张茂芹兄弟让地，购得院基以兴建筑。"（参见徐清祥《欧阳竟无评传》附录一《欧阳渐学术行年简表》，百花洲文艺出版社2010年版）

法尊法师继续在重庆代理太虚主持汉藏教理院，为讲授西藏的佛教历史，编有《西藏民族政教史》。

能海法师在武昌、重庆等地举办法会，在成都南郊创建近慈寺密宗根本道场，修译经院。

何瑶兼云南大学代校长。4月1日，为纪念云南大学成立15周年，特出版《云大特刊》一册。何瑶为之写了《发刊词》，概述了近年来本校设施概况及今后努力方针。文章说："夫大学教育之使命，以研究高深学术为体，养成专门人才为用。为谋高深学术之研究也，则大学之内容，务期其博。为求专门人才之养成也，则大学之造诣，务希其精。又须体用兼顾，博而能精，然后大学教育之功效乃宏，此中外著名各大学所以必具悠久之历史与长期之努力也。本校以历史言，为期仅十有五载！幸赖政府与社会之维护，本校同人之努力，民国23年（1934年）乃有合法完成之理工、文法及医三学院，正式呈奉教育部核准备案，而校名亦于是年9月遵部令由东陆大学改为云南大学。此后本校乃正式列入国内大学之林而奠来日发展之基础焉。""本校近年兢兢努力于院系之调整，学生资格之限制，课程标准之规定，及设备之充实诸大端，均有相当之基础。本校复拟定四年扩充计划，呈请省政府鉴核实施。总其大要约有两端，一本注重实用科学之原则，因应云南之环境与需要，继续推广理工各学系并充实其设备，以确树工业建设之根基；二主体用兼顾之原则，倡导分科研究并注重技术训练，以培养各项专业之实际人才。此即本校今后努力之方针也。""值兹应用科学日愈发达，国际风云日愈紧张之时代，救国大计，首在建设，而建设事业，需才孔多。本校以使命所在，应继续于政府及社会维护之下，努力于高深学术之研究与专门人才之养成。"

何瑶校长4月2—6日遭遇"驱何"学潮。据《云南日报》报道，2日午后9时，该校学生召集全体大会，商议改进校务办法，组织校务改进会，分呈云南省政府、教育部、教育厅，要求撤换现任校长何瑶。当晚又致函何校长，拒绝其到校行使职权。何氏当即表示消极，惟盼诸生维持正常秩序，个人去留决无问题。如有失当之处，愿听候政府核办云。自3日晨起，该校学生组织之校务改进会，轮派学生守卫大门拒绝教授到校上课，并停止内外交通，拒绝学生会客，表示将以罢课手段，以求达到驱何（何瑶）之目的。教育厅据呈，当于3日午间派员到校视察，命该生等照常上课，听候秉公处理。主座（龙云）据呈，当于3日批示如下："呈悉，查大学为本省最高学府，并为全省各学校之模范。兹遽然发生此项学潮，殊深诧异。该生等呈控校长各节，是否属实，仰候令饬教育厅秉公详细具复，再凭核夺。校务首由该校校务会议暂行负责。所称新校长人选商讨推荐一节，殊属非是。查用人行政，政府自有全权，学生不准干预校务，早经悬为厉禁，所请应斥不议。在教育厅未查复以前，该生等应如来呈，照常上课，决不能发生轨外行动，倘有干犯纪律情事，政府当以法绳其后者。"并派杨副官长到校剀切开导。学潮似已平息。讵料学生方面对校务会议负责校务表示异议，5日仍以学生组织之校务促进会名义发布布告，函请教授到校上课。该校校务会议奉到教育厅转来省府命令，当于6日上午8时召集会议，学生代表两度要求参加。当以违反命令，严予拒绝。校务会议后发布之布告,并推举教务长徐述先(徐继祖)召集训话,学生竟不集合,并怪声呼啸,复将布告撕毁。校务会议以横受侮辱,不惟有失威严,抑且有损政令,当即表示不能负责。主座(龙云)据报,于6日下午5时,亲莅该校大礼堂召集全体学生,作最后一次训诫,如再有违抗,即执法以绳。训话后,在该校会议室,接见校务会议人员,慰问嘉勉,面示严格执行纪律,丝毫不得通融,并派汪副官在校监督,如有违抗,令即刻报告,听候处置。当由徐述先(徐继祖)、邓屏洲(邓鸿藩)报告经过情况,并表示遵照命令执行。至此,学潮终告平息,校务由校务委员会暂行负责。

　　按:关于酿成这一学潮的原因,说法不一。但有一点是可以肯定的,当时云大因办学经费不足,教师薪金不及外省大学教师三分之一,不少教师对教学工作不够积极,教育质量下降,引起学生不满。无论这次学潮起因如何,但它的确促使龙云认识到,要建设云南,非办好云大不可。要办好云大,非增加办学经费不可。就当时云南财政经济条件来看,单凭云南省的财力似有困难,所以他大力支持将云大由"省立"改为"国立"的主张,并亲自出马与中央交涉。同时,这也促使龙云认识到,要办好云大,还要有一个懂教育,孚众望的校长。所以龙云毅然挑选了远在北平清华大学任数学系主任的熊庆来来长云大,并始终不渝地支持熊庆来的工作,为熊庆来办好云南大学创造了一个良好的环境与条件,直到龙云于1945年被蒋介石撵下台。

　　按:4月云大发生"驱何"学潮后,增强了龙云争取改省立云大为国立的思想。5月,当由褚民谊为团长的京(南京)滇(云南)周览团莅昆明时,即与该团的新闻界团员与褚民谊谈及,"大学为培养领袖及专门人才之场所,现在国家建设需才孔亟,然国内各大学偏设于京平沪等地,造就人才能否忍苦耐劳,到边疆服务,实成问题。西南各省虽有省立大学之设,然经费困难,设备不周,终非完善育才之所,故主张国立各大学应平均分设于各省,一以求均衡发展,一以造就因地制宜之人才"。其后又送电蒋委员长(蒋介石),请将省立云南大学改为国立。蒋介石当即发交教育部办理。6月23日,国民党中央政治会议第48次会议,审议了龙云与褚民谊请改组省立云南大学为国立大学的提议,经议决通过,交行政院审查内容,但尚缺乏法律根据。8月8日,龙云乘飞机离开昆明赴南京商筹国家抗战大计期间,又亲与教育部长王世杰面谈,结果肯定提前于27年度(1938年度)起,改为国立。9月19日,《云南日报》发了一条消息:"顷悉教育部电覆省府,内称:兹定于27年7月1日(1938年7月1日)起,改云南大学为国立,除呈院备案外,特此电覆。"后因国民党中央政府改组,陈立夫接任教育部长,惟恐因人事变动,影响云大改为国立一事的进行。

　　熊庆来5月接云南省主席龙云一封电报,约请他担任云南大学校长,让身处北京的熊庆来陷入了两难之地。6月26日,熊庆来应云南省政府之聘,离开北平清华大学南下,出任云南大学校长。在路过南京、上海等地时,曾与有关方面联系,为云南大学聘请教师,申请中英庚款补助,旋由沪搭轮船经香港、河内,乘滇越铁路火车,于7月15日抵达昆明。16日,《云南日报》对这位国际知名学者作了专访报道。熊庆来谈到"我国高等教育,向设于北方及京沪一带,殊失教育均衡发展之意。今志公主席,提议省立改为国立,国内舆论一致赞同。除省大已决定短期内改为国立外,黔省亦有设置国立大学之议,开各地高等教育均衡发展之风,殊为庆幸。国内各大学,科目纷繁,人才不敷分配,于是品流复杂,粗制滥造,殊非国家设学育才之意。个人意见,各大学及专门学校,宜就其学校历史及环境需要,将学科集中,设置讲座提高地位,聘请专家教授,负责领导,以期造就专门人才。云南省大所负使命,为培养中学师资,造就地方实际建设人才,并就本省天然物产,加以研究,如采矿冶金、植物学等,以期蔚为西南学术重心。"20日,云南省政府举行第515次会议,议决关于省立云南大学事项如下:1.省立云南大学校长何瑶辞职照准;2.任命熊庆来为省立云南大学校长;3.自8月1日起,省立云南大学直接隶属省府;4.任命何瑶为云南全省经济委员会专门委员。同时,议决云大核增经费为每年国币25万元。22日《云南日报》报道熊庆来校长谈大学教育方针,说:今后校务推进,详细办法,须到职后,视实际情况而定。今可得而言者,大学教育目的在培植各种专门人才。省大经费,过去极为有限,较诸国立各大学,仅三分之一强,而延聘教授人才,颇感不易。今后方针,一言以蔽之,勿论教者与学者,均一本重质不重量之本旨。各系学科,似觉繁多,此不但学者难收精进之效,而所需教授,亦因而增加。此种无益消耗,殊为不值。今后每系之下,拟仅设一二科足矣。教授之下,拟仿德国办法,添设青年教员及助教以补助之。总之,今后将使省大毕业学生,其造就不在一般国立大学之下,而为社会有用之人才。

熊庆来8月1日到云南大学接任校长。卸任校长何瑶同时到校交代,省政府派教育厅龚厅长前往监督。8日,新任云大教务长何鲁乘欧亚飞机由西安到达昆明。熊庆来到校视事后,励精图治,对学校改进提出5项基本原则,1.慎选师资,提高学校地位;2.严格考试,提高学生素质;3.整饬校纪;4.充实设备;5.培养研究风气,并全力加以实现。对院系组织作了适当调整与扩充:1.正式成立医学院;2.将理工学院分设为工学院与理学院。理学院即以原设之数理系分为算学系与理化系外,又以滇省生物繁滋,植物之研究较易而影响于学术之进步甚大,特增设植物系,以增加学术地位,奠定发展农林的基础。工学院因限于设备,仍设土木工程系与采矿冶金系。3.文法学院中原设教育、法律、政治经济、中国文学等4系,现将中国文学系扩大为文学系,俾于西洋文学亦酌设学程。经过调整与扩充,云大分4院9系。对人员也初步作了调整,由何鲁任教务长,熊庆来暂兼理学院院长,工学院院长聘请杨季岩担任。对现任教授及助教,除保留优良者外已向省外聘任。学生添招4班,共160人。新生不分系别,到2年级始由学生依其志趣所在,选定学系。原云大各学系学生人数较少,有待补充,兼以抗战爆发,北方和沿海各省学生纷纷要求转学云大,应予允准,故本期就以设备各系所能容纳之学生人数,添招学生145名,以宏造就。8月17日,云南省政府呈请行政院教育部自二十六年度(1937年度)起,将省立云南大学改为国立。9月1日,行政院训令教育部将省立云大,自二十六年度起改为国立,"应准照办,令行遵照"。但教育部提出:"惟二十六年度业已开始,关于添设科系,充实设备,增加师资,修订课程及呈请中央核定经费等事项,当于本年度末期,预为筹办。至更改校名,刊发关防及简任国立云南大学校长各节,拟自二十七年(1938年)七月一日起实行之。该校经费,将来除由国库列支若干外,所有省库支付原数,嗣后仍应照旧支付,并设法增拨,以资发展。"据此,云大改为国立问题推迟了一年时间。

熊庆来9月16日主持云南大学开学典礼。云南省主席龙云派教育厅龚厅长在会上宣读了训词,各机关长官、各界代表发表讲话。熊庆来校长也讲了话,强调云大自唐公创立,迄今已10余载,经政府之重视及许多热心桑梓教育的学人惨淡经营,已立有良好的基础,现在主座(龙云)锐意求治,于云大的发展,期望至殷。社会人士亦直接间接加以赞助,我们不能不努力。尤其在这困难严重的时候,北方京沪有名的学府,已被摧残及威胁,我们尤不得不就下述三方面力求迈进:一、教授方面,请有学问湛深,经验宏富者数人以为领导,俾学生得善诱之誉;二、设备力求充实,又滇中及邻省英俊之少壮学者,尽力罗致襄教,使一方面服务,一方面研究,以成良好学人,为他日学术上之栋梁;三、教授之著作及研究结果,设法发表,以增加学校精神。此外,更与其他学术机关联络,以发展特别研究事业。而求趋向上述三个目标,欲达到理想之地步,自不能一跃而企。但仰赖主席(龙云)之领导,政府诸公之扶助,三迤父老之策励,同事的努力合作,循着这轨道推进,可蒸蒸日上。10月9日,云南大学前拟添设各种讲座,当经商请中英庚款董事会专款补助。现云大接中英庚款董事会复文,允予专款补助,设置经济、物理、应用化学、采矿冶金等5个讲座。关于人选问题,熊校长亦已延聘,不日即可莅省。12月5日,针对当时社会上出现的一股思潮,认为当此外患煎迫之时,危急存亡之秋,何暇他顾,应宜全民武装,以谋抗战,凡中等以上学校,校舍皆应改为兵营,学生均宜训作战士,即属教员,亦应投笔从戎,以卫国土之说,熊庆来在《云南日报》的《星期论文》专栏发表《抗战中后方对于学术建设之责任》,认为这种思潮"固是悲壮,然稍加思考,究觉所见过偏,而言之过激。盖学术乃国家精神所系,倘此重要元素一旦受到敌摧毁消灭,则国家地位必受影响。""吾国学术生命,至是已濒于危殆。倘比较安全之后方不谋挽救,必待战争终局,方图恢复,则基础既毁,建设需时,吾国学术之发展,必后退十年乃至二十年,而一切建设,亦必蒙其影响矣。"故"甚望财力较厚之邻省,亦加注意,共同延续我国学术之生命,而树立我国民族复兴之基础"。文章最后提出了5项建议:1.建立健全之学府;2.创设研究与调查机关;3.设立完善之图书馆;4.刊行有国际性之杂志;5.设立良好印刷所与仪器制造厂。"以上诸端,皆今日科学建设切要的事,不独后方当局应加重视,即社会人士亦应认为是其责任之一,而群力图之。"18日,国民政府教育部督学许季康(名逢熙)奉派视察川黔滇三省教育。他视察云大后认为云大"基础颇佳""现中央已决定自下年度起改为国立。"29日,《云南日报》报道,云南大学校长、教授等105人,昨日电呈委座(蒋介石)拥护抗战国策。落款为:云南省立云南大学校长熊庆来暨教职员何鲁、程璟、郑崇贤、朱驭欧、张正平、严楚江、杨克嵘、罗仲甫、赵雁来、林同济、吴晗、吴大章、李季伟、马季唐、彭恒武、施蛰存、李长之、彭元士、陶音、李继先、张永宽、李肇义、方际熙、唐永权、甘师禹、王武科、杨元坤等105人同叩。(参见《云南大学志》编审委员会《云南大学志》第2卷《大事记(1915年—1993年)》,云南大学出版社1993年版)

　　林同济7月16日应邀赴庐山参加由国民政府行政院长蒋介石主持召开的全国学者贤达各界领袖国是谈话会。7月30日,南开大学遭到轰炸。8月,护送林氏家族成员赴四川重庆。黛南·格雷则避居上海租界。9月,转任云南大学文法学院院长兼政治经济系主任。11月28日,林同济教授就国民政府宣布,为适应战况,统筹全局,长期抗战起见,于11月20日移驻重庆一事,在《云南日报》之《星期论文》专栏发表《抗战成绩的一个估量》。文章说"国府移驻重庆,不是仓惶之举,乃是筹定之计;不是退缩,乃是决心;不是抗战的临终,乃是抗战的正式开幕。大陆国的农业民族所以抵抗工业化的岛国侵略者,本有其特殊的战略在。此后抗战形势的展开,必将要益显出此种特殊战略的性质。"他说:"我们唯一的任务,唯一的国策是战!战!战!战到底!"(参见江沛、刘忠良编《中国近代思想家文库·雷海宗、林同济卷》及附录《雷海宗年谱简编》,中国人民大学出版社2014年版;《云南大学志》编审委员会《云南大学志》第2卷《大事记(1915年—1993年)》,云南大学出版社1993年版)

　　吴晗年初在清华大学。2月,在《越风》发表《后金之兴起》,第1—2期连载。此为作者在研究建州史上取得的重要成果、公开发表的两篇文章之一,另一篇为《朝鲜李朝实录中之李满住》。文中全面、概括地叙述了建州历史的发展和后金的兴起。吴晗的这两篇文章基本上勾勒出建州历史发展的概貌。可以说是他补白建州史的一个详细提纲。5月28日,学校召开聘任委员会会议,决定吴晗等升任专任讲师。6月,吴晗撰成《明代的军兵》,内容包括"军与兵""卫所制度""京军""卫军的废弛""勾军与清军""募兵""军饷与国家财政"几个部分,对明代的军制和兵制以及京军、卫军进行了认真的考察。文章征引大量史料,对明初"从养军三百万基本上自给自足的卫兵制,到军兵费完全由农民负担,国库支出;从有定额的卫军,到无定额的募兵;从世袭的卫军,到雇用的募兵"这样一个重大的历史变化进行了系统的考察。作者还对卫所制度、京军、募兵等军事制度的组织形式、历史变更作了深入的研究,把这些问题的来龙去脉叙述得很清楚。此文所论是明代的军和兵,但它对军兵制兴废的考察,看到社会经济和国力的变迁,是一篇具有重要学术价值的文章。9月,吴晗应云南大学校长熊庆来之聘,到云南大学历史系任教授。10月,吴晗到达昆明云南大学,任文史系教授,开明史课,住在云大"为国求贤"门的斜对面。那儿是新聘请来的云大教授的临时宿舍,他和施蛰存,以及刚从法国留学回来的数学系教授王士魁各住一间。12月13日,吴晗在《云南日报》发表《把战区难民变成抗战力量》一文。(参见夏鼐《吴晗的学术生涯》,浙江人民出版社1984年版;苏双碧、王宏志《吴晗传》及附录《吴晗生平活动简表》,上海人民出版社1998年版;《云南大学志》编审委员会《云南大学志》第2卷《大事记(1915年—1993年)》,云南大学出版社1993年版;齐家莹编《清华人文学科年谱》,清华大学出版社1999年版;王学典《20世纪史学编年(1900—1949)》,商务印书馆2014年版)

王赣愚时任云南大学教授。11月22日,在《云南日报》发表《抗战最大的收获——统一》一文,说处此存亡关头,"一片散沙"的中国人,已经变成"一块坚固的石头了"! 这次抗战是我国民族自觉史的开始,是现代真正统一的中国的序幕。(参见《云南大学志》编审委员会《云南大学志》第2卷《大事记(1915年—1993年)》,云南大学出版社1993年版)

何鲁时任云南大学教务长。11月29日,《云南日报》以"代论"发表其《中华民族不亡的铁论及将来国际形势的推测》一文。文章阐述中华民族能够绵延的伟大力量在于有适应环境的能力和同化力。

按:文章开端介绍何鲁时说:何鲁,里昂大学硕士,历任中国公学校长、安徽大学校长,现任云南大学教务长。(参见《云南大学志》编审委员会《云南大学志》第2卷《大事记(1915年—1993年)》,云南大学出版社1993年版)

朱驭欧继续任云南大学政治经济系教授。12月12日,朱驭欧在《云南日报》"星期论文"专栏发表《抗战中对外交应有的认识》一文。文章批驳了"弱国无外交"的观点,主张军事与外交应相提并论,不可偏废。一时外交的失利,实不应影响我们对外交的努力! (参见《云南大学志》编审委员会《云南大学志》第2卷《大事记(1915年—1993年)》,云南大学出版社1993年版)

袁嘉谷为云南大学名誉教授。12月23日,袁嘉谷逝世。24日,《云南日报》报道说:"本省耆老、省府秘书长袁丕佑封翁袁树五(即袁嘉谷)先生于23日上午1时以忧国成疾,遽归道山。即日遵礼成服。噩耗惊传,全滇震悼。各界人士,均往致唁。先生道德文章,人所敬仰。而考据之学,尤为擅长。正期宏其绝响,掖彼后进,乃竟山颓哲萎,宁不怆伤,非特滇人之不幸,亦全国学术界一大损失也。先生生于同治十一年(1872年)7月,享年66岁。"27日,云南大学师生600余人追悼袁嘉谷。熊庆来校长致词,称赞袁嘉谷在云大任教多年,乐育后进,厥功匪浅。(参见《云南大学志》编审委员会《云南大学志》第2卷《大事记(1915年—1993年)》,云南大学出版社1993年版)

邹鲁继续任中山大学校长。8月起,日军开始长期轰炸广州,给广州带来深重灾难,中山大学也未能幸免。8月到9月及次年3月到6月,中山大学石牌校本部和市区附中校舍被日机轰炸多次,部分校舍被炸毁,死伤近20人,图书设备也损失不少。10月5日,针对日机轰炸中山大学,校长邹鲁对报界发表谈话,揭露日本帝国主义轰炸中山大学的真实目的,并从文化的角度揭示了中山大学坚持抗战的意义："倭寇对我国侵略，不但欲占领我全中国，且欲侵凌世界，及毁灭世界文化，故开战以来，对于我国文化机关特别加以摧残，肆意轰炸：天津之南开大学，河北女师，河北工学院，沪江大学，吴淞同济大学，南昌之葆灵女校，武昌之文华中学等，此世人之共知者。本校为总理手创之大学，而石牌新校尤为总理所计划，故规模最大；员生素受总理主义之特别熏陶，故抗敌精神亦最发扬，敌人早有以中山大学为抗日之大本营之名词，所以抗战以来数次轰炸本校。本校周围三万余亩，并无其他建筑物，敌人报纸曾目之为文化区，如非敌人故意消灭文化机关，绝无数次轰炸之理。有谓总理规划此校，规模宏大，致被敌机轰炸；然其他规模之大不如本校者，亦遭轰炸，可见敌人专欲消灭我文化机关无分规模之大小。"邹鲁校长表示："敌人轰炸之弹愈烈，吾人之敌忾愈炽。"从1937年度开始，为了传授与抗战有关的科学知识和技术，加强抗战教育，学校对各学院的课程作了调整，并结合各专业的具体特点，改开或增开与抗战有关的课程。12月，因时局关系，学校筹备迁校，由于搬迁费未蒙教育部发给，学校原有经费项目又没有可以挪用的，因此不得不减少教职员工的薪水。（参见吴定宇主编《中山大学校史（1924—2004）》，中山大学出版社2006年版）

尚仲衣时任中山大学研究院教育研究所代主任。抗战开始后，尚仲衣积极宣传抗日，在他的主持下，《教育研究》连续出版战时特刊，并撰写了《民族危难中的教育政策问题》《中国教育应有的转向》《致下乡做救亡工作的青年》等文章，指导抗日救亡运动的开展。他还以教育研究所为阵地，在广州组织抗战教育实践社，举办自修班和特种训练班，培养抗日救亡力量。他还自兼自修班的班主任，并安排教育研究所的师生担任自修班的教学工作，他还曾以自修班学员为基本队伍，组织抗战教育服务团，前往宝安县等地开展抗日救亡工作。（参见吴定宇主编《中山大学校史（1924—2004）》，中山大学出版社2006年版）

朱谦之4月在《现代史学》第3卷第2期发表《宋儒理学对于欧洲文化之影响》。暑假，回何绛云故乡广西梧州继续撰写《中国思想对于欧洲文化之影响》。（参见黄夏年编《中国近代思想家文库·朱谦之卷》及附录《朱谦之年谱简编》，中国人民大学出版社2015年版）

陈啸江4月5日在《现代史学》第3卷第2期发表《中国经济史研究室计划书》。该计划书指出，"中国经济史研究室"的目标是在若干时期内，逐渐编纂《中国经济史》《中国经济思想史》、"中国经济史丛书"（包括"断代经济史""各种经济部门专史""专题研究"）；研究方针是"切实收集材料""注重科学方法历史科学方法""缩小研究对象"。（参见王学典《20世纪史学编年（1900—1949）》，商务印书馆2014年版）

黄文山创办《更生评论》，任社长，主编者为杨成志、周信铭。1月1日，在《时代动向》第1卷第1期发表《民族复兴之心理基础》。文中回顾了欧洲民族主义的四个发展阶段：第一阶段——作为民族情感的民族性之培养。第二阶段——民族性，作为政治自决的观念之确定。第三阶段——"完整的民族主义"时代。第四阶段——"经济的民族主义"时代。最后强调：所以我们根据欧美以往的史实，与对目前事势之客观的观察，坚信欲谋国家民族之独立与生存，完成民族之复兴，自应集合全国国民心思才力，在一个方针之下，为最大之努力：（一）在消极方面：我们应该反帝国主义，反封建主义，反个人主义。（二）在积极方面：我们应该培养民族自信心，发扬民族优点，建立中国本位的思想与文化。2月15日，在《更生评论》第1卷第2期发表《历史科学与民生史观》。7月1日，在《新粤周刊》第1卷第1期发表《文化史上的广东与广东文化建设》，提出建设广东文化的三个原则：一是主张应该集中一切物力财力人力，造成广州为南方的文化中心。二是建设完备的学术研究机关。三是应以政治经济力量推动文化建设。15日,在《时代动向》第2卷第1期发表《文化上的中国统一观》。文中强调"中国本位文化之建设"与"民族的国家"之建立。"我们对于统一国家,复兴民族,应有两个基本概念:第一,文化的统一为中国文化的必然趋势,在今日所以要建立'中国本位文化'奠定学术思想之重心,向世界文化迎头赶上去。第二,政治的统一为中国历史的一贯的趋势,在目前尤其要建立'统一的民族国家',巩固国家之统治权及领土之完整,把中国从根救起来。"

黄文山8月31日在《时代动向》第2卷第4期发表《抗战进展中教育界的任务》。9月30日,在《时代动向》第4卷第6期发表《为要扩延抗战的能力率与持久性请大家尽量购买救国公债》。11月9日,在《更生评论》第1卷第12期发表《发扬民族气节之根本义蒂》《朱执信先生及其革命的人生观》,前文谓"千言万语,总括言之,不外乎是:知识分子注重气节,在民族史上之伟大的价值,吾无间言。我国之所以历数千万劫而仍能岿然独存,普世莫与伦比者,以有此看家本领在。然而少数知识分子,能秉志忠贞,其对于民族复兴之前途,固然绝对的需要,惟整个民族气节之发扬,在目前阶段中之重要,尤为不可掩遮之事实。所谓'民族的气节',当然以'民族意识'为其骨干。发扬民族气节之方法,自应学拿破仑之'里向外'的教育方法,着重民族精神之启发与涵养,如是然后能使整个民族发扬踔厉,有优越的气节,并能以其卓越不拔之气节,形成莫能与抗之伟大力量。亦惟如是,然后人人能持必胜之信念,凌驾一切物质之威力,而获摧毁与克服敌人之效果。岳武穆所谓'运用之妙,存乎一心'者,意在斯,意在斯。"是年,还在《更生评论》发表《复兴民族的几个基本原则》《战时统制理论纲领》等文章。以上各文主要在抗战全面发生的背景下,宣传国民党的民族主义、政治统一和文化统制理论和政策,配合全面抗战工作。是年,兼《广州日报》社长。(参见赵立彬编《中国近代思想家文库·黄文山卷》及附录《黄文山年谱简编》,中国人民大学出版社2013年版)

杨成志因中山大学文科研究所与岭南大学社会调查所合作组织"海南岛黎苗考察团",遂派研究生王兴瑞前往海南岛深入大旗苗村调查长达五个多月,写成《海南岛黎人研究》,获得硕士学位。杨成志又派研究生江应樑与云南地方政府合作,深入调查研究傣族(旧时通称为"摆夷"),次年写成《云南西部的"摆夷"研究》,作为调查报告,取得硕士学位。

岑家梧《𧑀燕集》8月由上海群众杂志公司出版。11月,由日本归国。先于上海参加"上海文艺界抗日救亡"活动,后归广州,入"救亡呼声社",参加抗日救亡运动。此社由留日归国学生与平津南下学生联合会组办。是年,《史前学研究概述》刊于《广州学报》第1卷第1期;《致李则纲函》刊于《学风》第7卷第1期;《日本近代绘画雕刻建筑作风之演变》刊于《书林》1937年第2卷第2期;《中国石器时代社会研究》刊于第3卷第2期;《家园之书》刊于《诗场》第2期;《读曾松友著〈中国原始社会之探究〉》刊于《食货》第5卷第5期;《转形期的图腾文化》刊于《食货》第5卷第6期;《〈史前史概论〉自序》刊于《书林》第1卷第7期;《〈史前艺术史〉自序》刊于《书林》第2卷第1期。(参见《岑家梧文集》第四卷附录《岑家梧生平和主要著述年表》,海南出版社2017年版)

伍锐麟利用课余之暇带领岭南大学选读《社会调查》的同学对广州下渡村76个家庭进行调查。调查主要集中在三个方面:一是家庭与人口的情形;二是经济情形;三是社会生活状况。调查结束后,由伍锐麟撰写《广州市河南下渡村七十六家调查》,刊于《岭南学报》第6卷第4期上。

林励儒因勤勤大学改组,教育学院独立为广东省教育学院,任院长。

赵少昂任广州市立美术学校中国画系主任,后来移居香港,同年参加在南京举办的第二次全国美展。

罗海沙为主席的广东戏剧协会8月8日在广州成立。

林惠祥欲避难东南亚,临行前亲自将学生梁钊韬送往中山大学,介绍给杨成志,由杨成志推荐,进入中山大学历史系学习。

李宗仁、白崇禧、黄旭初筹建的广西建设研究会10月9日成立于桂林,以"三民主义及广西历年来建设经验,为适应对日抗战时期之需要,从事于广西省政治、经济、文化诸方面建设问题的研究"为宗旨。此日即李宗仁离桂北上抗日的前一天,李宗仁出席广西建设研究会成立大会,并致题为《广西建设研究会成立之旨趣》的开会词。会议推举李宗仁任会长,白崇禧、黄旭初任副会长,李任仁、陈劭先、黄同仇任常务委员,主持日常事务。常务委员会下设秘书、编译、图书3室,分别由徐梗生、万民一、胡讷生任主任。另设研究机构,分政治、经济、文化3部,分别由黄旭初、黄蓟、霍沛鸿任主任。各部每月举行座谈会1次,讨论有关广西的政治、经济、文化建设等问题。据《本会职员及研究员姓名一览》,政治部研究人员如下:政治部主任黄旭初,副主任白鹏飞、张君劢,研究员彭襄、邱昌渭、朱佛定、李任仁、韦永成、黄同仇、粟豁蒙、万民一、李焰生、黄季陆、胡讷生、万仲文、李鸿一、赖惠鹏、帅云风、夏威、雷殷、黄蓟、马君武、吕竞存、陈劭先、岑德彰、黄钟岳、王逊志、麦焕章、张一气、曾希亮、黄钧达、陈智伟、陈超、钟震、张任民、李新俊、王季文、苏希洵、邓家彦、黄景柏、张君度、朱朝森、梁朝玑、孙仁林、陈戚鹏、郑湘畴、张映南、张明时、邓初民、徐纯祖、黄廷英、陈豹隐、蒋伯仑、李作砺、盛成、李干军、闵志达、陈居玺、周焕、吴求胜、方振武、莫违义、林东海、王惠中、刘鸿渐、吴胜己、刘仲容、胡愈之、李肇伟、刘士衡、程思远、卢象荣、张志让、钱实甫。从这个名单可以看出,广西建设研究会确实网罗了当时中国大量政治理论研究的专家、学者。除出版丛书外,还编发《建设研究》《时论分析》《敌国舆情》等刊物。

按:李宗仁《广西建设研究会成立之旨趣》曰:我们这个研究会,成立于我们民族对外积极抗战之今日,实负荷了一种异常严重的使命。这次的战争关系我们整个国家民族的存亡,……我们要能得到最后的胜利,决不是单纯地靠军队以武力所能达到目的的。必须举国一致,以持久的毅力,为坚忍不拔百折不挠的奋斗,始足以杀敌致果与靖难复兴的。因此,政治战、经济战、文化战实较之军事战尤为重要。而正确的政治路线更为决定战争胜负的重要关键。

本会负责研究的范围,只限于政治、经济、文化三个部门,而在这三个部门中我们所尤应注意的是文化建设。因为文化为一切建设之母。而我们的国家又是有名的文化古国,我们有五千余年的光华灿烂的建国历史,即充分证明我们的文化的妥当性,所以我们必须把我们的固有文化,发扬光大,以使我们民族的自信力提高,而后我们民族的复兴才有达成的希望。我们自有我们的历史,自有我们特殊的国情国性,因而自有我们的文化建设的大道;一味盲目地摹仿欧美甚至于把他们的什么主义生吞活剥地拿来实行,是救不了我们的国家,复兴不了我们的民族的。

一种政治思潮或主义的产生决不是从天上掉下来的,必然地都有其特殊的环境与特殊的历史背景,亦必然地不能"放诸四海而皆准,俟诸百世而不惑"。所以我们对于某种思潮或主义用冷静的客观的头脑去研究去比较,看看它是否和我们的国情国性正适合,看看它是否在我们特殊的当前环境与历史背景之中有前途以供我们建设的参考则可。不管国情国性,不要历史,不顾环境,生吞活剥地拿来实行则不可,因为我们既有我们的环境和历史,自然会有我们的文化,而离了历史和客观环境去讲文化建设,结果只是玄学家的玄谈哩! 所以我们居今日而谈文化建设必须恪守总理遗训恢复中国固有的文化,融合西洋的现代文化,然后我们所建设的文化才是真正的中国新文化。(参见李宗仁等编著《广西之建设》(下),广西建设研究会1939年版;黄伟林《抗战时期的广西建设研究会》,《广西文史》2015年第3期)

黄旭初时任广西省政府主席,兼广西大学校长。2月,校本部及文法学院奉省令迁入桂林李子园。这主要是桂系当局企图以军事管制的办法,控制学生的进步活动。4月19日,由黄旭初校长主持欢迎北平各界湘鄂桂粤观光团团员石志泉、白鹏飞到校演讲,白鹏飞演讲《我的平生》。4月20日下午2时,邀请北平教授陈豹隐演讲"现代政治学上的民族问题"。6月,省令修改西大组织大纲,校长、秘书长以下设大学秘书1人或2人,注册主任、文书主任、事务主任、会计主任、军训主任、图书馆主任、校医各1人。桂林以外各学院,院长以下设院秘书、注册员、文牍员、事务员、会计员、校医及图书馆主任各1人。至于各学院教务,则由院长兼任。同月,第三次校务会议议决文法学院增设政治、经济两学系,农学院林学系主任林汶民暂代农学院院长。7月,依照新组织大纲将校本部改组,分注册、事务、文书、军训四处,及会计室、图书馆,并增设统计室。同时任命范昱为大学秘书,梁拱为注册主任,梁构为事务主任,韦奋膺为文书主任,蔡声瑞为会计主任,易滨素为图书馆主任,军训主任汪玉珊奉第四集团军总部加委。8月,广西省任命毛振荣为统计室主任。10月,广西省令准在广西大学成立经济研究室,聘请经济学系教授千家驹兼主任,陈晖为研究员,张培纲为秘书。主要研究广西的粮食、交通问题。(参见黄华春主编《广西大学校史(2009—2018)》,广西师范大学出版社2018年版)

邓初民为广西大学著名教授。5月,在桂林"五四运动"纪念大会演讲"从'五四'与北伐的成功失败教训说到拥护广西焦土抗战主张"。同月22日,在桂林女中演讲《当前妇女问题与妇女运动》。6月,在桂林中等以上学生讲演会演讲《从实现焦土抗战说到学生暑期工作》(参见黄华春主编《广西大学校史(2009—2018)》,广西师范大学出版社2018年版)

陈豹隐4月20日下午2时应广西大学邀请南下演讲《现代政治学上的民族问题》,而论定"中国应采取之民族政策,为对内扫除专制主义,对外拒绝侵略,及发展国民经济以抵抗外来侵略,政治上要求统一。适与最初之德国民族运动,及十九世纪意大利、德意志统一运动相结合。后并谓中国社会前途走上变态的社会主义时,则社会主义的民族政策,即经济上一民族不剥削一民族,实行合作,政治上可以自由,和别一民族联合,也可以和别一民族脱离"。(参见黄华春主编《广西大学校史(2009—2018)》,广西师范大学出版社2018年版)

牟宗三在北平主编《再生》杂志。与张遵遛定交。"七七"事变爆发后,自北平过天津,走南京,至长沙转衡阳。后赴桂林。在《哲学评论》第6卷第2—3期合刊发表重要论文《觉知底因果说与知识底可能说》。(参见王兴国编《中国近代思想家文库·牟宗三卷》,中国人民大学出版社2015年版)

郁达夫继续任福建省政府参议兼公报室主任。1月1日,在厦门《星光日报》第1版发表《可忧虑的一九三七年》。24日,在福州《福州民报·小园林》第962号发表短评《鲁迅先生纪念奖金基金的募集》,认为鲁迅纪念委员会筹备会最近发起的纪念鲁迅文学奖金的募集,"是一种盛举"。在中国,像这一种纪念的方式也是"绝无而仅有",希望福建文艺界人士"都能踊跃参加"。此文根据"鲁迅先生纪念筹备委员会"于本月2日在上海发表"公告",决定"募集办理纪念事业之资金"的精神而写。17日,作《写作的经验》,向福建青年介绍自己的创作过程和经验。3月1日,以日文在日本《改造》第19卷第8号发表论文《鲁迅的伟大》,说鲁迅是新文学运动以来"最伟大的时代的代表者",鲁迅的小说,"比之中国几千年来所有这方面的杰作更高一步"。4月,受陈诚之命,致电郭沫若,谓当局"将有重用",要其"赶快回国"。5月18日,致函郭沫若两信,略谓:"今晨因接南京来电,嘱我致书,谓委员长有所借重,乞速归。我以奔走见效,喜不自胜,随即发航空信一、平信一。一面并电南京,请先取消通缉,然后多汇旅费去日,俾得早日动身。强邻压迫不已,国命危在旦夕,大团结以御外患,当系目下之天经地义,想兄不至嫌我之多事也。此信到日,想南京必已直接对兄有所表示,万望即且整装,先行回国一走。临行之前,并乞电示,我当去沪候你,一同上南京去走一趟。这事的经过,一言难尽,俟面谈。"7 月 27 日,郁达夫专程前往上海,迎接从日本回国的郭沫若。当天,与沈尹默前往法界大西路中法文化基金委员会住宅拜访。

郁达夫 8 月 11 日离沪返闽,乘三北轮船公司靖安轮南行。因"八一二"上海战争爆发,轮船途中飘泊暂避宁波,上岸换车,经曹娥,过绍兴,至杭州,往严州,再经闽北返回福州。9 月 10、20、30 日,在《闽政与公余》旬刊第 1 号、第 2 号、第 3 号发表时评《全面抗战的线后》。10 月 17 日,出席在福州科学馆大礼堂举行的文化界救亡协会成立大会暨鲁迅逝世 1 周年纪念会,并致词。会议举行选举,被推选为福州文化界救亡协会理事。19 日,作《鲁迅逝世 1 周年》,刊于 20 日福州《小民报·怒吼》第 4 号,认为纪念鲁迅最好的办法"莫过于禅续先生的遗志,拼命地和帝国主义侵略者及黑暗势力奋斗",并"希望最近的将来,能把暴日各军阀以及汉奸们的头颅,全部割来,摆在先生的坟前,作一次轰轰烈烈的民族祭"。20 日,作《战时教育》,刊于 20 日、30 日《闽政与公余》旬刊第 5—6 号,认为战时的教育意义,第一,是适应战时的应急教育;第二,是准备战后复兴的国民教育。文章从"战时教育方案""战时工作机构""各种战时工作干部训练班及救亡大学""研究院""战时教育之方法"等方面提出了一整套的设计方案和实施措施。

郁达夫 10 月 21 日在"福州文化界抗日救亡协会"举行的理事会上,被推举为常务理事。许钦文、董秋芳、杨骚、魏然、陈启肃,亦被选为常务理事。22 日,在第一次常务理事会上,被推选为理事长。董秋芳为秘书,许钦文任宣传部长,杨骚为编辑委员会主任委员。29 日,福州文化界救亡协会发表《福州文化界救亡协会宣言》。11 月 15 日,为加强统一战线,福州文化界救亡协会决定将《小民报》文艺性周刊加以合并,集中方量出《救亡文艺》。同日,《救亡文艺》创刊,郁达夫与杨骚任主编,至 12 月 4 日停刊。12 月 1 日,在福州《小民报·救亡文艺》发表《读胡博士的演说词》,对胡适在美国向侨胞发表演讲中有关日本的分析表示异议,认为胡适所说的日本经济"不至于崩溃,民众不至于起自坏作用""不尽使然"。日本经济制度的脆弱,国债数额之庞大,"实为世界各国的绝无之现象"。过重的人民负担,加之大规模的侵略,日本"经济制度必至于崩溃",最终带来的是"民众的动摇"。3 日,郁达夫因福州国民党军统特务叶成以福州文化界抗敌协会有"异党分子活动"为借口"威胁协会诸人",并要改组"救亡协会",愤而辞职。同日,在《小民报·救亡文艺》刊登郁达夫启事,声明退出协会。次日,许钦文、杨骚、董秋芬亦相继辞职。《救亡文艺》停刊,并刊登《告别》启事云:"《救亡文艺》至今天停刊,与读者相见二十日,不料竟如此匆匆分手,特此告别,并致民族敬礼。"同月,郭沫若抵香港,住六国饭店。一星期后与林林、姚潜修、叶文津、郁风、于立群等乘船返广州。(参见陈其强《郁达夫年谱》,浙江大学出版社 1989 年版)

林文庆继续任厦门大学校长。1 月,全校教学机构经裁并后,设文、理、法商三学院;文学、历史社会、教育、数理、化学、生物、法律、政治经济、商业等 9 学系。春季开学时,在校本科生 295 名。5 月,林文庆校长受陈嘉庚之托,专程赴京与教育部商洽改归国立事宜。6 月 4 日,教育部长王世杰复电陈嘉庚,同意将厦大收归国办,答应接办后将力求扩充发展,并提出纪念创办人的办法。6 月,举行第十二届毕业典礼,各系毕业生 61 人。7 月 1 日,经南京国民政府核定,私立厦门大学正式改为国立,年经常费203000元列入1937年度预算,数额为国立各大学中最少者。6日,教育部经呈请行政院核准,简任清华大学教授萨本栋博士为国立厦门大学校长。7月7日,卢沟桥事变爆发,日军大举入侵华北,东南沿海战云密布,位于厦门海防前哨的厦大,情势紧张。

萨本栋7月6日接到出任国立厦门大学校长的任命电报。7日,"七七"事变爆发,萨本栋用三天完成在清华的工作交接,赶赴厦大。中央社北平十六日电:"厦门大学校长萨本栋,自奉到任令后,即于平津交通阻断之十一日夜,冒险离平赴京,接洽一切。顷获有电到平报告,业于十三日抵京,正向教育部接洽,并在京罗致教授,俟稍就绪,即赴厦就职。"29日,萨本栋完成对厦门大学的接收工作,正式视事。林文庆移交完毕后,返回新加坡。萨本栋接任国立厦门大学校长后,"特设嘉庚奖学金若干名"以使陈嘉庚捐资兴学的精神"动垂久远"。又呈请教育部特设"国立厦门大学咨询委员会",并亲拟章程,明确规定"陈嘉庚、林文庆为永久咨询委员"。30日,奉教育部令裁撤法律学系,增办土木工程学系(暂附理学院内);同时裁撤附设高级中学及实验小学。8月,招收新生132名。9月4日,因日军袭击厦门,厦门处于战火严重威胁之下。为谋员生安全,全校暂迁鼓浪屿,重要图书、仪器、标本等随之陆续装箱,准备迁移。10月4日,借用鼓浪屿英华中学及毓德女校部分校舍开学,各年级学生报到注册者282名。11日,"国立厦门大学学生救国服务团"正式成立。萨本栋坚持厦门大学选择校址的原则:"要留在东南最偏远的福建省内,以免东南青年向隅;要设在交通比较通达的地点,以便利闽浙赣粤学生之负笈;新校址的环境,要比较优良,以使员生得安心于教导与求学。"10—11月,萨校长与福建省主席陈仪商洽后,决定全校内迁闽西山城长汀,并派教务长周辨明、校秘书杨永修前往长汀预作安排。12月24日,厦门大学全体师生渡过鹭海、九龙江及十几条溪流,越过多座崇山峻岭,长途跋涉800里,于1938年1月12日先后有序地抵达闽西长汀。厦门大学自此在闽西长汀办学8年,校史称这一时期为"长汀时期"。(参见洪永宏编著《厦门大学校史》(第一卷)及《厦门大学校史大事记》,厦门大学出版社1990年版;陈支平《厦门大学百年校史:1921—2021年》,厦门大学出版社2021年版)

林庚在国立北平师范大学编有《中国新文学史略(上编)》,仅写到京派与海派即戛然而止,未能呈现中国现代文学的全貌,但林庚以诗人的锐眼看取中国新文学,力图呈现新文学发展中"那时一片新鲜的朝气,与那一泻千里不可遏制的气势"。9月,林庚离京赴厦门大学任中文系讲师,不久任副教授、教授。

按:林庚早在1936年至1937年间就在国立北平师范大学讲授新文学并编有讲义,潘建国在南京大学图书馆找到并整理公布了林庚题赠罗根泽的铅印线装《中国新文学史略(上编)》。

黎烈文回到湖南湘潭;后应福建省教育厅长郑贞文之邀去福建任省教育厅中等学校国文科视导员。

李叔同年初在南普陀寺讲《随机羯磨》。2月,在佛教养正院讲《南闽十年之梦影》。3月,为厦门市第一届运动大会作会歌。5月,应邀至青岛讲律,10月,返厦门。

巨赞继续在厦门闽南佛学院任教。在《佛教公论》发表《为僧教育进一言》。在北平《微妙声》发表《如是斋琐议》。(参见黄夏年编《中国近代思想家文库·巨赞卷》及《巨赞年谱简编》,中国人民大学出版社2015年版)

林惠祥自费到闽西考察,发现武平新石器时代的石器和印纹陶等文物。此为中国东南地区最先发现的新石器时代的遗址。林惠祥从武平新石器时代文物的研究中,认为石锛、有段石锛和印纹陶,是东南古越族及其先民的遗物,是中国东南地区古文化的特征。这些创见,为他后来的考古发现所证实,得到其他考古学家的承认。

竺可桢时为浙江大学校长,因日寇逼近杭州,率全校师生离开杭州,横穿浙、赣、粤、湘、桂、贵6省,行程2600多公里,历时两年半,最终将学校总部迁到贵州省遵义、湄潭。1月1日,竺可桢为《科学的民族复兴》一书作序。12—19日在香港出席远东气象会议,被推定为该小组委员会之委员。28—30日,在南京出席气象学名词审查会议,对气象学名词逐条议决,经3日竣事。约2月,出席远东气象会议归来后,深感国际间之气象事业蒸蒸日上,各国赖气象行政以发展航空、水利及其他物质建设者,无不竭力推进,故对本国气象事业,决计积极设法改进。同月,与卢于道、李振翩共同署名编辑的《科学的民族复兴》一书出版。3月1日,在南京晤陈布雷。为辞浙大校长职,向其推荐任鸿隽为继任人选。20日,在浙江大学史地系与浙江省立图书馆合办之"浙江学术讲座"演讲会上,主讲"浙江之气候"。同日,主持中国科学社理事会议,被推定为年会筹备委员会委员长。30日,在杭州偕陈布雷至澄庐晤蒋介石,答所询学校纪律状况并谈及浙大建筑。4月1日,在南京主持中国气象学会第12届年会并致开幕词。继续当选会长。2日,在南京主持中央研究院召开的第三届全国气象会议并致开幕辞。会议提出提案94件,分6类讨论,以设立中央气象总机关一案为最重要。

> 按:会议决定:(一)组气象总机关,隶属于行政院,管理全国气象事宜;(二)名称为中央气象局;(三)经费呈请国民政府指由国库支出;(四)推进办法,设立委员会,由气象所、全国经济委员会水利处、航空委员会、江苏省建设厅、交通部航政司等5机关共同组织,负责推进,并由气象所召集。重要提案还有:设立西沙群岛测候所以重考查而固国防案;统一全国雨量站、蒸发量站案;修改前颁全国气象实施规程案、完成各省测候网案等。

竺可桢4月4日在南京主持中国地理学会第四届年会并致开会词。继续当选理事。10日,赴外交部,商谈在西沙群岛建测候所事。13日,致函教育部,请通令各个大学酌量增设气象学课程。5月1日,在南京主持筹组中央气象局委员会第一次会议。3—4日,在南京出席中央研究院首届评议会第三次年会。向会议报告气象所最近工作概况。6日,在南京主持修改全国气象观测实施规程会议,到内政部、经济委员会水利处与气象所三部门代表。7日,在南京晤王世杰,遇胡适,谈辞浙大校长问题。17日,在杭州出席杭州市政府成立10周年纪念会并致词。祝愿杭州成为全国人之杭州,使天然之美与人为之美两相调和。此后一切建设,宜从全国人之眼光着手。6月13、14、16、18日,在南京中央广播电台演讲《气象浅说》。讲词发表于《播音教育月刊》。14日,在南京劝徐近之尽全力以著《西藏》一书,因西文书虽汗牛充栋,而西藏为中国土地,却反无一本书也。27日,在浙大大学部第十届暨代办省立杭州高工及农业学校第五届毕业典礼上致辞,并作为教育部代表致训辞。浙江省府主席朱家骅到会并致辞。

竺可桢7月14日至牯岭。16—20日,参加庐山谈话会。16日,以特邀代表身份出席第一次谈话会,到160余人,其中80人为特邀人员。蒋介石、汪精卫均到。汪致辞谈及宪法、共产党容纳问题及卢沟桥事变问题等。其后为自由发言。下午3点参加教育界人士会议,到江问渔、何柏丞、朱经农、庄泽宣、蒋梦麟、周鲠生等20余人。议决向大会提出建议:如战事发生,学校不停办;组织扩大咨询委员会;训育事宜由教育行政方面主持。17日,出席第二次会议,汪精卫报告外交形势,蒋介石报告政府对于卢沟桥事件处置的基本原则。中午出席蒋介石招待的中膳,到陈通伯、周鲠生、皮宗石、刘湛恩、丁巽甫、徐诵明、何柏丞、吴贻芳等人。同日下午 4 点,出席汪精卫召集的谈话会,讨论外交问题。19 日,在牯岭出席国立大学校长谈话会,到蒋梦麟、罗家伦、何柏丞、梅贻琦、徐诵明等 7 人,讨论战时大学应如何办理。20 日,在牯岭出席教育组会议。汪精卫主持,报告一年来的教育工作,并谈及国防教育与特种教育等问题。22 日离牯岭。27 日,主持浙大临时校务会议,讨论应付时局问题。同日,至浙江省广播电台演讲《救亡图存中每个国民应尽的职务》。31 日,在南京主持气象所所务会议。8 月 1 日,在南京与教育界领袖蔡元培、蒋梦麟、胡适、梅贻琦、罗家伦、王星拱等 7 人联名致电国际联盟知识合作委员会,报告日军侵略南开大学暴行,请转达各国对日本进行制裁。13 日,"八一三"战事发生后,竺可桢为应付非常事变,浙大成立"特种教育委员会",下设警卫、消防、救护等 9 个股,每一教职员均须参加一股工作,竺可桢任委员会主席。21 日,竺可桢携家眷由南京寓所迁至杭州。

竺可桢 8 月 23 日主持浙大校务会议。决议择定湘湖为迁移地址。9 月 5 日,主持浙大迁校谈话会。从交通、校舍、食粮、水电、安全等方面详细商定迁移西天目山禅源寺办法,并确定了负责办理人员。要求以全体迁移为原则,最近期间先迁一年级,二、三、四年级遂后续迁。11 日,主持浙大校务会议。报告迁校计划:大学本部迁天目山禅源寺,定 9 月 20 日以前先迁一年级,二、三、四年级俟后续迁;高工部迁湘湖农场,预定 9 月 16 日迁竣。议决:二、三、四年级定双十节以前迁禅源寺临时校址上课。17 日,召开浙大一年级教授会议,决定 21—22 日移往天目山,实行训教合一。21 日,浙大一年级生第一批出发赴天目山。决定高工方面职工解散,工厂亦停工,大学工学院亦拟裁减,以节糜费。10 月 1 日,召开浙大特种教育常务委员会会议讨论校址问题。决定为天目山及建德二处,二年级先于双十节前迁天目山。2 日,为觅校址赴建德考察。25 日,在天目山对浙大一年级新生发表演讲,阐述大学生之责任,勉励大家将来能做社会上各业的领袖。希望在此困难严重之际,能有百折不挠、坚强刚果的大学生们,来领导民众,做社会的砥柱。

竺可桢 11 月 2 日与中研院院长蔡元培、同济大学校长翁之龙、交通大学校长黎照寰、暨南大学校长何炳松联名致电华盛顿九国公约会议,吁请制止日寇侵华暴行。该电稿由竺可桢所拟。11—13 日,浙大学生陆续迁往建德。14 日,离杭州至建德。16 日,在建德召集二年级代表谈话,嘱应注意之各事项。下午召开特种教育常务委员会会议,指定周承佑代理建德分校总务长。17 日,在建德先后召开二年级训育导师会议及系主任会议,部署工作及做好明日开课准备。18 日,浙大在建德开课。12 月 9 日,由建德出发至江西吉安、泰和勘察迁校地点,接洽落实吉安、泰和临时校址。16 日返回建德。17 日,在建德召开浙大特种教育委员会常务委员会会议,决定提早迁赴吉安。24—26 日,浙大师生、眷属开始陆续撤离建德,向江西吉安出发。一路十分艰辛,车中拥挤不堪,又有敌机轰炸;所乘车、船还不断被兵所扣,长时间被困于途,有时只能徒步前进。历尽艰难困苦,终于于翌年元月陆续到达吉安。翌年元月 13 日有首批 20 余学生及个别教职员到达,直到元月 21 日,三、四年级方最后到吉安。26 日,从建德出发,经兰溪、金华、衢州,于 29 日抵玉山。翌年元月 8 日离开,11 日抵达吉安。一路奔波。不断与军政、路局各方联系。想方设法解决车辆船只。克服重重困难,终于率领全校师生转移到吉安,完成了一次艰难的迁移。约冬季,因苏步青夫人是日本人,竺可桢担心苏夫妇在搬家途中会受到盘查,甚至还有生命危险,遂向时任浙江省长的朱家骅讨了一张手令,责令沿途军警一律不得检查。竺可桢校长考虑得如此周到,令苏步青十分感动。是年,所译翁文灏著《丁在君传》英文稿"V. K. Ting Biographical Note"刊于

《中国地质学会志》第 16 卷。(参见李玉海编《竺可桢年谱简编》,气象出版社 2010 年版;沈卫威《学衡派编年文事》,南京大学出版社 2015 年版)

钱基博任浙江大学中文系教授。抗日战争开始后随校迁江西泰和,与浙大同仁创办《国命旬刊》,并撰写《发刊辞》。发表《吾辈人何以处》,引用孔子"志士仁人,无求生以害仁,有杀身以成仁"之语,疾呼"中华之精神不死,而后民族之复兴可期",为抗战宣传。又与浙江大学顾谷宜教授合作,从俄文本翻译《德国兵家克劳塞维兹兵法精义》。(参见王玉德《钱基博学术年谱简编》,载舒大刚主编《儒藏论坛》第 3 辑,四川大学出版社 2009 年版)

梅光迪 10 月在《国命》创刊号上发表《言论界之新使命》。11 月,在《国命》上发表《斥伪教育》。(参见眉捷《梅光迪年谱初稿》,海豚出版社 2017 年版;沈卫威《学衡派编年文事》,南京大学出版社 2015 年版)

王庸、郁达夫、陈大慈、陈训慈、严北溟等 60 余人 4 月 12 日参加杭州作者协会召开的第二次理事会。

张孟闻从法国回国,应竺可桢的聘请,任浙江大学教授,抗战开始后随校迁到贵州。

马一浮 3 月与夏承焘、释印西谈出世、入世,认为:"佛出世亦是入世,儒入世亦是出世。"5 月 31 日,致书熊十力,读熊十力示答意人马格里尼问《老子》义一书(即熊十力《答马格里尼》),以熊十力的论说,认为"老氏言有无,释氏言空有,儒家言微显,皆以不二为宗趣。'有生于无之生,是显现义。'此语下得最好。说不不昧是心平等相,及静之徐清,动之徐生,归根、复命、知常诸义,皆极精审,于学者有益。据《老子》本书,乃是观缘而觉;今西洋哲学则是观缘而不觉,静躁之途异也。"因日寇进逼杭州而避难南迁。10 月,撰《将避兵桐庐留别杭州诸友》,油印寄分诸友,避寇于桐庐。11 月 7 日,致书王邀达,因敌机肆虐,匆匆迁往桐庐避难,未与其告别而表示歉意,并请王邀达若有战事的消息,望能告知。月底,迁居阳山阪汤庄。(参见张雨晴《马一浮学术年谱整理(1911—1949)及其儒学践履活动研究》,贵州大学硕士学位论文,2019 年)

施昕更 3 月 8 日主持西湖博物馆试掘良渚遗址。此次发掘至 20 日结束,获得了众多黑陶壶、石器、玉器等。至次年 6 月,施昕更撰写的《良渚——杭县第二区黑陶文化遗址初步报告》由浙江省教育厅出版。(参见王学典《20 世纪史学编年(1900—1949)》,商务印书馆 2014 年版)

陈训慈继续任浙江图书馆馆长。1 月 26 日,陈训慈致张元济书:"兹有恳者,馆藏善本书目,旧时故馆长章仲铭先生所编者,已时隔甚久,比年颇有新收,而版本考订亦略有订正。经馆友毛春翔君辑成,晚等于体例略有参订,已付印将竣。书目弁以凡例及晚拟附以缘起外,欲请当代宏硕,宠以序言。先生录略名家,复谊共桑梓,爱护有素,取乞玄晏一言,以弁其端,藉增光采。""书印稽延已久,各方颇有催询者。苟蒙濡翰,可否以半月内见惠?乞恕冒读。"另附《浙江图书馆善本书目》样本一册及凡例一纸。6 月 24 日,陈训慈致先生书,寄赠《浙江图书馆善本书目甲编》印本三册。(参见张人凤、柳和城编著《张元济年谱长编》,上海交通大学出版社 2011 年版;吴永贵《民国图书出版史编年:1912—1949》,社会科学文献出版社 2018 年版)

杜国庠在卢沟桥事变后刚被释放,马上投入抗日救亡的斗争。国民党第八集团军驻上海浦东南桥,郭沫若同志邀请一部分文化人组成"战地服务队",钱亦石任队长,杜国庠协助钱计划工作。不久,钱亦石患病,他任代理队长,率领"战地服务队"在浙东金华一带活动。(参见邱汉生《杜国庠传略》,《史学史研究》1984 年第 3 期)

林风眠为评议长的中国艺术运动社 2 月 6 日在杭州成立,以"团结艺术界,致力于艺术运动,促成中国之文艺复兴"为宗旨。

林斤澜12月入伍,在粟裕担任校长的浙闽边抗日干部学校学习。

汪蔚山发起组织紫霞国画研究社,并兼主持人,因设在杭州孤山紫霞附近而得名。

段干青等发起组织江西南昌木刻研究会,初名"急流木刻研究会"。

章炳麟逝世周年之期,先有朱希祖、汪东、马宗霍、金毓黻、潘承弼、王乘六、诸祖耿、沈延国、龙沐勋、孙世扬、潘重规、黄焯等,发起同门公祭,通告刊发在《制言》第41—42期上,计划于6月14日下午2时,集于苏州锦帆路师门举行公祭。14日上午,来宾致奠者有张溥泉、李印泉、沈瓞民等人,上午10时,章氏国学讲习会预备班全体举行公祭,恭献花圈,宣读祭文。下午2时,同门举行公祭,与祭者自发起人外,有葛豫夫、施则敬、李春坪、田武城、黄小同、殷孟伦、王凌云等人远道而来,本城者有王佩铮、吴德一、金东雷等人,章氏国学讲习会讲习班亦全体参加,由朱希祖主祭,宣读祭文。公祭毕,团体摄影以留纪念,下午4时,章氏国学讲习会理事举行成立会,出席的有章太炎夫人、朱希祖、汪东、马宗霍、金毓黻(朱希祖代)、潘承弼、王乘六、诸祖耿、沈延国、孙世扬、龙沐勋(孙世扬代)、潘重规、黄焯。

　　按:7月1日出版的第44期《制言》,公布了"章氏国学讲习会董事会题名"(以笔画多寡为序):于右任、王小徐、王用宾、李根源、沈恩孚、沈祖绵、沈毓麟、居正、柏文蔚、马相伯、马君武、陈衍、陈陶遗、陆兆鹍、张钫、张继、张知本、张一麐、张君劢、张东荪、曹亚伯、冯自由、杨杰、杨庶堪、杨谱笙、彭元士、邓邦述、邓家彦、邓翔海、叶楚伧、蒋作宾、蒋维乔、刘守中、刘成禺、褚辅成、钱鼎、韩国钧。同期还公布了"章氏国学讲习会理事会题名":汤国梨、朱希祖、汪东、金毓黻、马宗霍、王乘六、诸祖耿、潘承弼、沈延国、龙沐勋、孙世扬、潘重规、黄焯。互推理事长汤国梨,秘书主任孙世扬,教务主任沈延国、副主任诸祖耿,辅导主任诸祖耿、副主任王乘六,事务主任王乘六,研究室主任朱希祖,图书室主任潘承弼,制言编辑潘承弼、沈延国、孙世扬,制言会计王乘六。

陈果夫继续任江苏省政府主席。4月底,导淮入海主体工程"中山河"工程如期完成。5月5—7日,陈果夫带病视察导淮工程。8月24日,江苏省政府委员会第926次会议核准备案"非常时期省立各教育机关经费支拨办法"。11月23日,江苏省府召开会议,商讨今后工作的方针大计。26日,省政府由镇江迁到扬州。27日,苏省进行改组,仍以顾祝同取代陈果夫兼省府主席。28日,陈果夫交卸职责,离开扬州,结束了其4年1月零18天的省主席生涯。12月19日,蒋介石任命正在撤往大后方途中的陈果夫为中央政治学校教育长,主持由陈果夫自己创办的国民党政训干部的最高学府工作。(参见李国瑞《陈果夫主政江苏研究(1933年10月—1937年11月)》,南京师范大学硕士学位论文,2012年)

唐文治继续任无锡国专校长。1月19日,无锡国学研究会在国专大礼堂召开成立大会,选举吴嘉愚、陈其昌为正副会长。2月3日,无锡国专召开校董会会议。8日,国专再次向行政院长蒋介石呈文,"拟恳转令财政部准予教育补助费项下即自二十六年一月起每月赐拨经常费四千元,并请一次赐拨临时费三万元"。23日,湖南省主席何键至无锡国专参观,并应邀作演讲,讲题为《我对于研究国学及缔造大同之意见》。25日,行政院秘书长翁文灏回复:"继续向部申请,此外别无款项可拨。"同月,无锡国学专修学校丛书之十五:钱仲联著《宋诗选》印行。丛书还计划印行钱仲联《清诗选》、冯振《说文解字讲记》,后因抗战爆发而中辍。3月8日,立法院立法委员刘通在无锡国专演讲,讲题为《三民主义之哲学基础》。4月6日,南京遗族学校学生旅行团到校参观,唐文治应邀作《经学与文学之概论》的演讲。22日,中央政治学校教授孟宪承在无锡国专演讲《教育哲学》。5月19日,立法院立法委员盘珠祁和交通大学教授陈柱联袂来无锡国专演讲。盘珠祁的讲题为《考察苏联后对我国之感想》,陈柱的讲题为《读经问题》。6月,举行无锡国专十六届学生毕业礼,毕业吴常焘(孟复）、郑学弢、蒋祖怡、徐兴业等52人。本届学生中的王先献、卜敬业、李钊、李光九、吴常焘（孟复）、陈光汉、张广生、黄敦、魏恒葆和戴双倩等10人，毕业时出版了诗文合集《惠麓同声集》。唐文治作"序"。

唐文治著《孝经救世编》6月由无锡文新印刷所印行。7月8日，原无锡国专特约讲师陈衍因病去世，唐文治作《陈石遗先生墓志铭》。"八一三事变"发生后，唐文治联合以上各校校长，致函国民政府教育部长，要求"先尽学生居住；倘有余屋，当就近告知驻军长官，酌量支配"。11月14日，无锡国专正式启程内迁。王保让、吴亦庵、唐静芝等，因道远不能往，双方道别，"相对凄然"。晚5时，唐文治率部分师生雇小船数艇，自许巷起程，途经常州、丹阳，"飞机轧轧之声，难民流离之状，震耳骇目，不胜凄惨"。17日午后，抵镇江，寓大华旅馆。原留校善后的冯振于11月14日半夜携全家与国专部分同仁、学生，从无锡乡间乘小舟沿运河北上，也于17日晚到镇江，于是两支队伍会合在一起。19日晨，乘小轮渡至江心，登"德和"号轮船。21日晚，"德和"号轮溯江而上过芜湖。22日晚，过九江。24日黎明，抵汉口。29日午后，渡江至武昌，随即登车。12月11日，在长沙稍作安顿后，唐文治向教育部长王世杰呈文，其中对无锡国专从无锡迁至湖南的过程有比较扼要的报告。18日，因长沙城中情况极不安定，国专师生开会，议定再迁校湘乡铜钿湾，并决定唐文治先赴湘乡，后再迁校。25日午后2时，至湘乡铜钿湾。在西迁过程中，行至湖南株洲，师生四散，只剩教师陆景周、工友高福与学生袁步祺、沈令生、虞念祖、奚干城等数人而已。唐文治于旷野中命学生席地而坐，朗诵《诗经》"兕虎"一章。唐文治声泪俱下，诸生皆为动容。（参见陆阳《唐文治年谱》，上海三联书店2013年版）

瞿启甲5月为张元济手编《涵芬楼烬余书录》撰序，云："海盐张菊生先生，手创涵芬楼附设于商务印书馆。""先生精于校雠，不愧家风。……其影印《四部丛刊》《续古逸丛书》《百衲本二十四史》，复宋元旧刊本之本来面目，尽泄天地间之秘藏，其嘉惠士林，有功文化，不在黄、顾之下，岂仅抱残守缺而已哉。壬申春，遭阳九百六之会，万镰灰烬，学者异惜之。昔左江图书厄于绛云一炬，此则更有甚也。幸有六百余种多孤行罕见之书，储于金城银行保管库，得免于难，希世之珍尚在人间，亦足以自慰矣。菊生先生睹旧物之仅存，幸斯文之未丧，惊叹之余，亟编烬余书录。详记宋讳阙笔以定年代，更考刻工姓名以断地域，付印于世。余遍览前人目录，未有若此之精且确者。"（参见仲伟行等编著《铁琴铜剑楼研究文献集》；张人凤、柳和城编著《张元济年谱长编》，上海交通大学出版社2011年版）

吴待秋等在江苏苏州发起组织绿天文艺馆。

蔡震渊等在江苏苏州发起组织国画研究社。

梁漱溟继续在山东邹平进行乡村建设实验。5月底，因四川省主席刘湘屡次函电邀请入川，梁漱溟飞赴重庆、成都两处。为时一个月之盘桓，作了30次以上的讲演。6月13日，在成都省党部大会场作了《我们如何抗敌》的讲演，说明平时努力的乡村工作和抗战的关系。29日，梁漱溟出川，经武汉北上，于7月到北平。当时北平情势紧张，已有风雨欲来之势。7月4日南下，5日在济南下车，返邹平一视。旋即回济南。"七七"事变爆发后，梁漱溟"即为抗战奔走，东西南北，没有休息"。8月10—12日，梁漱溟在上海《大公报》连载《怎样应付当前的大战》。文中提出："抗战三条大原则——第一，全国军民的动作，乃至他们的生活，都要在最高统一的军令下面而动作而生活。第二，政治要民主化，政府与社会要打成一片。第三，有钱的出钱，有力的出力，有知识的出知识。"同时提出14条较为具体的主张办法。

梁漱溟8月17日首次应邀参加最高国防会议参议会,自认为这是其参与上层(中央一级)政治活动的开始。17日夜间,南京政府在中山陵园召开国防最高会议参议会,梁漱溟在会上发言,主张大规模发动知识分子,有计划地分布下去以从事民众动员工作,并建议改革教育制度,经过一番周折,蒋介石曾嘱托梁漱溟、晏阳初、黄炎培、江问渔4人起草具体计划,计划后由梁漱溟负责草成交去,没有结果。8—10月初,梁漱溟为推进军民团结抗敌,多往来于济南、济宁、邹平之间。因战火延及山东,山东乡村建设研究院建院7年(1931—1937年)之后结束,部分人员撤往河南。12月9日,抵武汉,出席国防参议会。西安事变后,在国防最高会议内设立参议会,吸收社会上有名人物参加,商量抗日的事情。救国会沈钧儒等出来了,还有北大胡适、天津南开大学张伯苓、职教社的黄炎培和河北定县的晏阳初等。梁漱溟参加国防参议会后,到武汉与董必武见面,对他说想去延安。又与蒋介石说,蒋表示同意。董必武电告延安,延安表示欢迎。是年,所著《乡村建设理论》与《朝话》出版。

(参见李渊庭、阎秉华编著《梁漱溟年谱》,商务印书馆2018年版)

王献唐在济南任山东省立图书馆(山东金石保存所)馆长、山东古迹研究会委员兼秘书。1月,宋哲元将军捐资刊印《释藏》一部赠图书馆。4月,赴北平,商请宋哲元助费刊行《山左先喆遗书》。6月,回故里。10月12日晚,派编藏部主任屈万里、工友李义贵押第一批馆藏书籍文物10箱离济赴曲阜保存。前后共运三批计31箱。12月27日,从第一次所运10箱书籍中更选其半,与屈万里、李义贵搭乘第十重伤医院专车,离开曲阜南下。同日,济南陷落。是年,《齐鲁陶文》因"卢沟桥事变"仓卒停止,只成七册。《五灯精舍印话》《炎黄氏族文化考》基本完成,编撰《寒金冷石文字》二十四册,撰成《访碑图诗》《周昏赗玉钵考》《周邱疲玉钵考》《汉善氏佰长印考》《周虞阳钵考》《汉宣義印考》《宋榘权载之集残叶后记》《刊行先哲遗书缘起》等。为《山东省立图书馆善本书目甲编》作序,为邢蓝田《藏书百咏》作序。

(参见张书学、李勇慧《王献唐年谱长编》,华东师范大学出版社2017年版)

老舍年初住青岛从事专业创作,同时为两家杂志写《病夫》《小人物自述》两部"长篇连载"的特约稿。2月1日,总结创作经验所作《AB与C》刊于《文学》第8卷第2号,又载3月15日上海《月报》第1卷第3期。6月前后,曾乘长途汽车赴莱阳乡村师范作抗日演讲。"七七"卢沟桥事变爆发,全国性抗战开始,青岛形势紧张。老舍原拟与王统照同行赴沪,因夫人临产未果。13日,只身由青岛赴济南,回齐鲁大学任教。当时由地下党领导的"平津流亡同学会"拟发起组织一个统战组织"山东省文化界抗敌协会",需要联络一些当时在济南的文化界知名人士做发起者。为此,方殷代表"同学会"拜访了老舍,受到热情接待,老舍同意做发起人,并参加了"山东省文化界抗敌协会筹备会"的第一次会议。后因日军近逼济南,战事紧迫,筹备之事中辍。11月1日在《宇宙风》第50期发表《友来话北平》,表现了对沦陷了的北平和未及逃出的友人的深切关注,提出在暴敌面前,知识阶级应自警自励,以身作则去实践抗日救国宏图。15日,济南即将沦陷,形势危急。黄昏时节,老舍毅然离开妻小,挤上南去的最后一列火车离开济南。途经泰安、徐州、郑州奔赴武汉。

老舍11月18日到达汉口。老舍本欲离开汉口赴长沙找朋友赵水澄,因武昌华中大学教授、好友游泽丞(游国恩)相邀,由汉口迁至武昌云架桥。随后又与何容、老向、赵望云等文友同住千家街福音堂冯玉祥公馆。1937至1938年在冯玉祥官邸居住期间,周恩来同志曾亲自去福音堂看望冯玉祥和老舍等,并派李涛等同志到福音堂讲抗战形势和游击战争,老舍对此感到十分兴奋。冯玉祥大力提倡唱抗战歌曲,曾请陶行知的儿子陶宏来福音堂教唱,还请从河南流亡出来的艺人教唱河南坠子,请老舍为他们编写抗战内容的唱词。在每周举办的晚会上,老舍常登场作精彩表演,他与何容表演的相声,与富少舫表演的双簧都受到热烈欢迎。为宣传抗战的需要,老舍开始写鼓词、坠子、相声、拉洋片等大众通俗文艺作品。12月1日,在《宇宙风》第53期发表《大时代与写家》,精辟地描述了文艺与时代的关系,以及作家在抗战中所应负的责任,指出:"伟大文艺中必有一颗伟大的心,必有一个伟大的人格。这伟大的心田与人格来自写家对他的社会的伟大的同情与深刻的了解。"作家应"在活动奋斗之中把我们的经验加多,把我们的人格提高,把我们的同情扩大",要"把自己放在大时代的炉火中,把自己放在地狱里,才能体验出大时代的真滋味,才能写出是血是泪的文字",强调"救国是我们的天职,文艺是我们的本领,这二者必须并在一处,以救国的工作产生救国的文章"。同月,在冯玉祥支持下,由赵望云主编的《抗战画刊》创刊,老舍为特约撰稿人之一。(参见甘海岚编《老舍年谱》,书目文献出版社1989年版)

侯外庐年初在太原,通过刘绍庭而结识续范亭,成为挚友。不久,又由续范亭介绍而认识薄一波。当时党领导的读书生活出版社决定出版《资本论》中译本,负责出版社工作的艾思奇、黄洛峰、郑易里等,在物色译者时了解到郭大力翻译《资本论》的情况,便与他洽谈,并很快签订了出版合同。2月11日,许德珩、王思华、程希孟等应邀到山西讲学。同月,陈季瑜在复旦大学文摘社出版的《文摘》第1卷第2期发表文章,介绍侯外庐所作《近代中国社会结构与山西票号——山西票号的历史的正确认识》。3月,红军办事处在太原新满城成立。周小舟作为红军代表经常来侯外庐家,了解山西各方面的情况以及对阎锡山的看法和分析。侯外庐与周小舟在北平师范大学有师生之谊。后周小舟返回延安时,侯外庐请他携带四部1936年出版的《资本论》第一卷全译本分赠毛泽东、朱德、周恩来、成仿吾。9月20日,"第二战区民族革命战争战地总动员委员会"在山西成立,周恩来作报告。中共代表是程子华、南汉宸、邓小平、彭雪枫,阎锡山方面代表是薄右丞、梁化之、王尊光、郭宗汾,其他党派和群众团体代表有侯外庐与救国会李公朴、国民党改组派郭任之及郭香涛、东北民主人士高崇民、山西省二区专员公署专员杨集贤、四区专员武灵初、察哈尔省代表阮慕韩、绥远省代表潘秀仁等。9月,侯外庐起草《第二战区战地动员委员会宣言》。11月,太原失陷后,侯外庐随刘绍庭到西安。不久牺盟会创办的民族革命大学来信邀请,侯外庐旋赴临汾任教,讲授"抗日民族统一战线"课程。该校同事有李公朴、施复亮、江隆基等。12月,吕振羽《中国政治思想史》由上海黎明书局出版。

　　按:朱政惠(《吕振羽学术思想评传》,北京图书馆出版社2000年版)认为:"吕振羽《中国政治思想史》,确实是一部对整个中国思想史作出系统阐述和分析的著作,是40年代侯外庐中国思想通史产生前重要的中间环节,是中国马克思主义思想史研究走向成熟的十分关键的枢纽之作。"(参见杜运辉《侯外庐先生学谱》,中国社会科学出版社2013年版)

刘季洪继续任河南大学校长。2月,东北大学校长臧启芳率师生500余人来到河南大学。经多方协助和短暂筹备后,于4月20日正式开课。除了东北大学四年级的学生以借读名义读至毕业外,其余三年级以下的学生办理了转学手续,成为河南大学的正式学生。河南大学强调,"全国无论国立、省立、私立各大学,都有互助的义务",号召大家尽己所能给予东大师生帮助。就在这样艰苦卓绝的烽火岁月中,暂居于河南大学的东北大学得以继续推进课业,保持进度,延续文脉,弦歌不辍。春,在河大园里举行两校联合运动会。开幕式上,时任河南大学校长刘季洪和臧启芳先后致辞。刘季洪勉励两校学生加强锻炼,争取好的成绩。臧启芳则幽默地说:"两校联合运动会成果一定很丰硕,东大同学至少可以得到第二名。"刘季洪与臧启芳商议后决定联合举办运动会,旨在让东大学生忘却流离之苦。6月30日,国民政府又决定东北大学师生由开封迁往西安,与过去迁到那里的该校工学院学生集中一起恢复上课。部分东北大学学生不愿随校南迁,河大都收为转学生,使他们顺利地学成毕业。七七事变之后,中原危急,河南大学随着战局变化辗转播迁,进入了一个曲折发展的历史时期。12月,豫东、豫北相继沦陷,省城开封危在旦夕。教育部、河南省政府决定河南大学迁校,将文、理、法三学院迁往豫南鸡公山,农、医二学院迁至豫西南镇平。校中图书、仪器及教职员眷属等分批起程,不能移动的校产及实验用具,均登记保管。最后征得职员一人及工友数名,志愿留校长期看守,学校发足供两年所需的留守费及食粮,以示优恤。全校师生颠沛流离,开始南迁,刘季洪校长则于全校师生迁离完毕,方离校南下。在河南大学8年颠沛流离的迁徙磨难中,鸡公山是第一站。次年2月,河大师生相续到鸡公山学校新址报到。(参见《河南大学校史》编写组《河南大学校史》,河南大学出版社1992年版)

萧一山继续任河南大学文学院院长。1月,创办《经世半月刊》。萧一山在发刊词中写道:"不应再受汉学遗毒,饾饤补苴,和宋学遗毒,高谈静坐。要负起经世之志,谈经世之务,拿道德文化力量和应用科学的知识来维系社会,照顾人生。"七七事变后,萧一山于庐山起草上蒋委员长电文,建议组织战时政府并制定抗战方略。8月13日,沪战爆发,《经世》半月刊被迫停刊。后《经世半月刊》在开封分社复刊,萧一山委托河南大学范文澜教授负责开封分社主编任务。《经世半月刊》改为《经世战时特刊》半月刊。抗战初期,此刊在国内的影响颇大。年底,河南大学文学院迁鸡公山。是年,萧一山感于抗敌救国人人有责,旋在开封文史学院与同仁开办抗敌工作训练班,并印行游击战术一书。(参见萧树苓《萧一山先生生平大事记》,中国人民政治协商会议江苏省徐州市委员会文史资料委员会编《徐州文史资料》,1991年)

范文澜继续任教于河南大学。"七七"事变爆发,全国形势危急,范文澜与河南大学文史系主任嵇文甫组织、领导"河南大学抗敌工作训练班"。参加主编《风雨》周刊。又参印《游击战术》一书,两个月内销售达5000册,范文澜还被误认为"游击战术专家"。9月26日,在开封《风雨》周刊第3期第4期发表《对于持久抗战的几个肤浅意见》,10月3日连载。10月16日,在开封《经世》半月刊战时特刊第1期发表《论团结一致》。7日,在开封《风雨》周刊第6期发表《忆鲁迅先生》。24日,在《风雨》周刊第7期发表《旧账与新账》。31日,在《风雨》周刊第8期发表《反对教育界的神行太保》。11月1日,在《经世》半月刊战时特刊第2期发表《根绝"汉奸""准汉奸""候补汉奸"》。7日,在《风雨》周刊第9期发表《赠乡村训练员序》。16日,在《经世》半月刊战时特刊第3期发表《救亡与救亡计划》。21日,在《风雨》周刊第11期发表《〈游记战术〉序》。12月16日,在《经世》半月刊战时特刊第5期发表《论纷乱与摩擦》。同月,所编《游击战术》由《经世》半月刊开封分社出版。(参见陈其泰《范文澜学术思想评传》及附录《范文澜主要著述年表》,北京图书馆出版社2000年版;范文澜《中国通史简编》下册附录《范文澜先生学术年表》,商务印书馆2010年版)

嵇文甫继续任教于河南大学。3月,在《食货》第5卷第5期发表《对于长期封建论的几种诘难和解答》。文中批驳了中国社会封建论的停滞说、循环说、二元说和修正说。9月,嵇文甫和当时主持中共河南省委文委工作的王阑西以及从北平辗转来到河南开封的姚雪垠等创办了《风雨》周刊,姚雪垠任主编。不久,该周刊成为中共河南省委刊物,刊登中共中央和中共河南省委负责人的文章,及时报道八路军在抗日前线奋战的消息。嵇文甫在《风雨》上发表《扫除一切阴霾》《从鲁迅说起》《恐日病的消除》等文章,抨击消极抗战行为。12 月,嵇文甫和范文澜创办"河南大学抗敌工作训练班",宣传抗日救国十大纲领与游击战术,使党的抗战思想深入到敌后,这些努力极大地激发了广大师生的爱国热情与创业精神。嵇文甫亲自为训练班讲授"中国革命问题"。首期 200 余名青年参加的训练班结束后,嵇文甫又和范文澜从中挑选 70 名青年,组成"河南省抗战教育工作团",由嵇文甫任团长,组织青年沿平汉路徒步南下,深入群众,通过各种方式进行抗日宣传。(参见《河南大学校史》编写组《河南大学校史》,河南大学出版社 1992 年版;王学典《20 世纪史学编年(1900—1949)》,商务印书馆 2014 年版)

邓拓继续任职于河南大学。1 月,在《中山文化教育馆季刊》1937 年春季号发表《中国近代资本主义发展的过程及其特性》。春,邓拓在一次"民先"活动中,被国民党蓝衣社特务逮捕,关进了监狱。一个月后被释。随后作为"战地服务团"一员到河北束鹿一带前线慰劳抗战的军队。6 月,所著《中国救荒史》由商务印书馆出版,为中国救荒史研究的开创之作。鉴于中国历史上灾荒频发,前人对灾荒的形成及救荒工作曾有简单梳理,但缺少系统考察,邓拓以历史唯物主义为理论原则,依据翔实的史料,阐明了中国历史上形成灾荒的自然和社会原因,并且论列了历代救荒赈灾的措施、效果及存在的弊端。作者认为,救荒史应为一社会病态史,其任务在于揭发历史上各阶段灾荒之一般性及特殊性,分析其具体原因,借以探求社会学之治疗原则与途径,所以在书中不仅考察人与自然的关系,更重要的是探讨人与人的关系、社会结构及其变化。9 月,邓拓奔赴晋察冀根据地。为了表示要开拓新的生活,开创新的天地,遂将自己的名字由邓子健、邓云特改为邓拓。12 月,省委成立军政干校,邓拓被安排到干校当政治教员。(参见王学典《20 世纪史学编年(1900—1949)》,商务印书馆 2014 年版)

余家菊 4 月 29 日正值 40 诞辰之时,录《四十年谱》。夏,"七七"事变后,辞去湖北省府编辑主任职务,应河南大学校长刘季洪之聘,任该校教育系主任。锐意研究教育哲学思想体系,后成书于重庆,即《教育与人生》一书。秋,赴重庆,撰写《人生对话》,用对话体说明中国的人生思想,借以发挥儒家的"尽己主义"。(参见余子侠、郑刚编《中国近代思想家文库·余家菊卷》及附录《余家菊年谱简编》,中国人民大学出版社 2013 年版)

李辉英参加"战地学生剧团",到山东、河南等地宣传抗战。

晏阳初继续推广平民教育实验。1 月,四川省政府决定新都县为实验县。3 月,定县合作社联合总会成立,人才集中,事权统一,所有县合作行政教育指导审核等工作,都由本地人士自主自理。7 月,卢沟桥事变爆发后,"平教总会"为抗日出力,迅将定县卫生院改作后方医院,各医护人员即为红十字会工作。平民教育部开始动员组织民众担任自卫与急救。定县农民三军受平民教育启示,不甘受日军凌辱,纷纷组织游击队打击日本占领军,定县城区因此失而复得七次。定县人民抗敌英勇,数千青年农民阵亡。闻讯后悲伤之余,更感平教责任重大。定县农民不惜牺牲一切以反抗日军侵略,充分表现他们的爱国精神。同月,新都县裁撤区署,把联保办公处改为乡公所。8 月 13 日,得南京急电,被聘为首批国民政府国防参议会参议员之一。首批被聘任的参议员共 16 人,他们是张耀曾、张君劢、梁漱溟、曾琦、胡适、蒋百里、陶希圣、傅斯年、张伯苓、蒋梦麟、李璜、沈钧儒、黄炎培、马君武、毛泽东、晏阳初。中旬,与陈筑山自长沙赶到南京参加国民政府国防参议会,商讨国是。8 月中旬至 9 月初,在南京居住三周。除开会以外,还频频与各界人士会谈,交换意见,以谋求各方摈弃前嫌,共同努力,一致抗日。

晏阳初 9 月 8 日由南京返回长沙,发起"农民抗战教育运动"。24 日,定县沦陷。平教会在定县实验区的工作被迫停顿。平教会同仁一部分参加敌后工作,一部分陆续迁往长沙。10 月 6 日,在长沙办事处特别会议上讲话,首先谈讲话的目的是"讨论农民抗战教育工作办法"。其次,谈中央合作情形。10 月 11 日,撰写《发动农民投入抗战》。同月,因战局演变,北京、天津、南京、上海等地的部分大专学生先后撤退到湖南,经其努力从中招收 50 人组成"农民抗战教育团",经过短期训练,分赴湖南 72 县农村作抗日救国宣传,兼推行四大教育,收效良好。11 月 6 日,在第一届农民抗战教育讲习会始业典礼上讲话。首先谈"今天是我们大家贡献智力、体力及所有的一切与国家来争民族生存的一个集会"。其次,谈这次战争的性质。第三,对两三月来英勇抗敌的描绘及"全军动员"已绝对做到。第四,谈抗战后方的重要性及抗战教育的重要。7—11 日,在抗战讲习会上讲演《农民抗战与平教运动之溯源》。22 日,将农民抗战教育团编为 12 个分团,分赴湖南湘潭等 12 县。23 日,在长沙广播电台讲《关于我们为何发起农民抗战教育》。12 月 18 日,参加在南京特三区管理局召开的国防会议。午,与梁漱溟、李幼椿、左舜生、沈衡山、杨庚陶、瞿菊农、黄炎培在海军青年会聚餐。12 月,"农民抗战丛书"第 1 辑 50 册出版。同月,平教会女干事李芳兰组织青年战地服务团,沿津浦路从事战地服务。是年,发表《十年来的中国乡村建设》,收入商务印书馆于 1937 年出版的《十年来的中国》一书中,再收入新版《全集》第二卷中。(参见杜学元、郭明蓉、彭雪明《晏阳初年谱长编》,上海交通大学出版社 2017 年版;宋恩荣编《中国近代思想家文库·晏阳初卷》附《晏阳初年谱简编》,中国人民大学出版社 2015 年版)

缪钺暑期前仍任保定河北省立第六中学高中国文教员。5 月 5 日,致函龙榆生,谓"弟近读唐人集。兼治唐史。诗史互证。时有所获。撰次《杜牧之年谱》《补笺樊川诗文集》,粗就鼎括,尚未杀青"。8 月,缪钺携家自保定南下,至开封暂避,寓薛效宽宅,时薛效宽在河南信阳师范学校任教。10 月,经薛效宽介绍,应聘至河南信阳师范学校教授国文。(参见缪元朗《缪钺先生生平编年(1904 年—1978 年)》,《魏晋南北朝史论文集——中国魏晋南北朝史学会第八届年会暨缪钺先生百年诞辰国际学术研讨会论文集》,巴蜀书社 2006 年版)

沙飞、洪水先后主持的《抗敌报》12 月 11 日在河北阜平创刊。

刘韵波等发起组织河北保定木刻研究社。

臧启芳 1 月 11 日赴北平接收东大,但遭到部分学生的抵制。月底,教育部采取强硬措施,停止发给经费并责令该校南迁河南开封,进行所谓"改组"工作。当时臧启芳在河南大学内设立了东北大学办事处。该校师生近半数来汴,学校已完全分裂。北平东北大学在经费断绝后,只能通过募捐等方式勉强维持。5 月,东北大学改为"国立东北大学"。6 月,学校全部迁到西安办学。7 月 19 日,国民政府正式任命臧启芳为国立东北大学校长。(参见王春林《地域与使命:民国时期东北大学的创办与流亡》,社会科学文献出版社 2019 年版)

姜亮夫 6 月经莫斯科回国。7 月,在苏州旅舍校刘半农《敦煌缀琐》中王仁昫《切韵》,校出缺误 2400 则。8 月,哭祭章太炎,欲为之撰写年谱。"八·一三"事变后,姜亮夫从欧洲带回的一大箱书籍、图片、抄本除 300 多张敦煌卷子外,全部在上海被日机炸毁。9 月,受聘内迁的东北大学,自南京入开封,半月后到再迁于西安的东北大学就职,教授文字学、《楚辞》。在东北大学期间校《楚辞》,每日入西安图书馆辑《近代碑传集》。(参见林家骊《姜亮夫先生年谱简编》,《职大学报》2012 年第 4 期;林家骊《姜亮夫先生年谱》,《中文学术前沿》2015 年第 1 期)

蒋天枢辞去开封中学教职,到东北大学任教。

蓝文征从日本回国，在东北大学史地系任教。

冯国瑞6月与时任陕西省政府主席的邵力子商量，将邵在西安寄藏的图书5万册捐赠予天水县图书馆。

关良到昆明任教于国立艺专。抗日战争爆发后辞去公职，长途跋涉去西北诸地考察石窟艺术，沿途卖画为生。

白寿彝7月参加西北考察团赴绥远、宁夏、甘肃、青海，考察民族、宗教、水利。

张景惠以伪满国务总理大臣兼任建国大学总长。8月5日，伪满公布《建国大学令》，任命国务总理大臣张景惠为建国大学总长。日本人作田庄一为副总长。同日，发表以东条英机为委员长的建国大学创设委员会制定的《建国大学纲要》。该《纲要》规定："建国大学以养成体得建国精神之神髓，深究学问之蕴奥，躬行实践，为道义世界建设之先觉者之人材为目的。"开设课程有：精神训练、神道及皇道、儒教、修养论、武道训练、军事训练、人文科学、历史、地理、第一语学（满语、日语）、第二语学（英、法、俄、德等语言）。

按：建国大学学制6年。前期3年。后期3年。另设大学院和研究院。学生以日本人为主，兼收少量中国人，学生一律公费。次年5月2日，建国大学开学，第一期有150名学生入学。（参见中央教育科学研究所编《中国现代教育大事记1919—1949》，教育科学出版社1988年版）

罗振玉3月辞官获准，赋诗二律纪事。是年，罗振玉将40年收集的金文拓片编排成书，自费印行《三代吉金文存》20卷。该书按器具性质编排，著录铜器4835件，皆以原拓影印，鉴别精严、收集一时铜器铭文原始资料之大成，对铜器铭文的收集、传播和研究，作出了重要贡献，至今无书可替代。容庚称赞此书"收罗之富，鉴别之严，印刷之佳，洶集金文之大成"。又著有《敦煌出姚秦写本维摩诘经解残卷校记》《唐书宰相世系表补正》《唐代海东藩阀志存》。

按：罗振玉编印《三代吉金文存》时，已无力对所集材料整理、考释。后罗福颐撰《三代吉金文存释文》。1982年中华书局据罗氏1937年原版影印此书。（参见罗继祖《永丰乡人行年录（罗振玉年谱）》，江苏人民出版社1980年版；王学典；《20世纪史学编年（1900—1949）》，商务印书馆2014年版）

胡适9月20日自香港起飞，经菲律宾、关岛、醒岛、中途岛、檀香山，26日到旧金山。是日，即对华侨发表演讲："算盘要打最不如意的算盘，努力要做最大的努力。"10月1日，在旧金山哥伦比亚电台发表演说，《中国在目前危机中对美国的期望》。8日，飞华盛顿。12日，偕驻美公使王正廷访晤美国总统罗斯福。此后在美国各地及加拿大发表关于中国抗战的讲演，直到次年7月。11日，傅斯年致信胡适，报告国内形势，对抗战初起时期军民情绪的高昂很觉兴奋，并告国内人士对美最渴望者为对日经济制裁。又告冬秀夫人仍安居天津租界。13日，上海失陷第二日，胡适在纽约外交政策协会讲演《远东冲突后面的问题》。18日，江冬秀自天津到上海。此后便住在上海，直到1945年春。12月9日，胡适在华盛顿"女记者俱乐部"演讲，称"南京如果失守，中国将继续抗战。虽战事延长到二三十年亦所不惜"。30日，胡适写信给冬秀夫人，略告来美后奔走忙迫的情形。信中说："我在外国，虽然没有危险，虽然没有奔波逃难的苦痛，但心里时时想着国家的危急，人民的遭劫，不知何日得了。我有时真着急，往往每天看十种报纸。晚上总是睡的很晚，白天又是要奔走。"（参见耿云志编《胡适年谱》，福建教育出版社2012年版；耿云志编《中国近代思想家文库·胡适卷》及附录《胡适年谱简编》，中国人民大学出版社2014年版）

陶行知1月6日在女青年会国际研究所讲演远东问题。2月上旬，在美策动杜威、爱因斯坦、孟禄等知名人士,发起营救"七君子"。由是杜威等致电中国政府,表示对此事严重关切。7月19日,自美国西雅图前往加拿大。从11月9日抵纽约到此日期间,先后在纽约、波士顿、费城、底特律、克利夫兰、布法罗、波特兰、俄勒冈、西雅图等美国城市进行学术讲演,宣传中国抗日活动等。"七七"事变后,因国内"战时教育运动"开始而指导筹备出版《战时教育》。21日,离开加拿大返归美国。在加国主要在靠近美国西海岸的几座城市活动。7月30日,下午在洛杉矶见杨虎城将军;晚间会见诺尔曼·白求恩大夫。8月4日,抵旧金山,在美加州大学暑期学校演讲。20日,倡议成立旅美华侨统一义捐救国会,并出席成立大会。27日,由美前往墨西哥。8月30日至9月24日,在墨西哥向南美国家代表介绍中国政治形势和教育情况,会见墨西哥卡德拉斯和教育家、华侨团体、侨胞领袖等,并发表演说。

陶行知9月26日离墨西哥重新抵美。此次主要活动地点有休斯敦、新奥尔良、芝加哥、布卢明顿、华盛顿、迈阿密、圣保罗、纽约、克利夫兰、布法罗等地。10月22日,在芝加哥再次会见白求恩大夫。11月17日,再去加拿大。相继在阿伦敦、多伦多、渥太华、蒙特利尔等城活动。曾在多伦多出席加拿大国会及维多利亚剧院集会。11月25日,陶行知重返美国。12月6日,草拟杜威宣言,并代杜威发电与甘地、罗曼·罗兰、罗素、爱因斯坦4先生,征求联名,谴责日本侵略中国。23日,会见妇女国际和平自由大会代表路威兹、查尔斯等。是年,陶行知用在美国、加拿大作国民外交宣传演讲等活动所得的钱,购买医药器材,通过宋庆龄转给白求恩,支援抗日根据地军民的抗日战争。陶行知著《中国大众教育问题》一书由大众文化出版社出版。作者在《中国大众教育概论》中提出:"当前的民族解放、大众解放的生活战斗"是大众教育的中心功课。"若只教大众关起门来认字读书,那是逃避现实的逃走教育而不是真正的大众教育。"作者还论述了中国所需的大众教育,必须依据社会即学校、即知即传这两条原则和拿起新文字及其他有效工具,才能突破金钱关,才能大规模地干起来。(参见江苏省陶行知研究会、南京晓庄师范学校编《陶行知文集》及附录《陶行知生平年表》,江苏教育出版社2008年版;余子侠编《中国近代思想家文库·陶行知卷》附录《陶行知年谱简编》,中国人民大学出版社2015年版;中央教育科学研究所编《中国现代教育大事记1919—1949》,教育科学出版社1988年版)

林语堂1月1日在《宇宙风》第32期("新年特大号")发表《悼鲁迅》;所译《汉英对照浮生六记》刊于《西风》第5期。4月,所撰英文文章"China Prepares to Resist"(《中国准备抵抗了》)载《外交事务》(Foreign Affairs)第15卷第3期。5月,所撰英文文章"A Chinese Sees America"(《一个中国人看美国》)载《论坛与世纪》第97卷第5期。6月,所撰英文文章"A Better Understanding of China"(《更好地理解中国》)载《美亚》第1卷第4期。8月15日,所撰英文文章"Captive Peiping Holds the Soul of Ageless China"(《被困的北平有一种永恒的中国精神》)载本日《纽约时报》第SM4-5、20版。29日,所撰英文文章"Can China Stop Japan in Her Asiatic March"(《日本征服不了中国》)载本日《纽约时报》第SM4-5版。10月3日,所撰英文文章"China's Dramatic Story:A Tale of Four Cities"(《中国的民主故事:四个城市的故事》)载本日《纽约时报》第SM4-5、21-22版。18日,所撰《日本大炮与中国哲学(特译稿)》载《文摘》第3期。30日,所撰《胜利是属于我们的!》载《救亡文辑》第3期。(参见郑锦怀《林语堂学术年谱》,厦门大学出版社2018年版)

李方桂收到Edward Sapir教授发出的到耶鲁大学任教三年的邀请。赵元任与傅斯年所长商量,准假2年,李方桂赴美任教。(参见赵新那、黄培云编《赵元任年谱》,商务印书馆1998年版)

罗志如获美国哈佛大学哲学博士学位。

徐悲鸿在抗日战争爆发后,先后在香港、新加坡、印度举办义卖画展,宣传支援抗日。

圆瑛在是年10月和1938年9月,先后两次偕徒明旸到新加坡、吉隆坡、槟榔屿、马六甲等地,组织华侨募捐委员会,借讲经说法机会宣传救国道理,提倡"一元钱救国运动",广大侨胞踊跃捐款,他募得巨款,支援抗日救亡运动。

吴耀宗2月辞去唯爱社中国分部主席之职。7月,与基督教青年会副总干事顾子仁、燕京大学教授刘廷芳、华中大学教授韦卓民等一起,出席在英国牛津举行的世界基督教大会,主题为"生命与圣工"。(参见赵晓阳编《中国近代思想家文库·吴耀宗卷》及附录《吴耀宗年谱简编》,中国人民大学出版社2014年版)

蒋廷黻继续任中国驻苏联大使。6月7日,翁文灏在法国致电蒋廷黻,请向苏联政府接洽其赴苏考察事。15日,翁文灏致电蒋介石,报告赴苏联访问事,等待驻苏大使蒋廷黻与苏方接洽答复。25日夜12时,翁文灏起身赴苏联。27日,至莫斯科,驻苏大使蒋廷黻等到车站迎接。翁文灏此行的公开名义是参加莫斯科第17届国际地质学大会,经由蒋廷黻通知苏联外交部,表示还要商洽一些公事,因而由苏联政府派人接待。28日下午,翁文灏由蒋廷黻陪同,会见苏联外交部副部长斯特马雅可夫(Stmaya koV)等。7月3日下午,翁文灏由蒋廷黻陪同会见苏联外长李维诺夫(Litoinov)。双方谈及远东形势及中苏易货贸易等事宜。翁文灏认为,远东因日本的扩张无已,和平早见动摇,幸有华盛顿会议平衡海军,退还中国山东权利,国际社会幸得暂安定。自1931年日本侵略中国东北,不仅中国大受其害,苏联在东北既得权利,如中东铁路,亦因日本的逼迫不得不廉价出让,可见日本势力的扩展使中苏两国均受其害。翁文灏还询问苏联对澳洲提议召开太平洋会议的态度如何。李维诺夫认为,在目前形势下,此类会议为时已迟,不易收效。苏联对中国甚为同情,自应增加友谊联络,如中国同意,两国应尽快订立货物交换合同,使彼此具有实际关系。(参见李学通《翁文灏年谱》,山东教育出版社2005年版)

翁文灏3月19日奉蒋介石指派参加中国庆贺英王乔治六世加冕典礼使团,并趁赴欧之机与各国接洽中外经济合作事宜。4月2日,翁文灏参加英王加冕典礼庆典特使团,由上海乘轮出发,特使孔祥熙,副使陈绍宽,翁文灏为秘书长。4月底至5月底,在英国访问学术团体、参观工厂,与英外相艾登(Eden)、商务部长兰西曼(Runciman)等洽谈建设事宜。4月11日,草拟丁文江英文略传,次日自科伦坡寄送黄汲清、尹赞勋。14日,致函李书华,托其代理中基会执行委员职务。17日,致函胡适,谈从政一年来的感想、中基会的方针及自己未来的工作选择等。同月,中国地理学会在南京中央大学举行第4届年会,改会长制为理事长制,翁文灏(原为会长)当选为理事长。5月12日,先到白金汉宫,后至威斯敏斯特教堂,参加英王加冕典礼仪式。13日,出席英国外相艾登为中国使团举行的招待会。17日,胡适复函翁文灏,表示对于翁文灏将来的工作,京、沪、平三地朋友都很关切。徐新六、竹连生都希望翁做中央研究院的总干事。但傅斯年和胡本人认为,中研院里有一部分人不甚欢迎翁做总干事。28日,由在巴黎留学的裴文中陪同拜访法国学者Tailow。31日,至母校鲁汶大学,拜访留学时期的老师盖生教授等学者,夜间返巴黎。6月初,到巴黎,参加法国科学院会议,法地质学会年会。又至比利时访问学者,返母校鲁汶大学访旧。6月9—25日,在德国会见到希特勒、施蒂勒(Stille)等,柏林工业大学授翁文灏名誉博士学位。又参观炼油厂、钢铁厂,与很多官员、专家商谈建设问题。

翁文灏6月27日至8月8日在苏联。其间,由中国驻苏联大使蒋廷黻陪同访苏外长李维诺夫,副部长斯托马雅柯夫,苏对华极同情,希发展友好关系,反对日寇侵略,中苏利害相同。7月1日,翁文灏出席地质学大会筹备会,会见来访的国际地质学大会筹委会秘书长。7月21—29日,在莫斯科参加第17届国际地质学大会,为中国代表团首席代表。上午,地质学会评议会选举大会副主席、秘书长,翁文灏当选为大会副主席,并担任煤田地质组主席。中国出席会议的代表还有黄汲清、裴文中、李春昱、朱森等。22日上午,出席地质学大会评议会会议;下午,出席学术报告会。23日上午,出席地质学大会专门委员会;下午,出席分组会,并作学术演讲,谈燕山运动为太平洋区域运动。26日下午,出席“万国地质图及地层学辞典”的讨论。28日,出席地质学大会第4次评议会,会议表决第18次地质学大会在伦敦举行;出席并主持地质构造专题会议。29日下午,出席国际地质学大会闭幕会。30日,翁文灏在苏联致电周赞衡,请对葛利普、谢家荣、杨钟键由北平迁往南京的经费予以充分协助。31日,至莫斯科大学参观,并商谈学术交流事。同日,至苏联国家计划委员会,与Smirnov举行会谈,听其介绍苏联建设计划及建设中应注意的问题,索取了该委员会的章程等。8月9日,翁文灏飞经瑞典(在瑞典会见斯文赫定)抵伦敦。短期停留以后,于下旬飞离伦敦,经希腊、印度等地至香港。9月5日上午,返回南京。(参见潘云唐《翁文灏年谱》,《中国科技史料》1989年第4期;李学通《翁文灏年谱》,山东教育出版社2005年版)

吴玉章上半年仍执教于东方大学第八分校。7月9日,《救国时报》发出致国民政府及全国同胞书,指出“日寇在卢沟桥挑衅,决非地方事件”,而是“灭我全国之毒谋”,要求南京政府“抗敌御侮,并实行国共合作”。10日,《救国时报》发表社论《全国奋起抵御日寇之新进攻》。8月10日,共产国际执委会书记处讨论中国局势,季米特洛夫建议国际无产阶级掀起一场运动,动员群众保卫中国人民,反对欧美各国向日本借款。9月,中共驻共产国际代表团与共产国际商定,派吴玉章去欧洲作国际宣传工作。同月9日,林伯渠、董必武、徐特立等在延安发起筹办陕北公学,吴玉章被列名筹办发起人。10月3日,共产国际执委会书记处作出关于援助西班牙人民和中国人民的决议,对国际保卫中国运动的性质、形式、宗旨、内容、活动方针等,作了具体指示。10月中旬,吴玉章会见蒋介石的代表张冲(淮南)。会见中谈到将赴西欧作抗日宣传工作,请张冲电报蒋介石。并通知欧洲各国使馆。张冲是促进国共第二次合作时国民党方面的主要谈判人,时正以赴苏实业考察团副团长身份驻莫斯科。其赞同吴玉章的举措,立即电报蒋介石。蒋介石回电,赞同吴玉章赴西欧作抗日宣传工作。张冲就在中国驻苏使馆为吴玉章办了出国护照,并向驻欧使领馆人员吴南如等人写了介绍信,称“吴玉章先生赴西欧宣传抗战,事关国家,当蒙赞同。特介绍乞予协助”。

吴玉章11月6日偕子震寰离苏赴法。共产国际派法国同志、法国国会议员康尼俄同行,帮助工作。12日,抵达巴黎。即与在法工作的吴克坚、卢竟如、饶漱石、陆璀等人会晤,分任在欧工作。《救国时报》因发行扩大,物价昂贵,收支不敷。报馆人员为筹措印刷邮送等费,不惜节衣缩食,继以典质。中旬,吴玉章会见途经巴黎的李石曾。李石曾此次由国内来负有两大任务,一是到布鲁塞尔出席九国公约国会议,讨论日本侵华问题;二是到苏联访问。李石曾邀约吴玉章一同赴会开展抗日外交活动,并和他一道赴苏。因办留法勤工俭学等关系,李石曾在巴黎有良好的声誉,与法国许多政要皆友好。时即奉蒋介石和国民政府外交部长王宠惠之命赴欧,从事抗战外交活动。致电莫斯科,请示赴布鲁塞尔和苏联事。中共代表团复电,同意去布鲁塞尔。21日,和李石曾一道应邀出席中国人民之友社召开的声援中国抗日演讲会并作演讲。中国人民之友社由法国52个团体组成,由法国众议院议长赫里欧任主席。委员中有许多是早年留法时的朋友。下旬，吴玉章在布鲁塞尔分别拜会九国公约国国际会议中国代表团的顾维钧（驻法大使）、郭泰棋（驻英大使）、钱泰（驻比大使）、胡世泽（驻伯尔尼大使）等，支持他们在外交战线上为维护国家主权作斗争，要求他们联合各驻外使节，致电蒋介石反对议和。鼓动李石曾致电蒋介石，反映海外侨胞及民心，要求抗战到底。24 日，九国公约国会议无结果而结束。李石曾一再恳请吴玉章同行赴苏，以便借作翻译并引见苏联领导人。因未得中共代表团批准，并因赴法方十数日，工作尚未展开，不可即去。吴玉章只好婉辞李石曾之邀。

　　吴玉章 11 月底为开展人民外交扩大国际宣传工作，争取国际援华拟具计划书，要求驻欧使领馆合作。约见来巴黎的陈公博，力斥其暗谋和议之非。陈公博曾由意大利去布鲁塞尔活动议和，说墨索里尼愿在中国承认伪满和华北自治条约下作调停。同月，吴玉章会见了在欧洲进行国际援华宣传的王礼锡，共商策动组织世界援华制大会。12 月初，同驻法大使顾维钧商谈统一国际宣传工作问题。为此曾致电蒋介石，欧洲各使领也都同意。通过《救国时报》《人道报》和中国人民之友社等广泛开展抗日宣传，并迅速形成声势。12 月上旬，通过在法出席物理学会理事会的严济慈，结识世界反战反法西斯委员会主席郎之万。11 日，吴玉章应邀出席郎之万举办的记者招待会，在记者招待会上作《中国能成胜日本》的演讲，分析了七七抗战半年后形势的变化，中国进入长期抗战的新阶段。预言：日寇侵略不仅在占领中国，它还将占领印度、安南、菲律宾群岛、南洋群岛、澳洲，并且将会进行反对苏联、美国、英国和法国的大战，以实现日本和法西斯国家统治世界的计划。向欧洲人民发出世界大战的警告。21 日，应邀出席世界反战反法西斯委员会举办的记者招待会，在会上作《中国民族自卫战争之前途》的演讲。22 日，吴玉章在法国中国人民之友社召开的援助中国抗战大会上发表演讲。23 日，中共中央政治局为召集第七次全国代表大会作出决议，并决定成立一个委员会负责筹备七大，委员会由毛泽东、王明、朱德、周恩来以及吴玉章等共 25 人组成。25 日，吴玉章应邀出席中国人民之友社召开的抵制日货大会，并发表演讲。演讲论述了开展持久战的条件和胜利前景，指出：不论战局如何变化，中国人民一定毫不屈服地向前挺进。法国人民阵线各政党代表及各界人士 2500 余人到会。大会通过抵制日货的决议。年底，吴玉章接到全欧华侨抗日救国联合会的邀请函。请往比央古和巴黎等地出席新年演讲会，以对侨胞作抗战总动员。（参见刘文耀、杨世元《吴玉章年谱》，四川人民出版社 1998 年版）

　　萧三继续任职于苏联作家协会。10 月，鲁迅逝世周年，萧三再次组织会议纪念，会议主席由苏联作协的另一位负责人绥拉菲莫维奇担任。由于准备充分，纪念会与追悼会开得一样成功。是年，发表《论长篇小说〈子夜〉》，该文作为《子夜》俄译本的序言，刊登在卷首，由苏联国家文学出版社出版。该文高度评介了茅盾的《子夜》。认为小说形象地指出，"只要外国的金融资本，帝国主义的强盗还没有被从中国赶出去，只要中国的人民还没有从帝国主义的压制下解放出来，中国的民族工业是不可能发展的，国内的政治形势是不可能稳定的。"因此，"《子夜》是部反帝国主义的小说"，并称"茅盾无疑是当代中国最伟大的先进革命作家之一"。（参见唐金海、刘长鼎主编《茅盾年谱》，山西高校联合出版社 1996 年版）

　　杨杰 8 月 22 日受蒋介石委派，率中华民国军事代表团赴苏，积极争取苏联军事援助。9 月 9 日，晋见苏联国防委员会委员长伏罗希洛夫元帅，力陈中国抗日战争的重大意义。10 月，全权代表中华民国政府签字，协议得到苏联两次贷款，各为美金 5000 万元。10 月 15

日，晋升陆军上将衔。（参见皮明勇、侯昂好编《中国近代思想家文库·蒋百里、杨杰卷》及附录《杨杰年谱简编》，中国人民大学出版社 2014 年版）

蒋百里 9 月以蒋介石特使身份，赴德、意开展分化轴心国的外交工作，宣传中国抗日作战的正义与决心。途中翻译日本人室伏高信的《南进论》，揭露日本的侵略野心。为张君劢所译鲁屯道夫《全民族战争论》作序，强调"未来的战争不是'军队打仗'，而是'国民拼命'；不是一定短时间内的彼此冲突，而是长时间永久的彼此竞走"，提出持久战和游击战的抗日主张。在《军事杂志》发表《世界军事之新趋势》，指出战斗力与经济力不可分，经济力即是战斗力，认为新军事的主流是"全本性"战争。翻译《国民皆兵新论》《现代空军力之基础》《最近法国之战见》等，并将赴欧考察时的总动员纲要（报告第一、二号）、庐山讲稿中有关总动员部分、机动兵团之组织、某外国轻快师之组织大纲等收入作为附录，编辑成《新兵制与新兵法》一书，由商务印书馆出版。（参见皮明勇、侯昂好编《中国近代思想家文库·蒋百里、杨杰卷》及附录《蒋百里年谱简编》，中国人民大学出版社 2014 年版）

郭沫若 1 月 8 日作《达夫的来访》，刊于上海《宇宙风》半月刊 2 月第 35 期。文中记述了上一年末，郁达夫来日本期间几次会面欢聚的情形，感慨《广陵散》绝倍苍凉。3 月，郭沫若接待凤子来访，中午留饭。收到阿英托凤子转交的密信，信中告以"西安事变"后国共再次合作的前景。郭沫若为凤子题诗，有句："海上争传火凤声，樱花树下啭春莺。"同月，所译英国韦尔斯原作《人类展望》由上海开明书店出版。春，接待来访的田中忠夫，讨论关于日语语源的问题。4 月 1 日，《创造十年续篇》开始在上海《大晚报》连载发表，记述了 1924 年至 1926 年春抵达广州期间，以创造社为中心的文学活动、社会活动等。其间经历了"五卅"运动，宜兴调查，翻译《社会组织与社会革命》前后的思想转换，直至应邀前往广东大学任教。连载从 4 月 1 日至 8 月 12 日，因"八一三"战事爆发而中断。2 日晚，郭沫若往银座参加为凤子演出话剧《日出》举行的聚餐会并一起合影留念。在座的有秋田雨雀、新居格、近藤、平林、堀口大学、望月百合子、小林千代子等人。

郭沫若 4 月 15 日《殷契粹编》辑成，分类与《卜辞通纂》大体相同。所作序述其原委：承蒙收藏裁甲骨既多且精的刘体智氏，远道赉示其拓本集《集契丛编》，从中选辑菁华 1595 片而成此书。又举例说明书中尤为特出数事：王国维揭示的"卜辞有先公名夔者"、卜辞"先公之次为上甲二乙二丙亡丁示壬示癸"，得到进一步的确证；甲骨中有善书善刻者之范本，及学书学刻考之摹仿；由甲骨上的刻划，可以推测殷代尺度，等等。5 月上旬，往东京参加原左联东京分盟成员聚餐会。与会者约 50 人。初次与刚从乡下养病返回东京的林焕平相识，嘱其注意避免肺病复发。13 日，读李劼人著《死水微澜》。14 日上午，草《创造十年续编》。17 日上午，作《殷契粹编·述例》。19 日，"接到胡适的关于文化动态的讨论，开始做文驳斥""读《说儒》。发觉三年丧不行于殷的反证，于卜辞得四例"。胡适《说儒》发表在《历史语言研究所集刊》上。20 日，草《借问胡适》，颇顺畅。22 日，《借问胡适》草毕。23 日，誊写《借问胡适》，至第十节时，"发觉正考父铭乃刘歆伪作"。24 日午前，将《借问胡适》改写好，午后寄出。发表于上海《中华公论》7 月第 1 卷第 1 期，题目作《借问胡适——由当前的文化动态说到儒家》。

按：此文分三节，第一节，替鲁迅说几句话。第二节，论胡适的态度。第三节，借问胡适。《借问胡适》共八题，（一）《说儒》的基础建立在一个对比上。介绍胡适在《历史语言研究所集刊》第 4 本第 3 分册发表《说儒》的基本观点，"儒本殷民族的奴性的宗教，到了孔子才'改变到刚毅的儒'。孔子的地位，完全和耶稣基督一样"，并表示"我们现在就请来追究他的根据"。（二）三年之丧并非殷制。指出胡适的主要根据"是三年丧制"，但殷墟卜辞没有"三年之丧的痕迹"，周代"也毫无三年丧制的痕迹"。(三)高宗谅阴的新解释。指出"三年不言"，在近代医学上谓之"不言症""谅阴"是说"高宗的哑，并不是假装的"，认为"把'谅阴三年'解为三年之丧""是同样的不可靠"。(四)论《周易》的制作时代。重申《周易之制作时代》的基本观点，"作者是马干臂子弓，作的时期是战国前半"。(五)论《正考父鼎铭》之不足。指出"正考父尽管是宋襄公时人"，但"刘歆不仅伪造了鼎铭，而且还伪造了史实""弄得我们标榜考证的胡适博士也为所蒙蔽了"。(六)《玄鸟》并非预言诗。对胡适所引诗句"武丁孙子——武王靡不胜"重加标点，不用改字，胡适的"预言说"自然也就不成立了。(七)殷末的东南经略。肯定"殷纣王这个人对于我们民族发展上的功劳倒是不可淹没的""殷代的末年有一个很宏大的历史事件，便是经营东南，这几乎完全为周以来的史家所抹杀了。这件事，在我看来，比较起周人的翦灭殷室，于我们民族的贡献更要伟大。"列举了七条"最重要的"卜辞证明帝辛经营东南的"规模似乎是很宏大的"。(八)论儒的发生与孔子的地位。儒在初是"一种高等游民""只晓得摆个臭架子而为社会上的寄生虫"。在社会陵替之际，"暴发户需要儒者以装门面，儒者需要暴发户以图口腹""相习既久，儒的本身生活也就不成其为问题了"，这就是"儒的职业化""孔子是在这个阶段上产生出来的一位大师""儒的职业化和行帮化，同时也就是知识的普及化"。孔子的功绩"仅在把从前由贵族所占有的知识普及到民间来了的这一点"。文中第一节《替鲁迅说几句话》、第二节《论胡适的态度》后抽出单独成文，收前导书局9月版《新文选》。全文初收重庆文学书店1942年4月版《蒲剑集》，改题为《驳〈说儒〉》；后收《沫若文集》第16卷；现收《郭沫若全集·历史编》第1卷。

郭沫若5月27日上午接郁达夫18日来信说："言南京欲借重，消息殊突然。困苦十年，母死兄逝，拖儿带女，殊觉茫茫。"郁达夫的来信写道："今晨因接南京来电，属我致书，谓委员长有所借重，乞速归。我以奔走见效，喜不自胜，随即发出航空信一，平信一。一面并电南京，请先取消通缉，然后多汇旅费去日，俾得早日动身。强邻压迫不已，国命危在旦夕，大团结以御外患，当系目下之天经地义，想兄不至嫌我之多事也。此信到日，想南京必已直接对兄有所表示，万望即日整装，先行回国一走。临行之前，并乞电示，我当去沪候你，一同往南京去走一趟。这事的经过，一言难尽，俟面谈。谈此事。令妹婿胡灼三亦亟亟前月底，我曾去杭州，即与当局诸公会谈以此事为嘱，殊不知不待伊言，我在去年年底返国时，已在进行也。此事之与有力者，为敝东陈公洽主席，及宣传部长邵力子先生，何廉处长，钱大钧主任，他们均系为进言者。""中国情形，与前十年大不相同，我之甘为俗吏者，原因亦在此。将来若得再与同事，为国家谋一线生计，并设法招仿吾亦来聚首，则三十年前旧梦，或可重温。"

按：所谓的"委员长有所借重"，应该有这样一个经过和背景：1936年12月"西安事变"和平解决之后，蒋介石以休假、休养为名去了奉化。这时国内开始形成抗日民族统一战线这样一个大的政治气候。至本年2月，蒋介石从奉化回南京参加国民党中央执行委员会会议。鉴于时局的原因，他准备邀请各界人士在5月召开一个谈话会讨论国事，地点定在庐山。在离开奉化前，蒋介石对行政院秘书长翁文灏、行政院政务处长何廉指示说："准备一张名单，你们认为政府应邀请哪些人来参加在庐山举行的讨论国事问题的会议。"3月前后的一天，翁文灏、何廉去上海见正在那里的蒋介石，向他递交了一份二人起草的拟邀请与会人员名单。

据何廉晚年口述自传记载："我记得，名单上有郭沫若的名字，但我们并不清楚他是个共产党人。委员长看到郭沫若的名字说：'啊，好得很，我对此人总是十分清楚的。'他问我们此人现在哪里，我说1933年在东京时我曾看到过他，但不了解他现在何处。"5月后，已经复任行政院长的蒋介石和行政院转到避暑胜地庐山牯岭办公。6月初，开了一系列会议，最后敲定庐山谈话会应邀与会者名单及会议的日程等事项，陈立夫、陈布雷、潘公展也参加了。谈话会称"牯岭国事会议"，定在7月6日开始。但因"七七"事变发生，会议后来推迟至7月中旬开始，19日结束。会议的主题也由原定各方人士交换意见改为讨论统一战线问题。许多各界著名人士参加了会议，像胡适、张伯苓、杜月笙等。会后，蒋介石在南京发表了一个声明,表示中国决心抗战。(《何廉回忆录》,中国文史出版社 1988 年版;蔡震《文化越境的行旅——郭沫若在日本二十年》,文化艺术出版社 2005 年版)

《在轰炸中来去》亦记载张群对郭沫若说起过此事:"今年五月,在庐山,和慕尹、公冶、淬廉诸位谈起了你,大家都想把你请回来。但关于取消通缉的事情,不免踌躇了一下;因为如果取消了,恐怕你不能离开日本吧。"郁达夫后来对于此事的经过亦有追述:"在抗战前一年,我到日本去劝他回国,以及我回国以后,替他在中央作解除通缉令之运动,更托人向委员长进言,密电去请他回国的种种事实,只有我和他及当时在东京的许俊人大使三人知道。"(郁达夫《为郭沫若氏祝五十诞辰》,1941 年 10 月 24 日新加坡《星洲日报·晨星》)

郭沫若《殷契粹编附考释索引》5 月 27 日由日本东京文求堂影印出版,线装 5 册。6 月 7 日,郭沫若草《读李劼人小说》,刊于 15 日上海《中国文艺》月刊第 1 卷第 2 期,改题作《中国左拉之待望》。15 日,译苏联诺瓦略夫原著作《古代社会的经济》刊于《认识月刊》创刊号"思想文化问题特辑"。7 月 15 日,金祖同来访,与其谈论"卢沟桥事变"后的国内局势,及个人出路的问题。17 日,被推选为鲁迅纪念委员会委员。22 日下午,接待金祖同来访,示以郁达夫 5 月 18 日的两封信。23 日,金祖同来访,告知与钱瘦铁往大使馆与许大使谈回国事,嘱金祖同买船票。25 日凌晨,离家,汇合钱瘦铁、金祖同至横滨友人家换了合适的装束,复往东京站乘火车赴神户。下午,抵达神户。傍晚,用杨伯勉化名登上加拿大公司的"日本皇后号",金祖同同行。夜 21 时,船起航,驶离神户港。同日,译苏联诺瓦略夫原著《古代社会之没落》刊于《认识月刊》第 1 卷第 2 期"中国经济性质特辑"。与同在船上的蒲风、张禾卿及一些留日学生相会聚谈。(参见林甘泉、蔡震主编《郭沫若年谱长编》,中国社会科学出版社 2017 年版;陈其强《郁达夫年谱》,浙江大学出版社 1989 年版)

蔡仪毕业于东京高等师范和九州帝国大学,回国参加抗日救亡。

杜宣毕业于日本东京日本大学法律系。

李济乘德国邮轮 Scharnhorst 号前往英国讲学。1 月中旬,轮船终于泊岸伦敦港。按照行程,他将要去威尔士、伦敦、牛津、里兹、利物浦、爱丁堡、曼彻斯特等地的十四所大学以及几个研究所讲学。他在各地的讲演用现代理论和眼光,用大量的考古实践,讲述考古与中国史前史,讲述中国与西方文化的关系,所到之处大受欢迎,也受到几位中国留学生的热情追随。在伦敦,李济曾患病住进医院,异乡诸多不便,幸亏吴金鼎夫人王介忱与曾昭燏悉心照料,经过二十余天的治疗才逐渐康复。李济此次访英还应考古学家、瑞典王储古斯塔夫一年前的专门邀请,顺便去瑞典讲学。李济到斯德哥尔摩前后参观访问了十多天,作了几次精彩的演讲,跟王储作了多次诚恳的学术交谈,会见了以高本汉为代表的瑞典汉学家和其他中国学学者,参观了几个著名的博物馆的珍品,后来又顺访了欧洲大陆的多个国家。(参见岱峻《李济传》,江苏文艺出版社 2009 年版)

罗忠恕 5 月离开成都,到英国牛津大学深造。7 月 8 日下午,身穿长袍马褂的罗忠恕乘赫克特尔轮抵达伦敦。12 日,罗忠恕参加世界基督教大会,在会上将柏拉图的理想与孔子主张的大同世界作了比较,引起了人们的关注。(参见李贤臣《罗忠恕:中西方文化交流的使者》,《广安日报》2018 年 4 月 8 日)

钱钟书以《十七十八世纪英国文学中的中国》获牛津大学学士学位。之后随杨绛赴法国巴黎大学从事研究。

沈诗章(燕京大学)与金陵大学王应睐、上海雷士德医学研究所鲁桂珍到英国剑桥大学留学,师从李约瑟教授。

吴金鼎获伦敦大学博士学位。

王铁崖赴英国伦敦政治经济学院留学,研究国际法。

李剑晨留学英国伦敦大学。

王重民继续在巴黎访学。刘修业初到巴黎,帮助抄写敦煌卷子中的诗词,这些材料在回国后,整理出来,辑为《敦煌曲子词集》及《补全唐诗》等。4月10日,王重民与刘修业在巴黎中国餐厅申江乐园举行婚礼。8月后,刘修业去英国伦敦大学附设图书馆专科进修。王重民仍留巴黎,用法文编伯希和劫去敦煌卷子的书目。9月,王重民编著《巴黎敦煌残卷叙录》第1辑由北平图书馆刊行,其中41篇作于1935年4月至12月;第2辑45篇,作于1936年5月至1938年9月,1941年2月北平图书馆印行。此书虽以介绍新发现的古籍为主,但也包含了作者的考证或与传世本对勘的结果,出版后敦煌学界提供了许多新的信息和资料,引起学界高度关注。

按:此书介绍的历史佚籍有:《春秋后语》之《秦语》上、中、下和《赵语》上、下,同时探索了《春秋后语》全书各卷的内容;《闽外春秋》卷一和卷二(部分),考证其作者,指出了罗振玉的疏失;《帝王略论》,考出其作者为虞世南;《篇金》,指出《略出篇金》系张球所作,并对张球的事迹进行考究。此外还有《唐高宗天训》、唐张仁亶《九谏书》和被怀疑并非今本的《晋书·何曾传》。传世史籍介绍了《古文尚书》16件,《今文尚书》3件,《春秋经传集解》和《春秋谷梁传集解》各1件,《史记集解》1件,《汉书》3件;分别判定了各件的抄写年代,勘对了写本与传世本的异同。3件《今文尚书》均被定在卫包改字之前,并据以判定在卫包前已有《今文尚书》。全书后收入《敦煌丛刊初集》第九册,又汇编入《敦煌古籍叙录》。(参见刘修业《王重民教授生平及学术活动编年》,载王京州编《河北近现代学者年谱辑要》,国家图书馆出版社2017年版;王学典《20世纪史学编年(1900—1949)》,商务印书馆2014年版)

姜亮夫1月游伦敦,于大英博物馆读敦煌经卷,完成《敦煌杂录》。结识叶慈、翟尔斯休士等人,并访问萧伯纳。4月,由伦敦返回巴黎。5月,将国外所购书籍运往上海。北游柏林。6月,北游莫斯科。冒险由西伯利亚进入满洲里、哈尔滨。过长春、沈阳,于26日抵北平,寻访北大、清华旧友。居10日,南返至杭州。(参见林家骊《姜亮夫先生年谱简编》,《职大学报》2012年第4期)

潘玉良1月8日参加王济远画展开幕式。4月,与吕斯百、刘海粟、林风眠、高剑父、郎静山、张大千、汪采白等发起成立中华全国美术会。6月10—13日,在南京华侨招待所举行个人绘画作品展。7月26日,离开南京赴上海。8月3日,乘海轮抵达苏联莫斯科,再经德国进入法国。

钱三强赴法国巴黎大学居里实验室,师从居里夫人的女儿、女婿约里奥—居里夫妇,专攻原子核物理。

高名凯受燕京大学派遣,赴法国巴黎大学研究院文学院攻读语言学。

杨光泩出任新闻局驻伦敦、巴黎总部负责人。

陈国符在浙江大学毕业并获工学学士学位后,赴德国达姆施塔特工业大学化学系主修纤维素化学。

季羡林兼任德国哥廷根大学汉学系讲师。

美国著名记者埃德加·斯诺(Edgar Snow)3月5日和22日借燕大新闻学会、历史学会开会之机,在临湖轩放映他拍摄的反映苏区生活的影片、幻灯片,展示照片,让国统区青年看到了毛泽东、周恩来、彭德怀等红军领袖的形象,看到了"红旗下的中国"。3月10日,毛泽东致信斯诺,谓"自你别去后,时时念到你的,你现在谅好? 我同史沫得列(即史沫特莱)

谈话,表示了我们政策的若干新的步骤,今托便人寄上一份,请收阅,并为宣播。我们都感谢你的"。卢沟桥事变前夕,斯诺完成了《西行漫记》的写作。抗日战争爆发后,斯诺又任《每日先驱报》和美国《星期六晚邮报》驻华战地记者。9月末,斯诺在上海目睹了"八一三"事件。在报道中,斯诺称赞这场战争是"伟大的表演",中国人所表现出来的勇敢和军事技能,是许多人所没有料想到的。接着,斯诺沿着日军在中国的侵略战线,横越中国国土,去了汉口、重庆、西安,并再一次去延安,撰写了一系列的新闻报道。10月,《红星照耀中国》(《西行漫记》)在英国伦敦公开出版,在中外进步读者中引起极大轰动。11月4日,《申报》刊发《毛泽东自传》广告:《毛泽东自传》,A·斯诺笔录,黄峰、翰青合译,由上海福州路中市东方图书杂志公司发行,曰:"美国名记者斯诺说:'毛泽东是日本人最害怕的中国战略家'。本书由毛氏口述,斯诺笔录,理论家吴黎平所校正。书中叙述毛氏一生战迹,分儿童时代、修养时代、红军战斗时代、围剿与长征时代等四章,思想深邃,趣味浓郁,识者无不交口称羡。现由黄峰先生等译出,译笔正确流畅。末附毛氏重要论文四篇,可资研究。书凡一百余页,实价每册二角。本书之姊妹篇《毛泽东印象记》,斯诺著,白华译,准于明日出版。"4日,《申报》广告:《毛泽东访问记》,史诺笔录,章铎声译,曰:"美国前进记者史诺(Snow)去年曾亲历西北,遍访红军(即现在的第八路军)各要人,在陕西保安访问共党主席毛泽东氏,谈了许多话,自目前中国的局势,以至整个世界的安全,很详细而有系统,这无异是代表现在抗战最力的第八路军所要说的话。"并刊载"要目":关于外交问题谈话,关于日本帝国主义谈话,关于国内问题谈话,关于特别问题谈话,关于联合战线谈话。次年2月,中译本又在上海出版,让更多的人看到了中国共产党和红军的真正形象。(参见中共中央文献研究室编撰、逢先知主编《毛泽东年谱(1893—1949)》,人民出版社、中央文献出版社1993年版;吴永贵《民国图书出版史编年:1912—1949》,社会科学文献出版社2018年版)

　　美国著名新闻记者、埃德加·斯诺的前妻海伦·福斯特4月下旬独自悄然离开北平,历尽艰险到达陕北延安。在延安近5个月的时间里,海伦采访了毛泽东、朱德、周恩来、张闻天等中国共产党领导人,收集了丈夫在保安未及采访到的红军领导人的情况,其中包括朱德本人以及斯诺离开苏区后与中共红军胜利会师的红二、四方面军的指挥员,同时广泛接触了陕甘宁边区的战士、工人、农民、文艺工作者、妇女和学生,特别是同毛泽东进行了5次难忘的长谈,对丁玲也进行了连续4次的采访。海伦在采访的65位有名有姓的人物之后,为其中的34人写了小传。这些采访,不仅大大充实了其丈夫正在撰写、修订的《红星照耀中国》(《西行漫记》),而且还写成了堪与之相媲美的姐妹篇《红色中国内幕》,此书后以《续西行漫记》为中译本书名在中国出版。(参见中共中央文献研究室编撰、逢先知主编《毛泽东年谱(1893—1949)》,人民出版社、中央文献出版社1993年版;张培森主编《张闻天年谱》,中共党史出版社2000版)

　　美国著名作家、新闻记者、社会活动家艾格尼丝·史沫特莱1月初正式接到共产党的邀请访问延安,其公开身份是到前线去做战地救护工作。史沫特莱先去红一军团司令部所在地保安,一路上受到左权和陆定一的热情接待,并见到了她曾在上海结识的朋友丁玲。随后,在丁玲的陪同下,史沫特莱又先后见了贺龙、萧克、彭德怀、任弼时等红军将领。下旬,史沫特莱到达中共中央所在地延安,当晚就受到毛泽东、朱德的接见。到达延安的第二天,延安党政机关举行欢迎大会,史沫特莱在会上畅谈了一个多小时自己的反帝斗争经历。在延安,史沫特莱与毛泽东、朱德、周恩来和彭德怀等人进行了多次交谈。3月1日,毛泽东在凤凰山住处的窑洞里会见史沫特莱,回答她对中日战争与西安事变提出的一些问题。此后,毛泽东同史沫特莱的交往十分频繁,达到了无话不谈的程度,除了与她谈政治外,还谈印度,谈文学,有时还引述中国古代诗词,或背诵他自己的诗词,其中有一首是怀念妻子杨开慧的诗。史沫特莱在《中国的战歌》中说,毛泽东在谈话中"引述《红楼梦》和《水浒》这一类小说的典故。他熟悉古代诗人,而且他本人就是一个合格的诗人。他的诗具有古代大师作品的质量,但是流注其中的是清晰可辨的对于社会祸福和个人悲欢的深思"。史沫特莱还记述了教毛泽东学跳交谊舞,并最终在延安推广开来的情形。把西方的交谊舞文化引进延安,由上而下逐渐推广,丰富了人们的业余生活,这是史沫特莱访问延安的一大功绩。史沫特莱还与朱德总司令频繁接触,并征得朱德的同意,为他作传。7月,史沫特莱提出申请,强烈要求加入中国共产党。毛泽东、朱德、周恩来告诉她,她应该留在党外,以便在外面和国外做更多的工作。她听后感到极为痛苦和伤心,放声大哭起来,直到过了很长一段时间,她才理解毛泽东、朱德和周恩来对她说的那些话,于是开始担任八路军总部随军外国记者。(参见孙国林编著,王佳钰、王增辉校订《延安文艺大事编年》,陕西师范大学出版总社2016年版)

美国外交政策协会远东问题专家托马斯·亚瑟·毕森有幸获得了一笔经费,得以前往日本和中国进行为期一年的研究工作。3月,毕森来到北平,结识了当时在燕京大学校园里埋头撰写《西行漫记》的埃德加·斯诺,了解到关于延安的一些信息。后来,美国《太平洋事务》杂志主编欧文·拉铁摩尔找到毕森,建议一起去延安看一看。一起出发的队伍中还加入了《美亚》杂志主编菲利浦·贾菲和他的妻子艾格尼丝·贾菲。6月初,毕森一行离开北平,先抵达了西安,在那里结识了出生在中国西北的瑞典裔小伙子埃飞·希尔,他答应毕森四人用自己的车载他们去延安。21日晚,抵达延安。22日,毛泽东在凤凰山住处与他们会见,并回答了他们对抗日民族统一战线提出的一些问题。23日,毛泽东再次在住处会见毕森、贾菲等,回答他们提出的抗日民族统一战线将怎样发展和中国革命的前途问题。同日,周恩来会见毕森,向他介绍国共两党谈判的情况,并谈了对当前统一战线和建立民主共和国的看法,说明中国的统一战线同欧洲或美洲的人民阵线从形式到内容都很不同,目前统一战线的建立还存在很多不利因素,但日本的侵略损害了中国各个阶级,为进行了十年军事斗争的国共两党提供了重新合作的基础,指出这种合作只能逐步地实现,要先准备抗战,然后争取民主共和国的运动。24日,毕森等离开延安。7月2日,回到北平。5天之后,"卢沟桥事变"爆发,全面抗战由此打响。回忆起这段时光,毕森深感幸运,遇到了这样一个稍纵即逝、千载难逢的机会,得以在全面抗战爆发的几天之前,来探访这个充满故事与希望的地方。由于延安之行,毕森还成了情报部门的监控对象,甚至因"亲共行为"被参议院指责问询,失去在美国各界的任职机会,但毕森此后一直站在同情中国人民的立场上,不但写出了《日本侵华》一书,迅速揭露了南京大屠杀的真相,还在之后数年间不断发表文章,抨击美国的政策被军方和帝国主义势力所左右,尤其对战后的日本处理不当,导致亚洲人民的权益严重受损。

按:1972年毕森将采访笔记整理成书稿《1937,延安对话》并出版。毕森重新整理35年前的延安对话时充满崇敬地写道:"往昔的经验,当今的形势,未来的局面,古今中外,纵览全球,一切的一切,均在中国共产党领袖的运筹帷幄之中。一切的一切,都承载着充满希望的神秘的预言。"后经加拿大李彦翻译此书,于2021年由人民文学出版社出版。(参见中共中央文献研究室编撰、逢先知主编《毛泽东年谱(1893—1949)》,人民出版社、中央文献出版社1993年版;中央文献研究室《周恩来年谱1898—1976》,中央文献出版社1998年版;袁剑《与"延安对话"的美国人毕森》,《学习时报》2022年5月6日)

美国人司徒雷登继续任燕京大学校务长。华北局势不稳,司徒雷登取消原定访美为燕大募捐筹集经费的计划。7月7日,卢沟桥事变爆发,日寇大举入侵,北方一些国立大学,如北大、清华、南开等纷纷南迁。燕大为保持华北的文化自由,同时鉴于天主教办的辅仁以及法国人所办其他教会学校仍留北方,亦决定留在北平,继续办学。燕大成为日伪统治下保留了文化自由的一个孤岛,为中国学生免受日伪奴化教育提供了一片绿洲。同月初,卢沟桥事变后,北平学联组织的西山夏令营结束,参加夏令营的燕大同学返回学校,从事抗日后援工作。司徒雷登在此期间写信给成都华西协合大学,探讨迁往四川的可能性。他还写信给美国的托事部,谈燕大办学原则称:"燕京的政策是简单明确的。我们将尽可能保持友善与合作态度,避免任何不必要的刺激和引人误解,除非我们的原则被违反。当这种事情发生时,我们宁可让学校关门而承担其后果。……,在日本势力日益增大情况下,我将尽力发掘在人事与课程设置上的好办法。……,为增加奖学金、扩大学校的国际观瞻,以及从国际上争取对学校建设的贡献。"

司徒雷登7月底以校务长兼任校长,以此强调燕大为美国教会办大学。日军进犯北平期间,曾派飞机轰炸中国军队平郊阵地及有关设施。包贵思女士为保燕园安全,接受司徒雷登校长建议,在其家花园中悬挂美国国旗,以防日机轰炸。校内共产党员、共青团员、民先队员纷纷参加抗日救亡工作。秋季开学后,共产党员赵荣声、王永祺、陈絜、张勉学等相继离校去敌后抗日根据地。留校坚持革命斗争的有共产党员杜含英(杜若),民先队员陈封雄、霍銮光、冯秉珊、鲁心真等。外籍教师夏仁德(Dr. R. Sailar)教授开始为地下党保存进步书籍,先后近二百本。因战争被阻留外地的教师勃兰特(Mary Brandt)、威尔逊(Stanley Wilson)、赵承信等,绕道广东、香港等地回到学校。秋,司徒雷登校长拒绝了日伪当局进校搜查抗日人士与共产党员的要求。他以个人身份保证,校园内将"禁止抗日与共产党活动",指出燕大是美国财产,如到校园搜查、逮捕,将引起"国际纠纷"。12月中旬,日寇攻陷南京,北平城内各校学生被迫举行"庆祝"活动。伪新民会负责人到燕大,要求校方派一、二学生代表参加。司徒雷登校长严词拒绝。根据司徒雷登校长指示,学校成立特别救济委员会,救济附近贫民,对40个儿童每天发放豆浆。先后约有400人接受免费供应的衣食。在日军进犯北平,郊区战事紧张时,曾有大批村民到燕大避难。(参见张玮瑛、王百强、钱辛波主编《燕京大学史稿》,北京人民中国出版社2000年版;覃仕勇《隐忍与抗争:抗战中的北平文化界》,北京时代华文书局2015年版)

美国耶鲁大学艺术学院戏剧系丁英教授前来中国访问。4月9日,专程赶到河北定县参观。当晚在"平教总会"广场,农民演出《过渡》话剧,1500名农民都坐在小板凳上欣赏。丁英看到这样壮观的场面,他感受到了四点:①对于这项工作的各方面都感惊异:农民可演这样好的戏,如此设计的戏剧场和演出法。②他不懂中国话,但能看得懂这一话剧,因为这剧的表演能把握普通的人性,发于人性,所用的一切声音动作,都有它感动观众的最大力量。③这戏的内容与演出法已走在任何国家之前,它是教育,它是宣传,但它本身还是至高的艺术,它不是造作的,它本身就是生活,这种剧场不但是中国第一个,在世界上也是仅有的。④如此广大散漫的观众,竟维持如此良好的秩序,他们那专注的神态,足以表示他们的理解,他们的感动,这种良好的秩序,在都市中也不多见,看中国旧戏的尤不能比,这最能证明这一工作的伟大价值。(参见杜学元、郭明蓉、彭雪明《晏阳初年谱长编》,上海交通大学出版社2017年版)

美国哈佛大学Serge Elisseeff教授5月17—21日来访,并参观史语所,赵元任参加接待。后赵元任到哈佛-燕京社，即 Harvard-Yenching Institute 工作时，正是这位 Elisseff 教授担任主任。（参见赵新那、黄培云编《赵元任年谱》，商务印书馆 1998 年版）

英国记者贝特兰 10 月 25 日采访毛泽东，毛泽东同他进行长时间谈话，说："中国的抗战不但为了自救，且在全世界反法西斯阵线中尽了它的伟大责任。"为了争取抗战胜利，就是要"允许人民以言论、出版、集会、结社和武装抗战的自由，使战争带着群众性"。（参见中共中央文献研究室编撰、逄先知主编《毛泽东年谱（1893—1949）》，人民出版社、中央文献出版社 1993 年版）

德国国防经济专家列蒲山受德国国防部委派来华。因德军上将莱谢劳来华任蒋介石顾问，列蒲山奉德国国防部之命先行来华，其任务为向中国提供关于国防经济组织方面的意见。1 月 27 日，行政院秘书长翁文灏接见德国国防部派来的国防经济专家列蒲山。（参见李学通《翁文灏年谱》，山东教育出版社 2005 年版）

丹麦物理学家 Niels Bohr 教授 5 月 26 日到中国访问，中央研究院和中央大学联合接待。赵元任夫妇应邀作陪，听 Bohr 教授演讲，赵元任夫人陪伴 Bohr 夫人参观中国工艺展览。（参见赵新那、黄培云编《赵元任年谱》，商务印书馆 1998 年版）

澳籍冰川学家费斯曼教授（H. V. Wissmann）由国际联盟派到中央大学，当他看到李四光《安徽黄山之第四纪冰川现象》一文时，大为吃惊，专程到庐山、黄山、天目山考察，回来后写了《中国更新世的冰川现象》一文，刊于德国土壤冰川杂志（Qiequartare Verletscgerung in China；*Zeits d. Gesllsf. Erkunde Z. Berling* 1937，nr. 7/8），对庐山冰川由怀疑态度转为肯定态度，承认中国有第四纪冰川存在。（参见马胜云、马兰编著《李四光年谱》，地质出版社 1999 年版）

印度著名诗人泰戈尔 4 月 14 日主持印度国际大学中国学院成立大会，蔡元培与戴季陶联名代表中印学会发出贺电，略谓："中国学院正式开幕，极感庆幸。亟欲与阁下合作，以阐扬东方文化学术，而使全人类获得亲爱和平与幸福，并实现全世界之伟大协和。谨祝中印文化合作顺利成功，并颂阁下及贵校同人健康。"（参见高平叔编著《蔡元培年谱长编》，人民教育出版社 1996 年版）

翁文灏 3 月 5 日出席蒋介石召集的各部长会议，商议下年度预算及招待日本经济考察团之日程。14 日，翁文灏面见本日自牯岭返抵南京的蒋介石，报告：接待日本经济考察团事；行政院各机关预算案；孔祥熙、陈绍宽赴英，另外一人为陈诚或钱大钧未定。15 日，翁文灏出席日本大使川越为日本经济考察团举行的午宴，并会见了考察团团长及成员。16 日，陪同蒋介石出席招待日本经济考察团的茶会，并于茶会开始前陪同蒋介石单独接见了儿玉谦吉。（参见李学通《翁文灏年谱》，山东教育出版社 2005 年版）

日本东亚考古学会原田淑人、驹进和爱是年夏带领考古队，以日本东亚考古学会名义，盗掘了元上都遗址（今内蒙古正蓝旗东闪电河北岸），劫走一批出土文物，入藏于东京大学考古学研究室。（参见中国大百科全书总编辑委员会《中国大百科全书·考古学》，中国大百科全书出版社 2002 年版）

日本京都东方文化研究所水野清一、长广敏雄等从是年起至 1944 年 8 月，前往日军侵占的山西大同，对云冈石窟进行调查和实测，并发掘第 9、10、19、20 等窟，以及冈上的北魏佛寺遗址和阳高汉墓等。（参见中国大百科全书总编辑委员会《中国大百科全书·考古学》，中国大百科全书出版社 2002 年版）

日本任伪满帝国教育会理事长皆川丰治在《满洲教育》上发表《建国五周年感言》。文中公开提出："满洲建国后，文教部确立教育方针，排除三民主义教育，禁用排外教科书，准则于建国精神,归源于东洋道德,以图五族协合、日满不可分、王道立国主义教育之实现。"

(参见中央教育科学研究所编《中国现代教育大事记1919—1949》,教育科学出版社1988年版)

三、学术论文

裴学海《大学疑义订解》刊于《国学月刊》第1卷第1期。

王纬辰《读孟子神农章》刊于《国学月刊》第1卷第1期。

张芍晖《卫冀隆难杜得失说》刊于《国学月刊》第1卷第1期。

吴英华《庄子释诂》刊于《国学月刊》第1卷第1期。

陈泽寰《论说文为眼学》刊于《国学月刊》第1卷第1期。

吴英华《说文古声考序》刊于《国学月刊》第1卷第1期。

裴学海《中庸疑义订解》刊于《国学月刊》第1卷第1期。

张芍晖《知乐斋诗钞》刊于《国学月刊》第1卷第1期。

王国瓒《经学与科学》刊于《国学月刊》第1卷第1期。

按:是文曰:"科学者,济世之学也,凡利用厚生之事皆系焉。经学者,范世之学也,凡修齐治平之道莫外焉。科学废则物质陋,经学废则人心风俗偷,二者似不可偏废,尤不可偏重。"

吴英华《恬庐丛话》刊于《国学月刊》第1卷第1期。

陈文彦《述国学研究社艰难缔造之概况》刊于《国学月刊》第1卷第1期。

李廷玉《论尊孔必须读经》刊于《国学月刊》第1卷第2期。

陈泽寰《读汉宋小学》刊于《国学月刊》第1卷第2期。

张芍晖《读春秋蠡测》刊于《国学月刊》第1卷第2期。

吴英华《半舌音古与舌头音相通考》刊于《国学月刊》第1卷第2期。

王纬辰《荀子读兵篇书后》刊于《国学月刊》第1卷第2期。

裴学海《离骚订解》刊于《国学月刊》第1卷第2期。

井静波《格物致知释义》刊于《国学月刊》第1卷第2期。

吴英华《恬庐丛话》刊于《国学月刊》第1卷第2期。

李廷玉《读经问答》刊于《国学月刊》第1卷第3期。

张芍晖《读春秋蠡测》刊于《国学月刊》第1卷第3期。

吴英华《庄子释诂》刊于《国学月刊》第1卷第3期。

裴学海《尚书盘庚篇释义》刊于《国学月刊》第1卷第3期。

李廷玉《读内经上古天真论感言》刊于《国学月刊》第1卷第3期。

陈文彦《辟主父母短丧并婿为岳父母从妻之丧》刊于《国学月刊》第1卷第3期。

张芍晖《知乐斋诗钞》刊于《国学月刊》第1卷第3期。

王廷钧《管子八观平议》刊于《国学月刊》第1卷第3期。

陈泽寰《读说文会意字之管见》刊于《国学月刊》第1卷第3期。

孟继明《说性》刊于《国学月刊》第1卷第3期。

李廷玉《广陆机文赋》刊于《国学月刊》第1卷第4期。

张芍晖《读春秋蠡测》刊于《国学月刊》第1卷第4期。

陈泽寰《忠孝仁爱信义和平释义》刊于《国学月刊》第1卷第4期。

周嵩尧《盘庚疑义浅释》刊于《国学月刊》第1卷第4期。

裴学海《尚书盘庚篇释义(续)》刊于《国学月刊》第1卷第4期。

吴英华《评马叙伦氏庄子义证》刊于《国学月刊》第1卷第4期。

张芍晖《知乐斋诗钞(续)》刊于《国学月刊》第1卷第4期。

陈隽如《杨忠愍公劾仇鸾严嵩始末》刊于《国学月刊》第1卷第4期。

吴英华《恬庐丛话》刊于《国学月刊》第1卷第4期。

吴英华《评字类辨正》刊于《国学月刊》第1卷第4期。

周嵩尧《盘庚猷字释例》刊于《国学月刊》第1卷第4期。

贺次君《馆藏钞本安南志略跋》刊于《书林》第1卷第2期。

贺次君《中国学术进展观》刊于《书林》第1卷第3期。

按：是文认为："研究学术史者，以为某一时代有文学，经学，史学，宗教，艺术等，他时代亦如之，排比尤无二致，殊有大谬不然者。盖各种学术因时代之不同，盛衰亦有异。"

是文曰："西周学术最发达而又最早者厥惟诗，当时国风速及各国，其盛也可知矣。继诗而兴者史学是也，我国纪年之史，实较诗为晚出，古有左史记言，右史记事，言为《尚书》，事为《春秋》之说，诚不足信。《墨子·明鬼篇》中所列史事，在西周者均引诗书，其后段则引周齐燕宋之春秋。考之《史记》世家，各国有编年之史，均起于共和前后数十年之中，即各国之春秋是也。故西周末年，诸国始有年岁可纪，孟子曰：'《诗》亡而后《春秋》作'，于此验之。《春秋》既起之后，又复同时发达者，是即吾人所知之《国语》，当亦肇于共和前后数十年中也。……《国语》继诗风而起，《国策》又代《国语》而兴。《国策》始于韩赵魏三家分晋，且记之甚详，而战国初之百余年竟无记载，盖分晋之事，古有专书，左氏不及取，刘向时乃拆散分入韩赵魏各策也。今若执《国策》分晋事辑而出之，亦可复为一书。分晋之后，历史乃忽然中断，此当应为《国语》之又一部也，惜今不可搜稽矣。《越绝书》亦系古国语之一部，上与《国语》时代相接，据此古书而改订之，则成于东汉之初，有谓系子贡所作，虽不能为信，要知国风时期之下为《国语》时期，即史学最发达之际也。斯时之史学其包括甚广，哲学思想等亦皆入之，其后史学衰败，继之者虽有《国策》，但《国策》于历史方面范围不能如《左传》之宽，盖其重于权变而忽诸事类也。吾人亦可疑其史学仍旧发达，惟刘向偏重权变，所取而成《国策》者不能若《左传》之伟大，故其它材料遂未及遗于后世耳。太史公作本纪世家，还在刘向未编《国策》之前，而其收拾之材料，竟未有越乎《国策》之范围，故敢断言，战国时期之历史观仅限于权变之《国策》，因其史学范围之狭小，以致于衰败也可知。史公尝以秦纪为据，六国表云：'不载日月，其文器不具，然国之权变，亦有颇可采者。'是其事实之记载不详，而重于秦之权变耳。仅述权变，不足谓为史学，故可谓继《国语》而发达者，非《国策》，诸于是也。"

是文认为："各时代学术之发达盖非一端，必求平均之进展也。周秦之世其文化之主干有三：曰儒，曰道，曰法。初为诸子发达，各家独立而成对抗形势，至秦末杂家独盛，迄汉武之时为止。谱子虽分头发展，实由上述三种主干文化之相荡相激，出入某三派者尤多。因其所取之成分有多寡，遂演变而成百家之言也。秦末思想有一统之需要，分途发展之势渐息，于是《吕览》出焉。以前各方学术自然互异，于古史所载尤大相出入，吕氏之书乃凑合各家而去其矛盾，若同为一事而各家有异者，吕书则并举列之。时风所被，《史记》《韩诗外传》《尚书大传》，及《淮南鸿烈》诸书均亦沿用其体例。史公作史之时，杂家早已流行，《史记》将百家材料加以总合，而旧来之古史系统遂后存不其具矣。班固评史公，谓其'先黄老而后六经'，斯言最得，盖其时杂家既盛，道家为杂家之唯一骨干，以道为体，以阴阳儒墨名法为用，换言之，则杂家出将前所有之学术结为一体而总之以道也。继《吕览》而有《淮南鸿烈》，皆是此种精神，司马谈《论六家要旨》亦重乎道，史公当此时代其见解安得独异，故谓其哲学史学承于杂家者亦可。史公以前之陆贾，颂说诗书，而《新语》有《无为》一篇，是又以道家为本。贾谊名为儒家，亦属法家精神，主于申商，其人生观于《鹏鸟赋》见之，则全为道家思想也。是杂家综合家学术为一体，而又以道家为中心，上承诸子，自战国赢秦迄于汉武，乃杂家极盛时期也。"

到汉武帝时"统儒家于一尊",是文认为"盖亦渊源有自""战国时思想纷歧,西北方为法家,兵家,纵横家,均偏于实现,南方为道家,则偏于神秘。前者属于肉的,后者属于灵的,天然处于二者之间而足资调和者惟儒而已。汉初学术由百家殊途发展,继而会合为一,主于杂家。汉沿秦旧,重陆贾无为主张,兴民休息,此又法道二家调和之表现也。详分汉初政治学术,每种事件,每种制变,何者属于法家,何者属于道家,均可一一得之。当时之情况既如此,故汉武顺其势而孔子之六经出焉。以前百家与六经并进之势力不可得而见,此汉武以后儒学之所由独盛也。"

是文指出:"魏晋一段思思方面,法道二家代儒而兴,道家虽盛,而学者成书殆少,法家申商者流,其书转多,为政者亦趋向之。试观玉函山房汉学堂两丛书,及全三国魏晋六朝文可以知之。当时出入于儒法而颇有成功之书,有荀悦《申鉴》,王符《潜夫论》,崔实《政论》,仲长统《昌言》,刘邵《法论》,刘虞《政论》,阮武《正论》,桓范世《要论》,陈融《陈子要言》,姚信《姚子新书》等。刘邵、姚信,又法家而兼名家者也。刘虞则主张先刑而后礼,为隆逊所反对。至于道家之书则趋于神仙宗教,不足述也。当时儒家势力亦不小。其它学术则有墨子之注解,兵家书籍之注解,阴阳家之管辖,医学家华陀等。故六朝魏晋间,乃儒家崩溃思想最解放之时期。无尊一思想,即无中心思想,于是各种学术蔚然而兴,张思光'大丈夫当删诗书定礼乐,安能苟且寄人篱下'一语,最能书之。其时自亦有经学,宋书云'江左儒门,差差并出。'其讲经学者竞以集解为事,皆不愿专奉一人,专尊一家以自束缚。盖自桓灵起,学术及百工技艺,一经鸿都提倡,无不风动一时,故建安以下百工技艺特为发达,文学亦盛,诗赋书画之类无不有之。由此观之,则是时学术界虽无遗诣精微者可纪,然其不安常故,人人欲求新出路则至为明了。"

在经学方面,"自郑康成网罗众典,糅合今古文之后,已开集解之风,影响至大,淮汉以北,一人而已。其学不拘守汉之古文,而以己意去取古人之说,其矛盾不合者,则以己意解之。郑学一出,风行一时,人多橐旧而取之。及至汉末孙吴之世,已将郑学立于学官,而同时又为攻击之目标。……汉末百家朋兴,孔学不能独异,各家亦不能排除孔学。其时经学虽有继述者,而贡献特少,实可谓为经学衰弱之期也。史学在当时可称鼎盛。我国史学除《国语》时代及后之宋代而外,无出其右者,其盛也亦自汉末而起。如从正史之纪传编年察之,自非所宜,因纪传编年二者各时皆有,此时之所谓史学应从二体以外之杂史类察之。史学自两汉以来,均为经学之附庸,至此时而一变。其以地名人名姓氏等类为单位之书,如《九州春秋》《汉末英雄记》之类不可胜举。至于《三国志注》所引之书,亦足见之。其下者,杂史之类,取诸小说体例,自然不佳,而作品之多,冠绝前后,此风自灵献已然,故《隋书·经籍志》谓其:'率尔而作,非史策之正,灵献之世,天下大乱,史官失其常守,博达之士,愍其废绝,各纪所闻,体例不经,又有迂怪妄诞,其虚没测。'别一史出,故自汉末以迄魏晋宋,书籍之数大增。宋文帝立学,亦不以儒学为范围,史学、文学、玄学等均立有学官,而使之独立发展也。《汉书·艺文志》七略无史,至魏《中经簿》分经史子集四部,史部于是出现。斯时史学特盛,实堪独立之一部也。"

贺次君《介绍陈安仁中国近世文化史》刊于《书林》第1卷第3期。

贺次君《东汉名节之分析》刊于《书林》第1卷第4期。

贺次君《乾隆至焚书》刊于《书林》第1卷第5期。

贺次君《"社考"补义》刊于《书林》第1卷第6期。

贺次君《宋崔清献公述考》刊于《书林》第1卷第8期。

贺次君《山海经地理今释校勘记》刊于《书林》第2卷第3期。

李劭博《西汉学术思想演变的过程》刊于《民鸣月刊》第1卷第7期。

按:是文首先总结了两汉社会形态的发展,"学术思想的演变,是依据社会生活的演变而转移的:有了一个旧制度崩溃之后,才产生了一个新制度的建立;因而学术思想的演变,也就基此而开始活动。秦亡之后,经过长时期争战的结果,始有汉兴。于此我们可以说,只有在安定的社会中,才能表现出社会经济新的发展。如《史记·平准书》所记:'汉兴七十余年之间,国家无事,非遇水旱之灾,民则家给人足,都鄙廪庚皆满,而府库余货财。京师之钱累巨万,贯朽而不可校。守闾阎者食梁肉,为吏者长子孙,居官者以为姓号,故人人自爱而重法,先行义而后绌耻辱焉。当是之时,纲疏而民富,役财骄溢或至兼并,豪党之徒,以武断于乡曲。宗室有士,公卿大夫以下,争于奢侈,室庐与服僭于上,无限度。'这种情况达到文景时代虽能实施奖励生产,赐民减租,使汉代的国民经济发达到极盛阶段。然而及武帝时代,由于边疆多故,军用浩繁,遂不得不使当时的经济陷于极困难的地步。……当时的学者贾谊看到了这种不安现象,于是始提出他的治安策以企图解决社会间的矛盾。他的治安策是什么呢? 第一他主张撤散王侯的封土以推翻封建的割据局面。第二他主张改革制度,使币制的主权归于中央,敛收天下铜器不使散留民间,因为这样中央可以自由的调剂钱币的重量。他这种政策我们可以说是基于当时中央集权制度的建立而贡献,但是事实上在文帝时代,封君制度已然在盛行,中央集权还不曾完全建立起来,他的'治安策'并不能和社会实际情况相吻合,故亦不得行于世。这在当时的吴王刘濞之反抗中央,就是中央集权不能确立的证据。……当时的社会不仅由于制度不良而构成社会不安,更有不断的天灾人祸而加深了社会的危机。"

再来考察学术上的变迁,是文认为:"在春秋战国时代,诸子百家兴起的时候,造成了中国学术的繁盛时代,然而经过秦时焚坑之祸,事实上乃不得不使学术界陷于衰颓。更兼之当时战乱迭起,学术两个字已根本无人过问,因而其发展亦无从谈起。据《始皇本纪》说,'焚书的事情是由丞相李斯倡议,据他说五帝不相复,三代不相袭,各以治,非其相反,时变异也。今陛下创大业,建万世之功,固非愚儒所知。且越言乃三代之事,何足法也。异时诸侯并争,厚招游学。今天下已定,法令出一;百姓当家则力农工,士则学习法令,辟禁。今诸生不师今而学古,以非当世,惑乱黔首。古者天下散乱,莫之能一,是以诸侯并作,语皆道古以害今,饰虚言以乱实。人善其所私学,以非上之所建立。今皇帝并有天下,别黑白而定一尊。而私学相与非法教。人闻令下,则各以其学议之;入则心非,出则巷议;夸主以为名,异取以为高,率群下以造谤。如此弗禁,则主势降乎上,党与成乎下。禁之便。'但是当时学术思想的衰落,是不是就以焚书坑儒为其唯一的原因呢? 是文认为还不能如是之简单。"因为焚书在始皇的意思,不过是只焚烧民间存书以防止民人思想的发达,而确保其万世的传统而已,对于'博士官所职'的东西,并不会受到害,以当时书籍保有之不易(普通的人民在事实上是不会有什么书的)而言,存留在民间的并不多;实在多的存留,还是在有钱有势的官家,所以焚书在事实上并不是全部消灭。"是文列举了如下证据:"(一)《汉书·艺文志》:儒家有羊子四篇,名家有黄公四篇,皆秦博士。(二)汉高帝即位,用叔孙通制朝仪,张苍定律令,皆故秦博士。(三)孝惠四年,除挟书之禁;孝文帝时,民间藏书渐出。(四)《史记·儒林传》:'秦之季世坑术士';观此,则知秦所坑者乃是一班望星气求仙药的方士;并且,从始皇所说的话里面也可以明证其所坑者为方士,且只有四百六十余人。(五)《史记·始皇本纪》载:始皇坑儒生于咸阳。长子扶苏谏曰:'天下初定,远方黔首未集。诸生皆诵法孔子。今上重法绳之,臣恐天下不安。'杀儒生数百人,尚且要虑及天下的安危,可见儒家在当时还是见重于天下。"

是文指出:"到汉灭楚而统一天下之后,又十二年——即惠帝四年时始开挟书之禁,并诏令天下征求遗书,但在那时竹简书籍因为受到极大的损伤,完整书籍已属不多,故当时学者的第一步工作就是先从'整理'着手。从而今文与古文在学术界上便成为论争的焦点,至于今文与古文的分别,马宗霍在《中国经学史》中说:'所谓今文古文者,初本皆指字体,盖依类象形谓之文,形声相益谓之字,古曰文犹今曰字,其经之书以古体字者,即为古文,其经之书以今体字者,即为今文,皮锡瑞《经学历史》曰,今文者今所谓隶书,古文者所谓籀书,隶书汉世通行,故当时谓之今文,籀书汉世已不通行,故当时谓之古文,案以隶书为今文是也,以籀书为古文则非,说文序既曰史籀篇与古文或异,继之曰至孔子书六经皆以古文,可以证明,孔子未以籀文书六经也,郑玄亦曰,书初出屋壁,皆周时象形文字,今所谓科斗书,以形言之为科斗,指体即周之古文,若籀书则在汉时无科斗之号,故古今文为汉儒所恒言,然在秦以前,通行古体,故孔子书六经,左丘明述左氏传,皆以古文,其时今体未兴,则亦无所谓古。自秦并天下,同一文字,罢其不与秦文合者;又造隶书以趣约易,体乃大变。故司马迁谓秦拨去古文,扬雄谓秦剿灭古文,许慎谓古文由此绝矣。'这样我们可知古文与今文虽系对立性质而不能一致,然在汉初,古文并不能称之为官学,即国家设立博士,亦属今文家,因而在当时古文与今文间,并不曾发生过争论,及刘歆佐王莽持政,因莽好古文而重用刘歆,于是刘歆崇古文的论见,才能得到伸展。……刘歆虽然在王莽时代把古文经传立于官学,但是在不久之后——光武中兴的时候就被废除了。同时一般今文的学者以其本身的来历而论,并没有何种独立的意识,都还是秦时旧儒的遗产,这个遗产由于当时社会紊乱的结果。在思想上也不纯粹就是儒家正统派,因为这里充满了儒家方士化和什么的迷信的色彩。这种色彩为什么这样的盛行呢?原因就在于汉初变乱因循,民生凋蔽已达极点,士民为了自身之安全,乃不得不以恬淡无为的黄老思想为慰己的工具。……在秦末汉初的时候,儒生与方士对于'五德''五行'之说,及受命封禅的问题,都是极有争论的;同时,因为皇帝不能崇信儒生的话,使儒生在这个时代几无插嘴的余地,所以一般的投机儒生也不得不暗暗地投降在方士的怀里;虽然他们表面上还不愿撕弃了儒服。"

而"东汉以后之学术思想的发展,一样的也不能超越于西汉的轨道,阴阳五行之说既成为学术界有力的支配物,因而一般思想家都很难超脱这个范围。本来在其自身言,已都为门户之见所蔽,极力的模仿前人,而自身不重于创造,对于学术的本身已无什么贡献,何况他们又困于阴阳五行之说的范围内呢?本来古文这种东西,在理论上与实际上都有其可尊贵之处,因为古文经传,多为民间流传下来的残简,以史的资料而言,实比较今文为可靠,只要治学的人能够不坚持私见,而切实的下一番整理的工夫,在历史上确是件有价值的工作,然而不幸的很,刘歆这位先生却不顾一切只凭自己主观的私见而任意增删,结果就不免一塌糊涂了。……两汉学者虽名古书整理,古经训诂而实际在思想上不能超越黄老,也不是无因的。直到窦太后死,武安侯田蚡做了丞相之后,才力崇儒教,接着武帝用董仲舒之策,'诸不在六艺之科,孔子之术者,皆绝其道,勿使并进',于是儒教才又兴盛起来。同时董仲舒又以阴阳家的见解来解说儒学,在学术界上乃起了一层混合的作用。及刘歆佐莽治政之后,倡'六经皆史'之说,又分解了阴阳家儒家的混合作用,但是因为混合性已极浓厚,完全驱逐出去自不是一件容易事。直到王充出来之后学术界才又展开了另一个局面。"因此,在是文看来,董仲舒和王充才是"两汉学术思想的代表人物"。

徐经纶《阳明教育学说的体系》刊于《现代读物》第2卷第26期。

按:王阳明(1472—1529),浙江余姚人,姓王名守仁,字伯安,曾筑室于阳明洞,故学者均称他为阳明先生。中国明代最著名的思想家、哲学家、文学家和军事家,陆王心学之集大成者。是文主要从王阳明学说发生的背景与动因,王阳明教育哲学及教学方法思想,以及对后来的影响加以介绍。

是文认为,"儒家学说,在明朝的理学家中差不多是共同研究和共同遵守的。但是,能够彻底的体悉而彻底矫正当时的思想的,我怕在阳明以外,找不着第二人了。明朝从方正以后,百年之间,一般理学家均同样受着八股词章功利之习,学术界绝未有什么变改,何以一到阳明就发生那样一个极端心学的提倡呢?我以为这就是阳明个人才性超群的地方。"从阳明的生平里看来,"很可知道阳明自幼就是豪迈不羁的。他的做事,是始终一致的求于彻底,而不肯有丝毫的将就。"可以说,"阳明的才性超群,铸成阳明学说的第一个因素。"阳明学说形成的第二个因素,则是当时学术思想的影响。是文曰:"当着朱子的学说盛极将衰的时候,许多学者,都别树旗帜,如陈白沙、陈东白等要算是几个反抗朱子学说的有力分子了。他们的主张,都带有心学的色彩。……我们虽不敢说究竟阳明受了他们怎样的影响,但是,他们都生在阳明以前,至少,阳明总得了他们一点暗示。再说阳明的师友来说,娄一斋是阳明的授业亲师,湛甘泉是阳明的挚密爱友,他们两的学说,都是树着心学旗帜的。……可见阳明的学说,因为他才性的卓越,除了大半由于自己一生的奋斗精神体验得来而外,他的受了白沙、东白的暗示和一斋、甘泉的启发,这是一些也不能隐蔽的。"阳明学术产生的第三个因素则是"当前时代的督促",是文认为:"朱子一向认定天地万物各自有理存,吾人的心灵是具有众理去应付万事的能力的。所以他的求学方法是:'居敬以立其本,穷理以致其知,反躬以践其实,而敬又贯通乎三者之间。'原来这种说法,从明初以来,就为一般士子所斐然向风的,及至阳明时代,此种主张虽然还是依然如故的盛行于四海之内,但事实上已发现了很不少的弊端,而一大部士子,仍多墨守前人的成说,思想界大受束缚,体道多不透悟,于是有少数先进份子,早就想到这层而思脱出这种思想的束缚,可恨他们都没有创出一种系统的具体的方法来代之而起。在这样的时代下,自然于改除束缚而趋思想于活泼自由一途的要求。"所以"阳明学说的所以产生,受着时代力量的要求和督促,也许很大的了"。

阳明的哲学思想中,"心即理"是其核心,是文认为:"为要明了'心即理'的真意,须得先把这里的所谓理字,弄个眉清目秀才是,这里的理是指着宇宙的第一因原,是天,是道,也就是全体;伸言之,就是普遍永恒而且变化无定的存在,所谓'亦动亦静的存在',换句话说:也就是天理。我们用阳明的话来证明:'理也者,性也。性也者,命也。维天之命,于穆不已。而其在于人也谓之性。其浑然于其性也,则理一而已矣。'"王阳明又说:"理一而已,以其理之凝聚言之谓之心,以其凝聚之主宰言之谓之心,以其主宰之发动言之谓之意,以其发动之明觉言之谓之知,以其明觉之感应之谓之物,故就物而言之谓之格。就知而言之谓之致,就意而言之谓之诚,就心而言之谓之正。正者正此心也,诚者诚此心也,致者致此心也。格者格此心也,皆谓穷理以尽性也。天下无性外之理,无性外之物,学之不明皆由世之儒者,认心为内,认物为外,而不知'义内'之说也。"

对于"知行合一",是文认为,"阳明所谓的知,指德性的直觉;所谓行,指行为的动机。即知即行,直截警辟,所以他的知行合一,横说竖说,实在只是一个知。这里只细的剖解一下,可以得到下面几种含义:第一,所谓知行合一,就是知则必行。第二,不是先知后行,更不是先行后知,而是知与行并进的。第三,所以不行的缘故,是由于未能真知,如果真知了,那就必定要行的。同时在另一方面,不行也终不会得到真知的。第四,知行合一为知行关系的真相,可以鼓励人们实践的勇气。第五,知为理想行为实现,真理想必定要实现的,倘是不实现,仅可称着空想罢了,那里还可以名做理想呢?因为当世的空想家特多,能够真知实践的极少,所以阳明才有此立论。第六,知为理论,行为实际,理论的可靠可贵,当视其适应于实际与否而定。理论不能适于实际,这种理论等于空想,是不足贵的。而所谓理论与实际相远之说,也同为阳明所不许,是故倡言知行合一,以斥架空之辨。最后,更当明瞭的,知行合一的所谓行,不仅限于动作而已,兼指心的念虑而言,譬如知恶念是知,绝恶念使不生就是行,阳明知行合一的理论,总不溢出上面的几点之外。"

知行合一的目的就是为了"致良知",而"阳明的良知,亦即良心,是人心所本有,先天所自具,人人所同有,而且无间古今的,这与西洋直觉派论理学者的主张相仿"。是文认为,"我们要深切的明了什么是良知,还须注意下列三点:第一,良知不可作知觉看待,更不可当知识看。阳明说:'喜怒哀乐之与思与知觉,皆心之所发。'如果把良知当作这种知,则待其既发而后知而后觉。那就不是未发之中了。未发时既无戒惧之功,那么既发后或恐有认贼作子之患,并且既发而后觉,克治必极吃力,有时竟不胜其克。……第二,情是良知所发,良知自然不能离情而独求,但也不可专向情上研讨分晓,否则便是粗挑便不吃力。……第三,意从心发,这是了然的;但有时阳明又以意为知所发,并以意为知的本体。"而所谓的致良知,就是王阳明所说的"实实落落的依着他做去,善便存,恶便去""便是不欺,便是致知,也就是不欺良知,良知即可充塞流行。同时既属不欺,就有扩而充之的含意在内,又因为有了扩而充之的工夫,才算真的不欺,才能算得真致。本来致良知的工夫,在圣人分上,常出于自然。正为着自然是不欺,所以困知勉行的人,只消用个不欺,只要能够有实去做,便足以恢复他固有的本体"。

王阳明从其哲学思想出发,提出了教育的极终目的。是文曰:"阳明主张教育的唯一目的,便是去人欲存天理,也就在致那个良知。能够做到良知的极功,便是此心纯乎天理,廓然大公,寂然不动,而后可与宇宙的万物同体。这完全是因为人与宇宙同具一气,所以才彼此相通。"上面的哲学思想,产生出来的训练方法,即是:"蒙童之性,乐嬉游而惮拘束。犹草木之萌芽,舒之则生长,挠之则衰萎。故教蒙童,鼓舞其趋向,喜悦其中心,则日进不已,譬如草木之霑时雨春风,则萌动而长,不落冰霜,则萧瑟而枯焉,故诱之使歌诗者,不啻发其意志,亦所以神鼓舞于咏歌,宣抑郁于音节也。导之使习礼者,不啻慎其威仪,可以周旋而动血脉,屈伸而固筋骨也。劝之使读书者,不啻开其知觉,所以沈潜其存心,讽诵而宣志也。"是文认为,从中"可以看出阳明的蒙童教育,与近代西洋的教育主张,有许多竟不期而合:第一,他主张教育者须顺着儿童的本性而加以启发与指导,束缚儿童,在他的方法中是一件最忌的事情。第二,他认定教养童蒙,须鼓舞其趋向,喜悦其中心。这不是引起兴趣又是什么?第三,他反对当时呆板的束缚的方法,极力想摆脱数种:自然的压制,使儿童身心得按自然律而充分的发展,这与现代的所谓'个性发展'不是一样吗?第四,他以身体的健康,比功课尤个重要,所以更主张锻炼身体提倡体育。虽然他未曾把具体的方法一一的分别说出,但他的愿意,与现代的注意健康,要把学校一切设施皆适合于儿童身心的发育,与不分身体上精神上学习时娱乐时的同时并进,本来没有两样。第五,他更主张顺适儿童的本性,而慢慢的养成其良善的习惯。总上以观,阳明的儿童教育方法,是主张启迪,他主张用灌输。同时更注意一般人所忽视的身体的健康。""教育既在去人欲,存天理。那么有什么方法可以达到这个目的呢? 第一个方法是静坐以明知,第二个方法便是在事实上磨练以求仁,不偏枯,不独善,努力于自我的完成与发展而同时又使他人的身心一样地得遂其完成与发展。""静坐明知——这是一个静的方法,里面包含读书,慎独,与静坐三种工夫。""事实磨炼——这是一个动的方法。所谓事实磨炼,就是实地经验,这个动的方法必须与上述静的方法兼行并进,才可以达到最后的目的。每当闲暇无事的时候,宜加意于静的工夫,自加修养,以免精神的外驰。至于应接事物,必须有社会经验。辅之,倘无动的工夫,当不能征其素养。所以这两者实相须而不可离的呀!"

至于阳明教育学说的影响,是文认为:"当阳明的教育学说未产生以前,四海之内,都是奉朱子之学,墨守前人的成说,绝不思寻创发,是故当时的思想大受束缚,体验儒家的真精神与真道理,多不透悟。及阳明出,便力扫前人互相因袭的成说,倡言心即理,使当时思想趋于自由的大道。因为当时的朱学,已深伏至一般士大夫的脑里,所以阳明初倡此说的时候,非特不能为一般士子的赞许,并且还蒙了许多人的非笑訾骂,被斥为学术界中的异端。阳明见了这种现象,决非口舌之力所能收效,于是便取朱子学说中的近于向里者,集成《朱子晚年定论》一书,刊行于世,在这书里他作了这样的一段说话:'朱子至晚岁已大悟旧说之非,痛悔极艾,至以为自诳诳人之罪不可胜赎,世之所传集注或问之类,乃其中年未定之说,自咎以为旧本之误,思改正而未及,及其诸语类之属,又其门人挟胜心以附己见,固于朱子平日之说犹有大相谬戾者,而世之学者局于见闻,不过持循讲习于此,其于悟后之论,概乎其未有闻,则亦何怪乎予言之不信,而朱子之心无以自暴于后世也乎?'这是阳明欲解当时议论的纷纭,不得已而出此,那知道这样一来,当时的学术界,便大大的转换了思想,渐觉阳明学说之可亲可贵,更进而认为这种致良知的方法的确是人生去恶归善的唯一门径,于是他的门弟子,也便一天多似一天,据《明儒学案》所载,弟子可分为浙江,江右,南中,楚中,北方,闽粤,泰州七系,这样看来,当他晚年的时候,他的教育学说的流行,可想而知了。"

阳明的学说虽曾盛极一时,但也生出了许多流弊。是文指出:"阳明虽然也是兢兢于礼法,同时他尝自谓:'依良知信手行去,更不着写覆藏',于是他那猖狂自恣的弟子们,均皆曰'这是依我良知信手行去也';阳明的致良知,又多不易捉摸,至于阳明所说的知行合一,谓'动念'即是行,于是他的弟子于实践上全不注意,而曰:'吾之对于某件善事已行矣,何则,吾已动念也;'又曰:'何必于实践上用功,只求诸吾心而已足。'反之,纵使能行以求知,而他们的行又近于猖狂妄为的一途,这些都是他的学说所生的弊端,因为这样,便生了种种的反响,所以到了明末清初,阳明之学便渐渐衰熄下去。"

徐宗泽《明清之际中国整个学术思想之革新》刊于《圣教杂志》第26卷第10期。

按:是文所论者,主要是"言明清之际之耶稣会士,对于中国之学术思想所演出之影响,其范围之广大,治学之精神,实一振天动地之一大思想革命也",这种影响之所以可称之为"革新",是因为西方传教士对明清之际中国学术的影响,既体现为量,又体现在质上。是文曰:"所谓量之方面扩者,即西士所输入之科学,不特在历算,且在整个的学问,形而上学与形而下学:宗教学,神哲学,天文学,数学,物理学,舆地学,碳术,艺术,语言学等等,无不包括之。所谓质之方面精神者,即西士讲学不特在治一学,制一器,拘泥于局部,然在给中国学者治学之精神,换言之:以科学之方法,研究学问是也。"

是文认为:"西士灌输西学于吾国,其最有成绩者,当推天文历算。溯自万历二十八年(一六〇〇年)利玛窦偕庞迪我等八人赍贡物,诣燕京进献。……利子初进京也,即注重于天文学,故其所著书中,有乾坤体义。乾坤体义者论天象历算之书也;分上下两卷。《四库全书总目提要》谓:是书上卷皆言天象,述日月蚀由于日月地影三者之关系,所言皆前人所未发。下卷皆言算术,虽篇帙无多,而其言皆验诸实测。又著经天该,将当时西方已测知诸恒星,造为歌诀,以便观象者之记诵;尝制浑天仪、天球仪、地球仪诸仪器以示人。徐光启、李之藻、周子愚辈从之游,习其术"。徐光启"逝世之翌年(一六三四年),由汤若望呈进《历书》二十九卷,并星屏一具,嗣又进《历书》三十二卷。其时日晷,星晷,窥筒诸仪器,俱已制成,奏闻。上令若望将仪器亲赍进呈,督工筑台,陈列宫廷,上亦步临观看,毕,就内廷赐若望宴。自后上频临观验,分秒无错,颇为嘉奖。""崇祯十四年因西士龙华民、邓玉函、罗雅谷、汤若望等修历有成;上谕吏部议赐爵秩。诸西士固辞,请收回成命。上允,谕礼部襄扬天学。礼部遵旨,将钦襄天学御题匾额,分赐各省西士祗领,悬挂天主堂中。"可见,"明末西士,用许多的精神,努力革新历法,卒因旧派之阻扰,未得尽获其效,然彼等所费十余年之心力,制成之各种仪器,翻译之多类历书,至清代而大得其用。""汤若望卒于康熙五年(一六六六年)。嗣后历务之推进而扩大,端赖南怀仁。"

而西方传教士对中国学术另一重要影响,则是"舆地之学"。是文曰:"舆地之学,利玛窦始来中国,早已注意及之。利子在肇庆时,住院中悬有西文世界全国(大约在一五七〇年奥德利迁斯刊行之图),凡来参观者莫不凝神主食,询求讲解;利子一一为之说明焉。此为中国人第一次见世界地图。利子在此经验,得知中国人之喜慕地图,乃参考自己之旅行日记,并西洋书籍,请人将地图仿刻成板,注以中文,印以赠人。……一五九八年,利氏在南京又将此图重校,由官府给费印行,较前图为大,共十二页。但贵州总督将图中华文注解摘出,另刊成书缩影全图附于书中,分发中国各省,且远传至日本澳门焉。……利子此图供给当时儒士之世界观念,及天下有五大洲,足以扩大中国士大夫狭小之思想者也;盖当时中国人以为四海之内,惟中国为大,其余俱是南蛮北狄,东夷西戎耳,无足挂齿,故无怪当时之人,见利子之图,叹曰:何中国在世界图中不遇渺渺一栗耳。""利子又著《乾坤体义》一书,共三卷,详言天地之形体,南北极,度数,五带,昼夜,四时寒暑之理,为当时之人闻所未闻,纠正中国古时许多错误之意。其余所论是关于天数者也。""继利玛窦之万国舆图,有南怀仁之坤舆全图。"而对于中国地图的绘制,是文指出:"提倡此工作者是康熙帝,而启示此思想者实西士巴多明也。其开始测制,在康熙四十七年(一七〇八年),其着手始点,先从蒙古及满洲,渐及中国各省;而其方法,随处观测天体,规定经纬度,用三角法测量;至五十六年(一七一七年)而全国告竣,白进等汇成总图一幅,及各省分图,进呈康熙帝;康熙题名为《皇舆全览图》。"是文认为:"西士所测制之地图,其成绩非常可观;不特关系于中国之地舆学,且贡献欧洲亦不少地理之知识"。

按:翁文灏在民国十九年《地学杂志》第3期上曾发文曰:"康熙时代地图测量,更有一极有意义之成绩,即当时已由实测发见经度长度上下而有不同,即此可证地球之扁度。时当十八世纪初年,正值牛顿理论的扁圆说与喀西尼 Cassini 错误的实测所得之长圆说,分垒对峙,尚无定论之时,而中国测量已有较确实之结果,实为世界测地史中一大贡献。牛顿氏地形椭扁之说,乃在中国首得其证,殊足为历史上可纪念之事实。雷孝思 P. Regis、杜德美 Jartoux 两神父有此重要之发见,而不遽自以为是,可见其虑心。……当十七八世纪,即欧洲各国各地测量,亦尚未经始,或未完成,而中国全图乃已告竣,实为中国地理之大业。……综上观之,西士对于世界之舆图及中国之地图有伟大之工作,其功诚不亚于历数;今吾再摘录翁先生之言,以终此论,其言曰:中国地图之重要根据,首推清初聘用西洋天主教士之测量。以后虽经西洋游历家多次续研究皆沿循路线,或局于一隅,不及清初之有整个的计划与普遍的实测。清末及民国初年,中央及各省测量局皆测有详图颇多,然皆注意局部地形,而未作全国之各地测量。故迄今中国地图十之七八,实尚源自清初。"

立斋《三十年来中国学术思想之演变及其出路》刊于《再生》第4卷第3期。

按:是文曰:"自欧洲势力东渐以来,吾国人思想之变迁,普通分为三时期:第一,船坚炮利时期,指曾文正、李文忠设兵工厂、船政局之政策言之;第二,变法改制时期,指戊戌康梁变政以至筹备宪政言之;第三,文学革命,及社会改造,思潮勃兴时期,指五四以后文学革命,及家庭解放等运动言之。以上分类法,就吾国与欧州接触后,一般思潮之变化言之,其所涉及之方面,有关于技术者,有关于法律政治者,有关于文艺思潮者。可以见欧州势力之逼进,先从外部起,逐渐深入民族生活之内部。即如家庭问题之改造,今亦立于欧州观点之下矣。"

而从学术思潮之变迁言之,即指欧州之科学哲学输入东方后,吾国人对于欧州学术之态度,可分为三时期:"一、门外汉翻译时期,指曾、李设江南制造局后,翻译西洋各种书籍言之""二、一肩承担时期,此时代略当戊戌政变,庚子拳乱以后,当推严又陵、梁任公两先生""三、分科研究时期,东西洋留学生渐渐加多,有的学自然科学,有的学社会科学,有的学陆海军与技术等",如"地质学丁文江、翁文灏等""物理学吴有训、严济慈、叶企荪、姚郁秦等""数学苏步青等""植物学胡先骕等""优生学潘光旦等""政治学萧公权等""哲学张东荪等""伦理学金岳霖等""经济学马寅初等""社会学孙本文等"。

　　至于以后的出路,是文认为,首次按要注意"妨害学术思想之发展"的三点:一曰激刺:"我国人对于世界情形如俄国五年计划,如希特勒登台,凡大吹大打的事情,最易引起注意,于是群起讨论;等到过了一时,各人兴趣又淡焉若忘。此种现象一方面可以说是幼稚,好比小孩子的注意力,是不能长久的。……从这个毛病看来,国人从国际形势所接受的,只限于官觉部分,还没有到心坎里去,故名之曰激刺。"二曰感情:"现在国内人受了国家形势刺激,颇趋于感情用事。如所谓打倒帝国主义,如所谓打倒资本阶级,专从仇恨方面,情感方面,鼓起人民的热心。至于帝国主义何以能侵略,资本阶级何以能剥削,我们如何能抵抗帝国主义,如何能限制资本阶级,这是需要一番计划,而后能解决的,换言之,这是理智而不是情感。"三曰行动:"最近从欧洲移过来的目标,有所谓社会改造运动,有所谓直接行动,有所谓'干'等名词。此种种中无非表示以行动为第一义。既有行动,当然对于学说方面,不免于武断,因为需要一种信条,方能有所动作。"

　　说到我们思想的出路,是文认为,"人类之所以为人类,在乎他有思想,在乎他有自主的思想。……一个个人如此,一个民族也是如此,不应人云亦云,而贵乎能说他民族所没有说的话。这个就是一个民族自主的思想。……可以见文化之进步,在乎有能思想的大思想家。所以大家如要问我中国思想的出路如何,我可以用与那卷首语同样的话,就在乎能思想,就在乎有思想家。"

　　潘菽《把应用心理学应用于中国》刊于《国立中央大学心理学半年刊》第4卷第1期。

　　萧孝嵘《军官智慧团体测验之编制及其应用》刊于《国立中央大学心理学半年刊》第4卷第1期。

　　萧孝嵘《军官人格品质之分析》刊于《国立中央大学心理学半年刊》第4卷第1期。

　　艾伟《小学毕业生语体文成绩之研究》刊于《国立中央大学心理学半年刊》第4卷第1期。

　　王书林《心理学和航空医学的关系》刊于《国立中央大学心理学半年刊》第4卷第1期。

　　吴襄《巴夫洛夫教授年谱叙略》刊于《国立中央大学心理学半年刊》第4卷第1期。

　　吴江霖《修订塞斯通职业指导测验的预试之报告》刊于《国立中央大学心理学半年刊》第4卷第1期。

　　路君约《学习历程的分析》刊于《国立中央大学心理学半年刊》第4卷第1期。

　　孙运仁《青年犯罪人:问题和方法》刊于《国立中央大学心理学半年刊》第4卷第1期。

　　王鸿益《小学教师与儿童心理》刊于《国立中央大学心理学半年刊》第4卷第1期。

　　王力《中国文法中的系词》刊于《清华学报》第12卷第1期。

　　闻一多《诗经新义(二南)》刊于《清华学报》第12卷第1期。

　　冯友兰《中国政治哲学与中国历史中之实际政治》刊于《清华学报》第12卷第1期。

　　王信忠《甲申事变始末》刊于《清华学报》第12卷第1期。

　　彭丽天《乐府诗集古辞校正》刊于《清华学报》第12卷第1期。

　　陈铨《赫伯尔玛利亚悲剧序诗解》刊于《清华学报》第12卷第1期。

　　杨达树《论左传小笺》刊于《清华学报》第12卷第2期。

　　唐兰《论古无复辅音凡来母字古读如泥母》刊于《清华学报》第12卷第2期。

　　陈寅恪《逍遥游向郭义及支遁义探源》刊于《清华学报》第12卷第2期。

　　张荫麟《宋初四川王小波李顺之乱》刊于《清华学报》第12卷第2期。

　　陈铨《席勒麦森纳歌舞队与欧洲戏剧》刊于《清华学报》第12卷第2期。

　　陈梦家《高禖郊社祖庙通考》刊于《清华学报》第12卷第3期。

　　王力《上古韵母系统研究》刊于《清华学报》第12卷第3期。

杨树达《语源学论文十八篇》刊于《清华学报》第 12 卷第 3 期。

朱自清《赋比兴说》刊于《清华学报》第 12 卷第 3 期。

陈寅恪《论李怀光之叛》刊于《清华学报》第 12 卷第 3 期。

杨联升《中唐以后税制与南朝税制之关系》刊于《清华学报》第 12 卷第 3 期。

雷海宗《章学诚与蓝鼎元饿乡记》刊于《清华学报》第 12 卷第 3 期。

杨荫浏《平均律算解》刊于《燕京学报》第 21 期。

容肇祖《商君书考证》刊于《燕京学报》第 21 期。

杨明照《庄子校证》刊于《燕京学报》第 21 期。

郭绍虞《北宋诗话考》刊于《燕京学报》第 21 期。

冯沅君《说"赚词"》刊于《燕京学报》第 21 期。

陈梦家《禺邗王壶考释》刊于《燕京学报》第 21 期。

吴世昌《释诗经之于》刊于《燕京学报》第 21 期。

汤用彤《中国佛史零篇》刊于《燕京学报》第 22 期。

郭绍虞《神韵与格调》刊于《燕京学报》第 22 期。

董璠《反训纂例》刊于《燕京学报》第 22 期。

齐思和《封建制度与儒家思想》刊于《燕京学报》第 22 期。

钟凤年《答吴诸两君评国策勘研》刊于《燕京学报》第 22 期。

朱东润《诗心论发凡》刊于《国立武汉大学文哲季刊》第 6 卷第 2 号。

刘永济《文学通变论》刊于《国立武汉大学文哲季刊》第 6 卷第 2 号。

谭戒甫《公孙龙子五论校释》刊于《国立武汉大学文哲季刊》第 6 卷第 2 号。

胡稼胎《新近科学的知识与哲学》刊于《国立武汉大学文哲季刊》第 6 卷第 2 号。

王凤岚《教育哲学的意义》刊于《国立武汉大学文哲季刊》第 6 卷第 2 号。

A. A. Ramsay 著,方重译《心理学与文学评论》刊于《国立武汉大学文哲季刊》第 6 卷第 2 号。

吴其昌《阴虚书契解诂》刊于《国立武汉大学文哲季刊》第 6 卷第 3 号。

刘永济《离骚通笺》刊于《国立武汉大学文哲季刊》第 6 卷第 3 号。

谭戒甫《形名发微纂余篇》刊于《国立武汉大学文哲季刊》第 6 卷第 3 号。

厉啸桐《评林语堂语言学论义》刊于《国立武汉大学文哲季刊》第 6 卷第 3 号。

[日]羽田亨著,何建民译《元代驿传杂考》刊于《国立武汉大学文哲季刊》第 6 卷第 3—4 号。

朱偰《李商隐诗新诠》刊于《国立武汉大学文哲季刊》第 6 卷第 3—4 号。

方重《英国小品文的演进与艺术》刊于《国立武汉大学文哲季刊》第 6 卷第 4 号。

谭戒甫《墨子论蕃育人民不主早婚说》刊于《国立武汉大学文哲季刊》第 6 卷第 4 号。

朱芳圃《照穿神审禅古读考》刊于《国立武汉大学文哲季刊》第 6 卷第 4 号。

厉啸桐《邓文如二千年史献疑》刊于《国立武汉大学文哲季刊》第 6 卷第 4 号。

张全恭《明代的南杂剧》刊于《岭南学报》第 6 卷第 1 期。

赖义辉《陶渊明生平事迹》刊于《岭南学报》第 6 卷第 1 期。

何格恩《张曲江著述考》刊于《岭南学报》第 6 卷第 1 期。

何格恩《金仙与上仙》刊于《岭南学报》第 6 卷第 1 期。

何格恩《张九龄年谱补正》刊于《岭南学报》第 6 卷第 1 期。

饶锷钝盦辑,饶宗颐补订《潮州艺文志》(卷八至卷十三)刊于《岭南学报》第 6 卷第 2—3 期合刊。

游国恩《宋玉大小言赋考》刊于《华中学报》第 1 卷。

陈文松《山海经时地考》刊于《华中学报》第 1 卷。

马奉琛《明代中央行政机构及其制度作用》刊于《华中学报》第 1 卷。

胡毅《学习研究中之成功标准》刊于《华中学报》第 1 卷。

程瑞霖《贸易差额含义之研究》刊于《暨南学报》第 2 卷第 2 期。

刘洁敖《利润学说之史的发展》刊于《暨南学报》第 2 卷第 2 期。

张素民《合理化工作与工人》刊于《暨南学报》第 2 卷第 2 期。

陈竺同《元代中华民族海外发展考》(续)刊于《暨南学报》第 2 卷第 2 期。

郑振铎《〈词林摘艳〉里的剧本及散曲作家考》刊于《暨南学报》第 2 卷第 2 期。

李权时《美国经济的国家主义思想之兴起》刊于《复旦学报》第 4 期。

李炳焕《非常时期中国的金融问题》刊于《复旦学报》第 4 期。

胡机纯《英国宪法之特质》刊于《复旦学报》第 4 期。

贾开基《世界经济复兴的透视》刊于《复旦学报》第 4 期。

家禾《维新前西欧文明与日本》刊于《复旦学报》第 4 期。

顾仲彝《莫斯科艺术剧场和梅耶和的剧场》刊于《复旦学报》第 4 期。

陈子展《孝经在两汉六朝所生之影响》刊于《复旦学报》第 4 期。

汪馥泉《广"释三九"》刊于《复旦学报》第 4 期。

吴德培《石德兰著农村金融与合作》刊于《复旦学报》第 4 期。

李权时《评胡著公债论》刊于《复旦学报》第 4 期。

李权时《评美儒金氏著财政学》刊于《复旦学报》第 4 期。

陈高傭《历史本质论》刊于《复旦学报》第 5 期。

袁际唐《所得税中分期付价锁货之研究》刊于《复旦学报》第 5 期。

吴景文《先秦外交史纲》刊于《复旦学报》第 5 期。

赵景深《九宫正始与宋元戏文》刊于《复旦学报》第 5 期。

沈颂芳《国际宣传研究》刊于《复旦学报》第 5 期。

吴德培《评拔罗著合作银行》刊于《复旦学报》第 5 期。

沈寒流《客族流源考》刊于《逸经》第 21 期。

贾天慈《关于〈西厢记〉的作者》刊于《逸经》第 24 期。

魏复乾《关于贾先生意见的商讨》刊于《逸经》第 24 期。

幽谷《红军二万五千里西引记》刊于《逸经》第 33 期。

按:1937 年出版的第 33、34 期《逸经》以连载形式刊登了署名幽谷的《红军二万五千里西引记》,这是国内首篇关于红军长征的长篇报道,宣布了红军顺利到达陕北的消息,同时登有红军由江西瑞金至陕西吴起镇的长征路线图、红军第一军团长征中经过地点和里程表,红军在江西所发公债以及毛泽东身着红军军装照片等。

退翁《关于〈西厢记〉》刊于《逸经》第 34 期。

贾天慈《关于〈西厢记〉的作者——再和魏先生商讨》刊于《逸经》第 34 期。

魏复乾《再与贾先生商讨〈西厢记〉的作者》刊于《逸经》第 34 期。

魏复乾《〈西厢记〉著作人氏考证》发表于《文摘》第 1 卷第 1 期。

张君劢《西方学术思想在吾国之演变及其出路》刊于《新中华》第 5 卷第 10 期。

按：是文发刊时间为 1937 年 5 月 25 日，其观点与内容，与张君劢 1937 年 4 月 15 日用"立斋"的笔名发表于《再生》第 4 卷第 3 期上的《三十年来学术思想之演变及其出路》基本一致。

谷春帆《用计划经济的观点来观察自由竞争下的静态经济》刊于《经济学季刊》第 7 卷第 4 期。

朱祖晦《人口统计之方法》刊于《经济学季刊》第 7 卷第 4 期。

朱通九《统制经济声中之德国劳动统制》刊于《经济学季刊》第 7 卷第 4 期。

王宗培《现阶段之中国金融业》刊于《经济学季刊》第 7 卷第 4 期。

唐庆永《近几年来吾国之纸币（注）》刊于《经济学季刊》第 7 卷第 4 期。

李鸿寿《对于我国新颁所得税条例之我见》刊于《经济学季刊》第 7 卷第 4 期。

陈德容《所得税与会计学关系之探讨》刊于《经济学季刊》第 7 卷第 4 期。

张毓珊《重商主义之真谛》刊于《经济学季刊》第 7 卷第 4 期。

唐庆增《记欧美各国出售经济学珍本之旧书坊》刊于《经济学季刊》第 7 卷第 4 期。

张素民《经济学康门斯之学行（下）》刊于《经济学季刊》第 7 卷第 4 期。

夏炎德《阚能教授在经济学上之贡献》刊于《经济学季刊》第 7 卷第 4 期。

王烈望《货币数量说之两大派别》刊于《经济学季刊》第 7 卷第 4 期。

刘大钧《本社征文之经过》刊于《经济学季刊》第 8 卷第 1 期"本社征文特辑"。

按：是文详细介绍了此次由中国经济学社发起的征文的经过：根据中国经济学社社章"提倡研究经济问题之宗旨"，经理事会议决，以"国民经济建设方案"为议题，向社会进行有奖征文，"备奖征文规定第一名奖金二百元，第二名奖金一百元，第三名奖金五十元"。截至 1936 年 12 月底，先后共收到征文 47 篇，悉数交由理事会特聘评审专家刘大钧、唐庆增、董修甲三位先生评判，评判时采用密封办法以昭公允。评奖结果：第一名梁庆椿，第二名汪惠波，第三名李焕文、陈如乾。

梁庆椿《吾国米谷统制计划》刊于《经济学季刊》第 8 卷第 1 期"本社征文特辑"。

陈如乾《国民经济建设方案》刊于《经济学季刊》第 8 卷第 1 期"本社征文特辑"。

陈正谟《中国国民经济之建设》刊于《经济学季刊》第 8 卷第 1 期"本社征文特辑"。

汪惠波《粮食统制方案》刊于《经济学季刊》第 8 卷第 1 期"本社征文特辑"。

邓欣廉《国民经济建设方案》刊于《经济学季刊》第 8 卷第 1 期"本社征文特辑"。

周九祥《国民经济建设实施方案》刊于《经济学季刊》第 8 卷第 1 期"本社征文特辑"。

叶乐群《中国国民经济建设计划概论》刊于《经济学季刊》第 8 卷第 1 期"本社征文特辑"。

李焕文《国民经济建设方案》刊于《经济学季刊》第 8 卷第 1 期"本社征文特辑"。

岑家梧《中国石器时代社会研究》刊于《现代史学》第 3 卷第 2 期。

董家遵《历代节妇烈女的统计》刊于《现代史学》第 3 卷第 2 期。

陈安仁《汉书采讨举隅》刊于《现代史学》第 3 卷第 2 期。

朱谦之、蒋玉麟《宋儒理学对于欧洲文化之影响》刊于《现代史学》第 3 卷第 2 期。

张腾发《王安石变法之史的评价》刊于《现代史学》第 3 卷第 2 期。

关燕详《金代的奴隶制度——中国奴隶制度史全稿之一》刊于《现代史学》第 3 卷第 2 期。

梁瓯第《元代书院制度》刊于《现代史学》第 3 卷第 2 期。

吴宗慈《太平天国纪元年号之述疑》刊于《现代史学》第 3 卷第 2 期。

朱杰勤《论罗柯柯作风——西洋美术华化考》刊于《现代史学》第 3 卷第 2 期。

朱杰勤译《西洋美术所受中国之影响》刊于《现代史学》第 3 卷第 2 期。

江应梁《评鸟居龙藏之苗族调查报告》刊于《现代史学》第 3 卷第 2 期。

曾省译《过去的和现在的中国》刊于《现代史学》第 3 卷第 2 期。

康备升《现代史学的新动向》刊于《浙江青年》第 3 卷第 7 期。

华生《西安事变的教训》刊于《文化建设》第 3 卷第 4 期。

马中侠《蒙古政治制度之今昔》刊于《文化建设》第 3 卷第 4 期。

李麦麦《荀子哲学思想大要》刊于《文化建设》第 3 卷第 5 期。

张涤非《中国统一与中国话拉丁化》刊于《文化建设》第 3 卷第 5 期。

任一黎《中国的统一问题》刊于《文化建设》第 3 卷第 5 期。

陶百川《怎样完成中国的统一》刊于《文化建设》第 3 卷第 5 期。

吴铁城《统一救国问题——中国统一运动之途径》刊于《文化建设》第 3 卷第 5 期。

陈高佣《统一救国问题——统一救国应先使国民意识统一》刊于《文化建设》第 3 卷第 5 期。

孙伏园《统一救国问题——如何达到统一》刊于《文化建设》第 3 卷第 5 期。

陈石孚《统一救国问题——如何达到统一》刊于《文化建设》第 3 卷第 5 期。

张雪影《中国社团之史的考察》刊于《文化建设》第 3 卷第 5 期。

陆树枬《中国古代的舞蹈》刊于《文化建设》第 3 卷第 5 期。

林一新《中国民族之将来》刊于《文化建设》第 3 卷第 6 期。

谭辅之《最近的中国哲学界》刊于《文化建设》第 3 卷第 6 期。

文夫《今后的新文化问题》刊于《文化建设》第 3 卷第 6 期。

孟真《西安事变后的人民战线》刊于《文化建设》第 3 卷第 6 期。

张涤非《从马克斯主义论第三国际的和平政策》刊于《文化建设》第 3 卷第 7 期。

刘自强《中国平民借贷制度研究》刊于《文化建设》第 3 卷第 7 期。

樊仲云《中国统一运动与列强对华政策》刊于《文化建设》第 3 卷第 7 期。

徐中玉《中国的师范教育》刊于《文化建设》第 3 卷第 8 期。

陈伟旋《中国古代族外婚制研究》刊于《文化建设》第 3 卷第 8 期。

叶青《论中国的统一问题》刊于《文化建设》第 3 卷第 8 期。

方治《中国民族思想之研究》刊于《文化建设》第 3 卷第 9 期。

吴念中《民族自决与民族联合》刊于《文化建设》第 3 卷第 9 期。

傅抱石等《中国文人画概论》刊于《文化建设》第 3 卷第 9 期。

傅有任《中国论》刊于《文化建设》第 3 卷第 9 期。

陈高佣《中国历史的历史》刊于《文化建设》第 3 卷第 10 期。

孟真《建设时代的理论》刊于《文化建设》第 3 卷第 10 期。

罗敦伟《新启蒙运动总批判》刊于《文化建设》第 3 卷第 10 期。

张素民《中国经济生活之文化背影》刊于《文化建设》第 3 卷第 10 期。

郝更生《十年来之中国体育》刊于《文化建设》第 3 卷第 10 期。

朱化雨《国防战线上的文化建设》刊于《更生评论》第 1 卷第 7—8 期。

常向阳《关于"新启蒙运动"问题——提出"国防文化运动"》发表于《文化引擎》第 1 卷第 5 期。

舒予《五四与新启蒙运动》发表于《通俗文学》第 1 卷第 3 期（五四与新启蒙运动特辑）。

若士《五四杂谈》发表于《通俗文学》第 1 卷第 3 期（五四与新启蒙运动特辑）。

张申府《五四纪念与新启蒙运动》发表于《文摘》第 2 卷第 1 期（新启蒙运动与反新启蒙运动）。

陈伯达《再论新启蒙运动》发表于《月报》第 1 卷第 7 期。

张申府《什么是新启蒙运动》发表于《月报》第 1 卷第 7 期。

白非《新启蒙运动在北平》发表于《月报》第 1 卷第 7 期。

汪运坤《"新启蒙运动"的批评》发表于《现代青年》第 7 卷第 5 期。

罗保吾《新启蒙运动与精神动员》发表于《实报半月刊》第 2 卷第 17 期。

谢源《"新启蒙运动"与医学》发表于《健康知识》第 1 卷第 6 期。

方极盦《文学上的新启蒙运动——新美术的建立》发表于《金箭》第 1 卷第 2 期。

鲁弋《鲁迅精神与新启蒙运动》发表于《金箭》第 1 卷第 3 期。

顾学颉《呜呼，所谓"新启蒙运动"》发表于《黄胄周刊》第 2 期。

张申府、齐伯岩《五四运动与新启蒙运动》发表于《读书》第 1 卷第 2 期。

济南新亚日报《新启蒙运动的争战》发表于《读书》第 1 卷第 2 期。

金则人《向新启蒙运动提出建议》发表于《读书》第 1 卷第 2 期。

台非《新启蒙运动在北平》发表于《读书》第 1 卷第 3 期。

胡绳《新启蒙运动中的批评工作》发表于《读书与出版》第 27 期。

胡绳《启蒙运动》发表于《自修大学》第 1 卷第 11 期。

艾思奇《什么是新启蒙运动》发表于《国民》第 1 卷第 8 期。

河洛《新启蒙运动在北平文化界引发的热潮》发表于《国民》第 1 卷第 8 期。

须旅《新启蒙运动在北平文化界引发的风波》发表于《北方青年》第 1 卷第 2 期。

于刚《怎样认识"新启蒙运动"》发表于《北方青年》第 1 卷第 2 期。

罗敦伟《评新启蒙运动》发表于《是非公论》第 47 期。

彭慧《云南的新启蒙运动》发表于《战时知识》第 8 期。

柳湜《我所获得的新启蒙运动的实践》发表于《国际知识》第 1 卷第 3 期。

艾思奇《新启蒙运动和中国的运动》发表于《文化食粮》第 1 卷第 1 期。

孟英、袁勃《诗歌的新启蒙运动》发表于《诗歌杂志》第 3 期。

小云《新启蒙运动与小学教师》发表于《教育短波》第 105 期。

李圣五《中日问题的前途》刊于《东方杂志》第 34 卷第 1 号。

史国纲《一九三六年国际趋势的总清算》刊于《东方杂志》第 34 卷第 1 号。

冯玉祥《复兴民族的基本方策》刊于《东方杂志》第 34 卷第 1 号。

张科《今日之民族问题》刊于《东方杂志》第 34 卷第 1 号。

李宗仁《民族复兴与焦土抗战》刊于《东方杂志》第 34 卷第 1 号。

居正《民族复兴与法律》刊于《东方杂志》第 34 卷第 1 号。

陈嘉庚《复兴民族与服制》刊于《东方杂志》第 34 卷第 1 号。

陈垣《墨井道人传校释》刊于《东方杂志》第 34 卷第 1 号。

胡适之《高梦旦先生小传》刊于《东方杂志》第 34 卷第 1 号。

顾颉刚、杨向奎《中国古代车战考略》刊于《东方杂志》第 34 卷第 1 号。

马寅初《经济思想随社会环境变迁之程序》刊于《东方杂志》第 34 卷第 1 号。

朱偰《中国战时财政的一个切实方案》刊于《东方杂志》第 34 卷第 1 号。

寿景伟《现代财政新原则及最近日本税制改革之鸟瞰》刊于《东方杂志》第 34 卷第 1 号。

千家驹《中国的平时和战时财政问题》刊于《东方杂志》第 34 卷第 1 号。

何炳贤《中国应采的贸易政策》刊于《东方杂志》第 34 卷第 1 号。

张素民《克恩斯之失业就业论》刊于《东方杂志》第 34 卷第 1 号。

魏友棐《币制改革后农民购买力的推动与入超》刊于《东方杂志》第 34 卷第 1 号。

张培刚《我国农民生活程度的低落》刊于《东方杂志》第 34 卷第 1 号。

高善《上海土地自然增殖问题的研究》刊于《东方杂志》第 34 卷第 1 号。

瞿荆洲《我国法币与英国流通券》刊于《东方杂志》第 34 卷第 1 号。

张知本《国民政府成立后立法之总检讨》刊于《东方杂志》第 34 卷第 1 号。

汤吉禾《五年来的监察院》刊于《东方杂志》第 34 卷第 1 号。

丘汉平《华侨国籍问题之讨论》刊于《东方杂志》第 34 卷第 1 号。

郑宏述《日本行政机构改革问题之检讨》刊于《东方杂志》第 34 卷第 1 号。

浦薛凤《国难之最高峰——全世界左右集团挑战》刊于《东方杂志》第 34 卷第 1 号。

方中《一九三六年算是平安过去了》刊于《东方杂志》第 34 卷第 1 号。

耿淡如《罗约会议问题之回顾与前瞻》刊于《东方杂志》第 34 卷第 1 号。

麦逸《日德协定与日意协定》刊于《东方杂志》第 34 卷第 1 号。

赵毓麟《罗斯福蝉联及其前途》刊于《东方杂志》第 34 卷第 1 号。

马季廉《论中日共同防共》刊于《东方杂志》第 34 卷第 1 号。

杜若君《大战前夜的欧洲现势》刊于《东方杂志》第 34 卷第 1 号。

蒋震华《太平洋日本军事根据地的考察》刊于《东方杂志》第 34 卷第 1 号。

张君劢《中国教育哲学之方向》刊于《东方杂志》第 34 卷第 1 号。

张东荪《哲学究竟是什么》刊于《东方杂志》第 34 卷第 1 号。

车铭深《论新儒家的理和欲》刊于《东方杂志》第 34 卷第 1 号。

振甫《严复的中西文化观》刊于《东方杂志》第 34 卷第 1 号。

梁实秋《文学的美》刊于《东方杂志》第 34 卷第 1 号。

朱光潜《哥德与白蒂娜》刊于《东方杂志》第 34 卷第 1 号。

罗莘田《音标的派别和国际音标的来源》刊于《东方杂志》第 34 卷第 1 号。

徐佩璜《工程与中国建设事业》刊于《东方杂志》第 34 卷第 1 号。

顾毓琇《最近中国工程的进步》刊于《东方杂志》第 34 卷第 1 号。

李立侠《日本石油之供需概况》刊于《东方杂志》第 34 卷第 1 号。

王孝英《非常时期妇女应负的使命》刊于《东方杂志》第 34 卷第 1 号。

碧云《妇女参政问题之研究》刊于《东方杂志》第 34 卷第 1 号。

张少微《现代家庭恐慌的构成》刊于《东方杂志》第 34 卷第 1 号。

淑惠《禁婢的现阶段》刊于《东方杂志》第 34 卷第 1 号。

陈长蘅《如何加强三民主义的革命阵线》刊于《东方杂志》第 34 卷第 2 号。

张忠绂《九一八事变后英国的远东政策》刊于《东方杂志》第 34 卷第 2 号。

费巩《论英王爱德华八世之逊位》刊于《东方杂志》第 34 卷第 2 号。

徐数人《苏联财政经济的现势及其展望》刊于《东方杂志》第 34 卷第 2 号。

溥孙《建立农业长期金融机构之检讨》刊于《东方杂志》第 34 卷第 2 号。

陈独秀《荀子韵表及考释》刊于《东方杂志》第 34 卷第 2 号。

史国纲《美国扩大中立法案》刊于《东方杂志》第 34 卷第 3 号。

潘楚基《罗斯福大胜利后的美国政治动向》刊于《东方杂志》第 34 卷第 3 号。

周咸堂《门户开放宣言之检讨与评价》刊于《东方杂志》第 34 卷第 3 号。

刘渭平《新兴土耳其之工业》刊于《东方杂志》第 34 卷第 3 号。

徐中玉《普式庚的生平和艺术》刊于《东方杂志》第 34 卷第 3 号。

张大壮《老庄思想底东渐及其影响》刊于《东方杂志》第 34 卷第 3 号。

戴恩基《中国民用航空之发展》刊于《东方杂志》第 34 卷第 3 号。

郎之余《甘地与山额夫人对于节育问题的辩论》刊于《东方杂志》第 34 卷第 3 号。

暮雨《世界和平与妇女》刊于《东方杂志》第 34 卷第 3 号。

黄廷英《太平洋现势的分析》刊于《东方杂志》第 34 卷第 4 号。

方秋苇《日本觊觎之海南岛》刊于《东方杂志》第 34 卷第 4 号。

金鸣盛《五权宪法中之行政权》刊于《东方杂志》第 34 卷第 4 号。

蒋洁《英美法货币协定的估价》刊于《东方杂志》第 34 卷第 4 号。

黄霖生《最近各国失业之对策与立法》刊于《东方杂志》第 34 卷第 4 号。

张元济《谒胡孝辕先生墓记》刊于《东方杂志》第 34 卷第 4 号。

陈公仁《中国今日茶业之复兴问题》刊于《东方杂志》第 34 卷第 4 号。

史国纲《希特勒与欧洲和平》刊于《东方杂志》第 34 卷第 5 号。

郑允恭《从玛拉迦港陷落再检讨西班牙问题》刊于《东方杂志》第 34 卷第 5 号。

魏友棐《日本经济的特殊发展与日圆的暗礁》刊于《东方杂志》第 34 卷第 5 号。

耿淡如《美国中立法之回顾与前瞻》刊于《东方杂志》第 34 卷第 5 号。

金通艺《法国人民阵线内阁之内政外交》刊于《东方杂志》第 34 卷第 5 号。

史国纲《法土关系与亚历山大勒达问题》刊于《东方杂志》第 34 卷第 5 号。

毛起鹇《意德协定后的欧局前途》刊于《东方杂志》第 34 卷第 5 号。

陈岳生译《宇宙新说与物质第四态》刊于《东方杂志》第 34 卷第 5 号。

东序《西安事变和平解决》刊于《东方杂志》第 34 卷第 5 号。

奥松《希特勒演说德国内政外交》刊于《东方杂志》第 34 卷第 5 号。

澜平《我国现行法上之妇女保护》刊于《东方杂志》第 34 卷第 5 号。

碧云《苏联妇女生活之总考察》刊于《东方杂志》第 34 卷第 5 号。

张少微《美国妇女地位的转变》刊于《东方杂志》第 34 卷第 5 号。

陈独秀《实庵字说（一）》刊于《东方杂志》第 34 卷第 5 号。

梁维直《两个阵线与远东的危机》刊于《东方杂志》第 34 卷第 6 号。

李俊龙《美国外交政策与泛美和平会议》刊于《东方杂志》第 34 卷第 6 号。

史国纲《法德与西领摩洛哥》刊于《东方杂志》第 34 卷第 6 号。

周泰京《日本侵华经济实力的透视》刊于《东方杂志》第 34 卷第 6 号。

蒋元新《培养税源问题》刊于《东方杂志》第 34 卷第 6 号。

汤钟灵译《现代物理学的新世界观》刊于《东方杂志》第 34 卷第 6 号。

陈独秀《实庵字说(二)》刊于《东方杂志》第 34 卷第 6 号。

郑允恭《德国殖民地要求问题的检讨》刊于《东方杂志》第 34 卷第 7 号。

张明养《收回西班牙领事裁判权问题》刊于《东方杂志》第 34 卷第 7 号。

耿淡如《德意志要求殖民地问题》刊于《东方杂志》第 34 卷第 7 号。

朱偰《改进吾国所得税制度刍议》刊于《东方杂志》第 34 卷第 7 号。

费巩《欧洲民主新宪法之演变》刊于《东方杂志》第 34 卷第 7 号。

方秋苇《达赖转世与班禅返藏》刊于《东方杂志》第 34 卷第 7 号。

孙晓楼《法律民族化的检讨》刊于《东方杂志》第 34 卷第 7 号。

陈独秀《实庵字说(三)》刊于《东方杂志》第 34 卷第 7 号。

杨幼炯《我国政党政治之蜕变及其对于近代文化之影响》刊于《东方杂志》第 34 卷第 7 号。

曾仰丰《中国盐政之动向》刊于《东方杂志》第 34 卷第 7 号。

李俨《中算之起源及其发达》刊于《东方杂志》第 34 卷第 7 号。

陈顾远《中国婚姻制度之发生并其进展》刊于《东方杂志》第 34 卷第 7 号。

俞剑华《中国绘画之起源与动向》刊于《东方杂志》第 34 卷第 7 号。

陈邦贤《中国医学之起源及其发达之状况》刊于《东方杂志》第 34 卷第 7 号。

冯承钧《中国南洋之交通》刊于《东方杂志》第 34 卷第 7 号。

卫聚贤《中国文化起源与东南发达与西北的探讨》刊于《东方杂志》第 34 卷第 7 号。

贾丰臻《中国文化的起源和发达》刊于《东方杂志》第 34 卷第 7 号。

李长傅《中国文化起源与世界文化移动之研究》刊于《东方杂志》第 34 卷第 7 号。

林惠祥《中国文化之起源及发达》刊于《东方杂志》第 34 卷第 7 号。

王云五《编纂中国文化史之研究》刊于《东方杂志》第 34 卷第 7 号。

郑允恭《美菲经济关系调整问题》刊于《东方杂志》第 34 卷第 8 号。

符涤尘《中日关系的根本矛盾与调和》刊于《东方杂志》第 34 卷第 8 号。

史国纲《西班牙内战与不干涉问题》刊于《东方杂志》第 34 卷第 8 号。

陈允文《但泽问题的今昔》刊于《东方杂志》第 34 卷第 8 号。

高觉敷《方位几何学的心理学》刊于《东方杂志》第 34 卷第 8 号。

林祝敔《比较文字学浅识》刊于《东方杂志》第 34 卷第 8 号。

张明养《印度民族独立运动的现阶段》刊于《东方杂志》第 34 卷第 9 号。

朱希祖《再驳李唐氏出于李初古拔及赵郡说》刊于《东方杂志》第 34 卷第 9 号。

王重民《敦煌本历日之研究》刊于《东方杂志》第 34 卷第 9 号。

耿淡如《意南协定与欧洲政局》刊于《东方杂志》第 34 卷第 9 号。

符涤尘《日本议会解散的剖视》刊于《东方杂志》第 34 卷第 9 号。

千家驹《一个省地方财政的实例》刊于《东方杂志》第 34 卷第 9 号。

丘汉平《法治进化论》刊于《东方杂志》第 34 卷第 9 号。

奥松《西班牙战争的现阶段》刊于《东方杂志》第 34 卷第 9 号。

良礼《英印政治纠纷》刊于《东方杂志》第 34 卷第 9 号。

允中《一九三六年的世界商业政策》刊于《东方杂志》第 34 卷第 9 号。

陆德音《世界各国对于产妇保护的概况》刊于《东方杂志》第 34 卷第 9 号。

鸿声《外人对于中国蓄婢制度的研究》刊于《东方杂志》第 34 卷第 9 号。

碧云《儿童生活之史的考察》刊于《东方杂志》第 34 卷第 9 号。

符涤尘《英国预算案与国际关系》刊于《东方杂志》第 34 卷第 10 号。

冯仲足《现阶段的西班牙内战和监察计划的实施》刊于《东方杂志》第 34 卷第 10 号。

余长河《美国在远东经济势力的解剖》刊于《东方杂志》第 34 卷第 10 号。

张明养《德意轴心的构成及其前途》刊于《东方杂志》第 34 卷第 10 号。

薛典曾《领事裁判权之解释问题》刊于《东方杂志》第 34 卷第 10 号。

梁潜翰《遗产税暂行条例草案平议》刊于《东方杂志》第 34 卷第 10 号。

魏友棐《统税加征的内容与财政环境》刊于《东方杂志》第 34 卷第 10 号。

陶德曼《中国绘画的蕴藏》刊于《东方杂志》第 34 卷第 10 号。

卫聚贤《吴越文化传播于黄河流域的说明》刊于《东方杂志》第 34 卷第 10 号。

陈独秀《实庵字说（四）》刊于《东方杂志》第 34 卷第 10 号。

允中《二十五年度我国对外贸易的分析》刊于《东方杂志》第 34 卷第 10 号。

郑允恭《英日商讨对华合作问题》刊于《东方杂志》第 34 卷第 11 号。

冯仲足《环绕德意轴心的中欧危机》刊于《东方杂志》第 34 卷第 11 号。

陈独秀《老子考略》刊于《东方杂志》第 34 卷第 11 号。

杨宪昭《美国政府往那里去》刊于《东方杂志》第 34 卷第 11 号。

李俊龙《美国远东政策之检讨》刊于《东方杂志》第 34 卷第 11 号。

黄廷英《菲律宾提早独立问题》刊于《东方杂志》第 34 卷第 11 号。

梁敬钊《航空保险史述略》刊于《东方杂志》第 34 卷第 11 号。

唐凌阁《中国墨之研究》刊于《东方杂志》第 34 卷第 11 号。

碧云《现代婚姻问题之研讨》刊于《东方杂志》第 34 卷第 11 号。

鲁白沙译《新女性观》刊于《东方杂志》第 34 卷第 11 号。

莫湮《我国妇女职业问题的检讨》刊于《东方杂志》第 34 卷第 11 号。

镜东译《没有法权的妇女》刊于《东方杂志》第 34 卷第 11 号。

李圣五《集团安全的认识》刊于《东方杂志》第 34 卷第 12 号。

潘瀛江《撤废领事裁判权运动的回顾与今后应取的途径》刊于《东方杂志》第 34 卷第 12 号。

李俊龙《美国中立法之演进及中立政策之评价》刊于《东方杂志》第 34 卷第 12 号。

孙礼榆《日本的物价问题》刊于《东方杂志》第 34 卷第 12 号。

萧位贤《日本近年来木材纸料的生产状况》刊于《东方杂志》第 34 卷第 12 号。

高觉敷《心理学的向量》刊于《东方杂志》第 34 卷第 12 号。

傅统先《宇宙之组织》刊于《东方杂志》第 34 卷第 12 号。

张元济《谈绑票有感》刊于《东方杂志》第 34 卷第 12 号。

张明养《最近德国外交的活跃》刊于《东方杂志》第 34 卷第 13 号"夏季特大号"。

马寅初《中国棉业之前途》刊于《东方杂志》第 34 卷第 13 号"夏季特大号"。

孙本文《中国家族制度之特点及近时变迁之趋向与问题》刊于《东方杂志》第 34 卷第 13 号"夏季特大号"。

千家驹《论中国国际收支平衡》刊于《东方杂志》第 34 卷第 13 号"夏季特大号"。

顾毓琇《工程建设与工程研究》刊于《东方杂志》第 34 卷第 13 号"夏季特大号"。

余青松《国内改历意见与世界历》刊于《东方杂志》第 34 卷第 13 号"夏季特大号"。

冷亮《国人对于藏情应有之基础智识》刊于《东方杂志》第 34 卷第 13 号"夏季特大号"。

宋子元《最近中英关系之转变》刊于《东方杂志》第 34 卷第 13 号"夏季特大号"。

魏友棐《盐税的加征与增收》刊于《东方杂志》第 34 卷第 13 号"夏季特大号"。

王相秦《平均地权之理论与实施》刊于《东方杂志》第 34 卷第 13 号"夏季特大号"。

王维骐《统制贸易声中之上海进口商行概况调查》刊于《东方杂志》第 34 卷第 13 号"夏季特大号"。

李俊龙《美国中立法之演进及中立政策之评价（续）》刊于《东方杂志》第 34 卷第 13 号"夏季特大号"。

周礼威《中欧政局的新动向》刊于《东方杂志》第 34 卷第 13 号"夏季特大号"。

郭长禄《英帝国会议之观察》刊于《东方杂志》第 34 卷第 13 号"夏季特大号"。

方秋苇《从军事上观察香港》刊于《东方杂志》第 34 卷第 13 号"夏季特大号"。

陆希龄《日本的农工生活状况》刊于《东方杂志》第 34 卷第 13 号"夏季特大号"。

邵德润《现阶段列强军备竞赛实况》刊于《东方杂志》第 34 卷第 13 号"夏季特大号"。

谷利坚《军需景气下之世界经济》刊于《东方杂志》第 34 卷第 13 号"夏季特大号"。

罗鸿诏《休谟认识论研究》刊于《东方杂志》第 34 卷第 13 号"夏季特大号"。

陈岳生《波动力学之基本概念》刊于《东方杂志》第 34 卷第 13 号"夏季特大号"。

陈独秀《实庵字说（五）》刊于《东方杂志》第 34 卷第 13 号"夏季特大号"。

赵景深《小说家夏二铭年谱》刊于《东方杂志》第 34 卷第 13 号"夏季特大号"。

奥松《轰动全国的沈钧儒等七人案》刊于《东方杂志》第 34 卷第 13 号"夏季特大号"。

按：1936 年 5 月，沈钧儒、邹韬奋等著名人士响应中国共产党建立抗日民族统一战线的号召，在上海发起成立全国各界救国联合会。1936 年 7 月 15 日，沈钧儒、章乃器、邹韬奋、陶行知联名发表《团结御侮的基本条件与最低要求》，提出国共双方停止内战、组成抗日民族统一战线的主张。救国会多次同情中共的举动惹恼了当时急于"清共"的国民党当局，南京国民政府于 11 月 23 日上午在上海逮捕了沈钧儒、章乃器、邹韬奋、史良、李公朴、王造时、沙千里 7 位救国会的领导人，这就是轰动一时的"七君子事件"。"七君子"遭逮捕后，被移送至位于苏州的江苏省高等法院看守所羁押。是文发布时，"侦查始告完竣，苏高院检察官当以危害民国罪对沈等七人并陶行知等，提起公诉。该案已于六月十一日正式开审"。是文"编集时，审判在停顿中"，故是文主要是对该案的"起诉书，沈等答辩状，并第一二次审讯经过"加以介绍。

事件发生后，全国各界掀起了声势浩大的营救运动。当局于 1937 年 4 月 3 日向沈等提出起诉书，并于 6 月 11 日和 25 日在江苏省高等法院两次开庭审讯。沈钧儒等人坚持抗日救国立场，在狱中和法庭上进行了不屈不挠的斗争。"七七"事变爆发后，蒋介石政府迫于情势的变化及社会各界的压力，于 7 月 31 日宣布保释沈钧儒等七人，并于 1939 年 2 月撤销了起诉书。

杜久《现代妇女立法问题概观》刊于《东方杂志》第 34 卷第 13 号"夏季特大号"。

姚贤惠《妇女职业与儿童幸福》刊于《东方杂志》第 34 卷第 13 号"夏季特大号"。

张少微《现代家庭组织的试验》刊于《东方杂志》第 34 卷第 13 号"夏季特大号"。

谭吉华《文学上表现出的妇女问题》刊于《东方杂志》第 34 卷第 13 号"夏季特大号"。

冯叔然《纳粹德国的女工生活》刊于《东方杂志》第 34 卷第 13 号"夏季特大号"。

丁洪范《日英在华之经济斗争》刊于《东方杂志》第 34 卷第 14 号。

李立侠《中国外债之检讨》刊于《东方杂志》第 34 卷第 14 号。

张一凡《中国贸易好转之前途》刊于《东方杂志》第 34 卷第 14 号。

崔晓岑《论最近广东废毫改元》刊于《东方杂志》第 34 卷第 14 号。

邓葆光《九一八后"满洲"新设铁道网》刊于《东方杂志》第 34 卷第 14 号。

吴先培《明代与日本足利幕府关系之研究》刊于《东方杂志》第 34 卷第 14 号。

江禄煜《我国地方行政制度改革刍议》刊于《东方杂志》第 34 卷第 14 号。

拙民《中日外交的方针》刊于《东方杂志》第 34 卷第 14 号。

符涤尘《卢沟桥事变与日本政府的态度》刊于《东方杂志》第 34 卷第 15 号。

史国纲《黑龙江中的日苏冲突》刊于《东方杂志》第 34 卷第 15 号。

符彪《民国二十六年度国家预算的剖视》刊于《东方杂志》第 34 卷第 15 号。

汪精卫《关于救亡图存的几句话》刊于《东方杂志》第 34 卷第 15 号。

吴至信《中国农民离村问题》刊于《东方杂志》第 34 卷第 15 号。

魏友棐《上海交易所风潮所见的经济病态》刊于《东方杂志》第 34 卷第 15 号。

林杰生《世界天然资源与人造资源竞争的现状》刊于《东方杂志》第 34 卷第 15 号。

朱平《冀东伪组织下的苛捐杂税》刊于《东方杂志》第 34 卷第 15 号。

褚绍唐《日本之人口分布》刊于《东方杂志》第 34 卷第 15 号。

王书林《犯罪侦查之心理学的方法》刊于《东方杂志》第 34 卷第 15 号。

张元济《农村破产中之畜牧问题》刊于《东方杂志》第 34 卷第 15 号。

彭起《浙西之胡羊》刊于《东方杂志》第 34 卷第 15 号。

东序《卢沟桥事件与中日战争》刊于《东方杂志》第 34 卷第 15 号。

碧云《妇女解放与托儿所》刊于《东方杂志》第 34 卷第 15 号。

李俊新《黎族婚姻制的演变》刊于《东方杂志》第 34 卷第 15 号。

若海《法国的工妇》刊于《东方杂志》第 34 卷第 15 号。

郑允恭《英美如何应付中日事变》刊于《东方杂志》第 34 卷第 16—17 号。

史国纲《非常时期中国民应有的态度》刊于《东方杂志》第 34 卷第 16—17 号。

张明养《上海中立区的建议》刊于《东方杂志》第 34 卷第 16—17 号。

汪精卫《关于救亡图存的几句话（续）》刊于《东方杂志》第 34 卷第 16—17 号。

胡愈之《中苏不侵犯条约的回顾与前瞻》刊于《东方杂志》第 34 卷第 16—17 号。

魏友棐《全国战时财政动员的估计》刊于《东方杂志》第 34 卷第 16—17 号。

古古《日本战费论》刊于《东方杂志》第 34 卷第 16—17 号。

刘思慕《日本的战时财政》刊于《东方杂志》第 34 卷第 16—17 号。

斐丹《日本的国防财政与统制经济》刊于《东方杂志》第 34 卷第 16—17 号。

张元济《我国现在和将来教育的职责》刊于《东方杂志》第 34 卷第 16—17 号。

艾纳《全面抗战的展开》刊于《东方杂志》第 34 卷第 16—17 号。

东序《华北战事扩展后之国际反响》刊于《东方杂志》第 34 卷第 16—17 号。

东序《各国对于沪战之态度》刊于《东方杂志》第 34 卷第 16—17 号。

志刚《中苏不侵犯条约成立》刊于《东方杂志》第 34 卷第 16—17 号。

奥松《全面抗战展开前夕中日双方之态度与言论》刊于《东方杂志》第 34 卷第 16—17 号。

市隐《中美成立货币协定》刊于《东方杂志》第 34 卷第 16—17 号。

韵霓《日本妇女生活之考察》刊于《东方杂志》第 34 卷第 16—17 号。

冯列山《英国人的离婚运动》刊于《东方杂志》第 34 卷第 16—17 号。

冯仲足《苏联诞生二十年》刊于《东方杂志》第 34 卷第 18—19 号。

陈独秀《孔子与中国》刊于《东方杂志》第 34 卷第 18—19 号。

李圣五《欧洲角逐与吾国抗战》刊于《东方杂志》第 34 卷第 18—19 号。

金亚伯《非常时期外交上应用之措施》刊于《东方杂志》第 34 卷第 18—19 号。

张素民《中国抗战财政方案》刊于《东方杂志》第 34 卷第 18—19 号。

魏友棐《我国现行战时经济施政与批评》刊于《东方杂志》第 34 卷第 18—19 号。

孙冶方《抗战和农村》刊于《东方杂志》第 34 卷第 18—19 号。

潘树基《苏联潜艇在远东》刊于《东方杂志》第 34 卷第 18—19 号。

韩组康《毒气战争中的防范问题》刊于《东方杂志》第 34 卷第 18—19 号。

任梦云《世界各国化学战动态》刊于《东方杂志》第 34 卷第 18—19 号。

马叙伦《跋石鼓文研究》刊于《东方杂志》第 34 卷第 18—19 号。

东序《美国远东政策之转变》刊于《东方杂志》第 34 卷第 18—19 号。

东序《国共合作实现》刊于《东方杂志》第 34 卷第 18—19 号。

陈碧云《民族解放战争与妇女》刊于《东方杂志》第 34 卷第 18—19 号。

啸云《全面抗战中知识妇女的当前任务》刊于《东方杂志》第 34 卷第 18—19 号。

符涤尘《日本大本营的成立与军权的扩大》刊于《东方杂志》第 34 卷第 20—21 号。

魏友棐《战费与转口税增征案》刊于《东方杂志》第 34 卷第 20—21 号。

王廉、蒋洁《金问题与物价变动之趋势》刊于《东方杂志》第 34 卷第 20—21 号。

李立侠《非常时期的汇兑管理问题》刊于《东方杂志》第 34 卷第 20—21 号。

张民生《如何动员全国的财力》刊于《东方杂志》第 34 卷第 20—21 号。

许涤新《抗战期中的农产问题》刊于《东方杂志》第 34 卷第 20—21 号。

蒋震华《太平洋上英国的军事根据地》刊于《东方杂志》第 34 卷第 20—21 号。

曹树铭《宪草中关于外交之规定》刊于《东方杂志》第 34 卷第 20—21 号。

陈独秀《中国古代语音有复声母说》刊于《东方杂志》第 34 卷第 20—21 号。

剑石《持久战与外交方针》刊于《东方杂志》第 34 卷第 20—21 号。

李圣五《英国的和平策略》刊于《东方杂志》第 34 卷第 22—24 号。

郑允恭《日本能长期支持侵略战争吗》刊于《东方杂志》第 34 卷第 22—24 号。

朱偰《中国战时财政之过去及其展望》刊于《东方杂志》第 34 卷第 22—24 号。

魏友棐《抗战中之国际贸易》刊于《东方杂志》第 34 卷第 22—24 号。

符涤尘《日本战时经济的现势》刊于《东方杂志》第 34 卷第 22—24 号。

章榴《八一三前后上海经济鸟瞰》刊于《东方杂志》第 34 卷第 22—24 号。

崔敬伯《现阶段之国民经济与国家财政》刊于《东方杂志》第 34 卷第 22—24 号。

梁潜翰《我国沿海工厂与战时经济》刊于《东方杂志》第 34 卷第 22—24 号。

李圣五《抗战中的国际关系》刊于《东方杂志》第 34 卷第 22—24 号。

樊仲云《中日战争与世界战争》刊于《东方杂志》第 34 卷第 22—24 号。

萧恩承《新嘉坡军港落成声中之英属马来亚》刊于《东方杂志》第 34 卷第 22—24 号。

［日］小川琢治、太田喜久雄作，曹沉思译《战争与地理之关系》刊于《东方杂志》第 34 卷第 22—24 号。

张明养《抗战到底与国际形势》刊于《东方杂志》第 34 卷第 22—24 号。

吴至信《中国农民离村问题（续）》刊于《东方杂志》第 34 卷第 22—24 号。

丁毂音《谁是自叙传的第一个作者》刊于《东方杂志》第 34 卷第 22—24 号。

艾纳《抗战进入新阶段》刊于《东方杂志》第 34 卷第 22—24 号。

剑石《焦土战与游击战》刊于《东方杂志》第 34 卷第 22—24 号。

陈碧云《妇女与民主政治》刊于《东方杂志》第 34 卷第 22—24 号。

王慧中《日本妇女地位之演变》刊于《东方杂志》第 34 卷第 22—24 号。

胡适《日本霸权的衰落与太平洋的国际新形势》刊于《独立评论》第 230 号。

张印堂《绥东地势及其位置的重要》刊于《独立评论》第 230 号。

张佛泉《我们为什么要说长道短》刊于《独立评论》第 230 号。

胡适《中日问题的现阶段》刊于《独立评论》第 231 号。

胡适《读经平议》刊于《独立评论》第 231 号。

陈序经《关于〈乡村建设运动的将来〉》刊于《独立评论》第 231 号。

吴景超《中国工业化问题的检讨》刊于《独立评论》第 231—233 号。

陈之迈《从国民大会的选举谈到中国政治的前途》刊于《独立评论》第 232 号。

陈岱孙《预算法之新修正》刊于《独立评论》第 232 号。

陶希圣《由武昌到开封》刊于《独立评论》第 232 号。

晓湘《独立的观察与忠告》刊于《独立评论》第 233 号。

君衡《从川灾谈到中国的统一》刊于《独立评论》第 233 号。

王信忠《中日外交调整的途径》刊于《独立评论》第 233 号。

张佛泉《从政治观点论我国教育问题》刊于《独立评论》第 233 号。

顾毓琇《建设与统一》刊于《独立评论》第 234 号。

陶葆楷《乡村建设工作的一方面》刊于《独立评论》第 234 号。

萧公权《施行宪政之准备》刊于《独立评论》第 234 号。

宋士英《中国宪政之前途》刊于《独立评论》第 234 号。

胡适《伦敦的英日谈判》刊于《独立评论》第 235 号。

衡哲《青年的修养问题》刊于《独立评论》第 235 号。

张其昀《沦陷后之外蒙古》刊于《独立评论》第 235 号。

陈序经《进步的暹罗》刊于《独立评论》第 235 号。

吴承禧《请政府确立一个通盘计划的合作纲领》刊于《独立评论》第 235 号。

陶希圣《民主政治的一解》刊于《独立评论》第 235 号。

张佛泉《我们究竟要什么样的宪法》刊于《独立评论》第 236 号。

胡适《再谈谈宪政》刊于《独立评论》第 236 号。

蔡鼎《从救灾谈到农业的根本问题》刊于《独立评论》第 236 号。

萨本栋《纯粹科学与实用科学》刊于《独立评论》第 236 号。

顾正本《要做有具体办法的文章》刊于《独立评论》第 236 号。

陈之迈《上轨道的政治》刊于《独立评论》第 237 号。

卢广绵《从民众教育立场检讨合作事业》刊于《独立评论》第 237 号。

君衡《宪政的条件》刊于《独立评论》第 238 号。

陈岱孙《一个应该消除的货币幻景》刊于《独立评论》第 238 号。

曹康伯《推动乡村建设工作的一个新方式》刊于《独立评论》第 238 号。

絮如《看不懂的新文艺》刊于《独立评论》第 238 号。

胡适《冀察平津举办大选举》刊于《独立评论》第 239 号。

张熙若《民主政治当真是幼稚的政制吗?》刊于《独立评论》第 239 号。

刘南溟《论准备中之国事普查》刊于《独立评论》第 239 号。

梁实秋《关于读经》刊于《独立评论》第 239 号。

陶希圣《再谈党禁问题》刊于《独立评论》第 239 号。

陈之迈《苏维埃共产主义》刊于《独立评论》第 239 号。

张熙若《我为什么相信民治》刊于《独立评论》第 240 号。

张佛泉《我们要怎样开始宪政》刊于《独立评论》第 240 号。

郑林庄《冀省合作事业之调整》刊于《独立评论》第 240 号。

李朴生《谈提高行政效率》刊于《独立评论》第 240 号。

陈之迈《论苏联的党狱》刊于《独立评论》第 241 号。

周信铭《从枪决麻风病人谈到麻风问题》刊于《独立评论》第 241 号。

沧波《四十年前一个读律学生的生活》刊于《独立评论》第 241 号。

知堂《关于看不懂(一)》刊于《独立评论》第 241 号。

沈从文《关于看不懂(二)》刊于《独立评论》第 241 号。

陈岱孙《二十六年度国家总预算》刊于《独立评论》第 242 号。

张忠绂《英日谈判的前途》刊于《独立评论》第 242 号。

陶希圣《不党者的力量》刊于《独立评论》第 242 号。

胡适《我们能行的宪政与宪法》刊于《独立评论》第 242 号。

赵迺抟《经济计划与统制》刊于《独立评论》第 242 号。

任鸿隽《进步的基础》刊于《独立评论》第 242 号。

陈之迈《对于政府彻查投机的期望》刊于《独立评论》第 243 号。

陶希圣《民国大会的一个解释》刊于《独立评论》第 243 号。

王赣愚《整军与我国宪政前途》刊于《独立评论》第 243 号。

郑林庄《岁暑期农村服务学生的希求》刊于《独立评论》第 243 号。

李朴生《复兴农村与行政机构》刊于《独立评论》第 243 号。

张佛泉《我们没有第二条路》刊于《独立评论》第 244 号。

郑林庄《投机事业的限制》刊于《独立评论》第 244 号。

齐思和《选派国外留学生问题》刊于《独立评论》第 244 号。

南溟《政治与经济上的海南岛》刊于《独立评论》第 244 号。

陈之迈《研究社会科学必须先有立场吗?》刊于《独立评论》第244号。

陶亢德《中国与日本》刊于《非常时期联合旬刊》第1期。

林憾庐《这还不是战争》刊于《非常时期联合旬刊》第1期。

黄嘉音《最后胜利的把握》刊于《非常时期联合旬刊》第1期。

黄嘉德《中国要靠自己》刊于《非常时期联合旬刊》第1期。

何若《青岛事件的回忆》刊于《非常时期联合旬刊》第1期。

郭沫若《国难声中怀知堂》刊于《非常时期联合旬刊》第1期。

周味山《送人文学中之国难词》刊于《非常时期联合旬刊》第1期。

蕙萱《上海中立区问题》刊于《非常时期联合旬刊》第1期。

陶亢德《到后方去》刊于《非常时期联合旬刊》第2期。

黄嘉德《抗战时期的报纸》刊于《非常时期联合旬刊》第2期。

陆丹林《人做鬼事》刊于《非常时期联合旬刊》第2期。

胡悲《国际的狂人》刊于《非常时期联合旬刊》第2期。

黄嘉音《关东军侵华狡计》刊于《非常时期联合旬刊》第2期。

蕙宣《从德日防共协定说到中苏不侵犯条约》刊于《非常时期联合旬刊》第2期。

臧克家《一个难民的自述》刊于《非常时期联合旬刊》第2期。

宋美龄原著,黄嘉德译《中国决心自救》刊于《非常时期联合旬刊》第3期。

超然《共患难的政府》刊于《非常时期联合旬刊》第3期。

陆筱丹《敌机轰炸松江余生记》刊于《非常时期联合旬刊》第3期。

黄嘉音《日本毒华铁证》刊于《非常时期联合旬刊》第3期。

刘郁樱《难民与收容所的实况》刊于《非常时期联合旬刊》第3期。

同人《救济难民问题》刊于《非常时期联合旬刊》第3期。

少陵《鸦片战争定海御侮经过》刊于《非常时期联合旬刊》第3期。

柳风《国难绝食之王季绪》刊于《非常时期联合旬刊》第3期。

丹林《矛盾现象》刊于《非常时期联合旬刊》第3期。

嘉音《我们的教训》刊于《非常时期联合旬刊》第4期。

黎庵《抗战与侥幸心理》刊于《非常时期联合旬刊》第4期。

陈梅魂《抗战中我们的工作》刊于《非常时期联合旬刊》第4期。

自在《闲谈宣传》刊于《非常时期联合旬刊》第4期。

施蛰存《上海抗战的意义》刊于《非常时期联合旬刊》第4期。

黄嘉音《日本自食其果》刊于《非常时期联合旬刊》第4期。

一鸣《访问张发奎将军追述》刊于《非常时期联合旬刊》第4期。

郑子瑜《爱国侨胞陈嘉庚》刊于《非常时期联合旬刊》第4期。

陆筱丹《日本的军备》刊于《非常时期联合旬刊》第4期。

朱心木《日本民族考》刊于《非常时期联合旬刊》第4期。

乃毅《上海的大学生呢?》刊于《非常时期联合旬刊》第4期。

林憾庐《新的国庆日》刊于《非常时期联合旬刊》第5期。

青山《唐代的战争诗歌考》刊于《非常时期联合旬刊》第5期。

黄嘉音《福建人的苦闷》刊于《非常时期联合旬刊》第5期。

天唯廉《鲍罗庭在中国的时候》刊于《非常时期联合旬刊》第 5 期。

赵捷民《九一八后北平仅有一次之市民大会》刊于《非常时期联合旬刊》第 5 期。

乃毅《〈未来世界〉中之中日战争》刊于《非常时期联合旬刊》第 5 期。

林憾庐《怎样全民战争》刊于《非常时期联合旬刊》第 6 期。

默然《战时的杂志》刊于《非常时期联合旬刊》第 6 期。

翱翔《漫谈救国公债的话》刊于《非常时期联合旬刊》第 6 期。

镜如《斩断日本军阀的生命线》刊于《非常时期联合旬刊》第 6 期。

徐志麟《关于上海的大学生》刊于《非常时期联合旬刊》第 6 期。

朱心木《明代之倭寇》刊于《非常时期联合旬刊》第 6 期。

陈家恭《五十年前外交家郭嵩焘》刊于《非常时期联合旬刊》第 6 期。

张峻松《反清之杜文秀及其遗文》刊于《非常时期联合旬刊》第 6 期。

黄嘉德《后方宣传》刊于《非常时期联合旬刊》第 7 期。

嘉音《全国皆战斗员》刊于《非常时期联合旬刊》第 7 期。

胡心简《英美合作与九国公约会议》刊于《非常时期联合旬刊》第 7 期。

镜如《在铁蹄蹂躏下的东北惨状》刊于《非常时期联合旬刊》第 7 期。

蒋慎吾《从〈倭寇〉谈到〈东洋兵〉》刊于《非常时期联合旬刊》第 7 期。

苏苏《民族英雄史话》刊于《论语半月刊》第 116 期。

郭维麟《略谈钱史》刊于《论语半月刊》第 116 期。

曾迭《中国的国家美》刊于《论语半月刊》第 117 期。

郭维麟《佛教应尊为国教说》刊于《论语半月刊》第 117 期。

梓年《抗战的现阶段》刊于《群众》创刊号。

汉英《三民主义就是救国主义》刊于《群众》创刊号。

吴敏《国际新动态与我国外交》刊于《群众》创刊号。

任淘《开展游击战与武装民众》刊于《群众》创刊号。

刘志坚《七垣村战门的胜利》刊于《群众》创刊号。

亦幸《我们是这样牺牲的》刊于《群众》创刊号。

社论《给敌人以坚强的答复》刊于《群众》第 2 号。

梓年《投降主义及其各样表现》刊于《群众》第 2 号。

吴敏《巩固团结反对分裂》刊于《群众》第 2 号。

许涤新《抗战危机与临时国民大会》刊于《群众》第 2 号。

汉夫《批判两种错误理论》刊于《群众》第 2 号。

杨慧琳《刘清扬女士访问记》刊于《群众》第 2 号。

尤灵《游击队长与游击队》刊于《群众》第 2 号。

周恩来《目前抗战危机与坚持华北抗战的任务》刊于《群众》第 2 号。

《中国共产党中央委员为开展国民精神总动员运动告全党同志书》刊于《群众》第 2 号。

社论《抗战到底争取最后胜利》刊于《群众》第 3 号。

梓年《光明的前途》刊于《群众》第 3 号。

李伟《苏联大选的意义》刊于《群众》第 3 号。

汉英《敌占领区中的救亡工作》刊于《群众》第 3 号。

许涤新《文化人到民间去》刊于《群众》第3号。

马骏《毛泽东会见记》刊于《群众》第3号。

周恩来《目前抗战形式与坚持长期抗战的任务》刊于《群众》第3号。

陈增敏《南洋群岛的自然环境与其在国际上所发生的关系》刊于《禹贡》第6卷第8—9期"南洋研究专号"。

罗香林《罗芳伯所建婆罗洲坤甸兰芳大总制考》刊于《禹贡》第6卷第8—9期"南洋研究专号"。

许道龄《南洋地名考异》刊于《禹贡》第6卷第8—9期"南洋研究专号"。

张维华《明季西班牙在吕宋与中国之关系》刊于《禹贡》第6卷第8—9期"南洋研究专号"。

张天护《法国与安南》刊于《禹贡》第6卷第8—9期"南洋研究专号"。

温雄飞《读〈苏门答刺古国考〉书后》刊于《禹贡》第6卷第8—9期"南洋研究专号"。

冯承钧《海录笔受者究属何人》刊于《禹贡》第6卷第8—9期"南洋研究专号"。

许道龄《南洋华侨没落之原因》刊于《禹贡》第6卷第8—9期"南洋研究专号"。

傅振伦《所见南洋侨胞之情况》刊于《禹贡》第6卷第8—9期"南洋研究专号"。

周少鹏《漫谈婆罗洲的蛇》刊于《禹贡》第6卷第8—9期"南洋研究专号"。

许道龄《南洋书目选录》刊于《禹贡》第6卷第8—9期"南洋研究专号"。

郭敬辉《小方壶斋舆地丛钞所辑南洋诸篇题要》刊于《禹贡》第6卷第8—9期"南洋研究专号"。

童振藻《西昆铁路与西南国防之关系》刊于《禹贡》第6卷第10期。

丁山《开国前周人文化与西域关系》刊于《禹贡》第6卷第10期。

钟凤年《战国疆域变迁考序例》刊于《禹贡》第6卷第10期。

谭其骧《西汉地理考辨(二则)》刊于《禹贡》第6卷第10期。

洪煨莲《论利玛窦地图答鲇泽信太郎学士书》刊于《禹贡》第6卷第10期。

王重民《马哥孛罗故宫巡礼记》刊于《禹贡》第6卷第10期。

Bretschneider 著,王日蔚译《中世纪西方史者关于维吾尔之研究》刊于《禹贡》第6卷第10期。

[日]中山久四郎著,刘选民译《三百年来之满洲研究》刊于《禹贡》第6卷第10期。

赵九成《林县小志》刊于《禹贡》第6卷第10期。

孟心史《旅行松花江日记》刊于《禹贡》第6卷第10期。

万福会《河北乡谈叙例》刊于《禹贡》第6卷第10期。

赵泉澄《十八世纪吕宋—咾哥航船来华记》刊于《禹贡》第6卷第11期。

童振藻《越南唐代古城考》刊于《禹贡》第6卷第11期。

张含英《黄河释名》刊于《禹贡》第6卷第11期。

饶宗颐《恶溪考——潮梅史地丛考之一》刊于《禹贡》第6卷第11期。

饶宗颐《海阳山辨》刊于《禹贡》第6卷第11期。

赵泉澄《清代地理沿革表(续,广西省)》刊于《禹贡》第6卷第11期。

饶宗颐《韩山名称辨异》刊于《禹贡》第6卷第11期。

饶宗颐《潮州府韩文公祠沿革(上)》刊于《禹贡》第6卷第11期。

〔日〕松井著,冯家升译《契丹可敦城考》刊于《禹贡》第6卷第11期。

〔日〕成田节男著,王怀中译《禹贡的东北研究专号》刊于《禹贡》第6卷第11期。

斯文桥定著,绛央尼马译《西藏》刊于《禹贡》第6卷第12期。

王谟《由地形气候物产说明康卫唐之重要性》刊于《禹贡》第6卷第12期。

绛央尼马《埃非尔士峰的名称问题》刊于《禹贡》第6卷第12期。

〔英〕荣赫鹏著,绛央尼马译《英人探险西藏埃非尔士峰记》刊于《禹贡》第6卷第12期。

吴丰培《记清光绪三十一年巴塘之乱》刊于《禹贡》第6卷第12期。

佘贻泽《藏军犯康述略》刊于《禹贡》第6卷第12期。

佘贻泽《康定现状》刊于《禹贡》第6卷第12期。

孟林《国史所无之吴三桂叛时汉蒙文勒谕跋》刊于《禹贡》第6卷第12期。

吴玉年《抚远大将军奏议跋》刊于《禹贡》第6卷第12期。

傅成铺《美国"西藏通"骆约瑟博士会面记》刊于《禹贡》第6卷第12期。

傅振伦《西藏银币考》刊于《禹贡》第6卷第12期。

郑允明《孙黄合译旅藏二十年中译名之商榷》刊于《禹贡》第6卷第12期。

郑允明《西藏图籍录再补》刊于《禹贡》第6卷第12期。

吴玉年《西藏图籍录拾遗》刊于《禹贡》第6卷第12期。

范道芹译辑《泰吾士报十年来关于西藏的文字索引》刊于《禹贡》第6卷第12期。

《本会三年来工作略述》刊于《禹贡》第7卷第1—3合期"三周年纪念号"。

《本会三年来大事年表》刊于《禹贡》第7卷第1—3合期"三周年纪念号"。

《本会此后三年中工作计划》刊于《禹贡》第7卷第1—3合期"三周年纪念号"。

齐思和《民族与种族》刊于《禹贡》第7卷第1—3合期"三周年纪念号"。

袁复礼《新疆之哈萨克民族》刊于《禹贡》第7卷第1—3合期"三周年纪念号"。

谭其骧《粤东初民考》刊于《禹贡》第7卷第1—3合期"三周年纪念号"。

唐兰《天问"阻穷西征"新解》刊于《禹贡》第7卷第1—3合期"三周年纪念号"。

于省吾《武王伐纣行程考》刊于《禹贡》第7卷第1—3合期"三周年纪念号"。

蒙文通《赤狄白狄东侵考》刊于《禹贡》第7卷第1—3合期"三周年纪念号"。

陈槃《增订〈春秋杞子用夷贬爵辨〉》刊于《禹贡》第7卷第1—3合期"三周年纪念号"。

刘节《说攻吴与禹邗》刊于《禹贡》第7卷第1—3合期"三周年纪念号"。

张维华《齐长城考》刊于《禹贡》第7卷第1—3合期"三周年纪念号"。

方授楚《洞庭仍在江南屈原非死江北辨》刊于《禹贡》第7卷第1—3合期"三周年纪念号"。

钱穆《再论楚辞地名答方君》刊于《禹贡》第7卷第1—3合期"三周年纪念号"。

史念海《西汉淮南三国考》刊于《禹贡》第7卷第1—3合期"三周年纪念号"。

刘秉仁《两汉的人口与食粮政策》刊于《禹贡》第7卷第1—3合期"三周年纪念号"。

金毓黻《慕容氏与高句骊》刊于《禹贡》第7卷第1—3合期"三周年纪念号"。

谢国桢《东北史稿跋》刊于《禹贡》第7卷第1—3合期"三周年纪念号"。

冯家升《豆莫娄国考》刊于《禹贡》第7卷第1—3合期"三周年纪念号"。

张昆河《隋运河考》刊于《禹贡》第7卷第1—3合期"三周年纪念号"。

V. Thomsen著,韩儒林译《蒙古之突厥碑文导言》刊于《禹贡》第7卷第1—3合期"三周年纪念号"。

[俄]E. Bretschneider 著,白寿彝译《耶律楚材西游录考释》刊于《禹贡》第 7 卷第 1—3 合期"三周年纪念号"。

王崇武《明代民屯组织》刊于《禹贡》第 7 卷第 1—3 合期"三周年纪念号"。

童书业《重论郑和下西洋事件之贸易性质》刊于《禹贡》第 7 卷第 1—3 合期"三周年纪念号"。

萨士武《明成化嘉靖间福建市舶司移置福州考》刊于《禹贡》第 7 卷第 1—3 合期"三周年纪念号"。

赵泉澄《清代地理沿革表(四川,西康,云南,贵州)》刊于《禹贡》第 7 卷第 1—3 合期"三周年纪念号"。

许道龄《法占南海九岛问题》刊于《禹贡》第 7 卷第 1—3 合期"三周年纪念号"。

顾颉刚《读尚书禹贡篇之伪孔传与孔氏正义》刊于《禹贡》第 7 卷第 1—3 合期"三周年纪念号"。

郑鹤声《黄河释名补》刊于《禹贡》第 7 卷第 1—3 合期"三周年纪念号"。

赵贞信《郦道元之生卒年考》刊于《禹贡》第 7 卷第 1—3 合期"三周年纪念号"。

孟森《水经注原公水篇诸家之订正》刊于《禹贡》第 7 卷第 1—3 合期"三周年纪念号"。

曹明甫《北使记作者之考正》刊于《禹贡》第 7 卷第 1—3 合期"三周年纪念号"。

李书华《陕游日记》刊于《禹贡》第 7 卷第 1—3 合期"三周年纪念号"。

徐炳昶《青峰山及鸡峰游记》刊于《禹贡》第 7 卷第 1—3 合期"三周年纪念号"。

丁稼民《登莱旅程日记》刊于《禹贡》第 7 卷第 1—3 合期"三周年纪念号"。

杨钟健《剖面的剖面自序》刊于《禹贡》第 7 卷第 1—3 合期"三周年纪念号"。

傅振伦《吾国地理部类之沿革》刊于《禹贡》第 7 卷第 1—3 合期"三周年纪念号"。

朱士嘉《怎样编纂新式的县志》刊于《禹贡》第 7 卷第 1—3 合期"三周年纪念号"。

朱士嘉《天一阁方志目跋(附天一阁方志目)》刊于《禹贡》第 7 卷第 1—3 合期"三周年纪念号"。

刘纵一《关于绘制中国历史地图之我见》刊于《禹贡》第 7 卷第 1—3 合期"三周年纪念号"。

吴志顺《编纂甲种地图底本的起因及应用图料之报告》刊于《禹贡》第 7 卷第 1—3 合期"三周年纪念号"。

Gaudefroy-Demonbynes 著,韩儒林译《近五十年西人之回教研究》刊于《禹贡》第 7 卷第 4 期"回教专号"。

[俄]E. Bretschneider 著,白寿彝译《中世纪中国画中的回教记录》刊于《禹贡》第 7 卷第 4 期"回教专号"。

王日蔚《维吾尔民族名称变迁考》刊于《禹贡》第 7 卷第 4 期"回教专号"。

白寿彝《宋时伊斯兰教徒底香料贸易》刊于《禹贡》第 7 卷第 4 期"回教专号"。

庞士谦《中国回教寺院教育之沿革及课本》刊于《禹贡》第 7 卷第 4 期"回教专号"。

王静斋《五十年求学自述》刊于《禹贡》第 7 卷第 4 期"回教专号"。

苏盛华《回汉纠纷经理录》刊于《禹贡》第 7 卷第 4 期"回教专号"。

艾宜裁《半年来的北平成达师范学校》刊于《禹贡》第 7 卷第 4 期"回教专号"。

虎世文《成都回民现状》刊于《禹贡》第 7 卷第 4 期"回教专号"。

卢振明《开封回教谭》刊于《禹贡》第 7 卷第 4 期"回教专号"。

田凤章《原始时代东北居民与中国之关系略识》刊于《禹贡》第 7 卷第 5 期。

高桂华《朝阳附近之新石器时代遗迹》刊于《禹贡》第 7 卷第 5 期。

冯家升《匈奴民族及其文化》刊于《禹贡》第 7 卷第 5 期。

王伊同《燕秦西汉与东北》刊于《禹贡》第 7 卷第 5 期。

李永林《十三世纪前期的蒙鲜关系》刊于《禹贡》第 7 卷第 5 期。

吴相湘《曾纪泽封朝鲜问题的主张记闻》刊于《禹贡》第 7 卷第 5 期。

于鹤年《河北省行政督察专员之设置及其区域之划分》刊于《禹贡》第 7 卷第 5 期。

王梦杨《北平市回民概况》刊于《禹贡》第 7 卷第 5 期。

瞿兑之《国史与地方史》刊于《禹贡》第 7 卷第 5 期。

马培棠遗著《三代民族东迁考略》刊于《禹贡》第 7 卷第 6—7 合期"古代地理专号"。

蒙文通《中国古代民族移徙考》刊于《禹贡》第 7 卷第 6—7 合期"古代地理专号"。

杨宽《说虞》刊于《禹贡》第 7 卷第 6—7 合期"古代地理专号"。

杨宽《说夏》刊于《禹贡》第 7 卷第 6—7 合期"古代地理专号"。

杨向奎《夏民族起于东方考》刊于《禹贡》第 7 卷第 6—7 合期"古代地理专号"。

顾颉刚《九州志戎与戎禹》刊于《禹贡》第 7 卷第 6—7 合期"古代地理专号"。

饶宗颐《魏策吴起论三苗之居辨误》刊于《禹贡》第 7 卷第 6—7 合期"古代地理专号"。

陈梦家《商代地理小记》刊于《禹贡》第 7 卷第 6—7 合期"古代地理专号"。

孙海波《周金地名小记》刊于《禹贡》第 7 卷第 6—7 合期"古代地理专号"。

［日］小川琢治著，刘厚滋译《穆天子传地名考》刊于《禹贡》第 7 卷第 6—7 合期"古代地理专号"。

陈子怡《散氏磐石鼓文地理考证》刊于《禹贡》第 7 卷第 6—7 合期"古代地理专号"。

童书业《春秋王都辨疑》刊于《禹贡》第 7 卷第 6—7 合期"古代地理专号"。

童书业《目夷亭辨》刊于《禹贡》第 7 卷第 6—7 合期"古代地理专号"。

钟凤年《〈战国疆域变迁考〉序例(续)》刊于《禹贡》第 7 卷第 6—7 合期"古代地理专号"。

张维华《魏长城考》刊于《禹贡》第 7 卷第 6—7 合期"古代地理专号"。

饶宗颐《古海阳考》刊于《禹贡》第 7 卷第 6—7 合期"古代地理专号"。

钱穆《秦三十六郡考补》刊于《禹贡》第 7 卷第 6—7 合期"古代地理专号"。

史念海《秦县考》刊于《禹贡》第 7 卷第 6—7 合期"古代地理专号"。

顾颉刚《读周官职方》刊于《禹贡》第 7 卷第 6—7 合期"古代地理专号"。

钟凤年《〈水经注析归〉引言》刊于《禹贡》第 7 卷第 6—7 合期"古代地理专号"。

翟志刚《春秋时代的县》刊于《禹贡》第 7 卷第 6—7 合期"古代地理专号"。

孟森《禹贡山水泽地所在篇中之熊耳山问题》刊于《禹贡》第 7 卷第 6—7 合期"古代地理专号"。

李廷玉《发刊序》刊于《国学月刊》第 1 卷第 1 期。

按:《国学月刊》1937 年 4 月 1 日在天津创刊,主编李廷玉,由天津国学研究社出版发行。该刊《本刊投稿简章》曰:"除特约撰述外,凡关于国故之论著、札记、文艺及前贤遗著未经印行者均所欢迎""与本刊性质不合之稿不录""白话之稿不录"。该刊尊崇孔教,研讨经书,重视经学研究。《发刊序》曰:"孔子殁而微言绝,七十子丧而大义乖。……尧舜禹汤文武周公孔子之遗泽孔长,而被化于无形者多且久也",特别是"民三废经,七废孔""风俗愈极于卑污""我国当轴诸公,深悟昨日之非,力图今日之是,尊孔特颁明令,又分饬各校添读经""此殆微言欲绝而不终绝,大义欲乖而不终乖之特殊一机会也。本社同仁等,有感于此,促玉召集开会,讨论发行国学月刊"。

章太炎先生遗著《中华民国开国前革命史序》刊于《制言》第 32 期。

章太炎先生遗著《逸周书世俘篇校正》刊于《制言》第 32 期。

沈竹礽先生遗著《自得斋目睹国朝易学书目韵编》刊于《制言》第 32 期。

陶小石先生遗著《读韩非子札记》刊于《制言》第 32 期。

缪篆《老子古微》刊于《制言》第 32 期。

金毓黻《千华山馆序跋》刊于《制言》第 32 期。

徐复《说文部首均语注补谊》刊于《制言》第 32 期。

沈延国《周易综卦述义举要》刊于《制言》第 32 期。

章太炎先生遗著《书十九路军御日本事》刊于《制言》第 32 期。

章太炎先生遗著《十九路军死难将士公墓表》刊于《制言》第 32 期。

章太炎先生遗著《察哈尔抗日实录序》刊于《制言》第 32 期。

章太炎先生遗著《书唐隐太子传后》刊于《制言》第 33 期。

陶小石先生遗著《读公孙龙子札记》刊于《制言》第 33 期。

潘重规《说文借体说》刊于《制言》第 33 期。

蒋维乔、杨宽、沈延国、赵善诒《吕氏春秋汇校补遗》刊于《制言》第 33 期。

潘承弼《吴都文粹校记》刊于《制言》第 33 期。

章太炎先生遗著《前长江巡阅使谭君墓志铭》刊于《制言》第 33 期。

章太炎先生遗著《龙研仙先生墓表》刊于《制言》第 33 期。

孙至诚《王先生传》刊于《制言》第 33 期。

但植之《观物化斋闲话》刊于《制言》第 33—34 期。

缪篆《老子古微》刊于《制言》第 33—34 期。

沈瓞民《周易马氏传辑证》刊于《制言》第 33—34 期。

章太炎先生遗著《答马宗霍论古文大篆书》刊于《制言》第 34 期。

陶小石先生遗著《读尹文子列子札记》刊于《制言》第 34 期。

桥川时雄《章太炎先生谒见记语》刊于《制言》第 34 期。

骆鸿凯《楚辞旧注考》刊于《制言》第 34 期。

骆鸿凯《楚辞文句集释叙》刊于《制言》第 34 期。

章太炎先生遗著《湖州机业公会碑》刊于《制言》第 34 期。

童第德《游严子陵先生钓台记》刊于《制言》第 34 期。

童第德《游大慈山记》刊于《制言》第 34 期。

潘承弼、沈延国、朱学浩、徐复《太炎先生著述目录后编初稿》刊于《制言》第 34 期。

章太炎先生遗著《答朱遏先问老子征藏故书书》刊于《制言》第 35 期。

沈瓞民《周易马氏传辑证》刊于《制言》第 35 期。

陶小石遗著《读晏子春秋札记》刊于《制言》第 35 期。

黄季刚先生遗著《寄勤闲室瞽记》刊于《制言》第 35 期。

缪篆《淇澳诗备五德说》刊于《制言》第 35 期。

骆鸿凯《传注笺疏语法录》刊于《制言》第 35 期。

吴英华《古音喉牙相通考》刊于《制言》第 35 期。

金毓黻《越国复兴史略序》刊于《制言》第 35 期。

章太炎先生遗著《书范光启事》刊于《制言》第 35 期。

章太炎先生遗著《庆云崔君墓志铭》刊于《制言》第 35 期。

童第德《洪樵舲先生传》刊于《制言》第 35 期。

沈延国《自得斋目睹国朝易学书目韵编跋》刊于《制言》第 35 期。

章太炎先生遗著《王文成公全书题辞》刊于《制言》第 36 期。

章太炎先生遗著《王文成公书后序》刊于《制言》第 36 期。

沈瓞民《周易马氏传辑证》刊于《制言》第 36 期。

但植之《观物化斋闲话》刊于《制言》第 36 期。

骆鸿凯《传注笺疏语法录》刊于《制言》第 36 期。

胡哲敷《道家杂家辨》刊于《制言》第 36 期。

章太炎先生遗著《清故腾越镇中营千总李君墓志铭》刊于《制言》第 36 期。

章太炎先生遗著《李母阙太夫人诔》刊于《制言》第 36 期。

汪东《故河南政务厅长武进陶君家传》刊于《制言》第 36 期。

黄季刚先生遗著《石桥集》沈延国《太炎先生著述目录补遗》刊于《制言》第 36 期。

沈祖绵《八风考略》刊于《制言》第 37—38 期合刊。

王季同《略论佛法要义》刊于《制言》第 37—38 期合刊。

朱希祖《南京新出土梁普通四年五铢钱范考》刊于《制言》第 37—38 期合刊。

金毓黻《王黄华先生年谱（附黄华山主王庭筠传）》刊于《制言》第 37—38 期合刊。

马宗霍《通经致用说》刊于《制言》第 37—38 期合刊。

龙沐勋《令词之声韵组织》刊于《制言》第 37—38 期合刊。

黄焯《古音为纽归匣说》刊于《制言》第 37—38 期合刊。

潘重规《声母多音论》刊于《制言》第 37—38 期合刊。

徐復《说文引经段说述例》刊于《制言》第 37—38 期合刊。

诸祖耿《战国策逸文考》刊于《制言》第 37—38 期合刊。

孙世扬《伤寒论字诂》刊于《制言》第 37—38 期合刊。

孙世扬《金匮要略字诂》刊于《制言》第 37—38 期合刊。

潘承弼《日知录补校（附版本考略）》刊于《制言》第 37—38 期合刊。

沈延国《吕氏春秋开春论集解初稿》刊于《制言》第 37—38 期合刊。

章太炎先生遗著《墨子大取释义序》刊于《制言》第 39 期。

沈瓞民《周易马氏传辑证》刊于《制言》第 39 期。

黄季刚先生遗著《诗经序传笺略例》刊于《制言》第 39 期。

黄焯《诗经序传笺略例补》刊于《制言》第 39 期。

缪篆《老子古微》刊于《制言》第 39 期。

陈伯弢《文庙诸子集要引言》刊于《制言》第 39 期。

钱玄同《林尹中国声韵学通论序》刊于《制言》第 39 期。

林尹《声韵学要旨序》刊于《制言》第 39 期。

张文澍《与友人论造字义例书》刊于《制言》第 39 期。

孙之桓《孙中山先生忌日祭文》刊于《制言》第 39 期。

但植之《观物化斋闲话》刊于《制言》第 39—41 期。

章太炎先生遗著《台湾通史题辞》刊于《制言》第 40 期。

沈瓞民《周易马氏传辑证》刊于《制言》第 40 期。

金毓黻《安东都护府考》刊于《制言》第 40 期。

骆鸿凯《传注笺疏语法录》刊于《制言》第 40 期。

沈延国、杨宽《逸周书与汲冢周书辨证》刊于《制言》第 40 期。

章太炎先生遗著《唐母蒋太君墓志铭》刊于《制言》第 40 期。

吴承仕《赤燷怒颂》刊于《制言》第 40 期。

章太炎先生遗著《老子政治思想概论序》刊于《制言》第 41 期。

沈瓞民《汉魏费氏易学考》刊于《制言》第 41 期。

陶小石先生遗著《读诸子札记》刊于《制言》第 41 期。

潘承弼《海东金石苑原本考辨》刊于《制言》第 41 期。

李庆福记《蕲春黄先生雅言札记》刊于《制言》第 41 期。

章太炎先生遗著《祭孙公文》刊于《制言》第 41 期。

章太炎先生遗著《祭黎公文》刊于《制言》第 41 期。

黄季刚先生遗著《太炎先生行事记》刊于《制言》第 41 期。

章行严《伯兄太炎先生五十有六寿序》刊于《制言》第 41 期。

章太炎先生遗著《周易易解题辞》刊于《制言》第 42 期。

马一浮《周易易解跋》刊于《制言》第 42 期。

沈瓞民《汉书艺文志校补存遗》刊于《制言》第 42 期。

陶小石遗著《读管子札记》刊于《制言》第 42 期。

缪篆《老子古微》刊于《制言》第 42 期。

潘承弼《姑苏考》刊于《制言》第 42 期。

章太炎先生遗著《居宾虞先生八十寿序》刊于《制言》第 42 期。

章太炎先生遗著《谢君马夫人六十寿序》刊于《制言》第 42 期。

马一浮《报春亭记》刊于《制言》第 42 期。

徐英《书评冯友兰中国哲学史》刊于《制言》第 42 期。

章太炎先生遗著《与马宗霍论近人伪造碑版书》刊于《制言》第 43 期。

朱蓬仙遗著《文学述谊正名篇》刊于《制言》第 43 期。

沈瓞民《答邢璞山问易三事》刊于《制言》第 43 期。

但植之《蓟汉雅言札记》刊于《制言》第 43 期。

陈钟凡《司忠义公殉节实录序》刊于《制言》第 43 期。

龙沐勋《卢冀野饮虹乐府序》刊于《制言》第 43 期。

章太炎先生遗著《陈氏母吴太君墓志铭》刊于《制言》第 43 期。

章行严《处士龙山陈公墓志铭》刊于《制言》第 43 期。

潘重规《胡朴安〈中国文字学史〉(书评)》刊于《制言》第 43 期。

杨宽《江思清景德镇瓷业史》(书评)刊于《制言》第 43 期。

缪篆《老子古微》刊于《制言》第 43—44 期。

章太炎先生遗著《最近之五十年序》刊于《制言》第 44 期。

陶小石遗著《读管子札记》刊于《制言》第 44 期。

但植之《莤汉雅言札记》刊于《制言》第 44 期。

骆鸿凯《楚辞文句集释》刊于《制言》第 44 期。

沈瓞民《书杨无咎万季野墓志铭后》刊于《制言》第 44 期。

龙沐勋《朱蟠瘦石词序》刊于《制言》第 44 期。

章太炎先生遗著《与宗仰上人书》刊于《制言》第 45 期。

沈瓞民《尔雅郭注补跋》刊于《制言》第 45 期。

陈伯弢《严氏文编三家补目跋》刊于《制言》第 45 期。

黄季刚遗著《咏怀诗补注》刊于《制言》第 45 期。

徐行可《与潘景郑论学书》刊于《制言》第 45 期。

章太炎先生遗著《与孙思昉书二首》刊于《制言》第 46 期。

陶小石遗著《读贾谊新书札记》刊于《制言》第 46 期。

黄季刚遗著《通俗编语辞类题识》刊于《制言》第 46 期。

缪篆《老子古微》刊于《制言》第 46 期。

费仲深遗著《张吴王墓碑张呈王曹太妃墓碑记》刊于《制言》第 46 期。

李恭《章先生教育目标论》刊于《制言》第 46 期。

章太炎先生遗著《癸亥政变纪略序》刊于《制言》第 47 期。

沈瓞民《谅阴考》刊于《制言》第 47 期。

但植之《观物化斋闲话》刊于《制言》第 47 期。

缪篆《老子古微》刊于《制言》第 47 期。

尤敦谊《释来》刊于《制言》第 47 期。

熊材俅记《黄季刚先生语录》刊于《制言》第 47 期。

孙至诚《角山王先生碑》刊于《制言》第 47 期。

傅振伦《汉武年号延和说》刊于《考古社刊》第 6 期。

傅振伦《道院简牍说》刊于《考古社刊》第 6 期。

刘盼遂《中华人种西来新证》刊于《越风》第 2 卷第 4 期。

刘盼遂《李义山〈锦瑟〉诗定诂》刊于《文学年报》第 3 期。

冯沅君《再谈关汉卿的年代跋》刊于《文学年报》第 3 期。

胡适《再谈关汉卿的年代》刊于《文学年报》第 3 期。

编委会《提倡文艺理论重工业运动》刊于《文艺科学》第 1 期。

[苏]伊里奇夫人著,白楚译《伊里奇与现实主义作品》刊于《文艺科学》第 1 期。

许修林《苏联文学运动方向转换的考察》刊于《文艺科学》第 1 期。

[苏]施惠林、多利科诺夫著,梁惠译《社会主义的现实主义概观》刊于《文艺科学》第 1 期。

[苏]吉尔波丁等著,田方绥译《论社会主义的现实主义》刊于《文艺科学》第 1 期。

[苏]罗森达尔著,卓戈白译《社会主义的现实主义基本的诸源泉》刊于《文艺科学》第

1期。

[苏]西尔列尔著,李微译《社会主义的现实主义的前提》刊于《文艺科学》第1期。

[苏]吉尔波丁著,赫戏译《新现实主义与革命的浪漫主义》刊于《文艺科学》第1期。

[苏]柯列诃夫著,胡明树译《战线上的多罗莱丝》刊于《文艺科学》第1期。

黎端《现代西班牙文坛的展望》刊于《文艺科学》第1期。

[苏]奴西诺夫著,维村译《文学的诸问题》刊于《文艺科学》第1期。

李曼罗《苏联作家的行动》刊于《文艺科学》第1期。

胡明树《日本童话界之现状》刊于《文艺科学》第1期。

张元济《百衲本廿四史跋》刊于《青鹤》第5卷第7期。

吴庠《景宋本丁卯集跋》刊于《青鹤》第5卷第8期。

孟森《康熙重修太祖实录跋》刊于《青鹤》第5卷第9期。

孟森《清世祖实录初纂本跋》刊于《青鹤》第5卷第10期。

陶湘《汲古阁刻书目录》刊于《青鹤》第5卷第16—17期。

范烟桥《新南柯梦传奇》刊于《青鹤》第5卷第17期。

叶溯中《中山先生之先世》刊于《越风半月刊》第2卷第1期。

郑螺生《华侨革命之前因后果》刊于《越风半月刊》第2卷第1期。

吴晗《从金之兴起》刊于《越风半月刊》第2卷第1期。

朱希祖《明海盟小瀛洲诗社考》刊于《越风半月刊》第2卷第1期。

曹经沅《在龙场驿丞任内的王阳明》刊于《越风半月刊》第2卷第1期。

周作人《记章太炎先生学梵文事》刊于《越风半月刊》第2卷第1期。

二陵《袁世凯称帝与冯国璋》刊于《越风半月刊》第2卷第1期。

邵潭秋《公祭陈独漉先生生朝纪》刊于《越风半月刊》第2卷第1期。

经亨颐《杭州回忆》刊于《越风半月刊》第2卷第1期。

姜丹书《浙江第一师范回忆录》刊于《越风半月刊》第2卷第1期。

田叟《纪所谓"博学宏词科"》刊于《越风半月刊》第2卷第1期。

弘一《惠安宏法日记》刊于《越风半月刊》第2卷第1期。

施晓湘《宋艺人郑所南之风骨》刊于《越风半月刊》第2卷第1期。

陆自在《中华银行与革命党》刊于《越风半月刊》第2卷第2期。

许寿裳《章太炎先生革命文献的一斑》刊于《越风半月刊》第2卷第2期。

吴晗《从金之兴起》刊于《越风半月刊》第2卷第2期。

一士《谈段祺瑞》刊于《越风半月刊》第2卷第2期。

田叟述、孟容记《咸丰时合州冤案始末记》刊于《越风半月刊》第2卷第2期。

汪民持《明末唐楼三沈》刊于《越风半月刊》第2卷第2期。

戚墨缘《记平倭健将戚继光》刊于《越风半月刊》第2卷第2期。

陆费鉴《南湖采风录》刊于《越风半月刊》第2卷第2期。

徐凌霄《"乾隆"与"老康"》刊于《越风半月刊》第2卷第2期。

郑可权、袁思永《题木屏记》刊于《越风半月刊》第2卷第2期。

腾进《我也来谈谈弘一法师》刊于《越风半月刊》第2卷第2期。

曾啸宇《杏山草堂诗话》刊于《越风半月刊》第2卷第2期。

冬藏《明人笔记中之女骗局》刊于《越风半月刊》第 2 卷第 2 期。

匏夫《说元室述闻》刊于《越风半月刊》第 2 卷第 2 期。

陈大法《陆放翁的民族思想》刊于《越风半月刊》第 2 卷第 3 期。

戚墨缘《明末浙江殉国烈士录》刊于《越风半月刊》第 2 卷第 3 期。

吴稚晖《谈"杀头"与"讨好"》刊于《越风半月刊》第 2 卷第 3 期。

马小进《黄花岗七十二烈士成仁别记》刊于《越风半月刊》第 2 卷第 3 期。

蒋慎吾《庚子正气会案的余波》刊于《越风半月刊》第 2 卷第 3 期。

章文甸《纪钱塘诗人汪水云》刊于《越风半月刊》第 2 卷第 3 期。

雪庙《清代的尚书房》刊于《越风半月刊》第 2 卷第 3 期。

高越天《南宋诗人高菊磵的孤愤》刊于《越风半月刊》第 2 卷第 3 期。

阙仲瑶《琵琶考》刊于《越风半月刊》第 2 卷第 3 期。

陈柱尊《几风变雅诗话》刊于《越风半月刊》第 2 卷第 3 期。

蒋慎吾《东京国民报提要》刊于《越风半月刊》第 2 卷第 4 期。

刘盼遂《中华人种西来新证》刊于《越风半月刊》第 2 卷第 4 期。

翁春雪《四库全书的错误与疏忽》刊于《越风半月刊》第 2 卷第 4 期。

周作人《关于陶筠厂》刊于《越风半月刊》第 2 卷第 4 期。

刘厚滋《纪史阁部死节事》刊于《越风半月刊》第 2 卷第 4 期。

黄吉甫《清代福建状元谭》刊于《越风半月刊》第 2 卷第 4 期。

王猩酋《曲阜泰山济南游记》刊于《越风半月刊》第 2 卷第 4 期。

林世堂《中法战役中之镇海非金属手吴吉人》刊于《越风半月刊》第 2 卷第 4 期。

徐一士《谈段祺瑞》刊于《越风半月刊》第 2 卷第 4 期。

抑齐主人《清代后妃之位号与等级》刊于《越风半月刊》第 2 卷第 4 期。

鲍鼎《唐宋塔之初步分析》刊于《中国营造学社汇刊》第 6 卷第 4 期。

刘敦桢《河南省北部古建筑调查记》刊于《中国营造学社汇刊》第 6 卷第 4 期。

王璧文《元大都寺观庙宇建置沿革表》刊于《中国营造学社汇刊》第 6 卷第 4 期。

刘敦桢《明鲁般营造正式钞本校读记》刊于《中国营造学社汇刊》第 6 卷第 4 期。

刘大杰《中国新文化运动与浪漫主义》刊于《宇宙风》第 32 期。

林语堂《悼鲁迅》刊于《宇宙风》第 32 期。

按：文章说："鲁迅与我相得者二次，疏离者二次，其即其离，皆出自然，非吾与鲁迅有轻轩于其间也。吾始终敬鲁迅；鲁迅顾我，我喜其相知，鲁迅弃我，我亦无悔。大凡以所见相左相同，而为离合之迹，绝无私人意气存焉。我请鲁迅至厦门大学，遭同事摆布追逐，至三易其厨，吾尝见鲁迅开罐头在火酒炉上以火腿煮水度日，是吾失地主之谊，而鲁迅对我绝无怨言是鲁迅之知我。《人世间》出，左派不谅吾之文学见解，吾亦不愿牺牲吾之见解以阿附初闻鸦叫自为得道之左派，鲁迅不乐，我亦无可如何。鲁迅诚老而愈辣，而吾则向慕儒家之明性达理，鲁迅党见愈深，我愈不知党见为何物，宜其刺刺不相入也。然吾私心终以长辈事之，至于小人之捕风捉影挑拨离间，早已置之度外矣。鲁迅与其称为文人，不如号为战士。战士者何？顶盔披甲，持矛把盾交锋以为乐。不交锋则不乐，不披甲则不乐，即使无锋可交，无矛可持，拾一石子投狗，偶中，亦快然于胸中，此鲁迅之一副活形也。德国诗人海涅语人曰，我死时，棺中放一剑，勿放笔。是足以语鲁迅。"

施蛰存《一人一书》刊于《宇宙风》第 32 期。

上官碧《文学作家的胖子》刊于《宇宙风》第 32 期。

魏守《北伐军在河南》刊于《宇宙风》第 32 期。

知堂《关于俞理初》刊于《宇宙风》第 33 期。

苏雪林《说妒》刊于《宇宙风》第 33 期。

郁达夫《从鹿圃传来的消息》刊于《宇宙风》第 33 期。

刘大杰《从新青年出世到五四运动》刊于《宇宙风》第 33 期。

陈子展《道家科学》刊于《宇宙风》第 34 期。

毕树棠《鲁迅的散文》刊于《宇宙风》第 34 期。

傅仲涛《兼好法师和陶渊明》刊于《宇宙风》第 34 期。

老向《北伐文献拾遗》刊于《宇宙风》第 34 期。

水轩《苏联人民的集体娱乐》刊于《宇宙风》第 34 期。

何芳洲《忠臣功臣孝子》刊于《宇宙风》第 35 期。

知堂《女人的命运》刊于《宇宙风》第 35 期。

郭沫若《达夫的来访》刊于《宇宙风》第 35 期。

陈铄青《文章的题目》刊于《宇宙风》第 35 期。

孝若《北平大学生的左右战》刊于《宇宙风》第 35 期。

默僧《怪诗人徐玉诺》刊于《宇宙风》第 35 期。

何容《说话贪污》刊于《宇宙风》第 36 期。

段式健《国人器识之需要》刊于《宇宙风》第 36 期。

梁宗岱《从滥用名词说起》刊于《宇宙风》第 36 期。

寒松《莫斯科的现在和将来》刊于《宇宙风》第 36 期。

傅任敢《近代中国教育人物像传（孙家鼐、劳乃宣）》刊于《中华教育界》第 24 卷第 7 期“教育与自由主义特辑”。

潘菽《论自由及其在教育上的位置》刊于《中华教育界》第 24 卷第 7 期“教育与自由主义特辑”。

林励儒《自由主义是方法原理还是目的原理》刊于《中华教育界》第 24 卷第 7 期“教育与自由主义特辑”。

邱椿《教育上自由主义之批评》刊于《中华教育界》第 24 卷第 7 期“教育与自由主义特辑”。

雷通群《自由主义教育之多歧性及其总算账》刊于《中华教育界》第 24 卷第 7 期“教育与自由主义特辑”。

崔载阳《教育上自由主义的理论根据》刊于《中华教育界》第 24 卷第 7 期“教育与自由主义特辑”。

吴叔班《自由主义与教育目的》刊于《中华教育界》第 24 卷第 7 期“教育与自由主义特辑”。

古梅《自由主义的教育观》刊于《中华教育界》第 24 卷第 7 期“教育与自由主义特辑”。

沈有乾《思想之自由与行动之合作》刊于《中华教育界》第 24 卷第 7 期“教育与自由主义特辑”。

赵廷为《自由与教育》刊于《中华教育界》第 24 卷第 7 期“教育与自由主义特辑”。

俞子夷《关于统治与自由的一段梦话》刊于《中华教育界》第 24 卷第 7 期“教育与自由

主义特辑"。

张宗麟《儿童与农人的教育自由》刊于《中华教育界》第 24 卷第 7 期"教育与自由主义特辑"。

林仲达《教育问题之社会学的探讨》刊于《中华教育界》第 24 卷第 7 期。

陈子明《爱因斯坦对于教育之见解》刊于《中华教育界》第 24 卷第 7 期。

郑文汉《职业教育不发达的基本原因》刊于《中华教育界》第 24 卷第 7 期。

吴福元《中小学师资训练原因》刊于《中华教育界》第 24 卷第 7 期。

胡翼成《语言与思想》刊于《中华教育界》第 24 卷第 7 期。

陆贻昌《精神分析未来之展望》刊于《中华教育界》第 24 卷第 7 期。

徐则敏《学龄问题儿童的训导》刊于《中华教育界》第 24 卷第 7 期。

雷震清《小数和分数计算能力的分析》刊于《中华教育界》第 24 卷第 7 期。

吴志尧《一个分析算术教师的视导需要的方法》刊于《中华教育界》第 24 卷第 7 期。

祝雨人《义务教育实施方法》刊于《中华教育界》第 24 卷第 7 期。

庄泽宣《甘肃教育现状一瞥》刊于《中华教育界》第 24 卷第 7 期。

孙邦正、方东澄《独裁政制下之学校教育》刊于《中华教育界》第 24 卷第 7 期。

林仲达《教育问题之社会学的探讨》刊于《中华教育界》第 24 卷第 7 期。

陈子明《爱因斯坦对于教育之见解》刊于《中华教育界》第 24 卷第 7 期。

郑文汉《职业教育不发达的基本原因》刊于《中华教育界》第 24 卷第 7 期。

胡翼成《语言与思想》刊于《中华教育界》第 24 卷第 7 期。

吴志尧《一个分析算术教师的视导需要的方法》刊于《中华教育界》第 24 卷第 7 期。

祝雨人《义务教育实施方法》刊于《中华教育界》第 24 卷第 7 期。

庄泽宣《甘肃教育现状一瞥》刊于《中华教育界》第 24 卷第 7 期。

孙邦正、方东澄《独裁政制下之学校教育》刊于《中华教育界》第 24 卷第 7 期。

袁学礼《日本现行小学教育制度述要》刊于《中华教育界》第 24 卷第 7 期。

贺益文《埃及的教育》刊于《中华教育界》第 24 卷第 7 期。

傅任敢、倪文宙《近代中国教育人物像传（朱家纯、王谢长达）》刊于《中华教育界》第 24 卷第 8 期。

瞿菊农《从定县教育实验中得到的教育看法》刊于《中华教育界》第 24 卷第 8 期。

雷宾南《广西国民基础教育运动的时代使命》刊于《中华教育界》第 24 卷第 8 期。

王学孟《我国义务教育经费问题之检讨》刊于《中华教育界》第 24 卷第 8 期。

束荣松《南京市之义务教育》刊于《中华教育界》第 24 卷第 8 期。

董渭川《印度扫除文盲之尝试》刊于《中华教育界》第 24 卷第 8 期。

宗亮东《心理分析与本能论》刊于《中华教育界》第 24 卷第 8 期。

夏意超《儿童图画学习态度之建设》刊于《中华教育界》第 24 卷第 8 期。

王一夫《面部表情书法（美术）》刊于《中华教育界》第 24 卷第 8 期。

张健甫《绥察与绥远抗战》刊于《中华教育界》第 24 卷第 8 期。

田光程《对大学教育的几点建议》刊于《中华教育界》第 24 卷第 8 期。

陈大白《现阶段之新兴民众学校运动》刊于《中华教育界》第 24 卷第 8—9 期。

傅任敢《近代中国教育人物像传（唐国安、丁文江）》刊于《中华教育界》第 24 卷第 9 期。

王世杰《几个有关英语教学的中等教育问题》刊于《中华教育界》第24卷第9期。

尚仲衣《自由主义的教育之社会基础》刊于《中华教育界》第24卷第9期。

林仲达《民族解放声中之自由主义教育》刊于《中华教育界》第24卷第9期。

廖人祥《由各国师范教育谈到我国师范教育之改造》刊于《中华教育界》第24卷第9期。

边理庭《对于各省划分师范区的几点意见》刊于《中华教育界》第24卷第9期。

罗廷光《最近德国之师范学制》刊于《中华教育界》第24卷第9期。

程国扬《苏俄的文化组合与儿童教育》刊于《中华教育界》第24卷第9期。

陈子明《设计教学法估价》刊于《中华教育界》第24卷第9期。

王珂《小学珠算问题之商榷》刊于《中华教育界》第24卷第9期。

杨公怀《海南岛（社会）》刊于《中华教育界》第24卷第9期。

许达三《绥远省（地理）》刊于《中华教育界》第24卷第9期。

雷震清《小数教材（算术）》刊于《中华教育界》第24卷第9期。

沈有乾《汉字排检问题谈话》刊于《中华教育界》第24卷第9期。

傅任敢《近代中国教育人物像传（张焕纶、王朝俊）》刊于《中华教育界》第24卷第10期。

尚仲衣《现代中国自由主义教育之任务》刊于《中华教育界》第24卷第10期。

吴家镇《教育为科学乎抑为艺术乎》刊于《中华教育界》第24卷第10期。

高觉敷《代替的活动与代替的价值》刊于《中华教育界》第24卷第10期。

陈志潼《我之均分简法公式》刊于《中华教育界》第24卷第10期。

胡毅《初中男女学生各科成绩之相关》刊于《中华教育界》第24卷第10期。

周学章《珠算与笔算在学习效率上之比较》刊于《中华教育界》第24卷第10期。

张达善《儿童记忆错误的实验和研究》刊于《中华教育界》第24卷第10期。

胡哲敷《高中国文教学的理论与实际》刊于《中华教育界》第24卷第10期。

郑其龙《小学算术应用题教学之我见》刊于《中华教育界》第24卷第10期。

朱镇荪《行为有问题的儿童及其特殊教育》刊于《中华教育界》第24卷第10期。

何健民《内蒙盟旗的情势（社会）》刊于《中华教育界》第24卷第10期。

余宽《西班牙研究（时事）》刊于《中华教育界》第24卷第10期。

雷震清《小数教材（算术）》刊于《中华教育界》第24卷第10期。

陈公博《我对于读经的抗议》刊于《中华教育界》第24卷第10期。

傅任敢《近代中国教育人物像传（吴汝纶、叶鸿英）》刊于《中华教育界》第24卷第11期。

尚仲衣《自由主义教育的限制及其发展前路》刊于《中华教育界》第24卷第11期。

钟鲁斋《教育科学研究之史的演进及其最近趋势》刊于《中华教育界》第24卷第11期。

阮镜清《原始人与儿童之发展心理学的研究》刊于《中华教育界》第24卷第11期。

罗廷光《德国青年训练》刊于《中华教育界》第24卷第11期。

余成业《土耳其教育实录》刊于《中华教育界》第24卷第11期。

庄泽宣《陕西教育现状一瞥》刊于《中华教育界》第24卷第11期。

张雪门《修改幼稚园课程标准的我见》刊于《中华教育界》第24卷第11期。

苦境《低年级的音乐教育》刊于《中华教育界》第 24 卷第 11 期。

周阆琛《物价指数与生活指数（社会）》刊于《中华教育界》第 24 卷第 11 期。

余宽《西班牙研究（时事）》刊于《中华教育界》第 24 卷第 11 期。

雷震清《小数教材（算术）》刊于《中华教育界》第 24 卷第 11 期。

陈剑翛《教师的人生哲学》刊于《中华教育界》第 24 卷第 11 期。

傅任敢《近代中国教育人物像传（杨保恒、刘大白）》刊于《中华教育界》第 24 卷第 12 期。

张栗原《教育之生物学的基础》刊于《中华教育界》第 24 卷第 12 期。

徐则敏《汉字字量问题》刊于《中华教育界》第 24 卷第 12 期。

王学孟《义务教育师资问题之检讨》刊于《中华教育界》第 24 卷第 12 期。

杨肃《日本义教延长案与中国现行义务的比较》刊于《中华教育界》第 24 卷第 12 期。

马鸿述《近代欧美各国教育行政之趋势》刊于《中华教育界》第 24 卷第 12 期。

徐翔之《论救济清寒优秀学生制度》刊于《中华教育界》第 24 卷第 12 期。

罗廷光《意大利青年训练》刊于《中华教育界》第 24 卷第 12 期。

庄泽宣《青海教育现状一瞥》刊于《中华教育界》第 24 卷第 12 期。

吴烈《小学作文教学之我见》刊于《中华教育界》第 24 卷第 12 期。

蒋品鍌《单级教学上直接指导的研究》刊于《中华教育界》第 24 卷第 12 期。

萧起贤《乘方的简捷算法（算术）》刊于《中华教育界》第 24 卷第 12 期。

常导之《我国义务教育之根本问题》刊于《中华教育界》第 24 卷第 12 期。

胡适《读经平议》刊于《中华教育界》第 24 卷第 12 期。

傅任敢《近代中国教育人物像传（华蘅芳、华世芳、徐寿）》刊于《中华教育界》第 25 卷第 1 期。

沈因明《教育与哲学》刊于《中华教育界》第 25 卷第 1 期。

金海观《实施部定乡村师范及简易乡师课程之困难》刊于《中华教育界》第 25 卷第 1 期。

经小川《最近部分中学教育实验新制问题》刊于《中华教育界》第 25 卷第 1 期。

陈子明《遗传与环境问题之新研究》刊于《中华教育界》第 25 卷第 1 期。

宗亮东《各派心理学对于知觉的论列》刊于《中华教育界》第 25 卷第 1 期。

郑丕留《评定等第量表述评》刊于《中华教育界》第 25 卷第 1 期。

马新超《儿童情绪测验的经过》刊于《中华教育界》第 25 卷第 1 期。

罗子欣《儿童各科学习兴趣调查的比较研究》刊于《中华教育界》第 25 卷第 1 期。

祝雨人《因果实业心理研究的组织》刊于《中华教育界》第 25 卷第 1 期。

罗廷光《俄国青年训练》刊于《中华教育界》第 25 卷第 1 期。

阮真《中学国文教本应如何指示学文途径》刊于《中华教育界》第 25 卷第 1 期。

何心石《非常时期中学训育问题之商榷》刊于《中华教育界》第 25 卷第 1 期。

刘百川《小学公民训练的重要法则》刊于《中华教育界》第 25 卷第 1 期。

孙邦正《如何培养学生的阅读习惯和研究习惯》刊于《中华教育界》第 25 卷第 1 期。

水心《非常时期的小学环境布置》刊于《中华教育界》第 25 卷第 1 期。

徐允昭《四川的盐（自然与社会）》刊于《中华教育界》第 25 卷第 1 期。

许达三《不要忘却东四省的地理(地理)》刊于《中华教育界》第 25 卷第 1 期。

王凤喈《大学学生入学成绩与在学成绩之相关》刊于《中华教育界》第 25 卷第 1 期。

傅任敢《近代中国教育人物像传(杨蕙、郭希仁)》刊于《中华教育界》第 25 卷第 2 期。

张栗原《教育与文化》刊于《中华教育界》第 25 卷第 2 期。

阮真《目前高中师范课程之严重问题》刊于《中华教育界》第 25 卷第 2 期。

陈汉标《职业心理学之新趋势》刊于《中华教育界》第 25 卷第 2 期。

罗廷光《英国青年训练》刊于《中华教育界》第 25 卷第 2 期。

解炳如《中国青年训练的现状及其前途》刊于《中华教育界》第 25 卷第 2 期。

陈大白《民众学校理论的新认识》刊于《中华教育界》第 25 卷第 2 期。

詹铙《现今民众学校教育的病象及其改进途径》刊于《中华教育界》第 25 卷第 2 期。

朱若溪《现今民众教育馆的病症及其救治》刊于《中华教育界》第 25 卷第 2 期。

周尚《夏令儿童健康的经营》刊于《中华教育界》第 25 卷第 2 期。

张剑父《普遍西北西南各省的大旱灾(时事)》刊于《中华教育界》第 25 卷第 2 期。

冯友兰《我国现在教育思想》刊于《中华教育界》第 25 卷第 2 期。

黄觉民等《世界著名教育杂志摘要》刊于《教育杂志》第 27 卷第 1 期。

傅统先《近代心理学之演进(新著介绍)》刊于《教育杂志》第 27 卷第 1 期。

钟鲁斋《改进我国教育几个当前的问题》刊于《教育杂志》第 27 卷第 1 期。

李书华《教育上的几个实际问题》刊于《教育杂志》第 27 卷第 1 期。

萧孝嵘《现时我国教育中的六个基本问题》刊于《教育杂志》第 27 卷第 1 期。

韦悫《国难教育的一点小意见》刊于《教育杂志》第 27 卷第 1 期。

杨卫玉《非常时期教育界的使命》刊于《教育杂志》第 27 卷第 1 期。

郑鹤声《教育实施的重心问题》刊于《教育杂志》第 27 卷第 1 期。

章颐年《我国学校教材重复与浪费问题》刊于《教育杂志》第 27 卷第 1 期。

赵演《我所见到的教科书编辑问题》刊于《教育杂志》第 27 卷第 1 期。

古梅《由免费公费问题想到我们的教育制度》刊于《教育杂志》第 27 卷第 1 期。

俞子夷《两个严重的教育问题——家长的财力学生的体力精力》刊于《教育杂志》第 27
卷第 1 期。

庄泽宣《两个地方教育行政的严重问题》刊于《教育杂志》第 27 卷第 1 期。

沈子善《中国地方教育行政中之学区行政问题》刊于《教育杂志》第 27 卷第 1 期。

周学昌《陕西教育当前的几个实际问题》刊于《教育杂志》第 27 卷第 1 期。

欧元怀《论今日大学教育诸实际问题》刊于《教育杂志》第 27 卷第 1 期。

罗廷光《中国大学教育中几个重要问题》刊于《教育杂志》第 27 卷第 1 期。

李蒸《大学生训练问题》刊于《教育杂志》第 27 卷第 1 期。

蒋振《大学训育制度的改造问题》刊于《教育杂志》第 27 卷第 1 期。

胡庶华《大学毕业生与农村复兴问题》刊于《教育杂志》第 27 卷第 1 期。

龚徽桃《专科以上学校毕业生失业问题》刊于《教育杂志》第 27 卷第 1 期。

胡定安《怎样实施适于国防与国情之医学教育》刊于《教育杂志》第 27 卷第 1 期。

王书林《如何整顿中学教育》刊于《教育杂志》第 27 卷第 1 期。

吴自强《中学教育上的三个问题》刊于《教育杂志》第 27 卷第 1 期。

汪懋祖《中学课程问题果已解决乎?》刊于《教育杂志》第 27 卷第 1 期。

胡毅《外国语课程目标上应有之改革》刊于《教育杂志》第 27 卷第 1 期。

张文昌《中学教员的辅导问题》刊于《教育杂志》第 27 卷第 1 期。

李清悚《中学青年训练团问题》刊于《教育杂志》第 27 卷第 1 期。

顾惠人《高中军训管理问题之检讨》刊于《教育杂志》第 27 卷第 1 期。

童润之《我国中等农业教育问题》刊于《教育杂志》第 27 卷第 1 期。

王凤喈《中国师范教育之回顾与前瞻》刊于《教育杂志》第 27 卷第 1 期。

张伯谨《乡村师范学校的课程问题》刊于《教育杂志》第 27 卷第 1 期。

钟道赞《我国职业教育中的几个实际问题》刊于《教育杂志》第 27 卷第 1 期。

何清儒《推行职业指导的几个实际问题》刊于《教育杂志》第 27 卷第 1 期。

张怀《我国的职业教育问题》刊于《教育杂志》第 27 卷第 1 期。

陈礼江《民众实习教育实施的困难及其救济》刊于《教育杂志》第 27 卷第 1 期。

潘公展《今后民众学校之招生问题》刊于《教育杂志》第 27 卷第 1 期。

陆志韦《关于拼音文字的几句话》刊于《教育杂志》第 27 卷第 1 期。

马客谈《如何使地方小学教育标准化》刊于《教育杂志》第 27 卷第 1 期。

赵廷为《怎样研究小学各科教学法》刊于《教育杂志》第 27 卷第 1 期。

艾伟《初小常识教学经验谈》刊于《教育杂志》第 27 卷第 1 期。

葛承训《小学常识教学问题》刊于《教育杂志》第 27 卷第 1 期。

胡祖荫《小学医务实施问题》刊于《教育杂志》第 27 卷第 1 期。

吴增芥《我国儿童教育的实际问题》刊于《教育杂志》第 27 卷第 1 期。

盛朗西《非常时期家长对儿童训练应有什么观念》刊于《教育杂志》第 27 卷第 1 期。

周学章《各省教育如何普及》刊于《教育杂志》第 27 卷第 1 期。

范寿康《普及教育亟有彻底实施的必要》刊于《教育杂志》第 27 卷第 1 期。

杨效春《普及农村教育的困难和我们的作法》刊于《教育杂志》第 27 卷第 1 期。

王倘《乡村义教与民教合一之几个问题》刊于《教育杂志》第 27 卷第 1 期。

丁重宣《怎样振作短期义教》刊于《教育杂志》第 27 卷第 1 期。

黄觉民《处理教室内行为问题的研究》刊于《教育杂志》第 27 卷第 1 期。

傅统先《近代心理学之演进》刊于《教育杂志》第 27 卷第 1 期。

王世杰《英语教学与中等教育问题》刊于《教育杂志》第 27 卷第 2 期。

钟道赞《一九三六年之中国职业教育》刊于《教育杂志》第 27 卷第 2 期。

马宗荣《六十五年来的日本义务教育》刊于《教育杂志》第 27 卷第 2 期。

濮秉钧《法国近年来的学制改革》刊于《教育杂志》第 27 卷第 2 期。

张孟休《苏俄的大学教育》刊于《教育杂志》第 27 卷第 2 期。

韦愿《最近五年来的英国大学教育》刊于《教育杂志》第 27 卷第 2 期。

吴向人《捷克斯拉夫教育的实学化》刊于《教育杂志》第 27 卷第 2 期。

萧起贤《父母怎样教养子女》刊于《教育杂志》第 27 卷第 2 期。

顾良杰《实施补习教育后的民众补充读物》刊于《教育杂志》第 27 卷第 2 期。

汤茂如《如何实施生产教育》刊于《教育杂志》第 27 卷第 2 期。

廖世承等《世界著名教育杂志摘要》刊于《教育杂志》第 27 卷第 2 期。

冯邦彦《成人的兴趣（新著介绍）》刊于《教育杂志》第 27 卷第 2 期。

沈亦珍《美国竞选声中一个重要的教育会议》刊于《教育杂志》第 27 卷第 2 期。

李啸云《家庭教育中的儿童性教育问题》刊于《教育杂志》第 27 卷第 2 期。

陈剑霞《家庭教师问题》刊于《教育杂志》第 27 卷第 2 期。

卢绍稷《我国中学教育上十个实际问题》刊于《教育杂志》第 27 卷第 2 期。

赵端瑛《关于中学生健康的一个建议》刊于《教育杂志》第 27 卷第 2 期。

浦漪人《关于师范教育的三个实际问题》刊于《教育杂志》第 27 卷第 2 期。

张雪门《修改现行幼稚园课程标准问题》刊于《教育杂志》第 27 卷第 2 期。

廖世承《现行的学校报告单》刊于《教育杂志》第 27 卷第 2 期。

陈友松《学校图书馆管理员应有的任务》刊于《教育杂志》第 27 卷第 2 期。

葛承训《何谓活动学校》刊于《教育杂志》第 27 卷第 2 期。

张伯谨《教育方法学上的研讨》刊于《教育杂志》第 27 卷第 2 期。

何清儒《教授指导与学业的增进》刊于《教育杂志》第 27 卷第 2 期。

张伯谨《地理与历史科的新动向》刊于《教育杂志》第 27 卷第 2 期。

陈荩民《平面几何练习错误的缘故》刊于《教育杂志》第 27 卷第 2 期。

陈荩民《几何成绩与智商的关系》刊于《教育杂志》第 27 卷第 2 期。

陈荩民《教授初中三年级代数学思虑算题的方法》刊于《教育杂志》第 27 卷第 2 期。

吴清友《苏联怎样扫除文盲》刊于《教育杂志》第 27 卷第 2 期。

陈礼江《中国社会教育制度的商榷》刊于《教育杂志》第 27 卷第 3 期。

钟灵秀《三十年来中国之识字运动》刊于《教育杂志》第 27 卷第 3 期。

何从《识字运动的先决问题》刊于《教育杂志》第 27 卷第 3 期。

郑西谷《学校开学之准备》刊于《教育杂志》第 27 卷第 3 期。

赵轶尘《怎样改进中学教学法》刊于《教育杂志》第 27 卷第 3 期。

金箴心《小学实施健康教育的实际问题》刊于《教育杂志》第 27 卷第 3 期。

蒋霖《小学珠算教学新研究》刊于《教育杂志》第 27 卷第 3 期。

丁重宣《怎样考查儿童的操行与公民训练》刊于《教育杂志》第 27 卷第 3 期。

张达善《家庭教育的动力和动向》刊于《教育杂志》第 27 卷第 3 期。

张述祖《儿童亲属爱之差等》刊于《教育杂志》第 27 卷第 3 期。

孙之淑《学龄儿童日常应有之营养》刊于《教育杂志》第 27 卷第 3 期。

陈咏声《欧洲各国体育近况》刊于《教育杂志》第 27 卷第 3 期。

程国扬《苏联儿童城访问记》刊于《教育杂志》第 27 卷第 3 期。

姜琦《从美国教育思想界的冲突说到中国教育哲学问题》刊于《教育杂志》第 27 卷第 3 期。

朱宕潜《新时代教育的本位何在》刊于《教育杂志》第 27 卷第 3 期。

萧孝嵘《一种环境心理学之大纲》刊于《教育杂志》第 27 卷第 3 期。

萧孝嵘《人格评定的基础》刊于《教育杂志》第 27 卷第 3 期。

何清儒《职业教育的新建议》刊于《教育杂志》第 27 卷第 3 期。

张耀翔《两性在职业态度上的差异》刊于《教育杂志》第 27 卷第 3 期。

黄觉民《成人的问题与兴趣之研究》刊于《教育杂志》第 27 卷第 3 期。

黄觉民《儿童恐怖心发展的研究》刊于《教育杂志》第 27 卷第 3 期。

姚贤慧《儿童合作态度的养成》刊于《教育杂志》第 27 卷第 3 期。

姚贤慧《聪明的儿童学业失败的原因》刊于《教育杂志》第 27 卷第 3 期。

吴清友《苏联对于儿童健康之注意》刊于《教育杂志》第 27 卷第 3 期。

张伯谨《昭和十一年的日本教育大事》刊于《教育杂志》第 27 卷第 3 期。

何清儒《一九三五至三六年度英国全国实业心理学会工作》刊于《教育杂志》第 27 卷第 3 期。

张耀翔《一九三六年美国各部心理学会论文摘要》刊于《教育杂志》第 27 卷第 3 期。

陈友松《美国各省教育成绩的比较方法》刊于《教育杂志》第 27 卷第 3 期。

陈友松《美国教师对于阅读教学的实际贡献》刊于《教育杂志》第 27 卷第 3 期。

敦福堂《一个视错觉之发展比较的研究》刊于《教育杂志》第 27 卷第 3 期。

敦福堂《形与色》刊于《教育杂志》第 27 卷第 3 期。

曹简禹《十二年来化学比赛所得之经验》刊于《教育杂志》第 27 卷第 3 期。

丁洪范《中国教育财政之改进(英文本)》刊于《教育杂志》第 27 卷第 3 期。

刘大佐《教育文化史的新页》刊于《教育杂志》第 27 卷第 3 期。

何静安等《世界著名教育杂志摘要》刊于《教育杂志》第 27 卷第 4 期。

蒋维乔《从南京教育部说到北京教育部》刊于《教育杂志》第 27 卷第 4 期。

姜琦《中国教育哲学之方向的商榷》刊于《教育杂志》第 27 卷第 4 期。

邰光谟、李书田《学问道德和礼貌的教育》刊于《教育杂志》第 27 卷第 4 期。

陈礼江、喻任声、陈友湍《四年义务教育两年完成实验之经过及其结果》刊于《教育杂志》第 27 卷第 4 期。

祝雨人《我国义务教育最近实施概观》刊于《教育杂志》第 27 卷第 4 期。

钟道赞《社会教育方式之演变与其限度》刊于《教育杂志》第 27 卷第 4 期。

钟灵秀《八年来社会教育人才之培养与经费之筹增》刊于《教育杂志》第 27 卷第 4 期。

钟鲁斋《中学男女生心理差异的研究》刊于《教育杂志》第 27 卷第 4 期。

张文昌《中学下午三时以后的强迫运动问题》刊于《教育杂志》第 27 卷第 4 期。

葛承训《小学阅读教学示例》刊于《教育杂志》第 27 卷第 4 期。

郑其龙《低年级算术基本结合的教学》刊于《教育杂志》第 27 卷第 4 期。

王一夫《介绍几种劳作教材》刊于《教育杂志》第 27 卷第 4 期。

周尚《幼儿姿势训练的实际》刊于《教育杂志》第 27 卷第 4 期。

何清儒《儿童指导诊疗所》刊于《教育杂志》第 27 卷第 4 期。

孙锦灿《跛童心理之管窥》刊于《教育杂志》第 27 卷第 4 期。

王书林《阅读研究的一笔总帐》刊于《教育杂志》第 27 卷第 4 期。

左任侠《"学习曲线适合"中之平均法底比较研究》刊于《教育杂志》第 27 卷第 4 期。

杨骏如《教育实验中的情境控制》刊于《教育杂志》第 27 卷第 4 期。

王承绪《战后欧洲各国教育的总检讨》刊于《教育杂志》第 27 卷第 4 期。

孟文庄《三年来中央政治学校办理边疆教育之计划与实施情形》刊于《教育杂志》第 27 卷第 4 期。

傅任敢《同文馆记》刊于《教育杂志》第 27 卷第 4 期。

何静安《家政学教师与学生个人的发展》刊于《教育杂志》第 27 卷第 4 期。

何静安《关于家庭关系的一门社会学课程》刊于《教育杂志》第 27 卷第 4 期。

姚贤慧《效率在儿童训练上的地位》刊于《教育杂志》第 27 卷第 4 期。

姚贤慧《儿童的情感生活》刊于《教育杂志》第 27 卷第 4 期。

吴清友《怎样领导学生观察自然界》刊于《教育杂志》第 27 卷第 4 期。

何清儒《亚尔比昂学院的导生制》刊于《教育杂志》第 27 卷第 4 期。

张伯谨《日本都市与农村之关系》刊于《教育杂志》第 27 卷第 4 期。

张伯谨《教育上的速效肥料和迟效肥料》刊于《教育杂志》第 27 卷第 4 期。

萧孝嵘《辅助民族教育之教育心理学》刊于《教育杂志》第 27 卷第 4 期。

何清儒《美国大学教务长或院长》刊于《教育杂志》第 27 卷第 4 期。

吴清友《苏联学校中的反宗教教育》刊于《教育杂志》第 27 卷第 4 期。

吴清友《苏联心理学研究的阶段》刊于《教育杂志》第 27 卷第 4 期。

陈选善《鲍德氏迷津测验与比纳智力测验的关系》刊于《教育杂志》第 27 卷第 4 期。

黄觉民《智力的新观念》刊于《教育杂志》第 27 卷第 4 期。

黄觉民《弥补智力商数的缺陷》刊于《教育杂志》第 27 卷第 4 期。

张耀翔《恐惧愤怒与疾病：在常态及变态人身上的连带关系》刊于《教育杂志》第 27 卷第 4 期。

张伯谨《教育革新之秋》刊于《教育杂志》第 27 卷第 4 期。

冯邦彦《大学与社会》刊于《教育杂志》第 27 卷第 4 期。

冯邦彦《成人课本的问题》刊于《教育杂志》第 27 卷第 4 期。

陈友松《六十三个教育电影实验研究的结论》刊于《教育杂志》第 27 卷第 4 期。

陈友松《地方教育行政区域的基本问题》刊于《教育杂志》第 27 卷第 4 期。

陈友松《卫生与体育教育行政的基本原则》刊于《教育杂志》第 27 卷第 4 期。

刘大佐《毕宁著中学社会学科教学法》刊于《教育杂志》第 27 卷第 4 期。

刘大佐《教育文化史的新页》刊于《教育杂志》第 27 卷第 4 期。

程时煃《职业实习教育的趋势和江西省实施的现状》刊于《教育杂志》第 27 卷第 5 期。

钟道赞《商业学校之出路》刊于《教育杂志》第 27 卷第 5 期。

沈光烈《二十年来之中华职业教育社》刊于《教育杂志》第 27 卷第 5 期。

孙秉杰《河南辉县的乡村教育与乡村建设运动》刊于《教育杂志》第 27 卷第 5 期。

姜琦《再论中国教育哲学之方向》刊于《教育杂志》第 27 卷第 5 期。

陈碧云《儿童社会教育问题之商榷》刊于《教育杂志》第 27 卷第 5 期。

苏兆新《低级儿童的劳作生活》刊于《教育杂志》第 27 卷第 5 期。

周学章、李爱德《繁简字体在学习效率上之再试》刊于《教育杂志》第 27 卷第 5 期。

沈有乾《汉字的将来》刊于《教育杂志》第 27 卷第 5 期。

萧起贤《噪声对工作影响的实验研究》刊于《教育杂志》第 27 卷第 5 期。

周子亚《国社党执政下之德国教育及其文化概况（德国通讯）》刊于《教育杂志》第 27 卷第 5 期。

陈友松《美国师范教育的趋势》刊于《教育杂志》第 27 卷第 5 期。

陈选善《美国教师的任期》刊于《教育杂志》第 27 卷第 5 期。

吴清友《苏联学校之上课问题》刊于《教育杂志》第 27 卷第 5 期。

曹云先《德国新兴的社会组织》刊于《教育杂志》第 27 卷第 5 期。

张伯谨《德国大学之现状》刊于《教育杂志》第 27 卷第 5 期。

张伯谨《日本昭和十一年理科教育之回顾》刊于《教育杂志》第 27 卷第 5 期。

廖世承《青年的生活问题和兴趣》刊于《教育杂志》第 27 卷第 5 期。

萧孝嵘《各种人格型及青年发展期各阶段中的适应进程》刊于《教育杂志》第 27 卷第 5 期。

张耀翔《青年女子对其亲近男友与其理想丈夫诸概念的关系》刊于《教育杂志》第 27 卷第 5 期。

张耀翔《两性在闲谈上的差异》刊于《教育杂志》第 27 卷第 5 期。

冯邦彦《成人教育需要高深学识》刊于《教育杂志》第 27 卷第 5 期。

何静安《教室的美术化》刊于《教育杂志》第 27 卷第 5 期。

张伯谨《合科教授的价值和实际》刊于《教育杂志》第 27 卷第 5 期。

张伯谨《合科学习之本质》刊于《教育杂志》第 27 卷第 5 期。

徐儒《儿童发展测验》刊于《教育杂志》第 27 卷第 5 期。

刘大佐《教育文化史的新页》刊于《教育杂志》第 27 卷第 5 期。

叶青《中国目前的一个教育方针》刊于《教育杂志》第 27 卷第 6 期。

姜琦《我对于克析屈讲座中国教育哲学问题的意见之批判》刊于《教育杂志》第 27 卷第 6 期。

庄泽宣《从地方教育行政的困难说到辅导制度》刊于《教育杂志》第 27 卷第 6 期。

李楚材《利用师范学校实习生推行义务教育的办法》刊于《教育杂志》第 27 卷第 6 期。

赵廷为、陆觉先《中国的生产教育》刊于《教育杂志》第 27 卷第 6 期。

陆德音《中国农村教育的回顾与前瞻》刊于《教育杂志》第 27 卷第 6 期。

吴自强《怎样教我们中学时期的青年》刊于《教育杂志》第 27 卷第 6 期。

王灏群《非常时期的小学教育》刊于《教育杂志》第 27 卷第 6 期。

王丙辰《乡村小学儿童缺席的原因及补救法》刊于《教育杂志》第 27 卷第 6 期。

吴鼎《小学教室里的几个实际问题及其解决方法》刊于《教育杂志》第 27 卷第 6 期。

姚贤慧《父母情感态度方面的几个问题》刊于《教育杂志》第 27 卷第 6 期。

张家凤《两性差异的研究》刊于《教育杂志》第 27 卷第 6 期。

何静安《家政学在今日中国的需要》刊于《教育杂志》第 27 卷第 6 期。

赵演《国立编译馆编订普通的心理学统一译名之经过》刊于《教育杂志》第 27 卷第 6 期。

陈启肃《算术平均数的新求法》刊于《教育杂志》第 27 卷第 6 期。

李化方《一九三二年后苏联教育制度之演变》刊于《教育杂志》第 27 卷第 6 期。

倪翰芳《美国长岛婴儿学校实习记》刊于《教育杂志》第 27 卷第 6 期。

冯邦彦《对于优秀学生的特殊的辅助》刊于《教育杂志》第 27 卷第 6 期。

冯邦彦《时事研究与将来的公民》刊于《教育杂志》第 27 卷第 6 期。

陈友松《问题解决式的教育应当用什么样的学程》刊于《教育杂志》第 27 卷第 6 期。

萧孝嵘《关于国家政治课程之要点》刊于《教育杂志》第 27 卷第 6 期。

萧孝嵘《德国中等学校国家政治课程的编制》刊于《教育杂志》第27卷第6期。

张伯谨《现时学校中道德教育之缺点》刊于《教育杂志》第27卷第6期。

张伯谨《实科教育与人格陶冶》刊于《教育杂志》第27卷第6期。

姚贤慧《数学对于人格发展及适应的功用》刊于《教育杂志》第27卷第6期。

何清儒《大学人事工作的功用》刊于《教育杂志》第27卷第6期。

张耀翔《大学学生的普通谬见》刊于《教育杂志》第27卷第6期。

姚贤慧《儿童是怎样学习的》刊于《教育杂志》第27卷第6期。

何清儒《英国实业与教育的关系》刊于《教育杂志》第27卷第6期。

陈友松《美国各州宪法对于教育应局长的规定》刊于《教育杂志》第27卷第6期。

陈友松《设计校舍以适应教育的变迁》刊于《教育杂志》第27卷第6期。

曹云先《初年级的一种新式报告单》刊于《教育杂志》第27卷第6期。

曹简禹《留心观察可得意外之收获》刊于《教育杂志》第27卷第6期。

黄觉民《教师态度对其学生态度的影响》刊于《教育杂志》第27卷第6期。

刘大佐《一九三六年美国教育名著六十种》刊于《教育杂志》第27卷第6期。

刘大佐《教育文化史的新页》刊于《教育杂志》第27卷第6期。

陈孝禅《读物字体格式对于阅读效率影响之研究》刊于《教育杂志》第27卷第7期。

吴震春《小学经济教学的一百二十二个原则》刊于《教育杂志》第27卷第7期。

俞子夷《常识和读书的联络》刊于《教育杂志》第27卷第7期。

李子菁《小学生错字别字的改正法》刊于《教育杂志》第27卷第7期。

温肇桐《儿童对于名画欣赏兴趣的调查研究》刊于《教育杂志》第27卷第7期。

邹坤元《儿童的健康训练》刊于《教育杂志》第27卷第7期。

周尚、李涵《夏令儿童健康营的理论与实际》刊于《教育杂志》第27卷第7期。

方东澄《父母之心理的适应》刊于《教育杂志》第27卷第7期。

袁伯樵《确定中等教育目标的商榷》刊于《教育杂志》第27卷第7期。

戴冠峰《十年来我国中等教育之概观》刊于《教育杂志》第27卷第7期。

胡毅《对于部颁中学课程标准之意见》刊于《教育杂志》第27卷第7期。

王馨堂《中学训育问题》刊于《教育杂志》第27卷第7期。

卢绍稷《中学教师健康问题》刊于《教育杂志》第27卷第7期。

郑惠卿《我国中学男女同学问题之探讨》刊于《教育杂志》第27卷第7期。

章颐年《师范学校的矛盾形态》刊于《教育杂志》第27卷第7期。

边理庭《师范学校的师资问题》刊于《教育杂志》第27卷第7期。

吴敬乔《怎样指导师范生实习》刊于《教育杂志》第27卷第7期。

张学铭《八年来民众教育经验谈》刊于《教育杂志》第27卷第7期。

姜琦《我对于杜威讲座中国教育哲学问题的意见之批判》刊于《教育杂志》第27卷第7期。

方东澄、孙邦正、王馨一《各国处置少年过失问题之鸟瞰》刊于《教育杂志》第27卷第7期。

翁之达《欧美各国小学师资训练制度》刊于《教育杂志》第27卷第7期。

王承绪《最近苏俄教育的再检视》刊于《教育杂志》第27卷第7期。

周庄萍《世界语历史的概述》刊于《教育杂志》第 27 卷第 7 期。

黄任予《我所认识的世界语》刊于《教育杂志》第 27 卷第 7 期。

黄郁《世界语与中国新语文运动》刊于《教育杂志》第 27 卷第 7 期。

徐沫《世界语在语言学上的地位》刊于《教育杂志》第 27 卷第 7 期。

索原《从英语教学说到世界语》刊于《教育杂志》第 27 卷第 7 期。

倪亮《荷京国际教育学会之倡导和平》刊于《教育杂志》第 27 卷第 7 期。

倪亮《法国强迫体育之实验》刊于《教育杂志》第 27 卷第 7 期。

陈友松《美国电影教育的展望》刊于《教育杂志》第 27 卷第 7 期。

陈选善《美国公共教育财政状况》刊于《教育杂志》第 27 卷第 7 期。

张耀翔《美国心理学会第四十四届年会论文摘要》刊于《教育杂志》第 27 卷第 7 期。

何静安《大学家政学课程之研究》刊于《教育杂志》第 27 卷第 7 期。

何静安《家事教学中关于用钱问题的研究》刊于《教育杂志》第 27 卷第 7 期。

陈荩民《中学生对于代数学遗忘与时间的关系》刊于《教育杂志》第 27 卷第 7 期。

何清儒《用智力测验选择中等学校学生》刊于《教育杂志》第 27 卷第 7 期。

姚贤慧《青春期将要来到的时候》刊于《教育杂志》第 27 卷第 7 期。

曹云先《近代初级教育的几个问题》刊于《教育杂志》第 27 卷第 7 期。

姚贤慧《儿童的谎话》刊于《教育杂志》第 27 卷第 7 期。

萧孝嵘《儿童心理学在理论上的基本问题》刊于《教育杂志》第 27 卷第 7 期。

张耀翔《儿童研究运动对于儿童心理学的贡献》刊于《教育杂志》第 27 卷第 7 期。

黄觉民《连续褒贬的影响》刊于《教育杂志》第 27 卷第 7 期。

陈友松《教师的人格》刊于《教育杂志》第 27 卷第 7 期。

吴清友《个别学生课程落后的原因》刊于《教育杂志》第 27 卷第 7 期。

朱镇苏《波新著前进的中学教学法》刊于《教育杂志》第 27 卷第 7 期。

刘大佐《教育文化史的新页》刊于《教育杂志》第 27 卷第 7 期。

叶青《中国教育哲学概论》刊于《教育杂志》第 27 卷第 9—10 期合刊。

张益弘《中国教育哲学的问题》刊于《教育杂志》第 27 卷第 9—10 期合刊。

姜琦《中国教育哲学体系问题之研究》刊于《教育杂志》第 27 卷第 9—10 期合刊。

许崇清《教育学与教育哲学底一个新倾向》刊于《教育杂志》第 27 卷第 9—10 期合刊。

阮真《论非常时期实施平常课程标准之矛盾》刊于《教育杂志》第 27 卷第 9—10 期合刊。

王丙辰《小学救亡教育的环境布置》刊于《教育杂志》第 27 卷第 9—10 期合刊。

何健民《救亡图存目标下的高年级社会科教学》刊于《教育杂志》第 27 卷第 9—10 期合刊。

樊兆瘐《我国小学教育最近的趋势》刊于《教育杂志》第 27 卷第 9—10 期合刊。

李培囿《怎样使教学发展创造的能力》刊于《教育杂志》第 27 卷第 9—10 期合刊。

陈卫藩《儿童牙齿卫生的方法》刊于《教育杂志》第 27 卷第 9—10 期合刊。

周尚《学校健康教育的认识》刊于《教育杂志》第 27 卷第 9—10 期合刊。

蔡爱璧《几个家庭教育方法的错误及其矫正》刊于《教育杂志》第 27 卷第 9—10 期合刊。

沈光烈《如何实施职业实习教育》刊于《教育杂志》第 27 卷第 9—10 期合刊。

何清儒《职业实习教育教材的编制》刊于《教育杂志》第 27 卷第 9—10 期合刊。

张德琇《近代教育学的新趋势》刊于《教育杂志》第 27 卷第 9—10 期合刊。

黄觉民《教师人格在儿童适应上的影响》刊于《教育杂志》第 27 卷第 9—10 期合刊。

张伯谨《教师的力量和儿童的力量》刊于《教育杂志》第 27 卷第 9—10 期合刊。

吴清友《教师应当注意一年级的学生》刊于《教育杂志》第 27 卷第 9—10 期合刊。

曹云先《学校如何培养学生的品格》刊于《教育杂志》第 27 卷第 9—10 期合刊。

王裕凯《教学自由与思想自由》刊于《教育杂志》第 27 卷第 9—10 期合刊。

姚贤慧《怎样处置不适宜的习惯》刊于《教育杂志》第 27 卷第 9—10 期合刊。

陈友松《中小学电影教学试验的几种结论》刊于《教育杂志》第 27 卷第 9—10 期合刊。

何静安《为男生而设的家政学》刊于《教育杂志》第 27 卷第 9—10 期合刊。

张耀翔《失怙恃为精神病之一原因》刊于《教育杂志》第 27 卷第 9—10 期合刊。

曹简禹《德国中等学校的化学教学》刊于《教育杂志》第 27 卷第 9—10 期合刊。

游大涵《思考的心理与教育》刊于《教育杂志》第 27 卷第 9—10 期合刊。

杨登宇《大中学生如何去参加农村服务》刊于《教育半月刊》第 3 卷第 6—7 期合刊。

喻铭勋《直接影响小学教师任用与待遇之因素及其应有之标准》刊于《教育半月刊》第 3 卷第 6—7 期合刊。

邓力平《个性差异之成因》刊于《教育半月刊》第 3 卷第 6—7 期合刊。

冯云裳《心理获得性可否遗传》刊于《教育半月刊》第 3 卷第 6—7 期合刊。

沙文渊《我国现行学制之研究》刊于《教育半月刊》第 3 卷第 6—7 期合刊。

郭光暄《修正小学规程释义(续完)》刊于《教育半月刊》第 3 卷第 6—7 期合刊。

邱觉心《梁漱溟先生讲演词(特载)》刊于《教育半月刊》第 3 卷第 6—7 期合刊。

陈剑恒《美国教育研究的三种新趋势》刊于《教育研究》第 75 期。

何清儒《美国职业指导最近研究的趋向》刊于《教育研究》第 75 期。

梁瓯第《学制新论》刊于《教育研究》第 75 期。

刘亦常《毕业会考与新法考试》刊于《教育研究》第 75 期。

赵廷为《关于训育的基本原理》刊于《教育研究》第 75 期。

钟鲁斋、吴江霖《业务分析法的原理》刊于《教育研究》第 75 期。

方惇颐《怎样控制实验情境》刊于《教育研究》第 75 期。

富伯宁《鉴别儿童人格的方法》刊于《教育研究》第 75 期。

钱蘋《低能的特征与教育》刊于《教育研究》第 75 期。

黄家强《广州市教育概况》刊于《教育研究》第 75 期。

戚焕尧、严元章《国外教育研究摘要》刊于《教育研究》第 75 期。

崔载阳《中国民族教育哲学》刊于《教育研究》第 77 期。

梁瓯第《理学家的教育思想》刊于《教育研究》第 77 期。

谭允恩《我国学校顽童几种心理特征底研究》刊于《教育研究》第 77 期。

王士略、杨敏祺《关于学习迁移的一个测验》刊于《教育研究》第 77 期。

富伯宁《近代社会心理学发展史》刊于《教育研究》第 77 期。

石玉昆《花县乡村教育实验区的实验工作》刊于《教育研究》第 77 期。

方惇颐《德美两国教育演变与国家理想之比较》刊于《教育研究》第 77 期。

祝雨人《学生之分组》刊于《教育研究》第 77 期。

尚仲衣《民族危难中的教育政策问题》刊于《教育研究》第 79 期。

石玉昆《战时教育的意义及其基本原则》刊于《教育研究》第 79 期。

严元章《抗战的策略对教育的要求》刊于《教育研究》第 79 期。

倪中方《战时心理学》刊于《教育研究》第 79 期。

雷宾南《中华民国战时民众教育方案》刊于《教育研究》第 79 期。

徐锡龄《策动后方抗战力量方案》刊于《教育研究》第 79 期。

范寿康《佛教各宗思想浅说》刊于《哲学与教育》第 5 卷第 2 期。

吴培元《周濂溪底本体论》刊于《哲学与教育》第 5 卷第 2 期。

吴倜《新科学与旧哲学》刊于《哲学与教育》第 5 卷第 2 期。

杨朴庵《大道》刊于《哲学与教育》第 5 卷第 2 期。

陈迺颐《现代心理学的趋势》刊于《哲学与教育》第 5 卷第 2 期。

王凤岗《个别差异之检讨》刊于《哲学与教育》第 5 卷第 2 期。

曾繁鑫《查特士课程编制之理论》刊于《哲学与教育》第 5 卷第 2 期。

周继颐《教育与社会》刊于《哲学与教育》第 5 卷第 2 期。

吴流清《儿童错字的研究》刊于《哲学与教育》第 5 卷第 2 期。

徐翔之《怎样做父母》刊于《哲学与教育》第 5 卷第 2 期。

顾树森等《何键氏明令读经提案驳议》刊于《哲学与教育》第 5 卷第 2 期。

周钟岳《教育与科学发刊词》刊于《教育与科学》第 1 期。

龚仲钧《教育与科学》刊于《教育与科学》第 1 期。

张邦翰《生活教育化教育科学化》刊于《教育与科学》第 1 期。

李文震《非常时期生产教育之严重性》刊于《教育与科学》第 1 期。

张嘉栋《教育与教育》刊于《教育与科学》第 1 期。

杨家凤《改进中等学校教育方法之商榷》刊于《教育与科学》第 1 期。

徐继祖《中学校长之视导》刊于《教育与科学》第 1 期。

立人《半年来昆明市立小学之改进》刊于《教育与科学》第 1 期。

栗斋《民族之优生与劣生》刊于《教育与科学》第 1 期。

陈一得《云南气象要素之分布》刊于《教育与科学》第 1 期。

冯泽芳《云南植棉考察报告附陈改进管见》刊于《教育与科学》第 1 期。

阮荫愧《土地法与民法关系之检讨》刊于《教育与科学》第 1 期。

方国瑜《唐蒙两国信使录》刊于《教育与科学》第 1 期。

王达三《中国职业教育建设概况之检讨》刊于《教育与职业》第 180 期。

何清儒《中等学校实施职业指导概况》刊于《教育与职业》第 182 期。

郑文汉《美国今后指导青年职业的趋向》刊于《教育与职业》第 182 期。

富伯宁《非常时期的职业指导》刊于《教育与职业》第 182 期。

张千里《职业指导与身体健康》刊于《教育与职业》第 182 期。

甘允寿《促进职业补习教育的意见》刊于《教育与职业》第 182 期。

王达三《中国职业教育发展之前瞻》刊于《教育与职业》第 183 期。

朱寿人《农业的职业教育与生活之价值》刊于《教育与职业》第 183 期。

陆叔昂《职业补习教育的重要性和推广意见》刊于《教育与职业》第 183 期。

何清儒《上海市职业教育供求的估计》刊于《教育与职业》第 184 期。

韩玉书《社会化辅导式之职业教育的行政组织问题》刊于《教育与职业》第 184 期。

韩玉书《社会化辅导式之职业教育的教材问题》刊于《教育与职业》第 184 期。

祝雨人《大学里的职业常识学科》刊于《教育与职业》第 185 期。

郑文汉《法国职业指导概况》刊于《教育与职业》第 185 期。

何清儒《职业学校行政组织的研究》刊于《教育与职业》第 189—190 期。

何清儒《职业补习教育在战时教育中的地位》刊于《教育与职业》第 189—190 期。

郑文汉《意大利职业指导概况》刊于《教育与职业》第 189—190 期。

刘涛天《工厂迁移内地概况调查》刊于《教育与职业》第 189—190 期。

承《教育儿童与教育民众》刊于《广东义务教育》第 2 期。

许崇清《美国的教育基金和教育税》刊于《广东义务教育》第 2 期。

刘檀贵《一年制短期小学的意义和价值》刊于《广东义务教育》第 2 期。

罗慕颐《短期小学实际问题》刊于《广东义务教育》第 2 期。

何心石《义教与国防》刊于《广东义务教育》第 2 期。

黄承桑《短期小学与普通小学》刊于《广东义务教育》第 2 期。

黄绳《短期小学行政概要》刊于《广东义务教育》第 2 期。

程厅长《以教育的力量复兴国家》刊于《江西教育》第 25 期。

周峻《百业教育之理论与实施》刊于《江西教育》第 25 期。

储子润《江西省壮丁训练应有的改进》刊于《江西教育》第 25 期。

胡立人《童子军课程及标准之研究》刊于《江西教育》第 25 期。

程时烺《江西教育的着重点》刊于《江西教育》第 26 期。

周邦道《两年来我国之义务教育》刊于《江西教育》第 26 期。

欧阳祖经《西藏的文化》刊于《江西教育》第 26 期。

陈科美《民族复兴与教育》刊于《江西教育》第 26 期。

胡昌骐《德国青年训练》刊于《江西教育》第 26 期。

熊佛西《文艺教育与心理建设》刊于《江西教育》第 26 期。

熊佛西《现代戏剧的教育功能》刊于《江西教育》第 26 期。

熊式一《欧美演剧的经过》刊于《江西教育》第 26 期。

程厅长《训练民众应注意之事项》刊于《江西教育》第 27 期。

庄泽宣《小学各科教学最应注意的几点》刊于《江西教育》第 27 期。

庄泽宣《从地方教育行政的困难说到辅导制度》刊于《江西教育》第 27 期。

彭以异《师风与学风》刊于《江西教育》第 27 期。

汪兆熊《江西省林业教育之过去与将来》刊于《江西教育》第 27 期。

李世骏《小学生升学指导之理论与实际》刊于《江西教育》第 27 期。

谢康译《土耳其新教育》刊于《江西教育》第 27 期。

周伯敏《救国教育(第二讲)》刊于《陕西教育月刊》第 3 卷第 3 期。

宗亮东《西北教育与中国前途》刊于《陕西教育月刊》第 3 卷第 3 期。

陈雨皋《目前中等学校的训育工作》刊于《陕西教育月刊》第 3 卷第 3 期。

朱寿人《农业的职业教育与生活之价值》刊于《陕西教育月刊》第 3 卷第 3 期。

杨肃《普及教育车在教育上之价值》刊于《陕西教育月刊》第 3 卷第 3 期。

张鹏一《潘岳关中记辑佚》刊于《陕西教育月刊》第 3 卷第 3 期。

冯世彬《由禁烟说到复兴中国》刊于《陕西教育月刊》第 3 卷第 3 期。

孙克敏《禁烟与国防》刊于《陕西教育月刊》第 3 卷第 3 期。

周岐《鸦片与中国》刊于《陕西教育月刊》第 3 卷第 3 期。

许梦因《孟子伦理学》刊于《陕西教育月刊》第 3 卷第 3—4 期。

马灵泉《小学新教学法之理论与实际(续一)》刊于《陕西教育月刊》第 3 卷第 3—4 期。

潘天觉译《苏俄教育制度(续)》刊于《陕西教育月刊》第 3 卷第 3—4 期。

张鹏一《史记本于公羊考》刊于《陕西教育月刊》第 3 卷第 3—4 期。

周伯敏《救国教育(第三讲)》刊于《陕西教育月刊》第 3 卷第 4 期。

王凤楼《建设西北与普及西北的教育》刊于《陕西教育月刊》第 3 卷第 4 期。

朱寿人《教学的本质》刊于《陕西教育月刊》第 3 卷第 4 期。

曹承德《炮火声中的中华儿童教育社年会》刊于《陕西教育月刊》第 3 卷第 4 期。

高泳修《国防教育与乡村建设》刊于《四川教育》第 1 卷第 6 期。

苏艺风《尽量利用假期到农村去服务》刊于《四川教育》第 1 卷第 6 期。

李朋《改善教师待遇与良师兴国运动》刊于《四川教育》第 1 卷第 6 期。

孙浣余《关于新入学儿童的教育》刊于《四川教育》第 1 卷第 6 期。

彭庆余《怎样才能收普及教育的实效》刊于《四川教育》第 1 卷第 6 期。

吴邦伟《小学教师的体育责任》刊于《小学教师》第 4 卷第 8 期。

陈邦贤《小学推行劳动服务应注意儿童体力》刊于《小学教师》第 4 卷第 8 期。

潘揖山《辅导地方小学的具体方法》刊于《小学教师》第 4 卷第 8 期。

樊兆庚《各国幼稚教育近况》刊于《小学教师》第 4 卷第 8 期。

陆雄升译《怎样开始舞蹈教学》刊于《小学教师》第 4 卷第 8 期。

温肇桐、陈爱秾《幼稚园的图画》刊于《小学教师》第 4 卷第 8 期。

朱宛青《怎样指导幼稚园儿童工作》刊于《小学教师》第 4 卷第 8 期。

王润芝《幼稚生的识数问题》刊于《小学教师》第 4 卷第 8 期。

苏兆新《幼稚生要读书吗》刊于《小学教师》第 4 卷第 8 期。

李绍白《怎样推行乡村幼稚教育》刊于《小学教师》第 4 卷第 8 期。

叶冶钧《普遍推行幼稚教育与托儿所》刊于《小学教师》第 4 卷第 8 期。

李震同《教育与现实》刊于《小学教师》第 4 卷第 8 期。

顾曾华等《儿童精神卫生(五)》刊于《小学教师》第 4 卷第 8 期。

杨彬如《几度推行小学协进团的经验》刊于《小学教师》第 4 卷第 9 期。

张承堡《无锡第三学区各协进团活动状况》刊于《小学教师》第 4 卷第 9 期。

黄文华《介绍协进团的几种重要事业》刊于《小学教师》第 4 卷第 9 期。

靳家藩《刘套协进团办理书报巡回经过》刊于《小学教师》第 4 卷第 9 期。

胡守中《协进团组织下的儿童联合活动》刊于《小学教师》第 4 卷第 9 期。

张宗璐《实施特种教育与小学协进团》刊于《小学教师》第 4 卷第 9 期。

王思中《小学协进团中的集团进修》刊于《小学教师》第 4 卷第 9 期。

朱承熙《小学协进团的各种活动事项》刊于《小学教师》第 4 卷第 9 期。

施仁夫《增进儿童发表力的方法》刊于《小学教师》第 4 卷第 10 期。

沈善芝《小学写字教学要点》刊于《小学教师》第 4 卷第 10 期。

吴增芥《苏女师附小研究报告》刊于《小学教师》第 4 卷第 10 期。

潘沧泉等《小学教师娱乐问题讨论七篇》刊于《小学教师》第 4 卷第 10 期。

杭一静《怎样指导儿童演讲》刊于《小学教师》第 4 卷第 10 期。

杨振亚《幼稚园二年教材之搜集(下)》刊于《小学教师》第 4 卷第 10 期。

顾曾华等《儿童精神卫生(六)》刊于《小学教师》第 4 卷第 10 期。

丁祖荫《体育的心理研究(上)》刊于《小学教师》第 4 卷第 10 期。

王丙辰《乡村小学时事教学研究》刊于《小学教师》第 4 卷第 11 期。

叶宗高《乡小时事教学经验谈》刊于《小学教师》第 4 卷第 11 期。

秦少槐《乡村小学时事教学的实际》刊于《小学教师》第 4 卷第 11 期。

苏兆新《低年级的时事教学》刊于《小学教师》第 4 卷第 11 期。

马精武《怎样编辑时事教材》刊于《小学教师》第 4 卷第 11 期。

顾永禄《怎样摘录时事》刊于《小学教师》第 4 卷第 11 期。

王洪涛《怎样对儿童讲述进事》刊于《小学教师》第 4 卷第 11 期。

锡麟《怎样指导儿童阅报》刊于《小学教师》第 4 卷第 11 期。

陈坤《指导儿童阅报的检讨》刊于《小学教师》第 4 卷第 11 期。

李鸣锵《关于儿童阅报室和壁报》刊于《小学教师》第 4 卷第 11 期。

周伯良《时事游戏教材》刊于《小学教师》第 4 卷第 11 期。

李斐《小学时事教学法与怎样研究时事》刊于《小学教师》第 4 卷第 11 期。

刘百川《小学社会科教学要点》刊于《小学教师》第 4 卷第 12 期。

陈邦贤《训练儿童卫生讲演应注意之事项》刊于《小学教师》第 4 卷第 12 期。

吴守中《调查学龄儿童的前后》刊于《小学教师》第 4 卷第 12 期。

孙炳华《乡村儿童为生活而失学问题的解决》刊于《小学教师》第 4 卷第 12 期。

温肇桐《对于低年级工作课程标准的意见》刊于《小学教师》第 4 卷第 12 期。

朱承熙等《教师工作效率问题讨论(四篇)》刊于《小学教师》第 4 卷第 12 期。

水心记《儿童体质的发育》刊于《小学教师》第 4 卷第 12 期。

丁祖荫《体育的心理研究(下)》刊于《小学教师》第 4 卷第 12 期。

王守之《国语注音符号(上)》刊于《小学教师》第 4 卷第 12 期。

鄂骏岚《国防设计劳作教材(二)》刊于《小学教师》第 4 卷第 12 期。

龚子翔等《读书会》刊于《小学教师》第 4 卷第 12 期。

王儒珍《儿童心理卫生检讨》刊于《小学教师》第 4 卷第 17 期。

方东澄《儿童心理卫生的原则》刊于《小学教师》第 4 卷第 17 期。

曹仞千《小学教师应有的心理卫生常识》刊于《小学教师》第 4 卷第 17 期。

沈善芝《妨碍儿童心理健康的教育病》刊于《小学教师》第 4 卷第 17 期。

吴猴笙《学校与家庭儿童的心理卫生》刊于《小学教师》第 4 卷第 17 期。

丁祖荫《小学教育与心理卫生》刊于《小学教师》第 4 卷第 17 期。

高人瑞《小学实施儿童心理卫生的各方面》刊于《小学教师》第 4 卷第 17 期。

刘哲庵《儿童的情绪及其教育方法》刊于《小学教师》第 4 卷第 17 期。

张德琇《学校训导与心理卫生》刊于《小学教师》第 4 卷第 17 期。

张耿西《儿童心理的病态及卫生方法》刊于《小学教师》第 4 卷第 17 期。

张德俄《儿童心理的缺陷及其治疗》刊于《小学教师》第 4 卷第 17 期。

苏兆新《几个心理病态特殊显著的儿童》刊于《小学教师》第 4 卷第 17 期。

郭祖超《对小朋友讲读书的心理卫生》刊于《小学教师》第 4 卷第 17 期。

程曦明《儿童心理卫生论文提要》刊于《小学教师》第 4 卷第 17 期。

张文郁等《紧急集合训练问题讨论(六篇)》刊于《小学教师》第 4 卷第 20 期。

柳建《民族复兴声中之小学教师》刊于《小学教师》第 4 卷第 20 期。

王问奇《小学音乐科教学要点》刊于《小学教师》第 4 卷第 20 期。

陈镇恶《省立如师附小进修实况报告》刊于《小学教师》第 4 卷第 20 期。

张粒民《复式学级同教材异程度的几个实例》刊于《小学教师》第 4 卷第 20 期。

陆雄升译《儿童重要恶习及矫正法》刊于《小学教师》第 4 卷第 20 期。

洪固《学校园的设计(上)》刊于《小学教师》第 4 卷第 20 期。

苦水《元代四折以上之杂剧——〈西厢记〉与〈西游记〉》刊于《中法大学月刊》第 10 卷第 5 期。

叶玉华《几个元剧的作者问题》刊于 5 月 2 日《中央日报》。

朱东润《说"衙内"》刊于《文学杂志》第 1 卷第 4 期。

忆堂《继志斋刻本重校北西厢记》刊于《中央日报图书评论周刊》第 3 期。

妙禅《学佛论》刊于《弘法刊》第 33 期。

圣文《论大小乘之区别》刊于《弘法刊》第 33 期。

诚信《佛与法成立之先后》刊于《弘法刊》第 33 期。

根慧《法华经妙乐要旨》刊于《弘法刊》第 33 期。

达良《僧伽当以何贡献国家》刊于《弘法刊》第 33 期。

果功《僧伽对国家所负责任》刊于《弘法刊》第 33 期。

宝戒《我的学佛观》刊于《弘法刊》第 33 期。

法峰《为什么要学佛》刊于《弘法刊》第 33 期。

宝戒《青年僧人应该怎样自修》刊于《弘法刊》第 33 期。

宝静《心理建设》刊于《弘法刊》第 34 期。

宝静《观音菩萨圣迹纪要》刊于《弘法刊》第 34 期。

则明《论佛教与政治之关系》刊于《弘法刊》第 34 期。

王竟成《和平论》刊于《弘法刊》第 34 期。

崔澍萍《出家人应有之认识》刊于《弘法刊》第 34 期。

能知《我之生死观》刊于《弘法刊》第 34 期。

性法《学佛念佛》刊于《弘法刊》第 34 期。

镜空《佛教对于民族复兴的基本条件》刊于《弘法刊》第 34 期。

唯一《由中国佛学之分期说到现代》刊于《渡舟月报》第 1 期。

平凡《三乘教说》刊于《渡舟月报》第 1 期。

流子《我的佛法观》刊于《渡舟月报》第 1 期。

迷蒙《人生谈》刊于《渡舟月报》第 1 期。

大圆《法门人材论》刊于《四川佛教月刊》第 26 年第 2 期。

照空《人类之复兴或没落》刊于《四川佛教月刊》第 26 年第 3—4 期。

智昇《佛教前途之曙光》刊于《四川佛教月刊》第 26 年第 5 期。

太虚《佛教和平国际的提议》刊于《四川佛教月刊》第 26 年第 6 期。

德馨《告日本佛教徒》刊于《四川佛教月刊》第 7 年第 9 期。

雨昙《研究佛学的乐趣》刊于《正信周刊》第 10 卷第 1 期。

满度《唯有学佛能得无上的乐趣》刊于《正信周刊》第 10 卷第 1 期。

虚堂《吃尽苦头乐趣来》刊于《正信周刊》第 10 卷第 1 期。

曙清《求法人的苦与乐》刊于《正信周刊》第 10 卷第 1 期。

豈予《从高剑父爱迪生乐趣说起》刊于《正信周刊》第 10 卷第 1 期。

俨然《我研究佛法的乐趣》刊于《正信周刊》第 10 卷第 1 期。

智定《研究佛学所得的利乐》刊于《正信周刊》第 10 卷第 1 期。

伊陀《研究佛法须知受用佛法》刊于《正信周刊》第 10 卷第 1 期。

空寂《我研究佛学的感觉》刊于《正信周刊》第 10 卷第 1 期。

佩洛《我学佛所得到的乐趣》刊于《正信周刊》第 10 卷第 1 期。

智开《从研究佛学的乐趣说起》刊于《正信周刊》第 10 卷第 1 期。

沁泉《怎样寻求法乐》刊于《正信周刊》第 10 卷第 1 期。

圆觉《怎样获得学佛的乐趣》刊于《正信周刊》第 10 卷第 1 期。

达居《学佛之后》刊于《正信周刊》第 10 卷第 1 期。

源明《我读佛经的乐趣》刊于《正信周刊》第 10 卷第 1 期。

观仁《至乐莫如学佛》刊于《正信周刊》第 10 卷第 1 期。

了如《我所知道的乐趣》刊于《正信周刊》第 10 卷第 1 期。

大定《古今人学佛的乐趣》刊于《正信周刊》第 10 卷第 1 期。

常恩《自强不息随年推进》刊于《正信周刊》第 9 卷第 25—26 期合刊。

茗山《做人与学菩萨》刊于《正信周刊》第 9 卷第 28 期。

善根《做人与学菩萨》刊于《正信周刊》第 9 卷第 28—29 期。

德馨《佛教徒不做欺心事》刊于《正信周刊》第 9 卷第 31 期。

晶旦《信仰佛教是迷信么》刊于《正信周刊》第 9 卷第 31 期。

伊陀《佛教产生的意义》刊于《正信周刊》第 9 卷第 32—33 期合刊。

茗山《提倡佛化家庭》刊于《正信周刊》第 9 卷第 34 期。

太虚《汉藏互派僧侣游学与何健电请提倡纲常》刊于《正信周刊》第 9 卷第 35 期。

芝峰《唯识三十论讲话序》刊于《正信周刊》第 9 卷第 35 期。

太虚《佛教和平国际的提议》刊于《正信周刊》第 9 卷第 36 期。

觉民《学佛应有的阶梯》刊于《正信周刊》第 9 卷第 42 期。

定通谨述《月公师座德行述略》刊于《正信周刊》第 9 卷第 44 期。

万泉谨述《悲观法师传略》刊于《正信周刊》第 9 卷第 45 期。

太虚《中国文化之佛教因素》刊于《正信周刊》第 9 卷第 45 期。

言然《迷信与神权》刊于《正信周刊》第 9 卷第 45 期。

慧海《佛法怎样输入民间》刊于《正信周刊》第 9 卷第 45 期。

德馨《因果是要自己讲的》刊于《正信周刊》第 9 卷第 46 期。

大悟《色空同异论》刊于《正信周刊》第 9 卷第 47 期。

福善《素食是佛徒的美德》刊于《正信周刊》第 9 卷第 48 期。

雨堃《发扬佛教与复兴中国》刊于《正信周刊》第 9 卷第 48 期。

觉先《宗教与人生》刊于《正信周刊》第 9 卷第 48 期。

观仁《取缔侮辱佛教戏剧》刊于《正信周刊》第 9 卷第 49 期。

聂其杰《近世思想家倾向佛法之概略》刊于《正信周刊》第 9 卷第 50 期。

林朗真《全人类的不幸》刊于《人海灯》第 4 卷第 4 期。

太虚《佛教和平国际的提议》刊于《人海灯》第 4 卷第 5 期。

悲观《听了太虚大师讲"佛法平和的原理"以后》刊于《人海灯》第 4 卷第 5 期。

福善《平民宗教思想与克鲁泡特金互助论》刊于《人海灯》第 4 卷第 5 期。

寒梅《新佛教舆论的路向》刊于《人海灯》第 4 卷第 6 期。

秋子《佛教目前的检讨》刊于《人海灯》第 4 卷第 6 期。

觉初《新时代与新佛教》刊于《人海灯》第 4 卷第 6 期。

芝峰《佛性研究》刊于《人海灯》第 4 卷第 6 期。

子刚《从佛教的陈腐观念改造起》刊于《人海灯》第 4 卷第 7 期。

匹夫《新旧的冲突》刊于《人海灯》第 4 卷第 7 期。

天声《现代佛教人物的检讨》刊于《人海灯》第 4 卷第 7 期。

石尤风译《佛教的社会观》刊于《人海灯》第 4 卷第 7 期。

觉初译《新时代与新佛教（下）》刊于《人海灯》第 4 卷第 7 期。

曙清《僧青年与佛教》刊于《人海灯》第 4 卷第 7 期。

芝峰译《佛性研究》刊于《人海灯》第 4 卷第 7 期。

寂英《读了全国佛教徒代表大会的实言》刊于《佛教与佛学》第 2 卷第 14 期。

寂英《佛家生命观之研究》刊于《佛教与佛学》第 2 卷第 14 期。

寂英译《佛家社会学的基本观念》刊于《佛教与佛学》第 2 卷第 14 期。

盛梦琴译《华南佛教视察谈（续）》刊于《佛教与佛学》第 2 卷第 14 期。

悲观《悼太炎先生续》刊于《佛教与佛学》第 2 卷第 14 期。

寂英《佛教生命观之研究（下）》刊于《佛教与佛学》第 2 卷第 15 期。

寂英译《佛教印度教导论（六续）》刊于《佛教与佛学》第 2 卷第 15 期。

竹摩《佛学与诗漫论（一）》刊于《佛教与佛学》第 2 卷第 15 期。

容兮译《佛教社会学的基本观念》刊于《佛教与佛学》第 2 卷第 15 期。

盛梦琴译《华南佛教观察谈》刊于《佛教与佛学》第 2 卷第 15 期。

杨棣棠《佛法中之科学》刊于《佛教与佛学》第 2 卷第 16 期。

寂英译《佛教之新姿态》刊于《佛教与佛学》第 2 卷第 16 期。

竹摩《佛学与诗漫论（二续）》刊于《佛教与佛学》第 2 卷第 16 期。

陈草茵《印度哲学底特质》刊于《佛教与佛学》第 2 卷第 16 期。

邢益导《印度文化概观》刊于《佛教与佛学》第 2 卷第 16 期。

陈草茵《印度文化概论》刊于《佛教与佛学》第 2 卷第 16 期。

陈草茵《世界文学史纲什记》刊于《佛教与佛学》第 2 卷第 16 期。

何雨庐《亚里斯多德散记》刊于《佛教与佛学》第 2 卷第 16 期。

何雨庐《印度哲学之研究》刊于《佛教与佛学》第 2 卷第 17 期。

钟清泉《亚里斯多德之研究》刊于《佛教与佛学》第 2 卷第 17—18 期。

寂英《现代中国佛教徒应有的新精神》刊于《佛教与佛学》第 2 卷第 18 期。

太虚《新物理学与唯识论》刊于《佛教与佛学》第 2 卷第 18 期。

竹摩《佛教与诗漫论（四续）》刊于《佛教与佛学》第 2 卷第 18 期。

容兮译《大乘佛学之主要特点》刊于《佛教与佛学》第 2 卷第 18 期。

寂英《从中等教育到儿童教育》刊于《佛教与佛学》第 2 卷第 18 期。

邢益导《佛学的研究法》刊于《佛教与佛学》第 2 卷第 18 期。

何雨庐《培根的生平》刊于《佛教与佛学》第 2 卷第 18 期。

杨棣棠《二十世纪文化之大潮流当以佛法为归墟论》刊于《佛教与佛学》第 2 卷第 19 期。

南乞《中道与极端》刊于《佛教与佛学》第 2 卷第 19 期。

等慈讲《佛教是什么》刊于《佛教与佛学》第 2 卷第 19 期。

茱英《欧洲素食运动概况》刊于《佛教与佛学》第 2 卷第 19 期。

寂英译《印度教之复兴》刊于《佛教与佛学》第 2 卷第 19 期。

寂英《佛教的青年运动》刊于《佛教与佛学》第 2 卷第 20 期。

泰戈尔《中印文化讲通之复兴》刊于《佛教与佛学》第 2 卷第 20 期。

寂英译《佛教与印度教导论》刊于《佛教与佛学》第 2 卷第 20 期。

东初《儿童宗教性的训育》刊于《佛教与佛学》第 2 卷第 20 期。

周志诚《佛学须知》刊于《佛教与佛学》第 2 卷第 20 期。

悲余《根本佛教底哲学》刊于《佛教与佛学》第 2 卷第 20 期。

雨庐《现代青年的没落》刊于《佛教与佛学》第 2 卷第 20 期。

享福莱氏编著《英国佛教运动三十年略史》刊于《佛教与佛学》第 2 卷第 20—21 期。

寂英《全面抗战与中国佛徒》刊于《佛教与佛学》第 2 卷第 21 期。

寂英译《印度教之复兴》刊于《佛教与佛学》第 2 卷第 21 期。

显玉译《明日之佛教青年运动》刊于《佛教与佛学》第 2 卷第 21 期。

谭云山《中印文化的新联系》刊于《佛教与佛学》第 2 卷第 21 期。

寂英译《佛教印度教导论》刊于《佛教与佛学》第 2 卷第 22 期。

寂英《黑格尔的"圣洁"论》刊于《佛教与佛学》第 2 卷第 22 期。

太虚《唯物论没落中的哀鸣》刊于《佛教与佛学》第 2 卷第 22 期。

天南狂生《从军事观点分析中日大战》刊于《佛教与佛学》第 2 卷第 22 期。

净性《略述十二缘起义》刊于《人间觉》第 2 卷第 1—2 期合刊。

仁性《唯识破法之研究》刊于《人间觉》第 2 卷第 1—2 期合刊。

竹摩《佛教能消灭战争的一日》刊于《人间觉》第 2 卷第 1—2 期合刊。

长空《佛教杂志联合问题》刊于《人间觉》第 2 卷第 3—4 期合刊。

净性《略述十二缘起义（续前）》刊于《人间觉》第 2 卷第 3—4 期合刊。

岳樵《人人都可以学佛》刊于《人间觉》第 2 卷第 3—4 期合刊。

莲生《真谛与俗谛》刊于《人间觉》第 2 卷第 3—4 期合刊。

丁酩选《太虚大师语录》刊于《人间觉》第 2 卷第 3—4 期合刊。

竹摩译《佛教思想的体验》刊于《人间觉》第 2 卷第 3—4 期合刊。

化庄记《今后的佛教》刊于《人间觉》第 2 卷第 3—4 期合刊。

如如《苏东坡前赤壁赋之佛学蠡窥》刊于《人间觉》第 2 卷第 3—4 期合刊。

太虚《佛教和平国际的提议》刊于《人间觉》第 2 卷第 5 期。

净性《略述十二缘起义(续)》刊于《人间觉》第 2 卷第 5 期。

仁性《唯识破法之研究(续)》刊于《人间觉》第 2 卷第 5 期。

大林《法相宗之佛身论》刊于《人间觉》第 2 卷第 5 期。

丁酩选《太虚大师语录》刊于《人间觉》第 2 卷第 5 期。

常惺《中国佛教徒护国和平会之意义》刊于《人间觉》第 2 卷第 5 期。

净性《略述十二缘起义(续)》刊于《人间觉》第 2 卷第 6 期。

仁性《唯识破法之研究(续)》刊于《人间觉》第 2 卷第 6 期。

蔡慧诚《中日两国的佛教》刊于《人间觉》第 2 卷第 7 期。

净性《略述十二缘起义(续)》刊于《人间觉》第 2 卷第 7 期。

仁性《唯识破法之研究(续)》刊于《人间觉》第 2 卷第 7 期。

大林《什么是原始佛教》刊于《人间觉》第 2 卷第 7 期。

丁酩选《太虚大师语录》刊于《人间觉》第 2 卷第 7 期。

芝峰《关心青年学僧前途的一封信》刊于《人间觉》第 2 卷第 7 期。

归云《发起组织全国佛教文化协会的又一回声》刊于《人间觉》第 2 卷第 7 期。

净性《略述十二缘起义(续)》刊于《人间觉》第 2 卷第 8 期。

仁性《佛教所说的事理差别》刊于《人间觉》第 2 卷第 8 期。

寒流《学佛者应有的信念》刊于《人间觉》第 2 卷第 8 期。

丁酩选《太虚大师语录》刊于《人间觉》第 2 卷第 8 期。

晦安《近年来之庐山佛教》刊于《人间觉》第 2 卷第 8 期。

莲生《什么是佛法真义》刊于《人间觉》第 2 卷第 9 期。

丁酩选《太虚大师语录》刊于《人间觉》第 2 卷第 9 期。

永学遗著《对于天主教之批评》刊于《人间觉》第 2 卷第 10 期。

华璋译《实体唯心论的种类(上)》刊于《人间觉》第 2 卷第 10 期。

丁酩选《太虚大师语录》刊于《人间觉》第 2 卷第 10 期。

佛民《敬谢"介绍耶稣与佛教徒"的苦意》刊于《人间觉》第 2 卷第 10 期。

法藏《佛教大纲释言》刊于《人间觉》第 2 卷第 11 期。

化庄《两种谬论》刊于《人间觉》第 2 卷第 11 期。

丁酩选《太虚大师语录》刊于《人间觉》第 2 卷第 11 期。

迦陵《谈曼殊上人的小说》刊于《人间觉》第 2 卷第 11—12 期合刊。

顾凤城译《苏曼殊论》刊于《人间觉》第 2 卷第 11—12 期合刊。

大醒《偶谈曼殊》刊于《人间觉》第 2 卷第 11—12 期合刊。

湘僧《泛论苏玄瑛的历史地位》刊于《人间觉》第 2 卷第 11—12 期合刊。

通一《我对于曼殊大师的观感》刊于《人间觉》第 2 卷第 11—12 期合刊。

慧云《曼殊大师生平思想之我观》刊于《人间觉》第 2 卷第 11—12 期合刊。

邵元冲《曼殊遗载》刊于《人间觉》第 2 卷第 11—12 期合刊。

各加《曼殊全集读后感》刊于《人间觉》第 2 卷第 11—12 期合刊。

百衲《我对曼殊大师之认识》刊于《人间觉》第 2 卷第 11—12 期合刊。

广甫译《释尊的原始教育》刊于《佛教公论》第 1 卷第 1 号。

照虚译《佛教徒可以食肉吗》刊于《佛教公论》第 1 卷第 1 号。

瑞今《闽南佛教鸟瞰》刊于《佛教公论》第 1 卷第 1 号。

宏宣《佛教——不是神异的教》刊于《佛教公论》第 1 卷第 2 号。

宏宣《佛教——不是神异的佛（续）》刊于《佛教公论》第 1 卷第 3 号。

宏宣《略说佛教六个需要》刊于《佛教公论》第 1 卷第 5 号。

慧云《中日留学僧与佛教文化》刊于《佛教公论》第 1 卷第 8 号。

万均《为僧教育进一言》刊于《佛教公论》第 1 卷第 8 号。

慧云《大藏经之源流及其刊行史》刊于《佛教公论》第 1 卷第 9 号。

慧云《曼殊大师的佛教思想》刊于《佛教公论》第 1 卷第 10 号。

薛澄清《释迦牟尼佛之历史真实性问题》刊于《佛教公论》第 1 卷第 10 号。

戴季陶《白马寺与佛教之前途》刊于《佛教公论》第 1 卷第 10 号。

慧云《近代学者佛教纪年研究之介绍》刊于《佛教公论》第 1 卷第 11 号。

蔡惠明《理想与事实》刊于《佛教公论》第 1 卷第 15 号。

鲁戈《我与太虚法师及其他》刊于《佛教公论》第 15 号。

复智《从汉僧服兵役说到信教自由》刊于《佛教公论》第 1 卷第 16 号。

善提《建设人间佛教》刊于《佛教公论》第 1 卷第 16 号。

智力《蜕变中的中国佛教》刊于《佛教公论》第 1 卷第 16 号。

演熙《佛教与中国文化》刊于《佛教公论》第 1 卷第 16 号。

梵辉《关于佛教刊物之管见》刊于《佛教公论》第 1 卷第 17 号。

妙解《我心目中的公论》刊于《佛教公论》第 1 卷第 17 号。

荣莲《一个旧感想和一个新建议》刊于《佛教公论》第 1 卷第 17 号。

普门氏《今后僧伽应走的途径》刊于《佛教公论》第 1 卷第 17 号。

禅垂《佛教青年的总动员》刊于《佛教公论》第 1 卷第 17 号。

成德《整兴佛教应有的新认识》刊于《佛教公论》第 17 号。

思归子《办理佛教慈善工作三十年之经过》刊于《佛教公论》第 1 卷第 17 号。

戒香《泉州二十年来的学佛妇女》刊于《佛教公论》第 1 卷第 17 号。

晓朕《追仰太虚法师》刊于《佛教公论》第 1 卷第 17 号。

虚云《弘一律师史略序》刊于《佛教公论》第 1 卷第 17 号。

广觉《净土宗开教记略》刊于《佛教公论》第 1 卷第 17 号。

陈祥耀《新论道》刊于《佛教公论》第 1 卷第 19—20 号合刊。

瑞今《从寻常处学佛》刊于《佛教公论》第 1 卷第 19—20 号合刊。

广圆《如何健全中国佛教》刊于《佛教公论》第 1 卷第 19—20 号合刊。

昌玉《佛教前途展望之侧面观》刊于《佛教公论》第 1 卷第 19—20 号合刊。

魏善忱《略谈今日之佛法研究》刊于《微妙声》第 3 期。

高观如《唐代儒家与佛学(一)》刊于《微妙声》第 3 期。

恭默《颜鲁公所书佛教碑帖考》刊于《微妙声》第 3 期。

高观如《李习之与佛学》刊于《微妙声》第 4 期。

许国霖《敦煌石室写经题记汇编(续完)》刊于《微妙声》第 4 期。

赵兴国《北平图书馆所藏日文佛教书目》刊于《微妙声》第 4 期。

魏善忱《佛教因果论之比较略说》刊于《微妙声》第 5 期。

许潜夫、梅光羲译《南传大藏长阿含经目提要》刊于《微妙声》第 5 期。

洪樵舲《悲华经舍读经札记》刊于《微妙声》第 5 期。

苏公望《真谛三藏译述考(续三)》刊于《微妙声》第 5 期。

王岩涛译《欧洲之佛教》刊于《微妙声》第 5 期。

妙舟《北平弘仁寺记》刊于《微妙声》第 5 期。

许国霖《敦煌石室写经年代表》刊于《微妙声》第 5 期。

吴敦元译《佛教目录学大纲》刊于《微妙声》第 6 期。

许国霖《敦煌石室写经题记补遗》刊于《微妙声》第 6 期。

蒙文通《唯识新罗学》刊于《微妙声》第 7 期。

王恩洋《释法》刊于《微妙声》第 7 期。

苏公望《真谛三藏年谱(上)》刊于《微妙声》第 7 期。

许国霖《佛学论文索引》刊于《微妙声》第 7—8 期。

味禅《印度佛教第二期之传播》刊于《微妙声》第 8 期。

雨堃《华严宗之源流及其演变》刊于《微妙声》第 8 期。

观仁《和尚应受救护训练》刊于《佛教季刊》第 1 年第 1 期(第 1 号)。

历弘《得之一字是生死根本论》刊于《佛教季刊》第 1 年第 1 期(第 1 号)。

福善《不婚是佛徒的美德》刊于《佛教季刊》第 1 年第 1 期(第 1 号)。

敏僧《论学僧爱国》刊于《佛教季刊》第 1 年第 2 期(第 2 号)。

常惺《中国佛教徒护国和平会之意义》刊于《佛教季刊》第 1 年第 2 期(第 2 号)。

四、学术著作

(周)卜商著《诗序》(丛书集成初编本)由上海商务印书馆刊行。

(周)孙武等著《孙子·孙子十家注》(丛书集成初编本)由上海商务印书馆刊行。

(周)吴起等著《吴子·尉缭子》(丛书集成初编本)由上海商务印书馆刊行。

(周)晏婴著《晏子春秋》(丛书集成初编本)由上海商务印书馆刊行。

(秦)孔鲋著,(宋)宋咸注《孔丛子》由上海商务印书馆刊行。

(汉)班固著,(清)陈立疏证《白虎通义》由上海商务印书馆刊行。

(汉)陆贾著《新语》由上海商务印书馆刊行。

(汉)刘向著,杨以漟校《说苑》由上海商务印书馆刊行。

(汉)刘向著《新序》由上海商务印书馆刊行。

(汉)扬雄著,(清)戴震疏证《輶轩使者绝代语释别国方言》(上下册)由上海商务印书馆刊行。

（汉）郑玄注《尚书大传》由上海商务印书馆刊行。

（汉）郑玄注《周礼郑氏注》由上海商务印书馆刊行。

（汉）赵晔著,（明）吴琯校、徐天祐注《吴越春秋》由上海商务印书馆刊行。

（汉）司马迁著,沈继先校阅《史记》(1—7 册)由上海群学社刊行。

（汉）班固著《前汉书》(3、4、6 册)由上海广益书局刊行。

（汉）戴德等撰《夏小正笺·夏小正戴氏传·夏小正考注·夏小正传》(丛书集成初编本)由上海商务印书馆刊行。

（汉）戴德删定《大戴礼记》(丛书集成初编本)由上海商务印书馆刊行。

（汉）董仲舒著《董子文集》(丛书集成初编本)由上海商务印书馆刊行。

（汉）伏胜等著《尚书大传》(丛书集成初编本)由上海商务印书馆刊行。

（汉）高诱注《战国策》(丛书集成初编本)由上海商务印书馆刊行。

（汉）焦延寿著《焦氏易林》(丛书集成初编本)由上海商务印书馆刊行。

（汉）刘安等著《淮南鸿烈解·许慎淮南子注》丛书集成初编本)由上海商务印书馆刊行。

（汉）刘向著《说苑》(丛书集成初编本)由上海商务印书馆刊行。

（汉）贾谊著《新书》(丛书集成初编本)由上海商务印书馆刊行。

（汉）刘珍著《东观汉记》(丛书集成初编本)由上海商务印书馆刊行。

（汉）宋衷等著《世本》(丛书集成初编本)由上海商务印书馆刊行。

（汉）王符著《潜夫论·申鉴》(丛书集成初编本)由上海商务印书馆刊行。

（汉）应劭等著《风俗通姓氏篇·姓氏考略·魏氏补证》(丛书集成初编本)由上海商务印书馆刊行。

（汉）袁康著《越绝书》(丛书集成初编本)由上海商务印书馆刊行。

（汉）赵爽等注《周髀算经·周髀算经述》(丛书集成初编本)由上海商务印书馆刊行。

（汉）赵晔著《吴越春秋》(丛书集成初编本)由上海商务印书馆刊行。

（汉）郑玄注《易纬是类谋·易纬乾凿度·易纬乾元序制记·易纬坤灵图》(丛书集成初编本)由上海商务印书馆刊行。

（汉）刘向著《古列女传》(丛书集成初编本)由上海商务印书馆刊行。

（汉）应劭等著《风俗通义·古今注》(丛书集成初编本)由上海商务印书馆刊行。

（魏）何晏等著《论语集解义疏》(丛书集成初编本)由上海商务印书馆刊行。

（魏）吴普等述《神农本草经·石药尔雅》(丛书集成初编本)由上海商务印书馆刊行。

（魏）刘劭等著《皇览·岁华纪丽》(丛书集成初编本)由上海商务印书馆刊行。

（魏）崔鸿著《十六国春秋》(丛书集成初编本)由上海商务印书馆刊行。

（三国·吴）韦昭著《国语》(丛书集成初编本)由上海商务印书馆刊行。

（晋）郭璞注,（清）洪颐煊校《穆天子传》由上海商务印书馆刊行。

（晋）干宝著《搜神记》(丛书集成初编本)由上海商务印书馆刊行。

（晋）郭璞等著《穆天子传·汉武帝内传》(丛书集成初编本)由上海商务印书馆刊行。

（晋）皇甫谧著《高士传》(丛书集成初编本)由上海商务印书馆刊行。

（晋）孔晁著《逸周书》(丛书集成初编本)由上海商务印书馆刊行。

（南齐）龚庆宣等著《刘涓子鬼遗方·秘制大黄清宁丸方》（丛书集成初编本）由上海商务印书馆刊行。

（南齐）谢朓等著《谢宣城诗集·阴常侍诗集·杂咏百二十首》（丛书集成初编本）由上海商务印书馆刊行。

（梁）刘勰著《文心雕龙》（丛书集成初编本）由上海商务印书馆刊行。

（梁）任昉等著《文章缘起注·续文章缘起》（丛书集成初编本）由上海商务印书馆刊行。

（梁）沈约注释《竹书纪年》（丛书集成初编本）由上海商务印书馆刊行。

（北齐）颜之推等著《颜氏家训》（丛书集成初编本）由上海商务印书馆刊行。

（梁）沈约注，（清）洪颐煊校《竹书纪年》由上海商务印书馆刊行。

（后魏）崔鸿著《十六国春秋》由上海商务印书馆刊行。

（后秦）鸠摩罗什译《金刚般若波罗蜜经》由上海世界书局刊行。

（唐）李鼎祚辑《周易集解》（上下册）由上海商务印书馆刊行。

（唐）实叉难陀译《十善业道经》由上海佛学书局刊行。

（唐）颜师古著《匡谬正俗》（万有文库第2集，国学基本丛书）由上海商务印书馆刊行。

（唐）郭京等著《周易口诀义·周易举正》（丛书集成初编本）由上海商务印书馆刊行。

（唐）李吉甫等著《元和郡县图志》（丛书集成初编本）由上海商务印书馆刊行。

（唐）李靖等著《卫公兵法辑本》（丛书集成初编本）由上海商务印书馆刊行。

（唐）李筌著《神机制敌太白阴经》（丛书集成初编本）由上海商务印书馆刊行。

（唐）李冗著《独异志》（丛书集成初编本）由上海商务印书馆刊行。

（唐）陆淳著《春秋集传辩疑》（丛书集成初编本）由上海商务印书馆刊行。

（唐）陆龟蒙著《小名录》刊行。

（唐）孙思邈集《千金宝要》（丛书集成初编本）由上海商务印书馆刊行。

（唐）太上隐者等辑《仙吏传·续神仙传·疑仙传·钟吕二仙传·香案牍·海陵三仙传》（丛书集成初编本）由上海商务印书馆刊行。

（唐）唐太宗、（宋）唐仲友著《帝范·帝王经世图谱》（丛书集成初编本）由上海商务印书馆刊行。

（唐）张志和等著《天隐子·玄真子·无能子》（丛书集成初编本）由上海商务印书馆刊行。

（唐）赵蕤著《长短经》（丛书集成初编本）由上海商务印书馆刊行。

（唐）段成式著《酉阳杂俎》（丛书集成初编本）由上海商务印书馆刊行。

（唐）刘轲等著《刘希仁文集·文泉子文集》（丛书集成初编本）由上海商务印书馆刊行。

（唐）刘禹锡著《刘宾客文集》（丛书集成初编本）由上海商务印书馆刊行。

（唐）陆贽著《陆宣公文集》（丛书集成初编本）由上海商务印书馆刊行。

（唐）骆宾王著《骆丞集》（丛书集成初编本）由上海商务印书馆刊行。

（唐）释贯休等著《禅月集·西崑发微》（丛书集成初编本）由上海商务印书馆刊行。

（唐）魏徵等著《群书治要》（丛书集成初编本）由上海商务印书馆刊行。

（唐）魏徵等著《魏郑公集·卢升之集》（丛书集成初编本）由上海商务印书馆刊行。

（唐）张说著《张燕公集》（丛书集成初编本）由上海商务印书馆刊行。

（唐）赵元一等著《奉天录·平巢事迹考·唐书直笔·谈旧唐书随笔》（丛书集成初编

本)由上海商务印书馆刊行。

（北宋）陆佃解《鹖冠子》由上海商务印书馆刊行。

（宋）杜道坚著《文子缵义》(丛书集成初编本)由上海商务印书馆刊行。

（宋）周敦颐著《周廉溪集》由上海商务印书馆刊行。

（宋）周敦颐著《周子全书》(第1—3册)由上海商务印书馆刊行。

（宋）张载著《张横渠集》由上海商务印书馆刊行。

（宋）朱熹集注《(仿古字版)四书集注》由上海国学整理社刊行。

（宋）朱熹集注，王文英校《(铜版)上论集注》由上海广益书局刊行。

（宋）朱熹集注，王文英校《(铜版)上孟集注》由上海广益书局刊行。

（宋）朱熹集注，王文英校《(铜版)中孟集注》由上海广益书局刊行。

（宋）朱熹、吕祖谦辑，(清)张伯行集解，(清)尹会一参订《近思录》由上海商务印书馆刊行。

（宋）朱熹编，(清)张伯行订《二程语录》由上海商务印书馆刊行。

（宋）朱熹著，(清)张伯行集解《续近思录》由上海商务印书馆刊行。

（宋）朱熹著，(清)张伯行编订《朱子文集》(上中下册)由上海商务印书馆刊行。

（宋）郑克著《折狱龟鉴》由上海商务印书馆刊行。

（宋）吕本中著《童蒙训》由上海商务印书馆刊行。

（宋）丁度等著，(清)方成珪考证《集韵》(1—15册)由上海商务印书馆刊行。

（宋）陈骙著《文则》由上海商务印书馆刊行。

按：此书为古籍重印，有句点，全书二卷。论评文章体式，着重研究六经诸子的文章句法，为我国古代的修辞论著之一。

（宋）严羽原撰，胡才甫笺注《沧浪诗话笺注》由上海中华书局刊行，有夏承焘序。

按：是书除对《沧浪诗话》有详细注释外，还转引前人各家评语为笺，内容颇为丰富。

（宋）胡仔编《苕溪渔隐丛话(前后集)(1—4册)》由上海商务印书馆刊行。

（宋）计有功著《唐诗纪事》(1—5册)由上海商务印书馆刊行。

（宋）尤袤著《全唐诗话》由上海商务印书馆刊行。

（宋）张炎著《词源》由上海商务印书馆刊行。

（宋）杨侃编《两汉博闻》上海商务印书馆刊行。

（宋）王益之著《西汉年纪》(上下册)由上海商务印书馆刊行。

（宋）徐天麟撰《东汉会要》由上海商务印书馆刊行。

（元）郝经著《续后汉书》((1—6册)由上海商务印书馆刊行。

（宋）范祖禹著，(宋)吕祖谦音注《唐鉴》由上海商务印书馆刊行。

（宋）路振著《九国志》(附拾遗)由上海商务印书馆刊行。

（宋）李心传编《建炎以来系年要录》(1—12册)由上海商务印书馆刊行。

（宋）李心传编《建炎以来朝野杂记》(上中下册)由上海商务印书馆刊行。

（宋）熊克撰《中兴小纪》(上下册)由上海商务印书馆刊行。

（宋）曾公亮等著《契丹交通史料七种》由北平文殿阁书庄刊行。

（宋）曾几等著《茶山集·林泉结契》(丛书集成初编本)由上海商务印书馆刊行。

（宋）朱熹著《周易参同契考异》(丛书集成初编本)由上海商务印书馆刊行。

（宋）曾敏行著《独醒杂志》（丛书集成初编本）由上海商务印书馆刊行。

（宋）范成大等著《石湖词·断肠词·和石湖词》（丛书集成初编本）由上海商务印书馆刊行。

（宋）范成大等著《吴船录·江上杂疏·扬州鼓吹词序·云间第宅志》由上海商务印书馆刊行。

（宋）范晞文等著《对床夜语·滹南诗话》（丛书集成初编本）由上海商务印书馆刊行。

（宋）郭允蹈著《蜀鉴》（丛书集成初编本）由上海商务印书馆刊行。

（宋）何去非等著《何博士备论·九贤秘典》（丛书集成初编本）由上海商务印书馆刊行。

（宋）洪刍等著《香谱·勇卢闲话》（丛书集成初编本）由上海商务印书馆刊行。

（宋）洪迈著《夷坚志》（丛书集成初编本）由上海商务印书馆刊行。

（宋）胡仔著《苕溪渔隐丛话前后集》（丛书集成初编本）由上海商务印书馆刊行。

（宋）著者不详《异文总录》（丛书集成初编本）由上海商务印书馆刊行。

（宋）著者不详《新编分门古今类事》（丛书集成初编本）由上海商务印书馆刊行。

（宋）胡知柔编《象台首末》（丛书集成初编本）由上海商务印书馆刊行。

（宋）黄伦著《尚书清义》（丛书集成初编本）由上海商务印书馆刊行。

（宋）金履祥著《论语集注考证》（丛书集成初编本）由上海商务印书馆刊行。

（宋）寇宗奭著《本草衍义》（丛书集成初编本）由上海商务印书馆刊行。

（宋）李清照等著《漱玉词·得全居士词·阳春集》（丛书集成初编本）由上海商务印书馆刊行。

（宋）李心传编《道命录》（丛书集成初编本）由上海商务印书馆刊行。

（宋）刘谧著《三教平心论》（丛书集成初编本）由上海商务印书馆刊行。

（宋）陆佃著《尔雅新义》（丛书集成初编本）由上海商务印书馆刊行。

（宋）陆游等著《南唐书·南唐拾遗记》（丛书集成初编本）由上海商务印书馆刊行。

（宋）路振著《九国志》（丛书集成初编本）由上海商务印书馆刊行。

（宋）吕祖谦著《东莱先生左氏博义》（丛书集成初编本）由上海商务印书馆刊行。

（宋）吕祖谦等著《左氏传说·读左漫笔》（丛书集成初编本）由上海商务印书馆刊行。

（宋）欧阳忞著《舆地广记》（丛书集成初编本）由上海商务印书馆刊行。

（宋）欧阳修等著《学圃杂疏·洛阳牡丹记·牡丹荣辱志·曹州牡丹谱》（丛书集成初编本）由上海商务印书馆刊行。

（宋）庞安时著《伤寒总病论》（丛书集成初编本）由上海商务印书馆刊行。

（宋）彭大雅等著《黑鞑事略·西北域记·译语·和林考·和林诗》（丛书集成初编本）由上海商务印书馆刊行。

（宋）钱文子等著《补汉兵志·莅戎要略·补晋兵志》（丛书集成初编本）由上海商务印书馆刊行。

（宋）任广编《书叙指南》（丛书集成初编本）由上海商务印书馆刊行。

（宋）沈作喆著《寓简》（丛书集成初编本）由上海商务印书馆刊行。

（宋）宋慈编《宋提刑洗冤集录》（丛书集成初编本）由上海商务印书馆刊行。

（宋）苏轼等著《艾子杂说·问答录·会仙女志·汉林四传》（丛书集成初编本）由上海商务印书馆刊行。

（宋）苏轼著《格物粗谈·物类相感志》（丛书集成初编本）由上海商务印书馆刊行。

（宋）苏颂著《新仪象法要》（丛书集成初编本）由上海商务印书馆刊行。

（宋）苏辙著《龙川略志·龙川别志》（丛书集成初编本）由上海商务印书馆刊行。

（宋）田况著《儒林公议》（丛书集成初编本）由上海商务印书馆刊行。

（宋）王安石著《周官新义》（丛书集成初编本）由上海商务印书馆刊行。

（宋）王柏等著《研几图·北溪字义》（丛书集成初编本）由上海商务印书馆刊行。

（宋）王存等著《元丰九域志》（丛书集成初编本）由上海商务印书馆刊行。

（宋）王应麟辑《尚书郑注》（丛书集成初编本）由上海商务印书馆刊行。

（宋）张邦畿、温豫等著《侍儿小名录拾遗·补侍儿小名录·续补侍儿小名录·乐府侍儿小名》（丛书集成初编本）由上海商务印书馆刊行。

（宋）吴曾著《辨误录》（丛书集成初编本）由上海商务印书馆刊行。

（宋）吴如愚等著《淮斋杂说·迩言·后城杂诫·薛子道论》（丛书集成初编本）由上海商务印书馆刊行。

（宋）吴缜等著《五代史纂误·五代史纂误补》（丛书集成初编本）由上海商务印书馆刊行。

（宋）徐兢著《宣和奉使高丽图经》（丛书集成初编本）由上海商务印书馆刊行。

（宋）徐艺溥编《自号录》（丛书集成初编本）由上海商务印书馆刊行。

（宋）许叔微述《新编张仲景伤寒发微论·新编张仲景伤寒百证歌》（丛书集成初编本）由上海商务印书馆刊行。

（宋）叶绍翁著《四朝闻见录》（丛书集成初编本）由上海商务印书馆刊行。

（宋）余允文著《尊孟辨》（丛书集成初编本）由上海商务印书馆刊行。

（宋）张端义著《贵耳集》（丛书集成初编本）由上海商务印书馆刊行。

（宋）张浚等著《中兴备览·世纬》（丛书集成初编本）由上海商务印书馆刊行。

（宋）张栻著《癸巳论语解》（丛书集成初编本）由上海商务印书馆刊行。

（宋）郑淑谐著《论语意原》（丛书集成初编本）由上海商务印书馆刊行。

（宋）赵汝适著《诸蕃志》（丛书集成初编本）由上海商务印书馆刊行。

（宋）郑伯谦等著《太平经国之书·周礼五官考》（丛书集成初编本）由上海商务印书馆刊行。

（宋）郑克等著《折狱龟鉴·折狱卮言》（丛书集成初编本）由上海商务印书馆刊行。

（宋）周淙等著《乾道临安志》（丛书集成初编本）由上海商务印书馆刊行。

（宋）晁公武著《昭德先生郡斋读书志》由上海商务印书馆刊行。

（宋）王得臣著《麈史》（丛书集成初编本）由上海商务印书馆刊行。

（宋）陈师道等著《后山诗注·西渡集》（丛书集成初编本）由上海商务印书馆刊行。

（宋）陈思著《宝刻丛编》（丛书集成初编本）由上海商务印书馆刊行。

（宋）陈振孙著《直斋书录解题》（丛书集成初编本）由上海商务印书馆刊行。

（宋）程颢、程颐著《二程文集》（丛书集成初编本）由上海商务印书馆刊行。

（宋）崔与之著《崔清献公集》刊行。

（宋）董棻编《严陵集》（丛书集成初编本）由上海商务印书馆刊行。

（宋）范成大等著《石湖诗集·范石湖诗集注·志道集》（丛书集成初编本）由上海商务

印书馆刊行。

（宋）范仲淹著《范文正公文集》（丛书集成初编本）由上海商务印书馆刊行。

（宋）岳珂等著《棠湖诗稿·三山郑菊山先生清隽集》（丛书集成初编本）由上海商务印书馆刊行。

（宋）林同、朱熹等著《孝诗·文公朱先生感兴诗·朱文公武夷櫂歌注》（丛书集成初编本）由上海商务印书馆刊行。

（宋）黄庭坚著，任渊注《山谷诗注》（丛书集成初编本）由上海商务印书馆刊行。

（宋）高承著《事物纪原》（丛书集成初编本）由上海商务印书馆刊行。

（宋）李如篪著《东园丛说》（丛书集成初编本）由上海商务印书馆刊行。

（宋）吕祖谦著《吕东莱文集》（丛书集成初编本）由上海商务印书馆刊行。

（宋）吕祖谦著《吕氏家塾读诗记》刊行。

（宋）米芾、李之仪著《书史·姑溪题跋》（丛书集成初编本）由上海商务印书馆刊行。

（宋）阮逸等著《皇祐新乐图记·琴操·汉饶歌十八曲集解》（丛书集成初编本）由上海商务印书馆刊行。

（宋）沈括著《梦溪笔谈》（丛书集成初编本）由上海商务印书馆刊行。

（宋）沈括著《梦溪补笔谈·梦溪续笔谈》（丛书集成初编本）由上海商务印书馆刊行。

（宋）真德秀著《真西山先生集》（丛书集成初编本）由上海商务印书馆刊行。

（宋）王柏著《鲁斋集》（丛书集成初编本）由上海商务印书馆刊行。

（宋）王尧臣等编《崇文总目（附补遗）·崇文总目附录》（丛书集成初编本）由上海商务印书馆刊行。

（宋）王应麟等著《诗考·诗传注疏·诗辨说》（丛书集成初编本）由上海商务印书馆刊行。

（宋）文天祥著《文文山集》（丛书集成初编本）由上海商务印书馆刊行。

（宋）袁燮著《絜斋集》（丛书集成初编本）由上海商务印书馆刊行。

（宋）岳飞著《岳忠武王集》（丛书集成初编本）由上海商务印书馆刊行。

（宋）章樵注《古文苑》（丛书集成初编本）由上海商务印书馆刊行。

（宋）赵蕃等著《乾道稿·龙洲集·颐庵居士集》（丛书集成初编本）由上海商务印书馆刊行。

（宋）赵蕃著《章泉集》（丛书集成初编本）由上海商务印书馆刊行。

（元）王恕等著《周易集传·玩易意见》（丛书集成初编本）由上海商务印书馆刊行。

（元）陈恕可编《乐府补题》（丛书集成初编本）由上海商务印书馆刊行。

（元）戴启宗著《脉诀刊误》（丛书集成初编本）由上海商务印书馆刊行。

（元）李志常著《长春真人西游记》（丛书集成初编本）由上海商务印书馆刊行。

（元）丘处机著《延寿第一绅言·摄生消息论·食色绅言》（丛书集成初编本）由上海商务印书馆刊行。

（元）王充耘著《书意主意》刊行。

（元）王构著《修辞鉴衡》（丛书集成初编本）由上海商务印书馆刊行。

（元）谢应芳著《辨惑编》（丛书集成初编本）由上海商务印书馆刊行。

（元）许谦著《读书丛说》（丛书集成初编本）由上海商务印书馆刊行。

（元）虞集等著《鸣鹤余音·蜕岩词·贞居词》（丛书集成初编本）由上海商务印书馆刊行。

（元）朱震亨等著《局方发挥·杂类名方》（丛书集成初编本）由上海商务印书馆刊行。

（元）朱震亨著《活法机要》（丛书集成初编本）由上海商务印书馆刊行。

（元）祝诚著《莲堂诗话》（丛书集成初编本）由上海商务印书馆刊行。

（元）王充耘编《书义主意》（丛书集成初编本）由上海商务印书馆刊行。

（元）丁鹤年著《丁鹤年集》（丛书集成初编本）由上海商务印书馆刊行。

（元）顾瑛著《玉山逸稿》（丛书集成初编本）由上海商务印书馆刊行。

（元）黄溍著《日损斋笔记》（丛书集成初编本）由上海商务印书馆刊行。

（元）揭傒斯著《揭曼硕诗集》（丛书集成初编本）由上海商务印书馆刊行。

（元）刘埙著《隐居通义》（丛书集成初编本）由上海商务印书馆刊行。

（元）舒天名著《六艺纲目》（丛书集成初编本）由上海商务印书馆刊行。

（元）王应麟著《困学纪闻》由国学整理社刊行。

（元）吴澄等著《琴言十则·乐律举要·竞山乐录》（丛书集成初编本）由上海商务印书馆刊行。

（元）吴莱著《渊颖集》（丛书集成初编本）由上海商务印书馆刊行。

（元）夏文彦著《图绘宝鉴（附补遗）》（丛书集成初编本）由上海商务印书馆刊行。

（元）耶律楚材著《湛然居士文集》（丛书集成初编本）由上海商务印书馆刊行。

（元）袁易著《静春堂诗集》（丛书集成初编本）由上海商务印书馆刊行。

（金）刘完素述《素问玄机原病式》（丛书集成初编本）由上海商务印书馆刊行。

（金）张行简等著《人伦大统赋》（丛书集成初编本）由上海商务印书馆刊行。

（元）王构著《修辞鉴衡》由上海商务印书馆刊行。

（元）刘佶、（明）郑晓著《北巡私记·皇明北虏考》由北平文殿阁书庄刊行。

（明）洪应明著《菜根谭》（一名《处世修养篇》）由上海华商电气公司同人联益社刊行。

（明）权衡编《庚申外史》由北平文殿阁书庄刊行。

（明）刘心学、顾苓著《四朝大政录·三朝大议录》由北平文殿阁书庄刊行。

（明）朱元弼等著《周易本义考·礼记通注·大学古本·大学石经古本·大学疏义》（丛书集成初编本）由上海商务印书馆刊行。

（明）敖英著《东谷赘言》（丛书集成初编本）由上海商务印书馆刊行。

（明）陈洪谟著《继世纪闻》（丛书集成初编本）由上海商务印书馆刊行。

（明）陈洪谟著《继世余闻》（丛书集成初编本）由上海商务印书馆刊行。

（明）陈侃著《使琉球录》（丛书集成初编本）由上海商务印书馆刊行。

（明）陈良谟著《见闻纪训》（丛书集成初编本）由上海商务印书馆刊行。

（明）陈士元著《孟子杂记》（丛书集成初编本）由上海商务印书馆刊行。

（明）陈第著《屈宋古音义》（丛书集成初编本）由上海商务印书馆刊行。

（明）戴原礼述《秘传证治要诀》（丛书集成初编本）由上海商务印书馆刊行。

（明）董谷著《碧里杂存》（丛书集成初编本）由上海商务印书馆刊行。

（明）董其昌等著《筠轩清闷录·妮古录》（丛书集成初编本）由上海商务印书馆刊行。

（明）方鹏著《责备余谈》（丛书集成初编本）由上海商务印书馆刊行。

（明）冯梦祯等著《历代贡举志·历代武举考·贡举叙略·科场条贯·学科考略·胪传纪事》（丛书集成初编本）由上海商务印书馆刊行。

（明）陆钛、高拱著《贤识录·病榻遗言》（丛书集成初编本）由上海商务印书馆刊行。

（明）何良俊等著《四友斋丛说摘抄·列朝盛事》（丛书集成初编本）由上海商务印书馆刊行。

（明）何孟春著《余东续录摘抄内外篇》（丛书集成初编本）由上海商务印书馆刊行。

（明）徐咸、胡侍著《西园杂记·墅谈》（丛书集成初编本）由上海商务印书馆刊行。

（明）胡侍等著《真珠船·簋斋杂录》（丛书集成初编本）由上海商务印书馆刊行。

（明）黄道周著《广名将传》（丛书集成初编本）由上海商务印书馆刊行。

（明）黄溥、刘昌著《闲中今古录摘抄·悬笥琐探摘抄》（丛书集成初编本）由上海商务印书馆刊行。

（明）黄省曾等著《理生玉镜稻品·种芋法·木锦谱·种树书》（丛书集成初编本）由上海商务印书馆刊行。

（明）姜南等著《半村野人闲谈·百可漫志·云焦馆纪谈》（丛书集成初编本）由上海商务印书馆刊行。

（明）李化龙著《平播全书》（丛书集成初编本）由上海商务印书馆刊行。

（明）著者不详《东征纪行事·北平录·平蜀记》（丛书集成初编本）由上海商务印书馆刊行。

（明）李濂著《汴京勾异记》（丛书集成初编本）由上海商务印书馆刊行。

（明）刘定之著《否泰录·北使录·正统临戎录·北征事迹·正统北狩事迹》（丛书集成初编本）由上海商务印书馆刊行。

（明）刘凤著《续吴先贤赞》（丛书集成初编本）由上海商务印书馆刊行。

（明）陆粲著《庚巳编》（丛书集成初编本）由上海商务印书馆刊行。

（明）陆深等著《平胡录·平汉录·平吴录·平夏录·云南机务钞》（丛书集成初编本）由上海商务印书馆刊行。

（明）陆深、项元汴著《古奇器录·蕉窗九录》（丛书集成初编本）由上海商务印书馆刊行。

（明）马欢著《瀛涯胜览》（丛书集成初编本）由上海商务印书馆刊行。

（明）都穆、马中锡等著《都公谭纂·罪言》（丛书集成初编本）由上海商务印书馆刊行。

（明）梅鷟等著《尚书考异·尚书注考》（丛书集成初编本）由上海商务印书馆刊行。

（明）倪谦等著《朝鲜纪事·朝鲜志》（丛书集成初编本）由上海商务印书馆刊行。

（明）欧大任等著《百越先贤志·三峰传案》（丛书集成初编本）由上海商务印书馆刊行。

（明）宋濂等著《浦阳人物记·国宝新编》（丛书集成初编本）由上海商务印书馆刊行。

（明）宋濂著《龙门子凝道记》（丛书集成初编本）由上海商务印书馆刊行。

（明）唐枢著《国琛集》（丛书集成初编本）由上海商务印书馆刊行。

（明）田艺蘅著《春雨逸响·留青日札摘抄》（丛书集成初编本）由上海商务印书馆刊行。

（明）屠隆等著《考槃余事·瓶史·瓶花谱·飞凫语录》（丛书集成初编本）由上海商务印书馆刊行。

（明）王履等著《医经溯洄集·医先·慎疾刍言》（丛书集成初编本）由上海商务印书馆

刊行。

（明）王世贞等著《安南传·安南杂记·安南纪游》（丛书集成初编本）由上海商务印书馆刊行。

（明）王世贞等著《词评·词统源流·金粟词话·辞藻》（丛书集成初编本）由上海商务印书馆刊行。

（明）王文禄、王世贞等著《东坡文谈录·文脉·文评》（丛书集成初编本）由上海商务印书馆刊行。

（明）王世懋著《窥天外乘》（丛书集成初编本）由上海商务印书馆刊行。

（明）王世贞等著《张司马定浙二乱志·勘处播粥事情疏》（丛书集成初编本）由上海商务印书馆刊行。

（明）王世贞著《明诗评》（丛书集成初编本）由上海商务印书馆刊行。

（明）王文禄等著《龙兴慈记·庭闻述略·天顺日录》（丛书集成初编本）由上海商务印书馆刊行。

（明）王文禄著《竹下寤言·廉矩》（丛书集成初编本）由上海商务印书馆刊行。

（明）文秉著《先拨志始》（丛书集成初编本）由上海商务印书馆刊行。

（明）高岱著《鸿猷录》（丛书集成初编本）由上海商务印书馆刊行。

（明）解缙等著《天潢玉牒·皇朝本纪》（丛书集成初编本）由上海商务印书馆刊行。

（明）何孟春著《余冬序录摘抄内外篇》（丛书集成初编本）由上海商务印书馆刊行。

（明）文嘉等著《钤山堂书画记·七颂堂识小录》（丛书集成初编本）由上海商务印书馆刊行。

（明）项梦原等著《冬官记事·明堂问·名堂考》（丛书集成初编本）由上海商务印书馆刊行。

（明）徐桢卿、张泰来等著《吴郡二科志·江西诗社宗派图录》（丛书集成初编本）由上海商务印书馆刊行。

（明）杨昱辑《牧鉴》（丛书集成初编本）由上海商务印书馆刊行。

（明）杨贞一等著《四声等子·诗音辨略》（丛书集成初编本）由上海商务印书馆刊行。

（明）姚虞等著《岭海舆图·广州游览小志》（丛书集成初编本）由上海商务印书馆刊行。

（明）赵秉忠等著《饶南九三幅图说·江西舆地图说》（丛书集成初编本）由上海商务印书馆刊行。

（明）赵明伦等著《观心约·闲说》（丛书集成初编本）由上海商务印书馆刊行。

（明）郑晓等著《东南防守利便·边纪略》（丛书集成初编本）由上海商务印书馆刊行。

（明）郑仲夔著《耳新》（丛书集成初编本）由上海商务印书馆刊行。

（明）朱祖文等著《北行日谱·杨公政绩纪》（丛书集成初编本）由上海商务印书馆刊行。

（明）陈第等编《世善堂藏书目录·汲古阁珍藏秘本书目》（丛书集成初编本）由上海商务印书馆刊行。

（明）陈言等著《颍水遗编·勅议或问》（丛书集成初编本）由上海商务印书馆刊行。

（明）方孝孺著《方正学先生集》（丛书集成初编本）由上海商务印书馆刊行。

（明）刘基等著《拟连珠编·演连珠编》（丛书集成初编本）由上海商务印书馆刊行。

（明）罗颀著《物原》（丛书集成初编本）由上海商务印书馆刊行。

（明）申佳胤等著《浩气吟·申端愍公诗集》（丛书集成初编本）由上海商务印书馆刊行。

（明）陶宗仪著《沧浪櫂歌·宣宗御制诗·娑罗馆逸稿》（丛书集成初编本）由上海商务印书馆刊行。

（明）祝允明著《前闻记》（丛书集成初编本）由上海商务印书馆刊行。

（明）王鏊著《震泽长语》（丛书集成初编本）由上海商务印书馆刊行。

（明）王志坚辑《表异录·比事摘录·广事同纂》（丛书集成初编本）由上海商务印书馆刊行。

（明）王光承等著《镰山草堂诗合抄·花王阁剩稿》（丛书集成初编本）由上海商务印书馆刊行。

（明）王三聘编著《古今事物考》（丛书集成初编本）由上海商务印书馆刊行。

（明）魏校等著《广寒殿记·魏庄渠先生集》（丛书集成初编本）由上海商务印书馆刊行。

（明）项穆等著《书法雅言·书法粹言·频罗庵论书》（丛书集成初编本）由上海商务印书馆刊行。

（明）徐元叹等著《徐元叹先生残稿·燕市杂诗·霜猿集》（丛书集成初编本）由上海商务印书馆刊行。

（明）杨慎等著《古今画鉴·画品·中麓画品·画说·杂评》（丛书集成初编本）由上海商务印书馆刊行。

（明）杨慎著《古隽》（丛书集成初编本）由上海商务印书馆刊行。

（明）杨士奇等编《文渊阁书目》由商务印书馆刊行。

（明）周履靖著《燎松吟·寻芳咏》（丛书集成初编本）由上海商务印书馆刊行。

（明）周履靖著《闲云稿》（丛书集成初编本）由上海商务印书馆刊行。

（清）毕沅等著《经典文字辩证书·音同义异辨·六书分毫》（丛书集成初编本）由上海商务印书馆刊行。

（清）黄宗羲著，缪天绶选注《（节本）明儒学案》（上中下册）由上海商务印书馆刊行。

（清）黄宗羲著，缪天绶选注《（节本）宋元学案》（第1—4册）由上海商务印书馆刊行。

（清）黄宗羲著《南雷文定》（上下册）由上海商务印书馆刊行。

（清）陈士珂辑《孔子家语疏证》（丛书集成初编本）由上海商务印书馆刊行。

（清）戴震著《孟子字义疏证》由上海商务印书馆刊行。

（清）陆陇其著《松阳讲义》（上下册）由上海商务印书馆刊行。

（清）孙星衍撰《周易集解》（上中下册）由上海商务印书馆刊行。

（清）孙星衍等校《晏子春秋》由上海商务印书馆刊行。

（清）东方树著《汉学商兑》由上海商务印书馆刊行。

（清）阮福著《孝经义疏补》由上海商务印书馆刊行。

（清）张伯行辑订《朱子语类》由上海商务印书馆刊行。

（清）周安士（周梦颜）著《西归直指》由上海佛学书局刊行。

（清）周安士著《欲海回狂》由上海佛学书局刊行。

（清）见目著《一梦漫言》由上海世界书局刊行。

（清）袁宫桂著，蒋介石编《自卫新知摘要》由江苏省政府刊行。

（清）袁宫桂著《自卫新知》由江西庐山暑期训练团刊行。

（清）康有为著《广艺舟双楫》由上海商务印书馆刊行。

（清）王时敏绘《王烟客仿古山水册》由上海商务印书馆刊行。

（清）冯武、（元）夏文彦著《书法正传·国绘宝鉴》由上海国学整理社刊行,有杨维桢等人的序及作者自序及跋。

（清）秦祖永辑《画学心印》由上海商务印书馆刊行,有杨翰等人的序。

（清）凌廷堪著《燕化考原》由上海商务印书馆刊行。

（清）张玉书等编《佩文韵府》(1—7册)由上海商务印书馆刊行。

（清）张伯行纂辑《小学集解》由上海商务印书馆刊行。

（清）吴楚材、吴调侯编选,王文濡校勘《(精校评注)古文观止》(上下册)由上海中华书局刊行。

（清）王先谦疏证《释名疏证补》(万有文库第2集,国学基本丛书)由上海商务印书馆刊行。

（清）邵长蘅纂《古今韵略》由上海商务印书馆刊行。

（清）龙启瑞、黄虎痴增辑,李梓材修订《字学举隅》由北平文光书店刊行。

（清）刘淇著《助字辨略》(万有文库第2集,国学基本丛书)由上海商务印书馆刊行。

（清）杭世骏编纂,（清）程际盛补正《续方言(附补正)》(万有文库,国学基本丛书,王云五主编)由上海商务印书馆刊行。

（清）顾炎武著《音学五书》由上海商务印书馆刊行。

按:五书即《音论》《诗本音》《易音》《唐韵正》《古音表》。书前有《顾氏音学五书叙》(曹学佺)、《音学五书叙》(顾炎武),书末附《音学五书后叙》《答李子德书》等。

（清）程允升著,（清）邹圣脉增补《幼学故事琼林》由上海国学整理社刊行。

（清）曾国藩著,张雨苍选注《曾国藩家书选》(新中学文库;中学国文补充读本第1集)由上海商务印书馆刊行。

（清）厉鹗、马曰琯辑《宋诗纪事》由上海商务印书馆刊行。

（清）孙梅辑《四六丛话》(附选诗丛话)(1—4册)由上海商务印书馆刊行。

（清）万树编著,恩锡、杜文澜校《词律》(附拾遗补遗)(1—6册)由上海商务印书馆刊行。

（清）王士祯编,郑方坤删补《五代诗话》由上海商务印书馆刊行。

（清）齐召南编,阮亨校订《历代帝王年表》(上下册)由上海商务印书馆刊行。

（清）段长基编《历代统纪表》由上海商务印书馆刊行。

（清）崔述著《考信录》由上海商务印书馆刊行。

（清）钟渊映著《历代建元考》由上海商务印书馆刊行。

（清）马骕著《绎史》由上海商务印书馆刊行。

（清）朱右曾著《逸周书集训校释》由上海商务印书馆刊行。

（清）洪震煊著《夏小正疏义》由上海商务印书馆刊行。

（清）钱培名校《越绝书》由上海商务印书馆刊行。

（清）王先谦补注《汉书补注》由上海商务印书馆刊行。

（清）周寿昌著《汉书注校补》(1—4册)由上海商务印书馆刊行。

（清）梁玉绳撰《汉书人表考》由上海商务印书馆刊行。

（清）惠栋著《后汉书补注》(1—5册)由上海商务印书馆刊行。

（清）侯康著《后汉书补注续》由上海商务印书馆刊行。

（清）郁松年著《续后汉书札记》由上海商务印书馆刊行。

（清）汤球著《十六国春秋辑补》（上中下册）由上海商务印书馆刊行。

（清）洪钧著《元史译文证补》（上下册）由上海商务印书馆刊行。

（清）傅维鳞著《明书》（1—12册）由上海商务印书馆刊行。

（清）沈淑著《陆氏经典异文辑》（丛书集成初编本）由上海商务印书馆刊行。

（清）沈淑著《陆氏经典异文补》（丛书集成初编本）由上海商务印书馆刊行。

（清）孙星衍著《晏子春秋音义》（丛书集成初编本）由上海商务印书馆刊行。

（清）陈大章著《诗传名物集览》（丛书集成初编本）由上海商务印书馆刊行。

（清）赵良霦著《读札记》（丛书集成初编本）由上海商务印书馆刊行。

（清）陈鈜著《鹿忠节公年谱》（丛书集成初编本）由上海商务印书馆刊行。

（清）陈遇夫著《史见》（丛书集成初编本）由上海商务印书馆刊行。

（清）陈遇夫著《正学续》（丛书集成初编本）由上海商务印书馆刊行。

（清）邓传安著《蠡测汇钞》（丛书集成初编本）由上海商务印书馆刊行。

（清）陆次云著《译史纪余·八纮荒史》（丛书集成初编本）由上海商务印书馆刊行。

（清）冯经等著《算略·杨辉算法札记·务民义斋算学》（丛书集成初编本）由上海商务印书馆刊行。

（清）冯径著《周易略解》（丛书集成初编本）由上海商务印书馆刊行。

（清）清高宗钦定《钱录》（丛书集成初编本）由上海商务印书馆刊行。

（清）谷应泰编《名师纪事本末》刊行。

（清）顾仲著《养小录》（丛书集成初编本）由上海商务印书馆刊行。

（清）张金吾著《两汉五经博士考》（丛书集成初编本）由上海商务印书馆刊行。

（清）杭世骏著《三国志补注》（丛书集成初编本）由上海商务印书馆刊行。

（清）洪饴孙著《三国职官表》（丛书集成初编本）由上海商务印书馆刊行。

（清）侯康等著《春秋古经说·读春秋》（丛书集成初编本）由上海商务印书馆刊行。

（清）侯康著《三国志补注续》（丛书集成初编本）由上海商务印书馆刊行。

（清）胡秉虔著《汉西京博士考》（丛书集成初编本）由上海商务印书馆刊行。

（清）黄宗羲等著《金石要例·金石例补·金石订例》（丛书集成初编本）由上海商务印书馆刊行。

（清）惠栋著《易汉学》（丛书集成初编本）由上海商务印书馆刊行。

（清）惠栋著《明堂大道录》（丛书集成初编本）由上海商务印书馆刊行。

（清）季麒光等著《台湾杂记·台湾纪略》（丛书集成初编本）由上海商务印书馆刊行。

（清）江标等辑《张忆娘簪花图卷题咏·董华亭书画录》（丛书集成初编本）由上海商务印书馆刊行。

（清）江藩辑《宋学渊源记》（丛书集成初编本）由上海商务印书馆刊行。

（清）江藩著《汉学师承记》（丛书集成初编本）由上海商务印书馆刊行。

（清）江声等著《论语竢质·论语注参》（丛书集成初编本）由上海商务印书馆刊行。

（清）江永著《礼记训义择言》（丛书集成初编本）由上海商务印书馆刊行。

（清）姜绍书等著《韵石斋笔谈·天壤阁杂记》（丛书集成初编本）由上海商务印书馆

刊行。

（清）柯芩著《伤寒论翼》（丛书集成初编本）由上海商务印书馆刊行。

（清）李富孙著《汉魏六朝墓铭纂例》（丛书集成初编本）由上海商务印书馆刊行。

（清）李富孙著《李氏易解剩义》（丛书集成初编本）由上海商务印书馆刊行。

（清）李塨著《平书订》（丛书集成初编本）由上海商务印书馆刊行。

（清）李塨著《小学稽业》（丛书集成初编本）由上海商务印书馆刊行。

（清）李良年著《词家辨证·词坛纪事》（丛书集成初编本）由上海商务印书馆刊行。

（清）李调元等著《方言藻·蜀语》（丛书集成初编本）由上海商务印书馆刊行。

（清）李调元著《奇字名》（丛书集成初编本）由上海商务印书馆刊行。

（清）李元著《蠕范》（丛书集成初编本）由上海商务印书馆刊行。

（清）李兆洛著《纪元编》（丛书集成初编本）由上海商务印书馆刊行。

（清）梁玉绳等著《汉书人表考·汉书人表考校补》（丛书集成初编本）由上海商务印书馆刊行。

（清）梁章钜著《三国志旁证》（丛书集成初编本）由上海商务印书馆刊行。

（清）凌曙著《公羊问答·春秋公羊礼疏》（丛书集成初编本）由上海商务印书馆刊行。

（清）凌廷堪著《梅边吹笛谱》（丛书集成初编本）由上海商务印书馆刊行。

（清）刘献廷等著《广阳杂记》（丛书集成初编本）由上海商务印书馆刊行。

（清）陆次云著《八纮译史》（丛书集成初编本）由上海商务印书馆刊行。

（清）陆时化等著《墨缘汇观录·书画说钤》（丛书集成初编本）由上海商务印书馆刊行。

（清）罗士琳等著《弧矢算术细草·勾股截积和较算术》（丛书集成初编本）由上海商务印书馆刊行。

（清）罗天尺著《五山志林》（丛书集成初编本）由上海商务印书馆刊行。

（清）吕炽编《尹健余先生年谱》（丛书集成初编本）由上海商务印书馆刊行。

（清）毛奇龄等著《舜典补亡·尚书古文辨·古文尚书考·尚书逸文》（丛书集成初编本）由上海商务印书馆刊行。

（清）聂钦著《泰山道里记》（丛书集成初编本）由上海商务印书馆刊行。

（清）彭崧毓等著《缅述·交州记·奉使安南水程日记·南翁梦录》（丛书集成初编本）由上海商务印书馆刊行。

（清）阮元编《积古斋钟鼎彝器款识》（丛书集成初编本）由上海商务印书馆刊行。

（清）沈钦韩等著《春秋左氏传地名补注·春秋楚地答问》（丛书集成初编本）由上海商务印书馆刊行。

（清）沈钦韩著《春秋左氏传补注》（丛书集成初编本）由上海商务印书馆刊行。

（清）孙星衍等著《寰宇访碑录》（丛书集成初编本）由上海商务印书馆刊行。

（清）孙星衍著《岱南阁集》（丛书集成初编本）由上海商务印书馆刊行。

（清）孙星衍著《平津馆文稿》（丛书集成初编本）由上海商务印书馆刊行。

（清）孙星衍著《问字堂集》（丛书集成初编本）由上海商务印书馆刊行。

（清）孙星衍著《服盐药法·治蛊新方·素女方》（丛书集成初编本）由上海商务印书馆刊行。

（清）汤球辑《汉晋春秋辑本》（丛书集成初编本）由上海商务印书馆刊行。

（清）汤球辑《晋阳秋辑本》（丛书集成初编本）由上海商务印书馆刊行。

（清）汤球辑《九家旧晋书辑本》（丛书集成初编本）由上海商务印书馆刊行。

（清）汤球辑《邺中记·晋纪辑本》（丛书集成初编本）由上海商务印书馆刊行。

（清）万斯同著《历代史表》（丛书集成初编本）由上海商务印书馆刊行。

（清）汪辉祖著《佐治药言·续佐治药言》（丛书集成初编本）由上海商务印书馆刊行。

（清）李塨著《颜习斋先生年谱》（丛书集成初编本）由上海商务印书馆刊行。

（清）王筠等著《教童子法·弟子职正音·弟子职集解·弟子职注》（丛书集成初编本）由上海商务印书馆刊行。

（清）张燧著《读史举正》（丛书集成初编本）由上海商务印书馆刊行。

（清）王士禛著《阮亭诗余·衍波词》（丛书集成初编本）由上海商务印书馆刊行。

（清）王士禛著《五代诗话》（丛书集成初编本）由上海商务印书馆刊行。

（清）王余佑著《乾坤大略》（丛书集成初编本）由上海商务印书馆刊行。

（清）魏荔彤辑《魏贞庵先生年谱》（丛书集成初编本）由上海商务印书馆刊行。

（清）魏源著《老子本义》（丛书集成初编本）由上海商务印书馆刊行。

（清）吴镐著《汉魏六朝唐代墓志金石例》（丛书集成初编本）由上海商务印书馆刊行。

（清）吴允嘉等著《天水冰山录·浮梁陶政治》（丛书集成初编本）由上海商务印书馆刊行。

（清）项廷纪著《忆云词》（丛书集成初编本）由上海商务印书馆刊行。

（清）谢启昆著《西魏书》（丛书集成初编本）由上海商务印书馆刊行。

（清）辛绍业等著《内阁志·冬官旁求》（丛书集成初编本）由上海商务印书馆刊行。

（清）徐康著《前尘梦影录》（丛书集成初编本）由上海商务印书馆刊行。

（清）徐釚辑《词苑丛谈》（丛书集成初编本）由上海商务印书馆刊行。

（清）徐松著《汉书西域传补注》（丛书集成初编本）由上海商务印书馆刊行。

（清）颜元著《存学编·存性编》（丛书集成初编本）由上海商务印书馆刊行。

（清）汤斌等编《孙夏峰先生年谱》（丛书集成初编本）由上海商务印书馆刊行。

（清）杨㥲骈著《古本大学辑解》（丛书集成初编本）由上海商务印书馆刊行。

（清）姚际恒著《好古堂家藏书画记》（丛书集成初编本）由上海商务印书馆刊行。

（清）尹会一编《吕语集义粹》刊行。

（清）余思谦等著《海潮说·海潮辑说·地球图说·地球图说补图》（丛书集成初编本）由上海商务印书馆刊行。

（清）袁世纪等著《守身执玉轩遗文·计有余斋文稿》（丛书集成初编本）由上海商务印书馆刊行。

（清）臧寿恭著《春秋左氏古义》（丛书集成初编本）由上海商务印书馆刊行。

（清）翟灏著《通俗编》（丛书集成初编本）由上海商务印书馆刊行。

（清）张伯行集解《濂洛关闽书》（丛书集成初编本）由上海商务印书馆刊行。

（清）张惠言著《虞氏易事》（丛书集成初编本）由上海商务印书馆刊行。

（清）张镜心编《驭交纪》（丛书集成初编本）由上海商务印书馆刊行。

（清）著者不详《古史辑要》（丛书集成初编本）由上海商务印书馆刊行。

（清）张穆编《顾事林先生年谱》（丛书集成初编本）由上海商务印书馆刊行。

（清）张穆等编《阎潜丘先生年谱·黄昆圃先生年谱》（丛书集成初编本）由上海商务印书馆刊行。

（清）张学礼著《使琉球纪》（丛书集成初编本）由上海商务印书馆刊行。

（清）尹会一辑《吕语集粹》（丛书集成初编本）由上海商务印书馆刊行。

（清）赵青黎等著《星阁史论·读史剩言》（丛书集成初编本）由上海商务印书馆刊行。

（清）赵青黎著《读左管窥》（丛书集成初编本）由上海商务印书馆刊行。

（清）赵巍著《郎官石柱题名》（丛书集成初编本）由上海商务印书馆刊行。

（清）赵翼著《二十二史札记》（丛书集成初编本）由上海商务印书馆刊行。

（清）钱大昕著《二十二史考异》（丛书集成初编本）由上海商务印书馆刊行。

（清）王鸣盛著《十七史商榷》（丛书集成初编本）由上海商务印书馆刊行。

（清）赵之谦等著《张忠烈公年谱·袁督师事迹》（丛书集成初编本）由上海商务印书馆刊行。

（清）赵知希著《泾川诗话》（丛书集成初编本）由上海商务印书馆刊行。

（清）郑友贤等著《孙子叙录·孙子遗说》（丛书集成初编本）由上海商务印书馆刊行。

（清）郑元庆著《石柱记笺释》（丛书集成初编本）由上海商务印书馆刊行。

（清）钟渊映著《历代建元考》（丛书集成初编本）由上海商务印书馆刊行。

（清）军机处编《全毁抽毁书目·禁书总目·违碍书目》（丛书集成初编本）由上海商务印书馆刊行。

（清）周履靖著《鹤月瑶笙》（丛书集成初编本）由上海商务印书馆刊行。

（清）周中孚等著《读书琐记·郑堂札记》（丛书集成初编本）由上海商务印书馆刊行。

（清）俞正燮著《癸巳存稿》（丛书集成初编本）由上海商务印书馆刊行。

（清）李赓芸著《炳烛编》（丛书集成初编本）由上海商务印书馆刊行。

（清）顾观光著《武陵山人杂著》（丛书集成初编本）由上海商务印书馆刊行。

（清）著者不详《钱币考》（丛书集成初编本）由上海商务印书馆刊行。

（清）蒋光煦著《斠补隅录》（丛书集成初编本）由上海商务印书馆刊行。

（清）陈寿祺等著《纂喜堂诗稿·蜜梅花馆诗录》（丛书集成初编本）由上海商务印书馆刊行。

（清）陈鳣著《对策》（丛书集成初编本）由上海商务印书馆刊行。

（清）程大中著《四书逸笺》（丛书集成初编本）由上海商务印书馆刊行。

（清）崔述著《补上古考信录》（丛书集成初编本）由上海商务印书馆刊行。

（清）崔述著《丰镐考信别录》（丛书集成初编本）由上海商务印书馆刊行。

（清）崔述著《丰镐考信录》（丛书集成初编本）由上海商务印书馆刊行。

（清）崔述著《考信录提要·考信附录·考信续说》（丛书集成初编本）由上海商务印书馆刊行。

（清）崔述著《唐虞考信录》（丛书集成初编本）由上海商务印书馆刊行。

（清）崔述著《夏考信录·商考信录》（丛书集成初编本）由上海商务印书馆刊行。

（清）崔述著《洙泗考信录》（丛书集成初编本）由上海商务印书馆刊行。

（清）崔述著《洙泗考信余录》（丛书集成初编本）由上海商务印书馆刊行。

（清）冯班等著《钝吟杂录·论学三说》（丛书集成初编本）由上海商务印书馆刊行。

（清）弘历著《诗经乐谱》（丛书集成初编本）由上海商务印书馆刊行。

（清）侯康著《补三国志艺文志》（丛书集成初编本）由上海商务印书馆刊行。

（清）惠栋著《九经古义》（丛书集成初编本）由上海商务印书馆刊行。

（清）纪容舒著《玉台新咏考异》（丛书集成初编本）由上海商务印书馆刊行。

（清）纪映钟著《憨叟诗抄》（丛书集成初编本）由上海商务印书馆刊行。

（清）李调元编《全五代诗（补遗）》（丛书集成初编本）由上海商务印书馆刊行。

（清）梁玉绳著《史记志疑（附录）》（丛书集成初编本）由上海商务印书馆刊行。

（清）卢文弨著《群书拾补》由上海商务印书馆刊行。

（清）马俊良等辑《丽体金膏·东古文存》（丛书集成初编本）由上海商务印书馆刊行。

（清）纳兰性德等著《解春集诗抄·饮水诗集·积书岩诗集》（丛书集成初编本）由上海商务印书馆刊行。

（清）倪灿著《补辽金元艺文志》（丛书集成初编本）由上海商务印书馆刊行。

（清）钱大昕著《补元史艺文志》（丛书集成初编本）由上海商务印书馆刊行。

（清）钱大昭著《后汉书辨疑》（丛书集成初编本）由上海商务印书馆刊行。

（清）乾隆间奉敕著《淳化阁帖释文》（丛书集成初编本）由上海商务印书馆刊行。

（清）秦笃辉著《平书》（丛书集成初编本）由上海商务印书馆刊行。

（清）全祖望著《通志堂经解目录·读易别录》（丛书集成初编本）由上海商务印书馆刊行。

（清）任泰著《质疑·质疑》（丛书集成初编本）由上海商务印书馆刊行。

（清）沈谨学著《沈四山人诗录》（丛书集成初编本）由上海商务印书馆刊行。

（清）舒位等著《瓶水斋诗别集·乌鲁木齐诗·玉井搴莲集·金阙攀松集》（丛书集成初编本）由上海商务印书馆刊行。

（清）孙廷璋等著《亢艺堂集·小草庵诗抄》（丛书集成初编本）由上海商务印书馆刊行。

（清）孙星衍著《芳茂人诗录》（丛书集成初编本）由上海商务印书馆刊行。

（清）孙志祖辑《文选考异》（丛书集成初编本）由上海商务印书馆刊行。

（清）孙志祖辑《文选李注补正》（丛书集成初编本）由上海商务印书馆刊行。

（清）汪薇编《诗伦》（丛书集成初编本）由上海商务印书馆刊行。

（清）汪中等著《经义知新记·健余先生读书笔记·六艺论》（丛书集成初编本）由上海商务印书馆刊行。

（清）王采薇著《长离阁集》（丛书集成初编本）由上海商务印书馆刊行。

（清）王锡等著《四书索解·三礼指要》（丛书集成初编本）由上海商务印书馆刊行。

（清）王元启、丁晏著《史记三书正伪·史记毛本正误》（丛书集成初编本）由上海商务印书馆刊行。

（清）翁方纲著《经义考补正》（丛书集成初编本）由上海商务印书馆刊行。

（清）徐攀凤著《选注规李·选学纠何》（丛书集成初编本）由上海商务印书馆刊行。

（清）叶廷琯著《鞠花庵诗》（丛书集成初编本）由上海商务印书馆刊行。

（清）袁昶编《于湖题襟集》（丛书集成初编本）由上海商务印书馆刊行。

（清）袁昶等著《春闱杂詠·听雨楼诗》（丛书集成初编本）由上海商务印书馆刊行。

（清）袁昶等著《于湖小集·桐溪耆隐集》（丛书集成初编本）由上海商务印书馆刊行。

（清）袁昶著《安般簃诗续抄》（丛书集成初编本）由上海商务印书馆刊行。

（清）张海鹏辑《宫词小纂》（丛书集成初编本）由上海商务印书馆刊行。

（清）张问陶著《船山诗草选》（丛书集成初编本）由上海商务印书馆刊行。

（清）张锡瑜著《史表功比说（附侯第表）》（丛书集成初编本）由上海商务印书馆刊行。

（清）张洵等著《位西先生遗稿·张文节公遗集·有声画》（丛书集成初编本）由上海商务印书馆刊行。

（清）赵之谦著《张忠烈公年谱》由上海商务印书馆刊行。

（清）赵湛著《玉晖堂诗集》（丛书集成初编本）由上海商务印书馆刊行。

（清）周中孚著《郑堂读书记》由上海商务印书馆刊行。

（清）诸可宝等著《元魏荥阳郑文公摩崖碑跋·石门碑醳·汉射阳石门画像汇考》（丛书集成初编本）由上海商务印书馆刊行。

（清）永瑢等修纂《历代职官表》由上海商务印书馆刊行。

李维编《国学概要》由北平联合出版社刊行。

程树德著《国故谈苑》（上下册）由上海商务印书馆刊行。

王维彰编《国学问答》由东方书社刊行。

张少孙编《国学研究法》由上海大华书局刊行。

曹达编《通俗哲学讲话》由上海一心书店刊行。

曹达编《哲学座谈》由上海青年书店刊行。

潘桢著，王香和编《哲学三元论》由著者刊行。

谭辅之著《哲学批判集》由上海思想出版社刊行。

王龙舆编《唯生论哲学的体系》（上卷）由安徽反省院刊行，有曾三省序。

陈唯实著《新哲学世界观》由上海作家书屋刊行。

陈唯实著《新哲学体系讲话》由上海作家书店刊行。

陈唯实著《战斗唯物论讲话》（新哲学世界观）由上海杂志公司刊行。

艾思奇著《现代哲学读本》由上海一般书店刊行。

叶青著《为发展新哲学而战》（第1集〈叶青哲学批判〉之批判）由上海真理出版社刊行，有著者自序。

艾生著《叶青哲学批判》由上海思想出版社刊行。

胡绳著《新哲学的人生观》由上海生活书店刊行。

方东美著《科学哲学与人生》由上海商务印书馆刊行。

艾思奇著《哲学与生活》由上海读书生活出版社刊行。

中华民国中央陆军军官学校编《人生哲学教程》由编者刊行。

按：是书全书分绪论，宇宙与本体，人生的由来，人生的演化，人生的真相，人生的价值，人生的归宿。共8章。

陈元德著《中国古代哲学史》由上海中华书局刊行。

齐思和著《封建制度与儒家思想》由北平燕京大学哈佛燕京学社刊行。

钱穆著《中国近三百年学术史》（上下册）由上海商务印书馆刊行，有自序。

按：是书系钱穆对清代学术思想研究的重要代表作之一，它为1931年在北京大学讲学时的讲义，后历经五年增改而成,于1937年5月由上海商务印书馆刊行。全书共十四章。首章引论,论述近代学术导源于宋学,认为不知宋学,则不可知汉学,更无法评汉学之是非,故此略述了两宋学术,并以东林学派为殿。次章至十四章,分别论述黄宗羲、王夫之、顾炎武、颜元、李塨、阎若璩、毛奇龄、李绂、戴震、章学诚、焦循、阮元、凌廷堪、龚自珍、曾国藩、陈澧、康有为等诸家学术大要及其师承关系,以此阐明近三百年学术演变的辙迹。后附一年表,略述诸家生卒年代及学术交往。《中国近三百年学术史》的特点:其一,将清代学术的渊源归结为晚明遗老,直至宋学。认为黄宗羲、王夫之、顾炎武等清儒皆与宋学有着学术上的师承关系,而到了乾嘉时期,汉学才逐渐兴起,即使是汉学诸家,其学术也与宋代学术休戚相关。打破了近代学者言清代学术,不曾谈及清代学术与宋代学术的关联,遂使人们陷入迷失其渊源的惑局。其二,侧重叙述每一个代表人物的论学思想要旨,注意指出诸学者对于天下治乱用心之所在。冲出了过去凡述清代学术,多侈陈考据之学,或略述论学之语,而从不谈及清人思想价值的藩篱。(武才娃《中国传统思想文化论衡》,社会科学文献出版社2011年版)

何干之著《近代中国启蒙运动史》由上海生活书店刊行。

按:是书论述从洋务运动到抗日战争时期中国思想文化的发展。全书分七章:启蒙运动的意义及其社会基础,新政派的洋务运动,戊戌维新运动,五四新文化运动,新社会科学运动,国难与新启蒙运动,目前思想文化问题。

夏征农编《现阶段的中国思想运动》由上海一般书店刊行。

蔡尚思著《两年来之中国思想界》由上海沪江大学刊行。

蒋维乔著《周易三陈九卦释义》刊行。

徐昂著《周易对象通释》由南通竞新公司刊行。

蒋锡昌著《老子校诂》由上海商务印书馆刊行。

王向荣编著《论语二十讲》(上下册)由上海中华书局刊行。

按:是书分"篇义""章旨""通论""文法检计"四项,对《论语》原论20篇的各篇要义、篇章组织、文句研究皆有讲述。

苏非著《孔道探源》由北平著者刊行。

蔡汝堃著《孝经通考》由上海商务印书馆刊行。

唐家祯著《孝经释义》由上海商务印书馆刊行。

唐敬杲选注《节本墨子》由上海商务印书馆刊行。

方授楚著《墨学源流》由上海中华书局刊行。

叶玉麟选译,叶昀校勘《(白话译解)墨子》(上下册)由上海广益书局刊行。

杨大膺编《孟子学说研究》由上海中华书局刊行。

胡毓寰编著《孟子本义》由江苏南京正中书局刊行。

缪天绶选注《(节本)孟子》由上海商务印书馆刊行。

张启祚著《孟子哲学》由北平文化学社刊行。

杨明照著《庄子校正》由北平燕京大学哈佛燕京学社刊行。

蒋锡昌著《庄子哲学》由上海商务印书馆刊行。

中华书局编辑《庄子精华》由上海中华书局刊行。

沈雁冰(原题沈德鸿)选注《节本庄子》由上海商务印书馆刊行。

叶玉麟选译《(白话译解)韩非子》(上下册)由上海广益书局刊行。

唐敬杲选注《节本韩非子》由上海商务印书馆刊行。

陈柱著《公孙龙子集解》由上海商务印书馆刊行。

张怀民著《公孙龙子斠释》由上海中华国学会刊行。

钱熙祚校《尹文子》由上海商务印书馆刊行。

支伟成标点《（标点注解）晏子春秋》由上海泰东书局刊行，书末附有《晏子春秋研究》。

冯诗庵著《大学中庸说》由中央军校特别训练班刊行。

王有台著《大学新注》由北京杨本贤广告公司刊行。

叶绍钧选注《（节本）荀子》（上下册）由上海商务印书馆刊行。

张怀民著《列子天瑞篇新义》由上海中华国学会刊行。

严万里校《商君书》由上海商务印书馆刊行。

蒋维乔等汇校《吕氏春秋汇校》由上海中华书局刊行。

夏君虞著《宋学概要》由上海商务印书馆刊行。

管道中著《二程研究》由上海中华书局刊行，有蒋维乔序。

按：是书主要论述宋朝程明道、程伊川二人的治学方法、修行方法、伦理思想、政治思想及学说批评的问题，并编有二程的年谱。

陈研楼著，袁孟琴节录《传家之宝》（一名《休宁陈研楼传家格言》）由上海中华劝工银行刊行。

易君左编著《我们的思想家》由江苏南京正中书局刊行。

谢幼伟编《西洋哲学与科学思想》由明德社学术研究班刊行。

潘梓年著《逻辑与逻辑学》由上海生活书店刊行。

按：是书讲述从形式逻辑到辩证逻辑的发展。指出作为方法论的逻辑学是运用唯物辩证法及其范畴和概念进行判断推理的思维过程；技术论逻辑是指观察法、统计法、推演法等。全书分8章。

梓年著《逻辑学与逻辑术》由上海生活书店刊行。

汪奠基著《现代逻辑》由上海商务印书馆刊行。

虞愚编著《中国名学》由江苏南京正中书局刊行。

叶青（原题任卓宣）著《论理学问题》由上海真理出版社刊行。

蔡元培著《中国伦理学史》由上海商务印书馆刊行。

按：是书系一部系统整理和研究中国古代伦理思想发生、发展及其变迁的学术著作，也是蔡元培先生代表性的理论著作之一。书中阐述了各家学说的要点源流与发展，并以科学的方法辨析其优长与缺失。

张元济著《中华民族的人格》由上海商务印书馆刊行。

按：是书以《左传》《战国策》《史记》中历史人物为例，阐述中华民族的人格。

平心著《生活与思想之路》由上海光明书店刊行。

梁漱溟讲《朝话》由济南乡村书店刊行。

按：本书是梁漱溟对山东乡村建设研究院历届（1931年至1935年）研究部同学，在朝会时讲话的笔录辑录而成。后经梁漱溟本人及其后人屡次增补再版。这些讲话多为对日常生活有所启发的即兴言谈，广泛涉及人生修养、治学方法、社会问题、学术文化，发自肺腑，亲切隽永，深受青年喜爱。

凌霄编《给消极青年的几封信》由上海经纬书局刊行。

陈扫白编《青年之事业与出路》由上海春明书店刊行。

贝叶著《青年应当怎样修养》由上海生活书局刊行。

满力涛著《战时知识青年的修养与任务》由上海生活书店刊行。

上海机联会编辑部编《夫妇之道第1册》由上海机制国货工厂联合会刊行。

上海机联会编辑部编《夫妇之道第 2 册》由上海机制国货工厂联合会刊行。

上海机联会编辑部编《夫妇之道第 3 册》由上海机制国货工厂联合会刊行。

沈玄之编《思想方法谈》由上海一心书店刊行。

黄警顽辑《人生观集粹》由上海经纬书局刊行。

黄警顽讲，段尧襄记《处世古文》由上海经纬书局刊行。

蒋静一编《唯生论文选》由江苏南京政治通讯社刊行。

蒋星德编著《我们的公民》由江苏南京正中书局刊行。

康选谊著《儒将休养论》（一名《为人之道与为将之道》）由上海中国学术社刊行。

马亚人著《怎样过集团生活》由上海杂志公司刊行。

赵宗预编著《服务与人生》由上海商务印书馆刊行。

冯玉祥著《"十不"标语讲释》刊行。

韩裴著《国民十二守则例解》由上海中华书局刊行。

孙文著《心理建设》由上海一心书店刊行。

郭一岑著《现代心理学概观》由上海商务印书馆刊行。

萧孝嵘著《普通应用心理》由上海商务印书馆刊行。

按：是书分支配人类行为的基本因素、增进自身效率的各种方法、支配他人行为的各种方法、心理学在生活各方面的特殊问题等 4 章。

国立编译馆编订《精神病理学名词》由江苏南京国立编译馆刊行。

高观如编《佛教概述》由上海佛学书局刊行。

按：是书分佛教的目的、学佛人应皈奉的三宝、学佛的阶程、亟应修应的三学、佛法的分类、佛教的世界观、佛教的修引、佛学的究竟、各种学佛的方法等 9 章。

高观如编《大乘佛教概述》（上）由上海佛学书局刊行。

高观如编《小乘佛教概说》由上海佛学书局刊行。

太虚讲，碧松记《佛教要略》由湖北汉口佛教正信会刊行。

太虚讲《佛说十善业道经将要》由上海济公印书馆刊行。

蒋维乔著《三论宗之宇宙观》由上海光华大学半月刊社刊行。

王季同著《佛法与科学之比较研究》由上海佛学书局刊行。

熊十力著《佛家名相通释》由北京大学出版部刊行。

熊十力著《破〈破新唯识论〉》由北京大学出版部刊行。

施守平著《碧苑坛经》由上海道德书局刊行。

世界佛教居士林编《点校赞偈类编》由上海佛学书局刊行。

释迦文佛成道会编《释加文佛成道纪念册》由北平编者刊行。

超一讲，张莲守录《南无阿弥陀佛》由无锡圆通寺刊行。

陈学勤记《超一法师四十年纪略》由中国佛学真言研究社刊行。

谛闲著，宝静辑《谛公遗述语录》（2 册）由上海佛学书局刊行。

郭慧浚编《末后之了义》由芬陀利室刊行。

郭慧浚编《释门法戒录（附摘录云棲别钞）》由上海佛学书局刊行。

弘一辑《佛学丛刊第一辑》（全 4 册）由上海世界书局刊行。

华岩编《最近观音救劫灵感十录》刊行。

黄正元、泰一氏著《因果》由京城印书局刊行。

金陵神学院编《金陵神学院董事会年会记录》由江苏南京编者刊行。

李雪樵编著《临济佛学三百六十节问答》由北平正礼堂刊行。

李翊灼著《佛说摩诃般若波罗蜜多心经蜜义述》由上海中华书局刊行。

李圆净编《印光法师嘉言录》由上海世界书局刊行。

内政部编《寺庙登记规则》由编者刊行。

李圆净编《饬终津梁》由上海国光印书局刊行。

兴慈讲述《金刚般若波罗蜜经易知疏》由上海法云印经会刊行。

隋斋编《南华小志》由广东广州登云阁刊行。

月溪著《心经笔记》由上海佛学书局刊行。

江谦著《阳复斋诗偈集》由上海世界书局刊行。

印光讲,邓慧载记录《上海护国息灾法会印光老法师法语》由上海佛教日报社刊行。

印光讲,邓慧载记录《上海护国息灾法会印光老法师法语》由江苏苏州弘化社刊行。

傅勤家著《中国道教史》由上海商务印书馆刊行。

按:是书从探讨宗教共同点出发,论述道教的起源与演变,道教的信仰与道术、戒律,道教的经典与宫观,道教的派别与佛道关系,展示了道教的历史发展主脉,对于后世的道教学术研究保持着长久的影响。

玄真子著《相命一看通》由上海文业书局刊行。

余春台编辑,乐吾氏评注《穷通宝鉴评注》(上下册)由上海乾乾书社刊行。

袁树珊著《命理探原》由上海星相研究社刊行。

李若翰著《辟邪崇真》由山东济南华洋印书局刊行。

谈玄编《数息观法》由湖北武昌佛学院刊行。

清真书报社编《琐嗨释义》由北平清真书报社刊行。

侯仁之著《基督教与人类的再造》由北平燕大基督教团契刊行。

青年协会编《中华基督教青年会年鉴(1937年)》由上海青年协会书局刊行。

宋恩乐著《圣道易知》由上海广学会刊行。

李友兰著《守贞宣读》(2版)由河北献县天主堂刊行。

毕雅德编《何事与我相宜》由上海广学会刊行。

蔡黄香英、李美博编著《上帝的同工》(学生用本)由上海广学会刊行。

蔡黄香英、李美博编著《完成天父的意旨》由上海光学会刊行。

倪柝声著《属灵年日的计算》由上海福音书房刊行。

陈田编《苦耶稣》由上海土山湾印书馆刊行。

范中著《圣教小引》由上海土山湾印书馆刊行。

福音路德会编《耶稣是基督(教会每主日福音讲题)》由协同书局刊行。

韩宁镐著《问答释义》(第4卷)(圣体)由山东济南府无染原罪堂刊行。

何赓诗著《哥林多前书实用官话注释》由湖北汉口中国基督圣教书会刊行。

贾立言、朱德周著《罗马人书释义》由上海广学会刊行。

蒋梅村著,李既举校《希伯来书之研究》由上海灵声社刊行。

李明华、李伯诚编著《义工布道法》由信义书局刊行。

李荣芳著《诗篇浅说》由北平燕大基督教团契刊行。

廖瀛海编纂《子平四言集腋》（下册）由上海乾乾书社刊行。

刘权编著《爱友流传录》（第1集）由湖北汉口编者刊行。

上海公教进行会编《上海董家渡公教进行会成立二十五年纪念册》由上海编者刊行。

圣母小昆虫会修士编《崇修圣范新编》（上下册）由北平圣母会刊行。

宋尚节讲《黑门甘露正续编》（1937年1—5月宋尚节博士在上海讲经记录、合订本）刊行。

谈养吾著《安亲常识》由上海著者刊行。

天津海大道中华基督教会编《天津海大道中华基督教会年报（1937年）》由天津编者刊行。

万宾来著《（生活信友化）收成谢恩敬礼》由山东兖州天主堂印书馆刊行。

万宾来著《（生活信友化）谢恩敬礼》由山东兖州天主堂印书馆刊行。

王恩洋著《世间论》由上海佛学书局刊行。

韦千里编《六壬易知》由上海著者刊行。

韦千里著《千里命稿》由上海校经山房成明书局刊行。

韦千里著述（增订）《六壬秘笈》（占课必读）由上海著者刊行。

魏勘著《真安居士笔记》由上海佛学书局刊行。

文助华编《基督与青年》由上海广学会刊行。

夏伯多禄著《白话宣讲》刊行。

谢颂羔编《圣诞文书》由上海广学会刊行。

星命研究社校订《六壬神课金口诀》由上海鸿文书局刊行。

烟台足前明灯报社编《撒迦利亚书考详》（下）由山东烟台编者刊行。

杨钟钰编《觉世宝经中西汇证》刊行。

张伯怀著《新约正经成立史》由上海广学会刊行。

张怀编著《鲍斯高司铎教育法》由北平光启学会刊行。

张仁恺著《新约之犹太教背景》由上海广学会刊行。

张心若、徐少凡记《多杰觉拔尊者开示录》由江苏无锡圆通寺刊行。

张之盐著《一个模范的工人》由上海土山湾印书馆刊行。

赵希明编《耆年汇刊》由基督教四市耆年会刊行。

赵增琦等编《信者必救》由天津刊行。

中华公教进行会总会长办事处编《上海公教进行会银庆纪念册（中华民国元年—二十五年）》由上海编者刊行。

中华公教进行会总监督处编《中华全国公教进行会统计册》由北平编者刊行。

中华基督教会编订《普天崇拜》由上海广学会刊行。

中华基督教会全国总会编《中华基督教会全国总会第四届总议会记录》由编者刊行。

中华全国基督教协进会编《第十三期中国基督教会年鉴附编》由上海编者刊行。

巴神父编《模范修女》由河北献县张家庄天主堂印书馆刊行。

孙作云著《中国古代的灵石崇拜》刊行。

民生部社会司编《宗教及古迹文物名胜天然纪念物要览》由辽宁沈阳编者刊行。

曹伯韩著《通俗社会科学二十讲》由重庆读书生活出版社刊行。

胡伊默著《社会科学读本》由上海一般书店刊行。

李达著《社会学大纲》由上海笔耕堂书店刊行。

按:此书首次把辩证唯物论和历史唯物论作为一个整体进行论述,重点阐述了辩证唯物论与历史唯物论的基本理论和二者之间的关系,强调辩证唯物论和历史唯物论是包括史学在内一切学科唯一的科学理论和方法,这在史学界产生了重要的影响。(参见王学典《20 世纪史学编年(1900—1949)》,商务印书馆 2014 年版)

马哲民著《新社会学》由上海杂志公司刊行。

按:是书包括绪论、社会经济的构成、社会经济的发展、阶级和国家、社会意识形态等 4 章。

潘光旦著《人文史观》由上海商务印书馆刊行。

按:是书收录作者的《文化的生物学观》《人文史观与"人治"的调和论》《平等驳议》《优生婚姻与法律》《妇女解放新论》《民族元气》等论文 11 篇。

潘光旦著《民族特性与民族卫生》由上海商务印书馆刊行。

周烈三著《华族生命论》由四川成都新智书店刊行。

王斐荪著《人类社会研究》由上海中华书局刊行。

程伯群编著,吴敬恒校订《中国社会思想史》由上海世界书局刊行。

何干之著《中国社会性质问题论战》由上海生活书店刊行。

按:詹婧韶《中国社会性质问题论战》说:"中国社会性质论战,是第二次国内革命战争时期我国思想理论战线上的一场重要论战。论战的时间,从 1928 年至 1936 年,参加论战的派别和人物,遍及当时中国的主要政党和政治派别。论战的中心内容,是关于中国社会的性质和革命的性质,关于中国革命的对象、任务、动力和前途等问题。这场论战,对马克思主义在中国的传播和发展,有重要的意义。……中国社会性质问题的论战,经过两大阶段。论战的第一阶段,从 1928 年—1933 年,先是综论中国社会的性质和革命的性质,集中辩论中国革命的对象、动力、任务和前途等问题。论战围绕着对帝国主义、封建主义、民族资本主义三种社会势力的认识而进行:究竟帝国主义的入侵,对中国社会发生了什么影响? 帝国主义是破坏了中国封建势力,还是维持了它? 是打击了中国民族资本主义的势力,还是促进了它? 争论的中心是当时中国社会究竟是什么社会。参加这阶段论战的主要派别有三个:一是新生命派,即蒋介石国民党派;二是新思潮派,即中国共产党马克思主义派;三是动力派,即中国托洛茨基派。论战的第二阶段,从 1934 年—1936 年,中心内容是中国农村社会的性质,故又称中国农村社会性质论战。参加这阶段论战的主要派别有两个:一是中国经济研究会,即中国托派;二是中国农村经济研究会,即中国共产党马克思主义派。"(中国人民大学党史系党史进修班(83 级)编《中共党史专题讲稿(教学参考材料)》第 2 册,中国人民大学出版社 1983 年版)

何干之著《中国社会史问题论战》由上海生活书店刊行。

按:是书上编亚细亚生产方法论争的意义;中编中国奴隶社会的方法论;下编中国封建社会的特质。

按:贾宗荣主编《中国现代史》(修订版)说:"在中国社会性质问题的论战开展不久,关于中国社会史问题的论战又在思想理论界展开,并于 1932 至 1933 年间达到高潮。这次论战大体围绕着以下三个问题而展开。一是关于亚细亚生产方式问题。马克思主义史学家郭沫若、吕振羽等逐步修正自己的意见,最后认为它实际上是中近东一带的一种早期奴隶制。托派李季等认为它是东方介于原始社会和封建社会之间的一种特殊的社会形态,有的则认为它是东方的封建制。二是关于中国历史上有无奴隶社会的问题。郭沫若最早提出西周是中国的奴隶制时代。其后吕振羽又进一步指出殷代也是奴隶制社会。托派大多数人则否认中国历史上曾有过奴隶社会。三是关于秦汉以后中国社会性质的问题。郭沫若、吕振羽等一致认为,从秦汉到鸦片战争,中国一直处于封建社会阶段。由国民党文人组成的新生命派和大多数托派分子则认为,这一时期是商业资本主义社会,或其他种种特殊性质的社会。通过论战,马克思主义史学家批驳了各种企图以中国历史发展的特殊性来否认马克思主义科学性的观点,为中国的历史科学奠定了马克思主义的理论基础。其不足是,为了强调马克思主义原理的普遍适用性,研究中常常表现出教条化、公式化的倾向,对中国历史发展的特殊性重视不够,这反过来又影响了论战的深化与社会科学自身的发展。"(华东师范大学出版社1997年版)

傅尚霖编《中国社会问题的总检讨》由广东广州中山大学社会研究所社会学系刊行。

瞿宣颖编《中国社会史料丛钞》(上中下册)由上海商务印书馆刊行。

刘炳藜编《社会问题纲要》由上海中华书局刊行。

陈端志著《抗战与社会问题》由上海商务印书馆刊行。

鲁男著《怎样学习社会科学》由上海乐华图书公司刊行。

金则人等著《给初学社会科学者》由上海通俗文化社刊行。

李剑华著《非常时期之社会政策》由上海中华书局刊行。

按:是书论述社会政策的意义、贫穷救济政策、失业救济政策等问题。

罗敦伟编《我们的社会》由江苏南京正中书局刊行。

按:是书包括我国的种族、古代社会的文化、土地制度、人口的结构、家族制度、社会新结构的因素、社会新结构的分析7章。

楚云编著《实践的知识》由上海读书生活出版社刊行。

王仲武著《统计学原理及应用》由上海商务印书馆刊行。

按:是书论述统计学的原理及应用。分两编16章,第一编诠释原理;第二编说明应用。各章之末附有摘要、问题、参考书三项。

南京市社会局编《南京社会》(调查统计资料专刊)由江苏南京编者刊行。

广西省政府编《广西统计丛书》(第14种)由广西编者刊行。

方秩音等编《(现代常用)交际百科全集》由上海大方书局刊行。

邱致中著《都市社会事业》由上海有志书屋刊行。

言心哲著《农村社会学导言》由上海中华书局刊行。

李景汉著《中国农村问题》由上海商务印书馆刊行。

按:是书不仅对农村土地、农村金融、农村合作、农村经营、农村组织、农村教育、农村卫生、农村娱乐、农村迷信、农村家庭、雇佣劳动等具体问题进行了全面、系统的考察,而且深入探讨了中国农村问题的根源、实质、重心和解决中国农村问题的途径。作者说:"对于中国农村问题的解决,我们要认清下列数点:农村问题是中国社会问题的中心问题;农村问题到了严重时期,若不急谋解决之道,则不但农村之前途危险万状,即民族之前途亦将不堪设想;农村问题之解决的主要目标,是为着大多数农民问题之解决;农村问题是一整个的问题,任何简单的问题,亦无不与其他许多方面的问题发生不可分离的复杂关系;土地问题为农村问题的根本问题,土地问题解决了以后,其他农村经济问题、农村人口问题、农村教育问题、农村组织问题、农村卫生问题,与所有的其他农村问题亦都易于逐渐彻底的解决;欲求今日中国农村问题之解决,固然非要全国上下全体动员不为功,而其需要政府之力量实较任何方面之力量为独多,若政府当局连对于中山先生之和平的主张都无决心促其早日实现,则农村问题之解决即无从谈起,农村问题将益趋恶化,暴动流血亦将无已时。"

梁漱溟著《乡村建设理论》(一名《中国民族之前途》)由山东邹平乡村书店刊行,有自序。

按:是书集中反映了梁漱溟的乡村建设的思想理论。全书汇集了作者1932年至1936年在乡村建设研究院的讲稿共9篇,作者认为这是他"困勉研索的结果""这里面的见地和主张,萌芽于民国十一年,大半决定于十五年冬,而成熟于十七年"(《乡村建设理论·自序》)。该书出版后,影响颇大,当时人们认为这是中国现代教育界最有创造性的教育理论著作,认为此书确定了梁漱溟在中国现代教育史上的地位。但也有不同意见。陈序经在《乡村文化与都市文化》《乡村建设的途径》等文章中批驳了梁漱溟等人欲通过乡村建设使中国成为高度文明,以乡村为主体为根据社会的设想,指出在现代化的世界"以农立国"只能是一种愚妄和幻想。这可以看做是他"全盘西化论"的一个深入和发展。

梁漱溟著《乡村建设理论提纲初编》由湖北武昌乡村书店刊行。

千家驹著《中国的乡村建设》由上海大众文化社刊行。

姚惠泉、沈光烈编,江恒源校《农村改进概说》由上海中华职业教育社刊行。

金轮海编《农村建造》由上海商务印书馆刊行。

骆耕漠著《现代青年的职业问题》由上海新知书店刊行。

张秉辉著《抗战与救济事业》由上海商务印书馆刊行。

张劲夫著《救济难民》由上海生活书店刊行。

大路社专门委员会编《难民生养法》由上海国防常识出版社刊行。

钱弗公编《儿童保护》由上海商务印书馆刊行。

林玉文编《南京东瓜市与其附近之棚户调查》由江苏南京金陵女子文理学院社会学系刊行。

何清儒编著《事务管理的实施》由上海商务印书馆刊行。

陈顾远著《中国婚姻史》由上海商务印书馆刊行。

谢颂羔编《家庭须知》由上海国光书店刊行。

李人杰著《管理妻子秘诀法》由上海中英书店刊行。

考夫曼等著,中国健康学会编《性欲与社会》由江苏南京性科学编译社刊行。

李家瑞编《北平风俗类征》(上下册)由上海商务印书馆刊行。

陈凌云著《现代各国社会救济》由上海商务印书馆刊行。

陈凌云著《欧美军事善后救济政策》由上海商务印书馆刊行。

张镜予、秦铨中编著《世界失业问题》由上海商务印书馆刊行。

吕振羽著《中国政治思想史》由上海黎明书店刊行。

按:是书系一部运用历史唯物论分析历代思想流变的思想通史,作者虽然重在揭示政治思想的发展脉络,但实际上却为整个中国思想史清理出了一个系统,从而成为马克思主义中国思想史的开创性之作。其中将中国古代思想家按唯物主义和唯心主义划分为两大阵营已显露简单化的弊端,对后来的马克思主义思想史研究产生深远影响。(参见王学典《20世纪史学编年(1900—1949)》,商务印书馆2014年版)

杨幼炯著《中国政治思想史》由上海商务印书馆刊行。

按:是书共4部分。古代部分包括古代政治思想概说及儒、道、墨、法各家;中古部分包括西汉诸子至唐代的政治思想;近代部分包括宋明清三朝政治思想;现代部分包括现代政治思想的产生、发展等。

庐山暑期训练团编《国家总动员概要》由编者刊行。

全国各界救国联合会编《救国言论集》由全国各界救国联合会刊行。

按:是书收《全国各界救国联合会成立大会宣言》《抗日救国初步政治纲领》《全国各界救国联合会章程草案》等11件。附:《上海文化界救国会对中宣部告国人书之辩证》《团结御侮的几个基本条件与最低要求》等4篇。

鲍乐乐编《百战百胜录》由上海个人刊行。

碧泉著《中日时局横断面》由上海时事新闻刊行社刊行。

宾符著《中国抗战与国际情势》由上海光明书局刊行。

陈端志著《抗战与民众训练》由上海商务印书馆刊行。

李铁铮编《国际形势与华侨军训》由庐山暑期训练团军训组刊行。

贝叶著《抗战与青年》由湖北汉口光明书局刊行，有著者小序。

广东第五区战时民众训练委员会干部训练所编《保甲与社丁》由编者刊行。

贵州省政府民政厅编《贵州省保甲概况》由编者刊行。

陈高傭著《抗战与保甲运动》由长沙商务印书馆刊行。

樊仲云著《抗战与国际形势》由上海商务印书馆刊行。

胡愈之著《抗战与外交》由上海生活书店刊行。

黄敬斋著《抗战与间谍》由上海商务印书馆刊行。

陶百川著《抗战与后援工作》由长沙商务印书馆刊行。

恽涵之著《抗战民运教程》由上海大时代出版社刊行。

翟茂林著《抗日战争与民众组织》由湖北武昌乡村书店刊行。

沈鹏编《抗敌宣传纲要》刊行。

胡绳著《后方民众的总动员》由湖北汉口生活书店刊行。

胡祥麟著《非常时期之民众训练》由上海中华书局刊行。

战区难民移植协会筹备委员会编《战区难民移植计划书》由上海编者刊行。

何曙春编《怎样做救亡工作》由上海国难资料出版社刊行。

姜君辰著《战争乎？和平乎？》由上海当代青年出版社刊行。

孙冶方著《战时的农民运动》由黑白丛书社刊行。

曾恭编《国际政论家之中日战争论》由上海亚东图书馆刊行。

陈独秀著《抗日战争之意义》由上海生活出版社刊行。

陈独秀著《抗日战争之意义》由上海亚东图书馆刊行。

陈独秀著《怎样使有钱者出钱有力者出力》由上海亚东图书馆刊行。

奠萱元著《抗战与敌国之现势》由长沙商务印书馆刊行。

宋庆龄著《中国不亡论》由上海生活书店刊行。

蒋介石讲《抗战到底》由上海生活书店刊行。

蒋介石著《抗战方针》由江苏南京战争丛刊社刊行。

冯玉祥著《新大学——民族革命哲学》由个人刊行。

冯玉祥编著《现代政治斗争原理笔记》由三户社刊行。

朱德著《抗战到底》由上海救亡出版社刊行。

彭德怀著《争取持久抗战胜利的先决问题》由焦土出版社刊行。

潘汉年著《全面抗战论》由上海生活书店刊行。

傅于琛著《国民救亡政治知识》由上海黎明书局刊行。

龚德柏著《中国必胜论》由江苏南京救国日报社刊行。

李景禧著《抗战必胜论》由江苏南京中山文化教育馆刊行。

李时森著《最后胜利论》由宁波最后胜利社刊行。

建宇选编《救亡运动的理论与实践》由春流书店刊行。

静观著《人民战线之检讨》由国魂书店刊行。

李笃行等著《民族精神国防》由上海汗血书店刊行。

林庚白著《抗日罪言》由江苏南京中山文化教育馆刊行。

陆印泉著《中国抗战的前途》由江苏南京内外杂志出版社刊行。

石础著《救亡工作中的干部问题》由上海黑白丛书社刊行。

史国纲著《自卫与侵略》由上海商务印书馆刊行。

适夷编《大众抗战讲话》由湖南长沙三一出版社刊行。

孙冶方著《全民抗战的理论基础》由上海黎明书局刊行。

谭辅之编《和平与国联》由上海亚东图书馆刊行,有编者序言。

谭辅之著《抗战持久必胜论》由上海亚东图书馆刊行。

田倬之著《抗敌战事与世界大战》由江苏南京金陵日报社刊行。

章乃器著《抗日必胜论》由上海杂志公司刊行。

章雅声著《抗日外记》由上海中国图书杂志公司刊行。

吴铁城著《抗战言论集》由上海良友图书公司刊行。

王芸生著《由统一到抗战》由上海大公报馆刊行。

金亦飞编《破碎的中国》由上海展望书店刊行。

王梓锋著《兴国刍义》由著者刊行,有余光煦序及自序,自述。

竺可桢等编《科学的民族复兴》由上海中国科学社刊行。

张奠原著《复兴中华管见》由北平中华印书局刊行。

李麦麦、林一新著《中国民族运动之现在与将来》由上海真理出版社刊行。

王健生编《民族生存》由中国民生学社刊行。

王若愚、楼兴邦编《中国往何处去?》由时事研究社刊行。

章乃器等著《民族出路问题论丛》由青年文化协会刊行。

张卫滨著《中国目前几个重要问题》由北平知行节店刊行。

赵纪彬著《马克思主义与孙文主义之综合对勘法的探讨》由浙江反省院刊行。

方济生著《总理遗教与张学良》由江苏南京东方问题研究会第一支部刊行。

蒋介石讲《总理遗教》由江苏南京前途书局刊行。

张和重选辑《中山先生遗教》由上海商务印书馆刊行。

彭国栋编《蒋介石先生嘉言类钞》由上海商务印书馆刊行。

蒋介石著《蒋委员长新生活运动讲演集》由新生活运动促进总会刊行。

钟际华编辑《蒋介石言行录》由上海更新出版社刊行。

朱光鼐编《蒋委员长言论集》由开文出版社刊行。

陈肇英著,福建省党部编《陈肇英先生言论集》由编者刊行。

广西省政府教育厅选,广西民团干部学校编《中国革命问题》由编者刊行。

江西省立民众教育馆编,钟生荣编辑《前进的中国》由江西南昌编者刊行。

蒋介石讲《国力之源》由庐山暑期训练团刊行。

蒋介石演讲《力行丛书》由庐山暑期训练团刊行。

新生活运动促进总会编《新生活运动标语汇编》由编者刊行。

朱海达编《领袖珍言集》由上海新生活出版刊行。

管雪斋编《非常时期之言论》由湖北汉口华中图书公司刊行。

沈凤冈编《蒋委员长全集》由上海国泰书局刊行。

白崇禧讲《白崇禧先生演讲》刊行。

白崇禧讲《白崇禧将军最近言论选集》刊行。

林柏生编《汪精卫先生最近言论集》（上下编）由上海中华日报馆刊行。

毛泽东著《毛泽东论文集》由上海大众出版社刊行。

福建省县政人员训练所编《陈主席的思想》由福州福建省政府秘书处公报室刊行。

史仁编《时代文选》由上海新华书局刊行。

王芸生著《芸生文存》由上海大公报馆刊行。

郭步陶编著《不为奴隶论文集》由上海著者刊行。

黄昌谷著《三民主义之科学性》由广东广州国立中山大学出版部刊行。

刘群著《中国在统一中》由上海新生出版社刊行。

邹文海著《自由与权力》由上海中华书局刊行。

按：是书分叙论、政府权力的基础、政府权力与行政效率、自由的意义、自由和权力的保障、自由与权力等 6 章。

杨幼炯著《中国政党史》由上海商务印书馆刊行。

龙鬻编《中国国民党党史教程》由中央陆军军官学校刊行。

罗伽著《中国青年怎样应付非常时期》由上海教育书店刊行。

罗纲秩、朱永龄选辑《中国人民阵线的检讨和批评》由一四九师政训处刊行。

统一评论社编《揭开人民阵线的幕》由成都统一评论社刊行。

章铭理编《人民阵线检讨集》由江苏南京拔提书店刊行。

《大元马政记、官制杂记》由北平文殿阁书庄刊行。

徐式圭著《中国监察史略》由上海中华书局刊行。

按：是书介绍中国未有监察以前的官吏状态、监察的由来、魏晋十六国南北朝的监察工作、唐朝监察的全盛、五代监察的没落、宋朝监察的复兴及辽金监察的仿制等。

监察院编《监察院工作报告》由编者刊行。

康问之著《行政督察专员制度》由上海木铎书局刊行。

考试院秘书处编《考试院工作报告》由编者刊行。

考试院秘书处编《考试院施政成绩统计》由编者刊行。

蒋慎吾编《近代中国市政》由上海中华书局刊行。

按：是书阐述近代都市之成因，以及市选举、市权限、市行政等方面的问题。

薛伯康编著《人事行政大纲》由南京正中书局刊行，有甘乃光序及自序。

王培槐编著《政治侦探》由中央陆军军官学校特别训练班教务组刊行。

林东海著《外事警察与国际关系》由上海商务印书馆刊行。

丁鹤编著《中国外事警察概要》由江西南昌丁鹤著译室刊行。

首都警察厅编译室编《警察必读》由江苏南京编者刊行。

蒋介石讲，陈柏心笔记《警察行政地位及其重要性》由庐山暑期团刊行。

山东省会警察局编《山东省会警察概况》由山东编者刊行。

韦瑞墀著《中国警管区制的理论与实际》由上海中华书局刊行，有彭百川弁言及自序。

赵志嘉编著《警察工作经验谈》由上海世界书局刊行。

中央警官学校编《中央警官学校业务概况》由编者刊行，有李士珍序。

徐增明著《非常时期之警察》由上海中华书局刊行。

按：是书介绍欧美各国警察的现状、警察的教育、警察勤务、警察对犯罪者的应付方法、交通整理、户口查察、消防问题、防空与警察，以及警察的意义和工作任务。

张恩书编《警察实务纲要》由上海中华书局刊行，有著者序及编辑大纲。

大路社专门委员会编辑《消防训练》由上海国防常识出版社刊行。

王德乾著《消防之理论与实际》由上海新真如社刊行。

刘孤帆著《地方自治读本》由上海宪政常识丛书社刊行，有丛书编者序言。

唐孝刚著《非常时期之地方自治》由上海中华书局刊行。

陶履谦著《近年中央对于内政之设施》由庐山暑期训练团刊行。

海城县总务科文书股编《海城县公署要览》由编者刊行。

林克多著《从陕北到晋北》由上海大时代出版社刊行。

陕西省政府秘书处编《陕西省政府工作报告》由编者刊行。

平湖县政府编《平湖县政概况》由浙江平湖县政府秘书室刊行。

三台县汇刊编辑部编《三台县汇刊》由三合县编者刊行。

谭炳训著《香港市政考察记》由江西庐山管理局刊行，有著者序。

张剑萍编《中国的新西北》由上海战时读物编译社刊行。

张鉴处等著《川政与川灾舆论一斑》刊行。

张维汉著《海南岛》由香港著者刊行。

中国国民党江西省党部编《江西省党部部务管理》由江西编者刊行。

刘思慕著《中国边疆问题讲话》由上海生活书店刊行。

张印堂著《蒙古问题》由上海商务印书馆刊行。

陈健夫著《西藏问题》由上海商务印书馆刊行。

释法尊著《现代西藏》由重庆汉藏教理院刊行。

释法尊著《我去过的西藏》由重庆汉藏教理院刊行，有刘文辉、张为炯等题字，太虚序。

按：是书详细介绍与评述了赴藏沿途的人文风土、地理版图等，从地区与国家安全关系、地缘政治的角度阐述有效管理西藏的特殊性与重要性；在西藏佛教与人口、佛教与社会的关系问题上，法尊法师认为以佛教为核心文化与民族心理意识的西藏社会，任何相关问题的解决都不宜改变或动摇佛教的神圣地位，而应以佛教为基线在宗教与政治关系处理中寻求合理方案。

方秋苇著《非常时期之边务》由上海中华书局刊行。

方秋苇著《中国边疆问题十讲》由上海引擎出版社刊行。

符泽初著《广东米荒与救济》由广东新生路月刊社刊行。

河北移民协会制《河北移民报告书》由制者刊行。

常志箴著《视察密县等十二县灾赈报告》刊行。

胡鸣龙著《非常时期之县政》由上海中华书局刊行。

湖北政府秘书处统计室编《湖北省二十四年水灾统计》由编者刊行。

柯鸣泉著《战时民众心理及战地民运工作》由上海汗血书店刊行。

孔充著《县政建设》由上海中华书局刊行。

柳乃夫著《内地工作的经验》由上海黑白丛书社刊行。

骆耕漠著《战时后方民众训练》由上海黎明书局刊行。

蒋介石著,浙赣铁路教育委员会编《职工训练丛书》由编者刊行。

皮宗明著《非常时期之情报工作》由上海汗血书店刊行。

尚传道编《非常时期之地方行政》由上海中华书局刊行。

石础著《怎样做内地工作》由上海黑白丛书社刊行。

史文忠著《中国县政改造》由江苏南京县市行政讲习所刊行。

四川省粮食调整委员会编《四川省二十五年至二十六年旱灾视察报告》由编者刊行。

杨弗根著《弄堂组织》由上海黑白丛书社刊行。

孟繁编《救亡工作的技术问题》由文化出版社刊行。

章乃器著《民众基本论》由上海杂志公司刊行。

郑肇著《非常时期地方治安》由上海汗血书店刊行。

朱元懋编著《战地民众组织》由江苏南京正中书局刊行。

朱兆萃撰《非常时期之精神训练》由上海中华书局刊行。

王少祥著《抗战中之民众组织与训练》由中央陆军军官学校特别训练班刊行。

王寒禅著《怎样唤起民众》由惟理社刊行。

金陵大学农学院农业经济系编《农会推进乡村建设之实验》由编者刊行。

陈毅著《怎样动员农民大众》由上海杂志公司刊行。

社会部组织训练司编《农运法令辑要》由编者刊行。

席征庸编著《农民和敌机》由湖南长沙中华平民教育促进会刊行。

袁宗泽编著,陈立夫主编《童子军》由江苏南京正中书局刊行。

张德培编著《现代各国青年训练》由北平文化与教育旬刊社刊行。

郑昊樟、陈宝璋编《童子军军号吹奏法》由上海中华书局刊行。

周伯平等编著,姜卿云编校《中国幼童军课程训练》刊行。

陈碧云著《现代妇女问题丛谈》由广东广州亚东图书馆刊行。

黄菊萍著《新女性讲话》由上海联华出版社刊行。

郭箴一著《中国妇女问题》由上海商务印书馆刊行。

按:是书包括妇女问题之史的研究,现代中国妇女问题,中国妇女运动 3 章。附参考材料。

罗琼等著《战时的妇女工作》由黑白丛书社刊行。

吴成编《非常时期之妇女》由上海中华书局刊行。

按:是书乃中国新论社非常时期丛书之一。内容包括妇女在民族中的地位和责任、非常时期之妇女
应该怎样组织、非常时期之妇女应该怎样训练、非常时期之娼妓应该怎样取缔及非常时期的婚姻问题。

李祥麟著《门户开放与中国》由上海商务印书馆刊行。

周鲠生著《非常时期之外交》由上海中华书局刊行。

按:是书论述中日事件与国际联盟、英美政策、中日问题与远东政局、日本利益、中国立场等问题。

王卓然、刘达人主编《外交大辞典》由上海中华书局刊行。

陈钟浩编《国际政治教程》由中央陆军军官学校刊行。

钱奕石著《世界政治现势》由大众文化社刊行。

林希谦编《非常时期之国际关系》由上海中华书局刊行。

按:是书叙述第一次世界大战后国际军事、外交、经济形势。

胡愈之等著《怎样保障世界和平》由战时出版社刊行。

孔士谔、吴闻天著《世界移民问题》由上海商务印书馆刊行。

外交部情报司编《国外情报选编》(侨务第 17 号)由编者刊行。

外交部情报司编《国外情报选编》(政治第 33 号,总第 138 期)由编者刊行。

徐凌云编著《近世西洋外交史》由江苏南京正中书局刊行。

按:是书叙述自维也纳会议(1814 年)至伦敦海军会议(1930 年)期间,以欧洲为中心的国际关系及外交活动。分 4 编:正统主义时期、民族主义时期、帝国主义时期、国际主义时期。

吴景新编著《现代各国外交史纲》由江苏南京正中书局刊行。

周安国著《被压迫民族战争论》由湖北汉口上海杂志公司刊行。

按:是书分 9 章。介绍被压迫民族战争的必然性和意义,被压迫民族对于现代战争应有的认识,以及被压迫民族与游击战、夜间战、巷街战、空中战、化学战、宣传战等问题。

陈洪进著《殖民地与半殖民地》由上海黑白丛书社刊行,有著者序言。

何封著《各国的法西斯运动和反法西斯运动》由大众文化社刊行。

吴友三编著,孙锡麟校订《法西斯运动问题》由上海商务印书馆刊行,有著者序。

谢远达著《现代联邦制度之研究》刊行。

管雪斋编著《九国公约成立之经过》由湖北汉口华中图书公司刊行。

宋斐如著《九国公约会议与我们应有的斗争》由江苏南京中山文化教育馆刊行。

国际时事研究会编《九国公约会议的认识》由编者刊行。

张彝鼎等著《国联改造问题》由江苏南京正中书局刊行。

瞿冰森编著《今日之国联》由湖南长沙中华平民教育促进会刊行。

薛典曾、郭子雄编《中国参加之国际公约汇编》由上海商务印书馆刊行。

梅剑父著《太平洋上的争霸战》由上海中华书局刊行。

按:是书分述帝国主义的太平洋政策,英、美、日等国在太平洋区域的经济斗争、政治角逐和军备竞赛,并评论苏联的反帝国主义斗争和中国民族革命运动的作用及影响。有编者序言。

周信铭著《太平洋的两岸》由广东广州岭南大学刊行。

郭沫若著《忠告日本政治家》由上海文艺研究社刊行。

金华县立民众教育馆编《日本不足怕》由编者刊行。

国难资料编辑社编《日本大陆政策之真面目》由上海生活书店刊行。

李凡夫著《中国与日本》由上海引擎出版社刊行。

柳乃夫著《日本的大陆政策》由上海黑白丛书社刊行。

余仲瑶编著《日本人的中国观》由湖北汉口华中图书公司刊行。

武宜停著《中日国交善化经济提携策》由北平著者刊行。

凌青著《中日实力的对比》由上海当代青年出版社刊行。

王造时著《为中日问题敬告日本国民》由著者刊行。

张轸著《日本最近青少年团实况》由军政部刊行。

碧泉著《火事船中的日本》由上海时事新闻刊行社刊行。

按:作者发自东京的通讯稿共 18 篇。有《日本陆军的发展与现势》《日本军部的内情》《日本海军的发展与现势》《日本思想界的动向》《“火事船”中的日本》《日本外务省的内情》《日本的底流》等。有夏衍代序《日本在过阴天》。

碧泉著《日本的逆流》由大时代出版社刊行,有著者后记。

卜少夫著《日本面孔》由杭州国民出版社刊行。

丁夷编著《日本的大悲剧》由上海中国出版公司刊行。

国际研究社编《战时日本》由上海编者刊行。

金长佑著，臧启芳校《日本政府》由上海商务印书馆刊行。

冷壁著《今日的日本》由上海黑白丛书社刊行。

李凡夫编著《日本的过去现在和未来》由上海杂志公司刊行。

按：是书包括原始时代，封建时代，明治维新，资本主义发展，帝国主义特性，国家机构与政治动态，日本帝国往哪里去。

李凡夫著《从广田内阁到林内阁》由上海生活书店刊行。

李英著《日本警察概况》由庐山暑期训练团刊行。

林克多著《日本在华间谍网》由上海杂志公司刊行。

按：是书记述日本在华间谍主要人物，组织机构，工作纲要，人选及工作方式等。

柳仁著《近卫内阁面面观》由上海时事新闻社刊行。

楼兴邦著《日本政局之矛盾》由江苏南京正中书局刊行。

按：是书包括解散议会与总选举及永田铁山事件、二二六事件及广田内阁、刷新庶政及戒严令下之特别会议等。有著者序。

思慕著《日本的财阀·军部与政党》由上海黑白丛书社刊行。

宋子元著《日本帝国往哪里去》由浙江绍兴青年抗敌丛书社刊行。

惕斋编《日本政局分析概观》刊行。

王纪元著《日本政治研究》由上海生活书店刊行。

余仲瑶著《战时的日本动态》由湖北汉口华中图书公司刊行。

张道行著《日本政治机构》由上海商务印书馆刊行。

张庆泰著《苏联政治讲话》由香港华南图书社刊行。

林孟工编《现代苏联政治》由上海商务印书馆刊行，有编者序言。

锤苊著《苏联的党案》由上海良友图书印刷公司刊行。

简芙编《苏联大党案》由上海时事新闻刊行社刊行。

郑学稼著《苏联党争》由上海真理出版社刊行，有自序。

吴克刚编著《现代捷克斯拉夫政治》由上海商务印书馆刊行。

骆德荣编著《意法英德考察实录》由江苏南京拔提书店刊行，有自序。

蒋恭晟著《德奥合并问题》由江苏南京正中书局刊行。

黄子度著《现代德国政治》由上海商务印书馆刊行。

何擎天编著《德国政略论》由上海国际研究社刊行。

薛光前著《意大利复兴之道》由上海商务印书馆刊行。

按：是书包括教育之改革、立国于互助主义上之意大利、党的组织与运用、意大利之青年训练等。有自序及陈立夫、张嘉璈、蒋方宸等序。

杜若君著《今日的英国》由上海黑白丛书社刊行。

何子恒编著《现代法国政治》由上海商务印书馆刊行。

沈乃正编著《法国地方政制》由上海商务印书馆刊行。

按：是书介绍法国各级地方政府沿革，地方政府的组织、权限、事务，官治与自治二者的分际及关系，中央及上级机关监督权的运用等。

董希白编《现代比利时政治》由上海商务印书馆刊行。

吴学义编《法学纲要》由上海中华书局刊行。

贾席珍编述《法律学》由军需学校刊行。

按:本书为该校特别学员班的法学教材。

阮毅成编著《非常时期之法律知识》由上海中华书局刊行。

陆维特编《大众法令知识》由湖北汉口战时大众知识社刊行。

高承元著《辩证法的法律学方法论》由广东广州平民书店刊行。

薛允升著《唐明律合编》由上海商务印书馆刊行。

程光铭著《支那之法理学》由吉林长春明魁章书店刊行。

杨鸿烈著《中国法律在东亚诸国之影响》由上海商务印书馆刊行。

谢振民编著,张知本校订《中华民国立法史》由江苏南京正中书局刊行。

储玉坤编《中国宪法大纲》由上海中华书局刊行。

陈烈著《政法论丛》由杭州著者刊行。

李宗吾著《制宪与抗日》由四川成都著者刊行。

徐百齐、郑兢毅编《战时适用法规概要》由上海商务印书馆刊行。

斯文注释《中华民国民刑法注释》由上海共和书局刊行。

陶天南著《中国行政法总论》由上海中华书局刊行。

按:是书内容包括基础概念、行政组织、关于公务之法律地位、行政行为、弹劾及惩戒、诉愿审理及行政审判等。

陕西省民政厅编《陕西省民政单行法规汇编》由陕西西安编者刊行。

外交部参事厅编《外交部法规汇编》由江苏南京编者刊行。

立法院编《出版法》由江苏南京编者刊行。

南京市政府法规编纂委员会编《南京市政府法规汇编》由江苏南京南京市政府刊行。

曹杰著《中国民法物权论》由上海商务印书馆刊行。

钟乃可著《典权制度论》由上海商务印书馆刊行。

陈天表著《票据通论》由上海商务印书馆刊行。

王仲桓著《破产法要论》由上海中华书局刊行。

按:是书根据当时破产法的编制加以系统的论述。

杨鹏著《最后挣扎中之领事裁判权》刊行。

刘达人、袁国钦著《国际法发达史》由上海商务印书馆刊行。

吴蔼宸著《苏联宪法研究》由上海大公报馆刊行。

郑虚舟著《苏联新宪法》由上海良友图书印刷公司刊行。

张仲实编《苏联新宪法研究》由上海生活书店刊行。

立法院编译处编《各国选举法选编》由上海商务印书馆刊行。

郭卫著《现行法制大意》由上海法学编译社刊行。

陈朝壁著《罗马法原理》由上海商务印书馆刊行。

薛典曾著《保护侨民论》由上海商务印书馆刊行。

卢峻著《国际私法之理论与实际》由上海中华书局刊行。

按:是书分别论述国际私法之概念、范围、性质、根据、演成和立法沿革,国际私法之渊源、研究方法、术语、外国法之适用、内国法之诈欺,以及外国判决等。

胡若愚著《现代战争理论》刊行。

陈彬龢主编《论战争》由桂林前导书局刊行。

张志龢编著《军事与政治之关系》由四川成都球新印刷厂刊行。

杨虎著《抗战与军事常识》由长沙商务印书馆刊行。

广东国民军事训练委员会编《战时国民军事常识》由编者刊行。

林智清著《战时人民常识》由上海汗血书店刊行。

陈沐编《非常时期之军事知识》由上海中华书局刊行。

牺牲救国同盟会编《常识读本》由军政训练委员会政训部刊行。

蒋魁吾主编《国民军事常识》由上海国民军事常识编译社刊行。

庐山暑期训练团编《军用重要数字之参考》刊行。

陶晓光编《大众军事知识》由上海战时大众知识社刊行。

蒋锄欧著《欧美军事交通考察记》由上海中华书局刊行。

江文新编著《列强军备》由长沙商务印书馆刊行。

徐祖诒讲述《列强军备概要》由江西庐山暑期训练团刊行。

李冠礼著《新海军知识》由上海商务印书馆刊行。

李作砺著《广西民团概要》由广西公务人员训练班刊行。

金典戎主编《新战术与新兵器》由北平军学出版社刊行。

蒋介石讲,空军总司令部新闻处编《中国现代军人须知》由编者刊行。

齐廉著《蒋委员长治兵语录》由江苏南京军学编译社刊行。

李君纶搜集,励兵馆主编《军人新知》由安徽桐城励兵馆刊行。

龙云讲《龙司令长官告诫出征将士书》由滇黔绥靖公署政治训练处刊行。

蒋介石讲,空军总司令部新闻处编《军人精神教育释要》刊行。

蒋介石讲,空军总司令部新闻处编《军人应确立革命的人生观》刊行。

中国国民党浙江省党部编《政治训育丛刊》刊行。

冯玉祥著《军人读训讲释》刊行。

刘德超编著《军事游戏》由江苏南京拔提书店刊行。

夏赫著《军队游戏指挥法》由江苏南京军学编译社刊行。

万琮著《战时我国公路军事运输至实施计划与统制管理问题》刊行。

沈清尘编著《中国国防史略》由上海正中书局刊行。

按:是书分 11 章:绪论、秦汉以前之大势、秦汉、三国两晋南北朝时代之国防、隋唐、唐末五季之国防大势、宋、辽金元、明、清、近代。

吴光杰著《国防常识》由上海中华书局刊行。

唐子长著《国防战略》由江苏南京京城印书馆刊行。

应毅编《国防新知》由上海儿童书局刊行。

柳湜著《国防的理论与实践》由上海北新书局刊行。

程清舫著《非常时期之国防建设》由上海中华书局刊行。

陈启天等著《国防中心论》由上海大光书局刊行。

张韶著《国民军事教育之意见及其推进方法》由江苏南京军学编译社刊行。

刘士毅著,吕孟谨编《任夫五稔言选》由军校总办公厅刊行。

康泽讲《学员入班须知》由中央陆军军官学校特别训练班刊行。

陆军步兵学校编《射击教育纪实》由江西庐山暑期训练团刊行。

黄镇球编《防空常识》由上海商务印书馆刊行。

程炎泉编《防空常识》由上海世界书局刊行。

张曼羽著《防空与救护》由江苏南京战争丛刊社刊行。

张裕良著《抗战与防空》由上海商务印书馆刊行。

朱声希著《防空之理论与实际》由艺文印书局刊行。

林禹平编《国民防空常识》由枕戈书店刊行。

华襄治编《简易防空法》由上海中华书局刊行。

马昌实编《大众防空知识》由上海战时大众知识社刊行。

张猛编著《国防进化到空防时代及现在和未来的防空趋势》由第四路军总司令部刊行。

余子尊编述《军队防空战术讲话》由江苏南京防空学校刊行。

何世杰编著《部队防空要领》由江苏南京军用图书社刊行。

管瑛、朱克平编著《军队与民众防空防毒常识》由江苏南京拔提书店刊行。

唐凌阁著《战时安全设备》由上海商务印书馆刊行。

抗战救亡社编《抗战防空防毒、消防、救护常识》由上海万有出版社刊行。

茹春浦编《从军救国》由江苏南京战争丛刊社刊行。

徐百齐、吴鹏飞编著《兵役》由长沙商务印书馆刊行。

刘列夫著《国民兵役的法令和实施》由上海杂志公司刊行。

郭卫著《兵役法释义》由上海法学编译社刊行。

拙民著《伪满军事概况》由外交学会刊行。

林钧能编《空军战斗战略与战术》由江苏南京军用图书社刊行。

陈守常编《最新战术学及其参考》由江苏南京军用图书社刊行。

中央陆军军官学校编《基本战术讲义初稿》由中央陆军军官学校刊行。

胡守传编著《应用战术之标准》由江苏南京军用图书社刊行。

曹连元编述《干部驭兵术》由江苏南京军学编译社刊行。

杜辑庭编《新步兵典范令问答》由江苏南京武学书馆刊行。

训练总监部编《步兵斥候教程草案》由江苏南京军用图书社刊行。

孟法轲等编《新式步兵术科大全》由北平武学书馆刊行。

王连合等编《步兵小部队野外战斗教练指导》由江苏南京军学编译社刊行。

天篱编辑《步兵操典新草案》由江苏南京军用图书社刊行。

王治熙编著《新步兵操典草案——各个班排连基本战斗队形图解之研究》由江苏南京军用图书社刊行。

王德昭著《血战南口记》由河南叶县三一出版社刊行。

张克伐著《收复山西》由上海西北问题研究会刊行

陈正谟著《抗日必需的义勇军》由南京中山文化教育馆刊行。

张桂著《怎样组织义勇队》由战时大众知识社刊行。

张国平编著《抗日的第八路军》由上海抗战出版社刊行。

张哲龙编《抗日的第八路军》由上海救亡出版社刊行。

黄峰编《第八路军行军记——长征时代》由上海光明书局刊行。

李光著《中国新军队》由莫斯科外国工人出版社刊行。

彭德怀著《抗战胜利的先决条件》由焦土出版社刊行。

朱德等著《第八路军血战平型关》由上海抗战丛书出版社刊行。

张佐华著《游击战术讲话》由上海生活书店刊行。

伊宁编著《怎样运用游击战》由上海永华书店刊行。

范文澜编《游击战术》由经世半月刊开封分社刊行。

沈远著《游击战术的应用和组织》由陕西延安书局刊行。

杨逢源著《游击战》由中国文化建设协会刊行。

赵康著《民族革命的游击战》由南京国民书店刊行。

刘志坚著《抗战的战术与战略》由大时代出版社刊行。

金则人著《中日战争的战略与战术》由上海黎明书局刊行。

平心著《抗敌战略论》由上海光明书局刊行。

秦松石编著《中国历代兵制概要》由南京军用图书社刊行。

按：是书介绍了中国历代（自西周至清代）兵制的状况、发展与沿革。

武伯纶著《近世中华民族抗敌史》由西北印书馆刊行。

杨纪著《上海之战》刊行。

董大中编著《最新简易测绘》由江苏南京军学编译社刊行。

华襄治、华叔伦编《简易军事递讯法》由上海中华书局刊行。

华襄治、徐天游编《军用电话》由上海中华书局刊行。

武汉防空筹备处编纂股编订《避难所的设备》由湖北全省商会联合会刊行。

张曼羽编《简易防空壕建筑法》由湖北汉口扫荡报社刊行。

杜煐编著《防空地下室》由新绛军学图书馆刊行。

炮兵教导团编《野战炮兵筑垒教范》由江苏南京武学书馆刊行。

朱稣典编《弹的种种》由上海中华书局刊行。

徐天游编《手榴弹》由上海中华书局有限公司刊行。

胡宁生著《军用炸药》由上海商务印书馆刊行。

徐仁民编著《军用毒气化学》由浙江省立医学专科学校刊行。

华汝成编《毒气的种种》由上海书局刊行。

徐天游编《飞机识别概要》由上海中华书局有限公司刊行。

张鹏飞著《兵舰的种种》由上海书局刊行。

徐凤祥著《（新编）步兵平射炮教练之研究》由江苏南京军学编译社刊行。

张鹏飞编《炮的种种》由上海中华书局刊行。

赵纲著《炮兵间接瞄准法之研究》由江苏南京兵学研究会刊行。

华襄治编《坦克车》由上海中华书局刊行。

杨森霖、郑作舟著《最新捷克式伯郎林轻机关枪教练指南》由重庆军学编译社刊行。

周书盘编著《轻机关枪教育全书》刊行。

朱稣典编《枪的种种》由上海中华书局刊行。

王菊麟编述《低空射击学》由防空学校刊行。

刘拓著《化学与人生及国防之关系》由江西庐山暑期训练团刊行。

郑方珩讲《军用电学撮要》由庐山暑期训练团刊行。

谭勤余编《化学战争》由上海商务印书馆刊行。

钱保功著《大众化学战争知识》由上海战时大众知识社刊行。

方恩绶等编《化学战防御》由军政部学兵管理处刊行。

葛春霖著《化学战争与中国国防》由上海新知书店刊行。

朱泽普著《警卫知识》由上海战时大众知识社刊行。

吴石编《克罗则维茨战争论之研究》由江苏南京兵学研究会刊行。

羊枣著《苏联的国防》由上海大时代出版社刊行。

拙民著《日本在东北之驻军及其活动》由外交学会刊行。

包刚著《日本的陆海空军》由湖北汉口上海杂志公司刊行。

潘华国编《日本兵备》由湖南长沙陆军大学刊行。

周伯棣编《经济学纲要》由上海中华书局刊行。

按：是书论述经济学意义、价值与价格、生产及其要素、分配与所得等问题。

狄超白著《经济学讲话》由上海新知书店刊行。

刘絜敖著《经济学方法论》由上海商务印书馆刊行。

按：是书分21章。论述研究经济学的方法，介绍各派经济学说的方法论。附录：1.现代各家经济学说之方法论的分析；2.经济学体系之新区分。

崔尚辛著《少年经济学讲话》由上海开明书店刊行。

周宪文著《经济本质论》由上海商务印书馆刊行。

按：是书为论文集，内收《商品本质论》《货币本质论》《资本本质论》《恐慌本质论》《经济学本质论》《经济学目的论》《应常的经济学与应变的经济学》《军扩经济学》等8篇专论。卷首有作者的序。

周宪文主编《经济学辞典》由上海中华书局刊行。

李恭律著《经济演进法则导言》由长沙编者刊行。

杨东莼、陈彦舜著《经济概要》由上海北新书局刊行。

王渔村著《中国经济读本》由上海一般书店刊行。

马乘风著《中国经济史》由上海商务印书馆刊行。

陶希圣、武仙卿著《南北朝经济史》由上海商务印书馆刊行。

薛暮桥著《封建·半封建和资本主义》由上海黑白丛书社刊行。

王亚南著《战时经济问题与经济政策》由上海光明书局刊行。

刘孤帆著《持久战与国民经济》由上海杂志公司刊行。

朱元懋编著《战时物力财力》由南京正中书局刊行。

王惠中编《非常时期之经济》由上海中华书局刊行。

按：是书论述非常时期之经济的意义和范围、如何充实军需、如何维持国民经济以及国家总动员等问题。

中国经济研究社编《非常时期中国经济问题研究》由上海开文书局刊行。

罗敦伟著《非常时期之经济政策》由上海中华书局刊行。

按：是书论述经济政策的基础理论、非常时期经济政策两大支柱、非常时期主要经济政策、中国经济结构的本质等问题。

韩祖德著《抗战建国与计划经济》由汉口编者刊行。

张素民著《抗战与经济统制》由长沙商务印书馆刊行。

罗敦伟编《输捐救国》由南京战争丛刊社刊行。

邰爽秋著《土货抗战论》由重庆中国民生教育学会刊行。

李权时著《统制经济研究》由上海商务印书馆刊行。

按：是书分两部分。第一部分包括3编：统制经济概论、统制经济之理论的根据、统制经济的心理条件；第二部分包括6编：省统制经济之商榷、经济组织之统制、金融统制、国际经济关系之统制、财政统制与战时财政、促进节约及提倡保险。共辑入著者历年发表的有关论文40余篇，其中有：《统制经济的前瞻与后顾》《欧战时英国之战时财政》《发达国民经济与心理革命》《中国贫弱根本原因之我见》《岁出效率问题》《国地划分近况》《政府应统治何种经济》《劳动力价值论答客难》《生产力之研究》《中国关税政策商榷》《中国施行所得税问题》《生产要素论》《统制经济组织纲领》《经济组织之前途》《保险概论》《寿险概论》等。

黄大中著《统制经济与中国经济建设》由上海开明书局刊行。

郑元瑞著《中国应有之五年经济建设计划》由金陵日报社刊行。

中央党部国民经济计划委员会主编《十年来之中国经济建设》由南京扶轮日报社刊行。

汪洪法编著《国民经济建设概要》由南京前途书局刊行。

汪洪法著《国民经济建设之基础》由上海商务印书馆刊行。

董修甲著《国民经济建设精义》由上海中华书局刊行。

钱俊瑞著《中国国防经济建设》由上海黑白出版社刊行。

葛定华编著《国民经济建设要论》由南京正中书局刊行。

罗列范著《国民经济建设运动》由浙江省警察训练所政训处刊行。

罗敦伟讲《国民经济建设运动》由江西庐山暑期训练团军训组刊行。

中国问题研究会编《中国国民经济》由上海编者刊行。

中国问题研究会编《国民经济建设运动》由上海编者刊行。

高廷梓著《中国经济建设》由上海商务印书馆刊行。

吴景超著《第四种国家的出路》由上海商务印书馆刊行。

按：作者在书中提出了"发展都市以救济农村"的理论。他根据人口密度和职业两个标准将世界上的国家划分为4种，认为中国属于第四种国家，出路在于：充分利用国内资源；改良生产技术；实行公平分配；节制人口，并提倡"用机械的生产方法，去代替筋肉的生产方法"。吴景超是中国社会学界最早研究都市社会学的代表人物之一，侧重于从经济的角度来研究社会，特别是都市社会，还探讨了理想都市等问题。

国民经济建设运动委员会总会编《民营经济建设事业丛刊》由南京编者刊行。

柳湜著《怎样研究政治经济学》由上海生活书店刊行。

陈啸江著《中国社会经济史研究的总成绩及其待决问题》由国立中山大学法学院刊行。

国立北平大学法商学院政治经济研究室著《政治经济问题之处理方法》由编者刊行。

按：是书收入《政治问题的处理方法》（陈豹隐讲，杨宗序笔记），《经济问题之处理方法》（李达讲，邱萧笔记），《社会问题之处理方法》（许德珩讲，董书方笔记），《历史问题之处理方法》（程希孟讲，石宝瑺笔记），《统计数字利用法》（陈豹隐讲，徐明栋笔记），《一般材料搜集法及整理法》（张伯川讲，张树槐笔记），《论文布局写作及润色法》（吴永权讲，陈大谊笔记）等7篇讲演稿。

易希文编著《我们的富源》由南京正中书局刊行。

柯象峰著《贫穷问题》由上海商务印书馆刊行。

交通部邮政总局编《中国通邮地方物产志》由上海商务印书馆刊行。

国民经济建设委员会编《中央暨各省市经济建设事业一览》由编者刊行。

周默秋著《华北五省经济与英日》由现代国际社刊行。

朱一鹗述《皖北经济概况调查报告》由安徽地方银行刊行。

陈元柱著《琼崖实业问题》由培英印务局刊行。

李文杰编著《簿记初阶》由上海商务印书馆刊行。

何源来著《中式会计学》由上海长城书局刊行。

谢霖编著《(实用)改良中式账簿》(上下册)由成都正则会计事务所刊行。

张学文著《成本会计原理与实用》由上海忠明成本会计师事务所刊行。

江理中著《成本会计的基本原理之研究》由北京中华印书局刊行。

黄凤铨编《官厅审计》刊行。

实业部总务司编《劳工法规汇编》由实业部总务司刊行。

何汉文著《非常时期之工人》由上海中华书局刊行。

寿勉成、郑厚博编《中国合作运动史》由南京正中书局刊行。

寿勉成著《合作运动与国家建设》由江西庐山暑期训练团刊行。

四川省农村合作指导人员训练所编《合作经济学导论》由编者刊行。

冯静远编著《农村经济及合作》由浙江省教育厅刊行。

冯绍文著《合作社之理论与实际》由北平佩文斋书店刊行。

钮长耀编著《合作社》由上海商务印书馆刊行。

曾茂林编《合作行政》由四川省农村合作指导人员训练所刊行。

秦亦文、尹树生著《利用合作经营要论》由山东邹平乡村书店刊行。

李明铠著《非常时期公用事业之统制》由上海汗血书店刊行。

沈毅著《屯垦救国论》由著者刊行。

乔启明著《中国农村社会经济学》由四川省农村合作指导人员训练所刊行。

金轮海著《中国农村经济研究》由上海中华书局刊行。

按:是书论述中国农村经济的特质、中国农村经济崩溃的动因、半封建性的农村经济、次殖民地性的农村经济、农村金融的恐慌与救济、农村土地问题的严重与解放、农业经营的现状与改进、中国农村经济建设运动的研究等。

薛暮桥著《农村经济底基本知识》由上海新知书店刊行。

按:是书系《中国农村经济常识》一书的姐妹篇。内分封建社会的农业生产关系、农业中资本主义发展的特殊法则、农业经营中的土地所有问题、农业经营中的劳动问题和资本问题、殖民地农村经济的特质、资本主义社会的农业恐慌、农业改良政策和苏联的农业革命等7章。卷首有绪论《怎样研究农村经济》。

胡求真著《农业经济概论》由上海中华书局刊行,有李顺卿、冯紫岗序和自序。

按:是书论述土地、耕农、地租、劳工、农业金融、利润、运销、农业管理、农业合作与农业仓库等。

徐钧达著《国防与农业统制》由上海汗血书店刊行。

中国农村经济研究会编《中国农村动态》由上海编者刊行。

薛暮桥著《中国农村经济常识》由上海新知识书店刊行。

吴铁峰编《非常时期之农民》由上海中华书局刊行。

许性初著《抗战与农村经济》由上海商务印书馆刊行。

茹涛之编《战时农业生产》由武昌战争丛刊社刊行。

毛鳞峋著《实用农村簿记》由上海黎明书局刊行。

侯哲莽著《农村合作》由上海黎明书局刊行。

按:是书分8章,概述了农村合作的意义、组织、农村购买、贩卖、利用、信用合作的智能、中国农村合作运动情况等内容。

陆费执编《农业法规汇辑》由上海中华书局刊行。

延陵陶编《农林要览》由生生农场刊行。

曹四勿著《井田及班田制度之研究》由北平怀英制版印刷局刊行。

上海法学编译社辑校《中华民国土地法》由会文堂新记书店刊行。

按:中华民国十九年(1930年)由国民政府公布。

王效文、陈传纲著《中国土地问题》由上海商务印书馆刊行。

按:是书分5章:1.土地问题的概念;2.中国土地问题;3.中国土地制度的沿革;4.中国土地的现状;5.解决中国土地问题的理论与实践。

姜圣如编著《土地问题及其文献》由上海学生书局刊行。

中山文化教育馆研究部编《中国地租问题讨论集》由上海商务印书馆刊行。

南京内政部编《地政法规汇编》由编者刊行。

江西省地政局编《地政法规辑要》由编者刊行。

南京市地政局编《南京市土地估价表》由编者刊行。

郭汉鸣、洪瑞坚编著《安徽省直土地分配与租赁制度》由江苏南京正中书局刊行。

中央政治学校地政学院、平湖县政府编《平湖之土地经济》由江苏南京地政学院刊行。

师仲言编《土地陈报之理论与实务》刊行。

福建省政府编《福建省长乐县人口农业普查报告》由编者刊行。

侯哲莽编著《农业仓库经营论》由南京正中书局刊行。

乔启明、蒋杰著《中国人口与食粮问题》由上海中华书局刊行。

按:是书分叙言、研究人口与粮食问题之方法、中国人口与粮食统计之分析、解决中国人口与粮食问题之途径、结论等5章。

陈正谟著《战时粮食问题的解决方法》由南京中山文化教育馆刊行。

徐颂周编《非常时期之食粮》由上海中华书局刊行。

按:是书分为5节,概述我国历代粮食政策、非常时期的粮食自给政策和统制政策,并对欧美各国的农业关税及粮食统制政策做了介绍。

贺峻峰编《中日台茶叶考查记》由省立安徽大学农学院刊行。

吴觉农、范和钧著《中国茶叶问题》由上海商务印书馆刊行。

朱美予编著《中国茶叶》由上海中华书局刊行。

按:是书内分7章,概述世界茶叶的现状,介绍中国茶叶的特质及茶叶的产销情况,并分析各产茶省茶业的发展趋势,讨论华茶之国际贸易问题。卷首有著者序。

实业部国产检验委员会上海商品检验局编《屯溪茶叶调查》由上海编者刊行。

沈文纬著《中国蚕丝业与社会化经营》由上海生活书局刊行。

缪毓辉著《中国蚕丝问题》由上海商务印书馆刊行。

王刚编著《渔业经济与合作》由江苏南京正中书局刊行。

李士豪、屏若搴著《中国渔业史》由上海商务印书馆刊行。

杨勋民著《鱼盐问题》由著者刊行。

孙洁人编《工业经济概论》由上海商务印书馆刊行。

按：是书为现代经济丛书之一。全书分10章。论述工业的概念、手工业与机械工业、工业主与工业组织、工业计划及实施、工业会计、工业之合理化、工业保护政策及工业统计等。附录：中国工业问题之研讨、工厂法、工厂检查法、工会法、劳资争议处理法、团体协约法、工业奖励法等。

实业部统计处编《民国二十五年全国实业概况》由南京编者刊行。

刘大钧著《中国工业调查报告》（上中下册）由经济统计研究所刊行。

按：是书上册为"概述"，概述调查范围，准备工作，审查、核算工作，编制报告、统计表工作；中册收入"合于工厂发工厂分业统计表"14种；下册收入"地方工业概况统计表"146种。

国务院总务厅情报处编《重要产业统制之谈话》由编者刊行。

杨智著《抗战与民族工业》由长沙商务印书馆刊行。

李孟麟著《国防工业建设之实施》由上海汗血书店刊行。

陈启天著《非常时期乡村工业之建设》由上海汗血书店刊行。

卓宏谋编著《龙烟铁矿厂志调查》由编者刊行。

上海机制国货工厂联合会编《十年来之机联会》由编者刊行。

建设委员会全国电气事业指导委员会编《全国电气事业电价汇编》由编者刊行。

黎浩亭编著《景德镇陶瓷概况》由江苏南京正中书局刊行。

全国经济委员会棉统制委员会编《全国棉纺织厂统计资料汇编》由编者刊行。

青岛华新纱厂编《青岛华新纱厂特刊》由编者刊行。

天津东亚呢纺公司编《天津东亚毛呢纺织有限公司特刊》由编者刊行。

建设委员会经济调查所统计课编《绍兴之丝绸》由建设委员会经济调查所刊行。

国民经济建设运动委员会总会编辑《南京绸缎业调查报告》由编者刊行。

鄂云鹤编《中华人造丝厂股份有限公司计划书》由中华人造丝厂股份有限公司刊行。

汪文竹著《石家庄大兴纺织染厂概况》由石家庄大兴纺织染厂刊行。

建设委员会经济调查所统计课编《浙江之绍酒》由杭州建设委员会经济调查所刊行。

广东省银行经济研究室编《广州盐业调查》由编者刊行。

公勤铁厂股份有限公司编《公勤样本汇编》由上海公勤铁厂刊行。

教育部编《各省市主要手工业概况调查》由编者刊行。

按：是书大部分为表。调查江苏、浙江、福建、湖北、广东、贵州、四川、云南、山东、山西、宁夏、甘肃等省及南京、威海卫区的主要手工业概况。统计项目有：类别及分布、主要手工业者的工资及待遇、学习时间比较等。卷首有编者序及编辑凡例。

全国经济委员会编《水利建设报告》由编者刊行。

广州市立银行编《广州之工业（上篇）》由编者刊行。

余松筠著《交通经济学》由上海商务印书馆刊行。

吴一鸣著《国防与交通事业》由上海汗血书店刊行。

按：是书分4章，分述交通与国防的关系；第一次世界大战时期，德、法、英、美、日五国的交通设施；现时我国国防交通建设方案及战时交通的组织与管理等。

交通部编《交通便览》由交通部总务司刊行。

王维琪编著《战时交通和运输》由湖南长沙中华平民教育促进会刊行。

胡祥麟、陈世材编《非常时期之交通》由上海中华书局刊行。

按：是书论述第二次世界大战前之准备时期内的路政、邮政、电政、航政现状及其建设途径。

赵志垚编《中国全国交通纪要》由航空委员会印刷所刊行。

金家凤编著《中国交通之发展及其趋向》由上海正中书局刊行。

白寿彝著《中国交通史》由上海商务印书馆刊行。

按：是为白寿彝发表的第一部专著，也是我国交通史方面的第一部著作。1939年由日本东京生活社刊行日文本。全书分为《先秦时代之交通》《秦汉时代之交通》《隋唐宋时代之交通》《元明清时代之交通》《现代中国之交通》等5篇。其中，第一篇《先秦时代之交通》分《先秦交通与民族混合运动》《先秦交通区域之发展》《先秦底都会》《先秦底道路沟渠和馆邮》《先秦底交通工具》《战国晚年之关于交通的传说想象和理想》等6章。作者认为先秦时期中国历史上最大的事件是各民族之间继续不断地起一种混合运动，而当时的交通与之关系甚为密切。第二篇《秦汉时代之交通》分《秦汉交通与大一统政府》《秦汉版图及域外交通》《秦汉底都会》《秦汉底道路和河渠》《秦汉底馆舍和邮驿》《秦汉底交通工具》等6章。作者指出，秦统一至南北朝陈朝亡这800多年里，中国历史上最大的事件是秦汉大一统政府的出现，中华民族从此才有一坚固的基础，同时中国的交通也进入了一个新的时代，不仅"车同轨"，道路开辟，而且馆舍和邮驿等交通组织也系统地普及于全国各地。第三篇《隋唐宋时代之交通》，分《隋唐宋交通与东南财富》《隋唐宋底国内交通路线》《隋唐宋底运河》《隋唐宋底域外交通》《隋唐宋底大都会》《隋唐宋底馆驿和交通律令》《隋唐宋底交通工具》等7章。作者指出，这一时期在交通方面不仅是唐宋州郡干路上往还交织，与域外交通也大为发展，而且由于大运河的开浚，推进了东南诸郡在全国交通上的新地位。第四篇《元明清时代之交通》分《元明清交通与海运》《元明清之河渠与道路》《元明清之邮驿》《元明清之中外交通》《元明清底都会》《元明清底交通工具》等6章。作者将这一时期的下限放在清道光二十二年（1842年），因为《江宁条约》的签订使中国进入了一个五口通商时期。作者认为元明清时代交通的特色是海运的发达。第五篇《现代中国之交通》，分《现代中国交通与五口通商》《现代中国之水上交通》《现代中国之陆路交通》《现代中国之空中交通》《现代中国之邮电事业》《中国交通事业之前途》等6章。这一时期一方面中国的利权横遭侵蚀，另一方面国内新交通事业如轮船、铁路、邮电、汽车公路和民用航空等也渐次兴办。在本篇最后一章中，作者分析了当时中国交通的发展程度，认为："九十年来所积累的今日的成绩，若和世界各先进国相较，这只能算中国交通事业之现代化的开始，距现代化的规模之形成，尚相去甚远。"这表现在：第一，中国政府的力量尚不能完全控制国境内的一切交通事业。第二，中国自办的交通机关尚不能充分发挥效能。第三，中国尚无能力在交通事业的建设上，作全部的甚至一极小部分材料上及机械上的自给。第四，中国新交通事业的领域还嫌太狭，普及的范围太小。第五，中国交通事业包括了不少空白、断烂以及灰色的篇幅。第六，中国在这方面的技术人才还太不够用，而国内这种专门的独立的研究机关简直等于没有。"这六点，都是中国交通事业前途之很大的障碍。在这个时候，国难严重到了极点，这种关系国家兴亡的大事业是需要政府和人民拼命去作的。"本书出版以后，在国内外受到好评和重视。日本学者牛岛俊作在《〈中国交通史〉日译本序》中评价其"确是一部标志着中国交通文化史著中最高水平的作品"。该书对于中国交通事业发展史的研究来说，有重要参考价值。（陈争平主编《中国经济学百年经典》（上卷）1900—1949，广东省出版集团2005年版）

钱宗渊讲，陆徵麒、陆徵慈记录《科学管理术》由胶济铁路同人学术研究会刊行。

费同泽著《祁红复兴计划》由安徽地方银行经济研究室刊行。

汉平铁路警察教练所编《汉平铁路警察教练所警察讲义》（下）由编者刊行。

贡乙青、程忠元编著《国有铁路稽核制度》由交通大学研究所北平分所刊行。

甘永惇编著《铁路车运效率论》由北京金华印书局刊行。

王洸著《现代航政问题》由江苏南京正中书局刊行。

朱建邦著《扬子江航业》由上海商务印书馆刊行。

姚企才编著《投考信差须知》由中华邮工函授学校刊行。

高晋原著《市场分配学》由上海商务印书馆刊行。

按:是书为现代商业丛书之一。

孔士谔编《商业管理员手册》由上海商务印书馆刊行。

中国棉业经济研究会编《棉花贸易学》由编者刊行。

按:是书为棉业经济丛书之一。

李立侠著《贸易统制论与中国贸易统制问题》刊行。

沈光沛编《国际贸易实践》由上海黎明书局刊行。

梁嘉彬著《广东十三行考》由上海国立编译馆刊行。

张一凡、潘文安主编《财政金融大辞典》由上海世界书局刊行。

董修甲著《战时理财方策》由湖北武昌战争丛刊社刊行。

按:是书分战时的理财方策、战前的理财准备、战后的财政整理3节。主张战时不增加捐税,盛行纸币通货膨胀与发行内外公债政策,而于战后增征捐税。

唐孝刚著《非常时期之财政》由上海中华书局刊行。

按:是书为中国新论社非常时期丛书之一。内容包括非常时期财政、非常时期各国筹集战费的方法、非常时期的各国财政、非常时期的中国财政等。

高汉锹编《战时财政与统制经济》由上海商务印书馆刊行。

按:是书正文阐述战时财政,述及英、德、法、美、意、苏、日等通过纸币政策、租税政策、发行公债等来筹集战费。附录为"统制经济",介绍各国实行统制经济的概况,并有作者给陈仪的报告和来往函件等。

闵天培编著《中国战时财政论》由南京正中书局刊行。

按:是书为国防知识丛书之一。

谭宪澄著《中国财政史纲》(上册)由天津工商学院刊行。

按:是书主要分析我国历史上之财政制度。

骆耕漠著《战时的财政问题》由上海黑白丛书社刊行。

周宪文、孙礼榆著《抗战与财政金融》由长沙商务印书馆刊行。

崔敬伯著《当前中国财政问题》由国立北平研究院经济研究会刊行。

崔敬伯著《中国财政中的金融统制》由北平研究院经济研究会刊行。

崔敬伯著《中国财政的新阶段》由北平研究院经济研究会刊行。

崔敬伯著《舆论与财政公开》由北平研究院经济研究会刊行。

孙怀仁著《中国财政之病态及其批判》由上海生活书店刊行。

叶元龙著《中国财政问题》由上海商务印书馆刊行。

陈扬镳著《现行财政之利弊及整理办法·财政内容之解剖》刊行。

潘传栋著《岁计制度论》由上海中华书局刊行。

按:是书为现代经济丛书之一。主要论述国家的财务预决算等问题,同时比较英美两国有关制度。

金国宝著《遗产税》由上海商务印书馆刊行。

吴兆莘著《中国税制史》(上下册)由上海商务印书馆刊行。

按:是书为中国文化史丛书之一。

李彬辑《所得税纳税便览》由上海正中书局刊行。

王逢年、童逊瑗编著《所得税法令分类汇编》由上海童逊瑗会计师事务所刊行。

陈舍我编著《所得税释疑》由中央法制学社刊行。

何元明会计师事务所编《所得税现行法令征收须知汇编》由编者刊行。

公信会计师事务所编《所得税征收须知汇编》由上海编者刊行。

崔敬伯著《推行所得税的人事问题》由国立北平研究院经济研究会刊行。

张志梁编著《所得税暂行条例详解》由上海商务印书馆刊行。

李春晖编《所得税疑义解释》由上海中国商业服务社刊行。

陆忠义编《中国创行所得税之沿革》由上海国立上海商学院刊行。

胡毓杰编《我国创办所得税之理论与实施》由上海财政建设学会刊行。

马存坤著《非常时期之地方财政》由上海中华书局刊行。

按：是书叙述非常时期地方财政的整理、地方财源与充实问题、地方财政权及地方财政上应有的措施等。

甘祠森著《现代金融论》由上海江汉印书局刊行。

蔡铁郎编著《金融学纲要》由上海商务印书馆刊行。

马寅初著《中国之新金融政策》（上下册）由上海商务印书馆刊行。

按：是书论述 1935 年 11 月国民政府宣布实行法币前后的金融政策。

瞿荆州编《非常时期之金融》由上海中华书局刊行。

按：是书内容包括绪论、现金集中、通货膨胀、紧急货币、制造信用、汇兑统制等。

骆耕漠著《战时的金融问题》由上海黑白丛书社刊行。

余捷琼著《中国的新货币政策》由上海商务印书馆刊行。

王世鼐编《新货币政策实录》由上海财政建设学会刊行。

余捷琼著《中国的新货币政策》由上海商务印书馆刊行。

吴士宏著《银行法务论》由上海商务印书馆刊行。

刘冠英著《现代银行制度》由上海商务印书馆刊行。

何炳贤著《中国的国际贸易》由上海商务印书馆刊行。

袁际唐、陈德容编《所得税会计论》由维新印刷公司刊行。

黄公安著《农业保险的理论及其组织》由上海商务印书馆刊行。

朱剑侬著《马克思价值的批判》由浙江反省院刊行。

邵林书著《马克思剩余价值学说之批判的研究》由浙江反省院刊行。

江理中著《价值学说发展史大纲》由著者刊行。

按：是书主要介绍并评述重商学派、重农学派、正统学派、社会主义学派、奥地利学派、新正统学派的价值学说等内容。

何炳贤、侯厚吉著《世界统制经济问题》由上海商务印书馆刊行。

孙静工著《世界经济现状与展望》由上海杂志公司刊行。

按：是书分析世界经济恐慌现状、特点和规律，介绍资本主义国家工业生产概况、贸易状况以及苏联的经济建设情况等。

吴清友著《资本主义发展的不平衡律》由上海生活书店刊行。

钱亦石著《产业革命讲话》由上海生活书店刊行。

按：是书以问答体裁介绍近代资本主义产业革命的发生、过程与发展，述及英、美、德、俄、日诸国情况及其相互间的利害关系。

伍纯武著《现代世界经济史纲要》由上海商务印书馆刊行。

郑独步著《各国统制经济政策》由上海商务印书馆刊行。

按：是书分 8 章。前两章概述统制经济的定义、起源、意义、发展、标准以及统制经济的基础；后 6 章介绍意、苏、日、美、德以及中国的统制经济政策理论与机构等。

褚葆一编《马先尔之经济学说》由上海商务印书馆刊行。

吴清友著《资本主义发展的不平衡律》由上海生活书店刊行。

柳乃夫著《世界往哪里去》由上海当代青年出版社刊行。

丞基著《脆弱的日本》由上海今日出版社刊行。

瞿洛琛编《日本国内的恐慌》由武昌战争丛刊社刊行。

骆耕漠著《中日经济提携》由上海黑白丛书社刊行。

项江著《中日之战时资源问题》由上海今日出版社刊行。

刘燿燊著《对日经济制裁与国际战争》由汉口前卫社刊行。

石决明著《假使日本受了经济封锁》由上海大时代出版社刊行。

孙冶方著《苏联的经济建设》由南京正中书局刊行。

祝平、徐思予编著《苏俄之国民经济建设》由南京正中书局刊行。

孙慕迦编著《美国经济复兴与政策》由南京正中书局刊行。

王北辰著《罗斯福的经济政策与复预算制》由中国计政学会刊行。

蒋恭晟编《美国复兴运动》由上海中华书局刊行。

陈颖光著《日本产业合作与农村经济》由上海正中书局刊行。

王育三著《比国农民合作社》由上海商务印书馆刊行。

尹树生编《世界合作运动史》由上海中华书局刊行。

按:是书阐述各国消费、信用、农业合作运动史实,并分析其产生的社会原因。

赵楷著《日本农业经济》由上海中华书局刊行。

何凤山著《土耳其农村经济的发展》由上海商务印书馆刊行。

胡士琪著《丹麦之农村建设》由江苏南京正中书局刊行。

方铭竹编《战后罗马尼亚土地制度改革史》由山东济南乡村书店刊行。

吴味经编《日本朝鲜棉业近况》由中国棉业贸易公司刊行。

吴文伟编《日本棉纺织业考察纪略》由中国棉业贸易公司刊行。

潘骥著《世界燃料问题》由上海商务印书馆刊行。

黄庆中编《近世欧洲工业发达史》由上海中华书局刊行。

按:是书内分5章,第1章谈工厂制度形成前的工业发展情况,其余4章介绍英、法、德、俄诸国的工业发展概况。

美灵登编《英国厂商目录表》由上海美灵登有限公司刊行。

宋斐如著《战时日本工业的危机》由江苏南京中山文化教育馆刊行。

唐崇慈著《日本财政的危机》由中山文化教育馆刊行。

温之英编著《通货膨胀之理论与实际》由江苏南京正中书局刊行。

徐农著《世界货币金融的现势》由上海大众文化社刊行。

陈高佣著《中国文化问题研究》由上海商务印书馆刊行。

按:是书分中国现代文化上的矛盾形态、怎样使中国文化现代化、中国文化上的南北问题、中国学术思想上的方法问题等16章。附录:关于中国文化问题的书籍及论文。

丁炯培编著《中国文化之核心》由上海大成书社刊行。

卫惠林著《民族文化运动与战时文化工作》由江苏南京中山文化教育馆刊行。

按：是书分维护民族文化而战、中国固有文化之特质及其弱点、民族文化建设与民族复兴运动、战时文化工作纲领、如何推进战时文化工作等 7 节。

林淡秋著《抗战文化与文化青年》由湖北汉口上海杂志公司刊行。

张幄筹著《战时的文化工作》由上海黑白丛书社刊行。

宰木著《论抗战期中的文化运动》由上海黑白丛书社刊行。

按：是书分抗战是长期的、论文化与文化运动、过去文化运动的检讨、目前文化运动的任务与方案、两个枝节问题——思想独立、新启蒙运动 5 节。

柳湜著《国难与文化》由上海黑白丛书社刊行。

中苏文化杂志社编《中苏文化》(苏联十月革命二十周年纪念特刊)由编者刊行。

张君劢著《张君劢先生演讲集》由江西省政府教育厅刊行

金溟若著《非常时期之出版事业》由上海中华书局刊行,有中国新论社的总序。

按：是书内容包括出版物之社会价值、中外各国出版事业之动向、非常时期出版业者应有之态度与决心。

吕绍虞编《中文标题总录》由中国图书馆服务社刊行。

东南日报编《东南日报新厦落成纪念特刊》由东南日报社刊行。

国民政府编《新检法规》刊行。

胡仲持著《关于报纸的基本知识》由上海生活书店刊行。

蒋建白等著《民众阅报处》由上海商务印书馆刊行。

赵占元著《国防新闻事业之统制》由上海汗血书店刊行。

郭步陶编著《时事评论作法》由江苏南京正中书局刊行,有潘公弼、李浩然、谢六逸等人的序及自序。

吕绍虞著《书报杂志阅读的方法》由上海友联出版社刊行。

张明仁著《怎样阅读书报杂志》(中学生丛书)由上海珠林书店刊行。

杨贤江著《新教育大纲》(第三版)由上海南强书局刊行。

按：此书是中国第一部用马克思主义的原理阐述教育理论的书籍,揭露了教育上种种错误、欺骗的东西,许多内容、观点在中国都是第一次提出,在中国教育史上具有重大意义。

张怀编著《教育学概论》(教育丛书)由北平传信书局刊行。

孟宪承、陈学恂编《教育通论》(师范教科书)由上海商务印书馆刊行。

孟宪承编《教育概论》由上海商务印书馆刊行。

倪文宙、陈子明编《教育概论》(小学教员检定丛书)由上海中华书局刊行。

王宗麟编著《教育概论》(幼稚师范学校教科书)由上海商务印书馆刊行。

华北学院教育专科主编《教育研究专集》(第 1 集)由编者刊行。

傅庆隆撰《教育论文集》(上册)由北平丁丑杂志社刊行。

欧司铎著《教育方法编》(教育篇第 4 种)由北平公教教育联合会刊行。

任时先著《中国教育思想史》(上下册)(中国文化史丛书)由上海商务印书馆刊行。

蒋介石讲《救国教育》(蒋委员长训词)刊行。

蒋介石讲《蒋院长训词》刊行。

胡立民、邢舜田编《国难教育面面观》由上海亚东图书馆刊行。

张陈卿著《青年教育通论》由河北省立邢台师范刊行。

按：是书分 5 章,论述青年的体育、职业、公民、团体娱乐等教育。

生活教育社编《国难教育实施法与指导》(生活教育丛书)由上海生活书店刊行。

浙江省社会教育研究会编《国防教育论坛》由杭州编者刊行。

按：作者有马宗荣、章渊若、雷震、刘百川等人。

袁哲著《抗战与教育》(抗战小丛书)由上海商务印书馆刊行。

生活教育社编《生活教育论集》(生活教育丛书)由上海生活书店刊行。

程其保、经筱川著《中国教育实际问题之分析》(教育研究丛刊)由江苏南京中央政治学校研究部刊行。

陈礼江、陈友端编著《教育心理学》由上海商务印书馆刊行，有陈礼江序。

李廉方讲，余周黎等记录《李廉方先生在镇平讲演录》由河南镇平地方建设促进委员会开封教育实验区出版部刊行。

沈寿金、陈情编《怎样实施复式教学与单级教学》(小学应用丛书)由上海儿童书局刊行。

赵清身编《实验复式教学法》由北平市立师范附属小学消费合作社刊行。

王书林著《教育统计学》(大学丛书)由上海商务印书馆刊行。

朱君毅编《教育测验与统计》(简易师范学校教科书)由长沙商务印书馆刊行。

常彦春编，王征葵校订《教育测验及统计》由北平文化学社刊行。

陈选善、梁士杰编《新教育测验与统计》由上海儿童书局刊行。

魏志澄、潘揖山编《教育测验及统计》(简易师范简易乡师教本)由上海黎明书局刊行。

萧孝嵘著《萧孝嵘修订墨跋量表》由上海商务印书馆刊行，有著者缘起。

黄觉民著《黄觉民订正幼童智力图形测验说明书》由上海商务印书馆刊行。

庐山暑期训练团编《学校卫生概要》由编者刊行。

姚家栋、许剑盒编《校舍的修筑》(儿童劳作小丛书)由江苏南京正中书局刊行。

浦漪人编《我们的教育》(中国青年丛书)由江苏南京正中书局刊行。

教育部义务教育干部人员讲习班编《义务教育实际问题讨论录》庐山暑期训练团刊行。

教育部编《各省市实施义务教育办法选辑》(初辑)由编者刊行。

教育部普通教育司编《义务教育法令汇编》由编者刊行。

邰爽秋等编《中国普及教育问题》(万有文库、现代问题丛书)由上海商务印书馆刊行。

中国民生教育学会编《中国民生教育学会一览》由上海编者刊行。

郑逸梅、朱子超编校，胡叔异主编《全国大中学校学生生活素描》(第1集)由上海国华学社刊行。

教育部参事处编《教育法令汇编》(第2辑)由上海商务印书馆刊行。

教育部统计室编《全国教育经费统计》(中华民国二十二、二十三年度)由上海商务印书馆刊行。

教育部编《教育部视察各省市义务教育报告汇编》(民国二十四年度)由上海商务印书馆刊行。

赵质宸编《五省四市教育参观记》由安阳河南省立安阳高级中学刊行。

江肇基编《一年来北平市地方教育实施日记》(实报丛书)由北平实报出版部刊行。

山西省教育厅编辑处编《冀厅长到任后第五年山西省政府教育厅全年工作报告摘要》(民国二十五年五月一日至二十六年四月三十日)由编者刊行。

上海市义务教育委员会编《上海市义务教育实施概览》由上海良华印刷所刊行。

上海群学会编《群学会暨附属学校概况》由上海编者刊行。

南京市社会局编《南京教育概况》由江苏南京编者刊行。

闵绍謇编《南京市第三区二十五年度义务教育实施概况》由江苏南京市社会局刊行。

浙江省教育厅编《浙江省教育统计》（中华民国二十四年度）由编者刊行。

江山县政府第四科编《江山县二年来教育概况》由浙江江山编者刊行。

绍兴县政府编《绍兴县教育概况》（第三区行政督察专员公署绍兴县政府教育丛书）由浙江绍兴编者刊行。

河南省政府教育厅法令编辑委员会编《河南教育法令汇编》由编者刊行。

河南省政府教育厅编《地方教育经费法规辑要》由编者刊行。

中国社会教育社广西考察团编《广西的教育及其经济》（中国社会教育社广西考察团考察报告之一）由无锡中国社会教育驻理事会事务所刊行。

云南省教育会第三届理监事会编《云南省教育会概览》由编者刊行。

许晚成编《全国大中小学调查录》由上海龙文书店刊行，有唐文治和黄警顽序。

陕北公学编辑《陕北公学》由新华书局刊行。

南汇县教育局编《二十五年度第二学期学校概况调查表》由江苏南汇编者刊行。

符世衡编《中国教育制度及其时代环境》由上海晨光书局刊行。

女铎报社编《儿童教育学》（第1辑）由上海广学会刊行。

姚家栋编著《儿童训导经验谈》（师范丛书）由江苏南京正中书局刊行，有编者序及蒋锡恩序。

马映楣等著《幼稚园常识》（一百六十课）由上海商务印书馆刊行。

邹德惠著《幼稚园的游戏》（幼稚教育丛书）由上海商务印书馆刊行。

天津市私立培才小学校编《天津市私立培才小学校幼稚园十周年纪念刊》由天津编者刊行。

吴成编《非常时期之教师》（中国新论社非常时期丛书）由上海中华书局刊行。

按：是书内容包括教师之任务、非常时期教师之任务、非常时期各科教师之任务及自身问题等。

张伸编《初等教育》由江苏南京中央政治学校刊行。

樊兆庚编《小学训育实施法》（师范丛书）由江苏南京正中书局刊行。

吴研因、吴增芥编《小学教材及教学法》（国语科、自然科、社会科、算术科）由上海中华书局刊行。

吴研因、吴增芥编《小学教材及教学法》（卫生科、体育科、劳作科、美术科、音乐科）（小学教员检定丛刊）由上海中华书局刊行。

姚虚谷著《小学教学技术》由上海中华书局刊行。

按：是书分概论、普通教学技术、各科教学技术、特种班级的教学技术等38章。

安庆龙门小学单级教学研究会编《实际单级教学》（小学辅导研究丛书）由安徽安庆龙门小学推广部刊行。

沈寿金、陈情编《怎样记分和结分》（小学应用丛书）由上海儿童书局刊行。

王鸿霖编，韩秋圃校《小学各科新教学法》由北平文化学社刊行。

沈雷渔、钱企湘编《小学各科教学法》（乡村教育丛书）由上海商务印书馆刊行。

杜维涛、章柳泉编《公民》(小学教员检定丛刊)由上海中华书局刊行。

曹日昌著《珠算教学的研究》(教育短波社研究部研究报告丛刊)由教育短波社刊行。

俞子夷著《笔算珠算混合教学法》由上海中华书局刊行。

祝荪如、孙慕坚编《复兴自然教学法》(高级小学适用第2册)由长沙商务印书馆刊行。

杨寅初编《小学自然教材与教法》(小学教师进修丛书)由上海新亚书图社刊行。

李廉方著《廉方教学法笔顺基本练习》由河南开封教育实验区出版部刊行。

顾漱石编著《小学劳作教材及其制作法》(小学教师丛书)由长沙商务印书馆刊行。

董志渊编《太阳的周旋》(小学生创作文库)由上海北新书局刊行。

姚家栋、许剑盦著《大扫除》(儿童劳作小丛书)由江苏南京正中书局刊行。

姚家栋、许剑盦编《日常用具》(儿童劳作小丛书)由江苏南京正中书局刊行。

姚家栋、许剑盦编《美丽的花朵》(儿童劳作小丛书)由江苏南京正中书局刊行。

姚家栋、许剑盦编《我们的兵工厂》(儿童劳作小丛书)由江苏南京正中书局刊行。

姚家栋、许剑盦编《有趣的玩具》(儿童劳作小丛书)由江苏南京正中书局刊行。

教育部编《小学体育教授细目》(第1册)由上海勤奋书局刊行。

白桃等编著《小学教师手册》由上海生活书店刊行。

姚虚谷《小学成绩展览会概论》(小学行政丛书)由上海商务印书馆刊行。

孙士仪编《小学级务实施法》(小学教师进修丛书)由上海新亚图书社刊行,有刘百川的该丛书"编辑缘起"。

李清悚编《小学行政》(新课程标准师范乡村师范学校适用)由上海中华书局刊行。

按:是书包括总论、小学校长和教师、建筑及设备、行政组织、教导实施、学校卫生、事务管理、研究工作、学校与教育行政等。

吴守谦、皇甫钧编《短期小学的行政和教学》由上海商务印书馆刊行。

刘诚编《短期小学教师手册》(义教辅导丛书)由福建省义务教育委员会刊行,有郑贞文序。

徐允昭等编《小学抗敌教育实施法》由四川成都四川省立成都实验小学刊行。

振华义务小学校编《上海市私立振华义务小学校概况》由上海编者刊行。

光华第一义务小学编《光华义小五周纪念刊》由上海编者刊行,有张寿镛序。

曹增庆编《余姚冯氏小学卅周纪念特刊》由浙江余姚县冯氏小学刊行。

重庆市市立第一小学编《重庆市市立第一小学半年来之经过》由重庆编者刊行。

教育部社会教育司编《教育播音讲演集》(中等教育篇)(第2辑)由上海商务印书馆刊行。

鲁继曾主编《中学教育实际问题》由上海大夏大学教育学院刊行。

杨寅初编著,薛德焴校订《中等学校生物学教学法》由江苏南京正中书局刊行。

林杞编《党义测验问答》(初中全考升学指导)由上海震旦书店刊行。

王一之编《世界历史试题解答》(会考升学复习丛书)由北平进步研究社刊行。

湖南格物科学社编《中学会考指南》(格物丛书)由湖南蓝田编者刊行。

于澄编《全国初中会考题解总览》(最新本)由上海实学研究社刊行。

周毓莘编《初中会考升学各科问题精解》由上海中学会考升学研究社刊行。

于小石编《高中升学会考题解集成》(最新本)由上海实学研究社刊行。

钱洪翔主编《全国高中会考试题总览》(民国廿六年解订本)由上海现代教育研究社刊行。

广西省政府教育厅编《广西全省中等教育视导总报告》(二十六年度)由编者刊行。

北平市市立第三中学校编《北平市市立第三中学校概览》由北平编者刊行。

汇文中学学生自治会年刊委员会编《汇文季刊》(一九三七)由北平编者刊行。

天津私立工商学院附属中学编《天津私立工商学院附属中学校学则、管理规则》由天津编者刊行。

南洋模范中学第二十届学生自治会学术股编《南声》(南洋模范中学十周纪念会暨学生自治会成立二十届纪念特刊)由上海编者刊行。

上海南洋模范中学编《南洋模范中学十周年纪念特刊》由上海编者刊行。

上海明德女校编《明德简章汇刊》由上海编者刊行。

北平中国大学政经学会编辑委员会编《论集体研究》(中大财经学会丛书)由北平中国大学政经学会出版股刊行。

国立清华大学清华周刊社编辑部编《清华向导》由国立清华大学学生自治会出版科刊行。

江恒源、沈光烈著《职业教育》(时代教育丛书)由江苏南京正中书局刊行。

杨卫玉著《职业补习教育》(社会教育小丛书)由上海商务印书馆刊行。

陈礼江编著《民众教育》(时代教育丛书)由南京正中书局刊行。

按:是书分8章,讲述民众教育的意义与特征、中国民众教育的发展、各国民众教育概况、非常时期的民众教育等。

赵鸿谦著《江苏省立镇江民众教育馆实施电化教育之概述》由省立镇江民众教育馆刊行。

教育部电化教育人员训练班编《教育部电化教育人员训练班课外演讲集》由杭州浙江省教育厅公报室刊行。

彭大铨著《教育馆》由上海商务印书馆刊行。

蒋社村著《民众教育讲座》由江苏南京正中书局刊行。

邰爽秋等编《民众教育之理论与实际》由上海教育编译馆刊行。

钮长耀、陆盖编《钮惕生先生民众教育言论集》(全民训练)由上海中华书局刊行。

段辅尧著《抗战时期的民众教育》(民教丛书)由湖南省立民众教育馆刊行部刊行。

许公鉴著《民众教师视导》(师范小丛书)由上海商务印书馆刊行,有欧元怀序。

杨佩文编《民众教育实施法》由上海商务印书馆刊行。

黄裳著《民众学校概论》由广东广州个人刊行。

按:是书分15章,介绍中国民众学校的史略、宗旨、组织及分级、校舍及设备、学生、课程及教材、教学法等。附:民众学校规程等。

周莹著《民众学校经营论》(师范丛书)由江苏南京正中书局刊行,有陈礼江、林本序。

甘豫源、段蕴刚著《民众学校》(社会教育小丛书)由上海商务印书馆刊行。

凌以安著《怎样办民众学校》由上海生活书店刊行。

教育部编《民众学校课本教学法》由上海商务印书馆刊行。

教育部编《民众学校课本教学法》由上海新光印刷公司刊行。

教育部编《民众学校笔算课本教学法》由编者刊行。

蒋建白著《识字学校》(社会教育小丛书)由上海商务印书馆刊行。

郭人全编《乡村教育》由上海黎明书局刊行。

龙发甲著《乡村教育概论》(师范小丛书)由上海商务印书馆刊行。

按:是书分20章,阐述乡村教育的目的、方法、行政、编制、课程,以及丹麦、美国、日本的乡村教育情况。

赵冕、翁祖善编《乡村教育及民众教育》由上海中华书局刊行。

按:是书叙述乡村教育、民众教育概况及实施问题。

刘百川著《乡村教育论集》由上海新亚书店刊行。

刘百川著《乡村教育实施记》(第2集)(黎明乡村教育丛书)由上海中国教育研究社刊行。

刘百川著《乡村教育的经验》(乡村教育丛书)由上海商务印书馆刊行。

杨汝熊著《乡村民众教育经验谈》由上海新亚书店刊行。

马宗荣、黄雪章著《中国成人教育》(上下册)(现代问题丛书)由上海商务印书馆刊行。

陈兆庆著《中国农村教育概论》由上海商务印书馆刊行。

刘焕林著《凌家桥的青年团》(研究实验丛刊)由浙江省立民众教育实验学校刊行。

刘曼卿著《边疆教育》由上海商务印书馆刊行。

李万育著《特殊学校》(社会教育小丛书)由上海商务印书馆刊行。

马宗荣著《社会教育纲要》由上海商务印书馆刊行。

按:是书分教育的意义及其分化、社会教育、我国社会教育的回顾与前瞻3章。

杜元载著《非常时期之社会教育》(中国新论社非常时期丛书)由上海中华书局刊行。

按:是书叙述非常时期社会教育的意义、目标、实施机关、实施步骤、非常时期中国社会教育实施方案等。

陈礼江著《社会教育的意义及其事业》(教与学月刊社丛篇)由江苏南京正中书局刊行。

徐卓呆编《民众读物》(社会教育小丛书)由上海商务印书馆刊行。

蒋建白、吕海澜著《中国社会教育行政》(社会教育小丛书)由上海商务印书馆刊行。

阴景曙等著《家庭教育研究》(小学教师进修丛书)由上海新亚图书社刊行。

黄觉民编《家庭教育之理论与实际》(教育杂志丛刊)由上海印书馆刊行。

陈征帆著《军国父母论》由上海中华慈幼协会刊行。

张绳祖著《最经济的学习方法之研究》由江苏南京正中书局刊行。

中华全国体育协进会编《出席第十一届世界运动会中华代表团报告》由上海编者刊行。

章辑五著《非常时期之国民体育》(中国新论社非常时期丛书)由上海中华书局刊行。

按:是书分纠正对于体育认识不正确的信念、改善并调整现行组织之弱点、确定推行体育的步骤、适应当前急需充实固有的体育内容等。

董启俊编《全国运动大会小史》刊行。

邵汝幹、江良规编著《体育场》(社会教育小丛书)由上海商务印书馆刊行。

新谷弥平著《学校体操之原理与其实际》(新兴教育丛书)由奉天满洲文化普及会刊行。

朱重明、花素珍编《丹麦体操图说》由上海商务印书馆刊行,有朱重明序。

朱重明、花素珍编《女子丹麦体操》由南京正中书局刊行。

茜茜译《高尔夫》由上海大众书局刊行。

陈掌谔著《高尔夫新术》（厦门竞强体育会体育丛书）由厦门竞强体育会刊行。

田敬农编《国术革命札记》（第1册）（国术革命丛书）由济南健康实验学社刊行。

徐震（徐哲东）著《太极拳考信录》由江苏南京正中书局刊行。

徐震著《太极拳谱理董辨伪合编》由南京正中书局刊行。

胡子霖著《复兴体操》（康健丛书）由上海康健书局刊行。

金铁盫著《醉八仙拳谱》由上海武侠社刊行。

郭粹亚、金一明编《重编石头拳术秘诀》由上海中华书局刊行，有"编辑大意"及"励言"。

吴图南著《太极剑》（国术丛书）由上海商务印书馆刊行，有谭孟贤序及著者序。

朱霞天编《少林棍法秘传》由上海中华书局刊行，有编者序言。

金警钟演著《浑元一气功》（中华国术少林上乘功法）由上海中西书局刊行，有郭寿臣等人序。

谢宣辑著《南洋象棋专集》（1—3卷）由上海中华书局刊行。

董渭川著《欧洲民众教育概观》由上海中华书局刊行，有著者序。

按：是书内书《欧洲民众教育鸟瞰》《波兰之复兴与民众教育》《捷克之复兴与民众教育》《苏联文盲扫除记》《丹麦民众教育印象记》《意国法西斯体制下之民众教育》《德国国社党治下之民众教育》《法国民众教育的几种特点》《英国民众教育的几个方面》等15篇。

陈友松著《各国社会教育事业》（社会教育小丛书）由上海商务印书馆刊行。

按：是书分述苏联、美国、英国、德国、意大利、日本、丹麦等国的社会教育概况。

江苏省立教育学院试验部编《各国成人教育近况》（教育与民众丛书）由无锡编者刊行，有甘豫源序。

李洲编著《考察东欧各国体育实施报告》由北平市社会局刊行。

张怀、韦悫编著《波兰教育》（比较教育丛书）由上海商务印书馆刊行。

钟鲁斋编著《德国教育》（比较教育丛书）由上海商务印书馆刊行。

曾作忠编著《意大利教育》（比较教育丛书）由上海商务印书馆刊行。

张怀编著《比国教育》（比较教育丛书）由上海商务印书馆刊行。

李楚林编著《坎拿大教育》（比较教育丛书）由上海商务印书馆刊行。

曹炎申编著《美国教育》（比较教育丛书）由上海商务印书馆刊行，有编者序。

邵鸣九编著《现代日本教育彻览》由上海中华儿童用品社刊行。

清华大学中国文学会编《语言与文学》由上海中华书局刊行。

按：是书收录朱自清、杨树达、王力、浦清江、陈寅恪、闻一多、许维遹、高松兆、毕铎、孙作云、彭丽天、余冠英、李嘉言等13位学者关于语言与文学方面的论文。

何仲英著《中国文字学大纲》由上海商务印书馆刊行。

聂绀弩著《语言·文字·思想》由大风书店刊行。

按：此书为关于语文运动的论文集。收《白话文和大众语的界限》《为白话文告林语堂先生》等22篇。

胡朴安著《中国文字学史》（上下册）由上海商务印书馆刊行。

按：是书分绪言、文字书时代（自秦至隋）、文字学前期时代（唐宋元明）、文字学后期时代（清）、古文字学时期（清末至现在）等4编，讲述文字学的定义及其范围、文字学史的性质及历代文字学的发展变化等。

童振华编著《中国文字的演变》由上海生活书店刊行。

郭沫若著《殷契粹编》由日本东京文求堂书店刊行，有自序。

董作宾、胡厚宣编《甲骨年表》由上海商务印书馆刊行。

杨树达著《积微居小学金石论丛》由上海商务印书馆刊行。

王力编著《上古韵母系统研究》由北平清华大学刊行。

按：此书为国立清华大学《清华学报》第12卷第3期抽印本。内容包括考订上古韵母的主要元音类别、韵母的开合与洪细两个部分。

林尹著《中国声韵学通论》由上海中华书局刊行。

按：是书分绪论、声、韵、反切等4章。

张洵如编、魏建功参校《北平音系十三辙》由北平国语推行委员会中国大辞典编纂处刊行。

林侠子编著《中国文法新编》由广东广州浩然书屋刊行。

欧阳溱著《简体字考证》由著者刊行。

奉化溪口武岭学校编《别字医生》由上海儿童书局刊行。

鸣平编著《潮音分韵常用字表》由汕头岭东出版社刊行。

姚慕韩、姚愈豪编《潮音大众字典》由汕头榕涛出版社刊行。

满洲帝国政府语学检定试验委员会编《满洲语讲座》（1—6卷）由吉林长春东光书苑刊行。

周策勋编著《永字八法号码检字国音字典》由江苏南京京城印书馆刊行。

按：此书收字八千多个。按作者创编的汉字笔形编号法即"永字八法"检字。供中小学文化程度的读者用。

周辨明编《国语罗马字基本字汇》由国立厦门大学语文学系刊行。

周辨明编《国音字汇及电码书》（半周钥笔索引法编排）由厦门大学语言学系刊行。

按：此书收字万余，每字注明国语罗马字拼音、旧电报号码、罗马字母电码及次序编号。按编者创编的检字法检字。

中国大词典编纂处编，汪怡主编《国语辞典》由上海商务印书馆刊行。

按：此书收单字（包括简体字、异体字）、单词、复合词、成语等十万余。有注音字母和国语罗马字注音。按注音字母顺序编排。附音序检字表及部首检字表。

张则之编《中国常用成语辞典》由北平建国出版社刊行。

邹雅明编《中学生国语补充读本》由上海兴华书局刊行。

严玉潭编《四字成语辞典》由上海仿古书店刊行。

王野村编《实用成语词典》由北平建国出版社刊行。

王士湜编《国文成语大辞典》由上海教育书店刊行。

储祎编《学生小辞汇》由上海东方书店刊行。

按：此书收字一万余个。按部首编排。书前有邹懋的序及编辑大意、难检字笔画索引等；书末附四角号码检字法。

蔡冠洛主编《中学生辞林》由上海世界书局刊行。

刘复编《标准国音中小字典》由上海北新书局刊行。

按：此书收字8654个，依《国音常用字汇》注音及393个同音汉字注音。按部首检字。书前有自序和直音字全表；书末附有电报补遗备查表、电报新添字码备查表、国音字母表。

顾佛影编，黎锦晖注音《标准国音学生新字典》由上海中央书店刊行。

方志新编《（校正注音）国语新字典》由上海会文堂新记书局刊行。

北平西什库天主堂遣使会编《拉丁中华合璧字典》由北平西什库天主教遣使会印字馆刊行。

东方印书馆编译所编《（注音插画）康德新词典》由奉天东方印书刊行。

按：此书收汉字一万个，常用词一万五千条。用注音字母注音，以通俗交字释义，重要的实物名词之下附加插图。按笔画多少编排。书前有检字表。版权页题：饭河道雄编纂。

邵鸣九编著《国音沿革六讲》由上海商务印书馆刊行。

陈楚狂编《标准国音两式拼音图》由编者刊行。

岑麒祥编《国际音标用法说明》由上海商务印书馆刊行。

魏冰心编《注音符号读本》由上海世界书局刊行。

叶圣陶著《文章例话》（开明少年丛书）由上海开明书店刊行。

张文治编《古书修辞例》由上海中华书局刊行。

按：是书分修辞总论、改易之例、增加之例、删节之例、模拟之例、繁简之例等6编。

袁静安著《文言文研究法》由上海教育书店刊行。

刘大伸《普通文法上之错误》（上下册）（英文学生丛书）由上海中华书局刊行。

中国国民党中央执行委员会组织部蒙藏语文研究会编《西藏语文研究专刊》（第1集）由编者刊行。

赵荣光编《广东民众国语讲习法》由广东广州培正国语传习所刊行。

张煦编《藏汉集论辞汇》由四川成都西陲文化院刊行。

吴起能、沈百英编校《复兴国语首册教学法》由上海商务印书馆刊行。

李瘦芝编《实用国语读本》由澳门光明书局刊行。

周庄萍编《世界语五十年》由上海世界语者协会刊行。

穆氏文社教务处编《阅读与写作》由上海穆氏文社刊行。

徐兴业著《作文法讲习》由上海图书公司刊行。

董振华编著《作文辞典》由上海文业书局刊行。

郭坚白《中学生作文典》由上海中华书局刊行。

光华读书会编《学生作文指导》（学生指导丛书）由上海大光书局刊行。

俞焕斗著《儿童作文钥》由上海商务印书馆刊行。

顾凤城编著《写作的故事》由江苏南京正中书局刊行。

中华书局编《（详注）通用尺牍》由上海中华书局刊行。

按：是书分家人往来、姻戚往来、师友往来、普通往来、团体往来及便条电信等类。

吴镜冰著《（分类广注）女子交际尺牍》由上海希望出版社刊行。

汪漱碧编著《（新著详解）一问五答尺牍》（上下册）由上海中央书店刊行。

袁韬壶编注《（分类详注）新尺牍大全》由上海群学书社刊行。

高其位编《（言文对照）女子适用尺牍》（（上下册））由奉天省道德总分会刊行。

董浩、李公耳编《活用尺牍大全（言文对照、分类详注）》由上海春明书店刊行。

龙沐勋选注《古今名人书牍选》（上下册）（中学国文补充读本第1集，王云五等主编）由上海商务印书馆刊行。

叶许生编著《写信模范辞书》由上海大众书局刊行。

李守东著《新青年书信》由上海中华书局刊行。

按:是书分书信式样、社交书信、家庭书信、学校书信、社会书信、学术书信等6编。

李蝶庄编《(言文对照)大众写信便条》由上海中央书店刊行。

胡碧云译,湖上渔隐标点《(言文对照、增注详解)唐著写信必读》由上海达文书店刊行。

张匡、周阆风编《日记指导》由上海中华书局刊行。

按:是书上篇介绍日记的定义、日记的体制、统计表式及日记的方法等;下篇是研究问题和练习。

上海法学编译社编《标点公文程式》由上海会文堂新记书局刊行。

董坚志编《写契一看通》由上海大文书局刊行。

董浩编《契约程式汇编》由上海法学编译社刊行。

吴守雄编著《婚丧喜庆礼节文件大全》由上海大通图书社刊行。

田绍源编《学生讲演集》由奉天信源印书馆刊行。

吕海澜编著《通俗演讲》由上海商务印书馆刊行。

按:此书共分11章。讲述演讲的沿革、组织、计划、材料的编辑、推广办法等。

马国英编《新式标点使用法》(小学教员检定丛刊)由上海中华书局刊行。

世界书局编辑所编《交际大全》由上海世界书局刊行。

江荫香编著《商业新楹联》由上海广益书局刊行。

钱释云编注《(注音注解言文对照)三字经》由上海三民图书公司刊行。

林景亮评注《(评注)古文读本》(1—3册)由上海中华书局刊行。

吴遁生选注《唐诗选》(上中下册)(新中学文库;中学国文补充读本第1集)由上海商务印书馆刊行。

陈幼璞选注《宋诗选》(上中下册)(新中学文库;中学国文补充读本第1集,王云五等编)由上海商务印书馆刊行。

卢冀野选注《元明散曲选》(上下册)(新中学文库)由上海商务印书馆刊行。

文慕超、蒋志贤编著《国文自习书》(1—4册)由上海春秋书社刊行。

胡云翼编《叙事文选》(上下册)(初中国文分类选读)由上海中华书局刊行。

胡云翼编《写景文选》(上下册)(初中国文分类选读)由上海中华书局刊行。

胡云翼编《抒情文选》(上下册)(初中国文分类选读)由上海中华书局刊行。

胡云翼编《论说文选》(上下册)(初中国文分类选读)由上海中华书局刊行。

世界书局编辑所编《(言文对照)新时代学生文范》(第1—3册)由上海世界书局刊行。

胡云翼编《故事词选》(初中国文分类选读)由上海中华书局刊行。

董志渊编《中国的儿童》(小学生创作文库,杨晋豪编)由上海北新书局刊行。

董志渊编《小先生开会》(小学生创作文库)由上海北新书局刊行。

董志渊编《我的学校生活》(小学生创作文库)由上海北新书局刊行。

董志渊编《我的生活杂写》(小学生创作文库)由上海北新书局刊行。

董志渊编《我的劳动生活》(小学生创作文库)由上海北新书局刊行。

董志渊编《四季的风景》(小学生创作文库)由上海北新书局刊行。

董志渊编《努力的孩子》(小学生创作文库)由上海北新书局刊行。

中央图书公司编辑部编《全国中学新文库》(第6册)由上海中央图书公司刊行。

郑明公著《最新法文读本及会话》由上海中华书局刊行。

袁文彰编《（自修适用）日语混合读本》由上海双叶书店刊行。

殷师竹、张会编著《中日交际会话讲义》由上海外语编译社刊行。

陈充文编著《德华成语辞典》由上海商务印书馆刊行。

何万福、郭佶诚编《现代俄文报读法入门》由编者刊行。

王儒林编译《汉译天方夜谭》由上海经纬书局刊行。

按：《天方夜谭》即《一千零一夜》，是阿拉伯民间故事集。

陆贞明著《英语作文入门》（英文学生丛书）由上海中华书局刊行。

陆贞明编著《英文法漫谭》（英文学生丛书）由上海中华书局刊行。

陆殿扬著《陆殿扬英语教学言论集》由江苏南京正中书局刊行。

刘引之编《英文图解析句法》（英文学生丛书）由上海中华书局刊行。

邹明俊编《英文日用同义字》由上海竞文书局刊行。

王承绪编《英文单字与前置词连用法》（英文学生丛书）由上海中华书局刊行。

陈汉声编《英汉文译基础一千句》由上海求益书社刊行。

谢大任编著《英语读音一助》（英文学生丛书）由上海中华书局刊行。

艾伟著《初中英语文法错误之心理》由中华教育文化基金董事会刊行。

张鹏云编《（最新增订）（续编）汉英大辞典》由上海新中国印书馆刊行。

任充四编辑《精选英汉辞典》由上海商务印书馆刊行。

苏兆龙编《中文英译指南》（英文学生丛书初级）由上海中华书局刊行。

苏兆龙编《英文书牍进阶》（英文学生丛书）由上海中华书局刊行。

王翼廷编《现代英文小品文选》（英文学生丛书）由上海中华书局刊行。

林语堂编著《开明第一英文读本》由上海开明书店刊行。

按：此后还有《开明第二英文读本》等。

林幽编《英语成语》（开明青年英语丛书）由上海开明书店刊行。

史亦山编《英文五百难点详解》由上海世界书局刊行。

樊兆庚编《英文副词的研究》由上海中华书局刊行。

按：是书讲述英文文法中有关副词的种类和用法等。

葛传槼著《全句注音英语会话》由上海竞文书局刊行。

葛传槼著《葛传槼英文集》（1—3集）（英文学生丛书）由上海中华书局刊行。

葛传槼编《中国故事选译》（英文学生丛书初级）由上海中华书局刊行。

胡萍青、江绍梴著《（英汉对照）情书一束》由上海中国文化服务社刊行。

苏兆龙编《英国现代生活一瞥》（英文学生丛书初级）由上海中华书局刊行。

张梦麟编《英文谜语》（英文学生丛书初级）由上海中华书局刊行。

程承祖著《短篇英文作文》（英文学生丛书）由上海中华书局刊行。

邹朝浚等著《英文创作集》（英文学生丛书）由上海中华书局刊行。

桂绍盱编《高级英文选读》（英文学生丛书）由上海中华书局刊行。

桂绍盱编《初级英文选读》（英文学生丛书）由上海中华书局刊行。

桂绍盱编《情书》（英文学生丛书）由上海中华书局刊行。

桂绍盱编《励志文选》（英文学生丛书）由上海中华书局刊行。

谢颂羔著《英文短篇论说》(英文学生丛书)由上海中华书局刊行。

李威廉著《小鼠被捕记》(英文学生丛书)由上海中华书局刊行。

谢颂羔编《英文五十故事》由上海中华书局刊行。

孔芥编著《文学原论》由江苏南京正中书局刊行。

按：是书分文学的本质、文学之内在的价值、经验的要素、文学的形式、诗等5章。

骆鸿凯著《文选学》由上海中华书局刊行。

按：是书系一部专门研究萧统《文选》的著作。分10章：纂集、义例、源流、体式、撰人、撰人事迹生卒著述考、征故、评骘、读选导言、余论。书后附录《文选分体研究举例》《文选专家研究举例》及《选学书著录》。

许文雨编著《文论讲疏》由江苏南京正中书局刊行。

按：是书收关于魏晋南北朝、唐宋及明清的各体文论的文章14篇，其中有《王充论衡艺增》《曹丕典论论文》《陆机文赋》《梁萧统文选序》《刘勰文心雕龙丽辞篇》《钟嵘诗品》《白居易与元微之论作文大旨书》《王国维人间词话》等。

杨明照著《范文澜文心雕龙注举正》由北平燕京大学刊行。

语文社编《通俗化问题讨论集》(第1集)由上海新知书店刊行。

按：是书收《我们对通俗化问题的意见》(集体讨论记录)，《关于通俗化问题的回答》(潘念之)，《对于通俗化的管理》(伯韩)，《技术与内容·通俗化与专门化》(钱俊瑞)，《口语化和现实化肃清文言的余毒》(平心)，《通俗化不是说废话》(绀弩)等20篇文章。

语文社编《通俗化问题讨论集》(第2集)由上海新知书店刊行。

按：是书收《M. 伊林和通俗化》(雪苇)，《我看应当这样》(叫蛙)，《不是单纯的技术问题》(舒群)，《文体的通俗化》(史步金)，《通俗化问题讨论征文答案》(唐弢)等21篇文章。

司马文森著《战时文艺通俗化运动》由上海黑白丛书社刊行。

薛建吾编著《中国文学常识》由上海大华书局刊行。

王敏时、施肖丞编《中国文学常识》由上海震旦书店刊行。

杨家骆编著《中国文学百科全书》(中部4—6册)由江苏南京辞典馆刊行。

羊达之编著《中国文学史提要》由江苏南京正中书局刊行。

陈柱著《四十年来吾国之文学略谈》由上海交通大学刊行。

施章著《新旧文学之批判》由江苏南京艺林社刊行。

杨晋豪编《现阶段文艺论战》由上海北新书局刊行。

杨晋豪编《二十五年度中国文艺年鉴》由上海北新书局刊行。

陈柱著《中国散文史》由上海商务印书馆刊行。

卢冀野(原题卢前)著《八股文小史》由上海商务印书馆刊行。

胡才甫著《诗体释例》由上海中华书局刊行。

江灼然编著《诗经篇章句字的统计》由广东广州湖海书局刊行。

游国恩著《读骚论微初集》由上海商务印书馆刊行。

卢冀野著《广中原音韵小令定格》由上海中华书局刊行。

徐中舒著《豳风说——兼论诗经为鲁国师工歌诗之底本》由上海国立中央研究院历史语言研究所刊行。

程会昌著《杜诗伪书考》由著者刊行。

程会昌著《少陵先生文心论》由著者刊行。

郭绍虞校辑《宋诗话辑佚》(上下卷)由北平哈佛燕京学社刊行。

洪为法著《古诗论》由上海商务印书馆刊行。

罗芳洲编著《词学研究》由上海中国文化服务社刊行。

薛砺若著《宋词通论》由上海开明书店刊行。

许文雨编著《人间词话讲疏》由江苏南京正中书局刊行。

胡山源编辑《词准》由上海世界书局刊行。

孙楷第著《唐代俗讲之科范与体裁》由北京国立北京大学刊行。

赵景深著《小说闲话》由上海北新书局刊行。

阿英编《晚清小说史》由上海商务印书馆刊行。

阿英著《弹词小说评考》由上海中华书局刊行。

按:是书主要对《真本玉堂春全传》《燕子笺弹词》《何必西厢》等8部可以代表各种流派倾向的弹词小说进行分析考察,从而介绍弹词小说的理论、创作方法和有关弹词小说的知识。

卫聚贤著《薛仁贵征东考》由上海复兴书店刊行。

卢冀野编著《曲韵举隅》由上海中华书局刊行。

赵景深著《大鼓研究》由上海商务印书馆刊行。

宋春舫著《凯撒大帝登台》(宋春舫论剧第3集)由上海商务印书馆刊行。

徐凌霄著《京剧词典释例》由北平世界编译馆北平分馆刊行。

田汉著《抗战与戏剧》由长沙商务印书馆刊行。

郑振铎著《〈词林摘艳〉里的剧本及散曲作家考》由上海暨南大学刊行。

陈大悲编著《爱美的戏剧续编》由晨报社刊行。

冯沅君著《说赚词》由北平燕京大学哈佛燕京学社刊行。

鲁迅等著《原野》由工作与学习丛刊社刊行。

夏征农编《鲁迅研究》由上海生活书店刊行。

鲁迅纪念委员会编《鲁迅先生纪念集》由文化生活出版社刊行。

登太编《鲁迅访问记》由上海春流书店刊行。

按:此即1936年11月版之《论现在我们的文学运动》。

郑伯奇著《两栖集》由上海良友图书公司刊行。

沈从文、萧乾著《废邮存底》由上海文化生活出版社刊行。

汪静之编著《作家的条件》由上海商务印书馆刊行。

胡鸣祥著《投稿术》由上海复兴书局刊行。

郭虚中编《青年文学知识》由上海商务印书馆刊行。

王梦野等著《给文学青年》由上海通俗文化社刊行。

啸南著《世界文学史大纲》由上海乐华图书公司刊行。

按:是书共分3卷,本书为上、中两卷,叙述中国、希腊、英、德、法、意及日本等国文学的发生、发展,并介绍著名文学家和文学名著。

金东雷著《英国文学史纲》由上海商务印书馆刊行。

施落英编选《英国小说名著》由上海启明书局刊行。

张若名著《法国象征派三大诗人》由北平中法大学刊行。

中苏文化协会普希金逝世百周年纪念筹备委员会编《A.普式庚》由南京中苏文化协会

刊行。

中苏文化协会上海分会主编《普式庚逝世百周年纪念集》由上海商务印书馆刊行。

岑家梧著《图腾艺术史》由上海商务印书馆刊行。

按：是书分图腾制之地理分布、图腾的文字、装饰、雕刻、图画、跳舞、音乐等 9 章。

俞剑华著《中国绘画史》（上下册）由上海商务印书馆刊行。

傅抱石著《中国美术年表》由上海商务印书馆刊行。

陈之佛编《图案构成法》由上海开明书店刊行。

沈逸千作《北蒙写生集》由天津大公报馆刊行。

钱沄著，江毓祺画《山海经》由上海千秋出版社刊行。

培英中学校编《培英绘画》由编者刊行。

张正宇编绘《笑画事典》由上海中央书店刊行。

汪采伯绘《黄海卧游集》由安徽黄山天都文物社刊行，有许世英、胡适等人的序。

陈佛之编《影绘》（第 1—2 集）由上海天马书店刊行。

陈树人绘《中国当代画集——陈树人近作》由上海商务印书馆刊行，有徐仲年的序。

丰子恺著《少年美术故事》由上海开明书店刊行。

朱应鹏著《抗战与美术》由长沙商务印书馆刊行。

浙江省立民众教育实验学校编《民间图画展览会特刊》由编者刊行。

教育部第二次全国美术展览会编《晋唐宋元明清名家》（教育部第二次全国美术展览会专集第 1 种）由上海商务印书馆刊行。

教育部第二次全国美术展览会管理委员会编《现代书画集》（教育部第二次全国美术展览会专集第 2 种）由上海商务印书馆刊行，有王世杰的序。

教育部第二次全国美术展览会管理委员会编《现代西画图案雕刻集》由上海商务印书馆刊行，有王世杰的序。

滕固编《教育部第二次全国美术展览会专刊》由江苏南京教育部第二次全国美术展览会筹备委员会刊行。

中国工商业美术作家协会编《现代中国工商业美术选集》第 2 集由上海中国工商业美术家协会、出版事业委员会刊行。

雪社慰劳前敌将士书画展览会编《雪展专号》由江苏南京中国辞典馆刊行。

丰子恺著《缘缘堂再笔》由上海开明书店刊行。

《广东美术》（第二次全国美展广东出品专刊）刊行。

《现代名画集》由上海良友图书印刷公司刊行。

王子振等著《平社画册》由江苏苏州平社画会刊行。

刘岘刻《子夜之图》由上海未名木刻社刊行。

胡藻斌编著《藻斌花鸟草虫画帖》（上下册）由上海形象艺术社刊行。

徐一苍、黄文清编著《剪影图案集》由江苏南京正中书局刊行。

黎叔平选辑《马若雕刻集》由上海中华书局刊行。

雷驾先编著《（儿童新艺术）刻纸图案集》由江苏南京正中书局刊行。

植耘著《艺苑的巨人罗丹》由著者出版。

吴仁敬编著《绘瓷术》由江西省实施百业教育委员会刊行。

国立美术陈列馆编《教育部第二次全国美术展览会展品目录》由编者刊行。

新波作《路碑》由上海潮锋出版社刊行,有鹿地亘、胡风的序及作者自序。

傅德雍编绘《广告图案字》由上海商务印书馆刊行。

虞愚编著《书法心理》由上海商务印书馆刊行,有杜佐周、吴家镇的序及编者自序。

汪祖培著《书学迂谈》由杭州正则印书馆刊行,有作者自序。

谷雁来、寿文祥编《欧阳询书法范本》由上海儿童书店刊行。

谷雁来、寿文祥编《颜真卿书法范本》由上海儿童书局刊行。

粹芬阁编集《欧字帖》(九成宫集句)(上下册)由上海世界书局刊行。

粹芬阁编集《赵字帖》(名碑集句)(上下册)由上海世界书局刊行。

粹芬阁编集《柳字帖》(玄秘塔集句)(上下册)由上海世界书局刊行。

聂光地、陈传霖编《黑白影集》(1936—1937年第3册)由上海黑白影社刊行。有聂光地的序。

黑白影社编《黑白四届影展特刊》由上海黑白影社刊行。

上海光华摄影学会编辑委员会编《光华影集》由编者刊行。

上海摄影研究会编《上海万国摄影艺术展览会》由编者刊行。

马啸弓编《抗战摄影集》由编者刊行。

王光祈编《西洋音乐史纲要》(上下册)由上海中华书局刊行。

华文宪著《非常时期我国音乐应有之趋向》由庐山暑期训练团刊行,有陈诚的序及作者自序。

贾新风编《音乐教育通论》由上海商务印书馆刊行。

徐迟编著《音乐家及其乐曲》由千秋出版社刊行。

方秋音编《乐园》(娱乐顾问)由上海大方书局刊行。

林老拙编辑《乐天集特刊》(第1号)由北平乐天集刊行。

张簏编《雅乐曲选》由北平中华儿童学社刊行,有张簏的序。

沈上达编《(新上海)名歌唱词汇编》由上海国光书店刊行。

沈心工著《心工唱歌集》(原名《学校唱歌集》)由著者刊行,有吴稚晖、黄自等人的序。

良友歌咏社编《抗战新歌》由上海良友歌咏社刊行。

陈田鹤作曲《回忆集》由上海中华书局刊行。

张云鹤编《京剧歌谱三百首》由上海中国出版社刊行,有萧浪萍的序。

田牧编《抗战歌曲》由苍梧书店刊行。

刘良模编《民众歌咏ABC》由云南省立民众教育馆民众歌咏团刊行。

汤驹著《现代军歌集》由枕戈书店刊行。

许可经作曲《救亡歌曲集》由个人刊行。

李惟宁著《抒情合唱曲》由上海商务印书馆刊行。

李惟宁著《独唱歌集》第1集由上海商务印书馆刊行。

马丝白辑《战歌第一集》由湖北武昌湖北省各级学校战时服务团总团部刊行。

何立山编选《民族呼声集》(最新歌选)由济南山东歌曲研究会刊行。

杭州儿童礼拜事务所编《儿童诗歌》(数字谱本)由上海广学会刊行,有吴慈、刘爱生的序。

何爱融编《耶稣圣诞歌曲》由河北北通公理会刊行。

金吉云编《唱戏门径》(无师自通)由上海中央书店刊行。

冼星海、张曙等编《抗战歌曲集》由上海生活书店刊行。

周钢鸣著《战时后方歌咏》由湖北汉口黎明书局刊行。

俞树连编《大众救亡歌集》由上海七七社刊行。

孟晋编《民族救亡歌声》第一部由湖北武昌蛇山书店刊行。

徐征吉编校《现代民族歌曲集》由上海狮吼歌咏社刊行。

救亡出版社编《抗战歌声》由上海救亡出版社刊行。

鲁荡平编《最新唱歌集》(女声三部合唱)由河南省政府教育厅刊行。

鲁荡平编《最新唱歌集》(军乐谱)由河南省政府教育厅刊行。

鲁荡平编《最新唱歌集》(男声四部合唱)由河南省政府教育厅刊行。

普洛苛著,张家钧译《小提琴演奏术》由上海商务印书馆刊行。

尊闻社编,赵用之审音,曾致果释读,冯心如标符,马复苏传词《陂黄音原详注剧本》由北平直隶书局刊行。

曾昭正、李行夫编选《大家唱》(第1—2集)由湖北汉口教育书店刊行,有光未然、冼星海等人的序。

柯政和著《日本国歌的由来》由北平近代科学图书馆刊行。

王芷章编《清升平署志略》(上下册)由北平国立北平研究院史学研究会刊行,有朱希祖的序。

《莎士比亚的威尼斯商人》由江苏南京国立戏剧学校刊行。

国立戏剧学校编《介绍莎士比亚特刊》由编者刊行。

上海业务剧团编《业务剧人第三次公演欲魔、大雷雨、醉生梦死三大名剧特刊》由编者刊行。

范镠、金吉云编《戏法秘传》由上海中央书店刊行。

华连圃著《戏曲丛谈》由上海商务印书馆刊行。

阎哲吾著《剧场生活》由上海中华书局刊行。

按:是书分舞台管理、剧本演出、演员训练等5辑。

阎哲吾编《地方戏剧集》由上海大风书店刊行。

熊佛西编著《戏剧大众化之实验》由江苏南京正中书局刊行,有晏阳初、熊佛西的序。

顾仲彝编著《剧场》由上海商务印书馆刊行,有编者自序。

李白水主编《一捧雪》由上海平剧汇刊社刊行。

李白水主编《打渔杀家》由上海平剧汇刊社刊行。

李白水主编《赶三关》由上海平剧汇刊社刊行。

李白水主编《黄鹤楼》由上海平剧汇刊社刊行。

白宫舞场编《(北平)白宫舞场一周年纪念特刊》由编者刊行。

萧灵君编《魔术戏法精华》由上海经纬书局刊行,有自序。

萧一萍编《科学魔术》由上海经纬书局刊行,有自序。

周寒梅著《抗战与游艺》由长沙商务印书馆刊行。

谷剑尘著《教育电影》由上海中华书局刊行。

按:是书论述教育电影的意义、分类、目标,各国教育电影运动概况,中国教育电影的方针、问题等。

陈友松著《有声的教育电影》由上海商务印书馆刊行。

中国教育电影协会总务组编《中国教育电影协会会务报告》(中华民国二十五年四月至二十六年三月)由编者刊行。

中国教育电影协会编《中国教育电影协会第六届年会特刊》由编者刊行。

长虹月刊社编辑《长虹第一次读者影展选集》由上海益昌照相材料行刊行。

宗秉新、蒋社村编《教育电影实施指导》由上海中华书局刊行。

按:是书介绍教育电影的意义与范围、中国教育电影概况、各国教育电影概观、教育电影简易设备法、教育电影教学法、教育电影巡回放映法等。

徐公美编《非常时期的电影教育》由江苏南京正中书局刊行,有陈立夫、潘公展等人的序。

姚苏凤著《抗战与电影》由上海商务印书馆刊行。

徐公美编著《电影场》由上海商务印书馆刊行。

浙江省教育厅第三科电化教育服务处编《浙江省电影教育实施概况》由浙江省教育厅公报室刊行。

倪贻德编著《西洋画派解说》由上海商务印书馆刊行。

倪贻德著《西画论丛续集》由上海中华书局刊行。

杨鸿烈著《历史研究法》由长沙商务印书馆刊行。

按:是书侧重介绍史料的研究整理。作者认为历史研究法应包括搜集史料法、审订史料法、整理和批判史料法等。书中还介绍了关于史料的认识及种类。作者有目的地引进西学的方法,来为中国史学研究服务。

金兆丰著《中国通史》(大学用书)由上海中华书局刊行。

按:是书分总论、地形编、食货编、职官编、刑法编、兵政编、选举编、外交编、文字编、学说编等 10 卷,分门别类地叙述中国历史。

陈锡祺、徐瑞祥著《本国史纲要》由著者刊行。

陈登原编《中国文化史》(下册)由上海世界书局刊行。

王云五编《编纂中国文化史之研究》由上海商务印书馆刊行。

按:是书分 6 部分:文化与文化史,中国文化史料之丰富,中国文化史料之缺点、外国学者编著之中国文化史(分类录出欧、美、日等国学者的著作 234 种),外国学者编纂之世界文化史(分 15 类录出近百种书目)及编纂中国文化史应用如何方法等。书后附录:中国文化史丛书八十种目录及其合售、预约、零售特价办法。正文原在《张菊生先生七十生日纪念论文集》中发表。

李长傅著《中国殖民史》由上海商务印书馆刊行。

冯承钧著《中国南洋交通史》由上海商务印书馆刊行。

按:是书分上、下篇,上篇分 10 章记述中国与南洋各国交通关系,分为汉与南海之交通、法显之归程、南北朝时往来南海之僧人、唐代往来南海之僧人、宋元之南海及明郑和下西洋等;下篇分 7 章辑录南洋各国史传,舆地记,分记扶南、真腊、闍婆、三佛齐、南海群岛诸国、马来半岛诸国、印度沿海诸国等传。

王辑五著《中国日本交通史》由上海商务印书馆刊行。

按:是书历述自秦以前至清末的中日交往,侧重于文化交流,按朝代分 15 章。

瞿同祖著《中国封建社会》由上海商务印书馆刊行。

按:是书介绍封建社会的形成、完成、封建社会的土地制度、宗法制度、封建阶级、政治及其崩溃等内容。

陈登原著《历史之重演》由上海商务印书馆刊行。

黄尊生著《读史一得》由天津大公报馆刊行。

中华书局编《国语精华》由上海中华书局刊行。

中华书局编《战国策精华》（上下册）由上海中华书局刊行。

罗伽等编《二十五史精华》（贞集）由上海教育书店刊行。

中华书局编《史记精华》（1—4册）由上海编者刊行。

朱希祖著《史记汉王劫五诸侯兵考》刊行。

周嘉猷著《南北史表》由上海商务印书馆刊行。

张鹏一著《唐代日人来往长安考》由陕西西安秦风周报社刊行。

王溥著《五代会要》由上海商务印书馆刊行。

熊公哲著《王安石政略》由上海商务印书馆刊行。

印鸾章编，蔡丏因校订《清鉴》（仿古字版）由上海国学整理社刊行。

金云铭著《郑和七次下西洋年月考证》由福建协和大学图书馆刊行。

中国现代史研究委员会编《中国革命运动史》刊行。

按：是书共7讲：1.太平天国革命运动；2.戊戌政变与义和团运动；3.辛亥革命4.五四运动5.中国共产党的产生与中国工人运动的发展；6.中国国民党的改组与国共合作；7.1925—1927年的中国大革命。

梁廷楠著《夷氛记闻》（五卷）由北平国立北平研究院史学研究会刊行。

罗尔纲著《太平天国史纲》由上海商务印书馆刊行。

吴虬著《北洋派之起源及其崩溃》由上海海天出版社刊行。

王信忠著《中日甲午战争之外交背景》由北平国立清华大学刊行。

国难社编《日鲜浪人在中国各地非法行动》由国难社刊行。

张江裁编《中华民国开国史料》由北平双肇楼刊行。

周鲠生著《非常时期的外交》由上海中华书局刊行。

中国文化建设协会编《十年来的中国》由上海商务印书馆刊行。

祖国社编《抗战六年大事记》由编者刊行。

蓝天照著《九一八以来的抗日战争》由上海光明书局刊行。

泳吉著《义勇军》由上海现实出版社刊行。

柳仁编《统一战线后的东北义勇军》由上海时事新闻刊行社刊行。

松五等著，夏行编《东北抗日联军游击实录》由上海杂志公司刊行。

辛质著《长城察北的抗战》由上海黑白丛书社刊行。

察哈尔抗日同盟军四周年纪念会编《察哈尔抗日同盟军四周年纪念册》由编者刊行。

倪囧人著《绥远抗战与中华民族之前途》由江苏南京西北导报社刊行。

江毓麟著《伪匪犯绥与"大元帝国"的密谋》由上海时事新闻刊行社刊行。

简夫编《西北国防线》由上海时事新闻刊行社刊行。

五四纪念日受伤同学后援会编《五四事件特刊》由北平编者刊行。

东北大学学生自治会编《东大赴京请愿记》由编者刊行。

赵文华著《二万五千里长征记》由大众出版社刊行。

大华著《二万五千里长征记》由复兴出版社刊行。

救亡研究社编《二万五千里的长征》由上海编者刊行。

时代文献社编《七君子事件》由上海时代文献社刊行。

蒋万里编《蒋委员长西安蒙难真相》由上海民族出版社刊行。

木子立编《西安事变真相》由江苏南京救亡出版社刊行。

刘百川著《蒋委员长西安蒙难记》由上海汗血书店刊行。

罗青著《罗青被诉危害民国案答辩状》由著者刊行。

时事问题研究社编《西安事变史料》由编者刊行。

蒋中正、宋美龄著《蒋委员长西安半月记·蒋夫人西安事变回忆录》由江苏南京正中书局、西安新中国文化出版社刊行。

蒋中正、宋美龄同著《西安半月记》由上海中庸书店刊行。

杜远著《国共合作的未来》由上海国难研究社刊行。

冯杰著《国共合作的未来》由上海今日问题研究社刊行。

毛泽东等著,新中国出版社编《新中国在进展中》由上海新中国出版社刊行。

王明(原题陈绍禹)著《抗日救国政策》由陕西人民出版社刊行。

芦中人著《卢沟桥血战史》由上海文萃书局刊行。

时事图画出版社编《卢沟桥事件画刊》由上海编者刊行。

憾庐著《上海抗战全史》(第1—2编)由上海宇宙风社刊行。

东北图存出版社编《卢沟桥血战纪录》由东北图存出版社刊行。

董铁魂著《八一三上海抗战光荣史》(第1集)由上海青年出版社刊行。

陈国辉编著《炮火下之华北》由上海华光书局刊行。

时事新闻刊行社编《卢沟桥大事件》由上海编者刊行。

浙江省立宁波民众教育馆编《中日战争的炮火响了——卢沟桥事件我们应有的认识和准备》由宁波编者刊行。

时事研究社编《震动世界的八百壮士》由编者刊行。

柳乃夫等著《抢救华北》由上海杂志公司刊行。

舒沛泉编《中日全面战争》(第1册)由广西桂林前导书局刊行。

厉吾编著《全面抗战的前夜》由上海自力出版社刊行。

童振华著《怎样清除汉奸》由上海黑白丛书社刊行。

傅于琛著《汉奸的产生和扑灭》由上海杂志公司刊行。

蔡力行著《侦查汉奸的方法》由上海黑白丛书社刊行。

张耀光、关守成著《沦陷后之东北》(读张其昀先生《沦陷后之东北》)由外交月报社刊行。

中国国民党浙江省党部编《东北同胞的亡国奴生活》由编者刊行。

于彦禾著《今日的东北》由上海天马书店刊行。

广州特别市党部编《日寇在粤之暴行》由广东广州编者刊行。

福建抗敌后援会著《敌人暴行实录》由著者刊行。

朱鸿禧著《中国民族小志》由上海商务印书馆刊行。

庄学本著《羌戎考察记》由上海良友图书印刷公司刊行。

贵州省政府民政厅编《贵州省苗民概况》由编者刊行。

廖兆骏编著《绥远志略》由江苏南京正中书局刊行。

卫聚贤著、吴越史地研究会编《吴越文化论丛》由上海江苏研究社刊行。

陆树枬编《吴风集》由上海江苏研究社刊行。

李志等著《宜北县志》刊行。

来宾县政府县志编纂委员会编《来宾县志》由县政府刊行。

邕宁县修志委员会编《广西邕宁县志》由广西南宁编者刊行。

次青编《十年来之贵州》由编者刊行。

吴丰培著《清代西藏史料丛刊》（第 1 集）由北平国立北平研究院史学研究会刊行。

世界知识社编《世界知识年鉴》由上海生活书店刊行。

朱鸿禧、李崇厚编《外国史》（上下册）由上海商务印书馆刊行。

外交部情报司编《国外情报选编》由编者刊行。

刘平著《近代国家统一过程的研究》由上海黑白丛书社刊行。

蒋廷猷编《欧风东渐史》由上海普益书社刊行。

按：是书分古代东西洋之关系、西方之东侵、西学之输入、习俗之移入、欧风东渐后最近之形势等 6 章。

何鲁之编著《欧洲中古史》由上海商务印书馆刊行。

吴绳海编《罗马史》由上海中华书局刊行。

按：是书包括罗马起源史、罗马共和时代及意大利半岛之统一、罗马之内乱和罗马帝国之崩坏等 7 章。书末附罗马皇帝表。

李建芳著《日本明治维新运动》由上海真理出版社刊行。

黄震遐编著《迦太基亡国史》由中央航空学校刊行。

周鲠生等著《抗战中各国外交之动向》由重庆独立出版社刊行。

吴清友著《现阶段的世界民族解放运动》由上海当代青年出版社刊行。

沈志远、张仲实编著《二十年的苏联》由上海生活书店刊行。

吴清友编著《苏联建国史》由上海商务印书馆刊行。

王达夫著《苏联二十年》由上海杂志公司刊行。

姚千里编著《西班牙动乱与国际》由南京正中书局刊行。

夏征农著《西班牙的内战》由上海良友图书印刷公司刊行。

汉夫著《德日意的大战准备》由上海良友图书印刷公司刊行。

姜亮夫著《历代名人年里碑传综表》由上海商务印书馆刊行。

按：《燕京学报》1938 年第 24 期发表此书书评，认为"统观全书，用力不可谓不勤，较之旧录，为用亦不为不广；惟讹谬百出，未免美中不足耳"。文中指出该书的错误有 6 条，即承袭旧误、姓名舛误、乡里错谬、一人复见、误二为一、生卒阙误，并分别举例说明。

陈翊林编《中国百名人传》由上海中华书局刊行。

按：是书收录自上古到清末 100 位中国著名人物传略。

彭文富编《中国民族英雄传》由湖南西南日报社刊行。

按：是书收录秦始皇、蒙恬、汉武帝、卫青、班超、诸葛亮、范仲淹、岳飞、文天祥、郑和、史可法、郑成功、洪秀全、蒋介石等 36 位人物的传略。

徐楚樵编《非常时期之模范人物》由上海中华书局刊行。

按：是书收录了中国历代人物的传略 29 篇。其中有越王勾践、苏秦、荆轲、卜式、张骞、班超、李广、诸葛亮、岳飞、文天祥、刘永福、邓世昌等。

赵作雄著《田单复国》由湖南长沙中华平民教育促进会出版。

宋云彬著《陶渊明》由上海开明书店刊行。

蔡尚思著《中国两大文艺思想家》（杜甫、白居易）出版。

汪德振著《罗隐年谱》由上海商务印书馆刊行。

按：作者在是书《弁言》中说："余忝与昭谏同里闬，平时雅慕其为人，屡思编纂年谱，终以觅材匪易而止。今夏间居梓乡，长日多暇，乃就《罗昭谏集》（八卷，康熙刊本）、《甲乙集》（十卷，影宋本）、《谗书》（五卷，拜经楼本）、新登钦贤《罗氏宗谱》、新登《历代志乘》，与当时史载及广检名人生卒暨两浙钱镠事迹相纂合，成《罗隐年谱》一书。非敢侈言著述，聊免散佚，兼以是正世俗对于罗隐之观念云尔。"

鞠清远著《刘晏评传》（附年谱）由上海商务印书馆刊行。

姚名达著《程伊川年谱》由上海商务印书馆刊行。

周景濂著《苏东坡》由正中书局刊行。

张善孖绘辑《〈正气歌〉像传》由武汉战争图画丛书社刊行。

按：是书根据文天祥的《正气歌》绘了他所景仰的古人齐太史简、晋董狐、秦张良、汉苏武、三国诸葛亮等人画像12幅，每幅图下均有文字论证。

敖景文等著《元太祖纪念专刊》由北平蒙藏学校出版。

容肇祖著《李卓吾评传》由上海商务印书馆刊行。

李士厚著《郑和家谱考释》由昆明正中书局刊行。

冯棣绘图，韩德溥著《武训》由上海申报馆刊行。

蔡冠洛编纂《清代七百名人传》（上中下）由上海世界书局刊行。

按：是书收清代260余年间的政治、军事、实业、学术、艺术等方面的名人传713篇。包括翁同龢、容闳、张勋、武训、奕劻、关天培、冯子材、林则徐、顾炎武、詹天佑、严复、洪秀全、邹容、谭嗣同、康有为、秋瑾等人。

罗伽编《清代名人传》由上海教育书店刊行。

按：是书收录清代139位名人传记。

汪胡桢、吴慰祖编《清代河工传》由江苏南京中国水利工程学会出版。

包赍著《吕留良年谱》由上海商务印书馆刊行。

郭垣编著《朱舜水》由江苏南京正中书局刊行。

冯柳堂著《乾隆与海宁陈阁老》由上海编者刊行。

按：是书分渤海陈氏的由来、陈文简公元龙的一生、以女易男的传说、雍正之与陈元龙、乾隆之与陈氏等12个部分。

陈垣著《吴渔山先生年谱》由励耘书屋丛刻本出版。

黄文相著《王西庄（鸣盛）先生年谱》由北平辅仁大学出版。

何贻焜编著《曾国藩评传》由江苏南京正中书局刊行。

杨家骆著《民国名人图鉴》由辞典馆刊行。

胡去非编著《国父事略》由上海商务印书馆刊行。

蔡南桥编《中山先生传记》由上海商务印书馆刊行。

严翔编著《革命先烈小传》由上海民立书店刊行。

顾森千著《蒋委员长传》由上海读书青年社刊行。

胡有我等编《蒋委员长生活留影集》由军事新闻社刊行。

冯玉祥著《冯玉祥在南京第二年》由三户图书社刊行。

陈德真编《朱德传》由广东广州战时读物编译社刊行。

史天行编《朱德传》由湖北汉口芒种书屋出版。

胡立民著《从军回忆录》由上海亚东图书馆刊行。

赵轶琳著《八路军将领传》由上海自力出版社刊行。

按：是书介绍八路军将领朱德、彭德怀、贺龙、项英、刘伯承、徐向前等6人的事迹。

吴明编著《共产党要人素描》由上海民族解放社刊行。

按：是书收录毛泽东、朱德、周恩来、徐向前、叶剑英、恽代英、彭湃、方志敏等12位共产党重要人物的传略。

熊国霖编著《抗战将士剪影》（第1集）由湖北汉口时代社刊行。

张资平著《地质学名人传》由上海商务印书馆刊行。

按：是书介绍比丰、盖塔、赫顿、史密斯、默奇森等11名地质学家的生平和科学成就。

李宝泉著《中国当代画家评》由江苏南京木下书屋出版。

按：是书介绍丁衍镛、王一亭、王济远、王悦之、王远勃、王雪涛、王个簃、王道源、方干民、司徒乔、何香凝、吴作人、徐悲鸿、张大千、黄宾虹、齐白石、刘海粟等80名画家，评述他们的艺术技巧、技法、流派。

张江裁著《燕都名伶传》由北平松筠阁书店刊行。

胡适著《胡适留学日记》由上海商务印书馆刊行。

郭沫若著《北伐途次》由上海潮锋出版社刊行。

按：郭沫若在流亡日本养病期间，先完成了《我的童年》的写作。之后，一发不可收拾，陆续完成了《反正前后》《创造十年》《创造十年续编》《北伐途次》《我的学生时代》等自传作品，字数多达110多万，其篇幅之巨为现代作家之最。

时代文献社编《救国无罪——"七君子"事件》由时代文献社刊行。

邹韬奋著《经历》由上海生活书店刊行。

按：1936年11月22日，邹韬奋与沈钧儒、沙千里、李公朴、史良、章乃器、王造时等7位救国会领袖在上海被国民党当局逮捕，史称"七君子事件"，前后历时八个月。《经历》乃作者1937年1月完成于江苏高等法院看守所，4月由生活书店刊行单行本。

胡适等著《张菊生先生七十生日纪念论文集》由上海商务印书馆刊行。

按：张元济七十诞辰，商务印书馆刊行《张菊生先生七十生日纪念论文集》，胡适以旧稿《述陆贾的思想》作为寿辞，并作题记。他说："这是民国十九年三月里写的一篇旧稿。那时我住在张菊生先生的对门，时时向他借书，有时候还借到他自己用朱笔细校的史书。我那时初读唐晏校刻的陆贾《新语》，写了一篇跋，也曾送给菊生先生，请他指教。今年一班朋友发起印行一本庆祝菊生先生七十岁大寿的论文集，我本想写一篇《古书中的方言》，两度在太平洋船上起稿，都没有写成。现在收稿的期限太近了，我只好检出这篇旧稿寄去凑热闹，心里着实感觉惭愧。我所以挑出这篇，不仅仅是因为这是我和菊生先生做邻居时候写的，是因为陆贾的'圣人不空出，贤者不虚生'的人生观最近于他处世的积极精神，也最配用来做给他祝寿的颂辞。二十五，十二，十五夜。"

汉民学院筹备处编《胡展堂先生逝世周年、汉民学院奠基典礼纪念册》由编者刊行。

易君左编著《我们的史绩》由南京正中书局刊行。

陈昭宇等著《广东糖业与冯锐》出版。

方豪著《李我存研究》由杭州我存杂志社刊行。

储祎、范焕基编《现代中外名人小辞典》由上海东方书店刊行。

田惜庵著《名人志芽》由上海开明书店刊行。

按：是书简介牛顿、富兰克林、华盛顿、瓦特、拿破仑、达尔文、林肯、俾士麦、卡内基、洛克菲勒、爱迪生、高尔基、列宁、胡佛、马可尼等20人。

周昌寿编《物理学名人传》（上下册）由上海商务印书馆刊行。

按：是书收录毕达哥拉斯、亚理斯多德、阿基米得、笛卡儿、富兰克林、瓦特等人的传记共53篇。周昌寿在序中说："本书起自上古，迄于最近，凡与物理学有关者，均各有所记述。其中有偏于天文、数学、化学方面者，因其对于物理学上之建树，不在他人之下，故并存之。"

薛德焴编，王保和绘《代表的科学家像》由南京正中书局刊行。

按：是书是画册。内收哥白尼、克普勒、伽利略、雷文胡克、牛顿、瓦特、拉瓦锡、拉普拉斯、法拉第、赫姆霍尔兹、赫茨、巴斯德、爱迪生、马可尼、居礼、伦琴、爱因斯坦等24名世界著名科学家的画像。附简要文字说明。

张少微著《法国六大社会学思想家》由上海商务印书馆刊行。

顾杏卿著《欧战工作回忆录》由上海商务印书馆刊行。

苏易筑编著《达尔文》由江苏南京正中书局刊行。

化青著《辛浦森夫人事件》由上海良友图书印刷公司出版。

卫聚贤著《中国考古小史》由上海商务印书馆刊行，李济作序。

按：是书发挥梁启超关于考古学的认识，对中国自周代以来的考古史作了系统的梳理，是作者刻意为之的一部学术著作。李济序说："严格的考古学在我国虽是很近的一种发展，旧学中却有它很厚的根基。要没有宋人收集古器物的那种殷勤，清代小学的研究，就不会有那种朴实的贡献。甲骨文的发现，适在清代古文字学隆兴之后，两相衔接，中国一切旧学，因此就辟出来一个新的途径。由此而注意发掘及文字以外的考古资料，只是向前进一步的事，可谓一种应有的趋势。再加以自然科学的影响，现代化的考古学就应运而生了。现在我们只是起首作这种工夫，好些研究的组织，尚不十分完备，那是不可讳言的。但近十年来，所得的材料，已不少了。卫聚贤先生现在把关于这类的事实，汇集起来，作了一个节略；并将相关的出版品，作了总介绍；冠以阮芸台、梁任公、王静安三篇考古的著述，成《中国考古小史》一本；使读者一阅而知中国考古学的重要事实，是很值得我们感谢的。因为之序。"

潘承弼著《海东金石苑原本考辨》刊行。

商承祚著《长沙古物闻见记》由金陵大学中国文化研究所刊行。

何天行著《杭县良渚镇之石器与黑陶》由上海吴越史地研究会刊行。

按：何天行1935年于复旦大学考古系求学，当年暑假、寒假期间，他通过民间探访和实地考察征集到了良渚出土的一些石器、黑陶以及碎片。当时何天行敏锐地意识到这里或许存在"未曾被发现的文化遗址"，即至良渚、瓶窑一带进行了广泛考查。再至1936年，何天行随带良渚出土的黑陶到南京中央研究院访晤董作宾、梁思永，进一步认识到他的这些发现对研究中国古史具有重要意义，于是开始撰写《杭县良渚镇之石器与黑陶》一书，后经由蔡元培过目、题签书名，至1937年4月出版发行。此书成为最早介绍良渚遗址的考古著作。

傅振伦著《简策说·汉武年号延和说》由考古社刊行。

朱中翰著《双林寺考古记》由文澜学报社刊行。

张印堂编《地理研究法》由江苏南京正中书局刊行。

章鸿钊著《中国地质学发展小史》由上海商务印书馆刊行。

按：章鸿剑在1910年至1912年，就相继发表《世界各国之地质调查事业》和《中华地质调查私议》，痛陈在中国开展地质调查的重要性和急迫性。

陈镐基著《中国地理》由上海商务印书馆刊行。

胡焕庸编著《我们的版图》由江苏南京正中书局刊行。

人文月刊社编《中华民国各省县名易检表》由编者刊行。

张越瑞选辑《语体游记选》由上海商务印书馆刊行。

周开庆著《今日之华南》由上海光明书局刊行。

长江著《中国的西北角》由天津大公报馆刊行。

长江著《塞上行》由大公报馆刊行。

邹韬奋著《萍踪忆语》由上海生活书店刊行。

纪霭士著《察哈尔与绥远》由上海文化建设月社刊行。

北宁铁路管理局编《天津旅游便览》由天津北宁铁路管理局刊行。

昌平县政府编《昌平县政况古迹概略》由编者刊行。

时秋著《国防前线的绥远》由上海生活书店刊行。

陈镐基著《世界地理》(上下册)由上海商务印书馆刊行。

陶芳新编著《日本的解剖》由南宁强化书局刊行。

王德恒著《日本之研究》由著者刊行。

王桐龄著《日本东北视察记》由国立北平师范大学刊行。

凌抚元著《日本游记》由北平新北平报社刊行。

沈厥成、刘上木编著《南洋地理》由上海商务印书馆刊行。

何尔玉、萧友玉编著《南洋群岛一瞥》由上海商务印书馆刊行。

邱致中编著《南洋概况》由江苏南京正中书局刊行。

许瀚著《南洋丛谈》由杭州现代书局刊行。

杨文瑛著《暹罗杂记》由上海商务印书馆刊行。

林兴智著《到埃及去》由上海中国回教书局刊行。

萧冠英著《欧洲考察记初编》由广东广州国立中山大学出版部刊行。

王悦芬编《今日的苏联》由上海天马书店刊行。

陶亢德编《苏联见闻》由上海宇宙风社刊行。

盘斗寅著《游俄纪要》刊行。

堵述初编著《今日之美国》由湖南长沙中华平民教育协进会刊行。

余洪先编《马边纪实》由马边县政府刊行。

欧阳缨主编《新世界列国地图》由湖北武昌亚新地学社刊行。

时仲华编制《世界新地图》由上海振亚舆地社刊行。

葛绥成编《世界改造大地图》由上海中华书局刊行。

葛烺编制《新上海市街图》由上海舆地学社刊行。

远安堂编绘《广州市最新马路全图》由编者刊行。

金仲华编著《抗战形势发展图解》由湖北汉口生活书店刊行。

欧阳缨主编,胡民治制图《安徽省分县新图》由湖北武昌亚新地学社刊行。

徐椷等绘《江苏最新形势图》由上海会文堂新记书局刊行。

陈铎等编《最新华北形势图》由上海舆地学社刊行。

陈铎编《京沪杭甬明细全图》由上海舆地学社刊行。

许宝生绘《江南浙江沿海图》由上海中华书局刊行。

无名氏编《华北明细地图》由湖北武昌亚新舆地学社刊行。

无名氏编《绥察热三省明细地图》由湖北武昌亚新舆地学社刊行。

陈友松、刘伍夫编著《图书馆》由上海商务印书馆刊行。

喻友信著《实用图书馆学》由上海中国图书馆服务社刊行。

按：是书分图书馆通论、图书馆学论、图书馆杂论 3 编。有杜定友、蒋复璁、沈祖荣的序以及自序，共 4 编。

蒋元卿编《中国图书分类之沿革》由上海中华书局刊行，有自序。

国立中央大学图书馆编《(国立)中央大学图书馆概况》由编者刊行。

云南省立昆华图书馆编《云南省立昆华图书馆概况》由编者刊行。

刘子亚编著《图书馆学书目解题》由山东省第二民众教育辅导区办事处刊行。有自序。

陈端志编著《博物馆》由上海商务印书馆刊行。

张英敏著《四部分类号码表》由北平中华图书馆协会刊行。

重修天一阁委员会编《重修天一阁委员会征信录》由编者刊行。

符定一著《新学伪经考驳谊》由上海商务印书馆刊行。

叶青著《读经问题》由上海真理出版社刊行。

何键著《再论读经问题》由洞庭印务馆刊行。

潘承弼著《吴都文粹校记》刊行。

嘉区民国日报社编《嘉区文献》由浙江嘉兴编者刊行。

程庭鹭著《涂松遗献录》由嘉定县教育会刊行。

孙延钊著《温州文献概述》(续)由浙江省立图书馆刊行。

陈万里著《越器图录》由上海中华书局刊行。

王太岳等编著《四库全书考证》由上海商务印书馆刊行。

杨家骆著《四库全书概述》由江苏南京辞典馆刊行。

按：是书分文献、表计、类叙、书目 4 编。有作者《重印四库全书概述序》《四库全书概述原序》。

郭伯恭著《四库全书纂修考》由国立北平研究院史学研究会刊行。

按：是书分 13 章，介绍《四库全书》的编辑、容量、寓禁于征的实际情形，以及四库全书馆的组织等。

开明书店编《太平御览样本》由编者刊行。

英廉等编《清代禁毁书目四种》由上海商务印书馆刊行。

潘承弼著《日知录补校》由著者刊行。

杨钟键编《记骨室文目》由编者刊行。

吕思勉著《燕石札记》由上海商务印书馆刊行。

学术演讲社著《学术演讲录》由上海新文化书社刊行。

张越瑞选辑《现代名人演讲集》由上海商务印书馆刊行。

国立北平故宫博物院编《伦敦中国艺术国际展览会国外藏品照片展览目录》由编者刊行。

国立北平故宫博物院太庙图书分馆编《国立北平故宫博物院太庙图书分馆书目初编》由编者刊行。

国立北平图书馆中文编目组编《国立北平图书馆排印卡片目录》(4)由编者刊行。

国立北平图书馆中文编目组编《国立北平图书馆排印卡片目录》(5)由编者刊行。

旧都文物整理实施事务处编《旧都文物整理实施事务处第十四次报告书》由编者刊行。

上海文献展览会编《上海文献展览会概要》由编者刊行。

上海文献展览会编《上海文献展览会概要目次》由编者刊行。

陕西省历史博物馆编辑《西京碑林藏石目录》由陕西西安编者刊行。

国立北平大学法商学院编《国立北平大学法商学院图书目录》由编者刊行。

现代知识编译社编《现代知识大辞典》由编者刊行。

新少年社编《最新百科知识手册》由上海开明书店刊行。

李逸农编《日用万事顾问》由文业书局刊行。

保文堂书局编《保文堂书局书目》(第7期)由编者刊行。

抱经堂书局编《抱经堂新收书目》(第19期)由编者刊行。

北平近代科学图书馆编《新著图书目录》由编者刊行。

粹雅堂书店编《粹雅堂书目》由编者刊行。

东来阁书店编《东来阁书目》(第4期)由编者刊行。

东亚晚报编《东亚晚报周岁增刊》由编者刊行。

复初斋书局编《杭州城站复初斋平价书目》(第6期)由编者刊行。

宏远堂书店编《宏远堂书目》由编者刊行。

稽古堂书店编《稽古堂书目》(第2期)由编者刊行。

建设委员会图书馆编《建设委员会图书馆图书目录续编》由编者刊行。

经训堂书店编《杭州经训堂书店第十二期书目》由编者刊行。

来薰阁书店编《来薰阁书目五期续编》由编者刊行。

教育部图书馆编《教育部图书馆县志目录》(第1册)由编者刊行。

南京市政府图书室编《南京市政府图书室图书目录》由编者刊行。

潘承弼等辑《太炎先生著述目录后编初稿》由辑者刊行。

厦门大学图书馆编《厦门大学中文图书目录》由编者刊行。

陕西省立西京图书馆编《陕西省立西京图书馆图书目录》由编者刊行。

上海市图书馆编《上海市图书馆图书杂志目录》(第2辑)由编者刊行。

上海自然科学研究所编《上海自然科学研究所图书杂志分类目录》由编者刊行。

受古书店编《受古书店大廉价目录》由编者刊行。

宋经楼书店编《宋经楼书目》(第4期)由编者刊行。

邃雅斋书店编《邃雅斋书目》由编者刊行。

文化学社编《文化学社图书汇刊》由编者刊行。

三友堂书店编《三友堂书目》(第3期)由编者刊行。

文奎堂书庄编《文奎堂书目》(第11期)由编者刊行。

文艺书店编《杭州文艺书店书目》(第6期)由编者刊行。

修绠堂书店编《修绠堂书目》(第5期)由编者刊行。

姚永年编《周浦南荫堂姚氏丛刊初编》由周浦姚景福堂贞房刊行。

上海市图书馆编《上海市各图书馆所藏本国杂志联合目录》由编者刊行。

岭南大学图书馆编《馆藏中日文期刊目录》由广东广州编者刊行。

震旦大学图书馆编《震旦大学图书馆藏历代法政经济书备征目》由编者刊行。

中华书局编《中华书局图书目录》(重编第 6 号)由编者刊行。

商务印书馆编纂《十通索引》由上海商务印书馆刊行。

哈佛燕京学社引得编纂处编《礼记注疏引书引得》由北平编者刊行。

哈佛燕京学社引得编纂处编《礼记引得》由北平编者刊行。

燕京大学历史学系史学消息社编《国外汉学论文提要分类目录》(第 1 编)由北平禹贡学会发行部刊行。

洪业等编《春秋经传引得》(附标校经传全文)(1—4 册)由北平哈佛燕京学社引得编纂处刊行。

哈佛燕京学社引得编纂处编《春秋经传注疏引书引得》由北平编者刊行。

哈佛燕京学社引得编纂处编《毛诗注疏引书引得》由北平哈佛燕京学社引得编纂处刊行。

实业部经济年鉴编纂委员会编《杂志索引》由江苏南京编者刊行。

蔡金重编《藏书纪事诗引得》引得第二十八号由北平燕京大学哈佛燕京学社引得编纂处刊行。

北平图书馆舆图部编《康藏论文索引》由编者刊行。

(伪满)国务院总务厅情报处编《新学制大要》(满洲帝国国民读本第 3 辑)由编者刊行。

(伪满)西安县公署总务科编《西安县一般状况》由陕西西安县编者刊行。

［日］德永直、渡边顺三著,包刚译《新哲学讲话》由上海杂志公司刊行。

［日］秋泽修二著,熊得山、金声译《西洋哲学史》由上海生活书店刊行。

［日］永田广志著,施复亮、钟复光译《现代唯物论》由上海进化书局刊行。

［日］永田广志著,卢心远译《现代唯物论》由上海辛垦书店刊行。

［日］诸桥辙次著,唐卓群译《儒学之目的与宋儒庆历至庆元百六十年间之活动》由江苏南京首都女子学术研究会刊行。

［日］永井潜著,钱稻孙译《日本精神与近代科学》由北平近代科学图书馆刊行。

［日］森宏一著,寇松如译《近代唯物论》由上海进化书局刊行。

［日］永田广志著,阮均石译《科学的历史观》由上海新知书店刊行。

［日］井上玄真著,芝逢译《唯识三十论讲话》由湖北武昌佛学院刊行。

［日］田中香涯著,吴瑞书译《夫妻间之性智识》由上海大通图书社刊行。

［日］中山耕太郎、武藤丸南著,陈明译《殖民地民族问题的基础知识》由上海一般书店刊行。

按:是书继第一次出版后,解放社、华北新华书店、华中新华书店、东北书店、太行群众书店、大连新中国书局、中原新华书店、苏南新华书店、苏北新华书店、解放社刊行多次。

［日］太田宇之助著,中国文化教育馆译,黄杰校订《请看今日之中国》由上海中庸书店刊行。

［日］吉村忠三著,李祖伟译《外蒙之现势》由上海商务印书馆刊行。

［日］木下半洽著,林纪东译述《日本法西斯主义》由上海商务印书馆刊行。

［日］日本政治研究会著,宋斐如译《日本国家机构略解》由上海中华书局刊行,有译者序言。

［日］室伏高信著，龚心印译《日本南进论》由湖南长沙湖南育才中学校刊行，有龚德柏叙言。

［日］三谷隆正著，徐文波译《法律哲学原理》由上海商务印书馆刊行。

［日］美浓部达吉编著，陈正明译《公法与私法》由湖北汉口陈正明律师事务所刊行。

［日］美浓部达吉编著，黄冯明译《公法与私法》由上海商务印书馆刊行。

［日］中根不羁雄编译《满洲新六法》由吉林长春满洲行政学会刊行。

［日］堀伸二著，任季高译《唯物战争观》由上海辛垦书店刊行。

按：是书分3部。第1部讲述战争的概念、沿革，分别介绍克劳塞维慈、嘉尔、恩格斯、莱可拉伊的战争论；第2部讲述战争的方法论，介绍野蛮时代、半开化时代、文明时代、资本主义时代的战争；第3部介绍第一次世界大战后世界经济状况、各帝国主义国家的对立及其军备并预测第二次世界大战将要爆发。

［日］山本常朝著，大木阳堂编著，四明道子译《武士道论语》刊行。

［日］川上贯一著，林文译《通俗资本论读本》由上海潮锋出版社刊行。

［日］谷口吉彦著，陈寿琦译《国际经济的理论与问题》由上海商务印书馆刊行。

按：是书分绪论、国际间的商品移动、国际间的资本移动、国际间的劳动移动、结论5编。论述第二次世界大战前夕，在国际政治、经济矛盾日趋尖锐的形势下，国际贸易中的价格变动、倾销、卡特尔、关税、资本、劳工移民、国际借贷与国际收支等方面的变化情况与发展趋向。

［日］北泽新次郎著，吴斐丹译《经济组织论》由上海商务印书馆刊行。

［日］黑正岩著，张宏英译述《经济地理学导言》由上海商务印书馆刊行。

［日］原胜著，石炎译《列强在华经济斗争》由上海不二书店刊行。

［日］日本资源调查局编著，陈配德译《列强军需资源论》由上海世界书局刊行。

［日］日本三菱经济研究所编，郑君平译述《日本之产业》（1—5）由上海商务印书馆刊行。

［日］上田贞次郎著，熊怀若编译《英国产业革命史略》由上海商务印书馆刊行。

［日］吉田良三著，安子介译《间接成本之研究》由上海商务印书馆刊行。

［日］林癸未夫著，熊怀若译《工业经济概论》由上海商务印书馆刊行。

［日］藤原银次郎著，陈博藩译《工业日本精神》由上海日报社刊行。

［日］山本保编《日本之工业》由上海日报社刊行。

［日］松尾俊郎著，孔涤庵译《交通地理学概论》由上海商务印书馆刊行。

［日］太田黑敏男著，王际宪译《美国铁道之发达及其影响》由北平金华印书局刊行。

［日］谷口重吉著，汤元炳译《俄林贸易理论》由上海商务印书馆刊行。

［日］日本农林省米谷局编，沐绍良等译《世界各国之食粮政策》由上海商务印书馆刊行。

［日］高桥龟吉著，徐文波译《金融统制论》由上海商务印书馆刊行。

［日］井藤半弥著，王国栋译《国家财政概论》由北平大成书局刊行。

按：是书分8章，阐述金融统制之原理、目的、手段，金本位制情况下的金融统制，金本位制崩溃与金融统制之革命，以及中央银行之金融统制和计划金融统制等。

［日］宫田保郎著，赵乐人译《货币的实际知识》由上海新知书店刊行。

按：是书就日本货币现象上的一些实际问题进行具体剖析，试图运用马克思主义政治经济学原理，论述货币的本质与职能、货币转化为资本、信用、资本主义货币体制、通货膨胀、经济危机等问题。

［日］小平权一著，殷公武译《农业保险之机能与组织》由南京正中书局刊行。

〔日〕横尾惣三郎著，丁松成译《日本农民教育馆的真精神》由上海商务印书馆刊行。

〔日〕中村不折著，郭虚中译《中国绘画史》由江苏南京正中书局刊行。

〔日〕田边尚雄著，陈清泉译《中国音乐史》由上海商务印书馆刊行。

〔日〕青柳善吾著，吴承均编译《音乐教育论》由江苏南京正中书局刊行，有缪天瑞序及译者序。

〔日〕小野武夫著，方铭竹译《日本现代村塾论》由济南乡村书店刊行。

〔日〕长田博著，万蓉译《女子律动体操》由上海商务印书馆刊行，有译者序。

〔日〕大出正笃著《（效果的速成式）标准日本语读本》（卷 2）由奉天满洲图书文具株式会社刊行。

〔日〕丸山学著，郭虚中译《文学研究法》由上海商务印书馆刊行。

〔日〕泽田总清著，王鹤仪译《中国韵文史》由上海商务印书馆刊行。

〔日〕武者小路实笃著，周作人译《第二的母亲》由上海启明书局刊行。

〔日〕林芙美子著，张建华译《枯叶》由上海文化生活出版社刊行。

〔日〕德富卢花著，廖崇群译《日本小品文》由云南昆明中华书局刊行。

〔日〕古田太次郎著，伯峰译《死之忏悔》由上海文化生活出版社刊行。

〔日〕丰岛次郎著，叶炽强译《印度故事集》由上海启明书局刊行。

〔日〕永桥卓介著，许达年译《伊朗童话集》由上海中华书局刊行。

〔日〕永桥卓介著，许达年译《埃及童话集》由上海中华书局刊行。

〔日〕冈泽秀虎著，韩侍桁译《郭果尔研究》由上海中华书局刊行。

〔日〕升曙梦著，胡雪译《高尔基评传》由上海开明书店刊行。

〔日〕石丸藤太著，阮有秋译《第二次世界战争》由上海中华书局刊行。

〔日〕藤田丰八著，杨炼译《西域研究》由上海商务印书馆刊行。

〔日〕大川周明著，中岛信一编译《日本文明概说》由吉林长春满洲帝国协和会刊行。

〔日〕足立喜六著，何建民、张小柳译《〈法显传〉考证》由国立编译馆刊行。

〔日〕石丸藤太著，吴世汉、邢必信译《蒋介石评传》由江苏南京经世半月刊社刊行。

〔日〕石丸藤太著，施洛英译述《蒋介石传》由上海光华出版社刊行。

〔日〕石丸藤太著，许啸天译《蒋介石的批判与反证》由上海九州书局刊行。

〔日〕升曙梦著，胡雪译《高尔基评传》由上海开明书店刊行。

〔日〕久米正雄著，周容译《伊奋博文传》由上海世界书局刊行。

〔日〕吉松虎杨著，张建华译《科学界的伟人》由上海商务印书馆刊行。

〔英〕罗素著，高名凯译《哲学大纲》由江苏南京正中书局刊行。

〔英〕本内特著，冯顺伯译《怎样指导你自己》由上海中华书局刊行。

〔英〕本内特著，郑祖发译《怎样生活》由上海长城书局刊行。

〔英〕培根著，邵裴子译《学问之增进》由上海商务印书馆刊行。

〔英〕威尔斯著，鲁继曹译《生路》由上海商务印书馆刊行。

〔英〕罗素著，柯硕亭译《赞赏》由上海商务印书馆刊行。

〔英〕来逢宁著，慕奥译《品格与自制》由上海广学会刊行。

〔英〕卜文著，郑启中译《基督教史略》由上海青年协会书局刊行。

〔英〕雅各著，韩汝霖译《宗教比较学》由上海广学会刊行。

　　按：是书分绪论、野蛮民族的宗教、埃及的宗教、巴比伦与亚述的宗教、迦南与叙利亚的宗教、波斯的宗教、摩尼教、希腊的宗教、宗教戏剧与宗教、希腊的哲学与宗教、印度的宗教、佛教、西藏的佛教、日本的佛教、道教、回教、总结等，计19章。

　　［英］龚斯德著，应远涛、沈秋宾合译《山上的基督》由上海青年协会书局刊行。

　　［英］马修·裴雪尔著，陈海澄译述《耶稣略传》由上海广学会刊行。

　　［英］麦墨累著，张仕章译《创造的社会》由上海青年协会书局刊行。

　　［英］来逢宁著，慕奥译《宗教与道德》由上海广学会刊行。

　　［英］修慈著，杨苑林译《信仰的基础》由上海广学会刊行。

　　［英］来逢宁著，慕奥译《什么是宗教》由上海广学会刊行。

　　［英］来逢宁著，慕奥译《宗教的力源何在》由上海广学会刊行。

　　［英］来逢宁著，慕奥译《宗教的权威在那里》由上海广学会刊行。

　　［英］来逢宁著，慕奥译《什么是对于上帝的信仰》由上海广学会刊行。

　　［英］来逢宁著，慕奥译《什么是罪恶》由上海广学会刊行。

　　［英］林辅华著，夏明如译《何西阿书释义》由上海广学会刊行。

　　［英］林辅华著，夏明如译《弥迦书释义》由上海广学会刊行。

　　［英］米勒著，吕绍端译《圣经之研究法（路加福音）》由湖北汉口中华信义会书报部刊行。

　　［英］米勒著，吕绍端译《圣经之研究法（马太福音）》由湖北汉口中华信义会书报部刊行。

　　［英］米勒著，吕绍端译《因他的名得生命》由湖北汉口中华信义会书报部刊行。

　　［美］克赫兰著，黄振译述《警察实务》由警察研究社刊行。

　　［英］陆荷著，黄澹哉译《将来的世界》由上海商务印书馆刊行。

　　［英］格莱著，华丁夷译《未来的文明》由上海青年协会书局刊行。

　　［英］马林诺夫斯基著，李安宅译《两性社会学——母系社会与父系社会底比较》由上海商务印书馆刊行。

　　［英］韦尔斯等著，郭沫若译《人类展望》由上海开明书店刊行。

　　［英］巴克著，王世宪译《民族性》由上海商务印书馆刊行。

　　［英］海顿著，吕一舟译，吕金录校《南洋猎头民族考察记》由上海商务印书馆刊行。

　　［英］拉斯基著，王造时译述《国家的理论与实际》由上海商务印书馆刊行。

　　［英］麦克斐著，胡道维译《现代的国家》由上海商务印书馆刊行，有译者序和著者序。

　　［英］罗素著，王聿修、王纯修译《自由与组织》由进步学社刊行。

　　［英］贝登堡著，赵邦荣译《童子军教育原理》由上海正中书局刊行。

　　［英］贝登堡著，盖其新译《青年童子军真义》由上海二二五童子军出版用品社刊行。

　　［英］欧脱莱著，董之学译《日本的透视》由上海生活书店刊行。

　　按：是书分10章。评述日本的战争恫吓政策，原料与外贸，工农业与国民经济，专制主义与社会主义，以及日本的战争试验，指出日本在战争中将处于劣势。

　　［英］鲁德连著，郭大力译《英国法西主义》由上海新启蒙书店刊行。

　　［英］富勒著，汤友耕译《为将之道》由国防与军事社刊行。

　　［英］陶内著，陶振誉编译《中国之农业与工业》由南京正中书局刊行。

　　[英]英国皇家国际问题研究会著,史国纲译《世界原料与殖民地问题》由上海商务印书馆刊行。

　　[英]彭森著,靳蕲译述《日用经济学》由上海商务印书馆刊行。

　　[英]劳伊德著,孟广厚编译《英国战时经济统制》由南京正中书局刊行。

　　[英]汉猛德著《汉猛德将军视察中国国有铁路报告》刊行。

　　[英]高尔斯华绥(原题高斯倭绥)著《争强》(四幕剧)(国立戏剧学校第十届公演)由江苏南京国立戏剧学校刊行。

　　[英]N. E. B. Woltors著,朱炳荪译《舞台与银幕的化装术》由江苏南京正中书局刊行,有丁漱的序。

　　[英]洛克著,傅任敢译《教育漫话》(汉译世界名著)由上海商务印书馆刊行。

　　[英]卞文著,郑启中译《基督教史略》由上海青年协会书局刊行。

　　[英]阚南著,潘源来译述《经济学说评论》由上海商务印书馆刊行。

　　[英]克罗守著,包玉珂译《苏联科学》由长沙商务印书馆刊行。

　　[英]福尔著,张世禄、蓝文海译《语言学通论》(百科小丛书,新中学文库)由上海商务印书馆刊行。

　　[英]奥格登著,吴富恒译《基本英语进阶》(基本英语丛刊第 1 种)由上海中华书局刊行。

　　[英]W. Scott原著,M. West译述《惊婚记》(韦氏英文补助读本 12)由上海中华书局刊行。

　　[英]D. Dsfoe著,T. Takata译《鲁滨逊漂流记》(基本英语文库)由上海中华书局刊行。

　　[英]哈葛德著,M. West重述《所罗门王的宝窟》(韦氏英文补助读本 8)由上海中华书局刊行。

　　[英]雪莱著,伍蠡甫译《诗辩》由上海商务印书馆刊行。

　　[英]瑞恰慈著,曹葆华译《科学与诗》由上海商务印书馆刊行。

　　[英]埃司克拉斯、沙福克里斯、尤里比底斯著,石璞译《希腊三大悲剧》(上下)由上海商务印书馆刊行。

　　[英]鲍尔温著,陈君文、杨若洲译《希腊故事集》由上海启明书局刊行。

　　[英]莎士比亚著,梁实秋译《暴风雨》由上海商务印书馆刊行。

　　[英]康各瑞夫著,王象咸译《如此社会》由重庆商务印书馆刊行。

　　[英]王尔德著,沈佩秋译《沙乐美》由上海启明书局刊行。

　　[英]皇尔特著,杨逸声译《少奶奶的扇子》(世界名著译本)由上海大通图书馆刊行。

　　[英]萧伯纳著,蓝文海译《人与超人》由上海启明书局刊行。

　　[英]高斯华绥著,向培良译《逃亡》由上海商务印书馆刊行。

　　[英]莫恨著,陈绵译《情书》由上海商务印书馆刊行。

　　[英]唐绥尼卿著,魏肇基译《宿店底一夜》由上海文化书局刊行。

　　[英]戴耳改编,陈绵译《缓期还债》由上海商务印书馆刊行。

　　[英]笛福著,徐霞村译《鲁滨孙漂流记》由上海商务印书馆刊行。

　　[英]忒福著,吴鹤声译《鲁滨孙漂流记》由上海雨丝社刊行。

　　[英]达甫著,殷雄译述《鲁滨孙漂流续记》由上海大通图书社刊行。

[英]斐鲁丁著,殷雄译《灵魂游历记》由上海大通图书社刊行。

[英]查理·兰姆、玛利·兰姆著,杨镇华译《莎氏乐府本事》(一名莎翁的故事)由上海启明书局刊行。

[英]斯各脱著,谢煌译《撒克逊劫后英雄略》(一名伊凡荷)由上海启明书局刊行。

[英]蒙特过梅著,李葆贞译《绿庐小孤女》由上海商务印书馆刊行。

[英]珈兹格尔夫人著,朱曼华译《女性的禁城》由上海启明书局刊行。

[英]哈第著,王实味译《还乡》由上海中华书局刊行。

[英]哈葛德著,殷雄译述《三千年艳尸记》由上海大通图书社刊行。

[英]康拉德著,袁家骅译《台风及其他》由上海商务印书馆刊行。

[英]柯南道尔著,徐逸如译《福尔摩斯新探案大集成》由上海武林书局刊行。

[英]柯南道尔著,何可人选辑《伪币机关》由上海侦探小说刊行。

[英]柯南道尔著,杨逸声编译《福尔摩斯侦探案大全集》由上海大通图书社刊行。

[英]柯南达利著,殷雄译述《金风铁雨录》由上海大通图书社刊行。

[英]柯南道尔著,苏民译《女侠客》由上海文光书局刊行。

[英]威尔斯著,杨懿熙译《未来的世界》由上海商务印书馆刊行。

[英]吉布斯著,郭定一译《土耳其糖》由上海新闲书社刊行。

[英]杞德烈斯著,程小青译《窝赃大王》由上海世界书局刊行。

[英]S·F·怀特著,林淡秋译《未来的欧洲大战》由上海生活书店刊行。

[英]嘉莱尔著,曾虚白译《英雄与英雄崇拜》由上海商务印书馆刊行。

[英]爱狄密勒著,阿雪译《上海——冒险家的乐园》由上海生活书店刊行。

[英]G·特里斯著,孙琪译《罗宾汉》由上海生活书店刊行。

[英]塔克雷著,叶炽强译《玫瑰与指环》由上海启明书局刊行。

[英]汶德著,孙镇域译《亚德王故事》由上海启明书局刊行。

[英]Charles Sarolea 著,余振焜译《托尔斯泰传》由上海世界书局刊行。

按:是书第一章"托尔斯泰的孩提及弱冠时代",第二章"高加索",第三章"克里米战役",第四章"战事之后——彼得堡时期",第五章"学年和浪游年的告终",第六章"完婚——《战争与和平》",第七章"托尔斯泰的转变",第八章"复萌草",第九章"托尔斯泰是社会和政治的改造者",第十章"亲临夏斯拉夏·鲍娄安拉访谒后的个人印象",第十一章"在夏斯拉夏·鲍娄安拉施行的一个外科手术",第十二章"托尔斯泰的遗著",第十三章"结局"。

[英]G. O. 脱利卫连(原题特勒味连)著,陈健民译《英国革命史》由长沙商务印书馆刊行。

[美]查浦曼罕勒著,殷福生译《逻辑基本》由江苏南京正中书局刊行。

[美]雷斯德著,钟鲁斋、张俊圩译述《现代心理学与教育》由上海商务印书馆刊行。

按:是书分两篇。第1篇教育学基础的心理学说(儿童本性是教育学说的基础,现代心理学的性质及其功能,现代各派心理学鸟瞰,本能,情绪,心理遗传,学习,测验与测量);第2篇从各派心理学观点论当前的教育问题(个别化的教学,职业与教育指导,学龄前的教学,成人教育,课外活动,体育与健康教育,人格与品性的发展,心理卫生,实验教育,心理学原理与教育问题的概述)。

[美]布鲁克斯著,丁祖荫、丁瓒著《青年期心理学》(上下册)由上海商务印书馆刊行。

[美]何令渥斯(原题何林华)著,王介平、蒋梦鸿译《发展心理学》由上海中华书局刊行。

[美]考夫卡著,傅统先译《格式心理学原理》(上下册)由上海商务印书馆刊行。

〔美〕克伦著，何清儒译《实用心理学》由上海商务印书馆刊行。

〔美〕摩斯等著，徐逢熙译《比较心理学》由江苏南京正中书局刊行。

〔美〕雪门（原题希门）著，江标译《心理卫生与教育》由上海商务印书馆刊行。

〔美〕清洁理女士著，麦超兰译《家庭灵修日课》（上下册）由上海广学会刊行。

〔美〕L. A. Reed 著，邬静海译述《埋藏的财宝》由上海东方函授学校刊行。

〔美〕卜德生著，管西屏修词《古物学与圣经》由中西基督福音书局刊行。

〔美〕约弗逊著，谢颂羔、米星如译述《保罗的人格》由上海广学会刊行。

〔美〕波格达斯著，徐卓英、顾润卿译《社会思想史》（上下册）由上海商务印书馆刊行。

按：是书分社会思想的性质、原始社会思想、古代文化之社会思想、中世纪社会思想、个人主义社会思想、马克思与社会主义的社会思想等 14 章。

〔美〕匹斯伯利著，陈德荣译《民族心理与国际主义》由上海商务印书馆刊行。

按：是书包括民族性问题、历史上的民族性、民族心灵、民族性与国家、民族性与超民族性等 10 章。

〔美〕哈利斯著，张久懋译述《各国地方政府》由上海商务印书馆刊行。

〔美〕谭勒等著《全面抗战中的外蒙》由战时出版社刊行。

〔美〕杜威等编，李书勋译《苏联党狱的国际舆论》由上海亚东图书馆刊行。

〔美〕哈珀著，马复、曹建译《苏联公民教育》由上海商务印书馆刊行。

按：是书介绍苏联共产党、共青团、工会组织，苏联的政治教育、社会状况，以及国际主义与民族主义等。有序言及译者序。

〔美〕蒲厄尔等编，邹兆琦译《欧洲民主政府》由上海商务印书馆刊行。

〔美〕亨利著《希特勒能征服苏联么》由广西桂林前导书局刊行。

〔美〕布鲁克斯著，鲁继曾译《瑞士公民教育》由上海商务印书馆刊行。

〔美〕孟罗著，郎依山译《美国宪法通论》由北平佩文斋书局刊行。

〔美〕霍金著，费青译《法律哲学现状》由上海法学编译社刊行。

〔美〕W. A. Mitchell 著，顾康乐译《军事工程学》刊行。

〔美〕毕吉娄著，齐植璐译《经济学纲要》由上海中华书局刊行。

按：是书共 6 章。分述亚当·斯密以前的经济学说、古典派经济学说、社会主义的潮流、现代经济学说的主流以及经济学的前途。

〔美〕牟尼著，李功尚译述《新资本主义》由上海商务印书馆刊行。

〔美〕纽芳著，李暮译《劳资协调论》由上海中华书局刊行。

〔美〕卜凯著，乔启明等译《中国土地利用》由南京金陵大学刊行。

〔美〕J. Goldstrom 著，于熙俭译述《西洋航空发达史》由上海商务印书馆刊行。

〔美〕俾沙普著，金敏甫译述《现代图书馆编目法》由上海商务印书馆刊行。

〔美〕彼得斯著，鲁继曾译《教育社会学原论》（上下册）（大学丛书、大夏大学丛书）由上海商务印书馆刊行。

〔美〕詹姆士著，温心园译《教育心理学谈话》由上海中华书局刊行。

〔美〕赛门斯著，胡祖荫译《学校儿童心理卫生》由上海中华书局刊行。

〔美〕普林格尔著，李相勖、徐君梅译《中学训育心理学》（教本）由上海商务印书馆刊行。

〔美〕维尔著，俞思敬译《怎样教你的孩子》由重庆正中书局刊行。

〔美〕帕刻著，赵竹光译《体育之训练与健康》由上海商务印书馆刊行，有译者序和原书引言。

　　[美]Madame Sylvia 著,赵竹光译《妇女的健康美》(卫生丛书)由上海中华书局刊行。

　　[美]利得曼著,赵竹光译《力之秘诀》由上海商务印书馆刊行,有译者序、原书序及引言。

　　[美]安得生著,钱歌川译注《母亲》由上海中华书局刊行。

　　[美]库尼兹著,周起应译《苏俄文学中的男女》刊行。

　　[美]辛克莱著,张仕章译《辛克莱的宗教思想》由上海青年协会书局刊行。

　　[美]奥尼尔著,潢虎译《月明之夜》由上海启明书局刊行。

　　[美]霍桑著,傅东华译《猩红文》由上海商务印书馆刊行。

　　[美]爱浦伦著,孙季康译《脂粉罪人》由上海文业书局刊行。

　　[美]史拖活著,赵苕狂译《黑奴魂》由上海启明书局刊行。

　　[美]奥尔珂德著,汪宏声译《小男儿》由上海启明书局刊行。

　　[美]马克·吐温著,李葆贞译《王子与贫儿》由上海商务印书馆刊行。

　　[美]欧·亨利著,伍蠡甫译《四百万》由上海商务印书馆刊行。

　　[美]波尔德著,李葆贞译《帕利小姐续集》由上海商务印书馆刊行。

　　[美]坡尔忒著,李葆贞译《神秘的大卫》由上海商务印书馆刊行。

　　[美]布斯·达肯顿著,大华烈士译《摩登伽女》由上海逸经社刊行。

　　[美]勃罗夫斯著,章铎声译《兽王泰山》由上海梓鹤出版社刊行。

　　[美]勃罗夫斯著,殷雄译《泰山情侣》由上海大通图书社刊行。

　　[美]勃罗夫斯著,殷雄译《泰山之友》由上海大通图书社刊行。

　　[美]勃罗夫斯著,殷雄译《泰山得宝》由上海大通图书社刊行。

　　[美]杰克·伦敦著,天虹译《杰克·伦敦短篇小说集》由上海文化生活出版社刊行。

　　[美]Fairbank 著《富人与穷人》由广西桂林前导书局刊行。

　　[美]史沫特莱著,林宜生译《大地的女儿》由上海春元书局刊行。

　　[美]佐趣·利托著,曾宗巩译《二十年海上历险记》由上海商务印书馆刊行。

　　[美]佐趣·利托著,曾宗巩译《二十年海上历险记续编》由上海商务印书馆刊行。

　　[美]H. G. Carlisle 著,帅约之译《母心》由上海中华书局刊行。

　　[美]乔治·赫德著,王语今译《远东大战》(中苏日战争小说)由上海杂志公司刊行。

　　[美]乔治·赫德著,王语今译《远东大战》(远东未来战事小说)由上海杂志公司刊行。

　　[美]史诺著,思三译《中国的新西北》由平凡书店刊行。

　　[美]斯诺著,赵文华译《红旗下的中国》由上海大众出版社刊行。

　　[美]霍桑著,徐培仁译《古史钩奇录》由上海启明书局刊行。

　　[美]马克尔洛著,宋桂煌译《美国史》由上海商务印书馆刊行。

　　[美]韦罗贝著,邵挺等译《中日纠纷与国联》由上海商务印书馆刊行。

　　[美]勃鲁司著《上海不宣之战》由上海大美印刷所刊行。

　　[美]史沫特来著,宋景桐译《国共合作后怎样发展统一战线》(史沫特来与毛泽东的谈话录)由湖北汉口图书社刊行。

　　[美]斯诺记录,翰青、黄峰译《毛泽东自传》由上海光明书局刊行。

　　[美]斯诺(原题史诺)著,欧阳明德译《毛泽东传》由救亡图书出版社刊行。

[美]斯诺著,张宗汉译《毛泽东自传》由延安文明书局刊行。

[美]斯诺著,张洛甫译《毛泽东自传》由陕西延安书店刊行。

[美]斯诺著,平凡译《毛泽东自传》由战时文化书局刊行。

[美]斯诺著,汪衡译《毛泽东自传》由上海文摘社刊行。

[美]斯诺、史沫特莱著,思三、汪馥泉译《毛泽东会见记》由上海文化出版社刊行。

按:是书辑录了两篇文章。第一篇是斯诺的《毛泽东访问记》。文章叙述了作者在陕北苏区的采访经历,发表了与毛泽东的六次谈话,即1936年7月15日与毛先生关于外交的谈话;1936年7月16日与毛先生关于日本帝国主义的谈话;1936年7月18、19日与毛先生关于国内问题的谈话;1936年7月23日与毛先生关于特别问题的谈话;1936年9月23日与毛先生关于联合战线的谈话。

[美]斯诺著,大华编译《毛泽东印象记》由救亡出版社刊行。

[美]斯诺著,白华编译《毛泽东印象记》由上海进步图书馆刊行。

[美]清洁理著,陈德明译《文西小传》由上海广学会刊行。

按:文西是意大利伟大的艺术家、自然科学家。

[美]V.布林著,刘盛渠译《牛顿传》由上海商务印书馆刊行。

[苏]米丁著,张仲实译《哲学》由上海生活书店刊行。

[苏]波伦蒂涅尔著,段洛夫译《尼采哲学与法西斯主义之批判》由上海潮锋出版社刊行。

[苏]亚达米扬著,康敏夫译《史的唯物论》由上海南国出版社刊行。

[俄]贝蒂也夫著,白石译《时代的末期》由上海青年协会书局刊行。

[苏]斯大林著《列宁主义概论》由解放社刊行。

[苏]普列汉诺夫著,张仲实译《社会科学的基本问题》由上海生活书店刊行。

按:是书介绍马克思主义哲学的各种基本问题。包括马恩哲学的研究资料、存在与思维的关系、主体与客体的统一、辩证法与进化论、地理环境与社会的发展、社会心理与社会阶级斗争、现代科学界的新趋势等17节。书后附:注解、名词索引及人名索引。

[苏]普列汉诺夫著,孙静工译《俄国社会思想史》(上中册)由上海商务印书馆刊行。

[苏]斯维托洛夫著,常乐生译《社会和家庭》由上海新知书店刊行。

[苏]波格丹诺夫(原题波格达诺夫)著,陈望道、施存统同译《社会意识学大纲》由上海大江书铺刊行。

[苏]列宁著,徐懋庸译《列宁家书集》由上海生活书店刊行。

[苏]谢烈布林尼柯夫著,丁青译《苏联妇女的地位》由上海生活书店刊行。

[苏]列宁著《国家与革命》由湖北汉口新生书店刊行。

[苏]郭泰纳夫著,韦有徽译《中国军人魂》由长沙商务印书馆刊行。

[苏]塔宁、约翰著,刘尊棋译《当日本作战的时候》由湖北汉口生活书店刊行。

[苏]列昂节夫著,胡明译《政治经济学基础教程》由天津经济学会刊行。

按:是书另又翻译为《政治经济学》(解放社刊行)、《大众政治经济学》(新知书店刊行)、《政治经济学》(前导书局刊行)。卷首有李达、左宗纶的序及译者"引言"。卷末载译者著《论译政治经济学——与张仲实君商榷(3版代跋)》。各版页数虽有增减,但内容无大修改。

[苏]M.莎维兹基著,谢木城译述《战争经济学》由香港华南图书社刊行。

按:是书为原著"序论"部分。分14章,着重阐明战争经济和政治的不可分割性、帝国主义时代战争的性质与方法,并讨论战前备战时期的经济准备和战时对人力、物力、技术等方面的需求与供给方法等。

[苏]阿贝支加乌斯、杜科尔著,莫耐军译《政治经济学方法论》由上海一般书店刊行。

[苏]帕石克夫著,李伟译《论广义政治经济学》由上海新知书店刊行。

[苏]列昂节夫著,张仲实译《政治经济学讲话》由上海生活书店刊行。

[苏]罗森别格著,李侠公译《政治经济学史》由上海商务印书馆刊行。

[苏]密努斯金、坡利斯主编,胡曲园、傅于琛译《世界经济地理教程》由上海昆仑书店刊行。

[苏]达摄夫斯基著,贝叶译《现代殖民地经济论》由上海新知书店刊行。

[苏]Vaintsvaig 著,莫湮译《日本财政资本论》由上海新知书店刊行。

[苏]卡赞宁著,焦敏之译《中国经济地理》由上海光明书局刊行。

[苏]埃尔·纪莽著,刘披云译《唯物史观日本经济》由上海译者刊行。

[苏]波波夫著,赵南柔译述《日本经济论》由上海商务印书馆刊行。

[苏]诺台尔著,赵恩廊译《苏联之商业与供应》由长沙商务印书馆刊行。

[苏]法复尔斯基作,未名木刻社选辑《维拉米耳·法复尔斯基选集》由上海未名木刻社刊行。

[苏]马尔可夫(原题马科夫)著,魏南潜译《苏联的剧场》由商务印书馆刊行。

[苏]李却·波里士拉夫斯基著,郑君里译《演技六讲》由上海良友图书印刷公司刊行,有译者序。

[苏]泰洛夫著,吴天译《演剧论》由上海潮锋出版社刊行。

[苏]米尔斯基编著,段洛夫编译《现实主义》由上海潮锋出版社刊行。

[苏]高尔基著,石夫译《青年文学各论》由上海世界文艺研究社刊行。

[苏]高尔基等著《我们怎样写作》由上海联华书局刊行。

[苏]高尔基著,齐生等译《我怎样学习》由上海联华书局刊行。

[苏]高尔基著,叶以群、邵荃麟(原题以群、荃麟)译《怎样写作——高尔基文艺书信集》由上海读书生活出版社刊行。

[苏]伊佐托夫著,沈起予、李兰译《文学修养的基础》由上海生活书店刊行。

[苏]维诺格拉多夫著,楼适夷(原题楼逸夫)译《新文学教程》由上海天马书店刊行。

[苏]维诺格拉多夫著,叶以群(原题以群)译《新文学教程》由上海读书生活出版社刊行。

[苏]高尔基著,楼适夷(原题楼逸夫)译《高尔基文艺书简集》由上海开明书店刊行。

[苏]高尔基等著,靖华、绮雨等译《给青年作家》由上海生活书店刊行。

[苏]绥维林、托里伏诺夫著,戴何勿译《苏联文学》由上海读者书房刊行。

[苏]高尔基著,世界文学研究社译《高尔基论苏联文学》由上海新生出版社刊行。

[苏]高尔基等著,伍蠡甫、曹允怀译《苏联文学诸问题》由上海黎明书局刊行。

[苏]高尔基等著,斐英译《苏联文学的话》由上海大风书店刊行。

[俄]亚伯兰丁著,范希衡译《苏联诸民族的文学》由上海商务印书馆刊行。

[苏]A. 亚尼克斯德著,茅盾等译《普式庚研究》由上海生活书店刊行。

[俄]万垒赛耶夫著,孟十还译《果戈理怎样写作的》由上海文化生活出版社刊行。

[苏]M. J. 奥尔金著,荃麟译《怎样了解高尔基》由上海长风书店刊行。

[苏]高尔基著,黄远译《回忆安特列夫》由上海引擎出版社刊行。

〔俄〕普式庚著,瞿洛夫选编《普式庚创作集》由上海文化学会刊行。

〔苏〕高尔基著,汪仑编选《高尔基作品选》由上海良友图书印刷公司刊行。

〔俄〕郭戈里著,沈佩秋译《巡按》由上海启明书局刊行。

〔俄〕阿斯德洛夫斯基著,耿济之译《雷雨》由上海商务印书馆刊行。

〔俄〕奥斯托洛斯基著,施瑛译述《雷雨》由上海启明书局刊行。

〔苏〕高尔基著,谢炳文译《深渊》由上海启明书局刊行。

〔苏〕高尔基著,塞克译《下层》由四川成都跋涉书店刊行。

〔俄〕伊凡诺夫著,罗稷南译《铁甲列车》由上海读书生活出版社刊行。

〔俄〕凯泰耶夫著,维特译《方枘圆凿》由上海中华书局刊行。

〔俄〕A. 亚非诺干诺夫著,尤兢译《西班牙万岁》由上海生活书店刊行。

〔俄〕普式庚著,孟十还译《普式庚短篇小说集》由上海文化生活出版社刊行。

〔俄〕普式庚著,立波译《杜布罗夫斯基》由上海生活书店刊行。

〔俄〕屠格涅夫著,丽尼译《贵族之家》由上海文化生活出版社刊行。

〔俄〕朵斯退也夫斯基著《野非卯夫》由上海商务印书馆刊行。

〔俄〕陀思妥耶夫斯基著,洪灵菲译《赌徒》由上海复兴书局刊行。

〔俄〕托尔斯泰著,林纾等译《现身说法》由上海商务印书馆刊行。

〔俄〕托尔斯泰著,周笕等译《安娜·卡列尼娜》由上海生活出版社刊行。

〔俄〕绥拉菲摩维支著,金人译《地下》由四川成都跋涉书店刊行。

〔苏〕高尔基著,树华译《更夫及主人》由天津生活知识出版社刊行。

〔苏〕高尔基著,树华译《莽撞人》由天津生活知识出版社刊行。

〔苏〕高尔基著,麦耶夫译《四十年代》由张鑫山刊行。

〔苏〕高尔基著,树华译《阿路塔毛奥甫家的事情》由天津生活知识出版社刊行。

〔俄〕普里鲍衣著,金人译《在南方的天下》由上海夜哨丛书出版社刊行。

〔俄〕普里波依著,梅雨译《对马》由上海引擎出版社刊行。

〔俄〕班夫琳珂著,碧泉译《日苏未来大战记》由上海大时代出版社刊行。

〔俄〕班夫琳珂著,史君译《日苏未来大战记》由上海国难研究社刊行。

〔俄〕奥斯托洛夫斯基著,段洛夫、陈非璜译《钢铁是怎样炼成的》由上海潮锋出版社刊行。

〔俄〕亚弗勤哥著,春雷、殊令畸译《我爱》由上海生活书店刊行。

〔俄〕鲁滨斯坦著,未明译《武士道》由上海中心出版社刊行。

〔苏〕高尔基著,萧参译《高尔基论文》由张鑫山发行刊行。

〔俄〕柯尔左夫等著,黄峰编译《保卫玛德里》由上海杂志公司刊行。

〔俄〕塞味尼等著,风沙译《奴隶的儿子》由上海读书生活出版社刊行。

〔俄〕班台莱耶夫著,夏懿译《文件》由上海生活书店刊行。

〔俄〕伊林著,胡愈之译《书的故事》由上海生活书店刊行。

〔俄〕伊林著,董纯才译《不夜天》由上海开明书店刊行。

〔苏〕尼柯尔斯基著,焦敏之译《原始人的文化》由上海读书生活出版社刊行。

〔苏〕波察斯德夫等著,高素明、李麦麦译《世界第二次大战的准备问题》由上海商务印书馆刊行。

[苏]罗曼诺夫著,民耿译《帝俄侵略满蒙史》由上海商务印书馆刊行。

[俄]佛那次基著,周新译《俄国史》由上海商务印书馆刊行。

[苏]A. 亚尼克斯德等著,茅盾等译《普希庚研究》由上海生活书店刊行。

[苏]M. J. 奥尔金著,荃麟译《怎么样了解高尔基》由上海长风书店刊行。

[苏]高尔基著,黄远译《回忆安特列夫》由上海引擎出版社刊行。

[英]温群汉著,胡秋原译《迫近的世界大战》由上海中华书局刊行。

[德]恩格斯著,张仲实译《费尔巴哈论》由上海生活书店刊行。

[德]康德著,[英]阿保特译,唐钺译《道德形上学探本》由上海商务印书馆刊行。

[德]施木格勒(原题斯潘格来)著,董兆孚译《人与技术》由上海商务印书馆刊行。

[德]叔本华著,张本权译《意志自由论》由上海商务印书馆刊行。

[德]约德尔著,林伊文译《费尔巴赫底哲学》由上海商务印书馆刊行。

[德]克奥娜著,刘钧译述《女青年心理》由上海商务印书馆刊行。

[德]费尔巴哈著,林伊文译《宗教本质讲演录》由上海商务印书馆刊行。

[德]路德维希(原题庐特维喜)著,[英]E. Paul英译,孙洵侯重译《人之子》由商务印书馆刊行。

[德]德国国防部公布,谭家骏译《新军队指挥》由江苏南京兵学新书社刊行。

[德]施塔姆勒著,张季忻译《现代法学之根本趋势》由上海商务印书馆刊行。

按:是书论述大陆法律思想趋势,介绍自然法学派、历史法学派、社会法学派等流派及法律的实在论、法律的经验论、法律的批判说、法律哲学问题和方法论等。书前有译者序及著者概略。

[德]鲁登道夫著,董问樵译《全民战争》由上海商务印书馆刊行。

[德]鲁登道夫著,张君劢译《全民族战争论》由上海中国国民经济研究所刊行。

[德]黑木茨·佛克曼著,戴坚译《命令作为法》由江苏南京军用图书社刊行。

[德]崔曼瞒著,吴光杰译《青年军事训练读本》由上海中华书局刊行。

[德]希特拉颁布,刘家佺译、军事委员会办公厅第四处编译《德国兵役法》由军用图书社刊行。

[德]札恩著,沈怡译《战时工程备要》由上海中国科学图书仪器公司刊行。

[德]金托夫著,陈蜀生译《军用物资化学实验法》由上海商务印书馆刊行。

[德]黑斯著,陈允文编译《战时经济思想》由上海商务印书馆刊行。

按:是书介绍了第一次世界大战前、战争期间和战后德国各界人士关于战时经济问题与战时经济思想的言论和著述。

[德]罗墨曼著,杨树人译《英国工业的战争经济》由上海商务印书馆刊行。

[德]德国铁路协会编,康浩译《欧洲十六国铁路旅客运输汇辑》由译者刊行。

按:是书据日本铁道省出版的日文本转译。分国介绍奥、比、捷、丹、英、法、德、荷、匈、意、波、萨尔地区、瑞典、瑞士、南斯拉夫等欧洲16国旅客及其行李包裹等方面的客运规程及制度。

[德]柏登著,杨树人译《战争与财政》由上海商务印书馆刊行。

[德]E. 格罗塞著,蔡慕晖译《艺术的起源》由上海商务印书馆刊行。

[德]恩格斯等著,赵季芳编译《恩格斯等论文学》由上海亚东图书馆刊行。

[德]歌德著,周学普译《赫尔曼与陀罗特亚》由上海商务印书馆刊行。

[德]霍普特曼著,谢炳文译《沉钟》由上海启明书局刊行。

［德］柴诃等著，胡启文译《德国短篇小说选》由上海中华书局刊行。

［德］路易棱著，王公渝译《战争》由上海启明书局刊行。

［德］爱克尔曼著，周学普译《歌德对话录》由上海商务印书馆刊行。

［德］格林著，赵景深译《海兔》由上海北新书局刊行。

［德］若克尔著，巴金译《西班牙的斗争》由旧金山平社刊行部、汉口平明书店刊行。

［德］恩格尔比勒黑得，汉尼根著，穆藕初译《军火商人》由上海商务印书馆刊行。

［法］巴朗德著，刘宝环译《心理社会学论》由上海商务印书馆刊行。

按：是书探讨个人意识对社会意识的形成和变化的影响，以及社会意识对个人意识的支配。分6篇，绪论部分分总论社会学的定义、方法、分类；前4篇分别论述社会的形成、演化、分解、消亡；最后一篇论述社会与个人的因果关系。

［法］巴朗德著，刘宝环译《心理社会学论》由上海商务印书馆刊行。

［法］邵可侣著，郑绍文译《社会组织的演进》由上海文化生活出版社刊行。

［法］S·赖那克著，李朴园译《阿波罗艺术史》由上海商务印书馆刊行，有原著者序及译者序。

［法］小仲马著，陈绵译《茶花女》由上海商务印书馆刊行。

［法］罗曼·罗兰著，夏莱蒂、徐培仁译《爱与死之角逐》由上海启明书局刊行。

［法］H.巴大叶著，陈绵译《复活》由上海商务印书馆刊行。

［法］H. Bernstein著，唐人曾译《希望》由上海新声编译社刊行。

［法］巴若来著，郑延谷译《小学教员》由上海中华书局刊行。

［法］德朗斯著，陈绵译《牛大王》由上海商务印书馆刊行。

［法］东朵著，刘小蕙译《法国中古短笑剧》由上海中华书局刊行。

［法］沙陀布里昂著，沈起予译《性的故事》由上海百新书店刊行。

［法］福楼拜著，李健吾译《圣安东的诱惑》由上海生活书店刊行。

［法］小仲马著，王寿昌口译、林纾笔译《茶花女遗事》由上海商务印书馆刊行。

［法］腊皮虚著，张道藩译《自救·镀金》由江苏南京国立戏剧学校刊行。

［法］左拉著，王了一译《酒窟》由上海商务印书馆刊行。

［法］罗曼·罗兰著，傅雷译《约翰·克利斯朵夫》由上海商务印书馆刊行。

［法］纪德著，卞之琳译《浪子回家》由上海文化生活出版社刊行。

［法］安德烈·纪德著，林伊文译《从苏联归来》由上海亚东图书馆刊行。

［法］纪德著《从苏联归来》由引玉书屋刊行。

［法］哀利赛·邵可侣著，郑绍文译《伊兰尼亚与不达米亚》由上海文化生活出版社刊行。

［法］哀利赛·邵可侣著，郑绍文译《徘尼基与巴力斯坦》由上海文化生活出版社刊行。

［法］哀利赛·邵可侣著，郑绍文译《埃及与阿火西尼亚》由上海文化生活出版社刊行。

［挪威］诺尔伯著，戴怀仁、王永生同译《信徒生活鉴》由湖北汉口中华信义会书报部刊行。

［挪威］易卜生著，张彭春、万家宝译，王家齐导演《国民公敌》（五幕剧）（国立戏剧学校第九届公演）由江苏南京国立戏剧学校刊行。

［挪威］易卜生著，沈佩秋译《娜拉》由上海启明书局刊行。

［挪威］阿历山大巨爱兰德等著，古有成选译《挪威短篇小说集》由上海商务印书馆刊行。

［挪威］温玳瑟夫人著，王了一译《幸福之年》由上海启智书局刊行。

［瑞典］何礼魁著，戴怀仁、陈建勋译述《路德传》由湖北汉口中华信义书报部刊行。

［瑞典］高本汉著，朱炳荪译《论周颂的韵》由北平燕京大学刊行。

按：此书为《燕京大学文学年报》第 3 期抽印本。《诗经》中 10 篇周颂韵研究。对段玉裁、王念孙、江有浩、苗夔等 4 人的论点作了新的探讨。

［瑞典］高本汉著，张世禄译《汉语词类》（国学小丛书）由上海商务印书馆刊行。

［瑞典］蒙德留斯著，滕固译《先史考古学方法论》由上海商务印书馆刊行。

［芬］科隆恩编译，汪燮尧校《古教会学政史》由湖北汉口中华信义会书报部刊行。

［意］密拉格利压编，朱敏章译《比较法律哲学》由上海商务印书馆刊行。

［奥］庞巴维克著，曾迪先译《资本肯定论》由上海商务印书馆刊行。

［匈］瓦尔加著，章汉夫、贝叶等译《现阶段资本主义的研究》由上海世界学术社刊行。

［丹麦］劳斯缪孙著，G. G. Berry 英译，朱曼华重译《学校中的自然研究》由上海商务印书馆刊行。

［丹麦］勃兰兑斯著，侍桁译《十九世纪文学之主潮》（第 3 册）由上海商务印书馆刊行。

［丹麦］安徒生等著，金桥、淡秋选译《丹麦短篇小说集》由上海商务印书馆刊行。

［加拿大］文幼章编《（改订本）直接法英语读本教授书》（第 1—6 册）由上海中华书局刊行。

［比利时］梅脱林克著，叶炽强译《青鸟》由上海启明书局刊行。

［奥地利］显尼志勒著，施蛰存译《薄命的戴丽莎》由上海中华书局刊行。

［波兰］廖抗夫著，巴金译《夜未央》由上海文化生活出版社刊行。

［冰岛］斯文逊著，胡端译《忆》由上海震旦大学刊行。

［罗马尼亚］希摩诺微支著，徐方西译《环》由上海商务印书馆刊行。

［西班牙］皮加因等著，李兰译《在西班牙火线上》由上海北雁出版社刊行。

［泰西］南怀仁著《坤舆图说·坤舆外纪》（丛书集成初编本）由上海商务印书馆刊行。

［埃及］高米尔编著，马兴周译《哈漪雅格赞》由上海世界书局刊行。

［埃及］高米尔编著，马兴周译《阿里伦丁》由上海世界书局刊行。

［朝鲜］柳得恭著《二十一都怀古诗》（丛书集成初编本）由上海商务印书馆刊行。

［东海］乐吾氏补注《滴天髓补注》4 卷由上海乾乾书社刊行。

A. Shirley 著，吴维亚译述《圣奥古斯丁》由上海广学会刊行。

Claudio Gancia Hevero 著，张如望译《小天神》由安徽安庆天主堂刊行。

Elspeth Procter 著，吴维亚译述《伟人的母亲》（圣穆奈加）由上海广学会刊行。

P. F. Prat 著，沈造新译《圣保禄》由上海土山湾印书馆刊行。

P. Vercruydse 著《周年默想》（全 4 册）由上海土山湾印书馆刊行。

H. C. Parsons 著，曾育群译《海上历险记》由广西桂林前导书局刊行。

Harry Gannes、Theodore Repard 著，王厂青译《动乱中的西班牙》由上海天马书店刊行。

穆济波编著，胡伦清校订《学术思想论文集》由江苏南京正中书局刊行。

戴蒙德著,许无愁译述,薄玉珍改作《基督教社会学概论》由上海广学会刊行。

希黎著,袁承斌编译《圣经学概论(上集古经篇)》由北平公教教育联合会刊行。

李美博著,毕范宇、余牧人合译《怎样创办乡村主日学》(第一级义工教材第 1 册)由上海广学会刊行。

于炳南编,杨堤译《圣教会史纲》由安徽安庆天主堂刊行。

戴裴士著,吕朝良重译《耶稣言行三十课》由上海中华浸会书局刊行。

斯冬亚著,何希仁等译《耶稣底生活与教训》由上海广学会刊行。

辛可维契著,袁访赉、郑启中译《耶稣的思想及其背景》由上海青年协会书局刊行。

栢基根著,马福江译《哥林多后书释义》由上海广学会刊行。

伯辣弥诺著,徐允希编译《圣母小日课咏解》由上海土山湾印书馆刊行。

布如师著,陈茂才译《祈祷的科学》由上海青年协会书局刊行。

大累瑟著,许无愁译《山中日祷》由上海广学会刊行。

狄守仁著,朱星元译《天主教教义提纲》上、中册由天津崇德堂刊行。

狄索著,徐见希编译《祈祷宗会问答》由上海土山湾印书馆刊行。

樊都生著,应远涛译《现代潮流中的上帝观》由上海青年协会书局刊行。

葛赍恩著,浦化仁译《帖撒罗尼迦前后书释义》由上海广学会刊行。

龚斯德著,无愁、马鸿纲等译《胜利的生活》由上海广学会刊行。

龚斯德著,马鸿纲等译述《丰美的生活》由上海广学会刊行

亨理·马斯克理爱著,杨寿康译《公教进行会女宗徒弗隆物洛夫人传略》由上海土山湾印书馆刊行。

卡斯著,谷云阶译《千禧年主义》由上海广学会刊行。

寇润岚(R. M. Cross)编著,曹鸿祥译《公共崇拜的意义及方法》由上海广学会刊行。

穆罕默德·阿布笃著,马瑞图译《回教认一论》由上海中华书局刊行。

倪怀纶著,李问渔译《客问条答》由上海土山湾印书馆刊行。

区熙弼著,朱世璇译《马可福音释义》由上海广学会刊行。

若瑟纽著,王敬轩译《奋兴正义》由湖北汉口中华信义会书报部刊行。

沙勿略顾著《七克真训》(7 版)由山东兖州府天主堂印书馆刊行。

洪苔儿著,赫永襄、陈启新译《基督教徒之信仰及其理由》由湖北汉口中国基督圣教书会刊行。

基尔祈著,梁得所译《人生的把握》由上海广学会刊行。

史汀生著,印永法译《远东的危局》由展华印书馆刊行,有译者序及再版序。

盖雪维治、蒂巴尔著,刘保襄译《现代奥大利政治》由上海商务印书馆刊行。

张孤山译著《日本陆海空军国防观》由江苏南京正中书局刊行。

刘华武编,王廷瑞译《列国军备》(苏联)由晋绥军参谋训练团刊行。

森寿著,谭家骏编译《大兵团之运用》刊行。

苏阿德著,戚铭远译《中国博物学》由亚洲文会华北文会刊行。

斯密斯等著,王书林、邓德萍译《教育心理的科学》由上海商务印书馆刊行。

斯密斯等著,王书林、邓德萍译《教育心理学大纲》由上海商务印书馆刊行。

马识著,赵竹光译《肌肉控制法》由上海商务印书馆刊行,有译者序、著者序。

提格亨著,戴望舒译《比较文学论》由上海商务印书馆刊行。

森欧外著,林雪清译《舞姬》由上海文化生活出版社刊行。

列根巴果著,胡伯琴编译《血战"飞行马戏团"》由中央航空学校刊行。

李蒙恩著,刘美丽译《村市良缘》由上海广学会刊行。

韦尔德著,孙伟佛译《圣路易之桥》由上海启明书局刊行。

梅里福著,朱崇道译《世界最奇妙的故事》由上海广学会刊行。

皮普士著,文若译《皮普士日记》由上海天马书店刊行。

佐野袈裟美著,刘惠之、刘希宁译《中国历史教程》由上海读书生活出版社刊行。

伯伦汉(E. Bernheim)著,陈韬译《史学方法论》由上海商务印书馆刊行。

邵可侣著,郑绍文译《社会进化的历程》由上海文化生活出版社刊行。

波利勺夫著,徐褐夫译《日德意集团》由上海杂志公司刊行。

帕刻著,向达、黄静渊译《鞑靼千年史》由上海商务印书馆刊行。

贾开基编译《上海抗战》由上海复旦大学文摘社刊行。

李长傅、周宋康译《人文地理学》由上海中华书局刊行。

按:是书论述了人文地理的性质与方法、人口地理、人种地理、民族地理、文化地理、政治地理。

哈耶玛著,张原译《日本》由上海光明书店刊行。

邵可侣著,郑绍文译《希腊》由上海文化生活出版社刊行。

陆荷著,黄澹哉译述《将来的世界》由上海商务印书馆刊行,有译者小序。

鲍莱著,李植泉译《统计学原理》(上下册)由上海商务印书馆刊行。

费哲著,陈允文译《战时石油政策》由上海商务印书馆刊行。

高冈实著,陈清泉译《英国之成人教育》(师范小丛书)由上海商务印书馆刊行。

考尔登原著,马鸿纲节译,青年协会编辑部校阅《革命的四大主潮》由上海青年协会书局刊行,有著者原序。

耶司克编著,张煦译《西藏文文法》由江苏南京新亚细亚学会刊行。

国际联盟秘书处编,戴修骏译《国联文化合作报告》(第十八次)由上海世界文化合作中国协会筹备委员会刊行。

台湾世界魔术团、东方魔幻研究社等编著,殷剑影译述《世界魔幻奇术全书》(1—3册)由世界魔幻研究社刊行。

温公颐编译《哲学概论》由上海商务印书馆刊行,有编译者序、贺麟序。

北平中德学会编译《五十年来的德国学术》(1—4册)由上海商务印书馆刊行。第1册前有冯至的《编者叙》、张君劢序。

中华总会义勇布道部编译《周会程序(基督复临安息日会义勇布道团)(民国十六年)》由上海时兆报版刊行。

巴鸿勋译《师主神操》由河北刊行。

成和德编译《扶助善终要理经文》由山东兖州天主堂印书馆刊行。

迟尚德等编译《十三女圣人传》由上海广学会刊行。

李问渔译《福女玛利亚纳传》由上海土山湾印书馆刊行。

李问渔译《圣安多尼传》由上海土山湾印书馆刊行。

王昌社编译《贤妇戴伊济传略》由上海土山湾印书馆刊行。

喻鉴清编译《各国职业指导》由上海商务印书馆刊行。

刘栋译《日本与远东》由桂林前导书局刊行。

高一志译述《圣母行实》由上海商务印书馆刊行。

常守义译《利用已过的技术》由绥远归绥哲学修院刊行。

孙亮甫编译《最新图解手相学》由上海相学研究社刊行。

汪馥泉译《中日战争预测》由文化出版社刊行。

王造时编译《日本备战论》由上海开明书店刊行,有编译者序言。

徐褐夫编译《苏联眼中的中日战争》由湖北汉口上海杂志公司刊行。

L.K编《日本在华侦探网》由上海时事新闻刊行社刊行。

朱之平选译《危机四伏的欧洲》由上海引擎出版社刊行。

袁文端等译《托洛茨基派危害苏联案》由江苏南京中苏文化协会刊行。

陈里特编译《意大利移民政策》由上海商务印书馆刊行。

按:是书介绍意大利移民性质、类别及分布,移民政策的得失,法西斯政府及以前各届政府的移民政策及国际移民协定等情况。有意驻华大使罗雅谷诺序、编译者序。

中央警官学校编译室译《英国警察》由江苏南京拔提书店刊行。

田有耕译《战时巴黎都市动员》由江苏南京拔提书店刊行。

张西曼译《苏联宪法》由江苏南京中苏文化协会刊行。

李裕日译著《孙子兵法之综合研究》刊行。

蒋百里编译《新兵制与新兵法》由上海商务印书馆刊行。

军事委员会办公厅第四处编译《世界大战对于海岸防御与海岸筑城之教训》由江苏南京军用图书社刊行。

中央警官学校编译室译《防空》由江苏南京拔提书店刊行。

军学编译社编译部译著《(新编)步兵学科教程》(上下册)由重庆军学编译社刊行。

陆军大学校函授处编译《世界十大战争》刊行。

谭家骏编译《(秘本)战时高等司令部勤务令》由江苏南京兵学新书社刊行。

赵俊生编译《防护团组织与训练》由浙江省教育厅刊行。

孙世勋译《防护团干部必携》由军事委员会防空处刊行。

中革军委会编译委员会译《苏联工农红军底步兵战斗条例》由中革军委编译委员会出版局刊行。

刘家佺编译《德国兵役法》由江苏南京军用图书社刊行。

刘振汉译述《少年科学未来战》由上海开明书店刊行。

周永业等译校《军战术讲授录》刊行。

潘树藩编译《空战英雄史话》由上海商务印书馆刊行。

杨逢源译著,中国文化建设协会编《新步兵野外勤务摘要》刊行。

汪逢粟译《最新陆军炮兵射击教范(美国)》由军政部学兵队刊行。

孙瑛译述《空中射击术》由航空委员会刊行。

焦敏之译《防空与防毒》由上海读书生活出版社刊行。

汤友耕译《国家的死灭》由国防与军事社刊行。

巫宝三、杜俊东编译《经济学概论》由上海商务印书馆刊行。

按:是书分经济组织、价格论、货币银行及交换、工商业组织问题、财富与所得的分配、政府经济学、劳动问题、经济制度的改革8编共50章。据原著1930年改订版编译,删减了美国情况资料,增补了中国事实部分。书末附英汉名词对照表及"引得"。

西流编译《中国的经济情势》由上海亚东图书馆刊行。

西流编译《中国的经济情势》由上海亚东图书馆刊行。

徐卓英译述《世界资源与未来战争》由上海杂志公司刊行。

何伟译《世界市场上英日之对立》由上海亚东图书馆刊行。

按:是书为太平洋问题丛书之一。

何伟译《太平洋上的争霸战》由上海亚东图书馆刊行。

西流译《日本企业与太平洋战争》由上海亚东图书局刊行。

王造时编译《日本备战论》由上海开明书店刊行,有编译者序言。

张肖梅译述《日本作战力》由上海商务印书馆刊行。

王益滔译《世界主要产棉国家之棉业金融问题》由国立北平大学农学院农业经济学系刊行。

吴克刚编译《战时公债》由上海文化生活出版社刊行。

赵演编译《六十七国教育制度一览》由上海商务印书馆刊行。

黄敬思编译《学校调查》(大学用书)由上海中华书局刊行。

吴光杰译《德国国民体育教范》由上海中华书局刊行。

X. ZH. 著《我们是要选择战》由上海生活书店刊行。

袁殊编译《新闻法制论》由上海群力书店刊行,有杭石郡的序。

陈隐谷编译《世界名人格言和轶事》由上海商务印书馆刊行。

按:是书选编哥德、哥伦布、亚历山大、爱迪生、爱因斯坦等38位世界名人轶事和格言。其《凡例》说:"本书中之人物,或为过去,或尚生存,虽地域不同,出身殊异,惟留芳千古,泽被后世,福国利民,其成功则一。阅者细心体会,当可得其神髓而收借镜之效焉。"

汪仁侯编译《西文旗语》由江苏南京正中书局刊行。

白椿珊编《(日满对译)日语教科书参考书》由辽宁锦县三元堂刊行。

梁鋆立译《青年训言》(英文学生丛书)由上海中华书局刊行。

白迺逸英译《聊斋志异补译》(英文学生丛书)由上海中华书局刊行。

任鹤鸣编译《(英汉对照)中国故事一百篇》由上海春江书局刊行。

张慎伯译注《(英汉对照)短篇小说选》(第2集)(英文学生丛书)由上海中华书局刊行。

苏兆龙译注《(英汉对照)短篇小说选》(第1集)(英文学生丛书)由上海中华书局刊行。

苏跃衢、余田光译注《英汉对照读本》(第1、2册)(英文学生丛书)由上海新华书局刊行。

曹葆华辑译《现代诗论》由上海商务印书馆刊行。

《特种国文选》由中央陆军军官学校刊行。

水洙社编译《法兰西短篇杰作集》(第一册)由上海龙虎书店刊行。

施落英编《法国小说名著》由上海启明书局刊行。

章衣萍、章铁民译《少女日记》由上海新光书局刊行。

杨任译《新俄诗选》由上海启明书局刊行。

叶灵凤辑译《新俄短篇小说集》由上海大光书局刊行。

蓬子选译《俄国短篇小说集》由上海商务印书馆刊行。

孟十还译《五月的夜》（果戈理、托尔斯泰等六人集）由上海北雁出版社刊行。

施落英编《旧俄小说名著》由上海启明书局刊行。

施落英编《新俄小说名著》由上海启明书局刊行。

施落英编《南欧小说名著》由上海启明书局刊行。

杨任译《黑人诗选》（黎明文化丛书）由上海黎明书局刊行。

傅东华、于熙俭译《美国短篇小说集》由上海商务印书馆刊行。

施落英编选《美国小说名著》由上海启明书局刊行。

葛一虹、田鲁编译《苏联艺术讲话》由上海读书生活出版社刊行。

白危编译《木刻创作法》由上海读书生活出版社刊行，有鲁迅的序。

朱应祺、朱应会译《马克斯及恩格斯评传》由上海泰东图书局刊行。

崛起出版社编译《世界五大领袖的奋斗》由上海前进书局刊行。

李问渔译《福女玛利亚纳传》由上海土山湾印书馆刊行。

李问渔译《圣安多尼传》由上海土山湾印书馆刊行。

秀容译《辛浦森夫人传》由上海民声书店刊行。

胡燕译《辛浦森夫人小史》由上海声美出版社刊行。

王月溪编译《科学家巴斯德的一生》由上海中华书局刊行。

吴颂和译《爱迪森》由江苏南京正中书局刊行。

王维克编译《福特传》由江苏南京正中书局刊行。

张钰哲节译《白拉喜尔自传》由上海商务印书馆刊行。

正明编译《西班牙战地通讯》由上海大众读物社刊行。

周汇潇译述《南洋地理与气候》由上海国立暨南大学海外文化事业部刊行。

陈椿年编译《世界殖民地斗争地图》由上海新亚书店刊行。

《传教要规》由天主堂印书局刊行。

《广学会五十周年纪念短讯》（第5期）由上海广学会刊行。

《简言要理》由北平公教进行会刊行。

《净业正因三集》由北平佛学书局刊行。

《救恩颂赞得胜歌》刊行。

《刘董二位致命真福合传》（湖北襄勋教史记略）由上海土山湾印书馆刊行。

《罗马书注略》由山东烟台足前明灯报社刊行。

《名式圣歌》刊行。

《圣路加福音》由香港圣类斯学校刊行。

《圣女小德肋撒言行行实》由香港纳匝肋静院刊行。

《圣若望伯尔各满传》由河北献县天主堂刊行。

《圣体降福经文（华文）》刊行。

《盛世刍荛》由山东兖州府天主堂印书馆刊行。

肖若瑟著《天主教传行中国考》由河北省献县天主堂刊行。

《新袖珍简祷》刊行。

《修身养心》由河北献县张家庄天主堂刊行。

《要理大全》由河北天主堂印书馆刊行。

《张保禄行实》由河北献县天主堂刊行。

《真教大益》由上海土山湾印书馆刊行。

《真教最要》由上海土山湾印书馆刊行。

《主日公经句解》刊行。

《要理引伸(第11册,天主十诫)(108—130题)》由安徽芜湖天主堂印书馆刊行。

《要理引伸(第8册上,圣神,圣教)(69—77题)》由安徽芜湖天主堂印书馆刊行。

《要理引伸(第8册下,圣神,圣教)(77—88题)》由安徽芜湖天主堂印书馆刊行。

五、学者生卒

陈三立(1853—1937)。三立字伯严,号散原,江西义宁州人。陈宝箴长子。陈寅恪父。1886年中进士,授吏部主事,在京与一些有维新思想之士游学论事,慷慨激昂,志望革新,并参加文廷式等所组织的强学会。1898年戊戌政变后,父子同被革职。1900年清廷开复其原职,但不肯出来任事,专力于诗文写作。1903年办家学一所,又赞助柳诒徵创办思益小学堂。1904年参与创办江西铁路公司,先后任协理、总理、名誉总理等。1907年袁世凯行君主立宪,委其任参政议员,未肯就。1908年与汤寿潜等共同发起组织中国商办铁路公司。同年鼓吹佛教为先,与沈曾植等倡立祇垣精舍,捐金给佛教居士杨仁山,计划选送人员赴印度学习大乘教。辛亥革命后,迁居上海,与沈曾植、梁鼎芬、朱祖谋等组织超社、逸社。1915年迁还南京。1923年至1924年在杭州,此后住南京和庐山,长期过着隐逸生活。1930年倡议重修《庐山志》,委托吴宗慈专主。1937年9月绝食而死。是晚清"同光体"派诗人的首领。著有《散原精舍文集》17卷。

按:杨剑锋说:"陈三立在清末民初诗坛享有盛誉。其诗初学韩愈,后师黄庭坚,避俗避熟,力求生涩,好用僻字拗句,自成'生涩奥衍'一派,是同光体中'江西派'的杰出代表,也是'同光体'中成就最高的诗人。梁启超对陈三立极为推崇:'其诗不用新异之语,而境界自与时流异,醲深俊微,吾谓于唐宋人集中,罕见伦比。'陈衍认为:'五十年来,惟吾友陈散原称雄海内。'还有人认为陈三立是'中国诗坛近五百年来之第一人',可见陈三立在近代诗坛的地位。"(杨剑锋《现代性视野中的陈三立·导论》,中国社会科学出版社2011年版)

陈衍(1856—1937)。衍字叔伊,号石遗,晚署石遗老人,福建侯官人。1882年考中举人。1886年进京会试,在京与同乡郑孝胥共同高张"同光体"旗帜,后人视两人为闽派诗领袖。落第后,应台湾巡抚刘铭传之邀,赴台北。1889年应湖南学使张亨嘉之招入湘,参与科考阅卷。次年入参上海制造局刘麒祥幕府,兼上海方言馆汉文教习。1897年7月与陈季同、陈寿彭等集资创办《求是杂志》。1898年正月应张之洞之招赴武昌,留鄂办理新政一切笔墨,暂任官报局总编纂。3月进京,与林旭等议论国事,为《戊戌变法权议》十条,提倡维新。政变后,入湖广总督张之洞幕府,在武昌筹办《商务报》。1902年应经济特科试,未中。1903年任两湖师范学堂国文兼伦理学教授,兼方言学堂国文教授。1906年入京,派在学部总务司审定科兼参事厅行走,兼京师大学堂经学教习,又兼礼部学馆纂修。后为学部主事。清亡后,在南北各大学讲授,1915年兼主法政学校文字学讲席。1916年应福建省长许世英之聘,主修《福建通志》。1926 年辞去厦门大学教席,转至上海暨南大学任文科教授。1931
年任无锡国学专修学校教授。最后寓居苏州,与章炳麟、金天翮共倡办国学会,著有《石遗
室文集》12 卷、《石遗室诗集》6 卷、《石遗室诗集补遗》1 卷、《说文举例》7 卷、《朱丝词》2 卷、
《石遗室诗话》32 卷、《石遗室诗话续编》6 卷、《辽诗纪事》12 卷、《金诗纪事》16 卷、《元诗纪
事》24 卷、《宋诗精华录》4 卷、《近代诗钞》24 卷、《石遗室论文》5 卷、《史汉文学研究法》《石
遗室丛书》116 卷等。

按:林东源说:"陈衍是中国近代著名的诗人和学者。在文学上他的成就首先是诗论,他编辑、评论
诗歌的著作卷帙浩繁,所揭橥的'同光体'诗论对近代诗坛影响巨大。他的诗歌与散文创作内容丰富,形
式别具个性,语言时而清苍刻峭,时而清新圆润,熔文学性与哲理性于一炉。……陈衍又是一位朴学家。
他经、史、子、集无不淹该,他在治学时循清代乾嘉学派'经世致用'的路径,撰写出经学、小学和文学等大
量著作。他又将传统的学问与当时随'欧风美雨'一起传入中国的西学相结合,撰写出《戊戌变法权议》和
《货币论》等近代政治、经济著作,它们既是近代政治、经济方面的研究成果,又是在当年提供给当权者作
决策时参考的依据。"(林东源《坚守在荒寒之路:陈衍评传》,福建教育出版社 2006 年版)

徐蔚如(1860—1937)。蔚如名文蔚,字霨如,号藏一,浙江海盐人。受居士之母信佛熏
染,早期即研习佛经。皈依三宝后,谛闲法师赐法名显瑞。民国初年曾捐资给金陵刻经处,
重刻《西斋净土诗》。1918 年集印光大师文稿书信,出版《印光法师文钞》。复又创立北京刻
经处、天津刻经处等,以流通佛典为己任。刻有《华严搜玄记》《华严探玄记》《华严纲要》等。
1935 年起在天津功德林讲华严经,与南京杨仁山并称华严学大师。

叶鸿英(1860—1937)。鸿英原名逵,福建同安人。经商致富,特设鸿英教育基金董事
会,专办图书馆及乡村小学两项事业。基金董事会由他延聘蔡元培、沈恩孚、黄炎培、黄金
荣等 15 人组成。鸿其英图书馆以收藏社会科学、历史图书为主,1942 年夏开放,藏书 15 万
册,尤其是《时报》《申报》《新闻报》《时事新报》等,自创刊号起均有完整收藏。新中国成立
后鸿英图书馆和新闻图书馆合并,改称报刊图书馆。后又和上海图书馆、上海科学技术图
书馆、历史文献图书馆合并为上海图书馆。

贺良朴(1861—1937)。良朴字履之,号篑公,湖北蒲圻人,晚居北京。清季举人,工古
文及古风诗。画山水、人物、花卉,疏朗有华岩风格。1918 年被北京大学校长蔡元培聘为书
法研究会导师,1920 年参加创办中国书法研究会,1926 年被林风眠聘为北京美专教授。弟
子有胡佩衡、吴镜汀、秦仲文、惠孝同、王雪涛、李苦禅等。

朱益藩(1861—1937)。益藩字艾卿,号定园,江西莲花人。光绪进士,授翰林院编修;
1893 年派为奉天乡试同考官;1894 年升詹事府詹事,授湖北省乡试、会试副考官;1895 年任
翰林院侍读;1897 年擢翰林院侍读学士,钦命在南书房行走,兼充经筵进讲大臣,入值南书
房、轮值养心殿为慈禧太后和光绪皇帝进讲。任湖南乡试,会试正考官;1901 年任日讲起居
注官、翰林院侍读学士;1902 年为南书房行走;1903 年任陕西学政;1906 年 9 月奉谕为山东
提学使;1907 年任京师大学堂总监督、南书房行走;1907 年 12 月 25 日调宗人府府丞;1908
年派充廷试赴日、赴欧游学毕业生监考官及阅卷大臣;1909 年钦命为廷试游学生阅卷大臣;
1911 年授副都御史,后授毓庆宫授读,毓庆宫行走、少保、太保等职。辛亥革命后,绝意仕
途,潜心研究中国医学和诗书。书法早年学习欧、柳、赵诸家,中年兼师李北海、米襄阳等,
造诣颇深。

钱金福(1862—1937)。金福,北京人,满族。幼年入全福昆曲科班,后入四箴堂科班,
与陈德霖等同科,从于双寿、崇富贵学戏。早年曾被选入清升平署外学。辅佐谭鑫培、杨小

楼、余叔岩演出。精通"身段谱口诀"，表演艺术自成一派。代表剧目有《芦花荡》《嫁妹》《山门》《祥梅寺》《庆阳图》《取洛阳》《瓦口关》等。

崔通约（1863—1937）。通约原名成达，字贯之，号洞若，因信仰基督教而改名通约，笔名沧海，广东高明人。13岁应童子试。入万木草堂，师事康有为。1897年前往马来亚吉隆坡，创办《南洋时务报》，宣传维新变法，未及一年因经费困难而停刊。回国后加入兴中会。1903年赴香港，与郑贯公等创办《世界公益报》，任总编辑。1905年加入同盟会。1907年赴加拿大温哥华主持《华英日报》工作。一年后转赴美国旧金山任《中西日报》记者。1910年，兼任新成立的《少年中国晨报》编辑。1912年，再赴加拿大主持《大汉日报》。1915年至1928年在中国国内从事宗教、教育、办刊活动。1928年再次赴美，主持《中西日报》笔政。1929年任致公堂《公论晨报》主笔。1932年回国，曾一度在上海暨南大学任教，并长期从事基督教传教活动。

叶尔恺（1864—1937）。尔恺字柏皋，一作伯皋、伯高，又字悌臣，号悌君，浙江仁和人。1892年进士。授编修。历主陕西、云南、甘肃学政。书法工章草。

章钰（1865—1937）。钰字坚孟，别署蛰存，晚号霜根老人，江苏长州人。光绪进士。曾官刑部湖广清吏司行走，历南洋、北洋大臣幕府，兼京师图书馆编修。辛亥革命后，编校《五代史》《契丹国志》《大金国志》《三朝北盟会编》等。1914年任清史馆纂修，负责乾隆朝《大臣传》《忠义传》《艺文志》等。著有《四当斋集》14卷。

王荦（1867—1937）。荦原名洪杰，字卓夫，别字酌桴，浙江仙居人。清末秀才，后赴上海龙门师范学堂求学。1906年加入同盟会。1908年去杭州从事对清军的策反工作。辛亥后任浙江省议员，1912年创办《新浙江潮》并任主笔。1912年9月与沈钧儒、吕公望等创办全省最早的体育专门学校——浙江体育学校，任教务长兼国文教员。次年任校长，先后主校十余年，培养大量体育人才。1921年当选为浙江省第三届议会议员、浙江省体育会会长。1922年6月因浙江体育学校闹学潮而辞职。历任省实业厅秘书主任、江苏省奉贤县财政局长、杭州清华中学训导主任等职。1937年夏因脑出血逝世。著有《瓯游草》等。

曹颖甫（1868—1937）。颖甫名家达，字颖甫，一字尹孚，号鹏南，晚署拙巢老人，江苏江阴人。1895年举孝廉，尔后入南菁书院深造。1927年到上海行医。曾主同仁、辅元堂义诊，并任上海中医专门学校教务长。弟子有秦伯末、章次公、严苍山、姜佐景等。1937年12月拒绝担任地方维持会会长，惨遭日寇杀害。著有《伤寒发微》《金匮发微》《经方实验录》《曹颖甫医案》等。

孟森（1868—1937）。森字心史，号纯孙，江苏武进县人。光绪秀才。早年受聘于上海南洋公学任教，旋至译学馆主持翻译事务。1902年在广西边务督办郑孝胥署中任幕僚，为郑氏赏识，资送去东京政法大学学习，译有日本维新后的政法类书籍。1905年回国。1906年在上海参与张謇、郑孝胥等人组织成立预备立宪公会的活动。1908年主编《东方杂志》，撰写专论多篇。1909年当选为江苏省咨议局议员。武昌起义后，为程德全指挥的江浙联军进攻南京起草宣言。民国临时政府成立后，任黎元洪为首的共和党执行书记。1913年4月当选为国会参议员。1915年任《辞源》的文史编辑。1930年受聘于南京中央大学，后又受聘于国立北京大学历史系教授，兼研究所明清史研究导师，讲授满清开国史、明清史等课程，是用近代方法研究明清史的开拓者之一。著有《明元清系通纪》《清太祖起兵为父祖复仇事详考》《女真源流考略》《横波夫人考》《横波夫人》《董小宛考》《海宁陈家》《清世宗入承大统考实》《太后下嫁考实》《世祖出家考实》《八旗制度考实》《清初三大疑案考实》《清史讲义》《心史丛刊》等。

按：陈军伟《孟森史学研究》说："孟森属于清史研究的开拓者、奠基者。他不仅被中国学人奉为宗师，而且许多在这方面深下功夫的日本学人对他的著述也特别珍视。他在清史上的独到贡献，在历史考证、史观与史学思想、治史特点和方法上，不同于以往的乾嘉考据学派，表现出史学研究'转轨'时期的新的特点，总体上属于'新历史考证学'派。作为中国近代清史学杰出的奠基人，他使清史变成了一门科学。孟森的明清史研究，特别是他的清前世史研究，他的奠基和开创作用，使后来学者在研究某一领域时都绕不开孟森。他集铺路者和成熟者于一身，特别是纠正了辛亥革命以来对清朝统治的一些偏颇的偏激的观点，把清朝和满族的历史置于一个科学的基础上。他的信史史观更是客观看待清朝历史，使自己的著作达到与历史事实基本吻合。他的五族共和史观，比之'革命时之鼓煽种族以作敌忾之气'的鼓动家和宣传家，更显得几分平和，认为鼓动革命'乃军旅之事，非学问之事也'。他的民生、民本史观，更让人从一个全新的角度认识明太祖。他开拓了清史研究的领域，解决了清史中许多疑难问题，其一系列的学术成就，为他奠定了辛亥革命以来清史研究开山大师的地位。"（华东师范大学硕士学位论文，2010 年）

熊希龄（1870—1937）。希龄字秉三，别号明志阁主人，双清居士，因晚年学佛，又有佛号妙通，湖南凤凰人。光绪进士，实授翰林院庶吉士。1897 年与谭嗣同等在长沙创办时务学堂，任总理，延请梁启超为中文总教习。1898 年参与创设南学会，以研究学术；创办《湘报》，以推动变法维新。戊戌变法失败，遭革职并交地方官严加管束。后任东三省农工商局总办、奉天盐法道、东三省财政监理官等职。1907 年参与梁启超成立的政闻社活动。辛亥革命起，到上海与张謇等拥护袁世凯当大总统。1912 年 1 月加入章炳麟为会长的中华民国联合会。4 月任唐绍仪内阁财政部长，7 月辞职，旋任热河都统。次年被举为进步党名誉理事。袁世凯镇压二次革命后，被任命为北洋"第一流人才内阁"总理兼财政总长，发布《政府大政方针宣言》。1914 年 1 月支持袁世凯撕毁《中华民国临时约法》，签署解散国会的命令。1917 年出任北京政府段祺瑞内阁的平政院院长。1918 年与蔡元培等成立和平期成会，任会长。呼吁南北议和。1920 年在北京香山静宜园成立香山慈幼院，自任院长，以培育人才。1925 年任长沙六中校董会董事长。1928 年任国民政府全国赈济委员会委员、中华教育改进社董事长。1932 年任世界红十字会中华总会会长。1937 年 12 月 25 日因脑出血在香港逝世。遗著有《香山集》2 卷。

唐群英（1871—1937）。群英字希陶，号恭懿，湖南衡阳人。1904 年自费进入日本青山实践女校，成为秋瑾的同学。两年后转入成女高等学校师范科。1905 年 5 月经赵恒惕介绍，加入黄兴等人发起的华兴会，又经黄兴介绍会见孙中山。8 月加入同盟会，成为同盟会中第一个女会员。1907 年从日本毕业归国后，开始在湖南联络革命同志，积极从事革命活动。后来又去日本学习音乐专科。1911 年 4 月在东京创办《留日女学生会杂志》，旨在"发起女子爱国之热忱，以尽后援之义务"。武昌起义后，与湘籍女同盟会员张汉英发起建立"女子后援""女子北伐队"，被推为队长。南京临时政府成立时，作为"女界协赞会"的代表，受到孙中山的接见。1912 年 2 月 20 日联络湖南的"女国民会"、上海的"女子参政同志会"等团体，在南京成立"女子参政同盟会"。1913 年因在报刊上公开发表反对袁世凯的言论，遭到迫害，被迫回到湖南。在长沙创办《女权日报》，开设女子美术学校、自强职业女校和复陶女校。1926 年在衡山创办岳北女子职业学校。后为国民党党史编纂委员会委员和国策顾问。

徐明谔（1871—1937）。明谔字且如，号屺庵，湖南益阳人。十二岁时参加益阳县城应试,位居榜首。二十岁入湖南高等学堂。1913年被选为湖南省议会议员。1920年与方永元、张汉彝等36人筹商湖南自治事宜,起草《湖南省自治法草案》。同年组织编辑出版《湘声报》,鼓吹民治,主张君主立宪。后参与创办《船山学报》。著有《屺庵笔记》28卷、《大同中国典要》24卷、《屺庵文抄》12卷、《中国文学史》5卷、《民国阁员疆史录》2卷、《屺庵藏书目录》《湖南银行始末记》等。

谢缵泰(1872—1937)。缵泰字重安,号康如,祖籍广东开平,出生于澳大利亚悉尼华侨家庭。1887年入香港皇仁书院。1892年3月与杨衢云等在香港创立辅仁文社,以"热爱祖国"为宗旨。1895年春参加孙中山、杨衢云等联合组织的兴中会,被选为主持机关工作成员之一。参与策划乙未广州起义,失败后,留港处理善后事务。1899年结识原太平天国天王洪秀全的侄子洪全福,再次筹划组织力量攻夺广州,并获得李纪堂支持军费。1902年冬与洪全福、李纪堂等谋在广州起义,定国号"大明顺天国",未成。1903年在香港创办《南华早报》,致力于革命宣传工作。著有英文本《中国革命秘史》等。

袁嘉穀(1872—1937)。嘉穀字树五,别字树圃,晚号屏山居士,云南石屏人。历任编修、浙江布政使。辛亥革命后,历任参议院议员、清史馆协修、云南盐运使等。著有《卧雪堂文集》《卧雪堂诗集》《汉孟孝琚碑题跋》等。

陈宝泉(1874—1937)。宝泉字筱庄,天津人。1897年考入京师同文馆算学预备生,参加强学会。1903年留学日本,入东京弘文学院速成师范科学习。翌年回国,先任天津小学教务长,后在直隶学校司和清廷学部任职。编辑《直隶教育》杂志和《格致教科书》等。1911年5月入北京高等师范学校首任校长。11月组织成立北京通俗教育研究会,自任会长,编写通俗教育读物。1912年创办北京高等师范学校附属小学。曾赴日本、菲律宾和欧美诸国考察教育。1916年创设北京博物调查会。1918年组织创编"国语教科书"的工作。1919年支持五四运动,任教育部教育调查会委员。1920年后任教育部次长。发表《与基督教徒在中国办学者之商榷书》,主张教会所办学校必须按照中国的规定行事,使用中国的教科书。1922年主持设定师范大学修业期限为4年。1923年聘范源濂为北京师范大学校长。1930年任河北省教育厅厅长,提倡义务教育和制定河北省三年教育计划。1931年辞职。1937年7月30日病逝于天津。曾与高步瀛合编《国民必读》《民教相安》《国民镜》等。著有《陈宝泉教育论著选》《中国近代学制变迁史》《近代教育制度变迁小史》《退思斋诗文集》等。

易培基(1880—1937)。培基字寅村,号鹿山,湖南长沙人。毕业于湖南方言学堂,曾留学日本。加入同盟会,参加武昌起义,曾任中华民国副总统黎元洪的秘书。1919年冬参加驱张(敬尧)运动,被推选为商学界代表。1920年任省公署秘书长兼教育行政委员会委员长和省立图书馆馆长、湖南省立第一师范学校校长。曾邀请杜威、罗素、章太炎、蔡元培等社会名流和周谷城、徐特立、李达、李维汉、田汉等五四运动的新潮人物到一师讲学,传播新思想。1920年11月被迫辞去一师校长职务。1923年被谭延闿委任为驻上海的私人代表,被孙中山任命为代表。1924年奉命任孙中山驻北京全权代表,与苏联公使加拉罕谈判庚款分配问题。第二次直奉战争爆发后,任黄郛内阁教育总长。1926年3月发动北京大中学校学生和市民举行反帝示威游行,遭段祺瑞政府通缉,避居东交民巷,又隐居长沙,后任上海劳动大学校长。南京国民政府建立后,任国民党中央政治会议委员兼农矿部长。不久又任故宫博物院院长兼古物馆馆长。后又任北京师范大学校长,未到任,专理博物院事宜。1933年因故宫盗宝案蒙遭冤屈,被迫辞去院长之职,移居天津,转至上海法租界。著有《墨子讲义》《楚辞校释》《宋史艺文志考证》《清史例目纠谬》等。

秦毓鎏(1880—1937)。毓鎏又名念萱,字晃甫,号效鲁,晚号天徒、坐忘,江苏无锡人。1901年入南京水师学堂,次年留学日本早稻田大学政治科。与张继、苏曼殊等组织青年会。1903年任江苏同乡会发行的《江苏》杂志总编辑,并与叶澜、钮永建等组织"拒俄义勇队",后改为"军国民教育会"。旋与张继等回国活动。在沪创办"国学社",编译革命书籍。又发起成立"丽泽学社",同年任长沙高等实业学堂教务监督,与黄兴、宋教仁、刘揆一、章士钊、翁巩、柳聘农、柳继忠、胡瑛、徐佛苏、周震鳞等人在长沙成立"华兴会",被举为副会长。1907年随黄兴参加镇南关起义。事败赴上海。任《神州日报》编辑。1910年当选为无锡市议事会副议长。1911年11月在无锡起义,成立锡金军政分府,被推为总理,继称总司令。南京临时政府成立后,任总统府秘书。同盟会无锡分部部长、无锡县民政署民政长。1918年任无锡路桥工程局局长。1922年任无锡商埠工程局局长。1924年任国民党江苏党部执行委员。1927年4月任无锡县行政委员会委员长。1930年任江苏省民政厅厅长。1931年皈依佛教。

曹云祥(1881—1937)。云祥字庆五,浙江嘉兴人。1900年毕业于上海圣约翰大学,1907年至1911年在美国耶鲁大学求学,1911年获MBA学位。又赴英国伦敦大学进修经济学,毕业后就职于中国驻英国使馆。1919年回国任职于北洋政府外交部。1922年被外交部委任为清华学校校长。1927年年底卸任清华校长。1930年起任中国工商管理协会会长,大力宣传科学管理,被誉为"中国的泰罗"。1930年代中期皈依巴哈伊教。

邵瑞彭(1887—1937)。瑞彭一名寿篯(寿钱),字次公,浙江淳安人。1908年就读于慈溪浙江省立优级师范学堂,先后加入光复会、同盟会,任同盟会浙江支部秘书。1909年参加南社。后应聘任北京大学、民国大学教授,和洪汝闓、吴承仕、高步瀛等10余人建思辨社,商榷朴学。1931年应河南大学聘请,担任国文系主任。著有《泰誓决疑》、词作《杨荷集》4卷、《山禽余响》1卷。

汪优游(1888—1937)。优游原名效曾,字仲贤,上海人。自幼嗜好戏曲。1905年正月发起组织中国第一个业余新剧团"文友会",编演《捉拿安德海》《江西教案》等戏。下半年转入南京水师学堂。寒假返回上海,与朱双云等组织开明演剧会,后又组织"一社"。1910年加入任天知主持的进化团,成为职业新剧演员。进化团解体后,又加入新民社、笑舞台等剧团。1921年参与组织民众剧社(后改组为中华戏剧协社)。其创作、改编的剧目有《新加官》《官吏改良》《啼笑因缘》《珍珠塔》《好儿子》《果报录》《血花》等,戏剧论著有《我的俳优生活》《优游室剧谈》等。

徐枕亚(1889—1937)。枕亚名觉,字枕亚,别署徐徐、泣珠生、东海三郎等,江苏常熟人。南社社员。早年就读于常熟虞南师范学校。1912年初应自由党领袖周浩之聘,与吴双热及胞兄徐天啸同赴上海,并为《民权报》编辑。撰小说《玉梨魂》,刊布于该报文艺副刊,一时成名。《民权报》被袁世凯政府强行停刊后,入中华书局任编辑,撰《高等学生尺牍》。1914年改任《小说丛报》主编。1918年脱离该刊,自办清华书局,并创刊《小说季报》。尚有长篇小说十余部,如《余之妻》《双鬟记》《让婚记》《兰闺恨》《刻骨相思记》《秋之魂》等。另有杂著《枕亚浪墨》四集、《无聊斋说荟》《情海指南》《挽联指南》《近代小说家小史》以及《悼亡词》100首、《杂忆》30首、《鼓盆遗恨集》等。此外还编有《无名女子诗》《谐文大观》《广谐铎》《锦囊》等。

按：潘盛《"泪"世界的形成——徐枕亚小说创作研究》说："民国初年，小说中最热门的类型开始从'谴责小说'向'言情小说'转变。这一时期言情小说的创作，又处处弥漫着'伤心惨目'的哀伤气氛，因此，'哀情小说'成为民初文坛的一股热潮，具有独特的思想艺术特征，又与当时的社会文化心理紧密结合。而徐枕亚作为'哀情小说'的代表性作家，创作了《玉梨魂》等一批在民初引起了极大反响的作品，成为民初文学史上不可忽略的角色。同时，在中西理念互相激荡、现代与传统不断纠结的特殊历史语境中，作家本身曲折的生活经历、持续而变动的编辑生涯以及南社社员的特殊身份及其与同时期常熟籍作家的密切关系，都影响着他的创作并在作品中有所反映，而这些因素，又是民初那个众声喧哗的时代中，一个典型的传统型的'文人'作家与当时的'知识分子'作家以及后起的'通俗文学'作家所区别的重要特征。因此，研究徐枕亚的小说创作，可以探索其与同时代其他小说的区别与联系及其在近现代文学史上的意义。"（复旦大学博士学位论文，2009年）

王悦之（1895—1937）。悦之原名刘锦堂，后改名王悦之，号月芝，台湾台中人。1910年在台中公学校毕业，后入国语学校师范科，1914年毕业后，即东渡日本留学，先入川端美术学校，后考入东京美术学校学习绘画。1922年与李毅士、吴新吾、王子云等组织北京第一个研究西画的团体"阿博洛学会"，并创办"阿博洛美术研究所"，招收学生，教授西画。1924年任北京政府教育部部员。筹办私立北京美术学院，受聘担任北京大学造型美术研究会导师。1926年任北京政府侨务顾问，并任台湾研究会会长。1928年任国立西湖艺术院西画系主任、教授。受当时教育部聘请，任全国美术展览会筹备委员、审查委员，并任西湖博览会筹备委员。1929年在北平青年会举办个人画展。1930年任私立京华美专校长。续办私立北平美术学院，任院长。兼任北平大学艺术学院（后改国立北平艺专）教授。1934年私立北平美术专科学校改校名为私立北京艺术职业学校，仍任校长。著有《王悦之画集》。

陈受中（1897—1937）。受中字乙和，山西清徐人。1904入日本早稻田大学政治经济系学习。1910年殿赐举人任用，俗称"洋举人"，授七品京官。1911年初受聘山西法政学堂执教，是年正式参加同盟会。山西省军政府成立，被推选任省咨议局副局长。1913年山西省临时议会成立，又被选为副议长，同时兼任山西法政学校校长。1928年至1931年任山西省政府委员兼教育厅厅长。后任山西大学法学院及教育学院、商业专科学校教授、太远绥靖公署参事。书法以隶书、魏碑见长。著有《行政法总论》《瑞士国法论》《地方自治要论》《宪法讲义大纲》《三民主义讲义大纲》。翻译有《政治学说史》《伦理学说之研究》。

陈为人（1899—1937）。为人原名蔚英，曾用名陈洪涛、陈福涛，张惠生、张道立、张道惠、张明、张敏等，湖南江华人。1918年入湖南衡阳省立第三师范学习。1919年五四运动时期成为湘南学联成员。五四运动后到上海，与俞秀松、罗亦农、张太雷等人一起组织创建中国社会主义青年团，并成为中国社会主义青年团的第一批团员。1921年冬去苏联学习，1922年奉调回国，在长辛店从事工运工作并加入中国共产党。3月31日出席北京社会主义青年团大会，被选为团地委执行委员，任劳动部长。同年9月奉李大钊派遣到济南，协助王尽美、邓恩铭等发展山东党的组织。1923年3月奉李大钊的派遣，到哈尔滨进行建党建团工作。同年6月赴广州出席党的第三次全国代表大会。1924年从大连调到中共上海区委执行委员会，从事工人运动。旋被调到中共中央宣传部协助蔡和森编辑《向导》周报。曾为《向导》《中国青年》《平民周报》等刊撰写过40多篇政论和通讯文章。同年10月奉调北京任中共北京区委委员兼地委农工部书记。发起成立北京市印刷业工会。1925年在李大钊的领导下，与陈乔年创办北京地区党组织的第一个秘密印刷厂昌华印刷厂，负责印刷《向导》《政治生活》和革命传单。其间，曾主编小型刊物《北京工人》，并与赵世炎等创办中共北方区委第一所党校。1926年1月主持成立北京市总工会。1927年5月在武汉出席党的第五次全国代表大会。会后,任中共顺直省委秘书长兼组织部长。党的八七会议后,受党中央委派赴东北传达会议精神,并筹组中共满洲省委,同年10月任大革命失败后第一任中共满洲省委书记兼宣传部长。1928年12月和1931年春,先后在沈阳和上海两次被捕入狱,均经党组织营救出狱。1929年在上海协助李维汉举办军事干部训练班。1930年初奉命负责中共中央的秘密刊物《上海报》的编辑出版发行工作,同时任中共中央机关报《红旗日报》社经理。1932年下半年在上海负责中央文库的管理工作。1937年3月12日在上海不幸病逝。中华人民共和国成立后,被追认为革命烈士。

李是男(?—1937)。是男原名吉棠,字奕豪,号公侠,广东台山人。出身于美国旧金山华侨家庭。1905年随父回国。1906年在香港加入同盟会。次年返回旧金山,在华侨中开展革命活动。1909年与黄伯耀、温雄飞等组织少年学社,并独资创办《美洲少年》周刊,宣传革命。1910年在孙中山帮助下,改少年学社为中国同盟会美洲分会,任会长,同时改《美洲少年》为《少年中国晨报》,负责编辑工作。1921年归国,任孙中山总统府秘书。1925年孙中山逝世后,任广州中山纪念堂管理委员会常委。1934年改任国民党中央革命债务调查委员会委员兼秘书。1937年病死于广州。

顾圣婴(—1967)、周克芹(—1990)、赵子允(—2004)、王选(—2006)、刘新园(—2013)、杨焕章(—2014)、邵名正(—2014)、沈渭滨(—2015)生。

六、学术评述

本年度是全面抗日战争时期(1937年7月至1945年8月)的第一年,其间最为重大的事件是七七事变、中国抗日战争的全面爆发以及国共再度合作结成抗日统一战线。按照战略防御阶段(1937年7月至1938年10月)、战略相持阶段(1938年10月至1943年7月)、战略反攻阶段(1943年7月至1945年9月)三个阶段的划分,今明两年是日军最为嚣张、中方损失最为惨重的阶段。以“七七”事变为发端,至7月29日,北平失陷。30日,天津失陷。5日,日军占领清华园。8月13日,日军大举进攻上海江湾、闸北市区,扬言3个月灭亡中国。中日战争全面爆发,史称“八一三事变”,又称“淞沪会战”。9月13日,日军侵占大同。中国军队同日军展开“太原会战”。11月12日,上海陷落。12月13日,国民政府首都南京陷落,日军在南京开始长达数周的“南京大屠杀”,30多万同胞遇难。在此国家危亡、国难当头之际,国共两党终于捐弃前嫌,再度合作,结成抗战统一战线。事实上,自上年双方顺利处理“西安事变”之后即已出现了新的转机。7月7日“七七”事变发生,全国抗战全面爆发。8日,中共中央向全国发出《中国共产党为日军进攻卢沟桥通电》,号召全中国同胞和军队团结起来,筑成民族统一战线的坚固长城,抵抗日本的侵略。9日,蒋介石开始在庐山举行国事谈话会,分批邀请各界人士包括国民党各方面军政要员和著名大学校长等出席。17日,蒋介石就卢沟桥事变发表《对卢沟桥事件之严正声明》,宣布对日作战。23日,毛泽东发表《反对日本进攻的方针、办法和前途》,提出坚决抗战的八大纲领。31日,蒋介石发表《告抗战全军将士书》,声称“和平既然绝望,只有抗战到底”。8月7日晚,蒋介石以国防会议议长的身份在南京召开了一次中国历史上规模空前的国防联席会议,作出了全面抗战的正式决定。12日,国防最高会议成立,蒋介石任三军大元帅。8月13日,中国军队发起“淞沪会战",这是中日双方在抗日战争中的第一场大型会战,也是整个中日战争中规模最大、战斗最惨烈的一场战役。尽管中国军队伤亡惨重,中日双方死伤不成比例,但其最大意义是使日军被迫转移战略主攻方向,粉碎了日本"三个月灭亡中国"的计划。14日,国民政府发表《自卫抗战声明书》。16日,国民政府下达国家总动员令,划全国为4个战区,建立战时体制。9月,国共双方先后举行8次谈判,终于实现第二次国共合作,抗日民族统一战线初步形成。10月29日,蒋介石在国防最高会议上作《国民政府迁都重庆与抗战前途》的报告,明确提出迁都重庆,以四川为抗日大后方,继续抗战。20日,国民政府发布《国民政府移驻重庆宣言》,宣布"国民政府兹为适应战况,统筹全局,长期抗战起见,本日移驻重庆,此后将以最广大之规模,从事更持久之战斗"。12月8日,蒋介石率其侍从及幕僚人员从桂林飞抵重庆,中国战时政略和战略指挥中枢自此全部移驻重庆。

　　始于本年度的全面抗日战争,不仅改变了中国的现代历史进程,而且改写了民国学术的地理版图:一是国统区、解放区与沦陷区三大板块的逐步形成,从根本上改变了原先以南京、北平、上海为三都轴心的地理版图结构,直至1945年抗战胜利为止。二是重庆—延安新双都轴心的初步形成。国民政府迁都重庆,中共中央、中央军委所在地迁至延安,于是由重庆—延安构成新的"双都轴心",直至1946年国民政府还都南京为止。三是东部学术"纵轴线"的逐步西移。在1937年之前,全国学术地图的重心落在环东南沿海的东部区域,并以北平、上海、南京为三大轴心而形成了东部学术"纵轴线"。在"七七"事变爆发后,东部高校以及其他文化学术机构也纷纷迁向西南、西北等地。于是以重庆—延安为"双都轴心",以西南联大与西北联大最终迁于昆明与陕南,从而将原先"北平—南京—上海"的东部"纵轴线"整体西移,而代之以"昆明—重庆—陕南—延安"这一新的西部"纵轴线"。这一东西学术"纵轴线"的整体西移,直接影响了国统区与沦陷区学者群体的空间流布与人生抉择。上述地理版图的遭变之于抗战史前学术带来了多重效应:其一,在学术空间上,随着北方几个重要的大城市陷于敌手,许多大学开始南迁或西迁,使中国的学术中心向西南、西北方向转移。这些地区过去在文教领域长期欠发达,而诸多大学迁于此地,为当地的教育发展与学术研究的开展提供了很大的帮助。与之相关的,就是原来以固定的大学和固定的科系为基础而自然形成的学术生态、学术派系,在教育中心转移的过程中也形成了某种程度的重组。其二,在研究领域方面,大多数有良知的中国学者或是着眼于阐发有助于救亡图存、弘扬民族精神的事件、人物、思想;或是以"抗战建国"为基本问题,思考未来中国的军事、政治与社会建设;或是加强对于世界各国的政治军事状况的研究,为中国的抗战提供参考与借鉴。其三,随着全面抗战以来第二次国共合作局面的出现,中国的马克思主义学术赢来了一个比较宽松的空间,许多左翼学者与文学家得以较为自由地发表自己的论著,这进一步扩大了左翼文化的传播,影响了许多因爱国热情而投身于抗日斗争中的青年知识分子,他们当中的不少人都奔赴延安,成为中国共产党的干部后备力量。其四,从五四新文化运动以来就争论不休的传统与西化问题,在国难当头之际出现了某种"和解"的契机,即面对已经基本完成工业化的日本,为了实现抗日建国的目标,中国必须展开现代化的教育与现代化的建设,这是毋庸置疑的。另一方面,在战争当中,必须要大力提倡爱国主义,宣扬民族自信心,那么中国传统就不应该只是作为一个负面的形象而存在,而是应该尽可能地宣传其正面的形象,激发广大中国人热爱国家、反抗侵略的决心。其五,在经历抗战的生死考验、生存磨难与精神洗礼的过程中,不同的文人学者个体作出了不同的选择与回答。尤其是那些基于种种原因留守北平、上海等沦陷区的文人学者,或坚守民族气节,或沦为文化汉奸,或游走在两者之间,最终都被真实地记录在永恒的历史档案中。

由于本年度的地理版图始终处于剧烈变化之中,浩浩荡荡的内迁大军一直"在路上",所以特别需要以"变—速变—巨变"的眼光与思维看待和分析一下本年度学术版图的演变与趋势,大致可以分为以下六大板块及内迁路线:

第一是南京轴心的西迁。南京轴心的双子星座是中央研究院与中央大学。蔡元培继续担任中央研究院院长,但因年高体衰,年初刚大病康复,而总干事朱家骅却因奉命兼任浙江省政府主席,遂于4月由本院历史语言研究所所长傅斯年代理。各研究所所长如下:物理研究所所长为丁燮林,化学研究所所长为庄长恭,工程研究所所长为周仁,地质研究所所长为李四光,天文研究所所长为余青松,气象研究所所长为竺可桢,历史语言研究所所长为傅斯年,心理研究所所长为汪敬熙,社会科学研究所所长为陶孟和,动植物研究所所长为王家楫。南京轴心的另一学术大本营是中央大学。早在1936年1月6日,中央大学校长罗家伦在国立中央大学总理纪念周所作的《让我们把中大造成民族复兴抗日的大本营参谋部》报告中,鉴于中日关系日趋紧张,预言一场大战不可避免,希望中大的师生做好坚决的准备。5月,罗家伦拟订迁校计划,在南京城外石子岗一带建设新校区,预备建立规模宏大的"首都大学"。工学院首先招标动工,不久因"七七"事变爆发,建校计划终止。7月16日,蒋介石邀集全国各界人士158人在庐山图书馆举行谈话会,罗家伦出席了会议,向蒋建议把东南沿海的主要大学迁往重庆。9月23日,教育部部长王世杰复令"准迁重庆"。中央大学随即在重庆动工兴建校舍。仅用了42天的时间,中央大学在重庆沙坪坝借出重庆大学的松林坡建成了可容纳1000多人的新校舍。"这个速度,不能不算是一个记录"。10月初,中央大学迁往四川重庆沙坪坝。12月1日,中央大学本校在重庆沙坪坝新址开学。

第二是上海轴心的西迁。在上海轴心中,汇聚着文艺界、思想界、教育家、出版界四大文人学者群体。首先,最引人注目的是沈钧儒、章乃器、邹韬奋、史良、李公朴、王造时、沙千里"七君子事件"持续发酵,成为举国关注的焦点问题,也是一次富有多重含义的政治与法律"公开课"。7月31日,由于"七君子"坚持斗争和全国人民的一致声援,国民党政府不得不将"七君子"交保释放出狱。"七君子"事件到此宣告结束。其次,吴经熊领衔近两万人署名《统一救国宣言》。2月7日刊于《申报·本市新闻》的《署名统一救国宣言/近两万人》报道:"本市文化界发起联合各界发表统一救国宣言,全文已志前报。各方署名赞同者颇为踊跃,且有组织统一救国同盟之说,各省市亦多响应。"联署的人数多达近2万人,的确规模空前。再次,由蔡元培、潘公展、厉麟似、胡愈之等上海文化界知名人士发起的上海文化界救亡协会7月28日成立,宗旨是联合文化界爱国人士,开张抗日救国运动。此时又适逢国共两党协商进行第二次合作的时代背景,成立统一战线性质的救亡组织,发动人民进行抗日救亡运动符合国共两党的要求,因此也得到了两党的支持。成立大会上共推选蔡元培、潘公展、厉麟似、胡愈之、张元济、黎照寰、萨空了、周剑云、应云卫、赵景深、茅盾、张志让、沈兹九、谢六逸、陈克成、严谔声、巴金、黎烈文、欧阳予倩等83人为理事;潘公展、胡愈之、张志让等15人为常务理事。国民党中宣部副部长潘公展任协会会长。下设总务、经济、组织、宣传4个部门。国民党人主要负责总务和经济两个部门,经济部长为周寒梅,总务部长为吴汉。共产党人主要负责组织和宣传两个部,分别由钱俊瑞和张志让任部长。此外,尤可关注的是8月郭沫若结束长达10年的流亡日本生活回国暂居上海,也是郭沫若在抗战时期大放异彩的开端。同月 24 日，上海文化界救亡协会机关报《救亡日报》创刊，郭沫若任社长，郭沫若、茅盾、胡愈之、张天翼、夏衍、邹韬奋、郑振铎等组成编委会。10 月 19 日，郭沫若前往浦东大厦，出席上海文化界救亡协会主办的鲁迅先生逝世 1 周年纪念座谈会，并发表讲话。会上决定成立上海文艺界救亡协会，郭沫若与巴金、田汉等 11 人被推为临时执行委员。11 月 12 日上海沦陷后，上海文艺界、思想界、教育家、出版界四大文人学者群体纷纷内迁，至次年多汇聚于陪都重庆。教育界的重大事件是复旦大学等高校内迁。9 月，国民政府教育部指令上海复旦、大同、光华、大夏 4 所私立大学组织联合大学，各自筹款内迁。大同、光华以经费无着退出，复旦、大夏则遵部令，组成"复旦大夏联合大学"。此为中国抗战时期最早以联合大学命名的学校，校长由复旦大学代理校长钱永铭、大夏大学校长王伯群担任。联大照部令分为两部，第一部以复旦为主体，由复旦大学副校长吴南轩、大夏大学教务长吴泽霖领导，迁往江西；第二部以大夏大学为主体，由大夏大学副校长欧元怀、复旦大学教务长章益领导，直奔贵州。12 月初，日军兵锋逼近首都南京，庐山震动，联大第一部决定下山，乘船溯江西上重庆，然后再转道贵阳，与第二部合并。12 月底，复旦大学师生乘民生公司的轮船到达重庆，受到复旦校友和各界人士的热烈欢迎。吴南轩亲赴成都、乐山、江津等地寻觅校址，但均感不理想，直至次年 1 月找到重庆北碚。

　　第三是北平轴心的南下西迁。重中之重是北京大学、清华大学与天津南开大学组成联合大学南迁长沙。其中未雨绸缪、卓有远见的当推清华大学校长梅贻琦。鉴于对日本侵华的预估，梅贻琦校长于上年春即决定在湖南筹设分校。7 月 22 日，梅贻琦、蒋梦麟、张伯苓在参加蒋介石召集的庐山谈话会后一起下山去南京，3 位校长回到南京与教育部进一步磋商后决定 3 校联合组成长沙临时大学的方案。29 日，北平陷落。下午 3 时，日军进入清华园。同日，日军对南开中、大学的"建筑进行了准确无误的轰炸和炮击"，主要建筑物被毁。天津各国领事对炮击提出抗议。30 日，天津陷落。下午，张伯苓在南京接受《中央日报》记者采访时发表谈话："敌人此次轰炸南开，被毁者为南开之物质，而南开之精神，将因此挫折而愈益奋励。本人惟有凭此种精神，重为南开树立一新生命。"8 月 8 日，南京国民政府教育部制定《设立临时大学计划纲要草案》，决定筹设若干所临时大学。其中第一区设在长沙；第二区设在西安；第三区地址在选择中。19 日，教育部在南京举行会议，讨论在长沙设立临时大学组织筹备委员会事宜。25 日，日军进入北京大学，到校长办公室"检查"。9 月 8 日，教育部以北京大学、清华大学与南开大学为基干设立国立长沙临时大学，标志着两个国立临时大学正式开始组建。北大、清华、南开在长沙成立临时大学方案确定后，蒋梦麟即电告北大南迁办法，大部分教授分批南下。10 日，教育部发出第 16696 号令："以北京大学、清华大学、南开大学和中央研究院的师资为基干，成立长沙临时大学；以北平大学、北平师范大学、北洋工学院和北平研究院等院校为基干，设立西安临时大学。"13 日，长沙临时大学筹备委员会召开第一次会议，确定由张伯苓、蒋梦麟、梅贻琦组成常务委员会，三常委商决学校一切行政方针，综理全校一切重大事宜。张伯苓兼建设长，蒋梦麟兼总务长，梅贻琦兼教务长。自此形成蒋梦麟、张伯苓、梅贻琦"三驾马车"的治理结构。11 月 1 日，长沙临时大学在湖南省长沙市韭菜园圣经书院正式开课。此后西南联合大学以这天为校庆纪念日。年底，由于日军沿长江一线步步紧逼，危及衡山湘水，梅贻琦等经请示国民政府，决定长沙临时大学再度迁校至云南省省会昆明。再看西北联合大学。9 月 8 日，教育部以北平大学、北平师范大学、北洋工学院等校为基干，设立国立西安临时大学，派徐诵明、李蒸、李书田、童冠贤、陈剑翛、周伯敏、辛树帜为筹备委员会委员,标志着西安临时大学正式开始组建。11日晚,北平大学校长徐诵明、中央大学教务长陈剑翛、北平师范大学校长李蒸由南京到达西安。10月11日,教育部长王世杰以第17728号训令颁发《西安临时大学筹备委员会组织规程》,令西安临时大学筹备委员会遵照执行。11月15日,西安临时大学经过两个月左右的紧张筹备后举办开学典礼,开始上课。继续留守北平办学的高校则有属于教会大学的燕京大学、辅仁大学与私立大学中国大学等。

第四是延安轴心的确立。毛泽东1月10日随中共中央和中革军委由保安动身迁往延安。13日,到达延安。15日,毛泽东出席中共中央政治局会议,会议讨论延安工作问题。自此之后,延安成为中国革命中心,同时也成为解放区文化学术中心。就在此后不久,在延安举行了一系列重要活动,其中与学术关系比较密切的有:其一是1月中旬中国抗日红军大学改为中国人民抗日军事政治大学,简称"抗大"。其二是2月9日傍晚毛泽东出席为欢迎本日到达延安的《大公报》记者范长江举行的宴会。随后《大公报》在显著位置登载了范长江连夜赶写的文章《动荡中之西北大局》,此文像一枚炮弹,冲破了国民党的新闻封锁,引起了轰动。其三是3月1日毛泽东在凤凰山住处会见美国作家、记者史沫特莱,回答她对中日战争与西安事变提出的一些问题。其四是4月15日毛泽东在延安与美国记者韦尔斯谈话,回答她提出的关于国共合作、阶级斗争、争取民主、准备抗战等问题。其五是4月24日中共中央机关理论刊物《解放》周刊在延安创刊。张闻天兼任主编。毛泽东、张闻天、朱德、周恩来、博古等都在该刊上发表过文章。其六是6月20日毛泽东出席苏区文艺协会举行的高尔基逝世1周年纪念会并讲话。其七是6月22日毛泽东在凤凰山住处会见美国外交政策协会远东问题专家毕森、美国《太平洋事务》杂志主编拉铁摩尔、美国《美亚》杂志主编贾菲等,回答了他们对抗日民族统一战线提出的一些问题。其八是7—8月间毛泽东撰写《实践论》《矛盾论》,都是毛泽东最重要的哲学著作,为形成中国共产党人的思想路线和思想方法提供了重要的理论依据。其九是10月19日毛泽东在陕北公学纪念鲁迅逝世1周年的会上作《论鲁迅》演讲,指出:我们纪念鲁迅,不仅是因为他是一位伟大的文学家,而且因为他是一个民族解放的急先锋。鲁迅具有政治远见、斗争精神和牺牲精神,这三个特点形成了伟大的"鲁迅精神"。除了抗大之外,延安还有中共中央党校、陕北公学。在奔向延安红都的洪流中,周扬、艾思奇、李初梨、何干之、林基路、周立波、舒群等具有一定的代表性。同年从全国各地奔赴延安的还有杨朔、李六如、王凌波、刘瑞龙、胡乔木、胡一川、林俚夫、王实味、柯仲平、林山、胡乔木、陈康白、徐冰、沙可夫、向隅、尹达、沃渣、刘端棻等。

第五是诸省区域板块的变迁。由于两湖处于东西、南北迁徙的交汇地带,在全国诸省地理板块中居于首要地位。10月底,国民政府开始陆续向武汉、长沙、重庆三地疏散政府机关工作人员。11月17日起,军政党务人员分3批向内地转移至武汉。11月21日,各国驻华使节赴汉,国民党中央党部和国民政府10多个重要机构先行迁到武汉办公,国共两党的党政军要员和各界人士云集武汉,当时的国民政府军事委员会就设在刚落成不久的湖北省立图书馆内。军委会下设办公厅、军事处、总务处、秘书处、高级参谋室及机要室等6个核心机构。可见武汉实已成为战时政治中枢和抗战军事大本营。与此同时,还有大批文艺界人士,新闻工作者和流亡学生也来到武汉,先后有100多种抗日期刊、几十种报纸、几百种图书在武汉出版发行,使武汉成为全国和全世界了解中国抗战的窗口。年底,在中国共产党的领导和影响下,文艺界人士积极筹备中华全国文艺界抗敌协会,并于次年3月27日正式成立,从而使原本比较分散的全国文艺界实现空前大团结。在跨省西迁的大学中,浙江大学具有一定的代表性。10月1日,竺可桢校长召开浙大特种教育常务委员会会议讨论校址问题,决定为天目山及建德二处,二年级先于双十节前迁天目山。2日,竺可桢为觅校址亲赴建德考察。25日,竺可桢在天目山对浙大一年级新生发表演讲,阐述大学生之责任,勉励大家将来能做社会上各业的领袖。希望在此困难严重之际,能有百折不挠、坚强刚果的大学生们,来领导民众,做社会的砥柱。11月11—13日,浙大学生陆续迁往建德。18日,浙大在建德开课。12月9日,竺可桢由建德出发至江西吉安、泰和勘察迁校地点,接洽落实吉安、泰和临时校址。24—26日,浙大师生、眷属开始陆续撤离建德,向江西吉安出发。一路十分艰辛,车中拥挤不堪,又有敌机轰炸;所乘车、船还不断被兵所扣,长时间被困于途,有时只能徒步前进。历尽艰难困苦,终于于翌年元月陆续到达吉安。26日,竺可桢从建德出发,经兰溪、金华、衢州,于29日抵玉山。次年元月8日离开,11日抵达吉安。一路奔波,不断与军政、路局各方联系,想方设法解决车辆船只,克服重重困难,终于率领全校师生转移到吉安,完成了一次艰难的迁移。约冬季,因苏步青夫人是日本人,竺可桢担心苏夫妇在搬家途中会受到盘查,甚至还有生命危险,遂向时任浙江省长的朱家骅讨了一张手令,责令沿途军警一律不得检查。竺可桢校长考虑得如此周到,令苏步青十分感动。由此亦可见竺可桢校长的处事风格与人格魅力。可以说,每一个内迁高校都以血肉和生命书写了自己独特的"迁校史",其中的磨难与温馨使各自的"迁校史"更为深沉,也更为精彩。

第六是海外交流的区域变化。先看"出"的方面,胡适在7月出席庐山会议后即奉命赴美活动求援。"七七"事变的骤然爆发,看来对正在"右转"的胡适触动很大。7月16日,胡适出席"庐山谈话会"期间,接受《中央日报》的一位记者采访,谈对时局的看法:"众所周知,我以前曾主张多研究些问题,少谈些主义。然而,当今之世,日寇欺人太甚,偌大个华北,已放不下一张安静的书桌。再这样下去,国将不国,还谈什么研究问题、科学救国!当今最大的问题,就是全国同心,把日寇赶出中国!"9月20日,胡适自香港起飞,经菲律宾、关岛、醒岛、中途岛、檀香山,26日到旧金山。10月8日,飞华盛顿。12日,偕驻美公使王正廷访晤美国总统罗斯福。此后在美国各地及加拿大发表关于中国抗战的讲演,宣传中国抗日活动等。陶行知用在美国、加拿大做国民外交宣传演讲等活动所得的钱,购买医药器材,通过宋庆龄转给白求恩,支援抗日根据地军民的抗日战争。12月6日,陶行知草拟杜威宣言,并代杜威发电与甘地、罗曼·罗兰、罗素、爱因斯坦4人,征求联名,谴责日本侵略中国。在欧洲,李济在英国威尔士、伦敦、牛津、里兹、利物浦、爱丁堡、曼彻斯特等地的14所大学以及几个研究所讲学,在所到之处大受欢迎,也受到几位中国留学生的热情追随。李济还到斯德哥尔摩前后参观访问了10多天,跟王储作了多次诚恳的学术交谈,会见了以高本汉为代表的瑞典汉学家和其他中国学学者,由此可见李济的考古学成就与学术影响力。蒋百里与杨杰两位著名军事家奉命分别出访德国和苏联,积极争取军事援助和支持。当时蒋廷黻继续任中国驻苏联大使。6月27日至8月8日,翁文灏在苏期间,由中国驻苏联大使蒋廷黻陪同访苏外长李维诺夫,副部长斯托马雅柯夫,苏联对华极表同情,希望发展友好关系,反对日寇侵略,中苏利害相同。7月21—29日,翁文灏在莫斯科参加第17届国际地质学大会,为中国代表团首席代表。上午,地质学会评议会选举大会副主席、秘书长,翁文灏当选为大会副主席。中国出席会议的代表还有黄汲清、裴文中、李春昱、朱森等。吴玉章上半年仍执教于苏联东方大学第八分校。9月,中共驻共产国际代表团与共产国际商定,派吴玉章去欧洲作国际宣传工作。11月下旬,吴玉章在布鲁塞尔分别拜会九国公约国国际会议中国代表团的顾维钧(驻法大使)、郭泰祺(驻英大使)、钱泰(驻比大使)、胡世泽(驻伯尔尼大使)等,支持他们在外交战线上为维护国家主权作斗争,要求他们联合各驻外使节,致电蒋介石反对议和,鼓动李石曾致电蒋介石,反映海外侨胞及民心,要求抗战到底。12月初,吴玉章通过《救国时报》《人道报》和中国人民之友社等广泛开展抗日宣传,并迅速形成声势。11日,吴玉章应邀出席郎之万举办的记者招待会,在记者招待会上作《中国能战胜日本》的演讲。21日,吴玉章应邀出席世界反战反法西斯委员会举办的记者招待会,在会上作《中国民族自卫战争之前途》的演讲。在日本,郭沫若流亡日本终于迎来了收尾阶段。7月25日凌晨,郭沫若离家,汇合钱瘦铁、金祖同至横滨友人家换了合适的装束,复往东京站乘火车赴神户。下午抵达神户。傍晚,用杨伯勉化名登上加拿大公司的"日本皇后号",金祖同同行。夜21时船起航,驶离神户港。7月15日下午,郭沫若一行由日本抵达上海。此为郭沫若人生中的一大转折点。再看"进"的方面,主要集中在美国媒体:美国著名新闻记者、埃德加·斯诺的前妻斯诺夫人海伦·福斯特4月下旬独自悄然离开北平,历尽艰险到达陕北延安。在延安近5个月的时间里,海伦采访了毛泽东、朱德、周恩来、张闻天等中国共产党领导人,同时并广泛接触了陕甘宁边区的战士、工人、农民、文艺工作者、妇女和学生,特别是同毛泽东进行了5次难忘的长谈。卢沟桥事变前夕,斯诺完成了《西行漫记》的写作。10月,《红星照耀中国》《西行漫记》在英国伦敦公开出版,在中外进步读者中引起极大轰动;美国著名作家、新闻记者、社会活动家艾格尼丝·史沫特莱1月初正式接到共产党的邀请访问延安,其公开身份是到前线去做战地救护工作。下旬,史沫特莱到达中共中央所在地延安后,与毛泽东、朱德、周恩来和彭德怀等人进行了多次交谈。史沫特莱还与朱德总司令频繁接触,并征得朱德的同意——撰写朱德生平;美国外交政策协会远东问题专家托马斯·亚瑟·毕森在北平结识了当时在燕京大学校园里埋头撰写《西行漫记》的埃德加·斯诺,了解到关于延安的一些信息。随后与美国《太平洋事务》杂志主编欧文·拉铁摩尔、《美亚》杂志主编菲利浦·贾菲一同访问延安。7月2日,回到北平。由于延安之行,毕森还成了情报部门的监控对象,甚至因"亲共行为"被参议院指责问询,失去在美国各界的任职机会,但毕森此后一直站在同情中国人民的立场,不但写出了《日本侵华》一书,迅速揭露了南京大屠杀的真相,还在之后数年间不断发表文章,抨击美国的政策被军方和帝国主义势力所左右,尤其对战后的日本处理不当,导致亚洲人民的权益严重受损。直至35年后的1972年,毕森将采访笔记整理成《1937,延安对话》书稿,并崇敬地写道:"往昔的经验,当今的形势,未来的局面,古今中外,纵览全球,一切的一切,均在中国共产党领袖的运筹帷幄之中。一切的一切,都承载着充满希望的神秘的预言。"日本方面值得关注的是:日本东亚考古学会原田淑人、驹进和爱是年夏带领考古队,以日本东亚考古学会名义,盗掘了元上都遗址(今内蒙古正蓝旗东闪电河北岸),劫走一批出土文物,藏入东京大学考古学研究室;日本京都东方文化研究所水野清一、长广敏雄等从是年起至1944年8月,前往日军侵占的山西大同,对云冈石窟进行调查和实测,并发掘第9、10、19、20等窟,以及冈上的北魏佛寺遗址和阳高汉墓等。另有日本伪满帝国教育会理事长皆川丰治在《满洲教育》上发表《建国五周年感言》。文中公开提出:"满洲建国后,文教部确立教育方针,排除三民主义教育,禁用排外教科书,准则于建国精神,归源于东洋道德,以图五族协合、日满不可分、王道立国主义教育之实现。"这是鼓吹文化侵略与奴化教育的典型言论。

在此抗战全面爆发的特殊时期,民族危亡、抗战救国成为时代的主旋律,也是重新凝聚全国力量的最大公约数。所以,本年度的学术论争既呈现了以往的学术发展趋势,同时又受到抗日战争全面爆发的深度影响。

1. 关于国家总动员令的响应与讨论。8月16日,国民政府下达国家总动员令,划全国为4个战区,建立战时体制。与此同时,国民党确定对日战略方针:"举全国力量从事持久的消耗战,争取最后胜利",亦即"利用我优势之人力与广大国土,争取持久消耗战,一面消耗敌人,一面培养国力,俟机转移攻势,击破敌人,争取最后胜利"。其主导策略是"以空间换时间"。于是抗日救国成为从政界到学术界再到出版界的第一关键词,尽管直接关乎8月16日国民政府下达国家总动员令的著作仅有庐山暑期训练团编《国家总动员概要》、胡绳著《后方民众的总动员》等问世,但经作者与出版界的密切合作,快速聚焦于抗战救国这一时代主题而掀起一股出版热潮,其中属于总论的如陈独秀著《抗日战争之意义》、孙冶方著《全民抗战的理论基础》、潘汉年著《全面抗战论》、陆印泉著《中国抗战的前途》、蒋介石著《抗战到底》《抗战方针》、朱德著《抗战到底》、彭德怀著《争取持久抗战胜利的先决问题》、宋庆龄著《中国不亡论》、章乃器著《抗日必胜论》、李景禧著《抗战必胜论》、龚德柏著《中国必胜论》、谭辅之著《抗战持久必胜论》、李时森著《最后胜利论》等,但更多的是广泛延伸于抗战救国的军事、经济、教育、文化、外交等各个层面。其中所论抗战经济主要有:钱俊瑞著《中国国防经济建设》,韩祖德著《抗战建国与计划经济》,张素民著《抗战与经济统制》,王亚南著《战时经济问题与经济政策》,刘孤帆著《持久战与国民经济》,王惠中编《非常时期之经济》,中国经济研究社编《非常时期中国经济问题研究》,罗敦伟著《非常时期之经济政策》,朱元懋编著《战时物力财力》,董修甲著《战时理财方策》,唐孝刚著《非常时期之财政》,高汉锹编《战时财政与统制经济》,闵天培编著《中国战时财政论》,骆耕漠著《战时的财政问题》,周宪文、孙礼榆著《抗战与财政金融》,马存坤著《非常时期之地方财政》,瞿荆州编《非常时期之金融》,骆耕漠著《战时的金融问题》,杨智著《抗战与民族工业》,吴一鸣著《国防与交通事业》,王维琪编著《战时交通和运输》,胡祥麟、陈世材编《非常时期之交通》,等等。所论抗战教育方面,胡适7月20日在第一期谈话会最后一次茶话会上所谈教育问题具有一定的代表性。胡适谈话要点有四:1. 国防教育不是非常时期的教育,是常态的教育。2. 如果需要一个中心思想,那么"国家高于一切"可以作共同行动的目标。3. 主张恢复"有同等学历者"一条招考办法(以救济天才,以阻止作伪犯罪)。4. 教育应该独立,其涵义有三:(1)现任官吏不得做公私立大学校长、董事长,更不得滥用政治势力以国家公款津贴所长的学校。(2)政治势力(党的势力)不得侵入教育。中小学校长的选择与中小学教员的任聘,皆不得受党的势力的影响。(3)中央应禁止无知疆吏用他们的偏见干涉教育,如提倡中小学读经之类。其他相关论著尚有:杨卫玉《非常时期教育界的使命》,何心石《义教与国防》,杜元载著《非常时期之社会教育》,袁哲著《抗战与教育》,生活教育社编《国难教育实施法与指导》,韦悫《国难教育的一点小意见》,段辅尧著《抗战时期的民众教育》,浙江省社会教育研究会编《国防教育论坛》,李文震《非常时期生产教育之严重性》,高泳修《国防教育与乡村建设》,等等。此外,张仲实在八一三事变爆发后,与邹韬奋合办《抗战》三日刊,并在首期发表《全民抗战的展开》一文,驳斥战败主义论调,高呼全面抗战。9月1日,张仲实又与金仲华等进步人士创办《战时联合旬刊》。同年创办的同类刊物还有《战时教育》《抗战与教育》《抗日先锋》《战时日报》《抗战日报》《抗敌周刊》《抗战画报》《抗战报》《抗战旬刊》《抗战半月刊》《战斗旬刊》《战时妇女》《抗战戏剧》《抗战之路》《战时文化》《抗战文化》《抗战经济》《战时经济》《民族战线》《抗战大学》《战斗周刊》《抗战半周刊》《杀敌旬刊》《抗战》《战旗》《抵抗》《抗敌旬刊》《抗战与文化》《抗敌呼声》《战时特刊》《战时生活》《抗战导报》《战时社会与教育》《抗战大学》《抗敌导报》《抗战月刊》《战歌》《抗敌画报》《抗敌新闻》《士兵》《抗战军人》等等。这些刊物集中刊载了有关抗战救国的文章。

2.关于"民族""民主"与"统一"的论争。有关"民族"的研究以及"民族主义"的论争因为外族入侵、民族危亡而日趋高涨,同时又与新启蒙以及"民主"与"统一"的论争相互交织在一起。相关论文有:齐思和《民族与种族》、杨向奎《夏民族起于东方考》、陈伟旋《中国古代族外婚制研究》、方治《中国民族思想之研究》、林一新《中国民族之将来》、吴念中《民族自决与民族联合》、冯玉祥《复兴民族的基本方策》、张科《今日之民族问题》、李宗仁《民族复兴与焦土抗战》、居正《民族复兴与法律》、陈嘉庚《复兴民族与服制》、苏苏《民族英雄史话》等。同时还出版了一批学术著作,诸如:周烈三著《华族生命论》、潘光旦著《民族特性与民族卫生》、周安国著《被压迫民族战争论》、王健生编《民族生存》、章乃器等著《民族出路问题论丛》、张奠原著《复兴中华管见》、冯玉祥著《新大学——民族革命哲学》、建宇选编《救亡运动的理论与实践》。上述论著涵盖了从学术研究到现实对策的不同层面。齐思和《民族与种族》的意义在于就中国学界对"民族""种族"等基本概念首次作了辨正,对"民族""种族"概念的论断至今仍有参考价值。此外,陶希圣在刊于5月15日《现代青年》第7卷第3期的《青年思想之动向》一文中纵观近来青年思想之潮流,将其划分为以下三个阶段:(1)从最近说来,从五四运动到国民革命(民十四迄民十六)为一阶段:五四运动时的主要思潮,为自由主义,伴之流行者为社会主义;(2)从民十七到民二十又为一阶段:此时欧洲战后之恐慌已成过去,但慢性的经济恐慌随之继来,逐渐遍及于全世界。当时中国之客观条件实不足以言抗日,但中国之主观情绪却非常激昂亢进!此种情绪之表现,即为结党之狂潮:三人一党,五人一派,青年思想之庞杂与亢进,莫此为甚。(3)从"九一八"以迄今日为另一新的阶段:"九一八"以前之思潮,为"资本主义和社会主义两问题所笼罩";"九一八"以后之思潮,只有一个问题:如何使国家从帝国主义铁蹄下解放。然后明确提出"民族主义在中国始终是第一义的"。最后,作者进而论及自由主义与世界主义、民族主义与国粹主义的关系。"民族"问题又与"民主"与"统一"的论争相互交集在一起。然而由于国难当头、民族危亡的现实激发,在"民族"的问题得到普遍关注的前提下,"民主"的声音明显减弱,而"统一"的声音则迅速高涨。前者以7月28日郭沫若刊于上海《人间十日》旬刊第14期的《抗敌与民主的不可分性》为代表,文中针对蒋介石本月17日在庐山会议上的演讲辞,强调单要人民尽义务、牺牲是不行的,必须给人民以民主。同时批驳了"把民主与自由当作和统一与团结的绝对相反"的论调,指责当权者"把民众还始终当作只可使由之,不可使知之的庶民,而自己以'知识权贵'自居"的恶劣态度,认为"政治是国民生活的权利",应当争取建立"民有,民治,民享的不可侮的中国"。后者却有一个强大的群体,其中陶希圣的主张具有一定的代表性,其在刊于2月15日《月报》第1卷第2期的《民族与民生》一文中比较全面地论述了"民族""统一"与"民主"的关系。文中首先谈"民族"问题,然后归结于"如从政治的大趋势看来,政治的前途是民主的统一"。一方面是"统一"与"民族"的关系,另一方面是"统一"与"民主"的关系。在此,作者既认为"统一"是"民主"的前提,又强调"民主"自有一定的限度。最后又回归于"民族"问题。总的来看,陶希圣是将"统一"置于"民主"之上,而且更注重于

"统一"问题,其实际意图多是指向遏制共产党。与陶希圣上述观点相呼应的有梁实秋、梁漱溟、王赣愚、叶青等,主要见于梁实秋《中央与地方之关系》、梁漱溟《怎样应付当前的大战》、王赣愚《抗战最大的收获——统一》、叶青《论中国的统一问题》。此外,方治《中国民族思想之研究》、吴念中《民族自决与民族联合》、樊仲云《中国统一运动与列强对华政策》、张涤非《中国统一与中国话拉丁化》、任一黎《中国的统一问题》、陶百川《怎样完成中国的统一》、吴铁城《统一救国问题——中国统一运动之途径》、陈高傭《统一救国问题——统一救国应先使国民意识统一》、孙伏园《统一救国问题——如何达到统一》、陈石孚《统一救国问题——如何达到统一》也都讨论了"统一"的问题。

3. 关于新启蒙运动的高涨与论争。据陈亚杰著《当代中国意识形态的起源》及附录一《新启蒙运动文章目录》(新星出版社2009年版)与李亮《继承五四和扬弃五四——新启蒙运动研究》及附录《新启蒙运动大事记》(上海师范大学博士学位论文,2012年)所载,本年度的新启蒙运动论争进入高潮。先是1936年10月25日沈从文在《大公报》文艺副刊上发表《作家间需要一种新运动》,提出了"反差不多运动"的口号。至本年1月,《书人月刊》将此文题为《论差不多》,与蒋弗华的《青年思想独立宣言》一并转载,并作为《中国文化界最近两个重要宣言》加以重点介绍,受到多种刊物的关注。2月,陈伯达应邀前往上海,推动"新启蒙运动"。同月29日,陈伯达将自己关于"新启蒙运动"的15篇论文编集为《真理的追求》并作序。3月20日,《真理的追求》由新知书店出版后,借新启蒙运动的东风,产生一定影响,也引起了在延安的毛泽东的注意。同日,艾思奇在《文化食粮》创刊号上发表《新启蒙运动和中国的自觉运动》,进一步阐释了新启蒙运动的爱国主义特征,倡导开展新启蒙文化运动。同月,柳湜《国难与文化》由上海黑白丛书社出版。此书系统回答了中国文化将往何处去的问题,为新启蒙运动在未来的开展提供了指南。3—4月,胡绳在上海某刊物发表了《论青年思想的独立》,明确发出了思想要独立、思想要自由、尊重个人、尊重自我和反对"定于一尊"等个性解放的时代呼唤。4月4日,朱光潜在《大公报》上发表了《中国思想的危机》,对中国旧思想的因袭性、保守性进行了批判,同时也感到了思想运动的发展困境。朱光潜的文章立刻引起许多共鸣,狄超白、沈于田(胡绳)对此还进行了激烈争论。以5月4日纪念"五四"运动18周年为契机,吴承仕与张友渔、黄松龄、张申府、杨秀峰、纪向峰等进步教授以及北平文化界救亡团体发起组织了新启蒙学会,发布新启蒙运动的基本纲领,号召开展新启蒙运动。北平的《现实月报》首先以"特辑"来纪念五四,展开新启蒙运动。随后《北平新报》《华北呼声》《动向》《新文化月刊》等纷纷效仿刊发五四纪念特刊。文化团体和救亡团体召开座谈会,热烈地讨论五四运动和新启蒙运动,结果引起了截然不同的反响,新启蒙运动论争臻于高潮。"五四"以来"启蒙学会"的筹备与成立,即是新启蒙运动进而走向组织化的重要标志。一方面有力推动了新启蒙运动的逐步深入,另一方面也遭到了右翼势力的激烈反击,文化界新旧势力的交锋白热化。就在纪念五四18周年期间,代表国共的新旧学联两派学生遂生争执,并酿成了流血事件。针对上述两大阵营的论争,也有一些学者出来表达自己的偏向,并进而提出"息争"的呼吁。鉴于相关论争的热烈以及成果的丰富,新启蒙运动发起的一方业已意识到汇集成果工作的重要性。周扬、何干之、李凡夫、艾思奇等8月13日从上海奔赴延安之前,与汉夫、李凡夫、夏征农等人经过集体讨论,撰成《现阶段的中国思想运动》一文,呼吁"为了救国,政治、经济和社会诸势力,都在一个大前提下,精诚的团结起来",并提出开展这次思想运动要注意以下三点:(一)"对参加这个思想运动的各思想不同的个人和派别,并不要求其放弃各自的基本思想或立场"。(二)"批判应该是为了真理的追求"。(三)"在思想运动中反对封建,是反对封建思想"。这是一篇论述比较全面的纲领性并带有总结性的重要论文。又有夏征农编、同名为《现阶段的中国思想运动》论文集由一般书店出版。此书分思想运动总论辑、新启蒙运动论辑和思想问题评论集三大部分,收录论文20篇。12月,何干之所著《近代中国启蒙运动史》由上海的生活书店出版。此书由作者1937年前后发表的关于新启蒙运动的一系列理论文章整合而成,以"新启蒙运动"的理论思维,以近代中国启蒙运动"本质上一定是反帝反封建的"的重新定位,全面回顾和反思了自洋务运动至新启蒙运动的中国近代启蒙思想近百年发展的历程与不足,并大致构建起一个相对比较完整的学说体系,是研究新启蒙运动最早、最重要的著作,也是第一部运用历史唯物主义的观点系统梳理论述自洋务运动以来中国思想运动的重要著作,在当时颇受欢迎,至1938年2月已经发行至第三版,不仅为新启蒙运动提供了思想的、社会的和历史的基础,推动了当时"新启蒙运动"的开展,而且其中的观点和一些提法对此后中国近现代思想史研究影响深远。

4.关于文化发展的总结与论争。一方面是陈立夫主持的文化建设协会的继续推动。7月10日,中国文化建设协会举行第一届全国代表大会,在全国进一步造成了浩大气势。另一方面则是文化论争本身发展演变的需要,即从彼此基于不同背景、立场与理念的论争走向理论探讨与总结:其一是有关中国文化理论及传播问题,包括丁炯培编著《中国文化之核心》、陈高傭《中国文化问题研究》、贾丰臻《中国文化的起源和发达》、林惠祥《中国文化之起源及发达》、卫聚贤《中国文化起源与东南发达与西北的探讨》《吴越文化传播于黄河流域的说明》、李长傅《中国文化起源与世界文化移动之研究》、王云五《编纂中国文化史之研究》等。陈高傭《中国文化问题研究》分中国现代文化上的矛盾形态、怎样使中国文化现代化、中国文化上的南北问题、中国学术思想上的方法问题等16章。附录:关于中国文化问题的书籍及论文。其二是重在文化运动的总结。以张闻天在延安陕公大礼堂举行的特区文化协会成立大会上作题为《十年来文化运动的检讨及目前文化运动的任务》的报告与李初梨刊于《解放》周刊第1卷第24期的《十年来新文化运动的检讨》为代表。后文比较系统地评述新文化运动,将1927年大革命失败至抗战开始十年间的文艺分为1927年至华北事变、华北事变至抗战开始、目前阶段三个时期,认为目前中国文化界的形势是失掉了上海、北平两个全国最大的文化中心;一切文化工作都陷于纷乱与停顿的状态;自由主义倾向发展,有人放弃原有立场,要做个自由主义者。文化运动总的任务是:继续巩固文化上的统一战线;建立以民族解放、民权自由、民生幸福为内容的革命的三民主义文化;选择武汉等地作为新的文化中心;使马列主义更具体化;肃清"左"的宗派主义、关门主义,与右的投降主义和自由主义倾向做斗争;健全和发展各种文化组织。此文系首篇评述全国文艺状况的文章,对于人们正确认识中国大革命失败以来10年间的文化(含文艺)具有重要意义。文中既批评了自由主义者,又批评了"左"的倾向。有些观点与毛泽东1940年1月关于新文化的论述接近。其三是重在抗战文化研究。这是本论题论争的重中之重。主要有艾思奇《目前中国文化界的动向》《文化在抗战中》、从贤《现阶段的文化运动》、陈望道《文化工具的运用》、翦伯赞《怎样动员我们战时的文化》、朱化雨《国防战线上的文化建设》等。从贤《现阶段的文化运动》首先论述了抗战对文化的影响。其次,论述了现阶段文化的任务。最后,论述了目前文化运动的内容。此文的意义在于较早地从宏观上论述抗战初期的文化运动,提出了许多新的见解和观点,与三年后边区文协代表大会成立宣言的宗旨相近。陈望道《文化工具的运用》阐述了文化工具在抗战文化动员中的力量和作用。翦伯赞《怎样动员我们战时的文化》疾呼发动"抗战的文化的总动员"、展开"战时的文化新阵容"。相关著作有:张幄筹著《战时的文化工作》(上海黑白丛书社)、宰木著《论抗战期中的文化运动》(上海黑白丛书社)、林淡秋著《抗战文化与文化青年》(湖北汉口上海杂志公司)、卫惠林著《民族文化运动与战时文化工作》(江苏南京中山文化教育馆)。其四是中西文化的调和与融合。张东荪1月20日在《文史月刊》第1卷第10期发表《思想自由与文化》,主要着眼于中西文化的"调和"与"沟通"。11月7日,顾颉刚在回教促进会作《如何可使中华民族团结起来》讲演。顾颉刚对"全盘西化"和"中国本位文化"的观点提出异议,认为应该从事有利于民族团结的融化工作,即"表彰并推广各族优良文化""搜集并创作各族共有的中国通史""建立为各族求自由平等的舆论机关"。

5. 关于鲁迅逝世周年祭及讨论。就在10月19日鲁迅逝世1周年之际,延安、上海都举行了隆重的纪念与热烈的讨论。其中上海启动最早。先看10月19日之前的筹备及相关活动。1月18日,鲁迅纪念委员会成立大会在沪华安大厦举行,主席郑振铎,40余人出席。郑振铎报告了纪念鲁迅筹备委员会的工作经过,大会还推举了宋庆龄、蔡元培、沈钧儒、马相伯为委员会委员。25日,《呐喊》周刊创刊号在沪出版。3月,武汉大学苏雪林在《奔涛》半月刊第1—2期上发表《关于当前文化动态的讨论》(与胡适通信)、《与蔡孑民先生论鲁迅书》,恶意攻击鲁迅,因而引起一场关于鲁迅的论争。冯乃超作《先生吉诃德先生》予以回击,后刊于武汉《大光报》副刊。7月,夏征农编《鲁迅研究》由生活书店出版,此书以文集的形式,收录了许寿裳、艾思奇、周建人、雪韦、徐懋庸、章汉夫、梅雨、胡绳、曹白和欧阳山等鲁迅亲友在鲁迅去世之后撰写的回忆和研究鲁迅一生各方面成就的文章,还配有许多插图。10月15日,《申报》报道《纪念文豪鲁迅/文艺协会定十八日演讲/救亡团体议决纪念办法》。17日,《烽火》周刊为鲁迅逝世周年出了"鲁迅先生周年祭"专栏。18日,上海《救亡日报》刊载上海市文化界救亡协会《鲁迅逝世周年纪念宣传大纲》。然后至19日即鲁迅周年忌日下午,"上海文化界救亡协会"和"上海战时文艺家协会"邀文艺界同人于浦东大厦举行纪念鲁迅逝世周年座谈会。由于抗战形式的急转直下,"八一三"上海将士浴血奋战之后,上海的最后沦陷已不可避免,该座谈会因此成为上海文艺界、文化界人士的最后一次大规模的集会,郭沫若、王统照、汪馥泉、巴金、包天笑等百余人出席,由沈衡山、郭沫若、胡愈之、郑振铎、汪馥泉、巴金、陈望道7人组成主席团。巴金专门携带10册刚装订完的《鲁迅先生纪念集》与会。会上,郑振铎报告筹备经过,沈衡山、郭沫若、田汉、陈望道、冯雪峰、黎烈文等发表演说。发言者从鲁迅精神谈到了文艺界思想、组织上存在的不足。郭沫若号召学习鲁迅,使人人成为鲁迅。冯雪峰的演说刊于1940年8月《文艺阵地》第5卷第2期,题为《鲁迅与中国民族及文学上的鲁迅主义》,文中对鲁迅的文学成就和战斗精神做出了高度评价。会议经由陈望道动议,决定组织"文艺界救亡协会",推选郭沫若、王统照、陈望道、郑振铎、汪馥泉、巴金、欧阳予倩、田汉、傅东华、戴平万、谢六逸等11人为临时执行委员。大会还提议:一、促商务印书馆从速出版《鲁迅全集》;二、为继承鲁迅谋文艺界大团结之遗志,决定邀请一切文艺作家及团体作为文艺界救亡协会会员;三、为表示抗战到底的决心,由出席者联名要求国民政府宣布对日绝交。同日,上海《救亡日报》出"鲁迅先生逝世周年纪念特辑",刊有景宋的《纪念鲁迅与抗日战争》、郑振铎的《"失去了的导师"》、冯雪峰的《关于鲁迅》、巴金的《深的怀念》、周建人的《鲁迅先生小的时候》、郭沫若的《鲁迅并没有死》等。相比之下，延安纪念活动没有上海丰富，但规模更为盛大。10月19日，延安陕北公学在大操场举行鲁迅逝世1周年纪念的千人大会，陕北公学校长成仿吾主持大会，特邀毛泽东到会作了《论鲁迅》的重要讲话，总结鲁迅先生的特点：一是他的政治的远见；二是他的斗争精神；三是他的牺牲精神。"综合上述这几个特点，形成了一种伟大的'鲁迅精神'。鲁迅的一生就贯穿了这种精神。所以，他在文艺上成了一个了不起的作家，在革命队伍中是一个很优秀的很老练的先锋分子。我们纪念鲁迅，就要学习鲁迅的精神，把它带到全国各地的抗战队伍中去，为中华民族的解放而奋斗"。这是延安红色阵营对于鲁迅最新也最权威的评价。上海、延安之外则有：仍居美国的林语堂1月1日在《宇宙风》第32期发表《悼鲁迅》。10月17日，郁达夫出席在福州科学馆大礼堂举行的文化界救亡协会成立大会暨鲁迅逝世1周年纪念会，并致词。19日，作《鲁迅逝世一周年》，刊于20日福州《小民报·怒吼》第4号，认为纪念鲁迅最好的办法"莫过于赓续先生的遗志，拼命地和帝国主义侵略者及黑暗势力奋斗"，并"希望最近的将来，能把暴日各军阀以及汉奸们的头颅，全部割来，摆在先生的坟前，作一次轰轰烈烈的民族祭"。11月21日，陈独秀在《宇宙风》第52期发表《我对鲁迅之认识》，说"鲁迅对于他们接近的政党之联合战线政策，并不根本反对"。又说："他所反对的乃是对土豪劣绅政客奸商都一概联合，以此怀恨而死"。这显然这不合事实。同年，又有夏征农编《鲁迅研究》、登太编《鲁迅访问记》刊行。

6. 关于中国社会与社会史论争的延续。其一是王宜昌与翦伯赞、吕振羽的论争。王宜昌1月在《思想月刊》第1卷第2期发表《评吕振羽的中国奴隶社会论》。作者反对吕振羽将殷代定为奴隶社会、将两周划作初期封建社会的意见。他还公开标举"公式主义"，谓"虽然有许多人反对过这种意见，但我却认为研究中国社会史，永远是要从'搬家主义'和'公式主义'出发的"。同月，翦伯赞在《中山文化教育馆季刊》1937年春季号发表《关于"封建主义破灭论"之批判》，系呼应吕振羽提出的"殷代奴隶社会论"而作，排除中国历史为"亚细亚生产方式论"，破除了秦汉以来为"商业资本主义社会论"或"封建主义破灭论"。同期还刊有邓云特《中国近代资本主义发展的过程及其特性》、陶希圣《春秋末战国初的变法运动》等文。6月，吕振羽在《文化动向》第1卷第3期发表《是活的历史还是死的公式？——答王宜昌君》，针对王宜昌《评吕振羽的中国奴隶社会论》的批评作出反批评。其二是郭沫若与陈独秀的论争。陈独秀5月16日在《东方杂志》上发表《实庵字说（四）》。《实庵字说》是陈独秀晚年研究文字学的主要成果之一，试图利用古文字材料否定中国古代曾经历过奴隶社会。此文发表后，立即引起郭沫若的反驳，撰写《读〈实庵字说〉》（后改为《驳〈实庵字说〉》），引用大量甲骨全文，"揭露"陈氏于古文字学之"外行"及其立论的"大误"，并坚定地指出："关于奴隶制这个问题，我敢于十二分坚决地主张：中国也和希腊、罗马一样，至于马克思的那个铁则并不是例外。"其三是中国社会形式发展史的讨论。2月1日，《食货》半月刊推出"中国社会形式发展史专号之三"，刊载了魏特夫格著、冀筱泉译《中国经济史的基础和阶段》，（日）加藤繁著、萧正谊译《中国社会史概述》（二），丁道谦《由历史变动律说到中国田制的"循环"》等文。其四是何干之有关论争的集成性成果。何干之在上年至是年的一年多时间内，先后写了《中国社会性质问题论战》《中国社会史问题论战》等六七本学术专著，广泛涉及中国古代社会、近代社会，中国经济、国际政治和抗日战争各方面的问题，并参与了中国社会性质与社会史论战，为其一生中理论著述最丰硕的时期。何干之的理论贡献除了参与新启蒙运动的历史与理论探索,即是对中国社会性质与社会史论战的总结。其《中国社会性质问题论战》《中国社会史问题论战》堪称姊妹篇,就当时激烈论争的中国社会性质与中国社会史问题两个方面作了系统总结。另有傅尚霖编《中国社会问题的总检讨》由广东广州中山大学社会研究所社会学系刊行,兼有成果汇编与总结的学术价值。概而言之,中国社会性质与中国社会史问题论战既有联系又有区别,两者持续性的学术探讨与论争,在学术思想史上同样具有重要意义。

7. 关于乡村建设论争的继续。批评乡村建设的主将还是陈序经。上年4月12日陈序经在《独立评论》第196号发表《乡村建设运动的将来》。至5月,陈序经继续在《独立评论》第199号发表《乡村建设理论的检讨》,作者自谓前文是注重在乡村建设运动的工作方面的观察,后文再想从这个运动的理论方面加以检讨,但都是对梁漱溟乡村建设实验的质疑与批评。再至本年3月,梁漱溟著《乡村建设理论》(一名《中国民族之前途》)由山东邹平乡村书店首次出版,其中汇集了作者1932年至1936年在乡村建设研究院的讲稿共9篇,有作者自序。此书出版后,影响颇大,当时人们认为这是中国现代教育界最有创造性的教育理论著作,认为此书确定了梁漱溟在中国现代教育史上的地位。但陈序经依然不予认可。4月14日,陈序经又在天津《大公报》第11版、南开大学经济研究所编《经济周刊》第213期发表《乡村建设运动的史略与模式》,在回顾乡村建设运动史略的基础上,归纳了邹平、定县、青岛三种模式并作了简单的比较研究。21日,陈序经在天津《大公报》《经济周刊》刊载《乡村建设运动的组织与方法的商榷》。鉴于自上年陈序经在《独立评论》第196号、第199号先后发表《乡村建设运动的将来》《乡村建设理论的检讨》以来,《独立评论》先后刊载了杨骏昌、傅葆琛、瞿菊农、涛鸣、陈志潜、黄省敏等文,《民间》半月刊、《文化与教育》旬刊、《政问周刊》等刊也相继发文,多反对陈序经见解,陈序经遂以《乡村建设运动的组织与方法的商榷》作出回应。文中所引除了晏阳初、梁漱溟等人的论文、观点之外,还有杨开道刊于《民间》半月刊第2卷第1期的《我为什么参加乡村工作》、马伯援刊于《民间》半月刊第2卷第11期的《今日农村运动的问题》、黄庆刊于《乡村建设》旬刊第17—18期合刊的《寄梁漱溟先生书》等。作者对"乡村运动是今后民族的唯一的出路"的观点提出质疑,重申乡村建设不是救国救民的道路、运动,各地乡建的衰落已成定局。最后,此文主旨又回归于乡村与都市的关系,提出:"都市在今日是人才和经济的重心,乃是一种事实。都市既已为人才与经济的重心,而且今日的乡村建设工作的人才与经济又多来自都市,那么都市不但不是乡村之敌,乃是乡村之友了。都市既是乡村之友,为什么乡村建设工作,不能在都市附近,而必离开都市较远才行呢?"对于陈序经对"乡村建设运动"的严厉质疑与否定,自1936年以来也有不少学者提出不同意见。在本年度主要以陶葆楷《乡村建设工作的一方面》、曹康伯《推动乡村建设的一个新方式》两文为代表。后文刊于《独立评论》第238号,作者另辟视角,以青岛的乡村建设为例,说明了在都市的发展过程中,利用政治力量和政府机关的人力物力,由都市推动乡村也是乡村建设的一条道路。这里想补充一下的是,面对抗战全面爆发的新变局,"乡村建设运动"的三位代表人物梁漱溟、晏阳初、黄炎培都作出了相应的调整与转型,以便更好地为抗战服务。总体而论,"乡村建设运动"的理念、实践与得失正与陈序经的尖锐、深刻与偏激形成有趣的参照与对比,可以为后人留下诸多有益的启示。相关学术著作则有:梁漱溟著《乡村建设理论》《乡村建设理论提纲初编》、千家驹著《中国的乡村建设》等。此外,吴景超著《第四种国家的出路》在书中提出了"发展都市以救济农村"的理论,作者根据人口密度和职业两个标准将世界上的国家划分为 4 种,认为中国属于第四种国家,出路在于:充分利用国内资源;改良生产技术;实行公平分配;节制人口,并提倡"用机械的生产方法,去代替筋肉的生产方法"。可以为上述论争提供新的思路。

8. 关于通俗文学的讨论。8 月 24 日,上海市文化界救亡协会机关报《救亡日报》在沪创刊。社长郭沫若,总编辑夏衍。在沪出至 10 月 22 日停刊。本次讨论即由上海《救亡日报》发起,得到了一些学者的响应。9 月 29 日,上海《救亡日报》刊载金人《关于通俗文学的几个疑问》。作者提出:一、什么是通俗文学? 通俗文学和普通文学质量上的差别何在? 二、通俗文学要什么形式? 三、通俗文学怎样写作? 还说:"第一项是属于通俗文学的定义方面的,二三两项都是关于技术方面的。""希望注意这问题的人大家都公开地交换些意见。"此文引发有关通俗文学的讨论。10 月 3 日,上海《救亡日报》刊登林那《展开通俗运动》。6日,上海战时文艺协会举行成立大会。会议讨论的第二个问题即是文艺的通俗化问题。9—11 日,阿英在上海《救亡日报》连载《再论抗战的通俗文学》,强调"通俗的抗战文学与战争,与非常时期的政治形势,与战时的大众生活因素,不能有时刻的分离"。11 月 3 日、5日,艾芜在上海《救亡日报》连载《从文艺通俗化说到战时文艺》一文。通俗文学或者说文艺的通俗化与中国化、大众化的命题息息相关,也是延安高度关注的问题,直至 1942 年在延安座谈会上得到了系统的阐述。此外,还要关注一下陈望道刊于 11 月 18 日《申报》"专论"一栏的《从"悲哀的文学"说到大众的教育》一文,作者有感于沈起予"悲哀的文学"而发,提出以"悲壮"代替"悲哀",谓"'不惜一死'是'壮烈'的,这样壮烈的悲哀似乎并不是单单'悲哀'两个字所能包括"。主张在抗战的意志上,在抗战的认识上,需要推行大众的教育,来开发大众的认识,齐一大众的意志。学术著作方面,司马文森著《战时文艺通俗化运动》以及语文社编《通俗化问题讨论集》(第 1 集)和《通俗化问题讨论集》(第 2 集)出版,可见当时通俗化问题讨论之盛况。

9. 关于"两个口号"论争的总结。关于"国防文学"和"民族革命战争的大众文学"两个口号的论争于 1936 年臻于高潮。本年初,成仿吾出席"文协"举行的茶话会,欢迎从西安来的大批男女青年。后来又举行过两次座谈会,讨论"国防文学"和"民族革命战争的大众文学"两个口号的问题。成仿吾极力主张建立文艺界联合战线,并且说已经写信给上海的文艺界朋友倡议此事。5 月,丁玲筹备并主持延安文艺界座谈会,讨论左翼文艺时期"两个口号"的论争问题。自上年上海文艺界发生关于"国防文学"和"民族革命战争的大众文学"的论争后,在延安和中国文协内部也发生了讨论。于是丁玲提出并组织了两次座谈会,自任主席,到会七八十人。第一次座谈会上,根据丁玲的建议,由来自上海的中国文协文艺理论组负责人李殷森,作了关于联合战线下的文艺运动的报告,认为"国防文学"这个口号更适合于组织和建立统一战线。接着丁玲发言。她认为这两个口号内容的根本意义并无冲突,"民族革命战争的大众文学"这口号,在现在是不大合适的。吴奚如和白丁工则赞成"民族革命战争的大众文学"这个口号,认为它的革命性比较明显。因为在第一次座谈会上,大家情绪高涨,有许多人没来得及发表意见。丁玲接着召开了第二次座谈会,成仿吾出席两次座谈会,极力主张建立文艺界联合战线,并且说已经写信给上海的文艺界朋友倡议此事。最后由中央局宣传部部长吴亮平作了总结发言。根据负责这次座谈会的一位当事者回忆,当时吴亮平曾就"两个口号"的论争问题,问过毛泽东。毛泽东笑着回答:"两个口号都是对的。不过,一个有立场,一个没有立场。"通过这两次座谈会,延安文艺理论界对这两个口号以至整个抗战文艺的性质与任务，有了更加深入的认识和清晰的了解。这对以后文艺理论的进一步发展，无疑是有好处的。

此外，还有关于统制经济的讨论、"差不多"论题的论争、"看不懂"的论争、郭沫若等对胡适"释儒"的批评、朱光潜与巴金的论争。有关刊物专号方面主要有：《中国社会经济史集刊》首出版"兵制史研究专号（上、下）"；《经济学季刊》第 8 卷第 1 期推出"本社征文特辑"；《东方杂志》第 34 卷第 13 号推出"夏季特大号"；《禹贡》第 6 卷第 8—9 期推出"南洋研究专号"；《禹贡》第 7 卷第 1—3 合期推出"三周年纪念号"；《禹贡》第 7 卷第 4 期推出"回教专号"；《禹贡》第 7 卷第 6—7 合期推出"古代地理专号"；《中华教育界》第 24 卷第 7 期推出"教育与自由主义特辑"。另有虽未标明专号但却具有专号性质的"准专号"。

聚焦于重要学术论题的论著尚有：陈之迈著《研究社会科学必须先有立场吗？》，熊庆来著《抗战中后方对于学术建设之责任》，贺次君著《中国学术进展观》，张少孙编《国学研究法》，夏君虞著《宋学概要》，陈唯实著《新哲学世界观》《新哲学体系讲话》《战斗唯物论讲话》（新哲学世界观），叶青著《为发展新哲学而战》（第 1 集〈叶青哲学批判〉之批判），艾生著《叶青哲学批判》，胡绳著《新哲学的人生观》，方东美著《科学哲学与人生》，艾思奇著《哲学与生活》，张东荪《哲学究竟是什么》《多元认识论重述》，冯友兰著《中国政治哲学与中国历史中之实际政治》，冯友兰、孙道升著《怎样研究中国哲学史》，陈寅恪著《逍遥游向郭义及支遁义探源》《府兵制前期史料试释》，齐思和著《封建制度与儒家思想》，潘梓年著《逻辑与逻辑学》《逻辑学与逻辑术》，汤用彤著《中国佛史零篇》，傅勤家著《中国道教史》，孙作云著《中国古代的灵石崇拜》，蔡元培著《中国伦理学史》，陶希圣著《中国政治制度的变迁》，吕振羽著《中国政治思想史》，杨幼炯著《中国政治思想史》，梅剑父著《太平洋上的争霸战》，周宪文著《经济本质论》，刘絜敖著《经济学方法论》、陶希圣、武仙卿著《南北朝经济史》，薛暮桥著《封建・半封建和资本主义》，余松筠著《交通经济学》，白寿彝著《中国交通史》，冯承钧著《中国南洋交通史》，王辑五著《中国日本交通史》，金云铭著《郑和七次下西洋年月考证》，李长傅著《中国殖民史》，刘大钧著《中国工业调查报告》，梁嘉彬著《广东十三行考》，李景汉著《中国农村问题》，李达著《社会学大纲》，马哲民著《新社会学》，潘光旦著《人文史观》，卫聚贤著、吴越史地研究会编《吴越文化论丛》，蒋廷黻编《欧风东渐史》，雷海宗著《中国的家族制度》，曾謇著《三国时代的社会》，徐经纶著《阳明教育学说的体系》，张君劢著《中国教育哲学之方向》，林仲达著《教育问题之社会学的探讨》，郁达夫著《战时教育》，杨贤江著《新教育大纲》（第三版），清华大学中国文学会编《语言与文学》，胡朴安著《中国文字学史》（上下册），郭沫若著《殷契粹编》，董作宾、胡厚宣编《甲骨年表》，胡厚宣著《甲骨文材料之统计》，杨树达著《积微居小学金石论丛》，王力编著《上古韵母系统研究》，林尹著《中国声韵学通论》，张洵如编，魏建功参校《北平音系十三辙》，杨家骆编著《中国文学百科全书》（中部 4—6 册），陈柱著《中国散文史》《四十年来吾国之文学略谈》，游国恩著《读骚论微初集》，徐中舒著《豳风说——兼论诗经为鲁国师工歌诗之底本》，杨明照著《范文澜文心雕龙注举正》，骆鸿凯著《文选学》，程会昌著《杜诗伪书考》《少陵先生文心论》，郭绍虞校辑《宋诗话辑佚》（上下卷），卢冀野著《广中原音韵小令定格》，孙楷第著《唐代俗讲之科范与体裁》，卫聚贤著《薛仁贵征东考》，赵景深著《小说闲话》，阿英编《晚清小说史》，阿英著《弹词小说评考》，赵景深著《大鼓研究》，张江裁著《燕都名伶传》，刘大杰著《中国新文化运动与浪漫主义》，老舍著《大时代与写家》，叶公超著《论新诗》，贺麟著《真小说中的真概念》，萧三著《论长篇小说〈子夜〉》，啸南著《世界文学史大纲》,金东雷著《英国文学史纲》,傅抱石著《中国美术年表》,宗白华著《莎士比亚的艺术》,杨鸿烈著《历史研究法》,钱穆著《论近代中国新史学之创造》《如何研究中国史》《历史与教育》,陈登原著《历史之重演》,王云五编《编纂中国文化史之研究》,罗尔纲著《太平天国史纲》,吴虬著《北洋派之起源及其崩溃》,赵文华著《二万五千里长征记》,胡焕庸编著《我们的版图》,刘燿著《龙山文化与仰韶文化之分析——论安特生在中国新石器时代分期问题中的错误》,何天行著《杭县良渚镇之石器与黑陶》,潘承弼著《海东金石苑原本考辨》,商承祚著《长沙古物闻见记》,朱中翰著《双林寺考古记》,陈万里著《越器图录》,孙楷第著《敦煌写本张淮深变文跋》《敦煌写本张议潮变文跋》《唐代俗讲轨范与其本之体裁》,杨家骆著《四库全书概述》,郭伯恭著《四库全书纂修考》,等等。熊庆来《抗战中后方对于学术建设之责任》针对当时社会上出现的一股思潮,认为当此外患煎迫之时,危急存亡之秋,何暇他顾,应宜全民武装,以谋抗战,凡中等以上学校,校舍皆应改为兵营,学生均宜训作战士,即属教员,亦应投笔从戎,以卫国土之说,认为这种思潮"固是悲壮,然稍加思考,究觉所见过偏,而言之过激。盖学术乃国家精神所系,倘此重要元素一旦受到敌摧毁消灭,则国家地位必受影响"。"吾国学术生命,至是已濒于危殆。倘比较安全之后方不谋挽救,必待战争终局,方图恢复,则基础既毁,建设需时,吾国学术之发展,必后退十年乃至二十年,而一切建设,亦必蒙其影响矣",故"甚望财力较厚之邻省,亦加注意,共同延续我国学术之生命,而树立我国民族复兴之基础"。文章最后提出了五项建议:1.建立健全之学府;2.创设研究与调查机关;3.设立完善之图书馆;4.刊行有国际性之杂志;5.设立良好印刷所与仪器制造厂。张东荪《哲学究竟是什么》主要讨论"哲学究竟是什么"这个多年蓄积于张东荪心中的问题:"讨论这个问题须从三方面着眼。即第一是问:哲学究竟有没有自己独具的方法?第二是问:哲学究竟有没有自己固有的题目?第三是问:哲学究竟有没有自己所得的理论?这三个问题其实就是三个方面。"此文为张东荪从"多元认识论"转向"文化主义"知识论之重要环节。张君劢《中国教育哲学之方向》最后强调:"中国教育哲学,不但是一部有系统的教育理论,而且需要多少教育家来实现这个理论,然后可以救我们国家的危急,而到长治久安的境地。"冯友兰、孙道升《怎样研究中国哲学史》认为怎样研究中国哲学史,是指怎样研究客观的、不成文的中国哲学史,其方法有六:(一)钻研西洋哲学。(二)多方搜集资料。(三)详密规划迹团。(四)探索时代背景。(五)审查哲人身世。(六)评述哲人哲学。所以述学有四层手续:甲、搜寻哲人的哲学之来源;乙、把握哲人的哲学之体系;丙、指出哲人的哲学之影响;丁、评判哲人的哲学之得失。研究哲学史有三个目的:一是明变,二是求因,三是评判。只有这样的评述哲人的哲学,才能达到这种目的。此为冯友兰撰写《中国哲学史》实践经验的理论总结,具有独特的学术价值。蔡元培《中国伦理学史》系一部系统整理和研究中国古代伦理思想发生、发展及其变迁的学术著作,也是蔡元培代表性的理论著作之一。吕振羽著《中国政治思想史》将整个中国政治思想的发展概括为三条主线以及唯物、唯心两大阵营,成为马克思主义中国思想史的开创性之作。但其中将中国古代思想家按唯物主义和唯心主义划分为两大阵营有显露简化的弊端,对后来的马克思主义思想史研究产生深远影响。吴景超著《第四种国家的出路》在书中提出了"发展都市以救济农村"的理论,作者是中国社会学界最早研究都市社会学的代表人物之一,侧重于从经济的角度来研究社会,特别是都市社会,还探讨了理想都市等问题。冯承钧著《中国南洋交通史》分上、下篇,上篇分10章记述中国与南洋各国交通关系,分为汉与南海之交通、法显之归程、南北朝时往来南海之僧人、唐代往来南海之僧人、宋元之南海及明郑和下西洋等；下篇分 7 章辑录南洋各国史传、舆地记，分记扶南、真腊、阇婆、三佛齐、南海群岛诸国、马来半岛诸国、印度沿海诸国等传。梁嘉彬著《广东十三行考》对广东十三行的起源、沿革、盛衰和功过进行详细考察，是研究十三行历史的重要参考资料之一。付印后引起国内外学者的关注。李达《社会学大纲》首次将辩证唯物论和历史唯物论作为一个整体进行论述，重点阐述了辩证唯物论与历史唯物论的基本理论和二者之间的关系，强调辩证唯物论和历史唯物论是包括史学在内一切学科唯一的科学理论和方法，在史学界产生了重要的影响。蒋廷黻编《欧风东渐史》分古代东西洋之关系、西方之东侵、西学之输入、习俗之移入、欧风东渐后最近之形势等 6 章。郁达夫《战时教育》认为战时的教育意义，第一，是适应战时的应急教育；第二，是准备战后复兴的国民教育。文章从"战时教育方案""战时工作机构""各种战时工作干部训练班及救亡大学""研究院""战时教育之方法"等方面提出了一整套的设计方案和实施措施。杨贤江著《新教育大纲》（第三版）是中国第一部用马克思主义的原理阐述教育理论的书籍，揭露了教育上种种错误、欺骗的东西，许多内容、观点在中国都是第一次提出，在中国教育史上具有重大意义。郭沫若著《殷契粹编》与董作宾、胡厚宣编《甲骨年表》皆为甲骨学研究的经典之作。杨树达著《积微居小学金石论丛》为作者训诂学、金石学研究的代表著作，体现了杨树达治学上承乾嘉学者段玉裁、王念孙、王引之，近于皖派的特点，是中华民国时期训诂学的代表著作，为作者在当时和后世学术界赢得了很高的声誉。王力编著《上古韵母系统研究》、林尹著《中国声韵学通论》与张洵如编、魏建功参校的《北平音系十三辙》皆为音韵学名著。老舍《大时代与写家》精辟地描述了文艺与时代的关系，以及作家在抗战中所应负的责任。贺麟《真小说中的真概念》以哲学的视角探讨所谓"真小说中的真概念"，提出小说家"创造人际关系样式的特殊的感觉能力，似乎由下列要素组成：概念上的清晰、知觉上的敏捷、情感上的强烈、进入角色的能力和毫无保留地表达感情起伏的才能"。骆鸿凯著《文选学》系一部专门研究萧统《文选》的著作。傅抱石著《中国美术年表》为第一部美术编年著作。啸南《世界文学史大纲》共分 3 卷，本书为上、中两卷，叙述中国、希腊、英、德、法、意及日本等国文学的发生、发展，并介绍著名文学家和文学名著。应该说，在抗战时期特别严酷的条件下写作世界文学史，诚为不易。钱穆《论近代中国新史学之创造》认为："历代都会从旧史中创写新史，以供给新时代之需要，中国当有史以来的巨变，尤其需要新史学的创建。然而一往不变者，乃历史之'事实'；与时俱新者，则历史之'知识'。所谓历史知识，贵能'鉴古知今'，使其与现代种种问题有其亲切相联之关系，从而指导吾人向前，以一种较明白之步骤。此等历史知识，随时代之变迁而与时俱新。今日中国处极大之变动时代，需要新的历史知识为尤亟。""所谓新史学之创建，此亦殊难一辞而尽。要言之，此当为一种极艰巨的工作。应扼要而简单，应有一贯的系统，而自能映照我国家现代种种复杂难解之问题。要能发挥中国民族文化以往之真面目与真精神，阐明其文化经历之过程，以期解释现在，指示将来。中国新史学家之责任，首在能指出中国历史以往之动态，即其民族文化精神之表现。从而指出其各时代之特征。"卫聚贤著《中国考古小史》对中国自周代以来的考古史作了系统的梳理，是一部具有开拓性意义的学术著作。刘燿《龙山文化与仰韶文化之分析——论安特生在中国新石器时代分期问题中的错误》，因抗日战争爆发搁置，迟至 1947 年 3 月刊于《中国考古学报》第 2 册。文中最早指出仰韶村遗址包含仰韶和龙山两种文化遗存，安特生所说的"仰韶文化"在内容上有所混淆，并对安特生划分的甘肃远古文化的六期提出了质疑。然后将 1936 年以前 17 年间"境内关于新石器时代遗址发掘"作一系统清理,按其内容进行分析,"综合"各遗址中有龙山文化与仰韶文化两者"层位关系"的 5 处堆积情况,得出"龙山文化和仰韶文化是中国新石器时代末期的两种不同系统的文化遗存"的重要结论。何天行著《杭县良渚镇之石器与黑陶》为最早介绍良渚遗址的考古著作。

聚焦于学术史的经典名著是钱穆著《中国近三百年学术史》(上下册)。此书共 14 章,沿用传统的"学案"体例,对清代学术进行了系统论述。第一章"引论"论述清代学术源起和宋明学术关系,为全书总纲,其余 13 章皆以各个时期学术发展史的代表人物为题。各章所选代表人物主要为明末清初、乾嘉及晚清三个时期,涵盖了这一阶段学术发展史上的经世思潮、经学考据和今文经学等各个方面。作者通过"辨章学术,考镜源流",提出了著名的"不识宋学,则无以识汉学"的论断。此书与梁启超同名著作皆为经典名著,堪称学术史著作的"双子星座",但彼此各有重点与特点。王学典《20 世纪史学编年(1900—1949)》(商务印书馆 2014 年版)曰:"钱著与梁启超《中国近三百年学术史》同名,都是研究清代学术史的力作。但是在具体的论述上却大相径庭。梁任公主要从清代学术对理学的反动入手进行论述,而钱穆则主要围绕清学对前朝学术的继承上加以展开。就引证广博、论述详瞻、考订精审而言,钱著胜于梁著。就编撰体例、考察内容而言,钱著大体不出传统学案体的格局,以政治、哲学思想为主,较少涉及其他学科。就此而言,梁著又胜于钱著。两书一为学术思想史,一为学术史,各有千秋,并行于世,代表了清代学术史研究的两种不同风格。"另有何干之著《近代中国启蒙运动史》、夏征农编《现阶段的中国思想运动》、蔡尚思著《两年来之中国思想界》、章鸿钊著《中国地质学发展小史》、卫聚贤著《中国考古小史》等。何干之著《近代中国启蒙运动》论述从洋务运动到抗日战争时期中国思想文化的发展。全书分 7 章:启蒙运动的意义及其社会基础、新政派的洋务运动、戊戌维新运动、五四新文化运动、新社会科学运动、国难与新启蒙运动、目前思想文化问题。卫聚贤著《中国考古小史》发挥梁启超关于考古学的认识,对中国自周代以来的考古史作了系统的梳理,是作者刻意为之的一部学术著作。论文方面则有:蔡元培《十年来之国立中央研究院》《我在教育界的经验》、李劻博《西汉学术思想演变的过程》、徐宗泽《明清之际中国整个学术思想之革新》、张君劢(立斋)《三十年来中国学术思想之演变及其出路》《西方学术思想在吾国之演变及其出路》、孟文庄《三年来中央政治学校办理边疆教育之计划与实施情形》、冯友兰《我国现在教育思想》等等。蔡元培《十年来之国立中央研究院》《我在教育界的经验》分别是其任中央研究院院长十年历程以及一生从事教育、学术生涯的简要总结。李劻博《西汉学术思想演变的过程》先总结了两汉社会形态的发展,再来考察学术上的变迁,认为董仲舒和王充才是"两汉学术思想的代表人物"。张君劢(立斋)《三十年来中国学术思想之演变及其出路》将欧州之科学哲学输入东方后吾国人对于欧州学术之态度分为三个时期。徐宗泽《明清之际中国整个学术思想之革新》认为"言明清之际之耶稣会士,对于中国之学术思想所演出之影响,其范围之广大,治学之精神,实一振天动地之一大思想革命也"。此外,丁玲 5 月 11 日在延安接受美国记者、作家斯诺夫人采访,谈对中国文学的看法,将新文学划分三个阶段:一是"五四"是新文学的开始;二是 1925 年 5 月 30 日后的文学,左翼的叫无产阶级文学;三是 1927 年的革命失败后的文学,"民族革命战争的文学",是一个比较好的口号。丁玲说中国的短篇小说发展最好,诗歌最差。她喜欢俄国文学,最喜欢高尔基、契诃夫、屠格涅夫。她自己对无产阶级文学的尝试很不成功,因为材料不是来自直接事实,没有直接情绪和感情。中国作家的主要弱点是不善于塑绘人物。（以上参见本书"学术背景""学术活动""学术论文""学术著作""学者生卒"栏所引文献与出处，以及中央教育科学研究所编《中国现代教育大事记 1919—1949》，教育科学出版社 1988 年版；付祥喜《20 世纪前期中国文学史写作编年研究》，北京师范大学出版社 2013 年版；王学典《20 世纪史学编年（1900—1949）》，商务印书馆 2014 年版；中国大百科全书总编辑委员会《中国大百科全书·考古学》，中国大百科全书出版社 2002 年版；王学珍等编《北京大学纪事（1898—1997）》，北京大学出版社 1998 年版；清华大学校史研究室编《清华大学一百年》，清华大学出版社 2011 年版；齐家莹编《清华人文学科年谱》，清华大学出版社 1999 年版；北京师范大学党委办公室、北京师范大学校长办公室《北京师范大学纪事》，北京师范大学出版社 2012 年版；南京大学高教研究所编《南京大学大事记（1902—1988）》，南京大学出版社 1989 年版；张玮瑛、王百强、钱辛波主编《燕京大学史稿》，人民中国出版社 2000 年版；陈亚杰《当代中国意识形态的起源》及附录一《新启蒙运动文章目录》，新星出版社 2009 年版；李亮《继承五四和扬弃五四——新启蒙运动研究既》及附录《新启蒙运动大事记》，上海师范大学博士学位论文，2012 年；胡绍轩《现代文坛风云录》，重庆出版社 1991 年版；徐廼翔编《"民族形式"讨论资料》，知识产权出版社 2010 年版；刘长鼎、陈秀华《中国现代文学运动史》，山东文艺出版社 2013 年版；艾克恩编纂《延安文艺运动纪盛》，文化艺术出版社 1987 年版；孙国林编著，王佳钰、王增辉校订《延安文艺大事编年》，陕西师范大学出版总社 2016 年版；文天行编《国统区抗战文艺运动大事记》，四川省社会科学院出版社 1985 年版；沈卫威《学衡派编年文事》，南京大学出版社 2015 年版；吴永贵《民国图书出版史编年：1912—1949》，社会科学文献出版社 2018 年版；张岂之主编《民国学案》，湖南教育出版社 2011 年版；刘荣争《〈独立评论〉视野下的知识分子与乡村建设论争（1932—1937）》，西南大学硕士学位论文，2008 年；詹婧韶《中国社会性质问题论战》，中国人民大学党史系党史进修班（83 级）编《中共党史专题讲稿（教学参考材料）》第 2 册，中国人民大学出版社 1983 年版；贾宗荣主编《中国现代史》（修订版），华东师范大学出版社 1997 年版；桑兵《近代中国的新史学及其流变》，《史学月刊》2007 年第 11 期；中国第二历史档案馆《抗战时期迁都重庆之中央研究院》，《民国档案》1998 年第 2 期；杨家润《复旦大学：抗战中两地办学》，《文汇报》2015 年 8 月 21 日；李能芳《抗战时期复旦大学办学研究》，西南大学硕士学位论文，2010 年；谢忠强、陈榕《毛泽东〈论鲁迅〉：共产党人心中的"鲁迅精神"》，《团结报》2021 年 12 月 25 日；许晓明《中国近代新闻教育发展史研究（1912—1949）》，2015 年；马玉娟，《胡适高等教育管理思想研究》，《中国教育学会教育史分会第十四届年会》，2013 年；陈亚杰《"马克思主义中国化"的起源语境——20 世纪 30—40 年代中国新启蒙运动研究》，中共中央党校博士学位论文，2005 年；吴敏《1940 年代前后延安的文化组织与文学社团》，复旦大学博士学位论文，2006 年；李应霞《〈文艺阵地〉研究》，重庆师范大学硕士学位论文，2010 年；李扬《从第三厅、文工会看国统区抗战文艺（1937—1945）》，中国社会科学院研究生院博士学位论文，2010 年；张武军《左翼文学：从阶级话语到民族话语》，四川大学博士学位论文，2009 年；陈峰《社会史论战与现代中国史学》，山东大学博士学位论文，2005 年；徐瑞岳、陈洁《抗战时期国统区文艺界纪念鲁迅的活动》，《新文学史料》2002 年第 2 期；徐绿红《丁玲与成仿吾——从〈怀念仿吾同志〉谈起》，《中国现代文学研究丛刊》2013 年第 1 期；田刚《"鲁迅"在延安》，《延安大学学报（社会科学版）》2012 年第 3 期；焦建蕊《云南大学国立化问题研究（1937—1946）》，华中师范大学硕士学位论文，2019 年；谢辉元《民国时期马克思主义中国思想史撰述的演进（初稿）》，2019 年史学理论与史学史国际学术研讨会，2019 年；吴春苗《赵纪彬学术思想研究》，郑州大学博士学位论文，2020 年）

1938 年　民国二十七年　戊寅

一、学术背景

1月1日,中国女子大学创立,吴志骞为校长。

1月2日,全欧华侨抗日救国会联合会在巴黎召开新年演讲大会,吴玉章在会上讲述中国抗战形势。

按:1月9日,全欧华侨抗日救国会联合会在巴黎召开第二次演讲会,大会通过决议:慰问祖国前方抗敌将士和殉国将士家属;请求国民政府立即对日绝交,肃清汉奸,没收日本及汉奸在华一切财产,武装民众,加紧扩大国际宣传,改善民生,建立国防工业;号召全欧华侨抵制日货,踊跃认购救国公债。

1月3日,武汉文化界行动委员会成立,宣布组织简章及各组长人选:教育组长周天放,新闻组长彭革陈,出版组长张九如,文艺组长陈西滢,电影组长罗刚,戏剧组长阳翰笙,音乐组长冼星海,图画组长梁鼎铭。

1月5日,苏联志愿航空队百余人抵武汉,加入中国空军作战。

1月8日,加拿大著名外科医生、伟大的国际主义战士白求恩率领加拿大和美国医疗队来华,支援中国人民的抗日战争。

1月9日,印度国民会议主席尼赫鲁等人举办"中国日"活动,援助中国抗战。著名诗人泰戈尔发表宣言声援中国。

1月10日,晋察冀边区军政民代表大会在冀西阜平召开,经民主选举成立了晋察冀边区临时行政委员会,宋劭文为主任。此为敌后第一个由共产党领导的统一战线性质的抗日民主政权,其中心区域在平绥、平汉、同蒲、正太四条铁路之间,具有重要的战略地位。

1月11日,中共中央长江局机关报《新华日报》在武汉创刊,周恩来任董事长,潘梓年任社长。

1月13日,国民政府教育部颁发《战区各省市救济县市立私立中小学教职员及社教人员办法》4条。

1月14日,在武汉的中华职业教育社、中国教育学会、教育短波社、《教与学月刊》社等10余教育团体组织全国抗战教育协会。各团体主张,抗战教育应以学校教育为中心,尽量保持学校原有状态,同时与抗战局势相结合。(参见中央教育科学研究所编《中国现代教育大事记1919—1949》,教育科学出版社1988年版)

1月16日,日本近卫首相发表对华政策声明,声称今后不以国民政府为对手,期望建立能与日本合作的新政权。

1月17日，国民政府改组军事委员会，决定由军委会统率全国军队，指挥各战区作战。

1月19日，国民政府最高当局批准长沙临时大学迁往云南昆明。

是日，国民政府教育部颁发《战区专科以上学校教员及学生登记办法》7条。

1月20日，国民政府行政院令颁《划一各级政府对于各级教育机关处理办法》8条。

是日，长沙临时大学文学院在南岳的课程结束。临时大学常委会第43次会议决定：因战火逼近长沙，临大迁往昆明；聘请潘光旦为教务长；聘胡适为文学院院长；成立本校迁移昆明时各地办事处，由蒋梦麟、秦瓒、汪一彪、庄前鼎、杨石先、章廷谦、李洪谟、王裕光负责。

1月22日，长沙临时大学第44次常委会通过修正学生赴滇就学之手续及路程。正式公布学生迁滇原则和办法及注意事项。

按：据此规定，学生须填写赴滇就学志愿书，由校常委审核，经批准者可领取赴滇许可证。许可证分为甲、乙两种。持甲种许可证者编入旅行团，由长沙步行到昆明；持乙种许可证者，须申请和领取护照，然后由长沙出发，乘船经广州、香港和海防、河口到昆明，至迟在3月31日前到本校昆明办事处报到。（参见西南联大北京校友会《国立西南联合大学校史——1937至1946年的北大、清华、南开》，北京大学出版社1996年版）。

1月25日，严宝礼、徐铸成、李子宽、沈彬翰、胡雄飞等在上海集资创办《文汇报》。胡惠生任总编辑，克明任总主笔。

1月27日，长沙临时大学第47次常委会决议：本校迁昆途中，凡步行学生沿途须作调查、采集等工作，以了解各地风土民情，使迁移之举，本身即寓教育意义。学生步行时采用行军组织，各生抵昆后所缴报告成绩优良者，予以奖励。女生及体弱多病，经医生证明不能步行者，得乘舟车（西南联大北京校友会《国立西南联合大学校史——1937至1946年的北大、清华、南开》，北京大学出版社1996年版）。

1月29日，中华全国电影界抗敌协会在武汉成立，张道藩、方治、史东山、田汉、蔡楚生等72人为理事。

是月，中共党建与群众工作研究会，即党建与群众工作课程研究室成立，由张闻天和陈云负责。

按：该研究会共有100多人，绝大多数成员是各地方党组织派来的干部，谢觉哉、李德华、陶铸、杨尚奎、王德、王鹤寿等参加研究会。它主要总结研究和解决党的建设工作中的一些问题。

是月，国民政府教育部为救济由战区退出的中小学教师及社会教育人员，以便参加战时工作，自本月起先后在四川、贵州、陕西、甘肃、湖南、宁夏各省建立10个战区中小学教师服务团。（参见中央教育科学研究所编《中国现代教育大事记1919—1949》，教育科学出版社1988年版）

是月，北平伪临时政府教育部公布《教育部组织大纲》，伪临时政府教育部设总务局、文化局、教育局。

2月1日，国民政府教育部颁发《高中以上学校学生志愿参加战时服务办法大纲》7条。

2月3日，"徐州会战"开始，至5月结束，是抗日战争时期一次大规模的防御战役，为武汉保卫战赢得时间。

按："徐州会战"是抗日战争时期中日双方在以江苏省徐州为中心的津浦（天津至浦口）、陇海（宝鸡至连云港）铁路地区进行的一次大规模防御战役，其中以台儿庄大战最为著名，因围歼日军一万余人，史称之为台儿庄大捷。"徐州会战"对日军给予了巨大的打击，大大迟滞了日军进攻的脚步，为中方部署武汉会战赢得了时间。

2月4日，长沙临时大学第48次常委会决议：（一）通过学生步行入滇之路程及用舟车段落。（二）通过图书、理工设备设计委员会及教授会主席联席会议建议的图书仪器购置办法，并推定各系在广州或香港购买书籍之负责人。

　　按：负责人如下：哲学金岳霖，外文叶公超，历史雷海宗，数学江泽涵，物理吴有训，化学黄子卿，地学李宪之，生物张景钺，政治崔书琴，法律李祖荫，经济商业方显廷，工业庄前鼎。推定理工各系在香港订购仪器之负责人：物理吴有训，电工任之恭，化学张大煜、钱思亮，生物张景钺。2月10日，长沙临时大学第51次常委会会核准赴滇就学学生艾光曾等821人。（参见西南联大北京校友会《国立西南联合大学校史——1937至1946年的北大、清华、南开》，北京大学出版社1996年版）。

2月7日，蒋介石发表《抗战必胜的条件与要求》，称"广大的土地和众多的人民两个条件，就是我们抗战必胜的最大武器。""这次抗战，是以广大的土地来和敌人决胜负；是以众多的人口来和敌人决生死。……我们现在与敌人打仗，就要争时间。我们就是要以长久的时间来固守广大的空间，要以广大的空间来延长抗战的时间，来消耗敌人的实力，争取最后的胜利。"此即被称为"以空间换时间，以小胜积大胜"的长期抗战战略。

2月9日，长沙临时大学常委会第50次会议决定，因文学院师生已迁回长沙，南岳文学院院务委员会撤销。

2月10日，国民政府教育部颁发《战区中小学教师服务团已登记教职员审查及检定办法》5条。

2月12日，国际反侵略大会在伦敦开会，主张反日援华。该会中国分会成立，推宋子文为主席。

是日，华北伪政权中华民国临时政府成立"中国联合准备银行"，发行"联银券"，在华北沦陷区强制流通。

2月14日，长沙临时大学第54次常委会决议：（一）推定樊际昌、黄梅美德、钟书箴领导赴滇就学女生，并照护教职员眷属赴滇。（二）成立湘黔滇旅行团指导委员会。委员为黄钰生、李继侗、曾昭抡、袁复礼，黄钰生为主席。聘请原东北军师长黄师岳为湘黔滇旅行团团长。（三）由教职员捐款中提出1600元作为补助赴滇贫苦学生旅费之用。（参见西南联大北京校友会《国立西南联合大学校史——1937至1946年的北大、清华、南开》，北京大学出版社1996年版）。

2月15日，蒋梦麟飞抵昆明，主持长沙临时大学迁滇筹备事宜。

2月19日，长沙临时大学湘黔滇旅行团出发。参加旅行团的教师有黄钰生、李继侗、曾昭抡、袁复礼、闻一多、许维遹、李嘉言、王钟山、毛应斗、郭海峰、吴征镒等11人，军训教官毛鸿等3人，医官徐行敏等3人，学生共284人。旅行团原定步行至常德，临时改乘民船。后因驳船未到，推迟至20日晚始离长沙（参见西南联大北京校友会《国立西南联合大学校史——1937至1946年的北大、清华、南开》，北京大学出版社1996年版）。

2月20日，国民政府教育部颁发《战区各级学校教职员及社会教育机关工作人员登记办法》7条。

是日，希特勒在国会宣布承认"满洲国"，撤退驻华军事顾问团，放弃援华政策。

2月22日，长沙临时大学湘黔滇旅行团抵达益阳，开始步行。

2月24日，北平伪临时政府行政委员会委员长王克敏发布命令：仍以夏历8月27日为至圣先师孔子诞辰，恢复春秋上丁两祭，各地长官各就所在致祭，以期阐扬圣教。（参见中央教育科学研究所编《中国现代教育大事记1919—1949》，教育科学出版社1988年版）

2月25日，国民政府教育部公布《青年训练大纲》，分基本观念、训练要项、训练方式三项。

是日,国民政府教育部颁发《国立中学课程纲要》30条,规定:国立中学课程分精神训练、体格训练、学科训练、生产劳动训练及特殊教学与战时后方服务训练5项。

是日,长沙临时大学部分教职员学生抵达云南昆明。

2月27日,国民政府教育部颁发《国立中学暂行规程》13条。

是月,为加强国共两党在军事上和政治上的合作,经中共中央同意,周恩来出任国民政府军事委员会政治部副部长。

是月,八路军第115师主力开创晋西南抗日根据地。

是月,日本大阪每日新闻社北京支局,大力鼓吹日伪"文化提携",在北京饭店召开"更生中国文化建设座谈会"。

是月,西安临时大学开学。

3月1日,长沙临时大学租借昆华农业学校、拓东路迤西会馆、全蜀会馆等处为校舍,并在崇仁街46号民宅开始办公(后迁才盛巷2号)。

3月3日,国民政府教育部颁发《战区各级学校学生转学及借读办法》24条。

是日,国民政府教育部颁发《国立中学教职员暂行服务细则》18条。

3月4日,国民政府教育部颁布《处理在战区内上课之各专科以上学校办法》4条。

3月6日,中华基督教徒全国联合会成立,选举蒋介石为名誉会长,冯玉祥为会长。

3月8日,国民政府教育部颁发《各省市教育厅局收容由战区退出之中小学教职员及地方教育行政人员办法大纲》14条。

3月13日,国民政府教育部颁发《战区中小学教师服务团简章》9条;颁发《教育部登记专科以上学校学生分发借读办法》10条。

3月15日,国民政府行政院通过《教育部社会教育工作团暂行规程》15条。是日,长沙临时大学文法学院决定设在云南蒙自,三校各派一人前往筹设。

3月16日至4月15日,日军华北方面军矶谷第十师团和坂垣第五师团开始从东西两翼会攻台儿庄,中国守军在第五战区司令长官李宗仁及孙连仲、汤恩伯、张自忠、田镇南、关麟征、池峰城、王铭章等抗日将领指挥下,与日军在台儿庄附近展开激战,歼敌万余人,缴获步枪万余支,取得台儿庄大捷。是为抗日战争以来取得的最大胜利。

按:台儿庄大捷,又称台儿庄战役、鲁南会战或血战台儿庄。起止时间从3月16日开始,至4月15日结束,是抗日战争以来取得的最大胜利,也是徐州会战中国民革命军取得的一次重大胜利。

3月27日,中华全国文艺界抗敌协会在武汉成立,郭沫若、邵力子、冯玉祥、陈铭枢、田寿昌、张道藩、老舍、胡风等人组成主席团,周恩来、蔡元培、罗曼·罗兰、史沫特莱等人为名誉主席团,邵力子任总主席。会议发表《中华全国文艺界抗敌协会简章》和《中华全国文艺界抗敌协会宣言》,周恩来在成立大会上发表重要讲话,郭沫若、茅盾、老舍、丁玲、叶圣陶、郑振铎、郁达夫、曹禺、巴金、张道藩、田寿昌、王平陵、胡风、朱自清、夏衍、吴组缃、沈从文、朱光潜、曹聚仁、许地山等45人被选为理事。出版《抗战文艺》周刊。

按:《中华全国文艺界抗敌协会发起旨趣》载于4月1日《文艺月刊》第9期,全文如下:

漫天轰炸,遍地烽烟,焦毁的城市,血染的山河,在日本强盗帝国主义的横暴侵略中,中华民国正燃起了争取生存与解放的神圣炮火。半年来抗战的经验,给我们宝贵的教训,一个弱国抵抗强国的侵略,要彻底打击武器兵力优势的敌人,唯有广大的激励人民的敌忾,发动大众的潜力。文艺者是人类心灵的技师,文艺正是激励人民发动大众最有力的武器。数年来为了呼吁抗战,中国文艺界无疑地尽了最大的责任。

但自抗战展开以来,新的形式要求我们更千百倍的努力。而因中心都市的沦陷,出版条件的困难,文艺人的流亡四散,虽一方产生了大量新型的报告,通信等文艺作品,且因抗战的内容,使新文艺消失了过去与大众间的隔阂,但在一切文化部门的对比上,文艺的基本阵营,不可讳言是显得寂寞了一点。反视敌国,则正动员大批无耻文氓,巨量滥制其所谓战争文学,尽其粉饰丑态,麻醉民众的任务。我们感到文艺抗战工作的重大,散处四方的文艺工作者有集中团结,共同参加民族解放伟业的必要。过去中国文艺界虽有过几次全国性的组织,但是因种种原因不能一致,总不能有良好的成果。现在情势已完全不同了,全国上下,已集中目的于抗敌救亡,在最高领袖精诚领导之下,抗战形势,日益坚强,政治上的统一战线日益巩固,除了甘心媚敌出卖民族的汉奸,已无一不为亲密的战友,无一不为民族的力量。我们应该把分散的各个战友的力量,团结起来,像前线将士用他们的枪一样,用我们的笔,来发动民众,捍卫祖国,粉碎寇敌,争取胜利。民族的命运,也将是文艺的命运,使我们的文艺战士能发挥最大的力量,把中华民族文艺的伟大的光芒,照彻于全世界,照彻于全人类,这任务乃在我们全中国从事文艺工作友人们的肩上。我们大声呼号,希望大家来竖起这面中华全国文艺界抗敌协会的大旗!

按:中华全国文艺界抗敌协会成立后,上海、昆明、桂林、广州、香港、延安等地纷纷建立分会。

3月28日,国民政府教育部颁发《中等以上学校导师制纲要》10条;颁布《社会教育工作团工作大纲》4条。《大纲》规定工作团的实施目标为:唤起民众民族意识,灌输民众抗战知识,坚强民众抗战意志,训练民众抗战技能,增强民众生产能力。(参见中央教育科学研究所编《中国现代教育大事记1919—1949》,教育科学出版社1988年版)

是日,日军将南京、上海及华中等伪组织合为"中华民国维新政府",梁鸿志、温宗尧、陈群、陈锦涛等出任要职。

3月29日至4月1日,国民党临时全国代表大会在武昌国立武汉大学宋卿体育馆内举行,会议主要内容:一、制订和通过《抗日建国纲领》;二、决定实行总裁制,选举蒋介石为国民党总裁,汪精卫为副总裁;三、成立民国参政会;四、设立三民主义青年团和中央调查统计局。

按:这是全面抗战爆发后,国民党政府召开的最重要的一次会议。4月1日,大会议决通过《中国国民党抗战建国纲领》,为此次会议最重要的成果。大会还通过了《战时各级教育实施方案纲要》。《纲要》提出"九大方针",并首次提出设立全国最高学术审议委机关的决定。《抗战建国纲领》全文如下:

甲:总则

(一)确定三民主义暨总理遗教为一般抗战行动及建国之最高准则。

(二)全国抗战力量应在本党及蒋委员长领导之下,集中全力,奋砺迈进。

乙:外交

(三)本独立自主之精神,联合世界上同情于我之国家及民族,为世界之和平与正义共同奋斗。

(四)对于国际和平机构,及保障国际和平之公约,尽力维护,并充实其权威。

(五)联合一切反对日本帝国主义侵略之势力,制止日本侵略,树立并保障东亚之永久和平。

(六)对于世界各国现存之友谊,当益求增进,以扩大对我之同情。

(七)否认及取消日本在中国领土内以武力造成之一切伪政治组织,及其对内对外之行为。

丙:军事

(八)加紧军队之政治训练,使全国官兵明了抗战建国之意义,一致为国效命。

(九)训练全国壮丁,充实民众武力,补充抗战部队;对于华侨回国效力疆场者,则按照其技能,施以特殊训练,使之保卫祖国。

(十)指导及援助各地武装人民,在各战区司令长官指挥之下,与正式军队配合作战,以充分发挥保卫乡土捍御外侮之效能,并在敌人后方发动普遍的游击战,以破坏及牵制敌人之兵力。

(十一)抚慰伤亡官兵,安置残废,并优待抗战人员之家属,以增高士气而为全国动员之鼓励。

丁:政治

（十二）组织国民参政机关,团结全国力量,集中全国之思虑与识见,以利国策之决定与推行。

（十三）实行以县为单位,改善并健全民众之自卫组织,施以训练,加强其能力,并加速完成地方自治条件,以巩固抗战中之政治的、社会的基础,并为宪法实施之准备。

（十四）改善各级政治机构,使之简单化、合理化,并增高行政效率,以适合战时需要。

（十五）整饬纲纪,责成各级官吏忠勇奋斗,为国牺牲,并严守纪律,服从命令,为民众倡导。其有不忠职守,贻误抗战者,以军法处治。

（十六）严惩贪官污吏,并没收其财产。

戊:经济

（十七）经济建设以军事为中心,同时注意改善人民生活。本此目的,以实行计划经济,奖励海内外人民投资,扩大战时生产。

（十八）以全力发展农村经济,奖励合作,调节粮食,并开垦荒地,疏通水利。

（十九）开发矿产,树立重工业的基础,鼓励轻工业的经营,并发展各地之手工业。

（二十）推行战时税制,彻底改革财务行政。

（二十一）统制银行业,从而调整工商业之活动。

（二十二）巩固法币,统制外汇,管理进出口货,以安定金融。

（二十三）整理交通系统,举办水陆空联运,增筑铁路公路,加辟航线。

（二十四）严禁奸商垄断居奇,投机操纵,实施物品平价制度。

己:民众运动

（二十五）发动全国民众,组织农、工、商、学各职业团体,改善而充实之,使有钱者出钱,有力者出力,为争取民族生存之抗战而动员。

（二十六）在抗战期间,于不违反三民主义最高原则及法令范围内,对于言论、出版、集会、结社当与以合法之充分保障。

（二十七）救济战区难民及失业民众,施以组织及训练,以加强抗战力量。

（二十八）加强民众之国家意识,使能辅助政府肃清反动,对于汉奸严行惩办,并依法没收其财产。

庚:教育

（二十九）改订教育及教材,推行战时教程,注重于国民道德之修养,提高科学的研究与扩充其设备。

（三十）训练各种专门技术人员,与以适当之分配,以应抗战需要。

（三十一）训练青年,俾能服务于战区及农村。

（三十二）训练妇女,俾能服务于社会事业,以增强抗战力量。

按:《战时各级教育实施方案纲要》"九大方针"要点如下:一、三育并进。二、文武合一。三、农村需要与工业需要并进。四、教育目的与政治目的一贯。五、家庭教育与学校教育密切联系。六、对文学哲艺,以科学方法加以整理发扬,以立民族之自信。七、对自然科学,依据需要。迎头赶上。以应国防与生产之急需。八、对社会科学,取人之长,补己之短。以求一切适合于国情。九、对于各级学校教育力求图标之明显,并谋各地平均发展;对于义务教育,依照原定期限以达普及;对于社会教育与家庭教育力求有计划的实施。《纲要》还提出了"17要点",包括:维持现行学制,可酌予变通;学校之迁移设置应有通盘计划;重视师资训练;彻底整理教材;整理教学科目;订定训育标准;严格管理,中等以上学校采军事管理;逐年增加教育经费等等。

按:教育部根据《战时各级教育实施方案纲要》制定幼稚教育、小学教育、中学教育、职业教育、师范教育、专科学校教育、大学教育、社会教育、家庭教育等设施目标及施政对象10条。同时,拟具实施方案17条,对学制、学校设置、师资、教材、课程、训育、体育、学校管理、经费、建筑设备、行政机构、学术研究、留学制度、女子教育、家庭教育、边疆教育、华侨教育、社会教育、建教关系等提出实施意见。(参见中央教育科学研究所编《中国现代教育大事记1919—1949》,教育科学出版社1988年版)

3月30日,中国青年新闻记者学会在武汉正式成立,上海、武汉、长沙、西安、香港、南洋等地的会员近百人参加,会议通过《中国青年新闻记者学会成立宣言》,选举常务理事会。出版《新闻记者》刊物。

按:中国青年新闻记者学会的前身是1937年11月8日成立于上海的中国青年新闻记者协会,发起人是范长江、王文彬、章丹枫、陆诒、邱溪映、孟秋江、邵宗汉、石西民、恽逸群、朱明、耿坚白、碧泉、夏衍、羊枣、彭集新、傅于深、王纪元、季步飞等24人。1938年3月15日改名为中国青年新闻记者学会,月底召开第一届全国代表大会。选举邵力子、于右任、叶楚伧、张季鸾、曾虚白、王芸生、郭沫若、邹韬奋、金仲华、杜重远、潘梓年、萧同兹、陈博生、丁文安、王亚明为名誉理事;范长江、徐迈进、陆诒、钟期森、曾圣提、朱明、傅于琛、陈子玉、夏衍、陈依菲、恽逸群等11人为理事。日常工作由范长江负责。

是月,民国政府命令西安临时大学再迁陕西汉中。校常务委员会公布《国立西安临时大学全体学生由西安至汉中行军办法》。

是月,新四军开辟华中敌后战场。

是月,北平伪临时政府教育部公布《外国语学校组织大纲》,规定:该校"应时代需要以首先培植日语教师为目的"。(参见中央教育科学研究所编《中国现代教育大事记1919—1949》,教育科学出版社1988年版)

4月1日,日本公布国家总动员法,为日本战时国家主义统制立法的核心,它将科技、文教、新闻报道、工业、交通运输、金融贸易等都置于政府控制之下。其后又根据此法颁布了各种统制法令,将国民生活的各个方面纳入国家统制范围。

按:1938年3月24日,日本政府在第73次议会上通过昭和13年法律第55号《国家总动员法》,4月1日正式颁布,5月5日开始实施。《国家总动员法》共50条,规定战时政府有权对劳动雇佣、物资、金融资本、行业组织、价格和言论出版实行统制。后于1939年4月、1941年3月、1944年3月进行了三次修订。根据1945年12月20日颁布的《国家总动员法及战时紧急措施法废止法令》,于1946年4月1日废止。

4月2日,中共中央发出《关于党报问题给地方党的指示》,要求每个同志重视党报、阅读党报,把党报、杂志上重要负责同志的论文当作是党的政策和党的工作方针来研究。

是日,国民政府教育部电称,奉国防最高会议通过,改国立长沙临时大学为国立西南联合大学。

4月3日,教育部根据国民政府行政院第350次会议通过的《平津沪地区专科以上学校整理方案》,令国立西安临时大学改名为国立西北联合大学。

4月4日,陕甘宁边区政府公布《土地条例》。

4月5日,张国焘代表陕甘宁边区政府在参加公祭黄帝陵后出逃武汉。17日,发表声明脱离中国共产党。18日,中共中央作出《关于开除张国焘党籍的决定》。

4月6日,中国国民党五届四中全会在武汉召开,大会通过《国民参政会组织条例》《三民主义青年团组织要旨》等决议。

是日,颁发《战区中小学教师服务团工作大纲》6条。

4月10日,国民政府行政院公布《中央建教合作委员会章程》10条。为促进教育与建设事业之联络,沟通供求需要,增加教育功能,由教育、内政、军政、财政、经济、交通、航空委员会等单位会同组成中央建教合作委员会。其主要任务为技术人员的调查、大学设科系的筹划、毕业生服务分配等。(参见中央教育科学研究所编《中国现代教育大事记1919—1949》,教育科学出版社1988年版)

是日,鲁迅艺术学校在延安建立,后改名鲁迅艺术文学院。

是日,日机轰炸湖南大学、清华大学,学校图书馆、科学馆、宿舍起火,死伤男女生数十人。

4月11—15日,陕甘宁边区国防教育会举行第一次代表大会。各县代表40余人参加。毛泽东、张闻天在开幕式上发表讲演,大会选出国防教育会第一届执委,推选成仿吾、邵式平、罗瑞卿、周扬、吕骥、柯柏年等11人为常委。大会决议:推广妇女教育;普遍成立新文字促进会;创办国防教育定期刊物;普遍成立文化合作社;改良小学教师生活,以及组织教育巡视团等。

按:会上还有成仿吾报告国防教育的意义,王若飞作政治报告,邵式平报告陕北公学实施国防教育的经验,吴亮平讲演国防教育的原则。(参见中央教育科学研究所编《中国现代教育大事记 1919—1949》,教育科学出版社 1988 年版)

4月12日,国民政府公布了《国民参政会组织条例》,规定国民参政会为咨询机关,有听取国民政府施政报告、询问、建议之权。但所通过的决议案对国民政府并无强制执行的权力。遴选的参政员大多是国民党员,只有极少数是中国共产党和其他党派的代表。

4月15日,北平伪临时政府教育部训令所辖各省市教育厅(局)、各学校:严加取缔党化排日之教育。

4月16日,中国战时儿童救济协会在汉口成立,协会筹设教养院、教养团各若干所,以收容流亡武汉的被灾儿童。

4月18日,国际学生代表团克鲁格曼、弗洛特、摩策亚特等来华,实地了解日本侵华的罪行,以及中国青年的抗战活动。

4月25日,西南联大常委会第60次会议决定,蒙自分校校务委员会改由文学院代理院长、法学院院长及教授4人组成。

是月,八路军第129师和115师各一部向豫北、冀西和晋南发展。

5月1日,西南联大蒙自分校校务委员会召开成立会,樊际昌当选该委员会主席。

5月2日,国立西北联合大学正式开学。

5月4日,国立西南联大文、法两学院开学。

5月5日,中共中央马列学院在延安成立,张闻天任院长,王学文任副院长。杨松负责指导中国问题研究室,王学文负责政治经济学研究室,艾思奇负责哲学研究室,吴亮平负责马列主义基本问题研究室。

按:1941年马列学院更名中央研究院后,张闻天仍兼院长,范文澜出任副院长。中央研究院的研究工作,采用分科设室、专家指导的原则。全院设9个研究室,由各学科党内专家担任室主任,直接指导研究工作,分别是:张如心任中国政治研究室主任,王思华任中国经济研究室主任,范文澜兼任中国历史研究室主任,艾思奇任中国文化思想研究室主任,欧阳山任中国文艺研究室主任,柯柏年任国际问题研究室主任,师哲任俄语研究室主任,中宣部副部长、主管干部教育工作的李维汉兼任中国教育研究室和中国新闻研究室主任。马列学院建立中国教育研究室的目的是研究创立新民主主义的教育理论和实际,并在研究工作中培养掌握教育理论和政策的干部。研究室分抗日根据地教育研究小组、国民党统治下的教育研究小组、敌伪教育研究小组。研究室的首要的任务是调查研究中国的三个地区抗战以来的一般教育状况,包括教育思潮,教育政策、制度、方法和实践等问题。(参见中央教育科学研究所编《中国现代教育大事记 1919—1949》,教育科学出版社 1988 年版)

5月6日,国民政府教育部颁布《确定师范教育设施方案》7条。

是日,西南联大文、法两学院上课。

5月8日,在蒙自的清华大学师生举行清华校庆27周年纪念会。梅贻琦到会并发言,要求同学们保持清华精神,继续学业。

5月9日,国民政府教育部颁发《各省市社会教育督导员暂行规则》12条。

5月10日,国民政府教育部颁发《国立中学施行实验教育办法》8条。

是日,西南联大第64次常委会决定成立本校蒙自部分文、法商两院战区学生救济及寒苦学生贷金委员会,推定叶公超、朱自清、姚从吾、闻一多等为该会委员。

5月13日,国民政府教育部训令各省市教育厅局:将国民党历次全国代表大会宣言列入国文科选用教材。

5月15日,由国民政府蒙藏委员会委员唐柯三主持,另一蒙藏委员会委员孙绳武积极参与下,在汉口召开"中国回民救国协会"成立大会,会议秉承国民政府最高当局意旨,选举缺席的白崇禧为理事长,唐柯三、时子周为副理事长,马鸿连、马步芳为名誉理事长。

5月19日,徐州沦陷。

5月24日,国民政府教育部颁发《各级学校兼办社会教育办法》12条,通令全国各级学校兼办社会教育。

5月26日至6月3日,毛泽东在延安抗日战争研究会上作《论持久战》的讲演。

按:毛泽东指出,抗日战争是持久战,最后胜利是中国的。毛泽东总结了抗日战争10个月的经验,进一步揭示了抗日战争的发展规律,把持久战的思想更加理论系统化。毛泽东说:"抗战十个月以来,一切经验都证明下述两种观点的不对:一种是中国必亡论,一种是中国速胜论。前者产生妥协倾向,后者产生轻敌倾向。他们看问题的方法都是主观的和片面的,一句话,非科学的。""中日战争既然是持久战,最后胜利又将是属于中国的,那末,就可以合理地设想,这种持久战,将具体地表现于三个阶段之中。第一个阶段,是敌之战略进攻、我之战略防御的时期。第二个阶段,是敌之战略保守、我之准备反攻的时期。第三个阶段,是我之战略反攻、敌之战略退却的时期。三个阶段的具体情况不能预断,但依目前条件来看,战争趋势中的某些大端是可以指出的。客观现实的行程将是异常丰富和曲折变化的,谁也不能造出一本中日战争的'流年'来;然而给战争趋势描画一个轮廓,却为战略指导所必需。所以,尽管描画的东西不能尽合将来的事实,而将为事实所校正,但是为着坚定地有目的地进行持久战的战略指导起见,描画轮廓的事仍然是需要的。"(《毛泽东选集》第2卷)《论持久战》是一部伟大的马列主义的经典军事理论著作,被誉为世界十大军事名著之一。

是月,北平伪临时政府教育部公布《教科图书审查规程》,规定教科书未经教育部审定不得发行或采用。

6月8日,教育部颁发的"国立西南联合大学关防"到校。

6月9日,蒋介石下令炸开郑州东北花园口黄河大堤。花园口决堤打破了日军的作战计划,为保卫武汉争取了时间。但同时也付出了惨重代价,河南、皖北、苏北40余县的大片土地被淹没,80余万人惨遭溺死,千百万人流离失所,并形成连年灾荒的黄泛区。

6月12日,"武汉会战"开始,至10月25日日军攻占了武汉结束,此后中国抗日战争进入战略相持阶段。

按:国民政府为保卫武汉重新划分战区,制定战略防御部署,将重点放在武汉外围,从6月到10月底同日军展开了一系列激烈的防御作战,史称"武汉会战"。而"武汉会战"历时4月,中国第5、第9战区部队在武汉外围沿长江南北两岸展开,战场遍及安徽、河南、江西、湖北4省广大地区,是抗日战争战略防御阶段规模最大、时间最长、歼敌最多的一次战役,粉碎了日军期望速战速决,逼迫国民政府屈服以结束战争的战略企图。

6月12日,中国共产党机关报《新华日报》发表《保卫大武汉》的社论,号召武汉人民,积极地组织起来,武装起来为着保卫大武汉而参加前线作战。

6月14日,宋庆龄在香港发起组织保卫中国同盟,向各国人民和海外华侨宣传中国人民的抗日运动,募集医药和其他物资,介绍国际友人组织的医疗队到敌后抗日根据地参加战时救护工作。

6月18日,国民政府行政院公布教育部、财政部会商拟定的《限制留学生办法》5条。

6月21日,国民政府教育部制定《27年度国立各院校统一招生办法大纲》14条。

6月27日,国民党中央宣传部、国民政府军事委员会政治部发表《抗战一周年纪念宣传大纲》,正式提出了"保卫大武汉"的口号。

7月2日,国民政府公布《中国国民党抗战建国纲领》,《纲领》除前言外,分为总则、外交、军事、政治经济、民众运动、教育等7项32条。

7月4日,国民政府规定每年7月7日为抗战建国纪念日。

7月5日,中国共产党参政员毛泽东、陈绍禹、秦邦宪、林祖涵、吴玉章、董必武、邓颖超在《新华日报》发表《我们对于国民参政会的意见》,提出要"动员军力人力财力物力来保卫我们军事政治经济交通中心的大武汉"。

7月6—15日,第一届国民参政会在汉口召开,会议通过了《拥护国民政府实施抗战建国纲领案》《改善各级行政机构案》《实行民主政治案》《设立省县参议会案》《各级教育实施方案》等,发表了《国民参政会首次大会宣言》,确定了"抗战到底,争取国家民族之最后胜利"的基本国策,并庄严宣告:"中华民族必以坚强不屈之意志,动员其一切物力人力,为自卫,为人道,与此穷凶极恶之侵略者长期抗战,以达到最后胜利之日为止。"

按:国民参政第一届会议通过《各级教育实施方案》,具体规定全国最高学术审议机关的任务是统筹全国各大学研究院研究所的研究科目专题以及研究计划;主持学位授予事宜;审核出国回国留学生法定资格与学术成绩;筹划聘请外国学者入国讲学事宜;审议教育部委托事件。

7月7日,第9战区司令长官、武汉卫戍总司令陈诚在为抗战周年纪念日所作《以全力保卫大武汉》中指出:"保卫大武汉,为当前最迫切的任务。"

7月9日,三民主义青年团体在武昌成立,简称三青团,为国民党同共产党争夺青年的工具。

7月上旬,滇缅公路建成通车,畹町至昆明全长959公里。

7月12日,蒋梦麟、梅贻琦、张伯苓等全国各大学校长联名通电全世界,呼吁制止日机滥炸中国和平居民。

7月15日,伪华北临时政府公布《临时政府出版法》。

是日,云南省教育厅厅长龚自知、西南联大常委蒋梦麟、梅贻琦、张伯苓、云南大学校长熊庆来,组成云南省中等学校在职各科教员暑期讲习讨论会,龚自知任主任委员。

7月22日,国民党第五届中央委员会第86次常务会议通过《修正抗战期间图书杂志审查标准》《战时图书杂志原稿审查办法》。

是日,教育部令撤销原西北联合大学筹备委员会,改组为校务委员会,全校实行校务委员会制,原有筹备委员均为校务委员。

7月23日,国民政府公布《师范学院规程》,规定"师范学院单独设立,或于大学中设置之,得分男女两部,并将筹设女子师范学院"。而"独立或大学师范学院,由教育部审查全国各地情形分区设立之。"自此,师范学院不再绝对从属于大学,战时的师范学院制度形成。

是月,教育部决定在国立西南联合大学、国立中央大学、国立中山大学与国立浙江大学内务增设师范学院一所。

是月,教育部令西北联合大学的工学院、农学院分别与东北大学工学院、焦作工学院、西北农林专科学校合并独立为国立西北工学院、国立西北农学院。西北联合大学的教育学院改称师范学院。

是月,八路军第115师、第129师各一部挺进冀鲁边地区。

8月5日,第9战区拟定保卫武汉作战计划。

8月6日,毛泽东、张闻天等发出关于保卫武汉的方针问题的指示。

8月9日,武汉三镇各界人民举行声势浩大的"保卫大武汉"歌咏大游行,在著名音乐家冼星海的指挥下,游行群众齐声高唱由郑律成作曲、沙旅·尔东作词的《保卫大武汉》。

8月10日,国民政府教育部公布《师范学院规程》54条。

8月12—22日,菲律宾华侨援助抗敌委员会举办中国抗战画片展览会。

8月13日,国民政府教育部训令各省市教育厅局:国民政府明令公布7月7日为抗战建国纪念日,学校应列入校历,以资纪念。(参见中央教育科学研究所编《中国现代教育大事记1919—1949》,教育科学出版社1988年版)

8月20日,国民党当局以武汉卫戍总司令部政治部名义下令解散在中国共产党领导下的三个团体——青年救国团、民族解放先锋队、蚁社。

按:8月21日,《新华日报》发表社论提出抗议。

8月21日,中苏文化协会广州分会成立。

8月23日,西南联大蒙自分校课程结束,文法学院师生迁回昆明。

8月28日至9月3日,国际史学会第8次会议在苏黎世召开,胡适代表中国出席会议并宣读论文。

是月,云南"民先"与"抗先"合并成立中华民族解放先锋队云南地方队部,由力易周任队长,李家鼎任副队长。

是月,行政院通令各省政府,应对战区文物移运及被敌毁劫情形,及时上报,以备查考。

9月8日,军事委员会制定公布实施《非常时期新闻检查规程及违检惩罚暂行办法》,规定各报社所发全部稿件,于发行之前一律送新闻检查所检查。

9月9日,国民政府教育部召开第一次大学课程会议,会议同意教育部提出的《文理法三学院各学系整理办法草案》。(参见中央教育科学研究所编《中国现代教育大事记1919—1949》,教育科学出版社1988年版)

是日,日军在大连召集北平、南京伪组织的要员,筹商建立"中华民国联合委员会"。

9月19日,国民政府教育部通令:各校一律以"忠孝、仁爱、信义、和平"为共同校训,制成匾额,悬挂于礼堂。学校还要依其特征制定本校的校训、校歌。专科以上学校由教育部颁发《青年守则》(即国民党《党员守则》),由学校训育人员严加考核,要求学生都能背诵。(参见中央教育科学研究所编《中国现代教育大事记1919—1949》,教育科学出版社1988年版)

9月22日,日伪政权"中华民国临时政府"与"中华民国维新政府"实行合流,在北平成立"中华民国联合委员会"。王克敏为主席,王克敏、王揖唐、朱深、梁鸿志、温宗尧、陈群为委员。

9月29日,西南联大常委会决定联大先迁晋宁,再迁大理。

9月29日至11月6日,中国共产党六届六中全会在延安召开,王稼祥传达共产国际的指示,毛泽东作题为《论新阶段》的政治报告和会议总结。全会通过《中共扩大的六中全会政治决议案》,批判王明的右倾投降主义的错误,批准以毛泽东为代表的中央政治局的路线。会议决定撤销长江局,成立南方局,周恩来任书记。

> 按:全会还作出了《实行国防教育政策,使教育为民族自卫战争服务》的决议。(参见中央教育科学研究所编《中国现代教育大事记1919—1949》,教育科学出版社1988年版)

9月30日,在毛泽东倡议下,延安理论工作者发起成立"新哲学会"。艾思奇、何思敬、任白戈、张琴抚、陈伯达、张如心、吴黎平、高士其、周扬、刘芝明、柯柏年、王学文、杨松、焦敏之、成仿吾、王思华、徐懋庸、郭化若等18人联名在延安《解放》53期上公布《新哲学会缘起》。该《缘起》向社会公开宣布延安新哲学会的成立,阐明新哲学会成立的目的、性质和任务。

> 按:《新哲学缘起》介绍新哲学会成立的目的、性质和任务,提出要用自己的哲学去配合和帮助抗战建国,努力组织研究、翻译介绍和学习新哲学——马列主义哲学,以及国内外其他哲学流派。

是月,国民政府军事委员会政治部特别制定《非常时期新闻检查规程及违检惩罚暂行办法》。

10月1日,中央图书杂志审查委员会在重庆正式成立,系国民党中央宣传部、社会部、行政院教育部、内政部、军事委员会政治部合组机构。主任委员潘公展,副主任委员印维廉。

> 按:主任秘书朱子爽,主任干事吴安波(1940年6月更换为刘建中);委员有国民党中央宣传部刘百闵,国民党中央社会部杨玉清,国民政府内政部黄家声,教育部陈礼江,军事委员会政治部许宝驹以及简贯三、刘炳黎、徐维起、密贤弼、邓裕坤、鲁觉吾、李焕之等。中央图书杂志审查委员会与前后相继成立的各省市图书杂志审查委员会,形成了图书杂志审查的庞大网络。在图书杂志审查委员会成立前,图书杂志的审查多头而零散,而在成立后,审查则趋向统一。1946年初,该会撤销。(参见吴永贵《民国图书出版史编年:1912—1949》,社会科学文献出版社2018年版)

10月6日,国民政府修正公布《非常时期农矿工商管理条例》。

是日,西南联合大学第89次常委会决议:成立编制校歌、校训委员会,聘请冯友兰、朱自清、罗常培、罗庸、闻一多为委员,冯友兰为主席(西南联大北京校友会《国立西南联合大学校史——1937至1946年的北大、清华、南开》,北京大学出版社1996年版)。

10月10日,中苏文化协会兰州分会成立。

10月12—14日,毛泽东代表中共中央政治局在党的六届六中全会上作政治报告,提出"马克思主义中国化"的命题。

> 按:毛泽东说:"共产党员是国际主义的马克思主义者,但马克思主义必须通过民族形式才能实现。没有抽象的马克思主义,只有具体的马克思主义。所谓具体的马克思主义,就是通过民族形式的马克思主义,就是把马克思主义应用到中国具体环境的具体斗争中去,而不是抽象地应用它。成为伟大中华民族之一部分而与这个民族血肉相连的共产党员,离开中国特点来谈马克思主义,只是抽象的空洞的马克思主义。因此,马克思主义的中国化,使之在其每一表现中带着中国的特性,即是说,按照中国的特点去应用它,成为全党亟待了解并亟须解决的问题。洋八股必须废止,空洞抽象的调头必须少唱,教条主义必须休息,而代替之以新鲜活泼的、为中国老百姓所喜闻乐见的中国作风与中国气派。把国际主义的内容

与民族形式分离起来,是一点也不懂国际主义的人们的干法,我们则要把二者紧密地结合起来。在这个问题上,我们队伍中存在着的一些严重的缺点,是应该认真除掉的。"(毛泽东《论新阶段》,《解放》1938年第57期)毛泽东提出"马克思主义中国化"的命题,得到党内外的热烈响应,和培元的《论新哲学的特性和新哲学的中国化》、陈伯达的《关于马克思主义的若干辨证》、杨松的《关于马列主义中国化的问题》、张如心的《论布尔塞维克的教育家》等文章都对马克思主义中国化问题进行了详细探讨。艾思奇对此论述最多,也较为系统。他在《怎样研究辩证法唯物论》(《解放》第82期)、《社会主义革命与知识分子》(《解放》第89期)、《论中国的特殊性》(《中国文化》创刊号)、《抗战以来的几种重要哲学思想评述》(《中国文化》第3卷第2—3期合刊)等文章中进行过详细论述。

10月20日,国民政府教育部在重庆召开全国高等师范教育会议,主要讨论高等师范教育方针和师范学院行政、训育、课程等问题。(参见中央教育科学研究所编《中国现代教育大事记1919—1949》,教育科学出版社1988年版)

10月21日,广州沦陷。

10月24日晚,周恩来到《新华日报》社,口授在武汉的最后一篇社论《告别武汉父老》。

10月25日,武汉沦陷。全国抗日战争开始由战略防御阶段转入战略相持阶段。

10月26日,西南联合大学第92次常委会决议:(一)修正通过本校校务会议组织大纲与教授会组织大纲;(二)聘请朱荫章为注册组主任。(西南联大北京校友会《国立西南联合大学校史——1937至1946年的北大、清华、南开》,北京大学出版社1996年版)

10月28日至11月6日,国民参政会首届第二次会议在重庆召开,会议主题是:坚持团结与持久抗战,惩办汉奸、反对妥协投降,争取民主。大会通过了《关于持久抗战案》《敌人未驱出国土以前谈和平者以汉奸论罪!》《严惩汉奸傀儡案》《请撤销图书杂志原稿审查办法,以充分反映舆论,及保障出版自由案》等提案,拥护蒋委员长坚持持久抗战建国的既定方针。

是月,教育部颁布《大学共同必修科目表》。在教育目标上,教育部曾按国民党的《抗战建国纲领》提出"大学教育应为研究高深学术、培养能治学治事治人创业之通才与专才之教育"。而且为了适应现实需要,政府在战前曾推行所谓"提倡理工、限制文法"的方针。战时更进一步提倡所谓"实用科学",而贬低文法乃至理科。

按:教育部的这一办学方针,引起了文、法、理科教师的普遍不满。当时西南联大有许多教师发文指责。朱自清在《论大学共同科目》中指出:"大学教育应该注重通才而不应该一味注重专家。"梅贻琦在《大学一解》中,认为教育部所提出的"通专并重"不易实行,主张大学"重心所寄应在通而不在专"。联大曾以校委会的名义上书蒋介石和陈立夫,对教育部只重专才不重通才、重实科不重文理科的方针表示异议。(齐家莹编《清华人文学科年谱》,清华大学出版社1999年版)

11月3日,日本政府发表《第二次近卫声明》,提出日、"满"、华合作建设"东亚新秩序"。

11月5日,中共中央扩大的六届六中全会发出《给东北义勇军及全体同胞电》。

11月12日,蒋介石密令焚毁长沙全城,实行"焦土抗战"。

11月18日,国民政府教育部制订《四川、西康、陕西、甘肃、宁夏、青海、云南、贵州、广西九省农工职业教育计划》。

11月19日,国民政府教育部召开边疆教育讨论会。会上讨论了推进边疆教育计划草案、组织边疆教育委员会、组织调查团从事边区实际调查研究等案。(参见中央教育科学研究所编《中国现代教育大事记1919—1949》,教育科学出版社1988年版)

11月20日,汪精卫与日本代表秘密会谈,双方签署《日汪协议记录及其谅解事项》和

《日汪秘密协议记录》。

11月24日，国民政府行政院颁发《妇女战时教育实施办法》9条。

11月28日，苏联发表声明拒绝承认"满洲国"。

11月30日，中共中央书记处决定成立中共中央文化工作委员会，由潘汉年等7人组成，以潘汉年为主任。

按：1939年5月17日，中央书记处听取张闻天关于宣传部工作的报告，决定改组文化工作委员会，由艾思奇等9人组成，以艾思奇为主任。1941年8月13日，中央政治局讨论了凯丰提出的中央文委工作方针，再次决定组成中央文委，以凯丰等9人为委员，凯丰为书记。1943年中央机构调整后，中央文委由中共中央宣传委员会管理。（参见吴永贵《民国图书出版史编年：1912—1949》，社会科学文献出版社2018年版）

是日，中国教育学术团体联合在重庆举行年会，分行政、体卫、社会教育、民生教育、职业教育五组讨论。

是日，西南联合大学第95次常委会决议：本校以"刚毅坚卓"为校训。

是月，中共中央决定成立中央干部教育部，洛甫（张闻天）任部长，罗迈（李维汉）任副部长。

按：中央干部教育部是在中共六届六中全会之后，全党开展学习运动的形势下成立的。其任务：一、统一领导中央直属各学校的教育方针、教育计划与教学方法；二、适当地调剂各学校的教员、教材、课程；三、有计划地进行招收新生工作；四、领导党政军民各机关的干部教育；五、总结各学校、机关干部教育的经验教训。1940年6月，中央干部教育部与中央宣传部合并，改称中央宣传教育部，10月，又改称中央宣传部。（参见中央教育科学研究所编《中国现代教育大事记1919—1949》，教育科学出版社1988年版）

是月，日本内阁决定成立兴亚院，主办对华政治、经济、文化事务。

12月4日，中国经济学社第14届年会在重庆道门口银行公会举行，会议的中心议题是讨论"维持法币汇率问题"。在会上，以马寅初、刘大钧为代表的维持法币汇率派，与以叶元龙、厉德寅、陈长蘅为代表的法币贬值派进行了激烈的学术辩论，称为"学术界稀有的大舌战"。

是日，中苏文化协会贵州分会成立。

12月7日，国民政府教育部训令：艺术专科学校，今后应注重本国音乐艺术的教学与研究，以发扬民族精神。

12月17日，北京大学建校40周年，西南联合大学召开纪念会。

12月18日，汪精卫自重庆叛逃。次日抵达河内，周佛海、陶希圣、陈璧君同往。

12月22日，日本首相近卫文麿发表第三次对华声明，提出实行中日"善邻友好"、共同防共和"经济合作"三项原则，对国民党政府进行诱降。

12月23日，国民政府教育部训令：今后小学音乐教育，在教材、教学、课外活动等方面都要注意加强，用以激发国民团结与进取精神。

12月25日，由中宣部发起创办的中国文化服务总社成立，王世杰任董事长。总社设在重庆，并在各县市遍设分支社或分销处。

按：常董：叶楚伦、钱永铭、陈布雷、潘公展。董事：陈立夫、顾翊群、吴铁城、钱端升、王云五、徐柏园、张伯苓。常务监事：王子壮。监事吴稚晖、闻亦有、陈诚、周鲠生。社长：刘百闵。副社长：杜培恩、孔雪雄、周汉夫。总编辑：程希孟。该社最大目标在构成全国文化分布网，及文化之交流与沟通。（参见吴永贵《民国图书出版史编年：1912—1949》，社会科学文献出版社2018年版）

是日,中苏文化协会在重庆召开第二届年会,修正通过会章,推举孙科为会长,邵力子、陈立夫为副会长,蔡元培、于右任、冯玉祥、颜惠庆、潘友新(苏联大使)为名誉会长。

是日,中华全国音乐界抗敌协会在重庆召开成立大会,选举盛家伦、贺绿汀等为理事。

是日,汪精卫致电蒋介石,要求同意日本首相近卫提出的承认"满洲国"、共同防共、经济提携三原则。

12月29日,汪精卫率其党羽曾仲鸿等潜离重庆,逃亡越南。在河内致电"中央党部蒋总裁暨中央执、监委员诸同志",劝蒋介石等人与日本妥协,"实现和平",公开投敌叛国。

12月31日,美国照会日本重申不承认所谓"东亚新秩序"。

是月,八路军第129师师部率第386旅主力进入冀南。八路军第120师主力东进冀中。

是年,55所高等院校迁移、新建、调整:迁移39校;新建9校;调整7校。

按:迁移39校为:安徽大学迁沙市,湖南大学迁辰溪,武汉大学迁嘉定,河南大学迁鸡公山,广西大学迁桂林,东北大学迁台山,广州大学迁开平,岭南大学迁香港,中华大学迁宜昌,华中大学迁桂林,齐鲁大学迁成都,协和大学迁邵武,西北师范学院迁城固,中正医学院迁昆明,湘雅医学院迁贵阳,唐山工学院迁桂林,北平铁道管理学院迁湘潭,江苏教育学院迁桂林,湖北农学院迁恩施,福建省立医学院迁沙县,广东省立法商学院迁广西,金陵女子文理学院迁四川,广东光华医学院迁香港,南通学院迁上海,华南女子文理学院迁南平,福建学院迁闽清,铭贤学院迁西安,焦作工学院迁天水,国立戏曲专科迁重庆,国立药学专科迁重庆,江苏蚕丝专科迁乐山,浙江医学专科迁临海,江西医学专科迁赣县,江西体育师范专科迁吉安,无锡国学专科迁桂林,苏州美术专科迁上海,武昌艺术专科迁宜都,文华图书专科迁重庆,西南美术专科迁郊外。

新建9校为:国立师范学院,中央大学师范学院,西北联大师范学院,西南联大师范学院,中山大学师范学院,浙江大学师范学院,西北医学院,西北工学院,西北农学院。

调整7校为:江苏省立医政学院与南通学院医科合并为国立江苏医学院,山东大学并入中央大学,东北大学并入西北工学院,复旦、大夏联合大学重庆一部改名复旦大学、贵阳二部改名大夏大学,国立杭州艺术专科与北平艺术专科合并为国立艺术专科学校,省宣云南大学改为国立云南大学。(参见中央教育科学研究所编《中国现代教育大事记1919—1949》,教育科学出版社1988年版)

中国化学会在重庆召开第六届年会,会议除宣读论文和交流学术思想外,还讨论《关于声讨日本侵略者施放毒气的决议》,并致电国际反侵略总会,呼吁各国化学家共同声讨日本侵略者的罪行。

是年,中国共产党与主政新疆的盛世才协商并达成协议,同意中国共产党在新疆建立八路军办事处,标志着新疆抗日民族统一战线正式成立。

是年,国民政府设国史馆筹备委员会,由张继综理馆务。

是年,《新华日报》《文汇报》《大众夜报》《全民抗战》《文艺阵地》《东方画刊》《健与力》《抗敌报(江南版)》《抗敌报(江北版)》《每日电讯》《拂晓报》《拂晓文化》《战士报》《光明报》《勇士报》《皖东北日报》《雨亭报》《血路》《抗到底》《大众报》《中山周刊》《国魂》《荡寇》《武汉青年》《华侨先锋》《民族诗坛》《大众的文学》《战地》《自由中国》《国光》《抗战行动》《抗战向导》《华侨动员》《教育通讯》《人人看》《湖北教育通讯》《反攻》《反侵略》《国民公论》《戏剧新闻》《抗战文艺》《弹花》《抗战漫画》《回教大众》《政论》《奋勉》《民主》《国民参政论坛》《国民说论》《复苏》《新社会》《战地半月》《辛报》《大风》《报国》《铁血评论》《民族革命》《西南导报》《中华论坛(英文)》《展望》《前导》《政治周报》《祖国半月》《国民专刊》《前线》《社会经济月报》《世界展望》《国际周报》《战时日本》《外论》《集纳》《时与潮》《好男儿》《青年前线》《青年情报》《青协》《学生生活战时特刊》《少年先锋》《抗战儿童》《小战士》《侨胞》《今论衡》《文化消息》《前卫文化》《拉丁化研究》《五月》《抗战电影》《诗时代》《艺术信号》《救护》《东北》《中国留法比瑞同学会刊》《新民族》《建设研究会会务汇刊》《时论分析》《敌国舆情》《建设研究》《广西学生军》《西南青年》《漫木月刊》《正气》《文化线》《戏剧春秋》《现世间》《前导》《全面抗战》《克敌》《战时艺术》《阵中画报》《文化》《大众文化》《拾叶》《会计丛报》《西南工合》《中央研究院地质研究所简报》《华大桂声》《动员》《十日文萃》《青年生活》《观察日报》《抗战日报》《正中日报》《黄花岗》《轴心》《统一战线》《武装》《劳动周报》《华侨战线》《见闻》《抗战农村》《广大计政》《抗日青年》《抗战行动》《大众生路》《文声学刊》《民族解放》《苦斗》《民族前卫》《生力军》《国是公论》《生力》《抗战与交通》《抗战建国》《中山半月刊》《新经济》《民力》《中国导报》《战时民众》《战时青年》《现代农民》《中国诗艺》《新意识》《新政治》《民族生命》《益世报》《益世晚报》《歼倭冲锋半月刊》《西南周刊》《新动向》《战时知识》《战歌》《诗刊》《警钟》《西南边疆》《文化岗位》《每日译报》《新闻报》《中美日报》《导报》《华美晨报》《大英夜报》《译报周刊》《文献》《上海妇女》《劳动》《公论丛书》《上海人》《一般半月刊》《杂志》《少年读物》《文艺新潮》《剧场艺术》《戏》《戏言》《红茶》《西风副刊》《戏剧杂志》《大地图文旬刊》《西北研究》《西北文艺》《西北周刊》《浙西导报》《浙江潮》《游击》《新中国》《青年团结》《抗战十日》《抗战知识》《星火》《火花》《火线下》《袭击》《民锋》《新通报》《消息》《徽州日报》《舒城战报》《涡阳日报》《前线日报》《长江日报》《无为日报》《动员导报》《战时周报》《安徽政治》《大家看》《抗战与教育》《战地通讯》《新闻杂志》《抗战月报》《抗战版画》《大洪报》《山东公报》《动员日报》《一周间》《战地生活》《抗战建国》《战地文化》《西北战线》《战地画刊》《战地动员》《战地周刊河西日报》《抗敌》《贵阳中央日报》《抗战教育》《贵州文献季刊》《贵州教育》《十日旬刊》《闽先队报》《航建》《大夏周报》《中华评论》《新疆青年》《临河日报》《战旗》《前线画报》《文艺突击》《山脉文学》《胶东大众报》《烽火报》《海涛》《大众》《血花》《民先周刊》《子弟兵报》《冀中导报》《边政导报》《抗敌画报》《战斗日报》《五日时事报》《牺牲救国》《长城画报》《大众周刊》《新地》《火线报》《抗日新闻》《大家团结》《蒙古新闻》《南京新报》《新镇报》《新丹阳报》《扬州新报》《虞报》《新锡日报》《新昆山日报》《武进日报》《新江阴日报》《江南日报》《新吴江日报》《新松江报》《嘉定新报》《新崇明报》《江北新报》《新皋报》《太仓新报》《山东新民报》《威海卫新民报》《青岛新民报》《鲁东日报》《东海自治新民报》《新河南日报》《山东日报(英文)》《亚细亚报(俄文)》《立言画刊》《武德报》《全家福》《华北文化》《时代批评》《保卫中国同盟新闻通讯》《侨胞半月刊》《华南觉音》《大时代》《国际文摘》《中国新报》《越南日报》《全民日报》《远东日报》《华南日报》《店务通讯》《光华通讯》《中央周刊》《华侨先锋》《经济部公报》《进修》《浙江卫生》《浙江农报》《浙江省水利建设汇刊》《协大校刊》《江西公路》《江西统计》《妇女新运》《四川省农情报告》《远东问题》《战时医政》《康导月刊》《新政治》《新经济》《民众歌咏》《新西康》《贵州合作通讯》《贵州文献汇刊》《贵州教育》《会计丛报》《时代批评》《抗敌画展特刊》《红醪》等报刊创刊。

二、学术活动

蔡元培继续在香港养病。1 月 5 日,中央研究院吴半农、张文佑、许璇、李四光、芮逸夫、董作宾、陶孟和、梁思永、汪敬熙、李济、何肇菁、丁燮林、庄长恭寄明信片问候蔡元培。1 月

7日午后4时,陈彬龢约蔡元培往茶话,座有香港爵绅罗旭龢及王云五、史梦根、王显廷、冯君等。同月,蔡元培在《宇宙风》杂志第56期续载《我在教育界的经验》。他在文中回顾任国立北京大学校长期间的工作时写道:"我对于各家学说,依各国大学通例,循思想自由原则,兼容并包。无论何种学派,苟其言之成理,持之有故,尚不达自然淘汰之运命,即使彼此相反,也听他们自由发展。""对于外国语,也力矫偏重英语的旧习,增设法、德、俄诸国文学系,即世界语亦列为选科。"2月10日,中央研究院总办事处迁至重庆。总办事处于上年11月暂迁置于长沙圣经书院。年底国府西迁至重庆,应即迁往,因交通困难,至本年2月始到达重庆。因兴隆街气象研究所办公处狭小,旋与该所同迁至曾家岩隐庐。26日,中央研究院将于28日在港举行院务会议,总干事及各所所长先后由内地到港。同日,陶孟和、余青松、李四光、汪敬熙、王家楫及朱家骅来。27日,丁燮林、庄长恭来。得竺可桢电,说本晚可到。28日,蔡元培在香港主持中央研究院院务会议。议决七案,重要者:(一)地质、动植物、心理、社会科学四所,既在桂林、阳朔开始工作,不必再徙昆明。(二)气象所准在重庆。(三)历史语言所在昆明,与第一临时大学合作。(四)理、化、工三所之仪器、书籍、杂志、机器等,迁移较易及适于在内地工作者,迁昆明;其不能迁者,在上海保存。(五)自一月份起,如政府未能照发经费,则留所职员薪水,照长沙会议所定标准垫发;政府如发经费,则逐月按成补发。午后3时,又开会,5时半毕。3月22日,得许广平夫人函告:《鲁迅全集》将由复社印行,附来印行鲁迅全集暂拟办法,并嘱作序。3月27日,王家楫来访,言中研院物理研究所有3人、化学研究所有2人,均将于下月初由上海经香港转往昆明,须办经安南的过境护照。

蔡元培4月26日上午10时在香港主持中华教育文化基金董事会预备会,12时休息;午后3时又开会,7时毕。27日,在香港九龙半岛酒店出席并主持中华教育文化基金董事会第十四次董事年会。董事周诒春、贝克、贝诺德、徐新六、顾临、金绍基、司徒雷登、翁文灏、任鸿隽等出席。列席者:干事长孙洪芬。列席旁听者:教育部代表顾毓琇,外交部代表戴德抚,美国大使馆代表方勒斯。除通过代理名誉秘书、两位会计、执行委员会、财政委员会,以及干事长的报告外,还通过该会办公费及自办、合办事业费,如董事会、干事处、财政委员会、科学研究教授席、科学研究补助金、编译委员会、北平图书馆、静生生物调查所、中研院社会科学研究所、土壤调查,以及保管费、备用金、汇款手续费等等预算。复通过补助中山、华中、金陵、燕京、云南、四川、中央、齐鲁、辅仁、岭南、华西协合及西南联合等大学,上海、贵阳等医学院,文华图书馆学专科,中国科学社生物研究所、经济部地质调查所、中国营造学社、中华医学会、华美协进社,以及西南中等教育补助费、西南各大学暨研究机关在科学教学及研究上需要之补助费。另通过拨国币60000元,为补助教育部二十七年度六省义务教育经费之用。至于贝诺德、金绍基、蔡元培3董事任期届满,经一致选举连任。董事会职员,除胡适出国期间,其秘书职务经会议决定由徐新六继续代理外,董事长、副董事长、会计改选的结果,仍选蔡元培、孟禄、周诒春、贝诺德、金绍基等连任。

蔡元培5月23日应保卫中国大同盟之邀,出席在香港圣约翰大礼堂举办的美术展览开幕式,并发表演说。6月1日,为《鲁迅全集》作序,盛赞鲁迅为"蹊径独辟,为后学开示无数法门,所以鄙人敢以新文学开山目之"。7月8日,蔡元培阅《五十年来的德国学术》之中古史与近世史篇,"称兰普来西从一八九一年起,开始作德国史全部叙述。他在这儿不仅把经济的原动力真相毕露,且有意无意中与孔德实证主义接近,实施他文化时代的理论。只是他有一点很不幸,他把很响亮的时代区分,以不大充实的内容去贯注。无怪兰普来西在这二十余年的奋斗中,结果还是失败。又《汉学》篇称:莱泼齐大学之'东亚研究所'系由'文化史及世界史研究所'改组而成。按文化史及世界史研究所,即兰普来西所组织,我于一九一一年尚曾在该所阅书,其气象尚甚发皇。及一九一三年,德军据比利时,颇多不名誉之传说,闻兰氏曾赴比一次,回德后著一书,为德军辩护,未久闻其病故。大约中古史与近代史篇所谓失败,即在此时;而《汉学》篇所谓文化史与世界史研究所改组为'东亚研究所',恐在兰氏病故后矣"。8月7日,"忽患晕眩,邀朱惠康医生来诊,验得血压太低,是脑贫血症。脑所以贫血,是因胃不消化,滞血(大约食后即用脑之故)。宜以药物助胃力,并令脑休息。"8日,又晕眩。

蔡元培9月23日领衔发致国际联盟大会主席电,云:"日内瓦国际反侵略运动总会转国联大会主席勋鉴:暴日对华侵略,撕毁国联盟约,无异对全人类挑衅。我忍无可忍,于年前发动抗战,以救中国,同时亦为救世界。贵会为保障世界和平与人道正义之最高机构,希即依据盟约第十七条,对暴日实施最大限度之制裁。此为我国最后之请求,亦为贵会最后之试验。我国有五千年历史,四万五千万人民,一向深以得为贵会之会员国为荣,故拥护贵会,不遗余力。当此侵略狂焰蔓延全国之际,我国决为民族独立与世界和平奋斗到底,谅贵会当能切实执行有效的制裁,不致以忠实勇敢的会员国如我中华民国之痛苦与失望为无足轻重也。中华民国全国文化界蔡元培、郭沫若等叩。"11月,聘任鸿隽为中央研究院总干事。9日,蔡元培邀任鸿隽及其夫人陈衡哲晚餐,请任鸿隽"任本院总干事,允来帮忙;惟要求勿即发表,俟到桂林、昆明及重庆视察一次后,再决定。大约十二月间往上海参加中基会执委会后,回港,即准备启〈程〉,明年一月间可到重庆,于参加国民参政院〔会〕时,即可到本院总办事处视事云"。

蔡元培12月17日为北京大学40周年纪念题词如下:"北京大学,自成立以来,经四十年,其间除民元前十二年,遭义和团之变,稍有停顿外,逐年进展,成绩可观。民国八年左右,被公认为新文化运动之领袖。又如建设研究所,组织评议会,兼收女学生,编练学生军等,无不由北大为之倡。过去四十年之光阴,不为虚度。故近几年来,北京沦于敌手,全校南迁,虽设备或有未周,而精神益为兴奋。孟子所谓'动心忍性,增益其所不能'者,今日之北大,足以当之。他日河山还我,重返故乡,再接再厉,一定有特殊之进步。敬以是为祝。"是年,以鲁迅先生纪念委员会主席蔡元培、副主席宋庆龄的名义发出《征订〈鲁迅全集〉精制纪念本启》,云:"敬启者:鲁迅先生为一代文宗,毕生著述,承清季朴学之绪余,奠现代文坛之础石。此次敝会同人特为编印全集,欲以唤醒国魂,砥砺士气,谅为台端所赞许。惟因全篇篇幅浩繁,印刷费用甚巨,端赖各界协力襄助,以底于成。除普通刊本廉价发行预约外,另印精制纪念本一种,以备各界人士定购,每部收价国币一百元。将来除印刷成本外,如有溢利,一概拨充鲁迅先生纪念基金。素仰台端爱护文化,兹特附呈《鲁迅全集》样本一册,倘荷赐购,并介绍友人定购,则不仅敝会之幸而已。"(参见高平叔编著《蔡元培年谱长编》,人民教育出版社1996年版;中央教育科学研究所编《中国现代教育大事记1919—1949》,教育科学出版社1988年版)

朱家骅继续任中央研究院总干事。1月13日,蔡元培致电朱家骅,"称中研院全仗鼎力维持,务恳即回院视事云云"。24日,接朱家骅来电称:"骅稍暇即趋港奉谒,面陈一切,并候诲言。"25日,接朱家骅发来函,略谓:"在杭时因抗战开始,省务增剧,加以交通阻梗,……曾奉书恳辞总干事职务……未闻复命,至用悬系。顷来汉皋,委座嘱在左右相助,且有数事见命。家骅必须随节驻鄂,不能远离,川鄂交通较京杭尤为不便…务祈长者鉴其苦衷,赐予照准。孟真兄数月来任劳任怨,甚具绩效,似可请渠接补,以资熟手,否则请公就其他各所长中择一兼任,或竟向外物色,总以及早解决为妙。……不胜惶悚待命之至。"30日除夕,朱家骅在丽水过年。31日春节,朱家骅从丽水出发,往南昌。1—2月间,朱家骅接受"西北考察团"的建议,在兰州设立科学教育馆,先后以梅贻宝、袁翰青为馆长;在青海设立湟川中学,以王文俊为校长;在酒泉设立河西中学,先后以吴亮夫、张朴如为校长;在贵州安顺设立黔江中学,以陈兼善为校长。旨在从基础教育入手,开发边疆。

朱家骅2月2日到达南昌,与江西省主席熊式辉大谈其焦土政策之不当。同日,蔡元培致汉口杭立武函,内附复朱家骅函,"劝勿辞总干事"。3日,朱家骅到达长沙,又与湖南省主席张治中谈焦土政策之不对。9日,朱家骅两次致电蔡元培:"拟于本月廿八日在港开院务会议""嘱以开会事就近通知丁(燮林)、庄(长恭)、周(仁)、余(青松)诸君"。15日,蔡元培复朱家骅函,略谓:"前奉长密电,甚佩高见。旋接一月二十五日惠函,弟即于本月二日奉复一函,所请谅荷允诺,无任感荷。近奉微、齐两电,定于本月二十八日在港开院务会议,地点借梅芳女中,并嘱弟就近通告丁、庄、周、余四所长。又先后得仲揆兄两电、孟和兄一电,亦转示会期、地点等。除子竞兄留港以尊电转示外,丁、庄、余三兄均在沪,用挂号函通知,已得丁、庄两兄复电,称能来,并嘱转告先生。青松兄则先有一电,称十七日到港。是三君均能来港无疑。会议中应讨论之问题,想先生早已筹及。如大驾能于会期前早临几日,则可以预行商酌尤幸。缉斋兄有一函,附奉。""再先生有一世电,弟于昨日始见到,想为转致者所误,阁致未能早复,甚歉。"2月18日,蔡元培收到朱家骅复函,略谓:"二日尊发一函,奉到稍迟。蒙温谕慰留,感谢无既。院中诸务自当遵命暂时佐理,并劝孟真兄照常维持。惟介公又欲家骅出使德国,迭辞未允,倘必须浮槎前往一行,则院事更末由兼顾,仍请早日物色替人,无任感幸。"3月,蒋介石设立参事室,任朱家骅为参事室主任。

朱家骅3月26日抵达香港。28日,蔡元培在香港主持中央研究院院务会议,朱家骅以总干事身份与各所长出席会议。29日,国民党临时全国代表大会在重庆召开,会议选举蒋介石为国民党总裁,汪精卫为副总裁,朱家骅任中央党部秘书长。4月中旬,朱家骅力辞参事室主任,由王世杰继任。4月19日,朱家骅致函蔡元培。5月4日,蔡元培复朱家骅函,略谓:"前奉四月十九日惠函,对于子竞兄游欧问题,多所指示,不胜同感。顷接余青松兄函,弟已阅过,特奉览。弟对于该所小汽车之处置,毫无成见,敬请酌定后转交孟真兄执行可也。""再,高君曙青(鲁)来函,希望以中国天文委员会委员资格参加本年九月间在北欧开会之国际天文学会,言曾与公晤商,尊意如何? 希示及。"6月10日,朱家骅致电蔡元培称:"本月九日为本院成立满十年之期,在桂、滇、渝各所同人均来电奉祝先生健康,谨代达,并祝本〈院〉贡献益多,先生期颐康乐。"27日午前,朱家骅拜访蔡元培,因中英庚款会在此开会,朱家骅又辞总干事职,蔡元培勉留之。夏,国联世界同志会在丹麦举行会议,朱家骅当选为副会长。

朱家骅7月1日在香港主持管理中英庚款理事会。当时北方大学与研究机构大半停办或紧缩,南下的学者们都发生了生活问题。为适应这一需要,朱家骅立即令庚款会在云南大学、重庆大学、广西大学、四川大学、湖南大学等处分设讲座,为教授们安排教席,同时设立科学研究补助金,使其青年科学人员仍得继续从事科学研究。9日,三民主义青年团正式成立,朱家骅任干事会常务干事,不久兼代书记长。8月18日,蔡元培致傅斯年函,因朱家骅继续恳辞总干事职,提出三项办法:"(一)骝先(朱家骅字)兄居其名而仍请兄代行;(二)骝先兄居其名而躬亲其事,派一秘书驻院办事(前曾派过一人),或于该秘书外,再指任一位可以信任之文书主任;(三)如兄来函所提,于同事各所长中,别请一位代行,但须由骝先兄指请,而不能由弟代请。又'轮流代理'之法,决不可行。"25日,朱家骅致电蔡元培,略谓:"毅侯来函述尊体违和,日内已渐清泰,家骅初未闻知,有失奉候,歉甚。秋暑犹炽,伏祈加意珍啬,早复健康,无任祷切。"27日,蔡元培复朱家骅电,略谓:"有电敬悉,甚感关垂。弟近患贫血,就医渐愈,敬希勿念。"9月3日,朱家骅致函蔡元培,对蔡元培8月18日致傅斯年函谓三项办法作出回应,略谓:"月前奉上一缄,恳请准辞总干事职务,谅尘荃察。……孟真兄转示十八日大札,所开关于总干事职务之三种方式,独以家骅为言,家骅实深所未安。家骅之不可不亟图摆脱者,前函已详陈其故,此外更有困难之处,即……逆料将来亦必不能长时在渝办事,盖近顷家骅于中央秘书长外,兼代青年团书记长,公务繁剧,不言可喻。万一武汉有变……势必退至湘南……去院益远,何以兼顾。公既准孟真兄辞去代理职务,则第一方式已无问题;至第二方式,家骅实不敢遵办……驻院办事一节,既非小职员可行,且仍由家骅负责,身在异地,决难胜任。第三方式,则以兄〔允〕准家骅辞职,再由公指定一人负责兼代为宜。家骅非敢自外,孤负知遇,徒以党务、团务职责太重……长此尸素,于院中了无补益,且惧多所失坠。……敬乞垂鉴区区,俯如所请。"

　　朱家骅接蔡元培9月9日复函,云:"八月八日,承赐函,到时适弟卧病。家中人遵医生之嘱,一切函件不让过目,近又奉到九月三日惠函,始与前次惠函合读之,敬悉一切。先生任中央秘书长,本已繁忙,近又兼代青年团书记长,公务丛集,可想而知。加以党团迁址之计划,非渝而湘,对于研究院遥领之务,自然益感不便。而先生所最信任之孟真兄,偏于此时坚决的不肯继续代行。先生有摆脱研究院之表示,弟不敢怪先生。惟弟从未向此方面有所准备,请宽以一个月之期。弟何时筹得较妥之办法,即当奉闻,以慰悬系。"23日,蔡元培复朱家骅函,略谓:"奉十二日惠函,敬悉一切。徐柏园君已于二十二日来敝寓,面交港币一千九百三十二元八角二分,弟已照收,敬希勿念。先生于百忙中为弟料理此等琐事,感荷无已,谢谢。""闻大驾不久将往渝,孟真(傅斯年)兄则有二十一日飞渝之说,未知确否?"10月23日,朱家骅从汉口起飞,赴重庆,住王宠惠家中。25日,汉口沦陷。11月10日,蔡元培致傅斯年函,内附致朱家骅函:"现已请任叔永兄任本院总干事,但渠虽允来帮忙,而要求暂勿发表,俟渠于两个月内往桂林、昆明及重庆考察一次,始能决定。如无别种阻碍,则明年一月间必可到院办事。此犹豫期间,敬请先生仍居总干事之名,而由孟真兄代行,想荷允诺。"中旬,朱家骅复函蔡元培,略谓:"十日手教敬承。家骅尸位素餐,两年有余,材猥知下,毫无贡献,负罪滋深。前蒙准辞,感铭五内。叔永兄既允帮忙,闻之抹慰;尚祈转促早日来渝。家骅日前亦已径电速驾矣。嗣后家骅仍当从旁多多协助,以补昔日之愆,仰答知遇之隆。专肃奉复。"同月,由任鸿隽接替朱家骅为中央研究院总干事。(参见胡颂平《朱家骅先生年谱》,台北传记文学社1969年版;高平叔编著《蔡元培年谱长编》,人民教育出版社1996年版)

　　王世杰1月1日辞去教育部长职务,由陈立夫继任。8日,偕段书诒参观武汉大学刚竣工的理学院、工学院及图书馆。11日,被推选为中央政治委员会外交专门委员会主任委员。22日,与德国驻华大使陶德曼餐叙,表示中国不能接受日本的议和条件。28日,以外交委员会主任委员名义出席国防最高会议常务会议。2月1日,来到武汉大学,向校长王星拱推荐吴之椿担任该校教授。23日,担任国防最高会议委员,出席该会第七次全体会议。24日,与李四光前来武汉大学参观。29日,出席国民党全国临时代表大会。3月,担任军事委员会政治部指导委员。同时当选的还有陈立夫、甘乃光等人。月底,在国防会议常务会议上表示反对承认意大利占领阿比西尼亚。4月21日,被国民政府军事委员会委员长蒋介石任命为军事委员会参事室主任。5月6日,就任军事委员会参事室主任。6月16日,当选为三民主义青年团中央临时干事会干事。22日,被国民政府主席林森特派为国民参政会秘书长。同月,任三民主义青年团中央干事会干事、中央监察会书记长。10月7日,由汉口渡江察看武汉大学校园,此时武汉大学师生及图书设备已迁至四川乐山,原校舍仅留1名庶务员看守。

　　王世杰10月14日接蔡元培10月7日来信,促其担任中央研究院总干事。略谓:"久不晤,又疏修候,惟于报纸上见先生处理国民参政会事务,推知起居安善。……弟留港已半年余,病后体弱,不适于奔走,北不能至渝,南不能到桂滇,非常歉憾。幸此地适处三方面交通中心,函商尚便,聊以自宽而已。现在本院却有一较为紧要之务,即总干事问题,不得不有求于先生。自骝先先生兼任浙江省主席以来,为党国要务所羁绊……请孟真兄代行总干事任务。但自总办事处迁渝,而史语所迁滇,孟真兄已有两处难以兼顾之感。近来孟真兄绝对不肯代行总干事;当朱先生屡辞总干事之期,请其别指一代行之同事,渠更有所借口,辞之益坚。且渠以中央党部秘书长兼代理青年团书记长,繁忙可想。弟不便强人所难,已允以别行设法。经弟与诸同事再三商榷,金以为本院总干事之职,以先生为最相宜。先生曾任本院研究员,现又任本院评议员,又先生长教育部时,对于本院各事无不关切提倡。如先生肯屈就总干事之职,对于本院各方面之维持与进展,必有驾轻就熟之效。用特专诚奉恳,务请俯如所请,以慰云霓之望。"20日,王世杰致电蔡元培,因现尚担任军委会参事室主任之职,不便就任中央研究院总干事。蔡元培《日记》载:"蒙公函约,并承孟真兄敦促,心感无既。世杰因现尚担任军委会参事室主任之职,只能往返于川、鄂,行动极度拘束;大局严重,不便遽辞该职,致滋误会。兼任则于院事丝毫无补。思维至再,追随之愿,仍不能不俟诸后日,仄甚! 惶甚! 愚意为驾轻就熟计,公可坚促孟和或巽甫为公分助,孟真亦以为是;谨并管陈。"21日,蔡元培回复王世杰电,其《日记》载:"复雪艇电:效电敬悉。院事不多,大才不妨兼任。太忙时可请孟和相助。务请俯就,并克期视事为祷。"

　　王世杰10月23日应外交问题研究会邀请,演讲《目前的几个外交问题》。29日,王世杰致电蔡元培,蔡元培《日记》载:"得雪艇艳电,梗密:续奉马电,悚仄累日。杰因任有军委会参事室职务,举动既受拘束,亦不能自由接受他职。今恳我公径托孟和兄担任总干事。至于研究院向政府方面一切接洽,今后我公如有任何嘱托,杰必遵照代办,以稍减私衷之不安,云云。"11月3日,蔡元培复王世杰函,略谓:"奉艳电,敬悉弟在马电中所提议之兼任,亦不可能,良为怅惘。然先生允对于本院向政府方面一切接洽,均可代办,不胜铭感。将来当陆续奉商。"12月25日,中国文化服务总社成立,该社系由中宣部发起创办,总社设重庆,并在各县市遍设分支社或分销处。该社董监及职员姓名如下:董事长:王世杰;常董:叶楚伧、钱永铭、陈布雷、潘公展;董事:陈立夫、顾翊群、吴铁城、钱端升、王云五、徐柏园、张伯苓;常务监事:王子壮;监事:吴稚晖、闻亦有、陈诚、周鲠生;社长:刘百闵;副社长:杜培恩、孔雪雄、周汉夫;总编辑:程希孟。(参见薛毅《王世杰传》及附录《王世杰生平大事年表》《王世杰著述目录》,武汉大学出版社2010年版;高平叔编《蔡元培年谱长编》,人民教育出版社1996年版;吴永贵《民国

图书出版史编年：1912—1949》，社会科学文献出版社2018年版）

任鸿隽 2月19日携家离庐山，经武汉、广州，于19日抵香港，寄居于中基会香港办事处。3月16日，在《新经济半月刊》第1卷第12期发表《一个科学界自觉的运动》。同月，任鸿隽居港期间将部分诗词整理成册，题名《古青诗词》，请蔡元培为其撰跋，但未及印行。4月27日，出席在香港举行的中基会第十四次年会，向董事会提交《备忘录》，建议在严重困难时期，应采取积极的急进政策，"不顾成败利钝，但尽力为之，以期于国事有济"。同月，被选为中基会执行委员会委员。6月21日，当选第一届国民参政会参政员。7月6日，出席在武汉召开的第一届第一次国民参政会。9月，被聘为中央研究院化学研究所所长，10月，赴昆明就职。11月，被聘为中央研究院总干事。12月22日，主持在昆明召开的中央研究院院务会议。（参见樊洪业、潘涛、王勇忠编《中国近代思想家文库·任鸿隽卷》及附录《任鸿隽年谱简编》，中国人民大学出版社2015年版；高平叔编著《蔡元培年谱长编》，人民教育出版社1996年版）

翁文灏 1月1日被正式任命为行政院经济部部长，继续任中央研究院评议会秘书。翁文灏为新任经济部部长事走访张群，又致函蒋介石、孔祥熙请辞。3日，蒋、孔分别致电促请就任。同日，翁文灏分别与蒋介石、张群商议资源委员会及军委会农产、工矿、贸易三个调整委员会的隶属问题。根据国民党中央及国防最高会议有关决议，国民政府进行了大规模改组，其中将原实业部改组为经济部，原建设委员会、全国经济委员会的水利部分、军事委员会的第三和第四部均并入经济部。4日，翁文灏出席改组后的行政院首次会议，并与孔祥熙等各部会长联名通电全国，报告就任新职。6日，行政院特别会议通过经济部组织法。7日，国防最高会议通过。14日，由国民政府公布。该法规定："经济部管理全国经济行政事务"，设一、总务司，二、农林司，三、矿业司，四、工业司，五、商业司，六、水利司。"因事务上必要时，得设资源、农业、水利等委员会"。11日，行政院任命秦汾为经济部政务次长，何廉为常务次长。同日，任命了经济部主要职员：陈郁、张慰慈、陈匪石、卓宣谋、许仕廉、林汝珩为经济部参事；谭熙鸿、秦瑜为技监；吴培均为总务司长，钱天鹤为农林司长，吴承洛为工业司长，李鸣暂代矿业司长，寿景伟为商业司长，邹肇经为水利司长，刘荫瑞为度量衡局长，程志颐为商标局长。21日，翁文灏致电云南省主席龙云，告拟派地质调查所的王竹泉、路兆洽、颜惠敏赴滇调查煤矿，请予保护。

翁文灏 1月25日出席行政院第347次会议，会议通过经济部所提出的武汉煤荒救济办法议案。26日，蒋介石命资源委员会由军委会改隶经济部，成为公开机构。同日，与张群商谈拟由经济部与四川省共同组织四川经济设计委员会事。27日，翁文灏接见中央社记者，就今后经济建设方针发表谈话。翁文灏提出：经济建设应从内地中心做起，为国防、民生两种建设，工矿并举，农工并重。2月1日，翁文灏出席行政院会议。会议决定将军事委员会各附属机关及行政院各部性质相同的机关进行合并调整。3日，汪精卫致函，嘱翁文灏为国民党临时全国代表大会准备经济建设方案。5日，与胡宗南谈经济建设方针及时局等，认为必须保全西北，然后方可保四川，必须统制回族，方可保全西北。10日，翁文灏在反侵略运动商人及商会大会上发表演讲。同日，与教育部长陈立夫合请经济、教育两部人员晚餐，商议农学教育工作。28日，邀任鸿隽夫妇午餐，商谈中基会各事。3月4日，应国民外交协会邀请，作题为《中国经济的发展趋势》的演讲，表示中国将发展内地经济，欢迎友邦合作。17日，与汪精卫、孔祥熙商经济工作纲要：一、促进农业生产；二、建设基本工矿；三、提倡经济事业；四、发展对外贸易。18日，就经济部最近工作及如何推进生产事对中央社记者发表谈话,说明经济部成立 2 个月以来,主要从事清理文件,调整机关和筹办事业三项工作。30日,国民党临时全国代表大会通过《非常时期经济方案》,提出"目前之生产事业,应以供给前方作战之物资为其第一任务"的经济方针。同月,归属于经济部的资源委员会陆续迁抵重庆。

翁文灏 4 月 5 日出席行政院第 357 次会议,通过《经济部地质调查所修正条例》。6 日,向欧美新闻记者介绍中国经济工作。24 日,飞抵香港,出席中基会董事会第 14 次年会。25日上午,偕周诒春、徐新六、孙洪芬、任鸿隽等访蔡元培。4 月 26 日上午,在半岛饭店出席中基会预备会议,到会者有董事蔡元培、周诒春、任鸿隽、徐新六、金绍基、顾临、司徒雷登、倍克、贝德诺及翁文灏。27 日,出席中华教育文化基金董事会正式会议。5 月 3 日,出席行政院第 361 次会议,继续被聘为故宫博物院理事。因故宫博物院理事任期届满,本日行政院会议重新聘任了该院理事,翁文灏继续被聘为理事。11 日,就全国各省农业实验机关应调整集中事,对中央社记者发表书面谈话。19 日,自汉口飞赴重庆。23 日,在重庆举行正式典礼,宣誓就任经济部部长。监誓人吴稚晖在训词中说:"国当重大之时,必需忠正之士,翁君学问道德为当代第一人才,向来专心研学,兹因国局艰难,出任经济重责,必能禀其素修,早成宏效。"24 日,自重庆飞返汉口。同日,被蒋介石指派为国民经济建设总动员委员会主任、常务委员。6 月 11 日,与何廉、王志莘商议轻工业生产合作协会组织办法,并拟推举宋子文、张嘉璈、卢作孚、缪云台、钱新之、徐新六、何廉、唐呈梅、王志莘及翁文灏为理事。30日,完成抗战建国之经济建设工作报告。7 月 1 日,会见美国记者埃德加·斯诺。7 月 8日,赴国民参政会会议,报告经济部工作。13 日,出席故宫博物院理事会会议。会议推举孔祥熙为代理理事长,翁文灏、朱家骅、陈立夫、何键、蒋梦麟、傅斯年、罗家伦为常务理事。29日,发表《致经济部同人书》,勉励所属以公正、勤勉、清廉、进取相砥砺,共图效绩。31 日,翁文灏偕秦汾由汉口飞抵重庆,开始在重庆办公。8 月 3 日,翁文灏邀集重庆新闻记者在经济部举行茶会,谈抗战建国中的经济工作。4 日,召集经济部参事、技监、会计长、司长、科长等人员,商议编制经济部工作实施方案办法。

翁文灏与谭熙鸿、卓宣谋、吴承洛、寿景伟等 9 月 6 日商议参加美国世界博览会之事。12 日,被行政院正式指派为中国参加纽约世界博览会筹委会主任委员,副主任委员张道藩,常务委员秦汾、邹琳、曾镕浦。10 日,翁文灏与蒋廷黻、何廉等商谈发起出版一个双周刊,以发表经济文章。14 日,再与蒋、何二人邀陶希圣、方显廷、张明纯、陈之迈、吴景超、吴润东等商办双周刊《新经济》。21 日,宴请《新经济》社诸人商议刊物出版事,决定推举陶希圣、吴景超、陈之迈为该刊常委。9 月 30 日,翁文灏在国民参政会驻会委员会上报告经济工作。10月 1 日,出席中国地质学会会议,听常隆庆、李善邦、方俊学术讲演。4 日,出席行政院第383 次会议,会议通过经济部《非常时期工矿业奖助条例》。8 日,出席中国工程师学会在重庆大学举行的临时大会并发表致词。蒋志澄主席,吴承洛代理会长,汪精卫、蒋廷黻亦在会上致词。19 日,出席中央博物院建筑委员会在渔村召开的会议,出席者有傅斯年、李济、李书华、杭立武等。20 日,与李书华、魏道明在行政院召开中法庚款基金委员会会议。10 月21 日,翁文灏致函胡适,对国内主和派行为甚为忧虑,希望胡在美联络要人,以达救国目的。24 日,致函胡适,探寻美国对华态度,并表示要维持中基会的工作。11 月 1 日,翁文灏在国民参政会上报告经济部工作。11 日,翁文灏接胡适来电,内称和比战更难百倍,除苦撑待变,别无路走,国际形势正在好转,请密呈汪、孔诸位,须立定脚跟。次日复电胡适,告以汪精卫、孔祥熙对和战意见,及孔祥熙仍力主和情形。19 日,出席故宫博物院常务理事会。会议决定举魏道明为秘书,《四库全书》及其他文献寄存华西大学,亦可移存雅安,在重庆大部不必移往贵州。12 月 5 日,因见孔祥熙、陈立夫等中央大员多数对日主和,特致电蒋介石,"转陈胡适之来电,请继续抗战,苦撑待变"。8 日,就后方经济建设事宜对《大公报》的王芸生发表谈话。17 日,至复旦大学,演讲在欧洲考察经济的感想。18 日,与张群谈经济统制方法。同日,在光华大学同学会上作题为《应重做人方法》的演讲。翁文灏为该校董事。21日,主持经济部谈话会,商议起草二年工作计划大纲事。

　　按:抗战时期,翁文灏已由科学家成为有科学背景的政府高级官员。他的生活主旋律由科学研究转向了主持政府工矿业建设。在抗战八年中,翁文灏始终担任经济部长和资源委员会主任委员,从厂矿内迁到玉门油矿开发,从对美、苏的特矿品出口到后方工业中心的建立,他为大后方的工矿业建设殚心竭虑,其作用与贡献是不可忽视的。应该说,这是一个可以使他在更广泛范围发挥作用与影响的领域。但是,这也使得他被另一种环境和条件所拘束,表现出了更多的局限性。这种局限不仅是因为抗战时期条件和环境所迫,更是由于国民党政权本身的性质所决定。他虽持身廉洁,尽心竭力,但也无法改变孔祥熙等因私利而害公务,和"前方吃紧后方紧吃"的整体和大局。这一时期,翁文灏另一个重要的贡献是对中国工业化——经济现代化道路的思考,即作为经济落后的传统农业大国,中国是否需要工业化,中国如何工业化等一系列问题的理论阐述,以及他在相关实践中所体现出的思想内涵。他是近代为数不多的曾对中国工业化问题进行过深入研究和思考,并提出较系统全面的理论与政策阐释的人之一,而且其影响及于政府政策和社会实际。这也使他成为民国时期中国工业化运动最重要的政策制订者和实践者。(参见李学通《翁文灏年谱》,山东教育出版社 2005 年版)

郭沫若 1 月 1 日接陈诚电报,谓"有要事奉商,望即命驾"。此为陈诚邀请郭沫若欲商政治部第三厅组建之事。同日,《救亡日报》在广州复刊。1 月 2 日下午,郭沫若与祝秀侠、林霖、林焕平、蒲风、杨邨人等出席新年文艺座谈会,议定筹备组建广东艺术工作者协会。郭沫若又应广东文化界救亡协会之约请,作题为《日本的过去、现在和未来》的广播演讲,作为对广州人民的"临别赠言"。4 日晚,在新亚酒店参加沪港粤文化人联欢会。到会的有茅盾夫妇、叶文津、林林、汪馥泉、姜君辰、林焕平、黄慎之、熊琦、张谔、尚冠武、蔡楚生、费穆、夏衍、萨空了、郁风、草明、欧阳山、黎明健、吴履逊等 30 余人。先由叶文津说明此次联欢会的意义,接着茅盾、费穆、蔡楚生等先后发言,最后汪馥泉报告了《救亡日报》从上海搬到广州的诸种艰难困苦,并向在座者发放了复刊的《救亡日报》。6 日中午,应岭南大学学生自治会之邀,在该校礼堂为全体师生演讲。下午,郭沫若从广州起程赴武汉,夏衍、叶文津、李煦寰、吴履逊等人为之送行。9 日傍晚,抵达汉口。10 日上午,郭沫若到武汉,被陈诚委任为国民政府军事委员会政治部第三厅厅长,负责宣传工作。郭沫若即应叶挺之邀,住入太和街 26 号的新四军筹备处。晚,在八路军办事处,与周恩来、邓颖超、王明、博古、林伯渠、董必武等见面。17 日,全国歌咏协会与武汉文化行动委员会在光明戏院举行音乐会,与方治、邵力子、刘荣蓉、冯乃超等被聘为演出委员会委员。主持人为冼星海、王云阶等。活动的收入将捐助冀北人民抗日自卫游击队。18 日夜,作《抗战与文化》,刊于 6 月 20 日汉口《自由中国》月刊第 3 期。文中提出:(一)在抗战期中,一切文化活动都应该集中于抗战有益的这一个焦点。(二)抗战必须动员大众,因而一切文化活动必须充分地大众化。(三)在使大众与文化活动迅速并普遍的接近上,当要求言论、出版、集会、结社的彻底自由,并要求战时教育的实施。(四)抗敌理论不厌其单纯,并不嫌其重述,应该要多样地表现它,并多量地发挥它。(五)对于抗敌理论嫌其单纯,嫌其重复的那种"反差不多"的论调,或故作高深的理论以度越流俗的那些文化人,事实上是犯着了资敌的嫌疑。

郭沫若1月中下旬间接受记者采访,就抗日战争以来国内国际形势及自己接受政训之职意向发表谈话。23日下午,国际反侵略运动大会中国分会在汉口市商会大礼堂举行成立大会,与周恩来、邓颖超、董必武、陶行知、陈立夫等139人被选为理事。30日,应周恩来之邀,在八路军办事处参加欢迎孩子剧团的茶话会,并讲话。周恩来、王明、叶剑英、博古、潘汉年、邓颖超、叶挺、孟庆树及"八办"的工作人员与会。同月,陈诚三次来访,每次都要谈到就三厅厅长之职问题;所著《全面抗战的认识》以及诗集《战声》由广州战时出版社出版;《沫若抗战文存》由上海明明书局出版。2月3日,郭沫若给田汉去电报,告以将于7日飞赴长沙,请其等候。后又发一电报,说赴湘计划取消,邀请田汉来武汉。6日,国共合作的一个实体——国民政府军委员会政治部于武汉正式成立,陈诚任部长,周恩来、黄琪翔任副部长,张厉生任秘书。政治部下设四个厅,除总务厅外,第一厅主管军训,第二厅主管民训,第三厅主管宣传,厅长分别是贺衷寒、康泽、郭沫若。同日上午,郭沫若拉阳翰笙应邀赴宴,"果不出所料,并不是寻常的请吃饭,而是召开第一次的部务会议"。参加者还有拟议中的政治部副部长黄琪翔、秘书长张厉生、总务厅长赵志尧、第一厅厅长贺衷寒、第二厅厅长康泽、第三厅副厅长刘健群,遂有进退维谷之感,声明"自己还没有充当第三厅厅长的资格"。下午,郭沫若请阳翰笙把赴宴的情形告诉周恩来,决意南下长沙躲避职事。7日晨,郭沫若抵达长沙,即往《抗战日报》报社与田汉相见。8日,会见第十八集团军驻长沙办事处主任徐特立。13日上午,前往四方塘青年会大礼堂出席田汉、孙伏园、徐特立、薛暮桥、翦伯赞、易君左、蒋寿世、胡萍等8人联合发起的长沙文化界"欢迎郭沫若先生大会",郭沫若在答谢词中称自己并不如某些朋友所说有点悲观、忧郁,而是"最乐观的"。14日,在长沙文艺界抗敌协会发表题为《对于文化人的希望》的演讲,后刊于2月19日广州《救亡日报》,文中论证了文化力量在战争期间的作用。15日,《前线归来》一书由汉口星星出版社出版。17日晚,与常任侠看望商承祚,杂谈铜器甲骨,以及长沙出土的明器。18日,作《国际形势与抗战前途》,刊于27—28日广州《救亡日报》。20日,依周恩来嘱咐,致信陈诚,谓正在长沙起草宣传纲领,敦劝田汉、胡愈之等好友赴武汉,提议以田汉代替刘健群出任第三厅副厅长。26日,于立群来长沙,带来周恩来信。与田汉、于立群商量,决定返回武汉。

郭沫若3月1日返抵武汉。晚,与来访的陈诚商谈,提出工作条件,随即着手三厅筹备工作。与董必武、周恩来、秦邦宪、阳翰笙等多次开会讨论第三厅的任务、机构设置和人事安排。23日,在中华全国文艺界抗敌协会于中国文艺社召开的第五次筹备会议上,与叶楚伧、冯玉祥、邵力子、张道藩、老舍、茅盾等14人被推为主席团。25日上午,往武汉市商会大礼堂,出席中国学生救国联合会代表大会开幕典礼。晚,应邀至汉口女青年会会议室,围绕"妇女在抗战中的工作"主题进行演讲。27日,在重庆《大公报》发表《文艺与宣传——为庆祝"中华全国文艺界抗敌协会"的成立》。上午,往汉口总商会大礼堂,出席全国文艺界抗敌协会成立大会。大会主席为邵力子,郭沫若为大会主席团成员,并讲话。下午,与老舍、茅盾、丁玲、邵力子、冯玉祥、田汉等45人被推举为协会理事。28日上午,在政治部会议室参加本部第14次部务会报,以三厅厅长身份报告三厅工作。29日,在汉口青年会二楼礼堂,出席中国青年记者学会成立大会。范长江主持会议,参加会议的还有周恩来、于右任、邵力子、张季鸾、邹韬奋等。31日,作《日寇的残酷心理之解剖》,刊于4月2日汉口《新华日报》,再刊于4月5日广州《救亡日报》。文中分析战争进入第二期以来日寇的"惨无人道""更加露骨"的原因,是其"速战速决"战略企图的失败。同月,在陈诚办公室与从重庆赶来的徐悲鸿见面,请他担任第六处第三科科长,未获允。4月1日,国民政府军事委员会政治部第三厅正式成立,郭沫若出任厅长。陈诚、周恩来出席成立仪式,并由陈诚"训话"。郭沫若罗致了大批著名的文化界人士,开展波澜壮阔的抗日救亡宣传工作。邀请阳翰笙为主任秘书,张志让、洪深、杜国庠、史东山、应云卫、马彦祥、冼星海、张曙、傅抱石、李可染等参与国民政府军事委员会政治部第三厅工作。

　　按:第三厅下设第五、六、七三个处九个科:第五处掌管动员工作,处长为胡愈之;第六处掌管艺术宣传,处长为田汉(寿昌);第七处掌管对敌宣传,处长本拟请郁达夫担任,因赶不及而改任范寿康,郁达夫则任设计委员。另外,抗战宣传队四队、抗敌演剧队十队、漫画宣传队一队以及孩子剧团为该厅附属团体。

　　郭沫若4月3日与陈诚出席政治部在天星饭店举行的招待会,招待各报纸、杂志社及出版界,商讨第二期抗战扩大宣传事宜。在讲话中说"官吏为人民公仆,希望对政治部多多批评"。下午,"武汉各界第二期抗战扩大宣传周筹备会"在三厅举行第一次常委会,决定组织工作评阅委员会,在宣传周期内举行检查工作,加以评阅,作为将来工作改进之参考,并决定自4日起,借汉口保成路203号武汉文化界抗敌协会为筹备会各组联合办事处。7日上午,往市总商会参加武汉各界"第二期抗战扩大宣传周"开幕典礼暨"文字宣传日",并讲话。同日,作《纪念台儿庄》,刊于5月10日《自由中国》第2期。文中肯定了台儿庄胜利的意义,认为"这次胜利,在整个抗战上可以说是一个划时间的转机"。10日,《自由中国》杂志在武汉创刊,编辑人臧云远、孙陵,发行人张云溪。编委会由周扬、郑伯奇、夏衍、沈起予、梦回、白朗、北鸥、杨朔等组成,郭沫若、周扬、田汉等为主要撰稿人。15日上午,应邀至市商会,参加汉口国货运动委员会召开的春季国货宣传大会开幕式,代表政治部致辞。18日,与陈诚等招待驻武汉外报记者,并就当前国内政治发表讲话。4月25日,郭沫若为黄花岗烈士殉国27周年纪念题词:"建国大业须以头颅为砖块,热血为水门汀,象累砌金字塔一样,垒砌起去。七十二烈士替我们做了面基底的事业。现在,在建设途中的国家正需要多量的砖块和水门汀,我们时时刻刻作供用的准备。"题词发表于4月29日广州《救亡日报》。下旬,夏衍、叶文津从广州来武汉,请示《救亡日报》今后的办报方针。陪夏衍一起见了周恩来,得到一些具体的工作指示。月底与于立群搬到珞珈山武汉大学教授宿舍居住。同月,派三厅六处郑用之绕道去上海,对坚守"孤岛"的文化工作者表示慰问,同时传达周恩来的指示;熊琦编《郭沫若先生最近言论集》由广州离骚出版社出版。

　　郭沫若5月2日下午,与国民党中宣部代部长周佛海、副部长董显光等列席政治部部长陈东诚招待驻武汉各外报记者会。同日,作《把精神武装起来》,刊于5月12日广州《救亡日报》。文中从"五九""五七""五三""五四"这些国耻纪念日或由国耻派生出的纪念日谈起,检讨国民的精神。4日上午,至国民党湖北省党部礼堂,参加"五四"运动19周年纪念大会。10日,笔谈《抗战以来文艺的展望》发表于汉口《自由中国》月刊第2号,署名者还有:老舍、张申府、潘梓年、夏衍、臧云远、郁达夫、吴奚如、北鸥。11日上午,往武汉上海大戏院参加中华海员抗敌宣传大会,并讲话。13日,与周恩来、于右任、老舍、邵力子、周佛海、田汉等出席中华全国文艺界抗敌协会第二次理事会。14日,中华民国留日同学会举行会员大会,与陈诚、陈立夫、贺衷寒、康泽等被聘为该会指导员。19日,签署呈报第三厅成立以来工作报告。25日下午,在中山路一江春饭店出席中共中央及八路军驻武汉代表周恩来、王明、博古、吴玉章为欢迎世界学联代表团而举行的茶会,来宾还有邵力子、马超俊、沈钧儒、李公朴、郁达夫、田汉、鹿地亘及国际反侵略大会中国分会、青年救国团等团体代表共 400 余人。26 日下午,在政治部第三厅主持中华全国艺术界招待世界学联代表的欢迎会。6 月 2 日下午,与沈钧儒、胡愈之邀请文化界名流在法租界天星饭店商谈征求《鲁迅全集》纪念本订户事宜。黄琪翔、邵力子、吴玉章、李石曾、鹿地亘夫妇等 40 余人到场。三位主持人先后报告这次集会的意义、刊印《鲁迅全集》的经过、鲁迅在中国革命史上的功绩、过去的上海文化运动对目前上海人民抗日斗争的影响等。当场订出 40 余套。

郭沫若 6 月 3 日所拟《为"六三"禁烟纪念日告全体同胞书》,载本日《新华日报》,题《中宣、政治两部发告国人书日寇用毒化政策灭我民族,拒毒禁烟是抗战胜利保障》。此文草拟后,与胡愈之、陈布雷所拟文稿合并,经蒋介石修改后发表。同日,为高尔基逝世 2 周年作《纪念高尔基》,刊于 20 日《自由中国》月刊第 3 期"高尔基逝世二周年特刊"。文章歌颂高尔基"慈和、公正、伟大的人格",以及"为人类社会的幸福"而不懈斗争的精神。6 日,与蔡元培、冯玉祥、张道藩、田汉等 10 人在全国美术界抗敌协会成立大会上被推为名誉理事。10 日,主持蒙藏回各民族代表欢迎世界学联代表的茶会并致辞。与会者还有邵力子、徐季龙、孙绳武、罗炳辉、田汉、钟可托、王兆祥、胡秋原、英法使馆的外宾以及各机关团体的代表。15 日,主编《战时宣传工作》作讫。后于 7 月 25 日由政治部印发。全书分《总论:理论与方法》《分论:应用与实习》两部分,总论论述抗战建国纲领之阐扬、宣传工作者之修养、言论的宣扬、艺术的宣扬以及其他特种宣传方式,分论则分别阐述对民众、士兵、敌人以及对国际的宣传。6 月中旬,郭沫若与田汉主办戏曲演员"战时学习班",亲自担任班主任,吸收了楚剧、汉剧、京剧、评剧和杂耍等各种艺人 700 余名参加学习。6 月 16 日,在中街新生活宿舍参加中国回民救国协会为国际学联代表团举行的欢迎会,并发表了演说。中旬,负责草拟"七七"周年纪念计划,为此受到蒋介石召见。7 月初,为蒋介石草拟"告敌国民众书"。又作《纪念"双七节"——抗战建国的发端日》。6 日,领导筹备"七七"周年大会开幕,连续三天在武汉三镇分别举行盛大的集会。群众为抗战而献金的热情不可遏止,不得不又延长两天才结束。8 日,在《武汉日报》发表《抗战一年来的文化动态》,认为:"抗战团结了全国的文化工作者,抗战建设了全国新文化底基础。""新中国的文化在抗战中生长着,在抗战中繁荣着。"此文收于重庆七七书局 1938 年 8 月版《抗战建国第一年》。9 日,为傅抱石所编译《明末民族艺人传》作序。23 日上午,往光明大戏院出席国际反侵略大会中国分会联合武汉各界各团体举行的响应国际反轰炸大会,为主席团成员,并发表讲话。25 日,作《反儒家理论之法西化》序。

　　按:《序》中写道:"这篇《反儒家理论之法西化》是去年五月尾上作的。那时候我还在日本,费了六天工夫把它写了出来。原题为《借问胡适》,曾经在去年七月廿号出版的《中华公论》的创刊号发表过。""这篇论文,是我十年来研究古代史的一个收获,这儿解决了好些悬案,而同时也标示了好些在研究古代史上所应取的方法和态度。"

郭沫若 7 月 27 日为归国抗日 1 周年,周恩来、邓颖超与政治部三厅同人田汉、洪深、杜国庠、胡愈之、范寿康等及孩子剧团代表至其寓所,举行一个晚会,算作庆祝,并签名留念。8 月,郭沫若与田汉、胡愈之等将原上海救亡演剧队和一些进步戏剧团体,改编为 9 个抗敌演剧队和 4 个抗敌宣传队。3 日,郭沫若参加武汉各界"战时节约运动宣传周"开幕式,与陈立夫、陈诚、周佛海等人同被推为主席团,并发表演讲,宣传为保卫武汉而开展节约运动的意义。上旬,为蒋介石拟文稿《八一三周年纪念告沦陷区域民众》。13 日上午,往汉口上海大戏院出席武汉各界"八一三"纪念大会,为主席团成员并作演讲。同月,《文艺与宣传》由广东生活书店出版,为自由中国丛刊之一。夏,周恩来建议,中共中央作出党内决定:以郭沫若为鲁迅的继承者、中国革命文化界的领袖,并由全国各地党组织向党内外传达,以奠定郭沫若的文化界领袖的地位。9月5日下午,招待外国记者,介绍、回击了近来日本方面企图独占远东利益的言论。11日,与范长江、胡兰畦、于立群、姚潜修等文化界人士,参加自由中国社为从华南来武汉的作家巴金举行的欢迎招待会。12日,招待外国记者,就日军新近封锁天津英法租界等事态,作了详细报告。14日,与贺衷寒、康泽、胡越、吴国桢等被"九一八"7周年纪念会筹备会确定为主席团主席。23日,与蔡元培代表全国文化界致电国联大会主席,呼吁对日实行制裁。24日,应武汉各界"九一八"7周年纪念筹备会之请,作题为《后方民众的责任》的广播演讲。10月5日晚,应国际反侵略运动大会中国分会及妇女界之邀,出席为伦敦援华委员会及妇女反战委员会代表何登夫人举行的招待宴会。13日,陈布雷来访。晚,与陈布雷、张季鸾、王芸生、朱家骅、胡愈之等在蒋介石官邸商讨宣传要点,并共进晚餐。14日中午,与周恩来、周佛海、董显光等按照蒋介石指示,草拟宣传要点,当即电报发出。18日,作《持久抗战中纪念鲁迅》,刊于19日《新华日报》。晚,应胡愈之邀,与于立群、冯乃超等人往歧亭访问李宗仁。19日下午,在青年会主持鲁迅先生逝世2周年纪念会,并致辞。20日下午,在青年会西餐室出席青年记者学会举行的茶会,讨论抗战中的文化工作问题。

郭沫若10月30日晚撤离武汉,抵达长沙。11月1日,参加军事委员会举行的高级军事会议直至3日。5日,作《文化人当前的急务》,指出:"从事文化工作的人们,素来是以唤起民众,教育民众为自己的任务",值此救亡图存时期,"更应该以身作则,躬体力行,加倍的奋勉"。作者号召文化工作者适应持久抗战和全面抗战的需要,自觉地纠正"偏重都市""忽略了更切于实际的学术上的探讨"的错误倾向;指明文化人当前的急务是"更应该以广大的农村和广大的沦陷区域为对象,努力于动员大众的宣传。而同时也要努力于切合实际的学术研究与技能学习",只有这样,"我们才能够应付目前全面抗战的新局面,而达到最后胜利的目标"。8日,郭沫若面见陈诚,得知三厅将来要分为三部分,分别派驻军委会所在地重庆、西北行营所在地兰州以及西南行营所在地桂林。留在本部的要缩小组织,废处减科。28日,前往南岳参加蒋介石召集的军事会议。同月,所译马克思、恩格斯原著《德意志意识形态》由言行出版社出版发行。15日,出席生活教育社成立大会并讲话,认为陶行知的报告总结得很好,赞同大家共同推选陶行知为理事长。(《陶行知和郭沫若的一段交往》)17日上午,应广西大学校长白鹏飞之邀,往该校演讲,题为《战时教育》。18日下午,在中华职业教育社举办的时事讲座第八次演讲会上演讲,题为《第二期主战前展》。对中日战争新阶段的前景作了细致的分析,指出日本必然崩溃,我国抗战必获最后胜利,建国必可完成。23日,作《复兴民族的真谛》。指出中华民族的精神,是富于创造力、富于同化力、富于反侵略性的。这样的民族精神在清朝统治时期遭受了损失,现在正是复兴我们民族精神的时候。29日下午,偕于立群乘机由贵阳飞抵重庆。30日上午,谒见政治部首脑,到部正式办公。(参见林甘泉、蔡震主编《郭沫若年谱长编》,中国社会科学出版社2017年版;吴奚如《郭沫若同志和党的关系》,《新文学史料》1980年第2期;龚济民、方仁年编著《郭沫若年谱》,天津人民出版社1982年版)

马寅初年初抵达重庆,继续任立法院财政委员会主任,又任中央大学教授兼经济系主任。同月,与记者谈《对战时后方经济问题之意见》。坚信抗战必胜,主张开发内地,发展生产;在《时事月报》第18卷第1期发表《战费应如何筹措》。2月15日,在《战时经济月刊》第1卷第3期发表《从战争中所得之利益与中国应付战争的经济能力》。21日,就组建中国经济学社四川分社事致重庆银行公会主席、四川美丰银行总经理康心如及重庆市财政局长刁培然书:"星期五日之聚餐,目的在邀请四川经济学社重要社员与重庆银行界闻人会同中国经济学社在渝社员(理事)发起组织中国经济学社四川分社。今年年会在四川举行,即由分社筹备。预料吾国经济重心有移渝之可能,犹宜早日组织分社。"26日,马寅初在《四川经济月刊》9卷4期上发表《战后经济复兴问题》,主张不激不随的经济发展哲学。

　　按:马寅初在文中谈到中国经济学社组织方针时说:"以我国目前情形观之,有知识之人,往往喜唱高调,与事实离开太远,中国经济学社同人,有鉴于此,故将两类人才,合在一起,交换意见,则读书人之思想不致过于激烈,而事业界亦不致过于保守,社会秩序,始能安定。先求社会安定,而后可以言进步,革命系激烈的流血的,进步是和平的,按部就班的,循序改进,不激不随,此进步之真义也。"

　　马寅初3月7日出席中国经济学社四川分社筹备会。12日,出席中国经济学社重庆分社成立大会。出席会议的学者尚有张润苍、张钊、刘行健、罗北辰、胡庶华、康心如、侯霭昌、祝世康、宁芷村、蒋滋福、朱通九、吴干、殷锡琪、程劲波、边镜山、叶元龙、沈笑春、王克宥、任宗济、关吉玉、罗敦伟、沈藻墀、雍家源、宋师度、李炳焕、刘絜敖、王祖康、胡子昂、罗承烈、钱天鹤、何兆清、刘大钧、唐启宇、张佑贤、俞汝良、周蓉生、刁培然、何廉、谭熙鸿、董时进、顾敦夫、孙祖瑞、徐广迟、孔庆宗、曾昭承、芮宝公、李奎安、温少鹤、鄂公复、杨学优、李时辅、陈长蘅、康心之、李伯谐、朱镜宙、卫挺生等数十人,会议公推康心如为主席,选举关吉玉(政界)、宋师度(实业界)、康心如(金融界)、胡庶华(学界)、温少鹤(商界)5人为理事,并推康心如为理事长,胡庶华兼任书记,宋师度兼任会计。4月,马寅初在《四川经济月刊》第9卷第4号发表《统一公债之检讨》。5月,在《四川经济月刊》第9卷第5号发表《中国社会组织与传统的经济思想之关系》。6月,在《四川经济月刊》第9卷第6号发表《余对于改善地方金融机构之意见》。在《时事类编》15期发表《法币与公债政策》。

　　马寅初7月6—15日出席武汉召开的第一届国民参政会。7月7日,在《扫荡报》发表《抗战一年来之经济》,阐述四个问题:(一)上海的失守不影响于中国抗战的经济力量;(二)工厂内移问题;(三)农民的生活问题;(四)增进贸易出口之策划。同月,在《现代读物》第2卷第7期发表《大工业之外同时维持小工业》。9月,在《四川经济月刊》第10卷第3号发表《非常时期的法币与外汇》《战后马克何以崩溃》和《消极的经济制裁不如积极的实施援助》。10月9日,应《经济动员》与《战时经济专刊》邀请出席战时经济座谈会。签到者:穆藕初、杨汝梅、楼桐生、刘大钧等20余人。18日,在《武汉日报》发表《论立法通过之总遗产税》。30日,在《扫荡报》发表《所得税暂行条例施行以来所表现之流弊》。11月20日,《中国今后经济建设之趋势》刊于中国经济学社年会论文委员会第十四届年会论文集《战时经济问题》。文中考察、比较苏俄式、德国式、英美式三种经济模式各自利弊,认为:"中国以大同主义为鹄的,先以温和的手段,引入社会主义,今重工业国营,轻工业私营。均向大同世界前进,并行不悖,理论与事实相辅而行也。"12月4日,至重庆市银行公会,主持中国经济学社第十四届年会,并致词。行政院副院长兼财政部长孔祥熙以社员资格发言。本届年会以统制外汇为讨论中心,共提交论文36篇,大多主张维持法币。马寅初于会上提交两篇论文;《非常时期的法币与外汇》《法币法价打破之危险》。同日,在《扫荡报》发表《中国法币与英币联系之理由》。11日,在《国民公报》发表《政府对于非常时期工矿业奖励办法之要点》。18日,在

《中央日报》发表《法币法价打破之危险》，总结中国经济学社第十四届年会讨论"是否维持法币汇价"观点，谓绝大多数社员认为"法币信用。为今日我国命脉所系，断不可轻于贬值"，希望财政部坚持到底。21日，向媒体呼吁："请严惩发国难财者。"31日，在《经济动员》第2卷第2期发表《门户开放与高尚思想》。在《经济知识》第1卷第1期发表《读书与经济》。同月，出席在重庆召开的中国经济学社第十四届年会；在《四川经济月刊》第10卷第6期发表《统制物价为节约运动与长期抗战之先决问题》。（以上参见徐斌、马大成编著《马寅初年谱长编》，商务印书馆2012年版；彭华《马寅初年谱简编》，《淮阴师范学院学报》2005年第1期）

陈立夫1月被任命为国民政府教育部长。2月3日，国民政府教育部组织战时教育问题研究委员会。教育部次长顾毓琇为主任委员。3月、5月两次开会讨论修正各种特种教育纲要，调整全国师范教育体系办法，修订中小学课程等问题。2月12日，浙江、湖北、安徽、陕西、江西、贵州等6省在武汉举行教育厅厅长会议，着重讨论战时教育问题。各省意见：治标方面，要注意救济战区失学学生及失业教师。治本方面，要注意组织与训练民众，力求普及国民教育；中等教育要注意养成谋生能力；女子教育要注意学好家事等。3月7日，陈立夫就职国民政府教育部长。蒋介石为了厉行一党专政实行党化教育，委派CC系陈立夫担任教育部长，极力推行蒋介石在庐山军官训练团训话中提出的"管、养、卫、教"的党化教育方针，而且派出CC系要员到各高等院校担任校长等职，从组织上加强对学校的控制。陈立夫就职国民政府教育部长后宣布今后教育实施方针："先从教材、师资两大问题调整入手，根据国情及现时环境，建立一个适于中国需要的教育制度。""在理论上无所谓战时教育，因为平时教育实际上包含着战时准备。今后之教育根本方针，须德智兼顾，文武合一。农工并重，教育与政治设施、经济计划及社会生活尤需贯通，并与其他有关机关密切联系。""应注重乡土教育""男女教育尤应有别""大学教育应根据国家各种需要作有计划之设施，对政治、法律、教育、经济各科应注重质量的提高与本国教材的充实""专科学校应以养成各种生产技术人才，中等教育应注重养成地方自治及各种职业之中级干部人员，小学教育以养成良好公民为主要目的；社会教育应充分利用社会现有之各种组织……尤应注重沟通家庭与社会的关系，以发挥社会教育的效能。"

陈立夫3月发表《告全国学生书》，提出：一、学生首应力行之义务为修学，要有《最后一课》的教育精神。二、学生报国从军，必经相当之专门训练，可依照手续就近加入军事学校或训练机关，应征前要有充分之认识与准备。三、学生战时服务要详加计划，经过训练有组织有秩序的活动，各项服务应不妨害课业。3月29日至4月1日，国民党临时全国代表大会在武昌国立武汉大学宋卿体育馆内举行，陈立夫等31人提出的《确定文化政策》案获大会议决通过。该案认为，文化建设与经济建设和国防建设同等重要，都是建国的重要组成部分。建国过程中所提倡的文化，应以民族国家为本位，它包括三方面内容：（一）发扬我国固有之文化；（二）文化工作应为民族国家而努力；（三）抵御不适合国情的文化侵略。在该案所附的实施纲领中，关于学术建设的具体规定也有三条：一是切实整理中国历代发明和原有文献，以发扬固有文化；二是人文科学之教学，应以中国社会现象为中心；三是在世界上大力弘扬中国固有文化，以促进人类文化之向上，生活之淑善。本次临时全国代表大会还议决通过了《战时各级教育实施方案纲要》。《纲要》提出"九大方针"，要点如下：一、三育并进。二、文武合一。三、农村需要与工业需要并进。四、教育目的与政治目的一贯。五、家庭教育与学校教育密切联系。六、对文学哲艺，以科学方法加以整理发扬，以立民族之自信。七、对自然科学,依据需要,迎头赶上,以应国防与生产之急需。八、对社会科学,取人之长,补己之短,以求一切适合于国情。九、对于各级学校教育力求图标之明显,并谋各地平均发展;对于义务教育,依照原定期限以达普及;对于社会教育与家庭教育力求有计划的实施。由于《确定文化政策》案与《战时各级教育实施方案纲要》特别关注文化和学术事业的发展,强调学术对于抗战建国的重要意义,故被学术界视为"学术建国"的决策,而给予了积极响应。

按:《纲要》还提出了"17个要点",包括:维持现行学制,可酌予变通;学校之迁移设置应有通盘计划;重视师资训练;彻底整理教材;整理教学科目;订定训育标准;严格管理,中等以上学校采军事管理;逐年增加教育经费等等。教育部根据《战时各级教育实施方案纲要》制定幼稚教育、小学教育、中学教育、职业教育、师范教育、专科学校教育、大学教育、社会教育、家庭教育等设施目标及施政对象10条。同时,拟具实施方案17条,对学制、学校设置、师资、教材、课程、训育、体育、学校管理、经费、建筑设备、行政机构、学术研究、留学制度、女子教育、家庭教育、边疆教育、华侨教育、社会教育、建教关系等提出实施意见。

陈立夫7月在《教育通讯》发表《抗战一年来之教育》,认为教育为百年树人大业,在强邻进攻之时,准备长期抗战固为施教最高原则,但平时教育亦无可离战时之需要与准备,故无所谓平时战时之分。今日之教育乃为针对过去教育之缺点急谋补救与改正。今后教育方针,应为教育与社会生活相联系,教育与职业生产相沟通,教育与国防相配应。8月13日,国民政府教育部训令各省市教育厅局:国民政府明令公布7月7日为抗战建国纪念日,学校应列入校历,以资纪念。9月19日,国民政府教育部通令各校一律以"忠孝、仁爱、信义、和平"为共同校训,制成匾额,悬挂于礼堂。学校还要依其特征制定本校的校训、校歌。专科以上学校由教育部颁发《青年守则》(即国民党《党员守则》),由学校训育人员严加考核,要求学生都能背诵。12月15日,《教育通讯》发表教育部社会教育司司长陈礼江的文章《这一年的中国教育》,谴责日军以中国教育机关为重要轰炸目标的罪行。文章列举被日军轰炸的大学校有武昌大学、中山大学、厦门大学、湖南大学等校。(参见中央教育科学研究所编《中国现代教育大事记1919—1949》,教育科学出版社1988年版;《中国国民党历次会议宣言决议案汇编》(第二分册),浙江省中共党史学会1985年编印;郑大华《论"抗战建国"话语下"学术建国"的讨论》,《浙江学刊》2020年第3期;《四川大学史稿》编审委员会编《四川大学史稿》,四川大学出版社2006年版)

张伯苓继续任长沙临时大学常委会常委,但其工作重心已转向重庆。1月20日,长沙临时大学举行第四十三次常务委员会会议,决定学校迁往昆明。22日,与蔡元培、宋庆龄、汪精卫、马相伯、于右任、居正、冯玉祥、于斌、萨镇冰等240余人及全国抗敌救亡总会、中国国民外交协会等13单位作发起人在汉口刊布成立国际反侵略运动大会中国分会启事。2月6日,重庆沙坪文化区自治委员会成立大会,设干事会,由中央大学、重庆大学、教育学院、南渝中学、中央电台、炼钢厂、巴县第一区署首长为干事,并互推一人为主任干事,二人为副主任干事。票选张伯苓为副主任干事。3月1日,国民政府内政部公布禁烟委员会组织条例16条,并简派委员许世英、张伯苓、甘乃光、李仲公等23人。2日,全国体育界救亡协会敦促教育部致电国际奥委会,抗议由侵略中国的日本承办第十二届奥运会。教育部立即通知我驻比利时大使馆,要求正在布鲁塞尔负责文化宣传工作的谢寿康就近出席国际奥委会会议。张伯苓以英文电告国际奥委会,证明谢的代表权利。6日,为长沙临时大学迁昆明校舍事,与蒋梦麟致函云南省教育厅厅长龚自知,恳请设法拨借昆华农业学校、昆华工业学校及昆华师范学校三处校舍之一部分,暂资应用。

张伯苓3月9日为筹建临时大学迁滇校舍事飞抵昆明,同机还有缪云台、熊庆来。蒋梦麟、云南省教育厅厅长龚自知等往机场欢迎。10日，《云南日报》记者叩访，在谈对于战时教育之意见时，指出教育乃国家百年大计，国家不幸而发生战争，教育除照循序推进外，应侧重于精神教育，以激起学生之爱国情绪与民族意识。同时学习战时技能，以增厚抗战力量。14日，连续两天与蒋梦麟、郑天挺、周炳琳、秦瓒、施嘉炀、吴有训等在昆明四川旅社开会，研究学校安置问题。决定将西南联大文法学院设在蒙自，理工学院设在昆明，由北大、清华、南开各派一人去蒙自筹设分校。同日，云南省教育厅分函各校校长称，南开大学校长张伯苓，教界先进，伟绩昭垂，现因公到滇，各校尽本星期内自行前往接洽，延请演讲参观，俾资循率，而企改进。同日，云南大学为张伯苓来校演讲发布布告。中旬，国际奥委会在埃及开罗召开会议，取消日本主办第十二届奥委会的资格，宣布改在芬兰赫尔辛基举行，邀请中国参加。王正廷和张伯苓召开全国体协会议，决定报名参加。20日，与蒋梦麟拜会云南省政府主席龙云，面商为西南联大借用校舍事。30日，重庆沙坪坝文化区自治委员会发出公函，宣布该会胡庶华、张伯苓、高显鉴等为正副主任干事，随即开始办公。31日，张伯苓函谢云南省主席龙云，对筹办临时大学事宜的赞助。4月2日，奉教育部电令，长沙临时大学应改称国立西南联合大学。张伯苓、蒋梦麟、梅贻琦任常委。25日，方显廷函告美国罗氏基金团格兰特，经与张伯苓校长商议，拟将南开经济研究所设在重庆。

　　张伯苓5月8日由重庆飞抵汉口。9日，拜访国民党副总裁汪精卫、行政院院长孔祥熙、行政副院长张群等，分别报告南渝中学发展情况。10日，蒋介石接见张伯苓，共进午餐，陈布雷作陪。张伯苓提出南渝中学补助经费问题。蒋令陈布雷催办。11日，张伯苓邀何廉、周恩来、吴国桢等南开校友商讨建设大后方南开教育的计划，并请校友推进募款工作。13日，武汉校友开聚餐会，欢迎张伯苓。吴国桢、周恩来、徐谟等108人出席。吴国桢致欢迎词。继由张伯苓演讲，介绍创办南渝中学经过，最后称"敌寇志在亡我民族，吞我国土，全国应一致努力抗敌救亡工作。在领袖之指导下，共同奋斗，各尽国民天职，报效国家"。周恩来代表学生校友在会上致辞指出，"南开除严格之训练与优良校风外，有二点至可注意：一为抗日御侮之精神，一为注意科学训练"。14日，离汉返渝。在武汉时，曾应中华大学校长陈时邀请到武昌中华大学演讲。张伯苓说："中华大学有恽代英，南开大学有周恩来，这都是杰出的人才，是我们两校的光荣！"6月9日，张伯苓致函周恩来，问候邓颖超，并为上海实业家刘鸿生公子刘念悌，介绍赴陕北工作。17日，国民政府公布第一届国民参政会参政员名单，张伯苓因"努力国事，信望久著"被遴选为参政员。国民党中央执行委员会常务委员会决议，选任张伯苓为国民参政会副议长。同日，张伯苓发表讲话，希望参政会开后，代表全国意见为政府之一大助力，团结全国力量，在领袖领导之下，努力抗战建国。6月18日，教育部聘熊庆来、龚自知、陆崇仁、张邦翰、缪嘉铭、蒋梦麟、张伯苓、梅贻琦、李书华、何鲁组国立云南大学筹备委员会。20日，召开云南大学筹备委员会成立会。同月，任教育部体育委员会常务委员。7月5日，毛泽东致函国民参政会汪精卫、张伯苓，祝贺国民参政会开幕，并对全国上下精诚团结，再接再厉，誓驱强寇，胜利属我，决然无疑。同日，行政院院长孔祥熙招待全体参政员茶会，议长汪精卫、副议长张伯苓及参政员百五十余人出席，席间孔院长致辞，张伯苓代表致答词。

　　张伯苓7月6日出席在汉口开幕的第一届国民参政会第一次大会。议长汪精卫、副议长张伯苓、秘书长王世杰，以及136名参政员参加，国民党军事委员会委员长蒋介石、副委员长冯玉祥、副总参谋长白崇禧、国民政府行政院院长孔祥熙、军政部部长何应钦、司法院院长居正、监察院院长于右任、行政院副院长张群、外交部部长王宠惠、经济部部长翁文灏、教育部部长陈立夫、交通部部长张嘉璈和邵力子、陈璧君、陈公博、张道藩、钱大钧、叶楚伧、朱家骅、魏道明、蒋廷黻、潘公展、甘乃光、褚民谊等国民党军政要员，以及美国驻华大使詹森、英国驻华大使卡尔和法、意、比、瑞典等国外交官员、中外记者共千余人出席。汪精卫主持会议致开幕词，蒋介石、张伯苓、张一麟等人先后致辞。张伯苓称，此次参政会之召集，足以表现我国历史上空前之统一。为求达到抗战建国之成功，同人自应以赤心为国，拥护中央，拥护领袖之一致精神，发动全国民力，再接再厉，愈战愈强。7日，第一届国民参政会第一次大会第二次会议举行，下午，第一届国民参政会第一次大会第三次会议举行，汪精卫、张伯苓及参政员出席会议。8日，第一届国民参政会第一次大会第四次会议举行，汪精卫、张伯苓及参政员144人参加会议。9日，出席三民主义青年团在武昌召开成立大会，并与蒋介石及大会代表合影留念。10日，第一届国民参政会第一次大会第五次会议举行，张伯苓及参政员151人参加会议。张伯苓宣布讨论审查报告的注意事项。陈绍禹、张伯苓、许德珩、秦邦宪、章伯钧、邓颖超、吴贻芳、林祖涵、董必武、黄炎培、张澜、张申府、邹韬奋、晏阳初、史良、王造时等68名参政员提出：拥护国民政府实施"抗战建国纲领"提案。

　　张伯苓7月12日与蒋梦麟、梅贻琦等全国各大学校长联名通电全世界，呼吁制止日机滥炸中国和平居民。15日，第一届国民参政会第一次大会第十次会议举行，汪精卫、张伯苓及参政员145人参加会议。下午，国民参政会举行休会式，汪精卫、张伯苓及参政员146人参加会议。张伯苓致休会词。16日，云南省教育厅厅长龚自知、西南联大常委蒋梦麟、梅贻琦、张伯苓，云南大学校长熊庆来组成云南省中等学校在职各科教员暑期讲习讨论会，龚自知任主任委员。27日，函托南开大学秘书长黄钰生教授代为处理西南联大有关南开事宜，并称赞黄的办事能力。9月9日，国民参政会驻会委员会召开第一次会议，汪精卫、张伯苓及驻会委员13人出席，讨论并通过驻会委员会规则。25日，南渝中学第三次董事会召开，张伯苓、张群、何北衡、刘航琛、卢作孚、胡子昂、胡仲实、吴鼎昌（胡仲实代）等董事出席，张群主持会议，喻传鉴报告本校情况。张伯苓谈南渝中学更名问题。董事会决议：本校更名为"南开学校"，所有一切应办之手续及其他有关事项，统由校长办理。

　　张伯苓9月27日到达昆明。10月3日，出席西南联大常务委员会第八十八次会议。5日，在昆明旅邸与记者接谈，畅论国内局势，对我国抗战前途极为乐观，谓有此唯一最高领袖蒋委员长领导全国抗战，吾人对于最后胜利之信念，已坚定不移。6日，出席西南联大常务委员会第八十九次会议。13日，返回重庆。17日，在重庆举行的南开校友第十届各地分会代表大会上发表《请校友们帮助我发展学校》的讲话。24日，为青年记者举行招待会，明确表示，抗战的中途，绝没有讨论"抗"与"不抗"的余地，只有战，战到底。26日，与蒋梦麟、梅贻琦具名呈文教育部说明联大迁至昆明后的困难状况，请求教育部特予拨款照顾。28日，第一届国民参政会第二次大会在重庆举行，议长汪精卫、副议长张伯苓及参政员等参加会议，林森、蒋介石等党政军要员列席会议。张伯苓致辞。同日，毛泽东致电汪精卫、张伯苓称，驱逐日本军阀出中国，奠定抗战最后胜利基础，首在坚持抗战，坚持持久战，坚持举国上下精诚团结之民族统一战线。29日，第一届国民参政会第二次大会举行第一次会议和第二次会议。汪精卫、张伯苓及参政员125人参加会议。30日，第一届国民参政会第二次大会第三次会议举行。汪精卫、张伯苓及参政员132人参加会议。31日，第一届国民参政会第二次大会第四次会议举行。汪精卫、张伯苓及参政员117人参加会议。同月，蒋介石到津南村晤访张伯苓并参观学校,赞扬"张先生在抗战期间诸多困难情况下,建立如此充备的学校,为国家培养人才,令人尊敬"。

张伯苓11月1日出席国民参政会继续举行的各审查委员会会议。下午,第一届国民参政会第二次大会第五次会议举行。提出并通过了《拥护蒋委员长决议案》和关于电慰德安作战部队及坚守牯岭孤军,以励士气的议案。2日国民参政会举行各审查委员会会议。下午,第一届国民参政会第二次大会第六次会议举行。汪精卫、张伯苓及参政员126人参加会议。同日,汪精卫、张伯苓致电毛泽东称,大会已通过决议,拥护蒋委员长所宣示全面抗战持久抗战争取主动之政府既定方针。4日,第一届国民参政会第二次大会第七次会议举行。汪精卫、张伯苓及参政员138人参加会议。5日,第一届国民参政会第二次大会第八次会议举行。晚,第一届国民参政会第二次大会第九次会议举行。汪精卫、张伯苓及参政员参加会议。6日,第一届国民参政会第二次大会第十次会议举行。汪精卫、张伯苓及参政员参加会议。国民参政会第一届第二次大会休会。张伯苓发表简短致辞。24日,南开校友总会在重庆聚餐欢迎张彭春归国,张伯苓致辞希望南开校友推广"公""诚"二字,为国服务。27日,第一届中国教育学术团体联合会召开,各学术团体代表500余人参加会议,张伯苓主持会议,并祝词称,教育是教与术合成,教是科学而术是艺术。中国是讲和平国家,从和平中求生存,就是我们的教育哲学。同月,陕甘宁边区政府主席林伯渠(祖涵)致函林森、蒋介石、孔祥熙、汪精卫、张伯苓,谈陕甘宁边区参议会举行会议事。12月9日下午,参加国民参政会驻会委员会会议,任主席。18日,汪精卫等由重庆乘飞机至昆明,次日又转飞越南河内。不久时在香港的国民参政会参政员王云五接张伯苓自重庆来电,托其查访汪精卫是否来香港,若果在港,请会同留港参政员张一麟,力劝汪氏返渝。23日,国民参政会驻会委员会开会,会议由张伯苓主持。(以上参见龚克主编《张伯苓全集》第十卷附编《张伯苓年谱》,南开大学出版社2015年版;西南联大北京校友会编《国立西南联合大学校史——1937至1946年的北大、清华、南开》,北京大学出版社1996年版)

罗家伦继续任中央大学校长。1月23日,出席"国际反侵略运动大会中国分会"成立会,被推为分会理事。2月23日,为适应战时急需,开设电信、炮术和战地卫生三类训练班,每人必选一课,计算学分,并规定不得中途退修。同日,罗家伦主编之《新民族》周刊创刊号出版,在《新民族》创刊号发表《"新民族"的前奏曲》《建立新人生观》,后文强调建立新人生观,必要靠以下三种的人生活方式:第一是力的生活;第二是意志的生活;第三是强者的生活。前文相当于一篇发刊词,文中写道:"感谢日本的飞机大炮,把我们散漫的民族,轰炸成铁的团结,把我们沉迷的大众,轰炸得如梦方醒;把我们衰弱颓废的思想,轰炸得烟消云散——不把我们包裹重重的脓血炸开,那有新的肌肉产生?""我们首先应该的就是重作人生哲学的检讨,重行省察我们的思想行动,重行估定我们生命的价值表。新的民族是要新的人生态度的。大家应该努力为民族建设一个主人道德的标准,把握住时代演进的潮流。"

按:《"新民族"的前奏曲》从三个方向提出反省与要求:"我们首先应该的就是重作人生哲学的检讨,重行省察我们的思想行动,重行估定我们生命的价值表。新的民族是要新的人生态度的。大家应该努力为民族建设一个主人道德的标准,把握住时代演进的潮流。生命是离不了现实的,所以我们对于现实的政治社会国际教育等问题,应该讨论。不但应当讨论战时有用的问题,并且应该讨论战后建设的问题。讨论的时候,大家应该根据详细思考和研究的结果,发表负责而有建设性的文字。不必求同,也不可立异。教书的人办杂志,自没有共同政纲可言,但是整个国家民族利益的立场该共守的,在抗战中同时建国的意识,是大家共有的。文艺是生命情绪的表现,所以应该有文艺。只是我们所希望有的,不是尖酸刻薄培养全民族内猜忌怨恨的文艺,也不是享乐颓废供少数人玩弄的文艺。我们希望文艺里面,不但有充分的生命,而且有充分的同情心。我们相信在这热烈时代里,一定会有充满了生机的充满了真理的伟大文艺产生,虽然不知道产生在什么地方。我们只希望文艺去烧起民族同情的烈焰,去掀起民族精诚的爱潮。"

罗家伦3月5日在《新民族》第1卷第2期发表《民族与民族性》,开篇强调指出:"我们的民族目前正处于一个严重的时期,所以我们对于'民族与民族性'这个问题,现在有加以研究的迫切需要。"认为在讲民族构成的因素之前,应先对这几种观念加以辨别。第一,民族不等于种族——有些人以为民族就等于种族;第二,民族不等于语言——有些人以为民族就是指相同的语言系统里面的人而言;第三,民族不等于宗教,有些人以为信仰同一宗教的人,就是同一民族,以为民族的范围就等于宗教的范围;第四,民族不等于领土——还有些人以为在同一领土内的人,就是同一民族,以为民族等于领土。所谓"民族就是综合以上所述的种族,自然环境,经济生活的方式,法律与政治社会的组织,宗教,语言文字,教育和历史种种因素而形成的一个人类集团"。所谓"民族性也可说是一个国家的'国魂'。这种'国魂',一旦铸成,就不易毁灭。一个国家的生存,就须赖有这种'国魂'"。最后热切期望:"在这中外文化互相接触互相激荡的时期,也就是中国民族性重行陶融,重行鼓铸的时期。衰老,颓废,堕落的民族,决不能生存于今日;唯有变老为少壮,变颓废为奋发,变堕落为振作,才能维持独立和永久的生存。现在外来的刺激已经有了,我们就应该给它一个适当的反应。浮嚣空嚷,都无济于事。希望大家根据近代的科学的方法和精神,对于我们民族所固有的一切,重新予以估价,保持其优美的部分,而淘汰其无用的部分,以建立一个崭新的中华民族,形成一个崭新的中华民族性!"4月4日,教育部通令全国专科以上学校施行导师制。

罗家伦4月6日出席中国国民党五届四中全会。中央大学因学生增加,沙坪坝校区无法容纳,设立柏溪分校。4—5月,在《新民族》第1卷第7、9、10、11期连载《抗战的国力与文化的整个性》,文中强调"近代的战争,大家都知道,不是单纯的武力战争,而是文化的战争""文化是有机体的,换句话说,文化本身就是一个大的有机体"。然后反思当前的大学教育,提出大学教育改革的"二格论""现在的教育,对于知识的增进方面,虽然仍有缺陷,但是不能不承认他已经获得了最大的进步。我相信后一辈的人,从小学起就受完全教育上来的,将来知识一定比我们前几辈的好。但是现在教育最大的缺陷,还是我所谓'二格问题',就是'体格'与'人格'。不从这两方面积极改进,民族复兴简直没有希望,也只有从这两件事上来改进,才是真正的抗战教育""看看目前的汉奸,我们就可以了解人格教育的重要了。许多汉奸,第一等的梁鸿志、汤尔和、王克敏、陈锦涛、陈篆、温宗尧等一行丑类,不是没有受过高等教育的。第二等如程锡庚、徐柏园等等数不清的走狗,何常(尝)不是留学学生与大学毕业生。青年不靠在人格上所受的陶镕而专靠血气,是靠不住的。现在多少卖国贼之中,难道没有当年慷慨激昂的青年! 后之观今,难道可保证说不如今之视昔"。

罗家伦6月5日在《新民族》第1卷第15期发表《民族与地理环境》,重点讨论"民族演进中之地理的因素,也就是民族与地理的关系",认为"一个民族固应有它所不能离开的领土,同时,这个领土也就由许多方面给予定居于该地域内的民族以重大的影响。因此我们讲到一个领土的时候,特别应当注意到下面几点:(一)领土的形状;(二)领土的边境及其四周的状况;(三)领土的土壤和地质;(四)领土内的天然产物(包含天然产物的种类和分量);(五)领土的气候和气象等。这许多领土所含的成分,对于一个民族的性质,生活,文化以及整个民族的发展,都有莫大的关系。""近代有一种'人地学'(Anthropogeography),是专门研究地理环境对于人类的影响的一种科学。它注重以物质的地理环境来解释人类社会种种的事物及历史的变化,结果常成为所谓'地理命定论'(Geographical Determinism)。"反思"地理命定论"的缺陷,可从两方面来说明:第一从客观方面或物的方面来考察,地理环境本身是可变的;第二从主观方面或人的方面来考察,地理环境也可由人类来改造。现在有一派比较合理的人文地理学产生,是法国的白拉熙和费伯佛两人所倡导的。费伯佛著有《地理与人类进化》一书,以为地理环境对于人类的关系,不过是提供许多"区域的可能"而已。所以讲到地理环境与人类的关系,最重要的还不是前者所提供的现存的种种可能,而是后者对于这种种可能之随时的选择。因此我们研究地理环境对于民族的影响时,必须注意两点:第一是人类对可能的选择(Human Selection of Possibilities)。第二是人类对可能的创造(Human Creation of Possibilities)。20日,在《新民族》第1卷第17期发表《弱是罪恶,强而不暴是美》。27日,在《新民族》第1卷第18期发表《知识的责任》。同月,公布"中央大学导师制试行办法"。7月6日,举行第十一届毕业典礼。毕业181人。同日,奉教育部令,改教育学院为师范学院。除保留原教育学院系科外,增设国文、英语、史地、数学、理化、体育和公民教育7系。

罗家伦7月17、24日在《新民族》第2卷第1—2期发表《民族与人口》,认为"民族与种族"是讲民族的血统问题,而"民族与人口"是讲民族的数量问题。人口关系民族的方面很多。第一,人口问题和民族求生存的方式是有关系的。要因素之一,其间关系是很密切的。第二,人口问题影响民族的行为标准(National Standard of Conduct),因而与民族性有很大的关系。第三,人口问题与民族治乱很有关系。根据作者的观察与研究,近代世界人口问题有三个最显著的趋势。第一个趋势,就是世界人口总量的增加。第二个趋势是各国都争着为自己保留人口扩充的余地。第三个趋势是对于人口的选择与改进之注重。然后讨论中国的人口问题:第一个是中国土地是否足够分配问题。第二是如何利用土地问题。第三是国内人口重新分布的问题。第四是向外移民的问题。第五是如何使一部分人口工业化的问题。第六是中国人口的质量问题。8月21、28日,9月4日,在《新民族》第2卷第6—8期连载《民族与种族》。文中重点探讨了民族与种族的关系问题,并作了历时性的梳理与论述,最后强调:"一个民族,要想树立其在国际上之平等地位,取得别民族对于自己的尊重,必须能表现独立自存的精神和能力,能从人事的改进,军事的建设,文化的创造各方面努力,以表现自己民族的优点和我们对全人类的贡献。自骄自夸,都是没有用的。只有整个民族的一致振作,奋发迈进,才能保持自己民族的生存,消灭其他民族对于种族的偏见,而得到他们对于我们的重视和尊敬!"8月,工学院增设航空工程系。附属实验学校由安徽屯溪迁贵阳。9月,奉教育部令,武汉大学农学院并入本校农学院,转入学生60名,实际到校45名。12月,罗家伦、张伯苓等几位有影响的教育界人士,集议组织"战时图书征集委员会",以应大学师生教学之急需。校务会决定,在离沙坪坝25里左右的柏溪建立分校,供一年级新生使用。沙坪坝为校本部。实行"训导合一"导师制。初设主任导师室,后将主任导师室与训导处合并,改设主任导师1人,由训导长兼任,副主任导师若干人,由各院院长兼任。刚到任的中共南方局书记周恩来应中大、金大(理学院)邀请,在中大礼堂作"第二期抗战形势"的演讲。"中央大学研究院"正式成立(1936年设有数学和农艺学部)。研究院院长由校长兼任,院以下分设各研究所,各研究所下分设各学部。是时,研究院设理科研究所数学学部,农科研究所农艺学部,仅数学部有 2 名研究生。

罗家伦 12 月 5 日、12 日作《从完成责任到实现权利》,后载 1942 年 6 月重庆商务印书馆出版的《新人生观》。11 日,在《新民族》第 3 卷第 2 期发表《侠出于伟大的同情,侠气就是革命的精神》,提出"我们不可丧失自信了!我们要抱定侠者的精神,以整饬我们的内部,以扫荡我们的外寇。要是我们成功的话,我们还应当秉着这种精神,以奠定国际的新秩序"!18、25 日至 1939 年 1 月 1、8、16 日,罗家伦在《新民族》第 3 卷第 3—7 期连载《民族与语言文字及文学》,认为"一个民族与民族性的形成,语言文字及其所产生的文学都是重要的因素。因为一个民族共同的感情,共同的想像,共同的理想,共同的生活,都是由语言文字来表现的,其中的结晶就是文学。若是没有语言文字,这些要素固然无从表现,就是有了而不是共同的,——尤其是共同的精神所寄托的文学那也不易形成一个统一的民族,和完整的民族性。"作者重点就中国文学加以一番透视,发现有以下几个主要的特质:第一个特质是充满了忧乱伤离的情绪;第二个特质是颓废;第三个特质是形式主义;第四个特质是山林主义;第五个特质是个人主义。然后提出创造一种现在的文学即新文学的创造,至少必须注意以下几个问题:第一是建设民族的文学;第二是建设人生的文学;第三是打破形式主义;第四是打破颓废主义;第五是打破怨恨主义;第六是企图创造伟大的作品;第七是提倡历史传记文学;第八是建立文学与音乐的关系。同时在如何创作新文学方面,还应当把以下四点:第一要抓住时代的精神;第二要扩大自己的经验;第三要研究外国文学;第四要有科学的训练。12 月 19 日至 1939 年 1 月 23 日,作《学问与智慧》,后载 1942 年 6 月重庆商务印书馆出版的《新人生观》。文中论述学问与智慧的关系,归纳训练思想第一是去蔽;第二是分析;第三是综合;第四是远瞻。(以上参见刘维开《罗家伦先生年谱》,中国国民党中央委员会党史委员会 1996 版;张晓京编《中国近代思想家文库·罗家伦卷》及附录《罗家伦年谱简编》,中国人民大学出版社 2015 年版;南京大学高教研究所编《南京大学大事记 1902—1988》,南京大学出版社 1989 年版)

宗白华 6 月 5 日为《时事新报》(渝版)主编《学灯》。发表《〈学灯〉擎起时代的火炬》。文中说:"在 19 年前,'五四'运动的时候,《学灯》应了那时代的三种精神而兴起:(一)抗日救国的精神;(二)提倡科学的精神;(三)提倡民主的精神。而思想的解放,精神的独立和社会问题、青年问题的注视,也是那时代的特色。"又说:"今天的《学灯》,仍愿为这未尝过去的时代精神而努力。……《学灯》愿擎起时代的火炬,参加这抗战建国文化复兴的大业。"12 日,在《学灯》上为汪辟疆《三百年前一位青日年抗战的民族文艺家》等文写的《编辑后语》中说:"夏完淳的热情与天才不在拜伦之下。他是中国文学史上的一个奇人。然比起拜伦来,他代表了中国的伦理文化。他是一个最纯洁的最可爱的'有至性的人'。他的性格里没有恶魔。他有天神似的纯洁,却富有最高度的人间热情。这是中国伦理文化的灵魂,表现在文学里。"26 日,在《学灯》上为方东美《哲学三慧》等文撰写《编辑后语》,说:"文学家所追摹的幻景与意象是一个个的人生及其命运,哲学家所瞑想探索的是一个个民族文化的灵魂及其命运。"同日,在《学灯》设"国立戏剧学校介绍莎士比亚名剧《奥赛罗》专页",发表余上沅《关于〈奥赛罗〉的演出》、王思曾《〈奥赛罗〉中的性格描写》二文,并为之写《编辑后语》,指出莎士比亚的名剧有超时代的永久价值,表现了永久的人性。强调我们在遍体伤痍之中不要丧失精神的倔强和努力。

宗白华 7 月 3 日在《学灯》上发表《我所爱于莎士比亚的》。又在《学灯》上发表徐中玉《文学应该表现生活全部的真实》,并为之写《编辑后语》,提出"文学不仅是美,尤其是要真"

的观点。10 日,在《学灯》上为朱偰《五千年国魂来复》等文写《编辑后语》。又在《新民族》第 1 卷第 20 期发表《近代技术底精神价值》。文中说:"哲学确定人生的价值和理想,技术使它们实现。技术固然可宝,一个正确的政治主义,一个合理的社会目的,一个伟大的民族理想,尤为可宝。技术的价值在使它们能成功实现。"24 日,在《学灯》"文史地"专页上发表《技术与艺术——在复旦大学文史地学会演讲》,认为技术是人类根据科学的知识,应用到实际生活,满足生活底目的和需要底种种发明和机械,艺术则是表现人类对于宇宙人生的感情反应和个性的流露。两者虽然一偏重物质,一偏重心灵,但实则可以连系成一个文化生活的中轴,而构成文化生活底中心地位。8 月 7 日,在《学灯》发表为伍蠡甫等人的文章《文艺倾向性》所写的《编辑后语》指出:"马克思从技术生产关系的发展,解剖近代资本主义社会的内在矛盾及其必然的崩坏,斯播格来却是从文化心灵的诊断预述它的悲壮的末运。哲学家又都成了古代先知式的预言家。"14 日,在《学灯》发表为董兆孚译作斯播格来的《人与技术》所写的《编辑后语》中,认为中国人太爱清楚,爱白昼,爱平凡,爱小趣味小抒情,不爱探索黑夜的深沉。所以有《语录》而少伟大的哲学系统,有抒情诗而无壮丽的史诗。又批评斯播格来太被黑夜的悲观所笼罩,虽然崇拜歌德,却没有完全接受浮士德生活悲剧的结论,就是要用智慧和行动,来改造世界。

宗白华 9 月 4 日在《学灯》上发表为田津生、丁啸《亚里士多德及其文学批评》等论文所写的《编辑后语》,高度赞扬亚里士多德的哲学和文艺理论的成就,指出中国自秦汉以来,限制学术于"致用"和"利禄"之途,使中国哲学思想的活跃与逻辑问题底分析,几乎熄迹。此后又有不负责任的玄谈,使中国没有严肃的形而上学探讨。11 日,在《学灯》发表为潘菽《艺术扯谈》等文所写的《编辑后语》,又指出中西文艺路线的不同,在于西方注重写实,中国注重气韵,注重文艺的抒情性和音乐性。17 日,在《学灯》上发表为朱偰《中国信用货币之起源》、谢谦《希腊的物理学》等所写的《编辑后语》,指出要提倡科学研究的精神和兴趣,最好是读科学发展的历史,它可以告诉我们,问题的产生和解决的路线。这是活的科学生命,不是死的科学成绩。10 月 2 日,在《学灯》上发表为伍非百《中国古名家言总叙》所写的《编辑后语》,说:西洋的逻辑,是注重概念定义的准确和思想系统的通贯融和,组织严密,最后以成系统的立说,由逻辑而建立科学。中国的形名学是出于形书,是法术家用以做政治刑赏的准绳,起于讼而非起于辩。孔子的正名,其目的在礼乐刑政。中国的"名学"演变而成为"名教",支配了两千年的中国文化。名学亡则哲学不振,哲学兴趣衰落,则科学穷理的兴趣也无从产生。9 日,在《学灯》上发表为欧阳竟无《散原居士事略》等文章所写的《编辑后语》说:"白话文学里的'散文',经过徐志摩、梁宗岱、何其芳、芦焚和其他多人的努力,已经开辟了一种独自的美。由于运用新的意匠来选字,遣词,造句,能表出新的意境和情绪。民族创造能力没有衰落,在这小地方可以看出来。"16 日,在《学灯》上发表为欧阳竟无《辨二谛三性——七月初与渝友谈义》《辨唯识法相——八月初与院友谈义》等文所写的《编辑后语》,说六朝隋唐的佛学,它的伟大光芒和创造力的丰盛,只有那几百年间的佛教造像在中国艺术史上的地位可以互相辉映。云岗、龙门、天龙山、历城山各处的造像,代表了这个异常宏富瑰丽的造像时代,其成就不亚于希腊雕刻。

宗白华 11 月 6 日在《学灯》上发表为徐仲年《当代法国大诗人保儿·福尔——献给令孺大綱白华三诗人》所写的《编辑后语》,说有韵律节奏的生活,才是真实的生活。中国古代的礼乐作为社会骨架,但丧失最多的还是礼乐。礼乐衰落之后,幸有书法艺术,可以表现时代的情调韵律,各种微妙的境界。我们从里面,可以窥见"力"和"美",那是充实的韵律生活的自然流露,那是一个"力"和"美"的时代。又在《学灯》刊《重要启事》,因抗战时交通梗阻原因,暂停《时事新报》的《星期增刊》,归并于《学灯》。13日,在《学灯》上发表为张默生《现代学术界怪杰吴秋辉先生》等文所写的《编辑后语》,赞扬"一位个性独特,冥怀继往的学者"吴秋辉,和"苦行笃学"的桂伯华。20日,在《学灯》上发表为言心哲《论训练社会事业人员之重要》所写的《编辑启语》,强调人生以服务为目的,不以夺取为目的,服务又要有方法,有学术训练,不是拢拢攘攘可以干得了的。12月18日,在《学灯》上发表为颜实甫《目前几个小问题——还是需要哲学》等文所写的《编辑后语》,赞扬颜实甫谈论文学和哲学,委婉而有风趣,亲切而含至理。25日,在《学灯》上发表为冯友兰《论艺术》、于华《王静庵之死》、严文蔚《肖邦》等文所写的《编辑后语》,赞扬冯友兰《新理学》一书,"那是一个建立一新哲学系统底企图,可算得中国学术界的空谷足音"。又在谈到王国维之死时说:"一位高贵的、寄心灵于纯学术境界的人,竟被世俗琐事困恼其精神以致于自杀,放弃毕生未竟之业,岂不令人感到人生矛盾的悲剧,而寄以无限的同情。"(以上参见林同华《宗白华生平及著述年表》,载《宗白华全集》第四卷附录,安徽教育出版社1994年版)

朱希祖继续任中央大学历史系主任。1月7日,金毓黻自汉口来访,约定下学期开始,回史学系任课。13日,偕长子朱偰赴重庆商务印书馆经理程育明宴,同席者有马寅初、朱君毅。席中有重庆私立广益中学校长杨芳龄,托朱希祖物色中国史教员。14日,梁嘉彬自广州来,留其晚餐,谈留学日本情形。2月1日,至中央大学访洪范五,接洽校中宿舍,拟以后每星期住校中三日。11日,接北平亲属来信,言孟森于1月14日逝世,而马裕藻、钱玄同、沈兼士等仍安居北平。同日,金毓黻来访。13日,赴金毓黻宴。同日,滕固来谈故宫文物迁移事。16日,至广益中学接洽讲演及借住事。21日,访滕固,谈南宋初史事兼及时局。3月1日,本学年上学期课程结束,放假10天。迁居广益中学。9日,自广益中学赴中央大学,准备开学。10日,至金毓黻处谈学。17日,与马衡等至罗家伦寓处观其所藏字画。18日,马衡来约午后至书店购《华阳国志》。午后,至马鞍山后高家庄唐家花园北平故宫博物院访马衡,即偕至都邮街附近购书,并至商务印书馆、中华书局。22日,马寅初至广益中学访朱希祖。23日,在广益中学讲"道家消灭战争之法"。27日,陈百年、沈士远等至广益中学访朱希祖。28日,阅报,知台儿庄大捷。同日《日记》载:"本日报载,徐州以北,吾国战事稍占胜利,心颇宽慰。"30日,在广益中学讲《老子》。

朱希祖4月1日至上清寺访蒋复璁。又至考院访陈百年、沈士远。再至考试院对面访张海秋。4月6日,在广益中学讲"儒家消灭战争方法"。20日,在广益中学讲"公孙述据蜀之因果"。4月26日,阅报知鲁南战事不利,忧心如焚。27日,在广益中学讲"墨家、名家消灭战争方法"。5月1日,阅报,知各路战事不利,心殊忧闷。4日,在广益中学讲"法家消灭战争之方法"。11日,在广益中学继续讲"法家消灭战争之方法"。15日,赴《时事新报》经理崔唯吾宴,同席数十人皆中央大学教授,当时宗白华为该报办《学灯》一栏,邀同人作文,故有此集。6月3日,朱希祖被派为中央大学新生招考常务委员,出席第一次常务会议,并与金毓黻谈古代史官源流。同日,代教育部拟《国立大学史学系课程》。4日,答宴史学系毕业生,与沈刚伯、张致远、金毓黻、郭量宇、姚薇元、姚琴友共为主人。26日,拟中央大学史学系暑期进修方案。7月9日,召开史学系全体教员会议,商量暑期史学系学生事宜,及下学年课程。28日,报纸误传钱玄同病逝,撰《哀钱玄同文》。8月23日,赴中央大学,至校长室见罗家伦，罗家伦有督责之意。24 日，拟定辞职后生活计划。26 日，赴中央大学，拟递辞职书，因同事劝阻而作罢。28 日，致信罗家伦，对罗家伦 23 日所言进行申辩。

朱希祖 9 月以后大量阅读哲学、心理学书籍，学术思想有较大变化。9 月 2 日，开始阅读黑格尔《历史哲学》，同日，遇国立中央图书馆主任蒋复璁，蒋复璁言钱玄同未死。19 日，开始阅读陈百年《心理学大纲》。10 月 18 日，开始阅读李石岑《超人哲学浅说》。11 月 4 日，梁嘉彬来辞行，因朱希祖保荐，梁嘉彬得中英庚款资助，赴昆明西南联大作研究。6 日，致信罗家伦，约明日接洽文、法、理、教四院中国通史公共课课程。晚，赴中央大学，宿金毓黻处。7 日，与罗家伦等商议下学期文、法、理、教四院中国通史公共课课程及工作。27 日，阅宗白华"历史哲学派别"授课笔记，并札记于日记。同日，徐复来，同编太炎先生书札目录。12 月 9 日，晤罗家伦，接洽史学系请教员及搜辑抗战史料经费事。17 日，赴汪东宴。22 日，访徐复、沈致祥，谈抄校太炎书札事。与朱铎民谈刻书札事。30 日，被选为嘉兴六邑旅渝同乡常务理事。31 日，访张继，畅谈保存政府档案及筹设国史馆事。（以上参见朱元曙、朱乐川《朱希祖先生年谱长编》，中华书局 2013 年版）

金毓黻是春任中央大学史学系教授。1 月 7 日，金毓黻自汉口来访朱希祖，约定下学期开始，回史学系任课。2 月 23 日，金毓黻始撰《中国史学史》。5 月 5 日，金毓黻在《静晤室日记》提出了"撰史之法"，在《中国史学史》中补充为："大抵撰史之法，或以人纪，如诸正史，别史是；或以年纪，如《通鉴》是，或以事纪，如《纪事本末》是，是为史之三体。刘知几谓纪传、编年为二体，遗纪事一体而不言，固以古无是作，然岂足以概史体之全哉？若乃唐宋以来，撰史之途径日辟，又可于此见之。"由此可见，金毓黻的撰史之法大抵是受到了梁启超的影响。上世纪二十年代的史学史著作，大都不以"史学史"为题，如朱希祖《中国史学通论》、柳诒徵《国史要义》等，但这些著作也都是介绍中国史学发展及研究方法，进入到三十年代"史学史"之著作开始兴盛起来，主要有刘咸炘《史学述林》、宋慈抱《续史通》、傅振伦《史通之研究》、郑鹤声《汉隋间之史学》等等，上述史学史著作积累给金毓黻的史学史编纂带来了丰富的积淀。11 月 5 日，始撰《宋辽金史讲疏》。11 月 26 日，《中国史学史》初稿完成，包括导言，第一章古代史官概述，第二章古代史家与史籍，第三章司马迁与班固之史学，第四章魏晋南北朝以迄唐初私家修史之始末，第五章汉以后之史官制度，第六章唐宋以来设馆修史之始末，第七章唐宋以来之私修诸史，第八章刘知几与章学诚之史学，第九章清代史家之成就，第十章最近史学之趋势。《中国史学史》受到梁启超《历史研究法续编》的影响，全书"谨依刘、章之义例，纬以梁氏之条目，粗加诠次，以为诵说之资"，将梁启超提出的"史官、史家、史学的成立及发展、最近史学的趋势"四个方面作为基础架构，完整地实践了梁启超的史学史编纂思想。12 月 1 日，撰《宋辽金史讲疏》总论。10 日，撰《宋辽金史讲疏》，考契丹部。（参见牟哥《金毓黻先生著述考》，东北师范大学硕士学位论文，2017 年）

胡小石仍在中央大学任教。3 月底 4 月初，台儿庄战役告捷，日寇受惩。胡小石在重庆闻后兴奋无比，作诗《台儿庄大捷书喜》云："乍有山东捷，腾欢奋九州。不缘诛失律，安得断横流。淮滨屏藩固，风追早晚收。低回思白羽，一写旅人忧。"12 月 4 日，在《学灯》上发表为《中国书学史绪论》，宗白华所写《编辑后语》强调书法与建筑表达西方艺术史的风格演变一样重要，它是表现中国各时代精神的中心艺术。它能表现人格，创造意境，尤接近于音乐的、舞蹈的、建筑的构象美，与绘画的、雕塑的具象美相对。11 日，《学灯》续载《中国书学史绪论》。是年，胡小石与武昌师大同事刘禹生在重庆经常见面，受其反蒋思想影响颇深。

《大公报》颁布"部聘教授"名单,胡小石为中国古代文学部聘教授。(参见谢建华《胡小石先生年表(1888—1962年)》,载《胡小石文史论丛》,南京大学出版社2008年版;林同华《宗白华生平及著述年表》,载《宗白华全集》第四卷附录,安徽教育出版社1994年版)

朱偰1月13日偕父朱希祖赴重庆商务印书馆经理程育明宴。8月7日,朱偰作《后九迁记》,朱希祖读后感慨系之。10月23日,朱偰在《学灯》上发表《元代信用货币之研究》,宗白华所写《编辑后语》中说:"凡感到法币政策在这次抗战建国过程中的重要性者,定有兴味看这篇有价值的文字。"(参见林同华《宗白华生平及著述年表》,载《宗白华全集》第四卷附录,安徽教育出版社1994年版)

杨兆龙任立法院宪法起草委员会专员,随国民政府自南京撤迁至武汉,与焦实斋、王华棠、杜聿明等组织"兴建研究会",提倡改革政治,实行民主,振兴实业,积极抗日。10月,抵重庆之后,先住观音岩,后迁居青木关。仍任中央大学教授。讲授海商法、比较法、比较民法、比较刑法、诉讼法、行政法、法理学、法哲学等课。

陈裕光继续任金陵大学校长。1月,金陵大学教职工约500人,学生200人陆续抵达成都华西坝。3月1日,在成都华西大学借用华大之工程处开学。4月,金陵大学与中大医学院、华西大学、齐鲁大学、金陵女子文理学院学生组成"成都学生抗战宣传团"第三团,深入民众,广泛开展抗日救亡宣传活动。秋,在教育部协助下,金陵大学创设影音专修科。12月,为救济战区学生,该校设立奖贷金委员会。(参见南京大学高教研究所校史编写组编《金陵大学史料集·陈裕光》,南京大学出版社出版1989年版)

吴南轩继续主持西迁重庆的复旦大夏联合大学。1月,吴南轩来到北碚,被那里秀丽的风景、浓郁的文化氛围和安定的社会环境所吸引。因为卢作孚于1927—1936年任北碚出任峡防局局长期间,在此地主持开展了轰轰烈烈、成效显著的乡村建设运动,经济、文化、教育以及城市建设已具相当规模,被到北碚参观的著名教育家陶行知赞誉为"将来如何建设新中国的缩影"。国民政府迁都重庆后,就将北碚划为迁建区,不少中央机关、科研单位、文化团体及大专院校纷纷迁到那里。吴南轩认为北碚是个办学的好地方,决定将复旦迁到北碚。随后,吴南轩在校友帮助下到了下坝,发现那里"背靠琼玉山,面临嘉陵江,位于黄桷镇与东阳镇之间,有平坦土地一千余亩,与北碚夹江相望,风景秀丽,诚为建校佳地"。特别是因为其地靠近东阳镇,可借用的临时住房较多,日常用品和瓜果蔬菜的供应也较为方便,所以吴南轩最终决定将下坝定为复旦大学新校址。2月下旬,复旦大学师生分批从菜园坝迁至下坝。复旦大学新闻系教授陈望道提出:"下""夏"同音,建议取"华夏"之"夏",将"下坝"更名为"夏坝",以表达复旦师生的爱国之心。此建议被采纳,以后"下坝"改称"夏坝",沿用至今。

按:6月2日,吴南轩在一次讲演会中,道出了他是如何选中北碚缘由:北碚距重庆不过二百里,陆路以车,二小时可达;水路以舟,三小时可达。北碚是一乡村,背山临水,风景奇丽,曾经卢作孚先生经营为实验区,故乡村中又略带城市化,以此建校,最称合适。但其间经历了曲折的过程。正当吴南轩满心欢喜地确定下坝为复旦大学新校址时,却惊闻下坝已另有他用。原来就在几天前,国民政府资源委员会工矿调整处业务组组长林继庸已与卢作孚商定,将下坝作为从沦陷区迁来的30多家工厂的集中厂址。2月4日,焦急万分的吴南轩发电报给卢作孚,力陈他将下坝作为复旦大学校址的主张。电文中说:"近在北碚察勘永久校址,从天然及社会文化观点上认为东阳下坝最合理想。敝校深愿经营此地,为我公北碚建设之一助。观音、温泉(应为温汤峡)两峡内,拟请保留为风景住宅文化区,工厂散设两峡以外,分区发展,相得益彰,谅蒙赞许,伫候电复。"由于卢作孚从1927年至1936年出任北碚峡防局局长,主持开展了卓有成效的以北碚为中心的嘉陵江三峡乡村建设运动,深得当地百姓和各界人士敬重,声望很高。此时他虽然不是北碚的地方长官,但在北碚仍有影响。正如卢作孚的儿子卢国纪在《我的父亲卢作孚》一书中所言:"我的父亲仍然始终关注北碚三峡的建设和改革,始终是北碚一切事业的指导者……北碚的建设和改革,完全是在我的父亲的直接领导下继续向前发展的。"正因如此,此时卢作孚虽已不担任北碚峡防局局长职务近两年,然而迁校下坝之事,吴南轩仍先去找卢作孚,期望得到他的支持。吴南轩在电文中提到,复旦大学迁北碚是为"北碚建设之一助"。这是因为吴南轩深知卢作孚一向重视文化教育,曾在其乡村建设的蓝图中明确表示要在北碚建"实验的小学校,职业的中学校,完全的大学校"。当时北碚已有小学、中学,但还没有大学。复旦大学作为一所享有盛誉的大学,若在北碚落户,当然是为"北碚建设之一助"了。为了说服卢作孚,就在吴南轩给卢作孚发电报的当天,与吴南轩一起去下坝实地考察的时任新生活运动促进总会干事卫挺生也发电报给卢作孚,认为下坝是复旦大学建校的"国内第一佳地"。卫挺生在电文中说:"顷偕复旦吴校长觅大学永久校址,选定东阳镇上下坝,方庆已得国内第一佳地。今返渝,闻先一日林君继庸已与先生商定,以该地作三十个工厂地址。工厂、大学均甚重要,并选其地,原属可喜,惟鄙见数十工厂万不可集中一处,战时则招敌轰炸,平时亦动酿工潮,似宜稍令疏散,俾获安全。北碚附近因先生昆季(按:指卢作孚和其胞弟卢子英,时卢子英为北碚管理局局长)努力,目前已有三年成聚,五年成邑趋势。文化机关数月间来集者已六七所,诚宜广辟一区,俾充分发展,令优秀智识分子闻此相互观摩之余,努力为文物出产。若多数工厂逼水林立,则烟尘喧嚣之下,文化机关与智识分子必相率避去,似非两全之道。"卫挺生在电文中明确指出,在下坝集中二三十个工厂是"万不可"之举,理由是"战时则招敌轰炸,平时亦动酿工潮"。北碚是抗战期间文化教育单位集中之地,不宜在此开设如此多的工厂,以免污染环境。为了得到国民政府的支持,吴南轩和卫挺生在致电卢作孚的同时,又向刚上任的国民政府"教育部"部长陈立夫申诉。陈立夫赞同吴、卫的意见。2月10日,陈立夫给卢作孚发来电报:"复旦大学拟定东阳镇下坝为永久校址,闻资源委员会林继庸君拟借上下坝为各工厂厂基,冀便集中,以省电力。按北碚系风景文化住宅区,对江地带亦以建校为适,厂屋集中战时非宜,平时亦易生工潮,尚祈转商另行觅地为荷。"卢作孚收到吴、卫、陈3封电报后,再三权衡,最终同意复旦大学在下坝建校的意见。2月14日,卢作孚致函林继庸,写明"将北碚下坝让出校地一所,以为复旦大学永久校址"。4月6日,即复旦师生已入住夏坝一个多月后,吴南轩又致电国民政府"经济部"部长翁文灏,再次表明资源委员会在夏坝集中建厂极为不妥。吴在电文中说:"弟等往北碚为复旦大夏联合大学觅校址,得东阳镇上下坝最宜,已得当地主管机关同意赞助,并呈报教育部征收土地。唯资源委员会迁厂计划亦拟于此方里之地内,设置三十余工厂。鄙意工厂过分集中,利小害大,战时患轰炸,平时虞工潮。不如沿嘉陵江分散设厂,自狮子口上至草街子,适宜地点不下十余处。为求工厂安全,拟请饬另定计划,俾学校得荷玉成,受赐实多。"后资源委员会也考虑到了在夏坝集中建厂的弊端,自动放弃了这一计划。自此以后,复旦大学终于在夏坝站稳了脚跟,安心办学。复旦迁址夏坝一段时间后,吴南轩在复旦同学会的讲演中,谈及很庆幸找到夏坝这个好地方,由于这里环境好、文化氛围浓郁,学校的学风也随之大有好转。他说:"自迁北碚,学风之纯洁敦朴,亦大非昔比。母校学风素来良好,然在江湾时代,以上海之环境如斯,终尤不能自认为尽善尽美。自移牯岭(江西庐山),与外来分子相习,时虽不久,学风顿失其纯朴,少数学生且有流为嚣张之虞。然自至北碚,环境大好,学风亦随之大好。以今日学生之刻苦耐劳与恪守纪律,学风之佳,恃较往日,真如霄壤。"吴南轩在演讲中还特别表达了对卢作孚的感谢。他指出,复旦大学之所以能迁夏坝,"得当地父老之助力亦殊多,尤以卢作孚先生最热心爱护,得迁北碚,卢先生之力居多"。为此,复旦大学迁校夏坝后,做出决定,聘卢作孚为复旦大学董事会董事。

　　吴南轩决定西迁重庆的复旦大学先于3月21日在距重庆约百里的黄桷树镇开学,教务除注册、图书、体育三组外,仍分:(一)文学院:中国文学系、外国文学系、教育学系、社会学系、新闻学系属之;(二)理学院:化学系、生物学系、土木工程学系属之;(三)法学院:政治学系、法律学系、经济学系属之;(四)商学院:会计学系、银行学系、工商管理学系属之。根据实际需要，复增设史地学系及统计学系，分隶于文商两学院。4月，因经费困难，吴南轩第一次向时任复旦大学老校长李登辉兼校董提出改私立为国立的想法，被李登辉以"政治影响，易长纠纷"为由予以否决。6月2日，吴南轩自四川来视沪校，在复旦同学会上的报告《复旦在北碚》，谓复旦"迁北碚后，环境好、精神好，将来发展正方兴未艾，咸抱乐观。母校之迁移入川，并非临时性质，拟有永久计划，将在此地建校。即他日战平，亦不即舍今址而回海上。此点与他校之迁入内地者不同，盖他校皆视为暂局，战事结束将仍各回原址，即以迁川各校而言，若中大、若武汉、若光华、若金陵皆然也。独母校认为吾国大学本病集中都市，今既被迫而入内地，正可利此时机，建一永久基础，以纠此弊，四川之北碚，将来且为吾母校校誉发扬光大之据点也"。

吴南轩接教育部长陈立夫10月5日签署的教育部训令，同意复旦在夏坝建校。吴南轩抓紧在夏坝破土兴业，鸠工起屋。随后，登辉堂、相伯图书馆、博学斋、笃志斋等复旦校舍相继建成，耸立于嘉陵江畔。又根据大西南自然资源及社会急需，新增垦殖专修科，与中国茶叶公司合作办茶业专修科、茶业组、茶业研究室，创中国高校设茶业专业系科之先河，为抗战农业经济培养了许多专门人才。之后，增设农学院，开办实验农场，研制成"复旦白酱油""复旦番茄酱"，成为北碚家喻户晓的名牌产品。同时还抓住大后方人才聚集之良机，竭力延揽名流学者来校任教。曹禺、叶圣陶、方令孺、胡风、老舍、卫挺生、梁宗岱、赵敏恒、程沧波、沈百先、吕振羽、李蕃、任美锷、陈望道、叶君健、吴觉农等一大批知名学者应邀先后到复旦兼职或全职任教。（参见刘重来《1938年复旦大学迁校北碚夏坝》，《炎黄春秋》2018年第1期；复旦大学档案馆选编《抗战时期复旦大学校史史料选编》，复旦大学出版社2008年版；王燕《抗战时期国立中央大学在渝办学研究》，西南大学硕士学位论文，2012年）

章友三任复旦大学教务长，因赴教部工作，暂请金通尹兼代。余楠秋因病续假一学期，文学院院长一职，暂请伍蠡甫兼代。其所属各系，陈子展、伍蠡甫、沙学俊、熊子容、言心哲、谢六逸分任中文、外文、史地、教育、社会、新闻各学系主任。理学院院长仍为金通尹，所属各系，林一民、徐人极、金通尹分任化学、生物、土木工程各学系主任。法学院院长孙寒冰因事滞粤，本学期未能来校，所属政治、经济两系主任由但荫荪、卫挺生分任。张志让以事留汉，法律学系主任一职，暂请该系教授潘震亚兼代。商学院院长为李炳焕，所属各系，谢霖甫、李炳焕、赖彦于、李蕃分任会计、银行、工商管理、统计各学系主任。以殷以文留沪，总务长一职，暂请教育学系教授沈子善兼代。训育单独成一部，请温崇信回校主持。本学期实行军事管理，成立军训总队部，吴副校长任总队长，金教务长、温训育主任兼副总队长，军训教官为总队副。（参见复旦大学档案馆选编《抗战时期复旦大学校史史料选编》，复旦大学出版社2008年版）

王星拱继续任武汉大学校长。1月初，鉴于武汉已成为被日寇三面包围的孤岛，岌岌可危，王星拱校长委派杨端六与邵逸周前往四川考察迁校地址。由于武大西迁启动最晚，选址十分困难，沿江的重镇如重庆、泸州、宜宾等地已没法落脚。杨端六和邵逸周只得从岷江北上走得更远，最后选定岷江边的小县城乐山作为校址。2月21日，召开第322次校务会议议决迁校问题，商请教育部将一、二、三年级学生暂迁四川乐山，并于暑假后酌情再迁贵阳，四年级学生仍留珞珈山结束学业。26日，教育部批准武大迁校方案。同日，武大校务会议议决成立迁校委员会，推定杨端六、邵逸周、方壮猷、刘延诚、曾琪益、郭霖、叶雅各为委员，杨端六为委员长。3月29日至4月1日，国民党临时全国代表大会在武汉大学图书馆举行,会议制订和通过《抗日建国纲领》;决定实行总裁制,选举蒋介石为国民党总裁,汪精卫为副总裁;成立民国参政会。4月2日,武汉大学第一批迁校委员杨端六等人到达乐山,开展前期工作。然后在乐山这一小县城全面而又迅速地展开修缮、制造等工程,各项工程进展神速。原定于5月1日开学,于是提前于4月26日开始上课。7月间,珞珈山本部的教职员工,在留珞珈山学习的四年级学生毕业离校后,只留8人看管校产,其余均由校长王星拱率领奔赴嘉定。此后,乐山的"国立武汉大学嘉定分部"正式改名为"国立武汉大学"。7月15日,迁校工作基本完成后,迁校委员会宣布解散。8月,暂时将农艺系并入中央大学,同时增设矿冶系,又将哲学教育系改为哲学系。同月,经校务会议决,正式设立训导处、聘赵师梅为训导长。10月7日,制定了《武汉大学导师制实施纲要》,并推定赵师梅为主任导师,王凤岗、吴之椿、马师亮、余炽昌为副主任导师。11月,日寇占领武汉后,武汉大学珞珈山校舍便成为他们的司令部。(参见吴贻谷主编《武汉大学校史(1893—1993)》,武汉大学出版社1993年版)

苏雪林任教于西迁四川的武汉大学。2月,在《文艺月刊》主编王平陵的奔走努力下,充分发挥文艺在对敌斗争的作用,并联络在武汉三镇的文艺人士,成立"中华全国文艺界抗敌协会筹委会",苏雪林当选筹委会委员。3月27日上午9时,苏雪林出席在汉口总商会礼堂举行的"中华全国文艺界抗敌协会"(简称"文协")成立大会,大会由作家舒舍予主持,周恩来、郭沫若、邵力子等在会上致辞。当天出席会议的文艺家、诗人、画家共1253位,皆为"文协"会员。会后通过《中华全国文艺界抗敌协会宣言》。30日,苏雪林与外文系教授袁昌英、中文系讲师兼女生指导顾友如联名以妇女抗日联谊名义,在汉口一豪华餐馆宴请周恩来夫人邓颖超。4月1日,苏雪林与胡风、陈西滢、凌叔华、曾虚白、曾朴、盛成、叶君健等97名文艺界人士联名在《文艺月刊》第9期发表《中华全国文艺界抗敌协会发起旨趣》:"我们应该把分散的各个战友的力量,团结下来,像前线将士用他们的枪一样,用我们的笔,来发动民众,捍卫祖国,粉碎寇敌,争取胜利。"10日,武汉大学文学院有一女生与陈独秀有亲戚关系,在这位女生的带领下,苏雪林渡江前往汉口吉庆街拜访陈独秀及与他患难与共的夫人潘兰珍。自4月中旬,武汉大学决定西迁四川乐山县。图书、仪器先行,教职员及学生分批乘船陆续撤离武昌,苏雪林随校西迁。7月,湖南长沙商务印书馆出版苏雪林文艺评论《青鸟集》,列为该馆"现代文艺丛书"之一种,集中收录她近十年来所写的文艺评论,计22篇。是年,苏雪林结合教授《楚辞》,开始研究屈原的25篇辞赋,撰写论文《〈天问〉整理初步》。湖南长沙商务印书馆将原上海真美善书店出版的《蠹鱼生活》易名《蠹鱼集》出版,列为该馆"现代文艺丛书"之一种。(参见沈晖编著《苏雪林年谱长编》,安徽文艺出版社2017年版)

叶圣陶全家1月4日自宜昌登"民主轮",于9日抵渝,暂居在复兴观巷2号甥刘仰之家,后住重庆市西三街9号。叶圣陶支持并帮助谢冰莹创办的重庆《新民报》副刊《血潮》于1月15日创刊。2月,宋云彬在汉口创办大路书店,叶圣陶为发起人之一。同月22日,由茅盾、叶圣陶、适夷、宋云彬主编的《少年先锋》创刊。同在2月,叶圣陶应老友周勖人之邀,到重庆巴蜀学校教国文。3月,叶圣陶应重庆中央国立戏剧学校校长余上沅的邀请,到戏校教写作课,始识在该校任教务长的曹禺。应陈子展和伍蠡甫的邀请,到复旦大学教国文。同月27日,中华全国文艺界抗敌协会在武汉成立,叶圣陶为大会主席团成员。4月初,侯外庐、王昆仑、高璐度来访。叶圣陶受中苏文化协会聘请,任中苏文化协会研究部副主任。5月4日,《抗战文艺》创刊,叶圣陶为编委会委员。6月,《鲁迅全集》在上海出版,鲁迅先生纪念委员会编,共20卷。叶圣陶曾致函鲁迅先生纪念委员会,对编辑出版《鲁迅全集》提出建议和设想。8月下旬,韬奋、老舍、老向、蓬子等人来访。陈西滢来访,招往武汉大学任教。9月3日,《国讯》旬刊自181期起,叶圣陶任编辑委员。10月,陈源礼聘叶圣陶至乐山武大中文系任教。叶圣陶全家迁居乐山。

　　按:苏雪林《叶绍钧的作品及其为人》(苏雪林著《文坛旧话》,台北文星书店1967年版):"民国二十七年,武汉大学迁至四川乐山县,文学院长陈通伯先生,立意要把全校基本国文课程好好整顿一下。素知叶氏对国文教学极有研究,知他此时到了大后方重庆,一时尚未找到适当的职业,遂卑辞厚礼,聘请他来武大任教。请他选择教材,订定方针,领导全校基本国文教师工作。那时国文系主任是刘博平(颐)先生,叶氏则俨然成了一个没有名义的国文主任,不过他的权限止于基本国文罢了。……叶氏做事非常负责,也非常细心,到校以后,果然不负陈院长的委托,把他多年国文教学经验一概贡献出来。"(参见商金林编《叶圣陶年谱》,江苏教育出版社1986年版;沈晖编著《苏雪林年谱长编》,安徽文艺出版社2017年版)

　　朱东润在泰兴度过是年的大部分时间。11月,上海转来电报,告学校已内迁四川乐山,正式上课,"大家都在后方为这即将来临的大时代而努力",要求在次年1月15日前赶到。朱东润稍有犹豫,但在夫人"家庭的一切有我呢"鼓励下,决心西行。12月2日,到上海。13日,乘船往香港。17日,抵达。办理经越签证。23日,搭广元轮往海防。27日,抵达。28日,到河内。仅停2日,其间曾参观玉山寺。30日,入云南。31日,到昆明。次年1月8日,到达重庆。14日,到达西迁乐山的武汉大学。(参见陈尚君《朱东润先生1939年的学术转型》,《文汇报》2014年12月5日)

　　张颐继续代理四川大学校长,对于学术和应用的结合方面坚持不懈。5月,化学系教授张洪沅鉴于化学系师资力量较强,且社会对应用化学特别需要的情况,向学校建议成立应用化学研究所。同月20日,校务会议决定,由魏时珍、曹四勿、张洪沅、顾葆常拟具设立应用化学研究处的详细办法及规章。张洪沅草拟了应用化学研究处规则,提出该处研究工作的中心任务是提高"化工学术"并"辅助国内化工事业的发展"。该处着重研究:一、利用川省资源提制汽油或汽油的研究;二、川省盐产的利用和溴碘的提制;三、纯碱制造的改进;四、四川天然硫的调查和提炼;五、利用川煤提取膏苯、甲苯等物的研究;六、测量彭山芒硝的产量和藏量。应用化学研究处计划年经费一半请准由中华文化教育基金董事会补贴,其余一半由学校拨款。7月,学校行政会议通过设立应用化学研究处,10月12日,聘张洪沅兼任应用化学研究处主任。11月25日,张颐主持川大第11次行政会议通过,决定成立博物馆筹备委员会,组织人力调查秦汉遗迹,汉晋墓葬,唐代以来的古建筑及壁画雕刻,齐、梁以来的石刻造像,新石器时代的遗址等。学校师生在极其艰难的条件下,对四川的古代文物做了力所能及的调查研究和收藏保护工作。(参见《四川大学史稿》编审委员会编《四川大学史稿》,四川大学出版社2006年版)

　　程天放为首任中国驻德大使。2月,中德断交奉命回国。12月13日,陈立夫委派程天放接长国立四川大学,这是国民党加速四川"地方中央化"的措施之一。16日,也就是在国民政府行政院公布程天放入长国立四川大学三天后,由朱光潜、魏时珍、董时进领衔,联名致电教育部、行政院,强烈要求收回成命。在电文上签名的有:朱光潜、魏时珍、董时进、林山腴、龚道耕、向楚、李植、叶麐、钟作猷、周谦冲、胡助、张洪沅、郑衍芬、徐敦璋、向宗鲁、萧参、曹任远、熊子骏、顾葆常、李慰芬、何鲁之、彭举、宋诚之、邓胥功、张敷荣、胡子霖、顾寿昌、饶余威、张佐时、罗念生、杨秀夫、熊祖同、周光烈、吴君毅、谭其骧、杨人楩、谢文炳、饶孟侃、罗容梓、黄健中、刘绍禹、冯汉骥、柯召、付葆琛、王善俭、杨伯谦、谢苍璃、曹诚英、邵均、余其心、张文曦、兰梦久、张文湘、朱显祯、李家葆、高兴亚、刘世楷、郑愈等60余名教授。电文指出，"撤张任程"有三点不可，直接指斥程天放并兼责陈立夫："近年以来，从事政治活动者，往往排斥异己。世风日下，国亦随之，为校长自宜奖励学术，专心教育，人格皎然者，然后足为青年师表。今必欲去洁身自好之学术界先进，流弊所及，影响士风。"同时，朱光潜又根据电文做成宣言一篇，在报上发表并四处散发。教授们的主张，得到地方绅耆的响应，金陵大学校长陈裕光、光华大学校长张寿镛、华西协合大学校长张凌高等，均以不同方式表示支持。以四川省政府主席王缵绪、川康军政当局巨头刘文辉、邓锡侯、潘文华为代表地方势力，也不满CC系对四川的控制，明里暗里对"留张拒程"表示支持和同情。而孟寿椿则组织学校里的国民党员和部分学生公开表示迎程。19日，行政院以"国拾贰5字14795号训令"饬令四川大学代理校长张颐立即移交校政，程天放先行任职视事，由此引发了一场从"拒程"开始而以"驱孟"结束的斗争。20日，陈立夫以复电地方绅耆的方式，强调"维持原案"并抬出蒋介石阻吓大家："四川为今后抗战建国之策源地，川大实为西南培育人才之枢纽""委座对国立四川大学人选审虑周详""简命校长，权在政府"。他还训斥四川当局："国府迁川，中央近在重庆，经行政院会议通过任命之国立大学校长，意不能顺利就任，有损中央威信，委座甚为震怒，责成四川当局，协助解决。"蒋介石也致电王、邓、潘，要他们为程天放撑腰。程天放则与孟寿椿经过密谋，于23日在学校致公堂"夺印上任"，激起了国立四川大学师生的更大反感，朱光潜等86位教授于当天致电蒋介石等，表示强烈抗议，并宣布从即日起，全体罢教，矛盾更加激化。29日，《新民报》（成都版）发表《川大教授文化宣言》，反对国民党党员程天放担任四川大学校长，"不愿因政治之需要而牺牲学术之独立"。

　　按：宣言指出学术的目标在于探求真理，并不同于政治中的党派之分和恩仇关系，其超然、纯粹的性质决定了学术独立的必要。同时，学术对于政治而言，"途径既殊，界限綦明，不容越俎代庖"，也"绝非政治之所能包举"，更"非任何主义所能限制"，若强行以政干学，"其结果必至于削足适履"。因此，宣言申明"学校非政党之地盘，学术非政治之工具"，批评政府在教育领域内的"指导统制"政策"非谓举学者超然之品格，而摧残之，取学术自由之空气，而破坏之，置文化之尊严于政治需要之下"，故坚决要求政学分离，反对政治干涉学术，拒绝党化教育。（参见《四川大学史稿》编审委员会编《四川大学史稿》，四川大学出版社2006年版；中共成都市委党史研究室编《八年抗战在蓉城》，成都出版社1994年版）

　　朱光潜3月1日在《学生半月刊》第1卷第6期发表《读经与做古文》，认为"古文"与现代青年而言是不可做。"现在青年还要学做'古文'，那是老鼠钻牛角，死路一条。"春，与何其芳、卞之琳、谢文炳、罗念生、方敬共同创办《工作》半月刊，并在《工作》发表《再论周作人事件》等文章。6月，在《工作》发表《再论周作人事件》，作者与卞之琳观点相似，认为应该等一等，给周作人一条路，不要上了谣言的当，硬把周作人推到汉奸的路上。暑夏，朱光潜同事卞之琳、何其芳、沙汀夫妻悄悄去延安访问。8月21日，茅盾在《烽火》第18期发表《也谈谈"周作人事件"》针对朱光潜（署名孟实）所谓"客观"评析周作人"附逆"当汉奸的文章继续反驳，指出：为周作人辩护，说他"怕沾惹是非""贪舒适，怕走动"，是"老于专致"，从而指责进步文艺团体对周的批判"过早"。文章又指出，"我明白，'全文协'早就看见后方还有不少的'周作人气质'和'周作人主义'的文化人""周氏的思想在青年群中"的"不良影响"，因此"全文协"对周的声讨是公正的。10月，原中国驻德全权大使程天放卸任回国。11月，国民党中央党部为"彻底整理四川党务"，在成都举办"党务工作人员培训班"，由程天放主持。12月13日，国民政府行政院会议决定，任命程天放为四川大学校长。14日，朱光潜得知这一消息，并联理学、农学院长魏时珍、董时进商议，决定致电重庆行营主任张群，请求中央收回成命。电文由朱光潜起草。15 日,由朱光潜、魏时珍、董时进、曾天宇四院长联名邀请全校教师在致公堂参加大会,由朱光潜主持。16 日下午,四川大学 50 名教授联名致电教育部。23 日,上课教师将朱光潜起草的《罢教宣言》发给学生后集体退出教室。23 日下午 2 时,四川大学在致公堂召开欢迎程天放校长大会。朱光潜、魏时珍、董时进不得不以辞职以示抗议。

按:据《国家与学术的地方互动——四川大学国立化进程》所载《罢教宣言》云:“本校校长问题,同人前为维持学术尊严,陈述意见,公诸社会。顷由张校长转到教部来电,谓为出位干政,败坏学风,并谓校长有导正之责。披览之余,不胜骇异。窃同人以学术界之人谈学术界之事,何为出位干政? 同人在校并未制造派系,利诱师徒,何为败坏学风? 院长、教授皆由学校礼聘而来,与校长不过暂时宾主,迥非主管僚属之比,何得言受其导正?! 教部之电,实属不明体制,蔑视教授人格,同人认为此学术界莫大耻辱。自本日起,不再到校上课。特此声明,伏维公鉴。”

按:据《王叔岷回忆录》云:“程天放驻德大使卸任后,无适当职位,教育部于十二月发表程氏出任四川大学校长,命令张真如校长移交。张校长为四川人,又为国际名学者,声望甚高,无故取消其校长职,教授学生群起反,但亦颇有表示欢迎程氏者。程氏宣称‘以革命手腕接收川大’。张校长毫不留恋,泰然辞职。朱光潜先生则愤而辞去文学院院长职,与张真如先生同时转移到迁移在嘉定之武汉大学任教。中文系教授初亦发表宣言,愤而离校,后因程校长之多方劝慰而作罢。”(参见宛小平《朱光潜年谱长编》,安徽大学出版社 2019 年版;王承军《蒙文通先生年谱长编》,中华书局 2012 年版;唐金海、刘长鼎主编《茅盾年谱》,山西高校联合出版社 1996 年版)

蒙文通继续任教于四川大学,《中国史学史》讲义初稿成,并就其中某些章节分别题为《周代学术发展之三时段》《尚书之传写与体例》《墨学之流派及其原始》,刊于《重光》杂志第 4—6 期。1 月 20 日,南京金陵大学迁川,在华西大学赫斐院设成都筹备处,办理迁校事宜。2 月,至江津,拜谒欧阳竟无,同至者有吕澂、韩文畦、王恩洋等 40 余人。8 日,顾颉刚致电致信蒙文通,又得郑德坤函,知先生有意在成都复刊《禹贡》。夏,四川大学“鉴于抗敌军兴以来,各省将士莫不敌忾同仇,前仆后继;吾川军民士夫爱国素不后人,陆续出川抗战者亦极踊跃。本大学既为西南最高学府,亟应对是项史料加以搜集及整理,以供将来国史之采择”,组织成立了“川军抗战史料搜集整理委员会”,由孟寿椿任主席委员,蒙文通与朱光潜、曾天宇、周谦冲、徐中舒、杨伯谦、徐元奉、桂质柏、何鲁之等任委员。8 月,蒙文通与彭云生、韩文畦等到江津,赴“支那内学院”蜀院法会。10 月,蒙文通与彭云生、韩文畦等再次同赴江津“支那内学院”,拜谒欧阳竟无。12 月 13 日,国民政府行政院会议决定,任命程天放为四川大学校长。15 日,朱光潜、魏时珍、董时进等联名邀请川大全校教师在至公堂开会,公开反对程天放入主川大。下午,川大 56 名教授联名致电教育部。22 日,在朱光潜、魏时珍、董时进的召集下,川大教师 80 余人前往文殊院开会。会议决定:“自二十三日起实行罢教,公推朱光潜草拟罢教宣言及驳斥教育部文电,请求社会各界声援。”23 日,川大上课教师将《罢教宣言》发给学生后即退出教室,宣布罢教。同日,罢教教师还向外界发布了一则启示,宣布罢教消息,并公开了致教育部电文,希望“各界同胞,同声响应,予以援助”。同日上午 10 时,程天放到校,下午 2 时,在川大至公堂召开了迎程大会。25 日,程天放邀请全校教师在明远楼举行茶会。26 日,经川大教师商议,决定发出《文化宣言》,宣言由杨人梗执笔。(参见王承军《蒙文通先生年谱长编》,中华书局 2012 年版)

臧启芳继续任东北大学校长。3 月,日军轰炸西安,东北大学被迫从陕西的西安迁到四川三台,租用了当时县城的潼川府贡院和杜甫草堂寺一部分房屋、军阀田颂尧军部旧址(今三台中学一角)以及潼属联立高中的部分校舍,坚持着办学。7月,奉国民教育部令,国立西北联合大学工学院、焦作工学院并入东北大学。东北大学在四川三台,一批名师齐集东大,陆侃如、冯沅君、金毓黻、高亨、杨荣国、姚雪垠等先后在校任教。(参见王振乾、丘琴、姜克夫编著《东北大学史稿》,东北师范大学出版社1988年版)

姜亮夫2月底入川。3月,日军入侵潼关,迫使东北大学移至四川北三台,又南下经汉中、绵阳,最终至成都,重与众师友相聚。4月,为《瀛外访古劫余录》,在徐仁甫的帮助下,刊印百册,分送国内友人。5月,在四川三台上课。端午节前三日,仍遥奠王国维先生,为梁启超、王国维、章太炎、廖平4人撰制合谱的愿望更加迫切。7月,由昆明取道香港,化名至上海,见陶秋英。8月,与陶秋英在上海威海卫路中社成婚。9月,与陶秋英并行至香港,游北海、河内,后至成都,返三台。11月,《瀛涯敦煌韵辑》一稿开始撰写。精读《汉书》,日为札记。着手《广韵声谱》《说文五音韵辑》二稿的撰写。(参见林家骊《姜亮夫先生年谱简编》,《职大学报》2012年第4期)

曹禺1月1日随剧校战时巡回剧团乘船西行,途中积极从事抗战宣传工作。是日起,青鸟剧社在上海新光大戏院举行公演,相继演出曹禺的《雷雨》《日出》,于伶的《女子公寓》《大雷雨》,阿英的《不夜城》《衣锦荣归》等剧。8日,《上海人》新闻周报(第1卷第2期)载:"青鸟社继轰动国人大悲全剧《雷雨》后,将在新光大戏院次第上演的新戏阵容,有下列五种:(一)曹禺的《日出》,(二)于伶的《女子公寓》,(三)欧阳予倩改编的《欲魔》,(四)袁牧之改编的《钟楼怪人》,(五)夏衍的《乱世春秋》。"9日,曹禺随剧校巡回剧团抵湖南安乡县。15日,《新民报》在重庆复刊。不久,曹禺受邀为该报撰稿人。23日,随剧校巡回剧团抵宜昌。2月10日,欢宴邹韬奋。中旬,随剧校巡回剧团抵万县。剧团"在短短的十几天内,举行了两次公演""并帮助当地剧社演出抗敌剧本"。28日,国立戏剧学校在重庆曾家岩知还山庄新校址正式开学,后搬到上清寺。自此曹禺除担任专任导师教授专业课程,还出任教务主任。3月17日,中华全国文艺界抗敌协会在中国文艺社召开第二次正式筹备会。会上,曹禺被委托负责对重庆的作家进行调查登记工作,并传达会议精神。27日,中华全国文艺界抗敌协会隆重举行成立大会。会上,选举产生协会理事45人,候补理事15人,曹禺为理事之一。同月,结识叶圣陶。9月24日,在重庆永年春饭店参加中华全国戏剧界抗敌协会第一届戏剧节筹备委员会。会后成立演出委员会,曹禺任话剧部部员。

曹禺10月10日至11月1日出席在重庆举行的中华民国"第一届戏剧节"。武汉、成都、广州等地亦皆同时举行。10日上午,中华全国戏剧界抗敌协会假座又新大舞台举行中华民国第一届戏剧节纪念大会,到协会及重庆分会理事及戏剧团体工作人员共千余人。余上沅在报告中述及,本届演出方面分歌剧、街头剧、五分公演、话剧,动员全市话剧剧人合演曹禺、宋之的改编《全民总动员》,从28日起在国泰公演4日。纪念大会收会以后,25支街头演剧队,就出发到指定场所出演街头剧。10月29日下午7时,第一届戏剧节压台戏《全民总动员》在重庆国泰戏院正式公演。曹禺不仅担任编剧,还是导演团成员,还在剧中饰侯凤元一角。据报道,演出团队来自中国制片厂、中央摄影场、业余剧人协会、国立戏剧学校,及怒吼剧社。《〈全民总动员〉中之总动员》并设有庞大的"演出委员会",其中导演团张道藩、余上沅、曹禺、宋之的、沈西苓、应云卫,执行导演应云卫,装置设计陈永倞,剧务主任孟君谋,剧务金毅、易烈,提示陈健、万长达,事务李农、施文棋,后台主任陈永倞、郭兰田,布景任德跃,灯光朱今明,服装程梦莲,道具黄耀东,化妆金毅,效果蔡松龄,事务耿震。(《中华民国第一届戏剧节》,载《戏剧新闻》第8—9期,1939年1月10日)演出阵容一流:白杨饰侯莉莉,王为一饰陈云甫,赵丹饰邓疯子,沈蔚德饰吴妈,江村饰谢柏青、曹禺饰侯凤元,施超饰张希成,洪虹饰侯文杰,魏鹤龄饰冯震,余师龙饰刘瞪眼,舒绣文饰彭朗,英菌饰张太太,高占非饰马公超,张瑞芳饰芳姑,凌琯如饰陈虹,章曼苹饰丁明,戴浩饰时昌洪,潘子农饰导演,余上沅饰胡长有,顾而已饰王喜贵,张道藩饰孙将军,宋之的饰新闻记者。10月30日,重庆《新华日报》刊《〈全民总动员〉昨在国泰戏院正式上演》,说:"《全民总动员》剧本的完成,综合了昔日的技巧,加重地说明了一年来的经验,曹禺及宋之的两先生的新作是达到了相当高级的水准,代表着抗战后剧作之新趋向。"(参见田本相、阿鹰编《曹禺年谱长编》,上海交通大学出版社2017年版)

邓初民发起成立湖北省战时乡村工作促进会,后回石首任朝阳学院政治系主任。10月学校迁往四川成都,继续在该校任政治系主任,和黄松龄、马哲民同事,分别讲授马克思主义哲学、政治经济学和科学社会主义,成为学生尊敬的民主教授,称誉于大学讲坛。其间,他和中共川康军委书记车耀先经常接触,接受党的意见进行活动,做地方实力派统战工作,给刘文辉、潘文华、邓锡侯讲国内外形势,指出蒋介石仍然消极抗日,积极反共,独断专横,消灭异己,要他们有所戒备。4月19日,邓初民在《新华日报》撰文《鲁迅艺术学院访问记》。鲁艺负责人沙可夫作了答复:由于抗战艺术干部的缺乏,才有鲁艺成立。鲁艺暂分戏剧、音乐、美术三系;还预备成立文学系。戏剧系教员是张庚、崔嵬、左明等。音乐系教员是吕骥、向隅等。美术系教员是沃渣、丁里等。此外还有周扬、艾思奇、李卓然等担任各种讲座。成立鲁艺的目的是培养抗战艺术干部;研究正确的艺术理论;继承中国艺术遗产;建立中国新的艺术。(参见艾克恩编纂《延安文艺运动纪盛》,文化艺术出版社1987年版)

熊十力是春"避寇入川",移居成都璧山。璧山中学校长钟芳铭欢迎熊十力住下。熊十力与邓子琴、钱学熙、刘公纯、陈亚三、刘冰若、王绍常、任伦肪等生相依于忧患之中,为诸生讲民族精神、种原及通史。因感于"国家艰危,民族忧患,莫甚于今日",而"发扬民族精神,莫切于史",遂"为谈计二星期。理其记录,差可一卷",命名为《中国历史讲话》,旨在探讨种族、通史等问题,意在促进各民族团结抗战,"一心一力,共守固业"。夏,《中国历史讲话》整理完毕,次年5月由中央陆军军官学校石印。本书外一种为《中国历史纲要》,可与《中国历史讲话》互为参考。又指导学生钱学熙译《新论》为语体文,至转变章首段。(参见郭齐勇编《中国近代思想家文库·熊十力卷》及《熊十力年谱简编》,中国人民大学出版社2014年版)

周恩来继续负责中共长江局统战和军事工作。年初,应邀出席汉口文化界座谈会;同到武汉请示工作的中共江苏省委书记刘晓、上海工委书记刘长胜谈话,指示上海地下党要善于独立工作,动员城市中的工人、学生、革命分子下乡,开辟敌后抗战局面。1月8日,周恩来在《群众》周刊第1卷第5期上发表《怎样进行持久抗战》。文章提出争取持久抗战最后胜利的8项具体办法:(一)巩固前线;(二)建设新军备;(三)建立军事工业;(四)发展敌占区的广大游击战争;(五)进行广泛的征募兵役运动;(六)巩固后方;(七)加强国防机构;(八)运用国际有利条件。10日,在上海出版的《抗战政治工作纲领》一书中发表《抗战军队的政治工作》。21日,鉴于蒋介石、陈诚坚持要周恩来出任国民政府军委会政治部副部长,王明、周恩来、博古等再次致电中共中央书记处,提出:政治部属军事系统,为推动政治工作,改造部队,坚持抗战,扩大共产党的影响,可以担任此职。说如果屡推不干,会使蒋、陈认为共产党无意相助,使反对合作者的意见得到加强。下旬,周恩来会见加拿大共产党员诺尔曼·白求恩率领的加拿大—美国援华医疗队，感谢他们援助中国革命，说：我们没有什么东西可奉献给你们，只有艰苦的工作；你没有什么东西可奉献给你们，只有艰苦的工作；你们也不能得到别的什么，得到的只能是伤病员的感激之情。

周恩来2月下旬致电在重庆的阳翰笙，催他速至武汉筹组政治部第三厅。24日，致信郭沫若，说明在同陈诚谈话中得知第三厅副厅长人选问题出现转机，认为郭可以回武汉任职，但嘱"速将宣传纲领起草好，以便依此作第三厅工作方针"。同日，周恩来和王明回到延安。3月1日，郭沫若回到武汉，同陈诚商议达成就职的三项条件。3月上旬，周恩来和王明等回到武汉。12日，周恩来在《新华日报》第四版"中山先生逝世十三周年纪念特刊"上发表《怎样纪念孙中山先生的伟大》。20日，会见荷兰进步电影工作者伊文思，商议政治部派人同他合作到前线拍摄电影事。23日，周恩来在全国文艺界抗敌协会第五次筹备会议上被推为名誉主席团成员。27日，出席中华全国文艺界抗敌协会成立大会，并在会上讲话说：全国的文艺作家在全民族面前，空前地团结起来。文协的成立标志着文艺界抗日民族统一战线的形成。肯定作家团结的意义，希望他们创作的作品多取材于前线将士的英勇奋斗、敌人的残暴和民众的热情。周恩来、蔡元培、宋庆龄、于右任等被选为名誉理事。4月1日，国民政府军事委员会政治部第三厅在武汉正式成立，郭沫若任第三厅厅长。在筹组第三厅的过程中，周恩来同博古、董必武等多次商议第三厅的宣传方针、组织机构、人员安排、党的活动方式等，对民主党派人士和社会贤达做了大量工作。月初，为民族解放丛书撰写的《抗战政治工作纲要》一书由解放出版社出版。下旬，周恩来同《救亡日报》负责人夏衍谈办报方针，指出办报要学习邹韬奋办《生活》周刊的作风，通俗易懂，精辟动人，讲人民大众想讲的，讲国民党不肯讲的，讲《新华日报》不便讲的。4—5月间，领导成立中共长江中央局下属机构国际宣传委员会及其办事机构国际宣传组。委员会由周恩来、王明、博古、凯丰、吴克坚、王炳南组成，工作人员有王安娜、许孟雄、毕朔望等人。主要工作是翻译出版中共领导人著作，为国际刊物撰稿，以及同外国友人进行联络。

周恩来5月25日在中共代表团招待世界学联代表团的茶会上致词。到会的有各党派、各群众团体代表和外国友人共400多人。5月26日、6月7日、6月11日，三次致信《大公报》采访主任范长江，对战地记者表示关切。此后又曾听取战地记者的汇报，鼓励他们据实向政府当局反映前线情况，认真总结抗战的经验与教训，并根据他们反映的问题向陈诚提出了加强军队政治工作的具体建议。同月，出席文协第二次理事会，发表即席讲话。6月8日，同陈诚交涉，要求释放在国民党当局查封汉阳兵工厂抗敌工作团事件中被拘留的李公朴，并将情况函告沈钧儒。不久，李公朴获释。8月1日，出席国民政府军委会第三厅下属的抗敌演剧队和抗敌宣传队成立大会。在会上作形势与任务的报告，要队员们坚持艺术为抗战服务的方向。不久，演剧队、宣传队根据周恩来指示先后分赴广东、江西、山西、湖北、河南、浙江、湖南、广西等战区。周恩来要求演剧队、宣传队的中共地下党组织随队行动，深入前线，要利用合法身份开展统战工作。武汉撤退前，又将演剧队、宣传队的党组织关系交给各地八路军办事处负责人，请他们指定专人负责联系，使演剧队、宣传队始终在党的领导下活跃在战区和敌后。6日，周恩来会见陶行知创办的少年儿童抗日宣传队——新安旅行团负责人汪达之等，对该团来到武汉表示欢迎，希望他们努力工作。不久，新安旅行团被安排到新四军工作。29日，周恩来和王明、博古、徐特立等离开武汉返延安参加中共六届六中全会。（参见中央文献研究室《周恩来年谱1898—1976》，中央文献出版社1998年版）

董必武1月1日出席中共中央代表团和中共中央长江局联席会议。同日,在《群众》杂志上发表《怎样动员群众积极参战?》。5日,经同国民党元老孔庚协商,湖北战时乡村工作促进会在武汉成立。9日,出席《新华日报》为在汉口建馆举行的招待会,听取了《新华日报》创办宗旨及筹办经过的报告。10日,所作《怎样争取抗战的胜利》载于《怎样争取最后的胜利》一书上。同日,出席为庆祝即将于11日创刊的《新华日报》报馆全体人员大会,代表中共长江中央局致辞,说《新华日报》是共产党的嘴巴,希望大家做好宣传工作。又和周恩来、林伯渠、秦邦宪、邓颖超会晤9日抵汉口的郭沫若,一起议论了郭任政治部第三厅厅长一事。17日,国民党特务机关指使暴徒捣毁《新华日报》营业部及印刷厂。中共中央代表团和中共中央长江局就此事召开临时会议,并作出决议,致电蒋介石,要他制止此类事态;由周恩来、剑英出面同武汉国民党党政军当局交涉,要求采取有效措施,保证今后不再发生类似事件。20日,在武汉青年救国团总团主办的《新青年》杂志上,发表题为《怎样做宣传和组织工作》的文章。23日,出席国际反侵略运动大会中国分会在汉口商会举行的成立大会,和周恩来、邓颖超、郭沫若、陶行知、章乃器等当选为该会理事。1月31日、2月1日,和周恩来、秦邦宪一起,两次到郭沫若住所,共同研究对付蒋介石企图派特务头目刘建群充当政治部三厅副厅长的办法,以抵制国民党反动派控制三厅。

董必武2月1日出席中共中央代表团和中共中央长江局联席会议。会议讨论了军事问题及陕北抗大、鲁艺、陕北公学招生等问题,决议组织招生委员会,董必武为委员,同时决定由董必武起草工运工作纲领。27日,出席武汉各界举行的钱亦石追悼大会、并在《新华日报》上发表《我所认识的钱亦石先生》一文。同月,接待章伯钧来访。12日,在《新华日报》上发表《回忆第一次谒见中山先生》。13日,出席中共中央代表团和中共中央长江局联席会议。会议听取了宋一平关于学联代表问题的报告,邓颖超关于参加设计委员会工作报告,研究了长江局下设妇女工作委员会和长江局的分工及各部处的指导负责问题。决议董必武负责指导民运部。19日,为陈独秀要求会见一事,和叶剑英、秦邦宪致函《新华日报》,重申中共中央对陈独秀提出的三条原则:(一)公开放弃并坚决反对托派全部理论与行动并公开声明同托派组织脱离关系,承认自己过去加入托派之错误;(二)公开表示拥护抗日民族统一战线政策;(三)在实际行动中表示这种拥护的诚意。25日,出席中国学生救国联合会召开的第二次代表大会。同月,和周恩来、秦邦宪等先后多次到郭沫若住所,同郭一起研究政治部第三厅的宣传方针、组织机构的设置、人员的安排、党的活动方式等问题。6月16日,经中共中央书记处同意,和毛泽东、陈绍禹、秦邦宪、林伯渠(祖涵)、吴玉章、邓颖超等7人被国民政府聘为国民参政会参政员。

董必武6月28日在一届一次参政会即将召开之际,在汉口《新华日报》上发表《对国民参政会的意见》。7月5日,和毛泽东、陈绍禹、秦邦宪、林伯渠,吴玉章、邓颖超等我党参政员,在《新华日报》发表《国民参政会开会前夜,我们对于国民参政会的意见》。7月6—15日,和陈绍禹、秦邦宪、林伯渠、吴玉章、邓颖超一起出席国民参政会首届大会,并被指定为第三审查委员会(内政组)召集人之一。10日,讨论决议拥护长期抗战国策和修正通过民众运动方案。12日,会议一致通过《拥护国民政府实施抗战建国纲领提案》。15日,当选第一届国民参政会第一次大会休会期间驻会委员会委员。18日,接待黄炎培来访,并长谈。8—9月,通过武汉大学教授、河南鸡公山林场场长李相符的关系,以办园林试验场为掩护,在鸡公山举办训练班,训练干部,准备在武汉沦陷后,发动农民,在敌后开展游击战争。鸡公山训练班结束后,全部学员转到大洪山打游击。9 月 17 日,在《新华日报》上发表《今年的"九一八"》。9 月 29 日至 11 月 6 日,中国共产党在延安举行扩大的六届六中全会,一致通过补选董必武、吴玉章、林伯渠为中央委员会委员。10 月初,在武汉失守前,率领八路军办事处及《新华日报》社先遣人员赴重庆。7 日,出席第一届国民参政会驻会委员会在重庆召开的第五次会议,听取了有关该会会务及最近外交军事、内政设施,交通行政等项报告。

董必武 10 月 8 日出席《新华日报》重庆分馆举行的欢迎中共参政员、《新华日报》董事会成员董必武的茶会,会上发表题为《目前抗战形势与〈新华日报〉》的讲话,在批评了社会上一些消极悲观、失败情绪之后指出:《新华日报》是中国共产党的机关报,自然是反映中共的政策和主张,但是它还反映其他各党各派及无党派的一切有利抗战团结的意见和主张。要求《新华日报》重庆分馆的同志要时时刻刻求进步,时时刻刻把握住《新华日报》是抗战工作的一部分,时时刻刻要以越战越强的精神来开展工作。次日,这篇讲话发表在《新华日报》上。20 日,满载《新华日报》和八路军武汉办事处部分人员的"新升隆"号客轮,沿长江向重庆撤退行至湖北省嘉鱼县附近时,遭日机轰炸,24 位同志殉难。25—27 日,武汉三镇相继沦陷。《新华日报》于 25 日在武汉停刊。同日,在重庆出版发行。26 日,作《国民参政会第二次大会的展望》,刊于 28 日《新华日报》。10 月 28 日至 11 月 6 日,和吴玉章、林伯渠、秦邦宪、陈绍禹、邓颖超出席第一届国民参政会在重庆召开的第二次大会。31 日,在分别召开的各审查委员会会议上,被推选为第三审查委员会(内政组)召集人之一。11 月 3 日,参加特种委员会,审查关于管理外汇及对外贸易案。6 日,当选为第一届国民参政会第二次大会休会期间驻会委员会委员。11 月 11 日,和秦邦宪、吴玉章出席国民参政会第一届第二次大会驻会委员会第一次会议。26 日,和陈绍禹、秦邦宪、吴玉章、何凯宇、邓颖超出席《新华日报》社为说明办报方针和任务而举行的重庆党、政、军当局、报界同业、文化界及民众救亡团体代表的招待会。12 月 8 日,会见印度援华医疗队,欢迎柯棣华等前往延安。(参见《董必武年谱》编纂组《董必武年谱》,中央文献出版社 1991 年版)

吴玉章 3 月 20 日启程回国。4 月 1 日,《中国抗日战争的新阶段》刊于《新华日报》。21 日,抵香港,会晤廖承志、彭泽民等。23 日,访蔡元培,介绍大会情况及在欧见闻。蔡元培本同为出席大会代表,因病未能赴会。"犹欣欣然以国共能重新合作共赴国难,为国家民族之大幸"。24 日,乘欧亚航空公司客机从香港飞抵武汉,陈绍禹、吴克坚等在机场迎接。向《新华日报》记者发表谈话。表示回国后将"为民族的解放,为国家的独立而战争、而奋斗到最后一滴血!"25 日,《新华日报》刊载"努力国际宣传之革命前辈吴玉章由港飞汉"的消息以及与《新华日报》记者的谈话。27 日,出席 14 团体联合举行的欢迎大会并发表讲话,介绍世界各国人民对中国抗战的支持。月底,会晤张群、张季鸾等老友新朋。5 月 1 日,在《新华日报》发表《中国抗日战争与国际工人阶级》。17 日,欢迎世界学联代表团到达武汉。21 日夜,新宴酒店出席留俄同学聚餐会。左舜生作东,周恩来、陈绍禹、秦邦宪、张君劢、胡石青、罗努生、曾慕韩、李幼椿、沈衡山、黄炎培等人出席。25 日,出席中共代表团招待世界学联代表团的茶会。27 日作为《新华日报》董事,在汉口举办战地记者欢迎会。邀请了中央社、《大公报》《扫荡报》《武汉日报》的负责人出席。月底,《吴玉章抗战言论选集》由中国出版社在武汉出版。6 月 1 日夜,出席留俄同学聚餐会。黄炎培作东,周恩来、秦邦宪、张君劢、张东荪、胡石青、曾慕韩、左舜生、沈衡山、江问海等出席。

吴玉章 6 月 4 日由汉口飞重庆。10 日,在《新华日报》重庆分馆举行茶会,招待重庆文化界发表演讲,论述抗战必胜,建国必成。会见路透社记者施密斯,说:中国国共两党现在合作,将来也合作;现在合作是抗日,将来合作是建国。11日,在市党部大礼堂出席重庆抗敌后援会组织的演讲会,演讲《抗战期中应如何动员群众与组织群众》。下午,应重庆抗敌后援会文化支会及青年会之请,在市商会作《民族统一阵线问题》的演讲。6月12日,应妇女慰劳会之请,在市商会作《青年在抗战中的作用》的演讲。午后飞成都,16点抵达。16日,中共中央书记处同意,毛泽东、陈绍禹、秦邦宪、林祖涵、吴玉章、董必武、邓颖超等7人应国民政府之聘,出任国民参政会参政员。17日,出席成都文化、妇女、学生等各界代表在青年会举行的欢迎茶会,在会上作《国际情势及抗战诸问题》的演讲。18日晚上8时,在成都广播电台作《抗战建国的几个必要条件》的广播讲话。25日上午,由重庆乘中航飞机抵武汉。27日在《新华日报》发表《切实建立民主政治的基础——对国民参政会的意见》。月底与救国会、青年党、国社党、第三党及黄炎培、胡景伊、张澜等,每天轮流作东,邀各方讨论对参政会提案等问题。引荐张澜等好友拜会周恩来等中共参政员。

　　吴玉章7月1日经傅斯年相约,至梁实秋家中谈话。傅、梁等意在联络中共参政员参予他们所谋的对行政院长孔祥熙的不信任案。谈话间吴玉章敏感地意识到倒孔案的背后有汪精卫的策动指使,遂率直指出:弹劾孔无异于弹劾蒋介石;蒋主张坚持抗战而汪有妥协言论;弹劾孔不利于团结抗战。在座的许德珩表示赞同,李璜等未发言,主要看共产党方面意见。傅、梁气馁,相约再开一会作决定。2日,和各党派知名人士沈钧儒、黄炎培、梁漱溟、李圣五、孔庚、李鸿文、范予遂、张申府、吴曼儒等举行座谈会。将梁实秋、傅斯年等策动倒孔案之事告诉周恩来等领导人。7月4日,与傅斯年、梁实秋再次聚会,明确表示中共方面不赞成倒孔,阻止此一场风波的发生。6日上午,出席国民参政会第一次会议开幕式。下午,出席国民参政会的第一次大会。被提为宣言起草委员会委员、第二议案(外交国际)审查委员会委员。12日,在外交议案的审议中,觉察到李圣五所提"对德意外交采取分化策略案"是汪派借诸求与国之名、行投降反共之实,极力反对。但主持第二议案审查委员会的周览、傅斯年曲予包容,结果将题目改为"对德意外交应积极注意"仍向大会提出。13日,参政会第八次大会为李圣五等所提"对德意外交应积极注意案"发生激烈争执。中共参政员据理驳斥甚至以离席相抗争,方得以否决此议案,挫败了汪派意图加强德意路线的阴谋。23日,作为国际反侵略大会总理事,在武汉各界各团体举行的响应国际反轰炸大会上讲话。

　　吴玉章9月被任命为陕甘宁边区政府文化教育委员会主任。同月18日,吴玉章在《解放》第52期上发表《研究中国历史的意义》的论文,文中说:"我们大中华民族正在亡国灭种的生死关头,只有深刻研究我们的历史,唤起全民族的爱国精神""我们的民族革命和社会革命才能得到胜利"。9月29日至10月23日,吴玉章出席中共六届六中(扩大)全会。在全会上作关于国际形势和国际宣传的发言。并谈边区建设和推广新文字问题。补选为中共中央委员。同时补选的还有林伯渠、董必武。10月25日,吴玉章与陈绍禹、林伯渠由西安飞抵成都。同日,武汉沦陷。《新华日报》在武汉停刊,同日在重庆出版,社址设重庆苍坪街69号。26日上午,与陈绍禹、林伯渠应邀出席成都青年记者协会等在春熙路青年会露天会场举行的欢迎大会。在演讲中强调:日寇侵占武汉后,将用一切企图来分化我国内团结。瓦解我抗战决心。只有在持久战中巩固和扩大抗日民族统一战线,才能通过战略相持取得最后胜利。28日午后抵达重庆。29日,出席国民参政会一届二次会议第一次大会。11月4日,邹韬奋提"请撤销图书杂志原稿审查办法,以充分反映舆论及保障出版自由案"引起激烈争论,在中共参政员支持下,获得通过。国民党中央有人大发雷霆,特作一决议"以后的提案不得党的许可,党员不得连署"。11月26日,在《新华日报》举行的招待会上,代表《新华日报》董事会讲话,阐述《新华日报》的性质和宗旨"本报是本党的机关报,担负着团结全国抗日力量集中对付日寇,巩固和扩大抗日民族统一战线,驱逐日本帝国主义出中国的伟大任务"。12月10日,出席陈希豪举行的宴会,与黄炎培、王昆仑、孔文轩、邹韬奋、邓飞黄等商谈民众运动问题。12月25日,出席中苏文化协会第二届年会,当选为理事。(参见刘文耀、杨世元《吴玉章年谱》,四川人民出版社1998年版;章恒忠、王亚夫主编《中国学术界大事记(1919—1985)》,上海社会科学院出版社1988年版)

潘梓年根据党的指示筹办《新华日报》。1月11日,《新华日报》在汉口创刊。社长潘梓年,总编辑华岗,副总编辑章汉夫,总经理熊瑾玎。该报是中国共产党在抗日战争时期和解放战争初期,在国民党统治区公开出版的唯一的报纸。《新华日报》创刊伊始,设有副刊,取名《团结》,楼适夷任主编,蔡馥生任过一段主编。编辑有陈克寒、杨慧琳、吴敏(杨放之)等,张企程曾协助过编辑。《团结》副刊以"促进团结,拥护抗战"为主旨。主要内容:一、报告并讨论救亡工作经验;二、介绍抗战中的实际知识;三、批判各种错误言论,揭发汉奸托派破坏团结的阴谋;四、回答读者所提出的各种各样的具体问题。还选抄革命导师、党政领袖的佳言警句,也刊登一些文艺作品,随笔杂感。为祝贺汉口《新华日报》创刊,该报连续发表题词:周恩来:"坚持长期抗战,争取最后胜利。"郭沫若:"发动全民的力量,从铁血之中建立新中国。"董必武:"拥护抗战到底,为实现民族独立、民族自由、民主幸福的新中国而斗争。"彭德怀:"民族解放的战士团结起来,奋斗到底。"叶挺:"抗战到底。"林祖涵:"外敌不足虑,只要内部团结。"叶剑英:"战!团结坚决的战!胜利是我们的。"15日,《新华日报》发表《陕甘宁边区文化界救亡协会成立宣言》。8月1日,《新华日报》迁至汉口府东五路(现前进五路)150号办公。当时报社领导机构为董事会,由陈绍禹(王明)、秦邦宪(博古)、吴玉章、董必武、凯丰、邓颖超6人组成,陈绍禹为董事长;潘梓年任社长,华岗任总编辑,熊瑾玎任总经理。10月25日,汉口沦陷后,《新华日报》在武汉出版最后一期。同日,同一期号、不同内容的《新华日报》在重庆出版。12月19日,《新华日报》华北分馆宣告成立,何云任分馆管理委员会主任(社长)兼总编辑。21日,何云在《新华日报》华北版发刊词中明确指出:"《新华日报》华北分馆任务有三:一是立足华北,坚持敌后抗战,鼓励、推动全国团结抗战及进步;二是创造、巩固和扩大华北抗日根据地;三是团结华北文化战士,开展敌后文化运动与敌苦斗到底。"这是全国各大报在敌后发行地方版的创举,在中国新闻史上具有重要意义。

按:《新华日报》于1942年9月18日创设《新华副刊》。1947年2月28日,《新华日报》被国民党当局强迫停刊。该报共出版了九年一个月又十八天。(参见艾克恩编纂《延安文艺运动纪盛》,文化艺术出版社1987年版)

华岗年初参与筹办《新华日报》。1月11日,《新华日报》在汉口创刊。潘梓年任社长,华岗任总编辑,负责编辑部的全部工作,从新闻和文章的审阅修改,社论专论的撰写,一直到版面的编排以至校对工作,都亲力亲为。5月下旬,华岗被派到东南战场作战地记者,他深入前线,写下了第一篇战地通讯《活跃在东南战场的新四军》,文中断言,我们一定能把日本帝国主义驱逐出中国,并把我国建设成为独立、自由、幸福的民主共和国。6月下旬,华岗返回武汉,随后在纪念"七七"抗战1周年的《新华日报》上发表。华岗从东南战场回到武汉后,又奉命提前撤离武汉,带领一部分编辑和业务人员,携带一部分物资,乘船到重庆去筹办新华日报社的迁渝工作。除了用华岗、华西园署名写的评论文章外,华岗还常以林石父、晓风等笔名写多种类型的文章，内容涉及国际、国内政治、经济、军事、文教等广泛的领域。曾华岗以"华西园"为笔名，在《新华日报》发表多篇文章，驳斥"亡国论"和"速胜论"，坚定了大后方群众抗战的信心，影响极大，当时的人们将"华西园"称作"共产党的大手笔"。11月3日，《中央日报》发表《战时之言论出版自由》社论，强调战时之言论出版应受到限制，指出："平时的时候，我们要争自由，战时的时候，我们反而要牺牲自由"。24日，《新华日报》发表总编辑华岗的专文：《保障言论出版自由与争取抗战胜利》，驳斥"战时牺牲自由"的意见。（参见向阳《华岗传》，浙江人民出版社2003年版；吴永贵《民国图书出版史编年：1912—1949》，社会科学文献出版社2018年版）

王亚南年初经香港到武汉，出任以周恩来为主任的国民党政府军事委员会政治部设计委员会委员，组织民众抗日救亡工作。2月，《战时经济问题与经济政策》一书由上海光明书局刊行。8月31日，郭大力、王亚南译《资本论》第一卷由上海读书生活出版社出版，是所有《资本论》中译本中最完整、最精确、影响最大的译本。10月，武汉被日军侵占，王亚南从湖南经广西、贵州到达重庆，住在重庆的乡下。

按：1928年，郭大力和王亚南在杭州相遇，决定共同翻译《资本论》，王亚南译第1卷，郭大力译第2、3卷并负责校稿，至1938年方才告竣。读书生活书店1938年8月开始印刷，9月印毕。1947年，读书生活书店在上海重印2000部，1948年纸型运到东北解放区后又印3000部。新中国成立后，郭大力又开始修订译本，1963年修订第1卷出版，1964年修订第2卷出版，1968年修订第3卷出版。

按：郭、王翻译的《资本论》译本于1938年出版后，毛泽东设法拿到这一译本开始认真研读，对第一卷第1章至第12章大部分内容（包括部分注释）用铅笔进行了圈画和标注，用铅笔、蓝铅笔对第三卷的第13章至第20章、第37章至第39章的一些段落进行了圈画，还纠正了原书中的错字，改正了原书中不妥当的标点符号，将漏字一个一个添加上去。这套毛泽东亲笔更正、批注的这套书，现保存于中南海，成为不可多得的珍贵文物。（参见王学典《20世纪史学编年（1900—1949）》，商务印书馆2014年版；王占仁《毛泽东高度评价并向党内同志推荐〈资本论〉》，《光明日报》2011年11月30日）

胡绳继续任中共中央南方局文委委员，生活书店编辑，《读书月报》主编。7月，在《辩证法唯物论入门》小册子的"前记"中对中国化进行了阐述，认为辩证唯物论的"中国化"有两方面的意义：一是"用现实的中国的具体事实来阐明理论"；二是"于理论的叙述中，随时述及中国哲学史的遗产以及近三十年来中国的思想斗争"。9月，胡绳主编《救中国》周刊迁至宜昌复刊。该刊以"大家都要救中国"为宗旨，该刊的定位为"通俗的大众读物"。（参见李亮《继承五四和扬弃五四——新启蒙运动研究》，上海师范大学博士学位论文，2012年；李方祥《二十世纪三四十年代"学术中国化"与"马克思主义中国化"的思潮互动》，《中共党史研究》2008年第2期；章恒忠、王亚夫主编《中国学术界大事记（1919—1985）》，上海社会科学院出版社1988年版）

柳湜继续在汉口主编《全民周刊》。5月，柳湜在《战时文化》上发表《抗战以来文化运动的发展》，指出："我们在理论上不仅自我的要求提高，要求世界新的文化的吸收，但同时提出了反对无原则的洋化，反对死硬的贩运洋货，我们欢迎古今中外一切人类的劳动的经验的结晶的世界文化，但我们同时提出我们要融化它，要中国化它。我们要求适合我们今日的生活的新文化，但同时我们提出继承我们最好的传统文化，发扬民族的固有的文化，保卫我们的民族文化。这种自觉是过去任何文化阶段所没有的。"7月后，柳湜在重庆将《全民周刊》与《抗战三日刊》合并为《全民抗战》三日刊，并副主编，主编为邹韬奋。（参见李亮《继承五四和扬弃五四——新启蒙运动研究》，上海师范大学博士学位论文，2012年）

何家槐受中国共产党的派遣，在周恩来为书记的中共中央南方局的直接领导下，奉命到国民党军队中做抗日宣传工作和统战工作。先任国民党第八集团军司令部战地服务队编印股股长，后到由张发奎任司令的第四战区长官司令部任秘书。其间，编辑《张发奎将军抗日言论集》一书。

阳翰笙1月上旬邀集穆木天、端木蕻良、聂绀弩、王淑明、马彦祥、冯乃超、王平陵等30余人在蜀珍酒家聚餐，为筹组"中华全国文艺界抗敌协会"（简称"文协"）交换意见。不久，中国文艺社在普海春举行第二次聚餐，继续研讨"文协"成立事宜，新增加老舍、老向、姚蓬子等人参加。商讨结果，成立了"临时筹备会"，由老舍、胡风、楼适夷、老向、姚蓬子、王平陵、陈纪滢、吴奚如、马彦祥、冯乃超、叶以群、穆木天、沙雁、安娥等14人组成，王平陵为总书记，胡风、冯乃超为书记。21日，由阳翰笙、罗刚提议组成筹委会，委员有陈波儿、田汉、洪深、安娥、史东山、沙梅、王平陵、汪洋、郑君里、应云卫、叶浅予、袁牧之、刘雪厂、刘念渠、马彦祥，金山等43人。29日，中华全国电影界抗敌协会举行成立大会，选常务理事为张道藩、田汉、郑用之、阳翰笙、罗刚、应云卫、郑君里、尹伯休、史东山、刘念渠、王瑞麟、唐纳、罗静予等。同日，《新华日报》登出阳翰笙的《今后的一点希望》，史东山的《中全电抗会成立大会前言》《中华全国电影界抗敌协会成立大会宣言》。该会以"团结全国电影界人士，发展电影文化，从事抗战工作"为宗旨，号召每一个电影从业员锻炼成民族革命斗争中的勇敢的战士，使每一个电影成为抗战的有力武器。

阳翰笙2月4日出席"文协临时筹备会"会议，老舍、阳翰笙、穆木天、彭芳草、楼适夷、王平陵，冯乃超等11人起草会章及有关文件，调查作家在国内国外的情况，从事组织"文协"的工作。下旬，周恩来致电在重庆的阳翰笙，催他速至武汉筹组政治部第三厅。3月27日上午，阳翰笙出席中华全国文艺界抗敌协会在汉口市商会举行的正式成立大会。参加者500余人，周恩来、郭沫若等在大会上讲了话，号召全国文艺家们团结起来，打倒日本帝国主义。中午，在普海春聚餐。在宴会上宣布了《中华全国文艺界抗敌协会宣言》《告全世界的文艺家》等文稿。午后，大会通过了《中华全国文艺界抗敌协会简章》，刊于4月1日《文艺月刊》"战时特刊"第9期。简章明确规定："本会以联合全国文艺作家共同反对日本帝国主义的侵略，完成中国民族自由解放，建设中国民族革命的文艺，并保障作家权益为宗旨。"简章还规定了会员资格、组织机构及职权、经费来源等问题接着，大家推举出名誉理事、理事及后补理事。下午，大会在紧急警报与轰炸声中继续进行，通过决议多项。31日，中华全国电影界抗敌协会创办会刊《抗战电影》，出版《电影界抗敌协会成立专辑》。进行以电影宣传抗日。通电慰劳前方将士等抗日救亡活动。4月1日，政治部第三厅在武汉正式成立，郭沫若任厅长，阳翰笙任主任秘书。下设一个办公室及第五、六、七共三个处九个科。（参见周家磊《阳翰笙生平创作活动大事年表》，《当代电影》2012年第12期；林甘泉、蔡震主编《郭沫若年谱长编》，中国社会科学出版社2017年版；李江《冯乃超年谱》，载李伟江编《冯乃超研究资料》，陕西人民出版社1992年版；天天行《试述"文协"的成立》，《抗战文艺研究》1982年第4期；文雨《中华全国文艺界抗敌协会大事记》，《抗战文艺研究》1982年第1期；甘海岚编《老舍年谱》，书目文献出版社1989年版；艾克恩编纂《延安文艺运动纪盛》，文化艺术出版社1987年版）

胡愈之新年元旦与星一聚餐会决定号召在沦陷后的上海各界一致行动张悬国旗，给敌伪以极大的震动。初春，以复社名义翻译出版发行斯诺所著《西行漫记》（原名《红星照耀中国》），后又出版《续西行漫记》。同时，与许广平等商议出版《鲁迅全集》。春，为《上海社会科学讲习所》主讲时事问题；创办《团结》《集纳》《译报》等刊物，建立新的抗日宣传阵地。4月下旬，携带书箱样赴香港，向蔡元培、宋庆龄报告出版《鲁迅全集》计划。在香港、广州、武汉推销预约书券。4月，出任国民政府军事委员会政治部第三厅五处处长，负责动员工作。6月15日，出版《鲁迅全集》普通本，计20卷600余万字。8月1日，出版《鲁迅全集》精装本。9月4日，在《新华日报》发表《中国青年运动的统一与中国青年解放》。10月，在周恩来住处见到朱德。朱德为其题词，称他为国际问题专家。同月24日夜，与周恩来、郭沫若等撤离武汉。10月30日，经沙市到达长沙。12月10日，离长沙去桂林，后被聘为广西建设研究会委员，任该会文化部副主任。同月，到重庆与沈钧儒等救国会领导人商讨开展桂林文化工作问题，担任生活书店编审委员会主席。（参见朱顺佐、金普森《胡愈之传》，杭州大学出版社出版1991年版）

田汉1月1日发表独幕戏曲剧本《土桥之战》。同日《武汉晚报》创刊，为该报特约执笔人。月初由武汉抵长沙，住远东戏院楼上。2日，湖南省戏剧界抗敌后援会主席、《湖南戏报》社长黄曾甫，长沙戏剧同业公会主席、维多利电影院经理陈宗陶和《市民日报》总编辑、表舅蒋寿世等人发起，在鱼圹街湖北会馆的世界戏院，举行"欢迎田汉先生回湘大会"，到会的有京剧、湘剧、通俗话剧的艺人和业余戏剧爱好者，以及从事文化、新闻工作的人士300余人。田汉在会上作了近一小时的讲话，号召长沙戏剧界和社会上一切从事文化、艺术工作的人士，联合起来，积极投入抗战救亡的宣传活动。16日，发起在长沙远东咖啡馆召开欢迎茅盾和其他最近来湘文化人茶话会，主持会议并首先致词。出席者百余人，徐特立、茅盾等相继讲话。18日，出席湖南省抗敌总会召开的全省抗敌戏剧联合公演筹备谈话会。会上议定此次联合公演"需有抗敌意义""以扩大抗敌宣传为目的""湘剧得有改良之机会"等原则。28日，经过一段时间积极筹备，并得到八路军驻湘办事处主任徐特立的支持和指导，在长沙创办《抗战日报》，任主编，撰写《创刊之词》。王鲁彦、廖沫沙也是负责人。29日，中华全国电影界抗敌协会在武汉成立，田汉当选为该会第一届理事。同日，在长沙《抗战日报》发表《抗战期中民众教育与组织》。30日，在长沙《抗战日报》发表《从保卫武汉到保卫长沙——旧历除夕献词》。同月，在长沙与友人组织"抗战歌剧研究会"，又曾应邀在抗敌后援会作演讲。

田汉2月2日在长沙《抗战日报》上发表《钱亦石先生略传》，介绍钱亦石生平。5日与徐特立、茅盾等43人被湖南省抗敌总会聘为该团体下属宣传委员会委员。6日上午，在《抗战日报》社接待自武汉来长沙的郭沫若，邀其登南门城与上天心阁游览。路上对郭沫若不愿"进政治部，打算到南洋去募款"，干文化工作的想法"表示了不同意见"，认为这是"逃避""退缨"。13日，与孙伏园、易君左、蒋寿世、胡萍等8人联合发起在长沙四方圹青年会大礼堂举行"欢迎郭沫若先生大会"，并主持会议。中旬，与周恩来、董必武、叶剑英、秦邦宪、张发奎、郭沫若、沈钧儒、陶行知、邹韬奋、阳翰笙、茅盾、艾思奇、李公朴等203人及全国抗敌救亡总会筹备会、上海文化界救亡协会等32个团体联合组成筹备会，发表《启事》，发起举行钱亦石先生追悼会。22日，在湖南省文化界抗敌后援会第二届理事会第十一次会议上当选为该会常务理事。28日，在安排了《抗战日报》的工作后，与田洪、张曙随郭沫若、于立群乘早车离长沙赴武汉，参加三厅筹备工作。同月，曾设宴招待前来长沙的潘汉年，并邀请茅盾、王鲁彦、张天翼、黄源、钱君匋、朱雯、柳湜等作陪；曾在《抗战日报》社召开过一次诗歌座谈会，座谈内容"是如何团结诗歌工作者为抗日救亡献出力量"。

田汉3月5日出席《文艺月刊》社举行的国际问题座谈会，并发言。上旬，为"中国妇女慰劳自卫抗战将士总会战时儿童保育会"起草《宣言》。13日，武汉文艺界在中国旅行剧团为田汉作40岁寿庆。18日,与茅盾、阳翰笙、舒舍予、陈铭枢、张道藩等97人在广州《救亡日报》联名发表《中华全国文艺界抗敌协会发起旨趣》,提出"把中华民族文艺伟大的光芒,照彻于全世界,照彻于全人类"。23日,在中华全国文艺界抗敌协会第五次筹备会议上被推定为主席团成员。27日,出席在汉口总商会礼堂举行的"中华全国文艺界抗敌协会"(简称"文协")成立大会,为大会主席团成员。会上,与郭沫若、老舍、茅盾、丁玲、邵力子、冯玉祥等45人被推举为该协会理事。下旬,"文协"成立后,即决定出版会刊《抗战文艺》,田汉任编辑委员会委员。同月,《抗战歌曲集》一书由上海生活书店出版;致电率上海救亡演剧队乙组成员在随县一带活动的洪深前来武汉参加三厅工作。4月1日,田汉任国民政府军事委员会政治部第三厅六处处长,主管艺术宣传。三厅成立后,与郭沫若、阳翰笙、杜国庠、冯乃超、董维健等组成领导干部秘密党小组,由周恩来直接领导。16日,在武汉《抗战漫画》八号发表《全国美术家在抗敌建国的旗帜下联合起来!》。5月25日,与邵力子、郭沫若、沈钧儒、邹韬奋、黄炎培、郁达夫、左舜生及外国友人鹿地亘夫妇、罗果夫、史沫特莱等出席中共中央和八路军驻武汉代表周恩来、陈绍禹、秦邦宪、吴玉章在中山路"一江春"举行的招待茶会。同日,以三厅名义邀约老舍、阳翰笙、朱双云、马彦祥、张曙等29位文艺、戏剧界人士在中街新生活宿舍举行"新歌剧改进诸问题座谈会"。田汉主持会议并作发言。

田汉6月1日下午与沈钧儒、阳翰笙等出席在新生活宿舍举行的欢迎从战地归来的摄影师及王昆仑夫妇茶会,并讲话。6日上午,出席在武昌青年会举行的"中华全国美术界抗敌协会"成立大会,并致词。10日,与邵力子、罗炳辉、郭沫若、胡秋原等出席蒙、藏、回各民族代表团举行的欢迎世界学联代表团茶会。11日晚,与沈钧儒、邹韬奋、潘梓年等出席苏联塔斯社为欢迎武汉各报社战地记者并同文化界联欢而在新宴大酒楼举行的宴会。12日,中华全国木刻界抗敌协会成立,与蔡元培、冯玉祥、胡风等被推任名誉理事。同日,在武汉《戏剧新闻》第5号发表《第三期抗战与戏剧》。7月17日,与阳翰笙、孙师毅、李公朴、冼星海、张曙等出席在光明大戏院举行的纪念聂耳逝世3周年大会,并作演说。27日,参加政治部同人为庆贺郭沫若归国抗战一周年并预祝抗战胜利的签名活动。晚,与周恩来、邓颖超、胡愈之、范寿康、杜国庠、洪深等赴郭沫若寓所参加庆祝聚会。10月18日,作《鲁迅翁逝世二周年》。19日下午,与周恩来、邓颖超、秦邦宪、郭沫若、胡愈之、冯乃超、潘梓年等出席由"文协"和"鲁迅先生纪念委员会"在青年会联合召开的鲁迅逝世两周年纪念会,并作发言。20日下午,出席青年记者学会在青年会举行的讨论"抗战中的文化工作问题"的茶会,并作发言。11月11日,由周恩来召集,与郭沫若、冯乃超、洪深等连夜制定三厅撤退计划。12日晨,田汉率各演剧队和宣传队在又一村教育会坪举行孙中山诞辰纪念仪式后,根据周恩来的安排,即带领湘剧演出一、三队及另一些从战区撤下来的文艺队伍步行离开长沙。(参见张向华编《田汉年谱》,中国戏剧出版社1992年版)

冯乃超年初与蒋锡金迁至汉口三教街9号孔罗苏家居住。1月9日上海失陷后,郭沫若从香港、广州应邀抵武汉。数日后,冯乃超与蒋锡金同往汉口太和街26号新四军筹备处访郭沫若。上旬,参加七月社召开的文艺座谈会,座谈纪要《抗战以来的文艺活动动态和展望》刊于1月16日《七月》半月刊第7期。中旬,冯乃超出席中国文艺社假座普海春举行的第二次聚餐会,继续商讨筹组"文协"事宜。组成"文协"临时筹备会,王平陵为总书记,冯乃超与胡风为书记。28日,冯乃超与萧军等联名发表致前方战士慰问信,刊于《战斗》旬刊第2卷第2期。30日,在武汉《新华日报》副刊《星期文艺》第2期发表评论《作家与生活》。2

月初,国民党军事委员会政治部恢复工作。4日,冯乃超出席"文协"临时筹备会会议,被推举为《中华全国文艺界抗敌协会简章》起草人。6日,中共代表团在八路军驻武汉办事处,欢迎从上海跋涉而来的孩子剧团。周恩来鼓励孩子们要具备救国、革命、创造三种精神。以后经过斗争,为三厅收编。8日,在《战斗》旬刊第2卷第3期发表《进步的中国与退化的日本——为国际反侵略运动宣传周文化日而作》。16日,出席"文协"临时筹备会第六次会议,通过简章等四项文件,议定成立"文协"正式筹备会。18日,《战斗》旬刊第2卷第4期发表在发表《从〈飞将军〉谈到剧文学的批评》。23日,出席《从美术大众化谈到连环图画》座谈会,座谈纪要刊于3月6日《战斗》旬刊第2卷第5—6期合刊。24日,"文协"正式筹备会成立,冯乃超被推定为正式筹备委员。月底,冯乃超出席在中国文艺社召开的正式筹备会第一次会议,积极进行各项筹备工作。同月,冯乃超向到武汉的潘汉年汇报了自己组织关系变化的经过。3月初,郭沫若从长沙回武汉,筹备组织国民党军事委员会政治部属下的、实际上由中共长江局和周恩来直接领导的第三厅,进行抗日宣传工作。

冯乃超3月8日在《战斗》旬刊第2卷第5—6期合刊发表《托匪为什么杀害高尔基?》。上旬,出席正式筹备会第二次会议,通过其他草拟文稿,议定"文协"成立日期。18日,冯乃超与王向辰等96人在广州《救亡日报》联名发表《中华全国文艺界抗敌协会发起旨趣》。20日,在《战地》半月刊第1卷第1期发表《文艺统一战线的基础》,指出全国性的作家组织,"它应该是最大限度动员作家的手段""它应该是战时文艺政策的立法者和司法者,它应该是抗日民族统一战线的坚决拥护者"。23日,出席"文协"筹备大会第五次会议,详细研究成立"文协"有关事宜,选出大会名誉主席团成员、主席团成员及大会秘书。被推定为大会秘书。我党委派给阳翰笙、冯乃超筹建文艺界抗日民族统一战线组织的任务基本完成。27日上午,出席中华全国文艺界抗敌协会在汉口市商会举行的正式成立大会。冯乃超被选为理事。28日,在《战斗》旬刊第2卷第9期发表《对全国文协的一点希望》,提出"文艺的通俗化——换言之就是内容的大众化,形式的通俗化这一运动,是我们中国新文艺运动的一个主潮,要完成中国的文学革命,这一个过程是必须通过的阶段""我们现在需要万千的通俗文艺作品,流布于每一个士兵的手里,以提高他们抗敌的决心,加强他们的民族意识"。希望"文协"重视通俗文艺这项工作。4月1日,政治部第三厅在武汉正式成立,冯乃超任第七处第三科科长,主管对敌(日)宣传,编辑《敌情研究》,进行日文制作,并协助日人鹿地亘的日本人民反战同盟(后改日本人民解放联盟)工作。其间曾会见过出狱不久的彭康,帮助彭恢复党组织关系。4日,出席"文协"第一次理事会,被推定为常务理事。一起商量推荐老舍主持"文协",任常务理事和总务部主任,周恩来和党组织也同意。7日,政治部第三厅开展扩大宣传周,组织讲演、歌咏、美术、戏剧、电影、游行、外文广播等活动。武汉人民热烈响应,积极参加,欢庆台儿庄大捷。同月出席《怎样编制士兵通俗读物》座谈会,座谈纪要刊于5月21日《抗战文艺》第1卷第5期。

冯乃超5月4日任新创刊的"文协"会报《抗敌文艺》三日刊编委。14日,与茅盾等17人联名发表《给周作人的一封公开信》,刊于《抗战文艺》三日刊第4期,对周作人附逆行径提出警告。中旬,出席"文协"第二次理事会,老舍作会务报告,周恩来表示支持"文协"。下旬,参加七月社召集的文艺座谈会,座谈纪要《现时文艺活动与〈七月〉》刊于6月1日《七月》半月刊第15期。27日,出席"文协"第三次常务理事会。28日,出席三厅主持的全国艺术界举行的欢迎世界学联代表团大会,并作《抓住战斗的中国民族这个崭新的形象——代表中华全国文艺界抗敌协会欢迎国际学生代表致辞》,指出:"站在我们一面的:是真正文化创造者的全世界工人,有正义感的最优秀的作家,维护世界和平的广大人民和下一时代的世界社会栋梁的广大青年学生。""古老的中国在敌心凶残炮火的洗礼之下净化了,新的中国在神圣的自卫战争中,在颓垣破瓦的废墟中,慢慢的要建立起来。"后刊于6月5日《抗战文艺》周刊第1卷第7期。6月26日,出席"文协"第四次常务理事会,被推为代表,与"剧协"接洽协同演剧宣传问题。同月,中共在三厅秘密成立特别支部,冯乃超任特支书记,管理党员的学习生活,兼管孩子剧团党小组工作。特支组织委员刘季平,宣传委员张光年。7月6—10日,参加"七七"周年纪念大会,连续3天,掀起献金狂潮,又延长两天,献金共达100万元。冯乃超负责整理献金账目等,9月初旬编印成《征信录》一册,被郭沫若誉为"最可宝贵的纪录""真真实实的人民的行状""一部大有神圣意味的圣经贤传"和"国宝"。

冯乃超7月16日出席"文协"举行的第一次晚会,并发言。27日,与第三厅同人赴珞珈山庆祝郭沫若归国1周年,并与周恩来等摄影留念。9月4日,"文协"总会迁重庆后,冯乃超出席留汉会员在孔罗荪家举行的第五次茶会,决定出版《抗敌文艺》"武汉特刊"。17日,与孔罗荪等创办《抗战文艺》"武汉特刊"第1号,发表《加强保卫大武汉的斗争——论本刊的使命》。文中引用毛泽东《论持久战》的论断来分析战时文化,并指出"它的任务将是组织前线本会会员的活动,诱导在炮火中成长的新兵,保存民族解放大史诗的断片,以配合文化的犬牙交错的战争形态"。18日,在宋埠遇金山、王莹等人。下午参加战区政治部应景组织的"九一八"7周年纪念会,并作讲演,主要谈组织人民宣传人民问题。晚上与三个剧团开座谈会。20日早上,访宋埠战地文化服务处,又与戏剧队和文工团的青年交谈,并认识臧克家。10月1日,在《抗战文艺》"武汉特刊"第3号发表评论《日本的"文坛总动员"》。月初,政治部开始疏散,三厅部分人员撤退到长沙。8—10日,与郭沫若、胡愈之等赴第五战区司令部所在地歧亭访李宗仁,拟谈成立文化工作委员会事宜,未果。18日,出席"文协"留汉会员座谈会,讨论召开鲁迅逝世2周年纪念会问题。19日下午,出席"文协"和鲁迅先生纪念委员会在武汉青年会联合举行的鲁迅逝世2周年纪念会,代表"文协"发言,认为"今年纪念的范围,一定更宽泛""这说明了鲁迅先生的影响更扩大,鲁迅精神更深入"。会议由郭沫若主持,周恩来作了《疾风知劲草》的重要讲话,胡愈之代表鲁迅先生纪念委员会报告工作,博古、田汉等发表演说,与会者30余人。21日中午12时,与第三厅大部分人员离开武汉,乘船向长沙撤退。四天后武汉失守。24日下午,到达长沙。后日即驱车赶赴沙市迎接郭沫若等。28日下午,在沙市遇郭沫若。30日晚,抵长沙,寓水陆洲附近的陶园。11月12日早上,冯乃超参加孙中山先生诞辰纪念仪式。同日,在《抗战文艺》周刊第2卷第10期发表通讯《从武汉撤退》。16日,与第三厅全体人员到达衡阳三塘。19日,与郭沫若等去长沙支援火灾善后工作。24日,与郭沫若、田汉赴平江第二方面军总部访问张发奎,商定调演剧一队随该部工作,又会见杨森。26日,返回衡阳三塘。12月2日早上,与郭沫若等乘火车西撤,次日抵"文化城"桂林,寓乐群社。三厅压缩编制,三分之一人员留桂参加行营政治部,其余往重庆。孩子剧团由蔡家桂(馥生)任政治指导员,郑君里任艺术指导员。(参见李江《冯乃超年谱》,载李伟江编《冯乃超研究资料》,陕西人民出版社1992年版)

杜国庠上半年继续被关禁在苏州反省院。3月17日,杜国庠被调进另一囚室,难友知道他是做理论工作的,就要他作关于巴黎公社的报告。第二天是巴黎公社纪念日,杜国庠在狱中对难友作了关于巴黎公社的报告,同难友一起纪念巴黎公社起义。当天晚上,杜国庠被解往南京。在南京卫戍司令部看守所关押的五个月间,起初与田汉、华汉关在"乙所",这里只锁大门,各囚室之间可以串门,说是优待文化人。黄文杰、朱镜我则关在"甲所",那里各囚室不许往来。6月12日,杜国庠被释放。狱中生活前后共三年又四个月。杜国庠始终以一个共产党员的立场与反动派周旋,嬉笑怒骂,嘲弄敌人。卢沟桥事变爆发后,刚刚从牢狱里出来的杜国庠,马上投入抗日救亡的斗争。当时国民党第八集团军驻上海浦东南桥,郭沫若邀请一部分文化人组成"战地服务队",钱亦石任队长,杜国庠协助钱亦石工作。不久,钱亦石患病,杜国庠任代理队长,率领"战地服务队"在浙东金华一带活动。杜国庠受中国共产党委派到国民政府军事委员会政治部第三厅国际宣传处担任科长。(参见邱汉生《杜国庠传略》,《史学史研究》1984年第3期)

范寿康继续任国立武汉大学人文学院哲学教育系教授,主讲"现代哲学""中国哲学史""哲学概论""希腊哲学研究"等课程。7月,应同学、好友郭沫若之邀,任国民党军事委员会政治部第三厅副厅长兼第七处处长,协助郭沫若领导抗日宣传和统战工作,以他熟悉日本过去的优势,专司敌情研究。范寿康主编、出版的《日寇暴行录》,是向日军空投进行反战宣传并向国人宣传抗日激发斗志的有力武器。其间,范寿康又因当时商务、中华、世界、开明等7大书局创立"七联处",被聘为七联处主任。在抗日宣传的同时,范寿康不辞辛劳,为大后方的出版事业作出了贡献。(参见林甘泉、蔡震主编《郭沫若年谱长编》,中国社会科学出版社2017年版)

傅抱石4月受郭沫若的邀请,到武汉参加了三厅工作。傅抱石从日本山本悌二郎、纪成虎一合撰《宋元明清书画名贤详传》编译而成《明末民族艺人传》,次年由长沙商务印书馆出版。7月9日,郭沫若为傅抱石所编译《明末民族艺人传》作序:"丁丑十一月,余在上海,抱石自宣城来书,谓有《明末民族艺人传》之编译,将杀青矣,欲请序于余。未几,以战事迁变,彼此消息阻绝。今岁五月,携稿来汉相视,余列之案头者,垂二阅月。睡时辄加翻检,见其所传,虽不尽以艺名,而大都精于艺事。且征引甚详,译词亦雅洁可诵。抱石考艺事最专,近年以考定石涛上人世系踪迹颇邀艺界珍许,其出为是举,堪称允当。夫崇祯甲申前后为异族蹂躏中土一大枢机,明祚之亡,其病源何在?见仁见智,虽各不同而北京破后,直至清顺治初期,若干书画家在异族宰割下之所表现窃以为实有不容忽视者。如文湛持兄弟、黄石斋夫妇、史道邻、傅青主,乃至八大、石涛诸名贤,或起义抗敌,或不屈殉国;其人忠贞壮烈,固足垂千古而无愧,其事可歌可泣,一言一行,尤堪后世法也。吾国艺人喜以'敦品'为第一要义,聪明次之,学问又次之,古人云:'人品不高,用墨无法',所谓'气韵''境界'诸品,莫不自作者高尚之人格中溢出,在作品如是,行事亦自皆然。兹民族危难,不减当年;抗战建国,责在我辈,余嘉抱石之用心,而尤愿读者深察之也。"10月下旬,日军逼近武汉,傅抱石随第三厅辗转到重庆,自此进入艺术创作的一个高峰期。(参见林甘泉、蔡震主编《郭沫若年谱长编》,中国社会科学出版社2017年版)

张光年是年春回到武汉,以公开的中共党员身份,参加新成立的国民政府军事委员会政治部第三厅艺术处(处长田汉)的工作,负责组建十个抗敌演剧队和一个孩子剧团。同时与冼星海等作曲家创作了许多抗战歌曲。10月,武汉沦陷后,张光年率领"抗敌演剧队第三队"辗转来到陕西宜川县的黄河壶口附近,准备渡河转入晋西南昌梁山抗日根据地。11月1日,张光年在黄河壶口瀑布下游五公里处的圪针滩渡口东渡激流时,被眼前浊浪激荡、气势磅礴的壮观景象,以及喊着高亢号子奋勇向前的船夫们所震撼,构思创作了一首长诗《黄河吟》。次年,张光年把原来酝酿的长诗《黄河吟》一气呵成地写成了《黄河吟》八段组诗歌词,并与冼星海合作完成《黄河大合唱》。(参见林甘泉、蔡震主编《郭沫若年谱长编》,中国社会科学出版社2017年版)

老舍年初滞留汉口。1月1日,通俗文艺刊物《抗到底》创刊,老舍为编辑人之一。同日,《写家们联合起来》刊于《文艺月刊》(战时特刊)第5期。文中谈到抗战以来济南文艺界的情况,对抗战文艺提出希望与要求。4日,《吊济南》刊于《大时代》周刊第3号。同月,中国文艺社在普海春举行第二次聚餐,继续研讨"文协"成立事宜,新增加老舍、老向、姚蓬子等人,并由老舍、胡风、楼适夷、老向、姚蓬子、王平陵、陈纪滢、吴奚如、马彦祥、冯乃超、叶以群、穆木天、沙雁、安娥等14人组成"文协临时筹备会"。2月4日,"文协临时筹备会"举行会议,老舍、阳翰笙、穆木天、彭芳草、楼适夷、王平陵、冯乃超等11人起草会章及有关文件,调查作家在国内国外的情况,从事组织"文协"的工作。13日,老舍在《文艺战线》第1卷第8期发表《关于大鼓书词》。文中介绍了北方各种鼓书唱词的演变及特点,说明了大鼓书词在抗战通俗文艺中的六点长处:雄壮、利落、普遍、容易写、活动、读唱两可。同月,《抗战与教育》刊于《抗战教育》第2卷第3期。15日,赵清阁主编的《弹花》文艺月刊在武汉创刊,老舍是主要撰稿人之一。16日,老舍、茅盾、王平陵、冯乃超、陈纪滢、胡秋原、楼适夷、沙雁等14人举行第6次临时筹备会,议定成立正式筹备会,通过了协会草章、协会发起缘起、公函及作家调查表格等文件。24日,"全国文艺界抗敌协会筹备大会"在武汉正式成立,会上推选老舍、阳翰笙、冯乃超、曾虚白、胡风、王平陵、崔万秋、陈西滢、姚蓬子等20余人为正式筹备委员,老舍讲了话。会前,老舍还清唱了刚刚脱稿的新京剧《忠烈国》中的几段,四座报以热烈的喝彩。28日,"全国文艺界抗敌协会筹备大会"在中国文艺社召开第一次正式筹备会,老舍、老向、吴组缃、王平陵等19人出席。会上推老舍、吴组湘起草大会成立宣言;推茅盾起草致世界文坛的公开信;胡风起草致日本反侵略作家书。此后,到3月23日,"文协"筹委会先后又举行4次会议,老舍均到会。

老舍、盛成、胡风、孙师毅、老向等20人3月23日出席"全国文艺界抗敌协会筹备大会"在中国文艺社召开的第五次筹备会议。会议推定周恩来、蔡元培、居正、陈立夫、方治、罗曼·罗兰、威尔斯等为"文协"名誉主席团成员,老舍、郭沫若、叶楚伧、冯玉祥、邵力子、陈贞如、张道藩、丁玲、叶圣陶、朱自清、田汉、陈西滢、茅盾、盛成等14人为主席团成员,王平陵、穆木天、王向辰、胡风、楼适夷、姚蓬子、马彦祥、冯乃超等为大会秘书。26日,老舍所作七律《贺全国文艺界抗敌协会成立》一首刊于《文艺战线》第2卷第1期"文协成立纪念"专栏。27日,中华全国文艺界抗敌协会在汉口正式成立,标志着文艺界抗日民族统一战线的最后形成。到会500余人,大会推蔡元培、周恩来、罗曼·罗兰、史沫特莱等13人为名誉主席团;邵力子、老舍、冯玉祥、郭沫若、陈铭枢、田汉、张道藩、胡风等10余人为主席团;王平陵、冯乃超等8人组成大会秘书处。会上,周恩来、郭沫若、鹿地亘、冯玉祥、邵力子、方治、张道藩等人讲了话。周恩来在会上讲话谈了四点:一、肯定文艺作家团结的意义;二、希望作家多取材于前线将士的英勇奋斗,敌人的残暴,民众的热情;三、我们还负有建国的任务;四、对世界文艺的责任。大会通过了会章、宣言,老舍朗诵了他和吴组缃共同起草的《中华全国文艺界抗敌协会宣言》。大会上午在商会大礼堂举行,与会者中午在"普海春"餐厅聚餐,饭后在餐厅继续开会。会间恰遇27架敌机轰炸汉阳,会议坚持在空袭中进行,至下午5时多散会。老舍因被推为理事选举的检票人,会后留下继续工作到深夜。大会投票选举结果:

老舍、郭沫若、茅盾、冯玉祥、邵力子、巴金、夏衍、丁玲、许地山、郁达夫、冯乃超、胡风、田汉、朱自清、楼适夷、张恨水、老向、陈铭枢、成仿吾、张天翼、马彦祥、穆木天、盛成、张道藩、华林、胡秋原、吴组缃、陈西滢、姚蓬子、王平陵、沙雁、胡绍轩、徐蔚南、沈从文、曹禺、郑振铎、朱光潜、曹聚仁、黎烈文、曹靖华、沈起予、施蛰存、谢六逸等45人当选为理事,周恩来、于右任、叶楚伧等为名誉理事,周扬、吴奚如、孔罗荪、罗烽、舒群、曾虚白、吴漱予、立波、丘东平、艾芜、欧阳山、宗白华等15人为候补理事。

老舍与吴组缃共同起草的《中华全国文艺界抗敌协会宣言》4月1日刊于《文艺月刊》"战时特刊"第9期。《宣言》回顾了"五四"新文艺"紧紧伴着民族的苦痛挣扎,以血泪为文章,为正义而呐喊"的发展历史,揭露了日本帝国主义的侵略暴行;呼吁文艺工作者联合起来,以完成救亡图存的历史使命:"对国内,我们必须喊出民族的危机,宣布暴日的罪状,造成全民族严肃的抗战情绪生活,以求持久的抵抗,争取最后胜利。对世界,我们必须揭露日本的野心与暴行,引起全人类的正义感,以共同制裁侵略者。旷观世界,今日最伟大的事业,是铲除侵略的贼寇,维护和平;内察国情,今日最伟大的行动,是协力抗日,重整山河。在这伟大的事业与行动中,我们文艺工作者自然须负起自己的责任,而我们又必须在分工合作,各尽所长的原则下,倾尽个人的心血,完成这神圣的使命。为了这个,我们必须联合起来""我们必须把力量集聚到一处,筑起最坚固的联合营阵,放起一把正义之火,烧净了现存的卑污与狂暴"。同日,由老舍、茅盾等97人联名在《自由中国》创刊号发表《中华全国文艺界抗敌协会发起旨趣》,声明要"团结起来,像前线将士用他们的枪一样,用我们的笔,来发动民众,捍卫祖国,粉碎寇敌,争取胜利。民族的命运也将是文艺的命运,使我们的文艺战士能发挥最大的力量,把中华民族文艺伟大的光茫,照彻于全世界,照彻于全人类。这任务乃在我们全中国从事文艺工作友人们的肩上,我们大声呼号,希望大家来竖起这面中华全国文艺界抗敌协会的大旗!"4月4日,"文协"在冯玉祥公馆举行第一次理事会,推定老舍、胡风、郁达夫、楼适夷、王平陵、胡秋原等15人为常务理事。决定老舍、华林为总务组正副组长;王平陵、楼适夷为组织部正副组长;郁达夫、胡风为研究组正副组长;姚蓬子、老向为出版组正副组长。自此,老舍主持"文协"工作7年,直至抗战胜利。

老舍等筹办的中华全国文艺界抗敌协会会报《抗战文艺》5月4日创刊,编委会由王平陵、田汉、安娥、朱自清、朱光潜、老向、老舍、吴组缃、宋云彬、周天、成仿吾、郁达夫、胡风、胡秋原、茅盾、徐炳昶、姚蓬子、冯乃超、夏衍、陈西滢、张天翼、舒群、阳翰笙、叶以群、叶绍钧、楼适夷、郑伯奇、郑振铎、穆木天、蒋锡金、钟天心、丰子恺、孔罗荪等33人组成。王平陵任主编。《发刊词》要求作家"强固自己阵营的团结,清扫内部一切纠纷和磨擦、小集团观念和门户之见,而把大家的视线一致集注于当前的民族大敌"。该刊自本日在汉口创刊,直到1946年5月4日在重庆终刊,共出版73期,贯穿抗日战争始终,并发生了巨大影响,老舍为此做出了重大贡献。同日,《会务报告》发表在《抗战文艺》第1卷第1期,报告经济支出及"文协"成立以来各项工作紧张开展的情况。10日,《自由中国》第1卷第2号在"抗战以来文艺的展望"栏目下,发表老舍及郭沫若、夏衍、郁达夫等9人的"笔谈"。老舍谈抗战以来文艺工作者的任务是"激励士气民气,坚强抗战精神";中国文艺的前途是"将由打情的,伤感的,变成热烈粗莽。写我们在全民族抗日建国中使情绪崇高,心怀爽朗,把自己牺牲了,以求民族的永远独立自由"。上旬,"文协"召开"怎样编制士兵通俗读物"座谈会,老舍主持,王亚平、锡金、姚蓬子、冯乃超、田汉、罗苏等19人到会。13日,"文协"召开第二次理事会,邵力子主持,老舍作会务报告。14日,《抗战文艺》第1卷第4期发表《给周作人的一封公开信》,老舍以及茅盾、郁达夫、夏衍、孔罗荪、以群、适夷、冯乃超、王平陵、胡风、胡秋原、张天翼、丁玲、舒群、奚如、郑伯奇、邵冠华、锡金等18位作家签名。当时周作人背叛民族、屈膝事敌,日本报纸大肆宣传周作人在北平参加所谓"更生中国文化座谈会",并刊登了照片。公开信批判了周作人的附逆行径,希能幡然悔悟,急速离平,间道南来,参加抗敌建国工作。中旬,中国文艺社拟出版一套抗战文艺丛书,决定老舍、穆木天、王鲁彦、王亚平、柳倩、欧阳予倩、冼星海等为撰稿人。同日,主持"怎样编制士兵通俗读物"座谈会,锡金、老向、安娥、冯乃超、亚平、柳倩、田汉、罗芬、宋云彬等19人出席。座谈会着重讨论了上层通俗读物与一般通俗读物有无区别以及能否利用旧形式即旧瓶装新酒等问题。

老舍5月25日下午出席《新演剧》编辑部在汉口旧日租界新生活宿舍举行的"新歌剧改进诸问题"座谈会并发言,发言记录载《新演剧》第1卷第3期。26日,政治部第三厅招待世界学联代表,并决定组织"艺联"——全国音乐、电影、戏剧、美术、文艺各抗敌协会联合会,指定老舍代表"文协"参加"艺联"工作。此后不久,老舍出席了"艺联"的第一次筹备会。27日,"文协"召开第三次常务理事会,老舍出席。会议指定老舍、郁达夫等前去参加长沙文协分会成立会。12日下午3时,"文协"召开临时理事会,商讨在军事形势紧张下如何坚持工作,老舍出席。为了会刊继续办下去,会议推定老舍、胡风去政治部接洽筹款事,并派老舍、姚蓬子、王平陵、沙雁去见国民党中宣部长张道藩疏通。同日,"艺联"召开成立大会。18日,"文协"《会务报告》发刊于《抗战文艺》第1卷第9期,宣布"文协"将派代表参加"艺联"即全国音乐、电影、戏剧、美术、文艺等各抗敌协会的联合会。26日"文协"召开第四次常务理事会,决定出5种通俗读物、协同戏剧界抗敌协会演剧,并派老舍,冯乃超代表"文协"对外接洽。7月6日,在《民意》周刊第30期"七七纪念号"发表《一年来的文艺》。文中总结了抗战以来文艺运动的发展状况,肯定了新文艺在民族解放斗争中的作用。26日,"文协"举行临时理事会,由于战事恶化,决定总会于必要时迁往重庆,由老舍负责设备迁移事宜。30日,老舍携带"文协"总会印鉴离开武汉,迁往重庆。同日,《别武汉》刊于《抗战文艺》第2卷第3期。文中记叙了从济南到武汉半年间的经历与告别武汉的心情。说"文协"是全国性的,总会迁移,"我们必须跟了会走""为'文协',我们什么也可以牺牲"。8月,与老向、姚蓬子等人访在张家花园巴蜀学校任教的叶圣陶。

老舍10月12日下午出席并主持重庆25个团体在中苏文化协会四川分会召开的纪念鲁迅先生逝世2周年筹备会,到会20多人。会上议定,由"文协"负责征集纪念文字,老舍主讲今年应当如何纪念鲁迅。19日,重庆25个文化团体在社交会堂举行鲁迅逝世两周年纪念会,2000多人出席。老舍到会并作演讲。22日,老舍《鲁迅先生逝世二周年纪念》刊于《抗战文艺》第2卷第7期。此文是老舍在10月19日鲁迅逝世2周年纪念会上的讲稿。作者以崇敬的心情论述了鲁迅作品对包括自己在内的一代后起作家的深远影响,对鲁迅先生学识的渊博、思想的深邃,艺术造诣的高深,特别对鲁迅杂文的成就以及鲁迅对青年的提携,给予了高度评价。31日,"文协"主办的"通俗文艺讲习会"开班,学员22人,由老舍担任通俗文艺技巧的讲授。老舍、纪彬、老向、王泽民、何容等5人在该讲习会的讲稿,后来汇编为《通俗文艺五讲》一书,老舍作序。同月,"文协"举行首次诗歌座谈会。老舍、方殷、丁民等10余人出席。会议讨论了诗歌座谈会的性质和刊物出版等问题。11月4日,"文协"出版部在会所召开座谈会,讨论建立沦陷区域的抗战文艺工作问题。老舍、姚蓬子、黄芝冈、宋之的、葛一虹、魏猛克、华林、戈宝权、方殷等16人出席会议。25日,"文协"召开诗歌座谈会,出席者有老舍、姚蓬子、方殷、丁民、鲜鱼羊、李华飞、高长虹等,讨论了诗歌如何有效地为抗战服务的问题。老舍在会上发言。同月,《抗战中的通俗文艺》刊于《苏联十月革命廿一周年纪念特刊》。12月11日,《中央日报》副刊《平明》发表该刊主编梁实秋《编者的话》。文中公开提出文艺"与抗战无关"论,引起了重庆报界和文艺界的广泛关注和反响,展开了一场论战。老舍代表中华全国文艺界抗敌协会起草了一封给《中央日报》的公开信,表明了鲜明的立场。

　　按:信中批驳了梁实秋对"文协"所持轻薄态度:"梁实秋先生《编者的话》中,竟有不知文坛座落何处,大将盟主是谁等语,态度轻佻,出语儇薄,为抗战以来文艺刊物上所仅见。"申明"值此民族生死关头,文艺者之天职在为真理而争辩,在为激发士气民气而写作,以共同争取最后胜利。文艺者宜先自问有否拥护抗战之热诚,与有否以文艺尽力抗战宣传之忠实表现,以自策自励。""本会全体会员之相互策勉者,为本爱祖国爱民族之热诚,各尽全力,以建设文坛,文坛即在每个文艺者之良心上,其他则非所知。"严肃指出:"副刊所载虽非军政要闻可比,但报端文字影响非浅,不可不慎。"梁实秋所言,乃"破坏抗战以来一致对外之文风,有碍抗战文艺之发展,关系甚重"。这封公开信由于张道藩的干涉未能发出。不久,梁实秋即在《中央日报》上发表了《告辞》文告。(参见文天行《试述"文协"的成立》,载《抗战文艺研究》1982年第4期;文雨《中华全国文艺界抗敌协会大事记》,载《抗战文艺研究》1982年第1期;甘海岚编《老舍年谱》,书目文献出版社1989年版)

　　胡风继续主编《七月》。1月,《七月》自第7期起改由上海杂志公司出版。2月24日,胡风在武汉出席"全国文艺界抗敌协会筹备大会",与老舍、阳翰笙、冯乃超、曾虚白、王平陵、崔万秋、陈西滢、姚蓬子等20余人被推为正式筹备委员。3月1日,《七月》第10期首次发表了毛主席于1937年10月19日在延安陕北公学鲁迅逝世周年纪念大会上的讲演记录稿,题为《毛泽东论鲁迅》。23日,胡风出席"全国文艺界抗敌协会筹备大会"在中国文艺社召开的第五次筹备会议。会议推定王平陵、穆木天、王向辰、胡风、楼适夷、姚蓬子、马彦祥、冯乃超等为大会秘书。27日,"中华全国文艺界抗敌协会"在汉口正式成立,推举邵力子、老舍、冯玉祥、郭沫若、陈铭枢、田汉、张道藩、胡风等10余人为主席团成员。大会投票选举结果,胡风当选为理事。会上宣读了由胡风起草的《致日本被压迫作家书》。4月4日,胡风出席"文协"在冯玉祥公馆举行的第一次理事会,与老舍、郁达夫、楼适夷、王平陵、胡秋原等15人被推为常务理事,会议决定郁达夫、胡风为研究组正副组长。胡风主持研究组的日常工作。24日,胡风主持召开《七月》座谈会,讨论关于旧形式的利用问题。与会发言先后为序是:胡风、端木蕻良、鹿地亘、冯乃超、适夷、奚如、辛人、萧红、宋之的、艾青。

　　按:据胡平原《抗战时期〈七月〉杂志在重庆的命运起伏》(《中华读书报》2017年11月6日)载:《七月》杂志曾先后刊登三次文艺问题座谈会的纪录。《七月》杂志第7期刊载了第一次文艺问题座谈会纪录,讨论的主题是"抗战以来的文艺活动动态和展望",有艾青、东平、聂绀弩、田间、胡风、冯乃超、萧红等作家参加。会议具体讨论了四项内容:抗战之后的文艺动态印象记、关于新形式的产生问题、作家与生活问题、今后文艺工作方向的估计。第二次座谈会的纪录刊于《七月》杂志第13期。会议讨论了包括宣传、文学、文艺形式该怎样利用,怎样写好抗战纪实文学,怎样以文艺作品形式办好刊物和如何扩大刊物发行量等问题。胡风、聂绀弩、欧阳凡海、鹿地亘、艾青、奚如、池田幸子等参加了这次座谈会,大家紧紧围绕怎样做好抗日宣传工作进行热烈讨论。此后胡风、端木蕻良、冯乃超、楼适夷、奚如、辛人、萧红、宋之的、艾青等人参加了第三次文艺问题座谈会。这次会议上,作家们讨论了现时文艺活动与《七月》、怎样办好抗战文艺刊物、如何写好抗战文艺作品、怎样把抗战文艺宣传活动紧密结合《七月》刊物,让抗战文艺作品呈现在读者面前等问题,表示要为抗战写出好的文艺作品。

胡风在主编《七月》杂志的同时，又于4月为俞鸿模的海燕书店编选了《七月诗丛》和《七月文丛》，热心扶植文学新人，对现代文学史上"七月派"的形成和发展起到了重要作用。同月，胡风在对敌(日)宣传委员会任编译，约两个月。曾编辑日语传单和对日宣传手册等。5月28日，毛泽东收到胡风寄来的《七月》杂志。武汉失守前，胡风将他在汉口主编的文艺刊物《七月》寄到延安，委托丁玲分送给党中央领导，后由刘雪苇具体办理此事。胡适在送给毛泽东杂志时附了一封信："汉口《七月》半月刊主编胡风先生寄来第三集第一期《七月》，嘱分赠一本给你，现特转上，祈查收。专此并致最高敬礼！"几天后，毛泽东回信说："收到了，谢谢！我已看了座谈会记录，很欢喜。如有新的，请续寄给我。"此处的"座谈会记录"，是指《七月》杂志总第13期刊登的4月24日的座谈会记录，题为《宣传、文学、旧形式的利用》。胡风主编的《七月》也转载过延安的诗作，如朱子奇的《十月》等。8月，胡风评论集《密云期风习小纪》由武汉海燕书店出版。9月，《七月》第三集(十八期)结束。与书店合同期满，就此停刊。

胡风9月28日撤离武汉。10月27日，得老舍、伍蠹甫电报，邀往重庆复旦大学任教。胡风回电同意。11月10日，胡风和梅志母子离开宜都赴重庆。10—18日，在宜昌滞留等船。20—26日，在万县滞留等船。12月2日，胡风到达重庆。5日，参加《新华日报》十六名死难烈士的追悼会，并送挽词"民族英魂"。10日，在文史地学会及抗战文艺习作会讲《抗战后的文艺动向》。15日，参加文协诗歌座谈会，讨论抗战以来的诗歌。和老舍一起，参加了文协的各项工作，抵制了国民党的分裂或利用的图谋，并主持召开各种座谈会、文艺习作会及学术讨论会等。应聘在北碚复旦大学主讲"创作论"及"日语选读"，以维持生活。每周需往返重庆、北碚至少一次。又在国际宣传处对日宣传科任特派员，翻译日文报刊文章等。(参见晓风《胡风年表简编》，《新文学史料》1986年第4期；文天行《试述"文协"的成立》，《抗战文艺研究》1982年第4期；文雨《中华全国文艺界抗敌协会大事记》，《抗战文艺研究》1982年第1期；甘海岚编《老舍年谱》，书目文献出版社1989年版；艾克恩编纂《延安文艺运动纪盛》，文化艺术出版社1987年版；孙国林编著，王佳钰、王增辉校订《延安文艺大事编年》，陕西师范大学出版总社有限公司2016年版；胡平原《抗战时期《七月》杂志在重庆的命运起伏》，载《中华读书报》2017年11月6日)

王昆仑年初支持曹孟君等人成立中国战时儿童保育会。3月10日下午3时，中国战时儿童保育会隆重召开成立大会，推定蒋夫人、冯夫人、曹孟君、安娥等11人为主席团，冯夫人李德全女士为总主席。3月，王昆仑决定和曹孟君结婚。但因陪同曹孟君等赶赴徐州抢救失去家园的孤儿，并未举行婚礼。徐州会战开始不久，王昆仑偕曹孟君等赶到徐州，利用他和李宗仁的关系，亲赴战场抢救儿童，几次险些丧生。王昆仑和曹孟君等一行历经8天突围，终于死里逃生，踏上了去武汉的大道。王昆仑一行回到武汉之后，遂受到了各方人士的关注和欢迎。随后，王昆仑写下了数篇徐州战场之行的见闻，收入《徐州突围》一书中。其间，王昆仑参加了蒋介石主持召开的一次会议，宣布国民政府于8月1日西撤重庆。9月，王昆仑在武汉失守前夕，偕曹孟君西去重庆，一住就是8年。

王昆仑通过钱俊瑞向周恩来同志提出恢复党的关系，周恩来从工作以及王昆仑的个人安全等方面考虑，认为应暂缓恢复，但仍在周恩来的领导下为党继续工作。8月1日，汪精卫偕陈璧君准时自武汉搭机飞往宜昌，然后改乘永绥号军舰驶往重庆。对于汪精卫西撤重庆一事，留居武汉的国民党达官贵人有着各种传言。但王昆仑最为关心的是，汪精卫西撤重庆之后可以无所顾忌地推行他的"和平运动"。在征得长江局的同意之后，王昆仑溯长江西撤重庆，专注观察汪精卫是如何无所顾忌地从事他的"和平运动"的。王昆仑抵达重庆不久，又从汪精卫的官邸上清寺中传出一首《七律》古体诗，说是汪精卫西撤重庆时在军舰上吟唱的。为此，王昆仑通过关系找到了这首《七律》，王昆仑反复审阅了这首情绪低沉的《七律》，再三默吟其中的"沙际雁鹅方聚宿，天中牛女又离群"，感到总有某种不祥之兆。越10日，王昆仑获悉亲日干将梅思平由香港飞到重庆，和汪精卫、周佛海等密商降日条件。同时还获悉：汪精卫派高宗武、梅思平与日方举行秘密会谈。不久周恩来等长江局领导来到了重庆。王昆仑通过拜访的形式，及时地向党报告汪精卫等投敌的言行，并聆听了对今后工作的指示。

　　按：后来周恩来曾说过："国民党上午开会，我们下午就知道了全部情况，其中之一就是王昆仑同志报告的。他是立了大功的。"

　　王昆仑在其住宅"坚庐"毁于日机的轰炸之后，索性搬到中苏文化协会去住，专心致志地从事该协会的工作。中苏文化协会创办于南京时期，由孙科任会长。但实际主持其事的是太子派的骨干成员王昆仑。为推动中苏友好，并向中国读者正面地介绍苏联各方面的情况，于1936年在南京创刊《中苏文化》，并请著名史学家侯外庐出任主编。重庆成为陪都之后，王昆仑又在巴县歇马场设中苏文化办事处，亲自主持筹备工作。不久，该协会迁到重庆，《中苏文化》也在山城复刊。《中苏文化》发行对象多为国民党上层人物，以及重庆的大小机关，其影响面还是比较广的。王昆仑作为该协会的主要负责人兼会刊委员会的主任，一直把它当做党的一块重要阵地，在战时陪都重庆发挥了其它阵地难以替代的作用。（以上参见王朝柱《王昆仑》，花山文艺出版社1997年版）

　　侯外庐7月尚在西安，林伯渠转来王思华和署名杨松的两封信，要侯外庐到汉口与生活书店订合同，以完成《资本论》三卷的翻译。原陕西省秘书长杜斌丞忽然来通知侯外庐，国民党有暗杀他的计划，要他当晚离开。侯外庐找宣侠父商量，宣侠父力主马上走，并指示到汉口找潘梓年联系。杜斌丞与刘绍庭为他筹措路费，侯外庐随即独自去汉口。至7月31日，宣侠父即被国民党军统特务杀害。8月初，侯外庐在汉口遇到李公朴。同月，侯外庐与汉口生活书店签订《资本论》第二、三卷的出版合同。因形势紧张，生活书店总编辑张仲实安排他撤退到重庆，再从长计议。9月16日，所作《晋西北战地动员的经验与教训》发表于《时事类编》特刊第22期。18日，侯外庐作《论解放战》，刊于10月1日《时事类编》特刊第23期。文章论述"民族自卫战与民族解放战的统一"问题。

　　侯外庐9月由武汉抵达重庆，随即与生活书店重庆编辑部、八路军办事处取得联系。不久，柳湜来访，告知王亚南、郭大力合译的《资本论》三卷本即将出版，侯外庐立即表示自己的译本不再出版，并与柳湜所代表的生活书店解除了合同。从此，侯外庐翻译《资本论》的十年机缘告一段落。同月，侯外庐所作《抗战建国论》由重庆生活书店出版，包括《抗战建国与民主问题》《中山先生的民权论与抗战建国》《抗战建国中民族问题的民主号召》《关于抗战建国纲领中的经济建设问题》《目前欧洲形势的认识及我们的外交政策》《青年对于抗战建国的任务》6篇文章。10月1日，作《论和平机构》，刊于10月16日《时事类编》特刊第24期。20日，侯外庐与顾颉刚、老舍、姚蓬子等人参加通俗读物茶点会。秋，第一次见到从武汉撤退到重庆的许涤新。11月1日，所作《民权主义的理论与建国》刊于《时事类编》特刊第25期。7日，所作《中山先生论苏联》发表于《中苏文化》"苏联十月革命二十一周年纪念特刊"之"社会主义胜利的苏联"专栏，包括"关于苏联革命的意义者""关于俄国性的三民主义者""关于苏联革命的经验与教训者"。

　　侯外庐11月25日作《科学的民生主义研究》,刊于《时事类编》特刊1938年12月16日第28期。文章认为:"中山先生的伟大思想,不但没有使民生主义在理想上和社会主义划一鸿沟,而且使民生主义具备了很丰富的社会主义的发展性,虽然因了中国客观上民主革命的主要任务迫使社会主义的任务居于前途可能地位,因而主观性的社会主义渗透于思想系统中,可是如果由中山先生所谓'澈底的'民权革命的领导,主观性却可以向着客观性发展。""民生主义不是资本主义,'平均地权'是民主主义的高涨""民生主义有解决资本主义与社会主义的矛盾之可能"。12月1日,所作《欧洲的"慕尼黑"与东亚和平》发刊于《中苏文化》"抗战特刊"第1—2期合刊。9日,作《苏联外交与现阶段的欧洲局势》,刊于《中苏文化》"抗战特刊"1938年第3卷第3期。12日,作《中山先生"革命的人文主义"之特征——孙文学说——"知难行易"的研究之一》,刊于《时事类编》特刊1939年1月1日第29期。年底,重庆八路军办事处要先生找王昆仑把《中苏文化》杂志争取过来,王昆仑全力向中苏文化协会会长孙科推荐侯外庐主编该杂志。当时蒋介石刚抵达重庆,王昆仑趁机改组中苏文化协会并担任《中苏文化》杂志委员会主任,侯外庐和翦伯赞任杂志委员会副主任。改组后的《中苏文化》杂志受到党和周恩来的关注,成为国统区一个进步的宣传阵地,起到了与党报党刊(《新华日报》《群众》杂志)相配合、相呼应的宣传作用。(以上参见杜运辉《侯外庐先生学谱》,中国社会科学出版社2013年版)

　　沈钧儒1月3日主持第八次干事会,由各组报告工作情况。6日,主持第九次干事会。会议听取钱俊瑞所作的时事报告,内容涉及军事、政治、民众运动和外交四个方面,对抗战形势作了全面的分析。10日,主持第十次干事会。会议通过了如下重要议案:1.审查《全国各区工作人员分配计划》,并设联络中心,通讯处为重庆生活书店转许宝驹或钱俊瑞、张志让;2.通过《推动党政领袖计划》向全国抗敌救亡总会筹备处提出建议;3.推沈钧儒及章乃器、许宝驹3人成立"经济委员会",专事筹措本会经费及予以保管;4.由本会八个组的主任与秘书长共11人共同负责执行《保卫大武汉运动计划》,并定于星期四(1月13日)下午2时召集"保卫大武汉"发起人会议;5.通过《文化工作计划大纲》。会议并决定聘请闵刚侯、勾适生为联络组秘书;由张志让、钱俊瑞、沙千里组成工作指导委员会,以"切实指导各地青年之询问"。同日,出席第五次座谈会,向会议作国内问题报告。会议还讨论了保卫大武汉问题,并决定了《保卫大武汉专号》编辑委员会人选,以柳湜为召集人,邹韬奋、金仲华、吴大琨、许宝驹、沈兹九、刘江凌、刘清扬、沈钧儒、柳湜、王昆仑、张申府、张仲实、张志让、钱俊瑞等任委员。13日,出席保卫大武汉发起人会议。17日,出席第十一次干事会,由各组及各秘书报告工作。24日,主持第十二次干事会。31日,出席第十三次干事会。2月24日,出席全国抗敌救亡总会筹委会第十次例会,任会议主席。

　　沈钧儒3月5日参加补开的全国抗敌救亡总会筹备会第十一次例会。19日,参加全国抗敌救亡总会筹备会第十二次例会。30日,前往青年会祝贺中国青年记者学会成立,该成立会由范长江主持。5月5日,参加全国抗敌救亡总会筹备会。议决立案问题应如何进行,改组抗战建国纲领实施协进会,推沈钧儒等3人向政治部接洽。由于全国抗敌救亡总会始终未被获准立案,该会的建立工作终于停顿。为保持各救亡团体间的联系和协调行动,后来又成立了救亡团体联合办事处。24日,出席汉口文化界人士在普海春召开的欢迎世界学联代表团大会,并发表题为《为维护世界和平正义文化而斗争》的讲话。25日,出席中共代表团周恩来、秦邦宪等于一江春招待世界学联代表团的茶会。后该代表团去西安,并于6

月 29 日抵达延安。5 月 29 日，与原救国会同人沙千里、李公朴、史良、艾寒松、金仲华、邹韬奋、柳湜、沈兹九、胡愈之、杜重远、钱俊瑞、张志让开会讨论"需否成立组织"和对钱俊瑞等 3 人起草的《主张》《纲领》进行讨论。6 月 17 日，国防参议会举行最后一次会议。国民党政府发表国民参政会参政员名单。原沈钧儒等国防参议员绝大部分改任为参政员。沈钧儒曾向最高国防会议提出钱俊瑞、李公朴、沙千里、史良、金仲华、张仲实、柳湜、陶行知、张定夫、胡愈之、杜重远等救国会同人为参政会参政员候选人。21 日，出席第四次座谈会，任会议主席。29 日，出席各党派聚餐会，与林伯渠、黄炎培、罗隆基、曾琦等被推整理参政会议案。同月，诗集《寥寥集》由生活书店于汉口出版。亲题书名并作序。

　　沈钧儒 7 月 1 日与林伯渠、罗文干、黄炎培、褚辅成、罗隆基、曾琦、江问渔等共商参政会提案问题。2 日，中国国民党临时代表大会所制定的《抗日建国纲领》正式发表。在国民参政会开会前后，经常出席由中国共产党推动组织起来的有各党各派参加的聚餐会、茶话会，商议参政会提案等重大国事问题。6 日，《全民》周刊与《抗战》三日刊合并取名为《全民抗战》三日刊，在汉口创刊。该刊物由邹韬奋任主编、柳湜为副主编。沈钧儒与张仲实、艾寒松、胡绳、柳湜、邹韬奋等组成编辑委员会。沈钧儒从此开始与生活书店产生工作上的关系。同日，国民参政会第一次会议在汉口两仪街 20 号开幕，沈钧儒与陶行知、邹韬奋、史良、张申府、王造时、杜重远等出席。沈钧儒提出两项提案：1.《关于切实保障人民权利案》；2.《关于如何使有钱出钱，充实抗战经费，如何保障人民最低限度生活，使有力者勇于出力，便于民众动员工作案》。8 日，出席第五次座谈会，会议听取李公朴报告被扣经过情形和当选的参政员报告参政会消息。9 月上旬，与王炳南、蒋南翔和《新华日报》记者张企程等代表武汉文化界赴保卫大武汉的瑞阳前线慰劳前线将士。18 日晚，与邹韬奋、王炳南等再次代表武汉文化界出发到南浔路一线慰劳前线将士。10 月下旬，武汉告急，沈钧儒与邹韬奋、沙千里等友人同乘一架很小的水上飞机直飞重庆。10 月 28 日至 11 月 6 日参加第一届国民参政会第二次会议，被选为驻会委员。在会上提出司法人员（包括律师）参加伪组织应如何处分的质问。11 月 6 日，向会议提出两项提案：1.《关于专设管理沦陷区域政务机关的提案》；2.《关于加强战地文化食粮输送工作的提案》。武汉沦陷前，胡愈之等一部分救国会同人到达桂林，与陈劭先、陈此生等成立了广西分会。在桂林，由胡愈之负责创办文化供应社，出版杂志。杜重远、萨空了赴新疆前，曾将盛世才发给的 5000 元安家费交沈钧儒捐助救国会。该社于次年 10 月正式成立。9 月 11 日，在汉口创刊的救国会言论机关《国民公论》于武汉沦陷前移至重庆出版，次年又迁至桂林出版，由胡愈之负责。（参见沈谱、沈人骅编《沈钧儒年谱》，中国文史出版社 1992 年版）

　　邹韬奋 1 月 1 日成立生活书店编审委员会，邹韬奋、胡愈之、范长江、金仲华、钱俊瑞、柳湜、杜重远、张仲实等为委员。书店大批干部分散到内地和敌后开展工作。年初，蒋介石找邹韬奋、杜重远谈话，希望他们加入国民党。邹韬奋表示拒绝，并指出："中国是否能够只有一个政党，这是一个值得研究的问题。"3 月，生活书店衡阳、兰州分店成立。月底，中国青年记者学会在汉口青年会大礼堂举行成立大会，范长江主持。韬奋被推举为名誉理事，并出席大会讲话，后来又经常关心和支持该学会的工作。4 月 1 日，邹韬奋在中国青年记者学会机关刊物《新闻记者》创刊号上发表《新闻记者当前的任务》，指出"积极方面，应根据《抗战建国纲领》以宣传国策，建议具体方案；在消极方面也应根据《抗战建国纲领》以纠正并扫除那些破坏团结为虎作伥的言论与行为，这是抗战建国期中新闻记者的主要任务"。下旬，夏衍从广州到武汉,就《救亡日报》的一些问题请示周恩来,周恩来指示:"你要好好学习邹韬奋办《生活》的作风,通俗易懂,精辟动人,讲人民大众想讲的话,讲国民党反动派不肯讲的话,讲《新华日报》不便讲的,这就是方针。"同月,生活书店贵阳、南郑、六安分店成立。邹韬奋在《抗战》上连续发表文章和报道,介绍中国共产党领导的陕甘宁边区的各方面概况和八路军的现状。5月,生活书店昆明分店成立。6月19日,被国民党政府聘为国民参政会参政员。邹韬奋"怀着一腔热诚与希望,把自己看作努力代表民意的一分子,欣然参加"。同月,生活书店南昌分店成立。7月1日,生活书店总管理处在汉口成立,同日香港分店成立。

邹韬奋7月6日出席在汉口举行的国民参政会第一次大会。邹韬奋在会上接连提出了三个提案,即《调整民众团体以发挥民力案》《具体规定检查书报标准并统一执行案》和《改善青年训练解除青年苦闷而培植救国干部案》。7月7日,《抗战》与《全民》周刊合并,改名为《全民抗战》三日刊出版。邹韬奋为总发行人,韬奋与柳湜主编,编委会有沈钧儒、张仲实、艾寒松、胡绳等。韬奋在创刊号上发表《全民抗战的使命》。该刊销数最高达到30万份。在汉口、广州、重庆、昆明、长沙、西安、成都、桂林、贵阳、上海、兰州、香港、宜昌、万县、南昌、衡阳、南郑、天水、麻埠等地都有经售点。同月,《激变》由生活书店出版。7月底,国民党政府公布《战时图书杂志原稿审查办法》和《修正抗战期间图书杂志审查标准》,钳制抗日言论。8月3日和6日,邹韬奋接连在《全民抗战》第9号、第10号发表《审查书报原稿的严重性》和《再论审查书报原稿的严上重性》两篇社论,抗议国民党政府压制言论自由。8月19日,《全民抗战》增出《保卫大武汉特刊》。8月下旬,生活书店联合商务印书馆、中华书局等十几家同业,共同发表宣言,要求蒋介石立即撤销压制言论自由的法令。同月,生活书店在全国已设有分支店50多处,拥有工作人员四五百人,成为国统区的一个大型文化企业。9月18日,邹韬奋与沈钧儒等代表全国救国会,由武汉经南昌前往江西北部德安一带慰劳抗战军队。9月底,邹韬奋返武汉。

邹韬奋10月中旬因武汉战局吃紧,将《全民抗战》迁重庆出版。为了不误出版,韬奋随身带着大批稿件和读者来信坐飞机赴重庆。同月15日,《全民抗战》从第30号起改为五日刊,在重庆继续出版。生活书店总管理处也移往重庆。10月武汉沦陷前,《全民抗战》每期纸型由班机航寄汉口,重印寄发全国交通可达地区。28日,国民参政会第二次大会在重庆举行,韬奋在会上提出《请撤销图书杂志原稿审查办法,以充分反映舆论及保障出版自由案》,得到70多位参政员的联署,经过"非常激烈的辩论""得到大多数的通过,震动了全会场"。当时韬奋在会上慷慨陈辞,不亢不卑,而又曲折尽理,能使听者心折。邹韬奋在参政会内外与周恩来等同志来往密切,周恩来曾称赞韬奋是"很好的鼓动家"。在二次参政会上,邹韬奋还与林伯渠商量,准备在陕甘宁边区和敌后各解放区逐步设立生活书店分店。11月,生活书店南宁、柳州、常德分店成立。12月,《再厉集》由生活书店出版。同月,生活书店遂川支店成立。年底前后,韬奋常去重庆曾家岩八路军办事处拜访周恩来同志,向他请教政治问题,并接受党中央对国统区文化工作的指示。(以上参见复旦大学新闻系研究室编《邹韬奋年谱》,复旦大学出版社出版1982年版)

李公朴1月3日出席"座谈会"干事会第八次会议,报告山西民族革命大学招生、课程等情况。5日,全国抗敌救亡总会筹备会筹备员以个人名义在一江春举行茶话会。会上,与周恩来、沈钧儒、方振武、刘清扬、孔庚、邵力子等均有讲话,内容均重在团结与刷新。8日,发表《两个值得注意的问题》。10日,访问八路军住临汾办事处,受到热烈欢迎。在欢迎会上演讲《半年来抗战的回顾》。上旬,应阎锡山的邀请,到山西临汾民族革命大学任教。之前,在武汉号召大批青年报名入学,并为"民大"聘请了一批进步学者、教授。20日,撰成《关于民族革命大学》。同月,根据中共中央《抗日救国十大纲领》精神,草拟《民族革命大学创立纲领》。2月,在"民大"完成《中国政治问题讨论大纲》《半年来抗战形势讨论大纲》《致民大同学的公开信》等文章。3月7日,在西安撰成《山西的现在及其将来》。12日,在西安写成《抗战教育的理论与实践》一书,后在武汉出版。25日,在西安写成《我们在抗战中怎样教育自己》。是月,访问西安八路军办事处及林伯渠。又到陕西安吴堡参观"战时青年训练班",与主持人冯文彬、胡乔木交谈抗战教育,并向全体学员讲话。后由此撰成《西北青年救国联合会怎样办战时青年训练班——一个战时教育的参考》。4月14日,在西安发表《告关心民族革命大学者》公开信。

　　李公朴4月回到武汉。5月28日,发表《组织流动教学团的一个建议》。29日,在汉救国会同人开会讨论是否成立组织,以推动抗战。发言主张不必顾忌政府的谅解与否,立即成立组织。30日,为汉口量才补习学校报告《抗战教育的理论探讨》。同月,撰成《抗战建国教学团缘起、组织章程、工作纲领》。是月,世界学联代表团到达武汉,参加欢迎大会,并与合影。6月初,与沙千里到汉阳兵工厂演讲保卫大武汉,适该厂正酝酿罢工,国民党逮捕数名工人代表。6月7日,与国民政府军事委员会政治部主任陈诚论理逮捕工人事,被陈诚扣押。8日,政治部副主任周恩来、黄琪翔为营救李公朴,两次与陈诚交涉。21日,救国会第四次"座谈会"召开,因被陈诚扣押未出席会议,但仍被推和陶行知一起负责教育方面工作。30日,黄炎培致电陈诚,愿以身家担保,要求释放李公朴。同月,被沈钧儒推荐为国民参政会参政员候选人。7月6日,李公朴获得释放。8日,向救国会第五次座谈会报告被陈诚扣押经过。10月,李公朴抵重庆。中旬,和夫人及姨侄张则孙赴成都,准备去延安。23日,在成都写成《当前抗战形势与后方工作》。在成都期间,于辛亥秋保路死事纪念碑前,向群众宣传抗日救国。同月,抵达延安,会见朱德总司令和国民党西北军政人物以及社会名流,如卫立煌、孙蔚如、杜斌丞、刘定五、杨明轩等;派全民通讯社记者一名随国民党第三十一军团长孙蔚如去山西,做战地报道。
(以上参见周天度、孙彩霞《李公朴传》及附录《李公朴生平活动简表》,群言出版社2002年版)

　　张澜2月5日在《新新新闻》报发表《回忆刘故主席甫澄的几件事》,以纪念1月20日病逝于汉口的刘湘。文中对刘湘总的评价为"统一川政,尽力国家,勋著名显,身殁之日,天下惜之"。然后列举了刘湘一生中几大成就,其中谈到他在卢沟桥事变后,奉召参加国防会议,坚决主张抗战,回川后立即选调川军14个师出川驰赴前线,并把对外抗战和对内建设作为坚持长期抗战的两大目标,决心把四川建成"复兴民族最后之根据地"。2月13日,张澜与成都各界人士李璜、高兴亚、王干青、张志和、王白与、车耀先、李筱亭、刘披云等发起组织中苏文化协会四川分会。4月5日,在《新民报》发表《应该从速决定两件事》。6月17日,国民政府公布第一届参政会参政员名单,其中四川省被遴选4人:邵从恩、张澜、谢健、胡景伊。7月2日,与邵从恩同机飞重庆转汉口,参加国民参政会第一届第一次会议。6—15日,出席国民参政会第一届第一次会议。张澜被推任第三审查委员会委员,审查有关内政问题议案。会议期间,张澜经吴玉章引荐,拜会了周恩来、林伯渠、秦邦宪、董必武、邓颖超、陈绍禹等中共参政员。周恩来就中国共产党的抗日民族统一战线政策,以及抗日战争是一场持久战的理论问题向张澜作了介绍,因张澜在西南地区的声望很高,周恩来殷切期望张澜能在西南地区协助中共开展统战工作,广为团结西南军政界、文教界、实业界和其他社会上层人士,群策群力,共挽祖国危亡。周恩来还告诉张澜,已指定八路军驻渝办事处的周怡和在成都的中共川康特委书记罗世文同他建立密切关系。张澜还拜会了梁漱溟、黄炎培、沈钧儒、章伯钧等老友;张澜等116人联署支持由中共参政员董必武等提出的《拥护国民政府实施〈抗战建国纲领〉决议案》;与川籍参政员吴玉章、邵从恩、曾琦等10人联名致电慰问抗日前线之川军。

　　张澜与黄炎培、邵从恩、江问渔、李璜等离汉口飞重庆。7月19日,张澜一行飞抵重庆后,下榻于鲜英(字特生)在上清寺的公馆"特园",八路军驻渝办事处主任周怡前往拜访,张澜将周怡介绍给大家,特别介绍给热情好客的主人鲜英。22日,鲜英在"特园"宴请黄炎培、江问渔等远方来客,同时请了地方上颇具影响的各方面人士作陪。席上,张澜着重指出:由于国难严重,将有大批爱国志士进川,我们应尽地主之谊,妥善解决他们所遇到的困难。当场就有卢作孚、吴晋航、何北衡、何鲁、郭有守等接受张澜的意见,作了诚恳欢迎的表示。8月初至9月26日,张澜返南充小住。其间,张澜在其"建设新南充"、办好川北教育的思想指导下,向南充行政督察专员公署专员鲜英建议,举办全区中小学教师讲习班,邀请梁漱溟、张秀熟等知名学者和进步人士讲授抗战建设和学校管理知识。中共川北工委书记于江震和张秀熟研究,在其讲课中,以《中国共产党抗日救国十大纲领》为中心,宣传党的抗战主张。与梁漱溟在南充深入民间实地调查征调壮丁情况。9月26日,由南充赴重庆。10月19日,梁漱溟与张澜深入民间调查兵役状况后认为,要办好兵役,仍要从"发动民众"入手,因为只有在群情热烈、众目昭彰,有人领导之下,才办得认真,办得公平,办得顺手。他们多次向政府和有关群众团体建议,重庆行营主任张群"闻言十分欣喜"。此后,又与新任四川省政府主席王缵绪"商谈接洽"。最后省政府决定,"按照预定步骤,第一步先改组省动员机构"。10月19日,四川省动员委员会举行全体委员会,增聘张澜、梁漱溟、邵从恩、尹仲锡、胡文澜等为常务委员。下分兵役、宣传、救济、物资4个组。

　　张澜10月28日至11月6日出席在重庆召开的国民参政会第一届第二次会议。针对汪精卫在会前多次发表谈话,鼓吹中日"和平",制造投降舆论,张澜在会议期间当面严厉批驳汪精卫的谬论,使其狼狈不堪。会上中共参政员提出了《拥护蒋委员长和国民政府,加紧民族团结,坚持持久战,争取最后胜利案》,得到张澜等67人的联署。梁漱溟与张澜等22人向大会提交《改善兵役实施办法建议案》这是与抗战最有直接关系的要案。11月上旬末,参政会结束后,张澜邀请梁漱溟同返南充,在乡小住,继续考察兵役法推行后的民间反应。在南充期间,张澜在考察民间对兵役法反应的同时,还为落实周恩来建议在南充办一所新型学校而奔走。秋末,周恩来约见在重庆出席国民参政会一届二次会议的张澜,建议他在南充创办一所富有革命朝气和民主气息的学校,培养造就于国家、民族有用的人才,以满足南充与邻县一些青少年学生就学的需求。张澜请原成都大学毕业生贾子群、姜炳新等发起筹办,并联络南充地方知名人士伍非百、杨达璋、奚致和,与南充行政督察专员公署专员鲜英及有关方面商议,同时还做通了国民党南充专、县党部的工作,获准建校。由鲜英,奚致和负责筹集经费。冬,私立南充建华中学宣告成立,设在南充县城大西门外三圣宫(今南充建华中学校址),姜炳新任校长,张澜任名誉校长。国民党地方当局为了控制学校,派了军统和中统特务进校执教,都被张澜辞退。正是由于张澜坚持民主办学方针,使建华中学逐渐成为"民主堡垒"和中共在川北的重要阵地,民盟在南充的地下活动中心。11月21日,南

充地方人士请张澜与梁漱溟在南充职中校作报告。(参见谢增寿编著《张澜年谱》,群言出版社2013年版)

黄炎培年初在广西桂林。1月14日,《武汉日报》载:在武汉的中华职业教育社、中国教育学会、教育短波社、《教与学月刊》社等10余教育团体组织全国抗战教育协会。各团体主张,抗战教育应以学校教育为中心,尽量保持学校原有状态,同时与抗战局势相结合。2月1日,黄炎培应广西省府之邀至县政训练班讲演,题为《为国与为民》。13日,在汉口与汪精卫长谈。论及广东局势及国共关系问题,建议国民党开放政权。14日,国防参议会开会,出席报告湘粤桂三省情况。同日谒蒋介石于武昌,报告湘、桂、粤三省情况。对"一国三公"之现状有所批评。建议:(1)后方工作应特重生产;(2)已沦陷地区应重视游击战争;(3)我方在香港越南购物机构事权不统一,弊端甚多,应加速调整。同日,访陈诚,谈青年思想及国共关系问题。23日,偕冷御秋、江问渔至徐州。3月1日,访第五战区司令长官李宗仁长谈。5日,就(一)如何调整、充实、发动民众机关;(二)如何训练发动民众人才;(三)如何发动陷落各县民众等问题写成意见书,面陈李宗仁后,返回武汉。7日,参加国防参议会,报告第五战区动员民众近况。8日,出席卢作孚邀餐。当时梁漱溟访问延安归来。席次听梁漱溟报告和毛泽东主席谈话情况。5月6日,由桂林至梧州。19日,在汉口。是日徐州失守。生活书店店员举行茶话会,应邀讲演,与周恩来同志第一次见面。21日,与周恩来、博古、王明及其他民主人士聚餐于新宴酒店,青年党左舜生为主人。25日,中共代表周恩来、博古等假一江春大礼堂举行茶会,招待世界学生代表团,应邀参加,发表演说,略谓"对日抗战,不仅是自卫行动,亦是为全人类清除公共的毒物的行为,故亦是一种最高尚神圣的义务"。

黄炎培6月5日到青年党李璜家和曾琦、左舜生、张东荪(民社党人)等谈战局前途问题。同日,日军攻占开封。17日,国防参议会举行第64次会议,是为最后一次会议。国民党政府发表参政员名单,原国防参议员皆改任为参政员。定7月1日举行第一次会议。29日,各党派举行聚餐会,与林伯渠、沈钧儒、罗隆基、曾琦等被推整理参政会议案。30日,李公朴被羁押于政治部,谓有煽动兵工厂工人罢工嫌疑,黄炎培致电陈诚要求准予保释。7月1日,因参政会即将开幕,与罗文干、林伯渠、沈钧儒、褚辅成、罗隆基、曾琦、江问渔等共商参政会提案问题。6日,国民参政会假汉口两仪街20号开幕,到会149人。汪精卫被推为议长,张伯苓为副议长。议长汪精卫致开幕词,蒋介石致词,谓参政会为民主政治之起点。张一麐代表参政员致词,因有失当,被推代张另拟致词稿交报端发表。7日,参政会第一次大会继续举行,组织成立宣言起草委员会,和张季鸾、吴玉章、张君劢、胡健中、陶希圣、曾琦、周炳琳、陈裕光等被选为起草委员。8日夜,起草提案,揭发社会与政府间积弊,恐提出会场,因众人刺激,发生不快之感,乃备函迳送蒋介石。次日蒋邀茶会,当即将提案和函面交。18日,访董必武长谈。19日,偕江问渔及张澜、邵明叔、李璜等飞渝。8月13日,《国讯》在重庆复刊,编辑委员会及发行人为黄炎培、江恒源、杨卫玉、叶圣陶、孙起孟等,孙起孟任总编辑。

按:《国讯》系中华职教社于1931年12月3日在上海创办。初名《救国通讯》,不定期,亦不收费。1933年1月改为半月刊;8月复改为周刊。发行数达一万余份。1937年11月12日淞沪不守,被迫停止。发行至178期止。黄炎培为复刊号写《复刊词》。并有《抗战以来》及诗一首发表于复刊号中。

黄炎培11月1日出席国民参政会第五次会议,被推参加经济财政审查组。因上月25日日军攻占武汉,国民参政会迁渝举行。5日,参政会举行全体审查会,在审查梁漱溟提案时,黄炎培登台发言,大意以参政会发言有三种:(一)对国际,(二)对民众,(三)家里人说话。第三种须说老实话,"抗战必胜,建国必成",不是虚骄之气所能做到,须有合理的计划。政府当局对此,须有切实报告。6日,国民参政会第一届第二次大会闭幕。黄炎培被选为驻会委员。12日,与陈绍禹、董必武深谈。12月9日,与张君劢、李璜、傅斯年、周炳琳、罗隆基商量政治改革意见。11日继续讨论,被推和傅、李起草意见书送蒋介石。21日,与周恩来、张君劢、冷御秋、李璜、江问渔、梁漱溟等应张群邀,讨论动员问题。周恩来提出动员组织的原则四点:统一领导,统一计划,联合组织,分工合作。乃提出如下口号和原则补充之,一、安有力者之心;二、用有心者之力。四条原则为:1.统一;2.可领导,必不可包办;3.不求平衡,可从局部到整体;4.运用各种组织的力量。(参见许汉三编《黄炎培年谱》,文史资料出版社1985年版)

陶行知8月31日出访美欧归来抵达香港,与邓颖超一起参加香港文化界人士举行的欢迎会,并介绍遍游欧美及亚非诸国情形。9月中上旬,陶行知在港期间,向报界和各界人士发表谈话时陈述"回国三愿":一是创办晓庄学院,培养高级抗战建国人才;二是创办难童学校,收容教养在战争中流离失所的人才幼苗;三是在港创办中华业余补习学校。27日,离港经广州前往武汉。10月1日,与邓颖超、任光等同船抵达武汉。4日,出席汉口临时儿童保育院欢迎大会并演说。同日,受蒋介石约见,谈两年来在亚、非、欧、美宣传抗日的情况,并申述回国三愿,蒋介石当面表示赞同。5日,拜会周恩来,听周恩来介绍陕北军民在毛泽东领导下坚持抗战和生产自救,受到很大的鼓舞。6—7日,分别访白崇禧、李宗仁,提出"全面战术,宜有全面教育与之配合",对李宗仁约请赴任安徽教育厅长之事婉言谢绝。9日,会访教育部长陈立夫,重申创办晓庄学院及推行小先生制以助成普及教育,陈立夫当面表示赞同。12日、14日,陶行知先后两次受宋美龄宴请。10月28日至11月6日,陶行知以国民参政员身份,在重庆出席国民参政会第二次会议。11月1日,香港中华业余补习学校开学,陶行知任董事长,吴涵真、方与严分任正副校长。21日,抵桂林,筹组生活教育社。同月,创立中国战时教育协会并起草战时教育方案。12月15日,陶知行在桂林成立生活教育社,任理事长。该社旨在配合抗战,开展全民教育运动。在成立大会上,白崇禧、郭沫若等讲话,陶行知作报告,总结十二年来的生活教育运动的历史经验、教训,号召全社同志今后要负担起四大任务:力求自己长进,把团体变成抗战建国的真力量;影响整个教育界共同进步;普及抗战建国的生活教育运动;普及反侵略的生活教育运动。29日,陶行知在香港接受《星岛日报》记者访问。(参见余子侠编《中国近代思想家文库·陶行知卷》附录《陶行知年谱简编》,中国人民大学出版社2015年版;中央教育科学研究所编《中国现代教育大事记1919—1949》,教育科学出版社1988年版)

梁漱溟1月25日回抵西安。2月2日,到山东曹州,与旧日山东同人会晤。3月初,在徐州写完《敬告山东乡村建设同人同学书》,书中附《山东乡村工作人员抗敌工作指南》,由武昌乡村书店代印。书的内容分三部分:(一)山东问题与吾侪工作;(二)争取抗战胜利的核心问题——如何更进一步的团结;(三)迅速建立我们的团体组织。同月,回到武汉。7月6—15日,国民参政会在汉口召开第一届第一次会议,梁漱溟被选为参政员,参加大会,自此任参政员至1947年该会结束时止。梁漱溟在第一次参政会上提出一个建议案,三个询问案。建议案是请政府召开战时农村问题会议,并于政府中设置常设机关。10月28日至11月6日,梁漱溟出席在重庆召开的参政会第二次大会,提有改善兵役一案。12月,梁漱溟根据自己一向对中国问题的认识而参以在延安所得印象，提出一个根本解决党派问题的方案。其内容主张分三步进行："第一步：召集全国各方面会商，确定国是国策（相当于共同纲领）。第二步：建立党派综合体……为国是国策之赓续不断地补充或修改。第三步：政权治权划分开，党派综合体代表国民行使政权，而以治权属之政府。政府是代表国家的，国家惟一绝对。政府不能含有党派性。它要忠实于国是国策之执行，不得有一毫出入（我因戏称为'无色透明体'），对党派综合体负责。"梁漱溟将此文章交重庆《大公报》发表，送审时被检扣，由当时国民党宣传部长叶楚伧和刘百闵当面退还梁漱溟，说："用意甚好，但若发表，必招致争论而使党派关系更恶化。"是年，梁漱溟《关于"五四"的谈话》刊于《战时文化》创刊号。(参见李渊庭、阎秉华编著《梁漱溟年谱》，商务印书馆2018年版)

晏阳初1月1日在与平教会同仁及眷属聚餐时，对1937年的工作进行总结。后撰成《一年来工作概要》，刊于1月6日的《平讯》第2卷第19期。文中回顾的工作大致包括：一是湖南衡山县的实验工作，二是开展了衡山的省立乡师工作，三是在四川新都进行民政户籍、土地整理等试点工作，四是在四川设立的设计委员会在省上有了地位，五是平教运动取得了一定成就。接着通报了贵州省政府邀请平民教育会去协助建设的好消息，并告知郑繁裳同志在广东中县的工作情况及其身体状况。最后对国家在新的一年充满了信心。认为："一个老大国家，忽然遭到猛烈的打击，闹到天翻地覆，把自身沉积的弱点完全暴露出来。倘能乘此痛改，猛力刷新，这是兴邦富国的良机！"8日，在中央军校西北军官训练班上演讲《保卫国家必须教育民众》。17日，在平教会长沙办事处第八次周会上作"多难兴邦必须训练民众"的报告。同月，协助湖南省政府发动组织青年办理战时民众训练，编辑抗战传习片24种，绘制抗战挂图12幅。2月21日，在长沙办事处作"开辟培养实用人才的教育新路"的报告。3月14日，在中华平民教育促进会第十次周会上作题为《人尽其才搞好县政实验》的讲话。4月1日，湖南省地方行政干部学校开学，晏阳初应湖南省主席张治中邀请担任教育长。4日，晏阳初在湘地方行政干校第一次纪念周会上讲话。其演讲词刊于16日《平讯》第2卷第27期。同日，在湖南省地方行政干部学校举行的第一期学员结业典礼上致词。同月，在湖南省地方行政干部学校作《农村建设要义》的讲演；为适应抗日战争的需要，湖南地方行政干部学校成立，应邀担任教育长，"平教总会"同仁担任各部门主任。

晏阳初5月指派堵述初访问延安，旨在考察中共在延安地区的政治设施与文化活动情况，以供平教会在抗战期间工作的参考。同月，晏阳初在江西地方政治讲习院开学典礼大会上作题为《青年应献身于基层政治工作》的讲话，其讲演词刊于6月《平讯》第2卷第33期。6月13日，在平教会第十一次周会上对长沙办事处同仁作"认清时势，修正方法"为主旨的讲话。25日，在国民参政会议上的发言词刊于《新华日报》上。下旬，聆听堵述初访问延安的口头汇报，当听到毛泽东表示对晏阳初"以宗教家的精神努力平教运动，深致敬佩"，希望能"有几千几万的优秀干部去参加"平教运动，并且把平教会作为共产党的朋友，深受感动。同月，在国民参政会议上发言。7月13日或略晚，晏阳初收到堵述初访问延安的书面汇报——《陕、甘、宁边区考察报告》，报告两万余字。15日，对入川平教会成员提出期望。8月8日，在平教会1938年度第一次大周会上发言，后刊于8月26日《平讯》第3卷第4期。8月26日，"平教总会"举行15周年纪念会。同月，在平教会上的周会上作题为《平教事业在抗战救国中的芹献》的报告，刊于1940年1月《平讯》第4卷第1期。9月16日，晏阳初在平民教育促进会总会成立15周年纪念会上讲话。同月，在湖南泸溪设置平教会办事处,协助衡山第五行政区办理保学教训练。同月,派人协助金陵大学经济系调查衡山乡村农业经济状况。

晏阳初 10 月 23 日因何应钦面告各方情形后,知日军将进占武汉,于是和参政员李璜乘汽车取道湘西、鄂西到宜昌,转乘轮船西上四川。同月,编写的《抗战丛书》增至 100 种。还编印抗战连环画,发行《大众抗敌歌曲》。11 月 8—10 日,四川新都实验县由于县长陈开泗领导不善,导致附近各县暴徒 3 万人打砸督导区办公处、联保办公处、烧断公路桥梁,并围攻县城,军队与暴徒冲突死伤者数十人,史称"新都事件"。22 日,接受黄炎培来访,告知新都事件有关情况。25 日,在家与黄炎培、陈筑山长谈,并在家宴请黄炎培、陈筑山。26 日,在平教会与黄炎培及四川省政府秘书长陈筑山长谈,并一起午餐。28 日晚,在平教会与黄炎培、李幼椿长谈。29 日上午,在平教会与黄炎培、李幼椿谈话。30 日上午,在家与黄炎培、李幼椿谈话。了解黄炎培、李幼椿所谈工作情况。未及完时,患半身不遂刚初愈的梁仲华来家拜访。同月,组织难民教育生产巡回辅导团,分赴湘西、湘中各地。12 月 1 日下午,在平教会与黄炎培、李幼椿长谈。3 日上午,在平教会与黄炎培、李幼椿长谈。介绍平教会历史和现状,并叫陈筑山叙述平教会整个计划。话未尽意,约定次日晚上再谈。4 日晚 6 时,在平教会与黄炎培、陈筑山、李幼椿续谈,共同起草对于巩固后方、支持长期抗战之意见,准备明日续商后贡献中央。5 日上午 10 时,与黄炎培、陈筑山、李幼椿续谈,共同起草文件:《巩固西南后方,注重整理川康,以支持长期抗战之意见》。并商三种进行步骤。8 日,与黄炎培、李幼椿在民生公司会谈。9 日 8 时,与黄炎培、李幼椿一道去拜访岳军,谈川局善后大问题,同席禹九夫妇、北衡,商至 12 时始散。18 日下午,在民生公司与黄炎培、李幼椿续谈。晚上由卢作孚请客在重庆冠生园晚餐。是年,撰写《中国乡建运动的重心》。又制定《中国乡村建设学院学术纲领》,包括前言、三个部分共 11 条。

按:序言为:"中华平民教育促进会以其积年致力乡村工作之经验,深信中国今日欲完成抗战建国之神圣任务,必须确认:农民大众为中国民族力量的源泉,乡村社会为中国社会结构的基础。而欲发动农民的伟大力量,必须注重民众组训,欲促进社会改造,必先致力建设乡村。而此种艰巨事业之完成,必有赖于实际的科学研究与夫朴实人才之培养。爰联合二十年来热心从事乡村建设的同志,创办乡村建设学院,期对此民族复兴大业,竭效贡献之诚,特制定学术纲领。"第一部分"根本认识"包括两条:"1. 农民教育是引发民众自力的基本工作。2. 基层建设是改造中国社会的基本工作。"第二部分"教育精神"包括三条:"1. 建树诚朴仁勇之学风,以转移社会动向,为新中国确立重心;2. 发扬光大本国固有之讲学精神,致勉于师生人格的感应。3. 置重实习力行,使学术与行动,融合为一。"第三部分"工作要领"包括六条:"1. 进行现实研究,应用科学方法,以实际需要为研究对象,检讨社会事实,提供改进计划。2. 致力社会证验,表证并实验所研究的结果,以期完成实际的改造。3. 造成研训合一,以研究的结果,证验的过程,为教学的内容与方法。4. 实现任务训练,以国家建设计划,社会实际任务,为培养人才之目标。5. 推进联锁教学,着眼于社会上各种任务与活动之联锁关系,求得其共同的学术基础。6. 发展集体服务,注重计划的与组织的训练,俾于实际服务国家社会时,能收分工合作之效。"(参见杜学元、郭明蓉、彭雪明《晏阳初年谱长编》,上海交通大学出版社 2017 年版;宋恩荣编《中国近代思想家文库·晏阳初卷》附《晏阳初年谱简编》,中国人民大学出版社 2015 年版)

张东荪、张君劢、胡石青、罗隆基、梁实秋等国社党代表 3 月底被聘为国民参政会第一届参政员。当时国民党在武汉召开临时全国代表大会,通过了《抗战建国纲领》,决定成立由各党派、各抗日团体和社会贤达组成的战时民意机关——国民参政会。4 月,张东荪在《研究与进步》第 1 卷第 4 期上发表《知识社会学与哲学》,文中注重知识社会学,认为所谓知识社会学就是"从社会环境决定思想上以研究各种思想的内容"。但表示"我不是专从社会学的立场想把知识尽吸入其中;我乃只是从知识论的立场以为研究知识不能抛弃其社会因素的影响而已"。这个研究趋向就是张东荪后期哲学研究努力的方向。同月,张申府将张东荪和国社党的意见以宣言的形式在报刊上发表。张东荪致函张申府云:"原稿似原不可用,兹另拟一稿,请公再酌改之。不妨大改。但希望勿提国民党事,亦不可有巩固中枢字样也。即请大安。"张东荪拟定发表的文稿为:"自政府决定召集国民大会,从事制宪以来,全国似已公认当共趋于民主统一之途,同人等服务文化界,又复处于国防前线之平津,自当本公民天职,爰依世界常轨之学术独立与思想自由二大原则,拥护统一,团结御侮,分工合作,共赴一鹄,以实现抗战图存之国策,特此宣言,尚望全国同胞鉴此衷曲。"

张东荪8月在武汉期间对中国的政局进行了冷静观察。他发现国共之间仍然存在着矛盾和冲突,自己"调和资本主义与社会主义"的意见难以为国民党当局所接受,用他的话说就是"国共合作并不是建守于诚意之心,政府未必采纳",而留在大后方也无法为抗战作太大的贡献。所以,他在参加完国民参政会后,很沮丧地离开武汉,绕道桂林、香港,然后乘船北上,于8月底回到日伪统治下的北平,继续在燕京大学任教,从事秘密抗日活动。秋,中共派地下党员王定南与张东荪联系。王定南在抗战前在萧明领导下在北平从事情报和上层统战工作。萧明在"七七"事变后撤回延安,王定南奉命留在北平继续工作。张东荪介绍叶笃义认识了王定南,并让他作为自己的代表经常与王定南接触,相互交换消息,商谈时局发展。王定南经常出入于北平西郊张家,成为张东荪的常客。张东荪通过自己独特的地位与各方面都保持着联系。冬,张东荪从汉口扫兴地回到北平后,并不甘心放弃自己的政治主张,便将自己的想法告诉了与自己联络的中共地下党负责人王定南。王定南颇感兴趣,鼓励他将这些想法写出来,并愿意设法传送到西南大后方和延安中共中央。于是,张东荪便在燕京大学授课之余,将自己的"中间性的政治路线"主张撰成文章并抄写三份,一份托中共地下党通过秘密交通线送到延安党中央,另两份托友人带到西南大后方,分别转交给国民党总裁蒋介石和《再生》杂志社。(参见左玉河编《张东荪年谱》,群言出版社2014年版;左玉河编《中国近代思想家文库·张东荪卷》及附录《张东荪年谱简编》,中国人民大学出版社2015年版)

张君劢1月1日在广西桂林。3日,居门人廖竟存家,黄炎培来访,长谈。1月4日,居廖家,黄炎培再次来访。6日,黄炎培再访张君劢,张君劢告诉黄炎培,日本内阁及大本营,将于10日联席会议,决定对我国之态度。9日,为广西大学战时服务团演讲《绝对的爱国主义》。此文首先发表在《全面战》第3期,袁石之发文质疑,张君劢在《全国战》第9期发表《关于绝对爱国主义答袁君石之》。23日,在武汉市召开的世界反侵略运动大会中国分会会议上被推定为名誉主席团成员之一。2月,在《路向》半月刊第6卷第4期上发表《绝对的爱国主义》,谓"吾们平日所以爱国,并不是从国家手中得到好处,而是尽吾们道德上的责任,那么爱国之义务,是为尽责任而不是为得好处。是绝对的,而不是附条件的,这就是吾所谓'绝对的爱国主义'。"3月17日,到汉口。夜,黄炎培来访,有克诚、廖竟存信付黄炎培。18日,访黄炎培,长谈自桂林分别后之情形。春,受赈济委员会许世英之托,在广西桂林创办移桂难民垦殖处,张君劢自任处长,蒋匀田任秘书。4月13日,张君劢以国社党代表名义致书蒋介石、汪精卫,申述中国国家社会党的主张与三民主义最高原则在精神上并无二致,盛赞国民党临时全国代表大会,表示拥护《抗战建国纲领》,愿在最高领袖领导之下,精诚团结,共赴国难。15日,蒋介石、汪精卫覆张君劢书,表示慰勉和欢迎,国民政府承认了国社党存在的合法性。16日上午9时,黄炎培来访,长谈。25日,在《民族战线》第17期上发表《现代国际政局之真相》。28日,与许孝炎、炳藜同访周佛海,谈言论自由限度问题,周答以三民主义为度。5月4日中午,出席张群之宴会,在座有周佛海、左舜生、李璜、曾琦等。21日夜,新宴酒店叙餐,出席者有周恩来、博古、王明、张君劢、胡石青、罗隆基、曾琦、左舜生、李璜、沈钧儒、吴玉章、黄炎培,左舜生为主人。

张君劢5月24日出席武汉文化界人士在普海春举行的欢迎世界学联代表团大会。在会上讲话:中日问题不仅是一个国家问题,而是一个文化存亡问题,所以全世界维护文化的人应秉着拜伦援助希腊的精神来帮助中国。25日下午3时,中共代表团假一江春大礼堂举行茶话,招待世界学联代表团。到会的有各党派、各群众团体代表和外国友人。夜,出席黄炎培、沈钧儒主持的聚餐会,出席者有周恩来、王明、秦邦宪、吴玉章、张君劢、罗隆基、胡石青、曾琦、左舜生、李璜等13人。30日,黄炎培到张君劢处,与张君劢、李璜、左舜生长谈,同座陈筑山、刘石荪、陆叙百。31日,张君劢与左舜生、李璜、黄炎培共访张仲仁。6月1日,张君劢夜参加聚餐会,出席者有周恩来、秦邦宪、王明、胡石青、曾琦、左舜生、李璜、沈钧儒、吴玉章、黄炎培、江问渔。15日夜,出席周恩来所邀之聚餐会,出席者还有王明、博古、胡石青、曾琦、李璜、左舜生、沈钧儒、黄炎培、梁漱溟、江问渔、邹韬奋等。17日,国民政府公布第一届国民参政会的参政员名单,张君劢被遴选为第一届国民党参政会的参政员。他所领导的国社党在参政会中占9席。24日,张君劢以国民参政会参政员身份发表谈话。25日,在汉口《西南导报》第1卷第3期上发表《建设西南之一大前提》,谓"根据于政治上、地理上、经济上、国际上种种理由,国人均认定西南诸省,实为今日再造国命,建设一切实业之惟一根据地"。6月26日晚,张君劢宴请国社党领袖及重要干部,汪精卫、张群、周佛海等亦应邀出席。7月1日,出席国民参政会议长汪精卫与副议长张伯苓举行欢迎茶话会。7月2日午,在新燕餐厅邀请黄炎培、罗隆基、胡石青、王幼桥、陆叙百、罗钧任等会餐。

张君劢7月6日上午9时出席在汉口两仪街20号上海大戏院举行的第一届国民参政会第一次会议开幕式,出席会议的参政员有张一麐、王造时、黄炎培、史良、邹韬奋、章伯钧、罗隆基、许德珩、陶希圣、谭平山、王云五、梁漱溟等160多人。下午举行第一次会议,张君劢被推定担任第一审查委员会召集人之一,审查军事及国防之议案。夜,出席叶楚伧、赵棣华在黄陂路19号举行的餐会,同席有黄炎培、张一麐、冷御秋、江问渔、顾子扬、钮惕生等。7日下午,第一届国民参政会第一次会议举行第三次大会,张君劢、张炽章、吴玉章、胡建中、曾琦、黄炎培、周炳琳、陶希圣、陈裕光被推举为宣言起草委员会委员。同日,《再生周刊》第1期在汉口出版发行,张君劢在此期上发表《关于中国国家社会党成立感想》。7月12日,国民参政会宣言起草委员会在汪精卫住宅举行会议,参加会议的有黄炎培、曾琦、吴玉章、胡建中、陶希圣、周炳琳、陈裕光、张君劢、张季鸾等9人,推张季鸾作稿。14日,张君劢在《再生周刊》(汉口)第2期上发表《政治家之领导》,认为政治上的领袖人物必须要有良好的素质:第一,体力或精力:精神饱满;体格健全。第二,智力:先见;博大;定识;深谋;知人。第三,德力。15日上午,第一届国民参政会第一次会议举行第十次大会,张君劢、董必武、胡适、罗隆基、沈钧儒等25人被推举为驻会委员会委员。下午,大会闭幕。18日,张君劢赴蒋介石官邸谈话,黄炎培、江问渔、胡石青亦到。蒋介石提请江问渔任苏民政,容许考虑再说。26日,拜访周佛海。

张君劢所著《全民族战争论》一书7月由商务印书馆出版。8月15日,《今日中国西南建设》一书出版。此书由西南导报社编辑出版,由中国建设出版社发行,内有张君劢的《建设西南之一大前提》。8月,《立国之道》一书完稿。9月,由桂林商务印书馆出版。此书又名《国家社会主义》。9月21日,新疆督办盛世才电邀黄炎培、张君劢、胡筠庄、范长江飞新疆。黄炎培等以此时备飞机困难,请待异日办。9月26日,新疆代表张元夫告诉黄炎培,飞机已向交通部商得。因此时张君劢在桂林,不能前往,黄炎培等也没有成行。10月28日上午8时,第一届国民参政会第二次会议在重庆国民政府军事委员会礼堂开幕,共有110多名参政员出席会议,张君劢出席会议。张君劢等向大会提出《刷新政本以利抗战案》。10月22日,在《再生周刊》(重庆)第4期上发表《理智与救国》一文。此文是在华中大学作演讲的演讲稿。29日上午,出席第一届国民参政会第二次会议之第一次会议。会上通过了各审查委员会名单,会议共设五个审查委员会,张君劢为第一审查委员会(国防军事)委员,张君劢、孔庚、左舜生为该组召集人。同日,在《再生周刊》(重庆)第5期上发表《国家社会主义经济建设之具体方案》。30日,在傅斯年等人起草的致蒋介石的信件上签字,此信是一封谴责和讨伐孔祥熙的檄文。

　　张君劢11月5日上午8时出席参政会全体审查会,讨论张君劢提案、王明提案、梁漱溟提案。下午3时,出席第九次会议,听取各审查会报告。6日上午8时,出席国民参政会全体审查委员会会议,会议审查军事、政治、财政问题。下午3时,出席第一届国民参政会第二次大会第十次会议。参政员138人参加此次会议,会议听取秘书处工作报告,讨论通过关于经济、内政、文化、教育、国防方面的11项提案,并选举张君劢、董必武、左舜生、孔庚、吴玉章、秦邦宪等25人为驻会委员。6时,国民参政会第一届第二次会议休会。8日午,晏阳初、梁漱溟招餐永年春,张君劢、左舜生、罗隆基、王造时等出席,商量下届参政会准备问题。11日下午3时,出席国民参政会驻会委员会第一次会议。18日,在《再生周刊》(重庆)第6—7期合刊上发表《〈立国之道〉绪论》。25日,在《再生周刊》(重庆)第8期上发表《修正的民主政治之方案》。27日,在重庆佛教会演讲,题目为《论中国学术之落后》,演讲稿发表在1938年12月23日出版的《再生周刊》(重庆)第11期上。

　　按:张君劢演讲中首先论述了西洋学术之优点:一、学术兴趣广博;二、智慧之锐人;三、研究功夫之恒久。然后,分析了中国学术界之弊病所在:一、利禄之途;二、门户之见;三、立言之无界限。他希望"从根本上将我们学问基础改革一番:第一,我们应该认识学问是研究宇宙及秘奥,并非求一己之功名利禄。第二,我们应该认识宗教哲学及各种学问各有其立场与界限,不是互相排斥的。第三,研究学问应以研究为其毕生事业。不但一人为然,而且要引领后辈,继续研究。无论何种学问,皆应立下五十年一百年的基础。第四,大家应该承认各种学说各有其立场、范围,与各名词的定义,彼此讨论,应平心静气,自然可以养成合作的思想。……一个民族道德与知识,如其是健全的,不怕无复兴的希望"。

　　张君劢12月5日发表行营纪念周演讲——《德国复兴与其国民性》。10日,撰写《致毛泽东先生一封公开信》,刊于12月16日重庆版复刊的《再生周刊》(重庆)第10期上和12月26日的《中央日报》上。以统一抗战为名,向中共提出:一、"以八路军之训练任命与指挥,全托之蒋先生手中。"二、"以打破割据相号召,更望取消特区。"三、"将马克思主义暂搁一边",唯"信奉三民主义"。这封公开信立即引起轩然大波,国民党到处翻印散发,中共中央对张君劢这种言论进行了严厉批判,并希望"国社党其他领导者和党员起来纠正张君劢违反抗战国策的谬论和行动"。张东荪看到此公开信后,让人转告张君劢:"不要过分批评共产党,不要向国民党靠拢,不要向国民党一边倒,要走中间路线。"罗隆基也说,张君劢的这种意见不能代表国社党,要抗战就要同共产党搞好关系。张君劢受到各方批评后,逐渐改变了对共产党的敌视态度。11日午，出席大三元会餐，同席黄炎培、傅孟真、左舜生、李璜、罗隆基、曾琦、高惜冰。14日，与王世杰、曾琦、左舜生在汪精卫家晚餐。张君劢、左舜生、曾琦等建议，希望国民党中央党部予以津贴从事办党及出版。汪精卫颇欲接受他们的请求，因约叶楚伧、陈立夫等商量。王世杰未发言。16日午，参政会同人相聚暇娱楼，到者张君劢、左舜生、曾琦、李璜、罗隆基、江问渔、孟春、惜冰。3时，参政会驻会委员会，王宠惠报告外交情况。23日午，参政会同人相聚暇娱楼，到者张君劢、曾琦、罗隆基、江问渔、陈启天、高惜冰。后同黄炎培同访冷御秋。同日，《再生周刊》（重庆）第11期上发表《论中国学说之落后》。30日，黄炎培来家晤谈，黄炎培出示其所做文章，请张君劢教正。31日，到张群家，同邀者黄炎培、冷御秋、李璜、梁漱溟、江问渔、周恩来，讨论动员问题。周恩来提出动员组织的原则：统一领导，统一计划，联合组织，分工合作。黄炎培提出口号二句：安有力者之心，用有心者之力。（参见李贵忠《张君劢年谱长编》，中国社会科学出版社2016年版；翁贺凯编《中国近代思想家文库·张君劢卷》及附录《张君劢年谱简编》，中国人民大学出版社2014年版；左玉河编《中国近代思想家文库·张东荪卷》及附录《张东荪年谱简编》，中国人民大学出版社2015年版）

张申府、陈礼江、邰爽秋、朱启贤、张西曼、陈东原、范文澜等为理事的全国战时教育协会2月12日在汉口成立，以"联合全国教育界，推行战时教育，抗敌建国，彻底完成革命的完整的三民主义"为宗旨。该会于1940年5月创办《中国教育》月刊，编辑出版《新中国教育丛书》。4月23日，武汉各杂志编辑人及著作人在一江春举行聚餐会，由张申府主席并发起：（一）成立全国性的编辑人及著作人抗敌协会；（二）响应西班牙文化界援助中西抗战。5月25日，张申府筹办的《战时文化》于汉口创刊，柳湜、王亚南、杜君若等主要撰稿。张申府在发刊词中阐述了这本杂志的三个使命："一是使全国现有出版物，普遍地得到读者的知道，并使读者知所选择。二是供给一种略较高深的理论刊物，具体地谋文化水准的提高。三是在抗战建国的三民主义的文化建设上，在新启蒙运动的展开上，期有所辅助。"7月6—15日，张申府出席在汉口召开的国民参政会第一届第一次会议，与"救国会"的沈钧儒等6人被聘为第一届参政员。9月10日，张申府在《战时文化》第1卷第5—6期发表《启蒙运动的过去与现在》。文中提出，新启蒙运动至少有七种必要：一是民族自觉的必要，二是思想解放的必要，三是中西文化结合的必要，四是新知识新思想（新哲学新科学等）普及的必要，五是铲除残余的封建恶流的必要，六是推进民主政治的必要，七是救亡运动转向及扩大的必要。是年，张申府任政治部下属设计委员会委员。（参见郭一曲《现代中国新文化的探索——张申府思想研究》及附录一《张申府年谱简编》，广东人民出版社2002年版；雷颐编《中国近代思想家文库·张申府卷》及附录《张申府年谱简编》，中国人民大学出版社2015年版；李亮《继承五四和扬弃五四——新启蒙运动研究》及附录《新启蒙运动大事记》，上海师范大学博士学位论文，2012年；吴永贵《民国图书出版史编年：1912—1949》，社会科学文献出版社2018年版）

梁实秋是年春被选为国民参政会参政员。赴香港转汉口，后入川。7月，任教育部特约编辑兼教科书编辑委员会常务委员，中小学教科组主任。后改任教育部属国立编译馆翻译委员会主任兼社会部主任。12月，接编重庆《中央日报》副刊《平明》。12月1日，梁实秋在重庆《中央日报·平民》上发表《编者的话》，提出文学"与抗战无关"论。6日，又在《中央日报》上发表论文《"与抗战无关"》，对全国文艺界抗敌协会采取了冷嘲热讽的态度，公开提出文艺"与抗战无关"论。梁文发表后，引起了重庆报界和文艺界的广泛关注和反响，并展开了关于"文学与抗战无关论"的论争。论战中，老舍曾代表中华全国文艺界抗敌协会起草了一封给《中央日报》的公开信，表明了鲜明的立场。信中批驳了梁实秋对"文协"所持轻薄态度:"梁实秋先生《编者的话》中,竟有不知文坛座落何处,大将盟主是谁等语,态度轻佻,出语偎薄,为抗战以来文艺刊物上所仅见。"申明"值此民族生死关头,文艺者之天职在为真理而争辩,在为激发士气民气而写作,以共同争取最后胜利。文艺者宜先自问有否拥护抗战之热诚,与有否以文艺尽力抗战宣传之忠实表现,以自策自励""本会全体会员之相互策勉者,为本爱祖国爱民族之热诚,各尽全力,以建设文坛,文坛即在每个文艺者之良心上,其他则非所知"。严肃指出:"副刊所载虽非军政要闻可比,但报端文字影响非浅,不可不慎。"梁实秋所言,乃"破坏抗战以来一致对外之文风,有碍抗战文艺之发展,关系甚重"。这封公开信由于国民党文化头目张道藩的干涉未能发出。不久,梁实秋即在《中央日报》上发表了《告辞》文告。(参见万直纯《梁实秋年谱》,载《阜阳教育学院学报》1994年第3—4期;刘长鼎,陈秀华《中国现代文学运动史》,山东文艺出版社2013年版;罗荪《〈抗战文艺〉回忆片断》,载《中国现代文艺资料丛刊》第1辑,上海文艺出版社1962年版;甘海岚编《老舍年谱》,书目文献出版社1989年版)

常乃惪就聘于四川大学史学系,讲授历史哲学。《国论》月刊在上海出版至第2卷第11期,因日军侵入上海而停顿。是春在成都复刊,改为周刊,由常乃惪主编。出版20多期后,由姜蕴刚接办,并在秋季迁往重庆。6月,中国青年党在汉口召开第九次全国代表大会。会后开首次中央执行委员会会议,常乃惪提议由宋涟波接替左舜生担任《新中国日报》社社长。7月,国民参政会也在汉口召开,常乃惪被选聘为国民参政员,前往出席,并在报刊上撰文评论这第一次的国民参政会。不久武汉危急,常乃惪与同志数人赴大别山区策划进行游击战。10月,在《国论》第2期发表《人生的悲剧与国际的悲剧》,宣称以"生物史观"可以解答人生悲剧与国际悲剧,谓"人生一悲剧也。悲剧产生之原因曰矛盾,人生之矛盾有二:一曰内在的矛盾,即内心自我人格之分化与冲突是也;一曰外在的矛盾,即人与人间之利害情感的冲突是也。国际亦一悲剧也。悲剧之产生原因亦曰矛盾,国际之矛盾亦有二:一曰内在的矛盾,即一国集团人格之分化与冲突是也;一曰外在的矛盾,即国家与国家间之利害情感的冲突是也。此二悲剧者——人生的与国际的——为产生一切世间相纠纷之总原因,一切文学艺术之所描写者此,一切哲学宗教之探索者此,一切社会科学之所讨论者此,然求其能深探此二问题之根柢而予以正确的解答者殆少。吾人以炯眼观之,此二问题实通为一问题,且均可以正确之科学观点解答之,此正确之科学观点为何?曰'生物史观'而已。"

常乃惪是冬返回成都。《新中国日报》由汉口迁到成都后,常乃惪为其社论与专论的主要撰稿人。12月,接连发表《此时还有徘徊瞻顾的余地吗?》《正人心,息流言,拒邪说,惟有请政府立即正式宣布既定国策不变》两篇社论,在汪精卫潜逃之前敏感地指责了国民党内的悲观情绪和"和平"妄想,作者旗帜鲜明地提出:"今天没有和与战的问题,只有投降与不投降的问题;没有牺牲某一部分领土以保全其他领土的问题,只有整个中国存亡的问题;没有打倒某一人某一党而扶起他人他党的问题,只有整个中国民族是否愿作日本奴隶的问题。安坐在后方的人,也许没有尝过倭寇的厉害,以为倭寇的贪欲终有止境,如果许他们一点利益,也许可以换得剩余区域的片时的苟安,不知道这是绝对不可能的,倭寇的野心在田中奏章内早已表现得明明白白,她不止要拿整个的中国,连印度、安南、暹罗、马来半岛和西伯利亚、中亚细亚都在她的大陆帝国计划之内,今天还妄想靠妥协来保持四川、云南、贵州等省安全的人,非愚则妄!""事实上不但中国的民意决不许主和的空气抬头,就是日本今日在坂垣等极端派势力掌握之下,又在占领了广州、武汉之后,正梦想着一举而完成灭亡整个中国的大野心,也决无对我妥协让步之可能。我们贤明的最高领袖及政府,也已有非正式的继续抗战的表示,不过流言还是不免,因此为正人心,息流言,拒邪说以一国是起见,我们以为应该迅速发动全国舆论,请政府立即正式宣布既定国策不变,非到日军完全退出占领区域,恢复九一八以前的状态,决不言和。"(参见查晓英编《中国近代思想家文库·常乃惠卷》及附录《常乃惠年谱简编》,中国人民大学出版社2014年版)

余家菊4月在《教育通讯》第6期发表《大学制度之改革要点》,纵论大学制度面临的五大问题:"今日大学职责,兼营人格陶冶(最好应名为人本训练)、学术研究与专业训练之三者,而实际则贯彻为难。于此三种机能,宜有以划分之,此其一。学术造就,不专则不精,过专则不通。今日大学制度,既科系俨然,而又课以国文、外国语等普通学科,且学者偏隘之情态仍不能除。普通与专门之两阶段,宜从新加以调节,此其二。大学西字攸尼浮斯提之原义,不过为集团设教之表示,大略等于工商界之行会,初无无所不包之意。今日学制限以必具三院始得称为大学。于是举性质不同之事业与夫性格不同之人员,综合一处,龃龉足碍精神之凝一,牵制足妨事业之进行。三院限制,应即撤除,此其三。文理两科,以研究学术为名号,实则学生不能尽成学者,于是而出路大感困难。勉强投入教育界,微论不曾经受专业训练,而且所学亦多不适于其所需用。文理两科应即改弦而更张之,此其四。现制专科学校,有农业专科,有师范专科,其不同于大学者,毕业年限较短而已,于机能上,不能发现其差异,甚无谓也。专科学校之目标,应限于高级技能之养成。如产科专科学校可以设置,而医科专科学校则不应有;蚕桑专科学校可以设置,农林专科学校则不应有;是其例也。专科学校之界域必须明确,此其五。凡此五者,皆情弊之尤为显然者。"然后提出十点改革主张。6月16日,余家菊被推选为国民参政会代表。夏末,出席中国青年党在汉口召开的第九次全国代表大会。在武汉期间,与蒋介石晤谈。9月15日,余家菊抵达重庆,参加国民参政会。秋,《新中国日报》在成都复刊,撰写"社论"多篇,以鼓舞民心士气,支持抗战救国。10月,著成《人生对话》,由商务印书馆出版。是年,著成《服务与人生》,由陈立夫题词,被列为教育部训导丛书,由独立出版社出版。(参见余子侠、郑刚编《中国近代思想家文库·余家菊卷》及附录《余家菊年谱简编》,中国人民大学出版社2013年版)

章士钊是春由天津转往上海。3月28日,伪中华民国维新政府在南京成立,行政院长兼交通部长梁鸿志为章士钊旧时同僚,为拉章士钊下水,未经同意便公布其为伪维新政府司法院院长。日伪当局对章进行威胁,企图逼他就范,章士钊在杜月笙的帮助下只身逃离上海,避难香港等地。6月17日,章士钊与张君劢、甘介侯、黄炎培等一起被国民党政府公布为第一届国民参政会参政员。7月6日,出席在汉口两仪街上海大戏院召开的第一届国民参政会,会议15日结束。10月28日,以无党派人士的身份出席了在重庆国民政府军事委员会礼堂召开的第一届第二次国民参政会,会议11月6日结束。是年,为陈诗编北山先生(吴弱男之父)模集作序。(参见袁景华《章士钊先生年谱》,吉林人民出版社2001年版;郭双林编《中国近代思想家文库·章士钊卷》及附录《章士钊年谱简编》,中国人民大学出版社2015年版)

陈启天任国民参政会参政员,在教育部战时教育研究委员会会议上提出《请重定国家教育宗旨案》,后刊于4月9日《国论周刊》(成都版)第8期,文中具体阐述了重定教育宗旨的必要性与实施何种教育完成抗战建国之目的,提出重定的国家教育宗旨应为:"中华民国教育,以发扬民族精神,建设现代国家,为永久之根本方针,而以实施国防教育、节义教育、法治教育、生产教育与科学教育完成之。"30日,在《国论周刊》第11期发表《明耻教战》,提出要抗战必胜,重振民族的军事精神,在消极方面要铲除与上述两个基本原则相反的新旧思想,在积极方面要确立"新军国主义""为明耻教战的基本理论。"5月19日,在《国光旬刊》第6期发表《抗战与人生观改造问题》。6月9日,在《国光旬刊》第8期发表《抗战与民族性改造问题》,批评一般国人的自私自利主义倾向太强烈极不适于民族在"新战国世界"的生存竞争。"不互尊则必相毁,不互让则必相争。相毁相争,纵名为团结,亦必归于破裂。"在"新战国时代",国际竞争剧烈,"需要整个民族的内部,成为一种有机的组织和团结。""总之,要纠正过度的自私自利倾向,须培养负责与协作精神。为求抗战必胜、建国必成,须扩大与充实全面抗战以来唤起的这两种精神,使其成为一种新民族性。"19日,在《国光》第9期发表《中国需要思想家》,鉴于国人的思想倾向中,存在"中国本位"与"全盘西化"两种相反的因袭范式,文中指出,如以古先圣贤的言论当做圣旨,而不分别是否适用于现在,便有使中国僵化之危险;如以外国人的言论当做圣旨,而不知外国人的言论是否适用现代中国,更不分别英美法德意俄等国别的言论是否适用于与各国历史、国情和环境等皆不相同的中国,便有使中国中毒之危险。在作者看来,胡适、陈独秀诸人发动的新文化运动颇有思想解放之功,但破坏易建设难,结果由家族主义的人生观走向个人主义的人生观。而"胡适的思想方法和内容,大体不出杜威的范围;陈独秀的思想方法和内容,大体不出马克斯的范围,均不足充分说明中国的新环境和新时势。"自新文化运动落幕后,胡陈在思想界的地位亦渐次下降,继之而起思想界为"一种浅薄、小巧、抄袭和贩卖的思想所笼罩充塞"。近数年,"常燕生等所倡导的生物史观国家思想运动,陶希圣等所倡导的中国本位文化运动,梁漱溟等所倡导的乡村建设运动,以及张申府等所倡导的左倾新启蒙运动,虽为说各各不同,然似乎都含有重新估定一切文化思想价值的意味在内""他们的思想运动皆产生了一定的影响,但均未能形成一种全国性的思想运动。"作者认为,今后的思想运动,"不但要重新估定中国传统文化思想的价值,而且要重新估定外来文化思想的价值。经过抗战以来国内外一切事实的试验,这一时机渐次成熟。无论是支持长期抗战以保证最后胜利,还是促进建国工作以保证确实成功,皆须以现代中国为出发点,既不因袭古方,亦不因袭外方,而重新估定中外文化思想之价值,融合中外文化之精粹而创造一种新文化。简言之,"要以独立思想,代替一切因袭思想。"

按:文中批评近十余年来,我国思想界为一种浅薄、小巧、抄袭和贩卖的思想所笼罩充塞。思想界最有势力的,不是思想家,而是幽默文学家,零星感想家和思想贩卖家。我国固有及外来的一切思想,经过国难以来的事实试验,通同需要重新估定价值了;经过抗战以来的国内外一切事实的试验,更通同需要重新估定价值了。五四以后的新文化运动,要重新估定固有文化思想的价值。今后的思想运动,不但要重新估定固有文化思想的价值,而且要重新估定外来文化思想的价值。现在经过此次对外抗战,需要重新估定固有及外来一切文化思想的价值之时机,业已渐次成熟了。实行估定一切文化思想的价值,则有待于思想家的努力。作者进而提出思想家的几种必备条件,以供可成为思想家者参考:第一,我国所需要的思想家,必须既能够正确的说明中国的新时势和新环境,又能切实指出中国生存发展的必要理想。第二,今后我国所需要的思想家,能确切保持独立的真挚的和实践的三种态度。"总起说来,今后中国所需要的思想家,须在思想内容上,适于国家生存发展的新环境和新时势,而以独立的,真挚的,和实践的态度表现之。中国要得救,必须赖有这种思想家。我们谨竭至诚,祷祝这种思想家从速诞生,以为一般国民的思想导师!"

陈启天7月9日在《国光旬刊》第11期发表《新中国与现代化问题》,认为在近代西洋文化中,除以国家为本位外,还有反国家的个人主义与超国家的世界主义思想。不幸自新文化运动以来,中国从西洋文化输入的个人主义与世界主义思想反压倒国家本位的思想,致使遭受"九一八"以来的国难。自全面抗战发生后,国家本位思想才渐次得到国民的一致承认。故为完成"国家化",须在思想上要求一切以国家为前提,反对世界主义、国际主义等超国家的思想与个人主义、家族主义等反国家的思想;在实际上则"要将整个国家造成一种有机体的组织,对外能保持国家必要的独立与自由,对内能保持国家必要的统一与秩序"。10月31日,陈启天在《国论周刊》(重庆版)第4号发表《国家主义者的中国文化观》,指出:因每个国家的自然环境和社会环境各不相同,故栖息于每个国家中的人民对于自然环境和社会环境的适应或改造产生差异,而创造出一种特殊文化,社会学家称此种"文化的特殊性"为"文化模型"(Cultural pattern)。从汉唐至清末的中国文化,大体上是以儒家文化为主流,以道家文化、佛家文化、阴阳家文化等为支流,而以法家文化为伏流。儒家文化的特色在于:"从经济上说,是农业社会的文化;从组织上说,是家族本位的文化;从哲学上说,是理性主义的文化;从伦理上说,是礼让主义的文化;从趋向上说,是保守主义的文化。"故最适于闭关的农业大国,成为中国固有文化的主流。但进入"新战国时代"后,"儒家的农业文化,不能抵挡列强的工业文化;家族本位的文化,不能抵挡国家本位的文化;理性主义的文化,不能抵挡实力主义的文化;礼让主义的文化,不能抵挡法治主义的文化;保守主义的文化,不能抵挡进取主义的文化。"基于以儒家为主流的固有文化之保守性与中西文化之巨大差异,近代中国便发生了中西新旧文化冲突问题。近百年的中国文化思想史,"可说全部都是新旧文化的冲突史""甲午以前洋务与非洋务之争,戊戌政变前后中学与西学之争,辛亥革命以后尊孔与非孔之争,五四运动前后旧礼教与新文化之争,东方文化与西方文化之争,以及玄学与科学之争,都是新旧文化之争。"在新旧文化问题上,作者既反对"中国文化本位",又反对全盘西化。因为过于顽固地保守固有文化,则使文化与变化的环境与时势不相适应,出现文化僵化的现象;而过于杂乱地接受外来文化,则使"民族的故步全失,而新步又不易仓促即成",出现文化中断的现象。为使中国文化适应"新战国世界"与抗日非常时期的需要以求国家的生存与发展,作者主张"一方面有选择的改造固有文化,一面有选择的接受外来文化,而使固有文化与外来文化融合为一种新文化"。

　　按:陈启天认为:近代中国吸收近代西洋文化("输入欧化")的历史,经历了一个由器物层面中经政治教育层面向文化层面递嬗的过程:"甲午以前,李鸿章等所经营的自强运动,是在军工上吸收西洋文化。戊戌政变前后梁启超等所倡导的维新运动,是在政治上吸收西洋文化。庚子以后,废科举,兴学校,大派留学生,是在教育上吸收西洋文化。五四前后,胡适等所倡导的新文化运动,是在思想上吸收西洋文化。"在他看来,中国进入"新战国时代"的数十年,一切革新运动皆含有吸收西洋文化的成分在内。但因多不得要领,且未能始终贯彻,故迄今未能取得积极的切实大效。又因各"新战国"的历史环境和民族性不同,文化便也多少产生差异。故所谓有选择地吸收近代西洋文化非指单吸收某个国别(如英、美、德、法、意、俄等)的文化,而是指吸收"近代列强所共同的西洋文化"。陈启天进而指出,近代西洋文化的共同特色是"国家本位的文化""国防的文化""科学的文化""工业的文化""民主的法治的文化"。上述五大特色是近代西洋文化的精髓。中国欲建设成一个与西方列强并驾齐驱的近代国家,必须尽量吸收西洋上述五种文化,完成"新战国""国家化""国防化""科学化""工业化""法治化"与"民主化"的六大特质,在国人的思想体系和生活形态上建立起来。不过,在陈氏看来,吸收外来文化的难易度,与外来文化和固有文化的相近度密切相关。在固有文化中,儒、墨、道、法家作为先秦诸子中四大最主要的派别,他们的基本立场分别是家族主义、世界主义、个人主义与国家主义;人生态度分别是中庸主义、积极主义、消极主义、积极主义;政治主张分别是人治主义、天治主义、无治主义与法治主义。质言之,为求中国的生存与发展,今后中国文化的主要方针是将法家文化由伏流抬高至主流的地位,拣选法家文化与近代西洋文化之精粹相融合而成一种新文化,即陈启天所谓的"新法家"。(参见肖海艳《陈启天国家主义思想研究(1923—1945)》,浙江大

学博士学位论文,2010年)

陈启天12月25日在《国论周刊》(重庆版)第10号发表《中国经济建设问题》,认为中国自古以农立国,经济差强自足,但自近代开关以来经济发生了"外国经济侵略的深入""本国新式工业的兴起"与"本国固有农业的凋敝"三大变化。中国欲实现"工业化",在消极方面首须确立以工立国的思想,次须排除中国"关税权的丧失""工业权(即外人在华的设厂制造权)的丧失""内乱的频仍"与"捐税的繁重"四大障碍;在积极方面须于抗战时期即确立一个十年至三十年的长期建设计划,分期切实实施。在实施这个计划中,须切实注意以下各项:在初期建设中须着重建设基本工业;普通工业奖励私人经营,但须依照国家的规划,并由国家监督之;除着重工业的工业化外,还须兼顾交通与农业的工业化;确定西南数省为工业化的新根据地;为加速工业发展起见,资本技术不得不大量取资外国,但不可因此失去工厂的管理权;一切国家经济事业的管理方法须求科学化与营业化,为此多用专家经营,切忌多用官僚政客将国家经济事业变成私人升官发财的事业;一切经济事业在未建设前须有精密的调查,在建设后须有科学的研究;工业化计划须由专家设计,又须由专家随时改进。(参见肖海艳《陈启天国家主义思想研究(1923—1945)》,浙江大学博士学位论文,2010年)

陈独秀上半年继续居于武汉。1月,濮德志来到武汉,终日与陈独秀、王文元交换抗日问题意见。濮与王文元观点接近,赞同陈的"实干态度",但不同意"降低政纲",讥陈独秀在汉口青年会的演讲为"可耻的灰色"。与第三党、"救国会"等一些民主人士接触,"企图组成一个联合战线,想在抗日阵营中独树一帜,不拥国,不阿共,以争取民主和自由为共同目标",与共产党争夺"反国民党的群众运动"。遭到王文元、濮德志的反对,二人拒绝代表陈独秀出席"四派会议"。2月5日,托洛茨基致函李福仁,再次要求把陈独秀"中国这位老人设法弄到美国来"。18日,为编印《我的抗战意见》作自序,说明本小册子除《抗日战争之意义》(在华中大学讲演)外,其他四篇都遭"暂缓登载"禁令而未曾发表,现刊印,作为"试验目前政治空气的寒暑表"。3月5日,在《政论》第1卷第5期发表《从国际形势观察中国抗战前途》,分析了英、美、法、苏、德、意、日各国在战争中都执行的是为了自身利益侵吞或牺牲中国的政策。7日,汪孟邹将两章《实庵自传》由亚东图书馆出单行本。15日,傅汝霖、周佛海、王星拱、段锡朋、梁寒操、高一涵、张西曼、林庚白等9人在《大公报》《武汉日报》发表公开信,指责"近来迭见共产党出版之《群众》《解放》等刊物及《新华日报》,竟以全国一致抗日立场诬及陈独秀先生为汉奸匪徒,曾经接受日本津贴而执行间谍工作,此事殊出情理之外。……鄙人等现居武汉,与陈独秀先生时有往还,见闻亲切,对于彼蒙此莫须有之诬蔑,为正义,为友谊,均难缄默。为此代为表白"。

陈独秀4月25日在《政论》第1卷第9期发表《抗战与建国》,称赞"近来新发现'抗战建国'这一名词,可以说是有深思远虑的"。作者回顾了"此前五六百年整个民主革命时代",西方各国从一个前近代的传统国家变成为一个近代的民族国家时所完成的"主要的民主任务",其中第一个任务就是"民族的国家独立与统一"。所以中国要建立"什么形态的国家",首先须明白"处在全世界历史发展之民主革命时代将完结而东方犹未完结的中国"要建成一个近代的"民族国家",也就必须废除帝国主义强加给中国的一切不平等条约,驱逐帝国主义在华的侵略势力,使中国成为一个主权独立的国家。5月15日,在《政论》第1卷第11期发表《"五四"运动时代过去了吗?》,批驳"五四运动的时代已经过去"的见解。6月14日,陈独秀致函已带领其妻及祖母由武汉抵宜昌的陈松年,嘱其去找国民党政府任职的史岳门,安排一条军火船去重庆。此函发出后,正准备乘包惠僧安排的差船入川,大姐一家来到汉口,姐弟30年未见,相逢于"颠危",悲欢交集,推迟入川。15日,陈独秀在《政论》第1卷第14期发表《国民党究竟决心采用那一种政治经济制度》,认为现在世界上有苏联的无产阶级专政和德意的法西斯制,英美法式的资本主义经济形态和多党制。"十分迫切"地要求"领导全国抗战建国的中国国民党""明确决定采用那一种政治经济制度""以昭告国人,以免曲解和误会"。25日,托洛茨基致函已到上海的李福仁:"我非常关怀的问题是陈独秀的人身安全。这是一个重要的政治问题。"

陈独秀7月2日乘"中国""中央""交通""农民"四大银行包的专轮入川,住重庆上石板街15号川源公司。罗汉受北大同学会委托,负责照顾陈独秀生活。7日,陈独秀撰《抗战一年》,认为"这一年是中国历史上最光荣最有价值的一年""以一个大力士竟不能击倒一个病夫",中国是"虽败犹荣"。主张使抗战胜利迫切力行"四事":尽量利用一切国家(即令是魔鬼国家)的援助;在野党口心如一的研究政府抗战,获得胜利,"不应该有保存实力趁火打劫的企图";解除人民痛苦;严惩官吏贪污。21日,撰《论游击队》,影射攻击中共农村包围城市及游击战争的理论。28日,撰《说老实话》。同月,在重庆民生公司讲演《资本主义在中国》,批驳中国社会"还是封建或半封建"的提法,认为"观察各国的经济,要估计是那一种经济成份属领导地位,来确定它是那一种社会,没有什么一半一半",中国"当然是资本主义经济属领导地位"。但又强调"中国此时还是一个'初期资本主义的国家',这就是资本主义在中国,还有大有发展之余地""在目前,过渡时期,我们宁可忍受资本主义的罪恶,来代替封建军阀的罪恶"。强调社会主义在中国,无论在经济上(工业不发达)和政治上(没有相当力量的工业无产阶级及其政党)都未"成熟""中国目前的问题,不是什么'社会主义或资本主义',而是'本国的资本主义,或外国资本主义的殖民地'。"

按:陈独秀多次就中国社会性质问题发表意见。8月2日,陈独秀撰《你们当真反对资本主义吗?》,认为"现代的经济制度只有两个:一是资本主义制度,一是社会主义制度,没有第三个。"攻击说:"小资产阶级的中国共产党,既不懂得无产阶级的社会主义是什么,又厌恶害怕资产阶级的资本主义,于是乃提出'力争非资本主义前途'的说法。"8月8日,陈独秀撰《我们为什么而战?》,再次攻击中共关于中国社会性质的论断,及对于他抗日为了"发展工业"的批评,强调中国"应该是'为民族工业而战'",并说"此次战争,不但是中日两国都因为发展工业而战争,而且两方面都因为工业有了发展才至于推动战争""如果中国的社会真如共产党所谈,还是封建或半封建,则对于日本资本主义之发展,还没有势不两立的致命的冲突,对日抗战匪独不必要,而且不可能"。8月24日,撰《我们不要害怕资本主义》,主张"资本主义是中国经济发展必经的过程,要来的东西,让它快点来",认为"苏俄虽然经过了社会革命,……而实际上远远优裕过一般工人工资和生活的高级职员及寄生官僚这一阶层还存在着,如此便不能够说已经走出了人剥削人的资本主义制度"。此文刊于《政论》第1卷第23期。

陈独秀8月3日应同乡及日本留学时的同窗好友(医生)邓初(又名邓仲纯)之邀,移居江津。但遭邓妻"闭门谢客",欲返重庆,碍有行李之累,又得老友方孝远招待,始在东门城内"郭家公馆"赁得三间闷热的西屋住下。同日,成都大学致函陈钟凡,说:"抚五(指时任武汉大学校长王星拱)与我至好,武大不便聘我教书,我所学亦无以教人。"8月13日,撰《八一三》,批判"不抵抗"政策,主张对日帝"只有死里求生与之一拼""我们并不奢望能够打死这暴发户,只要拼得他无可奈何,不得不对我们稍微客气的说和,我们便算是胜利了"。中国要吸取教训,进行根本改革,经过两三个五年计划,我们便可以由破落世家变成复兴世家。21日,撰《告日本社会主义者》,谴责日本山川、佐野、铃木等人"由社会主义转向爱国主义"。

10月21日,汪孟邹遵照中国托派依据托洛茨基建议提出的请求,致函已任驻美大使的胡适,请他帮助陈独秀赴美。胡适没有回复。11月,上海托派临委通过《我们对于独秀同志的意见》,指责陈独秀"完全采取了'超党'的,即'超阶级'的立场"。(参见唐宝林、林茂生《陈独秀年谱》,上海人民出版社1988年版;郑大华《论"抗战建国"话语下"学术建国"的讨论》,《浙江学刊》2020年第3期)

戴季陶3月初赴武汉出席临时全国代表大会。4月8日,在国民党五届四中全会上当选为中央执委会常务委员。5月29日,出发前往甘孜致祭去年底在返藏途中圆寂的班禅大师。9月26日,由甘孜返抵成都,因途中足踝受伤,遂暂留成都休养。11月21日,呈文国民政府,汇报甘孜之行,提出开发青藏高原的想法。11月下旬,回广汉一次。12月6日,由成都返抵重庆。(参见桑兵、朱凤林编《中国近代思想家文库·戴季陶卷》及附录《戴季陶年谱简编》,中国人民大学出版社2015年版)

吴稚晖3月与丁惟汾、张继、戴季陶等人同机赴武昌,出席国民党临时全国代表大会,制定《抗战建国纲领》,设立国民参政会。代表主席团提案,推举蒋介石为国民党总裁。9月26日,吴稚晖在中央纪念周演《用资本来生产为当前急务》,最后讲到"在这里的人,终还记得总理在民国元年,把总统让给袁世凯做了,自己竟来做一个卑卑不足道的铁路督办。大家到过上海督办办事处,也看见过总理伏在地上,天天把地图东画西画,造路的书籍条陈,堆满了各处。若不是袁世凯逼我们来二次革命,总理尽可以暂时放弃政治,办成了二十万里铁路再说。大政治家的风度,能大能小,能屈能伸,何等可钦敬呢! 好了,这也算一个小小贡献。"(参见金以林、马思宇《中国近代思想家文库·吴稚晖卷》之《导言》及附录《吴稚晖年谱简编》,中国人民大学出版社2015年版)

王宠惠继续任国民政府外交部长。7月5日,王宠惠对记者发表《谈外交形势》。7月7日,在重庆《抗战建国一周年纪念特刊》发表《抗战一年来之外交》,文中依次谈了"抗战以前外交政策的回顾""抗战期间外交方针的分析、国联历次的决议、"九国公约会议的宣言""中苏互不侵犯条约的签订""日本一月十六日的声明和我国的答复""否认日本武力造成的南北两伪组织""普遍的国际同情",最后为"今后的展望""本年三月国民党临时全国代表大会通过的抗战建国纲领,其中关于外交一项,规定五个重要原则:(一)本独立自主之精神,联合世界,同情于我国之国家及民族,为世界之和平与正义,共同奋斗。(二)对于国际和平机构及保障国际和平之公约,尽力维护,并充实其权威。(三)联合一切反对帝国主义侵略之势力,制止日本侵略,树立并保障东亚之永久和平。(四)对于世界各国现存之友谊,当益求增进,以扩大对我之同情。(五)否认及取消日本在中国领土内以武力造就之一切伪政治组织,及其对内对外之行为。我们如若将上文叙述的事实,加以细按,便可知我们过去一年所走的外交途径,与国民党临时全代大会所指示的五个原则,尚属符合。换句话说,我们抗战外交的基础,在过去一年,业已奠定。我们今后惟有继续努力,善为运用,以期收获最大和最迅速的效果。"

王宠惠7月8日向欧美广播讲演《列举事实证明中国愈战愈强盼各国采切步骤制止倭侵略》,刊于7月9日《武汉日报》。文中向欧美发出呼请:"为维护正义起见,吾人尤望一切友邦,勿以其财力充实日本之战费,或以军用品接济暴日,藉为屠杀中国人民之工具,道义上之援华,与物质上之助日,绝不相容,此种绝大矛盾,岂容须臾存在于国际之间。一切爱好和平国家,为其自身利益计,亟须采取共同行动,遏制暴日之猖獗,任何孤立政策,非特无济于事,且将促进世界冲突之爆发。"9月18日,在《中央日报》发表《"九一八"与日本大陆政策》。10月10,在《中央日报》发表《国庆与国难》,文中曰:"辛亥革命后,吾人复于今日度第二十七国庆日。回忆民国元年第一个国庆日热烈庆祝以来,邦家多故,国步艰难,外侮孔亟,战乱环生。彼眈眈伺侧贪残无厌之强邻,举倾国之兵,强占我土地,蹂躏我人民,今正企图西进,觊觎武汉,我为争世界之正义,为争民族之生存,亦正以最大决心,最大努力,抗战到底,与敌周旋。吾人于激昂愤慨中度此第二十七国庆日,亦即在国难最深重之时,度此国庆日,惩前毖后,真不禁感怀万端也!"最后写道:"寇已入室,挥戈共御,已更无徘徊瞻顾之余隙,退一步则死,进一步则生,国人其欲永远纪念我光华灿烂之国庆纪念日于无穷乎,国难正深,同仇御侮抵抗到底,盍兴乎来!"11月15日,发出《促报告美对我态度致胡大使适之电》。22日,发出《上蒋委员长报告美对我态度电》。(参见《王宠惠法学文集》编委会编《王宠惠法学文集》附录《王宠惠先生年谱》,法律出版社2008年版)

邵力子继续任国民党中央宣传部长。1月17日,出席全国歌咏协会与武汉文化行动委员会在光明戏院举行的音乐会,与郭沫若、方治、刘荣葵、冯乃超等被聘为演出委员会委员。23日,国际反侵略运动大会中国分会在汉口成立。宋庆龄、蔡元培、毛泽东、冯玉祥、王明等72人当选为名誉主席,邵力子、郭沫若、周恩来、董必武、邓颖超等139人当选为理事。3月23日,在中华全国文艺界抗敌协会于中国文艺社召开的第五次筹备会议上,与叶楚伧、冯玉祥、郭沫若、张道藩、老舍、茅盾等14人被推为主席团。27日上午,出席并主持在汉口总商会大礼堂举行的全国文艺界抗敌协会成立大会。下午,与郭沫若、老舍、茅盾、丁玲、冯玉祥、田汉等45人被推举为协会理事。29日,与周恩来、于右任、郭沫若、张季鸾、邹韬奋等在汉口青年会二楼礼堂出席中国青年记者学会成立大会。6月2日下午,救国会主席沈钧儒为出售《鲁迅全集》预约券,专程到武汉举行茶话会,邀请比较开明的国民党人士参加。邵力子第一个来到茶话会现场签到,遗憾地表示:"今天有件要紧事不能参加茶话会了,但我一定为出版《鲁迅全集》尽一份力。"说罢他拿出1000元钱订购了10套。在邵力子的带动与影响下,国民党的一些官员也打消了顾虑,纷纷认购。5月24日,国民政府中央宣传部等机关在武汉组织战地文化服务处,即日开始办公。

邵力子审核批准出版的第一部《鲁迅全集》6月15日出版,全集包括鲁迅先生生前的全部著述和译作,共计20册600万字。29日,邵力子、许世英、胡芝生、郑彦棻、陈登皞、范定九、钟可托、张惠文等在汉口发起成立中华国际禁烟拒毒促进会。7月16日,汉口《申报》报道,后方勤务部、政治部、中央宣传部、交通部、国际宣传处、军令部、外交部、中央通信社、湖北省民众抗敌后援会、航空委员会、武汉卫戍总司令部、汉口市各界抗敌后援会组合战地文化服务处。8月22日,香港《申报》报道,战地文化服务处在战区散发书籍:战地文化服务处,派员分七路出发各战区。随带书籍百余包,前往散发,并在各区联络政治工作人员,建立发行网,经常供应前方将士及战区民众之阅读。同月,毛泽东收到一部新出版的《鲁迅全集》。此书是经邵力子"绿色通道"快速批准、上海鲁迅纪念委员会主席蔡元培、副主席宋庆龄主持编辑的20卷本。在上海的地下党购得10套,陆续辗转运到延安。当时,鲁迅纪念委员会特印了200套精装纪念本,用一个精致的柚木箱子盛装,箱子盖上刻着"鲁迅全集""蔡元培题"字样,定价100元,编号发行。毛泽东得到的是第58号,封面为紫色,书脊为黑色。每卷封面的两角,都用黑色的布料包角,印装都十分精美。毛泽东收到《鲁迅全集》,喜不自胜,置于案头,随时翻阅。后来,毛泽东的演讲、著作中引述的鲁迅言论,都得益于这套全集。(参见中央文献研究室《周恩来年谱1898—1976》,中央文献出版社1998年版;孙国林编著、王佳钰、王增辉校订《延安文艺大事编年》，陕西师范大学出版总社 2016 年版；吴永贵《民国图书出版史编年：1912—1949》，社会科学文献出版社 2018 年版；孙羽《邵力子与鲁迅全集》，《绍兴县报》2012 年 8 月 25 日）

潘公展 10 月 1 日任中央图书杂志审查委员会主任委员。此前 7 月 21 日，国民党第五届中央常务委员会第八十六次常务会议通过《战时图书杂志原稿审查办法》和《修正抗战期间图书杂志审查标准》。至是日，国民党中央图书杂志审查委员会在重庆成立。此系国民党中央宣传部、社会部、行政院教育部、内政部、军事委员会政治部合组机构。主任委员潘公展，副主任委员印维廉，主任秘书朱子爽。主任干事吴安波；委员有国民党中央宣传部刘百闵，国民党中央社会部杨玉清，国民政府内政部黄家声。教育部陈礼江，军事委员会政治部许宝驹以及简贯三、刘炳黎、徐维起、密贤弼、邓裕坤、鲁觉吾、李焕之等。中央图书杂志审查委员会与前后相继成立的各省市图书杂志审查委员会，形成了图书杂志审查的庞大网络。在图书杂志审查委员会成立前，图书杂志的审查多头而零散，而在成立后，审查则趋向统一。10 月 1 日，国民党中央和重庆市图书杂志审查机关在青年会举行茶会，招待各书店负责人，刘百闵、陈礼江、龙文治及各书店负责人到会。刘百闵详细说明了图书审查的内容及要点。生活书店、军用图书社等书局的代表分别发了言。11 月 3 日，《中央日报》发表《战时之言论出版自由》社论，强调战时之言论出版应受到限制，指出：“平时的时候，我们要争自由，战时的时候，我们反而要牺牲自由。”24 日，《新华日报》发表总编辑华岗的专文：《保障言论出版自由与争取抗战胜利》，驳斥“战时牺牲自由”的意见。4 日，邹韬奋以参政员身份向国民参政会提出了《请撤销图书杂志原稿审查办法，以充分反映舆论及保障出版自由案》，提案共得到 74 位参政员联署，并得到罗隆基等参政员的“桴鼓相应”。经激烈辩论之后，以 75 票对 55 票通过。30 日，中央图书杂志审查委员会关于订定《各地图书杂志审查委员会初步工作纲要》致教育部。12 月 5 日，《中央日报》发表社论《战时出版物的预防和追惩》，认为《战时图书杂志原稿审查办法》的制定和实施，对图书杂志的出版实行预防是必要的。12 月 22 日，国民党在第五届中央常务委员会第一〇六次会议上修正了《战时图书杂志原稿审查办法》。该审查办法于 1938 年 7 月 21 日国民党第五届中央常务委员会第八十六次会议时通过。该审查办法于 1940 年 9 月 6 日公布时有修改。（参见吴永贵《民国图书出版史编年：1912—1949》，社会科学文献出版社 2018 年版）

顾毓琇从长沙临时大学被征调到汉口任教育部政务次长，后迁重庆。1 月，闻一多抵武汉后，顾毓琇到武昌磨石街闻一多寓宅，邀闻一多出山到正在组建的战时教育问题研究委员会工作，被闻一多拒绝。据顾毓琇《访问顾毓琇记录》回忆："抗战开始不久，我从长沙临时大学被征调到汉口教育部。那时为了抗战需要，正在筹组战时教育问题研究委员会，作为最高当局的咨询机构。它的工作主要是采纳时贤对战时教育的意见，摘取报章杂志对此问题的主张，加以研究，并将结果交由教育部设法实行。我曾邀一多出来帮忙，他不肯，说今生不愿作官，也不愿离开清华。他说各人志趣不同，却赞成我出来，还说大家都为了抗战，在哪里都一样。"2 月 3 日，国民政府教育部组织战时教育问题研究委员会。教育部次长顾毓琇为主任委员。3 月、5 月两次开会讨论修正各种特种教育纲要，调整全国师范教育体系办法，修订中小学课程等问题。是年，顾毓琇在《教育通讯》第 12 期发表《抗战建国与科学化运动》，强调"无论在抗敌和建设那一方面，我们都需要科学。"战争的本身，是艺术，亦是科学。军事的基本原则是力量的运用，这个力量包括人力、武器、通讯、运输、给养以及一切帮助战斗的力量。不仅新式武器、新式通讯和新式运输需要科学，而且武器、通讯、运输等等都需要有科学训练的人们去应用，倘若使用新式武器的人没有科学的基础同科学的训练，那么同样的工具便不能发挥同样的力量。通讯运输和给养，战时和前方固然需要，但无论在技能和设备材料上，平时和后方必须有充分的准备。新式的战争，必须使全国的力量总动员起来，总动员的力量越大越好。而"科学可以增加我们的力量，集中我们的力量，所以科学对于抗战的影响是很大的。"在抗战建国时期，我们不仅要"有钱出钱，有力出力"，而且我们要用科学来"增加钱，增加力"。增加了"钱"可以支持抗战，增加了"力"可以打击敌人。（参见中央教育科学研究所编《中国现代教育大事记1919—1949》，教育科学出版社1988年版；闻黎明、侯菊坤《闻一多年谱长编》（增订版），上海交通大学2014年版；郑大华《论"抗战建国"话语下"学术建国"的讨论》，《浙江学刊》2020年第3期）

卢作孚1月6日在国民政府改组后被任命为交通部常务次长，主管战时水陆运输事务。3月，为解决后方燃料问题，在汉口商请经济部长翁文灏觅一接近前线的大煤矿公司撤退到四川与天府煤矿公司彻底合作。翁文灏首先商请中福公司孙越崎入川考察，考察后与卢作孚在汉口商谈，达成合作办法。4月21日，卢作孚在民生公司欢迎杜重远来公司讲演仪式上的讲话。后刊于4月30日《新世界》第12卷第4期，题为《这才是伟大的力量》，文中提到，"世界哲学家柏格森曾说：'今天的人，不是昨天的人，今天的细胞不知有若干变化，不过当时没有认识，十年后才知道。它的变化，是绵绵不断的，这才是伟大的力量'。这力量，能把宇宙变了，何况人的行动！"5月1日，天府煤矿公司、北川铁路公司与中福公司正式合并为天府矿业股份有限公司。19日，辞去四川省政府委员职。12月21日至22日，陪同晏阳初到北碚参观考察。（参见王果编《中国近代思想家文库·卢作孚卷》及附录《卢作孚简编》，中国人民大学出版社2015年版）

马衡3月28日赴成都寻访安置故宫文物处所，应邀赴国立四川大学讲演，指出："这次的抗战，我们是处于被侵略的地位，是我们国家民族存亡绝续之交，已到了生死的关头。国家兴亡，匹夫有责，所以我们全民众都负有救亡的责任。所谓救亡，并不定要人人上前线，后方工作也是很多的意义，救亡的责任，在我们知识分子，固然没有人不明了的；可怜一般民众——尤其是最后方民众还有不知道的，这固然有关于交通与教育等等问题，但是知识分子对于宣传指导的工作恐怕还未能充分做到。""我们要认清这次抗战所谓最后胜利的，决不是凭借兵力把一处处的失地取复过来，而是用我们的兵力支持抵抗，消耗他的实力，待他自己崩溃，一败而不可收拾。到那时候才是我们的最后胜利呢。"5月，故宫南京分院第三批北路西迁文物开始起运，至次年2月毕。（参见马思猛《马衡年谱》，故宫出版社2021年版）

王献唐是春载书南下，又西迁四川。1月3日到达汉口。4日，致董作宾函，询历史语言研究所等文化机构是否在汉口，是否准备移往他处。16日，被时迁汉口将再迁万县的国立山东大学校长林济青聘为山东大学中文系兼任教授，以使图书馆书物得与大学书物偕存。21日抵长沙，经宜昌、巴东，过三峡，于2月4日抵万县。8月，接受"管理中英庚款董事会"资助，为其第一届协助科学研究人员。10月，教育部同意将南迁馆藏古物运乐山保存。11月11日，抵重庆。24日，到达四川乐山，寓乐山城内铜河埠天后宫大佛寺下院。后将南迁古物移存凌云寺。（参见张书学、李勇慧《王献唐年谱长编》，华东师范大学出版社2017年版）

舒蔚青（舒畅）编《现代戏剧图书目录》8月作为"现代戏剧图书馆丛书"之一由汉口东方印务局印行，张道藩题签，万籁鸣设计封面，舒傅丽、舒绣文校订，为收藏自1908年至1938年6月底近三十年来戏剧书籍刊物的总目录，分剧本、剧论、剧刊、剧图四类。附录有：一是现代文艺刊物所出戏剧专号一览表，一是国防戏剧简目。此书《序言》说："此目录是我国三十年来戏剧图书出版物的一部总账。"10 月 23 日，舒蔚青带着妻子和两个幼小的孩子以及几十大箱戏剧图书资料逃难，由汉口转去重庆。据《中华全国戏剧界抗敌协会理事、常务理事、职员名单》本会职员一览，舒蔚青担任"征集组组长"。

按：据舒蔚青好友胡绍轩所写《戏剧收藏家舒蔚青》（《现代文坛风云录》重庆出版社 1991 年版）回忆："《戏剧图书目录》只印了八百册，除赠送朋友和全国各大图书馆外，交书店发售的约五百余册，他送给我的一本子 1949 年春南迁时遗失。1957 年春，我将范启新的一本借来应用，文化大革命期间又给丢了，真可惜！四十年来，风风雨雨，沧海桑田，现在国内还剩几本就不知道了，舒蔚青的《戏剧图书目录》，在中国是绝无仅有的。"（参见官立《不应被遗忘的现代戏剧收藏家、目录学家舒蔚青》，《现代中文学刊》2013年第 5 期）

陈德征任《中央日报》主笔，在《中央周刊》1938 年第 1 卷第 8 期发表《抗战建国与科学研究》，认为"抗战建国与科学研究之关系是很密切的"。以抗战论，战时武器是依据科学制成的，不懂科学，不仅不能制造武器，且使用武器也会感到窒碍。至于战时经济之调整，资源之开发，交通之维持，人力之培养等，也都需要借力于科学。如果偏离或违背了科学的原理原则与应用的法则，那么抗战便无由谈起。以建国论，建国之首要在民生，关于民生的事，有哪一件不需借助于科学的？即便小到户口的调查统一，也大大地需要科学的根据。因此，我们要取得抗战建国的最后胜利，就必须加强科学研究。（参见郑大华《论"抗战建国"话语下"学术建国"的讨论》，《浙江学刊》2020 年第 3 期）

胡秋原任国防部最高委员会秘书厅机要秘书。是年，发表《中国文化复兴论》，系统地阐述了他复兴中国文化的思想主张。在他看来，抗日战争既"是我们为复兴民族而奋斗之日，也是为复兴民族文化而奋斗之时。我们在抗战建国过程中，客观上也是在复兴文化之过程中"。他认为要使中国文化在抗战过程中更进步，并实现复兴，首先要发扬民族主义。具体而言，第一，要发扬中国文化固有的伟大精神，承继孔墨的光荣传统，同时要抛弃有害的渣滓，要发挥我民族经世致用、刚健勇武的精神，反对那些空虚浅薄的精神。第二，要以独立自主的立场，取法他人乃至敌人之长，而取法他人之长的目的，是为了我民族之生存与进步。第三，要提倡民族的道德，发挥先烈忠国爱民的精神，自强不息，不懈精进。第四，要提倡尚武精神，扫除柔靡之颓风，振作卫国意气。第五，要发扬民主主义精神，实与民族民主、政治民主和经济民主。第六，要普及文化，使全国人民都具有民族意识和现代意识。其次要发展科学技术，这其中包括培养科技人材，充实研究机构，整顿各级教育、传播科学知识和现代精神。最后他号召人们"立志做中国文化花园一个辛勤培植之园丁，用心血来灌溉未来中国文化之根苗。同时用自己赤诚与热血，贡献于国民精神之铸造"。并以张横渠的"为天地立心，为生命立命，为往圣继绝学，为后世开太平"的四句教勉赠"一切为中国文化复兴而努力的人们"，要他们相信："我们的文化将随我民族复兴的战争和建设而复兴"。

按：胡秋原《中国文化复兴论》也讨论了"学术建国"问题，认为要实现"学术建国"，除要"发挥民族主义"，使之成为"今日抗战建国之中心精神"外，还要"发展科学技术"。而胡秋原所讲的"科学技术"，不仅包括自然科学，也包括社会科学和理论哲学。他指出：现代文明的基础就是科学技术的文明，我们要发展科学技术，就必须把生产、军事和科学打成一片，这样不仅能够满足当前抗战的需要，而且还能提高我们的科学知识，使我们的知识能达到"空前正确精密的水平"。具体而言，他建议：第一，"培养科学人才"。我们要完成抗战建国的任务，除了抗战，还需要建立新工业，改善旧工业和农业。这就需要大量的科学家去说明、去努力。因此，培养科学人才是"学术建国"的一个重要方面，有了人才，不仅可以"改善原有生产",而且还能得到更多的创造发明。第二,"充实高深科学研究机关"。一方面,要集中人力与智力,研究中国的历史与地理,研究现代理化及电医科学,研究国际政治及中国社会,研究欧美各国建国历史、军事外交的情况,而目标集中于如何抗战建国。另一方面,要介绍他国科学,学习他国的经验,来研究我们当前的问题。他尤其对学术研究中存在的那种"无益空谈、伤国俗说"和"浅薄乱说"的"空陋"学风提出了严厉批评,认为"汰除"这种"空陋"学风的"治本之道",是"树立笃实高深严肃的学问精神"。第三,"整顿教育"。学校是研究学问和培养人才的根本机关,过去教育的失败,就失败在官僚主义及政客主义。因此,要想教育取得成功,教育当局就要以"神圣的心"来办教育。同时,要充实和提高课程及师生水平,改革考试方法,改革留学生制度,派遣具有真才实学的人到国外深造,并多多招聘外国真正专家学者来华担任教师。第四,"传播科学知识,传播现代文明"。现代基本的科学知识,无论是自然科学,还是社会科学,抑或理论哲学的书籍,都应多翻译和介绍,并把它们编成小丛书,以供广大读者阅读。还要多设科学博物馆,以启发民众的科学意识。同时,学术界要提倡一种"建设的批评风气",对于那些违背科学、违背常识和伦理的"荒唐与武断",要"作善意批评",要使伦理学、欧洲现代史以及文化史与中国史一道,成为每一个国民的基本常识。胡秋原希望那些从事学术文化事业的人们,要立志做学术文化花园一个辛勤培植的园丁,用心血来浇灌未来中国学术文化的根苗,并以张横渠的"为天地立心,为生命立命,为往圣继绝学,为后世开太平"的四句教自勉,为中国的文化复兴和学术建国而"努力"。(参见郑大华《抗战时期钱穆的文化复兴思想及评价》,《齐鲁学刊》2006年第3期;郑大华《论"抗战建国"话语下"学术建国"的讨论》,《浙江学刊》2020年第3期)

汪东继续任重庆行营第二厅副厅长,负责公文审核工作。1月1日,接待朱希祖、朱镜宙来访,当时汪东抵渝不久,与叶元龙、王铸人同寓。同月,丁丑除夕前,在重庆复遇叶楚伧,有诗唱和。7月25日,丁惟汾为黄炎培设宴都城饭店,汪东与叶楚伧、张继等受邀出席。8月,卸任重庆行营第二厅副厅长,曾欲回中央大学任教。10月15日,叶楚伧邀宴,同席有顾颉刚、汪辟疆、卢前、舒舍予、王向辰、崔唯吾、张廷休、蒋碧薇(徐悲鸿夫人)、何容、张恨水、王平陵、吴俊升、郭有守等。同月,在重庆,任国民政府监察院监察委员,时监察院院长为震旦同学于右任。秋,沈祖棻辗转入川,有《临江仙》8首纪行。抵渝后,与汪东重逢。11月12日,参加太虚法师长安寺雅集,以李白诗"海客来天风,将船远行役。譬如云中鸟,一去无踪迹"分韵赋诗。12月17日,邀朱希祖及中央大学师范学院国文系教员至沙坪坝金刚饭店午餐,时汪东新兼任国文系讲师。(参见薛玉坤《汪东年谱》,河南文艺出版社2016年版)

吴景超继续任职于行政院经济部。7月,吴景超《中国工业化的途径》一书,由艺文研究会出版、商务印书馆发行,为"艺文丛书"之五。作者在《自序》中说:"工业化对于中国的重要,我在过去若干年,曾写过许多文章来说明。当时我的注意点,是在工业化与人民生活程度的关系""而回顾中国目前的处境""增进国防的力量,则尤为迫切""这是我们现在所应建立的工业化目标,如何达到这个目标的问题,自然是复杂的,在本书中,我特别提出三个最重要的问题来讨论,就是资本,人材,与组织。"(参见齐家莹编《清华人文学科年谱》,清华大学出版社1999年版)

黄汲清时任地质调查所副所长。3月16日,致函翁文灏,报告将派人赴广西调查地质,请函告地方政府协助后,王恒升于11月21日致函,报告调查广西地质情形。3月26日,翁文灏致函黄汲清,请"派员调查四川彭县白水河一带地质、铜矿"。6月5日,翁文灏与黄汲清商谈地质调查所工作。6月19日,翁文灏致黄汲清长函,商议请黄汲清继任地质调查所所长事。8月2日,翁文灏与黄汲清、李春昱、金开英等商谈地质调查所工作。9月29日,翁文灏致函黄汲清,请将地质调查所调查的云南土铁情况抄送资委会。11月5日,翁文灏正式免去地质调查所所长职务,以原副所长黄汲清任代理所长。又以经济部长名义,令地质调查所代理所长黄汲清督率所属,研究学术始终不倦,诚信感孚,正己率人,学用兼资,励精奋发。共同努力,日进有功。翁文灏并表示:"(一)专门学术之成就非一蹴可至,必继续不断,历久为之,而后始能见功。故所中同人之工作亦宜以此互勉,时时自念中国地质学术之能否发挥光大,不当责之于人,惟当求之于己,勿畏难而苟安,勿见异而思迁,勿朝作而夕辍,勿昨是而今非。此专心研究始终不怠之必要一也。(二)同人相处当以学术研究切磋琢磨,求声气之相通,无派别之隔阂,不分留学国别,不论乡贯亲疏,惟分务之是重,无私见之参差,凡此精诚团结之风,实为忠住笃敬之效。惟组织既有统系,治理宜有纪律,既不应操切以更张,亦不可姑息以贻误。此诚信感孚正己率人之必要二也。(三)当此国步艰难,百事待举,而重大规划,尤赖有科学研究以为根据,庶能见之较明,而行之无误。该所工作自宜就矿产农垦各实用问题,尽先注意,作有系统之调查,为有计划之试验,所得结果早作报告,以贡献于国家资力之培植。发挥困勉求学之精神,以为忠诚救国之努力,风雨如晦,鸡鸣不已,此本所中同人历来苦勉之心,应更策励引申,益宏功效。此学用兼资励精奋发之必要三也。"翁文灏并希望该所人员"共同努力,为学术机关作一模范,为经济事业奠一基础"。(参见李学通《翁文灏年谱》,山东教育出版社 2005 年版)

　　何北衡、程觉民、蔡承新等中国西南实业协会重要成员赴重庆推动四川分会的成立。7月4日,西南实业协会四川分会在重庆成立。四川分会成立后,设总干事、副总干事各一名,下属有总务、调查、技术、工商、编辑五个组。另外又设立矿业、工业、贸易、金融四个专门委员会,以及征求、财务、募集基金和基金保管四委员会。规定每周召开一次常务理事会,每月召开全体理事会。四川分会制定了一个初步的章程,共 13 条,对各种会务事宜做出了规定。另外还制定了一个组织大纲,共 7 条,对分会内部职权等事项作了简明规定。四川分会公推张群为名誉理事长,翁文灏、张嘉璈为名誉理事。常务理事为陈郁、范英士、康心之、孙越崎、林继庸。理事有程志顾(程觉民)、周见三、宁芷邨、胡叔潜、胡博渊、康心如、叶元龙、温少鹤、陈铭德、何北衡、宋师度、吴晋航、顾毓瑔、卢铸、刘航琛、蒋志澄、徐维明、浦心雅、陈健庵、周佩箴、何从炎、张禹九、张肖梅、寿毅成、张丽门。程觉民为总干事(后为康心之),朱伯涛为副总干事。吸收个人和团体两种会员。由于四川分会的建立及其开展的一系列活动所产生的社会影响,为后来西南实业协会的正式成立做了重要的前期筹备。在舆论宣传,组织机构设立、人事安排等方面都为西南实业协会的成立奠定了基础。

　　按:四川分会成立后,主要开展了三项工作:一是提出三个重要建议:1. 针对电厂的安全,组织了"电厂保安问题研究会",制定出了具体的保安方案。并向经济部与电力公司提交的建议,得到全部接受。2. 为推进后方生产事业,向经济部及四川建设厅建议主办"四川省工业品展览会"和筹建"工业陈列馆"。3. 鉴于日机空袭,后方工厂风险巨大,向中央信托局建议承保重要企业和工厂的兵险。二是召开了四次座谈会。这四次座谈会都是以关系抗战军需民用的钢铁问题为主题,前后邀请了 8 位技术专家主讲了 11个专题。听者十分踊跃,每次都有一二百人。三是筹建两项实业。何北衡、康心之、宁芷邨等人针对抗战以来药价猛涨,发起创办"中国药产提炼公司",资本二十万。另外筹建了土产公司。除了以上三个方面的工作外,四川分会还派代表参加西南经济调查合作委员会,协同工作;出席生产会议,提供意见;在报纸上发行特刊扩大宣传以及接受各方委托与咨询等事宜。(参见耿密《抗战时期大后方社会变革中的西南实业会——以〈西南实业通讯〉为主要史料的考察》,西南大学硕士学位论文,2006 年)

　　王拱璧是春携眷属到河南南阳镇平县,即组织"镇平自治研讨会",被推选为副会长。10 月,入四川,受国民政府川康禁烟督察处长张静愚的委派,任西昌禁运所所长。

　　曾虚白毅然放弃"大晚报"的事业,追随时任国民党中央党部宣传部副部长的董显光,出任国际宣传处处长,以其宣传特长扭转国际对我国抗日的误解,转而支持我国,因此赢得了"爱国报人"的雅号。

赵丹、顾而已、陶金、魏鹤龄、叶露茜、章曼苹、钱千里、赵慧深、陈鲤庭、沈西苓、朱今明等上海业余剧人协会成员由陈白尘从汉口接到重庆。路经宜昌,演出《黄浦江边》等。到达重庆后,先演出宋之的、陈白尘根据席勒《威廉·退尔》改编之《民族万岁》;继演章泯之《故乡》,阳翰笙之《塞上风云》。又与重庆剧人联合公演曹禺、宋之的合作之《黑字二十八》即《全民总动员》。是年,陈白尘当选为中华全国文艺界抗敌协会理事。

吕荧参加中华全国文艺界抗敌协会,结识胡风等文艺界知名人士。

陈郁等人11月20日在重庆发起成立中国医药教育社,以"研究刷新中国医药教育及训练医疗技术人员"为宗旨。

王乃昌、宋斐如、陈北鸥等人为干事的战时日本研究会7月2日在重庆成立,出版《战时日本》杂志。

陶百川、张文伯、刘光炎、冯牧民等编辑的《中央周刊》7月创刊于湖南长沙,9月迁重庆。

蒋子英主编的《中山月刊》11月创刊于重庆。

姚江滨为社长的中国大众文化社10月在重庆成立,以"辅助社会教育,推进大众文化,提高中国民族革命精神"为宗旨。

金永森等人10月在重庆发起成立中国更生学社,以"遵奉三民主义研究学术,提倡生产,砥砺德行,以求中国之自力更生"为宗旨。

毛庆祥为理事长的中国生产促进会正式成立,以"联合国内热心生产事业同志及产业团体,提倡科学,促进生产建设,以达建国之目的"为宗旨。

谢士尊、胡圣时等在重庆成立中国社会经济研究社,以"多作实际工作,少作无边空谈"为宗旨。

高玉柱、喻杰才等人在重庆发起成立西南边疆民族文化经济协进会。

吴玉如去重庆,应张伯苓之聘,任国民参政会秘书。

孙起孟任重庆中华职业教育社总书记、云南办事处主任。

杨骚在重庆加入中华全国抗敌文艺界协会。

孙奂崙、孙陈锦雯夫妇与吕复、李鸿文、王用宾、王文烺、何遂、林肯安、吕咸、陈廷晖、祁大鹏、彭醇士、萧禀原、陈中岳等人在重庆成立云庄诗社。

白朗和罗烽先后到达重庆,随后萧红亦来重庆。

冯汉骥在四川西北部岷江上游的羌族地区,调查古代的石棺葬。(参见中国大百科全书总编辑委员会《中国大百科全书·考古学》,中国大百科全书出版社2002年版)

太虚2月8日作《即人成佛的真现实论》。同日,约晤路透社记者史密李斯廉。3月8—10日,中央以追荐班禅,设汉经坛于汉藏教理院,太虚主坛。中央派戴季陶来山主荐。太虚讲《中国的僧教育应怎样》于汉院,以戴季陶主谨严实证,卫挺生主通俗适时,乃提示十年来之佛教教育主张。4月,太虚因教育部次长顾毓琇来汉院,转商诸陈部长立夫,得其允予补助经费,于汉院成立编译处。春,政府颁《抗战建国纲领》,太虚作《日伪亦觉悟否》以示拥护。5月2日,太虚抵渝,驻锡佛学社,主持中国佛学会事宜。太虚应佛学社请,讲《辨法法性论》,尘空、陈济博记,游隆净编,成《辨法法性论讲记》。15日,中国佛学会召开会员大会,太虚出席主持,连任为理事长。6月21日,应华西大学约,往讲《中国需耶教与欧美需佛教》。某日,大师于成都无线电台,广播《佛教徒如何雪耻》。太虚与章嘉活佛在重庆成立"中国佛教会临时办事处",宣布废止沦陷在京沪的中国佛教会机构,断绝与各沦陷区佛教会的关系,捍卫战时佛教会。(参见印顺编著《太虚法师年谱》,宗教文化出版社1995年版)

欧阳竟无在2月6日举行蜀院成立大会,蜀中及门者皆集,乃成立蜀院。恢复"讲学以刻经"之旧规,设流通处及作场。同日,举办支那内学院经版图书展。5月,编成《论语课》《毛诗课》。其《论语课》按"义利之辨""忠恕之事""思学相须""诗书执礼""性与天道""为政之道"等6个主题依次编成。《毛诗课》从《毛诗》中精选出30篇编校而成。冬,蜀院得初刻南藏。欧阳渐作《得初刻南藏记》,吕澂作《初刻南藏考》。(参见徐清祥《欧阳竟无评传》,百花洲文艺出版社2010年版)

能海法师应四川绵竹祥符寺之请,举办讲经法会并传部分弟子《护摩仪轨》。是年译成《生起次第津要》及《上师无上供养观行法》。

叶青2月至4月先后在国民党所办的中央政治学校特别训练班第一和第二大队,以及中央陆军军官学校特别训练班政治队讲课或讲演。4月,叶青与吴曼君等友人在汉口创办《抗战向导》杂志。叶青在与人共同发表的发刊词中指出:"文化界的思想方向,不是机械地跟着欧美走资本主义的道路,便是跟着苏联走社会主义的道路,不问中国的国情,把外国的思想毫无改变的搬到中国来应用,结果完全是削足适履,没有效果。"作者还强调,只有孙中山创造的"三民主义等理论"适合中国国情。9月至11月,叶青在陕西省国民党所办的战时行政人员训练所讲课或讲演。(参见尹涛《叶青思想批判》,南京大学博士学位论文,2014年)

舒群与丁玲主编的战地文艺半月刊《战地》3月22日在武汉创刊。因丁玲当时在延安,刊物由舒群主编,并得到罗烽、白朗、蒋锡金等的支持,至第6期停刊。创刊号登有艾思奇的《文艺创作的三要素》,周扬的《我所希望于〈战地〉的》,冯乃超的《文艺统一战线的基础》,罗荪的《书的受难》,白朗的小说《清偿》,胡考的漫画《战士》,吕骥的《从朗诵说起》,罗烽的长篇连载《满洲的囚徒》,杨朔的通讯《昨天的临汾》等,由上海杂志公司总经售。6月22日,汉口《新华日报》登出舒群著《西线随征记》一书广告:"舒群先生是东北的青年作家,抗战后,奔驰在西线各战场上,从西安出发到达太原前线的经过,写成这本杂记。全书共16篇:记史沫特莱、记贺子珍、记丁玲、写炮火中的前线、写正太线上、写俘虏、写善良的农民。他的流畅的笔调,热烈的情趣,报告给我们许多战地生活的实况。"(参见艾克恩编纂《延安文艺运动纪盛》,文化艺术出版社1987年版)

丁文安、宋漱石、庄静、陈涛、何梦雪、马乘风、老舍、郁风、叶浅予、史东山、张乐平、王平陵、郑君里、余上沅、程思远、臧云远、胡风、张西曼等9月在武汉发起成立中国青年文化工作者协会,以"奉行三民主义,从事学术研究,协助文化建设,俾完成抗战建国大业"为宗旨。

臧云远、孙陵编辑的《自由中国》杂志4月1日在武汉创刊,发行人为张云溪。编委会由周扬、郑伯奇、夏衍、沈起予、梦回、白朗、北鸥、杨朔等组成,郭沫若、周扬、田汉等为主要撰稿人。郭沫若应邀题词:"要建设自由的中国,须得每一个中国人牺牲却自己的自由。每一个中国人把自己的一切奉献给祖国的解放。中国得到自由,则每一个中国人也就得到自由了。"创刊号发表艾思奇的《哲学的现状和任务》,指出中国需要一个哲学研究的中国化、现实化运动,这是哲学大众化运动的进一步深入。(章恒忠、王亚夫主编《中国学术界大事记

(1919—1985)》,上海社会科学院出版社 1988 年版)

叶南为理事长,袁晓园、于炳然、钱俊瑞、赵梅生、祁式潜、吴大闲等为常务理事的中国青年救亡协会 2 月 13 日在汉口成立,以"团结爱国青年,协助政府对敌抗战,求得中国之自由平等"为宗旨。

冼星海、王云阶等人 1 月 17 日主持全国歌咏协会与武汉文化行动委员会为捐助冀北人民抗日自卫游击队而联合举行的音乐会,郭沫若、邵力子、冯乃超等应聘为演出委员会委员。

张善孖、唐义精、徐悲鸿等发起的全国美术界抗敌协会 6 月 6 日在武昌成立,推举张善孖、唐义精、徐悲鸿、吴作人、高龙生等为理事,蔡孑民、冯玉祥、张道藩、郭沫若、田汉等为名誉理事。(参见艾克恩编纂《延安文艺运动纪盛》,文化艺术出版社 1987 年版)

陈柱天主持的中国出版社在汉口成立。曾出版《共产主义运动中的"左派"幼稚病》《论反对派》《国家与革命》《列宁主义问题》等马克思列宁主义经典著作。

张志让、千家驹、胡愈之、张铁生、姜君辰等编辑的《国民公论》9 月 11 日在汉口创刊。

王向予、陈北鸥编辑兼发行的《抗敌新闻》8 月 5 日在武汉创刊,张申府、于毅夫、钱俊瑞、楚云、陈江、魏孟嘉任编委。

章伯钧、彭泽民等撰稿的《抗战行动》2 月 1 日在武汉创刊。

阎宝航、曹荻秋、范长江、陈依菲 2 月在汉口创办《大众报》,刘江陵任主编。

赵纪彬到武汉任《通俗读物》编刊社研究部主任,并应生活书店胡绳之约,编写《中国哲学史纲要》。

赵清阁参加中华全国文艺界抗敌协会,在武汉主编《弹花》文艺月刊,写有五幕话剧《女杰》、三幕话剧《反攻胜利》、四幕悲剧《雨打梨花》和改写的五幕话剧《此恨绵绵》。

吴漱予等编辑的中华全国戏剧界抗敌协会会刊《戏剧新闻》月刊 2 月在汉口创刊。

李辉英到武汉参加中华全国文艺界抗敌协会,编辑《抗战文艺》。

张道行、方秋苇等为理事,李恩国为干事的外交问题研究会 11 月 1 日在重庆成立,编辑出版《外交研究》。

金长佑、陈铁铮、王一元、张慎修、张庆泰等 5 月在汉口创办专门介绍国际论文的《时与潮》杂志。

陈豹隐至武汉,受聘担任国民政府军事委员会参事室参事,后又当选为第一至四届国民参政会参政员和第四审查委员会召集人之一,负责对抗战期间有关经济问题的提案进行审查。

卜士奇任中国国民政府军事委员会办公厅外事科科长,主管俄文译员事务。

郝力群、马达、刘建庵、卢鸿基等为常务理事的中华全国木刻界抗敌协会 6 月 12 日在武汉举行成立大会。

俞飞鹏、周至柔、卢汉、蒋坚忍、毛庆祥等为理事的中国战时生产促进会 6 月 29 日在汉口成立,以"联合同志,研究中国经济建设问题,并筹集资金,促进中国战时生产,协助各厂商并解决其困难"为中心工作。刊行有《生产建设》双周刊。

乐嘉宣、郝力群、霍应人、叶君健等人 6 月在武汉发起成立中国世界语协会,以"研究、推广和实用世界语""沟通各民族的文化和情感",保障国际和平和正义,"为祖国的独立自由和进步繁荣而尽力于国际宣传"为宗旨。

陈东原6月因安徽大学停办,经时任高等教育司司长吴俊升介绍,去当时在武汉的教育部高等教育司任特约编辑。

姚雪垠去武汉,参加第五战区文化工作委员会,从事抗日的进步文化活动。

闻捷到武汉参加抗日救亡演剧活动。

许世英为理事长,马超俊、谷正纲为副理事长的中国战时儿童救济协会4月28日成立。

徐特立1月上旬应湖南国民党乙派首领刘岳厚邀请,在湖南广播电台作关于团结抗日的演讲。24日,在湖南《大公报》及《观察日报》上发表严正声明:长沙出现的以"解放出版社"名义出版的"真理小丛书——《中共抗日民族统一战线的主张》"系冒名发行,其中第一、二、三篇是过去土地革命战争时期中共所发文件,在抗日战争时期无效,重新翻印传播是有害而无益的,应一律停止发行。25日,长沙《观察日报》创刊。徐特立将包括中共中央《抗日救国十大纲领》等重要文件及八路军驻湘通讯处电台接收的新闻,均交由该报发表,并亲自审定其中重要文章。28日,中共地下党员田汉、廖沫沙创办的《抗战日报》创刊。徐特立在创刊号上发表文章《淞沪抗战的教训与国共合作》。同月,先后接受学联、妇联、中央戏剧学校等单位邀请,作团结抗日的演讲。2月6日,应湘省抗敌总会聘请,与田汉、茅盾、王茨青、左舜生、曾约农等组成湖南抚敌总会宣传委员会。14日,到坡子街火宫殿作关于抗日的演讲,再次强调国共两党应联合抗日。21日,《抗战到底与自力更生》一文刊于长沙《抗战日报》。26日,所撰《六十自传》刊发于《全民周刊》第1卷第12号。同月,与毛泽东、周恩来、林伯渠、成仿吾、艾思奇、周扬联名发出建立中国唯一以鲁迅命名的艺术学院的倡议。3月5日,武汉《全民周刊》第1卷第13号刊载毛泽东致徐特立60大寿的贺信,这是该信首次与公众见面。

徐特立3月7日撰写《政党与政府》一文,针对刘梦秋来函提出的"苏联的政治制度是不是一党专政"的质疑作出答复。15日,根据徐特立的建议,中苏文化协会湖南分会创办《中苏》半月刊(后又出版《中苏小丛书》)。20日,所撰《关于矛盾统一的几个要点》一文刊于《联合旬刊》。22日,撰写《论反托派斗争》一文,从反托派应有的态度、批判托派及揭发其歪曲事实的言论与阴谋,以及托派是否一个政治派别三方面进行论述。29日,会见美国记者史沫特莱。31日,撰写《抗战给我的机会》,此文系为《抗战中的政治问题》一书写的序言。4月20日,南京中央政治学校附属大学部——地政学院赞成抗日民族统一战线的学生魏方、陈和坤等10多人来到长沙,创办《今天》10日刊,进行抗日救亡宣传。徐特立对《今天》10日刊给予支持和指导。5月4日,《"五四"运动十九周年》一文刊于《抗战日报》,文章肯定了五四运动十九年来中国社会的变化:十九年前的"五四",要求民主而不得,而今日的"五四"在国民党的临全大会给我们以言论出版集会结社的自由;十九年前的"五四"是知识分子孤军独立,而今日的"五四",中国已经没有军阀的制度……。16日,《建立长沙的戏剧界联合阵线》一文刊于《抗战日报》。30日《中国世界语运动简史》一文刊于长沙《抗战晚报》。同月,《观察日报》成为中共湖南省工委的机关报;长沙播种社将徐特立在湘工作期间12篇演讲稿和文章汇编成书,取名《抗战中的政治问题——徐特立先生论文集》,出版发行;徐特立撰写《驳斥汉奸对于中苏关系的破坏》,文中列举了六种汉奸言论。6月2日,所撰《世界大战何时爆发的问题》一文刊于长沙《抗战日报》。6月,徐特立根据中共地下党员吕振羽的建议,经报请中共中央同意,决定在邵阳武冈创办塘田战时讲学院,邀请国民党政府司法院副院长覃振为院长、湖南省参议会议长赵恒惕为董事长,吕振羽担任副院长。教员多为共产党员和进步人士。除文化课外,还讲述革命理论和中国共产党的路线政策。6—8月,多次接待广州中山大学生物系主任董爽秋教授,建议董爽秋继续在中山大学任教,介绍他的儿子董玉清去延安。7月22日,为纪念"七七"抗战一周年而撰写的《保卫湖南以及保卫武汉的基本问题》一文,同时刊载于《观察日报》和《中苏》半月刊第9—10期合刊。8月22日,新四军驻湘办事处在长沙成立,与八路军驻湘通讯处合址办公,王凌波兼任新四军驻湘办事处主任。(参见《徐特立年谱》编纂委员会编《徐特立年谱》,人民出版社2017年版)

吕振羽所作《湖南文化界抗敌后援会发刊词》1月刊于湖南《大公报》《农村工作》18日第1期。2月16日,湖南文化界抗敌后援会于四方塘青年会举行第二次会员大会,吕振羽、翦伯赞等5人当选大会主席团。所著《抗战的前途》(抗战小丛书)由生活书店长沙分店出版。3月,《欧局的变化与中国抗战》刊于《中苏》半月刊第1卷1期;《世界新危机与我们的抗战》刊于《联合旬刊》30日第1卷3期(《民族呼声》《火线下》合刊)。4月,《为真理而奋斗》刊于《今天十日刊》1日第1期。6月,经吕振羽建议于武岗塘田(今属邵阳县)开办塘田战时讲学院,为防备日寇进攻湖南,开辟游击根据地,培养区乡级地方干部和连排级游击战争干部。建议得到中共驻湘代表徐特立赞同并报中共中央。中共湖南省委决定,派吕振羽前往创办;邀请覃振为院长,湖南参议会议长赵恒惕为院董事会董事长。7月,偕王时真离长沙专程去武岗塘田寺筹借"塘田别墅"作校址。9月16日,塘田战时讲学院开学,吕振羽任副院长兼地下党代表,主持塘院全面工作(司法院副院长覃振应邀兼任院长,未到院,实即名誉院长),撰写了塘田战时讲学院缘起、组织简则、招生简章、《战时塘田》发刊词等,由该院铅印,均以院长覃振、副院长吕振羽名义发出。教员有张天翼、谭丕模、杨卓然、曹伯韩、游宇、陈润泉、王西彦、李仲融等。中共驻湘代表徐特立给中共中央及毛泽东、洛甫的《在湘十个月的工作报告》提到"我们的同志吕振羽在宝庆办了一个学校名战时讲学院",要求延安派几个干部来进行抗战教育。12月,鉴于塘田战时讲学院在附近的影响日益扩大,湖南省主席兼保安司令薛岳十分不满,下令当地军政部门"严予查办并迅速具报"。(参见《吕振羽全集》第10卷附录《吕振羽生平年谱》,人民出版社2014年版;宋俭、宋景明编《中国近代思想家文库·李达卷》及附录《李达年谱简编》,中国人民大学出版社2015年版)

翦伯赞2月16日出席于四方塘青年会举行的湖南文化界抗敌后援会第二次会员大会,与吕振羽等5人当选大会主席团。8月,《历史哲学教程》一书由长沙新知书店出版。作者论此书写作缘起时说:在抗日战争"这样伟大的历史变革时代,我们决没有闲情逸致埋头在经院式的历史理论之玩弄;恰恰相反,在我的主观上,这本书,正是为了配合这一伟大斗争的现实行动而写的",是为了从历史哲学的高度批判"隐藏在民族统一战线理论与行动阵营中的'悲观主义''失败主义'等等有害倾向"而写的。全书共六章,其中第六章"关于中国社会形势发展史问题",说明了"中国社会形势发展史问题之提出及其展开",包括"胡适、顾颉刚等的见解及其批判""陶希圣的见解及其批判""李季的见解及其批判""郭沫若的见解及其批判""吕振羽的见解及其批判""佐野袈裟美的见解及其批判""留下来的几个问题与我的见解"。《历史哲学教程》是马克思主义史学思想史上的又一部里程碑式的著作。此书以社会史论战以来思想理论战线上的斗争为背景,力图运用马克思主义观点对一些历史理论,尤其是那些"在中国历史研究领域中曾经或一直到现在还可以多少发生一些支配作用的几种理论体系之彻底地澄清"。此书的另一任务是阐发历史唯物主义,论述马克思主义的历史哲学,为中国马克思主义史学研究提供方法论指导。同月,兼任长沙的南迁北平民国大学教授,讲授"历史哲学"和"苏联研究"。11月上旬,"长沙大火"前夕,中苏文协分会迁至沅陵,《中苏》半月刊亦在沅陵出版。中共湘西文化工作委员会成立,委员共7人,为翦伯赞、吕振羽、张天翼、杨荣国、李仲融、田朝凡,谭丕模等。田朝凡亦名田介人、赵凡、赵范,谭丕模兼书记。

按:《历史哲学教程》出版后,翦伯赞又从事《历史科学方法论批判》一书的写作,计划写40万字,已成20余万字,可能因为中途离湘赴渝,此书惜未完成。1939年,桂林新知书店修正再版,并增加《群众、领袖与历史》一篇为"再版代序"。此版发行不久,即被国民党政府列为禁书。抗战胜利后,1947年,上海新知书店重印。1949年5月,长春新中国书局再次重印。在此前后,不少学校将该书作为讲解唯物史观和史学方法论的教材使用。(参见张传玺《翦伯赞传》附录张怡青《翦伯赞大事年表》,北京大学出版社1998年版)

杨东莼仍居湖南长沙。2月9日下午,郭沫若探望杨东莼,值此机会,以抗敌后援会名义请郭沫若作报告。此后不久,沈钧儒、邹韬奋路过长沙,杨东莼和薛暮桥先后两次去旅馆,准备同他们商量安排他们的活动日程,都因爱国青年排着长队要求接见,而沈、邹不忍青年失望,一再推辞。16日,湖南省"文抗会"改选理事,改选前国民党省党部特派员赖琏召集"文抗会"翦伯赞、吕振羽、李仲融、陈润泉四个常委谈话,拿出一张60人的理事名单,强迫"文抗会"通过,否则便要解散"文抗会"。17日早晨,翦伯赞要求在理事名单中增加刘岳厚、杨东莼二人,但赖特派员坚决不同意。上午11时,杨东莼致信沈钧儒,并托沈钧儒转钱俊瑞、张志让、邹韬奋、金仲华等救国会成员,信中介绍了湖南文化界抗敌后援会活动开展情况等。同日,"文抗会"第二次会员大会在青年会礼堂正式召开,到会800余人。大会选举杨东莼与康德、吕振羽、翦伯赞、李仲融为主席团成员。6月,杨东莼自长沙来到上海,向沈钧儒汇报湖南各界抗敌情况。7月,在《中苏》半月刊第9—10期合刊发表文章《抗战一年来的湖南》。9月20日下午6时,邹韬奋、范长江、沈钧儒等一行6人从南昌转到德安前线慰问抗战将士,中国青年记者学会湖南分会举行了一个小型的谈话会,杨东莼参加并简略地介绍了沈钧儒、范长江、邹韬奋、王炳南4位。24日,沈钧儒抵达德安、星子一线的某军军部,嗣后赴南昌了解当地的抗敌后援工作情况后,即赴长沙,往访长沙抗敌后援会工作的救国会友人杨东莼和薛暮桥。9月30日,湖南省民众抗战统一战线委员会成立,张治中、覃振、徐特立、任作民、翦伯赞、杨东莼等64人为委员。张治中、覃振、徐特立等19人为常委。(参见周洪宇等《杨东莼大传·杨东莼生平年表》,华中师范大学出版社2014年版)

谢冰莹组织湖南妇女战地服务团,赴前线参加战地工作,写下《抗战日记》。7月13日将再赴前线从军,黄炎培作三绝句赠之。其二云:"投笔班生已自豪,如君不栉亦戎刀。文章覆瓿谁论价,独让从军日记高。"(参见许汉三编《黄炎培年谱》,文史资料出版社1985年年版)

田海南为团长,陈明为副团长的长沙儿童剧团11月在湖南长沙成立。

蔡仪在湖南文化抗敌救援会工作。

周立波到湖南沅陵参与地下党领导工作,并参加编辑《抗战日报》。

李剑农回家乡,与门人创办松坡中学,并被推举为董事长。同时发起编印《蔡松坡先生遗集》,募资在湖南邵阳创办松坡图书馆,并为图书馆捐赠书籍。

钱基博到湖南安化县蓝田镇,任国立师范学院国文系主任。

蒋牧良在湖南任《力报》《昭报》副刊主编。

蒋梦麟、梅贻琦、张伯苓继续任长沙临时大学常委会常委。1月19日,国民政府最高当局批准长沙临时大学迁往昆明。20日,长沙临时大学文学院在南岳的课程结束。常委会第43次会议决定:因战火逼近长沙,临大迁往昆明。(一)学校迁往昆明,教职员路费津贴每人65元,学生每人20元。(二)教职员学生统限于1938年3月15日以前在昆明校址报到。(三)本校设立以下三处:①总务处,聘请周炳琳为总务长;②教务处,聘请潘光旦为教务长;③建设处,聘请黄钰生为建设长。(四)聘请胡适为文学院院长,吴有训为理学院院长,方显廷为法商学院院长,施嘉炀为工学院院长,在本校迁昆后履行职务。(五)成立本校迁移昆明时各地办事处与招待处:推定昆明办事处负责人为蒋梦麟、秦瓒、汪一彪、庄前鼎、杨石先、章廷谦、李洪谟、王裕光;河口招待处负责人为雷树滋,海防招待处负责人为徐锡良,香港招待处负责人为叶公超、陈福田、广州招待处负责人为郑华炽。同日南岳分校结束,文学院师生迁返长沙。27日,长沙临时第47次常委会决议:本校迁昆途中,凡步行学生沿途须作调查、采集等工作,以了解各地风土民情,使迁移之举,本身即寓教育意义。学生步行时采用行军组织,各生抵昆后所缴报告成绩优良者,予以奖励。女生及体弱多病,经医生证明不能步行者,得乘舟车。2月9日,长沙临时大学常委会第50次会议决定,因文学院师生已迁回长沙,南岳文学院院务委员会撤销。19日,长沙临时大学的师生召开出发誓师大会,启程迁校云南。同月,蒋梦麟在长沙临时联合大学第一学期结束后,稍后启程赴昆明。当时师生主要从三条路线迁入昆明。第一路:陈寅恪等大多数教师、家眷及部分女同学经广州、香港乘船到越南海防市,再转滇越铁路进入云南。第二路:人数最多的一路,由经济条件较好的男同学和少数女同学,先从长沙乘火车到广西桂林,再由桂林乘汽车途经柳州、南宁、镇南关进入越南,转乘火车入滇。第三路:最艰苦的一路,是由湖南出发,徒步行走到昆明的"湘黔滇旅行团",该团由267名家庭贫困的男同学和闻一多、黄子坚等11位中青年教师组成,配有4名军事教官及队医等,实行军事化管理。原东北军少将师长黄师岳是步行团的最高军事领导。在出发之前,每人发给军装一套,绑腿、草鞋各一双,油布伞一把,行李都是路上必需的生活用品,并且不得超过8公斤。在初春的连绵阴雨中,"旅行团"向西南进发。由于战时内地交通困难,女同学和体弱男同学由粤汉铁路到广州经香港、越南入滇,一部分同学沿湘桂公路到桂林经柳州、南宁、越南入滇;还有男同学200余人组织了湘黔滇旅行团,栉风沐雨,行程全程3200多里,其中徒步2600多里,历时68天,横穿湘黔滇三省,完成了世界教育史上罕见的一次"长征"。时年40多岁的原清华大学教授闻一多不顾体弱,毅然参加步行团;由临大抵昆明入学的学生有993人,其中清华学生481人,清华教职员共达200多人。

按:南京失陷后,同学们都认为书不能读了,必须直接参加抗战,大家都要去从军。于是,有很大一批同学投笔从军奔赴前线,有一些同学去延安抗大学习,还有一部分人参加了战地服务团,奔赴山西临汾参加八路军,余下的学生近1000人,由学校请准教育部决定迁往昆明。此事1月底决定,随着便有一部分教授先行赴滇。同学们分成两部分,一部分是女生,体格不好的和不愿步行的,经粤汉路至广州转香港、海防,由滇越路入滇;另一部分200余人,组成湘黔滇旅行团步行入滇。这次旅行时经68天,沿途饱览祖国风光,体察民间疾苦和风土人情,乐观向上的师生将这次"长征"当作课外学习锻炼。

蒋梦麟与张伯苓3月6日为长沙临时大学迁昆明校舍事,致函云南省教育厅厅长龚自知,恳请设法拨借昆华农业学校、昆华工业学校及昆华师范学校三处校舍之一部分,暂资应用。9日,张伯苓为筹建临时大学迁滇校舍事飞抵昆明,同机还有缪云台、熊庆来。蒋梦麟、云南省教育厅厅长龚自知等往机场欢迎。14日,蒋梦麟、张伯苓连续两天与郑天挺、周炳琳、秦瓒、施嘉炀、吴有训等在昆明四川旅社开会,研究学校安置问题。决定将西南联大文法学院设在蒙自,理工学院设在昆明,由北大、清华、南开各派一人去蒙自筹设分校。20日,蒋梦麟与张伯苓拜会云南省政府主席龙云,面商为西南联大借用校舍事。4月2日,蒋梦麟与梅贻琦、张伯苓接国民政府教育部电令,奉国防最高会议通过,改国立长沙临时大学为国立西南联合大学,蒋梦麟、梅贻琦、张伯苓任常委。国立西南联合大学自此定名,简称西南联大,或者联大。19日,西南联大常委会首次在昆明召开会议即58次会议。会议决定:(一)批准冯友兰辞去哲学心理教育学系教授会主席职务,在胡适未到校前,代理文学院院长一职,改请汤用彤为哲学心理教育系主席。(二)联大蒙自分校成立西南联合大学蒙自办事处,分校校务委员会由文学院代理院长、法学院院长、教务分处主任、总务分处主任及两院教授代表4人组成,推1人为主席。(三)组成建筑设计委员会计划校舍建筑事宜,冯友兰代胡适为该委员会委员。(四)本学期5月2日开学,8月中结束。25日,蒋梦麟、梅贻琦、张伯苓出席常委会第60次会议决定,蒙自分校校务委员会改由文学院代理院长、法学院院长及教授4人组成。28日,闻一多等师生组成的湘黔徒步旅行团抵达昆明东郊贤园休息,下午整队入城。旅途68日,行程1663.6公里。途中除休息、天气阻滞及舟车代步外,实际步行40日,每日平均32.5公里。梅贻琦和其他负责人前来欢迎。29日下午,清华大学在云南大学至公堂举行建校27周年校庆,到者千余人。纪念会由基督教云南青年会总干事、清华校友金龙章主持并致词,云南大学校长、原清华大学算学系系主任熊庆来代表云南同学致辞。清华大学校长梅贻琦报告年来学校之变迁,说北平清华园已成为日军兵马之场,科学馆、化学馆、生物馆均被占去。又说将来的工作,要促进研究事业,如航空工程研究、电讯研究、社会调查研究、农业研究、金属研究等。关于经费,梅贻琦说,北大、南开的经费只发平常的六成,而清华经费仍然按十成发给,每个学校拨出四成归西南联大使用,二成留为已用。最后,由赵元任领导一群男女同学和小女孩唱清华大学校歌。5月1日,蒙自分校校务委员会召开成立会,樊际昌当选该委员会主席。4日,联大文、法两学院开学。当时联大设理、工学院于昆明,设文、法学院于蒙自。同日,蒙自分校学生集会纪念"五四",请朱自清、张佛泉、罗常培、钱穆演讲。6日,联大文、法两学院上课。此时联大学生共993人。

　　蒋梦麟、梅贻琦5月7日为滇军第60军在鲁南、台儿庄战场屡败日军致函云南省政府主席龙云表示祝贺。8日,梅贻琦出席在蒙自的清华大学师生举行的清华校庆27周年纪念会,并发言,要求同学们保持清华精神,继续学业。10日,联大第64次常委会决定成立本校蒙自部分文、法商两院战区学生救济及寒苦学生贷金委员会,推定叶公超、朱自清、姚从吾、闻一多等为该会委员;本校英文名称定为"The National South West Associated University"。24日,遵部令实施一年级学生导师制,请陈福田任主任导师。同月,公布《西南联大教授会组织大纲》,其中规定:"教授会以全体教授、副教授组织之""教授会审议下列事项:(一)教学及研究事项改进之方案。(二)学生导育之方案。(三)学生毕业成绩及学位之授予。(四)建议于常务委员会或校务会议事项。(五)常务委员会或校务会议交议事项。"又公布西南联大本校及蒙自分校校务委员会名单。6月7日,《国立西南联合大学校刊》第一期出版。8日,"国立西南联合大学关防"到校。17日,梅贻琦召开清华大学第15次校务会议,文学院有潘光旦、冯友兰、陈福田等出席。会议议决:留北平的教授应请于下学年南来服务,如本年9月内不能来滇,应作聘约暂行解除;本学年借聘与其他大学或机关之各教授应以下学年返校服务为原则。18日,蒋梦麟与熊庆来、龚自知、陆崇仁、张邦翰、缪嘉铭、蒋梦麟、张伯苓、梅贻琦、李书华、何鲁组被教育部聘为国立云南大学筹备委员会。20日,召开云南大学筹备委员会成立会。7月1日,"国立西南联合大学关防"正式启用。12日,蒋梦麟与张伯苓、梅贻琦等全国各大学校长联名通电全世界,呼吁制止日机滥炸中国和平居民。16日,云南省教育厅厅长龚自知,西南联大常委蒋梦麟、梅贻琦、张伯苓,云南大学校长熊庆来组成云南省中等学校在职各科教员暑期讲习讨论会,龚自知任主任委员。27日,张伯苓函托南开大学秘书长黄钰生教授代为处理西南联大有关南开事宜,并称赞黄的办事能力。29日,联大第82次常委会决议:(一)奉教育部令:自下学期起,工学院增设航空工程学系。(二)聘请庄前鼎为航空工程学系主席,李辑祥为机械工程学系主席。(三)潘光旦请假,教务长职务由樊际昌暂代。(四)聘请严文郁为图书馆主任。在馆长袁同礼未到校之前,由严文郁代理馆长。(五)章廷谦请辞文书组主任兼职,请朱洪担任。同月,教育部决定在国立西南联合大学、国立中央大学、国立中山大学与国立浙江大学内各增设师范学院一所。

蒋梦麟、梅贻琦8月4日出席第83次常委会,决议:遵部令,联大自下学期起增设师范学院,并将文学院哲学心理教育系所属教育部分,划归该院,成立教育系;哲学心理教育系改称哲学心理学系。9日,聘请梁思成、林徽因为校舍建筑工程顾问。16日,遵教育部电令,聘黄钰生为师范学院院长。23日,蒙自分校课程结束,文法学院师生迁回昆明。9月27日,张伯苓到达昆明。28日,日机首次轰炸昆明,西南联大租用为教职员宿舍的昆华师范学校等处被炸。29日,联大常委会决定联大先迁晋宁、再迁大理。这一时期,"三校除以足够人力物力参加联大外,还各自保留自己的独立行政和人事系统。如清华就有研究院、特种研究所以及留美考试独立事业。"9、10月间,梅贻琦因教育部颁布了《大学共同必修科目表》而作《大学一解》。教育部曾按国民党的《抗战建国纲领》要求,在教育目标上提出"大学教育应为研究高深学术、培养能治学治事治人创业之通才与专才之教育"。而且为了适应现实需要,政府在战前曾推行所谓"提倡理工、限制文法"的方针。战时更进一步提倡所谓"实用科学",而贬低文法乃至理科。这一办学方针引起文、法、理科教师的普遍不满。当时联大教授对此亦颇多指责。认为大学教育应顾及百年大计,不应为一时偏倚的需要而变质。梅贻琦在《大学一解》中,认为教育部所提出的"通专并重"不易实行,主张大学"重心所寄应在通而不在专"。联大曾以校委会的名义上书蒋介石和陈立夫,对教育部只重专才不重通才、重实科不重文理科的方针表示异议。这一时期,联大还遵部令,加强了边疆问题的研究。在中文、历史、社会学等系增开了《汉藏系语言调查》《西南边疆社会》等课程。10月3日,蒋梦麟、梅贻琦、张伯苓出席西南联大常务委员会第八十八次会议。6日,联大常委会第89次会议决定聘冯友兰、朱自清、罗常培、罗庸、闻一多为校歌校训编制委员会委员,冯友兰为主席。13日,联大校务会议决定:(一)加强校务会议及教授会组织。(二)暂不迁校,但于晋宁建部分临时校舍。(三)11月15日始业。18日,联大常委会第91次会议议决:(1)因胡适未到校,改聘冯友兰为文学院院长。潘光旦辞教务长及注册组主任兼职。(2)请樊际昌任联大教务长。(3)请陈达等7人参加西南经济调查合作委员会。(4)公布文学院各系所聘教授名单。

　　按:此据西南联合大学北京校友会、校史编辑委员会《国立西南联合大学校史资料》(北京大学出版社、昆明云南人民出版社1986年版)所载,名单如下:

　　中国文学系教授:朱自清　罗常培　罗　庸　魏建功　杨振声　陈寅恪　刘文典　闻一多　王　力　浦江清　唐　兰　游国恩;副教授:许维遹　陈梦家　余冠英

外国语文系教授:叶公超　柳无忌　莫泮芹　陈福田　燕卜荪　黄国聪　潘家洵　吴　宓　陈　铨　吴达元　钱钟书　杨业治　傅恩龄　刘泽荣　朱光潜　吴可读　陈　嘉　冯承植　谢文通　李宝堂　林文铮　洪　谦　赵诏熊　闻家驷　陈定民　温　德　黄炳华　胡　毅;副教授:袁家骅　田德望　卞之琳

历史学系教授:刘崇鋐　雷海宗　姚从吾　毛　准　郑天挺　陈寅恪　傅斯年　钱　穆　王信忠　邵循正　皮名举　向　达　张荫麟　蔡维藩　噶邦福　吴　晗　陆伯慈;副教授:张德昌

哲学心理学系教授:冯友兰　汤用彤　金岳霖　沈有鼎　孙国华　周先庚　张荫麟　冯文潜　贺　麟　郑　昕　容肇祖　王维诚　陈　康　郭福堂　王宪钧　熊十力

社会学系教授:陈　达　潘光旦　李景汉　李树青　陈序经　吴泽霖　陶云逵(1939 年聘讲师,1943 年任教授);副教授:林良桐

蒋梦麟、梅贻琦、张伯苓 10 月 26 日出席联大第 92 次常委会,修正通过了联大校务会议组织大纲和教授会组织大纲。同日,蒋梦麟与梅贻琦、张伯苓具名呈文教育部说明联大迁至昆明后的困难状况,请求教育部特予拨款照顾。11 月 8 日,西南联大第 93 次常委会改组联大图书设计委员会,冯友兰、叶公超等 9 人为委员。24 日,1938—1939 年度第一学期开始注册、选课。校歌校训制作委员会将拟定的校训"刚健笃实"呈请常委会公决。25 日,梅贻琦召开清华聘任委员会战后第 1 次会议。会议审议了继聘教授案。26 日,联大常委会第 94 次会议议决:(A)修正校歌校训委员会建议,联大以"刚毅坚卓"为校训。(B)设立文、理、法、工四学院一年级学生课业生活指导委员会,请陈福田、罗常培等 7 人为委员,并请陈福田为召集人。(C)聘王宪钧为文学院哲学心理学系专任讲师。30 日,第 95 次常委会决议:本校以"刚毅坚卓"为校训。12 月 6 日,召开联大第 96 次常委会会议,决议:(一)袁同礼因北平图书馆迁滇事忙,请辞本校图书馆长职务。请严文郁负责处理本校图书馆事务。(二)本校与北平图书馆为图书合作,组织合作委员会,推定严文郁、陈岱孙、吴有训代表本校参加该委员会,请袁同礼为主席。(三)加聘查良钊、孟广喆为文、理、法商、工四学院一年级学生课业生活指导委员会委员。(四)请冯友兰、吴有训、施嘉炀、陈序经、黄钰生为校务会议司选委员,冯友兰为召集人。9 日,举行"一二·九"纪念大会,学生华道一为主席,请冯友兰、曾昭抡演讲。12 日,文、理、法商、师范四学院学生开始上课。师范学院定今日为院庆日。13 日,举行联大第 97 次常委会会议。会议聘冯友兰、钱端升、姚从吾、刘崇鋐为联大与北平图书馆合作之"征辑中日战争史料委员会"委员。21 日,联大第 98 次常委会会议决议:(一)本校常务委员会主席任期定为一年,由清华、北大、南开三校校长轮流担任。本学年由梅贻琦任主席,后因蒋梦麟、张伯苓均在重庆任职,只有梅贻琦长期留于昆明,故没有实施轮任制度,一直由梅贻琦任主席,主导校务。27 日,教授会推选出席 1938—1939 年度校务会议之教授、副教授代表。朱自清、陈岱孙、叶企孙、陈福田、钱端升、张奚若、刘崇鋐、叶公超、杨石先、庄前鼎、查良钊等 11 人当选为代表,潘光旦、汤用彤、罗常培、曾昭抡、李辑祥、邱椿等 6 人当选为候补代表。同日,第 99 次常委会决议加聘杨振声、刘仙洲为文、理、法商、工四学院一年级学生课业生活指导委员会委员。(参见马勇、黄令坦编《中国近代思想家文库·蒋梦麟卷》及附录《蒋梦麟年谱简编》,中国人民大学出版社 2015 年版;马勇《蒋梦麟传》,河南文艺出版社 1999 年版;黄延复、钟秀斌《一个时代的斯文:清华校长梅贻琦》,九州出版社 2011 年版;龚克主编《张伯苓全集》第十卷附编《张伯苓年谱》,南开大学出版社 2015 年版;西南联大北京校友会编《国立西南联合大学校史——1937 至 1946 年的北大、清华、南开》,北京大学出版社 1996 年版齐家莹编《清华人文学科年谱》,清华大学出版社 1999 年版;闻黎明、侯菊坤《闻一多年谱长编》(增订版),上海交通大学 2014 年版)

陈寅恪一家1月春节前抵香港。3月初,陈寅恪、沈乃正教授两家合住九龙福仔村道11号3楼。4月15日,陈寅恪离家,约同浦薛凤、沈乃正、彭光钦、赵以炳4教授搭嘉应轮赴云南,同轮尚有蔡方荫教授夫妇、张荫麟及学生178人。19日晨,始达海防。22日晨,乘车至夜抵老街。23日午后,抵碧色寨。陈寅恪与浦薛凤及一女生下车,乘小火车到蒙自,清华政治系曹保颐来接,至海关旧址,与王化成、孙国华、朱自清诸教授会晤。陈寅恪与浦薛凤、沈乃正住歌胪士洋行楼上1号。5月5日,蒙自开学。陈寅恪到蒙自后染恶性疟疾。6月间,陈岱孙教授在昆明托萧公权教授带陈寅恪一个月薪金至香港。陈寅恪在蒙自时,常应罗常培之请,审正郑天挺先生有关康藏地名之地望与对音之文稿。8月13日晨,联大考试毕,初期与邱椿、刘崇鋐搭快车赴昆明。

陈寅恪暑假后在昆明西南联大历史系讲授"晋南北朝史",首题讲支愍度渡江树"心无义"新义事。8、9月间,陈寅恪初晤岑仲勉。12月,陈寅恪《顺宗实录与续玄怪录》刊于《北大四十周年纪念刊》。是年,还作有《读通志柳元景沈攸之传书后》《陈垣明季滇黔佛教考序》。对于当时上课的陈寅恪,曾有过这样的描述:"总是携一布包的书,随手翻捡;但他引用材料时却从不真正查阅书籍,都是脱口而出,历历如数家珍。"(以上参见卞僧慧纂《陈寅恪先生年谱》,中华书局2010年版;何兆武《历史理性批判散论》自序,湖南教育出版社1994年版;齐家莹编《清华人文学科年谱》,清华大学出版社1999年版)

冯友兰1月23日晚与朱自清等讨论艺术价值问题。以《新理学》之一章示朱自清。25日,常委会第四十六次会议决定请冯友兰等组成之图书设计委员会及理工设备设计委员会、各学系主席联席会拟定下学期图书仪器设置。30日,农历除夕,与学生共进晚餐。同月,著成《新理学》。自序云:"数年来即拟写《新理学》一书,因杂事多未果。去年中日战起,随学校南来,居于南岳;所见胜迹,多与哲学史有关者。怀昔贤之高风,对当世之巨变,心中感发,不能自己。又以山居,除授课外无杂事,每日皆写数千字。积二月余力,遂成此书。数年积思,得有寄托,亦一快也。"2月初,与文学院师生一起从南岳迁回长沙。7日下午3时,在下麻园岭清华办公处出席第十二次校务会议。与会者还有陈岱孙、吴有训、潘光旦、庄前鼎、沈履。会议由梅贻琦主持。决定留北平不能南下教授自一月起仍照前致送维持费,又决定函请叶企孙就北平清华保管人员任职情形全权酌定,或令继续担任保管人员,或给资遣散。10日,得王力电报,知有汽车往桂林。14日,与陈岱孙自长沙往南岳。15日上午,访朱自清。

冯友兰、朱自清、汤用彤、钱穆、陈岱孙、郑昕、罗皑岚等10余人16日晨乘汽车离南岳经广西赴昆明。晚宿全州。17日上午11时抵桂林。3月2日7时动身赴河内。经朱自清与中国领事馆联系,住进河内圣保罗医院。朱自清、陈岱孙留下陪冯友兰,其他人离河内往昆明。9日,得中国驻河内总领事电话,知梅贻琦来电报。12日,朱自清、陈岱孙离河内赴昆明。约20日梅贻琦及其秘书沈刚如途经河内,来看看望冯友兰。4月上旬,冯友兰、朱自清等人由河内乘火车抵达昆明。19日,常委会第五十八次会议决定:(一)批准冯友兰辞去哲学心理教育学系教授会主席职务;在胡适未到校前,文学院院长一职由冯友兰代理。25日,常委会第六十次会议决定,蒙自分校校务委员会改由文学院代理院长、法学院院长及教授代表4人组成。下旬,冯友兰与文、法两院师生一同离昆明,先乘滇越火车至碧色寨,再换乘小火车至蒙自。5月,公布西南联大本校及蒙自分校校务委员会名单,冯友兰、朱自清为分校校务委员。同月2日,冯友兰出席分校教授会,选举出席分校校务委员会教授代表。

7日下午,出席欢迎梅贻琦、沈履来蒙自之茶会。8日上午9时30分,出席清华校庆27周年纪念会。晚7时30分出席校庆茶会。9日,梅贻琦举行晚餐会招待蒙自当局,冯友兰等出席作陪。13日,由朱自清陪同往桂林街看王维玉家住房,甚喜。拟租用。晚,出席分校校委会会议。23日,与朱自清等谈论19日徐州沦陷事,认为事态并不严重,并引用陈诚之言,说:"我们失去了空间,赢得了时间,我们的方针是'且退且战'""此乃我们希望之所在。"28日下午,出席分校校委会会议。同月,冯友兰开始授课,并修改《新理学》。

冯友兰6月3日得朱自清自越南海防拍来电报,知任夫人等一行已至海防。5日下午6时,任夫人等抵蒙自。安家桂林街王维玉住宅内,先生一家住楼下,陈梦家、赵萝蕤夫妇住楼上。10日,联大二十七年度招考委员会成立,冯友兰以文学院代院长身份为委员之一。12日上午10时,蒋梦麟为文学院师生举行茶会,冯友兰出席。17日上午11时,冯友兰与陈岱孙、潘光旦、吴有训、张子高、陈福田、施嘉炀、沈履等出席清华大学第十五次校务会议,会议议决滞留北平教授应请于下学年南来服务,如本年9月内上不能来滇,应作聘约暂行解除。学校发给留北平教授维持费以发至本年7月份为止。又议决本学年借聘与其他大学或机关之各教授应以下学年返校服务为原则。19日下午6时,出席清华大学第十六次校务会议。7月7日晨6时,出席在海关旷地举行的抗战纪念集会并讲演,主要内容为抗战之形势。另提到学术界效率则有减退,须为此做更大的努力。18日下午,出席分校校委会会议。22日下午,出席院长系主任联席会,并在会上指出有人批评联大大一国文课无新教学方法。23日上午,冯友兰与朱自清谈大一国文问题。

按:冯友兰指出三点:(一)讲解《庄子·天下篇》一类课文,因生字多,必须设法引起学生兴趣。(二)教授桐城派章太炎等《文选》派文章,须使学生从总体上加以体会。今废此二法,学生不觉新意,乃最大失败。(三)必须充分认识朗诵之必要。朱以为"诸说皆有见地"。

冯友兰7月25致函梅贻琦,说明已商妥请钱锺书任清华大学外国语文系教授,又请梅贻琦致函任鸿隽,为陆侃如说项。29日,常委会八十二次会议决定,改哲学心理教育学系为哲学心理学系。8月初,冯友兰修改《新理学》毕,由北京大学国文系学生马芳若缮写后交蒙自一石印馆石印,并分赠师友。次年5月由商务印书馆在长沙正式出版。此书把现代西方新实在论与程朱理学揉合起来,着重讲共相和殊相的关系,一般和特殊的关系,讨论它们之间的区别及联系。第一次提出了一个完整的形而上学体系,这个体系是冯友兰哲学思想的基础,同时,冯友兰在《新理学》中,对中国哲学传统特别是宋明理学的主要哲学与道德问题,都提出了新的解决方法。作者在《三松堂全集》自序中谓"《新理学》这部书是我在当时的哲学体系的一个总纲"。

按:朱光潜在《冯友兰先生的〈新理学〉》(《文史杂志》第1卷第2期)一文中说:"近一二十年来,关于中国哲学方面,我还没有读到一部书比冯友兰先生的《新理学》更好。它的好并不仅在作者企图创立一种新哲学系统,而在他有忠实底努力和缜密底思考。"孙曾雄《〈新理学〉书评》(《星期评论》第38期)认为,《新理学》的哲学系统是"程朱理学在新理学烛照下之重光,就其为程朱理学之重光一方面看,冯先生是替我们写了一部空前的好书;但就其为发表一个哲学系统一方面看,则似乎冯先生是太爱惜了他的系统,以致未能完全忠于他的方法"。该文又从理之有无、理与气之关系、真际之看法、真际与实际之关系四方面提出质疑。胡绳《反理性主义的逆流》(《读书日报》第2卷第10期)说:"此书之哲学系统在真际与实际是否有范围大小之分别、真际与实际如何发生关系、我们如何知真际与实际三方面有破绽,其艺术论也存在一定问题。"《新理学》一书于1940年获得由教育部学术审议委员会审定的哲学类著作一等奖。

冯友兰8月5日下午出席评议会。30日,联大常委会八十六次会议决定成立校舍委员会,聘冯友兰及黄钰生、樊际昌、沈履、吴有训、陈序经、施嘉炀、毕正宣为委员。31日下午3时,出席清华第十八次校务会议,审议第三届留美公费生请求延长期限案。联大常委会第八十二次会议聘冯友兰为校舍委员会委员。同月,为云南省教育厅举办之中学在职各科教员暑期讲习讨论会讲演,题为《道德问题》。9月15日,冯友兰《别共殊(新事论之一)》刊于龚自知所办云南日报社半月刊《新动向》第1卷第7期。28日,日本9架战机首次来袭昆明。29日,出席联大校务会议。会议决定联大先迁晋宁,再迁大理。30日,出小东门避空袭,警报两次而日本战机未来。所作《明层次(新事论之二)》刊于《新动向》第1卷8期。10月4日,冯友兰在联大新校舍出席开学典礼。6日,冯友兰、朱自清、罗常培、罗庸、闻一多被西南联大聘为校歌校训编制委员会委员,冯友兰为主席。13日下午,出席清华第十九次校务会议。又出席联大校务会议。会议决定:(一)加强校务会议及教授会组织。(二)暂不迁校,但于晋宁建部分临时校舍。(三)11月15日始业。15日,冯友兰所作《辨城乡(新事论之三)》刊于《新动向》第1卷第9期。17日,致函滞留蒙自之文学院教授汤用彤、沈有鼎、吴宓、钱穆,敦促汤、沈等速赴昆明。18日下午3时,在昆明崇仁街联大办公室列席第九十一次常委会,会议决定,因胡适未到校,改聘冯友兰为文学院院长。20日下午,冯友兰出席院长、系主任联席会。25日,出席院长、系主任会议,商议转学学生问题。30日下午,主持校歌校训委员会议第一次会议,“接受了罗的词,但未通过曲”。晚,吴宓、钱锺书来访。11月8日下午3时,在昆明才盛巷联大办公处会议室列席第九十三次常委会。会议决定改组图书设计委员会、建筑设计委员会,冯友兰仍为此二委员会委员。出席、列席者尚有梅贻琦、蒋梦麟、施嘉炀、王明之、吴有训、黄钰生、陈序经、沈履、樊际昌。15日,所作《说家国(新事论之四)》刊于《新动向》第1卷第10期。16日下午3时,列席第九十四次常委会会议。20日左右,出席院长会议,编具二十七年度各学系设备分配方案。24日下午,在冯友兰家开校歌委员会,代表校歌校训委员会呈文联大常委会,谓拟定校训“刚健笃实”四字,校歌词谱如另纸,是否可用,谨请公决。

　　冯友兰11月25日下午在昆明东寺街花椒巷6号梅贻琦住宅出席清华聘任委员会抗战后第一次会议。会议审议续聘教授案,又决定升浦江清、杨业治、孟昭英为教授,新聘钱锺书、华罗庚、王竹溪、俞大绂、陆近仁、方毅为教授。26日上午10时,列席第九十五次常委会会议。会议决定修正校歌校训委员会建议,联大以“刚毅坚卓”为校训。30日下午4时,在昆明东寺街花椒巷6号梅贻琦住宅出席二十七年度第一次清华教授会,审查毕业生总名单,准许204人毕业。12月1日,所作《原忠孝(新事论之五)》刊于《新动向》第1卷第11期。6日下午3时,列席第九十六次常委会。会议聘冯友兰及吴有训、施嘉炀、陈序经、黄钰生为联大校务会议司选委员会委员,以冯友兰为该委员会召集人。9日午后2时联大举行“一二·九”学生运动纪念大会,冯友兰及曾昭抢演讲。10日,主持文学院系主任会议。会议决定招收28名新生,11名特等生,并增加进修生。13日下午3时,列席第九十七次常委会。会议聘冯友兰及钱端升、姚从吾等为联大与北平图书馆合作之“征辑中日战争史料委员会”委员。17日下午,在云南大礼堂参加北大40周年校庆纪念会。与会者还有蒋梦麟、梅贻琦、杨振声、陶希圣及学生300余人。19日,访朱自清,读其所写《松江客谈》,以为不宜发表。21日下午3时,列席第九十八次常委会会议。会议通过师范学院学生宿舍暂行规则。23日下午,出席教务会议。27日,出席联大教授会。会议推举校务会议教授、副教授代表。31日,《谈儿女(新事论之六)》刊于《新动向》第1卷第12期。同月,撰成《论信念》。

是年,《中国哲学史补》由商务印书馆在长沙再版。(以上参见蔡仲德编撰《冯友兰先生年谱长编》,中华书局 2014 年版;姜建、吴为公编《朱自清年谱》,安徽教育出版社 1996 年版;齐家莹编《清华人文学科年谱》,清华大学出版社 1999 年版)

钱穆年初从长沙赴昆明。西南联大文学院定在云南蒙自开课,钱穆等结队前往,主讲"中国通史"。诸教授到联大后,携眷者暂住旅馆中,单身者则住学校,两人一室。因与在北大兼课的清华大学历史系主任刘崇鋐素稔,故两人同住一寝室。先是自北平只身南下,近 5 万册藏书全部弃置于北平,加以辗转流亡生活不安定,故是年似未有著述出版。在联大与同事陈梦家常相过从,在两夕谈话中,陈梦家力劝钱穆为中国通史写一教科书,以应全国大学青年与时代急迫需要。钱穆在《师友杂忆》(兰台出版社本)中云:"余之有意撰写《国史大纲》,实自梦家此两夕话促成。而在余之《国史大纲引论》中,乃竟未提及。及今闻梦家已作古人,握笔追思,岂胜怅惘。"暑假,文学院迁返昆明,友人代觅得距昆明不远之山水胜地宜良西山岩泉下寺中的县长别墅可以暂借,以从北平携出的通史随笔数厚册,作为日后撰写《国史史纲》所凭的唯一祖本。计划一年时间,潜心撰写此书。(参见韩复智编著《钱穆先生学术年谱》,中央编译出版社 2012 年版)

贺麟 2 月随临时大学继续南迁,4 月到达昆明,随文学院迁至云南蒙自(半年后,文学院迁至昆明),执教于西南联合大学哲学心理系,与汤用彤(系主任)、冯友兰、金岳霖、沈有鼎、郑昕、陈康等哲学家共事。与汤用彤、吴宓、浦江清合住一室。5 月,在《云南日报》发表《抗战建国与学术建国》,文中先是阐释"抗战救国",说"中国多年来内政外交的病根,就在缺乏一个可以集中力量,统一人心,指定趋向,可以实施有效,使全国国民皆可热烈参加工作的国策。而中国国民党临时全国代表大会,却正式公布了这样伟大的中心国策。这国策就是'抗战建国'。抗战建国就是中华民国当今集中力量,统一人心,指定趋向的中心国策或国是。这国策不是空言,不是理想。它是已经在实施着,而且已经实施得有效可验。在这伟大的国策指导之下,全国国民已经热烈奋发地参与着,或正在准备参与着。这个国策从远看可以说是积民国成立以来二三十年的经验与教训,从近看可以说是积卢沟桥事变以来几个月艰苦支持,死中求活、败中求胜的经验与教训而逐渐形成的至当无疑的国策。"然后论述"学术救国",说"学术是建国的铁筋水泥,任何开明的政治必是基于学术的政治。一个民族的复兴,即是那一民族学术文化的复兴。一个国家的建国,本质上必是一个创进的学术文化的建国。抗战不忘学术,庶不仅是五分钟热血的抗战,而是理智支持情感,学术锻炼意志的长期抗战。学术不忘抗战,庶不致是死气沉沉的学术,而是担负民族使命,建立自由国家,洋溢着精神力量的学术。'要以战斗的精神求学,要以求学的兴会作战'(蒋先生语)。我们民族生活的各方面,国家建设的各部门,都要厉行学术化(此处所谓学术,即德文的威生夏福 Wissenschaft,本义为知识的创造,亦即理智的活动、精神的努力、文化的陶养之意。通常将此字译为'科学',但此字一方面实较一般所谓科学含义稍广,一方面又较一般所谓科学含义更深)。说具体一点,要力求逻辑的条理化,数学的严密化,实验科学工程学的操作化。任何一件事业,即使开一小工艺,作一小营生,办一小学校,也要力求有逻辑思考的活动,数学方法的计算,工程实验的建设,以促成之,发挥之,提高之。使全国各界男女生活,一方面都带有几分书生气味,亦即崇尚真理尊重学术的爱智气味;另一方面又都具有斗士精神,为民族的独立自由而斗争的精神。这可以说是抗战建国,也可以说是学术建国。"

贺麟 6 月在《新动向》第 1 卷第 1 期发表《新道德的动向》。文中总括"道德变动的方向,大约是由孤立狭隘,而趋于广博深厚;由枯燥迂拘,违反人性,而趋于发展人性,活泼有生趣。由因袭传统,束缚个性,而趋于自由解放,发展个性;由洁身自好的消极的独善,而趋于积极的社会化平民化的共善。"最后强调"我们所谓新道德与新文化运动时期所提倡的新道德是大不相同的。那时所谓新道德是反孔的,而本篇所指出的新道德的动向,不惟不反孔,而乃是重新提出并且从本质上发挥孔孟的道德理想。而且一般所谓新道德,只是时间意义的新,以今为新,古为旧,或地域意义的新,以西洋道德为新,中国道德为旧。因此新道德未必即是真道德,或比较更符合真道德标准的道德。而我所谓新道德的新,乃是含有逻辑意义的新。后一较高阶段的道德较前一较低阶段的道德为新。因此新道德即是真道德,或比较更符合真道德标准的道德"。8月,在《云南日报》发表《法治与德治》。

贺麟与张荫麟通信辩论宋儒太极说之转变,后以《与友人辩宋儒太极说之转变》为题,刊于10月《新动向》第1卷第4期。文中在阅张荫麟寄来《宋儒太极说之转变》之后提出自己的意见:"我想周朱之太极说容或有不同处,但必不是甲与非甲的不同,而乃有似源与流,根本与枝干的不同。治宋儒从周子到朱子一段思想,一如治西洋哲学史研究从苏格拉底到亚里士多德、从康德到黑格尔的思想,贵能看出一脉相承的发展过程。不然,便是整个的失败。徒就平面或字面去指出他们的对立,实无济于事。朱子之太极说实出于周子,而周子之说亦实有足以启发朱子处。周子措辞较合理、较简单,朱子发挥得较透澈、较明确。若谓周子的太极纯是物理的气而绝非理,朱子的太极则纯是形上之理,朱子强以己意傅会在周说上,反使周说晦而难解,是则不唯厚诬朱子,且亦恐不能说明从周到朱之线索矣。"10月,贺麟到国民党中央政治学校任教。一年后仍回西南联合大学。是年,代表贺麟知行观的重要文章《知行合一新论》,作为"北京大学四十周年纪念文集"之一,出版单行本。年内发表的文章还有《物质与思想》《物质建设与培养工商业人才》。(以上参见高全喜编《中国近代思想家文库·贺麟卷》及附录《贺麟年谱简编》,中国人民大学出版社2014年版;郑大华《论"抗战建国"话语下"学术建国"的讨论》,《浙江学刊》2020年第3期)

汤用彤元旦作《汉魏两晋南北朝佛教史》跋文,谓"十余年来,教学南北,尝以中国佛教史授学者。讲义积年,汇成卷帙。自知于佛法默应体会,有志未逮,语文史地,所知甚少。故陈述肤浅,详略失序,百无一当。惟今值国变,戎马生郊,乃以其一部勉付梓人。非谓考证之学可济时艰,然敝帚自珍,愿以多年研究所得作一结束"。4月19日下午3时,西南联大常委会于昆明办公处召开第56次会议,决议公布通知准予冯友兰来信请辞哲学心理教育系主席,请汤用彤担任该职。6月,所著《汉魏两晋南北朝佛教史》由商务印书馆在长沙印行。此书乃作者积十余年之力而精心结撰的一部力作。全书共20章,第一至五章内容为"汉代之佛教",第六至二十章内容为"魏晋南北朝佛教",主要论述了佛教传入中国早期(汉魏两晋南北朝)的发展历史,注重探讨佛教文化与中国文化的交汇与冲击。该书规模恢宏,结构谨严,材料丰富,考证精密,是中国佛教史研究领域的开创性著作。有研究者认为迄今为止,在史料方面,尚未有同类著作能够超越和取代此书。此书国内外学术界公认的权威性,多次再版重印,赢得学术界的广泛赞誉,在海内外都产生了重大影响。

按:胡适在校阅该书稿本第一册时称:"锡予训练极精,工具也好,方法又细密,故此书为最有权威之作。"贺麟评论云:"汤用彤得到西洋人治哲学史的方法,再参以乾嘉诸老的考证方法。所以他采取蔡勒尔治希腊哲学史一书的方法,所著《汉魏两晋南北朝佛教史》一书,材料丰富,方法严谨,考证方面的新发现,义理方面的新解释,均胜过别人。"此书后获国民政府教育部学术研究评奖哲学类一等奖。季羡林《〈国故新知中国传统文化的再诠释——汤用彤先生诞辰百周年纪念论文集〉序》称赞汤用彤是近代少数几位"既能镕铸今古,又能会通中西的"国学大师。

汤用彤8月底在蒙自联大文、法学院迁至昆明之际,与钱穆、姚丛吾、容肇祖、沈有鼎、贺麟、吴宓仍留蒙自读书。10月29日,汤用彤被推举为赴昆明旅行团团长。是年至次年,汤用彤在西南联大哲学系开设"佛典选读"一课,石峻负责解答课外同学们的提问。石峻请汤用彤开列一个必读书目,先生为之开列了《"佛典选读"叙目》。(参见汤一介、赵建永编《中国近代思想家文库·汤用彤卷》及附录《汤用彤年谱简编》,中国人民大学出版社2015年版;王学典《20世纪史学编年(1900—1949)》,商务印书馆2014年版)

金岳霖1月决定随长沙临时大学南迁昆明。2月,乘火车到广州,再经香港、越南赴昆。利用南迁机会在广州或香港为学校购置图书。4月,任西南联合大学文学院哲学心理学系教授,兼清华大学哲学系主任。同30日,冯友兰致函梅贻琦,说明因金岳霖在蒙自补授上学期功课,昆明一年级逻辑课拟请任华担任,并请示应如何给予津贴。是年,开始《知识论》一书的撰写。(参见王中江编《中国近代思想家文库·金岳霖卷》及附录《金岳霖年谱简编》,中国人民大学出版社2014年版;蔡仲德编撰《冯友兰先生年谱长编》,中华书局2014年版)

钱端升1月23日出席国际反侵略运动大会中国分会在汉口举行的成立大会,会上被推定为赴英参与2月11日大会代表团成员。2月11日,王世杰与朱家骅商议欧洲宣传机关之组织。同日,王世杰日记记载:"予意最好在英法德各设一永久性质之机关,以统一宣传工作,并提议请钱端升主其事。"3月,美国政治社会学会邀请中国国际联盟同志会派代表出席该会的年会,与胡适被推为代表,届时前往出席。本届年会定于4月1日在美国费城举行,议题为"国际不安之种种因素"。至本月中旬,与胡适、张忠绂在美从事的国民外交活动已暂告一段落,与胡适转赴英国,继续从事宣传工作。6月,当选第一届国民参政会参政员。系依据《国民参政会组织条例》第三条(丁)项("由曾在各重要文化团体或经济团体服务三年以上,著有信望或努力国事,信望久著之人员中,遴选一百名")标准被遴选者。7月22日,钱端升从法国搭"阿拉密斯号"船(Aramis)回国。回国途中,在香港应北京大学校长蒋梦麟邀请,决定到北大任教,当时北大已与清华、南开合并组成西南联合大学。同月,受中国国际联盟同志会委派,与谢寿康、杨荫溥等前往丹麦首都,出席国际联盟同志会世界总会第22届年会,并提出五项议案。

钱端升8月回国后即任教于西南联合大学法商学院政治系,同时接替周炳琳出任北京大学法学院院长至1941年,并兼任政治系主任。9月15日,在陈布雷陪同下面见蒋介石,第二天将此事函告胡适。10月,在《新民族》第2卷第13期上发表《论外交根本政策》,称他所主张的外交根本政策就是拥护和运用国联的政策。10—11月,出席第一届国民参政会第二次大会,任第二审查委员会(国际外交组)审查委员兼召集人(另两位召集人为周览、于斌),并与其他人提出《管理贸易及外汇方法改进案》。会议根据其提议,决定设立特种委员会审查管理外汇与对外贸易。11月,在《新经济》半月刊第1卷第1期上发表《建设期内的行政改善》。认为"战事初结束后的起初几年内,政治上最严重的问题,决不是宪法议会等一类富有政治性质的大问题,而是怎样训练并录用新的行政人员,怎样改善行政组织,及行政方法等一类不具多少政治性质的行政问题"。12月27日,在西南联大教授会上被推选为出席1938—1939年度校务会议之教授代表。同月,被西南联合大学委任为"征辑中日战争史料委员会"委员;在云南起义纪念会上发表演讲,演讲词刊于12月26日《朝报》。(参见孙宏云编《中国近代思想家文库·钱端升卷》及附录《钱端升年谱简编》,中国人民大学出版社2014年版)

潘光旦1月随临大迁往昆明。1月20日,长沙临时大学文学院在南岳的课程结束。常委会第42次会议决定,聘请潘光旦为教务长。4月起,兼清华大学图书部主任。5月,潘光旦任国立西南联合大学教务长。6月17日,召开清华大学第15次校务会议,文学院有潘光旦、冯友兰、陈福田等出席。10月18日,联大常委会第91次会议,潘光旦辞教务长及注册组主任兼职。12月27日,召开联大教授会。推选本年度联大校务会议教授、副教授代表。计选朱自清、陈福田、钱端升、刘崇鋐、叶公超等11人为代表,潘光旦、汤用彤、罗常培等为候补代表。(参见吕文浩编《中国近代思想家文库·潘光旦卷》及附录《潘光旦年谱简编》,中国人民大学出版社2015年版;蔡仲德编撰《冯友兰先生年谱长编》,中华书局2014年版;齐家莹编《清华人文学科年谱》,清华大学出版社1999年版)

蒋廷黻从莫斯科驻苏大使任上回国。2月中旬,抵达西迁昆明的西南联大。其妻26日抵达。7月,蒋廷黻《中国近代史》由艺文研究会出版、商务印书馆发行。此书始自鸦片战争,迄于"七七"抗战,共分"剿夷与抚夷""洪秀全与曾国藩""列强及其失败""瓜分及民族复兴"四章。此书特点是:(一)将中国近代史置于世界历史发展的潮流中去认识,(二)以近代中外关系史为重点,(三)提出了中国近代的迫切问题即如何实现近代化的问题。该书将1840年鸦片战争作为中国近代史的起点。作者认为,一部近代史"根本只有一个问题,那就是中国人能近代化吗? 能赶上西洋人吗? 能利用科学和机械吗",围绕这个根本问题,近代中国形成了学习和不学习西方两派势力的斗争。作者深受马士的影响。虽然他屡屡批评马士《中华帝国对外关系史》一书,并且渴望能超过马士的"蓝皮书历史""建构一个中国立场上的历史体系",但实际上在关于中国近代史的体系架构、叙事方式和解释思路上,蒋廷黻完全承袭了马士的观点,由此建构为中国近代史研究体系,对当时和以后的研究产生重要影响。

按:此书出版后,在学界颇有争议,如为鸦片战争中琦善辩护、指责林则徐等,受到萧一山、陶元珍等的批评。马克思主义史学家,如范文澜、翦伯赞等,认为蒋廷黻站在买办阶级的立场上,公开为帝国主义侵略中国的罪行辩护,《中国近代史》是买办洋奴史学的代表性著作,因此对其进行了批判和驳斥。但郭廷以、李济等给予了高度评价。1939年,郭廷以说:"蒋廷黻先生于近代中国史之科学研究,实与罗先生(罗家伦)同开其风气,直接间接,编者亦受其相当影响。"1964年,郭廷以又评价说:"近代中国史的研究,蒋先生是个开山的人。近四十年来,蒋先生在这方面最大的贡献,是开创新的风气,把中国近代史研究带入一个新的境界,特别是给我们新的方法与新的观念。"1965年,李济也称赞说:"他为中国近代史在这一时期建立了一个科学的基础。这个基础不只是建筑在若干原始材料上,更要紧的是他发展的几个基本观念。有了这些观念的运用,他才能把这一大堆原始资料点活了。"(参见王学典《20世纪史学编年(1900—1949)》,商务印书馆2014年版)

陈达《南洋华侨与闽粤社会》5月由商务印书馆出版。此书是作者自1934年9月至1935年4月在粤东与闽南亲选调查员、指导实地调查基础上完成的,全书分为2编9章,文章内有21项表格,附录部分有12项表格。作者在引言中说:"本书的主要内容,是南洋华侨对于家乡所发生的影响。"提出:"所谓生活的方式是人群对于环境的适应与顺应,那是三方面的:即地理的,社会的,心理的。""书内各章所述写的是生活方式。"8月,联大清华国情普查研究所成立,陈达任所长,李景汉任调查主任,戴世光任统计主任,教员有倪因心、周崇德、戴震东、张荦群;助教有李作猷、沈如瑜、史国衡、苏汝江、唐盛琳、罗振庵、陈旭人、何其拔、萧学渊、李舜英、黎宗献、廖宝陶、郑尧。所址设在昆明青云街169号,后迁至呈贡县县城。该所成立后随即选定云南呈贡县为实验区,筹备对该县进行人口普查。此次普查为人口普查方法的试验,包括材料搜集至整理的各主要步骤,其中整理方法两种(国内所通行的划配法及印度法)。9月,清华大学为扩充研究事业,就其5个研究所情况呈报教育部,对清华特种研究事业做了简要说明。其中,"国情普查研究所"说明如下:"国情普查,平时与战时同属切要之举,但其问题至为复杂,该所拟先在滇省择一区域,作实际之研究,以期对于普查之表格、统计之方法,及各普查人才之训练各问题,于相当期间,有所贡献。"(参见田彩凤《陈达先生年谱》,《清华大学学报》1995年第2期;齐家莹编《清华人文学科年谱》,清华大学出版社1999年版)

杨振声1月7日上午10时列席第四十一次常委会议。以后多次列席。1月10日,杨振声与朱自清通电话,说教育部长已同意学校的迁移计划,但非最后决定。并告以张道藩与顾一樵被任命为教育次长。吴俊升为高教处长。27日上午10时,列席第四十七次常委会议。主要讨论有关学生西迁事宜。杨振声与几位常务委员提出,旅行团要"借以多习民情,考查风土,采集标本,锻炼体魄,务使迁移之举本身即是教育。"2月20日,临时大学开始西迁,分三路入滇。杨振声因处理临大校务,遂让沈从文、萧乾等先行。沈、萧等"五福堂"成员先到沅陵沈从文大哥沈岳霖(云麓)家暂住。3月初,萧乾和王树藏同乘汽车从沅陵先去昆明,为编教科书的办事处租房子。27日,中华全国文艺界抗敌协会在武汉成立,杨振声与朱自清等当选为理事。月底,杨振声等最后一批撤离长沙。同月,西南联合大学常务委员会由杨振声与北大、清华、南开三校校长改组而成,杨振声兼任秘书主任。4月19日下午3时,与梅贻琦、张伯苓(杨石先代)、蒋梦麟几位常委,在西南联大办公处召开抵达昆明后首次常务委员会(常委会第五十八次会议)。会上,首先由梅贻琦作报告,随后各常委讨论通过18项决议。由于总务长周炳琳因事离校,职位空缺,常委会决定由杨振声兼代。28日,学生旅行团徒步3000余里、历经68天抵达昆明。杨振声等前往迎接。梅贻琦致欢迎词。欢迎会毕,天降小雨,全旅行团师生合影留念,杨振声、梅贻琦、蒋梦麟等又同旅行团辅导团全体人员合影。

按:杨振声《北大在长沙》(原刊于《国立北京大学五十周年纪念一览》,1948年北京大学出版部印行)一文,对于从长沙临时大学的设立至赴滇学生旅行团抵达昆明一段记述甚详:

战争当是文化的转折点,他毁灭了旧的,同时也就给了你一种创新的机会。这只看你能不能利用那机会;机会稍纵即逝,而创新又当是一件艰辛的工作。

在七七事变以后,北大、清华、南开三大学,离开了晴空丽日的北方与平津的优越环境,赤手空拳的跑到卑湿的长沙去办临时大学。这是一个剧变,一个试验,试验他们能不能适应新环境与创造新纪录。

合北大、清华、南开三校在长沙设立临时大学,七七事变后,此议即酝酿于南京,二十六年八月间在南京成立临时大学筹备委员会。除三校校长为当然委员外,每校各加一人,北大为胡适,清华为顾毓琇,南开为何廉。此外有傅斯年、皮宗石(当时湖南大学校长)及朱经农(当时湖南教育厅长)为委员。又以教育部部长王世杰为主任委员,教育部次长周炳琳为主任秘书。我是事变后八月二十六日到的南京。因为周炳琳先生当时不得脱身去长沙,我与清华北大都有渊源,南开也多朋友,才把我代替了他。于是我以筹备委员的资格于九月初与梅月涵先生到了长沙。我们也是最初负筹备责任的人。

二十六年九月十三日筹备委员会在长沙举行第一次会议,许多委员仍未能到会。九月二十左右蒋梦麟先生与三校同人陆续到达。筹备的工作渐渐展开。九月二十八日开始启用国立长沙临时大学关防。校务也由三校校长及主任秘书所组织之常务委员会负责。

当时最巧的是长沙圣经书院停办,我们就租借了那整个的学校、教室、宿舍、家具俱全,还有一个大礼堂的地下室,就是我们临时的防空洞。我们都各得其所的恢复了学生生活,住在每人一间小房的学生宿舍里,天冷后大家还围着长沙特有的小火缸煮茶谈天。到时围住大饭桌吃包饭,大家都欣赏长沙的肥青菜、嫩豆角、四角一个的大角鱼，一毛多一斤的肥猪肉。大家自动的要求吃苦，要求缩减。于是在一次常委会中，决议薪水打七折支给。又公推蒋梦麟先生兼总务长、梅贻琦先生兼教务长、张伯苓先生兼建设长。后来蒋先生成天算账，累出病来，才让别人帮他的忙。

至于课程方面亦多整理。三校院系颇多，加以归并者：如历史社会学合为一系，哲学心理学合为一系，地理气象亦合为一系。共设四院（文、理、工、法商）十七系。

最困难的是图书仪器设备。图书方面适逢中央研究院史语所的书籍迁长沙，我们便把地下室借让给他们藏书，同时与之订立图书馆借用办法。北平图书馆也迁来长沙，我们便把办公室让出一个作他们的办公室，也与之订立图书馆合作办法。又于十月十八日决议在临近的孤儿院与涵德女中的空地上建筑化学实验室及物理修机室。又买了几套中央研究院物理研究所造的仪器。这些简单的仪器却救了一时之急，其后至昆明联大时，也还在用。

十一月十八日开始报到。到的学生多来自战区，生活无办法。即于十月十九日常委会中决议：由学校经常费中节省五千元作为贷金，救济困苦学生。此后救济贷金，虽有种种名称，而长沙临大，实开其端。

先生学生到的渐渐多起来，长沙临时校址容纳不下，遂将文学院迁于南岳。

十一月一日，二十六年度开始上课。虽比平时校历晚了一个多月，然在敌人不断的空袭中，学校到底开了课，大家这才松了一口气。

在那时大家很自然的看重国防问题。学校组织国防技艺服务委员会及介绍委员会。又注重军事训练。曾于十二月十日布告学生，凡服务与国防有关机关者，得请保留学籍，并得由学校介绍。这也是后来西南联大学生参军的先声。至军事训练方面，曾经推定张伯苓先生为军训队队长。此时学生宿舍方面，也完全用军事管理。女生则兼习看护。

这个在播迁中的临时大学，设备虽极简陋，大家却那么富有朝气。而生活愈简单，做事的效率愈高，纠纷也愈少。我那时还常在想：这正是三校反省的机会了。重要不在留恋过去的光荣，而在如何创造一个崭新的将来。三校比较之下，各校的短长互见。既可取长补短；而人才集中，也为任何一校所不及。当时一位清华的朋友对我说："从来学校的人材没有这样盛，个人的朋友也没有这样多，我们为什么不可以永久合作呢？"这也可见三校的融洽无间了。

二十六年底，战事风声渐紧，至二十七年一月十九日长沙临时大学始决议迁往昆明。一方面派人到昆明布置校舍，添置设备。一方面于一月二十四日办理第一次学期考试。一月二十七日学生开始填写入滇志愿书。至二月十日，总计欲赴滇就学学生八百二十人。此次学校再迁，大家不但不感到颓丧，精神反更振作起来。

最值得大书特书的，是自长沙徒步至昆明的旅行团了。除女生及身体不适于长途旅行的男生外，学生自愿参加者共有二百四十四人。教员方面参加者也有黄钰生、李继侗、闻一多、曾昭抢、袁复礼诸先生。

二月中一个早晨，阴沉的初春天气，两部大卡车，满载着二百多人的行李，先行出动。大队渐渐集中，我们在骄傲的眼光中看着他们出发时的热情与勇敢。从此他们深入民间，亲身接触各地的风土民情，亲眼看见各地的民生疾苦，亲手采集各处的科学标本。他们在路上共行一千六百七十一公里，为时七十三日。于四月二十七日到达昆明。我们在昆明拓东路又以骄傲的眼光去迎接他们。他们都晒得黑光光的，腿肚走粗了，脚皮磨厚了；同时人生的经验增加了，吃苦的本领加大了，精神也更饱满了。就这样的他们步入了历史的新页。

同时，在他们到的二十五天前，二十七年四月二日长沙临时大学正式改为国立西南联合大学。

杨振声继续多次列席西南联大常委会。8月，西南联大遵照教育部令增设师范学院，并将哲学心理教育学系的教育学部分划归师院，后来云南大学教育系也并入西南联大师范学院。师范学院中文系的系主任以及教员基本是由文学院的教员兼任。其中，杨振声与朱自清、罗常培、浦江清等兼任教授，副教授有萧涤非等。同月，中华全国文艺界抗敌协会昆明分会成立，与朱自清、高寒、穆木天、徐嘉瑞、彭慧等当选为理事。11月8日，常务委员会议决定改组本校建筑设计委员会,杨振声担任委员。12 月 27 日下午 3 时,在才盛巷学校办公处会议室参加常务委员会第九十九次会议。会上,杨振声、刘仙洲 2 人被西南联大教授会加聘为文、理、法、工四学院一年级学生课业生活指导委员会委员。是年,杨振声在中文系开设"中国新文学简史与创作实习"课。(参见蓬莱市历史文化研究会《杨振声编年事辑初稿》,黄河出版社 2007 年版)

朱自清 1 月 1 日偕钱穆、容肇祖、浦江清等游邺侯书院、河林等衡山名胜。1 月 20 日,长沙临时大学常委会议决定学校迁往昆明。维持近三个月的山居生活至此结束。21 日午后,与浦江清送柳无忌离校。晚,与冯友兰、叶公超谈艺术价值问题。30 日,农历除夕,出席师生聚餐会。2 月 12 日,作《陈子展〈近三十年中国文学史〉》。14 日,作读书笔记《日本语的面目》。16 日,偕冯友兰、汤用彤、钱穆、陈岱孙、郑昕、罗皑岚等 10 余人乘汽车从南岳动身赴昆明。20 日午,赴乐群社应广西省主席黄绍竑邀宴。晚,应广西大学校长白鹏飞邀宴。27 日,偕冯友兰找有关部门办理护照事宜。3 月 2 日,动身赴河内。汽车穿过凭祥县一处小拱门时,冯友兰胳膊碰墙骨折。抵河内后,朱自清奔走联系,送冯友兰入医院。3 日晨,赴火车站送别同行各人,朱自清与陈岱孙留下。4 日,照料冯友兰。12 日,乘滇越路火车赴昆明。14 日下午,抵昆明,任北京大学、清华大学、南开大学合并的西南联合大学中国文学系主任。15 日,访梁思成、林徽因夫妇;会见大学同窗好友徐绍谷;赴云南大学访云大校长熊庆来,以及王化成等;访张奚若、萧乾等。17 日下午,赴玉龙堆 18 号访郑昕。又访李长之、施蛰存、王赣愚。18 日,偕陈岱孙赴海棠春应云南大学教职员邀宴。19 日下午,访周培源等。20 日,偕陈岱孙、浦江清等乘船游西山、华林寺、太华山、三清阁等。22 日,访吴景超等。27 日,中华全国文艺界抗敌协会在武汉成立。朱自清与郭沫若、茅盾、叶圣陶、郑振铎、老舍、巴金、郁达夫、丁玲、曹禺、吴组缃、沈从文、朱光潜、曹聚仁、许地山等 45 人当选为"文协"理事。28 日,为云南大学女生作"新语言"讲演。

朱自清 4 月 2 日访罗庸。晚,赴共和春应蒋梦麟、周协庭邀宴。同日,奉教育部电令,长沙临时大学改组为国立西南联合大学。联大内部保留清华、北大、南开三校建制。4 日晨,赴蒙自联大文学院。由于校舍不够,文法学院暂设离昆明四百里的边城蒙自。5 日,抵蒙自。联大文学院租借了蒙自海关和东方汇理银行。15 日,赴火车站接学生。应雷海宗邀游三山公园。19 日,西南联大常委会议决由樊际昌、陈岱孙和朱自清负责蒙自分校校务委员会教授会代表的推选工作。24 日,偕陈寅恪、浦薛凤进城,并访吴宓。29 日—30 日,作书评《什么是宋诗的精华——评石遗老人(陈衍)评点〈宋诗精华录〉》。5 月 2 日,西南联大1937 年度第二学期开学。本学期朱自清开设"宋诗"和"大一国文"课等;出席蒙自分校教授会会议,与陈岱孙、赵迺抟、樊际昌当选为分校校务委员会教授代表,并兼秘书。3 日晚,应郑昕邀宴。4 日,在北京大学纪念"五四"集会上讲演。同日,中华全国文艺界抗敌协会会报《抗战文艺》创刊。朱自清和茅盾、郁达夫、叶圣陶、郑振铎、丰子恺、徐炳昶、老舍、朱光潜、吴组缃等 33 人当选为编委会委员。5 日晚,邀宴雷海宗、皮名举。8 日,赴礼堂出席清华建校 27 周年校庆纪念会,听梅贻琦、浦薛凤讲演。10 日,被推为蒙自分校文、法两院战区学生救济及寒苦学生贷金委员会委员。该委员会委员还有樊际昌、赵迺抟、陈序经、陈赏谷、陈岱孙,叶公超、姚从吾和闻一多。13 日下午,出席蒙自分校校务委员会会议,当选为书记,樊际昌任主席。16 日下午,与罗常培讨论大学中文系课程草案,后又数次与罗常培讨论此事。20 日,与闻一多担任联大学生向长清、刘兆吉、查良铮(穆旦)、赵瑞蕻、刘绶松等发起成立的南湖诗社导师。30日接竹隐电报,动身赴海防迎接竹隐等家人。朱自清在蒙自安顿下来后,立即写信叫竹隐带孩子南下。是月中旬,竹隐和孙国华夫人、王化成夫人、冯友兰夫人、周作仁夫人等结伴动身南下。

　　朱自清6月4日携眷抵达蒙自。6日,迁居至城内大井巷,与王化成、孙国华同寓。19日,与罗常培商量竟日,起草"大学中国文学系科目草案"。7月7日,出席抗战1周年纪念会,听冯友兰讲演。15日晚,应陈序经邀宴,醉酒。23日,因蒙自分校将撤回昆明,赴昆明联系住房。28日,访陆侃如、林同济。8月4—5日,出席蒙自分校校务委员会会议。因樊际昌将出任联大代理教务长,朱自清接替樊际昌任分校校务委员会代理主席。27日下午,率学生至碧色寨,为学生送行。为分校结束事朱自清已忙碌多日。31日,结束蒙自分校事务。同月,国立西南联合大学增设师范学院,朱自清兼任师院国文学系系主任。9月3日,动身返昆明。车上遇吴文藻、谢冰心夫妇。15日,访罗常培、王力、黄钰生。20日,沈从文来访,谈沈一位朋友的延安见闻。21日,访沈从文、杨振声,商定由教育部教育委员会委托编写的教科书目录。该书由朱自清编写,即后来成书的《经典常谈》。23日,开始为教科书写稿。24日,穆木天、楚图南、张克诚、杨元川来访;访萧叔玉、汪一彪。28日,9架日机首次空袭昆明,炸中昆华师范学校。9、10月间,教育部颁布了《大学共同必修科目表》,朱自清在《论大学共同科目》中指出:"大学教育应该注重通才而不应该一味注重专家。"10月6日,西南联大成立"编制本大学校歌校训委员会",朱自清和冯友兰、罗常培、罗庸、闻一多被聘为委员,冯友兰为主席。23日晚,应《云南日报》社邀宴。25日,赴中央银行出席陈岱孙、李继侗、刘崇鋐、金岳霖、陈福田的晚餐会。29日,访魏建功,谈大一国文问题。30日下午,出席联大校歌校训委员会会议,通过罗庸所作校歌词。

　　朱自清11月6—13日作杂论《论导师制》毕。26日,西南联大改组"战区学生救济及寒苦学生贷金委员会",朱自清和樊际昌、潘光旦、杨石先、叶公超、李继侗、钱端升、陈岱孙等12人为委员,樊际昌为召集人。28日,浦薛凤与赵凤喈来访,又偕访王化成,并遇孙国华等人。30日,出席清华1938年度第一次教授会,当选为教授会书记。晚,应钱端升邀宴,商谈钱端升之拟办期刊事。12月1日,西南联大1938年度第一学期开学。本学期朱自清开设"中国文学批评"及"大一国文"课等。7日下午,出席北大校友常设委员会会议,讨论筹备北大40周年校庆事。同日,访顾颉刚。16日,闻一多、浦江清来访,共同选定特别阅读室展出的书目。同日,出席钱端升晚餐会,议定钱端升拟办的周刊名为《今日评论》。17日,出席北大40周年校庆纪念会。晚,应蒋梦麟邀宴。20日,作《新语言》,刊于次年1月1日《今日评论》第1卷第1期。27日,出席联大教授会会议,与陈岱孙、叶企孙、陈福田、钱端升、张奚若、刘崇鋐、叶公超、杨石先、庄前鼎、查良钊等11人当选为1938年度联大校务会议教授、副教授代表。28日,出席联大中文系会议、大一国文会议及战区学生救济及寒苦学生贷金委员会会议。同日,茅盾来访。茅盾是应新疆学院院长杜重远之邀就任该学院艺术系主任,赴迪化(今乌鲁木齐)途中,路经昆明的。29日午,应顾颉刚邀宴作陪。在座有茅盾一家和吴晗等。席间听茅盾谈国共合作及新疆盛世才联苏联其事。晚,应茅盾邀宴。在座有杜重远等。31日午后,顾颉刚陪茅盾来访。谈外来文化人与本地文化人的联系团结问题。

(参见姜建、吴为公编《朱自清年谱》,安徽教育出版社1996年版;齐家莹编《清华人文学科年谱》,清华大学出版社1999年版)

　　闻一多1月2日请准假,与同事3人乘蒋梦麟的私人汽车先行到长沙,多数教授则一周后返长沙。同日,临时大学文学院决定迁回长沙。3日晚,闻一多动身赴武汉。抵武汉后,见到了刚从长沙临时大学征调到汉口国民政府教育部担任次长的老友顾毓琇。顾毓琇到武昌磨石街闻一多寓宅,邀闻一多出山到正在组建的战时教育问题研究委员会工作,被闻一多拒绝。上旬,闻一多到浠水老家,住了十多天。在老家,因不愿到战时教育委员会任职,与妻子意见不合。妻子觉得就任此职可留在武汉,便于照顾全家。但闻一多想法不同,离家时心情不快。中下旬,闻一多由浠水至武汉。有致妻子信,谓"此次不就教育部事,恐又与你的意见(不合),我们男人的事业心重,往如此,你得原谅。"约此时,与郭沫若初次见面。抗战爆发后,郭沫若设法离开寄居的日本,回国参加抗日斗争。1月中旬,郭沫若到武汉,曾住在戈甲营,闻一多经顾毓琇介绍亲去拜访。26日,闻一多致顾毓琇信,述及不能应邀的原因。29日,闻一多抵长沙,知同人已有数批出发赴滇。

闻一多、吴征镒、李继侗、曾昭抡、袁复礼、黄钰生等11名教师和联大步行入滇的244名健壮男生组成湘黔滇旅行团步行赴滇。2月19日,从韭菜园经中山路至湘江边。道路两旁高悬着国旗,全城充满了抗战气氛。旅行团采取军事组织,学生全穿军服,背雨伞,大致情形如《三千里长征竣事,联大旅行团今午抵省》中所介绍:该团以军事管理为原则,上设团本部,团长由湖南省张主席指派黄师长师岳充任,参谋长由该校主任军事教官毛鸿充任,并设辅导委员会,委员5人:即黄氏(钰生),地质系教授袁复礼,生物系教授李继侗,文学院教授闻一多,及化学系教授曾昭抡。大队长2人,由该校军事教官邹镇华、卓超分任。此外由学生12人长期在团本部服务,其中负责日记者3人,摄影者3人,无线电者3人,图案管理者3人。每大队下分三中队,每中队分三小队,共18小队。自中队长以下,皆由学生自任。计每大队有140人,两队共约280人,连教授等在内,全团共320余人。学生中除长川在团本部服务者外,每周又由每大队轮流派遣9人,襄同管理全团伙食,9人负责本队杂务。行前,有同学担心先生身体是否经得住长途跋涉,但闻一多态度很坚决。当有人问到闻一多为何不乘车时,他答道:"困难期间,走几千里路算不了受罪""虽然是中国人,而对于中国社会及人民生活,知道的很少,真是醉生梦死呀! 现在应该认识认识祖国了。"后在长途跋涉途中,人们对大学教授放弃乘车,徒步入滇的举动深为感动。3月7日,暴风雨后又下起雪来,还夹着冰雹。旅行团受阻滞于沅陵。当时沈从文也在沅陵,特设宴为闻一多等洗尘,并安排住在其兄刚盖起来的瓦房里。10日,旅行途中,爱好作诗的向长清与刘兆吉同学,商量到昆明后成立一个诗社,并拟请闻一多担任导师。31日晚,前任清华学校校长,时为贵州省政府建设厅长的周贻春,设宴为旅行团诸先生接风洗尘。贵州省政府主席吴鼎昌亦曾设宴款待旅行团全体师生。4月12日晚,为庆祝台儿庄胜利,师生们举行了游行大会,惊动了这个小小的县城。4月28日午后,旅行团整装出发,这是湘黔滇长途旅行的最后一段路程,师生们精神特别饱满。一小时行至昆明城下,由东门入城。在拓东路,清华大学校长梅贻琦、北大校长蒋梦麟和其他负责人来欢迎,几位教授夫人还献了花篮,有人用一首爱尔兰著名民歌的曲调现编上词,向三千里风尘仆仆的师生致意和祝贺。旅行团军容整齐地在圆通寺集中,听梅贻琦致欢迎词。全体旅行团师生合影留念。此次湘黔滇长途跋涉,行程3300余里,除乘船乘车外,徒步2600余里,经过3省会、27县、数百村镇。这68天的旅行,是闻一多在抗战初期所上的生动一课。闻一多在旅行途中指导同学采集民歌,刘兆吉同学采集了两千多首,后来选编成《西南采风录》,闻一多和黄钰生、朱自清都为这本书写了序。

按:闻一多在《八年的回忆与感想》谈话中说:"武汉情势日渐危急,长沙的轰炸日益加剧,学校决定西迁了。一部分男同学组织了步行团,打算从湖南经贵州走到云南。那一次参加步行团的教授除我之外,还有黄子坚、袁复礼、李继侗、曾昭抡等先生。我们沿途并没有遇到土匪,如外面所传说的,只有一次,走到一个离土匪很近的地方,一夜大家紧张戒备,然而也是一场虚惊而已。那时候,举国上下都在抗日的紧张情绪中,穷乡僻壤的老百姓也都知道要打日本,所以沿途并没有作什么宣传的必要。同人民接近倒是常有的事。但多数人所注意的还是苗区的风俗习惯、服装、语言和名胜古迹等等。在旅途中同学们的情绪很好,仿佛大家都觉得上面有一个英明的领袖,下面有五百万勇敢用命的兵士抗战,反正是没有问题的。我们只希望到昆明后,有一个能给大家安心读书的环境。大家似乎都不大谈,甚至也不大想政治问题。有时跟辅导团团长为了食宿闹点别扭,也都是很小的事,一般说来,都是很融洽的。"

按:云南各界非常重视湘黔滇旅行团的到来。湘黔滇旅行团到达昆明的4月28日,《云南日报》发表长篇消息《三千里长征竣事,联大旅行团今午抵省,全团三百人由黄师岳领导,已抵省师生准备热烈欢迎》。4月29日,《云南日报》又发表特写《联大旅行团长征抵省印象记,英勇精神赛军队,热情流露动人心》,报到湘黔滇旅行团进入昆明情况:"三千里的奔波,阳光和风尘,使每一个尊严的教授和高贵的学生都化了装了:他们的脸孔是一样的焦黑,服装是一样的变化,眷属和胡髭都长长了,而且还黏附着一些尘芥。每一个学生的身上,都人斜挂着一柄油纸伞,及水壶、干粮袋之类的家伙,粗布袜的外面套着草鞋,有些甚至是赤足套上草鞋。他们四个一列的前进着,英勇的色彩,坚决的气魄,胜利的笑影,荡漾在他们每一个人的面容上,态度是从容的,步伐是整齐的。充满在他们行伍之间的是战士的情调,是征人的作风!在陌生的人的心目中,很会怀疑他们是远道从戎的兵士,或者新由台儿庄战胜归来的弟兄。他们到了拓东路联大校门了,等候在那里欢迎他们的男女同学和校委教授们,热烈地欢呼,热烈地拍掌,热烈地握手,十分欢欣地献给他们一篮鲜艳的香花,并且撑起上书'国立西南联合大学慰劳湘黔滇旅行团'的布标,走在他们的前首,十分愉快地进城。由拓东路而金碧路,而正义路,而华山南路和西路,而青云街,而圆通街,一直到爬上圆通山顶。他们吸引了无数观众,他们的英勇,他们的毅力,博得了满城观众的赞歌和夸奖,不由地使联想起'一二·九'来的北方学生英勇斗争的悲壮场面!在圆通山的四方亭面前,校委梅贻琦博士恳切地用言语慰劳他们,鼓励他们,嗓子虽则低低的,但态度却是那么的恳挚,一字一句,都使听众感动,开怀。随着梅氏演讲的,是教育厅特派前往慰劳的徐茂先先生。徐先生除表示欢迎他们来滇外,还庆祝他们长征之成功,言词娓娓,八分标准国语,夹带着二分道地的弥渡音。雨虽然落下来了,但全团学生却依然尖耳倾听。徐先生讲完之后,领导学生长征的黄团长也高声大气地讲了一番话,表扬学生的毅力,推却自己的首功,并把《西游记》来比拟他们此次的长征,譬喻恰当,出语诙谐,一阵欢笑声,禁不住由学生行列中腾响起来。话讲完了,雨也歇了,太阳也依旧冲破了乌云的包围而照着大地。这时,一位老教授高兴极了,手之舞之地领导群众大呼'中华民国万岁万岁!'等到全体师生共摄一影后,队列才宣布解散了。在接引殿中,在茶铺里,拥满风尘仆仆的教授和学生。亲戚跟旧故,爱人和同窗,'久违久违''你好你好',一片异地的欢笑声,交响在风和日暖的氛里。在群众的欢笑中,陌生的记者乘便去会见化学系教授曾昭抡先生。他说起他们曾经游过'桃花洞',也曾经在贵州和苗民开会联欢,又说到沿途的所见所闻,结论是:所经各省的治安宁靖是出乎他们意料之外。接着记者承梅校委的介绍,和领导全团长征的黄师岳先生会面,黄先生曾经任过某师师长,但由他的态度看起来,除开精神特别饱满外,丝毫没有普通一般大军官的习气,所穿的衣裤草靴全和学生一样。一见记者,便满面春风。首先来一个和蔼可亲的握手礼。接着应记者的要求,发表入滇境的感观。他说:'一路上风餐露宿,辛苦固是难免的,但在这种辛苦中所得的快乐,真是一般养尊处优者所梦想不到的。因为这次深入民间,各地不同的生活情况,尤其是苗民的特殊生活,我们都见到了。一路上有诸般优美的风景,关于这一类情况,我打算过天详细地写出来。我们一入滇黔交界的胜境关,令人最高兴的是气候优良,地形清秀,风景幽美,土地肥沃,就中尤以罂粟烟花业已完全绝迹。这真是最令人高兴的事。后来到达昆明市,又见市街整洁,市面繁荣,和国内各通都大邑不相上下。由此已足证明滇政进步之一斑。'……黄谈到这里,团长饥肠辘辘,极待饱餐,记者遂握别而返。装满着一脑子良好印象的记者,转回报社的途中,心里浮涌着这么的一个愿望!'英勇的一二九运动的发动者;英勇的三千里长征者!希望你们发扬这种英勇的传统精神,准备打回老家去!'"

闻一多 4 月 29 日下午出席清华大学在云南大学至公堂举行的建校 27 周年校庆。月底旅行团全体师生在海棠春聚宴,醉者几乎一半。5 月 2 日下午,湘黔滇旅行团全体师生在大观楼唐继尧铜像下举行酬谢黄师岳团长游艺茶话会,闻一多讲途中趣事。4 日,至壁虱寨(今称"碧色寨"),换乘汽车,行半小时抵蒙自县城。在蒙自,住希腊人已废弃的歌胪士洋行临南湖小楼的二层 2 号。时浦薛凤住 1 号、邱椿住 4 号、郑天挺住 5 号,住在这里的还有朱自清、王化成、陈寅恪、沈乃正、余肇池、刘文典、樊际昌、陈岱孙、陈序经、李卓敏、丁佶等教授。虽两人合住一间,但毫无怨言。此时,联大文、法学院已开课。这学期,先生仍开诗经、楚辞两课,每课四学分。10 日,西南联大常务委员会议决,"成立本校蒙自部分文、法商两院战区学生救济及寒苦学生贷金委员会。推定樊际昌、赵迺抟、陈序经、陈赏谷、陈总、叶公超、朱自清、姚从吾、闻一多为该会委员。樊际昌为召集人"。下旬,蒙自分校清华政治学会请最近由北平抵蒙自的历史系教授刘崇鋐报告"北平现况",诉说北平人民在敌伪压迫下之生活情形。同月,闻一多、朱自清、樊际昌、赵迺抟、陈序经、陈岱孙、叶公超、姚从吾等被推为西南联大蒙自分校文、法两院战区学生救济及寒苦学生贷金委员会委员。7 月 5 日,朱自清来访,共商大一国文安排。

闻一多 7 月 7 日出席蒙自分校"七七"事变一周年纪念大会。分校主任樊际昌主持并致词,冯友兰发表演讲,强调抗战意义与必胜信心。会后,分校师生举行献金。10 日,新从天津抵达蒙自的南开大学教授傅恩龄也报告了日寇在天津的暴行。25 日,西南联大文学院举行大考。闻一多已赶往昆明,在陈梦家的帮助下,租到了福寿巷姚宅楼上的几间房子,为迎接家眷来昆明做好准备。8 月 7 日下午 1 时,云南省教育厅与西南联大合办之云南中学师范教员暑期讲习讨论会举行开幕式,出席者有云南省教育厅长龚自知,西南联大常委梅贻琦、师范学院院长黄钰生,北平研究院院长李云章,中央研究院历史语言研究所所长傅斯年等,及全省各地来昆参加讨论会的 150 余位教师。闻一多担任这次暑期讲习会导师,与罗常培、汪懋祖、朱自清、魏建功、闻在宥、罗志英共同负责语文组国文科教材教法讨论。中旬,闻一多由昆明抵贵阳。行前约定夫人携子女随闻家驷一家来贵阳,先生利用暑假前往迎接。闻一多夫人一行抵贵阳后,受到清华学校辛酉级级友聂鸿逵的热情照顾,初住龙泉街 168 号聂宅,后迁入旅馆。同月,贵州省举办暑假中等学校教员讲习会,教育厅长张志韩为主任委员,大夏大学文学院院长吴泽霖为委员之一。吴泽霖写信请闻一多担任暑期讲习会国文讲师,闻一多正欲往贵阳接家眷,遂欣然应允。闻一多在贵阳白沙井 20 号吴泽霖宅中,与吴谈到图腾研究,并劝他回清华大学任教。月底,携眷和闻家驷全家抵昆明,住小西门内福寿巷 3 号。9 月 28 日,日机首次轰炸昆明,西南联大租用为教职员宿舍的昆华师范学校等处被炸。闻一多也因在中弹处附近,头部负伤。

闻一多 10 月 6 日经西南联合大学常务委员会第八十九次会议决议,与冯友兰、朱自清、罗常培、罗庸被聘为新成立的"编制本大学校歌校训委员会"委员,冯友兰为该会主席。11 日,闻一多胞弟闻家驷受聘为西南联大外国语文学系副教授。30 日,出席西南联大校歌校训编制委员会会议,讨论罗庸写的歌词与曲谱。结果接受歌词,未接受曲谱。11 月 24 日,西南联大本年度第一学期开始注册。同日,闻一多等向西南联大常委会呈送所拟定的校训"刚健笃实"4 字。30 日,第九十五次校常委会议决以"刚毅坚卓"4 字为校训。同月,闻一多参加抗日话剧《祖国》的舞台设计与制作。12 月 1 日,西南联合大学开学上课。闻一多这年度给中国文学系文学组二年级讲"楚辞",给语言组三年级讲"尔雅",均为四学分。16

日,与浦江清赴朱自清家,共同选定特别阅读室展出的书目。31,会见茅盾。茅盾应盛世才邀请,由香港去新疆,28日途经昆明。他听人讲西南联大教授与文协昆明分会的地方人士联系不够,觉得这样不利于抗战文化工作的开展,于是约见了闻一多和朱自清、吴晗等。(参见闻黎明、侯菊坤《闻一多年谱长编》(增订版),上海交通大学2014年版)

曾昭抡与闻一多、吴征镒、李继侗、袁复礼、黄钰生等11名教师和联大步行入滇的244名健壮男生组成湘黔滇旅行团步行赴滇。2月16日,闻一多在致父亲的信谈到由平彝至昆明237公里,步行全程约须40余日。参加者学生将近300人,教授有黄子坚、曾昭抡、袁复礼、李继侗及男等5人,助教5人。5月,曾昭抡应云南省绥靖公署邀请,为政训班补充第四、五、六大队军官作《对于中日大战之认识与分析》的演讲。他在演讲中强调"一个意志很坚强的民族,决不会失败",但前提是必须"有一个必胜的信念"和"坚强的意志"。演讲刊于5月28日《民国日报》。(参见闻黎明、侯菊坤《闻一多年谱长编》(增订版),上海交通大学2014年版)

闻家驷为闻一多胞弟。5月7日,闻一多致闻家驷信。信中述及为其在西南联大谋求教职事:"蒋梦麟近来蒙自小住,公超已将聘弟事详细谈过,现决由联大聘请,将来三校分开时再由北大续聘。资格为教授或副教授尚未定,月薪大约340元。梦麟一星期内回昆明,即将向常务委员会提出,请求通过。此事今番应无问题,俟议案正式通过后,再行函告。"闻家驷原已受聘于北平辅仁大学,因卢沟桥事变发生,不克北上,闲居于浠水。同日,闻一多致闻家骥、闻家驰信,谓"时局变化,家中人口众多,急宜疏散""如驷弟事成,我家到松滋后,弟与驷弟两房可由松滋转道重庆贵阳来滇""弟等两房分出后,则家中人口较少,可减少拥挤也。至生活问题,弟与驷弟一日发薪,即当量力接济一日,不必发愁,望禀明双亲放心,一般观察对抗战前途乐观,故暂时忍此痛苦,不久即可重见天日"。8月中旬,闻家驷一家与闻一多夫人携子女来贵阳,闻一多专程到贵阳迎接。月底,闻一多携眷和闻家驷全家抵昆明。10月11日,经西南联大外国文学系主任叶公超推荐,闻家驷被聘为该系法文副教授,旋晋升教授,讲授法国文学。(参见闻黎明、侯菊坤《闻一多年谱长编》(增订版),上海交通大学2014年版)

陈福田、叶公超、吴宓、赵绍熊、刘崇鋐、雷海宗、钱穆、王信忠、张印堂、邱椿、戴修瓒、秦瓒、张佛泉、江泽涵、杨武之、华罗庚、赵访熊、刘晋年、陈省身、郑华炽、吴大猷、赵忠尧、周培源、霍秉权、曾昭抡、杨石先、黄子卿、张景钺、闻一多、罗常培、朱自清、魏建功等35人8月由西南联大派出为云南中学师范教员暑期讲习讨论会教师。举办中学教师暑期讲习讨论会是教育部为提倡学术研究、促进中学教师进修对各省教育厅提出的要求,云南省于1937年暑假曾举办过一次。此时西南联大迁昆,为暑讲会扩大规模提供了条件。西南联大非常重视这一工作,暑讲会聘定的语文、社会科学、自然科学三组九科50位讲师中,主体由西南联大承担。8月7日下午1时,云南省教育厅与西南联大合办之云南中学师范教员暑期讲习讨论会举行开幕式,云南省教育厅长龚自知,西南联大常委梅贻琦、师范学院院长黄钰生,北平研究院院长李云章,中央研究院历史语言研究所所长傅斯年等及全省各地来昆参加讨论会的150余位教师出席。云南省政府非常重视这次暑讲会,教育厅指令各中等学校必须参加,后有69所省立、县立中学、师范学校、主要私立中学及各职业学校派出的155位学员。(参见闻黎明、侯菊坤《闻一多年谱长编》(增订版),上海交通大学2014年版)

黄钰生任湘黔滇旅行团辅导团团长。闻一多在旅行途中指导同学采集民歌,刘兆吉同学采集了两千多首,后来选编成《西南采风录》,闻一多和黄钰生、朱自清都为这本书写了序。后来据黄钰生回忆(《美国学者易社强访问黄钰生录音记录》,1980年3月23日,云南师范大学党史资料征集组存)，说道："我们那时候是高高兴兴地唱歌，步行时唱，晚上也唱。我们一路上唱着《游击队员之歌》《我们都是神枪手》，还唱聂耳的歌。我们吃得很好，睡得不可能好，有时牛舔我们的脖子，就在牛厩的旁边睡了。"(参见闻黎明、侯菊坤《闻一多年谱长编》(增订版)，上海交通大学 2014 年版)

罗庸 10 月 6 日与冯友兰、朱自清、罗常培、闻一多被聘为新成立的"编制本大学校歌校训委员会"委员。30 日，出席西南联大校歌校训编制委员会会议，讨论罗庸写作的歌词与曲谱。结果接受歌词，未接受曲谱。歌词取《满江红》词牌形式，曰："万里长征，辞却了五朝宫阙。暂驻足，衡山湘水，又成离别。绝徼移栽桢干质，九州遍洒黎元血。尽笳吹弦诵在山城，情弥切。千秋耻，终当雪，中兴业，须人杰。便一成三户，壮怀难折。多难殷忧新国运，动心忍性希前哲。待驱除仇寇复神京，还燕碣。"关于校歌曲谱，朱自清提议请清华大学毕业生、时在广西宜山任浙江大学讲师的张清常担任创作。张清常不负信任，于 12 月完成曲谱。(参见蔡仲德编撰《冯友兰先生年谱长编》，中华书局 2014 年版；姜建、吴为公编《朱自清年谱》，安徽教育出版社 1996 年版；闻黎明、侯菊坤《闻一多年谱长编》(增订版)，上海交通大学 2014 年版)

刘文典 4 月 3 日在燕京东城大佛寺佛经流通处购得《大唐西域记》。14 日，拜访蔡元培，称在平被监视，设法离平，将赴蒙自联大文学院上课。5 月 22 日，刘文典在友人帮助下由塘沽搭外轮，经香港、安南(今越南)等地，辗转到达西南联大文学院所在地云南蒙自，在西南联大任教。关于南下情形，刘文典曾致函胡适："弟自北平沦陷后备历艰危，次年春间始由叶企孙先生派人设法，脱离险境，经天津、香港、安南到昆明。"23 日，经朱自清安排，刘文典住歌胪士洋行楼。因歌胪士洋行餐饮不便，刘文典遂与陈寅恪、闻一多等一同包饭，轮流添菜。5 月，西南联大 1937 年至 1938 年度下学期开学。刘文典到校后，担任《文选》《庄子》课程教授，均为两个学分。8 月 4 日，远在英国伦敦的胡适作八行诗《寄给北京的一个朋友》，希望周作人南下，不要做汉奸。但周作人以"庵里住的好些老小"为由婉拒，继续担任伪职。对于周的附逆，刘文典曾深为感叹："读书人要爱惜自己的羽毛。"8 月 23 日，蒙自分校课程结束，西南联大文法学院师生迁回昆明。刘文典迁回昆明后，住"一丘田十号"。9 月 28 日，日军敌机首次空袭昆明，而后一再狂轰滥炸。联大教授纷纷"跑警报"以避之。10 月 18 日，西南联大常委会第 91 次会议议决，聘请刘文典等文学院各系教授。10 月 22 日，朱自清拟邀刘文典等 3 人为教学委员会委员。11 月，西南联大 1938—1939 年度第一学期开始注册选课。当时杨振宁考入西南联合大学，曾听刘文典授课。(参见章玉政编著《刘文典年谱》，安徽大学出版社 2011 年版)

陈序经执教西南联大，随法商学院落住蒙自，主讲主权论、现代政治学、社会学原理、文化学、华侨问题。任西南联大法商学院院长、南开大学经济研究所所长。10 月 16 日，在《东方杂志》第 35 卷第 20 号发表《暹罗华化考》。11 月 1 日，在《东方杂志》第 35 卷第 21 号发表《暹罗华化考(续)》。下半年，在西南联大法商学院社会学系首开"文化学"选修课。年底，在蒙自始编订出较为系统的"文化论丛"大纲。(参见田彤编《中国近代思想家文库·陈序经卷》及附录《陈序经年谱简编》，中国人民大学出版社 2014 年版)

郑天挺时任北大历史系教授兼秘书长。5 月 23 日，郑天挺住歌胪士洋行楼 5 号房，邱大年住 4 号房，于 5 月 3 日迁入。此外住在歌胪士楼上的尚有闻一多、陈寅恪、刘叔雅、樊际昌、陈岱孙、邵循正、李卓敏、陈序经、丁佶等人。(参见章玉政编著《刘文典年谱》，安徽大学出版社 2011 年版)

罗常培随长沙临时大学迁往云南。1 月下旬罗常培从长沙坐火车到广州，再从香港搭船到越南海防,转滇越铁路,2月26日到达昆明。长沙临时大学到昆明后,4月改称"国立西南联合大学"。因为校舍不够,文、法两学院在4月至8月一度搬到蒙自上课。8月23日,西南联大蒙自分校课程结束,文、法学院师生返回昆明。5月4日,蒙自分校开始上课。是日,蒙自分校学生集会纪念"五四",罗常培应邀出席演讲。同时演讲的还有朱自清、张佛泉、钱穆。6月28日,受西南联大1938—1939年度招考委员会聘为委员。10月6日,西南联大校委会决定成立编制校歌、校训委员会,罗常培和冯友兰、朱自清、罗庸、闻一多同聘为委员。26日,西南联大校常委会决议,设立文、理、法、商、工四学院一年级生课业生活指导委员会,罗常培受聘为委员。27日,教授会推选出席1938—1939年度校务会议之教授、副教授代表。朱自清等11人为代表,罗常培等6人为候补代表。后来,自1939年至1943年,罗常培连续被教授会推选为出席第二至六届校务委员会议的代表。(参见《罗常培文集》编委会编《罗常培文集》第10卷及附录《罗常培年表》,山东教育出版社2000年版)

　　吴宓1月7日上衡山访潘式。同月,吴宓随临时大学奉令迁往云南,与学校撤迁第二路同行,南下广州转香港经越南海防。3月,乘滇越火车到昆明。4月初,抵云南蒙自西南联大文法学院。与汤用彤、贺麟、浦清江合住一室。后以久雨道路难行,吴宓又迁回校内宿舍。吴宓时与陈寅恪散步谈心。5月6日开课,仍授课8小时,三门:"西洋文学史""欧洲名著选读""欧洲古代文学"。8月,文法学院迁回昆明联大本部。10月,吴宓等返回昆明。(参见刘明华《吴宓教育年谱》,《重庆教育学院学报》1999年第4期;卞僧慧纂《陈寅恪先生年谱》,中华书局2010年版;沈卫威《学衡派编年文事》,南京大学出版社2015年版)

　　张荫麟1月20在重庆陈诚主持的政治部短期工作,参与拟订宣传工作纲要,于本月撰《蒋委员长抗战必胜训词释义》一小书,由军事委员会政治部印行。同月,张荫麟《宋儒太极说之转变》,刊于昆明《新动向》第1卷第2期。此文发表后,贺麟又针对此文作《与张荫麟先生辩太极说之转变》,刊于《新动向》第1卷第4期。(参见齐家莹编《清华人文学科年谱》,清华大学出版社1999年版;沈卫威《学衡派编年文事》,南京大学出版社2015年版)

　　魏建功2月与周炳琳、赵迺抟等乘汽车经广西出镇南关绕道越南入云南。3月1日到达昆明。时北大、清华、南开三校已组成西南联合大学。魏建功到达后,即转赴西南联大蒙自分校(文法学院)授课。8月,随分校迁回昆明。12月,夫人王碧书携子女由滇越路入滇,月底到达昆明。(参见曹达《魏建功年谱》,《文教资料》1996年5期)

　　雷海宗2月13日在汉口《扫荡报》发表《此次抗战在历史上的地位》,后收入《中国的文化与中国的兵》一书。此文部分修正了自己过去专注于批判中国文化的做法,肯定了"中华民族的坚强生力",表达了高亢的爱国热情——"但愿前方后方各忠职责,打破自己的非常纪录,使第三周文化的伟业得以实现"。5月,雷海宗任新成立的国立西南联合大学历史学系教授、系主任。此后数年,开设"中国通史""秦汉史""西洋(欧洲)中古史""西洋近古史(16—18世纪)""罗马帝国制度史""西洋文化史""西洋史学史"等7门课程,并兼任师范学院史地系主任、西南联大教授会代表、新生资格审查委员会委员、一年级学生课业指导委员会委员等若干职务。是年,与林同济参与由钱端升主持的《今日评论》的编辑工作。与陈雪屏轮流主编《当代评论》杂志。年底,开始着手整理《中国的兵》等文章,增撰《建国——在望的第三周文化》和两篇总论,汇编《中国文化与中国的兵》一书。(参见马瑞洁、江沛《雷海宗年谱简编》,载王京州编《河北近现代学者年谱辑要》,国家图书馆出版社2017年版;齐家莹编《清华人文学科年谱》,清华大学出版社1999年版)

　　梁思成、林徽因随西南联大南迁。1、3月,美国建筑杂志 *Pencil Point* 1938年1月号3

月号,分两期刊出梁思成学术论文"Open Spandrel Bridges of Ancient China I.""The An-chi Chiao at Chao-chou, Hopei II. The Yung-t'ung Ch'iao Chao-chou, Hopei"。是年,刘敦桢、刘致平、莫宗江、陈明达等先后来到昆明,中国营造学社在昆明恢复工作。学社社址最初设在昆明巡津街(原文作"循津街"——《建筑史学刊》编辑部注)"止园"。因敌机对昆明的轰炸日益加剧,又因研究工作必须依靠中央研究院历史语言研究所的书籍资料,因此随历史所迁往昆明郊区龙头村,租用了一处尼姑庵(兴国庵)作工作室。(参见林洙、楼庆西、王军《梁思成年谱》,《建筑史学刊》2021年第2期"梁思成及营造学社前辈纪念专刊")

陈梦家在昆明西南联合大学讲授古文字学。12月,陈梦家《五行之起源》刊于《燕京学报》第24期。文中认为五行之成立"约当孟子、邹衍之时,其学兴于齐,齐学之历物、地理、天文、阴阳,皆为构成五行论之预备。五行者分析万物为五个原素,此历物也;此五原素之金木水火互胜互克,而为其中和者土,此阴阳生中和之说也;五行依四时而运转,此天文也,五行各有其方,此地理也。五行之行,源于四季行火,古有拜火之俗,而水火为妃,此为五行相胜最古之源;五行之官,源于商之帝五工臣,帝五工臣为天上五神,此五神分司五种势力,与五行之但重地与物之分析,有先后之别焉"。(参见齐家莹编《清华人文学科年谱》,清华大学出版社1999年版;王学典《20世纪史学编年(1900—1949)》,商务印书馆2014年版)

袁同礼自于去年8月10日奉教部命,离平赴湘,设立平馆驻湘办事处,便于国立北平图书馆与长沙临时大学合作,开展图书馆服务工作。是年初,袁同礼将存放在公共租界仓库中的善本一股脑地迁移到位于法租界吕班路的震旦大学博物馆。2月3日,蔡元培收到袁同礼谈中基会关于平馆决议函。3月10日,在香港,与傅斯年、任鸿隽访蔡元培,"商定北平图书馆办法"。春,平馆南京工程参考图书馆主任钱存训奉袁同礼之召,辗转抵上海,主持分馆(法租界亚尔培路中国科学社平馆上海办事处):(一)出版发行《图书季刊》;(二)对外国文化机构进行联络,并负责平馆的一部分采访工作;(三)搜购善本书籍;(四)敌伪资料的搜集(即征集抗战史料);(五)保管旧存。5月27日,袁同礼致函ALA执行秘书Carl Milam,寻求图书馆资源援助,以利国内学者学术研究。28日,傅增湘致张元济函,告从袁同礼处获知元曲书籍,询问收购情况。暗示袁同礼此间居住上海。同月,政府购得孤本元曲64巨册,共200种,寄存平馆。12月9日,西南联大蒋梦麟、梅贻琦、张伯苓复函,同意合作"征集中日战事史料",拟由学校图书馆(负责中日文献)与平馆(负责欧美文献)合作,由学校历史社会学系"依照姚从吾先生所拟计划"整理将来搜集的文献。28日,国际关系委员会主席、坦普尔大学图书馆馆长J. Periam Danton来函,表示自己正拟稿向ALA冬至会议(1939年)报告,国内捐赠中国之书籍已超过11000份。(参见张光润《袁同礼研究(1895—1949)》,华东师范大学博士学位论文,2018年)

唐兰年初辗转至云南昆明,入西南联合大学执教,任中文系副教授。12月,在《辅仁学志》第7卷第1—2合期发表《智君子鎛考》。(参见韩军《唐兰的金文研究》,山东大学博士学位论文,2009年)

张奚若随校西迁,并任西南联大政治学系主任。张奚若、钱端升、罗隆基、周炳琳等人成为蒋介石最害怕起立质询的参政员。

陈铨根据一外国剧本改编的多幕话剧《祖国》,剧情描写日军占领下某市一位教授与他的学生和工人们一起向日军和汉奸做斗争的故事。11月,西南联大开始排练多幕话剧《祖国》,参加演出的临时剧组成立了一有组织的长期社团——联大社团。闻一多参加了该剧舞台设计与制作。(参见齐家莹编《清华人文学科年谱》,清华大学出版社1999年版)

钱钟书、杨绛夫妇接受冯友兰之聘请，9—10 月间，结束了一年余在巴黎大学研究院的生活，回国后被清华大学破例聘为教授。（参见齐家莹编《清华人文学科年谱》，清华大学出版社1999 年版）

向长清与刘兆吉同学参加了湘黔滇旅行团。3 月 10 日，爱好作诗的向长清与刘兆吉同学在旅行途中，商量到昆明后成立一个诗社，并拟请闻一多担任导师。5 月，向长清、刘兆吉等同学在湘黔滇旅行途中商筹的诗社正式成立，因蒙自有风景优美的南湖，诗社就取名为"南湖诗社"。闻一多与朱自清欣然应请，担任了诗社的导师。南湖诗社是西南联大最早的一个文艺团体，虽然存在很短暂，但不失为一个有意义的文学组织。主要成员有向长清、刘兆吉、查良铮（穆旦）、赵瑞燕、刘绶松、周定一、刘重德、李敬亭、林振舒（林蒲）、陈三苏、陈士林、高亚伟、周贞一。蒙自分校结束后，文学院搬至昆明，南湖诗社更名为高原文学社。（参见闻黎明、侯菊坤《闻一多年谱长编》（增订版），上海交通大学 2014 年版）

王玉哲为西南联大历史系二年级学生，选修刘文典的《庄子》课程。8 月 15 日，王玉哲写成读书报告《评傅斯年先生"谁是齐物论之作者"》，对傅斯年认为《齐物论》"是慎到的著作，不是庄周的说法"一说提出异议，得到刘文典赞赏，并附有批语。此事后来引发小小风波。

按：据王玉哲《古史集林》（中华书局 2002 年版）回忆：在 1938 年春，西南联大文法学院因校舍问题，改在云南蒙自上课。我是历史系二年级的学生，选了刘文典先生的"庄子"一课，作了一篇读书报告，题为《评傅斯年先生"谁是齐物论之作者"》。我对傅先生认为《齐物论》是慎到的著作，不是庄周的说法，提出异议。当时颇得刘文典先生的赏识。当年秋后文法学院从蒙自又回到昆明。我这篇文章在联大教师间有所传阅。联大教师如冯友兰、闻一多等先生都谈到我的原稿，极为称赞。顾颉刚先生以前同意傅先生的说法，在读了我那篇文章后，也改变过来，并主动推荐寄到《逸经》杂志。因为傅先生是我最尊敬的学者之一，未经他同意我暂不发表。所以，我又请顾先生把稿子索回。罗常培先生正主编《读书周刊》需要稿件，对我说，他想把我的文章拿去请傅先生作个答辩，与我的文章同时刊出，我同意了。可是傅先生看到我那篇文章后很生气，不但不写答辩文章，而且对我的意见很大。因此，我之此文便一直庋置箱底，至少在傅先生在世时我不打算发表了。这个事件在联大师友之间颇有流传……1940 年暑假前，我是在这种气氛中报考北大文科研究所的。有的同学对我说，你的成绩好，考取绝对没有问题；有一个教过我日文的老师对我说，只要不是傅斯年看考试卷，就一定会考上。我也被这些称赞冲昏了头脑，也认为考试很有把握。

当时北大文科研究所所长是胡适先生，副所长是郑天挺先生，胡先生在美国未归，由傅斯年先生兼代理所长。听说傅先生在审查我的论文时，一看我的名字，就把我的报考论文提出来，对别的老师说，这类学生我们不能录取，他的城市味太浓，不安心刻苦读书，专写批驳别人的文章。可是其他审核论文的老师，老给我说好话，并大力推荐。于是论文一关算通过。另外还有笔试，也勉强通过。最后是口试一关。面试我的老师，正是我最怕见到的傅先生。傅先生问我几个问题，记得全很难回答，其中有一问题是：《秦公簋》铭文中"十有二公"是哪十二公，是从非子算起，还是从秦仲算起？还是从襄公算起？该器是什么时代作的？这一连串问题，问得我张口结舌，汗流浃背。我完全没料到会问金文上这些问题。

当天考试下来，我自然是捏着一把汗，对我今后的去向渺茫了。后来听说在录取会议上，傅先生本来主张不录取我，为了照顾其他先生的意见，最后把我录为"备取生"（过去学校招生，在正式录取名额以外，还录取数名，以备正取生不到时递补）。并且说，他还要到四川去招生，如果招不到更好的，再把我由备取生转为正式生。

按：此事是否系先生与傅斯年交恶之起因，有待进一步考证。所幸王玉哲后来顺利转为正式生，进入北大文科研究所学习，并成为中国著名先秦史专家。（参见章玉政编著《刘文典年谱》，安徽大学出版社2011 年版）

任继愈7月从北大哲学系毕业,考入北京大学文科研究所,继续留在西南联大,与刘文典素有往来。(参见章玉政编著《刘文典年谱》,安徽大学出版社2011年版)

何炳棣清华大学毕业后,旋任西南联合大学历史系助教。

詹锳、马学良、宋汉灈、张盛祥、吴祖麟、徐松林毕业于北京大学中国文学系。

余文豪、杨志玖、王德昭、李迈先、金宝祥、郑逢源、高亚伟毕业于北京大学历史学系。

韩裕文、任继愈、石峻毕业于北京大学哲学心理学系。

张起钧、钱金达、王级丞、喻亮、袁万祚、刘旦、刘景丰、王靖大毕业于北京大学政治学系。

周德清、王逊、林传鼎毕业于清华大学哲学心理学系。

张志岳、张琨、刘寿嵩、王正海毕业于清华大学中国文学系。

方钜成、郭铎、刘振鹏、曹世穆、王慰苍毕业于清华大学政治学系。

陈孝昆、朱延辉、胡佳生、胡宛善、黄明信、高本乐、郭守田、林霞、白冲浩、丁则良、汪篯、刘广秋、郭见恩、欧阳琛、何炳棣毕业于清华大学历史学。

陈芳允毕业于清华大学物理系。

傅斯年继续任中央研究院史语所所长。1月12日,傅斯年致函蔡元培,报告各所迁移情形,并嘱电催朱家骅销假。附王毅侯来函,附廿六年七月一日至十二月卅一日各处、所、馆应领经费表,院中净有现金得分配各所数表,廿七年一月一日现金表,基金状况表。2月3日,蔡元培得傅斯年真两函,"附有本院图书二百箱借给临时第一大学在昆明应用之条件四条"。2月14日,翁文灏邀傅斯年午餐,与谈孔祥熙、宋子文事。次日,傅斯年即起草了致蒋介石书,指斥孔祥熙的行为既失信于英美,且及使青年灰心。傅斯年16日函告翁,已将攻孔函送蒋介石处。3月10日,傅斯年、任鸿隽、袁同礼一同拜访蔡元培,商定北平图书馆办法。傅斯年交上海百利南路院屋出租文件,交殷源之中研院工程研究所研究员携往沪交巽甫。17日,蔡元培复傅斯年函,略谓:"接十四日惠函,知兄决于十五日飞汉矣。赵元任先生应Honolulu大学之聘,往彼讲学一年,自本年九月起,可准其请假一年。"又:"兄未到昆明时,史语所所长事务,自可请李济之先生代理。"21日,接傅斯年函,称:"财政部又闹减经费,孔庸之在中政会主张普减为五成,教育部陈立夫力争,教育文化经费得给七成之九折(六成三)。又孟真前曾致蒋介石一函说孔短,闻此函已落孔手,孔在国防最高会议中大骂研究院,说:'怎么把我的财政部也打了对折? 中央研究院每年百多万,做得些什么事? 比财政部的经费还多。'传者谓是孟真写信的效力。"23日,蔡元培致傅斯年函,内有由傅斯年转致陈立夫函,请陈"代行故宫博物院理事长职务"。

傅斯年是春主持史语所迁至昆明。5月13日,蔡元培复傅斯年函,略谓:"接六日惠函,知兄对于清理积案,已有办法,无招人相助之需要,甚善。力劝显廷之举,自当取消;即别寻一位之提议,亦当收回;请勿念。续聘任书之办法,自以兄所提之第四法(仍向各所长索名单,到后,经院长批准,由总处复书各所长,将聘书延长半年)为较妥,请即照此办理。因马秘书一时不能来,弟现暂延余天民兄为临时秘书,附闻。"25日,致函蔡元培,称"对于化研所一部分在九龙设工作站一节,有两点似可注意。即摘要函告不可"。6月7日,蔡元培复傅斯年、王毅侯电,称:"来函悉。概算可照开示五点速编。"30日,蔡元培得王毅侯函,寄来中研院各研究所所长所开各该所续聘、续任人员的名单,内附有傅斯年的信。7月6—15日,傅斯年在汉口出席国民参政会第一次大会,被推为国民参政会参政员,向大会提出"请政府加重救济难民之工作案"。18日,蔡元培接傅斯年来函,"说一切国际学会事,皆因财部不发外汇停止云云。又附来教育部聘书,并瑞典文化书局发起各国出版界举行论文竞赛促进世界和平机构说明书,聘我为国际论文竞赛国内征文评判委员会委员。"9月5日,蔡元培复函王敬礼,略谓:"孟真兄于赴滇以前,由汉口来函说:骝先(朱家骅)兄要辞总干事,而孟真兄不肯再代行总干事任务,且辞史语所所长。弟与辩论数次……骝兄留任总干事后,或派一秘书驻院代行,或于本院诸所长中,指商一位代行,均无不可,请孟兄商定之。"傅斯年是秋移家昆明。

傅斯年9月21日由昆明飞往重庆。23日,蔡元培致傅斯年函,略谓:"闻兄于二十一日飞渝:想到渝已数日矣。弟曾于本月十一日寄上一函,中有致五位所长函,未知兄已与其他四位所长商过否?各位意见如何?(子竞于五号启行来港,当然未及与商)请以兄所观察者见告。前汇院款万元一事,骝先兄与财部磋商,补汇港币一千九百余元,合前数凑足九千元,不必再换美金,更简便矣。此事承骝兄费神特多,而兄实为发起者,尤弟所感荷也。"9月23日,蔡元培复朱家骅函,谈到"闻大驾不久将往渝,孟真兄则有二十一日飞渝之说,未知确否?"同月,历史语言研究所迁往昆明市郊区以避空袭。10月4日,傅斯年致函蔡元培。12日,傅斯年致电蔡元培。13日,蔡元培复傅斯年函,略谓:"接四日惠函及十二日惠电,敬悉一切。雪艇(王世杰)先生亦繁忙如此,真无如何!现已函商,希望渠能俯就,好在雪公常驻渝,总可较骝公为方便也。骝公既不来渝,将来雪公允就时,即请兄代表骝公,与办交代。又雪公未就时,一切总干事任务,仍请兄偏劳数日为荷。""巽甫兄昨到港,言翁咏霓(翁文灏)兄曾函商于十二月开评议会,经济部长、教育部长均列席云云。弟前函毅侯兄发通告,展至明年四月开会。如不妥,不妨取消。请兄晤咏公时酌之。"前弟致兄之函,竟误封入桂林函中,可见弟精神不振。但病已痊愈。汉、渝诸友,欲请书贻兄远道来看,务请辞谢为幸。10月28日至11月6日,傅斯年在重庆出席国民参政会第二次大会。11月29日,在《中央日报》发表《波兰外交方向之直角转变》。(参见韩复智编《傅斯年先生年谱》,载《台大历史学报》1996年第20期;欧阳哲生编《中国近代思想家文库·傅斯年卷》及附录《傅斯年年谱简编》,中国人民大学出版社2015年版;高平叔编著《蔡元培年谱长编》,人民教育出版社1996年版;李学通《翁文灏年谱》,山东教育出版社2005年版)

李济继续任史语所代理所长,组织史语所撤离长沙,桂林暂住月余,最后经中研院总办事处商定迁往昆明。赵元任带领二组(语言组)单独行动,率先抵达昆明。李济史语所大部队由桂林经安南(今越南)的谅山、河内,一路舟车劳顿,终于在3月11日到达昆明。史语所分住城里拓东路和靛花巷两处。历史组研究人员劳幹、陈述给所长傅斯年写信报平安:"学生等三月十二日到滇,……此次千里长途运公家要物来此,李启生、高晓梅诸君费力甚大,梁(思永)先生尤卖力气,生等亦随同料理……唯房屋至今无着落,故一切均未进行……好在宿舍现已整理好,学生等及那廉君用煤油箱作书桌工作,亦堪适用。此地天气甚为和暖干燥。空气亦清澄,唯每日在外吃饭,稍感生活不安定耳。"春,傅斯年开始考虑长久之计,致函代理所务的李济:"同人几全到昆明,大可安定矣。在云南总是'羁旅之人'理当'入门而问禁'。同人迁移安适,至慰。弟意在昆明可作长久想。所址租地以全租为宜,临大如建筑,似可入一股。"

李济率史语所同仁抵达昆明之后,历经坎坷,别后重聚,理当庆幸,然因住房安排与赵元任发生了一场误会。后又因赵元任请假赴美而产生隔阂。尽管两人是哈佛的老友,友谊还熏染着双方家庭。7月，李济两次致信赵元任："甚望兄能等孟真到后再走，此次兄请假出国想有若干重要事必须与其面商者，此决非弟所能代也。""闻悉兄此次出国概不受钱，至感不安，近捡旧籍得殷墟古乐器图像数帧，或可供兄为夏鼐士子讲中土音乐史之参考，敬希收入行箧。"同月22日，赵元任回函："承赐古乐器照相，谢谢；改到二十五动身。"27日，俞大绚、傅斯年电李济："拓东路房请续租，弟三十一号飞蓉，在蓉候机，上旬内可抵滇，乞告元任。"此时，赵元任已举家离开昆明。赵家出国，对中研院乃至整个中国学术界有如一次地震，赵李两人的情感也遭受了一次"断裂"。当时赵家走得非常郁闷，赵元任妻子杨步伟数落了李济诸多不是，如在史语所借不到路费，不主动参加饯行，不准同人到车站送行等等。在驶往美国的远洋船上，很多人认识赵元任。一天，人们要他唱《叫我如何不想他》，他唱了自己作曲的《过印度洋》。歌词中有"哪里是亚洲？哪里是欧洲？我美丽亲爱的故乡丢在脑后。怕回头，怕回头，一阵大风，雪浪上船头"的句子。唱完，一声不响回到舱里。

李济与傅斯年是秋将史语所迁往昆明郊外的龙泉镇。当时中研院社会所和北平研究院历史所迁到落索坡，中央地质调查所到瓦窑村，北平研究院在黑龙潭，中博院设竹园村，史语所和北大文科研究所暂栖棕皮营的响应寺，中国营造学社迁麦地村，一时间龙泉镇俨然一座学术城。傅斯年领头在棕皮营村长赵崇义的西院弄了块原种竹笋的地，预备盖五间房子。李济因家眷较多，在傅宅的斜对门，房子盖得更大些。两家之间有条路，李济在路北，傅斯年在路南。董作宾、梁思永在响应寺后山墙的后边盖房子。董作宾爱写字，傅斯年曾题赠"平庐"，有人说是暗喻董作宾的夫人熊海平。梁思成、林徽因自己设计，请人用未烧制的砖坯，盖了一生中唯一为自己建造的房屋。其间，陈述、全汉升、董同龢举办了婚礼。龙头村地处城郊，手工艺制作和民族民俗文化资源富集。瓦窑村有一个烧造陶盆粗碗的窑业基地。昆明城北门至龙头村沿途，打铜壶的、卖玉器的、铸铜佛的、制金器和镶嵌的，比比皆是。梁思永、石璋如等兴致很高，他们组织了一个"天工学社"。

按：据石璋如回忆（陈存恭、陈仲玉、任育德《石璋如先生访问记录》，中央研究院近代史研究所2001年）："李济先生因为兼职中央博物院筹备处，对手工业很有兴趣，便很赞成天工学社，也赞助我们的工作，说我们可以找社员，也资助我们的工作费，不过他不是社员。我们便在工作之余从事手工业调查。棕皮营隔壁就是瓦窑村，瓦窑村就在史语所对面，所以我一步就是调查瓦窑村，测量瓦窑村的窑，天天去看他们和泥、烧窑，平常下班后就去看，星期天就用一天的时间看，也就是在自家门口，随时都可以进行的工作。李先生则问起，除了瓦窑之外，昆明是否还有其他烧陶器的地方？四组有位华宁的临时工作人员，说华宁县还有烧窑的地方，建议我们去调查。"

李济流寓昆明，心思还在殷墟。于是在龙泉镇中博院办公室设立了简单实验室，又开始案头的繁琐考证。据石璋如回忆：李济"住在史语所附近的棕皮营，中央博物院则设在二里开外的竹园村的土主庙内，在那里有一间实验室，设置着一架极准确的比重天平，每天或隔一天去作比重实验的工作。他的方法是：（一）先量陶片干燥时的重量。（二）然后浸入蒸馏水内36小时。（三）先用马尾缚住陶片在蒸馏水中称重量，次取出擦去其上的水痕，离开水再称一次。每块陶片要称三次，作出一个公式，求其比重。这工作我曾帮他作过，所以现在还记得很清楚。把各种质地及颜色不同的陶片选出代表，一一加以实验，以求出各种陶片的吸水率。这个研究的结果，在所著《殷墟器物甲编》上辑第二章中，比重吸水率，有很清楚的说明。"是年，李济被英国皇家人类学会推选为名誉会长，成为中国学者中第一个获此殊荣的人。（参见岱峻《李济传》，江苏文艺出版社2009年版）

赵元任先于上年底向史语所表示，拟带全家直接到昆明。于是与老同学章元善组织亲友一块儿去昆明,包括章元善、赵元任、张绍镐、丁绪宝、杨时逢五家和丁声树。1月1—12日做出发前的准备。章元善负总责,元任负责记事和会计,张绍镐负责管钱做出纳。赵元任与章元善对这次"旅行"都作了详细的日记。抵达昆明后元任在给亲友的信中作了介绍。1月29日至8月1日,赵元任在昆明工作和生活半年。赵元任家和史语所语言组都迁到昆明城郊拓东路663号,楼上住家,楼下办公。语言组在史语所中第一个迁到昆明从长沙寄来的上百包书和资料也陆续到达昆明,与杨时逢去邮局取出,并搬回办公室。中断了两个多月的研究工作于2月14日又重新开始。在昆明的半年,同属语言组的赵元任和丁声树、杨时逢、吴宗济、董同龢四位助理的主要工作是整理和研究湖北方言,编写《湖北方言调查报告》。2月初,西南联大同事陆续抵达昆明。赵元任夫妇一个个去看望,并尽量帮助寻找住所。15日,蒋梦麟到达。16—17日,蒋廷黻、周培源、王慎名、张奚若到达;26日,到车站接蒋廷黻夫人、罗常培、萧伦徽。28日,任之恭夫妇到达,因一时没地方住,就在元任家地板上打地铺。还有毛子水、吴有训(正之)、梅贻琦、张伯苓、叶公超、金岳霖、梁思成夫妇、朱经农夫人,傅斯年夫人等熟人和朋友,大家又聚到一起了。西南联合大学师生300余人在清华大学闻一多教授、北京大学曾昭抡教授和南开大学黄子坚教授率领下,于2月上旬离开湖南长沙,经贵州步行到云南昆明,走了两个多月,于4月28日,清华大学校庆的头一天抵达。5月3日,赵元任给胡适的信中说:"一多、子坚、昭抡等领了三百学生走了三千多里,前几天到滇,几个太太们拿花篮欢迎,史语所唱歌欢迎。"

赵元任到昆明后决定接受美国夏威夷大学的邀请做客座教授一年。1936年夏威夷大学东方研究所主任Gregg M. Sinclair教授曾邀请赵元任赴夏威夷大学任教,但他当时感到工作放不下来,表示以后有机会再去。至是年初,赵元任写信给Sinclair教授表示愿做短期访问。2月6日,接到夏威夷大学Crawford校长正式邀请电报。3月17日,又得到傅斯年所长准假一年的信,遂做出国准备。美国在那时规定中国人患沙眼、脚气者不得入境。3—4月,全家人不得不分批做眼科手术。4月29日,赵元任全家到云南大学参加清华大学校庆29周年纪念会。5月3日,赵元任给胡适的信中谈道:"近时拉丁化与G. R.(国语罗马字拼音缩写,下同)时有争论,我觉得这个在这时殊属无聊。"31日,赵元任听到中国音乐家黄自教授因患伤寒病逝的消息,称黄自是中国最好的作曲家。7月16日,到云南大学,参加中国科学社云南分社成立大会。23日,召集杨时逢、丁声树、吴宗济和董同龢四位助理就撰写方言调查报告事做了扼要的嘱咐。26日,再次到云南大学参加科学社云南分社活动,并在会上讲《中国声调》(Chinese Tones)。8月1日,赵元任的亲朋好友梅贻琦、杨时逢、丁绪宝几家和傅斯年夫人前来火车站送行。蒋梦麟夫妇也从蒙自特别赶来,手里捧着一个气锅,上面刻着"故国可家"四个大字,嘱咐不要忘了此字之意。8月,在出国途中为香港《大公报》撰文《黄自的音乐》,以志纪念。(参见赵新那、黄培云编《赵元任年谱》,商务印书馆1998年版)

吴金鼎、曾昭燏等9月由英返国抵昆明,应李济之邀来到中博院工作。吴金鼎在英国伦敦大学攻读考古学博士学位期间,以研究中国新石器时代陶器为重点,用英文写成《中国史前之陶器》一书,被国外学者认为是研究新石器时期陶器的重要参考书。吴金鼎归国后任国立中央博物院筹备处专门委员。曾昭燏任英国伦敦大学考古学助教。因感于国难当头,放弃英国大学考古学院之聘,毅然回国效力。从香港经越南到达昆明,任中博院专门设计委员。曾昭燏和吴金鼎、王介忱夫妇"所从事的田野工作及其方法正代表了当时英国甚至可以说是世界的较高水平"。李济主持拟定了一份西南考古的宏大计划,据计划书称:"过去十余年来,华北考古之结果,证明中华远古之文化,确有一部分来自西南,吾人为欲了解全部中国文化之渊源起见,现拟按照下列计划,从事西南考古。兹拟实地调查西南古迹,颁藉吾人所熟知之汉族遗物为线索,先求汉族遗迹之分布,再就地层先后,以推求汉化以前之他族文化,及汉化后所产出之特色……"史语所与国立中央博物院筹备处及中国营造学社合组"苍洱古迹考察团",吴金鼎任团长,负责调查苍山洱海一带的史前遗迹调查。11月吴金鼎出发,经大理、邓川、洱源、鹤庆、丽江、滨川诸县,历时月余,在大理境内发现史前遗址数处。直至1940年6月,都在云南大理境内做考古工作,其间发现32处遗址,并主持发掘马龙、清碧、佛顶甲、佛顶乙、中和、龙泉、白云等多处遗址,为西南考古奠定下基础。王介忱、曾昭燏等参与发掘工作。

按:1933年冬,吴金鼎就读于英国伦敦大学攻读考古学专业,师从英国埃及学考古泰斗皮特里教授,在巴勒斯坦作发掘。1937年,吴金鼎在英国获考古学博士学位。其夫人王介忱是吴金鼎的贤内助,不仅要管理工作站的日常生活琐事,还要与丈夫一同发掘、绘图、写报告。(参见岱峻《李济传》,江苏文艺出版社2009年版)

胡厚宣随史语所辗转南迁。年初,由于时局维艰,史语所从长沙经衡阳迁到桂林。不久,又再次转移,经由柳州、南宁、龙州,绕道越南,最后迁到昆明城北7.5公里龙泉镇棕皮营龙头村。借住民房,上面住人,下面是猪舍。办公在破庙。地僻人少,时有狼嗥。环境虽苦,先生仍日夜研读,唯门侧别置一根铁棍,以备不测而已。(参见何林英《胡厚宣年谱》,载王京州编《河北近现代学者年谱辑要》,国家图书馆出版社2017年版)

陶孟和继续任中央研究院社会科学研究所所长。夏,留守北平的静生生物调查所所长胡先骕将社会所留存的资料安排至德华银行保存,并垫付了费用。9月16日,胡先骕致函时在广西阳朔的陶孟和,询问这批资料的处理意见,并建议可免费存放于著名的协和医学院。胡先骕还在信的末尾特地叮嘱陶孟和,回信要通过中基会香港办事处转寄,并谨慎措辞,以防日军审查信件。10月24日,陶孟和复函胡先骕,决定将社会所资料赠送给司徒雷登主掌的燕京大学。

梁方仲随社会研究所由南京迁长沙,后转至桂林、昆明。9月,梁方仲离开昆明,单身奔走四川、陕西、甘肃、内蒙古,进行农村土地经济调查,历时8个多月。其间,曾得到周恩来的批准到延安近2个月,访问和会见过董必武、邓颖超、叶剑英、林伯渠、王稼祥、高自立、周扬、冼星海、丁玲、南汉辰等人,听过毛泽东两次重要讲话。(参见刘志伟编《梁方仲文集》及附录《梁方仲学术编年》,广大学出版社2004年版)

李书华时任北平研究院副院长。1月27日,与翁文灏商谈北平研究院经费事,同意北平研究院不再向地质调查所补助经费,但仍保留合作名义。8月,李书华在昆明设立办事处,安排各研究所相继迁入昆明等地。又由于战事影响,停发数月经费,在极端困难的条件下,努力维持全院研究工作和日常事务。(参见李学通《翁文灏年谱》,山东教育出版社2005年版)

张维华在昆明北平研究院历史考古研究所工作,与顾颉刚、徐旭生一起研究中西交通史。

杨钟健2月出席在长沙召开的中国地质学会第14届年会。会上杨钟健发表了题为《我们应有的忏悔和努力》的演说。演说中结合当时强邻肆虐,陷我平津,陷我淞沪,陷我首都的形势,满怀爱国激情地呼吁地质界同人,当尽非常时期一个国民应尽的责任。留长沙期间,曾调查研究长沙盆地和浏阳盆地等处地质。长沙吃紧。转移到昆明,主持地质调查所昆明办事处和新生代研究室工作。为了躲避空袭,办事处地点在离昆明城十多里的瓦窑村,房子是一座破旧的关帝庙。在任地质调查所昆明办事处主任期间,由于人员少,曾兼管出纳。是年,在《中国地质学会志》第17卷上发表论文《山西垣曲第三纪初期脊椎动物群》《山西三迭纪之二齿兽》。(参见王仰之《杨钟健年谱》,《西北大学学报》1983年第2期)

蔡希陶4月3日抵达昆明,代表北平静生生物研究所与云南省教育厅、云南大学共同筹组农林植物研究所。所长由静生生物研究所所长胡先骕兼任,副所长由云大植物系主任严楚江兼任。所址设在昆明。将来工作拟先由调查及试验着手,期于发展农林事业上有所贡献。研究所下拟附设一植物园,以便试种各种农林植物。北平静生生物研究所是全国乃至国际上都有很高声誉的研究所。前已组织云南生物调查团在云南调查历时已有7年,取得丰硕成果。(参见《云南大学志》编审委员会《云南大学志》第2卷《大事记(1915年—1993年)》,云南大学出版社1993年版)

熊庆来继续任云南大学校长。1月15日,出席文法学院之政治经济研究所成立大会,并致辞。同月,根据“慎选师资,提高学校地位”的要求,熊庆来校长经过半年的努力,对云大教职员队伍作了调整,加强了师资队伍的建设。主要教职员名单如下:校长熊庆来,教务长何鲁,代理教务长程璟,秘书长郑崇贤。文法学院院长林同济。文学系教授兼主任闻宥,教授吴晗,讲导陶音、方国瑜,讲师徐嘉瑞、白之瀚、马嘉德、李乾元、李国清、蓝斯德,教员施蛰存、李长之、周杲、由道。教育系教授兼主任曾作恕,教授程璟,讲师周锡爔、李永清,实习指导罗志英。政治经济系教授兼主任林同济,教授范师武、朱驭欧、王赣愚,讲师李肇义、高仁夫、杨体仁、高直青,教员马季唐,助教阮荫槐。法律系教授兼代主任罗仲甫,教授邓鸿藩、饶重庆、张永宽,讲师易文。理学院代院长何鲁,工学院院长杨克嵘,医学院院长兼教授范秉哲。2月19日,熊庆来校长邀请中国驻苏联大使蒋廷黻到校演讲欧洲形势,就主义与利益冲突详加分析,认为日本侵略者将在国际形势转变中崩溃。他说:“我们只要长期抗战,国际形势将使日本崩溃下去。”3月10日,《云南日报》报道,云大熊校长于上月21日为云大改“国立”事特飞往汉口,与教育部商洽。现任务完毕,昨由蓉返滇。4月2日,值此全面抗战时期,在教育上发生不少急需研讨的问题,云大教育系为此特设战时教育讲座,以便敦请教育界名流来校演讲,进行探讨。第一次演讲定于4日举行,由国立西南联合大学教授罗廷光主讲。

熊庆来4月23日主持云南省各界热烈举行反侵略宣传大会,出席的有各机关、团体、学校代表约2千人,国民党省党部甘玉霖主任、云大教授何德鹤、林同济等演讲。熊校长在报告中说,1936年国际上许多爱好和平的人士组织了一个世界和平运动大会,亦即反侵略大会,于是年9月在布鲁塞尔召开了第一次大会,通过了四个主要议案:1.遵守条约;2.缩军;3.巩固国联,加强对侵略之反抗及谋集体的安全;4.在国联机构内设立一永久委员会,以改善国际形势,消弥足以引起战争的因素。卢沟桥事变发生,日本对中国发动了不宣而战的大战,侵占我领土,杀戮我人民,其残暴为人类历史以来所未有,引起世界人士的愤慨。同时我将士抗战之英勇,人民团结同仇敌忾,于是国际反侵略运动大会又于今年2月11日在伦敦开会,以表示援助中国以抵抗日本。为响应此种反侵略运动,全国各地纷纷举行反侵略运动宣传周。本省由云南大学、国民党云南省党部及抗敌后援会三机关发起,及40多个机关团体参加,共同决定以本月23日为反侵略宣传日,宣传办法是召开演讲会,散发传单和张贴标语,组织宣传队赴街头及四乡宣传,将宣传品译为英、法文字对国际宣传,函各县市同时开展宣传活动。4 月 29 日,云南大学组织建筑设备促进委员会,统筹设计,以利工作进行,并请龚自知、陆崇仁、张邦翰、缪云台、胡蕴山为委员。5 月 17 日,云南省主席龙云为鼓舞驻省各部队军官之抗敌情绪,增加认识起见,施行抗战精神讲话,特函请云大教授曾昭抡、林同济、何奎垣(何鲁)、肖叔玉(肖蘧)分期演讲。

熊庆来接 6 月 18 日教育部训令:"案查该校自 27 年度(1938 年)起改为国立一案,前经行政院核定并令知在案。现在 26 年度瞬将终了,该校改组事宜,亟应从事筹备。关于改组办法及经费概算,业经专案呈请行政院鉴核,应俟核准后再行令饬知照。兹先由本部聘请熊庆来、龚自知、陆崇仁、张邦翰、缪嘉铭、任可澄、蒋梦麟、张伯苓、梅贻琦、李书华、何鲁等 11 人为筹备委员,并以熊庆来为筹备主任。合行令发聘书 11 份及简章 1 份,仰即分别转发,即日招集组织筹备委员会,具报备查。该会所需经费,并应由该会拟具概算呈核。"20 日,国立云南大学筹备委员会正式成立,并召开第一次会议。出席人:蒋梦麟、梅贻琦、龚自知、张邦翰、熊庆来、李书华、缪嘉铭(熊庆来代)、何鲁。主席蒋梦麟。先由筹备主任熊庆来报告云大改国立经过,及奉令组织筹委会情形,决议组织筹备处等事项。7 月 1 日,改为国立云南大学。在这前后,历经一年多的酝酿与筹备。由于云南省政府坚持云南创办国立大学应以省立云南大学为基础加以改组、扩大,不必另创一所大学以分散时力、人力;坚持愿由云南省财政承担国立云南大学半数经费任务;坚持改组事宜仍由省立云大熊庆来主持筹备和担任国立云大校长,因此,这次改组是云大历史上最顺利、成效最显著的一次改组。同日,熊庆来在《云南日报》抗战建国纪念特刊上发表《后方文化事业与抗战建国》。文章指出,"自卢沟桥事变以来,北平、上海、南京相继沦陷,机关迁徙,人才流离,刊物停版,使吾国方兴之文化顿受严重之打击。""江浙城镇陷于敌后:敌人作有计划之劫夺,善本书籍,百无一存。""各学校仪器图书之丧失,犹不与焉。""吾国遭暴日如是之蹂躏,文化生命,已濒危殆,不予救拔护惜,前途安可设想。"他呼吁中央与地方政府"给迁移来后方的文化研究机关和学校予以便宜,及早恢复其工作,并以相当力量重刊吾国善本书籍,以谋保存一部分国粹,于后方厚植文化根基。""后方文化之树立,于抗战建国,实有绝大影响,不容忽视也。"

按:云大改为国立后,又分两个阶段,1938 年 7 月至 1945 年 10 月为前期,为中华人民共和国成立前云大鼎盛时期;1945 年 10 月至 1949 年 9 月为后期,为艰难险阻时期。

熊庆来 8 月主持制订《省立云南大学改为国立云南大学办法》5 条。9 月 29 日,国民政府行政院颁发国立云南大学关防一颗。10 月 18 日,国民政府行政院第 385 次会议决定,任命熊庆来为国立云南大学校长。20 日,《云南日报》发表短评《今后的云南大学》。11 月 18 日,国民政府行政院议决将省立云南大学改为国立,成立筹备处,由熊庆来校长为主任委员,策划一切事宜。教育部现以开学期近,特饬将筹备处结束,正式移交国立云南大学,并任熊庆来为校长,令即日就职。筹备处遵部令于今日召开会议,出席筹备委员任可澄、蒋梦麟、梅贻琦(沈履代)、张伯苓(黄钰生代)、张邦翰(范秉哲代)、熊庆来等人,通过重要议决案 2 项:1. 筹备主任委员熊庆来提出修改之国立云南大学组织大纲及经费概算,宣布照案通过;2. 遵令将省立云南大学校产清册等移交国立云南大学校长熊庆来。熊庆来于今日遵部令正式就任国立云南大学校长,并新聘国内外学者多人来校担任教授。文法学院添聘顾颉刚、吴文藻、朱炳南、陶天南、赵访熊、吕如渊诸先生,理学院添聘沙王彦、田渠、崔之兰、汪发缵诸博士,工学院添聘朱熙人、陶逸钟诸先生,医学院添聘秦教中、王绍莘、经利杉及朗萨拉维(法人)诸先生,秘书长聘徐茂先,教务长聘请肖蘧暂代,文法学院院长聘肖蘧担任,理学院院长由熊庆来兼任,工学院院长聘杨季岩担任,医学院院长聘范秉哲博士担任。11月24日,国立云南大学举行隆重的开学典礼。龙云主席及各机关主管长官参加,龙主席特派周钟岳委员代表。出席会议的有龚厅长仲钧、梅校长贻琦、薛局长桂轮、王特派员禹枚、唐主任建侯、胡院长简如、张主任友仁及中外来宾60余人,并本校全体男女生500余人。由熊庆来校长主席。先由熊校长致词,继读龙主席训词,周委员、梅校长及龚厅长相继致词。

按:熊庆来校长致词中说,本校今日举行开学典礼,是云大改为国立的第一学年的开始,是继往开来的一个关键。他在回顾云大历史时,称赞私立东陆大学之时,"极富朝气,同心戮力,成绩斐然""改省立后,赖本省当局之扶掖,与三迤人士之赞助,与夫校中负责人之热心努力,惨淡经营,十年之间,弦歌不辍,设备日增,人才渐进。"在谈到改国立的经过时,他说,"迩年国家多故,云南地位渐臻重要,民24年(1935年)蒋委员长莅滇,驻节本校,曾以培养理工专材,建设西南工业中心,勖勉本校。省府主席龙公,高瞻远瞩,于云大积极发展关注尤殷。于民国26年(1937年)将本校改隶省府,并增加预算至国币25万元,院系得较扩充,学生亦以激增。同时复力请中央改为国立。中央亦为重视边疆教育,经行政院去年10月会议决定自27年(1938年)7月1日起实行改为国立。教育部陈部长(陈立夫)掌教以后,谋于国家教育定通盘计划,于西南文化,特为关切,对于云大改国立事,积极促进。于是龙主席所殷望,三迤人士所期待,与夫同人同学所喁盼之改国立问题,终得实现。国立大学之筹备,赖教育界先进蒋(梦麟)、张(伯苓)、梅(贻琦)、李(书华)诸先生与省府龚(自知)、陆(崇仁)、张(邦翰)、缪(嘉铭)诸委员及任(可澄)监察使等,受教育部聘,参加计议,热心筹谋,一切事宜,得顺利完成,其辛劳至足感念。"在谈到云大今后办学方向时,他说,"国立云大是国难中的产儿,受政府及各方面之爱护,应在此艰苦中挣扎,仰体政府敷教之至意,追随先进各大学,担负培养建设新国家及促进西南新文化之人才,一方面应顾及地方环境之需要,一方面大学应具备之条件不能不力求具备。窃以为大学除培养有用人才外,于学术本身亦不得不有所致力。本校历史未久,虽不能骤臻健全,然亦可于相当范围内勉力做去。自己觉得有两点意见,似乎可取为进行的方针:1.教学以现实之需要为标准;2.研究以所能罗致的人材为中心,以后大体本此调整推进。"在谈到学校现状时说:1.经费,已经中央及省政府核定经费,共为国币50万元,中央及省府各拨半数。其中经常费40万元,充实费10万元(本年度中央多拨10万元)。另有省府允许照案拨发之理工学院建筑费国币30万元,宿舍建筑费5万元,又中英庚款补助矿冶系设备费4万元,中华教育基金会补助矿冶系设备费2万元(上学期付过半数)。2.教授,现有专任教授40人,副教授12人,讲师18人,教员助教等37人。其中中英庚款会补助讲席8座,联大与本校交换名誉讲师1人。医学名誉讲师1人,为甘美医院院长朗萨拉维先生。朗先生并允由甘美医院捐赠云大医学生理实验室设备一全套。自己于此敬致谢意。此外,中英庚款会分派协助研究员8人来本校从事研究。3.学生,旧生415人,除教育系归并联大,应函送85人外,尚余330人。本年教育部统筹招生,分发本校之学生先后三批,共224人,又新旧借读生144人,共计698人。4.建筑,本校拟从速建之校舍,有已经省府定案之志成院、男生宿舍、实习工厂。龙(云)夫人捐献之女生宿舍(即映秋院)亦正兴建。此外尚拟建临时校舍数栋,以应急需。会上,周钟岳宣读了龙云主席训词。勉励学生"当念本校缔造之艰难,努力求学,以期深造"。其他人的讲话,亦勉励有嘉。(参见《云南大学志》编审委员会《云南大学志》第2卷《大事记(1915年—1993年)》,云南大学出版社1993年版)

顾颉刚1月至甘肃临洮、渭源办小学教员讲习班,至陇西十余县考察。当时王树民、杨向奎避乱至兰州,亦邀之同往。3月,顾颉刚、史念海《中国疆域沿革史》由长沙商务印书馆出版。该书由顾颉刚"发凡起例"并指导写作、增删审定,史念海负责具体撰写。全书26章,在对已有疆域沿革研究著作考察的基础上论述了夏民族的传说及其活动范围、殷民族的来源及活动范围、西周的疆域和东周的王畿区域、春秋战国时期疆域的变化和民族的同化、秦帝国的疆域及长城的沿革、从汉至清代的疆域变化、鸦片战争后疆域的变化、民国的疆域区划及制度改革等问题。此书是现代中国疆域研究史的奠基之作,又因其饱含爱国主义,其影响超出了学术界。9月,《古史辨》第6册由开明书店出版,本册由罗根泽主编,冯友兰作序。第6册上承第4册,是诸子丛考续编,上编通考先秦诸子,下编专考老子。10月,顾颉刚抵昆明,任云南大学教授,授"经学史""中国上古史"课。北平研究院在昆明重组史学研究所,仍任历史组主任。在昆明《益世报》创办《边疆周刊》。罗根泽编著之《古史辨》第六册由朴社排版,"七七"事变后朴社停业,此书遂交上海开明书店出版。

顾颉刚10月22日离重庆,乘飞机抵昆明,云南大学校长熊庆来与吴晗等相迎。顾颉刚暂宿吴晗寓所。11—12月,顾颉刚与北平研究院同人商此后学术研究进行事宜,草历史组重组计划。12月,平研院在昆明重组史学研究所,顾颉刚被邀任历史组主任。同月,任云南大学教授,讲授"经学史""中国上古史"课。当选为云南大学校务会议代表。又筹备昆明《益世报·边疆》周刊,15日,作《发刊词》。19日,昆明《益世报·边疆》周刊创刊。顾颉刚在《发刊词》中写道:"要使一般人对自己的边疆得到些知识,要使学者们刻刻不忘我们的民族史和疆域史,要使企业家肯向边疆的生产事业投资,要使有志的青年敢到边疆去作冒险的考查,要把边疆的情势尽量贡献给政府而请政府确立边疆政策,更要促进边疆人民和内地同胞合作开发的运动,并共同抵御野心国家的侵略,直到边疆……也成了中原而后歇手。"28日,茅盾抵昆明,访谈。30日,顾颉刚为《边疆》周刊"滇缅路线问题专号"作《引言》。同日,赴燕大校友会讲演《西北》。是年,致陆侃如信,论甘肃西南山地;记笔记《皋兰读书记》毕。(参见顾潮编著《顾颉刚年谱》,中国社会科学出版社1993年版;顾潮编《中国近代思想家文库·顾颉刚卷》及附录《顾颉刚年谱简编》,中国人民大学出版社2015年版;王学典《20世纪史学编年(1900—1949)》,商务印书馆2014年版)

林同济继续任云南大学文法学院院长。1月15日,文法学院之政治经济研究所成立。这个研究所之所以成立,是文法学院诸教授感于国内政治经济学术之贫乏,过去介绍舶来者,与中国情势不尽相符,目前抗战实践之结果,更暴露出不可否认之缺点,经商讨,决定成立研究所,拟从多方面探讨,使理论与实践求得正确之吻合。在成立会上,先由熊庆来校长、林同济院长致词,并请龚自知厅长作《云南教育之状况》的演讲,到会的有陆子安(崇仁)厅长、张西林(邦翰)厅长、王禹枚特派员、张振之秘书、国民党省党部王颂鲁主任等省级机关领导人等40余人。3月13日,林同济在《云南日报》"星期论文"专栏发表《论中等以下教育之重要》,谈到我国著名教育家、南开大学校长张伯苓的一席话。"张伯苓先生此次由渝莅省,是滇省一桩盛事。滇中教育界人士一致欢迎。相谈之下,他说了几句话,意义特深:'敌人杀得愈横暴,我们干得越起劲。抗战局面愈紧张,我们教育的推进愈要积极。高等以上的教育必须推进,中等以下的教育尤当推进!'这位身高6英尺,63翁,40年前是个创办中国教育的先锋,直到今天,仍是教育界的巍然领袖。上面的几句话,活现出此老勇往迈进的精神,并指点出中国此后教育开展的方向。"

林同济6月15日在《今论衡》第1卷第5期发表《大政治时代的伦理——一个关于忠孝问题的讨论》,以"忠孝"观念为切入点反思中国传统文化,强调传统"孝"道流弊多多,在抗战时代应倡导"忠为第一"的伦理观:"总而言之,大政治时代是以全体化的国力而从事于国际竞争的时代。在此时代中,必须树立'忠为第一'主义,必须以忠为中心以建立我们全民族思想系统,以忠为基础建造我们国家的社会制度。这是我主张忠为百行先的立场。两大不能并立,既是忠为百行先,则孝当降格,在此立场下,我反对孝为百行先。""在我们的社会里,逆父母者乡党不齿,而卖国者反可取得一般亲友的优容。抗战以来,我们的头脑已显然的得到一番的改变。抗战愈久愈烈,我料知"忠为百行先"终要成为全民族深深体验深深了解的信条。如果此外再能得一般思想界的人们出来说透此中的道理,则此正在形成的思潮便可变为一种有意识有系统的运动,而我们民族的前途必可有一番新光彩的焕发。企予望之!"9月18日,林同济在全省各界举行的"九·一八"国耻7周年纪念会上发表演,说:"'九·一八'是我国历史上的大悲剧,同时也是一幕大壮剧。因为它给我们的刺激太大了。试想东北三省土地之大,为德、法两国土地之和,而数日之间,就完全沦陷,真是创巨痛深。从此,全国才有深刻的觉醒,在政治上也有了很大的转变。在'九·一八'后,大家的眼光才转变,一致对外。所以'九·一八'给我们的教训,可以说是树立了新的政治观,就是目光对外的政治观,才认识国防的重要。"是年,林同济与雷海宗参与由钱端升主持的《今日评论》的编辑工作。(参见江沛、刘忠良编《中国近代思想家文库·雷海宗、林同济卷》及附录《雷海宗年谱简编》,中国人民大学出版社2014年版;《云南大学志》编审委员会《云南大学志》第2卷《大事记(1915年—1993年)》,云南大学出版社1993年版)

方国瑜、凌纯声、闻宥、楚图南、向达等10月27日在昆明成立西南边疆月刊社,出版《西南边疆》创刊号,方国瑜任主编。他们认为:"后方的救亡工作,也是不容忽视的。我们这班从事于文化学术工作的人,鉴于敌人到处破坏我们的文化机关,不容我们不负起加紧推行文化学术工作的责任。……我们的主要旨趣,即在以学术研究的立场,把西南边疆的一切介绍与国人,期于抗战建国政策的推行上有所贡献。"

按:此后至1941年5月30日,《西南边疆》在昆明共出版了12期,成为抗战时期西南边疆研究的综合性学术期刊,产生了深远的影响。

方国瑜编纂《新纂云南通志·族姓考》时,即已注意到了云南移民问题的重要性,并且发表一系列文章,从云南古代民族之由来、云南本地民族的迁徙以及汉民族的迁入等多方面进行了研究,提出以庄蹻为"汉人入云南之始",认为移民对云南地理产生了巨大的影响,西南地区族属自古复杂的原因既是"人口迁移,相互交错,且各族属、各部落之间,为社会生活的要求,相互依赖,友好合作,得到共同发展"。同时在具体的考释中,将居民分布地名列为和政区地名及山川名称同等重要的位置。方国瑜在西南历史地理考释中,也十分重视移民对云南地理尤其是政区地理和人文地理的改变,提出政区研究的基础是由人的具体发展决定的观点。(参见潘先林《家国情怀 书生本色:方国瑜先生的中国边疆学研究》,《西南古籍研究》2015年第1期;王国梁《中国著名纳西族历史学家方国瑜对西南历史地理研究的贡献》,《黑龙江民族丛刊》2019年第4期)

吴晗应聘到云南大学任教授,后到西南联大任教。1月,致信顾颉刚,告知云南大学已决聘顾颉刚任教授,并不强任事务,现核校已与管理中英庚款董事会接洽,增加讲座经费。10月22日,顾颉刚乘飞机从重庆抵昆明,吴晗偕云南大学校长熊庆等到机场相迎。顾颉刚暂宿吴晗寓所。12月28日,云南省文化界抗敌协会成立时,沈雁冰从重庆到昆明,召开文学艺术界人士盛谈会,吴晗应邀参加。是年,吴晗挚友张荫麟来到昆明,住在吴晗家中(参见夏鼐、苏双碧等《吴晗的学术生涯》,浙江人民出版社1984年版;苏双碧、王宏志《吴晗传》即附录《吴晗生平活动简表》,上海人民出版社1998年版)

范师武时为云大政治经济系教授。2月18日,《云南日报》报道,范师武近以我国社会经济机构平时涣散、浪费,无远大目光及调节机能,当此民族危急存亡之秋,此种现象自不宜使其存在,应建立一新的经济体系以调整生产、消费、分配,特具呈省府,具体建议整顿本省社会经济。省府查核建议各节,甚关重要,已将原呈交建设厅及经济委员会,会同审查具复候核,并指令嘉许云。4月16日,云南各界民众举行讨逆宣传大会。到会代表2000余人。云大教授伍纯武、林同济在会上发表了演讲,对于汉奸之认识、汉奸产生的原因、铲除汉奸的方法作了详细论述。(参见《云南大学志》编审委员会《云南大学志》第 2 卷《大事记(1915 年——1993 年)》,云南大学出版社 1993 年版)

王赣愚继续任云南大学教授。1 月 19 日,在《云南日报》上发表文章,盛赞云大成立政治经济研究所这一创举。文章说:"近年来,政治经济两科之在我国,遭受一般的歧视。而云南大学竟倡导该两科之研究,与其说是标新立异之措置,不如说是针对非常时期需要的准备。""对政治经济作这样有意旨有目标的研究,在我国尚属创举。"并提出政治经济教学应学理与应用兼重,符合国情,多赴实地参观、实习。(参见《云南大学志》编审委员会《云南大学志》第 2 卷《大事记(1915 年——1993 年)》,云南大学出版社 1993 年版)

费孝通 10 月底回国后任云南大学副教授,主持云南大学和燕京大学合办的社会学研究室。11 月 5 日,《云南日报》报道,中央庚款董事会资助科学人员到云大继续研究。报道说,管理中英庚款董事会,鉴于抗战以来,各地科学工作人员,多因机构紧缩,不能继续工作,特提会议决,划拨专款,指充协助。现已将申请书,审查竣事,开列 8 人,资送至云南大学继续研究工作。当征求该校同意,嗣后研究工作之进行,工作报告之审核,及逐月协助款之发给,请代为办理,并请学校指定专人负责照料。现该校已函复同意协助一切。所附资送人员姓名、籍贯、略历中介绍:费孝通,燕京大学社会系毕业,伦敦大学人类学系博士,研究西南种族。每月协助款 120 元。其他资送人员尚有:丁道衡、李珩、单粹民、江应樑、岑家梧、张维华、白寿彝。11 月 15 日至 12 月 23 日,费孝通即在到达昆明仅仅两个星期后,便经人介绍到达昆明西边 100 公里的禄丰县的一个村庄(取学名为禄村)开展实地调查工作。

按:次年 8 月 3 日至 10 月 15 日再次来到禄村调查。1940 年底,《禄村农田》一书列入吴文藻主编的社会学丛刊乙集交付出版,1943 年正式由商务印书馆出版。(参见吕文浩编《中国近代思想家文库·费孝通卷》及附录《费孝通年谱简编》,中国人民大学出版社 2015 年版;《云南大学志》编审委员会《云南大学志》第 2 卷《大事记(1915 年——1993 年)》,云南大学出版社 1993 年版)

楚图南 2 月在云南大学文史系任副教授,开设文学概论、历代文选和习作等课程,并在昆明女中、成德中学兼课。4 月 8 日,在《云南日报》发表《由和平人道主义到反法西斯主义的罗曼·罗兰》。5 月 8 日,在《云南日报》发表《文艺工作者怎样充实和武装自己》,15 日续完。文中认为"最先得老老实实的两脚踏在人间,老老实实的做人,敢说、敢笑、敢批评、敢希望,以庄严的人的生活支持自己,支持自己的作品与艺术。"6 月 5 日,在《云南日报》发表《学术辩难应有的态度》。10 日,在《战时知识》第 1 期发表《艺术与艺术家》。15 日,在《新动向》创刊号发表《云南文化的新阶段与对人的尊重和学术的宽容》。20 日,在《新动向》第 4 期发表《悲剧精神与悲观主义》。25 日,在《战时知识》第 2 期发表《诗人与现实》。7 月 13 日,在《文化岗位》创刊号发表《在抗战建国过程中的中国文艺》。15 日,在《云南日报》发表《纪念聂耳》(后改名为《聂耳何以是伟大的》)。16 日,在《抗战文艺》第 2 卷第 2 期发表译作《西班牙战争中的诗人们》。17 日,参加昆明文化界在西山聂耳墓致祭。21 日,在《云南教育通讯》第 2 期发表《云南教育界应当怎样应付当前的事态》。23 日,金马剧社聘楚图南为名誉顾问。7 月 24 日至 8 月 10 日,由云大附中、昆华师范、昆华女中学生 50 余人组成的青年夏令团,到路南、宜良县宣传抗日救国。楚图南为指导教师。8 月 13 日,楚图南在《云南日报》发表《回忆血战开始的去年上海"八一三"》。17 日,在《文化岗位》第 2 期发表《抗战文学的现实主义与云南文艺》。10 月 23 日,在《云南日报》发表《学习鲁迅的战斗精神》;在《西南边疆》第 1 期发表《西南民族神话》,第 2、7、9 期连载。12 月 28 日,茅盾到达昆明,楚图南代表"文协"云南分会,到车站迎接,并主持接待工作。29日,"文协"云南分会为茅盾举行茶会,楚图南致欢迎词。(参见麻星甫编著《楚图南年谱》,群言出版社2008年版;《云南大学志》编审委员会《云南大学志》第2卷《大事记(1915年—1993年)》,云南大学出版社1993年版)

吕叔湘回国后转道云南,在云南大学文史系任副教授,教英语。与施蛰存住同屋。施蛰存推荐他给《今日评论》周刊写文章,吕叔湘写有《中国话里的主词及其他》。这是吕叔湘先生的第一篇有关汉语语法的文章,并由此结识朱自清先生。

徐嘉瑞时任云大文史系副教授。8月,与工科学生罗铁鹰主编之《战歌》(诗歌月刊)创刊,以"救亡诗歌社"名义编辑;第2卷第3期,公开印出,雷石榆、罗铁鹰编辑。(参见《云南大学志》编审委员会《云南大学志》第2卷《大事记(1915年—1993年)》,云南大学出版社1993年版)

邹鲁继续任中山大学校长。王兴瑞中山大学研究生毕业后,被聘为校长邹鲁的秘书、文学院办公室秘书。1月,由于战时经费困难,教职员工的薪水以七折复七折发给。同时由于筹备迁校,寒假延长,教职员工的工作较为简单,对于学校的此项措施,教职员工均表示理解。5月28日起,日军飞机大规模轰炸广州市区。6月5日中午12时左右,日机数架盘旋于中山大学文法理三学院暨附中上空,先后投弹2大枚,其中1枚落在校门前,大学与附中号房应声而塌,当场炸死2人,炸伤多人。1枚落在高中宿舍前之避难壕,当场炸死2人,炸伤多人,房屋多间被炸坏。事后,校长邹鲁对各文化机关暨各大中小学发表通电。称"暴敌此次侵略我国,注意毁我文化机关,尤欲毁我纪念总理为革命精神中心之唯一大学,昭然若揭。本校员生虽蒙此惨难,誓踏已死同学血迹,益加奋斗,决以全力保此革命策源地之纪念总理唯一大学,策进国家民族之抗战力量"。校长邹鲁并有《哭张生兰光》一诗,悼念在轰炸中牺牲的学生。6月6日,日机再次轰炸中山大学,文学院东堂教室南部被毁,图书仪器悉遭毁坏,幸好员生提前躲避,没有造成人员伤亡。事后,校长邹鲁再次致电各文化机关暨各大中小学,谴责日本帝国主义的罪恶行径,并表示中山大学的全体员生将不屈不挠,继续奋斗,为取得抗战的最后胜利而努力。

邹鲁校长10月中旬因广东当局纷纷撤离广州奉命迁校。抗战8年,中山大学几度迁徙,数易校址,校舍和校产损失惨重。虽然条件极为艰苦,但中山大学坚持教学和科研,为其历史添上了可歌可颂的一笔。19—21日,中山大学分批离开广州。21日,日军占据广州。尽管随着华南地区形势的恶化,中山大学早已经准备迁校,但是关于迁校的具体安排,事前并未作好计划。中山大学先于10月迁到广东西部的罗定,一个月之后又拟改迁广西南部的龙州,但是学校仍在考虑选择一个更为合适的地方。邹鲁校长打电话给曾于1935年左右担任过中山大学法学院院长的邓孝慈教授,请他在云南找地方。邓孝慈又和也在法学院担任主任的副教授吴信达商量,吴信达是云南澄江人,建议把学校迁往云南澄江。吴信达的意见被学校采纳,于是正在前往龙州的中山大学师生,又改迁云南澄江。学校师生大部分经过广西镇南关到达越南河内,乘滇越铁路到达昆明,然后再转澄江。另有一部分则从广西柳州到贵阳再转昆明,之后再到澄江。还有的师生则从百色、香港方向到昆明再转澄江。学校此次搬迁,路途遥远,加上正值战乱,行程十分艰苦,尤其是负责押运校产工作的师生更为艰辛。

按:当时参加押运图书仪器设备的图书馆主任杜定友教授曾绘制一幅搬迁路线图,并附有记述:

西行志痛

使命:押送图书,脱离险境,由广州运至云南澄江。

行期:自中华民国二十七年十月二十日零时三十分至二十八年二月二十三日下午五时三十分,凡一百一十五天。

行程：经过广东、广西、云南、香港、安南（今越南），停留十八站，凡一万一千九百七十余里。

行侣：离广州时，同行者中大图书馆同仁及眷属四十三人，中途离队者十四人，受重伤者一人，病故者一人，到达目的地时仅二十七人。

交通：步行、滑杆、骑马、公共汽车、自用汽车、货车、火车、木船、太古船、邮船、飞机。

饮食：餐风、干粮、面摊、粉馆、茶楼、酒店、中菜、西餐，甜酸苦辣。

起居：宿雨、泥屋、古庙、民房、学校、街门、客栈、旅店、地铺、帆布床、木床、铁床、铜床、头二三四等（舱）、大舱、天堂地狱。

广州沦陷后一百三十天

无县人杜定友泣记。（参见吴定宇主编《中山大学校史（1924—2004）》，中山大学出版社2006年版）

黄文山会继续任教于中山大学。1月，在《时代动向》周年纪念学术专刊发表《怎样研究民族学》，谈到研究民族学的首要条件：要具有各种相关科学之相当的训练。民族学的研究，须借助于各种科学，例如民物学，考古学，语言学，民族心理学，社会学，史学，民俗学等都是专门的科学，而与民族学有关系的。至于民族学与体质人类学，民族志等的研究，其关系则更为密切。但是各种科学，都各有它的专门的训练，研究民族学的人，虽然想对于每种科学都具专长，有不可能者在，然而各种相关科学的常识和相当的训练，是不可少的。然后重点讨论了研究民族学的资料、民族学实地研究法等问题。2月，所著《文化学论文集》由广州的中国文化学学会出版。此文集是黄文山在广州局势危急、各种文化机关面临内迁的情况下，为使已作各篇关于"文化学"的论文不至散失而搜集刊印。其中《文化学建设论》《文化学方法论》《文化学法则论》《中国文化建设的理论问题与文化学》《从文化学立场所见的中国文化及其改造》，是这一时期黄文山关于"文化学"建构的主要代表性论文。《文化学方法论》最后"概括文化学诸种方法，略示研究文化现象之程序"：第一，当划出"文化区"或"年代区"为研究的范围——文化区与年代区的概念，为鲍亚士与魏斯拉所创立，一函空间观念，一函时间观念。第二，"文化区"与"年代区"的真相之把握——组成文化区与年代区之资料，搜辑宜求备，鉴别宜求真。第三，当注意区外之关系——文化真象的把握，从纵的方法（Perpendicular Method），固当然注意年代区以前的事实之来历，与以后的文化事象之演变，但从横的方法（Horizontal Method）看，又当求此文化区与彼文化区，此文化境与彼文化境之交互关系，迹寻其文化特质与丛体之交光互影。第四，当精研文化变动的因子——文化变动皆受人类环境的各种因子之影响和决定。这些因子最为复杂。第五，利用各种文化概念和原则为探讨的工具——文化的研究或求知其类型的关系，或找寻其叙列的真际，最应利用已有的文化概念，原则，技术为探讨的工具。

按：黄文山《文化学论文集·自序》具有学术史价值：

我国自与西方文化接触后，社会现象已发生显著之变动，惟对于西方学术之研究，一方似不曾撷其菁华，弃其糟粕，相与迈进于创造之大道，而他方亦未曾对于现代文化之主流，有正确之认识，从而确定一条建设文化之新路线。就根本上言，西方近代文化之主流，实为科学之发明，由科学之发明，乃引起经济之革命，由经济之革命，乃建立近代文化之新结构与新形态。自然科学发明之过程，非予所欲置论，今就社会科学言，其产生与开展，为时亦不过三数百年。自马哥孛罗东来，入仕元朝，西方人士然后知中国文化之伟大；自哥仑布发现新大陆，西方人士然后开始与异种民族发生接触，由此获得无限之文化资料，然后引起商业革命，然后开辟近二百多年学术界空前未有之新天地。后此之人类学，民族学，比较宗教学，比较法学，叙述社会学，进化政治学，历史经济学，方以次建立。至向来所称为社会科学的综合科学——社会学——则自孔德著《实证哲学》，然后露头角于十九世纪初叶（一八三八年）。社会科学在西方的出现，为期如此其渐，其幼稚肤浅，无可为讳。我国自严几道先生译亚丹斯密、斯宾塞诸学者之名著，以迄今日，亦不过三数十年。在此数十年中，国人思想，已渐渐倾向于模仿西洋，而一部分人士，方且在西洋思想之气围中，受十九世纪文化迫力所左右，所支配，莫之知，莫之觉。其下焉者，则有"如群猿得果，跳掷以相攫，如村妪得钱，诟骂以相夺"，殆鲜能总括万殊，包吞千有，冲决网罗，昂首宇外，别开新生面者，学术界之贫乏可怜，盖可知矣！

予自少喜从事革命运动，十年前游俄，游美，游欧，亦笃志革命，奔走不遑。然而平生怀抱，辄不自揆，思欲牢笼天地，博极古今，在学术上有所独创，惟以奔走故，学殖遂荒，文质无所底，蹉跎至今，尚无所成，人生白驹过隙，每一反省，不知汗流之浃背也！十九年秋，始执教鞭于中央大学，旋与时忤，又复去职，薄隐西湖茅家埠，从事译述。后应友人之约，在海上创办私立大学，亦行与愿违；乃于二十年秋北上燕都，讲学于北京大学，师范大学，是年始为同学演讲"文化学"。二十一年以后，又在中山大学，中央大学两度开设同样课程。"文化学"一名，非予所杜撰，友人张申甫（崧年）先生，早已提倡及之，而西方比较社会学家，文化人类学家，亦辄以文化学者自居。然而在国内首先以此学名开设学程者，恐以予为嚆矢。

予讲文化学之目的，在乎将整个人生，当作研究之对象。从前一般旧史家，大抵集中精力于故事之记载，档案之搜寻，予则转而注意文化与制度之演进。一部文化史，卑之无甚高论，实不过变动不居之文化类型与模式之纪录。文化本身即是联合的习惯之丛结，或可称之为"心理的构造"。文化之开展，不是内在的，天生的，而是外在的，人为的；其保存与传递，须经过学习或教育之历程，故文化之生命，具有单独之演进史，与生物发展，为纯然异序上之事实。文化演进，所以只能根据逻辑的或心理的名词，为之说明。十九世纪社会科学学家，相信文化系生物遗传之一部分，此种看法，早经文化人类学家，证明其非是。根据文化观之立场，予以为文化学之对象有三：第一，为研究文化起源，展发，变动，而求其法则性，以推断其未来变动。第二，为研究各文化现象存在之相互关系。第三，为研究各民族文化发展之特殊性，类似性，共通性。文化学之基础，建筑于社会科学或文化科学之上，其与各种社会科学之关系，至为密切，因为社会科学要靠文化学来了解本身与各科学之关系，而文化学则又须要各社会科学来提供研究之资料。

予深信此时在国内提倡文化学之研究，有其自然的，自发的需要。自鸦片战争以来，国人在现代文化中赛跑，无处不碰壁，无地不落伍，如今自应对于现代文化之主流，予以重新之认识，确定一条建设文化之路线，若忽左忽右，随便乱闯，缺乏预见与统制，结果往往与预期相舛违。文化乃国力之总体，而民族国家问题之基干，到底在文化。孟子谓"七年之病，求三年之艾"，吾人为民族国家无穷之前途计，自应在文化上做一番澈底之打算与改造，方是根本要图。故吾人应如何从新估量文化之价值，如何建立科学文化之基础，如何开拓民族文化之新生命，质言之，如何在现阶段民族革命的过程中，建立三民主义之文化体系，皆为现存之严重问题，而此种问题之精密的解决，则正有待于系统的文化学为之设计。

自整个世界观察，因为近代科学技术之发明，文化之一般的水准，已有长足之进步。然而今日民族与民族之间，仍旧互相对峙。战争问题，既无法取得合理之解决。我民族和平立国之主旨，亦无从实现，至整个人类则竟陷入科学自杀之一途，如落泥沼，莫克自拔。故今日之世界，文明乎？野蛮乎？前者抑后者，尚属疑问。中山先生以"生为宇宙之中心，生存为民生之中心"，易经曰："天地之大德曰生。"德国社会学者李博德亦以"生之成遂，为文化进化之动因"。由此观之，现代一部分文化之动向，显然与唯生论异趋。百年前孔德创立社会学，其唯一之目的，在于求得社会机械之纯粹理论，应用之以改造残旧之社会，来适应人类之生存。予相信今日提倡文化学，在最原始与最终极底鹄的上，与中山先生唯生论之观念，孔德之社会改造观，曾无二致。文化演进之途径，在思想方面，由神学而至玄学，由玄学而至科学；在制度方面，由游群而氏族，而部族，而国家，而大同，殆为必经及必至之阶段。丁此转形（型）时期，一切文化之统制的变易，有赖于理论的文化学与应用文化学，为之指标，实如日月经天，江河行地，无可致（置）疑者。

予年来立志写成《文化学体系》或《文化学之原理与法则》一书，人事旷废，久而未成。前年春，与友人刘百闵、萨孟武诸先生在京刊行《政问周刊》，予独深感倭寇为民族之大患，国势日蹙，彷徨不可终日。是年秋，适值广东政局改造，统一告成，自维民族革命与复兴之根据地，仍在岭南，乃匆遽束装南归，欲对于第二期之民族革命，贡献其区区。去年以来，敌势猖獗，北平、上海、南京，不数月而相继沦丧，顾亭林先生诗云："愁看京口三军溃,痛说扬州七日围。"此情此景,不图复见与所谓"文化时代"之今日,其为悲痛,非言可喻。予二十年来积存书籍稿件,庋藏京邸,亦随同首都沦陷,同付浩劫! 年前居京,所写关于文化学之文字,约二十万言,在此抗战期中,保存至为不易,乃从友人之劝,重灾梨枣,印成是书,似此戈戈,既无补乎时艰,且亦深违乎素愿。迹予生平,喜以文章自怡,始则"凌铄波涛,穿穴险固,囚锁怪异,破碎敌阵",今则饱经世变,虽渐归平淡,而结习未除。当此抗战时期,屡拟将旧稿痛加剪裁,而时间亦有所未许。一俟倭寇平定之后,自当裁敛研究之范围,集中精力于一点,期对于思想界,尽其绵薄。世有同好,鉴其一得,进而正之,感且不朽。

黄文山4月10日在《更生评论》第3卷第1期发表《再论复兴民族的几个基本原则——本刊立场的再检讨和新估定》《太平洋问题的关键》。前文提出:同人将复兴民族的几个基本原则之重新确定为:一、建立三民主义文化。二、发挥抗战建国精神。三、贯彻民族自力更生。四、倡导新科学化运动。4月20日,在《更生评论》第3卷第2期发表《我们只有一个敌人》。6月30日,在《更生评论》第3卷第9期发表《双七抗战建国纪念节掇感》,指出:"'双七'抗战建国纪念,已经一周年了。这个纪念节,在国史上看,是中华民族从民族斗争中表现它的新精神和再造文化复兴与民族的开始,在世界史看,是代表爱和平的民主国家以艰苦卓绝,一往无前的精神,来维护世界正义,与侵略者作殊死战的发端。我相信,这的确是中华民族最光荣的纪念日,同时也是世界文化演进的划阶段的纪念日。"7月30日,在《更生评论》第3卷第10期发表《悼钱玄同先生》,谓"自故都沦陷以后,钱先生消息寂然,然识者多知先生年来患湿气病,其闭门不起,盖非偶然。以一代文化巨人,对于抗战建国运动,不能及身参与,以致客死故都,想全国文化界,闻之当为悲凄永叹也!"8月10日,在《更生评论》第3卷第11期发表《反对轰炸不设防城市运动的意义》。31日,在《时代动向》第4卷第4期发表《孔子与民族主义——为纪念八月廿七日孔子诞辰》,从"民族主义"重新解读、评价孔子,谓孔子之所以有这样伟大的力量,实由于其伟大的理想而来,由理想以造成文化,演为制度,进为动力,此理想就是孔子的民族主义。这理想的表现,可以从两方面来说明:第一是民族中心主义的建立;第二是民族精神和民族文化体系的奠定。

黄文山所著《抗战建国与复兴民族》9月由广州更生评论社出版。其中《抗战建国与科学运动》刊于《民族文化》1938年第1卷第2期。文中在"检讨过去科学运动"之得失的基础上,提出了今后科学化运动的"四个原则""第一个原则是科学运动必须贯通自然与社会"。一方面要学习并发明抗战建国所需要的技术,另一方面要改造社会组织与训练,使之能与这些技术相适应。"第二个原则是科学运动必须贯通战时与平时"。没有平时的科学研究,不能应付战时的需要,也只有战时的科学需要,才能提高战时与战后科学研究与教育的水平。"第三个原则是科学运动必须贯通物质与精神"。他同意如下观点:"自抗战以来,单就武器的优劣来推论抗战的成败,固然是错误;同时抹杀武器及其他物质设备,以为只要有一时的民族情绪,就可以得到胜利,也是错误的。""第四个原则是科学运动必须贯通感情与理智"。对于国民的情绪,在战时自然应当激发,但我们应从感情激发之中,培养理智的观察与理喻,只有靠理智维持情感,情感才可持久,才不可闻胜而骄,闻败而馁,才能坚定抗战必胜建国必成的信心。10月,广州失守后,黄文山在肇庆出版《广州日报》战地版。是年,还在《更生评论》等刊发表《新道德运动的展开》《关于民族政党》等文。(参见赵立彬编《中国近代思想家文库·黄文山卷》及附录《黄文山年谱简编》,中国人民大学出版社2013年版;郑大华《论"抗战建国"话语下"学术建国"的讨论》,《浙江学刊》2020年第3期)

朱谦之继续任教于中山大学,专注于太平天国史研究。10月,广州陷落,返回梧州,再迁藤县。12月，绕道越南至昆明，见到旧友郑天挺、顾颉刚、罗莘田、冯友兰等。（参见黄夏年编《中国近代思想家文库·朱谦之卷》及附录《朱谦之年谱简编》，中国人民大学出版社2015年版）

杨成志4月指导研究生刘伟民、本科生梁钊韬、何瑞麒、陈国恩、雷镜鎏、宋兆联、黄庆华、陈翊湛、徐济东、黄德鸿、尹日滔、邓淮、岑嘉玮等10余人组成"疍民调查团"，对广州市10万疍民之现实生活进行调查，内容包括统计疍民人口与地域分布、物质生活、经济生活、家庭与个人、宗教信仰以及对疍民进行体质测验和生活摄影等。

陆侃如、冯沅君夫妇南下抵沪，经港，间关避贼。过越南，冯沅君有《河内病院见大兄》诗记其事。秋，陆侃如、冯沅君到迁至粤西罗定的中山大学师范学院任教。是年，陆侃如《关于方玉润》刊于《新动向》第1卷第4期；冯沅君《撤退》刊于《文艺阵地》第6期；冯元君《从女汉奸说起》刊于《宇宙风》第72期；冯远君《反省吧，被侵略的人们！》刊于《宇宙风》第75期；冯沅君《昆明的秋》刊于《宇宙风》第77期。（参见尚达翔《冯沅君先生年谱》，《河南师大学报》1986年第4期；袁世硕、张可礼主编《陆侃如冯沅君合集》第15卷《冯沅君创作译文集/冯沅君著译》附录张可礼、严蓉仙编《陆侃如、冯沅君论著创作译著年表》）

岑家梧所著《史前艺术史》3月由上海商务印书馆出版。7月，岑家梧携中华基金会中英庚子赔款资金，赴云南昆明嵩明县苗族聚居地调查"花苗"。是年，《抗战建国与民族艺术》刊于《民族文化》第1卷第2期；《战时文化问题读物五种》刊于《民族文化》第1卷第2期；《现阶段台韩民族解放运动》刊于《狂潮》第1卷第3期；《迎接国际青年的援助》刊于《救亡呼声》第2卷第6—7期合刊；《对于广东文化界救亡协会的意见》刊于《救亡呼声》第2卷第8期；《拥护和平自主的外交政策》刊于《救亡呼声》第2卷第9—10期合刊；《论中国新文化运动的三个阶段》刊于《救亡呼声》第3卷第2期；《抗战与边疆民族文化运动》刊于《更生评论》第3卷第10期；《日本农民解放运动的三个阶段》刊于《更生评论》第3卷第10期。《抗战建国与民族艺术》强调"艺术是一个国家的命脉"，因此，在抗战建国中"发挥它的独特效能，这是艺术岗位上应有的任务了。"又有所著《抗战中文化运动诸问题》由上海南华出版社印行；译波兰Y. Hrin著《艺术起源》由上海艺术生活出版社出版。（参见《岑家梧文集》第四卷附录《岑家梧生平和主要著述年表》，海南出版社2017年版；郑大华《论"抗战建国"话语下"学术建国"的讨论》，《浙江学刊》2020年第3期）

沈从文1月中旬因编写教科书的办事处决定迁往昆明，带领办事处的人员到湘西老家，在沅陵"芸庐"——他大哥沈岳霖（字云麓）的新居中住了3个多月。同住的有萧乾、杨振声的大女儿杨蔚、杨振声大儿子杨文衡的夫人侯焕成、赵大侔夫人俞珊。3月7日，由长沙临时大学一部分师生组成的徒步旅行团在向昆明转移时路过沅陵，时暴风雨后又下起雪来，还夹着冰雹，旅行团只好住下。沈从文把闻一多、浦江清、李继侗、黄子坚、许维遹等一些在旅行团中的师生请到"芸庐"休息。住了5天后，天气转好，沈从文送他们继续登程。在路过贵阳时，沈从文拜访了不久前才从北平回到贵州的老友蹇先艾，并同游阳明洞。4月30日，沈从文到达昆明。在昆明初期，沈从文与先期到达那里的杨振声、萧乾等会合，继续进行国文教科书的编辑工作，时间持续到1939年。当时，沈从文与杨振声一家在翠湖东面、北门附近的青云街217号租了一座临街小楼既作宿舍，又作编写教科书的办公处。5月1日，"文协"昆明分会成立，沈从文当选为理事。当时负责全国"文协"工作的老舍来信，商量他参加主持昆明"文协"工作，他因不愿与"无作品的作家"共事而婉言谢绝。

沈从文9月20日前往拜访朱自清，其间谈到自己一位朋友在延安的见闻。21日，朱自清来访，与沈从文、杨振声二人商量他自己所编写的教科书的目录。该书即后来出版的朱自清的《经典常谈》。23日上午，朱自清来访，并在沈从文家写了《诗经概论》中的两段。10月1—5日，长篇评论《谈朗诵诗》在香港《星岛日报·星座》上连载文章从新诗的朗诵进而探讨了新诗的形式、语言和韵律等方面的问题。10月23日晚，应《云南日报》社邀请，参加晚餐会。出席的还有朱自清等。11月后，沈从文与在云南大学任教的施蛰存交往甚密。12月28日，朱自清代表"文协"云南分会在昆明饭店招待茅盾一家，沈从文应邀参加，出席的还有顾颉刚、吴晗等人。是年，沈从文完成了长篇小说《长河》的第一卷，但内容涉及湘西少数民族与国民党当局的矛盾，在香港报刊发表时即被删节，以致前后不连贯。1941年重新改写后，经过两次送审和再次删节，才有部分篇章得以在内地刊物上重新发表，并于1945年由西南联大文聚社出版单行本。(参见吴世勇编《沈从文年谱》，天津人民出版社2006年版)

冯至年初经江西万安到达赣县，与在同济任教的德国朋友维利·鲍尔相逢。鲍尔赠送了一本宫多尔夫关于里尔克讲演的全文，以作为他们结交和重逢的纪念。8月，译著《给一个青年诗人的十封信》(里尔克著)，由长沙商务印书馆出版。暑假，由于同情进步学生，与杨晦受到迫害。10月，随校离赣县经湖南到广西桂林，在此和八步小住半月多，将书分别寄给长沙的徐梵澄和成都的陈翔鹤。11月，得北平来信，知父亲逝世，不胜哀悼。12月下旬到达昆明。经同济大学学生吴祥光介绍，住大东门内报国寺街。初来时，物价还便宜，后来，日趋高涨，被迫卖掉了从德国带回的照相机、留声机和外国朋友送的儿童玩具。年底，茅盾路过昆明、文艺界抗敌协会昆明分会宴请茅盾，应邀出席，第一次与茅盾见面。(参见周棉《冯至年谱》，载王京州编《河北近现代学者年谱辑要》，国家图书馆出版社2017年版)

张子斋、唐登岷、张天虚、杨季生、杨亚宁、马子华、杨东明等先后为主编的《文化岗位》月刊在昆明创刊，是中华文艺界抗敌协会云南分会主办的刊物。

常书鸿在抗战爆发后，随国立艺专迁校云南，任代理校长之职。

余青松随天文研究所一起迁到云南昆明。在东郊凤凰山上建造起一座新的观测站——凤凰山天文台。

林徽因为云南大学设计了具有民族风格的女生宿舍。

庞薰琹开始搜集中国古代装饰纹样和云南少数民族民间艺术。

高一涵继续任两湖监察使。3月16日，与傅汝霖、段锡朋、陶希圣、王星拱、周佛海、梁寒操、张西曼、林庚白等9人在《大公报》《武汉日报》发表《为陈独秀辩诬》，对《群众》《解放》《新华日报》多次诬及陈独秀为汉奸匪徒鸣不平："独秀先生平生事业早为国人所共见，在此次抗战中之言论行动，亦全国所周知，汉奸匪徒之头衔可加于独秀先生，则人人亦可任意加诸异己，此风断不可长。鄙人等现居武汉，与独秀先生时有往还，见闻亲切，对于彼蒙此莫须有之诬蔑，为正义、为友谊，均难缄默，特此代为表白，凡独秀先生海内外之知友及全国公正人士，谅有同感也。"6月底，高一涵随两湖监察使署撤退到芷江。11月13—17日，长沙大火，为中国二十世纪最大一次火灾，火灾后，长沙沦为一片焦土。11月下旬，高一涵奉中央监察院院长于右任的指令，星夜赶往长沙，调查长沙大火起火真相，"追究起火责任"。从芷江出发，途经沅陵、常德，于12月5日深夜两点到达长沙。调查进行得十分艰难。28日，呈交监察院《调查长沙市火灾案报告书》。(参见高大同《高一涵先生年谱》，上海文化出版社2011年版)

巨赞赴湖南南岳华严研究社讲学，组织"南岳佛道救难协会"及"佛教青年服务团"，讲授《瑜伽师地论》等。又在《海潮音》发表《参礼祖庭记》《晦鸣录》。

巴金所著长篇小说《春》1月开始连载于上海良友图书公司《文季月刊》,4月由开明书店出版。3月27日,巴金被选为在汉口召开的中华全国文艺界抗敌协会理事,并被选为桂林分会筹备成员之一。同月,巴金写信给在昆明的友人萧乾,促其写完长篇小说《梦之谷》,并告已列入文化生活出版社的"文学丛刊"第5辑和"现代长篇小说丛书",嘱"不可半途而废"。萧乾终于同年5月交稿。同月,看过《春》的校样后,与章靳以一道离沪经香港赴广州筹办《烽火》旬刊。住惠新东街文化生活出版社,同时仍任上海文艺界救亡协会机关报《救亡日报》编委,并协助靳以恢复出版大型文学刊物《文丛》。5月1日,经全力筹备,《烽火》在广州复刊,并增加篇幅,改为旬刊。因茅盾去了香港,该刊由巴金一人负责编辑,发行人为茅盾。同日,发表《复刊献辞》,刊于《烽火》旬刊第13期卷首。云《烽火》自去年11月出版第12期后,时隔数月"又在自己的土地上重新燃起"的经过;并"诚挚地希望那无数与我们暂别了数月的弟兄们再来帮助我们完成这一个事业,使《烽火》永远燃烧一直到最后胜利的日子"。约中旬,与刚从"孤岛"(上海)赴广州的林憾庐晤面,畅谈别后,并约稿,要求能报告一点"孤岛"的近况。不久,得林短文《上海的一些现状》,编入《烽火》第15期。

巴金5月偕靳以前往汉口。在旅社会见担任改组后的《扫荡报》的主笔兼总编毕修勺。6月23日夜,离广州往上海校改《爱情的三部曲》。同月,开始作长篇小说《秋》。7月16日,由上海乘太古轮赴广州。20日下午,船到香港,把《香港行》寄给留在上海编辑文化生活出版社的半月刊《少年读物》的陆圣泉。与靳以同宿于香港马卡奥。22日,到达广州,住广州惠新东街文化生活出版社广州分社,负责出版事务。8月,与茅盾交往颇频。茅盾常从香港来广州,住爱群旅社。巴金前往看望多次,交谈时局,商量《烽火》事宜,并曾一起就餐、访友。9月上旬,赴武汉,出席《自由中国》社同人举行的招待会。下旬,从武汉返回广州。10月13日,获悉日军在鹏湾登陆,仍决定留在广州,继续出版《烽火》。16日,形势紧迫,广州危急的消息从多处传来。遂与林憾庐等商量,决定撤出广州。因考虑到今后出版刊物方便和交通便利等条件,拟向桂林转移。11月28日,与陶行知、胡愈之、鹿地亘夫妇等出席广西临时参议会议长李任仁为来桂文化界著名人士举行的招待会。30日,与从广州、汉口等地撤退到桂林的几十名文艺工作者一起,汇聚于月牙山倚虹楼议决成立中华全国文艺界抗敌协会桂林分会,并与夏衍等同被推选为分会理事。同月,与萧珊热情接待原香港《立报》编辑、诗人、翻译家金克木;与友人林憾庐、朱雯商谈在桂林恢复出刊《文丛》和《烽火》,并拟当夜写信给丰子恺,约他星期六到桂林来。11月,巴金在桂林与艾芜、丽尼等相遇。当时敌占区的许多文化界人士也纷纷逃难到桂林,桂林成了全国进步文化界活动中心之一。巴金主持的文化生活出版社也在桂林展开工作,并曾应邀到广西大学讲演。同月28日,桂林各界李任仁等在乐群社招待来桂文人,计有鹿地亘夫妇、巴金、胡愈之、盛成、陶行知等50余人,桂林已成为文化荟萃之地。12月,获悉好友靳以抵重庆,已回母校复旦大学担任中国文学教授,并决定自明年1月起兼任重庆《国民公报》副刊《文群》的主编。遂答应为《文群》撰稿。(参见唐金海、张晓云《巴金年谱》,四川文艺出版社1989年版;《广西大学校史》编写组《广西大学校史》,广西大学学报编辑部1988年版)

夏衍年初在广州。1月,《救亡日报》在广州复刊。4月,赴武汉向周恩来、郭沫若汇报工作。结识荷兰电影家伊文思。7月,译日本石川达三著小说《未死的兵》由广州南方出版社出版。9月,译日本平林泰子著小说《新婚》由上海文光书局出版。10月,广州沦陷。11

月7日晚,夏衍带领林林等《救亡日报》同人经三水、柳州于抵桂林。同月,武汉失守。夏衍赴长沙向周恩来请示《救亡日报》今后的工作方针,适值长沙大火,奉命护送于立群、池田幸子(鹿地亘夫人)等回桂林,同行者还有孙师毅、马彦祥等。(参见夏衍《夏衍全集》附录《夏衍年表》,浙江文艺出版社 2005 年版)

　　范长江继续任职于《大公报》。2月15日,毛泽东同志致《大公报》记者范长江一信,说:"先生提出的问题都是国家重大问题,要说个明白,非一封短信可了。""我们诚恳希望中国永远不要内战""十年前的分裂,主动者属谁,被动者属谁,以及因何而破裂,已是人人皆知、历史铁铸之事实,彼时谁撕毁那个共同纲领(国民党第一次全国大会宣言),因而掀起内战,先生当能言之。前事不忘后事之师,故今后症结不但在于要有一个纲领而且要保证永不许任何一方撕毁这个纲领,这是一件最中心的事。"3月30日下午2时,"中国青年新闻记者学会"在汉口青年会二楼礼堂宣告成立。郭沫若、张季鸾、沈钧儒、杜重远、邹韬奋、潘梓年、阎宝航及苏联塔斯社的罗果夫,美国合众社的爱泼斯坦,以及美国记者史沫特莱等出席会议,范长江致开幕词。大会通过《中国青年新闻记者学会成立宣言》。宣言第一句即指出——"抗战一定胜利,且抗战一定会将中国腐旧的成分打掉,而在抗战过程中逐渐产生崭新的力量,这是我们的信念。"大会选举领导机构即常务理事会,推举范长江、钟期森、徐迈进为常务理事。10月,范长江为《大公报》撰写了《抗战中的党派问题》的社论,反对蒋介石政府"一个党,一个主义,一个领袖"的政治纲领,主张各抗日党派民主团结,由此与《大公报》在政治上决裂,并毅然离开了工作三年多的《大公报》。同月20日,根据周恩来同志作出的统一部署,范长江和胡愈之等人以"青记"会员为骨干,在桂林正式成立"国新社"总社,由此接受中共南方局的领导,开始了团结国统区青年记者的统一战线工作。"国新社"以"坚持抗战,反对投降;坚持团结,反对分裂;坚持进步,反对倒退"为宣传方针,团结了众多的进步新闻工作者和文化界人士,50 余名专家、评论家和社会活动家成为社员和社友,并在华南、西南、西北建立起通讯网,通讯员数以百计,国内外订户达 500 余家。通过宣传报道和友好往来,团结了一大批进步分子,赢得了国际舆论的支持,也为党培养了一支能打硬仗的新闻队伍。11月,"国新社"总社迁往桂林。(参见艾克恩编纂《延安文艺运动纪盛》,文化艺术出版社 1987 年版;章恒忠、王亚夫主编《中国学术界大事记(1919—1985)》,上海社会科学院出版社 1988 年版)

　　白鹏飞 2 月接替黄旭初任广西大学校校长。黄旭初时任广西省政府主席,以"自抗日军与政务纷繁未克兼顾"辞兼校长职,省府呈请中央任命白鹏飞为校长。同月 16 日,白鹏飞校长到校视事,在人事上作了调整:秘书长兼文法学院院长朱佛定辞职,广西省令以白鹏飞校长兼任文法学院院长,邓伯萃接充秘书长兼文法学院政治学系主任,农学院代院长林汶民辞职,省令由王益滔教授接任。聘李达教授为经济学系主任,王力教授为文史地专修科主任,农学系主任由汪厥明教授兼任。林学系主任由林谓访教授兼任。事务主任梁构辞职,省令以白鼎新接任,统计主任毛振荣辞职,遗职调注册主任梁拱接充,并任闵才纯为注册主任。白鹏飞校长上任伊始,延聘了一批知名教授,充实教学阵容。如文法学院的李达、王力、熊得山、王鲲、千家驹、张映南、钟震等继续留任;理工学院有刘仙洲、李辑祥、郭习之、丁嗣贤、洪绅;农学院有马保之,加上原来的唐有恒、张一农、林礼铨、陶心治、王子芳、钟兴正、马大浦、林汶民等。教学力量大大加强,教学质量不断提高。

　　白鹏飞校长 7 月因文法学院文史地专修科主任王力辞职,由兼任文法学院院长再兼任文史地专修科主。又改聘秘书长邓伯萃兼文法学院会计专修科主任,王惠中教授为政治学系主任,刘鸿渐教授为法律学系主任,张资平教授为理工学院矿冶工程学系主任,汪厥明教授为农学院农学系主任,林谓访教授为林学系主任。夏,日本帝国主义向华南进攻,广州危在旦夕,梧州受威胁,梧州广西大学植物研究所兼所长陈焕镛辞职,白鹏飞校长把该所拨归农学院领导,并聘请张肇蜜教授兼该所主任,后该所决定迁往柳州沙塘。9月,理工学院增设电机工程学系,以理工学院院长李运华兼系主任。农学院增设畜牧兽医系,以农学院院长王益滔兼任。10月,矿冶工程学系主任张资平辞职,改聘李进隆教授继任。军训主任李祖恒奉调另有任用,调陈俊朋接任。11月,图书馆主任尤亚针辞职,由鲁忠翔继任。12月17日上午,军委会政治部第三厅厅长郭沫若到良丰作了题为"战时教育"的演讲。下午,郭沫若参加了学校员生座谈会,由学生报告此次出发各地宣传之经过,并提出关于抗战建国诸问题,郭沫若厅长一一予以解答,直至下午4时始散。28日下午1时,学校敦请日本反战大同盟作家鹿地亘、作家巴金、教授盛成三人莅校演讲,听讲者有文法、理工学院全体员生400余人。首先由白鹏飞校长致词介绍、欢迎。继请鹿地亘氏演讲"第二期抗战应注意之点",对于第一期抗战之检讨,中日战争新阶段的日本法西斯强盗的阴谋,以及我国对付之方策等,分析极为详尽。巴金、盛成则于国际之矛盾、国际情势之变化与抗战有利之点,亦均详为发挥,讲述历四小时。深受全体师生热烈欢迎。冬,王莹和金山领导的"中国救亡剧团"到校演出《放下你的鞭子》等节目。(参见《广西大学校史》编写组《广西大学校史》,广西大学学报编辑部1988年版)

李达是年春被聘为广西大学经济系教授,并兼系主任。6月,在《新南星》第4卷第6期发表《天津工商学院的公教生活》。8月,在《战时教育》第2卷第4期发表《开什么学》,署名李特。冬,被聘为广西建设研究会名誉研究员,该会是当时团结各方面进步民主人士(包括一些知名的共产党员在内)的组织。(参见宋俭、宋景明编《中国近代思想家文库·李达卷》及附录《李达年谱简编》,中国人民大学出版社2015年版)

李四光年初在桂林与早年同盟会的老朋友、时任广西大学校长的马君武一道拜访广西省主席黄旭初,谈在广西办科学实验馆之事,当即说明办科学试验馆的目的是为"研究解决广西省建设上实际问题之试验及设计机关",黄旭初表示赞成。李四光又向北京大学提出不能继续到校上课。2月28日,李四光到香港出席蔡元培主持的中央研究院院务会议。会后,同丁燮林到广西西部、云南东部一带考察。6月,与物理研究所合租的楼房又被日本飞机炸坍了一半,只得将地质研究所迁到桂林乐群路四会街12号一座破旧、杂乱丛生的小园内。李四光自己设计,和大家一起盖了两排木房,作为办公室和宿舍。7月1日,李四光接中央研究院蔡元培院长续聘地质研究所所长职通知。秋,由广西省政府与中央研究院合办的桂林科学实验馆在良丰成立,系由李四光亲手筹建,科研人员就是地质研究所里的工作人员。同在秋季,李四光当选中国自然科学委员会委员。9月23日,李四光同孟和、戢哉、仲齐四人到阳朔的竺可桢寓所乐群社,商讨中央研究院总干事继任人选。李四光等提议王世杰,经商讨推王世杰为总干事继任人,未被接受,后又经推荐、讨论,结果任鸿隽任总干事。是年,李四光根据当时的形势、地质条件和需要,与留所人员商议决定,地质研究所这段时间的工作以鄂西、湘西、广西为范围,并决定鄂西和湘西各设一工作站。除研究地层和地质构造外,特别注意矿产资源的寻找和开发,其中对煤、铜、铁等矿种尤为注意,以适应抗战之需。(参见马胜云、马兰编著《李四光年谱》,地质出版社1999年版)

杨东莼10月从长沙出发经衡阳辗转来到桂林,准备赴重庆到国民党战地党政委员会供职。在桂林，看望了八路军办事处处长李克农，此举实际上是接转党的秘密关系，并拜会老朋友李任仁。李任仁曾有过预计，广州、武汉相继沦陷后，当时白崇禧估计蒋介石可能与日本谈和，一旦谈成，首先恐怕要吃掉桂系。因此当白崇禧受任桂林行营主任时，企图使用"两广事变"时的故伎，罗致进步人士以自重，想要杨东莼当行营秘书长，李任仁当广西日报社社长，胡愈之为副社长（手令已经下达）。杨东莼与李任仁等商量后，认为桂系寡信善变，他们如果接受这些任务，一定要请一些进步人士协助，一旦蒋桂之间又握手言欢，对请来的进步人士就不利。李任仁称病不到任，杨东莼亦找了相应借口婉拒。11 月 12 日，因长沙大火，抗战形势严峻，而杨东莼又受到广西当局邀请担任广西地方建设干部学校教育长，在征得李克农的同意后，正式接受广西当局之邀，担任广西地方建设干部学校教育长。校长由当时的广西省政府主席黄旭初兼任，教育长实际全权负责该校工作。杨东莼在任干校教育长前后，通过与从救亡日报报社来干校工作的周钢鸣联系（《救亡日报》归李克农领导），或事先安排好的聚餐会形式接受党的指示。杨东莼担任广西地方建设干部学校教育长后，与广西地方当局政府定约三条：一是关于学校训练计划，由教育长主持制定，经省政府批准后，由教育长全权执行。二是学校工作人员、军事教官由省政府调派，教职员由教育长物色。三是学校经费编列预算，经省政府批准后，由教育长全权支配。

杨东莼是年冬与前来桂林作报告的徐特立在杨东莼本人的住处桂林施家园 39 号一直谈到深夜，当时中国农村经济研究会和生活教育社曾共同请徐特立同留桂的会员作报告，杨东莼主要向徐特立请教关于筹备广西地方建设干部学校等事宜。为确定办校方针，有一次和中国农村经济研究会、生活教育社的同志谈了一个通宵。11 月 28 日上午，日本反战作家鹿地亘及其夫人池田幸子等一大批文化人与民主人士，从衡阳抵达桂林。下午 3 时，李任仁以广西建设研究会的名义，在乐群社西餐厅举行了盛大的欢迎宴会，把桂林的文化名人都请去参加，如巴金、胡愈之、陶行知、杨东莼等，共 50 余人。28 日，参加中国农村经济研究会在中华职业教育社桂林分社举行的战时农村问题座谈会。同时参会的还有千家驹、陶行知、李紫翔、徐雪寒、黄药眠、秦柳芳等。12 月 15 日，在桂林中山纪念学校礼堂里举行了生活教育社成立大会，杨东莼参加了此次盛会。经社员大会选举，陶行知被一致选为理事长，杨东莼为 33 位理事之一，担任调查设计部的常务干事。同月，鉴于国民党中央 CC 势力派人到广西发展三青团，为协助桂系不让国民党中央势力插进广西，杨东莼等在八路军办事处指导下，从广西地方建设干校第一期学生中调出几百人，筹建广西三青团，并分到各地建立了各县的三青团。是年，担任《建设研究》《十日文萃》主要撰稿人；由战时出版社出版《战时教育问题》；组织生活教育社编《战时教育论集》，由广州生活书店出版；在《战时教育》第 8 期发表文章《战时高等教育》。（参见周洪宇等《杨东莼大传·杨东莼生平年表》，华中师范大学出版社 2014 年版）

唐文治主持无锡国专西迁。1 月 8 日，叶长青到湘乡请示唐文治，称："时局一时不定，拟将本校暂时解散。"唐文治告以"只可疏散若干人，其有愿来者，可迁校至湘乡，照常授课"。12 日晚，钱仲联来报告，叶长青急于回闽，已将学校部分疏散。学校经数度周折后，暂时在湘乡铜钿湾上课。2 月 1 日，唐文治为学生讲授"格物定论"。8 日，顾实来谈，蚌埠失守，徐州危急，日军拟进攻沙市、宜昌，再进袭常德，对两湖形成包围之势，赴川路将断绝，"可虑之至"。9 日夜 7 时 30 分，俞庆棠自桂林来言，广西省主席黄旭初因黄炎培介绍，诚邀唐文治率全校师生转迁桂林，并表示将以大小汽车前至衡阳迎接。17 日晨起程，唐文治等

5 人登车赴衡阳。2 月 19 日晨，从衡阳起程赴桂林，途经祁阳、零陵、全州、兴安等地。5 时许抵桂林，住省政府招待处乐群社。3 月 21 日，国专师生正式迁入，开始复课。无锡国专从此开始了历史上的"桂校"时期。此时学生约 20 人。唐文治讲授《孟子分类简明读本》。5 月 29 日晨，赴风洞山访马相伯，时马相伯年 99，精神稍逊。唐文治曰："君年可比周文王矣。"马相伯愀然云："人生至此，虽千岁亦复何益。"两人"畅谈时局，相对唏嘘"。6 月 25 日，无锡国专毕业第十七届学生 4 人。（参见陆阳《唐文治年谱》，上海三联书店 2013 年版）

牟宗三年初在广西先后任教于梧州中学、南宁中学。春，代张君劢撰写《立国之道》一书的"哲学基础"一章。秋，自广西转赴云南昆明。（参见王兴国编《中国近代思想家文库·牟宗三卷》，中国人民大学出版社 2015 年版）

陶行知主持的生活教育社 12 月正式成立。总社在桂林。宗旨：团结文化教育界进步力量，普及抗战救国的生活教育运动。常务理事王洞若、操震球、刘季平、戴伯韬、方与严等13 人，董必武、西藏活佛喜尧嘉措等亦被推为理事。日常工作先后由王洞若、程今吾负责。

张曙 12 月 24 日在日机轰炸桂林时遇难，终年 29 岁。张曙与聂耳、吕骥组织"苏联之友社"，和冼星海共同参加在武汉的军委政治部第三厅工作。创作歌曲 200 多首，著名的有《农夫苦》《车夫曲》《保卫祖国》《丈夫去当兵》等。（参见艾克恩编纂《延安文艺运动纪盛》，文化艺术出版社 1987 年版）

方管向《广西日报》副刊《南方》投稿时始用"舒芜"的笔名。

白寿彝在桂林成达师范学校教学，讲治学的材料和方法，主编《月华》。

赵鲁生为团长、吕燕堂为副团长的七七剧团 8 月 11 日成立于桂林。

刘建庵加入在汉口成立的木刻人联谊会，同年与力群、马达、李桦等在汉口组织中华全国木刻界抗敌协会，当选为常务理事。是年底，又到桂林与赖少其、张立民等建立中华全国木刻界抗敌协会桂林办事处，继续从事木刻活动，并任《救亡日报》编辑。

竺可桢继续任浙江大学校长。浙大常驻地由吉安迁泰和再迁宜山。1 月 22 日，在吉安电教育部部长陈立夫，报告文澜阁《四库全书》虽已由浙大帮助运抵建德，但仍不安全，以更运内地为是。25 日，离吉安赴南昌转长沙。28 日，飞武汉，向教育部汇报迁校情况及问题。2 月 1 日，致函中研院总干事朱家骅，表明个人兴趣仍在气象方面，请其与陈立夫面商，以中央研究院名义调回气象所。5 日，回抵吉安。15 日，浙大一年级生由吉安启行赴泰和。同日，寄函朱家骅，表明决心摆脱浙大。16 日，浙大师生员工水陆并进，迁校泰和。19日，离吉安至泰和。20 日，在泰和复电聘马一浮为国学讲座。马一浮及其眷属于 3 月 29日至浙大。2 月 25 日，由泰和经赣州、龙南、惠州于 27 日到香港，参加 28 日之中研院院务会议。议定气象所留重庆。3 月 1 日，访蔡元培时告以愿回中研院服务。3 日，又与朱家骅谈辞浙大职。11 日，在泰和浙大校务会议上报告，有鉴于此间每届夏季洪水泛滥，已成立一水利委员会，筹划一切防水事宜。4 月 7 日，离泰和经南昌、长沙去汉口。14 日，到教育部谈浙大经费、借读生、学生救济等问题。16 日，由汉口经宜昌至重庆，到气象所处理所中事务。获悉气象所此次搬迁损失严重，一些贵重仪器如地震仪等均未取出，可叹之至。28日，在汉口往晤中英庚款董事会总干事杭立武，为气象学会请求印刷费。同日，至教育部商经费问题。

竺可桢 5 月 14 日在泰和听马一浮讲"西方近代科学出于六艺"之说，谓《诗》《书》为至善，《礼》《乐》为至美，《易》《春秋》为至真。以《易》为自然科学之源，而《春秋》为社会科学之源。评谓："盖《春秋》讲名分,而《易》讲象数。自然科学均以数学为依归,其所量者不外乎数目 Number、数量 Quantity、时间与空间,故自然科学之不能逃于象数之外,其理亦甚明显。惜马君所言过于简单,未足尽其底蕴。"19 日,在泰和为《浙大日刊》撰"百期纪念感言"。30 日,在泰和接陈布雷来函,嘱其加入国民党,拒绝之。6 月 18 日,在泰和与同济大学校长翁之龙、中正医学院院长王子玕等谈招生、迁移、建筑等问题。又联名致电罗家伦,嘱邀各大学校长电英、美两国朝野制止奸商售汽油、钢铁及飞机与日本。26 日,在泰和在浙江大学第 11 届毕业典礼上致训辞。勖勉大学生进入社会后,在此国难时期应人人负起责任,使中华民族成为不可灭亡的民族;在社会上遇到问题应能慎思明辨,使自己日日新又日新;在社会服务,不求地位之高,薪水之优,而在于努力去干分内应做之事。该训辞后以《大学毕业生应有的认识与努力》为题刊于《浙江大学西迁纪实》。29 日,中国科学社召开理事会,会上报告了竺可桢帮助生物所运存珍贵书籍之事。生物所去岁 8 月间有重要图书 83 箱运沪,因战事爆发,被阻于嘉兴。乃托竺可桢代为提取,并随浙大几次迁移,终达泰和。会议通过以理事会具函道谢。

竺可桢 6 月 30 因日寇已占马当,泰和吃紧。为准备迁校事,至教育部及赴湘、桂勘察。同日,离开泰和。7 月 2 日,抵汉口。在汉口期间数访教育部,谈有关迁校事宜,并申请搬迁经费。10 日,在汉口晤陈立夫得到答复,赞成于必要时浙大可迁,但希望迁贵州。12 日,离汉口往湘、桂勘察西迁校址、途径、交通运输情况,寻找学生住宿与上课之房屋,作西迁准备。23 日,在桂林接浙大催速回电报。同月,与中央大学校长罗家伦等 19 位校长,以敌机迭在我不设防城市任意轰炸,屠杀平民,实属惨无人道之暴行,致电哥伦比亚大学校长并转美各大学校长、教授及各文化机关,呼吁制止暴行。约 8 月初,任吉安招生处招生委员会主席。8 月 7 日,在泰和主持吉安招生委员会第一次会议。17 日,在泰和派浙大史地系教员李絜非、浙大总务处职员滕熙先行赴宜山修葺校舍。18 日,浙大首批图书仪器起运。9 月 18 日,偕部分教职员工、家属等离泰和西迁。经衡阳、桂林、阳朔,于 9 月 25 日抵宜山。9 月 27 至 10 月 4 日,经柳州赴桂林,为商从宜山农场借地以建校舍、礼堂、图书馆、学生宿舍等,奔走于广西省府农业管理处、民政厅等部门及拜访有关人士。10 月 8 日,在宜山至庆远中学演讲,从军事、经济、教育三方面谈来广西之感想。中旬,浙大全体员生均抵宜山。10 月 24 日,在宜山主持浙大到宜山后第一次会议。由于广州沦陷,运输中的图书仪器处于危境,决定派李絜非率领人员前往协助;并急电浙大在韶关、梧州、大唐人员,说明所运输图书仪器可据不同情况就地酌办。27 日,在宜山主持浙大训育事宜谈话会。建议各导师与其学生,每周在学生膳厅内会餐一次,增加彼此接触的机会,以提高实施导师制的效能。

竺可桢 11 月 1 日在宜山浙大开学式上作《王阳明先生与大学生的典范》的讲演,阐述王阳明"知行合一"与"良知"之说。他督勉学生,际此国难辗转内迁以后,应更励志、力学、敦行;对于浙贤王阳明曾来西南之艰卓精神,征引尤详,多引证其德行事业,以为勤励。其演词连载于浙大校刊。13 日,在宜山晤广西省教育厅厅长雷沛鸿,托其与省建设厅商,召广西大学、浙大、农业改进所会议,商广西省农业改进事宜。14 日,在宜山浙大正式开课。主持第一次纪念周,讲演"导师与人师"。述国难期中大学生之特殊使命,及大学生应有之责任心、公德,与准备以学问技术报国之精神;期待学生有所成就,并共同努力促进浙大进步。19 日,在宜山主持浙大校务会议。决定以"求是"为浙江大学校训,请马一浮撰写校歌歌词。12 月 5 日,所撰《〈国立浙江大学校刊〉复刊弁言》刊于该刊复刊第 1 期首页。8 日,校务会议再次讨论校歌问题,校歌已由马一浮撰就,拟请人为之谱曲。同日,阅《新民族》第2卷第19—20期所刊张昌折著《国难的病源》。文中批评儒教,谓其缺点为二,一则专重复古,二则以家族为中心。评谓"前者使人不谋进步,没出息;后者则使人趋于自私自利之一途,所谓'危邦不入,乱邦不居',全是明哲保身。一段话,正与余相合"。12日,离宜山,经南宁、龙州、河内、开远,于18日抵昆明。22日,出席中研院院务会议。议决地理研究所之筹备决请李四光积极进行;通过气象所在香港设立办事处。28、31日,在重庆两次至教育部晤该部主任秘书张廷休、高等教育司司长吴俊升,谈经费、外汇及增设农业经济系与航空工程系等问题。是年,为《高层气流观测纪录》第7—8合卷撰写《弁言》。(以上参见李玉海编《竺可桢年谱简编》,气象出版社2010年版)

梅光迪继续任教于浙江大学。2月20日,竺可桢校长来谈马一浮事。5月,在《国命》上发表《近代大一统思想之演变》。4月3日,梅光迪、王庸、郭斌龢、贺昌群在江西泰和大原书院宴请马一浮,并请竺可桢、钱基博、张其昀、陈训慈、章用等人作陪。晚上,王庸、张其昀、梅光迪等向竺可桢建议出版《国命旬刊》。6月23日,梅光迪从《大公报》得悉当选国民参政会议员。7月初,在汉口召开的国民参政会上提交《提拟请建设新海防案》。月底,到香港与家人团聚。(参见眉捷《梅光迪年谱初稿》,海豚出版社2017年版)

马一浮年初有致张立民、王星贤、袁心粲等人书,谈战祸之由来。1月,从浙江桐庐迁往开化,又迁至江西泰和。时浙江大学也辗转迁来泰和城西五里的上田村。2月9日,致书丰子恺,详述避难经过,并表达了对丰子恺的殷殷期许,是年还有致丰子恺书,鼓励其尽力发挥非战文学。12日,因日寇进逼,致书竺可桢,欲借浙大暂得一安稳之所,保护所藏书籍。14日,致书谢无量,叙自己因寇乱逼近富阳,只得奔走开化,居于叶左文处。因与自己同行的有外甥一家及门人等15口,询问谢无量是否有能容讲论之处以束修自给。15日,致书袁心粲,与之论时事。认为"今天下大患,惟在徇物肆欲而不知率性循理"。21日,竺可桢致电马一浮,欲其聘为浙江大学"国学讲座"。3月29日,马一浮抵泰和。以大师的名义为浙江大学的学生讲授国学并撰浙江大学校歌。其于泰和的讲稿后辑为《泰和会语》初由王子余在绍兴铅印,再由吴敬生、詹允明等于桂林铅印,此后在四川乐山有木刻本。31日下午,竺可桢至排田村萧宅晤马一浮。4月4日,竺可桢寄聘函与马一浮。同月,致书丰子恺、汤孝佶,告知抵达泰和的消息。

马一浮5月14日下午3点于新村十号教室讲"西方近代科学出于六艺"说。8月,友人有创办书院的建议,由寿毅成、刘百闵电告。马一浮复书刘百闵、寿毅成,认为书院之事不易成,姑且草草写就《书院之名称、旨趣与简要办法》。同时复电时任教育部长陈立夫。10月25日,致书詹允明。谈自印《泰和会语》之事。26日,马一浮抵宜山,初到宜山与张其昀、郭洽周为邻,后因敌机轰炸,迁至城外燕山村茅屋中。于宜山的讲稿后辑为《宜山会语》,由沈敬仲、乌以风、张立民等人于1940年出《泰和宜山会语》木刻本。11月23日,马一浮于文庙讲"六艺要旨"。24日,致书熊十力,与之谈对书院制度的设想,此时寿毅成、刘百闵等已着手筹办复性书院。12月8日,致书熊十力,谈及上一封信中所述丛林制度:"弟妄意欲以书院比丛林,实太理想,远于事实。以今人无此魄力也。自真谛言之,又何加惧性自常存,顾自无尽,不在涌现楼阁,广聚人天也。"9日,致书李笑春,与之论学。13日,致书袁心粲,与之论学。14日,致书熊十力。认为"今日讲学,志事亦与古人稍别,不仅是为遗民图恢复而止。其欲明明德于天下,百世以俟圣人则同;不以一国家、一民族、一时代为限则别。此意非时人所骤能了解,将谓无救于危亡。其效不可得而观,其不可合也明矣。"同日,致书张立民,谈书院规制及地点选择等事。同月,致书丰子恺,代郑晓沧转达浙大欲聘丰子恺为艺术指导。(以上参见张雨晴《马一浮学术年谱整理(1911—1949)及其儒学践履活动研究》,贵州大学硕士学位论文,2019年)

柳诒徵2月应浙江大学校长竺可桢之邀,欲前往浙江大学。4月,曾致函江苏省教育厅,欲辞去国学图书馆馆长职务,率领会计将经手折单、现款一并呈交。馆长职务似未辞去。下旬,到达泰和流亡中的浙江大学,与马一浮交游论学。5月,在泰和浙江大学讲学,但因病中止,开始休养。8月,曾与学生王庸乘校车经莲花、茶陵、攸县至衡阳,而后经桂林、梧州、香港,于9月中旬抵达上海。12月,返回兴化。(参见李玉海编《竺可桢年谱简编》,气象出版社2010年版)

张其昀继续任教于浙江大学。4月8日,顾颉刚在日记中写道:"看张其昀所著《中国民族志》,此君平日颇能留心搜集材料,惟不能融化,又不能自己提出新问题,发见新事实,故其著作直是编讲义而已。……张君与陈叔谅对我颇致嫉妒,待数百年后人评定之可耳。"11月27日,竺可桢在宜山派张其昀等前往贵州都匀、三合、贞丰视察迁校地址。嘱注意治安、交通、粮食、卫生、风景、工人等诸种问题。(参见李玉海编《竺可桢年谱简编》,气象出版社2010年版;沈卫威《学衡派编年文事》,南京大学出版社2015年版)

王庸继续任教于浙江大学。4月,所著《中国地理学史》由商务印书馆出版。此书共四章,首章叙原始地图志及其流变,次章为地图史,三章为地志史,四章述近代地理学之进步。此书材料大部分来自时人著述,一小部分为作者旧作,故评论者称"此书之作,实系编辑性质,而书中称为著作,于事实不符也"。(参见王学典《20世纪史学编年(1900—1949)》,商务印书馆2014年版)

缪钺年初寒假中与薛效宽同返开封,接家眷到信阳。夏,日寇准备进攻武汉外围。缪钺偕同薛效宽携眷自信阳出发,经武汉,乘"大达"号船西上到宜昌等船。后携眷换乘民生公司轮船于7月29日抵达重庆。8月底,经叶唐(石荪)介绍,缪钺赴四川省江安县省立江安中学教授国文,遂奉母携儿溯江西上至江安。当浙江大学内迁广西宜山,校长为竺可桢,文学院院长为梅光迪,中文系系主任为郭斌龢。经郭斌龢邀请,缪钺应聘为浙江大学中文系副教授。10月,缪钺只身前往宜山。自此时起,缪钺先后在浙大讲授"诗选""词选""中国文学史"等课程。11月21日晚,出席竺可桢校长宴请教授讲师的晚宴,孟宪承、杨守珍、刘遵宪、彭谦、张清常、黄秉维、马裕藩、费香曾、陈建功等出席。12月12日,马一浮来访,出示诗、词各1首,均为题缪钺所撰《杜牧之年谱》。(参见缪元朗《缪钺先生生平编年(1904年—1978年)》,《魏晋南北朝史论文集——中国魏晋南北朝史学会第八届年会暨缪钺先生百年诞辰国际学术研讨会论文集》,2004年)

蒋百里1月在欧洲撰写《速决与持久》,寄回国内《大公报》发表,从军事上阐述了抗日持久战的作战原则,提出以持久为目的,以速决为手段。5月,从欧洲返回国内,赴汉口,为最高当局提供决策咨询。8月,在《大公报》连载《日本人——一个外国人的研究》,断定日本必败,中国必胜。文中从历史、地理、政治、经济、外交、文化、风俗习惯各方面剖析日本内情,强调"樱花当它最美的时候,正是立刻要凋谢的象征""胜也罢,败也罢,就是不要同他讲和!"后该文被印成单行本,行销达十余万册。9月1日,发表《抗战一年之前因与后果》,充分肯定中国在抗战中的进步,以增强国民的自信力;作《欧局与英国外交》,抨击英、德勾结出卖捷克。同月初,受任为陆军大学代理校长,先后在该校四次讲演,其题目分别为《参谋官之品格问题》《知与能》《陆军大学之意义》和《国庆纪念报告》。10月初,作《欧洲大陆英雄之覆辙》及《新式游击战术纲要》。11月4日,病逝于广西宜山。（参见皮明勇、侯昂好编《中国近代思想家文库·蒋百里、杨杰卷》及附录《蒋百里年谱简编》,中国人民大学出版社2014年版）

王伯群继续任大夏大学校长。吴南轩、欧元怀分别率"复旦大夏联合大学"第一、二部西迁重庆与贵州。2月,联大在贵阳桐梓举行行政联席会议,鉴于现状和事实,决定复旦大夏联合大学解体,各自独立办学。2月27日,《新民报》《新蜀报》《武汉日报》《大公报》《国民公报》等刊登复旦大夏联合大学通告:"本大学原在庐山设第一部、在贵阳设第二部。第一部以时局关系,复于本年一月迁设重庆。两部地点密迩,实与两校分别内迁无异。爰经本大学行政会议委员会第三次议决,于二十六年年度第二学期起,以重庆之第一部为复旦大学（校址在重庆北碚）,贵阳之第二部为大夏大学,分别继续开学。"随后,教育部发私甲第589号指令:"令私立复旦大夏联合大学:二十七年二月呈一件——呈报两校分立情形,祈鉴核备案由。呈悉。准予备案。此令。部长陈立夫。"是年,王伯群在教育部主办的战区中小学教师贵州服务团作《抗战与学术研究》的学术讲座,后刊于《大夏周报》第14卷第10期。（参见复旦大学档案馆选编《抗战时期复旦大学校史史料选编》,复旦大学出版社2008年版）

傅启学任国民党贵州省党部委员兼贵州《晨报》社社长。

秦牧到广州参加抗日救亡宣传活动,辗转于粤桂两省,开始在广州报刊上发表作品。是年参加中华全国文艺界抗敌协会。

王造时3月应熊式辉之邀,出于合作抗日,任江西省地方政治讲习院教务主任,许德珩任训导主任,罗隆基任研究处主任,熊式辉自己兼任院长。4月,和沈钧儒、邹韬奋、史良、陶行知等被聘为"国民参政会"参政员。夏,和罗隆基、许德珩等3人应江西省临时参议会聘请,督导抗日工作。7月6日,离开江西去汉口出席第一届参政会议。9月,在江西吉安创办《前方日报》。（参见中国人民政治协商会议江西省委员会文史资料研究委员会编《七君子之一王造时》及附录《王造时年谱》《王造时主要著作目录》,《江西文史资料选辑》第十九辑,1986年）

黎锦晖5月到达江西南昌,任地方政治研究会文艺组组长。

萨本栋继续任厦门大学校长。自去年12月24日全校员生及图书、仪器开始分批迁往长汀。至本年1月14日,员生及重要图书、仪器安全抵汀,安顿在孔子庙及专署署址,部分师生暂宿旅社、民房。16日,学生救国服务团在汀城街头进行首次宣传,引起热烈反响。17日,厦门大学在长汀复课,各年级报到注册者198名。3月10日,下学期开始注册,到校学生239人。20日,为适应艰苦的山区生活,成立学生生活促进委员会。4月6日,校庆17周年纪念日,萨校长发表《勖同学词》,共列出二十则,勉励师生在艰危中须特别努力分内职务,务求无负陈嘉庚先生毁家兴学,及政府将厦大收归国立之至意。这二十则信条,言朴意诚,情理交融,循循善诱,感人肺腑,在师生中引起了强烈的反响。5月10日,日军大举进攻厦门,在厦大校址投弹50余枚,校舍损毁严重。13日,厦门沦陷。6月,举行第十三届毕业典礼,各系毕业生共55人。7月,为便于各战区及东南沿海一带学生就学,决定扩充长汀校舍,添置各项设备。9月21日,调整各院系,全校设文、理、商三学院;中文、历史、教育、数理、化学、生物、土木工程、商业、经济等九学系。秋季开学时,在校学生284人。周辨明续任教务长;杨永修续任校秘书并兼图书馆主任;原校秘书彭传珍调任总务长;原图书馆代主任曾郭棠调任注册部主任;体育部主任仍由陈掌谔续任;另新聘陈荻帆为训育主任,吴春熙为会计主任。各院系领导人为:文学院院长沈有乾（未到校）,中国文学系主任周辨明,历史学系主任吴士栋,教育学系主任李培圃(新聘教授,美国南加州大学教育博士,原苏州东吴大学教育系主任、杭州之江大学教育与哲学教授);理学院院长蔡馏生,数理学系主任萨本栋(暂兼)、化学系主任刘椽,生物学系主任陈子英,土木工程学系主任萨本栋(暂兼),商学院院长冯定璋,商业学系主任冯定璋(兼),经济学系主任杨振先。1938学年度各学系新聘教授有:教育学系王衍康,数理学系陈世昌,化学系王宗和,商业学系萧贞昌、黄雁秋,经济学系曾克熙、孙越;新聘副教授有:中国文学系林庚,历史学系谷霁光,土木工程学系俞浩鸣,可谓人才济济。10月下旬,厦大创办人陈嘉庚以南侨总会主席名义连发六封电报,驳斥其挚友、国民党副总裁汪精卫的和谈言论,并给国民党参政会拍发"敌未出国土前,言和即汉奸"的电报提案,有力地阻遏了国内的投降妥协逆流。(参见洪永宏编著《厦门大学校史》(第一卷)及《厦门大学校史大事记》,厦门大学出版社1990年版)

郁达夫1月初自福州而延平,而龙泉、丽水。准备携王映霞同上武汉。18日,得悉老母于上月31日日军攻占富阳时饿死故里的噩耗,悲恸欲绝。即在福州光禄坊刘宅景屏轩寓所设灵堂致祭,并在灵堂遗像旁手书一联:"无母何依,此仇必报。"20日,致函沫若,对其14日来信作答。3月9日,应郭沫若电邀,离开福州,前往武汉参加三厅工作,任少将设计委员。郭沫若原来想请其负责第七处主管对敌宣传,后因他迟迟不到,工作迫切,就近请范寿康担任。27日,在武汉被推为中华全国文艺界抗敌协会理事。4月3日,在冯玉祥住宅举行的文协第一次理事会上被推选为常务理事、研究部主任及《抗战文艺》编辑委员。5日,作《战时的文艺作家》,刊于5月10日《自由中国》第1卷第2号。文中断言"中国的文艺,经过一番巨变之后,将截然地、与以前的文艺异趋"。5月8日,视察结束,返回武汉。14日,与茅盾等18位文艺界著名人士共同签名的《给周作人的一封公开信》发表,揭露周作人屈膝事敌的丑行,正告其不要堕落为民族罪人。25日,作《战时的小说》,刊于6月20日《自由中国》第3期,认为在战争期间不可能产生大小说,而"可以歌咏的诗歌,可以上银幕的故事,以及富于刺激煽动性的短剧等""会得一天一天的长进、增加,或竟达到全盛而完成的地步",并深信,反映这一次民族战争的大小说、大叙事诗,"将来一定会出现",而且"非出现不可"。其论点曾与郭沫若商量过。

郁达夫6月下旬奉命前去浙东、皖南第三战区视察。7月初,郁达夫自东战场返回武汉。4日,夫妻反目,王映霞愤而出走,匿居不见。7日,作《抗战周年》,刊于8月1日香港《星岛日报·星座》第1期。7月5日,在汉口《大公报》刊登有关王映霞女士启事,轰动全国,朋友、同事为其家庭纠纷奔走调解。9日,在重庆《抗战文艺》第1卷第12期发表《我们只有一条路》。同日,经友人劝导斡旋,郁、王协商,订立协议书一纸。11日,因武汉战局紧张,三厅人员疏散,郁达夫偕王映霞和王母及三个小孩,经朋友介绍,逃难湘西重镇——常德。14日,开始写作《回忆鲁迅》,回顾与鲁迅交往的历史,叙述鲁迅的高尚品质和崇高精神,表达了对鲁迅的敬慕和怀念之情。9月22日,应陈仪电召,离开汉寿,返回福州。10月19日,应邀参加福州艺术界及文化界青年在福州戚公祠举行的鲁迅逝世2周年纪念会,并为大会书写"横眉冷对千夫指,俯首甘为孺子牛"一副。11月,武汉失陷,王映霞携老小五口之家从汉寿逃难长沙,准备经长沙出江西绕道浙江江山,再翻过仙霞岭到福建浦城,然后设法去福州找郁达夫。逃难途中,适逢13日长沙大火,王映霞在兵荒马乱、大火四起的长沙车站丢失皮箱一只,内藏郁达夫历年给她的书信200余封。

按:据1948年7月19日上海《大公报》报导,这批信件并未毁于"长沙大火"之中,而为当时在资源委员会供职的燕孟晋从烈焰中抢救出来，以后又辗转到华师大中文系林艾园手中。1976 年，林将所保存的郁达夫致王映霞的十二封信归还王。1981 年又将在十年中散失后找回的七十余封信和明信片全部赠给上海图书馆。1982 年由天津人民出版社出版，新出版的《达夫书简·致王映霞》共收录达夫书信九十四封。(参见陈其强《郁达夫年谱》，浙江大学出版社 1989 年版)

黎烈文因福建省政府在战时省会永安创办改进出版社，任社长兼编辑部主任，并任省政府参议。

李叔同 1 月 31 日在草庵讲《华严经普贤行愿品》。2 月 19 日，入福建泉州。3 月 2 日，讲经于承天寺。后赴梅石书院、开元寺、清尘堂及惠安、厦门等处讲经。

李拾豪在浙江诸暨《抗战十日》第 2 期发表《抗战建国与确立民主的宪政制度》，提出中国要建成一个近代的"民族国家"，有"几个基本条件"必须实现，而"对外求得独立"则居"几个基本条件"之首。否则，对外不能求得独立，国内的政治就不会走上轨道。政治不上轨道，帝国主义者经济侵略没有停止，农民生活没有改善，不但重工业无法建设，就是萌芽的轻工业也不能维持。在帝国主义的经济侵略及封建剥削的两重压迫之下，要挽救农村经济的衰落是不可能的。农村的崩溃，农民生活的极度贫乏化，反映出农民要求解放的迫切，形成国内政治与社会的动荡不安。"所以民主的宪政制度的确立，又是建设现代国家的各种条件中的中心问题。"

按：李拾豪将民主政治视为建立近代的"民族国家"的"各种条件中的中心问题"，指出：在半殖民地国家与帝国主义者的战争上，人力的要素，远超过物力的要素。要人力的要素能够扩大而深入的发挥，需要在政治方面除去动员民众的障碍，建全动员民众的机构，使民众能自发自觉的与抗战的要求相适应，亦只有在自发自觉的基本精神之下，才能使民众会感觉到本身的利害，与国家民族相一致。同时也只有农民生活得到了改善，农民大众得到了解放，他们也才能够提高其抗战的积极性，发挥其抗战的力量。"这就是对于民众动员上，需要有民主的政治制度的确立的理由。"另外，受资金、原料、销路等各种的限制，抗战时期中要发展民族工业是不可能的，重工业更无从说起。但一个国家如果不能把工业建设搞上去，确立工业高度化的基础，即所谓现代国家之建设是不可能的。要排除这种困难，当然要对外求独立，解除帝国主义者的经济压迫和掠夺。其次还要改善农民大众的生活，提高他们的购买力，这都是有相互关系的，但其中最主要而为其中心的，还是要政治能上轨道，只有适合于现代的、可以对抗国际经济侵略的政治制度得到了确立，才能保证工业建设的进步。同时也只有政治走上了轨道，才能把各种建设向前迈进。"所以民主的宪政制度的确立，又是建设现代国家的各种条件中的中心问题。"(参见郑大华《论"抗战建国"话语下"学术建国"的讨论》，《浙江学刊》2020 年第 3 期)

冯雪峰仍居浙江义乌。2 月，国民党浙江省政府主席黄绍竑约其负责一个政工队的工作，即予拒绝。下半年，去丽水县帮助朱隐青组织政工队，两周后返乡。是年，写有关长征的小说，得五万字。此稿暂名《红进记》，后改题《卢代之死》。(参见包子衍《雪峰年谱》，上海文艺出版社 1985 年版)

钱基博离开浙江大学，至湖南安化县蓝田镇，任湖南蓝田国立师范学院教授、国文系主任。(参见王玉德《钱基博学术年谱简编》，载舒大刚主编《儒藏论坛》第 3 辑，四川大学出版社 2009 年版)

徐诵明、李蒸、李书田、陈剑翛继续任西北联大常委会常委。3 月，由"蒋委员长西发行营主任蒋鼎文"出面，以"为维持学生的学业起见，及为国家根本的教育事业起见"，命令西安临时大学再迁汉中。为此，不少师生持异议，校常委徐诵明打电话给教育部长陈立夫，陈断然回答说："不迁不行！"强令南迁。西安临大常务委员会为了做好千余名师生的南迁工作，于 1938 年 3 月初即开始了紧张的迁校筹备工作。3 月 2 日，派总务处徐世度持公函前往汉中地区寻觅校舍。9 日，经校常务委员会 23 次会议决定成立以徐诵明等 17 人为首的

"准备迁移事务委员会",下设布置、运输及膳食三委员会。不久,校常务委员会又公布了《国立西安临时大学全体学生由西安至汉中行军办法》。在迁校行军前,全校进行编队,按军训队原有大队编制,下分三个中队,再分为若干区队,若干分队,每中队约500人至600人。大队设大队部,大队长由全校军训队长兼任,总理全大队一切事宜,军训主任教官为副大队长,协助大队长办理一切事宜。大队部聘请各院长、系主任、学生生活指导委员会常委及膳食运输布置各委员会召集人为参谋,校常务委员为当然参谋。组织参谋团,值周委员为参谋团长。中队设中队部,为行军单位。

按:《国立西安临时大学全体学生由西安至汉中行军办法》规定:一、本大学全体学生,在西安至汉中之行军中,依照本大学军训队原有组织,编为一大队、三中队、若干区队、分队,行军时以中队为单位。二、本大学教职员编成独立区队,由常务委员率领,所有行动,以能取得全队行动之联络与协调为原则。三、全队学生之整理及指挥,山车训及体育人员分队负责,秉承常务委员会执行之。四、运输、膳食,由本大学运输委员会、膳食委员会随时分别办理。五、沿途停留宿舍,由本大学沿途布置委员会,先期出发准备。六、全队之住宿、警卫及有关事宜,由军训人员负责支配。七、全队设参谋团,辅导一切行军事务之进行。八、凡由大队部或中队部所规定之事宜,学生不得任意更改。九、凡行进中不受管理不听指挥之学生,得由大队部或中队部停止其行进中之优待权利,其情节较重者,得由大队部请本大学常务委员会停止其在校之权利一时的或永久的一部或全部,情节重大者,由本大学予以开除学籍之处分。

徐诵明、李蒸、李书田、陈剑翛等组成的西北联大常委会决定西安临大师生3月16日正式迁离西安。全校师生员工不畏艰辛,按照行军编制,在校常委、原北平大学校长徐诵明带领下,由西安出发坐火车至宝鸡,然后下车按照预定计划徒步南行。为了保证行军安全,临大校常委会做了大量的组织准备工作,行军顺序按中队次序,逐日连续出发一个中队,每中队行进行列按设营组—侦察班—中队队伍—医务组—运输组—收容班的顺序前进。从宝鸡至汉中,共分10站,每中队拨给胶皮大车15辆,作为载粮食及随身行李之用。给养由膳食委员会在各站布置,每中队携带给养二天,由运输组给养班负责保管、押运、分配。各校学生和年轻教职员工从3月中旬出发,大、中、区、分队均各制白布角旗一面,各组制白布方旗多面,写明番号。全大队长途跋涉,行军500多里,过渭河、越秦岭、渡柴关、涉凤岭。虽然山峦起伏,道路崎岖泥泞,但大家仍以前方将士流血牺牲的爱国精神激励和鼓舞自己,团结互助,克服困难。每晚歇息时,经过一天行军的年轻人,虽然疲累困乏,仍然时刻关心祖国的命运和前方战场的情况。当时交通和通讯极端落后,同学们看不到报纸,全校只有几台陈旧的老式电子管收音机,每到一地,各队部只好把从收音机里收听到的前方战况用大纸书写出来,供同学们阅读。全校师生经过前后半个月左右的时间,终于到达目的地汉中。

徐诵明、李蒸、李书田、陈剑翛等组织全校师生南迁就绪。4月3日,教育部根据国民政府行政院第350次会议通过之《平津沪地区专科以上学校整理方案》,令国立西安临时大学改名为国立西北联合大学。《方案》规定:"国立北平大学、国立北平师范大学及国立北洋工学院,原联合组成西安临时大学,现为发展西北高等教育,提高边省文化起见,拟令该校院逐渐向西北陕甘一带移布,并改称国立西北联合大学。院系仍旧,经费自民国二十七年一月份起由国立北平大学、国立北平师范大学、国立北洋工学院各原校院经费各支四成为国立西北联大经费。"10日,经校常务委员会24次会议决定,将全校分别安置在三县的六个地方,其具体分配方案如下:城固县:考院(普学巷贡院旧址)设立校本部及文理学院;文庙设教育学院(后改为师范学院);小西关外原县简易师范旧址设法商学院;古路坝天主教堂设工学院(距县城30里)。南郑县:设医学院。勉县:设农学院。

按:西北联大从1938年4月至1939年8月止,拥有文理学院、法商学院、工学院、农学院、医学院、教育学院。

1. 文理学院:刘拓任文理学院院长。黎锦熙任国文系教授、主任;许寿裳任历史系教授、主任;赵进义任数学系教授、主任;张贻惠任物理系教授、主任;余坤珊任外国语文系教授、主任,张杰民、谢文通为外国语文系教授;黄国璋任地理系教授、主任,湛亚达、殷祖英、王钟麒为地理系教授。

2. 法商学院:徐诵明兼任法商学院院长。9月,徐诵明请辞代院长职务,经校38次常务委员会议决议,准辞兼职,聘请当时任历史系主任的许寿裳教授为法商学院院长。11月,国民党教育部为加强对该院的控制,抵制进步倾向,改聘张北海为院长。黄觉非任法律系教授、主任,王治煮、赵愚如、王璥、李子珍为法律系教授;尹文敬任政经系教授、主任,章友江、吴正华、李绍鹏、沈志远为政经系教授;寸树声任西安临时大学商学系主任。

3. 工学院:李书华兼任工学院院长。潘承孝任机械系教授、主任,李西山、李廷魁为机械系教授;周宗莲任土木工程系教授、主任,李仪祉为土木工程系教授;寿昆任矿冶系教授、主任;雷祚雯、张伯声为矿冶系教授;刘锡瑛任电机系教授、主任,王瀚辰为电机系教授;萧连波任化工系教授、主任,李仙舟为化工系教授。

4. 农学院:周建侯任农学院院长。汪厥明任农学系教授、主任,易希陶、夏树人、李秉权、王益滔为农学系教授;贾成章任林学系教授、主任,殷良弼、周桢、王正为林学系教授;刘伯文任农业化学系教授、主任,陈朝玉、王志鹄、虞宏正为农业化学系教授。

5. 医学院:吴祥凤任医学院院长。全院不分系,共有正教授8人、专任讲师和助教6人。次年8月,医学院始独立设置,改为西北医学院。

6. 教育学院:7月之前,李建勋任西安临时大学教育学院院长,兼代教育系主任,方永蒸、程克敬、金澍荣、鲁士英、熊文敏、高文源、马师儒、郝耀东为教育系教授;袁敦礼任体育系教授、主任,童守义、沙博格、谢似颜为体育系教授;齐璧亭任家政系主任,程孙之淑、王非曼为家政系教授。7月,教育部令改称师范学院,为该院大发展时期。除原有三系外,增设了国文系、英语系、史地系、公民训育系、数学系、理化系、博物系及劳作专修科等系科。由校常务委员李蒸兼任院长,其他各增设系科主任及教授多由联大其他各院系主任、授兼任。12月1日,师范学院师范研究所正式成立,聘请教育系主任李建勋兼任师范研究所主任。次年8月,西北联大改为西北大学时,该院才独立设置,改称国立西北师范学院。

徐诵明、李蒸、李书田、陈剑翛等5月2日出席国立西北联合大学在校本部隆重举行的开学典礼,前来参加的来宾有汉中专署专员和城固县长等人,大会由校常委李书田任主席。他在回顾学校在平津沦陷后艰难曲折的迁建过程,并感谢陕南地方各界人士的帮助后,激动地说:"回忆这次迁移所费达一月有余的长久时间,全体师生徒步近千里的路程……在我们学界,却是破天荒的大举动。"接着,校常委陈剑翛报告迁校经过及更改校名的意义,他说:"本校现改名为国立西北联合大学,其意义一方面是要负起开发西北教育的使命,一方面是表示原由三校合组而成。"5月4日,国立西北联合大学发布由4月28日第26次常委会议通过的联合大学组织系统表及说明。学校改组后,不设校长,校务由常委会会议议决,下设秘书、教务、总务三处。8日,校常委会议召开,讨论决议事项为:许寿裳担任代理常务委员;通过大学导师制施行细则。15日,校常委会议召开,讨论决议事项为:根据教育部令组织社会教育推行委员会,李蒸为委员会召集人。7月13日,校常委会议召开,决议事项为:批准教育学院教育系导师制实施办法备案;根据教育部命令编写校歌,由黎锦熙、许寿裳编写歌词,请许寿裳、齐国梁介绍专家谱曲等。22日,教育部公布《国立中央大学设立师范学院办法》及《师范学院规程》,并自公布之日起实施。西北联合大学遵照教育部训令,把教育学院改为师范学院,以西北联合大学常务委员李蒸兼师范学院院长。师范学院设国文、英语、史地、数学、理化、教育、体育、家政等8个系及劳作专修科。又令设立师范研究所(后改称教育研究所),所长为李建勋,研究人员有韩温冬、许椿生等。同月,根据教育部命令,工学院分出独立,与私立焦作工学院、东北大学工学院合组为国立西北工学院,仍设于古路坝。农学院亦分出独立,与西北农林专科学校合组为国立西北农学院,设于武功。8月,教育部转发国民政府命令,要求全国各军政机关向中央党史编纂委员会供给抗战史料。西北联合大学开展了有关抗战史料编纂方面的研究工作,根据研究提纲,该项目分为中国部分、日本部分、国际部分。10月19日,根据教育部1937年《颁发国训及青年守则》训令,西北联合大学第45次校常务委员会议,决议称:"校训制定'公诚勤朴'四字与国训'忠孝仁爱信义和平'制成匾额,悬挂礼堂。"同时决议,"校歌歌词仍照三十七次决议案催请黎锦熙、许寿裳两先生赶编"。黎锦熙与许寿裳教授初稿写成后,经联大常务委员会讨论通过。11月12日,校常务委员会召开会议,决议事项为:通过由黎锦熙、许寿裳撰写《西北联大校歌》歌词报部备案。校歌概括了学校的历史和院系,表达了教书育人的责任和忠诚。主要内容包括:"文理导愚蒙,政法倡忠勇,师资树人表,实业拯民穷;健体明医弱者雄,勤朴公诚校训崇。"

按:国立西北联合大学校歌歌词曰:"并序连蕽,卅载燕都迥;联辉合耀,文化开秦陇。汉江千里源嶓冢,天山万仞自卑隆。文理导愚蒙,政法倡忠勇;师资树人表,实业拯民穷;健体明医弱者雄。勤朴公诚校训崇。华夏声威,神州文物;原从西北,化被南东。努力发扬我四千年国族之雄风!"

按:1944年5月黎锦熙教授在城固撰成的《国立西北大学校史》,其中有:"'公诚勤朴'校风养成,盖与西北固有优良之民性风习相应。夫'民生在勤,勤则不匮',此足以去贫,非仅治学修业宜尔。勤以开源,朴以节流;然朴之意又不至此,乃巧诈之反。'今之愚也,诈而已矣',此足以去愚,凡诈皆愚也。公以去私,用绝党争。'诚者天之道也,天行健,君子以自强不息',此足以去弱。弱源于虚,诚则实矣。'贫、愚、私、弱',人皆知为吾民族之所苦;勤朴公诚,正其对症药也。"(参见西北大学校史编写组《西北大学校史稿》,西北大学出版社1987年版)

胡庶华接替陈剑翛出任西北联大常委会委员。7月22日,教育部令撤销原校筹备委员会,改组为校务委员会,全校实行校务委员会制,原有筹备委员均为校务委员。因陈剑翛请辞常委职务正中教育部长陈立夫欲谋安插亲信的下怀,于是由教育部派原重庆大学校长胡庶华接替陈职,同时,又令联大工农两院独立设校。10月,陈立夫又增派原教育部督学张北海任校务委员,便于进一步加强对西北联大的控制。胡庶华系清末秀才,在北京译学馆毕业后,1912年公费赴德国留学,攻学冶金炼钢,获德国铁冶金博士学位。1922年回国后,曾任湖南大学、上海同济大学、重庆大学教授或校长,著有《铁冶金学》《冶金工程》等著作,担任过中华工程学会会长。他早期就加入中国国民党,从事上层政治活动,抗战初期靠近CC派,追随教育部长陈立夫,故有西北联大常务委员和西北大学校长之任。胡庶华到校后,还兼任国民党陕西省党部委员,一身二任,实际上从此掌握了全校的实权。年底,国民党政压教育部严斥西北联大沿袭北平大学法商学院的传统,继续讲授马列主义观点的社会科学课程,并认为开设俄文课程,引进了共产党学说。随后,下令禁止商学系学生学俄文,同时要求解聘法商学院俄文课教授曹靖华等13人,结果引发全校进步师生声势浩大的反解聘斗争。(参见西北大学校史编写组编《西北大学校史稿》,西北大学出版社1987年版;北京师范大学党委办公室、北京师范大学校长办公室编《北京师范大学纪事》,北京师范大学出版社2012年版)

张北海曾任上海影检所所长和国民党中央调查统计局专员,时任教育部督学。10月,出任西北联大校务委员,其职责是对学校行政进行监督。此前9月新学期开学时,校常务委员、法商学院兼院长徐诵明,请辞代院长职务,并经校38次常务委员会议决定,聘请鲁迅先生的好友、德高望重的历史系主任许寿裳继任法商学院院长。国民党教育部对徐诵明聘许寿裳先生为法商学院院长一事,非常不满,随即电西北联大,任命张北海为法商学院院长。按大学组织法规定,大学校长为教育部任命,各院院长应由校长聘任。国民党执政以来,教育部还没有直接任命院长的先例,为了掩盖这一事实,经过策划,又于11月召开校常委第48次会议,决定以校方的名义正式敦请张北海为法商学院院长。同月21日,张北海就任法商学院院长,胡庶华亲自主持召开法商学院该学期第一次纪念周大会。在会上说:"张院长过去曾在国内文化界颇为努力,此次担任本院院长,我想一定会有很好的成绩表现。"接着他针对全院进步师生讲道:"希望各位在新校长到校以后,对于功课,务必加倍努力。"张北海的上任,揭开了当局企图向进步师生开刀的一个序幕,所以引起了全校进步师生的强烈反对。当时法商学院教授曹靖华、沈志远、章友江、彭迪先、黄觉非及韩幽桐、刘及辰、李绍鹏等10余名教师开会,决定挽留许寿裳,反对张北海当院长,并立即发出油印传单"快邮代电"送全国各报社、各大专院校和各机关团体,公开反对教育部的决定,指责张北海不学无术,品质低劣,不仅不足为人师表,更不配当大学的院长。"快邮代电"发出后,引起了校内外的激烈反应和轰动,得到了绝大多数师生同情支持,学生中立即提出了"反对张北海接任法商学院院长""要求教育部收回成命"等口号,在校内掀起了一次学潮。(参见西北大学校史编写组《西北大学校史稿》,西北大学出版社1987年版)

许寿裳3月14日随西北临大迁汉中,偕张少涵、李季谷、林觉辰、陈之霖、潘永言、李西山、余谦六、李仙舟、杨永芳、陈叔庄、齐植朵、杨若愚、季陶达诸先生,及张小涵夫妇、李漪、徐一郎、徐氏姐妹等共20人,坐合资购买之大汽车出发,度秦岭,于17日下午抵南郑,寓大华旅馆16号。4月27日,西北临时大学文、法两学院迁城固,许寿裳亦移居于此,初居民众教育馆中山堂,教授20余人,共居一室。30日,蔡元培致许寿裳函,略谓:"久不晤,想起居安善。西北临大进行如何? 接马孝焱兄函,说关于《鲁迅全集》作序问题,先生有与弟商酌之处,敬希示及。弟曾得许广平夫人函,嘱作序,已允之,然尚未下笔,深愿先生以不可不说者及不可说者详示之,盖弟虽亦为佩服鲁迅先生之一人,然其著作读过者甚少,即国际间著名之《阿Q正传》,亦仅读过几节而已,深恐随笔叹美,反与其真相不符也。弟于去年十一月杪来港,初寓旅馆,后迁商务印书馆之寄宿舍,十二月杪,眷属来,先借住坚尼地台陈彬龢兄家中,今年,一月杪,始租得九龙、柯士甸道一五六号楼下2号之屋而住之,以至于今。但通讯仍由商务印书馆转(香港之商务分馆在大道中三十五号),而姓名则借用'周子余'三字。此间相识之寓公太多,若宣布真姓名,真住址,将应接不暇也。研究院总办事处及气象所在重庆,地质、动植物、心理、社会科学等四所在桂林与阳朔,天文、历史语言、物理、化学、工程在昆明,与香港交通尚便。看现在战局,似乎亡国之祸可以幸免。西安当不至于不安全,宝眷已西迁否?"5月1日,出小东门二里,至城北,访萧何墓。

许寿裳5月2日晨出席西北联合大学开学典礼,并作演讲。是日,西北临时大学奉教育部令,改称西北联合大学。8日,出小西门,访博望侯张骞墓。22日,由民众教育馆移居集灵小学。23日,许寿裳致函蔡元培,说西安临大改名西北联合大学,分设于沔县、南郑、城固三县。又示《鲁迅全集》序资料。7月27日,兼任法商学院院长。8月12日,移居王史巷4号。与李季谷、林觉辰、谢似颜、陈之霖等同住。17日,接继母8月4日自沪所寄快函,得悉嘉兴报忠埭陶宅老屋及南门大街 66 号陶外祖母所租赁姚姓之屋,全部焚毁,我家书物亦成灰烬。24 日,以博望侯墓前将建立新碑,许寿裳书《汉书·张骞传》一篇,刻于碑阴。9 月 7 日,徐轼游邀饮祝芾南公馆,许寿裳即席赋诗一首。同月,校 38 次常务委员会议决定聘请时任历史系主任的许寿裳继任法商学院院长,但教育部却直接致电西北联大,任命张北海为法商学院院长。10 月,西北联合大学常务委员会议决定由许寿裳与黎锦熙撰写西北联大校歌。11 月 5 日,许寿裳至南郑。6 日晨 7 时,许寿裳参加联大学生集训出队式,下午参加会餐式,并演讲《勾践的精神》。7 日,返城固。10 日晚,徐轼游来告教育部长陈立夫有密电致联大常务委员会,主法商院长须超然而接近中央者,指定常委会聘张北海为过渡人,整理法商学院。许寿裳闻讯,极为愤慨,立即向校长徐诵明辞职。徐诵明为表示同情和抗议,立即批准许寿裳的辞职,同时自己也向教育部提出辞职。19 日,许寿裳改任史学系教授。(参见倪墨炎、陈九英编《许寿裳文集》下及附录二《许寿裳先生年谱》,百花出版社 2003 年版;高平叔编著《蔡元培年谱长编》,人民教育出版社 1996 年版;西北大学校史编写组《西北大学校史稿》,西北大学出版社 1987 年版)

　　许寿裳、李宗武、陆懋德、黄文弼、何士骥、周国亭 5 月任西北联大考古委员会委员,特聘国立北平研究院历史研究所所长徐旭生。考古委员会隶属于历史系。7 月,何士骥、周国亭主持对张骞墓的考古发掘,发现“博望侯印”封泥和绿釉陶器座等一批珍贵文物,发表《发掘张骞墓前石刻报告书》等,陆懋德、许寿裳等人参与对张骞墓的发掘与研究工作。何士骥为清华大学研究院梁启超、王国维的弟子。12 月,何士骥任北平研究院研究员,常驻西安,负责陕西考古学会。曾为 2 月由陆懋德教授率领参观陕西考古学会展览的西北联大历史系学生讲解。次年 7 月,调入西北联大。(参见姚远主编《西北大学学人谱》(第一集),西北大学出版社 1997 年版;姚远主编《西北大学学人谱》(续第二集),西北大学出版社 2002 年版;姚远主编《西北大学学人谱》(第三集),西北大学出版社 2012 年版)

　　黎锦熙任西安临时大学文理学院国文系教授、主任。西安“临大”迁至汉中、城固,改称西北联合大学,黎锦熙随往。是年教师节,黎锦熙经教育部核定为“部聘教授”(全国 25 科共 16 名);发表《各级学校作文教学改革案》。毛泽东从延安给黎锦熙寄赠《论持久战》一书,黎锦熙当即组织城固西北师院同人学习研究。10 月,西北联合大学常务委员会议决定由黎锦熙与许寿裳撰写西北联大校歌。(参见黎泽渝《黎锦熙先生年谱》,《汉字文化》1995 年第 2 期;郑锦怀《林语堂学术年谱》,厦门大学出版社 2018 年版;刁晏斌主编《黎锦熙先生诞辰 120 周年纪念暨学术思想研讨会论文集》,中华书局 2011 年版)

　　李建勋时任西北联大教育学院院长兼系主任。6 月 4 日,李建勋致函大学常委会委员,根据教育部令提出《对导师制纲要提请讨论之点》,对导师制度、方法等问题进行讨论。7 月 8 日,李建勋呈西北联大常委会关于设立简易师范科,说明建立的必要性。常委会讨论决议,呈教育部批准后施行。10 月 13 日,教育部颁布指令,准予西北联合大学举办的陕南六县小学教员讲习会备案。该会由学校于暑假期间开办,经费由各县分别津贴,教师由学生担任,各科目由系主任选派指导委员。讲习班分科分县举行,李蒸、李建勋、黎锦熙等均担任了演讲。12 月,西北联大恢复小学教育通讯研究处。该研究处以研究及解答小学教育实际问题,辅导小学教员进修,借以改进小学教育等为目的。具体活动要点包括:征集研究小学教育实际问题;解答小学教员所提出关于小学教育的疑难问题;通信指导小学的进修;通信指导小学教育的实验;发行通信研究刊物。该处由教育系主任李建勋教授主持,并设立小学教育通信研究委员会,由 3 人组成,下设指导教授、干事、研究员、书记员等成员。(参见

北京师范大学党委办公室、北京师范大学校长办公室《北京师范大学纪事》，北京师范大学出版社2012年版）

罗根泽2月末由西安出发，往陕南迁徙。因潼关告急，国民政府令西安临时大学搬迁至陕南。10日，顾颉刚有信来。16日，迁往汉中。西安临时大学正式迁离西安，经宝鸡到汉中。4月，随校到达汉中。同月3日，西安临时大学更名为国立西北联合大学。10日，西北联合大学本部及文理学院，进入城固县簧学巷贡院旧址。5月2日，在汉中，参加西北联合大学开学典礼。9月，罗根泽主编《古史辨》第6册由开明书店出版。本册上承第4册，是诸子丛考续编，上编通考先秦诸子，下编专考老子。冯友兰序云："我曾说过中国现在之史学界有三种趋势，即信古，疑古，及释古。就中信古一派，与其说是一种趋势，毋宁说是种抱残守缺的人的残余势力，大概不久即要消灭；即不消灭，对于中国将来的史学也是没有什么影响的。真正的史学家，对于史料，没有不加以审查而即直信其票面价值的。疑古一派的人，所作的工夫即是审查史料。释古一派的人所作的工夫，即是将史料融会贯通。"（参见马强才《罗根泽先生年谱简编》，载王京州编《河北近现代学者年谱辑要》，国家图书馆出版社2017年版；王学典《20世纪史学编年（1900—1949）》，商务印书馆2014年版）

曹靖华随西北联大西迁。3月27日，"中华全国文艺界抗敌协会"在汉口成立，标志着文艺界抗日民族统一战线的组成，老舍、曹靖华等45人为理事。夏，因战事吃紧，西北联大由西安迁至汉中。接急电星夜赶赴武汉，见到周恩来同志，周要曹靖华去武汉工作，曹表示服从党的调遣。10月，回汉中，本拟将工作安排好即赴武汉，但立即又卷入反国民党法西斯统治斗争的旋涡中，无法脱身。后伪教育次长CC某大员亲临汉中将其解聘。是年，作《重版〈铁流〉记》，刊于《七月》第2集第5期；作《故都在烽烟里》，刊于《救亡》新年号；作《鲁迅先生的翻译》，刊于《公论丛刊》第一辑；译作《远方》，文化生活书店出版；校《铁流》，由生活书店出版。（参见冷柯（执笔）、毛粹《曹靖华年谱简编》，《河南大学学报》1984年第5期）

沈志远、章友江、韩幽桐等进步教授指导的"社会科学研究会"于春末夏初宣布成立，为地下党支部领导的大型读书会组织，由以法商学院为主体的一些民先队员学生发起，主要成员有李昌伦、唐义慧、田泽芝、张人俊、余士铭、万迁、桂奕仙、张富林、陈恕人、伍诗绥、姚健吾、孟子奇、张治平、刘养桐、肖富国、马培英、傅道义、胡笑微、郭锦惠、傅静君等。成立大会由法商学院学生李昌伦主持。文理、工、师范各院也有不少进步学生参加，各学院成立有分会或研究小组。研究会的目的在于学习有关马列主义哲学、政治、经济、时事等著作和文章。研究会成立后，先后请章友江、沈志远、彭迪先等教授作过学术讲演，组织会员学过列宁的《国家与革命》和毛泽东的《论持久战》《论新阶段》等。除此之外，学习的内容有《苏联共产党（布）历史简明教程》、苏联《政治经济学》、艾思奇的《大众哲学》和重庆生活书店出版的大量进步书刊等。（参见西北大学校史编写组《西北大学校史稿》，西北大学出版社1987年版）

章友江时任西北联大法商学院教授。年底，在西北联大师生反解聘斗争处于高潮时，曾专程去重庆八路军办事处，将教育部解聘西北联大进步教授及师生反解聘斗争的情况向周恩来作过汇报，当时周恩来对西北联大的斗争作了重要的指示，要求大家在斗争中充分利用国民党派系间的矛盾，注意保存一部分左派教授的力量。章友江由重庆返校时，为了贯彻周恩来的指示，特意在城固居住了一段时间，积极地指导进步学生的抗议活动，进行反迫害斗争。

按：见1973年7月章友江《致周总理的信》，信中写道："1938年我在西北联大任教时，在党的领导和影响下,积极支持和领导了学生的抗日反蒋活动,为此被国民党解聘教职,并被通令全国各大学不得再聘请我任教。在这次斗争中,我曾专程去重庆八路军办事处向您请示。您和其他领导同志曾用请客吃饭的掩护方式,给了我很多重要指示。遵照这些指示进行斗争,在学校里保存了一部分左派教授的力量,充分利用了国民党派系间的矛盾。"(参见西北大学校史编写组《西北大学校史稿》,西北大学出版社 1987 年版)

陈志立、余士铭、马介云、伍诗绥等中共党员发起的展望社约是年秋在西北联大法商学院附近的仁义村成立,开始只有八九人,以后逐步扩大到 30 人左右,主要成员有段文燕、王清润、陶建昌(女)、桂奕仙、邓文惠(女)、高之企、沈能汝、彭恩谱、赵玉珉、王建、岳邦印、宋永年、周纪元、姜国杰、秦西铭、王家珍、李玉玲、张振锋、章泰谦、何其珍、傅道义、张新顺、陈莱、江树森、王绍祖、仇维智、王震瀛、吴旭升、萧锡璋、郭汝塽等。由马介云、陈志立、段文燕等人负责领导社务活动。展望社成立后开展了一系列的活动:成立《资本论》学习小组,研究马列经典著作;出版《展望》壁报,发表学习心得体会、宣传抗战、团结进步力量;定期召开专题学习讨论会,在此基础上写出论文。在壁报上或论文比赛会发表,取得合法形式。有两篇论文在全校论文比赛中获奖(90 分以上)。其中有一篇关于物价问题的论文获全国大学生论文奖第 20 名;组织宣传队下乡开展抗日宣传,同时进行农村调查。(参见西北大学校史编写组《西北大学校史稿》,西北大学出版社 1987 年版)

侯外庐是春在临汾失守前重返西安,与八路军办事处负责人林伯渠、宣侠父取得联系,遵照宣侠父的要求写作抗日文章,先后发表在郑伯奇、谢华主编的《救亡》和于振瀛、陈建成主编的《大团结》《全民周刊》等刊物上,后来集成为《抗日民族统一战线论》《抗战建国论》两个小册子,是延安允许敞开进入的少数书籍之一。3 月 11 日下午 4 时至 9 时,侯外庐出席在青年会会议室召开的"保卫西北"问题的集体讨论,会议主席为沈志远、黄觉非、郑伯奇和许重远。侯外庐认为:应从中国的整个军事政治文化地理的联系上来认识保卫西北的问题。保卫西北和保卫西南是一个问题,因而保卫西北是保卫中国的部分问题,我们应该在保卫中国中来保卫西北。要在强调后防根据地的意义上保卫大西北,在军事上必须采取攻势的防御战,用外线作战来包围敌人,使西北西南都成为和平阵线国家援助我们的整个生命线。3 月 18 日,侯外庐作《论抗日民族统一战线的根据——我们的统一战线之最基础的认识》,刊于 4 月 19 日《全民周刊》第 1 卷第 18 号。文章从"国际帝国主义的发展以及中国社会本身的发展"来说明抗日民族统一战线的根据。3 月 25 日,所作《迎接第二期抗战的中心阶段》刊于《大团结》第 3 期"保卫西北特刊"。29 日,为黄花岗起义纪念日,侯外庐作《中国统一战线的历史认识及其前途》,连载于 4 月 10 日《大团结》第 4 期和 4 月 25 日第 5 期。4 月 3 日,作《和平阵线,人民阵线,抗日民族统一战线》,连载于 5 月 10 日《大团结》第 6 期和 5 月 25 日第 7 期。26 日,作《中山先生的民权主义》,刊于《大团结》第 8 期"三民主义专号"。

侯外庐 6 月 3 日作《抗战建国论》自序,提出"这本小册子的内容,是想把关于抗战建国纲领中的主要问题,从理论方面给与以原则上的研究与探讨,使这些问题的认识更深入于科学的领域""本书与拙作《统一战线论》是姊妹篇,我们可以说是中国问题本身上不可分割的两个侧面的研究"。13 日,所作《青年对于抗战建国的任务》刊于《救亡周刊》第 22 期。25日,所作《关于中国统一战线发展问题的质疑兼答郑志成君》发表于《大团结》1938 年第 9期,文章认为:(1)"发展的学说有二种,第一为达尔文的僵死式的发展论,即'弱肉强食,优胜劣败'的天演进化论,第二为辩证法的活泼的发展论。"(2)"正确的发展学说是和机械论对立的,前者以说明发展过程的异'质'转化为职责,后者只说明'量'的增减而已。"(3)"历史的转变是没有重复的。"(4)"把否定的否定法则,还元于正反合的三段法,常流于图式论的错误,所以'巧妙地嵌入于这个图式',是发现不了合命题这种新事物的发生。"7月1日,西安八路军办事处举行庆贺中国共产党成立17周年大会,侯外庐应宣侠父之约在会上讲话。同月,所作《抗日民族统一战线论》由汉口生活书店出版,旋被国民党查禁,仅在解放区允许发行。(以上参见杜运辉《侯外庐先生学谱》,中国社会科学出版社2013年版)

刘季洪继续任河南大学校长。1月,河南大学文、理学院迁至鸡公山,农、医学院迁至镇平。因对迁校去向有不同看法,深感学校前途艰难万分,个人不便担此重责,不得已向省府请辞,后经核准,由王广庆接任校长。10月,刘季洪卸任校长,由王广庆接任。王广庆校长首先将羁留鸡公山的文、理、法三学院迁至镇平,与先迁去的农、医二学院汇合,将移存于武汉的图书仪器运回。镇平是豫西南重镇,社会比较安定,民风淳朴,河大迁来后借用部分官舍、寺庙,又租用一部分民房,安顿上课。时值国难当头,国家财政窘迫,教育经费失去保证。但王广庆校长尽心竭力,决心让河南大学生存下去。由于王广庆校长的声望及广泛的社交关系,取得了各方支持,保证了河南大学的经费如数拨给,使学校教学、科研和千余名师生及眷属的生活在极端困难的情况下得以维持;并且经他的精心管理,学校办得有声有色,历年招收新生、欢送毕业生,从未中断。(参见河南大学校史修订组《河南大学校史》,河南大学出版社2012年版)

范文澜继续任教于河南大学。2月中旬,国民党省党部通知《风雨》周刊按照他们意旨宣传。当时《风雨》已是众所周知的共产党的刊物,如果坚决拒绝作这样的宣传,刊物有遭到国民党封闭的可能。范文澜主动提出自任主编,强化编辑阵容,对抗国民党的意旨,征得中共河南省委同意后,主编改为5人,又改为五日刊,继续坚持宣传党的主张。16日,范文澜在《经世》战时特刊第9期发表《闻见杂记》,文中根据数月来亲历的事实,痛切地指陈当前妨碍抗战动员和损害抗战力量的严重弊端,着重抨击国民党机关中有的人口头上称救亡,而实际上却为争夺私利,把救亡事业抛到九霄云外,采取排挤甚至是阴谋手段打击抗战力量,如此闹下去岂不最后闹出亡国的惨剧!最后举出民众中蕴藏着抗敌救国力量的实例,表达了对抗战最后胜利的热切希望。6月,开封沦陷,《风雨》周刊停办。秋,范文澜在中共河南省委所在地确山县竹沟镇正式参加新四军部队,负责领导战时教育工作团,从事抗战动员和统战工作。(参见陈其泰《范文澜学术思想评传》,北京图书馆出版社2000年版)

李安宅在北平沦陷后,接受陶孟和、顾颉刚两师的建议,以教育部边疆视察员的身份,赴甘肃兰州,与其妻于式玉一道深入甘南藏族地区拉卜楞寺,从事藏族文化促进工作和社会人类学实地调查研究,并撰写《藏族宗教史之实地研究》一书。

茅盾1月3日从香港到广州,托当时在广州主编《救亡日报》的夏衍买票。5日,应夏衍的要求,为《救亡日报》作《还不够"非常"》,刊于1月8日广州《救亡日报》。8日,挤上北上的列车。12日,到达长沙。16日,以田汉、孙伏园、王鲁彦、廖沫沙、黄源、常任侠等这些"外来户"为核心的长沙文艺界为茅盾举行欢迎茶话会,在座的还有徐特立。在长沙,还遇到了许杰和朱自清,朱自清是随清华大学迁来长沙的。2月7日,从长沙到武汉,与徐伯昕、邹韬奋研究创办综合性的文艺刊物《文艺阵地》半月刊,编辑出版地点移到广州。上旬,打电话给在《新华日报》工作的楼适夷,楼立刻前来旅舍会晤。遂告诉楼,将到香港九龙安家,办一个"全国性的文艺刊物",在广州印刷,委托楼在武汉为刊物组稿和联系工作。同旬,拜访老舍,请他为《文艺阵地》写新鼓词,因为读到他的好几篇大鼓词,深感这是"旧瓶装新酒"的成功试验,是文艺大众化的一条途径。在武汉期间,还见到了叶以群、冯乃超、洪深、孔罗荪、宋云彬等。因考虑到《文艺阵地》应该反映八路军在敌后的战斗和活动,而这方面的稿件却无来源,因而拜访了董老。董老了解了来意之后却先问愿意不愿意留在武汉,因为正在筹备组织中华全国文艺界抗敌协会和政治部第三厅都需要人。茅盾说,做这种工作我是外行,我还是去编我的杂志和我的小说吧。董老表示尊重其选择,并愿意尽力提供和介绍反映敌后斗争的稿件;后来他又介绍吴奚如来具体负责。

茅盾约2月上旬到长江局(对外通称八路军驻汉办事处)会见周恩来,商谈《文艺阵地》出版计划和自己在社会上活动的方式,在座的有吴奚如。隔日,吴奚如按周恩来的指示,面告茅盾:"凡在延安及华北各抗日根据地工作的文艺工作者及老干部们所写的文艺稿中,由延安党中央宣传部和总政治部转到长江局后",由吴"有选择地交给"茅盾。10日,作《"抗战文艺展望"之发端》,刊于2月13日《抗战》第45号。22日,与叶圣陶、楼适夷、宋云彬主编的《少年先锋》创刊。月底,抵达香港,在九龙尖沙咀附近轩尼诗道租到一间房暂时栖身。全力投入《文艺阵地》的创刊工作。3月12日晚7时30分,出席香港中华艺术协会文艺组主办的座谈会,并发表演讲。27日,中华文艺界抗敌协会在武汉成立,周恩来在"文协"成立会上发表重要讲话。会议选出郭沫若,茅盾等45人为理事。周恩来、孙科、陈立夫等为名誉理事。4月1日,中华全国文艺界抗敌协会《文艺月刊》第9期发表茅盾起草的《告全世界的文艺家书》。16日,茅盾主编的《文艺阵地》在香港创刊,在《〈文艺阵地〉发刊词》中宣布该刊的宗旨和期望:"这阵地上,立一大旗,大书'拥护抗战到底,巩固抗战的统一战线!'",期望在这阵地上出现"各种各样的文艺兵""各式各样的兵器""新生的力量,民族的文艺的后备军"。中旬,收到许广平从上海的来信,商议《鲁迅全集》出版问题,并请蔡元培为全集写一篇序。信中附了二份全集的《总目提要》和一封蔡元培的信。19日,拜访蔡元培,请为《鲁迅全集》写序和为全集排印事帮忙。关于写序,蔡元培一口答应;排印方面,蔡写了封给商务香港分店经理黄访书的信。黄访书强调排印技术差,且费用大,未接受《全集》在香港排印。29日晚上,应香港学生赈济会中环段段委会的邀请,在港侨中学发表《战时文学问题》的演讲。

茅盾5月1日在《文艺阵地》第1卷第2期发表《"五四"精神》,说"五四的建设,就是'人的发现'和'个性的解放'。这是五四运动所以能震撼全国青年的心灵,激发他们的活力的原因",因此,"个性解放是不容非难的,但须在'德先生'和'赛先生'的精神下求解放。据这样的理解,现在再来说'继续五四的精神',并不错误"。14日,与郁达夫、丁玲、老舍等18人联署在《抗战文艺》第1卷第4期发表《给周作人的一封公开信》,谴责周作人的汉奸行为,希望他"幡然悔悟,急速离平,……参加抗敌救国工作"。在九龙接待辗转多年的楼适夷、蒋锡金、郭少卿,让楼适夷留下,协助办《文艺阵地》。8月16日,在《文艺阵地》第1卷第9期发表《八月的感想——抗战文艺一年的回顾》,回顾抗战文艺一年来的问题和成就,集中论述了文艺创作的最高目标"是写典型事件中的典型人物"这一问题。10月9日晚,出席中华艺术协进会以"怎样纪念鲁迅"为主题的文艺组座谈会,并即席演讲。22日,应香港《文艺》编者的要求,在《大公报》发表《鲁迅先生逝世二周年纪念——关于"鲁迅研究"的一点意见》。同月,香港在孔圣堂举行鲁迅逝世两周年纪念大会,茅盾负责报告鲁迅生平事迹。

茅盾12月初决定去新疆。中旬,中华业余学校校长吴涵真夫妇设家宴,为茅盾饯行。同席有金仲华、刘思慕、沈志远、千家驹、楼适夷、方与岩、梁若尘、林焕平。20日,茅盾登上从香港开往海防的法国轮船"小广东"号。到码头送行的有楼适夷、甘伯林、李南桌夫人,以及其他朋友。18日上午,列车抵达昆明。到车站迎接的,除了杜重远手下的人,还有云南文协分会的朋友,其中认识的有穆木天、施蛰存、马子华等,为首的是文协分会负责人云南大学校长楚图南。晚上出席文协云南分会举行的"洗尘"晚宴,见到了朱自清、沈从文等朋友。29日上午,出席文协云南分会在文庙(当时改为民众教育馆)桂香楼举行的欢迎会。楚图南主持会议,并请茅盾指导。茅盾讲了"八一三"以来的抗战文艺状况和存在的一些问题。30日上午,顾颉刚来旅社看望,谈到西南联大与当地文化界的联系问题。31日,全家到顾颉刚家中回拜。由顾陪同拜访了朱自清、闻一多、吴晗。谈话中,谈到"外来人"与"本地人"的团结问题,大家都表赞同。(参见唐金海、刘长鼎主编《茅盾年谱》,山西高校联合出版社1996年版)

林基路赴新疆做统战工作,任新疆学院教务长。

萨空了赴新疆从事抗日救亡运动,曾任《新疆日报》社长。

毛泽东1月4日出席中共中央常委会议,在讨论党校工作时指出,中国革命问题课程,党校高级班和低级班都从辛亥革命讲起。在会上还提出建立军委总政治部工作的问题,要求首先建立组织部和宣传部的工作,宣传部的工作第一步是编印士兵教科书和干部读本。同日,与张闻天致电邓发,告以延安拟发展电影事业,请他设法募集全副摄影机和放映机,并配足底片五万尺和苏联新制影片的一些拷贝。12日,毛泽东致信艾思奇,信中说军事问题我在开始研究,但写文章暂时还不可能。哲学书多研究一会再写还更好些,似不急在眼前几天。梁漱溟到此,他的乡村建设理论有许多怪议论,可去找他谈谈。13日,毛泽东在陕北公学作关于时局中几个问题的讲话,主要讲两个问题。第一,当前和今后的困难是什么?第二,中国能不能克服这些困难,中国能不能进步? 17日,开始读李达《社会学大纲》,全书共五篇。28日,抗大举行一二八运动大会,毛泽东为大会题词,并在闭幕式上讲话。29日,致电邓发转在苏联的王稼祥:红军大学缺战略教本,请搜集战略书,并找人翻印,先后寄回。同月,在延安会见梁漱溟,就抗战前途问题进行谈话。毛泽东很肯定地说:中国的前途大可不必悲观,应该非常乐观,最终中国必胜,日本必败,只能是这个结局,别的可能性不存在。他阐述的"中国必胜,日本必败"的观点,使梁漱溟十分信服。这次谈话从晚6时至第二天凌晨。此后,毛泽东又一次会见梁漱溟,谈话的内容是如何建设一个新的中国。

　　按:毛泽东指出,梁漱溟在《乡村建设理论》一书中提出的解决中国问题的政治主张,是走改良主义的道路,不是革命的道路。改良主义解决不了中国的问题,中国的社会需要彻底的革命。梁漱溟认为中国社会阶级分化和阶级对立不明显、不强烈、不固定,不同意搞阶级斗争。毛泽东同他就阶级和阶级斗争问题发生了相持不下的争论。这次谈话从晚6时一直持续到第二天天明。

毛泽东从2月1日起继续写中断了20年的日记,毛泽东说这是"为了督促自己研究一点学问"。同日,应武汉《自由中国》创办人杨朔的请求,为该刊创刊题词:"一切爱国人民团结起来为自由的中国而斗争。"15日,复信范长江,指出中国迫切需要一个国共两党及全国各界关于从共同抗战到共同建国的共同纲领。22日,为陕北公学第六、七、八、九、十队毕业题词:"为战胜日本解放中国而奋斗到底。"同月,与周恩来领衔发出鲁迅艺术学院《创立缘起》。文中说:艺术是宣传、发动与组织群众的最有力的武器,培养抗战的艺术工作干部已是不容稍缓的工作,因此决定创立鲁迅艺术学院,要沿着鲁迅开辟的道路前进。3月5日,为抗大同学会成立题词:"坚定不移的政治方向,艰苦奋斗的工作作风,加上机动灵活的战略战术,便一定能够驱逐日本帝国主义,建立自由解放的新中国。"15日,出席在中央礼堂举行的抗大第三期三大队毕业典礼,并讲话。16日,读完李达《社会学大纲》全书。在阅读此书过程中,写了一些批注。18日,开始读克劳塞维茨《战争论》。24日晚上,会见记者邓静溪,回答了他提出的中国抗战前途、目前抗日民族统一战线的发展、八路军的情形等问题。25日,开始读潘梓年寄来的新著《逻辑与逻辑学》。30日,对抗大干部讲话,强调办学校是组织和增大抗日力量的有效方法,希望他们下决心在抗大做教学工作。

毛泽东4月5日在陕北公学作关于国共两党合作问题的讲演。10日,出席鲁迅艺术学院成立大会,并讲话。他说:在十年内战时期,革命的文艺可以分为"亭子间"和"山上"两种方式。亭子间的人弄出来的东西有时不大好吃,山顶上的人弄出来的东西有时不大好看。既然是艺术,就要又好看又好吃,不切实、不好吃是不好的,这不是功利主义而是现实主义。抗日战争使这两部分人汇合了,彼此都应当去掉自大主义。要在民族解放的大时代去发展广大的艺术运动,在抗日民族统一战线方针指导下,实现文学艺术在今天中国的使命和作用。11日,在陕甘宁边区国防教育会成立会上讲话,指出:战争规定一切和改变一切,目前的战争是打日本,教育的方针也是打日本,教育方针是根据政治方针而转变的。国防教育的任务是教育和训练全国人民参加抗战,求得民族解放。28日,在鲁迅艺术学院作题为"怎样做艺术家"的讲演。他说:现在艺术上也要搞统一战线,不管是写实主义派、浪漫主义派或其他什么派,都应当团结抗日。艺术作品要有内容,要适合时代的要求、大众的要求。鲁迅艺术学院要造就具有远大的理想、丰富的斗争经验和良好的艺术技巧的一派艺术工作者,这三个条件缺少任何一个便不能成为伟大的艺术家。青年艺术工作者应到大千世界中去,到实际斗争中去,使艺术作品具有充实的内容。浪漫主义原来的主要精神是不满意现状,用一种革命的热情憧憬将来,这种思潮在历史上发生过伟大的积极作用。一种艺术作品只是流水账式地记述现状,而没有对将来的理想是不好的。在现状中看出缺点,同时看出将来的光明和希望,才是马克思主义的精神。

毛泽东5月4日出席延安青年纪念"五四"晚会,并发表讲话,号召青年们打倒日本帝国主义,为建立独立、自由、幸福的新中国奋斗。5日晚上,会见卡尔逊,谈话继续到次日凌晨。谈话内容包括抗日战争,欧洲和美国的政治形势,各个时代政治思想的发展,宗教对社会的影响等。11日,会见国民党老党员施方白,对他提出的9个问题作了回答。5月13日,就《大公报》宣传"准决战"问题,致电陈绍禹、周恩来、秦邦宪、何凯丰:"《大公报》否认持久战,提倡准决战的论调,我们认为是不对的。徐州决战只应该是某种程度的战役决战,而决不应该看作战略决战,必须准备在徐州决战失败后仍有充足力量为保卫武汉而战。"5月26日至6月3日,毛泽东在延安抗日战争研究会作《论持久战》讲演。他全面分析了中日战争所处的时代和中日双方的基本特点,阐述了中国抗日战争的持久战总方针,批驳了亡国论和速胜论。此为有关抗日战争战略的最重要文献。

按:毛泽东指出:"中日战争不是任何别的战争,乃是半殖民地半封建的中国和帝国主义的日本之间在二十世纪三十年代进行的一个决死的战争。"战争的双方存在互相矛盾的许多特点,基本的特点是"日本的军力、经济力和政治组织力是强的,但其战争是退步的、野蛮的,人力、物力又不充足,国际形势又处于不利。中国反是,军力、经济力和政治组织力是比较地弱的,然而正处于进步的时代,其战争是进步的和正义的,又有大国这个条件足以支持持久战,世界的多数国家是会要援助中国的""这些特点,规定了和规定着双方一切政治上的政策和军事上的战略战术,规定了和规定着战争的持久性和最后胜利属于中国而不属于日本。"亡国论者只看到敌强我弱这一个特点,速胜论者则根本忘记敌强我弱这一特点。他根据敌我双方互相矛盾着的各种因素以及这些因素在战争过程中的发展变化,预见了中国持久抗战将经历的三个阶段:"第一个阶段,是敌之战略进攻、我之战略防御的时期。第二个阶段,是敌之战略保守、我之准备反攻的时期。第三个阶段,是我之战略反攻、敌之战略退却的时期。"他着重分析了争取战略相持阶段到来的条件和相持阶段中敌我斗争的形势,指出:"这个第二阶段是整个战争的过渡阶段,也将是最困难的时期,然而它是转变的枢纽。中国将变为独立国,还是沦为殖民地,不决定于第一阶段大城市之是否丧失,而决定于第二阶段全民族努力的程度。如能坚持抗战,坚持统一战线和坚持持久战,中国将在此阶段中获得转弱为强的力量。"他还阐明能动性在战争中的作用,战争和政治的关系,实行持久战总方针所应采取的具体作战方针、作战原则和作战形式等。他指出:"在第一和第二阶段即敌之进攻和保守阶段中,应该是战略防御中的战役和战斗的进攻战,战略持久中的战役和战斗的速决战,战略内线中的战役和战斗的外线作战。在第三阶段中,应该是战略的反攻战。"他进一步明确八路军的战略方针是:"基本的是游击战,但不放松有利条件下的运动战。"他提出"兵民是胜利之本",阐明人民战争思想,说:"武器是战争的重要的因素,但不是决定的因素,决定的因素是人不是物。力量的对比不但是军力和经济力的对比,而且是人民和人心的对比。军力和经济力是要人去掌握的。""战争的伟力之最深厚的根源,存在于民众之中。"他首次提出人民军队政治工作的三大原则:第一是官兵一致,第二是军民一致,第三是瓦解敌军。他的讲演最后说:"抗日战争是持久战,最后胜利是中国的——这就是我们的结论。"《论持久战》是毛泽东继《中国革命战争的战略问题》之后的又一篇最重要的军事著作,这篇著作进一步坚定了中国人民持久抗战的胜利信心,为夺取抗日战争的胜利指明了正确方向和具体道路。

　　毛泽东所作《抗日游击战争的战略问题》刊于5月30日《解放》第40期。文章分析了抗日游击战争的六个具体战略问题,对统一和提高全党全军对抗日游击战争战略地位的认识,促进抗日游击战争的迅猛发展,起了重要作用。6月14日晚上,毛泽东会见平民教育会派来延安参观的堵述初,谈话两小时。毛泽东从平民教育工作谈到政治问题。16日,毛泽东、秦邦宪、陈绍禹、董必武、林伯渠、吴玉章、邓颖超被国民党政府聘请为国民参政会参政员。27日,毛泽东在陕北公学作关于时事问题的讲演,讲持久战和保卫武汉问题。同日,校完《论持久战》第一、第二部分清样。告出版科《论持久战》拟出单行本,是否可用一次排版印出。7月30日,中央领导为慰劳参加戏剧节的艺术工作者,举行招待宴会,毛泽东、张闻天、陈云、李富春等出席。这次戏剧活动,因各方面的通力合作而取得成功:邓洁代表中央组织部进行政治动员,沙可夫负责组织鲁艺艺术家李伯钊、张庚、吕骥、向隅、左明、王震之、崔嵬等参加工作,文艺批评家周扬参加剧本审查,江青、李丽莲、徐一新、邸莉茜、符律衡等参加演出。这次的剧目有两个特点:一是开始创造新式的歌剧,努力吸收歌谣的写法和曲调;二是集体主义的体现。毛泽东说:"这是空前的,但不希望是绝后的。下一次在这里开会的时候,要比这次更进步。"张闻天说:"这次演出的特点,是用旧的形式表现新的内容。"8月15日,毛泽东出席陕甘宁边区教育厅主办的暑期小学教员国防教育研究班毕业典礼,作关于教育与战争的演讲。9月,在毛泽东倡议下,延安新哲学会成立。会务工作由艾思奇、何思敬负责主持。

　　毛泽东9月14—27日出席中共中央政治局会议。王稼祥在14日会议上传达共产国际的指示和共产国际执行委员会总书记季米特洛夫的意见:中共一年来建立了抗日民族统一战线,政治路线是正确的,中共在复杂的环境和困难的条件下真正运用了马列主义。中共中央领导机关要以毛泽东为首解决统一领导问题,领导机关要有亲密团结的空气。毛泽东在24日会议上作长篇发言,讲了五个问题:一、这次会议的意义,二、共产国际的指示,三、抗战经验总结问题,四、抗日战争与抗日统一战线的新形势,五、今后任务。10月12日下午,毛泽东代表中共中央政治局在扩大的六届六中全会作政治报告,题目是《抗日民族战争与抗日民族统一战线发展的新阶段》。13日下午、14日下午和晚上继续作报告。报告共

8个部分：一、五中全会到六中全会；二、抗战十五个月的总结；三、抗日民族战争与抗日民族统一战线发展的新阶段；四、全民族的当前紧急任务；五、长期战争与长期合作；六、中国的反侵略战争与世界的反法西斯运动；七、中国共产党在民族战争中的地位；八、召集党的七次代表大会。14日所作《报告》之七《中国共产党在民族战争中的地位》谈到民族形式问题，指出："共产党员是国际主义的马克思主义者，但是马克思主义必须和我国的具体特点相结合并通过一定的民族形式才能实现。马克思列宁主义的伟大力量，就在于它是和各个国家具体的革命实践相联系的。因此，使马克思主义在中国具体化，使之在其每一表现中带着必须有的中国的特性，即是说，按照中国的特点去应用它，成为全党亟待了解并亟须解决的问题。洋八股必须废止，空洞抽象的调头必须少唱，教条主义必须休息，而代之以新鲜活泼的、为中国老百姓所喜闻乐见的中国作风和中国气派。把国际主义的内容和民族形式分离起来，是一点也不懂国际主义的人们的做法，我们则要把二者紧密地结合起来。"这段论述，引发了后来全国文艺界文学的民族形式、民族化、中国作风和中国气派的大讨论。

按：《抗日民族战争与抗日民族统一战线发展的新阶段》后正式发表时改为《新阶段论》，文中指出："学习我们的历史遗产，用马克思主义的方法给以批判的总结，是我们学习的另一任务。我们这个大民族数千年的历史，有它的发展法则，有它的民族特点，有它的许多珍贵品。对于这个，我们还是小学生。今天的中国是历史的中国之一发展，我们是马克思主义的历史主义者，我们不应该割断历史。从孔夫子到孙中山，我们应该给予总结，我们要承继这一份珍贵的遗产。承继遗产，转过来就变为方法，对于指导当前的伟大运动，是有着重要的帮助的。共产党员是国际主义的马克思主义者，但马克思主义必须通过民族形式才能实现。没有抽象的马克思主义，只有具体的马克思主义。所谓具体的马克思主义，就是通过民族形式的马克思主义，就是把马克思主义应用到中国具体环境的具体斗争中去，而不是抽象地应用它。成为伟大中华民族之一部分而与这个民族血肉相联的共产党员，离开中国特点来谈马克思主义，只是抽象的空洞的马克思主义。因此，马克思主义的中国化，使之在其每一表现中带着中国的特性，即是说，按照中国的特点去应用它，成为全党亟待了解并亟须解决的问题。洋八股必须废止，空洞抽象的调头必须少唱，教条主义必须休息，而代替之以新鲜活泼的，为中国老百姓所喜闻乐见的中国作风与中国气派，把国际主义的内容与民族形式分离起来，是一点也不懂国际主义的人们的干法，我们则要把二者紧密地结合起来。在这个问题上，我们队伍中存在着的一些严重的缺点，是应该认真除掉的。"

毛泽东11月30日出席中共中央书记处会议。在会上提议：（一）关于抗大、陕公、党校等各学校教育工作应进行一次专门讨论，规定教育行政、教材、教员、经费各方面的统一方针。（二）延安各机关各部门工作须进行一次彻底的检查和整理。会议对上述建议作出决定：下一次书记处会议讨论学校教育工作；由书记处发一检查工作的通知，召集干部会议进行检查工作的动员，军事系统的干部会议由毛泽东、王稼祥负责召集。12月7日，出席中共中央书记处会议。会议讨论学校教育方针等问题，决定组织抗日战争研究委员会，毛泽东为主任，王稼祥为副主任。12日，在抗大干部晚会上作报告。（参见中共中央文献研究室编撰、逄先知主编《毛泽东年谱（1893—1949）》，人民出版社、中央文献出版社1993年版）

张闻天1月4日主持召开中共中央政治局常委会议，讨论党校工作问题，康生作报告。会议决定党校教员训练班要与抗大、陕北公学教员班合办，中央一级干部也要参加，合并成一个高级研究班。张闻天在发言中宣布中央决定各门课程研究室指导人："中国问题——洛甫指导；党与群众工作——陈云、康生指导；列宁主义——凯丰指导；政治经济学——王学文、张国焘指导。"还宣布："何干之、李伯钊调陕北公学，陈伯达到党校。"这次会议还决定今后中央常委会议每星期二、五下午4时举行。16日，作《战时民运工作的八个基本原则》，刊于 1 月 28 日中共中央机关刊物《解放》周刊第 29 期。1 月 30 日,主持召开中共中央政治局常委会议,讨论党校工作问题,李维汉作报告,张闻天作总结发言。同月,接见来延安访问的梁漱溟,并设宴为梁洗尘。向他介绍毛泽东,告诉他同毛的会晤需安排在夜间。2 月 13 日,陕甘宁边区文化界举行反侵略大会,张闻天被大会列名为名誉主席团成员,同时列名的有托尔斯泰、爱因斯坦等。20 日,主持召开中共中央政治局常委会议,讨论陕北公学工作,会议听取成仿吾报告,张闻天作总结发言。22 日,在延安接受《救亡日报》记者洛基采访,回答他所提问题。同月,凯丰调出,张闻天继续兼任中共中央宣传部部长。

张闻天同毛泽东等 4 月 1 日一起设宴招待边区文化人,欢迎新到延安的戏剧家张庚、画家丁里、江丰,小说家刘白羽、田军,名教授何思敬、邱踪等。11 日,张闻天出席边区国防教育会第一次代表大会,并在会上发表演说,指出:"所谓国防教育,大概包含这样三个要素:一、强调民族自尊心,二、增进全民族的团结,三、发扬艰苦奋斗的精神。"12 日,在延安陕北公学发表《论青年修养》的演讲。20 日,为祝贺鲁迅艺术学院在延安成立题词:"认识大时代,描写大时代,在大时代中生活奋斗,站在大时代前卫为大时代服务——这就是现代文艺家的使命。"5 月 5 日,中共中央在延安创办的马列学院开学,张闻天兼任院长,副院长王学文。马列学院分两部分,一部分培训干部,一部分成立编译部,专门负责马列主义著作的编辑和翻译工作,是我党历史上第一个编译马列主义经典著作的专门机构。该院从建院起到 1941 年 5 月改组为马列研究院止,开办三年,招生共五届,先后毕业学员达八九百人。学校教学贯彻理论联系实际方针,学员除学习理论知识外,还学习时事政治和中央政策,经常听中央领导人和各根据地负责人报告,参加劳动和社会调查。张闻天亲自给学员讲课,并参加辅导,此外他还亲自兼任该校编译部主任,提出编译"马恩丛书"(十册)、"列宁选集"(共二十卷)。23 日,毛泽东从该日起至 6 月 3 日在延安抗日战争研究会发表《论持久战》讲演,张闻天指示他领导的延安马列学院学生教员和工作人员十多人去听毛泽东的讲演,回校后进行传达、组织讨论。6 月 17 日,张闻天作《中国共产党十七周年纪念》,刊于 7 月 1 日中共中央机关刊物《解放》周刊第 43—44 合期。文章指出:"十七年来中国共产党为建立民族独立、民权自由、民生幸福的民主共和国而英勇奋斗的历史,充分的证明了:中共是代表中华民族与中国人民的全体利益的党,中共是最彻底的、最坚决的、最一贯的为中华民族与中国人民的利益而奋斗的党。"同月,出席为慰劳参加延安抗战戏剧节的文艺工作者举行的宴会,并在席间讲话,论述学习旧形式和学习外国的问题。10 月 19 日,是鲁迅逝世二周年,正在召开的中国共产党扩大的六届六中全会,以全会的名义发出致许广平女士电。11 月,中共中央决定成立中央干部教育部,张闻天任部长,李维汉任副部长。中央干部教育部是在中共六届六中全会之后,全党开展学习运动的形势下成立的,其任务是:一、统一领导中央直属各学校的教育方针、教育计划与教学方法;二、适当地调剂各学校的教员、教材、课程;三、有计划地进行招收新生工作;四、领导党政军民各机关的干部教育;五、总结各学校、机关干部教育的经验教训。

　　按:1940 年 6 月,中央干部教育部与中央宣传部合并,改称中央宣传教育部,10 月,又改称中央宣传部。(参见张培森主编《张闻天年谱》,中共党史出版社 2000 版;中央教育科学研究所编《中国现代教育大事记 1919—1949》,教育科学出版社 1988 年版)

周恩来和王明、博古、徐特立等 9 月 10 日前后回到延安,受到毛泽东、朱德等中央领导人及部队战士和延安各界群众的热烈欢迎。10 月 5 日,周恩来在武汉记者学会晚会上讲话,指出中国不会亡,但也不能速胜,必须坚持持久战,坚持统一战线,鼓励青年记者到敌人后方去,开展新闻报道工作。7—9日,《新华日报》连日以社论形式发表周恩来撰写的《论目前抗战形势》。19日,出席中华全国文艺界抗敌协会等团体召集的鲁迅逝世2周年纪念会。在会上讲话,强调学习鲁迅的战斗精神,"不退让,不妥协,困难愈大,更愈加努力,以克服困难,坚持抗战"。同日,在《新华日报》的鲁迅逝世两周年纪念专刊上题词:"鲁迅先生之伟大,在于一贯的为真理正义而倔强奋斗,至死不屈,并在于从极其艰险困难的处境中,预见与确信有光明的将来。这种伟大,是我们今日坚持长期抗战,坚信最后胜利所必须发扬的民族精神!"11月6日,在长沙青年会礼堂向湖南各抗日救亡团体作《抗日第二阶段我们的任务》的讲演,宣传持久战的思想,指出这一阶段的中心任务是深入下层和敌后,配合前线和敌后的斗争。号召青年到敌后去,到基层去。次日晚,通过电台向全省发表广播讲话。10—12日,帮助郭沫若组织第三厅的撤退。并指示夏衍撤到桂林后自筹经费,恢复《救亡日报》,建立宣传据点。12日,参加第三厅人员在离开长沙前举行的纪念孙中山诞辰的集会。月初,周恩来和郭沫若会见白崇禧,提出《救亡日报》要在桂林复刊等问题,白表示支持;会见胡愈之等,并指示文化界的中共党员注意隐蔽,保存实力,作长期打算。(参见中央文献研究室《周恩来年谱1898—1976》,中央文献出版社1998年版)

　　王稼祥继续在苏联主持中共代表团工作。1月29日,毛泽东致电邓发转在苏联的王稼祥:红军大学缺战略教本,请搜集战略书,并找人翻译,先后寄回。3月,因发现苏联肃反有扩大化倾向,郑重地向季米特洛夫反映。季回答说:"不久,联共中央将要总结这项工作。"6月,自任弼时到莫斯科后,王稼祥即提出回国工作的要求。获中共中央同意,由任弼时留下接替他的工作。7月初,季米特洛夫同王稼祥、任弼时谈话。季米特洛夫说:应该告诉大家,应该支持毛泽东同志为中国共产党的领导人,他是在实际斗争中锻炼出来的。其他人如王明,不要再去竞争当领导人了。7月4日或5日,乘飞机离开莫斯科回国。当时利用苏联援华所设的由新疆经兰州到西安的交通线,他持新疆督办盛世才秘书的公开护照,经由新疆飞往兰州。下旬离开兰州,前往西安。月底离开西安。在八路军西安办事处安排下,同由莫斯科东方大学回国途经西安的李范五、钟子云、林一(女)等10余人,同乘一辆运货汽车去延安。到延安后,王稼祥住中共中央、中央军委所在地——延安城内凤凰山麓。8月3日,出席中共中央政治局常委会议,会议听取林伯渠关于国民参政会会议经过的报告。会议决定9月召开中共中央政治局扩大会议;决定王稼祥任党内总政治部主任,对外代理八路军政治部主任。8月24日,参加中共中央政治局常委会议,讨论毛泽东准备在中央政治局会议上报告的大纲《抗日战争与民族战线的新阶段新形势与党的任务》。9月29日,中共扩大的六届六中全会开幕。毛泽东宣布全会的议程。一致通过由中央政治局委员12人组成主席团。王稼祥为全会主席团成员,并担任秘书长。张闻天致开幕词。王稼祥在会上传达共产国际指示。12月7日,出席中共中央书记处会议,讨论学校教育方针等问题,决定组织抗日战争研究委员会,毛泽东为主任,王稼祥为副主任;还决定组织一个委员会,负责抗大、陕公、中组部干部训练班、中央党校全部学员的编组计划,由王稼祥任主任,陈云、李富春等参加。(参见徐则浩《王稼祥年谱》,中央文献出版社2001年版)

　　吴玉章8月8日乘机飞至西安。22日,会晤由华北前线回延安途经西安的朱德。9月初,与到西安采购药品的傅连璋,同车回到延安。9月上下旬,吴玉章初住延安北门招待所,后为出席会议方便,移住柳儿沟。中共中央领导人多先后前来看望。许多地方请去演讲,因病后体弱,组织亦劝阻,未能赴约。9月15日,林伯渠来晤,欢谈至午饭后。向林伯渠谈边区建设事,想在延安成立自然科学研究院。20日,成仿吾来晤,报告陕北公学的现状及今后任务,征询意见。9月29日至10月23日,出席中共六届六中(扩大)全会。在全会上作关于国际形势和国际宣传的发言,并谈边区建设和推广新文字问题。补选为中共中央委员。同时补选的还有林伯渠、董必武。9月,任命为陕宁边区政府文化教育委员会主任。10月10日,为西北青救会代表会开幕题词:"二十世纪的中国青年要与世界青年团结起来,为新时代而战!"(参见刘文耀、杨世元《吴玉章年谱》,四川人民出版社1998年版)

杨松2月底从莫斯科回到延安。上年12月下旬,在中共中央召开的政治局扩大会议上,杨松被缺席任命为中央宣传部第一副部长。回到延安时,杨松在杨家岭受到了毛泽东等中央领导人的接见。由于当时的宣传部长是由主持中央日常工作的洛甫担任,杨松事实上是中宣部的常务领导。除了担任中宣部的重要领导职务以外,他还由中央提名,担任中共中央马列学院的教员,讲授中国现代革命运动史、民族问题、政治经济学和古典哲学等课程。杨松真正成为从事领导党的宣传工作和从事党的理论宣讲工作的"两栖能人"。4月1日,杨松《论苏联大叛国案之公审及其意义》《苏联大叛国案起诉书》刊于《解放》第2卷第33期。5日,《论七年来东北抗日游击运动的经验与教训》刊于《解放》第2卷第34期。20日,《日本侵华战争及日本国内经济情况》刊于《解放》第2卷第35期。5月15日,《再论东北抗日游击运动的经验和教训》刊于《解放》第2卷第38期。8月1日,《八一一——反对帝国主义战争纪念日》《论民族(民族殖民地问题讲座之一)》刊于《解放》第3卷第47期。8月8日至10月15日,《论资本主义时代的民族运动与民族问题》连载于《解放》第3卷第48—54期。11月7日至次年1月15日,《在准备和实行十月社会主义革命中的布尔塞维克党》连载于《解放》第3卷第56期至第4卷第61期。

杨松12月兼任中宣部秘书长和宣传科长。是年,杨松在理论研究方面取得了丰硕成果。第一,在论文方面,为《解放》周刊、《中国文化》《八路军军政杂志》《中国妇女》等刊物撰写了大量时政和理论研究论文。第二,在著作方面,主要有:1)《论民族》计7万多字,曾在《解放》周刊上连载。这是中共早期最重要的民族学理论著作之一。2)《东北抗日斗争经验点滴》计7章9万余字,主要篇章曾在《解放》周刊上发表,至今仍是研究东北抗日民族解放运动的主要参考书。3)主编《今日苏联》,详细介绍了当时苏联的政治、经济、文化和军事状况,对于党员干部了解和学习苏联经验起到了重要作用。4)与马列学院干部邓力群合编《中国近代史参考资料》,近百万字,是中国近代史学科的拓荒之作,建国后曾连续再版,有重要的学术价值。5)与马列学院教员吴亮平合编《社会科学概论》,科学阐述了人类社会发展规律,系统分析了当时近20年的国际形势发展。由于杨松精通俄语、英语,除了研究写作,还有大量的译文,对于编译马克思主义经典著作,介绍域外政治理论信息,产生了积极作用。(参见张艳国、康凤云《评杨松及其〈关于马列主义中国化的问题〉》,《孝感学院学报》2009年第2期;杜运辉《侯外庐先生学谱》,中国社会科学出版社2013年版)

徐特立9月以八路军驻湘通讯处代表身份,和中共湖南省委书记高文华一道赴延安参加中国共产党第六届中央委员会第六次全体会议。途经湘潭时,宿长丰公油盐行,与该行青年店员王汉秋等长夜谈心,向他们宣传抗日救亡的道理,并应约题字留念。同月15日,毛泽东、朱德等率延安各界为周恩来、博古、徐特立、王明等人重返延安召开欢迎大会。20日,湖南省政府和国民党湖南省党部联席会议决定成立湖南民众抗战统一动员委员会,负责指导和协调全省各种民众组织和派别,最大限度发动全省人民参加抗战。9月29日至11月6日,出席在延安桥儿沟召开的中国共产党扩大的六届六中全会。30日,湖南民众抗战统一动员委员会正式成立,推举张治中、覃振、徐特立、任作民、翦伯赞等61人为委员,张治中、覃振、徐特立等19人为常委。10月6日,任作民代表徐特立出席湖南民众抗战统一动员委员会常委会。10日,与朱德、王明、陈云、林伯渠等出席西北青年救国会在延安召开的第二次代表大会并讲话。23日,撰写《在湘十个月的工作报告》。25日,武汉失守,湘北形势危急,国民党湖南省政府决定迁耒阳。27日,周恩来到达长沙,住寿星街,指示八路军驻湘通讯处迁邵阳。秋,根据徐特立"要把革命火花散开,不必集中到延安"的建议,在西安任教的向愚回长沙湘江书店工作,创办《新阶段》旬刊并任编辑。因内容偏激进,刊物只出到第五期便被迫停刊。11月,参加完中共六届六中全会后,回到长沙,开展文夕大火后的相关善后工作。12月初,在衡阳的共产党员干部训练班上讲授毛泽东的《论新阶段》。15日,陶行知在广西桂林召集2000多群众集会,正式成立生活教育社。徐特立与邵力子、黄炎培、刘季平、戴伯韬、沈钧儒、顾颉刚等被选为理事。同月,徐特立从衡阳赴桂林,在千家驹陪同下拜会广西省政府主席黄旭初。寒假期间,派欧阳方以游击战教官身份,前去新化上梅中学举办训练班,讲授关于抗日救国十大纲领、游击战争等问题,历时半个月。(参见《徐特立年谱》编纂委员会编《徐特立年谱》,人民出版社2017年版)

吴亮平任延安《解放》周刊编辑。4月11日,吴亮平出席边区国防教育会召开的第一次代表大会,在会上发言谈国际教育的原则,被大会选为第一届执委。6月15日,毛泽东致吴亮平一信:"接了一位美国同情者的信,我想请你起草一封回信。信内除感谢她外,并说及八路军抗战情形,请她转告美国兄弟姐妹们多给我们援助,我们和他们是站在一起的。如何,盼示!"18日,边区文化界救亡协会举行高尔基逝世2周年纪念大会,推举成仿吾、吴亮平、周扬、罗瑞卿、沙可夫、艾思奇等为主席团。陕北公学校长成仿吾致开会词。吴亮平、周扬、何思敬讲了话。(参见艾克恩编纂《延安文艺运动纪盛》,文化艺术出版社1987年版)

王若飞到达延安,任中共陕甘宁边区委员会宣传部长、统战部长,负责宣传鼓动文化教育和团结联络上层民主人士的工作;创办中共陕甘宁边区区委理论刊物《团结》月刊,是主要撰稿人;同时兼任陕北公学教授。4月11日,出席边区国防教育会召开的第一次代表大会,并作政治报告。被大会选为第一届执委。(参见艾克恩编纂《延安文艺运动纪盛》,文化艺术出版社1987年版)

林彪继续任抗大校长。5月2日,林彪在抗大讲授《抗大的教育方针》,提出:"现在我说到今天要讲的问题——抗大的教育方针。教育方针就是教育的主要内容""我们抗大的教育基本内容是什么呢? 我想有三个,就是——统一战线,进攻战法,革命传统""以上说明了我们学校的教育方针,其中也就说明了抗日方针,在校学生应当学习这些,出校学生应当做这些,中国正在进行抗日大战,本校正是为了进行抗日而设,全体同学应以战斗的紧张性进行学习,应准备很快地走上抗日的战场,一定要把日寇伸入中国的血手斩断,把日寇葬送到东海里去,把中华民族拯救起来,把中华民族复兴起来!"14日,毛泽东就林彪《抗大的教育方针》讲话的记录稿,晚上写信给林彪,信中说:"已经看过,很好。但有些不适合的地方,已为改了,请你再看。'无条件的进攻'一语不妥,进攻也是有条件的,但进攻是主要的,基本的,中心的。"(参见中共中央文献研究室编撰、逄先知主编《毛泽东年谱(1893—1949)》,人民出版社、中央文献出版社1993年版)

罗瑞卿时任抗大副校长。7月,罗瑞卿与政治部主任张际春向毛泽东汇报关于抗大一些学员自由主义和极端民主化的倾向比较突出,少数干部对待这些倾向工作方法简单等的汇报后,毛泽东特对抗大全校教职员和学员作关于抗大民主问题的报告。着重指出,抗大是中国共产党领导下的军事性质的学校,不是什么统一战线的组织。抗大有思想的自由、政治的民主,这并不妨碍抗大的军事性质。报告对于民主与集中的关系,如何正确地运用民主等问题,作了阐述。报告还指出,应取消斗争会这种粗暴的方式,大家有什么意见尽管投到意见箱里去,保证大家的意见能到学校最高当局。(参见中共中央文献研究室编撰、逢先知主编《毛泽东年谱(1893—1949)》,人民出版社、中央文献出版社1993年版)

李维汉继续任中共中央党校校长。4月,张闻天到中共中央党校作报告,传达3月中央政治局会议。报告完后同当时的党校校长李维汉谈话,通知他中央已决定让他去陕北公学任副校长,去那里需注意两点:一是帮助学校领导搞好团结;二是要放手吸收新党员。7月7日,中共中央决定在关中旬邑县看花宫开办陕北公学分校,李维汉任分校校长。11月,中共中央决定成立中央干部教育部,李维汉任副部长,部长由张闻天兼任。(参见张培森主编《张闻天年谱》,中共党史出版社2000版;中央教育科学研究所编《中国现代教育大事记1919—1949》,教育科学出版社1988年版)

陈伯钧继续在中共中央党校学习。1月11日,《解放》第28期发表以陈伯钧署名的《论抗日游击战争的基本战术——袭击》。此文是陈伯钧1937年12月节录毛泽东1934年所著《游击战争》小册子中论游击战术的部分。节录稿经毛泽东审阅修改后,分为三个部分:一、袭击是游击战争的基本作战形式,二、袭击战术的要领,三、袭击行动之敌。第一部分是毛泽东审阅时新加写的,第二、三两部分毛泽东审阅时根据抗日战争的情况作了较大的增删。在第三部分末尾,毛泽东加写:"以上十八条都是袭击行动敌人的方法,抗日游击部队应该加以研究。"全篇文末,毛泽东加写的一段话是"但一切战术都以适合情况为原则,文字条文仅能作为实战的参考,不能死板应用。抗日战争中一定有许多新的可贵的经验,胜过过去文字条文的东西,希望大家共勉,战胜日本帝国主义。"(参见中共中央文献研究室编撰、逢先知主编《毛泽东年谱(1893—1949)》,人民出版社、中央文献出版社1993年版)

王学文接到党中央给他下达的命令,按令撤离上海,前往延安。为纪念马克思诞生120周年,中国共产党在延安创办马列学院,这是第一所专门学习和研究马列主义理论的学校。5月5日,中共中央马列学院在延安成立,张闻天任院长,王学文任副院长兼教务处处长。实际主持院务和日常工作。杨松负责指导中国问题研究室,王学文负责政治经济学研究室,艾思奇负责哲学研究室,吴亮平负责马列主义基本问题研究室。王学文讲授政治经济学,为全党培养了一批优秀的理论人才。马列学院里专门设编译部,编译马列著作,张闻天任主任,主要成员先后有何锡麟、柯柏年、王实味、景林、赵非克、王学文、张仲实、成仿吾、艾思奇、徐冰、吴黎平、王思华、何思敬、曹汀、陈絜等。这是中共共产党在根据地中第一个编译马列主义经典著作的专门机构。以后,中共中央又成立凯丰为负责人,博古、洛甫、杨尚昆、师哲、许之桢、赵毅敏等人参加的翻译校阅委员会,组织开展马列著作的翻译校对工作。

按:据王学文1981年回忆:曾在学院学习过的学员有:邓力群、马洪、徐海东、刘坚夫、谭余保、李先念、曾三、田家英、许明、刘澜波、宋时轮、丁玲、林默涵、张学思、杨拯民等。(参见中央教育科学研究所编《中国现代教育大事记1919—1949》,教育科学出版社1988年版)

艾思奇任边区文化界救亡协会主任,并兼任陕甘宁边区抗敌后援会宣传部长。年初,毛泽东写信给艾思奇,信中说:"你的《哲学与生活》是你的著作中更深刻的书,我读了得益很多。"毛泽东并将"艾著哲学与生活摘要"19页,送给艾思奇过目,其中有关于"差异和矛盾"问题提出的意见。1月12日,毛泽东又给艾思奇连写了两信,其中说:"我没有《鲁迅全集》,有几本零的,《朝华夕拾》也在内,遍寻都不见了。军事问题我在开始研究,但写文章暂时还不可能。哲学书多研究一会再写还更好些,似不急在眼前几天。梁漱溟到此,他的《乡村运动理论》有许多怪议论,可去找他谈谈。有空可来谈,但请在星期一星期五两天以外之晚上。"2月,在边区文协领导下,艾思奇组织所有在延安的自然科学理论工作者,成立了陕甘宁边区"国防科学社"。参加的有董纯才、高士其、陈康白、艾思奇、柯柏年、周建南等。经常召开座谈会,主要任务是在新哲学的基础上,研究国防科学技术的发展和革命事业的关系、自然辩证法的基本理论及其应用等问题,进行创新的探索。3月,由边区后援会发起,延安各界民众纪念伟大的民主革命先驱孙中山逝世23周年大会,国民党天水行署主任蒋鼎文派代表出席。艾思奇发表了《孙中山的哲学思想》,反映了第二次国共合作、全国团结抗日的新局势。同月5日,边区文化界救亡协会主编的《边区文化》在《新中华报》创刊,暂定每月出三期。毛泽东题写刊名,占报纸第四版的整版。创刊号发表了《发刊词》、艾思奇的《谈谈边区的文化》《〈血祭上海〉座谈会摘要》。

> 按:《发刊词》说,《边区文化》的任务有三项:一、要反映边区生活,尤其是抗战生活,在配合政治军事活动中,发展和提高边区文化;二、要反映边区的文化工作,将边区的文化经验介绍给全国,将外地的文化介绍进来,成为双方交流的桥梁;三、要使文化界的范围扩大,发展工农兵文化。该刊共出八期,最后两期占半版。7月30日,《新中华报》的副刊《动员》创刊,取代了《边区文化》。

艾思奇3月22日在《文艺创作三要素》中指出:文艺的内容有三个要素:现实的形象,作者的思想,作者的感情。这三个要素在文艺里面的关系,和树的根、干、叶一样地密切关联而不可分。有以为思想高于一切的,那就成为载道派;有以为只要现实的形象就够了的,于是就有身边琐事的描写及记录的朴素的现实主义;有把感情的发泄当作文艺的本质的,托尔斯泰说文学是感情的传染,梁启超说文学的永久性建筑在感情上,普列哈诺夫以情操的高低来评定艺术价值的高低,就是属于这类意见。文艺还是文艺,它不是用来"载道",不是单纯的现实的记录,更不是空洞的情感的发泄。然而在文艺里还是有它的"道",也有现实的反映,也有它的感情的要素。4月,艾思奇在武汉《自由中国》杂志创刊号上发表了《哲学的现状和任务》,第一次提出了马克思主义哲学中国化、现实化的任务,并倡导开展"哲学研究的中国化、现实化的运动""现在需要来一个哲学研究的中国化、现实化的运动。过去的哲学只做了一个通俗化的运动,把高深的哲学用通俗的词句加以解释,这在打破从来哲学的神秘观点上,在使哲学和人们的日常生活接近,在使日常生活中的人们也知道注意哲学思想的修养上,是有极大意义的,而且这也就是中国化现实化的初步,因为如果没有几分(虽然很少),做到了中国化现实化,是不能够获得相当成果的。然而在基本上,整个是通俗化并不等于中国化现实化。因此它也没有适应这激变的抗战形势的力量,而另一方面,因为整个并没有做到中国化现实化,所以也不够充分的通俗化。"也就是说,通俗化、大众化主要不在于表述形式和写作技巧,更重要的在于内容,在于中国化、现实化。在抗战的形势下,哲学的中国化现实化就是"要从各部门的抗战动员的经验中吸取哲学的养料,发展哲学的理论。然后才把这发展的哲学理论拿来应用,指示我们的思想行动,我们要根据每一时期的经验,不断地来丰富和发展我们的理论,而不是要把固定了的哲学理论,当做支配一切的死公式"。

按：艾思奇指出："这一个运动需要全国前进的，对于哲学理论有兴趣的战士们来共同努力，这不是书斋课堂里的运动，不是滥用公式的运动，是要从各部门的抗战动员的经验中吸取哲学的养料，发展哲学的理论。然后才把这发展的哲学理论拿来应用，指示我们的思想行动，我们要根据每一时期的经验，不断地来丰富和发展我们的理论，而不是要把固定了的哲学理论，当做支配一切的死公式。这一个运动自然也应该有它的中心，没有中心就说不上运动。这中心就是对新哲学、辩证法唯物论的研究。我们说把辩证法唯物论做运动中心，意思就是说，在这样的运动里，也并不排斥其他种类哲学思想的围绕。辩证法唯物论是人类哲学史最高的总结，一切哲学对于它都有相互的贡献，对于其他的哲学，它并不采取绝对否定的态度，它会以它的极大的包含性吸取一切哲学的精华。这就是为什么它可以成为中心的理由，论争是不是容许呢？自然容许的，而且也是不可免的，然而在存精去芜的立场上，论争是有善意的、互相发展的作用，而不是绝对的互相排斥。最重要的还是实践，辩证法唯物论是最和实践一致的哲学，在今日的中国，它是一切以抗战的实践为依归，而绝对排斥学院式的空洞的争论。"

艾思奇4月出席边区国防教育会第一次代表会，并发表演说。毛泽东、张闻天出席开幕式，并发表讲话，王若飞作政治报告。艾思奇被会议选为29名执委之一。同月，边区文协发动编辑《五月在延安》，后改刊名为《五月的延安》。为搞好这次写作运动，由艾思奇、林山、柯仲平、柳青、徐懋庸、张季纯、高敏夫等组成该书的编辑委员会。4月20日，艾思奇在《新中华报》发表短文《祝全国文艺界抗敌协会的成立》："3月27日全国文艺界抗敌协会在汉口成立，这是一件大事。文艺界的阵线是素来混乱的，'文人相轻'的传统的成语，似乎就是为着暴露文人不能团结的特性。直到现在文人都在空前未有的广泛的范围内团结起来了，这不是大事吗？"28日，编委会在《新中华报》发出征稿启事，说明这次写作活动的目的、要求、希望和注意事项。这次写作运动，至本年7月初全部完成，共收到作品350余篇。最后筛选出较优秀的稿件，编成《五月的延安》一书。

按：1939年5月，《五月的延安》由读书生活出版社代售，《五月的延安》编辑委员会编，陕甘宁边区文化界救亡协会"抗战文艺工作团"发行。该书共收入作品55篇，有散文、诗歌等，按照内容分为九编：一、五月的纪念日，5篇；二、五月的中国抗日军政大学，11篇；三、五月的陕北公学，7篇；四、五月的鲁迅艺术学院，3篇；五、五月的鲁迅小学，3篇；六、五月的工人，8篇；七、五月的女自卫军，4篇；八、五月的人物素描，4篇；九、五月的一般动态，10篇。每篇作品末尾都注明作者及写作的时间、地点。

艾思奇5月从抗大调往新成立的延安马列学院。洛甫（张闻天）任院长，艾思奇任哲学研究室主任，同时在鲁迅艺术学院兼课。同月4日，陕甘宁边区文化界救亡协会制定《我们对于目前文化运动的意见》，刊于22日《解放》杂志第39期。其中说：中国文化是我们伟大民族五千年来智慧的结晶，是我们祖先及近代先驱创造的伟大民主文明产业，对于世界文化的发展做出重大贡献。可是，日寇的侵略炮火，却对我们的民族文化造成了极大的毁坏，使许多珍品化为灰烬。文化界有些人鼓吹复古，有的做着"弦歌"幻梦，有的人不喜欢新的文艺。这是必须纠正的。我们要求文化工作者必须认清时代和使命，以文化服务于抗战的大时代。具体任务是：一、大量组织抗战文艺工作团到前方工作；二、大量编辑出版新内容的报刊；三、在各地建立民间剧团、歌曲改进会；四、组织战时平民教育会；五、出版界要对文艺的一些部门做出贡献；六、组织"战时文化局"，领导、支持文化活动。6月18日，边区文化界救亡协会在抗大举行高尔基逝世2周年千人纪念大会，纪念会推举成仿吾、吴亮平、周扬、罗瑞卿、沙可夫、艾思奇等组成主席团。吴亮平、周扬、艾思奇、陈伯达先后讲了话。

艾思奇6月参加接待访问陕甘宁边区的世界（国际）学联代表团，代表团成员有雅得女士、柯乐曼、弗洛德等，由抗敌后援会负责接待，刘宁一、毛齐华代表工会，艾思奇代表文化界,向仲华代表军队参加。7月30日,《新中华报》的副刊《动员》创刊,取代了《边区文化》。9月11日,陕甘宁边区文艺界抗战联合会成立,简称"边区文联",属陕甘宁边区文艺界救亡协会领导。在边区文联成立之前,延安不仅有许多作家在为抗战工作着,而且有了一些文学社团组织,如战歌社、山脉文学社等,但是,还没有一个文学界的统一组织。文学家们要求有一个专门的组织,以便促进文学的发展。在这一背景下,边区文联便应运而生。至次年5月14日,边区文联为与中华全国文艺界抗敌协会取得联系,更名为中华全国文艺界抗敌协会延安分会,简称"延安文抗"或"文抗延安分会"。至此,边区文联便告结束。同在9月,毛泽东提议成立延安"新哲学会",由艾思奇、何思敬负责筹备。30日,艾思奇、何思敬、周扬、吴黎平(即吴亮平)、王学文、成仿吾、高士其、徐懋庸、郭化若等18人联名在《解放》周刊第53期上,公布了由艾思奇起草的《新哲学会缘起》。所论宗旨在于:一是纠正过去理论工作中注重通俗化、大众化的缺陷,"把目前做得不很够的理论工作推进一步",在理论研究上"不但仅仅要综合眼前抗战的实际经验和教训,而且要接受一切中外最好的理论成果,要发扬中国民族传统中最优秀的东西"。二是新哲学会"并不仅仅就哲学而研究哲学",而是突破哲学学科的界线,把当时在延安的哲学家、社会科学家、历史学家、考古学家和自然科学工作者等等组织起来,推动大家运用辩证唯物主义和历史唯物主义"来研究一切抗战建国的经验教训,研究一切的其他的科学"。新哲学会的发起在从学术的通俗化到马克思主义中国化的思想发展史上都具有重要意义。同时由于毛泽东的积极倡导,用科学思维方法的新哲学成为当时延安学习运动中的重要内容之一。(参见《艾思奇全书》第8卷附录《艾思奇生平年谱》,人民出版社2006年版;李亮《继承五四和扬弃五四——新启蒙运动研究》附录《新启蒙运动大事记》,上海师范大学博士学位论文,2012年;艾克恩编纂《延安文艺运动纪盛》,文化艺术出版社1987年版;刘增杰、赵明、王文金等编《抗日战争时期延安及各抗日民主根据地文学运动资料》(上),山西人民出版社1983年版;孙国林编著,王佳钰、王增辉校订《延安文艺大事编年》,陕西师范大学出版总社2016年版;李方祥《二十世纪三四十年代"学术中国化"与"马克思主义中国化"的思潮互动》,《中共党史研究》2008年第2期)

陈伯达5月5日在马列学院成立之后调到该院当教员。同月,陈伯达在汉口《自由中国》第2号发表上年冬撰写的《论抗日文化统一战线》,强调新启蒙运动的批判意义:"新启蒙运动的精神是批判的,然而这种批判的精神并没有违反了'抗日第一'",只有批判能使思想为抗日而达到统一。并且,批判与保卫中国文化的运动又并不相冲突,批判就是为着发展中国的文化。结合抗日的新形势讨论如何推进新启蒙运动的问题,文章强调:(一)应该"联合全国文化人,科学家,教育家,大中小学生,以及一切文化机关,一切教育当局,进行文化的广大合作",内容包括普遍地实施战时教育,普及最低限度的战时常识,提倡通俗教育运动、识字运动、科学化运动等等。以便使新文字运动变成真正的大众运动;(二)加强翻译方面的工作,以便更好地借助世界先进国家的科学及各种解放思想,并且要检讨托派在其所翻译的东西中加进的曲解;(三)编撰中国的百科全书,使之成为现代中国民族战斗的宣言书。文章指出这些工作的目的在于:要在抗战中充实和武装全国抗战同胞的头脑,使他们不论先进与否,都能自觉地、纵横自如地随机应变地进行民族大抗战,领导民族的大抗战,从而决定民族历史的前途。7月23日,陈伯达在《我们的文化运动的民族特征》中明确提出了"中国化"的概念,强调"需要运用传统的(即旧的)文化形式,来创造新的民族文化——真正中国化的民族文化",号召文化工作要结合中国的文化传统,立足中国的客观实际,实现启蒙运动的"中国化"。(参见李亮《继承五四和扬弃五四——新启蒙运动研究》附录《新启蒙

运动大事记》,上海师范大学博士学位论文,2012年)

陈唯实所著《抗战与新启蒙运动》一书1月由汉口扬子江出版社出版。此书高度评价了新启蒙运动的历史意义及其必要性。"为了建立新的民族新的中国新的社会新的民众,就非建设新的文化不行。要这样,那就离开不了新启蒙运动。"关于新启蒙运动的内容,陈唯实概括了11个方面,其核心是"民族、民主、民生的运动",并指出"新启蒙的思想文化运动,目前最大的任务就是唤起民众,普及和提高广大人民的民族意识,激动民族战斗的意识,使他们为民族革命而总动员抗战"。在与五四启蒙运动的对比中,陈唯实强调了新启蒙运动在启蒙对象、主体、内容等方面的大众化特色。从新启蒙运动的基本立场和要求出发,他提出了反对复古、礼教,提倡妇女解放,普及大众教育等一系列政治思想文化主张。年初,陈唯实到山西民族革命大学任政治系副主任。11月,抵达延安,先后于陕北公学、抗日军政大学任教,并任中央研究院特别研究员等职,被称为年轻的马克思主义理论家。(参见李亮《继承五四和扬弃五四——新启蒙运动研究》,上海师范大学博士学位论文,2012年)

成仿吾继续任陕北公学校长。2月,由毛泽东和周恩来领衔,林伯渠、徐特立、成仿吾、艾思奇、周扬等联名发出《鲁迅艺术学院创立缘起》。3月1日,作《半年来的陕北公学》,指出在伟大的民族抗战时期,一切应该为了抗战的需要。教育也应该如此。"陕公"吸收大批青年,给予必要的革命理论与实践,到抗战的各个方面去,加强整个民族抗战的伟大力量。10日,毛泽东同志复为"陕公"题词:"陕北公学是属于中华民族的,因为他为着抗日救国而设,因为他收纳了全国乃至海外华侨优秀儿子。"接着他在"陕公"讲演说:"有了'陕公',中国就不会亡!"5月,根据中央指示,"陕公"在关中分区栒邑县看花宫成立分校,由副校长、党组书记李维汉同志兼任分校校长。6月18日,成仿吾出席边区文化界救亡协会在抗大举行的高尔基逝世2周年纪念大会,到会千余人。首先,由抗大合唱队唱《高尔基纪念歌》。纪念会推举成仿吾、吴亮平、周扬、罗瑞卿、沙可夫、艾思奇等组成主席团。成仿吾致开会辞。吴亮平、周扬、艾思奇、陈伯达先后讲了话。7月7日,"陕公"分校正式开学。27日,《青年战线》刊成仿吾的歌词《青年进行曲》。8月,与徐冰合译的《共产党宣言》作为《马恩丛书》第四集出版。9月,毛泽东提议成立"新哲学年会"。30日,艾思奇、何思敬、周扬、吴黎平、王学文、成仿吾、郭化若等18人联名在《解放》周刊第53期上发表了《新哲学年会缘起》。10月,作《毕业上前线》(歌词),鼓励毕业的同学们走向战场。10月31日,《解放》第53期刊成仿吾《纪念鲁迅》,文中指出"自一九三三年以来,我们是完全一致了,我们成为战友",对鲁迅作出了高度的评价。是年,曾收到菲律宾24个爱国华侨团体的电报,表示支持"陕公",要为"陕公"募捐。(参见张傲卉、宋彬玉《成仿吾年谱》,《东北师大学报》1985年第5期;艾克恩编纂《延安文艺运动纪盛》,文化艺术出版社1987年版;孙国林编著,王佳钰、王增辉校订《延安文艺大事编年》,陕西师范大学出版总社2016年版)

沙可夫、任白戈、吕骥、左明、温涛等年初按上年11月党中央计划,在陕北公学内筹设一个艺术训练班。公学内增设一个艺术训练班,责成沙可夫、任白戈、吕骥、左明、温涛负责筹备。1月28日,延安文艺界为纪念"一·二八"淞沪抗战6周年,联合编演了话剧《血祭上海》。编导人员有沙可夫、朱光、左明、徐一新、黄天、任白戈等。演员有沙可夫、朱光、李伯钊、赵品三、徐一新、左明、孙维世等文艺名家。该剧连演20天,引起轰动。2月下旬,中宣部举办招待会,设宴慰劳和感谢演职人员。同时举行座谈会,总结这次演出的经验,以推动今后的工作。毛泽东高兴地出席了会议。会上有人提议:"应该以这些人为基础,办一个学校,培养艺术人才。"毛泽东表示"我完全赞成这个提议,并且用全力支持你们把这所艺术学校办成!"延安鲁艺筹备工作自此正式开始启动。以沙可夫为首的各筹委集思广益,首先是确定这所艺术学校的名称,草拟《创立缘起》《成立宣言》,以及成立董事会。2月底,拿出了初步方案,由沙可夫直接去凤凰山向毛泽东汇报。校名定为"鲁迅艺术学院",简称"鲁艺",暂设美术、戏剧、音乐三个系。一些文件草案和名单经由毛泽东修改后,又召集几位发起人讨论通过。毛泽东领衔担任发起人,发起人依次是:毛泽东、周恩来、林伯渠、徐特立、成仿吾、艾思奇、周扬。鲁艺董事会的名单是:邵力子、陈立夫、于右任、蔡元培、宋庆龄、何香凝、郭沫若、茅盾、田汉、许广平、周扬、毛泽东、洛甫、康生、王明、周恩来、凯丰、徐特立、林伯渠。这个名单带有明显的抗日民族统一战线的性质。《创立缘起》和《成立宣言》在全国多家报刊发表,产生了广泛影响,很快便有一些支持鲁艺成立的信函从全国各地寄来,更有一些文艺家表示愿意来鲁艺工作。

按:《鲁迅艺术学院创立缘起》写道:"在这抗战时期中……艺术——戏剧、音乐、美术、文学是宣传、鼓动与组织群众最有力的武器。艺术工作者——这是对于目前抗战不可缺少的力量。因之,培养抗战的艺术工作干部,在目前也是不容稍缓的工作。我们边区对于抗战教育的实施积极进行,已建立了许多培养适合于抗战需要的一般政治军事干部的学校(如中国抗日军政大学、陕北公学等),而专门关于艺术方面的学校尚付缺如;因此,我们决定创立这所艺术学院,并且以已故的中国最大的文豪鲁迅先生为名,这不仅是为了纪念我们这位伟大的导师,并且表示我们要向着他所开辟的道路大踏步前进。"

按:《鲁迅艺术学院成立宣言》全文如下:在敌人企图加紧进攻西北、加紧截断陇海线,企图威胁抗日根据地——武汉的今日,在全国军队、全国人民誓死抵抗的今天,我们宣告鲁迅艺术学院的成立。它并不是打算在全国总动员中作歌舞升平的幻想,尤其不是想逃避现实;恰恰相反,它的成立,是为了服务于抗战,服务于这艰苦的长期的民族解放战争。

在这伟大的神圣的抗日战争中,全国的艺术家的确已经团结一致,坚决地站上了他们的岗位,但是我们不得不指出,抗战形势的发展,对于艺术界的要求比我们艺术界目前所贡献于抗战的是更多更大。而我们的艺术界在人力、技术和工作的表现上,还不能完全满足客观的要求。鲁迅艺术学院的成立,就是要培养抗战艺术干部,提高抗战艺术的技术水平,加强这方面的工作,使得艺术这武器在抗战中发挥它最大的效能。

越当敌人加紧进攻的时候,我们越感觉到成立这个学院的迫切需要。因为我们相信:艺术不仅能唤起民众,而且可以组织民众,武装民众的头脑。本学院的成立,一面要培养大批的艺术干部,到抗日战争的各个部门、军队中、后方农村中、都市里以至敌人占领的区域里去工作。另一方面,我们追随和号召全国的艺术家,为了寻求最有利于抗战的艺术道路而努力。我们研究实践,希望全国的艺术家与文化界,站在抗战的立场上,给我们切实的援助。

我们不仅为了服务于目前的抗战而工作,更进一步,我们还要为抗战胜利以后建立独立自由幸福的新中国而工作,一方面,我们的一切工作是为了抗战,另一方面,我们要在这些工作中创造新中国的艺术。我们要接受各时代的中国的和外国的艺术遗产,使新的中华民族的艺术更迅速的成长。全国艺术界的同志们! 请把扶助它的成长当做自己的责任吧!

沙可夫在《创立缘起》和《成立宣言》发表之后,为《鲁迅艺术学院院歌》作词,由吕骥作曲。鲁艺的教育方针和计划,是中宣部拟订并经中央书记处审议通过的。它规定:"以马列主义的理论和立场,在中国新文艺运动的历史基础上,建设中华民族新时代的文艺理论与实际,训练适合今天抗战需要的大批艺术干部,团结与培养新时代的艺术人才,使鲁艺成为实现中共文艺政策的堡垒与核心。"3月7日,鲁艺发布了"鲁字第一号"公告:本院业已筹备就绪,兹将已定各负责人名单公布之:(一)副院长:沙可夫同志(正院长暂缺)。(二)各处处长:教务处:院长兼;训育处:徐一新;秘书处:魏克多。(三)各系系主任:戏剧系:张庚;音乐系:吕骥;美术系:沃渣。另设院务委员会,由沙可夫、周扬、朱光、徐一新、吕骥等组成。此外,还设有校董事委员会、编审委员会和晚会委员会。4月10日,鲁迅艺术学院举行开学典礼,宣告鲁迅艺术学院在延安正式成立,这是在党中央的直接领导与关怀下创办的一所综合性高等艺术学院,也是当时我党培养艺术干部的唯一一所学校。毛泽东出席鲁艺开学典礼并讲话,形象地说:"在十年内战时期,革命的文艺可以分为'亭子间'和'山上'两种方式。亭子间的人弄出来的东西有时不大好吃,山顶上的人弄出来的东西有时不大好看。既然是艺术,就要又好看又好吃,不切实、不好吃是不好的,这不是功利主义而是现实主义。抗日战争使这两部分人汇合了,彼此都应当去掉自大主义。要在民族解放的大时代去发展广大的艺术运动,在抗日民族统一战线方针指导下,实现文学艺术在今天中国的使命和作用。"

　　按:5月23日发布的"鲁字第十二号"布告,宣布该院各种会议参加者名单:"(一)院务会议:沙可夫、张庚、吕骥、沃渣、徐一新、魏克多、李伯钊,学生会代表。(二)教务会议:沙可夫、张庚、吕骥、沃渣、崔嵬、王震之、左明、向隅、唐荣枚、丁里、蔡九昌、李伯钊、江青,各系学生代表。(三)训育会议:徐一新、钟光、王已醒、李伟、江青,学生会代表,民先代表。(四)事务会议:魏克多、龚伟、赵冠琦、龚亦群、李非、李石涵、刘国辅,学生会代表。(五)编审委员会:李伯钊、吕骥、张庚、沃渣、王震之、徐一新、沙可夫,学生会代表。(六)考试委员会:〔主考〕沙可夫、张庚、吕骥、沃渣,〔陪考〕徐一新、向隅、崔嵬、王震之、左明、丁里。(七)晚会委员会:徐一新、李伯钊、向隅、崔嵬、魏克多,各系学生代表。"后来根据需要,中央对学院机构和人员不断调整。

　　按:鲁艺的教员起初很少,但随着办学规模的扩大,教师和工作人员迅速增加至二三百人之多。如周立波、何其芳、沙汀、艾青、萧军、陈荒煤、严文井、舒群、曹葆华、邵子南、吕骥、贺绿汀、吴晓邦、张贞黻、向隅、马可、李元庆、麦新、周巍峙、李焕之、瞿维、唐荣枚、潘奇、何士德、杜矢甲、任虹、孟波、寄明、张庚、塞克、王滨、田方、姚时晓、许珂、钟敬之、张水华、袁文殊、舒强、沙蒙、邵惟、王大化、于敏、凌子风、牧虹、江丰、蔡若虹、沃渣、王曼硕、王式廓、马达、力群、胡一川、张仃、石泊夫、古元、王朝闻、华君武、莫朴、彦涵、罗工柳、刘岘等人,分别在各系或各研究室担任领导或教学工作。此外,还聘请院外的同志如齐燕铭等来院讲课,请作家丁玲、欧阳山、艾青、草明等作创作经验报告。著名作家茅盾也曾在这里讲授"中国市民文学"专题课,他讲得生动、深刻,颇受大家欢迎。许多中央首长如毛泽东、朱德、洛甫、凯丰等,经常来鲁艺作报告,有的还担任讲座课的教学工作。这无疑为鲁艺的教学增添了不少新鲜的内容和光彩。

　　按:鲁艺成立后,毛泽东多次在鲁艺发表讲话。4月28日,毛泽东来到鲁艺作关于怎样做艺术家的讲演,主要讲了三方面的问题:一、我们对艺术应持什么观点? 二、艺术作品要有内容,要适合时代的要求,大众的要求。三、鲁迅艺术学院要造就有远大的理想、丰富的生活经验、良好的艺术技巧的一派艺术工作者。5月中旬,毛泽东再到鲁艺讲话,说:"我们的两支文艺队伍,上海亭子间的队伍和山上的队伍,汇合到一起来了。这就有一个团结问题。要互相学习,取长补短。要好好地团结起来,进行创作、演出。要下去,要到人民生活中去,走马看花,下马看花,起码是走马看花,下马看花更好。我们要有大树,也要有豆芽菜。没有豆芽菜,怎么能有大树呢? 我不懂文艺。文艺是团结人民,教育人民,打击日本帝国主义的武器。创作象厨子做菜一样,有的人佐料放得好,菜就好吃。"

　　沙可夫以副院长主持鲁艺工作。7月,为纪念中国共产党成立17周年和抗战1周年,边区党委和抗敌后援会决定举行纪念活动,演出文艺节目。刚成立的鲁艺组建了以副院长沙可夫为主任的演出筹委会,决定创作三个新戏。7月18日,延安鲁艺为纪念音乐家聂耳、黄自,演出聂耳作曲、田汉编剧的歌剧《扬子江暴风雨》。8月1日,鲁艺实验剧团成立,先后任正、副团长的有王震之、田方、钟敬之、王滨、于敏、沙蒙。27日,鲁艺实验剧团举行成立典礼晚会,鲁艺副院长沙可夫特为实验剧团写了团歌《鲁迅艺术学院实验剧团团歌》,吕骥作曲。8月,鲁艺的诗歌组织路社成立,主要负责人有雷烨、天蓝、康濯等,指导教师有何其芳、严文井、陈荒煤等,参加编辑工作的有黄钢、柯蓝等。9月5日,沙可夫在《新中华报》登载沙可夫的《抗战文艺杂谈二则》,谈抗战文艺问题。文中提出:"国防文学"和"民族革命战争的大众文学"的热烈争论都无非是为了"名正"。为什么现在我们要用"抗战文艺"之名呢?中华民族已到了生死存亡的关头,除汉奸、亲日分子外,不分阶级、阶层、党派、男女、老幼,都一致奋起,精诚团结,巩固以国共两党合作为基础的抗日民族统一战线,坚持抗战到底,争取最后胜利。现阶段中国文艺也应该服从抗战,于是"抗战文艺"之名就诞生了。有人死抱着"国防文学"或"民族革命战争的大众文学"之名不肯放手,大有非此不能"名正"之势。那么,现在先再来"名正",似乎是必要的了。显然,"国防"与"民族革命战争"之名太笼统,太一般化了,已经不适合用来说明现阶段的中国文艺的性质与任务了。就现阶段来说,"抗战文艺"才是"名正"。此文论点引起延安文艺界不少人的共鸣。年底,鲁艺木刻工作团成立,胡一川任团长。(以上参见艾克恩编纂《延安文艺运动纪盛》,文化艺术出版社1987年版;孙国林编著,王佳钰、王增辉校订《延安文艺大事编年》,陕西师范大学出版总社2016年版)

周扬1月20日任陕甘宁边区政府教育厅代厅长。2月13日,周扬、艾思奇、何干之、吕骥、柯柏年、李凡夫、任白戈、董纯才、左明等数百人出席边区文协召开边区文化界反侵略大会。这次大会是响应2月11日的延安反侵略大会而召开的。毛泽东在延安那次会上讲话说:"现在,世界的侵略者结成一种侵略阵线,破坏世界的和平,反侵略者则团结世界上大多数人民保卫世界的和平,反对侵略战争,这样两个相反方向的阵线在全世界斗争着。……现在是全世界大多数好人向着世界上少数坏人算总账的时候。"这次大会到会的团体有边区音乐界救亡协会、战歌社、海燕社等。大会公推周扬、何干之、艾思奇、李凡夫、吕骥、沙可夫、徐冰、张志远、郑义等为大会主席团。主席李凡夫致开会辞,艾思奇作报告,周扬、何干之、郑义及广东记者团代表黄荡天相继演讲。大会致电国际反侵略运动大会,坚决反对侵略战争。最后,与会人员分成四个队,用街头歌咏、漫画和墙头诗等形式,分头向延安群众宣传,号召人们行动起来,加入反对侵略的队伍。2月21日,周扬与朱光、艾思奇、沙可夫、吕骥等20人出席边区文协召开座谈会,讨论《血祭上海》一剧。

周扬6月18日出席边区文化界救亡协会在抗大举行的高尔基逝世2周年千人纪念大会,纪念会推举成仿吾、吴亮平、周扬、罗瑞卿、沙可夫、艾思奇等组成主席团。吴亮平、周扬、艾思奇、陈伯达先后发表讲话。周扬在讲话中要求青年要向高尔基学习三点:一、学习他反抗的精神,反抗阶级敌人,反抗黑暗势力;二、学习他伟大的现实主义,真实、深刻地反映社会生活,反映人民的愿望;三、学习他的反市侩主义精神,做一个品格高尚的人。10月19日,边区文化界救亡协会主持召开延安纪念鲁迅逝世2周年大会,周扬、沙可夫、沙汀、柯仲平、丁玲、徐懋庸等13人组成大会主席团。柯仲平宣布开会,周扬发表讲话,说了四点:一、鲁迅生长在一个半封建半殖民地的国度里,这就决定了他反帝反封建的民族民主主义思想;二、鲁迅是一个伟大的现实主义作家,为了爱祖国、爱人民而从事艺术,把艺术当作救国救同胞的工具;三、鲁迅是一个彻底的民主主义者,一个忠实的民族主义者;四、鲁迅留给我们空前的文化遗产,没有鲁迅就没有今日的新文学。(参见中央教育科学研究所编《中国现代教育大事记1919—1949》,教育科学出版社1988年版;艾克恩编纂《延安文艺运动纪盛》,文化艺术出版社1987年版;孙国林编著,王佳钰、王增辉校订《延安文艺大事编年》,陕西师范大学出版总社2016年版)

柯仲平继续任边区文协副主任,兼任战歌社社长。1月24日,刚成立不久的战歌社为迎接新年举行了一次"诗歌、民歌演唱会",发出300张入场券,到场者200多人,其中包括毛泽东。但因朗诵效果不佳,室内太冷,晚会节目进行不到一半,听众已所剩无几。组织者打算中途收场,毛泽东却稳坐不动,示意并支持朗诵会按原计划进行到底。事后,战歌社的负责人柯仲平、刘御,召集了总结经验教训的研讨会。与会者发言热烈,批评中肯。部分发言纪要刊登在1月25日《新中华报》的《边区文艺》副刊版,还特意标出"关于诗歌朗诵问题"的专栏名称。林山说,朗诵诗应有丰满的感情和动人的技巧,而不是口号或演说,也不是狂叫,要注意朗诵诗与念诗、吟诗的区别,要当场能吸引听众。那么,怎样才能吸引听众呢?沙可夫提出三点意见:一、要合乎诗的音韵旋律,清晰地朗读,调子抑扬顿挫;二、朗诵者的感情、表现应和诗歌的内容相吻合;三、避免不必要的动作与姿势,因为这是朗诵不是演戏。柯仲平承认此次诗歌朗诵晚会失败后,总结出这样的观点:朗诵是在讲话与歌唱之间的最富于动律的一种声音艺术。朗诵的最初基础是讲话,但它又不是讲话,也不是唱歌。朗诵比唱歌更容易使人听懂内容,又必须比讲话更易于使人感动在旋律的运动中。朗诵诗应该具备三个条件:一、内容是真实的,能感动大众,有教育意义;二、语言是大众的;三、有富于律动的组织。2月26日,战歌社邀集延安诗歌工作者,座谈讨论诗歌朗诵的理论与技术问题。3月15日,《新中华报》又发表黄药眠的《我对于朗诵的意见》。这次讨论,没有明显的意见分歧和对立。大家是在承认朗诵会失败,为了前进的共识基础上进行探讨的。通过讨论,进一步明确了诗歌朗诵的重要意义,找出了失败的关键是诗的语言、朗诵作风不够大众化。他们坚信,经过总结经验,继续实践,不断改进,诗歌朗诵活动一定会更好地开展起来。后来的事实充分表明了这次讨论的重要意义。

> 按:当时延安关于诗歌朗诵问题的讨论分两派:一派是以柯仲平为首的豪放派,如江河奔腾,咆哮雷鸣,还夹杂着说白歌唱,朗诵时蹦蹦跳跳;一派是以李雷为代表的温婉派,浅唱低吟,不紧不慢,令人回味无穷。柯仲平常在集会开会前,晚会开幕前,甚至在街头、饭馆,随时都可能站出来大声"吼"诗。妇女们见他挥拳蹦跳,常发出笑来。他就停下来斥责:"你们这些婆姨,根本读不懂诗,不配听朗诵!"

柯仲平2月21日主持区文协召开的讨论《血祭上海》一剧座谈会,《血祭上海》这个戏连演10天,观众过万,引起强烈社会反响,但也有不同的评价,所以要召开专业人士讨论会,周扬、朱光、艾思奇、沙可夫、吕骥、任白戈、左明、徐一新(徐以新)、郑义、向仲华、罗叔平(骆方)、柯仲平、马烽、孙强、叶蠖生等20人出席。《血祭上海》是为纪念上海"一·二八事变"而创作,作者有朱光、左明、沙可夫、徐一新、黄天和任白戈。座谈会首先由作者任白戈介绍创作过程和动机。接着,大家进行讨论。马烽认为:一、戏不统一;二、恋爱气味太重;三、阿毛太漂亮,不像工人。罗叔平说,这个剧本与事实不大符合。最勉强的是大小姐,她走向革命很奇怪,延安公演这个戏会产生不好的影响。艾思奇说,这个戏政治方面相当成功,艺术方面似乎低些。缺点是缺乏真实性,不严肃。左明认为这个戏恋爱气味太重,但从功利主义来说是相当成功的。沙可夫不同意罗叔平完全否定这个戏的意见,认为剧本描写不够,结构不好,发挥不透彻,演出有毛病,但和总的政治路线是吻合的。这个戏是叫座的,演出是相当成功的。周扬指出,批评一个戏应从下面几点着眼:一、观众是否欢迎;二、是在怎样的环境下产生的;三、总倾向是否是现实的。根据这三条,应该给这个戏较高的评价。它获得了观众的极大欢迎,它是在极困难的条件下和短促的时间内写成与演出的。缺点是中心主题没有把牢,恋爱成分占多了,人物没有活跃的个性,存在脸谱主义。5月初,柯仲平创作长篇朗诵诗《边区自卫军》,被誉为他诗歌创作的里程碑。

柯仲平6月18日出席边区文化界救亡协会在抗大举行的高尔基逝世2周年千人纪念

大会,并朗读了高尔基的《海燕》。7月4日,陕甘宁边区民众剧团在延安正式成立,属陕甘宁边区文化界救亡协会领导。亦称边区民众剧团,简称"民众剧团",柯仲平、马健翎先后任团长,是一个运用陕西地方戏剧艺术形式秦腔、眉户等,编演革命现代戏,宣传党的方针政策的文艺团体。7月22日,在边区文协召开第一次剧团筹备会,边区党委、边区文协、教育厅、抗敌后援会等13个单位的代表出席。会议商定,成立专业化的民众剧团。经过边区党委和中央文委研究,任命了剧团负责人和主要部门人员:团长柯仲平,副团长刘克礼,剧务主任张季纯、马健翎,教导主任墨遗萍。刘白羽、杨浩、柳青、方纪、草明、李丽莲先后任文化教员、音乐教员。音乐家马可、安波、张鲁、杜矢甲,女作家草明、董速,政工干部王彭、雷烽等,都在剧团工作过。剧团成员有贺原野(贺风)、张云、史雷、毕雨、党奎、李刚、王岚、王志义、王晓明、姚伶、高持久、唐又唐、林肃、王登奎、刘亚平、魏郎芳、张德财等,后又调进张志华、陈步发、冯增堂、李文宇、朱真、侯烈战、殷应战、庄映等。

柯仲平兼任社长的战歌社8月初发起街头诗运动。边区文协战歌社的柯仲平、林山与西北战地服务团的田间、邵子南等联合发表《街头诗歌运动宣言》,商定8月7日为"街头诗运动日"。8月7日,延安的大街上高悬着一幅长条的大红布,上写"街头诗歌运动日"。诗歌作者们走向延安的街头,在墙壁、岩石、门板上到处写"街头诗",使延安形成了一个诗歌的海洋。柯仲平、林山、田间、邵子南、史轮、高敏夫等,是街头诗运动的中坚。业余诗歌作者张季纯、刘御,工人作者赵鹤、贾嘉,都积极参加。此外,他们还编印了关于街头诗歌的小册子——《街头诗运动特刊》,并且使这一运动在晋察冀等根据地也开展起来。在这次街头诗运动高潮中,有三十几位诗人参加,产生了近百首诗。8月10日,为扩大影响,延安《新中华报》的《动员》副刊发表了《街头诗歌运动宣言》,并刊登《街头诗歌选(一)》。15日,刊发《街头诗歌选(二)》。街头诗运动,使街头诗之花到处竞相开放,使诗歌与现实结合起来、诗人与群众结合起来,产生了深远而广泛的影响。9月29日至11月6日,中共中央在延安桥儿沟举行扩大的六届六中全会,其间柯仲平在延安大礼堂的石灰墙上亲手刷写墙头诗。

柯仲平10月16日在《文艺突击》创刊号上发表《持久战的文艺工作》,提出:"革命战争为作家创下了伟大的前途,将来是会产生大作品的",要在这时候写出大作品,必须具备以下几个条件:一是在战争中体验他所要写作的现实生活;二是对政治军事有相当的认识,尤其必须是一个坚定的战斗员;三是必须有某种程度的写作技术修养。这篇论文的意义在于,指出了当前的文艺创作必须贴近现实,及时配合战争,而不应该好高骛远,一味要写大作品。这对于许多作家,特别是青年作家有重要的指导意义。10月19日,边区文化界救亡协会主持召开延安纪念鲁迅逝世2周年大会。抗大、陕北公学、鲁艺、西北青年救国联合会等单位出席。大会由周扬、沙可夫、沙汀、柯仲平、丁玲、徐懋庸等13人组成主席团。柯仲平宣布开会,周扬发表讲话,丁玲、徐懋庸、沙可夫相继讲演,柯仲平朗诵了自己的诗歌《告同志》和《游击队》。丁玲提议成立鲁迅研究学会,各大图书馆各买一部《鲁迅全集》。同日,延安民教馆举行纪念鲁迅大会。会后进行了文艺演出,鲁艺演出了钟敬之编导的活报剧《鲁迅之死》。报刊发表纪念鲁迅逝世2周年文章多篇。10月出版的《解放》周刊发表了成仿吾的《纪念鲁迅》、陈伯达的《鲁迅逝世二周年纪念》。10月16日出版的《文艺突击》特设《纪念鲁迅先生逝世二周年》专栏,发表3篇纪念文章:艾思奇的《学习鲁迅主义》、陈荒煤的《老头子》、林山的《誓词》。同时还刊登了鲁迅语录。11月出版的《解放》周刊,发表了周扬10月19日在纪念鲁迅逝世2周年大会的讲话《一个伟大的民主主义现实主义者的路》。

（以上参见艾克恩编纂《延安文艺运动纪盛》，文化艺术出版社1987年版；孙国林编著，王佳钰、王增辉校订《延安文艺大事编年》，陕西师范大学出版总社2016年版）

林山8月参与发起街头诗运动。8月15日，林山在《新中华报》发表《关于街头诗运动》，成为中国诗坛开展街头诗的宣言。作者从理论上对街头诗运动作了初步总结。此文分三部分。一是为什么提倡街头诗。因为从诗歌本身来说，诗歌要大众化，要接近和深入群众，街头诗是最适宜的。它容易为群众所读，引起兴趣，进而自己来写诗。这样就会使诗歌大众化，成为大众的诗歌。另外，诗歌服务于抗战，应利用一切形式，街头诗就是诗歌的新形式之一。在目前艰苦的条件下出诗集不容易，但街头诗随时可以公开发表。二是街头诗在战地有更迫切的要求，它可以鼓舞战士，教育群众，表现不能抑制的情绪。标语太简单，把语言组织起来写在街头、岩壁，就成为街头诗，其发展很有前途。三是街头诗运动的意义和成绩。延安战歌社、战地社8月7日发起了一次规模相当大的街头诗运动，几天之内，三十几人写出了百把首诗，其意义在争取人们对街头诗的承认，不久会引起各地的反响，这对中国诗歌运动会起相当大的推进作用。（参见艾克恩编纂《延安文艺运动纪盛》，文化艺术出版社1987年版；孙国林编著，王佳钰、王增辉校订《延安文艺大事编年》，陕西师范大学出版总社2016年版）

柯伯年4月11日主持边区国防教育会召开的第一次代表大会，参加大会代表400余人。毛泽东、张闻天、艾思奇诸同志演说。毛主席说："我们的民族是一个缺乏教育的民族，但抗战已大大改变了中国人，这是几十年的教育所不能成功的。如果抗战再坚持下去，还会造就千百万的新人。""目前的抗战是规定一切的东西，我们的教育也要听抗战的命令，这就叫做抗战教育。"张闻天说："所谓国防教育，大概包含这样三个要素：一、强调民族自信心；二、增进全民族的团结；三、发扬艰苦奋斗的精神。"柯伯年谈课程、教材、教学法与训导等问题。大会最后推定成仿吾、周扬、吕骥、柯柏年、徐特立、吴亮平、王若飞、沙可夫、王学文、艾思奇、张际春、董纯才、郑义等29人为第一届执委。5月5日，柯伯年任中央马列学院西方革命史室主任。（参见艾克恩编纂《延安文艺运动纪盛》，文化艺术出版社1987年版）

丁玲元旦在八路军总部驻地山西洪洞马牧村，西战团举行新年慰问联欢会，朱德、彭德怀等参加。2月，在山西临汾遇萧军、端木蕻良、田间、萧红。丁玲与萧红亲密相处，劝其去延安。3月初，根据中央的指示，丁玲率西战团离开山西再渡黄河，经潼关赴西安国民党统治区演出。上旬，西战团在西安举行第一次公演。中旬，丁玲与聂绀弩等同回延安。毛泽东、康生、张闻天、张国焘代表党中央和边区政府为欢迎徐懋庸等新到延安的文化人举行宴会，丁玲在会上报告西战团工作经过。20日，丁玲与舒群合编的《战地》在汉口创刊。27日，与艾青、茅盾等文化艺术界著名人士97人联名发起的中国全国文艺界抗敌协会在汉口成立。郭沫若、茅盾、冯玉祥、丁玲等当选为理事。4月上旬，在西安组织西战团第二次公演，引起国民党不安。国民党陕西省党部突然查封、取缔十来个进步的群众救亡团体，命令西战团开赴八路军前线，并以逮捕负责人相威胁。丁玲向党中央请求，准备再度公演。毛泽东主席亲自批示同意，并指示要与国民党"摩而不裂"。13日，与茅盾等18位作家联名发表《给周作人的一封公开信》发表于《抗战文艺》第4号。此信晓以大义，劝其在汉奸道路上悬崖勒马。

丁玲6月16日在《孤岛妇女》第1卷第1期发表《丁玲谈孤岛妇女救国运动》。25日，丁玲应邀在西安举行的陕西妇女界欢迎世界学联代表团的茶话会上讲话，介绍西战团的工作。7月初，丁玲率西战团冲破国民党封锁与阻挠，举行轰动西安古城的第三次公演。内容是两个"旧瓶装新酒"的戏曲:田汉的《忠烈图》和老舍的《烈妇殉国》。7日,参加西战团与西安易俗社的联欢会。会后率西战团乘八路军驻西安办事处的汽车离西安赴延安休整。22日,西战团回到延安。《新中华报》写道:"丁玲同志带回了许多新鲜的东西,如大鼓、秦腔。尤为重要的是带回了经过磨炼而不疲倦的工作热情。"休整期间,西战团与一些文艺团体进行座谈,介绍经验,畅谈见闻,受到普遍欢迎。鲁艺邀请他们向全院师生作了4场报告,并进行了个别交谈,极大地鼓舞了文艺工作者上前线的激情。西战团又进行了几场演出,展示了出征期间创作的节目和民间文艺,使延安的人们耳目一新,还与战歌社等单位一起发动了街头诗歌运动。同月,丁玲参加抗大和陕北公大联欢大会并讲话。毛泽东、成仿吾、邵式平等出席。丁玲小说散文集《一颗未出膛的枪弹》由生活书店出版。9月,陕甘宁边区文艺界抗敌联合会成立,丁玲当选为执委。11月20日上午,日寇飞机轰炸延安,延安实行紧急疏散,西战团奉命于当夜离开延安前往晋察冀边区。丁玲继续担任团长,但被派往兰家坪延安马列学院学习,至次年11月。(参见王周生《丁玲年谱》,上海社会科学院出版社1997年版;艾克恩编纂《延安文艺运动纪盛》,文化艺术出版社1987年版;孙国林编著,王佳钰、王增辉校订《延安文艺大事编年》,陕西师范大学出版总社2016年版)

　　徐懋庸离开上海前往延安。3月,徐懋庸持西安八路军办事处代表林伯渠的介绍信抵达延安后,暂住西北旅社。先后有艾思奇、张庚、和培元、张庆孚、柯柏年等前来看望。中旬,毛泽东、康生、张闻天、张国焘代表党中央和边区政府为欢迎徐懋庸等、萧军等七八个新到延安的文化人举行宴会,丁玲在会上报告西战团工作经过。4月20日,徐懋庸在《新中华报》发表的《民间艺术形式的采用》,提出:当前艺术工作的内容,是宣传抗战。这一内容应该通过民间的形式来表现。"只要配上新内容,旧形式就不成其为完全的旧形式了。采用之际,或有改造,这改造就会使旧形式渐渐变为新形式。"文中赞扬西战团在这方面的尝试和取得的成绩,并引用了列宁《共产主义运动中的"左派"幼稚病》中的相关论述,受到毛泽东的重视和好评。5月中旬,徐懋庸致函毛泽东,请求见面,谈谈上海的文艺问题。信中简单地讲了"两个口号"的争论过程,希望得到指示,其中也表示了对周扬的不满。因为在1936年上半年,上海左翼文艺阵营内出现"两个口号"的争论,一是以周扬为代表的"国防文学",一是以鲁迅为代表的"民族革命战争的大众文学"。徐懋庸是赞成前者的,并给鲁迅写信争论。鲁迅写了《答徐懋庸并关于抗日统一战线问题》,严厉批评了他的观点。他感到思想压力很大,抬不起头来。于是,他想到延安找党中央弄清是非,明白自己错在何处。

　　徐懋庸约在5月23日下午3点由毛泽东秘书华民来请并陪同到凤凰山麓毛泽东的窑洞里谈话。徐懋庸简单地谈了自己的履历,然后把他知道的"左联"的情况、解散过程,"两个口号"的争论,他给鲁迅的信和鲁迅的反驳,以及事后上海的舆论,周扬等对他的态度,他来延安弄清是非的决心等,详细地谈了一个半钟头。毛泽东听完徐懋庸的陈述后,就左翼文艺"两个口号"的争论问题谈了如下的意见:一、"关于两个口号的争论的问题,周扬同志他们来延安以后,我们已基本上有所了解。今天听了你们所谈的,有些情况使我们更清楚一些,具体一些。"二、"我认为,首先应当肯定,这次争论的性质,是革命阵营内部的争论,不是革命与反革命之间的争论。你们这边不是反革命,鲁迅那边也不是的。"三、"这个争论,是在路线政策转变关头发生的。从内战到抗日民族统一战线,是一个重大的转变。在这样的转变过程中,由于革命阵营内部理论水平、政策水平的不平衡,认识有分歧,就要发生争论,这是不可避免的。其实,何尝只有你们在争论呢? 我们在延安,也争论得激烈。不过你们是动笔的，一争争到报纸上去，就弄得通国皆知。我们是躲在山沟里面争论，所以外面不知道罢了。"四、"这个争论不但是不可避免的，也是有益的。争来争去，真理就越争越明。大家认识一致了，事情就好办了。"五、"但是你们是有错误的，就是对鲁迅不尊重。鲁迅是中国无产阶级文艺运动的旗手，你们应该尊重他。但是你们不尊重他，你的那封信，写得很不好。"六、"但错了不要紧，只要知道错了，以后努力学习改正，照正确的道路办事，前途是光明的。"毛泽东一连谈了二十多分钟。之后，又问："怎么样？你对我的话有什么意见？"徐激动地说："今天我听到了许多闻所未闻的道理，非常感激，等回去好好想一想。"

　　按：接着毛主席又问到徐懋庸的工作分配了没有，是不是党员，并说："既要革命，有条件还是入党好。你也不是没有入党的可能。这个问题，你可以在抗大的工作中解决。你还可以找中央组织部陈云去谈一谈。"

　　徐懋庸受毛泽东约见后，到艾思奇、柯仲平负责的边区文化界抗敌协会工作。新中华报社社长向仲华知道他是理论家，便约他写文章。徐懋庸随即写了一篇谈艺术形式的短文，在《新中华报》发表。7月，丁玲率领西战团返回延安休整，徐懋庸在欢迎会上说，丁玲和她领导的西战团，徒步越过山河，到过危险的前线，到过偏僻的山村，与各种军队各种人接触，一面收获，一面贡献，取得了可观的成绩。收获最大的要数民间形式的采集。8月1日，抗大纪念建军节，大会后进行聚餐，徐懋庸又一次见到了毛泽东，并与毛泽东和中央军委参谋长滕代远同席。席间谈话中，毛泽东亲切地问徐懋庸："你结婚了没有？"当得知他已经结婚并有了儿女后，毛泽东说："最好把他们接到延安来。"并嘱咐滕代远想办法办理这件事。不久，徐懋庸的妻子和两个儿子一起来到了延安。同月，徐懋庸经艾思奇和张庚介绍，加入了中国共产党。（以上参见孙国林编著，王佳钰、王增辉校订《延安文艺大事编年》，陕西师范大学出版总社2016年版；王周生《丁玲年谱》，上海社会科学院出版社1997年版）

　　刘白羽等奔赴延安后给毛泽东写信，提出要求去前线工作的请求。4月下旬，在延安的美国参赞卡尔逊要求去敌后访问，实地考察中国共产党领导下的抗日武装力量和人民斗争的情况，得到毛泽东的同意。与此同时，毛泽东并没有忘记文艺工作者刘白羽等曾来信要求去前线工作的请求，便约见了刘白羽、金肇野、汪洋、林山等谈话，说明同意他们去前方工作，希望他们立即准备，与卡尔逊一起出发。谈话后，他又留这些同志吃饭，以示饯行。临别，毛泽东写了一封介绍信，让他们持信去敌后工作，以便得到各地方、各部队的支持和帮助，介绍信的内容大意是："现有抗战文艺工作团刘白羽诸同志赴前方工作，望大力支持协助，提供一切方便。"看了介绍信，刘白羽等人才知道他们是以抗战文艺工作团的名义去前方的。毛泽东命名的抗战文艺工作团由此成立，属陕甘宁边区文化界救亡协会和八路军总政治部领导。边区文协与八路军总政治部根据毛泽东的意见，联合研究了抗战文艺工作团的组织、领导、工作及安全等具体问题，决定统一领导并不断发展这个组织。当时确定抗战文艺工作团的任务是：搜集战地材料，反映前线生活；推动文艺运动，建立文艺组织。该团先后派出六组人员赴前方工作。

　　按：抗战文艺工作团分为六组：第一组是毛泽东接见的刘白羽等人加上欧阳山尊。组长为刘白羽，成员有金肇野、林山、汪洋、欧阳山尊四人。第二组共分两部。甲部由雷加领导，共三人。乙部包括四人，是在9、10月间日寇向晋陕间黄河岸上的军渡进攻时，临时组建的。第三组由卞之琳领导，共五人，即卞之琳、吴伯箫、白晓光、野蘑、林山。第四组组长刘白羽，由二人组成，即刘白羽、莎寨。第五组由周而复领导，赴晋察冀工作。第六组由萧三领导。（参见孙国林编著，王佳钰、王增辉校订《延安文艺大事编年》，陕西师范大学出版总社2016年版）

　　刘白羽 9 月中旬任延安新创刊物《文艺突击》主编。该刊由抗大的奚定怀(后名奚原)、柯仲平、刘白羽等发起创办,毛泽东为该刊题写了刊名,由边区文化界救亡协会文艺突击社编印,社址在延安城北门外杨家岭。10 月 16 日,该刊又出了铅印版创刊号,仍用毛泽东题写的刊名,第一至四期多为文艺作品,第四期起改为月刊,增设"短论"栏目。

　　按:该刊自 1939 年 5 月 25 日出版的第 5 期起,出了革新号,用毛泽东题写的另一刊名。它适应并力图反映和推动抗日战争爆发后国民精神的总动员,在革新号创刊词中说:"它将不是单纯登载文学作品的刊物,它将是延安、边区以及延安中心所能达到的地区里的一切文学艺术者的镜子",是"以文艺为主的综合刊物"。它不仅包括文学、戏剧、音乐、美术作品及各方面的文艺活动,而且鼓励文艺上的创新和探索,注重讨论和批评,不断反映前线和民间文艺工作者的创作、活动及其经验教训,"它愿以突击的精神参加到文艺工作总动员的活动中来"。革新后的《文艺突击》共出两期,合为新一卷。最后一期出版于 1939 年 6 月 25 日。原计划从第三期起扩大组织,"除文协负责编辑外,还请鲁艺、音协、美协、剧协、抗大、八路军总政治部来共同参加编辑事宜,希望在编辑上能做得更完善些"。但因财力物力限制,不得已而停刊。后来,广大读者的迫切要求,尤其各工厂、各机关的文艺小组,部队里的中级干部和许多文艺工作者的强烈要求,催生了 1940 年 4 月 15 日《大众文艺》的创刊。(参见钟敬之、金紫光主编《延安文艺丛书·文艺史料卷》,湖南文艺出版社 1987 年版;孙国林编著,王佳钰、王增辉校订《延安文艺大事编年》,陕西师范大学出版总社 2016 年版)

　　何其芳、沙汀、卞之琳共赴延安。3 月,卞之琳在成都与友人和四川大学同事自费创办小型半月刊《工作》,卞氏任主编,出至 8 期休刊。8 月 14 日,卞之琳与何其芳、沙汀及其夫人黄玉颀自成都去中共中央所在地延安。何其芳任教于鲁迅艺术学院文学系,任系主任。9 月初,在周扬安排下与何其芳、沙汀等见到毛泽东主席,毛泽东在凤凰山的窑洞里接见了何其芳、沙汀、卞之琳。他们对毛泽东说很想写延安。毛泽东爽朗地笑着对他们说:"延安有什么可写的呢? 延安只有三座山,西山、清凉山、宝塔山……"他说一座山,扳一个指头。当听他们说要求到前方写报告文学时,毛泽东以肯定的语气说:"文艺工作者应该到前方去,在那里可以受到很大的锻炼。从大城市来的人到前方去,走路很可能成为一个很大的困难。但不要紧,很快会习惯的。"三人后来都到了前方,何其芳到了冀中,沙汀到了晋西北,卞之琳到了晋东南,写出了一批报告文学作品。11 月 16 日,何其芳创作《我歌唱延安》,说延安的城门成天开着,成天有从各个方向走来的青年。这里有三座山:西山、清凉山、宝塔山。有两条河:延水、南河。更有古老的城和它的人民。有共产党和毛泽东同志。有抗大、陕公、鲁艺……延安的人们那样爱唱歌,由于生活太快乐。同日,《文艺突击》第 1 卷第 3 期刊载何其芳的诗《大武汉的陷落》,卞之琳的诗《慰劳信》,沙汀的后方特写《由桑镇到成都》。(参见孙国林编著,王佳钰、王增辉校订《延安文艺大事编年》,陕西师范大学出版总社 2016 年版)

　　何锡麟任职于马列学院编译部,提出上抗战前线的要求。5 月初,张闻天与何锡麟谈话,说:现在是抗战时期,上前线打仗当然重要,但根据你的条件,还是以留下来翻译马列著作为好,这并不比上前线不重要。目前这方面的干部奇缺,现在要大量培养干部,马列主义的理论教育必不可少。在职干部也要学习马列著作,马克思主义的宣传工作更离不开它。(参见张培森主编《张闻天年谱》,中共党史出版社 2000 版)

　　田间、史轮、刘御等发起成立边区诗歌总会。在此之前,边区已成立了战歌社和西战团的战地社等诗歌组织,开展街头诗创作和诗歌朗诵活动,在延安和边区产生很大影响,但尚无一个诗歌方面的总组织。为此,在陕甘宁边区文化界救亡协会领导下,9 月在延安成立边区诗歌总会,目的是推动正在蓬勃兴起的诗歌运动更加广泛展开,促进诗歌普及,提高诗歌创作水平,开展街头诗运动和诗歌朗诵活动。边区诗歌总会中,包括了战地社、战歌社、路社以及其他诗歌团体。田间、史轮、刘御等是边区诗歌总会的骨干。边区诗歌总会除了开展一般的诗歌活动外,还编印了机关刊物《诗歌总会》半月刊。10月5日,出版第1期。另外,边区诗歌总会还注意搜集民间歌谣,吸收其中的营养,促进创作。(参见孙国林编著,王佳钰、王增辉校订《延安文艺大事编年》,陕西师范大学出版总社2016年版)

奚定怀在抗大政治部工作。10月,主要由其山脉文学社在延安成立。文学社的名称,是根据毛泽东开展敌后游击战的思想而来的。文学社的成员是抗大、马列学院、总政、边区政府、后方留守兵团等单位的一些青年文学爱好者,主要成员有徐明、缪海稜(雷波)、西野、栾萍、李维新(女)、劳森,以及朱子奇、魏元章、赵从容、安观生、庄涛、王令篪、汪洋、朱力生等。山脉文学社成立之后,即着手编辑《山脉文学》,编辑者为抗大政治部宣传科的奚定怀、郑西野及徐明等。创刊号编好以后,奚定怀受大家的委托,执笔给毛泽东写信,请他为杂志题写刊头。同月27日,毛泽东题写了三款"山脉文学"的刊名供选用。后因印刷问题未获解决,《山脉文学》未能出版,而是改出了油印的《山脉诗歌》。山脉文学社的活动于是逐渐转向诗歌方面,后来就以"山脉诗歌社"的名称出现。山脉诗歌社的成员以抗大和鲁艺的教职学员为主。为了便于活动,除在延安地区建立10多个小组外,还在瓦窑堡、蟠龙等地建立了分社,社员最多时发展到了200余人,并集体加入了文协,成为陕甘宁边区内一个比较庞大的群众性文艺社团。

按:1939年12月4日,山脉文学社召开该社留在延安的社员大会,以民主推举方式产生了社务委员会,其成员是汪琦、缪海稜、师田手、河清、朱子奇、庄涛、惊秋等7人。同时,决定发展大批新社员,确定了出席即将举行的边区文协第一次代表大会人员:庄涛、惊秋、安适、缪海稜等5人。山脉文学社的活动则持续到1940年9月,并且与战歌社联合创办了油印的刊物《新诗歌》。(参见艾克恩编纂《延安文艺运动纪盛》,文化艺术出版社1987年版;孙国林编著,王佳钰、王增辉校订《延安文艺大事编年》,陕西师范大学出版总社2016年版)

映华等人2月10日在《新中华报》之《戏剧问题》专栏里发表4篇文章。鉴于延安戏剧运动的发展出现一些问题,产生各种不同意见,为促进戏剧的健康发展,《新中华报》刊文就此展开讨论。映华《谈谈边区的群众戏剧运动》首先充分肯定了边区戏剧的进步,认为边区戏剧运动的特点,第一,戏剧是群众性的。第二,题材与对话通俗化。第三,剧本的鼓动性、教育性,进而提出关于今后戏剧运动的意见:第一,培养专门的导演与写剧人才,大量吸收本地人做演员。第二,多采用街头剧的方式演剧或歌唱。第三,多采用旧形式渗入新内容的剧本。第四,写剧的人要亲身体会边区群众的心理,深刻了解他们的生活。第五,演员要体验剧中人物的身份,要有艺术修养。第六,边区各县都应有自己的剧团,挑选剧团中的优秀分子及专门人才,组织一个委员会,经常指导及检查各个剧团的工作。少川《我对延安话剧界的一点意见》认为,有话剧修养的同志应当从农民剧着手,增加农民剧的数量,提高农民剧的水平。写作和排演要避免草率。体裁方面,可以用旧形式新内容,但是不是任何旧形式都可采用,必须扬弃不合理、要不得的旧形式,或对某些旧形式加以改造。白苓《关于戏剧的旧形式与新内容》中的观点是,为了使戏剧深入民间,不得不利用旧形式加新内容。然而,要注意扬弃不合理的、腐旧的、不适宜的旧形式。旧形式新内容是应该采纳的,但不管这种旧形式是否为本地民众所能懂,是否能收到好的效果,只要是旧形式就抓来用,这是不对的。斐杨《〈天皇的恩惠〉观后感》结合具体剧目发表了自己的意见。25日,《新中华报》又发表了孙强的短论《戏剧到农村去》,文中提出如下要求:一、各地应广泛组织移动性救亡演剧队(如上海救亡演剧队),深入农村,燃起抗日的火焰;二、剧作者应集中起来写出一些反映现实的有力剧本;三、扩大戏剧组织,广泛分布于农村;四、戏剧应与目前政治形势配合起来;五、到农村去的剧团应多演街头剧,易于在麦场、街头、庙前演出。这次讨论是延安文艺史上关于戏剧的首次大讨论,引起了戏剧界的广泛关注,促进了戏剧创作和演出的健康发展。(参见艾克恩编纂《延安文艺运动纪盛》,文化艺术出版社 1987 年版;孙国林编著,王佳钰、王增辉校订《延安文艺大事编年》,陕西师范大学出版总社 2016 年版)

吕骥继续任鲁艺音乐系主任。1 月初,出席边区文协与边区教育厅召集各救亡团体的座谈会,会议的宗旨是为了进一步发挥音乐在抗战中的作用。会上吕骥等提议,应该建立一个音乐团体,把边区的音乐家组织起来,开展音乐活动,为抗战服务。这一建议得到大家的赞同,当即产生了边区音乐界救亡协会筹备会,负责起草章程、拟定计划等准备工作。1月 9 日,在陕北公学召开了陕甘宁边区音乐界救亡协会(简称"边区音协")成立大会,出席者有 30 多个单位的音乐工作者数十人。"边区音协"属陕甘宁边区文化界救亡协会领导,会址设在鲁迅艺术学院。大会选举产生了执委会,吕骥当选主席。大会通过了音协章程,主要有组织机构、主要工作等方面的内容。会议还决定在边区音协内,设立了延安工作委员会,负责延安市的音乐工作。7 月 18 日,延安鲁艺为纪念音乐家聂耳、黄自,演出聂耳作曲、田汉编剧的歌剧《扬子江暴风雨》。吕骥在延安出版的《纪念聂耳、黄自特刊》中撰写《抗战后的音乐运动》,说抗战开始一年来的中国音乐运动有相当的进步,突破了狭小的范围,走到民间,明确了自己的任务。就歌曲来说,创作了不少适合抗战需要的通俗化的新音乐。鲁艺音乐系的设立,在国立音专停办的时候,给全国音乐界以莫大兴奋,它将培养大批新干部。但是,组织不够健全,歌咏不够普遍,真正适合民众的歌曲太少,音乐界的团结还不够。最后,他指出要牢记一句话:"一定先要克服工作,才能战胜敌人。"(参见《延安文艺丛书》编委会编:《延安文艺丛书·文艺理论卷》,湖南人民出版社 1984 年版;孙国林编著,王佳钰、王增辉校订《延安文艺大事编年》,陕西师范大学出版总社 2016 年版)

莫耶作词、郑律成作曲的歌曲《延安颂》4 月完成。这首歌曲表达了千百万革命人民向往延安、热爱延安的强烈愿望和真挚情感。当时全国形成了"天下人心归延安"的热潮,全国青年和革命志士冲破艰难险阻奔向延安参加革命。4 月的一个傍晚,作曲家郑律成参加了一个群众集会,找到鲁艺的女同学、诗人莫耶,提议合作写一支写延安的歌,奔放的,热烈的! 莫耶的心中早就涌动着这样的激情,她当即答应。不久,她写好了歌词,初名《歌颂延安》。郑律成很快就将其谱成歌曲,随后在延安礼堂举行的一次文艺晚会上,和鲁艺的女歌唱家唐荣枚一起用男女声合唱了这首歌,受到毛泽东等中央领导人和听众的欢迎。演唱后的第二天,中央宣传部来人要走了歌篇。几天后,鲁艺秘书处处长魏克多递给莫耶一张铅印的歌篇,已改名为《延安颂》。中宣部的人问她:"对歌名有什么意见?"她说:"改成《延安颂》好!"从此,这支歌便广泛流传开来。(参见孙国林编著,王佳钰、王增辉校订《延安文艺大事编年》,陕西师范大学出版总社 2016 年版)

冼星海 3 月 4 日在武汉读《抗战中的陕北》而决定奔赴延安,其同日《日记》载:"今天闷得很,把《抗战中的陕北》读过一次就感到很兴奋。看他们一班革命青年在节衣缩食去干革命工作,不断寻求真理和民族的解放! 我们虽然在后方,可是比起他们就觉得惭愧得多! 我怕自己渐渐会落后而大不前进。中国现在是成了两个世界,一个是向着堕落处下沉,而另一个就是向着光明的有希望的上进。延安就是新中国的发扬地。许多革命青年向着这边发展,拯救那垂亡的祖国,解放那奴隶生活;我痛恨自己还在好象进行着一种恋爱生活,常常以烦恼来烦恼自己。假如我还觉悟的话,我应该想到自己的现时责任和将来的前途。"11月3日,冼星海抵达延安,暂住西北旅社。晚上,鲁艺举行欢迎冼星海的晚会。4日,鲁艺院长沙可夫、音乐系主任吕骥拜访冼星海。晚上请其看苏联电影《十三勇士》。冼星海一到延安,就被民主、自由的政治气氛所感动,心中激情燃烧,立即投入一系列音乐工作。11日,八路军前方将领在机关合作社请客,贺龙、罗瑞卿等和冼星海相聚一堂。饮酒未及两巡,冼星海即登台教唱歌曲《祖国的孩子们》《在太行山上》《反侵略进行曲》《青年进行曲》等。之后,他指挥大家一起高唱《到敌人后方去》。12月6日,冼星海开始创作《第二交响乐》。当晚,访问老友戏剧家塞克和李公朴,与塞克交谈发展抗战音乐问题和歌剧问题。9日,延安各界举行纪念"一二·九"大会,冼星海应邀参加。他利用大会开始前的时间,教大家唱《一二·九纪念歌》,精神极为振奋。毛泽东径直走到冼星海面前,与他热烈握手,并拉他坐在主席台上,进行了简短的交谈。14日,冼星海撰写讲义《指挥讲座》。15日,冼星海又应李公朴的请求,重写《抗战教育歌》。其间,冼星海在延安创作了第一部大型音乐作品《军民进行曲》。剧本由天蓝、安波、韩塞集体创作,王震之写词,冼星海作曲。19日,吕骥、向隅、杜矢甲、李焕之、安波等音乐界人士开会讨论剧本,大家推举冼星海为剧本谱曲。31日,冼星海完成了内容与形式堪称上乘的歌剧总谱。

　　按:1939年1月15日,该剧在陕北公学礼堂为边区参议会开幕首演。张庚、冼星海等组成导演团,执行导演张庚,乐队指挥冼星海。鲁艺教师里河、杜矢甲、张颖、李群、刘漠、徐一新、干学伟、陈锦清、高鲁等参加演出。3月,鲁艺创作的这部歌剧与鲁艺创作的第一部歌剧《农村曲》,合为鲁艺丛书《歌剧集》,连同它们的剧本与总谱,由上海辰光书店出版。1940年再版一次。这部歌剧为后来《黄河大合唱》的诞生奠定了基础。(参见艾克恩编纂《延安文艺运动纪盛》,文化艺术出版社1987年版;孙国林编著,王佳钰、王增辉校订《延安文艺大事编年》,陕西师范大学出版总社2016年版)

　　贺绿汀创作四部合唱歌曲《游击队之歌》。作者当时担任"上海救亡演剧队"音乐指导,活动在山西临汾一带。作品描绘了游击队的战斗生活,表现了游击队员们高度的革命英雄主义和革命乐观主义精神,受到群众的普遍欢迎,流传全国。(参见艾克恩编纂《延安文艺运动纪盛》,文化艺术出版社1987年版)

　　王震之8月1日任鲁艺实验剧团团长。此为鲁艺直接领导下的一个戏剧团体,其宗旨是"要用艺术的武器来和日本帝国主义搏斗",它"不仅是要加深研究戏剧的理论,而且要成为抗战戏剧实际行动的模范"。先后任正、副团长的有王震之、田方、钟敬之、王滨、于敏、沙蒙。组织科长李伯钊,教育科长王震之,剧务科长钟敬之,总务科长赵冠琦,导演左明、崔嵬、张庚、王震之。团员有韩塞、里河、温容、徐一枝、符律衡、萧逸、张守维、章皑、张林笼、苏路、王久晨、金钟铭、路玲、邸莉茜、陈锦清、阎间、王一芬、陈炎、庄焰、张颖、吴虹、黎虹、薄平等。另有音乐顾问向隅、医药顾问马海德。(参见孙国林编著,王佳钰、王增辉校订《延安文艺大事编年》,陕西师范大学出版总社2016年版)

　　雷烨、天蓝、康濯等发起的鲁艺诗歌组织——路社8月成立。这是以鲁艺文学系学员为主,由该院文学爱好者参加的全院性业余组织,主要进行以诗歌为主的文学研究和创作活动。主要负责人有雷烨、天蓝、康濯等,指导教师有何其芳、严文井、陈荒煤等,参加编辑工作的有黄钢、柯蓝等。路社的活动得到鲁艺院方和文学系的支持与指导。教师何其芳、周立波、陈荒煤、严文井等常看社员的作品,为他们修改和指导。有时,还应邀给社员做创作辅导报告。(参见艾克恩编纂《延安文艺运动纪盛》,文化艺术出版社1987年版;孙国林编著,王佳钰、王增辉校订《延安文艺大事编年》,陕西师范大学出版总社2016年版)

胡一川任团长的木刻工作团年底成立,成员有彦涵、罗工柳、邹雅、华山等5人。为了做好出发准备,他们在短短的一星期内,突击手印了20册《木刻集》,送给中央领导同志几册,寄往苏联一册,赠送给许广平一册,其余全部由木刻工作团带往前方。木刻工作团深入晋东南、晋察冀敌后抗日根据地,在紧张的战斗环境中,坚持创作、宣传等活动近三年之久,创作了很多利用民间形式反映敌后斗争的作品。

按:木刻工作团中的罗工柳、华山参加了《新华日报》华北版的工作,主编《敌后方木刻》副刊。彦涵还在晋东南鲁艺分校担任过教学工作,至1942年才返回延安鲁艺美术研究室工作。胡一川赴晋东南后,任《新华日报》华北版木刻记者。1941年6月14日,鲁艺木刻工作团的胡一川完成了在前方和敌后的工作之后,回到延安鲁艺。(参见艾克恩编纂《延安文艺运动纪盛》,文化艺术出版社1987年版;孙国林编著,王佳钰、王增辉校订《延安文艺大事编年》,陕西师范大学出版总社2016年版)

李又然刚到延安不久就要求与毛泽东一谈。1月,毛泽东会见作家李又然,并与他长谈。他要求上前线,毛泽东要他先在延安工作一段时间,思考一些问题,不必急于上前线。后来,李又然被分配到边区文化协会工作。毛泽东又与他谈了入党问题,并帮他重新入党。但这件事遇到不少阻力。毛泽东看望李又然时说:"虽然他们不通过,中央解决!"毛泽东将此事交给中央组织部部长陈云办理,终获解决,无候补期。一次,李又然问毛泽东:"你看过的戏为什么还去看?"毛泽东说:"哪里是这样喜欢看戏? 同志们辛辛苦苦演出,要去鼓励鼓励,支持一下!"(参见孙国林编著,王佳钰、王增辉校订《延安文艺大事编年》,陕西师范大学出版总社2016年版)

柳青在陕甘宁边区文协任"海燕"诗歌社秘书、民众娱乐改进会秘书。6月30日,柳青在汉口《新华日报》发表通讯《高尔基被害二周年纪念在延安》,详细报道了延安召开的纪念大会。8月25日,柳青在《新中华报》三次连载长篇特写《肖克将军会见记》。附记说:"本文通过肖克将军的详细改正,使得它完善了许多,笔者对此致深深的谢意。"11月16日,柳青的战地报告《烽火边的人民》刊于《文艺突击》第1卷第3期。(参见艾克恩编纂《延安文艺运动纪盛》,文化艺术出版社1987年版)

铁木1月25日在《新中华报》副刊《边区文艺》发表了纪念鲁迅的长诗《祭》。此诗写于1937年10月19日,为纪念鲁迅逝世1周年而作。全诗分六节,共58句,是延安文艺初期发表的第一首纪念鲁迅的长诗。诗中称鲁迅为"先驱""民族的灵魂",用笔杆做斗争,指引青年们前进。(参见孙国林编著,王佳钰、王增辉校订《延安文艺大事编年》,陕西师范大学出版总社2016年版)

江丰7月1日任《前线画报》主编。同日,《前线画报》在延安创刊,由国民革命军第八路军政治部《前线画报》社编辑,八路军政治部出版发行,是一个以战士为主要读者对象的部队画刊。该刊主要任务是:一、表扬前线将士的英勇战斗与伟大战绩,来加强全国军民之胜利信心;二、揭发敌人的残暴行为与汉奸托派等无耻奸细的阴谋罪恶,来加强全国军民的杀敌意志与彻底肃清一切奸细的决心;三、介绍前线军民亲密合作之模范行动,来影响与推动全国各地之军民合作;四、介绍敌后游击战争之发展,敌后抗日根据地的创造之经验,供给全国抗战部队作为参考;五、提供一些课外工作的材料,给前线部队采用。当时延安和其他抗日根据地的著名美术工作者给了《前线画报》很大的支持,经常在该刊发表作品,如华君武、陈叔亮、朱吾石、郑西野、马达、陈钧、王曼硕、钟惦棐、焦心河、蔡若虹、杨廷宾等,都是《前线画报》的作者。

按:到1942年4月,八路军政治部决定停办《前线画报》。对此,《解放日报》专门发表了消息:"八路军政治部所出的《军政杂志》以及《前线画报》，自创刊以来为时颇久，……近来因寄往前线不便，前方材料亦难收集，加之纸张缺乏，上述两刊物决定停止出版。"（参见艾克恩编纂《延安文艺运动纪盛》，文化艺术出版社 1987 年版；孙国林编著，王佳钰、王增辉校订《延安文艺大事编年》，陕西师范大学出版总社 2016 年版）

郭洪涛（霍士廉代）、向仲华、李桂南、曹菊如、杜国林、温涛、沙可夫、李槐、雷经天、赵品三、高郎山、艾丁、黄庆熙、徐小冰（徐肖冰）、谢翰文等 4 月 1 日出席陕甘宁边区抗敌电影社成立大会。该社筹备工作开始于 1937 年 8 月，后来停顿。至 1938 年 3 月 28 日，才在边区青年救国会会议室召开发起人会议。会议决定了工作总方向，并推举高郎山、沙可夫、曹菊如、朱光、王若飞、赵品三、谢翰文等 7 人组成筹备委员会。29 日和 30 日，又召开了两次筹备会，决定了工作人员和计划。推定高郎山为陕甘宁边区抗敌电影社主任，赵品三为副主任，艾丁为秘书长兼总务部长，徐小冰为技术部长，并请沙可夫为技术顾问，康生为政治顾问。电影社成立后，即发表启事公告各界，宣布该社的任务是：一、用抗战中血的经验来激励全国人民更坚决地抗战；二、告诉全世界人民，中华民族在为正义而战，以博得他们的同情和援助。电影社除了拍摄抗战影片外，还将摄制前方抗战和边区生活的新闻照片。同时，表示愿与全国电影界取得密切联系，将拍摄作品供应各报馆或画报社采用。该社联络地点为八路军汉口办事处或西安办事处。（参见孙国林编著，王佳钰、王增辉校订《延安文艺大事编年》，陕西师范大学出版总社 2016 年版）

袁牧之编导，吴印咸、徐肖冰等摄影的大型纪录片《延安与八路军》10 月 1 日在黄帝陵开机。前后拍摄了近两年才完成。袁牧之写出拍摄提纲后，陈波儿帮助修改，分为四个部分：第一部分，表现抗战爆发后全国各地抗日爱国的进步知识青年从四面八方来到当时抗日民主的圣地延安；第二部分，表现延安在政治、经济、文化等方面的崭新面貌；第三部分，反映八路军在延安和各抗日根据地的战斗生活；最后一部分，表现从延安这个大熔炉里培养出来的一批又一批热血青年奔赴前线的盛况。

按：1939 年年初，《延安与八路军》完成延安部分的拍摄。为了使这部影片的内容更丰富，他们兵分两路，袁牧之、吴印咸一行到晋察冀，徐肖冰一行到冀中。后来，吴本立到晋东南，拍摄了大量抗日根据地和八路军的镜头。（参见孙国林编著，王佳钰、王增辉校订《延安文艺大事编年》，陕西师范大学出版总社 2016 年版）

罗工柳在武汉参加筹组全国木刻协会，当选理事。是年，抵达延安，入鲁迅艺术文学院美术系，旋参加"鲁艺木刻工作团"，年底赴太行山抗日前线，任《新华日报（华北版）》美术编辑，从事版画创作。

李公朴偕夫人张曼筠 11 月 24 日到达延安。27 日，拜见毛泽东。28 日晚，毛泽东专门到李公朴住处亲切看望，并在张曼筠画的《长城》画幅上题写了"不到长城非好汉"的旧作《清平乐·六盘山》。毛泽东对国统区文化工作提出了建议，提出"今后文化教育出版事业要考虑广大沦陷区的工作，应该在华北、华中、华南分设据点，以适应敌后各个抗日根据地的需要"。随后李公朴又到共产党领导的华北各抗日根据地进行参观考察。共产党坚持抗战、团结、民主，政治、军事、财经、文教等方面呈现出生机勃勃的景象，给他留下了深刻的印象。他称赞延安"是革命的圣地""象征着一种人类的希望，人民的愿望""晋察冀边区是新中国的雏形"。他坚信共产党的领导一定会取得胜利，把中国的希望寄托在共产党的身上。这是他一生中政治思想的一个重大飞跃。（参见周天度、孙彩霞《李公朴传》，群言出版社 2002 年版；复旦大学新闻系研究室编《邹韬奋年谱》，复旦大学出版社出版 1982 年版）

梁漱溟1月1日从武汉乘飞机到西安。林伯渠在西安城外七贤庄住,梁漱溟见到林伯渠请安排访问延安。5日,到陕北。7日,到榆县(延安),在延安停留18天。梁漱溟访问延安的动机,主要是要做两件事:"一是对于中国共产党作一考察;二是对于中共负责人有意见要交换。"梁漱溟在延安停留期间,了解当地人民生活情况、教育设施,并参观了政府、党组织及司法机关。但在延安谈话最多的是毛泽东,前后共谈8次。其中6次每次时间多半很长,至少亦两个钟头。最长者有两次是通宵达旦。梁漱溟谓"毛主席完全乐观,我是悲观的,我听他的谈话,也就由悲观变为乐观了。他对我谈话很多,中心是《论持久战》的内容,这篇文章那时还没有发表,他就是以这篇文章来说给我的,说中国一定胜利。我听他的抗日谈话,把我心中烦闷一扫而光,完全佩服,非常佩服。毛主席给我的谈话,就是《论持久战》那些观点,中国不妥协,日本必败""但对抗日胜利后,如何建设新中国,彼此所见不同,就争辩。争论的问题在哪里呢? 就是从建设新中国谈起,先谈如何认识老中国……他的理论主张四个字'阶级斗争',我就反对他的阶级斗争。"25日,梁漱溟回到西安。(参见李渊庭、阎秉华编著《梁漱溟年谱》,商务印书馆2018年版)

堵述初时任平民教育会教育长,是年夏受平民教育会委派来延安参观。6月14日晚,毛泽东会见诸述初,谈话两个小时。毛泽东秘书周小舟在座。谈到农民时,毛泽东说,农民的性格有两面性,一是黑暗的,如自私自利、愚蠢守旧等,鲁迅的《阿Q正传》,就是专写那黑暗面的作品。一是光明的,如急公好义、勇敢牺牲等。他们一身就具备了这两种矛盾的性格。这是毛泽东首次具体分析阿Q性格的内涵。(参见孙国林编著,王佳钰、王增辉校订《延安文艺大事编年》,陕西师范大学出版总社2016年版)

臧云远是年秋赴延安作短期考察,受到毛泽东的接见。毛泽东首先询问了武汉文艺界的情况。臧云远在汇报中谈到,有人提出战争期间能否写出伟大作品的问题,在武汉引起了争论,他请毛泽东谈谈意见。毛泽东说:"过去十年内战,革命文艺的中心在上海,革命武装的斗争在瑞金,中间叫国民党反动派给割断了。没有革命的斗争生活,怎样写出革命的文艺呀。现在统一战线,举国一致打日寇,文艺跟革命生活相结合,反映伟大的人民革命斗争生活,在战争年代里是可以写出伟大的作品来的。"这次谈话还谈到诗的语言问题。臧云远汇报说,武汉有人提出诗的语言接近大众语,大众语也变成了诗的语言。去年"飞机"两个字不能入诗,要写成"铁鸟",今年的诗歌中就可以写"飞机"了。毛泽东笑了,说:"诗的语言,当然要以现代大众语为主,加上外来语和古典诗歌中现在还有活力的用语。大众化当然首先是内容的问题,语言是表现形式,要有民族风味,叫人爱看,爱诵,百读不厌。"臧云远将毛泽东的意见带回武汉,向文艺界做了传达。(参见孙琴安、李师贞《毛泽东与著名作家》,人民文学出版社2003年版;孙国林编著,王佳钰、王增辉校订《延安文艺大事编年》,陕西师范大学出版总社2016年版)

崔嵬2月应中共中央宣传部之邀赴延安,参加延安鲁迅艺术学院的筹建工作,并在戏剧系任教。7月,参加中国共产党。

杜矢甲3月在长沙加入中国共产党。10月,到延安,任鲁迅艺术学院音乐系声乐教员,并从事创作、演唱活动。

萧军3月只身徒步到达延安。不久与丁玲、聂绀弩一同到西安西北战地服务团工作,后又从西安到四川。

尹达4月加入中国共产党,曾在陕北公学任教,后在马列学院研究部等处工作。

刘端棻4月后历任鲁迅师范学校训导主任、陕甘宁边区第二师范学校(关中师范)副校长、边区师范学校(延安师范)校长、子长中学校长。是年,加入中国共产党。

吴伯箫 4 月到延安,入抗日军政大学第四期学习。

柳湜 5 月在《战时文化》创刊号上发表《延安以来文化运动的发展》,认为我们欢迎一切人类劳动经验的结晶的世界文化,但"要融化它,要中国化它"。

严文井 5 月到延安,入抗日军政大学(第四期)学习,同年 7 月加入中国共产党,10 月从抗大提前毕业,到延安"陕甘宁边区文化协会"从事写作,年底调到延安鲁迅艺术文学院任教。

周巍峙 7 月在延安加入中国共产党,同年 11 月任西北战地服务团副主任,率团到晋察冀边区,从事音乐创作、指挥和行政领导工作,并任中华全国音乐界抗敌协会晋察冀分会主任。

公木 8 月到达延安,曾与郑律成合作过《八路军大合唱》。其中的《八路军军歌》被广为流传,现为中国人民解放军军歌。随后调鲁艺文学系任教。

何其芳 9 月到延安,同年加入中国共产党,任鲁艺文学系教员、系主任。

陈荒煤 9 月到延安,任教于延安鲁艺戏剧系、文学系。

萧向荣 12 月调回延安任中共中央军委总政治部宣传部部长,创办八路军《军政杂志》,任主编。

以群、艾青、沙汀、宋之的、章泯、曹靖华、欧阳山等任《文艺阵地》编委。

宋侃夫到延安,先后任陕北公学秘书长、鲁迅艺术文学院干部处处长、延安大学秘书长。

吴冷西进入延安马列学院,任马列主义研究室研究员。

刘泽如赴延安,任延安马列学院编辑部研究员。

周而复在上海光华大学英国文学系毕业后,旋赴延安,在陕甘宁边区文化协会任文学顾问委员会主任委员。

鲁藜赴延安,先在抗大工作,后在陕甘宁边区、晋察冀军区从事宣传工作。

李焕之就读于延安鲁迅艺术学院音乐系,结业后留校任教,并主编《民族音乐》。

何思敬奔赴延安,先后担任抗大教授,中共中央编译处研究员,延安大学法学院院长,延安新哲学会负责人。

温济泽到延安,在中共中央宣传部、延安大学等单位从事宣传教育工作。

彦涵赴延安参加革命,并加入中国共产党。冬,毕业于鲁艺美术系。不久参加了鲁迅木刻工作团,随军开往太行山敌后根据地。

杨松春到延安任陕北公学和中央马列学院教员。

姚时晓到延安后任延安鲁艺教员。

张仃到延安。曾任鲁艺美术系教员、《东北画报》总编辑,系延安时期著名美术家。

钟敬之到延安,任鲁迅艺术学院戏剧系舞台美术教员。

李强回延安。曾任中央军委军工局副局长、局长,联防军军工局局长。

凌子风年底到延安,参加西北战地服务团,历任团委、编导委员、歌剧组长等职。

马达任中华全国木刻界抗敌协会理事。同年赴延安,在延安鲁艺、中央党校任教,后到华北大学任教。

荣孟源到延安,曾任八路军兵站卫生部股长,边区师范教员,陕甘宁边区行政学院教员,延安大学行政学院教员。

唐荣枚春在长沙加入中国共产党,同年赴延安任鲁迅艺术学院音乐系教员兼全院声乐指导。

华寿俊在抗日军政大学工作。

贾芝毕业于北平大学法商学院经济系。同年赴延安,先后入延安抗大、鲁艺学习。

王式廓8月到延安,在抗大学习。

古元9月到延安入陕北公学学习。

王滨入延安陕北公学、抗大学习,同年加入中国共产党。

刘若曾入陕北公学分校学习,同年加入中国共产党

田方赴延安入抗大学习并加入中国共产党。

刘知侠赴陕北延安抗日军政大学学习。

杨作材入延安抗大学习。

刘旷赴延安,入抗日军政大学学习。

周巍峙带领西北战地服务团11月20日离开延安,奔赴晋察冀抗日前线,开始了长达6年的宣传演出征程。团部下设宣传股、总务股和编导委员会、出版委员会。宣传股下分话剧、杂技、音乐、美术、通讯五个组。编印了《诗建设》《歌创造》《战地》。其成员除原来参加过丁玲领导的西战团的成员外,又从抗大、中央组织部党员训练班、青训班、陕北公学等单位选拔了一些适合文艺工作的人参加,包括贾克、朱星南、洛汀、陈正清、李唯、王犁、石群、邵子南、李劫夫、陈强、田野、戈焰、白居、李健、徐景深、邓康、苏醒痴、吴坚、何慧、叶频、方冰、郎宗敏、鲁前、赵尚武、郝汝惠、李健庆、边军、徐捷、卢肃、管林、牧虹、仲伟、宋琪、智世明、陈地、古塞等。

按:西战团在前线活动六年后,于1944年5月返回延安。原西战团主任丁玲去马列学院学习。(参见艾克恩编纂《延安文艺运动纪盛》,文化艺术出版社1987年版;孙国林编著,王佳钰、王增辉校订《延安文艺大事编年》,陕西师范大学出版总社2016年版)

杨秀峰担任冀南行署主任,积极开展统战工作。经中共中央北方局批准,是年8月在冀中深县成立以杨秀峰为院长的河北抗战学院。杨秀峰还陆续创办冀南抗日干部学校、冀南抗战学院、冀太行政干部学校、晋冀鲁豫边区行政干部学校,均兼校长。

黄敬任冀中区党委书记。参与组织领导冀中抗日民主根据地的开辟、创建工作和反"围攻"、反"扫荡"斗争。

罗竹风加入中国共产党,任《抗战日报》社社长,八路军胶东五支队秘书长、宣传部长,胶东文化联合社编委,胶东文化协会副会长、常务委员。

钱俊瑞为社长的战地文化服务社在皖南泾县成立,理事有戈茅、黄源、黄子正、赖少其、杨帆、思明、许涤新、夏征农、任光、何士德等。

聂绀弩到皖南任新四军文化委员会委员兼秘书、军部刊物《抗敌》文艺编辑,同年出版杂文集《关于知识分子问题》。

杜宣参加新四军,历任战地服务团秘书,《戏剧春秋》杂志编委。

陈垣继续任辅仁大学校长。1月5日,增湘来函:"顷承清教,以座有俗客不及创谈为歉。大著遵拟成一序,录以奉政。自知疏陋,少所发明,聊以表敬佩之忱而已。请痛加削

正,或可付梓也。"26日,汪宗衍来函:迁寓澳门南湾已数月,顷晤冼玉清女士,闻新著五代史研究(书名冼言之不详)已刊成,尤为快慰。如有印本请赐寄。2月6日,作《马定先生在内蒙发见之残碑》。为马定在内蒙发现之残碑照片中"王傅德风堂记"和"耶律公神道碑"二碑进行鉴定,认定后者为也里可温教之重要史料。14日,致汪宗衍函:"《吴谱》误处略加改正,重新刻木,日间当再呈正。拙著《旧五代史辑本发覆》十二月五日曾按旧址寄上,不见退回,以为收到,今奉示始知尚未寓目。短书原不足观.聊以告知近况而已。顷再寄呈一册,不吝赐教为幸。"3月5日,汪宗衍来函:"大著《旧五代史辑本发覆》一册拜收。"4月12日,陈垣致单士元函:"大稿略读一过,精实详明,佩服佩服。略为改易,取便翻译,非有所掩也。略去小注数段,亦是此意,请细酌为幸。至于两王世系表,特为改造。"5月19日,徐州失陷,敌伪政府令北京机关、学校挂日伪国旗"庆祝"。辅仁大学和附中拒绝挂旗,附中被强令停课3天,校长陈垣亦受到"质问"恫吓。9月29日,移居李广桥西街。

　　陈垣10月整理《释氏疑年录》毕。此书共分12卷,记载了自晋至清初有年可考的名僧2800人。卞孝萱《工具书之典范,做学问的指南——读陈垣先生〈释氏疑年录〉》(《纪念陈垣校长诞生119周年学术论文集》)称《释氏疑年录》是自有《疑年录》以来学术价值最高者。其特色有四:一、体例完善。二、选材审慎。三、考证细密。四、校勘谨严。《释氏疑年录》好似信息库,为研究二千八百位僧人以至佛教史提供了重要线索,对读者帮助很大。此书足称工具书之典范,做学问的指南。12月22日,完成《汤若望与木陈忞》,刊于同月出版的《辅仁学志》第7卷1—2合期。陈垣早年读《乾隆东华录》,对其中的一条雍正谕旨为雍正朝《圣训》及《东华录》所不载发生疑问,从此留意有关史料。1925年清点故宫文物时发现此条谕旨,前年又发现旨中曾引用之《北游集》。至本年暑假,更得德国人著《汤若望传》,以二书对读、史实遂明,于是著此文以揭露雍正谕旨之强辩与矫饰,解答世俗所传关于顺治之各种疑问,并论述当时天主教与佛教势力之消长。陈垣此文已开始引用僧人语录作为史料。是年,部分未能南下、西迁而留在北平的知名教授,纷纷转入辅仁大学与燕京大学任教,其中辅仁大学新老汇聚的著名学者有李霁野、张子高、袁翰青、沈兼士、郭家声、余嘉锡、孙人和、陆宗达、赵万里、刘盼遂等。(参见刘乃和、周少川、王明泽《陈垣年谱配图长编》,辽海出版社2000年版)

　　英千里继续任辅仁大学教授兼秘书长。北平沦陷初期,很多艺术界和文化界的精英都拒绝日本伪军政权的高官厚禄,不愿同流合污。但随着战事愈演愈烈,很多大学被日本宪警侵占停办,不少以教书为生的学者鉴于生活物质的缺乏,渐渐向现实低头。当年辅大两位教授竟然应满洲国的聘请要去当官。英千里听说了此事,曾彻夜劝阻,语重心长地告诫这两位教授一定要慎重,替他们分析了种种利害关系,无奈两人溺迷其间,仍是执意前往,无端地断送了前程。英千里受此刺激,为了彰显"天下兴亡,匹夫有责"的民族节气,力邀文学院院长沈兼士、教育学院院长张怀等,以研究明末爱国人士顾炎武的学说为名,秘密组织炎武学社,简称"炎社",热情宣传抗日救国主张,鼓励人心不死,国家不亡,积极掩护优秀青年潜赴后方。英千里为此曾两次被日伪当局逮捕,受尽酷刑,但仍坚贞不屈,历时达3年之久。(参见英千里《铁窗回忆》,《传记文学》第2卷第4期;郭麟祥《怀念英千里老师二三事》,载《辅仁往事第二辑》,北京辅仁大学校友会出版)

　　沈兼士继续任辅仁大学文学院院长兼文科研究所所长。因与同人英千里、张怀等秘密组织"炎社"(后又改为"华北文教协会")进行抗日斗争,最终为敌宪所闻,侦骑四出,并被列入黑名单中进行追捕。2月至6月,私立北平辅仁大学发布《编辑〈广韵声系〉之工作报告》,《广韵声系》一书由沈兼士主编。7月28日,朱希祖在日记中提及,章太炎在《自撰年谱》中称黄侃、钱玄同、沈兼士、朱希祖为其弟子中有成就者。10月7日,与陈垣、张怀、胡鲁士等私立北平辅仁大学冬赈会发起人,致函全校教授,邀请大家于下星期一同往参观粥厂暨施诊所后,赴附属中学客厅参加茶话会。11月22日,与陈垣、张怀、胡鲁士等代表私立北平辅仁大学冬赈会,致函全校教职员,征求是否同意捐薪一日助赈。是年,撰成《初期意符字之特性》,后发表于天津《大公报·文史周刊》第1期(1946年10月16日)。此文提出了汉语"意符字"的设想,认为"初期意符字"为"文字画"与六书象形字中间的过程。文章认为:"由文字画蜕化为六书文字,中间应有一过渡时期,逐渐将各直接表示事物之图形,变为间接代表语言之符号。其形、音、义或由游离变为固定,或由复合变为独立,今姑名之为初期意符字。"这是对"文字画"说的一个重要补充,也是作者对汉字发展研究的一项重要贡献。(参见郦千明、汪素梅《沈兼士年谱简编》,《湖州师范学院学报》2021第3期;覃仕勇《隐忍与抗争:抗战中的北平文化界》,北京时代华文书局2015年版)

余嘉锡与杨树达往来频繁,杨树达于这一年作诗两首表达对余嘉锡的思念之情。3月,于北平兴化寺寓所作《藏园群书题记序》。5月,用日本影印宋本与明、清刻本对校《世说》。一面笔录李慈铭的批校、程炎震的《〈世说新语〉笺证》、李详(审言)的《〈世说新语〉笺释稿》以及近人谈到的有关《世说》的解释;一面泛览史传群书,随文疏解,详加考校,分别用朱墨等色笔书写在三部刻本中。余嘉锡对《世说新语》原著和刘孝标注文中所提到的人物事迹,一一寻检史籍,考核异同,以订正原书和注文的虚妄谬误;对原书不备的,略加增补,以广异文;对事乖情理的,则有所评论,以明是非。同时,对《晋书》也多有驳正。这种做法跟刘孝标《注》和裴松之《三国志注》的作法如出一辙。此书可与徐震谔《世说新语校笺》对读。大体余书详,徐书简,各有特点,不可偏废。

按:余嘉锡《世说新语笺疏》(北京中华书局1983年版)案:"盖魏晋士大夫止知有家,不知有国,故奉亲思孝,或有其人杀身成仁,徒闻其语。王祥、何曾之流,皆不免党篡。求忠臣必于孝子之门,竟成虚言。六代相沿,如出一辙,而国家亦几胥而为夷。爰及唐、宋,正学复明,忠义之士,史不绝书,故得常治久安,而吾中国,亦遂能灭而复兴,亡而复存。览历代之兴亡,察其风俗之变迁,可以深长思矣。"

余嘉锡6月在《燕京学报》第23期发表《四库提要辨证》。12月,在《辅仁学志》第7卷第1—2期发表《寒食散考》。寒食散系魏晋时期士大夫热衷服用的药物名称,对了解魏晋风尚至为重要,但史籍记载十分缺略,学者亦罕能阐明。抗战期间,有些消极人士用吸毒来排解"末日无望"之苦,麻痹灵魂,严重败坏了已溃烂不堪的社会风气。当时的毒品相当于古代的"寒食散"。此文遍搜典籍,钩沉稽隐,对当时服用寒食散的情形作了详尽阐发,从校引文资料之异同到考据寒食散的起由、药方、服用等情形,都用力甚多,其目的是借考据寒食散给魏晋人带来的祸害入手,反复强调吸毒之害,欲"以为读史之助,且愿世之饮鸩自甘者知所儆焉"。(以上参见周士琦整理、余嘉锡著《余嘉锡文史论集》,岳麓书社1997年版;王语欢《余嘉锡学术年谱》,黑龙江大学硕士学位论文,2013年)

李霁野是秋转到北平辅仁大学任教,依然边教书边译书,用四年半的时间译完了120万字的《战争与和平》。所憾这部书稿在邮寄过程中全部丢失了。后几经波折,一小部分失而复得,算是一种意外的庆幸。当时北平辅仁大学有一个"文教委员会",是秘密受国民党教育部领导的。其任务之一是替留平的文化教育界人士谋工作维持生活,不做汉奸。李霁野便去看望周作人,适逢钱玄同也在周家。他建议周作人到辅仁大学中文系任教,由会给以经济补助,并将这情况告诉了文教委员会的负责人,但周作人未予答应。

按:此据李霁野回忆文章,载1987年《鲁迅研究资料》第16期。关于此事,李霁野在另一篇文章《关于周作人的几件事》(1992年7月4日《文艺报》)中有更详细的记载,他说:"辅仁有个地下的文教委员会,委员有四人,一人主持会务,任务是为沦陷的北平文化人安排工作,轮送学生到非沦陷区读书或参加抗日斗争,对学生进行爱国主义教育……我以为安排周作人是最为重要的,便向文教委员会主持人建议,请他到辅仁大学中文系任教,他未置可否。当时有种传说,周作人已就任了伪北京大学文学院院长,我想或者为了这个缘故,也不便再催问。我不知道传说究竟是否可靠,便去看望周作人,适逢钱玄同也正在他那里,……他(按指钱玄同)略带笑容说,前些天我收到一幅挽联,大概传说我已经死了。死有一大好处,免得师范大学的人老纠缠不休,要拉我作汉奸了。周作人微笑点点头。过一会他说:'听说上海知识界有一种高论,宁可作美国人的汉奸,也不作日本人的汉奸。似乎汉奸也分等级了。'他的话虽然比钱玄同的含蓄,却可见他并不认为作汉奸是一件美事。周、钱是很好的朋友,若是周已任伪职,钱当然不会说那样的话。我向文教委员会谈了这次晤谈的情况,再一次建议请周作人到辅仁大学中文系任教,没有人答腔。"……不久之后,文教委员会的主持人对我说,周作人去访问他只谈几句无关重要的话便走了,莫名其妙。……他又说周作人第二次去访问他,也只随便谈谈就走了,更令他莫名其妙。……第三次他又说到周作人来访问他,拿着一把扇子,上面还写了一首诗,还是'莫名其妙'他的来意。"这里也可见周作人对去辅仁大学工作,也并非完全没有考虑,只是并没有最终接受。据台静农回忆(转引自陈漱渝《丹心白发一老翁——怀念台静农教授》,载《鲁迅研究月刊》1990年第2期):"周作人是存心要当汉奸;保护北大校产是借口,想当汉奸是真。当时胡适、沈尹默等写诗撰文敦促周作人离平南下,李石曾的中法教育基金会还决定资助他,他硬是不走。经济问题并不能构成他南下的障碍。"又据谢兴尧《回忆知堂》回忆:当时"困居在北平的人士,虽然不能和他(按指周作人)经常见面,人们在学校教员休息室中常互相打听有关他的消息和他的态度行动,大家知道他的经济负担很重,南方派人来接他,并有人引路,但他畏难没有走,后来日本人逼着他出来,辅仁大学校长陈垣(援庵)曾劝阻他:'先生清名不要毁于一旦',而他终于失足。"(参见张菊香、张铁荣主编《周作人年谱》,南开大学出版社1985年版)

启功继续滞留北平。为了生计,一面在家塾授课,一面靠写字、画画换些钱。3月,启功八祖叔便自作主张给他填了一张履历卡交到了王克敏的手下。八祖叔当时并不知道:这个王克敏是个汉奸,是日本傀儡政权的委员长。启功自此在日伪当了三个月的差。6月,辅仁大学校长陈垣找到启功,才以患肺病为由回到大学教书。9月,启功第三次回到辅仁大学,和陈垣校长一起教大一的国文课。

陆志韦时任燕京大学研究院院长。10月13日,在本学期首次师生大会上谈燕大教育的目标与特色,指出,要努力把燕京办成一所自由的中国式大学,政治思想和宗教信仰绝对自由。学校行政费用不多,学生交费只够全部支出的14%,但行政效率很高。员工兼职不兼薪。教授对学生特别关心。这些构成了燕大的办学特点。是年,由中外籍教师高厚德、步多马、陆志韦、李荣芳等的夫人主办的燕大附设的三个女工工厂:培德补花厂、培善手帕厂、培元挑花厂,成绩卓著。工人都是学校附近居民。工人除做工外,每天上课一小时,还有唱歌、游戏、音乐等活动,并组织读书会、少女会、母亲会等,向女工传授知识。所出产品在妇女工艺社出售,销往国内外大商埠。学生中的民先队员也常利用教女工读书、唱歌机会,进行抗日宣传。是年,陆志韦《汉语和中国思想正在发生怎样的改变》刊于《社会学界》第10卷。(参见张玮瑛、王百强、钱辛波主编《燕京大学史稿》,北京人民中国出版社2000年版)

张东荪继续在燕京大学任教。1月,张东荪几易其稿,撰成《思想言语与文化》,后刊于6月《社会学界》第10期。在这篇为其知识社会学理论奠定基础的代表性文章中,张东荪将多年思考的心得公诸于世,集中阐述了他的知识社会学主张。张东荪撰写该文的目的,是要从知识社会学的角度重新讨论知识问题。多元认识论是按照西方哲学传统,尤其是认识论传统进行探讨的理论结晶。但张东荪很快发现,西洋哲学上的问题与中国哲学上的问题不同,由此他认定东西方在思想的路子上不同。既然思想路向不同,则西方的知识论就有可以修正的必要,便有可能重新建立一套适合东方人思想的知识论。对此,张东荪说:"本篇的目的是想对于所谓'理论的知识'做一个比较满意的解释。亦可以说这就是一种知识论。"最后,张东荪对自己的新知识论作了集中概括。这是他对其知识论较完整的概述:"我主张人类的知识有四个层次,而却是互相融透为一片。第一层我称之曰在感觉背后的外界架构。第二层是所谓感觉,我愿依新实在论者称之为 sensa。第三层是所谓'造成者'(construction)。第四层即我在上文所谓的解释。这四层互相合并,彼此不能分离。但前二者比较上属于外,属于客观;后二者比较上属于内,属于主观。"

　　按:张东荪力图从社会文化史的角度来讨论知识问题,已经超出了康德知识论的范围,与马克思、曼海姆、斯宾格勒相似。此文所要解决的问题,主要是从文化的观点重新解释知识,这是张东荪此后在哲学上努力的方向。如何从文化的见地来解释知识?他列举了三方面的问题,作为其"文化主义知识论"所要重点讨论的问题:"(一)知识论与文化史应该打成一片;(二)不仅具体思想有社会的背景,即名学方式与思想的范畴都有文化的差异性;(三)东方人与西方人在思路上有不同即可以此说明;(四)藉此可以知道西方人的所谓哲学究竟是一件甚么东西。"张东荪强调,"必须有这样的一个知识论方能使上述各点的问题得着一个圆满的解决"。

　　张东荪与叶笃义等人 5 月秘密离开北平南下汉口,参加首届国民参政会。叶笃义是张东荪在燕京大学时的学生,此时恰从天津到北平。在谈到抗日前途问题时,叶笃义强调非同中共合作不能坚持抗战。这一见解与张东荪的观点一致。此后,张东荪便对叶笃义特别信任,并开始介绍叶笃义同中共地下党员联系。张东荪起草《我们所要说的话》时,提出了"修正的民主政治",初步形成了折衷资本主义与社会主义两大制度、在国际上调和英美与苏联关系、在国内调和国共两党冲突,走一条"中间性的政治路线"的思想。消灭,亦未可知。抗战全面爆发后,张东荪更加坚定了这种信念,"把国际方面的外交与国内方面的政制冶于一炉以求解决",形成了在中国建立"中间性的政制"的思想。张东荪这次秘密南下,是想借参加国民参政会之机,向国共两党领导人陈述其"中间性的政制"思想,促成国共实现合作抗日。夏,张东荪在武汉与周恩来、董必武等中共领导人就抗日问题进行过会谈。张东荪原来决定留在大后方做一些抗日工作,广西大学校长白鹏飞也邀请他到桂林任教。据张东荪的家属和叶笃义回忆,与周恩来谈话后,张东荪改变了最初的想法,决定利用自己在燕京大学的合法身份,回北平继续与中共合作,以另外一种方式为抗日作贡献。也正是在汉口的几个月中,张东荪与中共高层建立了联系,与周恩来、董必武等人谈得极为融洽。张东荪在汉口会见到了刚从国民党监狱中释放的老朋友陈独秀。7 月 6 日到 15 日,第一届国民参政会第一次会议在汉口召开,张东荪与张君劢、胡石青、罗隆基、梁实秋、陆鼎揆等人代表国社党出席了会议。会议通过了《拥护国民政府实施抗战建国纲领案》《改善各级行政机构案》《切实保证人民权利案》《调整民众团体以发挥民力案》等。(参见左玉河编《张东荪年谱》,群言出版社 2014 年版;左玉河编《中国近代思想家文库·张东荪卷》及附录《张东荪年谱简编》,中国人民大学出版社 2015 年版)

　　洪业继续主持燕京大学引得编纂处。4 月,燕京大学引得编纂处编印《食货志十五种综合引得》。此书将《史记》《汉书》至《明史》等正史中的十三部"食货志"和《新元史》《清史稿》内的"食货志",以制度名、事件、人名、地名、官名为标目,按中国字庋撷法排列,提供检索史料的方便。12月,引得编纂处又出版了《三国志及裴注综合引得》。同月,燕京大学《史学年报》出版"第十周年纪念特刊"。洪业在该特刊发表《阎贞宪先生遗稿五种》。同期还刊有聂崇岐《宋代制举考略》,曹诗成《匕器考释》,葛启扬《卜辞所见之殷代家族制度》,刘选民《清代东三省移民与开垦》,熊得元《顾亭林之经济思想》,齐思和《战国宰相表》,王钟翰《清三通之研究》,谭其骧《近代湖南人中之蛮族血统》,邓之诚《官制沿革备论——论秦以后无真宰相》(上),陆钦墀《英法联军占据广州始末》,萧正谊《西力东渐与日本开国经过》,何炳棣《英国与门户开放政策之起源》,张尔田《屠守斋日记》,朱士嘉《中国地方志综录补编》《燕京大学图书馆善本方志题记》,顾廷龙《读汉金文小记》,容媛《经籍要目问答》,王伊同《德氏〈前汉书译注〉订正》,张尔田讲、王锺翰序录《〈清史稿〉纂修之经过》等文。(参见王学典《20世纪史学编年(1900—1949)》,商务印书馆2014年版)

郭绍虞继续任教于燕京大学。3月30日,《燕京新闻校友特刊》出版,其中对"国文系"的介绍中有云:"国文学系的研究对象乃是'国学'和'文学'两大范围,'国学'偏重训诂名物,典章制度,和学术思想源流演变之类的探讨研究;'文学'偏重观察人生、批评社会,创造文艺,分析作家之类的训练修养。二者虽然像是判然两途,但同样需要广博的学识,与沉潜的思考。"从其对"文学""观察人生、批评社会"等功能的强调,可以推断这显然是站在五四新文学立场上的文学创作。5月20日,郭绍虞访周作人,送来燕京大学聘书,聘请周作人下半年去燕大教书,功课每周4小时,以讲师论,但称为客座教授,月薪100元。周作人接受了这一邀聘。9月,时任燕大国文系主任的陆侃如因参与进步活动被列入日军黑名单,为避难离开燕大,郭绍虞重担系主任之职。在出席国文学会的迎新会上,郭绍虞发表讲话称,国文系"以前之改进多为消极方面,此后将注重积极",并提出"因国文系课程范围甚广,故分为创作、研究、应用三方面,同学当依其旨趣,而斟酌选课"。相比较此前国文系提出的"国学"和"文学"两大领域之分,郭绍虞这里所说的"创作""研究"和"应用"显然更具现实针对性。10月,郭绍虞再次具体阐明了国文系的"新计划""云将自二年级起,依该系学生将来发展之志愿,定其所应习之课程。如志在研究国学,则指示其学术探讨之途径;如志在充中学教师或欲养成翩翩书记之才者,皆将分别加以指导"。

按:郭绍虞称此种做法,"一方面可拓展毕业生之出路,同时国文系性质与任务之特点亦易显著",这显然是对他此前所提的国文系学生要重视"研究"和"应用"两种旨趣的解释。之后郭又称,对于一年级的国文课,可以一小时教授国学常识,即国故概要之类的内容,其余的四小时可作为学生写作练习之用,并"与新课本内每周规定之教材,又取得若干之联络,使课内讲授,课外参考,均与训练写作能力发生关系"。

按:据周作人《知堂回想录》回忆:文化教育基金委员会决定从北京撤退后,"我就赶紧作第二步的打算,因为从前曾在燕京大学教过十年的书,想在里边谋一个位置。那时燕大与辅仁大学因为是教会大学的关系,日本人不加干涉,中国方面也认为在里边任职,是与国立的学校没有什么不同。我把这意思告知了在燕大担任国文系主任的郭绍虞君,承他于五月二十日来访,送来燕大担任聘书"。

郭绍虞12月应燕大新文艺研究会的邀请作了题为《我也谈谈新文艺的功罪》的演讲。他认为"不能很乐观地以为文学革命已经成功""在此青黄不接之时,文言文的训练就可以说有相当的需要""注重文言文的训练,即是注重语言文学的另一种使用方法"。在郭绍虞看来,新文艺虽然已经具备了"文艺"的价值,但在实际应用方面却相当不足,究其原因,不仅因为思想的问题,还由于它缺乏一种"文体""新文艺的功乃在创立一种新文体,新作风,使有艺术的价值,使有文学史的地位"。不论是文言文所代表的"国粹"还是西方语法语汇带来的"欧化",郭绍虞认为都能对新文艺创造一种新的"文体"大有作用。演讲结尾他借用周作人在《自己的园地》中的一段话表达了自己的观点："国粹欧化之争是无用的；人不能改变本性，也不能拒绝外缘，到底非大胆的是认两面不可。"这篇演讲稿已经展现了郭绍虞对于新文艺发展现状的高度关注和集中思考，不仅分析了目下新文艺出现的问题及原因——文艺性多于应用性、新文体的缺乏，也为这些问题开出了药方——兼容本土语言和欧化语言的双重优点。值得注意的是，郭绍虞的这份药方显然有他做古典文学和文字学研究的学术背景，演讲中他屡屡以韩柳倡导的古文运动的经验教训，来参照"五四"新文化运动中的问题，指出任何一种文学变革都应该文艺性和应用性兼具。是年，郭绍虞《论歌小记》刊于《燕京新闻》文艺副刊第 3 期；《朱子之文学批评》刊于《文学年报》第 4 期；《性灵说》刊于《燕京学报》第 23 期；《中国语词之弹性作用》刊于《燕京学报》第 24 期。(参见何旺生《郭绍虞学术年表》，载《中国韵文学刊》2008 年第 1 期；张菊香、张铁荣主编《周作人年谱》，南开大学出版社 1985 年版；凤媛《燕京大学时期的郭绍虞和 1930 年代新文学的学院化》，《学术月刊》2020 年第 9 期)

吴文藻继续任燕京大学社会系主任。上半年，燕京大学吸取英国牛津大学经验，利用庚子退款九万元(法币)，在法学院推行导师制，由吴文藻主持，英籍教授林迈可、戴德华(George Taylor)夫妇协助。具体做法是，取消学分制，打破学系界限，从社会、政治、经济三系的二年级中选拔，37 学号二年生李臻、李效黎、王进贤、邱裕仁等 8 人。38 学号二年生黄金环、朱奇武、张望山、叶道纯等 8 名优秀生，分别由陈其田等 4 位导师指导。开设 8 门社会、政治、经济方面的课程，但课堂讲授并非教学重点。导师制主要是由导师指导学生阅读参考书、参加讨论会、定期个别谈话、总结学习收获和写书面报告，着重培养学生独立思考与研究能力。下半年，吴文藻应邀赴云南大学授课，夫人冰心随同前往。系主任由赵承信教授接任。(参见张玮瑛、王百强、钱辛波主编《燕京大学史稿》，北京人民中国出版社 2000 年版)

齐思和 12 月在《清华学报》第 24 期发表《战国制度考》，认为"封建之废、郡县之兴，皆发生于战国，此实中国制度史上最重要之关键"，但学者"于战国制度不肯措意"，故其决定在这些方面收集材料，撰写论文。该文从"土地私有制之成立""工商业之勃兴""阶级制度之废除""平民之仕进""集权政体之出现""中央政府之组织""地方政府之组织"等方面对战国制度展开论述，被认为是战国史研究领域的重要论著之一。同月，齐思和在燕京大学《史学年报》出版"第十周年纪念特刊"发表《〈史学年报〉十年来之回顾》《历史学会十年来职员名录》。(参见王学典《20 世纪史学编年(1900—1949)》，商务印书馆 2014 年版)

聂崇岐继续任教于燕京大学。12 月，在燕京大学《史学年报》"第十周年纪念特刊"发表《宋代制举考略》，探讨了宋代的"制举"制度。文中认为"制举兴于汉，盛于唐，而余绪延及于宋"，宋代制举"初法于唐，后乃稍变"，且"较唐代多所损益，若方以汉之贤良，其相差不可以道里计"。文章对宋代制举的"沿革及科目""应制举者之资格及看详事例""阁试""御试""科分及待遇""宋人对制举之称谓及意见"等问题进行了梳理考辨，最后得出结论"宋举制科，流宕所及，徒为读书人多闻一进身之径而已"。此文被认为是宋代科举制研究的重要论著之一。(参见王学典《20 世纪史学编年(1900—1949)》，商务印书馆 2014 年版)

顾随继续任教于燕京大学，兼任中法大学课。1 月 26 日，作"题《颜鲁公祭侄帖手稿》"，略谓："余年过不惑初不知颜平原书法佳妙处。家六吉弟少余廿岁，初学书即喜颜。余亦不解其何所见，要其天性则然耳。去冬余偶于东安市场小摊上得此本，嗣后时时展玩，乃知鲁公亦是从右军得法，不过以雄伟易其峭丽而已。余于书初学苏黄，近学李赵，结体之俗先不必论，而转笔处苦不能圆乃必须先治之病症。若于此本致力则对症之药也。有成与否毫无把握。病即不可不医，书此聊当箴铭。"（参见闵军《顾随年谱新编》，载王京州编《河北近现代学者年谱辑要》，国家图书馆出版社 2017 年版）

刘盼遂继续在燕京大学任教。8 月 18 日，示顾廷龙"西吴韩氏书目"，顾为之作《跋》。（参见之远、章增安《刘盼遂先生学术年谱简编》，《华北水利水电学院学报》2011 年第 6 期）

蒙思明就读于燕京大学研究院历史部，即将毕业。4 月，蒙思明硕士学位论文《元代社会阶级制度》由燕京大学出版，全文共分五章，附小注 1748 条。在当时史坛把元代称为"征服朝代"，把元代视为民族矛盾居统治地位的社会，把元末革命视成为种族革命的潮流下，蒙思明能力排众议，创建新说，断然认定：（一）蒙古入住中土，并未破坏宋、金以来的以"贫富悬隔"为特征的社会组织和经济结构；（二）蒙古所创立的种族四等制，其"世纪区分，则仍本之于实力之强弱"；（三）元末革命虽以驱逐蒙人为结果，"而发轫则基于贫民乏食""参与革命者皆贫苦农民""抗拒革命者，一汉人富室"，故"非纯粹汉人反抗蒙人之种族革命如一般之所解释者"。此书为蒙思明研治元史的代表作，出版后不仅受到中国史坛称誉，日本学者铃木正也认为该书是研究中国社会"必备必读之书"。（参见王学典《20 世纪史学编年（1900—1949）》，商务印书馆 2014 年版）

何其巩继续任私立中国大学校长。汤尔和附逆后，拟拉何其巩充当伪教育总长等职，被严词拒绝，但伪政权大造舆论，"何其巩要当汉奸"的传言不胫而走。何其巩为表明心迹，发出两份电函：一是致电蒋介石说"誓竭忠诚，以为股肱之佐决不附逆，致贻钧座之忧"；二是致教育部长陈立夫电报，除表示不为侵略者利用外，还提出要教育部发给中国大学补助费之请求。不久，即收到蒋、陈的复电。蒋介石除对何其巩表示慰勉外，还希望他做地下工作。陈立夫的回电与蒋复电内容大致相同，但未对补助费表态。年初，何其巩与在中共晋察冀中央局社会部领导下的北平联络局共同建立了秘密的抗日统一战线组织——北方救国会，这是以何其巩所在的中国大学、张东荪所在的燕京大学为基础，联合辅仁大学而成立的团体，其使命是使三所私立大学及其附属的中、小学都一致接受抗日民族统一战线的领导，为掩护保存和发展抗日民主力量而努力，并拒绝日伪对三所大学的控制。北方救国会设理事长 1 人，常务理事 3 人，理事若干人，秘书长 1 人。理事长由何其巩担任，常务理事由何其巩与燕京大学教授张东荪、中共北平联络局负责人王定南 3 人担任。"北方救国会"成立当天，即发表了《驳"日本近卫首相声明"的声明》，由燕京大学英籍教授林迈克交路透社在英国伦敦发表，在世界范围内引起了很大反响。理事由孔祥熙机要秘书许少坚、中国大学校长秘书许宝骏、国社党代表胡海门、中国大学总务长王之相（王淑梅）、西北军外交处处长唐悦良（冯玉祥的连襟）、原国民政府蒙藏委员会负责人杨宗翰，以及天津几位民主人士共同担任，秘书长由中国大学图书馆馆长、中共北平联络局情报组工作人员张靖（号德懋）担任，也是何其巩与党的单线联系人。"北方救国会"成立当天，即发表了《驳"日本近卫首相声明"的声明》，由燕京大学英籍教授林迈克交路透社在英国伦敦发表。这份声明在世界范围内引起了很大反响。"北方救国会"定期向北方局汇报，彭德怀曾亲笔致信何其巩，表示对"北方救国会"工作的赞扬、致谢。蒋介石也派时任军事委员会政治部厅长等职的黄少谷与何其巩联系，了解"北方救国会"的情况。（参见《中国大学及"北方救国会"的抗战历程》，《纵横》2007 年第 12 期；何嗣嘉口述、贾晓明整理《父亲何其巩二三事》，《人民政协报》2013 年 5 月 2 日）

俞平伯被私立中国大学国学系聘为教授，讲授《论语》和《清真词》。校址在北平西单北大木仓胡同路北清代郑王府旧址。1 月 2 日下午，俞平伯至苦雨斋访周作人。4 日，华粹深、陶光、许世瑛来访。6 日下午，钱稻孙来访。同日，复浦薛凤信，托其照顾转入西南联大读书的两个女儿,并寄示近作七律1首。7日,访徐耀辰、杨文辉。11日,至苦雨斋访周作人。13日下午,访连阔如。15日下午,汪健君来访。18日,收到朱自清、浦江清上年12月26日自南岳来信。20日,收到朱自清上年12月11日自南岳来信。即复朱自清、浦江清信。22日,至苦雨斋访周作人。24日下午,汪健君、杨文辉来习金鼓。27日傍晚,收到周作人来信及附寄近作诗两首,俞平伯当即作唱和诗两首。28日,复周作人信,并附寄唱和诗两首。29日,访连阔如。2月6日午,在墨蝶林宴请蔡孟劬,向其了解西南临时大学的情况。8日下午,偕夫人访朱自清夫人陈竹隐。10日,访汪健君。12日下午,访陈延甫、连阔如。14日,收到朱自清1月24日自南岳来信。15日,访钱稻孙及浦薛凤夫人。至苦雨斋访周作人,并在同和居宴请周作人。16日,复朱自清信。17日,徐耀辰来访。20日,应蔡孟劬邀请,至北池子蔡宅赴宴。21日,至苦雨斋访周作人。26日上午,访徐耀辰。3月3日下午,沈启无来访。4日,至苦雨斋访周作人。7日下午,汪健君来访。8日下午,张子高来访,俞平伯以春在堂墨一笏相赠。10日,致周作人信。15日下午,至苦雨斋访周作人。16日,收到朱自清2月26日自南宁来信,并附近作绝句四首。同时收到浦江清2月22日自九龙来信。18日下午,收到张子高来信,告知临时大学将迁蒙自。19日下午,华粹深、陶光、许世瑛来访。28日下午,汪健君来访。29日下午,郭绍虞来访。

俞平伯4月4日收到上海世界书局退回的《槐屋梦寻》书稿。4月8日下午,朱自清夫人陈竹隐来访,以朱自清、浦江清元日游南岳联句相示。13日,自南方归来的刘寿民来访。15日晚,收到陈延甫3月31日自上海来信。16日下午,汪健君来访。18日,收到朱自清3月末自昆明来信。9日,访徐耀辰。23日,至苦雨斋访周作人。26日,收到萧公权3月30日自成都来信,并附近作《玉楼春》词八章。27日晚,赋《鹧鸪天》词1首,寄赠萧公权。30日,收到汪健君自天津来信。俞平伯托汪健君在天津代订《华北明星报》。5月1日,陈竹隐按照朱自清的吩咐,将部分书箱送至俞平伯的古槐书屋寄存。晚,赵鹤岩来辞行,将赴香港。4日傍晚,收到周作人来信,即复信。17日下午,华粹深、陶光来访。19日下午,访郭绍虞,未值。晚,访周作人,以古槐书屋制笺一匣相赠。20日晚,收到周作人来信。21日,复周作人信,请他为前刻《古槐书屋词》补作序。22日傍晚,汪健君来访。23日,收到周作人来信。25日,收到周作人来信并附文稿两篇。26日,复周作人信。6月5日,致周作人信,附新作《演连珠》二节求正。26日,华粹深、许世瑛来访。28日中午,应周作人邀请,至北海仿膳饭庄聚餐,徐耀辰、沈启无、钱玄同在座。席间,大家共同作书简,分别寄给在南方的废名和林庚。30日收到萧公权自成都来信。

俞平伯7月3日接待汪健君来访,收到朱自清6月13日自蒙自来信。4日复成都萧公权信。8日,由吴迪生介绍,天津《庸报》记者汪介夫来访。7月12日下午,周作人宴请由西南联大返回北平的叶公超,俞平伯、徐耀辰、常风等应邀作陪。20日午,应张子高邀请,冒雨至西四同和居午饭。饭后访周作人,因苦雨斋内外院积水甚深,未能入内。22日,收到周作人来信,代黎子鹤邀请俞平伯去教诗词。俞平伯当即回信婉辞。8月2日下午,汪健君来访。10日下午,汪健君来访。11日下午,访周作人,未值。后在钱稻孙处晤周作人。顺访浦薛凤夫人。16日上午,访任致远。18日下午,汪健君来访。19日,至苦雨斋访周作人。21日汪健君来访。27日上午,自南方归来的郭绍虞来访。31日,收到周作人转来林庚的上海来信。暑假期间,俞平伯休假一年期满之时,收到清华大学自西南联大蒙自分校发来的聘书。9月4日,华粹深、许世瑛来访。5日,收到朱自清8月18日自西南联大蒙自分校来信,告知将移家昆明。7 日下午,访张子高。至苦雨斋访周作人。10 日,致在西南联大的清华大学校长梅贻琦信,说明因侍奉父母,加上自身体弱,"近复多病""只身作万里之游"赴西南联大任教有困难,拟请假一年,"俾得从容料理"好家事,再作打算。13 日,与叶公超等应邀至苦雨斋赴宴。得到周作人赠送的《词辨》一本,系清代周济著、谭献评本。14 日,致周作人信,谈"近怀殊不佳,赋诗言志而工力太差,志复不达,如何如何!"9 月下旬至 10 月间,俞平伯在周作人的苦雨斋,曾见到胡适自伦敦寄来的,敦促周作人离开北平南下的白话诗,他由此对胡适表示"钦迟无极"。11 月 23 日,复周作人信。(参见孙玉蓉编《俞平伯年谱》,天津人民出版社 2006 年版)

叶公超年初随临时大学迁至昆明。5 月,任西南联合大学外国文学系主任。6 月,叶公超在昆明致函常风,告知 7 月份要回北平安排眷属南行,并要常风代他向周作人致意。其间,在昆明的叶公超、沈从文、朱光潜及上海的李健吾都极担心周作人待在北平很难逃过日本侵略军的威胁,会被拖下水。他们每次与常风通信都让常风代为问候周作人,常风也常将他们的信带给周作人看。7 月初,叶公超夫人打电话告常风:叶公超将于 10 日抵平。常风即写信告周作人。周作人接信后立即回信,请常风代他约叶公超于 12 日中午到他家便饭畅叙,并约常风、俞平伯同去。10 日,叶公超自昆明回平,常风陪同一起来八道湾看望周作人。叶公超告诉常风:这次回来还负有代表北京大学敦促周作人到昆明的使命。中午,叶公超、常风、俞平伯、徐祖正先后来周作人家便宴。饭后叶公超"一面抽烟斗一面不急不徐地向周作人传达他所负的使命。他还说朋友们都十分怀念他,希望他能早日到昆明来聚首。周作人仔细听着,手里玩弄着扇子,他说他很感激大家,他也很怀念大家。可是完全搬到南方太困难,只要每月有 200 元他就可以维持生活,不必离开北平了。周作人就这样婉言谢绝了北京大学的敦请和朋友们对他的爱护"。过了两天,叶公超告诉常风周作人曾去看过他,还是强调南行的种种困难。9 月下旬,叶公超离北平回昆明的前一天,与常风一起去周作人家辞行。周作人仍重复讲他南行的困难,请北京大学和朋友们原谅他不能南行的苦衷,叶公超又说了几句请他再仔细考虑的话,便告别而返。(参见常风《回忆叶公超先生》,载《新文学史料》1994 年第 1 期;张菊香、张铁荣主编《周作人年谱》,南开大学出版社 1985 年版)

孙楷第继续滞留北平。春,日本京都大学计划编《中国小说戏剧辞典》。派专人到北平与孙楷第洽谈合作事宜,提出请他担任编辑,并许以优厚报酬。尽管"七七"事变后孙楷第生活困窘,仍毫不犹疑地辞谢。8 月 30 日,所谓"日中文化协议会"成立,日本汉学家盐谷温专程来北平,参加成立大会。大会于北海漪澜堂设盛宴,盐谷温派他的学生执其亲笔信到北平图书馆邀孙楷第赴宴,孙楷第回信称"有病不能与会",婉言辞谢。(参见于飞《孙楷第先生年谱简编》,载王京州编《河北近现代学者年谱辑要》,国家图书馆出版社 2017 年版)

孙洪芬时任中华教育文化基金会董事会干事长、北平图书馆馆务委员。1 月,国立北平图书馆委员会作出决议六条,接受中基会关于授权司徒雷登负责维持在平馆务的决定,并建议中基会同意馆方与临时大学的合作。3 月 11 日,委员会在香港召开谈话会,决定在平馆务维持办法、与临时大学合作办法、北平以外书籍存置办法等馆务方针。委员会的这些决议陆续获得教育部和中基会董事会的认可,此后国立北平图书馆立足西南拓展业务,在搜集西南文献、搜集抗战文献、争取海外援助、出版图书期刊等方面,都取得了显著成就。委员会对办馆方针的把握,对抗战时期北平图书馆事业的延续与发展,具有重要意义。5 月16 日,郑振铎致此时在沪的孙洪芬信:"顷接守和先生来信,知北平图书馆有意购买也是园元曲,不禁为之雀跃！此书凡六十四册,原在二处分购,我本欲并得之。不意为一古董商并购而去,几得而复失,为之懊丧者数日。其中有三十册,售价一千。我们估计全书不过三千元。然此古董商竟定价至万元。我辈穷书生只好望洋兴叹了。然此实国宝,应为国家所有。万不可失去或陷于敌手。我和此辈估人,不善交涉。最好请先生电知赵斐云兄南下,和他们面谈一切,如何?"

按:郑振铎并表示希望与孙面晤。此前陈乃乾告诉郑振铎,有人在苏州发现从常熟著名藏书家丁初我家散出的30余册元剧,郑振铎即寻踪查访,听说已为书贾唐赓虞(耕余)、古董商孙伯渊各得其半,估计至多3千元即可让得。待郑致电时在香港的北平图书馆副馆长袁同礼,得到回复,决定购致时,又据说唐某的一半却已为孙某买去,孙某合为全璧待价而沽,索取万元高价云。

孙洪芬复郑振铎信,谓"昨接守和先生来信,意愿购存,惟因本年书费过少,索价3000元,已极踌躇。深恐力有未逮。涨至万元,诚如尊函所云,只可望洋兴叹耳。除将来缄录寄守和先生,由该馆自行酌办外,特此奉复"。并表示欢迎来访。孙于19日抄附郑振铎信致袁同礼。孙定于24日赴香港。按,此后郑振铎又发电报给袁同礼和卢冀野(在教育部任职),卢回电说教育部决购,陈立夫也来电报同意购致,经过艰苦谈判,最后以9000元定交。(参见陈福康《郑振铎年谱》,三晋出版社2008年版)

胡先骕继续在北平任静生所所长。4月3日,胡先骕派前曾在云南进行植物采集的蔡希陶再往昆明,代表静生所与云南省教育厅、云南大学共同筹建云南农林植物研究所及勘查适当所址。是日蔡希陶抵达昆明。夏初,胡先骕往昆明,为与云南省教育厅合办农林植物所事。致电重庆教育部请予补助农林所开办费1万元,然事与愿违,未能实现。再次电请,才蒙获5000元;与云南省教育厅相商,教育厅终允先期支拨开办费2000元,后每月补拨350元;并最终与云南省政府正式商妥借用龙泉公园。7月1日,云南省政府下发1234号训令,言"自民国二十七年七月一日起,以三年为限,借龙泉公园与植物研究所,订立借用合同,并任蔡希陶为龙泉公园经理"。胡先骕、龚自知分别在所订合同上签字。云南省农林植物研究所遂告正式成立,胡先骕自任所长,聘在英国留学即将归国之汪发缵为副所长。所中其他人员除蔡希陶外,尚有蔡希陶夫人向仲、邓祥坤等。蔡希陶本在筹办农林所之后,拟回北平,因战争期间"道阻未能北返,即派赴滇省,担任云南农林植物研究所标本管理员,向仲暨邓祥坤君,均因同样情形,调为云南农林植物研究所事务员及采集员"。前已在云南进行植物采集的俞德浚、刘瑛随之加入了农林所。教育厅前派往北平静生所学习的梁国贤也被纳入该所。

胡先骕7月27日致函梅尔,希望梅尔捐献的Burma的标本,是在其标本室中挑选出来的,其中有新的稀有种类,并告静生所正在对大量的云南植物进行研究,许多有趣的新种不断被发现。汪发缵将于本月底回国,直接去昆明工作,而唐进则在年底回到中国。8月22日,胡先骕致函梅尔,告知云南采集情况和北平研究进展,并云:战争已向江南移进,庐山植物园全体成员必须撤出庐山,秦仁昌和陈封怀及他们的助手将赴云南,加入新的农林植物研究所。9月10日,胡先骕致函陶孟和,就此前社会调查所南迁后遗留于文津街3号内的物品,商量如何处置,以保静生所在沦陷区的安全。秋,庐山森林植物园已濒临战区,工作遂告停止,收拾物品,寄存于庐山美国学校。园中树木,则委托山中外籍人士代为保管。大多人员则在陈封怀的率领下,经南昌、长沙、贵阳而昆明,与前已到达此处的秦仁昌一起,加入刚组建成立的云南农林植物研究所工作。11月,与钱耐共同研究,并合著之《山东山旺系新生代古植物志》第一册,由美国卡耐奇研究院印刷,为该所第507号出版物;1940年10月该书第二册列为该所 527 号出版物发表。是年，该书还以《中国古生物志》新甲种第一号、总第 112 号在国内发表。（参见胡宗刚《胡先骕先生年谱长编》，江西教育出版社 2007 年版）

汤尔和就任席"中华民国临时政府"行政委员长兼文教部总长。据是月公布的《教育部组织大纲》，伪临时政府教育部设总务局、文化局、教育局。1 月 1 日，出席"中华民国临时政府""就职典礼"。上年 12 月 14 日，即日军攻占南京的次日，"华北派遣军"就在北平（伪机构已于 10 月 12 日决定改称"北京"）扶植组建"中华民国临时政府"，以五色旗为"国旗"，以北平为"首都"。委员有：行政委员长兼行政部总长王克敏，行政委员长兼文教部总长汤尔和，司法委员长董康，治安部总长齐燮元，法制部总长朱深，灾区救济部总长王揖唐，北京特别市长江朝宗，河北省长兼天津特别市长高凌尉，共 8 人。随后伪"临时政府"在中南海居仁堂举行"成立仪式"。至是年 1 月 1 日，伪"临时政府"在外交大楼举行"就职典礼"。同日，伪在北平创刊《新民报》。2 月 9 日，汤尔和出席由日本大阪《每日新闻》社在北京饭店召开的"更生中国文化建设座谈会"并发言。5 月，北平伪临时政府教育部公布《教科图书审查规程》，规定教科书未经教育部审定不得发行或采用。8 月 30 日，东亚文化协议会在北平成立，汤尔和任会长。此为日本外务省文化事业部与华北伪政府教育部合力组织的机构，在官方声明的协议会大纲中，虽表明要"振兴中日两国文化"，并主张"以传统之明伦亲仁为本，撷西学之萃以资利用厚生，努力迈进，庶几蔚为更进一层之新东亚文化"，但实际上该会只是日本侵略华北地区文化教育领域的工具，欲通过该组织实施干预控制文化人的目的，以达到对中国思想文化的渗透。中日双方并不是在平等的基础上进行合作交流，而是在日本军事占领的威胁之下成立此会。这从会后的合影中，日本军官代表着军服、配军刀的形象即可得到印证。汤尔和主持第一次会议决定主办人文科学部会和自然科学部会分组展开工作。12 月 1 日，东亚文化协议会在日本东京再次召开会议，决定充实及改组机构，在总会之下设立文学部、法经部、理工部、医学部、农学部；该会主要筹办"中日文化相互交流，扩展科学设施和对政府作科学文化发展建议"等事项，为日本侵略中国的文化政策服务。

按：10 月 15 日，景巡在上海《申报》发表《日军奴化北平教育（上）》，述日军在北平沦陷区实施奴化教育的教科书状况："北平的教育，目前是整个处于日籍顾问武田熙支配指挥之下。武氏乃一旅居华北多年的中国通，并且精通中国的古书，如四书五经之类。北平中小学校在武氏指挥之下，大多数尚照旧开学，惟课程则大大加以变动，同时并在伪'社会局'里成立'教科书编纂委员会'，负编辑删改中小学应用各科教材的专责。武氏并自任为高等顾问，其发表的教科书编纂方针如下：（一）为彻底实行日华亲善合作，必须取缔一切学生之一切排日议论与思想，各级学校，应停授党义、公民两科，其他各科教材应斟酌删改。（二）为使学生明了'王道'之真意，各级学校添授经学一科。（三）为彻底日华文化提携，各级学校须添设日语一科。针对着日人奴化北平教育的方针，所以各校均以日语为必修科，国语改为国文，党义、公民、社会、军训取消，而代以读经修身和国术。伪编纂委员会日夜加工的改编各科教科书，新教科书赶编不及者，则仍用旧的课本。唯凡有违碍日华的字句，务须加以贴补或涂抹。就以现在各校所用的地理课本而论，东三省、热河等，已被删除。中国地图上面的东四省，也被涂去。历史则凡东北、朝鲜、台湾、琉球等沿革，以及带有国家观念、民族思想的段落，也都被删改或裁掉。此外武氏又时常到各中小学视察，和校长教员谈话，以期彻底洗刷各校校长教员的'危险思想'，有时还召集全校师生训话，讲些'皇军除暴安良'的功绩。"（参见汤志辉《"国士"与伪吏：华北沦陷时期的钱稻孙——从包丰保致胡适的一封未刊信谈起》，载《现代中国文化与文学》，2021 年第 37 辑；中央教育科学研究所编《中国现代教育大事记 1919—1949》，教育科学出版社 1988 年版；吴永贵《民国图书出版史编年：1912—1949》，社会科学文献出版社 2018 年版）

钱稻孙自北平沦陷后先后担任北京大学秘书长、北京大学校长兼文学院院长、北京大学校长兼农学院院长。1月10日,钱稻孙任伪新民学院日本语讲师。同日,伪新民学院在国会街正式成立,直接隶属于伪华北行政委员会,而不隶属于伪教育部,由王克敏任院长。伪新民学院宣称其创设意旨道:"为将来国家之干城以贡献中日满一体之实现,而巩固世界和平之基础……以宣扬新民主义,培养有为人才,振兴东亚文化,进而以黄色民族,放异彩于世界之上者也。"实际上是以"养成能奉行日寇命令的奴隶官吏为目的"。讲师由中、日两国人员组成,钱稻孙任日本语讲师。2月9日,钱稻孙出席由日本大阪《每日新闻》社在北京饭店召开的"更生中国文化建设座谈会",汤尔和、周作人等人也参加了该会并发了言。这是一日本人网络文化汉奸、实施奴化教育的座谈会。不管钱稻孙出于何种目的出席该会,在客观事实上已经是一种事敌附逆的行为。5月5日,中华全国文艺界抗敌协会通电全国文化界,严厉声讨周作人、钱稻孙等的附逆行为。至此,钱稻孙的附逆行为曝光于全国文化界,也第一次被称为汉奸。8月16日,在伪教育督办汤尔和的召集下,钱稻孙参与了东亚文化协议会的筹备工作。30日上午,成立大会在北京怀仁堂举行,钱稻孙担任中方评议员。后来钱稻孙翻译《万叶集》即是东亚文化协议会的提议。(参见汤志辉《"国士"与伪吏:华北沦陷时期的钱稻孙——从包丰保致胡适的一封未刊信谈起》,载《现代中国文化与文学》2021年第37辑)

周作人1月翻译《希腊神话考证》。2月9日午,往北京饭店,出席日本大阪每日新闻社召开的"更生中国文化建设座谈会"。大阪每日新闻社为了鼓吹中日两国文化提携,实现日本帝国主义对中国的文化侵略,召开此会。出席人员,日本方面有大使馆参事官森岛守人,新民学院教授泷川政次郎,陆军特务部成田贡、武田熙。中国方面有伪华北临时政府议政委员长兼教育总长汤尔和、新民会副会长张燕卿、前华北大学校长何克之、清华大学教授钱稻孙以及周作人等。大阪每日新闻社支局长三池和各特派员也出席了此次会议。之后《大阪每日新闻》刊载了会议消息,并随发了会议参加者照片。在这幅照片中,周作人长袍马褂,跻身于戎装的日本特务头子与华服、西装的汉奸文人之间,露出一副洒然自得之态。这是周作人附逆投敌的起始。《大阪每日新闻》的这则消息一发,震惊了当时中国的文坛。有的人愤怒谴责,有的将信将疑,有的为之辩解……。10日晚,至福全馆,赴日本人山宝之招宴,同座有钱稻孙、洪炎秋及日本西川、佐藤、木村、富田、菊池等共10人。翻译《希腊神话考证》讫。

周作人3月3日午赴尤炳圻之招宴,同座有钱稻孙夫妇、方纪生与其妹、菊池等。7日,往伪教育部,参加学制研究会会议。8日,往伪教育部,参加编审委员会会议。18日,开始作希腊神话《书库》的注释。20日,在《戏言》创刊号发表《复某君函促南行》,信中仍称:"鄙人此刻不能移动,因家中人多,北大方面亦特准留平,俟日后再看情形。"22日,辞去伪满洲大学之邀。26日,往伪教育部编审委员会,参加中学国文组会议。29日午,往玉华台,赴中国大学校长何其巩(何克之)之招宴,同座有山崎宇佐、罗文仲、孙蜀丞、方宗鳌、夏明农、钱玄同、沈兼士等。春,为常风校阅据英国小说家乔治·穆尔翻译的朗戈斯的全译本;周作人与几个人一起向文化教育基金委员会主管会务的清华大学的一位教授请愿,不要把办事处移走或留下一个办事员,处理稿件事务,遭到拒绝。4月12日,应河北高中校长刘桐轩之邀,往河北高中讲演《中国的国文》。29日,尤炳圻来访,承钱稻孙命邀周作人去北京师院教课,周作人辞之。月底,上海出版的《文摘·战时旬刊》第10期全文译载了《大阪每日新闻》所发的关于"更生中国文化建设座谈会"的专题报导,并转发了照片。《文摘》的"译者评语"抨击了周作人"甘为倭寇奴狗,认贼作父,大演傀儡戏"的汉奸丑行。同时指出:"当孤岛上的文士们正'李陵苏武'地论述得颇多起劲的时候，我们把这篇记载译述出来，似乎不失其特殊意义吧?"5月5日,中华全国文艺界抗敌协会通电全国文化界,严厉声讨周作人等的附逆行为,电文指出:"请援鸣鼓而攻之义,声明周作人、钱稻孙及其他参加所谓'更生中国文化建设座谈会'诸汉奸,应即驱逐出我文化界之外,藉示精神制裁。"6日,武汉《新华日报》发表题为《文化界驱逐周作人》的短评,指出:中华全国文化界抗敌协会,把"附逆有据"的周作人驱逐出文化界,"实属正当";指出,"周的晚节不忠实非偶然",正是他"把自己的生活和现社会脱离得远远的"的必然结果。短评还提醒那些文化界中对所谓"硕子鸿儒""盲目崇拜"的人,应以此"得到一次教训""一个人尽管有了'渊博'的学问,并不就能保障他不会干出罪大恶极的叛国行为来,并不能保障他们不做汉奸"。14日,《抗战文艺》3日刊第4期上发表茅盾、郁达夫、老舍、冯乃超、王平陵、胡风、胡秋原、张天翼、丁玲、舒群、奚如、夏衍、郑伯奇、邵冠华、孔罗荪、锡金、以群、适夷等18位作家署名的,由老舍倡议、楼适夷起草、经郁达夫修改的《致周作人的一封公开信》。6月3日,陕甘宁边区文化界救国协会,向全国发出讨周通电。

按:5月14日,茅盾、郁达夫、老舍等《致周作人的一封公开信》由老舍倡议,楼适夷起草,经郁达夫修改,全文如下:作人先生:去秋平津沦陷,文人相继南来,得知先生留在故都。我们每听到暴敌摧残文化,仇害读书青年,便虑及先生的安全。更有些朋友,函电探问,接先生复书,知道决心在平死守,我们了解先生未能出走的困难,并希望先生做个文坛的苏武,境逆而节贞。可是,由最近敌国报章所载,惊悉先生竟参加敌寇在平召集的更生中国文化建设座谈会:照片分明,言论具在,当非虚构。先生此举,实系背叛民族,屈膝事仇之恨事,凡我文艺界同人无一不为先生惜,亦无一人不以此为耻。先生在中国文艺界曾有相当的建树,身为国立大学教授,复备受国家社会之优遇尊崇,而甘冒此天下之大不韪,贻文化界以叛国媚敌之羞,我们虽欲格外爱护,其如大义之所在,终不能因爱护而即昧却天良。

我们觉得先生此种行动或非出于偶然,先生年来对中华民族的轻视与悲观,实为弃此就彼、认敌为友的基本原因。埋首图书,与世隔绝之人,每易患此精神异状之病,先生或且自喜态度之超然,深得无动于心之妙谛,但对素来爱读先生文学之青年,遗害正不知将至若何之程度。假如先生肯略察事实,就知道十个月来我民族的英勇抗战,已表现了可杀不可辱的伟大民族精神;同时,敌军到处奸杀抢劫,已表现出岛国文明是怎样的肤浅脆弱;文明野蛮之际于此判然,先生素日之所喜所恶,殊欠明允。民族生死关头,个人荣辱分际,有不可不详察熟虑,为先生告者。

我们最后一次忠告先生,希望幡然悔悟,急速离平,间道南来,参加抗敌建国工作,则国人因先生在文艺上过去之功绩,及今后之奋发自赎,不难重予以爱护。否则惟有一致声讨,公认先生为民族之大罪人,文艺界之叛逆者。一念之差,忠邪千载,幸明辨之!

按:5月21日发刊的《抗战文艺》第5期《编后记》说:"上期本刊登有十八位作家给周作人的一封公开信,希望他速即表明态度,现周氏已有信寄此间友人,声明摄影系受骗,座谈会记录则完全为日本记者所捏造。下期准备将周先生原函制版发表,以明真象。"这里所说周氏寄此间友人的信,实际上是子虚乌有,所以这里的"下期准备将周先生原函制版发表"之说也不可能实现。

按:6月3日,陕甘宁边区文化界救亡协会,响应武汉文化界抗敌协会的倡议,也向全国发出讨周通电。在此期间,武汉、延安、上海、重庆、成都、昆明、桂林、香港、贵阳等地的文化团体和著名作家学者,都或发表严正声明,或亲撰檄文痛斥周作人的叛国行径。全国文化界对他形成了共同的看法,那就是当时街头巷尾都经常可听到的一句"评语"——"周作人不'作人'"!

周作人5月20日接待郭绍虞来访,送来燕京大学聘书,周作人接受了这一邀聘。6月6日,翻译哈理孙《希腊神话论》毕。12日,辞不入"留日同学会",退还捐册。约上半年,周作人与在文化基金编译委员会写作的人一起,在什刹海会贤堂开惜别会,送别编译会迁往香港,主客为关琪桐。7月4日,收到日本改造社寄赠松枝茂夫译《周作人随笔集》10册。7日下午,往北京饭店,赴日本作家山本实彦之招宴,同座有山崎、村上,共4人。10日,叶公超自昆明回平,常风陪同一起来八道湾看望周作人。中午,叶公超、常风、俞平伯、徐祖正先后来周作人家便宴。21日,罗文仲来访,邀往北京师范学院教课。8月6日,往访黎子崔,辞女院教课事,并嘱黎勿为加入文化协会。8日,往访罗文仲,辞往北京师院教课事。15日,辞不入伪东亚文化协议会。16日,罗文仲来访,仍邀为北京师院教课,后又送来聘书。18日,往北京师院,退还聘书。30日晚,伪东亚文化协议会晚宴,辞未去。9月16日午,往燕京大学朗润园,赴郭绍虞之招宴。同座有司徒雷登、吴雷川及燕京大学国文系教员多人。18日,黎子崔来访,告汤尔和意命周作人为北京大学校长,兼文学院院长,周作人嘱黎代为转辞。20日,收到胡适之自伦敦寄来的8月4日所作白话诗一首,敦促周作人离平南下。21日,作白话诗16行答胡适,因听说胡即将赴美,所以寄到华盛顿的中国使馆转交。下旬,叶公超离北平回昆明的前一天,与常风一起去周作人家辞行,周作人仍重复讲他南行的困难,请北京大学和朋友们原谅他不能南行的苦衷。

　　周作人10月8日作《〈燕都风土丛书〉序》,该丛书为张次溪所编、记述北京地方掌故的丛书。27日下午,往燕京大学,应农村问题会之邀,作题为《关于民间文学》的讲演。秋,李霁野看望周作人,建议周作人到辅仁大学中文系任教,由会给以经济补助,并将这情况告诉了文教委员会的负责人。但周作人不置可否。12月13日,朝日新闻社矶部太田以方纪生介绍来访,约为《朝日新闻》写文,辞之。17日,收日本中村亮平赠所著《佛教美术堂塔构成》一册。21日午,赴《实报》管翼贤之招宴。同座有中、日、德新闻记者多人。周作人作诗三首,刊于1939年9月16日《宇宙风》乙刊第8期,诗云:"禹迹寺前春草生,沈园遗迹欠分明。偶然拄杖桥头望,流水斜阳太有情。""禅床溜下无情思,正是沉阴欲雪天。买得一条油炸鬼,惜无薄粥下微盐。""不是渊明乞食时,但称陀佛省言辞。携归白酒私牛肉,醉倒村边土地祠。"由于汉奸"朋友们"的"殷勤"劝诱,和日本人愈来愈频繁的胁迫,周作人这时感到欲隐不能,欲走又不肯的苦闷,这些诗,即记叙了当时的这种情绪。周作人还曾以这三首诗寄当时在上海的沈尹默,沈在和诗末联中云:"斜阳流水干卿事,未免人间太有情。"26日,又起手作希腊神话《书库》的注释。是年,日本松枝茂夫翻译的《周作人随笔集》由改造社本年出版。(以上参见张菊香、张铁荣主编《周作人年谱》,南开大学出版社1985年版;艾克恩编纂《延安文艺运动纪盛》,文化艺术出版社1987年版)

　　曹汝霖任8月18日出任北平日伪新组建的新民印书馆董事长,副董事长是日本人下中弥三郎,常务董事田中庄太郎、陈达民。拥有资本500万元,伪中华民国临时政府投入一半资金,号称"日华合办,半官半商",出版的书籍主要有日伪的教科书、辞书、地图、参考挂图、日语图书等,推行奴化教育。

　　按:1943年后出版了几套文艺丛书,如《新进作家集》《少年文库》《艺文丛书》等。出版物的发行范围包括河北、河南、山西、湖北、江苏的市镇。(参见吴永贵《民国图书出版史编年:1912—1949》,社会科学文献出版社2018年版)

　　郑振铎继续留居上海。1月30日,参与钱亦石治丧委员会。3月14日,茅盾致戈宝权信,提到前耿济之回国,带来戈宝权致茅盾信及赠茅盾所译书放在郑振铎处,郑因事忙,忘记转交,至近时始发现,急转交茅盾。27日,中华全国文艺界抗敌协会在汉口成立,郑振铎被推选为理事。4月1日,暨南大学迁至法租界陶尔斐斯路四合里,租两幢楼房上课,学生以走读为主。6日,郑振铎到社会科学讲习所去上课时,在圆明园路转角处遇见沪江大学校长刘湛恩,刘说他因受到敌伪注意将立即转移。不料第二天他就被暗杀,郑振铎闻讯极为悲愤。后在抗战胜利后写的《记刘张二先生的被刺》中记其事。30日,郑振铎在地下党主办的《华美》周刊第1卷第2期上发表短论"五四"运动的意义。5月4日,中华全国文艺界抗敌协会在汉口创办会报《抗战文艺》,郑振铎被推选为"会报编委会"33位成员之一,为其中坚持在上海的唯一的一位。8日,为《文汇报》柯灵主编的《世纪风》副刊专辟《书评专刊》周刊,《发刊词》中指出:"战时的文化运动,不仅不应该停止,且较平常时更为需要。一切战时常识及其他有关战事的书报,均为我们当前的重要的粮食,其重要决不下于柴米油盐。""本刊的目的便在把战时的中国出版界的全般面目介绍给一般的读者,当然不免要加以选择并批评。"

郑振铎5月10日作《民族文话·自序》,指出:"我们民族是一个慷慨悲歌,舍生取义的民族;没有一个民贼,没有一次外来的侵略,能够消灭了、或减低了我们民族意识的。我们民族必要而且必能继续的生存下去,发展下去!"表示要"在这个伟大的时代,把往古的仁人、志士、英雄先烈们的抗战故事,特别是表现在诗、文、小说、戏曲里的,以浅显之辞复述出来"。作者原拟从"周民族的史诗"一直写到民国初年;后因环境恶劣,发表的刊物停刊,只得写到孔子便中止了。30日,郑振铎为抢救购致《脉望馆抄校本古今杂剧》,今日签约付定金。但教育部款迟迟不汇来,郑振铎只能先向暨南大学在沪的代理校长程瑞霖借贷。后来郑振铎自谓"这是我为国家购致古书的开始"。

按:郑振铎后来回忆:"我为此事费尽了心力,受尽了气,担尽了心事,也受尽了冤枉,然而,一切都很圆满。在这样的一个动乱不安的时代,我竟发现了、而且保全了这么重要、伟大的一部名著,不能不自以为踌躇满志的了!中国文学史上平添了一百多本从来未见的元明名剧,实在不是一件小事!……在这么军事控制的时候还能够有力及此,可见我民族力量之惊人!但也可见'有志者事竟成',实在不是一句假话。""这是我为国家购致古书的开始。"(《求书日录·序》)"这个收获,不下于'内阁大库'的打开,不下于安阳甲骨文字的出现,不下于敦煌千佛洞抄本的发现。"(《劫中得书记·新序》)在这以前,郑振铎曾辑有《古剧钩沉》,虽积稿盈尺,但因坚信这部《古今杂剧》必有发现之一日,因而未敢轻易将自己的辑本问世。为购致这部书他历尽了曲折艰辛。

郑振铎6月12日访张元济,商量《脉望馆抄校本古今杂剧》影印之事。14日,张元济致王云五信,告以抄校本元曲事,说"洵为奇书""现已有人议购,尚未定局。弟与书主商议,出租价一千元,姑行照存(此时尚未办到,可望有成),用六开式,约四千页,所费尚不甚多。若重见承平,自可印行""曾商拔翁,允为照行,谨以奉闻"。17日,在《文汇周刊》创刊号上发表《民族文话(一)》(即自序)和《释讳篇》。其《释讳篇》论述历史上人名讳隐之由来,指出:"人类远古的蛮性,其遗留于今日社会中者,实在不少。"后为金华《新阵地》旬刊第17—18期转载,又载10月出版的《公论丛书》。25日,上海《译报》社出版梁士纯的《中国的抗战》。前有郑振铎序,赞扬梁士纯是"一位热诚的复兴中国的代言人",认为他指出青年人应利用上海特殊环境努力学习,准备到内地去工作,"是每个青年人乃至每个教育家都得牢记在心头的"的指示。下半年,郑振铎与王任叔、孔另境等人发起组织上海作者协会,参加者数十人,经常在四马路的华华中学内聚会。该会后来做了两件实事,一是创办了《鲁迅风》杂志,二是为世界书局编辑了一部《大时代文艺丛书》。7月2日,张元济致郑振铎信,说:"影印也是园藏元曲事,香港尚无复信。此间同人互商,此种罕见之书,际此时艰,自宜藉流通为保存。"

郑振铎7月5日与张元济电话谈影印也是园藏元曲事，教育部不同意出版。17日下午，郑振铎在麦伦中学为社会科学讲习所学生讲民俗学。当时讲习所学生贾进者日记："今郑先生讲得非常周到，说上古的民俗愈荒唐愈迷信愈真确，因那时是神权时代。现在有许多生蕃未开化的民族，依然野蛮吃人的事以及许多残忍的事都有。"同日，于伶以中法联谊社戏剧组名义组织的上海剧艺社成立，郑振铎予以支持。21日，国民党第五届中央委员会第86次会议通过《战时图书杂志原稿审查办法》和《修正抗战期间图书杂志审查标准》，决定设立中央图书杂志审查委员会及各省市图书杂志审查处以体现国民党的文化专制政策。郑振铎对此坚决反对。上海商务、中华、开明、世界、生活、黎明、新知、上海杂志公司、读书生活社等15家出版社联名呈请撤销，参议员邹韬奋等人也呈文反对，均遭国民党当局拒绝。8月1日下午5时，香港大学中文学会开会欢迎近日来港的郑振铎、冰心、吴文藻。胡希德主持，3人讲话，最后香港大学教授马鉴致辞后茶会。当时郑振铎此时为暨南大学招生到香港，住了近一个月。13日，在香港"八一三"纪念会上作《历史的教训与我们的工作》讲演。指出在抗战中"其实工作有许多，我们要各方面去工作，同时采用各种形式，在某种环境下，我们便应该采用某种形式，例如在上海，……各种抗日工作仍在积极的暗中进行着。"讲演记录后刊于22日香港《大众日报·火炬》。6—8月，《鲁迅全集》20卷在上海陆续出版。许广平指出，整个编辑工作"以郑振铎、王任叔两先生用力为多"。郑振铎是编辑计划起草之一，并撰写了总说明等。全集中的《近代美术思潮论》的图版是他特地去美术专科学校觅得原书制的版，《会稽郡故书杂集》是由他和吴文祺二人标点的。

郑振铎所著《中国俗文学史》8月由长沙商务印书馆出版，为《中国文化史丛书》第2集之一，为作者长年研究的成果。10月6日，郑振铎在四马路（今福州路）健行大学为社会科学讲习所同学开始讲授元明文学课。"先讲导言，元明文学的大概"（贾进者日记）。据讲习所《招生简章》："中国近代文学始于元明，一方面为民族运动的大时代，一方面为白话文学运动黄金时代，有特加讲述的必要。"10日，《申报》借美国哥伦比亚出版公司发行的名义复刊，王任叔主编副刊《自由谈》。郑振铎支持该刊，即把所写《民族文话》交给王任叔发表。11日，在《申报·自由谈》上发表《民族文话·序》。12日，在《申报·自由谈》上发表《周民族的史诗——民族文话之一》。13日，在健行大学为上海社会科学讲习所同学讲授元明文学。14日，在《申报·自由谈》上发表《武王伐纣——民族文话之二》。16日，在茅盾主编的《文艺阵地》第2卷第1期"鲁迅先生逝世二周年纪念特辑"上发表论文《鲁迅的辑佚工作——为鲁迅先生逝世二周年纪念而作》，认为："鲁迅先生的辑佚工作，和他的创作及翻译是'三绝'。……原来'辑佚'的工作，往往是'文艺复兴'的先驱。……这工作不仅仅是像古人所谓'生白骨，泽枯酱'而已，而是有更重要的意义的。……鲁迅所做的校辑工作都是有目的有意义的工作。"19日，秘密主持鲁迅逝世2周年纪念会，会场摆放着刚出版的《鲁迅全集》甲乙两种纪念本。郑振铎致词后，许广平讲话。20日，在健行大学为上海社会科学讲习所同学讲授元明文学，"今讲蒙古时之杂剧历史，完全举例，最后讲关汉卿作剧本最多最精，又述以婢女为主角的例子。"27日，在健行大学为上海社会科学讲习所同学讲元明文学，"讲元曲，关汉卿计编有七个剧本故事中的中心点"。

郑振铎11月3日致张元济信，告以教育部已允由商务印书馆选印《脉望馆抄校本古今杂剧》。同日，在健行大学为上海社会科学讲习所同学讲元明文学，"续讲关汉卿写的各样剧本内容，因彼时是封建时代，离不开迷信及旧礼教"。4日，张元济致郑振铎，说选印《脉望馆抄校本古今杂剧》，因时局又变，商务印书馆出版范围越缩越小，此事还得与香港办事处商量。10日，在健行大学为上海社会科学讲习所同学讲元明文学，讲"作元曲又一名手王实甫做的《西厢记》内容"。17日，在健行大学为上海社会科学讲习所同学讲元明文学，讲"写元曲之王实甫、李直夫、吴昌龄、康进之、高文秀辈。"18日，邀赵景深在家吃午饭，并介绍自己以前在燕京大学的学生、北大助教吴晓铃与赵景深相识。27日，张元济致郑振铎信，说昨得香港办事处回信，商务印书馆决定选印《脉望馆抄校本古今杂剧》。29日，郑振铎访张元济，谈订立借印《脉望馆抄校本古今杂剧》契约事。12月4日，《译报》主笔钱纳水邀集"孤岛"文艺工作者召开座谈会，郑振铎、巴人、阿英、林淡秋、蒋天佐、梅益、孔另境、王元化、宋珏等近50人到会，讨论关于"鲁迅风"杂文引起争论的问题。王任叔作重点发言，坚持认为鲁迅式的杂文，还是必要的，还是今天所需要的战斗的武器。而持不同意见的人则认为：鲁迅的杂文是不错，但也只适合鲁迅的时代。而"鲁迅风"的迂回曲折的杂文，简直要不得，"盖今日之天下，已非杂文的天下，何者，统一战线的时代，讽刺要不得也"。这次的座谈会，未能取得较为一致的看法。是年，北京大学出版组影照石印出版郑振铎与赵万里、马廉3人于1931年8月手录的明抄本《录鬼簿》。（以上参见陈福康《郑振铎年谱》，三晋出版社2008年版；刘长鼎，陈秀华《中国现代文学运动史》，山东文艺出版社2013年版）

胡愈之新年元旦与星一聚餐会决定号召在沦陷后的上海各界一致行动张悬国旗，给敌伪以极大的震动。1月30日，张宗麟、胡愈之致在香港的章乃器、沈钧儒、邹韬奋信，提到最近中华书局闹工潮，"我们是同情工人的，我们还联合了几十位文化人，写了一封长信给舒新城。"信中又提到最近正在翻译斯诺的《西行漫记》，"二月十五日可以出版，一千五百本已预约出去"，还提到打算出版《鲁迅全集》和筹办了社会科学讲习所。2月，以《复社》名义翻译出版发行斯诺报道中国工农红军长征的《西行漫记》（原名《红星照耀中国》），在"孤岛"上海和全国影响极大。后又出版《续西行漫记》。同时，与许广平等商议出版《鲁迅全集》。春，为《上海社会科学讲习所》主讲时事问题。创办《团结》《集纳》《译报》等刊物，建立新的抗日宣传阵地。2月15日，在中共地下党文委领导下，胡愈之、梁士纯等借沪江大学创办的"上海社会科学讲习所"开学。郑振铎积极为讲习所上课。讲习所第二期起由王任叔接办，搬出沪江大学。后改名为"上海社会科学专科学校"，为上海周围的游击队和新四军培养了一批干部，被誉为"上海的抗大"。3月17日，茅盾、梁士纯、陈君葆等参加在香港召开的座谈会。梁士纯发言谈到上海的社会科学讲习所，"每日上课由下午五时至九时。来的学生，不限中学和专门学校的学生，或在商店服务的店员，大学生也不少。学科都是应时下的需要。这讲习所的学员，初始只希望300人，但现在已增至900了。由此可知这要求的实在。他们担任讲学的，大声疾呼，愤慨激昂，但也不怕敌人的来拿。虽然刀锯鼎镬，他们是早不存放在心坎里了。"（参见陈福康《郑振铎年谱》，三晋出版社2008年版）

陈望道积极提倡拉丁化新文字运动，发起成立上海语文学会。3月，出席上海新文字研究会举办的"第一次难民新文字读写成绩表演会"，发表讲话并颁奖。5月14日，提出《请求修改北音方案上名目、说法及排列案》，在上海新文字研究会第二届理事会议上进行讨论。6月，制订《拉丁化汉字拼音表》，由开明书店出版。同月，上海新文字研究会举办第一届"语文系统演讲"，聘请陈望道、何封、周予同等为讲师。7月，与陈鹤琴、方光焘等发起成立"上海语文学会"，任副理事长。同月13日，创刊并主编《译报》副刊《语文周刊》，发表发刊辞。12月，上海新文字研究会举办第二届演讲，聘请赵景深、陆高谊、方光焘为讲师。是年，在地下党创办的夜大学"社会科学讲习所"任教,讲授《中国文艺思潮》和《中国语文概论》两门课程;以《语文周刊》为论坛,在语文学术界发起关于中国文法革新的讨论;在《文汇报》副刊《世纪风》发表《纪念拉丁化的解禁》;在《华美周刊》发表《拉丁化北音方案对读小记》;在《语文周刊》发表《中国语文的演进和新文字》《表示动作延续的两种方式》《说语言》《谈杂异体和大众化》《一种方言的语尾变化》《叠字的检验》《谈存续跟既事和始事》《"一提议"和"炒冷饭"读后感》等文章。由于陈望道积极提倡新文字运动,发起成立上海语文学会、上海语文教育学会等进步语文团体,并热情支持"上海新文字研究会"这一文字改革组织,成为上海当时语文运动的一位主要组织者和领导者。(参见上海鲁迅纪念馆编《陈望道先生纪念集》,复旦大学出版社2006年版;章恒忠、王亚夫主编《中国学术界大事记(1919—1985)》,上海社会科学院出版社1988年版)

巴人(王任叔)10月19日在《申报·自由谈》以编者名义发表《超越鲁迅》;鹰隼(钱杏邨)在《译报·大家谈》上发表《守成与发展》,对鲁迅杂文的意义发表了不甚正确的意见,并讽刺了巴人。20日,巴人在《申报·自由谈》发表《"有人"在这里!》,对鹰隼作了反批评,由此开始了所谓"鲁迅风"杂文问题的论争。21日,鹰隼在《译报·大家谈》上发表《题外的文章——答巴人先生》。郑振铎读后立即给巴人去信,"说千万不要回答,恐为仇者所快"。后刊于10月22日《申报·自由谈》巴人《题内的话》。12月4日,由《译报》主笔钱纳水出面,邀集郑振铎、王任叔、阿英、林淡秋、蒋天佐、梅益、孔另境、钟望阳、王元化、宗珏等四五十人在福州路开明书店楼上开座谈会,讨论"鲁迅风"杂文问题,各抒己见,沟通思想,加强了"孤岛"上海进步文化界的团结。8日,《译报·大家谈》发表郑振铎、王任叔、阿英等30余人签署的《我们对于"鲁迅风"杂文问题的意见》。该文还刊于12月28日《文汇报》《大英夜报·海燕》,1939年1月1日《译报周刊》以及《导报·晨钟》《华美晨报·镀金城》等报刊。(参见陈福康《郑振铎年谱》,三晋出版社2008年版;刘长鼎,陈秀华《中国现代文学运动史》,山东文艺出版社2013年版)

钱杏邨年初继续编写近代战争文学集系列。2月3日,继上年写的《中日战争文学集》初稿,写了《叙例》,至此全书初稿完成。16日,编写完《鸦片战争文学集》初稿。同月,得悉父亲逃难在舒城大姐家病逝。3月14日,三幕话剧《不夜城》完稿,由青鸟剧社演出。25日,编写完《中法战争文学集》初稿。4月12日,完成《庚子事变文学集》初稿。以上四部战争文学集,除《中日战争文学集》于10月10日由北新书局出版,其它均未出版。直到解放后五十年代,经他重新修订后才出版。18日,以鹰隼笔名撰写的《国难小说丛话》,在《世纪风》上发表,至9月23日刊完。4—11月,在《文汇报》副刊《世纪风》上,连续发表《胡沙随笔》等46篇杂文,大都为抗日题材。10月1日,一个文摘式的以抗战为主要内容的资料性刊物《文献》创刊。由风雨书屋发行,钱杏邨任主编。9月后,钱杏邨开始写作三幕话剧《桃花源》。10月15日起,在《申报》副刊《春秋》连载,11月26日刊完,并于11月24日作《跋》。10月10日至11月12日,担任《译报》副刊《大家谈》主编。连续发表10篇杂文。又作章回小说《建国儿女英雄传》连载。还发表《守成与发展》,引起与巴人(王任叔)的一场笔战。10月中旬,《西行漫画》由钱杏邨主持的上海风雨书屋刊行,这是迄今诞生在长征途中反映长征斗争生活惟一的一部美术作品。钱杏邨为风雨书屋出版的撰写了一篇《题记》,卷首还附有长征地图。《题记》用较长的篇幅正面论述了《西行漫画》的重要价值。在思想上,它"却充分的表白了中华民族性的伟大、坚实",在艺术上"作为民族自己的艺术在斗争与苦难之中在开始生长""因此,这经过了悠久的旅程,而又从辽远的陕北带到南方来的一束漫画,它将不仅要伴着那二万五千里长征历史的伟大的行程永恒存在,它的印行,也将使中国的漫画界,受到一个巨大的新的刺激,走向新的开展。它要成为漫画界划时代的纪念碑,分水岭。发挥着民族伟大意志的反侵略战争,现在是在继续的开展。广大民众为着民族的生存是毫无顾惜的在忍受着一切的苦难。这正表现了这一束漫画所反映的民族精神的更进一步的发挥。把它印行出来,正是要在当前的战斗事实而外,向全世界有正义感的人们,提供一项中国抗战必然胜利的历史实证。"11月5日,中法剧艺学校成立。钱杏邨被聘为教务主任兼话剧科主任,并主讲"剧本创作"课程。是年,钱杏邨还著成《近百年中国国难文学史》40万言(四卷),未及付印,原稿损失。又为毛泽东代买一些古典词曲的书。(参见钱厚祥整理《阿英年谱(上)》,《新文学史料》2005年第4期)

　　孙一洲12月7日在《译报周刊》第1卷第9期上发表《向上海文艺界呼吁》,对"孤岛"的这场争论表现了不满,首先批评了鹰隼(钱杏邨),指出他"心目中模仿鲁迅的有害"的错误认识,又批评了"鲁迅风"杂文作者在反驳的文章中,没有抓住问题的中心,即杂文的"重新估价问题"。因此,他希望:文艺界不要把精力浪费在"无意思的意气论争上";文艺界要尊重鲁迅,学习鲁迅,以鲁迅先生"一样的泼辣尖刻的笔来画出侵略者、汉奸、托派、妥协论者的丑脸";文艺界在争论中能"求得一致的结论",能促进统一战线内部的团结。(参见刘长鼎、陈秀华《中国现代文学运动史》,山东文艺出版社2013年版)

　　夏丏尊继续任职开明书店。年初,经开明董事会决定留职停薪,即行交代回籍多人,编辑人员只留下5人,即夏丏尊、章雪村、王伯祥、徐调孚、顾均正。留守人员每月拿20元生活费,要负担的工作是向内地提供货源,负责印制教科书,重排纸型残缺的畅销书及出版新书等。4月,与叶圣陶合著之《文章讲话》,作为开明青年丛书之一,由开明书店出版。收录夏丏尊、叶圣陶有关文章写作的10篇文字。前7篇曾在1935—1937年《中学生》杂志"文章偶话"栏目中登载;后3篇是夏丏尊利用暑假赶写的,因"八一三"抗战爆发而未能刊登。《文章讲话》以名家名篇为例,解答了文章写作方面的诸多问题。对于如何写文章的开头和结尾、如何句读、如何安排文章中的对话、如何通过文章表情达意、如何写文章才有气势、如何用文字表现动态和静态等等,给出了指导意见。夏丏尊、陈望道为该书作序。

　　按:陈望道在序中写道:他(夏丏尊)在这书里面很用过一些心。在几个问题上,如《文章的静境》《文章的动态》《句子的安排》《句读和段落》,都有他独特的见解,(圣陶先生的一篇《开头和结尾》也是如此。)在其余的几个问题上,也都说得非常深入而浅出。虽然只有短短的十篇,说到的问题并不多,也不亏为语文教育上一种郑重其事的工作,我相信对于中等语文教育上一定有相当的贡献。

　　夏丏尊4月把几年前在中央广播电台与叶圣陶一起所作的国文科学习演讲稿与其它数篇文章合起来,取名《阅读与写作》,由开明书店出版。书前有著者《小序》,收有《阅读什么》《怎样阅读》《写作什么》《怎样写作》《学习国文的着眼点》《中学生课外读物的商讨》《文艺作品的鉴赏》《语体文要写得纯粹》《写作漫谈》及《关于〈国文百八课〉》等10篇文章。11月,《战鼓》在浙江上虞丰惠镇创办。此系上虞县抗日自卫委员会机关刊物。由县战时教育文化事业委员会《战鼓》周刊社主编,编委会由夏丏尊、胡愈之、范寿康、叶作舟、张革、王文川、戚肖波、俞元亮等36人组成。刊物内容大致分为国内外时事和县内抗日劳军活动。每期印发800份左右。约于1940年下半年终刊。是年,夏丏尊主持开明书店字典编纂工作(后定名《夏氏字典》)。字典依词类分列单字,并列举复词印证、补充单字的释义,有助于读者了解汉语构词规律。这部字典费了夏丏尊10余年的心血,他临终前两天还谆谆嘱咐叶

圣陶代为完成。（以上参见葛晓燕、何家炜编著《夏丏尊年谱》,中国文史出版社2012年版）

　　李登辉仍任复旦大学校董。上海复旦大夏联大西迁时,部分师生因各种原因未随同西迁。是年新春,在沪师生请老校长李登辉予以复校救助。遂于2月中借英租界北京路中一大楼为临时校舍开学,并向教育部呈请备案,名为"复旦大学沪校"。2月15日,李登辉租下公共租界北京路中一信托大楼余屋为临时校舍,师生员工400余人复学。3月13日,渝校副校长吴南轩等人担心李登辉在上海办学,有损母校声誉,于月初致函李登辉,竟以民族大义相责,认为这样做的结果,会"玉石不辨,泾渭同流"。同日,李登辉复信渝校领导,说明为何在沪办学复课的缘由,并表示万一办不下去时,"当散即散"。28日,沪校举行开学典礼,李登辉报告本校西迁、沪校复课经过及战时大学生应负之责任。述及复旦发展计划:上海为复旦之根据地,将来专办文、法、商等学院,重庆设理学院,办水利、农矿等,无锡设工学院,办纺织、机械、渔业等。4月,李登辉具名呈国民政府教育部（由渝校转呈）,报告复旦沪校情况。5月16日,李登辉卖掉自备福特小轿车,以充沪校经费。6月1日,吴南轩副校长由渝途经香港来沪,与李登辉商谈增加校董事宜。3日,李登辉假座高乃依路江一平公馆,宴请吴南轩。赴宴校董有叶季纯、朱仲华、周越然、赵晋卿、江一平、奚玉书、李登辉、吴南轩诸人。经讨论,决定新聘四川省府秘书长贺元靖、民生轮船公司董事长兼经理卢作孚、美丰银行董事长康心之为新校董。7月5日,教育部令私立复旦大学:自下学年起,该校应以北碚部分为主体,上海部分应改称补习部。

　　李登辉8月8日要求以"复旦大学沪校"备案,被教育部否决。沪校为达到在教育部备案、在上海租界合法存在之目的,不得不作让步,要求以"复旦大学补习部"名称备案。同日,渝校副校长吴南轩致函李登辉:"前谈沪校改为补习部一事,顷奉教育部五五八九号训令照准。"在对外联络或登报招生时,沪校仍用"复旦大学"名义。8月31日,沪校开始迁往霞飞路1726号。同月,在渝校的金通尹教授因事返沪,应李登辉邀请留在上海,任沪校教务委员会主席,主持日常教学工作。9月,法租界华人教育处出面干预沪校。理由是未遵法租界公董局章程办学;无殷实厂商作担保,故令停办。下旬,沪校迁仁记路（今滇池路）中孚大楼余屋上课。10月,汪伪南京政府迎合日本意图,欲将上海圣约翰、大夏、光华、复旦四校合并成一校,拟推举颜惠庆任校长。颜惠庆表示无意于此,四校亦举行会议,统一口径,绝不联合,表示"倘不获当局谅解,无殊完全令其停办"。补习部复请校董赵晋卿、许晓初设法疏通。务使复旦不牵入"漩涡"。李登辉为防复旦跌入汪伪陷阱,提出办学三不原则:（一）不向敌伪注册;（二）不受敌伪补助;（三）不受敌伪干涉。三不不行,宁可停办。上海补习部苦苦支撑,直至抗战胜利。11月28日,李登辉致函吴南轩副校长,谈到"最好教育部除补助重庆（方面）之外,再行酌补上海方面购置仪器费每学期若干,俾求学可重实际。因现在留存孤岛之大学生为数甚众,其教育问题似较内地学生更加注意,此层意思吾棣如遇教育部负责人员,尚希陈述为盼。"12月22日,沪校以李登辉、殷以文的名义,向中国实业银行租定其在赫德路（今常德路）574号三层楼房一幢。下午,沪校与该行襄理宋树玉签约。自1939年1月到1946年3月底为止,沪校以此楼为校舍,达7年零3个月之久。（参见钱益民《李登辉传》及附录四《李登辉年谱简编》,复旦大学出版社2005年版;《复旦大学百年志》编纂委员会编《复旦大学百年志（1905—2005）》,复旦大学出版社2005年版;复旦大学档案馆选编《抗战时期复旦大学校史史料选编》,复旦大学出版社2008年版）

　　何炳松时任暨南大学校长。1月初,教育部令暨大暂留租界办学,暨大迁入法国租界陶尔斐斯路四合里38号上课。下旬,"暨南大学学生救亡团"解散,其成员或参加江西省青年服务团,或返沪上学,或移往内地。同月,何炳松因在江西、湖南、湖北等省勘察内迁校址时劳累过度,旧疾复发,入长沙湘雅医院治疗,两月后才痊愈。3月,在汉口主持召开中华学艺社理事会,决定总社内迁。6月5日,暨大学生周鸿慈(周一萍)主持创办"孤岛"上出现较早、影响较大的进步文艺刊物《文艺》,共出16期,至1939年6月停办。8月中,暨大训育处改为训导处,于新学期推行导师制。8月23日,何炳松回沪后正式开始主持校务。9月下旬,法租界当局受日方压迫,强令暨南大学迁出。何炳松校长走访法国大使诺其亚,无果。学校乃暂借威海卫路新寰中学上课。同月,学校推行学生贷金制度,后改为公费生制度,以接济清贫学生完成学业。10月1日,暨大从法租界迁入公共租界,借公共租界福熙路(今延安中路)附属中学教室上课,因不敷用,又暂借重庆路新寰中学校舍。11月10日,暨南大学迁至公共租界康脑脱路826、828号两幢房屋坚持上课。自此,校址稍得稳定。是年底,暨大海外文化事业部改组为南洋研究馆,主任为周予同。是年,俞剑华任暨南大学文书兼任上海美术专科学校教授。(参见鑫亮《忠信笃敬:何炳松传》,浙江人民出版社2006年版;张晓辉、夏泉主编《暨南大学史(1906—2016)》,暨南大学出版社2016年版;陈福康《郑振铎年谱》,三晋出版社2008年版)

李健吾继续任暨南大学教授。因周作人2月出席"更生中国文化建设座谈会"后,为营救周作人不致"落水",当时在上海的周作人的学生李健吾给北平常风写信,说在上海听到许多有关周的传闻,希望常风写篇短文寄他,在上海发表以正视听。不久,收到常风寄来的文章,题为《岁寒而知松柏之后凋》。因觉题目倾向太明显,李健吾将之改为《关于周作人———一封北平来信》,交给柯灵,署名"胡马"在《文汇报》上发表。信中最末一段说:"总之,周先生的处境十分困难,不过要他牺牲他的人格恐怕更要困难,道高一尺,魔高一丈,我们局外人只见光焰,初难知是道的光魔的光;岁寒而知松柏之后凋也,愿国人且网开一面,留待来日看个究竟。周先生听到国人这样关切甚而唾骂他,一定会知所择取的。"(参见韩石山《营救周作人》,载1995年10月18日《中华读书报》;张菊香、张铁荣主编《周作人年谱》,南开大学出版社1985年版)

张寿镛继续任光华大学校长。1月,校董会议决,聘谢霖为分校副校长执行校务,薛迪靖为附属中学校长,兼大学副教务长和商学院院长。在成都分校的筹备过程中,四川省政府主席刘湘拨款5万元资助建校,又承川绅张富安等慨赠校基50亩,康心如等捐建季琴图书馆,同时得到邓锡侯和邓汉祥的诸多襄助。3月1日,分校正式开学,大中两部注册学生达300余人。春,光华大学沪校按期开学。夏,沪校迁往公共租界内汉口路华商证券交易所三楼、八楼上课。其时教职员80余人,学生500人左右。附中主任廖世承奉教育部令筹建国立师范学院,请假入湘。附中主任职务由张寿镛校长兼任,并增聘张芝联为副主任。大、中学严格实施训育,由导师辅助推行。学校本有导师制度,从这一学期起,又有改进。张校长亲自担任总导师,按学生所学课程,分配于各导师,中学部则以班级为单位。导师随时指导学生,切实履行训育纲领,并考察学生的操行、思想、学业,以诱掖奖励为主旨。6月,张寿镛由上海乘船至香港,再飞重庆,最后转陆路抵达成都,主持分校首届毕业典礼。张寿镛指出:"光华大学虽为避难分设入川,然亦正可藉此在川留一永久纪念以谢川人,既有上海光华大学造就东南学子,又有成都光华大学造就西南学子,将来扬子江上下游两部毕业同学合力报效国家社会,东西辉映,岂不懿欤?"可见张寿镛坚持为国家办学的初衷。8月5日,据教育部指示,成都分校被正式命名为"私立光华大学成都分部"。

按：成都分校在抗战胜利后转交四川地方办理，是今天西南财大的前身学校之一。（参见华东师大档案馆编撰《张寿镛校长与光华大学》，上海人民出版社2016年版）

蒋维乔继续任教于光华大学。夏，蒋维乔任新创办的旦华学院代院长。11月24日，《申报》所载《旦华学校》曰：爱文义路大通路一六七号旦华学院，今夏创办，男女学生共有百余人，分文商两学院，院长由蒋维乔代理，秘书长庞甸材，教务长金通艺，总务长金其武，教员均是海内名流如史学家吕思勉、政治学家金游六、地理专家姚明辉、他如胡朴安、李仲干、陆景周、孙伯刚、殷启人、金德歆、刘生业等，亦均饱学之士。7月20日，蒋维乔在日记中评论郑振铎《中国文学史》谓"是日阅毕《中国文学史》，共四厚册，此书为郑振铎编，内容颇富，虽抉择尚欠精当，而却多是创作。其所述'敦煌写经之变文影响于文学史'一节，尤为他书所无也。"是年，南京伪政府梁鸿志要他出任教育部次长，并代理部务。蒋维乔为之揶揄："假使一向不顾行检之人，只知做官，不择手段，亦可承诺。我则一生出处，爱惜羽毛，行年已六十之六，盖棺论定，为时不久，请君为我想一想，值得不值得？"说得有理有节。面对敌伪时时的威逼，蒋维乔下了决心："大不了像韩紫石那样被日寇逼死罢了，我七十老翁还怕什么呢！"是年起，蒋维乔又兼任上海正风文学院（后改诚明文学院）院长、鸿英图书馆馆长、《人文月刊》社社长。（参见陈福康《郑振铎年谱》，三晋出版社2008年版）

吕思勉继续任教于光华大学。4月，选注中学国文补充读本第一集《古史家传记文选》三册由长沙商务印书馆初版，次年再版；《白话本国史》长沙商务印书馆是年印行订正版。5月，为蔡尚思新著《中国思想研究法》作序，题为《论蔡撰思想史与史学界之关系》。夏，蒋维乔任新创办的旦华学院代校长，吕思勉被聘为教员。是年及次年间，吕思勉常在饭店、茶馆约同事、同学茶叙论学。是年，所撰《宦学篇》刊于《中国青年》，而《论南北民气之强弱》刊于《中美日报》的堡垒副刊。吕思勉又有《五四运动的价值何在？》，或在抗战前期居于上海租界时所撰，姑将此文编入1938年内，后收入《吕思勉先生编年事辑》。

按：《五四运动的价值何在？》曰：五四运动的价值何在？在于推翻旧来的权威，教人以一切重行估计。人本是有惰性的，凡事一经先入为主，就不肯再去想了。明明前人的方法，不足以解决今日的问题，甚或并不能解决其当时的问题，然而前人既经这么说了，后人就再不肯就事实去观察，推求，而总以为要解决问题，最好是就用前人所说的方法。明明这种方法，屡试之而无效了，他们却不肯承认，只说这个方法，向来实未能行，或虽行之而有所未尽。试举一个例：把人分做治者、被治者两个阶级，把治者阶级，造成理想中的士大夫，仗其力来治理国家。这是儒家传统的思想。向来大多数人。视为治平天下惟一的方法。这条路明明是绝路。因为在生物学上，上智与下愚，同属变态，变态总是少数。阶级之治之下的官吏。是非得中人以上不可的。从生物学上看，中人以上的数量，远少于治者的数量。所以儒家的贤人政治，根本是一条绝路。这个从科学上说，从经验上说，都是无可怀疑的。我曾把这一层道理，说给许多读书人听。他们亦无以反驳我，但仍承认儒家的贤人政治，是治国平天下的惟一方法，这个并非他们并此而想不通，不过有先入者为之主，就不肯再想了，此等不肯再想的文化，我名之为"无所用心的文化"，无所用心的文化，是最要不得的。无所用心的文化，其原因亦有多端，而传统的权威，亦是其中之一。五四运动于此，虽说不上摧陷廓清，至少亦有摇动它的功劳。这便是五四运动的价值。（参见李永圻、张耕华编撰《吕思勉先生年谱长编》，上海古籍出版社2012年版）

黎照寰继续任交通大学校长。5月9日，致函教育部长陈立夫，陈述为应付环境，可否名义上与教会学校震旦大学合并？至于合并办法，震旦对外称本校为该校一部分，对内一切仍完全独立。同时要求成立董事会，由学校董事会出面维持学校事务，建议教育部代表徐新六，交通部代表王绳，前中国公学校长夏敬观，法籍、震旦大学常务校董才景孟，前南洋公学监督王清穆，美籍、前南洋公学监督福开森，前南洋公学监督、校长唐文治，再加上同学会代表赵锡恩、张廷金、裘维裕、沈奏廷共 11 人组成校董会。10 日，教育部、交通部回函交通大学："不得改私立。"要求呈报董事会章程。9 月 9 日，交通大学召开第二十四次教务会议，拟聘唐文治担任特别讲座，每周一次，在星期日讲授传记、游记、书札以及《大学》《中庸》等内容。14 日，交通大学训育部报告每周日定为唐文治的特约讲座，本星期日适逢"九·一八"国耻纪念，租界方面传将特别戒严，唐文治讲授时，众多学生聚于一堂，极易发生误会。经讨论，学校公布各班讲授顺延一期。10 月 26 日，交通大学机械工程系主任胡端行携校长黎照寰信拜访唐文治，谓交大拟设特别讲座，请唐文治每星期讲授一小时，以道德文学大纲为主。(参见陆阳《唐文治年谱》，上海三联书店 2013 年版)

陈柱继续任交通大学教授。3 月 10 日，作《与黄宾虹先生论书画书》。16 日，作《黄宾虹先生句漏听泉图跋》。4 月 5 日，作《答高君二适论文书》。7 月，作《守玄阁文稿选》自序，言其为文之道云："吾为文之途径，启自太仓唐蔚之师，于诗启自先师容县苏寓庸先生及闽侯陈石遗先生。吾于文议论喜周秦诸子，碑文喜汉碑昌黎，山水记喜《水经注》、柳子厚，辞赋喜汉魏六朝。浸淫较深者，庄周、韩非子、太史公书、扬雄《法言》《太玄》、韩昌黎文。于骈文笃嗜六朝及清之汪、洪。以谓骈文不难于雄丽而难于雅洁，古文不难于守义法而难于忘义法。"8 月，所著《守玄阁文稿选》由中国学术讨论社出版。书共有六部分：一为辞赋铭颂之属，二为传记述志之属，三为论说之属，四为序跋之属，五为书启之属，六为赠序之属。(参见张京华、王玉清《陈柱学术年谱》，《广西社会科学》2007 年第 2 期)

钱亦石 1 月 29 日下午 6 时病逝于仁济医院。钱亦石与郑振铎同过事，历任上海大夏大学、复旦大学、暨南大学教授。大革命期间加入中国共产党，三十年代初为中国左翼社会科学家联盟负责人之一，后为地下党文委成员。抗战爆发后由郭沫若介绍入张发奎军队参加实际抗日斗争，不幸染病，卧三日，终于不起。30 日下午 5 时，郑振铎参加在戈登路马白路中央殡仪馆举办的钱亦石大殓。会上成立由凌亦秋(钱亦石妻)、郑振铎、胡愈之、倪文宙、张宗麟、周宪文等 7 人组成的治丧委员会。7 月，钱亦石《中国外交史》由生活书店出版。此书系作者在上海暨南大学和法政学院的讲义。钱亦石去后，其身前友朋为纪念作者，集资出版了此书。书中主要内容有"国际资本主义前期中的中国外交""资本主义侵入时的中国外交""帝国主义初期的中国外交""世界大战中的中国外交""全国民觉醒中的中国外交""国民革命胜利后的中国外交""世界经济危机中的中国外交"等。(参见陈福康《郑振铎年谱》，三晋出版社 2008 年版；王学典《20 世纪史学编年(1900—1949)》，商务印书馆 2014 年版)

刘湛恩时任沪江大学校长、商务印书馆董事。上年 12 月南京沦陷后，刘湛恩领导组织国际友谊社，代表政府与各国驻沪外交人员联络，向友邦政府和人民宣传中国的抗日主张，以争取国际友人对中国抗战的同情和支持。震惊世界的南京大屠杀罪证照片，即由滞留在南京城里的西方宣教士冒死拍摄后辗转交给刘湛恩保存并设法公布于世的。是年 3 月 28 日，在日本华中派遣军的直接操纵下，由梁鸿志等人组成的"中华民国维新政府"在南京宣告成立，管辖苏、浙、皖三省的日占区和宁、沪两个特别市。刘湛恩拒绝出任伪政府教育部部长，日本方面最终给上海的日伪汉奸下达死命令，必须除去刘湛恩。4 月 7 日，刘湛恩被日伪特务暗杀。(参见张人凤、柳和城编著《张元济年谱长编》，上海交通大学出版社 2011 年版)

马叙伦任教于杭州之江大学。春，杭州之江大学迁上海英租界复课。下半年应邀担任之江文学院课程，与林汉达、曹末风、夏承焘、任铭善共事。9 月 10 日，夏承焘、刘节来访。

10月,白鹏飞任广西大学校长。后曾"招使西移",自审"残疾余生,不任舟车",未应聘赴桂林。11月1日,与夏承焘相晤。4日,郑天挺来访不值。6日,回访郑天挺,并赠以手书诗作数章。23日,夏承焘以《太炎自定年谱》见示。12月,之江文理学院院长明思德与夏承焘、任铭善等商谈下学期课程,以国文系学生仅十余名为由不再续聘马叙伦。夏、任谏之不果。（参见卢礼阳《马叙伦年谱》,浙江古籍出版社2021年版）

唐文治因6月26日在桂林主持无锡国专召开校务会议。因年迈体弱且水土不服,遂决定请假回上海治疗,由冯振任代理校长。唐文治向教育部具文请假,教育部随即批复准假。7月8日,乘"康脱浮第"号邮轮航向上海。10日午,抵沪,陈柱、陆揖文、崔龙等均在码头迎接。12日,唐文治借定西摩路南阳路44号唐伯源家居住。冬,得悉唐文治回沪的消息,江浙一带的一些没有随迁桂校的国专学生纷纷表达希望在上海兴复国学专修学校的愿望。国专第十四届毕业生卢景纯与陆景周等商议复校事宜。是年,唐文治编《孟子分类简明读本》。其《茹经先生自订年谱》记:"兹广要略之意,分为十一类（论战学、尊孔学、贵民学、孝弟学、政治学、心性学、教育学、论辩学、气节学、社会学、大同学、通周易学）,内以政治、心性两门为重心。"（参见陆阳《唐文治年谱》,上海三联书店2013年版）

陈鹤琴年初任上海慈善团体联合会救济战区难民委员会（简称慈联会）教育委员会主任,刘湛恩任副主任,赵朴初、陈望道、陈选善、姚惠泉、韦悫、陆高谊任委员,朱启銮为教育组组长。慈联会在难民收容所的儿童和成年男女中开展了大规模的文化和抗日教育。1月,上海新文字研究会被租界当局列为取缔的抗日救亡团体,出面担当保证人,争得当局批准该研究会为合法教育团体。经过实地调查和实验,在难民收容所大规模地推广学习拉丁化新文字运动。先后在10个收容所作学习新文字的实验。在王宏、倪海曙、韦悫、胡愈之等合作下,办新文字教员训练班。之后,编写拉丁化新文字《民众课本》两册、新文字和汉字对照通俗读物16册,传播爱国主义思想和科学知识;进行新文字、汉字注音字母的教学比较实验;邀集教育界、心理学界人士举行新文字运动座谈会,由报童汇报新文字学习效果;撰文总结新文字运动的经验;编写《拉丁化国音字母表》;设计学习新文字徽章。3月,通过儿童保育会创办报童学校10所及报贩成人班两个,聘朱泽甫为校长。举办报童教师进修班多期,并前往演讲。先后出席报童演讲比赛、报童新年同乐会和报童学校运动会,并致词。同月,为《每日译报》"难民问题特刊"题刊头,并发表《新文字与难民教育》一文。4月,出席上海新文字研究会会员大会,在会上讲话。为《每日译报》撰文《小朋友！大家起来,扫除文盲！》。

陈鹤琴5月代表上海国际救济会难民教育股向《大美报》记者发表谈话,说明新文字已列为难民教育的必修课之一,并决定以35000难民作为试教对象来大规模实验新文字。在《上海妇女》杂志发表《新文字与妇女》一文。6月,任上海国际救济会中学名誉校长。同月,起草的《收容所新文字教育草案》由难民教育股发布。7月,与陈望道、方光焘共同发起成立上海语文学会,被推为理事长,陈望道为副理事长。创办上海民众书店,由朱泽甫负责。对国民政府教育部部长不满他推行新文字并叫人加以阻止,置之不理,仍坚持这项工作。夏,经华人教育处举办双周暑期讲习会,宗旨为"研究教育学术,增进教师服务效能"。秋,任上海市节约救难委员会常务理事。10月16日,应第五中华职业学校和难民初级职业学校之请,向职业青年作题为《在孤岛上怎样做个好青年》的演讲。23日,与陈选善共同支持成立的上海市工部局小学教职员进修会召开成立大会。常务理事有张祖培、李震同、潘星南、马精武等。与董任坚等发起成立上海街童教育会,举办街童教育班30余处,设立街童教育巡回图书馆。11月19日,主持工部局小学音乐会并讲话,强调音乐对儿童生活及民族之价值。是年,与钟昭华合编《南京鼓楼幼稚园儿童生活写真》;与屠哲梅、丁光燮合编《我的工作簿》(上、下册)由商务印书馆出版;与陈选善共同主编《中国历史故事》丛书和《小学自然故事》丛书(各40册)由上海民众书店陆续出版。(参见陈秀云、陈一飞编《陈鹤琴生平年表》,载《陈鹤琴全集》,江苏教育出版社2008年版)

杨宽《中国历代尺度考》6月由长沙商务印书馆出版。此书是继吴承洛《中国度量衡史》之后出版的古代尺度史研究专著,书中收集、检测了14种汉尺;又用敦煌出土的标准规格印文汉缣进行校量,重新确定了汉尺的长度为0.23公尺。在此基础上又推定了魏晋尺度。此外,此书还收集了七种唐尺、三种宋尺实物及有关文献资料;考校了唐代大小尺、宋尺及明清尺的长度,批评了王国维关于唐宋尺的某些论断——比如他以为钜鹿出土的宋尺,并非王国维所说为淮尺,而只是三司布帛尺。5月15日《兼明》月刊创刊号所刊此书广告曰:"是书考证历代尺度,从上古起迄民国止,于尺度之长短变迁,考证精详,举凡文献上之史料,以及最近出土之实物,无不征引。书端冠有各收藏家及最近出土之古尺摄影,尤为本书特色。"夏,因要照顾妻儿,杨宽请辞广东勤勤大学讲师,从海道经香港回到上海。9月至次年8月止,在上海湘姚中学兼课,为期一年。是年,杨宽与童书业相识,此前已通讯。

按:陈同《王国维:悲情学人》(上海教育出版社2000年版)强调指出王国维对杨宽的深刻影响:"早在杨宽的青年时代,王国维就已成了他学术研究之路上的楷模。这从杨宽于大学毕业之后不久完成的《中国历代尺度考》一书中体现出来,此书出版于1938年。在这本篇幅不大的书里,杨宽有十多处引用了王国维的研究成果,并将其作为定论,而且还有大段的引文。其中他尤为推崇王国维对我国历史上尺度变异原因的论述。王国维通过深入的研究后认为:自魏晋以来,由于官府有绢布课税,官吏一方面害怕短缺损耗,另一方面又试图榨取于民,因此尺度由短变长,代有增益,'北朝尤甚'。自金元两朝以后,由于不用绢布课税,所以在相当长的时间内尺度没有什么变化,仍按唐宋时的旧制。杨宽在书中说,王国维的研究'至为详尽',同时他还进一步指出:唐宋以后尺度之所以变化不大,是因为唐宋以后,课税可以折价,因此贪官不必通过增长尺度来盘剥百姓,只要提高折价就行了。从中,我们是可以清楚看到王国维对杨宽在学术上的重要影响。"台湾学者王德毅《王国维年谱》(增订版,兰台出版社2013年版)则指出了杨宽对改订王国维考证之失:"杨宽撰《中国历代尺度考》,论及宋代尺度,内中说:'宋代沿袭唐制,因为宋代政府所颁布的标准尺,主要还是为征收布帛之用,所以称布帛尺。又因为宋初贡赋由三司使征收,因而这尺也称三司布帛尺。'又说:'王国维在考证宋代尺度时,一方面误信了程大昌《演繁露》的推断,一方面又误信了三司布帛尺摹本,因而得出了下列错误的结论:(一)钜鹿出土宋尺为淮尺;(二)宋三司布帛尺长营造尺八寸七分强;(三)合布帛尺八寸九厘有奇的浙尺,略同于唐矩尺(即唐小尺),淮尺略同于唐大尺,淮尺、浙尺即出于唐的大尺、小尺;(四)三司布帛尺的所以大于唐矩尺。由于'代有增益',杨宽认为钜鹿出土的宋尺既出土于大观二年所淹没的钜鹿故城,必是当时一般通行之尺。宋代的布帛尺就是沿袭唐大尺,并不是宋淮尺沿袭唐大尺。此足正先生之失,特附记于此,以待来者。"郭正忠《三至十四世纪中国的权衡度量》(中国社会科学出版社1993年版)认为:"杨宽的研究和结论,虽然也存在着很多缺欠——比如他关于浙尺、淮尺及钜鹿尺为三司布帛尺等论断,并不妥当,但他在尺度研究方面的成就,已远在吴承洛及其《中国度量衡史》之上。"(参见贾鹏涛《杨宽先生编年事辑》,中华书局2019年版;郭正忠《三至十四世纪中国的权衡度量》,中国社会科学出版社1993年版)

童书业是年夏从枞阳返回大渡口家中。不久日军进攻安庆,童书业随管庄曹景波等人逃到大龙湾。7月,童书业与三叔柔嘉从大龙湾步行赴上海,行至芜湖,被日军拘于难民收容所,不得不写信到上海向父亲求援。童书业父亲托陈企白设法,使童书业和三叔由芜湖转南京至上海。其间，童书业与其一生中两位重要的朋友杨宽、吕思勉聚会。在杨宽的介绍下，童书业得以认识吕思勉。

按：童教英著《童书业传》（中国大百科全书出版社 2017 年版）曰："父亲与其一生中两位重要的朋友杨宽、吕思勉的聚会就在此时。杨宽也是疑古派，读大学时即发表文章，引起在北平的父亲的注意，曾写信给他为《禹贡》约稿，后有数度书信往来。父亲到上海后在湘姚补习学校的广告上看到杨宽也到了上海，就去找他并为《古史辨》第七册约稿。杨宽将 20 多万字的《中国上古史导论》交给父亲，父亲读后在有些地方加了案语，全文刊于《古史辨》第七册。同时，父亲又从《上古史导论》中抽出两篇《鲧共工与玄冥冯夷》《丹朱簿兜与朱明祝融》交卫聚贤所主持的《说文月刊》之创刊号上发表。父亲与杨宽聚会后，在学问上颇能互相启发……父亲提出伯夷为鸟神的见解，杨宽进一步认为益是《吕氏春秋·音初篇》所说'鸣若嗌嗌'的燕子，因而写成了《伯益考》发表于《齐鲁学报》并在《古史辨》第七册序中作了阐发。此后父亲与杨宽的命运时时会合，而且在学问上也互相呼应，父亲之《春秋史》与杨宽之《战国史》向为被史学界并举的先秦史研究名著。"

谭正璧继续任教于务本女中（后改名怀久女中）。所著《国文入门必读》九种十二册由中华书局出版，包括《由国语到国文》《字体明辨》《诗词入门》《论说文范》《记事文范》《叙述文范》《文言尺牍入门》《师范应用文》《虚字使用法》由中华书局出版，《外国名人传》十一种（中华文库本）《华盛顿》《林肯》《大彼得》《拿破仑》《凯末尔》《甘地》《释迦牟尼》《耶稣基督》《马可波罗》《哥伦布》《富兰克林》（参见谭篪《谭正璧年谱》，载周嘉主编《萫云》第 2 辑，中西书局 2014 年版）

柳亚子是年始蛰居家中弗出，杜门谢客，自题寓庐为"活埋庵"。当时愁病交萦，处在极端痛苦心情中，但著述甚勤。2—3 月，子柳无忌自长沙经香港返沪，与家人相聚十数日。复储蔼鸿、光南住香港，经越南，赴昆明西南联合大学任教。11 月 13 日，上海沦陷一周年纪念。柳亚子撰《我和南社的关系》，在"结尾"叙述写作此文之经过。又撰《陶小柢先生遗集序》，寄叶楚伧于渝中，当时国民党政府已迁重庆。12 月，撰《陈巢南〈浩歌堂诗续抄〉》成，媵以短叙。又撰《朱季恂侯绍裘合传》。（参见柳无忌编《柳亚子年谱》，中国社会科学出版社 1983 年版）

丁福宝 5 月因开刀口收功，作病愈偶记。自"八一三"事变后，虹桥疗养院病人离去，院内各项医疗设备均由伤兵及难民借用。二子丁惠康于 5 月 1 日迁入霞飞路叶鸿英氏花园，作为虹桥疗养院新址。占地 10 亩，月租 1100 元，可容病床 80 张。设心肺科、外科、骨科、妇产科、泌尿科，均有专家、医师、主任。是年，丁福宝捐给震旦大学图书 2 万册，5 万余卷古今刊本，该校设立"丁氏文库"以志纪念。（参见高毓秋《丁福保年表》，《中华医史杂志》2003 年第 3 期）

陈乃乾 5 月 2 日下午应苏州书贾唐耕余之约，观其所收《古今杂剧》，欣喜万分，记曰："一中缝题《古今杂剧》者，似为陈与郊刻本；一中缝无名者，不知为何书，当是藏晋叔刻本所从出者。其余钞者皆竹纸无格（间有数种有格者更旧），清常道人全部手校。每种后或署年月姓名，首有黄荛圃手写总目及跋。此书为'也是园'书目著录之物，黄荛圃得之，自夸为'词山曲海'者。近年由赵氏'旧山楼'归丁芝荪。十年前芝荪撰一长跋，登入某杂志，但总不肯承为己物。余曾屡询之皆不肯承，盖终身秘置箧中，未曾举以示人也。自芝荪去世，藏书时有散失，去年之劫乃全为鼠窃囊括以去，可哀也。"此书之出现，诚为我国近代文化史上一重大事件。应该是当晚，陈乃乾即电话报告郑振铎。（参见陈福康《郑振铎年谱》，三晋出版社 2008 年版）

朱祖同时任《华美晚报》经理。2 月 22 日，与《大美晚报》经理张似旭各得到敌伪特务寄来的方盒一个,内各藏鲜血淋漓的人手一只,并附书警告说如果继续坚持反日态度,将有更"佳"的"礼物"相赠。郑振铎与他们二位相熟,闻讯极为愤慨。(参见陈福康《郑振铎年谱》,三晋出版社 2008 年版)

冯执中时任中法联谊会秘书长。11 月 5 日,中法剧艺学校以中法联谊会名义成立于上海,校址设法租界辣斐德路原中法工业专科学校内。校长为中法联谊会秘书长冯执中,训导主任于伶,话剧科主任阿英,郑振铎担任主讲中国戏剧史,后由赵景深代课。(参见陈福康《郑振铎年谱》,三晋出版社 2008 年版)

周一萍就读于暨南大学学生,中共地下党员。6 月 5 日,周一萍等主办的《文艺》旬刊(后出版时间不规则)创刊,该刊一度是"孤岛"上唯一的抗日文艺刊物,得到了郑振铎的捐款、指导、帮助。

按:据周一萍《西谛先生二三事》回忆:"为了打破当时文艺界万马齐喑的局面,根据党组织指示,准备由吴岩、舒昂、易默、裕年等同志,创办综合性文艺刊物《文艺》。我把这个设想告诉了郑振铎同志,他非常热情地表示赞许,并给我们以很大的鼓励。《文艺》出版后,他每一期都认真阅读,经常向我们提出改进意见。鲁迅、高尔基的纪念特辑,都是根据他的倡议编辑出版的。"(《疾风劲草识良师》)吴岩(孙家晋)后来回忆:"当时我们几个同学创办的《文艺》,一度曾是万马齐喑的'孤岛'上的唯一的抗日文艺刊物,西谛先生暗中给了我们支持,尽管他并没有给这刊物写过文章,但我们这些年青人之得以参加当时文艺界某些重要的活动和会议,一部分便是由于西谛先生的缘故。有次参加《鲁迅风》杂文座谈会,巴人同志就问我们:'你们两个都是西谛的学生?'"后来,"我们这几个学生办的《文艺》停刊了,可他还是关心着这个刊物。有一天,他特地在走廊上叫住我们,悄悄地说道:'听说你们的刊物有合订本,给我两份,我现在还有条件可以把它们寄给北京图书馆,请他们设法保存起来。'"(参见陈福康《郑振铎年谱》,三晋出版社 2008 年版)

陈高佣任中央宣传部上海办事处编审组主任。其间,积极出版主张抗日的宣传册子,主办《世界文化》杂志,宣传抗日主张。

张元济继续任商务印书馆董事长。1 月 10 日午,赴青年会参加聚餐会。3 月 31 日,致王云五书,就在温州设纸厂事提出商榷。同月,出版元杜思敬辑《景印元明善本丛书》第六种《元刻济生拔萃》,全书共计 19 种 10 册。4 月 3 日,出席上海各慈善团体与熊氏诸亲友发起熊希龄追悼大会。11 日下午,赴张耀曾寓所参加茶话会。另到者颜惠庆、张一鏖、章仲和、江庸、唐心畲、吴昆吾、李梦驺、赵叔雍,共 10 人。张耀曾谓:"现同居孤岛,前途渺茫,共感岑寂与烦闷,能得知友若干,相与交换消息及见解,殊觉快慰,故颜骏老前次约集后,余又接踵而起,甚愿各位轮流续行。"又谓:"各人从前虽各有党派,且对国民党数年来政治极抱不满,尤不赞成一党专政办法,但当此外侮万急之时,均认为非清算党见之日,故同人当以保全国家为出发点,批评时事决不以打倒国民党为出发点,评论时局也。"订下星期一由江庸请。15 日,张元济赴银行俱乐部主持商务印书馆董事会第 432 次会议。张元济报告:(一)本公司董事刘湛恩于本月 7 日遇难。(二)报告 1937 年度营业情况、救护上海战区内资产情况及安置上海停工职工情况,(三)报告继续出版、发展营业情形:1. 编印应时需要书籍,如《抗战小丛书》,28 种业经在长沙出版;2. 推广华侨方面营业,如改编南洋课本初小国语、常识各 8 册,本月即可完成;3. 赶编函授学校讲义;4. 多接外来印件。(四)讨论通过王云五起草、张元济修改的"通告股东稿"。5 月 15 日午,应刘承幹约赴宴。同座高颖生、李拔可、黄蔼农、叶伯皋、雷君曜、黄公孟、褚礼堂、张养初。23 日晚,应约赴味雅餐馆。张豫泉 80 生日宴客,同座叶伯皋、喻志韵、高云麓、苏幼宰、陈彦斌、刘承幹等。同月,《续古逸丛书》

第45种《程氏演繁露》、第46种《梅花喜神谱》出版。7月1日，张元济赴银行俱乐部主持商务印书馆董事会第433次会议，报告安庆、芜湖、太原、厦门、开封、杭州、南京、广州、西安、汕头、福州、南昌、南阳、汉口各分馆撤退、转移及受损等情形；讨论通过总管理处驻沪办事处所辖各部分及上海各所、厂职工薪工提折案，原发七折，改为八折。8月8日，张元济复张君劢书，论国事十分痛心。附赠《中华民族的人格》等。

按：信谓："数十年来，我国日日言富强，而其结果乃至于此，宁不悲痛。前半期吾辈未之及；后半期之责，吾辈不能不分任之。甲午战败，竞言新学，于是设学校，派遣留学生，唯以外国学术为尚，而于己国所以律身行己之道毫不措意。黄舍必仿洋式，所需器具亦非洋货不可。学生耳濡目染，恶根已深。甫经毕业，年仅弱冠，全不知本国社会是何情状，即亟亟焉派至外洋。平日教育既极浮浅，又当血气未定之时，一至彼邦，睹其物质之享用，未有不为所摇夺者。即幸而学成归国，习染既深，几离租界不能度日。此二十年南、北两京，经无数留学生之努力，不几已化为租界乎？租界之生活，岂穷汉所能胜？于是唯有敛财之策。上焉者官，其次亦惟所得丰厚者之是趋。其始不过欲收入之稍赢。极其弊，非贪污不止，而国家之大政与夫私人之事业，无不败坏于若辈之手。以言富强，富于其一家之储蓄已耳，强于其个人之权势已耳。于国家何有乎？新学之害，一至于此。我公幡然谋所以挽救之策，思重兴书院制度，于人格品行之修养、民族精神之发动二者交重，甚盛甚盛。窃以为治病之道，必先洞见其症结，而后可以施药。今之大患，在于贪黩。贪黩之源，在于奢逸。此于沃土，已所当戒，况于贫国。此于治平，犹属可危，况在乱世。鄙见异日开院讲学之先，必先标明勤苦节俭之旨。凡饮食起居之微，亦惟以锻炼其体肤，淬厉其精神为务，而后一切学术可以听受，而后可以造成有用之才。昔孔子鄙士之耻恶衣恶食者，今则惟以不耻恶衣恶食为耻。学校欠薪，教员至组为索薪团！公试瞑目一思，应食何报？此其祸岂仅亡国已也！至于整理国故，惟当务其远者大者，而凡稍涉于琐屑肤浅者，皆可弃而勿道。"

张元济8月30日联名刊登《为徐新六先生募集纪念金启事》。此前8月24日晨，徐新六乘中航公司桂林号飞机由港飞渝，途中遭日机追袭坠毁遇难，闻讯后赴徐宅慰问。9月，张元济所著《校史随笔》由商务印书馆出版。10月，出版明隆庆王文禄辑刊《景印元明善本丛书》第七种《明刻本百陵学山》，全书100种14册。又出版明万历沈节甫辑、陈子廷刊第八种《明刻本纪录汇编》全书，23种76册。12月25日，访冒鹤亭，夏承焘亦在座。张元济告以《四部丛刊》四、五集书已齐备，而无法出版，又谓第一集多假手他人，殊难自信，二、三集则皆已经目。冒鹤亭称赞张元济"手点校廿四史一过，今无第二人"。27日，复郑振铎书，谓"承示影印也是园元曲事已得教部复信。对于敝处所拟办法表示同意。当即函达驻港办事处王岫庐先生。昨日始得复函，允为承办，并言广州陷落，以后事务烦冗异常，致稽裁答，嘱为道歉。应否订立正式契约，及应如何选剔重出之件及付印程序，敬祈核示，并指定时日，以便趋前承教。"29日，郑振铎来访，商谈借印《元明杂剧》订立契约事。（参见张人凤、柳和城编著《张元济年谱长编》，上海交通大学出版社2011年版）

王云五继续任商务印书馆总经理。2月，王云五分别派人前往桂林、昆明及赣县，筹设印刷厂。同月，为适应战时情形，王云五决定改定商务印书馆上海发行所及各分馆营业解款暂行考核办法。自战事发生后，商务印书馆资产损失奇重，且续有损失，不仅未能按年结账，即结账亦无盈余，是则营业机构平时所能获得的奖励金已失其来源。为鼓励营业人员，以期于艰难中推展营业起见，决定改定上海发行所及各分馆营业解款暂行考订办法：（一）考核期每年分为三期，每四个月为一期；（二）每期由总管理处按各该营业机构之过去与今后情势，规定其营业及解款之标准数；（三）每期终了时，某机构之营业解款实数均超过标准者，由总管理处对其一部分或全体人员加给薪水半个月至一个半月。此办法施行以后，颇见成效。6月，商务印书馆总经理王云五为商务印书馆出版物采行战时版式，以节省纸张。方法是：尽量减少空白地位，并每面增加行数字数。于是在版式大小相同的一面书籍，前此仅能排五百字者，此时可排至一千字上下，约可节省纸张半数。又每面的天地头平时空白很多，战时重版各书未经重排者，初将天地头尽量缩小，约可减少纸张十分之一二。经此变更后，同一字数之书，如系新排或仅重排，所用纸张仅当平时百分之五十，如未经重排，所用纸张亦仅当平时百分之八十乃至九十。8月，商务印书馆、中华书局、开明书店、世界书局、生活书店等20多家出版机构联名发出呼吁，要求取消《战时图书杂志原稿审查办法》及《抗战期间图书杂志审查标准》，保障言论出版自由。9月3日的《全民抗战》三日刊和9月10日的《群众》周刊均报道了这一消息。10月，鉴于上海沦陷后的严酷环境，商务印书馆《东方杂志》《教育杂志》《儿童杂志》《少年杂志》迁港编印，创办《东方画刊》。11月4日，香港《申报》载，商务印书馆《东方杂志》等刊物迁至香港出版："自吾军于去冬退出上海以后，商务印书馆出版之《东方杂志》《教育杂志》《儿童世界》《少年书报》等定期刊物，即联同该馆编审部迁往长沙继续出版，近因湘垣交通梗阻，该杂志等现已由湘迁港编印。为符本地法律手续，已各在港府登记。顷据该馆负责人称，各杂志编辑方针，一仍旧贯。并闻该馆因'一·二八'沪变停刊之《学生杂志》，将于月内在港复刊，另创办体育刊物一种名《健与力》，月内亦可出版云。"（参见吴永贵《民国图书出版史编年：1912—1949》，社会科学文献出版社2018年版）

陆费逵继续任中华书局总经理。1月4日，汉口《大公报》载，沪中华书局裁员新，陆费逵谈及停业。12日，中华书局广州分局由粤汉路转运汉口办事处书货2100余件，中途被炸，损失872包。另有汉口办事处先后三次转运重庆分局书货，搁置宜昌，无轮船装运。由渝局派人前往雇民船起运，途经万县时一船沉没，装书五百余包，又派员去万县雇工摊晒、损失四成。5月18日，广州分局第二次由粤汉路发货410包45箱运抵汉口，转发川、黔、豫、陕、甘等地分局。17日，中华书局发表声明，以正视听。7月1日，中华书局原上海总办事处改为驻沪办事处，总店改称上海发行所，会计部改称会计课，今起实行。9月12日，中华书局决定，因上年战事所受之损失，如虹口洋栈未提纸张一万余令被毁，运输途中被炸货物一千余箱，中华教育用具制造厂被焚，此三者有数可稽，计值50余万元。分局存货生财损失，因交通阻滞，迄未详悉。总分局放出账欠在战区者百万元以上，将来能否收回无从估计。是以1937年决算至今不能办理。因决定在特别公积项下借拨12万元垫发股利三厘。12月，中华书局上海总厂改挂"美商永宁公司"招牌。陆费逵与恒丰洋行经理美籍A.F.沃德生商妥，向美国注册以作为掩护，借以避免日本特务等的胁迫破坏。名义资本国币100万元，洋股占51%，华股占49%，由中华书局董事吴镜渊、汪伯奇为代表，实际汪等并未出资。原沪厂职工抽签留沪的一百多人回厂，于10月16日开工，恢复营业。以印本版图书为主，赶造急需之货，分运各地分局应销。至1948年4月方与沃德生办理收回手续。（参见吴永贵《民国图书出版史编年：1912—1949》，社会科学文献出版社2018年版）

舒新城继续任中华书局编辑所所长兼图书馆馆长。1月23日，舒新城《日记》载："七时半返店，得张宗麟、胡愈之、郑振铎、傅东华等二十六人之函一件，请求复工。"中华书局于战时并未受重大损失，去年12月31日下午突然宣布停业。失业者2000余人。24日《日记》载："下午三时电胡愈之，拟寻张宗麟等数人晤谈。彼谓彼对于昨日之信，亦不过签名而已，但最好能多约若干人一叙，并由彼指定在青年会。遂约定后日下午三时在青年会茶会。"舒

新城后未践约。（参见陈福康《郑振铎年谱》，三晋出版社 2008 年版）

陆高谊继续任世界书局总经理。11 月 2 日，上海世界书局发生爆炸。3 日，《申报》报道世界书局启事："敬启者：本月二日上午十时后，被人预置危险品于敝局发行所门市部。当场爆炸，伤职员二人，并毁坏相当物件，承各学校、各同业、各文化团体及其他各界，或亲自莅临慰问，或以电话慰问，深表感谢，敝局自'八一三'抗战以来，损失浩大，虹口总厂，虽已出租于美国企业公司，但一再交涉，尚未收回，今更受此意外，尤为痛心。除仍本致力文化，辅助教育，恢复门市照常营业外，承各界关怀，敬布区区，诸希公鉴。世界书局谨启。"3日，《申报》报道，世界书局发行所昨晨炸弹爆炸伤人，职员两名被炸伤，其一危殆，局方谓事先并无恐吓信。又据该局送来新闻稿云："世界书局与商务、中华为国内三大出版家，以辅助教育、发扬文化为目的，发行大中小各级教科书，各种参考书，颇受社会称许。在虹口大连湾路设有总厂，内分总务处、编辑所、印刷所，在福州路设有总发行所，在全国各要地设有分局卅余处。"10 日，上海《申报》报道，世界书局大批书籍被运回日本，共达 400 万余册：上海世界书局印刷厂，遭遇空前浩劫，上月间有大批书籍 1700 百箱，约达 300 万册，被日方运去，派运输轮安特芬去号，运回日本后，前晨又有第二批巨量书籍，约装 2000 麻袋，教科书、小说、字典、科学及英文均有，总数约达 100 万册，被运至汇山码头，装上运输舰妙见丸，于上午 9 时起校回国。此项书籍，大约系自虹口总厂搬出，日方运去何用，则未明了。19 日，上海《申报》报道，世界书局被炸，教育部来申慰问："福州路世界书局发行所，于本月二日，被人遗置小型炸弹，当时炸伤职员汤永琴、朱隆德两人。兹悉教育部以该局为文化界服务，颇著声誉，昨有电致该局，宣示慰问之意。"21 日，上海《申报》报道，世界书局炸弹案，国民党教育部与上海市党部发两慰问电。12 月 2 日，上海《申报》报道，世界书局存书续被日方搬出，约共 100 万册：本埠世界书局虹口大运湾路印刷总厂。自被日方侵占后。内中所有未及取出之现成书籍，陆续被运出四批，其中包括教科书、字典、辞典、科学、文艺、新旧小说及西文版书籍，一切均有。总数已达 500 万册左右，但该厂藏书甚夥，尚未运完。前日午后，又被日方运出一批，均用大麻袋盛置，约共五百余包。此次均为教科书，并无别项书籍参入其间，总数约有 100 万册，分装数卡车，运至虹口汇山码头，搬上日运输舰妙见丸，于午后三时，启校运日，故截至目下为止，该书局已损失各项书籍 600 万册以上，诚浩劫也。3 日，香港《申报》，世界书局藏书被劫一空：（中央社重庆二日电）沪讯，世界书局虹口印刷厂，自被日方侵占后，强将所存书籍及参考书等，先后偷运出境，达 500 万册，日前又被日方将教科书百万册，用大汽车装至汇山码头，搬上日运输舰启运赴日。（参见吴永贵《民国图书出版史编年：1912—1949》，社会科学文献出版社 2018 年版）

赵朴初任上海文化界救亡协会理事，中国佛教协会秘书、主任秘书。参加上海益友社并担任理事长，参加上海各界人士抗日统一战线，组织星二聚餐会及其核心组织星六聚餐会。11 月初，赵朴初、陈明、朱启銮、方行等在上海成立大众出版社。12 月 31 日，上海《申报》载，大众书局元旦营业，所得收入全数捐给慈善机关："本埠四马路大众书局，向例元旦休业。今鉴难民云集。饥寒交迫，为尽国民应尽之义务，破例全日营业，将所得营业，全数捐助慈善机关，以作救济之用，望各界士女踊跃惠顾，共襄善举。"次年 5 月停业。（参见吴永贵《民国图书出版史编年：1912—1949》，社会科学文献出版社 2018 年版）

朱生豪是年夏由老家浙江重返在上海租界"孤岛"中恢复开业的世界书局，重新搜集有关资料，从头开始翻译工作。8 月，在胡山源编辑的《红茶》半月刊刊登《词三首》，抒发其对祖国大好河山的深厚情感和对侵略者的切齿仇恨。

金擎宇、金振宇、金纬宇兄弟11月在上海创立亚光舆地学社，主要业务是编制出版地图，曾先后在昆明、金华、吉安、武汉、宁波、衡阳、韶关、西安、桂林、贵阳和重庆等处设立办事处。1941年，上海沦陷后，该社迁往桂林，后又迁至重庆。1942年，约请顾颉刚组织中国史地图表编纂社和大中国图书局，编制了三百万分之一的《中国分省地图》，还编制了《中印缅地区形势图》《开辟欧洲第二战场形势图》《中国沿海地图》等。

按：抗战胜利后，该社迁回上海，与大中国图书局联合编制发行地图，先后出版地图50余种，1954年并入地图出版社。（参见吴永贵《民国图书出版史编年：1912—1949》，社会科学文献出版社2018年版）

徐新六和李铭受财政部长孔祥熙指派，负责维持上海租界内的金融事业。3月，徐新六等发起的生产建设协会成立，以推进生产建设为宗旨。会长为褚民谊，副会长林康侯、唐继虞。8月，国民政府组织代表团拟赴美国商谈借款事宜，电邀在香港的徐新六参加。8月24日，徐新六、胡笔江于香港至重庆途中被日战机击落遇难。9月14日，翁文灏出席徐新六、胡笔江等人的追悼会。（参见李学通《翁文灏年谱》，山东教育出版社2005年版）

谈杜英任上海市精神总动员妇女运动委员会常委、宣传主任，同年参加上海妇女难民救济会，创办难童教养所。

梅益、戴方平、林淡秋、殷杨等在沪进步文艺工作者组织发起征文，编辑报告文学集《上海一日》。

董寅初在上海交通大学毕业后分配去香港邮政汇金局，兼任《大美晚报》《申报》翻译、编辑。

孙健初与靳锡庚、严爽等在老君庙地区开展地质调查。

严宝礼在上海创办的《文汇报》，招范烟桥任秘书。

鲁少飞、黄苗子、叶浅予、张乐平、张光宇等4月发起成立中华全国漫画作家抗敌协会，以"研究漫画学术，促进中国漫画艺术之发展，求取漫画从业人员之合理保障，以致力于中华民族之解放与建设"为宗旨。

李育中毕业于上海美专，师从查烟谷、马万里、刘海粟、潘天寿诸名家。

范烟桥在上海协助杨锡珍筹办锡珍女学。

沈西苓加入中国电影制片厂，任编导。

费穆创办民华影业公司，执导《孔夫子》《洪宣娇》等影片。

孟小冬拜余叔岩为师，遂成为"余派"传人。

周宝奎参加"第一舞台"到上海演出，主要演老旦，先后在上海长乐剧场和大中华剧场等处演出。

商芳臣与姚水娟等演出于上海通商剧场。后移演于老闸、大中华、天香等戏院，参与姚水娟的越剧改良。

陈则民为著名大律师，曾任上海律师公会首任会长。上年11月苏州沦陷，陈则民出任伪苏州地方自治委员会会长。是年3月28日，中华民国维新政府在南京成立，伪维新政府设在南京原国民政府大院内，管辖江苏、浙江、安徽三省的敌占区和南京、上海两个特别市。陈则民出任教育部长。

按：中华民国维新政府以梁鸿志为行政院长兼交通部长，温宗尧为立法院长，陈群为内政部长，陈篆为外交部长，陈锦涛为财政部长，王子惠为实业部长，陈则民为教育部长，任援道为绥靖部长，胡礽泰为司法部长。1940年3月并入汪精卫的伪政权。

陈撄宁弟子汪伯英5月与翼化堂主人张竹铭等商议,在海宁路1000号创办"仙学院",以作练习静功并每星期讲道之用。仙学院创办初期,"时时在飘摇不定之中,所以未曾正式订立章程,更没有道友住院",来学习者多为已经学道多年的道友,如张竹铭、汪伯英、吴竹园、邓雨苍、周绲光、高克恭、曹昌祺、洪太庵、沈霖生、孙镜阳、袁介圭、朱昌亚、赵慧昭等人。陈撄宁亦在此讲授"仙学"的一些修炼经典,并于年内撰成讲义《〈灵源大道歌〉白话注解》,由赵慧昭、朱昌亚、洪太庵、蒋维乔、张寿林、高克恭及吴彝珠、汪伯英等人为其撰写序跋。中秋,陈撄宁撰成《〈琴火重光〉读者须知》。(参见郭武编《中国近代思想家文库·陈撄宁卷》及附录《陈撄宁年谱简编》,中国人民大学出版社2014年版)

吴耀宗继续任燕京大学宗教学院院长。2月4日,经欧洲返国。途经法国巴黎、瑞士日内瓦、意大利热那亚等地。3月13日,回到上海。3月,改任中华基督教青年会全国协会出版部主任。5月,与胡愈之、郑振铎、许广平、梁士纯、周建人等成立"复社",先后出版了斯诺的《西行漫记》和《鲁迅全集》等。同月20日,在汉口,第一次见到周恩来和吴玉章,谈到宗教、抗战、国共合作、中国革命等问题。这是吴耀宗同中共领导人的初次见面接触。(参见赵晓阳编《中国近代思想家文库·吴耀宗卷》及附录《吴耀宗年谱简编》,中国人民大学出版社2014年版)

王元化加入中国共产党,在江苏省委的文委领导下工作。是年,撰写了《论抗战文艺的新启蒙意义》,一方面对新启蒙运动谈了自己的理解,认为"新启蒙运动并非是'五四'启蒙运动的简单再版,它是把'五四'阶段上所提出的任务放到一个更高的基础上来给与解决"。运动的中心内容可以总结为"民主的爱国主义"和"反独断的自由主义"两点,并且指出新启蒙运动之所以提出"理性这口号""实是它必须抑制无谓的感情冲动,反对任何笼统的幻想,才能达到认识现实的道路"。另一方面,他指出新启蒙是"目前思想文化上的一个范畴",抗战文艺"只是这个范畴内的一个部门",是"文学上的新启蒙运动发展到现阶段的一个具体口号",应该在各方面体现出新启蒙的意义和特点。为此,围绕大众化问题,他提了大量的意见和建议。(参见李亮《继承五四和扬弃五四——新启蒙运动研究》及附录《新启蒙运动大事记》,上海师范大学博士学位论文,2012年)

邵荃麟任中共浙江省委文化工作委员会书记。

陈焕镛是春出钱出力,将中山大学农林植物研究所的一批重要标本、图书、仪器运至香港,自己却坚持冒险留在广州保护苗圃。

彭雪枫领导的《拂晓报》9月29日在河南确山县竹沟镇创办。

樊粹庭取"醒狮怒吼"之意,将河南开封豫声剧院改名为狮吼剧团。

冯定主编等《抗敌报》5月1日在皖南山区创刊。

阮志刚为社长的《大众报》8月13日创刊于山东黄县。

田辛甫任河北大名县四区抗战大众剧团团长。

徐世昌继续寓居天津。年初,日本大特务土肥原贤二约见徐世昌,遭到拒绝。徐世昌门生金梁等人任职于伪满洲国,他们秉承溥仪意旨规劝徐世昌:"老师千万别丧失良机,出任华北首领,这是为了老师的晚节。"徐世昌闻言愤然大骂,然后推辞。冬,徐世昌的膀胱癌日趋严重,当时曾从北京协和医院请来泌尿科专家谢元甫来津诊治。谢元甫检查后说,必须做手术,并提出去北京住院治疗,徐世昌恐去北京遭日本人暗算,没有答应。是年,徐世昌编《清儒学案》208卷刊行。此书规模宏大,始纂1928年,至1938年告竣。由徐世昌主持,当时知名学人孙夏桐、王式通、金兆蕃、朱彭寿、闵尔昌、沈兆奎、傅增湘、曹秉章、陶洙等均先后参与其事,实乃集体协力的成果。全书凡208卷,收入学者计1169人。上起明清之际孙奇逢、顾炎武、黄宗羲,下迄清末民初宋书升、王先谦、柯劭忞,一代学林中人,举凡经学、理学、史学、先秦诸子、天文历算、文字音韵、方舆地志、诗文金石,学有专主,无不囊括其中。《清儒学案》承黄宗羲、全祖望二家开启的路径,采用学者传记和学术资料汇编的形式,述一代学术盛衰。它既是有清一代260余年间学术的总结,也代表了传统学案体史书的高峰。(参见王学典《20世纪史学编年(1900—1949)》,商务印书馆2014年版)

吴承仕是春从天津回家乡,组织复兴小学师生进行抗日宣传。曾亲自连夜修改教师创作意在讽刺汉奸的话剧,演出后,轰动全县。又发动学生向社会各阶层人士募捐,购买"儿童号"飞机支援抗口。4月,返回天津。夏,日寇和北平伪政府授意文化汉奸王谟把吴承仕的儿子吴鸿迈叫到北师大的丽泽楼去,说日本兴亚院要聘请吴承仕担任北师大的文学院院长,月致高薪,要吴鸿迈快去把父亲请来就职。吴鸿迈于是秘密地来到天津,找到父亲说明上述情况。吴承仕耻于与侵略者、汉奸为伍,断然拒绝了敌人的拉拢收买。从此,日寇汉奸对吴承仕更加忌恨,加紧了对他的迫害,吴承仕在天津的处境愈加艰难。(参见庄华峰编纂《吴承仕研究资料集》,黄山书社19090年版)

李泰棻是年冬受日伪政府胁迫,出任伪天津特别市首任教育局局长。12月,改组后的伪维新政府教科书编审委员会成立,其职责是统一教科书的编辑出版。包括:1. 国定教科图书的编纂;2. 民间出版教科图书的审定;3. 各国教科书及参考图书的选择。天津日伪政权推行奴化教育,通令各校彻底取缔旧教科书,不准使用旧版中国地图,改用修改课本和新版地图。(参见吴永贵《民国图书出版史编年:1912—1949》,社会科学文献出版社2018年版)

罗振玉是春辑《碑别字拾遗》1卷。是年,又辑丁戊两年文字62首,益以旧日文之未人集者20首,为《后丁戊稿》1卷。又以壬申以后诗15首,附《辽海吟》,乙亥以后之诗33首,别辑为《辽海续吟》。(参见罗继祖《永丰乡人行年录(罗振玉年谱)》,江苏人民出版社1980年版)

胡适1月24日离开纽约西行。游西海岸各地后赴加拿大。3月18日始回到纽约。其间的2月3日曾写信给孙洪芬、叶良才等中基会中诸友。报告其旅行计划。6月,被任为国民参政会参政员。7月1日,在芝加哥中国基督教学生暑期会议讲演《国家危机与学生生活》及《远东局势》。7日,去密歇根大学讲演《在远东局势里美国能做些什么》及《中国和日本的西化》。后者是分别评论西方新近出版的两本研究中、日两国对西方的挑战所做出的反应的书,即英国人休斯(E. R. Hughes)著的《西方对中国的侵略》与德国人李德勒夫妇合著的《转变中的日本》。胡适将这次讲演整理成文,刊于7月出版的《美亚杂志》第2卷第5期。13日,胡适乘轮离美赴欧。7月16日,杨鸿烈致信胡适,他刚从日本回来,信中谈在日本时所得的感受。19日,胡适到达法国。次日得到蒋介石电报,要他出任驻美大使。24日到伦敦。次日又得国民党政府电,27日,复得蒋介石电,皆催请勉任驻美大使。30日,写信给傅斯年,谈到政府要他出任美使的事。出任美使的事,经过七八天的考虑,终于复电允任。

胡适8月4日因得国内友人报告,知周作人仍留在已陷落的北平城中,深念故友前途命运,特写一诗,讽其离平南下。诗云:"藏晖先生昨夜作一梦,梦见苦雨庵中吃茶的老僧,忽然放下茶钟出门去,飘萧一杖天南行。天南万里岂不太辛苦? 只为智者识得重与轻。——醒来我自披衣开窗坐,谁人知我此时一点相思情!"周作人得此诗后,仍未能下决心出离北平。9月23日,周作人有信寄胡适,说他是为家室众多人口所拖累,所以走不脱。还写了一首答诗表达此意。信末印有自刻"冷暖自知"章,诗笺末印有自刻"知惭愧章"。21日,在伦敦中华协会讲演《英美法苏和我们的抗战》,强调说,从抗战一年来的情势可得三点结论:一、我们抗战的力量超过原来的预想。原来,中外人士估计可打六个月,现在已打了十三个月了。二、敌人的弱点暴露得比预料的快。原来敌人宣称六个礼拜征服中国;后来改说三个月;而现在宣称要准备打十年二十年了。三、一年来所得的国际援助也比预料的为大。特别是苏联的援助尤重要。最后强调,我们必须自己咬牙苦撑,然后才可望得到有用的帮助。24日,胡适离英国赴瑞士,准备去参加国际历史学会会议。同日,张忠绂致信,报告他参加国民党中央军事委员会参事室的情况。25日,胡适路经比利时境内获悉好友、著名银行家徐新六在由香港飞返内地途中被日军迫降而致罹难的噩耗,极为悲痛。此前曾有长信给徐新六说明他不得不勉任美使的心情,并托他代向冬秀夫人解释。9月8日,胡适在瑞士出席国际历史学会会议。

胡适9月17日被国民政府正式任命胡适为驻美大使。此项消息引起国内外很大反响,舆论界多持欢迎态度。胡适接到任命后,即着手准备离欧启程赴任。9月22日,孔祥熙致电称:"此次使美,国家前途利赖实深。列强惟美马头是瞻,举足轻重,动关全局,与我关系尤切。吾兄长才,自能应付裕如。"反映了国民政府官员们对胡适寄予希望甚殷。23日,胡适自瑞士返至伦敦。28日,离英赴美。登轮前一日接见记者,宣称:"吾从未担任官职,吾珍视吾之独立思想,因吾为人过去素知公开批评政府。但时代已改变,已无反对政府之余地,一切中国人应联合起来。"10月3日,抵纽约。当地华侨公所热烈欢迎。各家华侨,悬旌致敬,并备车欢迎。次日举行公宴为其接风。5日,到华盛顿,6日到馆视事。7日,拜谒美国务卿。后致电行政院长孔祥熙称:"外交至重要,当以全副精神应付。此外如借款、购械、宣传、募捐四事虽属重要,均非外交本身,宜逐渐由政府另派专员负责。"20日,有分析欧洲局势的电报给政府,大意是说,中日事不具备欧洲那种可以调处解决的条件,故和比战难。此电曾被日方截获。21日,汪孟邹函告陈独秀近况,说陈独秀近日有病,请胡适帮忙或向政府,或向知友设法筹得川资,令其赴美游历,以期病体可愈。23日,褚民谊自上海致信,对其出任大使表示祝贺,并托人带呈所编中法文《太极拳》各一册,及《武术言论集》一册。27日,向美总统递交国书,正式开始外交活动。

胡适12月4日在纽约律师俱乐部演讲《北美独立战争与中国抗日战争》,重庆《大公报》于1939年2月10—11日译载,改题为《日本在中国之侵略战》,强调国际形势的配合,特别是美国的援助是中国抗日胜利的重要条件。胡适在这次演说中,巧妙地把中国的抗战同当年美国的独立战争相比,并指出:目前抗战所遇到的困难就像当年华盛顿所领导的革命军在福崎山谷遇到的困难一样。当年华盛顿率领残余的败军,在福崎山谷,饥寒交迫。严冬之际,士兵缺少衣服鞋袜,大多生病,又缺医药,眼看着许多伤兵冻死在雪地上。在这万分困苦的情形下,英国提出议和。如果当时革命军动摇了,华盛顿等领袖们被困难压倒了,同意和平,那就不会有美国的独立了。由于这些开国领袖们坚毅果决,咬牙苦撑,在法国的援助下,随着欧洲局势的演变,终于战胜了侵略者,赢得了独立战争的胜利。中国目前的抗战,与当年美国独立战争的际遇很相似,只要苦撑待变,在美国等国家援助之下,加上国际局势有利于中国的演变,中国取得抗战的最后胜利是毫无疑问的。是日演说后,发心脏病,入医院住70余日。15日,中美桐油贷款签字。17日,西南联大的原北大同人及其学生蒋梦麟、汤用彤、钱穆、郑天挺、罗常培及杨振声、魏建功等19人,共同署名致信给胡适祝寿。18日,蒋介石致电胡适、陈光甫,表彰借款成功。27日,得驻英公使郭泰祺电告,汪精卫出走到河内,欲公开主和,与日本共同防共。28日,复得王世杰电告此事。并告已向蒋建议并得同意:(一)请汪勿作反乎国策的公开表示;(二)勿与中央断绝关系;(三)勿住港,可游欧。要胡适电汪恳劝。29日,胡适致电汪精卫称:"此时国际形势果好转,我方更宜苦撑,万不可放弃十八个月的牺牲。适六年中不主战,公所深知。今日反对和议,是为国家百年设想。乞公垂听。"但在同日,汪在河内已发表投降日寇的"艳电"。31日,陶希圣致信胡适,述其与汪精卫等一年多来的活动情况。说到本年2月起,曾有艺文研究会之设,是蒋介石所定,汪精卫为指导,陶希圣负责。其宗旨"树立独立自主的理论,反抗共产党笼罩""要造成一个舆论,使政府可战可和"。(以上参见耿云志编《胡适年谱》,福建教育出版社2012年版;耿云志编《中国近代思想家文库·胡适卷》及附录《胡适年谱简编》,中国人民大学出版社2014年版)

颜惠庆1月当选为国际反侵略大会中国分会名誉主席团成员。6月,当选为国民政府第一届国民参政会参政员。8月,颜惠庆以中国首席代表的公开身份离沪赴美,出席于美国维多利亚港举行的第六届太平洋国交讨论会,在会上谴责日军暴行。会后,继续留美协助胡适拓展对美外交。(参见万新平、荣华、方昀、于学蕴《天津近代历史人物传略》,天津人民出版社2017年版)

赵元任8月1日离开昆明,再次应邀赴美国讲学,从此留居美国,先后任夏威夷大学、耶鲁大学、哈佛大学、加利福尼亚大学等校教授。8月6日,抵达香港,逗留两周,准备出国行装,购买书籍,拜访亲友。见到任鸿隽、王云五、萧友梅、林维英、陈寅恪、表弟庞京周等。动身前赵元任夫妇同去拜访中央研究院蔡元培院长(在香港养病),临别时蔡元培握手嘱咐赵元任早日回国,希望很快再见。谁料这次握手竟是与蔡元培永别!18日,乘"加拿大皇后"号海轮离香港赴美。同船有80多中国学生和家眷。31日,抵达美国夏威夷檀香山。耶鲁大学Denzel Carr教授拿着两个鲜花环来欢迎,还有陈荣捷、陈受颐太太、中国领事馆的梅领事都来迎接。在朋友的帮助下,赵元任一家在1416-C Lunalilo街找到一所独门独户的小房子住下。9月,开始在夏威夷大学东方研究所任教,直至1939年7月。本年下半年上的课包括中文阅读课、中国语言学研讨课和中国音乐史。12月,开始撰写"Yunnanfu, the Peiping of the Southwest"(《云南府,西南的北平》),刊于1939年Pan-Pacific杂志。同月20日,接到耶鲁大学E. H. Sturtevant教授来信,邀请到该校做客座教授。初步考虑接受邀请,但有待史语所准假。(参见赵新那、黄培云编《赵元任年谱》,商务印书馆1998年版)

林语堂所撰《我怎样写〈生活的艺术〉》1月15日刊于《上海人》第1卷第3期。同日,《上海人》第1卷第3期还刊登了聂宇编译的《林语堂主张的生活素公式》,这是根据林语堂所著《吾国与吾民》一书中相关内容编译而成的。1月30日,所撰英文文章"A Chinese Views the Future of China"(《一个中国人看中国的未来》)载本日《纽约时报》第SM6-7、22版,署名"Lin Yutang"。正文副题名为"Lin Yutang Predicts That Will Emerge from the War"(《林语堂预测战后会发生什么》)。同月,丁镜心译林语堂所著《中国与中国人》由战时读物编译社出版。卷首收有《赛珍珠夫人序》。正文除"引言"与"尾论"外,另分9章,分别题为"中国人""中国民族性""中国人的智力""中国人的人生哲学""妇女生活""社会生活与政治生活""中国的文学""中国的艺术""生活的艺术"。卷末的"附录"收录了《论中国抗战》《论最后胜利》《肚子与文化》3篇文章。2月,所撰英文文章"Contributions of East to West in Art"(《东方在艺术领域对西方的贡献》)载《艺术杂志》(Magazine of Art)第31卷第2期。4月12、22日，所撰英文文章"The Birth of a New China"(《新中国的诞生》)连载于《世界电讯报》(World Telegraph)。5月30日，所撰《中国的民族性》载《文集旬刊》第1卷第3期("革新号")。8月16日，所撰《日本必败论》载《宇宙风》第73期。19日，所撰《中国的民族精神》("Racial Pride Like an Unforgotten Dream of Childhood")载《译丛：英文报章杂志的综合译刊》第32期("特大辑")。所著《吾国与吾民》由上海的世界新闻出版社分为上、下两册出版，至1939年8月再版。是年，所著 The Wisdom of Confucius(《孔子的智慧》)由美国纽约的现代文库(The Modern Library)出版。(参见郑锦怀《林语堂学术年谱》，厦门大学出版社2018年版)

翁独健荣获哈佛大学博士学位，博士论文题为《爱薛传研究》。同年赴法国，进入巴黎大学和东方语言学院进修，受业于著名汉学家保尔·伯希和。

郑德坤赴美国哈佛大学攻读考古学及博物馆管理。

陶行知1月11日第三次进入加拿大。在加国南部五大湖周边的威兰德、圣凯瑟林、汉密尔顿、温泽、多伦多、圭尔夫、柯兰克明、蒂斯明、萨德伯里、亚瑟港、威廉堡、温尼伯、布兰登等地活动。2月1日，经圣保罗到芝加哥。3日，在纽约乘"贝伦加里"号轮往英国赴国际和平大会执委会议。10日，在伦敦与中共代表吴玉章一起出席世界反侵略大会，并再次瞻仰马克思墓。17日，前往爱尔兰。2月23日，抵荷兰鹿特丹。25日，抵比利时布鲁塞尔。在布鲁塞尔访问华侨抗敌后援会。3月2日，离开法国再往美国。15日，第四次进入加拿大。应邀先后到加拿大沿铁路线17个城市演讲。25日，抵美国西雅图。5月4日，在洛杉矶发表演说：日本在中国杀死100万人时，有50多万人是美国提供给日本军火帮助杀死的，引起美国各方震动，促进禁运和抵制日货。30日，会见日本反战同盟鹿地垣、池田幸子等人。6月12日，出席华侨致公堂茶会，向各团体辞行。15日最终完成美洲之行离开纽约。24日，与李信慧第三次瞻仰马克思墓。写诗祝贺《鲁迅全集》出版。28日，在意大利罗马访抗日会。7月14日，与李信慧、张纪等参加巴黎爱国抗日救国大游行。21日，在希腊雅典，访苏格拉底石牢，在石牢中坐5分钟，写诗道："这位老人家，为何也坐牢？喜欢说真话，假人都烦恼。"随后去埃及。24—26日，在开罗会见埃及爱资哈尔大学中国留学生、爱大校长麦拉额；出席回民学生集会并演讲。8月10日抵印度加尔各答。随后访问印度大诗人泰戈尔。14日，拜访印度圣雄甘地，介绍中国大众教育运动及小先生制。18日，到达科伦坡，出席华侨工会欢迎会。31日，与邓颖超一起参加香港文化界人士举行的欢迎会，并介绍遍游欧美及亚非诸国情形。(参见余子侠编《中国近代思想家文库·陶行知卷》附录《陶行知年谱简编》，中国人民大学出版社2015年版)

费孝通博士论文《开弦弓——一个中国农村的经济生活》通过答辩，获得博士学位。交付出版时易名 Peasant Life in China(中文版名《江村经济》)。这是一本描述开弦弓村农民的消费、生产、分配和交易等体系的书，"它旨在说明这一经济体系与特定地理环境的关系，以及与这个社区的社会结构的关系"。1939年此书由 Routledge 书店出版。马林诺斯基在序言中赞扬："我敢于预言《中国农民的生活》一书将被认为是人类学实地调查和理论工作发展中的一个里程碑。"这本书出版以后，费孝通被英美的读者看作"中国农民的代言人"。

按：费孝通博士论文的中文名《江村经济》(又名《中国农民的生活》)，此书流传颇广，曾被国外许多大学的社会人类学系列为学生必读参考书之一。马林诺夫斯基在给《江村经济》写的"序言"中就有高度的评价:"我敢于预言费孝通博士的《中国农民的生活》一书将被认为是人类学实地调查和理论工作发展中的一个里程碑……本书让我们注意的并不是一个小小的微不足道的部落,而是世界上一个最伟大的国家。作者并不是一个外来人,在异国的土地上猎奇而写作的;本书的内容包含着一个公民对自己的人民进行观察的结果,这是一个土生土长的人在本乡人民中间进行工作的成果。如果说人贵有自知之明的话,那么,一个民族研究自己民族的人类学当然是最艰巨的,同样,这也是一个实地调查工作者的最珍贵的成就。"(参见费孝通《江村经济——中国农民的生活》,商务印书馆2001年版;吕文浩编《中国近代思想家文库·费孝通卷》及附录《费孝通年谱简编》,中国人民大学出版社2015年版)

吴玉章1月1日在世界反战反法西斯委员会记者招待会上的演讲及本人照片在《救国时报》刊出。2日,在全欧华侨抗日救国联合会举行的新年演讲大会上"讲演侨胞救国之指南",介绍论述中国抗战形势。9日,赴巴黎在全欧华侨抗日救国联合会举行的第二次新年演讲大会上发表演讲。11日《新华日报》在汉口创刊。以王明、博古、吴玉章、董必武、凯丰、邓颖超组成董事会。23日,国际反侵略运动大会中国分会在汉口成立。和宋庆龄、蔡元培、陶行知等19人被选为出席2月12日在伦敦召开的国际反侵略大会代表。同月,先后会晤访苏后转法的李石曾、孙科,指出:由于日寇侵略所引起的太平洋国际关系和中国内部阶级关系变化,中日民族矛盾已上升为主要矛盾:抗战必胜。2月10日,离巴黎赴伦敦出席国际反侵略大会。《救国时报》因"本报同人将全体返国参战"在巴黎终刊,准备迁往美国出版。12日,出席国际反侵略大会开幕式。出席大会的中国代表还有陶行知、李石曾、王礼锡、钱俊瑞、饶漱石和顾维钧等人。在会上散发了用英、法文印行的《中国能战胜日本》的宣传册。中下旬,出席国际反侵略大会,在大会上作《中国抗日战争的新阶段》的演讲。被推选为国际反侵略大会总会理事。又出席法国中国人民之友社和英国援华运动总会倡议举行的世界援华大会。从19日开始,参加国际反侵略大会在伦敦举行的"中国周"活动。会后,偕陶行知、饶漱石去海德公园瞻拜马克思墓。3月上旬,返回巴黎。建立健全世界反战反法西斯委员会中国分会驻欧办事处。争取同联、国联同志会等组织援华。(参见刘文耀、杨世元《吴玉章年谱》,四川人民出版社1998年版)

王重民、向达在中华教育文化基金会的资助下,同赴英国伦敦,阅读藏于伦敦的敦煌卷子,以后写成《伦敦所见敦煌卷子群书叙录》。(参见刘修业《王重民教授生平及学术活动编年》,载王京州编《河北近现代学者年谱辑要》,国家图书馆出版社2017年版)

吴金鼎的博士论文《中国史前的陶器》获英国伦敦大学出版基金资助,在伦敦出版成书,亦成为早年外国人研究中国史前陶器必备的参考书。

张爱玲考取英国伦敦大学,却因为战事激烈无法前往。

李剑晨赴法国研习绘画与雕塑。

彭桓武赴英国爱丁堡大学留学,师从国际知名的理论物理学大师玻恩。

王大珩赴英国留学,攻读应用光学专业。

杨杰任中国特命全权驻苏大使。

林惠祥1月在参加新加坡远东史前学家第三届国际学术会议上,宣读《福建武平之新石器时代遗址》论文,受到与会各国教授专家的重视。

按:在新加坡期间,林惠祥任新加坡南洋女中教员和《星外》半月刊编辑,仍坚持考古和民族问题研究,先后撰写《马来人与中国东南方人同源说》《南洋人种总论》《南洋民族与华南古民族的关系》等论文,还编译《菲律宾民族志》《婆罗洲民族志》《苏门答腊民族志》等专著,成为中国研究南洋问题,尤其是研究南洋和南洋考古的开拓者和倡导者之一。是年底,他陪同菲律宾侨领李俊承到印度游历,同时作考古和民族调查,从恒河流域到尼泊尔边境,历时两个多月,获取大量印度考古和民族文物等资料。

郁达夫12月18日应《星洲日报》胡兆祥电召,偕王映霞携子郁飞离开福州赴新加坡。是日,乘英商和丰公司的丰庆轮去香港。21日,在《星岛日报》社长胡好等人陪同下,游览香港虎豹别墅,始与胡文虎、胡文豹家族接触,并会见《星岛日报》副刊"星座"主编戴望舒和叶灵凤等。23日,作《岁朝新语》。文中说,日本的总崩溃即在眼前,"但愿我们中华民族的全民,没有一个悲观主义者出现。"又说:"唯其有了这一个信心,唯其有了这信念的确证,我现在跑来跑去,并不觉得是战时的行役。我只觉得是在作一个对犯罪者予以正当惩处时的助手。"并说,在"这犯奸犯杀的大罪人""搅乱世界和平的大罪人,不予以正当的惩罪之前""总觉得是不能平心静气地在一处安住下来"。此文后刊于1939年1月1日《星岛日报·星座》第154期,又载1939年1月13日新加坡《星洲日报·繁星》,改题为《必胜的信念》。28日,郁达夫抵达新加坡。后任《星洲日报》副刊编辑、《华侨日报》主编。(参见陈其强《郁达夫年谱》,浙江大学出版社1989年版)

陶希圣1月任军事委员会参事室参事。与周佛海在汉口设立"艺文研究会",担任设计总干事。撰文分析国际问题,申明抗战建国的立场与政策。6月,《欧洲均势与太平洋问题——第二期抗战之国际环境》由艺文研究会出版。7月,任国民参政会参政员。10月,从汉口赴重庆。12月19日,随汪精卫出走河内。与周佛海主编《抗战建国纲领研究》丛书由艺文研究会出版。沈任远执笔、陶希圣修订的《中华民族战史》由国民政府军事委员会编印,作为军事学校战时的政治教程。(参见陈峰编《中国近代思想家文库·陶希圣卷》及附录《陶希圣年谱简编》,中国人民大学出版社2014年版)

萧子升2月2日在香港拜访蔡元培。蔡元培《日记》载:"萧子升来,携示石曾各电,均为国际和平会分会事,以孙夫人、宋子文、陈真如、朱骝先、邵力子、陶行知、李石曾等及我为主席团,而推孙夫人为名誉团主席,宋子文为团主席。要求我致一电于子文、亮畴及各主席、各会员,表示对于孙、宋二人任主席之赞同。我在子升所拟稿上签名。"4日,萧子升来访,携居友(Guyou)学说大纲,又携示宋子文复信。8日,为萧子升作《居友学说评论》序,略谓:"余在二十年前,发表过'以美育代宗教'一种主张,本欲专著一书,证成此议,所预拟的条目有五:(一)推寻宗教所自出的神话;(二)论宗教全盛时期,包办智育、德育与美育;(三)论哲学、科学发展以后,宗教对于智育、德育两方面逐渐减缩以至于全无势力,而其所把持、所利用的,惟有美育;(四)论附宗教的美育,渐受哲学、科学的影响而演进为独立的美育;(五)论独立的美育,宜取宗教而代之。此五条目,时往来于余心,而人事牵制,历二十年之久而尚未成书,真是憾事。""萧君全译居友学说的志愿,不是五年计划所能包举;而大量工作,不能不于相当期间,作一小结束,于是除第三方面的译诗,以手续繁重,不能不留待他日成编外,先以第一及第二方面所搜得的材料与研求的结果,次第整理,成《居友学说评论》。自有此作,而萧君介绍居友学说之工作,已启其端绪,必能继续进行,不虑中止。且自有此作,而国内读者,必能引起其爱读居友著作之兴会,而为萧君增同志不少。余为萧君同志之一,故乐为之序。"(参见高平叔编著《蔡元培年谱长编》,人民教育出版社1996年版)

萧乾任主编的香港《大公报·文艺》8月13日复刊。25日起至11月17日,沈从文《湘西》在复刊后的香港《大公报·文艺》连载,后于次年8月结集由长沙商务印书馆出版。萧乾在编者核中写道:这部作品与的"不仅是诗意的湘西,富裕的湘西,而且也是生气勃勃的湘西——抗战中的湘西"。(参见吴世勇编《沈从文年谱》,天津人民出版社2006年版)

叶君健10月因日寇占领武汉，到香港继续作抗战宣传工作。廖承志将毛泽东的《论持久战》中文原书转给他，他将书译成英语，发行世界。又与爱泼斯坦共同编辑英文版的《香港日报》；参与金仲华主编的《世界知识》的编辑工作；与戴望舒、楼适夷、徐迟、冯亦代等共同编辑英文刊物《中国作家》。

庄希泉在香港主持福建救亡同志会，救济难民，创办建光学校、立华女中，并协助台湾革命同盟出版《战时日本》杂志。

徐迟5月与戴望舒一家流亡香港。在香港结识袁水拍和冯亦代。

简又文在香港与林语堂等创办《大风》旬刊，至1941年日军袭港停刊。

陈抱一是夏赴香港旅行写生，秋，举办旅港画展。

叶灵凤在广州失守后到香港主编《星岛日报》副刊《星座》。从此在香港定居。

胡文虎在香港创办《星岛日报》。

戴望舒在香港主编《星岛日报》副刊《星座》。

金仲华参加保卫中国同盟，并任《星岛日报》主编。

周鲸文赴香港，创办《时代批评》半月刊。

胡兰成被调到香港《南华日报》任总主笔，用笔名流沙撰写社论。

彭泽民在香港创办《抗战华侨》杂志。

金克木被香港《立报》聘为国际新闻编辑。

达浦生组织中国回教宣讲团，出访南洋和埃及，宣传抗日，在埃及《金字塔报》发表阿拉伯文的《告世界回教同胞书》，揭露日军罪行。

庞士谦任北平成达师范学校"法鲁克中国留埃学生团"团长，率16名学生赴埃及爱资哈尔大学留学。3月23日，抵达埃及首都开罗。

赵紫宸《巴德的宗教思想》6月由青年协会书局出版。12月12—29日，吴耀宗代表中国基督教会参加世界基督教协进会在印度马德拉斯附近的坦巴兰举行的世界基督教会议，并在会上发表了激动人心的演讲《启示论》。是年，发表"Christianity and the National Crisis""The Future of the Church in social Economic Thought and Action""The Christian Movement in China in a Period of National Transition"等文章；自费刊印旧体诗词集《玻璃声》，其中收入了《打鱼》中的21首白话诗。（参见赵晓阳编《中国近代思想家文库·赵紫宸卷》及附录《赵紫宸年谱简编》，中国人民大学出版社2014年版）

吴耀宗12月12—29日与基督教青年会总干事梁小初、基督教青年会干事蔡昭修等3人代表中国基督教学生运动，出席在印度玛德拉斯召开的国际基督教宣教协会会议。31日，与燕京大学教授徐宝谦、燕京大学教授刘廷芳、基督教青年会干事美国人陆慕德等10余人，拜访圣雄甘地，将翻译的《甘地自传》中译本呈送甘地，并就非武力主义如何应用于国际问题进行请教。同月，《大时代的宗教信仰》由青年协会书局出版。（参见赵晓阳编《中国近代思想家文库·吴耀宗卷》及附录《吴耀宗年谱简编》，中国人民大学出版社2014年版）

世界学联代表团柯乐满、雅德、傅路德、雷克难7月访问延安。7月1日，毛泽东出席中共中央召集的欢迎世界学联代表团的干部会议，在致欢迎词中说：中共中央以万分诚意欢迎世界学联派遣代表团来华考察，感谢世界学联对中国的衷心援助。抗战虽然要自力更生，但外援也有重大意义，我们需要国际援助，希望代表团把中国人民的这一愿望带给将要开幕的世界青年大会和全世界人民。2日，毛泽东会见世界学联代表团柯乐满、雅德、傅路德、雷克难,回答他们提出的问题。(参见中共中央文献研究室编撰、逢先知主编《毛泽东年谱(1893—1949)》,人民出版社、中央文献出版社 1993 年版)

美国著名记者埃德加·斯诺写的《红星照耀中国》第 2 版由上海复社出版。因环境关系,将书名改为《西行漫记》。斯诺于 1936 年 6—10 月在陕北革命根据地采访,向全世界作了真实的报道,扩大了中国革命在国外的影响。他在 1 月 24 日上海撰写的序言中说:"从严格的字面上的意义来讲,这一本书的大部分也不是我写的,而是毛泽东、彭德怀、周恩来、林伯渠、徐海东、徐特立、林彪这些人——他们的斗争生活就是本书描写的对象——所口述的。此外还有毛泽东、彭德怀等人所作的长篇谈话,用春水一般清澈的言辞,解释中国革命的原因和目的,还有几十篇和无名的红色战士、农民、工人、知识分子所作的对话,从这些对话里面,读者可以约略窥知使他们成为不可征服的那种精神,那种力量,那种欲望,那种热情。——凡是这些,断不是一个作家所能创造出来的。这些是人类历史本身的丰富而灿烂的精华。"(参见艾克恩编纂《延安文艺运动纪盛》,文化艺术出版社 1987 年版)

美国合众社记者王公达 2 月访问,毛泽东在延安会见王公达,回答了他提出的问题。毛泽东说,自己对中国抗战的前途完全是乐观的,因为中国抗战的过程必然是先败后胜、转弱为强,这已是确定的方向。又说:我们从来主张运动战、阵地战、游击战三者的配合。游击战对于战斗方式来说,始终是辅助的。但在半殖民地的民族解放战争中,特别是地域广大的国家,游击战无疑在战略上占着重大的地位。八路军现在四个区域进行着广大的游击战争,这是将来举行反攻收复失地的有力基础之一。他还说,国共两党现在和将来合作的目的是共同抗日与共同建国,但必须是有纲领有原则的合作,这种合作才能是长久的。(参见中共中央文献研究室编撰、逢先知主编《毛泽东年谱(1893—1949)》,人民出版社、中央文献出版社 1993 年版)

美国著名记者艾格妮丝·史沫特莱 1 月到武汉。在武汉期间,周恩来多次会见她,向她详细介绍中共的抗日主张,赞扬她的国际主义精神。为解决中国军医缺乏问题,史沫特莱积极号召外国医务志愿者来中国,著名加拿大医生诺尔曼·白求恩与理察·布朗、印度著名外科医生柯棣华等受到她的影响来中国参与支援。史沫特莱在武汉的 10 个月,通过在前线的经历完成了《中国在反击》一书。10 月中旬,史沫特莱随中国红十字会医疗救护队退至长沙。(参见中央文献研究室《周恩来年谱 1898—1976》,中央文献出版社 1998 年版)

美国司徒雷登继续任燕京大学校长。春,司徒雷登校长经上海、香港等地转赴当时中国抗战首都所在地汉口,与政府当局联系,确定在北平办学,并争取增聘教员,扩大招生。春季开学,由于南方学生因战乱不能来校,注册学生 568 人。在得知燕大留在北平之后,一些外地校友曾表示不同意见。成都部分校友写信给司徒雷登校长,对燕大在日本统治下能否坚持其理想表示疑虑,他们希望燕大保持其爱国、忠于真理的传统。费孝通教授当时也从伦敦以校友身份写信给司徒雷登校长,认为燕大不关闭北平的学校,与中国政府防止日本巩固其在华统治的政策是矛盾的。为答复这些校友的看法,司徒雷登校长 4 月在全校师生大会上发表演说,提出:燕大是继续开办还是关闭,取决于它能够得到多少自由,以及它能否为国家服务。其含意就是,在日本统治下燕大实质上尚未失去自由,因而它仍将开办。(参见张玮瑛、王百强、钱辛波主编《燕京大学史稿》,北京人民中国出版社 2000 年版)

美国高厚德(Howard S. Galt)继续任燕京大学教授。4 月 5 日,高厚德在给美国托事部的信中加注释四页,认为:燕京大学最终关心的应是中国人民的福利,而不是任何政治当局或政府。因此,燕大应当留在北平,为华北的青年服务。燕大只有在遭受日本野蛮暴行之后才应考虑去留。他还以耶稣不逃避罗马帝国统治为例，说明燕大要坚持"因真理，得自由，以服务"的校训，留在北平。司徒雷登校长看后表示完全同意，从而坚定了在北平办学的决心。（参见张玮瑛、王百强、钱辛波主编《燕京大学史稿》，北京人民中国出版社2000年版）

英国林迈可继续任教于燕京大学。暑假期间，林迈可与妻子戴德华首次进入晋察冀抗日根据地，与白求恩大夫重逢，并结识很多抗日将领。在这次旅行中，他们看到了八路军更多切实的抗日武装斗争，包括破坏铁路和袭击日军。林迈可写道："任何有血性有思想的人，都有义务去反对日本人的侵略。"开学后，林迈可利用业余时间装配无线电收音机，并将这些电讯器材及药品交由地下工作者萧再田运往抗日根据地。（参见张玮瑛、王百强、钱辛波主编《燕京大学史稿》，北京人民中国出版社2000年版）

英国财政专家劳杰士1月30日由国民政府经济部翁文灏陪同，面见蒋介石，劳杰士表示，中国财政信用动摇，孔祥熙赴美借债不成，英国对其亦极为冷淡等。蒋表示，极盼英国考虑远东大局，尽早向中国提供借款。（参见李学通《翁文灏年谱》，山东教育出版社2005年版）

加拿大诺尔曼·白求恩大夫3月在延安。27日晚上11时，毛泽东会见白求恩，同他进行长时间的亲切谈话，谈到西班牙人民进行的反法西斯战争和中国抗战的有关问题。在讨论建立八路军战地医疗队问题时，白求恩说如果有战地医疗队，前线的重伤员百分之七十可以救治，毛泽东对这一点十分关注，热烈支持建立战地医疗队的提议。谈话一直进行到次日凌晨2时。当天白求恩的日记写道："我在那间没有陈设的房间里和毛泽东同志对面坐着，倾听着他的从容不迫的言谈的时候，我回想到长征，想到毛泽东同志和朱德同志在那伟大的行军中怎样领着红军经过两万五千里的长途跋涉，从南方到了西北丛山里的黄土地带。""我现在明白为什么毛泽东同志那样感动每一个和他见面的人。这是一个巨人！他是我们世界上最伟大的人物之一。"（参见中共中央文献研究室编撰、逢先知主编《毛泽东年谱（1893—1949）》，人民出版社、中央文献出版社1993年版；艾克恩编纂《延安文艺运动纪盛》，文化艺术出版社1987年版）

俄国学者噶邦福的 Synthetic Method in History（《历史学的综合方法》）一书由商务印书馆出版。此书稿于抗战前完成。"当时正值战争初起，兵荒马乱，此书又是用英文写成，虽在国内出版，却迄今不大为人所知。但在近代中国史学史或史学思想史上，仍有一提的价值；它是我国国内出版的第一部这方面的著作。"（参见何兆武《历史理性批判散论》自序，湖南教育出版社1994年版；齐家莹编《清华人文学科年谱》，清华大学出版社1999年版）

新西兰友好人士路易·艾黎6月从上海到汉口，和斯诺等筹划"中国工业合作运动"（简称"工合"）。周恩来告诉艾黎组织"工合"的主要任务必须是推动蒋介石抗战，不让他投降，并尽可能多争取国际的支持。还对"工合"组织的性质和人事安排提出了建议。"工合"成立后，积极宣传中国抗战的重大意义，在海外华侨和同情中国抗战的国际朋友中募捐，并将筹集到的物资、款项转送延安，对支持中国抗战起了积极作用。夏，周恩来和博古、叶剑英分别会见国际友好人士斯诺、艾黎、斯特朗、史沫特莱、爱泼斯坦等，感谢他们支持中国的抗日战争。在武汉期间还会见过美国总领事戴维斯、《纽约时报》记者德尔丁、新西兰记者贝特兰、美国主教鲁茨、美国作家贝尔登等。（参见中央文献研究室《周恩来年谱1898—1976》，中央文献出版社1998年版）

日本反战作家鹿地亘及夫人池田幸子3月28日抵汉口，对记者谈话指出：中国抗战，乃为东亚之和平，最后胜利必属于中国。6月5日，陈独秀在《政论》第1卷第13期发表《我们断然有救》，就日本鹿地亘夫妇和堀田少尉反对日帝侵华言行，强调去年向傅孟真、胡适表示的观点，"只要我们几个人有自信力，不肯附和、屈服、投降于黑暗……，自信我们断然有救"。（参见唐宝林、林茂生《陈独秀年谱》，上海人民出版社 1988 年版）

日本庆应义塾大学文学部是春组织了北支学术调查团到中国安阳考古，由大山柏率领。秋，日本人水野清一等到中国安阳侯家庄考察、挖掘。是年，日本人藤田亮策挖掘吉林延吉小营子遗址；日本人原田淑人调查北魏平城遗址。（中国大百科全书总编辑委员会《中国大百科全书·考古学》，中国大百科全书出版社 2002 年版）

日本学者、考古学家鸟居龙藏来燕京大学任教，成为校内唯一的日本人。（参见张玮瑛、王百强、钱辛波主编《燕京大学史稿》，北京人民中国出版社 2000 年版）

三、学术论文

张君劢《论中国学术之落后——11 月 27 日重庆佛教会演讲》刊于《再生》第 11 期。

按：是文曰：现在国难期内，大家感觉到我们文化不适应于这个时代，譬如我们无兵工厂，无飞机，无大炮，无化学作战技术，这种事情，大家都已见到，毋庸再说。这些问题，在注意讲物质文明与西洋科学的人多已说过。现在本人所要说的，是关于精神文明一方面，要研究到底我们的精神文化是否能同西洋人相比，我之所以提出这个问题，并不是看轻中国文化，大家可以相信我是爱护东方文化的一个人。现在我的意思是要我们自己对于精神文化有一个彻底反省。这个动机，并不是像一般谈部分西化或全盘西化的人，要采用外来的文化来代替我们的文化。我实在觉得我们所谓精神文化，或者我们的礼教，或者我们的学术，实在是有多少缺点，不可以不加以补救。我们爱护我们自己的民族，我们对于自己一切，要有自信力，这是当然的，所以我们对于自己文化，不可以看轻，也是应该的。但是我们如其对于外国文化优点采一种深闭固拒的态度，而陷于不知彼不知己的状态，也是不应该的。说到精神文化，至少要谈到宗教，美术，政治，学术等等。现在先不谈宗教，美术，政治，专说学术。

西洋现代的学术，若同我们二三千年来的学术相比，老实不客气我们的学术，真是免不了"瞠乎后矣"的评语。我说这句话，并非仅是嫌我们无飞机大炮，如一般武器论者所注目的事情，也不仅是像一般崇拜西方科学觉得有了科学便是胜利，无科学是劣败的人所想的。我实在觉得西方近三四百年所讲的哲学科学，不但是超过中国，而且超过世界上任何一个学问的发达时代，如希腊如埃及如印度。他们长处，不仅是方法正确，或合乎论理学，他们的深识，他们的鉴别，他们的冥想，他们的透视，都是历史上任何一代所赶不上的。所以我说中国人的学术界比西洋人"瞠乎后矣"一句话，并不是像新学小生所说，却实在是读过几十年欧美书及中国书所深深感觉到的。

现在略举数例，来证明西洋学术的优点：第一，学术兴趣之广博。欧州近几百年所发达的学问，绝不仅限于自然科学，凡世界上各国历史语言人种风俗，他们无一不研究，如埃及学中国学印度学，都在学校里设立讲座，专门研究。他们研究地质学可以推想到万万年前的生物及人类生活状态，他们研究天文学，可以知道除我们太阳系统之外，还有无数千万万的星球。他们研究物理学，可以发现一个原子的几百万分之几的微细单位。

第二，智慧之锐入。宇宙间的物质，可以实验，可以观察，可以研究。若是物质既已消灭，非靠想像力来补充不可。比如我们向来以为人类就是人类，动物就是动物，形状是固定不变的。自从进化论发达以后，我们知道生物进化的痕迹是一环一环可以稽考出来的，是有次序的排列，自从小的动物一直到人类为止。不过在进化的连环中，有的是遗失不可稽考，于是他们就用想像的能力来补充。一时期中虽靠想像，到后来这遗失的部分被发现出来，往往与想像所得的相差不远。

可以举一例来证明：爱因斯坦发明相对论时，有一个假定，他说凡光经过太阳的边上，因受太阳热力的影响，这条光不是直线而是变为弯曲的。这个假定当初是出于想像的。但是从他的学说出来后，各国天文学家在南非从日蚀里边用照明测验，证明光走到太阳边上，果然变成弯曲。爱氏的学说，遂以证实。

再举一个关于语言学方面的例：欧洲人最初看见印度的梵文只知道他是印度语言。后来他们把他细细考据，发现印度梵文同欧洲语言中语尾变化是同样的。于是忽然觉悟印度梵文同欧洲语言是同一个根源，所以现在文字学家将梵文同欧州语言是同样隶于印度日耳曼语言系统内，并且从梵文同欧洲语言的比较中，产生了一种比较语言学，就是从印度与欧州的语言变迁中，可以推测到一般语言的变迁时如何的。

再举一例，他们从事于埃及，希腊，罗马，中亚细亚各地古物的发掘，他们以此为凭借，推测到古代居民当时生活即文化的情形。以上各例中，可以见到欧洲人做学问不仅凭所谓实验与文字，实在他们的想象力直觉力，简言之曰智慧的锐入力，有非旁人所能及的地方。

第三，研究功夫之恒久。欧洲人研究学问，不但为实用起见，实在是因为宇宙之间，有这种现象，这种现象之研究是人类的责任。他们在学校内设立若干讲座，如物理学，生物学，历史学等教授。主持讲座的主要工作是在研究，非仅在教书，即使无学生，讲座仍是要设立的。所以大学之内讲座之设立是不容易的，他的废止亦不轻有的。各大学中最初设立的讲座，为法律与神学，后来自然科学昌明，乃有各种关于自然科学讲座，最近他们对于各国人种历史语言学亦感兴趣，学校内又复设立印度学中国学等讲座，如德国大学内之设立印度学中国学等讲座，如德国大学之设立印度学讲座已有百五十余年之久。最初他们所研究印度语言，后复研究印度文化，最近对于佛教亦感兴趣。现在并有所谓中国学讲座，有设立数十年者，有设立仅十余年者，他们之所以设立此种种讲座，即表示宇宙内既有此想象，人类不可不加以研究的意思。

以上略说现在欧州学术之优点。我们若把中国已往二千年所谓学术加以反省，我们不免有一种感想，即我们祖宗所讲的学问，实在比不上人家。彻底的说，我们二千年来研究学问，非为学问而学问，乃为科举进身而研究。再加上我们学者彼此辨论与研讨，多半缺少定义与范围，往往节外生枝，意气用事。试举吾国学术界的毛病，最显者有下列各点：第一，利禄之途；第二，门户之见；第三，趋时之弊；第四，立言之无界限。我们士大夫之所谓学问，就是靠已往圣贤留下几本书，幸亏有这几本书，我们才有研究的对象，从这几本书的研究中在科举方面所表现的，忽而为轻义，忽而为策论，忽而为八股，其中自也不能说全无学问兴趣。就学派方面说，有所谓汉学派，其中又分，所谓古今文及今古文混合派，宋学派中有程朱派陆王派。可是我们试分析以上各种学派之所由来。汉学之发生，乃由汉朝之五经博士而来，当时有的研究《春秋》，有的研究《尚书》，其原因乃由于政府有五经博士之职。这是可以表现学问与利禄之途之关系。理学虽然发动于读书人的兴趣，本来与利禄一途无关，但朱子注的书，到明朝后也变为利禄之途了！所以我们可以大体上说，中国士大夫之读书，实为利禄，像西洋大学内之设立讲座，为学问而学问的精神，在我们几千人历史中，是很少见的。自从西洋学术输入后，小学毕业称为秀才，高等学校毕业为举人，大学毕业为进士，可见学问与利禄，始终未分开。即现在国内大学林立，学问分科，所谓教授犹类于汉代所谓博士者，多类于西洋者少，至教授中能以发现宇宙秘密为己任者，更是凤毛麟角。

第二，门户之见。各科学问之内，自然有他的是非，免不了争论之处。简之，无论何种学问，不能免于意见上之分歧，因有分歧，于是有门户，有派别，此乃不能免之事。假定大家明了学问之性质及其逻辑，他们的辨论可限于学问本身，而不至于有门户的水火。我们所讲的学问，有所谓考据，有所谓义理，有所谓词章，站在同一方同一派之人，一定要骂别一方别一派的人。我们只要想想明朝末年及清初骂王阳明的人到如何程度。最初是东林派反对阳明学派，其次有顾亭林反对阳明学派，说他们不肯读书穷礼。后来颜习斋不但对于陆、王，而且对于程、朱同时反对。到了清朝中叶，汉学家起来后，标榜所谓明道在乎读书，读书在乎识字，更加把理学家地位完全推翻了！再就汉学家一方面来看，有"凡汉皆好"的惠栋学派，更有求真（十分之见）的戴东原学派，再演而为今文学派。从这种门户的争执中，我们看得出我们学术界上彼此之间，很少有人肯尊重对方立场，且肯成人之美。学者所有，只是"我见"，总想把别人推翻，不肯平心静气来讨论，不肯彼此尊重人格，姑且引颜习斋一段话以资说明："仆尝有言，训诂清谈，禅宗乡愿，有一皆足以惑世诬民，宋人兼之，乌得不晦圣道误苍生至此也。仆窃谓其祸甚于杨墨，烈于嬴秦，每一念及，辄为太息流涕,甚则痛哭。"颜氏目睹明朝之灭亡,而且鉴于明末王学之盛行,所以借宋朝往事,以说明亡国之祸根。但是在我们现在看来,批评学术是一件事,说明世道人心及国家盛衰,又是一件事,如把两事混为一谈,即不免于颜氏之骂态度,南宋之朱子,以现在名词来说,是个在野之人,他口口声声要复仇,但是朝廷不用他。习斋不责朝廷负责之人,而偏厚责一个讲学者,岂不可笑。同样的清朝末年有人以太平天国之乱归罪于清朝中叶讲汉学者。这种过火的议论皆由于不注重学问本身,而闹门户意见的缘故。

第三,趋时之弊。我们中国学问,既无分科,大家不肯安宁于自己所学,往往看社会上最流行学说,随之而转移,如女人好时装衣服一样。一部《明儒学案》,除阳明及其同时之湛甘泉一二人外,整个一部学案,可以说是王阳明及其门徒的学案,因为王阳明是当时最流行的学说,所以大家风起云涌,随之而走。同样的,如清朝中叶,有了惠戴讲汉学,因汉学为当时所最流行的,大家除汉学外,不讲其他。有从事经学的人,有从事史学的人,无一不为从考据出发。章实斋生于其间,非常苦闷,他另走了一条途径,所以他的学问埋没了百余年,因为他的学问在当时是不合时宜的。他会说过几句话:"世俗风尚,必有所偏,达人显贵之所主持,聪明才隽之所奔赴,其中流弊,必不在小,载笔之士,不思挽救无为贵著述矣。苟欲有所挽救,则必逆于时趋,时趋可畏,甚于刑曹之法令也。"章氏自知其学问与时趋相背,因为风气成之后,好像是一种群众心理,大家趋之若鹜,是一件很可怕的事。一二人要起来反抗,自觉其力量太小。如其不反抗,良心上失了自由。一个人除有极大气魄外,岂敢对于一时风尚起来反抗。但西洋的学问既有分科,而其各个人复有独立人格,是以趋时之弊甚少。我们受了科举恶习,趋时奔竞之风气特甚。现在所谓"陈腐""落伍"皆趋时者加于不肯趋时之人的名词。至于学问上只有是非真理,而无所谓时不时的道理,国内人明白此理者实在甚少。

第四,立言之无界限。立言界限有几种:(一)学问之界限,比如精神之各事,科举家虽不以宗教为然,但不能对于宗教加以推翻。科学家同哲学家辩论,立场是各不相同,然科学亦不能将哲学推翻。同时一个名词,一个命题,亦有其界限。如真如善,真与善之定义。以应先明了。因定义明白,范围乃定,然后彼此可以互相辩论,否则虽辩论而文不对题。我们国内学问界之辩论,极少能遵守范围,如考据家之学,与宋明理学,实在是两件事。但考据学专从文字学入手,而他们乃云不通小学即不能读书明理,戴东原之言如下:"经之至者道也,所以明道者其词也,所以成词者,未有能外小学文字者也。由文字以通乎语言,由语言以通乎古圣贤之心志。"从以上这几句话来说,不通小学者,即无法明理。但我们知道明道基础绝不在读书,而另有基础在。如说全体大于部分,或部分小于全体,或说有因必有果。像这种至明之理,乃一切穷理之基础,如其无之则世界上及无所谓理,而其理绝非由读书识字而后明白。是以章实斋当时有驳戴氏之言曰:"或曰联文而后成辞,属辞而后著义,六书不明,五经不可得而论,然则数千年来诸儒尚无定论,数千年人不得诵五经乎? 故生当古学失传之后,六书七音天性自有所长,则当以专门为业,否则粗通大义而不凿,转可不甚谬乎古人,而五经显指未尝遂云霾而日食也。"这种论辩,完全起于文字学之功用,与其界限之不确立。我们不菲薄考据学,亦不菲薄文字学,但考据学文字学之效力,应确立,绝不应侵入理学范围以内,而说理学不能离文字学而独立。所谓理之范围甚广,有科学之理,有文学哲学之理,其所以发现之者,在乎思想家之思想,绝不是靠书本上的文字。

前段所说,可以说明他们的争论,起于不明各种学问之界限,理学与文字学之界限不明,即引起戴东原与章实斋以上之辩论。其次我们可以说到名词之界限,如理,气,心,性,情,欲等名词,皆理学家所常用的名词,既要辩论,即不能不有每个名词之定义,如其各不遵守定义范围,彼此虽争辩,即永得不到结论,如孟子之所谓性善,与荀子之所谓性恶,荀子所说的性指"好利""残贼",在后人看来,荀子所谓性,实属于情欲方面,非孟子之所谓性,是以他们虽辨的同是一题目,而在彼此文不对题,乃至于戴东原之理与朱儒及阳明之理,亦绝不相同。戴氏所谓理为"条理""胜理",即事物方面有纹路可寻者,但仁义礼智及宋儒之所谓理,乃指道德标准,绝不能与戴氏所指之有形事物之纹理,可以相提并论。此种争辩,又起于名词定义与界限未划清所致。再举一例,如《宋明学案》中之所谓禅字,朱子批评陆象山为禅,东林批评王阳明,亦谓之曰禅,究竟此禅字是指禅宗而言,仰以禅代全部佛教而言,此两种概念与界限,绝未划清。到了颜习斋、戴东原,对程朱陆王统称之曰禅。其实颜、戴之所谓禅与朱子之所谓禅,是否全符,亦是应分别的一点。可见名词意义之不正确，在中国学术界辩论中，是一个最大毛病。推而广之，我们学者对于全部学术批评的态度，亦非常不公道。譬如颜习斋批评理学者之言曰"宋元来儒者，都习成妇女态，甚可羞，无事袖手谈心性，临危一死报君王，即为上品矣。"自颜氏以后，有人以宋朝之亡归罪于理学家，在北宋时，程伊川是立于"道学之禁"之下，不是当权的人，至于朱子尝苦口劝告高宗，恢复中原，但是他亦无立朝作事的时候，所以始终不得行其志。颜习斋以亡国之罪放在理学家身上，其立言越乎范围之外，亦是不明界限之一端。

王伯群《抗战与学术研究》刊于《大夏周报》第14卷第10期。

按：是文是王伯群校长在教育部主办的战区中小学教师贵州服务团的学术讲座。发表这一讲演时，全面抗战已经满一年，抗战的残酷性使更多的人认识到，"在这一年来所得的教训，使我们明白现代抗战的伟大。这种国与国的战争，民族与民族争生存的战争，……与交战国斗智、斗力和斗财。在智力财三者中，以斗智为最关重要；它是与战争的胜负，有着极大的关键。……所以说智力是现代战争事关胜败的条件。我们要战胜敌人，必须要在智力上根本压倒敌人。不过这种斗智的力量，并不是一朝一夕就能养成，我们必须努力学术的研究，把学术应用到战争上；倘若我们的学术能胜过敌人，我们就可得到智力上的胜利。……所以，我们要积极从事于学术的建设，抱定得一天做一天，得一刻做一刻的决心，充分利用时间来研究学术，贡献国家，而应用到战争上。"

是文指出，虽然"现在我国沿海一带的学术文化机关，大都已经被敌人破坏了，本来学术落后的中国，又经过了这一次的大打击。倘不努力重行建设学术的基础来，那里可说得上抗战，更谈不到胜利了。所以在这抗战期间，我们的学术建设工作，是非常重要的"。为了更好地在抗战期间进行学术建设，是文提出了以下原则："学术建设的第一个原则，是要适合抗战的急切需要，就是在抗战期间的学术建设，应当把抗战军事政治经济各方面需要作为最高原则""第二个原则，是政府和人民合作——学术建设，并不是全靠政府力量去做的。因为学术建设是一件极艰巨的工作，须得各方面的合作，才能得到美满的结果""第三个原则是要有永久性的计划，我们知道，要建设一种学术而又要达到相当的成功，那是不容易的事，因此我们希望政府当局，对于学术建设，要具有永久性的计划，切不要敷衍一时。……这种永久性的计划，虽是不能违反第一个适合抗战急切需要的原则，但抗战结束以后，也须适用。"

至于具体的措施，是文认为："根据上面所说的三个原则，从事学术建设，我以为第一须先充实全国公私立各大学的内容。这里所说的充实内容，就是把平时的大学，变成战时的大学，除教授基本功，课外更须注意战时的专门学术，在大学的经常费中，拿出一部分来，专门供给研究几种战时需要的学术之用，使各大学完成学术建设的使命。同时希望限制留学生所得的款项，设置各种学术的专门讲座。第二须奖励各国专家来讲，我们认定限制世界上的学术权威，并不是限于某一个国家的，但我相信，欧美各国的学术家，对于我们的学术建设，一定有极大的帮助，我们一方面可以借助于国际联盟的介绍，一方面必须由政府用种种优待办法，奖励各国专家来华。如德国自从希特勒氏秉政以来，极力排除犹太人，其中有不少的著名学术专家。我国政府当局，可以奖励他们来华，我相信他们一定能够帮助我国的学术建设的。第三优待学术家。学术家在中国一向以清高自居；但以现代是资本主义社会，一切都少不了经济，因此许多有学术天才的人，为生活所迫，不能继续研究。这是国家的极大损失。所以，我们要从事学术建设，必须优待学术家。不但在物质方面如此，在名义方面，也要把学术家的地位提高。这样一来，使研究学术的情形，蔚然成风，于是大家都对学术建设的工作而努力了。"

张维华《如何调整后方的学术研究工作》刊于《经世·战时特刊》第25期。

按：抗战以来，随着日军的大举入侵，沿海各地的文化区域纷纷沦陷，国立编译馆，中央研究院，北平研究院等机关，以及大量的知识分子来到后方。针对这种情况，是文认为："根据先总理'读书不忘救国，救国不忘读书'的名训"，抗战时期，知识分子"整理已往的学术，以发扬反绵续中国固有的文化，总不能说没有一点儿用处。况且，自抗战以来，沿海各地的文化区域都沦陷了，一般穷秀才们都窜到后方来。他们皆是有抗战之心，而无抗战之力，如不给他们一个读书和研究的机会究竟叫他们作甚么？……我们要知道在长期抗战期间,虽说事有急缓轻重,然而为要安定后方,巩固长期抗战的基础,总不能使人长期的离弃所业。如今一般的人们都退到最后方了。国土不复,倭奴不歼,他们是不回家乡的。在这无期限的长期抗战期间,社会上的各种工作都待调整,而学术研究工作亦当加紧调整,一方面集中研究的力量,发生宏大的果效,一方面分配得当,使人各尽所长。"

对于如何在长期抗战下,调整后方的学术研究工作,是文提出了如下意见:"一曰研究人才之集中。……若要真正调整后方的研究工作,当该对于研究人才加以严格的鉴别,不曾经过研究的训练和具有此种兴趣的人,不该勉强他们参加研究工作""二曰各学术机关之联合与合作,学术研究,在一国为一国之事业,在世界为世界之事业,既无此疆彼界之分,自不容少数人之把持。在抗战之前,国内各学术机关多半是对立的,很少有合作的可能,甚而至于彼此攻击谩骂的也有。……然而,在这千辛万苦的抗战期间,情形却大大不同了。敌人猛烈的炮火,冲散了结党成派的学人,摧毁了各个研究机关的基础,经济的来源一天比一天减少,人力物力都比不上以前那样的充实。……为了集中研究的人才,节省研究的费用,和谋求研究工作之便利进行,国内的这几个研究机关,实有通力合作的急需,更进一步的说,有联合起来共同工作的必要。如果要具体的说,现在的中央研究院、北平研究院、和国立编译馆,这三个显著的以学术研究为中心的机关,当该联合起来,即或不然,最低的限度,也当谋求合作的方法。……更当变更以前组织的方式,使行政划一;并依工作人员研究之性质,区别部门,指定确实工作,且严厉督促,使工作人员不致懈怠,而收学术研究之宏效。相信这种办法,定比现在漫无组织的情形好""三曰研究工作之依类分配。各门学问之性质范围均不相同,而研究某项学问所有之设备,以及研究人所持之态度与方法,自亦随之而异。在抗战以前,任何一个研究机关,都划分的非常清楚,不相乱杂。不幸这种整齐的系统,因为抗战的迫切,急得手忙脚乱,把它弄紊乱了。……现在的弊端,是研究人员的分配,仍以各机关自身为单位,而未依学术部门整个的把他们分开。很清楚的,中央研究院有研究历史和考古的,北平研究院也有研究历史和考古的,而编译馆也有搬弄此项把戏的。他们分散在各地,各人搬弄各人的,你也不理我,我也不理你。这样一来,对于经费的支配既不经济,而于工作之进行,步骤亦不齐一,且不能收互相观摩之效。在抗战期间,不该这样设置""四曰图书仪器及其他研究工具之分别集中。究研学问不同写小说,写小说可以只凭想象,研究学问虽亦有凭藉想象的地方,然而大都是靠确切的材料,以及因此确切的材料而获得的真实的证据和判断。因之,不想研究学问则已,如果想研究学问,图书仪器以及其他工具之设备,当然是不可缺的。不过遭此乱杂时代,图书散亡,仪器损毁,自然不会像战前那样的齐备。为今日计,只有尽量利用这残余的图书学和仪器,在不完备的条件之下,靠着努力和巧妙的运用,以期得到比较满意的结果。"

容肇祖《焦竑及其思想》刊于《燕京学报》第23期。

郭绍虞《性灵说》刊于《燕京学报》第23期。

朱宝昌《唯识新解》刊于《燕京学报》第23期。

刘选民《清开国初征服诸部疆域考》刊于《燕京学报》第23期。

侯仁之《明代宣大山西三镇马市考》刊于《燕京学报》第23期。

杨明照《吕氏春秋校证》刊于《燕京学报》第23期。

容庚《鸟书三考》刊于《燕京学报》第23期。

郭绍虞《中国语词之弹性作用》刊于《燕京学报》第24期。

陈梦家《五行之起源》刊于《燕京学报》第24期。

夏承焘《白石道人行实考》刊于《燕京学报》第24期。

郑骞《善本传奇十种提要》刊于《燕京学报》第24期。

齐思和《战国制度考》刊于《燕京学报》第24期。

周一良《读书杂识》刊于《燕京学报》第24期。

沛生译《最近德意志的宣传事业》刊于《编译月刊》第1卷第1期。

伯虬《控制中欧在战略上的意义》刊于《编译月刊》第 1 卷第 1 期。

李权时《从重商主义说到法西斯主义》刊于《编译月刊》第 1 卷第 1 期。

杨宝乾《合体与字首字尾》刊于《编译月刊》第 1 卷第 1 期。

周琲《现代杂志的分类及其标准》刊于《编译月刊》第 1 卷第 1 期。

汪国枒《"八一三"以来上海文艺界的动态》刊于《编译月刊》第 1 卷第 1 期。

竹光《恋爱问题在美国》刊于《编译月刊》第 1 卷第 1 期。

高扬《世界煤油争夺战》刊于《编译月刊》第 1 卷第 1 期。

李钧《我国对外贸易的性质及合理化问题》刊于《编译月刊》第 1 卷第 1 期。

战时日本研究会《创刊词》刊于《战时日本》第 1 卷第 1 期。

按:《战时日本》由战时日本研究会主办,宋斐如任主编,王纪元、郭沫若、池田幸子、施统存、胡愈之、胡风等为刊物特约撰述。这则创刊词指出:"日本问题在平时即须研究,在战时更须研究。"刊物的目的和内容为:"(一)由系统地,深入地讨论日本各方面的问题;(二)各方面地,真确地刻画日本帝国主义的真面目;(三)把敌人的弱点和危机,广泛地向国内外宣布;(四)拟议各方面对敌工作的方策和实施办法。"

邵毓麟《一年来的敌我关系》刊于《战时日本》第 1 卷第 1 期。

陈迅之《日本狱中漫忆(一)》刊于《战时日本》第 1 卷第 1 期。

思慕《日本经济危机的现阶段》刊于《战时日本》第 1 卷第 1 期。

宋斐如《战时日本社会危机的发展》刊于《战时日本》第 1 卷第 1 期。

张铁生《法日关系的恶化》刊于《战时日本》第 1 卷第 1 期。

宋斐如《日本反战运动的国际化》刊于《战时日本》第 1 卷第 1 期。

方秋苇《日寇战略的检讨》刊于《战时日本》第 1 卷第 1 期。

斯维里道夫《对于日军作战的几点观察》刊于《战时日本》第 1 卷第 1 期。

北鸥《敌人在加紧统治华北》刊于《战时日本》第 1 卷第 1 期。

唐道五《日本开发华北的阴谋》刊于《战时日本》第 1 卷第 1 期。

王乃昌《日本常识讲谈》刊于《战时日本》第 1 卷第 1 期。

凌青《对日抗战与国民参政》刊于《战时日本》第 1 卷第 1 期。

凌青《日寇兵力的检讨》刊于《战时日本》第 1 卷第 1 期。

杜若君《日本的孤立》刊于《战时日本》第 1 卷第 1 期。

印永法《两个不同的国难》刊于《远东问题半月刊》第 1 卷第 12 期。

金士奇《日寇犯华南》刊于《远东问题半月刊》第 1 卷第 12 期。

李振声《德奥合并后的意大利外交》刊于《远东问题半月刊》第 1 卷第 12 期。

印永法《捷克问题能否为第二次大战道火线》刊于《远东问题半月刊》第 1 卷第 12 期。

孙翰文《苏联远东军备之现势》刊于《远东问题半月刊》第 1 卷第 12 期。

印永法《德国挑战的原因》刊于《远东问题半月刊》第 1 卷第 12 期。

孙慕贤《远东的将来》刊于《远东问题半月刊》第 1 卷第 12 期。

郝静《远东的将来》刊于《远东问题半月刊》第 1 卷第 12 期。

陈祖平《远东的将来》刊于《远东问题半月刊》第 1 卷第 12 期。

吴微《时间是日本敌人》刊于《远东问题半月刊》第 1 卷第 12 期。

效先《国人应怎样认识"七七"纪念日》刊于《远东问题半月刊》第 2 卷第 1 期。

心典《英法与海南岛的关系》刊于《远东问题半月刊》第 2 卷第 1 期。

李荣舫《日军进攻武汉与国际关系》刊于《远东问题半月刊》第 2 卷第 1 期。

孙效彬《本年九月英各自治领在希德尼的会议》刊于《远东问题半月刊》第 2 卷第 1 期。

李振声《日本对欧西的威协》刊于《远东问题半月刊》第 2 卷第 1 期。

圣时《莫索里尼的侵略是怎样成功的?》刊于《远东问题半月刊》第 2 卷第 1 期。

李约三《战争能否在资本主义下避免?》刊于《远东问题半月刊》第 2 卷第 1 期。

金士奇《抗敌决胜三个重要建议》刊于《远东问题半月刊》第 2 卷第 1 期。

曾绍宗《英美与远东》刊于《远东问题半月刊》第 2 卷第 2—3 期合刊。

印永法《中苏关系究能发展到怎样个程度?》刊于《远东问题半月刊》第 2 卷第 2—3 期合刊。

刘志可《中日战争有无妥协的可能?》刊于《远东问题半月刊》第 2 卷第 2—3 期合刊。

李振声《英王访法与欧局》刊于《远东问题半月刊》第 2 卷第 2—3 期合刊。

李荣舫《美国的外交政策》刊于《远东问题半月刊》第 2 卷第 2—3 期合刊。

印永法《政治与金融的密切关系》刊于《远东问题半月刊》第 2 卷第 2—3 期合刊。

陈祖平《英意在地中海东部的斗争》刊于《远东问题半月刊》第 2 卷第 2—3 期合刊。

孙效彬《英法德各国空防的设备》刊于《远东问题半月刊》第 2 卷第 2—3 期合刊。

李约三《战争能否在资本主义下避免?》刊于《远东问题半月刊》第 2 卷第 2—3 期合刊。

士奇《英美商务的谈判》刊于《远东问题半月刊》第 2 卷第 2—3 期合刊。

印永法《纪念"九一八"七周年》刊于《远东问题半月刊》第 2 卷第 4—5 期合刊。

印永法《张伯伦访晤希特勒》刊于《远东问题半月刊》第 2 卷第 4—5 期合刊。

王树农《严重的捷克问题》刊于《远东问题半月刊》第 2 卷第 4—5 期合刊。

陈祖平《德奥合并后的匈牙利》刊于《远东问题半月刊》第 2 卷第 4—5 期合刊。

孙效彬《加拿大与远东》刊于《远东问题半月刊》第 2 卷第 4—5 期合刊。

印永法《政治与金融的密切关系》刊于《远东问题半月刊》第 2 卷第 4—5 期合刊。

赵明高《国际现势与中国》刊于《远东问题半月刊》第 2 卷第 4—5 期合刊。

效先《法苏互助协定的实效问题》刊于《远东问题半月刊》第 2 卷第 6 期。

士奇《英国要彻底认识远东危机》刊于《远东问题半月刊》第 2 卷第 6 期。

圣时《意大利的均势外交》刊于《远东问题半月刊》第 2 卷第 6 期。

陈祖平《整个转变的欧局》刊于《远东问题半月刊》第 2 卷第 6 期。

王振声《美国能否采取积极外交政策》刊于《远东问题半月刊》第 2 卷第 6 期。

印永法《世界重心已移向远东》刊于《远东问题半月刊》第 2 卷第 6 期。

孙效彬《日本有无单独废弃九国公约的可能?》刊于《远东问题半月刊》第 2 卷第 6 期。

刘天一《十年来中国财政之改进》刊于《远东问题半月刊》第 2 卷第 6 期。

郑允恭《关于战争的几个国际问题——战争问题的检讨》刊于《东方杂志》第 35 卷第 1 号。

刘不同《战时超过利润税》刊于《东方杂志》第 35 卷第 1 号。

周子亚《国际法上之新政府承认问题》刊于《东方杂志》第 35 卷第 1 号。

立三《白象国里活跃的日本人》刊于《东方杂志》第 35 卷第 1 号。

全受仲《徐霞客游记中的滇黔经济史料》刊于《东方杂志》第 35 卷第 1 号。

搏霄《首都沦陷后之抗日战局》刊于《东方杂志》第 35 卷第 1 号。

莫湮《妇女怎样认识抗战与怎样参加抗战》刊于《东方杂志》第 35 卷第 1 号。

陈碧云《日军侵略下上海妇孺所遭受到的劫难》刊于《东方杂志》第 35 卷第 1 号。

郑允恭《德奥事变后列强的态度》刊于《东方杂志》第 35 卷第 2 号。

杨之春《由德国政变到艾登辞职》刊于《东方杂志》第 35 卷第 2 号。

郑允恭《德奥事变的经纬》刊于《东方杂志》第 35 卷第 2 号。

张明养《德国并吞奥国与欧洲局势》刊于《东方杂志》第 35 卷第 2 号。

艾纳《美国远东政策的检视(一九三一——一九三八年)》刊于《东方杂志》第 35 卷第 2 号。

曹聚仁《杭州陷落前后》刊于《东方杂志》第 35 卷第 2 号。

黄子通《孟子论性与命》刊于《东方杂志》第 35 卷第 2 号。

吴鹏飞《捷克少数民族问题》刊于《东方杂志》第 35 卷第 3 号。

吴希之《德奥合并后欧洲局势之展望》刊于《东方杂志》第 35 卷第 3 号。

绕荣春《当前的军队整理问题》刊于《东方杂志》第 35 卷第 3 号。

段锡琪《外汇统制新政策之检讨》刊于《东方杂志》第 35 卷第 3 号。

习谷风《日本的煤油恐慌》刊于《东方杂志》第 35 卷第 3 号。

黄廷英译《恐惧统治下的世界》刊于《东方杂志》第 35 卷第 3 号。

东序《英美法废止伦敦海约限制办法》刊于《东方杂志》第 35 卷第 3 号。

彭慧《战时儿童保育问题》刊于《东方杂志》第 35 卷第 3 号。

李圣五《抗战建国纲领中之外交条款》刊于《东方杂志》第 35 卷第 4 号。

符涤尘《日本政局的动荡与近卫内阁的运命》刊于《东方杂志》第 35 卷第 4 号。

刘大钧《战时货币金融政策之检讨》刊于《东方杂志》第 35 卷第 4 号。

王赣愚《抗战与统一》刊于《东方杂志》第 35 卷第 4 号。

魏友棐《我国现负内外债与债信前途》刊于《东方杂志》第 35 卷第 4 号。

斐丹《日本的外交政策与国际关系》刊于《东方杂志》第 35 卷第 4 号。

郑允恭《英法谈话与捷克问题》刊于《东方杂志》第 35 卷第 5 号。

陈植《非常时期我国农业上应有之调整》刊于《东方杂志》第 35 卷第 5 号。

勇龙《现阶段的英国外交》刊于《东方杂志》第 35 卷第 5 号。

阮毅成《抗战中的地方行政机构》刊于《东方杂志》第 35 卷第 5 号。

东序《西班牙内战的现阶段》刊于《东方杂志》第 35 卷第 5 号。

朱偰《两宋信用货币之研究》刊于《东方杂志》第 35 卷第 5—6 号。

符涤尘《国防公债与金公债》刊于《东方杂志》第 35 卷第 6 号。

萧文哲《改进西康司法之商榷》刊于《东方杂志》第 35 卷第 6 号。

江涛声《国民防空问题》刊于《东方杂志》第 35 卷第 6 号。

萧恩承《太平洋上日美海军根据地及各国之航空竞争》刊于《东方杂志》第 35 卷第 6 号。

赵如珩《日本北海道倭奴部落考察记》刊于《东方杂志》第 35 卷第 6 号。

运公《财部调剂战时金融》刊于《东方杂志》第 35 卷第 6 号。

郑允恭《德意谈话与德意轴心》刊于《东方杂志》第 35 卷第 7 号。

张明养《国联行政院会议中的承认意帝国问题》刊于《东方杂志》第 35 卷第 7 号。

朱偰《推行战时税制与彻底改革财务行政》刊于《东方杂志》第 35 卷第 7 号。

段锡琪《创办战时得利税之研究》刊于《东方杂志》第 35 卷第 7 号。

李寅恭《川省林业刍议》刊于《东方杂志》第 35 卷第 7 号。

王平陵《民族团结的基本要素》刊于《东方杂志》第 35 卷第 7 号。

薛正斗《日本经济总崩溃之检讨》刊于《东方杂志》第 35 卷第 7 号。

王汝琪《怎样使妇女运动与抗战联系起来》刊于《东方杂志》第 35 卷第 7 号。

陈碧云《妇女社会地位变迁之史的考察》刊于《东方杂志》第 35 卷第 7 号。

张维光《抗战期中之土地使用管理与粮食生产统制》刊于《东方杂志》第 35 卷第 8 号。

成豪《战时之上海趸售物价指数》刊于《东方杂志》第 35 卷第 8 号。

陈盛清《抗战期内的司法》刊于《东方杂志》第 35 卷第 8 号。

刘坦《老子道德经作于周国考》刊于《东方杂志》第 35 卷第 8 号。

郑允恭《现阶段的捷克问题》刊于《东方杂志》第 35 卷第 9 号。

张明养《法意谈判停顿与现实外交的前途》刊于《东方杂志》第 35 卷第 9 号。

绕荣春《建军之兵员问题》刊于《东方杂志》第 35 卷第 9 号。

谢北澄《抗战期内之盐政》刊于《东方杂志》第 35 卷第 9 号。

顾毓珍《非常时期之汽油问题》刊于《东方杂志》第 35 卷第 9 号。

杨之春《罗马会谈与四强公约》刊于《东方杂志》第 35 卷第 9 号。

张白衣《战时日本经济数字变动之分析(一九三八年春季日本经济之清算)》刊于《东方杂志》第 35 卷第 9 号。

晓霞《怎样动员与组织农村妇女》刊于《东方杂志》第 35 卷第 9 号。

璧如《敌人掳杀儿童与我国妇女之使命》刊于《东方杂志》第 35 卷第 9 号。

李圣五《第二次世界大战之推测》刊于《东方杂志》第 35 卷第 10 号。

符涤尘《近卫内阁的改组》刊于《东方杂志》第 35 卷第 10 号。

田文彬《抗战期间我国所得税法应有之改革》刊于《东方杂志》第 35 卷第 10 号。

魏友棐《江海关被攫与英日协定》刊于《东方杂志》第 35 卷第 10 号。

闵天培《各国总动员计划之检讨》刊于《东方杂志》第 35 卷第 10 号。

章渊若《自力主义真诠》刊于《东方杂志》第 35 卷第 10 号。

朱希祖《两宋盛行铁钱之因果》刊于《东方杂志》第 35 卷第 10 号。

市隐《抗战建国中的地方行政》刊于《东方杂志》第 35 卷第 10 号。

运公《捷克少数民族问题的发展》刊于《东方杂志》第 35 卷第 10 号。

郑允恭《外汇波动的原因》刊于《东方杂志》第 35 卷第 11 号。

张明养《日本疯狂轰炸广州的反响》刊于《东方杂志》第 35 卷第 11 号。

陈炯文《张伯伦的外交》刊于《东方杂志》第 35 卷第 11 号。

甘作豪《论统制汇兑》刊于《东方杂志》第 35 卷第 11 号。

江文新《法兰西之钢铁工业》刊于《东方杂志》第 35 卷第 11 号。

孙明经《自贡井盐场产如何改进》刊于《东方杂志》第 35 卷第 11 号。

市隐《抗战建国同时进行》刊于《东方杂志》第 35 卷第 11 号。

白霜《怎样开展华南各省的妇女工作》刊于《东方杂志》第 35 卷第 11 号。

林宛文《儿童保育在广东》刊于《东方杂志》第 35 卷第 11 号。

魏友棐《中国会膨胀通货吗》刊于《东方杂志》第 35 卷第 12 号。

思慕《日伪擅改关税税则的影响》刊于《东方杂志》第 35 卷第 12 号。

符涤尘译《日本战时金融的危机》刊于《东方杂志》第 35 卷第 12 号。

刘振汉《论中原大会战与第三期抗战的战略》刊于《东方杂志》第 35 卷第 12 号。

历啸桐《宋元之间北音平声转变之公例》刊于《东方杂志》第 35 卷第 12 号。

高觉敷《心理学家的动员》刊于《东方杂志》第 35 卷第 13 号。

郑允恭《伪组织擅改海关税则》刊于《东方杂志》第 35 卷第 13 号。

魏友棐《外汇统制与黄金国有》刊于《东方杂志》第 35 卷第 13 号。

史维元译《日本战时经济问题重大化》刊于《东方杂志》第 35 卷第 13 号。

曾苑《抗战期中妇女生活的改善》刊于《东方杂志》第 35 卷第 13 号。

碧云《孤岛上的妇女生活》刊于《东方杂志》第 35 卷第 13 号。

林同济《抗战军人与中国新文化》刊于《东方杂志》第 35 卷第 14 号。

杨家骆《为抗战建国之础石的社会与经济改造》刊于《东方杂志》第 35 卷第 14 号。

按:是文其实是《初期公社论》"导言"。杨家骆先生和其研究团队"十余年来"一直致力于"现代史料和古今学术之大规模的整理""深深的窥到现阶段之社会的病态,和由那病态而激起的改造思潮与实际行动""'公社制度'便成立于这样的情形之下"。是文指出,从 1933 年起,杨家骆先生就计划分理论、批判、实践三大部分,将"公社制度"郑重的描述出来。"理论之部将阐明公社之哲学的、社会学的、经济学的、教育学的、心理学的、生物学的和历史学的基础;批判之部将批判各派社会主义,大同思想和各国社会政策,经济政策的真值;实践之部分公社制度之实现,为'初期公社''二期公社''三期公社'三大时期,各将其时空背景和推行方法,加以论述。""可是五年来的光阴,大部分仍消磨于史料与学术的整理中,对于《公社制度论》仅仅写成理论之部《公社制度之社会学的基础》三卷,和批判之部《各国社会政策及经济政策的批判》二卷。此次西行,甚感初期公社的设立,在'抗战建国'期中,尤为急要,因将实践之部《初期公社论》写出。"《初期公社论》计 30 余万字,分为 6 卷:"卷一中国经济的第一病型及公社之对策;卷二中国经济的第一病型及公社的对策;卷三大众生活的水准与其社会化的必要性;卷四人力与物力的配合;卷五公社之组织及其业务人事的诸问题;卷六公社设立之外缘的诸问题。"

贺益文《现阶段的四川建设事业》刊于《东方杂志》第 35 卷第 14 号。

谭勤余《最近化学的进展》刊于《东方杂志》第 35 卷第 14 号。

A. N. Young 著,张明南译《最近十年中国财政之进步》刊于《东方杂志》第 35 卷第 14 号。

东序《日本图占海南岛与法国态度》刊于《东方杂志》第 35 卷第 14 号。

运公《日本占领区域中之非法税则》刊于《东方杂志》第 35 卷第 14 号。

灿炎《长期战下的日本财政》刊于《东方杂志》第 35 卷第 15 号。

于苇《日本开发华北的阴谋》刊于《东方杂志》第 35 卷第 15 号。

王成祖《抗战期中推进西南垦荒之商榷》刊于《东方杂志》第 35 卷第 15 号。

丁松林《我国战时国民经济论》刊于《东方杂志》第 35 卷第 15 号。

朱偰《交子之界分发行额及式样单位考》刊于《东方杂志》第 35 卷第 15 号。

东序《黄河被炸经过及灾区救济》刊于《东方杂志》第 35 卷第 15 号。

李纯青《妇女参政员的责任》刊于《东方杂志》第 35 卷第 15 号。

李圣五《中德中意邦交的前途》刊于《东方杂志》第 35 卷第 16 号。

王伯群《抗战建国与西南交通》刊于《东方杂志》第 35 卷第 16 号。

李圣五《这一次的日苏纠纷》刊于《东方杂志》第 35 卷第 16 号。

萧恩承《日苏关系恶化之外蒙古》刊于《东方杂志》第 35 卷第 16 号。

朱朴《列强军备竞争与二次世界大战》刊于《东方杂志》第 35 卷第 16 号。

闵天培《列强军备之现状》刊于《东方杂志》第 35 卷第 16 号。

斛泉《抗战一年来我国财政概况》刊于《东方杂志》第 35 卷第 16 号。

斛泉《一年来抗战述要》刊于《东方杂志》第 35 卷第 16 号。

陈盛清《抗战建国与惩治贪污》刊于《东方杂志》第 35 卷第 17 号。

刘不同《推行战时租税制问题之商榷》刊于《东方杂志》第 35 卷第 17 号。

许兴凯《一年来日本政治动向》刊于《东方杂志》第 35 卷第 17 号。

艾纳《当意大利作战的时候》刊于《东方杂志》第 35 卷第 17 号。

李安和《苏联与战时国际公法》刊于《东方杂志》第 35 卷第 17 号。

斛泉《我国战时节约运动》刊于《东方杂志》第 35 卷第 17 号。

陈碧云《苏联妇女在革命战争中的经验》刊于《东方杂志》第 35 卷第 17 号。

池振超《江西妇女工作的实况》刊于《东方杂志》第 35 卷第 17 号。

李圣五《惩治贪污问题》刊于《东方杂志》第 35 卷第 18 号。

周伯棣《论战时的物价统制》刊于《东方杂志》第 35 卷第 18 号。

[日]波多野鼎著，符梦铃译《节约储蓄论》刊于《东方杂志》第 35 卷第 18 号。

程经元《最可注意的英国态度》刊于《东方杂志》第 35 卷第 18 号。

王赣愚《知识青年与统一》刊于《东方杂志》第 35 卷第 18 号。

斛泉《最近战局鸟瞰》刊于《东方杂志》第 35 卷第 18 号。

石夫《抗战时期的建国工作》刊于《东方杂志》第 35 卷第 18 号。

张白衣《世界经济新恐慌论》刊于《东方杂志》第 35 卷第 18—19 号。

张明养《捷克分割后的欧局》刊于《东方杂志》第 35 卷第 19 号。

潘楚基《罗斯福新政之回顾与前瞻》刊于《东方杂志》第 35 卷第 19 号。

陈炯文《苏日冲突的回顾与前瞻》刊于《东方杂志》第 35 卷第 19 号。

蒋震华《太平洋上法国的军事根据地》刊于《东方杂志》第 35 卷第 19 号。

魏友棐《上海外汇暗市的检视》刊于《东方杂志》第 35 卷第 19 号。

郑宗楷《由我国户籍史论到户籍问题》刊于《东方杂志》第 35 卷第 19 号。

运公《希特勒关于捷克问题的态度》刊于《东方杂志》第 35 卷第 19 号。

陆傅籍《怎样办理战时儿童保育院》刊于《东方杂志》第 35 卷第 19 号。

李圣五《欧洲外交的真像》刊于《东方杂志》第 35 卷第 20 号。

郑宗楷《英国战时的义勇警察》刊于《东方杂志》第 35 卷第 20 号。

运公《从中国抗战说到苏联对外政策》刊于《东方杂志》第 35 卷第 20 号。

许兴凯《日本法西斯发生的历史原因及其远祖》刊于《东方杂志》第 35 卷第 20 号。

龚家麟《我国战后对外贸易的剖析》刊于《东方杂志》第 35 卷第 20 号。

张润生《大豆与工业》刊于《东方杂志》第 35 卷第 20 号。

曜西《抗战建国的基础》刊于《东方杂志》第 35 卷第 20 号。

东序《德捷纠纷演成欧洲危机》刊于《东方杂志》第 35 卷第 20 号。

陈序经《暹罗华北考》刊于《东方杂志》第 35 卷第 20—21 号。

郑允恭《中国抗战与国际形势的演变》刊于《东方杂志》第 35 卷第 21 号。

黄文华《抗战中的西南民族问题》刊于《东方杂志》第 35 卷第 21 号。

王伯群《节约运动与民众教育》刊于《东方杂志》第 35 卷第 21 号。

张明养《四强协定与英法外交》刊于《东方杂志》第 35 卷第 21 号。

陈安仁《日本统制下之东北》刊于《东方杂志》第 35 卷第 21 号。

虞愚《印度逻辑的发展》刊于《东方杂志》第 35 卷第 21 号。

衡渚《国庆言论》刊于《东方杂志》第 35 卷第 21 号。

纪曜《吾国最近外交方针》刊于《东方杂志》第 35 卷第 21 号。

汪家祯《妇女问题的新看法》刊于《东方杂志》第 35 卷第 21 号。

青凡《如何动员家庭妇女》刊于《东方杂志》第 35 卷第 21 号。

吴泽炎《知识分子应有的反省》刊于《东方杂志》第 35 卷第 22 号。

张白衣《日本战时经济的分析(1938 年上半期日本经济之总清算)》刊于《东方杂志》第 35 卷第 22 号。

蔡力行《捷克问题的回顾与前瞻》刊于《东方杂志》第 35 卷第 22 号。

王赣愚《中央与地方(中国统一的一个基本问题)》刊于《东方杂志》第 35 卷第 22 号。

John Harding 著，张明南译《现阶段日本经济的危机》刊于《东方杂志》第 35 卷第 22 号。

何邦《战时的心理神经病》刊于《东方杂志》第 35 卷第 22 号。

郑允恭《美国该怎样保护在华的权益》刊于《东方杂志》第 35 卷第 23 号。

郑允恭《汉口陷落后日本的对华政策》刊于《东方杂志》第 35 卷第 23 号。

吴斐丹《明年度日本的预算问题》刊于《东方杂志》第 35 卷第 23 号。

蔡振扬《捷克问题与四强协定》刊于《东方杂志》第 35 卷第 23 号。

陈盛清《论省市临时参议会》刊于《东方杂志》第 35 卷第 23 号。

龚家麟《我国遗产税暂行条例平议》刊于《东方杂志》第 35 卷第 23 号。

李众荣《战时日本之劳动力不足问题》刊于《东方杂志》第 35 卷第 23 号。

志芳《妇女与募制寒衣运动》刊于《东方杂志》第 35 卷第 23 号。

梁植初《儿童的睡眠问题》刊于《东方杂志》第 35 卷第 23 号。

符涤尘《抗战中救济难民问题》刊于《东方杂志》第 35 卷第 24 号。

吴泽炎《欧洲局势的新调整》刊于《东方杂志》第 35 卷第 24 号。

李圣五《明兴会议的延续》刊于《东方杂志》第 35 卷第 24 号。

张明养《十字路上的法国外交》刊于《东方杂志》第 35 卷第 24 号。

蔡次薛《我国举办遗产税之意义及其立法精神》刊于《东方杂志》第 35 卷第 24 号。

郑宗楷《英国战时的女警察》刊于《东方杂志》第 35 卷第 24 号。

张润生《战时食水之特殊检验》刊于《东方杂志》第 35 卷第 24 号。

江声远《越南经济状况》刊于《东方杂志》第 35 卷第 24 号。

鹤峪《焦土抗战与长沙大火》刊于《东方杂志》第 35 卷第 24 号。

汪奠基《本抗战建国之精神迎世界学生代表团》刊于《今论衡半月刊》第 1 卷第 4 期。

夏敬农《战争与中国科学的前途》刊于《今论衡半月刊》第 1 卷第 4 期。

张雪门《怎样改造我们的师范教育》刊于《今论衡半月刊》第 1 卷第 4 期。

毛礼锐《关于改革学制的意见》刊于《今论衡半月刊》第 1 卷第 4 期。

郭长禄《空战国际法》刊于《今论衡半月刊》第 1 卷第 4 期。

吕怀君《美国中立法与中日战争》刊于《今论衡半月刊》第 1 卷第 4 期。

刘赜《外患纪略》刊于《今论衡半月刊》第 1 卷第 4 期。

三辅《纪抗战周年》刊于《今论衡半月刊》第 1 卷第 6—7 期。

汪奠基《科学竞争与理智外交》刊于《今论衡半月刊》第 1 卷第 6—7 期。

余家菊《论国民理想之当然》刊于《今论衡半月刊》第 1 卷第 6—7 期。

王文俊《长期抗战与生产教育》刊于《今论衡半月刊》第 1 卷第 6—7 期。

薛纯德《如何改进中学训育》刊于《今论衡半月刊》第 1 卷第 6—7 期。

张雪门《从伟大时代中如何改革我们的幼稚教育》刊于《今论衡半月刊》第 1 卷第 6—7 期。

汪应文《海原教学制》刊于《今论衡半月刊》第 1 卷第 6—7 期。

熊洪薇《抗战期中图书馆应做些什么》刊于《今论衡半月刊》第 1 卷第 6—7 期。

刘赜《外患纪略》刊于《今论衡半月刊》第 1 卷第 6—7 期。

汪奠基《现教育界应实行为抗战建国而服务》刊于《今论衡半月刊》第 2 卷第 3 期。

詹剑峰《告战地服务的青年》刊于《今论衡半月刊》第 2 卷第 3 期。

董兆孚《悲观主义的乐观主义》刊于《今论衡半月刊》第 2 卷第 3 期。

阎宗临《解放的战争》刊于《今论衡半月刊》第 2 卷第 3 期。

夏敬农《技术人才的教育》刊于《今论衡半月刊》第 2 卷第 3 期。

庄智焕《抗战建国期中勿忘法治》刊于《今论衡半月刊》第 2 卷第 3 期。

识明《中华民族俊彦略》刊于《今论衡半月刊》第 2 卷第 3 期。

刘赜《外患纪略（续）》刊于《今论衡半月刊》第 2 卷第 3 期。

叶苍岑《从士兵身上认识的国民之敌忾性》刊于《今论衡半月刊》第 2 卷第 3 期。

陆志韦《汉语和中国思想正在发生怎样的改变》刊于《社会学界》第 10 卷。

张东荪《思想言语与文化》刊于《社会学界》第 10 卷。

李安宅译《孟汉论知识社会学》刊于《社会学界》第 10 卷。

马凌诺斯基《文化论》刊于《社会学界》第 10 卷。

吴文藻《文化表格说明（附文化表格）》刊于《社会学界》第 10 卷。

斐司《中国农村社会团结性的研究——一个方法论的建议》刊于《社会学界》第 10 卷。

杨坤《莫斯教授的社会学学说与方法论》刊于《社会学界》第 10 卷。

赵承信《社区人口的研究》刊于《社会学界》第 10 卷。

黄迪《清河村镇社区——一个初步研究报告》刊于《社会学界》第 10 卷。

洪业《阎贞宪先生遗稿五种》刊于《史学年报》第 2 卷第 5 期。

聂崇岐《宋代制举考略》刊于《史学年报》第 2 卷第 5 期。

曹诗成《匕器考释》刊于《史学年报》第 2 卷第 5 期。

葛启扬《卜辞所见之殷代家族制度》刊于《史学年报》第 2 卷第 5 期。

刘选民《清代东三省移民与开垦》刊于《史学年报》第 2 卷第 5 期。

熊德元《顾亭林之经济思想》刊于《史学年报》第 2 卷第 5 期。

齐思和《战国宰相表》刊于《史学年报》第 2 卷第 5 期。

王钟翰《清三通之研究》刊于《史学年报》第2卷第5期。

谭其骧《近代湖南人中之蛮族血统》刊于《史学年报》第2卷第5期。

邓之诚《官制沿革备论(论秦以后无真宰相上)》刊于《史学年报》第2卷第5期。

陆钦墀《英法联军占据广州始末》刊于《史学年报》第2卷第5期。

萧正谊《西力东渐与日本开国经过》刊于《史学年报》第2卷第5期。

何炳棣《英国与门户开放政策之起源》刊于《史学年报》第2卷第5期。

张尔田《屠守斋日记》刊于《史学年报》第2卷第5期。

王钟翰录《张孟劬先生邂堪书题》刊于《史学年报》第2卷第5期。

朱士嘉《中国地方志综录补编》刊于《史学年报》第2卷第5期。

朱士嘉《燕京大学图书馆善本方志题记》刊于《史学年报》第2卷第5期。

顾廷龙《读汉金文小记》刊于《史学年报》第2卷第5期。

容媛《经籍要目答问》刊于《史学年报》第2卷第5期。

王伊同《德氏前汉书译注订正》刊于《史学年报》第2卷第5期。

张尔田讲稿,王钟翰序录《清史稿纂修之经过》刊于《史学年报》第2卷第5期。

赵丰田《书议覆条陈铁路奏疏后》刊于《史学年报》第2卷第5期。

杜洽《蒙著元代社会阶级制度》刊于《史学年报》第2卷第5期。

朱士嘉《贾著中国旧书史学》刊于《史学年报》第2卷第5期。

刘子建《包著欧洲最近扩军问题》刊于《史学年报》第2卷第5期。

齐思和《史学年报十年来之回顾》刊于《史学年报》第2卷第5期。

社论《加强民族抗日力量的团结》刊于《群众》第1卷第4期。

陈绍禹(王明)《挽救时局的关键》刊于《群众》第1卷第4期。

秦邦宪(博古)《抗战形势与抗战前途》刊于《群众》第1卷第4期。

董必武《怎样动员民众积极参加抗战》刊于《群众》第1卷第4期。

梓年《自力更生与争取外援》刊于《群众》第1卷第4期。

汉夫《肃清敌人奸细托落斯基匪徒》刊于《群众》第1卷第4期。

吴敏《不应因救国公债引起引起劳资纠纷》刊于《群众》第1卷第4期。

许涤新《援助武大同学实施抗战教育》刊于《群众》第1卷第4期。

赵冰《话别首都》刊于《群众》第1卷第4期。

维之《失地是怎样收复的》刊于《群众》第1卷第4期。

《关于准备召集党第七次全国代表大会的决议》刊于《群众》第1卷第4期。

《中国共产党对时局宣言》刊于《群众》第1卷第4期。

社论《坚持抗战与争取胜利》刊于《群众》第1卷第5期。

周恩来《怎样进行持久抗战》刊于《群众》第1卷第5期。

叶剑英《论北方战局》刊于《群众》第1卷第5期。

李伟《组织无组织的民众》刊于《群众》第1卷第5期。

许涤新《敌人的欺骗政策与难民问题》刊于《群众》第1卷第5期。

吴敏《炸舰案解决后的远东形势》刊于《群众》第1卷第5期。

彭德怀《目前抗战形势与今后任务》刊于《群众》第1卷第5期。

社论《粉碎敌人御前会议的新毒策》刊于《群众》第1卷第6期。

梓年《互相帮助共同发展争取抗战胜利》刊于《群众》第 1 卷第 6 期。

西园《伟大的纪念》刊于《群众》第 1 卷第 6 期。

吴敏《论远东形势请教陶希圣先生》刊于《群众》第 1 卷第 6 期。

许涤新《危机百出的敌国内部》刊于《群众》第 1 卷第 6 期。

何云《动员青年到军队去》刊于《群众》第 1 卷第 6 期。

汉夫《征抽壮丁和生产问题》刊于《群众》第 1 卷第 6 期。

萧向荣《平型关战斗的前后》刊于《群众》第 1 卷第 6 期。

《全国抗敌救亡统会筹备会元旦宣言》刊于《群众》第 1 卷第 6 期。

社论《以团结抗战回答敌人的声明》刊于《群众》第 1 卷第 7 期。

叶剑英《目前抗战与保卫武汉》刊于《群众》第 1 卷第 7 期。

《保卫玛德里的经验与教训》刊于《群众》第 1 卷第 7 期。

梓年《保卫武汉文化界应做些什么》刊于《群众》第 1 卷第 7 期。

许涤新《末次谈话与罗斯福演说》刊于《群众》第 1 卷第 7 期。

萧向荣《平型关战斗的前后》刊于《群众》第 1 卷第 7 期。

陈绍禹《社会主义二十周年与中国人民的对日抗战》刊于《群众》第 1 卷第 7 期。

社论《开展反侵略运动扩大国际宣传》刊于《群众》第 1 卷第 8 期。

董必武《武汉的民众动员和组织》刊于《群众》第 1 卷第 8 期。

西园《"一二八"上海抗战的教育》刊于《群众》第 1 卷第 8 期。

蔡馥生《侵略宣言与我们的答复》刊于《群众》第 1 卷第 8 期。

许涤新《指挥刀下的经济侵略》刊于《群众》第 1 卷第 8 期。

《抗战论文选辑三则》刊于《群众》第 1 卷第 8 期。

陈绍禹《抗战中的几个问题》刊于《群众》第 1 卷第 8 期。

《国际反侵略运动大会中国分会对大会提案及告世界人士书》刊于《群众》第 1 卷第 8 期。

社论《国际援华运动巨潮》刊于《群众》第 1 卷第 9 期。

西园《纪念"二七"争取抗战胜利》刊于《群众》第 1 卷第 9 期。

蔡馥生《扩大国际宣传增加国际援助》刊于《群众》第 1 卷第 9 期。

何云《敌七十三界议会与中国抗战》刊于《群众》第 1 卷第 9 期。

石西民《战时经济建设问题》刊于《群众》第 1 卷第 9 期。

任天马《西线上的一个盛会》刊于《群众》第 1 卷第 9 期。

任弼时《山西抗战的回忆》刊于《群众》第 1 卷第 9 期。

社论《国际反侵略运动在中国》刊于《群众》第 1 卷第 10 期"反侵略运动专号"。

蔡馥生《国际反侵略运动与中国抗战前途》刊于《群众》第 1 卷第 10 期"反侵略运动专号"。

许涤新《国际反侵略运动中的国联动态》刊于《群众》第 1 卷第 10 期"反侵略运动专号"。

石西民《与敌国内反战民众团结起来》刊于《群众》第 1 卷第 10 期"反侵略运动专号"。

黄源《欢迎"中国的友人"——鹿地亘》刊于《群众》第 1 卷第 10 期"反侵略运动专号"。

任弼时《山西抗战的回忆》刊于《群众》第 1 卷第 10 期"反侵略运动专号"。

朱德《八路军半年来抗战的经验与教训》刊于《群众》第 1 卷第 10 期"反侵略运动专号"。

梓年《抗战中青年的作用与任务》刊于《群众》第 1 卷第 11 期。

许涤新《粉碎敌人诱降的毒计》刊于《群众》第 1 卷第 11 期。

何云《两个阵线斗争中的德奥事件》刊于《群众》第 1 卷第 11 期。

洛甫《战时民运工作的八个基本原则》刊于《群众》第 1 卷第 11 期。

任弼时《山西抗战的回忆》刊于《群众》第 1 卷第 12 期。

社论《今年的三八节》刊于《群众》第 1 卷第 12 期。

吴克坚《抗战与中国妇女》刊于《群众》第 1 卷第 12 期。

杜石松《一周来战局的简述》刊于《群众》第 1 卷第 12 期。

蔡馥生《艾登辞职与英意胜利》刊于《群众》第 1 卷第 121 期。

蔡前《怎样运行敌军工作》刊于《群众》第 1 卷第 12 期。

司脱郎《第八路军》刊于《群众》第 1 卷第 12 期。

《论山西战局》刊于《群众》第 1 卷第 13 期。

适夷《保卫文化，消灭托匪》刊于《群众》第 1 卷第 13 期。

瀚若译《证明列宁史达林民族政策的成功》刊于《群众》第 1 卷第 13 期。

K. 凡加利诺夫著，企程译《濒于崩溃的德国经济》刊于《群众》第 1 卷第 13 期。

《儿童的保育》刊于《群众》第 1 卷第 14 期。

吴克坚《纪念巴黎公社》刊于《群众》第 1 卷第 14 期。

何云《欧洲的重大事变》刊于《群众》第 1 卷第 14 期。

阿西波夫《侵略国同盟与侵略中国的战争》刊于《群众》第 1 卷第 14 期。

赵曙《大治矿层下的铁军》刊于《群众》第 1 卷第 14 期。

《论东西战场的胜利》刊于《群众》第 1 卷第 15 期。

汉夫《以集体制裁打击侵略—论苏联政府召集国际会议制裁侵略的提议》刊于《群众》第 1 卷第 15 期。

吴敏《论战区的文化工作》刊于《群众》第 1 卷第 15 期。

石西民《关于限制购买外汇》刊于《群众》第 1 卷第 15 期。

许涤新《抗战后中国经济的动态》刊于《群众》第 1 卷第 16 期。

A. 格罗斯蔓著，馥生译《工业的进步——苏联第二次五年计划终结时》刊于《群众》第 1 卷第 16 期。

汉夫《抗战中的工人》刊于《群众》第 1 卷第 17 期。

许涤新《抗战高潮中中国工人的大团结》刊于《群众》第 1 卷第 17 期。

刘群先《抗战与工人》刊于《群众》第 1 卷第 17 期。

韦风《抗战中的失业问题》刊于《群众》第 1 卷第 17 期。

L. 白罗夫作，卢麓茹译《日本侵华战争的代价》刊于《群众》第 1 卷第 17 期。

凯丰《论目前中国青年运动的任务》刊于《群众》第 1 卷第 18 期。

蔡馥生《关于青年训练问题》刊于《群众》第 1 卷第 18 期。

凯丰《论目前中国青年运动的任务(续)》刊于《群众》第 1 卷第 19 期。

博古《国际主义和革命的民族主义》刊于《群众》第 1 卷第 20 期。

吴克坚《五一节与中国工人》刊于《群众》第 1 卷第 20 期。

许涤新《国际劳工运动与中国抗战——为五十二届国际五一节而作》刊于《群众》第 1 卷第 20 期。

朱德《抗日游击战争(续三)》刊于《群众》第 1 卷第 20 期。

海浪译《斯大林论红军的三个特点》刊于《群众》第 1 卷第 21 期。

思慕《日本法西斯文化的现阶段》刊于《群众》第 1 卷第 21 期。

朱德《抗日游击战争(续四)》刊于《群众》第 1 卷第 21 期。

许涤新《开展农村工作的几个原则》刊于《群众》第 1 卷第 22 期。

彭真《论冀鲁豫红枪会工作》刊于《群众》第 1 卷第 22 期。

陈克桢《农村中的保甲制度和合作制度》刊于《群众》第 1 卷第 22 期。

凯丰《马克思与中国》刊于《群众》第 1 卷第 22 期。

凯丰《抗战中的宣传工作》刊于《群众》第 1 卷第 23 期。

蔡馥生《关于读书与救国问题》刊于《群众》第 1 卷第 23 期。

E. 瓦尔加著,许涤新译《侵华战争与日本经济》刊于《群众》第 1 卷第 24 期。

瀚若《敌内阁改组的原因及其影响》刊于《群众》第 1 卷第 25 期。

石西民《改善地方金融机构问题》刊于《群众》第 1 卷第 25 期。

E 瓦尔加著,许涤新译《侵华战争与日本经济(续)》刊于《群众》第 1 卷第 25 期。

《禁烟与抗战同样是民族解放的斗争》刊于《群众》第 2 卷第 1 期。

孟庆树、邓颖超《我们对于战时妇女工作的意见》刊于《群众》第 2 卷第 1 期。

洛甫《论青年的修养——四月十二日在陕北公学演讲》刊于《群众》第 2 卷第 1 期。

陈绍禹、周恩来、秦邦宪《我们对于保卫武汉与第三期抗战问题底意见》刊于《群众》第 2 卷第 2 期。

毛泽东《抗日游击战争的战略问题》刊于《群众》第 2 卷第 3 期。

许涤新《英国的外交与世界和平》刊于《群众》第 2 卷第 3 期。

白劳德著,汉夫译《美国民主阵线的兴起》刊于《群众》第 2 卷第 3 期。

《列宁论青年的学习问题——一九二零年十月二日在苏俄共产青年团第三次全国代表大会上的演说》刊于《群众》第 2 卷第 4 期。

周恩来《论保卫武汉及其发展前途》刊于《群众》第 2 卷第 5 期。

许涤新《侵略者的代价》刊于《群众》第 2 卷第 5 期。

唯真译,列宁著《马克思主义与民族战争问题》刊于《群众》第 2 卷第 5 期。

罗瑞卿《"抗大"的过去与现在》刊于《群众》第 2 卷第 6—7 期合刊。

辛人《高尔基与青年》刊于《群众》第 2 卷第 6—7 期合刊。

汉夫《豫南救亡运动的几个问题》刊于《群众》第 2 卷第 8—9 期合刊。

潘梓年《战时图书杂志原稿审查问题》刊于《群众》第 2 卷第 10 期。

苏联工农红军第二队指挥 AD 洛克炯诺夫《一九三八年的军事航空》刊于《群众》第 2 卷第 10 期。

凯丰《今年的国际青年节与中国青年运动》刊于《群众》第 2 卷第 10 期。

潘梓年《民众动员问题商榷》刊于《群众》第 2 卷第 11 期。

B. Guyot 作,朱世纶译《苏台区历史与反法西运动》刊于《群众》第 2 卷第 11 期。

潘梓年《最近的国际形势》刊于《群众》第 2 卷第 12 期。

汉夫《抗日战争时期的国内少数民族问题》刊于《群众》第 2 卷第 12 期。

《抗日民族自卫战争与抗日民族统一战线发展的新阶段—中国共产党扩大的六中全会根据毛泽东同志报告通过的决议》刊于《群众》第 2 卷第 12 期。

吴克坚《从鼓浪屿事件说到列强在华租界问题》刊于《群众》第 3 卷第 1 期。

许涤新《敌人榨取华北华中经济网的剖视》刊于《群众》第 3 卷第 1 期。

史乃展《日趋严重的但泽问题》刊于《群众》第 3 卷第 1 期。

汉英《论自力更生与争取外援》刊于《群众》第 3 卷第 1 期。

春江译《英土协定的意义》刊于《群众》第 3 卷第 1 期。

克寒《坚持华北抗战枢纽的晋冀豫抗日根据地(二)》刊于《群众》第 3 卷第 1 期。

秋江《游击干部的"熔炉"》刊于《群众》第 3 卷第 1 期。

戈宝权译《联共(布)党史研究资料(一)》刊于《群众》第 3 卷第 1 期。

郭化若《抗日游击战争战术上的基本方针》发表于《解放》第 28 期。

陈伯钧《论抗日游击战争的基本战术——袭击》发表于《解放》第 28 期。

周恩来《关于所谓"中国共产党的策略路线"一书问题的公开信》发表于《解放》第 36 期。

毛泽东《抗日游击战争的战略问题》发表于《解放》第 40 期。

石巍译《列宁论青年的学习问题》发表于《解放》第 40—41 期。

毛泽东《论持久战》发表于《解放》第 43—44 期。

黎平(吴亮平)《恩格斯与中华民族自卫战争》发表于《解放》第 47 期。

黎平(吴亮平)《纪念中国人民的伟大朋友——恩格斯》发表于《解放》第 47 期。

艾思奇《共产主义者与道德》发表于《解放》第 51 期。

按:是文较全面地反映了艾思奇的马克思主义伦理观。全文分三部分论述了唯物主义者和道德的关系,共产主义道德观及其特点,共产主义道德与民族道德的关系。

[德]马克思、恩格斯作,艾思奇译《马克思恩格斯关于唯物史观的通信》发表于《解放》第 52—56 期。

杨松《在准备和实行十月社会主义革命中的布尔塞维克党》发表于《解放》第 56 期。

徐冰《苏联十月革命二十一周年纪念——苏联十月社会主义革命的二十一周年》发表于《解放》第 56 期。

毛泽东《高度发扬民族自尊心和自信心》发表于《解放》第 57 期。

毛泽东《论新阶段》发表于《解放》第 57 期。

杨松《在准备和实行十月社会主义革命中的布尔塞维克党》(续)发表于《解放》第 59 期。

张绚中《统一与抗战建国——评中国共产党》发表于《抗战向导》第 6 期。

吴曼君《中国共产党与毛泽东主义》发表于《抗战向导》第 8 期。

张绚中《三民主义与马克思社会主义之关系》发表于《抗战向导》第 9 期。

柳宁《三民主义与共产主义》发表于《抗战与文化》第 1 卷第 11 期。

金海如《忠告中国共产党》发表于《抗战与文化》第 1 卷第 12 期。

叶青《中国共产党底存在问题》发表于《抗战与文化》第 1 卷第 12 期。

吴公坚《由第三国际说到中国共产党》发表于《抗战与文化》第2卷第2期。

丁逢白《评"中国共产党的策略路线"》发表于《抗战与文化》第2卷第2期。

叶青《中国共产党的背景》发表于《抗战与文化》第2卷第7期。

关关《中国共产党与民主政治》发表于《抗战与文化》第2卷第8期。

叶青《中国共产党在国民革命时代》发表于《抗战与文化》第2卷第8期。

叶青《中国共产党在苏维埃运动时代》发表于《抗战与文化》第2卷第9期。

王一农《中共阶级斗争之批判》发表于《抗战与文化》第2卷第10期。

叶青《中国共产党在抗日救国时代》发表于《抗战与文化》第2卷第10期。

庄依言《中国青年与中国共产党》发表于《抗战与文化》第2卷第11期。

徐德美《三民主义与社会主义》发表于《抗战与文化》第2卷第12期。

叶青《中国共产党底前途》发表于《抗战与文化》第2卷第12期。

张申府《启蒙运动的过去与现在》发表于《战时文化》第1卷第5—6期。

彭慧《云南的新启蒙运动》发表于《战时知识》第8期。

梁绍文《"抗战与新启蒙运动"的质疑》发表于《大风(金华)》第43期。

张申府《新启蒙运动的一个应用》发表于《自由中国》第2期。

朱伯康《近代中国启蒙运动史》(书评)发表于《新战线》第2卷第3期。

刘广惠《我们需要底新的启蒙运动》发表于《青年战号》第3期。

郑洪范《致敬"五四"与新启蒙运动》发表于《浙江潮》第9期。

石基础《抗战中的新启蒙运动——为纪念五四运动作》发表于《浙江潮》第9期。

陈衡哲《妇女问题随笔》刊于《宇宙风》第68期。

杜衡《纯文艺暂时让位吧》刊于《宇宙风》第68期。

冯玉祥《新民府》刊于《宇宙风》第68期。

茅盾《自传之一章》刊于《宇宙风》第68期。

马文珍《北平秋兴》刊于《宇宙风》第68期。

郭镜秋《日军在南京》刊于《宇宙风》第68期。

罗念生《马拉松之役》刊于《宇宙风》第68期。

老向《鲁南大胜》刊于《宇宙风》第68期。

叶颖林译《美国人的文明原来如此》刊于《宇宙风》第69期。

冯玉祥《我的生活》刊于《宇宙风》第69期。

冰莹《踏进了伟大的战场——台儿庄》刊于《宇宙风》第69期。

李奇《西战场通讯》刊于《宇宙风》第69期。

乔志高《日本在美国的宣传技俩》刊于《宇宙风》第69期。

尤炳圻《手工与机器》刊于《宇宙风》第70期。

桑榆《足球与英国议员》刊于《宇宙风》第70期。

冯玉祥《武学研究会(我的生活)》刊于《宇宙风》第70期。

林语堂《美国与中日战争》刊于《宇宙风》第70期。

绪君《武汉三镇》刊于《宇宙风》第70期。

陈墨侠《满城风雨话温州》刊于《宇宙风》第70期。

郁达夫《福州的西湖》刊于《宇宙风》第70期。

林无双《巴黎印象》刊于《宇宙风》第 70 期。

李侠文《现代西方政治人才的衰落》刊于《宇宙风》第 72 期。

桑榆《体育界也有"防空协定"》刊于《宇宙风》第 72 期。

巴宁《厦门沦陷前后》刊于《宇宙风》第 72 期。

毕树棠《中德文学研究》刊于《宇宙风》第 72 期。

冯沅君《烟火人语》刊于《宇宙风》第 73 期。

林语堂《日本必败论》刊于《宇宙风》第 73 期。

林如斯译《陷入泥塘中的日本》刊于《宇宙风》第 73 期。

黎庵《明末・南宋・东晋之和站》刊于《宇宙风》第 73 期。

老舍《关于文协》刊于《宇宙风》第 73 期。

李同愈《焦土抗战之沈鸿烈》刊于《宇宙风》第 73 期。

程健健《敌人蹂躏下的北京大学》刊于《宇宙风》第 74 期。

黎烈文《由长沙到福州》刊于《宇宙风》第 74 期。

林语堂《在美编论语及其他》刊于《宇宙风》第 74 期。

碧君《七七以后的北平高等教育》刊于《宇宙风》第 75 期。

青凡《由东京到武汉》刊于《宇宙风》第 75 期。

陈柱尊《述学》刊于《宇宙风》第 76 期。

侣黄《伤兵・防空・饮食》刊于《宇宙风》第 76 期。

薛瀛伯《中国历代名人年谱目录序》发表于《燕京大学图书馆报》第 11 期。

景宋《鲁迅和青年们》发表于《文艺阵地》第 2 卷第 1 期(鲁迅先生逝世两周年纪念特辑)。

连山《鲁迅先生和他的先生》发表于《文艺阵地》第 2 卷第 1 期(鲁迅先生逝世两周年纪念特辑)。

适夷《鲁迅先生之死》发表于《文艺阵地》第 2 卷第 1 期(鲁迅先生逝世两周年纪念特辑)。

郑振铎《鲁迅的辑佚工作》发表于《文艺阵地》第 2 卷第 1 期(鲁迅先生逝世两周年纪念特辑)。

李南桌《关于鲁迅先生》发表于《文艺阵地》第 2 卷第 1 期(鲁迅先生逝世两周年纪念特辑)。

W《鲁迅全集里一个错误》发表于《文艺阵地》第 2 卷第 1 期(鲁迅先生逝世两周年纪念特辑)。

抗敌剧团《赵曙同志小传》发表于《抗战戏剧》第 2 卷第 4、5 期(追悼赵曙同志特辑)。

张客《追念赵曙》发表于《抗战戏剧》第 2 卷第 4、5 期(追悼赵曙同志特辑)。

木禽《悼赵曙同志》发表于《抗战戏剧》第 2 卷第 4、5 期(追悼赵曙同志特辑)。

萧声《迎接迎生,纪念死者》发表于《抗战戏剧》第 2 卷第 4、5 期(追悼赵曙同志特辑)。

[苏]沙蒙・威尔士作,明久译《辛克莱——战斗的作家》发表于《文艺》第 2 卷第 4 期(辛克莱六十诞辰纪念特辑)。

[俄]托尔斯泰等作,明久译《苏联作家祝贺辛克莱六十诞辰》发表于《文艺》第 2 卷第 4 期(辛克莱六十诞辰纪念特辑)。

胡风《高尔基的殉道与我们》发表于《七月》第 3 集第 4 期(纪念高尔基逝世两周年)。

郭沫若等《纪念高尔基》(纪念文)发表于《自由中国》第 1 卷第 3 号(高尔基逝世二周年特辑)。

按:作者尚有邢桐华、凯丰、北鸥、阳翰笙、孙陵。

谢循初《抗战教育刍议》刊于《教育杂志》第 28 卷第 1 期。

雷通群《教育设备的战防集中策》刊于《教育杂志》第 28 卷第 1 期。

郑西谷《抗战时期之教育行政组织问题》刊于《教育杂志》第 28 卷第 1 期。

高乃同、陈曾善《战时民众教育工作方案》刊于《教育杂志》第 28 卷第 1 期。

金以恭《战时中学教育》刊于《教育杂志》第 28 卷第 1 期。

葛承训《战时的小学课程》刊于《教育杂志》第 28 卷第 1 期。

何清儒《战时难民教育》刊于《教育杂志》第 28 卷第 1 期。

杨卫玉《战时需要的一种特殊教育》刊于《教育杂志》第 28 卷第 1 期。

袁伯樵《德法美三国中学师资的训练》刊于《教育杂志》第 28 卷第 1 期。

伍任夫《复兴意大利的小学教育》刊于《教育杂志》第 28 卷第 1 期。

王承绪《土耳其教育的今昔》刊于《教育杂志》第 28 卷第 1 期。

黄觉民《教师对学生能力判断的确度》刊于《教育杂志》第 28 卷第 1 期。

姚贤慧《教授性知识的方法》刊于《教育杂志》第 28 卷第 1 期。

吴清友《春季怎样进行植物界的参观》刊于《教育杂志》第 28 卷第 1 期。

张耀翔《大学学生心境之研究——笑与啼——高兴与沮丧》刊于《教育杂志》第 28 卷第 1 期。

何清儒《一个大学的新发展程序》刊于《教育杂志》第 28 卷第 1 期。

冯邦彦《充实中学校的职业指导》刊于《教育杂志》第 28 卷第 1 期。

萧孝嵘《对于盲目儿童的兴趣之研究》刊于《教育杂志》第 28 卷第 1 期。

何静安《服装课程的教育价值》刊于《教育杂志》第 28 卷第 1 期。

吴清友《最近苏俄教育事业之进步》刊于《教育杂志》第 28 卷第 1 期。

陈友松《美国教育议会对教育电影的工作》刊于《教育杂志》第 28 卷第 1 期。

伍任夫《教育研究法》刊于《教育杂志》第 28 卷第 1 期。

黄觉民《改变学校办法以解决战时战后的教育困难问题》刊于《教育杂志》第 28 卷第 2 期。

马宗荣《战时教育的目标与设施》刊于《教育杂志》第 28 卷第 2 期。

钟鲁斋《长期抗战与吾国高等教育几个当前的问题》刊于《教育杂志》第 28 卷第 2 期。

廖世承《战时中学教育各学程纲要举例》刊于《教育杂志》第 28 卷第 2 期。

潘湛钧《抗战期间的高中史地教育》刊于《教育杂志》第 28 卷第 2 期。

高践四《长期抗战的农村工作》刊于《教育杂志》第 28 卷第 2 期。

林宗礼《战时民众教育的四大工作》刊于《教育杂志》第 28 卷第 2 期。

俞子夷《三恐病与抗战教育》刊于《教育杂志》第 28 卷第 2 期。

董任坚《抗战教育的前奏——恢复教育的信仰》刊于《教育杂志》第 28 卷第 2 期。

陆傅籍《算术教学与儿童学算兴趣》刊于《教育杂志》第 28 卷第 2 期。

陈侠《小学算术科小问题实验的检介》刊于《教育杂志》第 28 卷第 2 期。

张耀翔《心理学家对自己的工作满意吗》刊于《教育杂志》第28卷第2期。

萧孝嵘《应如何使从事教育者获得心理学上之训练》刊于《教育杂志》第28卷第2期。

萧孝嵘《常态儿童在阅读与书写能力上之缺陷》刊于《教育杂志》第28卷第2期。

李纯青《儿童情绪的发展》刊于《教育杂志》第28卷第2期。

何清儒《实业心理学与现代世界》刊于《教育杂志》第28卷第2期。

冯邦彦《学校行政与教师的参与》刊于《教育杂志》第28卷第2期。

陈友松《霍莱士曼的百年纪念大会》刊于《教育杂志》第28卷第2期。

吴清友《苏俄教师的社会主义竞赛》刊于《教育杂志》第28卷第2期。

吴同康《各国获得诺贝尔奖金的趋向》刊于《教育杂志》第28卷第2期。

钟鲁斋《课程编制的原理及其方法》刊于《教育杂志》第28卷第2期。

黄觉民《战时课程问题》刊于《教育杂志》第28卷第3期。

萧孝嵘《如何增进军事训练之效率》刊于《教育杂志》第28卷第3期。

张伯谨《卑而不高的战时教育论》刊于《教育杂志》第28卷第3期。

袁伯樵《实施自动生产教育以救济战时之中等教育》刊于《教育杂志》第28卷第3期。

周尚《战时疾病预防教育》刊于《教育杂志》第28卷第3期。

李纯青《战时儿童的救护与教养》刊于《教育杂志》第28卷第3期。

陆德音《抗战时期小学教育实施方案》刊于《教育杂志》第28卷第3期。

徐韫知《战时的理工教育》刊于《教育杂志》第28卷第3期。

蒋协力《小学教师苦闷的原因及其解除的方法》刊于《教育杂志》第28卷第3期。

黄金鳌《苏联青年的军事训练》刊于《教育杂志》第28卷第3期。

田培林《德国国社党执政后之师范教育》刊于《教育杂志》第28卷第3期。

黄觉民《问题儿童的研究》刊于《教育杂志》第28卷第3期。

萧孝嵘《儿童对于其思想工作的可靠性及其世界的公律之信仰》刊于《教育杂志》第28卷第3期。

吴同康《不切实用的教育》刊于《教育杂志》第28卷第3期。

吴直明《大学女生如何遗其岁月》刊于《教育杂志》第28卷第3期。

陈友松《公共教育财政的三个基本原则》刊于《教育杂志》第28卷第3期。

张耀翔《领袖与非领袖之社会参与及暇时研究》刊于《教育杂志》第28卷第3期。

孙铭勋《黑暗的儿童时代(一)》刊于《教育杂志》第28卷第3期。

徐儒《科尔著青年心理》刊于《教育杂志》第28卷第3期。

马宗荣《今后的高等教育问题》刊于《教育杂志》第28卷第4期。

文模《师范教育的国防动向》刊于《教育杂志》第28卷第4期。

何清儒《难民生产教育》刊于《教育杂志》第28卷第4期。

丁冲《战时教育改造的前车》刊于《教育杂志》第28卷第4期。

吴鼎《抗战期中小学应有之普教工作》刊于《教育杂志》第28卷第4期。

吴自强《对于最近教育部实施导师制的我见》刊于《教育杂志》第28卷第4期。

吴同康等《关于战时战后函授自修问题的讨论》刊于《教育杂志》第28卷第4期。

黄如今《估计研究价值的十个严重问题》刊于《教育杂志》第28卷第4期。

齐泮林《美国教育的将来》刊于《教育杂志》第28卷第4期。

黄觉民《美国初级大学的现状》刊于《教育杂志》第 28 卷第 4 期。

张耀翔《大学学生对于死亡的反应》刊于《教育杂志》第 28 卷第 4 期。

李纯青《视觉检查》刊于《教育杂志》第 28 卷第 4 期。

孙铭勋《黑暗的儿童时代(二)》刊于《教育杂志》第 28 卷第 4 期。

钟鲁斋《最近课程研究的进展及其趋势》刊于《教育杂志》第 28 卷第 5 期。

陈东原《斐希特给我们的教训》刊于《教育杂志》第 28 卷第 5 期。

雷通群《战时教育作风的商榷》刊于《教育杂志》第 28 卷第 5 期。

周尚《战时救护教育》刊于《教育杂志》第 28 卷第 5 期。

钱云清《战时妇女教育》刊于《教育杂志》第 28 卷第 5 期。

吴鼎《抗战时期小学课程及教材之研究》刊于《教育杂志》第 28 卷第 5 期。

刘百川、陈侠《救亡工作中的自我教育》刊于《教育杂志》第 28 卷第 5 期。

林励儒等《中等以上学校导师制纲要之研究》刊于《教育杂志》第 28 卷第 5 期。

胡毅《实施导师制时应有之考虑》刊于《教育杂志》第 28 卷第 5 期。

何心石《中等学校导师制施行问题的商榷》刊于《教育杂志》第 28 卷第 5 期。

黄金鳌《苏联的体育理想与实际》刊于《教育杂志》第 28 卷第 5 期。

黄觉民《战时战后学校改变办法的再检讨》刊于《教育杂志》第 28 卷第 5 期。

黄觉民《美国大学校长资历的研究》刊于《教育杂志》第 28 卷第 5 期。

黄觉民《从子女的眼光中研究亲子的关系》刊于《教育杂志》第 28 卷第 5 期。

李纯青《公共学校中的欺骗研究》刊于《教育杂志》第 28 卷第 5 期。

郑光昭《公共图书馆与学校间的合作》刊于《教育杂志》第 28 卷第 5 期。

孙铭勋《黑暗的儿童时代(三)》刊于《教育杂志》第 28 卷第 5 期。

崔载阳《敬致全国教育同人》刊于《教育杂志》第 28 卷第 6 期。

钟鲁斋《战时课程编制的问题及其方法》刊于《教育杂志》第 28 卷第 6 期。

芮宣之《小学抗战教材一束》刊于《教育杂志》第 28 卷第 6 期。

章以文《长期抗战中的小学教师》刊于《教育杂志》第 28 卷第 6 期。

吴鼎《战时小学之行政组织》刊于《教育杂志》第 28 卷第 6 期。

陈碧云《今后对于儿童教育应取的根本态度》刊于《教育杂志》第 28 卷第 6 期。

孙铭勋《民族解放运动中的儿童》刊于《教育杂志》第 28 卷第 6 期。

韩静远《心能迟钝儿童的教育原则》刊于《教育杂志》第 28 卷第 6 期。

张孟休《大学毕业生学用问题之分析》刊于《教育杂志》第 28 卷第 6 期。

黎照寰《教育之直接及间接对象》刊于《教育杂志》第 28 卷第 6 期。

黄觉民《自修法与教授法的比较实验》刊于《教育杂志》第 28 卷第 6 期。

黄觉民《朋友间意见异同的研究》刊于《教育杂志》第 28 卷第 6 期。

郑光昭《学校对于邻区的发展》刊于《教育杂志》第 28 卷第 6 期。

林本《如何确立教育者本身的立场》刊于《教育杂志》第 28 卷第 7 期。

陈友松《推动全国青年团的事业以达到抗战必胜的目标》刊于《教育杂志》第 28 卷第 7 期。

瞿仲捷《农村青年为全民总动员的轴心》刊于《教育杂志》第 28 卷第 7 期。

王镇长《抗战中之农村民众教育问题》刊于《教育杂志》第 28 卷第 7 期。

王裕凯《救亡教育之目标》刊于《教育杂志》第 28 卷第 7 期。

钟鲁斋《广西战时教育的实施及其特点》刊于《教育杂志》第 28 卷第 7 期。

张德琇《从建立新文化基础上来谈抗战教育》刊于《教育杂志》第 28 卷第 7 期。

庄泽宣《教育之社会的基础》刊于《教育杂志》第 28 卷第 7 期。

俞艺香《日本教育的病态和觉悟》刊于《教育杂志》第 28 卷第 7 期。

郭一岑《克拉格斯的品格学》刊于《教育杂志》第 28 卷第 7 期。

钟鲁斋《教育成功之预测》刊于《教育杂志》第 28 卷第 7 期。

钟鲁斋《师范院的院长》刊于《教育杂志》第 28 卷第 7 期。

钟鲁斋《人事工作的本质及其范围》刊于《教育杂志》第 28 卷第 7 期。

高觉敷《考试前之情绪的反应》刊于《教育杂志》第 28 卷第 7 期。

黄觉民《情绪行为的可教性》刊于《教育杂志》第 28 卷第 7 期。

黄觉民《充满生气的课程究会增高智力商数至何程度?》刊于《教育杂志》第 28 卷第 7 期。

李纯青《编制课程的十二个基本问题》刊于《教育杂志》第 28 卷第 7 期。

黄觉民《一九三七年美国教育名著六十种》刊于《教育杂志》第 28 卷第 7 期。

章渊若《中国新教育之建设运动》刊于《教育杂志》第 28 卷第 8 期。

李清悚《计划教育及其统制机构的合理化》刊于《教育杂志》第 28 卷第 8 期。

黄觉民《学校兼办社会教育的问题》刊于《教育杂志》第 28 卷第 8 期。

丁重宣《战时小学课程应如何改变》刊于《教育杂志》第 28 卷第 8 期。

郭揽青、陈监先《民族革命大学儿童团概观》刊于《教育杂志》第 28 卷第 8 期。

王达三《抗战建国与民族生产教育的实施》刊于《教育杂志》第 28 卷第 8 期。

王裕凯《学生集训与民族复兴》刊于《教育杂志》第 28 卷第 8 期。

方东澄《从实施导师制所想的种种》刊于《教育杂志》第 28 卷第 8 期。

陈碧云《儿童学校教育问题之检讨》刊于《教育杂志》第 28 卷第 8 期。

钟鲁斋《奥大利的师资训练》刊于《教育杂志》第 28 卷第 8 期。

高觉敷《心理学的改造》刊于《教育杂志》第 28 卷第 8 期。

高觉敷《口吃的原因及其治疗》刊于《教育杂志》第 28 卷第 8 期。

富伯宁《家庭情形与流浪儿童》刊于《教育杂志》第 28 卷第 8 期。

黄觉民《普通科成绩在职业指导上的意义》刊于《教育杂志》第 28 卷第 8 期。

富伯宁《美国大学校内的心理卫生》刊于《教育杂志》第 28 卷第 8 期。

富伯宁《苏联今日的心理健康问题》刊于《教育杂志》第 28 卷第 8 期。

黄觉民《墨西哥教育的革命》刊于《教育杂志》第 28 卷第 8 期。

富伯宁《世界动荡中我们的儿童》刊于《教育杂志》第 28 卷第 8 期。

罗廷光《最近各国青年训练述要》刊于《教育杂志》第 28 卷第 9 期。

杨卫玉《对于节约运动的一个建议》刊于《教育杂志》第 28 卷第 9 期。

李蒸《抗战期间大学教育之方式》刊于《教育杂志》第 28 卷第 9 期。

林励儒等《部发中小学训育及教材问题之研究》刊于《教育杂志》第 28 卷第 9 期。

聂若山《战时小学训育问题》刊于《教育杂志》第 28 卷第 9 期。

环惜吾《抗战建国中师范教育应有之动向与设施》刊于《教育杂志》第 28 卷第 9 期。

梁士杰《战时流动教学的实施》刊于《教育杂志》第 28 卷第 9 期。

方东澄《教育改制析论》刊于《教育杂志》第 28 卷第 9 期。

张抑予《教师自省的方法》刊于《教育杂志》第 28 卷第 9 期。

黄觉民《侵略行为的生理根据》刊于《教育杂志》第 28 卷第 9 期。

高觉敷《神父迪文的天国》刊于《教育杂志》第 28 卷第 9 期。

钟鲁斋《青年驿馆与德英美的学校》刊于《教育杂志》第 28 卷第 9 期。

钟鲁斋《乡村教师困难的综合研究》刊于《教育杂志》第 28 卷第 9 期。

关瑞梧《训练少年品格的组织》刊于《教育杂志》第 28 卷第 9 期。

李纯青《甘地的教育计划》刊于《教育杂志》第 28 卷第 9 期。

李纯青《新西兰的教育概况》刊于《教育杂志》第 28 卷第 9 期。

雷通群《墨西哥建国教育之进行路线》刊于《教育杂志》第 28 卷第 10 期。

黄金鳌《三民主义青年团与各国青年训练比较观》刊于《教育杂志》第 28 卷第 10 期。

高觉敷《大学教育学院改制问题》刊于《教育杂志》第 28 卷第 10 期。

陈兼善《现行初中动物学课程标准之商讨》刊于《教育杂志》第 28 卷第 10 期。

杨卫玉、季寒筠《现阶段办理职业学校的一个新理想》刊于《教育杂志》第 28 卷第 10 期。

吴溯初《现行军训应如何事例学校教育》刊于《教育杂志》第 28 卷第 10 期。

郭揽青《怎样指导儿童遇战时生活》刊于《教育杂志》第 28 卷第 10 期。

伍任夫《如何增高劳作的效率》刊于《教育杂志》第 28 卷第 10 期。

黄觉民《师范教育的要点》刊于《教育杂志》第 28 卷第 10 期。

黄觉民《对大学低能生实施适应课程的效果》刊于《教育杂志》第 28 卷第 10 期。

钟鲁斋《图书馆的应允及其施行》刊于《教育杂志》第 28 卷第 10 期。

钟鲁斋《市教育局长对于学校课程应负的责任》刊于《教育杂志》第 28 卷第 10 期。

富伯宁《幼童教育史》刊于《教育杂志》第 28 卷第 10 期。

李纯青《波兰的体育训练》刊于《教育杂志》第 28 卷第 10 期。

小山《苏俄的文化教育》刊于《教育杂志》第 28 卷第 10 期。

蒋百里《抗战一年之前因后果》刊于《教育杂志》第 28 卷第 10 期。

宋庆龄《告中国的青年友人》刊于《教育杂志》第 28 卷第 10 期。

常道直《新中国之国民训练计划刍议》刊于《教育杂志》第 28 卷第 11 期。

邱椿《现代教师责任的新认识》刊于《教育杂志》第 28 卷第 11 期。

高觉敷《导师制与问题行为的研究》刊于《教育杂志》第 28 卷第 11 期。

马客谈《苏联建国进程中教师的训练和服务》刊于《教育杂志》第 28 卷第 11 期。

马宗荣《学校中心的社会教育及战时的社会教育》刊于《教育杂志》第 28 卷第 11 期。

钟道赞《各级农的教育应如何发生联系》刊于《教育杂志》第 28 卷第 11 期。

何清儒《战时职业实习教育的趋势及需要》刊于《教育杂志》第 28 卷第 11 期。

陈碧云《难民与难民教育问题》刊于《教育杂志》第 28 卷第 11 期。

伍任夫《两种新式考题的比较研究》刊于《教育杂志》第 28 卷第 11 期。

高觉敷《关于预言之实验的研究》刊于《教育杂志》第 28 卷第 11 期。

高觉敷《音乐及图画的材能与变态心理》刊于《教育杂志》第 28 卷第 11 期。

高觉敷《听觉锐敏度与音乐的材能》刊于《教育杂志》第28卷第11期。

钟鲁斋《公立学校与政治目标》刊于《教育杂志》第28卷第11期。

黄觉民《理想的校长》刊于《教育杂志》第28卷第11期。

富伯宁《学校健康问题》刊于《教育杂志》第28卷第11期。

李纯青《苏联中学的课程教法和师生生活》刊于《教育杂志》第28卷第11期。

郑光昭《西澳洲的函授教育制度》刊于《教育杂志》第28卷第11期。

黄震遐《日本侵华的损失》刊于《教育杂志》第28卷第11期。

魏友菲《日本经济的崩溃》刊于《教育杂志》第28卷第11期。

龚德柏《日本现金已尽》刊于《教育杂志》第28卷第11期。

赵廷为《站在家长地位谈战时战后的教育改革》刊于《教育杂志》第28卷第12期。

吴研因《战时教育在发展良好特性防杜不良特性》刊于《教育杂志》第28卷第12期。

杨卫玉《广西教育之观感》刊于《教育杂志》第28卷第12期。

袁伯樵《学生营实施自助生产教育之商榷》刊于《教育杂志》第28卷第12期。

王达三《教育节约与教育建设》刊于《教育杂志》第28卷第12期。

环惜吾《中等学校导师制的实施及其问题》刊于《教育杂志》第28卷第12期。

徐伯康《一年半来实施乡村巡回教学的经验》刊于《教育杂志》第28卷第12期。

高时良《战时民众教育方案》刊于《教育杂志》第28卷第12期。

祝志学《长期抗战中小学教育实施问题》刊于《教育杂志》第28卷第12期。

陆傅籍《抗战建国中小学各科作业要项的设计》刊于《教育杂志》第28卷第12期。

陈卫藩《儿童的牙齿卫生》刊于《教育杂志》第28卷第12期。

黄觉民《大学生逐年学业进步的研究》刊于《教育杂志》第28卷第12期。

黄觉民《一个做父亲者对于教育的看法》刊于《教育杂志》第28卷第12期。

李纯青《第七届国际公共教育会议》刊于《教育杂志》第28卷第12期。

李纯青《埃及教育的矛盾现象》刊于《教育杂志》第28卷第12期。

蒋委员长《告全国国民书》刊于《教育杂志》第28卷第12期。

程时煃《告青年书》刊于《教育杂志》第28卷第12期。

陈立夫《抗战一年来之教育》刊于《贵州教育》第1期。

吴鼎昌《光明大路》刊于《贵州教育》第1期。

萧光邦《现阶段的小学教育》刊于《贵州教育》第1期。

白懋宽《抗战一年来的军事与政治》刊于《贵州教育》第1期。

中国教育学会《抗战建国时期中之教育学》刊于《建国教育》第1卷第1期。

按:是文曰:"教育思想并不是由一般思想家随便地凭空想出的一种空洞洞、不着实际的东西;而是他们自己必须跑到实际的社会里面去观察现实生活;复次,在现实生活里面去把握住许多问题;然后再把这许多问题经过一番的精炼,使之组织化而成为一种理论。因此,教育学者不能够离开实际教育而单独地去冥想的;积极地说,教育学者应该时常地与一般教师互相接触,互相感染,并且共同地去组织当时当地所需要的一种教育学说""同时,教育学者又必须为此时此地的需要去建设一种有适应性的教育学。然则际这战争时节,教育学者所注目的现实生活,并不是只限于后方;换句话说,凡是介乎前方和后方之中间去担任传递的工作,即一方面把在前方应用物质力的军事家所提出的人的力量和物的力量之要求通知于后方,使他们去准备;他方面把在后方培养精神力的教育家所造成的知的力量和意的力量运输于前方,使他们去发挥。……尤其本会同人欲建设一种抗战建国的教育学,那么,我们更非有时亲临阵地,观察战况,有时退到后方,准备援助不可"。

中华职业教育社《抗战建国时期中之职业教育实施方案》刊于《建国教育》第1卷第1期。

中华儿童教育社《抗战建国时期中之儿童教育》刊于《建国教育》第1卷第1期。

中国教育电影协会《抗战建国时期中之教育电影的理论与实施》刊于《建国教育》第1卷第1期。

中华图书馆协会《抗战建国时期中之图书馆》刊于《建国教育》第1卷第1期。

中国卫生教育社《抗战建国时期中之卫生教育》刊于《建国教育》第1卷第1期。

中国民生教育学会《抗战建国时期中之民生教育》刊于《建国教育》第1卷第1期。

中国测验学会《抗战建国时期中之测验工作》刊于《建国教育》第1卷第1期。

中国心理卫生协会《抗战建国时期中之心理卫生》刊于《建国教育》第1卷第1期。

中国社会教育社《抗战建国时期中之社会教育的新动向》刊于《建国教育》第1卷第1期。

中华健康教育研究会《抗战建国时期中之健康教育》刊于《建国教育》第1卷第1期。

中华体育学会《抗战建国时期中之体育》刊于《建国教育》第1卷第1期。

吴俊升讲、邱觉心记《从社会学的观点来看教育》刊于《教育半月刊》第4卷第8期。

聂鸿端《目前中学生的精神训练问题》刊于《教育半月刊》第4卷第8期。

李树芳《从中国新教育的检讨谈到现阶段的青年训练问题》刊于《教育半月刊》第4卷第8期。

徐济才《新都实验县教育建设实施区参观记》刊于《教育半月刊》第4卷第8期。

刘绍禹《入学考试之正确性》刊于《教育半月刊》第4卷第9期。

邱觉心《小学实施战时教育的原则》刊于《教育半月刊》第4卷第9期。

徐济才《四川省立南城小学两年来问题研讨辑要》刊于《教育半月刊》第4卷第9期。

尚仲衣《致下乡做救亡工作的青年》刊于《教育研究》第81期。

林本《抗战教育商榷》刊于《教育研究》第81期。

姜琦《文化侵略与文化抵抗》刊于《教育研究》第81期。

萧冠英《救亡工作的原则与大纲》刊于《教育研究》第81期。

方惇颐《对于抗战时期教育的几个建议》刊于《教育研究》第81期。

梁瓯第《非常时期中国教育哲学的趋向》刊于《教育研究》第81期。

谭允恩《欧战时法兰西的教育》刊于《教育研究》第81期。

章乃器主讲,严元章等记《战时教育座谈会报告》刊于《教育研究》第81期。

姜琦《论战时教育与平时教育之分界》刊于《教育研究》第82期。

雷宾南《第五战区的抗战教育》刊于《教育研究》第82期。

邹谦《考选航空人员之实验心理方法及其必要设备》刊于《教育研究》第82期。

廖鸾扬《日本之非常时期教育政策》刊于《教育研究》第82期。

尚仲衣《华南抗战教育的一个尝试》刊于《教育研究》第82期。

严元章《抗战教育服务团工作报告》刊于《教育研究》第82期。

崔载阳、方惇颐《民族中心小学课程实验的总报告》刊于《教育研究》第85—86期合刊。

严明《中国的大学区制》刊于《教育研究》第85—86期合刊。

马鸿述《拟订视导计划之科学方法》刊于《教育研究》第85—86期合刊。

钱蘋《一个教育的经历》刊于《教育研究》第85—86期合刊。

崔载阳、方惇颐《民族中心小学课程实验的总报告》刊于《教育研究》第85—86期合刊。

严明《中国的大学区制》刊于《教育研究》第85—86期合刊。

马鸿述《拟定视导计划之科学方法》刊于《教育研究》第85—86期合刊。

马葆炼《音乐与教育》刊于《教育研究》第85—86期合刊。

钱蘋《一个教育的经历》刊于《教育研究》第85—86期合刊。

萧敷详《为实现抗战建国的教育而努力》刊于《教育与服务》第1期。

聂允文《疏濬汉江于国防之重要性》刊于《教育与服务》第1期。

荆磐石讲、张泽涵记《抗战前途之展望》刊于《教育与服务》第1期。

逸民《倭阁改组之观察》刊于《教育与服务》第1期。

刘保山《知识分子下乡前应有的准备》刊于《教育与服务》第1期。

马孝劬《我们陕西服务团的目标性质和工作》刊于《教育与服务》第1期。

李素珍《我们对于抗战应有的前途认识》刊于《教育与服务》第1期。

荆忍谦《安康县乡土志》刊于《教育与服务》第1期。

杨伟庭《小学怎样实施战时教育》刊于《教育与服务》第1期。

刘光瓒《抗敌救亡独幕剧》刊于《教育与服务》第1期。

栗斋《规制教育理想的检讨》刊于《教育与科学》第3期。

栗斋《学科课程与社会演变》刊于《教育与科学》第3期。

曙苍《周代教育行政》刊于《教育与科学》第3期。

嘉葆《欧洲各国实施义教概况》刊于《教育与科学》第3期。

桂萼《一个国文教学的具体方案》刊于《教育与科学》第3期。

一得《云南气象要素之分布》刊于《教育与科学》第3期。

陈一得《云南气象要素之分布(三续)》刊于《教育与科学》第4期。

[苏]齐德里夫斯基著,王烈译《科学进步之逻辑》刊于《教育与科学》第4期。

王政《社会心理学上的心理社会学派》刊于《教育与科学》第4期。

夏嗣尧《滇南佛法源流纪要》刊于《教育与科学》第4期。

润生《我国科学教育的检讨》刊于《教育与科学》第4期。

蒋公泽《战时教育的动向》刊于《教育与科学》第4期。

甘师禹《由云大招考新生谈到高中的几个问题》刊于《教育与科学》第4期。

方国瑜《明修云南方志书目》刊于《教育与科学》第4期。

白桃《对学校实施抗战教育的几个具体意见》刊于《战时教育》第2卷第7期。

柯柏年《边区的学校教育》刊于《战时教育》第2卷第7期。

洞若《我国应该承认意大利并吞阿比西尼亚么?》刊于《战时教育》第2卷第8期。

杨东莼《战时高等教育》刊于《战时教育》第2卷第8期。

企程译《西班牙学生的动态》刊于《战时教育》第2卷第8期。

洞若《介绍一位青年者的信并谈精神教育》刊于《战时教育》第2卷第8期。

夏阳《怎样对小孩子讲时事》刊于《战时教育》第2卷第8期。

季平《新道德论上篇》刊于《战时教育》第2卷第10期。

古枫《教育女工的教材及实施法》刊于《战时教育》第 2 卷第 10 期。

林犁田《孩子剧团怎样纪念五一》刊于《战时教育》第 2 卷第 10 期。

徐伸鸾《战时地方教育行政人员工作方案》刊于《战时教育》第 2 卷第 10 期。

洞若《读上海国难教育工作纲领》刊于《战时教育》第 2 卷第 10 期。

徐明《八路军怎样学习的》刊于《战时教育》第 2 卷第 10 期。

维特《介绍战时书报供应所》刊于《战时教育》第 2 卷第 10 期。

李希圣《为军事看护课程忠告女中学生》刊于《战时教育》第 2 卷第 10 期。

冰若《如此大学教育》刊于《战时教育》第 2 卷第 10 期。

张申府《普及教育运动与当前文化运动》刊于《战时教育》第 2 卷第 11—12 期合刊。

洞若《对教育部长陈先生谈话的感想》刊于《战时教育》第 2 卷第 11—12 期合刊。

洞若《今日普及教育运动之方针及其内容与办法》刊于《战时教育》第 2 卷第 11—12 期合刊。

朱启贤《扩大普及教育运动》刊于《战时教育》第 2 卷第 11—12 期合刊。

杨应彬《值得怀念的儿童教育工作》刊于《战时教育》第 2 卷第 11—12 期合刊。

宋晓村《怎样布置小学校抗战环境》刊于《战时教育》第 2 卷第 11—12 期合刊。

何筹《儿童识字班》刊于《战时教育》第 2 卷第 11—12 期合刊。

洞若《生活教育与普及教育运动》刊于《战时教育》第 3 卷第 1 期。

杨东蓴《抗战建国纲领读本》刊于《战时教育》第 3 卷第 1 期。

陆维特《民众学校访问记》刊于《战时教育》第 3 卷第 1 期。

惠波《小先生战时教学团》刊于《战时教育》第 3 卷第 1 期。

佩明《抗战教育研究会抗战讲演室结束记》刊于《战时教育》第 3 卷第 1 期。

童常《抗战中的西北问题》刊于《战时教育》第 3 卷第 2 期。

徐志贯《我们在西北工作的简略报告》刊于《战时教育》第 3 卷第 2 期。

白桃《目前社会教育的中心任务及其他》刊于《战时教育》第 3 卷第 3 期。

孙铭勋《大中学校怎样办社会教育》刊于《战时教育》第 3 卷第 3 期。

夏阳《新的任务和新的小学校》刊于《战时教育》第 3 卷第 3 期。

仰山《青年军事干部训练的严重问题》刊于《战时教育》第 3 卷第 3 期。

夏风《活跃在武汉的小学教师》刊于《战时教育》第 3 卷第 3 期。

角鳞《从布拉格日内瓦谈到大武汉》刊于《战时教育》第 3 卷第 3 期。

程今吾《谈谈教育准备论》刊于《战时教育》第 3 卷第 7 期。

民华《我们有征服困难的勇气》刊于《战时教育》第 3 卷第 7 期。

陆维特《怎样对儿童实施政治教育》刊于《战时教育》第 3 卷第 7 期。

角鳞《争取远东局势的好转》刊于《战时教育》第 3 卷第 7 期。

白桃《立即改善青年教育和青年运动》刊于《战时教育》第 3 卷第 8 期。

武田《新疆省文化教育近态》刊于《战时教育》第 3 卷第 8 期。

陆维特《战时民众教育和民众运动》刊于《战时教育》第 3 卷第 8 期。

郑义《陕甘宁边区的工人教育》刊于《战时教育》第 3 卷第 8 期。

拓林《陶行知先生说真话》刊于《战时教育》第 3 卷第 8 期。

角鳞《国际民主与国内民主》刊于《战时教育》第 3 卷第 8 期。

陶行知《一个建议——桂林山洞教育》刊于《战时教育》第3卷第9期。

张榜来《一年来的山西民族革命教育》刊于《战时教育》第3卷第9期。

戈宝权《苏联的儿童是怎样生活的》刊于《战时教育》第3卷第9期。

陶甄《德国法西斯教育漫谈》刊于《战时教育》第3卷第9期。

时子周《回教教长与回民战时教育》刊于《战时教育》第3卷第9期。

拓林笔记《我们为什么要来援助中国》刊于《战时教育》第3卷第9期。

角鳞《六万万人的战争》刊于《战时教育》第3卷第9期。

游隆净《因明浅释》刊于《佛教月刊》第8年第3期第86—87号。

苇舫《日阀自掘坟墓》刊于《佛教月刊》第8年第6期第89号。

太虚《日伪之最后觉悟机会》刊于《佛教月刊》第8年第4期第87号。

太虚《降魔救世与抗战建国》刊于《佛教月刊》第8年第8期第90号。

大雄《谈谈僧教育》刊于《华南觉音》创刊号。

太虚《佛教与耶教》刊于《华南觉音》创刊号。

言然《由知识来推定真理》刊于《华南觉音》创刊号。

雨岩《佛徒报恩与抗敌》刊于《华南觉音》第2期。

太虚《佛教徒如何雪耻》刊于《华南觉音》第2期。

竹摩《华南觉音的希望》刊于《华南觉音》第2期。

达灵《华南觉音的诞生》刊于《华南觉音》第2期。

言然《人生之谜》刊于《华南觉音》第2期。

演培《宇宙问题》刊于《华南觉音》第2期。

俨然《战争与和平》刊于《华南觉音》第3期。

允公《香港佛教》刊于《华南觉音》第3期。

斯陀《第二次参政会闭幕有感》刊于《华南觉音》第4期。

太虚《佛学会与佛教会》刊于《华南觉音》第4期。

大庵《寄语香港佛教救济难民会》刊于《华南觉音》第4期。

大雄《怎样做正信佛徒》刊于《华南觉音》第4期。

达灵《学僧与体育》刊于《华南觉音》第4期。

明言《僧侣救护队解散的真相》刊于《华南觉音》第4期。

四、学术著作

(东晋)常璩著《华阳国志》由长沙商务印书馆刊行。

(后秦)鸠摩罗什译《维摩诘所说经》由上海佛学书局刊行。

(唐)不空译《七俱胝佛母所所准提陀罗尼经》由上海佛学书局刊行。

(宋)吕祖谦著,湖上渔隐注解《东莱博议》(上下册)由上海达文书店刊行。

(元)蒙润注《天台四教仪集注》由北平佛学书局刊行。

(明)刘伯温等著,(清)金圣叹批评《中国预言》由华夏哲理社刊行。

(明)宋濂、(清)朱珪注解《摩诃般若波罗蜜多心经注解》刊行。

(明)徐宗泽著《中国天主教传教史概论》由上海圣教杂志社刊行。

（明）费信著，冯承钧校注《星槎胜览校注》由商务印书馆刊行。

（明）焦竑著《焦氏类林》（丛书集成初编本）由上海商务印书馆刊行。

（清）倭良峰著《童蒙须知》由无锡佛教净业社刊行。

（清）程允升原著，（清）邹圣脉增补，周祖芬增订《（言文对照详细注释）幼学句解》（上下册）（国学入门丛书）由上海春江书局刊行。

（清）程允升原著，（清）邹圣脉增补，李汉文校订《（新增白话句解）幼学琼林》由上海国学书局刊行。

（清）张江裁著《东莞袁督师后裔考》由双肇楼京津风土丛书本刊行。

（清）谢清高口述，杨炳南笔受，冯承钧注释《海录注》由商务印书馆刊行。

（清）裴景福、霍邱著《河海昆仑录》（上下册）由广东广州中华书局刊行。

蒋雪逸编著《国学四十讲》由上海东方文学社刊行。

新民会首都指导部编《新民主义的哲学体系》由北平新民书局刊行。

汪少伦著《民族哲学大纲》由重庆正中书局刊行。

姜琦著《抗战建国与民生哲学》由重庆独立出版社刊行。

蒋中正著《力行哲学》由重庆黄埔出版社刊行。

胡绳著《辩证法唯物论入门》由重庆新知书店刊行。

赵纪彬著《中国哲学史纲要》由上海生活书店刊行。

富毅著《中国民治政体哲学史》由著者刊行。

吴康著《周易大纲》由上海商务印书馆刊行。

李果著《学易丛见》由上海商务印书馆刊行。

王恩洋著《老子学案》由上海佛学书局刊行。

姚文栋著《孔子认识》由上海春江书局刊行。

车铭深著《论语与儒家思想》由长沙商务印书馆刊行。

程涓辑《历代尊孔记·孔教外论合刻》由上海东方读经会刊行。

王恩洋著《论语疏义》（上下册）由上海佛学书局刊行。

周祖芬译注《论语句解》由上海春江书局刊行。

王心湛重校《（重校）论语话解读本》由上海广益书局刊行。

傅庆隆著《孔孟学说新体认》由北平著者刊行。

曹歧周著《孟子政治经济思想》由广东广州广州大学法科学校刊行。

王恩洋著《孟子疏义》（上下册）由上海佛学书局刊行。

朱广福等编《孟子话解》由上海商务印书馆刊行。

刘子静著《荀子哲学纲要》由上海商务印书馆刊行。

石一参著《管子今诠》（上下册）由上海商务印书馆刊行。

王立中编《文中子真伪汇考》由上海商务印书馆刊行，有蔡元培序，作者自序。

陈仲荄著《尹文子直解》由上海商务印书馆刊行。

周祖芬译注《孝经句解》由上海春江书局刊行。

遵经会校《孝经读本》由上海春江书局刊行。

刘铁冷注解，朱领中解说《孝经白话解说》由江苏苏州弘化社刊行。

姚明辉著《孝经读本姚氏学》由上海春江书局刊行。

杨明照校《吕氏春秋校证》由北平燕京大学哈佛燕京学社刊行。

黄晖校释《论衡校释(册)》由上海商务印书馆刊行。

杨明照注《刘子斠注》由北平燕京大学刊行。

陈建夫著《王阳明学说及其事功》由武昌乡村书店刊行。

张西堂著《王船山学谱》由上海商务印书馆刊行。

陈唯实著《抗战与新启蒙运动》由湖北汉口扬子江出版社刊行。

陈高傭编《论理学》由商务印书馆刊行。

张铁君著《唯生论的方法论》由贵州贵阳贵州晨报社刊行,有李次温序。

民团周刊社编《孙文学说表解》由广西南宁民团周刊社刊行。

刘炳藜著《蒋介石先生思想研究集》由重庆华中图书公司刊行。

刘少奇著《论修养》由国际出版社刊行。

郭培师著《做事之理论办法与经验》由著者刊行。

蔡振绅著,杨汝襄辑《公民基德》(上下编)由民彝小学校刊行。

卯金一郎著《错误之镜》(初集)由北平同懋祥南纸印刷店刊行。

裴小楚编《成功书册》由上海经纬书局刊行。

无瑕编《战时青年的修养与责任》由人民出版社刊行。

新兴广告社编译部编辑《人生指南》由上海新兴广告社刊行。

赵宗预著《奋斗的人生》由上海世界书局刊行。

赵宗预著《青年与领袖》由上海世界书局刊行。

费子城著《唯假论》由江西奉新著者刊行,有谌然模序、孤云轩主诗序。

李宗吾著《厚黑丛话》(合订本)由四川成都日新工业社刊行。

李宗吾著《心理与力学》由四川成都日新工业社刊行。

按:是书分11章:性灵与磁电、孟荀言性争点、宋儒言性误点、告子言性正确、心理依力学规律而变化、人事变化之轨道、世界进化之轨道、达尔文学说之修正、克鲁泡特金学说之修正、我国古哲学说含有力学原理、经济政治外交三者应采用合力主义。

张孟休编《听众心理学》由上海商务印书馆刊行。

张君俊著《日本人之病态心理》由江苏南京中山文化教育馆刊行。

蔡任渔编撰《几个宗教问题》由广东公进出版社刊行。

江道源著《科学家与宗教》上册由商务印书馆刊行。

周伯琴著《战争与宗教》由中西日报刊行。

汤用彤著《汉魏两晋南北朝佛教史》(二册)由上海商务印书馆刊行。

按:是书获得教育部学术审查委员会主持的第三届学术奖励哲学类一等奖。

佛学研究社编《佛书答问》(上下册)由上海佛学书局刊行。

高观如编《出家学佛与在家学佛》由上海佛学书局刊行。

高观如编《大乘佛教概述》(下)由上海佛学书局刊行。

慈忍室主任编,太虚审定《论文集》(下册)由上海佛学书局刊行。

狄守仁著《九十三题》由天津崇德堂刊行。

范司铎、韩司铎编《传信伙助会》由北平公教教育联合会刊行。

恭思道著《基督教最早的五大总议会》由上海中华圣公会刊行。

郭中一编《中国教会著名人物证道篇》由中国基督圣教书会刊行。

江谦著《阳复斋诗偈新集》刊行。

李盎博编辑《小学要理教科书》（第3册）由河北安国西关天主堂刊行。

李盎博著《小学要理教学法》（第1册）由河北安国西关天主堂刊行。

李西满、杨若望编《师范简言》由河北献县天主堂刊行。

李圆净编《梵网经菩萨戒本汇解》由上海佛学书局刊行。

李圆净著《护生痛言》由陕西西安克兴印书局刊行。

李子宽著《金刚经白话释义》由上海佛学书局刊行。

刘锦标著《人道天道汇编》由北平增刊印书局刊行。

刘显亮编《慷慨悲歌录》刊行。

刘显亮著《观世音菩萨自陈圆通章俗注》由北平佛化居士会刊行。

陆位崇校编《麻衣相术秘诀》由上海春明书店刊行。

吕祖阳述《阿伽陀药》由北平佛学书局刊行。

马奕猷著《我们的圣教儿童班教授法》由广西梧州天主堂刊行。

马奕猷著编《我们的圣教》（像解问答题本）由香港公教真理会刊行。

麦沾恩编著《牧范学》由上海广学会刊行。

缪滌源编《念佛救度中阴法》由上海佛学书局刊行。

倪柝声著《工作的再思》由上海福音书房刊行。

曹新铭著《掘发宝藏》由上海美华浸会书局刊行，有自序。

曹新铭著《勤劳的人生》由上海美华浸会书局刊行。

诚质怡著《会牧书信释义》由上海广学会刊行。

聂云台著，杨慧镜选《人生指津》由上海佛学书局刊行。

青年协会编《中华基督教青年会年鉴（1938年）》由上海青年协会书局刊行。

区慕灵、许韶阳编著《基督教浸会高级少年团指南》由上海美华浸会书局刊行。

全国基督教青年会军人服务部总部编《全国基督教青年会军人服务部工作概要（1938年）》由编者刊行。

白峰云编《工商学院公教同学坚振纪念刊》刊行。

山东烟台足前明灯报社编《启示录纲目》由山东烟台编者刊行。

沈体兰著《基督徒与救国运动》由香港青年协会书局刊行。

石家昌著《神话大变》由自修书房刊行。

时兆报馆编《赞美诗歌》由上海编者刊行。

太虚讲，碧松记《辩中边论颂释》由重庆佛经流通处刊行。

太虚著，谈玄等编校《法相唯识学》（上下册）由上海商务印书馆刊行。

天津海大道中华基督教会编《天津海大道中华基督教会年报（1938年）》由天津编者刊行。

万国圣经研究会编《平安·慰藉》由上海编者刊行。

汪兆祥著《末世》由天津文岗箓印书局刊行。

王仁生、吴礽茂编《天主教大纲》由上海土山湾印书馆刊行。

王学仁编著《宣道法大纲》由上海广学会刊行。

韦千里著《(增订)命学讲义》由上海韦氏命苑刊行。

吴耀宗著《大时代的宗教信仰》由香港青年协会书局刊行。

吴应树著,圣心报馆编者校订《向耶稣圣灵诵》(圣时默想初编)由上海土山湾印书馆刊行。

西藏班禅驻京办事处著《班禅事略》由北平著者刊行。

谢扶雅著《被压迫者的福音》由香港青年协会书局刊行。

谢颂羔著《我如何得有今日》由上海广学会刊行。

星相研究社编《(评注)渊海子平》由上海春明书店刊行。

徐乐吾著《(命理革新)子平粹言》(上下册)由上海乾乾书社刊行。

徐松石著《中华民族眼里的耶稣》由上海广学会刊行。

印光著《印光法师文钞》(上下册)由上海佛学书局刊行。

印光著《在家学佛法要》由上海佛学书局刊行。

余晋稣编《金刚经通俗集义》由北平警察共济社刊行。

袁树珊著《(增订)命理探原》由江苏镇江润德堂刊行。

袁树珊著《大六壬探原》由江苏镇江润德堂刊行。

袁树珊著《述卜筮星相学》由江苏镇江润德堂刊行。

袁树珊著《选吉探原》由江苏镇江润德堂书局刊行。

圆瑛著《劝修念佛法门》由上海道德书局刊行。

张德钧著《金刚仙论考》由北平国立北平图书馆刊行。

朱宝昌著《唯识新解》由北平燕京大学哈佛燕京学社刊行。

宗泐、如玘注《楞伽经注解》刊行。

张孝松著《寄小天神》由上海土山湾印书馆刊行。

招观海主编《国难特辑》(第2辑)由广东广州基督教联会国难服务委员会刊行。

中华各大学公交教授学会编《正义与和平》由湖北武昌益华报社刊行。

中华各大学公交教授学会编《追悼阵亡将士》由湖北武昌益华报社刊行。

中华基督教教育协会著《中华基督教教育协会全国中等教育参事会》华东区由上海编者刊行。

中华基督教青年会全国协会编《半年来全国青年会军人服务工作概述》由上海编者刊行。

中华基督教青年会全国协会编《全国青年会军人服务工作》由上海编者刊行。

中华基督教协进会布道委员会编著《布道的意义》由上海广学会刊行。

才依格编《新订祈祷宗会袖珍》由上海土山湾印书馆刊行。

社会科学研究会编《社会科学概论》由上海中华书局刊行。

按：是书包括社会发展史、资产阶级性革命与革命转变问题、社会主义革命与无产阶级专政、苏联情况、殖民地半殖民地国家民族革命、农民问题等。

曹伯韩著《通俗社会科学二十讲》由重庆读书生活出版社刊行。

徐懋庸、何干之编《社会科学基础教程》由桂林社会科学研究会刊行。

沈志远著《妇女社会科学常识读本》由上海生活书店刊行。

孙本文著《社会学原理》由上海商务印书馆刊行。

李安宅著《社会学论集》刊行。

杨堃著《莫斯教授的社会学学说与方法论》由北平燕京大学社会学系刊行。

孙中山著《社会建设》由四川成都中央陆军军官学校刊行。

罗家伦等著《抗战中的社会问题》由重庆独立出版社刊行。

李剑华著《非常时期之社会政策》由上海中华书局刊行。

瞿宣颖编《中国社会史料丛钞》（上中下册）由上海商务印书馆刊行。

陈善林著《统计学》由上海中华书局刊行。

陈善林著《统计制图学》由上海商务印书馆刊行。

庄泽宣、陈学恂著《民族性与教育》由上海商务印书馆刊行，有庄泽宣序。

按：是书包括民族性的构成与控制、英美德法四国民族性在教育上反映、各家对中国民族性的意见、中国民族性的构成等 10 章。

尚秉和著《历代社会风俗事物考》由上海商务印书馆刊行。

按：是书记述我国古代社会状况，风俗变迁，全书共 44 卷。包括上古时代社会状况、三代以来首服、汉以来车马及都城街衢、嫁娶丧葬、历代物价、岁时伏腊等。卷首有杜琨作《历代社会风俗事物考叙》，作者的例言。

姚灵犀编《采菲录第四编》由天津书局刊行。

郭人全编《战时乡村建设》由浙江省教育厅附设师资进修通讯研究部刊行。

张秉辉著《抗战与救济事业》由上海商务印书馆刊行。

教育部民众读物编审委员会编《后援工作》由重庆正中书局刊行。

流浪著《救济难民》由湖北汉口文化协进社刊行。

叶溯中等著《伤兵问题与难民问题》由重庆独立出版社刊行。

吴继泽编《儿童保护事业概论》由上海商务印书馆刊行。

经济部江西农村服务区管理处编《江西农村社会调查》由编者刊行。

宪兵司令部警务处编《中国秘密帮会之研究》由宪兵杂志社刊行。

王晋伯编著《挑战与帮会》由重庆独立出版社刊行。

蒋杰著《关中农村人口问题（关于 1273 农家灾荒与人口之调查研究）》由国立西北农林专科学校刊行。

詹文浒著《两性问题》由上海世界书局刊行。

钱实甫著《怎样开会》由广西南宁民团周刊社刊行。

李耘夫编《汉留全史》由重庆星星书报杂志社刊行。

按：是书叙述汉留的定义、组织的兴衰、人事更替、内外规则及职务、文献等，资料翔实。

吴泽霖、叶绍纯编著《世界人口问题》由上海商务印书馆刊行。

按：是书包括人口问题的重要及其起因、世界人口数量、世界人口的增加、世界人口的将来、出生与死亡的趋势、世界人口之移动、世界主要生活资源之分布、人口政策等 8 章。

蒋方震著《日本人———一个外国人的研究》由湖北汉口大公报刊行。

柳克述著《政治学》由重庆青年书店刊行。

湖南省学生集中训练总队政训委员会编《政治讲义纲要》由编者刊行。

崔龙著《唐茹经先生政治学》由上海大东书局刊行。

祝百英等著《政治常识与社会问题》由江西丰城丰城县政府第三科刊行。

张君劢著《政治家之领导》由中国国家社会党宣传部刊行。

长虹著《政治的新生》由长虹出版社刊行。

叶青著《中国政治问题》由西北出版社刊行。

曾恭编《国际政论家之中日战争论续集》由上海亚东图书馆刊行。

郑自明著《中国历代的县政》由上海著者刊行。

按：是书阐述县以前的封建制度、县的起源、县政制度的沿革和县在政制史上的地位等问题，有自序。

郑樵著《通志略》由上海商务印书馆刊行。

蒙思明著《元代社会阶级制度》由北平哈佛燕京社刊行。

吴晗著《元明两代之"匠户"》由著者刊行。

吴丰培著《清季筹藏奏牍》由湖南长沙国立北平研究院史学研究会刊行。

边燮清著《中国历史上几个倾向安那其主义者》由重庆平明书店刊行。

蒋介石讲《建军建国的根本精神》由第三战区第十集团军浙省抗卫团干部训练班刊行。

蒋介石讲《新中国一要从我们的手里创造出来》由上海热血出版社刊行。

蒋介石讲述，拔提书店编辑《抗战方针与方略》由拔提书店刊行。

蒋介石讲《蒋委员长讲怎样战胜敌人》由湖北汉口编者刊行。

蒋介石著《负起抗战建国的使命》由广西南宁民团周刊社刊行。

蒋介石著《复兴民族之要道》由国民政府军事委员会政治部刊行。

蒋介石著《和平奋斗救中国》由上海一心书店刊行。

蒋介石著《领袖抗战言论集》由南京拔提书店刊行。

蒋介石著，独立出版社编《领袖抗战言论集》由湖北汉口独立出版社刊行。

蒋介石著，独立出版社编《领袖抗战言论续集》由重庆独立出版社刊行。

蒋介石著，福建省政府秘书处公报室编《抗战最高指导原则》由编者刊行。

蒋介石著，军事委员会政治部编《抗战以来领袖的宣示与训词》由重庆青年书店刊行。

蒋介石著《蒋总裁抗战语录》由陕西西安九州书局刊行。

广州特别市党部编《最高领袖抗战言论集》由编者刊行。

军官训练团编《领袖抗战言论集》由编者刊行。

伊兰编《蒋委员长抗战言论集》由湖南长沙抗敌救亡出版社刊行。

易白羊著《蒋先生的言论与民族解放前途》由湖北汉口大众出版社刊行。

抗战教育研究会编《蒋委员长抗战问答》由湖北汉口新生出版社刊行。

新生活运动促进总会编《蒋委员长抗战言论集》由重庆编者刊行。

向愚编《蒋介石最近的抗战主张》由战时出版社刊行。

浙江省政府秘书处编《蒋委员长抗战言论集》由编者刊行。

中国国民党浙江省党部编《总裁抗战言论集》由编者刊行。

江西省政府教育厅编《蒋委员长抗战言论》由编者刊行。

中央警官学校编《校长抗战言论汇编》由编者刊行。

毛泽东等执笔《抗战中的党派问题》由湖北汉口长江出版社刊行。

毛泽东等著《论一党专政》由中华出版社刊行。

毛泽东等著《统一战线下党派问题》由广东广州时事新闻编译社刊行。

毛泽东著《论持久战》由解放社刊行。

毛泽东著《论新阶段》由重庆新华日报馆刊行。

毛泽东著，史天行编《毛泽东言论集》由湖北汉口芒种书屋刊行。

张剑萍编《毛泽东抗战言论集》由上海战时读物编译社刊行。

周恩来著，苏生编《周恩来论抗战诸问题》由上海群力书店刊行。

周恩来著《论目前抗战形势》由湖北汉口新华日报馆刊行。

周恩来著《抗战政治工作纲领》由上海明明书局刊行。

王明著《新中国论》由中国出版社刊行。

王明著，叶青编《陈绍禹抗战言论集》由民族解放社刊行。

王明著《陈绍禹救国言论选集》由湖北汉口中国出版社刊行。

徐特立著《抗战中的政治问题》由湖北汉口播种社刊行。

吴玉章著《吴玉章抗战言论选集》由湖北汉口中国出版社刊行。

阎锡山著，方寒松等编《阎伯川先生救国言论选集》由民族革命社刊行。

孔祥熙著《孔院长国庆纪念日告全国民众书》由蒙藏委员会总务处第四科刊行。

李宗黄编著《李宗黄先生讲演录》由河南省党部刊行。

张治中著《张主席言论》由湖南省政府秘书处刊行。

张治中著《张主席言论集》由上海中华书局刊行。

陈诚著《陈诚将军抗战言论》由湖北汉口新生出版社刊行。

汪精卫讲《汪副总裁莅湘四讲》由湖南省政府刊行。

独立出版社编辑《汪精卫先生抗战言论集》由湖北汉口独立出版社刊行。

冯玉祥编《不忘国仇问答》由湖北汉口三户图书印刷社刊行。

冯玉祥编《抗日的伟大民众》由湖北汉口三户图书社刊行。

冯玉祥著《抗战建国与发扬革命精神》由广西南宁民团周刊社刊行。

凯丰著《抗日民族统一战线教程》由陕西延安解放社刊行。

王明著《全国总抗战和保证抗战的胜利》由上海南华出版社刊行。

秦邦宪著《论抗日民族统一战线的发展困难及其前途》由湖北汉口新华日报馆刊行。

李品仙著《我们的力量与敌人的力量》由广西南宁民团周刊社刊行。

李宗仁著，全面战周刊社编辑《焦土抗战的理论与实践》由全面战周刊社刊行。

李宗仁著《焦土抗战论》由广西桂林大众文化出版社刊行。

李宗仁著《今后的战局》由广西南宁民团周刊社刊行。

李宗仁著《民族复兴与焦土抗战》由广西南宁民团周刊社刊行。

林森著《打回南京去》由广西南宁民团周刊社刊行。

林森著《国以民为本》由广西南宁民团周刊社刊行。

黄绍竑讲《攻势政治》由浙江永康新力周刊社刊行。

黄绍竑讲《抗战必胜》由浙江永康新力周刊社刊行。

黄绍竑著，浙江省政府秘书处编《黄绍竑先生抗战言论集》由浙江省政府秘书处刊行。

黄旭初著，广西建设研究会编《黄旭初先生演讲集》由编者刊行。

黄旭初著《抗战的基础工作》由广西南宁民团周刊社刊行。

黄旭初著《抗战的结果与政治的演变》由广西南宁民团周刊社刊行。

罗家伦等执笔《民族至上论》由重庆独立出版社刊行。

林克多著《民族革命战争论》由湖北汉口光明书局刊行，有著者序。

按：是书据列宁、斯大林关于民族解放运动的论断，略加诠释编成本书。共4章：民族战争的本质，初期的民族革命战争，帝国主义和民族革命战争，民族革命战争的战略。

俞希平著《民族革命论》由湖北汉口天马书店刊行，有主编者《救亡建国理论丛书序言》。

按：是书共4部分：民族问题的涵义及其史的发展，帝国主义对殖民地的压迫，批评几种对于解决民族问题的错误思想，中国民族革命应取的政策。

陈启天编著《民族的反省与努力》由重庆独立出版社刊行。

华善学著《中华民族解放运动史》由湖北汉口新知书店刊行。

按：是书共10章，记述自鸦片战争到辛亥革命的主要事件。有太平天国、捻军起义、苗族回族的起义、中日战争、义和团等。书后附中华民族解放运动年表。

周木斋著《中国民族革命小史》由上海一般书店刊行。

按：是书记历史上对于外族、外国侵略的抗击，另有专章介绍太平天国、辛亥革命、抗日战争等。全书共14章。

陈廉贞、黄操良著《抗战中的中国民族问题》由上海黎明书局刊行。

江傅纬平著《民族抗战史略》由上海商务印书馆刊行。

按：是书记述我国及世界各国的民族抗战史。分甲乙两篇。甲篇：从黄帝战蚩尤讲到抗日战争，共9章。乙篇：从古希腊抗波斯讲到第一次世界大战，共8章。

应樑著《抗战中的西南民族问题》由重庆中山文化教育馆刊行。

张君俊著《长期抗战的收获是什么》由重庆中山文化教育馆刊行。

张云伏著《惊涛骇浪中的中国》由四川成都统一出版社刊行。

张佐华著《怎样争取最后的胜利》由湖北汉口上海杂志公司刊行。

章渊若著《自力主义民族复兴之基本原理》由长沙商务印书馆刊行。

赵康著《争取民族抗战斗争的胜利》由湖北汉口黎明书局刊行。

白曦著《不做亡国奴》由上海黑白丛书社刊行。

贝叶著《中日战争与远东新形势》由上海一般书店刊行。

蔡馥生著《救亡的理论与实践》由湖北汉口抗战知识社刊行。

柴绍武、朱允坚著《中国必胜》由绍兴抗日自卫委员会文化委员会刊行。

柴绍武著《中国必胜》由绍兴抗战建国社刊行。

陈独秀著《从国际形势观察中国抗战前途》由广东广州亚东图书馆刊行。

陈独秀著《民族野心》由广东广州亚东图书馆刊行。

陈独秀著《我对于抗战的意见》由广东广州亚东图书馆刊行。

陈独秀著《准备战败后的对日抗战》由湖北汉口亚东图书馆刊行。

尼司编《陈独秀与所谓托派问题》由新中国出版社刊行。

陈钧著《为实现三民主义而奋斗》由湖北汉口新国民书店刊行。

陈铭枢著《巩固统一抗战到底》由湖北汉口祖国书刊行。

陈清晨著《谁先干涉日本的侵略》由广东广州战时出版社刊行。

陈仪讲，福建省政府秘书处公报室编《陈主席言论集》由福州编者刊行。

陈逸园著《老百姓穷苦的原因》由湖北汉口新知书店刊行。

陈允中著《抗日民族统一战线的真面目》由湖北汉口求是出版社刊行。

谭苓编《国共合作抗日文献》由湖北汉口天马书店刊行。

汪馥泉编著《国共统一战线及其前途》由战时出版社刊行。

解放出版社编《中共对干抗日民族统一战线的主张》由解放出版社刊行。

傅于琛著《国共团结与中国前途》由湖北汉口群力书店刊行。

邓初民著《对日抗战的基本问题》由湖北汉口大众出版社刊行。

王明(原题陈绍禹)著《抗日救国政策》由湖北汉口生活书店刊行。

陈钧著《国共两党要建立怎样的新中国》由国民书店刊行。

陈钧著《要建立怎样的新中国?》由湖北汉口新国民书店刊行。

丁逢白著《中国革命的根本问题》由西北出版社刊行。

丁洪范著《抗战的出路》由重庆香鹤书局刊行。

洪元著《我们应该走向那里——中国的未来》由湖北汉口第一步书店刊行。

郭沫若著《中国为什么抗战》由上海一心书店刊行。

侯外庐著《抗日民族统一战线论》由湖北汉口生活书店刊行。

胡秋原著《中国革命根本问题》由湖北汉口时代日报社刊行,有自序。

胡秋原编《士风与学风》由湖北汉口时代日报社刊行。

胡秋原编著《肃奸与惩贪》由湖北汉口时代日报社刊行。

胡秋原编著《统一与抗战》由湖北汉口时代日报社刊行。

胡秋原编著《兴党与建国》由湖北汉口时代日报发行部刊行。

胡秋原编著《雪耻与兵役》由湖北汉口时代日报发行部刊行,有编著者序。

胡秋原编著《战局与欧局》由湖北汉口时代日报社刊行。

黄季陆、林中奇著《全面抗战的认识》由广西南宁民团周刊社刊行。

黄雪村著《中国共产党与国民革命》由广西南宁民团周刊社刊行。

黄雨青著,吕金录校订《和平统一与全面抗战》由长沙商务印书馆刊行。

何之编《"和平"运动及其反响》由上海杂志社刊行。

黄兆栋著《中国空前大革命》由广东广州大学刊行。

蒋坚忍著《抗战中的几个根本问题》由中国空军出版社刊行。

李大刚著《抗战的前途》由正气社刊行。

李茂秋编著《全面抗战方略》由江西南昌编者刊行。

梁士纯著《中国的抗战》由每日译报出版社刊行。

梁漱溟著《如何抗敌》由湖北武昌乡村书店刊行。

刘健群著《如何抗日救国》由广东广州新粤刊社刊行。

刘列夫著《我们必需要打个结果出来》由重庆中山文化教育馆刊行。

柳宁著《中国共产党的透视》由上海正义社刊行。

吕朋编著,吕金录校订《战时人民的义务》由长沙商务印书馆刊行。

周世正著《人民日报社论集》由湖南长沙人民日报社刊行。

中国国民党中央执行委员会宣传部编《中国必胜》由编者刊行。

顽强社编《新华日报论评集》由顽强社刊行。

教育部编《抗战知能》由编者刊行。

教育部民众读物《御侮救国》由武汉正中书局刊行。

新华日报馆编辑《欢迎世界学联代表团特辑》由湖北汉口新华日报馆刊行。

中国工人抗敌总会备委员会著《中国工人抗敌总会筹备委员会呈中国国民党临时全国代表大会建议书》由著者刊行。

《在困难中前进》(新华日报言论集)由广东广州离骚出版社刊行。

《中国抗战必胜的分析》由蒙藏委员会编译室刊行。

独立出版社编辑《中日战争与世界舆论》由湖北汉口独立出版社刊行。

独立出版社编《统一与抗战》由湖北汉口独立出版社刊行。

杜也牧著《中国打得过日本》由上海杂志公司刊行。

公论社编辑《领袖论及其他》由上海译报图书部刊行。

教育部民众读物编审委员会编著《战时的农民》由重庆正中书局刊行。

蒙藏委员会编译室编《如何保卫国家民族的独立与生存》由编者刊行。

闵佛九著《反侵略战争的理论与实际》由福州南方日报社刊行。

欧伯著《长期抗战所必须的条件》由广东广州亚东图书馆刊行。

钱俊瑞著《给救亡同志的公开信》由湖北汉口生活书店刊行。

钱俊瑞著《抗战与救亡工作》由上海生活书店刊行,有著者小序。

钱实甫著《把中国变成焦土》由广西南宁民团周刊社刊行。

钱实甫著《抗日战线与国民革命》由广西南宁民团周刊社刊行。

钱云阶著《抗战的认识》由湖北汉口华中图书公司刊行。

沈镘若著《中国唯一之出路》由湖南长沙竟园书店刊行。

史步金著《全面抗战的政治形势》由湖北汉口上海杂志公司刊行。

谭公辅编《一党专政还是联合阵线》由湖北汉口全民出版社刊行。

谭计全著《中国革命问题》由浙江抗战卫国干部训练班刊行。

抗大丛书编辑委员会编辑《抗大欢迎世界学联代表团特辑》由抗大政治部出版科刊行。

温锐编著《大家一条心》由湖北汉口全民出版社刊行。

无瑕编辑《最后胜利与统一战线》由湖北汉口人民出版社刊行。

夏威著《怎样保证抗战的胜利》由广西南宁民团周刊社刊行。

小潇著《"大时代"的干部问题》由上海杂志公司刊行。

新华日报馆编《新华日报社论》由湖北汉口新华日报馆刊行。

叶青著《中国底现阶段及其将来》由抗战出版社刊行。

叶溯中等著《革命领导权》由编者刊行。

叶青著《抗战中的问题》由湖北汉口抗战出版社刊行。

民团周刊社编《抗战建国纪念日》由广西南宁编者刊行。

戴旭初编选《七七抗战建国纪念日名言特选》由湖南长沙拔提书店刊行。

蒋卉编《抗战建国文献辑要》由广西南宁民团周刊社刊行。

独立出版社编《建国之路》由重庆独立出版社刊行。

侯外庐著《抗战建国论》由重庆生活书店刊行。

胡秋原著《抗战建国之根本问题》由湖北汉口时代日报社刊行。

蒋显德著《抗战与建国》由重庆中山文化教育馆刊行。

凌青著《抗战可以同时建国吗?》由湖北汉口生活书店刊行。

邵力子等执笔《建国在作战的时候》由湖北汉口独立出版社刊行。

黄文山著《抗战建国与复兴民族》由广东广州更生评论社刊行。

黄旭初著《抗战与建国》由广西南宁民团周刊社刊行。

中国国民党中央执行委员会宣传部编《抗战建国纲领浅说》由重庆正中书局刊行。

史枚等著《抗战建国纲领问答》由重庆生活书店刊行。

徐益编著《如何实践抗战建国纲领》由湖北汉口天马书店刊行。

华志超编辑《中国国民党抗战建国纲领及临时全国代表大会宣言》由上海商务印书馆刊行。

钱实甫著《抗战建国纲领的认识》由广西南宁民团周刊社刊行。

童秦圣编著,周佛海、陶希圣主编《抗战建国纲领研究:政治篇》由艺文研究会刊行。

黄旭初编《建国之理论与实施》刊行。

按:是书原名县政概论,为广西县政公务员政治训练班讲义。分中国建设、广西建设、县政建设8章。着重讲述县政建设的重要性,办理县政的要素及应有的程序,县的训政工作等。

李慎行编著《总动员前夜的中国、外蒙与苏联》由新生出版社刊行。

国民政府军事委员会政治部编《国家总动员》由编者刊行。

罗敦伟著《战时国家总动员》由重庆青年书店刊行。

马季廉著《国家总动员》由军事委员会政治部刊行。

陈诚著《最近抗战形势与全民动员》由蒙藏委员会总务处第四科刊行。

童翼编著,吕金录校订《总动员浅说》由长沙商务印书馆刊行。

尢真化著《动员二百万》由广西南宁民团周刊社刊行。

刘为章著《对于战争应用的认识》由南宁民团周刊社刊行。

中国国民党中央执行委员会宣传部编《抗战时期宣传方略》由编者刊行。

中国国民党中央执行委员会宣传部编《战时宣传纲要汇编》由编者刊行。

教育部编《战时宣传纲要汇编》由编者刊行。

军事委员会政治部编《全国民众宣传大纲与实施办法》刊行。

施叔平编《战时的宣传》由长沙商务印书馆刊行。

张庚著《流动宣传队》由广东广州黎明书局刊行。

吕朋著《战时的宣传》由长沙商务印书馆刊行。

穆超著《非常时期的宣传政策》由重庆正中书局刊行,有陈立夫序及自序。

郭沫若著《战时宣传工作》由重庆青年书店刊行。

郭沫若著《文艺与宣传》由湖北汉口生活书店刊行。

杨一夫著《中日宣战问题》由重庆中山文化教育馆刊行。

独立出版社编《抗战与宣传》由湖北汉口独立出版社刊行。

国民政府军事委员会政治部编《一年来一般宣传品汇刊》由编者刊行。

鲁芒著《陕甘宁边区的民众运动》由湖北汉口大众出版社刊行。

杨实编《陕北的群众动员》由湖北汉口扬子江出版社刊行。

徐行编《怎样才能发动民众》由湖北汉口长江出版社刊行。

程道平编《怎样干救亡工作》由湖北汉口生活书店刊行。

江西省乡村抗战宣传巡回工作团编《江西省乡村抗战宣传巡回工作团概况》由编者刊行。

冯玉祥等执笔，独立出版社编《民众动员问题》由湖北汉口独立出版社刊行。

冯玉祥著《民众训练问答》由江西省政府教育厅刊行。

磷石著《怎样才能彻底动员民众》由重庆中山文化教育馆刊行。

任绍熹著《广西动员的设施和能力》由广西民团周刊社刊行。

胡翼成著《如何促进民间抗日意识》由重庆上海杂志公司刊行。

柳乃夫著《怎样发动民众自卫组织》由上海杂志公司刊行。

潘汉年等著《抗战与民众运动》由上海生生书店刊行。

潘念文著《后方民众运动概论》由湖北汉口大众出版社刊行。

阮毅成等著《组织民众与训练民众》由广东广州战时出版社刊行。

沙千里著《抗战与民众运动》由湖北汉口生活书店刊行。

沈斐成编《战时的民众训练》由上海商务印书馆刊行。

石辟澜著《民众运动入门》由湖北汉口群力书店刊行。

吴浪萍编《怎样做民众运动》由解放出版社刊行。

吴云峰著《战时民众运动的几个根本问题》由福州中央派闽工作队刊行。

鄞县县政府编《民众组织》由编者刊行。

张佐华著《怎样组织民众》由湖北汉口上海杂志公司刊行。

张君俊著《持久抗战敬告国民》由江苏南京中山文化教育馆刊行。

韦健夫编《怎样动员千百万农民》由汉口自强出版社刊行。

刘铭基著《怎样动员渔民大众》由重庆中山文化教育馆刊行。

谢扶雅等编《如何发动农民》由长沙中华平民教育促进会刊行。

陈立森著《民众组织与训练》由福建省军管区国民军训处刊行。

俞希平等著《抗战中的军队与民众》由湖北汉口全民出版社刊行。

张君劢著《立国之道》由广西桂林刊行。

黄季陆著《如何认识总理》由广西南宁民团周刊社刊行。

蒋介石讲述《总理遗教六讲》由国民政府军事委员会政治部刊行。

蒋介石著《三民主义青年团蒋团长告青年书》由中央航空机械学校刊行。

李宗仁等著《三民主义在广西》由广西南宁民团周刊社刊行。

罗敦伟编著《三民主义青年团之组织及精神》由重庆七七书局刊行。

陈伯达著《三民主义概论》由重庆中国文化社刊行。

民团周刊社编《三民主义表解》由广西南宁民团周刊社刊行。

丁幼泉编述《三民主义讲授大纲》由湖北宜昌乡政人员训练分所刊行。

朱德华著《什么是三民主义》由大众读物编译社刊行。

王平一著《三民主义的展望》由湖北汉口独立出版社刊行。

傅于琛著《民权与革命》由湖北汉口天马书店刊行。

中央执行委员会秘书处编《中国国民党第五届中央执行委员会第四次全体会议记录》由编者刊行。

独立出版社编《中国国民党宣言集》由重庆独立出版社刊行。

《中国国民党临时全国代表大会宣言》由中央陆军军官学校第六分校刊行。

虞伯舜编《抗战后方的新广西》由建国书店刊行。

按：是书介绍广西抗战前及抗战以来的状况。包括广西的自然环境、广西怎样建设起来的、从艰难的环境中苦干、民众运动与全国抗战、战时教育在广西等，附录李宗仁、白崇禧等文章4篇。

胡一凡编《抗战中广西动态》由上海抗战编辑社刊行。

胡愈之等著，国新社编《沦陷七周年的东北》由生活书店刊行。

湖北省政府秘书处编译室编《非常时期之湖北省政》由编者刊行。

蒋君章著《抗战中之湖北形势》由湖北汉口中山文化教育馆刊行。

刘靖清著《战时县政方案》刊行。

民族革命通讯社编《救亡工作技术》由湖北汉口民族革命通讯社刊行，有编者序。

钱实甫编《白健生先生论三自政策与广西建设》由广西南宁建设书店刊行。

白崇禧著，全面战周刊社编《三自政策的理论与实践》由全面战周刊社刊行。

按：是书内收《三自政策》《三自政策在广西之检讨》《办理地方自治的五要点》《三寓政策》《三民主义在广西之检讨》《自给政策的现阶段》等7篇。

白崇禧著《三自政策在广西》由广西南宁民团周刊社刊行。

味再厉著《广西民众为什么乐于应征》由陕西西安西北书店刊行。

广东省政府民政厅编《非常时期之广东民政工作》由编者刊行。

浙江江山县抗日自卫委员会宣传工作队编《三个月的救亡工作》由编者刊行。

浙江省政府编《沦陷区政治工作要领》由编者刊行。

枕画辑《广西各角落的救亡运动》由广西南宁民团周刊社刊行。

陈碧笙著《滇边经营论》由湖北汉口著者刊行。

陈良佐编《抗战与基层建设》由广西南宁民团周刊社刊行。

独立出版社编辑，阮毅成等执笔《战时地方行政工作》由重庆独立出版社刊行。

何会源著《抗战时期的下层政治机构》由重庆中山文化教育馆刊行。

何会源著《战时乡村政制之改善问题》由重庆中山文化教育馆刊行。

何炯著《战时地方行政》由重庆中山文化教育馆刊行。

教育部民众读物编审委员会编著《抗战与垦荒移民》由重庆正中书局刊行。

亢真化著《战时基层政治建设》由广西南宁民团周刊社刊行。

孔庚著《战时乡村工作方案》由湖北汉口生活书店刊行。

刘刚甫著《救亡与筹边》由湖北汉口著者刊行，有代序和附录。

阮华国著《战时县政之改造》由重庆中山文化教育馆刊行。

童行白编著《战时后援工作》由正中书局刊行。

章汉夫著《后方民众怎么干》由上海杂志公司刊行。

赵康著《敌人占领区域的救亡工作》由湖北汉口大众出版社刊行。

陈毅著《乡村工作讲话》由汉口扬子江出版社刊行。

晏阳初著《农民抗战与农村建设》由湖南长沙中华平民教育促进会刊行。

李振院编《怎样做乡村工作》由广东广州战时读物编译社刊行。

民族革命社编《民族革命与农民运动》由民族革命社刊行。

张迈群、潘超著《乡村工作手册》由长江出版社刊行。

公论社编辑《思想家的鲁迅》由上海译报图书部刊行。

郭沫若著，熊琦编《郭沫若先生最近言论集》由广东广州离骚出版社刊行。

曹树铭著《曹树铭文存》由武汉日报社刊行。

梅景周著《梅景周先生抗战言论集》由香港太平洋类编社刊行。

陈孝威著《孝威抗战论文选集》由香港天文台半周评论社刊行。

诚言著《幸福的社会》由重庆平明书店刊行。

行政院非常时期服务团委员会编《讲演集要》由编者刊行。

何伟初著《抗战烽火》由新启蒙社刊行。

中央宣传部编《新生活运动言论集》由重庆正中书局刊行。

朴素编辑《新生活交际大全》由陕西西安九州书局刊行。

民团周刊社编《关于党旗和国旗》由广西南宁民团周刊社刊行。

郑传益编《政治工作的实施》由湖北武昌拔提书店刊行，有邓文仪序及自序。

内政部公报处编《内政公报》由重庆编者刊行。

监察院编《监察院施政概要》由编者刊行。

江西省保安司令部政治训练处编《政训工作的意义和目的》由编者刊行。

田嘉谷著《新路线》由湖北汉口明日出版社刊行。

中国国民党中央执行委员会社会部编《现行民众运动法规方案辑要》由编者刊行。

中国国民党中央执行委员会宣传部编《宣传要点使用法》由编者刊行。

江康黎著《市行政学》由长沙商务印书馆刊行。

雷殷编著《行政述要》由中央训练委员会内政部刊行，书前有编著者原序。

雷殷讲述，方棠美、温人骏笔记，谭士裘校对《行政概论》刊行，有著者卷头语。

霍六丁著《公牍存稿》由著者刊行。

朱元懋编著《保甲与治安》由重庆正中书局刊行。

戴笠著《政治侦探》由重庆中央陆军军官学校刊行。

刘祖澄著《民众组织与谍报工作》由湖北汉口黎明书局刊行。

明凡著《大众谍报知识》由战时大众知识社刊行。

韦若松编著《间谍组织与侦探技术》由广西桂平华泉书局刊行。

国际时事研究会编《间谍横行的世界》由编者刊行。

吕一舟编《侦探和间谍》由商务印书馆刊行。

袁哲编《战时间谍问题》由上海正中书局刊行。

长征著《反间谍与反战事》由上海前进书店刊行，有著者序言。

内政部统计处编《警政统计》由编者刊行。

冯文尧编《刑事警察科学知识全书》由编著刊行。

按：是书书前有张厉生、吴国桢等四人题字，有编者前言。

郑宗楷著《警察动员概论》由上海商务印书馆刊行。

李士珍著《战时警察业务》由上海商务印书馆刊行。

陆绍基著《防空警察》由长沙商务印书馆刊行。

按：是书为战时常识丛书，介绍防空警察的缘起、意义、组织机构、地位、目的、权利及义务、教育及法规、宣传教育，以及消防、防毒、救护、交通管制、灯火管制、警报、演习等。附参考书。有自序。

吕朋编著,吕金录校订《警卫与消防》由长沙商务印书馆刊行。

谢良镕编,范晓峰校对《现代警察实务》由编者刊行。

白动生著《消防》由重庆正中书局刊行。

教育部民众读物编审委员会编《消防常识》由重庆正中书局刊行。

陈衡心著《福建的新认识》由福建省政府刊行。

杜重远著《盛世才与新新疆》由湖北汉口生活书店刊行。

　　按:是书为著者到新疆采访的报导,曾发表于邹韬奋编辑的《抗战》三日刊。共 21 篇。内容侧重于新疆的形势、民族问题、建设情况、对苏关系等,其中两篇介绍盛世才的生平事迹。有邹韬奋序及自序。

福建省政府秘书处统计室编《福建行政》由福建省政府秘书处公报室刊行。

河南省党部编著《河南省党部工作报告》由编者刊行。

江北县政府秘书室编《江北县政刊》由四川江北县编者刊行。

亢真化著《广西的基层建设》由广西南宁民团周刊社刊行。

亢真化著《广西的三位一体制》由广西南宁民团周刊社刊行。

梁上燕著《广西的基层干部》由广西南宁民团周刊社刊行。

梁上燕著《乡镇长集中办公的实施》由广西南宁民团周刊社刊行。

西京平报社编辑部编《西京平报社论选辑》由陕西西安西京平报社经理部刊行。

新都县政府秘书处编《新都实验县县政建设现况》由四川新都编者刊行。

朱民则编《沈鸿烈祸青罪恶录》由山东青岛沈案查办委员会刊行。

陈雨泉等著《云南边地与中华民族国家之关系》由云南省立双江简师校刊行。

蒋卉辑《基层建设实际问题汇编》由广西南宁民团周刊社刊行。

蒋卉辑《乡镇村街长应有的修养》由广西南宁民团周刊社刊行。

蒋卉著《乡镇村街长在战时》由广西南宁民团周刊社刊行。

梁上燕著《怎样处理乡镇村街公所的行政》由广西南宁民团周刊社刊行。

李洁之著《改进行政基层组织刍议》由广东广州救亡日报社丛书部刊行。

梁家齐著《基层干部与基层工作》由广西南宁民团周刊社刊行。

柳乃夫著《当前的几个实际工作问题》由广州抗敌救国丛书社刊行。

潘景佳著《怎样举行村街民大会》由广西南宁民团周刊社刊行。

王峰著《抗战与青年》由湖北汉口抗战研究社汉口分社刊行。

柳湜等著《告时代青年》由怒吼出版社刊行。

张志让等著《抗战与青年训练》由湖北汉口生活书店刊行。

陈铭枢等著《现阶段的青年运动》由广东广州晨光出版社刊行。

潘梓年等著《战时的中国青年往何处去》由湖北汉口自强出版社刊行。

平心编著《献给伟大时代的青年》由湖北汉口光明书局刊行。

平心著《战时的青年运动与青年工作》由湖北汉口光明书局刊行,有著者小序。

王不为编《现代青年之万能》由上海大文书局刊行。

超人编著《战时青年组织和训练》由湖北汉口前进出版社刊行。

杨晋豪编著《抗战中的青年出路》由广东广州战时出版社刊行。

雷瑞英、陈木桦编著《现阶段的青年运动》由湖北汉口建国书店刊行。

公论社编辑《青年的任务》由译报图书部刊行。

蒋建白编著《战时学生训练》由重庆正中书局刊行。

罗伽著《战时青年训练》由汉口大时代书店刊行。

汪仁侯编《战地少年工作》由正中书局刊行。

刘澄清编著《中国童子军教育》由长沙商务印书馆刊行,有余景陶、陈潮中、隋树森序及自序。

范晓六主编《童子军三级课程教学法概要》由四川成都二二五童子军书报用品分社刊行。

上海市商会社会童子军团编辑委员会编《上海市商会社会童子军团一五十团章程》由湖北汉口编者刊行。

郑昊樟编著《童子军战时服务常识》由长沙商务印书馆刊行。

中国童子军战时服务第一团团史编辑委员会编《抗战与童军》由上海编者刊行。

中国童子军总会编《中国童子军法规汇编》由重庆编者刊行。

上海市商会社会童子军团编辑委员会编《抗战服务报告概要》由湖南长沙中国童子军第五十团刊行。

邵森棣等著《抗战与妇女》由重庆独立出版社刊行。

中华各大学公教教授学会编《国难期的母亲》由湖北武昌益华报社刊行。

陆洛著《睁开眼睛看一看》由湖北汉口全民出版社刊行。

罗琼著《怎样动员妇女》由湖北汉口新知书店刊行。

潘景佳著《广西怎样动员妇女》由广西南宁民团周刊社刊行。

蒋鸣岐编著《战地妇女工作》由重庆正中书局刊行。

广东女界联合会战时妇女服务团编《广东女界联合会战时妇女服务团特刊》由编者刊行。

教育部民众读物编审委员会编著《战时的妇女》由重庆正中书局刊行。

彭慧著《民族抗战与妇女的任务》由湖北汉口大众出版社刊行。

陈碧云著《民族解放战争与妇女》由广州亚东图书馆刊行。

石孟良编《解放中的妇女大众》由湖北汉口自强出版社刊行。

新生活运动促进总会妇女指导委员会编《抗战建国与妇女新生活》由编者刊行。

杨之华著《妇女运动与国民革命》由广东广州亚东图书馆刊行。

按:是书论述妇女运动的起源、意义,近代西欧妇女运动概况,中国妇女的过去、现在及将来。

于思著《战时妇女问题》由湖北汉口全民出版社刊行。

林中奇、罗剑魂著《农村妇女干部训练的实例》由广西南宁民团周刊社刊行。

陈达著《南洋华侨与闽粤社会》由上海商务印书馆刊行。

按:是书以生活方式的形成与变迁为中心,将华侨社区与非华侨社区、南洋华侨社区进行三角比较研究,考察了南洋华侨对于家乡整个社会生活的变迁所产生的影响,是当时中国社会界研究华侨问题的代表性著作之一。

丁培纶著《想问南洋侨胞记》由个人刊行。

林云谷著《动员华侨问题》由重庆中山文化教育馆刊行。

林云谷著《抗战与华侨》由重庆中山文化教育馆刊行。

尹衍钧著《全面抗战与国民外交》由重庆中山文化教育馆刊行。

张彝鼎著《我国国际关系与抗战前途》由湖南长沙艺文研究会刊行。

征夫著《中国抗战与国际情势》由湖北汉口抗战研究社刊行。

东人编《国际形势演变与中国抗战》由上海怒吼出版社刊行。

甘介侯著《抗战中军事外交的转变》由上海前进社刊行。

洪勋编著《国防与外交》由江苏南京正中书局刊行。

按：是书讲述国际法的起源及战时国际公法，十九世纪中国外交失败史，民国成立后的外交，中国国防应注意的问题。

周鲠生著《战时外交问题》由重庆青年书店刊行。

郑学稼著《从外交谈判到民族战事》由湖北汉口抗战出版社刊行。

施叔平编《战时的外交》由上海商务印书馆刊行。

吕彦深编《外交公文范》由上海中华书局刊行。

陈钟浩著《现代国际政治》由重庆中央陆军军官学校刊行。

李惟果、吕怀君著《现代国际政治与国际问题》由湖北武昌国民政府军事委员会政治部刊行。

金仲华等著《一九三八年的世界》由战时出版社刊行。

陈斐琴著《世界青年运动与中国抗战》由汉口大众出版社刊行。

民族解放青年出版社《世界与中国青年运动之路》由编者刊行。

于苇著《援助中国的世界反侵略运动》由湖北汉口生活书店刊行。

恽逸群等著《抗战国际知识》由上海一般书店刊行。

斯末资、爱文诺著《国际联盟之将来》由湖北汉口中国国际联盟同志会刊行。

蒋君章编著《中日战争与国际反侵略运动》由重庆独立出版社刊行。

谭淦著《国际形势与全面抗战之发展及其前尘》由广西南宁晨风社刊行。

董维键著《究竟有没有侵略阵线与和平阵线》由湖北汉口生活书店刊行。

王一鸣著《世界弱小民族的解放运动》由香港青年协会书局刊行。

陆洛编著《混世魔王》（又名《帝国主义的世界》）由湖北汉口全民出版社刊行。

田嘉谷著《国际政治上两条洪流》由汉口明日出版社刊行。

世界和平大会编述《世界和平讨论》由上海编者刊行。

世界和平大会编述《世界和平之钥》由上海编者刊行，有引言。

王明著《论反帝统一战线》由中国出版社刊行。

金仲华等著《国际情势与中国》由上海一心书店刊行。

鲁亦英编《国际反侵略运动与中国抗战前途》由上海中外编译社刊行。

陶希圣等著，谭公辅编《目前的国际形势怎样》由湖北汉口全民出版社刊行。

陶希圣著《集体安全与国际新均势》由湖北汉口战时文化出版社刊行。

陶希圣著《欧洲均势与太平洋问题》由湖南长沙艺文研究会刊行，有陈之迈、吴景超、陶希圣合写的艺文丛书总序及自序。

陶希圣等著《国际形势与抗战前途》由湖北汉口时事新闻编译社刊行。

谌志远、张承炽著《欧洲国际问题》由商务印书馆刊行，有著者序言。

李毓田著《德意日防共集团论》由长沙商务印书馆刊行。

陈曦著《德苏未来大战》由上海激流出版社刊行。

李士珍著《现代各国警察》由长沙商务印书馆刊行,有陈焯序、自序及再版序。

拓荒编著《今日的太平洋》由上海英商今日书局刊行。

按:是书评述自西人东航以来,由于列强角逐而形成的太平洋地区紧张形势,"九一八"后日本独霸太平洋的野心,美、英、苏等国的远东政策,中国抗战所产生的重大影响,并展望太平洋地区的前景。

金仲华著《从中日战争到太平洋战争》由湖北汉口人民书店刊行。

苓君编《泛滥世界的反日援华运动》由湖北汉口全民出版社刊行。

教育部民众读物编审委员会编著《敌人快要完了》由重庆正中书局刊行。

教育部民众读物编审委员会编著《日本是一只纸老虎》由重庆正中书局刊行。

温锐著《日本泥菩萨》由湖北汉口全民出版社刊行。

邵芙编《欧美记者论中日战争》由上海明明书局刊行。

邵芙编《中国如何才能战胜日本》由上海明明书局刊行。

黎百强著《日本进攻中国的近因及其前途》由上海南华出版社刊行。

沈洁西编著,吕金录校订《中日实力的比较》由长沙商务印书馆刊行。

独立出版社编辑《日本在泥淖中》由重庆独立出版社刊行。

按:是书收评论、新闻报道23篇。有郭沫若《日寇残酷心理之解剖》,刘燕谷《敌阁改组之意义》,刘仰之《二期抗战与日本财政》,博迪辽夫著、友渔译《日本帝国主义侵略的代价》,张仲实《敌军内部的反战运动》等。

陈叔坚编著《在崩溃中的日本》由广东广州新中国出版社刊行。

《十年来朝鲜的反日运动》由国民政府军事委员会政治部刊行。

章元凤著《英日由对立摩擦而将怎样?》由战时国际关系研究社刊行。

陈因编《拆穿日本纸老虎》由湖北汉口全民出版社刊行。

按:是书有汪衡译《拆穿日本纸老虎》,陈正飞译《日本经济危机的检讨》,高植译《日本国内矛盾与上海战争的关系》,高璘度《日本军部的实质》,白石译《走上绝路的日本》《日本必败论》,吴清友译《侵略的代价》,李孟达《揭穿敌人的政治阴谋》,许涤新《粉碎敌人诱降的毒计》等。

吴浩宇编《危机四伏的日本》由十日文摘社刊行。

熊冶衡等著《彷徨没落中之日本》由湖北汉口独立出版社刊行。

按:著者还有陶希圣、张平君、叶秋、朱偰、黄操良、陈博生、陈钟浩等。

冯玉祥编《倭寇内部的危机》由广西桂林三户图书印刷社刊行,有编者序。

郭沫若编《当前日本的危机》由湖北汉口战时出版社刊行。

李太弗编《日本帝国主义必败》由上海大众出版社刊行。

丁夷编著《日本的悲剧》由上海中国出版公司刊行。

按:是书内容同《日本的大悲剧》。

丁涛著《战时日本政治的动向》由湖北汉口全民出版社刊行。

凤羽著《日本进攻苏联与中国》由陕西战时论坛社刊行,有自序。

古子坚著《解体期中的日本》由广东广州战时日本问题研究会刊行,有自序。

光军著《抗战五月来之日本目击记》由广西桂林生路出版社刊行。

钟鹤鸣著《日本侵华之间谍史》由湖北汉口华中图书公司刊行。

黄操良编著《日本对华侵略战的代价》由湖北汉口大众出版社刊行。

黄天柱编著《最近日本的实况》由上海生活书店刊行。

教育部社会教育司编著《战时的日本》由重庆正中书局刊行。

孔志澄著《近卫内阁论》由长沙商务印书馆刊行。

毓麟著《日本政局与近卫内阁》由宣传部对敌宣传研究委员会刊行。

柳仁著《日本军部与法西斯蒂》由上海杂志公司刊行。

陈启育著《从平时到战时之日本内阁》由湖北汉口黎明书店刊行。

按：是书评论广田内阁倒台、宇垣组阁流产的原因，林内阁成败之症结，近卫内阁往何处去等问题，有郭沫若序、高一涵序及著者序。

郑森禹著《日本的战时体制》由上海光明书局刊行。

离骚出版社编《日本人的反战呼声》由广东广州离骚出版社刊行。

李毓田著《日本主义批判》由商务印书馆刊行。

林纪东编著《战时之日本政治》由重庆独立出版社刊行。

按：是书介绍战争前夕的日本政治和政治机构的改变，日本政府对反战运动的镇压，国家总动员法的制定，以及近卫内阁改组等情况。

宋斐如著《日本人民的反战运动》由湖北汉口生活书店刊行。

按：是书讲述日本侵华后国内反战运动的发展，包括左翼阵线在反战运动中的统一，知识分子、士兵、普通人民和殖民地民众的反战运动概况。

陶希圣著《反战运动在日本》由湖北汉口自强出版社刊行。

孙文庭编《日本能否爆发社会革命》由战时读物编译社刊行。

唐崇慈著《日本的军阀》由江苏南京中山文化教育馆刊行。

谢远达编著《日本特务机关在中国》由湖北汉口新华日报馆刊行。

叶秋著《敌情研究》由上虞县抗日自卫委员会战时教育文化事业委员会刊行。

陶希圣等著《欧洲局势与中日战争》由湖北汉口独立出版社刊行。

《未来的英日战事》由湖北汉口人民书店刊行。

谢馨河著《日苏在远东的争斗》由上海南华出版社刊行。

徐志凝编《日本进攻苏联》由上海战时读物编译社刊行。

金仲华著《日苏双方备战的我见》由湖北汉口人民书店刊行。

国际时事研究会编《未来日苏战争的透视》由上海一般书局刊行。

彭起益编《英日战争预测》由湖北汉口战时读物编译社刊行。

《国际新形势与共产党的任务》由华北新华书店刊行。

季融等著《托洛斯基派在中国》由广东广州晨光出版社刊行。

按：是书收录《托洛斯基派在中国》(季融译)、《铲除日寇侦探民族公敌的托洛茨基匪徒》(康生)、《托洛斯基派是什么》(《新华日报》访员慧淋)、《彻底肃清托洛茨基匪徒》(普丁)、《论广西肃清托王匪徒事件》(西明)、《托匪汉奸张慕陶就缚前后》等 6 篇文章。

向愚编《法西斯的走狗——托洛茨基匪徒》由战时出版社刊行。

叶麟著《安那其主义概论》由重庆平明书店刊行。

火炬出版社编辑《共产国际第七次全世界代表大会底决议案》由火炬出版社刊行。

苏共(布)中央委员会所设专门委员会主编，苏联共产党(波)中央委员会审定《联共(布)党史》由哈尔滨兆麟书店刊行。

浦涛编著《苏联的民众生活》由上海世界书局刊行。

吴清友著《苏联论》由上海一般书店刊行。

云白编《苏联的儿童》由上海世界书局刊行。

曾金编著《今日的外蒙》由上海英商今日书局刊行。

独立出版社编《我们的外蒙古》由湖北汉口独立出版社刊行。

按：是书评论蒙古独立及抗战中的蒙古问题，介绍蒙古的政治、经济、教育现状，以及日本间谍潜探蒙古的记录等。

冯思聪著《外蒙与抗日战争》由香港新生出版社刊行，有著者序。

史天行编《最近的外蒙古》由华中图书公司刊行。

按：是书包括今日之外蒙，蒙古民族的复兴，外蒙的政治经济现状，外蒙归客谈，日本间谍潜行外蒙记，期待中的外蒙古，外蒙古的空军领袖，外蒙近况拾零。其中几篇摘译自国外书刊。

恽逸群著《外蒙问题的考察》由上海一般书店刊行。

按：是书叙述日军侵蒙经过，蒙古人民革命党，蒙古人民共和国的政治、经济概况及社会改革等，指出蒙古是一支不可欺侮的力量。有代序《外蒙古取消独立问题》

周木斋著《远东的民族解放运动》由上海一般书店刊行。

按：是书介绍远东各国及各地区反帝运动简况，包括朝鲜、印度、缅甸、越南、马来亚、菲律宾等，同时指出日本帝国主义是远东弱小民族的最主要的敌人。

邹兆琦著《伦敦海军会议》由江苏南京正中书局刊行。

朱秋梧编著《德国怎样并吞奥大利亚》由上海中外编译社刊行。

谢天培编著《德国国社党之青年组织与训练》由上海民族书局刊行。

陆洛著《另外一个世界》由湖北汉口全民出版社刊行。

张铁生著《我们要不要承认意大利吞并阿比西尼亚》由湖北汉口生活书店刊行。

冯宾符著《捷克斯拉夫》由上海珠林书店刊行。

按：是书介绍捷克斯洛伐克概况，评述捷克少数民族问题，希特勒的野心，捷克斯洛伐克会不会成为另一个奥地利等问题。

军事委员会军令部第一厅第四处编《捷克问题与危机》由编者刊行。

按：是书介绍捷克民族问题，日耳曼少数民族在政治上的地位，德捷冲突经过，法、苏、英、意、波对捷克问题的态度，捷克选举结果以及捷对德作战的策略等。

欧伯著《奥国是怎样失败的》由广东广州亚东图书馆刊行。

按：是书评述世界经济危机与奥地利危机，希特勒上台对奥国的影响，内战及陶尔夫斯被刺事件，希特勒吞并奥地利，奥国失败的教训等。

郗朝俊编著《法学通论》由湖北汉口国民政府军事委员会政治部刊行。

按：是书绪论包括科学的分类、法学、法学与他科学之关系、法学之基础；第一编法律论包括法律之性质、法律之渊源、法律之类别；第二编法律之立废，包括法律之成立、法律之改废；第三编法律之效力，包括关于时之法律效力、关于人之法律效力、关于地之法律效力、关于事之法律效力；第四编法律之运用，包括法律之行用、法律之解释、法律之鉴识、法律之补充；第五编法律之制裁，包括制裁之性质、公力的制裁、自力的制裁、国际的制裁；第六编法律之体系，包括宪法、行政法、刑法、诉讼法、国际法、民法、民事特别法、国际私法、劳动法、土地法等。

军事委员会政治部《战时法令概要》由湖北汉口编者刊行。

军事委员会政治部编《战时法规汇编》由湖北汉口编者刊行。

阮毅成著《战时法律常识》由湖南长沙艺文研究会刊行。

阮毅成著《中国战时法规概述》由重庆青年书店刊行。

贵州省政府秘书处编《贵州省单行法规汇编》由贵州编者刊行。

陶勋编著《乡村长实用法律常识》由广西南宁民团周刊行。

李圣五、郑阮恭著《战时国际公法》由商务印书馆刊行。

吴昆吾著《战时国际法》由重庆青年书店刊行。

葛慕祥编《战时国际法》由商务印书馆刊行。

陶百川编著《战时国际公法》由重庆正中书局刊行。

汪馥炎著《抗战与国际公法》由商务印书馆刊行。

按：是书讲述适用于抗战的国际法，共五部分。前四部分讲述战争中立的观念、战争的宣告，以及战争在法律上的效果等；第五部分讲述抗战中的几个法律问题，包括上海租界中立、空中轰炸、海岸封锁、外国驻兵等问题。

龚钺著《欧美各国现行宪法析要》由商务印书馆刊行。

阮毅成著《国际私法论》由商务印书馆刊行。

吴清友编著《苏联法制》由商务印书馆刊行。

国际时事研究会编《现代战争论》由编者刊行。

按：是书分 3 部分，共 11 篇。第 1 部：绪论，包括《为什么会战争呢？》（劳合·乔治）、《世界军事之新趋势》（蒋方震）2 篇；第 2 部：现代战争的基本认识，包括《现代战争论》（杨杰）、《立体战争的认识》（马季廉）等 4 篇；第 3 部：战术与战略，包括《论战术与战略》（彭德怀）、《列宁论游击战》（哥·柏列夫）等 5 篇。

教育部社会教育司编《现代战争》由重庆正中书局刊行。

林朝岚、胡希明著《青年军事常识》由上海杂志公司刊行。

罗伽著《战时青年常识》由汉口大时代书店刊行。

吕金录、谭勤余编《战时常识》由长沙商务印书馆刊行。

广州二天堂大药行编《战时常识》由广州麟书阁刊行。

方秋苇编著《军事篇（抗战建国纲领研究）》由重庆独立出版社刊行。

李鸿琼著《民族解放战争基本军事讲话》由上海杂志公司刊行。

林岑南编《第二阶段抗战开始应建立新的军队论》由上海怒吼出版社刊行。

卢勋编《战争与经济》由上海中华书局刊行。

按：是书分近代战争观、世界军备之现势、战时经济之本质、战时统制经济政策、列强国家总动员计划等。

陈安仁著《战争与文化》由长沙商务印书馆刊行。

按：是书分 6 节，论述战争的意义、原因，战争对于文化的影响和贡献，以及中国抗战与中国文化等。

蔡锷编辑，蒋介石增补，贾赫编辑《（增补）曾胡治兵语录白话解》由江苏南京军学编译社刊行。

张万瑞编《兵略史解》由江苏南京武学书馆刊行。

鲁元选辑《中国十大家兵书》（上下册）由中央陆军军官学校第一分校第十四期学生第三总队刊行。

按：是书注释中国古代十部兵书：《孙子》《吴子》《司马法》《尉缭子》《黄石公素书三略》《姜太公六韬》《诸葛武侯心书》《唐太宗李卫公问对》《戚少保治兵语录》《增补曾胡治兵语录》。附录：鲁元为将言略。

陶希圣著《中国民族战史》由国民政府军事委员会政治部刊行。

按：是书介绍历史上外族的侵扰及近代以来帝国主义的侵华历史。全书 7 章，有五胡乱华、契丹、女真的侵入、蒙古的侵入、满清入关、帝国主义侵略等。

杨昌溪著《中国军人伟大》由湖北汉口上海金汤书店刊行。

按:是书分中国人战争思想之检讨、中国军人的特质与精神、征兵与兵的素质之改造、抗战与中国军人素质之嬗变、中国空军的战绩、中国军人的改造及其将来等7章。

苏民编著《作战概说》由长沙商务印书馆刊行。

按:是书分8部分:惨烈的现代战争、陆海空军各种战斗在战争中的地位、陆军怎样作战、陆空军怎么联合作战、陆海空军怎样联合作战、机械化部队和化学兵队怎样作战、一般陆军战术简释、尾声。

黄河清、杨通贤编《中国全面抗战记》第1集由广州战情汇编社刊行。

林纪衡著《全面抗日血战史》由上海印书馆刊行。

方秋苇编《中日战争的回忆》由汉口建国出版社刊行。

杨纪编著《沪战实录》由商务印书馆刊行。

军事委员会军官训练团编《东战场京沪战役的检讨》由编者刊行。

徐公达等编《鲁南会战记》由长沙中国战史出版社刊行。

珠江日报社丛书部编《津浦线战绩》由编者刊行。

汪精卫等著《抗日大胜利台儿庄血战史》由大时代出版社刊行。

万迪生编《台儿庄血战史》由上海新时代出版社刊行。

徐咏平编《台儿庄之捷》由汉口独立出版社刊行。

布丁著《飞将军万里东征》由生活书店刊行。

鹤琴、海燕编《川军抗战集》由中央图书公司刊行。

张剑萍著《日本进攻华南》由广州民力书局刊行。

陈玉祥著《香港和海南岛的危机》由重庆中山文化教育馆刊行。

白崇禧著《第一期抗战的教训》由南宁民团周刊社刊行。

独立出版社编《第二期抗战歼寇录》由编者刊行。

秋江等著《第二期抗战后西线战迹》由汉口大时代书店刊行。

李景禧著《封锁海岸与对策》由重庆中山文化教育馆刊行。

叶晴编著《第八路军今昔的战斗生活》由湖北汉口民众解放社刊行。

李光著《红军是怎样锻炼的——我的红军生活回忆》由广东广州抗日旬刊社刊行。

贺明慧编《八路军怎样作战》由上海新生出版社刊行。

程万里编著《八路军的战斗力》由上海新中国出版社刊行。

林岑南编《第八路军是怎样战胜敌人的》由怒吼出版社刊行。

毛泽东、朱德等著《八路军半年来抗战的经验与教训》由上海中外编译社刊行。

朱德等著《我们怎样打退敌人》由湖北汉口新华日报社刊行。

朱德等著《第八路军将领抗战回忆录》由怒吼出版社刊行。

陆克编《第八路军抗战的经验与教训》由湖北汉口战时读物编译社刊行。

杨实编《八路军的战斗经验》由湖北汉口扬子江出版社刊行。

刘雯编《晋北游击战争纪实——第八路军英勇的战绩》由战时出版社刊行。

亦华编《西线抗战经验录》由上海时代史料保存社刊行。

项英等著,金则人编《抗战的经验谈》由汉口自强出版社刊行。

黄峰《第八路军行军记——抗战时代》由湖北汉口光明书局刊行。

黄峰编《第八路军行军记——进展时代》由湖北汉口光明书局刊行。

高克甫编《第八路军在山西》由上海南华出版社刊行。

海燕编辑《抗大动态》由动员社刊行。

沈镘若著《抗战必胜之新战略》由编者刊行。

C.A作《民族革命战争的战略之研究》由大众出版社刊行。

汉夫编著《新的战略与新的战术》由新兴出版社刊行。

金瓦文编著《歼寇新战术》由上海独立出版社刊行。

吴石著《战术讲话》由军事委员会军官训练团刊行。

史天行编《新战术》由湖北汉口一星书店刊行。

夏烈编著《新战术原理》由广东广州新群出版社刊行。

毛泽东著《抗日游击战争的战略问题》由汉口新华日报馆刊行。

毛泽东等著《抗日游击战争的一般问题》由解放社刊行。

朱德、毛泽东等著《游击战讲话》由抗战出版社刊行。

朱德著《游击战争》由汉口顽强社刊行。

朱德著《抗日游击战争》由汉口新华日报社刊行。

朱德著《论游击战》由上海建社刊行。

按：是书上编论述抗日游击战在抗日自卫战争中的重要意义、下编论述抗日游击战争的诸要素,附编论述八路军抗战的一周年成绩。

朱德著《论抗日游击战争》由延安解放社刊行。

郭化若等著《抗战前途与游击战争》由汉口生活书店刊行。

郭化若等著《抗日游击战争的战术问题》由延安解放社刊行。

郭化若等著《游击队的基本战术》由上海建社刊行。

冯玉祥著《抗日游击战术问答》由湖北汉口生活书店刊行。

逸云编著《游击战争的经验与教训》由汉口国华出版社刊行。

明凡著《游击战教程》由汉口读书生活出版社刊行。

黎勉之著《游击战术的研究》由中英印务局刊行。

蔡泽明著《游击战术》由上海光华书局刊行。

张昔方著《游击战术的实际应用》由湖北汉口生活书店刊行。

冷克编《游击战术讲义》由江苏南京军学编译社刊行。

周静园著《抗日游击战术》由上海杂志公司刊行。

萧劲光著《实用游击战术》由长沙战术出版社刊行。

胡苏民编《游击战概说》由长沙商务印书馆刊行。

汪精卫等著《论游击战》由汉口独立出版社刊行。

王之英著《游击战术与游击队》由湖北汉口生活出版社刊行。

侯东明编《第二期抗战中的华北游击战》由新光出版社刊行。

朱文央编《北战场上的游击队报告》由怒吼出版社刊行。

刘清扬等著《保卫华北的游击战》由汉口生活书店刊行。

杨博民、刘清扬等著《游击战在河北》由汉口全民出版社刊行。

王昔之编著《军民联合游击战术》由军用图书社刊行。

少锋社编《实用游击战术读本》由湖北汉口上海杂志公司刊行。

赵康著《游击战术讲话》由上海黎明书局刊行。

陈雅令著《游击战术与游击队》由湖北汉口大时代书店刊行。

赵克昂编《游击战的论争》由汉口黎明书局刊行。

黄道著《抗日游击战争的实际知识》由解放社刊行。

张闻天著《北方游击战争的战略》由上海华南出版社刊行。

丁三著《民众怎样参加游击战》由广州战时出版社刊行。

西北青年救国联合会文化教育部编《抗日游击队纲要》由编者刊行。

任淘著《抗战中底军事动员》由湖北汉口抗敌救国丛书社刊行。

黄埔出版社主编《新兵精神教育问答》由重庆中央陆军军官学校刊行。

蒋介石著《精神讲话》由湖北汉口人民出版社刊行。

杨实编《军队政治工作纲要》由湖北汉口扬子江出版社刊行。

李富春等著《抗战与军队政治工作》由湖北汉口生活书店刊行。

罗瑞卿著《抗战中的政治工作》由湖北汉口中国出版社刊行。

罗瑞卿著《抗日军队中的政治工作》由延安解放社刊行。

按：是书分政治工作的任务、动员时的政治工作、政治教育与文化教育、巩固部队的政治工作、战时政治工作、对居民的政治工作、对敌军的政治工作、政治工作的组织问题等8章。

陈诚讲《政治部设立之意义及工作人员应守之信条》由国民政府军事委员会政治部刊行。

张昔方著《军队中的政治工作大纲》由上海黎明书局刊行。

张昔方著《改造军队政治工作诸问题》由湖北汉口群力书店刊行。

张佐华著《抗战军队中的政治工作》由湖北汉口上海杂志公司刊行。

汪仑著《军队里的政治工作》由上海黑白丛书社刊行。

磷石著《军队政治工作》由重庆中山文化教育馆刊行。

李念慈编著《游击队的射击训练与爆破技术》由湖北汉口上海杂志公司刊行。

彭雪枫讲《游击队政治工作教程》由湖北汉口扬子江出版社刊行。

彭雪枫著《游击队政治工作概论》由湖北汉口读书生活出版社刊行。

南汉宸、彭雪枫讲《全国总动员·游击队的政治工作》由民族革命战争战地总动员委员会刊行。

曾霞著《游击队与群众工作》由湖北汉口上海杂志公司刊行。

铁人、罗瑞卿著《游击队中的政治工作》由上海建社刊行。

曾霞著《游击队的政治工作》由湖北汉口上海杂志公司刊行。

胡苏民编《军队生活》由长沙商务印书馆刊行。

白动生著《防护团》由四川成都正中书局刊行。

枚诘编《中国空军光荣史》由民族文化社刊行。

蒋星德著《空军与国防》由重庆中山文化教育馆刊行。

金文浩编著《防空知识》由华光出版社刊行。

李浴日著《空袭之防空》由湖北汉口上海杂志社刊行。

高行健编著《防空篇》由武汉正中书局刊行。

教育部民众读物编审委员会编著《防空常识》由重庆正中书局刊行。

江晓因、周会吾编《国民防空必读简编》由商务印书馆刊行。

朱晨著《民众防空论》由重庆中山文化教育馆刊行。

陈德俭编《部队防空》由中央训练团刊行。

白启荣著《灯火管制和交通管制》由重庆正中书局刊行。

郭恩霖著《服务教程》由中央陆军训练处刊行。

吕一舟编《兵役法和征兵制》由长沙商务印书馆刊行。

李安民编著、中华贫民教育促进会编审委员会审订《战时人民服役》由湖南长沙中华平民教育促进会刊行。

韩德溥编著《服兵役》由重庆正中书局刊行。

亢真化著《征兵与优待征兵家属》由广西南宁民团周刊社刊行。

郑自明编著《中国现行兵役制度》由湖北汉口大公报馆刊行。

张佐华著《征兵制度的理论与实施》由上海生活书店刊行。

唐崇慈著《抗战中的征兵问题》由江苏南京中山文化教育馆刊行。

军政部审订《军队内务规则》由国名政府军事委员会政治部刊行。

黄埔出版社编《兵役与工役》由重庆中央陆军军官学校刊行。

军事委员会军令部第一厅第四处编《高等司令部之参谋业务——总顾问法肯豪森将军讲演录》。

蔡宗濂著《汽车保存法》由陆军教辎学校辎重兵科刊行。

刘维宜等著《陆军常识》由长沙商务印书馆刊行。

刘维宜、孙惠道编著《海军常识》由长沙商务印书馆刊行。

翁仁元著《抗战中的海军问题》由上海黎明书局刊行。

李啸云编著《机械化军队》（上下册）由长沙商务印书馆刊行。

侯腾著《机械兵战术原则》由重庆军学编译社刊行。

饶荣春著《整军与建军》由重庆中山文化教育馆刊行。

蒋介石著《治军要务和办事要领》由重庆中央陆军军官学校刊行。

蒋介石著《部队长官与参谋人员的责任和修养》刊行。

中央陆军军官学校编《军队指挥纲要草案》由湖北汉口军事委员会刊行。

温明敬讲《幕僚勤务》由军事委员会训练团刊行。

陆军大学校编著《参谋业务》由江苏南京军用图书社刊行。

吴大琨著《怎样做战地工作》由湖北汉口新知书店刊行。

柳乃夫著《战地服务工作于经验》由湖北汉口生活书店刊行。

刘良模著《战时的军人服务》由湖北汉口新知书店刊行。

吴直明编《战时废物搜集》由长沙商务印书馆刊行。

蔡前著《怎样做瓦解敌军的工作》由湖北汉口生活书店刊行。

李友邦著《瓦解敌伪军工作概论》由浙江丽水新力周刊社刊行。

周莹编著《军需征用》由重庆正中书局刊行。

冯志远编《兵站勤务》由陆军辎重兵学校刊行。

蔡劲军编著《战时国防知识》由重庆正中书局刊行。

蔡文玄著《战区人民与国防》由战区人民问题研究会刊行。

国民政府军事委员会政治部编《战时国民军事组训兼备纲领》由编者刊行。

蒋介石讲述《军事教育之要旨》由湖北汉口国民政府军事委员会政治部刊行。

林湛、陆啸涛合编《沙盘教育指针》由湖南湘潭陆军步兵学校出版部刊行。

蒋介石著,国民政府军事委员会政治部编《黄埔训练集选辑》刊行。

邓中举、翟文豹等编《中央陆军军官学校第十三期西迁纪要》由中央陆军军官学校第十三期学生总队部刊行。

一得编《新武器和新战略》由湖北汉口星星出版社刊行。

方振武著《村庄连环堡垒自卫战》由湖北汉口生活书店刊行。

杨杰等著《运动战与阵地战》由重庆独立出版社刊行。

曹诚思编《地下战》由长沙商务印书馆刊行。

陆啸涛著《夜战要旨及其阵害之防止》由军事委员会战时将校研究班刊行。

王云著《街市战战术》由江苏南京军学编译社刊行。

何成璞编著《军战术原则笔记》由江苏南京军用图书社刊行。

卢怀白、周锡保编著《壮丁训练》由重庆正中书局刊行。

蒋介石著《新兵训练的责任和要务》刊行。

蒋介石讲述《新兵训练与办事要领》由重庆中央陆军军官学校刊行。

参谋本部制定《军队符号草案》由军事委员会政治部刊行。

蒋志文编《步兵典范令问答》由重庆军学编译社刊行。

齐廉编《步兵野外勤务》由重庆军学编译社刊行。

齐廉编《新编步兵夜间教育》由重庆军学编译社刊行。

吴文义等编《步兵各个班排连野外战斗教练指导》由湖北武昌兵学书店刊行。

郝嘉禧著《夜间教练计划表》由军事委员会军官训练团刊行。

赵继和著《步兵小战术》由中央陆军军官学校印刷所刊行。

王清彬编《百灵庙》由重庆正中书局刊行。

白崇禧著《广西的军事建设》由全面战周刊社刊行。

钟月云辑《广西学生军》由南宁民团周刊社刊行。

广西学生军回桂代表团编《广西学生军在前线》由编者刊行。

冯璜著《广西的民团》由南宁民团周刊社刊行。

梁上燕著《广西民团的演进》由南宁民团周刊社刊行。

白崇禧著《民团政策与民族革命》由南宁民团周刊社刊行。

蒋君章著《抗战军事地理讲话》由湖北汉口群力书店刊行。

许卓山著《中国抗战地理》由湖北汉口光明书店刊行。

胡焕庸著《国防地理》由重庆文化出版社刊行。

中央陆军军官学校教育处编审委员会编《地形学讲义》刊行。

中央陆军军官学校编《地形学教程》由编者刊行。

　　按:是书卷一为第1—6篇:地形之成立及判断、地形图、地图之投影、演习用方格地图、地图之利用、写真。卷二为第7、8篇:测图、地形图之调制。

希明著《游击队的交通与通信》由湖北汉口上海杂志公司刊行。

张仲智编著《实用电话学》(第1编:军用电话机)由江西南昌洪都电机厂刊行。

韩德溥编著《防空壕和地下室》由重庆正中书局刊行。

李绍和编《战时的伪装》由长沙商务印书馆刊行。

国民政府军事委员会政治部编《交通学摘要》。

陆军军官学校编《交通学教程》刊行。

韦时尊、陈楠藩著《怎样构筑乡村防御工事》由江苏南京民团周刊社刊行。

马地泰著《战地工程》由长沙商务印书馆刊行。

吴国柄著《军事工程学》由湖北汉口商务印书馆刊行。

按：是书共64章，介绍各种工事的建筑方法、使用方法、设备，以及各种攻守兵器的效力等。

郝家禧、罗涤生著《步兵光学器材之说明》由军事委员会军官训练团刊行。

罗中英编著《轻迫击炮兵器说明》由陆军步兵学校军官团刊行。

王轮之编《最新马克沁重机关枪教练实施之参考》由重庆军学编译社刊行。

刘维宜、孙惠道编著《兵器图说》由长沙商务印书馆刊行。

浦震鸥著《大炮飞机坦克车》由湖北汉口全民出版社刊行。

史天行编《新兵器丛谈》由湖北汉口大时代书店刊行。

李鸿琼著《国防基本兵器讲话》由上海杂志公司刊行。

裘宏达著《军用化学讲话》由广东广州上海杂志公司刊行。

黄素封著《军事化学读本》由上海杂志公司刊行。

中央陆军军官学校编《化学讲义》刊行。

明凡著《游击队的警戒与侦察》由湖北汉口上海杂志公司刊行。

郑介民著《谍报勤务草案》由国民政府军事委员会政治部刊行。

李绍和编著《化学战争》（上下）由上海商务印书馆刊行。

李佳仁编《化学战争常识》由上海开明书店刊行。

沙尼编《大战前夜的各国军备》由上海大陆出版社刊行。

舒恬波著《世界海军竞争的现势》由上海珠林书店刊行。

赵学渊编《各国军制学大纲》由江苏南京军用图书社刊行。

按：是书分6篇：各国统帅与国务之关系、军政与军令之关系、兵役制度、关于陆军之社会的设施、列国陆军之编制及其装备、列强现役预备役干部补充制度之大要。

李一氓著《日本国防力的剖视》由上海今日出版社刊行。

邵芙著《日本军部的秘密》由上海明明书局刊行。

冯次行著《日本的陆军》由长沙商务印书馆刊行。

白启荣著《日本陆军》由重庆正中书局刊行。

谭文山编著《日本海军》由重庆正中书局刊行。

黄操良编著《全世界和平的堡垒——苏联红军》由汉口中苏文化杂志社刊行。

强伯玉著《苏联红军新战术》由上海大众出版社刊行。

李守华编《苏联的红军及其新战术》由新民出版社刊行。

喆人编著《苏联的军备》由上海世界书局刊行。

汪馥泉著《苏联的远东红军》由长沙商务印书馆刊行。

吴清友著《苏联红军二十年》由上海一般书店刊行。

何文藻著《苏俄新军备》由湖北汉口人民书店刊行。

鲁林编著《苏联在远东的军事建设》由上海文化书局刊行。

胡绳修正《经济学初级读本》由汉口新知书店刊行。

陈炳权著《经济论丛》由广东广州大学刊行。

诚言著《克氏的经济学说》由重庆平明书店刊行。

诸青来著《求是斋经济论集》由上海著者刊行。

王右铭著《大众资本论》由汉口生活书店刊行。

陈安仁著《中国近代经济史纲》由汉口前进书店刊行。

钱俊瑞等著《中国经济问题讲话》由上海新知书店刊行。

方显廷编《中国经济研究》（上下册）由长沙商务印书馆刊行。

陈城著《新中国经济建设论》由上海南华出版社刊行。

何干之著《转变期的中国》由当代青年出版社刊行。

唐启贤著《战时经济原理》由汉口中华印书馆刊行。

按：是书论述战时经济的特点，人、财、物的动员与使用，军需品的生产，统制贸易，管辖交通，控制金融、平抑物价，扩大财源等各种战时经济问题。文中多次引证第一次世界大战时欧美各国实例。

高叔康著《长期抗战的经济策略》由重庆中山文化教育馆刊行。

李华飞编著《战时经济问题研究》由重庆战路文化社刊行。

中国经济学社年会论文委员会编《战时经济问题》由长沙商务印书馆刊行。

寿进文著《抗日经济战略》由重庆中山文化教育馆刊行。

吴克刚著《战时经济》由上海世界合作出版协会刊行。

按：是书内分17章。第1—5章论述近代战争与战时经济，近代战争的经济背景、经济特点，战时的生产与消费、各国战时工业组织等问题；第6—16章分述战时粮食问题、商业与对外贸易、物价、交通、战争经费、战时财政历史、公债、捐税、财政方针、金融、币制等问题；第17章述及侵略与抵抗问题。附录：十九世纪各次大战作战日数死亡人数及战费表、世界大战各交战国战费表、世界大战战费总表等54个与战争经济有关的统计表。

崔尚辛著《战时经济学讲话》由上海杂志公司刊行。

王达夫著《战时经济论》由汉口黎明书局刊行。

周金声著《抗战与中国国民经济建设》由西安谠论社刊行。

魏友棐著《抗战经济政策论》由上海大公报馆刊行。

石西民著《国防经济讲话》由上海生活书店刊行。

郑江南著《中国统制经济政策的新纲领》由国魂书店刊行。

独立出版社编《抗战与消费统制》由编者刊行。

夏锦涛编著，吕金录校订《战时的消费统制》由长沙商务印书馆刊行。

王适著《战时节约论》由重庆中山文化教育馆刊行。

许涤新著《抗战与民生》由抗敌救国丛书社刊行。

莫湮著《抗战中的民生问题》由汉口光明书局刊行。

潘之安著《抗战中的民生问题》由汉口抗战研究社刊行。

独立出版社编《抗战与经济》由汉口编者刊行。

独立出版社编《抗战与生产》由汉口编者刊行。

教育部社会教育司编《抗战与生产》由重庆正中书局刊行。

林通经著《就经济战斗力推论——中日战争胜负的关键》由上海南华出版社刊行。

丁洪范著《国防经济的基本知识》由重庆中山文化教育馆刊行。

陈寿琦编著,吕金录校订《战时的生产统制》由商务印书馆刊行。

徐佩璜著《抗战与公用事业》由商务印书馆刊行。

陈安仁著《战时农业经济之统制论》由汉口前进出版社刊行。

胡元民著《抗战建国中之农业经济政策》由重庆中山文化教育馆刊行。

独立出版社编《抗战与农产》由重庆编者刊行。

教育部民众读物编审委员会编《抗战与自给自足》由重庆正中书局刊行。

胡庶华著《中国战时资源问题》由国民政府军事委员会政治部刊行。

亢真化著《广西建设与抗战》由广西南宁民团周刊社刊行。

亢真化编《黄旭初先生之广西建设论》由建设书店刊行。

黄旭初著《广西建设之理论与实施》由广西南宁民团周刊社刊行。

余定义编著《西南六省社会经济之鸟瞰》由中国银行经济研究室刊行。

按:是书概述西南六省(粤、桂、湘、黔、川、滇)是社会经济发展状况,包括土地、人口、农业、工业、矿业、国内外贸易、交通、财政金融等情况,书末附有参考资料索引。

马寅初等著《中国今日之西南建设问题》由西南导报社刊行。

杨大金编《现代中国实业志》(第1编)由长沙商务印书馆刊行。

杨大金编,颜白校《近代中国实业志》(第2编)由长沙商务印书馆刊行。

民团周刊社编《实业计划表解》由南宁编者刊行。

李鸿寿编《会计学概要》由长沙立信会计图书用品社刊行。

黄组方著《决算表之编制及内容》由长沙商务印书馆刊行。

黄逸峰讲《工业会计与工业管理》由广西省政府会计处刊行。

何达著《纱厂成本计算法》由上海中国纤维工业研究所刊行。

王雨生编著《簿记及会计》由福建省县政人员训练所服务股刊行。

寿勉成著《中国合作经济问题》由重庆正中书局刊行。

章元善著《合作与经济建设》由长沙商务印书馆刊行。

张素民、温之英著《合理化问题》由长沙商务印书馆刊行。

按:是书分8章,阐明合理化的意义和各国合理化运动的发展,特别注重合理化与生产的关系、合理化与工作时间的相互影响、合理化与工资的相互关系、合理化对于失业的效果,以及合理化对于整个工业关系的影响等。

裴友萍著《怎样指导办理合作社》由南宁民团周刊社刊行。

贵州省农村合作委员会编《贵州省合作讲习会讲义集》由编者刊行。

贵州省合作事业管理处编《合作社职员讲习会讲义集》由编者刊行。

湖南建设厅编《合作事业法规章则汇编》(第1册)由编者刊行。

湖南建设厅编《合作事业法规章则汇编》(第5册)由编者刊行。

经济部农本局编《合作社章程准则六种》由编者刊行。

王寿迹著《长期抗战中之合作事业与国计民生》由湘西战时合作事业促进会刊行。

侯哲荪著《中国合作运动诸问题》由上海黎明书局刊行。

侯哲荪著《合作主义》由上海黎明书局刊行。

李安民编著《战时的合作社》由湖南长沙中华平民促进会刊行。

中央政治学校合作学院编《各省县市办理合作社登记须知》由编者刊行。

经济部农本局编《合作社系统说明书》由编者刊行。

朱元懋编著《节约消费》由重庆正中书局刊行。

孟锦华编著《节约与抗战建国》由浙江省抗日自卫委员会战时教育文化事业委员会刊行。

任国梁编《农林须知》由冀东建设厅刊行。

郑维著《农村工业救国论》由重庆中山文化教育馆刊行。

高叔康著《战时农村经济动员》由商务印书馆刊行。

孙晓村著《中国战时农村问题与农村工作》由南昌江西大众文化社刊行。

江西省政府建设厅编《江西农业概况》由编者刊行。

薛暮桥著,吕金录校订《战时的粮食》由商务印书馆刊行。

萧铮著《民族生存战争与土地政策》由武昌中国地政学会刊行。

于飞黄编《土地问题与土地政策》由抗战复兴出版社刊行。

萧明新编述《土地政策述要》由商务印书馆刊行。

按:是书分5章。论述有关土地问题的各派学说、各国土地政策、中国自井田制至现代土地政策等。

邓平寰著《怎样实施耕地租用条例》由广西南宁民团周刊社刊行。

江西省地政局编《江西省地政概况》由编者刊行。

江西省政府建设厅编《江西省农业概况》由编者刊行。

唐启宇著《难民与垦殖》由江西省垦务处丛刊刊行。

唐启宇著《我国垦殖事业的方针和方式》由江西省垦务处丛刊刊行。

唐启宇编著《耕与战》由江西省垦务处刊行。

张开滇编著《垦殖与建设》由江西合作同仁互助社刊行。

周承澍著《我所见到的难民移垦问题》由江西省垦务处丛刊刊行。

黄绍绪编著《食粮管理》由商务印书馆刊行。

湖南省民政训练指导处编《生产训练教材》由编者刊行。

孟受曾编著《战时的农仓》由湖南长沙中华平民教育促进会刊行。

经济部编《农仓业法》由重庆编者刊行。

卢显能著《怎样办理村街仓》由广西南宁民团周刊社刊行。

内政部统计处编《仓储统计》由编者刊行。

刘树藩编著《祁茶漫记》由江西南昌合群印刷公司刊行。

财政部贸易委员会编《温区茶叶产制指南》由编者刊行。

寿景伟著《我国西南新茶区之开发及其进展》由中国茶叶公司刊行。

经济资源委员会经济部中央农业试验所编《湖南安化茶业调查——茶叶经营及茶农经济》由编者刊行。

貊菱编《河南之烟叶》由河南农工银行经济调查室刊行。

经济部工矿调整处编《工矿调查法规辑要》由编者刊行。

吴景超著《中国工业化的途径》由长沙商务印书馆刊行。

魏济余编著,中华平民教育促进会编审委员会审定《战时的地方工业》由湖南长沙中华平民教育促进会刊行。

教育部民众读物编审委员会编《抗战与工业复兴》由重庆正中书局刊行。

独立出版社编《战时工业问题》由编者刊行。

李熙谋编著《战时民族工业》由重庆正中书局刊行。

中国工业合作协会编《中国工业合作社运动》由汉口编者刊行。

重庆独立出版社编《战时工业问题》由编者刊行。

汤惠荪编《云南羊街坝垦区概况》由华西垦殖公司刊行。

张允行编著《矿业与矿产》由著者刊行。

冷家骥著《中国煤业述要》由北京文岚簃印书局刊行。

李春昱著《宝源煤矿勘察报告》刊行。

王晓青、许原道、刘国昌著《湖南锑矿志》由湖南地质调查所刊行。

田三立著《锑与锑业》由上海商务印书馆刊行。

重庆经济部工业试验所编《肥皂工厂计划》由编者刊行。

教育部民众读物编审委员会编《抗战与棉丝业复兴》由重庆正中书局刊行。

国立武汉大学经济学会、工商调查委员会编《四川嘉定丝绸产销调查报告书》由编者刊行。

上海市及其染织业局同业公会编《染织业国货征信集》由编者刊行。

经济部中央工业试验所编《皮革制造厂计划》由编者刊行。

经济部中央工业试验所编《造纸工厂计划》由编者刊行。

宣传部对敌宣传研究委员会编《长期战与日本经济力》由编者刊行。

陈晖著《战时交通政策》由湖北汉口新知书店刊行。

万迪鹤著《抗战与运输》由重庆中山文化教育馆刊行。

朱谱萱编著,吕金录校订《战时的交通》由长沙商务印书馆刊行。

福建省政府秘书处统计室编《福建交通》由福建省秘书处公报室刊行。

陈晖著《广西交通问题》由长沙商务印书馆刊行。

西南导报社编《西南交通要览》由重庆编者刊行。

许靖著《铁路管理统计之原理与务实》由长沙商务印书馆刊行。

李灵芝编著《战时公路交通》由广西桂林国防书店刊行。

熊大惠著《运输学》由编者刊行。

陶叔渊著,鲍嘉祥校《现代各国航空工业》由长沙商务印书馆刊行。

罗剑魂著《怎样修筑乡村道路》由广西南宁民团周刊社刊行。

中国旅行社编《中国旅行社会计手续要览》由编者刊行。

曹冰严著《商业文件》(上下册)由长沙商务印书馆刊行。

教育部民众读物编审文员会编《战时的商人》由重庆正中书局刊行。

江西省政府建设厅编《江西省贸易概况》由编者刊行。

孔祥熙报告《商政报告》刊行。

何廉、李锐著《财政学》由湖南长沙国立编译馆刊行。

按:是书内容除绪论外,分支出、收入、租税、公债、财务行政与立法5编。

梅光复著《战时财政问题与整理田赋》由上海杂志公司刊行。

黄豪著《抗战时期之地方财政》由重庆中山文化教育馆刊行。

闵天培著《当前财政问题》由重庆中山文化教育馆刊行。

符灿炎著，吕金录校订《战时的财政和金融》由长沙商务印书馆刊行。

杨一夫著《抗战期中的财政问题》由重庆中山文化教育馆刊行。

金天锡著《中国的战时财政》由重庆中山文化教育馆刊行。

管雪斋编《战时之财政经济与教育文化》由汉口华中图书公司刊行。

财政部税务署编《财政部税务署章则汇编》由编者刊行。

赵作哲著《所得税法易释》由编者刊行。

李权时著《中国施行所得税问题》由编者刊行。

马咸著《法币讲话》由长沙商务印书馆刊行。

魏友棐著《战争与通货膨胀》由上海珠林书店刊行。

华汉光著《中国货币问题》由长沙商务印书馆刊行。

按:是书为国际时事问题丛书之一。

民族革命社编《物产证券讨论文》由编者刊行。

莫萱元编著《战时金融政策》由重庆正中书局刊行。

独立出版社编《抗战与财政金融》由编者刊行。

王海帆编著《火险审估学》由长沙商务印书馆刊行。

谌志远主编《一九三六的国际政治经济概况》由长沙商务印书馆刊行。

欧阳辉编《中日战争后世界经济动态》由汉口光明书局刊行。

无瑕编《日本国力的检阅》由时事研究社刊行。

潘文安编著《日本经济》由重庆正中书局刊行。

郭晓岚著《日本的战时经济》由长沙商务印书馆刊行。

彭迪先著《战时的日本经济》由汉口生活书店刊行。

邬翰芳编著《日本国力的剖视》由上海国际书局刊行。

耿亮编《日本能持久么》由汉口全民出版社刊行。

张白衣著《长期战争与日本经济》由汉口黎明书局刊行。

林建著《日本在崩溃途中》由武昌日本问题研究社刊行。

孙筱默、陈希蕃著《崩溃中的日本经济实况》由广东省银行经济研究室刊行。

孔志澄著《日本之战时资源》由商务印书馆刊行。

邵惕公著《日本租佃制度》由湖北汉口华中图书公司刊行。

郑森禹著《日本的经济能否持久作战》由汉口生活书店刊行。

叶甫编《国际视线下之日本战时经济》由上海怒吼出版社刊行。

潘文安著《日本工业》由重庆正中书局刊行。

吴绍鉴著《日本战时贸易的危机》由编者刊行。

符灿炎编著《日本战时贸易政策》由长沙商务印书馆刊行。

抗战丛书社编《日本战时经济与财政》由编者刊行。

孔志澄著《日本之公债消化力》由商务印书馆刊行。

浦涛编著《苏联的建设事业》由上海世界书局刊行。

任君著《苏联的农业改造》由上海世界书局刊行。

吴宝华著《美国之农业金融》由商务印书馆刊行。

黄文山著《文化学论文集》由广东广州中国文化学学会刊行。

按:是书分文化学建设论、文化学方法论、文化学法则论、中国文化建设的理论问题与文化学、从文化学立场所见的中国文化及其改造等5编。

李麦麦著《目前文化运动的性质》由重庆文苑出版社刊行。

谭丕模著《抗战文化动员》由中苏文化协会湖南分会刊行。

按:是书论述文化的意义和任务、文化在民族解放战争中的重要性、抗战文化的消极与积极作用,以及怎样动员抗战文化等。

陈高佣编著《战时文化运动》由重庆正中书局刊行。

按:是书分全民抗战与文化运动、战时文化运动的主要使命、战时文化界的总动员、战时的几种特殊文化工作、战时文化人的态度问题等8章。

陈诚(陈辞修)讲述《三民主义的文化建设与我们的责任》由湖北省政府教育厅刊行。

吴大琨著《抗战中的文化问题》由湖北汉口黎明书局刊行。

按:是书讲述抗战中文化的性质、任务等。内分文化是我们的精神国防、我国现有精神国防的弱点、我们过去的文化运动是怎样的、要怎样才能充实起我们的精神国防等5节。附录《现阶段的文化运动》等3种。

许宏烋著《抗战与文化》由广东广州民族文化研究会刊行,有自序。

梁上燕著《战时基层文化工作》由广西南宁民团周刊社刊行。

中苏文化杂志社编《中苏文化》(苏联十月革命二十一周年纪念特刊)由编者刊行。

任毕明著《战时新闻学》由湖北汉口光明书局刊行。

赵君豪著《中国近代之报业》由香港申报馆刊行,有著者再版序及初版序。

王新常著《抗战与新闻事业》由长沙商务印书馆刊行。

任白涛著《抗战期间的新闻宣传》由广东广州新闻研究社刊行。

张友鸾著《战时新闻纸》由重庆中山文化教育馆刊行。

陈文干著《抗战军事与新闻动员》由重庆中山文化教育馆刊行。

新民会中央日报指导部调查科编《京津新闻事业之调查(调查资料第2号)》由编者刊行。

实报社编《实报恢复旧观后》由实报社刊行。

王文彬编《报人之路》由上海三江书店刊行,有编者序。

罗廷光编著《教育概论》(建国教科书简易师范学校及乡村简易师范学校)由正中书局刊行。

按:是书遵照部颁课程标准编著。

袁昂编著《教育原理大纲》(地方教育辅导丛书)由福建省政府教育厅刊行。

庄泽宣编《(英汉对照)教育学小词典》由广州中华书局刊行。

杜太为著《现代中国教育总批判》由湖北汉口华中图书公司刊行。

教育部编《中国国民党抗战建国纲领(庚)教育、战时各级教育实施方案纲要、各级教育实施方案》由编者刊行。

汪奠基编《教育篇》(抗战建国纲领研究)由重庆艺文研究会刊行。

黄觉民著《战时教育》(战时常识丛书)由商务印书馆刊行。

杨东莼著《战时教育问题》(战时小丛书)由战时出版社刊行。

陈思璧编著《战时教育的理论与实际》由湖北汉口全民出版社刊行。

张佐华著《抗战教育论》由湖北汉口生活书店刊行。

尹衍钧著《战时教育论》由江苏南京中山文化教育馆刊行,有"抗战丛刊缘起"。

独立出版社编《战时教育论》(战时综合丛书)由湖北汉口独立出版社刊行。

萧形编《战时教育——集体主义的自我教育》由广东广州亚东图书馆刊行。

张菊生等著《战时教育》由广西桂林前导书局刊行。

生活教育社编《战时教育论集》(生活教育丛书)由广东广州生活书店刊行。

按:是书收《反对亡国教育》(李实),《战时民众教育之任务与内容》(白桃)等40篇文章。附:抗战教育的实施与推进(汉口文化界座谈会记录)。

军官训练团编《陈教育长抗战言论集》刊行。

李公朴著《抗战教育的理论与实践》由湖北汉口读书生活出版社刊行。

李公朴著《抗战教育的理论与实践》由重庆天马书店刊行。

庄泽宣著《如何使新教育中国化》由云南昆明中华书局刊行。

庄泽宣著《如何使新教育中国化》由香港中华书局刊行。

杨普稀著《改良教育与学生救国》由上海杂志公司刊行,卷首有著者代序。

教育部编《领袖关于教育方面之训词》由编者刊行。

李炳文著《蒋委员长教育之研究》由新汉出版社刊行。

钟鲁斋著《教学法的进展与战时教学问题》(抗战丛刊)由重庆中山文化教育馆刊行。

沈文亮编《以劳作为中心的设计教学》(师范小丛书)由商务印书馆刊行。

陈选善编《教育心理》由商务印书馆刊行。

谷秀千编《教育心理的应用》(小学教师进修丛书)由上海新亚书店刊行。

江苏教育厅编《学生礼仪须知》由江苏苏州编者刊行,有秦冕钧序。

杜佐周著《教育与学校行政原理》由长沙商务印书馆刊行。

胡超伦编著《国民教育联合成绩展览》(国民教育辅导丛书)由上海正中书局刊行。

梁上燕著《国民基础学校的环境布置》(丙种丛刊)(国民基础教育丛刊)由广西南宁民团周刊社刊行。

梁上燕著《强迫教育之实施》(丙种丛刊、基层建设丛刊)由广西南宁民团周刊社刊行。

邰爽秋等编《中国普及教育问题》(现代问题丛书)由商务印书馆刊行。

中国民生教育学会编《中国民生教育学会概览》由重庆编者刊行。

马宗荣著《最近中国教育行政四讲》由长沙商务印书馆刊行。

教育部编《教育部暨所属机关学校会计规程》由编者刊行。

教育部编《教育报告》由编者刊行。

教育部参事处编《教育法令汇编》(第3辑)由重庆正中书局刊行。

教育部编《教育法令特辑》由正中书局刊行。

教育部编《全国教育统计简编》(中华民国二十四年度)由商务印书馆刊行。

教育部统计室编《战区各级教育机关损失情形及政府办理救济状况》(中华民国二十六年度)由编者刊行。

陕西省教育厅编《陕西省各县实施战时教育办法》由编者刊行。

田嘉谷编《抗战教育在陕北》(明日丛书)由湖北汉口明日出版社刊行。

浙江省教育厅编《抗战期内浙江省教育统计》(中华民国二十六年度)由编者刊行。

浙江绍兴县教育局编《绍兴县现行教育法规汇编》由浙江绍兴编者刊行。

福建省政府秘书处编《福建教育》(福建省统计年鉴分类之六)由编者刊行。

吕东荃编《河南教育厅行政计划》由河南省政府教育厅刊行。

河南省教育厅编《河南省战时教育实施概况》由编者刊行。

云南省教育厅编《云南省二十五年度教育概况》由编者刊行。

新民会中央指导部总务部调查科编《北京市各级中小学调查》由北平编者刊行。

曼继平编辑《儿童心理与训练》(上卷)(江西师训丛书)由江西南昌江西省政府教育厅义教股刊行。

卢显能著《怎样办理幼稚园》(丙种丛刊、国民基础教育丛刊)由广西南宁民团周刊社刊行。

陈鹤琴、钟昭华编《南京鼓楼幼稚园儿童生活写真》(中华儿童教育社丛书)由商务印书馆刊行。

朱智贤著《小学研究工作实施法》由商务印书馆刊行。

教育总署编审会著《初小国语教学法》(2—7)由北京新民印书馆股份有限公司刊行。

彭惠秀编《战时小学各科教材及教法》(初教组进修讲义第2种)由杭州浙江省教育厅附设师资进修通讯研究部刊行。

王国元编《小学公民训练法》由上海世界书局刊行。

瞿志远编《天气的变化》(小学高年级及初中适用自然教材)由上海民众书店刊行。

邢舜田著《国防游戏》由广东广州亚东图书馆刊行。

李梓材编《实用高小升学指导》(上下卷合订本)由北平建业书局刊行。

寇明仁编《教学及应酬汇编》(乡村小学教师必备)由北平北京金华印书局刊行。

江西省政府教育厅编《如何推行保学》(江西省义务教育丛书)由江西编者刊行。

梁上燕著《国民基础学校的行政问题》由广西南宁民团周刊社刊行。

梁上燕著《国民基础学校工作计划示范》(丙刊丛刊、基层建设丛刊)由广西南宁民团周刊社刊行。

陈业勋著《国民基础学校指导法》(丙种丛刊、基础建设丛刊)由广西南宁民团周刊社刊行。

卢显能著《国民基础学校的社会活动》(丙种丛刊、基层建设丛刊)由广西南宁民团周刊社刊行。

刘诚编《现代小学教育趋势》(地方教育辅导丛书)由福州福建省政府教育厅刊行。

朱智贤著《战时中小学科学教育之改进》由重庆中山文化教育馆刊行。

杭莘等著《抗战小学教育》由湖北汉口读书生活出版社刊行,有唐文粹序。

王念洙、陈厥明编《小学国防教育》由广东广州中华书局刊行,有俞子夷序。

按:是书主要内容有小学国防教育之趋势、意义、目标、教法等。

吴鼎著《战时小学教育实施法》(抗战丛书)由重庆中山文化教育馆刊行。

骆憬甫编《战时小学教育实施法》由浙江省教育厅附设师资进修通讯研究部刊行。

张文昌著《中等教育》由广东广州中华书局刊行。

按:是书分中等教育之意义目标与功能、我国中等教育之沿革、各国中等教育之鸟瞰、中学生、课程、训育与青年问题、中学教师、校长、经费、行政效率等14章。

钟鲁斋著《中学各科教学法》(大学丛书)由长沙商务印书馆刊行。

按：是书分通论、自然科学、语文学科、社会学科、技能学科、余论等6编。附本书编者论著索引。

蒋纪周编《公民生理卫生》(初中自修指导丛书)由上海世界书局刊行。

平韦卿编《社会科战时补充教材》(中学适用)由长沙商务印书馆刊行。

华北基督教公理会育英中学校编《育英学校年刊》由北平编者刊行。

天津工商学院编《天津工商学院附属高中廿七年班毕业纪念册》由天津编者刊行。

上海爱国女子中学编《爱国女子中学初中一九三八级毕业纪念刊》由上海编者刊行。

上海民立中学春始第二届同学会编《民立中学春始第二届毕业纪念刊》由上海编者刊行。

上海私立民智初级中学编《上海市私立民智初级中学暨小学幼稚园章程》由上海编者刊行。

南京特别市立中区实验学校编《南京特别市立中区实验学校概况初编》由江苏南京编者刊行。

梁瓯第著《战时的大学》由战时文化出版社刊行，有著者自序。

许卓群、陈裕清著《大时代民众教育》由大时代出版社刊行。

按："大时代"指中华民族抵抗日本帝国主义争取民族解放的时期。

应占先著《战时民众教育实施法》由浙江省教育厅附设师资进修通讯研究部刊行。

陈业勋著《怎样办理成人班(丙种丛刊、基层建设丛刊)》由广西南宁民团周刊社刊行。

罗祥初编《传习教育实施法》(教育组丛书)由平民教育促进会江津实验区刊行。

曹寿华编《识字教育实施法》(第二级义工教材第3册)由上海广学会刊行。

吕风编《大家拿出主张来》(民众抗战知识丛书)由湖北汉口全民出版社刊行。

教育部民众读物编审委员会编《战时的工人》(非常时期民众丛书)由重庆正中书局刊行。

于藻著《乡村教育》由长沙商务印书馆刊行。

陈礼江编《乡村教育及民众教育》由重庆正中书局刊行。

陈礼江著《抗战期中之中国社会教育》(教与学月刊社丛篇)由重庆正中书局刊行。

梅思平等著《抗战中青年怎样自修》(战时综合丛书)由重庆独立出版社刊行。

抗战教育研究会编《战时工人教育经验谈》由广东广州生活书店刊行。

卢显能著《民团制度下之成人教育》(丙种丛刊、民团丛刊)由广西南宁民团周刊社刊行。

朱镜坚、张达善编《问题儿童善导法》(师范丛书)由重庆正中书局刊行，有马客谈序。

吴学信著《社会教育论丛》由贵州贵阳文通书局刊行，有王伯群序。

赵冕著《社会教育行政》由长沙商务印书馆刊行，有陈礼江序。

黎明等著《战时儿童教育》(战时教育丛书)由湖北汉口生活书店刊行，有白桃序。

盛克猷著《战时儿童训练之理论与实施》(抗战丛刊)由重庆中山文化教育观刊行。

平心编著《各科研究法》(自学丛刊)由广西桂林上海杂志公司刊行。

按：是书分8辑，收文35篇，论述8个问题。其中有薛暮桥的《怎样研究经济学》，徐雪寒、石西民、王渔村等的《怎样研究中国经济学》，葛乔、陈海石、何炳辉等的《怎样研究时事问题》，许杰、黄峰、周楞伽的《怎样研究文学》，王任叔、童振华、徐懋庸等的《怎样自修中文》，庶谦的《怎样自修数学》，叶籁士、徐沫、贝叶等的《怎样自修外国语》，胡伊默、何干之的《怎样研究历史》等。

黄金鳌著《抗战与体育》(抗战丛刊)由重庆中山文化教育馆刊行。

程登科编《田野运动教材纲要》由四川大学暑期体育班刊行。

王学政编著《健美速成法》由长沙商务印书馆刊行,有王云五序。

赵竹光著《最新哑铃锻炼法》由长沙商务印书馆刊行。

勇夫编《大刀术》由上海精武出版社刊行。

上海理疗器械行编辑部著《全能新游泳术》由上海著者刊行。

庄泽宣著《西洋教育制度的演进及其背景》由广东广州中华书局刊行。

吴体仁编《南洋各属之教育制度》由长沙商务印书馆刊行,有李朴生、周启刚序。

程国扬著《改造中的欧洲教育》由长沙商务印书馆刊行。

陈咏声著《欧洲体育考察日记》由南声出版社刊行。

按:是书系著者1936年随中华世界运动会代表团赴欧参加在德国举行的第十一届世界运动会的日记。分赴欧途中的海上生活、在德参加世界休闲会议、参加第十一届世运会、考察欧洲各著名体育国家概况等五部分。

徐锡龄编《捷克民族复兴与体育训练》(教育小丛书)由广东广州中华书局刊行。

周鹤鸣编著《近代德式体操之理论与实际》由长沙商务印书馆刊行,有自序及吴蕴瑞、吴澂、程登科等人的序。

岑麒祥编著《语言学》由广东广州心声社刊行。

李宗理编《语言宣传之理论与方法》由扫荡报社刊行。

按:此书共分7章。讲述语言的起源与演进、语言宣传与各种心理学、讲演的种类及组织方法、声调锻炼、演说、姿势等。书前有贺衷寒序及作者自序。

张世禄著《中国音韵学史》(上下册)由商务印书馆刊行。

按:此书共9章。介绍古代文字上表音的方法、周汉间的训诂和注音、反切和四声的起源、魏晋隋唐间的韵书、"字母"和"等韵"的来源、宋后韵书和"等韵"的沿革、明清时代的古音学及近代中国音韵学所受西洋文化的影响等。

孙海波著《甲骨文录》由河南通志馆刊行。

董作宾著《骨文例》由中央研究院历史语言研究所刊行。

庄泽宣编《基本字汇》由广东广州中华书局刊行。

《中国新文字初步》(北方话)由上海新文字出版社刊行。

陈瑞祺著《瑞祺学说》由香港道字总社刊行。

陈瑞祺编著《道字十科》由香港道字总社刊行。

陈瑞祺编著《道字国音课本》由香港道字总社刊行。

张涤非著《土语拉丁化批判》由湖北汉口抗战出版社刊行。

许中编《中国拉丁化课本》由上海新文字书店刊行。

徐锡华编著《注音新疆回文常用字表》由重庆正中书局刊行。

中国文字改进学会编《中国文字改进会宣言及章程》由北平中国文字改进学会刊行。

武汉中国字拉丁化研究会编《拉丁化检字》由编者刊行。

萧达三编著《实用国语注音符号读本》由香港生活书店刊行。

杨耀斌校正《中阿文乜帖》由北平清真书报社刊行。

王云五等编《中山大辞典一字长编》由商务印书馆刊行。

张煦著《藏汉语对勘》由四川成都西陲文化院刊行。

陆志韦著《国语单音词词汇》由北平燕京大学刊行。

宋文翰编《虚字使用法》(国文入门必读)由广东广州中华书局刊行。

黄文衮著《伥字之商榷》由广东广州大学计征班刊行。

汉口新文字研究会编《新文字研究初步》由火炬出版社刊行。

郭后觉等编著《闽粤语和国语对照集》由上海儿童书局刊行。

谭正璧编《字体明辨》由广东广州中华书局刊行。

谭正璧编《由国语到国文》(1—4册)由上海中华书局刊行。

谭正璧编《叙述文范》(国文入门必读)由广东广州中华书局刊行。

谭正璧编《文言尺牍入门》(国文入门必读)由上海中华书局刊行。

谭正璧编《论说文范》(国文入门必读)由广东广州中华书局刊行。

谭正璧编《记事文范》(国学入门必读)由重庆中华书局刊行。

谭正璧编《国语文法与国文文法》由广东广州中华书局刊行。

赵师可编《小学国语》(抗战丛刊第4辑)由江西省政府教育厅刊行。

西陲文化院编《藏文书牍规范》由编者刊行。

李一琴选注《(注评)满文读本》由吉林长春益智书店刊行。

潘仁编著《小学初级国语科教材和教法》(小学教师丛书)由商务印书馆刊行。

徐迥千等编《(语文对照)问答尺牍》由广东广州中华书局刊行。

张中岫编《(言文对照)女子交际尺牍》由奉天信源印书馆刊行。

坚忍编《战时军人尺牍》由陕西西安九州书局刊行。

王者著《(各界适用)白话书信大全》由奉天文艺书局刊行。

孙虚生著《(言文对照)写信不求人》由安东诚文信书局刊行。

夏丏尊、叶绍钧著《阅读与写作》(开明青年丛书)由上海开明书店刊行。

夏丏尊、叶绍钧著《文章讲话》(开明青年丛书)由上海开明书店刊行。

俞焕斗编《学生作文指导》由广东广州中华书局刊行。

陈适著《中学生作文正误》由上海万叶书店刊行。

孙起孟著《写作方法入门》(青年自学丛书第3辑)由重庆生活书店刊行。

任苍厂编《应用文写作指导》由四川成都经纬书局刊行。

林兰编《战时儿童分类作文》(战时儿童丛刊)由广东广州战时儿童教育社刊行。

瞿世镇、吴继铨编校《应用文概要》由上海春江书局刊行。

梁上燕著《乡镇村街公所应用文》(基层建设丛刊第3辑10,亢真化主编)由广西南宁民团周刊社刊行。

韩东屏著《新式公文作法》由湖北汉口生活书店刊行。

段世源编著《新公文程式大全》由湖北汉口一星书店刊行。

程守仁著《公文研究》由广东广州中华书局刊行。

必胜编辑部编《(战时新编)活用军政公文程式大全》由必胜出版部刊行。

中华平民教育促进会编《战时民众学校补充教材》由编者刊行。

赵志嘉编著《说话的研究》由上海警察学社刊行。

王宏编《江南话新文字课本》由上海新文字书店刊行。

教育部民众读物编审委员会编著《抗日千字文抗日四字经》(非常时期民众丛书第5集

第 2 册)由重庆正中书局刊行。

老向著《抗日三字经》由新亚书店刊行。

张邦永著《邦永速记学》由上海商务印书馆刊行。

白陈群编《速记学概论》由编者刊行。

唐亚伟著《亚伟中文速记学讲义》由重庆亚伟速记学社刊行。

赵景深编《战时初中文选》(第 2、3 册)由广东广州北新书局刊行。

余姚县立府前路中心小学补充读物编辑委员会编辑《战时文选》(第 2 集)由浙江余姚县立府前路中心小学刊行。

杨荫深选注《古文家传记文选》(中学国文补充读本第 1 集)由商务印书馆刊行。

吕思勉选注《古史家传记文选》(上中下册)(中学国文补充读本)由商务印书馆刊行。

陈幼璞选注《古今名人笔记选》(中学国文补充读本第 1 集,王云五等主编)由商务印书馆刊行。

杨晋豪编《战时儿童国语选》(战时儿童丛刊)由广东广州战时儿童教育社刊行。

西南联合大学编《西南联合大学国文选》由西南联合大学刊行。

吴鼎编《战时文选》(上下册)由湖北汉口华中图书公司刊行。

秦柳方编《战时国文教材》(上册)由湖北汉口新知书店刊行。

何公超、沈沙金编《抗战国语》(儿童抗战文库)由湖北汉口全民出版社刊行。

陈冠宇编著《国文讲座》(第 1—14 册)由上海国文讲座社刊行。

北京近代科学图书馆编《中国现代文读本》由编者刊行。

杨间钟著《俄文文法中变格问题之研究》由科学出版社刊行。

王天放著《英文造句与作文》由上海启明书局刊行。

邰玉镇著《新式日语文法讲座》(第 1—4 卷)由吉林长春满洲国通讯社刊行部刊行。

金宪云编《日本口语文法简钞》由吉林长春满洲帝国教育会刊行。

谢克任编著《(自学本位中文讲解)英文最常用成语 650》由上海启明书局刊行。

陆贞明编《初学英语文法》(英文学生丛书)由广东广州中华书局刊行。

刘鸿隽编著《(自学本位中文讲解)活用英文法》由上海启明书局刊行。

陈亚渔编著《英语不定词分词动名词之研究》由商务印书馆刊行。

教育部编审会编《正则日本语读本》(卷 1)由北京新民印书馆刊行。

李华卿编《中国历代文学理论》由上海言行出版社刊行。

王平陵著《战时文学论》由湖北汉口上海杂志公司刊行。

胡春冰编《抗战文艺论》由广东广州中山日报社刊行。

按:是书收《抗战进展中文艺作家的任务》(胡春冰),《论当前需要的文艺》(黎觉奔),《论战争与文艺》(周行),《现阶段的中国文艺与战争》(冯镰昆),《论民族战争与反战文学》(洁孺)等 14 篇有关抗战文艺问题的论文。

杨晋豪著《怎样写抗战文艺》由广东广州战时出版社刊行。

齐同著《战时写作诸问题》由湖南长沙中苏文化协会湖南分会刊行。

杨荫深著《中国文学史大纲》由上海商务印书馆刊行。

张雪蕾著《中国文学史表解》由湖南长沙商务印书馆刊行。

郑振铎著《中国俗文学史》(上下册)由长沙商务印书馆刊行。

按:是书讲述自古代至清代的中国俗文学史,包括古代的歌谣,汉代的俗文学,六朝的民歌,唐代的民间歌赋,宋金的杂剧词,元代的散曲,明代的民歌、弹词,清代的民歌等14章,系统地叙述我国民间文学的产生、发展和演变过程,是研究中国民间文学发展史有影响的著作。

梁启勋著《中国韵文概论》由长沙商务印书馆刊行。

何达安著《诗学概要》由长沙商务印书馆刊行。

赵善诒注《韩诗外传补正》由长沙商务印书馆刊行。

卫聚贤等著《楚辞研究》由上海吴越史地研究会刊行。

梁崑著《宋诗派别论》由长沙商务印书馆刊行。

夏承焘著《白石道人行实考》由北平燕京大学哈佛燕京学社刊行。

蒲风著《现代中国诗坛》由广东广州诗歌出版社刊行。

蒲风著《抗战诗歌讲话》由广东广州诗歌出版社刊行。

穆木天著《怎样学习诗歌》由重庆生活书店刊行。

谭正璧编《诗词入门》由上海中华书局刊行。

顾颉刚等著《通俗读物论文集》由湖北汉口生活书店刊行。

赵景深著《弹词考证》由长沙商务印书馆刊行。

徐慕云著《中国戏剧史》由上海世界书局刊行。

杨季生著《元剧的社会价值》由贵州贵阳文通书局刊行。

郭文生著《近代皮黄剧韵》由北京中华印书局刊行。

舒畅编《现代戏剧图书目录》由湖北汉口现代戏剧图书馆刊行。

周钢鸣著《怎样写报告文学》由上海生活书店刊行。

阿英著《抗战期间的文学》由广东广州战时出版社刊行。

阿英著《沦陷后的上海文化现象批判》由上海风雨书屋刊行。

司马文森著《文艺通讯员的组织与活动》由湖北汉口大众出版社刊行。

杨晋豪著《青年创作指导》由长沙商务印书馆刊行。

按:是书论述有关创作方法、创作准备、创作态度以及创作的思想、情绪、想象、题材、体裁、用语、结构、表现、人物、对话、动作、风景描写等问题。

鲁迅著《鲁迅全集》由上海复社刊行,蔡元培作序。

按:蔡元培序曰:"'行山阴道上,千岩竞秀,万壑争流,令人应接不暇。'有这种环境,所以历代有著名的文学家、美术家,其中如王逸少的书,陆放翁的诗,尤为永久流行的作品。最近时期,为旧文学殿军的,有李越缦先生;为新文学开山的,有周豫才先生,即鲁迅先生。鲁迅先生本受清代学者的濡染,所以他杂集会稽郡故书,校《嵇康集》,辑谢承《后汉书》,编汉碑帖,六朝墓志目录,六朝造像目录等,完全用清儒家法。惟彼又深研科学,酷爱美术,故不为清儒所囿,而又有他方面的发展,例如科学小说的翻译,《中国小说史略》《小说旧闻钞》《唐宋传奇集》等,已打破清儒轻视小说之习惯;又金石学为自宋以来较发展之学,而未有注意于汉碑之图案者,鲁迅先生独注意于此项材料之搜罗;推而至于《引玉集》《木刻纪程》《北平笺谱》等等,均为旧时代的考据家、赏鉴家所未曾着手。先生阅世既深,有种种不忍见不忍闻的事实,而自己又有一种理想的世界,蕴积既久,非一吐不快。但彼既博览而又虚衷,对于世界文学家之作品,有所见略同者,尽量的迻译,理论的有卢那卡尔斯基、蒲力汗诺夫之《艺术论》等;写实的有阿尔志跋绥夫之《工人绥惠略夫》、果戈理之《死魂灵》等;描写理想的有爱罗先珂及其他作者之童话等,占全集之半,真是谦而勤了。'借他人之酒杯,浇自己的块垒',虽也痛快,但人心不同如其面,环境的触发,时间的经过,必有种种蕴积的思想,不能得到一种相当的译本,可以发舒的,于是有创作。鲁迅先生的创作,除《坟》《呐喊》《野草》数种外,均成于1925至1936年中,其文体除小说三种、散文诗一种、书信一种外,均为杂文与短评,以十二年光阴成此多许的作品,他的感想之丰富,观察之深刻,意境之隽永,字句之正确,他人所苦思力索而不易得当的,他就很自然的写出来,这是何等天才！又是何等学力！综观《鲁迅先生全集》,虽亦有几种工作,与越缦先生相类似的;但方面较多,蹊径独辟,为后学开示无数法门,所以鄙人敢以新文学开山目之。然欤否欤,质诸读者。民国二十七年六月一日蔡元培。"

巴金等著《鲁迅与抗日战争》由广东广州战时出版社刊行。

萧三著《伟大的鲁迅》由广东广州战时出版社刊行。

新文出版社编《鲁迅新论》由新文出版社刊行。

苏雪林著《蠹鱼集》由长沙商务印书馆刊行。

苏雪林著《青鸟集》由长沙商务印书馆刊行。

陈柱著《守玄阁文稿选》由中国学术讨论社刊行。

沈钧儒著《寥寥集》由上海生活书店刊行。

邹韬奋著《再厉集》由上海生活书店刊行。

邹韬奋著《读书偶译》由上海生活书店刊行。

唐文治著《茹经堂文集》第二编刊行。

章炳麟著《太炎文录续编》由章氏国学讲习会刊行。

黄远庸著《远生遗著》由中国科学公司刊行。

朱作同、梅益主编《上海一日》由华美出版公司刊行。

剑锋编《生死关头》由湖北汉口大时代书店刊行。

陆印泉编《炮火里取获》由阵中日报社刊行。

鹤风编《俘虏日记》由前锋出版社刊行。

衣冰编《日本反侵略作家鹿地亘及其作品》由湖北汉口新国民书店刊行。

吴生编著《苏联的文学》由上海世界书局刊行。

滕固编《中国艺术论丛》由长沙商务印书馆刊行。

按:是书收录邓以蛰《书法之欣赏》、宗白华《中西画法所表现之空间意识》、吕凤子《中国绘画的变》、蒋吟秋《书画与装潢》、唐兰《中国古代美术与铜器》等论文20篇。

国立艺术专科学校抗敌宣传工作团编《抗战与艺术宣传》由编者刊行。

陈烟桥著《抗战宣传画》由广东广州黎明书局刊行。

郑川谷编绘《战时图画手册》由广东广州上海杂志公司刊行,有编绘者的自序。

重庆市江巴各界五月抗敌宣传大会编《抗敌画展特刊》由重庆抗敌后援会刊行。

黄苗子编辑《(全国漫画作家)抗战杰作选集1》由展望书屋刊行,有编者序。

北京私立艺光国画传习所主编《艺光国画传习所画刊》由编者刊行,有编者序。

卢东序编绘,陈新作曲《通俗抗战画曲集》由江苏新闻记者工作协进团刊行。

冯玉祥、赵望云作《泰山社会写生石刻诗画集》由湖北武昌抗战画刊社刊行。

方君璧作《方君璧画集》由长沙商务印书馆刊行,有蔡元培的序。

李海流作《抗战版画》由江西省保安司令部政治训练处刊行。

张眉孙编绘《眉孙水彩画》(1—2册)由上海新亚书店刊行。

陈抱一著《人物画研究》由长沙商务印书馆刊行。

陈抱一著《静物画研究》由长沙商务印书馆刊行。

周吉士编绘《现代线绣图案集》由长沙商务印书馆刊行。

周继善编著《水彩画的实际研究》由长沙商务印书馆刊行。

黄翼著《儿童绘画之心理》由长沙商务印书馆刊行，有著者序。

萧华作《西行漫画》由上海风雨书屋刊行。

郎飘然编《幽默漫画》由上海吉土出版社刊行。

刘枕青编《漫画概论》由长沙商务印书馆刊行。

丰子恺编著《漫文漫画》由湖北汉口大路书店刊行。

倪贻德著《西洋画研究》由长沙商务印书馆刊行。

席征庸编辑，李润生刻绘《弹弓老人》由湖南长沙中华平民教育促进会刊行。

徐绍昌编著，丁熙绘图，救国公债劝募委员会编辑《救国公债（图画集）》由商务印书馆刊行。

陈亮、陈宪锜编《青年显微镜》由中国青年协会刊行。

朱心如编《正行草三体字典》由上海大众书局刊行。

盛幼宣编著《书法基本指导》由大川书店刊行。

军事委员会政治部编《抗战木刻选集》（第 2、3、4 集）由编者刊行。

肇野著《木刻画刻制过程》由湖北汉口生活书店刊行。有著者序。

国立艺专抗敌宣传委员会编《国立艺专抗敌木刻选》（第 1 集纪念"八一三"一周年）由编者刊行。

福吾康编《中德学会举办德国古今木刻展览会》刊行。

王一夫作《三个兵士》（上下册）由湖北汉口中国文化服务社刊行。

王文彬编著《采访讲话》由上海三江书店刊行。有自序。

王愚作《红枪会的故事》（连环木刻）由四川成都跋涉书店刊行。

万卓志、赵春庄编著《音乐基础》由上海广学会刊行。

上海八一三歌咏内地宣传队编《解放歌声》（1）由湖北汉口新知书店刊行，有编者代序。

山宛中编选《人人唱》（第 2 集）由湖北汉口救亡出版部刊行。

马烈编《大众唱》由上海时代出版社刊行。

于冰编《救亡歌集》由陕西西安少年先锋社刊行。

王文度编《军民抗战歌曲》（第 2 集）由救亡出版社刊行。

王听涛《抗战歌集》由浙江永康新力周刊社刊行。

方问溪著《胡琴研究》由著者刊行。

刘咸编《海南黎人口琴之研究》由中国科学社刊行。

仲子通著《抗战与歌曲》由长沙商务印书馆刊行。

吕绥之编《救亡歌曲集》（最近流行）由浙江金华雪花出版社刊行。

许幼谦编《（最新标准）京调工尺谱》由上海国光书店刊行。

许志豪编《（中西对照）京剧歌谱一千首》（1—8 集）由上海国光书店刊行。

劫夫、史轮、敏夫等著《战地歌声》由湖北汉口生活书店刊行。

吴涵真选编《叱咤风云集》（新集）由广东广州新知书店刊行。

青年歌声出版社编《救亡新歌》由编者刊行。

冼星海作曲《保卫祖国》由重庆独立出版社刊行。

萧而化、丰子恺编著《口琴吹奏法初步》（附口琴抗战曲集）由湖北汉口大路书店刊行。

商人俱乐部同人编辑，嗜菊轩主校正《胡琴正宗》由北平东亚印书局刊行。

萧而化、丰子恺编《抗战歌选》（第1集）由湖北汉口大路书店刊行。

雷识律选编《救亡歌曲集》由四川自贡市抗敌歌咏团刊行。

救亡歌咏社编《大众吼声》由上海海燕出版社刊行，有陶行知的代序。

映雪选编《红军歌声集》由上海热血出版社刊行。

秦光锡著《抗战小调》由重庆新生命书局刊行，有王学渊的序及著者自序。

钱宗廉著《（最新标准式）交际舞》（附步法图解）刊行，有陈亮、周天籁的序。

丰子恺著《大同大姊姊》（儿童战争画）由广西桂林特种教育社刊行。

《杨草仙先生救济难民百寿纪念书会之意义》刊行。

葛一虹著《战时演剧论》由重庆新演剧社刊行。

徐慕云著，褚民谊主编《中国戏剧史》由上海世界书局刊行，有褚民谊、姬觉弥、郑过宜的序及作者自序。

按：是书致力于从纵、横两个方面对中国戏剧进行全方位的探索，视野开阔，史料丰富，体例完备，被誉为中国第一部戏剧通史与中国戏剧的"百科全书"。

联友剧社编《联友剧社纪念专刊》由编者刊行。

沈上达编《（现代名伶）平剧歌谱》由上海新声出版公司刊行。

沈醉了编著《面包》（教育的小歌剧）由上海晓林乐室刊行。

张乙庐著《老副末谈剧》（第1辑）由上海戏学书局刊行。

刘菊禅著《全部四郎探母》由上海戏报社刊行。

刘慕耘编著《戏学顾问》由上海中央书店刊行。

晓风剧团编《洪水特刊》（晓风剧团首次公演）由编者刊行。

孩子剧团编《孩子剧团—从上海到武汉》由湖北汉口大路书店刊行。

唐友诗编《梨园轶话》（第2册）由北平放庐斋室刊行。

江西省乡村抗战宣传巡回工作团编《一年来的巡回剧团》由编者刊行。

徐公美编著《电影概论》由长沙商务印书馆刊行。

按：是书论述电影的意义、诞生、艺术价值、社会效用等。

徐公美著《电影发达史》由长沙商务印书馆刊行。

徐公美编著《电影艺术论》由长沙商务印书馆刊行。

徐公美编著《电影演技论》由长沙商务印书馆刊行。

王平陵编著《电影文学论》由长沙商务印书馆刊行。

曹雪松著《电影编剧法》由长沙商务印书馆刊行。

乌衣、向培良编《电影导演论》由长沙商务印书馆刊行。

按：是书为电影小丛书之一。内容包括电影的特点、导演的职责及其准备、剧本之选择与分析、电影心理学及其应用、摄影技巧、布景及服装原理、演员处理、电影与社会等。

徐卓呆著《电影摄影法》由长沙商务印书馆刊行。

金光洲编《电影化装法》由长沙商务印书馆刊行。

徐傅霖著《电影放映法》由上海商务印书馆刊行。

吴蒲石著《有声电影论》由上海商务印书馆刊行，有著者序。

陈友兰编《电影教育论》由长沙商务印书馆刊行。

按：是书分何谓电影教育、电影在教育上的效能、各国电影教育概观、我国电影教育运动的鸟瞰、电影教育的设备法及教学法、电影教育研究的资料等8部分。

戴蒙著《电影检查论》由长沙商务印书馆刊行。

杨敏时著《电影院经营法》由长沙商务印书馆刊行。

翦伯赞著《历史哲学教程》由上海新知书店、长春新中国书局、辽东新华书店刊行。

按:是书分绪论、历史发展的合法则性·法则性、历史的关联性、历史的实践性、历史的适应性、关于中国社会形势发展史问题等6部分。这是一部全面系统介绍历史唯物主义基本原理的著作。

姚永朴著《史学研究法》由长沙商务印书馆刊行。

按:是书作者将历史学分成史原、史义、史法、史文、史料、史评、史翼等7类,分别作了介绍。

熊十力著《中国历史讲话》由中央陆军军官学校刊行。

陈安仁著《中国上古中古文化史》由长沙商务印书馆刊行。

盖乐著,孙德孚编《中国文化辑要》由湖南溆浦县合作金库经理室刊行。

张之铭编《历代甲子纪年表》由上海实学通艺馆刊行。

罗根泽编《古史辨》(第6册)由上海开明书店刊行。

按:冯友兰《序》说"《古史辨》是中国近来疑古文献的大成",并就信古、疑古与释古阐明了自己的观点:"我曾说过中国现在之史学界有三种趋势,即信古、疑古及释古。就中信古一派,与其说是一种趋势,毋宁说是一种抱残守缺的人的残余势力,大概不久即要消灭,对于中国将来的史学也是没有什么影响的。""疑古一派的人,所作的功夫即是审查史料。释古一派的人所作的工夫,即是将史料融会贯通。就整个的史学说,一个历史的完成,必须经过审查史料及融会贯通两阶段,而且必须到融会贯通的阶段,历史方能完成。但就一个历史家的工作说,他尽可只作此两阶段中之任何阶段,或任何阶段中之任何部分。任何一种的学问,对于一个人,都是太大了。""由此观点看,无论疑古释古,都是中国史学所需要的,这其间无所谓孰轻孰重。"

钟际华校勘(精校增批)《左传句解》(上下册)由上海大文书局刊行。

中国历史研究社编《东南纪事》由上海神州书店刊行。

李晋华著《明史德王府世系表订误》由国立中央研究院历史语言研究所刊行。

王灵皋辑录,中国历史研究社编《崇祯长编》由上海神州国光社刊行。

方甦生著《清太祖实录纂修考》由北平辅仁大学刊行。

张元济著《校史随笔》由商务印书馆刊行,有自序。

蒋廷黻著《中国近代史》由艺文研究会、长沙文史研究会、长沙商务印书馆刊行。

按:1938年5、6月间,蒋廷黻受陈之迈之约,为陶希圣、吴景超等编辑的《艺文丛书》撰写《中国近代史》。当时,《艺文丛书》提出了该书的四个目的:一、为培养民族主义根基;二、为施行民主政治;三、为工业制度的急速确立;四、为提倡工业文明与现代科学。依此而成的《中国近代史》不是一部纯学术著作,只是当时对"近代史的观感作(的)一个简略的初步报告"。(《民国学案》第二卷《蒋廷黻学案》)

左舜生选辑《中国近百年史资料初编、续编》由上海中华书局刊行。

按:是书收中国近百年史资料数十篇,全书分13类:鸦片战争与英法联军、太平天国、戡定西域记、中英滇案交涉本末、中俄伊犁交涉始末、中法兵事本末、中日兵事本末,光绪帝与慈禧、戊戌政变、八国联军、蒙藏交涉、中国革命之经过等。

中国现代史研究委员会编《中国现代革命运动史》由新华书店、上海中国出版社、华北新华书店、香港新民主出版社、辽北书店、无锡苏南新华书店刊行。

按:是书共7讲:1.太平天国革命运动;2.戊戌政变与义和团运动;3.辛亥革命;4.五四运动;5.中国共产党的产生与中国工人运动的发展;6.中国国民党的改组与国共合作;7.1925—1927年的中国大革命。

中国现代史研究委员会编《中国现代革命史》由编者刊行。

按：是书共 7 讲：1. 太平天国革命运动；2. 戊戌政变与义和团运动；3. 辛亥革命；4. 五四运动；5. 中国共产党的产生与中国工人运动的发展；6. 中国国民党的改组与国共合作；7. 1925—1927 年的中国大革命。

吴宗慈著《太平天国封爵述》由江西江西省文献委员会刊行。

周善培著《辛亥四川事变之我》由著者刊行。

曹伯韩著《日本侵华简史》由湖北汉口上海杂志公司刊行。

李洁西著《日本侵略中国小史》由长沙商务印书馆刊行。

顾凤城著《中国抗战形势图解》由湖北汉口光明书局刊行。

陈重编《中国抗敌大事日记》由上海新国民出版社刊行。

白水编《中国的抗战——日本侵华大事记》（上下册）由上海密勒氏评论报社刊行。

华美出版公司编《中国全面抗战大事记》（上下册）由上海华美出版公司刊行。

萧潇编《中日战争大事记》由上海今日书局刊行。

英文大美晚报编《中日战争史迹》（一九三七年七月至一九三八年三月）由上海英文大美晚报刊行。

管雪斋著《抗敌一年》由湖北汉口华中图书公司刊行。

金则人著《第一期抗战的经验与教训》由湖北汉口上海杂志公司刊行。

全民抗战社辑《抗战一周年》由湖北汉口生活书店刊行。

蒋介石著《抗战一周年》刊行。

寸喁编著，化生校对《抗战建国第一年》由重庆七七书局刊行。

蒋卉编《抗战一周年》由广西南宁民团周刊社刊行。

甘介侯等执笔，独立出版社编《第二期抗战》由湖北汉口独立出版社刊行。

渤流著《抗战的第二阶段》由香港救亡出版社刊行。

独立出版社编《抗战文献》由湖北汉口独立出版社、中国国民党中央执行委员会宣传部刊行。

凡夫著《九一八以来的抗日战争》由湖北汉口抗战研究社刊行。

沈吉苍著《九一八——东北被占》由上海大成出版公司刊行。

杨震编著《东北抗日联军的过去·现在和未来》由湖北汉口大众出版社刊行。

尹钟麒著《济南惨案》由江苏南京正中书局刊行。

北大四院自治会编《四月风暴》由编者刊行。

李力编《保卫武汉》由湖北汉口三户图书社刊行。

熊复苏编《保卫大广东》由广东广州中山日报社图书出版委员会刊行。

杜定友著《国难杂作》由著者刊行。

拓荒、萧潇著《今日的华北》由上海英商今日书局刊行。

国民党浙江省党部编《首都省会沦陷纪念手册》由编者刊行。

中国国民党中央执行委员会宣传部编《民族大仇》由编者刊行。

宋军事委员会政治部编《民族之血》由编者刊行。

斐如著《日本铁蹄下的东北》由上海战时读物编译刊行。

陈正谟著《日本铁蹄下之东北农民》由湖北汉口中山文化改育馆刊行。

冯玉祥著《日本对在华外人之暴行》由广西桂林三户图书社刊行。

军事委员会政治部编《日寇暴行实录》由湖北汉口编者刊行。

由黎著《怎样对付伪组织》由重庆中山文化教育馆刊行。

郭沫若等著《如何消灭汉奸》由救亡文化出版社刊行。

唐崇慈著《汉奸问题》由重庆中山文化教育馆刊行。

国民政府军事委员会政治部编《伪满的真相》由重庆青年书店刊行。

每日译报社编辑部编辑《华北官僚群像》由每日译报社刊行。

张穆著《蒙古游牧记》由长沙商务印书馆刊行。

马敬时编《松江简明史》由松江县县公署教育科刊行。

田西县县志编纂委员会编《田西县县志》由广西南宁田西县政府刊行。

拓荒编《世界第一次大战史》由上海经纬书局刊行。

钱君实著《第二次世界大战预言》由广东广州新中国出版社刊行。

胡国伟著《德国毁约与二次世界大战》由国魂书店刊行。

吴清友著《世界民族解放战争的教训》由上海光明书局刊行。

李毓田著《德意日防共集团论》由长沙商务印书馆刊行。

李长傅编《南洋史纲要》由湖南长沙商务印书馆刊行。

陈豪著《苏联怎样冲破帝国主义的包围》由湖北汉口黎明书局刊行。

曼努意斯基著《苏联社会主义建设底总结》由陕西延安大同出版社刊行。

可园编《艰苦成功的苏联》由上海世界书局刊行。

方至刚著《苏联研究》由国民政府军事委员会战时工作干部训练团第三团政治部刊行。

黄震遐著《苏俄救亡战史》由华中图书公司刊行。

王中枢编《张鼓峰事件鸟瞰》由长沙商务印书馆刊行。

欧伯著《西班牙内战与国际局势前途》由广东广州亚东图书馆刊行。

贝叶著《西班牙》由上海珠林书店刊行。

王元著《传记学》由广东广州国立中山大学出版组刊行。

按：是书分概述西方和中国传记文学的沿革和解释传记的意义、介绍传记的种类、从事写作传记必须具备的几个基本条件、探讨各类人物传记的做法、研究传记与史学、文学、生理学、心理学等诸学科的关系等5章。

吕思勉选注《古史家传记文选》(上中下册)(中学国文补充读本)由上海商务印书馆刊行。

杨荫深选注《古文家传记文选》(中学国文补充读本第1集)由商务印书馆刊行。

张越瑞选辑《近人传记文选》由上海商务印书馆刊行。

王照圆撰《列女传补注》由上海商务印书馆刊行。

陈鹤琴编，邢舜田绘图《班超》由上海世界书局刊行。

吴丕绩编著《江淹年谱》由上海商务印书馆刊行。

张寒晖编著《张巡》由湖南长沙中华人民教育促进会刊行。

郑骞编著《辛稼轩先生年谱》由编著者刊行。

堵述初编著《文天祥》由湖南长沙中华平民教育促进会刊行。

季柔著《朱元璋》(民族复兴的英雄)由上海抗战编辑社刊行。

杨铎著《张江陵年谱》由上海商务印书馆刊行。

陈鹤琴编《武训》由上海世界书局刊行。

段泽承编纂，孙之俊绘画《武训先生画传》由重庆生活教育社刊行。

竺可桢等著，国立浙江大学史地研究所编辑《地理学家徐霞客》由上海商务印书馆刊行。

方甦生著《清太祖实录纂修考》由北平辅仁大学刊行。

金松乔等编《爱新觉罗宗谱》由奉天爱新觉罗修谱处刊行。

张西堂著《王船山学谱》由上海商务印书馆刊行。

谢兴尧著《洪杨遗闻》由太平天国丛书本刊行。

樊仰山编《李秀成特刊》由陕西易俗社刊行。

赵作雄著《李秀成》由湖南长沙中华平民教育促进会刊行。

叶参等编《郑孝胥传》由吉林长春"满日文化协会"刊行。

民团周刊社编《总理领导下的革命》由广西南宁民团周刊社刊行。

民团周刊社编《总理的一生》由广西南宁编者刊行。

民团周刊社编《总理领导下的革命工作》由南宁民团周刊社刊行。

民团周刊社编《总理第一次起义纪念日》由广西南宁编者刊行。

民团周刊社编《总理诞辰纪念日》由广西南宁编者刊行。

民团周刊社编《总理逝世纪念日》由广西南宁编者刊行。

民团周刊社编《先烈陈英士先生殉国纪念日》由江苏南京编者刊行。

民团周刊社编《胡主席汉民先生逝世纪念日》由广西南宁编者刊行。

陈独秀著《实庵自传》由上海亚东图书馆刊行。

罗飞鹏编著《李宗仁与白崇禧》由湖北汉口建国书店刊行。

程山辑《前线上李白两将军访问记》由广西南宁民团周刊社刊行。

杨君杰编《虎镇徐州的李宗仁将军》由战时出版社刊行。

赵轶琳著《李宗仁将军传》由上海大时代书局刊行。

宋庆龄著《宋庆龄自传及其言论》由上海华光出版社刊行。

赵文光编《托派张慕陶的过去及现在》由上海怒吼出版社刊行。

尼司著《张国焘脱离共党面面观》由广东广州新中国出版社刊行。

施平传著《朱德将军卅年战斗史》由救亡出版社刊行。

林风著《韩复榘伏法前后》由上海金汤书店刊行。

朱朴编著《张发奎将军》由湖北汉口群力书店刊行。

陶行知、谢冰莹著《关于赵老太太》由东北救亡总会宣传部刊行。

张静庐著《在出版界二十年》（张静庐自传）由湖北汉口上海杂志公司刊行。

民团周刊社编《先烈朱执信先生殉国纪念日》由广西南宁编者刊行。

王蘧常著《沈寐皇年谱》由上海商务印书馆刊行。

刘大元著《五十年来蒋先生与中国》由湖北汉口建国出版社刊行。

杨殷夫著《郭沫若传》由广东广州新中国出版社刊行。

胡蝶著《胡蝶自传》由上海陈立发行。

史天行编《丁玲在西北》由汉口芒种书屋刊行。

俞士连编《最近的丁玲》由上海长虹书局刊行。

编者《女战士丁玲》由每日译报社刊行。

陈彬荫编《(民族女战士)丁玲传》由战时读物编译社刊行。

林轶青编著《中国的红星》由上海新中国出版社刊行。

傅平著《抗日的英雄》由湖北汉口新知书店刊行。

张国平编著《铁军将军列传》由广东广州新中国出版社刊行。

按:是书收录李宗仁、白崇禧、黄绍竑、李济深、张发奎、黄琪翔、陈铭枢、蔡廷锴、蒋光鼐、翁照垣等 10 位国民党将领的传略。

张国平编著《中央虎将列传》由广东广州新中国出版社刊行。

按:是书收录蒋介石、冯玉祥、阎锡山、何应钦、程潜、唐生智、贺耀祖、陈诚、张治中、蒋鼎文、卫立煌、胡宗南、傅作义、商震等 14 位国民党将领的传略。

沙千里著《七人之狱》由上海生活书店刊行。

按:是书详细记载 1936 年底国民党政府拘捕沈钧儒、沙千里、章乃器、邹韬奋、李公朴、王造时、史良七人的经过及关押审讯情况(即爱国七君子案经过)。书前有著者的"前题"和七君子的照片多帧,书末附录《起诉书》《答辩状》等 5 篇文献。

陶元德编《自传之一章》由广州宇宙风社刊行。

按:是书 1944 年桂林出版增订本,收录自传回忆录 21 篇,其中有蔡元培的《我在教育界的经验》、陈独秀的《实庵自传》、章乃器的《我与青年》等。还收录了何香凝、叶恭绰、陈公博、陈衡哲、黎锦熙、王芸生、太虚、周作人、老舍、丰子恺、冰莹、傅仲涛、宋春舫、许钦文、赵景深、郭子雄、陆丹林、南桥等自传。桂林增订版收文 20 篇,删去陈公博、周作人、陆丹林的自传文章,增加了毕树棠、张一麐的两篇自传。

张国平著《白崇禧将军传》由新中国出版社刊行。

冯玉祥编《抗日的模范军人》由湖北汉口三户图书社刊行。

独立出版社编《抗日先烈记》由编者刊行。

刘一飞编选《抗日英雄特写》由湖北汉口大时代书店刊行。

郭沫若等著《前线抗战将领访问记》由长沙抗日救国社刊行。

禾金编《民族英雄剪影》由战时文化社刊行。

凌青著《战地服务回忆录》由上海光明书局刊行。

中国国民党中央执行委员会宣传部编《宁死不屈》由编者刊行。

胡山源著《江阴义民别传》由上海世界书局刊行。

按:是书介绍许用、季氏兄弟、程璧、高氏父子、黄明江、徐五、王华、汤三老儿、陈宪钦、徐玉扬、戚三郎、李介立、胡志学、何氏兄弟、陈二郎、黄毓祺等人的事迹。

胡山源著《嘉定义民别传》由上海世界书局刊行。

陈训正编《鄞县通志人物编》(临时抽印本)由浙江鄞县通志编纂委员会刊行。

嘉兴县旅沪同乡会编《嘉兴县旅沪同乡会会员录》由编者刊行。

孟森著《海宁陈家》由北京大学出版部出版。

编者《华北官僚群像》由每日译报社刊行。

孟锦华编著《傀儡集》由浙江省抗日自卫委员会战时教育文化事业委员会刊行。

铮铮编著《国际时人传》由上海激流社刊行。

按:是书收国际人物评述文章 59 篇,其中有十余篇是编著者著、译的。

沈因编《列宁传》由上海民力书局刊行。

李田意著《哈代评传》由上海商务印书馆刊行。

哲非著《欧局动荡中的张伯伦》由上海杂志社刊行。

笃行著《国际女间谍玛妲哈丽秘史》由上海明明书局刊行。

张江裁、许道龄编《北平庙宇碑刻目录》由北平国立北平研究院总办事处出版社刊行。

岑仲勉著《郎官石柱题名新著录》由国立中央研究院历史语言研究所刊行。

按:《郎官石柱题名》是唐代六部郎官的任职记录。清代劳格的《唐尚书省郎官石柱题名考》26卷,是研究唐代文史必需的参考书。但劳氏考证亦有缺误之处,尤其是对于新出土墓志未曾寓目,故岑仲勉对此书潜心研究,以成《郎官石柱题名新著录》与《郎官石柱题名新考订》二著,对《郎官石柱题名考》补正极多,为学术界提供了一份切实可信的资料书。

旧都文物整理实施事务处编《旧都文物整理实施事务处第十六次报告书》由编者刊行。

励乃骥著《新嘉量五量铭释》由国立北京大学国学季刊社刊行。

杨宽著《中国历代尺度考》由商务印书馆刊行。

按:是书主要考证中国尺度的起源与变迁。

王静如著《突厥文回纥英武威远毗伽可汗碑译释》由北平辅仁大学辅仁学志社刊行。

吕登瀛著《大同云冈石窟寺古迹详志》由伪晋北自治政府民生厅刊行。

顾颉刚、史念海著《中国疆域沿革史》由长沙商务印书馆刊行。

王庸著《中国地理学史》由长沙商务印书馆刊行。

按:是书分原始地理图志及其流变、地图史、地志史、近代地理学之进步等4章。弃疾《评中国地理学史》说:"此书至少已厘定中国地理学史之大纲,其筚路蓝缕之功,有足称焉。近五六年来,王氏对于地图地志目录及史料方面,研究整理,用力颇勤,此书于近人研究结果,虽有所征引,而大部仍表现著者之所得。"(《图书季刊》1939年新1卷第1期)

卞乾孙编《河北省徐水县事情》由新民会中央指导部出版部刊行。

卞乾孙编《河北省清苑县事情》由新民会中央指导部出版部刊行。

陈增敏著《宣化盆地》由商务印书馆刊行。

饶宗颐编《潮州丛著初稿》由广东广州市立中山图书馆刊行。

席征庸编《东北》由湖南长沙中华平民教育促进会刊行。

周振鹤编《青海》由商务印书馆刊行。

倪锡英著《上海》由广东广州中华书局刊行。

许晚成编《上海指南》由上海国光书店刊行。

杨开道著《湖南省》由湖南长沙中华平民教育促进会刊行。

陈公哲编《香港指南》由商务印书馆刊行。

赵君豪编《粤港澳导游》(一名《华南导游》)由上海中国旅行社刊行。

程绍行编《四川东南边区西秀黔彭石五县垦殖调查报告书》由四川成都四川省政府建设厅刊行。

嘉陵江三峡乡村建设实验区北碚月刊社编《嘉陵江三峡乡村建设实验区概况》由四川巴县编者刊行。

胡天编《成都导游》由四川成都开明书店刊行。

杜若之著《旅渝向导》由重庆巴渝出版社刊行。

星球舆地学社编《中华全国沿海区域图》由上海编者刊行。

陈铎等编《中国战区分省详图》由上海舆地学社刊行。

远东舆地学社编《长江流域六省交通详图》由上海编者刊行。

章育青编绘《华中五省明细图》由上海全球舆地学社刊行。

袁佑宸编《广西省明细地图》由湖北武昌亚新舆地学社刊行。

武昌亚新舆地学社编《河南分县详图》由编者刊行。

上海商务印书馆编《上海新地图》由编者刊行。

葛康林绘《浙江省图》由上海中华书局刊行。

陈铎编《河北省图》由上海舆地学社刊行。

张资平编《外国地理》由长沙商务印书馆刊行。

詹文浒著《欧美透视》由上海世界书局刊行。

陶亢德编《欧风美雨》由上海宇宙风社刊行。

但荫荪编著《波兰》由商务印书馆刊行。

张礼千编《英属马来亚地理》由商务印书馆刊行。

楚歌编《世界预言集》由大夏书局刊行。

裘梦痕编《读谱法》由上海春风音乐教育社刊行。

王任叔著《读书的方法与经验》(青年自学丛书)由上海生活书店刊行。

冯都良编著《国学常识问答(经传类)》由珠林书店刊行。

王伊同编《竹汀经史子答问分类辑》由燕京大学图书馆刊行。

郭伯恭著《永乐大典考》由商务印书馆刊行。

郭伯恭著《四库全书纂修考》由国立北平研究院史学研究会刊行。

奉天图书馆编《文溯阁四库全书要略及索隐》由编者刊行。

按:是书分文溯阁四库全书要略、文溯阁四库全书书名索隐两部分。

中国流通图书馆编《中国流通图书馆》(第一辑补充目录)由编者刊行。

甘肃科学教育馆编《甘肃科学教育馆小志》(管理中英庚款董事会立)由编者刊行。

吕绍虞著《怎样利用图书馆》由上海中国图书服务社刊行,有著者序。

吕绍虞著《最近之上海图书馆》由上海中国图书服务社刊行,有自序。

甘肃学院图书馆编《甘肃省立甘肃学院图书馆图书目录》由编者刊行。

古学院编《古学丛编凡例目录》由编者刊行。

教育部直辖编审会图书室编《教育部直辖编审会图书室图书目录》由编者刊行。

蒙古文化馆图书组编《蒙古文化馆图书目录(初编)》由编者刊行。

裘开明编《美国哈佛大学哈佛燕京学社汉和图书馆汉籍分类目录(经学类)》由燕京大学哈佛燕京学社刊行。

上海静安图书馆编《上海静安图书馆特设消闲读书会图书目录》(第1期)由编者刊行。

世界佛教居士林佛学图书馆编《世界佛教居士林佛学图书馆目录》由编者刊行。

毕乃德等编《中国参考书目题解》由哈佛燕京学社刊行。

北平近代科学图书馆编《新著图书目录》由编者刊行。

姚名达著《中国目录学史》由长沙商务印书馆刊行,有自序。

按:是书分叙论、溯源、分类、体质、校雠、史志、宗教目录、专科目录、特种目录、结论10编。

文殿阁书庄编《文殿阁旧书目》(第4期)由编者刊行。

文殿阁书庄编《文殿阁旧书目》(第4期续编)由编者刊行。

文奎堂书庄编《文奎堂书目》(第 11 期续编)由编者刊行。

何鲁成编著《档案管理与整理》由长沙商务印书馆刊行,有甘乃光等人的序及自序。

哈佛燕京学社引得编纂处编《食货志十五种综合引得》由北平编者刊行。

哈佛燕京学社引得编纂处编《三国志及裴注综合引得》由北平编者刊行。

(伪)教育部审编会著《教育概论》由著者刊行。

(伪)冀东教育厅编《冀东教育概况》由编者刊行。

(伪)民生部编《(国民学校)日语国民读本》(卷 1)由吉林长春满洲图书株式会社刊行。

(伪)满洲国立奉天图书馆编《增加图书分类目录》(第 2 号)由编者刊行。

[苏]苏联红色教授哲学院编,吴清友译《新哲学教程纲要》由上海珠林书店刊行。

[苏]V·塞夫金著,郑易里译《观念论》由北平国际文化社刊行。

[苏]瓦因斯坦著,汪耀三、金奎光译《辩证法全程》由上海光明书局刊行。

[苏]勃鲁塞林斯基著,沈志远译《形式逻辑》由重庆生活书店刊行。

[苏]列宁著,王唯真译《马克思及其学说》刊行。

[苏]列宁著《列宁选集》(第 3、5、7、9、10、13 卷)由解放社刊行。

[苏]列宁著《列宁选集》(第 7、9、13 卷)由中华出版社刊行。

[苏]列宁著,莫师古译《国家与革命》由译者刊行。

[苏]斯大林著《列宁主义概论》由新时代社刊行。

[苏]斯大林著《列宁主义问题》(上卷)由湖北汉口中国出版社刊行。

[苏]斯大林著,莫师古译《列宁主义问题》刊行。

[苏]斯大林著,徐冰等译《列宁主义问题》由上海新时代出版社刊行。

[苏]斯大林著,战斗社编《列宁主义研究概要》由上海文化书店刊行。

[苏]雅洛曼绥夫著《列宁主义初步》由时代出版社刊行。

[苏]雅洛曼绥夫著《列宁主义初步》由陕西延安解放社刊行。

[苏]拉萨诺夫著,任白涛译《共产主义与性爱·结婚·家族问题——马克思、恩格斯见解的发展》由言行出版社刊行。

[苏]叶斯·渥利夫桑著,林默涵(原题默涵)译《唯物恋爱观——唯物辩证法的现象学入门》由湖北汉口读书生活出版社刊行。

[苏]伏尔佛逊著,执之译《唯物恋爱观》由湖北汉口生活书店刊行。

[苏]赫克著,王一鸣译《现代宗教论》由上海青年协会书局刊行。

[俄]克鲁泡特金著,巴金译《万人的安乐》由上海平明书店刊行。

[俄]克鲁泡特金著,巴金译《告青年》由重庆平明书店刊行。

[苏]科萨列夫著《苏联青年生活与斗争》由前进出版社刊行。

[苏]科萨列夫著《苏联青年的奋斗和生活》由湖北汉口前进出版社刊行。

[苏]司徒乔夫著,瞿秋白译《无产阶级政党之政治的战术与策略》由新时代出版社刊行。

[苏]列宁著,纪华译《左派幼稚病》由中国出版社刊行。

[苏]列宁著,莫师古译《左派幼稚病》刊行。

[苏]列宁著《左派幼稚病》由湖北汉口中国出版社刊行。

［苏］列宁著《左派幼稚病与两个策略》由中华出版社刊行。

［苏］列宁著《论妇女，女工和农妇》由汉口中国出版社刊行。

［苏］列宁等著《民族战争的经验与教训》由湖北汉口全民出版社刊行。

［苏］柯仑泰著，李文泉译《新妇女生活讲话》由上海光明书局刊行。

［苏］温采夫著，崔尚之译《军队论》由湖北汉口天马书店刊行。

按：是书包括军队的定义与本质、社会历史过程与军的发展、现代帝国主义的军队、社会主义国家的军队等 4 节。

［苏］捷克加了夫著，伍双文译《苏联军队中的政治工作》由上海生活书店刊行。

［苏］捷克嘉洛夫著，杨末华译《苏联红军中的政治工作》由湖北汉口大众出版社刊行。

［苏］捷克嘉洛夫著《苏联红军中的政治工作》由新编第四军刊行。

［苏］尤基著《游击队基本动作》由上海建社刊行。

［苏］皮莱曼著，崔尚辛译《国防物理学讲话》由湖北汉口上海杂志公司刊行。

［苏］杜博罗夫斯基著，吴清友译《封建制度农奴制度及商业资本之本质》由言行出版社刊行。

［苏］拉苏莫夫斯基著，沈志远译《社会经济形态》由上海生活书店刊行。

［苏］罗森别格著，张季苊、刘亚生译《政治经济学史》（上卷）由上海杂志公司刊行。

［苏］聂奇金纳著，郑易里译《资本论的文学构造》由汉口读书生活出版社刊行

［苏］柯斯明斯基著，张仲实译《封建主义》由生活书店刊行。

［苏］弗理契（原题佛理采）著，胡秋原译《艺术社会学》由上海言行出版社刊行。

［俄］果戈理著，鲁迅译《死魂灵》由上海文化生活出版社刊行。

［俄］托尔斯泰著，张由纪译《复活》由上海达文书局刊行。

［苏］高尔基著，罗稷南译《磁力》由上海生活书店刊行。

［苏］高尔基著，贺非译《没落》由新光出版社刊行。

［俄］安特列夫著，郁村泉译《红笑》由上海启明书局刊行。

［俄］米亥洛夫著，苏民译《为金属而奋斗》由四川成都跋涉书店刊行。

［苏］高尔基著，罗稷南译《和列宁相处的日子》由上海生活书店刊行。

［俄］盖达尔著，佩秋、曹靖华译《远方》由上海文化出版社刊行。

［苏］茹科夫（原题久可夫）著，世界编译社译《日本现代史》由上海不二书店、汉口不二书店刊行。

［苏］伊凡诺夫等著，张仲实编译《俄国怎样打败了拿破仑》由湖北汉口生活书店刊行。

［苏］沃林（原题伏林）著，铁坚译《俄国革命是怎样胜利的？》由新文化书房刊行。

［苏］卜郎特著，赵季和译《孙逸仙及国民党之来历》由新中国社刊行。

［苏］列宁、托洛斯基著，李书勋译《恩格斯评传》由上海亚东图书馆刊行。

［苏］斯大林著《论列宁》由东方出版社刊行。

［苏］高尔基著，罗稷南译《和列宁相处的日子》由上海生活书店刊行。

［苏］米哈伊洛夫著，谭浚泽《苏联新地理》由商务印书馆刊行。

［美］梯利著，陈正谟译《西洋哲学史》（上下册）由上海商务印书馆刊行。

［美］卡耐基著，李木译《处世奇术——怎样获得朋友并影响众人》由天津大陆广告公司刊行。

［美］卡耐基著，谢颂羔、戴师石译《处世之道》由上海竞新印书馆刊行。

［美］马尔腾著，胡山源译《人人是尧舜》由上海世界书局刊行。

［美］马尔腾著，江原放译《事业与成功》由上海生活书店刊行。

［美］马尔腾著，张光复译《效率增进法》由上海世界书局刊行。

［美］何令渥斯（原题霍林渥斯）著，张孟休编译《听众心理学》由上海商务印书馆刊行。

［美］加罗威著，梅晋良译《恋爱与结婚》由上海商务印书馆广协书局刊行。

［美］赖德著，毛如升、金善增译《战争与和平》由长沙商务印书馆刊行。

［美］卡尔，克洛著，宗姬节译《我为中国人说话》由广东广州新兴书店刊行。

［美］史汀生著，马季廉译《远东的危机》由天津大公报馆刊行。

［美］斯班赛著，佘贻泽编译《意大利的法西斯》由上海大中国出版社刊行。

［美］罗斯福自述，李国钦译《我怎样改造美国》由上海个人刊行。

［美］哈特著，周新节译《武装的欧洲》由广东广州新兴书店刊行。

［美］潘兴著，周济民译《我之世界大战经验》由上海商务印书馆刊行。

［美］斯诺著，佚名译《红军四讲》由广东广州新生出版社刊行。

［美］斯诺著，栖桦译《论日本的战略》由上海新中国出版社刊行。

［美］凡史脱尔著，勃仑诺译，孙元良重译《拿破仑兵法》由湖南长沙维新印刷公司刊行。

［美］洛宾斯著，黄澹哉译述《经济学的性质与意义》由长沙商务印书馆刊行。

［美］多尔等著，施仁夫译《陀氏成本会计》（上下册）由上海商务印书馆刊行。

［美］奥拆德著，周剑译《日本新工业之发展》由长沙商务印书馆刊行。

［美］启尔邦著，方铭竹、王清彬译《货币银行原理》（上下册）由长沙商务印书馆刊行。

［美］费雪著，谭秉文译《稳定货币运动史》（上下册）由长沙商务印书馆刊行。

［美］诺利斯·霍顿著，贺孟斧译《苏联演剧方法论》由重庆上海杂志公司刊行。

［美］格莱夫斯著，吴康译《中世教育史》由长沙商务印书馆刊行，有著者序和译者序。

　　按：是书第一部分包括修行主义与道院学校、沙立曼之教育中兴、封建制度与武士道时代之教育、中世纪之大学等 11 章；第二部分包括意大利人文主义之教育、北方人文主义之教育、旧教徒之教育、唯实主义派教育之起源等 9 章。

［美］华生著，惠迪人译《孩童的心理教养法》（汉译世界名著）由长沙商务印书馆刊行。

　　按：是书为《行为主义的幼稚教育》一书的另一译本。分行为主义者怎样研究婴儿和幼儿、儿童的惧怕及如何控制之、母爱太过的危险、儿童的愤怒及如何控制之、行为主义者底声明等 7 章。

［美］勃兰生著，陈尧昶译《成人教育》（世界新教育丛书）由上海世界书局刊行。

［美］布里姆著，王欲为译《乡村教育实施之通则》（乡村丛刊）由四川省立教育学院刊行。

［美］孔好塞著，唐谷之译《学生学习法》由上海开明书店刊行。

［美］马卡洛克著，王毅诚译《器械运动图解》由长沙商务印书馆刊行，有威廉、著者序。

［美］何德博著，郑竞存译《自我教习游泳法》由上海国光印书局刊行。

［美］阿里斯托法涅斯著，罗念生译《云》（希腊喜剧名著）由中华教育文化基金董事会编译委员会编辑刊行。

［美］史沫特莱著，黄峰辑译《突击队》由上海光明书局刊行。

［美］奥尼尔著，范方译《早点前》由上海剧艺社刊行。

[美]勃罗夫斯著,章铎声译《泰山得宝》由上海梓鹤出版社刊行。

[美]辛克莱著,柯夫译《红前线》由上海海燕出版社刊行。

[美]田贝立著,刘美丽译《美娥出走》由上海广学会刊行。

[美]塞尔维司著,安子介、艾维章译《陆沉》由长沙商务印书馆刊行。

[美]史沫特莱著《打回老家去》由上海导报馆刊行。

[美]史诺著《中国的红区》由上海救亡出版社刊行。

[美]史诺原著,汪衡编译《二万五千里长征》由文摘社刊行。

[美]爱特珈·斯诺著,王厂青等译《西行漫记》由上海复社刊行。

[美]斯诺著,邱谨译《西北散记》由湖北汉口战时读物编译社刊行。

[美]史诺著,佚名译《一个美国人的塞上行》由广东广州新生出版社刊行。

[美]杜伯(原题杜普)、爱里阿(原题弗立特)著,因子编译《必然爆发的第二次世界大战及其阵容》由湖北汉口大声出版社刊行。

R. E. Dupuy、G. F. Eliot 著,周新节译《未来之世界》由上海新兴书店刊行。

[美]杜伯、爱里阿著,许天虹、蒋学楷译《假如大战爆发》由上海珠林书店刊行。

R. E. Dupuy、G. F. Eliot 著,平凡译《未来之世界大战》由湖北汉口竞智书店刊行。

[美]史诺等著《抗战人物志》由战时出版社刊行。

按:是书收录《蒋介石将军及其夫人》(杜衡)、《毛泽东会见记》(马骏)、《彭德怀印象记》(史诺)、《周恩来会见记》(佚名)、《抗战中的冯玉祥》(蓝天照)、《张治中将军印象记》(田汉)、《徐特立先生》(柳湜)、《史诺会见记》(王放)等抗日战争时期著名人物小传41篇。文章大部分选自各报刊。

[美]阿丹斯、福斯武著,胡山源译《现代欧美女伟人传》由上海世界书局刊行。

按:是书介绍伊丽莎白·弗赖、马丽·来翁、斯坦顿、斯托、南丁格尔、克拉拉·巴吞、朱莉娅·沃德·豪、霍顿·福斯特等10人的生平事迹。

[美]邓肯著,沈佩秋译《邓肯自传》由上海启明书局刊行。

[英]泰罗著,余天希译《经验之谈》由上海中华书局刊行。

[英]洛克著,关琪桐译,中华教育文化基金董事会编译委员会编辑《人类理解论》(第1、2册)长沙商务印书馆刊行。

[英]柯尔著,湛小岑译《马克思之真谛》由上海商务印书馆刊行。

[英]霭理斯(原题爱利思)著,梁渭华译《爱情与道德》由上海商务印书馆刊行。

[英]摩根(原题摩尔根)著,施友忠译《突创进化论》由上海商务印书馆刊行。

[英]培根著,关琪桐译,中华教育文化基金董事会编委会编辑《崇学论》由商务印书馆刊行。

[英]林辅华著,谷云阶译《宗教名辞汇解》由上海广学会刊行。

[英]来逢宁著,许无愁译《宗教与和平》由上海广学会刊行。

[英]来逢宁著,许无愁译《宗教与科学》由上海广学会刊行。

[英]来逢宁著,许无愁译《宗教之原起》由上海广学会刊行。

[英]来逢宁著,许无愁译《宗教与理性》由上海广学会刊行。

[英]来逢宁著,许无愁译《宗教与祈祷》由上海广学会刊行。

[英]来逢宁著,许无愁译《上帝是谁》由上海广学会刊行。

[英]胡特生著,樊仲云译《最近中国与世界政治》由湖北汉口群力书店刊行。

［英］田伯烈编著,杨明译《外人目睹中之日军暴行》由湖北汉口国民出版社刊行。

［英］贝茨著,金仲华译《西班牙的新军队是怎样建立的》由湖北汉口生活书店刊行。

［英］柯尔著,王亚南、王搏今译《世界经济机构体系》由上海中华书局刊行。

［英］史特林堡著,黄逢美译《父亲》由上海启明书局刊行。

［英］优力彼德斯著,陈国桦译《特洛国的妇人》由诗歌出版社刊行。

［英］莎士比亚著,周庄萍译《哈梦雷特》由上海启明书局刊行。

［英］莎士比亚原著,邢云飞改编《铸情》由上海启明书局刊行。

［英］莎士比亚著,孙伟佛译《该撒大将》由上海启明书局刊行。

［英］莎士比亚著,蒋镇译《暴风雨》由上海启明书局刊行。

［英］迭更司著,张由纪译《双城记》由上海达文书局刊行。

［英］威尔斯著,刘葆译《世界预言》由上海博文书店刊行。

［英］莫恨著,方安译《红发少年》由长沙商务印书馆刊行。

［英］吉布斯著,郭定一译《柏林一丐》由上海新闲书社刊行。

［英］吉布斯著,郭定一译《新默示录》由上海新闲书社刊行。

［英］吉布斯著,郭定一译《以牙还牙》由上海新闲书社刊行。

［英］吉布斯著,郭定一译《好差使》由上海新闲书社刊行。

［英］吉布斯著,郭定一译《真理窟》由上海新闲书社刊行。

［英］忒涅著,顾岱毓译《音乐概论》由商务印书馆刊行。

［英］斯特莱基著,卞之琳译《维多利亚女王传》由长沙商务印书馆刊行。

［英］马考利著,傅勤家译《腓特烈大王》由长沙商务印书馆刊行。

［英］迪金森等著,王勤堉译《地理学史》由商务印书馆刊行。

［英］斐格莱著,张富康译《地理与世界霸权》由长沙商务印书馆刊行。

按:是书分 19 章论述地理环境对历史发展的重大作用及影响,列举埃及、巴比伦、亚述、巴勒斯坦、腓尼基、希腊、迦太基、不列颠、中国、美国等国的历史发展进行论证。

［英］华克尔著,连警斋译《黑河英雄探险记》由上海广学会刊行。

［日］德永直、渡边顺三著,包刚译《通俗辩证法读本》由湖北汉口读者书房刊行。

［日］永田广志著,阮均石译《唯物史观讲话》由广西桂林新知出版社刊行。

［日］伍来欣造著,刘百闵、刘燕谷译《儒教对于德国政治思想的影响》由商务印书馆刊行。

［日］永井潜著,钱稻孙译《日本精神与近代科学一》由北平近代科学图书馆刊行。

［日］石桥五郎著,沐绍良译《人口地理学》由上海商务印书馆刊行。

按:是书分静态人口地理、动态人口地理、移居人口地理、人口地图等。

［日］新明正道著,袁世裕译《国民革命之社会学》由商务印书馆刊行。

［日］中山耕太郎著,陈明译《殖民地民族革命》由民族出版社刊行。

［日］中山耕太郎著,陈明译《殖民地民族革命》由民族出版社刊行。

［日］石丸藤太著,卜少夫译《被包围的日本》由湖北汉口光明书局刊行。

［日］泷川政次郎编《新民六法》由北京新民印书馆刊行。

［日］神田孝一著,傅无退编《列强战备比较论》由上海商务印书馆刊行。

按:是书分 5 部分:陆军、海军、陆军航空、海军航空、化学战准备。比较列强的军备现状及未来状况。

[日]日本偕行社编，戴坚编译《白纸战术》由同仇学社刊行。

[日]泽边哲彦编，戴坚译《白纸战术集》刊行。

[日]田崎仁义著，曹贯一译《中国古代经济史》由上海杂志公司刊行。

[日]小林丑三郎著，周宪文、柯瀛译述《经济思想史》由广东广州中华书局刊行。

按：是书于1947年再刊。叙述了古代埃及及至二十世纪以来世界经济变迁及经济思想的发展史，并介绍西方各派经济学说的内容和相应的经济政策。

[日]乡诚之助著，华华译《日本经济往哪里去》由上海一心书店刊行。

[日]细谷俊夫著，雷通群译《教育环境学》（师范丛书）由长沙商务印书馆刊行。

[日]武田熙著《通背拳法》由北平商务印书分馆刊行，有题词、著者序及再版序。

[日]青木正儿著，江侠庵译《南北戏曲源流考》由长沙商务印书馆刊行。

[日]青木正儿著，隋树森译《中国文学概说》由上海开明书店刊行。

[日]野尻抱影、青木正儿著，张我军译《诗经的星·从西湖三塔说到雷峰塔》由北京近代科学图书馆刊行。

[日]武藤富男著《发明与自由恋爱》（戏曲）由吉林长春（伪）满日文化协会刊行。

[日]平林泰子著，沈瑞光译《新婚》由上海文光书局刊行。

[日]石川达三著，张十方译《活着的兵队》由广东广州文摘社刊行。

[日]石川达三著，夏衍译《未死的兵》由广东广州南方出版社刊行。

[日]石川达三著，白木译《未死的兵》由上海杂志社刊行。

[日]火野苇平著，哲非译《麦与兵队》由上海杂志社刊行。

[日]阿部市五郎著，李长傅、周宋康译《地理政治学》由商务印书馆刊行。

[日]白鸟库吉著，王古鲁译《宫外史地论文译丛》（第1辑）由长沙商务印书馆刊行。

[日]固城三郎著《中华南北详细图》由大中维新社刊行。

[德]马克思、恩格斯著，郭沫若译《德意志意识形态》由上海言行出版社刊行。

[德]马克思、恩格斯著，克士译《德意志观念体系》由上海珠林书店刊行。

[德]费希特（原题菲希特）著，威广恩译《菲希特告德意志国民书》由航空委员会政治部刊行。

[德]恩格斯著，钱亦石（原题钱啸秋）译《德国农民战争》由上海生活书店、东北生活书店、解放社刊行。

[德]马克思著，吴黎平、刘云译《法兰西内战》由陕西延安解放社、重庆新华日报、中国出版社、上海生活书店、华东新华书店、中原新华书店、北京新华书店、上海新华书局刊行。

[德]马克思、恩格斯著，彭汉文编译《马克思主义的基础》由上海社会科学研究社刊行。

[德]萨洛孟著，陶兹人译《政治学概论》由长沙商务印书馆刊行。

按：是书分两卷。第1卷政治学通论，包括国家、国家组织、宪法、政体、社会等；第2卷政治学史，包括国家的自然权说、法律国家论、有机国家论、国家自然论等，叙述国家理论的历史发展。

[德]马克思、恩格斯合著，陈望道译《共产党宣言》由湖北汉口人民书店刊行。

[德]马克思、恩格斯合著，成仿吾、徐冰译《共产党宣言》由中国出版社刊行。

[德]恩格斯著，吴黎平译《社会主义从空想到科学的发展》由中国出版社刊行。

按：是书据莫斯科马列学院编《马克思恩格斯选集》译出。

［德］恩格斯著《从空想的社会主义到科学的社会主义》由新汉出版社刊行。

［德］马克思、［苏］列宁、斯大林著,李铁冰编译《论民族革命问题》由湖北汉口火炬出版社刊行。

按：是书有译者前记。封面及目次前书名题：马克思、列宁、斯大林论民族革命问题。

［德］席勒著,陈清晨译《日本向全世界挑战》由战时出版社刊行。

［德］魏尔德著,陶兹人译《欧战枞山大战记》由长沙商务印书馆刊行。

［德］鲁登道夫著,戴坚译《大战回忆录》刊行。

［德］皮寇特著,杜沄译《德译高射炮兵》由重庆军学编译社刊行。

［德］马克思著,郭大力、王亚南译《资本论》(政治经济学批判)由上海生活书店刊行。

［德］马克思著,西流(濮清泉)译《劳动价值说易解》由上海亚东图书馆刊行。

［德］拉伊原著,金澍荣、黄觉民重译《实验教育学》(现代教育名著)由长沙商务印书馆刊行。

［德］维连模、哥拉飞著,王锦第译《今日德国教育》由北平中德学会刊行。

［德］歌特著,杨逸声译《少年维特的烦恼》由上海大通图书社刊行。

［德］格澜著,楚之译《德国间谍》由上海世界书局刊行。

［德］里奥·福克脱凡格著,黄立译《忆莫斯科》由上海前卫书店刊行。

［德］路德维希(原题鲁特威喜)著,张治中译《斯大林评述》由华南图书馆刊行。

［德］格拉夫著,曹沉思译《地理哲学》由长沙商务印书馆刊行。

按：是书正文前有序论《地理学与哲学》和绪论《课题之意义》。下分全科学分野中的历史学及自然科学、地理学与历史学、地理学与自然科学、为独立科学之地理学等 4 部分。最后为结论"地理学的认识价值和教育价值"。

［德］雷翁·傅克脱惠格著,吴大瑶译《莫斯科记》由湖北汉口生活书店刊行。

［法］狄芒特著,沈秋宾译《思想的艺术》由上海青年协会书局刊行。

［法］孔德著,萧赣译《实证主义概观》由上海商务印书馆刊行。

［法］盖恩夫人著,俞成华译《馨香的没药》(传记第一种)由上海福音书房刊行。

［法］克利斯底亚尼著,丁宗杰译《耶稣传》(上中下)由上海土山湾印书馆刊行。

［法］罗毫弗尔利著,徐家汇圣心报馆编译《耶稣受难遗迹考略》由上海土山湾印书馆刊行。

［法］狄骥著,张明时译《宪法学》由商务印书馆刊行。

［法］萨多里著,谷兆芬译《微菌战》由军用图书社刊行。

［法］摩那著,健卿译《丈夫与情人》由上海敏纳书屋刊行。

［法］巴尔扎克著,黎烈文译《乡下医生》由上海商务印书馆刊行。

［法］梅理曼著,施大悲译《卡门》由上海启明书局刊行。

［法］莫泊桑著,周瘦鹃译《新年的礼物》由辽宁沈阳正大书局刊行。

［法］纪德著,施宣华译《田园交响乐》由上海启明书局刊行。

［法］莫罗阿著,杨伯元译《情人的悲哀》由长沙商务印书馆刊行。

［法］马尔劳著,王凡西译《中国大革命序曲》由上海金星书店刊行。

［法］罗班著,万锡九译《土地征收之学理与实施研究》由商务印书馆刊行。

［法］古朗士著,李玄伯译,中华教育文化基金会董事会编译委员会编辑《希腊罗马古代社会研究》由长沙商务印书馆刊行。

［挪威］易卜生著,孙熙译《社会栋梁》由长沙商务印书馆刊行。

［挪威］易卜生著,孙熙译《野鸭》由长沙商务印书馆刊行。

［挪威］哈列比著,汤清译《基督徒的生命》由湖北汉口信义书报部刊行。

［挪威］哈列比著,杨懋春译《良心论》由湖北汉口信义书局刊行。

［挪威］哈列比著,李明华、吕绍端译《祷告》由湖北汉口中华信义会书报部刊行。

［奥地利］里尔克著,冯至译《给一个青年诗人的十封信》由长沙商务印书馆刊行。

［捷克］基希著,立波译《秘密的中国》由湖北汉口天马书店刊行。

［意］费斯白著《我怎样做了日本的间谍》由国民政府军事委员会政治部刊行。

［意］爱尔科里著,付丹宁译《拥护和平与新的世界大战》由香港国际联合出版社刊行。

按:是书评述资本主义在经济危机中的不平衡发展、苏联的势力、日本的侵略计划、帝国主义列强的态度、意大利对阿比西尼亚的侵略、苏联的和平外交政策,以及国际无产阶级为和平而奋斗等问题。

［匈］E. Vorga 著,金戈译《资本主义经济新危机的开始》由中苏文化杂志社刊行。

［匈］卢卡契著,叶以群(原题以群译)《小说》由湖北汉口生活书店刊行。

［西班牙］加斯特劳(原题加斯特拉)绘,巴金编《西班牙的血》由上海开明书店刊行,有序及绘者序。

［希］伊索著,瞿兴镇译注《(附译文注释)伊索寓言全集》(华英对照标准英文文学读本)由上海三民图书公司刊行。

［丹麦］耶斯剖生著,胡仲持译《英文法通论》(上海外国语学校丛书 2)由上海珠林书店刊行。

［保］季米特洛夫著《反战反法西斯斗争的当前问题》由湖北汉口中国出版社刊行。

［荷兰］杜甫德原著,江汉文译《基督徒学生的人生哲学》由香港青年协会书局刊行。

M. Lepin 著,王昌社译《救世主》由上海震旦大学刊行。

A. Goodier 著,陈伯良译《吾主耶稣言行史略》由香港公教真理学会刊行。

John Greenfield 著,马路和译《二百年来一致兄弟会大奋兴史》刊行。

Lasausse 著,朱志亮译《心园》由上海土山湾印书馆刊行。

Hannah M. Stone and Abraham Stone 著,巴金译《性——结婚前奏曲》由上海开明书店刊行。

E. R. Burroughs 著,殷雄译《泰山团圆》由上海大通图书社刊行。

E. R. Burroughs 著,殷雄译《泰山出险》由上海大通图书社刊行。

狄守仁著,朱星元译《天主教教义提纲》(1—3 册)由天津崇德堂刊行。

斐可著,浦保罗译《基督在此》由上海广学会刊行。

林思翰编著,王震辉译述《传道法程》由上海时兆报馆刊行

森麦著,梁曼如译《母亲伟大的责任》由香港真理学会刊行。

苏克维著,程伯群译《贞德英烈传》由上海世界书局刊行。

徐司铎著,公教丛书委员会编译《耶稣真徒的生活》(第 1 册,宗教即天主与人之间生命的联系)由天津崇德堂刊行。

查姆拍兹著,刘子静译《竭诚为主》由上海广学会刊行。

费赖之著,冯承钧译《入华耶稣会士列传》由商务印书馆刊行。

哈德曼著,俞恩嗣译《身体复活》由上海广学会刊行。

克劳莱著,毕路得、冯覃燕同译《怎样做浸会的教友》由上海美华浸会书局刊行。

来思德著,谢颂羔、陈德明译《为甚么要敬拜上帝》由上海广学会刊行。

朗格著,王永生译《十架七言》由湖北汉口信义书局刊行。

罗培德著,朱世璇译《使徒行传释义》由上海广学会刊行。

米德峻著,马福江译《基督降临之世界》由上海广学会刊行。

慕尔腓著,赫士编,谭延铭等校《司牧良规》由上海广学会刊行。

普体德著,朱铁蓉译《基督教最初发展故事》由上海青年协会书局刊行。

佟甘谭著,胡瑞译,震大公青会编辑《翼下共鸣录》由上海震旦大学刊行。

威廉·兑尔著,陈伯良译《我能够做司铎吗》由香港公教真理会刊行。

武兹著,陈容真译《实用的信仰》由上海广学会刊行。

伯应理编撰,徐见希译注《一位中国奉教太太许母徐太夫人事略》由上海土山湾印书馆刊行。

秀耀春著,郭女士译述《信徒快乐秘诀》由湖北汉口中国基督圣教书会刊行。

撒罗亚斯考富著,赵世光、陈永信译《为基督受苦的威廉》由上海广学会刊行。

T·M著《性而已》由北京北新书局刊行。

威廉著,莫道存译《苏联政治生活》由湖北汉口缤明书局刊行。

威廉著,蒋学楷译《苏联经济生活》由汉口黎明书局刊行。

威廉著,蒋学楷译《苏联社会生活》由湖北汉口黎明书局刊行。

曼努意斯基著《苏联社会主义建设底总结》由陕西延安大同出版社刊行。

亚罗斯拉夫斯基著《联共党史》(上)由解放社刊行。

斯大林著《斯大林言论选集》由湖北汉口中国出版社刊行。

梅养天译著,宋式一编校《民主与独裁》由中国度量衡学会四川分会第六区支会刊行。

石丸藤太著,杨宝琛编译《被包围的日本》由上海战时读物编译社刊行。

贝福著,许庸译《日本能否独霸远东》由广东广州亚东图书馆刊行,有译者序。

史汀生等著,杜铎编《世界的激变》由湖北汉口世界问题研究社刊行。

韦伯夫妇著,钱亦石、詹哲尊译《社会研究法》由上海商务印书馆刊行。

克莫斯基著,曹贯一译,刘运筹校《农业哲学》由商务印书馆刊行。

高士著,黄嘉德译《英国公民教育》由长沙商务印书馆刊行。

林语堂著,郑陀译《吾国与吾民》由上海世界新闻社刊行。

及川六三四著,张一正译《远东军备现势》由文摘社刊行。

韩里西编,周则孟译《步兵营战术》由湖北汉口武汉卫戍总司令部刊行。

美国陆军大学著,陈慕麟译述,张亮清校正《航空战术与技术》由江苏南京军用图书社刊行。

哈耶玛著,张原译《日本论》由上海光明书局刊行。

凡登波须著,费振东译《荷属东印度概况》由商务印书馆刊行。

杜德著,江明译《列宁的生平》由新知书店刊行。

勃雷著,夏莱蒂译《潘彼得》由上海启明书局刊行。

张志一译《公教教理课本》由山东青岛天主教堂印书局刊行。

博古译《辩证唯物论与历史唯物论》由中国出版社刊行。

袁希孟译《天眷隆渥》由西什库天主堂遣使会印字馆刊行,有译者序及序。

北京救世新教总会编《救世新教》由北平编者刊行。

国际反侵略运动大会中国分会编译《国际反侵略运动伦敦大会各国代表讲演实录》由编译者刊行。

宾符等译《外人眼中的中日战争》由湖北汉口生活书店刊行。

王干一、张翼声译《远东军备现势》由上海一心书店刊行。

雷生译《军部财阀统治下的日本》由湖北汉口生活书店刊行,有编者序。

夏衍、田汉编译《敌兵阵中日记》由广东广州离骚出版社刊行。

袁殊编译《新闻法制论》由言行出版社刊行。

夏烈编译《敌军战记》由广东广州新群出版社刊行。

清华译《丁玲在西北》由新闻研究社刊行。

萧剑青编译《今代世界伟人志》由上海大方书局刊行。

按:是书收录列宁、高尔基、凯末尔、甘地、南丁格尔、罗素、萧伯纳、孙中山、鲁迅、詹天佑等48人的小传。

上海圣体军月刊社编译《参与弥撒对话经文》由上海土山湾印书馆刊行。

王梓仲编译《信仰》由华北公理会刊行。

周连墀编译《我将到天主的祭台前》由北平传信书局刊行。

项英编译《列宁主义研究》由斗争出版社刊行。

文维城编译《什么是列宁主义》由湖北汉口中国出版社刊行。

包华国等译《国际反侵略运动大会对日本之经济制裁方案》由国际反侵略运动大会中国分会刊行。

焦敏之编译《民族问题大纲》由湖北汉口读书生活出版社刊行。

按:是书阐述民族的本质,民族运动之史的发展,怎样解决民族问题,帝国主义与民族的解放运动,被压迫民族的解放运动及其前途,俄罗斯革命中的民族问题,苏联的民族政策等。

树梁编译《法西斯蒂的新工具——托洛斯基》由汉口大众出版社刊行。

每日译报社编辑部编译《托洛斯基派的国际活动》由英商每日译报社图书部刊行。

左亮编译《苏联革命时代的游击战》由湖北汉口中苏文化杂志社刊行。

叶文雄编译《十月革命与世界》(第1册)由湖北汉口全民出版社刊行。

王大勋译编《世界预言中国之部》由重庆商务日报社刊行。

王国华译述《复兴中国的几个根本问题》由上海南华出版社刊行。

每日译报社编辑部编译《国际妇女动态》由上海英商每日译报社图书部刊行。

金泽华编译《人民阵线》由大中国出版社刊行。

龚小洛编译《大战前夜的国际间谍活动实况》由湖北汉口大声出版社刊行。

刘唯实编译《国际间谍活动实录》由日曜社刊行。

蒋学楷编译《德奥合并与国际形势》由湖北汉口群力书店刊行,有编译者序。

陈国桦译《国际论坛》由诗歌出版社刊行。

曹想唐编译《德奥合并成功史》由广东广州新生书局刊行，有于澄序。

杨宝琛编译《国防前线外蒙古》由上海战时读物编译社刊行。

宋斐如译著《日本人民统一战线的发展》由上海杂志公司刊行。

杨宝琛编译《中日战争中的女间谍》由湖北汉口战时读物编译社刊行。

芜名编译《准备对日抗战的苏联》由上海怒吼出版社刊行。

华光出版社编译《日苏战争预测》由华光出版社刊行。

陈树渠编译《墨索里尼与意大利》由香港世界书局刊行。

刘保寰编译《现代西班牙政治》由长沙商务印书馆刊行。

许范译《西班牙人民走上胜利的教训》由湖北汉口中苏文化杂志社刊行。

狄秋等译《西班牙与中国》由战时出版社刊行。

李万居编译《现代英吉利政治》由长沙商务印书馆刊行。

金泽华编译《战事知识》由上海大中国出版社刊行。

王蔚然编译《列强的国防线与新战术》由上海大中国出版社刊行。

陈汉达编译《世界各国军备现势》由上海中外编译社刊行。

郑郁郎译《防空防毒演讲集》由香港凯风编译社刊行。

叶文雄译《苏联红军是怎样长成的》由湖北汉口生活书店刊行。

邵芙编译《海陆空军在苏联》由新生出版社刊行。

王蔚然编译《列强新军器》由大中国出版社刊行。

裴烈钧译《（德译）兵器学教程》由中央陆军军官学校刊行。

孟广厚编译《现代统制经济之研究》由上海中华书局刊行。

黄沙编译《今日世界的经济危机》由上海大路出版社刊行。

陈彬龢编译《苏联现状论》由上海申报馆刊行。

熊大经编著《美国经济史》由长沙商务印书馆刊行。

赵洵、黄一然译著《日本经济与经济制裁》由上海杂志公司刊行。

李洁冰编译，华国章、施伯朱校《工艺意匠》由上海商务印书馆刊行。

葛扶南编译《长期抗战中的国防计划》由上海南华出版社刊行。

顾舜华、沈伯参编译《（活动照片）游泳与跳水术》由上海国际体育新书编译社刊行。

苏兆龙译注《青年励志文选》由上海竞文书局刊行。

夏孙桂编译《时事译读》由上海时事译读社刊行。

李觉译《华英商业会话大全》由上海中华书局刊行。

桂裕编译《（英文对照）世界民间故事集》由商务印书馆刊行。

《（桑代克）学生英汉小字典》由现代语言学社刊行。

时甫编译《欧美现代作家自述》由商务印书馆刊行。

卢任钧选译《乡下姑娘》由上海商务印书馆刊行。

黄嘉德编译《萧伯纳情书》由上海西风社刊行。

章衣萍、章铁民译《少女日记》由上海金光书局刊行。

宜闲编译《苏联小说集》由上海珠林书店刊行。

侯飞译，上海编译社主编《张鼓峰的战斗》由上海杂志社刊行。

拓荒编译《快乐的苏联》由上海一心书店刊行。

张寒青编译《西战场的主将朱德》由上海大时代书局刊行。

晶莹编译《中国的女战士——丁玲》由上海金汤书店刊行。

张寒青编译《大时代人物》由上海大时代书局刊行。

按：是书收录毛泽东、朱德、彭德怀、周恩来、林伯渠、徐特立、贺龙、刘伯承、项英、叶剑英、徐海东、陈绍禹、张国焘、秦邦宪、张闻天、成仿吾、徐向前、林彪、肖克、杨靖宇等 20 位人物的传略。

徐迟编译《乐曲与音乐家的故事》由上海商务印书馆刊行。

时甫编译《欧美现代作家自述》由长沙商务印书馆刊行。

金则人、黄峰编译《列宁》由上海光明书局刊行。

铁冰译《列宁的一生》由湖北汉口上海杂志公司刊行。

逸夫编译《斯大林的生平》由民族解放青年出版社刊行。

周新译《战争致富史话》由广州新兴书店刊行。

按：是书分军人、金融家、军火厂、承办商、投机者，反对战争利润的奋斗等 6 章。介绍历史上世界各国因战争而发财的故事。

黄嘉德编译《萧伯纳情书》由上海西风社刊行。

《读启示录后感言》由上海黄宅刊行。

《佛说三世因果经古德嘉言集》刊行。

《告领要经袖珍》刊行。

《公教徒的真意义》由香港公教真理学会刊行。

《公教真理问答》由山东烟台刊行。

《广播演讲》由香港公教真理学会刊行。

《简言要理》由北平公教进行会刊行。

《进教小引》刊行。

《路德圣母记》由河北胜世堂刊行。

《神爱牺牲——沈则功修士小传》由上海土山湾印书馆刊行。

《我信天主》由北平西什库遣使会印书馆刊行。

《要理问答》由上海广协书局刊行。

《要理引伸（第 10 册，万民四末）（88—108 题）》由安徽芜湖天主堂印书馆刊行

《要理引伸（第 12 册，次板七诫）（130—163 题）》由安徽芜湖天主堂印书馆刊行。

《在建造中的新中国》刊行。

《支那内学院缘起叙》刊行。

五、学者生卒

谭汝俭(1848—1938)。汝俭字荔垣，广东南海人。1897 年任广州《岭南学报》主笔，介绍新学，倡导维新。1900 年后，历任《安雅记局世说编》《商务日报》《养城日报》等报主笔和编辑，力主立宪。民国建立后，任广州《华国报》和《国报》主编，支持袁世凯称帝。1924 年广州商团叛乱，接受陈廉伯贿赂，撰文诋毁孙中山。1938 年广州沦陷，避居乡间而饿死。

高熙喆(1854—1938)。熙喆字仲城，山东滕州人。1883 年中进士，历任翰林院编修、国

史馆协修、甲午科山西正考官、河南道监察御史、宁夏知府、宣化知府等。著有《春秋左氏传注》《四书说》《高太史文钞》等,并纂修《滕县乡土志》《续滕县志》。

庄银安(1855—1938)。银安字吉甫,号希复,福建同安人。青年时往仰光经商。1903年与徐赞周先后创办中华义学和益商学校,后任《仰光新报》经理。1908年参加同盟会,发起组织中国同盟会缅甸分会,被选为会长。1909年与徐赞周等人创办《光华报》,任经理,大力宣传民主革命。又与陈新政等人在槟城创办《光华日报》,继续宣传民主革命。1908年创办觉民书报社,任正会长。武昌起义后,被推举为南洋各埠中国同盟会总代表,回福建厦门参与策应起义。福建光复后,任都督府顾问、厦门参事会议长。二次革命失败后,重返仰光,被选为福建华侨公会会长。1927年任福建侨务委员会委员,后代理主任委员。与人合编《缅甸同盟会开国革命史》。

赵凤昌(1856—1938)。凤昌字竹君,号松雪道人,又号惜阴、惜阴主人,晚号惜阴老人,江苏武进人。初任粤藩姚觐元记室,后入两广总督张之洞幕府,颇受赏识。在戊戌变法、东南互保、《苏报》案中,皆起到穿针引线的重要作用。武昌起义发生后,即在上海邀集张謇、庄蕴宽及同盟会会员黄炎培、立宪派人物雷奋和孟森等来惜阴堂会商应对之策。上海光复后,又与张謇居中调停,赵氏寓所惜阴堂成为南北代表幕后商议地点,并约定在上海,由江苏代表雷奋致电各省,派代表前来讨论“将来国体、政体根本计议”。袁世凯称帝野心日益昭著时,又首先主张袁世凯从大总统位下台。人称其为“一代名幕”“第一策士”“布衣公卿”“中山宰相”“辛亥革命最强推手”“南北议和活诸葛”“沪上智囊”“民国产婆”等。其《赵凤昌藏札》109册,是研究晚清以来历史的重要文献资料,十分珍贵。

郑孝胥(1860—1938)。孝胥原名苏戡,又作苏戡,字太夷,号苏庵,学者称海藏先生,福建侯官人,生于江苏苏州。早年中福建乡试解元。曾入直隶总督李鸿章幕府,旋考取内阁中书。历任驻日本使馆书记官、日筑领事,神户、大阪总领事,总理衙门章京,京汉铁路南段总办兼汉口铁路学堂监督,广西边防大臣,上海中国公学校长等职,官至湖南布政使。辛亥革命后,任溥仪宫内内务府总理大臣、伪满洲国政府国务总理。1913年在上海组织读经会。1917年在丽泽文社讲学,并创立恒心字社。1936年创办王道书院。著有《海藏楼诗》。王澄、李义兴编有《郑孝胥年表》。

唐绍仪(1862—1938)。绍仪又名绍怡,字少川,广东珠海人。自幼到上海读书,1874年官派留学美国哥伦比亚大学,1881年归国。曾任驻朝鲜汉城领事、驻朝鲜总领事、清末南北议和北方代表、民国第一任内阁总理等,为中国主权、外交权益及推进民主共和作出了重要贡献。与孙中山政见分歧后,政治消沉,后任中山县长。上海沦陷后,蒋介石令戴笠派特务赵理君于1938年9月30日将其杀害于家中。

曹心泉(1864—1938)。心泉一作曹沁泉,安徽怀宁人。出身戏曲艺人家庭,曾从陆炳云、徐小香学昆曲小生。精通昆曲、皮黄音律,擅长制谱。民国初曾任礼制馆乐律主任。1929年任昆曲研究会顾问。1932年应聘担任中华戏曲专科学校昆曲教师及音乐组主任。后又在富连成科班教授昆曲。著有《百年昆曲消长录》《清代内廷演剧回忆录》《新订南北九宫谱》《新订中州剧韵》《昆曲务头二十诀释》等。

王锡彤(1866—1938)。锡彤字筱汀,号悔斋,晚号抑斋,河南汲县人。大梁书院肄业。曾主讲滇西精舍、禹州实业学堂,与李敏修等创办经正书舍。1915年任国民参政院参政。著有《抑斋诗文集》《清鉴定》(前编)等。

胡石予(1868—1938)。石予名蕴,字介生,别署瘦鹤,半兰旧庐,江苏昆山人。早期任教于苏州草桥中学。1912年参加南社。工丹青,尤擅画梅。著有《半兰旧庐文集》《半兰旧庐诗集》《半兰旧庐诗话》《梅花百绝》《后梅花百绝》《画梅赘语》《胡氏家训》《蓬阆诗存》《章村诗存》等。

江味农(1872—1938)。味农名忠业,字味农,法号妙煦,别署胜观、幻住,江苏江宁人。1902年举人。1918年受菩萨戒,同年到北方参加佛教赈筹会放赈工作,被教育部参事蒋维乔推荐到京师图书馆整理馆藏敦煌遗书。曾赴日本高野山,研究东密。回国后助简照南、简玉阶兄弟在上海筹办功德林佛经流通处,搜集南北刻经处及名山各版经籍,流通全国。1925年随同白普仁喇嘛在沪、杭、湘、鄂、苏等地弘扬藏密。1931年与蒋维乔等在上海组织省心莲社,任社长。1934年在省心莲社讲《金刚经》。著有《金刚般若波罗蜜经讲义》5卷,辑有《佛说大乘稻芉经(附随听疏)》1卷、《净名经集解关中疏》2卷,整理有谛闲述《圆觉亲闻记》《大乘止观述记》2种。

杨小楼(1872—1938)。小楼名三元,艺名小楼,原籍安徽怀宁,生于北京。幼年在北京入荣椿科班从杨隆寿等习艺,学演武生。后又拜俞菊笙为师。1913年在京组建喜庆和班,以武生挑大梁。先后与谭鑫培、陈德霖、王瑶卿、黄润甫、梅兰芳、余叔岩、钱金福、王凤卿、尚小云、荀慧生、朱琴心、高庆奎、郝寿臣等合作,享有“武生宗师”的盛誉。代表剧目有《霸王别姬》《长坂坡》《铁笼山》《连环套》《恶虎村》《林冲夜奔》《金钱豹》《水帘洞》《武文华》《赵家楼》《麒麟阁》《蜈蚣岭》《宁武关》《下河东》等。杨派传人有孙毓堃、李万春、高盛麟、李少春、王金璐、刘宗杨等。

马邻里(1872—1938)。邻里字振吾,湖南宝庆人,回族。清末进士,授翰林院编修。曾留学日本,专攻师范教育,回国后曾供职清朝学部,在湖南家乡创办清真皆进小学。1911年与王浩然等信办中国回教促进会。1912年任甘肃提学使,后任甘肃教育司司长、甘凉道观察使、道尹、甘肃省教育厅厅长、教育部次长等职。曾在兰州主持开办师范养成所,培养新型教师;开办教师传习所,培训私塾教师;还在兰州开办模范小学。又创办甘凉道立师范学校。提倡回族教育,创设兰州回教劝学所。著有《学部奏咨辑要》《读史观感录》《新教育学》《伊斯兰教概论》《明窗日记》《舆地形胜略》等。

王体仁(1873—1938)。体仁字绥珊,晚号九峰旧庐主人,浙江钱塘人。早年以县诸生出身,旋即经营盐业致富。民国后寓居于上海。藏书丰富,藏书楼曰“九峰旧庐”“东南藏书楼”,珍藏清代善本书籍,有刻本、抄稿本、影宋本等。杜国盛为之写有《九峰旧庐藏书记》,称其有宋本百余种,明本千余种,方志2801部。著有《九峰旧庐方志目录》2册,著录仅2300种。顾颉刚为《九峰旧庐方志目录》作序。

经亨颐(1877—1938)。亨颐字子渊,号石禅,又号颐渊,别署听秋,浙江上虞人。1899年因为参加反对慈禧太后政变,取消戊戌维新而被通缉逃往澳门。1903年赴日本东京高等师范学校读书,加入中国同盟会。1910年返回浙江筹办浙江官立两级师范学堂并任其校长。1919年兼任浙江省教育会会长。1921年任北京高等师范学校教务长。1922年去职回乡,在上虞富绅陈春澜的资助下,就白马湖滨创办私立春晖中学,被举为校长。曾延聘夏丏尊、丰子恺、朱自清、朱光潜、杨贤江等名流任教,又邀请蔡元培、何香凝、黄炎培、陈望道等来校讲学。1923年受聘赴宁波任第四中学校长。1925年赴广东投奔国民革命。1926年被选为国民党第二届中央执行委员,曾代理中山大学校长。1927年被选为中央训练部常务委员及浙江省政府委员。1928年任国民政府委员。1929年被选为国民党候补中央执行委员。1930年被选为国民政府委员兼全国教育委员会委员长。1931年任国民政府常委、教育行政委员会委员等职。1938年9月15日在广慈医院病逝。著有《颐渊诗集》《颐渊金石诗书画合集》《经亨颐教育论著选》《经亨颐集》等。

按:《经亨颐先生传》说:"(经亨颐)先生主持教育,一本生平所谓'人格教育'之主张,以身作则,刚正不阿,精神大公,思想开明,注重感化与启发,反对保守与压制。对于学生,因材施教,辅导其自动、自由、自治与自律,不加硬性拘束。对于课程,主张全面发展,自文学、艺术、科学、数学以至体育、运动,无不注重。举凡陶铸个人身心各方面之知、德、体、美、群五育,无所不包。而目标则在于培养正直、坚强、学识兼备之人才,为国家服务。"(北京师联教育科学研究所编《经亨颐师范教育理论与教育文论选读》,中国环境科学出版社2006年版)

按:《民国学案》第四卷《经亨颐学案》说:"经亨颐先生是近代著名的民主主义教育家。在20世纪初,活跃于浙江教育界,筚路蓝缕、开辟先程。其民主主义教育思想和与时俱进的教育改革活动,影响深远,在中国教育史上占有十分重要的地位。"

蒋百里(1882—1938)。百里原名蒋方震,字百里,以字行,晚号澹宁,笔名飞生、余一,浙江海宁人。1901年东渡日本留学,1902年当选为中国留日学生大会干事,并组织"浙江同乡会"。1903年2月创办大型综合性、知识性杂志《浙江潮》。1905年日本陆军士官学校步科第三期毕业班毕业。1906年留学德国。武昌起义后,任浙江都督府总参议。1912年任保定陆军军官学校校长,1913年,任袁世凯总统府一等参议。1917年,任黎元洪总统府顾问。1919年五四运动爆发时,蒋百里正与梁启超等一起去欧洲考察。次年春回国,正值国内提倡新文化,一时如风起云涌。梁启超深感于欧洲的文艺复兴,决心放弃政治生涯,全力从事新文化运动,蒋百里积极参与,成了梁氏最得力的助手,号称"智囊"。他不仅出主意,更著书立说,成为新文化运动的战将。1923年同胡适组织新月社。1925年任吴佩孚部总参谋长。1933年赴日考察,认为中日大战不可避免,拟定多种国防计划.呼吁国民政府备战。1935年任军事委员会高等顾问。1936年赴欧美考察,回国后倡议发展空军。1937年9月以蒋介石特使身份出访意、德等国,回国后发表《日本人》及《抗战基本观念》,出版的军事论著集《国防论》,断定日本必败,中国必胜。1938年8月代理陆军大学校长,11月4日病逝。著有《孙子浅说》《军事常识》《欧洲文艺复兴史》《职分论》《裁兵计划书》《近世"我"之自觉史》《新兵制与新兵法》《蒋百里文选》《蒋百里先生抗战论文集》《蒋百里先生文选》等。今有《蒋百里全集》。

按:王芸生说:"百里先生是中国有数的军事学家,他未曾带兵,而他的学生多是典兵大将;他的军事著作虽不算多,而片语只字都可做兵学经典……百里先生的渊博宏通,实是一位罕有的学者。中国历史上有名的军人,多是文学修养很好的人。百里先生如果典兵,便是典型的儒将风流。"(曹聚仁著《蒋百里评传》附,东方出版社2010年版)

按:陈立夫《悼蒋百里先生》说:"先生以兵学专家,为陆军先进。民国初元,曾长保定军官学校,规划用至,任事勤劬。尝以格于当道,所志不遂。感愤之余,慷慨陈词,举枪自杀,结缨正命,何以加兹。近顷代长陆大,夙夜从公,以身殉学,是其勇于负责之精神,始终若一。志决自歼,足资矜式者也。先生学兼中外,著述等身,考察所至,殆遍全球。不惟军事优娴,韬钤独富,文、史、哲学,进诣俱深。纵其治学之要归在于'察往以知来,砚人以律己'(见《欧洲文艺复兴史》)。于纷纭繁变之中,得采颐钩玄之道。新知培养,不以故步自封;旧学商量,不肯妄自菲薄。是其治学之方,择善而从,又足资取法者也。先生之治军事学也,远瞩高瞻,尤多独到。往往资战史之比较,以衡战略之短长,考战略之推迁,以求将来之教训,故能洞中渊微,一言破的。其尤足以放之四海而皆准,俟诸百世而不惑者,则为发见民族盛衰之根本原则,所谓

'生活条件与战斗条件一致者强,相离者弱,相反者亡'是也(见《国防论》)。"(曹聚仁《蒋百里评传》,东方出版社2010年版)

李仪祉(1882—1938)。仪祉原名协,字宜之,后改字仪祉,以字行,陕西省蒲城县人。1898年以精于数学考取秀才第一名。第二年进入专门学习西学的泾阳崇实书院,与于右任同学。1901年入西安关中学堂。1904年考取北京京师大学预科德文班。1908年肄业。1909年由西潼铁路局派赴德国柏林皇家工程大学土木工程科留学,攻读铁路、水利专业。1911年辛亥革命爆发后,中辍学业回国参加革命。1912年在陕西西安与友人创办三秦公学,亲自授课。1913年返德国继续求学,并和陕西水利局局长郭希仁一道考察欧洲各国的水利建设。1915年回国,被张謇聘为南京河海工程专门学校教授,后任校长。1922年任陕西水利局局长,兼任陕西渭北水利工程局总工程师。1923年兼任陕西省教育厅厅长。1924年兼任西北大学校长。1927年任上海港务局局长。是年冬,改就四川重庆市政府工程师,修筑成渝公路。1928年任华北水利委员会主席,兼任北方大港筹备处主任。1930年任陕西省政府委员兼建设厅厅长。1931年任国民政府救济水灾委员会委员,兼总工程师。是年当选为中国水利工程学会会长。1932年专任陕西水利局局长。1933年夏兼任黄河水利委员会委员长兼总工程师。1935年冬兼任全国经济委员会常务委员,后又兼任扬子江委员会顾问。1937年被聘为国立中央研究院评议员。1938年3月8日病逝。曾编写《水工学》(即《水工建筑学》)《水力学》《水工试验》《潮汐论》《中国水利史》《实用微积分》等教科书。著有《李仪祉先生遗著》。

按:李仪祉创办了我国第一所水利工程高等学府——南京河海工程专门学校和多所院校,为我国培养了大批水利建设人才;亲自主持建设陕西泾、渭、洛、梅四大惠渠,树立起我国现代河(灌)溉工程样板,对中国水利事业做出重大贡献,陕西人民受益尤大。他把西方近代水利科学技术同中国的治水设想结合起来,为形成中国现代农田水利科学奠定了基础。他一生著作丰厚,还首先提出"水土经济"的概念,并主张作为农田水利学的基础,迄今仍有积极意义。(钱伟长总主编《20世纪中国知名科学学术成就概览·农学卷·第一分册》,科学出版社2011年版)

杨明斋(1882—1938)。明斋本名好德,字明斋,山东平度人。1901年辗转到海参崴做工谋生。1908年以后在西伯利亚地区边做工边读书,积极参加布尔什维克党领导的工人运动,并被推选为华工代表。十月革命前加入布尔什维克党,后动员华工参军参战,保卫十月革命成果。1920年初以维经斯基为首的共产党国际工作组到中国活动,杨明斋为小组成员,担任翻译和协调工作,先后在北京、上海会见李大钊、陈独秀,研究在中国建立共产党组织等问题。曾任马克思主义研究会、中俄通讯社的负责人。1921年中共一大以后,从事党的理论新闻工作,先后在《工人周刊》(中共北方党报)、劳动通讯社任编委,参加北京马克思学说研究会的工作。1925年夏在广州任苏联顾问团翻译。10月奉命在上海招收学员,亲率张闻天、王稼祥、乌兰夫、伍修权等万余人赴莫斯科中山大学。1927年大革命失败后奉命回国,党中央安排他在京津工作。1930年秘密越境赴苏联,直到同年秋一直在哈巴夫斯克扫盲站当中文教员,后到符拉迪沃,并在当地报社和无线电台工作。1931年被当作叛逃者流放到托姆斯克当勤杂工。1934年8月行政流放期满后到莫斯科,进入苏联外国工人出版社工作,先后任投递员和校对员。1938年2月以被捏造的罪名遭逮捕,并于同年5月牺牲。著有《评中西文化观》《中国社会改造原理》等。

按:杨明斋是中国共产党上海发起组和社会主义青年团的筹建者之一、中国共产党创立时期著名的革命活动家,曾与李大钊、陈独秀、张国焘等一起工作,对党的早期事业作出过重大贡献。周恩来总理赞誉他为我党历史上受人尊敬的"忠厚长者"。（山东省档案局编《会聚在党旗下 档案中的革命先烈故事》，山东人民出版社 2011 年版）

刘景向（1884—1938）。景向字邃真，河南信阳人。光绪三十年就读于豫南书院。三十三年创办阅报社，宣传民主思想。三十四年与同人组织转坤天足会，并加入同盟会。宣统三年在山东曹州任教。提倡新文体。1913 年创办信阳单级师范讲所。1916 年创办信阳第一所女子高等小学及国民学校。1917 年至 1922 年先后任县教育局长、汝阳道教育会长，并创办汝阳道女子师范学校，任首届校长。1922 年又任鸡公山颐庐学校监督。1927 年任河南通志馆总纂修，主编《河南新志》21 卷。著有《邃庐丛刊》70 卷。

胡怀琛（1886—1938）。怀琛原名有怀，字季仁，后改寄尘，安徽泾县人。曾去上海入育才中学（即南洋中学）就读。毕业后以卖文自给。1910 年任《神州日报》编辑。1911 年与兄胡朴安一起加入南社，旋与柳亚子结成金兰之契。辛亥革命后，与柳亚子编撰《警报》鼓吹革命。旋去《太平洋报》工作，与柳亚子负责该报文艺版编撰，后又任《中华民报》编辑。1916 年 4 月到京奉铁路编译局任科员，半年后辞职南归。1920 年应聘于沪江大学，任教国文系。又应王云五邀受聘去商务印书馆任编辑，参与革新初等、中等学校教科书编选工作。同年任书馆《小说世界》编辑，后又参加《万有文库》古籍部分编辑工作。曾先后在中国公学、沪江、持志等大学及正风学院担任教授。1932 年任上海通志馆编纂。著有《国学概论》《墨子学辨》《老子学辨》《托尔斯泰与佛经》《文字源流浅说》《简易学说》《中国文学史略》《修辞学发微》《中国文学通评》《中国文学评价》《中国文学辨证》《中国文学史概要》《中国诗学通评》《中国民歌研究》《中国八大诗人》《诗学讨论集》《诗学研究》《新诗概说》《诗的作法》《〈尝试集〉批评与讨论》《中国小说研究》《中国小说的起源及其演变》《中国小说概论》《中国文学过去与未来》《中国戏曲史》《中国神话》《中国寓言研究》《民间文艺书籍的调查》《文艺丛谈》《清季野史》《上海外记》《苏东坡生活》《陆放翁生活》《古书今读法》《最新应用文》等百余种。

钱亦石（1889—1938）。亦石字介磐，湖北咸宁人。曾任国民党第二届候补中央执行委员，国民党湖北省执行委员、常委兼宣传部长，主办党务干部学校。1928 年赴日本研究马克思列宁理论，又入莫斯科中山大学学习。1930 年回国，任暨南大学、上海法政学院教授，曾主办《新中华》《世界知识》《中华公论》杂志。著有《中国政治史讲话》《近代世界政治史》《中国外交史》《通俗宗教论》《世界思想家列传》《世界发明家列传》等。

宋春舫（1892—1938）。春舫，江苏吴江人。1912 年毕业于上海圣约翰大学，后去法国、瑞士留学，在日内瓦获硕士学位。回国后，曾任清华大学、北京大学等校教授，同时大力推介欧洲戏剧，写有喜剧剧本《一幅喜神》《五里雾中》等，被称为中国话剧第一喜剧作家。1928 年任青岛观象台海洋科科长。又兼任观象台图书馆馆长，并一度代理观象台台长。1930 年在中国科学社青岛年会上与蒋丙然联名发言，倡议在青岛建海洋科学研究机构，得到蔡元培、杨杏佛等发言支持。著有论文集《宋春舫论剧》等。

刘湛恩（1895—1938）。湛恩，湖北阳新人。1918 年赴美留学，先后入芝加哥大学、哥伦比亚大学，获哲学博士学位。1922 年回国，在南京东南大学、上海大夏大学和光华大学执教，曾任中华基督教青年会全国协会教育总干事。1928 年起任上海沪江大学校长。"九一八"事变后，积极参加抗日救亡运动，被推为上海各界救亡协会主席。1938 年南京伪维新政府成立，拒绝出任教育部部长，同年 4 月 7 日在上海遭日伪暴徒狙击殉难。

罗淑（1903—1938）。淑，四川成都人。毕业于成都第一女子师范学校，赴法国里昂大学留学。回国后，在上海立达学园高中部任教，并从事翻译和创作活动。病逝后，巴金整理出版她的创作集《生人妻》《鱼儿坳》《地上的一角》。

黄自（1904—1938）。自字今吾，小字四由，江苏川沙（今属上海市）人。1916 年考入清华学校留美预备班。1921 年从何林一夫人学习钢琴。1922 年又从王文显夫人学习和声。1924 年赴美国，在俄亥俄州欧伯林大学学习心理学。1926 年毕业，获文学学士学位。同年入欧伯林音乐学院专攻理论作曲和钢琴。1928 年转学到耶鲁大学音乐学校学习理论作曲。1929 年以毕业作品《怀旧》序曲获得音乐学士学位。6 月回国，在上海沪江大学音乐系任教。1930 年任上海国立音乐专科学校作曲理论教授兼教务主任，同时被聘为上海工部局音乐委员。1931 年起创作多首抗战歌曲，如《抗敌歌》《旗正飘飘》等。1932 年与萧友梅等人发起组织音乐艺文社，任干事。1933 年 6 月受商务印书馆委托，与应尚能、韦瀚章、张玉珍等合编《复兴初级中学音乐教科书》共 6 册。1934 年与萧友梅等人创办《音乐杂志》。1936 年 11 月与谭小麟等发起创办上海管弦乐团，自任团长。1937 年辞去教职，专事编写专业教材和《和声学》《音乐史》的撰写。主要作品有管弦乐《怀旧》，清唱剧《长恨歌》，合唱曲《抗敌歌》《旗正飘飘》，歌曲《热血》《九·一八》，艺术歌曲《点绛唇》《思乡》《玫瑰三愿》等。著有《音乐的欣赏》《黄自遗作集》等。

按：陆建珍《黄自艺术歌曲特征及其演唱风格研究》说："黄自是中国近代音乐史上一位极为重要的作曲家、音乐理论家和音乐教育家。他以 34 个春秋的短暂一生，尤其是在回国后仅约十年的音乐活动中，为我国专业音乐的发展作出了不可磨灭的贡献。黄自先生的作品主要是声乐，他的抒情歌曲是他全部创作中特别有艺术价值的部分。正如钱仁康先生在《黄自的生活与创作》中稿道：'他在我国初垦的音乐园地里辛勤耕耘，催发出一朵朵艺术歌曲的鲜花……'黄自先生善于用精练的音乐语言表现诗的境界，音乐语言在形式上和内容上都和诗歌结合得非常妥帖，《思乡》《春思曲》《玫瑰三愿》都是他艺术歌曲的代表作。黄自既受到过正规西方音乐教育，也接受过中国传统音乐的熏陶，留学归国后更是致力于民族音乐的发展。这使他的艺术歌曲的创作既具有欧洲艺术歌曲的技巧高度，又具有鲜明的民族风格和中国特色。"（上海音乐学院硕士学位论文，2009 年）

张曙（1909—1938）。曙，安徽歙县人。1926 年考入上海艺术大学音乐系，1929 年入上海国立音乐专科学校，主修声乐。1933 年参加苏联之友社音乐小组和歌曲研究会等左翼文艺组织，与聂耳、任光等人一起从事革命歌曲和戏剧电影音乐创作。1934 年后在长沙、南京、上海等地参加群众歌咏和进步话剧的配乐及演出等活动。1937 年与冼星海等人发起组织中华全国歌咏协会，并加入郭沫若领导的军委政治部第三厅，组织抗日歌咏运动并创作抗日歌曲。1938 年在桂林遭敌机轰炸牺牲。一生创作 200 多首歌曲，其中《洪波曲》《保卫国土》《日落西山》《丈夫去当兵》等最为知名。今有《张曙歌曲集》《张曙歌曲选》。

莫应丰（—1989）、戴厚英（—1996）、刘炳霖（—2005）、杨光汉（—2013）、陶敏（—2013）、钟侃（—2013）、何西来（—2014）生。

六、学术评述

本年度为抗日战争全面爆发的第二年，是从战略防御阶段（1937 年 7 月至 1938 年 10 月）走向战略相持阶段（1938 年 10 月至 1943 年 7 月）的转折之年。从自 2 月 3 日开始至 5 月 19 日结束的"徐州会战"，到自 6 月 12 日开始至 10 月 25 日结束的"武汉会战"，两次会战粉碎了日军期望速战速决、逼迫国民政府屈服以结束战争的战略企图。10月25日,日军攻占武汉,此后中国抗日战争进入战略相持阶段。在此从战略防御阶段到战略相持阶段的转折时期,日本进一步加快开动战争机器,直至进行全国总动员。3月24日,日本政府在第73次议会上通过昭和13年法律第55号《国家总动员法》,4月1日正式颁布,5月5日开始实施。《国家总动员法》共50条,为日本战时国家主义统制立法的核心。与此同时,日本也进一步加强了扶持汉奸组织、推进奴化教育的力度。11月20日,汪精卫与日本代表秘密会谈,双方签署《日汪协议记录及其谅解事项》和《日汪秘密协议记录》。12月27日,汪精卫致电蒋介石,要求同意日本首相近卫提出的承认"满洲国"、共同防共、经济提携三原则。29日,汪精卫率其党羽曾仲鸿等潜离重庆,逃亡越南。在河内致电"中央党部蒋总裁暨中央执、监委员诸同志",劝蒋介石等人与日本妥协,"实现和平",公开投敌叛国。面对抗日战争的变局,除了组织两大会战之外,重庆方面的重要决策有:2月7日,蒋介石发表《抗战必胜的条件与要求》,阐述"用空间换取时间"的战略方针。3月29日至4月1日,国民党临时全国代表大会在武昌举行,会议最重要的成果之一是通过了《抗战建国纲领》,提出了国民党政府抗战时期的内外政策。6月9日,蒋介石下令炸开郑州东北花园口黄河大堤,试图以花园口决堤打破日军的作战计划,为保卫武汉争取时间。但同时也付出了惨重代价,河南、皖北、苏北40余县的大片土地被淹没,80余万人惨遭溺死,千百万人流离失所,并形成连年灾荒的黄泛区。6月27日,国民党中央宣传部、国民政府军事委员会政治部发表《抗战一周年纪念宣传大纲》,正式提出了"保卫大武汉"的口号。7月2日,国民政府公布《中国国民党抗战建国纲领》32条。4日,国民政府规定每年7月7日为抗战建国纪念日。6—15日,第一届国民参政会在汉口召开,会议通过了《拥护国民政府实施抗战建国纲领案》等,发表了《国民参政会首次大会宣言》,确定了"抗战到底,争取国家民族之最后胜利"的基本国策,并庄严宣告:"中华民族必以坚强不屈之意志,动员其一切物力人力,为自卫,为人道,与此穷凶极恶之侵略者长期抗战,以达到最后胜利之日为止。"10月28日至11月6日,国民参政会首届第二次会议在重庆召开,会议主题是:坚持团结与持久抗战,惩办汉奸,反对妥协投降,争取民主成为大会的中心议题。大会通过了《关于持久抗战案》《敌人未驱出国土以前谈和平者以汉奸论罪!》《严惩汉奸案》《请撤销图书杂志原稿审查办法,以充分反映舆论,及保障出版自由案》等提案,拥护蒋委员长坚持持久抗战建国的既定方针。11月12日,蒋介石密令焚毁长沙全城,实行"焦土抗战"。延安方面的重要决策有:1月10日,晋察冀边区临时行政委员会成立。此为敌后第一个由共产党领导的统一战线性质的抗日民主政权,其中心区域在平绥、平汉、同蒲、正太四条铁路之间,具有重要的战略地位。11日,中共中央长江局机关报《新华日报》在武汉创刊,周恩来任董事长,潘梓年任社长。5月26日至6月3日,毛泽东在延安抗日战争研究会上作《论持久战》的讲演。《论持久战》是一部伟大的马列主义的经典军事理论著作,被誉为世界十大军事名著之一。6月12日,中国共产党机关报《新华日报》发表《保卫大武汉》的社论。9月29日至11月6日,中国共产党六届六中全会在延安召开,王稼祥传达共产国际的指示,毛泽东作题为《论新阶段》的政治报告和会议总结。全会通过《中共扩大的六中全会政治决议案》,批判王明的右倾投降主义的错误,批准以毛泽东为代表的中央政治局的路线。会议决定撤销长江局,成立南方局,周恩来任书记。10月12—14日,毛泽东代表中共中央政治局在党的六届六中全会作政治报告,提出"马克思主义中国化"的命题。

　　就教育文化政策与价值导向来看,其总体趋势是继续向抗战第一需要转化和深入。其中文化管控正在逐步放松,教育依然是重中之重,其间所采取和实施的种种战时举措,大致反映了教育部为教育抗战所作出的努力,同时也烙有接替王世杰的新任教育部长陈立夫的个人印记。当然,更为悲壮也更令人揪心的是大量高校还继续在迁徙的"路上"。一方面是长沙联合大学、西北联合大学等去年始迁的许多高校一迁再迁。1 月 19 日,国民政府最高当局批准长沙临时大学迁往云南昆明。3 月 15 日,长沙临时大学文法学院决定设在云南蒙自,三校各派一人前往筹设。同月,民国政府命令西安临时大学再迁陕西汉中。校常务委员会公布《国立西安临时大学全体学生由西安至汉中行军办法》。4 月 2 日,教育部发电令,改国立长沙临时大学为国立西南联合大学。3 日,教育部根据国民政府行政院第 350 次会议通过的《平津沪地区专科以上学校整理方案》,令国立西安临时大学改名为国立西北联合大学。7 月 22 日,教育部令撤销原西北联合大学筹备委员会,改组为校务委员会,全校实行校务委员会制,原有筹备委员均为校务委员。同月,教育部令西北联合大学的工学院、农学院分别与东北大学工学院、焦作工学院、西北农林专科学校合并独立为国立西北工学院、国立西北农学院。西北联合大学的教育学院改称师范学院。另一方面是 39 校的始迁:安徽大学迁沙市,湖南大学迁辰溪,武汉大学迁嘉定,河南大学迁鸡公山,广西大学迁桂林,东北大学迁台山,广州大学迁开平,岭南大学迁香港,中华大学迁宜昌,华中大学迁桂林,齐鲁大学迁成都,协和大学迁邵武,西北师范学院迁城固,中正医学院迁昆明,湘雅医学院迁贵阳,唐山工学院迁桂林,北平铁道管理学院迁湘潭,江苏教育学院迁桂林,湖北农学院迁恩施,福建省立医学院迁沙县,广东省立法商学院迁广西,金陵女子文理学院迁四川,广东光华医学院迁香港,南通学院迁上海,华南女子文理学院迁南平,福建学院迁闽清,铭贤学院迁西安,焦作工学院迁天水,国立戏曲专科迁重庆,国立药学专科迁重庆,江苏蚕丝专科迁乐山,浙江医学专科迁临海,江西医学专科迁赣县,江西体育师范专科迁吉安,无锡国学专科迁桂林,苏州美术专科迁上海,武昌艺术专科迁宜都,文华图书专科迁重庆,西南美术专科迁郊外。此外,还有调整 7 校:江苏省立医政学院与南通学院医科合并为国立江苏医学院,山东大学并入中央大学,东北大学并入西北工学院,复旦、大夏联合大学重庆一部改名复旦大学,贵阳二部改名大夏大学,国立杭州艺术专科与北平艺术专科合并为国立艺术专科学校,省立云南大学改为国立云南大学。新建 9 校:国立师范学院、中央大学师范学院、西北联大师范学院、西南联大师范学院、中山大学师范学院、浙江大学师范学院、西北医学院、西北工学院、西北农学院。上述迁移、新建、调整合之为 55 所高等院校。1937 年"学术评述"所论的"学术纵轴线"的整体从东向西移动,从而形成"昆明—重庆—汉中—延安"新的"学术纵轴线"至此也初步告成。

　　本年度的学术版图结构继续呈现为国统区、解放区与沦陷区。然而国统区大幅缩小,解放区有所扩大,沦陷区大幅扩大。其中,国统区形成重庆轴心、昆明轴心以及其他各地三大板块,加上解放区与沦陷区以及海外,依然为六大板块。"昆明—重庆—延安"的西部"学术纵轴线"正式形成。

　　首先,国统区以重庆与昆明为两大轴心,以桂林文化城与西北联大西迁所在地汉中为两大区域中心。

　　一是国统区重庆轴心的形成。这里所说的重庆轴心囊括以重庆为核心的四川省域。在重庆轴心的形成过程中,主要借助"武汉—长沙—重庆"通道得以完成。自 1938 年 12 月

8日中国战时政略和战略指挥中枢自此全部移驻重庆之后,大量相关党政机关、学术文化单位迅速聚向重庆,至本年终于取代南京形成新的学术文化轴心。所不同者,因为史语所与社会科学所迁向昆明,以及蔡元培居香港养病康复,本应成为重庆轴心大本营的中央研究院趋于空心化状态,但中央研究院总办事处仍在重庆。总办事处于上年11月暂迁置于长沙圣经书院。年底国府西迁至重庆,应即迁往,因交通困难,至本年2月10日始到达重庆。3月,蒋介石设立参事室,任朱家骅为参事室主任。29日,国民党临时全国代表大会在重庆召开,朱家骅任中央党部秘书长。11月,被蔡元培聘为中央研究院总干事。1月1日被正式任命为行政院经济部部长的翁文灏继续任中央研究院评议会秘书。居于重庆轴心的新的学术领袖是郭沫若、马寅初等。1月10日上午,郭沫若到武汉,被陈诚委任为国民政府军事委员会政治部第三厅厅长,负责宣传工作,此为郭沫若得以登上重庆文化舞台,展现学术领袖的重要契机。2月6日,国民政府军事委员会政治部在武汉正式成立,周恩来任副部长,主管第三厅的工作,成为郭沫若的直接领导。4月1日,国民政府军事委员会政治部第三厅正式成立,郭沫若出任厅长。郭沫若罗致了大批著名的文化界人士,开展波澜壮阔的抗日救亡宣传工作。邀请阳翰笙为主任秘书,张志让、洪深、杜国庠、史东山、应云卫、马彦祥、冼星海、张曙、傅抱石、李可染等参与国民政府军事委员会政治部第三厅工作。第三厅下设第五、六、七3个处9个科:第五处掌管动员工作,处长为胡愈之;第六处掌管艺术宣传,处长为田汉;第七处掌管对敌宣传,处长本拟请郁达夫担任,因赶不及而改任范寿康,郁达夫则任设计委员。尤为重要的是本年夏,经周恩来建议,中共中央作出党内决定:以郭沫若为鲁迅的继承者、中国革命文化界的领袖,并由全国各地党组织向党内外传达,以奠定郭沫若的文化界领袖的地位。马寅初年初抵达重庆,继续任立法院财政委员会主任,又任中央大学教授兼经济系主任。2月26日,马寅初在《四川经济月刊》第9卷第4期上发表《战后经济复兴问题》,主张不激不随的经济发展哲学。3月7日,马寅初出席中国经济学社四川分社筹备会。12日,出席中国经济学社重庆分社成立大会,四川分社汇集了当时在重庆的经济学家。重庆轴心的大本营在大学,当时汇聚于重庆轴心的战时大学主要有:中央大学、复旦大夏联合大学、武汉大学、四川大学、东北大学等。罗家伦继续任中央大学校长。2月23日,罗家伦主编之《新民族》周刊创刊号出版,在《新民族》创刊号发表《"新民族"的前奏曲》《建立新人生观》。此后,《新民族》成为讨论民族与抗战的重要阵地。宗白华6月5日为《时事新报》(渝版)主编《学灯》。而《学灯》成为中央大学以及重庆学界表达人文观点的重要载体。吴南轩继续主持西迁重庆的复旦大夏联合大学。1月,吴南轩来到北碚,被那里秀丽的风景、浓郁的文化氛围和安定的社会环境所吸引。2月下旬,复旦大学师生分批从菜园坝迁至下坝。10月5日,教育部长陈立夫签署的教育部训令,同意复旦在夏坝建校。吴南轩抓紧在夏坝破土兴业,鸠工起屋。随后,登辉堂、相伯图书馆、博学斋、笃志斋等复旦校舍相继建成,耸立于嘉陵江畔。同时还抓住大后方人才聚集之良机,竭力延揽名流学者来校任教。曹禺、叶圣陶、方令孺、胡风、老舍、卫挺生、梁宗岱、赵敏恒、程沧波、沈百先、吕振羽、李蕃、任美锷、陈望道、叶君健、吴觉农等一大批知名学者应邀先后到复旦兼职或全职任教。王星拱继续任武汉大学校长。1月初,鉴于武汉已成为被日寇三面包围的孤岛,岌岌可危,王星拱委派杨端六与邵逸周前往四川考察迁校地址,最后选定岷江边的小县城乐山作为校址。2月21日,第322次校务会议召开,议决迁校问题,商请教育部将一、二、三年级学生暂迁四川乐山,并于暑假后酌情再迁贵阳,四年级学生仍留珞珈山结束学业。26日,教育部批准武大迁校方案。同日,武大校务会议议决成立迁校委员会,推定杨端六、邵逸周、方壮猷、刘延诚、曾琪益、郭霖、叶雅各为委员,杨端六为委员长。4月26日,提前开始上课。张颐继续代理四川大学校长,对于学术和应用的结合方面坚持不懈。12月13日,陈立夫委派程天放接掌国立四川大学,这是国民党加速四川"地方中央化"的措施之一。16日,也就是在国民政府行政院公布程天放入掌国立四川大学三天后,由朱光潜、魏时珍、董时进领衔,联名致电教育部、行政院,强烈要求收回成命。19日,行政院以"国拾贰5字14795号训令"饬令四川大学代理校长张颐立即移交校政,程天放先行任职视事,由此引发了一场从"拒程"开始而以"驱孟"结束的斗争。23日,程天放则与孟寿椿经过密谋,在学校致公堂"夺印上任",激起了国立四川大学师生的更大反感,朱光潜等86位教授于当天致电蒋介石等,表示强烈抗议,并宣布从即日起,全体罢教,矛盾更加激化。29日,《新民报》(成都版)发表《川大教授文化宣言》,反对国民党党员程天放担任四川大学校长,"不愿因政治之需要而牺牲学术之独立"。臧启芳继续任东北大学校长。3月,日军轰炸西安,东北大学被迫从陕西的西安迁到四川三台,租用了当时县城的潼川府贡院和杜甫草堂寺一部分房屋、军阀田颂尧军部旧址(今三台中学一角)以及潼属联立高中的部分校舍,坚持着办学。7月,奉国民教育部令,国立西北联合大学工学院、焦作工学院并入东北大学。东北大学在四川三台,一批名师齐集东大,陆侃如、冯沅君、金毓黻、高亨、杨荣国、姚雪垠等先后在校任教。再就交织于政界、文艺界与学术界的学术活动而言,主要有:一是以中共中央长江局为中心、周恩来领导的中共以及左翼文人学者群体;二是以沈钧儒、张澜、黄炎培为领袖的民主人士学术群体;三是任职于国民党党务、政府以及学术文化机构的文人学者群体。

二是国统区昆明轴心的形成。以西南联大、中央研究院史语所与社会科学所的迁入为核心力量,并由此形成"长沙—昆明"与"重庆—昆明"两大通道。蒋梦麟、梅贻琦、张伯苓继续任长沙临时大学常委会常委。1月19日,国民政府最高当局批准长沙临时大学迁往昆明。20日,长沙临时大学文学院在南岳的课程结束。常委会第42次会议决定:因战火逼近长沙,临大迁往昆明。2月9日,长沙临时大学常委会第50次会议决定,因文学院师生已迁回长沙,南岳文学院院务委员会撤销。19日,长沙临时大学的师生召开出发誓师大会,启程迁校云南。同月,蒋梦麟在长沙临时联合大学第一学期结束后,稍后启程赴昆明。当时师生主要从三条路线迁入昆明。第一路:陈寅恪等大多数教师、家眷及部分女同学经广州、香港乘船到越南海防市,再转滇越铁路进入云南。第二路:人数最多的一路,由经济条件较好的男同学和少数女同学,先从长沙乘火车到广西桂林,再由桂林乘汽车途经柳州、南宁、镇南关进入越南,转乘火车入滇。第三路:最艰苦的一路,是由湖南出发,徒步行走到昆明的"湘黔滇旅行团",该团由267名家庭贫困的男同学和闻一多、黄子坚等11位中青年教师组成,配有4名军事教官及队医等,实行军事化管理。原东北军少将师长黄师岳是步行团的最高军事领导。行程全程3200多里,其中徒步2600多里,历时68天,横穿湘黔滇三省,完成了世界教育史上罕见的一次"长征"。时年40多岁的原清华大学教授闻一多不顾体弱,毅然参加步行团;由临大抵昆明入学的学生有993人,其中清华学生481人,清华教职员共达200多人。4月2日,蒋梦麟与梅贻琦、张伯苓接国民政府教育部电令,改国立长沙临时大学为国立西南联合大学,蒋梦麟、梅贻琦、张伯苓任常委。国立西南联合大学自此定名,简称西南联大,或者联大。7月1日,"国立西南联合大学关防"正式启用。12日,蒋梦麟与张伯苓、梅贻琦等全国各大学校长联名通电全世界,呼吁制止日机滥炸中国和平居民。10

月 6 日,联大常委会第 89 次会议决定聘冯友兰、朱自清、罗常培、罗庸、闻一多为校歌校训编制委员会委员,冯友兰为主席。18 日,联大常委会第 91 次会议议决:(1)因胡适未到校,改聘冯友兰为文学院院长。潘光旦辞教务长及注册组主任兼职。(2)请樊际昌任联大教务长。(3)请陈达等 7 人参加西南经济调查合作委员会。(4)公布文学院各系所聘教授名单。据西南联合大学北京校友会、校史编辑委员会《国立西南联合大学校史资料》(北京大学出版社、昆明云南人民出版社 1986 年版)载,名单如下:中国文学系教授:朱自清、罗常培、罗庸、魏建功、杨振声、陈寅恪、刘文典、闻一多、王力、浦江清、唐兰、游国恩;副教授:许维遹、陈梦家、余冠英;外国语文系教授:叶公超、柳无忌、莫泮芹、陈福田、燕卜荪、黄国聪、潘家洵、吴宓、陈铨、吴达元、钱钟书、杨业治、傅恩龄、刘泽荣、朱光潜、吴可读、陈嘉、冯承植、谢文通、李宝堂、林文铮、洪谦、赵访熊、闻家驷、陈定民、温德、黄炯华、胡毅;副教授:袁家骅、田德望、卞之琳;历史学系教授:刘崇鋐、雷海宗、姚从吾、毛准、郑天挺、陈寅恪、傅斯年、钱穆、王信忠、邵循正、皮名举、向达、张荫麟、蔡维藩、噶邦福、吴晗、陆伯慈;副教授:张德昌;哲学心理学系教授:冯友兰、汤用彤、金岳霖、沈有鼎、孙国华、周先庚、张荫麟、冯文潜、贺麟、郑昕、容肇祖、王维诚、陈康、郭福堂、王宪钧、熊十力;社会学系教授:陈达、潘光旦、李景汉、李树青、陈序经、吴泽霖、陶云逵(1939 年获聘讲师,1943 年任教授);副教授:林良桐。其中陈寅恪、冯友兰、钱穆发挥着学术领袖的重要作用。11 月 30 日,第 95 次常委会决议:本校以"刚毅坚卓"为校训。21 日,联大第 98 次常委会会议决议:(一)本校常务委员会主席任期定为 1 年,由清华、北大、南开三校校长轮流担任。本学年由梅贻琦任主席,后因蒋梦麟、张伯苓均在重庆任职,只有梅贻琦长期留于昆明,故没有实施轮任制度,一直由梅贻琦任主席,主导校务。27 日,教授会推选出席 1938—1939 年度校务会议之教授、副教授代表。朱自清、陈岱孙、叶企孙、陈福田、钱端升、张奚若、刘崇鋐、叶公超、杨石先、庄前鼎、查良钊等 11 人当选为代表,潘光旦、汤用彤、罗常培、曾昭抡、李辑祥、邱椿等 6 人当选为候补代表。至此,西南联大迁校建设基本完成。与西南联大不同,中央研究院史语所、社会科学所由重庆迁至昆明,构成昆明轴心中的"重庆—昆明"通道。傅斯年继续任中央研究院史语所所长。春,傅斯年主持史语所迁至昆明。李济继续任史语所代理所长,组织史语所撤离长沙,桂林暂住月余,最后经中研院总办事处商定迁往昆明。赵元任带领二组(语言组)单独行动,与老同学章元善组织亲友一块儿去昆明,包括章元善、赵元任、张绍镐、丁绪宝、杨时逢五家和丁声树等率先抵达昆明。李济率史语所大部队由桂林经安南(今越南)的谅山、河内,一路舟车劳顿,终于在 3 月 11 日到达昆明。史语所分住城里拓东路和靛花巷两处。历史组研究人员劳榦、陈述给所长傅斯年写信报平安。秋,李济与傅斯年将史语所迁往昆明郊外的龙泉镇。当时中研院社会所和北平研究院历史所迁到落索坡,中央地质调查所到瓦窑村,北平研究院在黑龙潭,中博院设竹园村,史语所和北大文科研究所暂栖棕皮营的响应寺,中国营造学社迁麦地村,一时间龙泉镇俨然一座学术城。西南联大与中央研究院史语所、社会科学所诸多学者迁居昆明之后,频繁往返于昆明—重庆之间,而不同于西南联大的"长沙—昆明"通道的一次性功能,所以"重庆—昆明"通道同时可以称为双向的"重庆—昆明"走廊。昆明轴心的第三个大本营是云南大学。熊庆来继续任云南大学校长。1 月,根据"慎选师资,提高学校地位"的要求,熊庆来校长经过半年的努力,对云大教职员队伍作了调整,加强了师资队伍的建设。行政方面则主要有:教务长何鲁,代理教务长程璟,秘书长郑崇贤,文法学院院长林同济。6 月 20 日,国立云南大学筹备委员会正式成立。10 月 18 日,国民政府行政院第385次会议决定,任命熊庆来为国立云南大学校长。云大改为国立后,又分两个阶段:1938年7月至1945年10月为前期,为中华人民共和国成立前云大鼎盛时期;1945年10月至1949年9月为后期,为艰难险阻时期。

三是国统区西南区域中心的形成。其中的重中之重是桂林抗战文化城。所谓桂林抗战文化城,是指1938年10月广州、武汉相继失陷以后,到1944年11月10日桂柳相继陷落以前,在桂林呈现的抗战文化现象。桂林由于连接西南、华东、华南的交通枢纽的特殊地理、政治、军事等原因,人口骤增,名人云集,抗日文化运动空前高涨,成为西南乃至全国的抗战重镇,成为大后方的文化中心,在中国抗战史上写下了浓墨重彩的一笔,当时集结在桂林的文人学者有1000多名,进步文化团体多达三四十个,开设的书店、书局、出版社200余家,出版的文艺书籍上千种。本年11月中旬到12月上旬,国民政府军事委员会委员长桂林行营成立,白崇禧任主任,桂林成为国统区南方军事、政治中心。11月下旬,八路军总部秘书长李克农率八路军武汉办事处部分人员撤退到桂林,正式成立八路军桂林办事处(简称桂林"八办"),成为除解放区延安以外中国共产党所领导的国统区抗战文化最主要、最活跃、最有成效的中心阵地。桂林也是国内与海外的文化交流中心,同时桂林抗战文化始终与世界反法西斯文化融为一体,是中国抗战与世界各地反法西斯斗争的一个重要的联络点。12月29日,国际反法西斯侵略运动大会中国分会决定在桂林成立支会,设立筹备处,其任务是"积极推动反侵略运动以争取国际更有力之援助"。国际通讯刊物有美国驻华使馆新闻处出版的《新闻简报》,苏联驻华使馆新闻处出版的《新闻类编》,英国驻华使馆新闻处并出版的《国际新闻周报》《中英周报》以及英国在桂林出版的《国际知识丛刊》《世说》,日本人民反战同盟西南支部出版的《人民之友》,朝鲜义勇队总队出版的《朝鲜义勇队通讯》等。诚然,从时间节点来看,桂林抗战文化城兴起于1938年10月广州、武汉相继失陷以后,所以本年度的桂林抗战文化城仅仅是一个开端。本年度发生在广西境内还有两件要事:一是一路西迁的浙江大学年初由吉安迁泰和再迁宜山。11月19日,竺可桢校长在宜山主持浙大校务会议,决定以"求是"为浙江大学校训,请马一浮撰写校歌歌词。当时任教于浙江大学的有梅光迪、马一浮、柳诒徵、王庸、郭斌龢、贺昌群、钱基博、张其昀、缪钺、陈训慈、章用等。浙江大学一路西迁的目的地是贵州,但途经广西宜山,也为广西增添了学术分量,并与桂林形成呼应之势。二是著名军事家蒋百里11月4日突然病逝于广西宜山,实在令人惋惜。

四是国统区西北区域中心的形成。西北区域中心的大本营是西北联大。徐诵明、李蒸、李书田、陈剑翛继续任西北联大常委会常委。3月,由"蒋委员长西发行营主任蒋鼎文"出面,以"为维持学生的学业起见,及为国家根本的教育事业起见",命令西安临时大学再迁汉中。为此,不少师生持异议,校常委徐诵明打电话给教育部长陈立夫,陈断然回答说:"不迁不行!"强令南迁。西安临大常务委员会为了做好千余名师生的南迁工作,于3月初即开始了紧张的迁校筹备工作。16日,徐诵明、李蒸、李书田、陈剑翛等组成的西北联大常委会决定西安临大师生正式迁离西安,全校师生长途跋涉,历时半个月左右,行军500多里,过渭河、越秦岭、渡柴关、涉凤岭,终于到达目的地汉中。4月3日,教育部根据国民政府行政院第350次会议通过之《平津沪地区专科以上学校整理方案》,令国立西安临时大学改名为国立西北联合大学。5月2日,徐诵明、李蒸、李书田、陈剑翛等出席全校在校本部隆重举行的开学典礼。10月19日,根据教育部1937年《颁发国训及青年守则》

训令,西北联合大学第 45 次校常务委员会议决议称:"校训制定'公诚勤朴'四字与国训'忠孝仁爱信义和平'制成匾额,悬挂礼堂。"同时决议,"校歌歌词仍照三十七次决议案催请黎锦熙、许寿裳两先生赶编"。黎锦熙与许寿裳教授初稿写成后,经联大常务委员会讨论通过。至此西北联大基本完成了西迁的使命,其整体实力在西北已属空前强盛,但与西南联大尚有较大的差距。

其次,解放区延安轴心的巩固与强化。其统摄范域随着八路军、新四军抗日根据地的扩展而扩展。在延安的思想理论建设方面,最为重要的是毛泽东 10 月 12 日下午代表中共中央政治局在扩大的六届六中全会作政治报告《抗日民族战争与抗日民族统一战线发展的新阶段》时提出"马克思主义中国化"的命题,这是党在路线问题上走向成熟的标志。其他值得重点关注的是:1 月,毛泽东在延安会见梁漱溟,就抗战前途问题进行谈话,阐述了"中国必胜,日本必败"的观点,这次谈话从晚 6 时至第二天凌晨。此后,毛泽东又一次会见梁漱溟,谈话的内容是如何建设一个新的中国;4 月 10 日,毛泽东出席鲁迅艺术学院成立大会,并讲话,提出要在民族解放的大时代去发展广大的艺术运动,在抗日民族统一战线方针指导下,实现文学艺术在今天中国的使命和作用。28 日,毛泽东在鲁迅艺术学院作题为《怎样做艺术家》的讲演,说:现在艺术上也要搞统一战线,不管是写实主义派、浪漫主义派或其他什么派,都应当团结抗日。鲁迅艺术学院要造就具有远大的理想、丰富的斗争经验和良好的艺术技巧的一派艺术工作者,这三个条件缺少任何一个便不能成为伟大的艺术家;11日,毛泽东在陕甘宁边区国防教育会成立会上讲话指出:战争规定一切和改变一切,目前的战争是打日本,教育的方针也是打日本,教育方针是根据政治方针而转变的。国防教育的任务是教育和训练全国人民参加抗战,求得民族解放;5 月 26 日至 6 月 3 日,毛泽东在延安抗日战争研究会作《论持久战》的讲演。《论持久战》是毛泽东继《中国革命战争的战略问题》之后的又一篇重要的军事著作,这篇著作进一步坚定了中国人民持久抗战的胜利信心,为夺取抗日战争的胜利指明了正确方向和具体道路。5 月 30 日,毛泽东所作《抗日游击战争的战略问题》一文刊于《解放》第 40 期。文中分析了抗日游击战争的六个具体战略问题,对统一和提高全党全军对抗日游击战争战略地位的认识,促进抗日游击战争的迅猛发展,起了重要作用。以上涉及理论、文艺、教育、军事等各个重要方面,引起延安内外的重视与论争。就教育与机构而言,在已有陕北公学、抗大、中央党校等继续基础上,另行创办鲁迅艺术学院与中共中央马列学院。毛泽东与周恩来领衔,林伯渠、徐特立、成仿吾、艾思奇、周扬等 2 月联名发出鲁迅艺术学院《创立缘起》。4 月 10 日,鲁迅艺术学院举行开学典礼,宣告鲁迅艺术学院在延安正式成立。鲁迅艺术学院是党中央的直接领导与关怀下创办的一所综合性高等艺术学院,也是当时我党培养艺术干部的唯一一所学校,汇聚了当时延安的重要文艺人才,同时也借此培养了一大批优秀文艺人才。中共中央马列学院 5 月 5 日在延安成立。张闻天任院长,王学文任副院长。杨松负责指导中国问题研究室,王学文负责政治经济学研究室,艾思奇负责哲学研究室,吴亮平负责马列主义基本问题研究室,范文澜负责中国史研究室。这是第一所专门学习和研究马列主义理论的学校。学会社团方面主要有:一是 2 月艾思奇在边区文协领导下,组织所有在延安的自然科学理论工作者,成立了陕甘宁边区"国防科学社"。二是 9 月经毛泽东提议,在延安成立"新哲学年会",会务工作由艾思奇、何思敬负责主持。30 日,艾思奇、何思敬、周扬、吴黎平、王学文、成仿吾、郭化若等 18 人联名在《解放》周刊第 53 期上发表了《新哲学年会缘起》。新哲学会的发起在从学术的通俗化到马克思主义中国化的思想发展史上都具有重要意义。三是 9 月 11 日陕甘宁边区文艺界抗战联合会成立,简称"边区文联",出版有《文艺战线》等刊物。由丁玲、田间、成仿吾、任白戈、周扬、沙汀、柯仲平、雪苇、刘白羽等文艺界名流以及各文艺团体的代表组成执行委员会。至次年 5 月 14 日,边区文联为与中华全国文艺界抗敌协会取得联系,更名为中华全国文艺界抗敌协会延安分会,简称"延安文抗"或"文抗延安分会"。至此,边区文联便告结束。此外,新启蒙运动等论题论争在延安兴起与延续,对此下文再作论述。

再次,是沦陷区的考验与分化。先看北平,以美国教会大学辅仁大学、燕京大学与私立中国大学为"三驾马车"。陈垣继续任辅仁大学校长。5 月 19 日,徐州失陷,敌伪政府令北京机关、学校挂日伪国旗"庆祝"。辅仁大学和附中拒绝挂旗,附中被强令停课 3 天,校长陈垣亦受到"质问"恫吓。是年,部分未能南下、西迁而留在北平的知名教授,纷纷转入辅仁大学与燕京大学任教,其中辅仁大学新老汇聚的著名学者有李霁野、张子高、袁翰青、沈兼士、郭家声、余嘉锡、孙人和、陆宗达、赵万里、刘盼遂等。英千里继续任辅仁大学教授兼秘书长。北平沦陷初期,很多艺术界和文化界的精英都拒绝日本伪军政权的高官厚禄,不愿同流合污。但随着战事愈演愈烈,很多大学被日本宪警侵占停办,不少以教书为生的学者鉴于生活物质的缺乏,渐渐向现实低头。当年辅大两位教授竟然应满洲国的聘请要去当官。英千里听说了此事,曾彻夜劝阻,语重心长地告诫这两位教授一定要慎重,替他们分析了种种利害关系,无奈两人溺迷其间,仍是执意前往,无端地断送了前程。英千里受此刺激,为了彰显"天下兴亡,匹夫有责"的民族节气,力邀文学院院长沈兼士、教育学院院长张怀等,以研究明末爱国人士顾炎武的学说为名,秘密组织炎武学社,简称"炎社",热情宣传抗日救国主张,鼓励人心不死,国家不亡,积极掩护优秀青年潜赴后方。后英千里为此曾两次被日伪当局逮捕,受尽酷刑,但仍坚贞不屈,历时达 3 年之久。当时北平辅仁大学有一个"文教委员会",是秘密受国民党教育部领导的。其任务之一是替留平的文化教育界人士谋工作维持生活,不做汉奸。辅仁大学李霁野便去看望周作人,适逢钱玄同也在周家。他建议周作人到辅仁大学中文系任教,由文教委员会给以经济补助,并将这情况告诉了文教委员会的负责人,但周作人未予答应。司徒雷登继续任燕京大学校长。原代校长陆志韦 10 月 13 日在本学期首次师生大会上谈燕大教育的目标与特色,指出要努力把燕京办成一所自由的中国式大学,政治思想和宗教信仰绝对自由。学校行政费用不多,学生交费只够全部支出的 14%,但行政效率很高,员工兼职不兼薪,教授对学生特别关心,这些构成了燕大的办学特点。何其巩继续任私立中国大学校长。汤尔和附逆后,拟拉何其巩充当伪教育总长等职,被严词拒绝,但伪政权大造舆论,"何其巩要当汉奸"的传言不胫而走。何其巩为表明心迹,发出两份电函:一是致电蒋介石说"誓竭忠诚,以为股肱之佐决不附逆,致贻钧座之忧";二是致教育部长陈立夫电报,除表示不为侵略者利用外,还提出要教育部发给中国大学补助费之请求。不久,即收到蒋、陈的复电。蒋介石除对何其巩表示慰勉外,还希望他做地下工作。年初,何其巩与在中共晋察冀中央局社会部领导下的北平联络局共同建立了秘密的抗日统一战线组织——北方救国会,这是以何其巩所在的中国大学、张东荪所在的燕京大学为基础,联合辅仁大学而成立的团体,其使命是使三所私立大学及其附属的中小学都一致接受抗日民族统一战线的领导,为掩护保存和发展抗日民主力量而努力,并拒绝日伪对三所大学的控制。北方救国会设理事长 1 人,常务理事 3 人,理事若干人,秘书长 1 人。理事长由何其巩担任,常务理事由何其巩与燕京大学教授张东荪、中共北平联络局负责人王定南 3 人担任。"北方救国会"成立当天,即发表了《驳"日本近卫首相声明"的声明》,由燕京大学英籍教授林迈克交路透社在英国伦敦发表,在世界范围内引起了很大反响。再看上海,文艺界、教育界与出版界三大群体共同苦苦支撑着上海孤岛,但也有诸多惊人之举。比如胡愈之新年元旦与星一聚餐会决定号召在沦陷后的上海各界一致行动张悬国旗,给敌伪以极大的震动。2 月,胡愈之以复社的名义翻译出版发行斯诺报道中国工农红军长征的《西行漫记》(原名《红星照耀中国》),在"孤岛"上海和全国影响极大。后又出版《续西行漫记》。2 月 15 日,在中共地下党文委领导下,胡愈之、梁士纯等借沪江大学创办的"上海社会科学讲习所"开学。讲习所第二期起由王任叔接办,搬出沪江大学。后改名为"上海社会科学专科学校",为上海周围的游击队和新四军培养了一批干部,被誉为"上海的抗大"。下半年,郑振铎与王任叔、孔另境等人发起组织上海作者协会,参加者数十人,经常在四马路的华华中学内聚会。该会后来做了两件实事,一是创办了《鲁迅风》杂志,二是为世界书局编辑了一部《大时代文艺丛书》。陈望道积极提倡新文字运动,发起成立上海语文学会、上海语文教育学会等进步语文团体,并热情支持"上海新文字研究会"这一文字改革组织,成为上海当时语文运动的一位主要组织者和领导者。在教育界,复旦老校长李登辉 2 月中借英租界北京路中一大楼为临时校舍开学,并向教育部呈请备案,名为"复旦大学沪校"。10 月,汪伪南京政府迎合日本意图,欲将上海圣约翰、大夏、光华、复旦 4 校合并成一校,拟推举颜惠庆任校长。颜惠庆表示无意于此,4 校亦举行会议,统一口径,绝不联合,表示"倘不获当局谅解,无殊完全令其停办"。李登辉为防复旦跌入汪伪陷阱,提出办学"三不"原则:(一)不向敌伪注册;(二)不受敌伪补助;(三)不受敌伪干涉。"三不"不行,宁可停办。上海补习部苦苦支撑,直至抗战胜利。刘湛恩时任沪江大学校长、商务印书馆董事。3 月 28 日,日本华中派遣军直接操纵由梁鸿志等人组成的"中华民国维新政府"在南京宣告成立,因刘湛恩拒绝出任伪政府教育部部长,日本方面最终给上海的日伪汉奸下达死命令,必须除去刘湛恩。4 月 7 日,刘湛恩被日伪特务暗杀。出版界方面,张元济继续任商务印书馆董事长,王云五继续任商务印书馆总经理;陆费逵继续任中华书局总经理;陆高谊继续任世界书局总经理。8 月,商务印书馆、中华书局、开明书店、世界书局、生活书店等 20 多家出版机构联名发出呼吁,要求取消《战时图书杂志原稿审查办法》及《抗战期间图书杂志审查标准》,保障言论出版自由。10 月,鉴于上海沦陷后的严酷环境,商务印书馆《东方杂志》《教育杂志》《儿童杂志》《少年杂志》迁港编印,创办《东方画刊》。11 月 2 日,上海世界书局发生爆炸。3 日,香港《申报》发表《世界书局藏书被劫一空》:"(中央社重庆二日电)沪讯,世界书局虹口印刷厂,自被日方侵占后,强将所存书籍及参考书等,先后偷运出境,达 500 万册,日前又被日方将教科书百万册,用大汽车装至汇山码头,搬上日运输舰启运赴日。"12 月,中华书局上海总厂改挂"美商永宁公司"招牌。陆费逵与恒丰洋行经理美籍 A. F. 沃德生商妥,向美国注册以作为掩护,借以避免日本特务等的胁迫破坏。再说一下天津:徐世昌继续寓居天津。年初,日本大特务土肥原贤二约见徐世昌,仍遭到拒绝。徐世昌门生金梁等人任职于伪满洲国,他们秉承溥仪意旨规劝徐世昌,徐世昌闻言愤然大骂,然后推辞。是年,徐世昌编《清儒学案》208 卷刊行。此书规模宏大,始纂 1928 年,至 1938 年告竣。由徐世昌主持,当时知名学人孙夏桐、王式通、金兆蕃、朱彭寿、闵尔昌、沈兆奎、傅增湘、曹秉章、陶洙等均先后参与其事,实乃集体协力的成果。全书凡 208 卷,收入学者计 1169 人。上起明清之际孙奇逢、顾炎武、黄宗羲,下迄清末民初宋书升、王先谦、柯劭忞,一代学林中人,举凡经学、理学、史学、先秦诸子、天文历算、文字音韵、方舆地志、诗文金石,学有专主,无不囊括其中。《清儒学案》承黄宗羲、全祖望二家开启的路径,采用学者传记和学术资料汇编的形式,述一代学术盛衰。它既是有清一代 260 余年间学术的总结,也代表了传统学案体史书的高峰。就沦陷区的文化汉奸而言,北平最高层级的汉奸组织是"中华民国临时政府",汤尔和就任行政委员长兼文教部总长。钱稻孙自北平沦陷后先后担任北京大学秘书长、北京大学校长兼文学院院长、北京大学校长兼农学院院长。8 月 16 日,在伪教育督办汤尔和的召集下,钱稻孙参与了东亚文化协议会的筹备工作。30 日上午,成立大会在北京怀仁堂举行,钱稻孙担任中方评议员。比较之下,最引起强烈震动与反响的是周作人变节为文化汉奸。5 月 5 日,中华全国文艺界抗敌协会通电全国文化界,严厉声讨周作人等的附逆行为,电文指出:"请援鸣鼓而攻之义,声明周作人、钱稻孙及其他参加所谓'更生中国文化建设座谈会'诸汉奸,应即驱逐出我文化界之外,藉示精神制裁。"6 日,武汉《新华日报》发表题为《文化界驱逐周作人》的短评。14 日,《抗战文艺》3 日刊第 4 期上发表茅盾、郁达夫、老舍、冯乃超、王平陵、胡风、胡秋原、张天翼、丁玲、舒群、奚如、夏衍、郑伯奇、邵冠华、孔罗荪、锡金、以群、适夷等 18 位作家署名,由老舍倡议、楼适夷起草、经郁达夫修改的《致周作人的一封公开信》。6 月 3 日,陕甘宁边区文化界救国协会,向全国发出讨伐周作人的通电。在此期间,武汉、延安、上海、重庆、成都、昆明、桂林、香港、贵阳等地的文化团体和著名作家学者,都或发表严正声明,或亲撰檄文痛斥周作人的叛国行径。全国文化界对他形成了共同的看法,那就是当时街头巷尾都经常可听到的一句"评语"——"周作人不'作人'!"

最后,是中外交流的区域变化。先看"出"的方面,美国重新成为重心所在,当时胡适、颜惠庆、赵元任、陶行知、费孝通等都在美国。7 月 20 日,胡适得到蒋介石电报,要他出任驻美大使。30 日,经过七八天的考虑,终于复电允任。8 月 21 日,胡适在伦敦中华协会讲演《英美法苏和我们的抗战》。9 月 17 日,胡适被国民政府正式任命为驻美大使。此消息引起国内外很大反响,舆论界多持欢迎态度。胡适从此开始从政生涯。10 月 27 日,胡适向美总统递交国书,正式开始外交活动。12 月 4 日,胡适在纽约律师俱乐部演讲《北美独立战争与中国抗日战争》,重庆《大公报》于 1939 年 2 月 10—11 日译载,改题为《日本在中国之侵略战》,强调国际形势的配合,特别是美国的援助是中国抗日胜利的重要条件。胡适在这次演说中,巧妙地把中国的抗战同当年美国的独立战争相比,强调中国目前的抗战,与当年美国独立战争的际遇很相似,只要苦撑待变,在美国等国家援助之下,加上国际局势有利于中国的演变,中国取得抗战的最后胜利是毫无疑问的。陶行知 5 月 4 日在洛杉矶发表演说,称日本在中国杀死 100 万人时,有 50 多万人是美国提供给日本军火帮助杀死的,引起美国各方震动,促进禁运和抵制日货。费孝通博士论文《开弦弓——一个中国农村的经济生活》通过答辩,获得博士学位。该论文出版后,马林诺斯基在其序言中赞扬:"我敢于预言《中国农民的生活》一书将被认为是人类学实地调查和理论工作发展中的一个里程碑。"费孝通因此也被英美的读者看作"中国农民的代言人"。在欧洲,吴玉章 2 月 10 日离巴黎赴伦敦出席国际反侵略大会。《救国时报》因"本报同人将全体返国参战"在巴黎终刊,准备迁往美国出版。12 日,出席国际反侵略大会开幕式。出席大会的中国代表还有陶行知、李石曾、王礼锡、钱俊瑞和顾维钧等人。吴玉章在会上散发了用英、法文印行的《中国能战胜日本》的宣传册。中下旬,吴玉章出席国际反侵略大会,在大会上作《中国抗日战争的新阶段》的演讲。被推选为国际反侵略大会总会理事。又出席法国中国人民之友社和英国援华运动总会倡议举行的世界援华大会。从 19 日开始,吴玉章参加国际反侵略大会在伦敦举行的"中国周"活动。3 月上旬,吴玉章返回巴黎,建立健全世界反战反法西斯委员会中国分会驻欧办事处。争取国联同志会等组织援华。再看"进"的方面,美国著名记者埃德加·斯诺撰写的《红星照耀中国》由上海复社出版。因环境关系,书名被改为《西行漫记》。作者 1 月 24 日在上海撰写的序言中说:"读者可以约略窥知使他们成为不可征服的那种精神,那种力量,那种欲望,那种热情。——凡是这些,断不是一个作家所能创造出来的。这些是人类历史本身的丰富而灿烂的精华。"美国著名记者艾格妮丝·史沫特莱 1 月到武汉。在武汉期间,周恩来多次会见她,向她详细介绍中共的抗日主张,赞扬她的国际主义精神。为解决中国军医缺乏问题,史沫特莱积极号召外国医务志愿者来中国,著名加拿大医生诺尔曼·白求恩与理察·布朗、印度著名外科医生柯棣华等受到她的影响来中国参与支援。史沫特莱在武汉的 10 个月,通过在前线的经历完成了《中国在反击》一书。美国司徒雷登继续任燕京大学校长。春,司徒雷登校长经上海、香港等地转赴当时中国抗战首都所在地汉口,与政府当局联系,确定在北平办学,并争取增聘教员,扩大招生。英国林迈可继续任教于燕京大学。暑假期间,林迈可与妻子戴德华首次进入晋察冀抗日根据地,与白求恩大夫重逢,并结识很多抗日将领。在这次旅行中,他们看到了八路军更多切实的抗日武装斗争,包括破坏铁路和袭击日军。林迈可写道:"任何有血性有思想的人,都有义务去反对日本人的侵略。"开学后,林迈可利用业余时间装配无线电收音机,并将这些电讯器材及药品交由地下工作者萧再田运往抗日根据地。新西兰友好人士路易·艾黎 6 月从上海到汉口,和斯诺等筹划"中国工业合作运动"(简称"工合")。周恩来告诉艾黎组织"工合"的主要任务必须是推动蒋介石抗战,不让他投降,并尽可能多争取国际的支持。还对"工合"组织的性质和人事安排提出了建议。"工合"成立后,积极宣传中国抗战的重大意义,在海外华侨和同情中国抗战的国际朋友中募捐,并将筹集到的物资、款项转送延安,对支持中国抗战起了积极作用。日本国庆应义塾大学文学部大山柏是春率领北支学术调查团到中国安阳考古。秋,日本人水野清一等到中国安阳侯家庄考察、挖掘。是年,日本人藤田亮策挖掘吉林延吉小营子遗址;日本人原田淑人调查北魏平城遗址。

本年度除了延续与拓展原有论题之外,学术论争的重点在于"抗战建国""民族性""抗战文艺"的讨论以及由《鲁迅全集》出版引起的"鲁迅热"。

1. 关于"抗战建国"讨论的勃兴。3 月 29 日至 4 月 1 日,国民党临时全国代表大会在武昌国立武汉大学宋卿体育馆内举行。这是全面抗战爆发后,国民党政府召开的最重要的一次会议。此次会议最重要的成果之一是通过了《抗战建国纲领》,提出了国民党政府抗战时期的内外政策。《抗战建国纲领》的重大意义在于第一次将抗战与建国并列,不仅着眼于当下的抗战,而且筹划抗战胜利后的建国,即不仅要取得抗战的胜利,实现民族解放,而且还要通过抗战,来实现国家重建和民族复兴。因此,《抗战建国纲领》公布后,"抗战建国"这一特殊组合即迅速成了举国上下、跨越各界的共同主流话语。而本次临全大会所通过的《确定文化政策》案与《战时各级教育实施方案纲要》,特别关注文化和学术事业的发展,强调文化教育对于抗战建国的重要意义,于是"学术建国"被提升到文化教育抗战建国的核心地位,并得到了学界的积极响应。5 月 22 日,贺麟率先在《云南日报》发表《抗战建国与学术建国》,第一次明确提出"学术建国"的命题,并进而阐述学术建国与抗战建国内在关系与重要意义。此文最后总结道:"学术是建国的铁筋水泥,任何开明的政治必是基于学术的政治。

一个民族的复兴,即是那一民族学术文化的复兴。一个国家的建国,本质上必是一个创进的学术文化的建国。""这可以说是抗战建国,也可以说是学术建国。"总体而论,贺麟《抗战建国与学术建国》不仅首开"学术建国论"之先河,而且具有强大的逻辑力量与深厚的学术含量,而后引起了学界的高度关注和积极响应,但彼此所论重心多有不同。顾毓琇《抗战建国与科学化运动》、陈德征《抗战建国与科学研究》、黄文山《抗战建国与科学运动》、汪奠基《抗战建国与科学教育》、任孟闲《研究科学以适应抗战建国需要》皆重点从科学方面论述"抗战建国"。而熊庆来《后方文化事业与抗战建国》、岑家梧《抗战建国与民族艺术》等文则进一步拓展至教育文化艺术等领域。尤其是中国教育学术团体联合会于11月创办机关刊物《建国教育》,发行人为郭有守,常任编辑有常道直、陈礼江等人,由中国教育学术团体联合办事处编辑兼发行,主要报道中国教育学会、中华职业教育社等12个团体的战时教育工作情况,并聚焦于"建国教育"问题,可以视为中国教育学术团体联合会及各分会之于抗战建国发出的集体呼声。伴随"抗战建国"问题广泛而持续的讨论与争鸣,相关论题的广度与深度都在不断拓展。4月21日,李拾豪在《抗战十日》第2期发表《抗战建国与确立民主的宪政制度》,提出中国要建成一个近代的"民族国家","民主的宪政制度的确立,又是建设现代国家的各种条件中的中心问题"。25日,陈独秀在《政论旬刊》第1卷第9期发表《抗战与建国》,文中重点讨论了抗战建国与"民族国家"主权独立的关系。6月,陈启天在《国光》第9期的《中国需要思想家》强调:"所谓建国,即是要将中国建设成功一个现代化的国家而已",而政治民主化正是现代化国家的重要指标之一。6月30日,黄文山在《更生评论》第3卷第9期发表《双七抗战建国纪念节掇感》,从时间、空间、战略、人力、空间换取时间、抗战与建国的一事两面6个方面发表意见。比较而言,《东方杂志》对此问题的讨论予以更多的关注,相继发表了李圣五《抗战建国纲领中之外交条款》、市隐《抗战建国同时进行》、杨家骆《为抗战建国之础石的社会与经济改造》、陈盛清《抗战建国与惩治贪污》、石夫《抗战时期的建国工作》、曤西《抗战建国的基础》等文。载于其他报刊的文章还有:杨东莼《抗战建国纲领读本》、张绚中《统一与抗战建国——评中国共产党》、庄智焕《抗战建国期中勿忘法治》、汪奠基《本抗战建国之精神迎世界学生代表团》、侯外庐《民权主义的理论与建国》等。在聚焦"抗战建国"的学术著作方面也是成果显著,主要有:华志超编辑《中国国民党抗战建国纲领及临时全国代表大会宣言》(上海商务印书馆)、蒋介石著《负起抗战建国的使命》(广西南宁民团周刊社)、史枚等著《抗战建国纲领问答》(重庆生活书店)、黄文山著《抗战建国与复兴民族》(广州更生评论社出版)、姜琦著《抗战建国与民生哲学》(重庆独立出版社)、黄文山著《抗战建国与复兴民族》(广东广州更生评论社)、黄旭初著《抗战与建国》(广西南宁民团周刊社)、黄旭初编《建国之理论与实施》(编者刊行)、冯玉祥著《抗战建国与发扬革命精神》(广西南宁民团周刊社)、胡秋原编著《兴党与建国》(湖北汉口时代日报发行部)、独立出版社编《建国之路》(重庆独立出版社)、侯外庐著《抗战建国论》(重庆生活书店)、胡秋原著《抗战建国之根本问题》(湖北汉口时代日报社)、蒋显德著《抗战与建国》(重庆中山文化教育馆)、凌青著《抗战可以同时建国吗?》(湖北汉口生活书店)、邵力子等执笔《建国在作战的时候》(湖北汉口独立出版社)、中国国民党中央执行委员会宣传部编《抗战建国纲领浅说》(重庆正中书局)、徐益编著《如何实践抗战建国纲领》(湖北汉口天马书店)、钱实甫著《抗战建国纲领的认识》(广西南宁民团周刊社)、童秦圣编著、周佛海和陶希圣主编《抗战建国纲领研究:政治篇》(艺文研究会)等。

2.关于"新民族"问题讨论的勃兴。值此民族危亡之际,民族问题再次受到学界的高度关注和重视。中央大学校长罗家伦经过一段时间的酝酿筹备,将其高度凝练为"新民族"这一新概念并以此为其主编的《新民族》周刊命名,从而激发和引领有关"新民族"的热烈讨论。2月23日,《新民族》周刊创刊号正式出版,罗家伦在《新民族》创刊号发表的发刊词《"新民族"的前奏曲》中强调,"我们只希望文艺去烧起民族同情的烈焰,去掀起民族精诚的爱潮"。3月5日,罗家伦在《新民族》第1卷第2期发表《民族与民族性》,提出所谓"民族性也可说是一个国家的'国魂'。这种'国魂',一旦铸成,就不易毁灭。一个国家的生存,就须赖有这种'国魂'"。最后他热切"希望大家根据近代的科学的方法和精神,对于我们民族所固有的一切,重新予以估价,保持其优美的部分,而淘汰其无用的部分,以建立一个崭新的中华民族,形成一个崭新的中华民族性!"6月5日,罗家伦在《新民族》第1卷第15期发表《民族与地理环境》,重点讨论"民族演进中之地理的因素,也就是民族与地理的关系"。7月17、24日,罗家伦在《新民族》第2卷第1—2期发表《民族与人口》。8月21、28日,9月4日,在《新民族》第2卷第6—8期连载《民族与种族》。12月18日、25日至1939年1月1日、8日、16日,罗家伦在《新民族》第3卷第3—7期连载《民族与语言文字及文学》,认为"一个民族与民族性的形成,语言文字及其所产生的文学都是重要的因素。因为一个民族共同的感情,共同的想像,共同的理想,共同的生活,都是由语言文字来表现的,其中的结晶就是文学。若是没有语言文字,这些要素固然无从表现,就是有了而不是共同的,——尤其是共同的精神所寄托的文学那也不易形成一个统一的民族,和完整的民族性"。罗家伦主编的《新民族》以"发扬民族精神,树立建国意识,增进抗敌力量"为宗旨,希望以文艺的力量激起广大民众抗战建国的热情,主要刊载国内外战局的报道评论、战地通讯,战时政治、社会、文化建设的相关论著,鼓舞抗战、宣扬民族精神的抗战将领介绍与文艺作品等,同时成为"新民族"及民族问题的讨论的主阵地。其他重要论文还有:郑振铎《民族文话·自序》、黄文山《怎样研究民族学!》《再论复兴民族的几个基本原则——本刊立场的再检讨和新估定》《关于民族政党》《孔子与民族主义》、楚图南《西南民族神话》、郭沫若《复兴民族的真谛》、谭其骧《近代湖南人中之蛮族血统》。郭沫若《复兴民族的真谛》指出,中华民族的精神是富于创造力、富于同化力、富于反侵略性的。这样的民族精神在清朝统治时期遭受了损失,现在正是复兴我们民族精神的时候。有关民族问题研究的著作则有:罗家伦等执笔《民族至上论》、陈启天编著《民族的反省与努力》、俞希平著《民族革命论》、林克多著《民族革命战争论》、周木斋著《中国民族革命小史》、陈廉贞、黄操良著《抗战中的中国民族问题》、傅纬平著《民族抗战史略》、应樗著《抗战中的西南民族问题》、章渊若著《自力主义民族复兴之基本原理》等。傅纬平著《民族抗战史略》记述我国及世界各国的民族抗战史。由上可见"新民族"及民族问题的讨论内容还是相当丰富的。

3.关于"抗战文艺"与"抗战文化"讨论的勃兴。以3月27日上午"中华全国文艺界抗敌协会"在汉口市商会举行正式成立大会为标志,全国文艺界终于在抗日救国的旗帜下重新团结在一起,同时也有力促进了"抗战文艺""抗战文化"的勃兴与论争。在"中华全国文艺界抗敌协会"成立大会上,大会主席邵力子在开幕致辞时说:"今日能不分轸域地聚集全国文艺家于一堂,这是非常兴奋的,希望能真诚团结起来,在抗战的总目标下共同努力,本会的成立,目的亦在此。"周恩来代表中国共产党在成立大会上讲话,他热情地欢迎文艺界的大团结:"今天到会场我最大的感动,是看见了全国的文艺家们,在全民族面前,空前地团结起来,这种伟大的团结,不仅仅是在最近,即使在中国历史上,在全世界上,如此团结也是少有的。"国民党中央武汉代表方治在致辞时说:"向来国内文艺作家,都是天各一方,现在因为抗战爆发,而携手一堂,大家所以能团结在一起,是因为'共信'已经建立了起来。这'共信',就是在这个时候,大家都要求救国家救民族。"大会通过了《告全世界文艺家书》《致日本被压迫作家书》《向蒋委员长及抗敌将士致敬电》,同时发布3个重要文件:《中华全国文艺界抗敌协会宣言》《中华全国文艺界抗敌协会发起旨趣》《中华全国文艺界抗敌协会简章》。其中《中华全国文艺界抗敌协会宣言》回顾了"五四"新文艺"紧紧伴着民族的苦痛挣扎,以血泪为文章,为正义而呐喊"的发展历史,揭露了日本帝国主义的侵略暴行;呼吁文艺工作者联合起来,以完成救亡图存的历史使命。同日,《新华日报》为"文协"的成立发表《社论》,强调这是"中国文艺史上的盛举"。中华全国文艺界抗敌协会的正式成立,标志着中国文艺界有了一个统一的抗日救亡的战斗的组织。它将领导着、组织着全国文艺工作者为抗日救亡服务。文艺界在抗日救亡的大目标、大原则、大现实的情况下,超越了阶级、党派的界限,超越了社团、流派的界限,超越了新文学与旧文学的界限,超越了个人之间恩恩怨怨的界限,实现了空前的团结,成为自"五四"以来最广泛、最庞大的文艺组织,实际上即是在国共重新携手合作背景下的抗战文艺界统一战线。而大会通过的三个重要文件,更是为"抗战文艺"直接定调。5月4日,"文协"会报《抗战文艺》创刊,其重要意义在于建立了"文协"自己的思想舆论阵地。上述三次大会以外,"抗战文艺"的探讨与争鸣的另一个重要形式是相关座谈会,包括1月中旬胡风创办的《七月》社举行抗战文艺问题座谈会,参加者有艾青、东平、聂绀弩、田间、胡风、冯乃超、萧红、端木蕻良、适夷、王淑明;4月26日《七月》举行第二次座谈会,到会有胡风、聂绀弩、吴组缃、欧阳凡海、鹿地亘、艾青、奚如、池田幸子诸人;4月29日《七月》举行第三次座谈会,到会有胡风、端木蕻良、鹿地亘、冯乃超、适夷、奚如、辛人、萧红、宋之的、艾青等;5月10日《自由中国》第1卷第2号在"抗战以来文艺的展望"栏目下,发表老舍、郭沫若、夏衍、郁达夫等9人的"笔谈";11月4日由"文协"出版部在会所召开临时座谈会,到会有姚蓬子、黄芝冈、魏孟克、华林、方殷、老舍、金满城、陈凤兮、宋之的、葛一虹、梅林、王平陵、端木蕻良、戈宝权、胡绍轩、向林冰等;11月25日、12月15日"文协"举行了两次诗歌座谈会。第一次诗歌座谈会到会的有厂民、老舍、方殷、何容、李华飞、梅林、长虹、蓬子、孟克、袁勃、鲜鱼羊、程铮等。第二次诗歌座谈会到会的有胡风、孟克、黄芝冈、程铮、沙蕾、厂民、袁勃、方殷、鲜鱼羊等人。至于个体学者的文章为数更多,所论"抗战文艺"的内容面更加广泛。其中重点涉及"抗战文艺"民族化(或民族形式)大众化、通俗化等问题,但都可以纳入"中国化"的大框架之中,即以"中国化"为引领,提升"抗战文艺"讨论的内涵与质量。实际上,从年初开始,从国统区到解放区,都在继续讨论文学形式问题,然后随着新启蒙运动向"中国化"的转型以及"中国化"与"民族形式"命题的同时提出,则彼此由分而合,由"中国化"引领"民族形式"的讨论与争鸣。超越以上讨论和论争的是10月12日毛泽东在中共中央政治局会议所作长篇报告《抗日民族战争与抗日民族统一战线发展的新阶段》(后正式发表时改为《论新阶段》)中关于"中国化""中国作风与中国气派"以及"民族形式"三个复合概念的提出,不仅将此前有关文艺形式的论争迅速提升到了一个新的高度、新的层次、新的境界,而且引发与引领此后有关"中国化""中国作风与中国气派"以及"民族形式"的热烈讨论与争鸣,因而无论对于"抗战文艺"还是"抗战文化"的讨论都具有重要的引领与提升作用。"抗战文化"与"抗战文艺"原本即是息息相关、密不可分的两个方面,有时仅仅是广狭意义上的不同理解而已。当然历史地看,"抗战文化"还与国共双方有不同的意识形态取向密切相关。3月31日,国民党临时全国代表会议通过了陈果夫等关于确定文化建设原则纲领的提案,其中说:"我国文化工作之总目标,为三民主义文化之建设,而现阶段之中心设施,则尤应以民族国家为本位。所谓民族国家本位之文化,有三方面之意义,一为发扬我固有之文化,一为文化工作应为民族国家而努力,一为抵御不适合国情之文化侵略"。从目标到内容,都表明了其维护"传统文化"的立场。5月4日,陕甘宁边区文化界救亡协会制定《我们对于目前文化运动的意见》,刊于22日《解放》杂志第39期。其中说:"中国文化是我们伟大民族五千年来智慧的结晶,是我们祖先及近代先驱创造的伟大民主文明产业,对于世界文化的发展做出重大贡献。可是,日寇的侵略炮火,却对我们的民族文化造成了极大的毁坏,使许多珍品化为灰烬。文化界有些人鼓吹复古,有的做着'弦歌'幻梦,有的人不喜欢新的文艺,这是必须纠正的。我们要求文化工作者必须认清时代和使命,以文化服务于抗战的大时代。具体任务是:一、大量组织抗战文艺工作团到前方工作;二、大量编辑出版新内容的报刊;三、在各地建立民间剧团、歌曲改进会;四、组织战时平民教育会;五、出版界要对文艺的一些部门做出贡献;六、组织'战时文化局',领导、支持文化活动。"对此学界左右翼对此多有不同的回应。郭沫若连续发表《抗战与文化》《抗战一年来的文化动态》《文化人当前的急务》,主要阐述其"抗战文化观"。雷海宗《此次抗战在历史上的地位》部分修正了自己过去专注于批判中国文化的做法,肯定了"中华民族的坚强生力"。罗家伦《抗战的国力与文化的整个性》强调"近代的战争,大家都知道,不是单纯的武力战争,而是文化的战争",并目前的文化汉奸反思"现在教育最大的缺陷,还是我所谓'二格问题',就是'体格'与'人格'。不从这两方面积极改进,民族复兴简直没有希望,也只有从这两件事上来改进,才是真正的抗战教育"。此外,陈伯达《论抗日文化统一战线》《我们的文化运动的民族特征》、柳湜《抗战以来文化运动的发展》等则都与新启蒙运动的讨论相交集。陈伯达在《我们的文化运动的民族特征》一文中强调"需要运用传统的(即旧的)文化形式,来创造新的民族文化——真正中国化的民族文化",其价值指向正与左翼群体观点相通。在此补充一下,关于"抗战文艺"的讨论还引发了两个亚论题的论争:一是有关现实主义的论争。先是茅盾于1937年9月21日作《还是现实主义》,后刊于《救亡日报》,指出:"我们目前的文艺大路,就是现实主义",我们现在"战时文艺政策"应是"遵守着现实主义的大路,投身于可歌可泣的现实中,尽量发挥,尽量反映,——当前文艺对战事的服务,如斯而已"。这是抗战爆发后,第一次提出的对战时文学创作的要求。然后至本年1月14日,雷石榆作《创作方法上的两个问题——关于写实主义和浪漫主义》,刊于《救亡日报》,文中说:"最科学的创作方法是社会主义的写实主义和革命的浪漫主义。"4月16日,茅盾主编的《文艺阵地》创刊号刊发了李南桌的《广现实主义》以及张天翼的讽刺文学的代表作《华威先生》。6月1日,祝秀侠作《现实主义的抗战文学论》,刊于《文艺阵地》第1卷第4期,文中针对抗战文艺在反映抗日现实上存在的问题,阐述了抗战文艺的现实主义诸方面的要求。然而由于祝秀侠《现实主义的抗战文学论》的论题关联现实主义与抗战文学两个方面,因而又将学界的注意力引向对"抗战文学"的如何理解。8月,茅盾在《文艺阵地》第1卷第9期发表《八月的感想——抗战文艺一年的回顾》,对抗战文艺一年的得失作了回顾和总结。10月1日,茅盾又在《文艺阵地》第1卷第12期发表《暴露与讽刺》,再次强调暴露与讽刺在抗日文艺作品创作中的重要性。《华威先生》发表后引出的讨论是一个重大的问题:现实主义的抗战文学能不能有表现黑暗、描写黑暗、抉摘丑恶的主题？茅盾作了肯定的回答。但是,问题并非那样简单,因为这篇作品的"出国",又引起了一场讨论,其实质还是现实主义的抗战文学能不能有表现黑暗的内容？不过,从现实主义的论争进程来看,本年还仅仅是个开端,一直持续至1940年才告一段落。另一论题是对梁实秋"与抗战无关"论的批判。除了罗荪《"与抗战无关"》《再论"与抗战无关"》、宋之的《谈"抗战八股"》、姚蓬子《什么是"抗战八股"》《一切都"与抗战有关"》、魏猛克《什么是"与抗战无关"》、林子展《正告梁实秋先生》、沈起予《我作如是观》等批判文章之外,文协主席老舍代表"文协"起草给《中央日报》的公开信,对该报发表梁实秋挑衅性的语言和有违抗战文艺宗旨的议论提出抗议,同时对梁实秋进行了严词批驳:"梁实秋先生之《编者的话》中,竟有不知文坛座落何处,大将盟主是谁等语,态度轻佻,出语儇薄,为抗战以来文艺刊物上所仅见。""梁实秋先生个人行为,有自由之权,本会也无从干涉。唯对于'文坛座落何处'等语之居心设词,实未敢一笑置之。在梁先生个人,容或因一时逞才,蔑视一切,暂忘团结之重要,独蹈文人相轻之陋习,本会不欲加以指斥。不过,此种玩弄笔墨之风气一开,则以文艺为儿戏者流,行将盈篇累牍争为交相淬诟之文字,破坏抗战以来一致对外之文风,有碍抗战文艺之发展,关系甚重;目前一切,必须与抗战有关,文艺为军民精神食粮,断难舍抗战而从事琐细之争辩本会未便以缄默代宽大,贵报当有同感。"由于张道藩的干涉,此信未能发表。这也进一步证明了梁实秋与当局意见的同趋性。

　　4. 关于新启蒙运动论争的延续。这一论争在1937年臻于高潮,但在"七七"事变之后,被更为急迫的"救亡"主题所冲淡,至本年依然在延续,而且跨越国统区与解放区与沦陷区。国统区以张申府、陈唯实为代表。5月10日,张申府在《自由中国》第1卷第2期发表《新启蒙运动的一个应用》。25日,张申府主编《战时文化》在汉口创刊,以"提高一般文化水准,加强抗建力量,建立三民主义文化,开展新启蒙运动"为宗旨。主要撰稿人有杜若君、宗植、陈诚、陶希圣、杨公达、张申府、张佐华、黄文山等。9月10日,张申府在《战时文化》第1卷第5—6期发表《启蒙运动的过去与现在》,提出新启蒙运动至少有7种必要:一是民族自觉的必要,二是思想解放的必要,三是中西文化结合的必要,四是新知识新思想(新哲学新科学等)普及的必要,五是铲除残余的封建恶流的必要,六是推进民主政治的必要,七是救亡运动转向及扩大的必要。陈唯实《抗战与新启蒙运动》1月由汉口扬子江出版社出版。此书介绍了抗日战争时期的抗争历程和新启蒙运动的兴起与发展,高度评价了新启蒙运动的历史意义及其必要性。作者概括新启蒙运动内容的核心是"民族、民主、民生的运动",并指出"新启蒙的思想文化运动,目前最大的任务就是唤起民众,普及和提高广大人民的民族意识,激动民族战斗的意识,使他们为民族革命而总动员抗战"。在与五四启蒙运动的对比中,陈唯实强调了新启蒙运动在启蒙对象、主体、内容等方面的大众化特色。从新启蒙运动的基本立场和要求出发,他提出了反对复古、礼教,提倡妇女解放,普及大众教育等一系列政治思想文化主张。解放区以陈伯达为代表。5月,陈伯达在汉口《自由中国》第2号上发表作于上年冬的《论抗日文化统一战线》一文,强调新启蒙运动的批判意义。国统区的主将是陈伯达。7月23日,陈伯达在《我们的文化运动的民族特征》一文中明确提出了"中国化"的概念,强调"需要运用传统的(即旧的)文化形式,来创造新的民族文化——真正中国化的民族文化",号召文化工作要结合中国的文化传统,立足中国的客观实际,实现启蒙运动的"中国化"。此文的重要意义是新启蒙运动与"中国化"的内在融合以及融合中的向后者转化。沦陷区以王元化为代表。当时王元化在江苏省委的文委领导下工作,撰写了《论抗战文艺的新启蒙意义》一文。一方面他对新启蒙运动谈了自己的理解,认为"新启蒙运动并非是'五四'启蒙运动的简单再版,它是把'五四'阶段上所提出的任务放到一个更高的基础上来给与解决"。运动的中心内容可以总结为"民主的爱国主义"和"反独断的自由主义"两点,并且指出新启蒙运动之所以提出"理性这口号""实是它必须抑制无谓的感情冲动,反对任何笼统的幻想,才能达到认识现实的道路"。另一方面,他指出新启蒙是"目前思想文化上的一个范畴",抗战文艺"只是这个范畴内的一个部门",是"文学上的新启蒙运动发展到现阶段的一个具体口号",应该在各方面体现出新启蒙的意义和特点。为此,王元化进而围绕大众化问题提了大量的意见和建议。其他相关论文尚有:彭慧《云南的新启蒙运动》、梁绍文《"抗战与新启蒙运动"的质疑》、刘广惠《我们需要底新的启蒙运动》、郑洪范《致敬"五四"与新启蒙运动》、石基础《抗战中的新启蒙运动——为纪念五四运动作》、朱伯康《近代中国启蒙运动史》等等。

5. 关于鲁迅逝世 2 周年祭及相关讨论。先说《鲁迅全集》出版的进展情况:由许广平与蔡元培、郑振铎、王任叔、胡愈之、许寿裳、茅盾等社会各界人士积极推动,经过《鲁迅全集》编委会成员的共同努力,《鲁迅全集》的编纂与出版进展顺利。4 月中旬,茅盾收到许广平从上海的来信,商议《鲁迅全集》出版问题,并请蔡元培为全集写一篇序。信中附了两份全集的《总目提要》和一封致蔡元培的信。19 日,茅盾拜访蔡元培,请为《鲁迅全集》写序和为全集排印事帮忙。6 月 1 日,蔡元培为《鲁迅全集》作序,盛赞鲁迅"蹊径独辟,为后学开示无数法门,所以鄙人敢以新文学开山目之"。随后,以鲁迅先生纪念委员会主席蔡元培、副主席宋庆龄的名义发出《征订〈鲁迅全集〉精制纪念本启》。15 日,《鲁迅全集》出版普通本,计 20 卷 600 余万字。8 月 1 日,出版《鲁迅全集》精装本。再说 10 月 19 日前后的 2 周年祭活动。延安、重庆、武汉、广州、香港以及沦陷区上海等地都举行了纪念活动。在解放区延安:10 月 19 日,正在召开的中国共产党扩大的六届六中全会,以全会的名义发出致许广平女士电。边区文化界救亡协会主持召开延安纪念鲁迅逝世两周年大会。抗大、陕北公学、鲁艺、西北青年救国联合会等单位出席。大会由周扬、沙可夫、沙汀、柯仲平、丁玲、徐懋庸等 13 人组成主席团。柯仲平宣布开会,周扬讲话,高度评价鲁迅,称他"是一个伟大的现实主义作家,是一个彻底的民主主义者,一个忠实的民族主义者,鲁迅留给我们空前的文化遗产,没有鲁迅就没有今日的新文学"。丁玲、徐懋庸、沙可夫相继讲演。丁玲还提议成立鲁迅研究学会,各大图书馆各买一部《鲁迅全集》。此前的 10 月 16 日,《文艺突击》特设"纪念鲁迅先生逝世二周年"专栏,发表 3 篇纪念文章:艾思奇的《学习鲁迅主义》,陈荒煤的《老头子》,林山的《誓词》。同月,《解放》周刊发表了成仿吾的《纪念鲁迅》、陈伯达的《鲁迅逝世二周年纪念》。在国统区重庆:10 月 12 日下午,老舍出席并主持重庆 25 个团体在中苏文化协会四川分会召开的纪念鲁迅先生逝世两周年筹备会,到会 20 多人。会上议定,由"文协"负责征集纪念文字,老舍主讲今年应当如何纪念鲁迅。19 日,重庆 25 个文化团体在社交会堂举行鲁迅逝世两周年纪念会,2000 多人出席。老舍到会并作演讲。22 日,老舍《鲁迅先生逝世二周年纪念》刊于《抗战文艺》第 2 卷第 7 期。此文是老舍在 10 月 19 日鲁迅逝世两周年纪念会上的讲稿。作者以崇敬的心情论述了鲁迅作品对包括自己在内的一代后起作家的深远影响,对鲁迅先生学识的渊博、思想的深邃,艺术造诣的高深,特别对鲁迅杂文的成就以及鲁迅对青年的提携,给予了高度评价。再看武汉:先是在 10 月 18 日,"文协"留汉会员座谈会,讨论召开鲁迅逝世两周年纪念会问题。19 日下午,"文协"和鲁迅先生纪念委员会在武汉青年会联合举行的鲁迅逝世两周年纪念会，郭沫若主席，到会有周恩来、邓颖超、秦博古、田汉、潘梓年、任光、安娥、吴奚如、李靖源、陈农菲、叶以群、陈北鸥、郭镜人、吕霞光等 30 余人。同日，《新华日报》刊出"鲁迅先生逝世两周年纪念"特刊，载有郭沫若的《持久抗战中纪念鲁迅》、田汉的《鲁迅翁逝世二周年》、吴克坚的《纪念伟大的鲁迅先生》、蒋弼的《并非照例》等文。还有广州：10 月 9 日晚，茅盾在广州出席中华艺术协进会的文艺组座谈会，以"怎样纪念鲁迅"为主题即席演讲。后以《学习鲁迅》为题刊于 10 月 12、19、26 日《大众日报·文化堡垒》第 22—24 期。16 日，茅盾在其主编的《文艺阵地》第 2 卷第 1 期推出"鲁迅先生逝世两周年纪念特辑"，刊载景宋《鲁迅和青年们》、连山《鲁迅先生和他的先生》、适夷《鲁迅先生之死》、郑振铎《鲁迅的辑佚工作》、李南桌《关于鲁迅先生》、W《鲁迅全集里一个错误》。19 日，茅盾在《立报·言林》发表《以实践"鲁迅精神"来纪念鲁迅先生》。22 日，茅盾应香港《文艺》编者的要求，发表《鲁迅先生逝世二周年纪念——关于"鲁迅研究"的一点意见》，后刊于《大公报》。同月，香港在孔圣堂举行鲁迅逝世两周年纪念大会，茅盾负责报告鲁迅生平事迹。在沦陷区上海：10 月 16 日，郑振铎在茅盾主编的《文艺阵地》第 2 卷第 1 期"鲁迅先生逝世两周年纪念特辑"发表《鲁迅的辑佚工作》。19 日，郑振铎在上海秘密主持鲁迅逝世两周年纪念会，会场摆放着刚出版的《鲁迅全集》甲乙两种纪念本。郑振铎致词后，许广平讲话。同日，巴人（王任叔）在《申报·自由谈》以编者名义发表《超越鲁迅》。最后说一下纪念之外的相关论文尤其是有关论争。一是在左翼内部，鹰隼（钱杏邨）10 月 19 日在《译报》副刊《大家谈》"纪念鲁迅先生逝世二周年特辑"上发表了《守成与发展》，对"'鲁迅风'的杂感，真是风行一时"，表示"抗议"。文章说："如果鲁迅不死，他是不是依旧写着这样的杂文，还是跟着抗战的进展，而开拓了新的路？""决不会再像在过去禁例森严时期所写的那样迂回曲折"，而"将是韧性战斗的精神，胜利的信念配合着一种巴尔底山的，突击的新形式，明快，直接，锋刃，适合着目前的需要"。实际上是批评鲁迅杂文的时代性问题，并以此讽刺巴人，于是迅速引来巴人等"孤岛"杂文作者的反击。由于郑振铎出面劝解，所以彼此的争论只有一两个回合就结束了。但巴人心有不服，于是与其他 6 位"鲁迅风"作者一起，编辑他们的杂文集《边鼓集》，由《文汇报》"文艺丛刊"出版，王任叔在为该集所作《弁言》中指出：由于抗日战争，"我们联合在一起，我们结合在一条战线上了，这就是我们的沉重的心中发出来的低微而急迫的声音——《边鼓集》"。11 月 24 日，《文汇报》为《边鼓集》发表宣传广告，题为《抗战文艺的丰碑：一年来杂文代表作的总集》。这本总集收集的是所谓"鲁迅风"杂文，"充满着战斗的精神，在文艺价值和社会价值上，都有着最高的成就"。这则广告词，回答了"鲁迅风"杂文的现实意义，充分肯定了它的重要价值，是对否定"鲁迅风"杂文的某些人的一种回击。二是左右翼之间的论争。上述"鲁迅风"杂文的论争继而引出了庞朴和杨晋豪等否定、敌视鲁迅杂文者的进一步挑战。11 月 21 日—25 日，庞朴在《华美晨报·镀金城》发表《论"鲁迅风"》。22 日，杨晋豪在《译报·大家谈》发表《写给谁看？》。上述两文完全以敌对的态度，不仅攻击"鲁迅风"作者群，而且否定"鲁迅风"杂文，挑起了新一轮论战。12 月 4 日，由《译报》主笔钱纳水出面，邀集郑振铎、王任叔、阿英、林淡秋、蒋天佐、梅益、孔另境、钟望阳、王元化、宗珏等四五十人在福州路开明书店楼上开座谈会，讨论"鲁迅风"杂文问题。与会者各抒己见，沟通思想，加强了"孤岛"上海进步文化界的团结。8 日，《译报·大家谈》发表郑振铎、王任叔、阿英（鹰隼）等 30 余人签署的《我们对于"鲁迅风"杂文问题的意见》，呼吁立刻停止关于"鲁迅风"问题的争论。此外，有关著作还有：巴金等著《鲁迅与抗日战争》、萧三著《伟大的鲁迅》、新文出版社编《鲁迅新论》。

6. 关于"两个口号"论争的断论。徐懋庸5月中旬致函毛泽东,请求见面,谈谈上海的文艺问题。信中简单地讲了"两个口号"的争论过程,希望得到指示,其中也表示了对周扬的不满。因为在1936年上半年,上海左翼文艺阵营内出现"两个口号"的争论,一是以周扬为代表的"国防文学",一是以鲁迅为代表的"民族革命战争的大众文学"。徐懋庸是赞成前者的,并给鲁迅写信争论。鲁迅写了《答徐懋庸并关于抗日统一战线问题》一文,严厉批评了他的观点。他感到思想压力很大,抬不起头来。于是,他想到延安找党中央弄清是非,明白自己错在何处。约在5月23日下午3点,徐懋庸由毛泽东秘书华民来请并陪同到凤凰山麓毛泽东的窑洞里谈话。徐懋庸简单地谈了自己的履历,然后把他知道的"左联"的情况、解散过程,"两个口号"的争论,他给鲁迅的信和鲁迅的反驳,以及事后上海的舆论,周扬等对他的态度,他来延安弄清是非的决心等,详细地谈了一个半钟头。毛泽东听完徐懋庸的陈述后,就左翼文艺"两个口号"的争论问题谈了如下的意见:一、"关于两个口号的争论的问题,周扬同志他们来延安以后,我们已基本上有所了解。今天听了你们所谈的,有些情况使我们更清楚一些,具体一些。"二、"我认为,首先应当肯定,这次争论的性质,是革命阵营内部的争论,不是革命与反革命之间的争论。你们这边不是反革命,鲁迅那边也不是的。"三、"这个争论,是在路线政策转变关头发生的。从内战到抗日民族统一战线,是一个重大的转变。在这样的转变过程中,由于革命阵营内部理论水平、政策水平的不平衡,认识有分歧,就要发生争论,这是不可避免的。其实,何尝只有你们在争论呢?我们在延安,也争论得激烈。不过你们是动笔的,一争争到报纸上去,就弄得通国皆知。我们是躲在山沟里面争论,所以外面不知道罢了。"四、"这个争论不但是不可避免的,也是有益的。争来争去,真理就越争越明。大家认识一致了,事情就好办了。"五、"但是你们是有错误的,就是对鲁迅不尊重。鲁迅是中国无产阶级文艺运动的旗手,你们应该尊重他。但是你们不尊重他,你的那封信,写得很不好。"六、"但错了不要紧,只要知道错了,以后努力学习改正,照正确的道路办事,前途是光明的。"毛泽东一连谈了20多分钟,之后,又问:"怎么样?你对我的话有什么意见?"徐激动地说:"今天我听到了许多闻所未闻的道理,非常感激,等回去好好想一想。"此外,沙可夫在刊于9月5日《新中华报》的《抗战文艺杂谈二则》一文中从"两个口号"的论争谈抗战文艺问题,提出:"国防文学"和"民族革命战争的大众文学"的热烈争论都无非是为了"名正"。显然,"国防"与"民族革命战争"之名太笼统,太一般化了,已经不适合用来说明现阶段的中国文艺的性质与任务了。就现阶段来说,"抗战文艺"才是"名正"。此文论点引起延安文艺界不少人的共鸣。至此,关于"国防文学"与"民族革命战争的大众文学"的"两个口号"论争终于画下句号。

鉴于抗战初期的学校大迁徙、教育大变革,有关教育问题的讨论比较热烈,主要有:梁瓯第《非常时期中国教育哲学的趋向》(《教育研究》第81期),润生《我国科学教育的检讨》(《教育与科学》第4期),林本《抗战教育商榷》(《教育研究》第81期),方惇颐《对于抗战时期教育的几个建议》(《教育研究》第81期),钟鲁斋《长期抗战与吾国高等教育几个当前的问题》(《教育杂志》第28卷第2期),章渊若《中国新教育之建设运动》(《教育杂志》第28卷第8期),高觉敷《大学教育学院改制问题》(《教育杂志》第28卷第10期),张雪门《怎样改造我们的师范教育》(《今论衡半月刊》第1卷第4期)、《从伟大时代中如何改革我们的幼稚教育》(《今论衡半月刊》第1卷第6—7期),碧君《七七以后的北平高等教育》(《宇宙风》第75

期),程健健《敌人蹂躏下的北京大学》(《宇宙风》第74期),齐泮林《美国教育的将来》(《教育杂志》第28卷第4期)等。此外,有关刊物还推出了若干专号:《群众》第1卷第10期推出"反侵略运动专号";《文艺》第2卷第4期刊出"辛克莱六十诞辰纪念特辑";《七月》第3集第4期刊出"纪念高尔基逝世两周年";《自由中国》第1卷第3号刊出"高尔基逝世二周年特辑"等等。

上述学术论争之外,聚焦于重要学术论题的论著尚有:社会科学研究会编《社会科学概论》,曹伯韩著《通俗社会科学二十讲》,徐懋庸、何干之编《社会科学基础教程》,沈志远著《妇女社会科学常识读本》,张君劢著《论中国学术之落后——11月27日重庆佛教会演讲》,夏敬农著《战争与中国科学的前途》,王伯群著《抗战与学术研究》,张维华著《如何调整后方的学术研究工作》,陈柱尊著《述学》,宗白华著《〈学灯〉擎起时代的火炬》,汪少伦著《民族哲学大纲》,胡绳著《辩证法唯物论入门》,王恩洋著《老子学案》,郭沫若著《反儒家理论之法西化》,常乃惪著《人生的悲剧与国际的悲剧》,张东荪著《知识社会学与哲学》《思想言语与文化》,林同济著《大政治时代的伦理——一个关于忠孝问题的讨论》《论中等以下教育之重要》,张西堂著《王船山学谱》,汤用彤著《汉魏两晋南北朝佛教史》,夏嗣尧著《滇南佛法源流纪要》,邓之诚著《官制沿革备论(论秦以后无真宰相上)》,马寅初著《战后经济复兴问题》,吴景超著《中国工业化的途径》,陈安仁著《中国上古中古文化史》,孙本文著《社会学原理》,李安宅著《社会学论集》,杨堃著《莫斯教授的社会学学说与方法论》,王政著《社会心理学上的心理社会学派》,斐司著《中国农村社会团结性的研究——一个方法论的建议》,罗家伦等著《抗战中的社会问题》,李剑华著《非常时期之社会政策》,杨坤著《莫斯教授的社会学学说与方法论》,李耘夫编《汉留全史》,陈达著《南洋华侨与闽粤社会》,毛泽东著《论持久战》《论新阶段》,朱德著《论游击战》,梅贻琦著《大学一解》,余家菊著《大学制度之改革要点》,晏阳初制定《中国乡村建设学院学术纲领》,孙海波著《甲骨文录》,董作宾著《骨文例》,张涤非著《土语拉丁化批判》,张煦著《藏汉语对勘》,陆志韦著《汉语和中国思想正在发生怎样的改变》《国语单音词词汇》,宋文翰编《虚字使用法》,郭后觉等编著《闽粤语和国语对照集》,艾思奇著《文艺创作三要素》,张雪蕾著《中国文学史表解》,郑振铎著《中国俗文学史》,卫聚贤等著《楚辞研究》,梁崑著《宋诗派别论》,顾颉刚等著《通俗读物论文集》,赵景深著《弹词考证》,徐慕云著《中国戏剧史》,杨季生著《元剧的社会价值》,郭文生著《近代皮黄剧韵》,阿英著《沦陷后的上海文化现象批判》,汪国枌著《"八一三"以来上海文艺界的动态》,宗白华著《中西画法所表现之空间意识》,徐公美著《电影概论》《电影艺术论》《电影演技论》《电影发达史》,王平陵编著《电影文学论》,曹雪松著《电影编剧法》,乌衣、向培良编《电影导演论》,徐卓呆著《电影摄影法》,金光洲编《电影化装法》,戴蒙著《电影检查论》,吴蒲石著《有声电影论》,陈友兰编《电影教育论》,杨敏时著《电影院经营法》,翦伯赞著《历史哲学教程》,姚永朴著《史学研究法》,罗根泽编《古史辨》(第6册),方甦生著《清太祖实录纂修考》,顾凤城著《中国抗战形势图解》,钱君实著《第二次世界大战预言》,顾颉刚、史念海著《中国疆域沿革史》,岑仲勉著《郎官石柱题名新著录》,杨宽著《中国历代尺度考》,郭伯恭著《永乐大典考》《四库全书纂修考》,奉天图书馆编《文溯阁四库全书要略及索隐》,薛瀛伯著《中国历代名人年谱目录序》,哈佛燕京学社引得编纂处编《食货志十五种综合引得》《三国志及裴注综合引得》,等等。张君劢《论中国学术之落后——11月27日重庆佛教会演讲》谓"西洋现代的学术,若同我们二三千年来的学术相比,老实不客气我们的学术,真是免不了'瞠乎后矣'的评语"。然后论争西洋学术的优点:第一,学术兴趣之广博。第二,智慧之锐入。第三,研究功夫之恒久。指出:"我们若把中国已往二千年所谓学术加以反省,我们不免有一种感想,即我们祖宗所讲的学问,实在比不上人家。彻底的说,我们二千年来研究学问,非为学问而学问,乃为科举进身而研究。再加上我们学者彼此辩论与研讨,多半缺少定义与范围,往往节外生枝,意气用事。试举吾国学术界的毛病,最显者有下列各点:第一,利禄之途;第二,门户之见;第三,趋时之弊;第四,立言之无界限。"此既为作者的激愤之言,固然不免有偏颇之处。王伯群《抗战与学术研究》提出抗战期间进行学术建设的三原则:一是要适合抗战的急切需要;二是政府和人民合作;三是政府当局对于学术建设,要具有永久性的计划。然后又提出三条具体举措:第一须先充实全国公私立各大学的内容;第二须奖励各国专家来讲学;第三优待学术家。张维华《如何调整后方的学术研究工作》认为抗战以来,随着日军的大举入侵,沿海各地的文化区域纷纷沦陷,国立编译馆、中央研究院、北平研究院等机关,以及大量的知识分子来到后方,在这无期限的长期抗战期间,社会上的各种工作都待调整,而学术研究工作亦当加紧调整,一方面集中研究的力量,发生宏大的果效,一方面分配得当,使人各尽所长。"一曰研究人才之集中;二曰各学术机关之联合与合作;三曰研究工作之依类分配;四曰图书仪器及其他研究工具之分别集中。"张东荪《思想言语与文化》集中阐述了他的知识社会学主张与目的,即从知识社会学的角度重新讨论知识问题,力图通过对西方的知识论的修正,重新建立一套适合东方人思想的知识论。宗白华《〈学灯〉擎起时代的火炬》说:"在19年前,'五四'运动的时候,《学灯》应了那时代的三种精神而兴起:(一)抗日救国的精神;(二)提倡科学的精神;(三)提倡民主的精神。而思想的解放,精神的独立和社会问题、青年问题的注视,也是那时代的特色。"又说:"今天的《学灯》,仍愿为这未尝过去的时代精神而努力。……《学灯》愿擎起时代的火炬,参加这抗战建国文化复兴的大业。"汤用彤著《汉魏两晋南北朝佛教史》乃作者积十余年之力而精心结撰的一部力作,主要论述了佛教传入中国早期(汉魏两晋南北朝)的发展历史,注重探讨佛教文化与中国文化的交汇与冲击,规模恢宏,结构谨严,材料丰富,考证精密,是中国佛教史研究领域的开创性、权威性著作,多次再版重印,赢得学术界的广泛赞誉,在海内外都产生了重大影响,曾获得教育部学术审查委员会主持的第三届学术奖励哲学类一等奖。余家菊《大学制度之改革要点》纵论大学制度面临的五大问题,然后提出10点改革主张。徐慕云著《中国戏剧史》致力于从纵、横两个方面对中国戏剧进行全方位的探索,视野开阔,史料丰富,体例完备,被誉为中国第一部戏剧通史与中国戏剧的"百科全书"。顾颉刚、史念海著《中国疆域沿革史》被誉为现代中国疆域研究史的奠基之作,又因其饱含爱国主义,其影响超出了学术界。岑仲勉著《郎官石柱题名新著录》与杨宽著《中国历代尺度考》皆为学术名著。

聚焦于学术史的论著则主要有:陈梦家著《五行之起源》,张世禄著《中国音韵学史》(上下册),王庸著《中国地理学史》,姚名达著《中国目录学史》,齐思和著《史学年报十年来之回顾》,章渊若著《中国新教育之建设运动》,梁瓯第著《非常时期中国教育哲学的趋向》,碧君著《七七以后的北平高等教育》,陈立夫著《抗战一年来之教育》,黄觉民著《一九三七年美国教育名著六十种》,等等。陈梦家《五行之起源》认为五行之成立"约当孟子、邹衍之时,其学兴于齐,齐学之历物、地理、天文、阴阳,皆为构成五行论之预备。五行者分析万物为五个原素,此历物也;此五原素之金木水火互胜互克,而为其中和者土,此阴阳生中和之说也;五行依四时而运转,此天文也,五行各有其方,此地理也。五行之行,源于四季行火,古有拜火之俗,而水火为妃,此为五行相胜最古之源;五行之官,源于商之帝五工臣,帝五工臣为天上五神,此五神分司五种势力,与五行之但重地与物之分析,有先后之别焉"。张世禄著《中国音韵学史》(上下册)共9章,主要介绍古代文字上表音的方法、周汉间的训诂和注音、反切和四声的起源、魏晋隋唐间的韵书、"字母"和"等韵"的来源、宋后韵书 和"等韵"的沿革、明清时代的古音学及近代中国音韵学所受西洋文化的影响等。王庸著《中国地理学史》分原始地理图志及其流变、地图史、地志史、近代地理学之进步等4章。弃疾《评中国地理学史》(《图书季刊》1939年新1卷第1期)说:"此书至少已厘定中国地理学史之大纲,其筚路蓝缕之功,有足称焉。近五六年来,王氏对于地图地志目录及史料方面,研究整理,用力颇勤,此书于近人研究结果,虽有所征引,而大部仍表现著者之所得。"姚名达著《中国目录学史》由长沙商务印书馆刊行,有自序。分叙论、溯源、分类、体质、校雠、史志、宗教目录、专科目录、特种目录、结论10编,就中国目录学历史与成果进行了全面梳理与总结,为目录学的经典名著。陈立夫《抗战一年来之教育》认为教育为百年树人大业,在强邻进攻之时,准备长期抗战固为施教最高原则,但平时教育亦无可离战时之需要与准备,故无所谓平时战时之分。今日之教育乃为针对过去教育之缺点急谋补救与改正。今后教育方针,应为教育与社会生活相联系,教育与职业生产相沟通,教育与国防相配应。此外,蔡元培12月17日为北京大学四十周年纪念题词:"北京大学,自成立以来,经四十年,其间除民元前十二年,遭义和团之变,稍有停顿外,逐年进展,成绩可观。民国八年左右,被公认为新文化运动之领袖。又如建设研究所,组织评议会,兼收女学生,编练学生军等,无不由北大为之倡。过去四十年之光阴,不为虚度。故近几年来,北京沦于敌手,全校南迁,虽设备或有未周,而精神益为兴奋。孟子所谓'动心忍性,增益其所不能'者,今日之北大,足以当之。他日河山还我,重返故乡,再接再厉,一定有特殊之进步。敬以是为祝。"简要回顾北大的艰难历程,并提出殷切期望,也具有某种学术史的意义。(以上参见本书"学术背景""学术活动""学术论文""学术著作""学者生卒"栏所引文献与出处,以及中央教育科学研究所编《中国现代教育大事记1919—1949》,教育科学出版社1988年版;付祥喜《20世纪前期中国文学史写作编年研究》,北京师范大学出版社2013年版;王学典《20世纪史学编年(1900—1949)》,商务印书馆2014年版;中国大百科全书总编辑委员会《中国大百科全书·考古学》,中国大百科全书出版社2002年版;王学珍等编《北京大学纪事(1898—1997)》,北京大学出版社1998年版;清华大学校史研究室编《清华大学一百年》,清华大学出版社2011年版;齐家莹编《清华人文学科年谱》,清华大学出版社1999年版;南京大学高教研究所编《南京大学大事记(1902—1988)》,南京大学出版社1989年版;北京师范大学党委办公室、北京师范大学校长办公室《北京师范大学纪事》,北京师范大学出版社2012年版;张玮瑛、王百强、钱辛波主编《燕京大学史稿》,人民中国出版社2000年版;沈卫威《学衡派编年文事》,南京大学出版社2015年版;吴永贵《民国图书出版史编年:1912—1949》,社会科学文献出版社2018年版;陈亚杰《当代中国意识形态的起源》及附录一《新启蒙运动文章目录》,新星出版社2009年版;李亮《继承五四和扬弃五四——新启蒙运动研究》及附录《新启蒙运动大事记》,上海师范大学博士学位论文,2012年;胡绍轩《现代文坛风云录》,重庆出版社1991年版;徐廼翔编《"民族形式"讨论资料》,知识产权出版社2010年版;刘长鼎、陈秀华《中国现代文学运动史》,山东文艺出版社2013年版;艾克恩编纂《延安文艺运动纪盛》,文化艺术出版社1987年版;孙国林编著,王佳钰、王增辉校订《延安文艺大事编年》,陕西师范大学出版总社2016年版;文天行编《国统区抗战文艺运动大事记》,四川省社会科学院出版社1985年版;郑大华《论"抗战建国"话语下"学术建国"的讨论》,《浙江学刊》2020年第3期;李方祥《二十世纪三四十年代"学术中国化"与"马克思主义中国化"的思潮互动》,《中共党史研究》2008年第2期;孙帅《抗战时期"学术中国化"思潮述评》,《理论探索》2013年第6期;张武军《左翼文学:从阶级话语到民族话语》,四川大学博士学位论文,2009年;陈亚杰《"马克思主义中国化"的起源语境——20世纪30—40年代中国新启蒙运动研究》，中共中央党校博士学位论文，2005年；张强《校际关联与制度设计：国立西北联合大学建校历程初探》，《陕西理工学院学报（社会科学版）》2013年第4期；熊飞宇《中共中央南方局与重庆抗战文学》，四川大学博士学位论文，2011年；李扬《从第三厅、文工会看国统区抗战文艺（1937—1945）》，中国社会科学院研究生院博士学位论文，2010年；杜学霞《论抗战时期中国史学家的抗战精神》，《中国人民大学清史研究所第四届青年学者论坛》，2005年；尚方超《抗战时期的文化动员——以"中华全国文艺界抗敌协会"为中心考察》，河南大学硕士学位论文，2015年；常子磊《两次文化论战的政治背景与陈序经的思想转变》，《理论观察》2022年第4期；徐瑞岳、陈洁《抗战时期国统区文艺界纪念鲁迅的活动》，《新文学史料》2002年第2期；吴敏《1940年代前后延安的文化组织与文学社团》，复旦大学博士学位论文，2006年；陈振林《"孤岛"时期文献保存同志会研究》，华中师范大学硕士学位论文，2018年；杨家润《复旦大学：抗战中两地办学》，《文汇报》2015年8月21日；刘绍卫《中国文化抗战的一个奇迹》，《广西日报》2015年8月25日；余子侠、王海凤《国立西北联合大学合分成败论》，《第五届西北联大与中国高等教育发展论坛》，2016年；张在军《西北联大：抗战烽火中的一段传奇》，《北京日报》2017年9月12日；张正光《延安知识分子与马克思主义中国化研究》，华东理工大学博士学位论文，2010年）

1939 年　民国二十八年　己卯

一、学术背景

1月1日,中国国民党中常会通过开除汪精卫党籍及撤销其一切职务的决定。

1月2日,《新华日报》发表社论《汪精卫叛国》。

是日,沈钧儒、张申府、邹韬奋、胡愈之、史良、张仲实、王炳南、沈兹九、沙千里等20人发表声讨汪精卫通电,并指出今后凡属言论妥协动摇倾向之分子,均应随时揭发,严加制裁,以巩固革命阵营。

1月3日,中央文化驿站在重庆成立,为国民党书刊发运机构,总站设在重庆川东师范校内,16日正式对外办公。中央文化驿站主任为教育部施寿裕,副主任为中宣部詹世清,常委3名,由教育部、中宣部、调查统计局派代表充任。

按:半年之后,国民党中央决定进一步加强政治宣传工作,扩大了文化驿站的组织和规模,将其管理权限和业务,划归国民党中央执行委员会秘书处直接负责,还把军事委员会政治部负责的"全国文化交通站"合并到中央文化驿站之中。中央文化驿站除了在重庆设有总站之外,各个战区都设立了分站,负责办理所在战区地域范围内的书报供应。在许多游击区,还设立了支站,负责本游击区内的书刊分发、递送。总站还在战地的每一个县设立办事处,县以下各个乡镇的文化驿站,由当地的中心小学兼办,乡镇以下则以"保"为单位,由本保的国民学校负责办理。同时,国民党中央还提出了以《战地书报供应办法》作为文化驿站的工作指导和组织原则。具体规定了书刊的征集、印刷、运输等,大部分由重庆的总站负责,但也在一些地方设立印刷点。运送工作原来打算以邮局寄发为主,后因邮局自身的业务尚且存在运输方面的问题,多由文化驿站自身解决,大多采用"肩挑、板车运输路线,以增强运输力量,争取宣传时效"。1945年7月,"各项书刊自即时起暂停收寄",中央文化驿站的工作宣告结束。(参见吴永贵《民国图书出版史编年:1912—1949》,社会科学文献出版社2018年版)

是日,国民政府教育部通令全国医药专科以上学校各医学院6年级学生及专科5年级学生,应切实由教员率领担任救护防疫工作。(参见中央教育科学研究所编《中国现代教育大事记1919—1949》,教育科学出版社1988年版)

1月5日,中共中央书记处决定周恩来、博古、凯丰、张文彬、徐特立、吴玉章、叶剑英、廖承志、吴克坚、邓颖超、刘晓、高文华、董必武等为南方局委员,其中周恩来、博古、凯丰、吴克坚、叶剑英、董必武为常委,周恩来为书记。

是日,中共中央发出《关于汪精卫出走后时局的指示》,要求各级党组织用一切方法打击卖国叛党的汉奸汪精卫,批评他的汉奸理论。

1月10—13日,国民政府教育部在重庆召开社会教育讨论会。讨论的议案有:确定中国社会教育制度系统案、充实各级社会教育机构案、加紧推行战时民众补习教育案等。(参见中央教育科学研究所编《中国现代教育大事记1919—1949》,教育科学出版社1988年版)

1月11日,西南联合大学与云南大学等大中学校师生举行声讨汪精卫投敌叛国的火炬大游行。

1月14日,美、英、法三国政府共同发表对日声明,否认日本提出的"东亚新秩序"。

1月15日,《八路军军政杂志》在延安创刊,为政治综合性刊物。毛泽东、王稼祥、萧劲光、郭沫若、萧向荣组成编委会,萧向荣任主编,毛泽东撰发刊词。该刊以坚持抗战国策,提升军队作战能力,收集各项工作经验,研究抗战军队建设诸事宜为宗旨。

按:毛泽东撰《发刊词》曰:"当抗日战争向着新阶段发展的时候,八路军同人出版这个《军政杂志》,其意义是明显的:为了提高八路军的抗战力量,同时也为了供给抗战友军与抗战人民关于八路军抗战经验的参考材料。八路军在抗战一年半中,在蒋委员长与战区司令长官的领导之下,在朱彭总副司令及各部各级长官与共产党员的领导之下,协同各部友军,进行了英勇的抗战,执行了'基本的游击战,但不放松有利条件下的运动战'的正确的战略方针,坚持了与发展了华北的游击战争,创立了许多在敌人后方的抗日根据地,缩小了敌人的占领地,钳制了大量的敌军,配合了正面主力军的抗战,延缓了敌人进攻西北的行动,兴奋了全国的人心,打破了认为'在敌后坚持抗战不可能'的那些民族失败主义者与悲观主义者的错误观点,揭穿了中国托洛茨基反动派、汪精卫亲日派与国内某些守旧顽固分子的无耻造谣。此外,八路军的一部——后方留守部队,亦保卫了河防,现正准备配合西北友军,为反对敌人进攻西北而战。八路军的这些成绩,是有目共睹的,除了托洛茨基反动派、汪精卫亲日派与某些守旧顽固分子之外,是一致承认的。这在敌人方面,不但不敢轻视八路军,而且日益增长其畏惧八路军的心理的事实表现上,也得到充分的反证。八路军为保卫祖国而牺牲奋斗的忠诚与不可战胜的事实,是明显地摆在全国全世界的面前,除了反动派、亲日派与某些顽固分子之外,是无法否认的。中外新闻记者,观察家,旅行家的详尽的或粗略的记载,早已连篇累牍。一切无成见的人,都愿意研究八路军的经验,当然不是偶然的。以共产党员为骨干的八路军之存在及其发展,对于中华民族是有益的还是无益的?如果有人提出这类问题的话,那我们只有一句话答复:认为'无益'者,必是事实上不愿意抗战胜利者,只是直接帮助敌人的胡说。八路军的这些成绩从何而来?由于上级领导的正确,由于指战员的英勇,由于人民的拥护,由于友军的协助,这四者是八路军所以获得成绩的原因。其中友军的协助是明显的,没有正面主力军的英勇抗战,便无从顺利地开展敌人后方的游击战争;没有同处于敌后的友军之配合,也不能得到这样大的成绩。八路军的将士应该感谢直接间接配合作战的友军,尤其应该感谢给予自己各种善意援助与忠忱鼓励的友军将士。中国军队在民族公敌面前,互相忘记了旧怨,而变为互相援助的亲密的朋友,这是中国决不会亡的基础。从前人说:读诸葛《出师表》而不流泪者,其人必不忠;读李密《陈情表》而不流泪者,其人必不孝。今天我们应该说:凡看见或听见中国军队不记旧怨而互相援助亲密团结而不感动者,其人必不爱国。在这里,那些'发国难财,吃磨擦饭'的人物,应该引起一点反省吧!八路军有无缺点呢?不但有,而且多。首先是技术装备不如敌人,也不如某些友军,这是八路军的基本缺点,也是中国军队的一般缺点。因此如何加强技术装备以便战胜敌人,成为八路军在抗战新阶段中的严重任务。第二,八路军以善于游击战与运动战出名,但一部分干部对于抗日的战略战术之了解与应用尚感不足,一般干部尤其是新提拔的干部,对于现代新式军队的管理与指挥,至今还缺少初步的研究。若干工农出身的干部,还没有解决提高文化水准至必要程度的问题。解决这些问题,成为八路军当前的第二个任务。第三,巩固与扩大民族统一战线,是达到抗战建国胜利的总方针,八路军干部在这方面有了很大的成绩,但若干干部尤其是新干部,对于统一战线的了解尚感不足,协同友党友军一道工作与调节社会各阶层的关系,使之利于抗战,在某些地方还做得差。因此加强统一战线教育成为重要的任务。第四,争取敌伪军的工作,久已成为八路军政治工作三个主要方向之一,也得到了许多成绩,但对战士与干部普遍施以日文日语的教授,并研究各种方法使之善于向敌军士兵与下级官长进行反侵略统一战线的宣传,还非常不足。争取蒙伪军的成绩较大,但还须更进一步。在这里,搜集与研究敌伪军的全部情况,是十分重要的,然而在这方面的成绩,还没有达到需要的程度。第五,长期抗战中最困难问题之一,将是财政经济问题,这是全国抗战的困难问题,也是八路军的困难,应该提到认识的高度。这个问题已经引起八路军某些部分的注意,但还没有引起普遍的注意。如何在各个抗日根据地上,不但注意执行正确的地方财政经济政策,如像过去已经实行了的,而且提出与实行在不妨碍作战条件下,由军队本身亲身参加生产的问题? 在比较巩固的根据地上,战斗部队担任作战,后方机关人员担任生产。在战斗许可的情况下,战斗部队亦可利用时机,进行发动士兵群众做衣服,做鞋袜,打手套等等工作。在巩固的根据地上,种菜,喂猪,打柴,都可以发动非战斗部队做的,开办合作社更应该做。这样做去,一方面改善了军队的生活,补助了给养的不足;又一方面必然能够更加振奋军队的精神,增强军队的战斗力。以上增加技术装备,深研战略战术,正确地运用统一战线政策,广泛地进行争取敌伪军工作,由军队自身参加生产运动,这是八路军在新阶段中应该加重注意的重要问题,其他工作中存在着的缺点,将从这些重要问题上的进步而克服之。发扬成绩,纠正缺点,是八路军全体将士的任务,也是《军政杂志》的任务。抗战是长期的与残酷的,发扬八路军的成绩,纠正八路军的缺点,首先对于提高八路军的抗战力量是迫切需要的;同时对于以八路军经验贡献抗战人民与抗战友军,也属需要。《八路军军政杂志》应该为此目的而努力。"民国二十八年一月二日,根据一九三九年一月十五日《八路军军政杂志》创刊号刊印。

1月15日至2月4日,陕甘宁边区第一届参议会在延安召开。林伯渠当选为陕甘宁边区政府主席。

1月19日,上海《申报》载,南京伪组织推行奴化教育政策,发行刊物,印刷教科用书。

按:(南京通讯)傀儡政府成立后,伪"教育部长"顾澄,以伪"行政院各部",均努力于造就奴化人才,如伪"内政部"之设立译务人员,养成所警官学校,伪"财政部"之设立会计人员训练班,伪"绥靖部"之设立军官学校等。伪"教育部"自不甘寂寞,因有下列种种奴化教育政策之推行。(参见吴永贵《民国图书出版史编年:1912—1949》,社会科学文献出版社2018年版)

1月21—30日,中国国民党五届五中全会在重庆召开,中心议题是决定抗战方针及"溶共、防共、限共、反共"方针。会议决定成立国防最高委员会,作为战时最高机构。

1月24日,上海《申报》载,《战时图书杂志原稿审查办法》中常会会议修正通过公布。(参见吴永贵《民国图书出版史编年:1912—1949》,社会科学文献出版社2018年版)

1月25日,中共中央发表声明:与国民党合作但不合并。

1月31日,国民政府教育部公布《抗战期间回国留学生登记办法》9条。

是月,新四军创建豫鄂边抗日根据地。

是月,陕甘宁边区政府教育厅制订《1939年边区教育的工作方针与计划》。2月1日,国民政府教育部颁发《修正战区中小学教师服务团简章》11条。

2月2日,陕甘宁边区成立生产委员会,开展大生产运动。

2月7日,国民党国防最高委员会在重庆成立,蒋介石为委员长。

2月10日,日军在海南岛登陆。

是日,国民政府教育部颁发《战时图书杂志原稿审查办法》20条。

按:《办法》规定:为适应战时需要,齐一国民思想,特组织"中央图书杂志审查委员会"。对出版图书杂志采取原稿审查办法,审查意见以国民党中央宣传部代表的意见为主,各大都市可成立地方委员会负责审查工作。(参见中央教育科学研究所编《中国现代教育大事记1919—1949》,教育科学出版社1988年版)

2月14日,国共两党有关方面共同筹办的西南游击干部训练班在南岳开办。

2月17日,中共中央正式组建干部教育部,张闻天任部长,李维汉任副部长。

2月20日,邹韬奋等在国民参政会第一届三次会议上所提《请撤销增加书籍印刷品寄费以便普及教育增强抗战力量案》,签具人有参政员史良、沈钧儒、张申府、秦邦宪等20余人,经大会通过送政府采择施行。(参见吴永贵《民国图书出版史编年:1912—1949》,社会科学文献出版社2018年版)

2月23日,国民党中央图书杂志审查委员会报送《防范沦陷区及敌国反动书刊流入内地办法》致教育部呈。(参见吴永贵《民国图书出版史编年:1912—1949》,社会科学文献出版社2018年版)

是日,周恩来抵达皖南新四军军部,传达中共中央关于新四军向敌后发展的方针。

2月26日,国民党中宣部秘密传发《禁止或减少共产党书籍邮运办法》和《查禁新知、互助及生活等书店所出书刊办法》。

是月,国民参政会第三次大会通过几项有关教育方面的决议。其中包括:逐年增加义务教育经费案;动员全国知识分子扫除文盲案;急救沦陷区青年案,高中文理分科案。(参见中央教育科学研究所编《中国现代教育大事记1919—1949》,教育科学出版社1988年版)

3月1—9日,第三次全国教育会议在重庆开幕,会议议决通过许多改进教育的方案,并决定在专科以上学校设立训导处,推行训导制。

> 按:此次全国教育会议出席、列席代表231人,提案227件,决议125件,均是研究改避或加强各级教育以配合抗成建国的议案。其中有:督学制度改进案、修正中学课程标准案、高等院校设置合理化案、调整设置师范教育案、确定各类职业学校设置案、确定中国社会教育现行制度案等。蒋介石在会上作了题为"教育的当前任务"的训词,指示"要以革命救国的三民主义为我国教育的最高基准,实施抗战建国纲领",再也"不能附和过去误解了许久的教育独立的口号,使教育者自居于国家法令和国家所赋予的责任以外",当今应该"使教育和军事、政治、社会、经济一切事业相贯通"。尤其教育领域和学术界"决不可阳奉阴违",不能"各呈所见,各行其是",而应"齐一趋向,集中目标,确确实实为实现三民主义而努力"(参见沈云龙主编《近代中国史料丛刊三编》第11辑《第二次中国教育年鉴》,台北文海出版社1986年影印本;中央教育科学研究所编《中国现代教育大事记1919—1949》,教育科学出版社1988年版)。

3月3日,国民党中央图书杂志审查委员会搜查重庆生活书店,以"未经审查合格"为由,搜去库存图书7000余册。(参见吴永贵《民国图书出版史编年:1912—1949》,社会科学文献出版社2018年版)

是日,陕甘宁边区政府教育厅发布《关于消灭文盲及实行办法的通令》。

3月8日,为防止大生产运动开展后地上地下文物可能遭受破坏情况的发生,中共中央宣传部发出《关于保护历史文献及古迹古物的报告》,强调"一切历史文献以及各种古迹古物,为我民族文化之遗产,并为研究我民族各方面历史之重大材料,此后各地方各学校各机关和一切人民团体,对于上述种类宜珍护,如有地下发掘所得之各种古迹古物,更望勿有遗失或损坏,并请送至本部保存及供人研究,是所至盼"。(《解放》第66期,1939年3月8日)

3月11日,国民政府"国民精神总动员会"成立,蒋介石自任会长。

3月12日,国防最高委员会颁布《国民精神总动员纲领》《国民精神总动员实施办法》及《国民公约誓词》,通令全国遵行。规定3月12日为国民精神总动员纪念日。

是日,中国边疆文化促进会在重庆成立;政治建设学会在重庆成立。

3月13日,国民政府教育部训令国立药学专科学校,注重中国医药之研究,既解决战时西药输入减少问题，又发展祖国医学的专长。（参见中央教育科学研究所编《中国现代教育大事记1919—1949》，教育科学出版社1988年版）

是日，国民政府教育部训令国立艺术专科学校注重中国艺术之研究，改正原定以西洋画为必修，中国画为选修的办法，以发扬中国艺术的优点，树立民族自信心。（参见中央教育科学研究所编《中国现代教育大事记1919—1949》，教育科学出版社1988年版）

3月15日，中央图书杂志审查委员会第11次会议通过《防范沦陷区及敌国反动书刊流入内地办法》。

3月17日，"南昌会战"开始，5月9日结束，为中国军队在江西南昌抵御日本侵略军的有限攻势的会战，也是抗日战争进入相持阶段以后的首次大战。

3月18日，延安西北青年救国会议决，定5月4日为中国青年节。

3月22日，中共中央发出《关于建立发行部的通知》，要求从中央到地方县委一律设立党报发行部。

3月27日，南昌沦陷。

是日，生活书店总管理处写呈文给国民政府行政院，为本店出版物已经内政部审查通过得到注册登记，现被中央图书杂志审查委员会列为禁书，要求纠正，以维护著作权之法律保障。（参见吴永贵《民国图书出版史编年：1912—1949》，社会科学文献出版社2018年版）

3月30日，日军华北方面军制定《治安整顿纲要》。

4月1日，《读书月报》率先开辟"学术中国化问题"专栏，随后《新知半月刊》《时代精神》等报刊相继组织"学术中国化"研讨会。

按：潘淑在《读书月报》专栏发表《学术中国化问题的发端》一文，阐明他对"学术中国化"的内涵的理解。他总结了"学术中国化"的五大理由：一是使之便于了解，二是使之联系实际，三是使之适于本民族需要，四是使之与本民族文化有机融合，五是用本民族学术文化推动世界学术文化发展，从而把学术中国化贯通全学术领域。

4月1日，中共机关理论刊《群众》周刊第2卷第20期登载以列宁的名言"学习、学习、再学习"为题的社论，号召"要从斗争中去学习，学习中去斗争"。

4月4日，陕甘宁边区政府公布《陕甘宁边区抗战时期施政纲领》。

4月5—27日，中共中央连续发出《中共中央关于精神总动员的指示》《中央为开展国民精神总动员运动告全党同志书》《中共中央关于精神总动员的第二次指示》等文件，对如何开展这一运动和在开展这一运动中应该注意什么问题，在党内党外都作了部署。

4月9日，中华全国文艺界抗敌协会在重庆召开首届年会，选举郭沫若、老舍、田汉、茅盾、邵力子等45人为理事。

是日，在新疆民族文化促进会联席会议上，通过了成立新疆文化协会的决议。（参见吴永贵《民国图书出版史编年：1912—1949》，社会科学文献出版社2018年版）

4月15日，生活书店总管理处致书中央图书杂志审查委员会和国民政府内政部，对当局查扣大批生活书店的出版物，表示严重抗议。（参见吴永贵《民国图书出版史编年：1912—1949》，社会科学文献出版社2018年版）

4月16日，《中国青年》杂志在延安复刊。

按：该刊曾于1927年11月被迫停刊。

4月17日，国民政府教育部公布《民众教育馆规程》30条。

是日，全国基督教大学在香港举行校长会议。燕京、东吴、沪江、之江等12所大学的校长参加。会议除讨论有关宗教教育问题外,并决议:集中各大学力量组成农村建设委员会。通力合作,建设中国农村;沦陷区各大学要在教育自由原则下,艰苦奋斗。(参见中央教育科学研究所编《中国现代教育大事记 1919—1949》,教育科学出版社 1988 年版)

4 月 18 日,《大美晚报》总报贩赵国樑在回家途中被凶手枪击致死。

4 月 20 日,国民党第五届中央委员会第 119 次常务会议分别通过修正的《印刷所承印未送审图书杂志原稿取缔办法》及《检查书店发售违禁出版品办法草案》。

4 月 21 日,中共中央发出《关于发展华中武装力量的指示》。

4 月 23 日,中国地政学会第五届年会在重庆召开。

4 月 29 日,西南联合大学举行清华大学 28 周年校庆。

5 月 1 日,"随(县)枣(阳)会战"开始,至 24 日结束,中国军队先后收复枣阳、桐柏等地。

是日,全国开始国民精神总动员,各地同时举行国民月会。毛泽东出席"延安各界精神总动员宣誓及五一劳动节大会"并发表演讲,他表示,只有全国精神总动员,才能振奋抗战到底的精神,反对日寇汉奸,反对汪派托派,拥护国民政府,拥护统一战线,争取最后胜利。

5 月 2 日,教育部颁布《各级学校兼办社会教育暂行工作标准》。

5 月 3—4 日,日机对重庆进行大规模轮番轰炸。

是日,教育部颁布《各级学校学生战时后方服务办理社会教育要点》。

5 月 4 日,国民党第五届中央委员会第 120 次常务会议修正《图书杂志查禁解禁暂行办法》。

是日,延安青年群众集会,纪念五四运动 20 周年及首届中国青年节。毛泽东在会上作《青年运动的方向》的讲演。

5 月 5 日,国民政府改重庆市为行政院直辖市。

5 月 11 日,教育部颁布《各级学校社会教育推行委员会组织纲要》10 条。

5 月 15 日,国民政府教育部发出代电:各级学校校训,经中国国民党蒋总裁建议规定为"礼义廉耻"四字,兹颁发遵照悬挂。(参见中央教育科学研究所编《中国现代教育大事记 1919—1949》,教育科学出版社 1988 年版)

5 月 16 日,国民政府教育部颁发《大学行政组织要点》12 项。文件规定:大学设校务、训育、总务三处,各设处长,由教授兼任。学校设会计室,设主任 1 人。校有校务会议,处有处务会议,商讨校、处重要事务。农学院设农场,工学院设工厂,医学院设医院,各设主任 1 人,由教授兼任。(参见中央教育科学研究所编《中国现代教育大事记 1919—1949》,教育科学出版社 1988 年版)

是日,国民政府教育部颁发《独立学院及专科学校行政组织要点》12 项。

5 月 17 日,中共中央书记处发布《关于宣传教育工作的指示》,指出:"应注意宣传鼓动工作的通俗化,大众化,民族化,力求各种宣传品的生动与活泼,特别注意于戏剧歌咏等的活动。"(中央档案馆编《中共中央文件选集》(第 12 册),中央党校出版社 1991 年版)

是日,教育部颁布《师范学院、教育学院、师范学校及民众教育馆辅导中等以下学校兼办社会教育办法》和《各级学校兼办社会教育经费支给办法》。

5 月 23 日,国民政府教育部组织成立战区教育指导委员会。委员会的任务是计划、指导与研究战区教育,并安排、处理战区退出之教职员及失学学生。划分全国沦陷区为 70 个指导区,每区设置专员负责办理。(参见中央教育科学研究所编《中国现代教育大事记 1919—

1949》,教育科学出版社1988年版)

5月26日,毛泽东为延安《新中华报》作《抗大三周年纪念》。指出抗大的教育方针是"坚定正确的政治方向,艰苦朴素的工作作风,灵活机动的战略战术"。

按:《新中华报》,抗日战争时期中共中央和陕甘宁边区政府机关报。前身是《红色中华》。1937年1月改现名。三日刊。在延安出版。该报辟有:社论、专论、短评、三日国际、三日战况、国内要闻、各县短讯等栏目。1941年5月与《今日新闻》合并改组为《解放日报》。

是日,国民政府军事委员会拟定并由行政院训令通行《战时新闻检查办法》。

是日,国民政府教育部函驻外使馆检送《修正限制留学暂行办法》9条。

是日,日本宣布封锁中国沿海区域。

5月31日,国民政府教育部颁布《各省市县各级学校兼办社会教育考核办法》和《社会教育机关协助各级学校兼办社会教育办法》。

是日,国民政府教育部训令规定每年8月27日孔子诞辰为教师节,原有的"六六"教师节自本年起废止。

按:《教育通讯》报道:8月27日,各地纪念孔子诞辰,庆祝教师节。(参见中央教育科学研究所编《中国现代教育大事记1919—1949》,教育科学出版社1988年版)

是日,汪精卫、周佛海等由上海去日本,洽商成立伪政权事宜。

是月,国民政府教育部颁发《蒙旗教育暂行实施办法》。

是月,国民政府教育部改组边疆教育问题讨论会为边疆教育委员会。委员会的主要任务:研究边疆教育之办理原则及各项实际问题,筹划并审议推进边疆教育各种方案,建议调整各边疆教育事业机关、边疆教育经费,指导边疆青年升学就业等。(参见中央教育科学研究所编《中国现代教育大事记1919—1949》,教育科学出版社1988年版)

是月,陕甘宁边区文艺界抗战联合会在延安召开大会,决定改称为中华全国文艺界抗政协会延安分会。

6月1日,国民政府教育部颁布《各县市社会教育推行委员会组织纲要》。

是日,国民政府教育部公布《私人讲学机关设立办法》6条。

按:《办法》规定:书院或类似书院之私人讲学机关具备规定条件时可申请设立。私人讲学机关的学生不给资格。办理成绩优良愿改为私立专科以上学校者可按照手续办理立案。(参见中央教育科学研究所编《中国现代教育大事记1919—1949》,教育科学出版社1988年版)

6月2日,国民政府教育部函驻外使馆检送《修正抗战期间国外留学生救济办法》11条。

6月6日,日本内阁五相会议决定《建立中国新中央政府方针》。

6月7日,中共中央发出《关于反对投降危险的指示》。

6月8日,国民政府明令通缉汪精卫,要求通缉归案,明正典刑。

6月10日,毛泽东在延安高级干部会议上论中共发起的全党干部学习运动。

按:1939年6月10日,毛泽东在反投降问题的报告提纲中谈到干部教育问题时说,党的六届六中全会以后,中央发起的全党干部学习运动,对于提高全党干部的理论文化水平,有头等重要意义。

6月13日,西南联合大学决定将各校各学系教授会主席一律改称系主任。

6月14日,国民政府内政部颁布《印刷所承印未送审图书杂志原稿取缔办法》。

是日,教育部颁布《各省市县办理中小学教员兼办社会教育讲习会要点》。

6月16日,《中苏通商条约》在莫斯科签订。

6月17日,《申报》编委瞿绍伊被刺受伤。

6月21日,国民政府教育部颁发《抗战教育注意事项》14条。

按:文件要求学校在推进抗战教育时注意:教育原理不得因战时有所变更;努力实施教育正常设施;加强精神动员;增设战时讲座;组织战时服务;励行军事训练等。(参见中央教育科学研究所编《中国现代教育大事记1919—1949》,教育科学出版社1988年版)

6月26日,军事委员会政治部长陈诚奉蒋介石之命,密订《异党问题处理办法》等"反共"文件,并于月底秘密颁布。

6月28日,教育部颁布《教育部暑期分区举办中等学校兼办社会教育干部人员讲习讨论办法》。

6月30日,国民政府颁布《限制异党活动办法》。

是月,国民党军事委员会战时新闻检查局成立,随后在各地也成立相应的新闻检查机构。并制定《战时新闻禁载标准》《战时新闻检查标准》《战时图书杂志原稿审查办法》《战时新闻违检惩罚办法》以及战时新闻检查局的《组织大纲》《服务规则》《办事细则》《审查室规则》等一系列新闻检查法规。

7月1日,川康科学考察团成立,邵逸国任团长。考察计划分三期进行,每期一个半月至两个半月不等。

7月5日,国民党第四届中央委员会第128次常务会议通过并决定以中国教育家孔子的诞辰8月27日为教师节,同时颁布《教师节危急暂行办法》。

7月7日,中共中央发表《为抗战两周年纪念对时局宣言》,提出"坚持抗战,反对投降;坚持团结,反对分裂;坚持进步,反对倒退"的三大政治主张。

7月13日,国民政府教育部公布《切实推进导师制办法》6条。

按:《办法》要求各级教育行政机关派员督导学校施行导师制,对推行有成绩的应予奖励。校长应以身作则。督率导师履行任务。导师授课时间可以酌减,但不减待遇。(参见中央教育科学研究所编《中国现代教育大事记1919—1949》,教育科学出版社1988年版)

7月中旬,中国人民抗日军政大学总校开赴华北敌后。

7月19日,中央图书杂志审查委员会根据国民党中央宣传部的要求制定了《抗战时期宣传名词正误表》,对原稿中出现的某些名词和词汇进行"修正"。

按:对所谓的"谬误名词"有三种处理方法:1.禁止使用者,如"边区政府""红军";2.需修改者,如"国共合作""联合各党派"改为"全国精诚团结";3.使用应审慎者,如"资产阶级革命""沦陷区域"。(参见吴永贵《民国图书出版史编年:1912—1949》,社会科学文献出版社2018年版)

7月20日,延安女子大学开学,毛泽东、周恩来、陈绍禹等出席开学典礼。

7月21日,国民政府教育部公布《各省市师范学校辅导地方教育办法》9条。

7月22日,国民政府教育部颁发《全国青年实施国民精神总动员具体办法》,通令学校、社会教育机关督促员生切实实施。实施办法要求改正醉生梦死生活,养成奋发蓬勃朝气,革除苟且偷生习气,打破自私自利企图,纠正纷歧错杂思想等。

按:据《教育通讯》载,教育部令专科以上学校及国立中学等,于每月一日举行国民月会,宣读《国民公约》,讲解"国民总动员"等。(参见中央教育科学研究所编《中国现代教育大事记1919—1949》,教育科学出版社1988年版)

7月26日,国民政府社会部批准中央图书杂志审查委员会制定的《各党派言论研究办法》备案施行。

按：该办法规定：为"适应战时需要,齐一国民思想",特组织各党派言论研究委员会,分析研究各党派言论,并予以驳正。参加该项工作人员,每月至少应提交3万字左右的报告小册子一件。(参见吴永贵《民国图书出版史编年:1912—1949》,社会科学文献出版社2018年版)

7月28日,国民政府教育部公布《师范学校毕业生服务规程》21条。

7月29日,中共中央书记处发出《关于反对东方慕尼黑阴谋的指示》。

按:7月24日日英达成《有田—克莱琪协定》,此为"远东慕尼黑"阴谋的重要组成部分。

是月,国民政府教育部颁布《游击区及接近前线各省设立临时政治学院办法》。

是月,国民政府教育部、侨务委员会会同组织侨民教育设计委员会。

是月,刘少奇在延安马列学院作《论共产党员的修养》的演讲。

按:同年8月在延安《解放》周刊上连载。曾列为中国共产党1942年整风运动的学习文件。1949年和1962年经作者修订后由人民出版社刊行。收入《刘少奇选集》上卷。有多种外文译本。《论共产党员的修养》的主题是从党性的高度,教育共产党员必须牢固地树立共产主义世界观,用以指导自己的行动,并从理论和实践的结合上,阐明了共产党员加强党性锻炼和修养的目的、方法和基本要求。

是月,行政院拟定"古物文献移运情形""古物文献被敌毁劫情形"及"未移运之古物"调查表三种,通令各地遵行,由内政部编纂实录,并且规定,私有文物及美术品由战区经香港、越南等地转运后方安全地点时,海关应酌予征税优待,并由财政部、内政部制定运输暂行办法及转运执照公布施行。

是月,中国回民救国协会在重庆召开第一次全国代表大会,并改名为中国回教救国协会,仍选白崇禧为理事长、唐柯三为副理事长,主持日常会务工作。

是月,国民政府教育部制定并公布《学术审议委员会章程》,成立学术审议委员会,作为全国最高学术审议机关。

8月2日,国民政府教育部组织西南边疆教育考查团赴川南、云南、广西、贵州等地考查教育、社会、自然等方面情况。历时8个月。(参见中央教育科学研究所编《中国现代教育大事记1919—1949》,教育科学出版社1988年版)

8月5日,陕甘宁边区政府教育厅公布《陕甘宁边区各县社会教育组织暂行条例》。

8月7日,国民政府教育部举办全国统一高考。

是日,伪满民生部发布《关于祀孔问题训令》,要求各学校于春秋丁祭时均集于文庙前团体参拜,不能全体参加者可派代表参加,或在校内举行典礼。(参见中央教育科学研究所编《中国现代教育大事记1919—1949》,教育科学出版社1988年版)

8月8日,国民政府教育部令国立西北联合大学改为国立西北大学,原师范学院和医学院独立设置,分别为国立西北师范学院和国立西北医学院。

8月9日,国民政府教育部公布《发动全国知识分子办理民众教育办法》11条。

按:《办法》规定:知识分子系指各级学校教职员、社会教育机关工作人员、中等以上学校学生。知识分子办理民众教育为其应尽义务之一,在服务期间免除服工役之一部或全部。不遵办者予以警告或罚款。(参见中央教育科学研究所编《中国现代教育大事记1919—1949》,教育科学出版社1988年版)

8月23日,清华研究院恢复文科研究所,设中国文学、外国文学、历史、哲学部。

8月28日,日本平沼内阁辞职。

是日,国民政府教育部订颁《大学理工学院与经济交通及军备工厂合作办法》6条。

8月28—30日,汪精卫在上海非法召开"国民党第六次全国代表大会",提出"和平、建国、反共"的纲领,并自任"中央执行委员会主席"。

8月30日，日本阿部内阁成立，宣称：处理中国事变，建设"东亚新秩序"乃日本基本国策。

是日，《大美晚报》副刊编辑朱惺公因发表抨击汪精卫等汉奸卖国行径被刺殉职。

9月1日，伪"蒙疆联合自治政府"在日军导演下于张家口成立，德穆楚克栋鲁普为"主席"。

是日，法西斯德国进攻波兰，欧战爆发。

9月3日，英、法对德宣战，第二次世界大战全面爆发。

9月4日，国民政府教育部公布《大学及独立学院各学系名称》，对文、理、法、农、工、商等学院的学系名称作了统一规定。（参见中央教育科学研究所编《中国现代教育大事记1919—1949》，教育科学出版社1988年版）

是日，日本大本营令在南京设置中国派遣军总司令部，统一对华北、华中、华南侵华日军的指挥。

9月8日，国民政府决定成立中央、中国、交通、农民四行联合办事处，即四联总处，由蒋介石兼任主席。

是日，毛泽东、陈绍禹、秦邦宪、林祖涵、吴玉章、董必武、邓颖超联名发表《我们对于过去参政会工作和目前时局的意见》。

9月9日，教育部令发《国民精神总动员纲领》，要求教科书编委会在国文、公民课本中增入有关"总动员"的内容。

9月9—18日，国民参政会第四次会议提出几项有关教育的议案。其中有：推行成人教育案、小学经费应由中央补助案、改进女子教育案、协调农业行政及农业教育机构案等。（参见中央教育科学研究所编《中国现代教育大事记1919—1949》，教育科学出版社1988年版）

9月14日，第一次"长沙会战"开始，至10月14日结束，是继第二次世界大战在欧洲爆发后日军对中国正面战场的第一次大攻势。

9月16日，毛泽东在延安接见中央社记者刘尊棋、《扫荡报》记者耿坚白、《新民报》记者张西洛。

9月17日，参政会通过了邹韬奋等22位参政员联名提出的《改善审查搜查书报办法及实行撤销增加书报寄费，以解救出版界困难而加强抗战文化事业提案》。（参见吴永贵《民国图书出版史编年：1912—1949》，社会科学文献出版社2018年版）

9月18日，国民政府教育部令发《抗战时期文化团体指导工作纲要》。

按：《纲要》规定：现有文化团体限期进行总登记。指导现有文化团体建立三民主义文艺基础，努力编著有关民族抗战的文艺作品。（参见中央教育科学研究所编《中国现代教育大事记1919—1949》，教育科学出版社1988年版）

9月19日，国民政府颁布《县各级组织纲要》，施行"政教合一""三位一体"的"新县制"，强化保甲制度与县以下各级统治机构。

9月20日，教育部颁布《文化团体组织大纲》，社会部颁布《抗战时期文化团体指导工作纲要》。

9月21日，重庆市图书杂志审查委员会奉中央图书杂志审查委员会训令：检查工作时，"应注意秘密印刷地址，提取违法印件，随时报核"。该会决定："全体职员从事侦查"，并密函"各军警宪及有关机关协同侦查"。（参见吴永贵《民国图书出版史编年：1912—1949》，社会科学文献出版社2018年版）

9月25日，国民政府教育部颁布《训育纲要》，对训育之意义、道德概念、训育之目标及实施方法有详尽阐述与规定。

按：《纲要》规定以三民主义与理想之人生标准教育学生，使之具有高尚的志愿，坚定的信仰，与智仁勇的美德。在家为良善子弟，在社会为有为有守之分子，在国家为忠勇守法之国民，在世界人类为拥护正义促进大同之英雄。（参见中央教育科学研究所编《中国现代教育大事记1919—1949》，教育科学出版社1988年版）

10月4日，毛泽东为《共产党人》撰写发刊词，指出统一战线、武装斗争和党的建设是中国共产党在中国革命中战胜敌人的三个法宝。

按：毛泽东《共产党人发刊词》说："中央很早就计划出版一个党内的刊物，现在算是实现了。为了建设一个全国范围的、广大群众性的、思想上政治上组织上完全巩固的布尔什维克化的中国共产党，这样一个刊物是必要的。在当前的时机中，这种必要性更加明显。当前时机中的特点，一方面，是抗日民族统一战线中的投降危险、分裂危险和倒退危险日益发展着；又一方面，是我们党已经走出了狭隘的圈子，变成了全国性的大党。而党的任务是动员群众克服投降危险、分裂危险和倒退危险，并准备对付可能的突然事变，使党和革命不在可能的突然事变中，遭受出乎意料的损失。在这种时机，这样一个党内刊物的出版，实在是十分必要的了。这个党内刊物定名为《共产党人》。它的任务是什么呢？它将写些什么东西呢？它和别的党报有些什么不同呢？它的任务就是：帮助建设一个全国范围的、广大群众性的、思想上政治上组织上完全巩固的布尔什维克化的中国共产党。为了中国革命的胜利，迫切地需要建设这样一个党，建设这样一个党的主观客观条件也已经大体具备，这件伟大的工程也正在进行之中。帮助进行这件伟大的工程，不是一般党报所能胜任的，必须有专门的党报，这就是《共产党人》出版的原因。……所以，统一战线问题，武装斗争问题，党的建设问题，是我们党在中国革命中的三个基本问题。正确地理解了这三个问题及其相互关系，就等于正确地领导了全部中国革命。而在十八年党的历史中，凭借我们丰富的经验，失败和成功、后退和前进、缩小和发展的深刻的和丰富的经验，我们已经能够对这三个问题做出正确的结论来了。就是说，我们已经能够正确地处理统一战线问题，又正确地处理武装斗争问题，又正确地处理党的建设问题。也就是说，十八年的经验，已使我们懂得：统一战线，武装斗争，党的建设，是中国共产党在中国革命中战胜敌人的三个法宝，三个主要的法宝。这是中国共产党的伟大成绩，也是中国革命的伟大成绩。"（《毛泽东选集》第2卷）

10月10日，中共中央发布《关于目前形势与党的任务的决定》。

是日，第二届戏剧节在重庆举行。

10月16日，国民政府教育部、侨务委员会公布《侨民教育奖状规程》7条。

10月20日，中共中央机关刊物《共产党人》月刊在延安正式创刊，张闻天任主编，李维汉任编辑部主任，张闻天、邓发、李维汉、李富春、王首道、冯文彬、孟庆树、方强、陈正人等曾任编委。

10月29日，军事委员会在湖南南岳召开第二次军事会议，检讨长沙会战的得失，研究后期抗战的战略。

11月3日，川康建设期成会在成都成立。

11月4日，国民政府教育部公布《图书馆辅导各地社会教育机关图书教育办法大纲》15条。

按：《大纲》规定：图书馆以辅导各地社会教育机关图书教育为主要任务。图书馆应进行调查流动图书情况、编印辅导刊物、组织馆员训练等工作。（参见中央教育科学研究所编《中国现代教育大事记1919—1949》，教育科学出版社1988年版）

11月5日，中苏文化协会新疆分会成立，王宝乾为会长，沈雁冰、张仲实等为理事。

11月7日，新四军江南指挥部成立，陈毅任总指挥。

11月12日，国民党五届六中全会在重庆召开。大会发表宣言，重申坚持抗战建国的基本国策。

是日，国际共产主义战士诺尔曼·白求恩在河北因医疗伤员时感染中毒，不幸逝世。毛泽东发表《纪念白求恩》一文，号召共产党员要学习白求恩毫不利己、专门利人的共产主义精神。

11月13日，中共陕甘宁边区召开第二次党代表大会。

11月15日，"桂南会战"开始，是为抵抗日军打击中国国际交通线并威胁西南大后方而在广西南宁等地区展开的会战，取得昆仑关大捷。

11月23日，黄炎培、梁漱溟、晏阳初、李璜等发起的统一建国同志会在重庆成立。

是日，为保护边区的历史文物，陕甘宁边区政府主席林伯渠、副主席高自立、教育部长周扬联名签发《给各分区行政专员、各县县长的训令》，指出为保护西北边区的历史文物，边区政府"决定对边区所有古物、文献及古迹加以整理发扬，并妥予保存"。

按：《训令》还提出文物调查的各种参照办法，并规定："调查所得之古物，文献及古迹暂由该区、乡政府或县政府设法保管，群众自愿将所收存之古物、文献送政府或出卖于政府保管者酌予奖励。而各级政府人员在进行调查中办事出力或发现出重大价值之古物、文献、古迹者，亦当酌予奖励。"（张志强、章祖蓉《民主革命时期中国共产党报刊中的文物、博物馆史料（二）》，《中国博物馆》1990年第2期）

是日，中共中央发出《关于组织进步力量争取时局好转的指示》。

是日，毛泽东为中共中央起草《大量吸收知识分子》的决定。

是日，中央图书审查委员会第20次会议通过《处置汉奸汪精卫等以前著作办法》。

是月，国民党中央宣传部、行政院发出审查戏剧、歌曲的饬令。

12月2日，国民党军委会战地党政委员会主任委员蒋中正，副主任委员李济深签发教育部《文化食粮供应计划大纲》及《战地书报供应办法草案》。（参见吴永贵《民国图书出版史编年：1912—1949》，社会科学文献出版社2018年版）

12月5日，国民党政府命令胡宗南部队向陕甘宁边区发动进攻，先后占领淳化、洵邑、正宁、宁县、镇原5个县城，并调动大军准备进攻延安。国民党顽固派掀起抗日战争期间的第一次"反共"高潮。

12月9日，国民政府军事委员会指令核准施行《战时新闻违检惩罚办法》，遇有各报社稿件未经检查先行发表及不遵照删改刊载等违检事情，除出版法另有规定者外，要皆依该办法处理。

是日，中共中央、中央军委发出《关于晋西南事件及我们的方针的指示》。

是日，上海《申报》载，《教部改进边疆教育方案》，确定边教方针及中心目标，培养师资并编译教科图书。

12月20日，蒋介石秘密颁布《异党问题处理办法》。

是日，中缅文化协会在重庆成立，罗家伦任会长，朱家骅、邵力子等任名誉会长。

12月25日，朱德、彭德怀、林彪、贺龙、刘伯承等联名通电全国，反对枪口对内。

12月30日，汪精卫与日本签订卖国密约《支日新关系调整纲要》即《日汪秘约》。

是月，中国共产党陕甘宁边区第二次代表大会通过《关于发展边区教育提高边区文化的决议》。

是月，中国工程师学会与中国化学工程学会、中国机械工程学会等专门工程学会在昆明举行"六工程学术团体联合年会"。

是月,民族文化书院在云南大理成立,张君劢任院长。

是年,中国问题研究会在延安成立,张闻天任指导员、杨松任主任,由马列学院中国问题研究室的研究员和各校教员共同参加,讨论的问题有中国社会性质、中国革命的基本问题、三民主义与共产主义的关系、革命军队与革命战争、抗日根据地及其他、统一战线、沦陷区工作、文化运动、少数民族问题等。

是年,《读书月报》《理论与现实》《战线五日刊》《东方战友》《朝鲜义勇队通讯》《行政与训练》《逸史》《少年战线》《广西教育通讯》《工作与学习·漫画与木刻》《干部生活》《抗战文化》《宇宙风乙刊》《建军》《教育与文化》《西南工合之友》《西南儿童》《今日儿童》《抗战儿童画报》《抗战时代》《前线》《党务通讯》《国际反侵略运动》《公余生活》《七七青年》《广西青年通讯》《内地通讯》《汉民》《民意》《音乐阵线》《顶点》《诗》《开明日报》《新潮日报》《阵中日报》《大光报》《龙川日报》《满地红》《广东妇女》《新军》《广东卫生》《广东教育》《广东财政月刊》《广东建设专刊》《广西建设》《建设研究》《新建设》《战时南路》《抗战周报》《新华南》《南路堡垒》《大众生活》《粤西通讯》《重庆各报联合版》《回民言论》《中国半月刊》《自由西报》《反侵略通讯》《戏剧岗位》《胜利画刊》《战地知识》《中国青年》《今日青年》《教育与农业》《民族公论》《今日评论》《青年公论》《文化周报》《新民画报》《神州日报》《华报》《总汇报》《实业新报》《时代晚报》《上海周报》《学习半月刊》《党的生活》《青年生活》《天下事》《中学生活》《人世间》《名著选译》《野火》《鲁迅风》《美术界》《文艺新闻》《小说月刊》《文学集林》《南风》《西北角》《西北回民正论》《西北卫生通讯》《新民众》《战时妇女》《陕政》《浙江妇女》《动员》《东南战线》《一条心》《抗战建设》《战时木刻》《战时民众》《战时中学生》《实话报》《生路》《战斗报》《浦东导报》《大别山日报》《大别山画报》《新宿松报》《岳西日报》《合肥日报》《新霍山日报》《霍邱日报》《动员三日刊》《淮山新报》《新桐日报》《巢县动员》《文化月刊》《中原》《战时文化》《青年》《抗战周刊》《战地画刊》《含山动员》《战地教育》《妇女》《大路》《改进》《现代儿童》《战地文化》《抗战文艺》《抗战旬刊》《青年战线》《儿童园地》《战地通讯》《晋西北报》《党务月刊》《甘肃青年》《甘肃科学教育馆学报》《甘肃教育半月刊》《甘院学生》《抗建》《贵阳医学院院刊》《中国诗艺》《精忠半月刊》《军医通讯》《防空》《步兵杂志》《新芒》《建国画报》《抗战画册》《宁夏教育》《西康民国日报》《宁远报》《民众日报》《战源》《学习周报》《中国妇女》《共产党人》《大众日报》《群众报》《泰山时报》《灯塔》《前哨妇女》《党内教育》《泰山杂志》《救国报》《挺进报》《救亡报》《抗敌周报》《新长城》《群众杂志》《边区文化》《边区教育》《晋察冀边区妇女》《敌工通讯》《青年战旗》《诗战线》《大众生活报》《黄河日报》《太南日报》《冀南日报》《团结日报》《太行文化》《战斗生活》《抗战生活》《统战》《民声报》《冲锋号》《大众力量》《新西北报》《战地烽火》《洪涛报》《黄河战旗》《抗敌杂志》《群众导报》《江南》《民众报》《淮涛》《淮流》《团结报》《拂晓每日电讯》《七七报》《龙川日报》《延边晨报》《齐齐哈尔新闻》《南京晚报》《江浦新报》《海门新报》《靖江新报》《新章浦》《新金山报》《新东亚》《大陆新报》《中国经济评论》《河北日报》《冀东日报》《晋南晨报》《新声报》《德文日报》《三六九画报》《东亚儿童新闻》《中国公论》《侨声》《艺术与生活》《中国文艺》《时事快报》《民锋》《文化通讯》《星岛周报》《今日中国》《平正会计》《东惠》《缅京日报》《真报》《名著选择》《中华健康杂志》《公信会计月刊》《永安月刊》《苏讯》《染化月刊》《财政评论》《纺织染季刊》《纺织染工程》《影剧》《觉有情》《中国回教协会会报》《中国青年》《农业推广通讯》《合作事业》《陇铎》《经济周讯》《经济通讯》

《新闻学季刊》《协大农报》《福建学院校刊》《四川统计月刊》《黄海》《贸易月刊》《云南大学校刊》《防空》《西康声政府公报》《军医通讯》《西康青年》《贵阳医学院院刊》《中国晨钟》《国立师范学院旬刊》《新建设》《广西青年》《星岛周报》《厂商月刊》《美术界》《国光艺刊》等报刊创刊。

二、学术活动

蔡元培仍在香港养病。1月7日,致朱家骅函,告以因病不能赴重庆参加国民党五届五中全会,托朱届期代为请假。8日,蔡元培得任鸿隽上月底自昆明发来的信,附来任于12月22日在昆明主持召开的中研院院务会议记录之油印本。14日,任鸿隽由重庆乘飞机来香港。15日,任鸿隽来访,与蔡元培商定第四次大会开会日期为3月13日,地点在昆明。18日,朱家骅13日复函蔡元培,言请假事照办。2月20日,蔡元培所撰《华盛顿与中国教育界之关系》一稿,由陈彬龢取去。26日,得兼任中央研究院评议会秘书翁文灏"二十一日函,提议三事:(一)评议会开会时,望我亲到;(二)于开会前,由我电请蒋委员长给训词,即由□携会宣读;(三)辞秘书"。3月1日,致沈尹默函,附去《挽钱玄同兄》七律。2日,致蒋介石电,云:"重庆军事委员会蒋委员长勋鉴:国立中央研究院之评议会所聘评议员,均国内第一流之科学家。平日分途工作,对于军事上、经济上颇多贡献。本年定于三月十三日在□(后决定在昆明开会)开会,敬请赐予训词,交该会秘书翁君文灏携会宣读,以资鼓励,无任企祷。"

蔡元培3月13日因病无法参加中央研究院首届评议会第四次全体会议。因抗战内迁,中央研究院首届评议会第四次年会延期在昆明云南大学举行,临时推举王世杰为主席。蔡元培特撰寄开会词一篇,委托评议会秘书翁文灏代为宣读。会议形成四项决议,诸如中央研究院应在西南各省设置永久研究机关,使学术平衡发展,"而利内地之开发";理化工程研究所应与政府及社会事业机关密切合作,"以增加效能";联络国内各研究机关,拟定战时工作计划;由中央研究院发起,会同教育部、经济部检讨全国科研方针及分工合作办法。会议决定推举朱家骅、王世杰、傅斯年、陶孟和、叶企孙、任鸿隽、翁文灏等7人组织第二届评议会选举筹备委员会。16日,接中研院评议会第四次会议由昆明发来的慰问电。4月20日午前10时,中华教育文化基金董事会之图书委员会在蔡元培寓开会,到会者有蒋梦麟、袁同礼、周寄梅、孙洪芬、司徒雷登等,11时30分会毕。22日,中华教育文化基金董事会,假香港九龙半岛酒店举行第十五次董事年会,董事长蔡元培,副董事长孟禄、周诒春,董事贝克、顾临、金绍基、司徒雷登、施肇基、翁文灏、任鸿隽出席;列席者,干事长孙洪芬,列席旁听者,外交部代表戴德抚,美国驻华大使馆代表方勒斯。通过代理名誉秘书、执行委员会、财政委员会、两位会计,以及干事长的报告。通过廿八年度各教育文化机关补助费,计燕京、金陵、中山、云南、辅仁等大学,中央大学医学院,华西协合大学医学院,中央、华西、齐鲁三校联合医院,圣约翰大学医学院,贵阳医学院,文华图书馆学专科,中央研究院,中国科学社生物研究所,经济部地质调查所,贵州科学馆,中国营造学社,黄海化学工业研究社,中华医学会,华美协进社,美国远东学生救济会等。继进行选举:施肇基、胡适两董事任期届满,一致选举连任。并选出孙洪芬为董事,以继已故徐新六之任。至廿八年度董事长、副董事长、会计,仍选出蔡元培、孟禄、周诒春、贝诺德、金绍基连任;惟秘书一职,改选孙洪芬担任。

蔡元培7月2日接待由重庆来港的王世杰,"略谈吾国军事、财政现状"。4日,得国际反侵略运动大会中国分会函告:被推为第二届名誉主席,并附来调查表一纸。7 月 15 日,为李宗侗(玄伯)所著《中国古代社会新研究初稿》作序。21 日,陈寅恪来访,将于下月底往伦敦。8 月 6 日,阅美国爱特伽·斯诺著,吴景崧等 12 人译《西行漫记》。又阅斯诺夫人宁谟·韦尔斯著,胡仲持等 8 人译《续西行漫记》。9 月 16 日,得中苏文化协会函,言本年 11 月 7 日为苏联十月革命 22 周年纪念,敝会特于是日出版特刊,请赐祝词。特题如左(下):"革命精神,平民主义。二十二年,功成名遂。反对侵略,忝为同志。敬祝进步,造福人类。"21 日,得中华教育文化基金董事会驻港通讯处负责人章元美函,送来孙洪芬函及致财政部函稿,要求自民国二十九年起,中基会向四行(中央、中国、交通、中国农民四银行)所借之款,"免息拨付,并嘱我致孔庸之一函"。22 日,蔡元培复"章元美函,附去致孔庸之函"。10 月 27 日,阅中研院收发文目录,见有 9 月 23 日,收国际研究院协会秘书处函告:"国际研究院协会,经会员团体投票决定,认中央研究院自一九三九年六月九日起为会员;下届开会请派代表出席。"(以上参见高平叔编著《蔡元培年谱长编》,人民教育出版社 1996 年版)

任鸿隽继续任中央研究院总干事。1 月 14 日,任鸿隽由重庆乘飞机来香港,先至柯士甸道蔡元培住所,蔡元培"为具晚餐",找工程研究所事务员喻国柱(卡尔)来,送任回其马里臣山道家中。15 日,任鸿隽又来,商定第四次大会开会日期为 3 月 13 日,地点在昆明,并以增设地理研究所的筹备工作,李四光无暇兼顾,商定改请竺可桢兼办。21 日,任鸿隽携来姜伯韩见赠之新著《抗战建国与民生哲学》一书,并见示李四光、汪敬熙陈述地质研究所及心理研究所不能由桂迁滇之故的函件。3 月 6 日,任鸿隽致函蔡元培,告收到评议会开会词及致蒋电稿,并已同日与陈布雷说明。又言中基会经费事,两三日内可揭晓。13—14 日,参加在昆明举行的中央研究院第一届评议会第三次会议,任鸿隽作总干事报告。15 日,主持院务会议。28 日,致函蔡元培,寄去第四次评议会议决案抄本一份,并"言将于四月二日飞渝,因候新秘书朱君习生同行也。朱为前川大心理学教授"。

任鸿隽 4 月 22 日出席中基会在香港九龙半岛举行的第十五次董事年会,研究庚款停付期间经费筹备办法。在职员改选中,连任原所有职务。6 月 16 日,任鸿隽致函蔡元培,言莫斯科将于 9 月间开中国美术品展览会,要求本院在安阳发掘所得之铜器、石刻、甲骨备品运往展览。海运既不可能,陆运汽车颠顿,损坏堪虞。孟真等主张全用照片替代,然此恐不足满足俄方期待之意。现正在磋商中。又言上海之物理仪器制造厂,租屋租地,均办不到,若不准其利用霞飞路之屋与地,则只可停办。19 日,蔡元培复函任鸿隽:"对于安阳发见品,赞成孟真等主张。对于物理仪器制造厂,允其利用(上海)霞飞路之地。"25 日,任鸿隽致函蔡元培,言苏联中国美术展览会事,安阳古物,大部分用照像;而有复本者,亦酌送数件。物理仪器制造厂,已在拉都路租得厂地。7 月 21 日,任鸿隽拜访蔡元培,下月迁居昆明。8 月 19 日,任鸿隽一家启行往昆明。11 月 21 日,任鸿隽致函蔡元培函,言太平洋科学会议会长 Harrison 来函,陈二事:(一)本届太平洋科学会议评议会开会,因本院未有正式代表,由该会临时邀请赵元任君出席,此事应由本院予以追认。(二)请本院派定正式代表出席一九三八年在菲律宾开会之第七次太平洋科学会议之评议会,并请于派定后,即行通知该会。(参见樊洪业、潘涛、王勇忠编《中国近代思想家文库·任鸿隽卷》及附录《任鸿隽年谱简编》,中国人民大学出版社 2013 年版;高平叔编著《蔡元培年谱长编》,人民教育出版社 1996 年版)

翁文灏继续任经济部长,兼任中央研究院评议会秘书。1 月 1 日,自成都返抵重庆。同日,在《中央日报》发表《开发内地》一文。9 日,与任鸿隽、朱家骅、王世杰、竺可桢、周仁等商议中央研究院评议会工作。13日,出席国民参政会驻会委员会会议,报告川西等各区经济建设进行情形。15日,出席西南实业协会四川分会成立会,并发表演说。会议由何北衡主持,张群、张嘉璈等出席。翁文灏被推举为该会名誉理事长。20日,赴重庆大学讲演。同月,在《中央周刊》新年特辑发表《一年来之经济建设》一文。2月5日,与钱昌照、杨继曾、杜再山、杨公兆、张兹闿、林继庸、李博侯等商拟起草西南国防工业三年计划事。12日,列席国民参政会第3次会议开幕式,并在14日会上作经济工作报告。21日,致函蔡元培,请其致电蒋介石,对中研究院评议会致训词。22日,被今日成立的中美文化协会推举为理事。27日,与总干事任鸿隽商谈中央研究院工作。

翁文灏3月1日出席中国地质学会在重庆大学举行的第15届年会并发表致词,说他作为这个会的会员,又是一个理事,所以最好不必以经济部长的资格讲话。翁文灏在讲话中首先追叙创办中国地质学会的历史,说明18年前成立地质学会,目的在传道解惑,在集合全国之地质学研究者,来发挥中国的地质作用和发挥中国地质学的精神。地质界同人应求真理,求团结。翁文灏认为,过去18年中,中国已经培养出了几个不仅在国内并且在国际上也获有相当地位的地质学头等人才。最后,翁文灏建议:"地质学会除年会外,应多举行小组的学术讨论会。"会议期间,翁文灏再次当选为学会理事。同日,发表广播讲话《论新生活及经济》。2日,出席了在中央大学举行的地质学会年会的学术讨论,听取朱森、李春昱、金耀华、阮维周等人的学术报告,认为朱森"讲川北龙门山构造,颇佳"。3日上午,与出席地质学会年会的代表同赴北碚参观西北科学学院。中午,出席三峡实验区署和西北科学院的招待会,并代表地质学会致答词。下午,出席在地质调查所新建所址举行的地质学会学术报告会。同日,至广播电台,作题为《中日间之经济战争》的演讲。4日,出席《中央日报》社举行的座谈会,并作题为《经济计划》的演讲。6日,出席西南经济建设研究所董事会会议。出席者有张群、张嘉璈、川康滇黔四省主席代表等。会议追认张嘉璈、何廉为所长,翁文灏、张群、张嘉璈为基金保管委员。8日,出席在四川省地质调查所召开的中国地质学会新一届理事会议,并提议组织财务委员会负责管理学会基金。会议除决定现任理事长及会计为当然委员外,另选举翁文灏、周赞衡、计荣森为委员;还选举了理事会职员及会志和《地质论评》的编辑。

翁文灏3月10日将所拟《西南三年国防工业计划大纲》呈送蒋介石。12日,政治建设学会成立,翁文灏被推举为名誉理事。同日,与竺可桢、梅贻琦、朱家骅、王世杰等同机飞赴昆明,并于当天下午会见了云南省主席龙云。13日,出席在云南大学召开的中央研究院第1届评议会第4次会议,并以评议会秘书身份报告了评议会工作。本次评议会主要是洽商第2届评议员选举之方法,重要决议还有:在西南各省设永久研究机关;联络各研究机关厘定战时工作计划;联合昆明各学术机关在昆明设联合图书馆;将丁文江奖授予吴大猷。会议推定翁文灏、朱家骅、王世杰、傅斯年、陶孟和、叶企孙、任鸿隽等7人组成第2届评议员选举筹备委员会,以翁文灏为主任委员。15日晚,翁文灏主持中研院第2届评议员选举筹委会第1次会议。会议议决,在1940年1月前完成选举人名单,3月前完成复选。17日夜,访龙云,谈2小时。次日由昆明飞返重庆。19日,被今日成立的中央行政学会选举为监事。26日,出席中法比瑞文化协会开幕会,并担任大会主席团主席。会议推举吴稚晖为会长,毛庆祥为理事。4月6日,至四川省立教育学院,讲《经济建设的重要意义》。17日,飞赴香港,参加中基会董事会议。18日,走访了在香港的李思浩、蔡元培、沈怡等。19日,与周治春、任鸿隽、孙洪芬谈中基会各事。20日,出席中基会非正式预备会议。次日及22日上午均出席中基会董事会预备会议。22日下午,出席在九龙半岛饭店举行的中基会董事会第15次年会。会议通过了执行委员会、财政委员会及董事会秘书的报告等。会议还改选了董事会职员,蔡元培任董事长,翁文灏当选执行委员。25日,会见蔡元培及陶孟和。29日,自香港飞返重庆。

翁文灏5月2日出席西南经济建设研究所第4次讨论会,并于会上提请西南专门筹划经济建设,得到张群的极力赞成。与王世杰商议中国出席太平洋国际会议人选事宜。4日,出席中央大学的青年节纪念会,作题为《中国经济建设之必要及其途径》的演讲。11日,再与王世杰商谈太平洋国际协会事,并函商傅斯年。30日,出席西南经建研究所第8次讨论会。6月8日,与任鸿隽、孙洪芬举行中基会执行委员会议。10日,与王世杰、任鸿隽、孙洪芬、陈之迈等商谈中研院评议会事。13日,作《国营事业与民营事业之关系》一文,交吴景超。同日,校改《二年来之经济》稿,送国民党中央宣传部及军委会政治部。14日,至党政训练班,作题为《国民经济建设运动》的讲演。15日,再赴该训练班讲演。同日,翁文灏与国民党中统局局长朱家骅谈生活书店事。16日,翁文灏又为生活书店事与国民党中央宣传部长叶楚伧谈话。22日,翁文灏又与叶楚伧、朱家骅及国民党中央社会部长陈立夫等共同商谈对生活书店的处理。7月4日,再与叶楚伧谈生活书店事,劝其对处理生活书店事不要太甚,适可而止。同日,作《中国抵抗日本经济侵略的任务》。8月4日,至中央训练团军政研究班作题为《增进战时生产》的演讲。翁文灏兼任中央训练团经济组的主任教官。下午,邀请国民参政员莫柳忱、姚仲良、黄任之、冷御秋、林隐青等商谈川康经济建设事宜。30日,与陈诚谈湖北、湖南的经济建设,认为应将武昌建为首都,而将汉口建设为大商埠。9月8日,出席西南经济建设研究所会议。张群通报,川康经济建设计划已奉蒋介石批准。15日,出席中苏文化协会为苏联新任驻华大使潘友新举行的欢迎会。20日,出席并主持中研院评议员选举筹委会会议,因不足法定人数改为谈话会,与傅斯年、任鸿隽商议选举评议员标准及候选人、候补人推举办法。22日,出席西南经济建设研究所会议,商洽川康建设方法。

翁文灏10月1日与周诒春、任鸿隽召开中基会执委会会议。2日,翁文灏被指定为四联总处理事会理事及战时经济委员会委员。10日,在《中央日报》国庆纪念特刊发表《建国程途中经济建设之必要》一文。文中提到:"现在的国际斗争是一种力量的斗争,而力量中最重要的一种便是经济力,所以要培养国力,便得注意经济建设。""总之,经济建设的目标是巩固国防,提高生活。简言之,是要强要富。"20日,出席西南经济建设研究所会议,讨论四川建设计划。23日,在国防最高委员会纪念周上报告经济部工作。11月5日,翁文灏致函胡适,劝其保重身体,并谈及"中国多数官僚敷衍消极,依然如昔。若干上级人员,则又植党营私,变本加厉。如果少数有志份子又复不自珍卫,砥柱中流,则小人益为得志,国难更难转回,实大可惜";认为"积习久传,自不易变化于旦夕,惟有忠勤自矢,凡所作为,力求于心无愧。至挽回风气,建设国家,则所待于努力者自正多也"。同日,出席中国地质学会理事会议。11日,致函胡适,谈国内抗战形势及自己的主张。15日,在国民党五届六中全会第3次大会上作经济部工作报告。26日,出席并主持中央研究院评议员选举筹委会会议,出席者有任鸿隽、朱家骅和王世杰。12月7日,中基会执委会周诒春电告,中基会董事会推举翁文灏为董事会主席。(参见李学通《翁文灏年谱》,山东教育出版社2005年版)

郭沫若随国民党军委会政治部第三厅撤退到重庆,大部分驻赖家桥,由杜国庠、冯乃超主持日常工作。1月1日,第三厅在重庆正式开始办公。4日下午,出席重庆文艺界在永年春为其举行的欢迎茶会。7日,应邀出席青年记者学会重庆分会为之举行的欢迎会,会上以该会名誉理事身份发表演讲。8日上午,应邀到中央大学作题为《二期抗战中国青年应有之努力》的演讲,该校及重庆大学学生共千余人听讲。下午,应重庆新民报职工读书会之邀,作题为《从近卫内阁总辞职谈到日本对外诸问题》的演讲。10日上午,宗白华、常任侠、郑伯奇、沈志予等来访。与常任侠对弈,众人共进午餐。11日下午,在外交部招待各国记者会上讲演。17日下午,在重庆市文化座谈会上发表讲话,号召文艺工作者到乡村去,到敌人后方去。24日下午,应邀往复旦大学,作题为《我敌青年的对比》的讲演。28日下午,参加重庆各界纪念"一·二八"七周年暨响应国际反侵略运动大会,并发表讲演,阐述反侵略的意义。同月,带头抵制、拒绝国民党军事委员会政治部借改组三厅强迫三厅人员加入国民党。2月1日,出席军委会政治部举办的政工会议。10日晚,与张季鸾、陈博生、王芸生、陈立夫等受蒋介石召见,征询怎样看待日本海军登陆海南岛,并共进晚餐。12日晚,作题为《巩固反侵略的战线》的广播演讲。14日下午,往演武厅社交会堂,出席国际反侵略运动大会中国分会为招待各界人士举行的茶会。茶会由分会副会长邵力子主持,周恩来、黄炎培、沈钧儒、陈诚、张继以及塔斯社、路透社、合众社的代表等400余人出席。2月24日,在中国国民外交协会第四次座谈会上发表题为《日本政治经济之危机》的演讲。25日下午,主持政治部三厅招待文艺界茶会。26日,被选为重庆市慰问抗战将士队一队队长。

郭沫若3月16日夜作《文化与战争》,刊于19日重庆《大公报》,又载上海《艺术文献》4月第1册。22日,出席中华全国戏剧界抗敌协会在重庆新环球电影院举行的年会,并致辞,对剧协在抗战中所获成功表示祝贺。4月初,得沈尹默为《石鼓文研究》所作序。4月9日下午,出席中华全国文艺界抗敌协会第一届年会,与于右任、叶楚伧、邵力子同被推为主席团,并发表讲话,希望政府确立文艺政策,改善文艺工作者的物质条件。同日,《纪念碑性的建国史诗之期待——庆祝文艺界抗敌协会周年纪念》刊于重庆《大公报》。文章肯定了文协成立一年来在团结文化界人士、创造抗战文化方面所做的贡献,表示相信在"文章下乡""文章入伍"的号召下,"会有纪念碑性的建国史诗般的伟大作品出现"。10日上午,全国文艺界抗敌协会第二届理事选举结果揭晓,与叶楚伧、冯玉祥、邵力子、张道藩、老舍、田汉、宗白华、郑伯奇等45人被选为理事。宋庆龄、周恩来、何香凝等12人为名誉理事。11日,作《发挥大无畏的精神——论文艺作家在精神总动员中的任务》,提出"要在精神总动员纲领的实施上活用文艺的各种部门,尽量动员文艺作家从事广泛的活动",但是文艺工作者首先要提高自身的精神修养,鼓励作家们克服自身的弱点,"发挥我们大无畏的精神,努力向民间去,向医院去,向战区去,向前线去,向工厂去,向敌人后方去;我们要用自己的血来写,要用自己的生命来写,写出这个大时代中的划时代的民族精神"。15日,在全国文艺界抗敌协会第二届理事会第一次会议上当选常务理事。当选常务理事者有叶楚伧、邵力子、张道藩、老舍、郑伯奇、胡风、姚蓬子、华林、王平陵、阳翰笙、宋之的、安娥、老向、孔罗荪等15人。17日下午,为研究对敌宣传实施方案,应召见蒋介石,并"面陈本部对敌宣传品样本"。22日下午,应中华职业教育社与青年会之邀,在民众影院作题为《汪精卫投降论调的批判》的演讲。23日,出席重庆市文化界精神总动员协进会成立大会,与叶楚伧、邵力子、老舍等被推定为主席团成员。

郭沫若5月3日作《青年化,永远的青年化》,庆祝青年运动周和"五四"青年节,指出纪念"五四"运动,就是要使"全中国的青年永远保持着那种蓬蓬勃勃的朝气",要使"全民族的精神永远发扬着那种青年化的光采"。6 日上午,在政治部会议室参加第 77 次部务会报,报告三厅宣传纲要已拟定。21 日,为国际反侵略运动中国分会第二次年会起草宣言,题为《和平的武器与武器的和平》。5—6 月间,往北碚缙云寺在汉藏教理院作题为《佛教实有发扬光大之必要》的讲演。14 日,在生生花园参加中华文艺界抗敌协会作家战地访问团欢送仪式,并与周恩来、邵力子等致辞勉励,并设宴为访问团饯行。作家战地访问团共 13 人,团长王礼锡,副团长宋之的,成员有李辉英、葛一虹、叶以群、杨骚、方殷等。18 日晚,出席中苏文化协会举办的高尔基逝世 3 周年纪念大会,朗诵瞿秋白翻译的《海燕》。出席大会的还有邵力子、冯玉祥、鹿地亘、罗果夫、苏联大使等。同月,被推选为中华全国文艺界抗敌协会第二届理事会理事。8 月 16 日,《二年来敌国的社会状况与反战潮流》刊于福建《改进》半月刊第 1卷第 9—10 期合刊。9 月 5 日,签署关于本部抗敌演剧队及抗敌宣传队拨归各行营战区政治部管理问题报告,呈报政治部部长、副部长。27 日上午,常任侠来,与谈考古事,并请其将亡父讣告转致沈尹默、杨仲子、胡小石、宗白华诸人。秋,往北碚缙云寺在汉藏教理院讲演《燃起佛教革命烽火》。12 月 23 日下午,在青年会大礼堂出席并主持中华全国文艺界抗敌协会举行的招待各界的茶会。老舍、姚蓬子、宋之的分别代表北路慰劳团、南路慰劳团、作家访问团报告途中观感。26 日上午,在政治部会议室参加本部第 96 次部务会报。(以上参见林甘泉、蔡震主编《郭沫若年谱长编》,中国社会科学出版社 2017 年版;吴奚如《郭沫若同志和党的关系》,《新文学史料》1980 年第 2 期)

马寅初 1 月在《财政评论》第 1 卷第 1 号发表《论总遗产税与分遗产税》。同月 21 日,在重庆《扫荡报》发表题为《统制物价为节约运动与长期抗战之先决问题》。2 月 19 日下午,应中国教育学术团体联合会办事处邀请,于重庆市党部演讲《法币与抗战》。20 日,在《财政评论》第 1 卷第 2 号发表《法币法价打破之危险》。25 日,在重庆大学礼堂发表演讲《法币之前途》。26 日,在重庆《国民公报》发表《统制物价政策中之最高价与最低价》。针对国内出现发战争财苗头,指出:"在欧战时,欧洲各国虽征收暴利所得税,但发财者仍复不少。此点亦应早为之计,以免贫富阶级之尖锐化。故余极端反对通货之恶性膨胀。一则恐物价腾贵,贫民无以为生,不免铤而走险;二则物价飞涨,造成暴富阶级仇恨愈深,内部容易发生变乱;三则通货一经膨胀,恐无法制止,卒至价值大跌,战后欲图复兴,活动资本,已不可得。"3 月 5 日,在《时事新报》发表《日本支那通提出破坏法币之种种方案及其结果》。26 日,在《国民公报》发表《核减利率应以一般经济情形为对象》。4 月 30 日,在贵州《中央日报》发表《中国的专利法》。同月,在《时事月报》4 月号发表《论华北伪临时政府之币制统制及其对策》,剖析华北伪临时政府所行币制统制及其深层阴谋。春末,偕张澜同以国民参政会参政员身份赴四川达县视察,发表演讲,鼓励同胞们抗战到底。

马寅初 5 月 1 日就对日经济抗战形势与外汇政策发表乐观意见。7—13 日,全国生产会议召开,马寅初与刘大钧、钱新之等为行政院长指定代表。23 日,应重庆大学商学院一年级学生邀请演讲。同月,任重庆大学教授兼商学院院长,移居重庆大学教授公寓;由经济学家沈志远介绍认识周恩来、王若飞等共产党领导人,并与周恩来长谈。从此对共产党产生新认识,后马寅初视此年为自身政治思想与立场转折年;在《财政评论》第 1 卷第 5 期发表《论外汇平准基金》。6 月 28 日,在党政训练班发表演讲《中国之国际贸易》。下午,演讲《中国之国际贸易》。30 日,在浙江《东南日报》发表《中国之金融问题》。7 月 25 日,就重庆大学改省立为国立大学致行政院副院长孔祥熙书:"四川省立重庆大学自叶君元龙长校以还,校务蒸蒸日上,并聘初为特约讲座,半年以来,细心观察,学风校纪并不下于国立大学。惟因省立名义较差,尚不能负社会之期望,重庆为首善之区,而敝校以重庆为名,顾名思义似应改为国立。若援今重庆市府直隶钧院之例。当无不合也。敝校全体学生拟推代表晋退钧座,面陈一切,敬乞先示接见时间及地点,以便转告学生。日来养疴山中,如承赐教,请寄歌乐山大木鱼四号。"

按:1942年12月29日,国民政府行政院第594次会议通过决议,省立四川(重庆)大学改为"国立"。

马寅初9月30日在《经济动员》第3卷第7—8期发表《何以急需吸收国内资金》。10月,为《中日货币战》撰绪论。该书为战时综合丛书第五辑,节选马寅初、朱偰等8人著作及辑译日人文章,编为9章:论中日货币战、敌人之金融进攻、如何抵抗敌人的金融侵略、敌人统制华北外汇与中英借款、法币与日圆在中国、敌人对我货币侵略的失败等。同月,《中日货币战》由重庆独立出版社出版。12月13日,至重庆南开中学演讲《战后经济问题》。(以上参见徐斌、马大成编著《马寅初年谱长编》,商务印书馆2012年版;彭华《马寅初年谱简编》,《淮阴师范学院学报》2005年第1期)

顾颉刚5月收到西迁成都的齐鲁大学校长刘世传的聘任邀约。7月,以昆明地势高易失眠,决定应齐鲁大学之聘,并邀钱穆同往。9月,顾颉刚离开昆明赴成都就任齐鲁大学国学研究所主任,计划集中精力整理廿四史,使散乱材料串上系统而成各种专史之材料集,为将来正式作通史之基础。此时顾颉刚开始着手编辑中国民族史材料集,并讲授"中国古代史"课。顾颉刚对当时的研究生立下规诫:"五四运动以来,学者群作论文,以全力解决某一问题,笔记之调不弹久矣。然论文篇幅长,易生芜累,盖立一系统,有不得不加铺张者,既未处处作深研,自必不能无可击之瑕。学者当先从笔记下手。笔记者,或长或短,悉如其分,不多衍一字,有简洁之美。其为文可以自抒心得,亦可以记录人言,其态度可以严肃,亦可以诙谐,随意挥洒,有如行云流水,一任天机。此学术界之小品文也。故为笔记既多,以之汇入论文,则论文充实矣,作论文既多,以之灌于著作,则著作不朽矣。""是以学者之事,其最后标的固在大通,而个人修学,循序渐进,必先肆力于一曲,此正所以为大通之试验、之练习、之准备也。"(参见顾潮编著《顾颉刚年谱》,中国社会科学出版社1993年版;顾潮编《中国近代思想家文库·顾颉刚卷》及附录《顾颉刚年谱简编》,中国人民大学出版社2015年版;王学典《20世纪史学编年(1900—1949)》,商务印书馆2014年版)

钱穆6月撰成《国史大纲》,适昆明方屡遭空袭,乃于暑假携稿去香港交商务印书馆付印。乘便赴上海,东归苏州探视母亲。离昆明前,答应顾颉刚之约,任流亡成都的齐鲁大学国学研究所教授,并负责编辑《齐鲁学报》。在苏州获居耦园,于侍母之暇,晨夕在楼上,以半日读英文,余半日至夜半专意撰《史记地名考》一书。晚年回忆道:"余先一年完成《国史大纲》,此一年又完成此书,两年内得成两书,皆得择地之助可以终年闭门,绝不与外界人事交接。而所居林池花木之胜,增我情趣,又可乐此而不疲。宜良有山水,苏州则有园林之胜,又得家人相聚,老母弱子,其怡乐我情,更非宜良可比,洵余生平最难获得之两年也。"(参见韩复智编著《钱穆先生学术年谱》,中央编译出版社2012年版;王学典《20世纪史学编年(1900—1949)》,商务印书馆2014年版)

陈立夫继续任教育部长。1月12日,教育部边疆教育委员会第一次会议召开。该会由边疆教育问题讨论会改组而来,是负责蒙藏等边疆地区教育的学术机关。委员会委员除有一些政府机关的官员担任外,还聘任一些学者,如顾颉刚、吴文藻、黄文弼、荣祥等。27日,国民政府教育部训令各教育厅局:对战区退出的难民除予以救济外,应联络难民教育团体,对难民施以教育,以启发爱国思想,培养上进意志。2月10日,国民政府教育部颁发《战时图书杂志原稿审查办法》20条。《办法》规定:为适应战时需要,齐一国民思想,特组织"中央图书杂志审查委员会"。对出版图书杂志采取原稿审查办法,审查意见以国民党中央宣传部代表的意见为主,各大都市可成立地方委员会负责审查工作。3月1—9日,国民政府教育部在重庆召开第三次全国教育会议。出席、列席代表231人。蒋介石在会上作了题为"教育的当前任务"的训词,强调要以三民主义为教育的最高标准,实施抗战建国纲领,创造现代国家的新生命。蒋认为不必要有所谓常时教育和战时教育之争论。大会通过决议,以蒋的训词为全国教育最高指导原则。此次全国教育会议提案227件,决议125件,均是研究改避或加强各级教育以配合抗战建国的议案。

按:其中通过"教育部学术审议委员会为审查大学教员资格之机关之决议"及"补助学术研究及奖励著作发明案",是根据1938年4月在武汉召开的国民党临时全国代表大会上通过的《战时各级教育实施方案纲要》第十二条规定:"全国最高学术审议机关应即设立以提高学术标准"而制定。大会决定从1941年起,拨发专款,"列入文化教育事业费,为奖励学术研究及著作发明之用"。

陈立夫5月15日签署国民政府教育部发出代电:各级学校校训,经中国国民党蒋总裁建议规定为"礼义廉耻"四字,诚颁发遵照悬挂。31日,国民政府教育部训令规定每年8月27日孔子诞辰为教师节,原有的"六六"教师节自本年起废止。7月13日,教育部颁布《学术审议委员会章程》。章程规定该委员会有"审议全国各大学之学术研究事项""建议学术研究之促进与奖励事项",审核硕士、博士候选人资格等责任。该委员会由25人组成,部聘12人,国立专科以上学校选举13人。22日,国民政府教育部颁发《全国青年实施国民精神总动员具体办法》,通令学校、社会教育机关督促员生切实实施。实施办法要求改正醉生梦死生活,养成奋发蓬勃朝气,革除苟且偷生习气,打破自私自利企图,纠正纷歧错杂思想等。8月27日,重庆国民党党政当局联合举行孔子诞辰纪念。孔祥熙作《孔子遗教与民族前途》讲演。晚,陈立夫播讲《阐明春秋大义以纪念孔子》。9月4日,教育部颁布《大学及独立学院各学系名称》令。其中规定文学院设中国文学、外国语文、哲学、历史学及其他各系;法学院设法律、政治、经济、社会学等系。23日,教育部颁布师范学院分系必修及选修科目表。25日,国民政府教育部颁布《训育纲要》。该《纲要》对训育之意义、道德概念、训育之目标及实施方法有详尽阐述与规定。《纲要》规定以三民主义与理想之人生标准教育学生,使之具有高尚的志愿,坚定的信仰,与智仁勇的美德。在家为良善子弟,在社会为有为有守之分子,在国家为忠勇守法之国民,在世界人类为拥护正义促进大同之英雄。年底,国民政府教育部由高等教育司牵头,启动制定学术审议委员会章程。于次年3月呈准,随即由国民政府教育部公布施行。(参见中央教育科学研究所编《中国现代教育大事记1919—1949》,教育科学出版社1988年版;沈卫威《民国"部聘教授"评选和待遇问题》,《中山大学学报》2019年第4期;王学典《20世纪史学编年(1900—1949)》,商务印书馆2014年版;章恒忠、王亚夫主编《中国学术界大事记(1919—1985)》,上海社会科学院出版社1988年版)

罗家伦继续任中央大学校长。1月13日,罗家伦暨全体教师致电美国总统罗斯福和国会议员毕德门,要求美国对日本采取进一步之制裁。28日,本校学生自治会主办"一·二八"7周年扩大纪念会,特请李汉魂等4位将领到会讲演,与会军民5000多人。25日,致电美国不参加日本侵华行动委员会史汀生,望其抵制日货。27日,与蒋梦麟等12位大学校长致电美国国会议员。2月13日,在《新民族》第3卷第11期发表《目的与手段》,最后强调:

"教育的对象就是生命,教育的目的,就在发展人类的生力,智慧与人格,以引发他生命内潜的价值,使其同时在整个宇宙之中,与他部分相和谐,谋共进。所以教育不是准备生命的,教育本身也就是生命。康德说:'我们要以人为目的,不以为手段。'这固且是教育里颠扑不破的格言,同时也是现在机诈残酷的政治社会中所一刻不能忘记的真理。"27日,在《新民族》第3卷第13期发表《荣誉与爱荣誉》,文中指出:"人生的目的,不仅是为生活,而且还需要荣誉的生存。荣誉是人格光辉的表现,也是整个人生不可分解的一部分。没有荣誉心的人,就谈不上人格,漆黑黯淡的过一世,这种生存有何意义?"认为"真正的荣誉必须具备以下几个条件:第一必须能维持生命的庄严;第二必须能有所不为;第三必须是自足的,也是求诸己的;第四必须自尊而能尊人。总而言之,荣誉就是人格,是人格最光荣的完成!"3月29日,罗家伦与邹鲁等大学校长联名致电美国参议院,请其注意日本侵略事实。4月,本校"中苏问题研究会"邀请中共南方局书记周恩来作时事讲演,沙磁区各学校派代表参加。

罗家伦5月1日在《新民族》第4卷第2期发表《纪念"五四"》,文中回顾已经走过20年的"五四",提出:"五四"运动的产生,由于以下三个重要的因素:第一是新文化运动的影响;第二是蔡子民先生提倡正确人生观的影响;第三是民族国家意识的发达。由以上三个因素的交流,于是灌溉出"五四"运动灿烂的鲜花。"'五四'运动烧起了国家民族的烈焰,'五四'运动唤起了全国青年的觉悟,'五四'运动为国民革命——三民主义的革命增加了无数的生力军!'五四'的力量,太伟大了!"同时指出:"'五四'运动也有缺点:第一是大家虽有共同的民族国家意识,而无一致的政治意识,所以后来青年努力实现三民主义的固然很多,但相信他种主义的也不在少。这种政治意识的不统一,使国家演成了许多分裂复杂的现象。第二是'五四'运动以后,青年虽知道学问的重要,有不少的人在埋头苦干,但也有许多看不透澈的人,专以奔走呼号为事,不能切实在学问上苦干,流弊是演成了许多无理的学潮。第三是'五四'运动虽唤醒了许多青年,震动了不少的民众,但是这种力量,还不曾深刻的广泛的达到民间。这都是'五四'运动无可讳言的缺点。虽然'五四'运动有这些缺点,凡是现在有觉悟的青年,都应当一致改正它,可是'五四'的精神太伟大了!'五四'运动的本身太光明了! 在抗战建国的期间,我们应当特别纪念'五四'的精神始终是抗日的!"同月,《新民族》周刊停刊;教育部长陈立夫到校视察,令师范学院筹办童子军专修科。6月,举行第十二届毕业典礼。毕业229人。8月,奉教育部令,原开设的党义课改为三民主义课。9月,研究院正式招生。当年招生的有理科、法科、农科和工科四个研究所。10月,童子军专修科招收新生,修业三年。农学院农艺系增设农艺经济组。柏溪分校校舍竣工。一年级新生在柏溪开学上课。11月12日,罗家伦出席中国国民党五届六中全会。23日,三民主义青年团中央干事会成立,并组织中央监察会,罗家伦任常务监察。11月,罗家伦所著《外交与国际政治》一书由重庆中国文化出版社出版。12月20日,中缅文化协会在重庆成立,罗家伦出任会长,朱家骅、邵力子等任名誉会长。缅甸访华团出席成立大会。(以上参见刘维开《罗家伦先生年谱》,中国国民党中央委员会党史委员会1996版;张晓京编《中国近代思想家文库·罗家伦卷》及附录《罗家伦年谱简编》,中国人民大学出版社2015年版;章恒忠、王亚夫主编《中国学术界大事记(1919—1985)》,上海社会科学院出版社1988年版;南京大学高教研究所编《南京大学大事记1902—1988》,南京大学出版社1989年版)

朱希祖去年岁末因受张继委托撰写保存政府档案及筹设国史馆提案,颇留意中国历史上各朝保存档案方法及修史制度。1月9日,检寻《周礼》中保存政府文卷方法,抄录天府、大史、小史、外史所藏各种法令、案卷副本制度。10日,录《周礼》中司会、司书、小宰各职藏副制度。1月11日,撰《唐宋两代修史成法成时政配》一章。1月17—21日,朱希祖代张继撰《建立总档案库筹设史馆议》,略谓:"惟中国绵延不绝者,端赖历史悠久,取精多而用物宏,其势然也。然则自吾祖宗缔造历史,历代赓续,未有中绝,垂四五千年,而光照天壤,世界各国无与伦比,国土之大,人口之众,皆受历史精神融铸,断然不可分割,为子孙者,岂可妄自菲薄,不为之继续撰述,传之无穷,而自侪于无史国家乎? 夫欲续历史,不可不设国史馆,欲保存史料,不可不设档案总库。盖国家档案,为史料之渊海,国史之根柢,实为至高无上之国宝,当局缔造经营之苦心寄焉,国民劳苦建设之精神系焉,故保存之方,尤宜尽力讲求。"同月,国民党第五届中央执行委员会第五次全体会议期间,张继、吴稚晖、邹鲁等13人提交《请建立总档案库筹设国史馆议》,获原则通过。后国民党政府决定设立筹备委员会,委托朱希祖筹划其事。

> 按:朱希祖撰就多篇有关史馆修史的文章,阐述国家修史的重要性、历代修史机构的组织运作,总结反思古今中外国家修史的经验教训,制定国史馆的组织条例和选拔史学人才的条例。朱希祖认为设立史馆修史,从根本上是为了保全国史,增强民族自信心。他说,"民族之所以悠久,国家之所以绵延,全赖国史为之魂魄""盖吾族自有其历史,决不甘屈服于他族之下。是故亡史之罪,甚于亡国。国亡而国史不亡,则自有复国之日,何则,其魂魄永存,决不能消灭也"。

朱希祖1月21日宴请汪东、刘石函、沈刚伯、缪赞虞、金毓黻、张志远、郭量宇、姚琴友,下午2时,召开史学教授会,讨论教育部新定史学系课程。27日,撰《〈教育部新定史学系课程表〉审查意见》。2月1日,致信广益中学校长杨芳龄,推荐徐黻为核校国文教员。8日,朱希祖在《日记》中谈治史门径,谓"古人言作史须具三长:曰才、曰学、曰识,而姚姬传言作文亦须具三长,曰词章、曰考据、曰义理。词章属于才,考据属于学,义理属于识,二者本可相通,故决定今后治史。第一宜致力于文章,以司马迁、班固、陈寿、范晔、韩愈、章太炎为则,而以蔡邕、司马光辅之。第二宜专治一代历史,而考据其全体,庶不流为烦琐之考证。第三宜治社会科学及哲学论理学,则义理不致于偏颇寡陋"。11日,赴中央大学文学院院长娄光来宴,同席有方东美、缪赞虞、郭量宇、金毓黻、张致远、周培智等。3月3日,审阅刘节《中国古代氏族社会研究计划书》,当时刘节受中英庚款资助,至中央大学研修。5日,滕固、常任侠商议召开中国艺术史学会年会,以朱希祖及马衡、裴善元、刘节、宗白华、胡小石各会员均在此地。

朱希祖4月2日在《学灯》发表《古蜀国为蚕国说》,宗白华在所撰《编辑后语》中指出:"我们应该怎样恢复这传统的国家工业,也是目前生产建国中一个主要问题。"14日,撰《钱玄同师承记及评论》,录于日记。29日,朱希祖至中央大学柏溪分校史学系讲演《征兵制在中国历史上之胜于募兵制》。5月11日,中央大学文学院成立史学研究会,选举朱希祖为会长。20日,与金毓黻、缪凤林、刘节、常任侠渡嘉陵江至盘溪,考察汉石阙。6月25日,接教育部长函,邀请参加全国大学文学院课程讨论会议。26日,出席全国大学文学院课程讨论会议。7月11日,与长子偰谈杜诗源流,因朱偰将撰《杜诗评论》。17日,阅李石岑《超人哲学浅锐》,以振作精神。18日,与校长罗家伦晤谈,与金毓黻谈史学系事。22日,分别致信长子朱偰、女婿罗香林信,述己"萌退志意"。23日,致信姚从吾,述己"萌退志意"。8月5日,接中央大学下学年史学系主任聘书及教授聘书,其中主任聘书注明"本年请假"。8月6日,制定今后事业九等标准及下学年工作计划。8月30日,接考试院考选委员会委员长陈百年来函,聘朱希祖本年度高等文官考试典试委员。（以上参见朱元曙、朱乐川《朱希祖先生年谱长编》,中华书局2013年版;王学典《20世纪史学编年(1900—1949)》,商务印书馆2014年版）

金毓黻(静庵)继续交叉撰写《中国史学史》《宋辽金史》。1月6日,画宋辽金夏西辽分疆图。21日,出席朱希祖邀宴会。22日,在《学灯》发表《修改宋史考略》。同期还刊有陈独秀《小学识字教本自叙》、华实《平原——向往之一》等文,宗白华在为之所撰的《编辑后语》中提出"中国的文化是在黄河长江流域的大平原里建立起来的,它具有平原文化的特点"等观点。31日,整理《史学史稿》略竣。2月10日,以《史学考》中最近史学之趋势一章,送《新民族》周刊发表。11日,赴中央大学文学院院长娄光来宴,同席有朱希祖、方东美、缪赞虞、郭量宇、张志远、周培智等。22日,修改《史学考》第五章粗毕。24日,金毓黻访朱希祖谈学,朱希祖恳愿其事治南宋史以继邵晋涵之业。3月13日,金毓黻在《学灯》上发表为《沙坪坝中央大学农场区内发见古墓纪事》。同期还刊有常任侠《沙坪坝出土之石棺画像研究》等文,宗白华在所撰的《编辑后语》中赞扬神话中幽深玄渺的宇宙感觉和人生意义,对于中西文学深远的影响。26日,金毓黻撰《宋辽金史讲疏》契丹与汉人关系一章。27日,疏考称谓一事。4月28日,金毓黻访朱希祖,索阅朱希祖新作《汲冢书篇目考》。5月21日,撰《宋辽金史讲疏》宋与金之和战一章。6月3日,订补《史学考》全稿,竭一日之力,仍未能毕。7月18日,朱希祖与金毓黻谈史学系事。9月15日,修订《史学史》稿本,须费数日之力。18日,修正《史学史》稿本毕事,稍有增纂。是年,金毓黻等在重庆沙坪坝中央大学校园内清理汉代画像石棺墓,并调查附近的崖墓和石阙。

按:《中国史学史》主要论述了史官、史家、史籍的产生,官史、私史的区别,以及史学之重点在撰史、论史两个方面,撰史途径中的两个转折,史料在史学发展中的重要地位等等。关于《中国史学史》的评价,周文玖《中国史学史学科的产生和发展》(北京师范大学出版社2002年版)总结为四点:内容丰富,典籍整理条理有序;充分利用表格协助资料爬梳;透过"以类相从"原则,归纳整理各朝史书;吸收前人成果后,并于其中提出自身见解。此书的出版,是对梁启超史学概念的实践,同时也是对中国史学史,从上古至民国成就的总结。牟哥《金毓黻先生著述考》(东北师范大学硕士学位论文,2017年)将《中国史学史》的贡献归纳为三点:一是引用资料十分丰富,举凡中国重要史籍,无所不包,史籍类型多种多样。中国素来有著史传统,从古至今,史部一直都是不可忽视的,梁启超曾有中国史学如此丰富,为何没有"史学史"的质疑。《中国史学史》合理的编排了中国历史典籍,展现了中国史学发展的脉络,是难能可贵的。二是《中国史学史》非常注重表格的使用,如后汉史著作甚多(详见《中国史学史》第四章),作者根据《隋书经籍志》、两《唐书》相关记载将后汉史相关著作罗列出来,再进行分析,简洁明了,内容丰富,使读者一目了然掌握著作情况。再如《历代史官制度沿革表》分历代、史官、历官、附考四部分对史官的称谓、职责的演变进行了梳理。三是体例完整,充分吸收前人经验,《中国史学史》每部有小序及解题性质的著作。依照余嘉锡《目录学发微》可知,传统目录可分三类:第一类是归纳书籍部类之后,题以小序说明该类书籍之特性,并且在各书目下简略介绍该书,如《四库全书提要》《崇文总目提要》等;第二类是归纳书籍部类,题以小序说明,但不对各项书目介绍,正史之中所编列的艺文志、经籍志,如《七略》《别录》二书;最后是没有小序与书籍简介,如郑樵《通志·艺文略》和张之洞《书目答问》等。金毓黻《中国史学史》便是带有小序及图书解题性质的史书目录。如金毓黻在介绍"魏晋以来私家修史"等章节中,每章首段说明便是概述本时期的代表作及史学特色,综合运用表格来考察史书的大要。总之,金毓黻《中国史学史》体现了他在史学上的思考和见解,对今天中国史学史的编纂仍具有借鉴意义。(以上参见牟哥《金毓黻先生著述考》,东北师范大学硕士学位论文,2017年;朱元曙、朱乐川《朱希祖先生年谱长编》,中华书局2013年版;林同华《宗白华生平及著述年表》,载《宗白华全集》第四卷附录,安徽教育出版社1994年版;中国大百科全书总编辑委员会《中国大百科全书·考古学》,中国大百科全书出版社2002年版)

周培智从英国留学毕业归国。被聘为中央大学中国通史教授。1月10日,同日,由姚薇元、郭即述陪同周培智来访朱希祖,接洽所任"中国通史"课程。13日,周培智再访朱希祖接洽课程,朱希祖问其英国保存档案方法。同日,朱希祖《日记》载:"我国档案,当局既不注重历史,故亦不注重档案。此次迁都避难,外交部档案遗失甚多,国府图书馆保存之《清实录》及重要史料亦未迁出,沦为敌有,行政等五院及各部会档案恐亦不免有散失者,至于各院各部各会之成绩报告书,平日亦未见印刷流传者。史料沦亡,史馆虚设,将沦为无历史之民族,可哀孰甚?此后宜将档案及报告书,将可以发表者择要发表,改良政府公报内容,尽量发表,仿英国蓝皮书之意。其不可发表者,多录副本,正藏该管各机关郑重保存,副藏于行政院或国民政府之特设保存库,如周官之天府,视同国宝。国可亡,而此历史不可亡,则我民族或不致于沦灭乎。蓝皮书为鸦片战争史料甚多,可见其报告甚多。"(参见朱元曙、朱乐川《朱希祖先生年谱长编》,中华书局2013年版)

潘菽、吴藻溪、张申府、熊雯岚、周建南、葛名中(即葛春霖)等3月下旬发起成立"自然科学座谈会"。年初,由C.C派杜长明把持的中华自然科学社在重庆散布唯心论,挑起哲学论战,影响团结抗战大局。周恩来表示严重关切,要求徐冰约请吴藻溪、熊雯岚到川东师范学堂孟宪章处,希望他们设法联合科技、文化界人士成立一个组织,写文章宣传唯物主义,抵制这股妖风。同时邀请张申府、潘菽、周建南分头联系,参与最初筹备。"自然科学座谈会"接受自然科学组领导,活动地点设重庆打铜街,在曹家巷53号川康银行后院的巴克新工程师事务所。吴藻溪、熊雯岚、张申府、葛名中、孙克定等先后担任召集人。自然科学座谈会还成立了沙磁区(现沙坪坝)分会,成员为国立中央大学、重庆大学教师,主要有潘菽、梁希、金善宝、涂长望、谢立惠等。因为这些人住沙坪坝,交通不便,到主城一次实属不易,就经常自发地在中央大学开展座谈活动,讨论时局。"自然科学座谈会"名曰切磋学问,实为关心国事,自发地将座谈会与中国人民的抗日斗争连结在一起。潘菽的胞兄潘梓年时任重庆新华社社长,他们通过这层关系,常去新华社驻渝办事处《新华日报》听抗日形势报告、借阅进步书刊,有时也邀请对方前来参加活动。或以座谈会的形式,经常组织学习自然辩证法,树立新的人生观。4月1日,潘菽在《读书月报》第1卷第3期发表《学术中国化问题的发端》,认为学术必须要中国化,学术只有中国化才容易被人们所了解,学术中国化之后能更适合中国的需要,成为中国文化的有机组成部分,学术中国化要采取有机的吸取和同化的方法,不能机械地照搬外国的东西,要透彻地吸收西方的文化,注意研究中国的实际问题,把学术研究与实际相结合。作者又强调我们要抗战建国,要建设新的前进的中国,就必须有我们自己的学术,以解决建设上的种种特殊的问题,而同时我们也必须建立起中国自己的新的学术,因为新的学术是新中国的重要组成部分。但这种新的学术的建立,必须用有机的吸收方法和同化方法,而不能用机械的搬取方法。

按:潘菽指出,学术中国化虽然要细心参考过去的遗产,"但所要密切适应而加以推进的乃是现在的实际状况和要求,而我们的鹄的却在未来。这乃是'中国化'的正确意义"。又说,"学术中国化的意义,就是要把一切学术加以吸收,加以消化,加以提炼,加以改进,因以帮助解决新中国的建设中所有的种种问题,而同时也就使这种学术构成了新中国所将有的最进步,最高水准的生活和文化的有机部分而成为中国自己的,但因为如此也必将对于世界学术开始有宝贵的贡献而同样是属于世界的了"。因此,从这个意义上说,学术中国化是中国文化发展的一个新的、更高的阶段。

按:自是年至1942年期间,座谈会成员按照周恩来的要求,承担了《新华日报》科学副刊——"自然科学"专栏编辑,组织采稿、撰写体现通俗化、大众化、为人民群众服务特色,有强烈的辩证唯物主义倾向的文章。(参见南京大学高教研究所编《南京大学大事记1902—1988》,南京大学出版社1989年版;欧阳军喜《论抗日战争时期的"学术中国化"运动》,《中共党史研究》2007年第3期;孙帅《抗战时期"学术中国化"思潮述评》,《理论探索》2013 年第 6 期;郑大华《论"抗战建国"话语下"学术建国"的讨论》,《浙江学刊》2020 年第 3 期;郭祥《周恩来与自然科学座谈会》,九三学社重庆市委员会《社史研究》2018)

宗白华继续主编《学灯》。1 月 3 日,宗白华在《学灯》发表为缪凤林《从国史上所得的民族宝训》一文所写的《编辑后语》,指出从历史中引出的民族宝训,是历史哲学对于民族解放战争的贡献。1 月 8 日,在《学灯》发表为缪凤林《从国史上所得的民族宝训》(续)、王几道《严重的前后方医药设施问题》等文所写的《编辑后语》,特别指出民族体魄的健康与否,是创造灿烂文化的生理基础。22 日,在《学灯》发表金静庵《修改宋史考略》、陈独秀《小学识字教本自叙》、华实《平原——向往之一》等文,并为之写《编辑后语》,提出"中国的文化是在黄河长江流域的大平原里建立起来的,它具有平原文化的特点"等观点。29 日,在《学灯》发表为方令孺《信》、熊十力《答骊生书》、张默生《读大庄严经论》等文所写的《编辑后语》。

按:《编辑后语》指出:"古代各大宗教都产生了伟大的文学和艺术,由于宗教的热情幻想及宗教宣传底目的,自然会表现许多优美动人的文艺。"又说:"中国人缺乏宗教热情。所以史诗和剧典都不发达,文学偏于伦理的理智的或个人抒情的方面,只有一部屈原的《离骚》是例外,它蕴蓄着古代民间宗教的传统,发挥而成光芒万丈富有热情幻想的文学。"

宗白华 2 月 5 日在《学灯》发表为《英法德美军歌选》而写的《编辑后语》,指出:"民族的歌只能在民族一次最大的热情里迸出。时候到了! 看我们的歌也正在源源地流出!"26 日,《学灯》发表张宗孟《战时敌我财力供应的比较》、严文蔚《乐圣巴哈》等文,宗白华在《编辑后语》中强调在繁忙疲劳困苦的生活中,需要有唯美的人生观,"生命充实,圆满,勇敢,乐观。一个伟大的肯定,一个庄严的生命负责"。人们将在音乐世界中彻悟人生。4 月 2 日,在《学灯》上发表朱希祖《古蜀国为蚕国说》,并为之写《编辑后语》,指出:"我们应该怎样恢复这传统的国家工业,也是目前生产建国中一个主要问题。"8 月 20 日,《学灯》中断四个月,又复刊。在复刊的《学灯》上发表周辅成《文化的力量》一文,宗白华在所撰《编辑后语》中说:"中国农村和农民潜伏的伟力,在这次抗战中充分的表现出了。我们更希望从他们那诚实敦厚、纯洁勤劳的精神里而产生出我们新的文化尤其是文化的创造力。"9 月 17 日,在《学灯》发表钱克显《新闻政策论》等文,宗白华在所撰《编辑后语》中希望在抗战中建立起新闻政策。10 月 8 日,在《学灯》发表《征稿启事》。11 月 11 日,在《学灯》为《黑格尔及其辩证法》一文撰写《编辑后语》,高度评价黑格尔及其辩证法的精神;认为辩证法的特点,是想从我们的理知去把握那流动中的,发展中的历史的生命的意识中的现象。又指出,中国的《易》是一部动的生命哲学,所以它的方法也是属于辩证法的。(以上参见林同华《宗白华生平及著述年表》,载《宗白华全集》第四卷附录,安徽教育出版社 1994 年版)

缪凤林 1 月 3 日在《学灯》发表《从国史上所得的民族宝训》一文,《学灯》主编宗白华在所写的《编辑后语》中指出从历史中引出的民族宝训,是历史哲学对于民族解放战争的贡献。1 月 8 日,《学灯》续载《从国史上所得的民族宝训》。(参见林同华《宗白华生平及著述年表》,载《宗白华全集》第四卷附录,安徽教育出版社 1994 年版)

梁宗岱 1 月 15 在《学灯》发表《谈朗诵诗》一文,宗白华在所撰《编辑后语》中认为中国的音乐近于"诗",倾向于个人的独奏。西洋的诗却近于音乐,欢喜长篇大奏,繁弦促节,沉郁顿挫,以交响乐为理想。12 月 18 日,梁宗岱在《学灯》发表《莎士比亚底商籁》及其译作莎士比亚《商籁》,宗白华在所撰《编辑后语》中高度评价莎士比亚的成就说:"莎士比亚是个'世界的眼睛',超然地停留在这万千形象之上,把它们摩挲而雕塑出来,轮廓清楚像强烈的日光,而态度的幽冷却像一无情的月亮。"(参见林同华《宗白华生平及著述年表》,载《宗白华全集》

第四卷附录,安徽教育出版社1994年版)

　　王骏声2月11日在《学灯》发表《新实在论之知识外在关系说》一文,宗白华所撰《编辑后语》认为新实在论者提倡真理的多元说,强调真理是无限定的,宇宙常有新的真理发现。但新实在论没有把握到康德对于知识问题的深一层意蕴。(参见林同华《宗白华生平及著述年表》,载《宗白华全集》第四卷附录,安徽教育出版社1994年版)

　　常道直2月12日在《学灯》发表《教育合理化运动发端》,宗白华在所撰的《编辑后语》中说:教育是文化的接代,教育家的责任,是将人类真、善、美和技术方面的成就,传给后一代。教育的事业和方法,是一种技术,需要科学化、合理化。这是我们建设近代国家必经的过程。(参见林同华《宗白华生平及著述年表》,载《宗白华全集》第四卷附录,安徽教育出版社1994年版)

　　王平陵2月19日在《学灯》发表《通俗文学的理论和实践》,宗白华在所撰《编辑后语》中强调通俗文艺与第一流文艺之间的联系,指出通俗文艺不是文艺的低原,而是能从它矗立起万丈高峰的广大膏腴的平原。所以,每个画家应从返于自然做起,每个诗人要从返于民间做起。(参见林同华《宗白华生平及著述年表》,载《宗白华全集》第四卷附录,安徽教育出版社1994年版)

　　张宗孟2月26日在《学灯》发表《战时敌我财力供应的比较》、严文蔚《乐圣巴哈》等文章,宗白华撰写《编辑后语》。他强调在繁忙疲劳困苦的生活中,需要有唯美的人生观,"生命充实,圆满,勇敢,乐观。一个伟大的肯定,一个庄严的生命负责"。人们将在音乐世界中彻悟人生。(参见林同华《宗白华生平及著述年表》,载《宗白华全集》第四卷附录,安徽教育出版社1994年版)

　　常任侠3月13日在《学灯》发表《沙坪坝出土之石棺画像研究》。4月23日,常任侠在《学灯》发表常任侠《唐代乐舞东渐日本述略》等文,宗白华在所撰《编辑后语》中强调"我们现在不但要恢复国土,还要努力恢复这历史上荣誉的地位。哪能让一二意志薄弱的民族败类,断送中华民族的历史生命?"指出唐代是中国生活力最充实的时期,日本派留学生到中国,全盘接受中国文化,而一千年后的今天,报以中国的却是侵略和掠夺,唐代文明的影响到底在哪里?(参见林同华《宗白华生平及著述年表》,载《宗白华全集》第四卷附录,安徽教育出版社1994年版)

　　李长之3月19日在《学灯》发表《论思想上的错误》一文。宗白华在所写的《编辑后语》中说:"我觉得大多数人懒于思想,正合于一个社会要他们保守'正确思想'的目的。所以我们中国自从先秦诸子争吵以后,思想界懒到连错误也没有了。"他反问道:"像尼采那样整个生命苦闷燃烧于思想探索之中,不让一个问题轻轻放过,不让一个久已不成问题的问题逃过他的分析,中国有没有? 我们既缺少特立独行的思想家,自然也少有'荒谬绝伦'的创见。"10月8日,李长之在《学灯》上发表《〈柏拉图对话集〉的汉译》,宗白华写《编辑后语》,指出"中国人在这次民族自卫战中发挥出……千年来没有过的伟大热情和民族生命力,这预示着我们必有一个伟大的'文艺复兴'底到来,想象与智慧力底复活。而柏拉图是我们的一个最重要的导师"。11月19日,李长之在《学灯》发表《艺术领域中的绝对性必然性与强迫性》,宗白华为写《编辑后语》,认为近代科学,喜爱把"真""善""美"解释做主观的心理过程或社会心理的反映,解释成意识形态,而忽视其客观标准和社会价值。因此,以现代逻辑学、伦理学探索"真""善"范畴的客观性、绝对性、必然性、强迫性,来探索艺术领域"美"的范畴,也是很有必要的。(参见林同华《宗白华生平及著述年表》,载《宗白华全集》第四卷附录,安徽教育出版社1994年版)

伍蠡甫4月30日在《学灯》发表《笔法论——中国画的线与均衡》，宗白华在所撰《编辑后语》中指出："中国画在纸面上不用几何学的透视法，也不用光影明暗的晕染，却能下笔便有凹凸之形，此中妙诀，全在'下笔'二字。"又说："纸面上的画境是作家借托物象底描摹以写出胸中的宇宙和自心的韵律，这是造境。所造的境必是一个崭新的和谐的均衡的小宇宙。欲达到此目的，画家便不惜'变形''歪曲'来改造对象以完成自己的构图……。"（参见林同华《宗白华生平及著述年表》，载《宗白华全集》第四卷附录，安徽教育出版社1994年版）

文杰10月1日在《学灯》发表《就诗歌作品，略论英德法三国的国民性》，宗白华在所撰《编辑后语》中认为从民族的诗歌，也可以研究这个民族的灵魂深处，研究他的特性、作为把握他们之间战争的一面侧影。（参见林同华《宗白华生平及著述年表》，载《宗白华全集》第四卷附录，安徽教育出版社1994年版）

吴锡泽10月15日在《学灯》发表《法家与法治》，宗白华在所撰《编后语》中为中国法治精神的丧失而惋惜："中国'法治'的学说在商鞅、秦始皇、李斯的铁腕下已经相当地实现而成为历史的政治的事实：设若秦代不亡，让这'法治'和'反封建'精神打下了坚强的基础，则我们的历史文化里面何尝不能像欧洲有'罗马法'的法治精神。而我们也说不定早已成为一个'现代国家'了。"（参见林同华《宗白华生平及著述年表》，载《宗白华全集》第四卷附录，安徽教育出版社1994年版）

唐君毅10月29日在《学灯》发表《中国哲学中自然宇宙观之特质》，宗白华在《编辑后语》中提出要让我们的"中国精神"，能在世界上各种的文化人生能各尽其美，而止其至善，以在世界文化的花园里面放出奇光异彩。（参见林同华《宗白华生平及著述年表》，载《宗白华全集》第四卷附录，安徽教育出版社1994年版）

周辅成11月5日在《学灯》发表《笑——欧战爆发后检旧作》，宗白华所撰《编辑后语》，认为中国人对生活的态度是严肃的，但也常流露出孔夫子的"莞尔而笑"，中国带着这种笑容，经历了几千年的辛酸痛苦，成为世界上最长寿的民族。但这笑容，也使我们民族没有什么富有气魄的进步，也使我们的文学不容易产生真正伟大的悲剧作品。（参见林同华《宗白华生平及著述年表》，载《宗白华全集》第四卷附录，安徽教育出版社1994年版）

杨白华12月26日在《学灯》发表《屈赋中的鬼神——献与贞》一文，宗白华在《编辑后语》中高度评价屈原的诗歌中寄托浓郁想象和深沉的宇宙意识，自然情绪和对于人生赤裸的强烈的体验，有如希腊神话那样美丽。又说："近代'民族国家'的创始，都爱以自己民族底历史神话里窥见自己民族心灵的历史。而许多诗人都参加这'民族神话'的创造。歌德的《浮士德》不仅是创造了日耳曼人的民族神话，而且是代表着'近代西洋人'的生命神话了。"（参见林同华《宗白华生平及著述年表》，载《宗白华全集》第四卷附录，安徽教育出版社1994年版）

吴恩裕在英国伦敦政治经济学院毕业，获政治经济学博士学位。4月，学成回国，抵达昆明，经齐世英推荐，被重庆中央政治学校教务长张道藩聘为该校大学部，讲授西洋政治思想史。正式进入中央政治学校之前，张道藩让他从哲学角度，为时任教育部长陈立夫的《唯生论》提意见，吴恩裕一点也不客气，看完后提出若干问题，并应陈立夫之约，前往教育部谈过一个多小时。吴恩裕认为，"唯生论"不能包括自然界，只能讲孙中山的"民生史观"，否则逻辑上讲不通。吴恩裕精通逻辑学，该意见能够站得住脚，却动摇了陈立夫的理论体系，颇为对方所不快。后任国立重庆中央大学政治学系教授。（参见《吴恩裕文集》，商务印书馆2029年版）

何兹全接受中英庚款董事会的专款资助，在中央大学历史系研究魏晋南北朝史，并在该系讲授"中国通史"课。

中国现代学术编年(1911年—1949年)

唐德刚考入重庆国立中央大学(南京大学)历史学系。

陈裕光继续任金陵大学校长。6月11日,陈裕光校长住宅遭日机轰炸,农学院植物病理组张益诚死于日机空袭。9月25日,教育部社会教育司专函奖赞本校社会教育事业,并颁发奖金。10月25日,教育委员会与本校理学院在重庆合办干电池厂。是年,金陵大学设立社会服务部;受教育部委托,本校开办园艺职业师资科;金陵大学美国托事部委员伍洛德来校参观。(参见南京大学高教研究所校史编写组编《金陵大学史料集·陈裕光》,南京大学出版社出版1989年版)

吴南轩继续主持西迁重庆的复旦大学。1月1日,在《复旦大学校刊》(复刊号)发表《入川后之本校》,文中说:"我们的学校,由沪滨迁入四川,是不幸,也可说是大幸。巍巍学舍,沦于敌手,三十载经营,废于一旦,逼得我们千里长征,半年颠沛,得喘定息于荒村茅舍之间,这可以说是不幸,然而在相反的一面,也正唯敌人的炮火,使我们这支文化队伍,得有机会开入夔门。列阵于民族复兴根据地的四川,能更直接的参与这一次存亡绝续的民族大搏战,这可以说是大幸。至于员生生活上的颠沛困苦,更不妨当作环境对于我们的磨练,时代对于我们的洗礼看。""黄桷镇是嘉陵江畔的一个荒镇,人烟稀少,屋宇湫溢,自然没有现成的校舍可资应用。于是以庙宇为办公厅,以煤栈为宿舍。大风雨之夕员生衣被之淋漓,毕业典礼席上瓦片的飞坠,都是我们校舍简陋的最好说明。在物力人力两俱拮据的种种困难情形之下,我们的学校,居然能撑持下去,并打出了一个相当的局面,为日后的发展,铺就了坚实的基础。这一点,我们不得不归功于在李校长领导下的先先后后的复旦同人同学在30年间所辛苦缔造出来的一种学校资本——复旦精神。"最后谈到"但我们对学校的前途,也不敢作盲目肤浅的乐观。前面可能有很多的困难与波折,正像在'必胜''必成'的过程中,民族国家必须经过许多困难,波折一样。目前人力的不够是显然。我们虔诚恳祷马李两老校长,于来春'相辉堂'落成之后,翩然飞来,就近指导。马校天下之大老,民族之至宝;李校长为复旦之保姆。二老之来,对学校是一种绝大的"烟斯披里纯"。一部分旧日同人,暂时离去,不克入川的,我们也切盼他们陆续归来,共同参加工作。新的教职员,也自必络续延聘,以充实我们的阵容。南轩忝佐校务,不胜任重才轻之感"。

吴南轩校长鉴于复旦大学在北碚夏坝建校开课后,因数百随校迁川学生大多家在沦陷区,邮路不通、经济断绝,不仅无力交纳学费,就连日常生活费亦得靠学校补助。学校不仅需支付建校征地费用,更急需大笔校舍建筑费及教职员工薪、日常教学行政开支、学生生活补助等款项,虽然坚持不懈地为之四处奔波呼吁,亦难济于事,学校经济陷入极度窘境。3月17日,在渝校董于右任、孙科、叶楚伧、邵力子、程天放、余井塘、康心之等商议对策,认为唯有谋求国立,方能救复旦于绝境。并就国立事,与教育部进行了非正式接洽,当局则深表同情。同时将复旦谋求国立事由通报老校长李登辉等沪上校董。老校长李登辉对国立依然颇多忌讳,认为国立后,虽然经费有所保障,但学校名称、办学方针、学校行政机制、学校编制等必定受政府的掌控制约。以前国立、暨南大学等屡经变迁就是前车之鉴。国立兹事尚须得到留沪校董同意才行。为此,渝沪磋商,电文往还不绝。21日,沪上校董李登辉、金问诛、许晓初、江一平、奚玉书等复电:"渝校经费困难,请改国立,极佩苦心,惟改组后经如何保障,校董会是否存在,沪校如何维持,附中地点或为敌人藉口没收,如何避免,筹画所及,均盼电示。"25日,于右任等复李登辉等电:"马电诵悉,经与此间校董、校友磋商,国立后经费列入国家预算,自有保障。校董会名义无存在必要,同仁当仍本往日精神为校服务,泸校不必冠国立名,并当速谋补助,时机迫切,祈速裁夺电复。右任等有。"4月6日,李登辉等复于右任等电:"泸校决依电示,不称国立,仍沿用私立名义维持现状。惟泸渝既有国立、私立之分,泸校自以依教部十七年原案继续办理为是,如何盼复。"未几,复旦国立之议因故暂偃,改为由国府每年补助办学经费15万元,窘境稍得舒缓。6月29日,吴南轩致李登辉电:"改国立事,经缜密商讨,为策万全,而免流弊,金以增加补助费为宜,改国立问题,决予搁置,此项办法已得当局同意,特此电陈,余容函详。"7月24日,吴南轩致李登辉电:"国立决作罢论,补助费年增15万元,特达。"(参见《复旦大学百年志》编纂委员会编《复旦大学百年志:1905—2005》,复旦大学出版社2005年版;复旦大学档案馆选编《抗战时期复旦大学校史史料选编》,复旦大学出版社2008年版)

王星拱继续任武汉大学校长。1月2日,本学期新聘已来校的教授有:文学院朱光潜、冯承植、高亨、叶圣陶、鄢远猷;法学院吴之椿;工学院余灿昌、叶芳哲、王子香、张钟俊;理学院桂质廷、李国鼎。6日,武大第347次校务会议议决:设立"本大法规审委员会",推定葛扬焕、熊国藻、丁景春为委员,由丁景春负责召集。28日,武大开始兼办社会教育,有学术讲演,学术展览会,民众法律顾问。2月4日,日寇轰炸万县,炸毁武大西迁途中存于此地的精密仪器50余箱。这是日寇第二次直接对武大犯下的罪行。3月3日,武大第351次校评议会议决:校训校歌遵奉部令饬拟呈报应如何办理案,推定徐天闵、刘博平、朱光潜教授组织校歌撰拟委员会,由徐天闵教授召集。20日,武大在乐山举行首次"学术展览会",分理科、工科、美术、图书及体育表演五项同时举行。8月19日中午,日寇出动36架飞机,对乐山进行狂轰滥炸,全城商业区一片火海。叶圣陶、陶因、周鲠生、杨端六等30多位教授的家产全部毁于战火,叶雅各、蒋思道等20余位教授的财产大部损失。学生私人书籍衣物全部毁于战火者16人,局部毁于战火者有66人。这是日寇第三次直接对武大犯下的罪行。11月22日,王星拱校长聘朱光潜为教务长,高翰为文学院院长,刘秉麟为法学院院长,桂质廷为理学院院长,邵逸周为工院院长;刘赜为中文系主任,方重为外文系主任,高翰为哲学系主任,方壮猷为史学系主任,周鲠生为法律系主任,刘迺诚为政治系主任,陶因为经济系主任,曾昭安为数学系主任,桂质廷为物理系主任,黄叔寅为化学系主任,张镜澄为生物系主任,陆凤书为土木工程系主任,郭霖为械工程系主任,赵师梅为电机工程系主任,邵逸周为矿冶工程系主任;刘秉麟为法科研究所主任,杨端六为法科研究所经济部主任,邵逸周为工科研究所主任,俞忽为工科研究所土木工程学部主任。是年,武大修订《国立武汉大学行政组织大纲》,规定本大学设立下列委员会:聘任委员会、考试委员会、图书委员会、仪器委员会、财务委员会、训育委员会、体育委员会、卫生委员会、出版委员会、免费及公费审查委员会、学生贷金审查委员会、社教推行委员会。是年以后,武汉大学陆续增聘了近百名教授。例如叶圣陶、朱光潜、高亨、黄方刚、余炽昌、桂质廷、冯沅君、黄焯、李浩培、燕树棠、梁百先、钱歌川、杨仁、林春猷、萨本忻、王铁崖、彭迪先、李国平、白郁筠、戴名巽、王子香、张钟俊、朱君允、杨东莼、徐中舒、孙家琇、梁园东、唐长孺、缪朗山、吴宓、李剑农、张培刚、韩德培、周如松、叶峤等知名教授,均在这个时期先后应聘到武大执教。(参见吴贻谷主编《武汉大学校史(1893—1993)》,武汉大学出版社1993年版;张在军《西迁与东还:抗战时期武汉大学编年史稿》,秀威资讯出版社2013年版)

朱光潜为抗议教育部任命程天放为四川大学校长,辞文学院院长,转任武汉大学。上年年底,沙汀、周文及时将朱光潜带头反对更换四川大学校长,拟推行"党国教育"报告延安,得到中共的支持。周扬立即致信朱光潜,邀请他来延安访问,他接受了这一盛邀。陈立夫闻之,立即约朱谈话力阻,终未成行。1月20日,朱光潜给周扬复函,表达了渴望赴延安的心情,也流露出遭到阻挠的无奈。周扬与朱光潜的通信,显示了延安文化的吸引力,以及大后方知识分子、学者的苦闷和对延安的向往,也彰显了延安文艺的强大生命力、感召力。7—8月间,朱光潜与马一浮偶然谈起冯友兰5月新出版的《新理学》。11月,朱光潜邀请熊十力到乐山的武汉大学讲学,熊十力始劝朱光潜读些佛经。(参见宛小平《朱光潜年谱长编》,安徽大学出版社2019年版;孙国林编著,王佳钰、王增辉校订《延安文艺大事编年》,陕西师范大学出版总社2016年版)

叶圣陶继续任西迁乐山的武汉大学中文系教授,讲授国文和写作课。夏丏尊、叶绍钧合编的《国文百八课》被成都当局扣压查审。5月,《中学生》杂志改为《中学生战时半月刊》在桂林复刊,叶圣陶任社长兼主编。8月4日,日寇机袭桂林,《中学生战时半月刊》印刷所被震毁。11日,叶圣陶应四川省教育厅的邀请,到成都暑假教师讲习会讲演国文,讲习所设在华西大学。16日,为讲习会作演讲,题为《国文教学之目标》《国文教材之编选》。17日,又为讲习会作演讲,题为《阅读指导》。11月2日,作三篇《〈记物之文〉序》,付印后分学生阅读。30日,作《〈记地之文〉序》,付印后分学生阅读。是年,文协第二届大会在重庆举行,选叶圣陶等45人为理事。(参见商金林编《叶圣陶年谱》,江苏教育出版社1986年版)

苏雪林继续任教于武汉大学。8月19日,日军出动36架轰炸机,对风景秀丽的乐山古城进行最惨烈的轰炸,扔下数百枚炸弹与燃烧弹,全城四分之三街道、房屋遭烧毁,民众死亡千余人,受伤三千之众。武大师生员工伤亡甚惨重,教师寓所全毁者20余户,如袁昌英、周鲠生、刘秉麟三家合住鼓楼街的院落被夷为平地,部分烧毁十余家,教职员家属死亡7人,学生死亡5人,校工死亡2人,伤者几十人。后苏雪林作《乐山惨炸身历记》记此劫难:"我们的故乡大都沦陷,家产荡然,所千辛万苦携带入川的行李书籍,至此又为大火烧得精光。最可惜的,是同人二三十年所搜集之教材,所抄录之笔记,未杀青之文稿,珍罕之书籍,现也一下子都随劫灰而俱尽。大家相见,都摇头叹息道,以后不但著书,连当教书匠也不容易了。物质的损失,以后尚可慢慢补充,这类精神损失,却是永远不能挽救的。穷凶极恶的日本军阀啊,教我怎样不恨你!"乐山轰炸时,苏雪林因租屋在城西,距闹市稍远,幸免于大劫。事后为防止轰炸再受难,课余自购木料、木板于居所附近山洞自建防空避难所。开始撰写《炼狱——教书匠的避难曲》,真实细致地描写了这个时期的生活状况。(参见沈晖编著《苏雪林年谱长编》,安徽文艺出版社2017年版)

朱东润1月8日抵达重庆。14日,到四川乐山武汉大学报到。未久,开授《史记》研究课程,并撰《史记考索》。是年朱东润订立了他学术生涯中一个至关重要的计划——中国传记文学研究与写作,研究中国历代传叙文学的历史是计划的一部分,作为一种特殊形式的文学史著作,相关文献取之不易,朱东润便从各种类书、古注中辑录400多种魏晋别传、杂传作为主干,依靠史传、僧传、碑志为基础,加以系统论撰,著成《八代传叙文学述论》,为中国文学打开一条新路,也标志着朱东润的学术转型方向。(参见陈尚君《朱东润先生1939年的学术转型》,《文汇报》2014年12月5日)

冯沅君应王星拱校长之聘2月由广州来到乐山,任教于武大中文系,与苏雪林再度成为同事。冯沅君与苏雪林为女高师同班同学,1930年曾一同在省立安徽大学任教。(参见沈晖编著《苏雪林年谱长编》,安徽文艺出版社2017年版)

程天放继续任四川大学校长。元旦过后,国立四川大学教师罢教进入第三周。程天放、孟寿椿在校内拉拢分化,王缵绪、邓锡侯、潘文华在校外加紧调停。程天放提出要"建设新川大",并信誓旦旦地表示赞成学术自由的主张;现任院长、系主任、教授及教员全不更动等等,以此争取师生。程天放又运用所谓"党纪",劝阻国民党籍教师不再参加"反程"的集会和活动,并在报上公布张群支持的电文,以壮声势。王、邓、潘三人则联合在春熙路沙利文饭店宴请程天放及各位教授,并请地方绅耆及党政要员作陪。中共党组织通过学生提出"欢迎程天放,建设新川大""驱逐孟寿椿"的口号,大得人心。青年党学生亦以"反程"不能,如果"驱孟"成功,也称为胜利而拥护,所以极力促成"驱孟"。1月7日,复课请愿团于学校致公堂举行"驱孟"大会,并在报端发表声明。孟寿椿眼看大势已去,只好接受教育部命令离开了川大。9日,川大正式复课。一场声势浩大的"拒程驱孟"斗争,就这样以驱逐孟寿椿而告结束。事后,20余位深受学生欢迎的教授拒绝回校就职。朱光潜已和张颐、魏时珍、张文裕、熊子骏、黄宪章等先后到其他大学任教。于是程天放任命向楚为文学院院长,张洪沅为理学院院长,王善俭为农学院院长,邓锡侯的同乡好友傅况麟为秘书长。

程天放1月在"拒程驱孟"风潮刚一平息,即以保护学校安全,避免无谓牺牲为由,提出将川大迁往成都西南160公里的峨眉。4月,程天放呈准教育部,决定将校本部和文理法三院迁至峨眉,成都只留望江楼侧的农学院及理学院的应用化学研究处、测候所和植物园。5月中旬,学校提前放假,程天放率员先赴峨眉考察,决定利用峨眉山麓各大寺院为校舍,同时在峨眉山搭竹棚作为补充校舍。程回蓉后,立即成立了临时迁校委员会,办理迁校事宜。6月初,图书仪器等以1500部板车的运输量从水陆两路开始运送。由于搬迁十分仓促,运输条件很差,在搬迁过程中备受艰辛。运送桌椅仪器的木船在岷江中曾遇狂风被打翻,仪器箱子沉入江中,桌椅板凳满江漂流。运送图书的板车在山道上被抢劫,损失不小。一些教员的衣物等也有丢失,造成极大生活困难。搬迁过程犹如逃难,学校教学科研受到了很大损失。学校原定8月中旬在峨眉临时校舍复课,后来因临时校舍建筑不及,交通不便,图书仪器搬迁延期等,直到9月21日才正式复课。搬迁后的文、法两院设于伏虎寺,理学院设于保宁寺和万行庄,新生院设于鞠槽的将军府,校本部、教职员住报国寺、红珠山等处庙宇。学校迁到峨眉前后,形势发生了急剧的变化,进步势力处于极其不利的境地。而学校迁到峨眉之后,远离成都这样的政治中心,与广大民众比较隔绝;在这种情况下,也容易使一些师生倾向于埋头读书,不问国事,意志趋于消沉。而程天放在学校经营了将近一年,他的地位已经巩固,借着全国反共高潮的兴起,程天放背弃了曾向师生许诺的"建设新川大"的诺言,在学校厉行党化教育,对师生实行压制。(参见《四川大学史稿》编审委员会编《四川大学史稿》,四川大学出版社2006年版)

蒙文通继续任教于四川大学。1月8日,川大罢教罢课结束,9日正式行课。暑期,王玉璋至成都,得与蒙文通和金毓黻游。9月22日,顾颉刚至成都,住西川公寓。23日,在小天竺街遇蒙文通。26日,访顾颉刚。27日,招宴顾颉刚、杨叔明、周守廉、彭云生、冯汉骥、林名钧等。30日中午,应刘衡如、李小缘、商锡永宴,同至者有顾颉刚、梁思成、刘敦桢、冯汉骥、张西山、蒙思明、林名钧等。秋,程天放校长为更好掌握川大,借口日机接连轰炸成都,报请教育部同意将川大迁往峨眉山报国寺,蒙文通亦随之至峨眉。当时蒙文通专读两汉各家书,并及先秦诸子。当时蒙文通友钱穆受聘任成都齐鲁大学国学研究所教授,并担任《齐鲁学报》编委会主任。蒙文通与其交往颇为频繁。10月12日,四川省教育厅厅长郭有守重申建立省图书馆旧案,聘请蒙文通、蒋复璁、沈祖荣、向楚、顾颉刚、曹祖彬等15人为四川省图书馆筹设委员会常务委员,并在教育厅内举行第一次常务委员会会议。会议决议:

(一)省府指拨款项为建筑费及常年购置图书费;(二)呈请中英庚款补助3万元专作购买西文书费用;(三)储存款作筹备经费。16日,顾颉刚致信蒙文通。11月17日,马一浮致信蒙文通。(参见王承军《蒙文通先生年谱长编》,中华书局2012年版)

饶孟侃8月应国立四川大学聘,到成都任四川大学外文系教授,一直到1954年9月。在外文系主要讲授英国文学、英诗和莎士比亚。此前,四川大学学生方敬等人组织的文艺研究会于4月21日创办《半月文艺》,在当时川大师生间影响颇大,得到了饶孟侃等的鼓励和帮助。林栖在《五年来的文艺研究会》一文中说:"文艺的空气,这时也特别的活跃,文研会的会员由39人猛然增加到100多名,我们的导师也增加了有顾绥昌、饶孟侃、周熙良、刘盛亚诸先生,他们给了我们许多的帮助,忠实热忱地指导,是大家同学感激不忘的。"(参见周娥妮《诗人饶孟侃论》,广西师范大学硕士学位论文,2012年)

张维华是秋回到已迁至成都华西坝的齐鲁大学任教。当时迁至成都华西坝的有华西、燕京、金陵女大和齐鲁四所教会学校。其间,张维华和顾颉刚还一起主持了齐鲁大学国学研究所的工作,一时集中了国内20余位著名学者,像杨向奎、胡厚宣等都曾参与其事。同时制订了一套整理二十四史的计划,编辑出版《责善半月刊》和《中国文化研究汇刊》。次年出版《责善》半月刊和齐鲁大学《国学季刊》。(参见顾潮编著《顾颉刚年谱》,中国社会科学出版社1993年版;王学典《20世纪史学编年(1900—1949)》,商务印书馆2014年版)

萧一山出任中央训练团党政训练班讲座兼指导员。被聘为四川三台东北大学藏启芳聘为文理学院院长。蓝孟博被聘为四川三台东北大学历史系主任,金毓黻、丁山为历史系教授,蒋天枢、高亨、潘重规为国文系教授。萧一山又将《经世》特刊改为季刊。(参见萧树苓《萧一山先生生平大事记》,中国人民政治协商会议江苏省徐州市委员会文史资料委员会编《徐州文史资料》,1991年)

姜亮夫继续任教于西迁四川三台的东北大学。7月,应聘四川中等教员暑假讲习会,主讲语言文字。8月,游峨眉山及成都名胜。9月,复归三台。10月,为《金文图像考》及《纹饰研究》二文,未成而废。12月校补陶秋英所作《陆机年谱》,至次年2月粗成。后改为《陆平原年谱》。所撰《王静安先生所录伦敦〈切韵〉录本校勘记》一文,刊于东北大学《学林》杂志。(参见林家骊《姜亮夫先生年谱简编》,载《职大学报》2012年第4期)

曹禺继续任教于西迁重庆的国立戏剧学校。1月1日,《戏剧杂志》第2卷第1期"戏剧圈"刊消息:"中国第一届戏剧节……演出中最伟大者,为宋之的、曹禺二人改编之《全民总动员》""持志剧社,拟于最近排演曹禺之《原野》,由梅熹饰仇虎,路明饰焦花氏,懦征饰常五,彭幼卿饰焦大娘,宗祺饰大星,张中权饰白傻子,其他尚未决定。"15日,重庆《国民公报·星期增刊》以两个整版版面刊《第二期抗战文化工作的瞻望专页》,曹禺题为《眼前的工作》。19日,重庆市戏剧界在重庆国泰饭店举行座谈会,曹禺与应云卫、史东山、沈西苓、宋之的、葛一虹、赵铭彝、陈白尘、赵丹等20余人出席,并借此机会欢迎新近到渝的阳翰笙、郑伯奇、万籁天、郑君里等。22日,吴祖光编剧,曹禺等导演的戏剧《凤凰城》在重庆国泰大戏院演出。1—6月,国立戏剧学校举办"第一期战时戏剧人员短期训练班",曹禺与沈蔚德讲《编剧术》,各讲5小时。1月至次年6月,曹禺在国立戏剧学校任教务主任,并担任多门课程教学工作。3月22日,中华全国戏剧界抗敌协会在重庆新环球戏院举行第一届年会,会上修改了会章,改选了理事、监事。曹禺被选为第二届理事会理事。同月,中国回教救国协会在马宗融等倡议下于重庆成立"回教文化研究会"。曹禺与郭沫若、舒舍予、宋之的、阳翰笙、陶行知等非穆斯林数十人被吸收加入该会。国立戏剧学校奉令"疏散""乃于川南江安县城内觅得文庙暨毗连房屋若干",暂为校舍。4月9日,中华全国文艺界抗敌协会举行第一届年会,曹禺当选为第二届理事会理事。10日,国立戏剧学校全体抵江安。12日起即行上课。冬,接到周恩来同志的信,信及"周先生请去作客",自此结识周恩来。(参见田本相、阿鹰编著《曹禺年谱长编》,上海交通大学出版社 2017 年版)

岑家梧 7 月在昆明西南联合大学南开大学经济研究所作西南民族经济文化研究。9 月,任四川璧山国立艺术专科学校美术史、考古学副教授,图书馆主任,"中国艺术史学会"会员。是年,《八十年来中国文化运动的路向》《黄文山著〈文化学论文集〉》刊于《青年中国》第 1 期;《略论花苗与瑶人的几何纹样》刊于《今日评论》第 2 卷第 25 期;《抗战与边疆民族文化运动》刊于《更生评论》第 3 卷第 10 号。(参见《岑家梧文集》第四卷附录《岑家梧生平和主要著述年表》,海南出版社 2017 年版)

马一浮 1 月 15 日致书丰子恺。浙大将于下学期聘丰子恺为讲师兼导师,马一浮为浙大学生而喜,却遗憾自己将行入蜀,不能再相与论学。16 日,致书吴敬生,与其告别。17 日,竺可桢约项定荣、马一浮等人开宴,到 20 余人。月底,马一浮即将入川,有留别浙江大学诸讲友诗。2 月 15 日,马一浮抵重庆,分别拜会蒋介石。蒋介石仰其德望,先是派贵州大学校长张廷休接引车迎到宾馆,设宴劳之,并邀当时国民党政府考试院院长周钟岳陪宴。马一浮又拜会孔祥熙、陈立夫,并与陈立夫商定书院置于现行学制之外,教育部始终以宾礼相待。3 月 9 日,抵乐山。4 月 4 日,致书王星贤,寄书院缘起叙草稿。信中陈述自己的三个原则:书院属现行学制系统之外,不参加任何政治运动,任何仪式不随俗举行。同日,致书吴敬生。同月,因贺昌群之介与叶圣陶结识,两年中时常往还。5 月,撰《复性书院缘起叙》《复性书院简章》。

马一浮 5 月 16 日致书熊十力,商量书院学生津贴、是否为学生谋出路等事。24 日,致书熊十力,与之商定学生出路之事。6 月 19 日,致书谢无量。因战乱与谢无量失去联系,直到近日才有人告知谢无量九龙的地址。随信附《复性书院缘起》一文。同月,屈六文、刘百闵至乐山,马一浮与他们同游峨眉,商议书院事项。又致书梅光迪、张其昀,附《复性书院简章》,欲聘二位为书院筹办委员。7 月 1 日,致书熊十力。因马一浮自张立民、刘公纯处得知熊十力已应允联大之聘,为使熊十力如约前来,于信中再陈讲学之道。12 日,致书熊十力。熊十力云来书院"于理则可,于势则疑",马一浮回信云熊十力来与不来,"但当问理,不须问势"。马一浮亦责怪熊十力置身事外的做法非朋友爱惜之道。随信附聘书及行资。17 日,致书熊十力。熊十力认为马一浮所谓寺院式制度行不通,乃至书院的规模、讲习内容等方面,关于如何办书院二人分歧愈大。同月,马一浮发布《复性书院征选肄业生细则》;致书赵尧生,是年与赵尧生有书信数通,因在乌尤寺附近睹赵尧生山中石刻,故欲聘其讲诗教;致书刘百闵,商议书院基金及常费二事。月底,熊十力即将启程来书院,马一浮复书表示已为其预备住处,待熊十力到书院后,书院规制可再商榷。8 月 19 日,乐山遭到轰炸,熊十力受伤。书院众人避居乌尤寺尔雅台。因尔雅台面对峨眉山,马一浮此时又自称"峨眉老衲"。

马一浮 8 月 25 日复书金景芳,评价其《国学研究概论》。同月,致书汤孝佶,简叙书院缘由。询问旧印《四书纂疏》是否犹存,若书尚存,请运至乐山供学生研习。马一浮认为学生治经术当从此书入手。5—8 月,致书沈敬仲。沈敬仲允来相助,先生致书说明书院起步艰难,数经曲折方有起色,基金与经常费皆未实拨。9 月 16 日,致书陈立夫,并请转呈蒋介石、孔祥熙,告知书院开讲。17 日,书院开讲。开讲地点设于乌尤寺旷怡亭。11 月,接连致书刘百闵，因公库法施行，书院 10 月、11 月经常费久未划拨。先生拟请刘百闵等人以筹委会的名义面告陈立夫部长，使蒋介石直接下令划拨款项。9—12 月间，致熊十力书数通。于熊十力被炸伤腿后向其致歉，责怪自己未能安排妥帖，请熊十力切勿萌生去意。12 月，作《提议从速成立董事会，增广师生及刻书与讲学并重两种办法》。（参见张雨晴《马一浮学术年谱整理(1911—1949)及其儒学践履活动研究》，贵州大学硕士学位论文，2019 年）

熊十力所著《中国历史讲话》5 月由中央陆军军官学校石印。此书原为上年春熊十力移居璧山，为邓子琴、钱学熙、刘公纯、陈亚三、刘冰若、王绍常、任昉诸生讲民族精神、种原及通史记录的讲稿，旨在通过对中国历史的探讨，为各民族团结抗战提供依据。作者基于"发扬民族精神莫切于史"的理念，重点论述"种原"和"通史"两大内容，试图证明汉、满、蒙、回、藏五族同源，历史上早已融为一体的中华民族具有极顽强的生命力，是不可战胜的。同时还批评了专制主义制度。尽管此书人类学与民族学的依据不足，但充分体现了作者的忧患意识和爱国情怀。夏，熊十力有嘉州（乐山）之行，应马一浮聘，任复性书院主讲宋明理学。8 月 19 日，熊十力在乐山遇寇机轰炸，寓居全毁于火，左膝受伤。9 月 17 日，熊十力作《复性书院开讲示诸生》，在书院规制及用人等问题上，与马先生有点意见不合，约于 10 月中下旬离开复性书院。当时武汉大学已迁至乐山，熊十力曾到武大短时讲学。返回璧山后，与梁漱溟等借住来凤驿古庙西寿寺。冬，熊十力与学生韩裕文移居来凤驿小学校长刘冰若处，指导韩译《新论》为语体文，转变章译完。欧阳竟无先生致书批评熊十力。（以上参见郭齐勇编《中国近代思想家文库·熊十力卷》及附录《熊十力年谱简编》，中国人民大学出版社 2014 年版；王学典《20 世纪史学编年(1900—1949)》，商务印书馆 2014 年版）

牟宗三撰写《逻辑典范》一书。秋，自昆明赴重庆。奔璧山之凤驿拜谒熊十力，小住数日后返回重庆，再度主编《再生》杂志。始与唐君毅相识而神交，从此成为一生最好的挚友。分别于《再生旬刊》第 30—31 期、第 33—36 期发表《说诗一家言》（格调篇、唐雅篇、诗意篇）和《时论》（一论纵与横、二赞封建、三箴现代、四究天人）以及《论现实主义》等文。（参见王兴国编《中国近代思想家文库·牟宗三卷》，中国人民大学出版社 2015 年版）

张伯苓继续任西南联大常委会常委，又任国民参政会副议长，因此多居留重庆，其主要精力也转向政务。1 月 4 日，张伯苓在重庆南开中学"周三学生集会"上斥责汪精卫所谓和平之论调，号召抗日到底。9 日，周恩来偕邓颖超来重庆南开中学向师生作报告。张伯苓陪同并亲自介绍。周恩来演讲《抗日必胜的十大论点》，并称"我也是南开的学生，张校长是我的校长，在座的老师有的也是我的老师，能够回到母校与老师和同学见面，畅谈国家大事，感到十分高兴"。10 日，南开校友总会在重庆举行首次聚餐会，张伯苓偕夫人参加。周恩来应邀出席，即席发表《抗战救国与南开精神》的讲话，称"南开传统的精神为抗日与民主，为苦干、实干与穷干"。11 日，邀周恩来在重庆南开中学"周三学生集会"上作《抗战形势》报告。张伯苓介绍称，周恩来校友是南开优秀学生，离校后，奔走国事，卓著勋劳。14 日，蒋介石与在渝的国民参政会参政员张伯苓、张君劢、左舜生、李璜等举行谈话会，垂询抗战前途。张伯苓表示，"今日之事，在能战不能战。如能战，必抗战到底，义无反顾"。20 日，重庆南开中学遭日本飞机空袭。23 日，接国民政府文官处公函，称国民党中央执行委员会推定蒋介石任国民参政会议长，即致电贺："伯苓谨代表本会全体同人，虔致欢迎之忱。"27 日，与国立中央大学校长罗家伦、国立北京大学校长蒋梦麟、国立清华大学校长梅贻琦等联名致电美国国会参众两院议员，对于诸公力持九国公约中之原则，敬致深谢。

张伯苓 2 月 1 日会见由昆来渝的蒋梦麟。12 日，第一届国民参政会第三次大会在重庆开幕,蒋介石、王世杰、张伯苓等人先后致辞。张伯苓致辞历述国家遭遇艰难而终于克服的事实,并称深信国家民族必可转危为安。是日至21日,张伯苓等参政员出席第一届国民参政会第三次大会第一至第九次会议。2月16日,张伯苓约冯玉祥在重庆南开中学作《抗战建国》报告。3月3日,主持国民参政会驻会委员会会议。同日,为西南联大用地事,与蒋梦麟、梅贻琦联名致函云南大学商议。5日,第三次全国教育会议召开,张伯苓在大会教育组提"会考制度应废止案",认为会考不能作为评判学校优劣根据。评定一个学校,应以学校设备、教师资格、教学方法、训练方针,及行政效率等优劣为标准,不能以知识考查,作为评判学校唯一根据。7日,在第三次全国教育会议体育军训组提出,"确立体育行政之系统组织,加强推行力量案",用达普及体育目的。同时,提出"请中央及地方政府增列体育经费案"。12日,重庆南开中学第四次董事会在张群公馆大溪别墅召开,张伯苓、张群、何北衡、卢作孚、胡仲实、何九渊等董事出席,喻传鉴列席,张群主持会议。上次校董会决定将南渝更名为南开后,即呈请四川省政府转呈教育部备案。

　　张伯苓3月15日在重庆南开中学"周三学生集会"上作《抗战精神总动员》演讲。18日,由重庆飞抵昆明,寓金碧路复兴村59号南开经济研究所办事处。25日,出席在昆明联大办公处召开的西南联大第一〇五次常务委员会会议,会议研究1939年度增加经费问题。同日,昆明400多南开校友在西南联合大学开会欢迎张伯苓,林同济教授主持并致辞,称南开的伟大,在于它不只是一个寻常的学校,它代表一个人格。如果要找一个活的象征,就请大家看一看我们的校长。张伯苓发表《南开校友与中国前途》演讲,希望南开校友"本着南开'公''能'校训往前去"。6月27日,出席在昆明西南联大总办公处召开的常委会,会议由梅贻琦主持。会上张伯苓报告战时征集图书仪器委员会开展工作的情形。7月4日,出席西南联大校务委员会会议,会议由梅贻琦主持,冯友兰记录。同月,1939年度国立各院校统一招生。张伯苓、蒋梦麟为昆明区招生委员会主席。8月2日夜,张伯苓赴行政院参加成志会会议,任主席。25日,致函中央大学童冠贤,同意出席招待印度总理尼赫鲁的茶会。9月1日,三青团中央监察会于重庆成立,张伯苓被团长蒋介石选派为监察。后张伯苓升为常务监察。9月3日,张伯苓在重庆南开中学作《我怎么办南开》演讲。9日,张伯苓出席在重庆举行的第一届国民参政会第四次大会。蒋介石、王世杰、张伯苓等人相继发表讲话。张伯苓在讲话中简要回顾了国民参政会前三次大会的情况和召开时的国内外现实状况。最后建议与会同人,针对目前敌人的阴谋,作一种严正表示,给国民一种正确的启示,使全国人信任政府,信赖领袖,必能获得最后胜利,求得国家之自由与独立。是日至16日,出席第一届国民参政会第四次大会七次会议。

　　张伯苓精心筹建的南开大学经济研究所同月在重庆南开中学内恢复,以何廉任所长,研究室主任方显廷为代理所长。研究所董事会共14人,决策和筹划经费来源,张伯苓为当然董事。招研究生10人,正式开始工作。10月9日,张伯苓在教师节重庆南开中学教职员聚餐会上发表讲话,称专心致志于教育工作很有乐趣,除了那种醉心金钱与物质享受的人,谁也会以教育的乐趣来得高尚。并谓"教学相长""即是教师以学生的反应来测量自己教学有进步"。11月7日,俄国十月革命22周年纪念,应邀出席苏联大使馆庆祝酒会。苏联新任驻华大使潘友新出席并招待。8日。在重庆南开中学纪念俄国十月革命22周年大会上发表训话,称"中山先生教学生立志做大事。然余认为不必人人做大事,但须做善事而使之精良"。14日,重庆南开中学第五次董事会在张群公馆大溪别墅召开,张伯苓、张群、卢作孚、胡仲实、何九渊、康心如等董事出席,喻传鉴列席会议,张群主持会议。会上由喻传鉴报告学校情况。12月,在中央训练团党政训练班演讲《学校训育问题》。首先谈到教育问题。过去的教育制度,几乎全是模仿外国,而且只是学到一些皮毛,以致中国的教育,每况愈下。这种教育不特不会发生效力,而且贻害青年非浅,于社会国家毫无裨益。他批评一般教育界只图敷衍,找不到正确的目标。今后的教育,要改变只管授课,不注意学生体格、不关心学生日常生活的观念;要廓清自由的思想。今天我们必须团结一致,争取国家的独立自由,才能够谈到个人的自由,现在世界有强权无公理,只有从奋斗牺牲里去争取自由平等,才是合于真理,才算是了解自由真意义。关于今后训育的要点,张伯苓谈了注重体育、讲究训导方法、厉行政治训练等三个问题。是年,教育部特组图书征集委员会,向英、美等国征募图书,张伯苓出任会长。(以上参见龚克主编《张伯苓全集》第十卷附编《张伯苓年谱》,南开大学出版社2015年版)

周恩来和邓颖超1月初应邀出席位于重庆沙坪坝的南开中学举办的校友座谈会,在会上就统一战线、抗战形势与前途、青年在抗战中的责任等问题发言。1月5日,中共中央书记处提议在华南及西南各省成立的中央局名称为西南局,由周恩来、博古、凯丰、张文彬、徐特立、吴玉章、叶剑英、廖承志、吴克坚、邓颖超、刘晓、高文华、董必武13人组成,以周恩来为书记。除管理华南、西南各省外,并管理江西、上海的工作。南方局设重庆,桂林设办事处。2月上旬,周恩来应中华职业教育社创始人黄炎培之请为《国讯》杂志撰写《今年抗战的新形势与新任务》。文中指出:努力建军,努力建设国防经济,努力于敌后工作,以巩固抗战必胜、建国必成的信念,应该是今年克服困难,渡过难关,造成敌我相持,准备反攻的坚定不移的路线。文章连载于《国讯》第196、197、198期。14日,和邓颖超等出席国际反侵略大会中国分会举行的茶会,并发表讲话。16日,同叶挺离开重庆,飞抵桂林。同日,一起出席白崇禧主持的国民政府军事委员会军训部成立周年会。周恩来在会上讲话,阐述军训工作的重要性。3月18日,应浙江省主席黄绍竑之邀,抵达浙江金华。当晚同第十集团军参谋长徐旨乾、《浙江潮》主编严北溟谈至深夜。3月26—28日,经桐庐、富阳、萧山三县,于28日晨抵绍兴。出席绍兴专员公署召开的有各界人士和各民众团体代表参加的欢迎会。在会上,发表长篇讲话,谈来浙感想、国内外形势,并回答各界人士提出的问题。

周恩来3月出任新成立的国民政府军事委员会战地党政委员会委员。蒋介石任主任委员,李济深为副主任委员,周恩来等13人为委员,邵力子为秘书长。4月5日,周恩来会见骆耕漠、邵荃麟等,对抗日文化工作提出意见。下午,应金华县教育文化事业委员会及战时青年读书会之邀,到抗日自卫会演讲,号召努力抗战。4月底,周恩来到桂林。在桂林期间,出席桂林文化界夏衍、田汉、欧阳予倩等100余人举行的欢迎宴会,会见了杨东莼、胡愈之、张志让、千家驹、周钢鸣、张铁生、刘季平、林林、姜君辰等文化人和爱国民主人士。并为国民政府军事委员会政治部在桂林举办的日语人员训练班全体学员演讲《如何粉碎敌人的阴谋》。又会见为纪念五四运动前来采访的《救亡日报》记者姚潜修,指出"我们纪念'五四',应该继承它的积极优良传统,为民族解放运动,科学和民主运动,发扬它的光荣历史,以有利抗战建国"。《救亡日报》于5月4日发表姚潜修写的"五四"二十周年访周恩来的报道。5月初,周恩来回到重庆。31日,发表广播讲话《二期抗战的重心》。(以上参见中央文献研究室《周恩来年谱1898—1976》,中央文献出版社1998年版)

吴玉章1月11日出席《新华日报》周年纪念同乐会。13日,中共中央南方局正式成立,吴玉章为常委。2月12—21日，出席在重庆召开的国民参政会一届三次会议开幕式，担任第二提案审查委员会委员。根据中央"冷漠态度"指示，以病而多请假缺席。提出或附署提出《请确立民主法治制度以奠定建国基础案》《拥护蒋委员长严斥近卫声明并以此作为今后抗战国策之唯一标准》和《加强民权主义的实施、发扬民气以利抗战》等提案。25日，《新华日报》就吴玉章所提议案精神发表《民主政治问题》社论。3月2日，议长蒋介石参政会上提出组织川康建设期成会。会后又指定吴玉章、张澜等14人为川康建设期成会会员，并由期成会组织川康建设视察团。吴玉章辞不赴会。26日，中法比瑞文化协会在重庆市成立，任理事。

吴玉章5月6日以后住北碚北温泉夏观楼，一边休养，一边工作。主要关注统一战线工作，团结争取卢作孚、卢子英等地方实力派人物；指导由中共中央统战部派来担任卢子英的《北碚月刊》社主任汪巷的工作；和住在北碚的陶行知时相往来，关注陶行知的教育实验，大力支持陶行知创办育才学校；应卢作孚、卢子英之邀出席集会并发表演讲。7月，应邀在陶行知生活教育社举办的暑期共学会任教，讲授《中国近百年史——中国现代革命运动史》。同月下旬，回延安。8月2日，出席中共中央政治局会议，讨论对国民参政会一届四次会议的态度问题。23日，和林伯渠、陈绍禹由西安飞抵重庆。就国民参政会的召开对《新华日报》记者发表谈话。8月底至9月上旬，中共参政员先后分别拜访张治中、邹韬奋、冯玉祥、陈诚、郭沫若、孔祥熙、于右任、谭平山、叶挺、章乃器、李杜、邵力子、沈钧儒、张澜、何应钦。拜访了蒋介石，并接受了蒋介石、宋美龄的宴请。从郭沫若处得到国民党绝密文件《防制异党活动办法》。9月1日，与陈绍禹、博古、林伯渠会见正在重庆作国事访问的印度国民大会领袖尼赫鲁。双方就中国抗战形势、中国反帝民族斗争与内部阶级斗争关系、国共合作及各党派合作、苏德协定与对欧洲和远东的影响等问题交换了意见。4日午后，中共代表在红岩八路军驻重庆办事处举行茶话会欢迎尼赫鲁。尼赫鲁对不能应毛泽东之邀去延安非常遗憾。8日，和毛泽东、陈绍禹、林伯渠、董必武、秦邦宪、邓颖超等中共参政员联名发表《我们对过去参政会工作和目前时局的意见》，就政治、军事、经济、财政、外交、党派合作等6个方面声明了中共的立场、态度和意见。

吴玉章9月9—18日出席国民参政会一届四次会议。16日，晤潘公展。23日，与陈绍禹、秦邦宪、潘梓年、吴克坚等中共代表和《新华日报》董事会成员，就《新华日报》刊载毛泽东在延安接见中央社、《扫荡报》和《新民报》记者的谈话而被迫停刊事，向国民党新闻检查局、中央宣传部和最高当局提出抗议和交涉。同月，在南方局青委举办的青年干训班讲授中国近代革命史。10月1日，应邀出席参政员褚辅成、张澜、沈钧儒等13人发起的宪政问题座谈会。参政员褚辅成、江恒沉、莫德惠、张澜、章伯钧、胡石青、沈钧儒、李璜、左舜生、张君劢、张申府、王造时等13人，在重庆市银行公会邀请各界关心宪政人士举行宪政问题座谈会，到会百余人。吴玉章、董必武及《新华日报》社长潘梓年应邀出席。10日，在《新华日报》发表《今年纪念双十节的两大礼物和几个希望》。18日夜，为国民党新闻检查机关不准《新华日报》发表毛泽东在延安与中央社、《扫荡报》《新民报》二记者谈话事，受南方局委托，夜晤国民党中宣部长潘公展。潘氏无法推诿，只好答应电话新闻检查机关允发。19日，与陈绍禹、秦邦宪、董必武、叶剑英和新四军军长叶挺等应邀出席重庆文化界发起的鲁迅先生逝世3周年纪念大会。11月1日上午10点，与陈绍禹、林伯渠会见来访的黄炎培。黄炎培谈社会所传八路军输入敌货事以及前方国共军队摩擦事。2日，与林伯渠、陈绍禹应邀赴黄炎培寓所午饭。

董必武 1 月 4 日致电党中央并转林伯渠:由埃德加·斯诺等发起、由路易·艾黎主持、设在行政院之下的中国工业合作协会,拟在延安设该会办事处,以推进陕北手工业合作事业。经费由该会出,人员我方选用。16 日,中共中央南方局正式成立,由周恩来、秦邦宪、何凯丰、张文彬、徐特立、吴玉章、叶剑英、廖承志、吴克坚、邓颖超、刘晓、高文华、董必武 13 人组成,以周恩来为书记。21 日,董必武和黄炎培等出席在重庆的参政员茶话会。2 月 12—20 日,与吴玉章、林伯渠、邓颖超出席第一届国民参政会第三次大会。14 日,被推选为第三审查委员会(内政组)召集人之一。18 日,在第三次大会审查会上提出《加强民权主义的实践发挥民气以利抗战案》,要求国民党政府对各党派予以法律上的保障,遭到国民党参政员的反对,经修改通过,但面目皆非,很为失望,故请假退席。又因所提案未圆满解决,国民党不允许其他政党有合法地位,再次退席,以示抗议。20 日,当选为第一届国民参政会第三次大会休会期间驻会委员会委员。3 月,经与周恩来研究,决定派张友渔参加国民党政府新成立的战地党政委员会,以设计委员名义常与李济深、冯玉祥等人士联系,并以文化人的身份从事文化运动和民主运动,主要是参加以沈钧儒、邹韬奋为首的救国会。董必武向张指出:救国会在抗日民族统一战线中起着重要作用,在社会上有较大影响,同我党合作很好。要尊重他们的意见,不可强加于人,他们如有人和我们有分歧,也要争取团结,不可排斥。

董必武 4 月为南方局为加强党的建设,与周恩来、何凯丰、秦邦宪、邓颖超等南方局领导同志为学员讲课。5 月 1 日,在《新华日报》上发表《五一节与我国工人运动》一文。4 月 24 日,到胡风寓所,转达周扬邀请胡风到延安鲁迅艺术学院任文学系主任,征求他的意见。7 月 12 日,在《新华日报》上发表《我国抗战两年来的民众运动》一文。8 月 1 日和张澜、沈钧儒、李璜、冷遹、章伯钧等,应黄炎培、江问渔、邹韬奋的邀请,参加午餐聚会。8 日,和李璜、沈钧儒在张澜住所宴请邹韬奋、章伯钧、黄炎培、林虎、江恒源等人,讨论有关第四次参政会的提案问题。15 日,和张澜、李璜、邹韬奋、黄炎培、江恒源、曾琦等举行聚餐会,再次讨论第四次参政会的议案,商定由董必武负责提出发动民众问题一案。22 日,接受《新华日报》记者的访问,谈对国民参政会第四次大会的希望。9 月 9—18 日,和林伯渠、秦邦宪、陈绍禹、吴玉章出席第一届国民参政会第四次大会,被推选为第三审查委员会(内政组)三个召集人之一。在本届参政会上当选为一届国民参政会第四次大会休会期间驻会委员会委员。和张君劢、张澜、史良等 19 人,被会议指定为国民参政会宪政期成会委员。

董必武和吴玉章、潘梓年 10 月 1 日一起应邀出席张澜、沈钧儒等 13 人在重庆市银行公会举行的宪政问题座谈会。会议除对如何促进宪政之实施等问题进行座谈外,还一致议决,经常举行座谈会,并组织一民众团体,协助宪政的实施。同日,出席褚辅成、沈钧儒邀集的促进宪政实施座谈会。会议决定继续举行座谈会。18 日,和秦邦宪出席在重庆召开的第二次"宪政座谈会",到会各方面人士有七八十人,讨论"宪政与抗战"问题。19 日,和陈绍禹、秦邦宪、吴玉章、叶剑英、叶挺出席重庆文化界发起的鲁迅先生逝世 3 周年纪念大会。11 月 7 日,和秦邦宪代表中国共产党,出席苏联驻华大使馆为庆祝苏联十月革命 22 周年而举行的招待中外各界人士的茶话会。25 日,向中共中央报告 24 日宪政期成会二次会议情况,并请示对国民代表大会组织法、选举法以及宪法草案所应采取的态度。30 日,宪政促进会筹备会在重庆巴蜀小学举行首次会议,到会 50 余人。董必武和孔庚、张申府等 25 人被推为常委。(参见《董必武年谱》编纂组《董必武年谱》,中央文献出版社 1991 年版)

潘梓年继续任新华日报社社长。春,周恩来嘱咐新华日报社社长潘梓年协助在重庆的一批科学家组织成立"自然科学座谈会"。参加这个座谈会的有梁希、潘菽、金善宝、涂长望和谢立惠等近20人。2月4日,《新华日报》发表社论《加紧沦陷区的文化工作》,指出敌后急需大量文化工作人员,号召从事救亡工作的文化人到敌人后方去。4月9日,为纪念"文协"成立1周年,《新华日报》发表社论《用笔来发动民众捍卫祖国》,号召"广大的作家群到敌人的后方去""加强'文章入伍'的工作""实现'文章下乡'"的口号,揭露日寇的暴行。该报还以第四版整版篇幅刊登了胡风、欧阳山、梓年、葛一虹等人的祝贺文章。15日,潘梓年在《理论与现实》创刊号发表《新阶段学术运动的任务》,文中涉及"中国化"与"抗战建国"两个层面的内容。潘梓年说,学术中国化的任务,就是"要用这个科学方法,去研究中国历史,中国的社会形态,中国社会在抗战中所起的各种变化,怎样来使这些变化向进步的方向走去,更快的发展前去,这样来建立起中国的社会科学。去研究中国自然环境中的各种资源动力,运用这些资源动力来建立起中国的现代化的各种国防工业及其他各种工具,改进中国的农业,这样来建立起中国的自然科学"。因此,从这个意义上说,学术中国化运动首先就是唯物辩证法在学术研究中的具体运用,也即是中国学术的马克思主义化。潘梓年又强调学术对于抗战建国的重要意义,指出,"学术是文化的中枢,是其首脑的部分,缺少了它,文化运动不但留着很大一个缺陷,而且是不能'根深叶茂'的。"因此,一个民族,不能一日无文化,更不能一日无学术,我们讲抗战建国,建国需要学术,抗战也需要学术,甚至更需要"适合抗战建国的要求的新学术""一种中国化的学术",以解决抗战建国遇到的"新的材料""新的问题"和"新的要求"。所谓"中国化的学术就是把目前世界上最进步的科学方法用来研究中华民族自己历史上自己所具有的各种现实环境上所有的一切具体问题"。

按:潘梓年主要从建立"适合抗战建国的要求的新学术"方面,提出了如何发挥学术在抗战建国中的作用问题。他指出,"今日的学术运动,不能只是接续过去而继续开展,应当承接了过去的劳绩,在新的基础上来开展出一个新的前途"。具体来说,第一,开展科学化运动,一方面,要研究"现代最进步的科学方法"唯物辩证法,另一方面,要运用唯物辩证法去研究"中国历史,中国的社会形态,中国社会在抗战中所起的各方变化",以尽快"建立起中国的社会科学"。第二,研究并接受中国优秀的民族传统,从经书、子书、史书、学案等有价值的文献中,发掘出中华民族的宇宙观、人生观、哲学思想、科学思想、史学思想以及政治原理、教育原理等范畴。当然,我们在接受优秀的民族传统时不能把它变成复古运动,要有批判的研究和接受,从而使它适应于抗战建国的"历史要求"。第三,大力阐发诸如讲信义、讲气节、讲廉洁、讲勤奋、讲坚忍不拔、讲从善如流、讲见义勇为等等优秀美德,以服务于抗战建国的需要。第四,建设中国的新文学和新艺术。潘梓年又指出:我们要抗战建国,就必须好好研究孙中山的三民主义,"三民主义就是救国主义",它包括三方面的内容,即中华民族要取得国际上的平等地位,中国人民要取得政治上的平等地位和经济上的平等地位。而这都离不开学术研究。中华民族要取得国际上的平等地位,就须认识自己的历史,自己的物力,自己的地理条件,那就需要社会科学者、自然科学者,运用目前最进步、最科学的方法,把中华民族的历史、哲学、地理、物产好好的研究清楚,让大家看出我们的力量何在,到底是怎样的一种力量;需要科学家运用最进步的方法,来把中国人的实际生活、社会结构,人与人的彼此关系,中国人的特性与特点,好好研究清楚,让大家可以看出这里有些什么方法来取得这个平等地位。中国人民要取得政治上的平等地位,实行自治,就要有人运用最进步最完善的方法来好好研究一下,所谓政治,所谓自治或民主,到底是什么样的东西,是怎么回事,让大家看出到底要有什么一种力量才能取得这一平等地位,这种力量要在什么样的条件之下才能具备,中国的广大人民是否能够具备这种力量。中国人民要取得经济上的平等地位,过上幸福生活,就要有人运用最科学的方法好好研究一下,目前中国人在经济上到底是怎样的不平等,要怎样运用孙中山的平均地权、节制资本的方法,才能收到最好的实际效果。除此之外,还有什么补助的方法可以采用？过去采取的一些方法，如二五减租，为什么没有取得成效，甚至是"弊病百出"？总之，他认为，我们要抗战建国，实现民族复兴，就需要充分利用"社会科学自然科学来研究实现这个主义的许多具体问题"。

潘梓年5月15日在《群众》周刊第2卷第24—25期发表《发挥"五四"运动所提倡的科学精神——使科学为抗战建国服务》。作者尤其看重科学在抗战建国中的重要作用。他认为："中国需要科学，抗战建国需要科学更是来得迫切和明显。'五四'运动所提出的科学任务，要求我们在今天的抗战建国中把它完成。"为此，他提出，首先，政府应采取"非常时期"的"非常方法"，筹措相当充裕的资金，并制定出切实可行的计划和实施步骤。其次，国内资金比较雄厚的企业、银行和个人，应出资帮助国家或科学团体来做与抗战建国有关的各项事情。复次，科学家应积极自动地组织起来，为抗战建国的科学事业而努力奋斗。最后，要采取最进步的科学方法，使科学事业在抗战建国中向着新的方向发展，从而获得更多的新的内容。此前的5月6日，由于日机连日对重庆狂轰滥炸，市区内生产一时陷于停顿，各报出版发行发生困难，重庆各报决定出联合版。同日，周恩来致信国民党中央宣传部部长叶楚伧，说明《新华日报》为尊重紧急时期最高当局关于紧急处置的意见及照顾友报迁移筹备的困难，特牺牲自己出版的便利，同意参加重庆各报暂时联合版，以利团结，同时声明一俟各报迁移有定所，筹备有头绪，《新华日报》即将宣布复刊。在周恩来领导下，经过新华日报报社人员的努力，报纸在8月13日正式复刊。下旬，周恩来约《新华日报》总编辑吴克坚和采访科主任陆诒谈报社采访科的工作计划，提出要明确报纸特派员的职责范围，不仅要做好采访报道工作，还要负责向同情我们的知名人士和各战线有名将领约稿，征求意见和建议，搜集参考资料。10月19日，《新华日报》发表社论《纪念伟大的民族战士鲁迅先生》，概述了鲁迅的贡献。该报还出了纪念专版，刊载了胡风的《鲁迅先生·日本·汪精卫》、欧阳山的《怎样纪念我们底巨人》、罗荪的《反虚伪的精神》、草明的《不妥协的人》、戈宝权的《鲁迅先生与苏联——并介貂鲁迅先生的作品在苏联的情形》、潘梓年的《纪念为自由而合斗的战士》。

按：社论指出："鲁迅先生是伟大的，鲁迅先生是不朽的。毛泽东同志曾告诉我们，鲁迅先生有政治的远见，有斗争的精神和牺牲的精神，这几个特点的综合，形成了一种伟大的'鲁迅精神'。当此纪念鲁迅先生逝世三周年时，我们每一个真诚的人，都应该继续'鲁迅精神'的这种伟大传统，来坚持我们的民族抗战，这也就是我们纪念这么伟大的民族战士的唯一的有效方法！"（以上参见中央文献研究室《周恩来年谱1898—1976》，中央文献出版社1998年版；文天行编《国统区抗战文艺运动大事记》，四川省社会科学院出版社1985年版；郑大华《论"抗战建国"话语下"学术建国"的讨论》，《浙江学刊》2020年第3期）

华岗所著《社会发展史纲》4月由生活书店出版。作者在该书序中指出，在"帝国主义强盗正在进行人类大屠杀与我们中华民族正在进行抗日民族解放战争的非常时代"，更"需要知道社会历史发展的规律"，使"许多先进人类的奋斗经验和教训，来帮助我们挣脱苦难以争取解放和自由"。华岗认为蔡和森、李达等人的《社会进化史》普遍存在三方面的缺陷：一是多用进化论来解释社会演变，注重量的变化，而忽略了社会发展中质的突变；二是未能完整地叙述人类社会发展的全过程，多是讲到资本主义为止；三是很少谈中国，更"不能把中国社会历史的发展在世界史的全体范围上来观察，而给以正确的评价"。华岗认为社会发展史是"研究人类社会实践生活及其发展过程，特别是研究生产规律及生产力和生产关系发展规律的科学"，故用"社会发展史"的概念代替"社会进化史"。这源于华岗对历史学的认识，即历史科学的任务不仅是把握社会形态与构成及其进化的全过程，而且要"从人类历史运动的总行程中，加以全面分析，探求出历史发展的规律，并根据这种规律，来说明并指导人类实践生活之历史的具体性及其发展方向"。

　　按：此书由于尽力克服了此前同类作品的缺陷，并较完整系统地叙述了人类历史上的各种生产关系的基本形态和历史进程的必然规律，更论及中国历史发展的具体形态，出版后颇受欢迎。李达曾向青年推荐该书，认为其与艾思奇《大众哲学》两书是学习辩证唯物主义和历史唯物主义很好的入门书。1950年1月，三联书店出版了该书的增订版。

　　华岗是秋因长期监狱生活的摧残和出狱后的紧张工作而健康恶化，王明以"违抗领导"为借口免去华岗的《新华日报》总编辑的职务，并且不给他分配另外的工作。华岗离开《新华日报》馆后，到郭沫若主持的军委政治部第三厅办公所在地附近的一个小镇，租了一间房子，专心写书，靠自己的稿费生活。在1939年和1940年之间，迎来了"华岗病中著述的黄金时期"，其间，发表了近100万字的论著。除在《新华日报》和《群众》周刊上发表的政论文章以外，大都是史学论著，其中主要有《研究中国历史的基本方法》《评侵略主义者的中国历史观》等论文，以及《中华民族解放运动史》（包括从鸦片战争到五四运动卷和大革命卷）、《社会发展史纲》等专著。（以上参见向阳《华岗传》，浙江人民出版社2003年版；王学典《20世纪史学编年（1900—1949）》，商务印书馆2014年版）

　　吕振羽由武岗至桂林、贵阳，然后抵达重庆。在南方局从事抗日统一战线、理论宣传和历史研究工作。1月，吕振羽撰写《塘田战时讲学院第二期招生广告》。在武岗中学作《抗战到底》讲演。撰写《资汇小学校舍落成碑文》。2月，中共湖南省委决定由吕振羽、游宇、阎丁南组成塘院党的三人小组，吕振羽任书记，不暴露党员身份，故不参加支部会议。月底，因武岗县长林拔萃下达《奉令查明（塘院）具复》训令到白仓乡，为此到乡公所修改复文发出。4月，应林拔萃约与夫人江明去武岗，林告知当局已派兵赴塘田。撰诗《去武岗道中过盆溪杨再兴故里》《宿秦家桥闻老妇夜哭》。20日，塘田战时讲学院被薛岳下令六区派两连兵三路包围查封，勒令解散。由武岗返回后，吕振羽领导全院师生与之斗争，拒绝缴院印、院牌、全校师生员工花名册。22日，撰写《塘田战时讲学院全体学生告别武岗人士书》《塘田战时进学院全体师生员工向全国各界人民申诉书》《告湖南同学书》等；处理学院善后及教职、学员有计划撤离等事项（一部分留当地进行建党，一部分去桂林）；于桂林设石火出版社，吕振羽为董事长，曹伯韩为主编。5月，讲学院被围封后，湖南省委决定由吕振羽为首在附近各县进行秘密建党。与江明、游宇等撤至油塘，举办建党训练班，建立了金称市、新宁、洞口、绥宁、城步5个中共湖南省委直属党支部（省委同时派省青委李锐前来协助学院善后及建党工作），并编辑《战时塘田》（含建院公函文电、招生广告、各种规章、报告记录及申诉书等内容）一册交省委。撰诗《忆油塘地下建党工作》。

　　吕振羽7月接湖南省委指示，到邵阳神滩渡。省委出示周恩来要安排吕振羽夫妇速去南方局电令。8月，与江明携大女儿吕若兰离邵去中共南方局，自新宁经桂林路慕村八路军办事处，由李克农主任安排，乘宋庆龄捐助救护车赴贵阳去重庆，沿途石西民同行并负责交涉。9月，抵重庆，吕振羽先在办事处，后在磁器口地下印刷所住。周恩来接见时说："你来得正好，现在重庆的理论战线战斗很紧张，调你来重庆就是参加战斗。"此后在周恩来直接指导下，从事理论战线、历史研究与统战工作。同时受复旦大学教务长孙寒冰聘请任该校教授（直至1941年初），讲授中国经济史、先秦诸子思想、计划经济学等课，与孙寒冰、陈子展、陈望道、伍蠡甫、李炳焕、潘震亚、张志让、张定夫等教授保持经常接触。经董必武介绍，与胡风相识（胡亦在复旦任教），并为邻居（住东阳石子山）。曾受党组织委托代谭平山撰写《三民主义外交问题》。受周恩来委托赴南温泉看望李达，征求他是否愿去延安。10月，改订《中国政治思想史》，由桂林文化教育社出版。（参见《吕振羽全集》第 10 卷附录《吕振羽生平年谱》，人民出版社 2014 年版）

胡绳年初在襄阳担任总编辑的《鄂北日报》停办，改为《阵中日报》，但胡绳仍担任负责人。2 月 1 日，《读书月报》在重庆创刊，重庆生活书店出版，胡绳主编。3 月 1 日，《阵中日报》在襄阳创刊，大量刊登了老河口各界积极参与第五战区抗日活动的动态消息。老舍、臧克家、碧野、姚雪垠等 30 名作家曾担任特约撰述。后来，随着局势愈发紧张，中共鄂西北党委不得不分批将胡绳等已暴露身份的人员撤离第五战区。5 月，日军迫近襄阳，《阵中日报》由襄阳迁到老河口，后迁至均县，报纸暂时停刊。胡绳以报纸暂时不能复刊为由，向李宗仁辞别，离开襄阳。4 月 1 日，《读书月报》第 1 卷第 3 期开辟"学术中国化问题"专栏，刊载了潘菽《学术中国化问题的发端》、柳湜《论中国化》等讨论"学术中国化"问题的论文。《读书月报》与《理论与现实》的连续载文提倡学术中国化的文章，标志着学术中国化运动的正式开始。

按：欧阳军喜《论抗日战争时期的"学术中国化"运动》（《中共党史研究》2007 年第 3 期）综合《读书月报》与《理论与现实》诸文，认为按照有关作者的解释，学术中国化包括以下四个方面的内容：第一，学术中国化就是要用马克思主义的唯物论和辩证法来整理中国的一切学术，包括社会科学和自然科学。第二，学术中国化是要充分地吸收世界先进文化，它是以吸收外来文化为前提的，但又决不是照搬别国的文化。因此，学术中国化也即是马克思主义在中国的具体化。第三，学术中国化要吸收世界先进文化，同时也要继承民族的优秀文化遗产，把二者结合起来，创造一种中国自己的新文化。从这个意义上说，学术中国化是中国文化发展的一个新的、更高的阶段。第四，学术中国化是一种理论活动，同时也是一种实践活动。由此我们可以知道，学术中国化运动并不是一个单纯的"学术"问题，它同时也是一个"实践"问题，一个现实的"政治"问题。从这个意义上说，学术中国化也就是理论实践化。上述四个方面的内容是相通的、一致的，其中贯穿着一条主线，就是马克思主义在中国的具体运用和发展。因此，马克思主义中国化也就成为了学术中国化运动的核心。

胡绳主编《读书月报》第 1 卷第 3 期发表《谈"中国化"》的读书笔谈，对学术中国化问题进行了概括，认为中国化是把现代的进步的学术思想文化，用最科学的方法论，根据中国的具体环境和条件来吸收和应用。中国化不单是接受外国的学术思想文化，而且要发扬中国固有的优秀的学术思想文化，把它们融合统一起来。学术中国化主要是由马克思主义史学家与马克思主义哲学家发起的文化运动，学术中国化运动促进了历史学与新哲学的发展，唯物辩证法融入了学术研究之中，学术研究实现了与中国的民族形式相结合，实现了通俗化与大众化。"'中国化'是要辩证的估计到中国的经济、政治、文化、传统、民族成份、宗教派别的种种特点关系。'中国化'是要正确地利用别国的经验，并不是机械地把别国现成的形式和方法，由一种条件搬到别一种条件里去，'中国化'是由一个国家搬到别一个国家里去。反对把国际的学术、思想、理论当作千篇一律的教条，而是应该灵活的应用。"12 月，胡绳在《读书月报》第 1 卷第 12 期的发表《夜读散记》，文中批驳了蒋廷黻在《中国近代史大纲》里对林则徐的讥讽，认为林则徐虽然在最初也曾盲目自信，但他坚持抗击侵略，并最早醒悟"应该力求自己的进步才真能'剿夷'"，这是他与那些投降主义者根本区别之处。胡绳到重庆后与侯外庐结识。

按：《读书月报》至 1941 年 2 月出到第 2 卷第 11 期停刊，共出 23 期。据胡绳《怀念侯外庐同志》（《先贤和故友》，中国社会科学出版社 1994 年版）回忆："我认识外庐同志是 1939 年在重庆。那时，我除了知道他是《资本论》的译者外，还把他看成是位政论家。他在一九三四——一九三五年间已开始社会史、思想史的研究,但我那时还没有读到他在这方面的著作。我所读到的是他的《抗日民族统一战线论》《抗战建国论》两本书和杂志上发表的政论文章。"(参见杜运辉《侯外庐先生学谱》,中国社会科学出版社 2013 年版;欧阳军喜《论抗日战争时期的"学术中国化"运动》,《中共党史研究》2007 年第 3 期;孙帅《抗战时期"学术中国化"思潮述评》,《理论探索》2013 年第 6 期;王学典《20 世纪史学编年(1900—1949)》,商务印书馆 2014 年版)

沈志远在重庆继续任邹韬奋主办的生活书店总编。3 月 1 日,侯外庐在《读书月报》1939 年第 1 卷第 2 期发表文章,介绍沈志远 1938 年由生活书店出版的译著《社会经济形态》一书,认为"这本关于社会构成理论的小册子,量的方面虽然约缩得极其紧密,而质的方面却是学术高度水平的成果。在二十世纪四十年代社会主义国家建设中,同样的社会主义文化发展亦紧随着社会进步,因而这样的文化批判的正确体系的著作,才产生出来"。"这本著作,是社会史论纲的读物,可以说,如果一个作家和读者,有志去研究或编著社会发展史的时候,它是最好的'导言'参考,因为没有社会史论的基础修养,就不会有正确的发展概念,亦就不会究明社会史。过去中国社会史论战中,却大都犯了这个前题修养缺乏的毛病,因此关于中国社会史分期认识,现阶段认识,以及由一个低级社会移行于别一个高级社会的蜕化,在社会构成论知识上,表现出不可原谅的混乱与错误。记得,剥削关系决定论者,当不明了当作'种差'(《资本论》引语)看的分配形式,商品经济决定论者更不了解商品经济与资本主义生产方法所支配的商品经济二者之'种差',甚至如严灵峰把'生产方法'下面注释为:(技术),十分表现了理论工作者粗鲁胆量。在波格达纳夫与布哈林以及德波林译品满布中国时代,这些杂乱现象或者是有所本的,现在我们有更正确的理论介绍著作,如这本小书,对于中国社会史研究者当贡献不小的参考。"

按:侯外庐对该书的译名"稍有点意见",认为"据志远先生对于'社会经济形态'书名的英文注语是这样:Socially-economic Formation,如果这一注语确合俄文,那么,社会经济形态,似应为社会经济构成,形态应是 form 的译语,如相对的价值形态(Relative form of value),而 formation 则是构成之意,如不变资本与可变资本的资本有机构成。在社会史论中,有许多不同的字义如 Structure(结构)、System(制度)、Mechanism(机械组织)、Organism(有机组织)、Mode(方式,方法,导式),而 Formation 是一个总的提纲意义。现在日本出版界关于这,都是这样写的:社会经济的构成,因其含有发展到另一级的意味""在俄文中,form、formation 都有特殊用法,与英文用语相当。志远先生的注语当无问题,中文译语似应考虑的。"

沈志远 4 月 1 日在《读书月报》第 1 卷第 3 期发表《关于〈社会经济形态〉的译名问题答外庐先生》,指出:"本刊第二期'读物介绍'中,承外庐先生把拙译《社会经济形态》这本小册(子),作了一番介绍,并对我的译名有所指示,本人非常感激。不过关于 Socially-economic formation(俄文为 Sotsialno-economicheskaya formatsiya)应译'社会经济形态'抑应译'社会经济构成'的问题,我却有不能完全同意外庐先生之点。外庐先生的主要理由是说 formation 是'构成'之意,如不变资本与可变资本的资本有机构成。我觉得这是侯先生的一番误会。因为'资本有机构成'的原名,在英文是 Organic Composition of Capital,在德文是 Organische Zusammensetzung des Kapitals,在俄文是 Organischeski Sostav capitala,任何一种原名中都没有'formation'这个字,所以侯先生'资本有机构成'这一译名作为'社会经济形态'应译'社会经济构成'的依据是本人不敢苟同的。其次,侯先生说'形态'是'form'而不是'formation',这也不尽然。'form'固可译作'形态',但译作'形式'却更为普遍;反之,'formation'却只能译作'形态'而决不能译'形式',这诚如侯先生所说'在俄文中,form、 formation都有特殊用法'而不可混用的。"15日,《理论与现实》季刊在重庆创刊,由生活书店出版,沈志远任主编,千家驹、艾思奇、李达、侯外庐、翦伯赞、马哲民、曹靖华、潘梓年、钱俊瑞为编委。该刊以"学术中国化"和"理论现实化"为办刊宗旨。主要探讨哲学、政治、经济、历史、科学、文艺等问题,内容有重大学术文化介绍,中国专题研究,敌国专题探讨,苏联问题研究,世界政治经济问题剖解,学术思想批判,文艺理论介绍,书报评价、论著及翻译等。《创刊献辞》云:"理论现实化"与"学术中国化"是两大原则,革命的三民主义是"现实化"和"中国化"原则之下深化理论的总准绳,指出:"'学术中国化'之正确的了解是将世界学术理论底最新成果,应用于中国各种现实问题之解决:要使理论的研究与发展,适应于现在和将来的中国民族和社会的需要。"这就需要充分吸收外来学术文化的先进成果,将其与本民族优秀的学术文化传统相融合,与中国的社会现实状况相结合,发展出既具有民族独特性又具有世界先进性的,创刊号刊载潘梓年《新阶段学术运动的任务》和侯外庐《中国学术的传统与现阶段学术运动》两篇重要文章。

> 按:《理论与现实》至1941年停刊。(参见杜运辉《侯外庐先生学谱》,中国社会科学出版社2013年版;王学典《20世纪史学编年(1900—1949)》,商务印书馆2014年版;李方祥《二十世纪三四十年代"学术中国化"与"马克思主义中国化"的思潮互动》,《中共党史研究》2008年第2期)

柳湜4月1日在《读书月报》第1卷第3期发表《论中国化》,指出:"新学术运动是发生在中国抗战的形势,新的环境,将学习理论提高到了重要地位,学习理论成了抗战胜利的重要条件,这是新学术运动在今日发生的根据,也就是'中国化'口号首先在这里被提出来的缘故。"强调"中国化"的口号与国粹主义是完全不同的,中国化不是要求大家固守国粹,不是文化复古主义,更不是中学为体、西学为用,也不是中国本位论的再版,"中国化"反对国粹主义,反对文化的排外主义与中西文化对立论;"中国化"要求大家尊重本民族的历史,继承好的民族传统,用唯物辩证法去研究中国社会与中国历史。柳湜还从哲学、政治学、经济学、历史学、科学、文学等方面对中国化进行了解读,他认为"中国化"的思想应该深入到各个学科,融入中国的民族特点,为抗战胜利服务。(参见欧阳军喜《论抗日战争时期的"学术中国化"运动》,《中共党史研究》2007年第3期;孙帅《抗战时期"学术中国化"思潮述评》,《理论探索》2013年第6期)

钱俊瑞1月在第五战区文化工作委员会解散后,根据党组织的安排来到重庆中共中央南方局,继续从事抗日救亡和文化界统战工作。在重庆续办战时书报供应所,创办《战地知识》半月刊,任主编,夏石农发行,主要栏目有半月大势、战局概说、战地鸿爪、社论、后方报道、短评、友邦呼声、抗战二周年特辑等,旨在成为"前方与后方,战地与战地间的桥梁",载文探讨抗战局势,宣传抗战材料,交流战地工作者经验,鼓励后方同胞,帮助前方战地同志。主要撰稿人有王向予、张友渔、朱明、钱俊瑞、齐东、项永、金奎光、夏衍、陈白尘、叶剑英、穆欣、吴敏、宋庆龄等。5月,大汉奸汪精卫前往日本,与日本帝国主义公开勾结,引起国人极大愤怒。钱俊瑞在周恩来的指示下,撰写了讨伐汪逆檄文《汪精卫卖国的理论与实践》,彻底揭露汪精卫的卖国行径,引起了重庆方面的震怒。11月15日,钱俊瑞在《理论与现实》1939年第1卷第3期发表《简单的说明》,就侯外庐刊于8月15日《理论与现实》1939年第1卷第2期的《民生主义的伟大理想》以及"编者记"作出回应,该期"编后记"云:"据侯先生自己说,这一篇是'对钱俊瑞先生的《论民生主义之本质》一文之必要的补充和修正'。他究竟如何补充和修正,请读者们细细留心一读吧!"钱俊瑞在《简单的说明》从四个方面提出自己的不同意见。"编者的补充说明"云:"本刊第二期出版后,承各方专家朋友们或予以热烈鼓励,或予以善意批评,我们非常感激,在几位朋友的批评中,特别涉及两篇文章,侯先生的《民主主义的伟大理想》和刘先生的《行为研究举例》。关于前者,侯先生虽说是对钱俊瑞《论民主主义之本质》一文之必要的补充,但实际上并非'补充',而是与钱先生文不同其立场的。编者因匆促阅稿付排,当时未将侯先生文交给钱先生去阅读,实在是一个疏忽。现在已由钱先生另为《简单的说明》,来答复侯先生,请大家注意!"

按:钱俊瑞在《简单的说明》指出:"一、从总的方面说,我觉得侯先生的补充恰恰补充了拙作原有的弱点,而侯先生的修正恰恰又修正了拙作原有的优点。在我那篇文章里,我曾相当强调了民生主义理想的现实性,民生主义主观的客观性,这在我自认是弱点,而侯先生的补充却把这点更强化了。同时在我那篇文章里,我特别着重指出只有彻底民主的高涨才能保障民生主义之过渡到社会主义。这在我自认是优点,而侯先生却以民生主义'自我的'指导修正了它。所以在基本上,我不敢苟同于侯先生的补充和修正。""二、在研究三民主义的时候,我觉得有一基本点必须牢牢握着:马克斯是马克斯,孙中山是孙中山。马克斯主义和三民主义是两个完全独立的,不同的理论系统和指导方针。……三民主义是革命的民主主义,马克斯主义是革命的社会主义,其产生的历史背景和社会根源都不相同。它们在一定的历史阶段上可以互相帮助,相互发展,但决不能相互转化,相互吞并。我们不相信马克斯主义可以包容三民主义之全部(当然可以包含其一部分真理),同时也不相信三民主义可以包容马克斯主义之全部(当然可以包含其一部分真理)。这样我们决不能赞成把三民主义马克斯主义化,也不能赞成马克斯主义三民主义化。因为两者都不可能,这是历史的'命运'规定的。""三、根据这,我在原则上,对侯外庐先生研究三民主义的态度颇不敢赞同。我的意见是我们研究三民主义就要把孙中山还给孙中山,我们研究马克斯主义就要把马克斯还给马克斯。而照我拜读侯先生论三民主义各篇文章之后的感觉来讲,侯先生的确把三民主义马克斯主义化了,把孙中山马克斯化了。侯先生志在发展三民主义,这是目前中国历史的要求,但三民主义之继续发展必须在其民主主义的核心部分,而决不在其民主主义向社会主义之'自我'发展。这大概就是我和侯先生的意见基本上的分歧之点。""四、因为这,我就觉得侯先生在《民主主义的伟大理想》一文的立论中有许多地方值得商榷。""我们在孙先生的遗教中实在并没有见到任何真正的社会主义的实际政纲,也并没有见到'社会主义主观性到其客观性的飞跃'之任何具体步骤。""侯先生所说中山先生的土地政策是所谓'共产主义运动的特别的原始形式',恐未免超阶段。""中山先生的政策是'扶助农工'的政策,而马克斯主义者的政策是工农民主专政的政策。……中山先生要在革命民主主义的基础上,进行以国家资本主义为主体的经济建设。这在基本上还属于资本主义范畴以内,而决不同于新经济政策时代的苏联。"(参见杜运辉《侯外庐先生学谱》,中国社会科学出版社 2013 年版;童志强《皖南事变的幸存者之一钱俊瑞》,《党史纵览》2011 年第 5 期)

阳翰笙继续任国民政府军事委员会政治部第三厅政治部设计委员,兼三厅主任秘书,襄助郭沫若处理一切厅务。春,由香港经桂林返重庆。4月9日,文协举行1周年纪念大会,改选二届理事。14日,阳翰笙被选为二届理事会常委。同月,与郭沫若等发起组成"旅渝剧人为《救亡日报》募筹基金联合公演演出委员会"。5月,因患伤寒病,到重庆市北碚休养。在病中,替"中制"将《塞上风云》和《日本间谍》改编成电影剧本。同年,国民党"军事委员会战时工作干部训练团"所属的"忠诚话剧团"的部分青年学生,在从武汉到四川綦江的撤退过程中,因为宣传抗日,曾到重庆演出阳翰笙的《李秀成之死》,且在演出前后,同进步人士有所交往,竟遭国民党政府军委会办的战干团教育长桂永清、特务头子滕杰的残酷镇压。扮演李秀成的演员李英被活埋,参加演出的二十几个青年被枪杀,是为"綦江惨案"。(参见周家磊《阳翰笙生平创作活动大事年表》,《当代电影》2012 年第 12 期;林甘泉、蔡震主编《郭沫若年谱长编》,中国社会科学出版社 2017 年版)

田汉继续任国民政府军事委员会政治部第三厅六处处长。年初,田汉为了恢复焦土上的繁荣,安定大火后的人心,并从抗战工作中提高旧歌剧的文化水平计,在田洪、任光、龚啸岚等人协助下,再次集合在长沙的平、湘剧队在三公祠公医院内举办为期三个月的"长沙旧剧演员讲习班",亲自给大家讲课,进行"国际国内形势、戏剧与抗战的关系、文艺工作者的职责等方面的教育"。3月初,赶写一部描写长沙大火的剧本《火城记》以供演出。此剧后未写成。22日,在"剧协"第一届年会上再次当选为理事。4月初,七个湘剧宣传队,准备安排到衡阳。湘潭、邵阳、益阳、醴陵等地作宣传演出。4日,"长沙旧剧演员讲习班"结束。在中山路银宫电影院召开结业和湘剧抗敌宣传队授旗大会,邀请徐特立、郑君里、张曙、任光等参加。在致词中要求艺人们决不当亡国奴,决不为敌人歌舞升平,希望他们到乡下去用艺术武器继续战斗。还亲手分发结业证书和各队队旗。9日,在"文协"第一届年会上再次当选为理事。中旬,率平剧宣传队由长沙抵衡阳。20日,率平剧宣传队抵达桂林。住榕湖路五美园。21日,赴桂林《救亡日报》社会晤旧友,并欢宴,"席间,纵谈其近来关于从事地方剧改革工作之计划及感想",谈及"改良旧剧与组织旧剧人员"等问题,还介绍了在长沙办"旧剧演员讲习班"的情况,说旧剧改良运动具有提高戏曲艺术和动员演员参加抗战的"双重意义""倘集中力量干去,一定能使有贡献于抗战",并使旧剧改革本身得以完成。

田汉4月23日出席桂林戏剧界在乐群社举行的欢迎茶会,并致答词,介绍自己从事的旧剧改革工作及平宣队工作情况,提出在抗战中应"运用一切艺术形式来宣传抗战"。关于艺术上的新旧问题,说:"一切于抗战有利的都是新的,一切于抗战有害的都是旧的。"希望别人对于自己"干新剧运动几十年,现在忽然来干旧剧运动"之举"不要误会"。表示将继续创作戏曲剧本以推进旧剧界"能多演抗敌的戏剧"。27日下午,与马彦祥出席广西戏剧改进会在南华大戏院举行的招待会,并作讲话。28日下午,平宣队在桂林新世界大戏院作首场演出,上演《新雁门关》招待文化、戏剧、新闻各界。陪同马君武观看演出。春,在桂林写成戏曲剧本《新儿女英雄传》。6月28日,向桂林《救亡日报》记者介绍平剧宣传队的成立经过及目前的生活学习情况。月底,桂林文化戏剧界为《救亡日报》筹募事业基金将上演话剧《一年间》。田汉与施谊、马彦祥、夏衍、焦菊隐等被推任该剧导演团成员。4日,桂林文艺界人士与"文协"总会代表在桂林南京饭店聚餐,商讨成立"文协"桂林分会筹委会事。田汉被推任筹备委员。8月7日晚,出席在青年会草坪上举行的欢送抗敌演剧九队的告别晚会,并作讲话。24日晚,出席在桂林乐群礼堂举行的纪念《救亡日报》创办两周年招待会,并作讲话。9月18日,主持平宣队在金城大戏院举行的纪念"九·一八"并告别桂林各界招待会,作讲话,向与会者汇报平宣队五个月来在桂林的工作情况。21日,田汉率平剧宣传队离开桂林前往衡阳。10月,在衡阳遇杜宣。秋冬间,在衡阳时动笔写大型戏曲剧本《岳飞》,回到长沙后完成。(以上参见张向华编《田汉年谱》,中国戏剧出版社1992年版)

冯乃超继续任国民党政治部第三厅第七处第三科科长。1月10日,《救亡日报》在桂林复刊,撰写社论,批判汪精卫叛国投敌行径,认为汪出走河内亦非坏事,而是肃清了敌人埋伏在大后方的隐患。2月11日,在《扫荡报》发表翻译自鹿地亘的评论《向胜利的早晨——纪念"一二八"》。2月间,曾返回湖南,直到3月才在桂林住下来,与鹿地亘办日语宣传训练班,后任特约教官。4月9日,重庆举行"文协"第一届年会,冯乃超被选为第二届"文协"理事。5月5日,与鹿地亘等离桂林赴重庆,初住两路口三厅城内办公处。三厅分为城、乡(设在郊区金刚坡赖家桥)西部,冯乃超经常奔走其间,并去曾家岩向周恩来汇报联系。8月间,国民党政治部乘周恩来、郭沫若不在重庆,再次策划要三厅全体人员加入国民党。冯乃超立即写信到成都催郭返渝，并进城与阳翰笙一起向南方局博古汇报，顶住这股暗流。（参见李江《冯乃超年谱》，载李伟江编《冯乃超研究资料》，陕西人民出版社 1992 年版）

王亚南继续任国民党政府军事委员会政治部设计委员会委员。8 月，王亚南与王搏金合译之英国柯尔的《世界经济机构体系》由上海中华书局刊行。（参见夏明方、杨双利编《中国近代思想家文库·王亚南卷》及附录《王亚南年谱简编》中国人民大学出版社 2015 年版）

老舍 1 月 8 日在内江为沱江女子中学作题为《抗战以来的中国文艺》演讲，刊于《文化动员》第 1 卷第 3 期。11 日，老舍与冯玉祥乘专车由内江抵达成都。在听取了周文等人的汇报后，决定 14 日召开"文协"成都分会成立大会。14 日下午 3 时，"文协"成都分会召开成立大会，老舍以及李劼人、谢文炳、罗念生、周太玄、熊佛西等 60 余人出席。会上，周文报告了筹备经过，冯玉祥代表总会致词，老舍报告了总会一年来工作情况，并提出了对分会的期望。大会开至午后 6 时。20 日，老舍回到重庆。25 日下午 2 时，"文协"举行 40 余人茶会，会上老舍报告了成都分会成立经过，提出"文协"要加强组织，"文武配合"，争取抗战胜利。王礼锡、郑伯奇、阳翰笙分别报告了欧洲文艺界同情中国抗战文艺的情况和西北、华南、上海等各地文艺界情况。2 月 2 日，理事会决定函知楼适夷设立"文协"香港办事处，继而"文协"总会机关刊物《中国作家》在香港创刊。该刊以外国读者为对象，宣传介绍抗战时期中国文学的（英文），编委有老舍、冯乃超、孔罗荪、楼适夷、徐迟等。在香港作具体工作的，有戴望舒（总编辑）、马耳（即叶君健，主编）、冯亦代（发行主任）和徐迟。3 日，"文协"举办老舍 40 寿辰纪念活动。6 日，老舍出席诗歌座谈会，讨论出版诗刊和编辑方针问题。参加会的还有戈茅、袁勃、姚蓬子、胡风、方殷等人。26 日，"文协"召开第五次诗歌座谈会，老舍出席。同月，通俗读物委员会经理事会决定，老舍、罗荪等 16 人为委员，由老舍召集会议；老舍讲演记录稿《抗战以来的中国文艺》刊于《文化动员》月刊第 1 卷第 3 期。讲演总结了抗战以来小说、戏剧、诗歌、小品文等的成绩与不足。

老舍、胡风、罗烽、姚蓬子、陶生、方殷等 3 月 1 日参加第 6 次诗歌座谈会，老舍被推定为《抗战诗歌》审稿委员之一。14 日晚 7 时，文艺界抗敌协会在领事巷康公馆举行联欢晚会，老舍以及邵力子、郑伯奇、胡风、姚蓬子、王礼锡、王平陵、崔万秋、安娥、阳翰笙、戈宝权、葛一虹、叶以群、欧阳山、草明、罗烽、白朗、杨骚、陆晶清、常任侠等文艺界人士和各报记者共 50 余人出席。老舍在会上作了会务报告，王礼锡、戈宝权报告文学对外翻译情况，姚蓬子报告香港文艺工作近况。4 月 1 日，对苏广播稿《抗战中的中国文艺》刊于《中苏文化》抗战特刊第 3 卷第 10 期。文中说，今日中国的文坛"是立在全民抗战的旗帜下，尽责的掌起救亡图存的号筒""整部的文艺简直可以被称为一首战歌"。介绍了全国文艺界抗敌协会的宗旨，以及诗歌、戏剧、小说、报告文学、通俗文艺为宣传抗战所做的工作。9 日下午 2 时，文艺界抗敌协会在留春幄召开第一届年会，老舍出席并作会务报告。到会的还有邵力子、郭沫若、于右任、叶楚伧、胡风、姚蓬子等。会上决定以 3 月 27 日全国"文协"成立日为中华文艺节；改选了第二届理事，老舍等 16 人担任开票及监票工作。10 日上午，全国文艺界抗敌协会第二届理事选举结果揭晓，老舍以及叶楚伧、冯玉祥、邵力子、郭沫若、张道藩、许地山、朱自清、茅盾、叶圣陶、郁达夫、郑振铎、巴金、谢六逸、丁玲、姚蓬子、楼适夷、胡风、华林、王平陵、老向、宗白华、郑伯奇、王礼锡、田汉、张天翼、洪深、曹靖华、马宗融、曹禺、阳翰笙、宋之的等 45 人当选为理事。端木蕻良、罗峰等 15 人当选为后补理事，宋庆龄、周恩来、何香凝等 12 人为名誉理事。

老舍4月15日出席全国文艺界抗敌协会在中国文艺社举行的第二届理事会第一次会议。会议选举老舍以及叶楚伦、邵力子、张道藩、郭沫若、郑伯奇、胡风、姚蓬子、华林、王平陵、阳翰笙、宋之的、安娥、老向、孔罗荪等15人为常务理事;确定了各部正副主任,老舍被选为总务部主任。16日,老舍应军委会政治部邀请,晚7时半在中央广播电台讲演《抗战与文艺》。18日,"文协"举行首次常务理事会,老舍出席。23日下午1时半,重庆市文化界精神总动员协进会在市商会大礼堂举行成立大会,老舍参加并被推为大会主席团成员。25日,《一年来文协会务的检讨》刊于《抗战文艺》第4卷第2期。26日下午2时,中苏文化协会在国际联欢社举行茶会,邀请在渝的"中国抗战艺术展览会"展品征集委员及苏联人士商讨征集资料方法。老舍、郭沫若、洪深、阳翰笙、宋之的、王礼锡、姚蓬子等应邀出席。5月4日下午,与周文、宋之的、罗烽在空袭中谈"文协"工作。21日,"文协"理事会决定由老舍、胡风、王平陵、姚蓬子分别参加慰劳总会南北两路慰劳团。老舍参加了北路慰劳军。6月1日,在璧山为冯玉祥《抗战诗歌集》二辑作序。此集由桂林三户图书印刷社出版。14日,由团长王礼锡,副团长宋之的,团员李辉英、葛一虹、以群、杨骚、方殷等13人组成作家战地访问团出发前,"文协"在重庆生生花园举行欢送仪式。出席者有周恩来、郭沫若、邵力子等。老舍代表"文协"致欢送词。18日晨,与王平陵、陆晶清、沙雁等到汽车站为作家战地访问团送行。18日,以"文协"代表身份,随全国慰劳总会北路慰劳代表团,,由重庆出发。此行南起襄樊,北迄五原,东达洛阳,西抵青海,行程18500里,沿途宣慰军民。29日,老舍慰劳团到达成都,当晚老舍会见了成都"文协"分会负责人及部分会员。

老舍7月1日随慰劳团离成都,先后经绵阳、剑阁、广元、沔阳等地。9日,到达西安,参加慰问活动5天,又赴华阴、灵宝、洛阳。在距日军18华里的陕州,险遭敌机轰炸。17日晨5时,到达洛阳。7时,到王礼锡、宋之的所率作家战地访问团驻地看望诸友。在洛阳逗留至29日。9月1日,随慰劳团祭扫黄帝陵,谒黄帝庙。之后在宜川、秋林镇等地进行慰问活动。9日下午,慰劳团到达延安,受到数千人列队欢迎。当晚,延安各界代表分别到慰劳团下榻的招待处拜访,并设宴为慰劳团洗尘。11日晨,北路慰劳团起程北上。13日,绥德行界举行欢迎大会,欢迎全国慰劳总会北路慰劳团。14日晨,慰劳团由绥德抵达榆林,千余人到车站欢迎。在榆林停留4日。其间,老舍曾与榆林文艺界诸友亲切交识,赞扬了他们的工作成绩。21日下午1时,慰劳团返回延安。稍息,便驱车赴鲁艺、女大参观。晚,延安各界召开了盛大招待晚会。23日晨8时,慰劳团离开延安,边区各界代表及内卫千余人列队欢送。

老舍随慰问团10月4日到达甘肃平凉市。6日,抵达兰洲。9日上午,兰州现代评论社举行茶会招待老舍。下午,中国青年记者协会兰州分会举行茶会,招待随团记者及老舍,老舍讲话。在兰州期间,老舍曾去兰州师院作题为《抗战两年来的文艺运动》的报告。14日,到达青海西宁,参加慰问活动,逗留至18日。20日,到达武威,即古之凉州。11月上半月,随慰劳团先后到达宁夏吴忠堡和军事要地石咀山、黄河渡口——渡口堂、傅作义部队驻地陕坝和五原、临河等地。14—23日,慰问团经石咀山、宁夏、中宁、固原、平凉、邠县,又回到西安。27日,慰问团离西安,经安鸡、庙台子、宁羌、广元、梓撞等地入川。12月3日,随慰劳团到达成都。8日,北路慰劳团老舍、王右瑜、胡祥麟、陈希豪、张西洛、徐剑模等一行离开成都返重庆。9日下午4时,全国慰劳总会北路慰劳团老舍、王右瑜、胡祥麟、陈希豪、张西洛、徐剑模等一行到达重庆,各界民众代表百余人在生生花园鼓乐迎接。16日晚,"文协"

设宴欢迎参加南、北两路战地慰劳团归来的"文协"代表姚蓬子、老舍和作家访问团宋之的、杨骚、陈晓南、罗烽、方殷、葛一虹、白朗、李辉英等。老舍、姚蓬子、宋之的先后报告了各处文艺工作情况。23日下午2时，中华全国文艺界抗敌协会在青年会大礼堂招待战地归来作家，并请参加南北两路慰劳团及作家访问团的作家报告途中观感。邵力子、郭沫若等文艺作家及各界代表140余人到会。老舍在会上报告了参加北路慰劳团的经过和感想。

胡风继续主编《七月》。1月10日，出席"文协"举行的扩大诗歌座谈会，并作报告《略观抗战以来的诗》，贺绿汀作关于歌的报告。报告后，出席者就诗与歌的诸问题，发表了很多意见。2月6日，胡风与戈茅、袁勃、王礼锡、方殷、何容、厂民、王平陵、程铮、赵象离、安娥、孟克、老舍、鱼羊等出席"文协"举行的诗歌座谈会。这次为工作讨论会，决定出版诗刊，并议到了编辑方针。2月，"文协"举行小说座谈会，欧阳山、徐盈、罗烽负责。第一次会议出席者有胡风、王平陵、谢冰莹、欧阳山、草明、梅林、郑伯奇、崔禹秋、宋之的、杨骚、罗苏，会上决定了工作方针，推定了7人组成小委员会，负责对抗战以来的小说、报告、通讯等进行总结，并起草介绍到国外去的论文。3月1日，胡风与罗烽、蓬子、安娥、孙钿、李华飞、陶生、袁勃、鱼羊、程铮、王礼锡、老舍、常任侠、方殷、何容、厂民、沙蕾、杨骚、贺绿汀等出席"文协"举行的诗歌座谈会，孙钿、陶生谈了对于座谈会的感想后，讨论了工作，推定了《抗战诗歌》7人审稿委员会，又推定了7人组织小委员会，负责检讨抗战以来的诗歌成绩并起草介绍到国外去的论文。春，"文协"举行戏剧座谈会，宋之的、葛一虹负责。胡风、罗烽、杨骚、章泯、赵铭彝、姜公伟、草明、欧阳山、郑伯奇、蓬子、梅林等出席第一次座谈会。大家谈了座谈会的中心工作，议定目前座谈的中心为研究战时演剧理论，建立演剧批评，还议定了要起草到国外去的戏剧论文，内容有中国戏剧运动概况、抗战戏剧运动概况、战时演剧及敌后演剧、关于剧本创作、结论等六方面，被推举的6名撰著者是郑伯奇、葛一虹、章泯、赵铭彝、凌鹤、胡风。

胡风4月9日出席在渝陕西街举行的"文协"年会，邵力子、于右任、叶楚伧、郭沫若、老舍等在大会上讲话，胡风代表大会宣读了他起草的《致全世界反法西斯侵略战争的作家电》。大会改选了理事，胡风为30名理事之一。同日，为纪念"文协"成立一周年，《新华日报》发表社论《用笔来发动民众捍卫祖国》，并以第四版整版篇幅刊登了胡风、欧阳山、梓年、河一虹等人的祝贺文章。14日，马雅可夫斯基逝世10周年纪念日，"文协"假中苏文化协会举行纪念晚会，出席者30多人。胡风主席并致词，臧云远报告了马雅可夫斯基生平，郭沫若特别指出了诗歌的政治作用。15日，全国文艺界抗敌协会在中国文艺社举行第二届理事会第一次会议，胡风被选为15人常务理事之一，胡风、郑伯奇为研究部正副主任。6月18日，胡风参加高尔基逝世3周年纪念会，并作报告，同时替鹿地亘讲话作翻译。7月，经过数月的奔波努力，《七月》终于复刊，改为月刊，每四期为一集。除继续介绍革命根据地来稿外，主要撰稿者多为大后方青年作家。在新出版的《七月》第四集第一期刊有七月社《愿再和读者一同成长》以及《编完小记》。前文回顾了《七月》的历史，并说"战争前进了，文艺运动前进了，我们当然希望《七月》能够更健康、更有力量，但同时也明白地知道，它不过是整个文艺战线上的堡垒之一，无论它的影响如何，在关联的形式上它只能是一个岗位。""当然，文艺界统一战线在民族战争里面的前进，当不会仅仅止于政治上的共同月的'抗敌'点，就是创作方法，也会趋向接近的罢。""在今天，我们底微小的目的是：希望在同情我们底作家底合作和批评下面，在爱护我们的读者底监视和参加下面，多少能够使进步的文艺发展，为光荣的祖国效命。"10月19日,胡风参加"文协"等十四个单位举办的"鲁迅逝世三周年纪念会",并作了关于鲁迅生平的报告。主席为邵力子,演说者还有罗果夫、潘公展、陈绍禹等。

按:胡风在第四集第1期的《编完小记》中讲到《七月》杂志停刊了11个月之后为什么还要复刊。他说:"好心的友人给了一个忠告:《七月》在挣扎的时候,文艺活动还很消沉。现在不同了,阵势堂堂的刊物继续出现,没有再为一个小刊物费尽力气的必要,这好心曾经使我们在困难中动摇。然而,每当一看到敌人的文艺杂志或综合杂志的文艺栏被鼓励侵略战争的'作品'所泛滥了的现象的时候,总不免有一种不平之感。"(参见晓风《胡风年表简编》,《新文学史料》1986年第4期;文天行编《国统区抗战文艺运动大事记》,四川省社会科学院出版社1985年版;胡平原《抗战时期〈七月〉杂志在重庆的命运起伏》,《中华读书报》2017年11月6日)

王礼锡1月25日出席"文协"举行的茶会,到会40余人。王礼锡报告欧洲文艺界同情中国抗战之一般情况,郑伯奇报告西北文艺界近况,老舍报告成都分会成立经过,阳翰笙报告华南及上海文艺界的情况,王平陵报告各地组织分会的情形。2月,"文协"国际宣传委员会举行首次谈话会,到王礼锡、王平陵、戈宝权、郑伯奇、安娥等人,决致函世界各国文学团体及文学杂志,致谢世界对中国抗战表同情的诸作家,并计划系统介绍中国抗战文艺运动及作品于国外,还加聘林语堂、谢寿康、肖石君为驻法代表,熊式一、苏芹生为驻英代表,萧三为驻苏代表,胡天石为驻日内瓦代表。6月14日,王礼锡为团长、宋之的为副团长的中华文艺界抗敌协会作家战地访问团在重庆成立,团员有罗烽、白朗、方殷、杨骚、陈晓南、李辉英、张周、袁楚才、叶以群、葛一虹、杨朔等。周恩来、郭沫若、邵力子等为之送行。访问团的报导发表于各类报刊,在国内外产生很大影响,被人们誉为"笔游击队"。8月26日,王礼锡在洛阳病逝。

按:王礼锡病逝后,中共中央和延安文艺界都发了唁电,蒋介石和时任印度总理的尼赫鲁发来唁电。周恩来百忙之中偕邓颖超专程前往重庆青年会陆晶清的住所慰问。《新华日报》于1939年10月8日出版纪念特刊,郭沫若、老舍、吴玉章、陈铭枢、邹韬奋、廖承志等都撰写纪念诗文。《大公报》《新蜀报》《文艺阵地》等几十种报刊都发表纪念诗文。10月7日重庆举行极为隆重的追悼大会,国民党中央宣传部部长叶楚伧、新四军军长叶挺、文化界著名人士以及《中央日报》《新华日报》的部分工作人员等数百人前往参加。会上,陈铭枢以王礼锡老友的身份致悼词,叶楚伧代表立法院讲话,王明代表中共中央发言,葛一虹代表作家战地访问团发言。(参见文天行编《国统区抗战文艺运动大事记》,四川省社会科学院出版社1985年版)

穆木天2月1日在茅盾主编的《文艺阵地》第2卷第8期发表《文艺大众化与通俗文艺》一文,重点讨论了文艺大众化与文学形式关系的问题,认为文艺大众化是由我们"民族革命的现实所决定了"的,因此,一定要让大众从被动地接受抗战文艺,到主动地去要求接受抗战文艺。这期间,在大众里面,会产生一些新的作家,由于他们的加入,新形式的大众化文艺,"必然地要获得到它的相当有力的发展,而运用旧形式的通俗文艺,由于不断的理论和创作的发展,也就会完成了它的扬弃过程。"因此,大众化的工作,"一方面是形成了报告文学,朗诵诗,街头剧等的运动,而在另一方面,则是运用旧形式的通俗文艺运动,这是文艺大众化的两条平行的路线。它们是互相辅助的,而不是互相排斥的,而且,要互相地配合起来,才能完成我们的文艺大众化的任务"。(参见刘长鼎、陈秀华《中国现代文学运动史》,山东文艺出版社2013年版)

罗荪7月作《害虫政策》,对抗战时期的第三种人提出了批评。"我们从他最近的出版物上，又看到了他一贯的理论，他表明着自己的态度，一如七年前说自己是一个既不左又不右，是个'拔着自己头发'，中立起来的自由人一样。他表白着，他们这个刊物是个非常中立的立场，既不是××党的右派，也不是××党的左派，更不是××党，这也不是，那也不是，究竟是个什么东西呢？他没有说，其实正是说了，因为在中华民族伟大的革命抗战中间，是不容许中立的，只要是'中国人'，他必须参加战斗，除了他不是中国人，而是——汉奸、叛逆、奴才、敌人的走狗，但是即使是汉奸，也已并不中立了，因为他早投降了敌人那一边。"10月19日，罗荪在《新华日报》鲁迅纪念专版发表《反虚伪的精神》。(参见文天行编《国统区抗战文艺运动大事记》，四川省社会科学院出版社1985年版)

黄芝冈12月24日作《评〈话剧民族化与旧剧现代化〉》，后刊于《新演剧》第1期。文中对张庚《话剧民族化与旧剧现代化》提出不同意见："张庚先生对'剧运本质'未曾'改变'之前的旧剧估价，是以都市旧剧为代表的。因此，他以为旧剧搬掉忠孝节义的内容便会手足无措；他以为旧剧的观众没有欣赏，只是散心，没有尊重，只是开玩笑；他以为旧剧只有一个主角而没有戏；他以为旧剧光剩下唱，观众对规矩无所要求。""他的估价和事实太离得远了。"作者还指出，张庚在"旧瓶新酒"的问题上，"认为装'新酒'的前途，不是酒瓶爆裂就是酒味变坏""不无武断之处。"在谈到延安的剧运问题上，作者说："就条件上的便利说，它自然是天之骄子，但它在技术上却没有多大的可夸耀的进步，尽在技术以外夸耀着'内容现实政治意义'，就剧运谈到国运，也不见得怎样可以乐观，这即是说，延安的剧运者——纵然是广大动员了——也还得要不断地耗费他们的心与力的。"(参见文天行编《国统区抗战文艺运动大事记》，四川省社会科学院出版社1985年版)

王昆仑作为国民党中央候补执行委员、立法委员，并无实际的权力，只是参加有关的会议。其间，王昆仑负责中苏文化协会，兼管刊物《中苏文化》。6月18日晚，王昆仑精心组织由中苏文化协会举办的高尔基逝世3周年纪念大会，出席大会的有邵力子、冯玉祥、郭沫若、鹿地亘、罗果夫、苏联大使等。郭沫若朗诵瞿秋白翻译的《海燕》。郭沫若在朗诵之前说道："《海燕》歌的中译文很多，但今天选的是瞿秋白先生翻译的，瞿秋白先生在中国革命过程中，奉献给我国民族了。今天纪念高尔基先生，朗诵瞿秋白先生的译文，也是纪念瞿秋白先生。我们今天纪念高尔基，要以行动来纪念，要学习《海燕》歌的精神来纪念。"王昆仑发表演讲，指出："我们今天纪念一个外国的伟大作家，也和我们纪念自己的文学大师屈原、杜甫、白居易、施耐庵、鲁迅一样，第一件事是不可忘记自己现实的任务。高尔基曾经用他那坚强锋利的铁笔扫荡过帝俄封建的余孽和一切苏联革命的敌人，我们中国的文艺战士唯一的任务也只是如何铸成一支坚强锋利的铁笔，扫荡我们中国民族的敌人——吃人的日本强盗！高尔基配合着苏联革命的政治经济文化的路线，协助苏联之社会主义建设。我们中国的文艺战士也应当配合中国抗战建国的路线，努力建立一个独立自由平等的国家。"

按：举行纪念"高尔基逝世三周年"的活动来说，实质上是山城文化界的一次大聚会，借此喊出了反对投降、坚决抗战的口号！(参见王朝柱《王昆仑》，花山文艺出版社1997年版；林甘泉、蔡震主编《郭沫若年谱长编》，中国社会科学出版社2017年版)

侯外庐在重庆继续任中苏文化协会杂志委员会副主任，主编《中苏文化》。1月1日，所作《一年来的文化领域中的特殊收获》刊于《新蜀报》第2版"星期专栏"。15日，所作《抗战建国的文化运动之总方向——为"革命的人文主义"文化而奋斗》《希特拉的文艺"春秋"》刊于《翻译与评论》1939年第3期。16日，所作《中山先生怎样崇赞列宁——为应〈中苏文化〉列宁逝世纪念而作》刊于《中苏文化》"抗战特刊"第3卷第5期。2月4日，作《"精神胜物质"》,刊于 2 月 16 日《时事类编》特刊第 32 期。文中认为:所谓"精神胜物质",一是"认识物质的必然而支配物质,换言之,认识之历史的发展是人类从自然的必然性解放的过程,……由理论上讲来,必然转化而为自由,而随着发展,自由也转化而为必然"。二是"我们知道,新东西不是从'无'而生,新东西的生正是旧东西的开始减少。我们更知道,新东西不是旧东西的所包含物,而是旧东西的发展物。解放的新中国,是从旧世界中而生,抗战的新生力量正是日寇帝国主义的减少,日寇所支配的旧世界已经包含不住新生力量,新中国正在由'自在的东西'转变而为'自为的东西'",在打破奴役关系的民族解放战争中,我们在精神条件上,便是思想解放,"争求'正确的认识',以与敌人的复古专制,形成一个革命的对照"。总之,"'精神胜物质'的领导,是中山先生'知难行易'革命思想的传统继承,在革命发展上,是要求'恢复同盟会以前的精神',在革命哲学上便是恢复中山先生'孙文学说'的革命的人文主义"。3 月 1 日,所作《加强团结与"打不平的文化"》刊于《翻译与评论》第 4 期。

　　按:文章论述"人文主义的发展与衰落""团结于三民主义文化实践中""'精神胜物质''知难行易'的文化领导传统继承"问题,认为:"由思想解放到整个民族与民众生活的解放,才是革命的人文主义与革命的民主主义之文化政治的统一意识。""根据中山先生指示,民族主义是对外打不平,民权主义是对内打不平,那么,这里所谓'打不平的文化',前者是对外打不平的文化,后者是对内打不平的文化,这一'打不平'的中心统一的意识,即革命的人文主义。"

　　侯外庐 3 月 12 日作《中国革命同盟会的精神》,刊于 4 月 16 日《时事类编》特刊第 36 期。16 日,所作《纪念中山先生逝世十四周年》刊于《中苏文化》"抗战特刊"第 3 卷第 8—9 期合刊。25 日,作《苏联建国在现阶段的特点》,刊于 4 月 1 日《中苏文化》"抗战特刊"第 3 卷第 10 期。文章认为:"'宏大圆满'的苏联社会主义的建设完成,使'新希望'成为现实的东西,苏联创作下进步的历史,为全世界人类模仿,而正在改作历史奴役关系的中国抗战建国的伟业,如中山先生所言'虽不能仿效其办法,亦应当仿效其精神''我们旁边有俄国的好学问好方法'以资'榜样',是应如何学习历史奋斗宝贵经验与教训呢!"同月,世界文化合作中国协会出版、国立北平图书馆编印的《图书季刊》新 1 卷第 1 期介绍侯外庐所著《抗战建国论》:"为了抗战建国这一伟大艰苦工作的进行,我们有《抗战建国纲领》的制定。本书在于把这一《纲领》中的主要问题,从理论方面给以原则上的研究和探讨,以便使这些问题的认识更加深入。"4 月 15 日,所作《中国学术的传统与现阶段学术运动》刊于《理论与现实》季刊第 1 卷第 1 期。文中提出"学术中国化的基本精神就在于'知难行易'的传统的继承使世界认识与中国认识在世界前进运动实践中和中国历史向上运动实践中统一起来。"此文重点论述了以下六个问题,集中体现了作者之于中国学术的传统与现阶段学术运动的新的系统思考与探索。

　　侯外庐 5 月 30 日于病中作《伟大的现实主义者高尔基如何教训我们把握现实》,刊于 6 月 16 日《中苏文化》第 3 卷第 12 期"高尔基逝世三周年纪念专号"。文章认为:"正如恩格斯说,文艺家的社会经历丰富比经济学者历史学者更多,'痛苦'的高尔基一直到社会主义的美满建设的高尔基,实在表示出俄国近代史的一种缩写,同时他的市侩的憎恶和旧世界的唾弃以及新世界的创造,更是近代世界史的一个理性的表现。"春末,孙科计划以中苏文化协会名义建立"中苏文化学院",由侯外庐负责选址,先后选定重庆歇马场附近的白鹤林和骑龙穴。夏,侯外庐和潘德枫等搬家到骑龙穴,翦伯赞也长期安家于此。后侯外庐《中国古典社会史论》《中国古代思想学说史》《中国近世思想学说史》与翦伯赞《中国史纲》等名著和大量的史学论文,都成于骑龙穴。8 月 1 日,侯外庐在《中苏文化》第 4 卷第 1 期发表《抗战二周年中华民族所创造的新历史》。15日,侯外庐所作《民生主义的伟大理想》刊于《理论与现实》第1卷第2期。该期"编后记"云:"侯外庐先生的《民生主义的伟大理想》……是有独到见解的佳作。……乃关连到现实政治经济问题的理论文章。侯外庐自谓这一篇是'对钱俊瑞先生的《论民生主义之本质》一文之必要的补充和修正'。他究竟如何补充和修正,请读者们细细留心一读吧!"23日,苏德签订互不侵犯条约。此后,国内舆论极为混乱,《中苏文化》决定请毛泽东撰文,由侯外庐请八路军办事处转告延安。同月,侯外庐著、重庆北碚中山文化教育馆编《抗战建国的文化运动》(论文集)由重庆《上海杂志》公司出版,该书系"抗战丛刊第九十三种",包括"中国现阶段文化运动的号召""在落后的欧洲与先进的亚洲时期""资本主义的文化危机与中国的文化发展""人文主义的发展与衰落""团结于三民主义文化实践中""'精神胜物质'——'知难行易'的文化领导传统继承"和"中山先生文化运动的理想"等8节。

　　侯外庐9月1日在《中苏文化》第4卷第2期"中苏史论"专栏发表《社会史论导言》。作者试图为人们提出一种正确的马克思主义历史分析方法,指出:历史研究的先决课题是对社会发展一般构成的探讨,社会性质的决定者是生产方法,只有了解社会构成的性质,才能更好地研究中国社会的发展。文章批判了社会史论战中各家各派的观点,指明他们划分社会形态标准——生产方式理论上的失误。他批评了社会性质的"技术决定论"和"流通商业决定论"。他强调马克思在《资本论》中划分社会形态是依据生产方式进行的,而不是别的,而生产方式并非指生产力与生产关系的统一,而是指"劳动者和劳动资料的特殊结合方式"。此文可以看作侯外庐社会史研究的开端。

　　按:此文是侯外庐通过重庆北碚中山文化教育馆的陈斯英在存稿中意外发现的。据侯外庐《韧的追求》(生活·读书·新知三联书店1985年版)自述:"我在原稿的基础上进行修订,把一些过时的属于批判性的文字删去,但仍保持原文的基本内容",并谓《社会史论导言》的发表,"成了我转向史学研究的一个标志""不管人们是否同意我对生产方式的理解,但我自信,我以上所述的内容本身,对于我们区别不同的社会形态,掌握不同社会形态的质的规定性来说,是站得住脚的,是符合马克思主义精神的。我以后对中国古代社会史的研究,正是以此为方法论指导。""我在《社会史论导言》一文中,就明确表示,不同意把生产方式归结为生产力和生产关系的统一,虽然,我同样坚持它们二者间存在密切的依存关系。作为学术观点,我至今没有改变自己的看法。"侯外庐《我对中国社会史的研究》(《历史研究》1984年第3期)谓"当准备在《中苏文化》上发表该文时,正好见到罗隆基在《再生》第三期上发表了怎样认识资本主义的文章,文中批评胡秋原、陈独秀、陶希圣,却把苏联新经济政策也看作资本主义。于是,在公开发表《社会史论导言》时,我在开头加了四段文字,批评罗隆基的观点。不过,1945年我将该文编入《苏联历史学界诸论争解答》一书时,把这几段与主题无关的文字删去了"。

　　按:《社会史论导言》重点论述了以下五个方面内容:(一)如何了解社会性质。(二)社会性质不是从技术与生产诸力决定的而是从生产方法决定的。作者指出:"一九二八年以来,我们的中国经济论者,不但混同着生产诸力与技术,而且把技术当作决定的前提规定着。固然,有的人以技术规定生产方法(如严灵峰君),表示着理论素养的浅薄;就是《中国古代社会研究》的著者郭沫若先生,认为中国社会未至资本主义阶段的原因是缺乏蒸汽机之论断,亦是纯粹的机械的理论。我们对于郭氏由中国古代劳动手段而分析中国社会的阶级之功绩是极力赞佩,而因劳动手段的重视,忘却社会特殊的构成之特征的生产方法,委实是不能原谅的错误。""从全生产过程方面研究。劳动手段与劳动对象复合才是生产手段,而这生产手段在一定的阶段又是对立于劳动力之社会关系的一极,劳动力和生产手段特殊的历史的结合,形成特殊的生产总过程的一契机,而支配一定的社会——经济构造。""很显明地,这种当做生产手段与劳动力的特殊结合关系之生产方法,是决定着所谓一社会的经济性质……"(三)"社会性质也不是商品流通或商业资本所决定的""商品生产是资本主义社会的必要条件,然而不能为资本主义社会之决定的条件,所以,我们的中国经济论者拿商品流通关系所证明的不过是商品生产,可是所试验的失败与成功,两者都不能够指明中国的资本主义属性。"(四)"生产方法与分配关系或剥削关系对于社会性质""我们中国经济论者所谓的剥削关系,实在是适应于生产关系的分配关系,决不是指生产方法的'分配形式',因为他们毫不了解生产方法,文字中没有提过这样决定生产内部全性质及全运动的生产方法。"(五)"社会性质是由生产方法而决定——生产方法研究"。(甲)"生产方法是居于生产诸力与生产诸关系间绍介的地位""生产方法,原名为 Produktions-weise,有生产的指导样式之意……""生产诸力"与"生产诸关系"二者是"生产过程中内容和形式的对立物,把一定的生产诸力与生产诸关系,用一种指导这对立的生产过程之倾向的独特方式,即决定并支配它们全运动全性质的东西,而绍介着,贯联着,便是生产方法。这里,并不是如兹依米耶斯基的见解,认为生产方法是生产诸关系与生产诸力之对立的统一。它至多不过是,运动中的生产过程之表示对立物发展的一种导式或倾向。因为生产方法一方面再发展着生产力,而且不断地再生产着生产诸关系"。(乙)"生产方法对于生产诸关系与生产诸力间质渗透作用""它(生产方法)既不是为生产诸力当做生产诸关系的内容自己发展着,又不是如同生产诸关系当做生产诸力的形式,自己运动着,它实在是在二者中间发生渗透作用的东西。它一方面再发展着生产诸力,一方面再生产着生产诸关系,使二者始而融协,既而矛盾,终而破裂,……所谓'在生产本身中而支配并决定生产'者便是。"文章最后指出:"中国经济论者,首先要从这方面了解,然后才能研究明白资本主义,才能进一步了解中国社会前途。亦正因数年来'中国社会问题'研究中,没有理论方面的基础知识,直到现在问题的讨论还表现着混乱与驳杂,并未执行了'反映现实'的任务。"

按:编者指出:"本文是一般的关于社会史论的研究,是提供社会史研究的正确方法论。在'中苏史论'首次编辑的时候,即在本刊计划地研究中苏社会发展与革命运动的开端,我们亦应首作一个社会史论一般的论断,同时,因了中国过去社会史论方面方法论上的武断,亦应有一个清算的检讨。本文据作者言,是搜集了《资本论》与其他文献有关社会经济构成的决定论之史料二百余条,撮要提领,综合编成,是值得研究中苏历史者一读的。"

侯外庐9月初出席中苏文化学会会长孙科在中苏文化协会会议室召开的各党派人士座谈会。这次座谈会上,各党派人士基本上和盘托出了对形势的认识和对苏联外交政策的看法,集中反映了当时社会舆论的概貌。出席会议的周恩来把他听到的这些错误观点,归纳、总结出来,连同《中苏文化》杂志要求毛主席撰文一事,指示八路军办事处一并电报延安,向党中央、毛主席汇报,请求指示。月底,毛泽东《苏联利益和人类利益的一致》电稿陆续发至在八路军办事处。10月1日,侯外庐所作《抗战革命继承辛亥革命的传统》刊于《中苏文化》第4卷第3期"纪念辛亥革命二十八周年"专栏。11月7日,毛泽东《苏联利益与人类利益的一致》刊于《中苏文化》"苏联十月革命二十二周年纪念特刊"。12月21日,《斯大林——世界学术传统的继承者》刊于《中苏文化》"斯大林先生六十寿辰专号",署名洪进译、外庐编。文章译自 A. Stolyarov 的《现阶段辩证法底问题》,包括"斯大林时代的学术底深刻性、具体性""时代提出的主要问题:从暴露到裁成""斯大林在学术中最发展的部分""斯大林著作中的具体性学说与'全面的'概念"。是年,侯外庐与胡绳结识。是年始,侯外庐真正涉足历史研究领域,相继撰写了《中国古代社会与老子》《中国古典社会史论》(又名《中国古代社会史论》)、《中国古代思想学说史》和《中国近世思想学说史》等重要著作,并因其思维之新、理论之厚、学识之博、视野之开阔,走在了当时学术研究的前列,在历史研究尤其是思想史研究领域取得了卓越成就,成为我国公认的老一辈马克思主义历史学家,与郭沫若、范文澜、翦伯赞、吕振羽并称为马克思主义史学家"五老"。(以上参见杜运辉《侯外庐先生学谱》,中国社会科学出版社2013年版;王学典《20世纪史学编年(1900—1949)》,商务印书馆2014年版;欧阳军

喜《论抗日战争时期的"学术中国化"运动》,《中共党史研究》2007年第3期)

曹靖华是春离西北联大,携一家四口,越过"难于上青天"的蜀道,夜宿荒山茅舍中,与猪共眠,最后到达重庆,家住白沙。当选为全国文艺界抗敌协会第二届理事,并任《中苏文化》编委。曹靖华一到重庆就去看望周恩来、董必武。周恩来不等曹靖华开口,就说:"你们被解聘了,经过不用多谈,因为你所知道的,我已经知道了,你所不知道的,我也知道了。你们反得很好! 你们反得很对! 你们所反对的是蒋介石法西斯专政,你们反对他,他就解聘你,因为政权在他们手里。"接着又说:"你们被解聘了,没有什么关系。现在归第三厅郭沫若所领导的文化工作委员会,由老舍实际负责的文艺抗敌协会和中苏文化协会,都在咱们手里,都直接归党指挥,他们一点反对的余地都没有……现在你到中苏友好协会担任常务理事。你对苏联情况熟悉,又会俄文,那里工作需要你,你去,这是党提的名,他们不敢不接受,他们不能、也不敢再动你。"是年,译苏联卡达耶夫著《我是劳动人民的儿子》,刊于《中苏文化》第4卷第1—3期,次年第5卷第1—3期连载。又作《鲁迅在苏联》,刊于《中苏文化》第4卷第3期;译《斯大林论列宁》,刊于《中苏文化》"斯大林六十寿辰庆祝专号"。(参见冷柯(执笔)、毛粹《曹靖华年谱简编》,载《河南大学学报》1984年第5期;傅道义《抗日战争时期的西北联大和校内政治斗争散记》一文中亲访曹靖华的记录;西北大学校史编写组《西北大学校史稿》,西北大学出版社1987年版)

章友注、沈志远、彭迪先、李绍鹏、刘及辰等西北大学进步教授暑期相继离校,在党和其他人士的关怀下,分别转移到重庆、成都文化战线继续进行不屈的斗争。根据周恩来的指示,那些从西北联大毕业或被开除、记过的六七十名进步学生,随后也都陆续来到四川。章友江教授结交广泛,热情好客,当时在国民党贸易委员会研究国际贸易并出版刊物。通过他的介绍,大多数进步学生都在重庆找到了工作,而且重点在财政、税务、经济、贸易、银行、研究工作等领域。章友江教授对自己的学生那种"师徒如父子"的感情,感动了不少学生。(参见傅道义《抗日战争时期的西北联大和校内政治斗争散记》一文中亲访曹靖华的记录;西北大学校史编写组《西北大学校史稿》,西北大学出版社1987年版)

黄炎培1月3日起草"讨汪宣言",反对汪精卫接受日本首相近卫文麿声明的主张,号召"吾全国同胞,认清利害,坚定意志""增加抗战力量,争取最后胜利"。联名者有张澜、梁漱溟、冷御秋、江问渔等。"讨汪宣言"送各报馆后,"因临时遵守新闻检查所通知",不敢发表,由于鲜英的帮助,于1月4日刊于《新蜀报》。3月5日,国民参政会决定成立"川康建设委员会"及"川康建设视察团"。视察团分为东、西、南、北及西康五路进行。被指定与李璜等21人为视察团员,并任副团长,李璜为团长。24日,随视察团离开成都,赴南路视察,旋被任命为泸州办事处主任。5月30日,至会理,即此次调查之终点。9月20日下午3时,黄炎培主持在油市街4号国民参政会举行的宪政期成会第一次会议。会议公决:一、本议决案在政府未表示接受以前。先为假设的研究;二、请政府明令最好在双十节;三、公布宪法期间。以速为宜,至迟不过参政员现任期满九个月;四、明令发布以后,再召集本会公宣进行程序表。10月11日,到平民教育会同梁漱溟、晏阳初、李璜等深谈时局。31日,黄炎培访邓锡侯。邓问及建设川康之意见及其应尽何种义务,乃答复如下:第一,觉悟身家与国不可分;第二,国与世界不可分,因此认定方今有三个问题:(一)国际问题,(二)民众问题,(三)经济问题。对(一)精神须国粹的,制度须现代化;对(二)要用民力,先养民力;对(三)不宜以政治权力与民争利,要为地方建立生产基础。邓个人意见:(一)广交须择善,要广尤须精;(二)疏财仗义;(三)主持正义。对川康建设:(一)剿匪、禁烟二事,既为川省领袖,宜提出切实有效办法,切实执行;(二)待关于生产障碍解决后,即筹设一大规模的经济组织,为推行生产事业的原动力,同时为实力的后援。11月13日,再至平民教育会办事处,和梁漱溟等3人深谈。梁漱溟提出各党派有统一之必要,谓不如此,不足以增强力量,即不足以受社会之重视。

黄炎培11月23日和沈钧儒、梁漱溟、章伯钧、罗隆基及青年党、民社党的参政员在重庆青年会集会,发起组织"统一建国同志会"。该会"以巩固统一积极建国为帜志",其宗旨为集合各方热心国是之上层人士,共同探讨国事政策,以求意见之一致,促成行动之团结。会议通过了《统一建国同志会信约》和《统一建国同志会简章》。该《信约》主张实施宪政,成立宪政政府;中止一切抵触宪法之法令、设施;遵守宪法之各党派,一律以平等地位公开存在;铲除贪污;尊重思想学术之自由;不赞成以政权或武力推动党务;反对内战等等。会议选举黄炎培、张澜、章伯钧、左舜生、梁漱溟为常务干事,公推黄炎培为主席。蒋介石在审查了《信约》《简章》和会员名单后,以不能成为正式政党为条件,允许统一建国同志会取得合法活动的权利。作为国共两党以外的联合政治组织,"统一建国同志会",密切了国共之外的抗日党派和主张抗日的无党派人士的联系,在组织上实现了国共之外的各党派的初步联合,为后来"中国民主政团同盟"的成立提供了政治上及组织上的准备。12月,马相伯逝世,终年101岁。因与马为忘年交,极敬马之为人,闻马逝世,乃作《我所见一百零一龄马相伯生平》一文,刊发于《国讯》第220期,以为纪念。(参见许汉三编《黄炎培年谱》,文史资料出版社1985年年版;沈谱、沈人骅编《沈钧儒年谱》,中国文史出版社1992年版;谢增寿编著《张澜年谱》,群言出版社2013年版;李贵忠《张君劢年谱长编》,中国社会科学出版社2016年版)

张澜1月3日与梁漱溟等参与联署黄炎培起草的"讨汪宣言"。2月12—21日,出席在重庆召开的国民参政会第一届第三次会议。张澜针对国民党政府吏治严重腐败的现实,起草(多人联名)向大会提交的《抗战建国之后方政治必须选任人才案》,提案指出:"古语云,为政在于得人心,盖得人则治,不得人则乱,历史皆然。"蒋介石在会上提出"民精神总动员",即所谓"国家至上,民族至上;军事第一,胜利第一;意志集中,力量集中",为发动第一次反共高潮作舆论准备。对此,张澜批评道,国民党的副总裁汪精卫连民族观念都没有,还谈什么"至上"? 国民党军队在日寇面前一败涂地,还谈什么"第一"? 国民党本身就勾心斗角,还谈什么"集中"? 对症的药方只有"反求诸己",一切请国民党自己先行作起。其间,张澜被选为休会期间驻会委员。会后,当张澜得悉1月21—30日举行的国民党五届五中全会确定了"防共""限共""溶共""反共"的方针和办法时,往见蒋介石,并当面质问蒋介石说:"共产党抗日,为什么你们不同意?"问得蒋介石无言以对。3月5日,由蒋介石在参政会上提出的"拟组织国民参政会川康建设期成会并组成川康建设访视团案",获得通过,蒋介石指定参政员张澜、邵从恩、梁漱溟、吴玉章等29人为川康建设期成会会员。

张澜3月14日出席视察团会议,会议决定分东、南、西、北、西康五组进行视察,定于3月18日出发,要求视察的内容为吏治、兵役、治安及民生四大类。张澜任北路组组长。18日以来,北路视察区域为川北33个县。张澜与章伯钧、马亮等深入城乡,积极宣讲"抗战建国"的主要内容。动员民众支持抗战,同时根据"川康建设期成会"要求视察的内容,进行了广泛的调查,所到之处,或慰藉贫苦,或抨击弊政,为众人所称道。8月8日,董必武、黄炎培、沈钧儒、李璜、邹韬奋、章伯钧、江问渔等部分参政员在张澜特园寓所举行聚餐会,共商第一届国民参政会第四次会议的重要议题。15日,黄炎培等部分参政员在张澜家中聚餐,讨论参政会提案事。9 月 2 日接受《新华日报》记者专访,谈对即将召开的国民参政会一届四次会议的意见和许多亟待解决的问题。

张澜 9 月上旬出席第一届四次国民参政会前夕,中共参政员董必武、吴玉章、林伯渠、陈绍禹、秦邦宪拜访张澜,谈话内容是关于参政会的提案问题,希望张澜从民族大义出发,主持正义。9—18 日,张澜出席在重庆大学召开的国民参政会第一届第四次会议。参与联署由中共参政员陈绍禹、吴玉章等提出的《请政府明令保障各抗日党派合法地位案》。18 日下午 3 时,参政会闭会式。议长蒋介石讲话称:"本届议案最重要为通过川康建设方案,及组织宪政期成会促成宪政两事。"同时,指定张澜及董必武、张君劢、黄炎培等 25 人为期成会委员,期成会由黄炎培、张君劢、周览为召集人。后又指定张澜为参政会川北办事处主任,驻节阆中,张澜认为这是国民党虚设机构以装饰民主,未予以重视。10 月 1 日,与沈钧儒、褚辅成、章伯钧、莫德惠、李璜、左舜生、张君劢、张申府、王造时等 13 名参政员在重庆市银行公会邀请各界关心宪政人士举行宪政问题座谈会,到会百余人。中共参政员吴玉章,董必武及《新华日报》社长潘梓年亦应邀参加。会议除就如何促进宪政之实施等问题进行座谈会外,还一致决议继续经常举行座谈会,并组织一民众团体,协助宪政的实施。9 日,与褚辅成、沈钧儒、秦邦宪、董必武等出席在重庆召开第二次宪政座谈会。张澜与董必武等 7 人组成主席团。讨论宪政与抗战建国问题。发言者强调:只有民主,才能动员全国人民。10 月 17 日,张澜在《新民报》第 2 版发表《建设川康川人应有的责任》,文章称,要达到抗战的目的,必须巩固我们的抗战根据地,必须完成后方的各种建设。11 月 2 日,川康建设期成会在成都成立,蒋介石指定邵从恩、莫德惠、褚辅成、黄炎培、李璜、张澜、林虎 7 参政员为常委。是日召开首次常委会,由邵从恩主持。国民参政会秘书长王世杰宣读蒋介石《告川康同胞书》,内称:除大毒(禁烟)除大害(绥靖地方)两事,"目前尚不能达到理想之程度,故应更进一步,谋根本之办法,予以彻底解决。"8 日,会议闭幕。川康建设期成会下设成都、万县、阆中、宜宾及雅安 5 个办事处,张澜任川康建设期成会阆中办事处主任。4 日,张澜与黄松龄、周道刚、魏时珍联名柬约成都文化界人士,座谈民主宪政问题。张澜提出:"目前宪政有两个主要问题:一为民国二十六年选出之国民大会代表,应否继续有效? 二为民国二十五年颁布之宪法草案,因时过境迁,是否适用或应如何修改?"会议决定成立"成都宪政座谈会"。6 日,访问由渝返延安在成都作短暂停留的吴玉章等中共参政员。8 日,川康建设期成会于本日闭幕,随后,返回重庆。

张澜 11 月 23 日与当时中间党派的参政员黄炎培、梁漱溟、沈钧儒、章伯钧、罗隆基及青年党、民社党的参政员在重庆青年会集会,发起组织"统一建国同志会"。这是国共两党以外的联合政治组织。其宗旨为集合各方热心国是之上层人士,共同探讨国是,以求意见之一致,促成行动之团结。会议选举黄炎培、张澜、章伯钧、左舜生、梁漱溟为常务干事,公推黄炎培为主席。蒋介石在审查了《信约》《简章》和会员名单后,以不能成为正式政党为条件,允许统一建国同志会取得合法活动的权利。统一建国同志会的成立,密切了国共之外的抗日党派和主张抗日的无党派人士的联系,在组织上实现了国共之外的各党派的初步联合,为后来"中国民主政团同盟"的成立,做了组织上的准备。在统一建国同志会上,张澜指责国民党秘密推行《限制异党活动办法》等反共措施,特务当场记录了他的讲话,并要他签名,张澜勃然大怒予以呵斥。月底,由于张澜在统一建国同志会成立大会上大声指责蒋介石种种反共措施,惹恼了蒋介石,他准备采用文的一手,请张澜担任国民政府监察院院长一职,诱他入彀,从而达到控制四川及整个西南的目的。月底,陈立夫奉蒋介石指示,去特园拜访张澜,转述了蒋介石的意图,张澜以"我今年已六十有七,老了,不堪当此重任"为由,表示"万难从命"。(参见谢增寿编著《张澜年谱》,群言出版社2013年版)

梁漱溟年初与张群、卢作孚、八路军驻重庆代表秦邦宪等商量,谓其在山东许多年做乡村工作,有许多乡村运动的学生,都分散在山东各县,想与他们取得联系,发动他们做抗日工作;同时想与年前返鲁抗日的第三政治大队取得联系,看望他们,了解他们的情况。这事得到国、共两方支持,蒋介石还送了一万元路费,给了电报密码本,说必要时用电报报告敌人情况。梁漱溟要求秦邦宪同延安说明,希望延安方面通知苏、鲁一带抗日队伍(游击队),给予方便配合。2月2日,梁漱溟自重庆启程,经西安去游击区,随行人员计有黄艮庸、王靖波、王福溢、李健三、翟茂林、张荫平6人。10日,飞抵西安,经与各方接洽,一时尚无入鲁之方便,故前后在西安停留多日。其间,曾到秋林晤阎锡山,了解晋中战况,并访程潜商谈去战地视察事宜。3月2日,梁漱溟偕同人乘火车离开西安去洛阳。深夜过黄河,敌人隔黄河岸打炮,所以必须在黑夜通过。在洛阳晤第一战区司令长官卫立煌。4月10日,到达永城书案店,晤新四军彭雪枫司令及副司令吴芝圃,承招待停留三日,随新四军滕团往李士林。彭司令以一白马赠梁漱溟代步,当晚在李口休息,候至夜一时乃以急行军越过公路。25日,入鲁境单县。5月2日,行抵定陶,住县政府。4日,应邀在民众剧院讲演。8月28日,入河南境。9月17日上午渡黄河,当晚到洛阳。

按:梁漱溟在抗日战争之第三年,毅然偕友五六人到抗日前线,自重庆经西安、洛阳,去游击区巡视,历经豫东、皖北、苏北、鲁南、冀南、豫北、晋东南,出入于敌后游击区域八个月,到过六个省的八个地区,经过的县市有五十多个(只山东就有二十二个),食宿过的集镇、村庄将近二百个。经历多次惊险奔波,备尝饥渴风雨之苦,而且多数是在黑夜赶路,其辛苦可想而知。及抵洛阳,此艰苦之行程才算告一段落。对这次巡历各战地后的见闻,梁漱溟说:"总括来说,有三句话:第一句是老百姓真苦;第二句是敌人之势已衰;第三句是党派问题尖锐严重。"因其间亲见国共摩擦,深惧内战爆发,妨碍抗敌。返回大后方成都、重庆,得悉党派关系恶化同样严重。于是与国共两党及第三方面分别商讨如何避免内战,并与第三方面人士组成"统一建国同志会"。

梁漱溟先返回重庆时,重庆满街上都在开会座谈宪政,非常热闹。但梁漱溟一概谢绝参加,认为"这是一场空欢喜,国民党决不会践言"。又谓"我只认定我的路线,作我的团结统一运动""我分向三方面进行我的运动。所谓三方面就是两大党及其以外之第三方面"。10月初,梁漱溟在成都会见了晏阳初、黄炎培和李璜等,邀请他们开了个协商会。会上,梁漱溟提出了他在视察中思考出的结论,国共两党的矛盾近则妨碍抗战,远则重演内战,非想一解决办法不可。第三者于此,无所逃责。零零散散,谁也尽不上力。故第三者联合起来,共同努力,当为第一事。黄、晏、李等诸公都十分赞成。相约到重庆再多觅朋友商量进行。梁漱溟等诸公回到重庆后,取得了沈钧儒、邹韬奋、章伯钧等诸公同意后,便共同为发起筹备成立"统一建国同志会"而积极地开展了活动。11月23日,成立统一建国同志会。参加这次会的有国家社会党(罗隆基)、青年党(曾琦、李璜、左舜生等)、第三党(章伯钧等)、救国会(沈钧儒、邹韬奋、张申府、章乃器等)、中华职教社(黄炎培等),梁漱溟是以乡村建设派参加。张澜在四川是长者,有声望,但由于他是个人,所以是在统一建国同志会成立后,由梁漱溟邀请才参加的。统一建国同志会为了能在国民党统治下合法存在,先把会内通过的12条纲领送给张群、王世杰,请其转蒋,并要求见蒋。29日,梁漱溟见蒋介石。原来公推黄炎培和梁漱溟两人见蒋,后因黄炎培去泸州,临时只梁漱溟一个人去。梁漱溟向蒋递交了统一建国同志会的"信约",并着重说明统一建国同志会的"第三者立场",要求蒋介石允许民主人士"有此一联合组织"。蒋介石提出不组织正式的政党为条件,允许成立。在谈话中,当梁漱溟讲到成员中有沈钧儒时,蒋介石插话说:"他(指沈)恐怕同你们不一致吧!"意思是与中共关系密切。梁漱溟回答说:"我以为还是和我们在一起好、无碍于统一建国同志会的第三者立场。"蒋介石没有再说什么。谈话间,王世杰曾问梁漱溟"这是否一政党?"梁漱溟答:"不是的,这只是为了求得全国团结,推动两大党合作而形成的一个推动力。"(以上参见李渊庭、阎秉华编著《梁漱溟年谱》,商务印书馆 2018 年版)

沈钧儒 1 月 2 日与张申府、邹韬奋、胡愈之、史良等 20 人发出代电,严词声讨汪精卫叛国投敌。5 日,邀请黄炎培、褚辅成、冷遹、江问渔、李璜、曾琦、左舜生、章伯钧、梁漱溟等聚餐。后又假永年春餐馆举行在渝参政员茶话会,审定对汪宣言,反对汪精卫接受日本首相近卫声明。该宣言被检查处扣留,仅《新蜀报》刊出。11 日,访黄炎培,谈参与政治前途问题。14 日,在渝参政员座谈会假银行公会举行。一致通过决定对汪精卫投敌表示态度。21—30 日,中国国民党五届五中全会通过《党务报告决议案》等文件,确定"溶共、防共、限共、反共"政策,并秘密通过《限制异党活动办法》。自此,沈钧儒等在重庆同国民党的斗争,主要围绕两个问题进行:1. 坚持持久抗战,坚持国内团结,反对妥协投降;2. 坚持民主,开放民主运动,争取人民的民主自由权,反对独裁。26 日,沈钧儒等"救国是否有罪"一案(即"七君子"案),由四川高等法院第一分院宣布撤回起诉。对陶行知等的通缉令亦并案撤销。此案在司法手续上始了结。2 月 12—21 日,沈钧儒出席第一届国民参政会第三次大会。呈文请明令褒扬去年病殁沪上的国民参政会参政员张耀曾"以彰贤能,而昭激劝"。2 月 24 日,生活书店按新拟定的《生活出版合作社章程》,在重庆召开渝地社员大会,改选理事会理事。沈钧儒被推为名誉社员,并当选为第五届理事会理事。在五届一次理事会上,又被选为常务理事。从此,经常参与书店的业务领导工作。当时,书店备受摧残,沈钧儒为之排忧解难。25 日,沈钧儒加入重庆律师公会。

沈钧儒 3 月 15 日与柳湜、潘大逵赴成都,目的是为扩大救国会在四川的影响,以及激励地方实力派抱定抗战到底必定胜利的决心与信心。3 月 24 日,开始在重庆执行律师业务。4 月,沈钧儒等曾根据周恩来建议推动救国会发展为一政党性政治团体的意见,讨论"重建救国会"问题,并由钱俊瑞、李席起草《重建救国会纲领草案》。后因有个别人持不同意见,最终未能重建。5 月 3 日,为生活书店事访叶楚伧两次,未遇。访王昆仑、曹孟君,又赴司法部访谢冠生,与谈生活书店防空洞及朱毅如、孙秉钧、张玉华案四事。至农民银行看李安陆。至机房街看凯丰、潘梓年,得知新华日报馆中一燃烧弹,未炸。回青年会后记录防空中存在的问题。5 月初,日机开始对重庆进行大规模空袭,山城损失惨重。5 月 5 日,空袭警报解除后,赴段牌坊开国民参政会驻会委员会,仅到张伯苓、孔庚、许德珩等 8 人,原定由王亮畴作外交报告,因报告人未到,未能进行。10 日,至生活书店开会,到会者甚多,商定壁报及服务两项工作。11 日,到王炳南处,与沙千里、钱俊瑞、张申府、郑代巩、李赓、于毅夫,商谈各事,决定于每日午前 9 时聚会。12 日 9 时,王炳南、邹韬奋、张申府、钱俊瑞、李赓、郑代巩、孙运仁到会,决定《国民公论》出版办法。午后 5 时,出席国民参政驻会委员会,听取王亮畴外交报告。16 日晚,偕邹韬奋诸人冒雨步行访周恩来。18 日晚饭后,访李济深。19 日早晨,访周恩来。21 日,出席反侵略会年会。23 日,早起赴兵役实施协进会,晚陈豪、胡子婴、袁青伟、曹嵩龄来谈工业合作社事。

沈钧儒6月与沙千里、王炳南夫妇等一同迁入枣子岚垭83号良庄,合租二楼和三楼。当时,萨空了自香港去新疆,途经重庆时受阻,亦暂借住良庄。自此,良庄成为救国会同人的活动中心。周围布满了国民党特务的监视哨。8月8日,与董必武、李璜为主人,在张澜寓所和邹韬奋、黄炎培、林虎、章伯钧、江问渔聚餐,共商第一届国民参政会第四次会议的重要议题。沈钧儒与董必武提出应为继续抗战主张之普遍贯彻一题。黄炎培也提出六点意见。12日,《全民抗战》通俗版周刊创刊。9月1日午后1时,赴军事委员会开会,李璜告以德、波已开火。散会后,与董必武同至邹韬奋处,又偕至叶剑英处晚饭后同赴化龙桥红岩村八路军办事处访晤陈绍禹、秦邦宪、林伯渠、吴玉章诸人。9月3日晨,到银行公会谈外交问题。午后与史良、章乃器、沙千里、邹韬奋同访尼赫鲁。4日,陈绍禹、秦邦宪、董必武、林伯渠来谈。5日午后,赴中苏文化协会所召集的国际问题座谈会。7日,赴司法制度特种审查委员会会议。9—18日,出席国民参政会第一届第四次会议。与邹韬奋联名提出主张民主宪政的提案。后此提案与各党派不少议员提出的类似提案合并成《请政府明令定期召集国民大会,制定宪法,实行宪政案》,另还提出《请中央通令各省切实推行成人教育案》《组织华北视察团案》《请政府重申前令切实保障人民权利案》和《确立外交中心,加紧外交活动案》等提案。

沈钧儒10月1日与诸辅成、江恒源、莫德惠、张澜、章伯钧、胡石青、李璜、左舜生、张君劢、张申府、王造时等13名参政员在重庆市银行公会邀请各界关心宪政人士,举行宪政问题座谈会,中共参政员吴玉章、董必武及《新华日报》社长潘梓年亦应邀参加。会议除对如何促进宪政之实施等问题进行座谈外,还一致议决继续经常举行座谈,并组织一民众团体,协助宪政的实施。此后,又同各民主党派参政员25人在银行公会多次发起召开宪政座谈会。14日,出席中国青年记者协会总会召开的宪政问题座谈会。与会者对实施宪政、抗战建国纲领之意义、宪政运动中新闻记者之任务等进行了热烈的讨论。18日,由潘大逵出面招餐,邀黄炎培等20余人发起宪政座谈会。一致要求国民党结束党治,实施宪政,推行政治民主,以利团结抗战。会上推举了85人筹备组织"宪政促进会"。27日,沈钧儒由重庆飞往桂林。视察广西政绩,与留桂救国会同人商讨会务,并推动宪政运动。11月7日,沈钧儒接受《广西日报》7名记者的采访,发表了《关于宪政问题》的谈话。以后,又在广西建设研究会讲演,题为《关于宪政的几件事》。

沈钧儒11月13日飞返重庆。23日,与当时中间党派的参政员张澜、黄炎培、梁漱溟、章伯钧、罗隆基等及青年党、民社党的参政员在重庆青年会集会,发起组织"统一建国同志会"。30日,出席宪政促进会筹备会在重庆巴蜀小学举行的首次会议,与孔庚、张申府、董必武、秦邦宪、刘清扬、章乃器、褚辅成、左舜生、李中襄、史良、曹孟君、张友渔、许宝驹、许孝炎、黄炎培、莫德惠、章伯钧、沙千里、梅龚彬、康心之、于毅夫、韩幽桐、周钦岳、李璜等25人被推组成常委会,下设秘书处及宣传、联络、研究三个委员会。担任宣传委员会工作,与上海、桂林、华南等各地广泛联系。对《五五宪法草案》提出修改意见。同月,赞助马相伯纪念图书馆"百岁堂"的兴建,任"马相伯先生百岁纪念委员会"赞助人。秋、冬间,为开展民主宪政运动,策划组织"政治讨论会"(不是团体,不设机构,只是原救国会核心人物的一种活动形式),成员有张申府、章乃器、邹韬奋、柳湜、张友渔、钱俊瑞、沈志远、于毅夫、李赓及沈钧儒等。与张友渔、韩幽桐、张申府、钱俊瑞、柳湜和沙千里7人对国民党的《五五宪法草案》提出尖锐批评,并写了《我们对于"五五宪草"的意见》一书。沈钧儒对如何扩大活动范围,如何组织各方面关系,救国会骨干分工等等问题,拟有提纲式的活动计划。扩大活动范围的分工计划:有各党派、文化界、职业界、青年界、妇女界及海外等,其中各党派方面的活动主要为统一建国同志会及宪政运动聚餐会,由沈钧儒及章乃器、张申府、邹韬奋、史良负责。

沈钧儒12月初作《对广西乡村建设的几点贡献》,刊于《建设研究》第2卷第4期。25日,作《实行宪政对我国政治前途发展之重要性》,刊于《战时青年》第2卷第4期。同月,被聘为中国劳动协会名誉理事。是年开始与中国共产党在感情上愈益密切,很多工作常与"共产党朋友"(先生语)商量,通过他们去征询周恩来的意见。亦经常亲自一人或与邹韬奋、柳湜同去曾家岩访问周公馆。并热情地学习和吸收马列主义。曾向周恩来提出加入中国共产党的要求。周答以:先生现是民主党派的负责人,不参加比参加了作用更大,对工作更好。先生遂未坚持要求。召开国民参政会期间,为求得原救国会参政员相互间协同步调,曾组织聚会商谈,甚至正式成立救国会"党团",派李赓为秘书。约是年前后,与社会各方人士联系广泛,与海内外人士均有来往。有来往的海外人士有:缅甸抵制日货会主席苏德隆(仰光市政议会议员、缅甸华商商会执行委员、仰光高等审判厅律师);华、印、缅抵制日货联委会副主席宇答笑(缅甸社会党主席、缅文理笃报总经理兼总编)等。(以上参见沈谱、沈人骅编《沈钧儒年谱》,中国文史出版社1992年版)

邹韬奋一家年初搬入重庆学田湾"衡舍"租屋寓居,直到1941初,在此生活和写作两年。1月,生活书店在延安设立安生书店,后根据毛主席指示在陕甘宁边区和敌后解放区逐步设立华北书店与大众书店。2月10—19日,国民参政会在重庆召开第三次大会,韬奋在会上提出《请撤销增加书籍印刷品寄费,以便普及教育,增强抗战力量案》和《动员全国知识分子扫除文盲,普及民族意识,以利抗战建国案》。24日,生活书店举行在渝社员大会,通过《生活出版合作社章程》,选举韬奋、胡愈之、金仲华、沈钧儒、杜重远、张仲实、徐伯昕、王志莘等为第五届理事会理事。27日,生活书店乐山支店成立。3月5日,《全民抗战》增出"战地版",共出33期,分赠各战区的战士阅览。8日,生活书店浙江天目山营业处被迫令停业,工作人员二人被强迫押送出境。18日,生活书店《店务通讯》发表《毛泽东先生在去年十二月答复杜绝先生的问话》,传达了有关指示。同月,张友渔从华北敌后抵重庆,韬奋约他在生活书店总管理处谈话,了解华北敌后的实际情况;邹韬奋译著《从美国看到世界》由生活书店出版。至此生活书店出版书籍已达638种,丛书20多套。4月,生活书店福州、曲江分店成立;生活书店西安分店被封,邹韬奋前往国民党中宣部,与部长叶楚伧、副部长潘公展等谈话,就西安分店一事进行说理斗争,抗议无理封店捕人。同月28日,生活书店第五届理事会第一次会议举行,邹韬奋当选为总经理。

邹韬奋译著《苏联的民主》由生活书店出版。同月,生活书店成立"读者顾问部",发行"生活推荐书";生活书店南郑分店与天水支店被封。同月13日,《全民抗战》从第70号起改为周刊。6月17日,邹韬奋在《全民抗战》第75号上发起为前方将士写"十万封慰劳信"运动,后在一、两个月内征得慰劳信13万封。6月,生活书店沅陵、金华、吉安、赣州、宜昌、丽水、屯溪等分支店被封。韬奋每次听到被封的消息,都查明原委,亲往国民党中宣部进行说理斗争。同月,生活书店梅县支店成立。7月8日,生活书店曲江分店被封闭。10日,将拒绝"合并"的意见"缮成呈文"送达国民党中宣部,并就封店捕人已达12处之事进行"原则的交涉"。夏,周恩来先后约邹韬奋到曾家岩50号,约生活书店、读书出版社负责人到红岩商议难以在国民党统治区存身的书店工作人员的撤退问题。以后三家书店先后派人到华北等地建立华北书店,加强解放区的出版事业。8月12日,邹韬奋创办《全民抗战》通俗版周刊。9月9日,国民党参政会第四次大会在重庆举行。经过中共和各民主党派努力,决议要求国民党政府明令定期召开国民大会实行宪政。邹韬奋在会上提出《改善审查检查书报办法及实行撤销增加书报寄费,以解救出版界困难而加强抗战文化事业案》和《严加肃清汪派卖国活动及汉奸言论案》。在会议过程中,曾就宪政提案举行扩大会议,进行通宵辩论。10月14日,中国青年记者学会在重庆举行第一次宪政问题讨论会,邹韬奋应邀参加并演讲。28日,在生活书店《店务通讯》上发表《韬奋自述》。同月间,邹韬奋与其他参政员25人共同发起召集宪政座谈会,在重庆银行公会开过几次会,讨论得非常热烈。不久,又由座谈会发起"筹备宪政促进会",公推85个筹备员。成都、桂林、上海、延安等地纷纷响应,成立类似的组织。韬奋积极参加宪政促进工作,到处作公开讲演。在报刊上发表文章。并编印了包括其他报刊发表的有关文章的《宪政运动论文选集》以及《宪政运动参考材料》一、二两集,从各方面积极地推进宪政运动。秋,邹韬奋邀周恩来对生活书店同人作《国际形势与中国抗战》报告。在此前后,邹韬奋还邀请叶剑英、董必武、秦邦宪、徐特立、凯丰等同志先后去书店作报告。11月,《宪政运动参考材料》第一辑由生活书店印行。年底,生活书店发行杂志7种,出新书250多种,拥有工作人员近300人。(以上参见复旦大学新闻系研究室编《邹韬奋年谱》,复旦大学出版社出版1982年版;中央文献研究室《周恩来年谱1898—1976》,中央文献出版社1998年版)

张申府继续主编《战时文化》。2月10日在《战时文化》第2卷第2期发表《论中国化》一文,明确提出要反对奴化,不但反对作自己古人的奴隶,传统权威的奴隶,更要反对作外来的东西的奴隶,号召在文化上打开广大地扫除民族愚昧和封建愚昧的途程。"在抗敌反礼教反独断反迷信的争斗中,以自己的正确理论为中心,而与哲学上的一切忠心祖国的分子,一切民主主义者,自由主义者,一切理性主义者,一切唯物主义的自然科学家,进行大联合阵线。"作为对毛泽东在延安举行扩大的六届六中全会上作的题为《论新阶段》的政治报告中提出的"马克思主义中国化"这一命题和任务的回应,他认为毛泽东的上述看法象征着"中国最近思想见解上的一大进步""马克思主义中国化",不但提出了如何处理"普遍性"与"特殊性"的问题,而且也提出理论与实践如何统一的问题,是中国思想上的一大进步。"我们相信,改革中国化为的是中国,至少也是先直接中国,其次才影响到全世界。""改革中国总要就中国找办法""许多外来的东西,我们以为,用在中国就应该中国化。而且如其发生效力,也必然地会中国化。"将正在进行的新启蒙运动与"中国化"相联系,他认为二者在"自觉与自信"方面是一致的。"科学中国化的意思就是要使中国在科学上有其特殊的贡献,使科学染上中国的特色。""新启蒙运动反对奴化,同时要求新知识新思想的普及,科学的通俗化,学问的大众化。要通俗化、大众化,当然必须先中国化、本土化。同时,反对奴化,不但反对作自己古人的奴隶,实在更反对外来的东西的努力。此外,我所拟的新启蒙运动的纲领之一是'自觉与自信',中国化岂不正是自觉与自信的一个表示。"

　　按:张申府认为新启蒙运动是"民族主义的科学民主的思想文化运动",对中国真正的传统遗产,经过批判解析地重新估价,弃其渣滓之后,是可以接受和继承的。由此,他强调,马克思列宁主义应该研究,孙中山的著作更是应该研究的,因为后者是多年来在中国指导革命实践的人的著作。孙中山的"知难行易说"为"中国思想上一极大革命",不但应该"知道、学习、研究""更应该身体力行"。在此,孙中山也被张申府视为"新启蒙运动的一个先驱"。

张申府4月发表《新启蒙运动与新生活运动》一文,将新启蒙运动与蒋介石的新生活运动等同起来,认为新生活运动重礼而新启蒙运动宗理,既然礼即是理,那么至少可说新生活运动与新启蒙运动是互为表里的。至于两者之间的不同之处,他谈及两点。一是新生活运动偏于生活方面而新启蒙运动偏于思想方面,二是新生活运动是自上而下地号召,有普遍的全国性的中心组织,表现得整齐,新启蒙运动则不但提出的历史较短而且是由下边提出,没有什么有形的组织,只是希望表现一个潮流,造成一种风气,组织并不必要。同月,杜若君在重庆《战时文化》第2卷第3期发布《新启蒙运动与国际观》,主张将新启蒙运动与国际问题研究结合起来,在国际问题的研究上也需要开展启蒙工作。9月,张申府与张澜、沈钧儒等发起宪政座谈会,任秘书长;一届四次国民参政会上以救国会参政员身份领衔21人提出《建议集中人才办法案》。11月,与沈钧儒一同召集救国会、国社党、职教社、青年党、第三党、乡建派及无党派人士在重庆青年会餐厅聚会,正式成立了统一建国同志会,为后来中国民主政团同盟之成立奠定了基础。12月,任国民参政会宪政促进会常委会秘书处主任,成为第一次宪政运动重要领导人。在1938年11月出版的《解放》上读到毛泽东的《论新阶段》兴奋异常,写下《论中国化》一文,刊于2月10日《战时文化》第2卷第2期。年底,张申府将他有关新启蒙运动的文章结集出版,取名《什么是新启蒙运动》,对新启蒙运动作了总结和发挥。(以上参见郭一曲《现代中国新文化的探索——张申府思想研究》及附录一《张申府年谱简编》,广东人民出版社2002年版;雷颐编《中国近代思想家文库·张申府卷》及附录《张申府年谱简编》,中国人民大学出版社2015年版;李亮《继承五四和扬弃五四——新启蒙运动研究》,上海师范大学博士学位论文,2012年)

李公朴1月离开延安,到山西考察。12日,根据在延安的所见所闻,在吉县撰写成《革命的摇篮——延安》一文。28日,应吉县县长之请,为该县井坨塔村28位抗日烈士撰写碑文。2月2日,骑马赴吉县霖雨村,祭奠温健公坟墓。20日,撰写《两渡黄河》一文,记述到达吉县及日寇对吉县之烧杀掳掠。3月20日,到达乡宁县。30日,赴襄陵县,与县军政民运教育工作干部座谈。3月31日,至临汾县。4月1日,作《伟大的战地文化》短文。4日,为吉县牺盟会出刊的油印小报题报头"曙光"。8日,为《黄河日报》创刊纪念题写《黄河颂》诗。15日,到宜川。过秋林时,会见梁化之、刘岱峰、薄一波。4月18日,会见阎锡山,略谈在汾城见闻及即将赴晋西北与五台边区计划等。24日,第二次到达延安。同月,根据在晋西南考察所写《走上胜利之路的山西》一书,由黄河出版社出版。

李公朴6月15日率抗战建国教学团向晋西北出发。教学团团员由"抗大""鲁艺"抽调,共10人,李公朴任团长。月底,到达兴县。教学团为纪念七七抗战,举办了版画展览会,随后开办了"兴县各界抗战艺术研究班""山西民族革命青年军官教导团抗战艺术研究班",为部队和地方培训宣传教育文艺干部。8月7日,为驻扎在兴县的山西民族革命青年军官教导团作报告,题目是《政治认识与政治工作的关系》。26日,撰写《抗战建国教学团告别兴县各界书》,总结在兴县两个月的工作情况。8月底9月初,李公朴率抗战建国教学团抵达岢岚县。应山西行政第二区专员公署、续范亭的暂编第一师、山西工人武装自卫队政治部等团体的请求,举办了"山西行政第二区军政民艺术干部训练班"。9月18日,在岢岚西豹峪草拟《抗战教育方法论提纲》。30日,撰写《抗战建国教学团告别岢岚二区各部队各机关各团体书》,报告在岢岚的工作情况。10月3日,续范亭为李公朴题字,称赞他为统一战线之最努力者。28日,在八路军一二○师独立二旅五团第一连护送下,穿过同蒲路封锁线,到达晋察冀边区。11月9日,参加晋察冀军区成立2周年纪念大会,并赠送纪念旗一面。此后，参观考察了五台、孟县、定襄、代县、忻州、崞县、涞水、涿县、房山县、良乡县、宛平县等 15 个县 500 余村，并访问了军政民各界人士。（以上参见周天度、孙彩霞《李公朴传》及附录《李公朴生平活动简表》，群言出版社 2002 年版）

晏阳初 1 月 1 日在平教会泸溪办事处元旦同乐会上讲话。2 月 8 日，在湘西泸溪同仁会议上作"改造社会复兴民族"的讲话，主要将三个月来发生或经历的一些事情进行介绍，并从中总结出了一些经验教训。13 日，在湘西泸溪布置工作。同月，平教会之单人脚踏纺织机械试制成功，与中国工业合作协会、赈济委员会、第八救济区、湖南省各合作事业委员会、湖南省农业改进所、湖南省难民救济处、新生活运动会等机关团体组织湖南省战时人工纺织生产推行委员会，推广人工纺织机的应用。3 月 5 日，最高国民参政会第三次议决成立"川康建设期成会"，晏阳初、梁漱溟被推举为委员。同月，在重庆成立中国乡村建设育才院筹备处，选定重庆近郊之北碚歇马场为院址。4 月 10 日，在成都金陵女子文理学院作讲演，主要讲解抗战建国的基本问题。12 日，在平教工作座谈会上作题为《湘赣川乡建工作的现状和任务》的讲话。5 月 18 日，在中国乡村建设学院筹备会上讲话，对筹备中国乡村建设学院提出了四点具体意见。

按：首先，关于学院名称问题。认为使用"乡村建设"四字更为确切。原因有三个方面：①乡村建设是平教会 20 年来所努力的工作，乡村建设已深印在一般人的脑海中了；②用一向所沿用、所从事的"乡村建设"名字，表明平教会在继续 20 年来所努力的工作，容易使人明了；③因为平教会过去设有育才院，现在开办乡村建设学院，不过是育才院的扩大，并且原有中国乡村建设学会，现在组织学院，是把各方面的人才、经验汇合起来，集中努力，乡村建设也已得到全国人士的觉悟和重视。其次，关于学院与大学问题。认为"就现有的人力物力来看，还不够"办大学，"所以决定由小而大，由近及远，先办一个学院"。第三，谈学院选址问题。提出决定选在重庆北碚歇马场高坑岩。原因有四个方面：一是因为乡村建设学院是全国性的，选址重庆不带地方性；二是聘请师资、招考学生更便利；三是因为乡村建设学院不是机械地以农业等等的建设为限，工业建设仍是乡村建设工作之一，重庆是工业比较发达的地方，所以乡建学院以办在重庆附近为宜；四是因为重庆是全国政治、经济、交通的中心，北碚歇马场高坑岩离重庆有 60 公里，离歇马场三公里，交通便利，且有长宽各约十丈的瀑布，可以利用发电，有河流通北碚，运输很便利。并认为"学校的建筑以简单、适用、卫生为原则，最好能乡村化"。最后，谈组织筹备委员会、设立办事处问题。决定在重庆设一通讯处、在重庆近郊设筹备处，并确定了筹备委员及主任委员、常务委员人选。

晏阳初 6 月 18 日在平教会第七次乡建工作座谈会上讲话，主要谈"作之师"与"作之君"的关系。7 月 5 日，在中国乡村建设学院筹备工作会议上作题为"把乡建学院办成一个革命性的大学"的讲话。29 日，与重庆同仁讨论通过《乡村建设运动共同信念初草》，共 12 条。同月，协助赈济委员会等创办璧山保育院；撤销湖南泸溪办事处；平教会迁至北碚歇马场；与平教会同仁讨论通过《中国乡村建设学院缘起及旨趣》（草纲）。9 月 19 日，国民政府特命蒋介石兼理四川省政府主席，陈筑山调任省建设厅长，胡次威继任四川民政厅长。始颁布新县制，其中大多采纳"平教总会"定县、衡山、新都实验县经验与方法。指定四川及各省、各县于 1940 年 3 月 10 日起，普遍实行新县制。10 月 7 日，与梁漱溟、黄炎培、李璜等人在聚会中提出建立联合组织的问题。其原因主要有二：一是担心"国共两党关系恶化，影响抗战前途甚大"，两党之外各小党派如果零零散散，就没有力量说话，没有力量调解，"只有各小党派团结起来构成一个力量，才能牵制国共两党，不许他们打内战，而要团结合作，一致对敌"。二是看到抗战初期各抗日党派所争取到的一些民主权利受到限制或取消，国民党不仅反共，也打击各小党派，"甚至使手无寸铁的各党派的生存都受到了威胁"，因此，各小党派应联合起来,"对付来自国民党方面的威胁"。9日,与黄炎培、梁漱溟、李璜等为解决国共问题继续接洽,决定待时机成熟时,就"预约国共两党以外之同志若干人,联名发表告全国同胞书",并商议该宣言的联名者包括无党派、青年党、国社党、第三党、救国会、乡村建设派、职教社、大学教授,不必以参政员为限。这是中间势力首次酝酿以集体的力量对时局表示明确立场,表明中间势力在时局的演进过程中,已开始自觉地联合起来,努力成为国共之外影响时局发展的政治力量,尽管他们之间也存在着矛盾与不和谐。

晏阳初 10月10日在平教会1939年第三次周会上讲话,主要论"四川建设的意义与计划"。11日,与梁漱溟、李璜等在成都平民教育会接待黄炎培,深谈时局,提出筹建统一建国同志会的设想,共同为发起筹备成立统一建国同志会而积极地开展活动。12日,撰写《再谈农民抗战的意义》。25日,被推为乡村建设学会5人事务理事之一。26日,与梁漱溟、黄炎培等在重庆聚会,商定乡村建设学会理事名额19人,已定者为杨开道、章元善、瞿菊农、孙廉泉、晏阳初、梁仲华、梁漱溟、高践四、陈筑山、江问渔、黄炎培。是年,梁漱溟平教会从湖南迁到重庆,并筹建中国乡村建设育才院,晏阳初任院长,实际上由汪德亮、瞿菊农两位先生负责,同时经晏阳初与卢作孚的奔走联络,成立"私立乡村建设育才院董事会"。张群任董事长,董事有蒋梦麟、翁文灏、熊式辉、张治中、吴鼎昌、陈布雷、蒋廷黻、康心如、黄炎培、何北衡、梁漱溟、张伯苓、卢作孚、晏阳初、甘乃光、陈光甫、周作民、范旭东、梁仲华、高阳等。董事会决定:由晏阳初担任书记,卢作孚任会计,负责处理建校重大事宜。"平教总会"由湖南迁至四川成都,晏阳初经常往来于成、渝等地,与同仁一道协助各行政督察区的实验研究工作。同年,还邀请华西协合大学著名的社会学学者张世文到重庆北碚歇马场中国乡村建设育才院为学生作"科学的社会学"的学术演讲。(参见杜学元、郭明蓉、彭雪明《晏阳初年谱长编》,上海交通大学出版社2017年版;宋恩荣编《中国近代思想家文库·晏阳初卷》附《晏阳初年谱简编》,中国人民大学出版社2015年版)

陶行知 1月初在香港检查中华业余补习学校进展情况,并作演讲《全面抗战与全面教育》。7日,在香港九龙德明中学对学生演讲《抗战现况及学生应负之责任》。8日,参加晓庄学院董事会召开的会议。决定将晓庄学院董事会改为育才学校董事会。月底,与吴树琴一道离港绕越南经昆明赶赴重庆,准备参加第三次国民参政会。2月26日,由重庆到北碚。拟将筹组中的晓庄研究所选址北碚;着手筹办育才学校,并开始为该校寻觅校址。2月在重庆参加国民参政会第三次会议。3月15日,出席在重庆召开的生活教育社12周年纪念会,报告12年间生活教育运动的发展情形,提出今后的任务。23日,确定育才学校以北碚古圣寺为校址。5月8日将"私立育才学校"校牌挂在古圣寺庙门上。6月2日,北碚区署下达应准育才学校立案的批复,后于当年8月31日备文呈请四川省政府为育才学校立案。15日,在北碚温泉北泉小学主持召开育才学校第一次筹备会议。7月20日,陶行知在重庆借北碚温泉北泉小学校舍创办育才学校。该校实行"生活教育"之民主的、大众的、科学的、创造的四大方针,选收有特殊才能的难童。对学生因材施教。后于8月上旬迁至合川县草街子乡凤凰山上的古圣寺正式上课。学生由最初30余人增至到71人,分文学、音乐、戏剧、绘画、社会、自然科学6个组。后来开设了舞蹈组。8月1日,《育才学校创办旨趣》刊于《战时教育》第6卷第1期,叙述了创办育才学校的动机与育才学校的教育方针,主要在于培养难童中有特殊才能的好幼苗。9月9日,接受《新华日报》记者采访,认为"精诚团结是民族存亡的关头"。同月,在重庆参加国民参政会第四次会议。11月下旬,同沈钧儒、黄炎培、章伯钧等在重庆发起组织"统一建国同志会"。12月25日,《我的民众教育观》刊于《战时教育》第5卷第4期。作者提出"民众教育是什么? 民众教育是民众的教育,民众自己办的教育""为民众的最高利益而办的教育""即是为打倒日本帝国主义,建立一个自由、平等、幸福的中华民国,并和全世界反侵略之战友共同来创造一个合理公道互助的世界而办的教育"。并指出"说服是教育的方法。志愿是教育的成果。自动是教育所启发的力量"。作者分析了民众教育发展的三个阶段,认为中国以往民众教育办不好是因为害了偏枯病、守株待兔病、尾巴病。作者呼吁"民众教育是一件大事不可小看,更不可小做""要把它当做一个大事来实践"。31日,与吴树琴结婚,住一废弃旧碉堡内,生活简朴,自种蔬菜。是年,《中国大众教育运动》(英文)一书出版。(参见余子侠编《中国近代思想家文库·陶行知卷》附录《陶行知年谱简编》,中国人民大学出版社2015年版;中央教育科学研究所编《中国现代教育大事记1919—1949》,教育科学出版社1988年版)

张君劢1月3日在李璜家与黄炎培、曾琦谈话。6日下午3时,参政会驻会委员会议,何敬之报告军政情况,极详。12日,在《再生周刊》(重庆)第12期上发表《德国复兴与其国民性》和《哭蒋百里先生》两文。13日,同人聚会暇娱楼,李璜、曾琦、黄炎培、高惜冰等出席,张君劢、左舜生、罗隆基未到。下午,参政会驻会委员会议,蒋介石出席谈话,经济部翁部长报告。同日,重庆电台播出张君劢的《科学之计划的发展》演讲,刊于1月25日《再生周刊》(重庆)第13期。

按:张君劢讲道:"科学与国防的关系至为重大。……现在我们亦在与大作战,试问我们科学家有什么贡献有什么发明。""我今晚要讲的,不是向我们科学家要发明,而是讨论国家一般科学如何发展":第一,各大学应将学科开设齐全;第二,应派人向世界杰出科学家学习;第三,各大学应非常重视科学研究工作;第四,对有贡献之科学家和大学进行奖励;第五,应该重视哲学的研究。

张君劢1月19日聚餐瞰江楼,江问渔、褚辅成、冷御秋、章伯钧、曾琦、梁漱溟、沈钧儒等出席。江问渔、褚辅成、冷御秋为主人。谈及战委秘长事。21日,在中华大学做题为"持久战之自信心"的演讲。30日,陈真如招餐,同席黄炎培、梁漱溟、曾琦、罗贡华、黄艮庸、段锡朋、光明甫、薛农山。2月2日夜,味腴聚餐,张君劢、江问渔、叙百、高惜冰、曾琦、左舜生、张忠绂出席。8日,作《日本军部的"一九一八"年》一文,刊于2月24日《再生周刊》(重庆)第16期。10日,作《答陈绍禹——延安演词中之附带质问》一信,刊于2月24日《再生周刊》(重庆)第16期;4月20日出版的《时代文选》第1卷第2期;《天文台》第238期。12日上午8时,第一届国民参政会第三次会议在重庆国民政府军事委员会礼堂开幕,张君劢出席会议。其间,张君劢等向大会提交了《切实统筹第二期战时行政计划之实施条件以争取胜利案》和《请速拨巨款赈济苏北黄泛区域案》两案,连署由罗隆基提出的《调整机构,集中人才以增加行政效率案》。2月14日上午,第一届国民参政会第三次会议举行第二次会议,会议讨论并通过了各组审查委员会审查委员及召集人名单。张君劢为第一审查委员会(军事国防)委员,张君劢、孔庚、李中襄为该组召集人。同日,在《再生周刊》第15期上发表《持久战之自信心》一文。

张君劢接朱家瑜2月15日来信,信中希望张君劢:第一,相信领袖,相信政府,团结抗战,绝不能以个人的恩怨来和国家民族的利益抗衡。第二,不要发表损害国共合作的言论,不要诋毁共产党和八路军的抗战行动,不要为别人所利用。第三,自己出来纠正一切荒谬的言论和行动,不要再做有损本党形象的事。20日上午,张君劢在第一届国民参政会第三次会议第八次大会上再次被选为休会期间驻会委员会委员。22日,张群招餐于家,同席章行严、黄炎培、张一麐、张季鸾、罗钧任等。23 日夜,克利西餐馆会餐,到者章行严、张君劢、张一麐、沈子万、彭俊仁、浦心雅、褚辅成、徐梦岩、陈叔澄、陶行知。3 月下旬,《立国之道》一书在重庆再版,由中国图书杂志公司代理发行。4 月 21 日午,沈钧儒招餐都邮街俄国饭店,到者张君劢、左舜生、博古、邹韬奋、李璜等共 7 人,述视察感想外,商合作问题。5 月 1 日,张君劢陪同张公权视察滇缅公路。30 日,在河内写信给梁实秋,报告旅行情况,并涉及途中感想。同月,《文汇年刊》第 1 期上发表《日本——东方文化的罪人》一文。谴责"日本不但对于东方文化创始人的中国,不表感激,反而要杀死他,可以说是东方文化的罪人,是一个乱臣贼子"。6 月 10 日,在《再生周刊》(重庆)第 25 期上发表译文《自由阵线之恢复》一文。25 日,在重庆大学做《南巡所见》之演讲。述游滇缅公路、仰光、曼谷、西贡、河内等地的经过和观感。讲稿刊于 8 月 25 日出版之《再生周刊》(重庆)第 28 期上。同月,作《〈云南各"夷族"及语言研究〉序》。7 月中旬,为章士钊的《逻辑指要》一书作序。

按:此序文以《对于梁任公胡适之章行严学术工作之感想》为名首先刊登在 8 月 10 日出版的《时代精神》(独立出版社出版)创刊号上,文前按语曰:"《时代精神》之将出版,编者征稿于余,苦无以应。适为行严先生新著《逻辑指要》作序一篇,其内容系评论梁胡章三公对于学术之贡献,及改为今名。以充篇幅云尔。"9 月 5 日,《再生周刊》(重庆)第 29 期上刊登此文。章士钊一生从不请人作序,"平生著书,不请人序,有之自今始。"张君劢借评价章士钊之际,发表了自己对于当时学界领袖人物的一些看法。他说:"近年治学术史者,举国中人物,辄曰章太炎、王静安、严又陵、梁任公、胡适之、章行严等六人,章、王所治为国学,严之声名在译述欧洲名著,此三人应俟别论。其能贯穿中西以贡献于学术者,推梁、章、胡三公。然三公之学问与心力所注者各异,故其思想文章因之而亦异。"梁启超的文风由畅达恣肆到晚年的谨严而守学者规矩。"整理国故之大者,无出其右。"胡适对于中西学术精微不能说了解多少,单单对于文艺"复兴以后的历史倾心模仿,正如梁启超称谭嗣同为彗星一样,胡适也称得上一阵狂风暴雨"。然风雨既过之后,可遵行之途辙如何,换词言之,学术上与社会上之新建树如何,正有待于后人之努力,而非适之所能为功焉。

张君劢 7 月 19 日上午 9 时出席国民精神动员设计委员会会议。23 日,作《关于移桂难民垦殖处》一文。24 日,熊天翼代表程懋型、邱大年招餐味腴,为筹备中正大学政治学院。电邀张君劢、黄炎培、邱大年、陶行知、晏阳初、程希孟、许德珩、罗隆基前去。当日到者张君劢与黄炎培,刘守朋作陪。26 日,为外汇问题见黄炎培,携带函稿,李璜同往。27 日午后 4 时,黄炎培、张君劢、李璜为外汇问题上书蒋介石。此信由张君劢起草定稿后,由张群送王雪艇代陈。29 日午,应蒋介石之招,至中四路 103 号官邸会餐,同餐 21 人,张君劢、黄炎培、李璜、王世杰、张公权、张群、陈立夫、翁文灏、李惟果、王宠惠、张忠绂、黄少谷、陈豹隐、叶楚伧、朱骝先、陈布雷、陈博生、程沧波、董显光、王芸生等。8 月 1 日,与黄炎培一同致电熊天翼,陈述关于中正大学政治学院的意见:(一)天下为公不涉任何党派;(二)培养抗战人才并建国基本人才;(三)以社会实际问题为对象,合理论与事实于一炉而冶之。同日,张东荪撰写《士的使命与理学》一文,寄张君劢,张君劢并未收到该文,七年后该文重回张东荪手中,张东荪即将该文发表在《观察》第 1 卷第 13 期。8 月上旬,作《尼赫鲁传》自序。25 日,在新生活运动促进会干部训练班作《近代思潮的特征——从理性主义到反理性主义》的演讲,演讲稿刊登在 12 月 1 日出版的《新运导报》第 23 期和《中国青年(重庆)》第 1 卷第 4 期。8月,印度独立运动领袖尼赫鲁传《哈拉耶宛尼赫鲁传》由《再生》周刊社出版发行。

张君劢 9 月 5 日在《再生周刊》(重庆)第 29 期发表《章行严著〈逻辑指要〉序》《〈尼赫鲁传〉序》和《关于移桂难民垦殖处》三文。9 日上午,第一届国民参政会第四次大会开幕式在重庆大学礼堂举行,张君劢出席会议。15 日 8 时 30 分,第一届国民参政会第四届大会开第三次审查会,审查张君劢等、左舜生等、江恒源等、张申府等、孔庚等、王明等 7 案。中午,叶楚伧、朱家骅以国民党中央党部名义招餐,讨论上午 7 案问题,到者陈立夫、张君劢、罗隆基、李璜、左舜生、许孝炎、李中襄、刘百闵、江问渔。16 日上午 10 时,第一届参政会第四次大会闭会词起草委员会开会。黄炎培、张君劢、左舜生、周炳琳、李中襄、邹韬奋、张季鸾 7 人为委员,推张季鸾为执笔,黄炎培提供材料。17 日下午,第一届国民参政会第四次大会举行第九次大会,会上张君劢再次被选为休会期间驻会委员。18 日下午 3 时,第一届国民参政会第四次大会闭会式。议长蒋介石在宣读闭会词前致辞。随即提出宪政期成委员会名单:张君劢、张澜、周炳琳、杭立武、史良、陶孟和、周览、李中襄、章士钊、黄炎培、左舜生、李璜、董必武、许孝炎、罗隆基、傅斯年、罗文干、钱端升、褚辅成等 19 人为期成会委员,召集人为黄炎培、张君劢、周览,会议全体通过。19 日下午 4 时,蒋介石在中四路 103 号官邸邀茶叙,讨论外交问题,到者罗文干、张季鸾、傅斯年、张君劢、张忠绂、王造时、王家桢、李璜、左舜生、罗隆基、章士钊、周炳琳、杨端六、胡景伊、胡石青、陶孟和、钱端升、杭立武、周览、江庸、陈豹隐、陈博生、王世杰、黄炎培等 23 人,对最近苏联之动态加以详尽之推测。20 日下午 3 时,出席在油市街 4 号国民参政会举行的宪政期成会第一次会议,黄炎培主席。同月,战时综合丛书第五辑《统一战线问题论战》一书由独立出版社印行。《张君劢致毛泽东先生一封公开信》作为文化界第二次统一战线论战的重要文章被收入其中。10 月 1 日上午 9 时,张君劢出席在重庆市银行公会举行的宪政座谈会。(以上参见李贵忠《张君劢年谱长编》,中国社会科学出版社 2016 年版;翁贺凯编《中国近代思想家文库·张君劢卷》及附录《张君劢年谱简编》,中国人民大学出版社 2014 年版)

章士钊 2 月由香港赴重庆。到重庆后,国民政府给以"参政员"名义。章士钊居渝期间,闲暇无事,从事著述,将逻辑学讲义整理成册,题名《逻辑指要》,由张君劢推荐送给蒋介石。蒋介石看后说,没有功夫研究,可到陆军大学及警官学校去讲一讲。之后,章士钊每星期到这两个地方各讲一次,前后大约讲了一年。住渝既久,关系日多,亦与共产党人有所来往。对抗战后期,国民党内部之黑暗腐败,耳闻目睹,偶亦流露不满。2 月 12—21 日,出席在国民政府军事委员会礼堂召开的国民参政会第一届第三次会议。5 月 12 日,章士钊为《逻辑指要》作序,略谓:公元"千九百十八年,余以此科都讲北京大学。时同僚陈独秀、胡君适之、陶君孟和辈,主学生自为笔录,不颁讲章,吾亦疏于纂记,逻辑未有专著。逾三十年,余彼至沈阳东北大学,讲授名理,以墨辩与逻辑杂为之,仍是止于口授,未遑著录。因循覆历循,以迄于今。今岁二月,吾为国民参政会事,于役重庆。议长蒋公以精神之学教天下,审国人用智浮泛不切,欲得逻辑以药之,而求其人于吾友张君劢。君劢不审吾学之无似,为之游扬,公遂虚衷自牧,不耻下问,并督为讲录,俾便览观。寻逻辑之名,起于欧洲,而逻辑之理,存乎天壤"。7 月 17 日,高承元为章士钊的《逻辑指要》作序。同月,张君劢为章士钊的《逻辑指要》作序。9 月 9 日,章士钊出席在重庆大学礼堂召开的第一届第四次会议,会上和共产党参政员一致要求国民党结束党治。会议 9 月 18 日结束。(参见袁景华《章士钊先生年谱》,吉林人民出版社 2001 年版;郭双林编《中国近代思想家文库·章士钊卷》及附录《章士钊年谱简编》,中国人民大学出版社 2015 年版)

陈启天任国民参政会参政员。1 月 13 日,在《国论周刊》(重庆版)第 14 号发表《近代新教育的诊断》,认为新教育所培养的受教育者,个人主义、物质主义、知识主义与外向主义的倾向强烈。近代西洋文化作为新教育的背景,原夹有个人主义的成分。凡单纯受新教育的人无论是留学生还是国内学生,于不知不觉间染上强烈的个人主义倾向。作者尖锐地指出,新文化运动的用意本在"输入真正欧化,解放固有思想",但结果是固有思想大大解放了,而输入的欧化中,个人主义最受欢迎。个人主义如此横流,教育不能不负一部分的责任。3月13日,陈启天在《国论月刊》(重庆版)第16号发表《我国民族性与国际竞争》,指出,"血统与遗传""气候与地理""经济与职业""政治与社会组织""宗教文化与教育""语言文字""历史"与"国际环境"是构成民族性的一般因素。近代开关以降,中国的国际环境大变,环伺中国的列强都是新民族国家,列强始而向中国要求通商传教,继而用武力强迫开关且深入腹地,"使中国渐次陷于门户洞开,利权多失的次殖民地境况"。在新时代和新环境之下,中国要继续生存与发展,则必须对固有的民族性"一面淘劣留良,一面革故鼎新",具体言之,则须"一面扫除固有民族性中不合于新适应的成分,又一面以合于新适应的成分,构成我国民族性的主要成分"。与此同时,在"新战国时代",国际和平立基于国防实力之上,没有国防实力做后盾的对外和平,不是屈辱,便是灭亡。国联一类的国际和平组织并不能保障国际和平。国际是永远竞争的局面,中国要与世界各国谈真正的和平,须"以充实的国防实力,以从事于平时及战时的国际竞争",须以"对外奋斗的民族性"代替"对外和平的民族性"。

陈启天3月27日在《国论周刊》(重庆版)第17号发表《国民精神总动员与道德建设问题》,认为国民道德建设问题是抗战建国之本。拿建国而言,政治、经济、教育、学术与国防建设无一不以道德建设为其根本。至于广义的国防建设,则与政治、经济、教育、学术各方面建设密切关联,都须以道德建设做根底。"在消极方面须能使人不损人利己,不损群以利身,以维持国家的秩序;在积极方面须能使人损己以利人,损身以利群,以保障国家的生存。"换言之,维系国家的秩序,须国民具有"真实"与"公平"这两个最基本的道德条目;保障国家的生存,须国民具有"节义"或"牺牲"这一最崇高的道德(即身国合一的道德理想)。全面抗战爆发以来,道德建设已萌生了一点新机。但以上述"真实"、"公平"与"牺牲"三项德目来检讨一般国民的道德,尚嫌不够。故亟需进行国民道德的建设。从最基本的道德"真实"与"公平"做到最崇高的道德"牺牲",乃为道德建设的完成。为促进道德建设的完成,应从以下几个方面入手:第一,"实践一种最崇高的道德,必须用一种适当的理论或事例去启示"。第二,"实践一种最崇高的道德,必须从最基本的道德做起"。第三,"道德建设,须先在全盘教育上培植一种健全的根基"。第四,"道德建设的切实完成,须赖政治与社会各方面的通力合作"。陈启天正是立基于道德"内外合一"的起源论,道德理想的建设遵循从最基本的道德做起的演进规律,对一般国民用事例而对知识分子用理论进行启示;正是立基于道德"共自合一"的实践论,道德理想的建设以教育为手段、以政治与社会各方面的合作为辅助。质言之,为求抗战胜利与建国成功,须以国家为中心的人生哲学为国民道德建设的思想指导。(参见肖海艳《陈启天国家主义思想研究(1923—1945)》,浙江大学博士学位论文,2010年)

余家菊是年春参加国民参政会组织的川康视察团,视察川西。11月23日,余家菊出席"统一建国同志会"在重庆召开的成立大会。是年著成《教育与人生》,被列为教育部训导用书,由正中书局印行。年底参加国民参政会组织的西北视察团。(参见余子侠、郑刚编《中国近代思想家文库·余家菊卷》及附录《余家菊年谱简编》,中国人民大学出版社2013年版)

陈独秀1月初迁居邓仲纯开设于江津城内黄荆街83号的"延年医院"后宅,与邓氏夫妇同院。与去年年底绕道香港到江津来的上海托派临委陈其昌交换意见,阅看带来的托洛茨基去年6月25日给李福仁的信及邀他赴美的建议,还有上海托派临委作出的《我们对于独秀同志的意见》,表示拒绝赴美国,因为一来身体已很不好,二来想国民党正式准他出国赴美,成功机会可说绝对没有。对于他与上海托派的分歧问题,他表示绝不让步,当即复函托洛茨基,强烈谴责中国托派组织建立以来的"极左"错误。这封信由陈其昌带到上海,托李福仁转寄托洛茨基。2月16日,陈独秀在《东方杂志》上发表《广韵东冬钟江中之古韵考》。3月16日,《东方杂志》连载此文。春,陈独秀将《小学识字教本》"序"寄给陈钟凡,并在信上说:"此书出,非难者必多。书中解说亦难免无错误,而方法余以为无以易也。形、声、义合一,此中国文字之特征也。各大学文字学科,往往形、声、义三人分教,是为大谬。欲通中国文字学,必去六书之说,所谓指事,会意,形声,皆合体象形,声皆有义,义托于形,形声义不可分也。"并说计划"吾书三千字""明知此事甚难,然非此无由通识中国之文字也""上篇解释字根及半字根……不及五百字,下篇为此五百字所结合。上篇已成半数以上,暑期前拟上下篇全部完成,在暑期或可开班教授一次试验之"。5月,罗汉在重庆大轰炸中身亡,北大同学会继托何之瑜照顾陈独秀的生活。何之瑜在江津第九中学教书。上半年,周恩来、朱蕴山先后到"延年医院"拜访陈独秀,劝陈去延安,被陈独秀所拒绝。

按:某日,蒋介石派胡宗南和戴笠带上礼物到江津白沙镇,微服访问陈独秀。这是由于张国焘向蒋介石建议,派国民党知名人士公开访问陈独秀,将陈的抗战言论编辑成册,以扩大对付延安的宣传效果。他们去时,还带了去年三月由博汝霖、段锡朋等人在《大公报》上为陈独秀的所谓"汉奸"事件辩护启事的剪报,认为这是提供陈大骂延安的最好材料。陈与他们见面后,便问是不是蒋先生关照要来的。胡、戴答是。陈即表示自己是逃难入川,虽以国事萦怀,却并不与闻政治,更不曾有任何政治活动。胡宗南在回答陈询问来意时,一面出示带去的剪报资料,一面挑拨说:"受到人身攻击一事,大家不平则鸣。傅汝霖、段锡朋诸先生是陈老的学生,忘年之交的朋友,诸先生为陈老恢复名誉的辩护启事,乃国人之公论,民心之所向。今天特来求教,请陈老谈谈对国事的看法。值兹二次大战爆发,德军席卷欧陆,眼看苏俄处于极不利之局。国内国共问题,由分而合,由合而斗,大战当前,如国策不能贯彻,前途实堪隐忧。为今之计,陈老意下如何?"陈独秀默思良久,慢吞吞地说:"蒋先生的抗战决策,是符合国人愿望的。弱国强敌,速胜困难,只要举国上下,团结一致,则任何难关都可渡过。延安坐井观天,谬论横生。我本人多遭诬蔑,幸公道在人心,先生等所示剪报启事一则,足可证明。列名为我辩者,乃国内知名人士,有国民党的,有非国民党的,有以教育家而闻名的。我原打算向法院起诉,因见代鸣不平的公启,乃作罢。先生等对我关注,深致谢意。本人孤陋寡闻,更不愿公开发表言论,致引起喋喋不休之争。务请两君对今日晤谈,切勿见之报刊,此乃唯一的要求。言及世界大势,大不利于苏,殊出意料。斯大林之强权政治,初败于希、墨的极权政治,苏联好比烂冬瓜,前途将不可收拾。苏败,则延安决无前途,此大势所趋,非人力所能改变。请转告蒋先生好自为之。"戴笠将陈独秀的谈话记录呈报蒋介石,蒋阅后说:"陈的见解深湛,眼光远大。"

陈独秀7月因城内天热,再加潘兰珍与邓仲纯妻不睦,在江津富绅邓蝉秋、邓燮康叔侄的帮助下,迁居江津大西门外三十多里的江津一中校长施怀清家——鹤山坪施家大院,通讯处仍在"黄荆街83号"。同月,致函汪孟邹,表示欲东下,想去重开芜湖科学图书馆。8月,因清朝进士杨鲁承遗族(儿媳杨彭氏)之请,迁居杨鲁承旧居石墙院,一面帮助整理杨的文字学遗著手稿,一面专心写作《小学识字教本》。12月30日,复函杨鹏升,告日内拟往重庆就医,或住渝二三星期,并寄《告少年》一篇。是年,国民党教育部所属国立编译馆向陈独秀约编教师用的中国文字说明书稿,并预支稿费5000元。据次年1月31日陈独秀致杨鹏升的信及1941年2月25日汪孟邹致胡适的信所述,此书稿即《小学识字教本》。此稿的写作是在狱中未完成的《识字初阶》稿基础上进行的。原计划这年夏天完成,因养

母去世、书稿被窃等原因，一直未完成。（以上参见唐宝林、林茂生《陈独秀年谱》，上海人民出版社1988年版）

朱家骅继续任国民党中央党部秘书长。年初，朱家骅在中央党部设置文化驿站，将党内有关文化的书报投进敌人后方。1月3日，中央文化驿站在重庆成立。中央文化驿站为国民党书刊发运机构，总站设在重庆川东师范校内，16日正式对外办公。中央文化驿站主任为教育部施寿裕，副主任为中宣部詹世清，常委3名，由教育部、中宣部、调查统计局派代表充任。半年之后，国民党中央决定进一步加强政治宣传工作，扩大了文化驿站的组织和规模，将其管理权限和业务，划归国民党中央执行委员会秘书处直接负责。还把军事委员会政治部负责的"全国文化交通站"合并到中央文化驿站之中。中央文化驿站除了在重庆设有总站之外，各个战区都设立了分站，负责办理所在战区地域范围内的书报供应。在许多游击区，还设立了支站，负责本游击区内的书刊分发、递送。总站还在战地的每一个县设立办事处，县以下各个乡镇的文化驿站，由当地的中心小学兼办，乡镇以下则以"保"为单位，由本保的国民学校负责办理。同时，国民党中央还提出了以《战地书报供应办法》作为文化驿站的工作指导和组织原则。具体规定了书刊的征集、印刷、运输等，大部分由重庆的总站负责，但也在一些地方设立印刷点。运送工作原来打算以邮局寄发为主，后因邮局自身的业务尚且存在运输方面的问题，多由文化驿站自身解决，大多采用"肩挑、板车运输路线，以增强运输力量，争取宣传时效"。

按：1945年7月，"各项书刊自即时起暂停收寄"，中央文化驿站的工作宣告结束。

朱家骅接蔡元培1月7日函，告以因病不能赴重庆参加国民党五届五中全会，托朱届期代为请假。13日，朱家骅复蔡元培，言请假事照办。3月1日，中央训练团党政训练班第一期正式开学，朱家骅担任党政教育处处长。至第三期结束后辞职。13日，因抗战内迁，中央研究院首届评议会第四次年会延期在昆明云南大学举行。蔡元培病后体弱，无法由香港到昆明主持，临时举王世杰为主席。会议决定推举朱家骅、王世杰、傅斯年、陶孟和、叶企孙、任鸿隽、翁文灏等7人组织第二届评议会选举筹备委员会。6月15日，翁文灏与国民党中统局局长朱家骅谈生活书店事。当时国民党以生活书店借受共产党10万元津贴为借口，对邹韬奋和生活书店进行打压迫害。22日，翁文灏又与叶楚伧、朱家骅及国民党中央社会部长陈立夫等共同商谈对生活书店的处理。9月，中央监察会监察为邵力子、朱家骅、陈布雷等35人，其中王世杰、朱家骅、陈布雷、邵力子、罗家伦为常务监察，王世杰为书记长，下设书记长办公室，包括总务、审查、稽核3个组。12月1日，国民党全体中央委员大会决议，朱家骅调任国民党中央组织部长，主管国民党党务，同时仍兼"中统"局长。朱家骅在各大学设立党部广泛吸纳知识分子入党，又抓紧机会经营特务组织，自立门户，广为发展。朱任国民党中央组织部长长达四年半，他所造成的派系力量，一时可与陈果夫、陈立夫的派系势力相抗衡，被称为"新CC系"。（以上参见胡颂平《朱家骅先生年谱》，台北传记文学社1969年版；李学通《翁文灏年谱》，山东教育出版社2005年版；吴永贵《民国图书出版史编年：1912—1949》，社会科学文献出版社2018年版）

张群任国防最高委员会秘书长兼国民精神总动员会秘书长，兼任西南实业协会四川分会名誉理事长。2月，四川分会第13次理事会议决组织筹备委员会具体负责筹备工作。3月11日，国民政府"国民精神总动员会"成立，蒋介石自任会长。3月12日，国防最高委员会颁布《国民精神总动员纲领》《国民精神总动员实施办法》及《国民公约誓词》，通令全国遵行。规定3月12日为国民精神总动员纪念日。4月5—27日,中共中央连续发出《中共中央关于精神总动员的指示》《中央为开展国民精神总动员运动告全党同志书》《中共中央关于精神总动员的第二次指示》等文件,对如何开展这一运动和在开展这一运动中应该注意什么问题,在党内党外都作了部署。4月18日,以康心之等人的名义,向重庆市政府递交了请求核准组织成立西南实业协会的报告。6月7日,国民党重庆市执委发表训令:"为奉社会部核示,准予备案,转令知照。"7月22日,国民政府教育部颁发《全国青年实施国民精神总动员具体办法》,通令学校、社会教育机关督促员生切实实施。实施办法要求改正醉生梦死生活,养成奋发蓬勃朝气,革除苟且偷生习气,打破自私自利企图,纠正纷歧错杂思想等。

张群9月19日下午4点出席在重庆交通银行内召开的西南实业协会代表大会。大会主要商讨西南实业协会的成立事宜。出席大会的各地分会代表:四川分会为张群、康心之、浦心雅、范英士,上海分会为张澍霖、王志华,昆明分会为张肖梅、徐柏园,钱新之和张禹九分别代表香港和贵阳分会。钱新之为大会主席。大会宣布西南实业协会成立,推选张群、钱新之、缪云台、何辑五、项康元、周作民、陈杰夫、吴晋航、沉熙瑞、周寄梅、顾毓瑔、刘航琛、张澍霖、张肖梅、张禹九、何北衡、胡叔潜、徐广迟、林继庸、吴蕴初、蔡承新、程觉民、范旭东、浦心雅、孙越崎、康心如、康心之、潘仰尧、寿毅成、徐柏园、范英士、戴自牧、杨介眉、王志华、方显廷35人为理事,董季陆、王振芳、吴肖园、刘鸿生、朱伯涛、席文光、李钟楚、陈隽人、张丽门、宁芷邨、何淬廉、陈文虎、卢作孚、胡博渊、刘广沛15人为监事。9月21日,西南实业协会在重庆交通银行召开了理、监事联席会议。主要讨论推选出执行理事和总干事、副总干事等职员,并就西南实业协会以后的工作方向进行了大致规划。会议决定推选张群、钱新之、陈杰夫、缪云台、周作民、项康元、周寄梅、张肖梅、康心之、范旭东、吴晋航11人为执行理事。推举何北衡为总干事,范英士、张禹九为副总干事。另外张禹九在报告中提出协会当前要开展的工作:(1)物产陈列馆,(2)土产公司,(3)实业通讯。会上,范旭东又提出组织服务社以促进工商业发展和加强产销沟通,得到了与会者的赞同。因此,在成立之初,西南实业协会表示要围绕这四项工作来努力。至此,西南实业协会正式成立。(以上参见耿密《抗战时期大后方社会变革中的西南实业会——以〈西南实业通讯〉为主要史料的考察》,西南大学硕士学位论文,2006年)

张继委托中央大学历史系主任朱希祖于1月17—21日撰成《请建立总档案库筹设国史馆议》,提请设立国史馆以延续历史,设立档案总库以保存史料。提案强调设馆修史的政治和文化意义,认为"民族之所以悠久,国家之所以绵延,全赖国史为之魂魄",并极言蔑弃修史的严重后果,指出"亡史之罪,甚于亡国"。尤其是,提案明确划清国史、党史编纂界限,认为"二者性质迥不相同,必不可混而为一"。22日,《请建立总档案库筹设国史馆议》交张继。同月,国民党第五届中央执行委员会第五次全体会议期间,张继、吴稚晖、邹鲁、王用宾、焦易堂、丁惟汾、程天放、夏斗寅、茅祖权、覃振、方觉慧、梁寒操、王子壮等13人提交《请建立总档案库筹设国史馆议》,获原则通过。3月,行政院召集各部会举行审查会议。11月,国民党中央执委会第6次全体会议决议原党史编纂委员会改为国史编纂委员会,并设国史馆筹备处。12月25日,国民政府正式设立国史馆筹备委员会,以张继为主任委员、邹鲁等6人为委员。

按:1931年内政部和教育部联合设立了国史馆筹备处,并颁布了组织章程,但毫无成果。1934年邵元冲等人重提设国史馆提议,同年5月24日,行政院颁布了《国史馆组织法草案》,并于11月2日为此成立了档案整理处。抗战爆发以后,档案史料散失,亟待整理。1939年1月,张继、邹鲁等13人再提设国史馆建议。12月25日,国民政府正式设立国史馆筹备委员会,以张继为主任委员、邹鲁等6人为委员。1940年1月9日,张继访朱希祖告之此事,朱希祖听后"甚慰甚慰"。此后数日,朱希祖撰成《国史馆筹备委员会组织大纲草案》13条、《国史馆筹备委员会应调查事项》16条,并推荐金毓黻、张圣奘、朱焕尧等人担任顾问或干事。5月,该会于重庆开始实际工作。1946年11月23日,国民政府公布《国史馆组织条例》等,并任命张继为馆长,但焘为副馆长。1947年1月20日国史馆在南京正式成立,开始选聘纂修人员和讨论体例,刘成禺、柳诒徵、吴廷燮、汪东、顾颉刚、金毓黻、郑鹤声、许师慎等人被聘为纂修。同年12月,还创立了《国史馆馆刊》,由柳诒徵、汪东、汪辟疆、刘成禺等人主编。1949年随迁台湾,并于1958年1月复馆。(参见朱元曙、朱乐川《朱希祖先生年谱长编》,中华书局2013年版;王学典《20世纪史学编年(1900—1949)》,商务印书馆2014年版)

戴季陶是春任重庆护国息灾法会会长。2月6日,当选为国防最高委员会常务委员之一。3月,组织人员编制《国民党历期组织系统》《国民政府法制图表》。4月,受聘为国民党中央训练团第二期党政训练班,教授"中国国民党组织""历次重要决议案""国民政府下之法制"。5月4日,任"三民主义丛书"编纂委员会主任委员。8日,参加中央党部国父纪念周活动时,突然昏倒在地,医生诊断为身体太虚,"三民主义丛书"编纂委员会主任委员一职即行告歇。13日,请假赴成都静养。6月上旬,告假为母修筑坟茔。8月,接见印度国大党领袖尼赫鲁。11月8日,返抵重庆销假。12日,出席国民党五届六中全会,当选为中央执委会常务委员会当然委员。12月,致函教育部长陈立夫,重申其平时所认主张,即编辑国立教科书必须以"四书五经"为重要内容,其他如《历代文选》,所选应能代表时代学问、事业、文章、经济的完全人格,足为国民修养楷模的著作。(参见桑兵、朱凤林编《中国近代思想家文库·戴季陶卷》及附录《戴季陶年谱简编》,中国人民大学出版社2015年版)

吴稚晖1月出席国民党中央监察委员会举行的紧急会议,商讨汪精卫叛国案。提案将汪精卫开除党籍,获一致通过。4月至7月,频频在报纸上发文谴责汪精卫卖国求荣的汉奸行为。在对汪精卫的通缉稿中写道:"汪逆兆铭,蔑弃民族革命,甘心卖国求荣,丧良无耻,豺虎所不食,古今中外,无此凶顽,着即通缉严办,无论何人,有能执送归案者,立予上赏。此令。"8月,在中央训练团党政训练班讲授《总理行谊》,盛赞孙中山四大优点:一、品格自然伟大,二、度量自然宽宏,三、精神自然专一,四、研究自然精博。(参见金以林、马思宇《中国近代思想家文库·吴稚晖卷》之《导言》及附录《吴稚晖年谱简编》,中国人民大学出版社2015年版)

王宠惠继续任外交部长。1月1日,在《中央日报》发表《一年来之国际情势与中国》。文中最后总结道:"综观以上之所述,可知世界最高和平之机构之国联,以及世界握有经济权威或与远东具有密切关系之英美苏法四大国,对于吾国之抗战建国,现均一致赞助。而苏联之军备经济,两足自给,仅可与英美法,为平行动作。英美法三国,既已于十一月中旬,以长江开放问题,共同向日严重抗议,英美两国,则又于十二月中旬分别贷我巨款,予我以财政上之实际援助。而遥顾苏联,则更对于日方因渔约交涉所为之种种恫吓,毫不示弱,似尤若与英美法三国,间接的为桴鼓之相应。是则此四国之态度与行动,殆诚有分工合作,殊途同归之观。吾国外交政策,根据今年临全大会之抗战建国纲领,原系以独立自主之精神,联合世界上同情于我之国家及民族以伸张人类正义,以维护世界和平,衡以最近国际之情势,此种主张之实现,或当为期非远。惟是国际情势,变迁靡恒,抗战前途尤赖自助。凡此有利于我之国际情势,果应如何保持增进而利用之,以终达吾内图自存外图共存之鹄的,是则仍有赖于邦人君子之益自淬厉,善相策勉而已!"同日,在《中央周刊》第1卷第21—22期合发表《"作"与"说"》。3月7日,作《驳斥敌方"东亚新秩序"谬说》,刊于8—9日《中央日报》,文中指出:"总结起来说,日本的军事侵略,是为得实现它所标榜'东亚新秩序',而所谓'东亚新秩序',实质上是'吞并中国,独霸亚洲'。我们为了民族国家的生存,为了人道正义起而抗战,是正当的、是神圣的。总理说过:'事有顺乎天理,应乎人情者,力行不懈,终必有成'。我们在第一期抗战已经渡过了最困难的难关,此后第二期抗战,国际环境,更为有利,只须全国同胞坚守信心,奋斗下去,我们在抗战上必然胜利,在建国大业上必然成功。"

王宠惠4月在国防最高委员会第四次常务会议报告《对于国联行政院会议之外交方略》。主要报告:甲、在国联方面之步骤;乙、在国联以外之步骤。6月23日,发出《上蒋委员长报告暹罗政况代电》。7月1日,作《五权宪法》,指出:"要知五权宪法之精义,不仅在于政权之区分,不仅在于五种治权之分立,尤要在于完成分县自治。遗教内有言曰:'盖无分县自治,则人民无特凭藉,所谓全民政治必无由实现。无全民政治,则虽有五权分立。国民大会,亦未由举主权在民之实也'(全集第一集第1028页)。故分县自治实为五权宪法之重心,明乎此,可知吾人建国所应努力之趋势,在于加速完成分县自治,此为实现全民政治之必要因素,亦即为我建国之最大成功。"7日,在《中央周刊》发表《抗战二年来之外交》。作者在分析抗战国际有力形势后强调:"吾人此次抗战,虽因我之运用与努力,博得世界之同情与相当之援助,吾人决不以此自幸自满,吾人认为我民族两年来对日抗战,匪特为我民族生存,同时实为维持世界正义世界和平与敌人作殊死之奋斗。吾人抱负此伟大使命而尽其最大量之牺牲,则世界诸友邦对我同情与援助,此时尚觉其过薄过小,吾人希望崇信世界正义必须存在和平必须确保之诸友邦,更以更大之同情与更大之援助加强于我抗战力量。吾人愿本独立自主精神,为和平与正义继续奋斗,并联合同情于我之国家及民族共同奋斗,以制止敌人之侵略,以争取我国家民族之生存,并完成保障东亚永久和平之伟大使命!"29日,王宠惠发表《对美宣布废止美日商约发表谈话》。9月20日,王宠惠在《中央周刊》发表《纪念双十节》。此文以"抗战建国"为统摄,强调一是抗战最大之目的,与二十八年前本党艰难缔造民国,如出一辙,这就是说,在于实行三民主义,在于建设三民主义之新中国。二是抗战自始即以"抗战必胜建国必成"为确信,此无他,抗战与建国息息相关,抗战即所以建国,尤其是我们自始即主张"独力奋斗到底",自始即主张"自力更生",所以建国工作与抗战工作并重。10月10日,在《中央日报》发表《抗战与双十节》。同月,在电台作了《我们的外交方针》的广播演说,斥责汪精卫叛国投敌的可耻行径,指出除"抗战到底以外,绝对没有争取国家民族生存独立第二条路"。(参见《王宠惠法学文集》编委会编《王宠惠法学文集》附录《王宠惠先生年谱》,法律出版社2008年版)

王世杰1月28日出任国防最高委员会委员。3月1日,担任在重庆南温泉举办的中央党政训练班教官。3月,担任军事委员会政治部指导委员,部长为陈诚。4月17日,出任国民党中央党政训练班总教官、教育委员会主任委员。5月15日,致电武汉大学校长王星拱,促其信任各院院长及教务长周鲠生,谋校务之改进。6月22日,为中国参加九国公约会议给蒋介石签呈公文。9月1日,当选为三民主义青年团中央监察会监察、常务监察、书记长。9月2日,针对德国进攻波兰,向蒋介石建议对德国宣战,召回中国驻德国大使陈介。11月20日,在国民党五届六中全会上被任命为国民党中央宣传部长。是年,王世杰讲《最近国际形势》由中央训练团刊行。(参见薛毅《王世杰传》及附录《王世杰生平大事年表》《王世杰著述目录》,武汉大学出版社2010年版)

邵力子是年兼任战地政务委员会秘书长。2月14日下午,出席并主持国际反侵略运动大会中国分会为招待各界人士举行的茶会,周恩来、黄炎培、沈钧儒、陈诚、张继以及塔斯社、路透社、合众社的代表等400余人出席。4月9日下午2时,出席文艺界抗敌协会在留春幄召开的第一届年会,会上决定以3月27日全国"文协"成立日为中华文艺节。10日上午,在全国文艺界抗敌协会第二届理事上当选为理事。15日,出席全国文艺界抗敌协会在中国文艺社举行第二届理事会第一次会议。会议选举邵力子以及老舍、叶楚伧、张道藩、郭沫若、郑伯奇、胡风、姚蓬子、华林、王平陵、阳翰笙、宋之的、安娥、老向、孔罗荪等15人为常务理事。10月19日,在重庆大梁子一园大戏院举行的鲁迅逝世3周年纪念大会上,任主席,报告大会意义。11月8日,中苏文化协会在重庆集会庆祝十月革命22周年,潘友新大使、邵力子、冯玉祥、王宠惠、刘峙、张治中及中共中央领导人董必武、秦邦宪、何凯丰、十八集团军参谋长叶剑英、新四军军长叶挺等出席大会。邵力子、冯玉祥在大会上讲话,强调中苏友好。25日,马相伯逝世"三七"日全国祭奠时,邵力子满怀对恩师的崇敬之情,在重庆《新华日报》上撰文《救国老人马相伯》,深切缅怀"先生的佳言懿行",称"吾师相伯的一生,学问、事业、信仰,其最终之目标在救国",因而"爱国国人,都应人人效法先生"。(参见晨朵《邵力子生平大事纪要》,《浙江师范学院学报》1983年第1期;中央文献研究室《周恩来年谱1898—1976》,中央文献出版社1998年版;章恒忠、王亚夫主编《中国学术界大事记(1919—1985)》,上海社会科学院出版社1988年版)

卢作孚继续任交通部次长。1月,打破孔祥熙、宋子文吞并民生公司的图谋。2月,三峡染织厂与常州大成纺纱厂、汉口隆昌染织公司合组的大明染织公司正式成立,卢作孚任董事长。4月4日,重庆恒顺机器厂股份有限公司正式成立。该厂以迁川的汉阳周恒顺机器厂的大部分机器材料抵作股本,民生公司参加投资,推荐卢作孚为董事长。8月,在《西南公路》第52—53期发表《精神之改造》,谓"今天所讲者,为国民精神总动员纲领第五章,关于精神之改造",提出5点意见:一是醉生梦死之生活必须改正;二是奋发蓬勃之朝气必须养成;三是苟且偷生之习性必须革除;四是自私自利之企图必须打破;五是分歧错杂之思想必须纠正。最后总结道:"以上五点。应从我人生活根本加以纠正。国难当前,我人应以国家社会应做之事,作为我人之要求。交通部负有解决中国交通问题之责任,何者为我人之要求?整个国家之交通运输,通信之便利,为我人之要求,及我人之责任。如将此种责任心提出,则刚才所谓苟安偷生等习惯,自然消灭。而良好之精神,亦即于焉培养完成。"10月16日,在《抗战与交通》第28期发表《改良木船的四大意义》。在《中国青年》月刊第1卷第5—6期合刊发表《怎样组织青年服务社》。(参见王果编《中国近代思想家文库·卢作孚卷》及附录《卢作孚简编》,中国人民大学出版社2015年版)

张道藩继续任教育部常务副次长,兼任中央文化运动委员会主委。1月1日,为纪念中华全国戏剧界抗敌协会成立1周年并庆祝元旦,重庆戏剧工作者近3000人举行盛大火炬游行,并别开生面地组织游行表演《抗战进行曲》。10日,《戏剧新闻》第1卷第8—9期合刊"戏剧节纪念专辑",发表张道藩《中华民国第一届戏剧节的意义》、陈立夫《戏剧亦为教育源出于"礼"》、余上沅《第一届戏剧节》、老舍《照样儿办吧》、姜公伟《第一届戏剧节与今后中国剧运》、李一非《旧剧的整理与运用》、余克稷《抗战时期戏剧节的双重意义》、老向《戏剧下乡外行谈》、萧崇素《抗战中的"儿童剧"》、赵铭彝《纪念第一届戏剧节》、宋之的《关于〈全民总动员〉》、施焰《〈全民总动员〉中之总动员》、辛予《〈全民总动员〉的一般批判》等文,以及综合报道《中华民国第一届戏剧节》。15日,国立戏剧学校中国话剧运动史编纂委员会成立,委员为张道藩、顾一樵、梁实秋、赵太侔、舒蔚青、万家宝、黄作霖、阎哲吾、余上沅。余上沅为主任委员，舒蔚青兼总编纂。并向全国与话剧有关的团体与个人，发出征集三十年来话剧史料、书刊、文献启事。同日重庆《国民公报·星期增刊》以两个整版版面刊《第二期抗战文化工作的瞻望专页》，应征发表作品的文化界人士有白杨、余上沅、宋之的、余克稷、吴祖光、陈白尘、靳以、张道藩、曹禺、黄作霖、潘孑农等 53 人，文章标题及署名为各名家之手书。（参见田本相、阿鹰编著《曹禺年谱长编》，上海交通大学出版社 2017 年版）

潘公展任国民党中央宣传部副部长及"中央图书杂志审查委员会"。2 月 16 日，国民党中常会议通过《修正印刷所承印未送审图书杂志原稿取缔办法草案》及《修正检查书店发售违禁出版品办法草案》，规定对出版、发售未送审图书及违禁出版品者，分别情节给以警告、没收、罚款、封闭等处分。26 日，国民党中宣部秘密转达"禁止或减少共产党书籍邮运办法及取缔新知、互助及生活等书店办法"，决定凡应秘密取缔之书刊，除由审委会随时呈报中央特检处转饬查扣外，所有中央图书杂志审委会原定暂不处置者，以及新知、互助、生活等书店所出未经原稿审查、刊载审查的图书，以及无出版时间、地点或无发行人之书刊，均属查扣范围。3 月，中央图书杂志审查委员会签订《图书杂志原稿审查工作纲要》87 条，规定审查目标"在防止庞杂言论，齐一国民意志""树立以三民主义为中心之文化"。该纲要详列审查标准，处理方法、检查范围等项规定，其中有检查人员要与当地特务机关取得联络，"俾能明了各书店印刷所负责人之背景与活动"等项。6 月，国民党重庆市政府社会局会同国民党市党部及中央图书杂志审查委员会，派 3 个人前往生活书店总管理处"查账"，邹韬奋"挺身前去应付"。他们查了两天找不出漏洞，又提出要把账册搬去，还要找几个同事问话。邹韬奋严词拒绝说："我是负总责的人，关于本店的一切我可以负责答复"，账册"要审查可在本店审查，不能搬运出去"。7 月 4 日，潘公展找邹韬奋谈话，公开强迫生活书店与官办的正中书局、独立出版社合并，加资金百万，组织一个总管理处或成立一个董事会，直接由党部领导并派遣总编辑，还要韬奋加入国民党。邹韬奋坚不接受，并说"人有人格，店有店格，丧失了店格，也就失去了存在的价值。生活书店店格决不容践踏，你们一定要扼杀生活书店，那就请便吧！"又说："我五十多个书店可以不要，但方针必须坚持，不能有丝毫的改变。"10 月，邹韬奋参加在重庆中央大学举行的讲演会。潘公展在会上鼓吹"一党专制"，邹韬奋驳斥了他的谬论，指出中国在抗战时期"要由全国各阶级各阶层协力合作而共同担负责任"，并质问国民党："大敌当前，不团结御侮而反自相残杀，只等于破坏抗战，陷国家民族于危亡之境，此外没有什么可得。"（参见章恒忠、王亚夫主编《中国学术界大事记（1919—1985）》，上海社会科学院出版社 1988 年版；吴永贵《民国图书出版史编年：1912—1949》，社会科学文献出版社 2018 年版；复旦大学新闻系研究室编《邹韬奋年谱》，复旦大学出版社出版 1982 年版）

叶青经叶楚伧、潘公展介绍，正式加入国民党。随后成为重庆市国民党文化运动委员会委员。4 月，因康泽之助，叶青在重庆创办《时代思潮》半月刊，主要撰稿人有叶青、吴曼君、王贻非、王集丛、杨灿等。该刊为"专门研究三民主义的理论刊物"，旨在研究和鼓吹三民主义的理论合法性，将三民主义捧到至高无上的地位。内容包括三民主义的哲学基础、进化论观点、历史观、思想演变等，并将三民主义原理与国家政治、经济、文化、教育的关系结合起来进行阐述，诸如孙中山和蒋介石等人的教育方法论、蒋介石的国家思想、三民主义党治论，三民主义国家的经济所有制和财政制度，三民主义的理论与地方自治的实际，三民主义的文学批评论，以及三民主义的妇女论等。同时也发表一些三民主义与马列学说、三民主义与社会主义、民生史观与阶级斗争等方面进行比较的文章,对社会主义和西方民主学说进行尖锐的批判。该刊还特设通信一栏,讨论读者来信中反映的与三民主义有关的问题,讨论内容有三民主义与社会主义的比较,三民主义的哲理内涵,三民主义的研究方法及论著等问题。6月10日、13日,毛泽东在延安高级干部会议上的报告及结论提纲《反投降提纲》中指出:叶青是"代表国民党写文章的人""应该加以严正的批驳"。

叶青7月6日在《时代精神》创刊号组织一批文章,批评学术中国化运动。包括叶青《论学术中国化》、毛起鵋《马克思主义中国化问题》、胡秋原《所谓学术中国化》、周宪文《由中国本位文化建设讲到学术中国化问题》等文。叶青《论学术中国化》主要从三个方面来攻击学术中国化运动。首先,他给中国化下了个定义,认为,"中国化是说欧洲乃至世界各国底学术思想到中国来,要变其形态而成为中国的学术思想""是一般的或外国的学术思想变为特殊的中国的学术思想的意思,它必须变其形式""化是带有改作和创造之性质,理解、精通、继承、宣传、应用、发挥……都不是化,当然也都不是中国化了"。由此他认为,"依照中国特点去应用马克思主义,生动地、通俗地、用中国写作方法去宣传马克思主义,这样,马克思主义还是马克思主义,并没有中国化。"其次,叶青认为,中国化必须以中国为本位,"承认中国空间时间的特殊性,承认以此时此地的需要为基础的中国本位"。然后得出结论,"中国化与中国本位完全相同,所不同的,只是名词而非其理论内容"。第三,叶青认为,孙中山已经完成了欧美政治思想、经济思想、社会思想的中国化,"马克思主义的中国化,也为孙先生所完成""因此,在孙先生外另求中国化,正同从前在孙先生外另求中国本位一样,是不可能的"。可见叶青攻击学术中国化,目的就是要取消马克思主义中国化。

按:针对叶青《论学术中国化》的言论,艾思奇、杨松于次年连续开展批判。艾思奇《论中国的特殊性》(《中国文化》1940年2月创刊号)反驳说"马克思主义之所以能够中国化,是由于中国自己本身早产生了马克思主义的实际运动。中国的马克思主义是在中国自己的社会经济发展中有它的基础,是在自己内部有着根源,决不是如一般的表面观察,说这是纯粹外来的"。杨松《关于马列主义中国化的问题》(《中国文化》1940年7月第1卷第5期)指出,马列主义并不是像叶青所说的那样是一种"移植",而是"适合于中国的国情,在中国生长发育和日益壮大起来的"。这是因为,"经过一九一四——一九一八年帝国主义大战,中国民族资本主义进一步之发展和形成,造成了接受和发展马克思列宁主义的客观的历史和经济条件"。后来叶青又在《马克思主义中国化问题》(1941年5月29日《中央周刊》第3卷第43期)进一步以所谓中国的"特殊性"为由,攻击马克思主义不适合于中国,是一种"移植",中国"不需要共产主义,不需要马克思主义","因此也就不需要共产党",当然也就不需要学术中国化了。

叶青10月25日在《抗战与文化》第3卷第9期发表《三民主义与社会主义》,攻击"陕甘宁边区是封建割据""八路军、新四军游而不击",说"三民主义可以满足中国现在和将来的一切要求,它一实现,中国便不需要社会主义了,从而组织一个党来为社会主义而奋斗的事也就不必要了"。是年,叶青继续发表多篇反共文章,主要有《读张君劢致毛泽东信后》《毛泽东的〈论新阶段〉》《与毛泽东论民主问题》《共产党的官僚主义与腐化贪污》《不断革命?阶段革命? 一次革命?》《民生主义与社会主义讨论大纲》《民生主义? 共产主义?》《民生主义与社会主义》《资本主义? 共产主义?》《论学术中国化》《谁能解决中国的问题》《国民党与共产党之比较》等。所著《中国共产党的分析》由华夏书局出版,对中国共产党展开全面的批判,指出由于中共开展的苏维埃运动,仅是一种"地方割据",违背了中国走向统一的历史潮流,所以中共面临的是"完全失败,并且是最悲惨的失败"。中共退出了江西,"逃了二万五千里"。中共还向国民政府"投降",取消苏维埃政府和红军的名义,接受国民政府的改编，并宣布奉行三民主义。（参见尹涛《叶青思想批判》，南京大学博士学位论文，2014年；唐宝林、林茂生《陈独秀年谱》，上海人民出版社1988年版；欧阳军喜《论抗日战争时期的"学术中国化"运动》，《中共党史研究》2007年第3期；王学典《20世纪史学编年（1900—1949）》，商务印书馆2014年版）

　　马衡继续为故宫文物安全西迁而奔波。先是在上年11月，马衡在贵阳视察后，认为文物放在贵阳城内不甚安全，最安全的莫如山洞，于是和大家一起用了七八天的时间，在贵州境内看了几十处山洞，最后才在安顺朝南门外五里处找到一个华严洞，洞口轩敞，不致太过潮湿，利于文物保存，洞外有庙，可以住人，有公路直达洞口。于是请了工程师设计，在洞口搭盖两所板房，上盖瓦顶以泻滴水，下铺地板以隔潮气。待一切准备妥当后，于1939年1月将南路疏散文物移存其中。同月17日傍晚，马衡身在北平的挚友钱玄同不幸去世，远在川渝的马衡书挽诗祭奠老友云："一夕宣南陨巨星，卅年知己痛凋零。乱离未许书频寄，感契翻疑梦有灵。谁复怀铅问奇字，从今卖饼剩遗经。遥怜黯淡风霾里，薤露歌残不忍听。"对于中路疏散的文物，按照故宫博物院临时常务理事会的决定，马衡准备在重庆挖掘山洞，辟为专门库房来保存中路疏散的文物，于是带领同仁由重庆向西，沿途搜寻适宜的贮藏地点，经几个昼夜的奔波，在四川乐山选中了一座古寺和六座祠堂，最后委派欧阳道达等将中路文物悉数转运该处。当地的村民、僧道得知了马衡的难处，立刻将宗祠、庙宇无偿让出，用来给故宫人存放宝物。北路文物在成都的贮藏地点，是马衡与时任四川省政府主席的王瓒绪接洽后，选定了成都东门内的大慈寺。（参见马思猛《马衡年谱》，故宫出版社2021年版）

　　黄汲清5月20日函告翁文灏，接裴文中北平来函，称日本人要求与协和医院合作挖掘周口店，"而协和方面立有如彼来要求即不妨与之合作之表示"。裴文中表示，如日本人来，他即离平南下。黄汲清认为，地质调查所应拿出预定方针，通知裴文中，以免临时无法对付，并为此征询翁文灏的意见。25日，翁文灏致函黄汲清，谈地质调查所与资源委员会的工作关系。翁文灏表示，本人将要求资委会"尊重地质所之独立，不宜任意指使，但对地质所则不能不诚切商恳，对建设要政必须深念时间关系极为切要。主所政者不但在有空洞计画，尤须常有实行工夫，庶足以实现我辈竭诚努力之目的也"。30日，黄汲清复函表示："资委会委托本所之工作，向来本所均予以重视，且均提前办理。"并抱怨资委会的"开发计划方针不定，且常有忽然想起一样即立刻要办那样的毛病。本所能独立工作之人甚少，若漫无计划的作去，实有应接不暇之势。此中痛苦非身受者不知也"。5月28日，翁文灏赴地质调查所，与王竹泉、曾世英、侯光炯、黄汲清、周赞衡等谈话。8月5日，翁文灏函复黄汲清，反对中央大学拟聘地质调查所王竹泉为教授事。12月10日，翁文灏偕孙健初、孙越崎往北碚青杠坡地质调查所新址视察。16日，翁文灏令黄汲清署理地质调查所所长。（参见李学通《翁文灏年谱》，山东教育出版社2005年版）

　　裴文中继续任地质调查所新生代研究室负责人。3月26日，翁文灏致函裴文中，询问关于最近在北平周口店发现的猿人头盖化石是否在周口店的洞里，距今有多少年代，同时发现的是否还有其他化石。12月，裴文中著《周口店山顶洞之文化》出版，其中有关于周口店北京猿人整个挖掘的记录非常详实而生动，里面有大量的当时的图片，包括照片和手绘图。（参见李学通《翁文灏年谱》，山东教育出版社2005年版）

　　黄文山到重庆，担任中央训练委员会、政治部等机构职务。倡议创办《青年中国季刊》和《中国青年》（月刊），向青年灌输对抗战建国的认识。在《战时文化》月刊各期发表《民族文化建设纲领》《文化工作者的反省》等文章。在《中国青年》（重庆）各期发表《论中国青年的技术训练》(又刊于《训练通讯》第1卷第3期)、《青年的自信、自励与自课》《权力,一个新的社会分析》(书评)。9月,《青年中国季刊》创刊号(青年中国季刊编辑,重庆青年书店出版)出版,在该号发表《权力的科学试探》。10月,奉派赴美国视察党务侨务。1939年至1941年间,在哥伦比亚大学、加州大学图书馆进一步搜集关于"文化学"的资料。(参见赵立彬编《中国近代思想家文库·黄文山卷》及附录《黄文山年谱简编》,中国人民大学出版社2013年版)

郑鹤声继续任职于教育部编译馆。7月31日,在《教与学》第4卷第5期发表《选择历史教材的目标》,第6—7期合刊连载。文中指出"历史教学之兴废,足以影响其民族及国家之存亡",世界各国无不特别注重本国历史,以种种方式宣扬其光荣史迹,以激励国民爱国情思。日本侵略者在占领区内篡改学校历史教科书,欲使青年学生为其顺民而不觉,用意之毒,实较其政治经济军事之侵略,"为害更烈"。作者认为"历史教学之价值,在乎教材之运用""吾人对于教材之选择,必须适应时代,始能发挥其宏大之效力""吾人欲培养一般国民有爱民爱国家的思想而适用现代,对于本国历史上关于民族、疆域、政治、军事、文化诸方面之教材,须选择补充,凡合于上列标准者则尽量加以发挥,其不甚切合上列标准者,尽量加以缩减,庶几有裨于抗战建国之需要"。(参见王学典《20世纪史学编年(1900—1949)》,商务印书馆2014年版)

方令孺任重庆北碚国立编译馆编审。1月29日,在《学灯》发表《信》,同期还刊有熊十力《答镏生书》、张默生《读大庄严经论》等文,宗白华在所撰的《编辑后语》中指出:"古代各大宗教都产生了伟大的文学和艺术,由于宗教的热情幻想及宗教宣传底目的,自然会表现许多优美动人的文艺。"又说:"中国人缺乏宗教热情,所以史诗和剧曲都不发达,文学偏于伦理的理智的或个人抒情的方面,只有一部屈原的《离骚》是例外,它蕴蓄着古代民间宗教的传统,发挥而成光芒万丈富有热情玄想的文学。"9月24日,方令孺在《学灯》发表《信》。同期还刊有长城《吊故乡》、华实《童年:向往之二——献令孺先生》等文。宗白华在《编辑后语》中说:"我们这时代还有'诗'吗?环顾全世界,尽是谈的实际,实际,第二到第十还是实际。只有中国的一片浴血抗战的土地上面才是有理想,有热情,有主义,有'诗'。我们要珍贵这可珍贵的'诗'。"(参见林同华《宗白华生平及著述年表》,载《宗白华全集》第四卷附录,安徽教育出版社1994年版)

汪东继续在重庆任国民政府监察院监察委员,兼任中央大学师范学院国文系讲师。1月1日,汪东电贺马相伯先生寿晋期颐,时马在越南谅山。3月17日,吴梅殁于云南大姚,年56。吴梅此前曾请汪东为《霜崖三剧》《霜崖词录》作序,又请题《霜崖填词图》,均未果。5月1日,殷孟伦、黄焯、潘重规等编辑的《学林月刊》在重庆中央大学创刊,汪东为撰《发刊词》,并将汇辑整理的《章太炎先生与宗仰上人书》12通付刊,且略为注。9日,国民政府监察院院长于右任61岁生辰,汪东赋《沁园春》词为寿。词中忆及两人于上海震旦学院订交情形。7月,同门吴承仕由天津致电报汪东,略陈近况。夏秋之间,汪东与彭醇士寓北泉公园之竹楼,为人书画石砚数十百方,人争取之,有《小梅花》词纪之;又以丹青自遣,彭醇士为画扇头小景,有《绮罗香》词纪之。秋,沈祖棻赴雅安养病,忆旧伤时,成《浣溪沙》10首寄呈汪东,汪东有书寄回。11月4日,恩师马相伯先生在越南谅山病殁。秋冬间,与章士钊时相往还。时章士钊首倡寺韵叠唱,和者甚众。如曾克耑、沈尹默、潘伯鹰、于右任、马衡、朱希祖等,称为"诗战",汪东亦预其事,作有五六十叠。此次诗战部分作品后由曾克耑编辑油印《寺字唱和诗》两册,其中收录汪东寺韵诗16首。(参见薛玉坤《汪东年谱》,河南文艺出版社2016

年版)

何廉时任国民党军事委员会经济研究所所长。9月,南开大学经济研究所在重庆南开中学内恢复,张伯苓校长邀请何廉任所长,研究室主任方显廷为代理所长。研究所董事会共14人,决策和筹划经费来源,张伯苓为当然董事。招研究生10人,正式开始工作。10月28日,张伯苓致函何廉,略述近况:"苓于本月9日自长沙返渝即筹备南开、南渝两校周年纪念会事宜。当开会之日,天气晴朗,来宾颇多,贺主任国光及李市长□运使均莅会致辞,倍承奖饬。苓此后更当奋勉力求进展。惟南渝建筑费迄今尚亏六七万元,刻正设法筹募中。令郎等病已痊愈,尊夫人常携之院内散步。潭第均吉,请勿挂虑。我国抗战三月国内外情状均呈好转,最终胜利终必我属。惟望弟努力赞襄蒋公,为国宣劳,以期达最后之目的。""苓定于下月初赴长沙。"(参见龚克主编《张伯苓全集》第十卷附编《张伯苓年谱》,南开大学出版社2015年版)

张西曼、杨成志、马鹤天、常任侠等为理事的中国边疆学术研究会在重庆成立,以"弘扬边疆学术,团结民族感情"为宗旨。

韦以黻、高显鉴、王卓然、高白泉、田雨时为常务理事的中国政治建设学会3月12日在重庆成立。出版《政治建设》月刊和《政治建设小丛书》。

臧启芳为总干事的中国行政问题研究会1月12日在成都成立,以"研究中国行政问题,促进行政效率"为宗旨。

李劼人1月参加发起成立中华全国文艺界抗战协会成都分会的工作,先后担任文协的理事、常务理事、总理事及《笔阵》主编等职。

毛庆祥为理事长的中法比瑞文化协会3月26日在重庆成立,以"研究及沟通中、法、比、瑞文化,并增进友谊"为宗旨。出版有《欧亚文化》及《中法文化丛书》等。

史枚1月在重庆担任生活书店编辑。2月1日,生活书店在重庆创刊办《读书月报》,史枚任主编。6月,史枚去新疆任文化协会编审副主任兼新疆学院讲师,不久即遭反动军阀盛世才逮捕,又坐了四年半监狱。

陈钟浩主编的《欧亚文化》3月15日在重庆创办,先由中国留法比瑞同学会主办,后由中法比瑞文化协会主办。

安若定为理事长,瞿明宙为干事长的中国铸魂学社4月1日在重庆成立,编辑出版《大侠魂周刊》《大侠魂日报》《大侠魂月报》《国魂周刊》等。

陈东原4月任高等教育司科长,兼任留学生考选委员会秘书。

郑昊樟为社长的中华宣传事业协进社6月在重庆成立,"以民间力量,推广中国抗战建国之宣传事业"为宗旨。

谢贻徵、刘法成、许汝祉、徐春霖、杨昌溪、丁作韶等人4月29日在重庆发起成立中国翻译学会,以"促进翻译事业,沟通中外文化,辅助抗战建国"为宗旨。

徐冰根据周恩来、董必武的指示,领导从延安到重庆工作的周建南、孙友余等筹建青年科学技术人员协会(简称"青科技")。

马彦祥去重庆,先后导演《残雾》《国家至上》《李秀成之死》等剧,创作导演《国贼汪精卫》,兼任国立戏剧专科学校教授。

陈白尘年初被四川戏剧音乐学校校长熊佛西聘为专任教员,因故未成行。是夏,受中国万岁剧团团长郭沫若之聘,任特约编导委员。是秋,受教导剧团团长洪深之聘,去重庆郊区土主场该团任教。

陈田鹤到重庆,先在教育部音乐教育委员会工作,后在国立音乐院任教。

吴开先任名誉会长,姜豪任会长的救国青年同盟会成立,以"团结热血青年,奉行三民主义,拥护领袖,完成抗战建国大业"为宗旨。

刘开渠在成都与文学家赵其文、陈翔鹤、周文、萧军和李劼人等组织中华文艺抗战协会成都分会,进行抗日救亡的宣传活动。

张大千在四川青城上收龙国屏(龙治)为入室弟子。为张目寒作《蜀山秦树图卷》。应黄君璧之邀同游峨眉,作《峨眉金顶合掌图》赠君璧。先后在成都、重庆举办画展。

郭有守为张大千弟子,时任四川省政府委员兼教育厅厅长。

陈之迈 11 月任行政院参事,后兼法制专门委员会兼任委员。

张友渔到重庆,以左翼文化人的身份进行民主宪政工作。

寿景伟为主席理事的中华工商协会 2 月 5 日成立于重庆。

陈璞、张竣德、陈国信、许崇德等人 12 月在重庆发起成立中国药物自给研究会,以研究医疗用药物之自给自足为宗旨。

王星舟为总干事的东北抗战建国协进会 12 月在重庆成立,以"团结东北人士,奉行三民主义,拥护领袖,协助中央完成抗战建国工作"为宗旨。

惠迪人、吴士英、詹纯鉴等人在重庆发起成立中国农村文化建设运动协会。

宋则行大学毕业后,到国民政府财政部贸易委员会做出口贸易管理工作。

欧阳竟无 2 月编成《词品乙》,凡五十调 127 首。他在叙中说:"建国于自由平等,非建国于杂霸功利。"又言:"四亿五千封建国制,有何公益?"关于《词品甲》与《词品乙》的区别,他说:"抗敌以不受尔汝之忠,气不愤俳不能忠,《词品甲》语悲歌慷慨。建国以不受尔汝之恕,气不和顺否能恕,《词品乙》语清净幽闲,非相违也,而相从也。"7 月,陈真如(铭枢)将他与熊十力的争论文章(书信)寄给欧阳渐,欧阳渐先后作《答陈真如书》《再答陈真如书》。他在这两封信中明确提出了"佛之宗趣唯一无余涅槃,法门无边三智三渐次"的观点,他认为:"十力真如,不知佛之宗趣唯一是无余涅槃,不知佛之法门八万四千,自发心以至正觉。节节境界节节行持节节殊异,非以一法门可概也。"他批评熊十力:"十力徒知佛门无住涅槃之数量,又错读孔书,遂乃附会支离,窃取杂糅孔佛之似,而僻执其一途。既恐怖无余涅槃,而大本大源于以断绝。"

按:杨鹤庆在《内院简史》中说:"二十八年(即 1939 年),建立院学,分毗昙、戒律、瑜伽、般若、涅槃五科,由言教变迁之实以求观行践证之真,其略见于《院训·释教》。"(《欧阳大师纪念刊》)吕澂亦说:"以顿境渐行之论,五科次第,立院学大纲。"(《亲教师欧阳先生事略》)但是,食《释教》(1940 年作)只分俱舍、瑜伽、唯智、涅槃四科文字。这是为什么呢?肖永明在《支那内学院佛学思想论纲》(载《宗教》1993 年第 1 期)说:"四三年欧阳渐逝世后,他继任支那内学院院长,并着手实施欧阳渐初步建立的院学。他先对欧阳渐四科佛学进行调整,把四科——俱舍、瑜伽、般若、涅槃,改为五科——毗婴、般若、瑜伽、涅槃、戒律。这样,与佛学的实际情况更加吻合了。"(参见徐清祥《欧阳竟无评传》,百花洲文艺出版社 2010 年版)

蒋梦麟、梅贻琦、张伯苓继续任西南联大常委会常委,梅贻琦继续任联大常务委员会轮值主席,至本年 12 月 21 日止。张伯苓的重心已转向重庆。1 月 7 日下午 2 时,梅贻琦在东寺街花椒巷自己住宅主持第二十次校务会议,会议听取张子高报告北平清华最近情形后,经讨论决定在北平所录各公费生自 1938 年 11 月起由学校按月发给每人津贴 14 元。在他校借读者应以四年级返校肄业为原则。8日,梅贻琦出席为清华大学校友举行之茶会。同日,联大第100次常委会决议:加聘马约翰、毛鸿为文、理、法商、工四学院一年级学生课业生活指导委员会委员;加聘刘仙洲为学生生活指导委员会委员,本校教务长、总务长为该委员会当然委员。11日,本校与云南大学等大中学校师生举行声讨汪精卫投敌叛国的火炬大游行。17日,梅贻琦、施嘉炀、冯友兰、沈履、吴有训、杨石先、黄钰生、樊际昌、陈岱孙、叶企孙、陈序经、查良钊、陈福田、叶公超、张奚若、杨振声、庄前鼎等出席西南联大校委会第一次会议,推举冯友兰为校务会议书记。27日,北京大学校长蒋梦麟与国立中央大学校长罗家伦、国立清华大学校长梅贻琦、南开大学校长张伯苓、国立中山大学校长邹鲁、国立武汉大学校长王星拱、国立四川大学校长程天放、重庆大学校长叶元龙、复旦大学校长吴南轩、金陵大学校长陈裕光、金陵女子文理学院校长吴贻芳、华西大学校长张凌高联名致电美国国会参众两院议员。“同人等对于诸公力持九国公约中高贵之原则,敬致深谢。中国不仅为本国之独立自由而战,且为国际之公理与秩序而战。日本完全占据中国及消除一切美国与欧洲在远东利益之野心,已由其最近阁员之言论,与军阀之行动为之尽情暴露。现其他列强已步贵国后尘,仍恳在经济或其他方面,续取领导与并行行动,使业经精疲力竭之侵略者屈膝。诸公夙具政治家的风度,必能予罗斯福总统远见的政策以坚强之赞助,盖此项政策,当能裁制日本之野心,而造成一‘勇敢的新世界’也。”24日,第101次常委会决议:陈福田辞防空委员会召集人职务,加聘查良钊、孟昭英、陈意、毛鸿、邹镇华为防空委员会委员,并请查良钊为召集人。2月1日,蒋梦麟由昆来渝,会见张伯苓。4日,梅贻琦主持召开清华第21次校务会议。会议决定本年经费如无大改动,可备相当经费筹办文、法方面之研究事业;原有学术刊物应设法恢复。由于经费不裕,原稿费办法取消。24日下午,梅贻琦在自己住宅主持茶会,听陶孟和讲教育部大学教授统筹计划。

蒋梦麟3月1日致信胡适,告西南联大情况,说:“学生增至三千零九十余人,所建简陋校舍完全竣工。校中纪律颇严,校风亦顺好,教员勤于教学,学生勤于读书。一般舆论,认联大为全国冠,是为同人之不胜自愧者也。三校以互让为风,故三位已成一体,内部之纯一化比任何单独学校为优。”信中并告某些人事变动。尤详告物价腾贵,生活艰苦情形。3日,为西南联大用地事,蒋梦麟、梅贻琦与张伯苓联名致函云南大学,谓:“本校须在昆明建筑校舍,惟征收之三分寺地亩不敷应用,拟借用位于该处附近之贵校空地一段,建筑理化实验室22间,相应函达,并附上蓝色地图一份,即希查照,惠允赐复为荷。”3月8日,1938—1939年度第一学期考试开始。29日,1938—1939年度第二学期开始。25日,蒋梦麟、梅贻琦、张伯苓、杨振声、黄钰生、吴有训、王明之、陈序经、冯友兰、沈履等出席在昆明联大办公处召开的西南联大第一〇五次常务委员会会议,会议研究1939年度增加经费问题。春,西南联大新校舍落成。4月11日,本校总办公处自才盛巷迁至龙翔街昆华工业学校。29日,清华大学在云南大学礼堂举行建校28周年纪念大会,到会700人,潘光旦代表校长致辞。5月4日,本校学生参加云南青年“五四”纪念活动,并举办救国献金,夜间举行火炬游行。14日下午4时,梅贻琦在自己住宅主持二十七年度第二次清华教授会。会议决定:(一)请先生及吴有训、陈岱孙、施嘉炀连任文、理、法、工四院院长。(二)评议会及校务会议内加入研究所委员会主席,该主席之产生照各院院长选举成例行之。(三)选举研究所委员会主席,叶企孙当选。(四)教授会推举之评议员由7人增至9人。(五)选举评议员,陈福田、刘崇鋐、张奚若、朱自清、李辑祥、张子高、杨武之、李继侗、王明之当选。(六)推举本届毕业生成绩审查委员会委员。27日下午4时,梅贻琦在自己住宅出席联大时期清华大学第一次评议会。与会者还有李辑祥、沈履、朱自清、刘崇鋐、叶企孙、吴有训、杨武之、张奚若、李继侗、施嘉炀、潘光旦、陈岱孙、陈福田。会议听取梅贻琦报告本年度概算、本年度预算要项后,经讨论决定教师国内研究办法下学年照常施行。30日,梅贻琦主持第109次常委会。会议决议:(一)筹设出版组,聘李续祖为出版组主任。成立出版设计委员会,请曾昭抡、丁信、毕正宣、朱荫章、李续祖为委员,曾昭抡为召集人。(二)加聘陈雪屏为图书设计委员会委员,黄钰生为理工设备设计委员会委员。同月,第一届学生自治会成立,选出代表大会主席裴笑衡、干事会主席王旸、干事莫家鼎、邢福津等。在学校领导下完成本校校徽设计、接洽制造等工作。6月13日,联大召开第110次常委会,会议决议:自1939—1940年度起,本校各学系教授会主席一律改称系主任。关于各学系设备及课程之支配,均由系主任主持。15日,闻一多致信梅贻琦,请求休假研究,拟"全副精力从事准备"中国上古文学史这门新课。6月17日,清华大学第3次评议会议决通过闻一多请求在国内休假研究案。21日下午4时,梅贻琦在东寺街花椒巷6号主持召开清华大学迁昆明后第2次聘任委员会会议。会议通过了1939年度清华续聘各系、所教授、副教授、专任讲师名单,其文学院各系如下:

中国文学系:教授:朱自清、陈寅恪(与历史系合聘)、刘文典、闻一多、王力、浦江清;外国语文系:教授:陈福田、吴可读、吴宓、温德、陈铨、吴达元、杨业治、钱钟书;专任讲师:雷夏;哲学系:教授:冯友兰、金岳霖、沈有鼎、张荫麟(与历史系合聘);历史学系:教授:刘崇鋐、噶邦福、雷海宗、王信忠、邵循正;社会学系:教授:陈达、潘光旦、李景汉。

梅贻琦、蒋梦麟、张伯苓6月27日出席在昆明西南联大总办公处召开的联大常委会第111次会议委会,梅贻琦主持会议,参加会议的还有冯友兰、杨振声、施嘉炀、王明之、樊际昌、吴有训、沈履、陈序经、黄钰生。会上张伯苓报告战时征集图书仪器委员会开展工作的情形。会议议决:(一)全体教职员以一个月月薪实收的6%捐献作本年度"七七献金"。(二)以北大、清华、南开三校现有教师、设备为基础,依照分工合作原则,酌行恢复各校原有的研究院及所属的研究所、部,研究生奖学金等费亦由三校自行拨发。(三)刘崇鋐暑假因事离校,请辞历史社会学系主任及师范学院史地系主任职务,历史社会学系主任请雷海宗代理,史地系主任请蔡维藩代理。(四)聘请孟宪承为师范学院教育学系教授。聘请沈从文为师范学院国文学系副教授。30日,校歌校训制作委员会向常委会呈交制作的由罗庸作词,张清常作曲的校歌,请核定。同月,本校学生壁报《微言》《联大青年》《明报》《指南针》《大学论坛》等和《群声》《热风》《腊月》等对时局、青年问题、社会问题各抒己见,开展广泛的论争。7月4日,蒋梦麟、张伯苓出席梅贻琦主持的西南联大校务委员会会议,出席者还有杨振声、庄前鼎、叶企孙、叶公超、查良钊、朱自清、王明之、钱端升、张奚若、吴有训、陈岱孙、沈履、杨石先、樊际昌、施嘉炀、冯友兰等。会议由冯友兰记录。7日,昆明各界举行"七七"抗战2周年纪念会。联大师生参加了献金、画展及宣传活动。联大师生"七七"抗战献金,得到政府嘉奖。10日,清华第24次校务会议作出关于续办研究院的决议。11日,梅贻琦主持联大常委会第112次会议,会议议决:通过校歌校训委员会所拟校歌;因哲学心理学系主席汤用彤休养,即日起由冯友兰代理该职;聘陆伯慈(Roberts)为本校历史学系客座教授。12日,召开清华第2次评议会,通过了校务会议拟订之本校研究院各所计划(规定中国文学部和历史学部准旧生复学,不另招新生;外国语文部和哲学部准旧生复学兼招新生);修正通过了校务会议拟订之研究院暂行办法;审议并通过聘任委员会修正之教师服务规程有关副教授聘任及待遇条文。18日,召开联大常委会第113次会议。议决:通过校歌校训委员会审定的由罗庸作词、张清常作曲的校歌;聘林文铮为外国语文系法文讲师;改聘王宪钧为哲学心理学系副教授。22日,教育部规定,自下学期开始每月1日举行国民月会,作国民精神总动员。23日,蒋梦麟、梅贻琦出席并主持北大、清华、南开三校院处以上及教授茶会,会议在梅贻琦邱家巷住宅举行,蒋梦麟主持会议,宣布凡在联大及三校负责人,其未参加国民党者,均应先行加入。当时蒋梦麟为国民党中央委员,承中组部长朱家骅之命在联大教授中发展国民党员。出席北大、清华、南开三校院处以上及教授茶会。同月,1939年度国立各院校统一招生。张伯苓、蒋梦麟为昆明区招生委员会主席。

梅贻琦8月1日主持联大第115次常委会决议:本校地质地理气象学系与清华航空研究所在嵩明县境内合办高空气象台,请李宪之、赵九章主持。15日,联大第116次常委会议决:鉴于教育部令自1939—1940年度起可招收研究生,并核给补助经费(教育部同时准许北大、清华、南开三校各招研究生),本校遵部令办理;因外国语文系兼师范学院英语系主任叶公超有事离开昆明,离职期间,由柳无忌暂代其职务。22日,联大第117次常委会修正通过本校1939—1940年度训导处工作大纲。23日,清华研究院恢复文科研究所,设中国文学、外国文学、历史、哲学四部。9月1日,三青团中央监察会于重庆成立,蒋梦麟、王世杰、朱家骅、邵力子、陈布雷、罗家伦、周炳琳、萨本栋、王星拱、熊庆来、梅贻琦、竺可桢、陶孟和、吴贻芳等35人被选派为监察。18日,梅贻琦与蒋梦麟主持国耻纪念日朝会。同日,梅贻琦主持召开清华研究院第3次会议,冯友兰、雷海宗、吴宓等出席会议。会议议决了研究院新生录取标准、津贴标准等事项。19日,第120次常委会决议:呈请教育部指拨专款,筹设师范学院附中、附小及幼稚园。25日,1939—1940年度第一学期开始注册。西南联大学生增至三千人。26日,召开第121次常委会,决议:(一)1939—1940年度常委会主席仍请梅贻琦担任。(二)推定蒋梦麟、黄钰生、查良钊、杨石先为本校与云南省教育厅合办之云南省中等学校教职员晋修班本校方面委员。(三)公布《国立西南联合大学师范学院学生毕业标准及成绩考核办法》。10月2日,1939—1940年度第一学期开始上课。4日,在新校舍举行开学典礼。10月17日,联大第123次常委会议决:(1)改组图书设计委员会,聘冯友兰、叶公超等12人为该会委员。(2)改组联大一年级学生课业指导委员会,聘陈福田、罗常培、雷海宗、杨振声等12人为该会委员。(3)聘林良桐为联大文学院历史社会学系及法律系专任讲师。20日,文协昆明分会举行鲁迅逝世3周年纪念会,杨振声、朱自清、吴晗等出席。

梅贻琦11月2日主持召开清华第26次校务会议,会议议决:本年度恢复研究院文、理科研究所;本校文科研究所哲学部有与北大、南开两校哲学系教授合作之处,应由本校函聘两校有关教授为本校文科研究所哲学部名誉导师。中国文学部、外国语文部、历史学部如有此必要时,亦照此办理。14日,联大第126次常委会决议:朱自清因病请辞文学院中国文学系及师范学院国文系主任职务。在请假休养期间,中国文学系及国文系主任请罗常培暂代。21日,梅贻琦、蒋梦麟、张伯苓出席昆明西南联第127次大常务委员会,会议由梅贻琦主持,听取了张伯苓关于在重庆为联大下年度增加经费及请拨建筑费和图仪费等事向行政院院长孔祥熙接洽情形。26日,蒋梦麟出席昆明南开校友举行茶话会,张伯苓发表讲话,谈起西南联大校务称,本人因身体关系到校时少,校务多由蒋梦麟、梅月涵两先生偏劳,梦麟系我的老朋友,我的表给他带着(意指他是我的代表),月涵与南开关系密切,所以我非常放心。28日,第128次常委会决议:(一)成立黄梅美德夫人纪念奖学金委员会。聘请樊际昌、查良钊、陈蕙君为委员,请樊际昌为召集人。(二)成立环境卫生委员会,请马约翰等5人为委员,马约翰为召集人。(三)聘请苏国桢为化学工程学系教授兼该系系主任。12月5日,第130次常委会决议:成立毕业生成绩审查委员会,聘请罗常培、杨石先、陈岱孙、刘仙洲、陈雪屏为委员,罗常培为召集人。是年,联大民先队部在本年年底撤销,其一部分成员加入新成立的社会科学研究会。(参见黄延复、钟秀斌《一个时代的斯文:清华校长梅贻琦》,九州出版社2011年版;马勇、黄令坦编《中国近代思想家文库·蒋梦麟卷》及附录《蒋梦麟年谱简编》,中国人民大学出版社2015年版;马勇《蒋梦麟传》,河南文艺出版社1999年版;龚克主编《张伯苓全集》第十卷附编《张伯苓年谱》,南开大学出版社2015年版;蔡仲德编撰《冯友兰先生年谱长编》,中华书局2014年版;西南联大北京校友会编《国立西南联合大学校史——1937至1946年的北大、清华、南开》,北京大学出版社1996年版;齐家莹编《清华人文学科年谱》,清华大学出版社1999年版)

陈寅恪是年著《隋唐制度渊源论略稿》。春,陈寅恪被英国皇家学会授予研究员职称,并收到牛津大学汉学教授聘书,请其赴牛津主讲汉学。在后,于6月下旬由安南转往香港作赴英准备。但因战争原因并未成行,后历经艰险又回到桂林。9月,陈寅恪因未能赴英讲学,重返昆明授课。当时由于国难家愁与离恨,不免失望苦恼,曾写示吴宓《己卯秋发香港重返昆明有作》一诗,以抒发其无限感慨的复杂心情。10月,陈寅恪《敦煌石室写经题记汇编序》《刘复愚遗文中年月及其不祀祖问题》《敦煌本心王头陀经及法句经跋尾》,载《中央研究院历史语言研究所集刊》第8本第1分册;《读〈洛阳伽蓝记〉书后》载《集刊》第8本第2分册。11月14日,陈寅恪作《刘叔雅〈庄子补正〉序》(抄本)。

按:陈寅恪作《刘叔雅〈庄子补正〉序》高度评价刘文典此著:"合肥刘叔雅先生以所著《庄子补正》示寅恪,曰:'姑强为我读之。'寅恪承命读之竟,叹曰:先生之作,可谓天下之至慎矣。其著书之例,虽能确证其有所脱,然无书本可依者,则不之补;虽能确证其有所误,然不详其所以致误之由者,亦不之正。故先生于《庄子》一书,所持胜义,犹多蕴而未出,此书殊不足以尽之也……然则先生此书之刊布,盖将一匡当世之学风,而示人以准则,岂仅供治《庄子》者之所必读而已哉!"(《刘文典全集》卷二)(参见齐家莹编《清华人文学科年谱》,清华大学出版社1999年版;章玉政编著《刘文典年谱》,安徽大学出版社2011年版)

冯友兰1月1日在《今日评论》创刊号发表《论导师制》,冯友兰、钱端升、叶公超、朱自清、潘光旦、陈岱孙、陆侃如、沈从文等为该刊主要撰稿人。7日下午2时,在东寺街花椒巷梅贻琦住宅出席第二十次校务会议。8日,出席梅贻琦为清华大学校友举行之茶会。11日下午,出席教务会议。15日,冯友兰《阐教化(新事论之七)》刊于《新动向》第2卷第1期。17日3时,在才盛巷联大办公处会议室出席联大校委会第一次会议,会议推举冯友兰为校务会议书记。22日,冯友兰《论"唯"》刊于《云南日报》。2月1日,冯友兰《评艺文(新事论之八)》刊于《新动向》第2卷第2期。4日下午3时,出席第二十一次清华校务会议。7日下午3时,出席联大第二次会议,并任记录。24日下午,在梅贻琦住宅出席茶会,听陶孟和讲教育部大学教授统筹计划。3月15日,《判性情(新事论之九)》刊于《新动向》第2卷第5期。16日,蔡元培是日日记云:"读冯先生《新理学》一遍,对于郭象及程朱之说能虚心体会,补缺正误,为系统的说明,可谓空前之作。说艺术、说鬼神、说宗教,均厘然有当于我心。"23日下午,朱自清夫妇来访。同月,冯友兰作《论主客》。4月1日,《释继开(新事论之十)》刊于《新动向》第2卷第6期。2日,《中国毕竟还是中国》刊于《今日评论》第1卷第14期。4日下午3时,在昆明龙翔联合大学办总公处会议室出席联大第三次校务会议。11日下午4时,在昆明龙翔街联合大学办公处会议室列席第一〇六次常委会会议。15日下午4时,出席清华第二十二次校务会议。会议决定接受教授、校友陈席山、张景钺、彭光钦、赵以炳、殷宏章、李继侗、汤佩松来函拟捐资设立清华普通生理学奖学金案。25 日，冯友兰《论抗建（新事论之十一）》刊于《新动向》第 2 卷第 7 期。

冯友兰与张可为合作《原杂家》刊于《云南大学学报》第 1 期。文中认为："凡企图把不同或相反的学说，折中调和，而使之统一的，都是杂家的态度，都是杂家的精神。""近百年来，西洋思想输入中国，有许多新的思想，与中国旧有的思想，不能相容。中国的思想界，又正混乱起来。秦汉杂家融合各家，统一方术的态度又成了一个时代的需要。"同时，作者又指出"但问题的真正解决，并不是杂家思想方法所能做到的""杂家正如陈胜、吴广，所谓'为王者驱除难耳'。"5 月 6 日下午 4 时，出席清华第二十三次校务会议。会议建议评议会本年再选派留美公费生 10 名，决定将同人函请加薪案提请评议会讨论，又决定由教务长、四院长组成委员会统筹补充各学系残缺之期刊，并指定专款支给之。9 日下午 4 时，列席第一〇八次常委会会议。10 日，《赞中华（新事论之十二）》刊于《新动向》第 2 卷第 8 期。13 日下午 4 时，在农业中学三楼出席二十七年度第一次联大教授会。5 月 14 日下午 4 时，冯友兰在梅贻琦住宅出席二十七年度第二次清华教授会。会议决定冯友兰等 4 人连任 4 院院长。16 日下午 4 时，出席第四次校务会议。27 日下午 4 时，在梅贻琦住宅出席联大时期清华大学第一次评议会，会议听取梅贻琦报告本年度概算、本年度预算要项后，经讨论决定教师国内研究办法下学年照常施行。31 日，熊伟自柏林致函冯友兰，讨论有关《新理学》中的问题。《新理学》由商务印书馆在长沙出版，此书为作者的"新理学"体系总纲，它把现代西方新实在论与程朱理学揉合起来。该书与冯友兰的另 5 本书：《新事论》《新世训》《新原人》《新知言》《新原道》，统称为"贞元之际所著书"。

按：作者《自序》云："（《新理学》）稿成之后，即离南岳赴滇，到蒙自后，又加写《鬼神》一章，第四章、第七章亦大修改，其余各章字句亦有修正。……到昆明后，又就蒙自石印本加以修正，成为此本。此书虽'不着实际'，而当前有许多实际问题，其解决与此书所说，不无关系。故虽知其中必仍有需修正之处，亦决及早印行，以期对于当前之大时代，即有涓埃之贡献，且以自珍其敝帚焉。金龙荪岳霖、汤锡予用彤、钱宾四穆、贺自昭麟、郑秉璧昕、沈公武有鼎诸先生均阅原稿全部，叶公超崇智、闻一多、朱佩弦自清诸先生均阅原稿第八章，有所指正，谨此致谢。"全书分十章，即理、太极；气、两仪、四象；道、天道；性、心；道德、人道；势、历史；义理；艺术；鬼神；圣人。《自序》对此书有如下评论："《新理学》这部书是我在当时的哲学体系的一个总纲。……程朱理学和'新理学'，都是主张'理在事先'和'理在事上'。这就是说，在时间上说，理先于具体事物而有；就重要性说，理比具体事物更根本。……新旧理学的'理在事先''理在事上'的主张，是使它们成为客观唯心主义的主要原因。……《新理学》着重讲共相和殊相的关系，一般和特殊的关系，讨论它们之间的区别及联系。"

冯友兰 6 月 6 日下午 4 时出席联大第五次校务会议。会议决定下学年校历及预算。14 日下午，主持校歌校训委员会会议，听校歌演唱。21 日下午 4 时，在东寺街花椒巷 6 号出席清华聘任委员会第二次会议，会议决定续聘教授名单。6 月 24 日，朱自清询问冯友兰为北大文学研究所问题与蒋梦麟、傅斯年争执一事。朱自清在《日记》中写道："他之所以反对北大文学研究所，是因为该所堵塞了联大文学研究所的道路。他打算重开清华研究院。"25 日下午，出席梅贻琦为张伯苓举办的茶会。29 日下午 4 时，出席清华聘任委员会第三次会议。30 日下午，主持校歌校训委员会会议，讨论张清常谱的曲。7 月 4 日下午 4 时，出席第六次校务会议。5 日下午 4 时，出席清华聘任委员会第四次会议。同日，《从哲学观点看艺术》（上）刊于昆明《中央日报》。7 日，出席联大抗战 2 周年纪念会并与联大其他教授共同组织书法义卖。10 日下午 3 时，出席第二十四次清华校务会议。11 日下午 4 时，列席第一一二次常委会会议。会议通过校歌校训委员会所拟校歌,其词与1938年11月24日,冯友兰致常委会函中所录的歌词相同。会议又决定哲学心理学系主任汤用彤因身体欠佳赴沪休养,即日起系主任一职请冯友兰代理。傍晚,访吴宓。12日下午3时,出席第二次清华评议会。13日,《中国哲学之一个实际的应用》刊于昆明《中央日报》。同日,在昆中北院食堂讲《中国哲学的应用》,讲怎样应用中国哲学。16日,《从哲学观点看艺术》(下)刊于昆明《中央日报》。17日下午4时,出席第三次清华评议会,审议教授闻一多、王力、赵凤喈、冯景兰、张印堂休假计划及留美学生延长期限案。18日下午4时,列席第一一三次常委会会议。19日下午出席教务会议。傍晚于城门遇吴宓,谈研究院事。23日,在邱家巷梅贻琦住宅出席北大、清华、南开三校院处以上及教授茶会。会议由蒋梦麟召集并主持,蒋梦麟要求联大及三校负责人之未入国民党者先行加入。冯友兰即于此时第二次加入国民党。24日下午,出席清华研究院第一次会议。同日,主持清华文科研究所会议。

冯友兰8月2日在昆中北院食堂讲《中和之道》。4日下午,出席二十七年度第三次清华教授会,审议有关毕业生问题。6日,《一套逻辑的把戏》刊于《云南日报》。14日,朱自清来访。吴宓来函,谈清华近日交办之事。15日上午9时,列席常委会第一一六次会议,梅贻琦做报告,联大研究所应于本年度招生。17日下午3时,出席清华聘任委员会第五次会议。4时,出席第二十五次清华校务会议。26日下午3时半,出席清华聘任委员会第六次会议。4时,出席清华第四次评议会。同月,发表《论青年节》。9月4日,朱自清来函,谈为闻一多聘研究助理。5日,朱自清来访。18日上午,出席联大"九一八"国耻8周年纪念大会并讲演。下午,出席清华研究院第三次会议,雷海宗、吴宓等出席会议。冯友兰又主持清华大学文科研究所会议。19日,冯友兰《九·一八国耻八周年纪念大会讲话》刊于《云南日报》。4日,在昆明大西门外联大新校舍出席每月精神动员例会及开学典礼。11月6日,作《致容庚(希白)书》,刊于12月《燕京学报》第26期。此函是对李世繁《评冯著〈中国哲学史〉》的回答。李文亦载于同期《燕京学报》。同期《燕京学报》还刊出《本省人与外省人》。此文分析当时云南各报关于外省人与云南人的笔战,认为这是出于误解,而误解之处在于以偏概全,过甚其辞,不分时间,不别共殊。11日下午4时,在联大总办公处会议室出席图书设计委员会二十八年度第一次会议。13日,出席联大教授会二十八年度第一次会议,选举二十八年度出席校务会议的教授代表。17日,出席教务会议。同日,列席常委会一二三次会议,会议决定撤销编制校歌校训委员会。又决定改组校舍设计委员会、图书设计委员会,冯友兰仍为该二委员会委员。20日,《尊理性(新世训之一)》刊于桂林《中学生》半月刊第10期。

冯友兰11月2日下午4时出席第二十六次清华校务会议。4日,得容庚10月10日信并李世繁文《评冯著〈中国哲学史〉》。李文认为《中国哲学史》存在10个问题:即详略不均,取舍主观,分期失宜,选录原文过多而解释有时太略,以及"孟子思想的讨论""儒家的大同思想非受道家的影响""王充的贡献和他在中国哲学史上的地位""刘伶的超逸思想和《列子·杨朱篇》中的极端纵欲主义""清代不是道学的继续""颜李哲学的特别精神"。5日,《行忠恕(新世训之二)》刊于《中学生》第8期。同日,朱宝昌《〈新理学〉评介》刊于昆明《中央日报》。7日下午4时,出席联大第二届第一次校务会议。会议仍选冯友兰为书记。20日,《为无为(新世训之三)》刊于《中学生》第12期。26日,《理想与现实》刊于《云南日报》的"星期论文"栏。同月,日本学者市川安司《新理学》(书评)刊于《汉学会杂志》第7卷第3期。12月5日,《道中庸》(新世训之四)刊于《中学生》第13期。6日下午,在西仓坡5号出席第二十七次清华校务会议。9日晚7点,在联大昆中南院大教室应邀出席学生自治会召集的"一二·九"纪念会并作讲演。12日下午4时,出席联大第二届第二次校务会议。20日,冯友兰《守冲谦(新世训之五)》刊于《中学生》第14期。是年,杨振声转达朱家骅之意,请冯友兰为三青团向青年作号召,冯友兰以学术、政治应分开为由而拒绝之。是年起,冯友兰在联大师范学院讲授中国哲学史。(以上参见蔡仲德编撰《冯友兰先生年谱长编》,中华书局2014年版;齐家莹编《清华人文学科年谱》,清华大学出版社1999年版;章恒忠、王亚夫主编《中国学术界大事记(1919—1985)》,上海社会科学院出版社1988年版)

钱穆上半年仍任教于西南联大文学院。1月,《病与艾》刊于昆明《今日评论》。同月,《建国三路线》刊于昆明《益世报·星期评论》,认为此三十年来建国理论上最普遍的便是"民众建国论"。第二个有力量的要算"领袖建国论"。第三种建国论是一种"协调融合的建国论",一个在民众与领袖中间的全国中层阶级的势力之协调与融合的建国论。建国的力量,逃不出民众、领袖、中层阶级此三者之外,而且必待此三项势力之协调与融合。4月,《过渡与开创》刊于昆明《益世报·星期评论》,而《变更省区制度私议》刊于重庆《大公报·星期论文》。6月,《论秦以前的封建制度》刊于北京大学《治汪史杂志》,鉴于近人颇好讨论秦以后的中国是否还是"封建制度"的国家,作者认为此问题不是简单几句话所能解决,只想把秦以前中国史上的所谓"封建",究竟是怎么一回事,先约略试作一说明,"要而言之,必须经过西周四百年的逐渐封建,才成春秋初年的局面。又必经过春秋二百四、五十年的急剧战争,相互并吞与拓殖,才成战国初年的形势。又须经过战国二百多年的竭力经营,才始造成战国晚年类似于后代式的战斗国家。这其间有八百年的长期历史。必须注意于此长期间的一般经济状况之推进,始可以了解周初封建是什么一回事。因此至少可以说,秦以后再没有像周初乃至春秋时期的封建事实发生。"同月,钱穆著《国史大纲》成。7月,钱穆《现状与趋势》刊于云南《民国日报·星期论文》,此文系作者鉴于抗日战争已达两年而对国内的现状与趋势所作的一项观察与分析。(参见韩复智编著《钱穆先生学术年谱》,中央编译出版社2012年版)

周炳琳与周览等人2月在第五次参政会议联名提出"请确立民主法治制度以奠定建国基础案",会议讨论通过。周炳琳在参政会上主张国共两党协力抗日,反对反共;主张联合苏联,反对反苏。在邵力子任参政会秘书长时期的一次参政会全体会议上,周炳琳在参政会大会上作了义正词严的发言,斥责国民党政府围攻中共。会后,周炳琳又邀部分参政员,去曾家岩中共办事处慰问中共参政员。事后,周恩来派中共办事处工作人员徐冰等驱车到重庆沙坪坝南友新村周炳琳寓所回访,答谢他在参政会上的仗义执言,并且和他长谈。10月13日,周炳琳、潘光旦、陈学屏、叶企孙、杨石先、郑天挺、陈岱孙、王裕光、叶公超、陈福田、罗常培、张景钺当选为西南联大教授代表,刘崇鋐、张奚若、李继侗、郑华炽、钱端升、姜立夫、丁佶、燕树棠、李辑祥、罗廷光、张泽熙、陶葆楷等当选为候补代表。(参见齐家莹编《清华人文学科年谱》,清华大学出版社1999年版)

金岳霖3月15日与朱自清、陈岱荪、浦江清等10人,乘滇越路火车往南旅行,观石林,登大叠山。9月,《论道》一书由商务印书馆出版。"序"说:"写这本书颇费时间。写就是想,至少在我个人是这样。前几年我底习惯是用英文想,近几年来,习惯慢慢地改过来,用中文想的时候增加。也许思想上的疙瘩太多,所以文字老是过于干涩;无论如何,我深知我缺乏运用文字的能力。在这一方面,我要对冯芝生先生表示感谢。他看过全部原稿,经他随时指示,太过意不去的地方或者没有。我也要感谢叶公超先生,他那论道两字使一本不容易亲近的书得到很容易亲近的面目。"此书乃形而上学著作,它是起用部分中国传统哲学范畴和使用部分西方哲学范畴,运用分析方法严密地构造出来的。是年,"On Political Thought"(《论政治思想》)载 T'ien Hsia Monthly(《天下月刊》)。此文 1986 年赵文洪译成中文刊于《清华大学学报》(哲社版)第 1 卷第 1 期;《论道》与冯友兰《新理学》被国民政府教育部学术评议会评为一等奖,因一等奖只有一名,金岳霖之著屈居二等奖,奖金 5000 元。(参见王中江编《中国近代思想家文库·金岳霖卷》及附录《金岳霖年谱简编》,中国人民大学出版社 2014 年版;齐家莹编《清华人文学科年谱》,清华大学出版社 1999 年版)

　　潘光旦 1 月 29 日在《今日评论》第 1 卷第 5 期发表书评《遗传与政治》。4 月 2 日,潘光旦《妇女与儿童》刊于载《今日评论》第 1 卷第 14 期。29 日,清华大学在云南大学礼堂举行建校 28 周年纪念大会,到会 700 人,潘光旦代表校长致辞。同月,潘光旦在《今日评论》第 1 卷第 14 期发表《妇女与儿童》一文。5 月 21 日,潘光旦《演化论与几个当代的问题》刊于《今日评论》第 1 卷第 21 期。5—10 月,先后有知识女性张敬、西南联大教授林同济、儿童教育专家陈佩兰在《今日评论》发表文章商榷,11 月 5 日以潘光旦的总答复《关于妇女问题的讨论》结束了这场持续 7 个月的辩论。7 月 9 日,潘光旦《抗战与选择》刊于《今日评论》第 2 卷第 3 期。7 月 24 日,召开清华研究院第 1 次会议。主席为潘光旦,文科研究所有冯友兰、雷海宗、吴宓、朱自清出席会议。会议修正并通过了研究院暂行办法,并对本届研究院考试日期、科目、分数折算、招考广告等细节作出规定。8 月起,潘光旦兼任清华大学秘书长,至1941 年 7 月。9 月 10 日,潘光旦《两篇有关民族教化的文章》(这两篇文章是孔祥熙的《孔子遗教与民族前途》和陈立夫的《教师节致各校导师书》),刊于《今日评论》第 2 卷第 12 期。10 月 13 日,召开联大教授会。会议选举 28 年度出席校务会议的教授代表,文学院潘光旦、叶公超、陈福田、罗常培等当选代表。11 月,开始译注霭理士《性心理学》,至 1941 年 11 月完成,1944 年由云南经济委员会印刷厂出版,1946 年由商务印书馆出版。此书译笔典雅流畅,难能可贵的是加入大量中国文献资料作为译注予以印证,篇幅长达 10 万字,后来一版再版,影响极为广泛。12 月 3 日,潘光旦《闲话生物学的课程》刊于《今日评论》第 2 卷第 24期。(参见吕文浩编《中国近代思想家文库·潘光旦卷》及附录《潘光旦年谱简编》,中国人民大学出版社 2015 年版;齐家莹编《清华人文学科年谱》,清华大学出版社 1999 年版)

　　钱端升发起并主编的《今日评论》1 月 1 日在昆明正式创刊、发行。《今日评论》内容分为国际、政治、经济、社会、教育、语文、文艺、通讯等 8 类,以政论为主,作者大多是西南联大教授。《今日评论》第 1 卷第 1 期刊载钱端升《统一与一致》、冯友兰《论导师制》、叶公超《文艺与经验》、朱自清《新语言》。2 月,赴重庆出席第一届国民参政会第三次大会。与周览、沈钧儒等共 51 人提出《请确立民主法治制度以奠定建国基础案》,建议政府行动应法律化,政府设施应制度化,政府体制应民主化。4 月,钱端升等著《民国政制史》由长沙商务印书馆出版。此书介绍民国以来 25 年间中央及地方政治制度,着重述及各级政府机关的法定组织及其法定权力。9 月,出席第一届国民参政会第四次大会。被选为第二组审查委员会成员之一,负责审查外交及国际事项之议案。会议通过《请政府定期召集国民大会实行宪政决议案》后,与张澜、黄炎培、张君劢等 18 人被蒋介石指定为国民参政会宪政期成会委员,任务是"协助政府促成宪政"。10 月,与颜惠庆、甘介侯、陈炳章、周鲠生、温源宁、刘驭万组成中方代表团,拟出席太平洋学会定于 11 月在加拿大维多利亚举行的会议。蒋介石"嘱其留美半年,相机协助外交活动"。11 月,在美出席太平洋学会时发表题为"China's Unity: An Examination"(中国的统一:一个检验)的演讲。冬,主持设立西南联大行政研究室,计划用三四年的时间,对中国的行政进行初步考查,包括两大类问题:一是各级政府的行政机构;二是各项行政,如人事行政、外交行政、合作行政、救恤行政。是年,在《今日评论》《益世报》《云南日报》《民国日报》《世界政治》等报刊上发表《英美法制日助我的最近形势》《抗战致胜的途径》《抗战第二期的政治》《自助然后人助》《论今后的抗战》《国联政策的实施及运用》等一系列有关抗战与国际关系的文章。(参见孙宏云编《中国近代思想家文库·钱端升卷》及附录《钱端升年谱简编》,中国人民大学出版社 2014 年版;齐家莹编《清华人文学科年谱》,清华大学出版社 1999 年版;王学典《20 世纪史学编年(1900—1949)》,商务印书馆 2014 年版)

杨振声任新恢复的北大文科研究所文学组导师。1月,与朱自清、吴晗等出席在昆明召开的"中华全国文艺界抗敌协会"云南分会。8月27日下午4时,参加常务委员会第一次会议。会上,杨振声提议让沈从文到西南联大师范学院中文系任教,最后得以通过。为了壮大新文学的声势,占领广阔地盘,杨振声还请沈从文教师在联大师范学院开《中国新小说》课。9月,至重庆开会。任三民主义青年团中央监察委员会监察。下半年开始,为本年度中文系三年级学生开选修课"现代中国文学",上学期讲授概论及小说部分,下学期讲授戏剧、诗及散文,部分学生得以分期选习,各以二学分计。为师范学院国文系二年级学生开必修课"现代中国文学"(4 学分)。为国文科进修班开"现代中国文学"(4 学分)及"中学国文教材教法研究甲"(2 学分)。10月17日下午3点半,参加常务委员会第一二三次会议。会上决定改组一年级学生课业指导委员会,杨振声与陈福田、罗常培、郑华炽、杨武之、杨石先、陈总、雷海宗、查良钊、刘仙洲、李继侗等人被聘为该会委员。月底,与梅贻琦、郑天挺、陈雪屏至呈贡访吴文藻、谢冰心夫妇。12月日,参加北大 41 周年纪念会,并与蒋梦麟、梅贻琦等 18 人联名致函胡适。同月,出席联大中文系迎新茶话会。茶会地点在中文系办公室附近的一间大教室里,时间大约在开学后三个来月,学期结束之前。参加茶会的有中文系主任罗常培,教授罗庸、魏建功、浦江清、朱自清、杨振声,少数讲师、助教,以及学期才入学的 20 来名中文系新生。(参见蓬莱市历史文化研究会《杨振声编年事辑初稿》,黄河出版社 2007 年版)

朱自清1月1日在《今日评论》第 1 卷第 1 期发表《新语言》。2 日,主持文协云南分会会议,并作简短发言。茅盾应邀作《从反面观点看问题》的讲演,分析了抗战文学的数量和质量、文学大众化、读诗运动、活报剧等抗战文艺问题。4 日,联大中国文学系举办座谈会。朱自清在会上致词;茅盾做了"文艺问题的两面看法"的讲演。8 日,中华全国文艺界抗敌协会云南分会改选第二届理事会,穆木天、朱自清、施蛰存、沈从文、楚图南、顾颉刚、吴晗等 31 人当选理事。13 日,文协云南分会改名为文协昆明分会。2 月 6 日,朱自清完成《蒙自杂记》,付《新云南》第 3 期发表。4 月 9 日,朱自清、郭沫若、茅盾、叶圣陶、郑振铎、郁达夫、巴金、老舍、丁玲、张天翼、吴组缃等 45 人在重庆举行的中华全国文艺界抗敌协会年会上被选为第二届理事会理事。13 日,朱自清为刘兆吉所编诗歌集《西南采风录》作序。

按:《序》中说采风"目的是在'观风俗,知厚薄'""刘先生是长沙临时大学步行团的一员。他从湖南过贵州到云南,三千里路费了三个月。在开始的时候,他就决定从事采集歌谣的工作。一路上他也请教老人和孩子""辛辛苦苦地搜索、记录、分辨,又几番的校正,几番的整理,成了这本书""可以说是前无古人""刘先生居然能采到二千多首,他的成绩是值得赞美的。"还说:"这是一本有意义的记录:刘先生的力量不会白费的。"《西南采风录》于 1946 年 12 月由商务印书馆出版,1991 年 3 月由台湾商务印书馆出版。

朱自清、杨振声、雷石榆等人5月4日在文协昆明分会成立大会上被选为负责人。5 月 14 日,朱自清与陈福田、刘崇鋐、张奚若、李辑祥、张子高、杨武之、李继侗、王明之当选为本年度清华大学评议会评议员,并和黄子卿、李辑祥、周培源、张奚若当选为本年度清华毕业生成绩审查委员会委员。同月,朱自清和楚图南、冯素陶、彭惠、施蛰存、徐炳昶、顾颉刚、张天虚、徐嘉瑞、杨东明、穆木天、马子华、曹禺等担任文协昆明分会主办的暑期文艺讲习班教授。该讲习班为期两个月。6月6日,朱自清写成《论"以文为诗"》一文,刊于6月29日《大公报·文艺副刊》。24日,朱自清询问冯友兰为北大文学研究所问题与蒋梦麟、傅斯年争执一事。30日,朱自清出席西南联合大学校歌校训委员会会议,通过张清常为罗庸作词的校歌所配曲谱。7月12日,出席清华评议会会议,议决重建清华研究院。7月25日,文协昆明分会主办的暑期讲习班开课,朱自清、闻一多等讲演。8月4日,朱自清在清华大学第3次教授会上被推举为教授会书记。10月19日,朱自清与杨振声、吴晗等出席文协昆明分会主办的鲁迅先生逝世3周年纪念会。11月14日,朱自清因病请辞文学院中国文学系及师范学院国文系主任职务,由罗常培暂时代理其职务。(以上参见齐家莹编《清华人文学科年谱》,清华大学出版社1999年版)

闻一多3月5日作《西南采风录》序。《西南采风录》是联大学生刘兆吉在长沙至昆明长途跋涉中,在大量采集民间歌谣基础上编成的一部诗歌集,计有情歌、童谣、抗战歌谣、采茶歌、民怨、杂类民歌共771首。闻一多为湘黔滇步行旅行团的导师之一,曾指导刘兆吉的采集歌谣工作,所以为之作序。序中说:"学校由长沙迁昆明,我们一部分人组织了一个湘黔旅行团,徒步西来,沿途分门别类收集了不少材料。其中歌谣一部分,共计二千多首,是刘君兆吉一人独力采集的。他这种毅力实在令人惊佩。"14日,闻一多《璞堂杂记》,发表于《益世报·读书副刊》。收入《闻一多全集》时改名为《璞堂杂识》。此文为对《周易》和金文中若干文字的考释与训诂。6月1日,闻一多作《歌与诗》,刊于本月15日昆明《中央日报·平明副刊》。题下注有:"这是计划中的一部《中国上古文学史讲稿》的一章。"当时作者正在试图解决中国上古时代是否象西方那样,也有一部史诗的问题。本文即探讨文章之一。该文分为三节,分别论述了歌的起源、诗的功能和歌的区别、诗与歌的合流等问题。15日,闻一多致信梅贻琦,请求休假研究,拟"全副精力从事准备""中国上古文学史"这门新课。17日,清华大学第3次评议会议决通过闻一多请求在国内休假研究案。7月25日,文协昆明分会主办的暑期讲习班开课,朱自清、闻一多等讲演。8月16日,曹禺执导的《原野》在昆明新滇大戏院正式公演。同时上演的还有《黑字二十八》。闻一多任舞台美术设计,并为演出撰写了《说明书》。11月,闻一多作《夏商世系考》,"封面有篆书题写的'夏商世系一卷'七字。该文内容仅为《夏后名号传疑录》一章""从手稿材料范围看,先生对夏朝的世系发生过怀疑""所记史料,未及论述"。12月,闻一多作《易林琼枝》。季镇淮说:"这是文学史讲稿的一部分,从《易林》这部书里,发现'诗'似的东西,是一个新发现。"(参见齐家莹编《清华人文学科年谱》,清华大学出版社1999年版)

刘文典的得意门生、西南联大青年教师陶光1月16日拜访朱自清,谈刘文典批评陈梦家一事。5月1日,西南联大国文系教员余冠英拜访朱自清,谈刘文典所议清华教师聘用之事。6月21日,清华大学第二次聘委会议通过"1939年度清华续聘各系、所教授、副教授、专任讲师名单",中国文学系教授有:朱自清、陈寅恪(与历史学系合聘)、刘文典、闻一多、王力、浦江清。6月27日,国立西南联合大学常务委员会第111次会议通过决议,自下学年起,聘沈从文为西南联大师范学院国文学系副教授,月薪280元。关于刘文典与沈从文的关系,说法颇多,近乎传闻。

按:据许渊冲《逝水年华》回忆:"他(刘文典)轻视作家,公开在课堂上说:'陈寅恪才是真正的教授,他该拿四百块钱,我该拿四十块钱,沈从文只该拿四块钱。'有一次跑空袭警报,他看到沈从文也在跑,便转身说:'我跑是为了保存国粹,学生跑是为了保留下一代希望,可是该死的,你干嘛跑啊!'"散文家吴鲁芹也曾写过类似故事,但西南联大毕业生、著名诗人马逢华《教授写真》(自鲁静、史睿《清华旧影》东方出版社,1998年版)则认为仅凭传闻,不足为据:"这则故事见于吴鲁芹先生《余年集》:在昆明的西南联大,有一件流传甚广的故事,某一天日机空袭,联大教授学生们照例疏散到城外去躲避。天下事无巧不成书,当大家或疾走或快跑,争先恐后之际,小说家沈从文从庄子专家刘文典身边擦肩而过,刘老略现不悦之色,乃对同行的学生说:'沈从文是替谁跑警报啊!这么匆匆忙忙地!我刘某人是替庄子跑警报,他替谁跑?'吴先生真不愧是文章高手,但凭传闻,就能写得如此绘影绘声,如在左右。不过西南联大文学院所在地之'新校舍'(也就是联大的校本部),位于昆明北郊,本来已在城外。遇有警报,师生们就无须'照例疏散到城外去'了。而且昆明有陈纳德的飞虎队(后来改称第十四航空队)坐镇,有恃无恐,偶有'预行警报',联大师生也只是不慌不忙地向大饭厅后面的空旷山坡地带疏散而去,很少见到争先恐后,摩肩擦肘的情形。"

刘文典8月1日与顾颉刚、冯友兰、朱自清等人同赴钱伟长、孔祥瑛宴请。10月2日,国立西南联合大学1939—1940年度第一学期开始上课,刘文典担任《中国文学专书选读·文选》和《中国文学专书选读·温飞卿集、李义山集》两科教职。10月,当代作家、散文家、戏剧家汪曾祺考入西南联大中国文学系,师从沈从文等名家。汪曾祺《西南联大中文系》(《汪曾祺文集·汪曾祺散文》广西人民出版社2006年版)曾写下有关刘文典上课的生动回忆:"联大教授讲课从来无人干涉,想讲什么就讲什么,想怎么讲就怎么讲。刘文典先生讲了一年《庄子》,我只记住开头一句:'《庄子》嘿,我是不懂的喽,也没有人懂。'"11月14日,陈寅恪作《刘叔雅〈庄子补正〉序》,高度评价刘文典此著。12月7日,刘文典点校《吕氏春秋》并作简端记。(以上参见章玉政编著《刘文典年谱》,安徽大学出版社2011年版)

沈从文仍居昆明从事教科书编辑。1月1日,由陈岱孙、潘光旦负责的昆明《今日评论》周刊创刊,沈从文负责主编文艺部分的稿件。沈从文以此为阵地推出了方龄贵、白平阶、李霖灿、汪曾祺等一批文学新人。8日,《〈湘西〉题记》刊于《今日评论》第1卷第2期。同日,"文协"云南分会召开会员大会,改选理事。"文协"总会理事的朱自清、沈从文、穆木天、施蛰存等为当然理事。2月6日上午,与杨振声、朱自清等商谈教科书编辑事宜。3月起,编写教科书工作逐渐结束。沈从文所编写的国文教科书书稿上交教育部,由梁实秋等另编选适合抗战需要的教材。4月9日,沈从文与杨振声一起宴请朱自清、吴有训夫妇等。5月11日,由于当时昆明受到日机频繁的空袭,沈从文到市郊呈贡县龙街镇找房子,准备搬到乡下去。13日,出席《中央日报·平明》副刊召开的编者会。出席的还有朱自清和凤子等人。《平明》副刊于5月15日创刊,由沈从文推荐西南联大学生程应镠编辑。沈从文除自己为这个副刊撰稿外,还经常将一些青年作家寄给他的稿件修改后介绍给这个副刊采用。

沈从文6月7日接待朱自清来访,朱自清交沈从文《论"以文为诗"》论文一篇。12日晨,朱自清拜访罗常培,商量聘请沈从文为西南联大师范学院国文系讲师助教等事,结果甚满意。16日,朱自清来访,与沈从文商谈聘请他到西南联大师范学院任教一事。沈从文同意任师范学院讲师一职。27日,国立西南联合大学常务委员会第111次会议通过议决:"聘沈从文先生为本校师范学院国文学系副教授,月薪贰佰捌拾元,自下学年起聘。"8月3日,沈从文在西南联大师范学院国文学会发表题为《小说的作者和读者》的讲演,"以弗洛伊德(包括厨川白村)观点阐述了他对文学创作的看法",这次讲演的讲稿后来刊于次年8月15日的《战国策》杂志上。26日,沈从文与朱自清、杨振声一起商定教科书第1—2册目录。同月,散文集《湘西》由长沙商务印书馆作为"文史丛书"出版单行本。9月25日,国立西南联合大学 1939—1940 年度第一学期开始注册。同月,论文、散文集《昆明冬景》由上海文化生活出版社出版。10月2日,国立西南联合大学 1939—1940 年度第一学期开始上课,沈从文正式到联大上课。沈从文本学年开设的课有:一、在文学院中文系,与朱自清合开《国文一》(读本)和《国文二》(读本)。另外独自开设有《国文二》(作文)。以上各课均为一年级必修课。二、在师范学院国文系,独自开设《各体文习作》(白话文),为二年级必修课。10月20日,文协昆明分会举行鲁迅逝世 3 周年纪念会,杨振声、朱自清、吴晗等出席。12月,短篇小说集《主妇集》由长沙商务印书馆作为"新中学文库"丛书出版。(以上参见吴世勇编《沈从文年谱》,天津人民出版社 2006 年版)

吴宓 9 月因清华研究院恢复文科研究所,任外国文学部主任。为外文系四年级的学生讲作文和翻译。暑假,吴宓在昆华工校的大教室里。他记得吴宓说,翻译要通过现象见本质,通过文字见意义,不能译词而不译意。第一次听吴宓讲翻译许渊冲回忆道:"其实,他说的词,就是后来乔姆斯基所谓的表层结构,他说的意,就是所谓的深层结构。不过他言简意赅,没有巧立名目、玩弄字眼而已。"(参见《吴宓日记》,三联书店 2006 年版)

罗常培任教于西南联大师范学院国文系。1月9日,西南联大校常委会决定由师范学院国文系教职员筹办《国文月刊》,聘罗常培为编委。6月,北大、清华、南开三校恢复原有的研究院、所、部。任北大文科研究所语学部导师,仍兼北大中国文学系主任。11月,校常委会决议请罗常培暂代西南联大文学系和师范学院国文系两系主任。12月5日,校常委会决议成立毕业生成绩审查委员会,聘请罗常培、杨石先、陈岱孙、刘仙洲、陈雪屏 12 月为西南联合大学毕业生成绩审查委员会委员,罗常培为召集人。是年,罗常培发表的论文有:《〈经典释文〉和原本〈玉篇〉反切中的匣于两纽》刊于中央研究院历史语言研究所《集刊》第 8 本第 1 分;《〈八思巴字和元代官话〉自序》,刊于《图书季刊》新 1 卷第 1 期;《段玉裁校本〈经典释文〉跋》刊于《图书季刊》新 1 卷第 2 期;《〈蒙古字韵〉跋》刊于《图书季刊》新 1 卷第 3 期;《从"四声"说到"九声"》刊于《东方杂志》第 36 卷第 8 期。10月17日,联大第 123 次常委会议决改组联大一年级学生课业指导委员会,聘陈福田、罗常培、雷海宗、杨振声等 12 人为该会委员。11月14日,联大第 126 次常委会决议:朱自清因病请辞文学院中国文学系及师范学院国文系主任职务。在请假休养期间,中国文学系及国文系主任请罗常培暂代。(参见《罗常培文集》编委会编《罗常培文集》第 10 卷及附录《罗常培年表》,山东教育出版社 2000 年版)

罗庸作词,张清常作曲的西南联合大学校歌 6 月 30 日完成。7月18日,召开联大常委会第 113 次会议。议决:通过校歌校训委员会审定的罗庸作词、张清常作曲的校歌。歌词是:"万里长征,辞却了五朝宫阙,暂驻足衡山湘水,又成离别。绝徼移栽桢干质,九州遍洒黎元血。尽笳吹,弦诵在山城,情弥切。千秋耻,终当雪。中兴业,须人杰。便一成三户,壮怀难折。多难殷忧新国运,动心忍性希前哲。待驱除仇寇,复神京,还燕碣。"(参见齐家莹编《清华人文学科年谱》,清华大学出版社 1999 年版)

王力《论汉译地名人名的标准》3 月 12 日刊于《今日评论》第 1 卷第 11 期。5月7日,王力(署名了一)《谈用字不当》刊于《今日评论》第 1 卷第 19 期。7月30日,王力(署名王了一)《谈标点格式》刊于《今日评论》第 2 卷第 6 期。是年,王力获学校特准休假研究,得偕夫人夏蔚霞赴越南远东学院进修,从事东方语言(主要是越语)的研究。他对越南语中的汉语借词的历史和现状作了系统深入的分析,作《汉越语研究》一文,后发表于 1948 年《岭南学报》第9卷第1期。年底，王力讲授"中国现代语法"和"中国语法理论"，课程的讲义在西南联大印发。《中国语文概论》一书，由商务印书馆在长沙出版。

> 按：1979年此文被译成法文。至今仍被认为是国际上研究汉越语的一篇权威性的论文。《中国语文概论》一书，1950年上海开明书店重印时改名为《中国语文讲话》。（参见齐家莹编《清华人文学科年谱》，清华大学出版社1999年版）

冯至上半年接待路经昆明的朋友梁宗岱。8月22日，应吴祥光的邀请，参观其父在离昆明15里的杨家山经营的林场，并接受吴的美意，把林场中的茅屋作为躲避空袭和写作的住所。这里松林茂密，从茅屋前走下有一股清泉，夜里松涛阵阵，白天松香四溢，对冯至产生了神奇的魅力。从此时到1940年9月底，每逢周末就到那里去一次，住两三天，享受山林野趣，有时也邀朋友们去玩。这种特殊的自然环境，为他后来创作十四行诗和散文《山水》提供了可能。暑假后，辞去同济大学的教职，接受西南联大外文系的聘请，任德语教授，一直到1946年7月，历时7年。在此期间，与李广田、卞之琳等经常谈文学问题；与陈达、夏康农、翟立林等常谈些社会现象和政治问题。与朱自清、杨振声、罗常培也有较多的交往。转教西南联大后，移家东城节孝巷内怡园巷，巷口对面是闻一多、闻家驷兄弟的寓所。（参见周棉《冯至年谱》，载王京州编《河北近现代学者年谱辑要》，国家图书馆出版社2017年版）

钱钟书的"冷屋随笔之一"《论文人》1月15日刊于《今日评论》第1卷第3期，冷屋是作者在西南联大的斋室名。2月5日，钱钟书"冷屋随笔之二"《释文盲》刊于《今日评论》第1卷第6期。4月2日，钱钟书"冷屋随笔之三"《一个偏见》刊于《今日评论》第1卷第14期。5月28日，钱钟书"冷屋随笔之四"《说笑》刊于《今日评论》第1卷第22期。（参见齐家莹编《清华人文学科年谱》，清华大学出版社1999年版）

陈序经1月16日在上海《东方杂志》第36卷第2号发表《广东与中国》。6月25日，在《今日评论》第2卷第1期发表《暹罗与汰族》，论述并驳斥暹罗排华史。文章曰：暹罗在1564年、1766年曾两度被缅甸人征服，直到郑昭1767年建都曼谷后，汰族在暹罗的政治地位始能稳固。郑昭本为中国人，后为其女婿暹罗人丕耶却克里所诬杀而取其位。1767年以后，而尤其是最近数十年来，汰族不断西化、汰化暹罗的异族，尤以奖励华侨与暹女结婚、强迫华侨子弟读暹文、反对与中国交换使节等手段，暹化华侨。暹罗近来又极力宣传唐代的"南诏是他们的祖国，中国的南部是他们的故乡"。实际上，暹罗境内，除了柬埔寨、老挝、马来由、缅甸各种人外，还有300万至500万的华侨，暹罗全国人口只有千万左右。大汰主义可能引起民族仇恨。况且，暹罗并非汰族的固有土地，原属于柬埔寨、马来由、甘莫等族。中国隋代即与此地有联系，早于汰族。汰族征服暹罗之后，以至19世纪中叶，还不断来中国朝贡，向中国称臣。10月15日，在《今日评论》第2卷第17期发表《暹罗与日本》。（参见田彤编《中国近代思想家文库·陈序经卷》及附录《陈序经年谱简编》，中国人民大学出版社2014年版）

梁思成因患脊椎软组织硬化卧床休息近半年。8月，梁思成与刘敦桢、莫宗江、陈明达赴四川调研考察古建筑。他们往返于岷江和嘉陵江沿岸、川陕公路沿线，历时半年调查了大半个四川。调查重点是汉阙、崖墓、摩崖石刻。是年，梁思成应国立中央博物院聘请担任中国建筑史料编纂委员会主任，又任四川省古物保存委员会委员。（参见林洙、楼庆西、王军《梁思成年谱》，载《建筑史学刊》2021年第2期"梁思成及营造学社前辈纪念专刊"）

陈达4月呈贡人口普查试验完毕。8月，完成《云南呈贡县人口普查初步报告》。8月，清华大学国情普查研究所成立，陈达任所长，成员有李景汉、戴世光、苏汝江等人。研究所成立的目的是为政府战时及战后制定"适应国情、通盘周密统计计划与整个国策"提供社会情报。10月,陈达以呈贡县城附近27个乡镇为试验区,进行人事登记。约占全县人口的三分之一。每乡镇每月有出生及死亡报告。(参见齐家莹编《清华人文学科年谱》,清华大学出版社1999年版)

张荫麟《陆学发微》4月刊于《云南大学学报》第1期。6月,张荫麟《北宋土地分配与社会骚动》刊于《中国社会经济史集刊》第6卷第1期。作者试图从北宋时期主客户分配的统计数字上说明当时几次社会骚动与土地集中无关。但《中国社会经济史集刊》主编汤象龙却发觉张荫麟运用统计法上的缺失,于是在文末附注中指出:"在历史研究法之中,尤其在社会经济史方面,量的分析是有用且有价值的一种方法。但运用它的时候必须慎重,要理会它的危险,要认识它的应用限度。"他进而指出应用统计法应注意四点:第一,"统计可以证明一切",同样的量的资料可以同时证明完全相反的事情,这是对统计最常有的批评;第二,量的资料必须精确完整,方可为用,官方统计数字与实际情况的差距不可不察;第三,每个历史事实都是单独的、个别的,历史上量的资料原为某项事件或某项目而设,我们很难同时用以类推或佐证其他的历史事项;第四,历史资料繁多,量的资料不过是其中的一种,若不得其他相关的资料认识清楚而仅用量的资料来证明某一事项是危险的。8月,张荫麟《陆象山的生平》刊于南京《中国青年》第1卷第2期。是年,张荫麟《论历史科学》刊于昆明《益世报》第24—26期;《五堡钱币刍言》亦载《益世报》。(参见齐家莹编《清华人文学科年谱》,清华大学出版社1999年版)

雷海宗《君子与伪君子——一个史的观察》1月22日刊于《今日评论》第1卷第4期。对于雷海宗当时的讲课,曾为他学生的何兆武是这样描述的:"从来不看讲稿,他根本就没有稿子,一切的内容都在他的满腹学问之中。我整整上过他三门课,我想大概任何一个上过他的课的人都不能不钦佩他对史事记得那么娴熟。那么多的年代、人名、地名、典章制度和事件,他都随口背诵如流。"6月27日,召开联大常委会第111次会议。因刘崇鋐暑假离校,请辞历史学系及师范学院史地系主席职务,请雷海宗代理其历史社会学主席职。7月24日,召开清华研究院第1次会议,文科研究所有冯友兰、雷海宗、吴宓、朱自清出席会议。9月18日,召开清华研究院第3次会议,冯友兰、雷海宗、吴宓等出席会议。10月17日,联大第123次常委会议决:改组联大一年级学生课业指导委员会,聘陈福田、罗常培、雷海宗、杨振声等12人为该会委员。(参见齐家莹编《清华人文学科年谱》,清华大学出版社1999年版)

吴晗1月8日在中华全国文艺界抗敌协会云南分会改选第二届理事会上与朱自清、穆木天、施蛰存、沈从文、楚图南、顾颉刚等31人当选理事。2月8日,《文化周报》在昆明创刊,吴晗为总编辑,方国瑜、王碧玲为副总编辑。6月,吴晗《评梁嘉彬著〈广东十三行考〉》刊于《中国社会经济史集刊》第6卷第1期。8月17日,召开清华聘任委员会第5次会议,会议决定聘吴晗为历史学系副教授。9月17日,余冠英《说原野》,载《今日评论》第2卷第13期。9月23日,吴晗《投下考》刊于《益世报·史学》第20期。(参见齐家莹编《清华人文学科年谱》,清华大学出版社1999年版)

姚从吾在西南联大设立三民主义青年团支部与国民党党部。6月,在《治史杂志》第1卷第2期发表《金元全真教的民族思想与救世思想》。文中认为全真教是我国唯一"有理想、有宗旨、有教主、有宫观、有仪式、态度积极而又能觉世救人"的宗教,它们主张儒释道三教合一,目的是保全民族的思想文化,以宗教来反对金初对汉族生存和文化的压迫。

按:1946年,此书在四川青城山单独印行。(参见王学典《20世纪史学编年(1900—1949)》,商务印

书馆 2014 年版）

刘崇鋐《希特勒与世界和平》4 月 2 日刊于《今日评论》第 1 卷第 14 期。6 月，刘崇鋐辞西南联合大学历史社会学系主任及师范学院史地系主任，由雷海宗代理历史社会学系系主任，蔡维藩代理史地系主任。10 月 13 日，召开联大教授会，会议选举 28 年度出席校务会议的教授代表，刘崇鋐等当选为候补代表。（参见齐家莹编《清华人文学科年谱》，清华大学出版社 1999 年版）

袁复礼时为西南联合大学地质系教授，2—8 月，袁复礼、苏良赫、任泽雨等应西康建省委员会之邀，调查并发现储量 1.3 亿吨的攀枝花铁矿，袁复礼等绘制了地质草图，认为两矿属侏罗纪接触矿床估计攀枝花矿区储量为 8000 万吨以上，倒马坎矿区为 5000 万吨。4 月 27 日，袁复礼在禄丰发现恐龙化石。

陈福田 1 月 24 日在联大第 101 次常委会辞去西南联合大学防空委员会召集人职务，查良钊、孟昭英、陈意、毛鸿、邹镇华任防空委员会委员，查良钊为召集人。5 月 14 日，召开清华大学第 2 次教授会，推举陈福田、刘崇鋐、朱自清等为评议员。10 月 17 日，陈福田、罗常培、雷海宗、杨振声等 12 人任西南联大一年级学生课业指导委员会委员。同日，联大第 123 次常委会议决改组联大一年级学生课业指导委员会，聘陈福田、罗常培、雷海宗、杨振声等 12 人为该会委员。（参见齐家莹编《清华人文学科年谱》，清华大学出版社 1999 年版）

叶公超时为西南联合大学外国语文系兼师范学院英语系主任。1 月 1 日，所作《文艺与经验》刊于为联大教授新创刊的《今日评论》第 1 卷第 1 期。8 月 15 日，联大第 116 次常委会议决：因外国语文系兼师范学院英语系主任叶公超有事离开昆明，离职期间，由柳无忌暂代其职务。10 月 13 日，召开联大教授会，文学院潘光旦、叶公超、陈福田、罗常培等当选 28 年度出席校务会议的教授代表。（参见齐家莹编《清华人文学科年谱》，清华大学出版社 1999 年版）

李嘉言《新文法》2 月 19 日刊于《今日评论》第 1 卷第 8 期。是年，闻一多致李嘉言书曰："来晋后穷一月之力，将《离骚》旧稿誊成清本，尊著《贾谱》未及披读，故前函未即奉复，尚乞谅之。今悉足下亦已撰成《杂论离骚》一文（按当指今所见《离骚丛说》一文），兴之所至，不约而同，亦云巧矣。尊稿缮清后，即邮下，俾得先睹为快。多曩据《九叹》'伊伯庸之末裔'一语，疑伯庸为屈子远祖，今检《楚世家》熊渠长子康世本作庸，为楚先祖之始王者，疑伯庸即此人，特苦无他证耳。摄提、孟陬、庚寅乃颛顼历法之'历元'（历法纪数之开端），故为生辰之最吉者，屈子自矜其生辰之异，至与其尊荣之世系相提并论，以为美谈，此殆即我国星命说之滥觞（星命说之理论似始见于《论衡·命义篇》及抱朴子《辨问篇·引至钤》）。"（参见齐家莹编《清华人文学科年谱》，清华大学出版社 1999 年版）

邓广铭 8 月奉傅斯年之召，辗转上海、香港、河内前往昆明西南联大，在北大文研所做陈寅恪的助教。此时陈寅恪已被聘为北大文研所专任导师，在此后一年多时间里，邓广铭与陈寅恪同住一楼，朝夕相从。邓广铭晚年在谈到他的学术师承时说，自从踏入史学之门，"在对我的治学道路和涉世行己等方面，给予我的指导和教益最为深切的，先后有傅斯年、胡适、陈寅恪三位先生"。

余冠英任教于西南联大国文系。1 月，余冠英、曾昭抡、吴晓铃任西南联合大学学生社团群社导师。5 月 1 日，余冠英拜访朱自清，谈刘文典所议清华教师聘用之事。朱自清《日记》载："晚冠英来。李嘉言、刘叔雅告以清华学校之教师只聘二人，即刘、陈，而李则望升迁也。"9 月 17 日，余冠英《说原野》，载《今日评论》第 2 卷第 13 期。（参见齐家莹编《清华人文学科

年谱》,清华大学出版社 1999 年版;章玉政编著《刘文典年谱》,安徽大学出版社 2011 年版)

陈梦家《白话文与新文学》5 月 14 日刊于《今日评论》第 1 卷第 20 期。是年,陈梦家《读天壤阁甲骨存》刊于《图书季刊》新 1 卷第 3 期。(参见齐家莹编《清华人文学科年谱》,清华大学出版社 1999 年版)

陈铨改编剧本并导演、西南联大剧团演出的话剧《祖国》2 月 18 日在昆明新滇大舞台正式演出。闻一多设计的灯光给观众留下了深刻的印象。演出获得成功,重庆、上海等地报刊登载了《祖国》之演出消息和剧照。(参见齐家莹编《清华人文学科年谱》,清华大学出版社 1999 年版)

李续祖 5 月任西南联合大学出版组主任,该校同时成立出版设计委员会,聘曾昭抡、丁佶、毕正宣、朱荫章、李续祖为委员,曾昭抡为召集人。

陈雪屏 5 月任西南联合大学图书设计委员会委员,黄钰生为理工设备设计委员会委员。12 月,陈雪屏与罗常培、杨石先、陈岱孙、刘仙洲为西南联合大学毕业生成绩审查委员会委员。

林良桐 10 月被聘为西南联大文学院历史社会学系及法律系专任讲师,孙家琇为外国语文系讲师。

樊际昌、查良钊、陈蕙君 11 月任西南联合大学黄梅美德夫人纪念奖学金委员会委员,樊际昌为召集人。

袁同礼接战时征集图书委员会 1 月 19 日公函,邀请其代表中华图书馆协会加入该会。1 月 22 日,在香港,访蔡元培,“言北平图书馆照常开放。清华阅览室均住日本伤兵。北大第二院未被扰乱,有仍办大学之计划。北大图书馆封存未动,惟牧犬孙收藏拓片,因度国学研究所,稍有损失。中法大学因被扰停办”。3 月,平馆《图书季刊》中文本在昆明复刊,英文本于次年复刊。一同担任两刊主编。4 月 18 日,在香港,访蔡元培谈中日战事史料征集委员会及西南文献搜集。20 日,在香港蔡元培寓所,与蔡元培、蒋梦麟、周诒春、孙洪芬及司徒雷登等参加“中基会之图书委员会”。同月,平馆昆明办事处升格为馆本部。7 月,整理《永乐大典》研究成果,见本年编年文,是为最后一次发表此系列论文,共觅得《大典》367 册 689 卷。9 月 26 日后,在沪访顾廷龙,称赏顾氏之合众图书馆。同月,《〈永乐大典〉现存卷目表》刊于《图书季刊》新第 1 卷第 3 期。12 月 19 日,自昆明柿花项复函于道泉,代谋归国旅费及前程。(参见张光润《袁同礼研究(1895—1949)》,华东师范大学博士学位论文,2018 年)

曹禺 7 月 13 日由重庆飞抵昆明。14 日,出席中华戏剧界抗敌协会云南分会在昆明举行的欢迎会。会上,曹禺即席发表讲话。16 日,国防剧社召开茶话会,欢迎曹禺先生莅临昆明。7 月中旬,开始排演《原野》《黑字二十八》,用时月余。24 日,昆明大鹏剧社召开茶话会,曹禺即席讲话,对当时文艺界争论的“与抗战有关论”的热点问题谈了自己的看法。他的中心观点是:“在抗战时期中对主题的描写,当然得加强抗战的意识,以后抗战得到了最后的胜利,我们还是写最真实的人生,才是最永久最有价值的。”25 日,“文协”昆明分会主办的暑期文艺讲习班开学。楚图南讲现代文艺思潮,冯素陶讲文艺基本理论,彭慧、施蛰存讲写作方法,朱自清讲作品讲读,徐炳昶讲抗战文艺工作,顾颉刚讲通俗化运动,张天虚讲文艺通讯,徐嘉瑞讲民间文艺,杨东明讲文艺批评,穆木天讲诗歌,马子华讲小说,曹禺讲戏剧。听众四五十人。8 月 16—24 日,国防剧社在昆明新滇大戏院举行第三届公演,演出《原野》。连演 9 天,轰动全城。同时上演的还有《黑字二十八》。闻一多任舞台美术设计,并为演出撰写了《说明书》。演员有凤子、李文伟、汪雨、樊筠、孙毓棠等。朱自清在《〈原野〉与〈黑字二十八〉的演出》（《今日评论》第2卷第12期）一文中描述："每晚满座，看这两个戏差不多成为昆明社会的时尚。""这两个戏的演出是昆明的一件大事，怕也是中国话剧界的一件大事。"同月，曹禺离开昆明返重庆剧校。（参见田本相、阿鹰编著《曹禺年谱长编》，上海交通大学出版社2017年版；齐家莹编《清华人文学科年谱》，清华大学出版社1999年版；吴世勇编《沈从文年谱》，天津人民出版社2006年版；田本相、阿鹰编著《曹禺年谱长编》，上海交通大学出版社2017年版）

雷鸣远神父6月23日到西南联合大学宣讲中条山作战情况。

许国璋毕业于西南联合大学外文系，后入英国伦敦大学和牛津大学，专攻18世纪英国文学及欧洲的历史文化。

王佐良、李赋宁、许国璋7月毕业于清华大学外国语文系。

李赋宁考取清华大学外文系研究生，师从吴元达，研究17世纪法国古典主义文学。

孔祥英7月毕业于清华大学中国文学系。

章煜然7月毕业于清华大学哲学系。

季平7月毕业于清华大学历史系。

史国衡7月毕业于清华大学社会学系。

陈体强毕业于清华大学政治学系。

汪曾祺考入西南联大中国文学系，师从沈从文等名师。

朱德熙考取西南联合大学物理系。

傅斯年继续主持史语所所务。1月15日，《英美对日采取经济报复之希望》一文载《今日评论》第1卷第3期。29日，《政治之机构化》一文载《今日评论》第1卷第5期。2月12—21日，在重庆参加国民参政会第三次大会，向大会提出"拟请政府制定《公务员回避法》案"。5月，历史语言研究所参加莫斯科中国艺术展览会，展出部分安阳出土古物。同月，北京大学文科研究所在昆明恢复，傅斯年任所长，原北京大学秘书长郑天挺任副所长，主持实际工作，文字组导师唐兰，文学组导师罗庸、杨振声等，哲学组导师汤用彤，史学组导师陈寅恪、姚从吾、向达、郑天挺等，语言组导师罗常培、李方桂、丁声树等，与史语所人员多有重合。文学研究所第一届招收的学生，分别是文学组的逯钦立、阴法鲁；哲学组的任继愈、王明；史学组的杨志玖、汪籛、阎文儒；语言组的马学良、周法高、刘念和，号称"宝台山北大十翰林"。文字组第一届未招生。第二届与下一届的研究生有王玉哲、殷焕先、高华年、董澍、王永兴、李孝定、王叔岷、王利器等。7月9日，傅斯年《抗战两年之回顾》一文刊于《今日评论》第2卷第3期。同月，开放历史语言研究所图书供迁徙于昆明之各学术机关使用。8月，在昆明作《〈中国音韵学研究〉序》，收入《中国音韵学研究》（商务印书馆，1940年）。9月9—18日，在重庆参加国民参政会第四次大会。12月，调查贵州苗族。是年，作《地利与胜利》一文（未刊稿）。（参见韩复智编《傅斯年先生年谱》，载《台大历史学报》1996年第20期；欧阳哲生编《中国近代思想家文库·傅斯年卷》及附录《傅斯年年谱简编》，中国人民大学出版社2015年版；高平叔编著《蔡元培年谱长编》，人民教育出版社1996年版；李学通《翁文灏年谱》，山东教育出版社2005年版；王学典《20世纪史学编年（1900—1949）》，商务印书馆2014年版）

李济坐镇昆明，多头遥控指挥安排中博院相关工作。当时中博院人多到了昆明，战前收集的130箱珍宝却转运在重庆。中博院重庆办事处的负责人是郭宝钧，李济曾称赞他是同人中最不怕困难，最能想办法的人。5月，日本飞机开始对重庆大轰炸，李济担心存放在沙坪坝重庆大学校内的文物安全。同月28日，致函郭宝钧，"此次敌机袭渝，美丰银行遇灾,查本处在美丰保险库存有箱件一只,内皆要件,是否有损失情形,务希即速示知。沙坪坝对象点交,亦请从速,完毕后应即设法移入山洞"。移入山洞只是权宜之计。6月3日,李济函请交通部何淬廉,谓"将此物之一部分运滇,需用载重车约四吨左右"。6月中旬,首批转运文物53箱终于运往昆明。剩余的文物只能就近转运庋藏。郭宝钧多次驰报李济,准备将那78箱文物运往乐山,已与迁往乐山的故宫博物院负责人马衡接洽,拟共同保存。但留守乐山的人选一时难定。8月初,78箱文物终于装上"民裕轮",由中博院重庆办事处李开泽随行押运。

李济8月19日电告郭宝钧,据乐山马衡电称,"民裕轮启运时李开泽未随行,托故宫照料;故宫无人,希自派,请即电马长寿赴乐山照料"。因情况紧急,李济电文措词欠周,郭宝钧次日回电:"恳废年而后请予以接近古物接近图籍之方便;准予辞去干事职务,但愿不作事务专事写作;博院请假最好一年报告缴卷而后再供驰驱。"李济立即复函开释劝慰。22日,马长寿赶往乐山,负有两项任务,一是押运中博院"川康民族考察团"近三年来采集的12箱民族文化标本去乐山存藏;一是赶去乐山接受重庆转运来的文物。路上遭遇不测,他即电告李济,"敌机轰炸嘉定,成都运来公私书籍、仪器、衣物、新由越西采集之标本及公用家具皆毁,由渝运到古物万幸无恙,正设法起运,关于炸毁部分当另立清单,旅行社出证明详为呈报"。月底,马长寿终于将"渝运标本全部妥措安谷古佛寺"。9—10月,李济奉教育部令,冒着敌机轰炸和匪患不靖的危险,赴贵州安顺、四川重庆、乐山、峨眉等地调查故宫古物搬运及存放情形。乐山安谷镇的几户宗祠和古佛寺等处存放着中博院和故宫文物共9331箱。11月,尹焕章从重庆赶往乐山,替换马长寿。尹焕章年方三十,参加过殷墟第八次发掘,还在小屯、后冈、侯家庄及浚县辛村等地,多次参加田野考古。当时他已离开单位和同伴,独自留守古庙安谷寺。李济来到安谷镇,看到文物无恙,见到下属尹焕章独自留守,尽职尽责,既欣慰又感慨。(参见岱峻《李济传》,江苏文艺出版社2009年版)

王天木为考古组青年技师,参加过燕下都的发掘工作,其特长是配合博物馆的陈列制作模型。李济参观过美国许多博物馆,深知制作模型、标本和复制品,对研究历史和建设博物馆的重要性。畜力车是古代先民陆上最重要的交通工具,据文献记载夏代就开始使用。史语所自1928年殷墟发掘以来,曾多次发现过车马坑遗迹。因受发掘水平的限制,未能将坑中所埋木质车辆的遗骸清理出来。李济希望能够凭借照片和绘图将殷商马车复原出来,对青年技师王天木寄予厚望。王天木根据李济的要求,花了整整一年的工夫,复原了东汉13种车制、做出模型,并按清代经学家的研究成果,绘成复原图,标明尺寸。这些模型,对研究殷商的交通,有着极大的裨益,对于博物馆足可"以适当之陈列展览,图智识之增进"。(参见岱峻《李济传》,江苏文艺出版社2009年版)

吴金鼎、曾昭燏等3月29日在云南大理苍洱地区进行考古调查发掘。这一调查和发掘工作是在吴金鼎的前期的调查基础上展开的。11月至次年4月,曾昭燏与吴金鼎夫人王介忱一起,先后指挥了马龙、佛顶甲、龙泉等7处遗址的发掘,是为抗战开始至1949年之间中国最重要的考古工作之一。考古现场,从来就是男人的天地,而此次田野发掘的工人全是当地的白族妇女。她们开创的"女性考古",刷新了中国田野考古的历史。

按:1942年中央博物院出版了《云南苍洱境考古报告》一书。(参见岱峻《李济传》,江苏文艺出版社2009年版;中国大百科全书总编辑委员会《中国大百科全书·考古学》,中国大百科全书出版社2002年版;王学典《20世纪史学编年(1900—1949)》,商务印书馆2014年版)

梁思永在第六届太平洋学术会议上发表《龙山文化——中国文明的史前期之一》，文中指出："这篇短文的目的是要将十年来曾经引起中国考古学者极大兴趣的中国文明的史前期之一，介绍给研究远东考古学与艺术的学者。"文章主要内容有"遗址发现的年代及其在地理上的分布""龙山文化的一般特征""三个区域的划分""地层和年代""与殷代文化的关系"等内容。此文提出的龙山文化三区说、龙山文化与小屯商文化的关系等观点在学术界引起较大影响。

按：1954 年 9 月，该文译载于中国科学院考古研究所编辑的《考古学报》第 7 期。（参见王学典《20 世纪史学编年（1900—1949）》，商务印书馆 2014 年版）

胡厚宣在撤到昆明的北平图书馆中偶然借到一部《殷契遗珠》，著录了日本三井、河井、中村、田中氏等六宗甲骨藏品近 1500 片，大喜过望，遂借助微弱烛光，竭六日之力尽数摹录。为此，本来非常好的视力从此大减。后相继写出了《释牢》《释兹用兹御》《卜辞同文倒》《卜辞杂例》《卜辞下乙说》等论文，刊于《中央研究院历史语言研究所集刊》第 8 本第 2—4 分册。秋，因听闻加拿大传教士明义士所藏大批甲骨藏在济南齐鲁大学，胡厚宣为了寻访这批珍藏，决定接受顾颉刚的邀请，前往成都齐鲁大学国学研究所做研究员。傅斯年闻讯，极力挽留，特派王崇武、石璋如和秘书汪和宗 3 人反复劝说。事后傅斯年还责备董作宾留不住人。（参见何林英《胡厚宣年谱》，载王京州编《河北近现代学者年谱辑要》，国家图书馆出版社 2017 年版）

全汉升 9 月在《历史语言研究所集刊》第 8 本第 2 分发表《北宋汴梁的输出入贸易》，文章内容包括"唐五代汴梁商业的发展""汴梁的消费与生产""汴梁的交通""汴梁的市场""汴梁输出入贸易的经营者""饮食品的输入""服用品的输入""燃料的输入""药品的输入""文化品的输入""奢侈品的输入""军需品的输入""各种工业品的输入""各种原料的输入""汴梁的输入贸易与市易法""茶的输出""服用品的输出""药品的输出""文化品的输出""奢侈品的输出""各种工业品的输出""人口的输出""汴梁对外贸易的入超及其抵补"等。此文是民国时期为数不多的专门论述城市和商业经济的论文之一。10 月，全汉升在《历史语言研究所集刊》第 8 本第 3 分发表《宋代广州的国内外贸易》。文章内容包括"宋以前广州贸易的发展""宋代广州在对外贸易上的地位与广州政府对于海外贸易的奖励""外商对于广州贸易的经营""华商对于广州贸易的经营""广州的进口贸易""广州的出口贸易""宋代广州的贸易均衡及铜钱流出的影响""宋代广州的国内贸易"等。作者最后得出结论，认为"宋代广州的国内外贸易都很发达"，外国商品、米、盐等是宋代广州贸易的主要商品。（参见王学典《20 世纪史学编年（1900—1949）》，商务印书馆 2014 年版）

岑仲勉 10 月在《历史语言研究所集刊》第 8 本第 1 分发表《郎官石柱题名新著录》。唐尚书省郎官石柱题名，系唐代尚书省六部郎中、员外郎刻于石柱上的题名录，对唐史研究甚有价值，但是多有破坏湮灭，仅留吏、户、礼三部石柱之大部。清代劳格、赵钺将残留的名录著录，并据史料对名录上人物之事迹等进行考订，撰成《唐尚书省郎官石柱题名考》。仲勉此文即是对劳格、赵钺二人工作的继承与发展。有研究者认为该文是唐代文史微观综合研究的重大成果之一。12 月，岑仲勉在《历史语言研究所集刊》第 8 本第 4 分发表《贞石证史》。作者对清代学者利用金石资料研究历史存在的弊端进行反思，并探讨了如何利用石刻资料研究历史的问题。岑氏在文中引用石刻文字，考辨了隋唐间数十条历史事件与人物。此后岑氏又撰写《续贞石证史》。（参见王学典《20 世纪史学编年（1900—1949）》，商务印书馆

2014 年版）

陶孟和继续任中央研究院社会会科学研究所所长。是年开始组织人力调查研究沦陷区工厂及其他经济文化机构迁移情况，编纂抗战以来经济大事记，出版沦陷区的经济调查报告及沦陷区经济概览，专题研究战时物价变动，使用国际通用的科学方法计算抗战损失等。这些研究，为准确判断中国经济形势，捍卫国家利益发挥了基础性作用。（参见王砚峰《半生的守护——记陶孟和与他创办的社会科学研究机构》，《群言》2016 年第 12 期）。

梁方仲从西北调查回来，撰成《田赋折价问题：改征实物或实物折价与折价之标准》的调查报告。中央研究院社会科学研究所所长陶孟和组织学界朋友和梁方仲座谈，与会者包括张奚若、金岳霖、梁思成、陈岱孙、伍启元、周炳琳、陈振汉、丁佶、谷春帆等人。12 月，梁方仲在《中国社会经济史集刊》第 6 卷第 2 期发表《明代国际贸易与银的输出入》。文中将明代国际贸易分为"郑和下西洋前后的贡市时期""欧人东来以后的海舶贸易时期"两个时期，并从关税、贸易规模和货物、世界银产量、中国国际贸易格局等方面资料入手，考辨明代白银输出入数量，及其与中国社会变化之关系。

按：《中国社会经济史集刊》第 6 卷第 1、2 期分别于是年 6 月、12 月在昆明出版。（参见刘志伟编《梁方仲文集》及附录《梁方仲学术编年》，广大学出版社 2004 年版；王学典《20 世纪史学编年（1900—1949）》，商务印书馆 2014 年版）

杨钟健和卞美年、王存义等，在云南禄丰县城东北十多华里的沙湾，发现晚三迭世的大量骨化石。这项发现立即受到国内外科学界的重视，后来发展成为举世闻名的"禄丰蜥龙动物群"的开端。又有与卞美年、李悦言等合著的论文《湖南之"红色岩层"》刊于《中国地质学会志》第 18 卷。（参见王仰之《杨钟健年谱》，《西北大学学报》1983 年第 2 期）

熊庆来继续任云南大学校长。1 月 4 日，云大学生对汪精卫叛国投敌，义愤填膺，特通电申讨。同日，茅盾应云大文史学研究会之请，在本校至公堂公开演讲。首先由该会导师楚图南致介绍词，随即请茅盾演讲，题为《抗战文艺的创作与现实》。25 日，行政院任命熊庆来为国立云南大学校长，业已就职视事。惟历来国立大学校长就职，均应举行宣誓礼，以昭郑重。惟熊校长以值此国难期间，可否将宣誓礼从略，特电呈教育部。奉教育部令，饬仍应照例举行，并电请龙主席（龙云）监督。故特于本日在至公堂举行宣誓礼，计到龚厅长自知（代龙主席监督）、张厅长邦翰、蒋梦麟、李书华（北平研究院）、王子玕（中正医学院院长）等来宾及本校全体师生千余人。3 月 24 日，《国立云南大学组织大纲》6 章 26 条业经呈准备案。4 月 3 日，熊庆来校长向《云南日报》记者谈云大近况及今后计划。

熊庆来校长 5 月 17 日主持昆明学术界联谊会筹备委员会在云大召开的第一次会议。联谊会以联络教育学术界人士感情，交换意见，发挥服务为宗旨。凡现住云南之教育学术界人士均得加入该会为会员。7 月 20 日，云大文史、法律、算学、土木工程四系毕业学生举行毕业典礼。10 月 11 日，《云南日报》报道，云大年来力求改进，师资设备日渐增强。本年度新聘教授计有：胡小石先生任文法学院院长，王伯琦博士任法律系教授，周覃祓任会计学副教授，柯召博士任数学系教授兼主任，庄圻泰博士任数学系副教授，张瑞纶博士任理化系教授，丘勤宝先生、王敬立先生任土木工程系教授，石充博士任矿冶系教授，姚璧澄博士任医学院副院长兼教授，王显源博士任细菌学教授，汤惠荪先生任农学院院长，汪厥明先生为农艺系主任，张海秋先生任森林系主任。讲师亦增聘骆和笙庭长、孔容照等多人。他们多为国内各大学服务多年之教授学者、享有盛名。上述人员均已先后到校上课。12 月 23 日，教育部长陈立夫偕同高等教育司司长吴俊升视察国立云南大学校舍、图书、仪器及一切设备。视察后，在该校茶话会上对教员演讲，谓云大虽经费拮据，尚能有如此之成绩，皆熊校长及各教员平时努力教学所致。惟今后尚盼对于学生之健康及导师制之实施再加注意。继又召集全体学生演讲，谓学生为社会的中坚分子，对抗战建国责任异常重大，望本礼义廉耻四字，努力做人。并谓，拟将学生贷金每月加为 14 元，盼各生安心求学。（参见《云南大学志》编审委员会《云南大学志》第 2 卷《大事记（1915 年—1993 年）》，云南大学出版社 1993 年版）

顾颉刚 1—8 月任云南大学教授，兼任北平研究院史学研究所历史组主任。上学期，任云南大学"中国上古史"与"经学史"课程，以语体文编《上古史讲义》，并将专题研究结果以注语形式附正文后；讲义部分内容两年后在《文史杂志》陆续刊出。1 月 1 日，迁家至昆明北郊浪口村。后记笔记，名为《浪口村随笔》。因此次来滇，携书绝少，为应功课，不得不购买书籍。4 日，作《通俗读物的重要性》，付《云南日报》发表。20 日，到北平研究院，商史学研究所事。2 月 9 日，为《益世报》之《边疆》周刊作《中华民族是一个》，目的是"以求了中华民族民族的团结，共同抵抗帝国主义的侵略"。此文刊出后，各地报纸转载甚多。值此抗日战争全面爆发、中华民族危亡之际，顾颉刚适时发表《中华民族是一个》，在学理上进一步丰富完善了"中华民族"概念，认为"中华民族"的称呼虽然近代才出现，但作为一个实体，它的存在却已有几千年。"中华民族是一个"的观点，一语道出中华民族的本质与精髓，即中国各民族一体。这对认识"中华民族"概念，既是学理上的升华，也是内涵的丰富与拓展。21 日，作《东汉的西羌》，刊于《经世》战时特刊。3—4 月，为北平研究院史学研究所作向管理中英庚款董事会请款书。（参见顾潮编著《顾颉刚年谱》，中国社会科学出版社 1993 年版；顾潮编《中国近代思想家文库・顾颉刚卷》及附录《顾颉刚年谱简编》，中国人民大学出版社 2015 年版）

方国瑜继续任教于云南大学。应顾颉刚先生之约，计划撰写《僰人与白子》《叟与爨》《南诏之民族》《白衣与摆夷》《中国的云南》《暹罗与中国》等文章，"每一问题当详于系统与地理"，批驳"南诏泰族王国"说，以应对暹罗改国名为"泰"的事件。10 月，在《益世报》边疆周刊发表《僰人与白子》《僰人与白子》（续），12 月，在《新动向》二卷六期发表《南诏是否泰族国家》。"以令人信服的缜密考究，论证了南诏不是泰族建立的独立国家，而是受汉文化影响较深的白子（僰人）建立的臣属于唐王朝的地方政权。"是年，方国瑜在《西南边疆》第 8 期、第 11 期上发表《读伯希和〈交广印度两道考〉》《步头之方位》等文，驳正了法国汉学家伯希和关于"云南与安南的古代交通""步头之方位""南诏所通用之文字为缅甸文字"等问题上的错误看法。（参见潘先林《家国情怀 书生本色：方国瑜先生的中国边疆学研究》，《西南古籍研究》2015 年第 1 期）

楚图南继续任教于云南大学。1 月 1 日，与冯素陶、穆木天、吴晗等陪同茅盾游览西山，泛舟滇池，彼此交换了关于昆明文化界开展抗日救亡运动的意见。44 日，茅盾应云南大学文史研究会邀请，前去讲演。楚图南主持并首先致词，介绍茅盾。8 日，"文协"云南分会改称"文协昆明分会"，选出理事，先后由张志诚、冯素陶、楚图南、徐嘉瑞负责。15 日，《抗战与中国文化检讨》刊于《新动向》第 2 卷第 1 期，第 2 期续完。4 月 11 日，《反对中庸论》刊于云南《民国日报》。20 日，《抗战建国过程中云南的新使命》刊于《新云南》第 3 期。5 月 1 日，《怎样开展今后的文艺工作》刊于《云南日报》。7 月 25 日至 8 月 14 日，文协昆明分会举办暑假文艺讲习班，楚图南讲课的题目是《现代文艺思潮》。8 月 15 日，《鲁迅的学术上的新精神》刊于《新动向》第 3 卷第 2 期。同月，《从生活的不断发展和创造去认识鲁迅》刊于《文化岗位》杂志社出版的《鲁迅先生逝世三周年纪念特刊》。（参见麻星甫编著《楚图南年谱》，群言出

版社 2008 年版）

费孝通继续任教于云南大学。因日军轰炸昆明，费孝通主持的社会学工作站迁至呈贡县古城村的魁星阁。首先报名参加魁阁社会学工作站的是清华大学社会学系毕业生张之毅，他曾在本年春季西南联大社会学系费孝通兼课的班上听过课。由他带头陆续有史国衡、田汝康、谷苞、张宗颖、胡庆钧参加，再加上云南大学教授许烺光和燕京大学的硕士研究生李有义，这些人形成了魁阁社会学工作站的基本研究队伍。费孝通说："魁阁的学风是从伦敦经济政治学院人类学系传来的，采取理论和实际密切结合的原则，每个研究人员都有自己的专题，到选定的社区里去进行实地调查，然后在'席明纳'（即讨论会）里进行集体讨论，个人负责编写论文。"4 月 9 日，费孝通致函顾颉刚，述《关于民族问题的讨论》，顾颉刚于 5 月初作《续论"中华民族是一个"——答费孝通先生》，述自己关于民族问题的五度注意，再论"本部"和"五族"二词，均刊《边疆》周刊。（参见吕文浩编《中国近代思想家文库·费孝通卷》及附录《费孝通年谱简编》，中国人民大学出版社 2015 年版；顾潮编著《顾颉刚年谱》，中国社会科学出版社 1993 年版）

胡小石年初仍在重庆中央大学任教。8 月，胡小石认为昆明自由和学术空气一般比重庆好，受云南大学校长熊迪之邀请，赴昆明兼任云南大学教授兼文法学院院长，教诗选和楚辞，及院行政事务。在昆明期间与思想进步的民族工商业家郑一齐相识，承其赠送马列主义书籍多种，开始阅读。胡小石有《临钟繇书卷》《临甲骨文》《临金文》《临秦诏版》等书于三十年代撰成。（参见谢建华《胡小石先生年表（1888—1962 年）》，载《胡小石文史论丛》，南京大学出版社 2008 年版）

汤惠荪为云南大学农学院首任院长。10 月 29 日，在《云南日报》"星期论文"专栏发表《抗战建国中吾人对于农业问题应有的认识》一文，他强调指出，"我国农村经济之衰落，农家经济之贫困，为目前普遍之现象。农业技术之不能改良，农家收益之不能增进，大率基因于农村金融之枯涸。故此后改进农业，必须注意于农村合作与农业金融问题。""欲开发农业，必先兴修水利，讲求施肥。""农业贸易必须开辟世界市场，减低生产成本，方可投诸国际市场而有利。则农产品之加工与运销，使农业工业化，农产品商品化尤为重要。""边疆之地广，人口稀少，交通阻滞，欲垦拓荒地，必先开发交通，移殖垦民。此非政府先立建设之基础，定远大之计划不可。"（参见《云南大学志》编审委员会《云南大学志》第 2 卷《大事记（1915 年—1993 年）》，云南大学出版社 1993 年版）

白寿彝接受英庚款董事会资助，在云南大学研究云南伊斯兰史，主持《云南清真铎报》和《益世报》的《边疆》半月刊。2 月，顾颉刚《中华民族是一个》发表后，白寿彝致函顾颉刚，谓以事实来证明"中华民族是一个"的，此文为首篇，又谓中国史学家应由真的史料写成一部新的本国史来"证实这个观念"。同月 28 日，顾颉刚谓白寿彝来信作按语，刊《边疆》周刊。（参见顾潮编著《顾颉刚年谱》，中国社会科学出版社 1993 年版）

吴文藻继续任云南大学教授。2 月 5 日，吴文藻在《云南日报》发表《云南大学与地方需要》一文。文章根据他在云大五阅月的经历提出意见，他首先强调在建国过程中，一个带地方性的国立大学较之一个带全国性的国立大学任务是不同的。一个全国性的国立大学仍然可以探求真理，增进知识，发扬民族精神，开创国家文化，为其唯一天职。而一个省治内的国立大学则不然。树立纯粹学术基础，提高地方文化水准，固为其应有的使命；而训练实际人才适应地方需要，尤为当前的急务。云南大学新近虽由省立改为国立，而其办学方针，仍应密切配合地方环境。云大如以服务地方社会为理想，可有两种益处：1. 就大学与社会的关系言，大学有了区域的概念，则大学教育就可以真正有效地适应地方需要。地方需要的重心在那里,大学设施的重心即寄托在那里。2.就云大本身言,如将有限的经费,精密筹划,妥善分配,使各院系的工作除了适可维持各学科内应有的基本训练以外,大家齐心一志,集中精力,共同实现一个中心目标,同谋解决一个中心问题,则不但校方可以节省人才经费,而全校师生且可因此养成一种高尚纯洁的服务精神,各人本学以致用,而用其所长,服务国家,造福桑梓。文章还对云大如何根据地方需要负起促进农村建设的使命提出了许多具体宝贵的建议。(参见《云南大学志》编审委员会《云南大学志》第2卷《大事记(1915年—1993年)》,云南大学出版社1993年版)

郑万钧任云南大学教授,兼云南植物研究所研究员。

施蛰存是年为云南大学副教授,编写《撰稿文学史》《散文源流》等教材。

翁独健、邝平樟夫妇从法国马赛启程归国。同年10月在国立云南大学历史系任教。

赵式铭任云南通志馆馆长,并担任《新纂云南通志》副总纂、总纂。

郑华任社长的中国建华工程社在昆明成立,以"联络建设工程各包商,研究工程实施技术,增进建设效能,以期对于抗战建国及公共利益尽最大之贡献"为宗旨。

伍智梅、罗衡、沈慧莲等发起的中华妇女职业协进会10月31日在云南昆明正式成立。

李瑞年回国后,在昆明艺术专科学校任教。

太虚1月作《佛教的护国与护世》。2月6日,太虚度50初度于东山寺,各方发起扩大庆祝,重庆、上海、汉口、西安、香港、仰光、暹罗等处,均有庆祝仪式,贺电纷至。3月,赴云南。同古越20日,时以太虚被聘为"国民精神总动员会"设计委员,而社会部商扩大组织中国佛教会,大师乃与定安、王竹村、张若愚、李献亭、金仲陶等,集商改组云南省佛教会。5月初,连日重庆大空袭。《海潮音》无法出版。第3期起,移昆明,由尘空编辑。28日,云南省佛教会开第四届改选会,大师当选为理事。后被举为理事长。30日,太虚应云南大学哲学研究会约,往讲《唯物唯心唯生哲学与佛学》。6月11日,于佛教会开佛学研究社第一次研究会,大师为导师。7月31日,国际反侵略大会中国分会,推太虚为名誉主席。8月2日,太虚以被推为欢迎尼赫鲁大会顾问,病中勉撰《欢迎印度民族领袖尼赫鲁先生》。24日,云南省僧众救护队成立,大师以《服务国家宣扬佛教》为训。26日,莫斯科真理报记者朱煌来访,太虚与谈佛教之因果法则。9月1日,太虚组织之"佛教访问团"成立,蒋介石、林森、龙云等题词。同月,《海潮音》移北碚缙云寺,由法舫编辑。10月13日,太虚以访问团事,应中宣部约,决定返渝一行。太虚在渝,出席中央国际宣传委员会,商决访问团事宜。25日,晋见蒋委员长。先后晤见孔院长、张岳军秘书长、陈教育部长、潘公展、曾虚白等。与社会部谈及健全佛教会组织及佛会迁渝问题。于邵力子、陈真如等主持的国际反侵略协会中国分会欢送会中,太虚据佛教立场,提出《武力防御与文化进攻》之说。27日,太虚飞返昆明。11月21日,鸡山佛教会开会,议决成立鸡足学院筹备处,以石钟寺为院址,推大师为筹备主任。(参见印顺编著《太虚法师年谱》,宗教文化出版社1995年版)

赵紫宸7月接受中华圣公会之请,出任昆明文林堂圣工,专为西南联大学生讲道。是年,《耶稣研究简课》由青年协会书局出版;发表"A Chinese Delegate Looks at Tambalam"、《基督教与哲学》《灵障篇》《宗教论文集》等文章。(参见赵晓阳编《中国近代思想家文库·赵紫宸卷》及附录《赵紫宸年谱简编》,中国人民大学出版社2014年版)

邹鲁继续任中山大学校长。1月30日开始至2月28日止,全校共组织15批750人搬迁到云南澄江。另外,还有几百名学生,因参加中等以上学校学生的集训,从广州撤退到粤北连县,后获知学校迁往云南澄江复课,除留下几十人由当局分派留在粤北工作外,分别结队从连江西行,长途跋涉,徒步赴滇,历经粤、湘、桂、黔、滇5省,最后赶到澄江复课。各院系师生员工安排妥当后,于3月1日开学。学校西迁云南澄江,校长邹鲁因病请假到当时的陪都重庆治疗,没有随队前来。学校搬迁及到澄江办学后的校务,均由校长室秘书、工学院院长萧冠英教授代理主持。5月,根据国民政府教育部颁布的规定,中山大学设立教务、训导、总务三处,设教务长、训导长、总务长各1人,分别由邓植仪、邹谦、邹卓然教授担任。校长室设秘书仍由萧冠英担任(后为黄际遇),会计室设主任由王骏人担任,研究院设院长由崔载阳担任,均由教育部直接委派。教务处分设注册组、出版组、图书馆;训导处分设生活指导组、体育卫生组和军事管理组;总务处分设文书组、出纳组和庶务组,各组均设主任1人。各处均设有办公室,训导处后增设校医室,总务处后增设工程组。

　　邹鲁校长因病先后于5月30日、7月8日向教育部提交辞呈。8月21日,全校师生员工举行到澄江后的第一次联合纪念周暨毕业典礼大会,欢送5名毕业研究生和462名毕业本科生及外校借读生41名。会上,校长室设秘书、萧冠英教授就师生员工在国难中坚持办学问题作了长篇讲演。同月,学校搬迁澄江之后重新组织成立的社会教育推行委员会先后两次召开会议,修正通过了《社会教育推行委员会组织大纲》以及《二十八年度兼办社会教育计划大纲》。社会教育推行委员会由校长函聘崔载阳院长为该委员会主席,各学院院长、教务长、训导长、事务长,暨林本侨、徐锡龄、许浈阳、陈铭新教授为委员,并以徐锡龄教授为委员会主任干事。9月25日,由于学校搬迁被中断办刊多时的《国立中山大学日报》。11月11日,是中山大学成立15周年暨孙中山先生诞辰日,学校在师范学院操场举行庆祝大会。会场布置庄严整齐,门外悬挂"庆祝总理诞辰暨本校十五周年纪念"横匾一方,两旁悬挂对联,会场中间竖立着数丈高的旗杆,国旗高飘,会场周围贴满彩纸,五彩缤纷。后面设置主席台,会场四周满布旗帜,点缀鲜花。上午10点钟左右,学校师生进入会场,校长室秘书萧冠英以及学校教务长、总务长、各学院院长等入座。萧冠英秘书报告了学校办校经过,以及学校一迁罗定、再迁澄江、苦心经营、重兴校舍、继续开学等经过。澄江县王县长、文学院代表、理学院代表、农学院代表、工学院代表、师范学院代表等先后发言。之后,全校师生演唱校歌,高呼口号,鸣放鞭炮,接着举行游艺会和种种演出,再在文庙和师范学院分别举行展览会3天。(参见吴定宇主编《中山大学校史(1924—2004)》,中山大学出版社2006年版)

　　朱谦之3月随中山大学迁往云南澂江,课余作历史考证的文章,如《哥伦布前一千年中国僧人发现美洲说》《中国古代乐律对于希腊之影响》《天德王之谜》《中华民族之世界分布》《印度佛教对于原始基督教之影响》等。8月底,与何绛云回梧州。10月返粤。(参见赵立彬编《中国近代思想家文库·黄文山卷》及附录《黄文山年谱简编》,中国人民大学出版社2013年版)

　　杨成志继续任教于中山大学。9月30日,在《青年中国季刊·创刊号》发表《西南边疆文化建设之三个建议·国立中山大学边疆学系组织计划纲要》,提出建立"边疆学系"的建议。

　　按:杨成志说:"西南边疆问题之发生,百废固待急举,惟根本之图,莫如本教育为经,立研究为纬,使教育学术与国家建设,打成一片……窃查本大学十余年来对于西南边疆问题之研究,素具注意,如研究院文科研究所对于西南民族之调查,农科研究所对于农林与土壤之考察,两广地质调查所对于地质之探讨,地理与生物两系对边区地势与动植物之检查,前后继续曾刊行不少专门学术之报告。兹因敌寇犯约粤,迁校云南,既利边区环境之接近,正思集中力量,本科学以救国家,适奉钧部训令着设'边疆科系',筹议再三,认为边疆教育之旨趣,多属于大学文学院之范围,爰拟在文学院设立'边疆科系',在教育上希冀培成西南边疆建设之青年干部,在学术上务使可作国家建设之咨询机关,如此则西南边疆建设之理论与实际赖以发扬,亦我国族文教政策得放曙光也。"

许寿裳8月8日决意辞西北大学职离开陕南。9月16日,自汉中坐汽车入川。19日下午4时抵成都,住走马街西华饭店19号,次日下午移居新西门外沙利文饭店。27日,自蓉坐船赴重庆,中途在眉山朱逐先寓中宿一夜,复在嘉定留两日,参观武汉大学。10月5日,抵渝。13日,赴新桥,宿从兄世踏寓中。18日,接国立中山大学邹鲁校长,程仰秋(璟)、林本侨(本)两先生共同署名之电报,邀请许寿裳赴云南澂江,任中山大学师范学院教授。22日,由新桥乘汽车返蓉。31日,由蓉乘欧亚航空公司飞机赴昆明。11月3日晨,偕李季谷、林本侨夫人初坐滇越路火车至呈贡,换坐桦杆,于午后5时余抵澂江,寓仁西镇138号,与罗干青(倬汉)、林觉辰、章锐初(微颖)同住。9日,接成都华西协合大学聘函,聘许寿裳任本学年文学院英庚款国学讲座。即于次日复函应聘。14日,国立中山大学聘书始送到,自9月16日起薪。许寿裳以已应华西大学之聘,决意留此一学期。15日,接中山大学师范学院函,附课程时间表,请许寿裳担任"文字学概要"及大一"国文"两课程。20日,至师院上课。12月18日,出席师院纪念周演说。20日,函邹鲁校长、萧菊魂秘书长,请下学期辞职。又函菊魂秘书长,推荐吴世昌继任。(参见倪墨炎、陈九英编《许寿裳文集》下及附录二《许寿裳先生年谱》,百花出版社2003年版)

张君劢是秋在云南大理着手筹办中国民族文化书院。又于香港发行《国家社会报》,由徐傅霖主持。11月20日,张君劢在《再生旬刊》第32期上发表《中国战时宪政实施及其步骤》一文。23日,黄炎培、沈钧儒、章伯钧、梁漱溟、左舜生等在重庆发起成立了统一建国同志会。张君劢当时在大理,他嫌这个组织不是正式的政党,无意列名参加。同月,在昆明西南联大的张君劢、罗隆基、周炳琳、陶孟和、罗文干、钱端升以及傅斯年等期成会会员受宪政期成会委托,研究宪草。这批富有声望资历的学者,以学理性思维和冷静的态度,慎重对待国家根本大法的草拟工作。他们定时集会研究,并推罗隆基主稿。稿成后,讨论数月,几经修正。这个宪草文稿后来向宪政期成会正式提出,名为《中华民国宪法草案(五五宪草)修正案》。共7章120条。因这个草案是在昆明研讨而成的,故又称为"昆明宪草"。其间,张君劢在西南联大发表题为《中国战时宪政实施及其步骤》的演讲,批驳目前中国正处于战争时期不宜颁布宪法,实现宪政的观点。11月下旬,"民族文化书院"董事会在重庆开会,推定张君劢为院长,主持院务,并由各董事互推国民政府委员会"侍从室第二处主任"陈布雷为董事长。张君劢撰写《民族文化书院缘起》、民族文化书院组织大纲、民族文化书院学规。

按:"民族文化书院"院址择定云南大理洱海之旁时,学院屋舍正在建设中,会议决定:一面加紧建设,一面由张君劢积极筹备,一俟租定房屋,即先行开学。董事有张群、朱家骅、周煌甫、卢作孚、张公权、周钟岳、张道藩等。书院兼具古代书院与现代大学研究院之长,下设经子学、史学、哲学与社会科学等四系,教授有彭举、牟宗三、施友忠、陈庆祺、李源澄等。张君劢除主持学院的日常工作外,也为学生讲授宋明理学、西洋哲学史课程。

按:《民族文化书院缘起》就书院成立的理由、宗旨、德性四纲、治学方法和研究工作作了介绍和说明。他以北宋哲学家张载所说"为天地立心,为生民立命,为往圣继绝学,为万世开太平"说明书院的宗旨。学院专门招收大学毕业生入学,重在实践宋明讲学传统,弘扬中国传统文化,培养现代新儒家的接班人。

张君劢12月7日撰成《与熊天翼主席论江西中正大学书》,刊于12月20日《再生旬刊》第35期。信中对于熊天翼提出的"中正大学,以合于江西省需要为标准,研究一省人事与自然为对象"的办学方针予以肯定和赞赏,称"公之创见,海内之未曾见及者也"。对于江西省政和教育提出如下建议："以救济一省人民之痛苦为政治上教育上之目标,实为万无可疑之一点。""改善一省政治,决非一所大学之事,尤视乎各县之中坚分子。谋保留各县中坚分子,实为改良省政不容忽视之一事。第一,改善乡村,先促进其治安与交通,使居乡者亦能享受城市之乐。庶几有志之士,不必轻去其乡。第二,子弟之入高中者,宜加限制,其资质稍差之青年,难望对于文实科有深造者,应在初中毕业后,授以一县一乡所需之智识……使之管理一乡之事,渐次上升,得为县府之课员。彼等既有上升之望,或可安于一乡。再则各县之路政农政卫生每年应有比赛一次。由省政府发给奖品。亦所以鼓励乡人向善之一法。有如是各县各乡有为之中坚者。而后下层稍有基础。上层之大学,乃若脑神经之发纵指示,而四肢随之而连转矣。此为弟对于江西大学与省政之意见。"27日晚,与左舜生、章伯钧等参政员应王世杰之约与叶楚伧、张群等商讨宪政实施问题。近日以来,民主人士、共产党对此颇有微词。(参见李贵忠《张君劢年谱长编》,中国社会科学出版社2016年版;翁贺凯编《中国近代思想家文库·张君劢卷》及附录《张君劢年谱简编》,中国人民大学出版社2014年版)

吴梅1月11日由昆明出发,14日至大姚县李旗屯,住李氏宗祠。2月18日(除夕)与家人食年夜饭。19日,与从弟仲培及龙榆生各一书。21日,始写《遗嘱》,日写一二条,数日而毕。《遗嘱》云:"余自戊寅秋中,饱受风鹤之苦,日趋岩穴,亭午始出,遂有怔忡之疾。榕坦浮桥,步急易溺,日日往还,不胜其疲,于是有喘哮之疾。儿辈力劝入滇,因亦飞辀至昆明,而新旧疾交作矣。顷至大姚,百念皆静,自维身世,百忧煎心。一旦溘逝,无一言以后示,究非所宜,乃就此卷拉杂书之,明知朋旧觞咏之乐不可再得也。"3月10日,与夏承焘一书。17日下午3时逝世。4月16日,《学灯》刊出陈立夫《悼吴瞿安先生》等文章诗词,宗白华撰写《编辑后语》,高度评价吴梅一生的成就:"吴先生以文人而知音,他阐发了曲的文学价值,同时提高了文学的音乐性。一代词宗,年才半百,竟以抗志不屈,流离转徙,死于倭寇的侵略,平生收集曲本及藏书,尽被寇劫。先生为人长厚,深于情,而刚毅有气节,这是他成功的原因,也是他流离转徙以致于死的原因。《学灯》特出专刊,以表敬意和支持。"(参见《吴梅全集·日记卷上》及附录王卫民《吴梅年谱》,河北教育出版社2002年版;林同华《宗白华生平及著述年表》,载《宗白华全集》第四卷附录,安徽教育出版社1994年版)

白鹏飞继续任广西大学校长。春,理工学院同学首先发起"国立运动",很快得到文法学院及农学院同学的支持。同时也得到社会名流雷沛鸿、邱昌渭、彭襄等的积极赞助。为了推动"国立运动"的工作,由各院系推选代表组成"广西大学国立运动促进会",由理工学院的彭公予、李季平,文法学院的谭鲲为总负责人。机械工程学系章峻德负责呈文及有关文件的写作。他们曾多次前往桂林,向广西当局陈述同学们的设想和请求。此外还拜访老校长马君武,他理解同学们的愿望,非常赞成学校改组国立,还愿意为"促进会"向广西当局及社会人士呼吁。3月,学生自治会呈请中央,改"省立广西大学"为"国立广西大学"。理由是:"倘经中央与地方共同扶植,则前途更为发展。例如充实设备,提高学会科学研究等。并减轻本省过重负担,以实行抗战期间中央尽量协助地方建设之旨。"4月至6月间,代表们又数度去省政府请愿,最后由黄旭初代表广西当局对西大改国立事表示赞同,并同意转报教育部审批。8月22日,行政院会议议决,广西省立广西大学改为国立广西大学,并任命马君武为国立广西大学校长。社会各界人士和西大全体师生,为本校由省立改为国立的要求得以实现,无不欢欣鼓舞,为西大之发展前途,寄予殷切的期望。9月5日,奉教育部令发

"广西省立广西大学改为国立广西大学办法"函件。

马君武9月23日就任国立广西大学校长。此为马君武第三次出任西大校长,也是广西大学由省立改为国立的第一任校长。10月10日,正式开学,举行马校长宣誓就职典礼。依照教育部颁布的组织要点,改订西大组织大纲,设置教务处、训导处、总务处及会计室,遴选一批教授分任各职。聘李运华为教务长,张清涟为训导长(9月12日,陈立夫手谕派来),徐谷麒为总务长,林东海为文法学院院长兼政治学系主任,谢厚藩为理工学院院长,周明祥为农学院院长,罗豫禄为会计室主任,钟震为文法学院法律学系主任,杜肃为经济学系主任,龙志泽为文史地专修科主任,刘古谛为会计专修科主任,龙家骧为银行专修科主任,王恒守为理工学院数理学系主任,时昭涵为化学系主任,嗣兼秘书,肖津为土木工程学系主任(在肖主任尚未到任前,由葛天回代理)陈熹为机械工程学系主任,李进隆为矿冶工程学系主任,裘献尊为电机工程学系主任,萧辅为农学院农学系主任,周国华为林学系主任,郑庚为畜牧兽医学系主任,董绍良教授为先修班主任,黄宗禹副教授为先修班副主任。省立时的一批教授大多数继续受聘。新聘教授除前述兼任院长、系主任之外,文法学院新聘教授有张铁生、张志让、董维健(董之学)、漆琪生、万仲文、盛成、蔡经济等;理工学院新聘教授李四光(名誉教授)、郑建宣、雷瀚、石志清、刘光文、林炳仁、赵佩莹、余克缙、杭维翰、衷志纯、潘祖武、唐崇礼、竺良甫;农学院新聘教授有吴绍揆、吴子芳、翁德齐、余泽棠、谢孟明、汪振儒、李静涵等,教学阵营极一时之盛。(参见黄华春主编《广西大学校史(2009—2018)》,广西师范大学出版社2018年版)

李四光1月给蔡元培院长写信,说:"地理研究所之筹备工作,实无暇兼顾。"蔡元培院长逐改请气象研究所竺可桢兼理此事。3月1日,李四光在中国地质学会第十五届年会上再次当选理事长。12日,到昆明参加中央研究院第一届四次评议会,15日结束。接着出席中央研究院院务会议。6月,在香港出席中英庚款董事会会议。同月22日,李四光被湖北省政府任命为湖北省第一届临时参议会副议长,石英被任命为议长,参议员45人,临时参议员23人。7月15日,李四光被聘为广西建设研究会文化部研究员。同日,结识著名新闻记者、中共党员范长江,对范长江的文字才华和组织能力以及对抗日形势的分析,都极为欣赏。8月,广西大学由省立改为国立,聘请李四光等为该校教授。9月19日,李四光对于政府任命的参议会不感兴趣,于是电函在恩施(武汉失守后,湖北省政府迁到恩施。)举行的湖北省临时参议会第一次大会,电文说:"因事及交通困难,不克出席。"请假。同月,李四光在《建设研究》上发表《建设广西的几个基本问题之商榷》,文中从全国的地势,分析到建设广西的重要性和具体意见,不但为广西的建设构画出一幅宏图,也为整个国防提出了战略性意见,深切表达了李四光在抗日战争时期,对祖国前途的关切,同时也反映了作者为什么风尘仆仆地来到广西桂林,并且迫不及待地商讨筹办科学实验馆,参加广西建设研究会,关心各方面建设的目的。

李四光《中国地质学》9月在伦敦由杜马·摩尔第出版公司出版。全书共分两大部分:第一部分八章,阐述了中国自然环境区划、山川走势、古地理概要、构造运动及构造型式等内容。第二部分两章,即第九章专讲中国第四纪冰川遗迹的发现和研究;第十章,主要是中国各地区主要地层的编表。附插图和照片93幅。此书侧重从构造系统联系的观点,以研究构造体系类型为纲,以探讨地壳运动的根源为目的,以中国大陆及邻区地质实际现象为依据,来分析研究中国地质的一本专著。国际著名的科学技术史专家、英国剑桥大学教授李约瑟博士在阐述中国大地构造时曾说过，"很幸运，在这一方面，最卓越的地质学家之一李四光为我们提供了第一部内容丰富的著作——《中国地质学》。"秋，李四光与地质研究所的斯行健、俞建章、张文佑、孙殿卿及吴磊伯一起去广西黎塘、宾阳一带调查地质；在英国《地质杂志》（Geological Magazine）第76卷第7期发表《大陆漂流》一文，支持杜·托伊特的《我们的漂移大陆》一书的观点，与英国的霍姆斯、南非的杜·托伊特为当时支持沉寂期的大陆漂移说的三大学者。又接王世杰来函，聘请为中英文化协会教育文化委员会委员。（参见马胜云、马兰编著《李四光年谱》，地质出版社1999年版）

李达1月抵达重庆，为冯玉祥及其研究室讲授辩证唯物主义。3月，在《读书月报》第1卷第4期发表《唯物辩证法三原则的关系》。8月，在《理论与现实》第1卷第2期发表《形式逻辑扬弃问题》。9月，离开重庆，返广西大学任教。冬初，桂林八路军办事处负责人曹瑛受周恩来之托去看望李达并给以经济上的接济和政治上的关怀，李达多次被邀请给办事处的工作人员讲授唯物辩证法。（参见宋俭、宋景明编《中国近代思想家文库·李达卷》及附录《李达年谱简编》，中国人民大学出版社2015年版）

李克农是秋在桂林八路军办事处向昌复等传达南方局指示："主要内容是演剧队当前的主要任务还是长期隐蔽，保全实力，团结一切要求进步和爱国的人，反对国民党的顽固分子。各地情况不同，必须根据各地具体情况灵活处理。国民党内也有不同派别，余汉谋与张发奎不同，李宗仁和白崇禧也不完全一样，所以应该利用这些矛盾保全自己。要广交朋友，扩大抗日统一战线，但一定要坚持原则，不演一出反共戏，不唱一支反共歌，又要邀慎小心，不要冲动急躁，不要自己戴上红帽子。如有遇到被强迫入党时，可拖则拖，拖不下去的时候，可以集体加入，但有三点必需注意：一、必须向全队讲清楚，使大家有个思想准备，取得队内的意见一致；二、个别队员坚决不愿参加和已被国民党监视有危险的人，应设法保护他们安全离队；三、最重要的一点，不要'弄假成真'。"（参见夏衍《周总理对演剧队的关怀》，《人民戏剧》1978年第3期；文天行编《国统区抗战文艺运动大事记》，四川省社会科学院出版社1985年版）

杨东莼继续任广西地方建设干部学校教育长。2月1日，战时新闻讲习班开学后，每晚6时至9时，杨东莼与文化新闻界人士范长江、陆诒、夏衍等分别讲课。10日，在《战时教育》第3卷第12期发表文章《生活教育的远景（代论）》。同月，广西地方建设干部学校正式开办，于1940年底结束，为期两年，总共举办训练班4期，结业学生1402人，还开办了特别训练班4期。3月18日至6月26日，主持了全校性的时事专题报告会和讲演会13次，邀请胡愈之、夏衍、张志让、千家驹等到广西地干校作专题报告，有时亲自主持报告会。春，杨东莼与千家驹、张铁生、张志让、宋云彬等在桂林的知名文化进步人士担任国际新闻社的专论撰写员。4月下旬，周恩来代表中共中央赴皖南指导新四军工作，途中在桂林作了短暂停留，桂林文化教育界获悉后，特在大华饭店举行欢迎宴会，杨东莼出席。宴会结束后，周恩来又在桂林市参议会会议室接见了文教界的中共党员和爱国民主人士杨东莼、千家驹、胡愈之、张志让、周钢鸣等数十人，周恩来与他们进行了长达3个小时的谈话。5月21日，叶剑英去南岳游击训练班讲学归来，经过桂林，应黄旭初的邀请，与白崇禧骑马并行，到广西地方建设干部学校，向全校师生作题为《当前战局之特点》的演讲。演讲会由杨东莼主持。29日，在总理纪念周期间为广西地干校师生作题为《两个伟大的纪念日》的报告。6月5日，在总理纪念周期间为广西地干校师生作题为《应有公勇诚毅的精神》的报告。13、19日，在总理纪念周期间为广西地干校师生作题为《如何克服我们当前的困难》的报告。26日，在总理纪念周期间为广西地干校师生作题为《青年思想与青年职业》的报告。

杨东莼7月3日在总理纪念周期间为广西地干校师生作题为《如何纪念"七七"两周年》的报告。10日，在总理纪念周期间为广西地干校师生作题为《几个重要名词的解释》的报告。24日，在总理纪念周期间为广西地干校师生作题为《集体生活与军事管理》的报告。27日，对广西地干校第一大队学生作《除三害》的精神讲话，通过讲话扫除师生中存在的自由主义、个人主义、理想主义三害。8月4日，在总理纪念周期间为广西地干校师生作题为《纪念"八一三"与我们应有的认识和任务》的报告。12日，对广西地干校第一大队学生作题为《关于干部问题》的精神讲话。18、26、30日对广西地干校第一大队学生作《关于实习》的训词。8月，在广西地干校第二大队小组指导员办公室第六次室务会议上作《检讨工作报告提纲》的报告。21日，在总理纪念周期间为广西地干校师生作题为《纪念廖仲恺先生的意义》的报告。夏，杨东莼与胡愈之、沈钧儒、李任仁、千家驹等20余人联名正式发起，倡议集资成立文化供应社股份有限公司，并推胡愈之、陈劭先、陈此生为筹备人。先于8月1日在桂林的施家园成立了筹备处，至10月22日正式成立。文化供应社的创立，不仅适应了进步文化的需要，同时也适应了广西地方当局的需要。杨东莼主编的《文化月刊》是文化供应社出版的四大刊物之一，是政治、经济、历史、哲学、文化的综合性的大型学术刊物，写稿的多为一些知名的进步文化人如李达等，宣传进步的学术思想。夏末秋初，杨东莼将史瑞宣介绍给阮镜清，去广东连县东陂广东省立文理学院读书。

杨东莼9月18日在"九一八"8周年纪念会上为广西地干校师生作题为《纪念"九一八"》的报告。11月16日中午12时，杨东莼参与了日本反战同盟负责人、著名作家鹿地亘在乐群社举行的茶会，会上共有新闻、文艺界人士40多人，茶会介绍在华日本人民反战同盟西南支部的组织、工作等情况。12月25日，在民族复兴节纪念会上为广西地干校师生作题为《纪念民族复兴节我们应有的努力》的报告。同月，在华日本人民反战同盟西南支部在桂林成立前夕举行茶话会，杨东莼与新闻、文化界人士和各报记者共40余人出席。是年，杨东莼为宣传毛泽东的《论持久战》和《抗日游击战争的战略思想》，在不同场合作过多次宣传团结抗战、持久抗战的演讲，并在广西地方建设干部学校开设《抗战形势讲话》课程，由中共党员肖敏颂主讲并编了讲义，其后修订成书，对学生走向革命影响较大。又在广西桂林文化供应社印行出版专著《中国历史讲话》；在广西地方建设干部学校编印《杨教育长报告集（第二集）》；在广西建设研究会《建设研究》第1卷第1期发表文章《广西地方建设干部学校的自我介绍》；在《中国农村》第5卷第5期发表文章《利用文化机构来动员农民》；在《公论众书》第1、7、10—11期先后发表文章《一人当两人用》《认识敌人的企图 坚定我们的意志》《抗战以来的国内政治》。（参见周洪宇等《杨东莼大传·杨东莼生平年表》，华中师范大学出版社2014年版）

夏衍主编的《救亡日报》1月10日在桂林复刊，郭沫若任社长。同月，夏衍结识李克农。下旬，与叶剑英、郭沫若、范长江等人应邀给桂系广西学生军第二团作报告。2月，赴香港为《救亡日报》筹款，因女儿沈宁生病，回沪。3月，回到桂林。4月底，与桂林文化界田汉、欧阳予倩等百余人举行宴会，欢迎周恩来返回重庆途经桂林。10月2日，举行"文协"桂林分会成立大会。梁寒操主持大会，李文钊报告筹备经过，总会代表夏衍宣读总会贺电。大会通过了章程及组织文艺界战地访问团，开展通俗文艺运动、培养文艺青年、举办青年文艺奖等多种提案。大会选出理事25名：鲁彦、林林、夏衍、胡愈之、欧阳凡海、宋云彬、焦菊隐、艾芜、黄药眠、欧阳予倩、司马文森、周钢鸣、孟超、新波、孙陵、陈此生、陈迩冬、季平、钟敬文、孙施谊、舒群、李文钊、盛成、钟期森、梁寒操。候补理事15名：芦荻、杨晦、冯培澜、向培良、秋江、梁中铭、汪止豪、华嘉、陈原、莫宝铿、陈紫秋、汪子美、刘建庵、任重、金炜。《救亡日报》出了纪念专刊，鲁彦、夏衍、药眠、孙陵、李文钊等发表了纪念文章。11月4日，"文协"桂林分会设立文艺习作指导小组为文艺青年评改稿件。欧阳予倩、王鲁彦、黄药眠、夏衍、艾芜等参加指导。同月，夏衍再次经韶关、汕头赴香港，购置印刷机器设备。12月6日，"文协"桂林分会召开理事会，议定了要组织文艺界前线慰劳团，推定李文钊、舒群、黄药眠三人负责筹备。同月，夏衍经海防、河内回桂林，结识国民党桂系四十六军军长韩练成，从1939年至1946年，在周恩来、李克农的指示下对其进行策反工作。致使1947年2月解放战争莱芜战役中，这支国民党美械军被我方全歼。编写《白云故乡》(电影剧本)，署名夏衍，大地出版社出版。影片《白云故乡》，香港大地影业公司1940年摄制，司徒慧敏导演。(参见夏衍《夏衍全集》附录《夏衍年表》，浙江文艺出版社2005年版；文天行编《国统区抗战文艺运动大事记》，四川省社会科学院出版社1985年版)

胡愈之 1月2日与沈钧儒、邹韬奋、史良、张申府等20人致电蒋介石，申讨汪精卫叛国投敌。2月，离重庆赴香港，主要处理香港国际新闻社之事。3月1日，在《世界知识》第9卷第2期上发表《从张鼓峰到海南岛》一文。15日，《建设研究》刊物在广西创刊，胡愈之、金仲华、千家驹、范长江等为主要撰稿人。4月，胡愈之经越南回桂林。其间在越南作考察，撰写《南行散记》小册子。5月，在《中学生》杂志复刊号上发表《五月是反侵略月》《反侵略阵线的建立》两文；在《中学生》杂志第2期上发表《反侵略战线在酝酿中》一文。6月，在《中学生》杂志第3期上发表《阵线与同盟》一文；在《中学生》杂志第4期上发表《日寇往哪里走？》。7月，在《中学生》杂志第5期上发表《"七七"二周年纪念》一文。8月，在《中学生》杂志第7期上发表《远东慕尼黑能够成功吗？》一文。9月，在《中学生》杂志第8期上发表《八月的欧洲与远东》一文。10月，出任文化供应社董事和编辑部主任。将《救亡日报》救国会办的《国民公论》迁到桂林，继续出版。同月22日，胡愈之等进步文化工作者与广西地方人士10联合发起成立文化供应社，主要出版有《通俗文库》《青年新知识丛书》《少年文库》《时事问题丛刊》《世界大战丛刊》《国民教育丛书》《中国近百年史丛书》《学术丛书》等。(参见朱顺佐、金普森《胡愈之传》及附录《胡愈之生平大事年表》，杭州大学出版社1991年版)

李任仁、陈劭先继续任广西建设研究会常务委员。为了防止国民党顽固派对广西建设研究会的干扰破坏，经李任仁等研究，《建设研究》《时论分析》两种刊物的审核工作交由另一位研究会常务委员、著名爱国民主人士陈劭先负责。这两种刊物很快传遍海内外，"连当时在延安的毛泽东也是订户之一"。3月15日，《建设研究》月刊在广西桂林创刊，由广西建设研究会编辑并发行，为广西建设研究会出版的主要刊物。主要撰稿人有李宗仁、白崇禧、黄旭初、邱昌渭、林励儒、张志让、沈钧儒、姜君辰、张铁生、张先辰、张锡昌、狄超白、陈劭先、莫乃群、周钢鸣、陈此生、李任仁、万仲文、傅彬然、杨东莼、焦菊隐、欧阳予倩、邵荃麟、李济深、李四光、夏威、雷殷、谭辅之、陈雄、朱朝森、苏希洵、黄钟岳、钱实甫、苏国夫、亢真化等。该刊以以建设广西，复兴中华为宗旨，重在促进民族文化，适应战时建设需要起见，以资提倡学术研究，鼓励著作事业为宗旨，主要探讨有关广西政治、经济、军事、文化、教育等各方面的建设问题，同时也刊载战时日本的政治、经济、军事等问题的论著、时评。主要栏目有研究报告、会务报告、建设资料、广西动态、专著、特载、选载等，本刊刊登有总理遗教的理论或计划方面的专著,各种哲学科学的专著,广西建设事业理论方面或计划方面的著作,各种学术译著,广西建设问题的研究,文艺作品等。

按:《发刊弁言》曰:"本会成立,已逾两月,在此两月中,各部室工作,正在开始计划进行,因之,会务较为单简,材料亦较为短小,本刊延至今日诞生,原因殆即在此。关于本会成立使命及其经过,其详已载本刊,《建设广西的重要性》《广西建设之新阶段》与《本会成立经过》中,读者不能探索,毋俟赘述。本刊任务,端在就本会各部室工作情形及部研究所得结果,加以汇编,作者有系统之纪录而已,故其发刊日期,殊无一定,而其性质则与'公报'无异。本期材料之搜集,系以截至十一日底为止,同时因付印仓卒,对于文字整理,概从简略,至于印刷校对,殊感困难,因之,迂缓谬误之处,在所不免,此后自当逐渐改进,臻于完善,如承读者不吝指定,尤所企盼。兹当发刊伊始,爰志数言,述其梗概如上。"1943年6月起,《建设研究》月刊改为季刊,仍属综合性学术刊物。1944年6月10卷1期出版后停刊。(参见李宗仁等编著《广西之建设》(下),广西建设研究会1939年版;黄伟林《抗战时期的广西建设研究会》,《广西文史》2015年第3期)

陈劭先、陈此生与救国会代表胡愈之筹设桂林文化供应社,该社名义上是广西建设研究会与救国会合作创办的出版发行文化股份有限公司,实际上却是中共在桂的重要文化机构,其性质与当时桂林的生活书店、读书出版社、新知书店类同。在主导广西建设研究会参与宪政运动、掩护中共党员及进步人士以及桂林抗战文化城的发展做出了重要贡献。10月22日,"假广西建设研究会举行创立会,通过公司章程,选举万仲文、陈劭先、陈此生、李任仁、胡愈之、沈钧儒、方振武、杜重远、邱昌渭、孙仁林、林砺儒等十一人为第一届董事,雷沛鸿、阳叔葆、苏希洵为监察人。首次董事监察人联系会议中,各董事互选李任仁为董事长,聘定陈劭先充任社长""陈此生为总务部主任兼秘书,负责日常行政工作,胡愈之为编辑部主任,总揽编辑出版业务。编辑中有党员与非党员进步人士,如张志让、曹伯韩、宋云彬、傅彬然、王鲁彦、林山、杨承芳等",且大多为八路军驻桂林办事处负责人李克农所推荐。是年,陈劭先在《广西建设研究会一年来概述》一文中介绍广西建设研究会政治部工作计划:(一)关于广西政治建设研究分为下列四种:1.一般的理论体系之构成。2.各种具体方案之建立。3.咨询案之检讨与答复。4.各种研究成果之汇编。(二)关于全国政治建设研究分为下列四种:1.宪法案之研究。2.中央法制与广西法制之比较研究。3.实施宪法之具体办法。4.各种政策之研究。(三)关于国际政治问题研究分为下列四种:1.一般国际政治动向。2.远东政治问题。3.战时国际公法新资料之搜集及检讨。4.与广西有关系之国际条约之检讨。(参见李宗仁等编著《广西之建设》(下),广西建设研究会1939年版;黄伟林《抗战时期的广西建设研究会》,《广西文史》2015年第3期)

范长江与胡愈之筹建的"国际新闻社"10月20日在长沙成立。11月21日,"国际新闻社"在桂林环湖路20号成立总社,具体由八路军桂林办事处主任李克农领导。范长江任社长兼采访部主任,副社长是孟秋江,黄药眠任总编辑。范长江后因事离开桂林,社务就由孟秋江代理。"国新社"的任务是向报纸、刊物发新闻通讯稿和专论稿,发稿的对象和范围主要是当时国民党统治区的报纸和海外华侨办的报纸。它的言论态度是抗日和民主,方针是"坚持抗战,反对投降;坚持团结,反对分裂;坚持进步,反对倒退"。后香港原有的国际新闻社(由恽逸群领导)也并入"国新社",改为香港分社。另在重庆、金华设办事处,在国内有各地通讯站400处(多由"青记"成员负责),海外通讯站150处,形成了一个遍布海内外的通讯网。稿件来源不仅有国统区、海外爱国华侨来稿,还有各解放区、游击区的通讯报道,特别是一些著名国际问题专家的特约稿件,深受各报刊和读者的欢迎。创办初期,曾一度获得国民党中宣部国际宣传处的好评。是年至次年夏,为"国新社"的全盛时期。(参见魏华龄

《范长江与国际新闻社》，《文史春秋》2009年第2期）

范旦宇、王心恒、徐鋆先后主持的《桂林晚报》6月18日在广西桂林创刊。由《广西日报》主办，国民党军委会西南行营政治部出资协办，为抗战时期也是桂林晚报史上最早创刊的一家晚报，开了桂林晚报的先河。

竺可桢继续任浙江大学校长。1月10—15日，到贵阳、都匀、独山、河池，为浙大西迁勘地。16日，在浙大纪念周上讲西南发展与抗战前途，认为形势发展已对我有利，持以年月，自可期得最后胜利。20日，主持浙大校务会议，议定将现文理学院改组，分立为文学院与理学院。28日，出席宜山各界纪念"一·二八"7周年大会并演讲，指出"从历史地理眼光断定。我国之抗战必胜"。29日，捐出《生活日记》、张侠魂之手杖等珍品，参加浙大之义卖献金活动，以为抗日筹款。2月1日，致函浙大教务长郑晓沧，表示拟捐奉1000元，建立"侠魂女士奖学基金"，奖给家境清贫成绩优良之女生。4日，对浙大一年级新生讲演《求是精神与牺牲精神》，述浙大的演变历史，论及科学家的"求是"精神与牺牲精神。及各同学进校所负之特殊使命，指出：求是的路径，就是"博学之，审问之，慎思之，明辨之，笃行之"。单是博学、审问还不够，必须深思熟虑，自出心裁，独著只眼，来研辨是非得失。认为将来的领袖人物，不仅求得了一点专门的知识就足够，"必须具有清醒而富有理智的头脑，明辨是非而不徇利害的气概，深思远虑，不肯盲从的习惯，而同时还要有健全的体格，肯吃苦耐劳，牺牲自己努力为公的精神"。讲演词刊于《浙江大学西迁纪实》。同日，决定派郑晓沧、陈训慈到浙东筹办一年级分校。2月5日，敌机18架狂炸宜山，投弹170余枚，浙大东宿舍、大礼堂、训育部导师室等，或全损或损其一部。6日，发急电至重庆、南昌、金华各处，说明浙大被炸，师生均安。同日，在浙大纪念周上报告，劝勉学生不要惊恐。指出日寇若以为用此种狂炸不人道之行为，可以摧毁我国高等教育，威胁中国之屈服，则徒见其心劳日拙，且适得相反的结果。时至今日，全国军民，也因日寇残暴日甚，而愈加勇敢，愈加坚定。

竺可桢2月7日主持浙大校务会议，议定：成立校舍委员会；以校长为主席；成立战时课程调整委员会；发起浙大同人捐款，救济受灾同学。9日，嘱校长室秘书诸葛麒搜集浙大自杭州迁赣、桂之各种材料，以为异日作浙大历史记载之用。13日，在浙大纪念周上讲话。指出敌人暴行愈甚，吾人更应表示出忍受苦难之伟大力量。敌我相持，在于以我较小之牺牲，获敌重大之消耗，以争取最后胜利。17日，主持浙大校务会议，报告按教育部令在浙南设立分校；通过恢复特种教育委员会；修改校务会议代表选举办法及本校组织系统。22日，主持浙大行政会议，讨论学校迁移问题。次日自宜山出发到贵州勘察迁校地点，途经贵阳，渡乌江至遵义，并派人往瓮安及湄潭二地勘察。3月2—9日，在重庆出席第三次全国教育会议。会议分8组审查提案，竺可桢任高等教育组审查委员，并在全体会议上报告浙大宜山被炸情形。4日，在重庆与陈立夫谈摆脱浙大事。8日，教育部张廷休在重庆嘱填国民党入党书，未允。对于作大学校长即须入党的做法不能苟同。13—14日，在昆明出席中研院第一届评议会第四次年会。在会上报告气象所情况。15日，在昆明出席中研院院务会议。18日，由昆明飞重庆。至气象所处理事务。至教育部晤陈立夫谈浙江省设分校及迁移等问题。

竺可桢3月23—26日由重庆再到贵州遵义、贵阳、平越、河池，进一步勘察校址。4月3日，在浙大纪念周上谆谆叮嘱同学们恪守纪律，保持秩序，体念时艰，谨记大学生之使命，加倍刻苦努力。6日，致函中华教育文化基金会董事兼干事长任鸿隽，请对气象所之建筑费给予支持。11日,为气象所迁滇与迁北碚事致函任鸿隽及吕炯,认为从长远考虑迁昆明为下策,但如因经费不足,迁北碚也可。留重庆不动而将书籍存败一处,不开箱使其霉烂,则为下策。17日,领导浙大全体教职员、学生举行"国民公约"宣誓典礼。略述宣誓之重要与全面抗战之意义。19日,主持浙大行政谈话会与迁校委员会联席会议。决定派梅光迪赴渝与教育部接洽,申述迁校之缘由。28日,致函赵元任,介绍浙大近况及对国际形势与战事的看法。认为浙江大学目前还在广西宜山,而没有搬到西藏或是关门大吉,这的确是可以乐观的。日本决不能再支持很长的时间,不过最大的困难还在战事结束以后。在宜山最大的恐怖,不是日本的炸弹,而是恶性疟疾。广西各大城药房所有的阿的平和扑疟喹啉,统为浙江大学购买一空。5月1日,浙大纪念周开始点名及读《青年守则》12条。记"余对于朗诵此种十二守则可称十二分不赞同。此等和尚念经之办法,奉行故事,于学生毫无益处,浪费时间而已"。6日,为气象所卢姿著《天气预告学》作序。8日,领导举行浙大总理纪念周。讲话中谆谆诱导学生要努力参加抗战大业,处兹大时代,决不应袖手旁观。9日,参加宜山各界"五九国耻纪念大会",任大会主席。讲演中略述此次对敌奋起抗战之伟烈,经济不敝与民众之团结,尤出敌之意外。此为我胜利必得之基点。14日,教育部同意浙大迁贵州。15日,教育部照准浙大增设农业化学系。由此,浙大于本年暑假后,将有五院(文、理、工、农、师范)24系。28日,应邀为浙大土木工程学会作学术演讲,讲题为《测天》。讲稿刊于《国立浙江大学校刊》。

竺可桢6月2日主持浙大迁校委员会会议,大体赞成迁湄潭。3日,参加浙大学生"六三"禁烟百周纪念演讲比赛并致辞。5日,在浙大总理纪念周上报告迁校问题,述教育部仍主迁黔,黔省府亦竭诚欢迎,惟迁移入黔,交通运输,实多困难。9日,偕浙大生物系教授张孟闻与胡刚复从宜山出发,经独山、贵阳、遵义、溪水到湄潭,视察校址及迁校途中之交通运输与交通工具问题,并联系迁校经费。在湄潭应邀出席各界21团体之欢迎大会。在贵阳曾往地母洞察看《四库全书》贮藏情况。21日,教育部令其担任1939年度国立各院校统一招生桂林区招生委员会主席。26日,返抵宜山。7月7日,参加宜山卢沟桥抗战"七七"两周年纪念大会,演讲"二年来抗战之检讨"。16日,在浙大第12届毕业典礼上致词。勖勉毕业同学出校后须有正确之人生观,为名为利均有弊端,只知为社会服务、不顾名利而自然可得成功。人生目的如为社会服务,则事业的成功,即是个人的成功。谆谆诱导学生"立定主见在社会上做事,一个人的职业赖有专门技能,但尤贵能应用思想"。勉励学生须具有入世服务的精神,肩负起抗战建国重任,埋头苦干,不以成败毁誉为念,惟以是非正义为辨,服膺浙大校训"求是",努力为国服务。24日,教育部批准浙大成立文科研究所史地部及理科研究所数学部。同日,接中央研究院会计处主任王敬礼与中央图书馆馆长蒋复璁函,为陈汲做媒。复函允之。31日,亲临送行浙大夏令讲习会社会服务组收获队出发,赴小龙乡帮助收获工作。又陪同前往莫村,与乡长及各村、甲长相见,致辞说明浙大来此之使命及收获队之意义。8月1日,在浙大精神总动员8月月会上,勉励同学"能格外警惕,格外奋勉,格外策励,时时以争取胜利、复兴民族为念"。28日,出席宜山各界教师祭孔典礼,为主祭人,述孔子诞辰为教师节的意义。称孔子为我国数千年文化之导师,今后欲发扬我国传统文化精神,尤赖全国教师笃行圣道以推行之。31日,在桂林至科学印刷厂晤汤浩,嘱印《张侠魂纪念册》300份。同月,撰《国立浙江大学宜山学舍记》;与中大校长罗家伦等16位校长联名发出两电。

按：一致纽约哥伦比亚大学校长白特勒，并转美国各大学校长、教授，对罗斯福总统废除美日商约表示赞佩，吁请立即采取更具体之行动，禁止战事资源输往日本，并敦促从财政或其他方面，积极援助中国。一致英国牛津大学校长、副校长及全体教授，并转英各大学校长副校长、全体教授，请转恳英国政府，给中国以任何可能之援助，尤请注意于中国法币稳定问题。同时并吁请停止东京会议。

竺可桢9月1日到重庆。在渝期间，数次至教育部商谈浙大教育经费及建筑经费事。又至北碚气象所处理事务。21日，在嘉定与陈汲订婚。22日，在重庆往晤教育部长陈立夫，谈浙东分校经费问题。23日，在重庆晤朱家骅知中英庚款决办地理与蚕桑二研究所；补助浙大12万元建筑费已通过。25日，在重庆出席中研院基金保管委员会第四次会议。决定拨给气象所3万元为建筑北碚新址及购置发电机之用。同月，任三民主义青年团中央监察会监察。10月初，1939年度浙大建筑委员会成立，兼任主席。10日，宜山各界举行双十节庆祝大会，被公推为主席。致词中述湘北会战结果，证明我是愈战愈强，敌是愈战愈弱，坚信我们如能更加努力，不难将日敌驱出国土之外。16日，在浙大纪念周上报告学校聘任变动情况：教务长郑晓沧因病留浙东，张绍忠继任教务长；总务长沈鲁珍辞职，贺壮予继任总务长；训导长新聘姜琦，不日来校；文学院院长梅光迪；理学院院长胡刚复；工学院院长李熙谋；农学院院长蔡邦华；师范学院院长王季梁。这是来浙大后较大的一次人员变动。23日，在浙大纪念周上，以本校不久将迁入小龙乡新校舍，叮嘱学生对乡民相遇以礼，争端自难以启，深盼同学加以注意。11月1日，出席浙大实验学校小学部补行开学典礼仪式并致词，希望实验学校成为本地小学的模范。6日，在浙大纪念周上号召全校师生为前方将士捐募寒衣；有钱出钱，有力出力。24日，阅陈科美著《教育与适应性》。书中的主要观点是"中华民族如欲生存于此世界，必须改造其特性，使由被动而改为自动，消极而改为积极"。28日，主持浙大校务会议。由于时局紧张，会议决定迁校，即日组织迁校委员会，迅即拟定紧急应付办法。29日，主持浙大迁校委员会会议。决定派李熙谋、张其昀入黔勘觅校址；派胡刚复前往三江、三合等处调查运输图书、仪器路线；另组迁眷委员会及成立指导学生迁移组。12月2日，致函教育部。报告以桂局紧张，移校已不容缓，决定移黔。恳请解决车辆及拨经费8万元。6日，浙大部分教职员及家属离宜山赴贵州都匀。15日，召集浙大一年级学生谈话，述国家之困难、大学之颠沛流离、各位在现代人欲横流之世应持之态度。19日，李熙谋、张其昀已勘定黔北遵义为浙大新校址。26日，竺可桢致函教育部，申述理由，坚持迁校于黔。30日，决定在文庙立一石碑，以为浙大驻宜纪念。（以上参见李玉海编《竺可桢年谱简编》，气象出版社2010年版）

刘千俊时任遵义专署专员。3月7日，致函湄潭县长严溥泉，告竺可桢曾来此谈及浙大有移黔省之意，嘱尽量代为计划寻觅。认为如浙大真能迁来，对于湄潭前途、文化、经济及其他建设都有很大裨益。6月2日，竺可桢主持浙大迁校委员会会议，大体赞成迁湄潭。遵义专员刘千俊亦极赞成迁湄潭。（参见李玉海编《竺可桢年谱简编》，气象出版社2010年版）

梅光迪3月在《国命》发表《英美合作中必然性》。4月19日下午，浙江大学校务会议决定派梅光迪赴重庆与教育部接洽西迁之事。6月2日下午，浙大迁校委员会会议听取梅光迪赴重庆接洽情况报告。8月，浙江大学将文学院从文理学院独立出来，梅光迪任首任院长。（参见眉捷《梅光迪年谱初稿》，海豚出版社2017年版；李玉海编《竺可桢年谱简编》，气象出版社2010年版）

缪钺继续在浙江大学中文系任教。1月1日，缪钺拜访马一浮，马一浮出示旧作词二首。29日，马一浮赠缪钺五言长律二十韵，题为《宜州书怀奉答彦威惠诗赠别二十韵》。此前,缪钺有《奉送马浮先生入蜀讲学》。2月5日,日寇飞机轰炸宜山,浙大校舍一部分被毁。7至9月,宜山分别于7月21日、8月28日、9月15日遭受日寇三次空袭,缪钺全家居山洞数日。10月,在缪钺交往较多的浙大教员中,刘永济、贺昌群辞职他就,而新应聘者中,则有旧识刘节。11月13日,当选为校务会议教员代表。校务会议教员公推代表10人,计费巩、顾谷宜、徐季旦、杨耀德、缪彦威、储润科、陈建功、胡建人、舒鸿、钱琢如。冬,浙大决定寒假中北迁贵州遵义。缪钺乘机往江安接取家眷。自宜山动身后,于12月14日抵达贵州都匀。岁除之夜,仍栖泊贵州都匀等车,友人王星贤招饮。(参见缪元朗《缪钺先生生平编年(1904年—1978年)》,载《魏晋南北朝史论文集——中国魏晋南北朝史学会第八届年会暨缪钺先生百年诞辰国际学术研讨会论文集》,巴蜀书社2006年)

费巩、张孟闻、缪钺、王庸、贺昌群等11名教授2月8日签名,托张其昀转请竺可桢早定浙江大学迁回杭州之计。是年,贺昌群应马一浮之邀,离开浙江大学,至四川乐山佐理复性书院事务,不久因办学方针相左而离开。

郑晓沧受浙江大学校长竺可桢之聘,6月任浙南龙泉分校主任和"特约教授",负责掌管龙泉分校事务。

任美锷获英国格拉斯哥大学博士学位,回国到浙江大学任教。

丰子恺任浙江大学讲师、副教授,随西迁中的浙江大学辗转迁移,先后执教于广西宜山和贵州遵义,为浙大师生讲授艺术教育和艺术欣赏等课程。

过祖源、郑恒兴、刘志扬、孙桂芳等人7月在贵阳发起成立中国战时环境卫生学会,以"联络战时环境卫生工作人员,以相鼓励观摩研究与切磋,而共谋战时环境卫生之改进"为宗旨。

庞薰琹深入贵州民族地区作实地考察研究工作。

钟天心主编的《新军》半月刊8月5日在广东曲江创刊,方天白、左恭、黄中厪、叶兆南、缪培基、钟敬文等任编委。

王造时创办并任社长兼发行的《前方日报》5月在江西吉安创刊,王泗原、冯英子历任总编辑。

萨本栋继续任厦门大学校长。1月10日,萨本栋校长暨厦门大学全体教授发出通电,怒斥汪精卫;3月间,萨本栋又与全体教职员学生,通电声讨汪精卫在南京成立伪组织。春季开学后,抗战形势更其严峻。武汉撤退,长沙大火,海南沦敌,南昌失守。敌机频繁轰炸福建内地,长汀数次被炸,校舍受到一定破坏。从整个战略上看,福建将成为须单独作战的"孤岛"。萨本栋校长着力于充实师资队伍,提高教学质量。尽管长汀远离抗战期间的文化教育中心,名教授大都不愿前来,但依然想方设法;多方延聘,继1938年新聘李培囿等12位教授、副教授之后,本年又新聘了谢玉铭、傅鹰、黄开禄、肖伟信、朱家忻、李琮池、陈旭、刘晋桎等一批著名教授前来任教。9月,当萨本栋与校总务长彭传珍到陪都重庆办理公务时,蒋介石特于9月22日召见了萨本栋,指出厦大"现为东南唯一国立学府,政府属望甚厚。"教育部长陈立夫,也以"厦大困处长汀,辛苦奋斗,校务蒸蒸日上,"而"尤深嘉慰"。12月,教育部司长吴俊升致萨本栋信中,更赞誉厦大"为东南最高学府,逼近战区,仍能处以镇静,弦诵不绝,益见硕划蕙筹,深为当局嘉许。"行政院政务处长蒋廷黻率领国民政府巡视团到湘、粤、赣、闽等省,特意来汀视察厦大,回重庆后在巡视报告中赞扬道:"迁至长汀之厦门大学,为粤汉路以东仅存之唯一最高学府,上年经常费不过二十万,但厦大今已成为国内最完备大学之一。如将厦大经费予以增加,并令酌添校舍,俾得从事扩充,其于东南高等教育,将必有更大之贡献。"(参见洪永宏编著《厦门大学校史》(第一卷)及《厦门大学校史大事记》,厦门大学出版社1990年版)

袁忠珩在《浙东校刊》第3卷第15—16期合刊发表《科学与抗战建国》,文中写道:我们首先要认清目前已不再是人与人争斗的时代了,而早已跨入人与机器或思想相斗的血腥气的大时代了。科学既能克服天空,克服陆地,克服海洋,克服一切,当然亦能克服战争,近代战争的科学化,是谁都承认的,科学既能被人类的聪明误用作残杀的工具,那么,要纠正其错误也唯有科学,除了科学是没有法遏止近代科学化的战争的。因此,"我深深地相信,要抗战与建国有着美满的结果,必须应用物质科学的力量",我们这个具有四五千年高超伟大文化的国家,也就不会"再受素不在眼的倭寇的凌辱了"。(参见郑大华《论"抗战建国"话语下"学术建国"的讨论》,《浙江学刊》2020年第3期)

冯雪峰2月18日《抗战文艺》第3卷第9—10期合刊发表《关于"艺术大众化"》,后收入《鲁迅论及其他》。3月1日,骆宾基到义乌来访,冯雪峰与他长谈长征、毛主席至深夜,感情洋溢。在这一时期内,冯雪峰确实专注从事关于长征的创作。下半年,由中共中央东南局组织部恢复组织关系,任中共中央东南局文化工作委员会委员。(参见包子衍《雪峰年谱》,上海文艺出版社1985年版)

骆耕漠、邵荃麟任主编的《东南战线》1月20日在浙江金华创刊,编委有王闻识、单建国、刘良模、万湜思、徐进、查民愈、杜麦青、葛琴等。特约撰稿人有薛暮桥、孙冶方、吴大昆、宾符、夏征农、聂绀弩、艾青、王任叔、姜君辰、严北溟、张锡昌等。

聂绀弩到浙江金华,先参与中共浙江省委文化工作委员会机关刊物《东南战线》,6月起任替代它的半月刊《文化战士》主编。

徐特立1月13日应中国农村经济研究会和生活教育社的约请,在桂林施家园39号杨东莼住处讲述农民问题和解放区的教育工作。16日,中共中央南方局正式成立,周恩来任书记,周恩来、博古、凯丰、吴克坚、叶剑英、董必武等6人为常委,徐特立与吴玉章、邓颖超、廖承志、张文彬、刘晓、高文华等任委员。年初,经贵阳去重庆途中,应袁超俊之邀,给贵阳达德学校的师生以及一些中上层知识分子和进步青年讲国际、国内形势。2月初,出席中共湖南省委在邵阳八路军驻湘通讯处召开的扩大会议。出席会议的有中共湖南省委委员、特委、部分县委负责人、《观察日报》和部分抗日救亡团体的党的负责人共计30多人。高文华部署了新形势下湖南党组织的工作方针和政策。会议选举高文华、聂洪钧、徐特立、任作民、郭光洲、蔡书彬、王涛等为中共湖南省委委员,帅孟奇、袁德胜为省委候补委员,高文华任书记。4月23日,撰写《湖南统一战线工作报告——一九三九年二三两个月的工作》,向中央汇报。5月5日,因湘江书店遭敌机轰炸被毁,在徐特立的指导下,衡阳五五书店成立,发行进步书刊。同时,编辑发行《半月文选》,稿件由徐特立审查把关。8月1日,湖南省第一届临时参议会成立,选举赵恒惕为议长,陈润霖为副议长。其间,中共湖南省委曾推荐徐特立、任作民、王凌波、李涛、王涛、李富春、谢觉哉、李维汉、董维键等13人为参议员,均被薛岳拒绝。8月11日,八路军驻湘通讯处暂停办公。徐特立以八路军驻湘代表名义对外,王凌波以八路军总部秘书名义协助徐特立工作,其他人员被分配到桂林、重庆两地八路军办事处。13日,在徐特立和中共湖南省委的影响和推动下,湖南乙派(何键派)领袖刘岳厚在茶陵创办《开明日报》,刘岳厚亲任社长,聘中共党员黎澍任总编,编辑人员大多由中共党员担任。报纸坚持团结抗战的方向,并大量采用国新社从桂林发出的解放区通讯。

徐特立所撰《精神总动员和抗战戏剧》一文刊于 10 月 26 日长沙《抗战日报》。文章指出:"精神总动员主要的目的,是为了粉碎敌人和汉奸们的新阴谋,争取抗战的最后的胜利。我们要使所有还没有参加到抗战阵营来的同胞们,全体站到求民族解放的旗帜下面,集中一切的力量和意志,在民族和国家利益高于一切的原则下,一致抗战!"同日,与王凌波等转移到衡阳,住小西门外辖神渡。11 月 9 日,因再次接到国民党第九战区通令:凡无作战部队在本战区者,不得在本战区内设立办事处及通讯处,徐特立一行被迫离开衡阳,暂去桂林。15 日,在桂林向《救亡日报》记者发表谈话,纵谈欧洲局势,指出:帝国主义战争是正在扩大,反战的组织也同时扩大着,这是两个基础上的对立;英法同盟与德国的对立,终于要在两个基本的对立上起变化的。11 月下旬,经请示中共南方局,与王凌波转移到湘潭,坚持在湘工作。同月,与李克农一同会见文化界知名人士夏衍、田汉、洪深及厦门儿童救亡剧团等。12月 4 日、12 日,王凌波、徐特立先后重返长沙,住南门外白沙井岭五号白沙草庐。是年,徐特立在长沙已经建立文抗会、记抗会、学抗会的基础上,支持吕振羽、李仲融、谭丕模等中共党员,以文化名流的身份,团结各界进步人士,相继成立职抗会、工抗会、农抗会、中苏文协湖南分会、青年服务团、世界语学会等团体,广泛开展抗日救亡活动。(参见《徐特立年谱》编纂委员会编《徐特立年谱》,人民出版社 2017 年版)

翦伯赞年初在湖南继续主编《中苏》半月刊,并继续在设于湖南溆浦的民国大学教授"历史哲学""苏联研究""经济学说史"和"中国经济史"等课程。《中苏》半月刊由中苏文化协会湖南分会,国民党元老、司法院副院长、湖南革命前辈、桃园三杰之覃振任会长。翦伯赞在湖南的两年多时间中,充分显示了善于从事统战工作的卓越能力和善于为文的杰出才赋。3 月 26 日,翦伯赞致欧阳敏纳的信中所提供的部分情况以说明他在当时的文名之高:"我现在真是满身的文债,孟超兄(即袁孟超,《世界文化》的编辑)的来信,已经在骂人。李孟达为《时事类编》索稿多次,也似乎不能不理。《持久战》为了要我写文,先付给为卖书的书价壹百元,《中苏》不消说,是非写不可。最近《国民公论》《中国农村》(陈翰笙、薛暮桥编辑)等都来信要文,尤其民大最近也出版《文化动员》半月刊,我又是一个义务作者。我已经没有自信,可以还清这些债务。"3 月间,国民党湖南省政府秘书长潘公展到沅陵"视察",把翦伯赞列为打击重点,中苏文协分会和《中苏》半月刊被列为严厉管制,沅陵的形势更加严重。中共湖南地下省工委通知翦转移到淑浦民国大学经济系任教,讲授《社会发展史》和《中国经济史》,文委谭丕模和张天翼亦到民大教书。民国大学亦称民国学院,由张学良创办于北平,张学良兼任校长。"七七"事变后南迁,1938 年迁至长沙,借居民宾女子中学的校舍,校长改由鲁荡平充任。后又西迁益阳。至 1939 年春,迁至淑浦县城外的大潭镇。

翦伯赞转任民国大学经济系后,仍兼《中苏》半月刊主编。编辑王仁忱、王时凤先后转移,另调来田朝凡任编辑。该刊在沅陵出版十余期。6 月 15 日,翦伯赞在《文化动员》第 1卷 6 期发表《论国际问题研究方法》。7 月 15 日,翦伯赞在《中苏》半月刊第 3 卷第 2—3 期合刊发表《中国社会经济政治文化之伟大的变革——纪念抗战两周年》。夏,翦伯赞支持民国大学进步学生赶走托派分子、教授兼生活指导组主任王宜昌。8 月,所著《历史哲学教程》由桂林新知书店再版,增加"再版代序"《群众、领袖与历史》一文。再版不久,即遭国民党政府查禁。自 6 月 12 日国民党军制造"平江惨案"之后,国民党湖南省党部召集各县党部书记长开了一次会,于是各县党部开始磨刀霍霍,对进步分子展开了残酷镇压以至血腥屠杀,翦伯赞的情况岌岌可危。秋,民国大学开学不久,国民党溆浦县党部书记长等数人来到民大,由宋兰阶陪同,登门"拜访"翦伯赞,用劝诱和威吓两种口气,要翦伯赞不再宣传马克思主义,翦伯赞予以严正辩驳。11月1日,翦伯赞在《中苏》半月刊第3卷第10期"苏联十月革命廿二周年纪念专号"发表《纪念人类史上最伟大的日子——十月革命》。(以上参见张传玺《翦伯赞传》及附录《翦伯赞大事年表》,北京大学出版社1998年版;王学典《翦伯赞学术思想评传》,北京图书馆出版社2000年版)

高一涵继续任两湖监察使,通过与时任国家救济总署负责人许世英的努力,帮助沈子修筹款创办小本信贷处,为大批安徽流亡到湖南芷江的难民开辟生活门路。秋,长沙大捷,高一涵奉命视察前线。从衡山乘车至渌口,孤舟北上,经株洲过湘潭至长沙。(参见高大同《高一涵先生年谱》,上海文化出版社2011年版)

王庸、沈同洽、马宗霍、谢澄平、陆祖安等12月12日被选为湖南蓝田国立师范学院院务会议教授代表,参与院务会议,议决学院的重大事项。时任国立师范学院史地系教授有梁园东、李剑农、陈守实、吴景贤、姚薇元等,唐长孺任副教授。12月30日,王庸在《国师季刊》第5期上发表《中国地理学史订补》上半部分,对《中国地理学史》稍作订补,重申其学术研究的态度。

钱基博任湖南蓝田国立师范学院教授、国文系主任。身体渐衰,长子钱钟书自上海来侍。《中国文学史》作为湖南蓝田国立师范学院教材在蓝田印行。是年,钱基博应国民党南岳抗日干部训练班教育长李默庵之请,赴南岳讲授《孙子兵法》。(参见王玉德《钱基博学术年谱简编》,载舒大刚主编《儒藏论坛》第3辑,四川大学出版社2009年版)

钱钟书转赴国立蓝田师范学院任英文系主任,并开始《谈艺录》的写作。

马宗霍应湖南蓝田国立师范学院之聘,任教授兼教务长1年、国文系主任7年。

易祖洛、刘国鳌、郭藻森等在国立湖南大学内发起成立健行学会。

刘岳厚为社长的《开明日报》8月13日创刊于湖南茶陵。

金克木经友人介绍,到湖南长沙省立桃源女子中学教英文。与施蛰存、戴望舒、徐迟等诗人交往,创作诗歌。

姚雪垠在辗转鄂、皖、蜀等地的过程中,以主要精力创作中长篇小说,写有《春暖花开的时候》《戎马恋》《新苗》《重逢》等。

王广庆继续任河南大学校长。5月下旬,由于时局严峻,王广庆校长率领河南大学师生员工徒步北越伏牛山,经方城、叶县、宝丰、临汝、伊阳、伊川,历时10多天,行程600余里,终于抵达嵩县县城。其间,校长主持下的校务委员会曾召开会议,确定医学院留在嵩县县城,校本部和文、理、农三学院继续前进,到深山区潭头办学。潭头地处豫西深山区,北靠熊耳山,南绕伊水河,西连伏牛山,东通石门峰,三山一水,风景极其秀丽。以潭头寨为中心的十几个村落烟淡林疏,沙平岸阔,像一个不甚等分的太极图形,星罗棋布地散处在一块面积不大的盆地上。王广庆校长与当时的河南省政府要员如程潜、张钫、鲁荡平等关系密切,嵩县潭头地方乡绅又热心教育,河大把大本营放在潭头既可避开日寇又不脱离省境,经费上也有依靠。因此,搬迁潭头办学对河南大学在战争环境中求得相对的安定是非常有利的。河南大学校本部及文、理、农三个学院千余名师生员工搬迁至潭头,受到当地群众和乡绅的热烈欢迎。(参见河南大学校史修订组《河南大学校史》,河南大学出版社2012年版)

嵇文甫继续任河南大学教授。5月下旬,与河南大学师生一起从信阳鸡公山到嵩县潭头镇。秋,在河南《民国日报》上发表《河南精神》一文,开篇从绵延悠久的中原历史谈起:

"河南号称中原,亦曰中州,盖自古中国文化之中心地也。夫羲皇之事,邈哉邈矣!莫可得而言。然五千年之仰韶文化,三千年前之殷墟文化,在考古学上各划一新时代,而皆在河南境内,则既信而有征矣。自周公宅洛,郁郁乎文,后世政教,概源于此。五霸之所经营,七雄之所角逐,大抵皆环绕此中心而活动者也。嗣后千余年间,屡建帝都,东汉、北宋,称尤盛焉。夫王畿帝都之所在,冠盖辐辏,人文荟萃"。然后论南宋后中原的衰落,期望"抗战胜利后之河南,岂不俨然成一新兴大都会哉?"作者最后总结提炼究竟什么才是真正的"河南精神"? 谓"盖河南之传统精神,以'平正通达'为其特征者也。"

按:《河南精神》全文如下:

窃尝念中国真海涵地负包罗万象之伟大民族也。试任举一省区而尚论其风土人物,皆蔚然独具一种特殊之精神,如登玉山,如入瑶圃。其琳琳琅琅,光彩焕发,照耀于吾人之跟前者,皆吾民族文化根柢深厚博大之具体表现也。前者,《大公报》揭载张其昀先生《四川精神》一文。其于川中人力物力,山川形势,政教掌故,既屡加阐述,而其所以振作鼓舞四川同胞之精神,俾努力贡献于抗战建国之大业者,一篇之中尤三致意焉。夫燕赵之慷慨悲歌,江左之文采风流,英伟倜傥则广东,嵚奇卓荦则广西,孰非吾民族精神之一面。余河南人也。请一言"河南精神"可乎?

河南号称中原,亦曰中州,盖自古中国文化之中心地也。夫羲皇之事,邈哉邈矣!莫可得而言。然五千年之仰韶文化,三千年前之殷墟文化,在考古学上各划一新时代,而皆在河南境内,则既信而有征矣。自周公宅洛,郁郁乎文,后世政教,概源于此。五霸之所经营,七雄之所角逐,大抵皆环绕此中心而活动者也。嗣后千余年间,屡建帝都,东汉、北宋,称尤盛焉。夫王畿帝都之所在,冠盖辐辏,人文荟萃。故巨人长德,恢宏魁硕之士,往往出乎其间,而为一世所宗仰。是故老庄道家之宗也,商君法家之宗也,玄奘佛教之宗也,韩退之古文之宗也,二程理学之宗也,韩魏公宋之宗臣,而岳武穆尤抗敌御侮尽忠报国者之所宗也,皆河南产也。若此者,遽数之不能终其物焉。河南人文之衰,其起于宋室南渡之后乎? 其时北方沦陷,文化南移。七百年来,此中国古文化中心地,虽不无一二豪杰之士挺生其间,然以视昔日跄跄济济,辉煌灿烂之景象,则邈乎不相及矣。

夫中国文化中心地之推移,自北而南,自内地而沿海,其由来久矣。昔汉人尝言,"游戏宛与洛",而唐人则曰"人生合当扬州死",及宋以后乃云,"上有天堂,下有苏杭",而今则竟言沪汉港粤矣。古人言繁华每称"五都之市"。而所谓"五都"者,曰洛曰宛,河南已占其二,其余若邯郸、若临淄,亦皆在北方,只一成都在长江流域,乃亦位于其最上游者。然今则宛洛皆夷为二三等都市,邯郸临淄更无足称矣。然则河南人文终无复兴之望乎? 曰,恶! 是何言! 夫地理条件之影响于人文,乃适应历史发展之阶段而递有变易者也。粤稽禹贡,扬州之地,厥土涂泥,厥田下下。三江五湖之利,盖尚非民所能受用者。若夫大河南北,平衍旷荡,沃野千里,对于初入农业社会之民族,自为其最适宜之农业场所。中国古文化之萃集于中原,实有其一定之历史条件存焉,爰及后世,因农耕技术之进步,工商业之发展,中国人经济生活之范围日益扩大,于是长江流域,昔视为蛮民族之蹂躏,衣冠文物,遂更加速南迁,形成中国历史上之民族大转移。然河南以多年文化之积累,且帝都所在,河运四达,其中心地区犹未遽而失坠也。及南宋以后,京都既迁,河流淤废,更以海上贸易日益发展,国际关系日益密切,于是文化中心渐移向沿海各埠,而河南遂被封锁于内地,与四外繁盛区域相隔绝,其地位乃一落千丈矣。然当今形势,则又不同。自抗日军兴,国都西移,内地各省之建设运动迅速开展。如河南者,以西北之门户,当抗战之前卫,无论在军事上,政治上,经济上,文化上,皆将得全国力量之撑持,以与敌人争一旦之命。今而后,河南在全国人民心目中将日渐恢复其重要性,而河南人经此训练,亦当非复"吴下阿蒙"矣。故知河南人文之所以盛,则知其所以衰,知其所以衰,则知其未尝不可以复盛。倘异日者,黄河治、长淮导,农林兴,矿山开,合作盛行,公路密布,平汉陇海,纵横通贯,国际路线,别辟道途,开西北之宝藏,招东南之财货,则抗战胜利后之河南,岂不俨然成一新兴大都会哉?

窃尝闻之曰,"河南文不如南,武不如北"。此言似矣,而未尽然也。盖河南之传统精神,以"平正通达"为其特征者也。夫"平正通达"则近乎"中"。惟其"中"也，故当其盛时，文而不弱，武而不暴，正位居体，执道枢，秉天钧，肖然为一世重；及其衰也，则黄茅白苇，弥望皆是，平凡庸阔而无所建明。兹者，时移事易，大战方兴。吾河南耆老，其无有曷兴乎来，发扬蹈厉，奋鹰扬之威，如黄发尚父者乎？吾河南官吏，其无有竭忠尽智安扶危邦，振苦民，如东里子产者乎？吾河南士子，其无有明时务，达治体，激切呼号，如贾生者乎？吾河南富民，其无有慷慨输将，济军用，救灾荒，如卜式者乎？吾河南军人，其无有奋起行伍，驱暴敌，雪国耻，精忠大节，如岳少保者乎？军兴以来，吾河南壮丁，应征募者，不下三百万；而服务前后各方，埋头苦干者，又不知其凡几。诗云："周虽旧邦，其命维新"。继承光荣传统，迎接时代使命，发挥伟大精神。此亦千载之一时也。

马乘风等4月在河南发起成立中原文化界抗敌建国协会，以"团结文化界革命分子与青年，推进抗战建国事业，完成三民主义国家建设"为宗旨。

李蒸、徐颂明、胡庶华继续任西北联大校务委员会常务委员。1月18日，校常务委员会召开会议，决议事项为：刘拓代理胡庶华常委职务，杨立奎代理训导主任职务；请建筑设备委员会筹办教育系购买心理仪器等。19日，因国民政府要求各级地方政府和单位成立抗敌后援会支持抗战，西北联合大学正式成立"国立西北联合大学抗敌后援会"，由校常委徐诵明担任主任委员。同月，国文系主任钱玄同教授逝世，西北联大举行隆重的追悼会，国民政府给他颁发了褒奖令，黎锦熙特意作《钱玄同先生传》以示悼念。2月22日，胡庶华、徐诵明、李蒸赴渝参加全国教育会议期间，校常委及训导长、师范学院院长职务分别由刘拓、张贻惠、黎锦熙代理。3月，历史系师生对汉张骞墓进行了考古发掘，并提出了保护维修方案。4月5日，校常务委员会召开会议，决议通过校训改为"礼义廉耻"。8月14日，教育部训令联大改组，西北联合大学改为国立西北大学，设文、理、法商三个学院。医学院独立，称为国立西北医学院，设于汉中。师范学院独立，称为国立西北师范学院，校址在城固，继承北平师范大学的传统，李蒸担任院长。此前的西安临时大学和西北联合大学所组成的各校国立北平师范大学、国立北平大学、国立北洋工学院等都保有原有学校校印，李蒸、徐诵明、李书田等人也保留原有学校"校长"或"院长"名义，学生也都具有原有学校和现在学校的双重学籍和校徽。同月，随着工学院、师范学院、医学院的纷纷独立，西北联合大学解体，李蒸因被正式免去北平师范大学校长的职务，校印上缴教育部。11月6日，李蒸在西北师范学院纪念周上发表演说，说明教育部对学校的希望以及学校面临的困难，希望师生共同努力。25日，李蒸在纪念周上演讲青年训练问题，认为青年训练的成败在于师资训练，尤其是高级师资训练的成败。学校制定了训练方针，规定了训练目的、培养方向。演讲解释了校训"礼义廉耻"的意义。12月1日，学校举行国民月会，李蒸讲解《国民精神总动员》第五章，并作时事报告，勉励学生报效国家。（参见北京师范大学党委办公室、北京师范大学校长办公室《北京师范大学纪事》，北京师范大学出版社2012年版）

胡庶华继续任西北联大常委会常委。8月国立西北联大改为西北大学之后，胡庶华为首任校长。在此后的两年任期中，基本上秉承陈立夫的意旨强化国民党和三青团对学校的统治，同时迅速对人事作了调整，张贻惠任国立西北大学教务长，刘拓任国立西北大学文学院院长，刘鸿渐任国立西北大学法商学院院长，赵学海任国立西北大学总务长，张北海继续任法商学院院长。此后西北大学办学方向与校风为之一变。（参见西北大学校史编写组《西北大学校史稿》，西北大学出版社1987年版）

曹靖华、章友江、沈志远、韩幽桐、彭迪先、黄觉非、刘及辰、李绍鹏、方铭竹、吴英荃、夏慧文等一批进步教师是春相继被解聘。在此同时，教育部又通令全国各院校，解聘的教授，他校一不准再予聘任，更加激起了师生的愤怒。法商学院推举曹联亚、彭迪先二人作为被迫害教授的代表，前往校本部抗议，当面质问主管校务的三青团头目为什么要撤换院长？为什么要解聘进步教授？两位代表拍案怒斥道："不遵守聘约，不讲信义，不讲民主，迫害教师就是摧残教育！"彭迪先教授更是怒不可遏，与校常委胡庶华展开了激烈的辩论，搞得胡庶华面红耳赤，狼狈不堪。全校进步学生在中共联大地下党支部的领导下，立即向教育部和校方开展了一场请愿斗争，提出(1)反对教育部解聘进步教授；(2)要求恢复商学系俄文课程。法商学院的学生余士铭、马介云，刘养桐、伍诗缓、陈志立等同学积极发动同学进行声援。全校进步教师对学生这一正义行为积极支持。1月9日，教育部长陈立夫不得不派教育次长顾毓琇来西北联大进行整顿和弹压。中共联大地下党支部在章友江等进步教授的帮助下，经过酝酿讨论，决定围绕反对解聘教授这一主题，向顾毓琇请愿。顾毓琇一再表示要向教育部转达同学们的要求。教育部在采取了种种压制措施，仍不能制服进步师生时，便会同国民党汉中地方当局下定了镇压进步师生的决心。3月5日元宵节的深夜，几十名便衣特务，将中共联大地下党支部书记刘长菘、党员郑登材和李昌伦3人分别逮捕，并于次日清晨押解到汉中国民党陕南党务督导专员办事处关押审问。事发后，西北联大进步师生群情激愤，积极开展营救。彭迪先、章友江、沈志远等教授此时多次奔波于城固、汉中之间；王树声教授为营救一事专程从城固赶到汉中找校常委徐诵明商议办法；随后徐老同黄觉非教授同去汉中警备司令部找当政治部主任的同乡林某疏通；在重庆生活书店的邹韬奋则以国民参政员的身份发出呼吁，要求国民党立法院院长孙科主持公道，电令陕南当局释放被捕的无辜学生。经过三个月的营救斗争，国民党汉中当局迫于社会舆论的压力，只好被迫将他们释放。暑假前夕，教育部当局解聘的十多位进步教授，分别向学生讲完最后一课后，先后被迫离开西北联大，转战四川等地继续进行马列主义的宣传工作和抗日救亡工作。（参见西北大学校史编写组《西北大学校史稿》，西北大学出版社1987年版）

黎锦熙继续任教西北联大文学院院长。春，反对解聘进步教授的斗争进入高潮。黎锦熙拍案而起，公开支持师生的正义斗争。8月8日，西北联大改为西北大学之后，师范学院分出，独立设置，改为西北师院，迁往兰州。黎锦熙兼任教务主任，奔波于城固、兰州两地授课。是年，毛泽东曾将自己所写的《论持久战》寄给黎锦熙，两人终于在联系中断多年又再有了交集。黎锦熙又有《钱玄同先生传》出版。（参见黎泽渝《黎锦熙先生年谱》，《汉字文化》1995年第2期）

许寿裳3月为唐节轩跋其所藏《章师遗墨》。4月6日，清明节，联大全体师生至张骞墓拜扫。5月7日，出席钱玄同先生追悼会，亲撰挽联以吊。8月8日，许寿裳以西北联大奉行政院令改为西北大学，并将原有之医学院、师范学院分出，独立设置，任胡庶华为校长，决意辞职离陕。27日，许寿裳为何乐夫（士骥）先生题其所藏《钱玄同先生遗札》。（参见倪墨炎、陈九英编《许寿裳文集》下及附录二《许寿裳先生年谱》，百花出版社2003年版）

李建勋继续任西北联大教育学院院长兼系主任。5月10日，李建勋撰写的《国立西北联合大学教育系导师制训导纲要及其实施办法》刊于《教育杂志》，文中介绍了教育系导师制，收录了训导纲要、训导方式和调查表。11月17日，学校召开训导会议，决议事项为：推举导师5人组织学生生活指导委员会，除主任导师为当然委员外，李建勋、董守义、杨立奎、袁敦礼当选；拟定训导实施方案，附实施方针、方案要点；通过训导证书格式等。12月11日，李建勋在第八次纪念周上讲演，说明西北师院与北平师大的承继关系，希望学生学习师大校歌,并讲演《师道论》。(参见北京师范大学党委办公室、北京师范大学校长办公室《北京师范大学纪事》,北京师范大学出版社2012年版)

罗根泽继续任教于国立西北联合大学。9月,《欧阳修的改革文学意见》刊发于《经世·战时特刊》第47—48期。(参见马强才《罗根泽先生年谱简编》,载王京州编《河北近现代学者年谱辑要》,国家图书馆出版社2017年版)

陆懋德因国立西北大学历史系成立考古室,组织师生对汉中地区的文物古迹进行调查,先后发表了《汉中各县诸葛武侯遗迹考》和《汉中地区的史前文化》等论文。周国亭发表《勉县考古记实》等论文。此为西北大学最早的考古活动成果。

伍诗绥、刘养桐、张治平、杨子斌、王绍祖等西北联大学生是春发起成立自砺社,是在联大地下党组织直接领导下建立的全校读书会组织。自励社没有成文的正式宗旨,从行动中看总的目的是:学习革命理论、联络思想感情,宣传抗日救国、要求社会进步。自励社的首批成员约20多人,后来逐步发展到30多人,除上述提到的伍诗绥、刘养桐、张治平、王绍祖、杨子斌外,还有陆玉菊、马培英、康少封、祁东海、张文昺、靳爱鸾、周希贤、刘治亭、马汝庄、胡宗瑜、姚文焕、王志宏、姜沛南、庞文瑞、罗吉照、杨延寓、侯健、孙希贤、胡治珩、孟培华、史凌云、马遵德、鲍毅、王雨农、王佐才、李德三等。为西北联大后期全校最大的社团组织。(参见西北大学校史编写组《西北大学校史稿》,西北大学出版社1987年版)

岳邦洵、孙绳武、邓文惠等暑期前后发起成立文艺学习社。当时进步作家蒋牧良(中共党员)从老河口前线来到城固,在联大地下党支部的安排下,由中文系岳邦洵等人联合法商学院爱好文艺的同学,在城南一家茶馆里欢迎他,并请他介绍了抗战前线的新闻、抗战文艺活动、文艺创作及党关于文艺的政策等,大家听了都受到很大的鼓舞。会上,有人提议成立一个文艺社。出席的人一致同意。并定名为"文艺学习社",决定出刊壁报《学习》。主要成员有白诗甫、祁东海、伍诗绥、王清润、于淼、王建、卞重芸、刘衡、王雨农、陆玉菊等。该社建立后开展的主要活动是(1)阅读讨论进步文艺作品;(2)进行创作实践;(3)出刊大幅墙报,团结、吸引爱好文艺的同学。(参见西北大学校史编写组《西北大学校史稿》,西北大学出版社1987年版)

曾昭抡任团长、朱炳海任总干事的中华自然科学社组织的西康科学考察团正式组成,团员有谢息南、王庭芳、尹钦尚、朱健人、杨衔晋、严忠、冯鸿臣等10余人,分地理气象、农林畜牧、药物、工程四组,分赴西康省东南部进行实地考察。

按:考察团自1939年7月8日启程,至10月14日回到重庆,历时3个多月,总行程达3220公里。考察结束后,朱炳海等将考察资料进行整理,于1940年出版了《中华自然科学社西康科学考察报告》,报告全面反映了西康地区的自然环境、人文景观、经济生活及民族风情,具有重要的学术价值。

熊德元为社长,朱允明为副社长的西北研究社2月23日在甘肃兰州成立,以"从事于西北问题之研究,以促进西北文化,开发西北富源,改善西北人民生活,增加国家民族力量"为宗旨。

茅盾1月2日作《文化上的分工合作》,刊于《战时知识》第2卷第11期。4日,作《抗战文艺的创作与现实》,刊于1月5日《云南日报》。此系应云南大学的邀请作的讲演。5日,作《统一战线与基本工作——在"文协分会"欢迎席上报告》,刊于《云南日报·南风》第788期。同日晨7时,全家登上直飞兰州的欧亚航空公司班机。到机场送行的有楚图南等文协分会的朋友。6日,与张仲实一道去看望杜重远夫妇。在兰州等待飞新疆的班机。2月22日下午3时许,飞机抵达哈密。到机场迎接的是以哈密区行政长刘西屏为首的一群地方官员。3月11日,乘车到达迪化,盛世才在杜重远的陪同下前来迎接。盛世才亲自送到寓所,寓所在南梁一个狭长的大院内。12日晚上,盛世才在督办公署设盛宴款待,出席的有省主席李榕,化名为周彬的财政厅长毛泽民,教育厅厅长孟一鸣,民政厅厅长邱宗睿(盛世才岳父)。在宴席上,盛世才致了欢迎词,茅盾和张仲实致了答词。然后在新疆学院任教。14日,茅盾在杜重远陪同下,与新疆学院的同学见面。16日,拜访几位厅长,从而知道教育厅厅长孟一鸣是从延安来的。以后几天,他们陆续来回拜。

> 按:毛泽民说,新疆现在实行的六大政策是进步的,对抗战有利。盛世才要亲苏,要反帝,又要讲马列主义,可是手下没有干部就请我们来帮忙。他建立了一个政治组织叫新疆民众反帝联合会。他还说,盛世才多疑,忌贤,他周围一伙亲信,是他的耳目,接触时要小心。今后我与你往来也不会多,因为我这个财政厅长与你没有什么工作上的联系,而他们又不知道我和你是老朋友,这些都是为了避嫌。不过孟一鸣今后可以与你们经常联系。17日,孟一鸣也来回拜,他对我的询问提出如下建议:多观察,少说话,多做事,少出风头。

茅盾约3月20日左右应盛世才邀去谈话,提出要成立新疆文化协会,请茅盾任委员长,张仲实任副委员长。要求先立个章程,订个一年计划,尽快编出一套符合六大政策精神的小学教科书来。下旬,茅盾经过一个多星期的了解,对今后的行动定下了以下方针:工作上,以马列主义观点来宣传六大政策下的新文化,进行文化启蒙工作,教好新疆学院的课程;有选择地进行文学艺术方面的介绍和人材的培养;人事关系上,实行"坚壁清野",一切对外联系由一人出面,把德沚和两个孩子同当地社会隔开。4月8日,新疆文化协会宣告成立,被推举为委员长,张仲实以及盛世才的亲信李佩珂任副委员长,李佩珂还兼任秘书长。12日,以"首长"身份参加了"四月革命"六周年庆祝大会。同日,为新疆"四月革命"六周年纪念,在《新疆日报》发表《新疆文化发展的展望》,对盛世才的"六大政策"表示支持和拥护。此文"可以说,是我担任了新疆文化协会委员长后的一篇表态文章"。同月,《炮火的洗礼》列入烽火小丛书之六由烽火社出版。5月7日,应新疆妇女协会副委员长张谷南的邀请,在女子中学作讲演《中国新文学运动》,论述"五四"以来新文学运动的发展。刊于5月8日《新疆日报》。9日,在新疆学院作《"五四"运动之检讨》演讲,介绍"五四"运动的起因、内容和得失,基本观点仍沿用大革命失败以来对"五四"运动的评价,即"五四"运动是资产阶级领导的新文化运动,它早已走完了它的历史里程,它提出的反帝反封建的基本任务,刚由新兴的无产阶级接过来继续完成,并"必得完成"。后刊于新疆学院校刊《新芒》第1期。下旬,应《新疆日报》副总编的邀请,在报社大会议室作《〈子夜〉是怎样写成的》的演讲,刊于6月1日《新疆日报》副刊《绿州》。

茅盾6月中旬见到周恩来和邓颖超。当时周恩来骑马摔断了胳膊,在延安没有接好,要经新疆到苏联去重新接过。同月,茅盾词、陈谷音曲表《新新疆进行曲》刊于《新芒》第1卷第1期。8月初,盛世才打电话告之,赵丹、徐韬等已到达迪化,住在南梁的招待所里,嘱代表他去欢迎。18日,香港《立报·言林》发表《天南地北——迪化茅盾》。9月26日,盛世才找茅盾,让其担任中苏文化协会迪化分会会长,王宝乾、张仲实担任副会长。10月10日,在《星岛日报》第11版发表《双十纪念与"抗战八股"》。19日,新疆学院召开鲁迅先生逝世三周年纪念会,茅盾出席大会并讲话。同月,"新疆干部文化训练班"成立,招收包括13个民族在内的文化骨干学员200多名,茅盾亲自担任班主任,并聘请赵丹、徐韬、白大方等分别讲授"表演艺术""戏剧概论""编剧"等课程。11月7日,为纪念十月革命节,在《新疆日报》发表《二十年来的苏联文学》。同月,为纪念鲁迅先生逝世3年,作《在抗战中纪念鲁迅先生》,刊于《反帝战线》第3卷第2号。此文章没有谈鲁迅文学上的业绩,而是讲鲁迅先生的精神。12月,茅盾考虑如何离开新疆。与张仲实一道和孟一鸣商量,孟一鸣说慢慢来,据他分析,二人名声大,平时言行又谨慎,盛世才还不至于下手。要等待时机,不宜贸然提出辞职。月底,原来认识的塔斯社罗果夫自重庆经新疆回国休假。罗果夫通过总领事和茅盾见了面。茅盾提出去苏联的要求,未果。(参见唐金海、刘长鼎主编《茅盾年谱》,山西高校联合出版社1996年版)

杜重远任新疆学院院长,致力边疆教育。2月,杜重远邀茅盾来新疆成行。4月1日,杜重远在《反帝战线》第2卷第9期发表《介绍沈雁冰张仲实两位先生》,指出茅盾和鲁迅先生一样,"一小半靠着天才,一大半靠着自修"取得了"誉满全国""名驰中外"的成就。7月,任新疆学院校刊——《新芒》名誉社长,茅盾、张仲实、郭慎先担任编辑顾问。同月上旬,新疆学院放暑假,杜重远组织学生去伊犁旅行,一面作抗日宣传活动,一面进行社会调查。与仲实同时被邀,但因英国驻喀什新领事到迪化谈英印侨民问题和商务问题,盛世才指定作陪,未能前往旅行。后来杜重远伊犁之行成了他的"罪状"。9月23日中秋节,杜重远在新疆学院的操场上举行茶话会,一则欢度佳节,二则与演员联欢。应邀参加了茶话会。会上,杜重远对盛世才亲信一中学校长姜作周的流言发了几句牢骚。茅盾觉得不妙,拉了拉他的衣服,赶紧站起来讲了几句话,把紧张的场面圆了过去。但盛世才开始加害杜重远。下旬,在新疆学院学习的杜重远的内弟侯立达被捕。侯是作为杜的人质被捕的,是警告杜重远不要幻想离开新疆。11月,姜作周接替杜重远当了新疆学院院长。茅盾与张仲实一道辞掉了新疆学院的工作。理由是文化协会的工作愈来愈多,实在忙不过来。辞职请求得到盛世才的认可。(参见唐金海、刘长鼎主编《茅盾年谱》,山西高校联合出版社1996年版)

赵丹、徐韬等8月上旬到达迪化,住在南梁的招待所里,盛世才嘱茅盾代表他去欢迎。茅盾向他们转达了盛世才的问候,同时介绍新疆真实情况。茅盾对他们说:这里的确很复杂,给你的第一封电报是我起草的,就是想劝阻你们不要来新疆,可是你们回电说不怕吃苦。赵丹叫道:啊呀,我们还以为是客气话哩。茅盾要求他们一言一行要谨慎。当天,茅盾向盛世才报告了代他去看望赵丹他们的经过。盛世才说:可以组织一个话剧运动委员会,让他们也参加,边演话剧,边推广话剧。第二天,赵丹、徐韬他们来回拜,即把盛世才的决定告诉了他们。上旬,话剧运动委员会正式成立,成立那天,盛世才要求代表他正式宴请全体成员,表示欢迎;宴会前率领全体男演员去见了盛世才。第一次演出的剧目选完了章泯的五幕话剧《战斗》。9月18日,以赵丹等9人为基础,加上新疆学院的学生,经过三个星期的排练,话剧《战斗》于"九一八"纪念日在汉文会礼堂正式公演。《新疆日报》专门出版了《战斗》公演特刊。(参见唐金海、刘长鼎主编《茅盾年谱》,山西高校联合出版社1996年版)

史念海3—7月任平凉师范教员。10月至次年8月,任察哈尔蒙旗特派员秘书(驻榆林)。是年,所撰《保卫大西北外围地理形势》刊于《西北论衡》第7卷第8期。

毛泽东1月2日为八路军总政治部主办的《八路军军政杂志》创刊写发刊词。同日,中共中央书记处在机关合作社设宴,招待延安文艺界人士,约一百多位文艺家参加,毛泽东、张闻天、朱德、林伯渠、任弼时等中央领导人均出席并讲话。招待会后,举行了文艺演出。此次活动中,文艺家们受到很大鼓舞,纷纷发言,表示要努力创作好作品,鼓舞人民投入抗日洪流。17日,在陕甘宁边区第一届参议会开幕会上讲话,指出:抗战一定要有民权主义与民生主义。孙中山先生的三民主义——民族、民权、民生是互相配合的。没有民权主义、民生主义就不能实现民族主义,抗战就不会胜利。同日,复信何干之,论中国史研究。20日,为《论持久战》英译本写序言,题为《抗战与外援的关系》。序言说:"上海的朋友在将我的《论持久战》翻成英文本,我听了当然是高兴的,因为伟大的中国抗战,不但是中国的事,东方的事,也是世界的事。""我的这本小书,是一九三八年五月间作的,因为它是论整个中日战争过程的东西,所以它的时间性是长的。至于书中论点是否正确,有过去全部抗战经验为之证实,今后经验也将为之证实。""在伟大抗战中,基本的依靠中国自力胜敌,中国的力量也正在发动,不但将成为不可战胜的力量,且将压倒敌人而驱除之,这是没有疑义的。但同时,需要外援的配合,我们的敌人是世界性的敌人,中国的抗战是世界性的抗战,孤立战争的观点历史已证明其不正确了。""因此我希望此书能在英语各国间唤起若干的同情,为了中国利益,也为了世界利益。"30日,毛泽东给鲁艺路社常委会回信,强调文艺适合大众需要的重要性。

毛泽东2月在中共中央党校作题为《反对投降主义》的讲话。同月上旬,毛泽东会见美国合众社记者罗伯特·马丁。8日,毛泽东出席中共中央书记处会议,会议听取王稼祥关于华北华中磨擦问题的报告。毛泽东还提议设立干部教育部,管理各学校的教育方针、教学工作、招生工作等,以张闻天为部长,李维汉为副部长。会议决定党的七大延期召开。14日,出席为印度援华医疗队到达延安举行的欢迎晚会。医疗队是受印度国民大会派遣来华的,于2月12日到达延安。16日,应苏联《真理报》之约,为苏联红军建立21周年纪念写《中国军队应当学习苏联红军》一文。20日,致信张闻天,对陈伯达写的《孔子的哲学思想》一文提出商榷意见。2月25日,出席延安召开的第一次技术人员晚会,并讲话。3月2日,为聂荣臻写的《抗日模范根据地晋察冀边区》一书作序言。4日,出席中共中央书记处会议,会议讨论陕北公学和职工学校的教育方针。毛泽东发言指出:陕北公学是统一战线性质的学校,像过去的上海大学。6日,关于抗大分校的教育计划问题,同王稼祥、滕代远、罗瑞卿致电朱德、彭德怀、左权、傅钟并告一分校校长何长工、副校长周纯全,指出:原则同意抗大分校应当加强军事教育,以培养初级军事干部为目的的教育计划。

毛泽东3月12日出席延安纪念马克思、孙中山晚会,并讲话。他说:现在马克思主义与三民主义联系起来,在唤起民众和联合世界上以平等待我之民族以求达到中国之自由平等上基本上是相同的,国共应该很好地团结,长期合作。15日,在凤凰山住处会见印度援华医疗队的爱德华、卓克华、柯棣华、巴苏华、木克华5位大夫。3月29日,出席中共中央书记处会议,会议听取李维汉关于鲁迅艺术学院工作的报告。4月5日,出席中共中央书记处会议,会议听取罗瑞卿关于抗大工作检查的报告。下旬,作《五四运动》一文。文中说:"二十年前的五四运动,表现中国反帝反封建的资产阶级民主革命已经发展到了一个新阶段。"文中首次提出以下论断:"革命的或不革命的或反革命的知识分子的最后的分界,看其是否愿意并且实行和工农民众相结合。"24日,在抗大生产运动初步总结大会上讲话。26日,出席中共中央书记处会议,会议讨论国民党提出的国民精神总动员问题。5月1日,出席在延安南门外广场举行的延安各界为实行国民精神总动员及纪念五一劳动节大会,发表题为《国民精神总动员的政治方向》的讲话。4日,出席在抗大第五大队坪场举行的延安青年纪念五四运动20周年大会,作关于青年运动的政治方向的讲话。

按:毛泽东说:现在规定五月四日为中国青年节,这是很对的。中国革命现在的目的就是打倒帝国主义和封建主义,建立一个人民民主主义的共和国。中国反帝反封建的资产阶级民主革命,正规地说是从孙中山开始的。孙中山开始的革命,几十年来没有取得胜利的主要原因,是占全国人口百分之九十的工农群众还没有动员起来。在中国革命中,知识分子起了先锋作用、带头作用,但主力军是工农大众,没有工农大众的动员起来和组织起来,中国革命要取得胜利是不可能的。目前的抗日战争是中国革命的最伟大、最活跃、最生动的一个新阶段,这次抗日战争是一定要胜利的。演讲重申,看一个青年是不是革命的,"只有一个标准,这就是看他愿意不愿意,并且实行不实行和广大的工农群众结合在一块"。毛泽东演讲完毕,接受延安青年献旗,旗上书写"新中国的火炬"几个字。这个讲话编入《毛泽东选集》时,题为《青年运动的方向》。

毛泽东5月10日出席在中共中央组织部大礼堂举行的鲁迅艺术学院成立周年纪念大会并讲话。纪念会本应4月10日举行,因突击开荒推迟了一个月。毛泽东、朱德、张闻天、刘少奇、谢觉哉、陈云、李富春等多位领导人光临,并为鲁艺题词。邓发、李延禄、林彪、赵毅敏、徐一新等与会领导人也都题了词。毛泽东在讲话中说:"我只说一点而已,那就是大家要深入研究,研究马克思主义理论之外,要研究实际,不是马上观花,而要下马观花。"他还说,鲁迅给法捷耶夫的小说《毁灭》作跋说,作者写莱奋生上马、扶鞍等等,是懂得马鞍的。要写伟大的作品就必须懂得实际,要有长期的准备功夫。又说:"我们的文艺创作要有抗日的现实主义和革命的浪漫主义。"刘少奇说,在争论"国防文学"口号时,鲁迅提出"民族革命战争的大众文学"的口号是对的,是马克思列宁主义的。之后,鲁艺连续三天举行周年文艺演出,轰动延安。5月11日,中央书记处会议决定:鲁艺增加文学系,鲁迅艺术学院改名为鲁迅艺术文学院,仍简称"鲁艺"。文学系要扩大招生;增设编译部,萧三为主任。为纪念鲁艺周年,《新中华报》用一个整版的篇幅刊出《鲁迅艺术学院周年纪念特辑》,文章有沙可夫的《鲁迅艺术学院成立一周年》、赵毅敏的《鲁迅艺术学院的展望》、小山(萧三)的《"鲁艺"在国外》、徐一新的《艺术新园地是怎样开辟的》。

毛泽东5月17日出席中共中央书记处会议,会议听取和讨论张闻天关于中央宣传部工作的报告。同日,中共中央发出《中央关于宣传教育工作的指示》,共15条。其中第四条指出:"估计到中国文化运动(文艺运动在内)在革命中重要性,各级宣传部必须经常注意对于文化运动的领导,积极参加各方面的文化运动,争取对于各种文化团体与机关的影响,特别对于各种文化工作团,在必要时,可吸收一部分文化工作的同志,在区党委、省委以上的宣传部下组织文化工作委员会。"第十一条指出:"应注意宣传鼓动工作的通俗化,大众化,民族化,力求各种宣传品的生动与活泼,特别注意于戏剧歌咏等的活动。"这个"指示",指导和推动了延安和各根据地文艺运动的发展。20日,毛泽东在中共中央干部教育部召开的学习运动动员大会上讲话,指出:我们党根据历来的经验和目前的环境,在最近发起了两个运动,一个是生产运动,一个是学习运动,这两个运动都有普遍的和永久的意义。又说道:"古人讲过:'人不通古今,马牛而襟裾'""什么叫'古'?'古'就是'历史',过去的都叫'古',自盘古开天地,一直到如今,这个中间过程就叫'古''今'就是现在。我们单通现在是不够的,还须通过去。延安的人要通古今,全国的人要通古今,全世界的人也要通古今。"毛泽东特别强调:"尤其是我们共产党员,要知道更多的古今。"24日,毛泽东致函印度国民大会领袖尼赫鲁,感谢印度人民和印度国民大会给予的医疗和物质援助,并告知印度医疗队已经在此开始工作,受到八路军全体指战员非常热烈的欢迎。5月26日,毛泽东作《抗大三周年纪念》一文,指出:"抗大为什么全国闻名、全世界闻名,就是因为它比较其他的军事学校最革命最进步,最能为民族解放与社会解放而斗争。"6月1日,毛泽东出席在延安南门外体育场举行的抗大成立3周年纪念大会,作关于抗大的政治方针的讲话,同日,为英国援华委员会举行"中国周"写《中英两国人民站在一条战线上!》一文。7月7日,毛泽东、秦邦宪负责修改的《中国共产党中央委员会为抗战两周年纪念对时局宣言》发表。9日,毛泽东向陕北公学开赴华北抗日前线的同学讲话。11日,尼赫鲁复函毛泽东,说他可能在今年8月或9月来中国作短期勾留,届时希望能和毛泽东见面。20日,出席在延安中央大礼堂举行的中国女子大学开学典礼,并讲话。8月27日,致电已到重庆对中国进行访问的尼赫鲁,邀请他到延安访问,并感谢印度国民大会派遣的援华医疗队对八路军的援助。

　　按:后因第二次世界大战全面爆发,尼赫鲁于9月5日提前回国,未能到延安访问。他9月2日曾复电毛泽东,对不能访问延安表示遗憾,并向毛泽东和英勇的八路军致敬。

毛泽东8月29日在陕甘宁边区小学教员暑期训练班毕业典礼上讲话,指出:目前全中华民族的任务是,第一要坚持抗战,反对投降;第二要坚持团结,反对分裂;第三要坚持进步,反对倒退。抗战教育在抗战中占着一个重要的地位。抗战教育,一是办学校,办小学、中学、大学;二是社会教育,设立夜校,推行识字运动等。教员应当在工作中学习,应当向学生学习,向老百姓学习。在抗战教育中,知行合一是一件大事。陶行知主张知行合一,提倡生活教育,把教的、学的、做的统一起来,这在马克思主义说来,就是理论与实践的统一。现在我们的教科书中还缺少一部分,就是生活教育。9月18日,出席在中央大礼堂举行的延安各机关、学校、团体纪念"九一八"8周年大会,并讲话。24日,会见再次访问延安的美国记者斯诺,回答他提出的问题。28日,应中苏文化协会之约,为纪念苏联十月社会主义革命22周年,写《苏联利益和人类利益的一致》一文。10月1日,为延安时事问题研究会编辑、解放社即将出版的时事问题丛书第二集《日本帝国主义在中国沦陷区》一书,写题为《研究沦陷区》的序言。序言指出:中国沦陷区问题,"成了抗战第二阶段——敌我相持阶段的极端严重的问题"。序言最后指出:"这一类时事问题丛书,仅仅是材料,是重要的材料。""要解决问题就须要研究,须要从材料中引出结论,这是另外一种工作。"10月4日,为10月20日创刊的党内刊物《共产党人》写《发刊词》,指出:"统一战线问题,武装斗争问题,党的建设问题,是我们党在中国革命中的三个基本问题。正确地理解了这三个问题及其相互关系,就等于正确地领导了全部中国革命。"10日,起草《中共中央关于目前形势与党的任务的决定》。11月22日,中央政治局会议决定:吴玉章任鲁艺院长,周扬为副院长。

　　按:张颖在10月3日《新华日报》介绍改编后的鲁艺。说鲁艺以前只有一百人,现要增到四百人;院务会议、院长下面分政治、院务、教务、编译四处。分四系:文、剧、音、美。各系除系主任外,有生活及学习干事、各科代表。必修课有社会科学、哲学、艺术论、艺术讲座等;专修课是各系不同:文学系有中国文艺运动、世界文学、名著研究、写作等;戏剧系有戏剧概论、戏剧运动、导演、表演、化装术、舞台管理等;音乐系有音乐概论、音乐史、音乐欣赏、和声学、作曲法、视唱、指挥、乐器等;美术系除美术理论外,还分木刻、雕塑、漫画三个班。除四系外,还有研究和艺术指导科。

毛泽东12月1日起草《中共中央关于吸收知识分子的决定》。决定针对党内和军内存在着的不重视知识分子,不愿意大量吸收知识分子的思想,指出:"在长期的和残酷的民族解放战争中,在建立新中国的伟大斗争中,共产党必须善于吸收知识分子,才能组织伟大的抗战力量,组织千百万农民群众,发展革命的文化运动和发展革命的统一战线。没有知识分子的参加,革命的胜利是不可能的。""全党同志必须认识,对于知识分子的正确的政策,是革命胜利的重要条件之一。我们党在土地革命时期,许多地方许多军队对于知识分子的不正确态度,今后决不应重复;而无产阶级自己的知识分子的造成,也决不能离开利用社会原有知识分子的帮助。"同日,延安各界举行追悼白求恩大会。毛泽东题写的挽词是:"学习白求恩同志的国际精神,学习他的牺牲精神、责任心与工作热忱。"9日,为延安世界语协会题词:"我还是这一句话:如果以世界语为形式,而载之以真正国际主义之道,真正革命之道,那末,世界语是可以学的,是应该学的。"晚,出席在中央大礼堂举行的延安纪念"一二九运动"4周年大会,并发表讲话。12月13日,出席中共中央政治局会议,会议听取艾思奇关于准备陕甘宁边区文代会报告内容的介绍。毛泽东发言指出:我认为不提三民主义文化为好,以提中华民族的新文化为好。20日,为庆祝斯大林60诞辰,在《新中华报》发表《斯大林是中国人民的朋友》一文。21日,为八路军政治部、卫生部将在1940年出版的《诺尔曼·白求恩纪念册》作《学习白求恩》一文。晚,毛泽东出席中共中央、陕甘宁边区党委、陕甘宁边区政府等联合举行的庆祝斯大林60诞辰大会,并讲话。他指出:马克思主义的道理千条万绪,归根结底,就是一句话:"造反有理。"几千年来总是说,压迫有理,剥削有理,造反无理。自从马克思主义出来,就把这个旧案翻过来了。这是一个大功劳。同月,毛泽东开始主持撰写《中国革命和中国共产党》。此书系统分析中国历史各主要发展阶段的根本特征,揭示出中国封建社会的主要矛盾、历史动力以及中国近代社会的特点,为革命战争时期马克思主义的中国史研究奠定了理论体系和指导原则。由于该此书第一次全面展现了以毛泽东为代表的中国共产党人对于中国封建社会历史特征的认识,在史学界和思想界产生极为深远的影响。首先,对诸如封建社会、中国半殖民地半封建社会、资产阶级民主革命、民族解放运动等中国历史的一些重大问题做出了理论概括;其次,探讨中国封建社会发展规律,从而引发了学术上的辩论,客观上促进了中国古代社会研究的深入;第三,把中国历史作为一个有规律的社会发展过程来把握,推动了新型中国通史和近代史、社会史、革命史、政治史、文化史等专史的研究。

> 按:《中国革命和中国共产党》撰写分工如下:第一章"中国社会"由杨松、吴亮平、陈伯达三人负责;第二章"中国革命"由毛泽东撰写;第三章"党的建设"由李维汉主笔。12月。第一章、第二章先行定稿。第一章《中国社会》由在延安的几位学者起草,经毛泽东修改定稿。第二章《中国革命》是毛泽东自己撰写的。毛泽东在第二章中,分析和论述了中国革命的对象、任务、动力、性质、前途和中国共产党的历史任务。毛泽东认为阶级斗争是社会发展的直接动力。他说:"中国历史上农民暴动与农民战争的规模之大,是世界历史上所没有的。只有这种农民暴动与农民战争,才是中国历史进化的真正动力。因为每次农民暴动与农民战争的结果,都打击了当时的封建统治。因而也就多少变动了社会的生产关系与多少推动了社会生产力的发展。"毛泽东在此书中对中国社会和中国历史的阐述,对1949年后的马克思主义史学的发展产生了巨大影响。其中若干观点被奉为历史定论,围绕对它的不同解读还催生了一系列的学术争论。到1949年10月新中国成立,这部书共刊印、翻印、出版约110版次,是延安时期政治、历史书籍发行量最大、出版范围最广的几部著作之一。(以上参见中共中央文献研究室编撰、逄先知主编《毛泽东年谱(1893—1949)》,人民出版社、中央文献出版社1993年版;艾克恩编纂《延安文艺运动纪盛》,文化艺术出版社1987年版;孙国林编著,王佳钰、王增辉校订《延安文艺大事编年》,陕西师范大学出版总社2016年版;王学典《20世纪史学编年(1900—1949)》,商务印书馆2014年版)

张闻天1月26日主持中共中央书记处会议,讨论开展生产运动问题。同月,中共中央西北工作委员会成立,张闻天兼任主任,委员有李维汉、贾拓夫等,李维汉任秘书长,贾拓夫任秘书。2月4日,出席陕甘宁边区第一届参议会闭幕典礼并发表演讲。5日,出席《新中华报》编辑部召集的在延安的文化人座谈会,讨论该报即将改组为中共中央机关报之一的改进办法,参加会的有艾思奇、周扬、潘汉年等80余人。张闻天在听取大家发言后讲了话。

他在讲话中说:"同志们给了我们许多宝贵意见。《新中华报》是全国性的报纸,对于一切重大问题,均应发表自己的意见,使自己能在全国起核心的作用,但它应带有边区的特点。再者,《新中华报》以后要多方面地反映现实,文艺、歌咏、木刻、漫画、科学、哲学都可以刊登,特别在副刊上更需要有多方面的内容。"2月10日,出席中华戏剧界抗敌协会边区分会在陕北公学大礼堂举行的成立大会并在会上讲话。同在会上讲话的还有杨松、李初梨、徐冰、沙可夫等。17日,中共中央书记处发出关于成立干部教育部的通知,张闻天任部长,李维汉任副部长。2月20日、22日,毛泽东就陈伯达所写《孔子的哲学思想》一文两次致信张闻天,提出商榷意见。3月4日,主持中共中央书记处会议,讨论陕公教育方针问题。29日,主持中共中央书记处会议,讨论延安鲁迅艺术学院问题。

张闻天3月与吴亮平合译的马克思《法兰西内战》在延安由解放社出版,封面所标为:"吴黎平、刘云合译。"春,在毛泽东等倡导下成立了延安新哲学学会,推举艾思奇为学会会长,毛泽东、张闻天、徐特立、何思敬、张如心、和培元等均为会员。学会成立后,延安许多机关成立了哲学小组,张闻天领导的中央宣传部在蓝家坪成立了有几十人参加的哲学小组,参加人员大部分为马列学院和中宣部的工作人员,组长由艾思奇兼,张闻天在定期举行的讨论会上经常有发言。4月5日,主持中共中央书记处会议,会议听取罗瑞卿关于抗大工作检查报告。同日,中共中央发出张闻天起草的中共中央《关于国民精神总动员的指示》。5月10日,出席鲁艺学院周年纪念会。17日,主持中共中央书记处会议,讨论宣传部工作。张闻天报告首先谈了过去工作的成绩,突出地说到《解放》周刊的出版,认为这是"中宣部最大的工作""传播了中央主张",共办70余期,发行70余万份,有几处翻印,比过去大革命时期的《向导》更广。此外出版书籍70余种,对全国宣传工作很大意义。其次报告谈了工作的缺点。报告着重谈了今后的工作,共列出改进和加强的有8项:主要有努力加强对中央政策方针的具体研究,提高理论水平,使马列主义中国化;继续翻译与出版马列丛书,更多地注意中级读物的编辑与审查;使马列学院成为培养教员的中心,加强马列学院工作提高教员质量;培养与搜集宣传人才;建立文委工作,使党的文化,文艺政策经过文委来实现。同日,中共中央书记处发出《中央关于宣传教育工作的指示》。20日,主持中央干部教育部在陕北公学大礼堂召开的干部学习动员大会,并在会上讲了话,参加这次大会的有延安各机关学校团体的代表千余人,由李维汉作动员报告,毛泽东在会上也讲了话。

按:《新中华报》5月26日报道这次大会时对中央成立干部教育部作了如下说明:1939年2月,为贯彻六届六中全会关于学习问题的决议,"中央特设立干部教育部,以洛甫、罗迈两同志为正副部长,领导全党的马列主义学习,以提高党的理论水平"。

张闻天6月1日出席在延安南门外体育场举行的抗大成立3周年纪念大会,并在主席台上参加检阅学员队伍。7月7日,《中共中央为抗战两周年纪念对时局宣言》发表。宣言为张闻天起草,经过中央政治局讨论,毛泽东修改。刊于同日《新中华报》和《解放》周刊第75—76期合刊。同日,出席延安女子大学开学典礼。10月1日,出席延安通讯员大会并在会上讲话。20日,中共中央机关刊物《共产党人》在延安创刊,总编辑张闻天,李维汉任编辑主任。毛泽东于10月4日为该刊撰写了发刊词,称之为"专门的党报",其中谈到了创刊的宗旨:"帮助建设一个全国范围的、广大群众性的、思想上政治上组织上完全巩固的布尔什维克化的中国共产党。"11月,在延安住处从蓝家坪搬迁至杨家岭。12月21日,出席在延安庆祝斯大林60诞辰大会并在会上讲话。冬,参加了《中国革命和中国共产党》课本的撰写。是年,在延安学习运动中组织《资本论》学习小组,参加者有王首道、王学文、吴亮平、王思华、艾思奇、何锡麟、邓力群等10余人。规定隔周在张闻天窑洞里学习讨论半天,从未间断,一直坚持到把《资本论》第1卷的25章全部学完,历时一年有余。每次讨论均由张闻天主持。第一次由他讲学习体会,着重讲了《资本论》为什么从商品、货币讲起的问题。后来讨论则由小组成员轮流作学习各章的中心发言人。(以上参见张培森主编《张闻天年谱》,中共党史出版社2000版;中共中央文献研究室编撰、逢先知主编《毛泽东年谱(1893—1949)》,人民出版社、中央文献出版社1993年版)

周恩来 6月18日鉴于国民党在各地制造的磨擦事件愈演愈烈,离重庆返延安,研究解决办法。在路经西安时,会见陕西省主席蒋鼎文,研究调解各地磨擦的具体办法。7月3日,撰写《抗战两年》,刊于7月7日《新华日报》。10日,骑马到中共中央党校作报告,途中,因马惊坠地受重伤,右臂骨折。20日,在延安中国女子大学开学典礼上讲话,希望女大赶快培养造就大批女干部,到全国各地去领导广大的妇女运动。8月20日,因骨折治疗后效果不佳,有成残废之虞,中共中央决定周恩来赴苏联医治。27日,飞抵兰州,邓颖超、王稼祥、陈昌浩等同行。李德也同机离延去苏联。9月初,在新疆迪化(今乌鲁木齐市)听取中共中央驻新疆代表邓发和陈潭秋汇报工作。鉴于新疆地处西北边陲,是苏联援华的必经之路,战略地位十分重要,周恩来在迪化短暂停留期间,先后四次同盛世才谈判,争取盛继续同中共合作抗日。9月中旬,周恩来到莫斯科,住克里姆林宫医院。10月31日,和陈林(即当时中共驻共产国际的代表任弼时)联名致信季米特洛夫,反映中共为八路军培养军事技术干部的军事学校(在迪化),半年来由于缺军事技术和教员,致教学难以进行,要求帮助解决,或允许将学习较好的学员派到苏联办训练班。11月7日,为纪念苏联十月革命22周年,撰写《帝国主义战争与民族解放战争》。12月下旬,出院。29日,为共产国际撰写的《中国问题备忘录》完稿,全文共55000多字。

按:备忘录第一部分详细介绍中国抗日战争的现状,说目前战争已由敌人大举进攻的第一阶段进入敌我双方总的都处于稳定状态的第二阶段。第二阶段的特征是敌人将战略重心转移到华北敌后战场,企图消灭中国共产党领导的游击队,在其占领地区进行建设和开拓富源,将重点放在政治进攻和施加经济压力上,迫使中国投降。目前我们遇到一系列困难,主要是国民党的反共、投降活动和腐化表现,加上日本侵略者的诱降、英法的妥协活动,致使投降与分裂成为主要危险。备忘录这一部分还系统介绍两年半中日战争的一般情况,其中有日本的所得和付出的代价、中国的所失和成就,说明一年来前线的作战总是处于停滞状态,而敌后的战斗正在进行,这是中国民族解放战争新阶段的特点。备忘录第二部分介绍中国抗日民族统一战线的形式和特点,说中国的统一战线没有正式的共同纲领,而参加的各党也无联合组织,其基本内容是国共合作。说按照毛泽东的分析,中国的统一战线是全民的,其政治基础是孙中山的三民主义,参加的各党有自己的军队,统一战线所处的情况是大部分人民尚未组织起来,这些都是中国统一战线的特点。备忘录指出由于蒋介石和国民党的基本思想是反共,要统治人民,不愿承认国共合作,所以统一战线将处于更加矛盾的发展之中。备忘录介绍中共在统战中的政策原则和策略方针是一切服从抗战,三民主义是统一战线的政治基础,国共合作是统一战线的组织基础,坚持抗战,反对投降与分裂,争取在中国彻底实现民主共和国。备忘录还系统叙述了中共各方面的工作,八路军、新四军的工作。最后介绍七大的准备工作。(以上参见中央文献研究室《周恩来年谱1898—1976》,中央文献出版社1998年版)

刘少奇 1月初在中共豫西特委举办的党员训练班上作关于共产党员修养问题和中共党史的报告。3月25日,到达西安。3月底,回到延安。4月26日,出席中共中央书记处会议,讨论国民党提出的国民精神总动员问题。5月1日,在《中国青年》第1卷第2期《五四运动的二十周年》专上发表感想与回忆,阐述了五四运动的历史意义,指出:五四运动开始了中国历史上一个最大的新文化运动。"这个新文化运动是与中国几千年来旧文化的中坚孔教相对抗的。它吸收了西欧各国进步的彻底的民主主义的思想,成为中国彻底的民主主义的文化运动。它继续了好几年,在后一个时期,社会主义的思想文化已占了这个运动的优势,在各派社会主义的思想中,马克思主义思想也传到了中国,成为当时新文化运动中的一个派别。""马克思主义直至在各方面克服无政府主义以后,并与中国工人运动人民反帝运动结合以后,才成为中国政治生活中一个雄伟的力量。并在这以后,马克思主义永远在中国新文化运动中占着主要的地位。"同日,出席延安各界为实行国民精神总动员及纪念五一劳动节大会,被选为大会主席团成员。

刘少奇5月10日出席在中共中央组织部大礼堂举行的鲁迅艺术学院成立1周年纪念大会,并为鲁艺周年纪念题词:"为大众文艺的创作而努力。"同月,在延安工人学校作《中国职工运动简史》的报告。7月8日,在延安马克思列宁学院作《论共产党员的修养》的演讲,讲了《绪论》和《党员思想意识的修养》两大部分。毛泽东在审阅这两部分演讲记录稿后,给《解放》杂志编辑部写信,认为这篇文章写得很好,"提倡正气,反对邪气",应尽快发表。7月12日,刘少奇继续讲《论共产党员的修养》的第三部分:党员在党的组织和纪律方面的自我修养。8月20日至9月20日出版的《解放》杂志第81期至84期以《论共产党员的修养》为题发表了这两部分演讲。11月7日,延安新华书店出版了《论共产党员的修养》的单行本。这篇著作在延安整风运动中被列为干部必读的22个文件之一。

按:是书内容分九章,分别是:一、共产党员为什么要进行修养;二、作为马克思和列宁的好学生;三、共产党员的修养和群众的革命实践;四、理论学习和思想意识修养是统一的;五、共产主义事业是人类历史上空前伟大而艰难的事业;六、党员个人利益无条件地服从党的利益;七、党内各种错误思想意识的举例;八、党内各种错误思想意识的来源;九、对待党内各种错误思想意识的态度,对待党内斗争的态度。
(以上参见中共中央文献研究室编《刘少奇年谱》,中央文献出版社1996年版)

王稼祥1月主持组建军委战地工作考察团,对部队工作进行检查和指导。同月15日,在王稼祥的主持下,总政治部创办《八路军军政杂志》,由毛泽东、王稼祥、萧劲光、郭化若、萧向荣等组成编委会。王稼祥在中共中央机关刊物《解放》第60—61期合刊、《八路军军政杂志》创刊号发表《论目前战局与敌后抗战的几个问题》。2月初,王稼祥在延安高级干部会议上作关于统一战线及摩擦分裂问题的报告,强调应把马列主义教育置于头等重要地位。3月4日,出席中共中央书记处会议,会议讨论陕北公学和职工学校的教育方针。4月5日,出席中共中央书记处会议,会议听取罗瑞卿关于抗大工作检查的报告。5月1日,出席在南门外公共休育场举行的延安各界国民精神总动员和纪念五一劳动节大会。5月17日,出席中共中央书记处会议,会议听取和讨论张闻天关于中央宣传部工作的报告。王稼祥在会上发言说:现在国民党有许多怪理论,我们没有答复,有些逼着我们答复。抗大测验,学员对许多问题不能正确回答。这种批判工作要由中央和各中央局来做。国民党出版大批刊物,企图从思想上溶化共产党。我们要组织力量研究各种问题,如组织研究会分担写文章,分别找人研究一些小问题,同时要组织整个的宣传工作。宣传工作的中心是,对外战争、对内教育。现在国民党从各种具体问题上来批评我们。中宣部要领导与组织对国民党的思想斗争。

王稼祥6月1日出席抗大成立3周年纪念大会并作讲演。27日,为纪念抗战两周年而作《目前抗战的政略与战略的中心问题》,刊于7月7日《新中华报》《解放》第75—76期合刊。7月7日,《新华日报》在纪念抗战两周年特刊上发表中共中央为抗战两周年纪念对时局宣言。并刊登毛泽东、周恩来、洛甫、王稼祥、刘少奇、博古、凯丰、董必武、吴玉章、叶剑英、邓颖超等撰写的纪念文章。22 日,王稼祥出席中共中央书记处会议。王稼祥在会上提议,联大、抗大学生主要开到晋察冀边区去。9 月 25 日,作《关于三民主义与共产主义》一文,刊于 10 月 10 日《解放》第 86 期。12 月 9 日,出席在延安中央大礼堂举行的纪念"一二九"4 周年大会并讲话。13 日,出席中共中央政治局会议,会议听取艾思奇关于准备陕甘宁边区文代会报告内容的介绍。王稼祥在会上发言首先强调"不同意提出三民主义文化的口号,因为三民主义不能当作我们的思想体系,马克思主义者不能同意三民主义的思想体系,而且也不能取得进步人士的信仰"。21 日,出席延安各界庆祝斯大林 60 诞辰大会并讲话,指出斯大林在关于社会主义建设问题上、在关于社会主义国家的外交政策问题上、民族问题上特别是殖民地半殖民地的民族问题上对马克思主义的发展。同月,王稼祥提议并经批准,成立八路军军政学院,并兼任院长。王稼祥为军政学院确定的教育方针是:以马克思列宁主义作为指导思想,培养具有理论修养,有高度觉悟和指挥才能的八路军各级军政干部,为抗日前线输送领导骨干。王稼祥还兼管抗日军政大学的领导工作,以及创办的改造教育日本战俘日本工农学校。在他的提议下,日本问题研究会得以组成。(以上参见徐则浩《王稼祥年谱》,中央文献出版社 2001 年版)

　　博古(秦邦宪)1 月 5 日与周恩来、凯丰、张文彬、徐特立、吴玉章、叶剑英、廖承志、吴克坚、邓颖超、刘晓、高文华、董必武 13 人组成西南局,周恩来为书记。2 月,斯大林著、博古总校阅《联共(布)党史简明教程》由中国出版社在重庆出版。书中《辩证唯物主义和历史唯物主义》一节,肯定了历史上有五种基本类型的生产关系,即原始公社制、奴隶占有制、封建制、资本主义、社会主义,这对中国马克思主义史学尤其是历史分期问题产生了巨大影响。《解放》周刊第 70 期发文高度评价该书,认为它"是苏联共产党(布)党史委员会最近编成的一部最忠实、最完善、最成功的,充满着马克思列宁主义精神的,对全人类有伟大贡献的一部光辉灿烂的党史。这同时是一部俄国革命胜利及苏联社会主义建设成功的历史。它的历史非常广袤、丰富,它的经验非常值得珍惜宝贵"。毛泽东指出:"这本书是历史的,又是理论的,又有历史,又有理论,它是一个胜利的社会主义国家的历史,是马克思主义在俄国成功的历史,这本书要读。"

　　按:《联共(布)党史简明教程》第七章和结束语被译成中文先于 1938 年 11、12 月在《解放》周刊第 28、56 期发表。此书迅即出现了四种不同的中译本:第一种由博古任总校阅,中国出版社 1939 年 2 月在重庆出版,这一译本见于大后方各省;第二种由吴清友翻译,上海启明社 1939 年 5 月出版;第三种由苏联外文出版局在苏联主持翻译出版,实际由任弼时等译成,题为《苏联共产党(波尔什维克)历史简要读本》,通行于陕甘宁边区和华北各抗日根据地,大后方和华中各地亦常见;第四种是延安的译本,由解放社于 1939 年 5 月出版,分上、下两册,主要流行于陕甘宁边区和华北各抗日根据地。在中共中央的提倡下,陕甘宁边区刊印了莫斯科译本,并组织高级干部从 1939 年 5 月起至 1940 年 5 月学习该书;中级干部从 1940 年 6 月初起至 1941 年 3 月学习该书。在学习中,中央研究院历史研究室成立的"联共党史读书小组"拟以党史为中心;国际问题研究室在开展"第一次世界大战之原因、经过与结束"的历史研究中,也把《联共党史简明教程》第六章第一节至第三节列为参考书。后来学习还推广到一般干部和党员层次。

　　博古 5 月 4 日在《新华日报》发表《五四运动——中国现代史研究之一》,认为"五四运动就是大战后中华民族自求解放斗争的第一个雄伟的巨浪,就是四万万五千万人民伟大的民族觉醒的最初的勃起,亦就是中国卷入于世界革命运动总漩涡的开端"。6 月 28 日,延安举行"欢迎周恩来、秦邦宪回延安大会",冼星海指挥献演《黄河大合唱》,其规模与前次相当。之后，周恩来高兴地为冼星海题词称赞："为抗战发出怒吼，为大众谱出呼声！"7 月 7日，与毛泽东负责修改的《中国共产党中央委员会为抗战两周年纪念对时局宣言》发表。同日，《新华日报》在纪念抗战两周年特刊上发表中共中央为抗战两周年纪念对时局宣言。并刊登毛泽东、周恩来、洛甫、王稼祥、刘少奇、博古、凯丰、董必武、吴玉章、叶剑英、邓颖超等撰写的纪念文章。8 日，博古、周恩来出席邀请文艺界座谈，共同探讨抗战文艺的民族形式和大众化问题。大家发言后，博古和周恩来分别作了较长的讲话，他们谈到了"民族形式"对于抗战时期的文艺的重要性，同时也强调"提倡民族形式须防反动复古派贩卖私货"。8月 18 日—19 日，博古出席中共中央政治局会议，作关于南方党的工作报告。（以上参见艾克恩编纂《延安文艺运动纪盛》，文化艺术出版社 1987 年版；孙国林编著，王佳钰、王增辉校订《延安文艺大事编年》，陕西师范大学出版总社 2016 年版；中央文献研究室《周恩来年谱 1898—1976》，中央文献出版社 1998 年版；中共中央文献研究室编撰、逄先知主编《毛泽东年谱（1893—1949）》，人民出版社、中央文献出版社 1993 年版；王学典《20 世纪史学编年（1900—1949）》，商务印书馆 2014 年版）

吴玉章和林伯渠、陈绍禹及随员 11 月 3 日乘车离渝，取道成都、西安回延安。夜宿资中。4 日傍晚，抵成都，宿沙利文宾馆。中共川西特委书记罗世文来汇报成都及川西情况。5 日，出席中苏文协成都分会举行的欢迎大会并发表演讲，将在参政会所见所闻和陕甘宁边区情况作对比，号召：坚持抗战，反对投降；坚持团结，反对分裂；坚持进步，反对倒退。下午，拜访邓锡侯。在邓宅园中八角亭长谈，谈蒋介石与四川地方实力派之关系、抗战形势及前途等。邓锡侯设晚宴。6 日，访刘文辉，又至车耀先的"努力餐"馆召开座谈会，介绍华北战场形势，驳斥国民党制造的谣言。同日，刚回成都的张澜来访。7 日，秘密出席中共川西特委会议。同日，在《新华日报》发表《论民族解放与社会主义革命底相互关系》一文。8 日，经川陕路往西安。11 日上午，抵西安七贤庄八路军办事处，住两日。15 日，回到延安。22日，列席中共中央政治局会议，政治局会议听取了关于国民参政会一届四次会议情况的汇报，提出在新形势下，统战工作要有新姿态，文化界与外界要加强联系，要研究宪政问题。会议决定吴玉章和周扬分别出任鲁迅艺术文学院正副院长。11 月 24 日，吴玉章与毛泽东、陈绍禹、林伯渠等人发起成立延安各界宪政促进会。是日，召开发起人会议，到会者有张闻天、王稼祥、陈云、李富春、王若飞、孔原等 70 余人。吴玉章在发起人会议上讲话。

吴玉章 11 月 28 日正式出任鲁迅艺术文学院院长，副院长周扬，政治处长宋侃夫。同月，吴玉章在《中苏文化》上发表《民族解放与社会解放》一文。12 月 1 日，在延安各界追悼诺尔曼·白求恩的大会上，代表中共中央致悼词。5—6 日，吴玉章在陕甘宁边区党的第二次代表大会上作报告，介绍为巩固发展抗日民族统一战线，在国统区和国民参政会上又团结又斗争的情况，指出：实施宪政既是政治斗争，也是理论斗争。中间阶层感觉到国民党不好，而自己又常常找不到一个方向，我们就可以在斗争中帮助他们找出路。争取好宪法是团结中间力量的好办法；同时，也只有实行真正的宪法，才可以团结广大人民。8 日，中国劳动协会在重庆召开第二届年会，当选为名誉理事。9 日，应《中国青年》杂志之约，撰写《青年与民主运动》文。13 日，延安中山图书馆因遭日机轰炸，特邀各界商讨整顿扩大事宜，被聘为理事。12 月 20 日，所撰《斯大林传》经毛泽东题签后，今日开始在《新中华报》上连载。21日，在庆祝斯大林诞辰 60 周年大会上讲话，并提议成立中苏文化协会延安分会，被推选为会长。25 日，出席延安自然科学研究院发起的自然科学研究讨论会。28 日，观看鲁艺、抗大等单位联合排练的话剧《日出》预演。认为鲁艺应该自己创作话剧。后又组织鲁艺学员颜一烟等创作话剧《秋瑾》。年底，参与《中国文化》杂志的筹办和陕甘宁边区文化界救亡协会第一次代表大会的筹组工作。是年,所著《中国史教程》由生活书店出版。(以上参见刘文耀、杨世元《吴玉章年谱》,四川人民出版社1998年版;中共中央文献研究室编撰、逄先知主编《毛泽东年谱(1893—1949)》,人民出版社、中央文献出版社1993年版)

　　李维汉1月任新成立的中共中央西北工作委员会秘书长,张闻天兼任主任。2月17日,李维汉任干部教育部副部长,部长为张闻天。3月29日,李维汉向中共中央书记处会议作关于鲁迅艺术学院工作的报告。毛泽东发言指出:鲁艺过去培养了一批干部,建立了学校的基础,领导者虽努力,但工作做得不好,主要是中央领导没有抓紧,没有确定正确的方向。现在必须确定明确的方向与制度。鲁艺的创作去年上半年较有朝气,后来差了,有许多非现实的非艺术的作品。李维汉遂提议张闻天兼院长。接着张闻天说:宣传部讨论鲁艺问题时确定了政治方针,并要文委书记潘汉年去指导,但潘汉年也少去指导,因此,尚未完成实现。会议最后议决由康生担任鲁艺院长。4月10日,中央干部教育部副部长罗迈(李维汉)在鲁艺全体教职学员大会上,代表中央做《鲁艺的教育方针与怎样实施教育方针》的报告,谈了五个问题:一、鲁艺的一年。主要讲一年来鲁艺取得的成绩、缺点及取得成绩的原因。二、什么是鲁艺的新的教育方针? 简言之,就是以马列主义的理论与立场,在中国新文艺运动的历史基础上,建设中华民族新时代的文艺理论与实际,训练适合今天抗战需要的大批文艺干部,团结与培养新时代的艺术人才,使鲁艺成为实现中共文艺政策的堡垒与核心。对这个问题,他从三个方面进行了阐述。三、政治教育在鲁艺的重要性。指出在这个问题上有两种不正确的见解:一种是"左"的偏见,把政治运动机械地运用到艺术运动上,要艺术直接服从于政治,还原于政治;另一种是右的偏见,以为艺术可以漠视政治,"两耳不闻窗外事",轻视革命的人格和品质的修养。艺术家必须懂得政治,学习政治。马列主义是思想武器,要学会使用这个武器。四、怎样建立优良的校风? 他指出了目前鲁艺的缺点和纠正的方法,并谈了干部政策、工作制度和方法、党群关系等。五、一些具体问题上的具体建议。鲁艺新任副院长赵毅敏也讲了话。10月4日,中共中央机关理论刊物《共产党人》在延安创刊,张闻天任主编,李维汉任编辑主任。(参见中共中央文献研究室编撰、逄先知主编《毛泽东年谱(1893—1949)》,人民出版社、中央文献出版社1993年版;张培森主编《张闻天年谱》,中共党史出版社2000版;孙国林编著,王佳钰、王增辉校订《延安文艺大事编年》,陕西师范大学出版总社2016年版)

　　杨松继续任党中央宣传部第一副部长兼秘书长,并任《解放》周刊编委。5月30日,在《解放》第4卷第72期发表《论最近欧洲的局势与我国民族抗战》。6月25日,杨松在《文艺突击》新1卷第2期发表《论新文化运动中的两条路线》。文中认为,在我们民族文化中,既有封建地主的文化,也包含民主主义和社会主义的思想成分。要扬弃反民族反民主的腐朽部分,继承优秀的传统。在五四新文化运动中,存在着无产阶级与资产阶级两条路线的斗争。目前抗战中的文化运动既有统一性,也有斗争性。一条是日寇、汉奸的反民族、反民主的文化路线,一条是彻底抗战与真正民族民主的文化路线。我们的任务是:不分信仰、党派、阶级、旧派、新派、京派、海派,文化同人团结起来,为建立彻底的民族民主的文化革命路线而斗争到底。这是第一篇把文化运动中的思想斗争提高到路线高度论述的文章。同期还刊有艾思奇的《旧形式,新问题》、萧三的《论诗歌的民族形式》、罗思的《论美术上的民族形式和抗战内容》和柯仲平的《介绍〈查路条〉并论创造新的民族歌剧》等讨论"文艺的民族形式"的文章。8月20日,在《解放》第5卷第81—82期连载所译《斯大林与世界共产主义运动》(为共产国际二十周年纪念而作)。9月30日,在《解放》第5卷第85—86期连载与袁唯合合译列宁著《十月革命四周年纪念》。11月7日,在《解放》第5卷第89期发表与袁唯合合译列宁著《十月革命四周年纪念》。20 日，在《解放》第 5 卷第 90 期发表《论正义战，非正义战与保护祖国口号》。（参见孙国林编著，王佳钰、王增辉校订《延安文艺大事编年》，陕西师范大学出版总社 2016 年版；徐迺翔编《中国文学史资料全编现代卷——文学的"民族形式"讨论资料》，知识产权出版社 2010 年版；郑大华《论抗战时期"文艺的民族形式"的提出及其讨论》，《中国文化研究》2018 年第 2 期；张艳国、康凤云《评杨松及其〈关于马列主义中国化的问题〉》，《孝感学院学报》2009 年第 2 期）

　　罗瑞卿继续任抗大副校长。4 月 5 日，毛泽东出席中共中央书记处会议，听取了罗瑞卿关于抗大工作检查的报告。毛泽东就几个问题发表了意见：（一）道德教育问题。今后教育要注意人格的教育与人格的陶冶，人格的教育即思想意识的锻炼。（二）新老干部问题。过去在干部中主要反对骄傲自大，这是当时的情形。现在新干部人数多了，要注意教育新干部。新老干部要结合起来，老干部是骨干，有经验，有办法，同时要欢迎新干部，帮助新干部。（三）抗大的工作。过去对于抗大的招生工作没有很好地组织，今后归干部教育部执行。抗大要组建图书馆，进行捐钱捐书。张闻天在发言中指出：抗大今后要加强党的教育、马列主义教育；生活的问题、美德的问题都要贯彻马列主义的教育。而抗大的干部马列主义教育更重要，要提高干部学习的热情。党的教育同样要教党的建设、党的秘密工作。罗说抗大教育的组织与领导很忙乱是对的，如马列学院学生到抗大教书，竟没有人负责谈话、招待。军事学校要强调纪律的教育，但在工作方法上，要搞清民主与纪律关系问题，要有思想上的民主与工作方法上的运用民主，来巩固纪律。今后要经常的进行工作检查，成为经常制度。作为学校还要注意图书馆的工作，使做学生的要有书读。这次会议决定张闻天负责指导联共党史课程，王明指导马列主义课程，李维汉指导党建课程。（参见中共中央文献研究室编撰、逄先知主编《毛泽东年谱（1893—1949）》，人民出版社、中央文献出版社 1993 年版；张培森主编《张闻天年谱》，中共党史出版社 2000 版）

　　陈昌浩《近代世界革命史》第 1 卷 2 月由解放社出版。9 月，《近代世界革命史》第 2 卷出版。第 1 卷包括英国革命、法国大革命、19 世纪上半期的劳动运动三章，第 2 卷包括 1848 年法国革命、1848 年德国革命、18 世纪到 19 世纪欧美民族运动。书中所附广告称该书"对于每一次革命运动，都详细说明它的政治经济根源，当时各阶级的立场及作用，它的结局和它给我们的经验教训"，并认为"近世世界革命史是和科学社会主义的发生和发展不可分离的一门功课，而本书是一本再适当没有的教科书"。（参见王学典《20 世纪史学编年（1900—1949）》，商务印书馆 2014 年版）

　　成仿吾 1 月主持陕北公学，当时"陕公"延安总校与分校合并，校址设枸邑县看花宫。此间成仿吾曾率全校人员参加大生产运动，开荒两千多亩。年初，对"陕公"流动剧团讲话，鼓励他们深入工农，为抗战服务。2 月 16 日，成仿吾在《文艺战线》创刊号发表《一个紧要的任务——国际宣传》，呼吁加强国际宣传。5 月 30 日，成仿吾在《解放》第 72 期发表《陕北公学的新阶段》，指出：走进了新阶段的"陕公"，将为培养大批的抗战干部来争取抗战胜利并从事建国的伟大事业而加倍努力。6 月，中央决定将"陕公""鲁艺""青训班""延安工人学校"等 4 校合并成立华北联合大学，并开赴华北敌后抗日根据地办学。7 月初，率"陕公"师生员工由关中到延安集中。7 日，在延安召开大会，由成仿吾宣布华北联大正式成立，成仿吾任华北联合大学校长，毛泽东在会上作报告说：我赠送你们三样法宝，这就是统一战线、武装斗争、党的建设。约在上半年，成仿吾接郭沫若从重庆带来的毛衣、钢笔和信。10 日，周恩来同志为华北联大师生作"中国抗战形势"的报告。报告后，振臂指挥全场高唱《热血滔滔》和《到敌人后方去》的歌曲。10 日前后，刘少奇请成仿吾、何干之在他的窑洞里吃饭钱行。11日,中央在"陕公"礼堂为华北联大师生举行欢送晚会。毛泽东等中央领导出席了晚会。周恩来在赴会途中因马受惊,从马上摔下负伤,未能出席晚会。

成仿吾8月12日率华北联大队伍从延安出发奔赴敌后。根据中央军委决定,华北联大和"抗大"分校合编为一个纵队,番号为"第五纵队",抗大校长罗瑞卿任司令员兼政委,成仿吾为副司令员。17日,渡黄河,晚至兴县曹家坡村宿营,在此练兵和筹粮,休整20多天。9月16日出发,经过六个夜行军,翻越了吕梁山、云中山,准备突破同蒲路封锁线。9月23—24日,夜急行军,在贺龙同志一二〇师七一四团武装掩护下,华北联大近两千人通过了敌人吹嘘的"钢铁封锁线"。25日拂晓,到达晋察冀边区阳曲县游击区,与罗瑞卿同志所率之"抗大"二分校会合。约29日,连夜赶至陈庄,以壮陈庄战斗声威。陈庄一役,贺龙、聂荣臻所部歼敌两千人。为庆祝陈庄战斗的胜利和欢迎"联大""抗大"的胜利到达,在陈庄附近大沙滩上开了三四天万人大会。10月初,从灵寿县北行,到达中央北方分局和晋察冀军区的所在地阜平县城南庄,华北联大改变原赴晋东南之路线,留在普家翼,在城南庄建校。中央决定成仿吾为中央北方分局委员。其间,成仿吾作《华北联合大学校歌》歌词;会见李公朴先生率领的教育考察团,并进行了交谈。中旬,华北联大正式开学上课。设社会科学部、文艺部、青年部、工人部等4个部。11月7日,举行开学典礼,李公朴参加典礼并讲了话。会上突接军区的紧急通知:敌人冬季"扫荡"开始,华北联大向西南方平山、五台一带转移。8日,向西南方向进发。校部提出了"背起背包行军,放下背包上课"的口号。开始了边行军边学习的紧张战斗生活。12月,为加强党对文化工作的领导,中共北方局设文化工作委员会,书记为成仿吾,成员有沙可夫、邓扬、李凡夫、周巍峙、何干之等。(以上参见张傲卉、宋彬玉《成仿吾年谱》,《东北师大学报》1985年第5期;孙国林编著,王佳钰、王增辉校订《延安文艺大事编年》,陕西师范大学出版总社2016年版)

柯仲平在2月7日延安《新中华报》发表《谈"中国气派"》,提出:"每一个民族,都有自己的气派。这是由那民族的特殊经济、地理、人种、文化传统造成的。""最浓厚的中国气派,被保留、发展在中国多数的老百姓中。你没有老百姓喜闻乐见的中国气派;老百姓决不会相信你的领导。你一站到民众中去;你一讲话、行动,老百姓可以立即分辨出你有没有中国味;正如听惯了平戏的人他一听得有人唱平戏,就会立即感觉那有没有平戏的味儿。"因此,中国的文艺工作者,"必须想法使作(并且是创造)中国气派"。又谈到:"一些西洋的东西,也能吸引老百姓,例如在延安放电影,老百姓都争着去看。首先因为这是新奇的。但要使电影这一武器在民间发生深刻的抗战教育作用,以中国题材,利用西洋的优良技术,创造出富于中国气派的电影,这是必要的。国际主义的马克思主义应该中国化,其他优良适合的西洋文化也同样是应该中国化的。"6月25日,柯仲平在《文艺突击》新1卷第2期发表《介绍〈查路条〉并论创造新的民族歌剧》,文中认为"我们民众剧团,勿论走到哪个乡村里去,都受群众热烈的欢迎""我们为什么有这大的魔力? 就是因为我们有今天'老百姓喜闻乐见的'中国气派的大众艺术",提出"我们有接受中国以外的一切优秀的和进步的艺术成果的气度,而且是要能把它融化在我们的新的创作中""如果我们能创造出抗战的,中国气派的大众歌剧来,那不独能使人理解今天的抗战现实,而且是一定能使人积极起来参加抗战的"。11月16日,柯仲平在《文艺战线》第1卷第5期"艺术创作者论民族形式"专栏发表《论文学上的民族形式》。

按:1938年10月,毛泽东在党的六届六中全会上作了《中国共产党在民族战争中的地位》的报告,11

月 25 日，报告以《论新阶段》为题，全文发表于《解放》周刊第 57 期。其中关于《学习》一节，文中强调"学习我们的历史遗产，用马克思主义的方法给以批判的总结""马克思主义必须和我国的具体特点相结合并通过一定的民族形式才能实现"，提出"把国际主义的内容和民族形式""紧密地结合起来"，创造"新鲜活泼的、为中国老百姓所喜闻乐见的中国作风和中国气派"的问题。这一论题兼具方向性、理论性与实践性意义，所以引发了延安以及全国文艺界与学者的广泛兴趣，并进而引发了全国文艺界关于民族形式和利用旧形式问题的大讨论。从 1939 年初开始，延安文人学者柯仲平、刘白羽、莎寨、杨松、陈伯达、艾思奇、萧三、何其芳、冼星海、罗思等相继在延安的《新中华报》《文艺突击》《中国文化》等报刊上发表文章，率先展开了民族形式问题的学习讨论。7 月 8 日，周恩来、博古邀请文艺界开座谈会，讨论民族形式问题。大家发言后，博古和周恩来先后做长篇讲话。谈道："抗战使我们的民族成为歌咏的民族""抗战以来我国文艺各部门都大飞跃，日本文艺则毫无成绩""梁实秋曾在《中央日报》上征求与抗战无关的作品，致受全体文艺界舆论之斥责而销声匿迹""提倡民族形式须防反动复古派贩卖私货"等等。8 月 3 日，中央局再次邀集文化界开座谈会，讨论民族形式问题。艾思奇主持会议。据冼星海日记载："争论非常激烈，尤以周扬、沙汀、何其芳及陈伯达、柯仲平、赵毅敏等。下午十时半始散会，回到新的窑洞已经一时半了。"这些都促进了文艺界关于"民族形式"的讨论与争鸣，深化了对该问题的认识。（以上参见艾克恩编纂《延安文艺运动纪盛》，文化艺术出版社 1987 年版；孙国林编著，王佳钰、王增辉校订《延安文艺大事编年》，陕西师范大学出版总社 2016 年版；徐迺翔编《中国文学史资料全编现代卷——文学的"民族形式"讨论资料》，知识产权出版社 2010 年版；郑大华《论抗战时期"文艺的民族形式"的提出及其讨论》，《中国文化研究》2018 年第 2 期）

刘御时任陕甘宁边区教育厅教材编审科任副科长，曾致信毛泽东说："您在六届六次会上所倡导的'为中国老百姓所喜闻乐见的中国作风和中国气派'虽然是针对马列主义的学习与宣传而提出的，但我觉得，在文艺创作上也完全适用。我正是基于这样的理解而在诗歌创作中进行尝试的，不知道我这样的看法和做法是否得当？"为了便于毛泽东了解情况，刘御还把他当时写的诗寄给毛泽东批评。12 月初，毛泽东给刘御回信，说："你的努力，很好很对。""优秀的民歌，大抵是千百年来广大群众的集体创作。""多中要有些好的。""诗歌总以押韵为宜，无韵的诗歌，难于行远。""抗战是大同，形式上风格上的差别是小异，凡小异而大同者均应兼容并包。"（参见刘御《回忆毛泽东同志在一次通信中就诗歌创作问题给我的教导》，《延安文艺研究》1986 年第 4 期）

陈伯达任中共中央宣传部出版科科长。2 月 1 日夜，毛泽东就陈伯达所作《墨子哲学思想》一文致信陈伯达。信中说："《墨子哲学思想》看了，这是你的一大功劳，在中国找出赫拉克利特来了。有几点个别的意见，写在另纸，用供参考。"毛泽东的意见，主要有：事物的"质与属性不可分，但有区别的，一物的某些属性可以除去，而其物不变，由于所以为其物的质尚存""说因果性的一段，似乎可以说同时即是必然性与偶然性的关系。'物之所以然'是必然性，这必然性的表现形态则是偶然性。必然性的一切表现形态都是偶然性，都用偶然性表现。"关于中庸问题，"墨家的'欲正权利，恶正权害''两而无偏''正而不可摇'，与儒家的'执两用中''择乎中庸服膺勿失''中立不倚''至死不变'是一个意思，都是肯定质的安定性，为此质的安定性而作两条战线斗争，反对过与不及。"2 月 20 日、22 日，毛泽东就陈伯达刊于《解放》周刊第 69 期的《孔子的哲学思想》一文两次致信张闻天，提出商榷意见。张闻天此前曾将此文推荐给毛泽东审读，毛泽东读后给张闻天写了两封商榷意见的信。

按：2 月 20 日毛泽东信中详细地写了七点意见，针对陈伯达的文章，谈了自己对孔子哲学思想的看法。陈伯达收信后，当即遵照毛泽东的意见作了修改，再呈毛泽东。2 月 22 日，毛泽东又致信张闻天转告陈伯达：伯达同志的文章看了，改处都好。但尚有下列意见，请转伯达同志考虑……是否有当，请兄及陈同志斟酌。在这封信中,毛泽东又补充了三点意见:一、"'名不正则言不顺,言不顺则事不成……',作为哲学的整个纲领来说是观念论,伯达的指出是对的;但如果作为哲学的部分,即作为实践论来说则是对的,这和'没有正确理论就没有正确实践'的意思差不多。""孔子的体系是观念论;但作为片面真理则是对的,一切观念论都有其片面真理,孔子也是一样。""又观念论哲学有一个长处,就是强调主观能动性,孔子正是这样,所以能引起人的注意与拥护。机械唯物论不能克服观念论,重要原因之一就在于它忽视主观能动性。我们对孔子的这方面的长处应该说到。"二、关于中庸问题,"伯达的解释是对的,但是不足的。'过犹不及'是两条战线斗争的方法,是重要思想方法之一。一切哲学,一切思想,一切日常生活,都要作两条战线斗争,去肯定事物与概念的相对安定的质。""'过'的即是'左'的东西,'不及'的即是右的东西。"孔子的中庸观念,包含着从量上去找出与确定质而反对"左"右倾的思想。"这个思想的确如伯达所说是孔子的一大发现,一大功绩,是哲学的重要范畴,值得很好地解释一番。"三、关于孔子的道德论,"应给以唯物论的观察,加以更多的批判,以便与国民党的道德观(国民党在这方面最喜引孔子)有原则的区别。""'仁'这个东西在孔子以后几千年来,为观念论的昏乱思想家所利用,闹得一塌糊涂,真是害人不浅。我觉孔子的这类道德范畴,应给以历史的唯物论的批判,将其放在恰当的位置。"

陈伯达3月4日任中央军委主席办公室副秘书长。同日,中共中央书记处会议讨论陕北公学和职工学校的教育方针。会议决定调陈伯达到毛泽东处工作,任中央军委主席办公室副秘书长,办公室秘书长是李六如。当时毛泽东为中央军委主席,因此陈伯达实际上就是毛泽东办公室副秘书长。陈伯达上任伊始,其工作由李六如安排,负责处理军务电文,把前方发来的军事电报内容向毛泽东报告,然后按毛泽东的意见草拟复电,发往前线。毛泽东给陈伯达拟定了四项任务,即四个研究课题:《抗战中的军事》《抗战中的政治》《抗战中的教育》《抗战中的经济》。在毛泽东的直接指导下,陈伯达做了大量的资料搜集工作。从此陈伯达便一直在毛泽东身边工作,其研究工作的注意力从古代转向现实生活。4月16日,陈伯达在《文艺战线》第3期发表《关于文艺的民族形式问题杂记》,同期还刊有艾思奇的《旧形式运用的基本原则》一文。前文是当时最早提出"文艺的民族形式"的文章,作者将抗战爆发后大众文艺如何利用旧形式问题的讨论,归结为"民族形式问题",并指出:文艺的民族形式,包含着民族风俗、格调、语言等各种的表现形式,我们不应把文艺看成是从民族、从现实的历史、从具体的斗争——孤立出来。文艺应是具体的民族的、社会的真实生活之反映,同时又应成为感召千百万人民起来参与真实生活斗争(在目前上抗战)的武器。因此,民族形式,实质上,不是简单的形式问题,而且也是内容的问题。要文艺能更深刻地反映真实的生活,更灵活地把握大众的斗争,就不能不考虑其表现的形式。反之,其表现的形式如果是干枯的和生硬的,那么,其内容就时常是(虽则不完全是)薄弱的和无味的。就此而言,"所谓民族形式的问题,不只是简单旧形式的问题,同时也包含着创造和发展新形式的问题,只是不把新形式的创造从旧形式简单地截开而已。新形式不能是从'无'产生出来,而是从旧形式的扬弃中产生出来。""利用旧日形式不是复古,而是……新文艺运动的新发展,是要促进更大的、更高的、更深入的新文艺运动。"5月,陈伯达将若干言及新启蒙运动的旧文取名《在文化阵线上——真理的追求续集》由上海生活书店结集出版。

按:陈伯达在此书中提出:"我们的理性运动乃是新的理性运动,我们要废除民族压迫和封建制度的不合理,同时,我们要努力不要像18世纪启蒙运动以另一种不合理的社会来代替一种旧不合理的社会。我们要努力由保卫祖国大抗战运动的合理。由民族解放和封建残余解除的合理,转到更新的社会的合理。"作者对此满怀信心;根据中国的现实历史看来,从中国历史的动力看来,我们根据我们的努力,将可能转变到法国大革命后所不同的社会。我们的大抗战运动是朝着这样可能的历史转变方向的,而我们的新启蒙运动也是朝着这样可能的历史转变方向的。(参见中共中央文献研究室编撰、逄先知主编《毛泽东年谱(1893—1949)》，人民出版社、中央文献出版社1993年版；郑大华《论抗战时期"文艺的民族形式"的提出及其讨论》，《中国文化研究》2018年第2期；孙国林编著，王佳钰、王增辉校订《延安文艺大事编年》，陕西师范大学出版总社2016年版；陈亚杰《当代中国意识形态的起源》，新星出版社2009年版；李亮《继承五四和扬弃五四——新启蒙运动研究》，上海师范大学博士学位论文，2012年）

艾思奇年初调中央宣传部任文化工作委员会秘书长，同时兼任陕甘宁边区文协的常务理事、鲁迅研究会理事等。3月26日下午，边区文化界救亡协会为了与边区各文化团体取得更进一步的联系，使边区文化工作更好地开展起来，在该会救亡室召开各文化团体联席会议。到会团体有青年记者学会、文艺界抗战联合会（筹备）、音乐界救亡协会、美术工作者协会、戏剧界抗敌协会边区分会、诗歌总会、路社和山脉文学社等团体。首先由艾思奇报告开会意义，各团体报告该团体过去工作情况和今后工作计划，最后对各文化团体的团结与联系以及边区文化工作的总方针这两个中心问题，做了详细的讨论与具体的决定。这次联席会极大地促进了各团体的联系和相互配合，推动了边区的文化运动发展。同月，艾思奇发表《关于形式论理学和辩证法》一文，认为"我自己一年多来正努力做这工作，但还没有充分把握。然原则上不外两点：第一要能控制中国传统的哲学思想，熟悉其表现形式；第二要消化今天的抗战实践的经验与教训。"清明节，艾思奇以文化界代表的身份参加祭黄帝陵。祭黄陵代表团团长高岗（西北局书记），副团长是陕甘宁边区政府主席林伯渠。刘宁一、毛齐华为工会代表，莫文骅、向仲华为军队代表，张琴秋代表妇女界。艾思奇为文化界代表，受林伯渠委托，起草了祭文，毛主席做了修改并亲自抄录一遍。4月16日，艾思奇在《文艺战线》第3期发表《旧形式运用的基本原则》，指出："旧形式利用或运用的问题，在抗战以前早有人提起，而在抗战中间，却成为文艺运动中一个极重要的问题。要把这问题的意义表现得更明白，我们不妨把它扩大一些，把它归结为中国民族旧文化传统的继承和发扬的问题。""我们的眼光是从发展方面来看，运用旧形式，其目的却是要停止于旧形式，而是为要创造新的民族的文艺""也就是大多数民众所接受的，它能被民众看作自己的东西。""我们需要更多的民族的新文艺，也即是要以我们的民族的特色（生活内容方面和表现形式方面包括在一起）而能在世界上站一地位的新文艺。没有鲜明的民族特色的东西，在世界上是站不住脚的。"

艾思奇4月28日在延安《新中华报》特刊上发表《五四运动在今日的意义》，认为"五四文化运动是中国民族精神空前觉醒的运动，这一个运动，是中国的民族民主革命斗争的历史产物"。5月，陕甘宁边区文协正式成立，艾思奇任中央文委秘书长边区文协主任，柯仲平为副主任，后调丁玲为副主任，接替负责日常工作。6月18日，出席在延安中央大礼堂举行的高尔基逝世3周年纪念会，参加者有延安市各文化团体及青年学生千余人。首先由艾思奇报告纪念会的意义。接着萧三详细介绍了高尔基的生平。最后是文艺节目：鲁艺歌咏团演唱了《囚徒之歌》（高尔基诗），柯仲平朗诵了高尔基的《海燕》，鲁艺演出话剧《绿包袱》——《母亲》中的一幕。25日，艾思奇在延安《文艺突击》第1卷第2期"文艺的民族形式"专栏发表《旧形式，新问题》。同月，艾思奇参加了毛泽东组织的一个哲学小组，参加者还有杨超、和培元、陈伯达，连毛泽东共6人。每周某会连毛泽东共6人。每周集会一次，着重讨论《实践论》《矛盾论》的问题。毛泽东事先将两篇著作给大家，请大家提出修改意见。随后，中央宣传部也成立了哲学小组，组长张闻天，艾思奇为辅导员，参加学习的有李维汉、徐特立、柯柏年、肖动光、莫文骅等，后发展到100多人，成为当时延安的模范学习小组。8月，艾思奇为指导延安的哲学学习，撰写《怎样研究辩证法唯物论》，刊于《解放》杂志。

为提供学习资料,编辑了《哲学选辑》一书,汇集当时能找到的较为系统的资料。《哲学选集》附录了艾思奇为中宣部哲学学习小组撰写的哲学《研究提纲》。该提纲6万多字,全书28万字。毛泽东对该书做了多处眉批,对《研究提纲》做了长达30多条、3000多字批注。

艾思奇8月3日主持中央局就民族形式问题召开的文化界座谈会,会上发言踊跃,气氛热烈,各种观点都提了出来,相互交锋,大家在讨论、交流中深化了对民族形式诸问题的认识。9月9日,全国慰劳总会北路慰劳团访问延安,艾思奇代表边区文协出席欢迎会。22日,艾思奇在机关合作社主持慰劳团与边区文化界及各青年团体、各报刊的座谈会,何思敬致欢迎词,张继讲话,何思敬、赵毅敏分别对国内的团结和文化的发展做了阐述,老舍对文艺界情形做了详细报告。10月21日,边区剧协组织的工余剧人协会举行成立大会,会议共同商讨了内部组织及工作问题。经讨论选出艾思奇(列席指导)、江青、张庚、钟敬之、徐一新、田方、陈明、夏革非、抗大代表等9人为常委。12月13日,艾思奇向中共中央政治局会议作关于准备陕甘宁边区文代会报告内容的介绍,说:新文化的性质是资产阶级民主主义的文化,特殊地说是三民主义的文化,还有无产阶级彻底的民主主义和共产主义的文化。毛泽东发言指出:我认为不提三民主义文化为好,以提中华民族的新文化为好,即彻底的民主主义文化。马克思主义中国化问题,不能说马克思主义早已中国化了。马克思主义是普遍的东西,中国有特殊情况,不能一下子就完全中国化。边区的教育方针应该是民主主义的,应该宣传当前民主主义的任务,同时又宣传共产主义思想体系。因此,学校也不能只教共产主义思想体系,而忽视当前实际任务。新文化用下面四大口号为好:民族化(包括旧形式),民主化(包括统一战线),科学化(包括各种科学),大众化(鲁迅提出的口号,我们需要的)。是年,艾思奇与吴亮平合作,完成了《唯物史观》(国统区改为《科学历史观教程》)的编写。该书成为当时中组部干部必读书。在陈云倡导下成立了学习小组,参加学习小组的有陈云、王鹤寿、王德、袁宝华、武经天、王林、罗少华等。李一氓不在中组部工作,也要求参加学习。每周讨论一次,艾思奇有时去解答问题。同年,艾思奇将在上海和延安所写的38篇文章结集,书名为《实践与理论》,由读书生活出版社出版。其间,还翻译了列宁《哲学笔记》中一部分。(参见《艾思奇全书》第8卷附录《艾思奇生平年谱》,人民出版社2006年版;中共中央文献研究室编撰、逄先知主编《毛泽东年谱(1893—1949)》,人民出版社、中央文献出版社1993年版;徐迺翔编《中国文学史资料全编现代卷——文学的"民族形式"讨论资料》,知识产权出版社2010年版;艾克恩编纂《延安文艺运动纪盛》,文化艺术出版社1987年版;孙国林编著,王佳钰、王增辉校订《延安文艺大事编年》,陕西师范大学出版总社2016年版;郑大华《论抗战时期"文艺的民族形式"的提出及其讨论》,载《中国文化研究》2018年第2期)

何干之时任陕北公学的教授和中国问题教研室主任。1月17日,毛泽东复信何干之。信中说:"看了你的信,很高兴的。我们同志中有研究中国史的兴趣及决心的还不多,延安有陈伯达同志在作这方面的研究,你又在想作民族史,这是很好的,盼望你切实地做去。我则有志未逮,我想搜集中国战争史的材料,亦至今没有着手。我的工具不够,今年还只能作工具的研究,即研究哲学,经济学,列宁主义,而以哲学为主,将来拟研究近代史,盼你多多指教。""你的研究民族史的三个态度,我以为是对的,尤其第二态度。如能在你的书中证明民族抵抗与民族投降两条路线的谁对谁错,而把南北朝,南宋,明末,清末一班民族投降主义者痛斥一番,把那些民族抵抗主义者赞扬一番,对于当前抗日战争是有帮助的。只有一点,对于那些'兼弱攻昧''好大喜功'的侵略政策(这在中国历史上是有过的)应采取不赞同态度,不使和积极抵抗政策混同起来。为抵抗而进攻,不在侵略范围之内,如东汉班超的事业等。"信中还谈到自己"将来拟研究近代史"的设想。(参见中共中央文献研究室编撰、逄先知主编《毛泽东年谱(1893—1949)》,人民出版社、中央文献出版社1993年版;孙国林编著,王佳钰、王增辉校订《延安文艺大事编年》,陕西师范大学出版总社2016年版)

王学文时任马列学院副院长。1月,张闻天与王学文谈话。鉴于他既对马克思义政治经济学有研究,又懂多种外文,让他脱产两个月专门校阅近期即将出版《马恩丛书》的两本:《政治经济学论丛》《〈资本论〉提纲》。这两本书是当时作为马列学院院长的张闻天亲自负责的该校编译部组织的一套丛书中的两本。《政治经济学论丛》一书选录了马克思、恩格斯关于政治经济学的若干经典论著(包括马克思《价值、价格与利润》、恩格斯《马克思底〈资本论〉》),于1939年3月作为《马恩丛书》(6)由延安解放社出版,书名是张闻天提议的;《〈资本论〉提纲》(恩格斯著)亦由延安解放社于同年11月作为《马恩丛书》(9)出版。前一书由王学文、何锡麟、王实味合译,后一书为何锡麟译。(参见张培森主编《张闻天年谱》,中共党史出版社2000版)

陈唯实《新人生观与新启蒙运动》由民族革命出版社出版,全书分五讲,前三讲讨论"大时代的人生观",第四讲及第五讲论及新启蒙运动。其中,第四讲"努力实行新启蒙运动"和第五讲"再论实行新启蒙运动"就新启蒙运动的意义、任务、性质以及如何实施等问题提出看法。(参见李亮《继承五四和扬弃五四——新启蒙运动研究》,上海师范大学博士学位论文,2012年)

尹达是年冬在延安写成《中国新石器时代》一文,推测出龙山文化(两城期、龙山期、辛村期)与仰韶文化(后冈期、仰韶期、辛店期)的绝对年代,填补了中国新石器时代早期文化空白,一个具有坚实基础的中国新石器时代分期体系初步建立。是年至次年9月,尹达完成第一编《从考古学上所见到的中国原始社会》、第二编《从古代传说中所见到的中国原始社会》,这两编把新的材料和新的成果贡献给学术界,"希望从这里看出中国原始社会发展的线索";是年至1941年,尹达结合当时"大批新的材料和学术界之新的成果",著成《中国原始社会》一书,成为新史学阵营中从考古学出发系统研究原始社会的代表作。(参见齐素玲《尹达传——从考古到史学的研究之路》,河南文艺出版社2022年版)

周扬时任陕甘宁边区政府教育厅厅长。1月15日,朱光潜到武大后,辗转收到周扬于上年12月29日寄到成都的来信。20日,朱光潜复函周扬,表达了渴望赴延安的心情,也流露出遭到阻挠的无奈。周扬与朱光潜的通信,显示了延安文化的吸引力,以及大后方知识分子、学者的苦闷和对延安的向往。22日,毛泽东为修改《陕甘宁边区实录》一书初稿,写信给周扬,请周扬"全权负责修正此书""最好二月十五日前完稿,二月底能出书"。后来,毛泽东为《陕甘宁边区实录》题写书名并题词:"边区是民主的抗日根据地,是实施三民主义最彻底的地方。"2月16日,《文艺战线》在延安创刊,由中华全国文艺界抗敌协会延安分会主办,文艺战线社出版,通讯处是延安文艺界救亡协会转文艺战线社。周扬任主编,编委会成员有:丁玲、艾思奇、成仿吾、沙汀、沙可夫、李伯钊、何其芳、柯仲平、陈荒煤、夏衍、陈学昭、卞之琳、周文、冯乃超等组成编委会,夏衍任发行人。周扬在《文艺战线》创刊号发表发刊词《我们的态度》一文,对刊物的性质、任务和当前文艺问题的主张都作了说明,指出:"正如它的名字所表示出的,它是一个战线,整个抗日民族统一战线的一部分,民族自卫战争的意识形态上的一个战斗的分野。""《文艺战线》本身就是一个统一的战线""在战争的紧急情况下,集合大家的力量,在文艺的领域内来做一点切切实实于民族有益的工作""杜绝一切宗派思想的复萌,促进作家间的更进一步的团结,以增厚文艺在抗战中的力量,这就是我们首先所要努力的方向"。周扬提倡现实主义,主张作家上前线去,鼓励作家提高修养,倡议加强文艺理论和批评。同时谈到文艺大众化,旧形式利用的问题是抗战期间文艺上的重要问题,艺术和大众的完全结合是一个长期努力的目标,而不是立刻能实现的,"目前把艺术和大众结合的一个最可靠的办法是利用旧形式"。但"在利用它的时刻一刻也不要忘了用批判的态度来审查和考验它,把它加以改造"。

按:《文艺战线》共出六期,1940年2月16日终刊。当时文艺界普遍认为,《文艺战线》有三大特色:一是重视报告文学;二是重视文艺理论和评论;三是重视木刻。戈茅(徐光霄)4月27日在《新华日报》刊文《介绍〈文艺战线〉》,说《文艺战线》是在日寇法西斯企图绞杀中国文化的情况下产生的。它的意义在于,"它是一个战线,是整个抗日民族统一战线的一部分"。它要去掉中国传统的"文人相轻"的习气,以现实为依据,发扬中国的积极精神。其作者大都是忠实的文艺工作者,参加了延安的生产、工作,有真实的生活,所以能写出真实的作品来。

周扬3月16日在《文艺战线》第1卷第2期发表长篇论文《从民族解放运动中来看新文学的发展》,也是延安时期首篇长篇文学论文,发表前送毛泽东看过。文中畅谈新文学的历程,指出:"中国新文学从开始就和民族解放运动密切地联系着,这个联系贯彻了新文学的全部历史",然后将"二十多年的新文学发展"归纳为"经历了三个阶段,即三次具有划时代意义的运动":第一次是文学革命运动。反对文言,宣告"古文"为死文学,提倡白话,鼓吹国民的写实的文学,是这个运动的基本内容。这一阶段从"五四"前一两年到"五卅"前后,将近十年时间。第二次是革命文学运动。它的呼声在"五卅"前后已经听到,而形成一个运动是在1927年大革命失败以后。成仿吾的《从文学革命到革命文学》,就传报了新文学运动转换的正式消息,这是新文学的一个大进步,克服了"五四"的不彻底性与软弱性,体现工农劳苦大众的鲜明的立场。第三次是华北事变以后文学上的统一战线运动。华北事变后,文学上开始了一个新的局面:首先,反帝的主题集中于反日的主题。其次,反帝作品的特征是爱国主义与国际主义的结合,作品中的人物发出"生为中国人,死为中国鬼"的誓言。再次,反日的文学的一个特征是工农大众的阶级立场与民族立场的一致。结论道:综观文学上的每次运动,都是否定了前一次的运动,而又继承前一次运动向前发展着。周扬在文中详细论述了每一阶段的内涵。谈到鲁迅时他说:"鲁迅以一个民族战士走上文学界。他的从事于创作,就是出于要以文艺来救治病弱的中国的动机",终他的一生,贯穿他全部的作品的是民族解放思想。

周扬5月14日出席中华全国文艺界抗敌协会延安分会成立大会。中华全国文艺界抗敌协会延安分会简称"延安文抗",其前身是边区文艺界抗敌联合会。1938年3月17日中华全国文艺界抗敌协会在武汉成立后,在延安的萧军、舒群等作家建议,应该在延安成立它的分会,以便与全国文艺界取得密切联系。经张闻天和中央同意,产生了"延安文抗"。出席成立大会的有周扬、丁玲、沙可夫、李公朴、卞之琳、塞克、白澄、林山、张振亚,以及最近从苏联归国的萧三等30余人。周扬报告筹备经过及成立分会的意义;卞之琳代表文协抗战文艺工作团第三组,报告前线工作情形及所获的经验与教训;萧三报告苏联文艺动态。在成立(更名)大会上,到会的30多名会员选举成仿吾、周扬、萧三、沙可夫、丁玲、艾思奇、柯仲平、陈学昭、赵毅敏、严文井、张振亚等为理事,张庚、骆方为候补理事。分会成立后,理事会推举周扬、萧三、沙可夫3人为常务理事,张振亚为秘书。对分会工作、《文艺战线》编辑计划以及扩大鲁艺文学系的提案也有讨论。翌年4月,机关刊物《大众文艺》创刊。该分会是边区文化协会的团体会员之一,同时又接受中华全国文艺界抗敌协会总会的领导。

按:延安文抗能适应形势的发展变化而开展多种活动,理事会成员也时有增减。1940年1月3日,经全体会员大会选举，丁玲、萧三、周扬、塞克、何其芳、吴伯箫、曹葆华、天蓝、柯仲平、雪苇等为该会第二届理事。2月25日，经扩大理事会决定，增选周文、刘白羽、周立波、陈荒煤、庄启东五人为理事，并推选丁玲、萧三、周扬、周文、曹葆华为常务理事。周文负责总务部，丁玲负责组织部，萧三负责出版部，周扬负责研究部。他们在边区文协和全国文抗总会的领导下，积极发展会员，设立文学顾问委员会，解答初学写作者提出的问题，组织文艺小组，出版《大众文艺》，举行报告会和讨论会，派出文艺工作团，展开街头文艺活动，出版不定期的《街头文艺》等，工作颇为活跃。

　　周扬接老舍9月16日发自陕北榆林的信函，说："在延安见到先生与艾思奇，李初梨，萧三诸先生，实在给我莫大的欣慰！可惜，因为急于北去，未能见到丁玲、何其芳、沙汀三先生，和其他的文艺工作同志们，深感歉歉！"19日，周扬给老舍回信说："读到你九月十六日的信，我非常的高兴。可惜你第二次路过延安，适我因事不在，致失去了与你再度晤谈的机会，很觉怅然！"谈到对总会的希望时，周扬说：文协在团结作家一点上有很大功劳，今后应是如何扩大它、巩固它。在抗日目标下，文艺界人士应真诚合作，培植民主作风。要为民主政治斗争，要为文艺界的民主斗争。真理会愈辩愈明，只要争辩不逾越民族最高利益的界限。要使文艺的影响能更深入大众中间。其次，要使文艺和战争结合，把作家引导到战争的方向，使作家到前线去形成一种运动。总会组织的由王礼锡所领导的作家战地访问团和延安组织的战地文艺工作团，都有很大意义，收到相当的成果。《文艺战线》上的不少作品，是由他们提供的。要在战争中发现新作家，培育新作家，延安成立的文学顾问会，就是为培育文艺新军设立的。延安具有才能的青年作者有野藤、天蓝、孔厥、梁彦、魏伯、黄钢、康濯等。关于如何解决作家的生活困难问题，周扬建议筹划一笔互济金，争取政府和社会人士多援助，并靠文艺家本身团结一致与利害相共的精神克服。11月16日，周扬在其主编的《文艺战线》第1卷第5期推出"艺术创作者论民族形式"专栏，发表《论文学上的民族形式》等文章。22日，中央政治局会议决定：吴玉章任鲁艺院长，周扬为副院长。此后，由周扬主持鲁艺工作。（以上参见孙国林编著，王佳钰、王增辉校订《延安文艺大事编年》，陕西师范大学出版总社2016年版；宛小平《朱光潜年谱长编》，安徽大学出版社2019年版；葛晓燕、何家炜编著《夏丏尊年谱》，中国文史出版社2012年版；中共中央文献研究室编撰、逄先知主编《毛泽东年谱（1893—1949）》，人民出版社、中央文献出版社1993年版；刘长鼎、陈秀华《中国现代文学运动史》，山东文艺出版社2013年版）

　　萧三从苏联经新疆回到延安。4月29日，毛泽东在中共中央组织部所在地同本日到达延安的邓发、邓小平、萧三相遇，邀他们到自己住处杨家岭共进晚餐。晚餐后同萧三谈话。5月1日，萧三应莫斯科《艺术》杂志约请在该刊发表介绍延安鲁艺的文章。当时萧三刚回到延安不久，对鲁艺了解不多，只是根据鲁艺的《成立缘起》，简单介绍了鲁艺的情况。5日傍晚，毛泽东到鲁迅艺术学院访萧三，谈文学问题。毛泽东说：《聊斋志异》是封建主义的一种温情主义，作者蒲松龄反对强迫婚姻，主张自由恋爱，反对贪官污吏，但是不反对一夫多妻，他的这种主张在封建社会不能明讲，乃借鬼狐说教。《聊斋志异》其实是一部社会小说。鲁迅把它归入"怪异小说"，是他在接受马克思主义以前的看法，是不正确的。谈话后，同萧三一起去中共中央组织部大礼堂参加纪念马克思诞辰和马列学院成立1周年的晚会。12日傍晚，萧三如约到杨家岭去看毛泽东，毛泽东正在读《宋史演义》，同萧三谈鲁迅艺术文学院的工作，并告昨天中共中央开会决定他在鲁艺作编辑部的工作。萧三将自己写的一个诗本（手抄本）留下请毛泽东指教。6月17日，毛泽东给萧三写信，提出"现在需要战斗的作品"，具体讲了三点：（一）大作看了，感觉在战斗，现在需要战斗的作品，现在的生活也全部是战斗，盼望你更多作些。（二）高尔基晚会如无故障当来参加，惟这几天较忙一些。（三）

马,待查问一下看,这事倒不很容易。如你在边区范围内行动,那我可以拿我的马给你用一下;如往外边,就得另想法了。

萧三6月20日在《新中华报》发表《高尔基逝世三周年纪念》,称赞:"高尔基从开始他的文学的社会的活动的第一天起,便加入了革命的无产阶级的行列,加入了无产阶级之马克思主义的先锋队伍,至死不改其宗。"文章阐述了高尔基与伟大导师列宁、斯大林的友情,以及高尔基去世给全人类带来的不可弥补的损失,号召全国人民昂首挺胸和日本帝国主义做斗争。25日,萧三在延安《文艺突击》第1卷第2期"民族形式"讨论专栏发表《论诗歌的民族形式》,提出:"我们要创造新的形式,如果有了新的内容,新的言语,新的意识、思想,新的社会,新的人,新的活动。但是怎样去创造新的形式呢?我以为也必得通过历史的和民间的形式。换言之:新形式要从历史的和民间的形式脱胎出来。而其结果和收获还得是民族的形式。""有了好的内容之后,形式万不可不讲。内容问题解决之后,形式第一。""有了内容之后,什么是最适当的形式,使内容得以最好地,很艺术地表现出来,使内容能够感动人,记得住,流传的广呢?一言以蔽之——民族的形式!

萧三10月20日在《新中华报》发表《鲁迅逝世三周年纪念》。文中指出:在纪念鲁迅逝世三周年的时候,全国人民应更加团结起来,巩固和发展抗日民族统一战线。鲁迅明确拥护党的领导,对敌人斗争顽强、持久。萧三的文章总结道:"鲁迅是唯物主义的思想家,是批评家,是中国思想界的权威,是社会活动家、革命者、战士。他是伟大中国人民之伟大的儿子。他是中国工农劳苦大众和中国共产党的战友。他是国际主义者。他是中国的高尔基。他是中国青年的导师。毛泽东同志曾说过:'鲁迅是现代中国的圣人。'这却可以包括鲁迅的各方面,这才是鲁迅的定义。在纪念鲁迅去世三周年的今天,我们向鲁迅学习吧!我们接受鲁迅的文学遗产,继承鲁迅的斗争精神前进吧!"11月16日,萧三在《文艺战线》发表《论诗歌的民族形式》,指出:"中国的新诗直到现在还没有'成形'——这是无可讳言的。"其原因,"我以为是,自从'白话'战胜'文言'以来,作新诗的一下子从古诗的各种形式和体裁'解放'了出来,于是绝对'自由'","弄得毫无'章法'"。另外,"有少数的新诗人完全学西洋诗的作法。结果呢?中了'洋八股'的毒,写出来的东西不合中国人的口胃,不受一般读者的欢迎。"提出:"发展诗歌的民族形式应根据两个泉源:一是中国几千年来文化里许多珍贵的遗产,离骚、诗、词、歌、赋、唐诗、元曲……二是广大民间所流行的民歌,山歌、歌谣、小调、弹词、大鼓词、戏曲……"(参见萧三《人物与纪念》,生活·读书·新知三联书店2012年版;中共中央文献研究室编撰、逄先知主编《毛泽东年谱(1893—1949)》,人民出版社、中央文献出版社1993年版;徐迺翔编《中国文学史资料全编现代卷——文学的"民族形式"讨论资料》,知识产权出版社2010年版;孙国林编著,王佳钰、王增辉校订《延安文艺大事编年》,陕西师范大学出版总社2016年版;文天行编《国统区抗战文艺运动大事记》,四川省社会科学院出版社1985年版)

罗思6月25日在《文艺突击》新1卷第2期发表《论美术上的民族形式和抗战内容》,后又转载于11月16日《文艺战线》第1卷第5期。作者提出:"在我们悠久的文化历史上有丰富的美术遗产,我们需要把民族的优秀遗产,优美的'旧形式'和'旧方法'都给整理出来、利用到抗日战争的宣传上去。为了发扬民族的自尊心和自信心,应该尽所有可能,建立民族形式的新美术。现在的内容是抗日,在抗日的宣传事业。"文中批评了目前中国的美术还存着两种错误的倾向:一种"内容是革命的,而形式不是民族的";另外一种,"形式是民族的,而内容却是不革命的""这两种错误倾向,对于抗日宣传都是有害的。为了纠正这两种错误倾向。必须把'民族形式和抗日内容'在理论和创作上打成一片,研究民族形式和现实主义问题以创造民族形式的美术。克服中国美术之旧形式的弱点和缺点,打破因袭的传统主义和复古的思想,在技术上必须吸收西方的写实方法,讲求解剖学,透视学等以补救中国美术上的冤债,特别是在理论上要强调革命现实主义。"(参见徐迺翔编《中国文学史资料全编现代卷——文学的"民族形式"讨论资料》,知识产权出版社2010年版)

何其芳11月16日在《文艺战线》第1卷第5期"艺术创作者论民族形式"专栏发表《论文学上的民族形式》。文章开篇即云:"回到延安来,我碰上了从事着以及关心着文艺工作的同志们对于民族形式问题的热烈的讨论。然而我还不很清楚民族形式这个最近才在中国提出来的名词的界说。"然后归纳和提出系列问题:"这种更中国化的民族形式的文学的基础应该是五四运动以来的还在生长着的新文学吗? 还是旧文学和民间文学? 它的三个组成部分,旧文学的传统的承继,民间文学的利用,欧洲文学的影响的接受,应该有着怎样一个比例? 即谁是主要的,谁是辅助的? 旧文学和民间文学的形式的利用有着怎样的限度? 是不是这种利用就等于大众化? 大众化是不是需要一个过程? 大众化会不会降低已经达到的文艺水准?"对于这些都还没有解决的问题,作者尝试提出自己的解答和意见,通过将欧洲的文学与中国的旧文学和民间文学的比较,认为民族形式与"五四"新文学实则是一脉相承的关系,即民族形式是"五四"新文学向前发展的方向。

按:李扬《地方路径视野下的延安文学——重探鲁艺诗歌生产的文学史意义》(《探索与争鸣》2022年第1期)认为何其芳《论文学上的民族形式》一文中关于诗歌与音乐关系分离的观点,矛头直指萧三。萧三将中国古典诗歌传统和民间音乐视作诗歌民族形式的两个源泉;而在何其芳看来,文学与音乐各司其职,二者分离意味着人类文化的进步,因此将民间音乐引入新诗的做法是一种"倒退"。在鲁艺,萧三最早借用毛泽东《论新阶段》的论断谈及朗诵诗与"民族形式"的关系,口吻中带着不可置疑的语气。1939年5月,萧三到延安的第二天便被任命为鲁艺编译处处长,并迅速在延安文艺界开展活动,如组织文化俱乐部、新诗歌会等,他复刊《文艺突击》(后更名为《大众文艺》)并发表大量诗歌作品,后创办了诗歌刊物《新诗歌》为朗诵诗张目,发表了鲁艺文学系学生张铁夫、张沛、海稜等人的朗诵诗。何、萧二人就"民族形式"问题产生分歧后,萧三迅速利用《大众文艺》组织了对何其芳的批评。二人文学观点上的不合,迅速升级为政治"事件",何其芳"写诗需要天才"一说也被放大为反面典型。以此再来看萧三创办《新诗歌》的目的,其打出"民族形式"中具有政治规约性的"朗诵诗"的旗帜,不排除与何其芳一争在青年学生中的影响力的意图。而与《大众文艺》和《新诗歌》不同,《草叶》是文学系的内部刊物,整风改版以前的诗歌"以知识分子作为自己作品中的主角",大多反映何其芳、周立波、贺敬之、井岩盾等鲁艺师生投身革命事业时热情与失落交织的复杂心态。何其芳发表在《草叶》上的《鄜鄠戏》一类诗正是呼应了"民族形式"的个体"地方感"的呈现。(参见徐迺翔编《中国文学史资料全编现代卷——文学的"民族形式"讨论资料》,知识产权出版社2010年版;杨婕《文艺民族形式问题论争》,《中国社会科学报》2018年5月15日)

刘白羽、莎寨2月28日在《新中华报》发表《关于旧形式的二三意见》《利用旧形式》,前文提出抗战的任务要求我们去利用"旧形式"。在抗战中,文艺的作用是朝着千百万大众的。在这空前的锻冶当中,需要检讨出优点与弱点,让整个新文艺更健壮起来。后文提出"我们利用旧形式,并不是利用表象上的形式,而是从旧形式中吸取本质的精华,而重新创造的。这个所谓利用旧形式的形式,既不是旧的也不是凭空捏造的,而是从'旧'里发展来的'新'的东西。""利用旧形式,就是创造新形式。"(参见徐迺翔编《中国文学史资料全编现代卷——文学的"民族形式"讨论资料》,知识产权出版社2010年版)

沙汀11月16日在《文艺战线》第1卷第5期"艺术创作者论民族形式"专栏发表《民族形式问题》,对于"民族形式这个用语"提出自己的理解:"在一方面它是指作家应该站在人民大众的立场,民族的立场,用民间活的语言来描写他们的实际生活,他们的苦乐和希望,这是第一；其次，在另一方面，它是指对于长久地，广泛地存在于民间的，曾反映了民族生活的某一方面的旧作品形式的利用。""在动员广大的民众起来参加抗战的前提下，把旧形式利用作为目前文艺活动的主力，这是极应该的。从文艺本身上说，它的活动也能给新文艺以若干新的刺激和营养，并且把大众的鉴赏能力提高，使其逐渐接近新文艺，加速文艺与大众结合的过程。"(参见徐迺翔编《中国文学史资料全编现代卷——文学的"民族形式"讨论资料》，知识产权出版社 2010 年版)

张庚时任鲁迅艺术文学院戏剧系主任。1月1日，鲁迅艺术学院编审委员会编《戏剧工作》创刊，为鲁艺的专业性刊物之一，主要用作内部研究和对外交换，主要刊登戏剧作品和理论文章，有时也登一点剧运消息，但仅出了两期，以后便并入鲁艺的综合性刊物《艺术工作》。张庚在创刊号上发表《戏剧的实践和戏剧理论》。2月1日，张庚在《戏剧工作》第 2 期发表《戏剧工作者怎样利用旧历新年》。同期还载有韩塞《对抗战戏剧的意见》以及《戏剧问题座谈会》等。6 月 10 日，张庚在《理论与现实》第 1 卷第 3 期发表《话剧民族化与旧剧现代化》，共分四个部分：第一部分"分析五四到战前戏剧的历史倾向"，第二个部分谈"抗战发生以来，戏剧所起的变化和它的矛盾"，第三个部分"说明话剧中国化与旧剧现代化是一个运动"，第四个部分指出"新旧戏剧改革的困难和可能性，以及工作应如何开始。"提出话剧"学习的中心应当转移到中国自己的旧遗产上面来"。张庚的本意是希望话剧能够吸收戏曲的艺术元素，使其接近中国普通民众的审美趣味，从而能够更加大众化。但这一观点的表述有失分寸，引发了大后方戏剧界的反对。10 月 21 日，边区剧协组织的工余剧人协会举行成立大会，会议决定 1940 年元旦演出俄国奥斯特洛夫斯基的《大雷雨》，导演团为张庚、钟敬之、姚时晓、王滨，执行导演张庚。后因《大雷雨》的主演生病，不得不改变计划，工余剧协加紧排练曹禺的名剧《日出》。12 月初，毛泽东约张庚谈话，提出在延安也可以上演一点国民党统治区作家写的作品，比如曹禺的《日出》就可以上演，应当集中延安一些好的演员来排演。

按：12 月 16 日，于敏在《新中华报》上为工余剧协演出曹禺的话剧《日出》撰文《介绍"工余"的〈日出〉公演》。此文分三部分：一、《日出》的故事和人物；二、《日出》的中心意思；三、为什么演《日出》。文章说：工余要选演一个"大"戏，一个"写得好"的戏，一个"难演"的戏，来锻炼自己。这个选择便落在《日出》身上。理由很简单，因为曹禺是一个写得比较好的作家，而《日出》则是他的创作中比较好的一部戏。《日出》公演也有它一定的意义，将为延安观众揭开更宽广的视角境界，使延安戏剧活动接触多方面的题材，不使广大观众局限在狭小的天地。据戏剧家干学伟说，演《大雷雨》是江青提出的，她说她在上海演过这个戏。后来她又说，毛泽东说可以演《日出》，这对于统一战线有好处。1940 年元旦，《日出》公演，轰动延安。6 月 23 日，边区剧协召开成立后的第一次各戏剧团体代表会议，在这次会上，决定结束工余剧人协会。(以上参见中共中央文献研究室编撰、逄先知主编《毛泽东年谱(1893—1949)》，人民出版社、中央文献出版社 1993 年版；孙国林编著，王佳钰、王增辉校订《延安文艺大事编年》，陕西师范大学出版总社 2016 年版；文天行编《国统区抗战文艺运动大事记》，四川省社会科学院出版社 1985 年版)

沙可夫任鲁迅艺术学院副院长。3 月 29 日，李维汉向中共中央书记处会议作关于鲁迅艺术学院工作的报告。毛泽东发言要求鲁艺必须确定明确的方向与制度。会议最后议决由康生担任鲁艺院长。4 月 10 日，中央干部教育部副部长罗迈(李维汉)在鲁艺全体教职学员大会上，代表中央作《鲁艺的教育方针与怎样实施教育方针》的报告。为了贯彻这次报告精神，中央对鲁艺的机构及负责人做了调整。5 月 15 日，鲁艺召开各部部务会议，沙可夫宣布新教育计划和中央批准的人事任命。同日，学院以"迅字第十三号"公告公布：副院长：赵毅敏、沙可夫(秘书:陈山);各处处长:教务处吕骥,政治处李华,翻译处萧三;院务科龚亦群;各部部长:专门部沙可夫(兼),普通部张庚;各系系主任:文学系沙院长(兼),戏剧系张庚(兼),音乐系冼星海,美术系王变硕,研究部主任赵院长(兼)。11月28日,鲁艺发布"迅字第二十一"公告正式实行:"副院长赵毅敏同志因调任其他工作,辞职离院。(二)新任正院长为吴玉章同志,副院长为周扬同志。"宋侃夫任政治处处长兼党总支书记。从此,鲁艺日常工作一直由周扬负责主持。(参见孙国林、曹桂芳编《毛泽东文艺思想指引下的延安文艺》,花山文艺出版社1992年版;孙国林编著,王佳钰、王增辉校订《延安文艺大事编年》,陕西师范大学出版总社2016年版)

李初梨任《新中华报》主编。《新中华报》原为陕甘宁边区政府机关报,为边区最有影响力的报纸,毛泽东曾评价该报"是全国报纸中最好的一个"。2月7日,改为中共中央机关报,刊期另起,三日一刊。《新中华报》发表社论《新中华报改革的意义》,指出:"《新中华报》过去是陕甘宁边区政府的机关报,从今天起——民国二十八年二月七日起,《新中华报》改组为中国共产中央党委员会的机关报之一。同时,它也是陕甘宁边区政府的喉舌。""过去是五日刊,从本期起,改为三日刊,同时向着日报的方向努力。"同日,该报的第7个副刊《新生》创刊,原来的副刊《动员》停刊。《新生》创刊号发表柯仲平的《谈"中国气派"》,此为响应毛泽东1938年10月谈民族形式、中国作风和中国气派后的第一篇文章。2月16日,《新生》出版第2期,刊有陈伯达的《关于文艺的民族形式问题杂记》。28日,《新生》出版第4期,刊有刘白羽的《关于旧形式的二三意见》、莎寨的《利用旧形式》。

按:《新生》共出四期即停刊。1941年5月16日,《新中华报》与《今日新闻》合并为《解放日报》。(参见孙国林编著,王佳钰、王增辉校订《延安文艺大事编年》,陕西师范大学出版总社2016年版)

冯文彬继续任青委书记。4月,因长征而停刊的《中国青年》在延安复刊。由全国青年联合会延安办事处宣传部主办,始为半月刊,后改为月刊。冯文彬请毛泽东为刊物题写刊名。毛泽东高兴地说:"《中国青年》应该复刊,我完全支持你们的工作。"毛泽东又询问了办刊方针、稿件征集、出版周期、编辑部人员组成等方面的情况。之后,他说:"办好刊物,把青年们动员起来,投入抗日战争中去!"该刊配合当时的政治形势和党的路线,发表了许多富有号召力的政治文章,同时又针对青年的特点,刊发了许多文艺作品,作者有萧三、陈学昭、韦君宜、师田手、雷加、卞之琳、柯仲平、李又然、余修、曹葆华、殷参、袁烙、何其芳、井岩盾、严文井、李雷、力群、古元、焦星河、华山、夏风、马达、冼星海、胡乔木、艾思奇等。

按:1941年3月,《中国青年》出至第3卷第5期后,遵照中共中央关于调整刊物出版的决定而停刊。(参见孙国林编著,王佳钰、王增辉校订《延安文艺大事编年》,陕西师范大学出版总社2016年版)

孟庆树时任中共中央妇女运动委员会委员,负责筹备《中国妇女》杂志的创刊。孟庆树在刊物筹备基本就绪后,请毛泽东题写刊名和发刊词,毛泽东慨然允诺。6月1日,《中国妇女》杂志在陕西延安创刊,亚苏任主编。杂志编辑部设在中国女子大学。该刊以妇女运动,特别是妇女参加抗日斗争的内容为主。此外,还有外国妇运、妇女生活介绍等。同时它还发表了不少文艺作品,如诗歌、小说、故事、报告文学、木刻等,计74篇。其作者有文学家丁玲、魏巍、高敏夫、魏伯、危拱之、纪坚博等,木刻家江丰、马达等。作品中丁玲的《秋收的一天》和沙平的《访女区长》《纪念一个死者》等都是名篇。

按:遵照中央的决定,1941年3月8日出版第22期后"暂时停刊",共出版两卷22期,完成了其历史使命。(参见孙国林编著,王佳钰、王增辉校订《延安文艺大事编年》,陕西师范大学出版总社2016年版)

萧向荣于上年12月在八路军第115师政治部宣传部部长任上奉调回延安,任总政治部宣传部部长。1月15日，八路军政治部的机关刊物《八路军军政杂志》月刊在延安创刊，由八路军军政杂志社编辑，毛泽东、郭沫若、王稼祥、萧劲光、萧向荣5人组成编委会，萧向荣兼任主编。毛泽东于1月2日为《八路军军政杂志》撰写发刊词，明确杂志的办刊宗旨是"为了提高八路军的抗日力量，同时也为了供给抗战友军与抗战人民关于八路军抗战经验的参考资料"。撰稿人主要为直接参加战斗的干部，八路军政治部向各部队派出的前线记者，以及一些特约著名作家。党政军的许多负责人如毛泽东、周恩来、朱德、彭德怀、邓小平、刘伯承、叶剑英、贺龙、聂荣臻等，经常为该刊撰写重要文章。

按：《八路军军政杂志》至1942年3月终刊，共出版39期，共发表文章590篇，其中有关抗战经验总结类文章近百篇。刊登《八路军的将领在前线》《八路军百团大战战绩》《敌后抗战胜利的又一年》《日军军队研究》《八路军一二九师战斗在正太线上》《朱彭叶项抗战皖南包围通电》等文章，对研究中国现代军事斗争史、八路军史、八年抗战史和国共两党斗争史，具有重要的史料价值和文献价值。（参见孙国林编著，王佳钰、王增辉校订《延安文艺大事编年》，陕西师范大学出版总社2016年版）

吴冷西9月调入中共中央宣传部，担任编审科科员和党中央机关刊物《解放》的编辑，同时兼任抗日军政大学干部队和陕北公学高级班教员，以及中共中央西北局机关干部理论学习辅导员。其间，他密切关注国际形势的变化，发表了一系列关于国际问题的评论。

齐礼负责编纂毛泽东倡议编辑的《陕甘宁边区实录》，任总编。1月22日，毛泽东致信周扬信，谓："此稿李六如、和培元各写一半，我全未看。因关系边区对外宣传甚大，不应轻率出版，必须内容形式都弄妥当方能出版。现请你全权负责修正此书，如你觉须全般改造，则全般改造之。虽甚劳你，意义是大的。最好二月十五日前完稿，二月底能出书。"12月，《陕甘宁边区实录》延安解放社出版，毛泽东为《陕甘宁边区实录》题写书名，并题字："边区是民主的抗日根据地，是实施三民主义最彻底的地方。"此书序言说，陕甘宁边区久为全国甚至全世界人士所瞩目，许多中外人士不远千里来边区参观考察，各地青年潮水似的涌到这里来。许多新闻界朋友，曾博访周咨，写成印象记、访问记，做过一些介绍。也有少数人颠倒黑白，攻击边区为"封建割据""破坏统一"。边区究竟是怎样一个地方？向全国人民做一忠实全面介绍，十分必要。全书分8章，实际是1937—1938两年度的实录，具有重要的文献价值。

按：此书原计划组织五至七人的编委会，分头编纂。后因过忙而由一二人负其总责。全书共分八章：一、陕甘宁边区是怎样一个地方？二、陕甘宁边区的政制和组织。三、边区政府做了些什么？四、陕甘宁边区的统一战线。五、陕甘宁边区的抗战动员。六、陕甘宁边区的群众团体：民众抗敌后援会、边区总工会、边区青年救国联合会、边区妇联、边区文化界救亡协会、民众抗敌互济会。七、陕甘宁边区的学校：中国人民抗日军政大学、陕北公学、鲁迅艺术学院、鲁迅师范等。八、八路军后方留守兵团的政治工作。（参见孙国林编著，王佳钰、王增辉校订《延安文艺大事编年》，陕西师范大学出版总社2016年版）

鲁藜2月1日在《文艺突击》第1卷第4期发表《目前的文艺工作者》一文，文中指出："一个伟大作家的产生是联结于他的时代，联结于他在这时代的革命的实践的；革命的实践是一切艺术生命的源泉。在今天，我们强调着文艺工作者'到前线去'是必要的，正确的。"作为国防文化斗争之一员的文艺工作者，目前的重要使命就是要深入斗争实践，到前线去，到抗日斗争的每一条战线上去，去呼吸每个斗争中的"人"的声息，运用他的武器——文艺，参加斗争。此文的意义在于，它首次从创作主体角度，指出了作家的实践在整个文学事业中的重要性，具有理论创新价值。（参见孙国林编著，王佳钰、王增辉校订《延安文艺大事编年》，陕西师范大学出版总社2016年版）

丁玲等15人2月16日任新创刊的《文艺战线》编委，周扬任主编。3月8日，参加延安"三八"妇女节庆祝大会，当选为大会主席团成员。同月，散文、特写集《一年》作为西北战地服务团丛书之一由生活书店出版。4月，西北战地服务团集体创作的散文集《西线生活》作为西北战地服务团丛书之一由生活书店出版。5月14日，出席中华全国文艺界抗敌协会（简称"文抗"）延安分会成立大会，当选为理事，并任该会"文艺顾问委员会"顾问委员。该会与陕甘宁边区文艺界抗敌联合会（简称"文协"）并存。6月7日，边区文协成立文艺顾问委员会，聘请丁玲等著名作家为委员。顾问委员会的任务是：凡边区各文艺团体及爱好文艺者，如有文艺上一般问题向该会询问时，该会负责解答；倘有文艺作品寄去，该会除请人阅读外，并可代为介绍发表；若有文艺集会或个人创作需人帮助者，亦可请该会派人参加，相互商讨。该会拟半月请人作一次关于文艺上一般问题及创作经验等方面的报告。6月25日，文艺创作顾问委员会在该会俱乐部请丁玲报告《关于创作上的一般问题》。

按：文协文艺顾问委员会特约延安作家每两周在文化俱乐部报告一次，实际未做到。至1941年，主要报告的题目与报告人如下：《主题与典型》报告人：荒煤；《文学的发源及其发展》报告人：雪苇；《现实主义》报告人：周扬；《文学与生活》报告人：艾思奇；《欣赏与批评》报告人：何其芳；《中国文学运动史》报告人：茅盾；《苏联文学》，报告人：萧三；《欧洲文学》报告人：立波；《漫谈〈子夜〉》报告人：丁玲；《〈阿Q正传〉》报告人：周文。

丁玲8月1日致楼适夷信刊于《文艺阵地》第3卷第8期《文阵广播》栏。信中介绍马列学院艰苦紧张的学习生活，近两星期来的大生产运动："这真伟大，每天队伍出去，站在荒荒的山上，可是回来时，就多成为被开垦的处女地，踏着那些翻开了的泥土，真有说不出的味。两个星期开了一千多亩地而我们还不停止工作和学习呢……"同日，随马列学院一起去鲁迅艺术学院帮助开荒。9月短篇小说集《一天》由上海青年文化社出版。11月，中宣部部长兼马列学院院长洛甫（张闻天）找丁玲谈话，决定调她去陕甘宁边区文化协会（文协）工作。当时艾思奇是文协主任，柯仲平是副主任。丁玲去中组部转关系时，李富春说她在西战团做群众工作有经验，文协需要一个人经常在那儿做日常工作。于是丁玲离开马列学院，搬到兰家坪文协。丁玲到文协后负责日常工作，着手筹备文协第一次代表大会。（参见王周生著《丁玲年谱》，上海社会科学院出版社1997年版）

周立波5月被周恩来调到桂林，任《救亡日报》编辑，并任中华全国文艺界抗敌协会桂林分会筹备委员。11月，张闻天、周扬电召周立波赴延安。12月，周立波到达延安，任鲁迅艺术文学院编译处处长兼文学系教员，被选为陕甘宁边区文化界救亡协会执行委员、中华全国文艺界抗敌协会延安分会理事，并担任世界名著选读课程的教学。其间，周立波坚持把美的感受和科学研究相结合，运用比较分析的方法，对诸多中国文学，尤其是外国文学名著进行了全面、精辟而又生动的分析和讲解，不但给学员们讲解《红楼梦》《水浒传》《阿Q正传》，还给学员讲解高尔基、法捷耶夫、歌德、司汤达、莫泊桑、梅里美、纪德、绥拉菲摩维奇、果戈理、普希金、托尔斯泰、莎士比亚、巴尔扎克等文学大师的作品，帮助学员从中国和世界文学宝库中吸取丰富的营养。终以广博的学识和诲人不倦的热忱，以缜密的分析和独到的见解，以炽热的感情和幽默的语调，深受广大学员的欢迎和好评，听课的人常常爆满。（参见毛峥嵘《周立波的风雨人生》，载《中华魂》2018年第1期）

陈荒煤3月10日任鲁艺文艺工作团主任。同日，经2月下旬开始的筹备，鲁迅艺术学院文艺工作团成立，简称"鲁艺文工团"。鲁迅艺术学院贴出"迅字第九号"公告，全文如下：本院为开展前方文艺工作，特由文学系代理主任荒煤同志领导成立一文艺团体，定名为"鲁艺文艺工作团"出发前方工作。该团成员如下:(一)主任:荒煤(二)团员:黄钢、杨明、梅行、乔秋远、葛陵。11日凌晨,鲁艺文艺工作团从延安出发,开赴晋东南,主要是在部队中开展文艺工作,同时从事文学创作。鲁艺文艺工作团到达晋东南后,与八路军前方总政治部共同拟定了一个《部队文艺工作纲要》,并以此为指导开展工作。

> 按:鲁艺文艺工作团从1939年3月10日组建,至1941年9月10日撤销,历时两年半。其中从1939年3月11日出发去前方工作,至1940年2月返回延安,在前方工作十一个月,其他时间均在学院工作。为在开展部队文艺工作、反映前方生活和创作方面做出了贡献。(参见孙国林编著,王佳钰、王增辉校订《延安文艺大事编年》,陕西师范大学出版总社2016年版)

王震之、柯仲平、缪正心、钟敬之、高波、张庚、田蔚等负责筹组中华全国戏剧界抗敌协会边区分会,简称"边区剧协",会址在鲁迅艺术学院。2月初,在延安鲁艺召开了最后一次筹备工作座谈会。10日,在陕北公学大礼堂举行中华全国戏剧界抗敌协会边区分会成立大会,出席大会的有民众剧团、烽火剧团、抗大文艺工作团、陕公剧团、民众娱乐改进会、鲁艺戏剧系、鲁艺实验剧团等。王震之、柯仲平、缪正心、钟敬之、高波、张庚、田蔚等7人为大会主席团成员,大会主席柯仲平报告开会意义,王震之报告剧协筹备经过。晚,有关方面负责人张闻天、杨松、李初梨、徐冰、沙可夫等都讲了话。成立大会一致通过三项提议:一、通电全国,向全国剧协总会(1938年3月17日成立于武汉)报告本会成立经过,请求备案。二、发宣言致全国各戏剧团体,请其与本会建立经常通讯关系,交换工作经验及剧本。三、刊登启事,邀请边区各戏剧团体及戏剧工作者加入本会。章程和宣言通过后,选出理事会理事35人:康生、潘汉年、沙可夫、艾思奇、徐冰、朱光、李伯钊、赵品三、柯仲平、徐一新、张庚、王震之、周扬、缪正心、叶石、丁玲、塞克、汪曼铎、江青、吕班、左明、崔嵬、姚时晓、荒煤、荣千祥、周巍峙、钟敬之、高波、马健翎、丁里、杨醉乡、田方、纪坚博、颜一烟、朱奇平。理事长潘汉年,副理事长沙可夫。执委会由王震之、柯仲平、张庚、高波、缪正心、崔嵬、钟敬之、吕班、姚时晓、田蔚、汪曼铎、李实、裴东篱、马健翎、颜一烟等15人组成。边区剧协成立后,积极开展工作,召开了多次座谈会,研讨戏剧问题。3月,适逢重庆军委会抗敌演剧队第三队到延安,剧协特组织延安戏剧界联合公演,并邀演剧第三队参加,进行观摩和联欢。参加演出的有鲁艺实验剧团、鲁艺戏剧系、烽火剧团、抗大文工团等,演出节目有话剧、旧形式新内容的杂技、歌咏等,盛况空前。

> 按:在边区剧协领导之下,陆续成立了一些戏剧团体,如工余剧人协会(简称"工余剧协")、旧剧研究会、剧作小组等。延安的军事机关也于1940年6月成立了工余剧社,演出了夏衍的《一年间》。(参见孙国林编著,王佳钰、王增辉校订《延安文艺大事编年》,陕西师范大学出版总社2016年版)

张光年(光未然)1月率领军委政治部抗敌演剧队第三队在晋西吕梁游击区进行救亡宣传,不幸在山沟里坠马,左臂骨折,旋被送往就近的延安边区医院治疗。2月26日,已在延安教授作曲和指挥并担任音乐系主任的冼星海急忙步行赶往和平医院,看望治疗臂伤的光未然,两人商议再度合作,光未然决定将长诗《黄河吟》改写成歌词。同日起,张光年在病床上连续5天口述,由抗敌演剧三队队员胡志涛笔录,将原来酝酿的长诗《黄河吟》一气呵成地写成了《黄河吟》八段组诗歌词。3月11日,张光年从医院来到了延安南门的西北旅社,演剧三队专门请来了冼星海,并有鲁艺和演剧三队的七八个专业人员参加,借西北旅社一间宽敞的窑洞,开了一个小型歌词朗诵会,借以听取意见,做进一步修改。大家屏声静气地听着。张光年详细介绍了大合唱《黄河吟》的结构、体裁形式和八个章节:男声合唱、男声独唱、朗诵歌曲(配乐长诗朗诵)、齐唱、对唱、女声独唱、轮唱、大合唱。每首歌前冠有"说白",

作为歌声的引子,起到承前启后的作用。八首歌曲之中,有一首是长诗朗诵《黄河之水天上来》,张光年用他那特有的湖北腔,声情并茂地朗诵了 40 多分钟。朗诵一结束,窑洞里又响起一阵掌声。冼星海站立起来,一把将歌词稿抓在手里说道:"我有把握把它谱好! 我一定及时为你们赶出来。"3 月 26 日起,冼星海连续 6 天时间里,谱写大合唱《黄河吟》。3 月 31 日,大合唱《黄河吟》的全部音乐旋律创作完成。三队开始排练大合唱,冼星海经常来指导,在这期间大合唱的名字改成了《黄河大合唱》。4 月 13 日,边区音乐界救亡协会和抗敌演剧三队主办的音乐会在陕公大礼堂举行,音乐会上由抗敌演剧三队首次演出光未然作词、冼星海作曲的《黄河大合唱》,此为张光年、冼星海创作中影响最大的一部大合唱作品,两人一同写就了这首旷世千古、传唱不歇的艺术经典。(参见孙国林编著,王佳钰、王增辉校订《延安文艺大事编年》,陕西师范大学出版总社 2016 年版)

　　冼星海 1 月 13 日会同张庚、向隅、王震之、徐一新组成导演团,假陕北公学大礼堂主持鲁艺师生首演新歌剧《军民进行曲》,冼星海并指挥鲁艺乐队担任伴奏,主演里诃、杜矢甲、张颖、李群。2 月 14 日,为张曙在桂林不幸遇难作纪念文章《追悼大众的歌手张曙先生》,总结当今中国需要成千上万张曙这样的"大众歌手",才能"奠定中国新音乐的基础"。17 日,冼星海代表延安音乐界假鲁迅艺术学院主持张曙逝世追悼大会,并报告张曙生平业绩。18 日,赴延安大礼堂出席鲁迅艺术学院与烽火剧团联合举办的欢迎光未然、徐世津率领政治部抗敌演剧第三队访问延安联欢大会。26 日,往和平医院看望治疗臂伤的光未然,提议再来一次"合作"。3 月 1—6 日,作大型声乐作品《生产运动大合唱》(又名《生产大合唱》,塞克词),实际是民族形式的歌舞表演,包括四场:(一)春耕,(二)播种与参战,(三)秋收,(四)丰收。21 日晚,冼星海作曲、塞克写词的《生产运动大合唱》假陕北公学大礼堂首演,冼星海担任指挥,鲁艺乐队担任伴奏,演出立即获得好评。当晚,冼星海在日记中写道:"演出效果很好,成绩可观。尤其是音乐受到人们的欢迎,打破延安音乐界纪录,开展中国新音乐的前途。《生产运动大合唱》是出现着一种新形式和新生活,比过去的音乐完全不同,而且带有民族意义!"25 日,艾思奇写信给冼星海,称赞《生产大合唱》的音乐创作,同时"希望能够再在融化中国民族音乐方面作百尺竿头更进一步的努力"。25 日,《中报》记者陈嘉稚到访,转告田汉自长沙寄语:聂耳、张曙、冼星海是"三位民族歌手",现聂、张已故,望"冼星海努力"!

　　冼星海 3 月 26 日在延安的窑洞里伏在床上的一个小炕桌上开始创作《黄河大合唱》。至 31 日,经过 6 天的日夜奋战,终于完成了这部伟大的大合唱作品《黄河大合唱》。全曲包括八个乐章,用朗诵和管弦乐伴奏贯穿一体:(一)黄河船夫曲,(二)黄河颂,(三)黄河之水天上来,(四)黄水谣,(五)河边对口曲,(六)黄河怨,(七)保卫黄河,(八)怒吼吧! 黄河。《黄河大合唱》以黄河这一中华民族的象征为贯穿形象,熔铸了中华民族的性格和人民的命运,展现了抗日战争的悲壮画面,反映了人民空前的觉醒,表现出强烈的民族气节和不屈服的斗争精神。组诗构思独特,意象鲜明,气势磅礴,深沉浑厚,是中华民族抵御外敌的英雄诗篇,也是抗日战争时代现实的悲壮图画,是一首旷世千古、传唱不歇的艺术经典。春,毛泽东邀冼星海到他的窑洞谈话,向冼星海"请教"一些音乐问题。冼星海结合西方音乐史,比较详细地阐述了这个问题。冼星海的话引起了毛泽东的兴趣,他说:"这样看来,艺术上的流派是受时代、民族和地域条件制约的。那么,我们能不能通过艰苦的创作实践,建立一种为广大工农兵所喜欢的中国音乐学派呢?"冼星海说:"这是一个很大的课题,不是一个人、一朝一夕可以完成的。但你的话启发了我,今后我一定有意识地去探索。"毛泽东高兴地说:"好,祝你成功!"并继续说:"五四新文化运动之后,中国文化界有三派人,以胡适为代表的一派,认为外国的文化都好;以林纾为代表的一派,认为中国的古代文化一切都好;还有以鲁迅为代表的一派,要建立人民大众的文学。"听到这里,冼星海才明白,毛泽东邀他谈话原来是探讨建立中国音乐学派问题。而且,从谈话中可知,毛泽东对这个问题已有比较深入的思考,他要引导艺术家们去探讨,去实践,实现这个目标。冼星海立即表示:"一定要创建中国的音乐学派。我想有两点:一、要努力创作人民大众喜爱的文艺,二、要花大力气培养无产阶级的文艺队伍。这样才能真正创建出工农大众所需要的中国音乐学派。"毛泽东高兴地说:"中国要革命,必须引进马克思主义;要创建中国音乐学派,恐怕也要引进西洋的音乐技术,但要反对艺术教条主义!学西洋音乐的人,不能顶礼膜拜洋人。要借西洋的音乐技术,创造中国的音乐学派!再好的外国东西,也要中国化才有用。"

　　按:早在1938年10月,毛泽东在《中国共产党在民族战争中的地位》一文中就提出:要形成"新鲜活泼的、为中国老百姓所喜闻乐见的中国作风和中国气派",反对洋八股和教条主义。此次与冼星海谈话,就是这一思想的具体化——关于音乐的民族化问题。当时,从国统区到解放区的文艺界,正在进行着一场文艺民族形式的大讨论。这就是毛泽东与冼星海谈话的大背景。冼星海听了毛泽东的谈话后,又学习了毛泽东的《中国共产党在民族战争中的地位》那篇文章,经过实践和思考,写成《鲁艺与中国新兴音乐》,同时又创作了不少具有民族特色的音乐作品,努力实践着建立中国的民族音乐学派。

　　冼星海4月1日为欢迎英国记者斯庇尔,赴陕北公学大礼堂指挥鲁艺乐队与鲁艺音乐系学生表演歌舞《生产运动大合唱》。8日,作音乐论述《我怎样写"黄河"》,认为救亡歌曲由于"量与质的不平衡",因而"很多歌曲在短期间"内"为群众所唾弃",自评《黄河》产生于"物质条件很缺乏的延安",但已是"现阶段救亡歌曲的新型歌曲"。4月13日晚,在陕公大礼堂出席边区音乐界救亡协会和抗敌演剧三队主办的音乐会。《黄河大合唱》在这场音乐会上首次公演,光未然带伤观看,冼星海担任艺术指导,乐队指挥是抗敌演剧队的邬希零。但因排练时间匆促,演剧三队女声领唱跑了调,引起听众的笑声,冼星海也急出一身汗。他在当晚的日记中写道:"'第三队'女声独唱唱走了音,给观众不好印象。整个曲子,他们觉得很雄伟!"4月16日,边区音协改选,冼星海、向隅、吕骥等7人当选为临时执委。至6月中旬,产生了正式执委会。为了普及音乐,发挥音乐的感召作用,音协创办了星期音乐会,利用星期日在鲁艺练习唱歌,研讨歌咏上的各种问题。21日,应王明校长之约,冼星海作二部合唱曲《中国女大校歌》(王明词)。29日,作音乐论述《鲁艺与中国新兴音乐》,认为中国新兴音乐之产生,盖系"通过全民族的艰苦抗战和整个民族流血的代价"才成"为中国前所未有"的"一项史迹"。5月4日,赴抗大五大队操场,会同延安数万青年集会纪念"五四"青年节,当毛泽东报告完《青年运动的方向》会场举行野火晚会时,人们反复高唱冼星海所作《青年进行曲》。9日,边区文协和音协在鲁艺共同召开在鲁艺座谈会,讨论《生产大合唱》,除作者塞克、冼星海外,还有艾思奇、萧三、吕骥、向隅、林山、李丽莲、卜一、李清宇等出席。林山致开会辞,吕骥做总结,与会者一致赞赏冼星海的创造性。

　　按:冼星海发言介绍合唱运用了"中国新和声",检讨"全曲风格不统一,后部份合唱和声洋化"。又说:大合唱能收到一点效果,第一是塞克创作歌词的功劳。现在的作曲家有三种不同的姿态;一是死硬地模仿西洋音乐;二是顽强地执着中国音乐作法;三是尽力想出使中国音乐与西洋音乐适当地结合。我非常赞成后一种。我提出三个口号,音乐应当大众化、民族化、艺术化。艾思奇说:歌曲成功的地方,第一基本上反映现实,第二作者热心地追求民族形式。

　　冼星海5月10日赴陕北公学大礼堂出席鲁迅艺术学院建院1周年庆祝大会,并与毛泽东、王明、沙可夫、吕骥入选大会主席团。11 日晚,鲁艺在陕北公学大礼堂举办周年纪念音乐会,毛泽东、王明、康生、刘少奇、陈云等中央领导人莅临观看。冼星海穿着灰布军装和草鞋、打着绑腿指挥《黄河大合唱》,演唱一结束,毛泽东与大家一同起立鼓掌,连声说:"好!好!"受此鼓舞,冼星海兴奋得"今夜无眠"。冼星海在日记中写道:"今晚的大合唱可算是中国空前的音乐晚会,里面有几首很感动人的曲:(一)《黄河船夫曲》,(二)《保卫黄河》,(三)《怒吼吧! 黄河》及(四)《黄水谣》。当我们唱完时,毛主席、王明、康生都跳起来,很感动地说了几声'好',我永不忘记今天晚上的情形。我是很严格地、很热情地去指导歌唱队。"后来,冼星海问毛泽东对《黄河大合唱》怎么看,毛泽东脱口而出:"百听不厌!"更有许多人唱着"风在吼,马在叫",走向抗日战争最前线。《黄河大合唱》自此迅速在国各地广泛传唱,受到抗日军民的热烈欢迎。随后美国、日本、加拿大、新加坡、菲律宾等国家和地区的著名歌手等音乐人士也上演了《黄河大合唱》。

按:因为演奏乐器条件所限,冼星海还创造性地解决了这一难题,从延安现有的乐器出发,精心编配演奏乐曲,提琴、二胡、三弦、笛子、军号、大鼓等一齐上,创造了中西合璧、以"土"乐器为主的富有民族特色的伴奏音乐,取得了令人惊奇的效果。这在中外音乐史上都是绝无仅有的。当《怒吼吧! 黄河》临近尾声时,那军号声和大鼓声,突出并强化了合唱的内容,使人顿时热血沸腾,久久不能平静。

按:5 月 11 日《黄河大合唱》公演后,好评如潮,全国文艺界人士也纷纷撰文盛赞《黄河大合唱》。萧三记述当晚的情形说:"尤以光未然作词、冼星海作曲的《黄河大合唱》为最出色。这是一部巨大的作品,分八部,很有气魄。""在延安——边区和在大后方以及全国各地的人听着这部大合唱的时候,都为中国有这样的音乐而自豪! 冼星海同志不愧为人民的音乐家。"(钟敬之、金紫光主编《延安文艺丛书·文艺史料卷》,湖南文艺出版社 1987 年版)后来又说:听《黄河大合唱》,台上"一时作船夫的挣扎,一时作河东父老的哀鸣,……最后作黄河的怒吼。歌声时而呜咽,如泣如诉,时而悠悠然如读幽闲的田园诗,最后真感到黄河之水天上来,滚滚白浪滔天,波浪万丈汹涌,到了这里我对作曲者的星海同志真欲五体投地了! 他的气魄是如何地大呀!"(萧三《哀悼人民音乐家冼星海同志》)郭沫若说:"星海兄去延安,大后方的一切的声音差不多都沉没了。而《黄河大合唱》却和黄河之水天上来的一样,从北方吼唱了起来。这是人民的声音,使得好些人民的叛徒们听见了发生了战栗。"(郭沫若《吊星海》)茅盾说:"我所听到的《黄河大合唱》,据说还是小规模的,然而参加合唱人数已有三百左右;朋友告诉我,曾经有过五百人以上的。""这开了我的眼界,这使我感动,老觉得有什么东西在心里抓,痒痒的又舒服又难受。""它那伟大的气魄自然而然使人鄙吝全消,发生崇高的情感,光是这一点也就叫你听过一次象灵魂洗过澡似的。"(茅盾《忆冼星海》)何其芳说:"我听了冼星海同志的《黄河大合唱》。那是一个惊心动魄的有力作品。虽说对于音乐我几乎近似聋子,连听音乐的训练我都缺乏,这个大合唱却震慑了我。"(何其芳《记冼星海同志》,以上见聂耳、冼星海学会编《永生的海燕——聂耳、冼星海纪念文集》,人民音乐出版社 1987 年版)周巍峙说:"在一九四〇和四一两年间,《保卫黄河》成了群众大会(工人的、农民的、士兵的)每次必唱的歌曲;它的轮唱部分特别使群众喜爱,他们把它的主调唱成三部、四部的轮唱,而且由此影响到许多乡村剧团和连队,以后竟把许多齐唱曲按照《保卫黄河》的格式改编成轮唱曲。"(艾克恩编纂《延安文艺运动纪盛》,文化艺术出版社 1987 年版)

冼星海 5 月 15 日写申请入党报告与自传,表示愿为"创造大众化民族化的中国新兴音乐"和"建立新中国""不顾一切,为党努力!"17 日,奉院领导决定,就任鲁迅艺术学院音乐系主任,苏灵扬任指导员。6 月 2 日晚,组织音乐系同学在窑洞外演唱《黄河大合唱》,欢送苏联名记者卡尔门结束采访起程回国。14 日,经赵毅敏、徐一新介绍,鲁迅艺术学院支部大会通过,加入中国共产党,冼星海《日记》载:"今天是我生命中最光荣的一天,我希望能改变我的思想和人生观,去为无产阶级音乐事业而奋斗!"29 日晚,为欢迎中共中央驻重庆代表博古、周恩来同志返回延安,赴中央大礼堂指挥鲁艺大合唱团演唱《生产运动大合唱》和《黄河大合唱》。7月8日,应博古、周恩来之请出席全延安文艺界茶话会,共同探讨抗战文艺的民族形式和大众化问题。同日,周恩来在延安各界欢迎他从重庆归来的晚会上,听了《黄河大合唱》之后,十分振奋,亲笔题词:"为抗战发出怒吼,为大众谱出呼声!"11日,冼星海欢送沙可夫、吕骥率领鲁艺连队,由成仿吾带领开赴晋察冀抗日根据地,创建华北联大文艺学院。17日,赴鲁迅艺术学院主持聂耳逝世4周年纪念大会,并报告聂耳生平。同日,作纪念文章《在抗战中纪念聂耳》,指出聂耳所创造的中国新音乐,"已超过许多有名无实的'音乐大师'"。21日,作音乐论述《论中国音乐的民族形式》,提议用"中国工农的歌谣"去创作"中国工农组曲"及音诗音画交响乐等,从而创立中国的"新兴音乐"。

冼星海8月间在组织重新整顿之后继续担任边区音协主席,决定与延安的抗战剧团、烽火剧团、民众剧团取得密切联系,推进音乐运动。同时,还决定每月在延安举办一两次音乐会,出版音乐刊物,讨论音乐理论,提高技术水平。9月3—12日,作大型声乐作品《九·一八大合唱》(又名《打到鸭绿江大合唱》,天兰词)。12日,作音乐论述《民歌与中国新兴音乐》,强调民歌是发展中国新兴音乐的基础,指出中国是"全世界民歌最多最丰富的国家",我们音乐工作者"可以从民歌的材料里发掘许多宝藏"。18月晚,赴延安大礼堂左侧广场,为边区各界"九·一八"8周年纪念大会指挥鲁艺大合唱团首演《九·一八大合唱》。10月7日,为马可《老百姓录曲集》作序,称道马可"虽然不是专门音乐家,但比许多专门家或许更能负起救国的责任"。15日,陕甘宁边区生产运动超额完成原定计划,冼星海被评为鲁艺教职员生产队突击手。11月上旬,鲁艺音乐系第三期正式开学。冼星海主持系务并讲授"音乐概论""音乐运动史"和"指挥",每周共8学时。16日,作《民歌研究》,总结民歌是"一切民族艺术的泉源"。同日,在《文艺战线》第1卷第5期"艺术创作者论民族形式"专栏发表《论中国音乐上的民族形式》,投入文艺民族形式的大讨论中。文中驳斥了中国民歌"不合规律形式"论,认为"应该说它不合西洋的规律形式,可它却具有中国的形式;如果因为它不合西洋规律形式而说它不是音乐,那么应该说中国人不同于西洋人也不是人了"!24日,冼星海与毛泽东、王明、林祖涵、吴玉章等联名发起成立延安各界宪政促进会,用以促进国民党政府实施民主政治,早日完成抗战建国大业。(以上参见秦启明《冼星海年谱简编(1905—1945)》,《星海音乐学院学报》1989年第3期;查太元《冼星海年谱》,香港中大合唱协会有限公司2020年版;孙国林编著,王佳钰、王增辉校订《延安文艺大事编年》,陕西师范大学出版总社2016年版)

吕骥任主持边区音乐界救亡协会执委会。2月17日,延安文艺界近百人集会,追悼作曲家张曙。张曙于上年12月24日在桂林遭日机轰炸遇难。他创作歌曲200余首,今存70余首。《洪波曲》流传较广,表现抗日战争时期中国人民反侵略的斗争精神。参加追悼会的有鲁艺、抗大、陕公、军委政治部抗敌演剧队第三队的歌咏代表。会议主席吕骥报告开会意义,冼星海介绍张曙生平,塞克报告张曙的作风特点,抗敌演剧队第三队代表讲话,均表达对张曙的悼念之情,同时表示要努力创作,将抗战进行到底。最后,大家齐唱张曙的《洪波曲》《保卫国土》,田冲唱张曙生前喜欢唱的《茫茫的西伯利亚》。3月,边区音协出席边区文协召开的各团体联席会议,报告了过去的工作与今后的工作计划。4月13日晚,边区音协与从重庆来延安的军委会抗敌演剧三队联合举办大型音乐晚会,千余人出席。吕骥代表边区音协致开会辞,报告音协成立以来的工作,并说明今后边区音乐的发展方向。会上演出了《生产大合唱》《黄河大合唱》《延水谣》等音乐节目。16日,音协改选,选举冼星海、向隅、吕骥等7人为临时执委。至6月中旬,产生了正式执委会。5月9日,在鲁艺出席边区音协与边区文协联合召开的讨论《生产大合唱》座谈会并做总结,指出:座谈会开得热烈、活泼,不同意见都充分发表。这部作品是一个大众化、民族化较成功的作品,但存在格调不够统一的缺点,未能充分发挥中国乐器的特点。7月,根据中央的部署,吕骥和沙可夫率"鲁艺"部分人员离开延安,行程1300公里,经过3个多月的转战,进入华北敌后根据地,组建华北联合大学文艺学院,吕骥任副院长兼音乐系主任。

　　按:华北联合大学文艺学院在华北敌后,由于战事频繁,学校没有固定地点。大树下就是教室,打麦场就是礼堂。在极其艰苦的条件下,培训了1300多名文艺工作者。因华北战事紧张,文艺学院于1942年10月停办。吕骥等人返回延安。(参见孙国林编著,王佳钰、王增辉校订《延安文艺大事编年》,陕西师范大学出版总社2016年版)

　　公木、郑律成在抗大政治部宣传科分别任时事政策教育干事与音乐指导。4—5月间,郑律成约公木作词,合作谱写《八路军大合唱》。公木首先写了《八路军军歌》和《八路军进行曲》,接着还写了《骑兵歌》《炮兵歌》。郑律成看到《八路军进行曲》的歌词:"向前,向前,向前! 我们的队伍向太阳……"非常兴奋和赞赏。9月,郑律成调到鲁艺音乐系。10月,郑律成作曲完毕。《八路军进行曲》的全部歌曲印成油印小册子,传遍延安,传遍全军,受到军民热烈欢迎,掀起了唱歌高潮。

　　按:《八路军进行曲》原是《八路军大合唱》中的一首,后刊于1940年《八路军军政杂志》。1965年更名为《中国人民解放军进行曲》,新中国成立后被定为中国人民解放军军歌。它塑造了人民军队朝气蓬勃、威武浩荡向前进的英武形象。(参见孙国林编著,王佳钰、王增辉校订《延安文艺大事编年》,陕西师范大学出版总社2016年版)

　　徐世津、王负图任第三队队长。1月,演剧三队到达延安后,三个月间作了两次汇报演出,受到中央领导的充分肯定和鼓励。三队许多队员对延安的印象很美好,都想留在延安或其他解放区。毛泽东同志亲自接见全队人员,做说服工作,指出:宣传工作的任务,就是要在广大群众面前宣传坚持抗战,反对投降。你们应该回到国统区去工作,在那里去占领文化宣传阵地。2月18日,鲁迅艺术学院举行盛大联欢晚会,欢迎军委政治部抗敌演剧队第三队,王震之和第三队队长徐世津分别讲了话。25日,军委政治部抗敌演剧队第三队举行茶会,答谢延安各界欢迎的盛情。队长徐世津报告开会意义,王负图报告演剧队工作斗争经历,蓝光女士报告第三队的历史及组织概况。演剧三队为答谢延安各界,在中央大礼堂演出8天。28日,鲁迅艺术学院为欢迎军委政治部抗敌演剧队第三队,举行盛大联欢晚会,王震之、徐一新、潘汉年分别讲了话。徐世津队长讲述了第三队的工作经历和到延安的希望。高波介绍了烽火剧团的经验。徐一新以晚会的名义向第三队的领导者光未然致以慰问。光未然在突破敌人围攻中摔伤了左臂,当时在边区医院治疗。4月9日,延安首场文学晚会在陕北公学大礼堂举行,晚会由军委会政治部演剧队第三队与边区诗歌总会共同主办。舞台上大书"文艺界团结起来,为建立新中国文艺而奋斗"的标语。表演节目主要是朗诵诗歌,同时有小合唱等。演出者以抗大文艺工作团、鲁艺的路社为主。柯仲平、刘御、朱子奇朗诵自己的诗作。不少诗歌爱好者边听边记,非常专注。晚会后,边区诗歌总会进行了总结,决定今后要常办文学晚会,满足文学爱好者的要求。12日,军委政治部抗敌演剧三队主办的美术展览会在延安鼓楼举行街头展览。13日,边区音乐界救亡协会和抗敌演剧三队主办的音乐会在陕公大礼堂举行,吕骥代表音协致开幕词,光未然代表第三队向延安各界致告别词。音乐会上由抗敌演剧三队首次演出光未然作词、冼星海作曲的《黄河大合唱》,此为光未然、冼星海创作中影响最大的一部大合唱作品。4月17日,军委政治部抗敌演剧队第三队离开延安,到晋东南一带演出《黄花曲》《武装宣传》《军民合作》等剧。演剧三队走遍黄河两岸无数村庄,被战士们誉为"艺术家兵团"。

按:抗敌演剧,原名"救亡演出队",1937年8月20日成立于上海,由上海戏剧界救亡协会组建,包括十三个队,其中五个队1938年集中于武汉,与其他文艺团体组成"抗敌演剧队"。演剧队内分几个队,每队约三十人,活跃在全国各地,宣传团结抗日。按照组织的规定,该团体由国民政府军委会政治部第三厅领导,实际则由中国共产党领导。(以上参见孙国林编著,王佳钰、王增辉校订《延安文艺大事编年》,陕西师范大学出版总社2016年版)

沃渣、江丰、王曼硕、丁里、张振先5人2月7日当选为陕甘宁边区美术工作者协会常务委员。陕甘宁边区美术工作者协会前身是延安美术工作者协会,简称"延安美协"。同日下午3时,在延安机关合作社举行陕甘宁边区美术工作者协会成立大会,有延安美术工作者30多人出席。会上讨论了美术工作者当前的工作,通过了简章,选举沃渣、江丰、王曼硕、丁里、张振先5人为常务委员。4月29日,延安美协召开全体会议,改选了理事会。出席者除全体会员,还有刚从苏联回国的王洪(胡蛮)、由上海来延安的木刻家刘岘等人。他们分别对苏联及上海美术界情况作了报告。此次大会选出的第二届理事为西野、王洪、蔡若虹、张启仁、马达、陈钧、辛莽等7人。会议决定延安美协更名为陕甘宁边区美术工作者协会,并积极筹备美术展览,计划于7月间展出。边区美协成立后,实际活动没有开展起来,原计划的美术展览等工作,均未如期实现。(参见孙国林编著,王佳钰、王增辉校订《延安文艺大事编年》,陕西师范大学出版总社2016年版)

树连(李禄永)3月5日任民歌研究会主席。民歌研究会后更名为"中国民间音乐研究会",会址设在鲁迅艺术学院。参加者大多为鲁艺音乐系同学,会员19人。选出的第一届干事会成员是:树连任主席,罗椰波任副主席,焕之、王莘、铁铭等分任研究、采集、出版等部负责人。当时所进行的主要工作是:一、开始延安范围内的民歌采集活动;二、出版了陕北民歌集;三、成立了研究小组,制订了研究提纲;四、请吕骥、向隅各作了一次报告。5月,因会员工作调动总结了一次工作,并进行改选。铁铭当选主席,天风负责研究,鹰航、王莘、梁玉衡分任出版、演唱、采集方面的负责人。其间,请冼星海作了一次报告,出版了吕骥记录的《绥远民歌集》。7月,吕骥、罗椰波、王莘等赴晋察冀,留在延安的会员不过9人,在组织上不得不精简;民研会由铁铭、鹰航、天风负责。当时决定扩大组织,并继续研究工作。

按:1940年初,安波、张鲁等自晋东南返回延安,带回所采集的民歌近两百首。同年6月,吕骥自晋察冀边区回延安,带回前方会员采集之河北、山西民歌五十余首,并拟定民歌记录纸格式。7月,边区音协派庄映、马可随民众剧团赴陇东、三边一带开展音乐工作,民歌研究会委托他们采集民歌,会员研究、采录的空气又复高涨。10月,民歌研究会举行第三次全体大会,改名为"中国民歌研究会",除继续进行记录、采集工作外,还根据新拟的民歌记录格式,整理所有以前记录之民歌,总计得四百余首。(参见孙国林编著,王佳钰、王增辉校订《延安文艺大事编年》,陕西师范大学出版总社2016年版)

缪正心元旦任在延安西新成立的抗日军事政治大学文艺工作团团长。抗日军事政治大学文艺工作团简称"抗大文工团",主要任务是:紧密配合当前形势,及时编排节目,到抗大各大队巡回演出,鼓舞士气,为抗日战争服务。春,抗大文工团参加了《延安三部曲》的演出。2月10日,边区剧协成立,抗大文工团团长缪正心当选为理事。在庆祝剧协成立晚会上,抗大文工团演出了吕班编导的《保卫马德里》。3月16日,又参加了剧协组织的延安戏剧界联合公演。4月6日,抗大文工团演出话剧《火》《弟兄们》。为纪念"一二·九"4周年,颜一烟与鲁艺的史行、刘茵3人合写了五幕大戏《先锋》。因为抗大文工团奉命赴前方工作,所以演出时请了抗大学员和女子大学同学参加,取得极大成功。(参见孙国林编著,王佳钰、王增辉校订《延安文艺大事编年》,陕西师范大学出版总社2016年版)

袁牧之、吴印咸、李肃、徐肖冰等组成《延安与八路军》摄制组。1月下旬,《延安与八路军》摄制组离开延安到敌后拍摄前,受到毛泽东接见。毛泽东询问电影的摄制情况,关心大家的生活条件,袁牧之一一作了汇报。毛泽东说:看来你们还是能够拍一点电影的。电影需要很大投资,可我们的经济非常困难,而且器材的来源也是问题。你们现在是英雄无用武之地,不能充分发挥你们的能力,但将来的工作是很多的。现在拍长征就不可能,我们没有留下形象的资料。我们一定会把日本帝国主义赶出去,建立新中国,到那时你们就能拍长征了。会见后,毛泽东留大家一起吃午饭并亲切交谈,要大家到敌后工作注意安全。《延安与八路军》这部影片再现了抗日根据地的真实面貌,对"天下人心归延安"这一主题和时代潮流,做了极为形象的表现,是革命史的珍贵记录。

按:令人遗憾的是,延安当时缺乏必要的设备,影片无法进行后期制作,便于1940年派袁牧之和冼星海携往苏联去完成制作。他们到苏联不久,苏德战争爆发。在同苏联电影制片厂一起撤退转移途中,不幸将底片遗失。所幸有一些镜头保留下来,后被中苏合制的《中国人民的胜利》和《解放了的中国》采用,才保存了大量的珍贵历史镜头。冼星海1945年10月病逝于莫斯科,袁牧之1946年回国。(参见孙国林编著,王佳钰、王增辉校订《延安文艺大事编年》,陕西师范大学出版总社2016年版)

汪琦、海稜、庄涛、惊秋等组成的山脉文学社决定发展组织。12月1日,山脉文学社召开会议会,决定召开该社在延安的社员会议,招收大批新社员,适时举行社员大会。会议选出汪琦、海稜、师田手、河清、朱子奇、庄涛、惊秋等7人负责该社工作。会议还讨论了出席即将召开的边区文协第一次代表大会代表人选问题,最后选举庄涛、惊秋、安适等5人出席文协代表大会。(参见孙国林编著,王佳钰、王增辉校订《延安文艺大事编年》,陕西师范大学出版总社2016年版)

华君武任鲁迅艺术学院研究员和教员。10月,鲁迅艺术学院漫画研究会成立。它是该院美术系师生发起成立的,其宗旨是:互相研究有关漫画上的理论与技术。漫画研究会的成员除了鲁艺美术系的师生外,还有延安抗战剧团、烽火剧团等单位的漫画爱好者。全体会员大会聘请华君武为指导老师和领导人。(参见孙国林编著,王佳钰、王增辉校订《延安文艺大事编年》,陕西师范大学出版总社2016年版)

刘岘调到延安鲁艺任教,同时重释木刻创作,将到延安后创作的数十幅作品手拓后贴在马兰草纸上,装订成册,分送给中央领导同志。毛泽东看后,为刘岘题词:"我不懂木刻的道理,但我喜欢看木刻。刘岘同志来边区时间不久,已有了许多作品,希望继续努力,为创造中华民族的新艺术而奋斗。"毛泽东派人将这幅题词送到鲁艺,由鲁艺副院长赵毅敏转交给刘岘。(参见孙国林编著,王佳钰、王增辉校订《延安文艺大事编年》,陕西师范大学出版总社2016年版)

胡一川在延安试制水印套色新年画,受到敌后根据地群众欢迎,之后创办木刻工场,创作《参军》《破路》《坚持抗战反对投降》等作品,并为新华日报华北版编辑《敌后方木刻》。

孟庆树1月起任中共中央南方工作委员会委员、中共中央统战工作委员会委员。同年7月到1941年9月任延安中国女子大学政治部主任。

曹葆华赴延安,任鲁迅艺术学院文学系教员。

严文井在延安鲁迅艺术学院文学系任教。

马可赴延安,在鲁迅艺术学院音乐系工作。

于光远兼任延安中山图书馆主任。

刘炽加考入延安鲁迅艺术文学院第三期音乐系,师从冼星海学作曲和指挥。

老舍9月9日以文协总会代表身份参加慰劳团访问延安。当晚举行了欢迎晚会,老舍被请登台讲话,他特别提到文化人在团结抗战中所起的伟大作用,和他们在"文章下乡"这个口号下所获得的成绩。幽默的语调,真挚的感情,时而博得观众的欢笑与掌声。10日晚,中央统战部举行欢迎宴会。席间,毛泽东向老舍祝酒。老舍说:"毛主席是五湖四海的酒量,我不能比;我一个人,毛主席身边是亿万人民群众啊!"16日,老舍在陕北榆林写信给周扬,表示总会与分会应在工作上竞争,目的在于尽力于抗战,互相策励,取得抗战中应得到的光荣,并提出几点具体建议:一、前方后方的作品应多多交换;二、总会和分会应互相赠送书籍和刊物;三、每月至少通信两次,互通消息和讨论问题;四、加强抗战文艺在国际上的宣传;五、对抗战文艺作品,不仅要求"质"高,而且要求"量"广,多翻印,多散发。他谈到:总会出版部的刊物共有4个,即《抗战文艺》《前线增刊》《英文会刊》《抗战诗歌》。前3个刊物因条件有困难不能多印,后一个刊物干脆流产。总会经费每月1000元左右,维持几个刊物就花七八百元。总会研究部有四个经常性座谈会,分类讨论文艺专题,讨论结果编印成册,如《抗战小说》《抗战诗歌》《抗战戏剧》《抗战报告文学》。组织部已在香港、成都、桂林、延安、襄樊设立分会;在长沙、内江、宜昌等处设有通信处。老舍最后表示:"我们团结,我们彼此关切;真挚的友谊能使我们永远携手前进啊!"19日,周扬给老舍回信,除了致谢之外,也谈到对总会希望。22日,慰劳团赴榆林各地慰劳后返回延安,边区文化界及各青年团体、各报刊,与他们在机关合作社举行座谈。老舍对文艺界情形作了详细报告。

按:老舍在延安停留了两天,观看了新的文艺节目。他在《剑北行》长诗第二十六章《榆林——西安》中这样赞道:"到延安,又在山沟窑洞里备受欢迎;男女青年,谐音歌咏,中西乐器,合奏联声,自制的歌,自制的谱,由民族的心灵,唱出坚决抗战的热情;为了抗战宣传,话剧旧剧兼重,利用民歌与秦腔,把战斗的知识教给大众。"(参见甘海岚编《老舍年谱》,书目文献出版社1989年版;孙国林编著,王佳钰、王增辉校订《延安文艺大事编年》,陕西师范大学出版总社2016年版)

李公朴4月24日第二次到达延安。5月1日,在延安参加五一纪念大会和精神总动员宣誓典礼,并同毛泽东、王明等人互道别情,约时再叙。7日,访政治部组织部长胡耀邦,商谈抽调干部,组织抗战建国教学团事。10日,延安举行"鲁迅艺术文学院"成立周年纪念大会("鲁艺"成立于1938年4月10日),被邀致辞。13日,访罗瑞卿、王若飞等人。18日,为"抗大"成立3周年题词。(参见周天度、孙彩霞《李公朴传》及附录《李公朴生平活动简表》群言出版社2002年版)

常乃惪2月在重庆参加第三次国民参政会。会后,由中国青年党中央派遣前往延安访问,但此次访问"纯粹是友谊的访问,并含有观光的意味,此外并不涉及任何实际问题"。常乃惪先至二战区会晤阎锡山及山西的朋友,并接回滞留于长治之眷属。次达延安,与毛泽东、艾思奇、周扬等晤谈。(参见常燕生《追记延安之行——并怀吕平章同志》,《青年生活》1947年第15期;查晓英编《中国近代思想家文库·常乃惪卷》即附录《常乃惪年谱简编》,中国人民大学出版社2014年版)

张继、贺衷寒率全国慰劳总会9月9日来到延安。张继为全国慰劳总会北路慰劳团到达延安的南北总团长,贺衷寒为北路团长。提前来到公路两旁欢迎慰劳团的有毛泽东、中央统战部副部长柯敬史(柯庆施)、教育厅厅长周扬、鲁艺副院长赵毅敏、边区文协代表艾思奇、《新中华报》记者李初梨、新华社社长向仲华等60余人。当晚举行了欢迎晚会,鲁艺、烽火剧团、抗战剧团、民众剧团参加演出。毛泽东致欢迎词,强调加强抗日民族统一战线,"要做亲者所快仇者所痛的事,而为亲者所痛仇者所快的事一件也不做",要"坚持抗战,反对投降;坚持团结,反对分裂;坚持进步,反对倒退"。最后,鲁艺演出了《黄河大合唱》,民众剧团演出《查路条》。10日,毛泽东到陕甘宁边区政府招待处拜访张继、贺衷寒等。晚上,中央统战部举行欢迎宴会。22日,慰劳团赴榆林各地慰劳后返回延安。边区文化界及各青年团体、各报刊,与他们在机关合作社举行座谈。到会的有南北慰劳团总团长张继、北路副团长王右瑜、国际友人斯诺,以及边区文化界名流何思敬、艾思奇、赵毅敏、萧三、李初梨、曹若茗、张庚、柯仲平、马达等70余人。艾思奇为主席,何思敬致欢迎词,张继讲话,何思敬、赵毅敏分别对国内的团结和文化的发展作了阐述,老舍对文艺界情形作了详细报告。贺衷寒和毛泽东讲话后,共进晚餐。(参见中共中央文献研究室编撰、逢先知主编《毛泽东年谱(1893—1949)》,人民出版社、中央文献出版社1993年版;刘文耀、杨世元《吴玉章年谱》,四川人民出版社1998年版)

刘尊棋、耿坚白、张西洛9月9日分别以中央社记者《扫荡报》记者和《新民报》记者随北路慰劳团来到延安。16日,毛泽东会见随北路慰劳团来延安的刘尊棋、《扫荡报》记者耿坚白和《新民报》记者张西洛,回答了他们提出的问题。谈话的内容,主要是三个方面:(一)抗战的相持阶段是否已经到来;(二)关于磨擦问题;(三)国共两党是否有分裂的可能。毛泽东明确表明中共"人不犯我,我不犯人;人若犯我,我必犯人"的自卫方针。(参见中共中央文献研究室编撰、逢先知主编《毛泽东年谱(1893—1949)》,人民出版社、中央文献出版社1993年版;刘文耀、杨世元《吴玉章年谱》,四川人民出版社1998年版)

周而复作为边区文协与八路军总政治部派遣前方文艺小组第五组组长,赴晋察冀民主抗日根据地参加战斗生活,和八路军战士一起反"扫荡",参加百团大战等战斗,写了不少短小的报告文学和短篇小说。

杨朔参加八路军,转战于河北、山西抗日根据地,从事革命文艺工作。

杨骚参加作家战地访问团赴太行山前线访问。

刘大年8月抗大毕业,被分配在冀西和冀南抗日根据地工作,任抗日根据地《太行山报》主编,继任冀西一专区行政干部学校教导主任、总支书记。

刘知侠在抗日军政大学毕业后,又留校学习军事专业。学习结束后,随分校到山东抗日根据地,分配到抗大山东分校文工团工作。

冯达飞、薛暮桥、聂甘弩、夏征农、李一氓、林植夫、朱镜我、黄源等组成编委会的《抗敌杂志》2月在皖南山区创刊。

李辉英跟随文艺界抗敌协会组织的"作家战地访问团"到河南中条山一带慰问抗日部队将士。依据这次到前线访问获得的素材,又写出许多反映抗日前线军民生活和斗争的文学作品,结集成短篇小说集《火花》《夜袭》和散文集《山谷野店》出版。

范文澜是年春因受国民党顽固机关的逼迫,离开了他所领导的抗训班服务团,参加了新四军,随部队在游击区活动,足迹踏遍豫东、豫中、豫南大地区,经历了由知名的大学教授到一名党领导下抗日部队理论宣传工作者的转变。9月,重新加入中国共产党。10月,铁夫所撰《范文澜先生》一文刊于延安出版的《中国青年》上。这篇特写一开头就称范文澜为"以前是文质彬彬的教授,现在变成了文武双全的民族英雄"。文中有记录范文澜不顾日寇飞机到处轰炸,在河边树下贪婪地学习马列主义理论的情景:"如今,范先生正在这活跃的小镇上,进行他的研究工作。豫南前线的战事是那样紧张,炮声隆隆,敌机到处轰炸,小镇东边有一条漫长的河堤,在密密的树林旁边流着涓涓的清流,我们看到范老先生成天从容地坐在那里阅读他所爱读的进步书籍。即使在饭馆里人们也可以看到这位博学的教授在手不释卷,向着世界最进步的科学和人类的真理,深入钻研。范先生是老当益壮,范先生永远是年青的,永远是青年的模范。让我们敬祝范先生健康!"当这篇通讯在延安杂志上发表时,中共中央中原局书记刘少奇同志已作出让范文澜转移到延安去的决定。年底,范文澜从河南确由县中原抗日根据地出发,几经辗转,终于在次年初春节前夕,来到他向往已久的革命圣地延安。(参见陈其泰《范文澜学术思想评传》及附录《范文澜主要著述年表》,北京图书馆出版社2000年版;范文澜《中国通史简编》下册附录《范文澜先生学术年表》,商务印书馆2010年版)

扬帆继续在上海从事文化戏剧界救亡协会工作。年初,皖南新四军军部要求上海地下党支援一批知识分子去加强文化工作。扬帆以上海地方协会派赴三战区的"慰劳三战区将士演剧团"副团长的身份,率领五六十人的队伍于同年3月辗转来到皖南新四军军部。由于新四军副军长项英和政治部主任袁国平的坚决挽留,扬帆改变了回上海汇报工作的主意,同意留在军部从事文化工作,不久又调至军部担任中校秘书。(参见于海根《青辉千古风霜铸情——扬帆在盐阜区文化活动纪事》,《盐城工学院学报》2007年第3期)

钱玄同1月14日上午到孔德学校,处理李守常(大钊)先生的遗书《九通》,把它卖给当时的北京女师大,帮助解决李先生后人的生活窘迫问题。17日下午4时,钱玄同从孔德学校回家,尚与家人对坐谈话。6时,忽觉头晕,躺在床上。家人发现其口角流出痰沫,已不能言。延医注射药品后即送入德国医院,诊断为右脑部溢血。再度打针,仍不清醒。9时三刻,停止呼吸。终年53岁。钱玄同有三子:长子钱秉雄,次子钱三强,三子钱德充。乐颜在《文献》上发表《悼钱玄同先生》,其中说:"五四"时代文化运动中钱玄同的"斗争精神的表现几在任何一位同时代的斗士之上""在中国学术思想史上是现代转变期的代表人物"。又说:"平津沦陷以后,北方文化界处于暴日的铁蹄之下,居境非常悲惨;但钱先生保持着高洁的节操,虽和钱稻孙有叔侄之亲,和周作人等有友好之谊,仍然不受包围,不被污辱,这种难能可贵的民族精神的表现,也是使得我们感动兴奋的。壮年以斗士领导青年,中年以学者努力学术,晚年以义士保持名节,钱先生总算是对得起自己,对得起国家民族的一位完人了。"钱玄同逝世后,国民政府教育部给他颁发了褒奖令。5月7日,国立北平师范大学在陕西城固西北联合大学内举行"钱玄同先生追悼会"。会后出版了以黎锦熙先生所作的《钱玄同先生传》为主要内容的《钱玄同先生纪念集》,封面由许寿裳题字,里面有许先生的挽联云:"滞北最伤心,倭难竟成千古恨。游东犹在目,章门同学几人存。"《纪念集》里还有当时的国民政府的褒扬令,内有"品行高洁,学识湛深""潜修国学,永保清操""蛰居抑郁,切齿仇雠,病体日颓,赍志长逝"等语。6月间,容媛编的《悼钱玄同先生》刊于《燕京学报》第25期。(参见曹述敬《钱玄同先生年谱》,齐鲁书社1986年版;曹述敬《钱玄同先生年谱(上、中、下)》,《北京师范大学学报》1982年第5—6期、1983年第1期)

吴承仕1—7月仍在天津坚持救亡工作。8月,身染重病,天津无法治疗,潜回北平。9月11日,入协和医院治疗,经诊断为伤寒症,已经肠穿孔,加上旧病支气管炎并发,病情转重。9月21日,吴承仕病故于北平,终年56岁。月底,留居北平的亲属、朋友和学生在西单报子街聚贤堂举行追悼会。潘景郑、孙楷第、韩汝羲、曾广源、马润新等送了挽词、挽联。中国大学的师生,为永远纪念这位著名学者和导师,把耸立在校园里的一座凉亭改名为检公亭。吴承仕逝世的噩耗传到延安后,次年4月16日,延安各界举行了隆重的追悼大会。毛泽东、刘少奇、朱德、周恩来、吴玉章等许多中央领导同志都送了挽联,对他的一生给予了高度的评价。《野草》1—2期为纪念吴承仕专辟"吴检斋先生逝世一周年纪念"一栏,载孟超《记吴检斋先生》及云彬《吴检斋先生成仁一周年》等。

> 按:吴承仕曾任北平大学文学系主任、中国大学国学系主任,与黄侃、钱玄同并称章门三大弟子,与在南京大学任教的黄侃有"北吴南黄"两大经学大师之称。吴承仕晚年加入中国共产党,抗战爆发后到天津坚持地下革命活动。关于遗著的出版情况:1949年后,吴承仕的部分著作手稿由其弟子齐燕铭收集。本拟全面整理陆续出版,因十年动乱而没有能付请实现。所幸这些手稿曾在齐燕铭生前妥善移交中华书局,得以保存下来。为纪念吴承仕诞生一百周年,应广大古文字和文史工作者的要求,中华书局和北京师范大学出版社自1984年起抓紧出版吴承仕数十种学术专著,其中《吴承仕文录》等十余种已与读者见面。

> 按:为吴承仕诞生一百周年,首都教育界、社会科学界于1984年3月18日下午在政协礼堂集会,隆重纪念我国著名经学家、古文字学家、教育吴承仕诞辰一百周年。党和国家领导人邓力群、许德珩、易辰,有关方面负责人蒋南翔、张致祥、彭珮云、张友渔、林林、陆平、史立德,教育界和社会科学界知名人士王力、梁漱溟、张先畴、荣孟源、臧恺之、钟敬文、陆宗达、启功、汪堃仁、余修、黄寿祺、章念驰、王志之、潘雨廷和吴承仕家乡安徽歙县政协负责人洪曙光以及吴承仕的儿子吴鸿迈、吴鸿逊和女儿吴特珍等出席了纪念会。邓力群、蒋南翔、张致祥、陆宗达、黄寿祺、余修先后在会上讲话,分别介绍了吴承仕的生平事迹和学术成就。同时,吴承仕的家乡安徽歙县政协也召开了吴承仕诞生一百周年纪念会。(参见庄华峰编纂《吴承仕研究资料集》,黄山书社19090年版;王学典《20世纪史学编年(1900—1949)》,商务印书馆2014年版)

陈垣继续任辅仁大学校长。1月25日,陈垣作《抄本张青瑞平圃遗稿跋》。此文系写作《汤若望与木陈忞》之副产品,先考定张青瑞之卒年,然后辨别遗稿中之伪作。3月,撰《语录与顺治宫廷》一文,刊于同月出版的《辅仁学志》第8卷第1期。此文是对《汤若望与木陈忞》一文的补充。同月26日,陈垣致乐素函,谈"欲撰陈同甫年谱,应将四库书全部南宋人文集与同甫年代不相上下者尽览一遍。方可无遗漏""且凡撰年谱、应同时撰一二人或二三人。因搜集材料时,找一人材料如此,找三数人材料亦如此,故可同时并撰数部也。若专撰一人,则事多而功少矣。吾撰渔山年谱时,本可同时撰四王并南田年谱,以欲推尊渔山,故独撰之。其实找渔山材料时,各家材料均触于目也。竹汀先生撰二洪及陆王年谱,亦此意,然知此者鲜矣。余撰《释氏疑年录》,目前已整理完竣,无意中又发现某处藏《嘉兴藏》一部,有清初语录二百余种,塔铭可采者多,因此又须将第十一、十二卷改造。此意外收获也。《嘉兴藏·弘觉语录》,本附有《北游集》,因目录不载明,故知者绝少。吾亦据目求书,故十年不得、可笑也。"

> 按:这部《嘉兴藏》是在故宫内古物陈列所发现的,尚未被人利用过。藏书地点阴暗潮湿,蚊子很多,为预防疟疾,每次进去须先服奎宁片。陈垣带领助手,在一年多的时间里全部读完,发现了不少有价值的新史料,包括200多种清初僧人语录及大量塔铭,其中许多已成为海内孤本。同时,他还用民国九年北京刻经处刻印的《嘉兴藏目录》与《嘉兴藏》的实际收书进行核对,发现有出入,特别是有些附刻的教外著作《目录》未载,故易被忽视,《北游集》就是其中一种。僧人语录一向不为史家所注意,陈垣却敏锐地看到其价值,率先引语录入史,拓宽了传统的史料范围。

陈垣6月在《辅仁学志》第8卷第1期发表《语录与顺治宫廷》。此文对发现的三部语录"参互考校",证明清顺治帝确曾削发为僧,后又被劝说蓄发等,被认为是陈氏运用校勘方法治学的一个例证。同期还刊登了冯承钧《辽金北边部族考》、英千里《弥撒祭考》、牟润孙《崇祯帝之撤像及信仰》、孙楷第《吴昌龄与杂剧西游记》、方胜生《清列朝后妃传稿订补》等文。7月16日,陈垣移居兴化寺街5号,从此定居下来。11月,陈垣60大寿,高步瀛撰《陈援庵先生六十寿序》，余嘉锡书，辅仁大学 19 位教授署名。序文从征信、勘误、订历、阐幽、旁通、博考等 6 个方面概括了陈垣的学术成就，认为陈垣现在的名望是当之无愧的。12 月 16 日，陈垣被中央研究院聘请为通信研究员。冬，《释氏疑年录》经修改后作为《励耘丛刻》第 2 集第 4 种刻板刊行。是年，陈垣为辅仁大学年刊题词："毋事浮嚣，毋失礼于人，毋徒顾目前，毋见利忘义，永保汝令名。"（以上参见刘乃和、周少川、王明泽《陈垣年谱配图长编》，辽海出版社 2000年版；王学典《20 世纪史学编年（1900—1949）》，商务印书馆 2014 年版）

沈兼士继续任辅仁大学文学院院长。经过沈兼士、英千里和董洗凡等人的积极努力，由英千里、沈兼士在京秘密成立的地下抗日组织"炎社"扩大组织机构，积极从事宣传抗日救国，组织各种抗日斗争活动，因而得到了国民党中央朱家骅等的重视。夏，国民党中央令把"炎社"改名为"华北文化教育协会"简称"华北文协"，沈兼士任协会主任委员，张怀为书记长，英千里担任第一任总干事，所有津贴由中央提供。协会接受中央指示和津贴，行动更加积极具体，不似以往只采取消极的不合作方式，经常遣送优秀学生去大后方，苦心安排外籍教师做掩护，协助无数不愿受日本人教育的青年在战火中逃命，而主要通过举行讲座或创办杂志等方式，为生活拮据的学人们发放演讲费或稿费，从而为他们提供一定的帮助。"华北文教协会"还经常派人到天津、济南、开封、太原等地讲学，在旅行演讲的掩护下，与各地成员联络。重庆中央也将"华北文教协会"定为整个华北沦陷区文化界的地下抗战总部，在天津、济南、开封、太原等地设立了分会，在总会领导下进行地下抗日工作。

沈兼士暑假与余嘉锡等共同发起筹备，在私立北平辅仁大学中国文学系成立语言文字学会。10 月，经与私立北平辅仁大学文学院中国文学系主任余嘉锡等共同提议，该系正式成立语言文字学会，公布章程，决定讲演及报告、编纂文字学辞典及其他有关语言文字之调查或研究等两项会务。11 月 10 日，参加私立北平辅仁大学文学院中国文学系语言文字学会第一次大会，报告筹备经过及开会宗旨，讨论各项会务。11—12 月间，为庆贺陈垣 60 岁生日，作骈体文《陈援庵先生六十寿序》，由余嘉锡隶书。12 月 1 日，由沈兼士题签的辅仁大学文艺季刊《辅仁文苑》第 2 辑出版。2 日，与陈垣、张怀、胡鲁士等代表私立北平辅仁大学冬赈会，致函全校教职员，要求大家照旧捐薪一日，充作冬赈费用。4 日，与陈垣、张怀、胡鲁士等代表私立北平辅仁大学冬赈会，致函全校教职员，征求是否同意捐薪一日助赈。同月，在《辅仁学志》第 8 卷第 2 期发表《希、杀、祭古语同原考》。这是作者关于汉语字族研究的一篇重要论文。此文首先考察希、杀、祭三字的语原及演变，然后从各类字书的注释入手，进行详尽的论证，最后制成《希、杀、祭字族表》，认为"右表旁行观之，可明字族蕃衍扶疏之势。上下省之，可窥语根权舆未祛之几"。此文末尾注"二十八年除日写于北平寓庐之识小斋"，表现了作者抗日救亡的爱国思想。是年，学生周祖谟应聘至私立北平辅仁大学授课，课余常常来访，并协助校阅《广韵声系》清稿。（参见郦千明、汪素梅《沈兼士年谱简编》，《湖州师范学院学报》2021 第 3 期；英千里《铁窗回忆》，《传记文学》第 2 卷第 4 期；桑兵《抗战时期国民党对北平文教界的组织活动》，《中国文化》2007 年第 1 期；覃仕勇《隐忍与抗争：抗战中的北平文化界》，北京时代华文书局 2015 年版）

余嘉锡 6 月在《图书季刊》第 1 卷第 2 期发表《四库全书提要辨证——史部四卷、子部八卷》。12 月，在辅仁学志第 8 卷第 2 期发表经典名篇《宋江三十六人考实》。作者从史学角度考证宋江等人事迹，广引宋代正史、野史；文中认为 36 人可信，108 人则是后人妄说；并对其中宋江等十余人分别进行了考证；关于宋江是否据梁山泊以为山寨事亦有论及。小说作为一种文学形式，虽不入某大家之眼，但其生命力更顽强，可以在民间流传甚广。《水浒传》

是中国脍炙人口的小说,其英雄侠气、凛然正义深深影响着当时的民众。虽然故事情节虚构成分居多,但也应该凭据了几分史实。其中的人物原型和经历值得考证,故余嘉锡根据史传、地志、文集、笔记等,考证人物在所处时代的确切事迹和可称述的业绩,判断真实和虚妄,也借这些带有英雄色彩的人物来警醒世人。以史治小说,在前代是为学者所不屑的,余嘉锡以严谨的考证学风突破了这一传统。《宋江三十六人考实》充分肯定了抗辽故事的积极意义,也着重表彰了关胜、呼延灼为国捐躯的爱国英雄人物。余嘉锡称赞关胜"胜诚烈丈夫也哉"! 实则表现了先生在"淡泊自持"的表面下,于学术阵地上高举爱国大旗、反击日寇的崇高精神。

按:余嘉锡《宋江三十六人考实》序言:"余自少有历史癖。读《水浒传》,喜其叙事之曲折逼真:凡所描写之人物,皆各具性情,各有面目,胥能与世情契合。顾以读书不多,颇疑其事实之出于虚构,则亦漠然视之,不复措意也。中年以后,从事考史之业,读书渐多,得见《三朝北盟会编》《建炎以来系年要录》《通鉴纪事本末》诸书,见有关宋江诸人事迹,足以订正《宣和遗事》《水浒传》诸书者,随手撷录,日久积成篇帙。比而观之,知诸说部书所叙,大体有所依据,真假相伴。即其傅会缘饰之处,亦多推本于宋元社会风习,初非乡壁虚造。详加考索,不仅于北宋末年震铄一时之英雄事迹,可以粗明大概。"(以上参见王语欢《余嘉锡学术年谱》,黑龙江大学硕士学位论文,2013年)

高步瀛9月应沈兼士、余嘉锡、陈垣等人力邀出任辅仁大学、中国大学教授,这两所学校独未受伪命。为了表明立场,高步瀛在晚报上登载启事,说明本人原任国立北平师范大学教授,现任辅仁大学教授,与学院毫无关系。(参见赵成杰《高步瀛学术年谱简编》,载王京州编《河北近现代学者年谱辑要》,国家图书馆出版社2017年版)

顾随4月至辅仁大学任课,授诗经、楚辞、汉魏六朝诗、唐宋诗、词选、曲选、历代散文选等课。兼任燕京大学、中法大学课。冬,弟子杨敏如悄悄离开燕大,准备到大后方去时,专门去顾随家辞别。顾随现出少有的兴奋的喜色,对杨敏如说:"你是该去的,只要有条件就该离开这里。"并把刚写好的一首《临江仙》送给了杨敏如。10月26日,顾随为燕京大学词曲研究会同学讲填词之经验,题为《偶然》。(参见闵军《顾随年谱新编》,载王京州编《河北近现代学者年谱辑要》,国家图书馆出版社2017年版)

周祖谟被聘为辅仁大学国文教员,后被聘为国文系讲师、副教授,讲授过语音学、等韵学、高本汉中国音韵学、比较训诂学、甲骨文研究等课程。

刘乃和考入北京辅仁大学历史系。

张东荪继续任教于燕京大学。7月,张东荪撰成《不同的逻辑与文化并论中国理学》一文,刊于12月《燕京学报》第26期。此文为张东荪《思想言语与文化》的续篇,基本上将自己企图建立独立的知识论的意图表达出来。他还解释说:"本篇是志在提出一个新观点:即把逻辑溶在文化全体中来讲,不拿他当作一个独立的东西。于是从逻辑讲到形而上学;又从形而上学讲到道德;又从道德讲到社会政治;把这些打成一片。"张东荪讨论逻辑的目的,是为了打通逻辑与哲学、政治、道德、社会的关系。8月1日,张东荪撰写《士的使命与理学》,阐述中国传统"士"阶级与专制政治的关系,肯定理学的价值。秋,张东荪从武汉回到北平燕京大学任教后,张君劢在云南大理筹建民族文化书院,函邀张东荪及其兄长张尔田、邓之诚等人去大后方任教。张东荪复函说:"家兄近益衰老,万难跋涉长途,来书院任事。"为了支持张君劢筹备书院,张东荪专门撰写了《士的使命与理学》一文寄去。但张君劢并未收到该文,该文7年后辗转重回张东荪手中,张东荪随即将该文刊于1946年11月23日出版的《观察》第1卷第13期。

　　按:《士的使命与理学》中详细分析了"士"阶级对中国传统政治的影响,对"士"在中国社会的价值给予高度评价,对"士"所具有的反抗精神给予特别注意。他认为,"士"在社会上发清议,作争谏,才能把一个社会的清明之气唤起来。"士"的使命在历史上结束了,随着"文化下移",与大众打成一片的"士"仍然应该担负不可推托的责任:"士的使命在历史上已经尽了。今后有一个新时代将要来了。士如果要仍然担任一些使命,则决不能如产业革命者所主张,化为欧美式的中等阶级。我以为只有加入大众中,在大众中除了担任技术知识的需要以外,依然可以行使其提高道德的任务。换言之,即把大众的道德水准设法提高,这就是他们的唯一任务。所以理学不是完全过时货。不过必须有人出来为主大加整理,使其与现代的需要相符合,而删去一切迂腐之谈。这便是我所希望于君劢先生所办的学院的了。"

　　张东荪是年联络知识界爱国师生,与北平中共地下党联系,做了许多有利于抗日的工作。当时张东荪一家住在京西王家花园,此花园内有两处相距不远的房子,一处由张东荪夫妇及子女住,一处由张东荪的嫡兄张尔田住。居所比较偏僻,不引人注意,便于与外界联络。这里便成了中共地下党的一个秘密联络点。张东荪的甥婿林嘉通,时任燕京大学教务主任,家中有一部高功率收音机,便于收听外界消息。张东荪利用自己与王克敏(华北伪政府头子)、刘玉书(伪北平市长)的特殊关系(早年留日时相识),获取敌伪情报,供给中共地下党。张东荪除了掩护地下党的活动外,还通过自己在北平的关系为八路军购买药品,有时通过向西山送学生将这些药品和器械转给八路军。(参见左玉河编《张东荪年谱》,群言出版社2014年版;左玉河编《中国近代思想家文库·张东荪卷》及附录《张东荪年谱简编》,中国人民大学出版社2015年版)

　　陆志韦继续任燕京大学研究院院长,与吴天敏、郭绍虞、董璠等筹办"国语教育研究会"成立。5月,陆志韦《证广韵五十一声类》刊于《燕京学报》第25期。12月2日,《燕京新闻》报道,燕京大学研究院院长陆志韦及吴天敏、郭绍虞、董璠等发起成立国语教育研究会。在发起宣言中,研究会就实用和理论两个方面各提出了三项研究任务,其中实用方面第三项任务就是"怎么样教外国人国语"。5日,语教育研究会举行成立大会。《燕京新闻》发布国语教育研究会成立大会已于12月5日举行、通过会章并选出理事的消息。吴天敏任成立大会临时主席。大会对研究分组进行了合并调整,设国语教学研究组,选举吴天敏、陆志韦、董璠三人为理事。其次,教材的编写,不仅遵循"从易到难、循序渐进"的原则,注重中国文化知识的传授,而且提出以教材为纲,融教学法于其中的理念,提倡说写并重,以救片面强调书面语(翻译法)或片面强调口语(直接法)之弊。教学的实施以课堂教学为主,按学生的汉语水平分班授课;区分必修课程和选修课程,注重兴趣的培养和能力的提升。同月,陆志韦《唐五代韵书跋》《三四等与所谓"喻化"》刊于《燕京学报》第26期。(参见马国彦《民国时期的对外汉语教学琐谈——从一则"旧闻"说起》,《中华读书报》2013年9月25日)

　　郭绍虞继续任教于燕京大学国文系主任。4月,《大一国文教材之编纂经过与其旨趣》《新文艺运动应走的新途径》刊于《文学年报》第5期。后文系统阐释了对"文白"关系以及中国语言文字发展路径的看法,进一步发展了作者的核心思想。对之前提到的欧化问题,文中援引了当时正在倡导"语录体"的林语堂的观点,对林氏否定欧化语法的做法持保留态度,认为"新文艺可以欧化,不应过度欧化",适当引入西洋语法可以让新文艺显示出一种"创格",这也是新文艺的价值所在,但是如果过度使用,则会让新文艺愈加远离"适用"的目标。对于如何让新文艺实现这一目标,文中提出在语言上"有一部分可以采用欧化的白话,有一部分必须仍用土式的白话,而所谓土式的白话中,也正不妨用一些文言的字面",也就是一定程度上借鉴古典文学的语言资源。在分析中,郭绍虞充分吸收了他对古典文学和文字学研究的心得，比如借鉴了之前他对中国语词的弹性作用的研究成果，提出中国语言文字的音乐性的特点，并认为重视文字的音乐性，就可以防止过度欧化的倾向。12月，郭绍虞《论宋以前诗话》刊于《覆瓿月刊》。同月，《〈四库〉著录南宋诗话提要评述》刊于《燕京学报》第26期。下半年，参与发起成立"国语教育研究会"。

　　按：郭绍虞作为亲受了新文化运动洗礼的青年知识分子，他对新文学以及作为新文学载体的白话文的态度显然是支持的，认为它代表了文学现代化发展的方向，但作为个中之人，他对新文学尚嫌稚嫩的现状也了然于心："正应看出新文艺的病源所在而加以修正；修正，才是今日的进步，才可进入另一阶段。"同时作为古典文学和文字学的专业研究者，他亦能参照自己的学术研究，为新文艺发展中的问题提供解决的思路："不妨取循环的方式，走上似乎陈旧的途径，以吸收文言文所以适于应用的优点。"诚如《新文艺运动应走的新途径》开篇所阐明的："我不很愿意纯用感情无条件地排斥旧文学；不仅如此，对于一些摭拾陈、胡、二周在民国八、九年间所发表的言论奉为正则以轻诋旧文学者，有时反觉其随声附和浅薄得无谓。在文学革命初期的言论，不妨有矫枉过正之处；迨至文学革命有相当的成功，则不应犹袭陈言，故步自封。"他通过对古典文学和文字学的深入研究，反思"五四"新文艺中的"文白之争"和"欧化"等问题，进而意识到这些旧文学和旧文字可以为新文艺提供有益的资源，态度不偏不倚，语出恳切诚挚，反映出一个学院化建制中的新文学者深沉的关切和怀抱。（参见何旺生《郭绍虞学术年表》，《中国韵文学刊》2008年第1期；凤媛《燕京大学时期的郭绍虞和1930年代新文学的学院化》，《学术月刊》2020年第9期）

　　洪业继续主持哈佛燕京学社引得编辑处。2月，燕京大学引得编纂处编印《47种宋代传记综合引得》。是书收录47种宋代人物传记资料。书前《四十七种宋代传记表》详列各书的代号、名称、纂辑者和版本，其中包括脱脱《宋史》（列传之部）、柯维骐《宋史新编》（列传之部）、王偁《东都事略》（列传之部）、钱士升《南宋书》（列传之部）、曾巩《隆平集》（列传之部）、陆心源《宋史翼》、朱熹《五朝名臣言行录》和《三朝名臣言行录》及《伊洛渊源录》、万斯同《宋季忠义录》、厉鹗《南宋院画录》、杨万里《淳熙荐士录》、吴之振等《宋诗钞》、何异《宋中兴学士院题名录》、陈骙《南宋馆阁录》、吴廷燮《南宋制抚年表》和《北宋经抚年表》、钱大昕《修唐书史臣表》、丁传靖《宋人轶事汇编》等。分字号引得和姓名引得两部分，将各种传记中的宋代人物以字号或姓名立目，下注该人物传记在各书中的卷数或页数。两种引得皆采用中国字庋撷法编排，书前附笔画检字。此书对利用宋代人物传记资料是很有帮助的，由于收录范围的限制和编制过程中存在不少缺误，还可参考其他工具书。

　　按：台湾昌彼德、王德毅等编有《宋人传记资料索引》，1974至1976年由台北鼎文书局出版，中华书局有影印本，是收录宋人传记资料较为完善的一种。日本编有《宋人传记索引》，东洋文库1986年版，收录范围扩大到文集、金石文、方志、家谱等方面，可补是书的不足。

　　按：《四十七种宋代传记综合引得》《辽金元传记三十种综合引得》《八十九种明代传记综合引得》《三十三种清代传记综合引得》是根据各种史料上对人物的记载，以朝代为单元，综合有关人物传记的史籍而编成的综合性传记索引。这四部书在时间上是衔接的，共收公元960至1911年近一千年间的八万多重要历史人物，此套索引由北京引得编纂处洪业等5人主持编辑，分别于1935年和1939年由哈佛燕京学社出版，此后20余年，因供不应求，1959年前后中华书局又按原书重印，再次发行。（参见王学典《20世纪史学编年（1900—1949）》，商务印书馆2014年版）

　　张尔田与夏承焘、龙榆生等通信论词乐。4月1日，张尔田、王钟翰《读张孟劬先生史微记》刊登于《燕京大学图书馆报》第128期。12月，《清故学部左丞柯君墓志铭》《清故朝议大夫湖南优贡知县汪君墓志铭》刊于《史学年报》第3卷第1期。（参见孙文阁、张笑川编《中国近代思想家文库·张尔田、柳诒徵卷》及附录《张尔田年谱简编》，中国人民大学出版社2014年版）

　　聂崇岐在12月《史学年报》第3卷第1期发表《麟州杨氏遗闻六记》。作者认为"宋杨家将故事,以小说戏曲之宣传,大河南北,几于妇孺皆知。稗官野史,里巷之谈,固不足信;而《宋史·杨业传》所述,又嫌简略,难尽窥事实之曲折",乃在读书时遇到杨业祖孙父子之事的史料"辄逐录之",并撰成此文。文章由"记入宋前之杨业""记杨业战死以后""记契丹之重杨业""记杨延昭""记杨文广""记杨重勋"六部分组成,对有关杨家将的史料进行了钩稽考辨。此文被认为与余嘉锡《杨家将故事考信录》一样,是研究杨家将史实的代表性著作。同月,聂崇岐《宋词科考》刊于《燕京学报》第25期。(参见王学典《20世纪史学编年(1900—1949)》,商务印书馆2014年版)

刘盼遂继续在燕京大学任教。5月,《百鹤楼读书札记》发表于燕京大学《文学年报》第5期。(参见之远、章增安《刘盼遂先生学术年谱简编》《华北水利水电学院学报》2011年第6期)

侯仁之6月在《燕京学报》第25期发表《王鸿绪明史列传残稿》。此文对明史的成书、王鸿绪的明史稿、万斯同的明史稿、明史列传残稿和王、万二人明史稿之关系等进行梳理,认为"鸿绪之稿不尽采万传,《明史》亦不全据王稿;但残稿中之必有本诸万稿者"。同期还刊载了陈整《戊戌政变时反变法人物之政治思想》、聂崇岐《宋词科考》、刘选民《中俄早期贸易考》等文。(参见王学典《20世纪史学编年(1900—1949)》,商务印书馆2014年版)

杨明照12月在《燕京学报》第26期发表《太史公书称史记考》。文中先列举10种关于"太史公书称史记"的不同说法,然后列举5条证据,证明《史记》之名始于东汉"灵献之世"。后陈直在此文基础上,撰《太史公书名考》,又提出9条证据,证明《史记》之名,最早在东汉桓帝初年时出现。(参见王学典《20世纪史学编年(1900—1949)》,商务印书馆2014年版)

林焘毕业于北京崇德中学,同年考入燕京大学国文系。

周汝昌考入燕京大学西语系。

俞平伯继续在中国大学国学系任教。1月7日,收到周作人来信,请俞平伯接替他的课,到燕京大学国文系讲授"现代散文"。此时,周作人已有意接任伪职。俞平伯立即回信婉辞,理由有三:"一则功课非素习,以前从未教过(清华欲开现代散文班,玄公(指朱自清)来商,曾辞却),亦难于发挥。二则接先生之席极感难继,恐生徒不满意。三则自去年事变后,即畏涉远西郊。"11日,收到郭绍虞来信,请俞平伯到燕京大学教课。俞平伯即复信婉辞。同日,收到周作人来信,续谈到燕大代课事。俞平伯复信辞谢。9月,收到朱自清9月6日自云南来信。(参见孙玉蓉编《俞平伯年谱》,天津人民出版社2006年版)

孙楷第仍任职于北平图书馆。1月17日,钱玄同忽然右脑部溢血,在北平的德国医院逝世。孙楷第一个人代表留在北平的北师大学生参加了恩师的追悼会。6月,孙楷第的《吴昌龄与杂剧西游记》发表于《辅仁学志》第8卷第1期,此为利用深厚的版本目录学基础作繁难考证的力作。作者考辨日本发现的、由汉学家盐谷温印行的元杂剧《西游记》乃是杨讷(景贤)所作,并非如中外学界所认为的是吴昌龄所作。此文一出,成为定论,足解学人之惑,立即受到国内及日本同行的认可。郑振铎于1938年发现了曾由明代脉望馆主人赵琦美和清代也是园主人钱曾等人收藏过的240余种杂剧剧本,其中有130多种为孤本,此次发现堪称是近代戏曲研究上的划时代事件,郑振铎乃至把它和敦煌千佛洞藏书的发现相提并论。8月,孙楷第赴上海阅览郑振铎发现的这批藏书,归来后开始撰写《也是园古今杂剧考》。孙楷第还把《元刊杂剧三十种》和《元曲选》以外的明刊本的有关本子对校,认为"大抵存原文十之七、八",而把元刊本作品和《元曲选》本同名杂剧对校,"其所存原文不过十之五、六或十之四、五"。因此,孙楷第校勘的结果,实际上把今存元人杂剧版本分为三个系统:一、元刊本;二、"删润本"(即《元曲选》以外的明刊本);三、《元曲选》本。12月9日,孙楷第为所撰《述也是园旧藏古今杂剧》作序云:"余以二十八年八月游沪,得阅斯书于友人所。凡三周读讫,既归,守和先生属为文记之。余既于役从事于此,谊不敢辞。乃出沪游掌记,分类排比,稍加考稽,撰为此文……余文起草甫半,郑君西谛适以所作《跋脉望馆抄校本古今杂剧》寄来。邮封甫启,执卷踌躇,以斯编原本在郑君斋中将及一年,苟郑君言之详且尽者,余可不作。恍读一过,觉所论犹未周至,且间有疏失。益信学无止境,考据实难。乃贾余勇,勉强卒业。其与郑君不同处。于各章中随时说明。凡以求是,亦非好立异也。"

按:《述也是园旧藏古今杂剧》"版本""校勘"部分虽从赵琦美所藏剧本谈起,但实际涉及了今存元剧剧本的版本源流问题。从《也是园古今杂剧考·版本》部分所述得知孙楷第校阅工作的规模是很大的。大凡今存明刊元人杂剧总集主要的有七种,除了李开先《考定元贤传奇》孙楷第未见外,其他六种,他都曾一一雠校,这六种总集分别是:新安徐氏刊《古名家杂剧》、息机子刊《元人杂剧选》、黄正位尊生馆刊《阳春奏》、顾曲斋刊《元杂剧》、臧懋循《元曲选》、孟称舜刊《古今名剧合选》(包括《柳枝集》和《酹江集》)。孙楷第的校勘成果后来一直未能以校本的形式发表出来,但却披露过他在经过大量雠校工作后得出的结论,他在《也是园古今杂剧考》中说:"以余所考,除臧懋循《元曲选》不依原文,改订太多,孟称舜《柳枝》《酹江》二集,出入于原文及懋循本之间,此二书应别论外,其余五书(原文如此,其余'五书'似为其余'四书'之误),勘其文皆大同小异,知同出一源。其所据底本今虽不能尽知,然余意当直接间接自明府本或教坊本出。"(参见于飞《孙楷第先生年谱简编》,载王京州编《河北近现代学者年谱辑要》,国家图书馆出版社2017年版;陈福康《郑振铎年谱》,三晋出版社2008年版)

周作人1月1日上午在家遇刺,因子弹打在毛衣钮扣上未受伤,只腹皮稍破。此系天津一些中学生组织的"抗日锄奸团"所为,其动机是为了爱国抗日,惩治周作人的附逆行为。此前盛传周作人将出任华北伪政府教育督办之职,天津"抗团"调查属实,决定对周执行死刑,将派人来平执行。2日,钱稻孙来访,传达伪华北教育督办汤尔和"劝说"他接受伪北大图书馆馆长职。同日,警察署派侦缉队3人进驻周作人宅院"护卫",自即日起,周作人每次外出也总跟着一个人"保护"。3日,钱玄同兄钱秉雄来访,并带钱玄同问候信一封。5日,司徒雷登来访。7日,往访钱稻孙,表示接受伪北大图书馆馆长职。8日,为元旦遇刺事件,作打油诗一首。12日,收伪北京大学聘其为北京大学图书馆馆长的聘书,即复函接受这一聘任,并在当日日记中记:"下午收北大聘书,仍是关于图书馆事,而事实上不能不当。"这是周作人接任伪职的起始。16日,得钱玄同14日写的复信一封,信中答复了周作人来信中谈到的帮助出卖李大钊遗书事。此次卖出李大钊遗书所得120元,一半由周作人寄给李大钊次女李炎华,一半分送给李星华、李光华等,以解决李大钊子女的生计问题。17日晚,接钱玄同夫人电话,告钱玄同晚6时发病,已送德国医院。晚9时同丰二去德国医院看望钱玄同。18日晨,打电话往德国医院,得知钱玄同已于昨晚10时半去世。作三副挽钱玄同联,均不惬意,而未使用。19日晨,别作挽钱玄同联,次日抄讫。21日,同羽太信子到钱玄同宅吊唁,并送去挽联一副,奠仪20元。26日,俞平伯与俞平伯之妻舅许宝骙来访。同月,周作人辞去在燕京大学教书的职务。

周作人3月28日被伪北京大学委派为北京大学文学院筹备员。4月7日下午,日本观光局武运部伊藤来访,邀赴日本,以不能外出辞谢之。28日,作《最后的十七日——钱玄同先生纪念》,刊于6月16日《宇宙风》(乙刊)第8期。文中记叙了1939年1月1日至17日与钱玄同往来的情形,文中还说:"玄同于一月十七日去世,于今百日矣。此百日中,不晓得有过多少次想要写一篇小文给他作纪念,但是每次总是沉吟一回,又复中止。我觉得无从下笔。第一,因为我认识玄同很久,从光绪戊申在民报社相见以来,至今已是三十二年,这其间的事情实在太多了,要挑选一两点来讲,极是困难……""第二,因为我自己暂时不想说话……在现今无论关于公私的事有所申说,都不免于俗,虽是讲玄同也总要说到我自己,不是我所愿意的事,所以有好几回拿起笔来,结果还是放下。"文末又说:"我于此破了二年来不说话的戒,写下这一篇文章,在我未始不是一个大的决意,姑以是为故友纪念可也。"同日,往北京大学陪宴日本宪兵队官员。8日下午,往北京大学参加招考会,晚往赴汤尔和招宴。26日,往北京大学办公处,参加招待日本教育文化官员的公宴。7月14日下午,往北京大学参加招生委员会会议。18日,往北京大学图书馆看新生成绩。8月1日上午,往北京大学参加招生委员会会议。下午,钱稻孙来访,与钱共同商定北京大学文学院教职员的人事安排。2日,罗子余来访,与之共同商定北京大学文学院的人事安排。

周作人9月3日赴日本在中国设立的文化侵略机构伪东亚文化协议会的文学分部会议。6日上午,日人原田与大坚来访,赠日本东亚考古学会编的《东京城》一册。23日,俞平伯、许介君(宝骙)来访。10月12日下午,竹内池上来访,云即返国,以李守常、陈独秀、沈尹默、俞平伯等人的手迹赠竹内。18日,往北京大学,参加伪东亚文化协会会议。19日,往北京大学,参加伪东亚文化协会会议。28日,发表《古文谈》,刊于《华光》第1卷第4期,文中认为,语言与文学是一而二,二而一的东西,即"口头说着,即是白话,一在纸上写出来,即是文章。语言变了文字,多少又有点艺术性,便成了文言,凡文章都可以说是文言的"。30日,俞平伯、许介君来访。11月2日上午,往北京大学,参加文学院建筑破土典礼。12月16日下午,往伪教育部参加会议。21日上午,往北京大学参加文学院学生的会议并讲演。26日晚,在同和居招宴,来者有:钱稻孙、俞平伯、沈启无、温公颐、许介君、张鸣岐、鲍文蔚、罗子余等共11人。是年,李大钊长女李星华及其弟李光华,因冀东暴动失败,无法安身,回到了北平,周作人将李星华安排在伪北京大学会计科当出纳员;日本松枝茂夫翻译的《中国新文学源流》由文求堂出版。(参见张菊香、张铁荣主编《周作人年谱》,南开大学出版社1985年版)

谢国桢2月18日除夕由广西郁林到梧州。22日,乘船到肇庆、广州,接着到香港。而后转抵上海,回到北平。此前约在上年年底,中华文化基金会孙洪芬请谢国桢返回北平典守北平图书馆的金石图书,因之又回北平以担任此职。此前谢国桢曾为中日庚款基金会所办的东方图书馆编写《续修四库全书提要》一书,周作人延聘谢国桢到伪北京大学史学系任教,谢国桢错误地认为站在红楼上,"楼犹此楼也,土犹此土也",大讲其祖国的历史和"华夷之辨"的事迹。北平图书馆袁同礼馆长闻讯后勒令其辞职,谢国桢经傅增湘介绍,到川帮私营大中银行聊司笔札,并协助傅增湘编纂《绥远通志》一书。

　　按:谢国桢《自述》(《文献》第十辑)记述这段经历的心境时说:"日寇肆虐,故都不守;大盗窃国,燕市为墟。余溷(混)迹市廛,形同梅福,持筹之暇,仍行籀史。徒以忧谗畏讥,乃不免于(1946年)踉跄出走,远居沪渎。"(参见牛建强《谢国桢先生年谱》,《明史研究》2010年第1期)

容庚所著《金文编》由商务印书馆再版;《兰亭集刻十种》,影印本刊行;《八十一刻兰亭记》刊于《文学年报》第5期。(参见东莞市政协编《容庚容肇祖学记》,广东人民出版社2004年版;林甘泉、蔡震主编《郭沫若年谱长编》,中国社会科学出版社2017年版)

李泰棻任北京师范大学文学院院长兼史学系主任。

喻熙杰为社长的《中国公论》2月1日在北平创刊。

李苦禅5月14日以"勾结八路军"的罪名,与学生魏隐儒同时被日本宪兵逮捕入狱,遭刑讯28天,但坚贞不屈。出狱后拒绝伪职,并继续参加爱国活动。

郑振铎1月8日上午在光华大学文哲研究组为学生作讲演《现代文学》,讲《十八个月以来的文艺界的变化和趋势》。张歌海主持,奚谷记录。记录稿后发表于光华文哲研究组印行的《文哲》第1卷第2—3期。郑振铎在讲演中批评了战前黄震遐的《大上海的毁灭》是"站在'唯武器论'的立场上",已为事实证明是错误的。指出"统一战线的完成,更使文化界建立起铁的堡垒"。在坚持办刊物方面他表扬了傅东华;在剧本创作方面他表扬了凌鹤的《夜之歌》、田汉的《最后的胜利》、集体创作的《同心合力打××》、丁玲的《河田一郎》,及《台儿庄》《横山镇》,认为陈白尘的《魔窟》"犯了一种幻想病";诗歌方面他表扬了任钧;小说方面他表扬了谷斯范的《新水浒》、姚雪垠的《差半车麦秸》、骆宾基的《大上海的一日》,还对张天翼的《华威先生》作了分析。24日,张元济致郑振铎信,附借印元明杂剧契约两份,请予签署。同日,张元济致王云五信,"影印元曲契约,蒙签定两份,业已收到。保险两万元,顷已去信告知,并将契约送去。俟郑君复信到后,再行奉复。"25日,郑振铎在健行大学为上海社会科学讲习所同学讲文学作法。早春,国民党地下工作人员曹俊来紧急通知:半夜得到情报,敌伪特务机关要通过租界工部局"引渡"一批爱国文化人。郑振铎被作为"复社"嫌疑分子列入黑名单。郑振铎随即乘上曹俊雇来的汽车紧急转移。

郑振铎2月18日在青年会9楼参加《鲁迅风》聚餐会,孔另境等报告《鲁迅风》办刊现状,王任叔、许广平、严景耀等出席。3月10日,张元济来致函郑振铎,转香港寄来的教育部致郑振铎信,并谈移交、排印元明杂剧事。后商务印书馆于1941年5月出版《孤本元明杂剧》,共144个剧本,其中136本为久已失传的。16日晚,郑振铎为社会科学专科学校同学开始上新学期(第三期)第一次文学理论课。17日,著名词曲专家、郑振铎的学友吴梅逝世,郑振铎后写有《记吴瞿安先生》一文。23日晚,为社会科学专科学校同学上文学理论课,讲《中国的报告文学(上)》。30日晚,为社会科学专科学校同学上文学习作课,讲《明末封建社会的惨史》。4月6日晚,为社会科学专科学校同学上文学习作课,讲《明末清初历史》。9日,中华全国文艺界抗敌协会在重庆举行第一届年会,会上改选了第二届文协理事,当选理事共45人,郑振铎为外埠15名理事之一。5月29日,郑振铎为《大时代文艺丛书》写总序,号召:"文艺工作者在这个大时代里必须更勇敢,更强毅的站在自己的岗位上,以如椽的笔,作为刀,作为矛,作为炮弹,为祖国的生存而奋斗。"该丛书是郑振铎与王任叔、孔另境主编的,本年7月起由上海世界书局出版,共出十余本。6月21日,郑振铎致张元济信,提出排印元明杂剧应竭力保全原本面目的8项意见。27日,张元济致郑振铎信,谈排印元明杂剧保全原本面目的看法,说"尊意爱护古书,至所钦佩。弟前此为商务印书馆校印古籍千数百册,亦同此意。"

郑振铎7月拟创办《文学月报》,但在四川的叶圣陶认为不如出不定期刊,后郑振铎于11月在开明书店创刊《文学集林》;上海世界书局开始出版郑振铎、王任叔、孔另境主编的《大时代文艺丛书》。8月7日,张元济访郑振铎,取去《脉望馆抄校本古今杂剧》后半部32册。秋末,郑振铎因生活困难和兵燹频仍保存不易,忍痛将历年所藏之善本戏曲一部分让归北平图书馆。分两次出让。共计84种、262册,得7000元。"曲藏为之半空,书去之日,心意惘惘。"(郑振铎《劫中得书记·序》)并又以此次卖书所得之半赎回先前质于某氏之精刊善本百二十余种。11月1日,在原上海社会科学专科学校同学主办的《学习》半月刊第1卷第4期上以首篇地位发表《服务与牺牲》,指出:"为国家民族而服务,乃是中国青年最高目标。"同月,郑振铎与徐调孚主编的《文学集林》在上海创刊,由开明书店出版。年底,鉴于个人经济力量实在有限,而劫中流散图籍甚多,日寇、汉奸及美国一些单位正在纷纷掠夺抢购,因而由郑振铎发起,与张元济、何炳松、张咏霓等人数次联名向重庆当局发电发函,要求拨款抢救民族文献。是年,郑振铎与良友复兴图书印刷公司赵家璧相商编辑出版《中国版画史》,开始编选《中国版画史图录》。(以上参见陈福康《郑振铎年谱》,三晋出版社2008年版)

何炳松继续任暨南大学校长。2月21日,暨南大学在康脑脱路的校舍因要修理,又借南阳路滨海中学上课。同月,何炳松为《历代名人家书》作序。4月,《南洋研究》停办近两年后复刊,为季刊。5月12日,暨南大学迁回康脑脱路的校舍上课。同月,暨大设立大学先修班,首批招收学生51人。6月7日,何炳松呈文教育部,请求在昆明近郊设立分校,未获批准。8月,暨大奉令改中国语文学系为中国文学系,改国外贸易系为国际贸易系。同月,何炳松在《时代精神》第1卷第1期发表《中国文化的发展及其前途》。秋,受命负责上海各国立大学和各特种教育文化机关的临时经费。11月6日,何炳松再次呈文国民政府教育部,请求在滇设分校或先将暨大中学部迁往昆明,以作筹设分校之准备,为教育部所拒。12月,何炳松为《中国历代天灾人祸表》作序。年底,与张寿镛、张元济、郑振铎、何炳松、张凤举等联名给在重庆的政府当局、教育部、管理中英庚款董事会等处写信、发电报,要求拨款抢救文献。(参见鑫亮《忠信笃敬:何炳松传》,浙江人民出版社2006年版;张晓辉、夏泉主编《暨南大学史(1906—2016)》,暨南大学出版社2016年版;陈福康《郑振铎年谱》,三晋出版社2008年版)

周予同继续任教于暨南大学。1月,《中国的旧史学与新史学》发表于《自学》第2卷第1期,后转载于《改进》创刊号。3月,无锡国专在上海复课,以上海部分为补习班,王蘧常任教务主任。约在此时受唐文治、王蘧常聘,兼职于无锡国专。周予同在无锡国专课堂上,仍坚持"超经典"的经学史研究立场,得到唐文治的包容与支持。4月17日,王伯祥写信邀请郑振铎与周先生,邀二人来南方中学作演讲。10月2日,王伯祥来书,拟将日文《世界历史大系》与之。10月4日,《王伯祥日记》:"昨得予同电话,接受予让书议,因于今晨检齐此书十六函(余书已先由予同借去),令金才送往,附一信去,愿以八十金交割。午后人回,取到八十元。"12月,《悼刘叔琴先生》发表于《中学生(战时半月刊)》第14期。是年,陈高傭《中国历代天灾人祸表》出版,此书《编纂缘起》称作者曾与杜佐周、郑振铎、周予同商酌编纂计划,并在写作过程中得到周先生等人的帮助。(参见成棣《周予同先生年谱》,《传统中国研究集刊》第20辑,上海社会科学院出版社2019年版)

周谷城继续任教于暨南大学。8月,周谷城所著《中国通史》由开明书店出版。开明书店在重印《中国通史》的广告中说:"本书为暨南大学周谷城教授所著史学五书之第一种,周君本其十余年的教授经验,汇合最新的史学理论,形成自己的一套系统,用来说明中国数千年往事,轻快自然,头头是道,书中有任何其他中国通史著作所未曾运用过的史学理论,未曾录用过的新鲜材料,未曾使用过的编制方法,文字诚朴,动人情感。"周谷城的《中国通史》独树一帜、特色鲜明,在于较早独立运用马克思主义观点编著中国通史,以马克思的唯物史观作指导,以独创的史学理论——"历史完形论"为灵魂,以维护中国历史的完整为目标,旨在揭示历史事情的有机组织和必然规律,构造一个客观存在的统一整体的历史。

李登辉任复旦大学名誉校长。1月1日,复旦校刊在北碚复刊,李登辉撰写复刊词,曰:"复旦入川,瞬以周岁。登辉尘务羁身,未克西来与同仁同学共甘苦,至为惭惶。所喜师生合作,各界提携,筚路蓝缕,规模初具。复旦光荣,辉耀于嘉陵江畔者,不啻歇浦江上,此登辉之所引为欣慰不置者! 复旦校友遍天下,而抗战以还,旧日同人,亦多星散。内迁以后,对学校消息,或多隔膜。校刊之复版,想亦有以弥补此缺陷乎? 又使登辉对校务知之更详,亦大快事也。"4月5日,李登辉建议推行导师制。由各系系主任担任学生导师,负责指导学生的学习和研究事宜。如某系学生过多,系主任不胜负担,各系可自行决定增添导师。13日,沪校拟设立新闻学系,请渝校代为转呈教育部。教育部长陈立夫答复"碍难照准"。4月24日,副校长吴南轩于本月中旬致函,邀请李登辉5月初赴渝参加登辉堂奠基典礼。李登辉于今日复函,因年老体弱不堪远行,力辞所邀。8月下旬,新学期即将开始,沪校教师增至64人,校系两级负责人也陆续配齐,名单如下:名誉校长李登辉(校长缺,以渝校校长为校长)、教务长应成一、训导长孙绳曾、总务长叶秉孚。中文系系主任应功九、外文系系主任顾仲彝、教育系系主任陈科美、化学系系主任戴岂心、土木工程系系主任金通尹(或称"理工学院筹委会主任委员")、政治系系主任耿淡如、法律系系主任施霖、经济系系主任王恭谋、社会系系主任应成一(兼)、银行系系主任朱斯煌、会计系系主任袁际唐。11月15日,复旦创办人马相伯于月初逝世。上海同学会本日假浦东同乡会六楼礼堂举行追悼会,李登辉送去挽联"寿逾百龄心雄万古,才高一代名重八方"。(参见钱益民《李登辉传》及附录四《李登辉年谱简编》,复旦大学出版社2005年版;《复旦大学百年志》编纂委员会编《复旦大学百年志(1905—2005)》,复旦大学出版社2005年版)

按:姜义华《周谷城与中外历史研究》认为:"《中国通史》有三个关注点在当时史著中非常突出。其一,关注广大下层民众的生活状况和他们的反抗运动,对历代农民暴动、农民战争的起因、过程、正面的与负面的实际后果,作了较为客观的叙述和评价;其二,关注各不同阶级、不同阶层、不同集团如何互相对立、互相冲突的同时,还注意到他们如何在一定环境、一定条件下互相依存、互相转化,而使社会成为一个相对稳定的共同体;其三,关注历史上分分合合、十分曲折、十分复杂的民族关系,力图说明各民族在中国历史上的贡献,客观地反映他们相互交流、相互冲突、相互融合的过程。在20世纪30年代的中国,这些见解可谓惊世骇俗。"

按:《中国通史》采用依历史的发展次序因事命篇的形式,吸收了传统纪事本末体的优长,便于从整体上显现历史发展趋势,而叙事时注意篇、章、节之间的呼应,则有效克服了纪事本末之短,展示出历史活动之间的联系。本书的叙述,在纵的方面贯通古今,首尾相顾;在横的方面,中外对比,场景广阔。《中国通史》出版后,在史学界颇有反响。从1939年出版到1982年,已印行17次。但当局以此书"有马克思主义嫌疑"而视为禁书,责令周谷城停止教授中国历史课,改任世界史课,由此催生了周谷城另一部历史名著《世界通史》。(参见王学典《20世纪史学编年(1900—1949)》,商务印书馆2014年版)

陈高傭继续任教于暨南大学。12月,陈高傭主编《中国历代天灾人祸表》由暨南大学出版。此书上起秦始皇元年,下迄清宣统三年。以年为经,以事为纬,记载了二千多年间中国历代的天灾人祸。本书篇幅浩繁,材料充实,参考古今著述一百多种。陈高傭在《编纂缘起》中说:"二十四年,何炳松先生来长暨大,竭力提倡研究著述之风。郑振铎先生主持研究委员会,决定以充分力量帮助教授之专门研究。……我便决心要把这件工作作成。有此决心之后,我就和杜佐周、郑振铎、周予同三位先生商酌编纂的计划。"在编撰过程中"日常启发鼓励我的则为郑振铎、周予同、杜佐周、王勤堉、李长傅、周谷城诸先生"。何炳松为此书作序:戊戌政变以后,新史学已脱离旧经典羁绊,勇往发展,颇有"附庸蔚为大国"之风。新史学的最终目的在于产生一部尽善尽美的全国国民都应该而且能够阅读的通史。陈氏此书有助于这种通史早日问世。(参见陈福康《郑振铎年谱》,三晋出版社2008年版;王学典《20世纪史学编年(1900—1949)》,商务印书馆2014年版)

李健吾继续任教于暨南大学。2月15日,李健吾将周作人1938年12月16日写的"劈柴挑担亦随缘"和本年1月8日写的"橙皮权当屠苏酒"两首诗一并交给柯灵,在当天的《文汇报》上刊出。编者按中说:"右知堂诗二首,得其上海友人处,周氏态度,虽至今没有明澈表示,但从这些诗句里,他的处境与心情,却不难想见,故为刊布,以饷读者。"李健吾等仍望能敦促周作人在紧要关头,有正确的择取。(参见张菊香、张铁荣主编《周作人年谱》,南开大学出版社1985年版)

张寿镛继续任光华大学校长。1月,成都分校迁入新西门外草堂寺新校舍,并将所在地改名为"光华村"。光华附中同时迁入。春,张寿镛校长为积极推进训育,自兼训导长,亲自制定整顿礼貌秩序的方案和教师规则等,督促训育人员严格执行。3月30日,教育部长陈立夫签发关于教育部核准光华大学沪蓉两部招生计划的指令。6月20日,谢霖副校长致函张寿镛校长,呈送《关于成都分部办学一年半以来整体情况的报告》。7月3日,谢霖副校长致函张寿镛校长,谓"溯蓉校开办至今已届一年有半,在此期内之种种不良情形以及内外之批评及今后办理之愚见谨为我公分别陈之。"所提建议:1.增厚大学部人力。2.慎聘教师。3.选聘系主任。10月28日,张寿镛发出《关于呈送光华大学组织大纲的报告》,共计22条。其中第一条:本大纲依照部颁增订大学行政组织十二项之规定订定之;第二条:本大学置校长一人,综理校务,由校董会于校董中推选之;第三条:本大学置副校长二人,襄同校长综理校务,由校长提请校董会聘任之第四条本大学设文学院、理学院、商学院,其分属之各学系,如文学院为国文系、外国语文系、政治系、教育系、历史系、社会系;理学院为数理系、化学系、土木工程系;商学院为经济系、会计系、银行系、工商管理系。

张寿镛11月为《光华年刊1939》作序,略谓:"光华成立十有五年,所处之境,月异而岁不同。然有史以来,艰难困苦未有甚于今日者。""学校者,所以植人才、应世变也。应一时之变易,应未来之变难。一时之变,狼突豕奔,有时而息。未来之变,鲸吞蚕食,其患无穷,吾将择何术以处此乎?就吾校之学系言,曰中国文学,曰外国语文,曰政治,曰教育,曰历史,曰社会,曰数理,曰化学,曰土木工程,曰经济,曰会计,曰银行,曰工商管理,苟人人而深造焉,其足以应变乎?未可知也。倘仅得其皮毛焉,其有负于植人才之意,则罪大矣。往者尝谓世界言商战,而我无备,遑论战?今推言之,世界皆以学战,而我无其具,遑论战?然平心言之,非无其具也,有其具,而人莫之究也。古人云:一草木之微,器用之别,皆物理也。求其所以为草木器用之理,则为格物。草木器用之理,吾心存焉,忽然识之,则为物格。夫忽然识之者,非学何来?以古人之说合于今日,其理同之。由其理而合于事,千变万化,将何所适其宜乎?"年底,张寿镛与张何炳松、张元济、郑振铎、张凤举等联名致函、致电教育部、管理中英庚款董事会等要求拨款抢救江南珍本文献。(参见汤涛主编《张寿镛校长与光华大学》,上海人民出版社2016年版)

吕思勉继续任教于光华大学。1月,参加常州旅沪中学第一次校董会议。2月21日,吕思勉与蒋竹庄、胡朴安等人发起创办的上海国学专修馆正式开学。该馆是假威海卫路二八九号民国中学校舍一部而设立,自前年一月间,由蒋竹庄、胡朴安、冯明权、姚明辉、沈信卿、吕思勉、李仲乾、任味知、徐春荣、孙德徐等十余位老国学家所发起,除馆长冯明权外,另推姚明辉担任教务,冯一先为总务。所有教授,悉由发起人分别担任,至于学科方面,本科一年级如论语、国学概论、孟子、散文、史记、作文、韵文、文学史等科目。预科一年年级,如散文、韵文、孝经、通史、论语、作文、书法等科目。4月12日,作《史学杂论》系为《兼明月刊》

编辑的约稿而撰，刊于 5 月出版的创刊号上，同期刊出的还有先生的《唐宋以前之中日交际》，后改名为《唐宋暨以前之中日交际》，收录《吕思勉读史札记》。16 日，吕思勉在无锡国专沪校做演讲，题为"大同"。7 月，《吕著中国通史》上册已完稿，并交开明书店出版。11月，光华大学四年级学生张芝联在《文哲》杂志发表《历史理论引论》一文，吕思勉在该文末尾处加了案语。是年，正风文学院自胶州路迁至江西路四五一号，吕思勉时任正风文学院历史系主任。（参见李永圻、张耕华编撰《吕思勉先生年谱长编》，上海古籍出版社 2012 年版）

童书业经吕思勉介绍到光华大学历史系任讲师，教授中国历史地理。此为童书业在大学任教的开始。第二学期由俞剑华介绍，兼任民立女子中学教员，教历史、地理并任上海美术学校国画系讲师，代俞剑华讲授中国绘画史。此前，童书业与俞剑华并未同处一地过，他们之间大约是通信来往或神交。7 月，已于上年离开上海从军的俞剑华返上海接家眷至衢州任上，此时彼此才有可能见面。俞剑华既极信任地介绍童书业工作，甚而让其代任课。此后两人联系不断，在学问上不同见解常有，但更多的是不约而同的感悟。童书业在上海也参加以吕思勉为首的星期日茶室聚会。

<small>按：胡嘉《吕诚之先生的史学著作》（俞振基编《蒿庐问学记：吕思勉生平与学术》，生活·读书·新知三联书店 1996 年版）："1939 年，有一次，曾在我的寓所徐园茶叙，记得到会的有吕先生、童书业、赵泉澄、杨宽、胡道静、蒋大沂、俞剑华、沈延国、邵景洛等，现在我还留有照片。"（参见童教英《童书业传》，中国大百科全书出版社 2017 年版）</small>

杨宽 2 月为蒋大沂主编的《文汇报·史地周刊》撰稿、约稿，先后撰写的文章有《说倭》《海南岛开辟的历史》《纪念黄花岗》《明代的战舰蜈蚣船》《元初的文化压迫政策》《关于皇帝的讨论》等。5 月，顾颉刚担任四川成都齐鲁大学国学研究所主任，杨宽开始为该研究所编辑战国史料，首先做的是战国时代各国内政变迁的资料考证。5 月 15 日，与童书业、沈延国合编《兼明》月刊出版，出版一期后因故停刊。8 月，吕思勉邀请杨宽在光华大学兼课，开设课程为先秦史和明清史。是年，蒋维乔邀请先生在诚明文学院兼课，开设的课程为中国通史。是年起，吕思勉曾组织一个茶室聚会，先生从中获得不少教益。

<small>按：据杨宽《历史激流：杨宽自传》曰：以吕思勉为首的星期日茶室聚会，直到抗战期间上海成为"孤岛"的时候也从未间断，这是他推进学术研究和诱掖后进的一个主要方法。吕先生对人们提出的各种学术问题，总是侃侃而谈，循循善诱，不少后辈常常从这里得到切实的教益。所谈的问题涉猎较广，或者综论某个问题的研究方法和门径，或者追溯一条史料的来源及其价值，或者交流自己研究中的某些心得，或者评论某些著作的缺点错误，或者探讨一些有争论和疑难的问题。在抗日战争期间，大家自然也会论及战争的发展、国际形势的变化以及应对之策。（参见贾鹏涛《杨宽先生编年事辑》，中华书局 2019 年版）</small>

傅统先时在光华大学及暨南大学附中任教。商务印书馆拟将傅统先所译美国兰费德、波林、卫尔德三教授合编《心理学》列入"大学丛书"，以此书校样送蔡元培，请为之审阅鉴定。1 月 16 日，蔡元培阅毕，认为"此书材料丰富，叙次明晰，集实验心理学之大成，而不为一派所拘束，堪备大学生参考"。18 日，将此书清样送还商务印书馆。（参见高平叔编著《蔡元培年谱长编》，人民教育出版社 1996 年版）

蔡尚思继续任教于沪江大学。8 月，蔡尚思《中国思想研究法》由长沙商务印书馆出版。蔡尚思先于 1936 年从南京国学图书馆历代文集中搜获了中国思想史料数百万字，乃采精撷华撰写成此书，为蔡尚思的第一部代表性学术著作，书成后学界前辈蔡元培、柳诒徵、蒋维乔、顾颉刚、陈中凡等人为之序。顾颉刚在序中说蔡尚思"其学也博，其思也慎，其辩也明，其行也笃，凡昔人叹为大难者，君并有焉。惟其善疑能博，所以善断；惟其善断，故得阐人所弗敢阐,决人所弗敢决,非特为思想界放一异彩,所习于整个学术者亦至宏且切"。柳诒徵在序尾引了一句蔡尚思最喜爱的句子作为勉励:"创天下之所无,而反对得人之得而不自得其得",这两句表露了青年学者蔡尚思的志向,后来也成为他治学一生的写照。(参见王学典《20世纪史学编年(1900—1949)》,商务印书馆2014年版)

唐文治继续任无锡国专校长。正月初旬,甫能出见客,家人以为幸而不死。唐文治谓:"际兹国难,不幸而不死耳。"2月,国学专修学校招收新生。当时入学试题,作文两题选一:一为《通天地人为儒论》,一为《论第二次世界大战之趋势》,还论及本国史地。3月3日,国学专修学校在上海正式复课,借康脑脱路通州中学作为校址,通州中学上午上课,国专下午2时后上课。其时共有学生48人。从此,无锡国专历史上开始了"桂校"与"沪校"并立的时期。国专沪校聘王蘧常为教务主任,卢景纯为事务主任,嘉兴沈苏儒为教务助理,昆山姜谋生为膳务。教师有唐文治、王蘧常、陆景周、张世禄、郝葛衡等。唐文治讲授《诗经》《论语》两门课程,王蘧常讲授"诸子概论"等课程,张世禄讲授"音韵学"等课程,郝葛衡讲授"中国文学史"等课程。陆景周除任唐文治秘书兼助教外,还给学生讲授《孟子》《左传》《公羊传》研究等课程。

按:张世禄在沪校任课约半年有余,在1939年底离沪赴桂林,半年后在国专桂校兼课。1943年秋,张世禄离桂赴重庆,就任中央大学教授。

唐文治3月6日在国专沪校讲《论语》,夏承焘、任铭善、徐一帆前来听讲。13日,唐文治继续讲《论语》,夏承焘、任铭善前来听讲。20日,唐文治就国专沪校复课事向国民政府教育部呈文请求核准。教育部不久批复,以上海国专作为"补习部",而国专桂校作为其本部的地位不变。4月9日,胡朴安至国专沪校演讲,讲题为《儒家学说之缘起及其完成与变迁》。16日,吕思勉在国专沪校讲"大同"。23日,夏承焘在国专沪校讲"唐宋词演变之背景"。同月,夏承焘应邀到国专沪校任教,讲授"中国文学史""韵文选"等课程。30日,马叙伦在国专沪校讲"中国文字构造之研究"。同月,唐文治为大夏大学讲授王阳明"致良知"及"知行合一"之说,谆谆诱导学子循此学说修身养性,"可以正心救国"。5月5日,赴昆明任教西南联大的唐兰,途经上海在国专沪校讲"文字学之扩大"。25日,唐文治向国民政府教育部长陈立夫呈文,言明当遵照部令刊刻"私立无锡国字专修学校补习部"图记,并随呈文附报《私立无锡国学专修学校在沪复课教职员履历表》和《私立无锡国学专修学校在沪复课学生名册》。据该《履历表》和《名册》,当时国专沪校教职员计有唐文治、王蘧常、陆景周、卢景纯、李绩川、王绍唐、郝葛衡、张世禄、杨鸿烈、张任政、沈切、崔龙、沈苏儒、黄锺岳、姜谋孙等人,在读学生有钱咏秋、龚其华等58人。6月下旬,唐文治为国专沪校开办暑期班学生讲授《读文法》。

唐文治《唐蔚芝先生演讲录》初集、二集7月由交通大学编印。当时唐文治在交通大学逢星期日演讲已二学期。初集收《修养道德方法》《读经史子集大纲及分类法》《孝经宏纲大用》等24篇;二集收《孔子论知觉学》《孟子心性学》《孟子政治学》等24篇。9月,国专沪校招考开学。新旧同学共90余人。教育部正式批复核准国专桂校在原有三年制的基础上,开办五年制专科,招收初中毕业生及具有同等学力之学生。沪校同样于本年度招收五年制学生。秋,国专沪校除原有教师外,又聘周予同、葛绥成、唐庆诒等为兼课教授,周予同讲授"经学概",葛绥成讲授"中国地理",唐庆诒讲授"中西文学批评""诗词学"课程。12月23日,唐文治在国专沪校举行宴会,同席者有王蘧常、张世禄、夏承焘等。冬,唐文治联合钱诵三等在太仓设积善会,开办施粥厂。约是年,李长傅、蒋伯潜、徐昂到国专沪校任课,李长傅讲授"地理",蒋伯潜讲授《十三经概论》和"基本文选",徐昂讲授"文法""音韵"等课。是年,作《文周孔三圣宗要》《宗周文王法》《文王之学在内勘诸心》《文王至孝》《文王畏天命》《文王爱民之大德》《文王自述境遇自道心得》《孔子宗文王》《宗周公法》《周公敬天命》《周公之至孝至弟至性至情》《周公勤政爱民树八百年之基业》《周公制礼》《孔子宗周公》《宗孔子法》《庸言之信》《庸行之谨》《仁者不忧》《知者不惑》《勇者不惧》《精义入神》《开物成务》,以上均载《茹经堂文集》四编卷一。又有《论阳明学为今日救国之本》,刊于《大夏半月刊》第 2 卷第 1 期。(参见陆阳《唐文治年谱》,上海三联书店 2013 年版)

王蘧常为国专沪校聘教务主任,兼教夏商周"三代史"。据王蘧常之侄沈宁《姑父:父子抗战获颁勋章》(沈宁《牢记:一个家族的抗战史》,江苏文艺出版社 2015 年版)载:"日军占领无锡之后,唐文治带领师生迁校,在上海法租界设国专分校,负责全校教务,延请许多名学者任教,如周予同、周谷城、蔡尚思、唐庆治、胡士莹、王佩诤、胡曲园、朱大可、童书业等。"(参见陆阳《唐文治年谱》,上海三联书店 2013 年版)

杨鸿烈任教于无锡国专沪校。1 月,杨鸿烈《历史研究法》由长沙商务印书馆出版。此书共十章,分别讨论了历史研究法的意义与重要性、研究题目的选择、史料的范围与分类、史料的搜集与审定、史料的整理和批判等问题。4 月,杨鸿烈《史学通论》由长沙商务印书馆出版。此书是作者在各大学的任课讲义,试图"供给读者历史的基本知识,使明了历史究是怎么一回事",为杨鸿烈史学思想的代表作,优于其《史地新论》和《历史研究法》。其显著特点是:材料丰富、分析详尽;新旧中西,无所不用;引证虽繁,但能以类相从,条分缕析,水到渠成地引申出自家结论。

> 按:全书共七章。第一章"导言",罗列大量中外学者关于"历史"和"史学"的论述,指出许多人概念上的错谬,并阐明作者本人的定义。第二章"史学的'科学性质'的鉴定",介绍中外学者在史学是否是"科学"的问题上所产生的争论。第三章"史学的'今'与'昔'",通过对古今历史学在选材和方法等方面的分析,对旧史学提出两点批评。第四章"论历史的正当'目的'",认为"历史家的责任不过是在搜集、鉴别和整理史料罢了""不过是'记真事''说真话'罢了"。第五章"论历史的功用"。第六章"论历史的分类",列举评析中外史家关于史籍分类的不同标准。第七章"论与历史有关系的种种科学"。着重论述了语言文字学、年代学、考古学、人类学、民俗学、社会学、政治学、经济学、地理学、心理学、文学、哲学等与史学的关系。作者信奉多元综合进化史观。他断言:"凡是一元的历史的解释都不可靠。"他批判马克思、恩格斯创立的唯物史观。他说,把历史与经济结合得最密切的,是马克思、恩格斯倡导的"经济史观",而经济史观只是唯物史观的一个派别;此外,如波丹、孟德斯鸠、博克尔的人种地理史观,斯宾塞、摩尔根、赫胥黎、尼采的生物学史观,甚至弗洛伊德的"色欲史观",都是唯物史观的不同派别。

杨鸿烈 9 月 20 日在社会科学研究会《社会科学》第 1 卷第 2 期发表《史迹的模糊与复现》。文中认为史迹不论怎样的模糊,只要我们能勤于搜辑——尤其是在书籍文字记载以外的史料方面,那么我们终必有一天能够达到"拨云雾而见青天"的志愿。10 月 20 日,杨鸿烈在社会科学研究会《社会科学》第 1 卷第 3 期发表《档案与研究中国近代历史的关系》,第 5 期连载。(以上参见王学典《20 世纪史学编年(1900—1949)》,商务印书馆 2014 年版;陆阳《唐文治年谱》,上海三联书店 2013 年版)

陈鹤琴 3 月主编工部局小学教职员进修会会刊《小学教师》。写发刊词,提倡活教育,批判传统的死教育,要求将"这种腐化的教育,变为前进的、自动的、活泼的、有生气的教育"。此后在该刊发表《怎样矫正学生的过失》《怎样训练学生的礼貌》《儿童玩具与教育》

《学校与家庭怎样联络》《怎样做一个理想的教师》等文。同月,与钟昭华、屠哲梅合编《世界儿童节奏集》(上、下册)由世界书局出版;与钟昭华等合编《一年中幼稚园教学单元》由商务印书馆出版。4月,在儿童保育会下创设儿童保育院,请朱泽甫负责。保育院收容流浪儿童和孤儿,实行"工读并进,手脑并用",进行教育和技术训练。10月,聘李瑞华任院长。6月,与陈选善、许德良发起组织上海市成人义务教育促进会,任理事长,陈选善任副理事长,朱泽甫、凌集熙任干事。该会以普及教育、发扬爱国精神为宗旨,前后共办学校11所,入学工人、失学青年和家庭妇女达5000人。9月,与赵朴初共同支持创办慈联职业中学,任名誉校长,学生来源于难童、报童学校、国际中学、电训班等。该校在中共地下组织领导下培养革命人才。10月,和陈望道一起通过上海语文教育学会,筹办中国语言展览会,旨在"唤起上海人民不忘记祖国语言"。展览会于11月举行。

陈鹤琴自1937年底至本年10月,参加"星二聚餐会""星四聚餐会""民社"等进步政治团体,定期聚会,讨论形势,交流情况,协调和推动抗日救亡活动,如节约救难运动,国际宣传活动,募集药品、物资支持新四军,设法营救被捕人员等。"民社"为秘密团体,其宗旨是要在中国实现民主政治,成员还有吴耀宗、沈体兰、杨怀僧、严景耀、胡愈之、孙瑞璜、胡咏祺、郑振铎、王任叔、张宗麟、吴大琨等。出席"民社"聚会,听取刘少文讲抗战形势和新四军情况的报告;听取美国记者斯诺西北之行的报告。参加"复社",该社出版《西行漫记》《鲁迅全集》等书。掩护积极从事抗日进步文化活动的朱启銮、方与严、朱泽甫、王宏、倪海曙等,营救被租界当局逮捕而日寇要求引渡的胶州路难民收容所教师数人,保释被捕的生活教育社人员方与严、邢舜田等。由于从事抗日活动遭汪伪之忌,被列入暗杀名单。蓄须改装继续从事爱国进步文化活动。经中共地下组织和工部局警务处紧急通知,于10月26日离沪去宁波隐蔽。11月13日晚,汪伪特务持枪闯入上海寓所行刺,因已转移,幸免于难。年底,在宁波着手写自传《我的半生》。(参见陈秀云、陈一飞编《陈鹤琴生平年表》,载《陈鹤琴全集》,江苏教育出版社2008年版)

林汉达就读于科罗拉多州州立大学研究院,顺利取得教育学博士学位,并获得奖励优秀学生的金钥匙奖。夏,返回上海,从事大学教育与学术研究。秋,时值抗战,杭州之江大学迁至上海,林汉达受聘为兼教育学教授,后任教育系主任、教务长、教育学院院长等职。

王任叔任文化中心小组召集人,领导"孤岛"上海文艺工作。2月18日,在青年会9楼参加《鲁迅风》聚餐会。散席后,与郑振铎讨论上海社会科学讲习所章程,决定改名为上海社会科学专科学校,向社会扩大招生。王任叔为校长。6月,上海社会科学专科学校因受到敌伪和租界当局注意,被迫停办。学员骨干则继续坚持自学,仍由王任叔等指导。9月1日,王任叔(署名巴人)在《文艺阵地》3卷10期发表《中国气派与中国作风》:"'气派'也就是民族的特性;'作风'也就是民族的情调。特性是属于作品内容的,这里有思想,风俗,生活,感情;情调是属于作品的形式的,这里有趣味,风尚,嗜好,以及语言的技巧。但无民族的情调,不能表现民族的特性;没有民族的特性,也无以表现民族的情调"。在文艺作品中,这不是两个东西,而是一个东西,"一种特征""革命的理论,是属于作家思想修养方面的;历史的知识,是属于作家对于传统文学作品的学习方面的;实际运动的了解,是属于作家生活实践方面的",对于创造中国作风与中国气派的作品是"绝对的必要"。而"'现实主义的大众文学'的建立,则首先有赖于作品中中国作风与中国气派的养成"。作者当时的理解,还停留在特性、情调的释义上,没有能涉及这个内容更深层次的意义,它对于民族形式的建立具有怎样的指导性。10 月，王任叔开始撰写《文学读本》，为较早出现的一部系统的新文学理论著作，论述及材料比较全面，并努力用马列主义观点解释文学领域的各种问题，出版后流传广泛，影响较大。王任叔在初版《后记》中说："最后，我有两点要特别声明，第一，对于中国文学的形式，我得到振铎兄的不少提示。我还应在此谢谢他借我许多参考书。"

按：此书后于 1940 年由珠林书店出版。1949 年海燕书店再版改名为《文学初步》，1953 年新文艺出版社出版修订本改名为《文学论稿》。（参见刘长鼎、陈秀华《中国现代文学运动史》，山东文艺出版社 2013 年版；陈福康《郑振铎年谱》，三晋出版社 2008 年版）

巴金年初仍在桂林。约在 1 月，巴金拟主编《文学小丛刊》，并与李健吾、沈从文、艾芜、朱雯等作家取得联系。为亡友罗淑整理遗作《地上的一角》。2 月，由桂林经金华、温州到上海。经温州时参观了江心寺，对文天祥事迹印象颇深，由此联想到自己，云："我在任何时候都是一个爱国者。"至上海后，住霞飞路霞飞坊 59 号索非家，在巨籁达路文化生活出版社编辑部工作。春，应上海《文汇报》副刊编辑柯灵的约请，拟撰文"帮忙"；获悉好友黎烈文在福建永安主编的《改进》半月刊即将创刊，拟撰稿以示支持。4 月，与夏衍、盛成等人同被中华全国文艺界抗敌协会总会推定为"文协"桂林分会筹备员。同月，散文集《旅途通讯·下册》列入少年读物小丛刊第 1 集由上海文化生活出版社出版；所译德国 A·苏席著《西班牙》列入西班牙问题小丛书第 1 集第 3 种由上海开明书店出版；所译瑞士柯柏尔·米宁著《一个国际志愿兵的日记》列入西班牙问题小丛书第 1 集第 4 种由上海平明书店出版；所译西班牙 C·罗塞利著《西班牙的日记》西班牙问题小丛书第 1 集第 5 种由上海平明书店改订五版刊行；所译德国 A·苏席著《巴塞洛那的五月事变》列入西班牙问题小丛书第 1 集第 6 种由上海平明书店出版；所译俄国赫尔岑著《一个家庭的戏剧》列入文化生活丛刊第 26 种于次年 8 月由上海文化生活出版社出版。5 月，所译俄国克鲁泡特金著《我底自传》由上海开明书店出版。

巴金 6 月赴香港，到萧乾处取衣箱。在港期间曾写信给尧林，约他同返上海。7 月，所著《感想》列入《烽火小丛书》（第 8 种），由重庆烽火社出版。含《前记》及正文 10 篇。这些文章鲜明表示了抗战必胜的信念，驳斥了失败主义、公式主义、和平主义的谬论，同月，在港迎接途经香港赴昆明西南联合大学读书的萧珊，并应邀一同参加萧乾的宴请，同席者尚有田一文等人。不久，在送别萧乾赴英国、送别萧珊前往昆明西南联合大学外语系读书后返沪。约同月，获悉三哥尧林将应朋友之约，拟前往四川某大学任教。为了不让"生活的担子过分压了他，让他换换空气"，遂去信，建议他到上海来做点翻译工作。8 月，在上海开始《秋》的创作。9 月，中秋节下午，意外地与从水灾中的天津至上海的三哥尧林欢聚。冬，从报上剪辑萧乾发表的散文、通讯，代其编成散文集《见闻》，交上海文化生活出版社出版。（以上参见唐金海、张晓云《巴金年谱》，四川文艺出版社 1989 年版）

钱杏邨继续任中法剧艺学校教务主任兼话剧科主任。元旦，上海女子大学校庆会演出《桃花源》。同日，《大美晚报》刊出他的独幕剧《新年第一事》。2 月，将年来所写杂文整理集册，编成《剑腥集》。3 月，《剑腥集》由风雨书屋出版。钱杏邨年初以来，潜心研究南明史料，写出第一部南明史剧《碧血花》（又名《明末遗恨》《葛嫩娘》），3 月 17 日开始在《华美晨报》副刊《浪花》连载。4 月，《文献》杂志将文艺及妇女方面资料另出副册：一册《艺术文献》和二册《妇女文献》。6 月 18 日，参加华联同乐会举办的戏剧界纪念高尔基逝世 3 周年大会，钱毅主演《在人间》，获得好评。7 月下旬，日本侵略者在公共租界捕房协助下，查抄了《文献》编辑部。《文献》共出 8 卷及三本专刊。10 月 19 日,在璇宫剧场观看纪念鲁迅逝世 3 周年的《长明灯》演出。25 日,发表《〈碧血花〉公演前记》。是日起至 11 月 17 日,钱杏邨创作的一部南明史剧《碧血花》由上海艺术剧社在璇宫剧场正式公演,此剧连续上演 23 天,轰动上海。同月,应华成影业公司请求,将《碧血花》交他们改编为电影剧本,易名《葛嫩娘》,于次年 1 月 1 日首演。12 月,又写出三幕话剧《五姊妹》初稿。(参见钱厚祥整理《阿英年谱(上)》,《新文学史料》2005 年第 4 期)

夏丏尊 1 月辞开明书店职。同月,与傅东华、胡朴安、陈望道、章锡琛等在上海发起成立中国语文教育学会,从事语言教育的学术研究,是中国最早的全国性语文教研组织。约 3 月间,开明书店迁至四马路,在一条弄堂的三楼租房四间,并将大阳台配上大玻璃窗作会议室。夏丏尊请弘一法师题《复轩》两字,寓意遭日寇炮火损毁的开明书店要重振旗鼓,恢复原来的开明风格,重新创业。4 月初,夏丏尊回白马湖探亲。初夏,于在春应邀参加中国语文教育学会会议,自此与夏丏尊相识。以后在夏丏尊的邀请下多次参加学术交流活动,与夏丏尊过往甚多。9 月初,应上海南屏女中校长曾季肃之邀,开始在南屏女中任教。约 9—10 月间,弘一法师 60 寿诞前夕,应佛学书局之嘱,作《弘一法师之出家》。在该文结尾,他对法师的出家已怀了释然之心。(以上参见葛晓燕、何家炜编著《夏丏尊年谱》,中国文史出版社 2012 年版)

柯灵 2 月 15 日从上海致函郁达夫,介绍上海刊物和作家的近况。信中提到:“平万的确在上海,至今留着的,还有西谛、剑三、望道、刘西渭、屈轶、阿英、唐弢、周黎庵等诸先生。”希望郁达夫大力扶植,“能得大作以外,再介绍一些南洋的青年作家的作品”。信载 2 月 28 日新加坡《星洲日报·晨星》。郁达夫复函说:“想把南洋侨众的文化,和祖国的文化来作一个有计划的沟通;当国内烽烟遍地,敌人的残杀我妇孺、轰炸我不设防的城市……不停止前,在海外先筑起一个文化中继站来,好作将来建国急进时的一个后备队。”并希望大家紧紧携起手来,“从事海内外的文化沟通这一工作”。(参见陈其强《郁达夫年谱》,浙江大学出版社 1989 年版;陈福康《郑振铎年谱》,三晋出版社 2008 年版)

冯梦云编《鲁迅风》1 月 11 日创刊于上海,初为周刊,后改为半月刊,以登载杂文为主。郑振铎是该刊主要支持者之一,先后在该刊发表《民族文话·子产的内政与外交》《民族文话·柳下惠之介》《民族文话·晏子相齐》《民族文话·大教育家孔子》。2 月 18 日中午,《鲁迅风》在青年会九楼举行聚餐会,出席者还有郑振铎、王任叔、许广平、严景耀等,孔另境等报告了《鲁迅风》办刊现状。散席后,郑振铎又参加讨论上海社会科学讲习所章程,决定改名为“上海社会科学专科学校”,向社会扩大招生。王任叔为校长。(参见陈福康《郑振铎年谱》,三晋出版社 2008 年版)

夏敬观是春与同人发起贞元会,邀冒广生加入。贞元会以词社形式,每会以一人轮值,周而复始,取贞下起元之义。3 月 9 日,得夏承焘《白石行实考》一本。4 月,移居霞飞路法租界静村。6 月 7 日,发夏承焘函,谈结词社事。6 月 11 日,招海上词流宴集,在家宅成立午社。社友有廖恩焘、金兆蕃、林鹍翔、林葆恒、冒广生、仇埰、吴庠、吴湖帆、郑昶、夏承焘、龙榆生、吕传元、何之硕、黄孟超共 15 人,月集 1 次。曾刊行《午社词钞》。8 月初,有函致夏承焘论四声,谓近人只知入声,而不知入声亦派入平上去三声。至宫调与腔调不同,守四声与宫调无关,不过文人好为其难耳。白石《长亭怨慢》谓初率意为长短句,然后协以律,既是文人填词,无庸光顾及宫调之理,自制曲岂复有守四声可言。今人以此自缚,何曾知宫调,言之过分,徒使无佳词佳句耳。(参见陈谊《夏敬观年谱》,黄山书社 2007 年版)

傅雷2月应滕固之请，赴昆明任国立艺专教务主任，从香港转越南入滇，但未就职，仅与闻一多草拟一课程纲要，旋因与校长滕固意见不合，于5月中旬返沪。自此至1948年均住上海吕班路巴黎新村4号。"抗战期间闭门不出，东不至黄浦江，北不至白渡桥，避免向日本宪兵行礼。"在日伪及国民党统治时期，曾不顾个人安危，为中共地下党员和进步人士，作过不少掩护工作。（参见傅雷《傅雷文集·书信卷（上下）》附录傅敏、罗新璋《傅雷年谱》，安徽文艺出版社1998年版）

马叙伦1月15日向夏承焘索阅近著。3月，夏承焘向任铭善借阅马著《读书续记》。4月，《说文解字六书疏证摘记》刊于《说文月刊》。7月16日，夏承焘来访未值。22日，致函中央研究院院长蔡元培、中央研究院总干事兼管理中英庚款董事会董事长朱家骅求助，言伪华北教育部总长汤尔和屡次派员"请我去做北大校长"而不应，"陈哀左右，以裁死生"。8月2日，蔡元培回复。中旬，姜绍谟（次烈）致蔡元培函，为业师求助。蔡元培为此致函重庆朱家骅。9月初，夏承焘托任铭善与武如谷访查马行踪。秋，国民政府军委会前参议姜绍谟至沪从事地下工作，借住马叙伦家以为掩护。9月，重庆管理中英庚款董事会讨论通过，以协助科学工作最高待遇，按月致送马两百元。10月4日，蔡元培函复朱家骅，谢允助马叙伦及询能否补助香港新文字学会。11月3日，《说文解字六书疏证》手稿副本首尾两册，参展上海"语文展览会"。12月22日，之江大学校长李培恩与夏承焘商谈之江国文系下期功课，夏承焘劝李培恩续聘马叙伦。下旬，夏承焘阅《修辞九论》，曾与张孟劬交流，张孟劬以为"近日太炎外，惟夷初能张浙学"。同月，作《柬陈公博》七律三章。年内开始接重庆管理中英庚款董事会拨给的生活费，每月两百元，直到1941年12月太平洋战事发生，为期两年。

陈望道2月为上海语文教育学会起草《请试验拉丁化以期早日扫除文盲案》及《拟清决议修改初高中国文课程标准并规定大学入学试题不限文体案》，作为向重庆"全国教育会议"的提案。7月，"上海新文字研究会"发表经他修改定稿、由倪海曙执笔的《拉丁化中国文字运动新纲领草案》。11月3—12日，与陈鹤琴等以"上海语文教育学会"名义假上海大新公司五楼举行为期10日的大规模的"中国语文展览会"，宣传祖国语言文字以及文字改革，对青年和广大群众进行爱国主义教育；展览会会刊之一陈望道著《中国拼音文字的演进》同时出版。是年，陈望道在《语文周刊》发表《文法革新的一般问题》《从分歧到统一》《回东华先生的公开信》《漫谈文法学的对象以及标记能记所记意义之类》；在《文艺新潮》刊布《拟请议决修改初高中国文课程标准并规定大学入学试题不限文体案》。（以上参见上海鲁迅纪念馆编《陈望道先生纪念集》，复旦大学出版社2006年版；陈启明《陈望道在抗战时期的七篇佚文》，载《中华读书报》2017年11月24日）

彭述之（署名南冠）7月12日在《动向》杂志创刊号上发表长篇文章，代表托派观点对新启蒙运动的主张提出了全面质疑：西方启蒙运动是"在一定的历史发展阶段上代表一种新兴势力或新兴阶层的思想解放运动"，其代表者为当时新兴的资产阶级。中国五四运动的社会根源与法国启蒙运动是一致的，也是因新兴阶级的反抗而爆发出来。而新启蒙运动的发起者没有明白指出这一运动究竟是代表一个什么阶级的思想解放运动，主张和口号也是"开倒车的、反动的""所谓新启蒙运动也者，不过是向一切旧势力旧思想之屈服投降而已"，力图以妥协的方式继续推进新启蒙运动，收效甚微。彭述之还指责新启蒙运动属于"被压迫阶级内部"的"虚伪和毒害的思想"，应该"拿来放在'批评'的光线之下，予以透彻的揭露"。（参见李亮《继承五四和扬弃五四——新启蒙运动研究》，上海师范大学博士学位论文，2012年；陈

亚杰《当代中国意识形态的起源》,新星出版社 2009 年版)

秉志与刘咸、杨孝述等人一起主编《申报》创办 60 多年历史上第一次以"科学"为名的专刊《申报·科学与人生》,号召科学家们利用手中的笔做贡献,向民众普及基本科学常识,探寻阻碍中国科学发展的原因,宣扬为科学而科学、为学问而学问的求知求真态度,以提升中华民族素质,使大家一起同仇敌忾,争取抗战的最后胜利。

刘大杰居留上海,主要依靠妻子教书的薪资维持最低生活,潜心学术研究与写作。12月,刘大杰《魏晋思想论》由昆明中华书局出版。此书主要有"魏晋思想之环境""魏晋学术思想界的倾向""魏晋时代的宇宙学说""魏晋时代的政治思想""魏晋时代的人生观""魏晋时代的文艺思潮""魏晋时代的清谈"内容。(参见王学典《20 世纪史学编年(1900—1949)》,商务印书馆 2014 年版)

谭正璧继续任教于务本女中(后改名怀久女中)。冬,学校更换校长,遂离开。是年,《写作正误》(中华文库本)由中华书局出版。(参见谭篪《谭正璧年谱》,载周嘉主编《矞云》第 2 辑,中西书局 2014 年版)

张元济 1 月 22 日午后赴贵州路湖社,参加上海各慈善机构联合各界 115 个团体举行王一亭追悼会,与颜惠庆、虞洽卿、施省之、叶伯皋、闻兰亭、黄涵之、关炯之、林康侯、赵晋卿、沈淇泉、秦砚畦、刘承幹等 13 人被推为主席团,并联署发表大会祭文。大会又决定组织永久纪念研究委员会,张元济被推为委员之一。同月,撰《德诗汉译·序》。2 月 10 日,上海《申报》载,商务印书馆出现劳资纠纷。3 月 10 日,复郑振铎书,转交港处寄到教育部致郑函。谓:"所有移交全书(指也是园元明杂剧—编著者)手续,敝处当遣员趋前先行商定。""再契约定明影印一年完毕,现已空过两个月,理应除去计算,并祈函请教部鉴允为幸。"13日,香港《申报》广告,商务印书馆编印《丛书集成初编》第四期书出版启事:"本馆编印之《丛书集成初编》共四千册,发售预约之时,原定二年半出齐。在前年战事发生以前,业经出书三期,共二千册。自战事发生后,本馆上海各厂或被毁,或发生障碍,虽于上海租界中区设立临时工厂,并就原有分厂尽力扩充,加紧排印,原拟自廿六年底起继续出书,并经登报公布,无如排印力量远不如昔,加以学校用书需要迫切,不能不提前办理,遂致顾此失彼,劳致预约诸君久望,深为抱歉。兹将续印完成之四百册(即第四期书)先,行出版,其未出之一千六百册自应竭力赶办,期于明年六月以前全部完成,分于本年六月、十二月及明年六月各出一期。惟是目前交通梗阻,发书办法不能不重行规定如下,事非得已,尚祈鉴原为荷。"

张元济 3 月 14 日偕树年赴国际饭店英人裨德本宴请。同座有英国驻华公使寇尔爵士和徐维震等。4 月 8 日,赴银行俱乐部主持商务印书馆董事会第 434 次会议。(一)审核1938 年度同人福利事项用款。(二)报告 1938 年度营业及出版情况。(三)报告各地分支馆受战事影响情形。22 日,香港《申报》文,奇卓《我们的路在哪里? 薪水阶级的悲哀——从商务印书馆职工要求改善待遇说起》。同月,与叶景葵、陈陶遗发起筹创合众图书馆。5 月,合众图书馆租定辣斐德路(今复兴中路)614 号房屋为筹备处。6 月起,商务印书馆陆续采取适应环境之措施。自去年起,鉴于生产上不得不化整为零,与在内地各要点设立分厂之实际困难,除在长沙仍保持总管理处名义外,不得不暂以香港工厂及上海租界内所设工厂为生产中心。采取的措施主要有:(一)节约用纸(缩小天地头);(二)采用轻磅纸张;(三)使用航空纸型;(四)组织运输车队。同月 21 日,郑振铎致张元济书,对校印也是园《元明杂剧》,主张"竭力保全原书面目"。27 日,张元济复郑振铎书,答复郑信指出各条。7 月 6 日,赴银行俱乐部主持商务印书馆董事会第435次会议。(一)报告衡阳、南阳、重庆、汕头各分馆受损情形。(二)讨论王云五提议恢复全体人员薪水事,未决。9日,赴银行俱乐部主持商务印书馆董事会第436次会议。(一)续议恢复全体人员薪水案。议决通过。(二)讨论上海购地建筑厂房事。议决以三、四亩为度,授权董事会主席及经理、协理定之。8月7日,张元济访郑振铎,取回也是园《元明杂剧》后半部32册。9月5日,上海《申报》载商务印书馆驻沪办事处上海发行所全体同人复工启事。11日,张元济赴银行俱乐部主持商务印书馆董事会第437次会议。(一)报告恢复全体人员薪水议案执行情况。(二)传阅驻沪办事处及发行所同人会印发的《告股东及社会人士书》。议定由董事会致函王云五。27日,赴银行俱乐部主持商务印书馆董事会第438次会议。议定经理夏鹏请假出洋期间,由鲍庆林代理经理职务。李拔可辞经理职,董事会挽留,请其休养一二月。

张元济11月18日赴银行俱乐部主持商务印书馆董事会第439次会议。(一)讨论李拔可继续函辞经理事。先生宣读王云五自港来电:众议决继续挽留。(二)规定鲍代经理薪水事。(三)书记宣读王云五答复同人会函。12月,补撰《涵芬楼烬余书录》书稿"集部""稼轩词四卷"篇后半部分,云:"是录编成有年,以为丁集不可复见,是书殆终成残本矣。一日赵斐云自故都来,语余近见某估得一精写是书丁集,云是虞山旧山楼赵氏故物,似可配涵芬楼本,且疑为一书两析者。余急往踪迹得之,介吾友潘博山、顾起潜索观。书至,果如斐云言,正为汲古阁抄本。毛氏印记悉同,且原装亦未改易。唯目录钤有'旧山楼',首叶钤有'赵印宗建'二印,盖赵氏得之之时,已仅有此一册矣。亟以重金收之,俾成完璧。丰城剑合,竟有此事,真可喜也。"(以上参见张人凤、柳和城编著《张元济年谱长编》,上海交通大学出版社2011年版;吴永贵《民国图书出版史编年:1912—1949》,社会科学文献出版社2018年版)

陆费逵继续任中华书局总经理。1月4日,上海《申报》载,香港中华书局劳资纠纷解决,沪中华书局职工同人会得电报告相关情况。15日,上海《申报》载,中华书局在滇设印刷所,与海防分所同时工作,职工由港沪调派任用。31日,香港《申报》载,中华书局同人响应"一元还债运动"捐款,成绩达千余元,交本报转汇。5月3日,香港《申报》载,正中书局香港分局开幕。6月1日,中华书局西南办事处经三个月筹备,在昆明巡津街荬瓜塘18号正式开始办公。上年10月间,广州、汉口相继沦陷,货运益见困难,而滇缅路成,乃决定自办运输。本年初,派郭农山去越南、缅甸,联系进口书货及购买卡车等,进行尚称顺利,遂决定在昆明设立西南办事处。自置卡车六辆,其后添置至十余辆,负责转运来自香港办事处经海防、西贡、仰光等地的转口书货。这些发往滇、黔、川、鄂、陕、甘等省分局的书籍文仪到昆明后,一路经贵阳转重庆,由汽车运载;一路以驮运至四川泸州,至泸州后再水运重庆。然后分运成都、西安、兰州以及恩施、南阳等分局应销。为此,渝局在叙府设转运站专司其事。当时自渝至蓉木船二十五天,板车运十六天可到。8月7日,中华书局港厂解雇凹版印钞工人1162人,引起绝食。(参见吴永贵《民国图书出版史编年:1912—1949》,社会科学文献出版社2018年版)

陆高谊继续任世界书局总经理。1月2日,上海《申报》广告,陆高谊主编《中学活用课本》已陆续出版,并刊载主编者《编辑缘起》。15日,上海《申报》广告,世界书局每周新书启事:"八一三"后,敝局直接间接,损失不赀,承各界爱护,予以热烈同情,不胜感激。此后自当益自奋斗勉,以副各界殷殷之望。查抗战以来,除各种再版书照常十足准备外,初版新书共得189种,平均仍为每三天出版新书一种。自本年起,更拟恢复战前大规模之出版新书,倘蒙各界患赐稿件，或编辑计划，尤当竭忱欢迎。9月11日，世界书局创办人沈知方在上海病逝。（参见吴永贵《民国图书出版史编年：1912—1949》，社会科学文献出版社2018年版）

赵家璧1月主持"良友复兴图书印刷公司"在四川中路215号企业大楼5楼正式开业，《良友画报》也借发行人美国人密尔斯名义于2月2日复刊，得到郑振铎的支持与鼓励，认为："这是一件绝对有意义的事！"郑振铎在该公司开业后亲自去看望，表示祝贺，并支持《良友画报》大胆刊用有关新四军、八路军、"工合组织"等图文报道及木刻。2月15日，上海《申报》载，良友图书公司复业，《良友画报》复刊号出版："良友图书公司为国内重要出版机关之一，其所出版之良友图画杂志，尤为我国历史最久印刷最精之书报。去岁因战事损失过重，宣告停业后，社会各界人士，均甚怅惜。兹闻良友公司之一部分职员及热心文化诸人士，已组织一良友复兴图书印刷公司，受盘前良友公司之一切权益，继续营业。良友图画杂志则由美商密尔士氏为发行人，在四川路33号复刊出版。复刊号已自今日起公开发售。"下半年，郑振铎与良友复兴图书印刷公司赵家璧相商编辑出版《中国版画史》，开始编选《中国版画史图录》。（参见陈福康《郑振铎年谱》，三晋出版社2008年版；吴永贵《民国图书出版史编年：1912—1949》，社会科学文献出版社2018年版）

费新我经人介绍，来到上海钱君匋的万叶书店做美术编辑，从此挑起了以绘画来养家糊口的重担。钱君匋与费新我也算是同乡，精于金石美术，又能鉴赏文物古迹，很欣赏费新我的才艺。在此后两年里，费新我就编绘了铅笔画、水彩画各5本，蜡笔画、毛笔画各4本，儿童美术、综合美术各4本等图画范本。任上海万叶书店特约编辑，费新我同时服务于上海童联书店等单位，从事图画范本、应用美术等书的编绘工作。

> 按：巴金的倾力之作《家》问世后，社会反响非常大。为了生动演绎这部小说的情节，发挥其在青少年读者中的作用，巴金想到了运用连环画的形式。为了了却巴金的这个心愿，费新我与钱君匋合作，根据巴金《家》的故事情节，以水墨画的笔法，共绘制了146幅画。画画得生动细腻、栩栩如生。钱君匋在费新我画好后，配上了简明精练的文字。两人的默契配合，堪称珠联璧合。费新我的导师陈秋草见到后，大加赞赏说："这是一次大胆的尝试，具有新启蒙运动价值的艺术。"（参见张前方《缘木求鱼：费新我传》，浙江人民出版社2007年版）

叶景葵、张元济、陈陶遗等学者和社会名流4月发起筹办上海合众图书馆。"八一三"淞沪战争爆发，上海市中心多家图书馆毁于日本侵略者炸弹之下，位于闸北地区的东方图书馆、南市文庙地区的市立图书馆、位于徐汇区的鸿英图书馆，它们的藏书或丢失或损毁。私家藏书楼也难逃劫难。而日本、美国等国家乘机大量盗运古籍善本。根据国民政府教育部1938年底统计，中国抗战以来图书损失至少在1000万册以上。面对这样的浩劫，叶景葵、张元济、陈陶遗等人打算成立的一家私人图书馆，抢救在战争中流散的中国典籍，尽力收藏濒临危亡的珍贵书籍。叶景葵和张元济先后连写13封信，诚邀时任燕大图书馆古籍采购和中文采编部主任顾廷龙南下主持合众图书馆。5月23日，张元济复叶景葵书，谓："合众图书馆缘起、简章及与法领事说帖均读过，甚妥。惟前此代译与伯希和信之张君现调往渝馆，在该处担任编审事宜，即日就道。不克代办。此外有无堪以胜任之人，现工潮尚未解决，一时无从探听。谨将各稿先行缴还，还祈另行觅人办理为幸。"同月，合众图书馆租定辣斐德路614号房屋为筹备处。8月1日，张元济复叶景葵书，谓："前日奉手示，并顾君意见书均谨悉。意见书展通数过，已就管见所及签出粘呈，敬祈核定。顾君曾晤数面，持论名通。为馆得人，前途可贺。"同月，叶景葵购下蒲石路古拔路口一块空地建造馆舍，由著名建筑师陈植设计为"凸"字形的建筑。10月19日，张元济复叶景葵书，谓："涵芬楼余书未知吾兄拟抄何类？今属将所编书录呈阅。需用何种，均可代为借出。有《明文海》，外间传本甚少，亦系大部书。本数较多者，可分为数次。惟不欲人影写，恐时人不善为此，损及原书。再写官居处难免有危险之虞，最好在尊寓或图书馆中抄录，即托起潜兄校阅，保存尤便也。并乞裁酌。"是年，张元济曾介绍潘氏宝礼堂藏书入藏合众图书馆，未果。叶景葵《卷庵札记》记："叔通云潘明训之子〈按，潘世兹〉由英归国，与菊生言，有将藏书归公众保存之意。菊生已为介绍，叔通尤具热心。但潘书价值太钜，未易罗致，须俟屋成，请其参观后自决，不可强求也。"

　　按：合众图书馆1941年竣工，是一座三合院布局的钢筋水泥建筑，房屋上部有三联式长方窗，中间立壁柱，顶层为阁楼，立面以水平线条作为装饰，绿色坡屋顶，水泥拉毛墙面。南临长乐路，东临富民路，整个占地分三部分：东部为馆舍，中部为空地，西北部为叶景葵住宅。当时在给图书命名时，大家提议以叶景葵的名字来命名。叶景葵坚决不同意，他认为图书馆应依靠大众的力量并且面向大众才能持久，而不是一家一姓的私有财产。他提议以"合众"为馆名，取"众擎易举"之意。（参见张人凤、柳和城编著《张元济年谱长编》，上海交通大学出版社2011年版）

　　顾廷龙时任燕大图书馆古籍采购和中文采编部主任。发起筹办上海合众图书馆的叶景葵、张元济、陈陶遗3人都属意于深谙版本目录学又干练的顾廷龙为总干事。4月3日，叶景葵致顾廷龙书谓："弟因鉴于古籍沦亡，国内公立图书馆基本薄弱，政潮暗淡，将来必致有图书而无馆，私人更无论矣。是以发愿建一合众图书馆。弟自捐财产十万已足，另募十万已足（此为常年费，动息不动本）。又得租界中心地二亩，惟尚无建筑基金，拟先租屋一所，作筹备处，弟之书籍即捐入馆中。蒋抑卮君书籍亦捐入之。发起人现只张菊生与弟二人，所以不多招徕，因恐名声太大，求事者纷纷无以应之也。惟弟与菊生均垂暮之年，欲得一青年而有志节对于此事有兴趣者任以永久之责。故弟属意于兄，菊生亦极赞许。"18日，叶景葵致顾书又谓："组织愈简愈好，大约即以弟与菊老及陈陶遗（彼在江苏，声望极隆）三人为发起人，即为委员，委员中或推菊老为主任。"5月25日，张元济致顾廷龙书，谓："凤从博山昆仲饫闻行谊，久深企仰。先后获诵鸿箸《蹇斋年谱》《章氏四当斋藏书目》，尤钦渊雅。近复承寄《燕京大学图书馆报》第一三〇期一册、大作嘉靖本《演繁露跋》，纠讹正谬，攻错收资，且感且佩。敝友叶君揆初雅嗜藏书，堪称美富。以沪上迭遭兵燹，图书馆被毁者多。思补其乏。愿出所藏，供众观览。以弟略知一二，招令襄助。事正权舆，亟须得人而理。阁下在燕京研究有年，驾轻就熟，无与伦比。揆兄驰书奉约，亟盼惠临。闻燕馆挽留甚切，桑下三宿，阁下自难恝焉舍去。惟燕馆为已成之局，规随不难。此间开创伊始，倘乏导师，便难措手。务望婉商当局，速谋替人。一俟交代停妥，即请移驾南来，俾弟等得早聆教益。异日馆舍宏开，恣众浏览，受惠者正不知凡几也。"

　　顾廷龙有感于叶景葵和张元济连写13封信诚邀，不顾燕大图书馆苦留，不忍中华典籍遭日寇肆意掳掠或焚毁，毅然辞去燕大图书馆古籍采购和中文采编部主任职务，于7月举家南迁上海，搬进了复兴中路的复兴坊，这也是合众图书馆的筹备处。随后顾廷龙草拟《创办合众图书馆意见书》。7月19日，张元济访顾廷龙，适顾廷龙外出购物未归。20日上午，顾廷龙来张元济寓所谒见。25日，叶景葵致张元济书，送呈顾廷龙草拟《创办合众图书馆意见书》。意见书云："为保存固有文化而办之图书馆，当以专门为范围，集中力量，成效易著。且叶揆初先生首捐之书及蒋抑卮先生拟捐之书，多属于人文科学，故可即从此基础，而建设一专门国学之图书馆，凡新出羽翼国学之图书附属之。至近代自然科学书籍及西文书籍则均别存，以清眉目。"31日，顾廷龙来访张元济，商"合众"馆中计划。8月13日，张元济致顾廷龙书。谓："前由揆翁交阅大稿，附注管见，想由揆翁送还，仍祈核定。书籍整理想已著手。书片等已否制成？均甚悬念。前承示需用写官，已否雇定？并乞示及。"8月16日，张元济致叶景葵书，谈合众图书馆编目事，谓："前日顾起潜兄来寓，谈合众图书馆编目事，并携有各家书目，均采四库而略加变通者。其意以四库编次不无可议，拟就后出诸家择善而从。弟意本馆既以国粹为主，各家书目虽各有见地，而资格究在四库之下，且亦未必尽善。何去何从，颇难适当。不如悉从四库，较为持之有故，言之成理。惟起兄提出两条：（一）四库以丛书入杂家，现拟另编；（二）近人著哲学类可附入国粹者，应否增加哲学一门。鄙见丛书日新月盛，与四库成书时不同，自当变通，惟第二题殊难决定，或勉附杂家各门，似亦一道，谨请裁酌。"

顾廷龙8月28日复函张元济，并呈并编定四部分目表。30日，张元复顾廷龙书，谓："前日奉手教并编定四部分目表暨后幅详说。展诵再四，具见虑周藻密，致深钦佩。惟既承垂问，窃愿再进一言。《四库总目》疵类诚多，然本馆收藏既以国粹为界，《四库》奉行已久，且集历代之大成，鄙见既已奉为准衡，则凡《四库》已收之书，原属之类，似不必加以移改。移改究属少数，或去或留，事有未周，言之亦难成理。至于近出之书，无可比附牵合者，则以增析济其穷。原表所增所析，经阁下再三斟酌，自无可议。原稿缴上，即希察入。此为弟泥古偏见。是否可行，仍乞卓裁，并请揆翁核定。"10月16日，张元济致顾廷龙书，谓："旬余未见，伏想俪祺曼福为颂。昨得袁君守和来信，为充实图书馆月刊、季刊材料起见，属为代求，如合众图书馆所藏善本有昔人题记可供观览者，恳祈录示。谨代陈，并请于晤叶揆翁时道及。又前呈景印《四库全书》四册，如已阅毕，祈便中发还为幸。"（以上参见顾廷龙《张元济与合众图书馆》，《顾廷龙文集》；沈津编著《顾廷龙年谱》，上海古籍出版社2004年版；张人凤、柳和城编著《张元济年谱长编》，上海交通大学出版社2011年版）

许冠群创办的新亚药厂主办之新亚图书馆，为救济失学青年，并指导读者研究生活上各种学术起见，特组织读书指导部，邀请上海学术专家担任义务导师。5月21日，《申报》报道《新亚图书馆/读书指导部讯》："新亚药厂主办之新亚图书馆，为救济失学青年，并指导读者研究生活上各种学术起见，特组织读书指导部，由馆长潘仰尧兼任该部主任，先后聘请严谔声、韦捧丹、陈霆锐、潘序伦、徐永祚、郑振铎、钱杏邨、李权时、李文杰、程守中、孙瑞璜、唐文恺、詹文浒、蒋竹庄、唐慰梦、沈信卿、潘公弼、薛光宇、王佑中、朱公谨、姜振勋、姚庆三、庄畏仲、赵霭吴、李与吾、张和卿、丁福保、秦白未、彭式丹、凌振农、单揆亚、杨振兴、程寰西、陆懋孙等学术专家担任义务导师。该部自成立以来，已二月于兹，参加者极为踊跃。诸导师对于学术问题之答复，颇为忙碌。该馆最近为报告各导师读书指导部概况，并请示今后工作方针起见，即日起特派总务周汝杰亲赴各导师处拜访请示，以作将来工作进行之方针。"（参见陈福康《郑振铎年谱》，三晋出版社2008年版）

吴景崧为总编辑的《上海周报》11月1日在上海创刊，主要撰稿人有梅益、王任叔、姚溱、张钢、方行、钟望阳以及茅盾、胡愈之、邹韬奋、王造时、张友渔、许涤新等。

徐调孚与郑振铎主编的《文学集林》11月在上海创刊，由开明书店出版。是年友与良友复兴图书印刷公司赵家璧相商编辑出版《中国版画史》，开始编选《中国版画史图录》。

范烟桥着手改编叶楚伧所著小说《古戌寒笳记》为电影剧本《乱世英雄》。又在上海主编《苏州公报》。

朱生豪应邀入《中美日报》社任编辑，为国内新闻版撰写大量鞭笞法西斯、宣传抗战的时政短文《小言》。

胡亮任主编的《中国经济评论》11月在上海创刊。

濮大江主编的《中国妇女》12月在上海创刊。

施银花、屠杏花、钱秀灵、马秋霞、周宝奎、支兰芳、余彩琴、马亦琴、袁瑞丰、筱金桂结拜形成"越剧十姐妹"。

金艳芳与汪笑真、钟云香等原东安剧社的部分人员组成"东南剧社",演于上海汇泉戏院。

王文娟离家至上海,师从表姐——越剧小生竺素娥。

徐玉兰与吴月奎等组建兴华越剧社。

应慈在上海创办华严速成师范学院。

陈撄宁1月1日因受战争影响而被迫停刊的《扬善半月刊》更名《仙道月报》在上海出版。《仙道月报》创刊号在显著位置登有两份刊物的联合启事,对两者的关系及其"宣扬仙道"的宗旨进行了说明。2月,在《仙道月报》发表《陈撄宁先生与因是子蒋竹庄先生讨论先后天神水》《(答)瑞安某君来函》,并开始连载《〈灵源大道歌〉白话注解》。除夕夜,无余子吴竹园陪其在仙学院吟诗度岁。3月1日,在《仙道月报》发表《纯阳祖师联语》,曰:"不分南北仙宗敢以中心绵道脉,待续海山奇遇也将凡骨换神胎。"4—5月,在《仙道》发表《陈撄宁先生答某君问道函》《答复如皋唐燕巢君》《答覆福建福清县林道民君》《答覆河北宁晋县王同春君》《〈偕伍止渊李净尘一道友游天台桃源〉诸诗附记》《〈戊寅秋六一初度述怀并序〉附白》以及《陈撄宁先生致〈仙道月报〉社函》等。所著《〈灵源大道歌〉白话注解》出版发行。12月,完成《〈鹊鸰吟稿续编〉序》于沪上寓庐。(参见郭武编《中国近代思想家文库·陈撄宁卷》及附录《陈撄宁年谱简编》,中国人民大学出版社2014年版)

陶希圣8月26日在汪精卫、陈璧君的催促下赴上海参加与日方的谈判。8月28—29日,汪精卫在上海召开"中国国民党第六次全国代表大会",会后指定陶希圣为宣传部长。9月,随汪精卫到南京与伪政权头目王克敏、梁鸿志会商。11月1日,参加汪组织与代表日本政府的"影佐机关"的正式谈判。在谈判中,识破日方的侵略野心,力劝汪精卫退出。12月30日,汪日双方签约时,称病缺席。(参见陈峰编《中国近代思想家文库·陶希圣卷》及附录《陶希圣年谱简编》,中国人民大学出版社2014年版)

江亢虎年初居香港。3月,匿居香港的汪精卫接见了当时也住在香港的江亢虎。9月初,汪精卫自上海电邀在香港的江亢虎赴沪,参加汪伪阵营。江亢虎响应汪精卫的邀请,同月自香港抵达上海。10月10日,江亢虎发布时局宣言,将日本军国主义奉为"东亚集团"的"领袖",公开宣布了自己投敌卖国的立场。11月,江亢虎在上海再次恢复中国社会党,参加汪精卫的"和平运动"。(参见汪佩伟编《中国近代思想家文库·江亢虎卷》及附录《江亢虎年谱简编》,中国人民大学出版社2015年版)

林柏生5月随汪精卫到上海,复刊《中华日报》,自任社长。11月1日,中华通讯社成立,林柏生任社长。

刘呐鸥在上海投靠汪精卫政府,奉命筹办《文汇报》,被任命为社长。

顾澄任南京伪政府"教育部长",推行奴化教育政策,特发行《东方文化月刊》一种,指派裴毓麟、汪郁年、汪钺、吴北江、裴汝济、张素康、陶泰基、赵如珩、汪咏夔、朱学俊、林陵西、薛邦迈、崔建才、廉相臣等14人为特约编辑。1月19日,上海《申报》载南京通讯:"傀儡政府成立后,伪'教育部长'顾澄,以伪'行政院各部'。均努力于造就奴化人才,如伪'内政部'之设立译务人员,养成所警官学校。伪'财政部'之设立会计人员训练班,伪'绥靖部'之设立军官学校等。伪'教育部'自不甘寂寞,因有下列种种奴化教育政策之推行。"(参见吴永贵《民国图书出版史编年:1912—1949》,社会科学文献出版社2018年版)

高冠五任总裁的中华佛教联盟会4月成立于南京。

周化人任总编辑的《大亚洲主义月刊》8月15日创刊于南京。

柳诒徵5月因高血压症而昏迷,经中西医诊治,逐渐康复。上半年,因日机扰,至竹泓避难。10月,江苏高邮沦陷敌手,举家迁居竹泓。11月,因任玉芩邀请,赴泰州,访问学生景昌极。月底返竹泓。(参见孙文阁、张笑川编《中国近代思想家文库·张尔田、柳诒徵卷》及附录《柳诒徵年谱简编》,中国人民大学出版社2015年版)

徐复观任战地党政委员会战地政治指导员,视察冀察战区游击队,深入大别山区等老区,实地了解军民生活及政治生态运作,影响对中国共产党的态度。(参见干春松编《中国近代思想家文库·徐复观卷》及附录《徐复观年谱简编》,中国人民大学出版社2014年版)

吴希增、吴培文兄弟为河南安阳武官村村民。3月16日,吴希增、吴培文兄弟在祖坟里用洛阳铲"探宝"时,探头在三丈多深的地下发现司母戊(或称后母戊)大方鼎。消息被日军获悉,村民担心被日军发现,重新埋入地下。

按:1937年11月5日,日军占领"七朝古都"安阳城后,四处寻找抢掠珍宝。梁思永在安阳考古的这三年中,与吴家结下了深厚的友谊。考古队在撤离前,梁思永特意来到吴培文家,提醒一大家子说:"你们老吴家的祖坟太招人眼了,我建议你们把坟头平了,把周围的老柏树也砍了,不让日本人找到任何宝物。"但在当时,动祖坟,可是件大事,弄不好,会破坏家族的风水。可为了不让日本人把祖坟给刨了,盗了,吴家人还是听从梁思永的劝告,掉着眼泪平了祖坟。

吴玉如返天津,执教于工商学院(后改名津沽大学),任中文系主任。

罗振玉是春患头眩,久之方愈。病中惟以展阅石墨遣寂。念景迫桑榆,《寰宇石刻文编》之作,必不克就,乃随笔疏记新旧石刻之转徙存佚。与平日见闻。杂以考订,于未经著录及佚石孤本,并录其文字,日三四则,久之成《石交录》四卷。秋,影印旧藏叶石君藏原本唐王居士砖塔铭。是年,影印所藏敦煌石室秘籍,为《贞松堂西陲秘籍丛残》三集,亦竣工。计《初集》19种,《二集》7种,《三集》9种。《初集》为经注、历书、医方、卜筮书、户牒、佛曲之属,《二集》为道经,《三集》为佛经,大抵出魏晋六朝隋唐人手,间有与《敦煌石室碎金》复重。盖乡人历年辛苦所搜聚者,毕在是矣。又作《长白荣氏冠璧楼吉金图序》《魏百峰山诸刻》《纪国陆先妃碑》《王居士砖塔铭》诸跋。(参见罗继祖《永丰乡人行年录(罗振玉年谱)》,江苏人民出版社1980年版)

罗继祖为罗振玉孙。10月,任沈阳医科大学预科国文课讲师。

胡适继续担任驻美大使。1月2日,外交部致电,告以国民党中央及国民政府对汪精卫的处理决定。电称:"汪之言行,不但为中央所痛绝,实亦为全国所不容。其违反纪律,危害党国,实已昭然若揭。即予永远开除其党籍。并撤除一切职掌。"21日,胡适致电陈布雷并转蒋介石,分析美国的远东政策。27日,有电致陈布雷,谈及美国的孤立主义问题。30日,致电工世杰,进一步谈美国的孤立主义的转变问题。是月,另有电给王宠惠,称:"承介公嘱向孤立派努力,自当遵办。"并告:"弟目前方针乃在使美国政府人民明了我国待援情形及抗战决心,使美能多多助我制裁日本。"2月9日,卢逮曾致信,告称汪精卫出走后数日间,曾有胡适参与其谋的传说。信中还报告周作人曾被刺受轻伤。钱玄同先生则以脑充血作古了。2月20日,胡适出医院,始活动阻止美国会修正中立法案。3月1日,蒋梦麟致信胡适,告西南联大情况。4月初间,江冬秀得知胡适有病住进医院的消息后,急欲要胡乘机辞职。4月19日,谒美总统罗斯福,谈中立法案事。

胡适6月5日赴纽约。6日,接受哥伦比亚大学名誉法学博士学位。13日,接受芝加哥大学名誉法学博士学位。随后赴康奈尔大学参加毕业25年后的"回家"纪念活动。7月22日,美国中立法修正案终告搁置。24日,以此电告重庆政府当局,指出,中立法修正案的失败,标志世局开始转变。8月10日,在密歇根州安纳伯远东事务研究院讲演《中国抗战之展望》。9月8日,晋见美总统罗斯福。罗氏说到一种对东三省实行国际共管的设想,胡适未予反驳,提出第二次借款问题。26日,见美财长毛根韬谈第二次借款。10月6日,主持匹兹堡大学孔子纪念堂揭幕礼。10日,在纽约世界博览会讲演《双十节的意义》。30日,在纽约美国中国协会演讲《我们还要作战下去》。31日,在纽约"一碗饭"运动聚餐会上发表《对美国的中国朋友谈话》,强调说:"非至公正之和平确有实现之可能,中国决不轻言和平。"11月3日,胡适偕颜惠庆谒罗斯福。11日,在哥伦比亚广播电台广播《国际家庭》,主张"未来的联合国必须是一个强制执行维持和平的联盟"。同日,翁文灏致信胡适,谈中国抗战面临的几个重大问题。22日,陆徵祥自比利时致信,告以马相伯于谅山病逝的噩耗。冬,在美国各学院联合会讲演《世界战争与未来的世界秩序》。12月5日,在纽约市政协会讲《中国目前的形势》。13日,因接到周作人于年初投寄来的两张照片和三首诗,颇生感喟,遂题一首小诗。29日,在华盛顿美国历史学会讲《中国与日本的现代化运动——文化冲突的比较研究》,讲演稿后刊于《中国季刊》(英文)第5卷第4号上。

按:这篇讲演首先提出两个问题:(一)为什么日本现代化取得成功,而中国却失败了?(二)为什么中国成功地推翻了旧文明,赢得了一种文化的复兴,而日本经过七十年的现代化并取得非凡的成功之后,却仍不能打破古老习俗的坚硬内核?他解释说,日本的现代化是在集中控制下进行的,是在一个强有力的军人统治集团控制下进行的。他们的强力保护了中世纪的古老文化,而只专心致力于军事与工业的现代化。中国的现代化却首先集中力量摧垮旧有的统治集团、统治秩序,然后在没有集中控制的情况下,开始缓慢的、零散的、逐渐渗透的现代化过程。他并且提出,日中两国不同的现代化过程是各有利弊的。他认为,日本的集中控制的现代化其优点是有秩序、经济、连续性、安定而有效。但缺点是采用军事外壳以控制人民,人为地将大量中世纪的传统文化保护起来,其中有些是十分原始的,与现代化不谐调的,因而蕴藏着火山爆发的危险。中国的散漫渗透的现代化,其长处是整个过程是人民自愿的,合情入理的。因此这种现代化过程能够造成基本的和永久的文化变革。其短处是缓慢、走弯路、浪费时间与精力。(以上参见耿云志编《胡适年谱》,福建教育出版社2012年版;耿云志编《中国近代思想家文库·胡适卷》及附录《胡适年谱简编》,中国人民大学出版社2014年版)

林语堂所撰英文文章"An Oriental Looks at Democracy"(《一个东方人看民主》)1月11日刊于《基督科学箴言报》(Christian Science Monitor)周刊版第5、16版。此文后改题为"A Chinese Views Democracy"(《一个中国人看民主》),刊于2月14日《大陆报》第10版。正文前标注"In The Christian Science Monitor"。3月11日,所撰《我的民主观和独裁观》刊于《血路》第53期,此为林语堂所撰英文文章"An Oriental Looks at Democracy"的一种汉译版本。16日,所撰《论独裁国家》刊于《西风副刊》第7期。正文题名前标注:"目前世界的局势有似从前的战国,联合拒暴则存、苟安求和则灭。"是林语堂所撰英文文章"An Oriental Looks at Democracy"的又一种汉译版本。中旬,所撰英文文章"The Birth of a New China"

（《新中国的诞生》）刊于《亚细亚杂志》第 39 卷第 3 期，此文是林语堂所著 My Country and My People（《吾国与吾民》）增订版的新增章节。4 月 1 日，《密勒氏评论报》第 88 卷第 5 期（第 134 页）刊登了"Lin Yutang Discusses the War，Its Outcome and the Future of China"（《林语堂讨论日本侵华战争，及其结果与中国的未来》）。这是对"The Birth of a New China"（《新中国的诞生》）一文的概要介绍。4 月，林语堂所著《新中国的诞生》由香港民社出版，内收林语堂于抗战初期撰写的 8 篇时论，分别是：《四十年的酝酿》《我们的旧文化能救中国么》《新的民族主义》《暴风雨的前夜》《压力反动与爆发》《蒋氏的为人与策略》《日本为什么要失败》《中国的前途》。

林语堂 5 月 9 日应邀参加在纽约举行的国际笔会第 17 届大会，发表题为《希特勒与魏忠贤》的演讲，后刊于 11 月 16 日的《宇宙风乙刊》第 17 期。在此次会议上，菲地门（Clifton Fadiman，或译"克利夫顿·法迪曼"）约请林语堂为其主编的《我的信仰》（I Believe：The Personal Philosophies of Certain Emiment Men and Women of Our Time）一书撰写一篇同名文章。5 月，林语堂所译《汉英对照浮生六记》由西风社出版，列为"西风丛书"第二种，至 1939 年 8 月再版，1940 年 3 月三版，1941 年 1 月订正四版。9 月 4 日，林语堂写信给郁达夫，委托对方将 Moment in Peking 译成中文，并建议将书名译为《瞬息京华》。10 月 16 日，所撰《关于我的长篇小说》载《宇宙风乙刊》第 15 期。同月，所译《怎样训练你自己》由上海的东方图书公司出版；所译《成功之路》由中国杂志公司增订再版，列入"青年修养丛书"；阿努普·辛格（Anup Singh）所著 Nehru：The Rising Star of India（《尼赫鲁：正在升起的印度明星》）由美国纽约的庄台公司出版。该书卷首载有林语堂撰写的导言。11 月 12 日，所撰英文文章"The Real Threat：Not Bombs，But Ideas"（《真正的威胁：不是炸弹，而是思想》）刊于《纽约时报》第 SM1-2、16 版。同月，所译《心理漫谈》由上海的东方图书公司出版，至 1940 年 9 月增订初版，1940 年 10 月增订再版；所著英文小说 Moment in Peking（《京华烟云》）由美国纽约的庄台公司出版。12 月，所撰英文文章"The Far East is Next Door"（《远东为美国第二门户》）刊于《英文中国月报》（The China Monthly）第 1 卷第 1 期。是年，所著《日本必败论》由宇宙风社推出单行本，正文包括"总论""军事""政治""经济""外交"和"和议条件"六个小节。卷末附《日本必败论撮要》；所著 The Birth of a New China：A Personal Story of the Sino-Japanese War（《新中国的诞生：中日战争亲历记》）由美国纽约的庄台公司出版。（以上参见郑锦怀著《林语堂学术年谱》，厦门大学出版社 2018 年版）

赵元任上半年继续在夏威夷。1 月 2—10 日，撰写并修改完"Yunnanfu，The Peiping of the Southwest"（《云南府，西南的北平》）一文，刊于本年 Pan-Pacific 杂志。4 日，假期结束，继续讲授中文阅读、中国语言学研讨课和中国音乐史三门课。6 日，耶鲁大学 Franklin Edgerton 教授从印度回美，路过檀香山时拜访赵元任，又请赵元任到耶鲁大学任教。8 日，读完 Secret Agent of Japan（《日本情报员》）一书。9—12 日，读完斯诺（Edgar Snow）著《西行漫记》（Red Star Over China），对该书感受深刻（"was much impressed by it"）。2 月 7 日，赵元任给斯诺写信，讨论有关书中名字问题。28 日、31 日子夜，收听到贵州 XGXA 电台播音。远离祖国的赵元任，时刻想念国内的亲友，关心国内的局势，除经常与亲友通信外，还在深夜收听国内的广播。2 月 4 日，曾一度收听不到广播，怀疑电台被日本炸毁（"Tried to tune in Kweiyang after midnight but got nothing. Wonder if the Station had been disabled by the recent air raid"）。2 月 17 日，重又收听到贵州台。3 月 16 日，连听 3

小时贵州台转播中央台(国民党政府)的播音。30 日晚,编写《春风轻轻吹》的二部合唱谱。2 月 12 日,阅读 Agnes Smedley 著 China Fights Back。20 日,阅读毛泽东著《论持久战》。16 日,到檀香山艺术科学院(Honolulu Academy of Arts)讲中国音乐,如兰和新那做示范演唱。17 日,第二学期开学,在夏威夷大学继续开设文言文阅读和中国语言学两门课。3 月 14 日,收到中研院史语所傅斯年所长回信,批准他续假一年往耶鲁大学任教。3—6 月,阅读、研究结构语言学家 Leonard Bloomfield 教授的专著 Language(语言论),读后与 Bloomfield 教授通信,讨论问题。赵元任说 Bloomfield 教授在学术上对他影响很大。1932 年路过芝加哥时曾拜访过 Bloomfield 教授,后来在耶鲁大学又与教授同事,在学术问题上经常请教。4 月 7 日,利用复活节假日,阅读高本汉著《汉语读本》,并抄写书中的拼音表。27 日,深夜收听希特勒的广播演讲,从凌晨 1 点 37 分到 2 点 55 分。4—6 月,编著了一部广东人学国语教材(Mandarin for Can-tonese)。

赵元任 5 月接到美国语言学学会(Linguistic Society of America,简称 LSA)秘书 R. G. Kent 教授来函,通知已被接纳入会。5 月 19 和 26 日,在华侨中学(中山中学)国语班作《国语发音要点》和《广东话与国语的关系》两次专题演讲。6 月 21 日,赵元任夫妇在夏威夷通过朋友 Harold Smith 的私人电台与在地球背面的任之恭直接通了话。26 日,夏威夷大学暑期学校开学,每天上课,直到 7 月 13 日离开檀香山的前一天。28 日,耶鲁大学的 Northrope 教授来访,说 1921 年在哈佛大学 Hocking 教授家开哲学会时,听过赵元任讲《With Bertrand Russell in China(与罗素在中国)》。7 月 4—19 日,赵元任作《中山方言》文。7 月 14 日晚上 10 点,赵元任一家乘 President Cleveland 驶向美国大陆。7 月 21 日至 8 月 13 日,住旧金山海湾地区(San Francisco Bay Area),参加第六届太平洋科学会议。7 月 24 日至 8 月 11 日,赵元任担任中国代表团首席代表,参加了第六届太平洋科学会议。由于战争时期经济困难,中国仅派了已经在国外的学者做代表出席会议,即赵元任和郑宪裕为中央研究院代表,鲁桂珍女士为教育部代表。3 人在会议上除宣读本人论文外,还代表国内其他人共宣读 12 篇论文。会议由美国国家研究评议会(National Research Council)主持,24—29 日在加州大学柏克莱和金银岛旧金山世界博览会举行,7 月 30 日至 8 月 11 日在斯丹福大学举行。

按:7 月 24 日,赵元任出席开幕式,并做"Nothing is better than language"的发言。25 日,在柏克莱开一天会。26 日,参加 Council of Pacific Science Association 会议(评议会)。27 日参加人类学组(Anthropology Section),讲《中山方言》,另外代替梁思永宣读《Fengshan Culture》。28 日,再次参加评议会。29 日,参加自然保护委员会会议;晚上 W6XBF 广播采访,谈中国语言问题。31 日,参加人类学和气象学联席会。8 月 3 日,到柏克莱,参加最后一次评议会。晚上举行大会宴会(Congress Banquet),元任出席宴会,并发言。8 月 7 日以后,参加部分在斯丹福大学开的会及参观游览活动。

赵元任 8 月 14 日开车携全家横穿美国大陆到东海岸,并参观旧金山和纽约世界博览会。其间,全程由赵元任一个人驾驶。27 日上午抵达 Iowa City,拜访 Seashore 教授;28 日抵达芝加哥,拜访 Bloom-field 教授,讨论语言学和中国方言等问题;29 日离芝加哥,于 9 月 1 日抵达东岸纽约市,历时 17 天。9 月 1 日,看号外,报道德国入侵波兰,英国与法国向德国宣战,第二次世界大战爆发。2 日,由纽约出发,抵达最终目的地——康州纽海文。经王岷源帮助赵元任家找到住所 644 Orange Street。安顿好后,就拜访 Franklin Edgerton 系主任、E. H. Sturtevant 和 George A. Kennedy 教授,商量开课事等,开始在耶鲁大学任教,历时两年。中旬,在耶鲁大学东方学系(Oriental Department)开始备课。第一学期开设中文阅读和中国语音学(Chinese Reading,Chinese Phonetics)两门课。28 日与学生碰头,确定上课时间,10 月 2 日正式上课。20—22 日周末,全家到纽约,拜访胡适和林语堂。14、17 和 30 日,参加耶鲁大学东方系会议和耶鲁大学语言学学术会及聚餐会(Yale Linguistic Club meeting and dinner)。当时的耶鲁大学可以说是美国语言学中心,那里聚集了著名语言学家 Leonard Bloomfield、Franklin Edgerton、E. H. Sturtevant、年轻的语言学家 George L. Trager、Bernard Bloch、Isidor Dyen 和中国出生的 George A. Kennedy。赵元任很快也很自然地成了这个中心的一员("I quickly found myself a natural part of the community with surprisingly little self-consiousness")。美国许多大学的语言学家也常聚集到耶鲁大学,作专题报告,讨论。11 月 13 日,赵元任在聚会上做了精彩的中心发言,"讲倒英语(reversed English)"。他从语音的角度把英语倒说并录音,然后把唱机翻转放,人们又听到正常的英语说话。赵元任以很大的兴趣与夫人一起参加了几乎每一次的聚会。他离开耶鲁大学以后还多次回来参加 Yale Linguistic Club 的活动。

赵元任 11 月 20 日日记载:备课过程中曾研究三字音调变化(three syllable phrase in Chinese),并在变化规律方面有些新发现,引起了他的兴趣,进而更深入地研究。11 月 23—25 日,胡适从纽约来参加一些纽海文公众为中华医药赈济而举行的活动(Benefit of China Medical Aid),并应邀在大会上讲演。胡适当然必到老朋友赵元任家。11 月 30 日至 12 月 3 日,赵元任利用没有课的时间开车带全家到麻州剑桥一游,拜访老朋友 I. A. Richards 和 Norbert Wiener 教授,会晤哈佛-燕京社主任 Serge Elisseeff 教授,并与他讨论字典计划问题。12 月 3 日下午,赵元任赶回纽海文,4 日上课。7 日,到火车站接钱端升和梅贻琦,住赵元任家。11 日晚,赵元任参加语言学学术会聚会,听 Kennedy 教授讲有关 Tangoi 方言。12 日,到车站接张彭春。14 日,接胡正祥,住赵元任家。15 日晚,远东学组聚会听 L. C. Goodrich 讲"Early relations between Chinese and America"。26—29 日,到费城出席美国语言学学会年会,与会约 60 余人。28 日下午,讲"A 5-vowel system for the dialect of Peiping, using 'o' for the middle vowel"。31 日除夕,赵元任夫妇晚上请那里的中国留学生与 Kennedy,Hartman,Lindley 等几家一同欢度新年。(以上参见赵新那、黄培云编《赵元任年谱》,商务印书馆 1998 年版)

王文显所著《猎人手册》由美国纽约的庄台公司出版。同年,英国伦敦的 R. 黑尔公司(R. Hale. Ltd.)也出版了该书。该书卷首载有林语堂撰写的前言。(参见郑锦怀《林语堂学术年谱》,厦门大学出版社 2018 年版)

李方桂教授一家四口 7 月 6 日从美国大陆回国,路经檀香山到赵家小住。14 日上午,元任家送李方桂一家乘 Empress of Canada 号海轮回国。(参见赵新那、黄培云编《赵元任年谱》,商务印书馆 1998 年版)

冯家升应美国华盛顿国会图书馆的邀请前往工作,后在美国哥伦比亚大学中国历史研究室任研究员,担任辽史研究工作。

朱士嘉应邀赴美工作。他在美国国会图书馆工作的 3 年内,遍览馆内东方部特藏之一的中国地方志,编写了《美国国会图书馆中国地方志目录》,著录 2900 多部地方志,这堪称是《中国地方志综录》的姐妹作。

张善孖随于斌出国访问,纽约佛恩大学授予其名誉法学博士、纽约美术专科学校任其为名誉教授。

周鲠生赴美从事讲学、研究活动并任旧金山国际联盟组织中国团顾问。

周一良到美国哈佛大学研究院，入远东语文系，主修日本语言文学，并学梵文。

钱学森获美国加州理工学院航空、数学博士学位。

陈振汉获美国哈佛大学哲学博士学位。

罗忠恕仍在英国。9月，在罗马拜访哲学家、意大利前教育部部长晋提立。同月，往捷克拜访捷克国父马沙利克之女亚利丝博士。月底，在柏林大学拜访汉学家韩立奇和史坦。11月的一天，罗忠恕在牛津大学斯博第教授家中与该校高年级同学展开了一场东西方文化的讨论，并提出了一份"中英文化合作计划"。以此发端，牛津大学成立了"中英大学文化合作委员会"。剑桥大学也成立了类似的机构，一大批西方学者以及教育家加入到"欧亚交通"的行列。包括：数学家兼哲学家罗素，生物学、胚胎学家李约瑟，哲学家杜威，天体物理学家爱因斯坦，量子物理学家蒲朗克，哲学家柏格森，汉学家白希礼和仪文达，以及印度文豪泰戈尔，等等。西方学者们纷纷致函中国各大学教授，表达了沟通中西的强烈愿望。年底，在剑桥大学与李约瑟博士第一次会面，参观其工作室，对其建立的有关中国古代科技的10余万张卡片钦佩不已，随即为李约瑟联系访华事宜。（参见李贤臣《罗忠恕：中西方文化交流的使者》，《广安日报》2018年4月8日）

王献唐接受中英庚款会文史研究补助费，生活稍有着落，便辞去武汉大学教书职务，专事著作。同年，美国哈佛大学燕京社拨款给他和董作宾为研究费。他将所得研究费，全部作为图书馆的经费。后来董作宾知道此事后，也拿出部分研究费，捐给图书馆。

韩德培考取中英庚款留英公费生，因第二次世界大战爆发，于次年8月改赴加拿大多伦多大学留学。

萧乾赴英国伦敦大学东方学院讲学，开始7年的欧美生活。

王重民与刘修业上半年仍在法国。7月3日，英、法对法西斯德国宣战，第二次世界大战爆发。8月中，王重民与刘修业决定去美国，转渡太平洋回国。但到了美国，因华盛顿国会图书馆远东部藏有一批中国善本书，该部主任恒慕义（A. W. Hummel）邀请王重民鉴定这批书，便留了下来。当时中国在浴血抗战中，有三面对国家民族的危亡，忧心如焚，归心似箭，本拟早日回国参加抗日救亡工作，但袁同礼馆长去信劝他安心留在美国，把藏在国外中国善本书著录下来，也是祖国所需要的文化建设工作，要他等到工作完成再回国。所以王重民改变了原先的计划，在美同国会图书馆鉴定馆藏的中国善本书，翻阅和著录出这一大批古书，撰成提要1600多篇，取名《美国国会图书馆所藏善本书录》，刘修业帮同著录。因在美国不能排印中文图书，未得出版。

按：后至1947年王重民回国时，将此稿带回，准备出版（原稿摄制有缩微胶卷，留在该馆远东部）。在北平，王重民曾请北大出版组将此《书录》排印，但只印至八册半而中止，美国国会图书馆远东部后将缩微胶卷放大，请袁同礼校订。但袁校订时将有三提要中所记板框尺寸及从原书辑录的前人题记、重要序跋全都删去，然后再请人清抄，于1975年影印成书。王重民带回之原稿，后亦编入《中国善本书提要》。（参见刘修业《王重民教授生平及学术活动编年》，载王京州编《河北近现代学者年谱辑要》，国家图书馆出版社2017年版）

罗云平获德国汉诺威大学工学博士学位。

陈昌浩去苏联养病，编辑《俄华辞典》。

雷振邦1月进入日本高等音乐学校作曲系预科学习。半年后跳级，转年便成为作曲系本科学生。

马相伯4月5日为其百岁诞辰，国民政府发布褒奖令。6日，全国各地、各党派、各报刊及政府、民间要人纷纷驰电祝贺。教宗专派特人前往谅山赐福。11月4日下午，马相伯在越南谅山去世。14日，张元济撰《马相伯先生年谱·序》。云："余闻相伯先生殁于谅山之讯，哀其以大耋之年，不获宁居一室，被迫远徙，殒身于千里炎徼之外，为之悲愤者不置。"回顾当年与蔡元培、梁启超、汪康年从相伯先生习拉丁文事。又云："张子许以其稿留余所，阅读既竟，窃叹以先生之学之才，未能一展其用。于内则仅至山东督制机器，勘查矿产；于外则仅参赞东京使署，襄助高丽举办新政。至议辟九龙商埠，且未采行；在美贷金设银行，又成而被驳。怀奇不遇，壹郁谁语？赖有是谱，聊以识其言行。师弟之情，有足多者。张子语余：先生尚有手书《随使高句骊日记》，暨所储中西名籍，寄赠丹阳图书馆，旅沪同乡会为之运致故里，尚未发箧而城已陷，且大火，恐尽毁矣。使存者，谱中事必可襄益多许。相与感唱者久之。余悲先生之病殁蛮荒，而犹幸其能得高弟以传诸不朽也。因序而归之。读是编者，其亦有山高水长之思也夫！"15日，留沪办学之复旦、震旦大学分别举行追悼会。23日，上海天主教在董家渡、徐家汇天主堂举行追思会。12月9日，张元济致李拔可书，谓："马相伯先生追悼会，报称已定于本月廿九日。《年谱》稿据张君云，今日可以交到。请谆属出版科赶速排印，限十夕出版。我等为工人谋事，工人亦应为公司出力也。"（参见李天纲编《中国近代思想家文库·马相伯卷》及附录《马相伯年谱简编》，中国人民大学出版社2014年版；张人凤、柳和城编著《张元济年谱长编》，上海交通大学出版社2011年版）

郁达夫1月1日应《星洲日报》老板胡文虎之命，"承星槟诸同事之招"，北上槟城，参加《星槟日报》发行典礼。2日，抵达槟城。3日，作《抗日以来中国文艺的动态》，刊于4日马来西亚《星槟日报》。文中分析抗战以来的文艺特点。认为抗战以来文艺作家"最好的现象""最大的成功"，就是"无论那一系那一派的文人都团结了起来，结成了一个全国文艺作家的抗敌协会"。又讲到"作家破弃了象牙塔，幻想宫，而与政治、军事、民众，合成一道的洪流"，强调"文化是民族性与民族魂的结晶，民族不亡，文化也决不亡，文化不亡，民族也必然可以复兴的"。作者还以抗战一年中所出的大部总集《鲁迅全集》《资本论》和各种杂志创刊为例，证明"我们的民族是愈有敌国外患，愈富弹力的民族"。他说，这些作品、集子和文学现象，"都不是亡国之音，亡国之兆"。而是"民族性和民族魂的结晶"。4日，应槟城文艺界之邀，赴亚依逸淡村"醉林居"餐馆参加晚宴，并作讲演，报告抗日战争中中国作家活动之情况。出席者有：温梓川、李词佣、杨知礼、黄素宽、刘辛铭、白雪桥、黎博文、陈惠卿、吴人俊、胡迈、饶百迎、王玉尧。9日，正式接编《星洲日报》两个副刊《晨星》和《繁星》。同日，所撰《晨星》《繁星》征稿简约刊于《星洲日报·晨星》《星洲日报晚版·繁星》。15日，正式接编《星洲日报星期刊》的《文艺》周刊。同日，《南洋文化的前途》刊于《星洲日报半月刊》第14期。20日，郁达夫作《几个问题》，刊于22日《星洲日报·晨星》，文章发表后，耶鲁、楚琨等人纷纷撰文，予以辩驳，遂引起星马文艺界一场激烈的论争。25日，郁达夫在《星洲日报·晨星》发表《我对你们却没有失望》。27日，郁达夫在《星洲日报·晨星》发表《我对你们还是不失望》。两文就耶鲁、楚琨等人的批评进行反批评。

按：《南洋文化的前途》认为南洋教育一方面"继承中国四五千年来的文化传统，阐发中华民族特有的智慧与灵性"；另一方面，为适应环境，"以求与殖民地当局及多少也变质了一点的侨民社会能够配合适用"，所以形成了它固有的特点。这种特点，决定了南洋从事教育事业的困难。文章认为这种状况是能够改变的，只要教育能改善，"则一切狭义的文化，自然一定会随教育的进步而俱进""南洋——这一块工商业的新开地里，必有灿烂的文化，照耀全球的希望"。

按:《几个问题》再就南洋文学青年提出四个有关南洋文化发展的问题,阐述自己的看法。关于上海方面有人提出"鲁迅风"杂文体在现时适用与否,他认为在南洋"可以不必用这样的全副精神来对付,因为这不过是一个文体和作风的问题"。能否把国内的问题全盘搬过来,应作具体分析:"第一,要看题目的本身值不值得讨论;第二,要看讨论的态度真率不真率。"对于南洋文艺发展的方向,他说:"文艺作品应有强烈的地方色彩,有明显的社会投影。"南洋文艺就"应该是南洋文艺,不应该是上海或者香港文艺,南洋这个地方的固有性,就是地方性,应该设法让它发扬光大"。关于有人提出"在南洋做一番启蒙运动"的问题,他表示欣赏,并"十分的赞成",而且认为"也是必要的"。问题是在"启蒙程度——启哪种蒙,启到怎样的程度——和实际的做法"。文章还阐述了"文艺大众化、通俗化,以及利用旧形式的问题"。认为这是个"天经地义的一个原则"。这个问题,"在国内,自抗战以后就在脚踏实地的在向这一方面做去。"他相信,在南洋"不久之后,也一定会和我国的洪流接上,使文艺不至于象过去一样,仅仅是几个人或少数阶级的娱乐品、装饰品"。

按:《我对你们却没有失望》针对耶鲁等人的批评作反批评。《几个问题》发表后,耶鲁在《南洋商报·狮声》发表《读了郁达夫先生的〈几个问题〉以后》的批评文章,指责他"不知道导师鲁迅一路来那种反托派、反洋场恶少、反颓废分子的战斗精神",希望他"能从事实上和言论上来消除过去南洋一般青年对郁达夫先生的旧观念"。是日,还发表该报编辑楚琨的《编者附言》,认为郁的文章是"抹杀一切的个人英雄主义的态度",而"立论的歪曲,尤其给读者们咋舌不置"。并说耶鲁的文章不是一两个人的"意气"和"私见",而是"实足代表大部分的南国文化青年的反应"。文中声明,自己自从与鲁迅交往以来,一直崇拜他的人格和精神。他说:"鲁迅与我交往二十年,就是他死后的现在,我也在崇拜他的人格,崇拜他的精神。"并再次说明讨论的是"文体、作风的架子问题,并不是对鲁迅的人格与精神有所轻视"。载《星洲日报·晨星》,署名郁达夫。收《郁达夫南洋随笔》。

按:《我对你们还是不失望》针对《南洋商报·狮声》齐兰、李频指责他"五窍生烟"和楚琨的《编者答书》予以反驳。文中还谈及自己与鲁迅、郭沫若、史沫特莱、鹿地亘、周恩来、吴玉章等人的交情,并以此而自豪。

按:3 月 18 日,郁达夫在《星洲日报·晨星》发表《编者启事》,敬告读者、作者:关于因《几个问题》引起的争论,"当以谛克先生寄来的这一篇为最后文字"。今后两方若再有争论,"可用书面来往,不再割《晨星》的地位,作公开的战场"。

郁达夫 1 月 20 日作论文《战时文艺作品的题材与形成等》,刊于 22 日《星洲日报·星期刊》文艺副刊。23 日,作政论《日本思想的中心》,刊于 2 月 1 日《星洲日报半月刊》第 15 期。28 日,在《星洲日报·晨星》发表《友人们的消息》,向南洋读者报告国内文艺界许广平、茅盾、适夷、成仿吾、郭沫若的近息。2 月 5 日,正式接编《星洲日报·星期刊》文艺副刊。12 日,在《星洲日报·星期刊》文艺副刊发表《思想的种种》,根据杜威把人类思想分成四大类型的学说,认为从事文艺的人,应用的是第二类思想,即"丰富的想象力"居多。这种思想,"有秩序""有系统""有意义""有理性"。倘要把作品做得更好,则第三、第四类思想,即"根据事实"和从"正确信念出发,经以研究,加以证实的思想"也必不可少。15 日,在《星洲日报半月刊》第 16 期发表《日本的侵略战争与作家》,论述日本文坛在"发动侵略战争以前的状态,与战争以后的趋势"。

按:文中认为日本近代文学,到了明治中年,经过六十年的努力,才有了"长足的进步"。但到了大正时代,"就骤然的停止了"。至大正与昭和易代之际,由于社会主义的左倾潮流浸蚀了世界,日本文坛"呈现着一种虚无倾向""在这苦闷的虚无状态中",一班青年"就竖起了左翼文艺的旗帜"。其代表作家是小林多喜二、藤森成吉、前田河广一朗、叶山嘉树、中条百合子等。但到了昭和以后,由于反动势力的猖獗,"所以左倾文艺,社会主义文艺,在现在的日本,已经可以说是完全绝了迹"。文中还把现在的日本作家分成三类第一类,"只写些毫无意味,而只以色情怪奇为主眼的作家",第二类,"为高压与生活所迫,不得已转向,或以走狗自甘的帮凶作家";第三类,"受了军部的指使与豢养,一心一意,专在为军阀歌功颂德的喇叭作家"。文章对这三类作家又作了具体分析。

郁达夫2月20日在《星洲日报·晨星》发表《犹太人的德国文学》。24日,作《关于沟通文化的信件》(复函柯灵的来信),刊于28日《星洲日报·晨星》,又载3月17日上海《文汇报·世纪风》。3月5日,《毁家诗纪》在香港《大风》旬刊创刊一周年特大号上发表。26日,在《星槟日报星期刊·文艺》第4期发表《报告文学》,提出:"在中国目下的情形之下,要想用准确的现实,来写出足以动人,足以致用的文学来,自然以取这一个报告文学的形式,最为简捷。"28日,在《星洲日报·晨星》发表《看了〈雷雨〉的上演后》,认为中国的戏剧运动,到了抗战以后,"有了长足的进步,且也收到了最大的效果",原因是在"戏剧能将各种艺术的长处,在最经济的调度同时利用"。4月9日,郁达夫在重庆举行的"中华全国文艺界抗敌协会"第一次年会继续当选理事。5月5日,在《星洲日报·晨星》发表《略谈抗战八股》,略举抗战八股的弊病。15日,在《星洲日报半月刊》第22期发表《关于抗战八股的问题》。23日,为推荐美国记者斯诺的新作《中国的新四军》,在《星洲日报·晨星》发表《〈中国的新四军〉编者按》。26日,作《战后敌我的文艺比较》,刊于《星洲日报·晨星》。30日,《星洲日报·晨星》发表《抗战中的教育》。

郁达夫6月1日正式接编《星洲日报半月刊》的《星洲文艺》专栏和《星光画报》文艺版。7月2日晚,郁达夫偕同王映霞出席李俊承为欢迎印度国际大学中国学院院长谭云山在佛教居士林洁冶斋举行的素斋宴会。其他陪膳者有林谋盛、黄曼士、胡少炎、林建邦、陈维龙、关楚璞。9日,在《星洲日报星期刊·文艺》发表《抗战两周年敌我的文化演变》。15日,在《星洲日报半月刊》第26期"星洲文艺"栏发表《抗战建国中的文艺——七七建国纪念日作》。18日,在《星洲日报·晨星》发表《纪念"九一八"》,认为今年纪念"九一八"有三方面的意义:第一,它是"给予我们新中国的复兴之计的催生针";第二,使国际间人士"不得不承认我们中华民族是反侵略的先锋"和"为世界和平、正义而不惜牺牲,抨击法西斯强盗的先觉者";第三,在后代历史上的"特异意义",那就是"我们建国复兴的最后胜利期,决定于今年'九一八'以后,将很迅速地到来"。中旬,会晤从欧洲坐船回国、在新加坡逗留的戴镏龄、辛笛。对他们在这样的时刻冒险从欧洲坐船回国,表示关心。24日,在《星洲日报星期刊·文艺》发表《关于战争的文艺作品》。10月8日,在《星洲日报星期刊·文艺》发表《〈原野〉的演出》,肯定曹禺剧本和合唱团演出的成功。14日,在《星洲日报·晨星》发表《〈鲁迅先生生活散记〉编者附志》。15日,在《星洲日报·晨星》发表《鲁迅逝世三周年纪念》。文中说,鲁迅是我们民族之伟大文人,"我们的要纪念鲁迅,和英国人的要纪念莎士比亚,法国人的要纪念服尔德、毛里哀有一样虔诚的心。"文章拟定了出纪念专号、开纪念会、参加其他团体举行演讲或募捐赠送鲁迅艺术学院等计划。19日,出席由新加坡三侨团体举行的"鲁迅逝世三周年纪念大会",并作讲话,

按:郁达夫讲话后以《鲁迅逝世三周年纪念》为题,刊于20日《星洲日报星期刊·文艺》。文中从鲁迅之出世、东渡日本述及创作之思想、特色,称赞"鲁迅是我们中华民族所产生的最伟大的文人",他"对恶势力、死不妥协,韧性战斗精神,至足为我辈学习。其对青年,极其提掖,虽然数度上当,亦不馁懈。到临终时,尚在执笔为文"。(以上参见陈其强《郁达夫年谱》,浙江大学出版社1989年版)

林惠祥担任菲律宾槟榔屿钟灵中学校长,积极提倡、参与捐资筹赈活动,支援祖国的抗日战争。

太虚12月6日抵缅京(瓦城),受2000余缅僧、万余中缅印人士之欢迎。7日下午,赴

中印缅联合欢迎会。8日,太虚应缅甸僧尼中心区石阶山之欢迎,由何若稽陪往。太虚于欢迎会中致词,以中缅佛教联合,以图佛化世界为言。10日晨,车抵仰光。以政府从中发动,故欢迎行列之盛,为太虚平生所未经,曾外次长镕甫、荣总领事宝澧、及缅印华侨各领袖57人,登车欢迎。大师下车,乘花车游行,参加游行群众3万余人。游行所经,万人空巷,缅人多就地朝拜。太虚于大金塔礼佛已,驻锡协德园。下午,出席中缅佛教研究会协德园之茶会,到曾外次长、荣总领事、缅甸首相宇勃、森林部长宇素、市长宇容温、缅商会主席鲁温、中缅佛教研究会主席杜咯盛等400余人。入晚,清静之协德园,灯光辉煌,小贩林立,一变为热闹区矣。21日,太虚出席中缅佛学会会议,商举办佛学讲演,编行中缅文杂志,创设巴利文学院。4时,大师应缅甸佛教会、崇圣会、佛学青年会请,于市政厅讲演《佛教的国际运动》。(参见印顺编著《太虚法师年谱》,宗教文化出版社1995年版)

吴耀宗等1月1日拜访印度著名诗人泰戈尔,以及政治家尼赫鲁。发表《谈基督教认识运动》《烈火洗礼中之基督徒》《中国基督教学生运动的前瞻》《印度领袖访问记》等文章。(参见赵晓阳编《中国近代思想家文库•吴耀宗卷》及附录《吴耀宗年谱简编》,中国人民大学出版社2014年版)

张一麐7月3日来港拜访蔡元培,蔡元培《日记》载:"言新文字运动会将开成立会,要我列名,我告以不能;仲仁提议作名誉赞成员,我允之。"19日,张一麐又访蔡元培,"为新文字运动会索题词"。所题如下:"扫除文盲,愈速愈妙;其所用之工具,愈简愈妙;香港新文字学会所利用之新文字,简矣。其有速效,盖可无疑。"(参见高平叔编著《蔡元培年谱长编》,人民教育出版社1996年版)

萧乾继续主编香港《大公报》副刊《文艺》。5月18日起,香港《大公报》副刊《文艺》连载过齐同从内地寄来的《大众文谈》,此为目前发现的在香港发表的第一篇关于"民族形式"问题的文章。9月,萧乾赴欧,杨刚接编香港《大公报》的《文艺》副刊。10月19日是鲁迅逝世3周年的纪念日,下午3时,香港《大公报》副刊《文艺》同人特邀请留港文艺界朋友的茶叙座谈,以此纪念鲁迅逝世3周年,许地山、黄鼎、刘火子、陈畸、岑卓云、黄文俞、田家、陈东、郁风、宗珏、曾洁孺、刘思慕、沙威、林焕平、林蒲、麦穗、张君干、杨刚、叶文津、余顺彬、李驰共21人出席会议。袁水拍因事未到,送来了书面意见。座谈会的主题是:"民族文艺的内容与技术问题"。最后,主持人杨刚综合各人的意见,得出以下3点结论:第一,民族文艺是现阶段和中国文艺的将来所必要的一条路,它是抗战的,反汉奸的,大众的,有中国民族特性的。第二,它的内容是抗战的现实,大众的生活(包括光明和暴露两方面),要有中国的典型环境与典型个性。第三,利用各种旧形式和外来形式,创造新的民族形式,要适合于群众的内容的形式,要叙述大众生活的,记录现实的诗和散文。(参见郑大华《论抗战时期"文艺的民族形式"的提出及其讨论》,《中国文化研究》2018年第2期)

宗珏10月19日下午3时出席香港《大公报》副刊《文艺》同人特邀请留港文艺界朋友的茶叙座谈,以此纪念鲁迅逝世3周年。12月12—13日,在《大公报》副刊《文艺》连载《文艺之民族形式问题的展开》,文中将"民族形式"与"学术中国化"运动直接连接起来:"学术上的'中国化'运动,正是和文艺上,以及艺术上的'民族形式'之创造的运动,互相呼应。更广泛地说,也就是研究在整个革命的行程中,如何适应各个民族、国家的具体环境,而把国际主义的内容和民族文化的表现形式如何结合。换言之,一切学问,一切艺术,到了中国,产于中国,都得变成是中国的东西,一面是国际文化的一成分,一面却是中国自己特有的财富,带有中华民族的特征。"强调:"民族的文艺形式,就不完全是等于利用旧形式的问题,也不仅是'民族旧文艺传统的继承和发扬的问题',实际上它同时也是'五四'以来的新文艺传统之继承与发扬的问题;从这一点上,就产生了运用旧形式和创造新形式底必然的结论。"（参见郑大华《论抗战时期"文艺的民族形式"的提出及其讨论》,《中国文化研究》2018年第2期）

杜埃12月11—12日在香港《大公报》副刊《文艺》连载《民族形式创造诸问题》,重点讨论了中国文学的发展路向、民族生活的传统、国际主义和民族主义、"创造"文艺民族形式4个重要问题,提出:"现阶段的文艺运动,要以利用旧形式,推行大众化,从而创造新民族形式为主要课题。这不是文艺家标新立异,不是文艺家本身思维上的新产物,而是客观存在着的事实。它并不是要抛弃新文学的一切成果。相反的,它是过去二十余年来新文学运动的继续发展,是建立中国文艺学的百年大计的事业底更具体、正确、深入的实践。"作者明确指出:"所谓民族形式的创造,它意味着不是满足于固有的传统形式,反之,它要在自己民族所固有的'本土的'形式之基位上,配合时代的中心内容,现实生活的本质发展而使之丰富健全,使之非特能更进一步的显现全民族的生活、思想、斗争、典型、格调等特性,还须使之能对伟大时代的民族生活内容起积极的反作用。在这里,内容与形式的理解,也是很重要的。内容优势的规定着形式,但形式却非绝对受动的东西,它还能对内容起积极的刺激的转化的作用。"（参见郑大华《论抗战时期"文艺的民族形式"的提出及其讨论》,《中国文化研究》2018年第2期）

黄宪儒、邹秉文、吴蕴初等12名经济界知名人士4月1日在香港发起成立中国经济建设协会,以"拥护政府国策,研讨准备及促成我国战后经济建设计划"为宗旨。编辑出版《经济通讯》月刊和《经济建设》季刊。

罗海沙为社长的中国前锋剧社10月在香港成立,以"研究民族革命戏剧艺术,发扬民族精神,宣扬中枢国策及领袖意旨,推进民族戏剧运动,实践乡村工作,加强抗敌动员力量,争取民族解放最后胜利"为宗旨。

叶浅予、黄祖耀、欧阳予倩、胡春冰、李应林、许地山、叶恭绰、马师曾、朱昌梅等9月7日在香港发起成立中国文化协进会。

高奇峰的门弟子黄少强、何漆园、叶少秉、周一峰、容漱石、赵少昂等人在香港发起成立"岁寒社",在岭南画派创始人高奇峰的诞生和去世日举行活动,以纪念其师。

张爱玲考进香港大学,专攻文学。

恽逸群赴香港,任国际新闻社香港分社主任。

秦翰才赴香港参加编纂《中国经济建设资料》。

美国著名记者斯诺再次访问延安。5月11日,毛泽东陪同斯诺听了《黄河大合唱》的演出,这给斯诺留下深刻而美好的印象。9月24日,毛泽东会见斯诺,回答他提出的问题,包括关于陕甘宁边区问题,抗日与民主问题,国民党政府的阶级基础问题,中国革命问题,欧洲战争对日本等国的影响问题。关于中国革命问题,毛泽东指出:中国革命有两篇文章,上篇和下篇。无产阶级同资产阶级一道进行民族民主革命,这是上篇;无产阶级领导农民进行社会主义革命,这是下篇。9月下旬,毛泽东设宴欢迎国民党军骑兵第二军军长何柱国、美国记者斯诺和苏联朋友等。宴会后,陪同他们出席延安各界在中央大礼堂举行的欢迎晚会。在欢迎晚会上发表讲话,说:今天开这样盛大的晚会,热烈欢迎中国的、外国的许多朋友和来宾。国内的团结,再加上国际的团结,日本帝国主义一定会打倒的。（参见中共中央文献研究室编撰、逢先知主编《毛泽东年谱(1893—1949)》,人民出版社、中央文献出版社1993年版;孙国林

编著,王佳钰、王增辉校订《延安文艺大事编年》,陕西师范大学出版总社2016年版)

美国司徒雷登继续任燕京大学校长。2月9日,举行本季首次师生大会,司徒雷登校长讲本校教育政策,指出:"大学应为一安静进行学术研究之所,校园应不受时局扰乱,……大学应与其所在社会和国家发生密切关系,并应自视为其环境中紧密与完整的一部分,宜从环境中获取新材料,而以之作贡献以应国家之需要。"又谈"校训中'因真理得自由'可改为'因自由得真理'。因为当前有一种势力,……,赖武力及宣传……曲解真理。所以欲保存真理必须有自由,切望每一燕京学生能对此有清楚的认识。"3月,司徒雷登校长南下,经香港赴重庆。8月,司徒雷登校长在大后方与西南联大校长梅贻琦达成协议,允许燕大学生凭转学证明及成绩单转入西南联大。9月11日开学前,司徒雷登校长向全体教职员讲办学方针。要点有以下五点:①本校为基督教大学,但绝不因宗教而与中国教育宗旨有所违背,而是谋教育与中国之理想与生活相适应。②本校初创时几乎全为西人管理,中国教职员仅二人。二十年来已成中西人员共管之局面。中国同仁服务精神之佳、办事效率之高,有目共睹。尤可贵者并无一次因种族关系发生任何误会。本此精神发展,则未来之本校将纯归中国人管理,自在意料之中。③本校虽为外国人创办,但切盼与中国整个教育融为一体。故本校为教会大学最先在教育部立案者。课程皆依中国最高教育当局之规定。④本校在学术上与美、英、瑞士、德、意、日均有联系,深信此种合作有益于学术及其他方面。鉴于当今世界形势,学术研究之国际性应予加强。⑤除研究工作外,本校对实用知识技能亦甚提倡,以期使中国青年各就所重从事爱国事业,如乡村建设活动等。

司徒雷登校长9月在秋季首次师生大会上讲话,谈世界形势,鼓励同学多注意时事。他指出:"要把我们的理想——自由、真理渗入日常每件小事中""今日的中国人虽然很不幸,可是我个人却希望我是中国人。因为现在没有哪一国人能比中国人更能实现最高的理想,没有哪一国能比中国更能做出伟大的事业来","在燕京读书有好的环境,……然而每个人都必须有一种目标和希望,出去后才更能为自由、为和平、为人类的福利而努力。"同月,校务会议选出执委。除校长、研究院长、女部主任、教务主任、总务主任、图书馆主任、学生辅导课主任和会计主任为当然委员外,又选出高厚德、李荣芳、博爱理、文国鼐、曾绣香五人为委员;根据院长会议建议,大学行政委员会决定设立学生自助工作设计委员会,聘请林嘉通、田兴智、文国鼐、马文绰、夏仁德为委员。学校拨款5000元作为经费。各系和办公室报来自助工作工种,经批准后实行。报酬为每小时五角左右。2月8日,庆祝高厚德夫妇莅华服务四十年,司徒雷登校长盛赞高厚德对中国教育的贡献,称他为既稳健又有进取精神,为燕大顺利前进发挥了重要作用。同月,司徒雷登校长倡议节食济贫。全校师生于21日节食一日,共得款270.82元,交附近三个孤儿院为孤儿筹备圣诞日午餐。(参见张玮瑛、王百强、钱辛波主编《燕京大学史稿》,北京人民中国出版社2000年版)

英国林迈可与赖普吾继续任燕京大学外籍教授。7月,林迈可、赖普吾两教授及学生赵明由地下工作人员萧再田陪同,7月再度徒步去抗日根据地,受到萧克将军接待。朱德、彭德怀和聂荣臻三位司令员也分别接见了他们。夏,赖普吾教授在司徒雷登校长支持下离开燕大,经解放区到四川,协助国际友人路易·艾黎(Rewi Alley)办"中国工业合作社"。此社目的是把内地分散的手工业者组织起来,扩大生产,支援抗日。(参见张玮瑛、王百强、钱辛波主编《燕京大学史稿》,北京人民中国出版社2000年版)

苏联著名纪录电影导演、摄影师、记者和编剧并曾获得人民艺术家称号的卡尔曼5月以《消息报》记者的身份，乘小汽车来到延安，立即受到各界的盛情欢迎。5月14日晚，卡尔曼应邀参加了组织部礼堂的文艺晚会，观看鲁艺演出的三幕话剧《冀东起义》。在这里他巧遇刚从苏联返回延安不久的朋友萧三，他们热情拥抱。他兴奋地对萧三说："来中国八个月了，到了延安，才感到舒服、自由，什么话都可以说了！"17日，延安的文艺团体联合在桥儿沟的鲁艺设午宴，招待卡尔曼。出席宴会的有鲁艺副院长沙可夫，音乐家吕骥、冼星海及戏剧家张庚等。25日晚9时，毛泽东在杨家岭接见卡尔曼，一直谈到午夜12时，萧三做翻译。毛泽东问卡尔曼到中国几个月了，卡尔曼答：8个月。毛泽东说：要留8年。又说：苏联应该派20个青年作家到中国来，参加八路军，学中国话，住中国房子，吃中国饭，穿中国衣，留住40年……。（参见孙国林编著，王佳钰、王增辉校订《延安文艺大事编年》，陕西师范大学出版总社2016年版）

三、学术论文

黄特执笔《论学术中国化》刊于《新知半月刊》第3卷第4期。

按：是文是关于"学术中国化"的"集体讨论记录"，出席这一议题讨论的有陈垦、射翟、文超、慕熹、萧沁、石瑾、柯蒂、黄特、金亮、张千、胡莫、小范、杰克、周康等人，主要围绕"什么是学术中国化""在现阶段提出学术中国化的意义和任务是什么？""怎样学术中国化""怎样推进学术中国化运动"这四大问题展开，由黄特执笔记录。对于这四大问题，是文记录了如下有代表性的观点：

一、什么是学术中国化？

文超："学术中国化的提出，主要的是由于看到我们对于国外文化的接受，往往是生吞活剥的，这样就不免造成公式主义，教条主义而和中国的现实脱离了任何联系，因此什么是'学术中国化'？我们是可以将它理解做理论的现实化，也就是把国际文化的内容，通过中国的民族形式来表现。"

黄特："我对文超君的理解有些意见，假使把学术中国化仅仅看做是国际的内容，中国的形式，那是不够的，在'国际'和'中国'这二个范畴上，这里不是'内容'和'形式'的辩证关系，而是'一般'和'特殊'的辩证关系，即把对于一般国际文化的学习和接受，要通过中国这一个特殊的现实来锻炼和发挥。因此我们不只要做到学术形式的中国化，同样也要做到学术内容的中国化。不然学术中国化的问题，就变成一个纯粹技巧的问题了。总之，我们不只要一个中国的躯壳，更重要的是要中国的骨肉，中国的灵魂。"

射翟："从学术本身的发展来看，国外特别是西洋的学术，已经做到组织化和规律化的程度，因此也才配得上称为是'科学'。中国在这方面是比较落后的，而学术中国化也就正是把握这种西洋的方法，来研究中国的现实社会，所以学术中国化，我们是必须同时理解做学术的深化。即对西洋文化和中国现实的配合，避免仅仅是机械的浮面的套公式。"

陈垦："把学术中国化理解做学术的深化，它的意义还有着很重要的一面，那就是我们应该发展中国固有文化的优良的一面。对它做扬弃的功夫，而使它更进一步的去充实整个世界的文化。"

二、在现阶段提出学术中国化的意义和任务是什么？

慕熹："当前提出学术中国化的最重要的意义和任务，我认为便是提高在抗战实践中中国人民大众的知识水准，而使他们能对当前伟大的抗建工作，发挥最高的贡献。因此学术中国化运动是处处需要和通俗化的工作配合了一起做的。"

射翟："通俗化是对发挥方面，对把学术传导给大众而说的，这当然很重要，但另一方面在文化工作者的本身，却仍必须努力学术的深化，真所谓是深入而又浅出，因此在学术中国化运动中，深化和通俗化的二个方向，是必须统一联系起来做的。"

陈垦："这是对的，要学术深化，要文化水准的提高，是必须先做到学术的普遍化，让文化成为是大众的东西才成。譬如在春秋战国时代，由于孔子、老子等先哲的努力，将文化从限制于官府即统治阶级的领域内解放出来,而转成为大众所学习,所探讨。而在那个时候,也正就造成了中国封建思想史上最伟大最灿烂的一个阶段。等到董仲舒罢黜百家,而独独表彰了与统治阶级有密切关系的儒家,这样学术又逐渐从大众跑回了官府,汉以后的中国学术之所以不能再有独立情形的思想结晶,而只能作为春秋战国时代学术的一个骥尾,便是这个缘故。"

董沁:"我想学术中国化更可以帮助大家对于中国现实社会的发展以及中国历史重新更正确一点,更深刻一点的认识。我们固然接受世界优秀的科学研究方法,但那只是一个框子,研究的材料就需我们自己来用功夫,而这样才能真正发现了中国历史以及中国社会的特征究竟是什么? 中国历史所给予我们的使命又是什么?"

黄特:"有一个任务在内地对于学术中国化讨论中是已经提出,但我们今天却还没有说到的,那便是反对理论上的公式主义,机械主义,教条主义,并且揭露那些伪装地隐蔽在我们中间的种种错误有毒的理论底卑鄙丑恶的真相。"

文超:"我更体会到这样一点,即学术中国化的提出更是密切地配合了当前底革命任务的。在革命的实际斗争之中,跟着来的一定是一个革命的理论斗争,假使理论太跟不上实践,那也是一个危机,所以学术中国化运动的确是需要朝着深入和普遍二个方向走的。而我们就应该要求不只把握大众,也要被大众所把握,不只叫大众学习,并且去学习大众。"

张千:"我和几个朋友私人间谈起,就觉得学术中国化这个名称提得并不是最妥当。它不能包含得最完全,而且容易引起误会,不知学术现实化这个名称是否更好一些:但这不过是我个人的一点意思。"

黄特:"我们过去在开始看到'学术中国化'这一命题时,确乎感到这个名词并不是理想的,但经过较深刻的考虑后,觉得这个名称的提出还是有着深意,因为对于理论现实化或是理论的深化,原是我们研究学术时底一个一般的和普遍的要求,并没有特殊的时空意义,而学术中国化的提出,前面已经说过,是配合了中国当前底特殊的现实,而有着完成种种特殊任务的需要。因此单单提出学术现实化或理论深化就显然都是太抽象了。"

胡莫:"从中国近代学术的发展史来观察,像张之洞、李鸿章等所提出的'中学为体,西学为用'的主张,可以说是结合中国文化和国际文化的第一个肯定点。五四运动以后,对于国际文化的接受和传播,固然是加速和激烈地进行,但对于中国传统的一些优良的文化,确是几乎完全加以放弃,同时国际文化在中国的滋长就也脱离了中国的现实,这可以说是对于第一种情形的一个否定点,此刻学术中国化的提出,正可此看做是一个否定的否定,是重新把国际文化和中国现实打成一片,但这却并不是第一点的回归,而是有着个高级和进步底内容的。"

慕熹:"还有一个很重要的任务我们忽略了,那便是学术中国化的提出,更是当前民主运动的推进有着密切的联系,因为要实行民主,人民文化水准的提高是绝对必要的,学术中国化便正将保证去做到这一点。"

文超:"从上面的讨论我们可以看到,学术中国化既不是中学为体,西学为用,也不是学术的欧化,也不是什么本位文化,而是国际文化,和中国现实的真正统一。"

三、怎样学术中国化?

射翟:"怎样学术中国化? 首先自然便是用国际优秀的科学方法,来研究中国的具体现实。"

陈垦:"这个问题其实可以从二方面来看,在形式方面,则学术中国化应该做到写作的文字完全应该为每一个中国人所看的懂,特别不能有欧化的文字。在内容方面,则应该努力采取为中国人民大众所熟悉的题材,与中国现实有密切联系的题材。"

文超:"做到学术中国化,一方面需要对学术理论本身有着深刻的认识,他方面又需要对中国人民实际生活有深刻的认识,二者统一起来,便是把优秀正确的理论,通过现实有密切联系的题材。"

黄特:"我们要求理论和现实大成一片,我们要求作品和中国人民大众的生活发生密切的联系,换一句话说,也就是我们要求学术中国化的完成,那么有一个先决条件是必须做到的,那便是每一个学者、作者、文化工作者,必须把他自身先按放在当前抗建的实践当中,把他自己的生活,先和中国人民大众的生活打成一片。不然空中楼阁,闭门造车,学术中国化是会整个扑空的。"

陈垦:"根据上面几点,我们觉得关于怎样学术中国化的问题,可以归纳为下面三方面:(一)写作的内容要尽量使大众看得懂,(二)写作的内容要自觉地和中国的现实密切地配合,(三)作者本身应该致身于实践之中。此刻为了时间的关系,我们就可以进而讨论第四点了。"

四、怎样推进学术中国化运动?

黄特:"我认为推进学术中国化运动,首先就应该提出'要求有关抗建的文化'。因为中国化本身在此刻就便是抗建化,无关抗建的文化是在学术中国化的范畴之外的,这一点我们在前面已经提起。"

文超:"无关抗建的文化,我们可以把它看做是推进学术中国化运动的进程上底一个障碍,确乎是必须加以扫除的。但同时还一样应该注意到其他的许多障碍,而努力——将它们清算,这样学术中国化的完成才有把握。我另外还有一点意见,即适应了中国领域的广大,我们可以配合了地方性的原则,来做推进学术中国化的工作。"

金亮:"我们假使企图认真的推进学术中国化运动,那么对于教育部门是不可不加以特别注意的。我们看到中国现行教育制度下的学校里的课程,尤其是中学的课程,大半是不中国化的。而中学生我们是有理由把他们看为明日中国文化的担当者,这样在他们目前所学习的材料上做中国化的工作,实在是刻不容缓的。"

黄特:"还有一点也是应该非常注意的,有一些人是在存心把学术中国化运动曲解做是投降封建的复古运动,因此我们在推进学术中国化运动时,就应该时刻的当心了,不要和复古运动有一些合流,有一些共同的倾向。"

陈恩:"因此有一个工作在推进学术中国化运动时也是十分重要的,即是我们对于好些中国固有的美德,像忠、孝、仁义之类的含义,应该予以扬弃的发挥,赋以适合现实的内容。譬如在过去,忠是对于君主的忠,对于个人的忠;现在我们就应该阐扬对国家民族的忠。孝在以前也往往是愚孝,我们现在就应该要求合理的孝,忠孝不能二全时,则应该顾到对国家民族的忠,而放弃狭义的孝。"

杰克:"其实推进学术中国化运动还有二个重要的工作应该做,一个是改写以前的种种不大适合于中国化原则底有价值的著作,不论是创作的,或是翻译的,而使他中国化起来;其次是在现在的出版工作上,就开始努力的做通俗化中国化的工作。"

慕熹:"就孤岛对于学术中国化运动的推进工作看,我们应该做到三种水准和二种形式。三种水准是(一)高级的是文化人应该努力深化,对于理论的学习;(二)中级的是各刊物应该努力响应并且实践对于学术中国化的原则;(三)下级的是必须在广大群众中间努力做通俗化的工作。二种形式就是出版二种刊物:一种是公开的,可以利用来讨论学术中国化的问题和交换大家的意见;一种是不公开的,那么可以供文化人自身的参考和探讨。"

文超:"因此归根结底是应该由我们自己做起,我们每个人都应该遵守了学术中国化的原则而来实践写作。"

叶青《论学术中国化》刊于《时代精神》第1期。

按:是文分中国化是一种觉悟、甚么叫做中国化、中国化与中国本位、对于中国化之期望等4部分。文章指出:"甚么叫做中国化呢?中国化是说欧洲乃至世界各国底学术思想到中国来要变其形态而成为中国底学术思想。这在哲学、社会科学和艺术等方面,特别要如此。就中以政治思想、经济思想、社会思想为尤甚。所以中国化是一般的或外国的学术思想变为特殊的中国的学术思想的意思。它必须变其形式,有如一个新东西,中国的东西,与原来的不同。这样才叫做化,才叫做中国化。所以化是带有改作和制造之性质的。理解、精通、继承、宣传、发挥……都不是化,当然也都不是中国化了。"

周宪文《由中国本位文化建设讲到学术中国化问题》刊于《时代精神》第1期。

按:是文曰:"数年前,何炳松先生等十教授发表《中国本位文化建设宣言》,主张中国的文化建设应以中国为本位;申而言之,即主张中国的文化建设,应适于中国目前的需要;中国目前需要'这种文化',则不论其为中国的旧文化,或为外国的新文化,都应'取而用之';反之,如果某种文化不为目前的中国所需要,则'旧东亚'固当去入毛厕,新思潮亦当视如洪水。这种主张,在我们中国人看来,应该是天经地义;惟其是天经地义,也可说是一种极普通的常识。……所以我直到现在为止,认为中国本位文化建设是天经地义,但可惜主张中国本位文化建设的人,没有具体说明到底中国目前所需要的是那一种文化,这不单是'美中不足',且使'宣言'的本身失去了重大的意义。"

是文认为,"两年来的神圣抗战,已把过去的'门户之见'逐渐消除,而代之以'国家至上、民族至上'的观念。这在文化方面的表现,就是过去不以中国本位文化建设为然的人们,现在也在提倡学术中国化运动。对于这一运动,我们表示万分的欣慰,我们认为这是中国前途愈趋光明的象征。何以言之?第一,由于这一运动,显示出过去那种不顾事实的门户之见,大有消除的可能,团结统一的前途,未可限量。第二,由于这一运动,显示出人们都已体验到国家民族的重要。"

不过,是文仍对以下几点问题提出了自己的意见。"一、既称为学术中国化,则此所谓学术,显然不是中国的学术,虽然提倡学术中国化的人,在他们的文章中,不独没有完全否认中国的学术,反而承认中国固有的学术,也不无可取之处,但试问:'中国文化中国化',这话在逻辑上如何说得过去?古代如孔子的治平之道,现代如中山先生的三民主义,这都是中国的文化,假定提倡学术中国化的人,认为这些文化还有可取之处,试问你能来一孔子学说中国化或孙文学说中国化的运动吗?所以,学术中国化运动的兴起,固然是中国人不忘中国的好现象,但是稍加研究,就可知道这一运动还是根本否认了中国的文化,因为只有外国的文化才可中国化,原为中国的文化,决无中国化之可言;有之,惟有中国本位文化建设,不论中国或外国的文化,适于中国者取之,不适于中国者去之;这在逻辑上才讲得过去;此其一。""二、也许有人说,所谓学术中国化者,真正的意义是把某种外国学术,用流利畅达的中国文字介绍过来;因为过去太讲'公式'偏于'教条',翻译的文字往往句长数尺,人家看了不明白,反而引起了反感,现在是要把牠中国化。这一解释如果是对的,那末我的意见是如此,外国的任何学说或主义,不管牠是对的或错的,是适于中国的或不适于中国的(当然这都有时代性的),人民既欲把牠介绍到中国来,这在技术上当然要用流利畅达的中国文;过去没有做到这一点,这是过去的缺点;现在要用流利畅达的中国文介绍外国的学术,这本是任何介绍外国学术者应有的责任,根本无所谓'中国化'与'不中国化'。像过去这样硬要用'普罗列塔利亚'的音译,而不肯出'无产阶级'的意译,反而说明这些译音写成的文章是无产阶级的读物,甚而至于说中国文字不够用,应当根本改造;这不能不说是中国文化界的态度,现在有人出来纠正,虽在时间上未免迟些,然还不失为一件好事,不过这无论如何说不上什么学术中国化,因为这只是一种技术上应有的工作。""三、真正要讲学术中国化,必然是把某种外国学术,改头换面,使他变成中国的。这种企图,比那'生吞活剥'地把外国的主义或学说应用到中国,也许要高出一筹,不过站在学术的立场看来,凡是一种已经成熟的主义或学说,必有牠的独立性与一贯性。这尤其是马克斯主义;如果我们认为马克斯主义是对的,是适于目前的中国的,那我们就得毫无保留地把牠移植过来,我们无法可以取其一部分,或竟改头换面而使他中国化;因为凡是已经改头换面的东西,早已不是原来的东西;此所以有人说'马克斯主义中国化的结果,就是孙中山先生的三民主义',但我们应该知道三民主义毕竟与马克斯主义不同。常识告诉我们,任何成熟的学术,我们只能适则取之,不适则去之,绝对没有可以使不适用者,'化'为适用的道理(化过以后的,已成另一种学术),惟其如此,我们言中国本位文化建设则可,言学术中国化则有问题。"

张其昀《抗战建国与学术研究》刊于《改进》第1卷第6期。

按:是文曰:"余前接中国科学社总编辑刘咸君来函,略称刘君于去年九月间,受'国际科学聊盟评议会'之邀约,为'科学与社会关系委员会'之中国通讯员。该会或立于一九三七年四月,总会在荷兰,各大国通讯员均已约定,其主旨在调查各国科学之进步状况,尤注重与社会之关系,俾设法泯灭国际争端,而奠永久和平。通讯员之职务为报告各该国近来关于科学界上述之情形,并组织委员分会,征取各门科学专家之协力合作。刘君因即约集同志,组织中国分会,以余为中国地理学会之一职员,又为科学杂志编辑之一,聘余担任地理学委员,其任务为撰一吾国地理学之进步及其与社会关系之简要报告,俾便汇寄在荷兰之总秘书处,以为编制总报告之用。余因之撰成一文,内分三节,具如下述,寄呈刘君,藉供取材。又以吾文非仅为若干人之成绩报告,而实欲藉以表示吾人对于学术研究之见解,因冠以今题,顾假《大公报》公诸国人,宏达之士,幸赐教诲。"

是文从"中国民族性""和平战争与科学""建国问题与地理学研究"阐述了"抗战建国"与"学术研究"之关系,指出"学术研究,分门而治,合力以赴,亦同此理。一国学术为一种有机体,故必有其灵魂,是谓国魂,中道文化为中国之国魂,史地研究须以发扬国魂为其职志。一国学术又为一种集合体,所谓中外之精华,防一切之流弊,务期进步不息,决非引满自封。今日中国言学术则当新旧交融之会,言政治则当内外交迫之秋,自必以国魂为中枢,兼收并蓄,相激相荡,使成为中国人自力创造之新文化。明乎此二义,则一切学术研究皆有生气。诚如刘知几所云,乃生人之急务,为国家之要道,其利甚溥矣"。

侯外庐《中国学术的传统与现阶段学术运动》刊于《理论与现实》季刊第1卷第1期。

按:此文重点论述了以下六个问题,集中体现了作者之于中国学术的传统与现阶段学术运动的系统思考与探索:

(一)关于中国古典学术传统的特性:"中国学术的古典历史,一方面屈服于封建的政治支配,放弃真理知识的追求,而为藏之名山的载道工具所束缚;他方面则离开实践性,对于学术传统,不但没有放弃继承,而且在知识形式上做过极大的努力。前者是知识运动的障碍,后者则是整个知识运动过程和现实方面的脱节。"

(二)关于五四的学术继承及其新退休性:"在代表了近世民主主义与自由主义五四革命高潮中,新文化运动一方面反映着社会经济的变动,冲破了封建的藩篱,掀起了中国学术文化的自觉,他方面批判地继承了中国长期退休的'历史追求'的遗产,尤其继承了清代朴学精神的积极性,有程度地扬弃了朴学大儒的政治意识与学术思想的矛盾,使清代大儒的反对愚昧的代数学,附加了时代发展的内容。……所以五四学术的继承,固然有世界学术输入的新内容,但所以可能接受此新的内容者,更有中国学术传统的最高知识形式,如果是阿比西尼亚,就有新内容的输入,也不可能产生光荣新学术的运动。""当五四高潮低落以后,中国学术界便在新的历史退休中复产生新的朴学国故运动,又在知识运动中步入自由主义的妥协旧路。五四启蒙'新生活'与新道德运动之发展,只有在'国民革命'运动中,由社会实践培养着,和当时'东''西'的学术形式讨论没有联结。"

(三)关于五四运动与进步学术的联系性、发展性:"民元前后以至五四运动,中国承继世界学术传统的精神,一方面在模写式的介绍阶段,不论开始到发展,更新的进步的学说总是含于布尔乔亚自觉手段中而降临中国,但他方面在意识的社会觉醒上,自觉手段还没有达到中国化的程度。因此,革命的人文主义的哲学,必然要尽克服这一矛盾的任务,'知难行易'学说(发表于民八)与五四文化运动正是这一矛盾克服的理论与实践。我们要记住,这是一个深刻的运动,没有它,中国长期退休的学术承续(历史学、文字学)不会转变而为伟大的有社会内容的运动,没有自觉运动以及自觉运动的领导(知难行易),中国的世界学术承续,仍然是形式的,彼岸性的,观剧式的。""五四以后,中国历史上随着民族工业的发展,更产生了社会运动的新要素,而这新要素的基础之上,必然要发生另一个自觉手段的运动,虽然从开始直到现在的民族解放阶段,中国革命仍然是民主主义的核心,而进步的世界观方法论却使民主主义的核心认识,更加合理化并科学化起来。同时,苏联革命的成功,不但给予了东方民族革命可能胜利的模范,而且提供中国以更正确的进步科学知识,不但说明,进步学说不是教条而是实践的指示,而且使帝国主义阶段的进步理论,发展理论——十九世纪学术发展之传统继承的再版,而且是中国社会运动的必然反映,以及二十世纪革命的学说发展之继承。"

(四)关于新社会科学运动的发展:"中国学术传统继承史,到了一九二八年以后,无疑地是一个更深刻的发展阶段,极言之适应于中国革命的要求,更是一个'知而后行'的严重发展时期。在这一时期,中国学术问题提起的特征,一方面是继承过去时代的遗产,他方面是把这个遗产赋予了新的时代精神;同时一方面新的自觉手段批判地继承了过去时代的自觉手段,他方面新的自觉手段'有奶便是娘的'(如布哈林、波格达诺夫、德波林,无批判的介绍,甚至重复七种译本)正同于前一时代严复的介绍,有着普遍的流行。"(1)"在所谓中国社会性质论战中,我们却没有达到可惊的成绩,一方面理论的混杂与独断的普遍表示了学术水准的过低,直到一九三二年前后,由于社会主义国家文化理论昂进成分的介绍,如波格达诺夫与布哈林批判,蒲列哈诺夫批判,德波林批判,以及亚细亚生产方法论争,新经济学与新哲学的最新教程,始克服了中国文坛中的部分缺点;他方面中国自由主义又在新的外衣披掩之下,承继着前一时代现象化装的理论,亦形成一个国际的缩影,正如伊里奇之一再批评社会民主主义把马克斯主义曲解而为卑躬屈节的自由主义,或半自由主义。"(2)"中国史研究的再高扬。这一问题,正是几千年中国学术史的宝贵遗产,由春秋战国,交给汉儒,由汉儒交给清朝朴学诸师,而这一中国史代数学的学术承继,由清末王国维集其大成。在五四以后学术的新退休时代,这一问题在整理国故中附加了资产阶级历史学的染色(如墨学形式逻辑部分的近代术语化),一开始就另有辩证法的发展学术进入史程,而历史学探究到中国古代进化史时,辩证法的发展学说,已经是中国学术史研究的中心课题了";"从王国维到郭沫若,由整理国故的资产阶级历史学到新发展学术的中国社会史学,例如五四以来考据学到亚细亚生产方法论的中国史论,是世界学术意义的发展,同时亦是中国学术的发展。这一工作仍然需要我们努力的"。(3)"新社会科学不但是'民间'一种知识运动,而且到了九一八前后已经继承了中山先生所谓'误信旧经济学说之过当,其对于新经济学之真理盖未研究'之遗教,达到高中与大学教程采用新经济学之合法程度,这一点使资本主义国家的大学教育已感有落后之嫌。中国学术之进步,是有如何可惊的马力!这亦不是任意的进步,而是有社会运动发展的基础的。这一学术的进步性,从一二八到一二九,从普罗文学的论争到国防文学的论争,从学术介绍的水准提高到新启蒙运动的学术中国化开端,都是值得我们列为专题研究的。我们最引为荣幸的,是反封建的文学老将鲁迅,以中国的高尔基的色彩,重新写作阿Q的历史性——鲁迅不是'豹变',而是学术继承的发展。这一阶段,战斗性的文艺批判地继承了五四时代战斗性的文艺,同时克服了五四以后自由主义的烦恼艺术。自然,自由主义是肃不清的,直到现在还有'抗战无关论'。问题是主潮毕竟在这面支配着。"

(五)关于世界学术介绍的发展:"中国的学术介绍,本来是一个学术传统继承史,由古代的佛典到严复的'信达雅'诸布尔乔亚理论,一直到与前一理论同时输入的进步科学的介绍发展。无论任何阶段的学术介绍,都是和'中国认识'以及中国的社会实践,相为结合,都是自觉运动的一个组成部分。"

(六)关于中国学术运动的现阶段:"现阶段中国学术运动,是中国文化运动的一部分,故应根据'孙文学说',或革命的人文主义哲学,承继世界最优良进步的科学,或中山先生所谓的'世界社会主义的集大成',而求'正确的认识'(委员长对于'知难行易'的继承发挥语)。""伟大的抗战建国时代,正是中国学术开足马力的前进时代。学术研究缓慢地落后于抗战军事,这是一个大遗憾。然而我们并不单需要知识的代数学,更不单需要启蒙时代一般的知识运动。基于中国社会的不平衡性而言,一般的反愚昧的知识开明运动是问题的一个侧面,而中山先生意识觉醒与社会的实践矛盾克服的传统,在现阶段是发展,便更有新的意义,即现阶段的理论学术与现实发展之结合,直接间接地使中国化的学术成为社会发展的实践指导,这是问题的另一个侧面。中国学术,在继承中山先生革命学说之意义方面,应是一八九八年前后革命的人文主义的形成与民十三年前后这一主义发展之最深刻的高度化。"(参见杜运辉《侯外庐先生学谱》,中国社会科学出版社2013年版)

何高亿《中国大学的学术观念问题——并试论三民主义的学术观念之建立》刊于《青年月刊》第7卷第6期。

按:是文认为,"学术观念"是一个颇为广大的问题:"我所谓学术观念,是指一切学术活动所持的最基本的观念,也就是把握着学术整体性、价值观、目的观的一个综合观念。"是文提出这个问题,有二个动机:"第一,关于一般性者,自从实证主义的科学思潮承继世界学术思潮的主流后,'怀疑'风气披靡一时,流风所播,最使一班研究学术的青年,对学术观念失却中心思想、中心信仰。……学术风气既是如此,研究学术的干部机关——大学——自没有明确规定的性质,缺乏学术的基本观念,对于造就的人材,更没有明白的理想,而成为知识商品化的贩卖机关!知识显然失却中心,为环境所支配,为机械所控制,本来该以知识为工具的'人',竟做了物质机械的奴隶,一切价值、标准、意义全都失却了!""第二,关于特殊性者——在中国,素来就没有明确的学术观念,既谈不到'为学术而学术',也没有'为人生而学术';有之,则是'为做官而学术''学而优则仕''耕也馁在其中,学也禄在其中'……说起来,真觉可怜而可耻! 一般大学生,多未脱离这种遗毒。自抗战建国高潮激起历史文化的总转机后,大学生的学术观念起了三种变化现象:一方面,稍为前进,稍具时代触角的,对以前错误的观念,似已痛改了,他们自然要求新的学术观念去接替;另一方面,自武汉撤退,广州失守以后,引起国内大学的大迁移,大学生们越山渡海,不远千里去追随他的求知园地,到了云贵山地,经不起物质贫乏所给予的痛苦,把求学观念动摇了,觉得学术活动简直就没意义似的,这种颇为严重的现象,有待新的学术观念来纠正;更有一方面,在抗战过程中,感觉敌人炮火犀利,自己武器不如人,于是大学生们有受高喊取消文法科的妄人所迷惑者,以为只有胜任制造飞机大炮的各种研究如工科等,才是抗战建国唯一的学术活动。"

针对这种变化,是文提出了"建立三民主义的学术观念"的主张,所谓"三民主义的学术观念",它的具体内容形态,是文是这样描述的:"(一)关于'知'的基本观念。我们最应知道,知识是统一的、系统的;不是零碎的、片断的。但是为研究的精细与独到,就不能不分有分科,分科简直就是把整个知识作分析作用,但分析并不是知识乖离而没有联系,还必须时时在知识的总观念支配下去进行。……'知'是科学方法的方法,是一切学术研究的出发点与归宿地。爱因斯坦在学术上的大发现——相对论就是'知'的一种总观念,三民主义的学术观念就是要吸收这个成分的,他如进化论,牛顿定律等近代科学总观念,也都要吸收以至扬弃在内,再渗透以中山先生民生历史观,'生生不已'的无穷宇宙观,这样一个学术观念,才能补救知识的偏废性,提供学术的整体性。""(二)关于价值标准。近世学术观念失却重心,上面已简单说过,其原因是为了物质科学倡明以后,知识偏于'物'的了解,空疏'人'的了悟,甚至把'怀疑'的科学方法应用于'人'的研究,所以由怀疑人生以至民族国家,学术没有帮助人们在这复杂的社会里把握人生意义,更没有灵活地帮助人们认识民族国家之生命价值及其盛衰兴亡的本质现象。……三民主义的学术观念在给一切学术活动以最严谨,最有意义的价值批判,把学术与民族生命撮合,联系,而至综合起来,要在学术里面,求寻生命要素,以民族生命力充实学术的活动力——使学术以服务民族生命之最高表现为其最高价值;确定智识重心于民族生命之最高表现上。"

梅安敖著,胡隽吟译《百年前德意志的学术和国家》刊于《研究与进步》第 1 卷第 2 期。

按:是文曰:"拿破仑战争后的复兴期间,乃是德国的政治停滞时期。其经济复兴是很慢。但是学术的复活在历史上却很少能有与他相匹美的。以前德国从来未产生过如此丰富的创造力,也从来未影响世界学术思想有如此之深厚。……虽然如此,这些在学术上所发生的现象也不过是政治生活上所发生的现象之一反映而已。学术观点的改变正与政治思想的改变相符合。十八世纪的机械式国家制度是由上制下,不与人民合作,它愈和机械相近似,愈认为完美。这类国家与信仰理性有绝对价值的唯理主义时代的学术正相一致,那种学术早已走到教条式的凝固境地不能进行了。活的国家有机观念与新的历史科学恰相符合,她解除了维持社会秩序的呆板法则走向独立生命,同时又和新国家精神一起被她的分子之合作所推动。新历史学的代表者向各方探求以期获得整体与其份子间之最亲密的连系,及一活泼的有机的发展。此种并行状态,学术与国家的适合,其根深植于十九世纪的精神中,因此十九世纪是一学术的演化世纪,也是国家生命建于国家观念之上的世纪。这两种观念互相深固的连系着。火花已燃,影响已生:政治的反动无论如何也不能毁灭这种精神了。这种学术与国家的新生命理论溯其根本原是一个,学术原来是能够滋助与刺激一个国家中和民族中的政治生活和民族生活的,可是自人文主义时代以来学术从未这样作过。各大学从未像现今这般坚固的与民众生活相联系;国家也从未给学者们以如此合作的机会。而今全国哲学家的讨论会,更甚的还有日耳曼国粹学者会议和德国国家生命最有力的保护人的集会都已成为国家的大事,且德国知识分子对此无不发生深切的兴趣。在这时代末叶所举行的两个盛大日耳曼国粹学者会议里,一是一千八百四十六年在弗兰克府举行的,一是一千八百四十七年在律培克举行的,都荣幸的由格利姆(Grimm)氏主席,学术与国家的联合,智识之企望与政治之意旨的和谐都达到了在德国历史上从未见过的完全圆满。"

刘振东《学术与政治》刊于《新政治月刊》第 3 卷第 1 期。

按:此文后又刊于《安徽政治》1941年第4卷第5—6期合刊。文中认为:"学术的盛衰为政治隆污的根本""数十年来,中国政治之所以日趋于腐败,国家元气之所以日趋于消散,学术之沦丧,是其根本原因。研究国学的人,只知抱残守缺,斤斤于一师之私议,不但不能采取欧美之所长,以光大中国之国学,即承袭旧有之学术,亦不胜其负荷。新进士子,徒效欧美之皮毛,从事于零星知识之贩卖,未见有融会中西学术,屹然自立,以为学子之导师者。今日而欲奠定新中国长治久安的基础,必以提倡学术为不二法门。今日而欲求中国政治的清明,亦必以提倡学术为第一要着。建国大业,万绪千端,既非不学无术之人所能胜任,而中外几千年历史的教训,更昭吾人学术之盛衰,为政治隆污的根本,则兴学立教以育人才而美风俗,诚今日之先务矣。"

是文进而指出了"发展中国学术的途径",认为"新中国学术之发展,既须发扬国光,整理国学,又须博采西洋文明的精华,冶中外于一炉,以造成高明博厚之新文明",主张至少有下列五点,必须兼顾:"一学术要全民化。我们要想发展学术,以奠定民主政治的坚实基础,必须先将学术全民化,而后始可树不拔之基""二学术要民族化。民族复兴的先务,在于恢复民族的自尊心与自信心,而民族自尊心与自信心之恢复,必须先从学术作起""三学术要实用化科学化。中国学术,向主实用,开务成物,古有明训,故曰'六学者,王道之典籍,先王所以明天道,正人伦,致至治之法也''朝廷礼乐之事,皆在于学,士所观而习者,皆先王之法言法行,治天下之意,苟不可以为天下国家之用,而不教也,苟可以为天下国家之用,则无不在于学'""四治学与修德并重。治学与修德并重,这是中华文明独有的优点,值得大书特书,值得发扬光大。……王阳明先生说,知之真切笃实处即是行,行之明觉精察处即是知,……中华民族五千年继续承受的文明,以此'内圣外王'之学为生命力,而新中国学术的发达,更必以恢复此种民族道德为起点""五学术要博大精深。今日中国学术界之大弊有三,曰偏狭,曰空疏,曰妄诞……三弊不除,不足以谈学术,且将促民族之灭亡也"。

陆志韦《证广韵五十一声类》刊于《燕京学报》第 25 期。

陈垣《戊戌政变时反变法人物之政治思想》刊于《燕京学报》第 25 期。

聂崇岐《宋词科考》刊于《燕京学报》第 25 期。

刘选民《中俄早期贸易考》刊于《燕京学报》第 25 期。

侯仁之《王鸿绪明史列传残稿》刊于《燕京学报》第 25 期。

张东荪《不同的逻辑与文化并论中国理学》刊于《燕京学报》第 26 期。

郭绍虞《四库著录南宋诗话提要评述》刊于《燕京学报》第 26 期。

陆志韦《唐五代韵书跋》刊于《燕京学报》第 26 期。

凌大珽《唐写本韵书的声类》刊于《燕京学报》第 26 期。

陆志韦《三四等与所谓"喻化"》刊于《燕京学报》第 26 期。

齐思和《孙子著作时代考》刊于《燕京学报》第 26 期。

杨明照《太史公书称史记考》刊于《燕京学报》第 26 期。

章太炎先生遗著《说我》刊于《制言》第 48 期。

沈瓞民《变象互体辨》刊于《制言》第 48 期。

但植之《观物化斋闲话》刊于《制言》第 48 期。

章太炎先生遗稿《积古斋钟鼎彝器款识识语》刊于《制言》第 48 期。

黄季刚先生遗稿《新唐书摘译》刊于《制言》第 48 期。

章行严《伯兄太炎先生五十有六寿序》刊于《制言》第 48 期。

吴瞿安《霜崖词录》刊于《制言》第 48 期。

章太炎先生遗著《与徐仲荪书》刊于《制言》第 49 期。

沈瓞民《子华子理惑》刊于《制言》第 49 期。

高明《连山归藏考》刊于《制言》第 49 期。

潘重规《读文心雕龙札记》刊于《制言》第 49 期。

黄季刚先生遗著《新唐书摘译》刊于《制言》第 49 期。

蒋竹庄《江居士昧农传》刊于《制言》第 49 期。

章太炎先生遗著《衡山赵氏谱题辞》刊于《制言》第 49 期。

章太炎先生遗著《井研熊保周先生七十寿序》刊于《制言》第 49 期。

施则敬《重刊集韵表序》刊于《制言》第 49 期。

章太炎先生遗著《答金祖同论甲骨文书》刊于《制言》第 50 期。

但植之《释论语文莫上》刊于《制言》第 50 期。

欧阳竟无《论语课叙》刊于《制言》第 50 期。

欧阳竟无《毛诗课叙》刊于《制言》第 50 期。

沈飚民《天台纪胜》刊于《制言》第 50 期。

沈延国《邓析子篇目考》刊于《制言》第 50 期。

李审言先生遗著《李善文选注例》刊于《制言》第 50 期。

章太炎先生遗著《辞通序》刊于《制言》第 50 期。

章太炎先生遗著《中国药学大辞典序》刊于《制言》第 50 期。

《钱玄同先生遗札》刊于《制言》第 50 期。

《缪子才先生遗稿》刊于《制言》第 50 期。

《张馥哉先生遗稿》刊于《制言》第 50 期。

潘承弼《跋元刻战国策校注》刊于《制言》第 50 期。

沈延国《汤旱五年考》刊于《制言》第 50 期。

章太炎先生遗著《与邓之诚论史学书》刊于《制言》第 51 期。

黄季刚先生遗著《答章先生论治学书》刊于《制言》第 51 期。

沈飚民《卦变释例》刊于《制言》第 51 期。

陶小石先生遗著《左传别疏》刊于《制言》第 51 期。

但植之《观物化斋闲话》刊于《制言》第 51 期。

沈延国《国故论衡异文录》刊于《制言》第 51 期。

潘承弼《隶续勘补（附板本考）》刊于《制言》第 51 期。

章太炎先生讲，王乘六、诸祖耿记《论读史之利益》刊于《制言》第 52 期。

黄季刚先生遗著《复许仁书》刊于《制言》第 52 期。

沈飚民《读素问臆断》刊于《制言》第 52 期。

李审言先生遗著《世说笺释》刊于《制言》第 52 期。

章太炎先生遗著《略论读史之法》刊于《制言》第 53 期。

徐行可《与明照论治通鉴书》刊于《制言》第 53 期。

蒋竹庄《九宫撰略题辞》刊于《制言》第 53 期。

陶小石遗著《左传别疏卷下》刊于《制言》第 53 期。

黄季刚遗著《广韵逸字》刊于《制言》第 53 期。

章太炎先生遗著《雷丕作先生八十寿序》刊于《制言》第 53 期。

章太炎先生遗著《吴采臣先生八十寿序》刊于《制言》第 53 期。

沈飚民《九宫撰略》刊于《制言》第 53—56 期。

章太炎先生讲，诸祖耿记《国学之统宗》刊于《制言》第 54 期。

金毓黻《论史通之渊源及其流别》刊于《制言》第 54 期。

宋为霖《说文汉读考》刊于《制言》第 54 期。

胡吉宣《释球》刊于《制言》第 54 期。

王利器《不韦迁蜀世传吕览说》刊于《制言》第 54 期。

章太炎先生讲，诸祖耿记《历史之重要》刊于《制言》第 55 期。

朱希祖《晋书束皙传汲冢书目中周书考》刊于《制言》第 55 期。

金德建《荀子杂考》刊于《制言》第 55 期。

陈一夔先生遗著《选学管窥》刊于《制言》第 55 期。

章太炎先生讲，诸祖耿记《春秋三传之起源及其得失》刊于《制言》第 56 期。

朱希祖《今本周书两大匡篇释疑》刊于《制言》第 56 期。

蒋竹庄《释大我》刊于《制言》第 56 期。

沈延国《邓析子校释》刊于《制言》第 56 期。

章太炎先生讲，诸祖耿记《适宜今日之理学》刊于《制言》第 57 期。

汪东《学林发刊词》刊于《制言》第 57 期。

金德建《王制丛考》刊于《制言》第 57 期。

沈延国《邓析子校释》刊于《制言》第 57 期。

章太炎先生遗著《论宋人煮散之得失》刊于《制言》第 57 期。

章太炎先生遗著《古汤齐水药重量比例说》刊于《制言》第 57 期。

章太炎先生遗著《二十五史别编序》刊于《制言》第 57 期。

章太炎先生遗著《古诗选评注序》刊于《制言》第 57 期。

黄季刚先生遗著《上章先生书二首》刊于《制言》第 58 期。

沈颎民《读荀臆断》刊于《制言》第 58 期。

熊固《水经注所出两汉侯国名韵编》刊于《制言》第 58 期。

金德建《王制丛考》刊于《制言》第 58 期。

章太炎先生遗著《履素诗集题辞》刊于《制言》第 58 期。

章太炎先生遗著《孙太仆年谱序》刊于《制言》第 58 期。

童第德《重建白云庄记》刊于《制言》第 58 期。

黄焯《与友人论治毛诗书》刊于《制言》第 59 期。

陈伯弢《小方壶斋与地丛钞点校要略》刊于《制言》第 59 期。

汪柏年《武王十乱有妇人考》刊于《制言》第 59 期。

汪柏年《民可使由之不可使知之说》刊于《制言》第 59 期。

金德建《白虎观与议诸儒学派考》刊于《制言》第 59 期。

程先甲先生遗著《选学管窥》刊于《制言》第 59 期。

章太炎先生遗著《中国医药问题序》刊于《制言》第 59 期。

章太炎先生遗著《论统一中西病名》刊于《制言》第 59 期。

孙世杨《恽先生传》刊于《制言》第 59 期。

俞士镇《古代书籍制度考》刊于《古学丛刊》第 5 期。

傅振伦《简策说》刊于《考古社刊》第 6 期。

徐调孚《俞曲园与元曲选》刊于《文学集林》第 1 辑。

徐调孚《脉望馆本关汉卿杂剧叙录》刊于《文学集林》第 2 辑。

郑振铎《跋脉望馆钞校本古今杂剧》刊于《文学集林》第 1 辑。

杨歌辰《元代杂剧的历史研究》刊于《文学研究》第 3 期。

傅惜华《三国故事与元明清三代之杂剧》刊于《中国文艺》第 1 卷第 1—3 号。

孙楷第《吴昌龄与杂剧西游记》刊于《辅仁学志》第 8 卷第 1 期。

王新命《编辑报纸的方法》刊于《编译月刊》第 1 卷第 2 期。

君平译《世外桃源的西藏》刊于《编译月刊》第 1 卷第 2 期。

金嗣说《世界钢铁业近况》刊于《编译月刊》第 1 卷第 2 期。

唐庆增《中国之货币数量学说》刊于《编译月刊》第 1 卷第 2 期。

杨宝乾《语言与文字》刊于《编译月刊》第 1 卷第 2 期。

高扬《法西斯的发明者》刊于《编译月刊》第 1 卷第 2 期。

杨训贤《墨索里尼与希特拉》刊于《编译月刊》第 1 卷第 2 期。

周迪斐《杂志定名的方式和法则》刊于《编译月刊》第 1 卷第 2 期。

扬之《世界最大的图书馆》刊于《编译月刊》第 1 卷第 2 期。

余茂功《近东民族主义的抬头》刊于《编译月刊》第 1 卷第 2 期。

黄警顽《微笑的价值》刊于《编译月刊》第 1 卷第 2 期。

周迪斐《对于王一亭先生谥法的意见》刊于《编译月刊》第 1 卷第 3 期。

云汉《清代译作的概况》刊于《编译月刊》第 1 卷第 3 期。

杨宝乾《拼音字》刊于《编译月刊》第 1 卷第 3 期。

周琏《研究汉字之基本知识——六书》刊于《编译月刊》第 1 卷第 3 期。

陆国香《交友与驭人》刊于《编译月刊》第 1 卷第 3 期。

曙君《一个英国教士对于性爱的意见》刊于《编译月刊》第 1 卷第 3 期。

张叶舟《日本对外贸易的历史检讨》刊于《编译月刊》第 1 卷第 3 期。

鲍群、束祖康《意大利对于法兰西的现实态度》刊于《编译月刊》第 1 卷第 3 期。

迪斐《论今后的教育》刊于《编译月刊》第 1 卷第 4 期。

周琏《印刷杂志的各种纸张及选用原则》刊于《编译月刊》第 1 卷第 4 期。

黄字桢《中国的女工问题》刊于《编译月刊》第 1 卷第 4 期。

孟博《科学界的尝试精神》刊于《编译月刊》第 1 卷第 4 期。

金嗣说《经营果园之要诀》刊于《编译月刊》第 1 卷第 4 期。

高扬《怎样减免产妇的痛苦》刊于《编译月刊》第 1 卷第 4 期。

斐《翻译漫谈》刊于《编译月刊》第 1 卷第 4 期。

朱寿良《谈谈"活的广告"》刊于《编译月刊》第 1 卷第 4 期。

吴志骞《一年来之上海女子教育》刊于《编译月刊》第 1 卷第 4 期。

吕绍虞《告中国出版界》刊于《编译月刊》第 1 卷第 4 期。

云汉《清代小说的总检讨》刊于《编译月刊》第 1 卷第 4 期。

潘光旦《抗战的民族意义》刊于《今日评论》第 1 卷第 2 期。

李卓敏《英美借款与我国外汇》刊于《今日评论》第 1 卷第 2 期。

崔书琴《论美国对日报复问题》刊于《今日评论》第 1 卷第 2 期。

陈之迈《省制改革的一端》刊于《今日评论》第 1 卷第 2 期。

沈从文《湘西题记》刊于《今日评论》第 1 卷第 2 期。

陆侃如《记安南的旧戏》刊于《今日评论》第 1 卷第 2 期。

钱端升《对于六中全会的企望》刊于《今日评论》第 1 卷第 3 期。

傅孟真《英美对日采取经济报复之希望》刊于《今日评论》第 1 卷第 3 期。

王迅中《日本外交政策的检讨》刊于《今日评论》第 1 卷第 3 期。

朱炳南《论我国战时及战后的税制》刊于《今日评论》第 1 卷第 3 期。

钱穆《病与艾》刊于《今日评论》第 1 卷第 3 期。

钱钟书《冷屋随笔之一》刊于《今日评论》第 1 卷第 3 期。

雷海宗《君子与伪君子》刊于《今日评论》第 1 卷第 4 期。

沈从文《一般或特殊》刊于《今日评论》第 1 卷第 4 期。

吴半农《论中国经济的进步性》刊于《今日评论》第 1 卷第 4 期。

王元照《管理外汇的汇率政策问题》刊于《今日评论》第 1 卷第 4 期。

傅孟真《政治之机构化》刊于《今日评论》第 1 卷第 5 期。

王赣愚《经济自给与战争》刊于《今日评论》第 1 卷第 5 期。

钱端升《英美法制日助我的最近形势》刊于《今日评论》第 1 卷第 5 期。

郑毅生《中学课程标准问题》刊于《今日评论》第 1 卷第 5 期。

赵萝蕤《锦瑟解》刊于《今日评论》第 1 卷第 5 期。

潘光旦《遗传与政治》(书评)刊于《今日评论》第 1 卷第 5 期。

王赣愚《所望于国民参政会者》刊于《今日评论》第 1 卷第 6 期。

王化成《国际联盟援华制日》刊于《今日评论》第 1 卷第 6 期。

戴世光《国情普查与云南的人口调查》刊于《今日评论》第 1 卷第 6 期。

张道行《美国中立与远东政策》刊于《今日评论》第 1 卷第 6 期。

钱钟书《冷屋随笔之二》刊于《今日评论》第 1 卷第 6 期。

惟一《居礼夫人小传》刊于《今日评论》第 1 卷第 6 期。

钱端升《政策的制度化》刊于《今日评论》第 1 卷第 7 期。

张德昌《国家与经济事业》刊于《今日评论》第 1 卷第 7 期。

潘光旦《学生自治与学生自治会》刊于《今日评论》第 1 卷第 7 期。

吴景岩《热烈与迟钝》刊于《今日评论》第 1 卷第 7 期。

冯至《谈读尼采(一封信)》刊于《今日评论》第 1 卷第 7 期。

燕树棠《国际现局与中国》刊于《今日评论》第 1 卷第 8 期。

陈之迈《自信的根据》刊于《今日评论》第 1 卷第 8 期。

陈雪屏《谈谣言》刊于《今日评论》第 1 卷第 8 期。

李嘉言《新文法》刊于《今日评论》第 1 卷第 8 期。

君衡《中央与地方》刊于《今日评论》第 1 卷第 9 期。

赵晚屏《战前中国社会一瞥》刊于《今日评论》第 1 卷第 9 期。

崔书琴《法国的远东外交》刊于《今日评论》第 1 卷第 9 期。

瞿明宙《职业教育改革刍议》刊于《今日评论》第 1 卷第 9 期。

王赣愚《政治统一的基础》刊于《今日评论》第 1 卷第 10 期。

迅中《关于"东亚新秩序"敌国舆论的一斑》刊于《今日评论》第1卷第10期。

蔡枢衡《西洋法律的输入》刊于《今日评论》第1卷第10期。

邱椿《救救中学生》刊于《今日评论》第1卷第10期。

钱端升《抗战致胜的途径》刊于《今日评论》第1卷第11期。

迅中《最近日本对华外交政策的动向》刊于《今日评论》第1卷第11期。

仁赓《论云南省国地收支之划分》刊于《今日评论》第1卷第11期。

黄开禄《抗战中华侨的捐输》刊于《今日评论》第1卷第11期。

王了一《论汉译人名地名的标准》刊于《今日评论》第1卷第11期。

丁佶《云南工业发展的必需条件》刊于《今日评论》第1卷第12期。

钱端升《抗战致胜的政治》刊于《今日评论》第1卷第12期。

张企泰《审级制度改革问题》刊于《今日评论》第1卷第12期。

吕叔湘《中国话里的主词及其他》刊于《今日评论》第1卷第12期。

钱端升《欧战的推演与中国的地位》刊于《今日评论》第1卷第13期。

李树青《论民主国家统制私产的办法》刊于《今日评论》第1卷第13期。

胡体乾《关于种族名词及民族政策》刊于《今日评论》第1卷第13期。

费孝通《土地继承和农场的分碎》刊于《今日评论》第1卷第13期。

符泽初《战时运输的统制》刊于《今日评论》第1卷第13期。

姚芳《我们的小庭院有什么》刊于《今日评论》第1卷第13期。

周鲠生《战后之整理与建设问题》刊于《今日评论》第1卷第15期。

李卓敏《民生与物价》刊于《今日评论》第1卷第15期。

徐义生《抗战建国与地方自治》刊于《今日评论》第1卷第15期。

赵晚屏《抗战收获的一斑》刊于《今日评论》第1卷第15期。

吴半农《论游击区及大后方的经济建设》刊于《今日评论》第1卷第16期。

王赣愚《法治民治与统一》刊于《今日评论》第1卷第16期。

钱端升《侵略集团与防侵略集团》刊于《今日评论》第1卷第16期。

朱驭欧《论专家行政》刊于《今日评论》第1卷第16期。

同济《尼采萨拉图斯达的两种译本》刊于《今日评论》第1卷第16期。

邵循恪《最近欧洲疆界问题》刊于《今日评论》第1卷第17期。

钱端升《几件战时的不急政事》刊于《今日评论》第1卷第17期。

邓铿章《华侨学生与华侨捐输》刊于《今日评论》第1卷第17期。

刘迺秋《司法制度与司法人才问题》刊于《今日评论》第1卷第20期。

陈梦家《白话文与新文学》刊于《今日评论》第1卷第20期。

王赣愚《财权与政权》刊于《今日评论》第1卷第22期。

毅真《民治与吏治制度》刊于《今日评论》第1卷第22期。

吕学海《论促进地方自治应自城市始》刊于《今日评论》第1卷第22期。

陈建棠《战时西南衣料问题》刊于《今日评论》第1卷第22期。

钱钟书《冷屋随笔之四》刊于《今日评论》第1卷第22期。

陈岱孙《法币汇价问题》刊于《今日评论》第2卷第1期。

钱端升《抗战的目的》刊于《今日评论》第2卷第1期。

陈序经《暹罗与汰族》刊于《今日评论》第2卷第1期。

沈从文《一种态度》刊于《今日评论》第2卷第1期。

陈岱孙《法币汇价问题申论》刊于《今日评论》第2卷第8期。

吴半农《英日谈判中的法币问题》刊于《今日评论》第2卷第8期。

钱端升《欧洲各国的军备及战略》刊于《今日评论》第2卷第8期。

钱端升《德苏新条约及世界新局面》刊于《今日评论》第2卷第11期。

王迅中《苏德订约与远东》刊于《今日评论》第2卷第11期。

王赣愚《英美与远东》刊于《今日评论》第2卷第11期。

史国纲《欧战与我国的抗战外交》刊于《今日评论》第2卷第15期。

陈友松《暹罗华侨的教育问题》刊于《今日评论》第2卷第15期。

陈佩兰《妇女与儿童抑父母与儿童!》刊于《今日评论》第2卷第15期。

陈序经《暹罗与日本》刊于《今日评论》第2卷第17期。

张德昌《企业家的精神》刊于《今日评论》第2卷第17期。

梁子范《解决当前外汇问题的途径(下)》刊于《今日评论》第2卷第17期。

王赣愚《苏联与波海霸权》刊于《今日评论》第2卷第18期。

樊星南《论政风之培植》刊于《今日评论》第2卷第18期。

林兴育《暹罗华侨问题》刊于《今日评论》第2卷第18期。

樊德芬《中国应该站在那里》刊于《今日评论》第2卷第19期。

王赣愚《英法土互助公约》刊于《今日评论》第2卷第19期。

张之毅《西北的新认识》刊于《今日评论》第2卷第19期。

潘光旦《关于妇女问题的讨论》刊于《今日评论》第2卷第20期。

许汝祉《谈欧洲大战》刊于《今日评论》第2卷第20期。

马扬生《华侨返国服务问题》刊于《今日评论》第2卷第20期。

吴景岩《放任与管理》刊于《今日评论》第2卷第20期。

罗文干《宪政问答》刊于《今日评论》第2卷第21期。

燕树棠《国际现局与我国抗战》刊于《今日评论》第2卷第21期。

靳文翰《论公务员服务法》刊于《今日评论》第2卷第21期。

罗隆基《期成宪政的我见》刊于《今日评论》第2卷第22期。

丁佶《英国战时的经济措施》刊于《今日评论》第2卷第22期。

周叔怀《滇西货币问题》刊于《今日评论》第2卷第22期。

汪敬熙《评张君劢的"立国之道"》刊于《今日评论》第2卷第22期。

曾省《关于农业研究的一点意见》刊于《今日评论》第2卷第22期。

张德昌《宪政的经济基础》刊于《今日评论》第2卷第23期。

王赣愚《走上宪政之路》刊于《今日评论》第2卷第23期。

伍启元《经济建设之基本原则》刊于《今日评论》第2卷第23期。

郑祖良《建筑艺术与都市建设》刊于《今日评论》第2卷第23期。

王迅中《敌国外交的末路》刊于《今日评论》第2卷第24期。

王赣愚《制宪与国民大会》刊于《今日评论》第2卷第24期。

唐理凌《广西胜利的基础》刊于《今日评论》第2卷第24期。

潘光旦《闲话生物学的课程》刊于《今日评论》第 2 卷第 24 期。

李廷撰《谈诗底演变与朗诵诗》刊于《今日评论》第 2 卷第 24 期。

斐如《欧战与中国》刊于《战时日本》第 3 卷第 2 期。

马炭《日本内阁更迭的透视》刊于《战时日本》第 3 卷第 2 期。

纯真《苏德协定与中国》刊于《战时日本》第 3 卷第 2 期。

宋斐如《美日斗争的新开展》刊于《战时日本》第 3 卷第 2 期。

李万居《论英日利害冲突及其妥协的难题》刊于《战时日本》第 3 卷第 2 期。

宋斐如《苏德协定与日本》刊于《战时日本》第 3 卷第 2 期。

蔡云程《苏联的远东共军》刊于《战时日本》第 3 卷第 2 期。

张剑萍《美国废约对于日本经济的影响》刊于《战时日本》第 3 卷第 2 期。

宋斐如《美国排日运动的概况》刊于《战时日本》第 3 卷第 2 期。

李友邦《论台湾革命的新阶段》刊于《战时日本》第 3 卷第 2 期。

志华《战争下的台湾惨状》刊于《战时日本》第 3 卷第 2 期。

斐如《日本设置"支那派遣军总司令部"的意义》刊于《战时日本》第 3 卷第 3 期。

马炭《日本对华军事新攻势》刊于《战时日本》第 3 卷第 3 期。

斐如《日本对美软硬并施》刊于《战时日本》第 3 卷第 3 期。

东闵《美国加强太平洋军备》刊于《战时日本》第 3 卷第 3 期。

纯真《苏日停战协定》刊于《战时日本》第 3 卷第 3 期。

宋斐如《欧洲大战与日本》刊于《战时日本》第 3 卷第 3 期。

青山和夫《英法对德开展与日本民众》刊于《战时日本》第 3 卷第 3 期。

纯真《阿部内阁及其政策》刊于《战时日本》第 3 卷第 3 期。

东闵《战时日本劳动力统制问题》刊于《战时日本》第 3 卷第 3 期。

黄履新《敌人各种统制政策的批判》刊于《战时日本》第 3 卷第 3 期。

［苏］Pigulefskoya 著,沈则平译《日薄西山的日本经济》刊于《战时日本》第 3 卷第 3 期。

［苏］N. Letova 著,钟建鼎译《日本财政的重负》刊于《战时日本》第 3 卷第 3 期。

［日］何野少将著,邓不屈译《日本侵华的政治经济阴谋》刊于《战时日本》第 3 卷第 3 期。

宋斐如《日本帝国本质论》刊于《战时日本》第 3 卷第 3 期。

孟南《汉奸内阁与汪逆警卫的穷途》刊于《战时日本》第 3 卷第 4—5 期。

斐如《美日谈判的前途》刊于《战时日本》第 3 卷第 4—5 期。

东闵《日本食粮恐慌的严重性》刊于《战时日本》第 3 卷第 4—5 期。

马炭《最近的战局形势》刊于《战时日本》第 3 卷第 4—5 期。

宋斐如《日本外交往何处去?》刊于《战时日本》第 3 卷第 4—5 期。

吴平阳《"敌外务省内讧真相"问答》刊于《战时日本》第 3 卷第 4—5 期。

宋斐如《日本外务省派阀门争及其背景》刊于《战时日本》第 3 卷第 4—5 期。

东闵《日本政治的支配者——军部行动派》刊于《战时日本》第 3 卷第 4—5 期。

东闵《日本会再发"欧战财"吗?》刊于《战时日本》第 3 卷第 4—5 期。

陈亮《战时日本娱乐界总清算》刊于《战时日本》第 3 卷第 4—5 期。

朱渺《战争与日本人口》刊于《战时日本》第 3 卷第 4—5 期。

杨庆光《战争二年余来的日本伤兵》刊于《战时日本》第 3 卷第 4—5 期。

林焕平《日本海洋文学的提倡》刊于《战时日本》第 3 卷第 4—5 期。

斐如《美国孤立派波拉先生的错觉》刊于《战时日本》第 3 卷第 6 期。

端华《日本急于与苏联谈判的认识》刊于《战时日本》第 3 卷第 6 期。

东闵《日本燃料"饥馑"的严重性》刊于《战时日本》第 3 卷第 6 期。

万居《敌军进攻关系的意义》刊于《战时日本》第 3 卷第 6 期。

纯青《粤桂之战与今后战局》刊于《战时日本》第 3 卷第 6 期。

宋斐如编译《日本军部行动派最近的外交主张》刊于《战时日本》第 3 卷第 6 期。

东闵《日本物资饥荒的实况》刊于《战时日本》第 3 卷第 6 期。

沈则平译《日本侵华战争与英法关系》刊于《战时日本》第 3 卷第 6 期。

林焕平《日本战时文艺理论的贫困》刊于《战时日本》第 3 卷第 6 期。

约三《欧洲两个对立的轴心》刊于《远东问题半月刊》第 2 卷第 7 期。

荣舫《日苏能否因渔业纠纷而引起战争？》刊于《远东问题半月刊》第 2 卷第 7 期。

Foreign Afairs 著，圣时译《美国中立法的修改问题》刊于《远东问题半月刊》第 2 卷第 7 期。

Sir Marriot 著，印永法译《世界能否再战？》刊于《远东问题半月刊》第 2 卷第 7 期。

文少和《日本资源的缺乏与南进的野心》刊于《远东问题半月刊》第 2 卷第 7 期。

邹静《一九三九年之远东展望》刊于《远东问题半月刊》第 2 卷第 7 期。

N. Young 著，刘天一译《十年来中国财政之改进》刊于《远东问题半月刊》第 2 卷第 7 期。

印永法《意大利的反法运动》刊于《远东问题半月刊》第 2 卷第 7 期。

Round Tahle 著，陈祖平译《英帝国的全面国防问题》刊于《远东问题半月刊》第 2 卷第 7 期。

H. Blakcslce 著，刘天一译《夏威夷岛与日美战争》刊于《远东问题半月刊》第 2 卷第 7 期。

效先《迎民国二十八年》刊于《远东问题半月刊》第 2 卷第 7 期。

孙效彬《日本与新远东会议》刊于《远东问题半月刊》第 2 卷第 8 期。

文少和《日本对暹罗的阴谋》刊于《远东问题半月刊》第 2 卷第 8 期。

印永法《远东大局的新阶段》刊于《远东问题半月刊》第 2 卷第 8 期。

W. Bennett 著，陈祖平译《德国为什么要侵略苏俄？》刊于《远东问题半月刊》第 2 卷第 8 期。

C. Walden 著，刘天一译《是日战争与门户开放问题》刊于《远东问题半月刊》第 2 卷第 8 期。

罗远才《太平洋上的斗争》刊于《远东问题半月刊》第 2 卷第 8 期。

Sir. Marriott 著，印永法译《世界能否再战？》刊于《远东问题半月刊》第 2 卷第 8 期。

孙效彬《纪念"七七"双周年》刊于《远东问题半月刊》第 2 卷第 11—12 期合刊。

印永法《反侵略势力能否到远东来？》刊于《远东问题半月刊》第 2 卷第 11—12 期合刊。

Lautonrchlager 著，印永法译《欧洲危机与中国之关系》刊于《远东问题半月刊》第 2 卷第 11—12 期合刊。

王溪如《英法苏会议与中国抗战前途》刊于《远东问题半月刊》第 2 卷第 11—12 期合刊。

约三《日本加入德意同盟问题》刊于《远东问题半月刊》第 2 卷第 11—12 期合刊。

Winger 著，牛毅译《英国的备战》刊于《远东问题半月刊》第 2 卷第 11—12 期合刊。

Lorimer 著，刘天一译《德国侵略主义的继续性》刊于《远东问题半月刊》第 2 卷第 11—12 期合刊。

江毓麟《西班牙问题之回顾与前瞻》刊于《远东问题半月刊》第 2 卷第 11—12 期合刊。

孙顺工《七七血祭二周年》刊于《远东问题半月刊》第 2 卷第 11—12 期合刊。

郑允恭《英美对日态度的转变》刊于《东方杂志》第 36 卷第 1 号。

王云五《编纂中山大辞典之经过》刊于《东方杂志》第 36 卷第 1 号。

按：1925 年，王云五先生发明四角号码检字法，为检验其效用，商务印书馆将出版多年《国音学生字汇》重新排版后出版，但结果流行并不是很广。王云五先生认为这是与世人的习惯有关系。后与几个助手用大半年时间，"编成一种语体解释，横行排版，并按四角号码顺序之辞书，命名为《王云五大辞典》"。自此，王云五对编写辞书的兴趣日益浓厚，为增订《王云五大辞典》，"自民国十八年迄二十六年'八一三'以前，九年之间，几无日不从事于此"。民国二十五年春，中山文化教育馆理事长孙哲，对王云五多年编写辞书的工作有所闻后，一再偕吴德生、傅秉常、林语堂、温源宁先生等人，多次到王云五先生家拜访，对当时王云五先生已经收集的六百余万章资料卡片，"加检视后，认为取材丰富，得未曾有，经即提议利用此项资料，编纂一部空前之大辞典，而由中山文化教育馆出资合作"，于是王云五先生就提出了编纂《中山大辞典》的计划。民国二十六年四月中山大辞典编纂处工作满一年，同月中山文化教育馆与商务印书馆签订合印《中山大辞典》的契约。因为工作量大，并且按照出版计划，这样重要的著作，出版以前应该组织顾问委员会，并向全国学者征求意见。征得中山文化教育馆的同意后，"将正稿延迟数月排版，先以'一'字条文作为长编印行。于是提前将'一'字所属各条文整理""于两月之短期内告成，自六月其发交商务印书馆排版，甫成三分之一，而八一三沪战突发，纸版铅字尽毁"。幸好底本尚存，民国二十六年八月，中山文化教育馆以战事发生，无法支付经费，王云五让商务印书馆维持其编纂任务，并计划在香港将一字长编底稿整理重排。到 1939 年 2 月，《中山大辞典一字长编》才由商务印书馆香港分厂开始排版，"阅十月二完成，计得五千四百七十四条，排成四百七十八页，每页字数平均二千，合计不下百万字"。

连士升《德国的殖民地问题》刊于《东方杂志》第 36 卷第 1 号。

章榴《日本下年度预算展望》刊于《东方杂志》第 36 卷第 1 号。

吴斐丹《日本实施总动员法的中心问题》刊于《东方杂志》第 36 卷第 1 号。

潘广镕《汉字拼音化运动之批判与建设》刊于《东方杂志》第 36 卷第 1 号。

纪耀《英国对于德国索还殖民地的态度》刊于《东方杂志》第 36 卷第 1 号。

陆傅籍《战时儿童的养护问题》刊于《东方杂志》第 36 卷第 1 号。

陈碧云《节约救难与妇女》刊于《东方杂志》第 36 卷第 1 号。

孔涤庵《日本中央银行之暗礁》刊于《东方杂志》第 36 卷第 2 号。

张骥青《法国在华权益之现状》刊于《东方杂志》第 36 卷第 2 号。

张白衣《一九三八年世界景气之分析及其动向》刊于《东方杂志》第 36 卷第 2 号。

盛斯谋《非常时期之我国所得税》刊于《东方杂志》第 36 卷第 2 号。

陈序经《广东与中国》刊于《东方杂志》第 36 卷第 2 号。

陈岳生《英国之科学与工业》刊于《东方杂志》第 36 卷第 2 号。

君珠《现阶段的抗战局势》刊于《东方杂志》第 36 卷第 2 号。

吴泽炎《欧局蠡测》刊于《东方杂志》第 36 卷第 3 号。

岑德彰《明兴会议后之北欧形势》刊于《东方杂志》第 36 卷第 3 号。

孙礼榆《一九三九年度的日本预算》刊于《东方杂志》第 36 卷第 3 号。

张白衣《日本经济破产的信号》刊于《东方杂志》第 36 卷第 3 号。

李安和《东北边界的变迁与张鼓峰的地位》刊于《东方杂志》第 36 卷第 3 号。

汪家祯《儿童保育问题》刊于《东方杂志》第 36 卷第 3 号。

志芳《战时的妇女生产工作》刊于《东方杂志》第 36 卷第 3 号。

郑允恭《运动问题的透视》刊于《东方杂志》第 36 卷第 4 号。

岑德彰《欧陆战云中之各国军备》刊于《东方杂志》第 36 卷第 4 号。

魏友棐《英美在华的贸易损失与对日制裁》刊于《东方杂志》第 36 卷第 4 号。

许兴凯《日本的化学兵器工业》刊于《东方杂志》第 36 卷第 4 号。

贺觉非《西康建省之前夕》刊于《东方杂志》第 36 卷第 4 号。

张骥青《日本新增税之范围及其限度》刊于《东方杂志》第 36 卷第 4 号。

陈独秀《广韵东冬钟江中之古韵考》刊于《东方杂志》第 36 卷第 4 号。

龚家麟《汇率贬低问题之检讨》刊于《东方杂志》第 36 卷第 5 号。

龙大均《乌克兰问题》刊于《东方杂志》第 36 卷第 5 号。

罗宝珊《从凡尔赛到慕尼黑》刊于《东方杂志》第 36 卷第 5 号。

李志道《战时日本军需关系工业之检讨》刊于《东方杂志》第 36 卷第 5 号。

李众荣《总动员法下日本股票市场之危机》刊于《东方杂志》第 36 卷第 5 号。

陈碧云《我国妇女今后应有的认识和努力》刊于《东方杂志》第 36 卷第 5 号。

吴斐丹《日本的战时增税与税制整理问题》刊于《东方杂志》第 36 卷第 6 号。

张白衣《中国经济参谋本部论》刊于《东方杂志》第 36 卷第 6 号。

董健飞《农业仓库与战时农村》刊于《东方杂志》第 36 卷第 6 号。

刘不同《论战时节约与税收》刊于《东方杂志》第 36 卷第 6 号。

陈独秀《广韵东冬钟江中之古韵考（续）》刊于《东方杂志》第 36 卷第 6 号。

东序《日本进佔海南岛及国际反响》刊于《东方杂志》第 36 卷第 6 号。

镜如《国民精神总动员纲领及其实施办法》刊于《东方杂志》第 36 卷第 6 号。

张明养《捷克沦亡以后的欧局》刊于《东方杂志》第 36 卷第 7 号。

郑允恭《苏日间渔业问题》刊于《东方杂志》第 36 卷第 7 号。

游如龙《当前中国产业动员之理论与实施》刊于《东方杂志》第 36 卷第 7 号。

王恒守《空袭威力之物理研究》刊于《东方杂志》第 36 卷第 7 号。

张润生《苏俄军需工业中的冶铜工业》刊于《东方杂志》第 36 卷第 7 号。

陈希孟《最近福建省的经济建设》刊于《东方杂志》第 36 卷第 7 号。

杨廷贤《南北朝之士族》刊于《东方杂志》第 36 卷第 7 号。

陆傅籍《沦陷区域内的儿童之抢救和教育问题》刊于《东方杂志》第 36 卷第 7 号。

郑允恭《英国领导的安全保障运动》刊于《东方杂志》第 36 卷第 8 号。

朱偰《日人统制华北外汇与中英借款》刊于《东方杂志》第 36 卷第 8 号。

潘楚基《静极思动之美国外交政策》刊于《东方杂志》第 36 卷第 8 号。

汪家祯《中欧问题的演变》刊于《东方杂志》第 36 卷第 8 号。

张白衣《中国战时政治参谋本部论》刊于《东方杂志》第 36 卷第 8 号。

史国英《中日战争之时间性》刊于《东方杂志》第 36 卷第 8 号。

罗莘田《从"四省"说到"九声"》刊于《东方杂志》第 36 卷第 8 号。

杨家骆《战区图书文物之损失及其补救法》刊于《东方杂志》第 36 卷第 8 号。

符涤尘《罗斯福总统的和平建议》刊于《东方杂志》第 36 卷第 9 号。

张明养《地中海上的新形势》刊于《东方杂志》第 36 卷第 9 号。

鲁安《解剖台上之日本军部》刊于《东方杂志》第 36 卷第 9 号。

罗宝珊《世界新均势与东亚战争新阶段》刊于《东方杂志》第 36 卷第 9 号。

石山《海南岛失陷之意义及其将来》刊于《东方杂志》第 36 卷第 9 号。

刘宏谟《自我暗示术与抗战心理》刊于《东方杂志》第 36 卷第 9 号。

魏友棐《关税担保债务偿付办法的变更》刊于《东方杂志》第 36 卷第 9 号。

陆傅籍《大时代的家庭教育》刊于《东方杂志》第 36 卷第 9 号。

郑允恭《希特勒的总答复与欧洲大局》刊于《东方杂志》第 36 卷第 10 号。

召君《反侵略阵线与远东》刊于《东方杂志》第 36 卷第 10 号。

耿淡如《欧洲外交上之大会战》刊于《东方杂志》第 36 卷第 10 号。

褚玉坤《美国中立法问题的检讨》刊于《东方杂志》第 36 卷第 10 号。

张骥青《最近苏联财政之特质及其趋势》刊于《东方杂志》第 36 卷第 10 号。

张白衣《中国战时军事参谋本部论》刊于《东方杂志》第 36 卷第 10 号。

殷锡琪《战费的偿付问题》刊于《东方杂志》第 36 卷第 10 号。

闵天培《创立新关税政策之建议》刊于《东方杂志》第 36 卷第 10 号。

薛正斗《战时日本研究》刊于《东方杂志》第 36 卷第 10 号。

张明养《反侵略阵线的前途》刊于《东方杂志》第 36 卷第 11 号"经济建设专号"。

符涤尘《答复侵略者的有效行动》刊于《东方杂志》第 36 卷第 11 号"经济建设专号"。

张毓珊《外汇统制与国际贸易》刊于《东方杂志》第 36 卷第 11 号"经济建设专号"。

潘澄石《合作制度能适用于大工业吗》刊于《东方杂志》第 36 卷第 11 号"经济建设专号"。

施建生《中国工业化与利用外资》刊于《东方杂志》第 36 卷第 11 号"经济建设专号"。

朱偰《树立健全的辅币制度》刊于《东方杂志》第 36 卷第 11 号"经济建设专号"。

蔡次薛《如何稳定我国战时的币制基础》刊于《东方杂志》第 36 卷第 11 号"经济建设专号"。

魏友棐《外汇平衡基金的史的观察》刊于《东方杂志》第 36 卷第 11 号"经济建设专号"。

李寅恭《告一般垦拓者》刊于《东方杂志》第 36 卷第 11 号"经济建设专号"。

黄蔷薇《家政学与抗战时期之妇女》刊于《东方杂志》第 36 卷第 11 号"经济建设专号"。

陈卫藩《儿童牙齿卫生教育》刊于《东方杂志》第 36 卷第 11 号"经济建设专号"。

朗怀《在国社党统治下的德国妇女》刊于《东方杂志》第 36 卷第 11 号"经济建设专号"。

郑允恭《英法苏三角同盟》刊于《东方杂志》第 36 卷第 12 号。

召君《日本纸币政策的失败》刊于《东方杂志》第 36 卷第 12 号。

耿淡如《德波关系的欧局危机》刊于《东方杂志》第 36 卷第 12 号。

贺益文《犹太民族问题》刊于《东方杂志》第 36 卷第 12 号。

黄德禄《日本南进与英国在太平洋上的防务》刊于《东方杂志》第 36 卷第 12 号。

史国英《建立远东新和平》刊于《东方杂志》第 36 卷第 12 号。

赵叔诚《战争中损失各项资产在账务方面之整理手续》刊于《东方杂志》第36卷第12号。

李志道《本年度日本战时预算与其财政经济之瞻望》刊于《东方杂志》第36卷第12号。

斯继唐《长江沿岸沦陷都市经济情形》刊于《东方杂志》第36卷第12号。

薛正斗《战时日本研究》刊于《东方杂志》第36卷第12号。

符涤尘《法币外汇暗市跌价原因的检讨》刊于《东方杂志》第36卷第13号。

崔书琴《德国今后发展的方向》刊于《东方杂志》第36卷第13号。

耿淡如《挨伦特岛设防与北欧诸国中立问题》刊于《东方杂志》第36卷第13号。

蔡次薛《我国现阶段的物价问题》刊于《东方杂志》第36卷第13号。

施建生《中日货币战之现阶段》刊于《东方杂志》第36卷第13号。

忻介六《我国天蚕丝事业之前途》刊于《东方杂志》第36卷第13号。

徐同邺《增进战时行政效率问题》刊于《东方杂志》第36卷第13号。

李寅恭《四川林业副产之一斑》刊于《东方杂志》第36卷第13号。

李宏略《二期抗战中增进农业生产的基本问题》刊于《东方杂志》第36卷第13号。

L. Carrington Goodrich 著,金云铭译《中国对于美洲的最初知识考》刊于《东方杂志》第36卷第13号。

陆博籍《办理战时儿童保育院的几个实际问题》刊于《东方杂志》第36卷第13号。

郑允恭《但泽问题的尖锐化》刊于《东方杂志》第36卷第14号"抗战两周年纪念号"。

召君《国人对于英日谈判应有的认识》刊于《东方杂志》第36卷第14号"抗战两周年纪念号"。

陈之迈《抗战两年来的政制》刊于《东方杂志》第36卷第14号"抗战两周年纪念号"。

朱偰《抗战两年来的财政》刊于《东方杂志》第36卷第14号"抗战两周年纪念号"。

董健飞《抗战两年来的农政》刊于《东方杂志》第36卷第14号"抗战两周年纪念号"。

龙大均《抗战两年来的法币》刊于《东方杂志》第36卷第14号"抗战两周年纪念号"。

郭树人《抗战两年来的银行》刊于《东方杂志》第36卷第14号"抗战两周年纪念号"。

谭子浓《抗战两年来的交通》刊于《东方杂志》第36卷第14号"抗战两周年纪念号"。

徐同邺《抗战两年来的空军》刊于《东方杂志》第36卷第14号"抗战两周年纪念号"。

赵天乐《抗战两年来的游击区》刊于《东方杂志》第36卷第14号"抗战两周年纪念号"。

召君《英国对于天津事件之态度》刊于《东方杂志》第36卷第14号"抗战两周年纪念号"。

张明养《东京谈判与中国》刊于《东方杂志》第36卷第15号。

符涤尘《货币战的又一幕》刊于《东方杂志》第36卷第15号。

耿淡如《全能阵线之形成及其影响》刊于《东方杂志》第36卷第15号。

千家驹《两年来我国战时财政的检讨》刊于《东方杂志》第36卷第15号。

史国英《中日战争两年来日军惯用之战略战术》刊于《东方杂志》第36卷第15号。

李季《从现在的中日战争说到最初的中日争斗》刊于《东方杂志》第36卷第15号。

召君《抗战建国两周年纪念》刊于《东方杂志》第36卷第15号。

陆博籍《儿童的游戏欲与玩具》刊于《东方杂志》第36卷第15号。

召君《东京谈判的前途》刊于《东方杂志》第36卷第16号。

刘涤源《我国战时物价问题》刊于《东方杂志》第 36 卷第 16 号。

龚家麟《外汇黑市平准之贬低及其检讨》刊于《东方杂志》第 36 卷第 16 号。

王伯群《现阶段的公民教育》刊于《东方杂志》第 36 卷第 16 号。

吴泽霖《贵州短裙黑苗的概况》刊于《东方杂志》第 36 卷第 16 号。

王遂征《在波兰的少数民族》刊于《东方杂志》第 36 卷第 16 号。

潘楚基《古巴政治经济现状鸟瞰》刊于《东方杂志》第 36 卷第 16 号。

赵捷民《冀东游击队活动的实况》刊于《东方杂志》第 36 卷第 16 号。

张明养《环绕但泽问题的欧洲局势》刊于《东方杂志》第 36 卷第 17 号。

林东海《欧洲政局的演变》刊于《东方杂志》第 36 卷第 17 号。

李泽珍《波罗的海诸国的保证问题》刊于《东方杂志》第 36 卷第 17 号。

史亦闻《日本推行"华兴券"计划之检讨》刊于《东方杂志》第 36 卷第 17 号。

刘涤源《我国战时物价问题(续)》刊于《东方杂志》第 36 卷第 17 号。

朱建邦《德国对外扩张之经济背景》刊于《东方杂志》第 36 卷第 18 号。

勇龙桂《苏联国营贸易制的检讨》刊于《东方杂志》第 36 卷第 18 号。

何俊《一年来的中国工业合作运动》刊于《东方杂志》第 36 卷第 18 号。

施建生《中国的工业》刊于《东方杂志》第 36 卷第 18 号。

东序《"八一三"两周年纪念》刊于《东方杂志》第 36 卷第 18 号。

鸿佩《全国士绅教界对抗战建国之责任》刊于《东方杂志》第 36 卷第 18 号。

张明养《欧洲大战与远东》刊于《东方杂志》第 36 卷第 19 号。

汤德明《欧洲之鑰的波兰》刊于《东方杂志》第 36 卷第 19 号。

王成祖《德国之新形势》刊于《东方杂志》第 36 卷第 19 号。

忻介六《抗战期中贮粮损耗问题的研究》刊于《东方杂志》第 36 卷第 19 号。

闵天培《对外贸易收回国营之建议》刊于《东方杂志》第 36 卷第 19 号。

克成《大战前夕英国对德外交的过程》刊于《东方杂志》第 36 卷第 19 号。

张良辅《抗战前途的曙光》刊于《东方杂志》第 36 卷第 20 号。

吴泽炎《欧洲的趋势》刊于《东方杂志》第 36 卷第 20 号。

龚家麟《当前外汇黑市之措施方案及其问题》刊于《东方杂志》第 36 卷第 20 号。

施建生《最近外汇变动之意义》刊于《东方杂志》第 36 卷第 20 号。

君珠《欧洲东西线战事的演变》刊于《东方杂志》第 36 卷第 20 号。

傅东华《文法稽古篇》刊于《东方杂志》第 36 卷第 20—21 号。

郑允恭《从欧洲和局说到远东和局》刊于《东方杂志》第 36 卷第 21 号。

吴泽炎《苏联外交政策的变与不变》刊于《东方杂志》第 36 卷第 21 号。

朱偰《激变中之东欧及其将来之推测》刊于《东方杂志》第 36 卷第 21 号。

刘达人《中日战争中几个国际法问题》刊于《东方杂志》第 36 卷第 21 号。

龚家麟《论华兴券之发行前途及对策》刊于《东方杂志》第 36 卷第 21 号。

运公《德国的和平进攻》刊于《东方杂志》第 36 卷第 21 号。

罗宝珊《国际政治新重心与中国外交》刊于《东方杂志》第 36 卷第 22 号。

思维《日本魔手阴影下的荷印》刊于《东方杂志》第 36 卷第 22 号。

刘达人《中日战争中几个国际法问题(续)》刊于《东方杂志》第 36 卷第 22 号。

黄蔷薇《战时难童保育之具体方策》刊于《东方杂志》第 36 卷第 22 号。

朱偰《川南纪行》刊于《东方杂志》第 36 卷第 22 号。

汪家祯《德苏合作的前途》刊于《东方杂志》第 36 卷第 23 号。

施建生《日本经济的穷途》刊于《东方杂志》第 36 卷第 23 号。

张骥青《英国之经济实力的透视》刊于《东方杂志》第 36 卷第 23 号。

董文哲《改善司法制度应取之途径》刊于《东方杂志》第 36 卷第 23 号。

黄霖生《日本能长期战争么》刊于《东方杂志》第 36 卷第 24 号。

涂怀莹《我国外交行政机构之调整与修正外部组织法》刊于《东方杂志》第 36 卷第 24 号。

徐同邺《如何建立自给自足的航空工业》刊于《东方杂志》第 36 卷第 24 号。

施建生《货币的本质》刊于《东方杂志》第 36 卷第 24 号。

华西园《一九三九年国际形势的展望》刊于《群众》第 2 卷第 13 期。

许涤新《当前的财政问题》刊于《群众》第 2 卷第 13 期。

潘梓年《敌人在侵略战争中得到了什么》刊于《群众》第 2 卷第 13 期。

汉夫《唯证唯物论与历史辩物论》刊于《群众》第 2 卷第 13 期。

狄亚司作，曹若茗译《抗战和巩固的统一是胜利的要素》刊于《群众》第 2 卷第 13 期。

梓年《论敌人后方文化工作》刊于《群众》第 2 卷第 14 期。

史乃展《世界反侵略运动与中国抗战》刊于《群众》第 2 卷第 15 期。

华西园《国民参政会的产生发展与前途》刊于《群众》第 2 卷第 16 期。

凯丰《〈联共（布）党史简明教程〉的历史意义和国际意义》刊于《群众》第 2 卷第 16 期。

斗光《开展青年学生运动与青年切身问题的关系》刊于《群众》第 2 卷第 16 期。

L·布鲁哈特著，曹若茗译《和平力量与战争力量》刊于《群众》第 2 卷第 16 期。

《晋察冀边区抗日根据地是怎样创造起来的》刊于《群众》第 2 卷第 17—18 期合刊。

《联共十八届全代大会国际意义》刊于《群众》第 2 卷第 19 期。

许涤新《德吞捷克及其对于国际局势之影响》刊于《群众》第 2 卷第 19 期。

何思敬《资本论自修—列宁的指示（拾零）》刊于《群众》第 2 卷第 19 期。

克寒《晋东南抗日根据地的政权》刊于《群众》第 2 卷第 19 期。

［苏］莫洛诺夫《第三届五年计划》刊于《群众》第 2 卷第 20 期。

汉夫《美国修正中立法问题》刊于《群众》第 2 卷第 20 期。

《对精神总动员应有的认识》刊于《群众》第 2 卷第 21 期。

梓年《中国抗战与国际反法西斗争》刊于《群众》第 2 卷第 21 期。

企程译《德国法西斯的"种族学说"———一种杀戮与战争的"哲学"》刊于《群众》第 2 卷第 21 期。

［苏］曼努意斯基著，曹若茗译《列宁与国际工人运动》刊于《群众》第 2 卷第 23 期。

梓年《反法西斗争中国际工人的统一运动》刊于《群众》第 2 卷第 23 期。

乔治·路德作，朔望译《英国职工会与英国民众运动》刊于《群众》第 2 卷第 23 期。

梓年《发挥"五四"运动所提倡的科学精神———使科学为抗战建国服务》刊于《群众》第 2 卷第 24—25 期合刊。

吴克坚《从鼓浪屿事件说到列强在华租界问题》刊于《群众》第 3 卷第 1 期。

许涤新《敌人榨取华北华中经济网的剖视》刊于《群众》第 3 卷第 1 期。

史乃展《日趋严重的但泽问题》刊于《群众》第 3 卷第 1 期。

汉夫《论自力更生与争取外援》刊于《群众》第 3 卷第 1 期。

春江译《英土协定的意义》刊于《群众》第 3 卷第 1 期。

[苏]A·西道罗夫作,戈宝权译《关于列宁著〈俄国资本主义的发展〉一书》刊于《群众》第 3 卷第 1 期。

[苏]G·季米特洛夫作,企程、春江合译《社会主义国家及国际无产阶级的斗争》刊于《群众》第 3 卷第 2 期。

吴克坚《"五卅"教训与抗战》刊于《群众》第 3 卷第 2 期。

陆诒《鄂豫边境的战争》刊于《群众》第 3 卷第 2 期。

《关于红灯教》刊于《群众》第 3 卷第 2 期。

叶剑英讲,高咏录《最近敌人作战计划的分析》刊于《群众》第 3 卷第 3 期。

企程译《埃伦特群岛设防问题》刊于《群众》第 3 卷第 3 期。

《合作事业上的几种陋弊》刊于《群众》第 3 卷第 3 期。

《苏联反侵略外交与中国》刊于《群众》第 3 卷第 4 期。

汉夫《莫洛诺夫演说反响》刊于《群众》第 3 卷第 4 期。

凯丰《目前国际形势与中国抗战》刊于《群众》第 3 卷第 4 期。

许涤新《日元为什么暴跌? 伪币为什么贬价?》刊于《群众》第 3 卷第 4 期。

《自愿出征军人的家属为什么不应该优待?》刊于《群众》第 3 卷第 4 期。

周恩来《二期抗战的重心——二八年五月卅日在重庆中央广播电台讲》刊于《群众》第 3 卷第 5 期。

吴敏《鄂北胜利与轻敌倾向》刊于《群众》第 3 卷第 5 期。

许涤新《英苏谈判的透视与展望》刊于《群众》第 3 卷第 5 期。

企程译《论英法苏三国协定》刊于《群众》第 3 卷第 5 期。

戈宝权译《什么是乌托邦社会主义?》刊于《群众》第 3 卷第 5 期。

梓年《抗战两年的文化界》刊于《群众》第 3 卷第 6—7 期。

戈宝权《加强中苏关系与坚持抗战》刊于《群众》第 3 卷第 6—7 期。

许涤新《过于外汇波动的一些问题》刊于《群众》第 3 卷第 6—7 期。

[苏]日丹诺夫著,朔望译《英法苏三国协定谈判的分析》刊于《群众》第 3 卷第 6—7 期。

毛泽东《当前时局的最大危机》刊于《群众》第 3 卷第 8—9 期。

王稼祥《目前抗战的政略与战略的中心问题——纪念抗战二周年》刊于《群众》第 3 卷第 8—9 期。

[苏]叶高罗夫作,戈宝权译《关于普列诺夫的〈我们的分歧〉一书——联共(布)党史研究资料之六》刊于《群众》第 3 卷第 8—9 期。

《当前的学校教育》刊于《群众》第 3 卷第 8—9 期。

叶剑英《游击战线上目前军事问题》刊于《群众》第 3 卷第 10 期。

刘伯承讲,荣一农记《关于平原游击战争诸问题》刊于《群众》第 3 卷第 11 期。

荣一农《平原游击战的经验教训及其他》刊于《群众》第 3 卷第 12 期。

吴克坚《论英日初步协定》刊于《群众》第 3 卷第 11 期。

A·克莱尔作,企程译《社会主义与劳动纪律》刊于《群众》第3卷第12—13期。

《国际青年节与中国青年》刊于《群众》第3卷第13期。

毛泽东《论目前国际形势与中国抗战》刊于《群众》第3卷第13期。

易符《战时下的日本工人阶级》刊于《群众》第3卷第13期。

梓年《苏德互不侵犯条约的成功及其所给予我们的教训》刊于《群众》第3卷第14期。

V·李绍夫作,戈宝权译《谁是"经济派",为什么列宁要和他们作斗争?——联共(布)党史研究资料之九》刊于《群众》第3卷第14期。

华西园《论敌我战略战术的演变(续)》刊于《群众》第3卷第14—16期。

汉夫《论欧洲战争》刊于《群众》第3卷第15—16期。

闵廉译《苏维埃爱国主义的实质》刊于《群众》第3卷第15—16期。

戈宝权译《什么是"合法的马克思主义"?——联共(布)党史研究资料之十》刊于《群众》第3卷第15—16期。

袁国平《论江南伪军工作》刊于《群众》第3卷第17期。

《法国大革命的灿烂教训》刊于《群众》第3卷第17期。

闵廉译《苏维埃爱国主义的实质》刊于《群众》第3卷第17期。

戈宝权译《论正义与非正义的战争(上)——联共(布)党史研究资料之十二》刊于《群众》第3卷第18—19期。

许涤新《马克思论战争》刊于《群众》第3卷第18—19期。

艾思奇《怎样研究辩证法唯物论》刊于《群众》第3卷第18—19期。

[苏]J·亚尔帕里作,许涤新译《理解〈资本论〉所必需的预备知识(上)——怎样研究〈资本论〉第一章》刊于《群众》第3卷第18—19期。

[苏]A·谢斯他科夫教授主编,戈宝权译《沙皇俄罗斯的资本主义之发展——〈苏联史简明教程〉第九章》刊于《群众》第3卷第18—19期。

《关于第二次世界大战两个阶段的特点》刊于《群众》第3卷第18—19期。

梓年《苏维埃国家粉碎武装干涉的经验教训》刊于《群众》第3卷第20期。

许涤新《二十余年来资本主义经济与社会主义经济的对照》刊于《群众》第3卷第20期。

戈宝权译《论正义与非正义的战争(下)—联共(布)党史研究资料之十二》刊于《群众》第3卷第20期。

[苏]J·亚尔帕里作,许涤新译《理解资本论所必需的预备知识(下)—怎样研究资本论第一章》刊于《群众》第3卷第20期。

[苏]A·谢斯他科夫教授主编,戈宝权译《俄国的第一次资产阶级革命(上)——〈苏联史简明教程〉第九章》刊于《群众》第3卷第20期。

《实施宪政运动的先决条件是什么?》刊于《群众》第3卷第21期。

白劳德《论最近国际局势》刊于《群众》第3卷第21期。

石西民《中山先生与宪政》刊于《群众》第3卷第21期。

史乃展《中国宪政运动之史的发展》刊于《群众》第3卷第21期。

[苏]A·谢斯他科夫教授主编,戈宝权译《俄国的第一次资产阶级革命(下)——〈苏联史简明教程〉第十章》刊于《群众》第3卷第21期。

《为什么民主政治是自力更生的主要内容?》刊于《群众》第3卷第21期。

蔡前《敌军的厌战反战情绪与目前对敌军的宣传工作》刊于《群众》第3卷第22期。

[苏]A·谢斯他科夫教授主编,戈宝权译《俄国的第二次资产阶级革命(下)——〈苏联史简明教程〉第十一章》刊于《群众》第3卷第22期。

《相持阶段的到来与我们应有的认识》刊于《群众》第3卷第22期。

《论联共(布)党史的发行和研究并论共产国际各支部中马列主义的宣传工作》刊于《群众》第3卷第23期。

吴克坚《论巩固革命的先锋队伍》刊于《群众》第3卷第23期。

易吉光《论革命政党的民主集中制》刊于《群众》第3卷第23期。

瀚若《对于宪政运动应有的认识》刊于《群众》第3卷第23期。

丁达译《〈联共党史〉对于荷兰革命运动的重要性——〈联共党史〉普及运动在各国之五》刊于《群众》第3卷第23期。

[苏]I·巴康诺夫作,戈宝权译《论布尔塞维克党在一九一四年至一九一八年战争中的策略(上)—联共(布)党史研究资料之十五》刊于《群众》第3卷第23期。

《怎样把不良份子从革命组织中清洗出去?》刊于《群众》第3卷第23期。

凯丰《斯大林同志与中国革命——庆祝斯大林同志六十寿辰》刊于《群众》第3卷第24期。

许涤新《斯大林对于民族问题的贡献》刊于《群众》第3卷第24期。

闵廉译《列宁斯大林的国家学说对国际工人阶级的意义》刊于《群众》第3卷第24期。

《关于宪政运动的二个问题》刊于《群众》第3卷第24期。

《日寇财政经济危机的现状》刊于《群众》第3卷第25期。

戈宝权译《论马克思的〈政治经济学批判〉出版八十周年纪念》刊于《群众》第3卷第25期。

E·瓦尔加作,企程译《一九三九年上半年世界经济的总结——军备扩充成了促进工业活动的决定因素》刊于《群众》第3卷第25期。

许涤新《怎样去把握战时经济的动向?》刊于《群众》第3卷第25期。

石西民《欧战与中国经济》刊于《群众》第3卷第25期。

汉夫《新经济危机中的美国工人斗争》刊于《群众》第3卷第25期。

易符《日本人口的危机》刊于《群众》第3卷第25期。

《关于物价问题》刊于《群众》第3卷第25期。

林疑今《和与战》刊于《宇宙风》第81期。

憾庐《悲观与乐观》刊于《宇宙风》第81期。

且庵《李国杰之经过与汪精卫之一段因缘》刊于《宇宙风》第81期。

怀今译《弥留的英格兰寡头政治》刊于《宇宙风》第81期。

胡海《文武合一与学生健康》刊于《宇宙风》第84期。

李健吾《鲍德莱耳》刊于《宇宙风》第84期。

陈东林《日本〈战争文学〉一瞥》刊于《宇宙风》第86期。

双玉《由粤西至粤南》刊于《宇宙风》第86期。

杨彦岐《我们的文化是不能毁灭的》刊于《宇宙风》第88期。

介愚《前线的妇女服务团》刊于《宇宙风》第 88 期。

李伦《宣传队的工作》刊于《宇宙风》第 90 期。

斯亮《怀前线的战士》刊于《宇宙风》第 90 期。

师山《希特勒主义》刊于《宇宙风》第 90 期。

张叶舟《江浙仍在战斗中》刊于《宇宙风》第 90 期。

孺心《古人的悲哀》刊于《宇宙风》第 91 期。

憾庐《争取沦陷区的民众》刊于《宇宙风》第 91 期。

吕启华《行军在吕梁山道上》刊于《宇宙风》第 91 期。

杜若《人生与文学》刊于《宇宙风》第 91 期。

风黎庵《清初理学》刊于《宇宙风乙刊》第 11 期。

张宪《英国人的自我批判》刊于《宇宙风乙刊》第 14 期。

张振楣《美国人的自我批判》刊于《宇宙风乙刊》第 14 期。

乔志高《民主过的民意测验》刊于《宇宙风乙刊》第 16 期。

吕实明《巴尔干之危机》刊于《宇宙风乙刊》第 16 期。

东林《美国的少年罪犯》刊于《宇宙风乙刊》第 16 期。

林焕平《论一九三八年的日本文学界》刊于《文艺阵地》第 2 卷第 12 期。

张申府《新启蒙运动与新生活运动》发表于《战时文化》第 2 卷第 3 期。

张申府《新启蒙运动与青年运动》发表于《战时文化》第 2 卷第 3 期。

杜若君《新启蒙运动与国际观》发表于《战时文化》第 2 卷第 3 期。

穆木天《地方文艺启蒙运动与革命文艺大众化》发表于《战时知识》第 2 卷第 8 期。

吴平《新启蒙运动》发表于《生活青年》第 8—9 期。

云生《新青年与新启蒙运动——为五四运动二十周年纪念而作》发表于《新中国》第 2 卷第 4 期。

江涛声《中国近代的启蒙运动与史实》发表于《动向》第 1 卷第 3 期。

王沉《新"文化启蒙运动"》发表于《大路周刊》第 25 期。

胡曲园《精神动员与启蒙运动》发表于《译报周刊》第 1 卷第 24 期。

青云梯《伟人传记与青年》发表于《青年月刊》第 7 卷第 4 期。

萧军《鲁迅先生三周年逝世纪念献言》发表于《笔阵》第 12 期(鲁迅先生三周年逝世纪念特辑)。

孟引《谈〈壁下译丛〉》发表于《笔阵》第 12 期(鲁迅先生三周年逝世纪念特辑)。

懋文《我们纪念鲁迅》发表于《笔阵》第 12 期(鲁迅先生三周年逝世纪念特辑)。

保罗《我爱鲁迅先生》发表于《笔阵》第 12 期(鲁迅先生三周年逝世纪念特辑)。

周文《鲁迅先生与反对复古》发表于《笔阵》第 12 期(鲁迅先生三周年逝世纪念特辑)。

有恒《从抗战中认识鲁迅之伟大性》发表于《笔阵》第 12 期(鲁迅先生三周年逝世纪念特辑)。

扬波《鲁迅先生翻译作品述略》发表于《笔阵》第 12 期(鲁迅先生三周年逝世纪念特辑)。

穆毅《学习鲁迅精神》发表于《西线文艺》第 1 卷第 3 期(鲁迅先生逝世三周年纪念)。

罗迅《你永远活着》发表于《西线文艺》第 1 卷第 3 期(鲁迅先生逝世三周年纪念)。

欧阳凡海《鲁迅在日本》发表于《文艺阵地》第 4 卷第 1 期(鲁迅先生逝世三周年纪念特辑)。

景宋《鲁迅先生的娱乐》(回忆)发表于《文艺阵地》第 4 卷第 1 期(鲁迅先生逝世三周年纪念特辑)。

无名《鲁迅的家世》发表于《文艺阵地》第 4 卷第 1 期(鲁迅先生逝世三周年纪念特辑)。

穆木天《秋风里的悲愤》(诗)发表于《文艺阵地》第 4 卷第 1 期(鲁迅先生逝世三周年纪念特辑)。

萧红《鲁迅先生生活散记》(回忆)发表于《文艺阵地》第 4 卷第 1 期(鲁迅先生逝世三周年纪念特辑)。

关露《鲁迅的故事》(诗)发表于《文艺阵地》第 4 卷第 1 期(鲁迅先生逝世三周年纪念特辑)。

[苏]高尔基《高尔基致孙中山书》发表于《新中国文艺丛刊》第 2 辑(高尔基与中国)。

[苏]A. Gatov 作,什之译《高尔基与中国》发表于《新中国文艺丛刊》第 2 辑(高尔基与中国)。

[苏]A. 拉弗列茨基作,蒋天佐译《高尔基与现实主义》发表于《新中国文艺丛刊》第 2 辑(高尔基与中国)。

[苏]格拉特珂夫作,萧岱译《第一次会见高尔基》发表于《新中国文艺丛刊》第 2 辑(高尔基与中国)。

什《高尔基的书》发表于《新中国文艺丛刊》第 2 辑(高尔基与中国)。

青《高尔基逝世三年祭》发表于《新中国文艺丛刊》第 2 辑(高尔基与中国)。

青《高尔基年表》发表于《新中国文艺丛刊》第 2 辑(高尔基与中国)。

青《高尔基〈国防文集〉》发表于《新中国文艺丛刊》第 2 辑(高尔基与中国)。

景宋《鲁迅的日常生活》发表于《新中国文艺丛刊》第 3 辑(鲁迅纪念特辑)。

巴人《鲁迅的创作方法》发表于《新中国文艺丛刊》第 3 辑(鲁迅纪念特辑)。

洛蚀文《鲁迅与尼采》发表于《新中国文艺丛刊》第 3 辑(鲁迅纪念特辑)。

锡金《鲁迅与诗歌》发表于《新中国文艺丛刊》第 3 辑(鲁迅纪念特辑)。

[苏]V. 罗果夫作,见译《鲁迅与俄国文学》发表于《新中国文艺丛刊》第 3 辑(鲁迅纪念特辑)。

白鹤《熬持·搏击·纪念先生》发表于《新中国文艺丛刊》第 3 辑(鲁迅纪念特辑)。

景宋《鲁迅先生的写作生活》(回忆)发表于《文艺新潮》第 2 卷第 1 期(鲁迅先生逝世三周年纪念语文特辑特大号)。

毁堂《风习的校正与改革——为纪念鲁迅先生逝世三周年而作》发表于《文艺新潮》第 2 卷第 1 期(鲁迅先生逝世三周年纪念语文特辑特大号)。

岳南《纪念鲁迅先生》(唱词)发表于《通俗文艺》第 11 期(纪念鲁迅先生特辑)。

阿农《你爱我们老百姓》发表于《通俗文艺》第 11 期(纪念鲁迅先生特辑)。

施实《介绍鲁迅先生》发表于《通俗文艺》第 11 期(纪念鲁迅先生特辑)。

编者《鲁迅先生的趣事》发表于《通俗文艺》第 11 期(纪念鲁迅先生特辑)。

魏猛克《鲁迅及其杂文》发表于《七月》第 4 集第 3 期(纪念鲁迅先生逝世三周年)。

卢鸿基《"他举起了投枪"》(木刻)发表于《七月》第 4 集第 3 期(纪念鲁迅先生逝世三周

年）。

欧阳凡海《思想的雏荃——在南京求学的鲁迅》发表于《七月》第 4 集第 3 期（纪念鲁迅先生逝世三周年）。

力扬《鲁迅先生与一八艺社》发表于《七月》第 4 集第 3 期（纪念鲁迅先生逝世三周年）。

力群《木刻工作者的纪念》发表于《七月》第 4 集第 3 期（纪念鲁迅先生逝世三周年）。

艾思奇《学习鲁迅主义》发表于《文艺突击》创刊号（纪念鲁迅先生逝世二周年）。

荒煤《老头子》发表于《文艺突击》创刊号（纪念鲁迅先生逝世二周年）。

林山《誓词——献给鲁迅先生的魂灵》（诗）发表于《文艺突击》创刊号（纪念鲁迅先生逝世二周年）。

小山《我怎能忘记》发表于《文艺突击》新 1 卷第 2 期（纪念高尔基）。

[苏]F.漠洛托夫作，吴伯箫译《献给玛克辛·高尔基》发表于《文艺突击》新 1 卷第 2 期（纪念高尔基）。

冯玉祥《高尔基逝世三周年》发表于《文艺月刊》第 3 卷第 12 号。

以群《高尔基所给予我们的启示》发表于《抗战文艺》第 4 卷第 3—4 期（纪念高尔基特辑）。

戈宝权《高尔基与中国》发表于《抗战文艺》第 4 卷第 3—4 期（纪念高尔基特辑）。

蓬子《在抗战的艰苦阶段纪念高尔基》发表于《抗战文艺》第 4 卷第 3—4 期（纪念高尔基特辑）。

萧军《成都文协筹备纪念鲁迅》发表于《文艺新闻》第 3 号（鲁迅先生逝世三周年纪念特辑）。

景宋《鲁迅先生的晚年（1926—1936）》发表于《文艺新闻》第 3 号（鲁迅先生逝世三周年纪念特辑）。

惟元《鲁迅先生及其周围的人们》（木刻）发表于《文艺新闻》第 3 号（鲁迅先生逝世三周年纪念特辑）。

景宋先生赠摄《鲁迅先生手迹》发表于《文艺新闻》第 3 号（鲁迅先生逝世三周年纪念特辑）。

端木蕻良《哭迅师》发表于《文艺新闻》第 3 号（鲁迅先生逝世三周年纪念特辑）。

哥梁《银幕上的〈高尔基童年〉》发表于《文艺新闻》第 7 号（苏联新片高尔基《童年》特辑）。

什之《〈高尔基童年〉的本事》发表于《文艺新闻》第 7 号（苏联新片高尔基《童年》特辑）。

楼适夷《为〈高尔基童年〉的放映》发表于《文艺新闻》第 7 号（苏联新片高尔基《童年》特辑）。

马耳《不仅是俄国人的故事》发表于《文艺新闻》第 7 号（苏联新片高尔基《童年》特辑）。

贺依《幸福和苦难》发表于《文艺新闻》第 7 号（苏联新片高尔基《童年》特辑）。

林珏《孩子们的宝鉴》发表于《文艺新闻》第 7 号（苏联新片高尔基《童年》特辑）。

黄峰《大苦难的童年》发表于《文艺新闻》第 7 号（苏联新片高尔基《童年》特辑）。

钟望阳《高尔基在孩子们的心里》发表于《文艺新闻》第 7 号（苏联新片高尔基《童年》特辑）。

岳昭《欢迎〈高尔基童年〉》发表于《文艺新闻》第 7 号（苏联新片高尔基《童年》特辑）。

锡金《我从高尔基获得》发表于《文艺新闻》第 7 号(苏联新片高尔基《童年》特辑)。

应服群《三言两语》发表于《文艺新闻》第 7 号(苏联新片高尔基《童年》特辑)。

石灵《从平凡到伟大》发表于《文艺新闻》第 7 号(苏联新片高尔基《童年》特辑)。

铭《〈高尔基童年〉电影脚本选译》发表于《文艺新闻》第 7 号(苏联新片高尔基《童年》特辑)。

戈宝权《高尔基与中国》发表于《文艺新闻》第 7 号(苏联新片高尔基《童年》特辑)。

吴玉章《斯大林传》发表于《中苏文化》(斯大林先生六十寿辰专号)。

戈宝权《斯大林重要著作年表》发表于《中苏文化》(斯大林先生六十寿辰专号)。

罗荪《读伟大革命事业的领导者传记》发表于《中苏文化》(斯大林先生六十寿辰专号)。

冯玉祥《庆祝苏联领袖斯大林先生的六十寿辰》发表于《中苏文化》(斯大林先生六十寿辰专号)。

邵力子《祝苏联伟大领袖斯大林先生六十寿辰》发表于《中苏文化》(斯大林先生六十寿辰专号)。

梁寒操《恭斯大林先生六十寿》发表于《中苏文化》(斯大林先生六十寿辰专号)。

张西曼《伟哉斯大林》发表于《中苏文化》(斯大林先生六十寿辰专号)。

外庐等编译《斯大林——世界学术传统的继承者》发表于《中苏文化》(斯大林先生六十寿辰专号)。

沈志远《斯大林和辩证法唯物论》发表于《中苏文化》(斯大林先生六十寿辰专号)。

黄松龄《斯大林建设社会主义农业的理论与政策》发表于《中苏文化》(斯大林先生六十寿辰专号)。

张友渔《斯大林宪法与民主政治》发表于《中苏文化》(斯大林先生六十寿辰专号)。

潘梓年《斯大林领导下的苏联和平政策》发表于《中苏文化》(斯大林先生六十寿辰专号)。

陶甄《斯大林与反对派在理论与实践上的斗争》发表于《中苏文化》(斯大林先生六十寿辰专号)。

赵克昂《斯大林论干部问题》发表于《中苏文化》(斯大林先生六十寿辰专号)。

曹靖华译《斯大林论列宁》发表于《中苏文化》(斯大林先生六十寿辰专号)。

叶文雄译《斯大林与斯泰哈诺夫运动》发表于《中苏文化》(斯大林先生六十寿辰专号)。

王语今译《列宁遗志继承者斯大林的使命》发表于《中苏文化》(斯大林先生六十寿辰专号)。

杜伯刚译《斯大林怎样保卫沙利青》发表于《中苏文化》(斯大林先生六十寿辰专号)。

西坡译《斯大林时代的科学》发表于《中苏文化》(斯大林先生六十寿辰专号)。

张西曼《斯大林宪法》发表于《中苏文化》(斯大林先生六十寿辰专号)。

宋介《发刊词》刊于《教育学报(中华民国教育总会)》第 1 期。

按:是文曰:"溯自前岁七七事变暴发以来,国家已步入一新的阶段,更生的新机运亦逐渐展开。一切皆将以'从前种种譬如昨日死,此后种种犹如今日生'之精神,澈底刷洗痛自振作,以从事于新国家之建设。虽建国大业千头万绪,而要其根本,乃须从教育上作起。今后新教育究应如何树立,尤为当前一重大问题。是以教育总会同仁,发行《教育学报》,拟以集众思广益之旨趣,集合全国教育贤达,共同研究而检讨之,以建立此百年大计之基础焉。兴办教育必须依据国家之体性,而为适切之计划,易言之,即教育的规划必与社会之机构相关联也。两千二百年前亚里士多德已恺切言之矣。独惜一般之研究教育者,往往只见到先生与学生,而忽略了社会,诚不免举其二而遗其一之讥矣。夫教育之主要目的,一方在使个人与社会之需要相调整,一方并发展青年之社会思想,改善社会之环境。今值中国更生之时,如欲建设新国家必先培植新国民;如欲培植新国民,尤须树立新教育;而此新教育之根本原则,自须与新中国之建国精神,息息相通打成一片,国家之建设方向可成功,教师之天职方为克尽。否则教育的原则如与政治的社会的立旨不能一致,则必发生矛盾混乱之象,而妨害国家之建设矣。过去二三十年来矛盾混乱,胥由于教育与社会未能放在一起通盘计划而产生者。今值新中国建设开始,教育自须另辟途径,痛改前非。"

王谟《改革现行教育制度刍见》刊于《教育学报(中华民国教育总会)》第1期。

张恺《推行科学教育与新中国之建设》刊于《教育学报(中华民国教育总会)》第1期。

段之桓《东方文化运动与新教育建设问题》刊于《教育学报(中华民国教育总会)》第1期。

祁森焕《现代日本教育学术之进步概观》刊于《教育学报(中华民国教育总会)》第1期。

仰东《三十年来中国教育痛言》刊于《教育学报(中华民国教育总会)》第1期。

李洲《体育之价值》刊于《教育学报(中华民国教育总会)》第1期。

孙世庆《怎样办理幼稚教育》刊于《教育学报(中华民国教育总会)》第1期。

武三多《儿童研究之现阶段》刊于《教育学报(中华民国教育总会)》第1期。

杭小言《北京市小学教育的一个迫切问题》刊于《教育学报(中华民国教育总会)》第1期。

郑建白《中学校与中学生》刊于《教育学报(中华民国教育总会)》第1期。

东屋《学记之学年》刊于《教育学报(中华民国教育总会)》第1期。

盛志《山井鼎与七经孟子考文》刊于《教育学报(中华民国教育总会)》第1期。

张绍昌《一年来日本教育之革新要案》刊于《教育学报(中华民国教育总会)》第1期。

安尹静《一九三八年中日文教界大事纪》刊于《教育学报(中华民国教育总会)》第1期。

张绍昌《一九三八年国际教育概况》刊于《教育学报(中华民国教育总会)》第1期。

苏民生《日本重游记》刊于《教育学报(中华民国教育总会)》第1期。

石之《艺术教育推进之刍议》刊于《教育学报(中华民国教育总会)》第2期。

张恺《小工业教育之重要性》刊于《教育学报(中华民国教育总会)》第2期。

李牧伯《中国书院制度论》刊于《教育学报(中华民国教育总会)》第2期。

祁森焕《日本之青年学校教育述要》刊于《教育学报(中华民国教育总会)》第2期。

张绍昌《全体主义与教育》刊于《教育学报(中华民国教育总会)》第2期。

孙世庆《漫谈小学教育》刊于《教育学报(中华民国教育总会)》第2期。

叔筠《中学教育革新刍议》刊于《教育学报(中华民国教育总会)》第2期。

郑建白《改良师资问题》刊于《教育学报(中华民国教育总会)》第2期。

[日]吉田谦三著,萧步墀译《转换期中的日本教育》刊于《教育学报(中华民国教育总会)》第2期。

田颐《新教育方针下中等地理教育之根本的改革》刊于《教育学报(中华民国教育总会)》第2期。

韩国儒《教育体操之检讨》刊于《教育学报(中华民国教育总会)》第2期。

小言《美育中心的小学教育》刊于《教育学报(中华民国教育总会)》第2期。

劳存《古代之教育》刊于《教育学报(中华民国教育总会)》第2期。

张鸣琦《演剧底社会效用》刊于《教育学报(中华民国教育总会)》第2期。

何达《日本古代文化源流及其发展》刊于《教育学报(中华民国教育总会)》第 2 期。

盛志《朱舜水与日本》刊于《教育学报(中华民国教育总会)》第 2 期。

黄素秋《墨子研究》刊于《教育学报(中华民国教育总会)》第 2 期。

杨荫庆《中国圣贤治学之科学精神》刊于《教育学报(中华民国教育总会)》第 2 期。

张绍昌《国际教育概况》刊于《教育学报(中华民国教育总会)》第 2 期。

苏民生《日本重游记(续前)》刊于《教育学报(中华民国教育总会)》第 2 期。

甘药樵《读史杂感》刊于《教育学报(中华民国教育总会)》第 2 期。

[日]三木清著,薛纯良译《青年应如何读书》刊于《教育学报(中华民国教育总会)》第 2 期。

宋介《国民精神之再建》刊于《教育学报(中华民国教育总会)》第 3 期。

王谟《复兴中国与师范教育》刊于《教育学报(中华民国教育总会)》第 3 期。

孟超《教育如何改进》刊于《教育学报(中华民国教育总会)》第 3 期。

祁森焕《全体主义之教育理论》刊于《教育学报(中华民国教育总会)》第 3 期。

刘宏钰《实践道德与学生修养》刊于《教育学报(中华民国教育总会)》第 3 期。

敦敏《吾国中等农业教育之重要》刊于《教育学报(中华民国教育总会)》第 3 期。

张恺《关于女校实施训练事项之管见》刊于《教育学报(中华民国教育总会)》第 3 期。

彭望恕《农业教育之重要性》刊于《教育学报(中华民国教育总会)》第 3 期。

武三多《儿童与心理卫生》刊于《教育学报(中华民国教育总会)》第 3 期。

梁瑞甫《儒家之人格教育论》刊于《教育学报(中华民国教育总会)》第 3 期。

罗庆山《扫除文盲与私立学校》刊于《教育学报(中华民国教育总会)》第 3 期。

东屋《对于国文选读注重实质与注重形式之意见》刊于《教育学报(中华民国教育总会)》第 3 期。

黎绚《教育视察之理论与实际》刊于《教育学报(中华民国教育总会)》第 3 期。

[日]今泉孝大郎著,高少鹏译《德国大学统制概略》刊于《教育学报(中华民国教育总会)》第 3 期。

孟超《参观日本教育后对于改进中国小学教育之我见》刊于《教育学报(中华民国教育总会)》第 3 期。

盛志《日本汉学研究概观》刊于《教育学报(中华民国教育总会)》第 3 期。

戎春天《女子在社会上的地位与自处》刊于《教育学报(中华民国教育总会)》第 3 期。

张绍昌《国际教育概况》刊于《教育学报(中华民国教育总会)》第 3 期。

苏民生《法隆寺金堂壁画》刊于《教育学报(中华民国教育总会)》第 3 期。

苏益信《中国大学教育之基本问题》刊于《教育学报(中华民国教育总会)》第 4 期。

李牧伯《中日文化人与兴亚前途》刊于《教育学报(中华民国教育总会)》第 4 期。

陈莲森《如何再建国民精神》刊于《教育学报(中华民国教育总会)》第 4 期。

张恺《从女子天职以谈家庭教育》刊于《教育学报(中华民国教育总会)》第 4 期。

秦百里《教育实际问题之一》刊于《教育学报(中华民国教育总会)》第 4 期。

罗庆山《社会教育之改善问题》刊于《教育学报(中华民国教育总会)》第 4 期。

齐宣《编辑新儿童读物的理论和实际》刊于《教育学报(中华民国教育总会)》第 4 期。

[日]吉田熊次著,张绍昌译《日本教育的理念》刊于《教育学报(中华民国教育总会)》第

4 期。

宋介《中华教育总会之使命与其将来》刊于《教育学报(中华民国教育总会)》第 4 期。

王谟《本会一年来之工作报告》刊于《教育学报(中华民国教育总会)》第 4 期。

杨荫庆《世界趋势与我国大学之使命》刊于《教育学报(中华民国教育总会)》第 4 期。

王文培《中学教育问题之商讨》刊于《教育学报(中华民国教育总会)》第 4 期。

孙世庆《小学教育与教育总会》刊于《教育学报(中华民国教育总会)》第 4 期。

陈灵秀《日本的高等教育》刊于《教育学报(中华民国教育总会)》第 4 期。

薛纯良《国际教育概况》刊于《教育学报(中华民国教育总会)》第 4 期。

郝路德著,齐宣译《中国儿童图书教育》刊于《教育学报(中华民国教育总会)》第 4 期。

芸芸《日本学生眼的状况》刊于《教育学报(中华民国教育总会)》第 4 期。

陈明《儿童德育歌词评介》刊于《教育学报(中华民国教育总会)》第 4 期。

芸芸《记首都巡回图书车》刊于《教育学报(中华民国教育总会)》第 4 期。

王云五《从奢侈说到教育》刊于《教育杂志》第 29 卷第 1 期。

陈鹤琴《论拉丁化中国文字》刊于《教育杂志》第 29 卷第 1 期。

李然《什么才是战时教育大众的利器》刊于《教育杂志》第 29 卷第 1 期。

董任坚《战争中的新兴儿童教育——街童教育》刊于《教育杂志》第 29 卷第 1 期。

吴鼎《抗战建国中之难童教育》刊于《教育杂志》第 29 卷第 1 期。

陈碧云《我对于教育孩子的一点经验》刊于《教育杂志》第 29 卷第 1 期。

萧起贤《改良小学生字典的我见》刊于《教育杂志》第 29 卷第 1 期。

张俊玶《战时小学教师的心理修养》刊于《教育杂志》第 29 卷第 1 期。

章育才《抗战时期的中学教育》刊于《教育杂志》第 29 卷第 1 期。

郑自明《关于整理大学课程的几句话》刊于《教育杂志》第 29 卷第 1 期。

张伯谨《我国出席第二次世界青年大会纪要》刊于《教育杂志》第 29 卷第 1 期。

高觉敷《球场测验与神经病的诊断》刊于《教育杂志》第 29 卷第 1 期。

黄觉民《高级小学生认识字义的研究》刊于《教育杂志》第 29 卷第 1 期。

李纯青《墨西哥的社会主义教育》刊于《教育杂志》第 29 卷第 1 期。

李纯青《荷兰的国际儿童团》刊于《教育杂志》第 29 卷第 1 期。

萧孝嵘《一种情绪状态测验之研究》刊于《教育杂志》第 29 卷第 2 期。

丁鸣九《一个新型学制——保学制之理论与实施》刊于《教育杂志》第 29 卷第 2 期。

林仲达《民族解放战争与新兴广西国民基础教育制度》刊于《教育杂志》第 29 卷第 2 期。

孙铭勋《好好地培养民族幼苗》刊于《教育杂志》第 29 卷第 2 期。

陆傅籍《现阶段普及教育之推行》刊于《教育杂志》第 29 卷第 2 期。

江问渔《我所认识的职业教育》刊于《教育杂志》第 29 卷第 2 期。

陈启肃《实施战时民众教育之管见》刊于《教育杂志》第 29 卷第 2 期。

李家治《抗战期间大学心理系课程急应注意的几点》刊于《教育杂志》第 29 卷第 2 期。

黄觉民《独裁与民主环境对于儿童影响的实验》刊于《教育杂志》第 29 卷第 2 期。

黄觉民《婚姻幸福究竟与什么关系最切》刊于《教育杂志》第 29 卷第 2 期。

高觉敷《紧张的系统与回忆》刊于《教育杂志》第 29 卷第 2 期。

章颐年《指导儿童的社会发展》刊于《教育杂志》第 29 卷第 2 期。

章颐年《训育的转变》刊于《教育杂志》第 29 卷第 2 期。

雷通群《从心理卫生上取决教师对儿童犯过的处置》刊于《教育杂志》第 29 卷第 2 期。

郑光昭《新西兰的函授教育》刊于《教育杂志》第 29 卷第 2 期。

李纯青《美国教育电影的新近发展》刊于《教育杂志》第 29 卷第 2 期。

陈礼江《各级学校兼办社会教育的意义办法及问题》刊于《教育杂志》第 29 卷第 3 期。

陈友松《大学教育社会化》刊于《教育杂志》第 29 卷第 3 期。

何清儒《对于各级学校兼办社会教育办法的宗旨一点意见》刊于《教育杂志》第 29 卷第 3 期。

罗廷光《现阶段社会教育实施的要则》刊于《教育杂志》第 29 卷第 3 期。

雷通群《学校兼办社会教育的主动力何在》刊于《教育杂志》第 29 卷第 3 期。

章颐年《学校兼办社会教育的人力和财力问题》刊于《教育杂志》第 29 卷第 3 期。

陈碧云《对于学校兼办社会教育的我见》刊于《教育杂志》第 29 卷第 3 期。

俞子夷《两个月兼办社会教育的浅薄经验》刊于《教育杂志》第 29 卷第 3 期。

葛承训《如何促进小学兼办社会教育》刊于《教育杂志》第 29 卷第 3 期。

梁士杰《小学可以做到的社会教育事业》刊于《教育杂志》第 29 卷第 3 期。

吴鼎《十二教育学术团体联合年会始末记》刊于《教育杂志》第 29 卷第 3 期。

黄觉民《小学一年级应注重阅读吗?》刊于《教育杂志》第 29 卷第 3 期。

黄觉民《学生缺度的社会因素》刊于《教育杂志》第 29 卷第 3 期。

雷通群《英人对于教育电影价值之新认识》刊于《教育杂志》第 29 卷第 3 期。

李纯青《美国进步教育会保卫民主的宣言》刊于《教育杂志》第 29 卷第 3 期。

李纯青《苏格兰的儿童指导疹疗所》刊于《教育杂志》第 29 卷第 3 期。

邵力子《国际反侵略运动》刊于《教育杂志》第 29 卷第 3 期。

陈科美《师范学院创立问题的商榷》刊于《教育杂志》第 29 卷第 4 期。

李蒸《师范学院问题》刊于《教育杂志》第 29 卷第 4 期。

鲁继曾《关于编制师范学院课程之建议》刊于《教育杂志》第 29 卷第 4 期。

黄翼《师范学院教育系之心理学课程》刊于《教育杂志》第 29 卷第 4 期。

江学乾《关于师范教育的几点改进意见》刊于《教育杂志》第 29 卷第 4 期。

方东澄《教育改制声中之师范教育问题》刊于《教育杂志》第 29 卷第 4 期。

吴研因《对于教育"形式主义"的抗议》刊于《教育杂志》第 29 卷第 4 期。

钟道赞《抗战以来吾国职业教育的实况》刊于《教育杂志》第 29 卷第 4 期。

周尚《战时战后卫生教育之行政设施》刊于《教育杂志》第 29 卷第 4 期。

欧元怀《抗战期间大夏大学的苦闷》刊于《教育杂志》第 29 卷第 4 期。

章颐年《现代小学的新课程》刊于《教育杂志》第 29 卷第 4 期。

章颐年《增长概念和技能的方法》刊于《教育杂志》第 29 卷第 4 期。

黄觉民《女体育师资专业教育的研究》刊于《教育杂志》第 29 卷第 4 期。

雷通群《阅读上引起新动机的补救法》刊于《教育杂志》第 29 卷第 4 期。

雷通群《测验阅读能力之新方法》刊于《教育杂志》第 29 卷第 4 期。

曾昭森《最近十年来美国学生进公私立大学肄业的趋势》刊于《教育杂志》第 29 卷第

4 期。

　　韩忠祥《德国之体育国防化》刊于《教育杂志》第 29 卷第 4 期。

　　黄翼《浙江大学教育学系培育院》刊于《教育杂志》第 29 卷第 4 期。

　　李纯青《耶鲁撒冷之学术地位》刊于《教育杂志》第 29 卷第 4 期。

　　王云五《今后学校教育的几个目标》刊于《教育杂志》第 29 卷第 7 期。

　　江问渔《论教育的联系性》刊于《教育杂志》第 29 卷第 7 期。

　　孙晓楼《当前改进我国高等教育之商榷》刊于《教育杂志》第 29 卷第 7 期。

　　叶松坡《实施导师制后所发生的困难及其解决法》刊于《教育杂志》第 29 卷第 7 期。

　　边理庭《抗战以来我国中等教育的实况》刊于《教育杂志》第 29 卷第 7 期。

　　陈侠《战时小学教育的经验》刊于《教育杂志》第 29 卷第 7 期。

　　黄文华《动员苗夷的教育设施》刊于《教育杂志》第 29 卷第 7 期。

　　王裕凯《教材选择与师资培养》刊于《教育杂志》第 29 卷第 7 期。

　　俞子夷《考题的取材和代表性》刊于《教育杂志》第 29 卷第 7 期。

　　丁重宣《怎样处理一个儿童的偷窃》刊于《教育杂志》第 29 卷第 7 期。

　　丁重宣《整理一个县教育的回忆》刊于《教育杂志》第 29 卷第 7 期。

　　陈科美《教育行政的新概念》刊于《教育杂志》第 29 卷第 7 期。

　　冯邦彦《"试了再试"的训练法》刊于《教育杂志》第 29 卷第 7 期。

　　雷通群《教师的个性心理分析》刊于《教育杂志》第 29 卷第 7 期。

　　雷通群《经济条件在教育计划上的重要性》刊于《教育杂志》第 29 卷第 7 期。

　　雷通群《科学观览教育指导者的任务》刊于《教育杂志》第 29 卷第 7 期。

　　富伯宁《学校以外的儿童幸福事业》刊于《教育杂志》第 29 卷第 7 期。

　　李纯青《英国战时撤退学童计划》刊于《教育杂志》第 29 卷第 7 期。

　　黄耘农《希特勒的儿童教育》刊于《教育杂志》第 29 卷第 7 期。

　　林枢《就军事论抗战必胜》刊于《教育杂志》第 29 卷第 7 期。

　　顾岳中《抗战建国中我国一般的教育概况》刊于《教育杂志》第 29 卷第 11 期。

　　丁重宣《福建的学生组训民众》刊于《教育杂志》第 29 卷第 11 期。

　　罗廷光《国民精神总动员与中学公民训练》刊于《教育杂志》第 29 卷第 11 期。

　　陈选善《应用教育实验法要注意的几点》刊于《教育杂志》第 29 卷第 11 期。

　　俞子夷《地图的教学(小学实际问题)》刊于《教育杂志》第 29 卷第 11 期。

　　陈科美《大学课程变迁的趋势与式型》刊于《教育杂志》第 29 卷第 11 期。

　　雷通群《英国的教育改善事项》刊于《教育杂志》第 29 卷第 11 期。

　　雷通群《科学教师应有的活动身手》刊于《教育杂志》第 29 卷第 11 期。

　　赵匡《体育教员的年龄问题》刊于《教育杂志》第 29 卷第 11 期。

　　陈科美《经验与教育》刊于《教育杂志》第 29 卷第 11 期。

　　顾岳中《抗战建国中我国社会教育及边疆教育概况》刊于《教育杂志》第 29 卷第 12 期。

　　丁重宣《福建战时民众教育的设施》刊于《教育杂志》第 29 卷第 12 期。

　　王永载《抗战与学校戏剧运动》刊于《教育杂志》第 29 卷第 12 期。

　　俞子夷《操行考查(小学实际问题)》刊于《教育杂志》第 29 卷第 12 期。

　　麦参史《弗劳特之泛性论与精神性》刊于《教育杂志》第 29 卷第 12 期。

陈科美《师范院中教学实习与教育理论的联络》刊于《教育杂志》第 29 卷第 12 期。

马鸿述《和平与教育》刊于《教育杂志》第 29 卷第 12 期。

雷通群《意大利最近的教育改革计划》刊于《教育杂志》第 29 卷第 12 期。

雷通群《印度最近的教育改革计划》刊于《教育杂志》第 29 卷第 12 期。

关义山《中学学科比较难度的测定》刊于《教育杂志》第 29 卷第 12 期。

高语罕《论战时安徽教育纲领》刊于《安徽教育半月刊》第 2 期。

春野《智识分子应回省救国》刊于《安徽教育半月刊》第 2 期。

杨起森《沦陷区域的教育问题》刊于《安徽教育半月刊》第 2 期。

吴遵明《如何使本省教育设施配合抗战》刊于《安徽教育半月刊》第 2 期。

王也愚《沦陷区域教育工作者的任务》刊于《安徽教育半月刊》第 2 期。

章柳泉《小学师资问题的严惩重性》刊于《安徽教育半月刊》第 2 期。

吴鼎《抗战建国期中的小学课程改造》刊于《安徽教育半月刊》第 2 期。

马轶尘《过去和现在的儿童训育》刊于《安徽教育半月刊》第 2 期。

宛书城《桐城文派的新评价》刊于《安徽教育半月刊》第 2 期。

黎冰《一个来自前线的小学教师的报告》刊于《安徽教育半月刊》第 2 期。

黎冰《小学高年级国语科补充教材》刊于《安徽教育半月刊》第 2 期。

陈立夫《教育与建国之要道》刊于《安徽教育半月刊》第 2 期。

常道直《学制合理化之一般原则愿望现行学制修正方案》刊于《建国教育》第 1 卷第 2 期。

姜琦《中国学制修正方案之商榷》刊于《建国教育》第 1 卷第 2 期。

沈子善《今后二年之义务教育》刊于《建国教育》第 1 卷第 2 期。

马克谈《今后二年之初等教育》刊于《建国教育》第 1 卷第 2 期。

李清悚《今后二年之中学教育》刊于《建国教育》第 1 卷第 2 期。

陈东原《今后二年之大学教育》刊于《建国教育》第 1 卷第 2 期。

许恪士《今后二年之师资训练》刊于《建国教育》第 1 卷第 2 期。

陈剑恒《今后二年小学师资之训练与调整》刊于《建国教育》第 1 卷第 2 期。

江问渔《今后二年间一部份特殊职业教育实施计划》刊于《建国教育》第 1 卷第 2 期。

赵懋华《今后二年内之妇女教育》刊于《建国教育》第 1 卷第 2 期。

陈礼江《今后二年之社会教育》刊于《建国教育》第 1 卷第 2 期。

钱用和《今后二年之难童教育》刊于《建国教育》第 1 卷第 2 期。

吴铸人《今后二年边疆教育》刊于《建国教育》第 1 卷第 2 期。

吴研因《今后二年之侨民教育》刊于《建国教育》第 1 卷第 2 期。

程登科《今后二年之体育与军训》刊于《建国教育》第 1 卷第 2 期。

程其保《今后二年之教育行政计划》刊于《建国教育》第 1 卷第 2 期。

周邦道《今后二年之调整教育视导制》刊于《建国教育》第 1 卷第 2 期。

陈友松《今后二年调整全国教育经费的研究计划》刊于《建国教育》第 1 卷第 2 期。

陆殿扬《今后二年之改善教育用品》刊于《建国教育》第 1 卷第 2 期。

魏学仁、郭有守《今后二年之电影教育》刊于《建国教育》第 1 卷第 2 期。

叶溯中、孟浦《今后二年之推进国民卫生教育》刊于《建国教育》第 1 卷第 2 期。

沈祖荣《今后二年之推进图书馆教育》刊于《建国教育》第1卷第2期。

吴南轩《今后二年之心理卫生教育》刊于《建国教育》第1卷第2期。

喻傅鉴《中学课程问题》刊于《建国教育》第1卷第2期。

马元放《最近之江苏教育》刊于《建国教育》第1卷第3—4期合刊。

许绍棣《浙江省推行教育近况》刊于《建国教育》第1卷第3—4期合刊。

方治《抗战期间安徽省推行教育状况》刊于《建国教育》第1卷第3—4期合刊。

郑贞文《战时福建教育》刊于《建国教育》第1卷第3—4期合刊。

许崇清《最近一年来之广东教育》刊于《建国教育》第1卷第3—4期合刊。

陈剑脩《在全教会议关于湖北教育的报告》刊于《建国教育》第1卷第3—4期合刊。

朱经农《湖南教育概况》刊于《建国教育》第1卷第3—4期合刊。

郭有守《四川省教育之最近设施》刊于《建国教育》第1卷第3—4期合刊。

张志韩《贵州教育最近施政方针》刊于《建国教育》第1卷第3—4期合刊。

龚自知《云南地方教育和中等教育的一个报告》刊于《建国教育》第1卷第3—4期合刊。

郑通和《最近甘肃教育之设施》刊于《建国教育》第1卷第3—4期合刊。

胡子恒《察哈尔省教育工作概要》刊于《建国教育》第1卷第3—4期合刊。

时子周《宁夏教育建设现状》刊于《建国教育》第1卷第3—4期合刊。

陈剑如《南京教育之回顾》刊于《建国教育》第1卷第3—4期合刊。

潘公展《上海市教育述略》刊于《建国教育》第1卷第3—4期合刊。

韩孟钧《西康省之抗战教育计划》刊于《建国教育》第1卷第3—4期合刊。

鲁荡平《河南省战时教育之设施》刊于《建国教育》第1卷第3—4期合刊。

孟一鸣《新疆教育近况》刊于《建国教育》第1卷第3—4期合刊。

王承曾《河北省教育之回顾与前瞻》刊于《建国教育》第1卷第3—4期合刊。

殷绂亭《国际风云的据点》刊于《建国与教育》第1卷第1期。

子和《中等以下学校推行家庭教育的问题》刊于《建国与教育》第1卷第1期。

许拱辰《怎样指导儿童作文》刊于《建国与教育》第1卷第1期。

叶子培《音乐在生长中》刊于《建国与教育》第1卷第1期。

青风《国际时代之认识》刊于《建国与教育》第1卷第1期。

丁金相《教师节述感》刊于《建国与教育》第1卷第1期。

青风《国际时代之认识》刊于《建国与教育》第1卷第1期。

靖宇、心立《一个新创的小学》刊于《建国与教育》第1卷第1期。

殷馥亭《英苏谈判在进行中》刊于《建国与教育》第1卷第2期。

牛华《加速普及小学教育》刊于《建国与教育》第1卷第2期。

葛子和《民间固有宣传方式之利用》刊于《建国与教育》第1卷第2期。

刘德岑《对于编纂历史故事的商榷》刊于《建国与教育》第1卷第2期。

张焕庭《献给今日之教育工作者》刊于《建国与教育》第1卷第2期。

萧毓秀《我们的后备军》刊于《建国与教育》第1卷第2期。

青风《国际问题讲话》刊于《建国与教育》第1卷第2期。

馥亭《抗战两年来敌我情势之分析》刊于《建国与教育》第1卷第3期。

乐此《戏剧漫谈》刊于《建国与教育》第 1 卷第 3 期。

石芳英《怎样动员妇女》刊于《建国与教育》第 1 卷第 3 期。

张励齐《我们怎样办会龙场小学》刊于《建国与教育》第 1 卷第 3 期。

钱鲁庭《如何调整战时地方教育行政》刊于《建国与教育》第 1 卷第 4—5 期合刊。

乐此《戏剧漫谈（续完）》刊于《建国与教育》第 1 卷第 4—5 期合刊。

刘德岑《对于编纂历史故事的商榷（续完）》刊于《建国与教育》第 1 卷第 4—5 期合刊。

滋禾《谈谈孔子的教学方法》刊于《建国与教育》第 1 卷第 4—5 期合刊。

殷馥亭《文字漫谈》刊于《建国与教育》第 1 卷第 4—5 期合刊。

程厅长《以推行精神总动员来纪念双十节》刊于《江西地方教育》第 161—162 期合刊。

程厅长《解决师范教育问题发挥师范教育精神》刊于《江西地方教育》第 161—162 期合刊。

程厅长《对师范学校十二点希望》刊于《江西地方教育》第 161—162 期合刊。

程厅长《社教会议意义及应有精神》刊于《江西地方教育》第 161—162 期合刊。

曾一之《社会教育会议记》刊于《江西地方教育》第 161—162 期合刊。

程厅长《教育者当前最切要的工作》刊于《江西地方教育》第 163 期。

邱椿《现代教育思潮的鸟瞰》刊于《江西地方教育》第 163 期。

张芳保《峡江县捐资兴学概述》刊于《江西地方教育》第 163 期。

杨芳瑜《怎样读国际新闻》刊于《江西地方教育》第 163 期。

鲁易《人物·思想（二六）》刊于《江西地方教育》第 163 期。

张德琇《心理学在教育上的应用》刊于《江西地方教育》第 163 期。

叶松坡《导师制困难的解决法》刊于《江西地方教育》第 163 期。

周峻《江西百业教育三周年》刊于《江西地方教育》第 164—165 期合刊。

吴自强《一年来导师制实施经过及其改进》刊于《江西地方教育》第 164—165 期合刊。

胡元康《政教合一在鄱阳三区》刊于《江西地方教育》第 164—165 期合刊。

彭松年《一组保学儿童班的写字教材》刊于《江西地方教育》第 164—165 期合刊。

鲁易《人物·思想（二七）》刊于《江西地方教育》第 164—165 期合刊。

曾作忠《怎样做一个成功的教师》刊于《江西地方教育》第 164—165 期合刊。

蒋先启《抗战教育要旨》刊于《江西地方教育》第 164—165 期合刊。

邱廷皋《伤兵教育的根据》刊于《江西地方教育》第 164—165 期合刊。

北原《我们进步敌人没落》刊于《江西地方教育》第 164—165 期合刊。

青木《战后日币首次公开贬值》刊于《江西地方教育》第 164—165 期合刊。

寒梅《白主任论全面战争》刊于《江西地方教育》第 164—165 期合刊。

程时煃《县长对于地方教育行政注意事项》刊于《江西地方教育》第 166 期。

程时煃《二十八年度对安全县地方教育十项希望》刊于《江西地方教育》第 167—168 期合刊。

程时煃《对近战区县份地方教育十项希望》刊于《江西地方教育》第 167—168 期合刊。

邱椿《法西斯主义的教育思想》刊于《江西地方教育》第 167—168 期合刊。

徐十鉴《怎样才是抗战建国中的优良小学教师》刊于《江西地方教育》第 167—168 期合刊。

张定安《视导遂川下七乡各级学校观感》刊于《江西地方教育》第 167—168 期合刊。

董作宾《贡献一个有效的宣传方法》刊于《江西地方教育》第 167—168 期合刊。

鲁易《人物·思想（二八）》刊于《江西地方教育》第 167—168 期合刊。

陆天《美术室随笔——关于进修》刊于《江西地方教育》第 167—168 期合刊。

冯玉祥《推进伪军反正的浪潮》刊于《江西地方教育》第 167—168 期合刊。

马寅初《中国之入超如何抵补》刊于《江西地方教育》第 167—168 期合刊。

江友《我的学习地理经验》刊于《江西地方教育》第 167—168 期合刊。

殷毓麒《怎样走出了沦陷区》刊于《江西地方教育》第 167—168 期合刊。

忍寒《大学设训育长》刊于《教育半月刊》第 5 卷第 3 期。

仁安《论疏散问题》刊于《教育半月刊》第 5 卷第 3 期。

叶石荪讲、尤仁安记《五四运动时代的精神》刊于《教育半月刊》第 5 卷第 3 期。

张敷荣《小学教师对于教学问题应有的研究和认识》刊于《教育半月刊》第 5 卷第 3 期。

王樵《从战时教育谈到它的任务和实施》刊于《教育半月刊》第 5 卷第 3 期。

张增杰《个人发展之社会的基础》刊于《教育半月刊》第 5 卷第 3 期。

刘鸿静《由成都市实施战时民教感到农村教育之重要》刊于《教育半月刊》第 5 卷第 3 期。

崔载阳《师范学院建设方针》刊于《教育研究》第 93—94 期合刊。

倪中方《师范生入学因素的分析》刊于《教育研究》第 93—94 期合刊。

严明《视导的新任务》刊于《教育研究》第 93—94 期合刊。

方惇颐《最近德国中学制度的革新》刊于《教育研究》第 93—94 期合刊。

高觉敷《十七八世纪的哲学心理学》刊于《教育研究》第 93—94 期合刊。

吴江霖《领悟学习的标准之实验分析》刊于《教育研究》第 93—94 期合刊。

陈友松《德国教师待遇制度之借镜》刊于《教育研究》第 91—92 期合刊。

方惇颐《美国最近师范教育文献之检讨》刊于《教育研究》第 91—92 期合刊。

许绍桂《越南华侨教育经验谈》刊于《教育研究》第 91—92 期合刊。

梁瓯第《海防华侨教育调查录》刊于《教育研究》第 91—92 期合刊。

戚焕尧《琼山华侨教育考察记》刊于《教育研究》第 91—92 期合刊。

许绍桂《影响教学效能的几个因子》刊于《教育研究》第 91—92 期合刊。

马葆炼《大学生的职业兴趣和后十年职业史的关系》刊于《教育研究》第 91—92 期合刊。

郭登敖《教育与服务》刊于《教育与服务》第 40 期。

马式武《音字教学实验计划》刊于《教育与服务》第 40 期。

侯铭《新二部制实验报告》刊于《教育与服务》第 40 期。

陈一得《云南气象要素之分布》刊于《教育与科学》第 5 期。

侯曙苍《古代教育学说管窥》刊于《教育与科学》第 5 期。

陈一得《云南气象谚语集》刊于《教育与科学》第 5 期。

陆傅籍《战时小学科学教育实施的研讨》刊于《教育与科学》第 6 期。

陈一得《云南气象要素之分布（五续）》刊于《教育与科学》第 6 期。

陶行知《生活教育目前的任务》刊于《战时教育》第 3 卷第 10 期。

迪民《如火如荼的山西民众运动》刊于《战时教育》第 3 卷第 10 期。

拓林笔记《印度民族革命教育及其他》刊于《战时教育》第 3 卷第 10 期。

杨寅初执笔《广西战时国民基础教育实施办法》刊于《战时教育》第 3 卷第 10 期。

操震球《省溪小先生训练班之经过》刊于《战时教育》第 3 卷第 10 期。

唯幹《桂林山洞教育的展开》刊于《战时教育》第 3 卷第 10 期。

王洞若《生活教育的涵义》刊于《战时教育》第 3 卷第 11 期。

陶行知《推行生活教育之又一方式》刊于《战时教育》第 3 卷第 11 期。

殷雷笔记《幸福的苏联母性和儿童》刊于《战时教育》第 3 卷第 11 期。

拓林《华北的民众动员（上）》刊于《战时教育》第 3 卷第 11 期。

魏东明《关于国文教学做》刊于《战时教育》第 3 卷第 11 期。

角鳞《从日寇新阁说到英意谈话》刊于《战时教育》第 3 卷第 11 期。

白桃《论目前的劳动教育》刊于《战时教育》第 4 卷第 5 期。

泽民《抗战教育的训导法》刊于《战时教育》第 4 卷第 5 期。

邹绿芷《第三帝国文化之崩溃》刊于《战时教育》第 4 卷第 5 期。

魏东明《今年如何纪念五月》刊于《战时教育》第 4 卷第 5 期。

白雪《广西猺山教育现状一瞥》刊于《战时教育》第 4 卷第 5 期。

戴自俺《抗战简报对广大民众的需要》刊于《战时教育》第 4 卷第 5 期。

君慧《泸县保育院近况》刊于《战时教育》第 4 卷第 5 期。

阎锡山《巩固百万民众组织奠定游击根据地的群众基础》刊于《战时教育》第 4 卷第 5 期。

吕良《一个实施战时教育的中学》刊于《战时教育》第 4 卷第 6 期。

方与严《在"大时代"行进中话"业余"》刊于《战时教育》第 4 卷第 6 期。

叶厥葆《新中国战时的教育军》刊于《战时教育》第 4 卷第 6 期。

角鳞《日趋明显的两个阵线》刊于《战时教育》第 4 卷第 6 期。

甘伯厚《四川通江县教育现状》刊于《战时教育》第 4 卷第 6 期。

宋育仁《消灭文盲的具体办法》刊于《战时教育》第 4 卷第 7 期。

郭揽青《山西民大的儿童团训练班》刊于《战时教育》第 4 卷第 7 期。

惠波《河南半年来的抗战教育》刊于《战时教育》第 4 卷第 7 期。

陶行知《兵役宣传之研究》刊于《战时教育》第 4 卷第 7 期。

马琴、王先涛等《伤兵教育的几点经验》刊于《战时教育》第 4 卷第 7 期。

角鳞《英法政府还要等待什么》刊于《战时教育》第 4 卷第 7 期。

洞若《论平时教育与战时教育·抗战教育与建国教育》刊于《战时教育》第 4 卷第 8 期。

陈伦《浙江的教育县》刊于《战时教育》第 4 卷第 8 期。

夏之扬《展开教育界的反汪运动》刊于《战时教育》第 4 卷第 10 期。

雷沛鸿《义卖运动与创造新时代的成人教育》刊于《战时教育》第 4 卷第 10 期。

竞成《克复后的英山教育》刊于《战时教育》第 4 卷第 10 期。

王克浪《战区教育只能进攻不能退守》刊于《战时教育》第 4 卷第 10 期。

王西彦《对一个新书院的回忆录》刊于《战时教育》第 4 卷第 10 期。

白桃《急待树立的民主教育》刊于《战时教育》第 4 卷第 11 期。

何心皙《大别山里的抗战教育》刊于《战时教育》第4卷第11期。

郭揽青《山西儿童的革命生活和革命教育》刊于《战时教育》第4卷第11期。

王西彦《对一个新书院的回忆录(续完)》刊于《战时教育》第4卷第11期。

陶行知《谈未来的东亚新秩序》刊于《战时教育》第5卷第1期。

白桃《论斐希特的教育学说》刊于《战时教育》第5卷第1期。

魏东明《文学家不是生成的是造成的》刊于《战时教育》第5卷第1期。

郭弼昌《访问广西地方建设干部学校》刊于《战时教育》第5卷第1期。

殷金陵《欧局的发展及其前途》刊于《战时教育》第5卷第1期。

陶行知《填鸭教育》刊于《战时教育》第5卷第2期。

季平《教育的本质》刊于《战时教育》第5卷第2期。

何鹏《鲁迅论儿童教育》刊于《战时教育》第5卷第2期。

殷金陵《美日交涉与我们的态度》刊于《战时教育》第5卷第2期。

刘沛如《我们去当劝读队》刊于《战时教育》第5卷第2期。

陶行知《宪政运动与国民教育》刊于《战时教育》第5卷第3期。

季平《教育的本质(续)》刊于《战时教育》第5卷第3期。

郭揽青《山西敌后儿童教育近状》刊于《战时教育》第5卷第3期。

张煌《国防线上的学校》刊于《战时教育》第5卷第3期。

太古译《一个新奇的大学》刊于《战时教育》第5卷第3期。

史今编《战时农民读本》刊于《战时教育》第5卷第3期。

铁马《怎样指导儿童为日记》刊于《战时教育》第5卷第3期。

殷金陵《日寇进犯西南的阴谋》刊于《战时教育》第5卷第3期。

陶行知《我的民众教育观》刊于《战时教育》第5卷第4期。

王克浪《抗战中的江西教育》刊于《战时教育》第5卷第4期。

季平《教育的本质(续)》刊于《战时教育》第5卷第4期。

陶宏《怎样处理战时儿童营养问题》刊于《战时教育》第5卷第4期。

太行《活跃在敌我阵地间的民运干训班》刊于《战时教育》第5卷第4期。

吴树琴译《成功的科学家居礼夫人传》刊于《战时教育》第5卷第4期。

胜文《大别山中青年运动的新姿态》刊于《战时教育》第5卷第4期。

陶行知《游击区教育》刊于《战时教育》第5卷第6期。

冯子英《鄂中战地中学》刊于《战时教育》第5卷第6期。

汪羽军《安徽中学在东战场所做的社会教育工作》刊于《战时教育》第5卷第6期。

雁林《惠阳教育的危机》刊于《战时教育》第5卷第6期。

任子《半年来在军队中工作的经验及感想》刊于《战时教育》第5卷第6期。

郭弼昌《我怎样在连里教士兵识字》刊于《战时教育》第5卷第6期。

罗汉《近东各国的风光》刊于《战时教育》第5卷第6期。

芝峰《佛教与上海》刊于《华南觉音》第6期。

满慈《从佛教立场上谈精神总动员》刊于《华南觉音》第8期。

尘空记《学佛与佛学》刊于《华南觉音》第8期。

达灵《教与禅》刊于《华南觉音》第9期。

白云《从中日事变说到东亚和平与中日佛教徒之使命》刊于《晨钟》创刊号。

通明《略述中国佛教之八宗二行》刊于《晨钟》创刊号。

隆定《日本佛教宗派之鸟瞰》刊于《晨钟》创刊号。

隆定《杭州日华佛教会之回顾》刊于《晨钟》创刊号。

无尘《研究日本大乘佛教之印象》刊于《晨钟》创刊号。

西子《西湖的沿革》刊于《晨钟》创刊号。

学圣《社会与佛法》刊于《晨钟》创刊号。

尹云凡《学佛入门初谈》刊于《佛学月刊》第 1 期。

尹云凡《佛学入门二谈（上）》刊于《佛学月刊》第 2 期。

谢钝人《我之学佛》刊于《佛学月刊》第 2 期。

尹云凡《佛学入门二谈（中）》刊于《佛学月刊》第 3 期。

万是《文化之战》刊于《大乘月刊》第 3 期。

慧童《皈佛之阶段》刊于《大乘月刊》第 3 期。

蒋钜波《劝研究佛法说》刊于《大乘月刊》第 3 期。

诹访义让《现代中国佛教之概观》刊于《大乘月刊》第 3 期。

四、学术著作

（周）庚桑楚著《亢仓子》（丛书集成初编本）由上海商务印书馆刊行。

（周）李耳等著《老子道德经·道德指归说》（丛书集成初编本）由上海商务印书馆刊行。

（周）商鞅著《商子》（丛书集成初编本）由上海商务印书馆刊行。

（周）端木赐等著《诗传·诗说·诗说·诗论》（丛书集成初编本）由上海商务印书馆刊行。

（汉）刘向等编《楚辞》（丛书集成初编本）由上海商务印书馆刊行。

（汉）应劭、蔡质等著《汉官仪·汉官典职仪式选用·汉官》（丛书集成初编本）由上海商务印书馆刊行。

（汉）韩婴著《韩诗外传》（丛书集成初编本）由上海商务印书馆刊行。

（汉）扬雄、徐干著《法言·中论》（丛书集成初编本）由上海商务印书馆刊行。

（汉）桓谭等著《仲长统论·桓子新论·物理论·金楼子》（丛书集成初编本）由上海商务印书馆刊行。

（汉）华佗著《华氏中藏经》（丛书集成初编本）由上海商务印书馆刊行。

（汉）黄石公等著《素书·黄石公三略·新书·武侯八阵兵法辑略》（丛书集成初编本）由上海商务印书馆刊行。

（汉）孔鲋著《小尔雅·小尔雅疏证》（丛书集成初编本）由上海商务印书馆刊行。

（汉）刘安等著《淮南万毕术·出行宝镜·元包经传·元包数总义》（丛书集成初编本）由上海商务印书馆刊行。

（汉）陆贾著《陆子》（丛书集成初编本）由上海商务印书馆刊行。

（汉）叔孙通等著《汉礼器制度·汉官旧仪·伏侯古今注·独断·汉仪》（丛书集成初编本）由上海商务印书馆刊行。

（汉）王充著《论衡》（丛书集成初编本）由上海商务印书馆刊行。

（汉）魏伯阳等著《古文参同契集解》（丛书集成初编本）由上海商务印书馆刊行。

（汉）徐岳等著《孙子算经·数术记遗·五曹算经·夏侯阳算经》（丛书集成初编本）由上海商务印书馆刊行。

（汉）扬雄著《法言·中论》（丛书集成初编本）由上海商务印书馆刊行。

（汉）郑玄著《郑志》（丛书集成初编本）由上海商务印书馆刊行。

（晋）常璩著《华阳国志》（丛书集成初编本）由上海商务印书馆刊行。

（晋）戴凯之等著《南方草木状·竹谱·离骚草木疏·桐谱》（丛书集成初编本）由上海商务印书馆刊行。

（晋）郭璞著《山海经》（丛书集成初编本）由上海商务印书馆刊行。

（晋）陶弘景著《真诰》（丛书集成初编本）由上海商务印书馆刊行。

（晋）张华著《博物志》（丛书集成初编本）由上海商务印书馆刊行。

（晋）张湛等著《列子·冲虚至德真经释文》（丛书集成初编本）由上海商务印书馆刊行。

（晋）陶潜著《陶靖节诗集》（丛书集成初编本）由上海商务印书馆刊行。

（梁）任昉著《文章缘起》由长沙商务印书馆刊行。

（梁）萧统等著《锦带书·卢忠肃公书牍》（丛书集成初编本）由上海商务印书馆刊行。

（北齐）刘昼等著《刘子》（丛书集成初编本）由上海商务印书馆刊行。

（姚秦）鸠摩罗什译《思益梵天所问经》由上海般若书局刊行。

（后秦）释僧肇等著《宝藏论·象教皮编》（丛书集成初编本）由上海商务印书馆刊行。

（后魏）贾思勰著《齐民要术》（丛书集成初编本）由上海商务印书馆刊行。

（后周）王朴著《太清神鉴》（丛书集成初编本）由上海商务印书馆刊行。

（北周）卢辩等注《大戴礼记补注》（丛书集成初编本）由上海商务印书馆刊行。

（北周）甄鸾等著《张丘建算经·五经算术》（丛书集成初编本）由上海商务印书馆刊行。

（隋）杜台卿等著《玉烛宝典·赏心乐事·四时宜忌·七十二候考》（丛书集成初编本）由上海商务印书馆刊行。

（隋）萧吉等著《五行大义·麻衣道者正易心法》（丛书集成初编本）由上海商务印书馆刊行。

（唐）佛陀多罗译《无量义经》由上海佛学书局刊行。

（唐）白居易著，任泰英译《长恨歌》（英译）由云南昆明中华书局刊行。

（唐）曹宪著《博雅音》（丛书集成初编本）由上海商务印书馆刊行。

（唐）常沂等著《灵鬼志》刊行。

（唐）苏鹗等著《资暇集·苏氏演义·中华古今注》（丛书集成初编本）由上海商务印书馆刊行。

（唐）崔令钦等著《教坊记·周秦行纪·龙女传·梦游录·非烟传·张无颇传·扬州梦记·孙内翰北里志·薛昭传·妆楼记》（丛书集成初编本）由上海商务印书馆刊行。

（唐）德行禅师等著《四字经·李虚中命书·珞琭子三命消息赋注》（丛书集成初编本）由上海商务印书馆刊行。

（唐）范摅著《云溪友议》（丛书集成初编本）由上海商务印书馆刊行。

（唐）黄子发等著《相雨书·天文占验·占验录·土牛经·云气占候篇·通占大象历星

经》(丛书集成初编本)由上海商务印书馆刊行。

（唐）李绛著《李相国论事集》(丛书集成初编本)由上海商务印书馆刊行。

（唐）陆广微等著《吴地记·吴郡图经续记》刊行。

（唐）陆勋著《集异志》(丛书集成初编本)由上海商务印书馆刊行。

（唐）沈既济等著《雷民传·牛应贞传·三梦记·幻戏志》(丛书集成初编本)由上海商务印书馆刊行。

（唐）沈亚之等著《冯燕传·刘无双传·吴保安传》(丛书集成初编本)由上海商务印书馆刊行。

（唐）司空图等著《诗品二十四则·风骚旨格·木天禁语》(丛书集成初编本)由上海商务印书馆刊行。

（唐）苏鹗等著《杜阳杂编·桂苑丛谈》(丛书集成初编本)由上海商务印书馆刊行。

（唐）王方庆等集《魏郑公谏录·魏郑公谏续录·梁公九谏》(丛书集成初编本)由上海商务印书馆刊行。

（唐）王孝通等著《缉古算经》(丛书集成初编本)由上海商务印书馆刊行。

（唐）徐灵府等著《天台山记·南岳小录·庐山记·庐山记略·名山洞天福地记》(丛书集成初编本)由上海商务印书馆刊行。

（唐）于义方等著《黑心符·家训笔录·放翁家训·袁氏世范》(丛书集成初编本)由上海商务印书馆刊行。

（唐）袁郊著《甘泽谣》(丛书集成初编本)由上海商务印书馆刊行。

（唐）张读著《宣室志》(丛书集成初编本)由上海商务印书馆刊行。

（唐）张为等著《主客图·二南密旨·本事诗》(丛书集成初编本)由上海商务印书馆刊行。

（唐）长孙无忌等著《唐律疏义》(丛书集成初编本)由上海商务印书馆刊行。

（唐）赵璘等著《因话录》(丛书集成初编本)由上海商务印书馆刊行。

（唐）白居易等著《香山酒颂》(丛书集成初编本)由上海商务印书馆刊行。

（唐）卢仝、李益著《卢仝集·李尚书集》(丛书集成初编本)由上海商务印书馆刊行。

（唐）孙广等著《啸旨·角力记·学射录·手臂录》(丛书集成初编本)由上海商务印书馆刊行。

（五代）何光远等著《鉴诫录·玉溪编事》(丛书集成初编本)由上海商务印书馆刊行。

（五代）孙光宪著《北梦琐言》(丛书集成初编本)由上海商务印书馆刊行。

（南唐）徐铉著《稽神录》(丛书集成初编本)由上海商务印书馆刊行。

（宋）徐梦莘编《三朝北盟会编》(甲、乙、丙、丁册)由上海海天书店刊行。

（宋）黎立武著，(清)惠栋等著《中庸分章·中庸本解·易大谊》(丛书集成初编本)由上海商务印书馆刊行。

（宋）李如圭著《仪礼集释》(丛书集成初编本)由上海商务印书馆刊行。

（宋）苏辙等著《老子解·蟾仙解老·道德真经集解》(丛书集成初编本)由上海商务印书馆刊行。

（宋）刘昌诗著《芦浦笔记》(丛书集成初编本)由上海商务印书馆刊行。

（宋）史绳祖著《学斋佔毕》(丛书集成初编本)由上海商务印书馆刊行。

（宋）徐总干等著《易传灯·易象意言》（丛书集成初编本）由上海商务印书馆刊行。

（宋）杨伯岩等著《鼠璞·坦斋通编·臆乘》（丛书集成初编本）由上海商务印书馆刊行。

（宋）俞德邻等著《佩韦斋辑闻·东斋记事·释常谈》（丛书集成初编本）由上海商务印书馆刊行。

（宋）赵与时著《宾退录》（丛书集成初编本）由上海商务印书馆刊行。

（宋）包拯著《孝肃包公奏议》（丛书集成初编本）由上海商务印书馆刊行。

（宋）蔡沈等著《至书·明本释》（丛书集成初编本）由上海商务印书馆刊行。

（宋）曹勋等著《北狩见闻录·北狩行录·靖康传言录·靖康纪闻》（丛书集成初编本）由上海商务印书馆刊行。

（宋）著者不详《辛巳泣蕲录·中兴御侮录》（丛书集成初编本）由上海商务印书馆刊行。

（宋）曾慥编《乐府雅词》（丛书集成初编本）由上海商务印书馆刊行。

（宋）贾昌期著《群经音辨》（丛书集成初编本）由上海商务印书馆刊行。

（宋）陈敷等著《农书·耕织图诗》（丛书集成初编本）由上海商务印书馆刊行。

（宋）陈模等著《东宫备览·吾师录·宦游日记》（丛书集成初编本）由上海商务印书馆刊行。

（宋）陈善著《扪虱新话》（丛书集成初编本）由上海商务印书馆刊行。

（宋）陈师文等编《增广太平惠民合剂局方》（丛书集成初编本）由上海商务印书馆刊行。

（宋）陈襄等著《州县提纲·昼帘绪论·阳明先生保甲法》（丛书集成初编本）由上海商务印书馆刊行。

（宋）程大昌著《考古编》（丛书集成初编本）由上海商务印书馆刊行。

（宋）程迥等著《医经正本书·学医随笔·内外伤辨》（丛书集成初编本）由上海商务印书馆刊行。

（宋）真德秀、储泳等著《谕俗文·袪疑说》（丛书集成初编本）由上海商务印书馆刊行。

（宋）董逌著《广川书跋》（丛书集成初编本）由上海商务印书馆刊行。

（宋）范成大著《吴郡志》刊行。

（宋）范镇等著《东斋记事·国老谈苑·涑水记闻》（丛书集成初编本）由上海商务印书馆刊行。

（宋）高似孙著《纬略》（丛书集成初编本）由上海商务印书馆刊行。

（宋）葛立方著《韵语阳秋》（丛书集成初编本）由上海商务印书馆刊行。

（宋）勾延庆、张唐英等著《锦里耆旧传·蜀檮杌·南汉纪》（丛书集成初编本）由上海商务印书馆刊行。

（宋）郭稽中、宋端章著《产育宝庆集·卫生家宝产科备要》（丛书集成初编本）由上海商务印书馆刊行。

（宋）韩祗和著《伤寒微旨论·伤寒九十论》（丛书集成初编本）由上海商务印书馆刊行。

（宋）洪遵等著《泉志·钱法纂要》（丛书集成初编本）由上海商务印书馆刊行。

（宋）黄朝英著《靖康缃素杂记》（丛书集成初编本）由上海商务印书馆刊行。

（宋）姜夔著《白石道人歌曲》（丛书集成初编本）由上海商务印书馆刊行。

（宋）金履祥著《尚书表注》（丛书集成初编本）由上海商务印书馆刊行。

（宋）孔平仲著《孔氏谈苑》（丛书集成初编本）由上海商务印书馆刊行。

（宋）李元纲著《厚德录》（丛书集成初编本）由上海商务印书馆刊行。

（宋）刘敞等著《公是弟子记》（丛书集成初编本）由上海商务印书馆刊行。

（宋）刘蒙等著《扬州芍药谱·菊谱·梅谱·海棠谱·玉蕊辨证》（丛书集成初编本）由上海商务印书馆刊行。

（宋）刘时举著《续宋编年资治通鉴》（丛书集成初编本）由上海商务印书馆刊行。

（宋）鲁应龙等著《闲窗括异志·物异志》（丛书集成初编本）由上海商务印书馆刊行。

（宋）陆游等著《避暑漫抄·家室旧闻·萤雪丛说·可书》（丛书集成初编本）由上海商务印书馆刊行。

（宋）范公偁、张耒著《过庭录·明道杂志》（丛书集成初编本）由上海商务印书馆刊行。

（宋）罗大经著《鹤林玉露》（丛书集成初编本）由上海商务印书馆刊行。

（宋）罗愿等著《尔雅翼》（丛书集成初编本）由上海商务印书馆刊行。

（宋）珞琭子等著《三命指迷赋·乾元秘旨》（丛书集成初编本）由上海商务印书馆刊行。

（宋）吕本中等著《许彦周诗话·东莱吕紫微诗话·珊瑚钩诗话》（丛书集成初编本）由上海商务印书馆刊行。

（宋）吕本中著《东莱吕紫薇师友杂志·紫薇杂说》（丛书集成初编本）由上海商务印书馆刊行。

（宋）马永卿辑《元城语录解》（丛书集成初编本）由上海商务印书馆刊行。

（宋）欧阳修等著《六一诗话·司马温公诗话·贡父诗话·临汉隐居诗话·后山居士诗话》（丛书集成初编本）由上海商务印书馆刊行。

（宋）朋九万等著《东坡乌台诗案·诗谳·龙筋凤髓判》（丛书集成初编本）由上海商务印书馆刊行。

（宋）钱乙等著《小儿药证真诀》（丛书集成初编本）由上海商务印书馆刊行。

（宋）史堪著《史载之方》（丛书集成初编本）由上海商务印书馆刊行。

（宋）强至等编著《韩忠献公遗事·丰清敏公遗事·崔清献公言行录》（丛书集成初编本）由上海商务印书馆刊行。

（宋）樵川樵叟等著《庆元党禁·元祐党籍碑考》（丛书集成初编本）由上海商务印书馆刊行。

（宋）单锷等著《吴中水利书·四明它山水利备览·三吴水利论》（丛书集成初编本）由上海商务印书馆刊行。

（宋）邵伯温著《河南邵氏闻见前录》（丛书集成初编本）由上海商务印书馆刊行。

（宋）邵雍等著《渔樵对问·上蔡先生语录》（丛书集成初编本）由上海商务印书馆刊行。

（宋）史炤著《资治通鉴释文》（丛书集成初编本）由上海商务印书馆刊行。

（宋）释昙莹著《珞琭子赋注》（丛书集成初编本）由上海商务印书馆刊行。

（宋）释文莹等著《玉壶诗话·冷斋夜话》（丛书集成初编本）由上海商务印书馆刊行。

（宋）司马光著《潜虚·潜虚述义·潜虚解》（丛书集成初编本）由上海商务印书馆刊行。

（宋）宋或等著《萍洲可谈·石林燕语》（丛书集成初编本）由上海商务印书馆刊行。

（宋）苏轼、沈括著《苏沈良方·旅舍备要方》（丛书集成初编本）由上海商务印书馆刊行。

（宋）苏轼著《东坡志林》（丛书集成初编本）由上海商务印书馆刊行。

（宋）苏洵等著《谥法·谥法考·东井诰敕》（丛书集成初编本）由上海商务印书馆刊行。

（宋）苏易简著《文房四谱》（丛书集成初编本）由上海商务印书馆刊行。

（宋）孙甫等著《唐史论断·新旧唐书杂论·五代春秋》（丛书集成初编本）由上海商务印书馆刊行。

（宋）王观国著《学林》（丛书集成初编本）由上海商务印书馆刊行。

（宋）王贶著《全生指迷方·洪氏集验方》（丛书集成初编本）由上海商务印书馆刊行。

（宋）王楙著《野客丛书》（丛书集成初编本）由上海商务印书馆刊行。

（宋）王帏等著《道山清话·方柳溪边旧话》刊行。

（宋）王象之著《蜀碑记补》（丛书集成初编本）由上海商务印书馆刊行。

（宋）王象之著《舆地碑记目》（丛书集成初编本）由上海商务印书馆刊行。

（宋）王应麟等编《郑氏周易注》（丛书集成初编本）由上海商务印书馆刊行。

（宋）王栐著《宋朝燕翼诒谋录》（丛书集成初编本）由上海商务印书馆刊行。

（宋）著者不详《宋季三朝政要》（丛书集成初编本）由上海商务印书馆刊行。

（宋）王正德著《余师录》（丛书集成初编本）由上海商务印书馆刊行。

（宋）魏泰等著《东轩笔录·珍席放谈·桐阴旧话》（丛书集成初编本）由上海商务印书馆刊行。

（宋）吴曾著《能改斋漫录》（丛书集成初编本）由上海商务印书馆刊行。

（宋）吴枋等著《宣聊野乘·五总志·石林燕语辨》（丛书集成初编本）由上海商务印书馆刊行。

（宋）吴潜等著《许国公奏议·五城奏疏》（丛书集成初编本）由上海商务印书馆刊行。

（宋）吴自牧等著《梦粱录·古杭杂记》刊行。

（宋）辛弃疾等著《南渡录大略·靖康朝野佥言·建炎维扬遗录·建炎复辟记·建炎笔录》（丛书集成初编本）由上海商务印书馆刊行。

（宋）著者不详《宣和遗事》（丛书集成初编本）由上海商务印书馆刊行。

（宋）著者不详《靖康要录·西夏事略》（丛书集成初编本）由上海商务印书馆刊行。

（宋）杨辉集《田亩比类乘除捷法·续古摘奇算法》（丛书集成初编本）由上海商务印书馆刊行。

（宋）杨困道著《云庄四六余话》（丛书集成初编本）由上海商务印书馆刊行。

（宋）杨万里等著《淳熙荐士录·稗史集传》（丛书集成初编本）由上海商务印书馆刊行。

（宋）著者不详，（明）裘玉、张芹著《昭忠录·殉身录·备遗录》（丛书集成初编本）由上海商务印书馆刊行。

（宋）杨维德撰集《景祐六壬神定经·大六壬苗公射覆鬼撮脚》（丛书集成初编本）由上海商务印书馆刊行。

（宋）姚宽编《西溪丛语》（丛书集成初编本）由上海商务印书馆刊行。

（宋）袁文著《瓮牖闲评》（丛书集成初编本）由上海商务印书馆刊行。

（宋）叶梦得著《避暑录话》（丛书集成初编本）由上海商务印书馆刊行。

（宋）员兴忠等著《辨言·常谈》（丛书集成初编本）由上海商务印书馆刊行。

（宋）岳珂著《愧郯录》（丛书集成初编本）由上海商务印书馆刊行。

（宋）张邦基著《墨庄漫录》（丛书集成初编本）由上海商务印书馆刊行。

（宋）张戒等著《岁寒堂诗话·庚溪诗话》（丛书集成初编本）由上海商务印书馆刊行。

（宋）张齐贤著《洛阳缙绅旧闻记》（丛书集成初编本）由上海商务印书馆刊行。

（宋）张师颜著《金志·南迁录》（丛书集成初编本）由上海商务印书馆刊行。

（宋）张尧同、方凤等著《嘉禾百咏·金华游录》（丛书集成初编本）由上海商务印书馆刊行。

（宋）张仲文等著《江竹杂录·遗史纪闻·袖中锦·搜采异闻录》（丛书集成初编本）由上海商务印书馆刊行。

（宋）赵升著《朝野类要》（丛书集成初编本）由上海商务印书馆刊行。

（宋）陈槱、赵希鹄著《负暄野录·洞天清禄集》（丛书集成初编本）由上海商务印书馆刊行。

（宋）周密等著《云烟过眼录·云烟过眼录续录》（丛书集成初编本）由上海商务印书馆刊行。

（宋）周密著《草窗词》（丛书集成初编本）由上海商务印书馆刊行。

（宋）周密著《齐东野语》（丛书集成初编本）由上海商务印书馆刊行。

（宋）周辉著《清坡杂志》（丛书集成初编本）由上海商务印书馆刊行。

（宋）朱肱著《类证活人书》（丛书集成初编本）由上海商务印书馆刊行。

（宋）朱熹等著《绍熙州县释奠仪图·先圣庙林记·文庙从祀先贤先儒考·郊社禘祫·北郊配位尊西向议》（丛书集成初编本）由上海商务印书馆刊行。

（宋）高似孙著《史略·子略》（丛书集成初编本）由上海商务印书馆刊行。

（宋）曹士冕等著《法帖谱系·石刻铺叙·凤墅残帖释文》（丛书集成初编本）由上海商务印书馆刊行。

（宋）晁冲之著《晁具茨先生诗集》（丛书集成初编本）由上海商务印书馆刊行。

（宋）晁载之著《续谈助》（丛书集成初编本）由上海商务印书馆刊行。

（宋）陈元靓编《岁时广记》（丛书集成初编本）由上海商务印书馆刊行。

（宋）高似孙等著《骚略·所南文集》（丛书集成初编本）由上海商务印书馆刊行。

（宋）郭若虚著《画论》（丛书集成初编本）由上海商务印书馆刊行。

（宋）洪兴祖注《楚辞补注》（丛书集成初编本）由上海商务印书馆刊行。

（宋）姜夔著《绛帖平》（丛书集成初编本）由上海商务印书馆刊行。

（宋）孔平仲等著《珩璜新论·猗觉寮杂记》（丛书集成初编本）由上海商务印书馆刊行。

（宋）李廌等著《德隅斋画品·广川画跋》（丛书集成初编本）由上海商务印书馆刊行。

（宋）刘跂著《学易集》（丛书集成初编本）由上海商务印书馆刊行。

（宋）吕祖谦等著《诗律武库后集·计然万物录·鸡肋》（丛书集成初编本）由上海商务印书馆刊行。

（宋）吕祖谦著《诗律武库》（丛书集成初编本）由上海商务印书馆刊行。

（宋）马永卿等著《嫩真子·肯綮录》（丛书集成初编本）由上海商务印书馆刊行。

（宋）米芾著《宝晋英光集》（丛书集成初编本）由上海商务印书馆刊行。

（宋）王尧臣等编《崇文总目》（上下册）由上海商务印书馆刊行。

（宋）王质著《诗总闻》（丛书集成初编本）由上海商务印书馆刊行。

（宋）谢薖著《谢幼槃文集》（丛书集成初编本）由上海商务印书馆刊行。

（宋）张耒、洪迈著《宛丘题跋·容斋题跋》（丛书集成初编本）由上海商务印书馆刊行。

（宋）赵希鹄著《调燮类编》（丛书集成初编本）由上海商务印书馆刊行。

（宋）周孚、袁燮著《非诗辨妄·絜斋毛诗经筵讲义》（丛书集成初编本）由上海商务印书馆刊行。

（宋）米芾等著《砚史·歙州砚谱·端溪砚谱·歙砚说·辨歙砚说》（丛书集成初编本）由上海商务印书馆刊行。

（宋）陈振孙著《直斋书录解题》由商务印书馆刊行。

（元）吴镇等著《文湖州竹派·海岳志林·丹青志·画禅》（丛书集成初编本）由上海商务印书馆刊行。

（金）李杲著《兰室秘藏》（丛书集成初编本）由上海商务印书馆刊行。

（金）李杲著《脾胃论》（丛书集成初编本）由上海商务印书馆刊行。

（金）刘完素编《伤寒直格论》（丛书集成初编本）由上海商务印书馆刊行。

（金）刘完素等著《伤寒明理论·伤寒标本心法类萃》（丛书集成初编本）由上海商务印书馆刊行。

（金）元好问著《续夷坚志》（丛书集成初编本）由上海商务印书馆刊行。

（金）王寂著《拙轩集》（丛书集成初编本）由上海商务印书馆刊行。

（元）薛蕙著《老子集解》（丛书集成初编本）由上海商务印书馆刊行。

（元）白珽著《湛渊静语》（丛书集成初编本）由上海商务印书馆刊行。

（元）程复心编《孔子论语年谱·孟子年谱》（丛书集成初编本）由上海商务印书馆刊行。

（元）董思靖著《太上老子道德经集解》（丛书集成初编本）由上海商务印书馆刊行。

（元）凤林书院辑《名儒草堂诗余》（丛书集成初编本）由上海商务印书馆刊行。

（元）高德基等著《平江记事·吴中旧事·淞故述·吴乘窃笔》刊行。

（元）顾瑛等著《制曲十六观·词品·顾曲杂言·曲话》（丛书集成初编本）由上海商务印书馆刊行。

（元）马宗素著《刘河间伤寒医鉴·伤寒心要·伤寒一提金》（丛书集成初编本）由上海商务印书馆刊行。

（元）倪士毅著《作文要诀·文原·四六金针·初月楼古文绪论》（丛书集成初编本）由上海商务印书馆刊行。

（元）盛如梓等著《庶斋老学丛谈·日闻录·霏雪录》（丛书集成初编本）由上海商务印书馆刊行。

（元）夏庭芝等辑《青楼集·丽情集·辽阳海神传》（丛书集成初编本）由上海商务印书馆刊行。

（元）郑太和等著《郑氏规范·庭帏杂录·许云邨贻谋》（丛书集成初编本）由上海商务印书馆刊行。

（元）朱震亨著《丹溪先生心法》（丛书集成初编本）由上海商务印书馆刊行。

（元）陈栎等著《勤有堂随录·学易居笔录·笔畴·卮辞·密箴》（丛书集成初编本）由上海商务印书馆刊行。

（元）许有壬等著《圭塘欸乃集》（丛书集成初编本）由上海商务印书馆刊行。

［日］西田直养著，（元）吴丘衍等著《日本金石年表·百砖考·学古编》（丛书集成初编

本)由上海商务印书馆刊行。

（明）袁了凡著，尤雪行集注《（尤注）袁了凡先生家庭四训》由上海刊行。

（明）袁柳庄著《柳庄相法》由上海大文书局刊行。

（明）顾山贞等著，中国历史研究社编《客滇述》由上海神州国光社刊行。

（明）龙正著《守城录·八阵图合变说》（丛书集成初编本）由上海商务印书馆刊行。

（明）王崇庆等著《周易议卦·学易记·易图》（丛书集成初编本）由上海商务印书馆刊行。

（明）曹昭著《新增格古要论》（丛书集成初编本）由上海商务印书馆刊行。

（明）陈宏绪等著《寒夜录·济南纪政》（丛书集成初编本）由上海商务印书馆刊行。

（明）陈继儒著《笔记·书蕉》（丛书集成初编本）由上海商务印书馆刊行。

（明）陈诗教等编《泾林续记·花里活》（丛书集成初编本）由上海商务印书馆刊行。

（明）陈士元著《梦占逸旨》（丛书集成初编本）由上海商务印书馆刊行。

（明）陈恂等著《搓上老舌·余菴杂录》（丛书集成初编本）由上海商务印书馆刊行。

（明）戴原礼辑《证治要诀类方》（丛书集成初编本）由上海商务印书馆刊行。

（明）文征明、都穆等著《文待诏题跋·寓意编·书画史》（丛书集成初编本）由上海商务印书馆刊行。

（明）何良臣著《阵纪》（丛书集成初编本）由上海商务印书馆刊行。

（明）黄省曾著《兽经》（丛书集成初编本）由上海商务印书馆刊行。

（明）黄瑜著《双槐岁钞》（丛书集成初编本）由上海商务印书馆刊行。

（明）黄煜编《碧血录》（丛书集成初编本）由上海商务印书馆刊行。

（明）陆树声等著《适园语录·蒙斋经说·水溪会语·水溪答问·二谷读书记·白水质问》（丛书集成初编本）由上海商务印书馆刊行。

（明）吕维祺等著《孝经本义·孝经翼·孝经宗旨·中文孝经·孝经外传·孝经郑注》（丛书集成初编本）由上海商务印书馆刊行。

（明）梅纯等著《损斋备忘录·天香阁随笔》（丛书集成初编本）由上海商务印书馆刊行。

（明）闵文振等著《涉异志·广异记·聊斋志异拾遗·扶风传信录》（丛书集成初编本）由上海商务印书馆刊行。

（明）沈德符著《敝帚轩剩语》（丛书集成初编本）由上海商务印书馆刊行。

（明）孙承泽著《思陵勤政纪·思陵典礼纪》（丛书集成初编本）由上海商务印书馆刊行。

（明）孙毅编《古徽书》刊行。

（明）陶华述《伤寒明理续论·东车槌法》（丛书集成初编本）由上海商务印书馆刊行。

（明）陶华述《伤寒琐言·伤寒家秘的本》（丛书集成初编本）由上海商务印书馆刊行。

（明）王鸿儒等著《思玄庸言·空同子纂·萝山杂言·汲古丛语》（丛书集成初编本）由上海商务印书馆刊行。

（明）王逵等著《蠡海集·群物奇制》（丛书集成初编本）由上海商务印书馆刊行。

（明）王轼等著《平蛮录·西征日录·制府杂录·平濠记·江海歼渠记·广右战功录》（丛书集成初编本）由上海商务印书馆刊行。

（明）都邛、陆釴、文林著《三余赘笔·病逸漫记·琅琊漫钞》（丛书集成初编本）由上海商务印书馆刊行。

（明）吴伟业著《绥寇纪略》（丛书集成初编本）由上海商务印书馆刊行。

（明）逍遥子等著《赤凤髓·逍遥子导引诀》刊行。

（明）萧良榦等著《拙斋学测·赤山会语·读书些子会心》（丛书集成初编本）由上海商务印书馆刊行。

（明）王世贞、徐石麟等著《锦衣志·官爵志·内阁小志》（丛书集成初编本）由上海商务印书馆刊行。

（明）薛瑄等著《薛文清公读书录·白沙语要·枫山章先生语录》（丛书集成初编本）由上海商务印书馆刊行。

（明）杨继盛等著《杨忠愍公遗笔·家诫要言·训子言·庞氏家训·药言·温氏母训》（丛书集成初编本）由上海商务印书馆刊行。

（明）杨慎等著《檀弓丛训·檀弓订误·考定檀弓》（丛书集成初编本）由上海商务印书馆刊行。

（明）杨慎等著《异鱼图赞·异鱼图赞补·鱼经》（丛书集成初编本）由上海商务印书馆刊行。

（明）杨慎著《升庵诗话》（丛书集成初编本）由上海商务印书馆刊行。

（明）杨士聪著《玉堂荟记》（丛书集成初编本）由上海商务印书馆刊行。

（明）岳元声等辑《方言据·续方言·续方言补正》（丛书集成初编本）由上海商务印书馆刊行。

（明）张岱著《陶庵梦忆》（丛书集成初编本）由上海商务印书馆刊行。

（明）祝允明等著《读书笔记·蝈笑偶言·松窗寤言·经世要谈》（丛书集成初编本）由上海商务印书馆刊行。

（明）张宁等辑《方洲杂言·苏谈·听雨纪谈》（丛书集成初编本）由上海商务印书馆刊行。

（明）张萱著《疑耀》（丛书集成初编本）由上海商务印书馆刊行。

（明）钟化民等著《赈豫纪略·救荒策·郧襄赈济事宜》（丛书集成初编本）由上海商务印书馆刊行。

（明）钟惺著《史怀》（丛书集成初编本）由上海商务印书馆刊行。

（明）周怡等著《讷溪奏议·谕对录·毅斋奏疏》（丛书集成初编本）由上海商务印书馆刊行。

（明）朱元弼、马生龙著《犹及编·凤凰台记事》（丛书集成初编本）由上海商务印书馆刊行。

（明）朱元璋等著《御制周颠仙人转·李清传·南岳魏夫人传·纪梦续年》（丛书集成初编本）由上海商务印书馆刊行。

（明）庄元臣著《叔苴子内外编》（丛书集成初编本）由上海商务印书馆刊行。

（明）陈子龙等著《诗问略·白鹭洲主客说诗》（丛书集成初编本）由上海商务印书馆刊行。

（明）郭铁著《石洞贻芳集》（丛书集成初编本）由上海商务印书馆刊行。

（明）韩拙、唐寅著《韩氏山水纯全集·六如画谱》（丛书集成初编本）由上海商务印书馆刊行。

（明）焦竑编《国史经籍志》（丛书集成初编本）由上海商务印书馆刊行。

（明）潘之淙著《书法离钩》（丛书集成初编本）由上海商务印书馆刊行。

（明）宋濂著《宋学士全集》刊行。

（清）惠周惕、陶正靖等著《诗说·诗说·张氏诗说》（丛书集成初编本）由上海商务印书馆刊行。

（明）汪显节等编《绘林题识·画跋》（丛书集成初编本）由上海商务印书馆刊行。

（明）胡震亨等著《唐诗谈丛·榆溪诗话·漫堂说诗》（丛书集成初编本）由上海商务印书馆刊行。

（明）夏完淳著《夏内史集》（丛书集成初编本）由上海商务印书馆刊行。

（明）徐渭著《青藤书屋文集》刊行。

（明）周履靖著《泛泖吟·香奁诗草》（丛书集成初编本）由上海商务印书馆刊行。

（明）杨慎等著《古文韵语·评乙古文》（丛书集成初编本）由上海商务印书馆刊行。

（明）杨慎辑《风雅逸篇》（丛书集成初编本）由上海商务印书馆刊行。

（明）杨慎著《哲匠金桴》（丛书集成初编本）由上海商务印书馆刊行。

（明）赵均等著《寒山堂金石林时地考·闲者轩帖考·湛园题跋》（丛书集成初编本）由上海商务印书馆刊行。

（明）朱元璋著《平西蜀文·皇陵碑·西征记》（丛书集成初编本）由上海商务印书馆刊行。

［意］利玛窦口译，（明）徐光启笔受《几何原本》（丛书集成初编本）由上海商务印书馆刊行。

（清）史玉涵（洁理）著，聂其杰编《德育古鉴》由上海佛经流通处刊行。

（清）倭良峰著《童蒙须知》由无锡佛教净业社刊行。

（清）姚元滋等著《道德书》由上海劝社刊行。

（清）孙星衍、吴人骥同校《孙子十家注》由长沙商务印书馆刊行。

（清）沈复著，林语堂英译《（汉英对照）浮生六记》（西风丛书第 2 种）由上海西风社刊行。

（清）焦循撰《剧说》由长沙商务印书馆刊行。

（清）卢文弨、丁传著《钟山札记·鲁斋述得》（丛书集成初编本）由上海商务印书馆刊行。

（清）顾炎武等著《蒿庵闲话·谲觚》（丛书集成初编本）由上海商务印书馆刊行。

（清）沈大成等著《学福斋杂著·樵香小记·龙城札记》（丛书集成初编本）由上海商务印书馆刊行。

（清）蔡云谈编《癖谈》（丛书集成初编本）由上海商务印书馆刊行。

（清）查为仁等著《莲坡诗话·榕城诗话》（丛书集成初编本）由上海商务印书馆刊行。

（清）陈寿祺著《二韭室诗余别集·青芙馆词抄》（丛书集成初编本）由上海商务印书馆刊行。

（清）戴煦著《对数简法·续对数简法·假数测圆》（丛书集成初编本）由上海商务印书馆刊行。

（清）戴震等著《绪言·星阁正论·子贯附言·业儒臆说》（丛书集成初编本）由上海商

务印书馆刊行。

(清)耿极等著《王制管窥·枢言·德国议院章程》(丛书集成初编本)由上海商务印书馆刊行。

(清)谷应泰志《博物要览》(丛书集成初编本)由上海商务印书馆刊行。

(清)顾翰著《拜石山房词钞》(丛书集成初编本)由上海商务印书馆刊行。

(清)卜陈彝等著《握兰轩随笔·刘氏遗著·养和轩随笔·困学记闻参注》(丛书集成初编本)由上海商务印书馆刊行。

(清)郝懿行等著《补宋书刑法志·读律心得·夷鸠要录》(丛书集成初编本)由上海商务印书馆刊行。

(清)郝浴等著《郝雪海先生笔记·论学俚言·王学质疑》(丛书集成初编本)由上海商务印书馆刊行。

(清)洪颐煊著《读书丛录》(丛书集成初编本)由上海商务印书馆刊行。

(清)洪颐煊著《汉志水道疏证》(丛书集成初编本)由上海商务印书馆刊行。

(清)尹会一等著《健余先生抚豫条教·公门不费钱功德·阳明先生乡约法》(丛书集成初编本)由上海商务印书馆刊行。

(清)华湛恩等著《后汉三公年表·汉皇德传》(丛书集成初编本)由上海商务印书馆刊行。

(清)黄宗羲等著《明夷待访录·存治编·拟太平策》(丛书集成初编本)由上海商务印书馆刊行。

(清)惠栋辑《汉事会最人物志》(丛书集成初编本)由上海商务印书馆刊行。

(清)著者不详《登科录·题名录》(丛书集成初编本)由上海商务印书馆刊行。

(清)江标辑《黄荛圃先生年谱》(丛书集成初编本)由上海商务印书馆刊行。

(清)江藩等著《炳烛室杂文·蜜梅花馆文录·中衢一勺》(丛书集成初编本)由上海商务印书馆刊行。

(清)江永等著《仪礼释宫·仪礼释宫增注·两宫鼎建记》(丛书集成初编本)由上海商务印书馆刊行。

(清)蒋平阶辑订《秘传水龙经》(丛书集成初编本)由上海商务印书馆刊行。

(清)孔广牧等著《春秋或辩·礼记天算释》(丛书集成初编本)由上海商务印书馆刊行。

(清)孔广森等著《仪郑堂文·嘉谷堂集》(丛书集成初编本)由上海商务印书馆刊行。

(清)劳潼著《救荒备览》(丛书集成初编本)由上海商务印书馆刊行。

(清)李塨等著《圣经学规纂·论学·健余札记》(丛书集成初编本)由上海商务印书馆刊行。

(清)李调元等著《蟹谱·闽中海错疏·然犀志》(丛书集成初编本)由上海商务印书馆刊行。

(清)李调元著《淡墨录》(丛书集成初编本)由上海商务印书馆刊行。

(清)何秋涛等著《校正元(圣武)亲征录·平宋录》(丛书集成初编本)由上海商务印书馆刊行。

(清)张燕昌等著《墨法集要·墨志·漫堂墨品·金粟笺说》(丛书集成初编本)由上海商务印书馆刊行。

（清）陆锡熊著《炳烛偶钞》（丛书集成初编本）由上海商务印书馆刊行。

（清）梁同书等著《文具雅编·笔史》（丛书集成初编本）由上海商务印书馆刊行。

（清）刘传莹等著《孟子要略·逸孟子》（丛书集成初编本）由上海商务印书馆刊行。

（清）蒋宏任等著《硖石山水志·西湖纪游》（丛书集成初编本）由上海商务印书馆刊行。

（清）陈遇夫、马辉编《迂言百则·简通录》（丛书集成初编本）由上海商务印书馆刊行。

（清）毛奇龄等著《大小宗道绎·辨定嘉靖大礼议·昏礼辨正》（丛书集成初编本）由上海商务印书馆刊行。

（清）毛奇龄等著《学校问·白鹿书院教规·程熹二先生学则·初学备忘·读书十六观补·练习堂条约》（丛书集成初编本）由上海商务印书馆刊行。

（清）闵叙等辑《粤述·粤西偶记》（丛书集成初编本）由上海商务印书馆刊行。

（清）纳兰性德著《纳兰词》（丛书集成初编本）由上海商务印书馆刊行。

（清）钮树玉著《说文新附考》（丛书集成初编本）由上海商务印书馆刊行。

（清）丁杰、卢文弨校订《重校方言》（丛书集成初编本）由上海商务印书馆刊行。

（清）潘眉著《三国志考证》（丛书集成初编本）由上海商务印书馆刊行。

（清）潘柽章著《国史考异·明事断略》（丛书集成初编本）由上海商务印书馆刊行。

（清）彭宁求等著《国赋纪略·历代关市征税记·盐法考略》（丛书集成初编本）由上海商务印书馆刊行。

（清）彭希涑著《二十二史感应录》（丛书集成初编本）由上海商务印书馆刊行。

（清）彭元端等著《宋四六话》（丛书集成初编本）由上海商务印书馆刊行。

（清）齐召南等编《历代帝王年表》（丛书集成初编本）由上海商务印书馆刊行。

（清）钱大昕述《声类》（丛书集成初编本）由上海商务印书馆刊行。

（清）瞿昌文等著《粤行纪事·英吉利广东入城始末·皇朝武功纪盛》（丛书集成初编本）由上海商务印书馆刊行。

（清）阮福著《孝经义疏补·孝经郑注·集事诗鉴》（丛书集成初编本）由上海商务印书馆刊行。

（清）阮元注释《曾子十篇》（丛书集成初编本）由上海商务印书馆刊行。

（清）阮元著《广陵诗事》（丛书集成初编本）由上海商务印书馆刊行。

（清）沈淑等著《左传职官·左传官名考·汉官解诂》（丛书集成初编本）由上海商务印书馆刊行。

（清）沈涛等著《论语附记·论语孔注辨伪》（丛书集成初编本）由上海商务印书馆刊行。

（清）沈荀蔚著《蜀难叙略·蜀碧》（丛书集成初编本）由上海商务印书馆刊行。

（清）施国祁等著《金源札记·保越录·蒙鞑备录》（丛书集成初编本）由上海商务印书馆刊行。

（清）孙奇逢等著《孝友堂家规·孝友堂家训·蒋氏家训·恒产琐言·聪训斋语》（丛书集成初编本）由上海商务印书馆刊行。

（清）孙星衍等著《中西经星同异考·史记天官书补目》刊行。

（清）孙星衍述《建立伏博士始末·会典简明录》（丛书集成初编本）由上海商务印书馆刊行。

（清）孙星衍著《京畿金石考》刊行。

（清）谭瑄等著《刑书释名·刑法叙略·序刑法叙略·棠阴比事原编·补编》（丛书集成初编本）由上海商务印书馆刊行。

（清）汪辉祖著《学治臆说·学治续说·学治说赘》（丛书集成初编本）由上海商务印书馆刊行。

（清）王念孙疏证《广雅疏证》刊行。

（清）王树枏著《校正孔氏大戴礼记补注》（丛书集成初编本）由上海商务印书馆刊行。

（清）王锡阐等著《五星行度解·历学答问·历学疑问补·二仪铭补注》（丛书集成初编本）由上海商务印书馆刊行。

（清）吴骞等著《桃溪客语·金陵赋》（丛书集成初编本）由上海商务印书馆刊行。

（清）吴省兰、戴震著《河源纪略承修稿·水地记》（丛书集成初编本）由上海商务印书馆刊行。

（清）吴玉搢等比辑《别雅订·课业余谈》（丛书集成初编本）由上海商务印书馆刊行。

（清）吴振臣等著《宁古塔记略·吉林外记》（丛书集成初编本）由上海商务印书馆刊行。

（清）项维贞等著《燕台笔录·番社采风图考》（丛书集成初编本）由上海商务印书馆刊行。

（清）许光治著《江山风月谱·衍波行》（丛书集成初编本）由上海商务印书馆刊行。

（清）许缵增等著《滇行纪程·东还纪程·蛮书》（丛书集成初编本）由上海商务印书馆刊行。

（清）魏裔介等著《琼琚佩语·荆园小语·荆园进语·省心短语·日录里言》（丛书集成初编本）由上海商务印书馆刊行。

（清）颜元等著《存人编·颜习斋先生辟异录·阳宅辟谬》（丛书集成初编本）由上海商务印书馆刊行。

（清）杨陆荣著《三藩纪事本末》（丛书集成初编本）由上海商务印书馆刊行。

（清）姚衡著《寒秀草堂笔记》（丛书集成初编本）由上海商务印书馆刊行。

（清）桂馥、姚晏等著《续三十五举·再续三十五举·古今印史》（丛书集成初编本）由上海商务印书馆刊行。

（清）俞森著《常平仓考·义仓考》（丛书集成初编本）由上海商务印书馆刊行。

（清）俞森著《社仓考》（丛书集成初编本）由上海商务印书馆刊行。

（清）袁仁林等著《虚字说·经传释词》（丛书集成初编本）由上海商务印书馆刊行。

（清）袁仁林著《古文周易参同契注》（丛书集成初编本）由上海商务印书馆刊行。

（清）钟錂著《颜习斋先生言行录》（丛书集成初编本）由上海商务印书馆刊行。

（清）周嘉胄等著《装潢志·赏延素心路》（丛书集成初编本）由上海商务印书馆刊行。

（清）周寿昌等著《三国志注证遗·三国志辨误·三国杂事·三国纪年》（丛书集成初编本）由上海商务印书馆刊行。

（清）朱枫著《雍州金石记》（丛书集成初编本）由上海商务印书馆刊行。

（清）孙星衍著《京畿金石考》（丛书集成初编本）由上海商务印书馆刊行。

（清）朱彝尊著《孔子门人考·孔子弟子考·孟子弟子考》（丛书集成初编本）由上海商务印书馆刊行。

（清）诸锦著《飨礼补亡·求古录礼说补遗·公羊逸礼考证》（丛书集成初编本）由上海

商务印书馆刊行。

（清）陈揆编《稽瑞楼书目》（丛书集成初编本）由上海商务印书馆刊行。

（清）崔述著《读风偶识》（丛书集成初编本）由上海商务印书馆刊行。

（清）丁国钧著《补晋书艺文志（附录补遗）·补晋书艺文志刊误》（丛书集成初编本）由上海商务印书馆刊行。

（清）范家相著《三家诗拾遗》（丛书集成初编本）由上海商务印书馆刊行。

（清）恒仁著《月山诗集》（丛书集成初编本）由上海商务印书馆刊行。

（清）侯康著《补后汉书艺文志》（丛书集成初编本）由上海商务印书馆刊行。

（清）胡澍等著《黄帝内经素问校义·文苑华英辩证·诗纪匡谬》（丛书集成初编本）由上海商务印书馆刊行。

（清）黄丕烈著《汪本隶释刊误》（丛书集成初编本）由上海商务印书馆刊行。

（清）江藩等著《乐县考·律吕元音》（丛书集成初编本）由上海商务印书馆刊行。

（清）李塨、江永著《李氏学乐录·律吕新论》（丛书集成初编本）由上海商务印书馆刊行。

（清）金门诏著《补三史艺文志》（丛书集成初编本）由上海商务印书馆刊行。

（清）李调元等编《蜀雅·沛上停云集·同人唱和诗集》（丛书集成初编本）由上海商务印书馆刊行。

（清）林侗等著《唐昭陵石迹考略·隐绿轩题识》（丛书集成初编本）由上海商务印书馆刊行。

（清）陆陇其著《读礼志疑》（丛书集成初编本）由上海商务印书馆刊行。

（清）罗元焕等著《粤台征雅录·匪石山人诗》（丛书集成初编本）由上海商务印书馆刊行。

（清）梅文鼎著《勿庵历算书目》（丛书集成初编本）由上海商务印书馆刊行。

（清）顾广圻著，黄丕烈注，汪士钟编，袁渭渔等辑《百宋一廛赋·艺芸书舍宋元本书目·袁氏艺文金石录》（丛书集成初编本）由上海商务印书馆刊行。

（清）彭元瑞著《万寿衢歌乐章》（丛书集成初编本）由上海商务印书馆刊行。

（清）钱泰吉、钮树玉著《曝书杂记·匪石日记钞（附遗文）》（丛书集成初编本）由上海商务印书馆刊行。

（清）石渠著《葵青居诗录》（丛书集成初编本）由上海商务印书馆刊行。

（清）舒位著《瓶水斋诗集》（丛书集成初编本）由上海商务印书馆刊行。

（清）孙奇逢著《夏峰先生集》（丛书集成初编本）由上海商务印书馆刊行。

（清）王昙等著《烟霞万古楼诗选·仲瞿诗录》（丛书集成初编本）由上海商务印书馆刊行。

（清）王星诚等著《西垲残草·愚溪诗稿》（丛书集成初编本）由上海商务印书馆刊行。

（清）王沄著《王义士辋川诗抄》（丛书集成初编本）由上海商务印书馆刊行。

（清）翁洛等著《小蓬海遗诗·屑屑集·万卷书屋诗存》（丛书集成初编本）由上海商务印书馆刊行。

（清）吴骞等著《蠡塘渔乃·拜经楼集外诗》（丛书集成初编本）由上海商务印书馆刊行。

（清）吴寿旸著《拜经楼藏书题跋记（附录）》（丛书集成初编本）由上海商务印书馆刊行。

（清）姚际恒著，龙启瑞编《古今伪书考·经籍举要》（丛书集成初编本）由上海商务印书馆刊行。

（清）胤禛选《悦心集》（丛书集成初编本）由上海商务印书馆刊行。

（清）臧庸等著《韩诗遗说·读诗经》（丛书集成初编本）由上海商务印书馆刊行。

（清）张之洞等著《广雅碎金·榆园杂兴诗》（丛书集成初编本）由上海商务印书馆刊行。

（清）章大来等著《唫敢览馆稿·后甲集》（丛书集成初编本）由上海商务印书馆刊行。

（清）赵晋等著《文选敏音·文选理学权舆·文选理学权舆补》（丛书集成初编本）由上海商务印书馆刊行。

（清）章学诚著《文学大纲》由三友书社刊行。

（清）章学诚著《文史通义·文史通义补编》（丛书集成初编本）由上海商务印书馆刊行。

（清）周永年、章学诚著《先正读书诀·校雠通义》（丛书集成初编本）由上海商务印书馆刊行

（清）孙楼编辑校正，陆镒补遗《吴音奇字》（江苏省立苏州图书馆吴中文献小丛书8）由江苏省立苏州图书馆刊行。

（清）俞樾著，刘师培补《古书疑义举例》（国学基本丛书）由商务印书馆刊行。

冯友兰《新理学》由长沙商务印书馆刊行。

按：此书与冯友兰的另五本书《新事论》《新世训》《新原人》《新知言》《新原道》统称为"贞元之际所著书"。《新理学》是《贞元六书》的第一本，为作者的"新理学"体系总纲，力图将现代西方新实在论与程朱理学糅合起来而建构"新理学"体系，其中既有对宋明理学的直接继承，有的采用名称而改变用法，也有的是作者新的创造。《新理学》中四组命题反映了作者的本体论思想，体现了他对宋明理学的创新性发展。后在1941年举行的首次全国学术著作评奖中获文科一等奖。

巴克著《新哲学基本读本》由上海万叶书店刊行。

平生著《新哲学读本》由上海珠林书店刊行。

李哲人著《大众哲学问答》由上海三户书店刊行。

艾思奇著《哲学研究纲要》（抗大哲学讲授纲要）由拓荒出版社刊行。

艾思奇著《实践与理论》由上海读书生活出版社刊行。

吴黎平、艾思奇著《唯物史观》由新华日报华北分馆刊行。

李仲融著《辩证法唯物论》由广西桂林石火出版社刊行。

李衡之著《唯物辩证法基本知识》由上海言行出版社刊行。

张怀奇著《辩证法唯物论回答》由上海三户书店刊行。

张铁君著《唯生论与唯物论》由贵阳贵州唯生学会刊行。

葛名中著《科学的哲学》由上海生活书店刊行。

陈唯实著《民族革命哲学》由上海辰光书局刊行。

中国国民党浙江省党部编《革命哲学的重要（总裁言论）》由编者刊。

陈大齐讲《理则学》（思维术）由重庆中央训练团刊行。

申自天著《科学方法论》由天津工商学院刊行。

按：是书先叙述什么是科学，科学的分类，对科学与哲学加以比较；然后分别讨论数学、物理学、生物学、心理学、历史学、社会学等学科研究中的方法论。全书分：导言、论数学、论自然科学、论生物学、论精神科学4章。

向林冰著《中国哲学史纲要》由重庆生活书店刊行。

蔡尚思著《中国思想研究法》（哲学史学社会科学）由商务印书馆刊行，蔡元培作序。

按：蔡元培序说："昔有谐谈，谓吕纯阳见一寒士，欲济之，指庭前一石成金，举以相赠，士不受，吕惊喜，以为此士不贪，可学道，士则曰：'吾欲得汝点石成金之指耳。'可以见爱智之人，其欲得方法，远过于具体之知识也。唐人诗曰：'鸳鸯绣出从君看，不把金针度与人。'可为一切合于说方法者之写照矣。近年我等读顾君颉刚之《古史辨》第一册，对于个人感想之递变，传说孳乳之次第，明旧辩论之经过，皆详悉叙述，使读者时时引起参加讨论之兴会，所见稍有异同，即驰书质问，故其书续增至第五册而未已。今者又得读蔡君尚思之《中国思想研究法》（附中国思想史料简目），虽其书体例与《古史辨》不同，而吾读之，则全与读《古史辨》第一册时有同等之感。蔡君尝著书述周季诸哲学家之思想，行世日久。近又发愤辑中国思想史，在南京国学图书馆及北平、武汉、上海等处读别集、正史四千余种，其平日涉猎之富，可推而知，博览约取，积稽亦且等身。又与陈君斠玄相约同编：自周秦至近百年，包括经济、政治、教育、伦理、宗教、艺术各种思想，其成书之期，未能预定，而蔡君乃先为研究法一编，以发其凡。其中对于观察、界限、搜集、选择、评论及实践诸方法，皆言之甚详。余虽不敢谓蔡君此编，放之四海而皆准，然必能引起读者之注意，而乐于参加讨论，盖无疑也。吾尤感蔡君不吝以实地试验之研究法，详悉叙述，使读者多能利用其所信之方法而自行研究，以冀于中国思想历史上有所贡献，其公诚之态度，为可叙也。二十五年八月三日蔡元培。"（高平叔编《蔡元培史学论集》，湖南教育出版社1987年版）

蔡尚思著《中国思想研究法提要》由上海沪江大学刊行。

马一浮著《复性书院讲录卷一》（《读书法》《通治群经书目举要》《学规》）由复性书院刊行。

徐昂著《京氏易传笺》由之江大学中国文学会刊行。

陈柱著《老子韩氏说》由商务印书馆刊行。

历劫余生著《老子研究与政治》由上海中国图书杂志公司刊行。

郑麟编《（古籍新编）老子》由上海中国学典馆刊行。

刘文典著《庄子补正》10卷刊行，陈寅恪作序。

按：陈寅恪《庄子补正序》曰："然则先生此书之刊布，盖将一匡当世之学风，而示人以准则，岂供治庄子者必读而已哉。"1962年张德光教授为该书刊行作《庄子补正跋》又曰："补正乃校勘训诂专著；其兼综群言，发微补阙，实为精心刻意之作，足资治庄学者之借镜……先生勤搜前人征引，博采诸家校释。参稽互证，以为补正；其疏通凝滞，釐定底本之功盖不可磨。"

张守白编著，东方文学社编辑《（注译评讲）论语白话新解》由上海学生书局刊行。

王向荣著《论语要义》由上海中华书局刊行。

周祖芬编《孟子句解》（上中下册）由上海春江书局刊行。

北平道德学社著《中庸述义》由北平道德学社刊行。

刘伯瀛著《大学还原说中庸一元说合本》由叶长青刊行。

吴召宣注释《大同新释》由浙江金华国民出版社刊行。

刘大杰著《魏晋思想论》由上海中华书局刊行。

按：是书分魏晋思想之环境、魏晋学术思想界的倾向、魏晋时代的宇宙学说、魏晋时代的政治思想、魏晋时代的人生观、魏晋时代的文艺思潮、魏晋时代的清谈等章。

张东荪著《不同的逻辑与文化并论中国理学》由北平燕京大学哈佛燕京学社刊行。

虞愚著《印度逻辑》由长沙商务印书馆刊行。

民意周刊社编《民族道德与民族精神》由重庆独立出版社刊行。

许逢熙著《抗战的伦理观》由重庆独立出版社刊行。

陈伯达著《新人生观的创造》(国民精神总动员应用的认识)由上海辰光书店刊行。

顾震白著《新人生论》由广西桂林科学书店刊行。

秦百里著《光热人生观》由山东济南师范学校刊行。

郭立志著《心声》刊行。

国民党中央组织部编《革命的人生观》由重庆中央组织部刊行。

江朝宗编《女教箴规》由北京救世新教总会刊行。

蒋中正著《为学办事与做人的基本要道(团长训词)》由重庆中央训练团刊行。

蓝家星编著《新青年与教养》由上海博文书店刊行。

李黎洲著《革命与人生》由福建连城生力学社刊行。

梁文科原辑,吴蕴斋重辑《日省录》由上海世界书局刊行。

林大芽著《人生观讨论》刊行。

林萍著《个人与社会》(给青年的二十二封信)由上海长风书店刊行。

卢剑波著《疑信行》由今日出版社刊行。

民尉编《女子处世教育》由上海新生书局刊行。

裴小楚著《怎样做领导》由上海长城书局刊行。

平心编《青年自学指导》由上海杂志公司刊行。

詹文浒著《给苦学青年》由上海世界书局刊行。

冯顺伯著《怎样使你成功》由上海中华书局刊行。

按:是书分成功的秘诀、到成功之路、失败之心理分析、领袖成功的条件、职业及日常生活等5节。

劬劳社同人编《劬劳集》(第2集·女德篇)由上海国光印书店刊行。

苏北行政专员公署情报宣传本部编《孔道与新东亚》由编者刊行。

陶守贤著《服务规范(增订本)》由财政部财务人员训练所盐务人员训练班刊行。

拓荒著《生活十讲》由四川成都经纬书局刊行。

徐鹤林著《愚见集》由空军军官学校刊行。

朱凤鸣注释《朱柏庐先生家训白话衍义》刊行。

国立编译馆编订《普通心理学名词》由湖南长沙国立编译馆刊行,有陈可忠序。

吴绍熙编《心理学纲要》由上海中华书局刊行。

萧孝嵘著《心理问题》由上海中华书局刊行。

陈雪屏著《谣言的心理》由商务印书馆刊行。

林传鼎著《唐宋以来三十四个历史人物心理特质的估评》由北京辅仁大学心理系刊行。

按:书前有王征葵序、著者自序,书末附有《三十四个历史人物的传记》。

徐宗泽编著《宗教研究概论》由上海圣教杂志社刊行。

谢扶雅著《宗教哲学》由上海青年协会书局刊行。

按:是书分宗教之起源与演进、宗教意识、宗教与玄学问题等5章,从哲学角度研究宗教问题。

陈金镛著《中国的宗教观》由上海美华浸会书局刊行。

蒋维乔编《佛学纲要》由上海中华书局刊行。

按:是书包括绪论、佛教的背景和它的成立原因、释迦牟尼的略史、佛教的立脚点和它的教法、释迦灭度以后弟子结集遗教、佛教在印度的盛衰、佛教传入东方的状况、大藏经的雕刻、佛教的研究方法、佛家的修行方法等11章。

恭思道著《基督教会史纲》由上海中华圣公会刊行。

陈垣编《释氏疑年录》12卷由北平辅仁大学刊行。

按：是书收集700余种佛教典籍、僧传、语录、文集、方志、碑拓等材料，考其异同，订其伪误，自两晋至清初，有年可考者，共计2800人。卞孝萱《工具书之典范，做学问的指南——读陈垣先生〈释氏疑年录〉》称《释氏疑年录》是自有《疑年录》以来学术价值最高者。其特色有四：一、体例完善。二、选材审慎。三、考证细密。四、校勘谨严。《释氏疑年录》好似信息库，为研究二千八百位僧人以至佛教史提供了重要线索，对读者帮助很大。此书足称工具书之典范，做学问的指南。（《纪念陈垣校长诞生110周年学术论文集》，北京师范大学出版社1990年版）

白水青松著《命理索隐》由上海锦章书局刊行。

蔡宁著《宗座代表蔡宁总主教为耶稣受难瞻礼致全国公教青年函》由北平宗座驻华代表公署刊行。

诚质怡著《保罗传大纲》由上海广学会刊行。

戴兆年、范古农演述《观无量寿佛经白话演讲集》由上海佛学书局刊行。

佛教同愿会编《佛教同愿会特刊》由北平编者刊行。

福幼报社主编《勇敢的人们》由上海广学会刊行。

高观如著《燕居随稿》（卷1）由上海佛学书局刊行。

广协书局总发行编《中华全国基督教出版物检查册》由编者刊行。

郭爱理编《儿童崇拜文与主领人指南》由上海广学会刊行。

何赓诗著《耶稣基督的启示》（实用国语注释、解经分析讲义）由上海基督福音书局刊行。

华北美以美会第四十六届年议会编《华北美以美会第四十六届年议会纪录》由北平编者刊行。

黄司铎著《论圣洗圣事》由山东济南华洋印书馆刊行。

惠主教（惠济良）著，韩司铎，译述《讲道须知》刊行。

基督复临安息日会编《善工录》由编者刊行。

基督复临安息日会中华总会青年布道部编《周会程序》（上卷）由编者刊行。

可悲著《彻底和平论》由杭州海会寺刊行。

孔广布编著《要理问答释义》（第5册）由山东兖州天主堂保禄印书馆刊行。

李盏博著《小学要理教学法》（第2册）由河北安国西关天主堂刊行。

李崇光编《福音概要》由四川成都华英书局刊行。

李圆净编《梵网经菩萨戒本汇解》由上海佛学书局刊行。

李圆净编《观音灵感近闻录汇编》由上海佛学书局刊行。

梁传琴编《世界基督教青年大会专集》由中国阿姆斯特丹大会委员会刊行。

林明正著《得救入门》由上海时兆报馆刊行。

灵光灵修院编《菲律宾讲道集》（救恩篇）由编者刊行。

刘锦标著《人道天道汇编》由北平增刊印书局刊行。

刘廷芳述《为什么要注意教会》由中华全国基督教协进会刊行。

吕碧城编《香光小录》由上海道德书局刊行。

马奕猷著《我们的圣教》（像解问答教授法下册）由香港公教真理会刊行。

马奕猷著《我们的圣教儿童班教授法》由广西梧州天主堂刊行。

麦沾恩著《宣道学》由上海广学会刊行。

牟作梁著《圣教历史》由济南华洋印书局刊行。

倪柝声著《十字架的苦难》(福音讲台第3种)由上海福音书房刊行。

倪柝声著《强盗得救》由上海福音书房刊行。

倪柝声著《逾越节》由上海福音书房刊行。

聂其杰著《戒杀名理》由聂氏家言旬刊社刊行。

欧阳渐著《内院杂刊》由江津支那内学院蜀院刊行。

轻安著《般若精华》由上海般若书局刊行。

上海毕士大福音堂编《主日讲题》(卷1)由编者刊行。

邵镜三著《非常时期的圣经金句》由上海广学会刊行。

沈锦标编著《圣教理证选要》由上海土山湾印书馆刊行。

世界基督教学生同盟运动会编《学盟的展望》由中华基督教青年会、女青年会全国协会校会组、学生部刊行。

舒德禄编《圣教会第四规(教友应当供给教会的经费)》由山东兖州府天主堂印书馆刊行。

太虚等著,游隆净记《狮吼龙啸》由世界佛学苑汉藏教理院刊行。

太虚著,谈玄等编校《法相唯识学》(上下册)由商务印书馆刊行。

倓虚著《净土传声》刊行。

天津海大道中华基督教会编《天津海大道中华基督教会年报(1939年)》由天津编者刊行。

天津基督教布道团编《基督徒布道刊》(第3期)由编者刊行。

涂羽卿著《基督教与新物理学》由香港青年协会书局刊行。

王昌社编著《红色的百合花》(第3卷)由香港真理学会刊行。

王昌社编著《红色的百合花》(第4卷)由香港真理学会刊行。

王昌社编著《红色的百合花》(第5卷)由香港真理学会刊行。

王昌社编著《红色的百合花》(第6卷)由香港真理学会刊行。

王恩洋著《二十唯识论疏》由上海佛学书局刊行。

王延彩著《旻济大帝道德经注》由慈济医社刊行。

吴力译《教会与变迁中的社会及经济状况》由上海中华全国基督教协进会刊行。

吴耀宗编《玛德拉斯大会印象集》由上海中华全国基督教协进会刊行。

希望著《论圣保禄宗徒》由北平中华公教进行会总监督处

谢扶雅编《丁立美牧师纪念册》由上海广学会刊行。

谢颂羔编《司布真生平》由上海广学会刊行。

虚禅老人编《劝修净土法门集要》由上海道德书局刊行。

徐乐吾著《乐吾随笔》第一辑由上海乾乾书社刊行。

徐宗泽编著《天主教之战争观》由上海圣教杂志社刊行。

玄真子著《命学金声》由玄真子命课馆刊行。

杨坤明著《中国姓名学》由天津中国命名社刊行。

杨仁山著《阐教编》由上海佛学书局刊行。

杨仁山著述《佛教初学课本注释》由上海佛学书局刊行。

杨闻道讲，张剑琴记，游初白纂辑《闻道子讲道清华录》刊行。

印光鉴定《莲宗诸祖文集》由上海法六印经会刊行。

印光著《印光老法师救世随录》刊行。

印智著《心经广播讲义》由北平石灯吉祥寺刊行。

英千里著《弥撒祭考》刊行。

尤雪行编《法味》由上海中华书局刊行。

尤雪行编《谈因》由上海中华书局刊行。

余日宣著《基督徒与极权国家》由香港青年协会书局刊行。

袁树珊著《袁氏命谱》卷一刊行。

张纯一著《佛化基督教》由上海佛学书局刊行。

张仕章著《基督教与社会主义运动》由香港青年协会书局刊行。

按：是书论述基督教与社会主义运动的关系，包括绪论——综合的研究、理论上的检讨、历史上的观察、结论——必然的趋势等4章。

张维笃编《(华字国音)弥撒经》由山东兖州天主堂印书馆刊行。

张希斌著《队长向导》由上海土山湾印书馆刊行。

张志一编著《要理问答宣讲》(1—4册)由山东青岛天主堂印书局刊行。

赵石经著《新编圣教史纲》(上中下册)由上海土山湾印书馆刊行。

赵紫宸著《巴德的宗教思想》由香港年轻协会书局刊行。

赵紫宸著《耶稣研究简课》由上海青年协会书局刊行。

中华佛教会编《孽海慈航》由编者刊行。

中华基督教宗教教育促进会编《成人工作用书》(宗教教育书目)由上海编者刊行。

中华基督教宗教教育促进会编《青年工作用书》(宗教教育书目)由上海编者刊行。

周济世著《我们的母亲》由保定总堂刊行。

周济世著《孝敬我们的母亲》由保定总堂刊行。

朱葆元著《传道授业解惑》由中华全国基督教协会进会发行。

朱德立著《对于个人布道事工的几个建议》由上海广学会刊行。

瞿秋白著《社会科学概论》由上海群益出版社刊行。

按：是书分总论、社会的意义、经济、政治、法律、道德、宗教、风俗、艺术、哲学、科学、社会现象之联系等12章。

曹伯韩著《通俗社会科学二十讲》由重庆读书生活出版社刊行。

严奇平著《社会科学自修读本》由上海新群书店刊行。

王明之等著《(题解中心)新社会科学基础知识》由上海三户书店刊行。

王明之编著《大众社会科学问答》由上海三户书店刊行。

平心著《社会科学研究法》由上海生活书店刊行。

黄淡如著《新社会科学方法论》由上海新学书店刊行。

杨违依著《怎样学习社会科学》由上海珠林书店刊行。

李达著《社会学大纲》由上海笔耕堂书店刊行。

王伯伦著《社会学教程》由上海言行出版社刊行。

公论社编辑《社会思想论》由上海译报图书部刊行。

孙本文著《中国社会问题》由重庆青年书店刊行。

言心哲著《农村社会学概论》由上海中华书局刊行。

按：是书分绪论、农村社会及历史的背景、农村人口、农村生活程度、农村社会病态与社会服务、农村卫生、农村娱乐与美术、农村领袖、农村社会心理、农村社会化、农村组织、农村家庭、农村经济、农村教育、农村调查、农村自治等章。

国民党中央宣传部编《革命纪念日史略》由金华国民出版社刊行。

庄泽宣编《乡村建设与乡村教育》由云南昆明中华书局刊行。

黄警顽编《战时民众生活》由上海中华编译社刊行。

陈顾远著《中国古代婚姻史》由上海商务印书馆刊行。

牟鸿彝编《结婚学》由上海北新书局刊行。

乌云高编《现代家庭》由上海中华书局刊行。

杨堃著《中国儿童生活之民俗学的研究》由北平法文朋友社刊行。

陈豹隐编《禁烟问题》由重庆中央训练团党政训练班刊行。

辜孝宽编《禁烟》由金华浙江省地方行政人员讲习所刊行。

福建省政府编《社会事业概况》由编者刊行。

陈国屏著《（重订加注）清门考源》由上海联谊出版社刊行。

王道成编《道慈文选》刊行。

白如初著《公务员与公文书》由重庆青年书店刊行。

福建省政府秘书处第一科编《福建省之文书管理》由编者刊行。

陈颐庆编《政治学教程》由四川成都中央陆军军官学校刊行。

按：是书共八章，讲述国家、国家与人民的关系、宪法及五权宪法、政府大战后的新政体、国民政府及中央政府机关等，附《国民政府建国大纲》等六篇。

高泽等撰录《政治科学与政府摘要》上册由 F.F. 出版社刊行。

福建省政府建设厅编《政治讲话》由编者刊行。

蒋中正著《政治的道理》由湖南衡阳南岳干训班刊行。

贺衷寒著《现代政治与中国》由南岳游击干部训练班刊行。

赵梅生编《政治警觉性——政治的不失机不吃亏》由抗战复兴出版社刊行。

龚霁光等编《我们的主义》由重庆正中书局刊行。

蒋介石讲述《抗战建国的根本方针》由广西南宁民团周刊社刊行。

蒋介石著，民尉主编《抗战与建国》由香港民社刊行。

蒋介石著《建国运动》由上海现代文化出版社刊行。

蒋介石著《抗战建国论》由上海现代文化出版社刊行。

浦乃钧编著《一面抗战一面建国》由重庆独立出版社刊行。

吴绳海编著《抗战建国的历史意义》由重庆独立出版社刊行。

周再蠡编著《抗战中之民权建设》由重庆独立出版社刊行。

朱子爽编《中国国民党与抗战建国》由重庆中国文化服务社刊行。

中央训练团党政训练班讲演录、张群讲《抗战建国纲要及其实施》由中央训练团党政训练班刊行。

何应钦讲授《国家总动员讲稿》由中央训练团军事政治教育研究班刊行。

中国国民党福建省执行委员会编《国民公约与精神总动员》由编者刊行。

浙江省党部编《国民精神总动员理论与实际》由编者刊行。

钟荣苍编著《国民精神总动员的实施》由重庆独立出版社刊行。

《国民精神总动员》由上海平凡书社刊行。

独立出版社编《国民精神总动员正解》由重庆独立出版社刊行。

独立出版社编《国民精神总动员正解》由浙江金华国民出版社刊行。

福建省军管区国民军训处编《国民精神总动员》由编者刊行。

黄埔出版社编《国民精神思动员》由四川成都中央陆军军官学校刊行。

民团周刊社编《国民精神总动员纲领及实施办法》由广西南宁民团周刊社编刊行。

丘咸著《国民精神总动员》由独立出版社刊行。

许宝驹编《国民精神总动员浅释》由重庆青年书店刊行。

中央训练团编《国家总动员》由编者刊行。

《国民月会讲材》由浙江省动员委员会刊行。

范文治编著《民众动员》由浙江省地方行政干部人员讲习所刊行。

张厉生编述《中国之民族思想与民族气节》由重庆青年书店刊行。

周鲸文著《中华民族在一切民族革命中的领导地位》由香港时代批评社刊行。

易道玄著《民族自决问题在中国》由重庆求是出版社刊行。

尹澄宇著《民族问题讲话》由山西民族革命出版社刊行。

刘咸著《刘重熙民族研究论文汇辑》刊行。

毛起鵕编著《民族斗争与阶级斗争》由浙江金华国民出版社刊行。

按：是书论述阶级意识、家族意识、民族意识，著者对阶级斗争理论持否认和批评态度。广西省党部编《抗战两年大事记》由编者刊行。

黄旭初等著《抗战两年》由广西中国国民党广西省党部刊行。

蒋中正著《读书与救国》由上海群力出版社刊行。

国民政府军事委员会政治部编《领袖最近训词七种》由重庆编者刊行。

蒋介石著，中央陆军军官学校特别训练班编《领袖最近训词五种》由编者刊行。

蒋介石著《委员长言论集》由军事委员会政治部刊行。

蒋介石著《总裁重要言论选辑》由四川成都四川省政府秘书处编译室刊行。

蒋介石著，国民政府军事委员会政治部编《领袖最近言论集》由编者刊行。

蒋介石著，南岳干训班编《领袖言行》由编者刊行。

蒋介石著，浙江省党部编《总裁两年来重要言论集》由浙江编者刊行。

向愚编《蒋委员长抗战言论全集》由战时出版社刊行。

顾祝同辑《总裁抗战言论集》由江西上饶战地图书出版社刊行。

程契生编《蒋委员长抗战言论集》由上海生活书店刊行。

蒋介石著《领袖抗战言论集》由编者刊行。

蒋介石著《领袖抗战言论续集》由编者刊行。

蒋介石著《总裁五中全会开会词》由中央组织部刊行。

蒋介石讲《以事实证明敌国必败我国必胜》由广西南宁民团周刊社刊行。

蒋介石著,第三战区司令长官部编《蒋委员长抗战言论集》由前线日报社刊行。

蒋介石著,文化编译馆辑《抗战与革命》由上海文化编译馆刊行。

毛泽东著《毛泽东救国言论集》由新华日报馆刊行。

集纳出版社编《项英将军言论集》由浙江金华集纳出版刊行。

大刚报社编辑《二期抗战中总裁言论第二集》由湖南衡阳大刚报社刊行。

张叔夜编《总裁抗战语录》由中国国民党安徽省执行委员会刊行。

陈立夫著《陈立夫先生抗战言论专刊》由中央组织部刊行。

白崇禧著《白部长最近抗战言论选》刊行。

李宗仁著,广西绥靖主任公署政治部编《敌人动态与国际情势之剖视》由广西编者刊行。

林森著,独立出版社编《林主席抗战言论集》由重庆独立出版社刊行。

冯玉祥著《抗战十问图说》刊行。

扫荡报总社编《吴稚晖先生最近言论集》由重庆青年书店刊行。

黄苹荪、张禾草编纂《蒋百里抗战论集》由浙江金华新阵地图书社刊行。

蒋百里著,大公报西安分馆编《蒋百里先生抗战论文集》由陕西西安大公报西安分馆刊行。

黄绍竑著,浙江省政府主席兼国民抗敌自卫团总司令行署编《政治进攻》由编者刊行。

南华日报社编辑部编辑《续和战问题之讨论》由香港南华日报社编辑部刊行。

南华日报社编辑部编辑《再续和战问题之讨论》由香港南华日报社编辑部刊行。

叶青著《中国不可征服论》由重庆时代思潮社刊行。

益世报宗教与文化社编《于斌主教抗战言论集》由香港真理学会刊行。

张九如等执笔《战时言论出版自由》由重庆独立出版社刊行。

杨之春、陈学才编著《抗战中的国际环境》由重庆独立出版社刊行。

国际反侵略运动大会中国分会编《国际反侵略运动大会中国分会常务理事会会议录汇编》由编者刊行。

国际反侵略运动大会中国分会编《第二次常年大会特刊》由编者刊行。

军事委员会政治部编《第二期抗战宣传纲要》由编者刊行。

军事委员会政治部第一厅编《军医院政训工作规程》由编者刊行。

徐端著《抗日民众运动的实际问题》由黄河出版社刊行。

施步雷编《战时民众常识》由衢县国民兵团刊行。

郑振文讲《抗战十讲》由上海中国图书公司刊行。

曾芝生著《和平战争与今日中国》由三民周刊社刊行。

柴绍武编《民众抗战常识》由浙江绍兴抗战建国社刊行。

第四战区政治部编《我们的胜利》由编者刊行。

光白编著《中国抗战之国际意义》由重庆独立出版社刊行。

国魂书店编译部编著《最近抗战形势之检讨》由四川成都国魂书店刊行。

国民政府军事委员会政治部《蒋委员长论抗战必胜训词释义》刊行。

陈孝威著《孝威抗战论文续集》由香港天文台半周评论社刊行。

陈孝威著《孝威选集》由香港天文台半周评论社刊行。

程沧波著《沧波评论集》刊行。

邹韬奋著《韬奋时事论文集》由中流书店刊行。

贺衷寒讲,国民政府军事委员会政治部编《一得集》(上下卷)由编者刊行。

徐咏平著《抗雄中的蒙古》由重庆独立出版社刊行。

陈博生著《敌情研究》由中央训练团刊行。

郑梅羹编《敌情研究》由浙江省战区政治干部训练团刊行。

尹树生著《敌情研究》由军训部游击干部训练班刊行《抗战以来之江苏民政》由江苏省政府刊行。

陈希豪等著《战区政治工作》由重庆独立出版社刊行。

宋劭文等著《我们怎样在敌后建立抗日政权》由黄河出版社刊行。

罗忱著《战时青年的出路》由上海统一出版社刊行。

苏北行政专员公署情报宣传本部编《进展一年之苏北地区行政概况》由苏北行政专员公署刊行。

国民政府军事委员会政治部编《第二期抗战标语集》由编者刊行。

国民政府军事委员会政治部编《第二期抗战对敌宣传述要》由编者刊行。

国民政府军事委员会政治部编《军事委员会政治部发表二期抗战宣传纲要》由全国基督教青年会军人服务部刊行。

郭沫若著《战时宣传工作》由青年书店刊行。

何炯著《战时的地方自卫》由重庆中山文化教育馆刊行。

王思诚著《如此边区》由重庆求是出版社刊行。

王一青著《怎样进行敌人后方工作》由重庆中山文化教育馆刊行。

选区政府编《陕甘宁边区第一届参议会实录》由编者刊行。

虞侃著《战斗的生活》由上海长风书店刊行。

镇海县战时政治工作队编《镇海县战时政治工作队成立周年纪念特刊》由编者刊行。

曾鸿铸、汤铁宗编《办理抚恤须知》由四川成都四川省政府民政厅刊行。

陈诚著《第二期抗战关于政训工作之指示》由国民政府军事委员会政治部刊行。

成文秀著《战时民众组织与训练》由贵州中央陆军军官学校刊行。

福建省县政人员训练所编《县政人员训练》由福州编者刊行。

浙江省农会编《战时农民运动法规方案汇编》由浙江编者刊行。

韦永成著《救亡的中心理论与青年的实践问题》由广西南宁民团周刊社刊行。

廖志飞编著《青年训练与国民革命》由重庆独立出版社刊行。

蒲军等著《新阶段与青年》由上海原野出版社刊行。

王平著《新中国青年在抗战中的斗争》由上海励志生活出版社刊行。

朱德等著《全国青年团结起来》刊行。

盛克猷著《战时儿童训练法》由重庆青年书店刊行。

江西省教育厅童子军巡回教育团编《战时少年训练教材》由编者刊行。

薛元龙编著《幼童军游戏》由重庆正中书局刊行。

中国童子军浙江省理事会编《中国童子军课程训练》由浙江永康编者刊行。

孙刚毅著《怎样做宣传工作》由湖南邵阳观察日报社刊行。

中国国民党中央执行委员会宣传部编《战地宣传方略》由编者刊行。

中国国民党中央执行委员会训练委员会编《重庆训练选集》由编者刊行。

中国国民党中央执行委员会训练委员会编《总裁对于训练工作之指示》由编者刊行。

王超凡著《小组训练的理论与实际》由中央军校第七分校政治部刊行。

中央训练委员会编《中央训练委员会训练团三年调训计划》由编者刊行。

张君劢等执笔《统一问题论战》由重庆独立出版社刊行。

张君劢等著《统一与团结》由独立出版社刊行。

施有为著《什么是统一战线》由东方出版社刊行。

寿春园编《团结与民主》由时事研究会刊行。

星门、一夫等著《论民主及其他》由新文化社刊行。

公论社编《论自由》由上海译报图书部刊行。

独立出版社编辑《关于党派问题》由重庆独立出版社刊行。

叶青著《党派问题》由重庆时代思潮社刊行，有著者序言。

陈叔时编著《防共轴心论》由重庆正中书局刊行。

王农仙编著《中国共产党的检讨》由重庆求是出版社刊行。

国民党中央执行委员会编《第五届中央执行委员会第五次全体会议宣言》由重庆青年书店刊行。

蒋介石讲《改进党务与调整党政关系》由正中书局刊行。

蒋介石著《党政训练的要旨》由中央训练团党政训练班刊行。

曹建著《党的工作》由中央组织部刊行。

中国国民党广西省党部辑《五中全会开会词及宣言》由中国国民党广西省党部刊行。

中央组织部边区语文编译委员会编《五中全会宣言》由编者刊行。

中国国民党中央执行委员会宣传部编《六中全会开会词及宣言》由编者刊行。

中国国民党中央执行委员会宣传部编《中国国民党宣言集》由编者刊行。

中国国民党中央执行委员会秘书处编《党务法规汇编》由编者刊行。

中央训练团编《中国国民党宣言集》由编者刊行。

中央执行委员会秘书处编《中国国民党第五届中央执行委员会第五次全体会议宣言及重要决议案》由编者刊行。

中央组织部辑《党员对党德党纪应有之认识》由中央组织部刊行。

中央组织部军队党务处编《中国国民党军队党务法规汇编》由编者刊行。

张厉生讲《党务实施上之问题》由中央训练团党政训练班刊行。

浙江省党部编《中国国民党浙江省党务法规汇编》由编者刊行。

周兆棠著《军队党务问题》由中央训练团政治教官研究班刊行。

朱家骅讲《海外党务与团务》由中央训练团党政训练班刊行。

中央团部编《三民主义青年团团章》由编者刊行。

陈诚讲述《三民主义青年团之性质及其展望》由三民主义青年团中央团部宣传处刊行。

三民主义青年团中央团部编《三民主义青年团论文集》由编者刊行。

许惟统编辑《三民主义青年团论丛》由金华青年出版社刊行。

孙中山著《政治建设》由青年书店刊行。

张肇融编《总理遗教》由陆军辎重兵学校刊行。

孙中山著《建国方略》由重庆正中书局刊行。

孙中山著《三民主义》由重庆中国国民党中央宣传部刊行。

孙中山著《孙文学说民权初步》由中国国民党福建省执行委员会刊行。

蒋介石著《三民主义之体系及其实行程序》由中央训练团刊行。

钱实甫著《孙文主义与列宁主义甘地主义》由广西南宁民团周刊社刊行。

柳宗洁编《革命纪念日名人讲演集》由上海世界书局刊行。

按：是书著者有孙中山、胡汉民、蒋介石、汪精卫、张群、吴稚晖、戴季陶、邵元冲、孙科、蔡元培、梁启超等。

中国国民党中央执行委员会宣传部编《国庆纪念册》由编者刊行。

朱吉民编《民意机关》由浙江动员委员会战时教育文化事业委员会刊行。

孟锦华编《政权与治权》由浙江省动员委员会战时教育文化事业委员会刊行。

重庆市临时参议会秘书处编《重庆市临时参议会第一次大会记录》由重庆编者刊行。

监察院编《监察院施政概要》由编者刊行。

考试院编《考试院工作报告书》由编者刊行。

抗战复兴协会编《组织工作》由抗战复兴出版社刊行。

林和成著《科学管理》（上下册）由长沙商务印书馆刊行。

何鲁成编《行政管理》由浙江省地方行政干部人员讲习所刊行。

甘明蜀著《行政理论及效率》由四川成都商务印书馆刊行，有自序。

中央训练团党政训练班编《现行行政制度》由中央训练团党政训练班刊行。

余汉华、杨正宇编著《我们的政府》由重庆正中书局刊行。

张心澂著《政府之赈济事业及其会计》由广西桂林广西省政府会计处刊行。

阎锡山等著《民族革命干部政策》由抗战复兴出版社刊行。

张金鉴编著《人事行政学》（上下册）由商务印书馆刊行，有著者序。

屠哲隐编著《人事管理的实施》由上海世界书局刊行，书前有著者序。

刘向青编述《政治警察讲义》由浙江省战时警察训练所刊行。

内政部警政司警察智力测验室编《普通警察智力测验指导录》（第1卷）由重庆内政部刊行。

董翰良编《警犬学》由中央警官学校刊行。

高岳岱编述《战时警察任务》由浙江省战时警察训练所刊行。

黄亮编述《警察勤务》由浙江省战时警察训练所刊行。

黄振编《保安警察》由浙江省战时警察训练所刊行。

内政部编《义务警察教本》由编者刊行。

蒋翼振著《侦探故事》由重庆正中书局刊行。

蒋介石著，国民党浙江省党部编《新生活运动》由杭州编者刊行。

张厉生讲《新生活运动推进办法讲演纲要》由重庆中央训练团刊行。

张厉生讲《新生活运动推进办法》由中央训练团党政训练班刊行。

中国国民党中央执行委员会训练委员会编《新生活运动要义》由编者刊行。

陈之迈著《政治教育引论》由湖南长沙艺文丛书编辑部刊行。

黄埔出版社编《服从领袖的真谛》由四川成都中央陆军军官学校刊行。

李宗仁著《革命之路》由广西绥靖主任公署政治部刊行。

刘振东著《政治修养与政治建设》由重庆中央政治学校研究部、新政治月刊社刊行,有自序。

廖竞存编著《青年政治读本》由上海商务印书馆刊行。

蒋仁著《什么是阶级》由香港东方出版社刊行。

陈锹著《戊戌政变时反变法人物之政治思想》由燕京大学哈佛燕京学社刊行。

民团周刊社编《势力范围》由广西南宁民团周刊社刊行。

微沫著《两年以来托派罪行的总结》由广西桂林著者刊行。

钱实甫著,民团周刊社编《民团制度与国民革命》由广西南宁民团周刊社刊行。

钱实甫著《国民革命与社会革命》由广西南宁民团周刊社刊行。

叶青著《与社会主义者论中国革命》由时代思潮社刊行。

徐邦富著《论文》由浙江上虞县抗日自卫会战时教育文化委员会刊行。

阎锡山著,孟明编《无条件的存在》由抗战复兴出版社刊行。

周新民编《取得人心》由民族革命出版社刊行。

陈立夫等著《五四运动与现阶段青年运动》由重庆青年出版社刊行。

冯文彬著《中国青年运动的新方向》由中国青年出版社刊行。

朱通九著《现代劳动思潮及劳动制度之趋势》由云南昆明国民经济研究所刊行。

安徽省政府教育厅编《革命教育》由编者刊行。

四川省民政厅编《四川省民政统计》由编者刊行,有胡次威弁言。

四川省民政厅编《四川省政府民政厅联合在川各大学考察县政总报告》由编者刊行。

四川省政府编《四川省概况》由四川成都编者刊行。

四川省政府民政厅编《四川省保甲概况》由四川省政府民政厅刊行。

四川省政府民政厅汇制《四川省各县民政概况》由四川省政府刊行。

王谦著《二十七年来山西政治概况》由山西省政府刊行。

浙江省政府秘书处编《浙江省政府施政报告》由编者刊行。

浙江省农会编《浙江省农会会刊》由编者刊行。

陈爱奎编《赈济》由浙江省地方行政干部人员讲习所刊行。

江西省赈务会编《江西赈务汇刊》由编者刊行。

天津水灾救济委员会、华北救灾委员会天津分会编《天津特别市水灾救济实录》由天津编者刊行。

陈清晨著《人口西迁与中国前途》由上海亚东图书馆刊行。

民团周刊社编《总理关于地方自治的遗教》由广西南宁民团周刊社刊行。

行政院县政计划委员会编《总裁地方自治言论》由编者刊行。

中国国民党中央宣传部编《宪政与地方自治》由重庆编者刊行。

张群讲《中央与地方之行政组织》由中央训练团刊行。

李宗黄著《地方自治之理论与实际》由重庆行政院县政计划委员会刊行。

钱实甫著《地方自治概论》由广西南宁民团周刊社刊行。

钱实甫著《地方自治与国民革命》由广西南宁民团周刊社刊行。

钱实甫著《地方自治与基层干部》由广西南宁民团周刊社刊行。

钱实甫著《地方自治与民团制度》由广西南宁民团周刊社刊行。

亢真化著《地方自治的几个实际问题》由广西南宁民团周刊社刊行。

邵力子等执笔《地方参政制度》由重庆独立出版社刊行。

沈松林编著《地方自治概要》由金华国民出版社刊行。

李士珍讲《地方团队讲稿》由中央训练团党政训练班刊行。

中央训练团编《县各级组织纲要》由编者刊行。

陈柏心著《中国的地方制度及其改革》由湖南长沙广西建设研究会刊行。

宫尚清编《保甲制度》由福建省保训合一干部训练所刊行。

陈立夫讲《地方建设问题》由台湾省训练团刊行。

张金鉴著《县政论》由重庆新政治月刊社刊行。

程方著《中国县政概论》由长沙商务印书馆刊行。

陈绍禹等著《妇女运动的理论与实践》由重庆新华日报馆刊行。

按:是书著者有陈绍禹、洛甫、邓颖超、孟庆树、廖似光、卢竞如等。内分列宁与斯大林论妇女、共产国际及中共中央关于妇女运动的决议和指示、关于妇女运动的论述三编。附录:《关于陕甘宁边区妇女运动概况的报告》。

妇女生活社编《战时妇女手册》由上海生活书店刊行。

妇女问题研究会编《妇女运动论集》由编者刊行。

沈君默编《三种女性的人生》由上海中国图书服务社刊行。

李实著《中国妇女第一次参加革命运动的经验与教训》由新知书店刊行。

宋美龄著《战时妇女动员问题》由重庆独立出版社刊行。

江西省妇女生活改进会编《江西省两年来的妇女工作》由编者刊行。

檀香山祖国伤兵难民救济会编《七七纪念特刊》由编者刊行。

华侨协会侨声编辑部编《华侨协会初周纪念特刊》由北平编者刊行。

潘醒农编《南洋华侨便览》由南岛出版社刊行。

侨务委员会编《侨务委员会工作报告》编者刊行。

谢作民等执笔,独立出版社编《抗战与华侨》由重庆独立出版社刊行。

雪非等著,铎声出版社编《华侨与祖国》由铎声出版社刊行。

华侨书报流通处编《最近祖国大势》由编者刊行。

蒋介石著《中国外交与远东大势》由重庆中国国际联盟同志会刊行。

蒋介石讲《蒋委员长驳斥近卫声明演讲》由观察日报刊行。

蒋介石讲《总裁严斥近卫声明》由中央组织部刊行。

王宠惠讲《抗战以来之外交》由中央训练团党政训练班刊行。

吕朋著,吕金录校订《战时外交》由长沙商务印书馆刊行。

孔祥熙等执笔《抗战与外交》由重庆独立出版社刊行。

庄心在著《中国门户开放问题》由重庆正中书局刊行。

陈复光著《外交史》由重庆青年书店刊行。

胡愈之著《欧战与我国外交》由广西桂林文化供应社刊行。

王礼锡著《在国际援华阵线上》由重庆生活书店刊行,有著者序。

许德珩著《中日关系及其现状》由重庆中山文化教育馆刊行。

郑麦逸著《国外民众怎样援助中国》由香港青年协会书局刊行。

梁彦编著《世界知识十讲》由上海博文书店刊行。

浦薛凤著《西洋近代政治思潮》(上下册)由长沙商务印书馆刊行。

按：是书分西洋政治思想之性质与范围，西洋近代政治思潮之渊源——自柏拉图至孟德斯鸠、卢梭之政治思想，十八世纪后半期欧洲各派社会学说中之政治思潮，美法革命之政治理论，德意志唯心主义派之政治思想，反动与守旧美法革命以后之政治思潮，英国功利主义派之政治思想 8 章。有著者再版弁词和初版序言。

独立出版社编《国际正义之声》由重庆独立出版社刊行。

《第三国际动向》由东方出版社刊行。

萨师炯著《共产主义与法西斯主义》由长沙商务印书馆刊行。

按：是书分现代资本主义社会的成立及其发展、共产主义、法西斯主义、共产主义与法西斯主义之政策上的比较等 4 章。

王维积著《为什么要夺取殖民地》由浙江省抗日自卫委员会战时教育文化事业委员会刊行。

张道行编著《殖民地与原料问题》由重庆独立出版社刊行。

张道行、薛毓麒编著《国际危险地段概述》由重庆独立出版社刊行。

罗家伦著《外交与国际政治》由重庆独立出版社刊行。

顾岳中编著《各国青年团的组织与训练》由重庆独立出版社刊行。

谭春霖著《各国行政研究概况》由岭南大学历史政治学系刊行。

国际劳工局中国分局编著《国际劳工组织与中国》由上海编者刊行。

楚溪春著《国际形势与中国抗战大势》由抗战复兴社刊行。

杜呈祥编著《国际援华运动》由重庆青年出版社刊行。

按：是书介绍国际援华运动的内容、成果及展望，包括国际组织、国际会议、各国援华团体以及政界、舆论界人士的援华活动概况。

张叶舟著《世界现势的基本认识》由国际出版社刊行。

朱家骅著《最近国际形势之观察》由重庆中央组织部刊行。

褚柏思编《国际现势》由军委会干训第三团政治部刊行。

杜绍文著《国际现象学讲话》由浙江省抗日自卫委员会战时教育文化事业委员会刊行。

吕朋著，吕金录校订《世界大势》由长沙商务印书馆刊行。

史枚著《抗战中的世界大势》由重庆新知书店刊行。

世界知识社编《慕尼黑会议后的世界》由重庆生活书店刊行。

江西省地方政治讲习院编《国际现势讲义》由编者刊行。

王世杰讲《最近国际形势》由中央训练团刊行。

贾书法编著《国际现势大纲》由南岳游击干部训练班刊行。

按：是书共 5 讲：大战后的国际大势、火药库在欧洲、太平洋的不太平、各国最近外交政策、各国对华态度和中国抗战前途。附《欧战后国际重要条约及最近重要文件》及主要参考书目。

陶希圣著《集体安全运动与远东》由国际出版社刊行。

赵镜元著《地中海为什么常有风波》由浙江省抗日自卫委员会战时教育文化事业委员会刊行。

杜若君著《欧局与远东》由重庆生活书店刊行。

杜绍文著《近东有什么问题》由浙江省抗日自卫委员会战时教育文化事业委员会刊行。

赵镜元著《太平洋的新形势怎么样》由浙江省抗日自卫委员会战时教育文化事业委员会刊行。

邓熙著《太平洋局势之演变》由航空委员会政治部刊行。

刘振东编著《美国抗战建国史》由重庆正中书局刊行。

蔡可成编《美日争霸太平洋》由金华国民出版社刊行。

按：是书阐述远东问题对太平洋局势的重要意义，从军备竞争方面叙述美日争夺太平洋霸权的情形，并介绍华盛顿会议、日内瓦会议及伦敦会议情况。

钱斌英著《日苏冲突论》由浙江金华正中书局刊行。

陈钟浩等执笔《中日战争与太平洋问题》由重庆独立出版社刊行。

林语堂著《日本必败论》由广东广州宇宙风社刊行。

时事问题研究会编《日本帝国主义在中国沦陷区》（简称《日本在沦陷区》）由延安解放社刊行。

按：是书系时事问题研究会研究沦陷区情况的第一本书，亦即《时事问题丛书》的第二集，毛泽东为该书撰写序言《研究沦陷区》。该研究会先后编印的著作有《抗战中的中国丛刊》《时事问题丛书》《战争中的世界丛书》共10种。其中的《抗战中的中国丛刊》，包括《九·一八以来国内政治形势的演变》《抗战中的中国经济》《抗战中的中国政治》《抗战中的中国军事》《抗战中的中国文化教育》5种。

时事问题研究会编《战争中的日本帝国主义》由编者刊行。

按：是书系时事问题研究研究日本帝国主义本国情况的第一本书，亦即《时事问题丛书》的第一集。

国民出版社编辑《外人心目中之中日战局》由金华国民出版社刊行。

纯青著《日本春秋》由重庆大公报馆刊行。

陈伯康著《日本研究教程》刊行。

陈伯康著《日本研究》由广西桂林青年书店刊行。

蒋益明著《日本研究》由中央陆军军官学校刊行。

按：是书叙述日本自明治维新以来70年间的政治、军事、经济、外交等方面概况，着重分析其内部的矛盾斗争情况有编辑例言。

刘启坤编著《日本研究》由军委会战干第4团政治部编辑室刊行。

按：是书讲述自然条件对日本的影响，日本历史的演进，中日关系及日本的国家机构、政治动向等。

思慕著《战争途中的日本》由重庆生活书店刊行。

按：是书评述日本投降后的政况及美国扶植日本真相，包括麦克阿瑟的片面管制，美国对日政策实质，日本的天皇、宪法、内阁和政党，战犯与东京法庭，以及日本野心的再暴露等问题，有郭沫若序和著者自序。

杨玉清著《日本国情讲话》由重庆独立出版社刊行。

周伊武等著《中日战争中的日本政治》由重庆独立出版社刊行。

时与潮社编辑《欧洲的伤口——巴尔干现势》由重庆时与潮社刊行。

张涤非著《外蒙古出兵问题》由重庆时代思潮社刊行。

朱一民编《现阶段的苏联》由中央军校第七分校政治部刊行。

汪家祯编《捷克问题之解决》由商务印书馆刊行。

褚道庵编著《捷克问题》由重庆独立出版社刊行。

刘国华编著《德国内幕——欧洲的火药库》由上海博文书店刊行。

按:是书以介绍德国为主,评述纳粹德国的阴暗面、外强中干的实质、第三帝国最残忍的人物、希特勒的结局及欧洲前途等。有张叶舟编后话。

张叶舟编著《卍字旗下》由上海东南出版社刊行。

按:是书评述法西斯就是战争,欧洲问题的前途,在希特勒威胁下的各国,侵略国同盟的内在矛盾,希特勒德国的阴暗面,武装中的世界,有编后话。

王遂今著《什么叫做法西斯与纳粹》由浙江省抗日自卫委员会战时教育文化事业委员会刊行。

许天虹著《希特勒与国社党》由福建永安改进出版社刊行。

高賽著《意大利青年训练与民众组织》由长沙商务印书馆刊行。

白石著《犹太人与巴勒斯坦》由上海文化生活出版社刊行。

胡毓杰编著《法学纲要》由北平著者刊行。

洪钧培编著《春秋国际公法》由云南昆明中华书局刊行。

按:是书研究我国春秋时代法的历史。

王致和编《抗战建国法令大全》由陕西西安大公报西安分馆刊行。

葛绥元编《宪法》由上海大东书局刊行。

刘静文著《中国新宪法论》由重庆独立出版社刊行。

中央宣传部编著《宪政建设法规》由重庆中国文化服务社刊行。

楼桐荪著《法治与自由》由重庆独立刊行社刊行。

李洵元著《法制经济问答》由上海中华邮工函授学校刊行。

中央训练团编《县各级组织及地方自治参考材料》由编者刊行。

湖南省民政厅编《民政法规汇编》由湖南长沙编者刊行。

外交部编《外交部处务规程》由编者刊行。

陶滌亚著《出版检查制度研究》由重庆独立出版社刊行。

中央训练团编《地方自治法规》由重庆编者刊行。

国民政府军事委员会政治部秘书处编《政治部法规汇编》由重庆青年书店刊行。

朱承勋编著《亲属法论》由商务印书馆刊行。

孙雄著《犯罪学研究》由云南昆明中华书局刊行。

按:是书从社会和实施犯罪的人两个方面研究犯罪现象,共5编。前4编论述犯罪与犯罪学、犯罪的分类及原因、犯罪的救治与预防等;前5编为附录,包括"比利时犯罪之理论与实验""苏联犯罪学研究之迈进,"法国之种族犯罪学"等5章。

民团周刊社编《领事裁判权》由广西南宁民团周刊社刊行。

朱建民著《侵略问题之国际法的研究》由重庆商务印书馆刊行。

按:是书分5章,叙述侵略问题研究的进展及关于此问题的定义、国际法的规定、确定侵略的机关与程序等。著者认为侵略问题的研究不始于两次大战后,而是在这之前,其定义是首先暴力行为,法律上的含义是为顾约定从事武力;著者认为世界各国应以此为标准缔订多边侵略定义公约,使其成为国际基本义务,以保证和平。

周鲠生等著《日本暴行与国际法》由重庆独立出版社刊行。

周焱编《各军事学术摘要》刊行。

吴光杰著《国民军事常识》由上海中华书局刊行。

武德报社编《军事知识》由北平编者刊行。

温晋城编著《孙子浅说补解》由中央政治学校刊行。

朱怀冰著《读孙子十三篇阵中笺释》由重庆青年书店刊行。

陈玖学评注《（评注）孙子兵法十三篇》由上海大东书局刊行。

李则芬著《以孙子兵法证明日本必败》由重庆生活书店刊行。

黄萍荪编《蒋百里文选》由重庆新阵地图书社刊行，有黄绍竑、刘建绪序及冯玉祥的《我与蒋百里先生》等。

金玉律著《政略与战略》由编者刊行，有谷神序。

游击干部训练班编《军队组织与管理》由编者刊行。

中央陆军军官学校教育处编审委员会编《军制学摘要》由编者刊行。

中央陆军军官学校教育处编《军制学讲义》由编者刊行。

吕茫编著《世界军备竞争的现势》由上海中流书店刊行。

萧剑青编著《二次大战之前夕与世界军备》由上海合众书店刊行。

杨杰著《世界陆军军备》由上海正中书局刊行。

苏焕宗编《输送学》由陆军辎重兵学校刊行。

黄家濂著《船舶输送学》刊行。

周至柔著《世界空军发展趋势》由大鹏书报社刊行。

萧剑青编著《欧洲大战的军事准备》由上海时代文化社刊行。

张叶舟、何戌君著《欧洲军事地形剖解》由上海东南出版社刊行。

世界政治社编《马奇诺阵线·西格弗利阵线之实况》由重庆中国国际联盟同志会刊行。

孙中山著《总理国防十年计划书》由中央训练团刊行。

蒋介石著《中庸之要旨与将领之基本学理》刊行。

中央陆军军官学校第七分校政治部编《领袖军事言论辑要》刊行。

黄埔出版社编《建国与建军》由四川成都中央陆军军官学校刊行。

刘峙等著《如何建设新军》由重庆独立出版社刊行。

吴逸志编著《薛伯陵将军实际统帅法之概述》刊行。

余仲瑶著《潘文华将军治军军训的解说》由四川成都开明书店刊行。

朱俊德编《统帅纲领讲义》由第三战区将校研究团刊行。

军事委员会军训部编《校阅须知》由军事委员会军训部刊行。

军事委员会政治部第一厅编《第二期抗战前方部队政治工作实施办法》刊行。

军事委员会政治部第一厅编《第二期抗战前方部队政治工作实施纲领》刊行。

军事委员会政治部第一厅编《第二期抗战补充兵政治工作实施纲领》刊行。

军事委员会政治部秘书处编《军事委员会政治部政工会议总述》刊行。

军事委员会政治部秘书处编《军事委员会政治部二十八年政工会议决议案》刊行。

黄钟著《军事政治工作》由上海泰东图书馆刊行。

邓文仪编《军队中政治工作》由武汉中央陆军军官学校武汉分校刊行。

按：是书讲述军队中政治工作的发生及意义、国民革命军中以往的政治工作、今后军队政治工作的实施等。

丁云亭等执笔《军队政治工作》由重庆独立出版社刊行。

张厉生讲《军队政治工作之进展》由中央训练团党政训练班刊行。

褚柏思著《中国军队政治工作》由江西白雪出版社刊行。

贺衷寒讲《军队政治工作之进展》刊行。

靖铁铮、董文渊合编《军队政治工作的理论与实际》由陕西西安秦风日报社刊行。

杜任之主编《怎样做宣传、组织、军队政治、训练和武装民众工作》由民族革命出版社刊行。

郑翔编著《军队政工》由军委会战干第四团政治部编辑室刊行。

第二战区司令长官司令部编《阎司令长官对军队政治工作之指示》由黄河书店刊行。

浙江省战区政治部干部训练团编《游击部队政治工作教程》刊行。

刘静之讲《我们的奋斗与努力》由军事委员会政治部直属第二政治大队部刊行。

陈继承讲《青年将校之德性与技术》由四川成都中央陆军军官学校刊行。

骆德荣讲《要做个真正的革命军人》由四川省军管区政治部刊行。

戴坚著《兵经》由湖南湘潭同仇学社刊行。

赵季良编《中华民国陆海空军军人读训浅释》由重庆青年书店刊行。

邹梁定慧等著《前征》由香港本团驻香港办事处刊行。

梦回著《论对敌工作》由民族革命出版社刊行。

刘席儒编《后方勤务》由游击干部训练班刊行。

徐景和讲述《一般经理讲义》由陆军经理训练班刊行。

熊仲韬讲《军需讲话》由军需学校军需训练班刊行。

中央陆军军官学校教育处编审委员会编审《捆包积载教范草案》由中央陆军军官学校教育处图书馆刊行。

俞鹤新编《辎重勤务》由中央陆军军官学校刊行。

中央陆军军官学校教育处编审委员会编订及审订《辎重勤务》由中央陆军军官学校刊行。

陆军辎重兵学校典范令研究委员会编《辎重兵操典稿案》由陆军辎重兵学校刊行。

军事委员会军训部辎重兵监编订《辎重兵驭法教范》由军事委员会军训部刊行。

冯志远编《兵站勤务》由陆军辎重兵学校刊行。

周亚卫讲《中国之国防》由中央训练团刊行。

林薰南著，陈孝威校《国防原则之战争指导》由香港天文台丰周评论社刊行。

广西绥靖主任公署政治部编《国防与教育》由广西桂林全面战周刊社刊行。

军事委员会军训部编《军事教育会议记录》由军事委员会军训部刊行。

军事委员会军训部编《军事委员会军训部战时教育训令》由第三战区司令长官司令部刊行。

国民政府军事委员会军训部编《战时教育训令》由第三战区司令长官司令部刊行。

刘宗效编绘《军事教育图解》由八一三印刷所出版部刊行。

蒋介石著《军事化的教育》由中央训练团刊行。

蒋介石讲《军事基本常识——军事训练之要领》由中央训练团刊行。

王东原讲《训练与管理》由重庆中央训练团刊行。

王东原讲，中国国民党中央执行委员会训练委员会编《军事训练与管理》刊行。

动员社集体著《抗大动态》由武汉动员社刊行。

抗大编审委员会编《生产战线上的抗大》由抗大政治部刊行。

蒋介石讲述《庐山训练集选辑》由重庆黄埔出版社刊行。

蒋介石讲述《峨嵋训练集选辑》由重庆黄埔出版社刊行。

刘叔扬编著《战时民众防空》由正中书局刊行。

胡去非著《防空与疏散》由重庆中山文化教育馆刊行。

高荫祖著《兵役浅说》由重庆独立出版社刊行。

柴绍武编《免役缓役声请须知》由浙江绍兴抗战建国社刊行。

杨振编著《兵役须知》由浙江金华军用图书社分社刊行。

张群等编《抗战与兵役》由重庆独立出版社刊行。

徐鹏九、陈立森编《兵役及国民军事组训概要》由福建省保训合一干部训练所刊行。

岑金华著《中国兵役法之理论与实际》由上海著者刊行，有张元杰、方俊杰序。

崔昌政著《现阶段之征兵问题》由重庆中山文化教育馆刊行。

许冠欧编述《兵役法令释义》由浙江绍兴东方书局刊行。

朱为轸著《兵役创办史》由军政部兵役司刊行。

军政部审订《军队内务规则》由重庆军学编译社刊行。

卢润生著《肃清逃兵法》由福建龙岩闽西印务刊行。

罗尔纲著《捻军的运动战》由长沙商务印书馆刊行。

钱安毅编著《甲午战争的教训》由重庆正中书局刊行。

桂林行营参谋处编《对倭作战资料》(第2辑)刊行。

桂林行营参谋处编《对倭作战资料》(第3辑)刊行。

桂林行营参谋处编《对倭作战资料》(第4辑)刊行。

桂林行营参谋处编《对倭作战资料》(第5辑)刊行。

桂林行营参谋处编《对倭作战资料》(第6辑)刊行。

桂林行营参谋处编《对倭作战资料》(第8辑)刊行。

第九纵队政治部编《苦水集》由山东兵团政治部刊行。

袁国平等著《新军言论集》由集纳出版社刊行。

国魂书店编译部编著《最近敌人战略政略之检讨》由四川成都国魂书店刊行。

梁秀予编《苏俄的红军》由长沙商务印书馆刊行。

张峻著《现代军事工程学》由西康建设学会刊行。

按：是书主要讲述军事工程的设计及构筑法。分13章：伪装、障碍工事、破坏作业、渡河工事、巷战工事、阵地之布置、野战工事、工事材料、半永久工事、永久工事、军用道路、军用铁道、炮弹炸弹之威力计算等。

艾菁编著《新编战术学教程提要》由江苏南京军用图书社刊行。

刘为章讲《战术讲话》由中央训练团刊行。

梅元达著《游击战之实施破坏工作》由游击干部训练班刊行。

侯志馨著《夜间攻击之研究》由重庆军学编译社刊行。

刘翰东编《步炮兵之协同》由第三战区第二十三集团军干部训练班刊行。

国民政府公布《陆军礼节条例》由四川成都武学书馆刊行。

中央军校十期一总队步兵大队编、谭玉卿改订《步兵野外实施笔记》由重庆军学编译社刊行。

希波、毓仑编《小部队战斗教练计划范例》由新新印刷社刊行。

张国梁等编著《最新步兵各个班排连战斗教练教案》由十集团军总司令部刊行。

龙尧廷、吴壮猷编著《夜间各个班连教练阵中勤务计划案》由十集团军总司令部刊行。

胡笛绘图《军事教育图解袖珍本》由陆军步兵学校出版部刊行。

齐廉著《步兵操典实施法》由重庆军学编译社刊行。

军事委员会军训部编《步兵操典草案》由江苏南京拔提书局刊行。

中央陆军军官学校教育处编审委员会编《防御战车讲授录》由中央陆军军官学校教育处图书馆刊行。

中央陆军军官学校教育处编审委员会编《战车战术讲义》由中央陆军军官学校教育处图书馆刊行。

郭化若著《抗日的步兵战斗问答——步兵连以下诸分队底战术》由陕西延安抗大训练部刊行。

周恩来著《中日战争之政略与战略问题报告大纲》由游击干部训练班刊行。

左权、陆定一著《晋冀察边区怎样粉碎了敌人的进攻》由新华日报华北分馆刊行。

吴逸志著《南浔线抗战回忆》由第九战区司令长官司令部刊行。

第九战区司令长官司令部参谋处编《薛兵团南浔线敌情纪实》由长沙编者刊行。

陈和坤编著《湘北之战》由重庆青年出版社刊行。

梁纯夫著《鄂北会战》由桂林前线出版社刊行，

独立出版社编《中原会战之前后》由编者刊行。

独立出版社编《英勇的空军》由编者刊行。

民族革命通讯社编著《西线上的新军》由编者刊行。

国民出版社编《前线近影》由金华国民出版社刊行。

陶剑青编著《游击战术纲要》由重庆战时知识社刊行。

军事委员会军训部军学编译处编《游击战纲要》由编者刊行。

军政部编《游击法令汇编》由编者刊行。

曾述道编《血的抗战经验》由南岳干训班刊行。

段公奭著《给保卫鄂西的军人》由湖北武汉日报宜昌社刊行。

武德报社编《中国武事》由武德报社刊行。

孙子乐编《四川兵役概说》由编者刊行。

白崇禧、黄旭初著《公务人员军训在广西》由广西南宁民团周刊社刊行。

宛书城著《抗战与地利》由重庆中山文化教育馆刊行。

按：是书分 5 节：地利在战争上的重要、台儿庄大捷的回忆、西部形势的险要、后方资源之雄厚、复兴根据地在我掌中。

江世义编述《国防地理新论》由中国政法学会刊行。

按：是书分 6 节：疆域、地理、气候、人口、交通、资源。

周廷儒编著《国防地理》由军委会干训第三团政治部刊行。

蒋震华著《太平洋军事地理》由重庆生活书店刊行。

按:是书介绍了美国、日本、英国、荷兰、法国、中国、苏联在太平洋上的军事地位。

孙宕越、徐俊鸣著《军事地理学》由重庆中山文化教育馆刊行。

中央陆军军官学校编《地形学教程》(卷上)刊行。

李元庆编《军用五瓦特无线电收发报机》由陆军通信兵学校刊行。

谢连品著《军事通讯之运用》由游击干部训练班刊行。

张峻著《现代工事工程学》(战时版)由西康建设学会刊行。

钟以文著《爆破学》由重庆生活书店刊行。

方兴国编《化学兵器学》由陆军炮兵学校刊行。

刘启武编《化学战剂》由第三战区将校研究团刊行。

孙锡红编《化学兵器》由上海开明书店刊行。

中央陆军军官学校教育处编审委员会编《化学兵器讲义》由中央陆军军官学校刊行。

任墨林编《空军兵器学讲义》由空军军士学校教育处教授科刊行。

罗中英编著《迫击炮射击教育图解》由陆军步兵学校刊行。

冯兴备编《掷弹筒教育之参考(兵器、射击、战斗之部)》由陆军步兵学校刊行。

军事委员会军训部编《马克沁重机关枪射击教范草案》由陆军步兵学校刊行。

张柏亭讲《步枪常识》由重庆正中书局刊行。

钱石坚著《大众射击与兵器知识》由重庆生活书店刊行。

军事委员会战时工作干部训练团第四团教育处编《兵器学纲要》刊行。

中央陆军军官学校教育处编审委员会编订《兵器学摘要》刊行。

毕中道编《气象学讲义》由陆军炮兵学校刊行。

宛书城著《抗战与天时》由重庆中山文化教育馆刊行。

王聚有编《空中侦察教程》由空军军官学校高级班刊行。

赵文等编《化学战讲话》由西南游击干部训练班刊行。

赵冬垠著《经济学初步》由重庆生活书店刊行。

许育英编著《经济学常识》由民族革命出版社刊行。

萧达编著《大众经济学问答》由上海三户书店刊行。

黄宇桢著《大众经济学讲话》由上海中国图书杂志公司刊行。

黄芦木编著《大众经济讲话》由上海博文书店刊行。

沈志远编《研习资本论入门》由重庆生活书店刊行。

谭云山著《中国近代政治经济社会讲演集》由重庆独立出版社刊行。

钱亦石编著《近代中国经济史》由上海生活书店刊行。

赵丰田著《晚清五十年经济思想史》由北平哈佛燕京学社刊行。

秦佩珩著《晚清五十年经济思想史述评》由北平燕京大学经济学报刊行。

经世学艺社编《现代经济动态》由上海世界书局刊行。

郑合成编著《战时经济学》由中央陆军军官学校特别训练班刊行。

沈雷渔编著《战时资源统制》由重庆正中书局刊行。

高叔康著《战时经济建设》由上海艺文丛书编辑部刊行。

千家驹著《中国战时经济讲话》由上海开明书店刊行

曹贯一著《中国战时经济政策》由商务印书馆刊行。

陈希豪著《非常时期的经济建设》由重庆独立出版社刊行。

粟寄沧著《中国战时经济建设论》由重庆青年书店刊行。

翁文灏讲《抗战以来之经济建设》由中央训练团党政训练班刊行。

谭炳训著《国防经济建设最高设计机构——其需要及建立步骤》刊行。

中央陆军军官学校特别训练班编《国民经济建设要论》由编者刊行。

张俊杰编著《民族革命经济政策》由民族革命出版社刊行。

何干之著《中国社会经济结构》由中国文化社刊行。

刘大钧著《经济动员与统制经济》由长沙商务印书馆刊行。

韩亮仙编著《中国经济动员论》由重庆国际问题研究会刊行。

国民出版社编《经济游击战》由浙江金华国民出版社刊行。

独立出版社编《战区经济工作》由重庆编者刊行。

胡仁奎著《游击区经济问题研究》由黄河出版社刊行。

叶笑山、董文中编辑《中国战时经济特辑》由上海中外出版社刊行。

潘应昌编著《抗战中之经济建设》由重庆独立出版社刊行。

汪杨时著《战时经济问题》由广州中央陆军军官学校刊行。

独立出版社编辑《战区经济工作》由编者刊行。

公论社编《城市陷落对于民族经济的影响》由译报图书部刊行。

陈适怀编著《经济建设在西战场》由民族革命出版社刊行。

陈宇奇编著《民生主义与经济改造》由重庆独立出版社刊行。

谭炳训著《建设论集》第1集由江西力学书店刊行。

马寅初等著《中国今日之西南建设问题》由桂林西南导报增订刊行。

陈正祥编著《开发西南与抗战建国》由重庆独立出版社刊行。

国民出版社编《飞跃中的西南建设》由金华编者刊行。

张国瑞著《开发资源与西南新经济建设》由桂林西南导报社刊行。

独立出版社编《西南经济建设论》由重庆编者刊行。

西南经济建设研究所编《西南经济建设研究所缘起及组织章程》由重庆编者刊行。

李建升编《广东省经济统计》由国民印刷所刊行。

黄旭初著《中国建设与广西建设》由建设书店刊行。

张肖梅编著《贵州经济图解》由中国国民经济研究所刊行。

郭垣编著《云南省经济问题》由重庆正中书局刊行。

朱一鹗述《皖西经济概况调查报告》由安徽地方银行经济研究室刊行。

经济委员会编《最近华北新经济学概论》由编者刊行。

独立出版社编《西北经济建设论》由重庆编者刊行。

胡焕庸著《世界经济地理》由重庆青年书店刊行。

章洸生编著《国际经济改造问题》由重庆独立出版社刊行。

张白衣著《世界的资源》由长沙商务印书馆刊行。

文公直著《泰西经济思想史》由上海三民书店刊行。

刘及辰编著《近代资本主义经济思潮批判》由重庆生活书店刊行。

中国国民经济研究所编《日本对支经济工作》由编者刊行。

陈玉祥著《英美合作经济制日的研究》由重庆中山文化教育馆刊行。

钟朴生编著《从经济立场检讨美日外交前途》由航空委员会政治部刊行。

谭炳训著《考察苏联经济建设之建议》由江西省民生印刷厂刊行。

冯达夫著《世界主要物产及工商业》由上海亚细亚书局刊行。

吕茫编《今日世界经济的危机》由上海中流书店刊行。

王文萱著《苏联的农工和交通》由长沙商务印书馆刊行。

董文编著《生活地理》由上海世界书局刊行。

江昌绪编《日人之中日经济提携论》由南京日本评论社刊行。

邹鲁著《日本对华经济侵略》由广州中山大学出版部刊行。

冯次行著《论日本经济崩溃》由长沙商务印书馆刊行。

龙潜著《日本政治经济的崩溃》由桂林新知书店刊行。

时与潮社编《日本的经济危机》由重庆编者刊行。

独立出版社编《崩溃中之日本经济》由重庆编者刊行。

文少和编著《日本资源缺乏的检讨》由成都开明书店刊行。

中国文化服务社陕西分社编《生产建设运动》由编者刊行。

黄埔出版社编《节约运动特辑》由成都中央陆军军官学校刊行。

青年出版社编《青年节约献金运动》由重庆编者刊行。

军政部编《战时节约·有钱出钱,有力出力》由编者刊行。

曹立瀛等著《战时经济节约》由重庆独立出版社刊行。

国民出版社编《苏联新建设》由金华编者刊行。

谭炳训著《苏联的建设事业》由上海世界书局刊行。

杨西孟编《指数公式总论》由北平社会调查所刊行。

唐启贤著《指数之编制与应用》由上海中华书局刊行。

中国社政学会编《二十二年高等考试会计人员试题解答》由长沙商务印书馆刊行。

黄文衮著《基本资产负债表读法》由广东广州大学刊行。

黄组方著《决算表之编制及内容》由长沙商务印书馆刊行。

钱素君编著《查账法》由长沙商务印书馆刊行。

曹裕、龚懋德编著《应用公信通用新式账表概说》由上海公信会计师事务所刊行。

张辑颜著《应用审计学》由昆明中华印书局刊行。

按:是书讲解商业审计之原理及实务,分总论、审计之实务两编。第 1 编论述审计之意义、功用、特性、制度等;第 2 编论述各类资产项目、负债项目、资本项目、损益项目之审查,财政状况、营业成绩、管理制度之评价,查账报告书之编制。卷末附 1935 年实业部公布的有关会计师条例规则等 5 种。

张汉卿编著《政府审计述要》由杭州正中书局刊行。

审计部编《审计部施政概要》由编者刊行。

罗运炎著《中国劳工立法》由上海中华书局刊行。

屠哲隐著《人事管理的实施》由上海世界书局刊行。

屠哲隐编著《工商企业管理》由上海世界书局刊行。

侯哲莽著《合作主义的三大信条》由上海合作与农村出版社刊行。

广西省政府编《合作法规汇编》由编者刊行。

顾凌云著《合作事业和长期抗战》由重庆中山文化教育馆刊行。

福建省政府建设厅合作事业管理局编《合作大意》由编者刊行。

广西省政府编《广西省合作讲习会讲义集》由编者刊行。

福建省政府建设厅合作事业管理局编《生产合作社经营法》由编者刊行。

福建省政府建设厅合作事业管理局编《合作簿记实习》由编者刊行。

新民合作社中央会编辑股编《合作监查概要》由北平燕尘社刊行。

新民合作社中央会编辑股编《生产合作概要》由北平福生印刷局刊行。

新民合作社中央会编辑股编《公用合作概要》由北平福生印刷局刊行。

新民合作社中央会编辑股编《合作审计概要》由北京东方书店刊行。

经济部农本局编《合作社会计规章准则甲种》由编者刊行。

经济部合作事业管理局编《合作社会计规则准则丙种》由编者刊行。

新民合作社中央会编译股编《中国合作运动概观》由北平福生印刷局刊行。

丁炜文编著《日本产业合作社的事业》由商务印书馆刊行。

王世颖著《农业合作经营论》由香港正中书局刊行。

徐树焜著《怎样办理消费合作社》由广西南宁民团周刊社刊行。

福建省政府建设厅合作事业管理局编《消费合作社经营法》由编者刊行。

福建省政府建设厅合作事业管理局编《农业指导》由编者刊行。

江西省政府秘书处统计室编《江西省农业统计》由编者刊行。

经济部中央农业实验所贵州省农业改进所编《贵州省农业概况调查》由广东广州农业改进所刊行。

张君约著《历代屯田考》由长沙商务印书馆刊行。

江西省政府建设厅编《江西省地政概况》由编者刊行。

福建省地政局编《福建省地政概况》由编者刊行。

福建省政府编《福建省初步整理土地概况》由编者刊行。

福建省政府编《闽省初步整理土地后之地籍管理》由编者刊行。

福建省地政局编《福州土地登记》由编者刊行。

黄通编著《民生主义的土地政策》由重庆独立出版社刊行。

中国地政学会编《中国土地政策》由重庆独立出版社刊行。

国民出版社编《中国土地政策》由浙江金华编者刊行。

吴尚鹰著《平均地权》由重庆中山文化教育馆刊行。

丘式如编《平均地权政策讲话》由重庆青年书店刊行。

吴文晖著《中国土地利用问题及其解决途径》刊行。

徐渊若著《农业仓库论》由上海商务印书馆刊行。

张泰曾编《仓储行政》由江西省地方政治讲习所出版社刊行。

何南陔编《办理仓储须知》由四川省政府民政厅刊行。

丁苏民著《广西仓谷会计》由广西省政府会计处刊行。

黄霖生、朱通九等著《战时粮食问题》由重庆独立出版社刊行。

朱通九著《战时粮食问题》由重庆独立出版社刊行。

孙兆乾编著《战时粮食生产统制》由重庆独立出版社刊行。

徐季吾著《云南之小麦与面粉》刊行。

冯和法著《战时茶叶政策论》由上海农本书店刊行。

财政部贸易委员会编《怎样做茶业调查》由编者刊行。

财政部贸易委员会编《怎样组织茶农合作社》由编者刊行。

谢愤生著《香港渔民概况》由上海中国渔民协进会刊行。

汪洪法著《农村副产与地方工业建设》由重庆青年书店刊行。

胡林阁、朱邦兴、徐声编《上海产业与上海职工》由香港远东出版社刊行。

廖文毅著《军需工业论》由长沙商务印书馆刊行。

方显廷著《中国工业资本问题》由湖南长沙艺文丛书编辑部刊行。

赵鼎元著《中国工业合作运动》由中英出版社刊行。

钱昌照著《两年半创办重工业之经过与感想》由著者刊行。

经济部矿冶研究所编《纪念册论文节略》由编者刊行。

胡博渊著《开发我国后方各省金矿之建议》由重庆中山文化教育馆刊行。

杨涛著《电业会计》由长沙商务印书馆刊行。

石志学著《纺织业与抗战建国》由陕西西安秦风日报社刊行。

穆藕初著《推行手纺的六大条件》由重庆农产促进委员会刊行。

财政部贸易委员会编《茶厂管理与检验》由编者刊行。

冷家骥编《中国盐业述要》由北平文岚簃印书局刊行。

李鉴因著《盐业账务及事务》由四川自贡兴华书局刊行。

魏少申著《四川盐业考察报告》由中央政治学校研究部刊行。

张肖梅、朱觉方著《川盐实况及增产问题》由重庆中国国民经济研究所刊行。

李焕庭著《论西北工业建设》刊行。

金城银行总行调查科编《事变后之上海工业》由编者刊行。

施建生著《西南工业建设方案》由重庆中山文化教育馆刊行。

李生庄编《滇缅交通线问题特辑》由编者刊行。

熊大惠著《铁道组织与管理》由编者刊行。

熊大惠著《铁路客运业务》由著者刊行。

夏开儒编,胡焕庸校《实业计划铁路篇》由重庆青年书店刊行。

沈奏廷著《评铁道部整理货等运价设计大纲及其审查意见》由交通大学铁路管理学会刊行。

邱泽同著《中国国有铁路之沿革及工务之概况》由天津工商学院科土木工程系刊行。

谭炳训讲《战时交通员工之精神》由江西公路处刊行。

伍锐麟、白铨著《中国人力车夫的研究》由岭南大学社会学系社会调查所刊行。

杨佩文编著《中国航业经营论》由上海编者刊行。

郑汉生著《法国之航空》(上下册)由长沙商务印书馆刊行。

刘承汉著《邮政法总论》由长沙商务印书馆刊行。

朱羲农等著《战时对外贸易》由重庆独立出版社刊行。

沈光沛编《贸易统制之原理与实际》由云南昆明中华书局刊行。

张一梦编著《商店经营法》由长沙商务印书馆刊行。

周永谦编《商店经营法》由吉林长春商工公会刊行。

郑世贤著《怎样开店》由上海世界书局刊行。

刘大钧等著《战时物价统制》由重庆独立出版社刊行。

朱美予编著《中国桐油业》由上海商务印书馆刊行。

蔡谦著《粤省对外贸易调查报告》由长沙商务印书馆刊行。

朱偰著《所得税发达史》由重庆正中书局刊行。

谭宪澄著《地方财政》由商务印书馆刊行。

孔祥熙讲《孔院长在党政训练班讲演词》由中央训练团党政训练班刊行。

按:孔祥熙演讲的题目为《我国财政金融之过去与现在》。

孔祥熙讲《战时财政金融》由重庆中央训练团刊行。

萨孟武著《财政学之基础知识》由上海新生命书局刊行。

按:是书分5章阐述现代财政之构成、特征、弊端以及将来之倾向,有"附录"7种,散见于各章末。附录7包括:《苏俄的财政方针》《新经济政策以前的财政》《新经济政策以后的财政》《苏俄的税制》4篇论文。

刘不同著《兵役税论》由重庆中山文化教育馆刊行。

钱实甫主编《赔款和外债》由广西南宁民团周刊社刊行。

赖季宏编著《日本财政》由长沙商务印书馆刊行。

莫萱元编《货币学概要》由长沙商务印书馆刊行。

独立出版社编辑《中日货币战》由编者刊行。

刘杰著《物产证券详述》由抗战复兴出版社刊行。

杨修华著《中国法币价值论》由上海中和贸易公司刊行。

潘恒勤编著《银行实务》由长沙商务印书馆刊行。

金伯铭著《银行实践》由长沙商务印书馆刊行。

朱斯煌著《银行经营论》由长沙商务印书馆刊行。

朱斯煌著《信托总论》由云南昆明中华书局刊行。

黄元彬著《国际金融论》由青年书店刊行。

沈春雷主编《中国金融年鉴》由中国金融年鉴社刊行。

福建省银行编《福建省概况》由编者刊行。

蔡谦编著《粤省对外贸易调查报告》由上海商务印书馆刊行。

沈光沛编《贸易统制之原理与实际》由上海中华书局刊行。

沈雷春编《中国保险年鉴》由上海中国保险年鉴社刊行。

新民合作社中央会编辑股编《保险合作概要》由编者刊行。

望云著《两年来的国内文化界》由三民周刊社刊行。

张益弘著《中国文化运动的性质》由重庆时代思潮社刊行。

胡秋原著《中国文化复兴论》由建国印书馆刊行。

按:是书分中国旧文化之价值、中国对于世界文明之贡献、中国文化之基本精神、中国民族与文化之颓废及其原因、中国现代文化运动及其得失、中国文化之将来及其复兴之路等6节。

侯外庐著《抗战建国的文化运动》由重庆中山文化教育馆刊行。

按:是书分中国现阶段文化运动的号召、资本主义的文化危机与中国的文化发展、人文主义的发展与衰落、中山先生文化运动的理想等 8 节。

陈伯达著《在文化阵线上》(《真理的追求》续集)由汉口生活书店刊行。

张申府著《什么是新启蒙运动》由重庆生活书店刊行。

按：是书分什么是新启蒙运动、启蒙运动的过去与现在、新启蒙运动的再开展、新启蒙运动与青年运动、新启蒙运动与普及教育运动、文化动员的意义、战时文化应该怎样开展、教育与革命、战时哲学的必要等 36 节。

张申府著《文化·教育·哲学》由上海生活书店刊行。

陈诚(陈辞修)讲述《三民主义的文化建设与我们的责任》由青年书店刊行。

倩之等著《现阶段的思想文化》由上海新文化社刊行。

叶溯中、江鸿等执笔《战时文化论》由重庆独立出版社刊行。

罗家伦著《抗战与文化》由重庆独立出版社刊行。

郭沫若、胡秋原等执笔《战区文化工作》由重庆独立出版社刊行。

王健著《文化人的岗位》由香港大时代出版社刊行。

张立志著《山东文化史研究》甲编由齐鲁大学国学研究所刊行。

东亚文化协议会编《东亚文化协议会第三次评议会议事录》由编者刊行。

赵曾珏著《研究科学应以解决民族民生问题为中心》刊行。

简贯三编著《科学运动与反读书思潮》由重庆独立出版社刊行。

简贯三编著《科学运动与反读书思潮》由浙江金华国民出版社刊行。

《德国怎样摧残波兰的科学与文化》刊行。

舒湮著《战斗中的陕北》由文缘出版社刊行。

储玉坤编著《现代新闻学概论》由上海世界书局刊行。

按：是书分 15 章，论述世界各国新闻的发展及其趋势，新闻的编辑与采访，报纸的印刷、广告、发行等。附录出版法 4 种。

任白涛著《国际通讯的机构及其作用》由长沙商务印书馆刊行，有著者序。

卢豫冬著《战争新闻读法》由无名出版社刊行。

中国青年记者学会编《战时新闻工作入门》由重庆生活书店刊行。

民族革命通讯社编《民族革命通讯社周年纪念专刊》由山西民族革命出版社刊行。

杜绍文著《中国报人之路》由浙江省战时新闻学会刊行。

张友鸾著《去到敌人后方办报》由重庆中山文化教育馆刊行。

陆诒、邵宗汉等著，国际新闻社编《新阶段中一般新闻采访工作要旨》由编者刊行。

孙行予编《日寇暴行写实》由江西省教育厅特种教育股刊行。

孙行予编《英勇抗战的我军》由江西省教育厅特种教育股刊行。

曹伯韩著《读报常识》(增补版)由重庆读书生活出版社刊行。

江西省地方政治讲习院编《教育概论》(分组训练教材之三甲)由编者刊行。

徐宗泽编著《教育之原理》(光启杂录)由上海光启社刊行。

吴俊升著《教育论丛》由上海中华书局刊行。

薛人仰编《中国教育行政制度史略》由上海中华书局刊行。

按：是书分唐虞三代之教育行政制度、秦汉至清之中央教育行政、清以前之地方学事专官、自汉至清之选士制度、新教育行政之萌芽、新旧教育行政之过渡时期、共和政体下之教育制度、国民政府成立至今之教育行政制度 8 章。

教育部编《十年来之教育概述》由重庆编者刊行。

王克仁著《西洋教育史》(大学用书)由云南昆明中华书局刊行。

按：是书分文化创业的时代(希腊和罗马)、文化迟滞的时代(基督教会)、文化再生的时代(文艺复兴)、文化昌明的时代(近代各国教育)等4编,共25章。

罗廷光著《最近欧美教育综览》(上下册)由长沙商务印书馆刊行,有著者序。

陈立夫讲《战时教育方针》由中央训练团军事政治教官研究班刊行。

汪懋祖编《国防中心教育概况》(国防教育丛书)由江苏南京正中书局刊行。

符竹因编著《爱国教育论》由长沙商务印书馆刊行。

王镜清著《建国教育的中心政策》(战时问题丛刊)由重庆正中书局刊行。

邱友铮编著《战时教育之改造》(抗战建国小丛书)由重庆独立出版社刊行。

邱昌渭著《抗战与教育》(丙种丛刊、国民基础教育丛刊)由广西南宁民团周刊社刊行。

李琯卿讲述,戴廷俊笔记《抗战期中之教育》(战时文化丛书)由浙江镇海抗卫会战时教育文化事业委员会刊行。

《第二期战时行政计划实施方案教育部分》刊行。

江苏省政府编《抗战以来之江苏》由江苏编者刊行。

浙江省抗日自卫委员会战时教育文化事业委员会编《浙江战时教育文化实施概况》由编者刊行。

吕璜编《抗战期中的衢县教育》由浙江衢县县政府刊行。

顾岳中著《战时的新型教育机关》(抗战建国小丛书)由重庆独立出版社刊行。

许晚成编《战后上海学校暨文化机关调查录》由上海龙文书店刊行。

邱昌渭著《青年教育问题》由广西南宁民团周刊社刊行。

按：是书分4章,论述培养中学生的制度与方法、学生救国的实践、青年应有的修养和做学问的方法等。

张伯苓讲《学校训育问题》(中央训练团党政训练班讲演录)由中央训练团党政训练班刊行。

张汉英编《二部制概要》(义务教育丛书)由广东广州中华书局刊行。

骆庆珍编《巡回教学》(义务教育丛书)由广东广州中华书局刊行。

周天民编《学生成绩计算用表》由广东广州中华书局刊行。

杨衔锡编著《教育心理实验》(师范学校及乡村师范学校)由重庆正中书局刊行,有沈有乾序。

按：是书收儿童动作的速率、儿童动作的正确性、儿童的语言、儿童的社会行为、休息与疲劳、识字测验等42项实验。

艾伟编《小学教育测试说明书》由上海中华书局刊行。

萧孝嵘编《小学智慧测验》由长沙商务印书馆刊行。

杨鸿烈著《教育之行政学的新研究》由长沙商务印书馆刊行。

王克仁著《地方教育行政》由上海中华书局刊行。

按：是书论述教育行政的意义、要素、权力,地方教育行政组织的原则、工作程序以及学生、教师、经费、课程、设备等方面的问题。

金宝善讲《学校卫生教育》(中央训练团党政训练班讲演录)由中央训练团刊行。

赵如珩著《今后教育制度应如何确立》由著者刊行。

江恒源著《学制改革论》（教育小丛书）由重庆正中书局刊行。

按：是书分发端及提要、目前我国教育上急待商榷的几个重要问题、目前我国所需要的教育及理想学制的拟定、理想学制的要点及其运用方法、赘言等五部分。

周彬编《义务教育师资训练及进修》（义务教育丛书）由广东广州中华书局刊行。

按：是书叙述义务教育师资的重要性、来源、训练和进修等问题。

陈鸿文编《义务教育视导》（义务教育丛书）由广东广州中华书局刊行。

赵欲仁编《义务教育行政》（义务教育丛书）由广东广州中华书局刊行。

萧邦导编《义务教育》由江西南昌江西省地方政治讲习院出版股刊行。

教育部参事处编《教育法令汇编》（第4辑）由重庆正中书局刊行。

陈立夫等著《二十八年教师节纪念特刊》（四川省教育厅教育丛刊）由四川省教育厅刊行。

教育部编《教育部二十七年度国立各院校统一招生委员会报告》由编者刊行。

教育部编《教育部工作报告》由编者刊行。

教育部编《一年来教育部重要工作概况》由编者刊行。

教育部编《第三次全国教育会议报告》由编者刊行。

中央组织部编《第三次全国教育会议宣言》由重庆编者刊行。

教育部编《教育部职员录》由编者刊行。

教育部编《教育部制直辖各机关校院统计图表》由编者刊行。

甘肃省政府教育厅编《甘肃教育实施方案》由编者刊行。

郑西谷著《三月来之甘肃教育》由甘肃省政府教育厅刊行。

宁夏省政府教育厅编《宁夏教育工作报告》由编者刊行。

上海教育年鉴社编《廿八年上海教育一览》由上海大时代书局刊行。

安徽省教育厅编《一年来之安徽教育》（二十七年十一月至二十八年十二月）由编者刊行。

李垂铭、梅焕涑编《江西省义务教育现行法令汇编》（上下册）（江西省义务教育丛书）由江西省政府教育厅刊行。

江西省教育厅编《江西省筹集义务教育经费概况》由编者刊行。

程时煃著《江西义务教育实施之过去与现状》由江西省政府教育厅刊行。

福建省教育厅编《福建省教育统计》（民国二十七年度）由编者刊行。

福建省政府秘书处编《福建省五年来教育行政》（闽政丛刊）由福建永安编者刊行。

福建省政府秘书处编《福建巡回教育》（闽政丛刊）由福建永安编者刊行。

邱昌渭述《广西教育设施概要》（丙种丛刊）（国民基础教育从丛刊）由广西南宁民团周刊社刊行。

邱昌渭著《国民基础教育与基础工作》（丙种丛刊、国民基础教育丛刊）由广西南宁民团周刊社刊行。

金步墀著《广西之国民基础教育》由广西省教育厅刊行。

四川省教育厅编《四川省教育近况》（四川省教育厅教育丛刊）由四川成都四川省立教育科学馆刊行。

张敬熙著《三十年来之西康教育》（上卷）由长沙商务印书馆刊行。

云南省教育厅编《云南省教育概览》(二十七年度)由编者刊行。

武汉教员同学会编《教育论集》(新生丛书)由湖北汉口大楚报社刊行部刊行。

武汉教员同学会编《教育论集续》(新生丛书)由湖北汉口大楚报社刊行部刊行。

北京特别市公署教育局编《北京市教育统计》由北平编者刊行。

中央各军事学校毕业生调查处编《中正学校概况》由江苏南京编者刊行。

吕家伟、赵世铭编《港澳学校概览》由香港中华时报社刊行。

陈业勋著《儿童活动的指导》(丙种丛刊、基层建设丛刊)由广西南宁民团周刊社刊行。

陈鹤琴、钟昭华等编《一年中幼稚园教学单元》(中华儿童教育社丛书)由长沙商务印书馆刊行。

卢显能著《怎么办理托儿所》(丙种丛刊、国民基础教育丛刊)由广西南宁民团周刊社刊行。

杜佐周、姜琦著《普通教育》(百科小丛书)由长沙商务印书馆刊行,有著者序。

龙德渊著《小学教育实际问题》(小学教师进修丛书)由上海新亚书店刊行,有刘百川序。

吴增芥编《小学各科学习心理》由长沙商务印书馆刊行。

按:是书分9章,论述国语、算术、社会、劳作等科的学习意义和要素,从心理上研究教学方法,附《各国小学教育比较表》。

李廉方著《合科实验的廉方教学法》由云南昆明中华书局刊行。

蒋品珍、黄寰清著《怎样做单级教师》由上海中华书局刊行,有吴增芥序。

卢显能著《学生成绩考查法》(丙种丛刊、国民基础教育丛刊)由广西南宁民团周刊社刊行。

马静轩著《小学社会科教材和教法》(小学教师丛书)由长沙商务印书馆刊行。

宋绍洵编《小学初级算术科教材和教法》(小学教师丛书)由长沙商务印书馆刊行。

胡颜立、徐允昭编著《小学自然科教材和教法》(小学教师丛书)由长沙商务印书馆刊行。

温肇桐编著《小学美术科教材和教法》(小学教师丛书)由长沙商务印书馆刊行。

沈瑞安编《低年级算术游戏》由云南昆明中华书局刊行。

白桃编《小学纸扎工艺》由长沙商务印书馆刊行。

白动生编《小学教师必备》(师范丛书)由重庆正中书局刊行,有祝云龙序。

俞子夷、吴志尧著《小学视导》(中华儿童教育社丛书、小学教师文库)由云南昆明中华书局刊行。

沈鲤登、陈厥明编《现代小学行政实际问题续编》由云南昆明中华书局刊行。

中学投考指导社编《省上中入学试题精解》由上海编者刊行。

钱选青、潘江著《小学生升学就业问题》由云南昆明中华书局刊行。

江西省政府教育厅第三科义教股编《江西的保学》(江西省义务教育丛书)由江西编者刊行。

卢显能编著《国民基础学校应用表册》(下册)(丙种丛刊、国民基础教育丛刊)由广西南宁民团周刊社刊行。

潘景佳著《中心学校怎样辅导村街基础学校》(丙种丛刊、基层建设丛刊)由广西南宁民团周刊社刊行。

徐天武著《基础学校教师生活记述》(丙种丛刊、基层建设丛刊)由广西南宁民国周刊社刊行。

沈文亮编《短期小学各科教材及教法》(义务教育丛书)由广东广州中华书局刊行。

曾祥信编著《怎样办理短期小学》由长沙商务印书馆刊行。

福建省政府编《福建省五年来初等教育》(闽政丛刊)由福建编者刊行。

新化大同联乡小学编《大同概况》由湖南新化编者刊行。

吴寄萍编《改良私塾》(义务教育丛书)由广东广州中华书局刊行。

程其保编《社会学科之教材与教学法》(师范丛书)由长沙商务印书馆刊行。

福建省政府编《福建省五年来中等教育》由编者刊行。

广西省政府教育厅编《广西省中等教育述要》由编者刊行。

震旦大学初中部编《私立震旦大学初中部学生管理规程》由上海编者刊行。

黄炎培等著《职业教育丛刊》(第 1 辑)由上海中华职业教育社刊行。

李从之编《民教活动办法百种》(浙江省立临时联合师范学校社会教育辅导丛书)由浙江省立临时联合师范学校刊行。

郭人全著《战时民众学校》由浙江省教育厅师资进修通讯研究部刊行。

育部社会教育司编《民众教育馆重要法规》由编者刊行。

朱晨声编《识字运动实施法》(第一级义工教材第 4 册)由上海广学会刊行。

张知遒著《论肃清文盲》(战时民教丛刊)由陕西省立西安民众教育馆刊行。

张含清编《中国乡村教育》(江西省地方政治讲习院分组训练教材)由江西南昌江西省地方政治讲习院刊行。

福建省政府编《福建战时民教》(闽政丛刊)由福州编者刊行。

徐旭编《日本农村青年教育》由云南昆明中华书局刊行,有小出满二序。

张道藩讲《华侨教育》由中央训练团党政训练班刊行。

教育部社会教育司编《战时社会教育》(教育部教育播音小丛书)由重庆正中书局刊行。

教育部民众教育巡回施教车编《战时施教标准》由编者刊行。

梁上燕著《乡土教材编辑法》(丙种丛刊、国民基础教育丛刊)由广西南宁民团周刊社刊行。

教育部社会教育司编《中国社会教育概况》由编者刊行。

福建省政府编《福建省五年来社会教育》(闽政丛刊)由福建编者刊行,有丛刊引言。

吴学信著《社会教育史》(师范小丛书)由商务印书馆刊行,有陈立夫、陈礼江序。

胡嘉年著《自学方法论》(青年知识丛书)由上海洪流出版社刊行。

虞侃著《自学的理论与实际》(青年丛书)由上海长风书店刊行。

汪均伯著《自学二十科》(青年知识丛书)由上海洪流书局刊行。

程瀚章著《运动生理》(体育小丛书)由上海商务印书馆刊行。

刘纪元编著《体育卫生》(体育小卫生)由商务印书馆刊行,有吴蕴瑞序。

程登科著《国民体育》由重庆中央训练团党政训练班刊行。

王应麟编著《室内体操》(体育小丛书)由长沙商务印书馆刊行,有邵汝幹序。

褚民谊著《褚民谊先生武术言论集》(国术统一月刊社丛书)由上海国术统一月刊社

刊行。

吴图南著《国术概论》由长沙商务印书馆刊行。

赵竹光、王学政编著《腹部锻炼法》(健与力小丛书)由长沙商务印书馆刊行。

赵竹光、王学政编著《肩部锻炼法》(健与力小丛书)由长沙商务印书馆刊行。

高崇仁著《麻雀经》由香港世纪社刊行。

陈淘子编《抗战游戏》由山西黄河出版社刊行。

江西省妇女生活改进会编《游戏》(妇女组训丛书)由江西南昌编者刊行。

汪国镇编著《文字学概论》由商务印书馆刊行。

李翰章编《文字学纲要》由编者刊行。

岑麒祥编《语音学概论》由云南昆明中华书局刊行。

按:是书分总论、普通语音学、历史语音学等3编,主要论述语音学之目的、方法、发音作用、记音符号,音素之性质、分类及其组合,研究各国语音之变迁及变迁之倾向等。

唐兰著《天壤阁甲骨文存》刊行。

金祖同著《中国文字形体的演变》由上海中国语文教育学会主办语文展览会刊行。

蒋一前著《中国字之结构及其形母创说》由云南昆明识字教育社刊行。

张世禄著《中国语音的演变与音韵学的发展》由重庆中国语文教育学会主办语文展览会刊行。

按:此书论述中国音韵学的发展和中国语音演变的关系。

胡朴安著《中国训诂学史》由上海商务印书馆刊行。

按:是书系中国第一部研究训诂学史的专著,具体介绍尔雅派、传注派、释名派、方言派之训诂,以及清代训诂学的方法和训诂学的趋势等。作者认为:"训诂学是书本上的考古学。因为古今文字之含义不同,后人读古人之书,假使无有训诂学的工具,在古人原为浅显之语,后人遂成为不能了解之词。就是能了解,亦是望文生义,甚至牵强附会,以后人之心理,揣度古人。所以不通训诂学,决不能读古书也。"

沈兼士著《希杀祭古语同原考》由北平辅仁大学刊行。

赵元任著《钟祥方言记》(国立中央研究院历史语言研究所单刊甲种15)由商务印书馆刊行。

按:是书为中国现代第一部对一个县的方言作深入、全面研究的专著。

张国播校正《较正方言应用杂字》由山西平遥四义永书庄刊行。

贝嵩思编《国音符号课本》由湖北汉口中国基督圣教书会刊行。

朱宇苍著《虚字用法》由上海右文书局刊行。

陆志韦著《唐五代韵书跋》由北平燕京大学哈佛燕京学社刊行。

陆志韦著《三四等与所谓"喻化"》由北平燕京大学哈佛燕京学社刊行。

周辨明、黄典诚编《国语罗马字新读本》由国立厦门大学刊行。

王弦著《北方话拉丁化方案研究指南》由上海新文字书店刊行。

拓牧著《中国文字拉丁化全程》由上海生活书店刊行。

上海新文字研究会编《拉丁化中国字运动新纲领草案》由编者刊行。

李廉方编著《异哉中国文字拉丁化运动》由重庆独立出版社刊行。

王力著《中国语文概论》(又名《汉语讲话》)由商务印书馆刊行。

按:本书原系原作者1936、1937两年在燕京大学暑期学校的演讲稿,经修改成书;内分绪论、语音、语法、辞汇、文字5章;章末附参考书目。

方毅等编《辞源》(正续编合订本)由上海商务印书馆刊行。

语学研究所编《满洲国语音标》(语学研究所国语研究资料第1辑)由编者刊行。

西南联合大学编《西南联合大学国文选》由西南联合大学刊行。

朱公振编著《基本国文》(中学活用课本)由上海世界书局刊行。

唐弢著《文章修养》由上海文化生活出版社刊行。

汪馥泉著《文章概论》由商务印书馆刊行。

按:是书分文章的要表、特质、构成、体制、材料等5章。

朱滋萃著《文章写作论》(百科小丛书,王云五主编)由商务印书馆刊行。

张素民著《读书与作文》由上海东新书局刊行。

宋泽励编《(国民优级缀法)作文材料精华》由吉林长春益智书店刊行。

麦会华编《作文成绩汇编》(培风副刊)刊行。

黄晋父编著《(最新本)模范作文》由四川万县民益书局刊行。

胡慧僧编《新时代模范文选》(中大学生补充读本)由上海明华书局刊行。

马崇淦主编《全国现代初中作文精华》(第1册)由上海勤奋书局刊行。

高天栖、朱平君编《作文速成指导》(青年自学丛书)由上海国光书店刊行。

储苏民编《中学生模范作文》(国语补充读物)由上海文光书局刊行。

张匡、周阆风编著《应用文指导》由上海中华书局刊行。

按:是书上编介绍应用文的定义、用处、类别、作法等一般常识;下编是对各类应用文的分析研究和试作,以指导学生习作应用文。

谭正璧编《师范应用文》由上海中华书局刊行。

按:是书分公牍、书启、记录、规章、表册、契约、应酬等7编,分别讲述各类应用文的性质、效用、结构和作法,并有范文。

朱楠秋编辑《新交际大全》(上中下册)由奉天东方书局刊行。

郑茂芳编《公文程式讲授纲要》刊行。

李燩庭编《公文法程》由山东青岛成和堂书局刊行。

吴研因等编著《新教育行政公文书牍表件集成》由上海新生书局刊行。

范劭阳著《警察公牍》由北京警学书局刊行。

杜山著《粤语速成通》由香港文展文化出版社刊行。

董坚志编《现代应酬文》由上海春明书店刊行。

储祎编选《新模范文选》由北平华龙印书馆刊行。

冯玉奇编著《(言文对照、分类详注)女子新尺牍》由上海春明书店刊行。

赵士秋著《(国音)士秋实用速记术》由上海士秋实用速记术社刊行。

张省三著《今文观止》由奉天兴文化印刷所刊行。

吴铁声编译《趣味小品》(第1集)由上海竞文书局刊行。

张省三著《国文雨花》由奉天振兴排印局刊行。

叶之华著《模范学生》由上海新中国书局刊行。

孙怒潮编《抗敌教材》(上中下卷)由商务印书馆刊行。

宋蓂秋编《全国小学国文成绩大观》由安东诚文信书局刊行。

苏州弘化社编《童蒙补习》由编者刊行。

顾绮仲著《怎样说话》由纵横社刊行。

李友三编《新编北京语读本》（会话篇）由台北日光堂商会刊行。

抗日战士读本编辑社编《抗日战士读本》（第 3—4 册）由陕西西安生活书店刊行。

黎振寰编《（包罗万有）酬世锦囊》由上海大文书局、春明书店刊行。

吴仁加编著《现代模范日语》由编者刊行。

王克西、潘冲洲编《抗战日语读本》由大公报西安分馆刊行。

苏憩知著《日本语文键》由上海三通书局刊行。

詹文浒编《活用英文》（中学活用课本）由上海世界书局刊行。

王守庸编《（日满对译）速成日语书信》由奉天艺声书店刊行。

葛传椝编著《现代日用英语会话》（第 1—3 册）由上海竞文书局刊行。

黄鉴村编《模范日华新辞典》由广东广州中华书局刊行。

陈万里著《（中日对照）商业、旅行、交际会话范本》由厦门中日语言研究社刊行。

吴清友编著《俄语自习》（上下册）（上海外国语学校丛书 1）由上海珠林书店刊行。

舒悟波编《学习俄语基本手册》（上海外国语学校丛书 6）由上海珠林书店刊行。

查伊范、许怡曾编著《俄文实用读本》（第 1 册）由上海编著者刊行。

谢中著《（国民高等学校）英语》（第 2 卷）由吉林长春满洲图书株式会社刊行。

谢颂羔著《英文短篇论文集》（第 1 集）由云南昆明中华书局刊行。

邹朝浚编著《英文正误例解》由上海竞文书局刊行。

吴献书编著《英文汉译的理论与实际（修订本）》由上海开明书店刊行。

施少明著《英语的日记》（上海外国语学校丛书 5）由上海珠林书店刊行。

邵鸿馨编著《英语发音津梁》由上海中华书局刊行。

邵鸿馨编著《（中文讲解）英文正误法》由上海世界书局刊行。

钱明璆编《（分类详注）现代交际尺牍大全》由上海大方书局刊行。

钱秉良编著《实用中学英语语法》由上海竞文书局刊行。

林语堂等著《英语的学习与研究》（中学生杂志丛刊 5）由上海开明书店刊行。

林语堂编著《新生的中国》（近代英文研究丛书）由上海林氏出版社刊行。

柯政和编《初级日语讲座读本》由北京新民音乐书局刊行。

葛传椝著《葛传椝英文通讯集》（第 1 集）由上海竞文书局刊行。

樊兆庚编《英文成语用法详解》（英文学生丛书）由上海中华书局刊行。

陈希周编著《英文报阅读举隅》由上海开明书店刊行。

陈瑞祺创编《道汉字音》由香港道字总社刊行。

陈瑞祺编著《（袖珍）道汉字典》由香港道字总社刊行。

陈鹤琴编《少年英文诗歌》由上海世界书局刊行。

陈鹤琴编《儿童英文诗歌》由上海世界书局刊行。

陈福田编《大学一年级英文教本》由商务印书馆刊行。

陈东林编《英文会话全程》（英文学生丛书）由云南昆明中华书局刊行。

陈东林编《简易英语日记》（英文学生丛书初级）由云南昆明中华书局刊行。

陈楚良编著《英文单字记忆法》（英语周刊社丛书第 1 种）由四川成都英语周刊社刊行。

巴人（原题王任叔）著《文艺短论》由上海珠林书店刊行。

洛蚀文编《抗战文艺论集》由上海文缘出版社刊行。

赵清阁著《抗战文艺概论》由重庆中山文化教育馆刊行。

林焕平著《抗战文艺评论集》由香港民革出版社刊行。

李南桌著《李南桌文艺论文集》由重庆生活书店刊行。

俞荻著《怎样学习文学》由上海珠林书店刊行。

魏金枝著《怎样写作》由上海珠林书店刊行。

苏雪林等著《写作经验谈》由上海中学生书局刊行。

翟白音等著《人物的性格描写》由上海国民书店刊行。

祝实明著《文学与战争》由重庆国论社刊行。

按：是书分 4 章，论述战争文学的定义、文学与战争的关系、战争文学的内容及作家对战争的态度等问题。

宁调元著《民族诗话》由上海风雨书屋刊行。

朱星元著《中国文学史通论》由天津利华印务局刊行。

朱维之著《中国文艺思潮史略》由上海合作出版社刊行。

按：是书原系著者在沪江大学暑期学校的讲稿，包括北方现实思潮底发达、佛教思潮底勃兴、唯美主义的高潮、古典主义、浪漫主义、写实主义等 11 章，采用西洋文艺思想的概念叙述中国自西周至民国的文艺思潮。

陶秋英著《汉赋之史的研究》由云南昆明中华书局刊行，有郭绍虞、姜亮夫序。

陈遵统编《宋明爱国文学》由编者刊行。

陈安仁著《宋代的抗战文学》由商务印书馆刊行。

李何林编著《近二十年中国文艺思潮论》由重庆生活书刊行。

按：此书以"五四""五卅"和"九·一八"事件为界标，将 1917 年至 1937 年的中国文艺思潮划分为三编，每编前均有一章"绪论"，略述该编的时代背景等。

储皖峰著《陶渊明述酒诗补注》由北京辅仁大学刊行。

顾佛影著《填词门径》由上海中央书店刊行。

老舍、何容编《通俗文艺五讲》由重庆中华文艺界抗敌协会刊行。

郭箴一著《中国小说史》(上下册)由商务印书馆刊行。

赵景深著《弹词考证》由上海商务印书馆刊行。

赵景深著《小说戏曲新考》由上海世界书局刊行。

按：是书分 2 卷，上卷为"小说编"，收入有关《警世通言》《醒世恒言》《西湖二集》《水浒传》《金瓶梅词话》《红楼梦》《施公传》等小说的论文 11 篇以及《中国小说家的鲁迅先生》《中国小说史料》《中国笑话提要》3 篇；下卷为"戏曲编"，收文 24 篇，其中包括《六十种曲》读后随笔 8 篇。

冼群著《戏剧学基础教程》由金华充实丛书社刊行。

按：是书分 8 章，讲述戏剧的性质、内容、形式以及剧种、剧本、导演、演员、舞美、剧务等戏剧的基本问题。

孙楷第编《吴昌龄与杂剧西游记》刊行。

卫聚贤编《薛仁贵征东考》由上海香州书店刊行。

赵清阁著《抗战戏剧概论》由重庆中山文化教育馆刊行。

袁牧之等著《抗战中的戏剧》由山西民族革命出版社刊行。

田汉等著，独立出版社编《抗战与戏剧》由重庆独立出版社刊行。

陈独秀著《独秀文存》由亚东图书馆刊行。

新中国文艺社编《鲁迅纪念特辑》由新中国文艺社刊行。

巴人著《扪虱谈》由上海世界书局刊行。

孔另境(原题东方曦)著《秋窗集》由上海秋鸣社刊行。

韩侍桁著《浅见集》由云南昆明中华书局刊行。

林祝敬著《苏联文学的进程》由上海开明书店刊行。

《国际文学》(第一次苏联作家代表大会的汇刊)由上海东方出版社刊行。

新中国文艺社编《高尔基与中国》由新中国文艺社刊行。

谭云山编《诗圣太戈尔与中日战争》由重庆独立出版社刊行。

王光祈编著《西洋话剧指南》由云南昆明中华书局刊行。

林履信著《萧伯纳的研究》由长沙商务印书馆刊行。

白峰云编《法国短篇小说选》由天津公教丛书委员会刊行。

老舍等执笔《抗战与艺术》由重庆独立出版社刊行。

张野农著《怎样使生活美术化》由上海纵横社刊行。

上海出版社编辑《家庭乐园》(又名《娱乐字典》)由上海出版社刊行。

徐澂编《王烟客先生绘画年表》由江苏苏州江苏省苏州图书馆刊行。

徐澂著《吴门画史》由江苏省立苏州图书馆刊行。

丰子恺作《大树画册》刊行,有作者序。

丰子恺作《漫画阿Q正传》由上海开明书店刊行。

丰子恺绘著《战地漫画》由香港英商不列颠图书公司刊行,有著者代序。

丁光燹作,黄觉寺编《丁光燹风景画展特辑》由编者刊行。

王一夫作《怎样打败日本兵》(连环图画)由教育部民众读物编审委员会刊行。

王传本、高岗编《从悔虐里起来》(版画集)由浙江绍兴战旗社刊行,有编者的序。

仇宇主编《全国抗战版画》(第1辑)由上海(美商)亚美出版公司刊行,有鸿飞等人的序。

仇宇主编《全国抗战版画》(第1辑)由上海原野出版社刊行。

王望云制谱《(头二本)连环套》由天津博雅书局刊行,有自序。

古今柬帖展览会编《古今柬帖展览会特刊》由编者刊行。

李荫轩绘《赈灾画刊》第1集由济南鲁北道佛教总会赈灾部刊行,有序。

郑棣编《抗战画集》由编者刊行。浙江丽水

汪子美等作《阵中画集》由军委会政治部阵中画报社刊行。

沈影泉编绘《动物画典》(1、2集)由上海大众书局刊行。

俞乃大作,浙江省抗日自卫委员会战时教育文化事业委员会老百姓旬刊社编《画集》由浙江省战时教育文化事业委员会书刊发刊部刊行。

徐进编绘《水彩风景画》(下册)由上海徐进画室刊行。

徐悲鸿编选《(徐悲鸿选)画范》(人物)由上海中华书局刊行,有选者序。

黄尧编,张允文著《扯起我们的国旗》(新的连环图画)由重庆民间出版社刊行。

萧剑青著《漫画的研究》由上海世界书局刊行,有作者自序。

黄尧编《侵略七十二图》1—5册由重庆民间出版社刊行。

新华画报社编《云裳仙子特刊》（新华画报号外）由上海新华画报社刊行。

蔡忱毅绘，沈士秋校订《彩色粉笔画》由上海新亚书店刊行。

洪方竹编绘《（商店实用）广告图案集》（上下册）由上海形象艺术社刊行。

陈鹤琴编，邢舜天绘《岳飞》（新文字连环图画）由上海世界书局刊行。

魏元信编《透视学》由长沙商务印书馆刊行。

刘岘、王大化刻制《木刻雕法谈》由重庆未名木刻社刊行。

刘铁华（原题铁华）著《木刻初步》由陕西西安英华书店刊行，有丁玲的序。

抗敌画报社编《抗敌木刻集》由陕西抗敌画报社刊行，有南雁的序。

李桦、李海流著《燎原集》由木刻流动出版社刊行。

陈公哲著《行草书例》由长沙商务印书馆刊行，有叶恭绰序和著者自序。

裘梦痕编《音乐常识》由上海春风音乐教育社刊行。

《福音圣诗》（琴谱）由上海中华浸信会刊行。

石人望编著《标准口琴名曲选》（1）由上海大众口琴会出版部刊行。

李敬祥著《口琴吹奏法》由上海启明书局刊行。

陈星垣著，鲍子周编《京调胡琴秘本》由奉天东都石印局刊行。

陈俊英编著《国乐捷径》（改良乐谱增注符合）由上海国乐研究社刊行，有编者序。

萧剑青编著《口琴吹奏法》由上海世界书局刊行。

萧剑青编著《箫笛吹奏法》（大众音乐）由上海国光书店刊行。

陈剑晨编《口琴流行名曲集》（第 1、3 集）由上海口琴会出版部刊行。

国风社编《（中西对照）民间情歌谱》由上海新声出版公司刊行。

国风音乐社编《（最新标准）小调工尺谱》由上海国光书店刊行。

国风音乐社编辑《（现代流行）中国音乐谱》由上海国光书店刊行。

张肖虎著《乐学基础》由个人刊行。

陈原等编著《二期抗战新歌》初集由广西桂林新知书店刊行。

陈鹤琴、钟昭华、屠哲梅编选《世界儿童节奏集》（上下册）由上海世界书局刊行。

火线歌咏团编选《火线下之歌》由编者刊行。

王宇轮编《老百姓抗战小调集》（1）由陕西西安西北印刷合作社刊行。

本立等编《更生歌曲集》（1—6 册）由上海自力出版社刊行。

丁立介等选辑《赞神诗歌》由山东烟台葡萄山会堂刊行。

大公报西安分馆编《救亡歌曲集》（正编）由编者刊行。

大公报西安分馆编《救亡歌曲集》（续编）由编者刊行。

山宛中编选《人人唱》（第 1 集）由四川万县救亡出版部刊行。

丰子恺编《中文名歌五十曲》由上海开明书店刊行。

王人美编《（今日流行）现代名歌》由上海凤鸣书局刊行。

王节和编《血泪花》由浙江余姚县立周行民众教育馆刊行。

《中华圣教经歌》由山东兖州府天主堂印书馆刊行。

《中国抗战歌曲》（第 1、2 集）由中国电影制片厂刊行，有郑用之的序。

《喜乐于主》由河南新乡天升魁印刷部刊行。

冯活泉著《福音圣诗》（琴谱）由上海中华浸信会印书局刊行。

丝竹研究社编《时调工尺谱》由上海沈鹤记书局刊行。

光未然、田冲编《黄花曲》由生活书店刊行。

救亡歌曲编选《救亡歌曲集》由陕西西安大东书局刊行。

鲁艺编译部编《新歌选集》由上海辰光书店刊行。

阙仲瑶编《抗战歌曲选》由抗建出版社刊行。

福建省抗敌后援会编《抗敌歌曲》(第2集)由福州福建省抗敌后援会刊行。

葛星丽、费佩德选编,杨荫浏译述《教会周年颂神歌咏》由上海广学会刊行,有费佩德的序。

朱绛编《抗战歌声》(第3集)由浙江丽水会文图书社刊行。

军事委员会政治部编《抗敌歌集》由编者刊行。

江文也编《凤阳花鼓》(中国民歌)(四部合唱曲)由北平新民音乐书局刊行。

麦新、孟波编选《大众歌声》(第3集)由广西桂林新知书店刊行。

江西省推行音乐教育委员会编《江西省推行音乐教育委员会实施概况》由编者刊行。

项风著《项风抗战歌曲》由著者刊行,有自序。

胡今虚、邹伯宗编《抗战歌声》(第4集)由浙江丽水会文图书社刊行。

洪潘著《复兴歌曲初集》由重庆生活书店刊行。

徐世麟编著《抗战活叶歌曲》(合订本)(第1集)由四川成都大路书店刊行,有周积涵、章雪舟的序。

宋翠华、张肖虎编《学校歌曲选》(第2集)由世界图书局刊行。

上海剧艺社编《夜上海》(中法联谊会戏剧组主办上海剧艺社公演特刊)由上海剧艺社刊行。

王衍康著《战时戏剧教育》由重庆中山文化教育馆刊行。

乐艺社编,叶蔚荪校阅《京剧歌谱》(最新编印)由上海中央书店刊行。

达县民众教育馆群力救亡戏剧社主编《话剧抗战》(创刊号)由编者刊行。

武德报社编《中国戏剧》由北平武德报社刊行。

郑君里著《论抗战戏剧运动》由重庆生活书店刊行。

第二战区文化抗敌协会戏剧部编著《新伶人》由陕西宜川民族革命出版社刊行。

惕身馆主编著《胡琴正规》由北平中华印书局刊行。

葛一虹著《战时演剧政策》由重庆上海杂志公司刊行。

集体著作,宋之的等执笔《演剧手册》由重庆上海杂志公司刊行。

向隅等集体创作《歌剧集》由上海辰光书店刊行。

江安戏剧界编《公演手册》由四川江安编者刊行。

谷剑尘著《舞台语法讲话》由福建沙县教育部第二巡回戏剧教育队研究组刊行。

潘予且(原题予且)编《舞台艺术》由云南昆明中华书局刊行,有编者序。

卢继影主编《新坤伶百美图》由上海罗汉出版社刊行。

天柱外史氏编著《皖优谱》由上海世界书局刊行。

明星社编《电影名歌集》(1939年标准本)由上海大国出版社刊行。

丽歌社编《电影丽歌五百首》由上海大方出版社刊行。

沈哲民等主编《上海舞星照相集》由上海生活出版社刊行。

黄觉寺著《欧洲名画采访录》由上海艺浪出版社刊行。

新艺社编《凯绥·珂勒惠支画册》由香港新艺社刊行,有叶灵凤的序。

葛一虹著《苏联儿童戏剧》由上海杂志公司刊行。

杨鸿烈著《史学通论》由长沙商务印书馆刊行。

按:是书共7章:1.导言;2.史学的科学性质的鉴定;3.史学的"今"与"昔";4.论历史的正当"目的";5.论类似的功用;6.论史的分类;7.论与历史有关系的种种科学。

杨鸿烈《历史研究法》由长沙商务印书馆刊行。

按:此书共十章,分别讨论了历史研究法的意义与重要性、研究题目的选择、史料的范围与分类、史料的搜集与审定、史料的整理和批判等问题。

周谷城著《中国通史》(上下册)由上海开明书店刊行。

按:是书以其独特的风格和学术见解,赢得了学术界的重视,前后共印行21次,发行量在100万册以上。开明书店在再版印行时称此书"由任何其他中国通史著作未曾运用过的史学理论,未曾采录过的新鲜材料、未曾使用过的编制方法"。所谓"未曾运用过的史学理论",即指周氏的"历史完形论",亦即力图从历史事件的有机组织和必然规律来写出一个客观存在的统一整体的历史。该书的特点是:第一,纲目清晰,结构严谨;第二,自创新说,成一家言;第三,中外对比,视野开阔。(《民国学案》第二卷《周谷城学案》)

熊十力著《中国历史讲话》由中央陆军军官学校石印刊行。

按:作者基于"发扬民族精神莫切于史"的理念,重点论述"种源"和"通史"两大内容,试图证明汉、满、蒙、回、藏五族同源,历史上早已融为一体的中华民族具有极顽强的生命力,是不可战胜的。同时还批评了专制主义制度。

梁启勋著《中国历史密达表》由上海商务印书馆刊行。

范子田著《中国文化小史》由上海珠林书店刊行。

张立志著《正史概论》由长沙商务印书馆刊行。

文史社编《史地论丛》(第1辑)由上海东新书店刊行。

岑仲勉著《贞石证史》由国立中央研究院历史语言研究所刊行。

按:是书分109节,用大量的碑刻、墓志考证历史史实,纠正历史记载中姓源、朝代、名字、世次、官历、年寿、乡里等方面的错谬。

喻松雪编《一部春秋之国际教训》刊行。

何健民著《隋唐时代西域人华化考》由上海中华书局刊行。

按:是书原载日本《支那学论丛》,后改为《东西文明史论丛》第8篇。书中主要记述隋唐之际,西域人来中原传教、为官、经商、行医、操舞乐、演字画与中原人民共同生活,沟通东西文化的历史。全书共10节,以职业分类记述。书后有附录两篇:1.冯承钧著《唐代华北蕃胡考》。2.宋文炳著《女真汉化考略》。

侯仁之著《王鸿绪明史列传残稿》由北平刊行。

王直淮辑录、中国历史研究社编《倭变事略》由上海神州国光社刊行。

吴重翰著《明代倭寇犯华史略》由长沙商务印书馆刊行。

赵正平著《明季何以亡国》刊行。

黄悍吾著《乾隆南巡秘记》由上海锡报社刊行。

陈垣编《语录与顺治宫廷》由北平辅仁大学刊行。

按:此书先刊于6月《辅仁学志》第8卷第1期。作者对发现的三部语录"参互考校",证明清顺治帝确曾削发为僧,后又被劝说蓄发等,被认为是陈氏运用校勘方法治学的一个例证。

蒋廷黻著《中国近代史大纲》由重庆青年书店刊行。

按：是书共4章：1.剿夷与抚夷，记鸦片战争；2.洪秀全与曾国藩；3.自强及其失败，记洋务运动等；4.瓜分及民族之复兴，记戊戌变法至北伐完成。

邹鲁编《广州三月廿九日革命史》由长沙商务印书馆刊行。

丁作韶著《五四运动史》由重庆青年出版社刊行。

黄淑贤编著《国际联盟与中日战争》由重庆独立出版社刊行。

赵侗著《抗战七年的经验和教训》刊行。

国立北平图书馆、国立西南联合大学合编《中日战争史料征辑会工作报告》由中日战事史料征辑会刊行。

陈绍禹著《目前国内外形势与参政会第四次大会的成绩》由香港时论编译社刊行。

蒋介石著，现代文化出版社编《新时期与新任务》（总裁最近言论集）由上海现代文化出版社刊行。

蒋介石著《抗战建国两周年领袖发表之言论》由第四战区政治部刊行。

刘雯编《抗战两周年》由重庆战时出版社刊行。

美商现代中国周刊社编《战斗的两年》由上海编者刊行。

导报丛书编辑部编《半年来的抗战军事和国际问题》（导报言论集第2集）由上海导报馆发行部刊行。

海童编《日本间谍与汉奸》由浙江金华正义社刊行。

独立出版社编《锄奸论》由重庆编者刊行。

周琼文著《沦陷八年的东北》由香港时代批评社刊行。

民族革命通讯社编著《敌人的残暴与怀柔及我们的对策》由山西民族革命出版社刊行。

中国国民党中央执行委员会粤闽区宣传专员办事处编《广州沦陷一年实录》由编者刊行。

陈质文编《华南沦陷区真况特辑》由重庆求实出版社刊行。

邹韬奋著《韬奋时事论文集》由中流书店刊行。

刘咸著《刘重熙民族研究论文汇辑》刊行。

徐松石著《粤江流域人民史》由上海中华书局刊行。

何健民著《匈奴民族考》由上海中华书局刊行。

陈和山编著《世界文化史讲话》由上海光明书局刊行。

按：是书分原始的世界、史前文化、近东的伟大文明、希腊光荣与罗马的伟大、中世亚洲的文化、欧洲的文艺复兴、各国政治与民权革命、现代文化等15章。叙述至第一次世界大战之前。卷首有平心序，说明本书主要取材于 G. A. Dorsey 撰写的 *Man's Own Show：Civilization* 一书。

朱公振、朱翊新编著《近百年外国史》由上海世界书局刊行。

陈昌浩著《近代世界革命史》（第1—2卷）由上海中国出版社刊行。

按：是书第1卷包括英国革命、法国大革命、十九世纪上半期的劳动运动等3章。第2卷包括1848年的法国革命、1848年德国革命、十八世纪到十九世纪欧美民族运动等3章。

民大编审委员会编《世界各国革命运动史略》由文化书店刊行。

杜任之主编《世界各国革命运动史略》由民族革命出版社刊行。

平心著《各国革命史讲话》由上海光明书局刊行。

储玉坤著《世界大战何时爆发》由美商现代中国周刊社刊行。

郭我力编述《德波纠纷与二次大战》由上海中国图书编译馆刊行。

邵荃麟著《论第二次世界大战》由金华充实丛书社刊行。

按：是书共9章，分别论述经济危机与第一次世界大战、慕尼黑会议后的欧洲形势、英法谈判到苏德互不侵犯条约、第二次世界大战与苏联、大战前途及其与中国抗战的关系等。

吕茫编著《大战如果爆发》由上海博文书店刊行。

严北溟著《论第二次世界大战》由金华浙江潮周刊社刊行。

按：是书分揭破和战之谜、大战前夜的国际形势、大战发展的规律性、大战与杀人新武器、战局分析与胜败的预测、中立国家到哪里去、大战与苏联、由帝国主义战争到反侵略战争、世界的未来等14部分。

史笔编辑《第二次欧战透视》金华国民出版社刊行。

程天放等执笔《慕尼黑会议与欧洲局势》由重庆独立出版社刊行。

张以礼等编著《东亚史》（上下册）由中央陆军军官学校刊行。

黄德禄著《日本南进与太平洋形势》重庆中山文化教育馆刊行。

沈中临著《日本国家总动员计划》由中央政治学校研究部刊行。

李君猛著《东洋史全书》由吉林长春益智书店刊行。

卜少夫著《日本史：一部军阀专政史》由长沙商务印书馆刊行。

张礼千著《马来亚历史概要》由长沙商务印书馆刊行。

何汉文著《俄国史》由商长沙务印书馆刊行。

秦丰川编著《社会主义的苏联》由民族革命出版社刊行。

姚绍华编《美国史》由中华书局刊行。

刘振东编著《美国抗战建国史》由重庆正中书局刊行。

唐卢锋、朱翊新编《中国名人传》由上海世界书局刊行。

按：是书收哲学家孔子、墨子、孟子、庄子、孟子、周敦颐、朱熹、陆九渊、王守仁；文学家屈原、司马迁、陶潜、韩愈、李白、杜甫、白居易、欧阳修、苏轼、陆游、王士祯；政治家商鞅、诸葛亮、王安石、寇准、林则徐；军事家关羽、岳飞、文天祥、史可法；探险家张骞、马援、班超、玄奘、郑和；艺术家王羲之、顾恺之、吴道子、王维、李思训、欧阳询、柳公权、赵孟頫共42人传略。

裴小楚编著《中国历代民族英雄传》由上海大方书局刊行。

周鼎珩编著《历代民族英雄小传》由甘肃民国日报社刊行。

曾金编著《中国民族英雄故事》由上海经纬书局刊行。

江西省妇女生活改进会编《民族英雄故事》由编者刊行。

按：是书介绍蒋介石、阎海文、秦良玉、文天祥、苗可秀以及女护士的祖母——南丁格尔等16人的故事。

梁乙真著《民族英雄百人传》由重庆三友书店刊行。

杨荫深编著《中国学术家列传》由上海光明书局刊行。

按：是书收中国历代经学家、史学家、地理学家、诸子学家、理学家、天算学家、金石学家、校勘学家及宗教学家等在历史上有贡献的人物传462篇。

杨荫深编著《中国文学家列传》由中华书局刊行。

按：是书收录上起周代，下迄清末的诗人、词人、戏曲家、小说家、辞赋家、散文家、批评家、翻译家等520人的传记，分别介绍其生平事迹和文学成就。

武德报儿童新闻社编辑《名人略传》由编者刊行。

按：是书收《白居易》《李却拜德》（文起）、《伍子胥》（楚文）、《牛顿》《谢尚》（楚材）、《闵子骞》（王得升)、《王羲之》(楚材)、《孔夫子》(吴明)等43个中外名人传略。

北京武德报社编《今古谈丛》由编者刊行。

孙诒著《周公集传》由重庆军事委员会委员长侍从室刊行。

李瑞锡等编《孔子历行记》(又名《大哉孔子》)由江苏镇江丹徒县立通俗教育馆刊行。

杨刚著《公孙鞅》由上海文化生活出版社刊行。

民生部编《孝子传》由编者刊行。

白志谦著《狄青》由商务印书馆刊行。

余嘉锡编《宋江三十六人考实》由北京辅仁大学刊行。

褚应瑞编辑《岳飞抗金救国》由上海民众书店刊行。

杨德恩著《文天祥年谱》由长沙商务印书馆刊行。

教育部民众读物编审会编《不怕死的文天祥》由正中书局刊行。

徐澂著《吴门画史》由江苏省立苏州图书馆刊行。

胡钧著《张文襄公年谱》由北平天华印书馆刊行。

皮名振编著《皮鹿门年谱》由商务印书馆刊行。

明明著《卫将军》(民族英雄传记)由重庆上海杂志公司刊行。

原景信著《怪杰别廷芳》由广西桂林新中国出版社刊行。

张若谷编著《马相伯先生年谱》由长沙商务印书馆刊行。

厂民编著《当代中国人物志》由上海中流书局刊行。

按:是书辑录了20世纪初期活跃于中国政治舞台上的军事、政治家传记。全书分上、下两编。上编为军事之部,收录了蒋介石、冯玉祥、何应钦、李宗仁、傅作义、宋哲元等军事要人传略161篇;下编为政治之部,收录了林森、汪精卫、于右任、宋子文、胡汉民等政治要人传略182篇。

潇潇、胡立自编纂《当代中国名人志》(附中华民国历年大事记)由上海世界评论出版社刊行。

按:是书分军事、政治两类,收录中国当代名人蒋介石、李宗仁、张学良、唐生智、朱德、毛泽东、周恩来等347位人物传略。

唐卢锋、朱翊新编著《现代名人传》由上海世界书局刊行。

柴绍武编《吴佩孚的真面目》由绍兴抗战建国刊行。

吴稚晖讲《总理行谊》由中央训练团刊行。

中国国民党浙江省党部编《总理革命年表及遗教概述》由编者刊行。

福建新闽早报新闽晚报联合编《中山诞辰纪念特刊》由编者刊行。

民团周刊社编《先烈黄克强先生逝世纪念日》由广西编者刊行。

欧阳剑萍著《(中国最高妇女领袖)宋美龄》由香港中社刊行。

军事委员会政治部编《抗战中之忠勇义烈》由国民精神总动员会刊行。

郑士伟编《抗日名将剪影》由绍兴抗战建国社刊行。

拓荒编著《今日的将领》由上海统一出版社刊行。

按:是书以报告文学的方式介绍57位将领的身世、个性、思想及功绩等,其中包括蒋介石、冯玉祥、李宗仁、白崇禧、阎锡山、张群、朱德、毛泽东、彭德怀、陈诚、程潜、张治中、何应钦、林彪、贺龙、叶挺、项英、叶剑英、徐海东、傅作义、马占山、薛岳、蔡廷锴、张自忠等。书前有自序。

新华日报馆编《新升隆轮保卫大武汉殉难同志纪念册》由编者刊行。

高良佐著《汉奸汪精卫》由重庆求是出版社刊行。

国魂书店编译部编著《汪逆卖国求和之前因后果》由四川成都国魂书店刊行。

段麟郊等编著《照妖镜下的汪精卫》由重庆独立出版社刊行。

廖毅甫著《日本豢养汪精卫的阴谋》由岭南出版社刊行。

中国国民党中央执行委员会宣传部编《中央处分汪兆铭案》由编者刊行。

军事委员会政治部编《汪精卫诬陷抗战官兵的罪恶》由编者刊行。

军事委员会政治部编《通敌卖国的汪精卫》由编者刊行。

中国国民党中央执行委员会宣传部编《通敌祸国的汪兆铭》由编者刊行。

王伟编《汪精卫卖国阴谋》由西安民舆出版社刊行。

戚承先编《如此的汪精卫》由重庆独立出版社刊行。

青韦编《汪精卫与日本》刊行。

正论出版社编《国人皆曰——汉奸汪精卫》第 1 辑由重庆编者刊行。

正论出版社编《国人皆曰——汉奸汪精卫》第 2 辑由重庆编者刊行。

正论出版社编《国人皆曰——汉奸汪精卫》第 3 辑由重庆编者刊行。

正论出版社编《国人皆曰——汉奸汪精卫》第 4 辑由重庆编者刊行。

正论出版社编《国人皆曰——汉奸汪精卫》第 5 辑由重庆编者刊行。

福建省军管区国民军训处第四科编《国人皆曰可杀的汪精卫》由编者刊行。

廖毅甫编《汪精卫是什么东西》第 1 辑由岭南出版社刊行。

风冈及门子编《三水梁燕孙先生年谱》由编者刊行。

徐程掌珠女士追悼会编《徐程掌珠女士纪念册》由编者刊行。

石醉六自述《六十年的我》由湖南邵阳日新印刷局出版。

基督教青年会全国协会等编《李耀邦博士哀思录》由上海编者刊行。

江苏省立苏州图书馆编《江苏先贤像》由编者刊行。

李心炎著《世界伟人言行录》由沈阳奉天书店刊行。

按：是书介绍古今中外 100 位名人的言行。

杜任之主编《当代国际人物志略》由民族革命出版社刊行。

按：是书介绍日、德、意、英、法、美、苏、西、匈、捷、阿比西尼亚等 11 国的 76 名政治人物传略。

沈鉴等著《国际舞台上的人物》由重庆独立出版社刊行。

按：是书收录介绍罗斯福、赫尔、张伯伦、艾登、哈里法克斯、达拉第、庞莱、斯大林、李维诺夫、贝奈斯、帕克、希特勒、里宾特洛甫、汉伦、墨索里尼、齐亚诺、佛朗哥、近卫文麿、平沼骐一郎、板垣征四郎等人的文章 20 篇。

倪文宙编《西洋大教育家》由上海中华书局刊行。

按：是书分绪论、古希腊之教育家、古罗马之教育家、欧洲文艺复兴时代之教育家、宗教改革时之教育家、反抗宗教改革革命中罗马方面之教育家、近代人本唯实论之教育家、近代社会唯实论之教育家、近代感觉唯实论之教育家、近代自然主义之教育家、十八世纪德国之教育改革、十九世纪丹麦公民大教育家、新大陆之大教育家等 17 章，分别介绍每一时期西方有代表性的教育家的生平及其学说。

鞏思文著《现代英美戏剧家》由长沙商务印书馆刊行。

按：是书分别评介英美剧作家奥尼尔、高义德、欧克赛、雷士及毛谟的生平与创作，附有各位剧作家照片和小传。

铮铮编《二次欧战要角》由激流社刊行。

按：是书介绍苏、英、法、美、德、意等国政治、军事要人 16 名。

管雪斋著《韩国志士小传》由重庆独立出版社刊行。

孔志澄等编《日本现代人物传》由商务印书馆刊行。

按：是书介绍了日本现代一千多位军政、实业、言论各界名人的生平事迹。

隆德恩编《张雅格伯斯铎行传》由上海土山湾印书馆刊行。

张君劢著《尼赫鲁传》由重庆再生周刊社刊行。

梁慧梅编《古玉图说》由广东冷香园刊行。

江苏省立苏州图书馆编《论古杂识·古玉圈考补正》由编者刊行。

水谷国一著《满洲金石志稿》由大连南满洲铁道珠式会社刊行。

庄为玑、包树堂著《安溪唐墓发掘研究报告》由福建集美学校董会办公室刊行。

周纬著《亚洲古兵器与文化艺术之关系》由中华书局刊行。

叶良辅等著《地理学研究法》由国立浙江大学史地系史地教育研究室刊行。

葛绥成著《乡土地理研究法》由中华书局刊行。

按：是书论述乡土地理的认识问题、乡土人口、言语地理、聚落与经济、生物地理、气候条件等。

韩飞著《中国地理讲话》由上海珠林书店刊行。

张其昀编《钟山本国地理》由重庆钟山书局刊行。

曹松叶编《我们的中国》由上海中华书局刊行。

杨兰田编《玉田县地方辑要》由玉田著者刊行。

卞乾孙编《河北省定兴县事情》由新民会中央指导部出版部刊行。

卞乾孙编《河北省良乡县事情》由新民会中央指导部出版部刊行。

卞乾孙编《河北省宛平县事情》由新民会中央指导出版部刊行。

陈佩编《河北省正定县事情》由新民会中央指导部出版部刊行。

陈佩编《河北省大兴县事情》由新民会中央指导部出版部刊行。

陈佩编《河北省定县事情》由新民会中央指导部出版部刊行。

陈佩编《河北省滦县事情及唐山市事情》由新民会中央指导部出版部刊行。

陈佩编《河北省乐亭县事情》由新民会中央指导部出版部刊行。

武摇南著《天水指南》由甘肃天水图书馆刊行。

费西畴编《上海新指南》由上海声声出版社刊行。

上海事业调查研究所出版部编《上海指南针》由编者刊行。

上海通社编《上海研究资料续编》由中华书局刊行。

盛致和编《上海里街大全》由上海华信公司刊行。

倪锡英著《洛阳》由中华书局刊行。

沈永椿编《广西指南》由商务印书馆刊行。

陆思红编《新重庆》由中华书局刊行。

尤玄父编《新苏州导游》由江苏苏州文怡书局刊行。

鹅湖出版社编《鹅湖今昔》由编者刊行。

刘诚著《福建乡土史地》由福建省政府教育厅刊行。

姜卿云编《浙江史地概要》刊行。

国民政府军事委员会委员长行营第二厅编《宁属调查报告汇编》由编者刊行。

胡不归著《金华三洞题名考》由浙江金华萍社刊行。

韩汶编著《世界列国志》由上海博文书店刊行。

陈杰三编著《日本研究》由东南日报印书股刊行。

华中青年协会访日团编《东行散记》由湖北汉口大楚报社刊行部刊行。

沙国珍著《缅甸视察录》刊行。

陈三多著《马来亚观感记》刊行。

陈祖东著《欧游纪行》由重庆正朴书局刊行。

盛成著《意国留踪记》由上海中华书局刊行。

葛烺编制《现代欧洲新地图》由东亚舆地社刊行。

金擎宇编《世界详图》由上海亚光舆地学社刊行。

金擎宇编《世界分国详图》由上海亚光舆地学社刊行。

钱慕韩、许念慈编著《国际形势图说》由上海长风书店刊行。

陈铎编制《中国形象地图》由上海中华书局刊行。

中国地形图编纂会编《中华民国地形挂图》由上海申报馆刊行。

中国地形图编纂会编《中华民国地形挂图地名索引》由重庆编者刊行。

葛烺、葛祖贤编《中国现代大地图》由上海亚光舆地学社刊行。

屠思聪编《中华最新形势图》由世界舆地学社刊行。

无名氏编《中国明细地图》由湖北武昌亚新舆地学社刊行。

欧阳缨编《本国分省精图》由亚新舆地学社刊行。

王守成编《中国分省详图》由上海亚光舆地学社刊行。

福利营业公司编《上海行号路图录》由上海编者刊行。

逸庐主人编《香港九龙地图》由中华书局刊行。

袁佑宸编《广西分县详图》由上海亚光舆地学社刊行。

金纬宇编《云南省全图》由重庆亚光舆地学社刊行。

王守成编《云南分县详图》由上海亚光舆地学社刊行。

金纬宇编《贵州省全图》由上海亚光舆地学社刊行。

卢怀远等著《广东分县详图》由上海亚光舆地学社刊行。

卢怀远等著《湖南分县详图》由上海亚光舆地学社刊行。

卢怀远等著《福建乡县详图》由上海亚光舆地学社刊行。

施冠卿等著《山东分县详图》由上海亚光舆地学社刊行。

施冠卿等著《江苏分县详图》由上海亚光舆地学社刊行。

四川省政府民政厅编《四川省各县区乡镇略图》由编者刊行。

王守成编《浙江分县详图》由上海亚光舆地学社刊行。

王守成编《西南各省详图》由上海亚光舆地学社刊行。

王守成编《粤桂乡县详图》由上海亚光舆地学社刊行。

王守成编《西南各省详图》由上海亚光舆地学社刊行。

王守成编《东南各省详图》由上海亚光舆地学社刊行。

王守成编《西北各省详图》由上海亚光舆地学社刊行。

金启宇、陈际斌编《江西分县详图》由上海亚光舆地学社刊行。

金立辉、陈际斌编《安徽分县详图》由上海亚光舆地学社刊行。

卢怀远等编《陕西分县详图》由上海亚光舆地学社刊行。

卢怀远等编《川康滇黔分县详图》由上海亚光舆地学社刊行。

黄若舟著,李健校阅《通书》由个人刊行。

张心澂编著《伪书通考》(上下册)由上海商务印书馆刊行。

唐敬杲编《新文化辞书》(国难后第5版)由上海商务印书馆刊行。

王云五主编《万有文库》第一、第二集简编本在香港刊行。

何多源编著《中文参考书指南》(增订本)由长沙商务印书馆刊行,有杜定友等人的序、自序及再版自序。

教育部社会教育司编《图书馆重要法规》由编者刊行。

许振东著,浙江省教育厅编《战时图书馆》由丽水浙江省教育厅刊行。

和顺图书馆编辑委员会编《和顺图书馆十周年纪年刊》由和顺图书馆及缅甸经理处刊行。

张元济著《宝礼堂宋本书录》由江苏广陵古籍刻印社刊行。

张元济、王季烈、姜殿扬著《孤本元明杂剧校例》由商务印书馆刊行。

古今式编《近代我国民族学译著目录》由中山文化教育馆刊行。

来薰阁书店编《来薰阁书店方志目》由北平编者刊行。

来薰阁书店编《来薰阁书店寄售新书简目》由编者刊行。

裘开明编《美国哈佛大学哈佛燕京学社汉和图书馆汉籍分类目录(哲学宗教类)》由燕京大学哈佛燕京学社刊行。

苏州图书馆编《江苏省立苏州图书馆最近编藏书目》由编者刊行。

文殿阁书庄编《文殿阁方志目》(此目系第5期内另订)由编者刊行。

文殿阁书庄编《文殿阁旧书目》(第5期)由编者刊行。

文殿阁书庄编《文殿阁新书目》由编者刊行。

银行学会编《银行学会图书目录》由编者刊行。

藻玉堂编《藻玉堂书目》(第2期)由编者刊行。

中华书局编《中华书局图书目录》(摘录本)由编者刊行。

中华书局编《中华书局图书目录》(重编第7号)由编者刊行。

自然科学研究所编《上海自然科学研究所图书杂志分类目录》(补遗增加篇)由编者刊行。

中国文化协进会编《广东文物展览会出品目录》由香港编者刊行。

哈佛燕京学社引得编纂处编《四十七种宋代传记综合引得》由北平编者刊行。

江苏省立图书馆编纂委员会编《吴县志列传人名索引》由编者刊行。

(伪)教育总署编审会著《教育心理学》由北平著者刊行。

(伪)教育部编审会编《北平教育史》由编者刊行。

(伪)维新政府教育部编《教育行政会议汇刊》(中华民国二十八年二月)由江苏南京编者刊行。

(伪)教育部编《维新政府教育法令汇编》(第1辑)由编者刊行。

(伪)教育部临时教员养成所编《教育部教员养成所概况》由编者刊行。

(伪)北京特别市教育局编《施政述要》由北平编者刊行。

（伪）上海特别市教育局编《上海特别市教育统计》（中华民国二十七年度）由上海编者刊行。

（伪）江苏教育厅编《江苏省维新教育讲习会汇刊》由编者刊行。

（伪）南京特别市教育局编《南京教育》由江苏南京编者刊行。

（伪）浙江教育厅编《三个月来之浙江教育厅》由编者刊行。

（伪）山西省公署教育厅编《山西省小学教员职业讲习会工作报告》由太原编者刊行。

（伪）国立中央图书馆奉天分馆编辑《国立中央图书馆奉天分馆殿版图书分类目录》由编者刊行。

［美］伯恩汉（原题褒汉姆）著，李培林译《怎样创业》由上海长城书店刊行。

［美］杜威等著，李书勋译《道德与辩证法》由上海亚东图书馆刊行。

［美］卡耐基著，何清儒译《如何应付人》由上海商务印书馆刊行。

［美］卡耐基著，黄警顽编译《处世与交友》由上海合作出版社刊行。

［美］米尔登·赖脱著，圣辅译《处世与修养》由上海世界书局刊行。

［美］卡耐基著，林俊千译《（成功秘诀）处世门径》由上海晓光书局刊行。

［美］罗特著，林语堂译《怎样训练你自己》由上海东方图书公司刊行。

［美］罗特著，施蛰存、诸贯一译《怎样训练你自己》由上海纵横社刊行。

［美］马尔腾著，林语堂译《成功之路》由中国杂志公司刊行。

［美］马尔腾著，张光复译《成功的秘诀》由上海世界书局刊行。

［美］马尔腾著，张学忍译《怎样创造你自己》由上海纵横社刊行。

［美］韦勃、摩尔根著，鲁愚译《怎样使人敬服你》由上海纵横社刊行。

［美］波令等编著，傅统先译《心理学》由商务印书馆刊行。

［美］邓拉普（原题邓禄普奈特）著，胡毅译《习惯论》由商务印书馆刊行。

［美］雪门著，周尚译《心理卫生与教育》由云南昆明中华书局刊行。

［美］K. S. Latourette 著，陈维姜译《怎样促进世界基督徒团契》由上海青年协会书局刊行。

［美］O. M. I. Stanislaus 著，王昌社译述《给儿童们》由香港真理学会刊行。

［美］本内特著，蔡昭修译述《基督教和我们的时代》由上海青年协会书局刊行。

［美］房龙著，谢炳文译《圣经的故事》由上海世界书局刊行。

［美］花友兰著《我之改奉天主教小史》由上海土山湾印书馆刊行。

［美］嘉宝泉著，何继高译《如何生活》由香港真理学会刊行。

［美］肯杨著，马路加译《家父与家属》由北平神召合一真理月报社刊行。

［美］赖金著，张暮晞译《神的永远计划》由上海灵工社刊行。

［美］清洁理女士著，麦超兰译《家庭灵修日课》上册由上海广学会刊行。

［美］清洁理女士著，麦超兰译《家庭灵修日课》下册由上海广学会刊行。

［美］J. V. 巴罗著，徐培仁译《西洋礼节》由上海建设出版社刊行。

［美］夏南著，杜佐周、钱亦石译《性教育指南》由上海中华书局刊行。

［美］柏替编著，王书林译《法律心理学》由商务印书馆刊行。

［美］莫理斯著，王学文译《法律发达史》由商务印书馆刊行。

[美]G. F. 爱里华脱著,张肖海译《列强军事实力》由中国国民经济研究所刊行。

[美]吉曼著,沈立人编译《会计报告分析》由中华会计学校刊行。

[美]葛师孟著,潘镒甲译《决算表之分析及解释》由长沙商务印书馆刊行。

[美]史太因著,陈克文译《日本工业和对外贸易》由长沙商务印书馆刊行。

[美]J. T. Madden 著,刘孔钧编译《国际金融市场》由正中书局刊行。

[美]谷德著,李相勖、陈启肃译《教育研究法》(大学丛书)由长沙商务印书馆刊行,有陈友松、译者及著者序。

按:是书分 12 章,讲述教育研究的价值、资料来源、搜集有益的教育研究材料的技术、科学研究的特征、研究工作人员的训练和研究院学生的指导、教育著作和专业书籍的估价等。

[美]克伯屈著,孙承光译《教育与现代文明》由上海中华书局刊行。

[美]代尔·卡耐基著,李木、宋昆译《演讲术及在事业上影响他人》由北平文兴书局刊行。

[美]翁赖尔著,顾仲彝译《天边外》由商务印书馆刊行。

[美]勃罗夫斯著,章铎声译《泰山出险》由上海梓鹤出版社刊行。

[美]勃罗夫斯著,章铎声译《泰山训狮》由上海梓鹤出版社刊行。

[美]辛克莱著,郭沫若译《煤油》由上海国民书店刊行。

[美]辛克莱著,王楚良译《不准敌人通过》由上海枫社刊行。

[美]刘委士著,李敬祥译《大街》由上海启明书局刊行。

[美]赛珍珠著,戴平万译《爱国者》由香港国光社刊行。

[美]赛珍珠著,哲非译《爱国者》由上海群社刊行。

[美]赛珍珠著,朱文、唐齐、冯煊译《爱国者》由美商华盛顿印刷出版公司刊行。

[美]勃克夫人著,朱雯等译《黎明的古国》由上海 ABC 书店刊行。

[美]威尔特著,黄嘉音译《大地的叹息》由上海西风社刊行。

[美]恩斯脱·海敏威著,余犀译《退伍》由上海启明书局刊行。

[美]辛格兰著,福幼报社译《日内瓦的小木刻家》由上海广学会刊行。

[美]欧尔特毕格斯著,程小青、王嵩全译《幕后秘密》由上海中央书店刊行。

[美]欧尔特毕格斯著,程小青、庞啸龙译《百乐门血案》由上海中央书店刊行。

[美]欧尔特毕格斯著,程小青、李齐译《夜光表》由上海中央书店刊行。

[美]史特朗著,伍友文译《为自由而战的中国》由上海棠棣社刊行。

[美]斯诺夫人著,华侃译《西行访问记》由上海译社刊行。

[美]宁谟·韦尔斯著,胡仲持等译《续西行漫记》由上海复社刊行。

[美]葛莱勃尔著,唐长孺译《新中国》由上海启明书局刊行。

[美]勃脱拉著,林淡秋译《中国的新生》由上海文缘出版社刊行。

[美]马克·吐温著,周世雄译《汤姆沙亚》由上海启明书局刊行。

[美]普拉特著,蒋天佐译《中国及其未完成的革命》由重庆读书生活出版社刊行。

按:是书共 8 章,涉及领土广大文化悠长,中国的"人生哲学",秦、汉、唐、宋、元、明、清、帝国主义在中国,一八四八年以来的革命运动,工人和农民。书前有中国历史上的各时期简表和导言。

[美]夏披罗著,王信忠、杨凤歧译,中华文化基金会董事会编译委员会编辑《欧洲近世史及现代史》(上中下册)由商务印书馆刊行。

[美]代尔·卡耐基著,李木、宋昆译《世界名人逸事续集》由天津东北城角信记纸行出版。

[美]岱勒·贾纳齐著,方洁译《世界名人轶事》由上海文化生活出版社刊行。

按:是书由美国岱勒·贾纳齐所著《世界名人轶事》中选译而成,介绍甘地、列宁、爱因斯坦、格伦费尔、斯蒂芬森、奥维尔·赖特、马可尼、辛克莱、威尔斯、欧·亨利、路易莎·阿尔科特、格丽塔·嘉宝12位名人的轶事。

[美]代尔·卡耐基(原题台尔·卡乃基)著,儿童新闻社编辑《名人略传》由北京编者刊行。

[美]阿丹斯·福斯忒著,胡山源译《现代欧美女伟人传》由世界书局刊行。

[美]麦佛登著,赵竹光译《我五十年来的体育事业》由长沙商务印书馆刊行。

[美]恩格伦著,林光澂译《民族发展底地理因素》由商务印书馆刊行。

[美]M.史密士著,田禽译《戏剧演出教程》由上海杂志公司刊行,有编者序及译者跋。

[美]布士沃斯著,章泯译《戏剧导演基础》由重庆上海杂志公司刊行。

[美]台尔·卡乃基著,胡尹民译《欧美名人传》由上海长风书店刊行。

按:是书介绍了马丁·约翰森、齐格非、忒斯吞、哈斯脱、里昂巴里摩、莫芬、琼克劳馥、达罗、裴替、摩根、托尔斯泰、爱伦凯、墨索里尼、白克、威尔逊、杰克伦敦、卡内基、夏芝白朗、莎士比亚、迭更斯、格林、拜伦、杜克等50位欧美各行各业名人的事略。

[苏]阿多拉茨基著,吴大琨译《新哲学概论》由上海生活书店刊行。

[苏]哥列夫著,瞿秋白译《新哲学——唯物论》由上海霞社刊行。

[苏]卢波尔等著,李申谷译《五大哲学思潮》由重庆生活书店刊行。

[苏]米丁著,胡明译《新兴哲学体系》由上海光明书局刊行。

[苏]罗森塔尔著,张仲实译《辩证认识论》由上海生活书店刊行。

[苏]米丁、易希金科著,平生等译《辩证法唯物论辞典》由重庆读书出版社刊行。

[苏]米丁著,沈志远(原题王剑秋)译《辩证法唯物论》(上下册)由上海生活书店刊行。

[苏]罗那卡尔斯基著,齐明、虞人译《实证美学的基础》由上海世界书局刊行。

[苏]列宁著《什么是马克思主义》由湖北汉口中国出版社刊行。

[苏]列宁著,许之桢编,柯柏年、王石巍等译《马恩与马克思主义》由解放社刊行。

[苏]雅洛曼绥夫著《列宁主义初步》由社会科学研究社刊行。

[俄]普列汉诺夫著,张仲实译《社会科学的基本问题》由上海生活书店刊行。

[苏]梁赞诺夫著,苏迅译《马克斯与恩格斯》由言行出版社刊行。

[苏]列宁著,列宁选集中文版编译部译《列宁选集》(第3、7—10、12、13卷)由解放社刊行。

[苏]斯大林著《斯大林选集》5卷由陕西延安解放社刊行。

按:把斯大林重要文章用选集形式辑成多卷本出版发行,这在中国和世界的马列出版发行史上尚属首次。

[苏]斯大林著,戈宝权译,博古校阅《斯大林在联共党(布)第十八次大会上关于苏共产党中央委员会工作的总报告》由重庆新华日报馆刊行。

[苏]斯大林著,张仲实译《论民族问题》由上海生活书店刊行。

[苏]联共(布)中央党史委员会编著,联共(布)中央委员会审定,中国出版社译,博古总校阅《联共(布)党史简明教程》(上下册)由中国出版社刊行。

［俄］克鲁泡特金著，朱洗译《互助论》由重庆文化生活出版社刊行，有巴金前记及著者英文普及本序。

［苏］斯韦特洛失、米臣著，麦穗译《日本明治维新研究》由香港民革出版社刊行。

［苏］曼努意斯基著，孙冶方译《国际反战反侵略反法西运动》由无名出版社刊行。

［英］毕尔德著，张金鉴译述《政治的经济基础》由长沙商务印书馆刊行。

［苏］托洛斯基著，何伟译《苏联的现状及其前途》由春燕出版社刊行。

［俄］布尔林著，曾纪绥译《大战之起因及各国战略计画（欧洲战史东战场卷一）》刊行。

［俄］布尔霖著，陈非译《陆军大学应用教学法》由陆军大学刊行。

［苏］伏罗希洛夫著，黄文杰译《论苏联红军的现状》由重庆新华日报馆刊行。

［苏］伏罗希洛夫著，黄文杰译《苏联的红军》由播种社刊行。

［苏］阿达里著，周修仁译《游击战术理论及战例》由重庆军学研究社刊行。

［苏］H. A. 维特威尔著，胡明译《世界经济地理讲座》由上海光明书局刊行。

［苏］列宁著，王维真译《帝国主义——资本主义的最高阶级》由重庆生活书店刊行。

［苏］拔图也夫著，贾钟尧译《世界富源》由北平癸酉编译会刊行。

［苏］倍·柯根著，夏衍译《新兴文学论》由上海杂志公司刊行。

［苏］爱拉娃卡娃著，俞荻译《苏联文学新论》由上海海燕出版社刊行。

［俄］馥埃奥克丽特沃著，海妮译《托尔斯泰之死》由长沙商务印书馆刊行。

［俄］尼克拉索夫著，高寒译《在俄罗斯谁能快乐而自由》由上海商务印书馆刊行。

［俄］果戈理著，冯骃译《结婚》（三幕剧）由上海奔流社刊行。

［俄］契诃夫著，俞狄译《樱桃园》由上海海燕出版社刊行。

［俄］安那托·葛黎保夫著，芳信译《英嘉姑娘》由上海世界书局刊行。

［俄］尼古拉·鲍戈庭著，芳信译《速度》由上海世界书局刊行。

［俄］雅鲁纳尔著，贺一青译《破旧的别墅》（独幕剧）由上海业余戏剧交谊社刊行。

［俄］A. 托尔斯泰、B. 彼得罗夫著，孟漪译《彼得一世》（电影剧本）由陕西西安西京中国文化服务社陕西分社刊行。

［俄］T. 兹拉托格洛瓦著，A. 卡普勒著，林淡秋译《列宁在1918年》（电影剧本）由香港读书生活出版社刊行。

［俄］M. 斯里帕纳夫等著，叶菡青、叶崧苹译《空中女英雄》由上海海燕出版社刊行。

［俄］果戈理著，庄绍桢译《外套》由上海启明书局刊行。

［俄］屠格涅夫著，丽尼译《前夜》由上海文化生活出版社刊行。

［俄］屠格涅夫著，蓝文海译述《父与子》由上海启明书局刊行。

［俄］陀斯托以夫斯基著，王古鲁译《一个诚实的贼》由上海文化励进社刊行。

［俄］托尔斯泰著，秋长译《复活》由上海启明书局刊行。

［俄］托尔斯泰著，郭沫若译《战争与和平》由云南昆明中华书局刊行。

［俄］绥拉菲摩维支著，曹靖华译《铁流》由重庆生活书店刊行。

［俄］小托尔斯泰著，王楚良译《保卫察里钦》由上海珠林书店刊行。

［俄］M. 梭罗科夫著，赵洵、黄一然译《静静的顿河》（1卷）由上海光明书局刊行。

［俄］微尔塔著，冯夷译《孤独》由上海世界书局刊行。

［苏］高尔基著，瞿秋白、吕伯勤译《为了人类》由上海挣扎社刊行。

［俄］爱伦堡等著，铁弦译《在特鲁厄尔前线》由重庆战斗社刊行。

［俄］盖达尔著，曹靖华译《第四座避弹室》由上海文化生活出版社刊行。

［苏］符拉基米尔佐夫（原题乌拉吉米索夫）著，瑞永译《蒙古社会制度史》由蒙古文化馆刊行。

［苏］波波夫著，孙亚明译《日本资本主义发展简史》由桂林新知书店刊行。

［苏］波波夫著，孙亚明译《日本资本主义发展简史》由上海新知书店刊行。

［苏］A. 舍斯达柯夫编，仲实译《苏联历史讲话》生活书店刊行。

［苏］C. 拉比诺维契著，胡明译《苏联内战史》由重庆读书生活出版社刊行。

［俄］克鲁泡特金著，巴金译《我的自传》由上海开明书店刊行。

［苏］伏罗希洛夫著，江隆基译《斯大林与红军》由重庆解放社刊行。

［苏］馥埃奥克丽特沃著，［日］八侄利雄日译，海妮重译《托尔斯泰之死》由长沙商务印书馆刊行。

［俄］普列汉诺夫著，彭康译《马克思主义的基本问题》由上海长虹社刊行。

［苏］勃里索夫讲授，王玉书译，程岳整理《最新俄式射击法》刊行。

［英］朋司（原题伯恩兹）选辑，周建人译《新哲学手册》由上海大用图书公司刊行。

［英］C. C. Martindale 著，黄斯望译《你在天主堂里所见到的是什么》香港真理学会刊行。

［英］班扬（原题本仁）著，谢颂羔、陈德明译《蒙恩回忆录》由上海广学会刊行。

［英］桂厚伯著，王治心、谢颂羔译《寻求上帝》由上海广学会刊行。

［英］加大利纳·尼各著，杨寿康译《一位归正者的自述》由上海徐家汇圣教杂志社刊行。

［英］李安、马丁同著《新领袖》刊行。

［英］罗素尔著，明灯报社编译《罪人之书》由上海广学会刊行。

［英］麦希圣著，季理裴、谢颂羔译述《保罗的灵修生活》由上海广学会刊行。

［英］乔治英兰著，张伯绅译述《生命与丰盛的生命》由四川成都华英书局刊行。

［英］施密斯著，罗雅各、翟人俊译《圣经诵读须知》由上海广学会刊行。

［英］瓦忒豪斯著，傅方弼、梅立德译《基督教的人生观》由上海广学会刊行。

［英］武咨著，贾立言、冯雪冰译《上帝的研究》由上海广学会刊行。

［英］来逢宁著，慕奥译《宗教与道德》由上海广学会刊行。

［英］林辅华著，夏明如译《阿摩司书释义》由上海广学会刊行。

［英］林辅华著，夏明如译《雅各彼得犹大书释义》由上海广学会刊行。

［英］林辅华著，夏明如译《有天父没有》（道声小丛书）（第 8 册）由上海广学会刊行。

［英］林辅华著，夏明如译《教会颂赞名歌考略》由上海广学会刊行。

［英］林辅华著，夏明如译《民众与圣经》由上海广学会刊行。

［英］司布真著，莫安仁等译《司布讲坛集》由上海广学会刊行。

［英］蔼理斯著，潘光旦译《健康教育论》由上海青年协会书局刊行。

［英］斯隆著，韬奋译《苏联的民主》由重庆生活书店刊行。

［英］克宁汉著，李植泉译《几何经济学》由长沙商务印书馆刊行。

［英］J. 斯脱拉奇著，何封译《社会主义底理论和实践》由桂林新知书店刊行。

[英]柏伦谋著，郑太朴译《工业原料与军需原料》由长沙商务印书馆刊行。

[英]G. D. H. Cole 著，王搏今、王渔村译《世界经济机构总体系》由上海中华书局刊行。

[英]艾黎著，黄雪楼译《工业合作救国论》由商务印书馆刊行。

[英]大卫·罗（原题罗德维德）绘，沈默译《笔征希特勒》（增刊第 4 号）由重庆时与潮社刊行。

[英]韦布斯忒著，吕迺英译《女子田径运动》由长沙商务印书馆刊行。

[英]艾苏珊著，薄玉珍、洪超群译《幼儿启导法》由上海广学会刊行。

[英]斯蒂文生著，奚识之译注《（附译文注释）金银岛》由上海三民图书公司刊行。

[英]G. Eliot 原著，M. West 浅释重述《河上风车》（韦氏英文补助读本 16）由云南昆明中华书局刊行。

[英]莎士比亚著，梁实秋译《第十二夜》由商务印书馆刊行。

[英]鲁道夫·培斯亚著，许子译《闺怨》（五幕喜剧）由上海剧场艺术出版社刊行。

[英]斯威佛特著，易寒译《格列佛游记续集》（飞岛游记兽国游记）由上海启明书局刊行。

[英]司各脱著，施蛰存译《劫后英雄》由云南昆明中华书局刊行。

[英]司各脱著，万以咸译《惊婚记》由云南昆明中华书局刊行。

[英]乔治·哀利奥特著，施瑛译述《织工马南传》由上海启明书局刊行。

[英]爱略脱著，朱基俊译《河上风车》由云南昆明中华书局刊行。

[英]哈葛德著，朱麟译《所罗门王之宝窟》由中华书局刊行。

[英]勃脱兰著，林淡秋等译《华北前线》由上海文缘出版社刊行。

[英]杰姆斯·贝特兰著，方琼凤译《北线巡回》由重庆生活书店刊行。

[英]格林威尔著，马宝星译《太平洋的风景线》由上海光明书局刊行。

[英]约翰·孙马菲尔德著，叶启芳译《国际纵队从军记》由重庆生活书店刊行。

[英]E. A. 麦雷著，梅蔼等译《新中国的印象记》由上海群社刊行。

[英]利德著，予且译《爱的受难》由云南昆明中华书局刊行。

[英]温群汉（原题温特立哈）著，林仁王译《未来的世界大战》由上海青年协会书局刊行。

[英]布拉恩著，倪秀章译《犹太民族史》由长沙商务印书馆刊行。

[英]A. H. Atteridge 著，陈之迈译《欧洲近代战争小史》由重庆独立出版社刊行。

[英]爱克司林著，明灯报社译《贺川丰彦的生平》由上海广学会刊行。

[英]本仁·约翰著，谢颂羔、陈德明合译《蒙恩回忆录》由上海广学会刊行。

[英]尼各著，杨寿康译《一位归正者的自述》由上海圣教杂志社刊行。

[英]迪金森等著，楚图南译《地理学发达史》由中华书局刊行。

[英]布里福著，严可译《大英帝国的动向》由重庆生活书店刊行。

[英]布里福著，严可译《大英帝国的动向—英帝国现行政策之历史的说明》由上海生活书店刊行。

[日]武内义雄著，汪馥泉译《中国哲学思想史》由上海商务印书馆刊行。

[日]秋泽修二著，汪耀三、刘执之译《东方哲学史》（东方哲学特质的分析）由上海生活书店刊行。

〔日〕神林隆净著,欧阳瀚存译《密宗要旨》由上海中华书局刊行。

〔日〕增田幸一著,潘文安等译《职业指导与个性》由广东广州中华书局刊行。

〔日〕竹内始万著,徐秋漪译《日本人的性格》由张家口蒙疆新闻社刊行。

〔日〕堀伸二著,谢叔良译《大众政治概论》由上海潮锋出版社刊行。

〔日〕井东宪著,牛光夫译《日本的黑幕》由重庆中华民国留日同学会刊行。

〔日〕池崎忠孝著,雷通群译《世界大战回顾录》由香港时代批评社刊行。

〔日〕佐藤强著,杨庆杰译《从军日记》由第三十集团军总司令部参谋处刊行。

〔日〕近藤孝义原著,军训部军学编译处译《步兵重火器十讲》刊行。

〔日〕高桥次郎著,周宋康译《新经济地理学》由上海中华书局刊行。

〔日〕内田穰吉著,宋斐如译《日本资本主义论战》由上海杂志公司刊行。

〔日〕森田优三著,许亦非译《物价指数之理论与实际》由长沙商务印书馆刊行。

〔日〕河村清著《满洲农业概况》由吉林长春满洲帝国政府特设满洲事情案内所刊行。

〔日〕井上龟五郎著,欧阳瀚存译《农仓经营论》由上海商务印书馆刊行。

〔日〕诸冈存著,吕叔达编译《茶与文化》由浙江省油茶棉丝管理处茶叶部刊行。

〔日〕泽青鸟著,张白衣译《苏联航空的全貌》由长沙商务印书馆刊行。

〔日〕岩藤雪夫著,巴人译《铁》由人民书店刊行。

〔日〕林房雄著,林伯修译《牢狱的五月祭》由风行出版社刊行。

〔日〕田边尚雄著,洪炎秋译《日本音乐发达之概观及其本质》由北京近代科学图书馆刊行。

〔日〕田中庄太郎编《(日本语入门篇)正则日本语讲座》(第1卷)由北平新民印书馆刊行。

〔日〕火野苇平著,雪笠译《麦田里的兵队》由吉林长春(伪)满洲国通讯社刊行部刊行。

〔日〕火野苇平著,金谷译《士与兵》由北京东方书店刊行。

〔日〕矢野仁一著,三通书局编辑部译《最近东亚百年小史》由上海三通书局刊行。

〔日〕崇昭本西著,吴超译《飞律宾志士独立传》由译书汇编社刊行。

〔德〕马克思等著,高语罕编译《辩证法经典》由上海亚东图书馆刊行。

按:是书节译了《德意志意识形态》第1章"A.一般意识形态,德意志意识形态"之若干段落。高语罕当时将篇名定为《唯物的见解和唯心的见解之对立》,交由亚东图书馆正式初版发行。据考证,这为中国国内迄今发现的最早之对《德意志意识形态》的节译本(邱少明《民国马克思主义经典著作翻译史(1912至1949年)》,南京航空航天大学博士学位论文,2011年)。

〔德〕尼采著,徐琥(原题梵澄)译《快乐的知识》由商务印书馆刊行。

〔德〕马克思、恩格斯著,彭汉文编译《马克思主义的基础》由上海健全社刊行。

〔德〕谬勒利尔著,叶启芳重译《婚姻进化史》由上海商务印书馆刊行。

〔德〕黎耳著,杨丙辰译《论德国民族性》由商务印书馆刊行。

〔德〕马克思著,何思敬、徐冰译《哥达纲领批判》由延安解放社刊行。

〔德〕皮克著《七年来的共产国际》由东方出版社刊行。

〔德〕亚路夫雷德·斯特斯著,胥崮瑞译《犹太与日本之劫》由新民会中央指导部刊行,有日本陆军少将尺甫根本博序文。

〔德〕席勒著,蒋学楷译述《日本内幕》由长沙商务印书馆刊行。

[德]弗立克著《统一国家之德国》由北平中德学会刊行。

[德]维尔纳著,伍叔民译《列强军力现势》由上海棠棣社刊行。

[德]维尔纳著,宾符等译《列强军力论》由重庆生活书店刊行。

[德]马克思著,沈志远译《雇佣劳动与资本》由重庆生活书店刊行。

按:是书属于世界学术名著译丛书的一种,正文前有《卡尔·马克思〈雇佣劳动与资本〉1891年单行本导言》,书前有译者序。

[德]马克思、恩格斯著,郭大力译《资本论通信集》由重庆读书生活出版社刊行。

[德]石密德、陆懿著《标准国语教本》由上海德国璧恒图书公司刊行。

[德]夫力特里西·乌尔夫著,吴天、陈非璜译《希特勒的"杰作"》由上海潮锋出版社刊行。

[德]斯托姆著,魏以新译《斯托姆小说集》由上海商务印书馆刊行。

[德]格莱塞著,屈轶译《和平》由上海世界书局刊行。

[德]H. Liepmann 著,朱雯译《地下火》(长篇报告文学)由上海万叶书店刊行。

[德]格列姆著,谢颂羔译《格列姆童话选》由上海广学会刊行。

[德]波守斯著,段可情译《蜜蜂玛雅的冒险》由上海少年读物出版社刊行。

[德]斯提排著,魏以新译《德国史略》由商务印书馆刊行。

[德]马克思著,郭和译《法兰西内战》由上海海潮社刊行。

[法]高利约著,公教丛书委员会译《我们的领袖》(耶稣传)由天津崇德堂刊行。

[法]高利约著,公教丛书委员会译《自尊》由天津崇德堂刊行。

[法]克利斯底亚尼著,丁宗杰译《耶稣传》(上中下册)由上海土山湾印书馆刊行。

[法]依西多禄·腊挂(汉名郭振铎)述译,张秀材撰文《耶稣言行》(满洲教区首任方主教百年纪念刊,1838—1938)由吉林神罗修院刊行。

[法]罗林斯著,胡贻穀译《天人感应》由上海广学会刊行。

[法]孟德斯鸠著,严复译《孟德斯鸠法意》简编版由商务印书馆刊行。

按:本书即《法意》,列为《严译名著丛刊》时将书名改为《孟德斯鸠法意》,并于书后增附《孟德斯鸠法意译名表》。

[法]Chateauneuf 著,张兆译,世界政治社编《列强海军活动范围及其实力之比较》由重庆中国国际联盟同志会刊行。

[法]莫里哀著,孙樟改编《理想夫人》由上海中国图书杂志公司刊行。

[法]萨度著,江文新译《祖国》由上海国民书店刊行。

[法]白利涡著,许德祐译《红袍》由长沙商务印书馆刊行。

[法]罗曼·罗兰著,李健吾译《爱与死的搏斗》由上海文化生活出版社刊行。

[法]大仲马著,曾孟浦译《续侠隐记》(上下册)由上海启明书局刊行。

[法]杜马著,翟伊文译《炼狱》由云南昆明中华书局刊行。

[法]罗曼·罗兰著,叶灵凤译《白利与露西》由上海文化励进社刊行。

[法]克利斯底亚尼著,丁宗杰译《耶稣传》(上中下册)由上海土山湾印书馆刊行。

[意]爱尔科里著,哈密译《反对帝国主义大战》刊行。

[意]但丁著,王维克译《神曲:地狱》由商务印书馆刊行。

[意]西龙著,绮纹译《意大利的脉搏》由上海金星书店刊行。

〔意〕范士白著,尊闻译《日本的间谍》由译者刊行。

〔意〕范士白著,民华译《日本的间谍》由四川成都大众出版社刊行。

〔意〕樊思明著,邵宗汉译《"神明的子孙"在中国(一个日本情报员的自述)》由重庆国民出版社刊行。

〔意〕万斯白著,文缘社译《日本在华的间谍活动》由上海文缘出版社刊行。

〔意〕加尔洛·罗塞利著,巴金译《西班牙的日记》由上海平明书店刊行。

〔意〕爱米契斯著,张鸿飞译《奇童六千里寻母记》由上海春明书店刊行。

〔丹〕勃兰兑斯著,侍桁译《十九世纪文学之主潮》(第4册)由商务印书馆刊行。

〔丹麦〕安徒生著,张家凤译《安徒生童话集》由上海启明书局刊行。

〔瑞士〕阿拍尔·米宁著,巴金译《一个国际志愿兵的日记》由重庆平明书店刊行。

〔瑞典〕柏格曼著,伍蠡甫选译《瑞典短篇小说集》由上海商务印书馆刊行。

〔挪威〕易卜生著,孙熙译《海姐》由长沙商务印书馆刊行。

〔奥地利〕至尔妙伦著,许遐译《小彼得》由上海联华书局刊行。

〔匈〕E. Varga 著,无心译《中日战争与世界经济》由上海译报图书部刊行。

〔捷克〕夸美纽斯著,傅任敢译述《大教授学》(汉译世界名著)由长沙商务印书馆刊行。

〔保〕季米特洛夫著,凯丰、宝权合译《国际无产阶级和人民反对法西斯的统一战线》由重庆新华日报馆刊行。

〔印〕尼赫鲁著,胡仲持译《尼赫鲁自传》由上海青年协会书局刊行。

G. Hoornaert 著,吴应枫编译《青年问题丛谈》由上海圣教杂志社刊行。

B. W. Newton 著,C. H. Shen 译《神的定命》由烟台伯大尼家庭敬拜室刊行。

De Nadaillac 著,王仁生译述《信爱》由上海震旦大学刊行。

Hallen Viney 著,杨富森译《我怎样开始》由上海五洲书报社刊行。

L. L. R. Morrow 著《我的初领圣体》由香港慈幼印书馆刊行。

R. P. G. de Raucourt,S. J. 著,张正明译《共产主义检讨》由上海光启社刊行。

R. E. Raspe 等著,Michael West 重述《旅人谭》(韦氏英文补助读本 17)由云南昆明中华书局刊行。

N. Peffer 著,铄渥译《二次世界大战战场在中国》由中美出版公司刊行。

Helga Eng 著,龚启昌译述《儿童绘画心理之研究》由长沙商务印书馆刊行。

陈定谟等著,三通书局辑《人生意识》由上海三通书局刊行。

狄珍珠编辑,张仲温译《旧约妇女》由上海广学会刊行。

龚斯德著,明灯报社译《小团契布道摘要》由上海广学会刊行。

黄若瑟著,王昌社译《圣味增爵会会祖翁若南》由香港真理学会刊行。

季约来著,张润波译《圣体与热心》由北平僕庵堂平寓刊行

马丹盖恩著,俞成华译《简易祈祷法》由上海福音书房刊行。

爱迭生著,十舫济、黄嘉德、叶群译《耶稣之路》由上海广学会刊行。

章文新等著,应元道译《耶稣生平研究大纲》由上海青年协会书局刊行。

阿哈谟德·爱敏著,纳忠译《黎明时期回教学术思想史》由长沙商务印书馆刊行。

阿提克逊著,吕宜环、管西屏译《圣经是真的吗?》由江苏南京诚信印书馆刊行。

爱克司林著,明灯报社译《贺川丰彦的生平》由上海广学会刊行。

贝德士著,张仕章译《基督教与共产主义》由香港青年协会书局刊行。

按:是书论述基督教与共产主义之间的关系,包括基督教与共产主义者的关系、共产主义与马克思主义的检讨、共产主义在苏俄实验的批判等。

达瓦桑杜英译,张莲菩提金刚正汉译《中阴救密法》刊行。

戴斐士著,朱雅各译《使徒言行三十课》由上海美华浸会书局刊行。

戴怀仁著《圣道讲台》(卷2)由中华信义会书报部刊行。

都孟高著,黄叶秋译《申命记释义》由上海广学会刊行。

都孟高著《箴言释义》由上海广学会刊行。

费尔朴著,莫安仁、谷云阶译《寂静之时》由上海广学会刊行。

高利约著,公教丛书委员会译《伟大的保禄传教者的模范》由天津崇德堂刊行。

华勒斯著,朱德周译《我不灰心》由上海广学会刊行。

寇润岚编著,曹鸿祥译《公共崇拜的意义及方法(第2级义工教材第1册)》由上海广学会刊行。

罗威尔著,徐华译《古事今谈》由上海时兆报馆刊行。

马丁、鲁滨逊等著,黄石译《圣经教授指导》由上海广学会刊行。

麦志恩原著,胡簪云译述《中华最早的布道者梁发》由上海广学会刊行。

米德峻著,马福江译《基督降临之世界》由上海广学会刊行。

穆罕默德·阿布笃著,马瑞图译《回教认一论》由中华书局刊行。

裴滋著,谢颂羔、末星如译《宗教教授法》由上海广学会刊行。

乔治·英兰著,张伯绅译述《个人布道》由华英书局刊行。

邱吉云著,薄玉珍、梅晋良译《慷慨的财主(慈善界名人列传)》由上海广学会刊行。

全球总会安息日学部著,陈民编译《安息日学教学原理》由上海时兆报馆刊行。

苏连爱著,张冬青译《童年圣人》由上海土山湾印书馆刊行。

苏梅克著,付方弼、无愁、梅立德译述《重生的牧师》由上海广学会刊行。

台波尔著,应远涛评述《基督徒的信仰与生活》由上海青年协会书局刊行。

林语堂著,郑陀译《吾国与吾民》由上海世界新闻社刊行。

考敦尼毕尔著,健康生活社译《幸福的爱侣》由上海大学书店刊行。

考敦尼毕尔著,健康生活社译《健全的丈夫》由上海大学书店刊行。

司脱尔著,疾风译《怎样做个好丈夫》由上海大学书店刊行。

普多野丁、乌拉狄密尔著,高鹏飞译《科学的社会主义讲话》由上海三户书店刊行。

毕林哥尔著,王纪石、吴饮冰译《为统一而战的中国》由香港众社刊行。

何应钦著,蒙藏委员会编译室编译《坚定抗战必胜建国必成的观念》由蒙藏委员会编译室刊行。

何林华著,吴绍熙、徐儒译《教育心理学》由云南昆明中华书局刊行,有原著者序。

坎德尔著,罗廷光、韦悫译《比较教育》(汉译世界名著)由长沙商务印书馆刊行,有著者序和译者序。

Gabriel Compayre著,梁天咏译《卢梭与自然教育》(教育小丛书)由云南昆明中华书局刊行。

嘿兹力特著,宋桂煌译《幼儿心理学》(师范丛书)由长沙商务印书馆刊行。

史提芬·罗兰著,徐柏堂译《我是希脱拉的囚徒》由上海棠棣社刊行。

诺尔·考禾德著,芳信译《私生活》(三幕剧)由滔滔出版社刊行。

薄玉珍著,刘美丽译述《天晓得》由上海广学会刊行。

苏席著,巴金译《巴塞洛那的五月事变》由上海平明书店刊行。

一个香港公进会会员著,王昌社译《傅兰萨蒂小传》由香港真理学会刊行。

章文新等著,应元道译《耶稣生平研究大纲》由上海青年协会书局刊行

司达克·杨著,章泯译述《表演艺术论》由重庆上海杂志公司刊行。

勒克斯编著,张季忻译《英国法》由上海世界书局刊行。

腊斯克著,周竞中译《幼稚教育史》(师范丛书)由长沙商务印书馆刊行。

林维英著,朱义析译《中国之新货币制度》由长沙商务印书馆刊行。

戴存义夫人著,吴久舒译《师达能夫妇功成传》由上海广学会刊行。

柯尔等著,刘群、金则人、黄峰译《世界形势展望》由上海光明书局刊行。

宋美龄著,国民出版社编译《蒋夫人言论集》由国民出版社刊行。

马克思著,郭和译《论犹太人问题》由上海亚东图书馆刊行,有译者前言及代序。

洛里墨著,哲非、巴伦译《希特勒的梦》由上海杂志社刊行。

左埃尔兰德等著,尤光译《希特勒的末路》由国际战时出版社刊行。

林语堂著,民华译《新中国的诞生》由香港民社刊行。

闵斯选编,章汉夫、许涤新译《恩格斯论资本论》由重庆读书生活出版社刊行。

柯柏年、艾思奇等译《马恩通讯选集》由解放社刊行。

凯丰编译《什么是列宁主义》由湖北汉口中国出版社刊行。

按:是书包括列宁主义是在帝国主义和无产阶级革命时代的马克思主义、方法和理论、无产阶级革命的理论、无产阶级专政、为社会主义建设的胜利而斗争等7编。本书为第四编:无产阶级专政。

傅统先编译《逻辑纲要》由上海编者刊行。

陈文渊译述《教会证道与非基督教信仰及文化》由上海中华全国基督教协进会刊行。

诚静怡编译《新约读范》由上海广学会刊行。

古宝娟、绕恩召译述《苗族救星》由湖北汉口中国基督圣教书会刊行。

韩穆然译《易简默想》由河北献县天主堂刊行。

刘廷芳译述《教会藉以生活的信仰》由上海中华全国基督教协进会刊行。

沈汝孝译《圣维亚纳讲道选集》由真理学会刊行。

萧舜华译《玛窦传的福音》由天津崇德堂刊行。

利类思译《临终经》由河北献县天主堂刊行。

山西大同大修道院《圣若翰伯尔格满每日训言》(神修篇)由北平公教教育联合会刊行。

王昌社编译《安老会会祖若翰娜余康传》由香港真理学会刊行。

山西大同大修道院译《圣若翰伯尔格满每日训言》(神修篇)由北平公教教育联合会刊行

上海文明书局编译《最新心理学教科书》由上海文明书局刊行。

按:是书乃作者心理学论文的汇编本。

谭新民、陆震平编译《世界政治经济现势地图》由上海华风出版公司刊行。

康锡祺译《各国合作社组织概观》由新民合作社中央会刊行。

复旦大学文摘社译《二次欧战爆发之真相——英德政府白皮书全译(文摘战时旬刊第59号附册)》由文摘出版社刊行。

凯丰译《日丹诺夫在联党(布)第十八次代表大会上关于苏联共产党(布)党章修改的报告》由重庆新华日报馆刊行。

哲非译《日本的机密》由上海杂志社刊行有译者的话。。

国际编译社撰译《远东国际形势》由国际出版社刊行。

国际编译社撰译《最近欧洲动态》由国际出版社刊行。

国际编译社撰译《日本的内幕》由国际出版社刊行。

吴清友译《最新联共党史》由上海启明社刊行。

韬奋译《从美国看到世界》由重庆生活书店刊行。

张素民编译《现代经济思潮》由上海大夏大学商学院刊行。

王蔚然译《可怕的二次大战》由上海中国图书编译馆刊行。

陈辛人译《一个日本士兵的阵中日记》由浙江金华集纳出版社刊行。

黄文杰、吴敏译《苏联工人的生活》由重庆生活书店刊行。

普天编译《现代德国教育思想概观》(师范丛书)由长沙商务印书馆刊行。

严恩湛译《日本教育概况》由江苏南京(伪)教育部编审委员会刊行。

世界辞典编译社主编,丁浩霖等编译《现代文化辞典》由上海世界书局刊行。

朱杰勤译《中西文化交通史译粹》由上海中华书局刊行。

国际文化合作学院编,陈西禾译《翻译问题》由上海珠林书店刊行。

按:此书为有关翻译问题的论文集,共14篇。这些论文代表欧美十二个国家文化界对翻译问题的意见,原文均发表于国际文化合作学院院刊《文化合作》第1卷第4期,本书是其节译本。译文曾在生活书店的《文学月刊》上发表。

黄佚球编译《最近世界文学动态》(上下卷)由广东国民文学出版委员会刊行。

欧阳凡海编译《科学的文学论》由广西桂林读书出版社刊行。

罗常培译著《高本汉中国音韵学研究》由商务印书馆刊行。

吴铁声译注《(英汉对照)短篇小说选》(第3集)(英文学生丛书)由上海中华书局刊行。

F. Dransmann 编《汉文仟语》由山东兖州天主教堂印书馆刊行。

鲁迅著译《译丛补》由鲁迅全集出版社刊行。

鲍维湘译注《英文戏剧故事》(英文学生丛书)由云南昆明中华书局刊行。

水洙社编译《法兰西短篇杰作集》(第一册)由上海大夏书店刊行。

曹靖华、尚佩秋编译《死敌》由重庆生活书店刊行。

俞荻编译《苏联童话集》由上海知识书店刊行。

王光祈编译《西洋美术史入门》(附西洋美术史入门图本)由广东广州中华书局刊行。有译者序。

傅抱石编译《基本工艺图案法》由长沙商务印书馆刊行。

电影·好莱坞周刊社、今文编译社编《电影小说》由上海电影丛书社刊行。

方甦生著《清实录修改问题》由北平辅仁大学刊行。

常燕生编译《十九世纪初年德意志的国难与复兴》重庆国论社刊行。

于树生译《卡尼基自传》由上海商务印书馆刊行。

赵飞克等译《苏联概况》由中国出版社刊行。

朱嘉祐译《美国参谋业务》由军令部第三厅刊行。

王寿宝译《军队渡河工程》由广西桂林中国科学图书仪器公司刊行。

罗家岳编译《炮兵射击教范之研究》由陆军炮兵学校刊行。

范伯超编译《空中射击教范草案》由航空委员会编译科刊行。

朱通九译《汇兑统制》由重庆独立出版社刊行。

戈戈编译《怎样演戏》由上海碧水社刊行,有李一、柳大森、陆沉的序。

傅抱石编译《明末民族艺人传》由商务印书馆刊行。

陈鸿恩等编译《五十科学伟人》由世界书局刊行。

黄镜渊译《生物学名人印象记》由长沙商务印书馆刊行。

按:是书收录《瓦勒斯评传》《达尔文之生涯及著作》《吾对于赫胥黎之回忆》《巴尔福尔佛兰西斯美特兰》《蒲莱士詹姆士》《新圣者巴斯特路易》《英国脊椎动物古生物学之创始者》《一大自然科学家》《自然科学家之罗斯福》《巴洛斯约翰之种族魂》《米尔约翰》《巴特勒和瓦德克洛斯比之探险家生涯》等 12 篇传记。

隆德恩编《张雅各伯斯铎行传》由上海土山湾印书馆刊行。

隆德里编著《西湾圣教源流》北平西什库遣使会印字馆刊行。

卢述福著《救恩》由上海守望台圣经书刊社刊行。

梅德立、冯雪冰著《圣灵的能力与恩赐》由上海广学会刊行。

《真教理证》由河北献县张家庄天主堂刊行。

《博大真人全集》(下卷)刊行。

《金刚般若波罗蜜经》由云南财政厅印刷局刊行。

《青年风浪》(3 版)由山东兖州天主堂印书馆刊行。

《三大士实录》由上海法云印行经会刊行。

《善与弥撒》由山东济南华洋印书局刊行。

《圣诞子时弥撒》由香港纳匝肋静院刊行。

《圣教鉴略》由上海土山湾印书馆刊行。

《图像要理问答》由香港慈幼印书馆刊行。

《修行净业集要》由上海世界佛教居士林刊行。

《要理问答》由香港纳匝肋静院刊行。

《要理引申(第 13 册,四规罪恶)(163—186 题)》由安徽芜湖天主堂印书馆刊行。

《要理引申(第 14 册,德行,圣宠)(186—208 题)》由安徽芜湖天主堂印书馆刊行。

《一了然(辩道类)》由上海土山湾印书馆刊行。

《怎样望弥撒》由上海土山湾印书馆刊行。

《神工备要》由青岛天主堂印书局刊行。

《新己亡日课》刊行。

《修生袖珍》刊行。

五、学者生卒

马相伯(1840—1939)。相伯原名健常,改名良,字相伯,晚号华封老人,圣名若瑟,江苏丹徒人。1862 年入上海徐家汇天主教耶稣会修道院受"神修"训练。1864 年神修"期满后，在耶稣会研究中国文学和拉丁文学，后又入大修院学哲学和神学。1870 年获神学博士学位，并祝圣为神父。1872 年任上海徐汇公学校长。1876 年到南京任编撰，翻译数理方面的自然科学著作。1878 年奉李鸿章命调查山东矿务。1881 年后历任清政府驻日公使参赞、驻神户领事等职。1898 年梁启超请他主持筹设译学馆。1899 年与其弟合著《马氏文通》。1903 年创办震旦学院。1905 年又创建复旦公学，自任校长。1907 年参加梁启超组织的政闻社，任总务员（相当于干事长）。1909 年当选为江苏省咨议局议员。1911 年辛亥革命后，被江苏都督聘为外交司长。1913 年代理北京大学校长。1916 年任中国科学社董事、《天民报》总主笔。1929 年任辅仁大学董事。1931 年九一八事变后，积极参加抗日救亡活动，被誉为爱国老人。1932 年参加宋庆龄、蔡元培等组织的中国民权保障同盟。1937 年任南京民国政府委员、南京天主教顾问。遗著有《马相伯先生文集》。

　　按：李庆华《马相伯思想述论》说："马相伯是中国近代著名的教育家，在教育上建树颇多。一生创办了上海震旦学院和复旦公学，协办了辅仁大学，也曾策划筹建中国人文科学院——函夏考文苑。体现了他以中国为本位，服务于中国，教育独立、学术自由和教育救国的思想。马相伯的教育事业和教育思想在当时多开风气之先，在中国近现代教育史上应占有一席之地。在宗教思想上，马相伯是中国近代著名的宗教爱国人士，是一位天主教信徒。他积极提倡宗教平等，信教自由，反对立孔教为国教。同时主张天主教内部的改革，倡导教会本土化，提倡学术传教，反对消灭宗教，是中国教会自主运动的先驱者。"（山东师范大学硕士学位论文，2002 年）

　　徐世昌（1855—1939）。世昌字卜五，号菊人，晚年又号水竹村人、东海居士等，直隶天津人，生于河南汲县。1886 年中进士，授翰林院编修。历任商部左丞、兵部侍郎、军机大臣、政务大臣、民政部尚书、东三省总督、邮传部尚书、内阁大学士、协理大臣等职。1918 年任北洋政府总统。1926 年被直系军阀赶下台。退隐后，在北京班大人胡同设立"徐东海编书处"，历时多年，编《清儒学案》208 卷，并创作诗词 5000 余首。又借助僚友门客编撰书籍 30余种。著有《欧战后之中国》《退耕堂政书》《大清畿辅先哲传》《书髓楼藏书目》《东三省政略》等书。

　　按：蒋华林《论辛亥革命前后的徐世昌》说："徐世昌是清末民初政坛上一个重要且颇有争议的历史人物，他早年以翰林身份襄助袁世凯小站练兵，会同袁氏创立北洋军阀，并倚北洋之力跻身权力中枢。清末时，徐世昌跃居高位对推动中国军事近代化、警察制度近代化、清末宪政改革等方面都做出了重要的贡献。武昌首义后，徐世昌顺应历史潮流，推动南北和谈，促使清帝退位，对中华民国的创立起了积极的推动作用。面对袁世凯帝制自为和张勋复辟，他积极反对，为维护共和制度起了一定作用。"（湖南师范大学硕士学位论文，2007 年）

　　潘宗周（1858—1939）。宗周字明训，广东南海人。经商成巨富。以巨资蓄书，喜藏宋元古本，并得有 100 余种，均为精品。初得河南项城袁克文宋刻《礼记正义》《公羊经传解诂》二书，此后竭力访求，先后收有"艺云精舍""宜稼堂""海源阁""读有用书斋"等藏书家的宋版书，遂编成《宝礼堂宋本书录》4 册。另编有《宝礼堂书目》。

　　胡祖德（1860—1939）。祖德字云翘、筱翘，号筦桥，晚号问俗闲翁，祖籍安徽绩溪，生于上海。秦荣光弟子。1912 年任陈行乡乡董。家境富厚而乐善好施，常捐款慈善、教育事业。喜读书著述，能诗画，留意地方掌故、文化，搜阅众籍外又遍访耆老，故又自署为"问俗闲翁"。编著《沪谚》2 卷、《沪谚外编》2 卷，收录沪谚近 2000 则，又有里巷歌谣、俚曲、俗话、新词、隐语、行话等，是第一部结集的纪录上海方言的著作，开近代俗文学研究先声。又增订胡式钰《胡氏宗谱》,编校梓行《胡氏家乘》及秦荣光《上海县竹枝词》《陈行竹枝词》,参与《陈行乡土志》编写并绘图,辑刊《胡氏杂钞》初编。

姚永朴(1862—1939)。永朴字仲实,晚号蜕私老人,安徽桐城人。姚莹孙。自少濡染家学,与弟永概,姊夫马其昶、范当世相与谈艺论学,又游同里吴汝纶之门,学益宏邃。1894年中举,后两试礼部不利,遂绝意仕进,以讲学为生。光绪末年,被聘为学部咨议官,兼在京师法政学堂教习国文。民国改元,在北京大学任教授。1914年任职清史馆,成《清史稿》40余卷。1921年南归,任周学熙所创宏毅学舍教习,旋转任东南大学教授。1926年10月被安徽省长高世读聘为筹建中的安徽大学校长。适值北伐军兴,学校未开办。1928年安徽大学成立,被聘为教授,主讲经学及古文辞。1936年谢病归里。1938年避乱于广西。1939年卒于桂林。著有《尚书谊略》28卷叙录1卷、《读易述闻》2卷、《蜕私轩易说》3卷、《蜕私轩诗学》、《春秋左传通论》4卷、《群书答问》1卷、《经学举要》1卷、《论语解注合编》、《论语述义》10卷、《十三经述要》、《群经考略》、《史事举要》7卷、《史学研究法》1卷、《见闻偶笔》1卷、《起凤书院答问》5卷、《素光阁读经记》26卷、《诸子考略》18卷、《群儒考略内篇》58卷外编18卷、《桐城姚氏碑传集》7卷补遗1卷、《先正嘉言》1卷、《桐城耆旧言行录》、《小学广》12卷、《旧闻随笔》4卷、《蜕私轩集》、《文学研究法》4卷、《国文学》4卷、《惜抱轩诗训纂》、《旧闻随笔》、《历代圣哲学粹》、《我师录》4卷、《清代盐法考略》2卷等。

按:姚永朴《蜕私轩读经记序》论述了他对汉学、宋学的看法:"世称汉儒说经,所长在训诂名物;宋儒则在义理,是固然矣。然余谓是二家,其初师第各言所得,逮乎末流,风气偏盛,乃皆不胜其敝焉。汉世去古为近,其传经大儒,皆有家法。然而其敝也,党同伐异,如齐、鲁、韩三家诗之于毛氏,今文《尚书》之于古文,《公羊》《穀梁春秋》之于《左氏》,皆各守师承,不相通晓,斯固不免于隘矣。宋儒承汉唐诸儒之后,训诂名物已详,乃更求之义理,其精者实过于前世。又其治经,以虚心涵泳为本,于前人之说,无所偏徇,庶乎可谓善矣。然而其敝也,师心自用,始但蔑视周秦以来序传,终乃疑及经,删益移夺,斯又近于悍矣。夫治经之法,不越二家,守汉儒之训诂名物,而无取专己守残;宗宋儒之理,而力戒武断,操斯术以往,其于圣人之意,虽不中,或不远欤!"(《蜕私轩集》卷二)

按:刘声木《桐城文学渊源考》卷一○曰:"姚永朴字仲实,桐城人。浚昌子。光绪二十年举人,官候选训导。""师事张裕钊、吴汝纶,受古文法。专力治经,其诗、古文亦古淡。历主起凤书院各学堂讲席。撰《蜕私轩集》五卷、附《读经记》三卷、《素园丛稿》六卷、《史学研究法》一卷、《文学研究法》四卷。""姚永朴,任清史馆纂修,师事郑福照。"

按:慈波《〈文学研究法〉:桐城派文章理论的总结》一文认为:"学术界对于桐城派的研究多集中于前期与中期,而晚期的创作转变与理论整合却未得到相应重视。姚永朴的《文学研究法》是桐城派文章理论的结穴之作,曾得到钱基博的激赏。此书师法《文心雕龙》,有较强的系统性与理论色彩,具有融汇弥缝的特点,对于末流缺失多有涉及,有效纠补了桐城派文章理论的不足,反映出桐城派在新的历史条件下所作出的应对与调整。黄侃在北京大学授课时曾激烈抨击桐城文章,而姚永朴拒不应战,其实具有理论方面的充足理由,黄侃所针砭的缺失在《文学研究法》中早已得到补充修正。"(《江淮论坛》2007年第5期)

孙家振(1863—1939)。家振字玉声,别署警梦痴仙、海上漱石生等,上海人。二十九岁起以报刊编辑和小说写作为职业。先后主编、编辑、创办的报刊有《新闻报》《申报》《舆论时事报》《采风报》《笑林报》《新世界报》《大世界报》《繁华杂志》《七天》《俱乐部》,是我国近代早期著名报人之一。又曾组织文艺社团萍社和鸣社,并任社长。著有《海上繁华梦》《续海上繁华梦》《海上燃犀录》《指迷针》《机关枪》《仙侠五花剑》《如此官场》《海上十姊妹》《飞仙剑侠》《金陵双女侠》《夫妻侠》《金钟罩》等。

赵元礼(1868—1939)。元礼字幼梅,号藏斋,天津人。曾任直隶河北高等工业学堂监督,1921年与严范孙、金息侯、王守恂等人组织"城南诗社",以"天津近代诗坛三杰"享誉津门。又为天津"四大书法家"之一,李叔同曾从其学。著有《藏斋集》《藏斋诗话》等。

邓邦述(1868—1939)。邦述字孝先,号正闇,晚称沤梦老人、群碧翁,江苏江宁人。光绪进士,曾任吉林布政使。民国初为东三省盐运使。曾经入端方幕下,协助收购丁氏"八千卷楼"藏书,筹办江南图书馆。1921年迁回江苏居苏州,闭门谢客专事著述。编有藏书目录《双沤居藏书目初编》《群碧楼书目》《群碧楼善本书录》《寒瘦山房鬻存善本书目》等。著有《群碧楼诗抄》《沤梦词》《六一消夏词》。

陈锦涛(1871—1939)。锦涛字澜生,广东南海人。早年入香港皇仁书院学习,1898年入北洋大学堂学习,毕业后任数学教习。1901年由盛宣怀公派赴美国留学,进入哥伦比亚大学学习博物学(物理学),翌年获理学硕士学位。随后进入耶鲁大学学习经济学,1906年获博士学位,成为中国历史上第一个经济学博士。是年9月,参加清廷部试,名列第一,赐法科进士出身。历任广东视学、京兆视学、大清银行稽核、统计局局长、副监督、度支部预算司司长、印铸局副局长、币制改良会会长、学部一等咨议官、资政院议员。1938年,出任汪精卫政府的财政部长,次年病死于上海。

王印川(1878—1939)。印川字月波,河南修武人,后移居焦作。1905年留学日本早稻田大学,获法学博士学位。1911年从日本回国后,任河南高等学堂教务长。旋到上海任《民立报》编辑。1912年在北京与袁世凯之子袁克定订"金兰之盟"。1913年被徐世昌推举,当选为北京国民政府第一、第二届参议院院长、众议院议员。1914年为约法会议议员、参政院参政,天津《国权报》主笔。1916年6月任安福国会众议院议员。1920年调署河南省省长。1922年任北京国民政府大总统府顾问。1924年任段祺瑞执政的善后委员会委员。1926年经办《狂风》杂志。1929年"中东路事件"后,任赴苏谈判代表团秘书长。1934年任安徽省政府秘书长。1939年因拒绝任伪职,在天津绝食而死。著有《苏俄考察记》《苏联五年计划奋斗成功史》《空海文集》《采风录》《治豫刍言》等。

姚粟若(1878—1939)。粟若名礼修,广东番禺人。早年追随孙中山革命,在日本参加同盟会的第一次会议。祖先世代有画名,承家学,七岁即能画,兼工篆隶幕印。

余舒(1878—1939)。舒字苍一,别号沙园、沙园居士,四川成都人。1903年中举,1905年赴日留学,加入同盟会。1908年回国,投身反清革命活动。1912年任重庆府中学校长。1918年回川后任督军署秘书长。后弃政从教,先后任教于成都商等师范学校、成都师范大学、成都大学、四川大学、华西大学等,历时20年之久。博通群经,尤长于训诂考据之学。又潜心佛学,1924年后长斋持素,以深研《唯识论》闻名于世。擅书,尤长于魏碑。

王保譿(1880—1939)。保譿号慧言,江苏太仓人。其家累世有藏书甚富,多收藏地方先贤文献,稿本特多。并能刻书。曾辑《太原贤媛事略续辑》,编校王原祁撰《王司农题画录》2卷,和赵诒琛同辑《百部丛书集成·甲戌丛编》和《百部丛书集成·乙亥丛编》等文献。

林资修(1880—1939)。资修又名林进,字幼春,号南强、老秋等,台湾台中人。1918年底创立台湾文社,翌年创刊《台湾文艺丛志》。1921年7月则与林献堂共同筹组台湾文化协会,主要目的在宣扬台湾民族运动兼文化启蒙。1923年2月与蒋渭水、蔡培火共组台湾议会期成同盟会,同年因治警事件遭判刑三个月。出狱后,辞退所有官方官职,曾任台湾民众党顾问。民众党解散后,即隐居雾峰。擅长诗作,与丘逢甲、连横并称台湾三大诗人。著有《南强诗集》。

谢英伯(1882—1939)。英伯原名华国,号抱香居士,广东嘉应人。早年考进香港皇仁书院,接受西洋教育。1902年任《亚洲日报》总编辑,奋笔评论时政,倡导女权。1901年与黄晦闻等人在广州河南龙溪首约创办群学书社,搜集书籍及中外报刊,设立群众阅书报处,并设编辑、辩论、体育三部。1904年又主办《开智日报》。1905年创办南武学堂,任校长。1906年后,先后任教于梧州中华学堂、香港安怀女学校、圣约翰学校、保罗书院、檀香山华文学堂等校。1907年在香港加入同盟会,并任香港支部主盟人。1910年2月参加广州新军起义的筹划工作。1912年4月任广东都督胡汉民的高级顾问。1913年7月在广州主办《讨袁日报》,猛烈抨击袁世凯。9月"二次革命"失败后,逃亡美洲。路经日本时,加盟中华革命党,再次受孙中山之命任美洲中华革命党组织员。1917年被任命为大元帅府秘书。1920年在广州主办《广州日报》《互助日报》。1923年任中国红十字会广州市分会会长。1927年任海员工会清党委员。1928年创办广州黄花考古学院,出版《考古杂志》创刊号。又在广州创设中国新闻学院,任院长。1932年7月主办《三民日报》。1936年出任广东省高等首席检察官。著有《人海航程》《中国古玉时代文化史纲》等。

黄蓟(1883—1939)。蓟字毅先,别字逸庵,号菊轩,广西临桂人。1897年就读于广仁学堂,常到"圣学会"听康有为讲学。1899年入体用学堂。1903年毕业后,与同学扈轸、秦焰、廖延素等创办"桂林公学"。旋被两广学务公所派往南洋爪哇巴达维亚城任中华学堂教员。1904年参加兴中会,次年秋转入同盟会。1907年回到桂林,掌管桂林公学教务。次年,兼任《桂林报》编辑。同时创办"通俗教育阅报社"。1910年8月参加创办桂林同盟会机关报《南报》(后改名《南风报》)。1912年任国民党广西支部总干事,兼办桂林《民报》。1915年任桂林模范小学校长。1917年投身军界,历任广东陆军第六军军部秘书长、参谋长,广西省公署秘书兼军务处军需课课长、广西讨贼军总指挥部顾问、广西陆军第二军总指挥部军需科科长兼梧州印花烟酒局局长、国民革命军第七军驻梧州办事处主任兼禁烟督察局局长。1927年任广西省政府委员兼财政厅厅长。1930年任广西第一方面军战时政治委员会委员兼财政处处长。次年复任广西省政府委员兼财政厅厅长,并兼国民政府财政部广西特派员公署特派员。1934年兼任省政府秘书长。次年5月改兼广西银行董事长。1936年改任广西银行行长。1937年参加湘桂铁路筹建工作。铁路竣工后,任湘桂铁路管理局监事会监事。擅长书画。著有《逸庵存稿》约70余万字,抗日战争时毁于战火。

沈知方(1883—1939)。知方字芝芳,别署粹芬阁主人,浙江绍兴人。早年入绍兴奎照楼书坊学徒,后为商务利群书局职员,后任商务营业所所长。1912年与陆费逵等共创中华书局,并担任副经理。1917年离开中华书局,另办广文书局。1921年创办世界书局股份有限公司,任总经理。1927年后,聘请徐蔚南编辑《ABC丛书》《生活丛书》,请陶行知主编《工人课本》,书局业务逐步扩大,遂创办世界商业储蓄银行,自任董事兼行长。平生雅好收藏,先后收藏有徐友兰"铸学斋""述史楼"、玉栋"读易楼"、卢址"抱经楼"等家旧藏,建有藏书楼为"粹芬阁",并编撰有《粹芬阁珍藏善本书目》。

吴梅(1884—1939)。梅字瞿安,号霜厓,别署癯安、逋飞、厓叟等,江苏长洲人。1895年师从荥阳潘霞客习举业。1905年经黄摩西介绍,至东吴大学堂任教习。1909年8月赴开封,任河道曹载安幕。同年加入南社。1910年2月回苏州,任存古学堂检察官。1912年应聘执教南京第四师范。次年赴上海民立中学任教。1917年9月应北京大学聘,讲授古乐曲。1921年应邀参加苏州道和曲社。1922年应聘南京东南大学,主讲词曲,并任国文系国学研究会指导员。1926 年参与该校"潜社"，专门研究词学。1927 年 9 月应聘广州中山大学，因生活不适应，年底返回苏州。1928 年在上海光华大学任教。1933 年在金陵大学任教授。1938 年应中央大学电召，抵达云南昆明。1939 年 3 月 17 日病逝。弟子有王玉章、任中敏、唐圭璋、王焕镳、钱绍箕、王起、汪经昌、赵万里、常任侠、游寿、潘承弼、陆维钊、胡士莹等。著有《顾曲麈谈》《曲学通论》《词学通论》《中国戏曲概论》《元剧研究》《南北词谱》《霜崖曲录》《霜崖诗录》《霜崖词录》等。辑有《奢摩他室曲丛》一、二集和《古今名剧选》《曲选》等。

　　按：王卫民说："（吴梅）一生主要从事于戏曲创作、研究和教学工作，同时在戏曲的其他方面也作出了突出贡献。制曲方面，他一生创作了十四个剧本，为当时人们最推崇的一位传奇杂剧作家。曲律研究方面，他继承王骥德、李渔等前人的研究成果，结合自己的艺术实践，全面而系统地论述了制、谱、唱、演的艺术规律，为曲之成学奠定了基础。曲史研究方面，他上自宋元，下至明清，通盘考察了中国戏曲的发展、变化、流派，并对历代作家作品加以评价，为当时与王国维齐名的曲史大家。藏曲方面，他南北搜索，晨抄冥写，收集了大量孤本珍本，为当时首屈一指的藏曲大家。校曲方面，他校订曲本一百五十余种.选择之精，校订之善，远迈于臧晋叔《元曲选》和毛晋《六十种曲》。谱曲方面，他为许多传奇杂剧打了声情并茂、宜唱美听的歌谱，使一些案头名剧在舞台上焕发青春，为当时的谱曲大家。唱曲方面，他继承昆曲正规，言传身教，带动并培养了一批昆剧演员和业余爱好者，为昆剧的振兴贡献了毕生力量。教学方面，他率先把戏曲搬到大学讲堂.南北任教二十余年，培养了一大批词曲专家，有力地推动了古代戏曲研究和教学工作。另外，他在词学研究和创作方面也有很深的功力，是一位著名的词学专家。"（王卫民《吴梅评传·前言》，河北教育出版社 2002 年版）

　　吴承仕（1884—1939）。承仕字絸斋，又作检斋，号展成，笔名少白等，安徽歙县人。1902 年中举人。1907 年在清廷举行的举贡会考中以一等第一名被录取，点为大理院主事，负责掌管典籍簿册。1912 年 1 月任临时政府司法部金事。曾受业于章太炎门下，研究文字、音韵、训诂之学及经学。与黄侃、钱玄同并称章门三大弟子。1924 年退出仕途后，曾在北京大学、东北大学、民国大学、中国大学任教。在北京师范大学国文系任教授、系主任多年。1934 年创办《文史》刊物，由齐燕铭协助编辑。《文史》停刊后，又出资创办《盍旦》刊物，由张致祥主编。1935 年与杨秀峰、许德珩、张申府、刘清扬等组成北平教育界抗日救国会和华北各界救国会。1936 年加入中国共产党。同年与张友渔、黄松龄、杨秀峰等筹办《时代文化》杂志。1937 年与张申府、杨秀峰等成立新启蒙学会，起草《新启蒙学会宣言》。1938 年拒任伪北平师范大学校长。1939 年 9 月 21 日病逝于北京。1940 年 4 月 16 日延安各界为他举行追悼大会，周恩来等题挽词。著有《经学通论》《经典释文撰述时代考》《周易提要》《淮南旧注校理》《六书条例》《尚书三考》《尚书今古文说》《三礼名物略例》《论语老彭考》《公羊徐疏考》《蜀石经考异叙录》《说文韵表》《说文讲疏》《从说文研究中所认识的货币形态及其他》《从说文研究中所认识的交换形态之史的发展》《读说文随笔》《国故概要》《论衡校释》《小学要略》《说桃》《语言文字之演进过程与社会意识形态》《释车》及《丧服变除表》《丧服要略》《文言与白话间的量和质》《论古今文上章太炎先生书》等专著和论文。

　　按：庄华峰《吴承仕学术成就述论》说："吴承仕与黄季刚同是章太炎的得意门生，三十年代曾以'南黄北吴'并称于世。黄季刚继承了章太炎的'小学'，竭尽整理提高之功，为旧的文字训诂学走上现代科学的道路创造了极为有利的条件。吴承仕超越章、黄之处，是他在晚年能够以辩证唯物论和历史唯物论观点重新研究经学和中国古代历史，成为我国第一位用马克思列宁主义作指导从事经学研究的学者。"（《学术界》1989 年第 4 期）

　　钱玄同（1887—1939）。玄同原名夏，字中季，少号德潜，后改掇献，又号疑古，自称"疑古玄同",浙江吴兴人。1905年入上海南洋中学。1906年随兄赴日本留学,入早稻田大学师范预科,学习日语和教育学。在日本拜见章太炎于《民报》社,章太炎介绍他加入同盟会,同时听章太炎讲文学音韵学,开始致力于文字学、音韵学、训诂学等研究。1907年与鲁迅、周作人、朱希祖等人在东京组织国学进习社。1910年回国,先后在浙江嘉兴、海宁、湖州等中学任国文教员。曾经友人介绍,向崔适请业。1913年随兄到北京,任国立北京高等师范学校附中国文教员。从1916年起改任北京高等师范学校和北京大学教授。1917年积极参加陈独秀等人发起的革新文学,提倡白话文的新文化运动。7月在《新青年》发表《论应用文亟待改良》的信。建议采用阿拉伯数字、以公元纪年、改文字横排加西式标点等。1918年与刘半农轮流编辑《新青年》时,化名王敬轩写信给《新青年》,提出旧派的各种观点,再由刘半农作《奉答王敬轩先生》从正面逐条批驳,这场双簧戏,不仅扩大了刊物本身的影响,也为新文化运动作了宣传。1919年4月任国语统一筹备会委员兼常驻干事,会议通过了由他与刘半农等提出的《国语统一进行方法案》。1920年在国语讲习所主讲国音沿革。1921年发表《论近人辨伪见解书》《论今古文经学及〈辨伪丛书〉书》《论编纂经部辨伪文字书》等文章,主张对古史和古书进行怀疑和辨伪,开古史辨运动之先河。1922年在《国语月刊》上发表《汉字革命》,说明汉字革命的必要性,主张改用拼音。1923年任北京师范大学教授,同时继续参加国语改革工作,担任国语罗马字拼音研究委员会和增修国音字典委员会委员。1924年与人合作创办语丝社。1925年与黎锦熙一起在《京报》附设的《国语》周刊上向小学恢复读经的逆流作战,有力维护国语运动。9月参与刘半农发动的语音学者团体"数人会"。1928年任北京师范大学国文系主任。同时任中国大辞典编纂处国音大辞典股主任。1929年主持编纂《国音常用字汇》。1932年大辞典的编纂开始,与黎锦熙分任总编纂。1935年任国语推行委员会委员兼常委,受教育部委托起草"简体字谱"。1936年与北平各大学教授共同发表宣言,反对政府与日本帝国主义签订"塘沽""何梅"等协定。1937年北师大迁往西安,他因病留在北平,完成编校《刘申叔先生遗书》的工作。1939年1月17日因脑出血在北平逝世。著有《国音沿革六讲》《文字学音篇》《说文部首今读表》《说文音符今读表》《中国文字学说略》等。黎锦熙有《钱玄同先生传》。曹述敬编有《钱玄同年谱》。

按:魏继洲说:"钱玄同以偏激的姿态向旧文学发起挑战,因而并不十分在意于学理规范。他以'妖孽''谬种'为选学、桐城文派命名.生动形象的类比明显缺少学理探究的平正宽容。他与刘半农合作发表'双簧信',固然壮大了新文学的声势,但是炒作既已游离于文学发展的正途,而虚构新旧文学阵营的人身攻击与人格侮辱更是有悖于正常的学理论争。他以语言学家的眼光审视文言与白话之争及其在文体领域的连锁反应,所建立的视角是独特而富有价值的,但是过分倚重语言进化论而对汉语变迁的定性描述显然是粗疏的。他率先以随感录的写作向桐城派所代表的古文传统发起挑战,此后也多有杂感见面报端,但是信马由缰的写作方式,再加上对散文体式规范的有意拒绝,使他的杂感最终未能汇入'五四'散文写作的主流之中,甚而至于被文学史的尘埃遮蔽,几近不为人知。……进而言之,钱玄同以语言学家参与新文学运动其偏激的介入却涉及了文学革命的多种角度与多种知识呈现。主要包括:其一,文学思想传播层面:在对胡适、陈独秀的响应中,他提出'白话体文学说''选学妖孽,桐城谬种'明确了文学革命的目标与对象,而'双簧信'在宣传文学革命主张的同时,则预设了文学革命的基本方式。尽管不是文学革命的首倡者,他所发挥的实际作用却是胡适、陈独秀不能取代的。其二,文体形式实验层面:他从'致用'出发提出'应用文改良十三事',他把文学新变与应用问题相关联,推动了《新青年》采用新式标点符号和横行排版,尤其是从语言变革的流程中就诗歌、小说与戏剧的文体价值重心与发展方向发表了不少个人心得。其三,语言文字革新层面:他深入研究言说、书写与意义的关联,鲜明地指出汉语汉文与封建纲常名教互为表里的同构关系,在对'言文一致'的重新审视中详细探讨理想的文学语言的要旨,为重建全新的文学叙事话语规范进行了许多切实的探索。其四,文学创作实践层面:他参与新文学运动的最着力处在语言文字,他的杂感写作之所以值得注意,是因为他以语言文字之用为基础对桐城义法表示了大胆反叛,为现代散文实践迈出超越传统的第一步作出了贡献。"(魏继洲《丰富的偏激:论五四新文学运动中的钱玄同》,中国社会科学出版社2013年版)

　　熊得山(1891—1939)。得山原名熊学峻,字子奇,又字德山,湖北江陵人。先后加入共进会和同盟会。曾赴日留学,肄业于明治大学。1909年回国。辛亥革命爆发后任北方革命总司令部指挥处秘书长。五四运动后接受马克思主义理论,与胡鄂公等在北京组织马克思主义研究会(又称中国共产党同志会)。在天津任《大中华日报》编辑。1922年创刊《今日》,自任主编。其后回乡,任武昌《商大周刊》主编、武昌法科及中山大学教授。1929年与邓初民等人创办昆仑书店于上海,次年加入中国社会科学家联盟和中国互济会。1932年任教广西大学。著有《中国社会史研究》《社会问题》《中国革命的出路》,译有《物观经济学史》《欧洲经济通史》及《西方美术东渐史》等。

　　常惺法师(1896—1939)。常惺俗家姓朱,法名寂祥,字常惺,嗣法于泰县光孝寺安培和尚,法脉名优祥,自署雉水沙门,江苏如皋人。1912年于如皋省立师范学校毕业。1913年考入月霞法师在上海创设的华严大学,与慈舟、智光、霭亭、了尘、戒尘、持松等是同学。1917年往宁波四明山观宗寺依止谛闲法师,学习天台教观,得谛闲法师器重。1919年应持松法师之聘,赴常熟虞山兴福寺法界学院任教。1922年应安庆迎江寺住持竺庵长老之聘,任迎江寺"安徽僧学校"校长。1924年离开迎江寺,回到江苏泰县,成为泰县光孝寺住持培安和尚的法子。是年7月,以江苏代表的身份参加太虚法师在庐山风林寺召开世界佛教联合会议。1925年任厦门南普陀寺的闽南佛学院副院长。1927年辞去闽院教职,应云南护法居士王九龄之邀,到昆明讲经。1929年到杭州昭庆寺僧师范讲习所主持教务,为僧教培养师资人才。1930年到北京任柏林教理院院长。1931年任泰县光孝寺住持,在寺中创设光孝佛学研究社。1936年辞南普陀寺住持及佛学院长职。著有《佛学概论》《常惺法师集》。

　　李毅韬(1897—1939)。毅韬,女,河北盐山人。17岁时全家迁居天津,考入直隶女师。加入觉悟社。1919年五四运动爆发,直隶女师的郭隆真、刘清扬、邓颖超等联合天津其他女校学生组织天津女界爱国同志会,推选刘清扬为会长、李毅韬为副会长。1922年与觉悟社成员谌小岑成婚。1923年夫妻二人到天津与邓颖超等共同发起成立女星社,出版《女星》旬刊,创办女星成年妇女补习学校。1924年元旦又协同刘清扬、邓颖超等出版《妇女日报》,任总编辑。七七事变发生后,积极参加抗日救亡工作。

　　俞秀松(1899—1939)。秀松字柏青,又名寿松、纳利马诺夫,化名王寿成、余寅初,自称长山道人,浙江诸暨人。1916年考入杭州浙江省立第一师范学校,经常阅读传播新思想、新文化的书刊,为学生领导骨干之一。1919年"五四"运动中,与宣中华等领导杭州中等以上学校学生罢课、游行。8月参加筹办《双十》周刊,后改为《浙江新潮》。年底与同学施存统等去北京参加工读互助团,在北京大学第一学院哲学系旁听李大钊等讲课。9年3月经李大钊介绍到上海陈望道等主持的《星期评论》社工作。5月参加中国共产党上海发起组,受陈独秀委托,负责组织上海社会主义青年团,任书记。兼任上海外国语学社秘书,并攻读俄文。1921年3月受少年共产国际邀请,赴苏联参加少共国际第二次代表大会,并联系中国共产党选送留学生事宜。会后入莫斯科东方大学学习。1922年1月参加远东各国共产党及民族革命团体第一次代表大会。3月回到上海,从事工人运动与青年工作。1924年4月任国民党浙江省临时党部执行委员。1925年10月任留学生领队赴莫斯科,先进莫斯科中山大学学习,并被选为该校中共旅莫斯科支部委员。后到列宁学院学习和任教。1933年被派到苏联远东伯力工作,任《工人之路》副总编。1935年6月受共产国际指派回新疆工作,担任新疆民众反帝联合总会秘书长,此后任新疆学院院长、省立一中校长、督办公署边防处政训处副处长、航空学校和军官学校政治教官等职,并主编《反帝战线》。1937年12月被王明、康生等诬陷为"托派分子",假盛世才之手,以"阴谋暴动案"的莫须有罪名逮捕入狱。1938年6月25日转押去苏联,其后在"肃反"扩大化中被苏联最高法院军事委员会错判死刑,1939年2月21日被害。1962年被中共中央追认为革命烈士。

王礼锡(1901—1939)。礼锡原名王庶三,江西安福人。1917年秋考入江西省第七师范学校。1922年初因领导吉安地区青年学生反封建、反军阀的爱国运动和要求改革教育而被第七师范开除。后由同乡李松风介绍转入抚州三师,毕业后考入江西南昌心远大学。1925年5月离校谋职,先后做过报馆记者、编辑、中小学教员,编过《绿波》《青年呼声》《新时代》等进步刊物。1927年1月16日被国民党江西省党部第三届执行委员会第一次会议推为农民部部长,负责江西的农民运动。1928年初抵上海,参加《中央日报》编辑工作,又在田汉主持的南国艺术学院任教。1929年在上海组织神州国光社。1930年去日本,开始编印《读书杂志》。1931年回沪,参与神州国光社倡导的中国社会史讨论。1933年3月与陆晶清被迫流亡欧洲。五年旅欧期间,积极进行对外文化交流,以 Shelley Wang 笔名,发表诗作,闻名于欧洲,被欧洲文坛誉为"东方的雪莱"。抗战爆发后,在英国参加组织全英援华会,任副会长。1936年9月作为英国伦敦华侨抗日救国会的代表出席世界和平运动大会,并担任中国代表团秘书,与陈铭枢、陶行知、胡秋原参加大会主席团。1937年任"全英援华运动委员会"副会长。1938年回国。1939年6月重庆"文协"派出作家战地访问团,任团长。同年8月26日因病逝世。著有《市声集》《风怀集》《流亡集》《困学集》《去国草》《海外杂笔》《海外二笔》《李长吉评传》《读书生活文选》等。

尚仲衣(1902—1939)。仲衣,河南罗山人。1924年清华学校毕业赴美留学。回国后曾任中央大学、浙江省立民众教育实验学校、勷勤大学、广西大学教授兼中山纪念学校校长,中山大学教育研究所主任。1933年至1936年,任北大文学院教育系教授,与许德珩同为北大"一·二九学生运动"同北平学联联系的2位负责人之一。1939年初转赴香港从事抗日救亡活动,中途因车祸不幸逝世,年仅37岁。译著有《普遍教育学》等。著有《尚仲衣遗著全集》。

妙舟法师(1903—1939)。妙舟俗姓金氏,浙江瑞安人。毕业于厦门大学,获硕士学位。曾在大夏大学、暨南大学等校任教。后于沪上龙华寺出家,至1939年间主持中海万善殿。1934年撰成《蒙藏佛教史》2卷。其后打算续撰清代佛教史,积稿盈尺,惜有志未遂,于1939年12月25日圆寂于万善殿。

蔡威廉(1904—1939)。威廉,祖籍浙江绍兴,生于上海。其母黄仲玉是蔡元培的第二位夫人。1913年9月随父蔡元培从上海赴法国,被送入巴黎当地的教会学校读书。1916年冬随父母亲回国,入北京孔德学校念书,成为该校首届毕业生。1923年又随父母前往比利时,进入布鲁塞尔美术学院学习绘画。后接受父亲的建议,再次前往法国,就读于里昂美术专科学校,专习油画。1928年回国,被聘为国立杭州艺专西画教授。次年与同在该校任教的青年画家林文铮结婚。1937年"七七"事变后,随国立艺专迁移到云南昆明。1938年杭州艺专与国立北平艺专合并后,因校方内部发生矛盾,被迫离开学校。次年 5 月因难产得病而死。沈从文是年 6 月写有《忆蔡威廉女士》一文。蔡元培 7 月 13 日作《哀长女威廉》一文。曾有大型油画《秋瑾绍兴就义图》等作品传世。代表作品有《音乐家李树化像》《丁玲像》《农民肖像》等。

叶紫(1912—1939)。紫原名余鹤林,湖南益阳人。早年参加农民运动的宣传工作。1933 年加入中国共产党,组织无名文艺社,出版《无名文艺旬刊》,任主编,后改出《无名文艺月刊》。著有中篇小说《星》、短篇小说《山村一夜》《丰收》等。

沈安之(—1958)、蒋筑英(—1982)、林英明(—1987)、郭在贻(—1989)、杨沙(—1990)、周思聪(—1996)、方起东(—2005)、马世长(—2013)、杨宝成(—2014)、余恕诚(—2014)、张笑天(—2016)生。

六、学术评述

本年度是抗日战争全面爆发的第三年,也是从战略防御阶段(1937 年 7 月至 1938 年 10 月)走向战略相持阶段(1938 年 10 月至 1943 年 7 月)的第二年,实际上是战略相持阶段真正开端之年。在国际方面:9 月 1 日,德国进攻波兰,欧战爆发。3 日,英、法对德宣战,第二次世界大战全面爆发。至此,抗战成为第二次世界大战的重要组成部分。从国内战局变化来看,日军处于继续进攻态势之中,但攻势明显减弱:3 月 17 日,"南昌会战"开始,5 月 9 日结束,为中国军队在江西南昌抵御日本侵略军的有限攻势的会战,也是抗日战争进入相持阶段以后的首次大战。5 月 1 日,"随(县)枣(阳)会战"开始,至 24 日结束,中国军队先后收复枣阳、桐柏等地。9 月 14 日,第一次"长沙会战"开始,至 10 月 14 日结束,是在欧洲爆发第二次世界大战后日军对中国正面战场的第一次大攻势。11 月 15 日,"桂南会战"开始,旨在抵抗日军打击中国国际交通线并威胁西南大后方,取得昆仑关大捷。

值此抗战转入战略相持阶段之际,国共分合和战争交织着更多的矛盾冲突。与国共分合和战争相关联,国民党当局在教育文化尤其是文化政策方面有所变化,抗战初期有所松动的局面渐趋严峻。1 月 3 日,中央文化驿站在重庆成立,为国民党书刊发运机构。24 日,《申报》载,《战时图书杂志原稿审查办法》由中常会会议修正通过公布。2 月 23 日,国民党中央图书杂志审查委员会报送《防范沦陷区及敌国反动书刊流入内地办法》致教育部呈。3 月 3 日,国民党中央图书杂志审查委员会搜查重庆生活书店,以"未经审查合格"为由,搜去库存图书 7000 余册。15 日,中央图书杂志审查委员会第 11 次会议通过《防范沦陷区及敌国反动书刊流入内地办法》。4 月 20 日,国民党第五届中央委员会第 119 次常务会议分别通过修正的《印刷所承印未送审图书杂志原稿取缔办法》及《检查书店发售违禁出版品办法草案》。5 月 4 日,国民党第五届中央委员会第 120 次常务会议修正《图书杂志查禁解禁暂行办法》。26 日,国民政府军事委员会拟定并由行政院训令通行《战时新闻检查办法》。6 月,国民党军事委员会战时新闻检查局成立,随后又在各地成立相应的新闻检查机构,同时制定《战时新闻禁载标准》《战时新闻检查标准》《战时图书杂志原稿审查办法》《战时新闻违检惩罚办法》以及战时新闻检查局的《组织大纲》《服务规则》《办事细则》《审查室规则》等一系列新闻检查法规。7 月 19 日,中央图书杂志审查委员会根据国民党中央宣传部的要求制定了《抗战时期宣传名词正误表》,对原稿中出现的某些名词和词汇进行"修正"。26 日,国民政府社会部批准中央图书杂志审查委员会制定的《各党派言论研究办法》备案施行。9 月 21 日，重庆市图书杂志审查委员会奉中央图书杂志审查委员会训令：检查工作时，"应注意秘密印刷地址，提取违法印件，随时报核"。该会决定："全体职员从事侦查"，并密函"各军警宪及有关机关协同侦查"。12 月 9 日，国民政府军事委员会指令核准施行《战时新闻违检惩罚办法》，遇有各报社稿件未经检查先行发表及不遵照删改刊载等违检情事，除出版法另有规定者外，要皆依该办法处理。而在教育政策与导向方面，则主要有：1 月 10—13 日，教育部在重庆召开社会教育讨论会。讨论的议案有：确定中国社会教育制度系统案、充实各级社会教育机构案、加紧推行战时民众补习教育案等。2 月，国民参政会第三次大会通过几项有关教育方面的决议。其中包括：逐年增加义务教育经费案；动员全国知识分子扫除文盲案；急救沦陷区青年案；高中文理分科案。3 月 1—9 日，第三次全国教育会议在重庆开幕，会议议决通过许多改进教育的方案，并决定在专科以上学校设立训导处，推行训导制。5 月 11 日，教育部颁布《各级学校社会教育推行委员会组织纲要》10 条。15 日，国民政府教育部发出代电：各级学校校训，经中国国民党蒋总裁建议规定为"礼义廉耻"4 字，兹颁发遵照悬挂。16 日，教育部颁发《大学行政组织要点》12 项。同日，教育部颁发《独立学院及专科学校行政组织要点》12 项。17 日，教育部颁布《师范学院、教育学院、师范学校及民众教育馆辅导中等以下学校兼办社会教育办法》和《各级学校兼办社会教育经费支给办法》。23 日，教育部组织成立战区教育指导委员会。划分全国沦陷区为 70 个指导区，每区设置专员负责办理。5 月 31 日，教育部颁布《各省市县各级学校兼办社会教育考核办法》和《社会教育机关协助各级学校兼办社会教育办法》。同日，国民政府教育部训令规定每年 8 月 27 日孔子诞辰为教师节，原有的"六六"教师节自本年起废止。同月，教育部改组边疆教育问题讨论会为边疆教育委员会。6 月 2 日，教育部函驻外使馆检送《修正抗战期间国外留学生救济办法》11 条。21 日，教育部颁发《抗战教育注意事项》14 条。7 月 13 日，教育部公布《切实推进导师制办法》6 条。22 日，教育部颁发《全国青年实施国民精神总动员具体办法》。同月，教育部制定并公布《学术审议委员会章程》，成立学术审议委员会，作为全国最高学术审议机关。8 月 2 日，教育部组织西南边疆教育考查团赴川南、云南、广西、贵州等地考查教育、社会、自然等方面情况，历时 8 个月。8 月 8 日，教育部令国立西北联合大学改为国立西北大学，原师范学院和医学院独立设置，分别为国立西北师范学院和国立西北医学院。9 日，教育部公布《发动全国知识分子办理民众教育行办法》11 条。28 日，教育部订颁《大学理工学院与经济交通及军备工厂合作办法》6 条。9 月 4 日，教育部公布《大学及独立学院各学系名称》。9 日，教育部令发《国民精神总动员纲领》，要求教科书编委会在国文、公民课本中增入有关"总动员"的内容。18 日，教育部令发《抗战时期文化团体指导工作纲要》。20 日，教育部颁布《文化团体组织大纲》，社会部颁布《抗战时期文化团体指导工作纲要》。9 月 25 日，教育部颁布《训育纲要》，对训育之意义、道德概念、训育之目标及实施方法有详尽阐述与规定。11 月 4 日，教育部公布《图书馆辅导各地社会教育机关图书教育办法大纲》15 条。是年，省立广西大学改为国立广西大学。以上文化教育政策与导向对于本年度的学术产生了广泛而深刻的影响。

就学术版图结构而论，国内依然划分为国统区、解放区与沦陷区三大区域五大板块，重庆、昆明、延安三大轴心依然构成西南——西北学术纵轴线。

首先是国统区。先就重庆轴心观之，本应成为重庆轴心大本营的中央研究院趋于空心化状态,蔡元培仍在香港养病,但中央研究院总办事处仍在重庆。3月13日,因抗战内迁,中央研究院首届评议会第四次年会延期在昆明云南大学举行,蔡元培因病无法出席会议,临时推举王世杰为主席。蔡元培特撰寄开会词一篇,委托评议会秘书翁文灏代为宣读。会议形成4项决议,包括中央研究院应在西南各省设置永久研究机关,使学术平衡发展,"而利内地之开发";理化工程研究所应与政府及社会事业机关密切合作,"以增加效能";联络国内各研究机关,拟定战时工作计划;由中央研究院发起,会同教育部、经济部检讨全国科研方针及分工合作办法。会议决定推举朱家骅、王世杰、傅斯年、陶孟和、叶企孙、任鸿隽、翁文灏等7人组织第二届评议会选举筹备委员会。蔡元培的另一重要活动是4月22日主持中华教育文化基金董事会假香港九龙半岛酒店举行的第十五次董事年会,副董事长孟禄、周诒春,董事贝克、顾临、金绍基、司徒雷登、施肇基、翁文灏、任鸿隽出席;列席者有干事长孙洪芬,列席旁听者有外交部代表戴德抚、美国驻华大使馆代表方勒斯。会议通过1939年度关于燕京、金陵、中山、云南、辅仁等大学等各教育文化机关的补助费。居于重庆轴心的学术领袖继郭沫若、马寅初之后,又增加了顾颉刚、钱穆等。郭沫若随国民党军委会政治部第三厅撤退到重庆,大部分驻赖家桥。1月1日,第三厅在重庆正式开始办公,郭沫若闪亮登场于重庆学术文化大舞台。马寅初2月26日在重庆《国民公报》发表《统制物价政策中之最高价与最低价》。作者以高度的责任心与敏感性看到国内出现发战争财的苗头,并针对性地提出预警。9月,顾颉刚离开昆明赴成都就任齐鲁大学国学研究所主任,计划集中精力整理廿四史。钱穆6月撰成《国史大纲》,适昆明方屡遭空袭,乃于暑假携稿去香港交商务印书馆付印。离昆明前,应顾颉刚之约,任流亡成都的齐鲁大学国学研究所教授,并负责编辑《齐鲁学报》。后《国史大纲》一经出版,迅速风行天下。重庆轴心的大本营在大学,包括外迁的中央大学、复旦大学以及本土的四川大学、重庆大学等构成的战时大学群。罗家伦仍为中央大学校长,继续以《新民族》为阵地发表系列时事与学术论文,其中5月1日在《新民族》第4卷第2期发表的《纪念"五四"》即是一篇重评"五四"的重要论文。王星拱继续任武汉大学校长。3月3日,武大第351次校评议会议决:校训校歌迭奉部令饬拟呈报应如何办理案,推定徐天闵、刘博平、朱光潜教授组织校歌撰拟委员会,由徐天闵教授召集,表明西迁高校至此进入精神建设层面。11月22日,王星拱校长聘朱光潜为教务长、高翰为文学院院长、刘秉麟为法学院院长、桂质廷为理学院院长、邵逸周为工院院长。是年以后,武汉大学陆续增聘了近百名教授,可谓人才济济。马一浮应弟子寿景伟、刘百闵等建议,在四川乐山创办"复性书院",任院长兼主讲。9月15日,书院正式开学。马一浮服膺宋代理学,强调理学在儒学体系中的重要性,力图采取书院这一中国古代的讲学场所,意在通过聚众论学,恢复古人修身与治学合一的传统,通过这样的方式来"养士",培养知识分子高尚的人格。是夏,熊十力有嘉州(乐山)之行,应马一浮聘,任教于复性书院,主讲宋明理学。9月17日,熊十力作《复性书院开讲示诸生》,在书院规制及用人等问题上,与马一浮有点意见不合,约于10月中下旬离开复性书院。后来的办学实践证明:马一浮"复性书院"此路不通。再就交织于政界、文艺界与学术界的学术活动而言,一是以中共中央南方局为中心、周恩来与董必武领导的中共以及左翼文人学者群体。除了南方局机关之外,左翼文人学者群体大致由以下三个方面组成:其一是郭沫若领导的第三厅,主要有阳翰笙、田汉、冯乃超等。其二是以老舍、胡风、罗烽、姚蓬子、王礼锡等为主体的"文协"系统。其三是王昆仑、侯外庐等负责的中苏文化协会。二是以黄炎培、张澜为领袖的民主人士学术群体。其中最为重要的是在酝酿政党组织方面迈出了重要一步。11月23日,"统一建国同志会"举行成立会。参加这次会议的有国家社会党(罗隆基)、青年党(曾琦、李璜、左舜生等)、第三党(章伯钧等)、救国会(沈钧儒、邹韬奋、张申府、章乃器等)、中华职教社(黄炎培等)、乡村建设派(梁漱溟)。该会"以巩固统一积极建国为帜志",其宗旨为集合各方热心国是之上层人士,共同探讨国是政策,以求意见之一致,促成行动之团结。会议通过了《统一建国同志会信约》和《统一建国同志会简章》。三是任职于国民党党务、政府以及学术文化机构的文人学者群体。3月,国民党第五届中央执行委员会第五次全体会议期间,张继、吴稚晖、邹鲁、王用宾、焦易堂、丁惟汾、程天放、夏斗寅、茅祖权、覃振、方觉慧、梁寒操、王子壮等13人提交《请建立总档案库筹设国史馆议》,获原则通过。11月,国民党中央执委会第6次全体会议决议原党史编纂委员会改为国史编纂委员会,并设国史馆筹备处。12月25日,国民政府正式设立国史馆筹备委员会,以张继为主任委员、邹鲁等6人为委员。

在国统区的昆明轴心中,重中之重依然是西南联大。蒋梦麟、梅贻琦、张伯苓继续任西南联大常委会常委,梅贻琦继续任联大常务委员会轮值主席,张伯苓的重心已转向重庆。6月21日下午4时,梅贻琦主持召开清华大学迁昆明后第二次聘任委员会会议。会议通过了1939年度清华续聘各系、所教授、副教授、专任讲师名单,其文学院各系如下:中国文学系:教授:朱自清、陈寅恪(与历史系合聘)、刘文典、闻一多、王力、浦江清;外国语文系:教授:陈福田、吴可读、吴宓、温德、陈铨、吴达元、杨业治、钱钟书;专任讲师:雷夏;哲学系:教授:冯友兰、金岳霖、沈有鼎、张荫麟(与历史系合聘);历史学系:教授:刘崇鋐、噶邦福、雷海宗、王信忠、邵循正;社会学系:教授:陈达、潘光旦、李景汉。6月30日,罗庸作词,张清常作曲的西南联合大学校歌完成。7月18日,召开联大常委会第113次会议。议决:通过校歌校训委员会审定的罗庸作词、张清常作曲的校歌。歌词是:"万里长征,辞却了五朝宫阙,暂驻足衡山湘水,又成离别。绝徼移栽桢干质,九州遍洒黎元血。尽笳吹,弦诵在山城,情弥切。千秋耻,终当雪。中兴业,须人杰。便一成三户,壮怀难折。多难殷忧新国运,动心忍性希前哲。待驱除仇寇,复神京,还燕碣。"表明西南联大在新校舍落成之后更加注重内在精神层面的建设。8月23日,清华研究院恢复文科研究所,设中国文学、外国文学、历史、哲学四部。11月26日,蒋梦麟出席昆明南开校友茶话会,张伯苓发表讲话,谈起西南联大校务时称,"本人因身体关系到校时少,校务多由蒋梦麟、梅贻琦两先生偏劳,梦麟系我的老朋友,我的表给他带着(意指他是我的代表),梅贻琦与南开关系密切,所以我非常放心。"从此以后,张伯苓基本退出西南联大的校务管理。西南联大居于学术领袖地位的是依然是陈寅恪、冯友兰、汤用彤与钱穆等。此外,钱端升发起并主编的重要刊物《今日评论》1月1日在昆明正式创刊,作者大多是西南联大教授。8月,清华大学国情普查研究所成立,陈达任所长,成员有李景汉、戴世光、苏汝江等。研究所成立的目的是为政府战时及战后制定"适应国情、通盘周密统计计划与整个国策"提供社会情报。昆明轴心的另一重镇是中央研究院史语所与社会科学所,傅斯年继续任史语所所长。5月,北京大学文科研究所在昆明恢复,傅斯年任所长,原北京大学秘书长郑天挺任副所长,主持实际工作,文字组导师唐兰,文学组导师罗庸、杨振声等,哲学组导师汤用彤,史学组导师陈寅恪、姚从吾、向达、郑天挺等,语言组导师罗常培、李方桂、丁声树等,与史语所人员多有重合。中央研究院社会科学研究所所长陶孟和是年开始组织人力调查研究沦陷区工厂及其他经济文化机构迁移情况,实乃为战后索赔超前谋划。昆明轴心的第三个学术高地是云南大学。熊庆来继续任云南大学校长。1 月 25 日,行政院任命熊庆来为国立云南大学校长后,在至公堂举行宣誓典礼。3 月 24 日,《国立云南大学组织大纲》6 章 26 条业经呈准备案。4 月 3 日,熊庆来校长向《云南日报》记者谈云大近况及今后计划。10 月 11 日,《云南日报》报道,云大年来力求改进,师资设备日渐增强。本年度新聘教授计有:胡小石任文法学院院长,王伯琦博士任法律系教授,周覃被任会计学副教授,柯召博士任数学系教授兼主任,庄圻泰博士任数学系副教授,张瑞纶博士任理化系教授,丘勤宝、王敬立任土木工程系教授,石充博士任矿冶系教授,姚璧澄博士任医学院副院长兼教授,王显源博士任细菌学教授,汤惠荪先生任农学院院长,汪厥明先生为农艺系主任,张海秋先生任森林系主任。讲师亦增聘骆和笙、孔容照等多人。他们多为国内各大学服务多年之教授学者,享有盛名。上述人员均已先后到校上课。云南大学一时人才济济。顾颉刚 1—8 月任云南大学教授,兼任北平研究院史学研究所历史组主任。2 月 9 日,为《益世报》之《边疆》周刊作《中华民族是一个》,目的是"以求实现中华民族的团结,共同抵抗帝国主义的侵略"。此文刊出后,各地报纸转载甚多。此外,中山大学再迁云南澄江与张君劢在云南大理创办中国民族文化书院,也为云南增加了学术分量。

在国统区的西南区域中,仍以桂林文化城为中心。一是在文艺界,夏衍主编的《救亡日报》1 月 10 日在桂林复刊,郭沫若任社长。10 月 2 日,"文协"桂林分会举行成立大会。梁寒操主持大会,李文钊报告筹备经过,总会代表夏衍宣读总会贺电。大会通过了章程及组织文艺界战地访问团,开展通俗文艺运动、培养文艺青年、举办青年文艺奖等多种提案。大会选出理事 25 名:鲁彦、林林、夏衍、胡愈之、欧阳凡海、宋云彬、焦菊隐、艾芜、黄药眠、欧阳予倩、司马文森、周钢鸣、孟超、新波、孙陵、陈此生、陈迩冬、季平、钟敬文、孙施谊、舒群、李文钊、盛成、钟期森、梁寒操。候补理事 15 名:芦荻、杨晦、冯培澜、向培良、秋江、梁中铭、汪止豪、华嘉、陈原、莫宝铿、陈紫秋、汪子美、刘建庵、任重、金炜。此为桂林文艺界的一次大集合,从一个方面反映了桂林文化城的盛况。同月,胡愈之出任文化供应社董事和编辑部主任,将《救亡日报》救国会办的《国民公论》迁到桂林,继续出版。同月 22 日,胡愈之等进步文化工作者与广西地方人士联合发起成立文化供应社,主要出版《通俗文库》《青年新知识丛书》《少年文库》《时事问题丛刊》《世界大战丛刊》《国民教育丛书》《中国近百年史丛书》《学术丛书》等。二是在教育界,以广西大学为重镇。8 月 22 日,行政院会议议决,广西省立广西大学改为国立广西大学,并任命马君武为国立广西大学校长。此为马君武第三次出任广西大学校长,也是广西大学由省立改为国立的第一任校长。10 月 10 日,广西大学正式开学,举行马校长宣誓就职典礼。依照教育部颁布的组织要点,改订西大组织大纲,设置教务处、训导处、总务处及会计室,遴选一批教授分任各职。聘李运华为教务长,张清涟为训导长(9 月 12 日,陈立夫手谕派来),徐谷麒为总务长。除兼任院长、系主任的教授之外,文法学院新聘教授有张铁生、张志让、董维健(董之学)、漆琪生、万仲文、盛成、蔡经济等;理工学院新聘教授李四光(名誉教授)、郑建宣、雷瀚、石志清、刘光文、林炳仁、赵佩莹、余克缙、杭维翰、衷志纯、潘祖武、唐崇礼、竺良甫;农学院新聘教授有吴绍揆、吴子芳、翁德齐、余泽棠、谢孟明、汪振儒、李静涵等,教学阵营极一时之盛。三是在学术界,李任仁、陈劭先继续任广西建设研究会常务委员。为了防止国民党顽固派对广西建设研究会的干扰破坏,经李任仁等研究,《建设研究》《时论分析》两种刊物的审核工作交由另一位研究会常务委员、著名爱国民主人士陈劭先负责。3 月 15 日,《建设研究》月刊在广西桂林创刊,由广西建设研究会编辑并发行,为广西建设研究会出版的主要刊物。主要撰稿人有李宗仁、白崇禧、黄旭初、邱昌渭、林励儒、张志让、沈钧儒、姜君辰、张铁生、张先辰、张锡昌、狄超白、陈劭先、莫乃群、周钢鸣、陈此生、李任仁、万仲文、傅彬然、杨东莼、焦菊隐、欧阳予倩、邵荃麟、李济深、李四光、夏威、雷殷、谭辅之、陈雄、朱朝森、苏希洵、黄钟岳、钱实甫、苏国夫、亢真化等。该刊以建设广西，复兴中华为宗旨，重在促进民族文化，适应战时建设需要，以资提倡学术研究，鼓励著作事业。四是在新闻界，范长江与胡愈之筹建的"国际新闻社"10月20日在长沙成立。11月21日，"国际新闻社"在桂林环湖路20号成立总社，具体由八路军桂林办事处主任李克农领导。范长江任社长兼采访部主任，副社长是孟秋江，黄药眠任总编辑。范长江后因事离开桂林，社务就由孟秋江代理。后香港原有的国际新闻社（由恽逸群领导）也并入"国新社"，改为香港分社。另在重庆、金华设办事处，在国内有各地通讯站400处（多由"青记"成员负责），海外通讯站150处，形成了一个遍布海内外的通讯网。是年至次年夏，为"国新社"的全盛时期。其他值得重点关注的是，竺可桢校长继续率领浙江大学师生西迁至贵州遵义，厦门大学迁至江西省交界的山城长汀，所到之处都成为当地的学术高原。

国统区的西北区域中心依然是西北大学。8月8日，国民党政府教育部令改国立西北联合大学为国立西北大学，同时原师范学院和医学院亦独立设置，分别改为国立西北师范学院和国立西北医学院。至此，原国立西北联合大学除文理、法商两学院归属西北大学之外，其他各学院先后分别独立设校，原西北联大6院、23系的局面被肢解。国立西北联大改为西北大学之后，胡庶华为首任校长。在此后的两年任期中，基本上秉承陈立夫的意旨强化国民党和三青团对学校的统治，同时迅速对人事作了调整，张贻惠任国立西北大学教务长、刘拓任国立西北大学文学院院长、刘鸿渐任国立西北大学法商学院院长、赵学海任国立西北大学总务长、张北海继续任法商学院院长。此后西北大学办学方向与校风为之一变。曹靖华、章友江、沈志远、韩幽桐、彭迪先、黄觉非、刘及辰、李绍鹏、方铭竹、吴英荃、夏慧文等一批进步教师是春相继被解聘。在此同时，教育部又通令全国各院校，解聘的教授，他校一律不准再予聘任，激起了师生的愤怒。暑假前夕，教育部当局解聘的10多位进步教授，分别向学生讲完最后一课后，先后被迫离开西北联大，转战四川等地继续进行马列主义的宣传工作和抗日救亡工作。此外，曾昭抡任团长、朱炳海任总干事的中华自然科学社组织的西康科学考察团正式组成，团员有谢息南、王庭芳、尹钦尚、朱健人、杨衔晋、严忠、冯鸿臣等10余人，分地理气象、农林畜牧、药物、工程4组，分赴西康省东南部进行实地考察。熊德元为社长、朱允明为副社长的西北研究社2月23日在甘肃兰州成立，以"从事于西北问题之研究，以促进西北文化，开发西北富源，改善西北人民生活，增加国家民族力量"为宗旨。还有茅盾因新疆学院院长杜重远力邀，于2月前往新疆，后被盛世才扣留，茅盾设法逃离虎口，但杜重远最终被迫害致死。此外，还要说到河南大学的迁校。5月下旬，由于时局严峻，王广庆校长率领河南大学师生员工徒步北越伏牛山，经方城、叶县、宝丰、临汝、伊阳、伊川，历时10多天，行程600余里，终于抵达嵩县县城。其间，校长主持下的校务委员会曾召开会议，确定医学院留在嵩县县城，校本部和文、理、农三学院继续前进，到深山区潭头办学。嵇文甫继续任河南大学教授。5月下旬，与河南大学师生一起从信阳鸡公山到嵩县潭头镇。秋，在河南《民国日报》上发表《河南精神》，作者最后总结提炼究竟什么才是真正的"河南精神"？谓"盖河南之传统精神，以'平正通达'为其特征者也"。

其次是解放区。解放区依然以延安为轴心。相关重要决策与导向有：一是发出《中央关于宣传教育工作的指示》；二是编纂《中国革命和中国共产党》；三是作出《中共中央关于吸收知识分子的决定》;四是在鲁迅艺术学院成立周年之际重组鲁艺;五是组建华北联合大学并挺进敌后根据地;六是成立中华全国文艺界抗敌协会延安分会;七是筹备陕甘宁边区文代会。12月13日,艾思奇向中共中央政治局会议作关于准备陕甘宁边区文代会报告内容的介绍,说:新文化用下面4大口号为好:民族化(包括旧形式),民主化(包括统一战线),科学化(包括各种科学),大众化(鲁迅提出的口号,我们需要的)。民族化、民主化、科学化、大众化之"四化",实际上是为延安文化纲领与导向定调。与此同时,在延安所展开的重要学术活动有:其一是在毛泽东等倡导下成立的延安新哲学学会,由艾思奇任学会会长,毛泽东、张闻天、徐特立,何思敬、张如心、和培元等均为会员。其二是组织学习研讨《资本论》,张闻天在延安学习运动中组织《资本论》学习小组,参加者有王首道、王学文、吴亮平、王思华、艾思奇、何锡麟、邓力群等10余人。规定隔周在张闻天窑洞里学习讨论半天,从未间断,一直坚持到把《资本论》第1卷的25章全部学完,历时一年有余。每次讨论均由张闻天主持。第一次由他讲学习体会,着重讲了《资本论》为什么从商品、货币讲起的问题。后来讨论则由小组成员轮流作学习各章的中心发言人。其三是《文艺战线》创刊。2月16日,《文艺战线》在延安创刊,由中华全国文艺界抗敌协会延安分会主办,周扬任主编,编委会成员有:丁玲、艾思奇、成仿吾、沙汀、沙可夫、李伯钊、何其芳、柯仲平、陈荒煤、夏衍、陈学昭、卞之琳、周文、冯乃超等。周扬在《文艺战线》创刊号发表发刊词《我们的态度》,对刊物的性质、任务和当前文艺问题的主张都作了说明,提倡现实主义,主张作家上前线去,鼓励作家提高修养,倡议加强文艺理论和批评。其四是斯大林著《联共(布)党史简明教程》的出版。2月,斯大林著、博古总校阅的《联共(布)党史简明教程》由中国出版社在重庆出版。书中"辩证唯物主义和历史唯物主义"一节,肯定了历史上有五种基本类型的生产关系,即原始公社制、奴隶占有制、封建制、资本主义、社会主义。这对中国马克思主义史学尤其是历史分期问题产生了巨大影响。《解放》周刊第70期发文高度评价此书,认为它"是苏联共产党(布)党史委员会最近编成的一部最忠实、最完善、最成功的,充满着马克思列宁主义精神的,对全人类有伟大贡献的一部光辉灿烂的党史。同时是一部俄国革命胜利及苏联社会主义建设成功的历史。它的历史非常广袤、丰富,它的经验非常值得珍惜宝贵"。毛泽东指出:"这本书是历史的,又是理论的,又有历史,又有理论,它是一个胜利的社会主义国家的历史,是马克思主义在俄国成功的历史,这本书要读。"其五是刘少奇作《论共产党员的修养》的演讲。7月8日,刘少奇在延安马克思列宁学院作《论共产党员的修养》的演讲,讲了《绪论》和《党员思想意识的修养》两大部分。毛泽东在审阅这两部分演讲记录稿后,给《解放》杂志编辑部写信,认为这篇文章写得很好,"提倡正气,反对邪气",应尽快发表。其六是冼星海、张光年合作完成大合唱《黄河吟》。3月31日,大合唱《黄河吟》的全部音乐旋律创作完成。此为张光年、冼星海创作中影响最大的一部大合唱作品,两人一同写就了这首旷世千古、传唱不歇的艺术经典。5月11日《黄河大合唱》公演后,好评如潮,全国文艺界人士也纷纷撰文盛赞《黄河大合唱》。该作品自此迅速在国各地广泛传唱,受到抗日军民的热烈欢迎。随后美国、日本、加拿大、新加坡、菲律宾等国家和地区的著名歌手等音乐人士也上演了《黄河大合唱》。此外,还有关于新启蒙运动、中国化以及民族形式的讨论,将在下文有关学术论争中再作专题讨论。

复次是沦陷区。先看北平:首先令人叹息的是钱玄同、吴承仕两位著名学者的不幸去世。钱玄同终年53岁,吴承仕终年56岁。钱玄同逝世后,国民政府教育部给他颁发了褒奖令,内有"品行高洁,学识湛深""潜修国学,永保清操""蛰居抑郁,切齿仇雠,病体日颓,赍志长逝"等语。5 月 7 日,国立北平师范大学在陕西城固西北联合大学内举行"钱玄同先生追悼会"。会后出版了以黎锦熙先生所作的《钱玄同先生传》为主要内容的《钱玄同先生纪念集》。9 月底,留居北平的亲属、朋友和学生在西单报子街聚贤堂举行吴承仕追悼会。潘景郑、孙楷第、韩汝羲、曾广源、马润新等送了挽词、挽联。中国大学的师生,为永远纪念这位著名学者和导师,把耸立在校园里的一座凉亭改名为检公亭。吴承仕逝世的噩耗传到延安后,次年 4 月 16 日,延安各界举行了隆重的追悼大会。毛泽东、刘少奇、朱德、周恩来、吴玉章等许多中央领导同志都送了挽联,对他的一生给予了高度的评价。再说孤岛中继续坚守的辅仁大学、燕京大学与中国大学 3 所高校。陈垣继续任辅仁大学校长。11 月,陈垣 60 大寿,高步瀛撰《陈援庵先生六十寿序》,余嘉锡书,辅仁大学 19 位教授署名。序文从征信、勘误、订历、阐幽、旁通、博考等 6 个方面概括了陈垣的学术成就,认为陈垣现在的名望是当之无愧的。12 月 16 日,陈垣被中央研究院聘请为通信研究员。是年,陈垣为辅仁大学年刊题词:"毋事浮嚣,毋失礼于人,毋徒顾目前,毋见利忘义,永保汝令名。"美国司徒雷登继续任燕京大学校长。沈兼士继续任燕京大学文学院院长。经过沈兼士、英千里和董洗凡等人的积极努力,由英千里、沈兼士在京秘密成立的织"炎社"得到了国民党中央朱家骅等的重视。夏,国民党中央下令把"炎社"改名为"华北文教协会"(简称"文协"),沈兼士任主席,张怀为书记长,英千里担任第一任总干事。协会接受中央指示和津贴,行动更加积极具体,不似以往只采取消极的不合作方式,经常遣送优秀学生去大后方,苦心安排外籍教师做掩护,协助无数不愿受日本人教育的青年在战火中逃命,而主要通过举行讲座或创办杂志等方式,为生活拮据的学人们发放演讲费或稿费,从而为他们提供一定的帮助。"华北文教协会"还经常派人到天津、济南、开封、太原等地讲学,在旅行演讲的掩护下,与各地成员联络。重庆中央也将"华北文教协会"定为整个华北沦陷区文化界的地下抗战总部,在天津、济南、开封、太原等地设立了分会,在总会领导下进行地下抗日工作。张东荪是年联络知识界爱国师生,与北平中共地下党联系。张东荪的甥婿林嘉通,时任燕京大学教务主任,家中有一部高功率收音机,便于收听外界消息。张东荪利用自己与王克敏(华北伪政府头子)、刘玉书(伪北平市长)的特殊关系(早年留日时相识),获取敌伪情报,供给中共地下党。张东荪除了掩护地下党的活动外,还通过自己在北平的关系为八路军购买药品,有时通过向西山送学生将这些药品和器械转给八路军。这里,还要特别提到周作人任教的伪北京大学。周作人 1 月 1 日上午在家遇刺。此系天津一些中学生组织的"抗日锄奸团"所为,其动机是为了爱国抗日,惩治周作人的附逆行为。此前盛传周作人将出任华北伪政府教育督办之职,天津"抗团"调查属实,决定对周执行死刑,将派人来平执行。2 日,钱稻孙来访,传达伪华北教育督办汤尔和"劝说"他接受伪北大图书馆馆长职。7 日,往访钱稻孙,周作人表示接受伪北大图书馆馆长职。12 日,收伪北京大学聘为北京大学图书馆馆长的聘书,即复函接受这一聘任,此为周作人接任伪职的起始。再看上海:其中的壮举即是由郑振铎发起,与张元济、何炳松、张寿镛等人数次联名向重庆当局发电发函,要求拨款抢救民族文献。在文艺界,王任叔任文化中心小组召集人,领导"孤岛"上海的文艺工作。9 月 1 日,王任叔(署名巴人)率先为文,在《文艺阵地》第 3 卷第 10 期发表《中国气派与中国作风》,提出"'现实主义的大众文学'的建立,则首先有赖于作品中中国作风与中国气派的养成"。在教育界,尤可感佩的,一是 2 月 21 日吕思勉与蒋竹庄、胡朴安等人发起创办的上海国学专修馆正式开学。该馆是假威海卫路 289 号民国中学校舍一部而设立,自前年 1 月间,由蒋竹庄、胡朴安、冯明权、姚明辉、沈信卿、吕思勉、李仲乾、任味知、徐春荣、孙德徐等 10 余位老国学家所发起,除馆长冯明权外,另推姚明辉担任教务,冯一先为总务。所有教授,悉由发起人分别担任。二是经无锡国专校长唐文治不懈努力,国学专修学校 3 月 3 日在上海正式复课,借康脑脱路通州中学作为校址,通州中学上午上课,国专下午 2 时后上课。从此,无锡国专历史上开始了"桂校"与"沪校"并立的时期。最后谈一下图书馆:一是由叶景葵、张元济、陈陶遗等学者和社会名流 4 月发起筹办上海合众图书馆;二是许冠群创办的新亚药厂 5 月主办之新亚图书馆。在上海的汉奸文人与活动主要有:陶希圣 8 月 26 日在汪精卫、陈璧君的催促下赴上海参加与日方的谈判。8 月 28—29 日,汪精卫在上海召开"中国国民党第六次全国代表大会",会后指定陶希圣为宣传部长。9 月,随汪精卫到南京与伪政权头目王克敏、梁鸿志会商。11 月 1 日,参加汪组织与代表日本政府的"影佐机关"的正式谈判。在谈判中,识破日方的侵略野心,力劝汪精卫退出。12 月 30 日,汪日双方签约时,陶希圣称病缺席。在此,陶希圣幸亏悬崖勒马。江亢虎年初居香港。3 月,匿居香港的汪精卫接见了当时也住在香港的江亢虎。9 月初,汪精卫自上海电邀在香港的江亢虎赴沪,参加汪伪阵营。江亢虎应汪精卫的邀请,同月自香港抵达上海。10 月 10 日,江亢虎发布时局宣言,将日本军国主义奉为"东亚集团"的"领袖",公开宣布了自己投敌卖国的立场。11 月,江亢虎在上海再次恢复中国社会党,参加汪精卫的"和平运动"。

　　最后是海外交流。先看"出"的方面,重心依然在美国。胡适继续担任驻美大使,7 月 22 日,美国中立法修正案终告搁置。24 日,以此电告重庆政府当局,指出中立法修正案的失败,标志着世局开始转变。9 月、11 月,曾两见罗斯福总统。9 月 8 日第一次晋见美总统罗斯福时,罗氏说到一种对东三省实行国际共管的设想,胡适未予反驳,而提出第二次借款问题。是年,胡适在美演讲《中国抗战之展望》《双十节的意义》《我们还要作战下去》《世界战争与未来的世界秩序》《中国目前的形势》《中国与日本的现代化运动——文化冲突的比较研究》。赵元任家继续成为当时在美学者的交流中心,此与其在美担任角色、学术成就与交际能力密切相关。10 月 20—22 日周末,全家到纽约,拜访胡适和林语堂。14、17 和 30 日,参加耶鲁大学东方系会议和耶鲁大学语言学学术会及聚餐会。当时的耶鲁大学可以说是美国语言学中心,那里聚集了著名语言学家 Leonard Bloomfield、Franklin Edgerton、E. H. Sturtevant、年轻的语言学家 George L. Trager、Bernard Bloch、Isidor Dyen 和中国出生的 George A. Kennedy。赵元任很快也很自然地成了这个中心的一员。12 月 3 日下午,赵元任赶回纽海文。7 日到火车站接钱端升和梅贻琦,住赵元任家。12 日到车站接张彭春,14 日接胡正祥,住赵元任家。赵元任家俨然是国内外新老朋友聚集的中心。在欧洲,留学英国的罗忠恕 11 月在牛津大学斯博第教授家中与该校高年级同学展开了一场东西方文化的讨论,并提出了一份"中英文化合作计划"。以此发端,牛津大学成立了"中英大学文化合作委员会"。剑桥大学也成立了类似的机构,一大批西方学者以及教育家加入到"欧亚交通"的行列。包括:数学家兼哲学家罗素,生物学、胚胎学家李约瑟,哲学家杜威,天体物理学家爱因斯坦,量子物理学家蒲朗克,哲学家柏格森,汉学家白希礼和仪文达,以及印度文豪泰戈尔等等。年底,罗忠恕在剑桥大学与李约瑟博士第一次会面,参观其工作室,对其建立的有关中国古代科技的 10 余万张卡片钦佩不已,随即为李约瑟联系访华事宜。4 月 5 日为马相伯百岁诞辰,国民政府发布褒奖令。6 日,全国各地、各党派、各报刊及政府、民间要人纷纷驰电祝贺。11月4日下午,马相伯在越南谅山去世。14日,张元济撰《马相伯先生年谱·序》,云:"余闻相伯先生殁于谅山之讯,哀其以大耋之年,不获宁居一室,被迫远徙,殒身于千里炎徼之外,为之悲愤者不置。""余悲先生之病殁蛮荒,而犹幸其能得高弟以传诸不朽也。因序而归之。读是编者,其亦有山高水长之思也夫!"郁达夫1月3日作《抗日以来中国文艺的动态》,刊于4日马来西亚《星槟日报》。9日,郁达夫正式接编《星洲日报》两个副刊《晨星》和《繁星》。15日,正式接编《星洲日报》星期刊的《文艺》周刊。同日,《南洋文化的前途》刊于《星洲日报半月刊》第14期。20日,郁达夫作《几个问题》,刊于22日《星洲日报·晨星》,遂引起星马文艺界一场激烈的论争。再看"进"的方面:美国著名记者斯诺再次访问延安。9月24日,毛泽东会见斯诺,回答他提出的问题,包括关于陕甘宁边区问题、抗日与民主问题、国民党政府的阶级基础问题、中国革命问题、欧洲战争对日本等国的影响问题。美国司徒雷登继续任燕京大学校长。2月9日,举行本季首次师生大会,司徒雷登校长讲本校教育政策,又谈"校训中'因真理得自由'可改为'因自由得真理'"。英国林迈可与赖普吾继续任燕京大学外籍教授。7月,林迈可、赖普吾两教授及学生赵明由地下工作人员萧再田陪同,7月再度徒步去抗日根据地,受到萧克将军接待。朱德、彭德怀和聂荣臻3位司令员也分别接见了他们。夏,赖普吾教授在司徒雷登校长支持下离开燕大,经解放区到四川,协助国际友人路易·艾黎办"中国工业合作社"。此社目的是把内地分散的手工业者组织起来,扩大生产,支援抗日。整体而论,当时的战时状态严重制约了海内外学术交流的广度与深度。

综合本年度延续、拓展、新增的学术论争,主要有以下8个方面:

1. 关于"国民精神总动员"的讨论。为了抗战动员的需要,国民政府3月11日成立"国民精神总动员会",隶属国防最高委员会,蒋介石自任会长。自此以后,一场自上而下的"国民精神总动员运动"拉开了帷幕。12日,国防最高委员会颁布《国民精神总动员纲领》《国民精神总动员实施办法》及《国民公约誓词》,通令全国遵行,规定3月12日为国民精神总动员纪念日。5月1日,全国开始国民精神总动员,由国民政府在重庆、成都、贵阳、桂林、兰州、昆明、吉安等地召开了"国民精神总动员运动宣誓大会"。其中重庆是主会场,当晚7时30分,宣誓大会在林森路国民政府军事委员会委员长行营广场隆重举行,重庆的党、政、军、青、农、工、商、妇8个界别,共800人参加。五院院长、党政首脑均出席。各界人士、社团代表、中外来宾参加观礼。蒋介石主持开幕典礼并发表广播演说,宣告全国"国民月会"正式启动。他表示:"精神总动员及《国民公约》,是我们抗敌的最大武器;'国民月会'的组织,是我们抗战民众的精神堡垒,要贯彻实行,始终无间。"蒋介石在会上发表的长篇讲话,通过无线电台向全国广播。此后,全国各省市县均设立此会,国民以行业公会、机关、学校为单位每月集会一次,宣读《国民公约》和《国民誓词》。每月集会一次称为"国民月会",是国民精神总动员运动最为重要的活动方式与载体,要求全体成年国民,无论何种性别、籍贯、职业,都必须按时参与到由各地方国民精神动员会组织的"国民月会"中。7月22日,国民政府教育部颁发《全国青年实施国民精神总动员具体办法》,通令学校、社会教育机关督促员生切实实施。据《教育通讯》载,教育部令专科以上学校及国立中学等,于每月1日举行国民月会,宣读《国民公约》,讲解"国民总动员"等。9月9日,教育部令发《国民精神总动员纲领》,要求教科书编委会在国文、公民课本中增入有关"总动员"的内容。尽管"国民精神总动员"存在着形式大于内容的问题,而且具有抗日与反共的两面性,延安方面还是作出了及时的回应。5月1日,全国各地同时举行国民月会。上午,延安各界3万人于南门外广场举行国民精神总动员及纪念五一劳动节大会,毛泽东出席大会并发表题为《国民精神总动员的政治方向》的讲话,表示只有全国精神总动员,才能振奋抗战到底的精神,反对日寇汉奸、反对汪派托派,拥护国民政府,拥护统一战线,争取最后胜利。围绕"国民精神总动员"的时代主题,学界也积极参与了相关讨论。为此,出版界快速出动,与学者合作接连推出一系列著作,包括何应钦讲授《国家总动员讲稿》、许宝驹编《国民精神总动员浅释》、丘咸著《国民精神总动员》、钟荣苍编著《国民精神总动员的实施》、范文治编著《民众动员》、中央训练团编《国家总动员》、福建省军管区国民军训处编《国民精神总动员》、浙江省党部编《国民精神总动员理论与实际》、黄埔出版社编《国民精神思动员》、民团周刊社编《国民精神总动员纲领及实施办法》、独立出版社编《国民精神总动员正解》;论文方面,则有郭沫若《发挥大无畏的精神——论文艺作家在精神总动员中的任务》、李众荣《总动员法下日本股票市场之危机》、镜如《国民精神总动员纲领及其实施办法》、罗廷光《国民精神总动员与中学公民训练》。郭沫若《发挥大无畏的精神——论文艺作家在精神总动员中的任务》作于4月11日,文中提出"要在精神总动员纲领的实施上活用文艺的各种部门,尽量动员文艺作家从事广泛的活动",但是文艺工作者首先要提高自身的精神修养,鼓励作家们克服自身的弱点,"发挥我们大无畏的精神,努力向民间去,向医院去,向战区去,向前线去,向工厂去,向敌人后方去;我们要用自己的血来写,要用自己的生命来写,写出这个大时代中的划时代的民族精神"。

2. 关于"抗战建国"讨论的延续。这一论题在上年甚为热烈,至本年似被"国民精神总动员"所冲淡。其中又有总论与专论之别。总论主要有:王致和编《抗战建国法令大全》,召君著《抗战建国两周年纪念》,蒋介石著《建国运动》《抗战建国论》《抗战建国的根本方针》《抗战与建国》、中央训练团党政训练班讲演录、张群讲《抗战建国纲要及其实施》,浦乃钧编著《一面抗战一面建国》,吴绳海编著《抗战建国的历史意义》等等。专论方面,经济建设是重中之重,主要有:翁文灏著《建国程途中经济建设之必要》《抗战以来之经济建设》、陈希豪著《非常时期的经济建设》、粟寄沧著《中国战时经济建设论》、谭炳训著《国防经济建设最高设计机构——其需要及建立步骤》、中央陆军军官学校特别训练班编《国民经济建设要论》、潘应昌编著《抗战中之经济建设》、陈适怀编著《经济建设在西战场》、马寅初等著《中国今日之西南建设问题》、陈正祥编著《开发西南与抗战建国》、国民出版社编《飞跃中的西南建设》、张国瑞著《开发资源与西南新经济建设》、独立出版社编《西南经济建设论》、西南经济建设研究所编《西南经济建设研究所缘起及组织章程》、黄旭初著《中国建设与广西建设》等等。翁文灏刊于10月10日《中央日报》国庆纪念特刊的《建国程途中经济建设之必要》提到:"现在的国际斗争是一种力量的斗争,而力量中最重要的一种便是经济力,所以要培养国力,便得注意经济建设。""总之,经济建设的目标是巩固国防,提高生活。简言之,是要强要富。"周宪文在刊于12月20日《时代精神》第1卷第5期的《中国不能以农立国——漫谈农本》中明确提出:"历史进化到这一时代,以农苟安则可,以农立国则不可;中国要立国,只有本百折不挠的精神,向工业迎头赶上去。"与翁文灏观点相近。与此同时,去年勃然兴起的学术建国论题依然是热点所在,主要有张其昀刊于《改进》第1卷第6期的《抗战建国与学术研究》、袁忠玠刊于《浙东校刊》第3卷第15—16期合刊的《科学与抗战建国》、薛丹英刊于《青年科学》第1卷第1期的《抗战建国与科学运动》等。张其昀《抗战建国与学术研究》主要从"中国民族性""和平战争与科学""建国问题与地理学研究"阐述了"抗战建国"与

"学术研究"之关系,指出:"学术研究,分门而治,合力以赴,亦同此理。一国学术为一种有机体,故必有其灵魂,是谓国魂,中道文化为中国之国魂,史地研究须以发扬国魂为其职志。一国学术又为一种集合体,所谓中外之精华,防一切之流弊,务期进步不息,决非引满自封。今日中国言学术则当新旧交融之会,言政治则当内外交迫之秋,自必以国魂为中枢,兼收并蓄,相激相荡,使成为中国人自力创造之新文化。明乎此二义,则一切学术研究皆有生气。诚如刘知几所云,乃生人之急务,为国家之要道,其利甚溥矣。"袁忠珩《科学与抗战建国》强调:"我深深地相信,要抗战与建国有着美满的结果,必须应用物质科学的力量。"薛丹英《抗战建国与科学运动》主张开展科学运动。不过,抗战建国时期的科学运动与五四时期的科学运动"有着本质的不同",五四时期的中心精神是个人解放,而抗战建国时期是求整个民族的解放,我们"要培养起民族观念和集体的精神,这是以大众为对象,提倡科学的意义"。学术建国论题也重点包含教育,相关论文有:陈立夫《教育与建国之要道》(《安徽教育半月刊》第 2 期)、张恺《推行科学教育与新中国之建设》(《教育学报(中华民国教育总会)》第 1 期)、段之桓《东方文化运动与新教育建设问题》(《教育学报(中华民国教育总会)》第 1 期)、顾岳中《抗战建国中我国一般的教育概况》(《教育杂志》第 29 卷第 11 期)、《抗战建国中我国社会教育及边疆教育概况》(《教育杂志》第 29 卷第 12 期)、吴鼎《抗战建国期中的小学课程改造》(《安徽教育半月刊》第 2 期)。所及其他方面还有:朱子爽编《中国国民党与抗战建国》、周再鑫编著《抗战中之民权建设》、侯外庐著《抗战建国的文化运动》《抗战建国的文化运动之总方向——为"革命的人文主义"文化而奋斗》、徐义生著《抗战建国与地方自治》、郭沫若著《纪念碑性的建国史诗之期待——庆祝文艺界抗敌协会周年纪念》。侯外庐于曾去年出版《抗战建国论》,至本年 3 月,世界文化合作中国协会出版、国立北平图书馆编印的《图书季刊》新 1 卷第 1 期载文介绍侯外庐《抗战建国论》:"为了抗战建国这一伟大艰苦工作的进行,我们有《抗战建国纲领》的制定。本书在于把这一《纲领》中的主要问题,从理论方面给以原则上的研究和探讨,以便使这些问题的认识更加深入。"8 月,侯外庐又有《抗战建国的文化运动》刊行,系"抗战丛刊第九十三种",包括"中国现阶段文化运动的号召""在落后的欧洲与先进的亚洲时期""资本主义的文化危机与中国的文化发展""人文主义的发展与衰落""团结于三民主义文化实践中""'精神胜物质'——'知难行易'的文化领导传统继承"和"中山先生文化运动的理想"等 8 节。以上从不同方面丰富和拓展了抗战建国的内涵与深度。

　　3. 关于民族问题论争的继续。罗家伦继续主编《新民族》,所作《民族与语言文字及文学》连载于 1938 年 12 月 18 日、25 日至 1939 年 1 月 1 日、8 日、16 日《新民族》第 3—7 期。文中提出创造一种现在的文学即新文学的创造,至少必须注意以下几个问题:第一是建设民族的文学;第二是建设人生的文学;第三是打破形式主义;第四是打破颓废主义;第五是打破怨恨主义;第六是企图创造伟大的作品;第七是提倡历史传记文学;第八是建立文学与音乐的关系。同时在如何创作新文学方面,还应当把握以下 4 点:第一要抓住时代的精神;第二要扩大自己的经验;第三要研究外国文学;第四要有科学的训练。罗家伦以《新民族》为阵地,其本人并邀约同仁发表了系列学术论文。所惜至 5 月,《新民族》周刊停刊。在此,要特别提到顾颉刚 2 月 9 日为《益世报·边疆》周刊所作的《中华民族是一个》,其主旨是"以求实现中华民族的团结,共同抵抗帝国主义的侵略"。此文刊出后,各地报纸转载甚多。值此抗日战争全面爆发、中华民族危亡之际,顾颉刚适时发表《中华民族是一个》,在学理上进一步丰富完善了"中华民族"概念，认为"中华民族"的称呼虽然近代才出现，但作为一个实体，它的存在却已有几千年。"中华民族是一个"的观点，一语道出中华民族的本质与精髓，即中国各民族一体。这对认识"中华民族"概念，既是学理上的升华，也是内涵的丰富与拓展。白寿彝致函顾颉刚，谓以事实来证明"中华民族是一个"的，此文为首篇，又谓中国史学家应由真的史料写成一部新的本国史来"证实这个观念"。同月28日，顾颉刚为白寿彝来信作按语，刊于《边疆》周刊。4月9日，费孝通致函顾颉刚，述《关于民族问题的讨论》。5月初，顾颉刚作《续论"中华民族是一个"——答费孝通先生》，再论"本部"和"五族"二词，均刊《边疆》周刊。与此同时，也有不少学者从其他维度论及民族问题。1月3日，宗白华在《学灯》发表为缪凤林《从国史上所得的民族宝训》一文所写的《编辑后语》，指出从历史中引出的民族宝训，是历史哲学对于民族解放战争的贡献。杨白华12月26日在《学灯》发表《屈赋中的鬼神——献与贞》，宗白华在《编辑后语》中高度评价屈原的诗歌中寄托浓郁想象和深沉的宇宙意识，自然情绪和对于人生赤裸的强烈的体验，有如希腊神话那样美丽，并说："近代'民族国家'的创始，都爱以自己民族底历史神话里窥见自己民族心灵的历史。而许多诗人都参加这'民族神话'的创造。歌德的《浮士德》不仅是创造了日耳曼人的民族神话，而且是代表着'近代西洋人'的生命神话了。"熊十力是年曾在璧山为邓子琴、钱学熙、刘公纯、陈亚三、刘冰若、王绍常、任昉诸生讲民族精神、种源及通史，旨在通过对中国历史的探讨，为各民族团结抗战提供依据。所著《中国历史讲话》基于"发扬民族精神莫切于史"的理念，重点论述"种源"和"通史"两大内容，试图证明汉、满、蒙、回、藏五族同源，历史上早已融为一体的中华民族具有极顽强的生命力，是不可战胜的。相关论著尚有陈唯实著《民族革命哲学》、尹澄宇著《民族问题讲话》、易道玄著《民族自决问题在中国》、毛起鵁编著《民族斗争与阶级斗争》、张厉生编述《中国之民族思想与民族气节》、民意周刊社编《民族道德与民族精神》、周鲸文著《中华民族在一切民族革命中的领导地位》、张俊杰编著《民族革命经济政策》、宁调元著《民族诗话》、胡体乾著《关于种族名词及民族政策》、余茂功《近东民族主义的抬头》、刘咸著《刘重熙民族研究论文汇辑》等等。

4. 关于五四运动20周年的纪念与讨论。与国民党因恐惧学潮故意淡漠、贬抑五四运动不同，值此五四运动20周年的特定日子里，中共高层在延安发起了声势浩大的纪念活动。先是3月18日，陕甘宁边区西北青年救国联合会召开常委会，决定"以后每年五月四日为青救成立纪念日，并向全国青年提议定5月4日为'中国青年节'"。4月28日，《新中华报》刊发胡乔木《纪念中国青年节与国民精神总动员》一文，强调纪念"五四"在国民精神总动员中的作用。同日，艾思奇《五四文化运动在今日的意义》一文特别提到，"五四文化运动所培养出来的最大的两株文化树，就是中国的马克思主义和发展了的三民主义"，它们"是五四文化运动里生长出来的宝贵的果实，也是今天抗战的认识基础"，"今年的五四期间，我们进行着更进一步的文化运动来配合抗战，我们在做精神总动员的运动"。国民精神总动员的三项基本原则是：国家至上，民族至上；军事第一，胜利第一；意志集中，力量集中。将纪念五四运动与国民精神总动员结合在一起，反映了抗战时期纪念"五四"的时代特色。5月1日，毛泽东在《解放》第70期发表《五四运动》一文，指出"二十年前的五四运动，表现中国反帝反封建的资产阶级民主革命已经发展到了一个新阶段"，文中首次提出以下论断："革命的或不革命的或反革命的知识分子的最后的分界，看其是否愿意并且实行和工农民众相结合。"同日，刘少奇在《中国青年》第1卷第2期"五四运动的二十周年"专栏上发表感想与回忆,阐述了五四运动的历史意义。4 日,毛泽东出席在抗大第五大队坪场举行的延安青年纪念五四运动 20 周年大会并发表讲话,指出,"现在规定五月四日为中国青年节,这是很对的",看一个青年是不是革命的,"只有一个标准,这就是看他愿意不愿意、并且实行不实行和广大的工农群众结合在一块"。毛泽东的这篇讲话后以《青年运动的方向》为题收入《毛泽东选集》,成为中共指导青年工作的理论经典。同日至 5 日,中共领导人博古在《新华日报》发表长篇论文,对五四运动的历史背景、发生经过和思想基础作出系统论述,特别指出五四运动值得注意的四点。因之,五四运动是中国人民革命的方法与组织形式的一个重大的转变。这对于中国革命运动以后的发展,有着重大影响和意义。博古的这番痛快淋漓的议论,表面上是在礼赞五四运动,其实是对其运用自如的城市斗争的辩护。毛泽东和博古纪念五四运动言论的细微差异,微妙地折射了中共党内在民主革命道路和斗争策略认识上的矛盾与差异。在重庆,中央大学校长罗家伦 5 月 1 日在《新民族》第 4 卷第 2 期发表《纪念"五四"》,一如既往地对五四运动作了高度评价。文中首先回顾已经走过二十年的"五四",提出:"五四"运动的产生,由于以下三个重要的因素:第一是新文化运动的影响;第二是蔡孑民先生提倡正确人生观的影响;第三是民族国家意识的发达。由以上三个因素的交流,于是灌溉出"五四"运动灿烂的鲜花。"'五四'运动烧起了国家民族的烈焰,'五四'运动唤起了全国青年的觉悟,'五四'运动为国民革命——三民主义的革命增加了无数的生力军!'五四'的力量,太伟大了!"同时指出:"'五四'运动也有缺点:第一是大家虽有共同的民族国家意识,而无一致的政治意识,所以后来青年努力三民主义实现的固然很多,但相信他种主义的也不在少。这种政治意识的不统一,使国家演成了许多分裂复杂的现象。第二是'五四'运动以后,青年虽知道学问的重要,有不少的人在埋头苦干,但也有许多看不透澈的人,专以奔走呼号为事,不能切实在学问上苦干,流弊是演成了许多无理的学潮。第三是'五四'运动虽唤醒了许多青年,震动了不少的民众,但是这种力量,还不曾深刻的广泛的达到民间。这都是'五四'运动无可讳言的缺点。虽然'五四'运动有这些缺点,凡是现在有觉悟的青年,都应当一致改正它,可是'五四'的精神太伟大了!'五四'运动的本身太光明了!在抗战建国的期间,我们应当特别纪念'五四'的精神始终是抗日的!"3 日,郭沫若作《青年化,永远的青年化》,庆祝青年运动周和"五四"青年节,指出纪念"五四"运动,就是要使"全中国的青年永远保持着那种蓬蓬勃勃的朝气",要使"全民族的精神永远发扬着那种青年化的光采"。后此文收录于是年由重庆青年出版社出版的论文集《五四运动与现阶段青年运动》,此书共收录陈立夫《五四运动时之青年精神》、叶楚伧《总理鉴临下之五四运动》、谭平山《五四运动二十周年纪念》、潘公展《比五四更伟大的时代》、郭沫若《青年化,永远青年化!》、杨公达《五四的正确认识》《简贯三五四运动的意义与教训》、杨煦《青年运动与抗战建国》、陈永华《求学与革命》等 21 篇文章。在新疆,茅盾 5 月 7 日应新疆妇女协会副委员长张谷南的邀请,在女子中学作讲演《中国新文学运动》,论述"五四"以来新文学运动的发展,刊于 5 月 8 日《新疆日报》。9 日,在新疆学院作《"五四"运动之检讨》演讲,介绍"五四"运动的起因、内容和得失,基本观点仍沿用大革命失败以来对"五四"运动的评价,即"五四"运动是资产阶级领导的新文化运动,它早已走完了它的历史里程,它提出的反帝反封建的基本任务,刚由新兴的无产阶级接过来继续完成,并"必得完成"。后刊于新疆学院校刊《新芒》第 1 期。另外也有一些文章并非直接论述五四运动,但又与五四运动息息相关:周扬 3 月 16 日在《文艺战线》第 1 卷第 2 期发表长篇论文《从民族解放运动中来看新文学的发展》,也是延安时期首篇长篇文学论文。文中畅谈新文学的历程,并将"二十多年的新文学发展"归纳为"经历了三个阶段,即三次具有划时代意义的运动"。其结论是:综观文学上的每次运动,都是否定了前一次的运动,而又继承前一次运动向前发展着。杨松6月25日在《文艺突击》新1卷第2期发表《论新文化运动中的两条路线》。文中由五四新文化谈到当前的抗战中的文化运动,认为我们的任务是:不分信仰、党派、阶级、旧派、新派、京派、海派,文化同人团结起来,为建立彻底的民族民主的文化革命路线而斗争到底。这是第一篇把文化运动中的思想斗争提高到路线高度论述的文章。此类文章或以五四运动为起点,或以五四精神为参照,所以与五四运动与五四精神息息相关。此外,胡秋原著《中国文化复兴论》分中国旧文化之价值、中国对于世界文明之贡献、中国文化之基本精神、中国民族与文化之颓废及其原因、中国现代文化运动及其得失、中国文化之将来及其复兴之路等6节,也与五四运动20周年纪念与讨论密切相关。至于专史则有丁作韶著《五四运动史》由重庆青年出版社刊行。

5. 关于"中国化"问题论争的勃兴。"中国化"论题作为本年度学术论争或讨论的新的聚焦点,最初发端于上年10月12—14日毛泽东在中共扩大的六届六中全会上所作政治报告《抗日民族战争与抗日民族统一战线发展的新阶段》首次明确提出"马克思主义中国化"这一论题并作了简要阐述。然后至11月25日,《解放》第57期发表此文时改题为《论新阶段》。当张申府在重庆读到《解放》所载毛泽东的《论新阶段》时,兴奋异常,专门撰写了《论中国化》,赞叹"我们认为这一段话的意思完全是对的。不但是对的,而且值得欢喜赞叹。由这一段话,更可以象征出来中国最近思想见解上的一大进步"。此文后刊于1939年2月10日《战时文化》第2卷第2期。在此,张申府敏锐而深切地感受到"马克思主义中国化"与新启蒙运动的内在关联,而中国共产党新近提出的"新民主主义文化"显然汲取了"新启蒙"的基本思想元素。所以他直接从毛泽东《论新阶段》引出论题,最先就"中国化"问题作了专题论述,力图把马克思的唯物辩证法、罗素的解析法与中国传统的哲学三者相融为一体,然后构建"合孔子、罗素、列宁而一之的新体系",标志着新启蒙运动的理论转向与重心转移。然后由"马克思主义的中国化"延伸到"学术中国化"的论题。为了推进"学术中国化"问题的讨论,胡绳4月1日在其主编的重庆《读书月报》第1卷第3期开辟"学术中国化问题"专栏,率先刊载了潘菽《学术中国化问题的发端》、柳湜《论中国化》等讨论"学术中国化"问题的论文。同时还在该刊上发表了《谈"中国化"》等读书笔谈。以上标志着中国共产党在重庆、延安等地发起的学术中国化运动的正式开始。4月15日,沈志远主编的《理论与现实》(季刊)杂志在重庆创刊。该刊以"学术中国化"和"理论现实化"为办刊宗旨,千家驹、艾思奇、李达、沈志远、侯外庐等担任编委。为了响应中共六届六中全会提出的"马克思主义中国化"任务,《理论与现实》在创刊时即发起并组织了"学术中国化"的讨论,其创刊献辞就什么是"学术中国化"的问题作了明确界定,指出:"'学术中国化'之正确的了解是将世界学术理论底最新成果,应用于中国各种现实问题之解决;要使理论的研究与发展,适应于现在和将来的中国民族和社会的需要。"这就需要充分吸收外来学术文化的先进成果,将其与本民族优秀的学术文化传统相融合,与中国的社会现实状况相结合,发展出既具有民族独特性又具有世界先进性的崭新的学术文化。这与"国粹论""中体西用论"和"中国本位文化论"有着本质的不同。《理论与现实》创刊号刊登了侯外庐的《中国学术的传统与现阶段学术运动》和潘梓年的《新阶段学术运动的任务》两篇重要文章,就学术中国化的基本精神如何推进"学术中国化"的问题作了探讨。此外,上海的《新知半月刊》杂志社也举行了关于学术中国化的集体讨论,陈垦、射翟、文超、慕熹、萧沁、石瑾、柯蒂、黄特、金亮、张千、胡莫、小范、杰克、周康等人出席,讨论主要围绕"什么是学术中国化""在现阶段提出学术中国化的意义和任务是什么""怎样学术中国化""怎样推进学术中国化运动"这四个方面展开,而最终还是归结到服务于抗战建国这一时代中心主题上。随后由黄特执笔撰成《论学术中国化》,刊于《新知半月刊》第3卷第4期。针对中国共产党在重庆、延安等地发起的"学术中国化"运动,右翼阵营的叶青7月6日在《时代精神》创刊号组织一批文章,包括叶青《论学术中国化》、毛起鵉《马克思主义中国化问题》、胡秋原《所谓学术中国化》、周宪文《由中国本位文化建设讲到学术中国化问题》等文,就"学术中国化运动"提出反击与批评。叶青等人的上述观点后来又引来了艾思奇等的批驳与反击。李方祥《二十世纪三四十年代"学术中国化"与"马克思主义中国化"的思潮互动》(《中共党史研究》2008年第2期)认为,中国共产党提出并开展的"马克思主义中国化"的理论创造与进步思想界的"学术中国化"运动之间呈现紧密的互动关系,中国共产党人的理论创造吸纳了进步思想界探索学术本土化的有益成果,同时也推动了中国现代学术的新发展,把30年代以来的学术通俗化、本土化运动推向一个崭新的阶段,从而开启了"学术中国化"思潮和学术运动的新时代。根据毛泽东《论新阶段》:"洋八股必须废止,空洞抽象的调头必须少唱,教条主义必须休息,而代替之以新鲜活泼的,为中国老百姓所喜闻乐见的中国作风与中国气派",学界又开始就"中国作风与中国气派"展开讨论。2月7日,柯仲平率先在延安《新中华报》发表《谈"中国气派"》。6月25日,柯仲平在《文艺突击》新1卷第2期发表《介绍〈查路条〉并论创造新的民族歌剧》。两文激情有余,但学理不足。重庆黄绳8月16日在刊于茅盾主编的《文艺阵地》第3卷第9期的《当前文艺运动的一个考察》,也论及中国作风与中国气派问题,9月1日,上海王任叔(署名巴人)在《文艺阵地》第3卷第10期发表《中国气派与中国作风》。后文就中国的气派与中国作风作出了自己的界说:"什么是'气派',什么是'作风'？机械地说,'气派'也就是民族的特性;'作风'也就是民族的情调。特性是属于作品的内容的,这里有思想,风俗,生活,感情;情调是属于作品的形式的,这里有趣味,风尚,嗜好,以及语言的技巧。但无民族的情调,不能表现民族的特性;没有民族的特性,也无以表现民族的情调。中国作风与中国气派,在文艺作品上,是应该看作是一个东西——一种特征,而不是两件东西。"然后就如何创造中国气派与中国作风提出了自己的意见,这较之柯仲平以及黄绳在学理上有了重要突破。相比之下,同样得益于毛泽东《论新阶段》启示的"民族形式"讨论更为热烈,成果也更为丰硕,这是因为"中国作风与中国气派"比较抽象,难以把握,而"民族形式"则容易结合创作实践多方展开。这一问题讨论的重心在延安。一是召开座谈会;二是出版专辑或专题文章。如《文艺突击》新1卷第2期刊出"民族形式"讨论专栏,周扬在其主编的《文艺战线》第1卷第5期刊出"艺术创作者论民族形式"专栏;三是发表单篇论文。包括周扬主编的《文艺战线》创刊词《我们的态度》、陈伯达《关于文艺的民族形式问题杂记》、魏伯《论民族形式与大众化》、艾思奇《旧形式运用的基本原则》、刘白羽《关于旧形式的二三意见》、莎寨《利用旧形式》、张庚《话剧民族化与旧剧现代化》、劳夫《大众化和旧形式》等等。其中魏伯《论民族形式与大众化》由"民族形式"论及中国作风与中国气派问题,为探索"民族形式"所提供的"路线图"。延安以外的相关论著尚有:黄绳《关于文艺大众化的二三意见》、胡秋原《论新形式与旧形式》、宋之的《关于艺术作品的民族性问题》、胡风《民族革命战争与文艺》、戈茅《关于民族形式问题》、黄药眠《中国化和大众化》、黄芝冈《评〈话剧民族化与旧剧现代化〉》等等。其中黄芝冈《评〈话剧民族化与旧剧现代化〉》对延安张庚《话剧民族化与旧剧现代化》提出不同意见。在此,还要特别提及香港《大公报》《文艺》副刊对于"民族形式"讨论的高度重视。早在本年 5 月 18 日起,萧乾主编的香港《大公报》副刊《文艺》就连载过齐同从内地寄来的《大众文谈》。这是目前发现的在香港发表的第一篇关于"民族形式"问题的文章。萧乾同年 9 月赴欧,杨刚接编香港《大公报》的《文艺》副刊。10 月 19 日是鲁迅逝世 3 周年的纪念日,下午 3 时,香港《文艺》同人特邀请留港文艺界朋友茶叙座谈,以此纪念鲁迅逝世 3 周年。座谈会的主题是:"民族文艺的内容与技术问题"。香港《大公报》《文艺》还连续刊发了系列论文。此外,桂林文协分会曾于 10 月 28 日下午 3 时半召集了一个座谈会,讨论"文艺上的中国化和大众化的问题"。当天到会的有桂林文艺作家及爱好文艺的青年 50 余人,先后发言的有莫宝坚、艾芜、芦荻、孟超、冯培兰、韩北屏、李文钊、鲁彦、林林、林山,情况至为热烈。总体而论,从"中国化"到中国作风与中国气派再到"民族形式",诸多学者发表了自己意见,而且围绕一些重要论题展开探讨与论争,取得了显著成果,但许多问题尤其是中国作风与中国气派问题有待于进一步的深化。

6. 关于"新启蒙运动"论争的收尾。李亮《继承五四和扬弃五四——新启蒙运动研究》附录《新启蒙运动大事记》(上海师范大学博士学位论文,2012 年)认为新启蒙运动终于本年,表明发端于 1936 年的新启蒙运动论争进入收尾阶段,而这主要缘于勃然而兴的"中国化"论题的重心转移。张申府 2 月 10 日刊于《战时文化》第 2 卷第 2 期的《论中国化》一文即将正在进行的新启蒙运动与"中国化"相联系,认为二者在"自觉与自信"方面是一致的,新启蒙运动是"民族主义的科学民主的思想文化运动",对中国真正的传统遗产,经过批判解析地重新估价,弃其渣滓之后,是可以接受和继承的。4 月 10 日,《战时文化》第 2 卷第 3 期发表张申府《新启蒙运动的再开展》《新启蒙运动与新生活运动》《新启蒙运动与青年运动》以及杜若君《新启蒙运动与国际观》。5 月,陈伯达将若干言及新启蒙运动的旧文取名《在文化阵线上——真理的追求续集》由上海生活书店结集出版,集中代表了陈伯达关于新启蒙运动的思考与观点。7 月,托派人士彭述之(署名南冠)在《动向》杂志创刊号上发表长篇文章,对新启蒙运动的主张提出了全面质疑:"中国五四运动的社会根源与法国启蒙运动是一致的,也是因新兴阶级的反抗而爆发出来。而新启蒙运动的发起者没有明白指出这一运动究竟是代表一个什么阶级的思想解放运动,主张和口号也是'开倒车的反动的'""所谓新启蒙运动也者,不过是向一切旧势力旧思想之屈服投降而已",力图以妥协的方式继续推进新启蒙运动,收效甚微。是年,陈唯实《新人生观与新启蒙运动》由民族革命出版社出版,全书分 5 讲,前三讲讨论"大时代的人生观",第四讲及第五讲论及新启蒙运动。其中第四讲"努力实行新启蒙运动"和第五讲"再论实行新启蒙运动"就新启蒙运动的意义、任务、性质以及如何实施等问题提出看法。其他相关论文还有:穆木天《地方文艺启蒙运动与革命文艺大众化》、吴平《新启蒙运动》、云生《新青年与新启蒙运动——为五四运动二十周年纪念而作》、江涛声《中国近代的启蒙运动与史实》、王沉《新"文化启蒙运动"》、胡曲园《精神动员与启蒙运动》。

7. 关于鲁迅逝世 3 周年纪念与讨论。10 月 19 日,重庆召开鲁迅逝世 3 周年纪念会。主席团有邵力子、潘公展、陈绍禹、张西曼、罗果夫等人。邵力子主持大会,董必武、叶剑英、秦博古、吴玉章、叶挺等千余人出席。邵力子说:"鲁迅先生的死,是我们的莫大损失。鲁迅先生的精神将永远埋在我们的深心。我们虽然哀悼鲁迅先生,但我们却继承了鲁迅先生的遗志:中国已经团结起来了!"胡风说:"鲁迅先生曾有过这样的预言,他说:有一天,只要是抗日都成了罪行,中国的断头台上都闪耀着日本太阳徽的光芒时,中国人民还是不投降的!中国人民的忍让到了最大的限度时,将会起来决死抵抗,而这些预言今天都已实验了。"塔斯社罗果夫谈了鲁迅在国际上的巨大影响,他说:"鲁迅先生的死,不仅是中国人民的损失,而且是全世界先进人类的损失! 鲁迅先生的作品,是和全世界最有名的作家,高尔基、罗曼·罗兰、巴比塞等一样地被人重视!""鲁迅先生是苏联的真实朋友,是苏联文学流进中国来的介绍者。他的死,特别给全苏联人民以无限的悲哀,在今天,和贵处一样,苏联也有无数的人在哀念鲁迅先生!"陈绍禹作了长篇发言,王平陵、潘公展等人也讲了话。陈绍禹的演说全文刊于 20 日《新华日报》。同在 19 日,《新华日报》发表了社论《纪念伟大的民族战士鲁迅先生》,概述了鲁迅的贡献,指出:"鲁迅先生是伟大的,鲁迅先生是不朽的。毛泽东同志曾告诉我们,鲁迅先生有政治的远见,有斗争的精神和牺牲的精神,这几个特点的综合,就形成了一种伟大的'鲁迅精神'。当此纪念鲁迅先生逝世三周年时,我们每一个真诚的人,都应该继续'鲁迅精神'的这种伟大传统,来坚持我们的民族抗战,这也就是我们纪念这么伟大的民族战士的唯一的有效方法!"该报还出了纪念专版,刊载了胡风的《鲁迅先生·日本·汪精卫》、欧阳山的《怎样纪念我们底巨人》、罗荪的《反虚伪的精神》、草明的《不妥协的人》、戈宝权的《鲁迅先生与苏联——并介绍鲁迅先生的作品在苏联的情形》、潘梓年的《纪念为自由而合斗的战士》。此外,茅盾主编的《文艺阵地》第 4 卷第 1 期刊出"鲁迅先生逝世三周年纪念特辑";胡风主编的《七月》第 4 集第 3 期刊出"纪念鲁迅先生逝世三周年"。10 月 19 日举行纪念活动的还有成都、桂林、新疆、香港、新加坡等地。"文协"成都分会举行鲁迅逝世 3 周年纪念活动,成都文协《笔阵》也刊出了"鲁迅逝世三周年纪念特辑"。"文协"总会与成都分会合编的《通俗文艺》第 11 期刊出"纪念鲁迅先生特辑";而"文协"桂林分会在乐群社举行了纪念鲁迅逝世 3 周年大会,欧阳予倩主席,胡愈之、鹿地亘等报告了鲁迅事迹。桂林《救亡日报》与《广西日报》分别出了特刊,发表了鹿地亘、宋云彬、芦荻等的纪念文章;新疆学院举行鲁迅先生逝世 3 周年纪念大会,茅盾出席并讲话。11 月,茅盾为纪念鲁迅逝世 3 周年而作《在抗战中纪念鲁迅先生》,刊于《反帝战线》第 3 卷第 2 号。此文主要讲鲁迅先生的精神;香港 10 月 19 日有两场重要活动:一是"文协"香港分会等团体举行了鲁迅逝世 3 周年纪念会,胡乔木、戴望舒、叶灵凤、刘思慕、陆丹林、冯亦代、袁水拍等文化界人士出席。林焕平、陆丹林先后讲话,《救亡日报》记者叶文津介绍了延安鲁艺的情况以及在平汉铁路抗日前线上纪念鲁迅的情形,特别指出,鲁迅先生感召之大,就是在前方的人也不会忘记 10 月 19 日这一天。二是香港《大公报》副刊《文艺》的编辑杨刚召开了题为"民族文艺的内容与技术问题"的纪念鲁迅座谈会,许地山、黄鼎、刘火子、陈畸、岑卓云、黄文俞、田家、陈东、郁风、宗珏、曾洁孺、刘思慕、沙威、林焕平、林蒲、麦穗、张君干、杨刚、叶文津、余顺彬、李驰等 21 人出席。10 月 22 日上午,为纪念鲁迅逝世 3 周年,在香港璇宫剧场上演了由容纳执笔改编的独幕话剧《长明灯》;新加坡三侨团体举行"鲁迅逝世三周年纪念大会",郁达夫出席并作讲话。此前的 10 月 15 日,郁达夫在《星洲日报·晨星》发表《鲁迅逝世三周年纪念》,说鲁迅是我们民族之伟大文人,"我们的要纪念鲁迅,和英国人的要纪念莎士比亚,法国人的要纪念服尔德、毛里哀有一样虔诚的心"。文章拟定了出纪念专号、开纪念会、参加其他团体举行演讲或募捐赠送鲁迅艺术学院等计划。郁达夫在"鲁迅逝世三周年纪念大会"的讲话后以《鲁迅逝世三周年纪念》为题,刊于 20 日《星洲日报·星期刊·文艺》。此外,还有上海钱君匋、林之材主编的《文艺新潮》第2卷第1期刊出"鲁迅先生逝世三周年纪念语文特辑特大号";上海《新中国文艺丛刊》第3辑刊出"鲁迅纪念特辑";山西《西线文艺》第1卷第3期刊出"鲁迅先生逝世三周年纪念"。另外萧三10月20日在延安《新中华报》发表《鲁迅逝世三周年纪念》,文章总结道:"鲁迅是唯物主义的思想家,是批评家,是中国思想界的权威,是社会活动家、革命者、战士。他是伟大中国人民之伟大的儿子。他是中国工农劳苦大众和中国共产党的战友。他是国际主义者。他是中国的高尔基。他是中国青年的导师。毛泽东同志曾说过:'鲁迅是现代中国的圣人。'这却可以包括鲁迅的各方面,这才是鲁迅的定义。在纪念鲁迅去世三周年的今天,我们向鲁迅学习吧!我们接受鲁迅的文学遗产,继承鲁迅的斗争精神前进吧!"可见本年纪念鲁迅的区域之广,影响之大。

8.关于高尔基逝世3周年纪念与讨论。高尔基逝世于1936年6月18日,自此之后,与鲁迅一样,每年都举行纪念活动,本年更为隆重。在延安:6月18日,高尔基逝世3周年纪念会在延安中央大礼堂举行,参加者有延安市各文化团体及青年学生千余人。首先由艾思奇报告纪念会的意义。接着,萧三详细介绍了高尔基的生平。最后是文艺节目:鲁艺歌咏团演唱了高尔基诗《囚徒之歌》,柯仲平朗诵了高尔基的《海燕》,鲁艺演出话剧《绿包袱》——《母亲》中的一幕。6月20日,萧三在《新中华报》发表《高尔基逝世三周年纪念》,文中阐述了高尔基与伟大导师列宁、斯大林的友情,以及高尔基去世给全人类带来的不可弥补的损失,号召全国人民昂首挺胸和日本帝国主义作斗争。刘岘、马达各作木刻《高尔基》,分别发表在《新中华报》和《文艺突击》上。在重庆:《中苏文化》第3卷第12期刊出"高尔基逝世三周年纪念专号",载有王昆仑《高尔基逝世三周年》、侯外庐《伟大的现实主义者高尔基如何教训我们把握现实》、胡风《高尔基在世界文学中加上了什么》、欧阳山《高尔基与中国文学》等。6月17日,高尔基生平与创作展览会在渝开幕。18日晚,负责中苏文化协会、兼管刊物《中苏文化》的王昆仑精心组织由中苏文化协会举办的高尔基逝世3周年纪念大会,出席大会的有邵力子、冯玉祥、郭沫若、鹿地亘、罗果夫、苏联大使等。郭沫若题词曰:"朗诵《海燕歌》,就好象和高尔基见了面。纪念高尔基,最好是成为他所歌颂的海燕,不怕暴风雨,在黑暗当中确信着光明就在眼前!"王昆仑发表演讲,指出:"我们今天纪念一个外国的伟大作家,也和我们纪念自己的文学大师屈原、杜甫、白居易、施耐庵、鲁迅一样,第一件事是不可忘记自己现实的任务。高尔基曾经用他那坚强锋利的铁笔扫荡过帝俄封建的余孽和一切苏联革命的敌人,我们中国的文艺战士唯一的任务也只是如何铸成一支坚强锋利的铁笔,扫荡我们中国民族的敌人——吃人的日本强盗!高尔基配合着苏联革命的政治经济文化的路线,协助苏联之社会主义建设。我们中国的文艺战士也应当配合中国抗战建国的路线,努力建立一个独立自由平等的国家。"举行纪念"高尔基逝世三周年"的活动,实质上是山城文化界的一次大聚会,借此喊出了反对投降、坚决抗战的口号。同日,成都文化界在新剧院举行高尔基逝世3周年纪念会,全市各文化机关团体均参加,会后演出了根据高尔基小说改编的《母亲》和光未然创作的《武装宣传》,同时放映了苏联影片《高尔基》。此外,《新中国文艺丛刊》第2辑刊出"高尔基与中国"专刊;《抗战文艺》第4卷第3—4期刊出"纪念高尔基特辑";《文艺新闻》第7号刊出"苏联新片高尔基《童年》特辑"。

相关论争还有关于民生主义本质的论争、中国社会史论争的延续、"暴露与讽刺"论争的延续、"抗战八股"问题的论争、南洋文化前途的论争,以及对于第三种人的机械批判等。刊物专号方面主要有:《东方杂志》第36卷第11号刊出"经济建设专号";《东方杂志》第36

卷第 14 号刊出"抗战两周年纪念号"；《戏剧新闻》第 1 卷第 8—9 期合刊刊出"戏剧节纪念专辑"；《教育通讯》刊出"义务教育专号"；《中苏文化》刊出"斯大林先生六十寿辰专号"。

除了上述学术论争之外，聚焦于重要学术论题的论著尚有：瞿秋白著《社会科学概论》，曹伯韩著《通俗社会科学二十讲》，王明之编著《大众社会科学问答》，平心著《社会科学研究法》，黄淡如著《新社会科学方法论》，杨违依著《怎样学习社会科学》，孟博著《科学界的尝试精神》，侯外庐著《中国学术的传统与现阶段学术运动》，何高亿著《中国大学的学术观念问题——并试论三民主义的学术观念之建立》，申自天著《科学方法论》，蔡尚思著《中国思想研究法》，艾思奇著《哲学研究纲要》《实践与理论》《怎样研究辩证法唯物论》，汉夫著《唯证唯物论与历史辩物论》，张东荪著《不同的逻辑与文化并论中国理学》，马一浮著《复性书院讲录卷一》，刘文典著《庄子补正》，刘大杰著《魏晋思想论》，冯友兰著《新理学》，虞愚著《印度逻辑》，许逢熙著《抗战的伦理观》，徐宗泽编著《宗教研究概论》，谢扶雅著《宗教哲学》，陈金镛著《中国的宗教观》，蒋维乔编《佛学纲要》，恭思道著《基督教会史纲》，陈垣编《释氏疑年录》，太虚著、谈玄等编校《法相唯识学》（上下册），张纯一著《佛化基督教》，张仕章著《基督教与社会主义运动》，赵石经著《新编圣教史纲》，赵紫宸著《巴德的宗教思想》，林传鼎著《唐宋以来三十四个历史人物心理特质的估评》，胡适著《中国与日本的现代化运动——文化冲突的比较研究》，史乃展著《中国宪政运动之史的发展》，梁方仲著《明代国际贸易与银的输出入》，王宠惠讲《抗战以来之外交》，陈复光著《外交史》，胡愈之著《欧战与我国外交》，王礼锡著《在国际援华阵线上》，许德珩著《中日关系及其现状》，浦薛凤著《西洋近代政治思潮》，罗家伦著《外交与国际政治》，朱家骅著《最近国际形势之观察》，王世杰讲《最近国际形势》，陶希圣著《集体安全运动与远东》，林语堂著《日本必败论》，陈伯康著《日本研究》，谭云山著《中国近代政治经济社会讲演集》，钱亦石编著《近代中国经济史》，赵丰田著《晚清五十年经济思想史》，秦佩珩著《晚清五十年经济思想史述评》，千家驹著《中国战时经济讲话》，何干之著《中国社会经济结构》，刘大钧著《经济动员与统制经济》，胡仁奎著《游击区经济问题研究》，朱一鹗述《皖西经济概况调查报告》，胡焕庸著《世界经济地理》，张白衣著《世界的资源》，文公直著《泰西经济思想史》，刘及辰编著《近代资本主义经济思潮批判》，邹鲁著《日本对华经济侵略》，方显廷著《中国工业资本问题》，钱昌照著《两年半创办重工业之经过与感想》，朱偰著《所得税发达史》，朱斯煌著《银行经营论》《信托总论》，许涤新著《二十余年来资本主义经济与社会主义经济的对照》，张白衣著《一九三八年世界景气之分析及其动向》，何俊著《一年来的中国工业合作运动》，陈狱生著《英国之科学与工业》，李达著《社会学大纲》，孙本文著《中国社会问题》，陈顾远著《中国古代婚姻史》，杨堃著《中国儿童生活之民俗学的研究》，刘静文著《中国新宪法论》，楼桐荪著《法治与自由》，朱建民著《侵略问题之国际法的研究》，黄萍荪编《蒋百里文选》，杨杰著《世界陆军军备》，罗尔纲著《捻军的运动战》，张峻著《现代军事工程学》，周恩来著《中日战争之政略与战略问题报告大纲》，江世义编述《国防地理新论》，蒋震华著《太平洋军事地理》，孙宕越、徐俊鸣著《军事地理学》，储玉坤编著《现代新闻学概论》，任白涛著《国际通讯的机构及其作用》，杜绍文著《中国报人之路》，张友鸾著《去到敌人后方办报》，段之桓著《东方文化运动与新教育建设问题》，张恺著《推行科学教育与新中国之建设》，苏益信著《中国大学教育之基本问题》，吴学信著《社会教育史》，教育部编《十年来之教育概述》，陈立夫讲《战时教育方针》，江恒源著《学制改革论》，张敬熙著《三十年来之西康教育》（上卷），黄炎培等著《职业教育丛刊》（第 1 辑），张道藩讲《华侨教育》,王克仁著《西洋教育史》,吴文藻著《云南大学与地方需要》,杨荫庆著《世界趋势与我国大学之使命》,王克仁著《西洋教育史》,祁森焕著《现代日本教育学术之进步概观》,汪国镇编著《文字学概论》,唐兰著《天壤阁甲骨文存》,金祖同著《中国文字形体的演变》,张世禄著《中国语音的演变与音韵学的发展》,胡朴安著《中国训诂学史》,沈兼士著《希杀祭古语同原考》,赵元任著《钟祥方言记》,陆志韦著《唐五代韵书跋》《三四等与所谓"喻化"》,王力著《中国语文概论》(又名《汉语讲话》),汪馥泉著《文章概论》,潘广镕著《汉字拼音化运动之批判与建设》,祝实明著《文学与战争》,杨白华著《屈赋中的鬼神——献与贞》,陶秋英著《汉赋之史的研究》,陈安仁著《宋代的抗战文学》,郭箴一著《中国小说史》,孙楷第编《吴昌龄与杂剧西游记》,傅惜华著《三国故事与元明清三代之杂剧》,赵景深著《弹词考证》《小说戏曲新考》,赵清阁著《抗战戏剧概论》,田汉等著《抗战与戏剧》,陈独秀著《独秀文存》,茅盾著《抗战文艺的创作与现实》,闻一多著《西南采风录序》,郁达夫著《日本的侵略战争与作家》,林焕平著《论一九三八年的日本文学界》《日本战时文艺理论的贫困》《日本海洋文学的提倡》,林祝敔著《苏联文学的进程》,林履信著《萧伯纳的研究》,朱维之著《中国文艺思潮史略》,李何林编著《近二十年中国文艺思潮论》,李纯青著《美国教育电影的新近发展》,杨鸿烈著《史学通论》《历史研究法》,周谷城著《中国通史》,熊十力著《中国历史讲话》,梁启勋著《中国历史密达表》,朱希祖著《建立总档案库筹设史馆议》,郑鹤声著《选择历史教材的目标》,岑仲勉著《贞石证史》,何健民著《隋唐时代西域人华化考》《匈奴民族考》,陈垣编《语录与顺治宫廷》,蒋廷黻著《中国近代史大纲》,徐松石著《粤江流域人民史》,陈昌浩著《近代世界革命史》(第1—2卷),邵荃麟著《论第二次世界大战》,严北溟著《论第二次世界大战》,刘振东编著《美国抗战建国史》,叶良辅等著《地理学研究法》,葛绥成著《乡土地理研究法》,陈铎编制《中国形象地图》,福利营业公司编《上海行号路图录》,逸庐主人编《香港九龙地图》,金擎宇编《世界分国详图》,钱慕韩、许念慈编著《国际形势图说》,梁思永著《龙山文化——中国文明的史前期之一》,岑仲勉著《郎官石柱题名新著录》,梁慧梅编《古玉图说》,水谷国一著《满洲金石志稿》,庄为玑、包树棠著《安溪唐墓发掘研究报告》,周纬著《亚洲古兵器与文化艺术之关系》,杨家骆著《战区图书文物之损失及其补救法》,张心澂编著《伪书通考》,张元济著《宝礼堂宋本书录》,张元济、王季烈、姜殿扬著《孤本元明杂剧校例》,古今式编《近代我国民族学译著目录》,俞士镇著《古代书籍制度考》等等。侯外庐《中国学术的传统与现阶段学术运动》重点论述了以下六个问题:关于中国古典学术传统的特性;关于五四的学术继承及其新退休性;关于五四运动与进步学术的联系性、发展性;关于新社会科学运动的发展;关于世界学术介绍的发展;关于中国学术运动的现阶段,提出"中国学术,在继承中山先生革命学说之意义方面,应是一八九八年前后革命的人文主义的形成与民十三年前后这一主义发展之最深刻的高度化",集中体现了作者之于中国学术的传统与现阶段学术运动的新的系统思考与探索。何高亿《中国大学的学术观念问题——并试论三民主义的学术观念之建立》鉴于目前学界缺乏"为学术而学术""为人生而学术"而只有"为做官而学术""学而优则仕",因而提出了"建立三民主义的学术观念"的主张。蔡尚思的《中国思想研究法》有蔡元培序,谓"其中对于观察、界限、搜集、选择、评论及实践诸方法,皆言之甚详。余虽不敢谓蔡君此编,放之四海而皆准,然必能引起读者之注意,而乐于参加讨论,盖无疑也。吾尤感蔡君不吝以实地试验之研究法,详悉叙述,使读者多能利用其所信之方法而自行研究,以冀于中国思想历史上有所贡献,其公诚之态度,为可叙也。"蔡尚思又有《中国思想研究法提要》,

为《中国思想研究法》的简本。刘文典的《庄子补正》为庄子研究的经典名著,陈寅恪《庄子补正序》曰:"然则先生此书之刊布,盖将一匡当世之学风,而示人以准则,岂供治庄子者必读而已哉。"冯友兰《新理学》中四组命题反映了作者的本体论思想,体现了他对宋明理学的创新性发展。后在 1941 年举行的首次全国学术著作评奖中获文科一等奖。此书与冯友兰的另 5 本书《新事论》《新世训》《新原人》《新知言》《新原道》,统称为"贞元之际所著书"。《新理学》是"贞元六书"的第一本,为作者的"新理学"体系总纲,力图将现代西方新实在论与程朱理学糅合起来而建构"新理学"体系,其中既有对宋明理学的直接继承,有的采用名称而改变用法,也有的是作者新的创造。张东荪《不同的逻辑与文化并论中国理学》为作者《思想言语与文化》的续篇,作者讨论逻辑的目的,是为了打通逻辑与哲学、政治、道德、社会的关系。文中又从知识社会学的角度,对宋明理学的性质进行研究,集中阐述了自己对于宋明理学的看法。陈垣《释氏疑年录》为陈垣佛学研究的经典名著,足称工具书的典范,做学问的指南。梁方仲《明代国际贸易与银的输出入》将明代国际贸易分为"郑和下西洋前后的贡市时期""欧人东来以后的海舶贸易时期"两个时期,并从关税、贸易规模和货物、世界银产量、中国国际贸易格局等方面资料入手,考辨明代白银输出入数量,及其与中国社会变化之关系。吴文藻《云南大学与地方需要》首先强调在建国过程中,一个带地方性的国立大学较之一个带全国性的国立大学任务是不同的。一个全国性的国立大学仍然可以探求真理,增进知识,发扬民族精神,开创国家文化,为其唯一天职。而一个省治内的国立大学则不然。树立纯粹学术基础,提高地方文化水准,固为其应有的使命;而训练实际人才适应地方需要,尤为当前的急务。文章还对云大如何根据地方需要负起促进农村建设的使命提出了许多具体的建议。胡朴安著《中国训诂学史》系中国第一部研究训诂学史的专著,具体介绍尔雅派、传注派、释名派、方言派之训诂,以及清代训诂学的方法和训诂学的趋势等。赵元任著《钟祥方言记》为中国现代第一部对一个县的方言作深入、全面研究的专著。孙楷第编《吴昌龄与杂剧西游记》为利用深厚的版本目录学基础作繁难考证的力作,作者考辨日本发现的、由汉学家盐谷温印行的元杂剧《西游记》乃是杨讷(景贤)所作,并非如中外学界所认为的是吴昌龄所作。此文一出,成为定论。杨鸿烈著《史学通论》的显著特点是材料丰富、分析详尽;新旧中西,无所不用;引证虽繁,但能以类相从,条分缕析,水到渠成地引申出自家结论,为杨鸿烈史学思想的代表作。周谷城《中国通史》是较早独立运用马克思主义观点编著的中国通史,以马克思的唯物史观作指导,以独创的史学理论——"历史完形论"为灵魂,以维护中国历史的完整为目标,力图揭示历史事情的有机组织和必然规律,构造一个客观存在的统一整体的历史。此书出版后,以其独特的风格和学术见解,赢得了学术界的重视,前后共印行 21 次,发行量在 100 万册以上。陈垣编《语录与顺治宫廷》对发现的三部语录"参互考校",证明清顺治帝确曾削发为僧,后又被劝说蓄发等,被认为是陈氏运用校勘方法治学的一个例证。岑仲勉《郎官石柱题名新著录》即是对劳格、赵钺二人工作的继承与发展。有研究者认为该文是唐代文史微观综合研究的重大成果之一。梁思永《龙山文化——中国文明的史前期之一》主要内容有"遗址发现的年代及其在地理上的分布""龙山文化的一般特征""三个区域的划分""地层和年代""与殷代文化的关系"等。此文提出的龙山文化三区说、龙山文化与小屯商文化的关系等观点在学术界引起较大影响。此外,朱希祖 2 月 8 日在《日记》中谈治史门径,谓"古人言作史须具三长:曰才、曰学、曰识,而姚姬传言作文亦须具三长,曰词章、曰考据、曰义理。词章属于才,考据属于学,义理属于识,二者本可相通,故决定今后治史。第一宜致力于文章,以司马迁、班固、陈寿、范晔、韩愈、章太炎为则,而以蔡邕、司马光辅之。第二宜专治一代历史,而考据其全体,庶不流为烦琐之考证。第三宜治社会科学及哲学论理学,则义理不致于偏颇寡陋"。

　　本年度聚焦于学术史的论著甚为薄弱,主要有:金德建《白虎观与议诸儒学派考》,金毓黻《论史通之渊源及其流别》,王云五《编纂中山大辞典之经过》,梅安敖著、胡隽吟译《百年前德意志的学术和国家》,仰东《三十年来中国教育痛言》,宛书城《桐城文派的新评价》等等。梅安敖著、胡隽吟译《百年前德意志的学术和国家》认为:"学术观点的改变正与政治思想的改变相符合。新历史学的代表者向各方探求以期获得整体与其份子间之最亲密的连系,及一活泼的有机的发展。此种并行状态,学术与国家的适合,其根深植于十九世纪的精神中,因此十九世纪是一学术的演化世纪,也是国家生命建于国家观念之上的世纪。而今全国哲学家的讨论会,更甚的还有日耳曼国粹学者会议和德国国家生命最有力的保护人的集会都已成为国家的大事,且德国知识分子对此无不发生深切的兴趣。在这时代末叶所举行的两个盛大日耳曼国粹学者会议里,一是一千八百四十六年在弗兰克府举行的,一是一千八百四十七年在律培克举行的,都荣幸的由格利姆(Grimm)氏主席,学术与国家的联合,知识之企望与政治之意旨的和谐都达到了在德国历史上从未见过的完全圆满。"(以上参见本书"学术背景""学术活动""学术论文""学术著作""学者生卒"栏所引文献与出处,以及中央教育科学研究所编《中国现代教育大事记 1919—1949》,教育科学出版社 1988 年版;付祥喜《20 世纪前期中国文学史写作编年研究》,北京师范大学出版社 2013 年版;王学典《20 世纪史学编年(1900—1949)》,商务印书馆 2014 年版;中国大百科全书总编辑委员会《中国大百科全书·考古学》,中国大百科全书出版社 2002 年版;王学珍等编《北京大学纪事(1898—1997)》,北京大学出版社 1998 年版;清华大学校史研究室编《清华大学一百年》,清华大学出版社 2011 年版;齐家莹编《清华人文学科年谱》,清华大学出版社 1999 年版;南京大学高教研究所编《南京大学大事记(1902—1988)》,南京大学出版社 1989 年版;北京师范大学党委办公室、北京师范大学校长办公室《北京师范大学纪事》,北京师范大学出版社 2012 年版;张玮瑛、王百强、钱辛波主编《燕京大学史稿》,人民中国出版社 2000 年版;陈亚杰《当代中国意识形态的起源》及附录一《新启蒙运动文章目录》,新星出版社 2009 年版;李亮《继承五四和扬弃五四——新启蒙运动研究》及附录《新启蒙运动大事记》,上海师范大学博士学位论文,2012 年;胡绍轩《现代文坛风云录》,重庆出版社 1991 年版;徐廼翔编《文学的"民族形式"讨论资料》,知识产权出版社 2010 年版;刘长鼎、陈秀华《中国现代文学运动史》,山东文艺出版社 2013 年版;艾克恩编纂《延安文艺运动纪盛》,文化艺术出版社 1987 年版;孙国林编著,王佳钰、王增辉校订《延安文艺大事编年》,陕西师范大学出版总社 2016 年版;文天行编《国统区抗战文艺运动大事记》,四川省社会科学院出版社 1985 年版;沈卫威《学衡派编年文事》,南京大学出版社 2015 年版;吴永贵《民国图书出版史编年:1912—1949》,社会科学文献出版社 2018 年版;郑大华《论抗战时期"文艺的民族形式"的提出及其讨论》,《中国文化研究》2018 年第 2 期;郑大华《论"抗战建国"话语下"学术建国"的讨论》,《浙江学刊》2020 年第 3 期;李方祥《二十世纪三四十年代"学术中国化"与"马克思主义中国化"的思潮互动》,《中共党史研究》2008 年第 2 期;孙帅《抗战时期"学术中国化"思潮述评》,《理论探索》2013 年第 6 期;欧阳军喜《论抗日战争时期的"学术中国化"运动》,《中共党史研究》2007 年第 3 期;孙帅《抗战时期"学术中国化"思潮述评》,《理论探索》2013 年第 6 期;郑大华《论抗战时期"文艺的民族形式"的提出及其讨论》,《中国文化研究》2018 年第 2 期;徐廼翔编《"民族形式"讨论资料》,知识产权出版社 2010 年版;张承凤《论国民政府抗战时期的学术建国与国学运动的兴盛》,《重庆师范大学学报》2010 年第 5 期);郑大华《论"抗战建国"话语下"学术建国"的讨论》,《浙江学刊》2020 年第 3 期;欧阳哲生《纪念"五四"的政治文化探幽——一九四九年以前各大党派报刊纪念五四运动的历史图景》,《中共党史研究》2019 年第 4 期;熊飞宇《中共中央南方局与重庆抗战文学》,四川大学博士学位论文,2011 年;李来容《院士制度与民国学术——1948 年院士制度的确立与运作》,南开大学博士学位论文,2010 年;郑善庆《留守与南迁:战时中国史家群体研究(1937—1945)》,南开大学博士学位论文,2011 年;李扬《从第三厅、文工会看国统区抗战文艺(1937—1945)》,中国社会科学院研究生院博士学位论文,2010 年;张焱明《国防最高委员会秘书厅与国民精神总动员运动》,《历史教学(下半月)》2019 年第 4 期;于文善《抗战时期重庆马克思主义史学研究》,华东师范大学博士学位论文,2011 年;于文善《抗战时期的“学术中国化”——以重庆马克思主义史家为视角》,《华东师范大学学报(哲学社会科学版)》2010 年第 3 期;易仲芳《南开经济研究所“学术中国化”研究(1927—1949 年)》,华中师范大学博士学位论文,2013 年;张明平《中共南方局的文艺策略》,重庆师范大学硕士学位论文,2005 年;徐瑞岳、陈洁《抗战时期国统区文艺界纪念鲁迅的活动》,《新文学史料》2002 年第 2 期;赵一航《鲁迅与中国抗日战争时期文学》,辽宁师范大学硕士学位论文,2008 年;庞虎《握着文化的火炬反抗侵略——抗战视野下中共南方局文化工作研究》,厦门大学博士学位论文,2009 年;朱俊瑞、赵成斐《会转型中的“中心主义”与“边缘意识”——论中国政党的现代性“移植”与“建构”》,《浙江社会科学》2013 年第 1 期;左玉河《张东荪与中共扑朔迷离的关系》,《党史博览》2001 年第 5 期)